Hier finden Sie alle Formulierungsbeispiele und Formulare zur Übernahme in Ihre Textverarbeitung:

https://ch.beck.de/BaumannSikora-VereinsR-3A

So laden Sie die Dateien herunter:

- Rufen Sie die oben genannte Internetseite in Ihrem Browser auf. Achten Sie dabei bitte auf die vorgegebene Groß-/Kleinschreibung!
- Geben Sie im dafür vorgesehenen Feld Ihren persönlichen Freischaltcode ein:

94A2-82EC-5069

- Speichern Sie die benötigte/n Datei/en auf Ihrer Festplatte.

Bei Fragen hierzu sind wir Ihnen gerne behilflich: hotline@beck.de

Hinweis: Eine Weiterverbreitung der heruntergeladenen Daten ist nicht gestattet und würde einen strafbewehrten Verstoß gegen das Urheberrechtsgesetz darstellen.

Baumann/Sikora

Hand- und Formularbuch des Vereinsrechts

Hand- und Formularbuch des Vereinsrechts

Herausgegeben von

Dr. Thomas Baumann
Notar in Würzburg

Dr. Markus Sikora
Notar in München

3. Auflage 2022

C.H.BECK

Zitiervorschlag:
Baumann/Sikora VereinsR-HdB/*Bearbeiter* § … Rn. …

www.beck.de

ISBN 978 3 406 77135 4

Wilhelmstraße 9, 80801 München
Druck und Bindung: Beltz Grafische Betriebe GmbH
Am Fliegerhorst 8, 99947 Bad Langensalza

Satz: 3w+p GmbH, Rimpar
Umschlaggestaltung: Martina Busch, Grafikdesign, Homburg Saar

CO_2 neutral
chbeck.de/nachhaltig

Gedruckt auf säurefreiem, alterungsbeständigem Papier
(hergestellt aus chlorfrei gebleichtem Zellstoff)

Vorwort

Das im Jahr 2015 erstmals erschienene Werk liegt nunmehr – sechs Jahre später – bereits in 3. Auflage vor. Auch mit der 2. Auflage ist es offenbar gelungen, alle zentralen Aspekte des Vereinsrechts aktuell und praxisnah darzustellen, so dass bereits nach kurzer Zeit eine weitere Auflage erscheint. Aber auch die durch die Corona-Pandemie an Gesetzgebung und Rechtspraxis gestellten (neuen) Herausforderungen waren Anlass, das Werk unter Berücksichtigung der insoweit ergangenen Regelungen auf den aktuellen Stand zu bringen.

Unabhängig von Sonderregelungen, die befristet vom Gesetzgeber erlassen wurden, haben die pandemiebedingten Einschränkungen und Veränderungen in Gesellschaft, (Rechts-)Leben und Vereinspraxis zu einer zunehmenden Digitalisierung auch im Bereich des Vereinsrechts geführt. Dies gilt namentlich für nicht mehr (allein) „real" abgehaltene Mitgliederversammlungen und Vorstandsitzungen. Zahlreiche Satzungsanpassungen sind erfolgt und haben die Notar-, Beratungs- und Registerpraxis insoweit vor neue Herausforderungen gestellt.

Das Werk will auch weiterhin allen Beratern von Vereinen – wie Notaren, Rechtsanwälten und Steuerberatern – eine fundierte Orientierungshilfe bei sämtlichen vereinsrechtlichen Fragestellungen bieten. Abgerundet wird es wie immer durch die Muster zur Vertragsgestaltung.

Im Autorenteam hat sich insoweit ein Wechsel ergeben, als Notar *Hans-Ulrich Sorge* ausgeschieden ist. Die bisher von ihm verantworteten Paragrafen haben die Herausgeber übernommen. Ebenfalls ausgeschieden ist *Claus Peter Scheucher,* dessen Teile von *Oliver Stein* fortgeführt werden. *Hans-Ulrich Sorge* und *Claus Peter Scheucher* gilt unser besonderer Dank für ihr Engagement bei der Schaffung dieses Werks.

Unser abermaliger Dank gilt allen Autoren sowie Frau Lektorin *Bettina Miszler* für ihren stetigen Einsatz für das Werk.

Auch künftig sind Anregungen aus dem Leserkreis willkommen, vorzugsweise an info@notare-baumann-sorge.de oder sikora@regler-sikora.de.

Würzburg/München, im September 2021

Dr. Thomas Baumann
Dr. Markus Sikora

Bearbeiterverzeichnis

Sabine Axmann
Dipl.-Rechtspflegerin (FH), Würzburg

Dr. Thomas Baumann
Notar, Würzburg

Sonja Fabritius
Dipl.-Wirtschaftsjuristin (FH), Köln

Dr. Ulrich Gößl
Notar, Augsburg

Johannes F. Link
Rechtsanwalt und Fachanwalt für Arbeitsrecht, Nürnberg

Boris Pulyer
Notar, Dingolfing

Michael Reinhart
Rechtsanwalt, Augsburg

Eliane Schuller, LL.M.
Notarin, Vilshofen

Dr. Markus Sikora
Notar, München

Oliver Stein
Rechtsanwalt, Köln

Dr. Heike Stiebitz
Notarin, Gunzenhausen

Prof. Dr. Sebastian Unger
Professor für Öffentliches Recht, Ruhr-Universität Bochum

Bernhard Weiß
Notar, München

Es haben bearbeitet:

Kapitel 1.	**Einleitung; Rechtsgrundlagen**	
§ 1.	Einleitung	Dr. Thomas Baumann
§ 2.	Historische und rechtliche Grundlagen	Dr. Thomas Baumann
§ 3.	Erscheinungsformen	Dr. Markus Sikora
Kapitel 2.	**Der Verein im Zivilrecht**	
§ 4.	Gründung	Dr. Heike Stiebitz
§ 5.	Satzungsinhalt und Satzungsänderungen	Dr. Ulrich Gößl
§ 6.	Zweck des Vereins	Dr. Ulrich Gößl
§ 7.	Organe und Vertretung	Eliane Schuller
§ 8.	Vorstand und Vorstandswechsel	Dr. Thomas Baumann
§ 9.	Weitere Organe; „Geschäftsführer" und Bevollmächtigte; Rechnungsprüfer	Dr. Thomas Baumann
§ 10.	Mitglieder des Vereins	Boris Pulyer
§ 11.	Vereinsstrafen*	Dr. Thomas Baumann
§ 12.	Haftung, Haftungsbegrenzung und Versicherungsfragen	Dr. Markus Sikora
§§ 13, 25.	Umwandlung; Auflösung; sonstige Beendigungsgründe	Bernhard Weiß
Kapitel 3.	**Der Verein im Steuer-, Arbeits- und Strafrecht**	
§ 14.	Der Verein im Steuerrecht**	Sonja Fabritius Oliver Stein
§§ 15, 24.	Der Verein als Arbeitgeber	Johannes F. Link
§ 16.	Strafrechtliche Verantwortung von Organen und Mitgliedern	Michael Reinhart
Kapitel 4.	**Verfahrensfragen; Kosten**	
§ 17.	Registerpraktische Fragestellungen und Kosten	Sabine Axmann Dr. Thomas Baumann
§ 18.	Rechtsschutz***	Dr. Markus Sikora
Kapitel 5.	**Der Verein im Verfassungs- und Verwaltungsrecht**	
§ 19.	Verfassungs-, unions- und völkerrechtlicher Rahmen	Prof. Dr. Sebastian Unger
§ 20.	Der Verein im Verwaltungsrecht	Prof. Dr. Sebastian Unger
Kapitel 6.	**Formulare** (§§ 21–23, 26)	Dr. Thomas Baumann Dr. Markus Sikora

Ausgeschiedene Bearbeiter:

* § 11. Vereinsstrafen:
Bis zur 2. Aufl. bearbeitet von **Hans-Ulrich Sorge.**

** § 14. Der Verein im Steuerrecht:
Bis zur 2. Aufl. mitbearbeitet von **Dipl.-Kfm. Claus Peter Scheucher.**

*** § 18. Rechtsschutz:
Bis zur 2. Aufl. mitbearbeitet von **Hans-Ulrich Sorge.**

Inhaltsübersicht

Kapitel 6. Formulare

Inhaltsverzeichnis

Kapitel 2. Der Verein im Zivilrecht

Kapitel 4. Verfahrensfragen; Kosten

Verzeichnis der Formulierungsbeispiele

Alle Formulierungsbeispiele können unter dem vorne im Buch abgedruckten Link nach Eingabe des dort angegebenen Freischaltcodes zur Übernahme in Ihre Textverarbeitung heruntergeladen werden.

§ 8. Vorstand und Vorstandswechsel

§ 9. Weitere Organe; „Geschäftsführer" und Bevollmächtigte; Rechnungsprüfer

§ 10. Mitglieder des Vereins

§ 11. Vereinsstrafen

§ 12. Haftung, Haftungsbegrenzung und Versicherungsfragen

§ 13. Umwandlungen; Auflösung; sonstige Beendigungsgründe

Kapitel 3. Der Verein im Steuer-, Arbeits- und Strafrecht

§ 14. Der Verein im Steuerrecht

§ 15. Der Verein als Arbeitgeber

Kapitel 4. Verfahrensfragen; Kosten

§ 17. Registerpraktische Fragestellungen und Kosten

§ 18. Rechtsschutz

Kapitel 5. Der Verein im Verfassungs- und Verwaltungsrecht

§ 20. Der Verein im Verwaltungsrecht

Verzeichnis der Formulare

Alle Formulare können unter dem vorne im Buch abgedruckten Link nach Eingabe des dort angegebenen Freischaltcodes zur Übernahme in Ihre Textverarbeitung heruntergeladen werden.

Rn.

Abkürzungsverzeichnis

aA	anderer Ansicht
abl.	ablehnend
Abs.	Absatz
AcP	Archiv für die civilistische Praxis (Zeitschrift)
ADAC	Allgemeiner Deutscher Automobil Club
aE	am Ende
AEAO	Anwendungserlass zur AO
AEUV	Vertrag über die Arbeitsweise der europäischen Union
aF	alte Fassung
AG	Aktiengesellschaft oder Amtsgericht oder Ausführungsgesetz
AGG	Allgemeines Gleichbehandlungsgesetz
AktG	Aktiengesetz
Alt.	Alternative
aM	anderer Meinung
Anm.	Anmerkung
AnwBl.	Anwaltsblatt
AO	Abgabenordnung
AöR	Archiv für öffentliches Recht (Zeitschrift)
AP	Arbeitsrechtliche Praxis
ArbGG	Arbeitsgerichtsgesetz
ArEV	Arbeitsentgeltverordnung
Art.	Artikel
Aufl.	Auflage
ausf.	ausführlich
BAG	Bundesarbeitsgericht
BAGE	Entscheidungen des Bundesarbeitsgerichts
BAnz.	Bundesanzeiger
BayAGGVG	Bayerisches Ausführungsgesetz zum Gerichtsverfassungsgesetz
BayBSVJu	Bereinigte Sammlung der bayerischen Justizverwaltungsvorschriften
BayJMBl.	Bayerisches Justizministerialblatt
BayObLG	Bayerisches Oberstes Landesgericht
BayObLGZ	Entscheidungen des Bayerischen Obersten Landesgerichts in Zivilsachen
BayRpflZ	Zeitschrift für Rechtspflege in Bayern
BayVBl.	Bayerische Verwaltungsblätter
BB	Der Betriebs-Berater (Zeitschrift)
BBiG	Berufsbildungsgesetz
Bd.	Band
BDSG	Bundesdatenschutzgesetz
BeckRS	Beck Rechtssachen
BEEG	Bundeselterngeld- und Elternzeitgesetz
Beschl.	Beschluss
BetrVG	Betriebsverfassungsgesetz
BetrAVG	Gesetz zur Verbesserung der betrieblichen Altersversorgung
BeurkG	Beurkundungsgesetz
BFH	Bundesfinanzhof
BFHE	Entscheidungen des Bundesfinanzhofs
BGB	Bürgerliches Gesetzbuch

BGBl.	Bundesgesetzblatt
BGH	Bundesgerichtshof
BGHR	BGH-Report
BGHSt	Entscheidungen des Bundesgerichtshofs in Strafsachen
BGHZ	Entscheidungen des Bundesgerichtshofs in Zivilsachen
BMF	Bundesministerium der Finanzen
BNotO	Bundesnotarordnung
BR-Drs.	Bundesrats-Drucksache
BReg.	Beschwerderegister
bspw.	beispielsweise
BStBl.	Bundessteuerblatt
BT-Drs.	Bundestags-Drucksache
Buchst.	Buchstabe
BUrlG	Bundesurlaubsgesetz
BVerfG	Bundesverfassungsgericht
BVerfGG	Bundesverfassungsgerichtsgesetz
BVerfGE	Entscheidungen des Bundesverfassungsgerichts
BVerwG	Bundesverwaltungsgericht
BVerwGE	Entscheidungen des Bundesverwaltungsgerichts
BWaldG	Bundeswaldgesetz
BWNotZ	Zeitschrift für das Notariat in Baden-Württemberg
bzgl.	bezüglich
bzw.	beziehungsweise
COVMG	Gesetz über Maßnahmen im Gesellschafts-, Genossenschafts-, Vereins-, Stiftungs- und Wohnungseigentumsrecht zur Bekämpfung der Auswirkungen der COVID-19-Pandemie
DB	Der Betrieb (Zeitschrift)
ders.	derselbe
DFG	Deutsche Freiwillige Gerichtsbarkeit (Zeitschrift)
DGB	Deutscher Gewerkschafts Bund
DGVZ	Deutsche Gerichtsvollzieher-Zeitung
dh	das heißt
Diss.	Dissertation
DJ	Deutsche Justiz (Zeitschrift)
DJZ	Deutsche Juristen-Zeitung
DM	Deutsche Mark
DNotV	Zeitschrift des Deutschen Notarvereins
DNotZ	Deutsche Notar-Zeitschrift
Dok.	Dokument
DÖV	Die Öffentliche Verwaltung (Zeitschrift)
DR	Deutsches Recht (Zeitschrift)
DrittelbG	Gesetz über die Drittelbeteiligung der Arbeitnehmer im Aufsichtsrat (Drittelbeteiligungsgesetz)
DRiZ	Deutsche Richterzeitung
DS-GVO	Datenschutz-Grundverordnung
DStR	Deutsches Steuerrecht (Zeitschrift)
DStRE	DStR-Entscheidungsdienst
DStZ	Deutsche Steuer-Zeitung
DtZ	Deutsch-deutsche Rechtszeitschrift
DVBl.	Deutsches Verwaltungsblatt
DWW	Deutsche Wohnungswirtschaft (Zeitschrift)

DZWIR	Datenverarbeitung, Steuer, Wirtschaft, Recht (Zeitschrift)
EFG	Entscheidungen der Finanzgerichte
EFZG	Entgeltfortzahlungsgesetz
e.G.	eingetragene Genossenschaft
EGBGB	Einführungsgesetz zum Bürgerlichen Gesetzbuch
EGStGB	Einführungsgesetz zum Strafgesetzbuch
EMRK	Europäische Menschenrechtskonvention
Entschl.	Entschließung
EStG	Einkommensteuergesetz
EStH	Amtliche Hinweise zu den Einkommensteuer-Richtlinien
EStR	Einkommensteuer-Richtlinien
etc.	et cetera
EUGH	Europäischer Gerichtshof
EUR	Euro
e.V.	eingetragener Verein
evtl.	eventuell
f.	folgend(e)
FamFG	Gesetz über das Verfahren in Familiensachen und in den Angelegenheiten der freiwilligen Gerichtsbarkeit
FamRZ	Zeitschrift für das gesamte Familienrecht
ff.	fortfolgende
FGG	Gesetz über die Angelegenheiten der freiwilligen Gerichtsbarkeit
FGPrax	Praxis der Freiwilligen Gerichtsbarkeit (Zeitschrift)
Fn.	Fußnote
FS	Festschrift
GA	Goltdammer's Archiv für Strafrecht (Zeitschrift)
GB	Grundbuch
GBO	Grundbuchordnung
GbR	Gesellschaft bürgerlichen Rechts
geb.	geboren
gem.	gemäß
GenG	Genossenschaftsgesetz
GewA	Gewerbearchiv (Zeitschrift)
GewStG	Gewerbesteuergesetz
ggf.	gegebenenfalls
GG	Grundgesetz für die Bundesrepublik Deutschland
GKG	Gerichtskostengesetz
GmbH	Gesellschaft mit beschränkter Haftung
GmbHG	Gesetz betreffend die Gesellschaften mit beschränkter Haftung
GmbHR	GmbH-Rundschau (Zeitschrift)
GNotKG	Gesetz über Kosten der freiwilligen Gerichtsbarkeit für Gerichte und Notare (Gerichts- und Notarkostengesetz)
GOBT	Geschäftsordnung des Deutschen Bundestages
grds.	grundsätzlich
GrStG	Grundsteuergesetz
GRUR	Gewerblicher Rechtsschutz und Urheberrecht (Zeitschrift)
GS	Gedächtnisschrift
GVG	Gerichtsverfassungsgesetz
GWB	Gesetz gegen Wettbewerbsbeschränkungen
GwG	Geldwäschegesetz

HGB	Handelsgesetzbuch
hM	herrschende Meinung
Hs.	Halbsatz
idF	in der Fassung
idR	in der Regel
idS	in diesem Sinn
ieS	im engeren Sinn
iHv	in Höhe von
insbes.	insbesondere
InsO	Insolvenzordnung
iSd	im Sinne des/der
iSv	im Sinne von
iVm	in Verbindung mit
JDR	Jahrbuch des Deutschen Rechts
JFG	Jahrbuch für Entscheidungen in Angelegenheiten der freiwilligen Gerichtsbarkeit und des Grundbuchrechts
JMBlNRW	Justizministerialblatt für das Land Nordrhein-Westfalen
JR	Juristische Rundschau (Zeitschrift)
Jura	Juristische Ausbildung (Zeitschrift))
JurA	Juristische Analysen (Zeitschrift)
JurBüro	Das juristische Büro (Zeitschrift)
JuS	Juristische Schulung (Zeitschrift)
JuSchG	Jugendschutzgesetz
JVBl.	Justizverwaltungsblatt
JW	Juristische Wochenschrift
JZ	Juristenzeitung
Kap.	Kapitel
KG	Kammergericht oder Kommanditgesellschaft
KGaA	Kommanditgesellschaft auf Aktien
KGJ	Jahrbuch für Entscheidungen des Kammergerichts
KostO	Gesetz über die Kosten in Angelegenheiten der freiwilligen Gerichtsbarkeit (Kostenordnung)
KSchG	Kündigungsschutzgesetz
KStG	Körperschaftsteuergesetz
KStH	Amtliche Hinweise zu den Körperschaftsteuer-Richtlinien
KStR	Körperschaftsteuer-Richtlinien 2004
KV	Kostenverzeichnis (Anlage 1 GNotKG)
LG	Landgericht
lit.	litera
Lit.	Literatur
LM	Nachschlagewerk des Bundesgerichtshofs in Zivilsachen, herausgegeben von Lindenmaier und Möhring
Ls.	Leitsatz
LStDV	Lohnsteuer-Durchführungsverordnung
LStR	Lohnsteuer-Richtlinien
MarkenG	Markengesetz
MarktstrukturG	Marktstrukturgesetz
MDR	Monatsschrift für Deutsches Recht
mE	meines Erachtens

MiLoG	Mindestlohngesetz
MitBestG	Mitbestimmungsgesetz
MittBayNot	Mitteilungen des bayerischen Notarvereins und der Notarkasse
MittRhNotK	Mitteilungen der Rheinischen Notarkammer
Mio.	Millionen
MMR	MultiMedia und Recht (Zeitschrift)
MontanMitBestG	Montan-Mitbestimmungsgesetz
Mrd.	Milliarden
MuSchG	Mutterschutzgesetz
mwN	mit weiteren Nachweisen
Nachw.	Nachweise einschlägiger Rechtsprechung und/oder Literatur
NdsRpfl.	Niedersächsische Rechtspflege (Zeitschrift)
nF	neue Fassung
NJ	Neue Justiz (Zeitschrift)
NJW	Neue Juristische Wochenschrift
NJW-RR	NJW-Rechtsprechungs-Report Zivilrecht
npoR	Zeitschrift für das Recht der Nonprofit Organisationen
Nr.	Nummer
NStZ	Neue Zeitschrift für Strafrecht
NVwZ	Neue Zeitschrift für Verwaltungsrecht
NVwZ-RR	NVwZ-Rechtsprechungsreport
NWVBl.	Nordrhein-Westfälische Verwaltungsblätter
NZG	Neue Zeitschrift für Gesellschaftsrecht
oÄ	oder Ähnliches
oHG	offene Handelsgesellschaft
OLG	Oberlandesgericht
OLGZ	Entscheidungen der Oberlandesgerichte in Zivilsachen
OVG	Oberverwaltungsgericht
OWIG	Gesetz über Ordnungswidrigkeiten
ParteiG	Parteiengesetz
RBerG	Rechtsberatungsgesetz
RG	Reichsgericht
RGBl.	Reichsgesetzblatt
RGSt	Entscheidungen des Reichsgerichts in Strafsachen
RGZ	Entscheidungen des Reichsgerichts in Zivilsachen
RJA	Entscheidungen in Angelegenheiten der freiwilligen Gerichtsbarkeit, zusammengestellt im Reichs-Justizamte
Rn.	Randnummer
RNotZ	Rheinische Notar-Zeitschrift
Rpfleger	Der Deutsche Rechtspfleger (Zeitschrift)
RPflG	Rechtspflegergesetz
Rspr.	Rechtsprechung
RsprOLG	Sammlung der Rechtsprechung der Oberlandesgerichte
RVG	Rechtsanwaltsvergütungsgesetz
S.	Satz oder Seite
s.	siehe
SE	Societas Europea (Europäische Aktiengesellschaft)
SchlHAnz.	Schleswig-Holsteinische Anzeigen
SGB	Sozialgesetzbuch

SJZ .... Süddeutsche Juristenzeitung
sog. .... sogenannt/e
SpuRt .... Zeitschrift für Sport und Recht
st. .... ständige
StBerG .... Steuerberatungsgesetz
Stbg .... Die Steuerberatung (Zeitschrift)
StGB .... Strafgesetzbuch
StPO .... Strafprozessordnung
str. .... strittig
StV .... Strafverteidiger (Zeitschrift)
sublit. .... sublitera

TierZG .... Tierzuchtgesetz
tlw. .... teilweise
TVG .... Tarifvertragsgesetz
TzBfG .... Teilzeit- und Befristungsgesetz

ua .... unter anderem
UmwG .... Umwandlungsgesetz
UmwRG .... Umwelt-Rechtsbehelfsgesetz
UR .... Umsatzsteuer-Rundschau (Zeitschrift)
Urheberrechts-
wahrnehmungsG .... Urheberrechtswahrnehmungsgesetz
Urt. .... Urteil
UStG .... Umsatzsteuergesetz
UStR .... Umsatzsteuer-Richtlinien
uU .... unter Umständen
UVR .... Umsatzsteuer- und Verkehrsteuer-Recht (Zeitschrift)
UWG .... Gesetz gegen den unlauteren Wettbewerb

v. .... vom
va .... vor allem
VAG .... Versicherungsaufsichtsgesetz
VereinsG .... Gesetz zur Regelung des öffentlichen Vereinsrechts (Vereinsgesetz)
VereinsG-DVO ..... Verordnung zur Durchführung des Gesetzes zur Regelung des öffentlichen Vereinsrechts
VersammlG .... Versammlungsgesetz
VersR .... Versicherungsrecht (Zeitschrift)
VG .... Verwaltungsgericht
VGH .... Verwaltungsgerichtshof
vgl. .... vergleiche
VO .... Verordnung
VR .... Verwaltungsrundschau (Zeitschrift)
VRV .... Vereinsregisterverordnung
VRZustVO .... Vereinsrecht-Zuständigkeitsverordnung
VVaG .... Versicherungsverein auf Gegenseitigkeit
VwGO .... Verwaltungsgerichtsordnung
VwVfG .... Verwaltungsverfahrensgesetz

WEG .... Wohnungseigentumsgesetz
wistra .... Zeitschrift für Wirtschafts- und Steuerstrafrecht
WM .... Wohnungswirtschaft und Mietrecht (Zeitschrift)
WRP .... Wettbewerb in Recht und Praxis (Zeitschrift)
WRV .... Weimarer Reichsverfassung

WuW .... Wirtschaft und Wettbewerb (Zeitschrift)

zB .... zum Beispiel
ZBlFG .... Zentralblatt für freiwillige Gerichtsbarkeit, Notariat und Zwangsversteigerung
ZBlJR .... Zentralblatt für Jugendrecht und Jugendwohlfahrt
ZevKR .... Zeitschrift für evangelisches Kirchenrecht
ZGB .... Zivilgesetzbuch der DDR
ZgGenW .... Zeitschrift für das gesamte Genossenschaftswesen
ZGR .... Zeitschrift für Unternehmens- und Gesellschaftsrecht
ZHR .... Zeitschrift für das gesamte Handels- und Wirtschaftsrecht
ZIP .... Zeitschrift für Wirtschaftsrecht
ZMR .... Zeitschrift für Miet- und Raumrecht
ZNotP .... Zeitschrift für die Notarpraxis
ZPO .... Zivilprozessordnung
ZRP .... Zeitschrift für Rechtspolitik
ZSt .... Zeitschrift für Stiftungswesen
ZStV .... Zeitschrift für Stiftungs- und Vereinswesen
zT .... zum Teil
zZ .... zur Zeit
ZZP .... Zeitschrift für Zivilprozess

Literaturverzeichnis

Albrecht/Roggenkamp/ *Bearbeiter*	*Albrecht/Roggenkamp,* VereinsG, 2014
Bahrenfuss/*Bearbeiter*	*Bahrenfuss,* FamFG, 3. Aufl. 2017
Bassenge/Roth/ *Bearbeiter*	*Bassenge/Roth,* FamFG/RPflG 12. Aufl. 2009
Bauer/Krieger/Günther	*Bauer/Krieger/Günther,* AGG/EntgTranspG, 5. Aufl. 2018
Baumbach/Hopt/ *Bearbeiter*	*Baumbach/Hopt,* Handelsgesetzbuch, 40. Aufl. 2021
Baumbach/Hueck/ *Bearbeiter*	*Baumbach/Hueck,* GmbHG, 22. Aufl. 2019
BeckFormB BHW/ *Bearbeiter*	Beck'sches Formularbuch Bürgerliches, Handels- und Wirtschaftsrecht, 13. Aufl. 2019
BeckNotar-HdB/ *Bearbeiter*	Beck'sches Notar-Handbuch, 7. Aufl. 2019
BeckOF-V/*Bearbeiter*	Beck'sche Online-Formulare Vertrag, 57. Edition 2021
BeckOGK/*Bearbeiter*	beck-online.GROSSKOMMENTAR, laufend aktualisiert
BeckOK ArbR/ *Bearbeiter*	Beck'scher Online-Kommentar Arbeitsrecht, 60. Edition (Stand: 1.6.2021)
BeckOK BGB/ *Bearbeiter*	Beck'scher Online-Kommentar BGB, 58. Edition (Stand: 1.5.2021)
BeckOK FamFG/ *Bearbeiter*	Beck'scher Online-Kommentar FamFG, 39. Edition (Stand: 1.7.2021)
BeckOK GG/*Bearbeiter*	Beck'scher Online-Kommentar Grundgesetz, 47. Edition (Stand: 15.5.2021)
BeckOK KostR/ *Bearbeiter*	Beck'scher Online-Kommentar Kostenrecht, 34. Edition (Stand: 1.7.2021)
BeckOK UmweltR/ *Bearbeiter*	Beck'scher Online-Kommentar Umweltrecht, 59. Edition (Stand: 1.7.2021)
Beuthien/*Bearbeiter*	*Beuthien,* Genossenschaftsgesetz, 16. Aufl. 2018
BHKM/*Bearbeiter*	*Becker/Heckmann/Kempen/Manssen,* Öffentliches Recht in Bayern, 7. Aufl. 2017
Bormann/Diehn/ Sommerfeldt/*Bearbeiter*	*Bormann/Diehn/Sommerfeldt,* GNotKG, 4. Aufl. 2021
Braun/*Bearbeiter*	*Braun,* InsO, 8. Aufl. 2020
Bumiller/Harders/ Schwamb	*Bumiller/Harders/Schwamb,* FamFG, 12. Aufl. 2019
Burhoff	*Burhoff,* Vereinsrecht, 10. Aufl. 2019
Callies/Ruffert/ *Bearbeiter*	*Callies/Ruffert,* EUV/AEUV, 5. Aufl. 2016
Demharter	*Demharter,* Grundbuchordnung, 32. Aufl. 2021
Dreier/*Bearbeiter*	*Dreier,* Grundgesetz-Kommentar, 3. Aufl. 2013 ff.

Erbs/Kohlhaas/ *Bearbeiter*	*Häberle,* Strafrechtliche Nebengesetze, Loseblatt-Kommentar, 236. EL (Stand: 5/2021)
ErfK/*Bearbeiter*	Erfurter Kommentar zum Arbeitsrecht, 21. Aufl. 2021
Erman/*Bearbeiter*	*Westermann/Grunewald/Maier-Reimer,* BGB, 16. Aufl. 2020
Friauf/Höfling/ *Bearbeiter*	*Friauf/Höfling,* Berliner Kommentar zum Grundgesetz, Loseblatt-Kommentar, (Stand: 2021)
Gärditz/*Bearbeiter*	*Gärditz,* VwGO, 2. Aufl. 2018
GKK/*Bearbeiter*	*Geiger/Khan/Kotzur,* EUV/AEUV, 6. Aufl. 2017
Gosch/*Bearbeiter*	*Gosch,* Abgabenordnung/Finanzgerichtsordnung, Loseblatt-Kommentar, 160. EL (Stand: 5/2021)
Grabitz/Hilf/Nettesheim/ *Bearbeiter*	*Grabitz/Hilf/Nettesheim,* Das Recht der Europäischen Union, Loseblatt-Kommentar, 72. EL (Stand: 2/2021)
Groh	*Groh,* Vereinsgesetz, 2012 (abrufbar nur über beck-online)
HGR II/*Bearbeiter*	*Merten/Papier,* Handbuch der Grundrechte in Deutschland und Europa, Band II: Grundrechte in Deutschland – Allgemeine Lehren I, 2006
HGR VI/1/*Bearbeiter*	*Merten/Papier,* Handbuch der Grundrechte in Deutschland und Europa, Band VI/1: Europäische Grundrechte I, 2010
HK-UmwG/*Bearbeiter*	*Maulbetsch/Klumpp/Rose,* Heidelberger Kommentar zum Umwandlungsgesetz, 2. Aufl. 2017
HStR III/*Bearbeiter*	*Isensee/Kirchhof,* Handbuch des Staatsrechts, Band III: Demokratie – Bundesorgane, 3. Aufl. 2005
HStR VII/*Bearbeiter*	*Isensee/Kirchhof,* Handbuch des Staatsrechts, Band VII: Freiheitsrechte, 3. Aufl. 2009
HStR VIII/*Bearbeiter*	*Isensee/Kirchhof,* Handbuch des Staatsrechts, Band VIII: Grundrechte: Wirtschaft, Verfahren, Gleichheit, 3. Aufl. 2010
Hüffer/Koch	*Hüffer/Koch,* Aktiengesetz, 15. Aufl. 2021
HVerfR/*Bearbeiter*	*Benda/Maihofer/Vogel,* Handbuch des Verfassungsrechts der Bundesrepublik Deutschland, 2. Aufl. 1994 (Nachdruck 2012)
Immenga/Mestmäcker/ *Bearbeiter*	*Immenga/Mestmäcker,* Wettbewerbsrecht, 5. Aufl. 2012 ff. und 6. Aufl. 2020 ff.
Jarass/Pieroth/*Bearbeiter*	*Jarass/Pieroth,* GG, 16. Aufl. 2020
jurisPK-BGB/*Bearbeiter*	juris Praxiskommentar BGB, 9. Aufl. 2020
Kallmeyer/*Bearbeiter*	*Kallmeyer,* Umwandlungsgesetz, 7. Aufl. 2020
Keidel/*Bearbeiter*	*Keidel,* FamFG, 20. Aufl. 2020
KK-UmwG/*Bearbeiter*	*Dauner-Lieb/Simon,* Kölner Kommentar zum UmwG, 2009
Kopp/Ramsauer	*Kopp/Ramsauer,* VwVfG, 21. Aufl. 2020
Korintenberg/*Bearbeiter*	*Korintenberg,* GNotKG, 21. Aufl. 2020
Krafka RegisterR-HdB	*Krafka,* Registerrecht, 11. Aufl. 2019
Landmann/Rohmer/ *Bearbeiter*	*Landmann/Rohmer,* Umweltrecht, Loseblatt-Kommentar, 94. EL (Stand: 12/2020)
Loewenheim/Meessen/ Riesenkampff/ *Bearbeiter*	*Loewenheim/Meessen/Riesenkampff/Kersting/Meyer-Lindemann,* Kartellrecht, 4. Aufl. 2020

Lutter/*Bearbeiter*	*Lutter,* UmwG, 6. Aufl. 2019
Lutter/Hommelhoff/ *Bearbeiter*	*Lutter/Hommelhoff,* GmbH-Gesetz, 20. Aufl. 2020
Lutter/Hommelhoff/ Teichmann/*Bearbeiter*	*Lutter/Hommelhoff/Teichmann,* SE-Kommentar, 2. Aufl. 2015
MAH Insolvenz/ *Bearbeiter*	Münchener Anwaltshandbuch Insolvenz und Sanierung, 3. Aufl. 2019
Maunz/Dürig/ *Bearbeiter*	*Maunz/Dürig,* Grundgesetz, Loseblatt-Kommentar, 94. EL (Stand: 1/2021)
Meyer-Ladewig/ Nettesheim/von Raumer/ *Bearbeiter*	*Meyer-Ladewig/Nettesheim/von Raumer,* EMRK, 4. Aufl. 2017
MHdB GesR IV/ *Bearbeiter*	Münchener Handbuch des Gesellschaftsrechts, Band 4, 5. Aufl. 2020
MHdB GesR V/ *Bearbeiter*	Münchener Handbuch des Gesellschaftsrechts, Band 5, 5. Aufl. 2021
MHdB GesR VI/ *Bearbeiter*	Münchener Handbuch des Gesellschaftsrechts, Band 6, 5. Aufl. 2021
MKS/*Bearbeiter*	*von Mangold/Klein/Starck,* GG, 7. Aufl. 2018
MüKoAktG/*Bearbeiter*	Münchener Kommentar zum Aktiengesetz, 4. Aufl. 2014 ff. und 5. Aufl. 2020 ff.
MüKoBGB/*Bearbeiter*	Münchener Kommentar zum Bürgerlichen Gesetzbuch, 8. Aufl. 2018 ff.
Nerlich/Römermann/ *Bearbeiter*	*Nerlich/Römermann,* Insolvenzordnung, Loseblatt-Kommentar, 42. EL (Stand: 2/2021)
NK-BGB/*Bearbeiter*	*Heidel/Hüßtege/Mansel/Noack,* NomosKommentar BGB, Band 1: Allgemeiner Teil/EGBGB, 4. Aufl. 2021
Palandt/*Bearbeiter*	*Palandt,* Bürgerliches Gesetzbuch, 80. Aufl. 2021
Reichert	*Reichert/Schimke/Dauernheim,* Vereins- und Verbandsrecht, 14. Aufl. 2018
Sachs/*Bearbeiter*	*Sachs,* GG, 9. Aufl. 2021
Sauter/Schweyer/ Waldner	*Sauter/Schweyer/Waldner,* Der eingetragene Verein, 21. Aufl. 2021
SBHS/*Bearbeiter*	*Schwarze/Becker/Hatje/Schoo,* EU-Kommentar, 4. Aufl. 2019
Schaub/*Bearbeiter*	*Schaub,* Arbeitsrechts-Handbuch, 18. Aufl. 2019
Schmidt GesR	*K. Schmidt,* Gesellschaftsrecht, 4. Aufl. 2002
Schmidt HandelsR	*K. Schmidt,* Handelsrecht, 6. Aufl. 2014
Schmitt/Hörtnagl/ *Bearbeiter*	*Schmitt/Hörtnagel,* UmwG/UmwStG, 9. Aufl. 2020
Schoch/Schneider/ *Bearbeiter*	*Schoch/Schneider,* Verwaltungsgerichtsordnung, Loseblatt-Kommentar, 40. EL (Stand: 2/2021)
Schöner/Stöber GrundbuchR	*Schöner/Stöber,* Grundbuchrecht, 16. Aufl. 2020

Semler/Stengel/Leonard/ *Bearbeiter*	*Semler/Stengel/Leonard,* Umwandlungsgesetz, 5. Aufl. 2021
SGR/*Bearbeiter*	*Schenke/Graulich/Ruthig,* Sicherheitsrecht des Bundes, 2. Aufl. 2019
SHH/*Bearbeiter*	*Schmidt-Bleibtreu/Hofmann/Henneke,* GG, 14. Aufl. 2017
Soergel/*Bearbeiter*	*Soergel,* Bürgerliches Gesetzbuch mit Einführungsgesetz und Nebengesetzen, 13. Aufl. 2000 ff.
Staudinger/*Bearbeiter*	*J. von Staudingers* Kommentar zum Bürgerlichen Gesetzbuch mit Nebengesetzen, Neubearbeitung 2006 ff.
Stöber/Otto	*Stöber/Otto,* Handbuch zum Vereinsrecht, 12. Aufl. 2021
Streinz/*Bearbeiter*	*Streinz,* EUV/AEUV, 3. Aufl. 2018
Widmann/Mayer/ *Bearbeiter*	*Widmann/Mayer,* Umwandlungsrecht, Loseblatt-Kommentar, 192. EL (Stand: 7/2021)
Zöller/*Bearbeiter*	*Zöller,* ZPO, 33. Aufl. 2020

Kapitel 1. Einleitung; Rechtsgrundlagen

§ 1. Einleitung

Übersicht

A. Einleitende Betrachtung

1 Vereine sind aus unserer Gesellschaft nicht wegzudenken. Ihnen kommt im Rechtsleben eine überragende Bedeutung zu. In keiner anderen Organisationsform des Zivilrechts sind mehr Menschen verbunden als in Vereinen, eingetragenen wie nicht eingetragenen.

2 Viele Vereine erfüllen dabei gesellschaftlich bedeutende Aufgaben: Im sozialen und kulturellen Bereich sind sie entscheidende Träger wichtiger Einrichtungen, sie dienen der Stärkung und Bündelung bürgerschaftlichen Engagements: Parteien, als wesentliche Akteure des politischen Lebens sind zumeist als Vereine organisiert, auch Arbeitgeberverbände und Gewerkschaften eint regelmäßig zumindest die Rechtsform. Vom Zusammenschluss einiger vom gemeinsamen Wandern begeisterter Freunde bis zum Verband mit einer millionenstarken Mitgliederzahl lebt auch der Sport- und Freizeitbereich maßgeblich von seinen Vereinen; Natur- und Tierschutz, öffentlicher und individueller Verkehr, Bürgerinitiative oder Interessenverband, die Reihe ließe sich nahezu endlos fortsetzen. Vereine sind in ihrer Bedeutung für das reibungslose Funktionieren unseres Gemeinwesens kaum zu überschätzen.[1]

3 „Deutschland hat so viele Vereine wie nie zuvor.“[2] So lautete – kurz und knapp – der schon 2013 in der Presse zu findende Befund. Der „ZiviZ-Survey 2012“ von Bertelsmann Stiftung, Stifterverband für die deutsche Wirtschaft und Fritz Thyssen Stiftung[3] hatte im Bundesgebiet über 580.000 in den Registern der Länder eingetragene Vereine ermittelt. Die Verfasser befanden: Aus den Anfängen in der zweiten Hälfte des 18. Jahrhunderts bis heute sei „ein ausdifferenzierter gemeinnütziger bzw. Dritter Sektor entstanden, dessen Organisationen wichtiger Bestandteil unterschiedlicher Politikfelder sind“.[4] Die „Vereinsstatistik 2014“ der V & M Service GmbH[5] bestätigte die gefundenen Zahlen weitgehend, während der „Bundesverband deutscher Vereine & Verbände e.V.“ zum Jahresende 2014 gar von „erstmals über 600.000 Vereine(n)“[6] ausgeht. Der mittlerweile erschienene „ZiviZ-Survey 2017“[7] konstatiert ebenfalls ein „Wachstum der organisierten Zivilgesellschaft. Im Jahr 2016 überstieg die Zahl der eingetragenen Vereine in Deutschland erstmals die Schwelle von 600.000.“[8] Die eingangs zitierte Feststellung, Deutschland habe so viele Ver-

---

[1] Ausgewählte Werke I, Die Weisheit des Brahmanen, Frankfurt a. M., 1988, 16,5.
[2] FAZ v. 20.7.2013, Nr. 166.
[3] *Krimmer/Priemer,* ZiviZ-Survey 2012 – Instrumente und erste Ergebnisse, Berlin 2013.
[4] ZiviZ-Survey 2012 – Instrumente und erste Ergebnisse, S. 10.
[5] V & M Service GmbH, Konstanz, in Auszügen abrufbar über www.npo-manager.de/vereinsstatistik; zuletzt abgerufen am 6.9.2021.
[6] www.bdvv.de/statistik-erstmals-ueber-600000-vereine.
[7] ZiviZ-Survey 2017 – Vielfalt verstehen. Zusammenhalt stärken, abrufbar über https://www.ziviz.de/ziviz-survey; zuletzt abgerufen am 6.9.2021.
[8] ZiviZ-Survey 2017 – Vielfalt verstehen. Zusammenhalt stärken, S. 5.

eine wie nie zuvor, ist daher heute so richtig wie damals. Auch wenn ein Einbruch bei der Vereinszahl nicht absehbar ist, zeigt sich doch ein langsameres Wachstum. Der ZiviZ-Survey 2012 stellte noch fest, dass „in den Neunziger-jahren […] pro Jahr durchschnittlich 20.000 Neueinträge in den Vereinsregistern“ erfolgten, denen „etwa 5.000 Streichungen gegenüber“ standen. „Seit 2011 betragen die jährlichen Zuwächse nur noch durchschnittlich etwa 15.000 Organisationen. Gleichzeitig stieg die Zahl der Löschungen auf rund 10.000 Organisationen“[9] pro Jahr an. Gemeinnützig tätigen GmbHs, Stiftungen, Genossenschaften oder anderen Formen der organisierten gemeinsamen Interessenverfolgung kommt trotzdem eine ähnliche Größenordnung oder Dichte wie Vereinen bei Weitem nicht zu; eine im Jahre 2013 fertig gestellte Studie ermittelte 17.352 Stiftungen, 10.006 gemeinnützige GmbHs und 8.502 Genossenschaften.[10] Für das Jahr 2017 wird der Anteil von Stiftungen, Genossenschaften und gemeinnützigen GmbHs mit etwa 5% aller Organisationen der „organisierten Zivilgesellschaft“ ermittelt.[11]

3a Auf der Mitgliederseite ist der Befund etwas differenziert zu sehen. Der DFB etwa hat für das Jahr 2020 stolz im neunten Jahr hintereinander einen Mitgliederzuwachs zu verzeichnen: „Noch nie in seiner Geschichte gehörten so viele Menschen dem DFB und seinen Landesverbänden an“.[12] Der ZiviZ-Survey 2017 kam auch zu dem Ergebnis, dass „nicht nur die Zahl der Organisationen stieg, sondern auch die Zahl der Mitglieder in vielen Organisationen. Immerhin ein Drittel der Organisationen gibt an, heute mehr Mitglieder zu haben als 2012“.[13] Dagegen stellte eine schon 2012 veröffentlichte Studie des Wissenschaftszentrums Berlin für Sozialforschung (WZB) fest, die Vereine litten unter „Nachwuchsprobleme(n). In rund 60% der Vereine gibt es zu wenige Mitglieder und Engagierte zwischen 14 und 30 Jahren“.[14] Der ZiviZ-Survey sieht eher „eine nach wie vor stabile Entwicklung […] bei den freiwillig Engagierten.“ Vielleicht können klare gesetzliche Vorgaben für die Vereinsarbeit und verlässliche Informationen der Akteure über die relevanten rechtlichen Rahmenbedingungen helfen, dem Verlust ehrenamtlichen Engagements entgegen zu wirken.

4 Durch die zunehmende Vereinszahl und die gleichzeitige Abnahme der Einwohnerzahlen in Deutschland ist die statistisch ebenfalls erhobene „Vereinsdichte“ noch stärker gestiegen: Es bestehen über 7.000 Vereine je 1 Mio. Einwohner.[15] Die größte Vereinsdichte weist dabei nach der „Vereinsstatistik 2014“ das Saarland auf, die geringste der Stadtstaat Hamburg. Wie seit Jahren sind dieser Vereinsstatistik nach[16] die meisten Vereine in den Bereichen „Freizeit und Heimatpflege“ tätig, gefolgt von „Soziales und Wohlfahrt“. Es folgen – nahezu gleichauf – Vereine aus den Bereichen „Berufs-/Wirtschaftsverbände/ Politik“ einerseits und „Sport“ andererseits. Dahinter rangieren „Interessensverbände und Bürgerinitiativen“. Bereits in der 1. Auflage dieses Buches war festzustellen, dass Bürgerinitiativen, Interessen-, Berufs- und Wirtschaftsverbände als „politische“ Vereine wie auch die Bereiche Umwelt, Natur und Kultur gegenüber den klassischen Bereichen Soziales und Freizeit im Wachsen begriffen seien. Dieser Trend hält nach dem ZiviZ-Survey 2017 an: „neue Handlungsfelder wie Bürger- und Verbraucherinteressen oder Internationale Solidarität“ wachsen, während „etwa ein Viertel der Vereine traditionsreicher Handlungsfelder wie Sport, Freizeit und Geselligkeit sowie Kultur und Medien […] Mitglieder verloren“ hat. Bezogen auf den Tätigkeitsbereich halte den Spitzenplatz derzeit der Sport mit

---

[9] ZiviZ-Survey 2017 – Vielfalt verstehen. Zusammenhalt stärken, S. 9.

[10] Die Zahlen entstammen dem Artikel der FAZ „Deutschland hat so viele Vereine wie nie zuvor“ v. 20.7. 2013, Nr. 166 über die Studie „Zivilgesellschaft in Zahlen“.

[11] ZiviZ-Survey 2017 – Vielfalt verstehen. Zusammenhalt stärken, S. 10.

[12] www.dfb.de/news/detail/2020-mehr-mitglieder-weniger-vereine-und-mannschaften-216498/; zuletzt abgerufen am 6.9.2021.

[13] ZiviZ-Survey 2017 – Vielfalt verstehen. Zusammenhalt stärken., S. 5.

[14] www.wzb.eu/de/pressemitteilung/der-nachwuchs-macht-sich-rar.

[15] Vereinsstatistik 2014, zit. nach www.npo-manager.de/vereinsstatistik/2014.

[16] Zit. nach www.npo-manager.de/vereinsstatistik/2014.

rund 22% aller Vereine, gefolgt von Bildung und Erziehung mit 18%. 22% (!) aller Vereine seien heute Fördervereine.

Neben die schon mit ihrer schieren Zahl beeindruckenden, in den Vereinsregistern geführten Vereine treten die nicht eingetragenen Vereine – in nicht abschätzbarer Menge. Zuverlässiges statistisches Material für sie liegt nicht vor. Die maßgeblichen Zahlen dürften auch wegen häufig (besonders) kurzfristiger Ziele, etwa bei neuen Sportarten oder konkreten politischen Themen, stärker schwanken als dies bei eingetragenen Vereinen der Fall ist. Ein besonders prägnantes Beispiel für die plötzliche Zunahme nicht eingetragener Vereine war vor einigen Jahren deren rapides Wachstum bei in Bayern entstandenen „Nichtraucherclubs" infolge der dort geführten Rauchverbotsdiskussion. Auch ohne derart schillernde Protagonisten sind diese Vereine aber – schon aufgrund ihrer Häufigkeit – in ihrer Bedeutung für das Rechtsleben nicht von untergeordneter Bedeutung. Gerade mangels vorbeugender Prüfung ihrer Gründung, Struktur und Organisation durch die Institutionen der freiwilligen Gerichtsbarkeit bedürfen sie klarer und eindeutiger rechtlicher Vorgaben. 5

Vereine haben sich dabei auch zu einem wesentlichen Akteur des Wirtschaftslebens entwickelt. Sie erwirtschafteten nach Zahlen, die das Statistische Bundesamt im Rahmen des ZiviZ-Survey ermittelte, (zusammen mit Genossenschaften, gemeinnützigen GmbHs und Stiftungen) im Jahre 2007 eine Bruttowertschöpfung von 90 Mrd. Euro und beschäftigten 2,3 Mio. Mitarbeiter in sozialversicherungspflichtigen Beschäftigungsverhältnissen neben weiteren 300.000 in „400-Euro-Jobs".[17] Strukturell zeichnet sich dabei der „Dritte Sektor" in Deutschland durch eine Zweiteilung aus. Organisationen in den Bereichen Gesundheit und Soziale Dienste, allen voran die Spitzenverbände der freien Wohlfahrtspflege, sind Teil des wohlfahrtsstaatlichen Dienstleistungsarrangements und arbeiten mit bezahlten Beschäftigten. Auf der anderen Seite stehen Organisationen etwa der Bereiche Kultur und Sport, die fast ausschließlich mit freiwillig Engagierten arbeiten und bei denen die Finanzierung ihrer Arbeit größtenteils von Mitgliedsbeiträgen abhängt.[18] 6

So vielschichtig wie ihre Tätigkeitsbereiche sind auch die strukturellen und organisatorischen Erscheinungsformen von Vereinen: Neben eigenständige, häufig regional begrenzt tätige Vereine mit überschaubarem Mitgliederkreis treten Gesamtvereine und Großvereine mit zahlreichen, regional oder sachlich abgegrenzten Untergliederungen, etwa Orts-, Bezirks- und Landesvereine, die teils selbst auch eigene Vereine darstellen, teils bloße Organisationseinheiten des Gesamtvereins sind. Dazu treten Vereinsverbände als Zusammenschlüsse mehrerer selbständiger (Einzel-) Vereine. Zahlreiche BGB-Vereine die – als Nebenzweck – wirtschaftliche Unternehmen betreiben, haben – das AG München hatte dies zuletzt für den Fußball-Club Bayern, München eingetragener Verein[19] und den ADAC[20] in Amtslöschungsverfahren zu prüfen – die Wahrung der nicht-wirtschaftlichen Tätigkeit im Auge zu behalten und ihre Struktur den Anforderungen des Wirtschaftslebens anzupassen. Steuerlich begünstigte gemeinnützige Vereine sind bei Satzungsausgestaltung und -durchführung an weitgehende Vorgaben des Gemeinnützigkeitsrechts gebunden. Religiöse Vereine genießen, „wenn sie nach kirchlichem Selbstverständnis ihrem Zweck oder ihrer Aufgabe entsprechend berufen sind, ein Stück des Auftrags der Kirche wahrzunehmen und zu erfüllen"[21] die Gewährleistungen des Art. 140 GG iVm Art. 137 Abs. 3 WRV, der ihnen weitgehende organisatorische Freiheiten garantiert. Besondere Rechtsfragen stellen sich bei Gründung und Tätigkeit von Vereinigungen „zur Wahrung und Förderung der 7

[17] Die Zahlen entstammen dem ZiviZ-Survey 2012 – Instrumente und erste Ergebnisse (die ausführlichen Zahlen des Statistischen Bundesamtes sind abrufbar über www.destatis.de/DE/Publikationen/WirtschaftStatistik/UnternehmenGewerbeanzeigen/WirtschaftlicheBedeutung3Sektor032012.pdf?__blob=publicationFile).

[18] ZiviZ-Survey 2012 – Instrumente und erste Ergebnisse, S. 10.

[19] Nach der Pressemitteilung des AG München v. 16.9.2016 (Pressemitteilung 73/16) besteht kein Anlass für die Amtslöschung des Vereins (/www.justiz.bayern.de/gericht/ag/m/presse/archiv/2016/05402/).

[20] Nach der Pressemitteilung des AG München vom 24.1.2017 (Pressemitteilung 07/17) besteht auch für den ADAC kein Anlass für die Amtslöschung des Vereins (www.justiz.bayern.de/gericht/ag/m/presse/archiv/2017/05592/index.php).

[21] BVerfGE 70, 138 = NJW 1986, 367.

Arbeits- und Wirtschaftsbedingungen", die unter dem besonderen Schutz des Art. 9 Abs. 3 GG stehen.

8 Neben seiner rechtstatsächlich überragend großen Bedeutung kommt dem Verein als „Mutter" aller Körperschaften eine entscheidende Modell- und Vorbildfunktion zur Herausarbeitung und Klärung juristischer Fragestellungen und Probleme zu. Wesentliche Strukturmerkmale der Gesellschaft mit beschränkter Haftung oder der Aktiengesellschaft entwickeln und beschreiben Wissenschaft und Rechtsprechung auf der Grundlage der Gedanken und Vorgaben des Vereinsrechts. Bürgerlich-rechtliche Vorschriften des Vereinsrechts stehen entweder Pate für entsprechende Bestimmungen des Rechts der Körperschaften oder sind gar direkt auf sie anwendbar. Die Rückbesinnung auf grundlegende vereinsrechtliche Prinzipien und maßgebliche Weichenstellungen trägt nicht selten zur Lösung weiterführender Probleme des Gesellschaftsrechts, zuvörderst des Rechts der Körperschaften bei.

9 In einem eigenartigen Gegensatz zu der dargestellten tatsächlichen und juristischen Bedeutung des Vereins(rechts) steht immer noch seine eher zurückhaltende Behandlung in der juristischen Fachwelt. Hier drohen Vereine mit zahlreichen ihrer Rechtsfragen eher ein – bedauerliches – Schattendasein zu fristen.

10 Das vorliegende Handbuch möchte dem entgegenwirken und helfen, so manch verbliebene dunkle Stelle auszuleuchten. Alle für den Verein wesentlichen Regelungen in den relevantesten Rechtsgebieten werden in einer Querschnittsdarstellung in einer für den Praktiker geeigneten Form in einem Werk zusammenfassend dargestellt.

11 Ausgehend von den verfassungsrechtlichen Grundlagen soll die zivilrechtliche Ausgestaltung des Vereinsrechts im BGB, für eingetragene Vereine in gleicher Weise wie für nicht eingetragene Vereine, ebenso der Erörterung zugeführt werden wie ihre öffentlich-rechtliche Komponente, insbesondere in Vereinsgesetz und Versammlungsrecht. Daneben werden die Fragen, die sich für die im und für den Verein Tätigen im Bereich des Arbeitsrechts stellen, erörtert, wird der Verein als Akteur des Steuerrechts dargestellt und als an Umwandlungsvorgängen beteiligter Rechtsträger ausgeleuchtet. Die maßgeblichen verfahrensrechtlichen Vorgaben erfahren – verbunden mit Formulierungsvorschlägen für Anmeldungen zum und Eintragungen im Vereinsregister – wie auch die relevanten Problemstellungen des Kostenrechts gleichberechtigte Behandlung.

12 Einschlägige Fragen sollen dabei im ersten, darstellenden Teil des Werks in einzelne, auch alternative Formulierungsvorschläge für die Gestaltung von Vereinssatzungen und sonstige rechtlich relevante Texte münden, die im Schlussteil des Buches zu Mustersatzungen, Musterverträgen und sonstigen Mustertexten, wie zB Protokollen, Einladungen und Registeranmeldungen, zusammengefasst werden. Damit soll der Rechtsanwender nicht nur Antworten auf rechtstheoretische Fragestellungen finden, sondern Hilfestellung in aufgekommenen Streitfragen ebenso erhalten wie verlässliche Auskunft zu empfehlenswerten Gestaltungsvarianten bei Problemen der Satzungsgestaltung, Organisation des Vereinslebens und Abwicklung des Registerverkehrs.

B. Der BGB-Verein als Gegenstand der Darstellung

13 Gegenstand des gegenwärtigen Handbuchs ist der Verein iSd Bürgerlichen Gesetzbuches. Der **Begriff** ist im BGB selbst nicht definiert. Rechtsprechung[22] und Literatur[23] definieren den Verein – den nicht eingetragenen genauso wie sein rechtsfähiges, eingetragenes Pendant – als

– auf Dauer angelegten Zusammenschluss von Personen
– zur Verwirklichung eines gemeinsamen Zweckes,

[22] Grundlegend: RGZ 143, 213; RGZ 165, 143; BGH LM § 31 Nr. 11.

[23] Vgl. nur BeckOK BGB/*Schöpflin* BGB § 21 Rn. 25; MüKoBGB/*Leuschner* BGB vor § 21 Rn. 110; Palandt/*Ellenberger* BGB Einf. vor § 21 Rn. 14; Soergel/*Hadding* BGB vor § 21 Rn. 44.

- der körperschaftlich verfasst ist,
- unter einem Gesamtnamen auftritt und
- auf einen wechselnden Mitgliederbestand angelegt ist.

Die körperschaftliche Verfassung zeigt sich dabei – unbeschadet ihrer jeweiligen konkreten Ausgestaltung durch die Satzung des Vereins – im Wesentlichen im Handeln des Vereins durch seine Organe, in jedem Fall zumindest Mitgliederversammlung und Vorstand, in der grundsätzlich mehrheitsgetragenen Willensbildung in den Organen, der Unabhängigkeit vom Mitgliederbestand sowie in der Vereinsleitung, -führung und -vertretung durch den Vorstand.[24] 14

I. Maßgebliche Kriterien

Die Verfolgung bestimmter Zwecke ist ebenso wenig wie die Rechtsfähigkeit ein entscheidendes Kriterium für die Rechtsform „Verein". Die Unbeachtlichkeit der Rechtsfähigkeit zeigt sich ganz offensichtlich schon im Nebeneinander von eingetragenem und nicht eingetragenem Verein. Weder die Vereinsstruktur noch der Fortbestand der Organisation bei Mitgliederwechseln bedingen sie. Körperschaftliche Strukturen setzen mit anderen Worten keine Rechtsfähigkeit voraus. 15

Der gemeinsame Zweck erlangt (negativ) darin Bedeutung, dass bestimmte Zwecke nicht zur Verfolgung in der Form des BGB-Vereins in Betracht kommen. So unterscheidet sich der BGB-Verein von den Kapitalgesellschaften des Handelsrechts als „Handelsvereinen" durch seinen (Haupt-)Zweck – unternehmensführende Organisationsformen im Körperschaftsbereich sind grundsätzlich die GmbH und die AG, nicht aber der BGB-Verein: Die Unterscheidung zeigt sich auch strukturell im Fehlen eines Haftkapitals des Vereins und darauf bezogener (gläubigerschützender) Kapitalaufbringungs- und Kapitalsicherungsvorschriften im Vereinsrecht. Grundsätzlich aber sind die Gründer bei Festlegung der Satzung – und später die Mitglieder(-versammlung) im Wege der Satzungsänderung – in der Festlegung des gemeinschaftlichen Zwecks frei.[25] 16

II. Abgrenzung zur Gesellschaft bürgerlichen Rechts

Trotz der rechtstheoretisch an sich trennscharfen Abgrenzung zwischen den beiden Organisationsformen kann im Einzelfall vor allem die Abgrenzung des Vereins von der Personengesellschaft, namentlich deren Grundform, der Gesellschaft bürgerlichen Rechts (GbR) der §§ 705 ff. BGB, genauer Betrachtung bedürfen. 17

Beide Formen eint grundsätzlich die Dauerhaftigkeit des Zusammenschlusses von Personen zur Verfolgung gemeinsamer Zwecke. Auch die (Außen-) GbR kann mit der grundlegenden (Neu-)Einschätzung der Rechtsprechung rechtsfähig sein und unter einem eigenen (Gesamt-)Namen auftreten.[26] Während der von den Vereinsmitgliedern bzw. Gesellschaftern gewählten Namensgebung für die tatsächlich zutreffende rechtliche Einordnung entscheidende Bedeutung nicht zukommen kann,[27] ist die rechtliche Struktur, die sie ihrer Organisation gegeben haben, von ausschlaggebender Bedeutung. Dem (rechtlichen) Grundsatz nach unterscheidet sich der Verein, auch wenn Misch- und Sonderformen denkbar sind, von der Gesellschaft durch seine körperschaftliche Organisation und seine grundsätzliche Unabhängigkeit vom Mitgliederwechsel: Während bei der GbR vertragliche Beziehungen nicht nur zwischen der Gesellschaft und ihren „Mitgliedern", sondern auch zwischen den Gesellschaftern untereinander bestehen, sind letztere beim Verein auf 18

[24] Vgl. BeckOK BGB/*Schöpflin* BGB § 21 Rn. 26; MüKoBGB/*Leuschner* BGB vor § 21 Rn. 110; Palandt/*Ellenberger* BGB Einf. vor § 21 Rn. 14.
[25] Vgl. BeckOK BGB/*Schöpflin* BGB § 21 Rn. 87 ff.
[26] Grundlegend BGHZ 146, 341 = NJW 2001, 1056.
[27] Vgl. BeckOK BGB/*Schöpflin* BGB § 21 Rn. 28; Palandt/*Ellenberger* BGB Einf. vor § 21 Rn. 14.

die mittelbare Bindung über den gemeinsamen Verein beschränkt.[28] Damit verbunden ist der (durch Gesellschaftervertrag freilich abdingbare) Grundsatz der Auflösung der GbR bei Ausscheiden eines Mitgliedes im Gegensatz zur wesensnotwendigen Unabhängigkeit des Vereins vom Mitgliederkreis.[29] Leitbild der GbR sind weiter die Geschäftsführung und Vertretung durch die Gesamtheit aller Gesellschafter nach §§ 709, 714 BGB und die prinzipielle Einstimmigkeit jeder Meinungsfindung, im Gegensatz zur körperschaftlichen (Fremd-) Organschaft und Mehrheitsentscheidung eines Vereins. In Zweifelsfällen können etwa die statuarisch gestattete Fremdorganschaft für den Verein, die geringe Größe des Mitgliederkreises und die Befristung der Verbindung tendenziell eher für die Gesellschaft sprechen.[30]

III. „Mischformen"

19 Im Rechtsleben anzutreffen sind auch „Mischformen" zwischen Verein und Gesellschaft. Sie entstehen aus der Kombination körperschaftlicher Elemente mit solchen des Personengesellschaftsrechts und sind von fließenden Übergängen von mehr vereinsmäßigen zu mehr gesellschaftsähnlichen Formen gekennzeichnet.[31] Während die Literatur zum Teil betont, dass derartige Organisationen in Anbetracht des *numerus clausus* der Gesellschafterformen in jedem Einzelfall in Folge einer Gesamtbetrachtung ihrer Struktur und Ausgestaltung zu einer der beiden Grundformen Verein oder Gesellschaft zugeordnet werden müssen,[32] betont der BGH:[33]

> „Zusammenschlüsse dieser Art mag man je nachdem, welche Elemente im Einzelfall überwiegen, entweder als Verein oder als Gesellschaft bezeichnen können. Es wäre aber wenig sachgerecht, aus dieser oder jener generellen Einordnung jeweils immer zugleich die alleinige Geltung nur des Vereins- oder nur des Gesellschaftsrechts für die betreffende Vereinigung herzuleiten, ohne bei solchen Mischformen zu prüfen, ob eine unterschiedliche Rechtsanwendung bei ein und derselben Vereinigung geboten ist. Denn hierbei kann sich herausstellen, daß für die verschiedenen Regelungsbereiche der Vereinigung teils Normen des Vereinsrechts, teils solche des Gesellschaftsrechts besser passen und eine derartige Unterscheidung den Bedürfnissen der Organisation sowie den schützenswerten Interessen ihrer Mitglieder am besten gerecht wird."

[28] Vgl. BeckOK BGB/*Schöpflin* BGB § 21 Rn. 29.
[29] Vgl. dazu nur BGH NJW 1975, 1800.
[30] Ausf. zur Abgrenzung BeckOK BGB/*Schöpflin* BGB § 21 Rn. 29 ff.
[31] BGH NJW 1979, 2304 (2305).
[32] In diese Richtung etwa BeckOK BGB/*Schöpflin* BGB § 21 Rn. 34–36.
[33] NJW 1979, 2304 (2305).

§ 2. Historische und rechtliche Grundlagen

Übersicht

A. Zivilrecht und verfassungsrechtliche Vorgaben

Die (zivilrechtlichen) Grundlagen des Vereinsrechts finden sich seit dessen Inkrafttreten im Jahre 1900 in den §§ 21 ff. des Bürgerlichen Gesetzbuches. Das BGB beinhaltet dabei – heute zusammen mit dem FamFG – auch die wesentlichen verfahrensrechtlichen Vorgaben für die registerrechtliche Behandlung eingetragener Vereine. 1

Sonderregeln bestehen – zur Sicherung der Funktionsfähigkeit der Vereine während der **Corona-Pandemie** – nach § 5 Abs. 3a iVm Abs. 2 und Abs. 3 MaßnG-GesR[1] in der Fassung des Gesetzes zur weiteren Verkürzung des Restschuldbefreiungsverfahrens und zur Anpassung pandemiebedingter Vorschriften im Gesellschafts-, Genossenschafts-, Vereins- und Stiftungsrecht sowie im Miet- und Pachtrecht vom 22. 12. 2020[2] derzeit[3] zeitlich befristet bis 31. 12. 2021.[4] Für uns alle sei in dieser Stelle der Wunsch geäußert, diesem Gesetz nach baldiger Überwindung der Pandemie nur noch rechtshistorisches Interesse entgegenbringen zu müssen. 1a

Das wesentliche Augenmerk der Bestimmungen des BGB liegt – eindeutig – auf dem eingetragenen Verein: Alleine den rechtlichen Fragen rund um das Vereinsregister widmen sich die §§ 55–79 BGB. Nach dem historischen Willen des Gesetzgebers waren aber auch die §§ 21–53 BGB ausschließlich den in die Vereinsregister eingetragenen Vereinen vorbehalten. Der nicht eingetragene und damit ursprünglich nicht rechtsfähige Verein wurde nämlich – quantitativ wie qualitativ arg stiefmütterlich behandelt – in § 54 BGB explizit den Vorschriften über die Gesellschaft, die sich in den §§ 705 ff. BGB finden, unterworfen. 2

Diese, einen unbefangenen Leser des Gesetzbuches wohl überraschende, für ihn vielleicht sogar unverständlich wirkende Verweisung des BGB wirkt systemfremd und verfehlt. Sie kann auch inhaltlich nicht (mehr) überzeugen. Ihre heutige Bedeutung ist daher auch zu Recht massiv eingeschränkt. Die Aufnahme der Norm in das Gesetzbuch ist letztlich nur vor ihrem historischen Hintergrund zu verstehen. Sie bietet sich in besonderer Weise als Anknüpfungspunkt für die Betrachtung der Rechtsentwicklung des Vereinszivil- und -verfassungsrechts an. 3

---

[1] Gesetz über Maßnahmen im Gesellschafts-, Genossenschafts-, Vereins-, Stiftungs- und Wohnungseigentumsrecht zur Bekämpfung der Auswirkungen der COVID-19-Pandemie v. 27. 3. 2020, BGBl. I 569.

[2] BGBl. 2020 I 3328.

[3] Die Änderungen sind am 28. 2. 2021 in Kraft getreten.

[4] Die ursprünglich bis zum Jahresablauf 2020 befristete Geltung der §§ 1–5 des MaßnG-GesR wurde durch § 1 der Verordnung zur Verlängerung von Maßnahmen im Gesellschafts-, Genossenschafts-, Vereins- und Stiftungsrecht zur Bekämpfung der Auswirkungen der COVID-19-Pandemie (GesRGenRCOVMVV) v. 20. 10. 2020, BGBl. I 2258, bis 31. 12. 2021 verlängert.

I. Historischer Überblick

4 Das Recht, sich zur Bildung, Verfolgung und Durchsetzung gemeinsamer Interessen und Ziele frei zu Vereinen und sonstigen Vereinigungen zusammenfinden zu können, ist ein wesentliches Element freiheitlich demokratischer Staatsordnungen. Als solches war es den Obrigkeitsstaaten des 18. und 19. Jahrhunderts nicht nur fremd, es schien ihnen gefährlich. Der Zusammenschluss zu Vereinen war daher entweder gänzlich untersagt oder doch weitgehenden Beschränkungen unterworfen. Bis in die zweite Hälfte des 19. Jahrhunderts war daher das sog. Konzessionssystem vorherrschend. Danach stand die Verleihung des Rechts zur Bildung von Vereinigungen im mehr oder minder „freien", nicht (grund-)rechtlich gebundenen Ermessen der Verwaltung.

5 Zwar hatten sich erste Strukturen einer organisierten Bürgergesellschaft in Deutschland in der zweiten Hälfte des 18. Jahrhunderts entwickelt und hielten zur Zeit der Reichsgründung zeitgenössische Geschichts- und Gesellschaftswissenschaftler das Vereinsleben für das gestaltende Prinzip der neuen Epoche,[5] doch war das juristische Denken noch von großer Zurückhaltung geprägt.

6 Vor diesem rechtshistorischen Hintergrund nachvollziehbar, bestand auch bei den Beratungen zum BGB Sorge vor der freien Zulassung von Vereinen. Der körperschaftlich organisierte Verein drohte sich, „je größer und mächtiger, desto wirkungsvoller"[6] als „überindividuelle Wirkungseinheit"[7] zwischen das einzelne Mitglied und die staatlich organisierte Gesellschaft zu schieben, wodurch Handlungen von Vereinen nicht mehr zwingend einzelnen Personen persönlich zurechenbar und Verstöße gegen die sozialen oder rechtlichen Standards folglich nicht mehr problemlos sanktionierbar wären; das einzelne Mitglied würde sich hinter dem Verein „verstecken" können. Daher wurde auch die Kodifizierung des bis dahin bekannten Konzessionssystems diskutiert.

7 Die Angst vor zu mächtigen, nicht kontrollierbaren Vereinen bezog sich naturgemäß vor allem auf solche Vereinigungen, die bestehende Wertvorstellungen und Organisationsprinzipien in Frage zu stellen drohten. Die Begrenzung des Vereinsrechts des BGB auf Idealvereine und die Verweisung des § 54 S. 1 BGB auf das Gesellschaftsrecht ist daher im Kern als „Schutzklausel" vor Parteien, Gewerkschaften und religiösen Vereinigungen, die als Gefahr für das politische, gesellschaftliche und soziale System zu Ende des 19., Anfang des 20. Jahrhunderts empfunden wurden, zu verstehen.[8]

8 Ausdruck dieser Sorge war auch der (erst) mit Wirkung zum 1. 6. 1998 (!) endgültig aufgehobene § 61 Abs. 2 BGB, der den Verwaltungsbehörden die Möglichkeit gab, gegen die Vereinsregistereintragung eines Vereins Einspruch zu erheben, „wenn der Verein nach dem öffentlichen Vereinsrecht unerlaubt ist oder verboten werden kann".

9 Sie erklärt auch die, allerdings bereits durch Gesetz vom 19. 4. 1908 abgeschafften, §§ 72 und 79 BGB (aF), nach denen der Verein verpflichtet war, (einsehbare) vollständige Listen aller Mitglieder beim Amtsgericht einzureichen. Überrest dieser Vorgaben ist heute nur noch die Verpflichtung des Vorstands, auf Verlangen des Amtsgerichts eine Bescheinigung über die Zahl der Vereinsmitglieder einzureichen.[9]

10 Schon in der Weimarer Zeit wurde die Verweisung des § 54 S. 1 BGB nicht mehr in ihrer Absolutheit angewandt. Die Anerkennung pluralistischer und demokratischer Grundsätze brachte auch die grundsätzliche Freiheit körperschaftlicher Zusammenschlüsse mit sich. Die Disponibilität der wesentlichen Vorgaben des Personengesellschaftsrechtes, auf die § 54 BGB verwies, ermöglichte es, im Innenverhältnis flexible, zur körperschaftlichen Struktur nicht eingetragener Vereine besser passende Organisationsformen zu finden. Für

[5] ZiviZ-Survey 2012 – Instrumente und erste Ergebnisse, S. 10.
[6] MüKoBGB/*Reuter,* 7. Aufl. 2015, BGB vor § 21 Rn. 53.
[7] *Rittner,* Die juristische Person, S. 210 ff., zitiert nach MüKoBGB/*Reuter,* 7. Aufl. 2015, BGB vor § 21 Rn. 53.
[8] MüKoBGB/*Reuter,* 7. Aufl. 2015, BGB vor § 21 Rn. 54.
[9] Vgl. zum Ganzen Staudinger/*Weick* (2005) BGB vor § 21 ff. Rn. 12, 18.

das Auftreten des nicht eingetragenen Vereins im Außenverhältnis halfen von der Rechtsprechung in großem Umfang zugelassene Aushilfskonstruktionen. Im Ergebnis kam es zu einer Kombination von Vorgaben des Personengesellschaftsrechtes mit Strukturelementen des Körperschaftsrechtes.[10]

Einen dramatischen Einbruch erlitt die Rechtsentwicklung – leider nicht nur die des Vereinsrechts – in Folge der Machtergreifung durch die Nationalsozialisten. Das NS-Regime wischte mit der Außerkraftsetzung der Grundrechte auch die bis dahin gewonnenen Errungenschaften des Vereins- (und Versammlungs-)rechts beiseite. Den Machthabern missliebige Vereine wurden in großer Zahl aufgelöst, bestehen bleibende Vereine weitestgehend „gleichgeschaltet“; zum Ganzen auch → § 19 Rn. 2. 11

II. Geltung des Grundgesetzes: Vereinigungsfreiheit

Mit Inkrafttreten des Grundgesetzes hat die allgemeine Vereinigungsfreiheit durch ihre Verankerung als Grundrecht in Art. 9 GG die ihrer Bedeutung für die effektive Willensbildung und Willensvermittlung in einer pluralistischen, freiheitlich-demokratischen Grundordnung zukommende Anerkennung erfahren. Das „Prinzip freier sozialer Gruppenbildung ist ein konstituierendes Prinzip der demokratischen und rechtsstaatlichen Ordnung des Grundgesetzes“.[11] 12

In dem Bemühen, den Einzelnen zwar vor einer freiheitsbeschränkenden, individualrechtsverneinenden Einvernahme durch staatliche Organisationen und Dritte zu schützen, ihm aber zugleich die Einbindung in das freiwillige Miteinander mit anderen Menschen zu gewährleisten, ist dem Einzelnen in Art. 9 Abs. 1 GG die – nur nach Abs. 2 einschränkbare – Freiheit garantiert, sich aus privater Initiative mit anderen zu Vereinigungen irgendwelcher Art zusammenzufinden, sie zu gründen, aber auch ihnen fernzubleiben und aus ihnen wieder auszutreten.[12] 13

Das Bundesverfassungsgericht[13] konstatiert dazu: 14

„Das soziale System des durch das Grundgesetz verfaßten Gemeinwesens soll weder in ständisch-korporativen Ordnungen, wie sie namentlich das Kennzeichen älterer Sozialordnungen waren, Gestalt gewinnen, noch in der planmäßigen Formung und Organisation durch den Staat nach den Maßstäben eines von der herrschenden Gruppe diktierten Wertsystems, wie sie den totalitären Staat der Gegenwart kennzeichnet. In diesem Prinzip sind der menschenrechtliche Gehalt der Vereinigungsfreiheit und ihre Bedeutung für die Gestaltung der Gesellschaft und des Staates eng aufeinander bezogen. Der menschenrechtliche Gehalt wird deutlich im Blick auf das Bild des Menschen, von dem das Grundgesetz in Art. 1 ausgeht; es ist nicht das des isolierten und selbstherrlichen Individuums, sondern das der gemeinschaftsbezogenen und gemeinschaftsgebundenen Person […], die, von unverfügbarem Eigenwert, zu ihrer Entfaltung auf vielfältige zwischenmenschliche Bezüge angewiesen ist. Diese stellen sich zu einem wesentlichen Teil durch Vereinigungen her. Auch Art. 9 I GG ist also durch einen personalen Grundzug gekennzeichnet.“

Ausführlich zu Bedeutung und Inhalt der Freiheitsrechte des Art. 9 GG → § 19 Rn. 1 ff. 15

In der Folge dieser rechtlichen Verankerung des Freiheitsrechtes der Vereinigungsfreiheit hat die Rechtsprechung die Diskriminierung nicht eingetragener Vereine durch § 54 S. 1 BGB effektiv beseitigt. Auch auf den nicht rechtsfähigen Verein sind heute – entgegen dem unverändert gebliebenen Gesetzeswortlaut – in Folge einer verfassungskonformen Auslegung des § 54 BGB die §§ 21–53 BGB grundsätzlich insoweit anzuwenden, als diese Vorschriften nicht die Rechtsfähigkeit zwingend voraussetzen. Der ebenso wie andere Ver- 16

[10] Vgl. nur MüKoBGB/*Reuter*, 7. Aufl. 2015, BGB vor § 21 Rn. 56–57.
[11] BVerfG NJW 1979, 699 (705).
[12] BVerfG NJW 1975, 1265.
[13] BVerfG NJW 1979, 699 (705 f.).

einigungen grundsätzlich unter dem Schutz des Art. 9 des Grundgesetzes stehende nicht eingetragene Verein muss eine seiner Struktur adäquate rechtliche Ausgestaltung im bürgerlichen Recht vorfinden. Eine in – überholten – Kontrollzwecken begründete, offensichtlich sachwidrige Regelung, würde den Vorgaben des Verfassungsrechtes nicht genügen.

17 Der heute verbleibende wesentliche Unterschied zwischen eingetragenem und nicht eingetragenem Verein liegt – trotz fortschreitender Anerkennung einzelner ihrer Komponenten – in der fehlenden (vollen) Rechtsfähigkeit des nicht eingetragenen Vereins. Nur der eingetragene Verein ist eine juristische Person, als eine Zusammenfassung von Personen oder Sachen zu einer rechtlich geregelten und zweckgebundenen Organisation, der die Rechtsordnung Rechtsfähigkeit verliehen hat und die dadurch als Träger eigener Rechte und Pflichten verselbstständigt ist.[14] Einzig die sich daraus ergebenden Konsequenzen trennen heute in relevanter Weise die zivilrechtliche Behandlung der beiden Vereinstypen, wenngleich wesentliche Vorgaben der §§ 21 ff. BGB heute für sie beide in gleicher Weise gelten.

B. Sonstige Rechtsgrundlagen

I. Öffentliches Recht

18 Grundlegende Vorgaben für Gründung, Ausgestaltung und Wirken von Vereinen entstammen dem Verfassungsrecht. Grundlegende Norm ist die schon dargestellte Garantie der Vereinigungsfreiheit in Art. 9 Abs. 1 GG. Vereine mit besonderen Aufgabe oder Zielsetzungen stehen daneben unter dem Schutz weiterer verfassungsrechtlicher Gewährleistungen: Religiöse Vereine etwa genießen, „wenn sie nach kirchlichem Selbstverständnis ihrem Zweck oder ihrer Aufgabe entsprechend berufen sind, ein Stück des Auftrags der Kirche wahrzunehmen und zu erfüllen",[15] die Gewährleistungen des Art. 140 GG iVm Art. 137 Abs. 3 WRV, Vereinigungen „zur Wahrung und Förderung der Arbeits- und Wirtschaftsbedingungen" stehen unter dem besonderen Schutz des Art. 9 Abs. 3 GG; ausführlich zum Ganzen auch → § 19 Rn. 2 ff.

19 Der Ausgestaltung der Freiheitsgarantie des Grundgesetzes dient im öffentlichen Recht primär das Vereinsgesetz. Ihm kommt besondere Bedeutung für das Leben von Vereinen zu. Es bietet, ausgehend von einer für Zwecke des öffentlichen Rechts vorgenommenen Definition des Vereins, die Grundlage für das zur Wahrung der öffentlichen Sicherheit oder Ordnung nötige Einschreiten gegen solche Vereine, die die Vereinsfreiheit missbrauchen. Dabei ist der Anwendungsbereich des Gesetzes weder auf eingetragene Vereine beschränkt, noch umfasst er diese zwingend vollständig, da ein Verein iSd Vereinsgesetzes „ohne Rücksicht auf die Rechtsform jede Vereinigung" ist, „zu der sich eine Mehrheit natürlicher oder juristischer Personen für längere Zeit zu einem gemeinsamen Zweck zusammengeschlossen und einer organisierten Willensbildung unterworfen hat".[16] Ausdrücklich ausgenommen von der Anwendung sind jedoch aus verfassungsrechtlichen Gründen – neben den Fraktionen des deutschen Bundestages und der Parlamente der Länder – politische Parteien iSd Art. 21 GG.

20 Für das Verbot solcher Vereine, die zugleich politische Parteien iSd Art. 21 GG bzw. des § 1 ParteiG sind, sind gänzlich abweichende gesetzliche Regelungen maßgeblich. „Art. 21 Abs. 2 GG ist für politische Parteien uneingeschränkt *lex specialis* gegenüber Art. 9 Abs. 2 GG."[17] Die in derartigen Verfahren anzuwendenden Maßstäbe gehen deutlich über die des Vereinsgesetzes hinaus. Neben den bisherigen beiden erfolgreichen Verbotsverfahren in der

---

[14] BGH NJW 1957, 1433; BeckOK BGB/*Schöpflin* BGB § 21 Rn. 1.
[15] BVerfG NJW 1986, 367.
[16] § 2 Abs. 1 VereinsG.
[17] BVerfGE 2, 1.

Geschichte der Bundesrepublik, dem Verbot der sozialistischen Reichspartei (SRP) durch Entscheidung des BVerfG vom 23.9.1952[18] und dem Verbot der kommunistischen Partei Deutschlands (KPD) durch Entscheidung des BVerfG vom 17.8.1956[19] scheiterten beide Verfahren, mit denen ein Verbot der Nationaldemokratischen Partei Deutschlands (NPD) erreicht werden sollte. Das erste Verfahren war aufgrund Verfahrenshindernissen nicht erfolgreich, es wurde mit Beschluss vom 18.3.2003[20] eingestellt.

Im zweiten Verfahren über ein Verbot der Partei, das vom Bundesrat mit Schriftsatz vom 1.12.2013 auf der Grundlage seines Beschlusses vom 14.12.2012 beantragt worden war, verkündete das BVerfG am 17.1.2017 seine Entscheidung.[21] Nach der Entscheidung des BVerfG im KPD-Verbotsverfahren war noch maßgeblich, dass eine Partei nicht schon dann verfassungswidrig sei, wenn sie die obersten Prinzipien einer freiheitlichen demokratischen Grundordnung nicht anerkenne, sondern vielmehr eine aktiv kämpferische, aggressive Haltung gegenüber der bestehenden Ordnung hinzukommen müsse, wobei Erfolgsaussichten für die Ziele der Partei nicht bestehen müssten.[22] Nun führt das Gericht, das das Verfahren in seinem 1010 Randnummern starken Urteil zum Anlass für grundlegende Ausführungen zu Parteiverbotsverfahren nahm, in seinem neunten und letzten Leitsatz aus, dass die Partei zwar „nach ihren Zielen und dem Verhalten ihrer Anhänger die Beseitigung der freiheitlichen demokratischen Grundordnung" anstrebe und ein Konzept verfolge, das „mit dem grundgesetzlichen Demokratieprinzip unvereinbar" sei und auch „planvoll und qualifiziert auf die Erreichung ihrer gegen die freiheitliche demokratische Grundordnung gerichteten Ziele hin[arbeite]", es „jedoch an konkreten Anhaltspunkten von Gewicht, die es zumindest möglich erscheinen lassen, dass dieses Handeln zum Erfolg führt" fehle. Damit gehe die Partei nicht iSd Art. 21 Abs. 2 S. 1 GG „darauf aus", die freiheitliche demokratische Grundordnung zu beeinträchtigen oder zu beseitigen. Zur Diskrepanz zu den Ausführungen im KPD-Verfahren sagt Rn. 586 der Entscheidung: 20a

> „An der hiervon abweichenden Definition im KPD-Urteil, nach der es einem Parteiverbot nicht entgegenstehe, wenn für die Partei nach menschlichem Ermessen keine Aussicht darauf besteht, dass sie ihre verfassungswidrige Absicht in absehbarer Zukunft werde verwirklichen können (vgl. BVerfGE 5, 85), hält der Senat nicht fest."

Die Überzeugungskraft dieser Entscheidung und der sie maßgeblich tragenden Ausführungen zum „darauf ausgehen" iSd Art. 21 GG muss sich der Autor dieser Zeilen erst erarbeiten. 20b

Weniger „spektakuläre" Fragestellungen und Verfahren kennt schließlich das Versammlungsrecht. Es kann mit seinen allgemeinen Vorgaben zu deren Anmeldung, Abhaltung und Durchführung den Verein als Veranstalter von öffentlichen Versammlungen oder Aufzügen treffen. Im täglichen Vereinsleben kommt seinen Vorgaben damit nicht selten Relevanz zu. Gemeinschaftliche Willenskundgebung und Interessenverfolgung sind tägliche Erscheinungsformen sozialen Lebens, derer sich in einem demokratischen Staatswesen auch Vereine bedienen. 21

II. Arbeitsrecht, Steuerrecht, Strafrecht, Weiteres

Als selbständiger Akteur des Rechtsverkehrs ist der Verein daneben natürlich mit einer Vielzahl weiterer rechtlicher Vorgaben in Kontakt, die ihn wie andere Organisationen und Personen treffen. Weder können, noch sollen, sie alle im vorliegenden Werk angesprochen werden – das Erkennen und Wahren vereinsspezifischer Vorschriften oder Besonderheiten 22

[18] BVerfGE 2, 1 ff.
[19] BVerfGE 5, 85 ff.
[20] BVerfGE 107, 339.
[21] BVerfG Urt. v. 17.1.2017 – 2 BvB 1/13, BeckRS 2017, 100243.
[22] BVerfGE 5, 85 (Ls. Nr. 5).

soll es aber allemal erleichtern. Besondere Betrachtung sollen dabei die folgenden Rechtsgebiete erfahren:

23 Als Arbeitgeber unterliegen Vereine wie jeder andere Rechtsträger auch, den maßgeblichen Vorgaben des Arbeits- und Sozialversicherungsrechts. Die Vorschriften etwa des Mitbestimmungs-, Betriebsverfassungs- oder Kündigungsschutzgesetzes können Vereine erfassen, die unternehmenstragend tätig sind. Einzelheiten zum Verein als Arbeitgeber → § 15.

24 Für die finanzielle Ausstattung zahlreicher Vereine sind die Vorgaben des Steuerrechts häufig von ausschlaggebender Bedeutung: Die steuerliche Absetzbarkeit von Zuwendungen an den Verein ist für viele mögliche Spender oder Sponsoren von maßgeblicher Bedeutung. Wenn auch gemeinnützige Vereine grundsätzlich von der Körperschaftsteuer und der Gewerbesteuer befreit sind, erstreckt sich dies schon bei ihnen nicht auf Nebentätigkeiten, die einen steuerpflichtigen wirtschaftlichen Geschäftsbetrieb bilden, soweit die bestehende Besteuerungsfreigrenze überschritten wird, Kapitalerträge auch des Vereins, insbesondere Zinsen und Dividenden, unterliegen grundsätzlich dem Steuerabzug von (derzeit) 25 % (Abgeltungssteuer), der nur entfällt, wenn der Kapitalertrag zum steuerfreien Bereich eines gemeinnützigen Vereins gehört. Das Umsatzsteuerrecht kennt zwar keine generelle Befreiung von Vereinen, viele Tätigkeiten, die für Vereine typisch sind, sind aber steuerbefreit oder jedenfalls mit einem geringeren Steuersatz belegt. Schenkung- und erbschaftsteuerliche Fragen stellen sich vor allem für Zuwendungen an den Verein. Einzelheiten zum Verein im Steuerrecht → § 14.

25 Die Akteure des Vereins kann schließlich auch nach allgemeinen Vorschriften der Vorwurf strafrechtlichen relevanten Verhaltens treffen. Denkbar sind neben den Straftatbeständen des StGB, bei denen etwa – um nur ein Beispiel zu nennen – das vermögensverwahrende Vorstandsmitglied Untreuevorwürfen im Verhältnis zum Verein ausgesetzt sein kann, strafrechtliche Sanktionierungen in Spezial- und Nebengesetzen, etwa im Sozialversicherungs-, im Versammlungs- oder im Steuerrecht. Einzelheiten zu Strafrechtsfragen → § 16.

§ 3. Erscheinungsformen

Übersicht

Schrifttum:

Monographien: *König,* Der Verein im Vereine, 1992; *Säcker/Oetker,* Probleme der Repräsentation von Großvereinen, 1986; *Schaible,* Der Gesamtverein und seine vereinsmäßig organisierte Untergliederung, 1992; *U. Schmidt,* Die Mitgliedschaft in Verbänden, 1988; *Summerer,* Internationales Sportrecht vor dem staatlichen Richter in der Bundesrepublik Deutschland, Schweiz, USA und England, 1990.

Aufsätze: *Beuthin,* Zweitmitgliedschaft wider Willen?, ZGB 1989, 255; *Grooterhorst,* Der Gesamtverein – eine Bestandsaufnahme, FS Lüer 2008, 187; *Haas/Prokop,* Die Autonomie der Sportverbände und die Rechtsstellung der Athleten, JR 1998, 45; *Heermann,* Die Geltung von Verbandssatzungen gegenüber mittelbaren Mitgliedern und Nichtmitgliedern, ZGR 1999, 325; *ders.,* Bindung an die Satzung übergeordneter Verbände durch dynamische Verweisungsklauseln, ZHR 174 (2010), 259; *Oschütz,* Zur Rechtsstellung der Vereinssparte, SpuRt 2008, 97; *Reuter,* Der Verein im Verein, FS Hopt 2010, 195; *K. Schmidt,* Anfechtung von Versammlungsbeschlüssen in gegliederten Vereinen, FS Reuter 2010, 345; *Wagner,* Organisationsform Gesamtverein, npoR 2020, 186.

A. Überblick

Das BGB setzt **Begriff und Wesen** des Vereins als bekannt voraus. Die Rechtsprechung[1] 1
nimmt seit jeher für das Bürgerliche Recht an, dass es sich bei einem Verein um

- eine auf Dauer angelegte, freiwillige Verbindung einer größeren Anzahl von Personen handelt,
- die zur Erreichung eines gemeinsamen Zwecks
- nach ihrer Satzung körperschaftlich organisiert ist,
- einen Gesamtnamen führt und
- auf einen wechselnden Mitgliederbestand angelegt ist und somit unabhängig vom Wechsel der Mitglieder besteht.

Öffentlich-rechtlich enthält **§ 2 des Vereinsgesetzes** (→ § 20 Rn. 5) eine Bestim- 2
mung des Vereins unabhängig vom bürgerlich-rechtlichen Verständnis. Danach ist ein Verein eine Vereinigung, zu der sich eine Mehrheit natürlicher oder juristischer Personen für

[1] So bereits RGZ 143, 212 (213) und zuvor schon RGZ 60, 94 (99); s. auch *Stöber/Otto* Rn. 7 und *Terner* ZNotP 2009, 132 (132f.).

längere Zeit zu einem gemeinsamen Zweck freiwillig zusammengeschlossen und einer organisierten Willensbildung unterworfen hat.

3 Im Kern stellt indes die Rechtsform des Vereins nur einen allgemeinen rechtlichen Rahmen dar, innerhalb dessen **zahlreiche empirische Erscheinungsformen** vorkommen.[2] Mag auch der historische Gesetzgeber des BGB primär die „Skat-, Kegel-, Sauf- und Rauchvereine"[3] vor Augen gehabt haben, sind heute die mannigfaltigsten Zwecke denkbar. So sind etwa politische Parteien eingetragene oder nicht eingetragenen Vereine (→ Rn. 61 ff.). Auch religiöse Vereine sind denkbar (→ Rn. 69 f.). Sind Vereine regional und/oder sachlich strukturiert, kann ein Gesamtverein oder Vereinsverband vorliegen (→ Rn. 19 ff.). Bekannt sind vor allem aber die nicht wirtschaftlichen Freizeitvereine, wie Sport-/Gesang- und Musikvereine, Naturschutzorganisationen, Vereine zur Forschungsförderung, karitative Vereine, Vereine zur Förderung des Brauchtums oder Vereine als betriebliche Sozialeinrichtungen.[4] In Deutschland gibt es rund 600.000 eingetragene und wohl ca. 350.000 nicht eingetragene Vereine.[5]

4 Rechtssystematisch unterscheidet man herkömmlich zwischen
- eingetragenen (§ 21 BGB) und
- nicht eingetragenen Vereinen (§ 54 BGB) einerseits sowie
- nicht wirtschaftlichen („Idealvereinen" – § 21 BGB) und
- wirtschaftlichen Vereinen (§ 22 BGB) andererseits.

5 Da nicht wirtschaftliche Vereine ihre Rechtsfähigkeit gem. § 21 BGB durch Eintragung in das Vereinsregister, wirtschaftliche Vereine gem. § 22 BGB hingegen durch staatliche Konzession erlangen, kann festgestellt werden, dass es sich bei dem in § 54 BGB beschriebenen Verein um einen weder eingetragenen noch konzessionierten Verein handelt.[6]

6 Nachfolgend soll zunächst ein erster Überblick zur Abgrenzung des wirtschaftlichen Vereins vom nicht wirtschaftlichen Verein gegeben werden (→ Rn. 7 ff.), bevor kurz auf den nicht rechtsfähigen Verein eingegangen wird (→ Rn. 14 ff.). Im Anschluss werden Verbandsstrukturen erläutert (→ Rn. 19 ff.). Schließlich werden einige Hinweise zu altrechtlichen Vereinen sowie politischen Parteien und religiösen Vereinen gegeben (→ Rn. 61 ff.).

B. Nicht wirtschaftlicher und wirtschaftlicher Verein

7 Das BGB unterscheidet in den §§ 21, 22 den nicht wirtschaftlichen Verein vom wirtschaftlichen Verein. Maßgebend für die Frage der Abgrenzung ist nach § 21 BGB, ob „der Zweck nicht auf einen wirtschaftlichen Geschäftsbetrieb gerichtet ist". Es kommt damit entscheidend auf die **Zweckrichtung** des Vereins an.[7] Die Unterscheidung ist insoweit von Bedeutung, als nur nicht wirtschaftliche Vereine Rechtsfähigkeit durch Eintragung in das Vereinsregister gem. § 21 BGB erlangen können. Für wirtschaftliche Vereine gilt indes, dass sie Rechtsfähigkeit nur durch staatliche Verleihung („Konzessionssystem") erlangen. Das OVG Berlin-Brandenburg hat entschieden, dass aus dem Blickwinkel des Gesetzgebers der eingetragene und damit nicht wirtschaftliche Vereine gleichsam der „Urtypus einer mit eigener Rechtspersönlichkeit versehenen Personengesamtheit" sei.[8]

8 Im Rahmen der sog. **Vereinsklassenabgrenzung** wird versucht, anhand zuverlässiger Kriterien zu ermitteln, ob ein wirtschaftlicher oder nicht wirtschaftlicher Verein vorliegt. Die früher vertretenen Ansätze (subjektive Theorie; objektive Theorie und gemischte

[2] BeckOK BGB/*Schöpflin* BGB § 21 Rn. 42.
[3] So die Äußerung des Abgeordneten *Stadthagen* während der Beratungen zum BGB, abgedr. in *Mugdan* S. 995.
[4] Hierzu BeckOK BGB/*Schöpflin* BGB § 21 Rn. 68.
[5] Vgl. *Wagner* NZG 2016, 1046 mwN; sodann *Wagner* NZG 2018, 330 und schließlich der Hinweis von *Wagner* NZG 2019, 46, dass es keine neueren Zahlen als die für 2016 gebe.
[6] Hierzu näher *Stöber/Otto* Rn. 11.
[7] BeckOK BGB/*Schöpflin* BGB § 21 Rn. 90.
[8] NZG 2018, 330.

Theorie)[9] sind überholt. Durchgesetzt hat sich ein vom Schutzzweck des § 21 BGB ausgehender Ansatz.[10] Im Kern wird im Wege einer teleologisch-typologischen Auslegung nach dem Sinn und Zweck der §§ 21, 22 BGB gefragt. Hierbei wird dem Wortlaut des § 22 BGB, wonach die Konzessionierung nur „in Ermangelung besonderer bundesgesetzlicher Vorschriften" erfolgen darf, entnommen, dass unternehmerische Tätigkeit grundsätzlich nicht in der Rechtsform des Vereins, sondern in der vom Gesetzgeber hierfür geschaffenen Rechtsform sog. **Handelsvereine** (AG, GmbH, eG) erfolgen soll. Das Vereinsrecht kennt nämlich kaum Schutzmechanismen für die mit einer unternehmerischen Tätigkeit verbundenen Risiken, weil Bestimmungen zur Kapitalaufbringung und -erhaltung, zur Publizität und zur Rechnungslegung weitgehend dispositiv (§ 40 BGB) ausgestaltet sind. Im Ergebnis entscheiden also nicht die vom Verein verfolgten Ziele und Absichten, sondern allein Art und Umfang seiner unternehmerischen Tätigkeit.[11] Auf die Gewinnerzielungsabsicht kommt es hingegen nicht an.[12] Erforderlich und ausreichend für die Annahme eines wirtschaftlichen Vereins ist vielmehr, dass der Verein **Leistungen am Markt anbietet** und wie ein Unternehmer am Wirtschafts- und Rechtsverkehr teilnimmt.[13] Der Annahme eines Idealvereins steht indes nicht entgegen, wenn sich dieser an Handelsgesellschaften (GmbH, AG) beteiligt oder als Kommanditist einer KG fungiert.[14]

Um die Abgrenzung in der Praxis handhabbar zu machen, wurden drei Fallgruppen 9
wirtschaftlicher Vereine entwickelt. Keine Idealvereine, sondern wirtschaftliche Vereine iSd § 22 BGB sind demgemäß:

1. **Am Markt unternehmerisch tätige Vereine,** also Vereine, die an einem äußeren Markt planmäßig und dauerhaft Leistungen gegen Entgelt anbieten,[15] wie zB die Veranstaltung von Lotterien,[16] die Vermietung von Ferienwohnungen,[17] der Vertrieb von Time-Sharing-Anteilen[18] oder der Betrieb eines Fitnessstudios.[19]
2. **Vereine, die eine unternehmerische Tätigkeit in einem Binnenmarkt entfalten,** also Vereine, die ihren Mitgliedern dauerhaft und gegen Entgelt Leistungen anbieten, die unabhängig von den mitgliedschaftlichen Beziehungen sind und üblicherweise auch anderen angeboten werden. Das Mitglied muss dem Verein hierbei als Kunde gegenübertreten, wie dies etwa bei Buchgemeinschaften der Fall ist. In diese Kategorie fallen auch Vereine, deren Rechtsform spezialgesetzlich vorgesehen ist, wie zB Erzeugergemeinschaften (§ 3 Abs. 1 MarktstrukturG), Forstbetriebsgemeinschaften (§§ 16 ff. BundeswaldG) und Verwertungsgesellschaften (§ 1 Abs. 4 UrheberrechtswahrnehmungsG).[20]
3. **Vereine, die eine genossenschaftliche Kooperation betreiben,** deren Mitglieder also ihre Unternehmenstätigkeit ganz oder teilweise auf den Verein ausgelagert haben. Beispielhaft sind Funktaxizentralen[21] oder Landschaftspflegegemeinschaften[22] zu nennen.

Dass die Abgrenzung trotz dieser drei Fallgruppen gleichwohl nicht einfach ist, zeigt die 10
zahlreiche Kasuistik.[23] Besonders streitig war früher die Einordnung von **Kindertagesstät-**

[9] Hierzu *Schmidt* AcP 182 (1982), 9; einen instruktiven Überblick über die vertretenen Theorien liefert auch BeckOK BGB/*Schöpflin* BGB § 21 Rn. 91 ff.
[10] BGHZ 45, 395; BGHZ 85, 84; Palandt/*Ellenberger* BGB § 21 Rn. 2.
[11] Zum Ganzen bereits *Terner* ZNotP 2009, 132 (133).
[12] OLG Hamm NJW-RR 2003, 393; OLG Frankfurt a. M. NJW-RR 2006, 1698.
[13] BayObLGZ 1978, 87; BayObLGZ 1985, 283.
[14] *Krafka* RegisterR-HdB Rn. 2123 mwN.
[15] S. hierzu auch OLG München FGPrax 2013, 181.
[16] LG Potsdam Rpfleger 1994, 361.
[17] BayObLGZ 1985, 284.
[18] BayObLGZ 1989, 124.
[19] OLG Naumburg BeckRS 2013, 14046 sowie OLG Zweibrücken NZG 2014, 1349; siehe ferner KG BeckRS 2013, 21557; OLG Brandenburg BeckRS 2014, 22210.
[20] Hierzu näher *Terner* ZNotP 2009, 132 (135).
[21] BGHZ 45, 395 = NJW 1966, 2007; vgl. auch BGHZ 127, 388 = NJW 1995, 462; BVerwGE 58, 26 = NJW 1979, 2261.
[22] AG Schönau Rpfleger 1993, 203.
[23] Vgl. hierzu nur den Überblick bei Palandt/*Ellenberger* BGB § 21 Rn. 9, 10.

ten. Sie konnten nach Auffassung des KG[24] nicht als e.V. eingetragen werden, nach Auffassung des OLG Brandenburg unter bestimmten Voraussetzungen indes schon.[25] Der BGH[26] hat die Streitfrage 2017 entschieden. Die Rechtsprechung, mit der im Kern das Verbot der übermäßigen wirtschaftlichen Betätigung durch das sog. Gewinnausschüttungsverbot ersetzt wurde, kann zwischenzeitlich als gefestigt angesehen werden.[27] Somit sind auch Vereine, die einen nicht unerheblichen Zweckbetrieb unterhalten, nicht mehr von der Löschung aus dem Vereinsregister bedroht. Folglich sind Kindertagestätten in der Regel eintragungsfähig in der Rechtsform eines e.V. Zum Ganzen auch → § 6 Rn. 28a.

> **Hinweis:**
> Eine ausführliche Abgrenzung des wirtschaftlichen vom nicht wirtschaftlichen Verein findet sich im Rahmen der Erörterung der Satzungszwecke (→ § 6 Rn. 7 ff.). Dort finden sich auch zahlreiche weitere Beispiele. Ein weiterer sehr umfangreicher Katalog aus der Registerpraxis findet sich zudem bei *Krafka* RegisterR-HdB Rn. 2124 f.

11 Seit der Entscheidung des BGH zu den Kindertagesstätten kommt somit dem Steuerrecht mit der Frage der Gemeinnützigkeit eine erhebliche Bedeutung für die Vereinsklassenabgrenzung zu. Ging man früher noch davon aus, dass die Frage, ob ein Verein steuerbegünstigte Zwecke iSd AO verfolgt, für dessen zivilrechtliche Einordnung irrelevant sei, weil die §§ 21 ff. BGB und die §§ 51 ff. AO unterschiedliche Ziele verfolgten, hat sich insoweit das Verständnis gewandelt. Das Steuerrecht ist somit nicht mehr „Störenfried“[28], sondern „Vorbild“[29] für das Vereinsrecht. Der BGH[30] hat indes die Eintragungsfähigkeit eines Vereins abgelehnt, dessen Zweck sich auf die Vermögensverwaltung seiner Mitglieder beschränken sollte. Kritisch hat er in diesem Zusammenhang vor allem gesehen, dass die Satzung vorsah, den Mitgliedern die Überschüsse aus der Vermögensverwaltung auszukehren. Im Kern hat der BGH hierdurch seine Kita-Rechtsprechung (→ Rn. 10) bestätigt. Jedenfalls wenn der Vereinszweck eine Gewinnausschüttung an die Mitglieder vorsieht oder gestattet, ist von einem wirtschaftlichen Verein auszugehen. Umgekehrt kann man der Entscheidung aber auch entnehmen, dass die wirtschaftliche Betätigung am Markt für die Vereinsklassenabgrenzung keine Rolle mehr spielt.[31]

12 Auch ein nicht wirtschaftlicher Verein gem. § 21 BGB kann in gewissem Umfang wirtschaftlich tätig sein, ohne seinen Status als nicht wirtschaftlicher Verein einzubüßen. Bereits das sog. **Nebenzweckprivileg** (→ § 6 Rn. 25 ff.) besagt, dass auch unternehmerische Tätigkeiten von Idealvereinen, die funktional dem nicht wirtschaftlichen Vereinszweck (Hauptzweck) untergeordnet sind, nicht zur Annahme eines wirtschaftlichen Vereins führen.[32]

13 Ob und in welchem Umfang **auf Tochtergesellschaften ausgegliederte wirtschaftliche Betätigungen** dem Verein zugerechnet werden, wird uneinheitlich beantwortet. Einzelheiten hierzu finden sich ab → § 6 Rn. 38 ff.

---

[24] KG ZStV 2012, 62 mit abl. Anm. *Menges.*
[25] OLG Brandenburg NZG 2015, 922; zum Ganzen auch OLG Zweibrücken NZG 2014, 1349.
[26] BGH ZIP 2017, 1021 = DStR 2017, 1277 mAnm *Mock/Mohamed.*
[27] *Wagner* NZG 2019, 46.
[28] *Wagner* NZG 2019, 46; s. zuvor zur Indizwirkung des Steuerrechts bereits *Terner* ZNotP 2009, 132 (134).
[29] *Wagner* NZG 2019, 46.
[30] BGH NZG 2018, 1392; s. hierzu auch *Leuschner* NotBZ 2019, 31.
[31] Ebenso zu Recht bereits *Wagner* NZG 2019, 1417.
[32] Vgl. BGH NJW 1983, 569.

C. Der nicht rechtsfähige Verein

Der nicht rechtsfähige Verein teilt die Definitionsmerkmale des Vereins (→ § 1 Rn. 14ff.). 14
Er ist in § 54 BGB normiert. Die Norm beschränkt sich in Satz 1 indes darauf, die Bestimmungen über die Gesellschaft (§§ 705ff. BGB) für entsprechend anwendbar zu erklären. Da jedoch der nicht eingetragene ebenso wie der eingetragene Verein eine **körperschaftliche Struktur** hat und sich somit erheblich von der Gesellschaft unterscheidet, geht der Verweis in § 54 S. 1 BGB durch den historischen Gesetzgeber fehl. Er lässt sich nur dadurch erklären, dass insbesondere politische Parteien und Gewerkschaften zur Eintragung veranlasst und somit einer gewissen staatlichen Kontrolle unterworfen werden sollten (sog. **„verschleiertes Konzessionssystem"**).[33]

Rechtsprechung und Lehre gehen heute – auch im Lichte des Art. 9 GG – davon aus, 15
dass auf den nicht rechtsfähigen Verein die §§ 21ff. BGB anzuwenden sind, soweit sie nicht die Rechtsfähigkeit als solche voraussetzen. Da nämlich auch der nicht rechtsfähige Verein unter dem Schutz des Art. 9 GG steht, muss das Bürgerliche Recht eine seiner Struktur adäquate Ausgestaltung bereitstellen.[34]

Der nicht rechtsfähige Verein unterscheidet sich vom rechtsfähigen Verein durch das 16
Fehlen seiner Eintragung im Vereinsregister. Nimmt er jedoch am Rechtsverkehr teil und erwirbt er Rechte und Pflichten, ist er (partiell) **rechtsfähig.**[35] Träger des Vermögens des eingetragenen Vereins ist somit die teilrechtsfähige Personengruppe, die den eingetragenen Verein bildet.[36]

Er ist gem. § 50 Abs. 2 ZPO **aktiv und passiv parteifähig.** Er ist auch insolvenz- und 17
vollstreckungsfähig. Darüber hinaus ist er passiv **erbfähig.**[37] Die **Grundbuchfähigkeit** wird man allenfalls dann bejahen können, wenn man – wie bei der GbR, die ihrerseits keine Registerpublizität aufweist – die Eintragung sämtlicher Mitglieder fordert.[38] Es bleibt aber die Problematik, wie der Verein im Grundbuch seine Existenz durch Beweismittel iSd § 29 GBO nachweist.[39] Jedenfalls für politische Parteien wird insoweit auf Grund der Offenkundigkeit ihrer Existenz und der vertretungsbefugten Personen die Eintragungsfähigkeit im Grundbuch bejaht.

Anders als die Mitglieder einer Gesellschaft bürgerlichen Rechts **haften** die Mitglieder 18
eines nicht eingetragenen Vereins nicht akzessorisch für Verbindlichkeiten des Vereins.[40] Umgekehrt ordnet § 54 S. 2 BGB eine weitreichende Handelndenhaftung an (→ § 4 Rn. 230ff.).

> **Hinweis:**
> Weitere Einzelheiten zum nicht rechtsfähigen Verein finden sich in → § 4 Rn. 202 ff.

D. Verbandsstrukturen

I. Überblick

Die Rechtsform des Vereins kennt zahlreiche empirische Erscheinungsformen. Verfolgen 19
mehrere Vereine gemeinsame, übergeordnete, insbesondere überregionale Interessen, schließen sie sich oftmals ihrerseits in der Rechtsform eines Vereins zusammen. Wenn die

[33] Hierzu statt vieler Palandt/*Ellenberger* BGB § 54 Rn. 1.
[34] Palandt/*Ellenberger* BGB § 54 Rn. 1.
[35] AllgM, vgl. etwa *Reichert* Rn. 5788; s. zuletzt auch BPatG GRUR-RR 2014, 20.
[36] Palandt/*Ellenberger* BGB § 54 Rn. 7.
[37] Palandt/*Weidlich* BGB § 1923 Rn. 9.
[38] IdS auch KG NZG 2015, 1034.
[39] Palandt/*Ellenberger* BGB § 54 Rn. 8.
[40] BGH NJW-RR 2003, 1265; *Reuter* NZG 2004, 217.

einzelnen Vereine dabei ihre Eigenständigkeit nicht aufgeben möchten und demgemäß etwa Verschmelzungen (hierzu ausführlich → § 13) ausscheiden, führt dies zur Gründung eines so genannten **„Vereinsverbands"**, dessen Mitglieder in der Regel keine natürlichen, sondern juristische Personen, also andere (rechtsfähige oder nicht rechtsfähige) Vereine sind. Als Mitglieder kommen auch Handelsgesellschaften oder andere Körperschaften in Frage,[41] mitunter sogar natürliche Personen, wenn die Satzung dies zulässt.[42] Anzutreffen sind derartige Verbände insbesondere bei den **Spitzenorganisationen im Bereich des Sports** (zB Deutscher Fußball Bund; Deutscher Handball-Bund oder Bayerischer Handball-Verband) oder in anderen Bereichen des gesellschaftlichen Lebens (zB Deutscher Gewerkschaftsbund). Der Vereinsverband hat dabei seinerseits die Rechtsform eines eingetragenen oder nicht eingetragenen Vereins. Überträgt man die Begrifflichkeiten aus dem Bereich der Staatsrechtslehre, stellt ein Vereinsverband einen Staatenbund dar.[43] Auch mehrstufige Gliederungen sind denkbar: Während der einzelne Tennisspieler etwa in Bayern Mitglied eines Tennisvereins ist, gehört dieser dem Bayerischen Tennis-Verband an, der seinerseits dem Bayerischen Landessport-Verband sowie dem Deutschen Tennis Bund angehört. Alle „Verbände" und „Bünde" sind ihrerseits bürgerlich-rechtliche, eingetragene Vereine, mitunter auch nicht eingetragene Vereine.

20 Vom Verband zu unterscheiden ist der sog. **„Gesamtverein"**. Während der Vereinsverband ein Zusammenschluss mehrerer selbstständiger Vereine ist, handelt es sich beim Gesamtverein lediglich um einen Verein (Hauptverein oder Zentralverein), der gewisse **Untergliederungen** – in räumlicher und/oder sachlicher Hinsicht[44] – aufweist, die ihrerseits die Definitionsmerkmale eines eingetragenen oder nicht eingetragenen Vereins erfüllen.[45] In den Kategorien der Staatsrechtslehre gedacht, handelt es sich beim Gesamtverein um einen Bundesstaat, der zwar selbstständige Untergliederungen hat, jedoch seine Mitgliedschaft unmittelbar aus den natürlichen Personen rekrutiert. Grund hierfür ist idR, dass die Vereinsgeschäfte einen Umfang angenommen haben, die zentral vom Verein aus nicht mehr alleine bewältigt werden können. Demgemäß werden bestimmte Aufgaben auf örtliche Geschäftsbereiche oder Abteilungen verteilt. Mitunter spielt auch eine Rolle, dass bei einer großen Mitgliederzahl das Vereinsleben besser gefördert werden kann, wenn es sich in kleineren, den Mitgliedern jeweils näher stehenden Organisationseinheiten abspielt. Als Beispiel dienen etwa Sportvereine, die sich in mehrere Abteilungen für die einzelnen Sportarten untergliedern. Auch die einzelnen DGB-Gewerkschaften sind jeweils Gesamtvereine.[46]

21 Die Praxis kennt schließlich auch **Mischformen** aus Vereinsverband und Gesamtverein. So sind etwa Mitglieder eines Kreisverbands des Deutschen Roten Kreuzes sowohl die Ortsvereine als auch deren (natürliche) Mitglieder.[47]

Hinweis:

Verbandsstrukturen sind in der Weise anzutreffen, dass
- mehrere selbständige Vereine, Handelsgesellschaften oder andere Körperschaften sich zu einem Verein zusammengeschlossen haben (sog. Vereinsverband) oder
- ein Verein kraft Satzung Untergliederungen hat, die ihrerseits die Definitionsmerkmale eines Vereins erfüllen (sog. Gesamtverein).

[41] Vgl. *Stöber/Otto* Rn. 15.
[42] Hierzu auch → Rn. 21.
[43] Zu dieser Typologie MüKoBGB/*Reuter,* 7. Aufl. 2015, BGB vor § 21 Rn. 128.
[44] Vgl. Bamberger/Roth/*Schwarz* BGB vor § 21 Rn. 29.
[45] *Sauter/Schweyer/Waldner* Eingetragener Verein Rn. 329.
[46] Vgl. *Reuter* ZHR 148 (1984), 523 (532f.).
[47] *Schaible* S. 18, insbes. Fn. 28.

Ein Verein, der nur wenige natürliche Personen als Mitglieder hat, darf die dann **irreführende Bezeichnung** „Verband“ nicht in seinen Namen aufnehmen.[48] Viele Registergerichte verlangen in der Regel für die Eintragung der Bezeichnung „Verband“ rund 500 Mitglieder oder einen Satzungszweck, der ein Engagement wenigstens auf Landes-, besser auf Bundesebene erkennen lässt.[49] Großzügiger ist hingegen das OLG Frankfurt a. M., das weniger auf die Mitgliederzahl, sondern mehr auf die Satzungsgestaltung und die Tätigkeit des Vereins abstellt.[50] Gehört hingegen ein Verein einem Verband an, kann er mit dessen Zustimmung den Namen und die Embleme des Verbands in seinen Namen aufnehmen. Dieses Recht erlischt, wenn er aus dem Verband ausscheidet.[51] 22

Sowohl Vereinsverband als auch Gesamtverein weisen hinsichtlich ihrer Entstehung, dem Verhältnis von Verband zu Mitgliedern sowie ihrer Beendigung Besonderheiten gegenüber „einfachen“ Vereinen auf. Das **BGB** kennt dabei **keine besonderen Bestimmungen** für Verbände und Gesamtvereine. Sie sind letztlich Ausfluss der Satzungsautonomie sowie der Möglichkeit, dass einem Verein auch andere juristische Personen angehören können. 23

II. Der Vereinsverband

1. Entstehung

Die **Gründung** eines rechtsfähigen Vereinsverbands unterscheidet sich von der Gründung eines gewöhnlichen rechtsfähigen Vereins (hierzu ausführlich → § 4) im Kern nur dadurch, dass die Gründer regelmäßig ihrerseits (eingetragene oder nicht eingetragene) Vereine sind. Ob sich daneben auch natürliche Personen an der Gründung eines Vereinsverbands beteiligen können, hängt davon ab, ob die Verbandssatzung dies zulässt. 24

In der **Gründungsversammlung** des Vereinsverbands werden die Mitgliedsvereine durch ihre jeweiligen Vorstände in vertretungsberechtigter Zahl vertreten, wenn nicht die Satzung der Mitgliedsvereine insoweit eine Beschränkung der Vertretungsmacht (§ 26 Abs. 2 S. 2 BGB) vorsieht. Sieht die Satzung eines Mitgliedsvereins den Beitritt zu dem betreffenden Verband nicht vor, hängt die Wirksamkeit der Vertretung gem. §§ 292, 293 AktG analog von der Zustimmung einer qualifizierten Mehrheit der Mitgliederversammlung ab. Zu Recht wird der **Beitrittsvertrag** nämlich **als Organisationsvertrag** begriffen, mag er auch als Begründung einer Außenbeziehung der zwingenden Satzungsförmigkeit nach § 25 BGB entzogen sein.[52] 25

Notwendig, aber auch ausreichend ist, dass die Verbandssatzung durch die Vertreter von **sieben Mitgliedsvereinen** unterzeichnet wird, damit der Vereinsverband in das Vereinsregister eingetragen werden kann. Unerheblich ist hierbei, dass die wenigstens sieben Mitgliedsvereine ihrerseits möglicherweise eine weitaus größere Zahl von Mitgliedern haben. Dies entbindet nicht von der Beachtung der §§ 56, 59 Abs. 3 BGB.[53] Für den Fall, dass Gründungsmitglieder neben juristischen Personen auch natürliche Personen sind, die die juristischen Personen beherrschen oder repräsentieren, soll für die Feststellung, ob sieben Mitglieder erreicht sind, nur die Zahl der natürlichen Personen maßgeblich sein.[54] 26

Das die selbstständigen Mitgliedsvereine verbindende **gemeinsame Interesse** hat die Verbandssatzung zu bestimmen. Sie kann vorsehen, dass nur rechtsfähige Vereine Mitglied werden können. Lehnt es demgemäß ein nicht rechtsfähiger Verein ab, Rechtsfähigkeit zu erlangen, so steht ihm auch in Ausnahmefällen kein gesetzlicher Aufnahmeanspruch zu.[55] 27

[48] BayObLGZ 1974, 299; großzügiger indes OLG Frankfurt a. M. ZStV 2012, 25.
[49] *Wagner* NZG 2015, 1377 (1384).
[50] NZG 2011, 1234.
[51] BGH GRUR 1976, 644.
[52] *Heermann* ZGR 1999, 325 f., aber str.
[53] KG Rpfleger 2001, 554; ebenso LG Hamburg Rpfleger 1981, 198; aA noch LG Mainz MDR 1978, 312.
[54] OLG Stuttgart Rpfleger 1983, 318; ebenso *Eichler* Rpfleger 2004, 196.
[55] *Stöber/Otto* Rn. 1191.

28 **Formulierungsbeispiel: Wesentliche Satzungsbestandteile eines Sportverbands**

§ 1. Name, Sitz, Zweck

(1) Der Verein führt den Namen *** *[Name des Verbands]* e.V.

(2) Sitz des Vereins ist *** *[Ort]*.

(3) Der *** *[Verband]* ist die Vereinigung aller dem *** *[Dachverband]* angehörenden *** *[bayerischen]* Sportvereine, die *** *[Sportart]* betreiben.

§ 2. Mitglieder

(1) Jeder Verein, der Mitglied des *** *[Verband]* werden will, muss Mitglied des *** *[Dachverband]* sein. Einzelpersonen können die Mitgliedschaft im *** *[Verband]* nicht erwerben.

(2) Einzelpersonen, die am Spielbetrieb des *** *[Verbands]* teilnehmen wollen, müssen Mitglied eines Vereins sein, der seinerseits Mitglied des *** *[Dachverband]* ist.

2. Besonderheiten der Mitgliedschaft

29 **a) Verhältnis von Mitgliedsverein und Verband.** Der vereinsrechtliche Status des Mitgliedsvereins geht durch die Mitgliedschaft beim Vereinsverband nicht verloren.[56] Zwar gibt der Mitgliedsverein regelmäßig einen – mitunter sogar überwiegenden – Teil seiner **Autonomie** an den Vereinsverband ab, um den mit dem Zusammenschluss erstrebten Zweck zu erreichen. Er darf indes nicht in vollständige Abhängigkeit vom Verband geraten.[57]

30 **Statische Verweisungen** auf die Satzung und Ordnungen des Dachverbandes in der Satzung des Mitgliedsvereins werden allgemein als zulässig erachtet, soweit sie „verständlich, widerspruchsfrei, bestimmt und transparent"[58] ausgestaltet sind. Der **Umfang der Eigenständigkeit** der Mitgliedsvereine vom Vereinsverband spitzt sich regelmäßig in der Frage zu, ob und in welchem Umfang dynamische Verweisungen in den Satzungen und Ordnungen der Mitgliedsvereine auf die Satzung des Vereinsverbands zulässig sind. Namentlich das Registergericht sieht sich bei der Prüfung der Satzungsaufstellung oder -änderung von Mitgliedsvereinen dieser Frage ausgesetzt (§§ 25, 71 BGB). Zurecht wurde angenommen, dass eine **dynamische Verweisung** in den Satzungen der Mitgliedsvereine auf die Satzung des Vereinsverbands bei rechtsfähigen Vereinen gegen die §§ 25, 71 BGB und damit gegen die Satzungsförmigkeit der Verfassung und das konstitutive Erfordernis, dass Satzungsänderungen der Eintragung in das Vereinsregister bedürfen, verstößt.[59] Auch bei Vereinsverbänden kann § 71 BGB nicht anders verstanden werden.[60] Letztlich kann auch für den nichtrechtsfähigen Verein nichts anderes gelten. Zwar entfällt das konstitutive Eintragungserfordernis von Satzungsänderungen (§ 71 BGB). Dennoch gilt, dass die das Vereinsleben bestimmenden Grundentscheidungen in der eigenen Satzung geregelt sein müssen (§ 25 BGB analog).[61] Festzuhalten ist indes, dass der BGH die Frage der (Un-)Zulässigkeit dynamischer Verweisungen ausdrücklich offen gelassen hat.[62]

31 Sowohl im rechtsfähigen als auch im nichtrechtsfähigen Mitgliedsverein ist hingegen eine **dynamische Verweisung** für Gegenstände **zulässig,** die keinen Verfassungscharakter haben und deshalb auch in Nebenordnungen geregelt werden können. Gleiches gilt für dynamische Verweisungen auf Regelungen, für die der Verein keine eigene Regelungsgewalt besitzt. Dies gilt beispielsweise für Sportregelwerke, die regelmäßig von internationa-

---

[56] Ebenso *Stöber/Otto* Rn. 1196; LG Bremen Rpfleger 1989, 202.

[57] „Totale Abhängigkeit", vgl. *Sauter/Schweyer/Waldner* Eingetragener Verein Rn. 323 unter Berufung ua auf OLG Frankfurt a. M. NJW 1983, 2576 und OLG Hamm NJW-RR 1988, 183.

[58] OLG Hamm NJW-RR 1988, 183.

[59] BGHZ 128, 93 (99) = NJW 1995, 583 (585); NJW-RR 1989, 376 (378); MüKoBGB/*Leuschner* BGB vor § 21 Rn. 138.

[60] So aber wohl *Summerer* S. 156f.

[61] MüKoBGB/*Leuschner* BGB vor § 21 Rn. 138 und § 25 Rn. 28f.

[62] BGH NZG 2016, 1315 (1320).

len Dachverbänden aufgestellt werden.[63] Weil bereits der verbindliche Erlass von Nebenordnungen für die Mitglieder der Mitgliedsvereine einer Satzungsermächtigung bedarf, gilt dies erst recht, wenn eine dynamische Verweisung auf Regelwerke des Vereinsverbands vorgenommen werden soll. Erforderlich ist, dass Zweck und Reichweite konkret genannt werden. Es empfiehlt sich, dass die Unterordnung der Mitgliedsvereine dadurch vollzogen wird, dass diese die entsprechenden Vorschriften der Verbandssatzung wörtlich, sinngemäß oder durch bestimmte Verweisung in die eigenen Satzungen übernehmen.[64] Zur Änderung der Satzung des Zweigvereins durch eine Änderung der Satzung des Hauptvereins → Rn. 49. Sollen etwa Regelwerke von übergeordneten Verbänden, wie sie gerade im Bereich des Sports regelmäßig anzutreffen sind, für die Vereinsmitglieder gelten, kommt neben einer satzungsmäßigen Verweisung auch und vor allem in Betracht, dass das einzelne Mitglied sich ihnen in vertraglichen Vereinbarungen oder (eindeutigen) Formulierungen in den Lizenz-, Ligenzulassungs- oder sonstigen Regelerstreckungsverträgen unterwirft.[65]

Schließlich müssen die Bestimmungen des Vereinsverbands den Mitgliedern der Mit- 32
gliedsvereine „in einer den Verhältnissen des Vereins angemessenen Weise"[66] bekannt gemacht werden, um ihnen gegenüber wirksam zu sein.[67]

Formulierungsbeispiel: Satzungsbestandteile zur Mitgliedschaft in einem 33
Sportverband

§ 10. Mitgliedschaften des Verbandes

Der *** *[Verband]* ist Mitglied des *** *[Dachverband 1]* und des *** *[Dachverband 2].* Er regelt seine Angelegenheiten im Rahmen seiner Satzung und Ordnungen selbst, soweit diese den Satzungen des *** *[Dachverband 1]* und des *** *[Dachverband 2]* sowie den für verbindlich erklärten Ordnungen des *** *[Dachverband 2]* nicht entgegenstehen.

§ 11. Maßgebliche Bestimmungen

(1) Die Satzung und die Ordnungen des *** *[Verband]* sind für seine Organe und seine Mitglieder bindend. Gleiches gilt für die in der Satzung des *** *[Dachverband 2]* für allgemein verbindlich erklärten Ordnungen des *** *[Dachverband 2].*
(2) Rechtsgrundlagen aus dem Bereich des *** *[Verband]* sind neben der Satzung die Jugendordnung, die Finanzordnung, die Geschäftsordnung, die Ehrenordnung und die Schiedsrichterordnung.
(3) Rechtsgrundlagen aus dem Bereich des *** *[Dachverband 2]* sind die in seiner Satzung für verbindlich erklärten Ordnungen, Richtlinien und Reglements.
(4) Lassen die Ordnungen des *** *[Dachverband 2]* es zu, dass der *** *[Verband]* Zusatzbestimmungen erlässt, so beschließt diese der Verbandstag.

b) Verhältnis des Mitglieds eines Mitgliedsvereins zum Verband. Wer Mitglied in 34
einem Verein wird, der verbandsangehörig ist, wird damit nicht zugleich Mitglied des Verbandes selbst. Erforderlich ist vielmehr, dass die Verbandssatzung überhaupt die Mitgliedschaft natürlicher Personen vorsieht und zudem bestimmt, dass der Erwerb der Mitgliedschaft in einem Mitgliedsverein zugleich die Mitgliedschaft im Verband begründet. Schließlich muss sich aus der Satzung des Mitgliedsvereins die Doppelmitgliedschaft erge-

[63] Vgl. zum Ganzen MüKoBGB/*Leuschner* BGB § 25 Rn. 29.
[64] *Sauter/Schweyer/Waldner* Eingetragener Verein Rn. 323 unter Berufung ua auf *Bauernfeind* NJW 1959, 379.
[65] *Orth* SpuRt 2017, 9 (13); s. auch BGH NZG 2016, 1315 = ZStV 2017, 66 (71) mAnm *Morgenroth;* BGHZ 128, 93 = NJW 1995, 583; hierzu *Haas/Adolphsen* NJW 1995, 2146; *Walker* NZG 2017, 1241.
[66] MüKoBGB/*Reuter,* 7. Aufl. 2015, BGB vor § 21 Rn. 132.
[67] Vgl. allg. zur Unterrichtungsfunktion von Satzungsänderungen MüKoBGB/*Leuschner* BGB § 25 Rn. 19.

ben.[68] Eine derartig statuarisch vermittelte **Doppelmitgliedschaft** hat der BGH gebilligt.[69]

35 Liegt eine Doppelmitgliedschaft der Mitglieder der Mitgliedsvereine – wie idR – nicht vor, so sind diese nur sog. **mittelbare Mitglieder** des Vereinsverbands. Ein Durchgriff des Vereinsverbands zu ihnen findet demgemäß nicht ohne weiteres statt. Regelungen und Entscheidungen des Vereinsverbands sind ihnen gegenüber vielmehr nur verbindlich, wenn der Mitgliedsverein diese vermittelt oder eine zusätzliche Rechtsbeziehung von ihnen zum Vereinsverband besteht. Dies bedeutet, dass die Mitgliedsvereine die Regelungen und Entscheidung des Vereinsverbands ihren Mitgliedern gegenüber übernehmen müssen oder dass das einzelne Mitglied eine besondere rechtsgeschäftliche Vereinbarung über seine „Unterwerfung" unter die Regelungen und Entscheidungen des Vereinsverbands erklären muss.[70]

36 Die Frage spitzt sich bei der Ausübung von **Disziplinarbefugnissen** des Verbands gegenüber den Mitgliedern der Mitgliedsvereine zu. Der Verband ist jedenfalls nicht befugt, Mitglieder aus den Mitgliedsvereinen auszuschließen.[71] Im Übrigen ist eine Straf- und Disziplinargewalt des Verbandes gegenüber den Mitgliedern der Mitgliedsvereine jedenfalls anzuerkennen, soweit eine unmittelbare, vom Verband eröffnete und vom Einzelmitglied tatsächlich wahrgenommene Beziehung zwischen Verband und Einzelmitglied besteht. Dies gilt namentlich für die Teilnehmer an Veranstaltungen des Verbandes, wie zum Beispiel für die Teilnahme am Spielbetrieb eines Sportverbands.[72] Zu Recht hat der BGH entschieden, dass zwar eine Unterwerfung unter die Straf- und Disziplinargewalt grds. nur durch **rechtsgeschäftsgeschäftlichen Einzelakt** begründet werden könne, darüber hinaus aber auch rechtsverbindlich durch Teilnahme an einem nach der Sport- und Wettkampfordnung des betreffenden Verbandes ausgeschriebenen Wettbewerb oder durch Erwerb einer generellen Spiel- oder Starterlaubnis (zB Spielerpass) erfolge.[73]

37 Entsprechende Satzungs- und Ordnungsbestimmungen des Verbandes, wonach dieser für die Benutzung seiner Einrichtungen oder die Teilnahme an seinen Wettbewerben Rechtsbeziehungen zu den Einzelmitgliedern der Mitgliedsvereine und damit ihm gegenüber zu Nichtmitgliedern bestimmt, sind zwar keine Allgemeinen Geschäftsbedingungen, gleichwohl aber einer **Inhaltskontrolle** nach § 242 BGB zugänglich.[74]

37a Zudem können Verbände **Unternehmensvereinigungen iSd Art. 101 Abs. 1 AEUV** sein. Jedenfalls hat das OLG Frankfurt a. M.[75] dies für den Deutschen Fußballbund bejaht. Bei ihm handele es sich um einen Verband, der ein Zusammenschluss von Vereinen sei, für die das Fußballspiel jedenfalls auch eine wirtschaftliche Tätigkeit darstelle. Weil die einzelnen Mitglieder (Fußballvereine) als Unternehmen anzusehen seien, müsse der Verband eine Unternehmensvereinigung darstellen.[76]

38 **c) Ausübung der Mitgliedschaftsrechte.** Die Rechte der Mitgliedsvereine werden in der Mitgliederversammlung des Verbandes ausgeübt. Dabei werden die Mitgliedsvereine durch ihren Vorstand in vertretungsberechtigter Zahl vertreten (§§ 26, 32 BGB).

---

[68] S. MüKoBGB/*Leuschner* BGB vor § 21 Rn. 139.

[69] BGHZ 28, 131 (134) = NJW 1958, 1867 mAnm *Bauernfeind;* s. auch MüKoBGB/*Leuschner* BGB vor § 21 Rn. 139; s. zum Ganzen auch OLG Frankfurt a. M. BeckRS 2014, 06804.

[70] Hierzu näher BGHZ 128, 93 (100) = NJW 1995, 583 (584 f.) s. auch *Heermann* NZG 1999, 325 ff.; aA OLG Karlsruhe OLGZ 1970, 300 (303) und LG Heilbronn NZG 1998, 783, die zu Unrecht davon ausgehen, dass der Beitritt des Mitgliedsvereins zum Verband unmittelbare Rechte des Verbands gegenüber den Mitgliedern der Mitgliedsvereine zustande bringe.

[71] BGHZ 28, 131 (134); aA LG Heilbronn NJW-RR 1999, 764.

[72] Ebenso *Sauter/Schweyer/Waldner* Eingetragener Verein Rn. 324.

[73] BGH NJW 1995, 583.

[74] BGH NJW 1995, 583 (585).

[75] OLG Frankfurt a. M. v. 2.2.2016 – 11 U 70/15, BeckRS 2016, 03310.

[76] S. hierzu bereits das Urteil zur FIFA: EuG v. 26.1.2005 – T 193/02, BeckRS 2005, 70081 – Piau.

Die Satzung des Verbands kann abweichende Regelungen vorsehen, namentlich ein **Delegiertensystem** bestimmen. Sieht die Satzung ein derartiges Delegiertensystem vor, handeln die Delegierten der jeweiligen Mitgliedsvereine nicht als deren Vertretungsorgan, sondern „als zur Willensbildung des Verbands berufene Funktionäre“[77]. Ihnen ist es demgemäß etwa verwehrt, eine Satzungsänderung beim Verband zu beschließen, wonach die Mitgliedsvereine aus dem Verband ausscheiden und deren Mitglieder nunmehr unmittelbare Mitglieder des Verbandes werden. Für eine solche Satzungsänderung bedarf es der Zustimmung der Mitgliedsvereine, die von ihren Vorständen jeweils in vertretungsberechtigter Anzahl erteilt wird.[78] 39

Formulierungsbeispiel: Satzungsbestandteil zur Mitgliederversammlung eines Sportverbands 40

§ 22. Verbandstag

(1) Der Verbandstag setzt sich zusammen aus den Delegierten der Vereine, dem Erweiterten Präsidium und den beiden Kassenprüfern.
(2) Die Gesamtzahl der von den Vereinen zu wählenden Delegierten ist dreimal so hoch wie die Anzahl der stimmberechtigten Mitglieder des Erweiterten Präsidiums.
(3) Die Delegierten der Vereine werden von den Bezirkstagen gewählt. Die an jedem Bezirkstag zu wählende Anzahl an Delegierten errechnet sich aufgrund der Mannschaftszahlen zum Stichtag 1.10.

3. Beendigung

Tritt ein Mitgliedsverein aus dem Verband **aus,** so erlöschen dessen Mitgliedschaftsrechte und -pflichten. Der Mitgliedsverein als solcher bleibt bestehen. 41

Wird der Vereinsverband **aufgelöst,** hat dies für die Mitgliedsvereine zur Folge, dass sämtliche Bestimmungen ihrer Satzungen, die die Befugnisse des Verbands regeln, gegenstandslos werden. In der Folge erlangen die Mitgliedsvereine ihre volle Autonomie zurück. 42

III. Der Gesamtverein

Während ein Vereinsverband ein Zusammenschluss eigenständiger Vereine ist, entsteht ein Gesamtverein dadurch, dass er nach sachlichen Erwägungen (zB Abteilungen eines Sportvereins) oder gebietsweiser Zuordnung (zB Ortsvereine, Bezirksgruppen) selbständige Untergliederungen bildet.[79] 43

1. Vorliegen eines Gesamtvereins

Ob ein Verein selbständige Untergliederungen in Form sog. **„Zweigvereine“** hat und damit einen Gesamtverein (alternativ auch als „Hauptverein“ oder „Zentralverein“ bezeichnet) darstellt, muss sich aus der Satzung ergeben. Ein Gesamtverein liegt somit nur dann vor, wenn die Untergliederungen **rechtlich selbstständige** Teile der Gesamtorganisation sind. Die Untergliederungen müssen dabei ihrerseits die Definitionsmerkmale eines rechtsfähigen oder nichtrechtsfähigen Vereins erfüllen und selbst körperschaftlich verfasst sein, insbes. einen eigenen Vorstand sowie eine eigene Mitgliederversammlung haben.[80] 44

[77] *Sauter/Schweyer/Waldner* Eingetragener Verein Rn. 326.
[78] BGH NJW 1980, 2707.
[79] Vgl. *Sauter/Schweyer/Waldner* Eingetragener Verein Rn. 328, der insoweit von horizontaler Gliederung (Vereinsverband) und vertikaler Gliederung (Gesamtverein) spricht; s. auch Bamberger/Roth/*Schwarz* BGB vor § 21 Rn. 29.
[80] MüKoBGB/*Reuter,* 7. Aufl. 2015, BGB vor § 21 Rn. 138; *Stöber/Otto* Rn. 1201; Bamberger/Roth/*Schwarz* BGB vor § 21 Rn. 32.

Sie müssen – soweit sie nicht eingetragene Vereine sind – indes nicht zwingend eine eigene Satzung haben; es genügt, wenn sich ihre Verfassung aus der des Hauptvereins ergibt.[81]

45 Fehlt es hieran, spricht man von **unselbstständigen Untergliederungen.** Hierbei handelt es sich um bloße organisatorische Außenstellen oder Verwaltungsinstanzen des Gesamtvereins. Sie haben weder eine eigene Satzung noch eigene Organe und keine eigenständige Verfassung mit Außenwirkung. Vielmehr gilt ausschließlich die Satzung des Hauptvereins, dessen Organe auch für die Willensbildung und Geschäftsführung der unselbstständigen Unterorganisationen verantwortlich sind. Jedenfalls ist eine unselbstständige Untergliederung auch anzunehmen, wenn deren Leitung vom Vorstand des Hauptvereins eingesetzt und nur als Hilfsorgan ohne eigene Entscheidungsbefugnis tätig wird. Dies gilt wenigstens dann, wenn ausschließlich der Hauptverein über Bestand und Auflösung der Untergliederung entscheiden kann.[82] Der BGH hat indes entschieden, dass die Auflösung einer bestimmten Vereinsabteilung (Rudern) nicht gegen die vereinsrechtliche Treuepflicht oder das Gleichbehandlungsgebot verstößt.[83] Der Hauptverein kann jedoch seine unselbstständigen Untergliederungen ermächtigen, einzelne Aufgaben des Hauptvereins zu übernehmen, wie etwa Mitglieder aufzunehmen oder den Austritt von Mitgliedern entgegenzunehmen. Dass auch unselbständige Abteilungen gewisse Rechte gegenüber dem Verein haben, hat der BGH festgestellt.[84] Gleiches gilt für die Einziehung der Mitgliedsbeiträge. Berechtigt und verpflichtet wird jedoch stets nur der Hauptverein. Nur bei diesem besteht die Mitgliedschaft. Beispiele für unselbstständige Untergliederungen sind etwa die Bezirksleitung der IG-Metall[85], die Fachabteilungen eines Sportvereins[86] sowie Orts- und Kreisverbände von politischen Parteien.[87] Zudem kann der Leiter („Vorstand“) der Untergliederung als besonderer Vertreter gem. § 30 BGB fungieren. Insoweit kann er den Verein bei (gewöhnlichen) Geschäften mit Bezug zur Untergliederung vertreten.[88]

46 Handelt es sich hingegen um echte **Zweigvereine,** also um Untergliederungen, die kraft Satzung des Hauptvereins ihrerseits die Definitionsmerkmale eines Vereins erfüllen, liegt einen Gesamtverein vor. Die Zweigvereine sind keine Organe des Hauptvereins, ihnen ist vielmehr durch die Satzung ein räumlich oder sachlich abgegrenzter Wirkungsbereich (ausschließlich) übertragen.[89] Der BGH nimmt einen Zweigverein an, wenn er auf Dauer nach außen Aufgaben im eigenen Namen durch eine eigene, dafür handlungsfähige Organisation erfüllt.[90] Nicht erforderlich ist eine eigene Satzung des Zweigvereins. Zweck und Organisation der Untergliederung können sich auch aus der Satzung des Hauptvereins ergeben. Die Satzung des Zweigvereins kann somit auch durch den Gesamtverein vorgegeben werden. Funktional bleiben die Zweigvereine ohnehin Teil der Organisation des Hauptvereins, ohne indes Organe von ihm zu sein.[91] **Regelmäßige Kennzeichen** eines selbstständigen Zweigvereins sind nicht vom Hauptverein eingesetzte Organe,[92] eine selbstständige Kassenführung sowie gesonderte Mitgliederversammlungen.[93] In jedem Fall muss der Zweigverein denselben Zweck wie der Hauptverein erfüllen. Er kann Rechtsfähigkeit nach den allgemeinen Voraussetzungen (→ § 3 Rn. 5) erlangen oder – wie idR – als nicht

---

[81] BGHZ 90, 331 = NJW 1984, 2223; vgl. BGHZ 73, 275 (278) = NJW 1979, 1402.
[82] Vgl. Bamberger/Roth/*Schwarz* BGB vor § 21 Rn. 31.
[83] BGH NZG 2013, 466.
[84] BGH MDR 2013, 607.
[85] BGH ZZP 86 (1973), 212.
[86] Vgl. KG OLGZ 1983, 272 (Handballabteilung).
[87] S. etwa LG Bonn NJW 1976, 810 (Ortsverband der CDU); ferner OLG Frankfurt a. M. OLGZ 1984, 468.
[88] Zum Ganzen auch instruktiv *Sauter/Schweyer/Waldner* Eingetragener Verein Rn. 330.
[89] MüKoBGB/*Reuter,* 7. Aufl. 2015, BGB vor § 21 Rn. 140f.
[90] MüKoBGB/*Reuter,* 7. Aufl. 2015, BGB vor § 21 Rn. 139 unter Hinweis auf BGHZ 90, 331 (333f.).
[91] MüKoBGB/*Leuschner* BGB vor § 21 Rn. 138f.
[92] RGZ 73, 92 (97); JW 1927, 2363.
[93] So Bamberger/Roth/*Schwarz* BGB vor § 21 Rn. 32.

rechtsfähiger Verein agieren. In letzterem Fall scheidet selbstredend auch eine Eintragung in das Vereinsregister aus.[94]

Insgesamt hat sich eine gewisse **Sonderdogmatik für Gesamtvereine** gebildet. Diese 47 betreffende Rechtsfragen können nämlich nicht vollständig mit den Kategorien des rechtsfähigen und nichtrechtsfähigen Vereins erfasst werden, weil die Zweigvereine jedenfalls im Verhältnis zum Hauptverein keine umfassend selbstständigen Rechtssubjekte sind. Der *numerus clausus* der Rechtsformen soll dieser Rechtsfortbildung nicht entgegenstehen.[95] *Reuter* fasst die Sonderdogmatik des Gesamtvereins („Verein im Verein") in der Weise zusammen, dass deren Kern die einheitliche Mitgliedschaft trotz Vielfalt der Vereine ist.[96]

Beispiele für Gesamtvereine sind:

Bezirksverwaltung der Postgewerkschaft,[97] Kreisorganisation einer Gewerkschaft,[98] Ortsgruppe der DLRG,[99] auch eine Abteilung eines Sportvereins kann nicht nur unselbständige Untergliederung sein (→ Rn. 45), sondern einen Zweigverein darstellen.[100]

2. Entstehung

Ein Gesamtverein kann dadurch entstehen, dass ein bisher nicht gegliederter Verein seine 48 **Satzung ändert** und Zweigvereine vorsieht, seine Zuständigkeiten gegen die seiner (künftigen) Zweigvereine abgegrenzt und eine Mehrfachmitgliedschaft begründet. Ausreichend für die Satzungsänderung ist eine Dreiviertelmehrheit.[101] Zusätzlich müssen die künftigen Mitglieder der Zweigvereine die nach dem Gesetz vorgesehenen **Gründungsschritte** für – idR – nichtrechtsfähige Vereine vornehmen (→ § 4 Rn. 202).

Der Hauptverein kann die Satzung des Zweigvereins in Form einer **Mustersatzung** 49 vorgeben oder die nähere Ausgestaltung der Satzung der Gründungsversammlung des Zweigvereins überlassen.[102] Der Hauptverein darf dabei die **Autonomie des Zweigvereins** nicht in einer Weise einschränken, dass diesem jede eigene Willensbildung und Entfaltung eines Vereinslebens genommen wird. Insbesondere muss die Satzung des Hauptvereins dem Zweigverein die Möglichkeit lassen, Vorstand und Mitgliederversammlung selbst personell zu besetzen. Die Satzung des Zweigvereins kann auch teilweise oder vollständig auf die Satzung des Hauptvereins **verweisen.**[103] Tut sie dies, ist es nicht erforderlich, deren Bestimmungen wörtlich anzuführen, solange keine Zweifel aufkommen können, welche Bestimmungen der Satzung des Hauptvereins gemeint sind.[104] In diesem Fall ist jedoch die Satzung des Hauptvereins mit zu den Registerakten des Zweigvereins zu nehmen.[105] Die Frage spitzt sich dann zu, wenn auf die Satzung des Hauptvereins „in seiner jeweils gültigen Fassung" verwiesen wird. Dem Grunde nach ist dies zulässig. Allerdings ist zu beachten, dass die Satzungsänderung des Hauptvereins auch beim Zweigverein anzumelden ist (§ 71 BGB). Erfolgt dies nicht, wird die Satzungsänderung beim Zweigverein nicht wirksam.[106]

---

[94] *Schaible* S. 25.
[95] Vgl. MüKoBGB/*Reuter,* 7. Aufl. 2015, BGB vor § 21 Rn. 142; zum *numerus clausus* der Verbandsrechtsformen s. *Schmidt* GesR S. 97; MüKoBGB/*Leuschner* BGB vor § 21 Rn. 142 hält indes keine Sonderdogmatik für erforderlich.
[96] Vgl. MüKoBGB/*Reuter,* 7. Aufl. 2015, BGB vor § 21 Rn. 142.
[97] BGH LM ZPO § 50 Rn. 25.
[98] OLG Düsseldorf NJW-RR 1986, 1506.
[99] BGHZ 90, 331 = NJW 1984, 2223.
[100] LG Regensburg NJW-RR 1988, 184 (Tennisabteilung).
[101] MüKoBGB/*Leuschner* BGB vor § 21 Rn. 143.
[102] BayObLGZ 1977, 6 (9); OLG Karlsruhe OLGZ 1978, 226.
[103] Ebenso *Sauter/Schweyer/Waldner* Eingetragener Verein Rn. 329 mwN; anders aber bei gemeinnützigen Vereinen: *Sauter/Schweyer/Waldner* Eingetragener Verein Rn. 483 Fn. 34.
[104] OLG Hamm NJW-RR 1988, 183.
[105] *Sauter/Schweyer/Waldner* Eingetragener Verein Rn. 329a.
[106] Näher hierzu *Sauter/Schweyer/Waldner* Eingetragener Verein Rn. 329a.

50 Ein Gesamtverein kann auch dadurch entstehen, dass mehrere bisher selbstständige Vereine sich **auf die Gründung eines Hauptvereins verständigen.** Erforderlich ist hierfür nicht lediglich eine informelle Vorabverständigung, sondern ein von den Vereinsvorständen im Namen ihrer Vereine geschlossener Vertrag. Dieser bedarf der Zustimmung der Mitgliederversammlungen mit Dreiviertelmehrheit. Er muss die Abgabe von Autonomie beinhalten. Anschließend ist dieser Vertrag durch Gründung des Hauptvereins zu vollziehen. Denkbar ist hierbei auch, dass von den mehreren bisher selbständigen Vereinen ein Verein zum Hauptverein und die übrigen zu dessen Zweigvereinen werden.[107]

51 **Formulierungsbeispiel: Satzungsbestandteile eines Hauptvereins mit selbständigen rechtsfähigen Untergliederungen**

§ 15. Gliederung des Vereins

(1) Der Verein gliedert sich in einen Bundesverband und in Landesverbände mit jeweils eigener Rechtsfähigkeit. Die Grenzen der Landesverbände sollen denen der Bundesländer entsprechen. Über Abweichungen entscheidet der Bundesvorstand.
(2) Die Landesverbände können mit Zustimmung des Bundesvorstands Untergliederungen bilden, die eigene Rechtsfähigkeit erwerben können.
(3) Die Satzungen der Landesverbände und deren Untergliederungen müssen mit dem Vereinszweck sowie den Grundsätzen des Vereins und mit dieser Satzung in ihrer jeweils gültigen Fassung in Einklang stehen.
(4) Die Landesverbände sind an diese Satzung gebunden und müssen die sich daraus ergebenden Verpflichtungen erfüllen. Sie sind ferner verpflichtet, die auf dieser Satzung beruhenden Ordnungen und Beschlüsse umzusetzen. Dies gilt entsprechend für alle weiteren Untergliederungen.
(5) Die Satzungen der Landesverbände einschließlich der Satzungsänderungen bedürfen der Zustimmung des Bundesvorstands.

52 **Formulierungsbeispiel: Satzungsbestandteile eines rechtsfähigen Zweigvereins**

§ 1 Name, Zweck und Sitz

(1) Der Landesverband Bayern ist eine Gliederung der in das Vereinsregister des Amtsgerichts Berlin (VR ***) eingetragenen *** *[Verein]* e.V.
(2) Er führt die Bezeichnung *** *[Verein]* Landesverband Bayern e.V.
(3) Er hat seinen Sitz in ***.

3. Verfassungsfragen der Zweigvereine

53 **a) Name und Sitz.** Der Zweigverein führt regelmäßig den Namen des Hauptvereins mit einen entsprechenden **Zusatz** (zB IG Metall, Bezirksgruppe Württemberg-Hohenzollern[108]). Ist dem Zweigverein die Namensführung insoweit gestattet, wird man davon ausgehen müssen, dass dies nur für die Dauer Zugehörigkeit zum Hauptverein der Fall ist.[109] Es ist nicht erforderlich, dass er einen vom Hauptverein getrennten Sitz hat. Gerade bei Sportvereinen mit verschiedenen selbstständigen Abteilungen haben auch die Zweigvereine regelmäßig ihren **Sitz an dem des Hauptvereins.**

54 **b) Mitgliedschaft.** Es bestehen keine getrennten Mitgliedschaften im Haupt- und Zweigverein. Vielmehr handelt es sich um **eine (einzige) Mitgliedschaft,** die nach Maßgabe der Verfassung des Hauptvereins teilweise in diesem und teilweise im Zweigverein ausge-

---

[107] Vgl. zum Ganzen MüKoBGB/*Leuschner* BGB vor § 21 Rn. 144.
[108] BGHZ 90, 331 = NJW 1984, 2223.
[109] BGH GRUR 1976, 644 mAnm *Fezer.*

übt wird. Folgerichtig spricht der BGH insoweit auch nicht von einer Doppelmitgliedschaft, sondern von einer **„gestuften Mehrfachmitgliedschaft“.**[110]

c) Organe. Weil die Zweigvereine selbst körperschaftlich organisiert sein müssen, um eine eigene selbstständige Existenz vom Hauptverein zu haben, müssen sie wenigstens über einen **Vorstand** und eine **Mitgliederversammlung** verfügen. Andernfalls ist ein selbstbestimmtes Vereinsleben nicht möglich. 55

d) Außenverhältnis. Die Selbstständigkeit des Zweigvereins im Verhältnis zum Hauptverein zeigt sich vor allem im Außenverhältnis. Handelt der Vorstand des Zweigvereins im Namen und mit Vertretungsmacht **rechtsgeschäftlich** gegenüber Dritten, wird allein der **Zweigverein berechtigt und verpflichtet.** Dieser ist in einem Rechtsstreit **selbst Partei.**[111] 56

Für **deliktische Handlungen** ihrer Organmitglieder und Verrichtungsgehilfen im Rahmen seines Wirkungsbereichs (→ § 12) **haftet ausschließlich der Zweigverein.** Zwar ist der Zweigverein als Untergliederung in der Satzung des Hauptvereins verankert. Dies führt jedoch nicht dazu, dass der Vorstand des Zweigvereins zugleich besonderer Vertreter des Hauptvereins iSd §§ 30, 31 BGB wäre.[112] 57

4. Auflösung

Wird der **Hauptverein aufgelöst,** so führt dies auch zur Auflösung der Zweigvereine. Ihre Existenz als Untergliederungen des Gesangsvereins wird dadurch nämlich unmöglich.[113] 58

Zweigvereine können ferner durch eine **Satzungsänderung** des Hauptvereins **aufgelöst** werden. Dieser kann etwa kraft seiner Organisationshoheit bestimmen, dass einzelne oder alle Zweigvereine nicht mehr bestehen oder dass sie nurmehr unselbstständige Untergliederungen sind.[114] Darüber hinaus kann die Satzung des Hauptvereins auch dessen Recht vorsehen, dass durch bloßen Beschluss der Mitgliederversammlung einzelne Zweigvereine aufgelöst werden können.[115] Wird ein Zweigverein auf diese Weise aufgelöst, wandelt sich die **Mitgliedschaft** von einer Mehrfachmitgliedschaft in eine normale, auf den Hauptverein beschränkte Mitgliedschaft um. Dies ist vom einzelnen Mitglied grundsätzlich hinzunehmen. Zum Schutz der Gläubiger des Zweigvereins hat jedoch eine **Liquidation** in direkter – bei rechtsfähigen Vereinen – oder analoger – bei nicht rechtsfähigen Vereinen – Anwendung der §§ 47ff. BGB stattzufinden.[116] Soll hingegen die Untergliederung mit dem Ziel aufgelöst werden, dass Mitglieder des Verbandes nicht mehr die bisherigen Mitgliedsvereine, sondern deren Mitglieder sind, sind umfangreiche Satzungsänderungen erforderlich.[117] 59

Nicht möglich ist es dem Zweigverein, nach § 39 BGB aus dem Hauptverein **auszutreten.** Dies gilt regelmäßig schon deshalb, weil er gar nicht Mitglied des Hauptvereins, sondern eine selbstständige Untergliederung von diesem ist. Vertreten wird jedoch die Ansicht, ein Zweigverein könne sich auf der Grundlage eines zweckändernden Beschlusses seiner Mitgliederversammlung ohne Mitwirkung des Hauptvereins aus diesem **ausglie-** 60

---

[110] BGHZ 73, 275 (278); NJW 2008, 69 (74).
[111] Vgl. MüKoBGB/*Leuschner* BGB vor § 21 Rn. 148.
[112] MüKoBGB/*Leuschner* BGB vor § 21 Rn. 148.
[113] Dies entspricht sinngerechter Satzungsauslegung, auch wenn im Übrigen die Unmöglichkeit der Zweckerreichung im Vereinsrecht – anders als etwa im Personengesellschaftsrecht – kein automatischer Auflösungsgrund ist, vgl. MüKoBGB/*Leuschner* BGB vor § 21 Rn. 150.
[114] Vgl. hierzu auch *Stöber/Otto* Rn. 1204.
[115] S. *Seifert,* Die politischen Parteien im Recht der Bundesrepublik Deutschland, S. 276f.
[116] MüKoBGB/*Reuter,* 7. Aufl. 2015, BGB vor § 21 Rn. 157.
[117] Vgl. hierzu die ausführliche Beschreibung bei *Sauter/Schweyer/Waldner* Eingetragener Verein Rn. 332.

dern.[118] Richtigerweise wird man jedoch verlangen müssen, dass die Satzung des Hauptvereins dies ausdrücklich zulässt.[119]

IV. Vereinskonzerne

60a In die Dogmatik besonderer Vereinsstrukturen sind auch **Vereinskonzerne** aufzunehmen.[120] Gemeint ist hiermit die Einbindung von Vereinen in Konzernstrukturen, und zwar als Ober„gesellschaft", gleichsam als „Konzernspitze" oder als abhängige „Gesellschaft".[121] Dass ein Verein – eingetragen oder nicht – an der Spitze eines Konzerns steht, ist meist die Folge der Ausgliederung wirtschaftlicher Geschäftsbetriebe. Bekannte Beispiele sind der Allgemeine Deutsche Automobil-Club e.V. (ADAC), aber auch die technischen Überwachungsvereine (TÜV), die DEKRA oder Vereine aus dem Bereich der Wohlfahrtspflege. Auch politische Parteien, die regelmäßig selbst die Rechtsform eines nicht eingetragenen Vereins haben, haben Tochtergesellschaften.[122] Dass Vereine über Tochtergesellschaften umfassend am wirtschaftlichen Leben teilhaben können, ist im Ergebnis nur möglich, weil eine Zurechnung ihrer Tätigkeiten an den Verein nicht erfolgt und somit für die Frage der wirtschaftlichen Betätigung des Vereins ohne Belang ist.[123] Weitaus seltener ist die Konstellation, dass ein Verein von einer oder mehreren anderen Gesellschaften „beherrscht" wird.[124] Die §§ 291 ff. AktG gelten insoweit jedenfalls analog, soweit ein Verein die abhängige Körperschaft ist. Beherrscht hingegen ein Verein andere Gesellschaften, ist vor allem die fehlende Unternehmereigenschaft, die von den §§ 291 ff. AktG regelmäßig vorausgesetzt wird, problematisch. In jedem Fall sind die Besonderheiten des Vereinsrechts zu beachten, die die Bestimmungen der §§ 291 ff. AktG überlagern.[125]

E. Sonstiges

I. Politische Parteien

61 Politischen Parteien steht der Verein als Rechtsform offen. **Traditionell** sind die politischen Parteien in Deutschland eingetragene oder **nicht eingetragene Vereine** des BGB. Öffentlich-rechtlich bestehen besondere Regelungen, die die bürgerlich-rechtlich Normen (§§ 21 ff. BGB) überlagern und der besonderen Stellung politischer Parteien auf Grund des verfassungsrechtlich verankerten **Parteienprivilegs** (Art. 21 GG, → § 20) Rechnung tragen. Namentlich handelt es sich hierbei um das Parteiengesetz (ParteiG).

62 **§ 2 Abs. 1 S. 1 ParteiG** versteht unter einer politischen Partei eine Vereinigung von Bürgern, die dauernd oder für längere Zeit für den Bereich des Bundes oder eines Landes auf die politische Willensbildung Einfluss nehmen und an der Vertretung des deutschen Volkes im Deutschen Bundestag oder einem Landtag mitwirken wollen, wenn sie nach dem Gesamtbild der tatsächlichen Verhältnisse, insbesondere nach Umfang und Festigkeit ihrer Organisation, nach der Zahl ihrer Mitglieder und nach ihrem Hervortreten in der Öffentlichkeit eine ausreiche Gewähr für die Ernsthaftigkeit dieser Zielsetzung bieten.

63 Das ParteiG kommt demgemäß nicht zur Anwendung auf kurzfristige Wählervereinigungen und lediglich auf kommunaler Ebene tätige Parteien.

---

[118] Vgl. *Schaible* S. 84 ff.
[119] MüKoBGB/*Reuter,* 7. Aufl. 2015, BGB vor § 21 Rn. 158.
[120] So verdienstvoll MüKoBGB/*Leuschner* BGB vor § 21 Rn. 134 und sodann Rn. 151 ff.
[121] MüKoBGB/*Leuschner* BGB vor § 21 Rn. 151.
[122] Zum Rechtstatsächlichen MüKoBGB/*Leuschner* BGB vor § 21 Rn. 152 mit beeindruckenden Umsatzzahlen derartiger Konzernvereine.
[123] Richtungsweisend ist insoweit das ADAC-Urteil aus dem Jahr 1982, BGH NJW 1983, 569 ff.
[124] Siehe die Beispiele bei MüKoBGB/*Leuschner* BGB vor § 21 Rn. 178.
[125] Zum Ganzen ausführlich MüKoBGB/*Leuschner* BGB vor § 21 Rn. 165 ff.; 181.

Soweit das ParteiG zur Anwendung gelangt, enthält es insbesondere in folgenden Bereichen **abweichende Bestimmungen zum Vereinsrecht des BGB:** 64
- Mitgliedschaft: gem. § 2 Abs. 1 S. 2 ParteiG können nur natürliche Personen Mitglieder sein,
- Wahl des Sitzes: § 2 Abs. 3 Nr. 2 ParteiG,
- Namensrecht: § 4 ParteiG,
- Satzungsrecht: § 6 ParteiG,
- in Abweichung zu § 39 BGB die Möglichkeit des jederzeitigen Austritts: § 10 Abs. 2 S. 3 ParteiG,
- in Abweichung von § 54 S. 2 BGB den Ausschluss der Handelndenhaftung: § 37 ParteiG,
- es sind Parteischiedsgerichte zu bilden, § 14 ParteiG.

Besondere Bestimmungen finden sich zudem für 65
- die Organisation, insbesondere die Gliederung der Gebietsverbände: § 7 ParteiG und
- den Ausschluss von Mitgliedern: § 10 Abs. 4 ParteiG.

Die Gliederungen von politischen Parteien, also etwa die Landes-, Kreis- und Ortsverbände, sind idR selbständige Zweigvereine.[126] Notwendige Organe sind die Mitgliederversammlung und der Vorstand, § 8 Abs. 1 S. 1 ParteiG. Der Vorstand vertritt den Gebietsverband (§ 26 Abs. 2 BGB), soweit nicht die Satzung eine abweichende Bestimmung enthält, § 11 Abs. 3 S. 2 ParteiG. 66

Im Übrigen gelten die Bestimmungen der §§ 21 ff. BGB. In Einzelfällen kann es erforderlich sein, sie verfassungskonform vor dem Hintergrund des Art. 21 GG anzuwenden und auszulegen.[127] 67

Politische Parteien sind auch als nicht rechtsfähige Vereine **parteifähig,** § 50 Abs. 2 ZPO. Ob sie auch grundbuchfähig sind, ist nach wie vor streitig.[128] Gefordert und bejaht wird dies unter Hinweis auf Art. 21 GG sowie auf die Offenkundigkeit (§ 29 Abs. 1 S. 2 GBO) der Existenz und Identität einer Partei sowie ihrer vertretungsberechtigten Organe. Zudem dürfe das Grundbuchrecht keinen stärkeren Nachweis fordern als das öffentliche Wahlrecht für den Nachweis ordnungsgemäßer Vertretung bei der Einreichung von Wahllisten.[129] 68

II. Religiöse Vereine

Religiöse Vereine, die Religionsgesellschaften iSd Art. 140 GG iVm Art. 137 WRV sind, können ihre Angelegenheiten nach ihrem religiösen Selbstverständnis regeln. Ihre Satzungsautonomie ergibt sich nicht erst aus § 25 BGB.[130] Sie unterstehen aber der staatlichen Gründungskontrolle, müssen einen Vorstand haben und den Zusatz „e.V." führen, wenn sie eingetragen sind.[131] Die Vereinsautonomie kann jedoch bei Organisationsfragen, Satzungsänderungen, ihrer Auflösung sowie der Rechtsstellung und dem Ausschluss von Mitgliedern eingeschränkt sein.[132] Dies wird damit begründet, dass der Verein Teil einer Religionsgemeinschaft ist. So ist es etwa zulässig, dass religiöse Vereine keine Mitgliederversammlung haben, die sonst unabdingbares Organ ist (§ 41 S. 1 BGB).[133] 69

Die religiöse Vereinigungsfreiheit (Art. 9 Abs. 2 GG) rechtfertigt es auch, dass untergeordnete religiöse Vereine sich nach den Anforderungen der Religion den Weisungen 70

[126] BAGE 95, 269 = NZA 2001, 116.
[127] Soergel/*Hadding* BGB vor § 21 Rn. 56.
[128] Dafür ua OLG Zweibrücken NJW-RR 2000, 749 und *Reffken* NVwZ 2009, 1131; abl. *Schöner/Stöber* GrundbuchR Rn. 147.
[129] *Stöber/Otto* Rn. 1538.
[130] BayObLGZ 1987, 170.
[131] BeckOK BGB/*Schöpflin* BGB § 21 Rn. 64 mwN.
[132] BVerfG NJW 1991, 2623 (2625); *Schockenhoff* NJW 1992, 1013.
[133] *Reichert* Rn. 6353.

übergeordneten Gremien unterwerfen und dass die Satzung bestimmt, dass kirchliche Würdenträger geborene Vereinsmitglieder sind.[134]

III. Altrechtliche Vereine

71 Altrechtliche Vereine sind solche, die am 1.1.1900, also **bei Inkrafttreten des BGB, bereits bestanden** haben. Für sie bleiben nach Art. 82 EGBGB die Vorschriften der Landesgesetze über die Verfassung solcher Vereine, deren Rechtsfähigkeit auf staatlicher Verleihung beruht, unberührt. Nach Art. 163 EGBGB finden zudem auf sie seit 1.1.1900 die §§ 23–53 BGB Anwendung, soweit sich nicht aus den Art. 164–166 EGBGB etwas anderes ergibt. Heute existieren kaum noch derartige altrechtliche Vereine. Sie sind jedoch kraft ihrer früheren Stellung (weiterhin) rechtsfähig.

IV. Ausländische Vereine und Ausländervereine

72 Mit der Vereinsrechtsform vom 30.9.2009 wurde **§ 23 BGB** und damit die Bestimmung über die ausländischen Vereine **ersatzlos aufgehoben.** Die Norm galt ohnehin nur für solche **ausländische Vereine,** die in ihrem Heimatstaat nicht rechtsfähig waren und in Deutschland die partielle Rechtsfähigkeit erlangen wollten. Ist ein Verein hingegen in seinem (Satzungs-)Sitzstaat rechtsfähig, ist er als solcher auch im Inland als rechtsfähig anzuerkennen, jedenfalls wenn er nach den Vorschriften der §§ 21, 22 BGB ohne weiteres im Inland die Rechtsfähigkeit erlangen könnte. Jedenfalls für Vereine aus EU- und EWR-Staaten gilt insoweit auch die Gründungstheorie.[135]

73 Nicht von ausländischen Vereinen, sondern von **Ausländervereinen** wird hingegen gesprochen, wenn der Verein seinen Sitz im Inland hat, aber von Ausländern gegründet wird, die sich im Gebiet der Bundesrepublik Deutschland aufhalten. Für sie gilt das BGB ohne Einschränkungen. Eine Legaldefinition findet sich zudem in § 14 VereinsG, wonach Ausländervereine solche sind, deren Mitglieder oder Leiter sämtlich oder überwiegend Ausländer sind. Ihre Ersteintragung und spätere Satzungsänderungen sind nach § 400 FamFG der zuständigen Verwaltungsbehörde mitzuteilen.[136]

---

[134] BVerfG NJW 1991, 2623; OLG Hamm NJW-RR 1995, 119.
[135] *Terner* DNotZ 2010, 5 (17).
[136] Näher hierzu *Krafka* RegisterR-HdB Rn. 2127.

Kapitel 2. Der Verein im Zivilrecht

§ 4. Gründung

Übersicht

Schrifttum:

Hofmann, Der Vereinsbeitritt Minderjähriger, Rpfleger 1986, 5; *Leuschner,* Ist der ADAC zu Recht ein eingetragener Verein?, ZIP 2015, 356; *Leuschner,* Die Registersache FC Bayern München e.V., NGZ 2017, 16; *Leuschner,* Der Zweck heiligt doch die Mittel! – Vereinsklassenabgrenzung nach dem Kita-Beschluss des BGH, NJW 2017, 1919; *Lissner,* Die Erstanmeldung des eingetragenen Vereins, MDR 2012, 1209; *Lissner,* Die registerrechtlichen Anforderungen im Vereinswesen, notar 2013, 415; *Reichert,* Die Mitgliedschaft Minderjähriger in Vereinen, RdJ 1971, 234; *Reuter,* Probleme der Mitgliedschaft beim Idealverein, ZHR 1981, 273; *Segna,* Die Registersache FC Bayern München, npoR 2017, 3; *Terner,* Vereinsrechtsreform(en), DNotZ 2010, 5; *Wicke,* Die fehlende Gewinnerzielung als Merkmal des eingetragenen Idealvereins, FS 25 Jahre Deutsches Notarinstitut 2018, 603.

A. Vorbemerkung

1 Die Gründung eines Vereins wird zunächst für die in §§ 21, 22 BGB genannten Vereinstypen, an erster Stelle den eingetragenen Verein (→ Rn. 2 ff.) dargestellt, gefolgt vom wirtschaftlichen Verein (→ Rn. 182 ff.) und schließlich dem „nicht rechtsfähigen" (besser: nicht eingetragenen) Verein iSv § 54 BGB (→ Rn. 209 ff.).

B. Der eingetragene Verein

I. Überblick über die Gründungsschritte

Der vollständige Gründungsprozess eines eingetragenen Vereins beinhaltet zusammengefasst folgende Schritte: 2

- **Gründungsakt mit Satzungserrichtung** durch nach hM mindestens zwei Gründer (→ Rn. 4ff.),
- **Unterzeichnung der Satzung** durch mindestens sieben Mitglieder (ggf. nach zwischenzeitlichem Beitritt weiterer Mitglieder bei weniger als sieben Gründern, → Rn. 83ff.),
- Bestellung des ersten **Vorstandes** (→ Rn. 98ff.),
- **Anmeldung** zum Vereinsregister durch Vorstandsmitglieder in vertretungsberechtigter Zahl unter Vorlage von Abschriften der Satzung und des Protokolls über die Bestellung des Vorstandes (→ Rn. 119ff.),
- **Eintragung** des nicht wirtschaftlichen Vereins in das Vereinsregister (im Unterschied zur Konzession beim wirtschaftlichen Verein, → Rn. 148ff.).

Dies entspricht auch der zeitlichen Reihenfolge der Gründungsschritte, die nun im Einzelnen näher dargestellt werden. Lediglich die Unterzeichnung der Satzung durch mindestens sieben Mitglieder und die Vorstandsbestellung können auch in umgekehrter Reihenfolge vorgenommen werden. In der Praxis erfolgt der Gründungsakt zusammen mit der Unterzeichnung der Satzung und Vorstandsbestellung häufig im Rahmen der Gründungsversammlung. 3

II. Gründungsakt

1. Rechtsnatur

Die Rechtsnatur des Gründungsaktes ist ebenso wie die der Satzung[1] umstritten. Nach herrschender Auffassung handelt es sich um einen **Vertrag besonderer Art** zwischen den Gründern über die Errichtung eines sozialen Gemeinschaftsgebildes mit körperschaftlicher Organisation.[2] 4

2. Gründer

a) Gründerzahl. Das Gesetz schreibt keine Mindestanzahl an Gründern vor. Gemäß § 56 BGB erfordert die Eintragung eines Vereins eine Mindestzahl von sieben Mitgliedern. Nach § 59 Abs. 3 BGB soll die Satzung durch ebenfalls mindestens sieben Mitglieder festgestellt werden. Es handelt sich jeweils um Ordnungsvorschriften mit dem Zweck, die Eintragung unbedeutender Vereine zu verhindern.[3] Auf den Gründungsakt selbst finden beide Vorschriften jedoch keine Anwendung. 5

Daher kann der Verein nach **hM** auch durch nur **zwei Gründer** errichtet werden.[4] Nach überzeugender und daher auch hier vertretener Auffassung sind zumindest ab Satzungserrichtung drei Gründer erforderlich, um die Bildung einer „Mehrheit" im Rahmen von Beschlussfassungen zu ermöglichen. Diese Meinung beruft sich auf die dann entstandene körperschaftliche Struktur, wie sie im Genossenschaftsrecht in § 4 GenG mit einer Mindestanzahl von drei Mitgliedern zum Ausdruck kommt.[5] Für sie spricht auch beim 6

---

[1] → Rn. 29.

[2] RGZ 153, 267 (270); BGHZ 47, 179; Palandt/*Ellenberger* BGB § 21 Rn. 11; Staudinger/*Schwennicke* BGB § 21 Rn. 86.

[3] → Rn. 94.

[4] Palandt/*Ellenberger* BGB § 21 Rn. 11; MüKoBGB/*Leuschner* BGB § 25 Rn. 45; Soergel/*Hadding* BGB § 56 Rn. 1; Staudinger/*Schwennicke* BGB § 21 Rn. 87.

[5] BeckOK BGB/*Schöpflin* BGB § 21 Rn. 122; *Reichert* Rn. 81; *Wagner* NZG 2015, 1377 (1378).

eingetragenen Verein im Umkehrschluss die vom Gesetzgeber in § 73 BGB genannte Grenze, wonach einem Verein bei Unterschreiten der Mindestanzahl von drei Mitgliedern die Rechtsfähigkeit zu entziehen ist. Die mit Blick auf das Kapitalgesellschaftsrecht vertretene Ansicht, wonach nur ein Gründer erforderlich ist,[6] ist hingegen abzulehnen.

7 Gründer sind nur die dem Gründungsakt in wirksamer Weise zustimmenden Beteiligten.[7]

> **Hinweis:**
> In der Praxis ist die Mitwirkung von mindestens sieben Gründern von Beginn der Gründung an häufig und vor dem Hintergrund der in den §§ 56, 59 Abs. 3 BGB für die Eintragung vorgeschriebenen Mindestanzahl[8] auch zweckmäßig. Wenn an der Gründung nicht bereits sieben Gründer beteiligt waren, kann die Anmeldung zum Vereinsregister erst nach Aufnahme weiterer Mitglieder erfolgen.[9]

8 **b) Natürliche Personen.** Als Gründer kommen in erster Linie natürliche Personen in Betracht. Die Gründung eines Vereins setzt die Abgabe einer wirksamen Willenserklärung der Gründer voraus, ohne dass jedoch höchstpersönliche Erklärungen abzugeben sind. Eine **(gesetzliche oder rechtsgeschäftliche) Stellvertretung** ist somit zulässig.[10] Da die allgemeinen Regelungen für die Abgabe von Willenserklärungen gelten, bedarf eine rechtsgeschäftliche Vollmacht – anders als eine Vollmacht zur Vornahme der Vereinsregisteranmeldung[11] – keiner besonderen Form. Allerdings ist aus Nachweisgründen die Schriftform zu empfehlen. Sollte der Bevollmächtigte aufgrund der Vollmacht auch stellvertretend die Satzung unterzeichnen, ist die Schriftform aufgrund von § 59 Abs. 2 BGB ohnehin zwingend erforderlich.[12] Auch der Mitwirkung eines Vertreters ohne Vertretungsmacht, dessen Erklärung vom Vertretenen im Nachhinein genehmigt wird (§ 177 Abs. 1 BGB), steht nichts entgegen.

8a Ebenso ist die Gründung durch einen **Treuhänder** als Gründungsmitglied zulässig (und zB im Fall der Mitwirkung einer großen Körperschaft auch praktikabel) unter der Voraussetzung, dass der Treugeber selbst als Gründungsmitglied zulässig wäre. Im Verhältnis zum Verein hat jedoch lediglich der Treuhänder die Mitgliedsstellung inne.[13]

9 Ein **Minderjähriger** kann vertreten durch seine gesetzlichen Vertreter Mitglied des Vereins werden. Ohne deren Mitwirkung kann ein beschränkt geschäftsfähiger Minderjähriger (bei deutscher Staatsangehörigkeit[14] im Alter von sieben Jahren bis zur Vollendung des 18. Lebensjahres) nur Gründungsmitglied sein, wenn dies rechtlich vorteilhaft iSv § 107 BGB oder zumindest nicht nachteilig[15] ist. Dies dürfte regelmäßig nicht der Fall sein, selbst wenn keine Beitragspflicht begründet wird. Auch ein einmaliger Beitrag gedeckt mit Mitteln, die dem Minderjährigen iSv § 110 BGB („Taschengeld") zur Verfügung stehen, macht die Mitwirkung gesetzlicher Vertreter nicht entbehrlich,[16] da es sich bei der Gründung nicht um einen gegenseitigen Vertrag handelt und neben der Beitragspflicht noch weitere Verpflichtungen begründet werden. Jedoch kann unter Umständen

---

6 *Lieder* ZSt 2004, 330; MüKoBGB/*Arnold,* 7. Aufl. 2015, BGB § 56 Rn. 1, wonach auch ein Einmann-Verein denkbar ist.
7 *Stöber/Otto* Rn. 21.
8 → Rn. 83ff.
9 Zu Änderungen des Mitgliederstandes vor Eintragung → Rn. 87ff.
10 *Stöber/Otto* Rn. 25; → Rn. 63f., 71ff.
11 → Rn. 131.
12 → Rn. 83.
13 MHdB GesR V/*Knof* § 15 Rn. 15; *Reichert* Rn. 78.
14 Die Geschäftsfähigkeit ausländischer Staatsangehöriger richtet sich gem. Art. 7 Abs. 1 EGBGB nach dem Recht des Staates, dem die Person angehört.
15 *Sauter/Schweyer/Waldner* Eingetragener Verein Rn. 10.
16 *Stöber/Otto* Rn. 246 für den Beitritt eines Minderjährigen mit Hinweis auf *Hofmann* Rpfleger 1986, 5 (6); aA *Sauter/Schweyer/Waldner* Eingetragener Verein Rn. 10.

die Überlassung finanzieller Mittel zur Erfüllung der Beitragspflicht durch den gesetzlichen Vertreter dessen konkludente Einwilligung beinhalten.[17] Betreibt der Minderjährige ein (genehmigtes) Erwerbsgeschäft gem. § 112 BGB, ist eine damit im Zusammenhang stehende Vereinsgründung (zB eines Standesvereins) ebenfalls ohne weitere Mitwirkung gesetzlicher Vertreter denkbar.[18]

Hinweis:

Bei Mitwirkung eines Minderjährigen ist die Vorlage der schriftlichen Einwilligungserklärung des gesetzlichen Vertreters zu empfehlen, die aus praktischen Gründen auch die Einwilligung zur Mitwirkung des Minderjährigen in künftigen Mitgliederversammlungen bis auf Widerruf[19] enthalten kann.

10 Hat der gesetzliche Vertreter seine Zustimmung iSv §§ 107, 108 BGB zur Mitwirkung des Minderjährigen als Gründer erteilt, so umfasst diese im Regelfall auch die Ausübung der sich daraus ergebenden Mitgliedschaftsrechte.[20] Zu den Fragen der Ausübung von Mitgliedschaftsrechten durch Minderjährige → § 10 Rn. 8.

11 Für unter Betreuung stehende Personen gelten die allgemeinen Grundsätze des Betreuungsrechts. Der **Betreute** bedarf im Falle eines Einwilligungsvorbehaltes der Mitwirkung durch den Betreuer, da es sich bei einer Vereinsgründung um keine geringfügige Angelegenheit des täglichen Lebens handelt[21] und diese auch nicht lediglich rechtlich vorteilhaft ist (§ 1903 Abs. 3 BGB).[22]

12 Ist der **gesetzliche Vertreter auch in eigener Person** (oder bestimmte diesem nahestehende Personen) als Gründer beteiligt, so ist er gem. § 1629 Abs. 2 S. 1 bzw. § 1908i Abs. 1 S. 1 iVm §§ 1795 Abs. 1 Nr. 1 und Abs. 2, 181 BGB an der Vertretung gehindert. Es bedarf dann der **Mitwirkung eines Ergänzungspflegers** (§ 1909 BGB) bzw. im Falle einer Betreuung eines Ergänzungsbetreuers (§ 1899 Abs. 4 BGB), der den Minderjährigen bzw. Mündel oder Betreuten vertritt. Soweit der Verein auf den Betrieb eines Erwerbsgeschäftes gerichtet ist (und es sich dabei um einen wirtschaftlichen Verein handelt), kommt das Erfordernis einer familien- bzw. betreuungsgerichtlichen Genehmigung hinzu.[23] Eine Genehmigungsbedürftigkeit gem. § 1822 Nr. 3 BGB besteht hingegen nicht, soweit der Verein eine wirtschaftliche Tätigkeit im Rahmen des Nebenzweckprivilegs[24] ausübt, da eine persönliche Haftung des Minderjährigen (bzw. Betreuten oder Mündels) nicht droht.[25]

Hinweis:

In der Praxis ist bei beschränkt oder nicht geschäftsfähigen bzw. unter Betreuung stehenden Personen die Mitwirkung des gesetzlichen Vertreters und im Fall, dass dieser an der Vertretung gehindert ist, die Mitwirkung eines Ergänzungspflegers bzw. Ergänzungsbetreuers im Rahmen der Gründung stets zu empfehlen.

---

[17] *Stöber/Otto* Rn. 246.
[18] *Sauter/Schweyer/Waldner* Eingetragener Verein Rn. 10. Ausführlich zur Stellung eines Minderjährigen in einem Verein *Reichert* RdJ 1971, 234 und *Hofmann* Rpfleger 1986, 5.
[19] *Sauter/Schweyer/Waldner* Eingetragener Verein Rn. 10.
[20] *Reichert* Rn. 1442; *Sauter/Schweyer/Waldner* Eingetragener Verein Rn. 10, 345.
[21] *Reichert* Rn. 74; *Sauter/Schweyer/Waldner* Eingetragener Verein Rn. 10 aE; *Stöber/Otto* Rn. 25 Fn. 3.
[22] → Rn. 9.
[23] *Reichert* Rn. 73.
[24] Zur Abgrenzung vom wirtschaftlichen Verein → Rn. 186 ff.
[25] MHdB GesR V/*Knof* § 15 Rn. 6.

13 Mangels Rechtsfähigkeit ist ein **Kaufmann** unter seiner Firma als solcher nicht mitgliedsfähig, sondern lediglich der Inhaber mit seinem bürgerlichen Namen. Ein Fall des § 17 Abs. 1 HGB liegt nicht vor.[26]

14 **c) Juristische Personen, Personenhandelsgesellschaften.** Sämtliche inländische und auch ausländische[27] **juristische Personen des Privatrechts** (wie beispielsweise Aktiengesellschaften, SEs, GmbHs auch in der Form der Unternehmergesellschaft (haftungsbeschränkt), Genossenschaften, eingetragene Vereine) können als Gründer eines Vereins auftreten. Ebenso sind Personenhandelsgesellschaften wie Kommanditgesellschaften und offene Handelsgesellschaften als Gründer geeignet, da sie Träger von Rechten und Pflichten sein können. Befindet sich die juristische Person bzw. Personenhandelsgesellschaft bereits **in Liquidation,** ist eine Mitwirkung als Gründer nicht mehr möglich, da die Vertretungsmacht der Liquidatoren sich auf die Abwicklung beschränkt.[28]

15 Als Gründer gleichermaßen geeignet sind **juristische Personen des öffentlichen Rechts,** Gebietskörperschaften (wie Gemeinden, Landkreise), nicht jedoch Behörden als solche, da diese bloße Organe sind. Als Gründer muss dann die Körperschaft, der sie zugehören, auftreten.[29]

16 **d) Weitere Personenmehrheiten.** Die (originäre) Mitgliedsfähigkeit von **Erbengemeinschaften** ist umstritten.[30] Sie wird zurecht abgelehnt, mitgliedsfähig sind demnach nur die Erben selbst,[31] da die Begründung von Rechten und Pflichten zugunsten bzw. zu Lasten einer Erbengemeinschaft außerhalb von § 1922 BGB und der gesetzlichen Surrogationstatbestände nicht möglich ist.

17 Eine **GbR** ist mitgliedsfähig, wenn die Mitgliedschaft nicht dem Zweck und Wesen der Gesellschaft entgegensteht.[32] Nach den Grundsätzen des BGH wird die Gesellschaft durch die Mitwirkung bei der Gründung zur rechtsfähigen Außengesellschaft.

18 Entsprechend kann auch ein **nicht eingetragener Verein** Rechte und Pflichten als Mitglied eines Vereins wahrnehmen.[33]

19 Als Gründer kommen ebenfalls **Partnerschaften** und Europäische Wirtschaftliche Interessensvereinigungen in Betracht.[34]

20 Bloße **Gläubigermehrheiten** oder **Bruchteilsgemeinschaften** sind hingegen nicht mitgliedsfähig,[35] allerdings ist hier genau zu prüfen, ob sich dahinter nicht eine mitgliedsfähige Gesellschaft bürgerlichen Rechts verbirgt. Auch die **eheliche Gütergemeinschaft** als solche ist nicht mitgliedsfähig.[36]

21 **e) Einschränkungen der Beteiligungsfähigkeit als Gründer.** Aufgrund der Vereinsautonomie können im Rahmen der Satzung Ausschlussgründe für potentielle Vereinsmitglieder geschaffen werden, die im Regelfall dann zulässig sind, wenn sich der **Differenzierungsgrund zumindest mittelbar aus dem Vereinszweck** ergibt.[37]

---

[26] *Sauter/Schweyer/Waldner* Eingetragener Verein Rn. 11.
[27] Zum Problem des Nachweises der Vertretungsbefugnis: *Wagner* NZG 2016, 1047 (1055) mit dem Hinweis, dass wohl dieselben Nachweise, die die Rspr. in Grundbuchangelegenheiten fordert, beizubringen sind.
[28] *Reichert* Rn. 75.
[29] *Reuter* ZHR 1981, 273; *Reichert* Rn. 75.
[30] Zur Vererblichkeit von Mitgliedsrechten → § 10 Rn. 318.
[31] KG RsprOLG 40, 200; *Sauter/Schweyer/Waldner* Eingetragener Verein Rn. 11; *Stöber/Otto* Rn. 24; MüKoBGB/*Leuschner* BGB § 38 Rn. 10; aA noch MüKoBGB/*Arnold,* 7. Aufl. 2015, BGB § 38 Rn. 22.
[32] Vgl. die grundlegende Entscheidung des BGH zur Rechtsfähigkeit der Außen-GbR: NJW 1998, 376; *Stöber/Otto* Rn. 195.
[33] BGH NJW 2008, 69; RG Duisburg JW 1933, 2167; s. hierzu → Rn. 248ff.
[34] *Reichert* Rn. 76.
[35] Soergel/*Hadding* BGB § 38 Rn. 5 mwN.
[36] *Reichert* Rn. 76.
[37] *Stöber/Otto* Rn. 338ff.; *Reichert* Rn. 1020f.; → § 10 Rn. 190.

Beispiel:

Keine Aufnahme von Frauen in einen Männergesangsverein.

Schließt die **Satzung** den Erwerb der Mitgliedschaft durch bestimmte Personen aus, können solche auch nicht an der Gründung des Vereins teilnehmen. 22

Unabhängig von einer satzungsmäßigen und auch für künftige Mitglieder geltenden Beteiligungsbeschränkung ist auch eine Vereinbarung der Gründer möglich, dass bestimmte Personen im Rahmen der Gründung nicht mitwirken dürfen.[38] 23

3. Inhalt

a) Überblick. Die Gründung des Vereins erfolgt durch Einigung aller Gründer über die Errichtung des Vereins. 24

Notwendiger Inhalt der Einigung ist 25

- die Errichtung eines Vereins mit den dieser Rechtsform innewohnenden **körperschaftlichen Wesensmerkmalen,**
- die Vereinszugehörigkeit der Gründer,
- das Verbindlichwerden der niedergelegten **Satzung** (mit den Satzungsbestandteilen gem. §§ 57, 58 BGB), häufig auch als „Feststellung der Satzung" bezeichnet.

b) Körperschaftliche Wesensmerkmale. Die Einigung muss auf die Gründung eines Vereins gerichtet sein und somit die dieser Rechtsform innewohnenden körperschaftlichen Wesensmerkmale umfassen. Diese bestehen in einem auf Dauer angelegten Zusammenschluss mehrerer Personen zu einem gemeinsamen Zweck, der durch einen Vorstand vertreten, in seinem Bestand von Mitgliederwechsel unabhängig und damit körperschaftlich organisiert sein soll.[39] 26

Die **Abgrenzung** zu anderen Rechtsformen, insbesondere zur Gesellschaft bürgerlichen Rechts, für die zB eine geringe Zahl von „Gründern" spricht, kann im Einzelnen schwierig sein,[40] Abgrenzungsfragen sollten durch klare Regelungen von vornherein ausgeräumt werden. 27

c) Vereinszugehörigkeit der Gründer. Zutreffender Weise besteht der Gründungsakt nicht aus zwei Teilen, der Errichtung eines Gesellschaftsvertrages zum einen mit anschließendem Beitritt der Gründer zum anderen, sondern es handelt sich um einen **einheitlichen Akt.**[41] Die Einigung muss daher auch den Willen der Gründer umfassen, dem Verein zugehören zu wollen.[42] 28

Hinweis:

Die Erklärung der Gründer über deren Vereinszugehörigkeit ist nach zutreffender Ansicht nicht automatisch Satzungsbestandteil.[43] Daher ist zu empfehlen, die Vereinszugehörigkeit ausdrücklich zu erklären. Unterbleibt dies, wird im Rahmen der Feststellung der Satzung zumindest konkludent die Vereinszugehörigkeit der Unterzeichner erklärt.[44]

---

[38] *Reichert* Rn. 77.

[39] RGZ 60, 94 (96); Palandt/*Ellenberger* BGB Einf. vor § 21 Rn. 14.

[40] Zu den Wesensmerkmalen des Vereins, insbes. der Veränderlichkeit des Mitgliederbestandes im Unterschied zur Gesellschaft: Soergel/*Hadding* BGB vor § 21 Rn. 46 mwN; Palandt/*Ellenberger* BGB Einf. vor § 21 Rn. 14; → § 1 Rn. 17 f.

[41] Staudinger/*Schwennicke* BGB § 21 Rn. 86.

[42] Soergel/*Hadding* BGB vor § 21 Rn. 63; *Stöber/Otto* Rn. 21; keine Erwähnung in *Sauter/Schweyer/Waldner* Eingetragener Verein Rn. 8 ff.

[43] AA BeckOK BGB/*Schöpflin* BGB § 21 Rn. 121.

[44] S. hierzu das Muster zur Unterzeichnung der Satzung → Rn. 97 sowie zur Satzungserrichtung → Rn. 75.

29 **d) Satzungserrichtung. aa) Allgemeines.** Die Begründung körperschaftlicher Strukturen setzt die Errichtung einer Satzung voraus. Bei der Satzung handelt es sich um die **Verfassung des Vereins** iSv § 25 BGB. Die Rechtsnatur der Satzung ist umstritten. Nach der Normentheorie handelt es sich zunächst um einen durch die Gründer geschlossenen Vertrag, der sich sodann von den Mitgliedern ablöst und in einem zweiten Schritt zur körperschaftlichen Verfassung des Vereins wird.[45] Von der Satzung zu unterscheiden sind Vereinsordnungen, die das innere Vereinsleben, häufig entsprechend den Vorgaben eines Dachverbandes, regeln.[46]

30 Die Satzung muss in (hoch-)**deutscher Sprache** (§ 184 GVG) zum Registergericht eingereicht werden, da das Vereinsregister in Deutsch geführt wird. Mundart genügt diesem Erfordernis nicht. Im Falle der Errichtung in einer anderen Sprache muss grundsätzlich eine deutsche Übersetzung erstellt und eingereicht werden.[47]

31 Zu Verfahren und Form der Satzungserrichtung → Rn. 63 ff.

> Hinweis:
>
> In der Praxis ist insbesondere die Satzung aufgrund der formalen und inhaltlichen Anforderungen fehleranfällig. Es empfiehlt sich, den Satzungsentwurf vor der eigentlichen Errichtung umfassend zu prüfen und ggf. mit dem Registergericht abzustimmen.

32 **bb) Inhaltliche Vorgaben: Muss- und Sollvorschriften.** Aufgrund der Vereinsautonomie[48] kann der Inhalt der Satzung von den Gründern im Rahmen der gesetzlichen Vorgaben festgelegt werden. Das BGB sieht mit den §§ 57–59 BGB Regelungen in Form von **Muss- und Sollvorschriften** vor.

33 **Inhaltlich** *muss* die Satzung zunächst den Mindesterfordernissen des § 57 Abs. 1 BGB entsprechen und demnach enthalten

- Zweck, Name und Sitz des Vereins (→ Rn. 36 ff.) sowie
- die Eintragungsabsicht (→ Rn. 49 ff.).

34 Hinzukommen *sollen* gem. §§ 58, 59 Abs. 3 BGB weitere Regelungen (→ Rn. 54 ff.)

- zum Ein- und Austritt von Mitgliedern,
- zur Beitragspflicht,
- zur Vorstandsbildung,
- zur Einberufung der Mitgliederversammlung und der schriftlichen Niederlegung von Beschlüssen sowie
- die Angabe des Datums der Satzungserrichtung.

35 Im Rahmen der Vereinsgründung sind sowohl Muss- als auch Sollvorschriften einzuhalten. Im Falle der Nichtbeachtung droht die Zurückweisung der Anmeldung durch das Registergericht gem. § 60 BGB.[49] Ein **Unterschied** besteht jedoch in Hinblick auf die **Rechtsfolgen** im Falle der **Verletzung** dieser Vorschriften: Wird ein Verein trotz Missachtung von Sollvorschriften (§§ 57 Abs. 2, 58, 59 Abs. 3 BGB = Ordnungsvorschriften) eingetragen, ist die Eintragung wirksam und der Verein nicht von Amts wegen zu löschen; es gelten anstelle der fehlenden Bestimmungen die gesetzlichen Regelungen.[50] Es besteht jedoch kein Anspruch auf Eintragung des Vereins in das Vereinsregister. Bei Verletzung von Mussvorschriften handelt es sich hingegen um einen wesentlichen Fehler mit der Folge der Amtslöschung gem. § 395 FamFG für den Fall, dass der Verein trotzdem eingetragen wurde.[51]

[45] *Reichert* Rn. 85 ff., 425 ff.; Soergel/*Hadding* BGB § 25 Rn. 11 ff.
[46] → § 5 Rn. 7.
[47] MüKoBGB/*Leuschner* BGB § 57 Rn. 2, auch zu den Ausnahmen (sorbische Sprache in Sachsen und Brandenburg); Soergel/*Hadding* BGB § 57 Rn. 4; *Sauter/Schweyer/Waldner* Eingetragener Verein Rn. 35.
[48] → § 5 Rn. 8 f.
[49] → Rn. 172 f.
[50] Staudinger/*Schwennicke* BGB § 58 Rn. 32.
[51] Palandt/*Ellenberger* BGB vor § 55 Rn. 2; s. auch im Einzelnen zu den Mängeln der Gründung → Rn. 71 ff.

cc) Name des Vereins. Gemäß § 57 Abs. 1 BGB muss die Satzung den Namen des Vereins enthalten. Der Verein darf nur **einen** – aussprechbaren – **Namen** haben, der grundsätzlich frei wählbar ist.[52] Ausführlich zum Vereinsnamen → § 5 Rn. 12ff. 36

Nach § 57 Abs. 2 BGB, bei dem es sich anders als bei Abs. 1 nur um eine Ordnungsvorschrift handelt, soll sich der Name von den Namen der am Ort bereits bestehenden eingetragenen Vereine deutlich **unterscheiden.** Entsprechend firmenrechtlicher Grundsätze (§ 18 Abs. 2 S. 1 HGB) darf der Name des Vereins zudem nicht dem Grundsatz der **Namenswahrheit** zuwiderlaufen, wobei die abstrakte Möglichkeit einer Täuschung über Art und Größe des Vereins, die Zusammensetzung seiner Mitglieder oder sonstigen Verhältnisse nicht reicht. Allerdings darf keine ersichtliche und für die betroffenen Personenkreise wesentliche Irreführung bezüglich der Verhältnisse des Vereins erfolgen.[53] 37

Beispiel:

Die Aufnahme einer Jahreszahl im Vereinsnamen, die nicht mit dem Gründungsjahr übereinstimmt, verstößt gegen das Irreführungsverbot und ist damit unzulässig.[54]

Die **Unzulässigkeit des Namens** stellt ein Eintragungshindernis dar.[55] Strittig sind die Folgen der Eintragung eines unzulässigen Vereinsnamens. Die hM geht von der Löschung des Namens, nicht jedoch des Vereins im Wege des Amtslöschungsverfahrens aus.[56] Die Gegenansicht hält dem entgegen, dass der Name des Vereins mit dessen Identität zwingend zusammenhängt und der Verein ohne Namen somit nicht bestehen kann.[57] 38

Gemäß § 65 BGB erhält der Verein erst mit der Eintragung den **Zusatz „eingetragener Verein"** oder abgekürzt „e.V.". Der Zusatz ist zwingend, auch bei einem fremdsprachlichen Vereinsnamen, in deutscher Sprache zu führen.[58] Führt der Verein den Zusatz trotz erfolgter Eintragung zum wiederholten Male nicht, so kann dies eine Rechtsscheinhaftung des Handelnden analog § 54 S. 2 BGB begründen.[59] Zudem können Schadenersatzansprüche wegen sittenwidriger Irreführung gem. § 826 BGB die Folge sein.[60] Zum Namen des Vereins im Einzelnen → § 5 Rn. 12ff. 39

dd) Sitz. Beim eingetragenen Verein muss der Sitz gem. § 57 Abs. 1 BGB in der Satzung konkret, dh zumindest in **bestimmbarer** Weise bezeichnet sein. Die Festlegung eines geographisch existenten Ortes, dessen Lage und rechtliche Zugehörigkeit für jedermann feststellbar ist, ist zulässig.[61] Vor dem Hintergrund, dass das Registergericht die betreffende **politische Gemeinde** als Sitz einträgt, ist deren konkrete Angabe als Satzungssitz jedoch zu empfehlen. Unzulässig ist mangels unmittelbarer Bestimmbarkeit aus der Satzung und damit auch aus dem Vereinsregister die Sitzfestlegung „am jeweiligen Wohnort des Vorstandes".[62] Eine solche Regelung ist im Übrigen auch nicht notwendig, da der Verein an seinem Sitz nicht postalisch erreichbar sein muss. 40

Der Satzungssitz kann **frei gewählt** werden und muss nicht zwingend an dem Ort sein, an dem die Verwaltung geführt wird. Zulässig ist daher auch ein fiktiver Sitz bis zur Gren- 41

---

[52] MüKoBGB/*Leuschner* BGB § 57 Rn. 5; Soergel/*Hadding* BGB § 57 Rn. 6, auch zur Ausnahme der Führung mehrerer Namen, soweit eine natürliche Person zur Führung mehrerer Namen berechtigt ist.
[53] OLG Frankfurt a. M. NJW-RR 2002, 176f.; KG FGPrax 2012, 32 (bezüglich des Namensbestandteils „Institut"); MüKoBGB/*Leuschner* BGB § 57 Rn. 2f., 8; Soergel/*Hadding* BGB § 57 Rn. 5, 10.
[54] OLG Brandenburg FGPrax 2011, 133.
[55] MüKoBGB/*Leuschner* BGB § 57 Rn. 11.
[56] Soergel/*Hadding* BGB § 57 Rn. 9 mit Hinweis auf BGH NJW 1984, 668 und KG OLGE 44, 184ff.
[57] MüKoBGB/*Leuschner* BGB § 57 Rn. 11.
[58] KG JW 1930, 3777.
[59] Palandt/*Ellenberger* BGB § 65 Rn. 1.
[60] MüKoBGB/*Leuschner* BGB § 65 Rn. 3; Soergel/*Hadding* BGB § 65 Rn. 2.
[61] *Sauter/Schweyer/Waldner* Eingetragener Verein Rn. 65; *Stöber/Otto* Rn. 150.
[62] *Sauter/Schweyer/Waldner* Eingetragener Verein Rn. 66.

ze der Rechtsmissbräuchlichkeit. Ob die Wahl eines Sitzes zulässig ist, an dem der Verein weder tätig noch postalisch erreichbar ist, ist aus diesem Grund zweifelhaft.[63]

42 Ein Verein darf zumindest im Regelfall nur ***einen*** **Sitz im Inland** haben.[64] Nicht eintragungsfähig sind Vereine mit einem Satzungssitz im Ausland.[65] Auch eine echte **Zweigniederlassung** gem. § 13 HGB kann durch einen Verein nicht begründet werden. Somit kann unter Einhaltung der allgemeinen Gründungsvoraussetzungen nur ein weiterer eigenständiger Verein mit einem anderen Sitz im Vereinsregister eingetragen werden.[66]

43 Gemäß **§ 24 BGB** ist der Sitz des Vereins mangels anderer Festlegung der Ort, an dem die Verwaltung geführt wird. Da beim eingetragenen Verein der Sitz jedoch gem. § 57 Abs. 1 BGB zwingender Satzungsbestandteil ist, gilt § 24 BGB im Ergebnis nur für den nicht eingetragenen Verein, der keine Satzungsbestimmung zum Vereinssitz getroffen hat.[67] Zum Sitz im Einzelnen → § 5 Rn. 41 ff.

44 **ee) Zweck.** Beim Zweck des Vereins handelt es sich um die satzungsmäßige Definition der **Ziele und Aufgaben** des Vereins, die sich aus dem die Mitglieder der Vereinigung verbindenden Interesse ergeben. Er bildet den Rahmen für die Beschlüsse der Mitgliederversammlung und die Handlungen des Vorstands.[68]

45 Der Zweck des Vereins muss **zulässig** sein, dh er darf nicht gegen ein gesetzliches Verbot (§ 134 BGB) oder die guten Sitten (§ 138 BGB) verstoßen.[69]

46 Gleichzeitig muss der Zweck des Vereins Aufschluss darüber geben, ob es sich um einen wirtschaftlichen oder **nicht wirtschaftlichen Verein** handelt. Insoweit hat der Zweck durch die sog. „Kita-Rechtsprechung“ (→ Rn. 192 ff.) als maßgebliches Abgrenzungskriterium in letzter Zeit besondere Bedeutung erlangt. Nur ein Verein iSv § 21 BGB, dessen Zweck nicht auf einen wirtschaftlichen Geschäftsbetrieb gerichtet ist, erlangt seine Rechtsfähigkeit als juristische Person im erleichterten Verfahren durch Registereintragung, der wirtschaftliche Verein hingegen durch staatliche Verleihung. Die Gemeinnützigkeit ist auch nach den Vorgaben der Kita-Rechtsprechung nicht zwingend Voraussetzung für den eingetragenen Verein, gleichwohl ein sehr starkes Indiz für dessen ideellen Zweck.[70]

> **Hinweis:**
> Aufgrund der schwierigen und folgenreichen Abgrenzung zwischen wirtschaftlichem und nicht wirtschaftlichem Verein und des infolge der Rechtsprechung der letzten Jahre verstärkten Problembewusstseins der Registergerichte in Sachen „Rechtsformverfehlung“ empfiehlt es sich, spätestens bei der genauen Festlegung des satzungsmäßigen Zwecks die Rechtsform nochmals zu hinterfragen und ggf. nach Rechtsformalternativen zu suchen.[71]

47 Entsprechend der Vorstellung des historischen Gesetzgebers verfolgt ein Verein iSv § 21 BGB politische, religiöse, wissenschaftliche, künstlerische, wohltätige, gesellige oder andere nicht wirtschaftliche und somit „ideale“ Aufgaben.[72] Es hat sich daher der Begriff **„Idealverein“** als Abgrenzung zum wirtschaftlichen Verein herausgebildet (hierzu bereits im

---

63 Soergel/*Hadding* BGB § 24 Rn. 2 mit Hinweis auf die Rspr. zur GmbH.
64 *Stöber/Otto* Rn. 149; MüKoBGB/*Leuschner* BGB § 24 Rn. 9; zur Zulässigkeit von mehreren Vereinssitzen vgl. Soergel/*Hadding* BGB § 24 Rn. 3.
65 OLG Zweibrücken FGPrax 2006, 34; zu Vereinen mit Sitz im Ausland → § 5 Rn. 47 ff.
66 *Krafka* RegisterR-HdB Rn. 2175.
67 Soergel/*Hadding* BGB § 24 Rn. 3; zum nicht eingetragenen Verein → Rn. 243.
68 *Stöber/Otto* Rn. 59.
69 Soergel/*Hadding* BGB §§ 21, 22 Rn. 11; zu den gesetzlichen Verboten → § 6 Rn. 4 ff.
70 Zur Unterscheidung aufgrund der Tätigkeit des Vereins (unabhängig von steuerlichen Fragen) → Rn. 186 ff.
71 → Rn. 195.
72 RGRK/*Steffen* BGB § 21 Rn. 2.

Überblick → § 3 Rn. 7ff.). Diese Bezeichnung ist insoweit unzutreffend, als auch ein nicht wirtschaftlicher Verein iSv § 21 BGB wirtschaftliche Aufgaben verfolgen kann, wie zB Vereine zur Förderung wirtschaftlicher Interessen oder Berufsverbände. Aus diesem Grund ist die (weitreichendere) Bezeichnung **„nicht wirtschaftlicher Verein"** oder „eingetragener Verein" der des Idealvereins vorzuziehen.[73]

Beispiele für nicht wirtschaftliche Vereine:

Vereine mit gemeinnütziger oder religiöser Zwecksetzung iSd §§ 51–65 AO, Vereine mit auf Freizeittätigkeiten ausgerichteter Zwecksetzung, Fördervereine[74].

Zur zentralen Frage der Abgrenzung vom wirtschaftlichen Verein → Rn. 186ff. und 48
zum Zweck ausführlich → § 6.

Hinweis:

Zum Zwecke der **Abgrenzung vom wirtschaftlichen Verein** iSv § 22 BGB sollte – nicht nur für die registergerichtliche Prüfung, sondern generell zur Vermeidung einer Rechtsformverfehlung – der Vereinszweck möglichst genau die wesentlichen Tätigkeiten und Vorhaben des Vereins beschreiben.[75] Der anmeldende Vorstand hat bei Zweifeln die Pflicht zur Darlegung der Umstände, aus denen sich die nicht wirtschaftliche Ausrichtung ergibt.[76] Vor dem Hintergrund der Kita-Rechtsprechung empfiehlt es sich für Vereine, die den **Gemeinnützigkeitsstatus** anstreben, sich diesen vorab vom Finanzamt bestätigen zu lassen und eine entsprechende Bescheinigung zum Registergericht miteinzureichen. Um insbesondere bei nicht gemeinnützigen Vereinen Abgrenzungsprobleme zum wirtschaftlichen Verein auszuschließen, ist im Zweifel zu empfehlen, die fehlende Gewinnerzielungsabsicht durch den **Ausschluss der Gewinnausschüttung** an die Mitglieder im Vereinszweck zu verankern.[77]

ff) Eintragungsabsicht. Die Satzung muss auch den Willen der Gründer enthalten, den 49
Verein **durch Eintragung rechtsfähig** werden, genauer gesagt als juristische Person entstehen zu lassen. Dies sollte eindeutig und nicht allein durch die Verwendung des Rechtsformzusatzes „e.V." zum Ausdruck kommen, der jedoch als Indiz für die vorhandene Eintragungsabsicht ausreichen dürfte.[78]

Ohne die Eintragungsabsicht als zwingenden Satzungsbestandteil ist die Eintragung un- 50
zulässig, kann aber durch „formlosen Satzungsbeschluss" unter Vorlage einer Satzung in Schriftform geheilt werden.[79] Die Satzungsänderung setzt – sofern dies nicht in der Satzung vorgesehen ist – keinen einstimmigen Beschluss voraus, wenn bereits der Vorstand bestellt wurde und damit ein Vorverein entstanden ist. Vielmehr reicht grundsätzlich eine Mehrheit von drei Vierteln der abgegebenen Stimmen gem. § 33 Abs. 1 S. 1 BGB.[80]

Ebenso kann die **Eintragungsabsicht** bei einem nicht eingetragenen Verein zu einem 51
späteren Zeitpunkt gefasst werden.[81] Der entsprechende satzungsändernde Beschluss kann dabei wie folgt lauten:

[73] *Reichert* Rn. 122; *Sauter/Schweyer/Waldner* Eingetragener Verein Rn. 42a aE.
[74] → Rn. 188.
[75] *Sauter/Schweyer/Waldner* Eingetragener Verein Rn. 42b.
[76] BayObLGZ 1989, 126 (131); OLG Düsseldorf NJW 1996, 989f.; KG FGPrax 2016, 215.
[77] MüKoBGB/*Leuschner* BGB §§ 21, 22 Rn. 44.
[78] *Krafka* RegisterR-HdB Rn. 2136; Staudinger/*Schwennicke* BGB § 57 Rn. 13; zweifelnd: *Stöber/Otto* Rn. 166.
[79] MüKoBGB/*Leuschner* BGB § 57 Rn. 8; Soergel/*Hadding* BGB § 57 Rn. 3.
[80] Zur Änderung der Satzung im Gründungsstadium allgemein → Rn. 77ff.
[81] Zum „unechten Vorverein" → Rn. 225ff.

52 **Formulierungsbeispiel: Beschluss über die Eintragungsabsicht**

Es ist nunmehr beabsichtigt, den Verein in das Vereinsregister eintragen zu lassen.

§ *** der Satzung wird daher um einen weiteren Absatz wie folgt ergänzt:

„Der Verein soll in das Vereinsregister eingetragen werden."

§ *** der Satzung lautet:

Nach Eintragung in das Vereinsregister führt der Verein den Namen „*** e.V."

Hinweis:

Weitere Änderungen sowie die schriftliche Abfassung der Satzung sind erforderlich, wenn die Satzung des bislang nicht eingetragenen Vereins noch nicht den für die Eintragung geltenden Anforderungen der §§ 57–59 BGB entspricht.

53 Zum umgekehrten Fall der aufgegebenen Eintragungsabsicht eines mit Eintragungsabsicht gegründeten Vereins → Rn. 228 f. Zum nachträglichen „Verzicht" auf die Rechtsfähigkeit nach bereits erfolgter Eintragung des Vereins → Rn. 230 ff.

54 **gg) Weitere Satzungsregelungen gemäß der Sollvorschrift des § 58 BGB.** Gemäß § 58 BGB *soll* die Satzung Regelungen enthalten

- zum Ein- und Austritt von Mitgliedern (§ 58 Nr. 1 BGB),
- zur Beitragspflicht (§ 58 Nr. 2 BGB),
- zur Vorstandsbildung (§ 58 Nr. 3 BGB) sowie
- zur Einberufung der Mitgliederversammlung und der schriftlichen Niederlegung von Beschlüssen (§ 58 Nr. 4 BGB).

55 Die Satzung soll somit Regelungen enthalten, in welcher Weise ein **Ein- und Austritt von Mitgliedern** möglich ist, insbesondere, ob für den Beitritt eine bloße Erklärung genügt oder ein Aufnahmeverfahren durchzuführen ist. Die Festlegung der (bei fehlender Regelung) mündlichen oder schriftlichen Form der Beitrittserklärung ist hingegen aufgrund der bestehenden Formfreiheit entbehrlich.[82]

56 Der Verein kann nur auf der Grundlage einer Satzungsbestimmung **Beiträge** erheben. Fehlt eine solche Regelung, besteht keine Beitragspflicht. Da § 58 Nr. 2 BGB grundsätzlich eine Satzungsbestimmung zur Beitragspflicht fordert, ist auch eine fehlende Beitragspflicht in der Satzung ausdrücklich zu verlautbaren. Die Höhe der Beiträge muss nicht in der Satzung geregelt werden, vielmehr kann die Satzung die Festsetzung mittels Beschluss vorsehen.[83]

57 Zudem soll die Satzung Regelungen über die **Zusammensetzung des Vorstandes** enthalten. Damit sind Regelungen zur Anzahl der Vorstandsmitglieder (auch in Form einer Mindest- oder Höchstzahl) sowie darüber, welche Mitglieder für dessen Bildung zuständig sein sollen, erforderlich.[84] Gemäß § 26 Abs. 1 BGB wird der Vorstand durch mindestens eine Person gebildet.

58 Da die **Einberufung der Mitgliederversammlung** nicht im Ermessen des Vorstands steht, bedarf es auch hierzu einer satzungsmäßigen Grundlage, was die Voraussetzungen für die Einberufung und deren Form betrifft.[85]

[82] MüKoBGB/*Leuschner* BGB § 58 Rn. 2; Palandt/*Ellenberger* BGB § 58 Rn. 1; ausf. → § 5 Rn. 61 ff.
[83] MüKoBGB/*Leuschner* BGB § 58 Rn. 4; Soergel/*Hadding* BGB § 58 Rn. 3; ausf. → § 5 Rn. 126 ff.
[84] Soergel/*Hadding* BGB § 58 Rn. 4; zur Zusammensetzung des Vorstandes → § 5 Rn. 153 ff.
[85] Zur Einberufung der Mitgliederversammlung → § 5 Rn. 165 ff.

Hinweis:
Die Maßnahmen zur Verzögerung der Ausbreitung des Corona-Virus haben vor Augen geführt, dass es sinnvoll ist, unabhängig von gesetzlichen (Übergangs-)Regelungen[86] eine satzungsmäßige Grundlage für die Abhaltung **virtueller Mitgliederversammlungen** zu schaffen und generell bei der Satzungsgestaltung deren Krisentauglichkeit und Zukunftsfähigkeit im Blick zu haben. Auch ohne pandemiebedingte Kontaktbeschränkungen werden gerade jüngere Vereinsmitglieder die Abhaltung virtueller Versammlungen wohl ohnehin auch künftig im höheren Maße erwarten. Die Regelungen in der Gründungssatzung sind bereits für den Beschluss der ersten Vorstandsbestellung maßgeblich.[87] Erfolgt die Gründung präsenzlos ohne Gründungsversammlung und soll infolgedessen auch die Vorstandsbestellung präsenzlos erfolgen, muss dies somit bereits bei der Gestaltung der ersten Satzung berücksichtigt werden.

Auch die schriftliche **Niederlegung (Beurkundung) von Beschlüssen** soll in der 59
Satzung näher geregelt werden.[88] Möglich – wenngleich nicht praktikabel – ist es von einer schriftlichen Niederlegung ausdrücklich abzusehen, ohne dass die Satzung dazu einfach schweigen darf.[89] Sieht die Satzung die Beurkundung vor, so muss dort auch geregelt werden, wer das Protokoll zu unterschreiben hat.[90] Die Satzung sollte nicht nur die Art der Protokollerrichtung und Person des Protokollführers, sondern auch dessen genauen Inhalt festlegen.[91] Sieht die Satzung keine Regelungen zum Inhalt des Protokolls vor, so liegt dies im Ermessen des Protokollführers. Regelmäßig dürfte die Errichtung eines Ergebnisprotokolls ausreichend sein.[92] In der Praxis wird häufig die Niederschrift durch einen vom Versammlungsleiter bestimmten Protokollführer in schriftlicher Form vorgesehen, wobei das Protokoll von beiden zu unterzeichnen ist. Die für die Beurkundung von Beschlüssen getroffenen Festlegungen gelten bereits für die Protokollierung der Gründungsversammlung sowie die erste Vorstandsbestellung.[93]

Die in § 58 BGB vorgesehenen Satzungsbestimmungen sind nicht fakultativ. Im Falle 60
der Nichtbeachtung besteht kein Anspruch auf Eintragung des Vereins. Erfolgt die Eintragung dennoch, ist diese wirksam und nicht im Wege der Amtslöschung (§ 395 FamFG) zu beseitigen.[94]

hh) Fakultative Satzungsbestimmungen. Neben den in §§ 57, 58 BGB vorgesehenen 61
Regelungen kann die Satzung noch weitere Regelungen enthalten. § 40 BGB nennt eine Reihe „nachgiebiger" vereinsrechtlicher Vorschriften, die im Falle einer anderslautender Satzungsbestimmung keine Anwendung finden und dann kein gesetzlicher Verfassungsbestandteil sind. Häufig zu finden sind Satzungsbestimmungen zu Mehrheitserfordernissen, zum Vorstand und dessen Vertretungsbefugnissen oder zur Bildung weiterer Vereinsorgane.[95]

---

[86] § 5 Abs. 2 MaßnG-GesR sieht zumindest zeitlich eingeschränkt die Abhaltung virtueller Versammlungen auch ohne Satzungsermächtigung vor. Zu den Einzelheiten: *Segna* npoR 2020, 148.
[87] → Rn. 100.
[88] Zur Protokollierung von Beschlüssen → § 5 Rn. 179.
[89] MüKoBGB/*Leuschner* BGB § 58 Rn. 7; Soergel/*Hadding* BGB § 58 Rn. 7.
[90] MüKoBGB/*Leuschner* BGB § 58 Rn. 7.
[91] Zweckmäßig ist die Wiedergabe von Ort, Zeit, Tagesordnung, anwesenden Mitgliedern einschließlich Versammlungsleiter und Protokollführer, der Inhalt von Beschlüssen mit Abstimmungsart und -ergebnis.
[92] Zu inhaltlichen und formellen Mindestanforderungen an ein Protokoll: *Sauter/Schweyer/Waldner* Eingetragener Verein Rn. 127 ff.; → § 7 Rn. 222 ff.
[93] → Rn. 66, 113.
[94] → Rn. 74.
[95] Überblick über Abänderungsmöglichkeiten: *Reichert* Rn. 424; *Sauter/Schweyer/Waldner* Eingetragener Verein Rn. 130.

62 **ii) Datum der Satzungserrichtung.** Die Satzung soll Angaben über den Tag der Satzungserrichtung (= Tag des endgültigen Beschlusses der Satzung) enthalten.[96] Diese Voraussetzung ist Teil der Sollvorschrift des § 59 Abs. 3 BGB, die die Unterzeichnung der Satzung durch sieben Mitglieder vorsieht (hierzu die Ausführungen zur Unterzeichnung der Satzung → Rn. 83 ff.).

4. Verfahren, Form

63 Gesetzliche Vorgaben in Hinblick auf Verfahren und Form der Gründung einschließlich Satzungserrichtung gibt es nicht. Da es sich um einen Vertrag handelt,[97] gelten die allgemeinen Regelungen über Willenserklärungen. Selbst die Abhaltung einer in der Praxis üblichen und aufgrund der notwendigen Vorstandsbestellung[98] auch zweckmäßigen „Gründungsversammlung" ist gesetzlich nicht vorgeschrieben. Mangels besonderer gesetzlicher Vorgaben kann der Gründungsvertrag einschließlich Satzung daher **grundsätzlich formlos,** dann aber unter Nachholung des Schriftformerfordernisses (→ Rn. 65), abgeschlossen werden. Anders ist dies, wenn der Gründungsvertrag ein formbedürftiges Rechtsgeschäft, zB die Verpflichtung zum Erwerb eines Grundstückes gem. § 311b Abs. 1 BGB, enthält.[99] Eine gesetzliche oder rechtsgeschäftliche Stellvertretung ist jederzeit möglich.[100]

64 Bezüglich des Verfahrens wird man folglich aufgrund der bestehenden Formfreiheit den Einsatz moderner Kommunikationsmittel und die Abhaltung einer Versammlung und Beratung zB im Internet für möglich, aber nicht einmal für zwingend erforderlich erachten können.[101] Vielmehr ist sogar eine **präsenzlose Gründung** im Umlaufverfahren denkbar. Eine analoge Anwendung von § 5 Abs. 2 Nr. 2 MaßnG-GesR, der übergangsweise die elektronische Teilnahme an Mitgliederversammlungen bestehender Vereine vorsieht, kommt daher nicht in Betracht und ist auch nicht notwendig.[102]

65 In Hinblick auf die erforderliche Einreichung von Abschriften des Protokolls über die Vorstandsbestellung und der Satzung gem. § 59 Abs. 2 BGB im Rahmen der Anmeldung[103] ist jedoch aus verfahrensrechtlichen Gründen **im Ergebnis Schriftform** einzuhalten bzw. zum Zeitpunkt der Anmeldung nachzuholen. Es handelt sich bei § 59 Abs. 2 BGB aber um keine materiell-rechtliche Formvorschrift iSv § 126 BGB.[104]

66 Für die **Protokollerstellung** gelten bereits die in der **Satzung** niedergelegten Vorgaben.[105]

5. Rechtsfolgen

67 Vor der Einigung über die Gründung kann eine sog. **„Vorgründungsgesellschaft"** zur Entstehung gelangen, auf die die Vorschriften der §§ 705 ff. BGB zumindest entsprechend anwendbar sind. Da noch keine körperschaftlichen Strukturen entstanden sind, sind vereinsrechtliche Vorschriften (noch) nicht anwendbar. Es sollte daher nicht vom Vorgrün-

---

[96] → Rn. 92.
[97] → Rn. 4.
[98] Die Vorstandsbestellung erfolgt durch Beschluss entsprechend den Vorgaben in der Satzung, → Rn. 99 f.
[99] Soergel/*Hadding* BGB § 25 Rn. 26.
[100] → Rn. 8.
[101] *Sauter/Schweyer/Waldner* Eingetragener Verein Rn. 13; so auch OLG Hamm NZG 2012, 189 zur Zulässigkeit einer Satzungsbestimmung zur (virtuellen) Abhaltung von Mitgliederversammlungen in einem durch entsprechende Legitimationsdaten passwortgeschützten „Chat-Room". Zur virtuellen Mitgliederversammlung ausf. → § 5 Rn. 178. Eine ausdrückliche Regelung zu Abhaltung virtueller Mitgliederversammlungen gibt es iRd Maßnahmen zur Verzögerung der Ausbreitung des Corona-Virus zeitlich befristet nur für bestehende Vereine, § 5 MaßnG-GesR (s. *Segna* npoR 2020, 148).
[102] DNotI-Report 2021, 20 f.
[103] → Rn. 135 f.
[104] Soergel/*Hadding* BGB § 59 Rn. 4.
[105] Gemäß § 58 Nr. 4 BGB muss die Satzung Bestimmungen zur Protokollierung von Beschlüssen enthalten, → Rn. 59.

dungs*verein,* sondern besser von einer Vorgründungs*gesellschaft* gesprochen werden. Eine bloße Absichtserklärung reicht für deren Entstehung nicht, vielmehr muss ein verbindlicher Wille zur Gründung des Vereins gebildet worden bzw. die Einigung über die Gründung mit Satzungserrichtung schon erfolgt sein.[106] Wird durch die Vorgründungsgesellschaft ein Handelsgewerbe betrieben, so entsteht eine oHG.[107]

Ein Vorverein entsteht hingegen erst, wenn zusätzlich neben dem Gründungsakt der 68 Vorstand bestellt wurde, da nach hM vorher noch keine körperschaftlichen Strukturen geschaffen wurden.[108] Die Vorgründungsgesellschaft ist nach hM aus diesem Grund auch **nicht mit dem Vorverein oder dem eingetragenen Verein identisch.**[109] Verbindlichkeiten der Vorgründungsgesellschaft gehen weder auf den Vorverein noch auf den später eingetragenen Verein über. Eine identitätswahrende „Umwandlung" in eine oHG oder KG hingegen ist möglich.[110]

Die **Mitglieder** der Vorgründungsgesellschaft **haften** gem. §§ 714, 427 BGB bzw. auf 69 Grundlage von § 128 HGB **persönlich,** es sei denn deren Haftung wurde aufgrund Vereinbarung mit dem jeweiligen Vertragspartner ausgeschlossen.[111]

Die Vorgründungsgesellschaft wird mit endgültiger Aufgabe der Weiterbetreibung der 70 Vereinsgründung bzw. mit Entstehung des Vorvereins (→ Rn. 116f.) **aufgelöst,** es sei denn es bestehen noch Verbindlichkeiten bzw. Rechte, die nicht auf den Vorverein übertragen wurden.

> **Hinweis:**
> Aufgrund der persönlichen Haftung der Mitglieder und des fehlenden Rechtsübergangs auf den nicht identischen (Vor-)Verein sollte die Vorgründungsgesellschaft im Rechtsverkehr außerhalb des Gründungsvorgangs nicht tätig werden.

6. Mängel

Da die Gründer im Rahmen des Gründungsaktes rechtsgeschäftliche Erklärungen abge- 71 ben, gelten die **allgemeinen Regelungen für Willenserklärungen (§§ 105ff. BGB).**

Der Gründungsvertrag ist zumindest teilweise nichtig, wenn er gegen ein gesetzliches 72 Verbot oder die guten Sitten verstößt, **§§ 134, 138 BGB.**[112] Die Frage, ob eine Heilung durch Eintragung möglich ist, wird nunmehr überwiegend bejaht. Danach ist der Verein zumindest bis zu dessen Amtslöschung als juristische Person zu behandeln.[113]

Ist die Willenserklärung eines Gründers, zB infolge **Geschäftsunfähigkeit,** nichtig, so 73 berührt dies die Wirksamkeit des Gründungsaktes nicht, wenn entsprechend der hM mindestens zwei weitere Gründer den Gründungsakt in wirksamer Weise durchgeführt haben. Der Vorgründungsgesellschaft und erst recht dem Vorverein ist bereits die Veränderlichkeit der Mitglieder immanent. Gleiches muss bei **Anfechtung** der Willenserklärung eines Gründers aufgrund der *ex-tunc*-Wirkung der Anfechtung gelten, zumindest dann, wenn der Verein vor der Eintragung noch nicht nach außen aufgetreten ist. Die hM und Rspr. geht bei einem nach außen bereits tätig gewordenen Vorverein nach der Lehre von der fehlerhaften Gesellschaft aus Gründen des Gläubigerschutzes von der *ex-nunc*-Wirkung der

---

[106] Palandt/*Ellenberger* BGB § 21 Rn. 12; Staudinger/*Schwennicke* BGB § 21 Rn. 90.
[107] BGH NJW 1983, 2822; NJW 1985, 1828.
[108] Zum Vorverein → Rn. 116f.
[109] BGHZ 91, 148 (152); Soergel/*Hadding* BGB vor § 21 Rn. 42; Staudinger/*Schwennicke* BGB § 21 Rn. 90.
[110] *Reichert* Rn. 67 mit Hinweis auf BFH NJW 1987, 1719.
[111] Zur persönlichen Haftung der Mitglieder des Vorvereins → Rn. 222.
[112] *Reichert* Rn. 212ff., 446 zur Anwendung der §§ 134, 138 BGB auf die Satzung; zu vereinsrechtlichen Verboten → § 6 Rn. 6ff.
[113] Jetzt auch *Sauter/Schweyer/Waldner* Eingetragener Verein Rn. 12; MüKoBGB/*Leuschner* BGB §§ 21, 22 Rn. 51.

Anfechtungserklärung aus und setzt diese im Ergebnis damit einer Austrittserklärung gleich.[114]

74 Wenn die Satzung Sollvorschriften verletzt (§§ 56, 57 Abs. 2, 58, 59 Abs. 3 BGB), ist die Anmeldung ebenso wie bei der Verletzung von Mussvorschriften zurückzuweisen. Der Gründungsakt selbst und auch die Eintragung des Vereins sind jedoch wirksam.[115] Wird die Eintragung aufgrund von Mängeln der Satzung abgelehnt, kommt eine „Heilung“ durch nachträgliche Änderung der Satzung in Betracht (→ Rn. 77 ff.). Zum Prüfungsumfang des Registergerichts und zur Folge unwirksamer Satzungsbestimmungen mit ggf. Gesamtnichtigkeit der Satzung → Rn. 150 ff.[116]

7. Kurzmuster einer Niederschrift über eine Satzungserrichtung mit Mindestinhalt gemäß § 57 BGB

75 **Formulierungsbeispiel: Gründungsprotokoll mit Satzungserrichtung (kurz)**

Heute am ***, fanden sich in *** die in der beigefügten Anwesenheitsliste angegebenen Personen ein und erklärten, einen Verein mit dem Namen *** und dem Sitz in *** errichten zu wollen. Zweck des Vereins soll *** sein. Der Verein soll im Vereinsregister eingetragen werden. Als Protokollführer wurde der Unterzeichner einstimmig gewählt.

Über die Errichtung des Vereins und die den Vorschriften der §§ 57, 58, 59 Abs. 3 BGB entsprechende, beigefügte Satzung waren alle anwesenden Personen einig.

Jeder Anwesende erklärte, dem Verein als Gründungsmitglied zugehören zu wollen.

Hinweis:

Voraussetzung für die Eintragung des Vereines ist zudem, dass die Satzung inhaltlich den Vorgaben der §§ 58, 59 Abs. 3 BGB entspricht. In der Praxis wird die Vorstandsbestellung zumeist im Rahmen der Gründungsversammlung durchgeführt und ist somit ebenfalls Inhalt des Gründungsprotokolls.

76 Das ausführliche Muster eines Gründungsprotokolls mit Vorstandsbestellung findet sich unter → Rn. 115.

8. Änderungen der Satzung vor Eintragung des Vereins

77 Insbesondere aufgrund von Beanstandungen im Rahmen des registergerichtlichen Eintragungsverfahrens kann sich die Notwendigkeit ergeben, die Satzung bereits vor Eintragung des Vereins zu ändern.

78 Änderungen des Gründungsvertrages vor Bestellung des Vorstandes und damit **vor Entstehung eines Vorvereins** können **nur durch einstimmigen Beschluss** aller Gründer herbeigeführt werden.[117] Dies kann zB bei einer „unterbrochenen“ Gründungsversammlung der Fall sein, wenn eine Einigung über die Errichtung des Vereins samt Satzung (→ Rn. 25) schon erfolgt ist, aber bereits vor der Vorstandsbestellung eine Änderung der gerade errichteten Satzung erfolgen soll.

79 Mit Entstehung des **Vorvereins** durch Abschluss des Gründungsvertrages und Vorstandsbestellung sind die Vorschriften über den nicht eingetragenen Verein anzuwenden.[118] Gemäß § 33 Abs. 1 S. 1 BGB können daher Änderungen der Satzung mit einer **Mehrheit von drei Vierteln** der abgegebenen Stimmen erfolgen, wenn es keine anderweitige Sat-

[114] BGH NJW 1967, 1268; BeckOK BGB/*Schöpflin* BGB § 21 Rn. 110; MüKoBGB/*Leuschner* BGB § 25 Rn. 51; Palandt/*Ellenberger* BGB § 21 Rn. 11; *Reichert* Rn. 91.

[115] → Rn. 35.

[116] Zum Problem der Auslegung der Satzung vgl. MüKoBGB/*Leuschner* BGB § 25 Rn. 38 f.

[117] OLG München NZG 1999, 780 f.

[118] Zu den Voraussetzungen der Entstehung eines Vorvereins und den Folgen → Rn. 217 ff.

zungsbestimmung gibt[119] und es sich zudem nicht um eine Zweckänderung handelt, die nach § 33 Abs. 1 S. 2 BGB die Zustimmung aller Mitglieder erfordert. Der Auffassung, dass eine Änderung der Satzung grundsätzlich nur einstimmig (wenngleich nicht zwingend unter Teilnahme aller Gründer) erfolgen kann und die vor oder während des Eintragungsverfahrens geänderte Satzung ebenfalls von sieben Mitgliedern zu unterzeichnen ist,[120] ist hingegen nicht zuzustimmen. Für die aufgrund gerichtlicher Beanstandung geforderte Satzungsänderung ergeben sich Stimmpflichten aufgrund des mitgliedschaftlichen Treueverhältnisses.[121]

Eines Beschlusses der Mitgliederversammlung bedarf es dann nicht, wenn der **Vorstand** 80
in der Satzung zur Vornahme von Satzungsänderungen, die für die Eintragung erforderlich sind, **ermächtigt** wurde.[122]

Eine gesonderte Anmeldung der Änderung des Gründungsvertrages ist nicht erforder- 81
lich. Da der Verein und nicht die Satzung zum Vereinsregister angemeldet wird, reicht die **Einreichung der geänderten Satzung.**[123] Gemäß § 59 Abs. 2 BGB ist die Satzung trotz fehlender materieller Formvorschrift dem Registergericht in **Schriftform** abschriftlich, nicht zwingend in Urschrift, vorzulegen.[124] Beizufügen ist zudem eine Abschrift des Protokolls über den satzungsändernden Beschluss (§ 71 Abs. 1 S. 3 BGB). Die nochmalige Unterschrift von sieben Mitgliedern unter die neue Satzung ist hingegen nicht erforderlich, da die Vereinszugehörigkeit bereits mit der Unterschrift unter die erste Satzung erklärt wurde und sich eine Änderung des Mitgliederbestandes, zumindest solange die Zahl von drei Mitgliedern nicht unterschritten wird, vor Eintragung grundsätzlich nicht auswirkt.[125] Um Verzögerungen im Eintragungsverfahren zu vermeiden, ist die Unterzeichnung der vor Eintragung geänderten Satzung durch sieben Mitglieder im Zweifel jedoch zu empfehlen.

Neben registergerichtlichen Beanstandungen kann auch eine neue Willensbildung der 82
Vereinsmitglieder zu Änderungen führen, wie beispielsweise in Form der **Aufgabe der Eintragungsabsicht**[126] oder einer **Zweckänderung** wie der „Umwandlung" eines nicht wirtschaftlichen in einen wirtschaftlichen Verein.[127]

III. Unterzeichnung der Satzung durch mindestens sieben Mitglieder

1. Allgemeines

Die Satzungserrichtung selbst ist Teil des Gründungsaktes. Hinzu kommt beim eingetrage- 83
nen Verein gem. § 59 Abs. 3 BGB die **Unterzeichnung** der Satzung durch **mindestens sieben Mitglieder,** die nach dem Gesetzeswortlaut nicht zwingend Gründer sein müssen und wobei unstrittig auch nicht alle Mitglieder, sondern lediglich mindestens sieben davon unterzeichnen müssen. Als Teil des Gründungsaktes ist die Unterzeichnung der Satzung auch von einer rechtsgeschäftlich erteilten Vollmacht zur Gründung[128] erfasst. Aufgrund von § 59 Abs. 2 BGB muss die Vollmacht dann abschriftlich zusammen mit der Satzung beim Registergericht eingereicht werden. In der Unterzeichnung der Satzung liegt die Bestätigung des Unterzeichnenden, als Gründer oder nach dem Gründungsakt als weiteres Mitglied dem Verein beigetreten zu sein, ohne dass dies noch einmal einer ausdrücklichen Erklärung bedarf. Durch die Mindestmitgliederzahl soll verhindert werden, dass unbedeu-

---

[119] MüKoBGB/*Leuschner* BGB §§ 21, 22 Rn. 132 mwN.
[120] BayObLGZ 1972, 29; LG Bonn NJW-RR 1995, 1515.
[121] *Reichert* Rn. 231.
[122] *Reichert* Rn. 231.
[123] BayObLGZ 1972, 29.
[124] MüKoBGB/*Leuschner* BGB § 57 Rn. 5.
[125] → Rn. 89; aA LG Bonn NJW-RR 1995, 1515.
[126] → Rn. 228f.
[127] → Rn. 196.
[128] → Rn. 8.

tende Vereine zur Eintragung gelangen.[129] Bei weniger als sieben Mitgliedern ist die Eintragung vom Registergericht abzulehnen, § 60 BGB.

84 Die Unterzeichnung kann vor oder nach der Bestellung des ersten Vorstandes – häufig in unmittelbarem Zusammenhang mit der Satzungserrichtung und Vorstandsbestellung – erfolgen.

85 Ausnahmen von der Mindestanzahl, wie sie zB für **kirchliche Vereine** aufgrund deren verfassungsrechtlichen Stellung diskutiert werden, sind wegen des klaren Gesetzeswortlauts abzulehnen.[130]

2. Mehrfachbeteiligungen

86 Bei Mehrfachbeteiligungen stellt sich die Frage, wie sich diese auf die Mindestmitgliederzahl auswirken. Wenn eine natürliche Person zugleich für sich und für eine von ihr **beherrschte juristische Person** als Gründer auftritt, zählt in Hinblick auf die Mindestmitgliederzahl im Rahmen der §§ 56, 59 Abs. 3 BGB nur die natürliche Person als im Ergebnis *ein* Gründer.[131] Gleiches muss bei der Beteiligung von mehreren juristischen Personen, die durch die gleiche Person beherrscht werden, gelten.[132] Bei einem **Dachverband,** der von Mitgliedsvereinen gegründet wird, kommt es nach hM nicht auf die Anzahl der Mitglieder der Mitgliedsvereine an, sondern auf die Anzahl der *Mitgliedsvereine* (hierzu auch näher → § 3 Rn. 26).[133]

3. Änderungen des Mitgliederbestandes im Gründungsstadium

87 In Hinblick auf die erforderliche Mindestmitgliederzahl gem. §§ 56, 59 Abs. 3 BGB stellt sich die Frage, wie sich Änderungen im Mitgliederbestand im Gründungsstadium eines Vereins auswirken.

88 Unproblematisch ist der Fall, dass **weitere Mitglieder** dem Verein nach dem Gründungsakt jedoch vor dessen Eintragung im Vereinsregister **beitreten.** Sind weniger als sieben Gründer vorhanden, so kann die Eintragung erst nach Beitritt weiterer Mitglieder erfolgen.[134] Der Beitritt erfolgt durch Unterzeichnung der Satzung (= Beitrittserklärung) ohne weitere Erklärung.[135] Die Beitretenden haben mangels anderweitiger Satzungsbestimmung die Stellung eines Gründungsmitglieds.[136]

89 Umgekehrt hindert ein **Absinken der Mitglieder** unter die in § 56 BGB vorgesehene Zahl von sieben Mitgliedern nach Unterzeichnung der Satzung nicht den Fortbestand des Vereins und dessen Eintragungsfähigkeit, letzteres jedoch nur solange die Mindestanzahl von **drei Mitgliedern** nicht unterschritten wird.[137] Dies ergibt sich aus § 73 BGB, wonach das Amtsgericht erst bei weniger als drei Mitgliedern auf Antrag des Vorstandes bzw. von Amts wegen, wenn ein solcher Antrag nicht innerhalb von drei Monaten gestellt wird, dem Verein die Rechtsfähigkeit zu entziehen hat. Dies muss auch bereits vor Eintragung des Vereins gelten, so dass das Gericht die Eintragung ablehnen kann. Ein bereits eingetragener Verein bleibt jedoch bis zum Entzug der Rechtsfähigkeit gem. § 73 BGB als

---

[129] Palandt/*Ellenberger* BGB § 56 Rn. 1.
[130] AA OLG Hamm NJW-RR 1997, 1397 (fünf Mitglieder ausreichend); MüKoBGB/*Leuschner* BGB § 56 Rn. 4; zum Meinungsstand ausf. Staudinger/*Schwennicke* BGB § 56 Rn. 5.
[131] OLG Stuttgart OLGZ 1983, 307; OLG Köln NJW 1989, 173; Soergel/*Hadding* BGB § 56 Rn. 2; Staudinger/*Schwennicke* BGB § 56 Rn. 3.
[132] *Reichert* Rn. 75, 184 mwN; aA *Wagner* NZG 2015, 1377 (1378) mit dem Argument, dass die Willensbildungs- und Entscheidungsvielfalt auch im Beherrschungsverband gewährleistet ist.
[133] MüKoBGB/*Leuschner* BGB § 56 Rn. 3; Soergel/*Hadding* BGB § 56 Rn. 2; aA Staudinger/*Schwennicke* BGB § 56 Rn. 4.
[134] MüKoBGB/*Leuschner* BGB § 56 Rn. 2.
[135] Staudinger/*Schwennicke* BGB § 56 Rn. 3.
[136] Soergel/*Hadding* BGB § 56 Rn. 2 aE; BeckOK BGB/*Schöpflin* BGB § 56 Rn. 2.
[137] Staudinger/*Schwennicke* BGB § 56 Rn. 1; zur Mindestanzahl an Gründern → Rn. 5f.

juristische Person bestehen. Nur für den Fall, dass keine Mitglieder mehr vorhanden sind, erlischt der Verein ohne Liquidation automatisch.[138]

4. Anforderungen an die Unterschriften

Da das Registergericht das Vorliegen der gesetzlichen Mindestmitgliederzahl von sieben Mitgliedern anhand der Unterschriften überprüft, müssen diese die **Identifizierung** der Unterzeichner ermöglichen.[139] 90

Gesetzliche Vorgaben hierzu gibt es nicht. Somit dürfte die (lesbare) Angabe des Namens der Unterzeichner[140] ausreichend sein, ohne dass es der Hinzufügung weiterer Personalien und der Anschriften bedarf. In der Praxis ist jedoch die Angabe von Namen und Anschriften im Rahmen des Gründungsprotokolls oder einer Anlage hierzu üblich. Auch wenn die Einreichung des Gründungsprotokolls zum Registergericht nicht gesetzlich vorgesehen ist, empfiehlt sich diese Vorgehensweise. Zusätzlich sollten die **Namen der Unterzeichner leserlich** im Rahmen der Unterschriften unter die Satzung angegeben werden, auch vor dem Hintergrund, dass die Unterzeichner nicht zwingend Gründungsmitglieder sein müssen. 91

5. Tag der Satzungserrichtung

Gemäß § 59 Abs. 3 BGB ist der **Tag der Errichtung** der Satzung anzugeben. Dies ist der Tag, an dem die Einigung über die Satzungserrichtung als Teil des Gründungsvertrages erfolgt ist[141] und somit nicht zwingend der Tag der Unterzeichnung der Satzung. 92

Entsprechend des klaren Gesetzeswortlauts muss **die Satzung selbst** den Tag der Satzungserrichtung enthalten. Die Angabe lediglich im Gründungsprotokoll, das nicht Teil der Satzung ist, ist nicht ausreichend und führt dazu, dass die Eintragung gem. § 60 BGB vom Registergericht verweigert werden kann. Die Aufnahme des Datums der Satzungserrichtung kann dann jedoch nachgeholt werden (→ Rn. 95). 93

6. Mängel

Erfolgt die Eintragung des Vereins trotz Verstoß gegen die §§ 56, 59 Abs. 3 BGB, ist die Eintragung dennoch wirksam. Da die Verletzung von **Ordnungsvorschriften** keinen wesentlichen Mangel darstellt, ist dies auch kein Grund für eine Löschung von Amts wegen. Dies gilt selbst dann, wenn das Gericht über die Anzahl der Mitglieder getäuscht wurde, da das gesetzeswidrige Verhalten zu keiner Gemeinwohlgefährdung führt.[142] Es müssen jedoch für die Entstehung des (Vor-)Vereins nach hM mindestens zwei, nach hier vertretener Auffassung mindestens drei Mitglieder vorhanden sein.[143] 94

Wurde das **Datum der Satzungserrichtung** versehentlich vergessen oder lediglich in das Gründungsprotokoll aufgenommen, kann die Angabe **nachgeholt** werden, auch wenn die Satzung in Abschrift zusammen mit der Anmeldung bereits zum Vereinsregister eingereicht wurde. Es handelt sich lediglich um einen nachträglichen Vermerk, der keine neue Beschlussfassung voraussetzt. Allerdings kann der Beweiswert einer nachträglichen Angabe aus Sicht des Registergerichts eingeschränkt sein, so dass ggf. weitere Nachweise auf der Grundlage von § 26 FamFG gefordert werden könnten. 95

---

[138] BGH NJW 1956, 138.
[139] *Stöber/Otto* Rn. 1306.
[140] *Stöber/Otto* Rn. 1306.
[141] → Rn. 62.
[142] MüKoBGB/*Leuschner* BGB § 56 Rn. 6; Palandt/*Ellenberger* BGB § 56 Rn. 1; Soergel/*Hadding* BGB § 56 Rn. 1; Staudinger/*Schwennicke* BGB § 56 Rn. 6.
[143] → Rn. 6.

7. Zusammenfassung

96 Gemäß § 59 Abs. 3 BGB soll die Satzung von mindestens sieben Mitgliedern unter Angabe des Tages der Errichtung der Satzung unterzeichnet werden. Eine gesonderte Erklärung ist nicht erforderlich, ein Hinweis auf die Eigenschaft der Unterzeichner als Mitglieder des Vereins empfiehlt sich jedoch nicht nur als Teil des Gründungsprotokolls, sondern auch als weitere Erklärung.

97 **Formulierungsbeispiel: Errichtung der Satzung nebst Unterschriften**

Diese Satzung wurde in der Gründungsversammlung des Vereins am *** *[Datum]* errichtet.

Es unterzeichnen die Mitglieder des Vereins:

Unterschriften von mindestens sieben Mitgliedern, die nicht zwingend bereits Gründer sein müssen, mit leserlicher Angabe der Namen

IV. Bestellung des ersten Vorstandes

1. Beschlussfassung

98 Im Rahmen der Gründung ist der erste Vorstand als zwingend vorgeschriebenes Vereinsorgan (§ 26 Abs. 1 BGB) durch die Gründer zu bestellen.[144] Die Bestellung setzt grundsätzlich die Wahl des Vorstandsmitglieds und dessen Annahme (→ Rn. 111 f.) voraus.

99 Der erste Vorstand des Vereins wird, wie spätere Vorstandsmitglieder auch, entsprechend § 27 Abs. 1 BGB durch **Beschluss der Mitgliederversammlung,** dh der Gründungsversammlung oder einer Mitgliederversammlung zu einem späteren Zeitpunkt, bestellt. Anders als die Vereinsgründung selbst setzt die Vorstandsbestellung keinen übereinstimmenden Willen der Gründer voraus.[145] Entsprechend § 32 Abs. 1 S. 3 BGB reicht ein Beschluss mit der **Mehrheit der abgegebenen Stimmen,** soweit die Satzung nicht etwas anderes vorsieht. Auch eine Bestellung unmittelbar in der Satzung selbst ist denkbar.[146]

99a Anders als für den Gründungsvertrag selbst dürfte § 5 MaßnG-GesR, auch wenn noch kein Vorverein entstanden ist, für die Wahl des ersten Vorstandes zumindest entsprechend anwendbar und damit die elektronische Teilnahme an der Mitgliederversammlung auch ohne satzungsmäßige Grundlage möglich sein. Allerdings haben es die Gründer bei der Errichtung der Satzung selbst in der Hand und sollten eine von gesetzlichen Übergangsregelungen unabhängige Satzungsgrundlage zur Abhaltung virtueller Versammlungen vorsehen, die dann bereits für die erste Vorstandsbestellung gilt.[147]

100 Sieht die errichtete **Satzung besondere Regelungen** zur Vorstandsbestellung vor, sind diese bereits für die Bestellung des ersten Vorstandes einzuhalten. So kann die Satzung beispielsweise die Bestellung eines Vorstands durch Dritte oder den Gleichlauf mit Vorstandsmitgliedern eines anderen Vereins ebenso wie bestimmte Mehrheitserfordernisse festlegen.[148]

101 Eine bedingte oder alternative Vorstandsbestellung hingegen ist nicht möglich.[149]

2. Vorstandsfähigkeit

102 Vorstandsfähig sind nach hM außerhalb der GmbH und AG mangels gesetzlicher Regelungen **natürliche** ebenso wie **juristische Personen** und **Personenhandelsgesellschaf-**

---

144 Zum Vorstand ausf. → § 8.

145 BGHZ 80, 212; *Stöber/Otto* Rn. 26; *Reichert* Rn. 2081; → § 8 Rn. 52 ff.

146 Soergel/*Hadding* BGB § 27 Rn. 8; → § 8 Rn. 69 ff.

147 → Rn. 58.

148 Palandt/*Ellenberger* BGB § 27 Rn. 1; ausf. → § 8 Rn. 52 ff.

149 Soergel/*Hadding* BGB § 26 Rn. 8; ausf. → § 8 Rn. 238 ff.

ten.[150] Beschränkt Geschäftsfähige können mit Zustimmung des gesetzlichen Vertreters Vorstand sein.[151]

103 Die Vorstandsmitglieder müssen nicht zugleich Gründer oder spätere Mitglieder des Vereins sein.[152] Denkbar sind jedoch Einschränkungen der Vorstandsfähigkeit in der Satzung, wie zB in Form eines Mindestalters oder der Vereinsmitgliedschaft des Vorstands,[153] die dann bereits für den ersten Vorstand im Rahmen der Gründung gelten. Zur Vorstandsfähigkeit im Einzelnen → § 8 Rn. 22ff.

3. Anzahl und Funktion der Vorstandsmitglieder

104 Die erstmalige Vorstandsbestellung im Rahmen der Gründung ist erst abgeschlossen, wenn Vorstandsmitglieder iSv § 26 BGB **in vertretungsberechtigter Zahl** bestellt wurden. Nicht erforderlich ist hingegen, dass *sämtliche* in der Satzung vorgesehene Vorstandsämter besetzt werden.[154] Erst recht ist es nicht notwendig, dass alle Mitglieder eines „erweiterten" Vorstands, die vereinsinterne Ämter bekleiden sollen, ohne den Verein nach außen zu vertreten, bestellt wurden.[155] Ob es sich um Vorstandsmitglieder iSv § 26 BGB handelt, muss sich – unabhängig von der ggf. am Vereinsamt orientierten Bezeichnung des „Vorstandsmitglieds" – aus der Satzung konkret ergeben. Die Bestellung eines besonderen Vertreters ist hingegen, auch wenn die Satzung diese Möglichkeit vorsieht, im Rahmen der Gründung nicht erforderlich.

105 Ein Verein hat nach dem Gesetz **mindestens ein Vorstandsmitglied** (vgl. § 26 Abs. 2 S. 1 BGB). Gemäß der Sollvorschrift des § 58 Nr. 3 BGB soll die Satzung eine Regelung über die Zusammensetzung des Vorstandes enthalten.[156] Die Satzung kann eine genaue Zahl an Vorstandsmitgliedern mit konkreter Funktion innerhalb des Vereins (Vorsitzender, Kassier etc.[157]), aber auch eine Mindest- oder Höchstzahl an Vorstandsmitgliedern benennen.[158] Sieht die Satzung entgegen § 58 Nr. 3 BGB keine konkrete Zahl vor, so hat der Verein einen (Einzel-)Vorstand.

106 Die Festlegung eines **mehrgliedrigen Vorstands** ist in der Praxis häufig und in Hinblick auf die Handlungsfähigkeit des Vereins im Verhinderungsfall eines Vorstands auch vorteilhaft.

Hinweis:

In der Praxis empfiehlt sich die Bestellung eines mehrgliedrigen Vorstandes, dessen Mitglieder jedoch nicht zu zahlreich sein sollten, nicht zuletzt weil Vorstandsänderungen zum Vereinsregister anzumelden sind. Um Unklarheiten zu vermeiden, sollten nur die nach außen vertretungsberechtigten gesetzlichen Vorstandsmitglieder iSv § 26 BGB als solche bezeichnet werden. Rein vereinsinterne Ämter sind hiervon ausdrücklich abzugrenzen.

107 Zur Anzahl und Funktion der Vorstandsmitglieder im Einzelnen → § 8 Rn. 8ff.

---

[150] MüKoBGB/*Leuschner* BGB § 27 Rn. 3; Soergel/*Hadding* BGB § 27 Rn. 5; zur Vorstandsfähigkeit von GbRs → § 8 Rn. 24a.

[151] MüKoBGB/*Leuschner* BGB § 27 Rn. 6; Soergel/*Hadding* BGB § 27 Rn. 4; *Reichert* Rn. 2070; zur Mitwirkung Minderjähriger als Gründer → Rn. 9.

[152] MüKoBGB/*Leuschner* BGB § 27 Rn. 4; Soergel/*Hadding* BGB § 27 Rn. 3; anders bei der Genossenschaft aufgrund von § 9 Abs. 2 GenG.

[153] *Reichert* Rn. 2075.

[154] BeckOK BGB/*Segna* BGB § 26 Rn. 6 mit dem Argument, dass es seit der Vereinsrechtsform 2009 ausreichend ist, wenn die Erstanmeldung durch Vorstandsmitglieder in vertretungsberechtigter Zahl erfolgt; ebenso *Stöber/Otto* Rn. 1231; aA OLG Hamm DNotZ 1985, 86 (89); *Sauter/Schweyer/Waldner* Eingetragener Verein Rn. 15.

[155] BayObLGZ 1969, 33ff.

[156] → Rn. 57.

[157] Zur Eintragungsfähigkeit spezieller Funktionen → Rn. 163.

[158] Hierzu im Einzelnen → § 8 Rn. 14.

4. Vertretungsbefugnis der Vorstandsmitglieder

108 Gemäß § 26 Abs. 2 S. 1 BGB wird der Vorstand, wenn er aus mehreren Personen besteht, durch die **Mehrheit der Vorstandsmitglieder** vertreten (Mehrheitsprinzip). Die Satzung kann eine andere Vertretungsbefugnis vorsehen, so zB Einzel- oder Gesamtvertretungsbefugnis bei einem mehrgliedrigen Vorstand, ebenso wie eine Befreiung von den Beschränkungen des § 181 BGB. Zudem kann der Umfang der Vertretungsmacht durch die Satzung mit Wirkung gegen Dritte beschränkt werden (§ 26 Abs. 1 S. 3 BGB). So können zB bestimmte Arten von Rechtsgeschäften ausgenommen oder deren Vornahme von Zustimmungserfordernissen abhängig gemacht werden.

> **Hinweis:**
>
> Sieht die Satzung keine besondere Vertretungsregelung vor, vertritt der Vorstand entsprechend der gesetzlichen Vorgabe nach dem Mehrheitsprinzip. Auch die gesetzliche Vertretungsbefugnis ist im Vereinsregister einzutragen[159] und daher im Rahmen der Vereinsregisteranmeldung entsprechend des nachstehenden Formulierungsbeispiels mitaufzunehmen:

109 **Formulierungsbeispiel: (Gesetzliche) Vertretungsbefugnis von Vorstandsmitgliedern**

Ist nur ein Vorstandsmitglied bestellt, vertritt es den Verein allein. Sind mehrere Vorstandsmitglieder bestellt, so wird der Verein durch die Mehrheit der Vorstandsmitglieder vertreten.

110 Zur Vertretungsbefugnis der Vorstandsmitglieder im Einzelnen → § 8 Rn. 206 ff.

5. Annahme des Amtes

111 Neben der Wahl setzt die Vorstandsbestellung nach hM auch die **Annahme** des Amtes durch das gewählte Vorstandsmitglied voraus, da mit dem Vorstandsamt nicht nur Rechte, sondern auch Pflichten verbunden sind.[160] Bei der Annahmeerklärung handelt es sich um eine Willenserklärung, die dem Verein zugehen muss. Ist das gewählte Vorstandsmitglied bei der Wahl nicht anwesend, so muss diesem zunächst der entsprechende Beschluss mitgeteilt werden.[161] Eine Pflicht zur Annahme besteht nicht. Die Annahmeerklärung muss sich für die Überprüfung der ordnungsgemäßen Vorstandsbestellung durch das Registergericht zB aus dem Protokoll über die Vorstandsbestellung oder der Anmeldung ergeben (→ Rn. 145).

112 Mit wirksamer Beschlussfassung und Annahme sind die Vorstandsmitglieder bestellt. Deren Eintragung im Vereinsregister ist somit nicht konstitutiv.[162] Sie können den entstandenen **Vorverein bereits vertreten.** Allerdings stellt sich die Frage, ob und in welcher Weise die Vorstandsmitglieder schon vor Eintragung des Vereins für diesen tätig werden dürfen. Im Rahmen der Vorstandsbestellung kann ausdrücklich beschlossen werden, dass die Vorstandsmitglieder nur zur Vornahme von Tätigkeiten, die für die Erlangung der Rechtsfähigkeit erforderlich sind, berechtigt sind (Muster zur Vorstandsbestellung → Rn. 115). Überdehnt der Vorstand seine Vertretungsbefugnis, besteht die Gefahr, dass der Handelnde auch nach Eintragung des Vereins weiterhin persönlich gem. § 54 S. 2 BGB ohne Freistellungsanspruch gegen den Verein haftet.[163]

---

159 → Rn. 124.
160 *Reichert* Rn. 2100; *Stöber/Otto* Rn. 413; Soergel/*Hadding* BGB § 27 Rn. 9 mit Hinweis auf BGH NJW 1975, 2101 mwN.
161 BGH NJW 1975, 2101.
162 Soergel/*Hadding* BGB § 27 Rn. 11.
163 → Rn. 219.

6. Protokollerstellung über die Vorstandsbestellung

In der Praxis erfolgt die Vorstandsbestellung üblicherweise durch die Gründungsversammlung im unmittelbaren Zusammenhang mit der Satzungserrichtung. Sie wird dann im Rahmen des Gründungsprotokolls schriftlich niedergelegt. Die in der Satzung gem. § 58 Nr. 4 BGB für die Beurkundung von Beschlüssen getroffenen Festlegungen[164] gelten bereits für die Protokollierung der ersten Vorstandsbestellung, unabhängig davon, ob diese im Zusammenhang mit dem Gründungsakt oder zu einem späteren Zeitpunkt erfolgt. 113

Das Protokoll ist vom **Protokollführer** ausdrücklich in dieser Eigenschaft zu **unterzeichnen,** damit dieser erkennbar Verantwortung für den Inhalt des Protokolls übernimmt.[165] Es ist zusammen mit der Anmeldung dem Registergericht in Abschrift vorzulegen (§ 59 Abs. 2 BGB). 114

> **Hinweis:**
> Das Protokoll über die Vorstandsbestellung sollte auch die Annahmeerklärungen der gewählten Vorstandsmitglieder enthalten, sofern diese im unmittelbaren Zusammenhang mit der Wahl erfolgt sind. Es empfiehlt sich (zusätzlich) die Annahmeerklärung auch in die Vereinsregisteranmeldung aufzunehmen, wobei dort lediglich die unterzeichnenden Vorstandsmitglieder (dies sind nicht zwingend alle) die Annahme erklären.

7. Muster

Formulierungsbeispiel: Protokollierung der Vorstandsbestellung im Rahmen der Gründung 115

Heute, am ***, fanden sich in *** die in der beigefügten Anwesenheitsliste angegebenen Personen ein und erklärten, einen Verein mit dem Namen *** und dem Sitz in *** errichten zu wollen. Zweck des Vereins soll *** sein. Der Verein soll im Vereinsregister eingetragen werden. Als Protokollführer wurde der Unterzeichner einstimmig gewählt.

Über die Errichtung des Vereins und die den Vorschriften der §§ 57, 58, 59 Abs. 3 BGB entsprechende, beigefügte Satzung waren alle anwesenden Personen einig.

Jeder Anwesende erklärte, dem Verein als Gründungsmitglied zugehören zu wollen.

Folgende Personen wurden als Vorstandsmitglieder vorgeschlagen und sodann im Rahmen der Abstimmung einstimmig gewählt:

Zum ersten Vorsitzenden wurde gewählt Frau/Herr ***, geb. am ***, wohnhaft ***.

Zum stellvertretenden Vorsitzenden wurde gewählt Frau/Herr ***, geb. am ***, wohnhaft ***.

Sie vertreten den Verein gemäß den allgemeinen Regelungen in der Satzung. *[ggf.: spezielle Regelungen zur Vertretungsbefugnis]*[166]

Sämtliche gewählten Vorstandsmitglieder nahmen die Wahl an.

Es wurde weiterhin einstimmig beschlossen, dass die Vorstandsmitglieder vor Eintragung des Vereins nur berechtigt sind Tätigkeiten vorzunehmen, die zur Erlangung der Rechtsfähigkeit des Vereins erforderlich sind.[167]

Diese Niederschrift wurde durch den unterzeichneten Protokollführer am *** errichtet:

Unterschrift des Protokollführers

---

164 → Rn. 59.
165 OLG Hamm NJW-RR 1997, 484.
166 → § 8 Rn. 224ff.
167 → Rn. 112.

8. Rechtsfolgen: Entstehung eines Vorvereins

116 Mit Satzungserrichtung und Bestellung des Vorstandes ist der Verein errichtet. Als Tag der Errichtung gilt der Tag des Gründungsaktes, auch wenn die Vorstandsbestellung zu einem späteren Zeitpunkt erfolgt.[168] Erst mit Schaffung der Mitgliederversammlung und des Vorstands als notwendige Organe ist jedoch der sog. Vorverein entstanden.[169] Gleichzeitig wird die Mitgliedschaft der Gründer im Vorverein begründet.[170] Der Vorverein darf noch nicht den Zusatz „eingetragener Verein", auch nicht „eingetragener Verein in Gründung" führen.[171]

117 Zum Vorverein als nicht eingetragenen Verein ausführlich → Rn. 217 ff.

9. Mängel

118 Die Nichtigkeit bzw. Anfechtbarkeit von Willenserklärungen eines nicht wirksam bestellten Vorstandes kann nach hM – sobald dieser nach außen tätig wurde – nur mit Wirkung in die Zukunft geltend gemacht werden.[172] Ist jedoch gar kein Vorstandsmitglied wirksam bestellt, ist entsprechend den vorstehenden Ausführungen auch noch kein Vorverein entstanden. Die Bestellung eines Notvorstandes durch das Gericht kommt gem. § 29 BGB grundsätzlich erst nach Eintragung in das Vereinsregister in Betracht, vorher analog § 29 BGB nur bei besonderer Dringlichkeit.[173]

V. Anmeldung des neu gegründeten Vereins zum Vereinsregister

1. Allgemeines

119 Die **§§ 55–79 BGB** regeln die registermäßige Behandlung des Vereins. Das Vereinsregisterverfahren ist ein Verfahren der freiwilligen Gerichtsbarkeit, das im **FamFG** (§§ 374 ff.) geregelt ist und durch die Vereinsregisterverordnung (VRV) näher ausgestaltet wird. Bei der Anmeldung handelt es sich um eine **Prozesshandlung,** die bis zur Eintragung ohne besonderen Grund zurückgenommen werden kann.[174]

120 Zu Verfahrensfragen, auch im Zusammenhang mit der Eintragung eines neu gegründeten Vereins → § 17.

2. Zuständigkeit

121 Die Anmeldung ist an das zuständige Registergericht zu richten. Sachlich und örtlich zuständig für die Eintragung ist gem. § 55 BGB das das Vereinsregister führende **Amtsgericht,** in dessen Bezirk der Verein seinen satzungsmäßigen Sitz hat. Die Landesjustizverwaltungen der meisten Bundesländer haben von der Möglichkeit Gebrauch gemacht, die örtliche Zuständigkeit in Vereinssachen für mehrere Amtsgerichtsbezirke bei einem Amtsgericht zu bündeln.[175] Gemäß §§ 1, 3 Nr. 1 lit. a RPflG ist dort der **Rechtspfleger** für die Eintragung zuständig.

---

[168] *Sauter/Schweyer/Waldner* Eingetragener Verein Rn. 13; zunächst missverständlich *Reichert* Rn. 79 f., 104.
[169] MüKoBGB/*Leuschner* BGB § 26 Rn. 6; Staudinger/*Schwennicke* BGB § 21 Rn. 89.
[170] Soergel/*Hadding* BGB § 25 Rn. 20.
[171] *Reichert* Rn. 106.
[172] MüKoBGB/*Leuschner* BGB § 27 Rn. 91.
[173] Soergel/*Hadding* BGB § 59 Rn. 2; nach *Reichert* Rn. 167 kommt die Bestellung eines Notvorstandes zumindest solange nicht in Betracht, wie die Mitglieder zur Bestellung eines neuen Vorstandes in der Lage sind. Ebenfalls keine Bestellung eines Notvorstands, wenn der Vorstand die Anmeldung zum Vereinsregister verweigert, → Rn. 128.
[174] MüKoBGB/*Leuschner* BGB § 59 Rn. 4 aE; zur Rücknahme der Anmeldung → Rn. 137.
[175] Eine Auflistung der Zuständigkeiten in den einzelnen Bundesländern findet sich bei *Krafka* RegisterR-HdB Rn. 2102. Das gemeinsame Registerportal der Länder (www.handelsregister.de) beinhaltet unter „Informationen" auch einen Link zum Orts- und Gerichtsverzeichnis, das die Ermittlung des zuständigen (Register-)Gerichts ermöglicht.

3. Inhalt der Anmeldung

§ 59 Abs. 1 BGB bestimmt lediglich, dass der Vorstand den Verein zur Eintragung anzumelden hat. Gesetzliche Regelungen zum Inhalt der Anmeldung gibt es nicht. Dieser sollte jedoch dem Inhalt der angestrebten Vereinsregistereintragung gem. § 64 BGB entsprechen und die im Vereinsregister einzutragenden Angaben wie **Name und Sitz** des Vereins, den **Tag der Errichtung der Satzung,** die bestellten **Vorstandsmitglieder** und deren jeweilige **Vertretungsbefugnis** wiedergeben. 122

In die Anmeldung ist die Zusammensetzung des Vorstands mit der genauen Anzahl der Vorstandsmitglieder aufzunehmen. **Vorstandsmitglieder sind mit Vor- und Nachnamen, Geburtsdatum und Wohnort** anzugeben, § 3 S. 3 Nr. 3 VRV. Die Angabe der vollständigen Adresse ist üblich, aber nicht gesetzlich vorgeschrieben. 123

> **Hinweis:**
> Die Anmeldung der Funktion des jeweiligen Vorstandes ist im Hinblick auf § 3 S. 3 Nr. 3 VRV, wonach die Funktion im Register einzutragen ist, soweit dies zweckmäßig ist, zu empfehlen. Die Funktion im Vorstand kann für die Vertretungsregelung relevant sein, zB bei einer gemeinschaftlichen Vertretungsbefugnis von mehreren Vorstandsmitgliedern, darunter 1. oder 2. Vorsitzenden.[176]

Auch eine der gesetzlichen Regel entsprechende **Vertretungsregelung** ist anzumelden und eintragungspflichtig, da sich diese ebenfalls unmittelbar aus dem Register und nicht erst nach entsprechender Gesetzeslektüre ergeben soll.[177] Einschränkungen der Vertretungsmacht in sachlicher Hinsicht (wie zB Zustimmungserfordernisse der Mitgliederversammlung, Einschränkungen einer Einzelvertretungsberechtigung für bestimmte Rechtsgeschäfte) sind ebenfalls zum Vereinsregister anzumelden. Umgekehrt ist eine fehlende sachliche Einschränkung zwar nicht gesondert anzumelden, aber ebenfalls einzutragen.[178] 124

Der **Sitz** des Vereins ergibt sich aus der Satzung, sollte aber in der Anmeldung noch einmal Erwähnung finden. Eine Verpflichtung zur **Angabe einer inländischen Adresse** wie bei Anmeldungen zum Handelsregister besteht im Vereinsregisterrecht **nicht.** Da das Registergericht gem. § 15 VRV jedoch jederzeit die Mitteilung einer ladungsfähigen Vereinsanschrift verlangen kann, sollte eine solche bereits in der Anmeldung enthalten sein. Ausreichend ist die Angabe einer Anschrift über ein Vorstandsmitglied („c/o"). Ist eine ladungsfähige Anschrift nicht angegeben und ergibt sich diese auch nicht eindeutig aus den weiteren eingereichten Unterlagen, hat die Eintragung zunächst zu unterbleiben.[179] 125

Der **Zweck** des Vereins ist nicht gesondert anzumelden und wird auch nicht im Vereinsregister eingetragen. Allerdings ist der in der Satzung festgelegte Zweck für die Abgrenzung zwischen wirtschaftlichem und nicht wirtschaftlichem Verein maßgeblich und bedarf daher ggf. einer weiteren Darlegung.[180] 126

Zu den weiteren nicht eintragungspflichtigen, aber **eintragungsfähigen und damit anmeldungsfähigen Tatsachen** → Rn. 165. 127

4. Anmeldende Personen

Gemäß § 59 Abs. 1 BGB ist der Vorstand für die Eintragung zuständig und dem Vorverein gegenüber zu deren Herbeiführung verpflichtet. Eine öffentlich-rechtliche Anmeldepflicht mit der Folge, dass das Registergericht die Anmeldung erzwingen kann, besteht jedoch 128

[176] Zur Eintragungsfähigkeit → Rn. 163.
[177] MüKoBGB/*Leuschner* BGB § 64 Rn. 4; Staudinger/*Schwennicke* BGB § 64 Rn. 3; Formulierungsbeispiel iRd Anmeldung → Rn. 145.
[178] MüKoBGB/*Leuschner* BGB § 64 Rn. 4.
[179] Nach *Krafka* RegisterR-HdB Rn. 2153a ist die Eintragung „gegebenenfalls" zunächst mit der Anschrift eines vertretungsberechtigten Vorstandsmitglieds vorzunehmen.
[180] → Rn. 187.

nicht.[181] Kommt der Vorstand seiner Verpflichtung nicht nach, sind die Mitglieder zur Abberufung des alten Vorstandes (Abberufung aus wichtigem Grund gem. § 27 Abs. 2 BGB) und Bestellung eines neuen Vorstandes verpflichtet.[182]

129 Antragsteller bezüglich der Anmeldung ist der Vorverein.[183]

Hinweis:

Gegen den die Eintragung schuldhaft verzögernden Vorstand kommen Schadenersatzansprüche in Betracht.[184] Die Eintragung sollte daher und aufgrund von Haftungsgefahren vor Eintragung des Vereins[185] unverzüglich nach der Gründung erfolgen.

130 Die früher umstrittene Frage, ob die Anmeldung analog § 78 GmbHG von sämtlichen Vorstandsmitgliedern iSv § 26 BGB vorgenommen werden muss, oder nur von **Vorstandsmitgliedern in vertretungsberechtigter Zahl,** ist vom Gesetzgeber 2009 beantwortet worden: § 77 BGB sieht die Anmeldung durch Mitglieder des Vorstandes (nicht: *die* Mitglieder des Vorstandes) vor. Somit kann auch die Erstanmeldung des Vereins durch Vorstandsmitglieder in der gemäß Satzung vorgesehenen vertretungsberechtigten Zahl erfolgen. Da die Vorstandsmitglieder – anders als Geschäftsführer einer GmbH oder Vorstände einer AG – im Rahmen der Erstanmeldung keine Versicherungen oder sonstigen Willenserklärungen im eigenen Namen abgegeben müssen, erübrigt sich auch aus diesem Grund die zwingende Mitwirkung aller Vorstandsmitglieder. Ändert sich der Vorstand vor Eintragung des Vereins, so haben neue Vorstandsmitglieder die bereits erfolgte Antragstellung zu übernehmen,[186] ohne dass sie den Verein (wohl aber den geänderten Vorstand) erneut anmelden müssen.

131 Die Anmeldung kann durch einen vom Vorverein als Antragsteller **Bevollmächtigten** erfolgen, wenn die Vollmacht auch Vereinsregisteranmeldungen umfasst und zudem in öffentlich beglaubigter Form erteilt wurde.[187] Gemäß § 378 FamFG kann ein Notar von den Vorstandsmitgliedern des Vereins zu dessen Neuanmeldung ermächtigt werden.

5. Form und Einreichung der Anmeldung

132 Gemäß § 77 S. 1 BGB erfolgt die Anmeldung in Form einer **öffentlich beglaubigten Erklärung.** Die Unterschriften der unterzeichnenden Vorstandsmitglieder bzw. deren Bevollmächtigten unter die schriftlich abgefasste Anmeldung sind somit von einem Notar[188] zu beglaubigen.

133 Die Anmeldung kann in Papierform im Original oder in beglaubigter Abschrift beim Gericht eingereicht werden (§ 77 S. 2 BGB). Dies erfolgt entweder durch den Vorstand oder in der Praxis häufig durch den die Unterschrift des Vorstands beglaubigenden Notar.

134 Gemäß § 14 Abs. 2 und Abs. 4 FamFG kann die Einreichung bei entsprechender landesrechtlicher Anordnung **auch auf elektronischem Wege** erfolgen. Auf der Grundlage von § 55a BGB können die Länder mittels Rechtsverordnung bestimmen, dass und in welchem Umfang das Vereinsregister in maschineller Form als automatisierte Datei geführt wird. Dies ist zwischenzeitlich in allen Bundesländern erfolgt.[189] Die Anmeldung kann bei elektronischer Registerführung gem. § 39a BeurkG elektronisch errichtet und weitergeleitet werden.

---

[181] BeckOK BGB/*Schöpflin* BGB § 59 Rn. 2; MüKoBGB/*Leuschner* BGB § 59 Rn. 2; Soergel/*Hadding* BGB § 59 Rn. 3; Staudinger/*Schwennicke* BGB § 59 Rn. 2.

[182] MüKoBGB/*Leuschner* BGB § 59 Rn. 2; die Bestellung eines Notvorstandes analog § 29 BGB kommt nicht in Betracht (RG JW 1937, 1730; OLG Frankfurt a. M. NJW 1966, 504).

[183] BayObLG NJW-RR 1991, 958.

[184] *Reichert* Rn. 167.

[185] → Rn. 220.

[186] *Reichert* Rn. 173, 191.

[187] KGJ 26, 232; KGJ 33, 143; MüKoBGB/*Leuschner* BGB § 59 Rn. 4.

[188] Auf der Grundlage von § 63 BeurkG nF ist die Doppelzuständigkeit anderer Organe beseitigt worden.

[189] MüKoBGB/*Leuschner* BGB § 55a Rn. 3; *Krafka* RegisterR-HdB Rn. 2108.

Da die Satzung nicht mehr in Urschrift beizufügen ist, ist auch die Einreichung der beizufügenden Unterlagen auf diesem Wege möglich.[190] Der Gesetzgeber ist jedoch davon ausgegangen, dass für eine Vielzahl an (kleinen) Vereinen die Einreichung in Papierform weiterhin leichter bewerkstelligt werden kann. Anders als für das Handelsregister mit § 12 HGB wurde daher keine Verpflichtung zur elektronischen Einreichung begründet. Die Anmeldung in Papierform ist somit unabhängig davon, ob das Register elektronisch geführt wird oder nicht, weiterhin möglich mit der Folge, dass der elektronische Rechtsverkehr mit dem Vereinsregister in der Praxis bislang eher eine untergeordnete Bedeutung hat.[191]

6. Beizufügende Unterlagen

Gemäß § 59 Abs. 2 BGB sind der Anmeldung **Abschriften der Satzung** und des Protokolls über die **Bestellung des Vorstandes** beizufügen, damit das Registergericht die gesetzlichen Eintragungsvoraussetzungen überprüfen kann.[192] Die Vorlage von Urschriften ist nicht (mehr) erforderlich. Die Beschaffenheit der Abschriften muss so sein, dass alle Eintragungsvoraussetzungen, insbesondere die des § 59 Abs. 3 BGB, vom Gericht geprüft werden können.[193] 135

Die eingereichten Unterlagen sind gem. § 66 Abs. 2 BGB zu den Registerakten zu nehmen. Die Beifügung eines Protokolls der Gründungsversammlung mit der Protokollierung der Einigung über die Errichtung des Vereins (außerhalb der Satzung) ist nach dem Gesetzeswortlaut nicht vorgesehen. Meistens wird jedoch die Vorstandsbestellung ohnehin Bestandteil des Gründungsprotokolls sein, das in Gesamtheit beim Registergericht eingereicht wird. 136

> **Hinweis:**
>
> In vielen Bundesländern sind Vereine, die gemeinnützigen Zwecken dienen, von den Gerichtsgebühren befreit. Insoweit empfiehlt sich die Vorlage einer Bescheinigung des Finanzamtes über die steuerliche Behandlung als Nachweis.[194]

7. Zurücknahme der Anmeldung

Die Anmeldung kann als Prozesshandlung bis zur Eintragung des Vereins formlos und ohne Angabe von Gründen zurückgenommen werden. Die Rücknahme durch die Vorstandsmitglieder bedarf einer Ermächtigung durch die Mitgliederversammlung, es sei denn die Anmeldung beruht auf einem nichtigen Gründungsakt.[195] 137

8. Mängel

Erfolgt die Eintragung ohne Vorliegen einer Anmeldung oder infolge Anmeldung unzuständiger Personen, ist die Eintragung gem. § 395 FamFG nicht zu löschen, wenn der Verein nach seiner Satzung hätte eingetragen werden sollen, also die Eintragungsabsicht gemäß Satzung besteht.[196] 138

Verstöße gegen § 59 Abs. 2 BGB (beizufügende Unterlagen) und § 59 Abs. 3 BGB (Unterzeichnung der Satzung durch sieben Mitglieder sowie Angabe des Datums der Sat- 139

[190] Krit. zum „Beweiswert" der Satzung in nur einfacher Abschrift *Terner* DNotZ 2010, 5 (8f.).
[191] Zum Gesetz zur Erleichterung elektronischer Anmeldungen zum Vereinsregister vgl. ausf. *Terner* DNotZ 2010, 5ff.
[192] MüKoBGB/*Leuschner* BGB § 59 Rn. 5; zum Prüfungsumfang des Registergerichts → Rn. 150ff.
[193] Palandt/*Ellenberger* BGB § 59 Rn. 1.
[194] → Rn. 179.
[195] *Reichert* Rn. 652f.
[196] MüKoBGB/*Leuschner* BGB § 59 Rn. 6; aA – nämlich Amtslöschung bei Anmeldung durch unzuständige Personen – Soergel/*Hadding* BGB § 59 Rn. 5.

zungserrichtung) berühren die Wirksamkeit einer dennoch erfolgten Eintragung ebenfalls nicht. Es handelt sich jeweils nur um Ordnungsvorschriften.[197]

9. Kosten der Anmeldung

140 Aufgrund der erforderlichen Unterschriftsbeglaubigung fallen für Anmeldungen zum Vereinsregister Notarkosten an. Das GNotKG enthält keine Regelungen zum Geschäftswert für Anmeldungen zum Vereinsregister. Lediglich für juristische Personen iSv § 33 HGB, zu denen auch einzutragende Vereine mit kaufmännischem Betrieb zählen,[198] bestimmt § 105 Abs. 3 Nr. 3 GNotKG einen Geschäftswert von 60.000 EUR. Im Übrigen ist die Bemessung des Geschäftswerts gem. § 36 Abs. 2 GNotKG unter Berücksichtigung aller Umstände des Einzelfalles, insbesondere des Umfangs und der Bedeutung des neu einzutragenden Vereins und nicht zuletzt im Lichte von Art. 9 GG vorzunehmen, wonach die Vereinigungsfreiheit nicht durch die Höhe der Gebühren eingeschränkt werden darf. **Regelmäßig** wird daher im Rahmen der Erstanmeldung als Geschäftswert der **Ausgangswert** des § 36 Abs. 3 GNotKG in Höhe von **5.000 EUR** anzusetzen sein.[199] Je nach Vermögenslage und Zweck des Vereins kann jedoch auch ein höherer Wert festgelegt werden, der den in §§ 36 Abs. 2, 106 GNotKG festgelegten Höchstwert von 1 Mio. EUR aber nicht übersteigen darf. Bei gemeinnützigen Vereinen kann ein vom Auffangwert nach unten abweichender Geschäftswert in Betracht kommen.

141 Ein Geschäftswert in Höhe von 5.000 EUR löst bei dem vom Notar erstellten Entwurf einer Anmeldung eine 0,5-Gebühr aus und damit mindestens 30 EUR (Nr. 24102 KV iVm § 92 Abs. 2 GNotKG, da für die Beurkundung der Anmeldung Nr. 21201 Nr. 5 KV GNotKG einschlägig wäre). Hinzu kommen Auslagen und Schreibgebühren sowie die Umsatzsteuer.

142 Die Übermittlung des vom Notar gefertigten Entwurfs an das Registergericht ist mit der Entwurfsgebühr abgegolten (Vorbem. 2.4.1. Abs. 4 Nr. 1 KV GNotKG). Ebenfalls abgegolten sind die erstmaligen Unterschriftsbeglaubigungen, die an ein und demselben Tag erfolgen (Vorbem. 2.4.1. Abs. 2 KV GNotKG). Allerdings erhält der Notar bei elektronischer Übermittlung eine zusätzliche 0,3-Gebühr aus dem der Anmeldung zugrundliegenden Geschäftswert für die Erstellung der XML-Strukturdaten gem. Nr. 22114 KV GNotKG, maximal 250 EUR.

143 Werden lediglich die Unterschriften unter den von dritter Seite erstellten Entwurf einer Anmeldung notariell beglaubigt, fällt eine 0,2-Gebühr nach Nr. 25100 KV GNotKG an, die beim regelmäßigen Geschäftswert von 5.000 EUR die Mindestgebühr von 20 EUR zur Folge hat und höchstens 70 EUR beträgt. Die Übermittlung an das Gericht durch den Notar löst eine zusätzliche Gebühr gem. Nr. 22124 KV GNotKG in Höhe von 20 EUR aus. In diesem Fall löst die Übermittlung mittels XML-Strukturdaten eine 0,5-Gebühr nach Nr. 22125 KV GNotKG aus, höchstens 250 EUR. Spätestens mit der Einführung einer verbindlichen elektronischen Übermittlung der Registeranmeldungen spart sich der Kostenschuldner somit bei der eigenen Erstellung der Registeranmeldung keine Gebühren mehr (zum Ganzen auch → § 17 Rn. 185 ff.).

144 **Kostenschuldner** ist der **Verein** bzw. vor der Eintragung der Vorverein.

---

[197] Palandt/*Ellenberger* BGB § 59 Rn. 1; MüKoBGB/*Leuschner* BGB § 59 Rn. 7; Soergel/*Hadding* BGB § 59 Rn. 5.

[198] Zur Abgrenzung vom wirtschaftlichen Verein → Rn. 192.

[199] Nach der Rspr. (BayObLG Rpfleger 1979, 398) wurde im Rahmen der KostO ein Geschäftswert von 3.000 EUR zugrunde gelegt.

10. Muster für die Anmeldung der Neueintragung eines Vereins

Formulierungsbeispiel: Anmeldung der Neueintragung 145

An das
Amtsgericht
– Registergericht –

Neuanmeldung des Vereins
Name: ***
Sitz: ***
VR: NEU
Anschrift: *** *[zB: c/o Name und Adresse des Vorsitzenden]*

Anmeldung

Als Vorstand des genannten, neugegründeten Vereins melden wir unter Beifügung folgender Anlagen

– Abschrift der am *** *[Tag der Errichtung]* errichteten Satzung und
– Abschrift des Protokolls der Mitgliederversammlung über die Bestellung des Vorstandes samt Annahmeerklärungen der Vorstandsmitglieder,

zur Eintragung in das Vereinsregister an:

Den Verein

******* *[Name des Vereins]*
mit dem Sitz in *** *[Ort]*

und dessen Vorstand.

Vorstand iSd § 26 BGB sind der 1. Vorsitzende und der 2. Vorsitzende.

Der Vorstand setzt sich wie folgt zusammen:

1. Vorstand:
*** *[Name, Geburtsdatum, Wohnort]*
Vorstand:
*** *[Name, Geburtsdatum, Wohnort]*
[ggf.: weitere Vorstandsmitglieder iSv § 26 BGB gemäß der Satzung]

Die Wahlen wurden angenommen.

Die Vorstandsmitglieder vertreten den Verein wie folgt:

[*Var. 1 **(Vertretungsregelung gemäß der gesetzlichen Regelung des § 26 BGB – Mehrheitsprinzip):*** Ist nur ein Vorstandsmitglied bestellt, vertritt es allein. Sind mehrere Vorstandsmitglieder bestellt, so wird der Verein durch die Mehrheit der Vorstandsmitglieder vertreten.]

[*Var. 2 **(satzungsmäßige Regelung der Vertretungsbefugnis – Einzelvertretung):*** Nach der Satzung ist jedes Mitglied des Vorstands einzelvertretungsberechtigt.]

[*Var. 3 **(satzungsmäßige Regelung der Vertretungsbefugnis – Gesamtvertretung):*** Nach der Satzung wird der Verein durch zwei Mitglieder des Vorstands, darunter den 1. oder 2. Vorsitzenden vertreten.]

[***ggf. Einschränkung:*** Die Vertretungsbefugnis der Vorstandsmitglieder ist in der Weise beschränkt, dass diese Rechtsgeschäfte im Wert von mehr als *** EUR nur mit Zustimmung der Mitgliederversammlung vornehmen dürfen.]

Das Original der Anmeldung ist dem Registergericht zu übersenden *[ggf.: elektronische Übermittlung[200]]*. Je eine beglaubigte Abschrift ist dem Verein zu übersenden und zur Urkundensammlung des Notars zu nehmen.

[200] → Rn. 134.

Ort, Datum

Unterschriften von einem oder mehreren Vorstandsmitgliedern in vertretungsberechtigter Zahl

Unterschriftsbeglaubigung des Notars

11. Eintragung in das Transparenzregister

145a Als juristische Personen des Privatrechts unterfallen Vereine dem Geldwäschegesetz und sind grundsätzlich verpflichtet, die Angaben zu ihren wirtschaftlich Berechtigten zum Transparenzregister anzumelden. Wirtschaftlich Berechtigte dürften – sofern nicht die besonderen Voraussetzungen des § 3 Abs. 2 GwG vorliegen – bei den meisten Vereinen deren Vorstandsmitglieder sein, deren Angaben sich unmittelbar aus dem Vereinsregister ergeben. In diesem Fall gilt die Mitteilung zum Transparenzregister trotz grundsätzlicher Abschaffung der Meldefiktion als erfolgt und ist vom Verein nichts weiter zu veranlassen, da nur bei eingetragenen Vereinen auch nach dem 1.8.2021 die registerführende Stelle eine automatische Eintragung im Transparenzregister erstellt, § 20a Abs. 1 GwG nF.

145b Mitteilungspflichtig bleiben jedoch Vereine, in denen besondere Konstellationen gem. § 3 Abs. 2 GwG bestehen, bei denen zB natürliche Personen 25% der Stimmrechte kontrollieren oder auf vergleichbare Weise Kontrolle ausüben (s. www.transparenzregister.de).

145c Unabhängig davon, ob die automatische Eintragung nach § 20a Abs. 1 GwG erfolgt oder eine Meldepflicht besteht, fallen für die Führung des Transparenzregisters Gebühren an, von denen sich Vereine, die steuerbegünstigte Zwecke verfolgen, befreien lassen können (§ 24 Abs. 1 GwG iVm § 4 Transparenzregistergebührenverordnung). Vgl. zum Transparenzregister außerdem → § 17 Rn. 212ff.

Hinweis:

Zeitnah zur Gründung sollte an den Antrag zur Gebührenbefreiung für das Transparenzregister gedacht werden, da eine rückwirkende Befreiung für bereits angefallene Gebühren nicht möglich ist. Auch um die Vorgaben des Geldwäschegesetzes zu erfüllen, sollten Vorstandsänderungen zeitnah zum Vereinsregister angemeldet werden.

12. Sonderfall: Anmeldung eines Vereinsunternehmens zum Handelsregister

146 Ein eingetragener Verein kann ohne Gefährdung seiner Einordnung als nicht wirtschaftlicher Verein iSv § 21 BGB unter gewissen Umständen einen wirtschaftlichen Geschäftsbetrieb betreiben.[201] Im Rahmen der gesetzlichen Vorgaben der §§ 1, 33 HGB ist ein Geschäftsbetrieb, der eine **kaufmännische Einrichtung** erfordert, in das **Handelsregister** einzutragen. Die Anmeldung hat zum zuständigen Amtsgericht des Bezirks, in dem sich die Niederlassung des Vereinsunternehmens befindet, zu erfolgen. Dieses ist also nicht zwingend identisch mit dem das Vereinsregister führenden Gericht.[202] In der Praxis wird die unternehmerische Nebentätigkeit eines eingetragenen Vereins jedoch häufig den Umfang eines Kleingewerbes nicht übersteigen, so dass eine Eintragungspflicht gem. §§ 2, 33 HGB entfällt.

147 Zur Abgrenzung zum wirtschaftlichen Verein im Einzelnen → Rn. 186f.

[201] Zur Abgrenzung und den Einschränkungen → Rn. 192ff.

[202] *Sauter/Schweyer/Waldner* Eingetragener Verein Rn. 456.

VI. Eintragung in das Vereinsregister

1. Allgemeines

Das Vereinsregisterverfahren als Verfahren der freiwilligen Gerichtsbarkeit ist in den §§ 378ff. **FamFG** geregelt. Einzelheiten zur Zuständigkeit und Führung des Vereinsregisters finden sich in der **Vereinsregisterverordnung** (VRV). 148

Zuständig für die Eintragung ist das Amtsgericht, in dessen Bezirk der Verein seinen Satzungssitz hat (→ Rn. 121). 149

2. Prüfungsumfang

Das Gericht überprüft gem. § 60 BGB anhand der vorzulegenden Unterlagen (Protokoll über die Vorstandsbestellung, Satzung), ob die gesetzlichen Vorschriften der §§ 55ff. BGB erfüllt sind. 150

Diese sind an dieser Stelle nochmals zusammengefasst 151
- die als Teil des Gründungsaktes errichtete Satzung, die inhaltlich den Anforderungen der §§ 57, 58 BGB entsprechen muss,
- die Einhaltung der Vorgaben von § 59 Abs. 3 BGB (Angabe des Tags der Errichtung, Unterzeichnung der Satzung durch sieben Mitglieder) und
- die den gesetzlichen Vorgaben des § 77 BGB entsprechende Anmeldung zum Vereinsregister.[203]

Das Registergericht prüft lediglich die eingereichten Unterlagen.[204] Nur bei besonderen Umständen wie dem dringenden Verdacht einer Täuschung hat eine weitergehende Überprüfung durch Sachaufklärung nach § 26 FamFG zu erfolgen.[205] 152

Wesentlicher Prüfungspunkt ist die **Abgrenzung zum wirtschaftlichen Verein** iSv § 22 BGB, da nur der nicht wirtschaftliche Verein iSv § 21 BGB in das Vereinsregister eingetragen werden darf. Für das Registergericht ist bei der Eintragung allein der Inhalt der Satzung maßgeblich.[206] Letztlich entscheiden jedoch nicht die Satzung und der darin festgelegte Vereinszweck, sondern die tatsächliche Ausrichtung des Vereins über seine Einordnung als (nicht) wirtschaftlicher Verein. Daher sollte die Satzung über den Vereinszweck im engeren Sinne hinaus auch die Tätigkeit und Vorhaben des Vereins beschreiben.[207] Der anmeldende Vorstand ist gegenüber dem Registergericht ggf. verpflichtet die Umstände darzulegen, aus denen sich die nicht wirtschaftliche Ausrichtung des Vereins ergibt.[208] Das Gericht kann zusätzlich im Wege der Amtsermittlung Nachforschungen anstellen oder gem. § 9 Abs. 2 S. 2 VRV die Stellungnahme einer geeigneten Stelle, wie beispielsweise der Industrie- und Handelskammer einholen. 153

Aufgrund der klaren Vorgaben in den §§ 56–59 BGB, die insoweit abschließend sind, ist der Auffassung zuzustimmen, dass das Registergericht das Vorliegen einer möglichen **Mischform zwischen Verein und Gesellschaft** hingegen nicht überprüfen muss (und im Regelfall auch gar nicht kann).[209] 154

Das Registergericht hat jedoch die Pflicht die **Wirksamkeit der Satzung in formeller und materiell-rechtlicher Hinsicht** dahingehend zu überprüfen, ob Nichtigkeits- und Unwirksamkeitsgründe bestehen.[210] Eine Überprüfung einzelner Satzungsbestimmungen, insbesondere auch in Hinblick auf Zweckmäßigkeitsgesichtspunkte oder die 155

---

[203] Ausführliche Übersicht zur registergerichtlichen Überprüfung der Ersteintragung eines Vereins bei *Krafka* RegisterR-HdB Rn. 2158; → § 17 Rn. 66ff.
[204] Krit. zum „Beweiswert" der Satzung in nur einfacher Abschrift *Terner* DNotZ 2010, 5 (8f.).
[205] MüKoBGB/*Leuschner* BGB § 60 Rn. 2.
[206] Staudinger/*Schwennicke* BGB § 60 Rn. 4.
[207] → Rn. 187.
[208] BayObLGZ 1989, 126 (131).
[209] MüKoBGB/*Leuschner* BGB § 60 Rn. 7; zur Mischform zwischen Verein und Gesellschaft → § 1 Rn. 19.
[210] OLG Köln NJW 1989, 173; OLG Hamm NJW-RR 1995, 119.

Lebensfähigkeit des Vereins, hat das Registergericht nicht vorzunehmen.[211] Bei unwirksamen Satzungsbestimmungen ist die Wertung des § 9c Abs. 2 GmbHG heranzuziehen, wonach unwirksame Satzungsbestimmungen nur dann einer Eintragung entgegenstehen, wenn zwingende Satzungsbestandteile oder das öffentliche Interesse betroffen sind oder diese zur Gesamtnichtigkeit der Satzung führen.[212] Anderenfalls gelten im Zweifelsfall die gesetzlichen Regelungen und die Verpflichtung des Vereins, den rechtmäßigen Zustand herzustellen, ohne dass die Eintragungsfähigkeit betroffen ist.[213]

156 Das Registergericht hat darüber hinaus zu überprüfen, ob der Verein nach **öffentlichem Vereinsrecht** zulässig ist. Ist dies nicht der Fall, so ist der Gründungsvertrag gem. § 134 BGB nichtig.[214] Die Überprüfungsverpflichtung ergibt sich umso mehr, als die §§ 61–63 BGB aufgehoben wurden und damit – anders als früher – die Eintragung eines Vereins nicht mehr durch Einspruch der zuständigen Verwaltungsbehörde verhindert werden kann.[215] Allerdings muss das Registergericht gem. § 400 FamFG die Eintragung der zuständigen Verwaltungsbehörde mitteilen, wenn es sich um einen Ausländerverein oder die organisatorische Einrichtung eines ausländischen Vereins handelt.[216]

157 Unerheblich im Rahmen von § 60 BGB ist, ob die Verletzung einer Muss- oder Sollbestimmung vorliegt.[217] Bei Nichteinhaltung der gesetzlichen Vorgaben ist die Eintragung zu verweigern.[218]

3. Anspruch auf Eintragung

158 Soweit die gesetzlichen Vorschriften erfüllt sind, besteht ein **Anspruch auf Eintragung.**[219]

159 Das Gericht hat die Eintragung in das Vereinsregister gem. § 382 FamFG vorzunehmen. Die **Eintragung** in das elektronische Register erfolgt jeweils in zwei Schritten: Der Eintragungsverfügung entspricht die Eingabe des Rechtspflegers im elektronischen Register, die Eintragung in das Register in Karteiform korrespondiert mit der endgültigen Speicherung in das elektronische Register (§ 55a Abs. 3 S. 1 BGB).[220]

4. Inhalt der Eintragung

160 Gemäß § 64 BGB und § 3 VRV sind folgende Eintragungen im Register vorzunehmen:
- Name und Sitz des Vereins,
- Tag der Errichtung der Satzung, ggf. auch Tag der Änderung der Satzung zwischen Gründung und Eintragung,[221]
- Vorstandsmitglieder sowie deren Vertretungsbefugnis einschließlich etwaiger Einschränkungen.

161 Bezüglich des Vereinsnamens besteht wie bei handelsrechtlichen Firmen **kein Anspruch** auf Eintragung des Namens in einem **bestimmten Schriftbild** (Groß-, Kleinschreibung, Verwendung von Sonderzeichen etc.).[222] Gemäß § 65 BGB erhält der Verein mit der Eintragung den Namenszusatz **„eingetragener Verein"** oder abgekürzt **„e.V.".**

---

211 OLG Köln NJW 1992, 1048; MüKoBGB/*Leuschner* BGB § 64 Rn. 5.
212 Bei Teilnichtigkeit besteht grds. die Gefahr der Gesamtnichtigkeit der Satzung, § 139 BGB findet keine Anwendung (BGHZ 47, 172; KG Beschl. v. 19.10.2011 – 25 W 73/11, BeckRS 2011, 27141; *Reichert* Rn. 455).
213 MüKoBGB/*Leuschner* BGB § 60 Rn. 5.
214 → § 6 Rn. 4 ff.
215 MüKoBGB/*Leuschner* BGB § 60 Rn. 3.
216 Zum Ausländerverein → § 20 Rn. 10.
217 → Rn. 35.
218 → Rn. 74.
219 BGHZ 45, 395 (397).
220 MüKoBGB/*Leuschner* BGB § 55a Rn. 6.
221 → Rn. 77 ff.
222 *Sauter/Schweyer/Waldner* Eingetragener Verein Rn. 26 mit Hinweis auf die Rspr. zum Firmenrecht.

Die Verwendung des Namenszusatzes kann vom Gericht nicht erzwungen werden.[223] In der Praxis sollte aber konsequent auf die Verwendung des vollständigen Namens mit Namenszusatz Wert gelegt werden, da bei wiederholter Missachtung eine Rechtsscheinhaftung in Betracht kommt.[224]

Es erfolgt **keine Eintragung einer inländischen Anschrift,** wenngleich eine solche bei der Anmeldung gegenüber dem Registergericht anzugeben ist.[225] Nicht eingetragen wird der **Zweck** des Vereins. 162

Eine spezielle Bezeichnung bzw. Funktion von **Vorstandsmitgliedern** ist nur einzutragen, wenn dies gem. § 3 S. 3 Nr. 3 VRV „zweckmäßig" ist. Dies ist dann der Fall, wenn die Funktion gemäß der allgemeinen Vertretungsregelung Einfluss auf die Vertretungsbefugnis hat. Unnötige Angaben sind bei der Registereintragung hingegen zu vermeiden.[226] 163

Die erste Satzung ist, anders als spätere Satzungsänderungen, nicht Eintragungsinhalt.[227] Hingegen ist der **Tag der Satzungserrichtung** einzutragen und somit der Tag, an dem die Einigung über die Errichtung der Satzung als Teil des Gründungsvertrages erfolgt ist.[228] Haben die Gründer beim sog. „unechten Vorverein"[229] erst zu einem späteren Zeitpunkt die Eintragung beschlossen, so ist das Datum dieses Beschlusses in das Register einzutragen.[230] 164

Die in § 64 BGB genannten eintragungspflichtigen Angaben sind nach hM aus Gründen der Klarheit und Übersichtlichkeit des Registers abschließend.[231] Als Ausnahme hiervon wird jedoch die für das Handelsregister geltende Rechtsprechung angewandt, wonach die Eintragung nicht vom Gesetz bestimmter Tatsachen zulässig ist, wenn dadurch einem „sachlichen, aus der Rechtslage ergebenden Bedürfnis" entsprochen wird.[232] Hierunter fallen Eintragungen, die mit den eintragungspflichtigen Angaben iSv § 64 BGB in Zusammenhang stehen. **Eintragungsfähig,** wenngleich nicht eintragungspflichtig, sind somit zB die Bestellung eines besonderen Vertreters gem. § 30 BGB sowie Regelungen zur Vertretungsbefugnis der Vorstände wie die Befreiung von den Beschränkungen des § 181 BGB.[233] Nicht eintragungsfähig ist die Satzung selbst (anders die Satzungsänderung[234]) oder die Bestellung eines Generalbevollmächtigten oder eines Stellvertreters nur für den Verhinderungsfall eines Vorstands.[235] 165

Gemäß § 382 Abs. 2 FamFG soll die Eintragung den Tag, an dem sie vollzogen wurde, beinhalten und mit der Unterschrift oder elektronischen Signatur des zuständigen Beamten versehen werden. 166

5. Bekanntmachung der Eintragung

Gemäß § 66 Abs. 1 BGB und § 14 VRV hat das Amtsgericht die Eintragung durch Veröffentlichung in dem von der Landesjustizverwaltung bestimmten elektronischen Informations- und Kommunikationssystem bekannt zu machen unter Angabe von Name, Sitz, 167

---

[223] *Krafka* RegisterR-HdB Rn. 2162.
[224] OLG Celle NJW-RR 1999, 1052; Palandt/*Ellenberger* BGB § 65 Rn. 1.
[225] → Rn. 125.
[226] *Krafka* RegisterR-HdB Rn. 2164; → Rn. 123; → § 17 Rn. 40; aA *Stöber/Otto* Rn. 1332: Eintragung, auch wenn für Vertretung ohne Bedeutung.
[227] Staudinger/*Schwennicke* BGB § 64 Rn. 3.
[228] → Rn. 62.
[229] → Rn. 225 ff.
[230] *Reichert* Rn. 250.
[231] RGZ 85, 138 (141); BayObLG NJW-RR 1992, 802 ff.; Soergel/*Hadding* BGB § 64 Rn. 3; MüKoBGB/*Leuschner* BGB § 64 Rn. 6.
[232] MüKoBGB/*Leuschner* BGB § 64 Rn. 6.
[233] Im Einzelnen jeweils mwN: BeckOK BGB/*Schöpflin* BGB § 64 Rn. 3.1; MüKoBGB/*Leuschner* BGB § 64 Rn. 6.
[234] → § 5 Rn. 213 ff.
[235] BeckOK BGB/*Schöpflin* BGB § 64 Rn. 4; MüKoBGB/*Leuschner* BGB § 64 Rn. 6.

Registernummer, Registergericht und Tag der Eintragung. Eine Bekanntgabe der Vorstände erfolgt nicht.

168 Zudem ist die Eintragung den Beteiligten bekannt zu geben, § 13 VRV. Dies erfolgt in Form einer Vollzugsmitteilung, ggf. auch an den insoweit bevollmächtigten Notar.

6. Rechtsfolgen der Eintragung

169 Erst mit der Eintragung, genau gesagt mit dem Ablauf des Tages, an dem die Eintragung erfolgt, erlangt der Verein die Stellung eines eingetragenen Vereins.[236] Der Verein wird zur **juristischen Person,** die Träger von Rechten und Pflichten ist und daher zB grundbuchfähig und parteifähig im prozessualen Sinn sein kann.[237] Die Eintragung ist somit konstitutiv für die Entstehung des Vereins als juristische Person und für das Verhältnis zwischen Mitgliedern und Verein.[238] Die Eintragung wirkt auch dann konstitutiv, wenn wesentliche Eintragungsvoraussetzungen fehlen, mit der Folge, dass der Verein als juristische Person bis zur Löschung fortbesteht.[239] Durch die Eintragung in das Vereinsregister setzt sich der **Vorverein** im (identischen) eingetragenen Verein fort.[240]

170 Gemäß § 65 BGB erhält der Verein mit der Eintragung den zwingenden **Zusatz „eingetragener Verein"** oder abgekürzt **„e.V."**.[241]

171 Zum Registerverfahren → § 17.

7. Zurückweisung der Eintragung

172 Stellt das Registergericht Mängel fest, so ist nur bei nicht behebbaren Mängeln die Eintragung gem. § 60 BGB unter Angabe von Gründen (§§ 382 Abs. 3, 38 Abs. 3 FamFG) **endgültig zurückzuweisen.** Gemäß § 41 Abs. 1 S. 2 FamFG ist der Beschluss allen anmeldenden Personen zuzustellen.

173 Ist der **Mangel behebbar,** wird die Aufforderung zur Behebung des Mangels unter Fristsetzung im Rahmen einer **Zwischenverfügung** iSv § 382 Abs. 4 FamFG erfolgen.[242] Häufig sind nicht den gesetzlichen Vorgaben entsprechende oder fehlende Satzungsbestimmungen Grund für die Beanstandung. Die fehlerhafte Satzung kann dann durch Beschluss der Mitgliederversammlung, der nicht zwingend unter Mitwirkung aller Gründer und auch nicht einstimmig erfolgen muss, geändert werden.[243]

8. Dauerhaftes Scheitern der Eintragung

174 Wird ein beanstandeter Mangel nicht behoben bzw. ist dieser nicht behebbar und unterbleibt die Eintragung daher dauerhaft, führt dies zur Auflösung des Vereins, wenn man davon ausgeht, dass der Verein unter Vorbehalt der Auflösung im Fall seiner Nichteintragung gegründet wurde. Denkbar ist jedoch das **Weiterbestehen als nicht eingetragener Verein,** wenn die Satzung dies ausdrücklich oder im Wege der Auslegung vorsieht. Die Aufnahme oder Weiterbetreibung einer Vereinstätigkeit spricht auch ohne eine solche Bestimmung für das Fortbestehen des Vorvereins in Form eines nicht eingetragenen Vereins bzw. für dessen inzidente Neugründung.[244]

---

[236] Soergel/*Hadding* BGB § 64 Rn. 8; Staudinger/*Schwennicke* BGB § 64 Rn. 7.
[237] Zur Bedeutung der Rechtsfähigkeit → § 1 Rn. 17.
[238] Palandt/*Ellenberger* BGB Vorb. § 55 Rn. 1; BeckOK BGB/*Schöpflin* BGB § 21 Rn. 124.
[239] Staudinger/*Schwennicke* BGB § 64 Rn. 8 mwN.
[240] Zum Vorverein → Rn. 217 ff.
[241] → § 5 Rn. 35.
[242] MüKoBGB/*Leuschner* BGB § 60 Rn. 8.
[243] → Rn. 77 ff. zu Satzungsänderungen im Gründungsstadium.
[244] Staudinger/*Schwennicke* BGB § 54 Rn. 19; zum Fortbestand des Vorvereins als nicht eingetragener Verein → Rn. 228 f.

9. Mängel der Eintragung

Auch bei Fehlern im Rahmen der Eintragung gilt grundsätzlich, dass die Verletzung einer Sollvorschrift nicht zur Vernichtbarkeit der Eintragung führt, bei Verstoß gegen eine Mussvorschrift die Eintragung hingegen gem. § 395 FamFG von Amts wegen zu löschen ist.[245] Die Eintragung selbst hat konstitutive Wirkung. Auch wesentliche Fehler bei der Eintragung hindern nicht zwangsläufig die Entstehung des eingetragenen Vereins und dessen Rechtsfähigkeit. Es handelt sich bei **§ 64 BGB** um eine **bloße Ordnungsvorschrift.**[246] 175

Unterbleibt die Bekanntmachung der Eintragung, liegt hierin kein wesentlicher Fehler, der die Rechtsfähigkeit beeinträchtigt.[247] Ebenso ist die Angabe des Tages der Eintragung gem. § 55a Abs. 3 S. 3 BGB lediglich eine Sollvorgabe, deren Fehlen weder die Nichtigkeit noch die Vernichtbarkeit der Eintragung zur Folge hat.[248] Allerdings entspricht die **Nichtangabe des Namens und/oder Sitzes** als Individualisierungsmerkmal nach hM der Nichteintragung des Vereins, so dass nicht einmal eine Löschung gem. § 395 FamFG zur Beseitigung des Vereins als juristische Person zu erfolgen hat.[249] Zu den Folgen der Eintragung eines unzulässigen Vereinsnamens → § 5 Rn. 36f. 176

Die Eintragung durch das **örtlich unzuständige Gericht** stellt hingegen nach hM einen wesentlichen Mangel iSv § 395 FamFG dar, da dadurch die Verkehrsschutzfunktion des eigentlich zuständigen Gerichts beeinträchtigt wird. Die Eintragung ist demnach von Amts wegen zu löschen.[250] 177

10. Kosten der Eintragung

Seit Einführung des Gerichts- und Notarkostengesetzes (GNotKG) beträgt die Gebühr für die Ersteintragung eines Vereins geschäftswertunabhängig pauschal 75 EUR (Nr. 13100 KV GNotKG). Auf die Vermögenssituation oder den Zweck des einzutragenden Vereins kommt es nicht mehr an.[251] 178

In der Mehrheit der Bundesländer – Bayern, Sachsen, Mecklenburg-Vorpommern ausgenommen – gibt es jedoch auf der Grundlage landesrechtlicher Vorschriften **Gebührenbefreiungen** für Vereine, die gemeinnützigen Zwecken dienen; Auslagen des Vereins sind von der Befreiung nicht umfasst.[252] Die Gemeinnützigkeit ist durch eine Bescheinigung des Finanzamtes über die steuerliche Behandlung nachzuweisen. 179

11. Rechtsmittel

Gegen ablehnende Entscheidungen des Gerichts kann bei diesem **Beschwerde** eingelegt werden, §§ 58ff. FamFG. Der Vorverein, vertreten durch Vorstandsmitglieder in vertretungsberechtigter Zahl, nicht jedoch diese selbst, ist insoweit beschwerdefähig.[253] 180

Nach Eintragung des Vereins kommt nur das **Amtslöschungsverfahren** in Betracht. Eine Beseitigungsmöglichkeit der Eintragung durch Dritte besteht nicht. Die Eintragung ist nicht anfechtbar (§ 383 Abs. 3 FamFG), da die Eintragung Publizitätswirkung hat.[254] 181

---

[245] MüKoBGB/*Leuschner* BGB § 64 Rn. Zur Unterscheidung zwischen Muss- und Sollvorschriften → Rn. 35.
[246] BGH NJW 1983, 993; OLG Düsseldorf OLGZ 1990, 86.
[247] *Krafka* RegisterR-HdB Rn. 2177.
[248] MüKoBGB/*Leuschner* BGB § 55a Rn. 6.
[249] Soergel/*Hadding* BGB § 64 Rn. 1, 9; MüKoBGB/*Leuschner* BGB § 64 Rn. 7.
[250] MüKoBGB/*Leuschner* BGB § 55 Rn. 3.
[251] Anders für die Kosten der Vereinsregisteranmeldung → Rn. 140; zu Gerichtskosten → § 17 Rn. 197ff.
[252] In Sachsen-Anhalt nur für Träger der Freien Wohlfahrtspflege, keinerlei Gebührenbefreiung gibt es in Bayern, Sachsen und Mecklenburg-Vorpommern, s. hierzu im einzelnen *Sauter/Schweyer/Waldner* Eingetragener Verein Rn. 617.
[253] *Sauter/Schweyer/Waldner* Eingetragener Verein Rn. 19 aE mwN in Fn. 57; → Rn. 217.
[254] Zur Amtslöschung → § 17 Rn. 167ff.

Ein eingelegtes „Rechtsmittel“ kann jedoch als Antrag auf Amtslöschung umgedeutet werden.[255]

C. Der wirtschaftliche Verein

I. Vorbemerkung

182 Im Unterschied zum eingetragenen, nicht wirtschaftlichen Verein sieht **§ 22 BGB** den wirtschaftlichen Verein als weiteren Vereinstypus des BGB vor. Danach erlangt ein Verein, „dessen Zweck auf einen wirtschaftlichen Geschäftsbetrieb gerichtet ist, in Ermangelung besonderer bundesgesetzlicher Vorschriften Rechtsfähigkeit durch staatliche Verleihung.“ Für einen am Wirtschaftsleben teilnehmenden Verein sollen nach der Vorstellung des Gesetzgebers insbesondere aus Gläubigerschutzgründen strengere Bedingungen gelten als beim eingetragenen Verein. Dies schlägt sich nach dem Gesetzeswortlaut bereits entscheidend im Rahmen der Gründung in Form des **Subsidiaritätsgrundsatzes** und dem Erfordernis der **staatlichen Verleihung** anstelle der Eintragung nieder. Aufgrund dieser einschränkenden Voraussetzungen und der gleichzeitig unbefriedigenden Abgrenzungsfragen im Zusammenhang mit dem Nebenzweckprivileg[256] wurden nicht nur in der Literatur[257] Stimmen zur Schaffung geeigneter Rechtsformen, die ein bürgerschaftliches und zugleich wirtschaftliches Engagement ermöglichen, laut.[258] Aufgrund der Öffnung des eingetragenen Vereins für wirtschaftliche Tätigkeiten im Rahmen der nachstehend dargestellten „Kita-Rechtsprechung“ stellt sich nunmehr jedoch eher die grundsätzliche Frage nach der Berechtigung der Existenz des wirtschaftlichen Vereins.[259]

II. Subsidiaritätsgrundsatz

183 Die Rechtsform des wirtschaftlichen Vereins ist nur zulässig, wenn es der Vereinigung aufgrund besonderer Umstände unzumutbar ist, sich in der Form einer juristischen Person des Handelsrechts wie der AG, GmbH oder der Genossenschaft zu organisieren (Subsidiaritätsgrundsatz).[260] Die diesen Rechtsformen zugrundeliegenden handelsrechtlichen Vorgaben insbesondere zum Gläubigerschutz, aber auch der (im Vereinsrecht fehlende) Mitglieder- und Sozialschutz sollen nicht ohne besonderen Grund umgangen werden können. Ein besonderer Grund liegt nur dann vor, wenn die **Zweckverfolgung** außerhalb der Rechtsform eines wirtschaftlichen Vereins **aus rechtlichen oder tatsächlichen Gründen unverhältnismäßig erschwert oder unmöglich** wäre.[261] Die Zulässigkeit des wirtschaftlichen Vereins wird daher entsprechend der genannten Kriterien in der Rechtsprechung, die im Zweifel auf die Möglichkeit, eine Genossenschaft zu gründen, verweist,[262] eher restriktiv gehandhabt. Die Genossenschaft kann jedoch beispielsweise bei unterschiedlicher wirtschaftlicher Beteiligung unzumutbar sein, da jeder Genosse in der Generalversammlung nur eine Stimme hat (§ 43 Abs. 3 S. 1 GenG).[263]

184 Prominentes Beispiel für einen wirtschaftlichen Verein ist die GEMA – Gesellschaft für musikalische Aufführungs- und mechanische Vervielfältigungsrechte.[264]

---

[255] Soergel/*Hadding* BGB § 64 Rn. 10.
[256] → Rn. 192ff.
[257] *Leuschner* ZIP 2015, 356ff.
[258] Beschl. der Justizministerkonferenz/Herbstkonferenz 2015, s. *Wagner* NZG 2016, 1046f. sowie ein darauf begründeter Referentenentwurf, s. *Segna* npoR 2017, 3 (6).
[259] MüKoBGB/*Leuschner* BGB §§ 21, 22 Rn. 80.
[260] BVerwG NJW 1979, 2265; BGHZ 85, 85 (89).
[261] Soergel/*Hadding* BGB § 22 Rn. 50; BeckOK BGB/*Schöpflin* BGB § 22 Rn. 8; *Reichert* Rn. 316.
[262] BVerwGE 58, 26 (35).
[263] *Reichert* Rn. 316 aE.
[264] Weitere Beispiele: Staudinger/*Schwennicke* BGB § 22 Rn. 54.

In Durchbrechung des Subsidiaritätsgrundsatzes sehen (wenige) **gesetzliche Sonderregelungen** die Möglichkeit der Gründung eines wirtschaftlichen Vereins ausdrücklich vor und unterwerfen diesen besonderen gesetzlichen Normativbedingungen. 185

Beispiele:

Verwertungsgesellschaft nach dem Gesetz über die Wahrnehmung von Urheberrechten und verwandten Schutzrechten, Erzeugergemeinschaften gem. § 3 Marktstrukturgesetz, forstwirtschaftliche Vereine nach § 19 BWaldG.

Hinweis:

In der Praxis haben wirtschaftliche Vereine aufgrund des Subsidiaritätsgrundsatzes und der nur wenigen gesetzlichen Sonderregelungen, die diese Rechtsform ausdrücklich zulassen, eine untergeordnete Bedeutung.

III. Abgrenzung zum eingetragenen Verein iSv § 21 BGB

1. Wirtschaftlicher Geschäftsbetrieb

Die Abgrenzung des wirtschaftlichen vom nicht wirtschaftlichen Verein erfolgt nach dem Wortlaut der §§ 21, 22 BGB aufgrund des Unterscheidungskriteriums, ob der Zweck des Vereins auf einen **wirtschaftlichen Geschäftsbetrieb** gerichtet ist oder nicht. Die Abgrenzung ist im Einzelfall schwierig, was die Vielzahl an Rechtsprechung zu diesem Thema, insbesondere die sog. „Kita-Rechtsprechung“,[265] aber auch die Fälle, in denen der Vereinsstatus bekannter Vereine in Frage gestellt wurde,[266] eindrucksvoll beweisen. 186

Unter einem wirtschaftlichen Geschäftsbetrieb ist das planmäßige und auf Dauer angelegte Auftreten des Vereins nach außen in unternehmerischer Funktion, dh auf die Verschaffung wirtschaftlicher Vorteile zugunsten des Vereins oder seiner Mitglieder gerichtet, zu verstehen.[267] In Abweichung zum Gesetzeswortlaut kommt es nach allgemeiner Ansicht dabei weder auf den satzungsmäßig festgelegten Vereinszweck, noch auf die Absicht der Gründer an, als vielmehr auf die (schon aufgenommene oder angestrebte) **unternehmerische Tätigkeit des Vereins.**[268] Die (beabsichtigte) tatsächliche Tätigkeit des Vereins sollte zur Abgrenzung im Rahmen des Zwecks in der Satzung möglichst genau beschrieben werden.[269] 187

Differenzierungsbeispiele:

Erzeugergemeinschaften nach dem Marktstrukturgesetz können je nach Aufgabenbereich als wirtschaftlicher Verein (zB zur Koordinierung des Absatzes von Erzeugnissen) oder nicht wirtschaftlicher Verein (Förderung einheitlicher Erzeugungs- und Qualitätsregeln)[270] organisiert sein.

---

[265] Ein Überblick zur „Kita-Rechtsprechung“ bis 2016 findet sich bei *Wagner* NZG 2016, 1046 (1048); eine ausführliche Darstellung und Würdigung der drei weiteren Entscheidungen des BGH im Jahr 2017 bei MüKoBGB/*Leuschner* BGB §§ 21, 22 Rn. 26 ff.; zur restriktiven Rechtsprechung zur Eintragungsfähigkeit von Vereinen (Träger sozialer Dienstleistungen) *Winheller* DStR 2015, 1389 ff.; zum Sinn und Zweck des Nebenerwerbsprivilegs *Beuthien* NZG 2015, 449 ff.

[266] Zum Vereinsstatus des ADAC und des FC Bayern München → Rn. 197a.

[267] Zuletzt BGH DNotZ 2017, 628.

[268] BayObLG Rpfleger 1983, 282; Rpfleger 1985, 495; OLG Hamm NJW-RR 2008, 350 f.; KG NJW-RR 2005, 339; Beschl. v. 23.6.2014 – 12 W 66/12; BGH NJW 2017, 1943 Rn. 19.

[269] → Rn. 48.

[270] *Stöber/Otto* Rn. 107 ff.

188 Auch ein sog. **„Förderverein"** kann einen wirtschaftlichen Geschäftsbetrieb betreiben und damit als wirtschaftlicher Verein zu qualifizieren sein, wenn er entgeltliche Leistungen anbietet und sich hierdurch fast ausschließlich finanziert.[271]

189 Die Abgrenzung zwischen wirtschaftlichem und nicht wirtschaftlichem Verein ist grundsätzlich **losgelöst von steuerlichen Fragen,** insbesondere der Anerkennung der Gemeinnützigkeit vorzunehmen.[272] Von der steuerlichen Behandlung eines Vereins ging allerdings bislang bereits eine gewisse, nunmehr aufgrund der Kita-Rechtsprechung sogar wesentliche, Indizwirkung aus (→ Rn. 192ff.).[273]

190 Die Abgrenzung zwischen wirtschaftlichem und nicht wirtschaftlichem Verein kann im Einzelnen schwierig sein. Zwischenzeitlich gibt es in der Rechtsprechung zur Abgrenzung zahlreiche, zum Teil regional sehr unterschiedliche **Einzelfallentscheidungen,**[274] darunter auch die in → Rn. 186 genannte Rechtsprechung.

2. Typen wirtschaftlicher Vereine

191 Zur besseren Einordnung wird im Schrifttum häufig eine Typisierung verschiedener Arten wirtschaftlicher Vereine vorgenommen.[275] Es werden Vereine,

- die nach **außen am Markt unternehmerische Tätigkeit** anbieten, unterschieden von solchen,
- deren Vereinstätigkeit auf den Abschluss von **entgeltlichen Rechtsgeschäften mit Mitgliedern** („innerer Markt") gerichtet ist.[276]
- Einen weiteren Typus bilden die wirtschaftlichen Vereine, die durch **Förderung des Erwerbs oder der Wirtschaft** eher genossenschaftliche Zwecke verfolgen.[277]
- Darüber hinaus werden zT noch Holdingvereine und Vermögensverwaltungsvereine als eigene Typen genannt.[278]

191a Inwieweit die Vereinsklassenabgrenzung und damit auch die vorstehende Typisierung von wirtschaftlichen Vereinen auch künftig ihre Bedeutung behalten wird, ist aufgrund der Kita-Rechtsprechung zumindest in Frage zu stellen.[279]

3. Nebenzweckprivileg, sog. „Kita-Rechtsprechung"

192 Die Abgrenzung zwischen wirtschaftlichem und nicht wirtschaftlichem Verein kann in der Praxis schwierig sein, insbesondere weil nahezu jeder Verein in der ein oder anderen Weise unternehmerisch tätig wird. Aufgrund des nach hM und Rechtsprechung anzuwendenden „Nebenzweckprivilegs" führte jedoch auch bisher nicht jede unternehmerische Nebentätigkeit eines Vereins zu einer wirtschaftlichen Ausrichtung iSv § 22 BGB. Voraussetzung war insoweit, dass der wirtschaftliche Betrieb als „Nebenzweck" im Vergleich zur nicht wirtschaftlichen Tätigkeit eine deutlich untergeordnete Rolle spielt. Danach waren bereits

[271] KG DStR 2012, 1195 bezüglich eines Vereins mit dem Zweck der Förderung von Klaviermusik, der insbes. durch die Veranstaltung von Konzerten verwirklicht werden sollte; OLG Karlsruhe Beschl. v. 30.8. 2011 – 14 Wx 51/11 bezüglich eines Trägervereins zur Förderung der Schwimmkultur und Erhaltung eines Freibades.

[272] KG DStR 2012, 1195; OLG Köln FGPrax 2009, 275f.

[273] *Stöber/Otto* Rn. 76 mwN.

[274] Vgl. ua Staudinger/*Schwennicke* BGB § 21 Rn. 52; *Sauter/Schweyer/Waldner* Eingetragener Verein Rn. 49f.; *Stöber/Otto* Rn. 79ff.

[275] *Schmidt* Rpfleger 1988, 45ff.; *Stöber/Otto* Rn. 67; Staudinger/*Weick* BGB § 21 Rn. 6ff.

[276] Beispiel: Beamteneinkaufstätten (*Schmidt* AcP 182 (1982), 1 (17)).

[277] Beispiel: Betrieb einer Taxizentrale durch angeschlossene Taxiunternehmer (BGHZ 45, 395).

[278] MüKoBGB/*Reuter,* 7. Aufl. 2015, BGB § 22 Rn. 37f.; nach BGH Beschl. v. 11.9.2018 – II ZB 11/17, BeckRS 2018, 26627 ist ein Verein, der eigenes Vermögen verwaltet, um Überschüsse an Mitglieder auszuschütten, nicht als e.V. eintragungsfähig, sondern als Wirtschaftsverein zu qualifizieren.

[279] BeckOK BGB/*Schöpflin* BGB § 21 Rn. 107, wonach die typologische Abgrenzung auch weiterhin hilfreich sei.

bislang Gastronomiebetriebe von eingetragenen Vereinen in Vereinsheimen oder die Veröffentlichung von Medien als wirtschaftliche Nebentätigkeiten unschädlich.[280]

Im Rahmen der sog. Kita-Entscheidungen hatte der BGH über den Vereinsstatus von entgeltlichen Betrieben von Kindertagesstätten zu befinden, deren Gemeinnützigkeitsstatus vom Finanzamt erkannt war. Aufgrund deren umfangreichen wirtschaftlichen Tätigkeit hatte das zuständige Registergericht ein Amtslöschungsverfahren eingeleitet. Der BGH entschied jedoch, dass die wirtschaftliche Tätigkeit dem Status als eingetragener Verein nicht entgegenstünde, wenn entsprechend dem Vereinszweck die wirtschaftliche **Tätigkeit** dem ideellen Zweck **funktional „zu- und untergeordnet"** ist.[281] Insoweit muss die wirtschaftliche Betätigung den ideellen Zweck ergänzen und als sinnvolles Mittel fördern, ohne dass es auf deren Art und Umgang ankommt („Der Zweck heiligt die Mittel!").[282] Solange das Zuordnungskriterium der wirtschaftlichen Tätigkeit zum ideellen Zweck erfüllt ist und somit **kein Selbstzweckbetrieb** vorliegt, ist eine wirtschaftliche Betätigung unschädlich.[283] Ob angesichts dieser Rechtsprechung zutreffend noch vom „*Neben*zweckprivileg" gesprochen werden kann, wo die wirtschaftliche Tätigkeit doch Mittel zum Zweck ist, wird daher zurecht in Frage gestellt.[284] 192a

Auch wenn die Grenzen zum Selbstzweckbetrieb in der Praxis fließend sind und daher Abgrenzungsprobleme im Einzelfall weiter bestehen werden, so hat die Kita-Rechtsprechung insbesondere für viele wirtschaftlich tätige Vereine mit Gemeinnützigkeitsstatus Rechtssicherheit geschaffen, indem diesen weder die Amtslöschung, noch eine unbeschränkte Haftung der Mitglieder droht. Da eine **quantitative Abgrenzung** jedoch weiterhin grundsätzlich **nicht** erfolgt und somit höhere Umsätze durch die wirtschaftliche Tätigkeit nicht zwingend schädlich sind, wird die Aufweichung der strikten Trennung von nicht wirtschaftlichem und wirtschaftlichem Verein insbesondere aus Gläubigerschutzgründen zurecht auch künftig kritisch zu sehen sein.[285] Dies wird am Beispiel von (nicht ausgegliederten) Bundesligasportvereinen besonders deutlich. 193

> **Hinweis:**
> Solange weder die Rechtsprechung noch der Gesetzgeber über die Gemeinnützigkeit hinaus weitere objektive Abgrenzungskriterien vorgeben, ist in der Praxis weiterhin Vorsicht geboten und ein besonderes Augenmerk auf den Vereinszweck zu richten, der ggf. mit einem Verbot zur Gewinnausschüttung an Mitglieder flankiert werden sollte (→ Rn. 48).

Aufgrund seiner wirtschaftlichen Betätigung kann ein Vereinsunternehmen ggf. auch zum Handelsregister anzumelden sein (→ Rn. 146). 194

4. Wirtschaftliche Tätigkeit als Selbstzweck

Soweit die wirtschaftliche Tätigkeit doch einen Selbstzweck darstellt (nach bisheriger Terminologie im Falle des ggf. **„unfreiwilligen" Überschreitens des Nebenzweckprivi-** 195

[280] Je mwN: MüKoBGB/*Reuter,* 7. Aufl. 2015, BGB § 22 Rn. 37 ff.; Soergel/*Hadding* BGB §§ 21, 22 Rn. 96 ff.; *Reichert* Rn. 160 ff. (dort als „Nebentätigkeitsprivileg" bezeichnet); *Sauter/Schweyer/Waldner* Eingetragener Verein Rn. 47.

[281] BGHZ 85, 84 (93); OLG Hamm Rpfleger 2008, 141 mwN.

[282] *Leuschner* NJW 2017, 1919.

[283] MüKoBGB/*Leuschner* BGB §§ 21, 22 Rn. 63; Staudinger/*Schwennicke* BGB § 21 Rn. 50; *Stöber/Otto* Rn. 71.

[284] BeckOK BGB/*Schöpflin* BGB § 21 Rn. 104 („Hauptzweckprivileg"); MüKoBGB/*Leuschner* BGB §§ 21, 22 Rn. 51 ff. („Finalitätsgebot"); *Wicke* FS 25 Jahre DNotI 2018, 608 („Extension des Nebenzweckprivilegs").

[285] Krit. zur Tragweite der Gemeinnützigkeit iRd Kita-Rechtsprechung: MüKoBGB/*Leuschner* BGB §§ 21, 22 Rn. 30.

legs), ist der Verein im Vereinsregister von Amts wegen gem. § 395 FamFG zu löschen.[286] Insoweit bietet die erstmalige Eintragung des Vereins keinen Bestandsschutz. Vielmehr ist auch künftig damit zu rechnen, dass Registergerichte, ggf. aufgrund Anregung Dritter gem. § 24 Abs. 1 FamFG gegenüber dem Registergericht (wie jüngst im Fall des FC Bayern München[287]), das Thema **Rechtsformverfehlung** aufgreifen. Im Falle einer Rechtsformverfehlung handelt es sich dann um keinen nicht rechtsfähigen Verein iSv § 54 BGB, sondern bei Betrieb eines Handelsgewerbes um eine offene Handelsgesellschaft mit der Folge persönlicher Haftungsgefahren für die Mitglieder. Es sollte daher unverzüglich über das weitere Schicksal des „Vereins" und ggf. dessen Auflösung entschieden werden. Auch Umwandlungsvorgänge, wie eine Ausgliederung des wirtschaftlichen Betriebs oder ein Formwechsel in eine gGmbH oder eine Genossenschaft,[288] sollten frühzeitig, spätestens bei einer registergerichtlichen Löschungsandrohung, in Betracht gezogen werden.

196 Soll ein eingetragener Verein hingegen bewusst **in einen wirtschaftlichen Verein „umgewandelt"** werden, erfordert dies eine Satzungsänderung mit Zustimmung aller Mitglieder gem. § 33 Abs. 1 S. 2 BGB und nach staatlicher Verleihung der Rechtsfähigkeit dessen Löschung im Vereinsregister.[289] Umgekehrt kann ebenfalls unter Identitätswahrung ein wirtschaftlicher Verein in einen nicht wirtschaftlichen Verein umgewandelt werden, dessen Eintragung nach Zustimmung der Mitglieder über die Zweckänderung vom Vorstand zum Vereinsregister anzumelden ist.[290]

5. Ausgliederung wirtschaftlicher Betätigungen

197 Vom wirtschaftlichen Verein zu unterscheiden ist auch die Konstellation, dass ein eingetragener Verein seine **wirtschaftliche Betätigung „ausgliedert"** und in Form einer eigenständigen juristischen Person des Handelsrechts organisiert.

197a Prominentes Beispiel ist hier die Auslagerung wirtschaftlicher Unternehmungen in Vereinskonzernen wie dem **ADAC e.V.** und dem **FC Bayern München e.V.**, deren Vereinsstatus in beiden Fällen auf dem Prüfstand war.[291] Die Zurechnung externer wirtschaftlicher Beteiligungen wurde jedoch in beiden Fällen vereint. Der BGH hatte im Jahr 1982 bereits entschieden, dass der wirtschaftliche Zweck einer Tochtergesellschaft nicht auf den Hauptverein durchschlägt, wenn die Gesellschaft ihren Gläubigern alle Sicherheiten bietet, die mit dieser Rechtsform verbunden sind.[292] Mit Hinweis auf dieses Urteil und darauf, dass im konkreten Fall eine Beherrschung der Beteiligungsgesellschaften durch den ADAC e.V. ausgeschlossen sei, sah das Registergericht keinen Anlass für dessen Amtslöschung.[293] Vor dem Hintergrund der Kita-Rechtsprechung mit der sich daraus ergebenden Liberalisierung des eingetragenen Vereins hat sich das Problem, solange die wirtschaftliche Tätigkeit keinen Selbstzweck darstellt,[294] weiter entschärft, so dass umgekehrt sogar über eine Wiedereingliederung der wirtschaftlichen Tätigkeit in den Verein nachgedacht werden könnte.[295] Da bei Vorliegen eines Selbstzweckbetriebs auch weiterhin das Risiko der Amtslöschung droht, ist jedoch gerade bei hohen wirtschaftlichen Risiken wie den Profi-

---

[286] BGHZ 175, 12.
[287] *Leuschner* NZG 2017, 16 (18); gemäß *Stöber/Otto* Rn. 185 besteht sogar eine Pflicht für Gerichte, Behörden und Notare, fehlerhafte Anmeldungen gem. § 379 FamFG zur Kenntnis zu bringen.
[288] *Winheller* DStR 2015, 1389 (1393f.).
[289] *Stöber/Otto* Rn. 187f.
[290] *Stöber/Otto* Rn. 190f.
[291] „Die Registersache FC Bayern München": *Leuschner* NZG 2017, 16ff.; *Segna* npoR 2017, 3ff.
[292] BGH MDR 1983, 193ff.; ausf. zur Problematik der Zurechnung wirtschaftlich ausgegliederter Tätigkeiten Soergel/*Hadding* BGB §§ 21, 22 Rn. 38ff.
[293] AG München Beschl. v. 17.1.2017 – VR 304; krit. im Vorfeld: *Leuschner* ZIP 2015, 356ff.
[294] → Rn. 192ff.
[295] MüKoBGB/*Leuschner* BGB §§ 21, 22 Rn. 63.

sportabteilungen von Vereinen die Ausgliederung der wirtschaftlichen Betätigung auch künftig der sicherste Weg.[296]

198 Davon zu unterscheiden ist grundsätzlich die steuerliche Anerkennung des Vereins, die durch eine auch nur mittelbare wirtschaftliche Betätigung gefährdet sein kann.[297]

6. Verein „zwischen zwei Stühlen"

199 Fraglich ist, ob einem Personenzusammenschluss beide Rechtsformen der §§ 21, 22 BGB im Extremfall versagt bleiben, wenn sich das Registergericht und die für die Verleihung der Rechtsfähigkeit zuständige Verwaltungsbehörde uneinig über die Einordnung des Vereins sind und jeweils zu einem negativen Ergebniskommen. In diesem Fall könnte dieser dann lediglich als nicht eingetragener Verein iSv § 54 BGB bzw. nicht konzessionierter Verein bestehen.[298]

Hinweis:

Im Rahmen der Gründung eines wirtschaftlichen Vereins bestehen erhebliche Unsicherheiten, namentlich die schwierige Abgrenzung zum nicht wirtschaftlichen Verein, der Subsidiaritätsgrundsatz, sowie der fehlende Anspruch auf staatliche Verleihung der Rechtsfähigkeit. Im Hinblick darauf ist im Vorfeld einer Gründung dringend zu raten, die Zulässigkeit dieser Rechtsform zu überprüfen. Insbesondere außerhalb gesetzlicher Sonderregelungen kann die Wahl dann ggf. alternativ auf eine handelsrechtliche, körperschaftlich strukturierte Personengesellschaft fallen.

IV. Allgemeine Gründungsvoraussetzungen

200 An den wirtschaftlichen Verein und die allgemeinen Gründungsvoraussetzungen sind keine geringeren Anforderungen zu stellen als an den eingetragenen Verein.[299] Die Gründung setzt somit die **Einigung** von mindestens zwei, nach hier vertretener Auffassung drei Gründern[300] über die Errichtung eines Vereins mit seinen körperschaftlichen Wesensmerkmalen, die Satzungserrichtung sowie die Mitgliedschaft der Gründer zu dieser Vereinigung voraus, ebenso wie die **Vorstandsbestellung.**[301] Die Satzung muss nicht den Anforderungen der §§ 57–59 BGB, die nur für den eingetragenen Verein gelten, genügen. Insoweit kann auf die Ausführungen zum nicht eingetragenen Verein verwiesen werden (→ Rn. 243 f.).

201 An die Stelle der Eintragungsabsicht im Rahmen der Satzungserrichtung tritt der **Konzessionswunsch,** der sich ausdrücklich aus der Satzung ergeben muss oder sich in den Fällen, in denen das Gesetz den wirtschaftlichen Verein als Rechtsform vorsieht, konkludent aus dem Vereinszweck ergeben kann.[302] Daneben ist der auf einen wirtschaftlichen Geschäftsbetrieb gerichtete Satzungszweck und damit zusammenhängend die näher zu beschreibende (wirtschaftliche) Betätigung des Vereins wesentliches Unterscheidungsmerkmal im Verhältnis zum eingetragenen Verein.[303]

---

[296] MüKoBGB/*Leuschner* BGB §§ 21, 22 Rn. 76 ff.; zur Umstrukturierung gemeinnütziger Vereine: *Heinze* notar 2019, 399 ff.; so auch jüngst die Umstrukturierungsstrategie des Deutscher Fußball-Bund e.V.

[297] *Arnold* DStR 2005, 581; zur steuerlichen Behandlung → § 14.

[298] MüKoBGB/*Reuter,* 7. Aufl. 2015, BGB § 22 Rn. 57; *Sauter/Schweyer/Waldner* Eingetragener Verein Rn. 48a mwN und mit der Ansicht, dass der zweite Entscheidungsträger die Rechtsfähigkeit nicht verweigern darf.

[299] Soergel/*Hadding* BGB § 22 Rn. 50.

[300] → Rn. 6.

[301] Hierzu ausf. die Ausführungen zum eingetragenen Verein → Rn. 2 ff.

[302] *Stöber/Otto* Rn. 173.

[303] Hierzu → Rn. 187.

V. Konzession

202 Der wirtschaftliche Verein erlangt seine Rechtsfähigkeit als juristische Person nicht durch Eintragung in das Vereinsregister oder ein anderes Register, sondern gem. § 22 BGB durch staatliche individuelle Verleihung (sog. Konzessionsprinzip).[304]

203 Bei der Verleihung handelt es sich um einen privatrechtsgestaltenden **Verwaltungsakt.** Die Entscheidung steht im Ermessen der Behörde. Auf sie besteht außerhalb gesetzlicher Sondervorschriften, die diese Rechtsform zulassen, **kein Anspruch,** sondern lediglich ein Anspruch auf ermessensfehlerfreie Entscheidung der zuständigen Behörde.[305] Gesetzliche Vorgaben zur Konzession gibt es nicht. Im Rahmen des Verfahrens prüft die Behörde, ob die Vereinigung die Wesensmerkmale des wirtschaftlichen Vereins erfüllt und die Darlegung, aus welchen atypischen Gründen die Normativbedingungen der juristischen Personen des Handelsrechts im konkreten Fall unzumutbar sind.

204 **Zuständig** für das Verfahren sind gem. § 22 S. 2 BGB die Länder. Die Zuständigkeit in fast allen Bundesländern ist durch die Innenministerien auf die höheren Verwaltungsbehörden übertragen worden.[306] Das Verfahren richtet sich nach den jeweiligen landesrechtlichen Verwaltungsverfahrensgesetzen.

205 Gesetzliche Vorschriften, welche **Unterlagen** der Behörde für die Erteilung der Konzession vorzulegen sind, gibt es nicht. Es ist davon auszugehen, dass es sich um die gleichen Unterlagen wie beim eingetragenen Verein handelt, da sich anhand der Satzung und der Protokolle über die Gründung und Vorstandsbestellung die Gründungsvoraussetzungen überprüfen lassen. Darüber hinaus sollte eine umfassende Darlegung zur Wahl der Rechtsform und deren Zulässigkeit entgegen des Subsidiaritätsgrundsatzes erfolgen.

206 Eine – auch fakultative – **Eintragung** des wirtschaftlichen Vereins im Vereinsregister ist **nicht möglich.** Bei Überschreiten des Nebenzweckprivilegs (jetzt: Betreiben einer wirtschaftlichen Tätigkeit als Selbstzweck) ist ein im Vereinsregister eingetragener Verein, der einen wirtschaftlichen Zweck verfolgt, im Register zu löschen. Umgekehrt scheidet die Verleihung bei einem nicht wirtschaftlichen Verein ebenfalls aus.[307]

VI. Rechtsfolgen

207 Im Rahmen der Gründung eines wirtschaftlichen Vereins entsteht nach Satzungserrichtung und Vorstandsbestellung ein **Vorverein,** für den die gleichen Grundsätze wie beim eingetragenen Verein gelten, unabhängig von der Frage, ob es sich um einen nicht rechtsfähigen Verein iSv § 54 BGB handelt. Es besteht die Besonderheit, dass die **Mitglieder persönlich** entsprechend den §§ 128, 130 HGB **haften,** wenn der Vorverein bereits ein Handelsgewerbe betreibt.[308] Auch wenn dies nicht der Fall ist, wird eine persönliche Haftung der Mitglieder aus § 54 S. 1 BGB in Verbindung mit den Vorschriften über die Gesellschaft oder in Analogie zu § 128 BGB abgeleitet.[309]

208 Infolge staatlicher Verleihung setzt sich der Vorverein im (identischen) konzessionierten Verein fort.[310]

---

[304] BeckOK BGB/*Schöpflin* BGB § 22 Rn. 15.

[305] BVerwGE 58, 26 (35).

[306] Zu den Behördenzuständigkeiten im Einzelnen *Stöber/Otto* Anh. B2; *Reichert* Rn. 300ff., auch zu den besonderen Zuständigkeiten für forstwirtschaftliche Vereine nach dem Bundeswaldgesetz und für Erzeugergemeinschaften nach dem Marktstrukturgesetz.

[307] *Stöber/Otto* Rn. 62; zum „Verein zwischen zwei Stühlen" → Rn. 199.

[308] BeckOK BGB/*Schöpflin* BGB § 22 Rn. 14; aA (Vorbelastungs- und Verlustdeckungshaftung) MüKoBGB/*Leuschner* BGB §§ 21, 22 Rn. 144; zur Haftung der Mitglieder eines nicht konzessionierten wirtschaftlichen Vereins (analog) §§ 128, 130 HGB → Rn. 214.

[309] BeckOK BGB/*Schöpflin* BGB § 22 Rn. 16 mit Verweis auf BGH NJW 2001, 748 (750f.).

[310] Hierzu die Ausführungen zum Vorverein als Vorstufe des eingetragenen Vereins → Rn. 224.

D. Der „nicht rechtsfähige" Verein iSv § 54 BGB

I. Anwendbarkeit von § 54 BGB

1. Allgemeines

Gemäß **§ 54 BGB** finden auf Vereine, die „nicht rechtsfähig" sind, die Vorschriften über die Gesellschaft Anwendung. Beim „nicht rechtsfähigen" Verein iSv § 54 BGB handelt es sich ebenfalls um eine **körperschaftlich organisierte Personenvereinigung,** die sich nach ihrer Satzung dauerhaft und mitgliederunabhängig zur Erreichung eines gemeinsamen Zwecks unter einem Gesamtnamen zusammengeschlossen hat und durch ihren Vorstand vertreten wird.[311] Anders als bei Vereinen gem. §§ 21, 22 BGB erfolgt jedoch keine Eintragung in das Vereinsregister bzw. staatliche Verleihung der Rechtsfähigkeit und wird der nicht rechtsfähige Verein daher nicht zur juristischen Person. Mit ca. 350.000 nicht eingetragenen Vereinen (gegenüber ca. 600.000 eingetragenen Vereinen bundesweit im Jahr 2014)[312] kommt dem „nicht rechtsfähigen" Verein allein zahlenmäßig große Bedeutung zu. 209

Beispiele:

Zahlreiche Parteien, Gewerkschaften,[313] Unterabteilungen von Sportvereinen, kleine Weltanschauungsgemeinschaften sind als nicht eingetragene Vereine iSv § 54 BGB organisiert.[314]

Die **Abgrenzung zur Personengesellschaft** stellt beim nicht eingetragenen Verein eine besondere Herausforderung dar.[315] Er unterscheidet sich von der Gesellschaft bürgerlichen Rechts durch seine körperschaftliche Struktur, namentlich die Satzung, die Vereinsorgane wie Mitgliederversammlung und Vorstand sowie die Unabhängigkeit vom Mitgliederwechsel.[316] Es sind jedoch auch Mischformen zwischen Verein und Gesellschaft denkbar, wobei es für die Abgrenzung vor allem auf den nach außen erkennbar gewordenen Willen der Gründer ankommt.[317] 210

Hinsichtlich der in § 54 BGB enthaltenen Verweisung auf die Regelungen der Gesellschaft ist seit langem vieles im Unklaren.[318] Nachdem nun selbst die Außen-GbR als rechtsfähig angesehen wird,[319] passt § 54 BGB auch aus einem zweiten Grund nicht mehr. Er stellt entgegen der Intention des historischen Gesetzgebers[320] neben den §§ 21, 22 BGB eine weitere Möglichkeit dar, wie eine körperschaftlich organisierte Personenvereinigung Rechtsfähigkeit erlangen kann.[321] Abweichend vom Wortlaut des § 54 BGB sollte daher nicht vom „nicht rechtsfähigen" Verein, sondern vom **nicht eingetragenen Verein**[322] bzw. – soweit man § 54 BGB für anwendbar hält – vom nicht konzessionierten (wirtschaftlichen) Verein gesprochen werden. 211

---

311 RGZ 143, 213; *Reichert* Rn. 5071 f. mwN.
312 MHdB GesR V/*Knof* § 12 Rn. 2.
313 BGHZ 42, 210; BGHZ 50, 325.
314 *Reichert* Rn. 5073 ff.
315 → Rn. 27.
316 *Stöber/Otto* Rn. 1495.
317 Palandt/*Ellenberger* BGB § 54 Rn. 4; Soergel/*Hadding* BGB vor § 21 Rn. 47 und § 54 Rn. 2, 6; zur Abgrenzung und Mischformen ausf. *Reichert* Rn. 5148 ff.
318 Der gescheiterte Referentenentwurf von 2004 sah eine Reformierung des Rechts des nicht eingetragenen Vereins vor, s. hierzu *Arnold* ZRP 2005, 170; *Hadding* ZGR 2006, 137.
319 BGH NJW 2001, 1056.
320 Demnach sollte die freie körperschaftliche Bildung durch § 54 BGB eingeschränkt werden, vgl. MüKoBGB/*Leuschner* BGB § 54 Rn. 3; *Reichert* Rn. 5088; → § 2 Rn. 7.
321 Zur heutigen Bedeutung des nicht eingetragenen Vereins iSv § 54 BGB MüKoBGB/*Leuschner* BGB § 54 Rn. 4 ff.
322 So auch *Sauter/Schweyer/Waldner* Eingetragener Verein Rn. 619; Soergel/*Hadding* BGB § 54 Rn. 1; *Wagner* NZG 2015, 1377 (1378); ablehnend: BeckOK BGB/*Schöpflin* BGB § 54 Rn. 4 mit dem Argument, dass

211a Reformgesetze ließen das Recht des nicht eingetragenen Vereins bislang unberührt. Aktuell sieht der Entwurf eines Gesetzes zur **Modernisierung des Personengesellschaftsrechts**[323] jedoch eine Änderung des § 54 BGB vor, wonach die Vorschriften der §§ 24–53 BGB für den nicht eingetragenen Verein entsprechend für anwendbar erklärt werden; für Vereine, deren Zweck auf einen wirtschaftlichen Geschäftsbetrieb gerichtet ist und die nicht durch staatliche Verleihung Rechtspersönlichkeit erlangt haben, sollen hingegen die Vorschriften über die Gesellschaft entsprechend anzuwenden sein.

2. Der nicht konzessionierte wirtschaftliche Verein

212 § 54 BGB gilt grundsätzlich für den nicht eingetragenen, dh nicht wirtschaftlichen Verein als Vorstufe[324] bzw. Gegenstück zum eingetragenen Verein iSv § 21 BGB.

213 Strittig ist, ob die Vorschrift auch für den „nicht konzessionierten" wirtschaftlichen Verein anwendbar ist bzw. ob es einen solchen auf der Grundlage von § 54 BGB überhaupt gibt. Die Ansichten reichen von einer kompletten Ablehnung mit Verweis auf das unmittelbar anwendbare Personengesellschaftsrecht[325] bis hin zu einer Bejahung der Anwendbarkeit des § 54 BGB, dessen Zweck, nämlich die freie Bildung von Körperschaften außerhalb der §§ 21, 22 BGB zu verhindern, gerade für den nicht konzessionierten wirtschaftlichen Verein zutrifft.[326] Da jedoch selbst der (konzessionierte) wirtschaftliche Verein grundsätzlich subsidiär ist,[327] spricht Vieles für die direkte Anwendung des Gesellschaftsrechts.

214 Unabhängig von der Anwendbarkeit des § 54 BGB besteht in jedem Fall ein wesentliches Risiko in der direkt bzw. analog **aus § 128 HGB abgeleiteten Haftung der Mitglieder.**[328] In Hinblick darauf sollte zum Schutz der Mitglieder ggf. eine Haftungsbeschränkung mit dem jeweiligen Vertragspartner vereinbart werden. Der Vorstand kann hierzu gemäß Satzungsbestimmung verpflichtet werden.

Hinweis:

Angesichts der Unsicherheiten in Hinblick auf die anwendbaren Rechtsvorschriften, der Subsidiarität des wirtschaftlichen Vereins generell sowie der persönlichen Haftungsgefahr für die Mitglieder empfiehlt es sich, den nicht konzessionierten wirtschaftlichen Verein nicht gezielt als Rechtsform zu wählen. Vielmehr sollten die Unwägbarkeiten entweder durch die Wahl einer alternativen und möglicherweise ohnehin vorrangigen Rechtsform des Gesellschaftsrechts oder durch staatliche Verleihung der Rechtsfähigkeit aus dem Weg geräumt werden.

3. Anwendung vereinsrechtlicher Vorschriften

215 Entgegen dem Wortlaut des § 54 S. 1 BGB halten Rechtsprechung und Literatur auch für den nicht eingetragenen Verein ganz überwiegend die vereinsrechtlichen **Vorschriften der §§ 21 ff. BGB** zumindest für entsprechend anwendbar, soweit sie nicht die Eintragung in das Vereinsregister betreffen.[329] Diese Ansicht ist auch durch die Anerkennung der Rechtsfähigkeit der GbR nicht hinfällig geworden. Sie wird damit begründet, dass auch der nicht eingetragene Verein alle Wesensmerkmale des Vereins verwirklicht und insbeson-

---

auch der wirtschaftliche Verein ein „nicht eingetragener" Verein sei. „Nichts rechtsfähig" bedeute lediglich, dass Rechtsfähigkeit weder durch Eintragung noch durch staatliche Verleihung erlangt sei.

323 https://www.bmjv.de/SharedDocs/Gesetzgebungsverfahren/DE/Personengesellschaftsrecht.html.

324 Zum Vorverein → Rn. 217 ff.

325 *Stöber/Otto* Rn. 1494 mwN.

326 *Reichert* Rn. 5073; ausführlich zum Meinungsstand: MüKoBGB/*Leuschner* BGB § 54 Rn. 9 ff.

327 → Rn. 183 ff.

328 MüKoBGB/*Leuschner* BGB §§ 21, 22 Rn. 144.

329 BGHZ 50, 325 (328); NJW 1979, 2304 f.

dere auch das Verfassungsrecht die Anwendung vereinsrechtlicher Vorschriften gebietet.[330] Der Verweis auf die für die Gesellschaft geltenden Regelungen erscheint insoweit widersinnig, wurde aber vom Gesetzgeber bewusst gewählt, um körperschaftliche Strukturen außerhalb der §§ 21, 22 BGB durch Verweisung auf unpassende Rechtsvorschriften möglichst einzuschränken.[331] Diese Intention des historischen Gesetzgebers hat sich jedoch nicht verwirklicht. In der Praxis gibt es zahlreiche Beispiele von nicht eingetragenen Vereinen iSv § 54 BGB wie in Form von Arbeitgeberverbänden, Gewerkschaften und Parteien.

Bei § 54 S. 1 BGB handelt es sich – soweit man die Verweisung nicht als komplett ver- 216
fehlt ansieht – um eine Mischform zwischen **Rechtsgrund- und Rechtsfolgenverweisung,** dh die Vorschriften, auf die verwiesen wird, sind auch tatbestandlich zu prüfen, mit der Maßgabe, dass unter Gesellschaft der Verein und unter Gesellschafter die Vereinsmitglieder zu verstehen sind.[332]

4. Der Vorverein als nicht eingetragener Verein

a) Allgemeines. Der sog. Vorverein, der infolge Gründungsakt und Vorstandsbestellung 217
als Vorstufe zum eingetragenen Verein bereits vor dessen Eintragung in das Vereinsregister entsteht,[333] hat nach allgemeiner Meinung die Stellung eines **nicht eingetragenen Vereins.** Auf ihn finden § 54 BGB ebenso wie die Regelungen des öffentlichen Vereinsrechts Anwendung.[334] Auch beim Vorverein ist es unzutreffend von einem „nicht rechtsfähigen Verein" zu sprechen.[335] Dem Vorverein wird (unabhängig von der Rechtsprechung zur Rechtsfähigkeit der Außen-GbR) für die erforderlichen Verfahrenshandlungen, wie die Eintragung oder Beschwerden im Rahmen des Registerverfahrens, bereits Parteifähigkeit zuerkannt.[336]

b) Tätigkeiten des Vorvereins. Der Vorverein kann **bereits tätig** werden. Er wird dabei 218
durch den Vorstand vertreten.[337]

Grundsätzlich können nicht nur vorbereitende, der Gründung dienende, sondern auch 219
den eigentlichen Vereinszweck verwirklichende Tätigkeiten vorgenommen werden. Allerdings wird man eine **Beschränkung der Geschäftsführungsbefugnis** des Vorstands auf Gründungsgeschäfte annehmen können, wenn in der Satzung nicht bereits die Aufnahme der Vereinstätigkeit vor Eintragung in das Vereinsregister vorgesehen ist,[338] mit der Folge, dass der Vorstand bei einer Überschreitung gem. § 54 S. 2 BGB persönlich ohne internen Freistellungsanspruch haftet.[339] Um Unklarheiten zu vermeiden, ist eine ausdrückliche Regelung zur Frage, ob eine Tätigkeit über Gründungsgeschäfte hinaus zulässig ist, und deren Protokollierung im Rahmen der Gründung empfehlenswert.[340] Denkbar sind im Falle der Einschränkung auf Gründungsgeschäfte jedoch Rechtsgeschäfte unter der aufschiebenden Bedingung der Eintragung des Vereins.[341]

Für den Vorverein handelnde Personen haften vor Eintragung des Vereins gem. § 54 220
S. 2 BGB neben dem Vorverein persönlich, mehrere gesamtschuldnerisch, unabhängig von deren Vereinszugehörigkeit und deren Berechtigung zum Handeln. Handelte der Vorstand innerhalb seiner Geschäftsführungsbefugnis, besteht ein interner Freistellungsanspruch ge-

---

330 Palandt/*Ellenberger* BGB § 54 Rn. 1; aA – nämlich direkte Anwendung der §§ 24 ff. BGB – BeckOK BGB/*Schöpflin* BGB § 54 Rn. 15.

331 BeckOK BGB/*Schöpflin* BGB § 54 Rn. 15 mwN; → § 2 Rn. 7.

332 BeckOK BGB/*Schöpflin* BGB § 54 Rn. 17.

333 → Rn. 116.

334 BayObLGZ 1972, 29 (32); Soergel/*Hadding* BGB vor § 21 Rn. 64; Staudinger/*Weick* BGB § 21 Rn. 17.

335 → Rn. 211.

336 Staudinger/*Schwennicke* BGB § 21 Rn. 91; zur Beschwerdefähigkeit des Vorvereins → Rn. 180.

337 Staudinger/*Schwennicke* BGB § 21 Rn. 92 ff.

338 *Stöber/Otto* Rn. 32.

339 → Rn. 112.

340 → Rn. 115.

341 *Reichert* Rn. 105.

genüber dem Vorverein.[342] Im Außenverhältnis kann die **Handelndenhaftung** hingegen nur durch ausdrückliche Vereinbarung mit dem jeweiligen Vertragspartner ausgeschlossen werden. Ein satzungsmäßiger Ausschluss ist nicht möglich.[343] Fraglich ist, ob eine persönliche Haftung des vor der Eintragung Handelnden mit Eintragung des Vereins in das Vereinsregister erlischt. Dies wird von der hM entsprechend den Grundsätzen, die für das Erlöschen der Haftung eines für eine Vor-GmbH Handelnden entwickelt wurden, bejaht, zumindest dann, wenn für die Entstehung des eingetragenen Vereins nur noch dessen Eintragung fehlt, alle weiteren Voraussetzungen gegeben sind und der Vorstand seine Vertretungsmacht nicht überdehnt.[344] Grund hierfür ist, dass der für den Vorverein Handelnde nur dafür einsteht, dass der Verein in Form des eingetragenen Vereins Vertragspartner wird und dieses Ziel mit der Eintragung erreicht wird. Anders wird dies hingegen beim wirtschaftlichen Verein und in Fällen der Rechtsformverfehlung gesehen.[345] Zur Handelndenhaftung beim nicht eingetragenen Verein allgemein → Rn. 237 ff.

221 Der Vorverein darf **nicht den Zusatz „eingetragener Verein"** führen, da gem. § 65 BGB dies erst ab Eintragung des Vereins möglich ist. Auch die Bezeichnung „eingetragener Verein in Gründung" ist nicht zulässig.[346]

> Hinweis:
>
> Aufgrund der persönlichen Haftung des für den Vorverein Handelnden gem. § 54 S. 2 BGB sollte dieser – auch wenn die Handelndenhaftung nach hM mit Eintragung des Vereins erlischt – keine über Gründungsgeschäfte hinausgehende Tätigkeit aufnehmen.

222 **c) Mitglieder.** Die Mitglieder des Vorvereins, der infolge der Gründung eines nicht wirtschaftlichen Vereins entstanden ist, haften ebenso wie die Mitglieder eines von vornherein nicht auf Eintragung gerichteten Vereins nicht persönlich.[347] Eine Differenzhaftung wie im GmbH-Recht für vor Eintragung entstandene Verbindlichkeiten, die das Vereinsvermögen übersteigen, besteht nach hM nicht.[348] Da der Vorverein auf Eintragung gerichtet ist, empfiehlt sich eine vorsorgliche einschränkende Satzungsbestimmung, wonach die Mitglieder nur mit ihrem Anteil am Vereinsvermögen haften (→ Rn. 229, 235), lediglich dann, wenn die Eintragungsabsicht endgültig aufgegeben wird.[349]

223 Ein Mitgliederwechsel ist auch bereits beim Vorverein möglich.[350]

224 **d) Identität des Vorvereins mit dem eingetragenen Verein.** Der Vorverein ist nach allgemeiner Meinung mit dem später eingetragenen Verein **identisch.**[351] Als Grund für die Identität wird die gemeinsame körperschaftliche Struktur sowie gemeinsame Zielsetzung genannt.[352] Die durch den Vorverein begründeten Rechte und Pflichten gehen daher ohne weitere Vermögensübertragung automatisch auf den eingetragenen Verein über. Dies gilt auch für im Gründungsstadium eingegangene Verbindlichkeiten, unabhängig von deren wirtschaftlicher Notwendigkeit, da der Verein anders als Kapitalgesellschaften keinem Vorbelastungsverbot unterliegt und somit kein (unbelastetes) Haftungsvermögen bilden muss. Der Auffassung, wonach die für die GmbH geltende Differenzhaftung im Falle der

---

342 → Rn. 237.

343 BGH NJW-RR 2003, 1265; NJW 1957, 1186; RGZ 82, 294 (299); Staudinger/*Schwennicke* BGB § 54 Rn. 138; *Reichert* Rn. 5257.

344 OLG Düsseldorf MDR 1984, 489.

345 *Stöber/Otto* Rn. 32, 1545 ff.; zur Rechtsformverfehlung → § 6 Rn. 17 ff.

346 *Reichert* Rn. 106.

347 Zur Haftung der Mitglieder eines nicht eingetragenen Vereins ausf. → Rn. 233 f.

348 → Rn. 224.

349 → Rn. 228 f.

350 *Reichert* Rn. 81; zu Änderungen des Mitgliederbestands im Gründungsstadium → Rn. 87 ff.

351 Grundlegend RGZ 85, 256; BGHZ 17, 385 (387); BayObLGZ 1972, 29 (32).

352 Staudinger/*Schwennicke* BGB § 21 Rn. 97 mwN.

Überschuldung auch im Vereinsrecht Anwendung findet, ist nicht zuzustimmen.[353] Allerdings haften die Mitglieder eines „wirtschaftlichen" Vorvereins unbeschränkt gem. § 128 HGB bis der Verein seine Rechtsfähigkeit erlangt.[354]

e) Nachträgliche Eintragungsabsicht: Unechter Vorverein. Die spätere Beschlussfassung eines nicht eingetragenen Vereins iSv § 54 BGB über die Erlangung der Rechtsfähigkeit als juristische Person infolge Eintragung ist jederzeit in Form einer **Satzungsänderung** möglich. Strittig ist, ob hierzu ein einstimmiger Beschluss gem. § 33 Abs. 1 S. 2 BGB gefasst werden muss.[355] Dies ist jedoch zu verneinen, weil mit der Eintragungsabsicht nicht automatisch eine Zweckänderung des Vereins verbunden ist. 225

Da die Beschlussfassung nach hier vertretener Auffassung die positive Folge hat, dass die Handelndenhaftung mit Eintragung des Vereins erlischt, sollte diese schnellstmöglich erfolgen, wenn ein Eintragungswunsch besteht.[356] Muster über spätere Eintragungsabsicht → Rn. 52. 226

Der nicht eingetragene Verein wird durch den Beschluss nicht zum (echten) Vorverein, sondern setzt sich mit Eintragung im eingetragenen Verein fort.[357] Vor Eintragung wird der nicht eingetragene Verein aber häufig als **„unechter Vorverein"** bezeichnet.[358] 227

f) Auflösung bzw. Fortbestand des Vorvereins bei fehlgeschlagener Eintragung. Umgekehrt kann ein mit Eintragungsabsicht gegründeter (Vor-)Verein im Fall seiner Nichteintragung dauerhaft als nicht eingetragener Verein fortbestehen. Dies setzt voraus, dass der Verein nicht unter dem Vorbehalt der Auflösung im Falle der Nichteintragung gegründet wurde.[359] Fehlt eine ausdrückliche Satzungsbestimmung, wird man von keiner auflösenden Bedingung ausgehen können. Auch wenn man in der Aufnahme bzw. Fortführung der Vereinstätigkeit trotz fehlender Eintragung den Fortbestand des Vorvereins als nicht eingetragenen Verein sehen kann, empfiehlt es sich, dies mittels **satzungsändernden Beschlusses** ausdrücklich zu regeln. Für diesen Beschluss reicht gem. § 33 Abs. 1 S. 1 BGB eine Mehrheit von drei Vierteln der abgegebenen Stimmen, wenn damit nicht gleichzeitig eine Zweckänderung verbunden ist. Von einer Zweckänderung und damit von der erforderlichen Zustimmung aller Mitglieder gem. § 33 Abs. 1 S. 2 BGB wird man hingegen ausgehen müssen, wenn der Zweck des (Vor-)Vereins zunächst ausschließlich auf dessen Eintragung gerichtet war, keinerlei Vereinstätigkeit aufgenommen wurde und kein Mitgliederwechsel stattgefunden hat.[360] 228

Formulierungsbeispiel: Aufgabe der Eintragungsabsicht mittels satzungsändernden Beschlusses 229

Die Absicht, den Verein im Vereinsregister eintragen zu lassen, wird nunmehr aufgegeben. Der Verein besteht als nicht eingetragener Verein iSv § 54 BGB fort.

§ *** der Satzung, wonach der Verein in das Vereinsregister eingetragen werden soll, wird daher gestrichen.

---

[353] *Sauter/Schweyer/Waldner* Eingetragener Verein Rn. 14; Soergel/*Hadding* BGB vor § 21 Rn. 74; aA Palandt/*Ellenberger* BGB § 21 Rn. 12 mwN (Differenzhaftung zumindest im Innenverhältnis); aA MüKo-BGB/*Leuschner* BGB § 21 22 Rn. 144 (mit Argumenten für eine Differenzhaftung der Gründer auch beim Idealverein).

[354] Staudinger/*Schwennicke* BGB § 21 Rn. 108.

[355] So *Reichert* Rn. 94.

[356] → Rn. 220, 238.

[357] Soergel/*Hadding* BGB vor § 21 Rn. 65.

[358] BeckOK BGB/*Schöpflin* BGB § 59 Rn. 2; Soergel/*Hadding* BGB vor § 21 Rn. 65 spricht vom unechten Vorverein im umgekehrten Fall der aufgegebenen Eintragungsabsicht.

[359] Soergel/*Hadding* BGB vor § 21 Rn. 65.

[360] *Stöber/Otto* Rn. 1311; zu Satzungsänderungen im Gründungsstadium → Rn. 77 ff.

§ *** der Satzung wird geändert. Der Name des nicht eingetragenen Vereins lautet *** *[ohne Namenszusatz „e.V."]*.

Weiter wird § *** der Satzung um einen Abschnitt ergänzt, wonach die Mitglieder des nicht eingetragenen Vereins für Rechtsgeschäfte des Vereins nur mit ihrem Anteil am Vereinsvermögen, nicht jedoch persönlich haften.[361]

5. Nachträglicher Verzicht auf die Eintragung im Vereinsregister

230 Von der Aufgabe der Eintragungsabsicht vor Eintragung (→ Rn. 228) ist der „Verzicht" auf die bereits erfolgte Eintragung zu unterscheiden.

231 Ein eingetragener Verein kann durch Verzicht auf die Eintragung im Vereinsregister **identitätswahrend** in einen nicht eingetragenen Verein iSv § 54 BGB **„umgewandelt"** werden, ohne dass der Verein aufgelöst werden muss.[362] Da auch der nicht eingetragene Verein iSv § 54 BGB rechtsfähig ist, sollte nicht vom „Verzicht auf die Rechtsfähigkeit", sondern vom „Verzicht auf die Rechtsfähigkeit als juristische Person" oder „Verzicht auf die Eintragung" gesprochen werden.[363] Es handelt sich nicht um die Auflösung des Vereins, sondern um eine Satzungsänderung in Form der Aufgabe der Eintragungsabsicht und der Namensänderung. Auf die Streitfrage, ob der Beschluss mit der für die Vereinsauflösung gem. § 41 BGB erforderlichen Mehrheit von drei Vierteln der abgegebenen Stimmen gefasst werden muss, kommt es nicht an, wenn für die Satzungsänderung die in § 33 Abs. 1 S. 1 BGB gesetzlich vorgesehene Mehrheit von ebenfalls drei Vierteln erforderlich ist.[364]

232 **Formulierungsbeispiel: Verzicht auf die Eintragung mittels satzungsändernden Beschlusses**

Auf die Eintragung des Vereins wird künftig verzichtet. Der Verein wird jedoch nicht aufgelöst, sondern besteht als nicht eingetragener Verein iSv § 54 BGB fort.

§ *** der Satzung, wonach der Verein in das Vereinsregister eingetragen wird, wird daher gestrichen.

§ *** der Satzung wird geändert. Der Name des Vereins lautet *** *[ohne Namenszusatz „e.V."]*.

Weiter wird § *** der Satzung um einen Abschnitt ergänzt, wonach die Mitglieder des nicht eingetragenen Vereins für Rechtsgeschäfte des Vereins nur mit ihrem Anteil am Vereinsvermögen, nicht jedoch persönlich haften.[365]

6. Persönliche Haftung der Mitglieder

233 Die Mitglieder des nicht eingetragenen Vereins haften nach allgemeiner Meinung – anders als Gesellschafter einer GbR – **nicht akzessorisch** für Verbindlichkeiten des Vereins.[366] Aufgrund der zumindest dem Wortlaut nach enthaltenen Verweisung in § 54 S. 1 BGB auf die §§ 705 ff. BGB[367] wäre zwar im Außenverhältnis grundsätzlich von einer gesamtschuldnerischen Haftung der Mitglieder für Verbindlichkeiten des nicht eingetragenen Vereins (§§ 714, 427 BGB) auszugehen. Es gibt jedoch die Möglichkeit eine **Haftungs-**

[361] → Rn. 222.
[362] BayObLG 1959, 152.
[363] *Stöber/Otto* Rn. 177.
[364] Zum Meinungsstand bezüglich dieser Streitfrage vgl. ausf. *Stöber/Otto* Rn. 180 f.
[365] → Rn. 222.
[366] BGH NJW 1957, 1186, wonach auch die Zustimmung der Mitglieder nicht deren Haftung als Handelnde gem. § 54 S. 2 BGB begründet.
[367] Zur Ablehnung dieser Verweisung nach hM zugunsten der Anwendung vereinsrechtlicher Vorschriften → Rn. 215 f.

beschränkung der Mitglieder in die Satzung aufzunehmen, wonach diese nur beschränkt mit ihrem Anteil am Vereinsvermögen haften und der Vorstand die Mitglieder auch nur insoweit verpflichten kann. Auch ohne ausdrückliche Regelung geht die hM mit unterschiedlicher Begründung von einer solchen Einschränkung aus, da nach der Verkehrsanschauung der Vertragspartner auch nicht mit einer uneingeschränkten persönlichen Haftung der Mitglieder rechne.[368]

Auch wenn nach dieser Auffassung ein persönliches Haftungsrisiko der Mitglieder des nicht eingetragenen Vereins nicht existiert, ist eine **ausdrückliche Satzungsregelung** zur Haftungsbeschränkung der Mitglieder trotzdem zu empfehlen. 234

Formulierungsbeispiel: Satzungsregelung zum Ausschluss der persönlichen Haftung 235

Die Mitglieder des Vereins haften für Rechtsgeschäfte des Vereins nur mit ihrem Anteil am Vereinsvermögen, nicht jedoch persönlich. Zu einer darüber hinausgehenden Vertretung ist der Vorstand nicht berechtigt.

Beim nicht konzessionierten (wirtschaftlichen) Verein, sofern man diesen als Gegenstück zum wirtschaftlichen Verein iSv § 22 BGB als zulässig erachtet, haften die Mitglieder hingegen aufgrund Gesellschaftsrechts persönlich.[369] 236

7. Persönliche Haftung des Handelnden gemäß § 54 S. 2 BGB

Die fehlende Registerpublizität des nicht eingetragenen Vereins wird durch die in **§ 54 S. 2 BGB** normierte persönliche Haftung eines für den Verein Handelnden kompensiert. Es haften nur die Personen, die nach außen jeweils tätig geworden sind, mehrere gesamtschuldnerisch (§ 54 S. 2 Hs. 2 BGB), ohne dass es auf ein Verschulden ankommt.[370] In Betracht kommen insbesondere Vorstandsmitglieder, aber auch Vereinsmitglieder oder Dritte, die namens des Vereins tätig werden, unabhängig von deren Vertretungsmacht.[371] Analog § 179 Abs. 3 S. 2 BGB setzt die Haftung gem. § 54 S. 2 BGB jedoch die unbeschränkte Geschäftsfähigkeit des Handelnden voraus.[372] Es handelt sich um eine **akzessorische Haftung,** wobei die Handelnden im Regelfall einen Freistellungsanspruch gegen den Verein haben, wenn sie ihre Geschäftsführungsbefugnis nicht überschritten haben bzw. wenn der ehrenamtlich tätige Vorstand nicht gem. § 31a BGB aufgrund Vorsatz oder grober Fahrlässigkeit gegenüber dem Verein haftet.[373] 237

Hinweis:

Die Haftung gem. § 54 S. 2 BGB im Außenverhältnis (als wesentlicher Unterschied zum eingetragenen Verein) kann anders als die Haftung der Mitglieder nicht durch Satzungsbestimmung ausgeschlossen werden. Ein Ausschluss kommt nur durch (ausdrückliche) Vereinbarung mit dem Vertragspartner im Rahmen des jeweiligen Rechtsgeschäfts in Betracht.[374] Der Anspruch des Vorstandes auf Haftungsfreistellung durch den Verein bei ordnungsgemäßen Handlungen sollte im Interesse des Vorstandes in die Satzung oder einen separaten Vertrag aufgenommen werden; → Rn. 247.

[368] BGH NJW-RR 2003, 1265.
[369] → Rn. 214.
[370] *Stöber/Otto* Rn. 1545 ff.
[371] BGH NJW 1970, 806.
[372] MüKoBGB/*Leuschner* BGB § 54 Rn. 63; Soergel/*Hadding* BGB § 54 Rn. 27.
[373] MüKoBGB/*Leuschner* BGB § 54 Rn. 60 f.; *Reichert* Rn. 5259 f.
[374] Zur Haftung von Vorstandsmitgliedern allgemein → § 12 Rn. 29 ff.

238 Strittig ist, ob die Handelndenhaftung im Falle der Eintragung des Vereins **erlischt.**[375] Beim Vorverein endet diese gem. § 54 S. 2 BGB mit Entstehung der juristischen Person. Der Vertragspartner erhält dann den eingetragenen Verein als Vertragsgegner, mit dem er von Anfang an gerechnet hat.[376] Dies gilt für einen nicht eingetragenen Verein ohne Eintragungsabsicht nur dann, wenn dieser in einen eingetragenen Verein „umgewandelt" werden soll und in diesem Fall erst für Rechtsgeschäfte ab Beschlussfassung.[377]

239 Für politische Parteien gilt die Besonderheit, dass die Handelndenhaftung nach § 54 S. 2 BGB gem. § 37 ParteiG abgeschafft wurde.[378]

II. Gründungsvoraussetzungen

1. Überblick

240 Der nicht eingetragene Verein umfasst alle körperschaftlichen Wesensmerkmale eines Vereins. Die Gründung setzt neben dem eigentlichen **Gründungsakt** lediglich noch die **Vorstandsbestellung** voraus und unterscheidet sich somit von der Gründung eines eingetragenen Vereins nur darin, dass keine Vereinsregistereintragung hinzukommen muss.[379] Eine Anmeldung zum Vereinsregister und Eintragung des Vereins bzw. staatliche Verleihung der Rechtsfähigkeit erfolgen somit nicht.

2. Gründungsakt

241 **a) Einigung.** Der Gründungsakt beinhaltet neben der Einigung über die Errichtung des Vereins mit seinen körperschaftlichen Wesensmerkmalen auch die Satzungserrichtung sowie die Erklärung der Vereinszugehörigkeit der Gründer.[380] Die Erklärungen müssen nicht ausdrücklich und auch nicht in besonderer Form abgegeben werden, sondern können auch stillschweigend erfolgen.[381] Der Unterschied zum Vorverein liegt darin, dass der Wille der Gründer nicht auf die Erlangung der Rechtsfähigkeit des Vereins als juristische Person gerichtet ist.[382]

242 **b) Gründer.** In Hinblick auf die Person der Gründer, natürliche und juristische Personen sowie rechtsfähige Personenmehrheiten (→ Rn. 8 ff.), gibt es keine Unterschiede im Vergleich zum eingetragenen Verein. Gleiches gilt bezüglich der Anzahl der Gründer. Die Begründung körperschaftlicher Strukturen setzt erst recht beim nicht eingetragenen Verein keine größere Anzahl von Mitgliedern voraus, da selbst bei der Gründung eines eingetragenen Vereins bereits vor Erreichen der in §§ 56, 59 Abs. 3 BGB vorgesehenen Anzahl von sieben Mitgliedern, ein (körperschaftlich organisierter) Vorverein entsteht.[383] Somit reicht die Einigung von **mindestens zwei Gründern,** nach hier vertretener Auffassung drei Gründern,[384] auch für die Gründung eines nicht eingetragenen Vereins aus. Das Erreichen von sieben Mitgliedern gemäß der nur im Falle der Eintragung geltenden §§ 56, 59 Abs. 3 BGB ist auch zu einem späteren Zeitpunkt nicht erforderlich.

---

375 So MüKoBGB/*Arnold,* 7. Aufl. 2015, BGB § 54 Rn. 56 (Mindermeinung); OLG Celle NJW 1976, 806 f.; aA BeckOK BGB/*Schöpflin* BGB § 54 Rn. 46.
376 Palandt/*Ellenberger* BGB § 54 Rn. 13 mwN; → Rn. 220.
377 → Rn. 226.
378 S. hierzu MüKoBGB/*Leuschner* BGB § 54 Rn. 44.
379 MüKoBGB/*Leuschner* BGB § 54 Rn. 67; aA (Vorstandsbestellung nicht erforderlich) BeckOK BGB/*Schöpflin* BGB § 54 Rn. 54; Soergel/*Hadding* BGB § 54 Rn. 7.
380 → Rn. 25 ff.
381 Soergel/*Hadding* BGB § 54 Rn. 7.
382 Zur später gefassten Eintragungsabsicht → Rn. 225 ff.
383 → Rn. 116.
384 → Rn. 6.

c) Satzung. Anders als die Satzung eines einzutragenden Vereins iSv § 21 BGB muss die Satzung beim nicht eingetragenen Verein nur die körperschaftlichen Wesensmerkmale, darunter **Name** und **Zweck** des Vereins, zwingend beinhalten. Der Sitz ist gem. § 24 BGB bei Fehlen einer ausdrücklichen Regelung der Sitz der Verwaltung.[385] Die §§ 57–59 BGB sind nicht einzuhalten. Es besteht somit eine (noch) größere Gestaltungsfreiheit als im Fall des eingetragenen Vereins. Dies wird dadurch verstärkt, dass – trotz Anwendung der §§ 21 ff. BGB – nach allgemeiner Auffassung neben vereinsrechtlichen auch gesellschaftsrechtliche Regelungen anwendbar sind.[386] 243

Die Satzung kann **formlos** errichtet werden und sich somit sogar aus Gewohnheitsrecht ergeben.[387] Eine schriftliche Abfassung aufgrund § 59 Abs. 2 BGB, der nur für die Vorlage zum Registergericht gilt, entfällt beim nicht eingetragenen Verein. 244

> **Hinweis:**
>
> Aus Gründen der Nachweisbarkeit sollte auch beim nicht eingetragenen Verein die Satzung in Schriftform niedergelegt werden. Neben den zwingenden körperschaftlichen Wesensmerkmalen sollte die Satzung sämtliche in den §§ 57, 58 BGB genannten Satzungsregelungen (mit Ausnahme der Eintragungsabsicht) beinhalten, um Unklarheiten und Abgrenzungsfragen gerade im Hinblick auf die §§ 705 ff. BGB zu vermeiden.

3. Vorstand

Der Vorstand ist auch beim nicht eingetragenen Verein bereits im Rahmen der Gründung **notwendiges Organ.** Bezüglich der Vorstandsbestellung ergeben sich keine Besonderheiten im Vergleich zum eingetragenen Verein. Der Vorstand ist von der Mitgliederversammlung in der durch die Satzung vorgesehenen Weise zu bestellen. Fehlen spezielle Satzungsbestimmungen, ist ein Vorstand mittels Mehrheitsbeschlusses der Mitgliederversammlung zu bestellen.[388] Bei einer kleinen Mitgliederzahl kann der Vorstand auch durch alle Mitglieder gebildet werden.[389] 245

Auch die gesetzlichen Vorschriften der §§ 26–31a BGB gelten für den Vorstand eines nicht eingetragenen Vereins entsprechend.[390] 246

4. Muster

> **Formulierungsbeispiel: Protokoll über die Gründung eines nicht eingetragenen Vereins mit Vorstandsbestellung** 247
>
> Heute, am ***, fanden sich in *** die in der beigefügten Anwesenheitsliste angegebenen Personen ein und erklärten, einen nicht eingetragenen Verein iSv § 54 BGB mit dem Namen *** und dem Sitz in *** errichten zu wollen. Zweck des Vereins soll *** sein. Der Verein soll nicht im Vereinsregister eingetragen werden.
>
> Als Protokollführer wurde der Unterzeichner einstimmig gewählt.
>
> Über die Errichtung des Vereins und die beigefügte Satzung waren alle anwesenden Personen im Rahmen der durchgeführten Abstimmung einig. Die Mitglieder waren sich insbesondere darüber einig, dass die Satzung eine Regelung enthalten soll, dass die Mitglieder des Vereins für Rechtsgeschäfte des Vereins nur mit ihrem Anteil am Vereinsver-

[385] → Rn. 43.
[386] *Sauter/Schweyer/Waldner* Eingetragener Verein Rn. 625 mit Hinweis auf die uneinheitliche Rechtsprechung zur Anwendbarkeit der §§ 29, 37 Abs. 2 BGB; *Stöber/Otto* Rn. 1497.
[387] BGH WM 1985, 1468; Soergel/*Hadding* BGB § 54 Rn. 7.
[388] → Rn. 99.
[389] *Stöber/Otto* Rn. 1517.
[390] MüKoBGB/*Leuschner* BGB § 54 Rn. 34.

mögen, nicht jedoch persönlich haften. Der Vorstand ist zu einer darüber hinausgehenden Vertretung des Vereins nicht berechtigt. [*ggf.:* Der gem. § 54 S. 2 BGB haftende Vorstand hat einen Freistellungsanspruch gegen den Verein, soweit er seine Geschäftsführungsbefugnis nicht überschreitet und dem Verein gegenüber nicht haftet.][391]

Jeder Anwesende erklärte dem Verein als Gründungsmitglied zugehören zu wollen.

Folgende Personen wurden als Vorstandsmitglieder vorgeschlagen und sodann im Rahmen der Abstimmung einstimmig gewählt:

Zum ersten Vorsitzenden wurde gewählt Frau/Herr ***, geb. am ***, wohnhaft ***.

Zum stellvertretenden Vorsitzenden wurde gewählt Frau/Herr ***, geb. am ***, wohnhaft ***.

Sie vertreten den Verein gemäß den allgemeinen Regelungen in der Satzung.

[ggf.: Regelungen zur Vertretungsbefugnis][392]

Sämtliche gewählten Vorstandsmitglieder nahmen die Wahl an.

Ort, Datum *Unterschrift des Protokollführers*

III. Rechtsfolgen

248 Der nicht eingetragene Verein ist keine juristische Person, aber nach hM rechtsfähig. Seit Anerkennung der **Rechtsfähigkeit der Außen-GbR**[393] hat sich diese Ansicht weiter gefestigt.[394] Das Vermögen steht dem nicht eingetragenen Verein selbst als Gesamthand zu, nicht etwa entsprechend früherer Ansicht den Mitgliedern.[395]

249 Unabhängig davon hat das Gesetz die Rechtsfähigkeit des nicht eingetragenen Vereins in einigen Bereichen ausdrücklich angeordnet. § 50 Abs. 2 ZPO sieht die aktive und nicht wie früher lediglich die passive **Parteifähigkeit** des „nicht rechtsfähigen" Vereins vor. Gemäß § 735 ZPO ist der „nicht rechtsfähige" Verein vollstreckungsfähig. Insolvenzreife ist auf der Grundlage der §§ 11 Abs. 1 S. 2, 19 InsO bereits bei Überschuldung, nicht erst bei Zahlungsunfähigkeit gegeben.

250 Aufgrund seiner Rechtsfähigkeit kann der nicht eingetragene Verein ebenfalls **Mitglied** eines anderen Vereins oder Gesellschafter einer Personen- oder Kapitalgesellschaft sein,[396] wobei sich dann die Frage stellt, inwieweit der Verein infolge dieser Beteiligung nicht zum wirtschaftlichen Verein wird.[397] Entsprechend kann der nicht eingetragene Verein nach hM als **Erbe** eingesetzt werden.[398]

251 Folgt man der Rechtsprechung zur Rechtsfähigkeit der GbR, wird man insbesondere auch die immer noch strittige **Grundbuchfähigkeit**[399] eines nicht eingetragenen Vereins bejahen können mit den sich daraus ergebenden Problemen des Nachweises des Mitgliederbestandes und der Vertretungsberechtigung.[400] Aus Gründen der Rechtssicherheit wird man die entsprechende Anwendung von § 47 Abs. 2 GBO konsequenter Weise ebenfalls annehmen müssen, wonach der nicht eingetragene Verein bestehend aus seinen namentlich genannten Mitgliedern in das Grundbuch einzutragen ist. Da Änderungen im Mit-

[391] → Rn. 237.
[392] → Rn. 108 ff.
[393] BGH NJW 2001, 1056.
[394] MüKoBGB/*Leuschner* BGB § 54 Rn. 1, 19.
[395] Soergel/*Hadding* BGB § 54 Rn. 16, 20 mwN.
[396] Soergel/*Hadding* BGB § 54 Rn. 16.
[397] Zur Ausgliederung wirtschaftlicher Tätigkeiten → Rn. 197.
[398] MüKoBGB/*Leuschner* BGB § 54 Rn. 26 ff.; Palandt/*Ellenberger* BGB § 54 Rn. 9; Soergel/*Hadding* BGB § 54 Rn. 17.
[399] MüKoBGB/*Leuschner* BGB § 54 Rn. 22 ff. (mit der aus der Sicht der Grundbuchpraxis zweifelhaften Ansicht, dass die Publizität des Vereinsregisters nicht überbewertet werden darf); *Stöber/Otto* Rn. 1533 ff.
[400] *Lautner* DNotZ 2009, 650.

gliederbestand der Körperschaft immanent sind und eine solche stets eine entsprechende Grundbuchberichtigung erfordert, ist der Erwerb von Rechten an einem Grundstück durch einen nicht eingetragenen Verein grundsätzlich schwierig. Hier lohnt es sich, die Eintragung anzustreben. Anders als die GbR, die als solche die vielfach geforderte Publizität einer Registereintragung nicht herbeiführen kann, steht dieser Weg dem nicht wirtschaftlichen Verein offen. Alternativ kommt insbesondere bei Massenorganisationen wie Parteien und Gewerkschaften auch ein „mittelbarer" Erwerb durch eine Trägergesellschaft oder einen Treuhänder in Betracht.[401]

Der nicht eingetragene Verein, der keine Personenhandelsgesellschaft ist, ist **nicht umwandlungsfähig** iSd Umwandlungsgesetzes.[402] In Betracht kommt die „Umwandlung" in einen eingetragenen Verein mittels eines satzungsändernden Beschlusses, der die Eintragungsabsicht manifestiert, sowie die darauf folgende Anmeldung und Eintragung in das Vereinsregister.[403] Die Fusion zweier nicht eingetragener Vereine kann hingegen nur durch Neugründung eines rechtsfähigen Vereins und Einzelrechtsübertragung des Vermögens der nicht eingetragenen und anschließend zu liquidierenden Vereine sowie Beitritt von deren Mitgliedern zum rechtsfähigen Verein erfolgen.[404] 252

IV. Fazit

Neben den §§ 21, 22 BGB stellt § 54 BGB eine weitere Möglichkeit der Gründung einer Körperschaft dar, nach hier vertretener Auffassung (und insoweit unumstritten) jedoch nur mit nicht wirtschaftlicher Ausrichtung als Vorstufe bzw. Gegenstück zum eingetragenen Verein. Nachteil der fehlenden Registereintragung ist die persönliche Haftung der für den Verein Handelnden gem. § 54 S. 2 BGB sowie die ggf. persönliche Haftung der Mitglieder zumindest bei fehlender Satzungsbeschränkung. Hauptnachteil ist weiter die fehlende Registerpublizität, was den Nachweis der Vertretungsbefugnis von Vorständen sowie der aktuellen Satzungsgrundlage deutlich erschwert. 253

[401] BeckOK BGB/*Schöpflin* BGB § 54 Rn. 30.
[402] MüKoBGB/*Leuschner* BGB § 54 Rn. 29.
[403] → Rn. 225 f.
[404] MüKoBGB/*Leuschner* BGB § 54 Rn. 31.

§ 5. Satzungsinhalt und Satzungsänderungen

Übersicht

A. Satzungsinhalt

I. Grundlagen

1. Formfragen

1 Eine besondere **Formvorschrift** für die Satzung ist im Vereinsrecht nicht enthalten. Die Satzung wird in der Gründungsversammlung festgestellt und muss anschließend von mindestens **sieben Mitgliedern unterzeichnet sein** und die Angabe des Tages der Errichtung enthalten (§ 59 Abs. 3 BGB). Ein Überblick über die Satzungsanforderungen im Rahmen der Gründung eines Vereins findet sich bereits in → § 4.

> Hinweis:
>
> Es ist auseichend, wenn bei der Erstanmeldung des Vereins die Abschrift (also eine einfache Kopie der Satzung) mit eingereicht wird. Die früher erforderliche Einreichung der Urschrift, die der Verein sodann zurückerhielt, ist entfallen (§ 59 Abs. 2 BGB).

2 Die Satzung ist grundsätzlich in **deutscher Sprache** zu verfassen (eine Ausnahme besteht für einen Verein, dessen Mitglieder Bürger **sorbischer Volkszugehörigkeit**[1] sind, da sie in das in Deutsch zu führende Vereinsregister eingetragen wird (§ 488 Abs. 3 FamFG, § 184 GVG, § 9 VRV). Falls die Satzung in einer **Fremdsprache** verfasst wurde, so muss eine Übersetzung mit eingereicht werden, die entweder in einem getrennten Dokument enthalten ist oder in Form einer zweispaltigen Tabelle.[2] Gelegentlich mag der Wunsch bestehen, die Satzung im ortsüblichen Dialekt abzufassen. Deutsch iSd § 184 GVG ist nur Hochdeutsch.[3] Wenn es aber möglich ist, eine fremdsprachige Satzung zum Vereinsregister einzureichen, so muss es erst Recht möglich sein, eine Satzung in der jeweiligen Mundart zu verfassen, wenn eine entsprechende Übersetzung beigefügt ist.[4] In diesem Fall dürfte es zweckmäßig sein, dass beide Satzungsformulierungen festgestellt und von den Gründern unterzeichnet werden.

2. Verweisungen, insbesondere in Satzungen von Dachverbänden

3 Vor allem bei Verbänden (hierzu näher → § 3) besteht ein praktisches Bedürfnis der **Verweisung auf andere Satzungen,** insbesondere bei der Inkorporation der Satzung des Dachverbandes in die Satzungen der Mitgliedsvereine. Mitglieder der Verbände sind idR alleine die Mitgliedsvereine (aber nicht deren Mitglieder). Innerhalb der Mitgliedsvereine gilt daher die Verbandssatzung nicht unmittelbar. Üblicherweise ordnet daher der Verband die Geltung seiner Satzung an und die Satzungen der Mitgliedsvereine verweisen auf die Bestimmungen der Verbandssatzung (sog. Doppelverankerung mit Verweisung).[5]

4 Zulässig sind aber nur **statische Verweisungen,** dh eine Verweisung auf die derzeit gültige Satzung des Verbandes. Wird die Verbandssatzung später geändert, so wird diese Änderung nicht von der Verweisung erfasst. Eine dynamische Verweisung, also auf die jeweils gültige Verbandssatzung, hätte demgegenüber den Vorteil, dass auch künftige Änderungen der Verbandssatzung mit einbezogen würden.

5 Eine **dynamische Verweisung** hält die hM für **unzulässig:** sie würde die gesetzlich zulässige Selbstbeschränkung der Mitgliedsvereine überschreiten und zudem den gesetzlich

---

[1] Ihr Recht, in den Heimatkreisen der sorbischen Bevölkerung vor Gericht sorbisch zu sprechen, wird durch § 184 GVG nicht berührt; vgl. *Stöber/Otto* Rn. 1308.
[2] LG Düsseldorf NZG 1999, 730.
[3] BGH NJW 2003, 671; aA LG Osnabrück Rpfleger 1965, 304.
[4] Soergel/*Hadding* BGB § 33 Rn. 4; *Sauter/Schweyer/Waldner* Eingetragener Verein Rn. 35.
[5] Ausführlich MHdB GesR V/*Steinbeck* § 5 Rn. 39ff.

vorgegebenen Verfahren für Satzungsänderungen widersprechen (§§ 33 Abs. 1, 71 BGB).[6] Insbesondere fehlt es an der erforderlichen Publizität, da die Satzungsänderung bei einer Änderung der Verbandsatzung alleine in das Vereinsregister des Verbandes, nicht aber bei dem Mitgliedsverein eingetragen wird. Dies gilt nicht, soweit der Regelungsgegenstand keinen Verfassungscharakter hat und auch in einer Nebenordnung geregelt werden kann, → § 3 Rn. 31.

Bei einer statischen Verweisung ist es erforderlich, dass die Bezugnahme **bestimmt gehalten** wird und den Inhalt der anderweitigen Regelung umrissartig erkennbar macht. Sie sollte daher regelmäßig einzelne Vorschriften in Bezug nehmen 6

Beispiel:

„Für die Form der Einberufung und die Protokollierung der Beschlüsse gelten § *** des *** e.V. in der Fassung vom *** entsprechend."

oder aber so bestimmt sein, dass **keine Zweifel darüber aufkommen,** welche Bestimmung der Satzung des Dachverbandes gemeint sind.[7] Die Bestimmungen, auf die verwiesen wird, sind ebenfalls beim Registergericht einzureichen.

In steuerrechtlicher Hinsicht ist bei **gemeinnützigen Vereinen** zu beachten, dass eine Bezugnahme auf andere Regelungen oder Satzungen Dritter unter Umständen nicht den Anforderungen an die Satzung nach **§ 60 AO (formelle Satzungsmäßigkeit)** genügt (→ § 14 Rn. 69). 7

Beispiel:

Nicht hinreichend bestimmt wäre etwa folgende Formulierung: „Die Satzung verweist wegen näherer Einzelheiten zur Art der Verstöße, zu den Ordnungsmaßnahmen und zum Verfahren auf Regelungen der Vereinsordnung des Dachverbandes". Für die Mitglieder des Vereins ist nicht hinreichend deutlich erkennbar, in welchem Umfang und mit welchen Folgen die Gerichtsbarkeit des Dachverbandes gilt.[8]

> **Hinweis:**
>
> **Dachverbände** regeln das innere Vereinsleben nicht nur in der Satzung, sondern auch durch **Vereinsordnungen.** Hier ist es zulässig, wenn die Satzung der Mitgliedsvereine auf die jeweils gültige Vereinsordnung verweist, dh – im Gegensatz zu Satzungsregelungen – ist hier auch eine dynamische Verweisung zulässig. Im Ergebnis bedeutet dies, dass die Kompetenz zum Erlass der Vereinsordnung auf den Dachverband übertragen wird. Auch hier gilt, dass die Verweisungsnorm verständlich gefasst und hinreichend bestimmt sein muss.

3. Grundsatz der Vereinsautonomie

Gerade bei Vereinen mit Untergliederungen (Zweigvereinen) ist der **Grundsatz der Vereinsautonomie** zu beachten (dazu auch → § 8 Rn. 39).[9] Darunter ist zunächst das Recht eines Vereins zu verstehen, sich in freier Selbstbestimmung eine eigene innere Ordnung zu geben. Die Gründer des Vereins und die beigetretenen Mitglieder können die Vereinsan- 8

[6] OLG Frankfurt a. M. NJW 1983, 2576; BGH NJW 1995, 583 (585); aA *Sauter/Schweyer/Waldner* Eingetragener Verein Rn. 329a, der eine dynamische Verweisung für zulässig hält, wenn eine Satzungsänderung der in Bezug genommenen Satzung auch bei der Untergliederung angemeldet wird und das Registergericht zu prüfen habe, ob die Grenzen zulässiger Fremdbestimmung überschritten seien.

[7] OLG Hamm NJW-RR 1988, 183 (184); großzügiger hingegen BAGE 27, 164 (170); BayObLGZ 1986, 524 (534).

[8] OLG Frankfurt a. M. SpuRt 1994, 87 (88); MHdB GesR V/*Steinbeck* § 5 Rn. 55.

[9] BVerfG NJW 1991, 2623 (2625).

gelegenheiten eigenverantwortlich regeln; der Verein kann durch seine Organe seine Organisation und Rechtsverhältnisse frei gestalten.

9 Umgekehrt bedeutet dies aber auch, dass sich die Mitglieder grundsätzlich nicht **selbst zugunsten anderer Vereinsorgane oder gar außenstehender Dritter entmachten können.** Demnach sind Beschränkungen unzulässig, bei denen der rechtliche Fremdeinfluss so stark ist, dass der Verein nicht mehr als vornehmlich von der Willensbildung und -betätigung seiner Mitglieder getragen angesehen werden kann, sondern als unselbstständige Verwaltungsstelle einer anderen organisatorischen Einheit erscheint.[10]

Beispiele:

Unzulässig ist etwa die uneingeschränkte Bindung des Vorstandes an **Weisungen** eines Dritten oder die Übertragung sämtlicher wesentlicher Entscheidungsbefugnisse auf einen Beirat, auf deren Bestellung und Kontrolle die übrigen Mitglieder keinen Einfluss haben.[11] Auch die **Aufnahme eines Vereinsmitglieds** kann nicht von der Zustimmung eines Dritten (etwa des Dachverbandes) abhängig gemacht werden.[12] Besonderheiten können aber für religiöse Vereine bestehen, bei denen die Zustimmung einer kirchlichen Stelle vorgesehen werden kann.[13] Einem Außenstehenden (etwa einem übergeordneten Verband) kann aber das Recht eingeräumt werden, einen Teil oder sämtliche **Vorstandsmitglieder zu bestellen.**[14] Weiter kann vorgesehen werden, dass zum Vorstand der jeweilige Inhaber eines öffentlichen oder kirchlichen Amtes berufen wird („geborene Vorstandsmitglieder").[15] In den Fällen der Vorstandsbestellung durch Externe ist es aber erforderlich, dass der Mitgliederversammlung zumindest die **Kompetenz verbleibt, die Satzung zu ändern,** da ansonsten der Vorstand praktisch unabsetzbar wäre.[16] (Zur Vorstandsbestellung durch Dritte auch → § 8 Rn. 81.) Die **Auflösungskompetenz** (welche grundsätzlich bei der Mitgliederversammlung liegt, § 41 BGB) kann nicht vollständig auf einen Dritten übertragen werden (ausführlich → § 13 Rn. 237).[17] Teilweise wird es als zulässig angesehen, wenn einzelnen Mitgliedern (zB Gründungsmitgliedern) ein Widerspruchsrecht eingeräumt wird (Sonderrecht) oder wenn die Satzung die Auflösung von der Zustimmung eines übergeordneten Verbands abhängig macht[18] bzw. die konkurrierende Zuständigkeit eines anderen Vereinsorgans vorsieht. Es kann auch vorgesehen werden, dass der Verein automatisch aufgelöst wird, wenn er die für den Erlass der Satzung erforderliche Genehmigung des Dachverbandes nicht einholt.[19] Unzulässig ist eine Satzungsklausel, wonach Nichtmitgliedern ein den Mitgliedern **gleichwertiges Stimmrecht** eingeräumt wird.

4. Mindestinhalt (§§ 57, 58 BGB)

10 Der **Mindestinhalt der Satzung** ergibt sich zum einen aus den §§ 57, 58 BGB. Gemäß § 57 Abs. 1 BGB muss die Satzung den **Zweck,** den **Namen** und den **Sitz** des Vereins sowie eine Bestimmung darüber enthalten, dass der Verein eingetragen werden soll. Neben dieser Mussvorschrift soll die Satzung gem. § 58 BGB Bestimmungen enthalten über den Eintritt und Austritt der Mitglieder, darüber, ob und welche Beiträge von den Mitgliedern zu leisten sind, über die Bildung des Vorstands und über die Voraussetzungen, unter denen die Mitgliederversammlung zu berufen ist, über die Form der Berufung und über die Beurkundung der Beschlüsse.

---

[10] OLG Köln NJW 1992, 1048; KG OLGZ 1974, 387; OLG Karlsruhe NZG 2012, 1314 (1315).
[11] OLG Celle NJW-RR 1995, 1273.
[12] OLG Frankfurt a. M. Rpfleger 1981, 310.
[13] OLG Köln NJW 1992, 1048 (1049); OLG Düsseldorf NZG 2009, 1227.
[14] MHdB GesR V/*Waldner* § 27 Rn. 23.
[15] KG WM 1969, 706.
[16] MHdB GesR V/*Waldner* § 27 Rn. 23.
[17] BayObLGZ 1979, 303 (306); MHdB GesR V/*Korte* § 61 Rn. 12.
[18] Soergel/*Hadding* BGB § 41 Rn. 3.
[19] LG Bremen Rpfleger 1996, 72.

Zu beachten ist, dass das Vereinsregister die Eintragung gem. § 60 BGB zurückweisen muss, wenn den Erfordernissen der §§ 56–59 BGB nicht genügt wurde. Demnach führt auch eine **Verletzung der Sollvorschriften** zu einer **Zurückweisung** der Anmeldung. Der in der Praxis beachtende **Mindestinhalt** der Satzung ergibt sich demnach aus **§§ 57 Abs. 1, 58 BGB.** 11

II. Vereinsname

1. Freie Namenswahl

Der Vereinsname ist die Bezeichnung, unter welcher sich die Mitglieder sammeln und als Verein in der Öffentlichkeit auftreten. Der Verein tritt unter seinem Vereinsnamen im Rechtsverkehr auf und ist dementsprechend grundbuchfähig, dh der Verein wird selbst (und nicht seine Mitglieder) in das Grundbuch als Berechtigter eingetragen.[20] Der Name hat (ähnlich der Firma gem. § 17 HGB) **Kennzeichnungs-, Ordnungs- und Unterscheidungsfunktion.** Der Name des Vereins wird dem Verein bei der Gründung durch die Satzung gegeben. Eine Namensänderung erfordert eine Änderung der Satzung; Wirksamkeit erlangt sie erst mit Eintragung im Vereinsregister (§ 71 Abs. 1 BGB). 12

Der Verein kann seinen Namen **grundsätzlich frei wählen,** dies folgt letztlich aus Art. 9 Abs. 1 GG. Ausnahmsweise bestehen gesetzliche Vorgaben. So müssen sich **Lohnsteuerhilfevereine** gem. §§ 13ff. StBerG ausdrücklich als solche kennzeichnen (unzulässig ist die Bezeichnung „Steuerberatungsgemeinschaft der Arbeitnehmer – Lohnsteuerhilfeverein“)[21]; auch bei **Feuerwehrvereinen** können landesrechtliche Einschränkungen bestehen.[22] Oftmals wird der Hauptbestandteil des Vereinsnamens dem Zweck entlehnt („Tennisverein“) und zusätzlich mit dem Ortsnamen und dem Gründungsjahr kombiniert. Dies ist aber nicht zwingend, auch bloße **Fantasienamen** können gebildet werden. Der Name muss nicht zwingend der deutschen Sprache entnommen werden, auch fremdsprachige Vereinsnamen sind zulässig. Allerdings muss der Name aus **lateinischen Buchstaben** gebildet werden. Arabische oder kyrillische Schriftzeichen müssen entsprechend übersetzt werden. Die Aufnahme des Namens eines **(Haupt-)Sponsors** in den Vereinsnamen ist grundsätzlich zulässig; dies kann aber zu Konflikten mit den Werberichtlinien der übergeordneten Verbände führen.[23] 13

Im Übrigen muss der Name zur Kennzeichnung des Vereins geeignet sein. Nach früher vertretener Auffassung setzte dies voraus, dass das Kennzeichen wörtlich aussprechbar ist, dh Namenskern und Namenszusatz müssen grundsätzlich eine wörtliche und aussprechbare Bezeichnung darstellen. Eine **nicht aussprechbare Buchstabenkombination,** die für die Öffentlichkeit ohne Kenntnis der vollständigen Bezeichnung willkürlich und unverständlich erscheint, sollte demnach unzulässig sein.[24] Diese Rechtsprechung ist mittlerweile überholt, auch eine **reine Buchstabenkombination** kann als Name ausreichend sein, wenn der Name iSd Artikulierbarkeit aussprechbar ist und die Aneinanderreihung einer Buchstabenkombination als Kennzeichnung des Vereins geeignet ist und über hinreichende Unterscheidungskraft verfügt.[25] Auch die Buchstabenkombination muss aber als Name 14

[20] Der nichtrechtsfähige Verein kann hingegen nicht alleine unter seinem Vereinsnamen ins Grundbuch eingetragen werden; erforderlich ist entsprechend § 47 Abs. 2 GBO auch die Eintragung der Mitglieder: BGH NZG 2016, 666.

[21] BGH DB 1981, 1919.

[22] MHdB GesR V/*Knof* § 16 Rn. 5; so etwa nach § 10 Abs. 6 ThBKG (Thüringer Brand- und Katastrophenschutzgesetz v. 5.2.2008, GVBl. 2008, 22), wonach keine Verwechslung mit der Feuerwehr als gemeindlicher Einrichtung bestehen darf.

[23] OLG Frankfurt a. M. OLGR 2009, 566 = CaS 2009, 152 für die Ablehnung der Aufnahme in einen Landesverband wegen Verstoßes gegen entsprechende Werberichtlinien.

[24] BGH NJW 1981, 914; OLG München NZG 2007, 320; OLG Celle MittBayNot 2007, 140 mAnm *Kanzleiter.*

[25] BGH DNotZ 2009, 469 zu § 18 HGB: HM & A GmbH & Co. KG als Firma eintragungsfähig.

verstanden werden, weshalb völlig sinnlose Aneinanderreihungen wie „AAA AAA AAA AB ins Livesex-TV.de e. V." nicht eintragungsfähig sind.[26]

15 Aus diesem Grunde können **Bildzeichen** wie beispielsweise „#", **nicht** als Namen verwendet werden. Dagegen ist das in E-Mail-Adressen verwendete Sonderzeichen „@" („at") zulässig. Das BayObLG[27] hielt einen solchen Zusatz zwar in einer Entscheidung aus dem Jahre 2001 für unzulässig, da die Aussprache des Zeichens „@" unklar und Bildzeichen generell nicht eintragungsfähig seien. Diese Entscheidung ist durch die technisch-gesellschaftliche Entwicklung überholt. Mittlerweile ist davon auszugehen, dass das „@"-Zeichen im täglichen Sprachgebrauch angekommen ist und eine im Rechtsverkehr eindeutige Bezeichnung erhalten hat.[28] Soweit einem Bildzeichen eine allgemein anerkannte Verkehrsgeltung zukommt, kann es auch als Namensbestanteil verwendet werden. Dies ist beim „@" ebenso wie beim „+" und „&", „%" und auch beim Paragraphenzeichen „§" anzunehmen. Ebenso zulässig ist das sog. Gendersternchen „*" als Mittel der geschlechtergerechten Schreibweise.

16 Ein Verein darf **nur einen Namen** haben, die Nennung mehrerer Alternativnamen ist unzulässig.[29] Soweit ein Verein im Rahmen des Nebentätigkeitsprivilegs ein Handelsgeschäft übernommen hat, darf er dieses unter der bisherigen Firma weiterführen.

> Hinweis:
>
> Es ist zulässig, dem Vereinsnamen oder eine Abkürzung beizufügen. In diesem Fall sollte die Satzung klarstellen, ob diese Namensbestandteil sein soll oder nicht.

2. Irreführungsverbot

17 **a) Namenswahrheit.** Der Name darf keine Angaben (auch Namenszusätze) enthalten, die geeignet sind, den Rechtsverkehr über Verhältnisse, die für die angesprochenen Verkehrskreise wesentlich sind, irrezuführen. Auch im Vereinsrecht gilt der Grundsatz der **Namenswahrheit,** der in entsprechender Anwendung des § 18 Abs. 2 HGB aus dem dort niedergelegten Rechtsgrundsatz der Firmenwahrheit hergeleitet wird.[30]

18 Der Grundsatz der Namenswahrheit bedeutet, dass der Vereinsname **nicht geeignet sein** darf, über **Art, Zweck, Größe, Alter** oder **sonstige Verhältnisse** des Vereins zu täuschen. Durch das HRefG im Jahre 1998 ist aber insoweit eine Liberalisierung eingetreten, als es nicht mehr darauf ankommt, ob die abstrakte Möglichkeit besteht, dass über die Art und Größe des Vereins, der Zusammensetzung seiner Mitglieder oder sonstiger Verhältnisse getäuscht wird. Vielmehr kommt es darauf an, dass der Vereinsname Angaben enthält, die geeignet sind, über **Verhältnisse, die für die „angesprochenen Verkehrskreise" wesentlich sind, irrezuführen** und diese Irreführung **ersichtlich** ist.[31]

19 Die Irreführung muss von einer gewissen Bedeutung für die angesprochenen Verkehrskreise sein, wobei ein objektiver Maßstab aus der Sicht der durchschnittlichen Angehörigen des betroffenen Personenkreises und deren verständiger Würdigung anzulegen ist **(Wesentlichkeitsschwelle).**[32] Auf die Rechtsprechung vor dem Handelsrechtsreformgesetz 1998 kann also nicht mehr vorbehaltlos zurückgegriffen werden; letztlich entscheiden die Besonderheiten des Einzelfalls, was als wesentliche Irreführung der angesprochenen Verkehrskreise anzusehen ist.[33]

---

[26] OLG Celle NJW-RR 1999, 543 zur GmbH.
[27] NJW 2001, 2337.
[28] LG München MittBayNot 2009, 315.
[29] Ausnahmsweise sollen mehrere Namen zulässig sein, wenn der Verein eine erworbene Firma als Nebenzweck fortführt KG JW 1932, 62.
[30] OLG Hamm NJW-RR 1999, 1710.
[31] MHdB GesR V/*Knof* § 16 Rn. 13.
[32] OLG Köln FGPrax 2006, 129.
[33] OLG Frankfurt a. M. NZG 2011, 1234 (1235).

Weiterhin muss die Eignung zur Irreführung **ersichtlich** sein, also dem Registergericht aufgrund eigener Sachkenntnis und verfügbarer Informationsquellen „auf den ersten Blick" als irreführend eingestuft werden.[34] Nur in diesem Fall ist ein Vereinsname im registerrechtlichen Verfahren zu beanstanden.[35] Das Registergericht kann auf Grund eigener Sachkunde beurteilen, wie die von dem Verein angesprochenen Verkehrskreise den Vereinsnamen verstehen, es ist nicht verpflichtet, ein Sachverständigengutachten einzuholen.[36] 20

b) Einzelfälle. Aus der umfangreichen Kasuistik zur Zulässigkeit von Vereinsnamen seien die folgenden Kriterien hervorgehoben, bei deren Vorliegen Anlass zur genaueren Prüfung besteht: 21

Allein die Bezeichnung als **„Stiftung"** ist zunächst noch keine Irreführung der Öffentlichkeit über die Rechtsform. Nach allgemeinem Sprachgebrauch ist die Bezeichnung als Stiftung mehrdeutig und umfasst nicht nur die bürgerlich-rechtliche Stiftung iSd §§ 80 ff. BGB, sondern auch sonstige Rechtsträger, sofern der Verein Verwalter gestifteten Vermögens und Vollstrecker eines entsprechenden Stifterwillens ist.[37] Man spricht in diesem Fall von sog. Schein- oder Nennstiftungen (zB Konrad Adenauer Stiftung e.V., Friedrich Ebert Stiftung e.V.). Irreführend ist die Bezeichnung aber dann, wenn der Verein nicht über eine kapitalartige Vermögensausstattung oder eine gesicherte Anwartschaft hierüber verfügt.[38] In jedem Fall ist die Rechtsform als Verein durch einen Rechtsformzusatz zu kennzeichnen, um eine Verwechslungsgefahr auszuschließen.[39] 22

„Kammer" erweckt den Eindruck einer öffentlich-rechtlichen Organisation und ist ohne einen klarstellenden Zusatz unzulässig.[40] Auch sonstige Bezeichnungen, die ein besonderes Verhältnis zum Staat oder öffentlichen Einrichtungen nahe legen, können wegen Irreführung unzulässig sein. So sollte nach früherer Rechtsprechung etwa der Begriff **„Akademie"** nur in Ausnahmefällen zulässig sein, wenn es sich entweder um eine Vereinigung von Wissenschaftlern oder um eine Einrichtung handelt, die der Ausbildung oder Fortbildung dient.[41] Die neuere Rechtsprechung ist großzügiger; mit der Bezeichnung „Akademie" werde nicht mehr zwingend eine Einrichtung verbunden, die hochschulähnliche Strukturen aufweist bzw. staatlich kontrolliert wird.[42] 23

Die Bezeichnung **„Institut"** kann Anlass zu der Vorstellung geben, es handele sich um eine öffentliche oder unter öffentlicher Aufsicht stehende Institution mit entsprechend geschultem Personal.[43] Private Vereinigungen dürfen in ihrem Namen das Wort „Institut" nur führen, wenn diesem **eine Tätigkeitsbezeichnung hinzugefügt wird.**[44] In jedem Fall muss klargestellt werden, dass es sich nicht um eine staatliche oder staatlich geförderte Einrichtung handelt (daher ist die Bezeichnung „Deutsches Institut für Iranische Politik- und Wirtschaftswissenschaften" unzulässig, da hier eine Nähe zu einer staatlichen Hochschule suggeriert wird).[45] So ist nach dem BayObLG der Name „Institut für Steuerwissenschaftliche Information" mit dem Sitz an einer Universitätsstadt zur Täuschung geeignet, unabhängig davon, ob die Vorstandsmitglieder eine Lehrbefugnis im Steuerrecht haben.[46] Die Bezeichnung **„Ausschuss"** ist unzulässig für einen Verein, der ohne Anbindung an die öffentliche Verwaltung als Zusammenschluss von Maklern die Seriosität der Eheanbahnung überwachen will („Ausschuss für Lauterkeit in der Eheanbahnung e.V.").[47] Zulässig ist 23a

[34] MHdB GesR V/*Knof* § 16 Rn. 16 unter Hinweis auf den im Markenrecht (§ 37 Abs. 3 MarkenG) geltenden Prüfungsumfang.
[35] OLG Brandenburg NZG 2011, 475; OLG Frankfurt a. M. NJW-RR 2002, 176.
[36] OLG Köln FGPrax 2006, 129.
[37] OLG Frankfurt a. M. NJW-RR 2002, 176.
[38] MHdB GesR V/*Knof* § 16 Rn. 18; OLG Köln NJW-RR 1997, 1531.
[39] BayObLGZ 1972, 340; *Stöber/Otto* Rn. 129.
[40] OLG Dresden WRP 2000, 1202.
[41] OLG Bremen NJW 1972, 164.
[42] KG NZG 2005, 360 (361).
[43] BayObLG NJW-RR 1990, 1125.
[44] KG GRUR-RR 2012, 86; OLG Frankfurt a. M. NJW-RR 2002, 459.
[45] KG GRUR-RR 2012, 86 (87).
[46] BayObLG NJW-RR 1990, 1125.
[47] OLG München WRP 1975, 178.

die Bezeichnung **„Gemeinde“** mit einem ausreichend bestimmten Zusatz (vor allem über die Nationalität der Vereinsmitglieder, zB „Türkische Gemeinde in ***“; ohne diesen Zusatz ist die Verwendung des Begriffes „Gemeinde“ unzulässig)[48] für einen Verein, dessen Ziel in erster Linie die Wahrung der sozialen, kulturellen und wirtschaftlichen Interessen seiner Mitglieder und der Bewahrung der Sitten und Traditionen des betreffenden Volkes ist.[49]

24 Der Name darf auch nicht geeignet sein, eine Täuschung über die **Größe und Bedeutung des Vereins** herbeizuführen. So ist die Bezeichnung „Aktionsgemeinschaft der Deutschen Rechtsanwälte“ für einen Verein mit nur 270 Mitgliedern, der (damals) ca. 1 % der deutschen Anwälte repräsentierte, unzulässig, da der Eindruck erweckt wird, der Verein vertrete die Gesamtheit der deutschen Rechtsanwälte (zulässig wäre allerdings die Bezeichnung „Aktionsgemeinschaft deutsch*er* Rechtsanwälte“, da hier keine Verknüpfung mit der Gesamtheit der deutschen Rechtsanwälte hergestellt wird).[50] Ebenso darf der Name keine falschen Vorstellungen über die **Zusammensetzung der Vereinsmitglieder** hervorrufen. So ist die Bezeichnung „Ärztlicher Arbeitskreis“ unzulässig, wenn nur ein Drittel der Mitglieder Ärzte sind;[51] ebenso der Name „International Chamber of Commerce“ für einen Verein, der keine Verbindung zu staatlichen Stellen oder Organisationen der Wirtschaft hat.[52] Ein Namenszusatz, der auf einen **Verbraucherschutzverein** hindeutet, ist unzulässig, wenn der Verein die Rechte der Verbraucher nicht aus altruistischen Motiven wahrnimmt, sondern im Interesse der Einnahmeerzielung für den Verein bzw. dessen Mitglieder („BVVS-Bundesverband-Verbraucher-Schutz“).[53]

25 Wenn sich ein Verein als **„Verband“** bezeichnet, dann wird damit regelmäßig die Erwartung entgegengebracht, dass er eine größere Zahl von Mitgliedern hat oder sich in ihm mehrere Vereine zusammengeschlossen haben.[54] Stets kommt es aber auf die Umstände des Einzelfalls an, so dass eine Mindestzahl von Mitgliedern, ab denen sich ein Verband Verein nennen darf, nicht aufgestellt werden kann[55] und es auch einem Verein mit nur sieben Mitgliedern erlaubt sein kann, sich „Verband“ zu nennen, wenn dadurch im konkreten Fall aufgrund der angesprochenen Verkehrskreise keine Irreführung eintritt.[56] Eine Irreführung kann auch dann vorliegen, wenn der gewählte Name eine gewisse Zusammensetzung der Mitglieder suggeriert.[57] So erweckt die Bezeichnung „Bundesverband“ den Eindruck, der Verein sei bundesweit tätig und nehme innerhalb der Berufsgruppe, auf die er sich bezieht, eine gewisse Bedeutung ein.[58]

26 Auch die Bezeichnung **„Universität“** oder **„wissenschaftliche Hochschule“** darf ein Verein zur Errichtung einer privaten Ausbildungsstätte ohne staatliche Genehmigung nicht führen.[59] Dagegen ist die Verwendung des Namenszusatzes **„-tag“** nicht irreführend, da hiermit nicht ohne Weiteres die Zugehörigkeit zu einer öffentlich-rechtlichen Körperschaft suggeriert wird („Ärztetag für Medizin ohne Nebenwirkungen“);[60] ebenso wenig ist die Bezeichnung „Association“ zu beanstanden.[61]

27 **Geographische Zusätze** dienen meist als Herkunftsangabe oder Betätigungsgebiet des Vereins. Durch den geographischen Zusatz darf hinsichtlich des Tätigkeitsgebietes oder der Größe des Vereins kein falscher Eindruck entstehen.[62] Gebiets- und Stadtangaben sind nur dann zulässig, wenn

[48] LG Bonn Rpfleger 1987, 205.
[49] BayObLGZ 1982, 278.
[50] OLG Hamm OLGZ 1978, 428.
[51] OLG Karlsruhe OLGZ 1982, 385.
[52] OLG Stuttgart WRP 1996, 945.
[53] LG Berlin NJW-RR 1992, 740.
[54] BGH NJW-RR 1987, 1178 – Deutsche Heilpraktiker e.V. Bundesverband; LG Traunstein Rpfleger 2008, 580.
[55] Entgegen *Reichert* Rn. 480.
[56] OLG Frankfurt a. M. Beschl. v. 3.5.2011 – 20 W 525/10, BeckRS 2011, 21511.
[57] OLG Karlsruhe OLGZ 1985, 385.
[58] BGH GRUR 1984, 457 (460); LG Traunstein Rpfleger 2008, 580.
[59] OVG Hamburg MDR 1979, 258.
[60] BayObLG NJW 1992, 2362.
[61] LG Tübingen Rpfleger 1995, 258.
[62] OLG Celle Rpfleger 1974, 222.

der Verein auch tatsächlich einen Bezug zum Gebiet oder Ort aufweist.[63] Dieser Bezug muss nicht zwingend räumlicher, sondern kann auch kultureller oder traditioneller Art sein. Es ist auch unschädlich, wenn der Verein seinen Sitz nicht genau in der im Namen angegebenen Großstadt, sondern lediglich in einem (politisch selbständigen) angrenzenden, vergleichsweise unbedeutenden Ort hat, sofern sich das Tätigkeitsfeld des Vereins auf den Ballungsraum bezieht.[64]

Der Zusatz **„Deutschland"** ist unzulässig, wenn dadurch der irreführende Eindruck eines umfassenden Repräsentationsanspruchs hervorgerufen wird (Montessori-Vereinigung Deutschland e.V. bei zwei weiteren bundesweit tätigen Vereinen).[65] Bei dem Zusatz **„deutsch"** handelt es sich um keine täuschende Bezeichnung, da der Rechtsverkehr lediglich ein auf den deutschen Bereich als Ganzen zugeschnittenen Verein mit einer entsprechenden Größe und Aufgabenstellung, jedoch keinen beispielhaften oder besonders wichtigen Verein erwarten kann.[66] Die Angaben **„European"** bzw. **„europäisch"** sind infolge ihrer massenhaften Verwendung unbedenklich; entgegen älterer Rechtsprechung ist es daher nicht erforderlich, dass der Verein eine führende Stellung im angegebenen Gebiet aufweist.[67] 28

Die Aufnahme einer **Jahreszahl** muss in aller Regel als Hinweis auf das Gründungsjahr des Vereins (und nicht einer Vorläuferorganisation)[68] verstanden werden.[69] Dabei ist eine Abkürzung der Jahreszahl – „Fußballclub Gelsenkirchen-Schalke 04 e.V." bei Gründungsjahr 1904 – zulässig. Die angesprochenen Verkehrskreise gehen bei einem Verein, dessen Vereinsname eine Jahreszahl enthält, davon aus, dass dieser Verein in dem angegebenen Jahr tatsächlich gegründet worden ist und seither ununterbrochen fortbestanden hat.[70] Daher ist die Aufnahme einer nicht mit dem wirklichen Gründungsjahr übereinstimmenden Jahreszahl zur Irreführung grundsätzlich geeignet und daher unzulässig. Ganz ausnahmsweise kann eine nicht mit dem Gründungsjahr übereinstimmende Jahreszahl aufgenommen werden, wenn es sich um sehr lange – etwa in das Mittelalter – zurückliegende Daten handelt, bei denen schon deshalb in der Öffentlichkeit nicht ohne weiteres der Eindruck entstehen kann, die Vereinigung habe seither ununterbrochen in derselben Organisationsform bestanden.[71] 29

Die Verwendung des **Namens oder die Firmenbezeichnung einer Person** ist unzulässig, wenn dadurch der Eindruck entstehen kann, es bestünde eine wirtschaftliche, sachliche oder personelle Verbindung, die tatsächlich nicht vorhanden ist. Eine Zurückweisung der Eintragung rechtfertigt dies allerdings nur, wenn der gewählte Name geeignet ist, die angesprochenen Verkehrskreise zu täuschen (§ 18 Abs. 2 HGB). Abgesehen davon bleibt im Eintragungsverfahren unberücksichtigt, ob der gewählte Vereinsname möglicherweise Namensrechte Dritter verletzt.[72] Eine mögliche Namensrechtsverletzung ist eine privatrechtliche Angelegenheit der beteiligten Personen, die nicht im Registerverfahren zu entscheiden ist. Im Rahmen der Frage, ob ein Verein den Namen einer **verstorbenen Person** aufnehmen darf, ist eine Abwägung der widerstreitenden Interessen vorzunehmen. Wenn das Interesse des Dritten im Vergleich zu den Interessen des Vereins ein größeres Gewicht verdient, kann sich der Verein des fremden Namens nicht bedienen. So wurde etwa entschieden, dass ein Verein („Wolfgang-Harich-Gesellschaft e.V.") zur Wahrung des Ansehens des verstorbenen Philosophen dessen Namen im Vereinsnamen führen kann. Der Widerspruch der Witwe des Verstorbenen hatte keinen Erfolg, weil eine Abwägung für die Interessen des Vereins sprach.[73] 30

---

[63] OLG Celle Rpfleger 1974, 222; OLG Hamm OLGZ 1982, 303 (305).
[64] OLG Stuttgart NJW-RR 2001, 755.
[65] OLG Köln FGPrax 2006, 129.
[66] BGH NJW-RR 1987, 1178f. – Deutsche Heilpraktiker e.V.; BGH DB 1982, 691f. – Allgemeine Deutsche Steuerberatungsgesellschaft.
[67] *Sauter/Schweyer/Waldner* Eingetragener Verein Rn. 59c.
[68] KG OLGZ 1983, 272.
[69] OLG Jena Rpfleger, 1998, 114; MHdB GesR V/*Knof* § 16 Rn. 29.
[70] OLG Brandenburg NZG 2011, 475.
[71] KG OLGZ 1983, 272; MHdB GesR V/*Knof* § 16 Rn. 29.
[72] BayObLG DNotZ 1987, 353; MHdB GesR V/*Knof* § 16 Rn. 5.
[73] OLG München NJW-RR 2001, 42; OLG Stuttgart NJW-RR 1997, 603.

31 **c) Unterscheidbarkeit.** Der Name des Vereins soll sich von Namen der an demselben Orte oder in derselben Gemeinde bestehenden eingetragenen Vereine **deutlich unterscheiden (§ 57 Abs. 2 BGB).** Ausgeschlossen ist auch die Namensgleichheit mit einem altrechtlichen Verein.[74] Die wohl überwiegende Ansicht geht ferner davon aus, dass der Vereinsame sich auch von einer in das **Handels- oder Genossenschaftsregister eingetragenen Firma** unterscheiden muss, da der bloße Rechtsformzusatz nicht zur hinreichenden Unterscheidbarkeit der Bezeichnung verschiedener Rechtsträger führt (§ 30 HGB).[75] Unschädlich ist aber die Namensgleichheit mit einem aufgelösten (bereits gelöschten) oder einem nicht im Vereinsregister eingetragenen Verein.[76]

32 § 57 Abs. 2 BGB entfaltet als eng auszulegende Ordnungsvorschrift **keinen allgemeinen Namensschutz.** Eine Anmeldung kann daher nicht mit der Begründung zurückgewiesen werden, die Namenswahl beeinträchtige das Namensrecht eines Dritten.[77] Die Grenze ist aber dann überschritten, wenn das Registergericht zu einem **evident rechtswidrigen Tun** verpflichtet würde: Wenn der Vereinsname offensichtlich geführt werden soll, um das Namensrecht eines Dritten zu verletzen, dann darf die Eintragung zurückgewiesen werden. Die Unterscheidbarkeit ist auch bei einer Sitzverlegung oder Namensänderung eines Vereins entsprechend § 30 HGB zu prüfen.[78] Auch mit Einverständnis des bereits eingetragenen Vereins kann ein namensgleicher Vereins nicht eingetragen werden; die Unterscheidbarkeit dient der Sicherheit des Rechtsverkehrs und steht damit nicht zur Disposition der Beteiligten.

33 Die Namensgleichheit darf nicht **innerhalb derselben politischen Gemeinde** bestehen. **Deutlich** ist die Unterscheidung, wenn sie ohne gestärkte Aufmerksamkeit wahrgenommen werden kann. Dabei sind beide Vereinsnamen in der vollständigen Form zu vergleichen. Ein deutlicher Unterschied liegt vor, wenn nach dem Gesamteindruck und unter Berücksichtigung des Wortsinns einschließlich des Wort- und Klangbildes jede ernsthafte Gefahr einer Verwechslung ausgeschlossen ist. Dies ist auch der Fall, wenn die Vereinsnamen im Namensstamm gleich lauten aber neben den Stammnamen ein weiterer Namenszusatz mit hinreichender Unterscheidungskraft tritt und die Verwechslungsgefahr beider Vereine daher innerhalb der interessierten und von den Vereinen angesprochenen Bevölkerungskreise gering ist.[79] Bei Namensgleichheit gilt grundsätzlich der **Prioritätsgrundsatz:** Derjenige Verein darf seinen Namen behalten, der zuerst in das Vereinsregister eingetragen (nicht angemeldet!)[80] worden ist.[81] Der andere Verein muss dann seinen Namen ändern oder ggf. gegen den eingetragenen Verein auf Namensänderung klagen. Diese Klage wird aber nur dann Erfolg haben, wenn er der „ältere" Verein ist.

34 Tritt ein Ortsverein aus einem **überregionalen Verband** aus, so hat dies nicht automatisch den Verlust des Rechts zur Führung seines Vereinsnamens zur Folge.[82] Entscheidend ist insoweit die Priorität (§ 6 Abs. 3 MarkenG), dh es kommt darauf an, wer den Namen zuerst geführt hat, also wessen Neueintragung bzw. Satzungsänderung (§ 71 BGB) zuerst im Vereinsregister eingetragen wurde.

---

[74] LG Gera NotBZ 2003, 399.
[75] OLG Stuttgart OLGR 42, 211; *Stöber/Otto* Rn. 133; *Krafka* RegisterR-HdB Rn. 2133 vgl. auch *Kögel* Rpfleger 2012, 131; aA *Sauter/Schweyer/Waldner* Eingetragener Verein Rn. 58; BayObLG NJW-RR 1990, 996.
[76] *Reichert* Rn. 372.
[77] BayObLGZ 1990, 71 (76); OLG Jena NJW-RR 1994, 698.
[78] BayObLGZ 1987, 161.
[79] LG Bonn Rpfleger 1996, 463; OLG Hamm NJW-RR 2008, 350 für gleichlautende Namen mit einer Ortsbezeichnung, wobei der eine Verein lediglich den zusätzlichen Namensbestandteil „Mitte" enthielt.
[80] *Sauter/Schweyer/Waldner* Eingetragener Verein Rn. 58.
[81] OLG Hamm NZM 2006, 315.
[82] OLG Hamm NZM 2006, 315.

Hinweis:
Will ein überregionaler Verband sicherstellen, dass eine gemeinsame Bezeichnung allein bei ihm und seinen Untergliederungen verbleibt und ein austretendes Mitglied verpflichtet ist, die gemeinsame Bezeichnung abzulegen, dann sollten besondere Regelungen für den Fall des Austritts getroffen werden. Dies kann entweder in der Satzung des Verbandes oder in einer schuldrechtlichen Nebenabrede niedergelegt werden.

3. Rechtsformzusatz

Mit der Eintragung erhält der Name des Vereins den Zusatz „eingetragener Verein" (§ 65 BGB). Der Verein muss dem Namen den Zusatz **„eingetragener Verein"** oder **„e.V."** beifügen. Dieser Namenszusatz ist auch bei einem fremdsprachigen Vereinsnamen zwingend in deutscher Sprache zu führen.[83] Der Rechtsverkehr soll über die Tatsache der Eintragung und die daraus folgenden Haftungskonsequenzen hingewiesen werden. Der Namenszusatz braucht nicht zwingend am Schluss angefügt sein, sondern kann auch auf andere Weise eingeschaltet werden („Golfclub e.V. Gut Müllermühle"), sofern der Namenszusatz für den Rechtsverkehr ohne weiters identifizierbar bleibt. 35

Hinweis:
Der Vorstand sollte darauf achten, dass bei Vertreterhandeln stets unter der richtigen Bezeichnung des Vereins mit Rechtsformzusatz gezeichnet wird. Ansonsten kommt (bei wiederholtem Verstoß) eine Rechtsscheinhaftung entsprechend § 54 S. 2 BGB in Betracht.[84]

4. Registerverfahren

Bei einer unzulässigen Namensbildung oder einem Verstoß gegen § 57 Abs. 2 BGB lehnt das Registergericht die Eintragung ab (Registersperre, § 60 BGB). Das Irreführungsverbot hindert die Registereintragung aber nur dann, wenn die Eignung der Irreführung ersichtlich ist (§ 18 Abs. 2 S. 2 HGB). Die Prüfung beschränkt sich daher auf ein **Grobraster;** es sind daher nur solche Eintragungen abzulehnen, bei denen die Täuschungseignung nicht allzu fern liegt und ohne umfangreiche Beweisaufnahme bejaht werden kann.[85] Eine weitergehende materielle Prüfung entfernter liegender Möglichkeiten der Täuschung ist im Registerverfahren nicht vorgesehen. Insbesondere prüft das Registergericht **nicht,** ob durch die Namenswahl **ein fremdes Namensrecht verletzt wurde.** Dementsprechend begründet die Eintragung des Vereinsnamens im Vereinsregister kein Recht zur Namensführung und schließt es insbesondere nicht aus, dass der verletzte Namensträger Ansprüche gegen den Verein geltend macht.[86] 36

Zu differenzieren ist bei den Konsequenzen einer **zu Unrecht erfolgten Eintragung** in das Vereinsregister: Bei einem Verstoß gegen die Ordnungsvorschrift des § 57 Abs. 2 BGB (Unterscheidbarkeit) kommt ein Amtslöschungsverfahren nicht in Betracht.[87] Hingegen ist der Grundsatz der Namenswahrheit gem. § 18 Abs. 2 HGB zwingend einzuhalten, weshalb das Registergericht bei einem Verstoß ein Amtslöschungsverfahren einleiten muss. In diesem Falle wird allerdings nur der Vereinsname gelöscht, nicht auch der Verein selbst. Der Verein bleibt trotz Namenslöschung als rechtsfähiger eingetragener Verein weiter be- 37

[83] KG JW 1930, 3777; MüKoBGB/*Leuschner* BGB § 65 Rn. 1.
[84] OLG Celle NJW-RR 1999, 1052.
[85] OLG Dresden NZG 2010, 1237.
[86] *Stöber/Otto* Rn. 144.
[87] BayObLGZ 1987, 161 (166); *Stöber/Otto* Rn. 136.

stehen.[88] Allerdings verlangt der Verhältnismäßigkeitsgrundsatz, dass der Verein vor der Löschung Gelegenheit zur Änderung des Namens erhält (zur Amtslöschung → § 17 Rn. 167).

5. Namensschutz des Vereins

38 Vereine (auch der Vorverein)[89] genießen **Namensschutz nach § 12 BGB,** unabhängig davon, ob sie rechtsfähig sind oder als nichtrechtsfähige Vereine geführt werden.[90] Der Name eines rechtsfähigen Vereins kann daher auch gegen Schutzrechte eines nichtrechtsfähigen Vereins verstoßen.[91] **Politische Parteien** können sich darüber hinaus auf § 4 ParteiG berufen, wodurch der Namensschutz erweitert wird.[92] § 4 ParteiG gilt aber nicht für Wählergemeinschaften, also Gruppen, deren Tätigkeit sich auf die kommunale Ebene beschränkt, sondern lediglich im Verhältnis zu anderen politischen Parteien iSv Art. 21 GG.[93]

39 Geschützt ist zunächst der volle Name (ebenso Vereinswappen, Vereinsembleme oder das Vereinssiegel)[94] des eingetragenen Vereins, also der im Vereinsregister eingetragene Name. § 12 BGB schützt aber auch **einzelne Namensbestandteile** oder eine schlagwortartige **Abkürzung.**[95] Voraussetzung für den Schutz ist allerdings, dass der Namensbestandteil oder die Abkürzung geeignet erscheint, sich im Verkehr als Hinweis auf den Vereinsnamen durchzusetzen und für den Vereinsnamen kennzeichnend ist.[96] Der Namensschutz besteht auch dann, wenn der von einer anderen Person gewählte Gesamtname deutlich vom Vereinsnamen unterscheidbar ist, aber beide Namen durch dieselben Buchstabenkombinationen abgekürzt werden.[97] Der Namensschutz erfasst jeden Gebrauch des Vereinsnamens, sofern dadurch der Anschein erweckt werden kann, es bestünde eine Beziehung zwischen dem Verein und dem mit dem Vereinsnamen bezeichneten Gegenstand.[98]

40 Als Anspruchsgrundlage für das verbotswidrige Führen eines Namens kommt auch **§ 15 MarkenG** in Betracht. Der Anwendungsbereich ist eröffnet, soweit die Vereine ihren Namen auch im geschäftlichen Verkehr gebrauchen. Die Tatsache, dass es sich um Idealvereine handelt, steht dem nicht entgegen, wenn die betroffenen Vereine nicht nur im rein ideellen Bereich tätig sind. Entsteht durch die unberechtigte Führung seines Namens ein Schaden, kann der Verein gem. § 823 Abs. 1 BGB Schadensersatz fordern, da es sich bei dem Namensrecht um „ein sonstiges Recht" iSv § 823 Abs. 1 BGB handelt.

III. Sitz des Vereins

1. Grundlagen

41 Gemäß § 24 BGB ist der „Sitz eines Vereins, wenn nicht ein anderes bestimmt ist, der Ort, an welchem die Verwaltung geführt wird." Da der statutarische Sitz (Satzungssitz) des Vereins zwingender Satzungsbestandteil ist, hat § 24 BGB praktisch kaum Bedeutung (da

[88] BGH NJW 1984, 668; OLG Karlsruhe OLGZ 1982, 385; OLG München Rpfleger 2005, 608 (zur GmbH); aA MüKoBGB/*Leuschner* BGB § 57 Rn. 11; OLG Jena Rpfleger 1998, 114; BayObLGZ 1959, 287.
[89] OLG Bremen MDR 1984, 842.
[90] BGH GRUR 2005, 517.
[91] MüKoBGB/*Säcker* BGB § 12 Rn. 21.
[92] Vgl. BGH NJW 1981, 914.
[93] LG Bielefeld NVwZ-RR 2004, 163.
[94] BGH NJW 1993, 918.
[95] LG Heilbronn NJW 1953, 1145.
[96] *Sauter/Schweyer/Waldner* Eingetragener Verein Rn. 61.
[97] BGH NJW 1952, 503 – Deutsche Universitätszeitung (DUZ); Deutscher Unabhängiger Zeitungsdienst (DUZ); BGH GRUR 2008, 1108; sehr weitgehend LG Köln SpuRt 2016, 273 (Domain fc.de verletzt Namensrecht des 1. FC Köln).
[98] KG Urt. v. 29. 9. 2008 – 5 U 29/19, BeckRS 2018, 37947 (Verwendung der Bezeichnung „Deutsches Rotes Kreuz" auf Fahrzeugen).

der Sitz stets in der Satzung festgelegt wird) und kommt allenfalls bei nicht rechtsfähigen Vereinen zur Anwendung. Die Wahl des Satzungssitzes ist für den Verein durchaus bedeutsam: Zum einen bestimmt sich die **Zuständigkeit des Registergerichts** nach dem Ort des Vereinssitzes (§ 55 BGB), ebenso der **Gerichtsstand** gem. § 17 Abs. 1 ZPO. Besonderheiten hinsichtlich des Gerichtsstandes bestehen in Städten, in welchen es mehrere Amtsgerichte gibt (zB Berlin). Bestimmt die Satzung hier lediglich, dass der Sitz in Berlin liegt und wurde keine weitere Präzisierung vorgenommen, fehlt es an einer wirksamen satzungsmäßigen Gerichtsstandbestimmung gem. § 17 Abs. 1 S. 1 ZPO; entscheidend ist dann der Ort, an welchem die Verwaltung geführt wird.[99] Weiterhin richten sich die Reichweite des Namensschutzes gem. § 57 Abs. 2 BGB oder die **Behördenzuständigkeit** gem. §§ 22, 5 BGB nach dem Vereinssitz.

Der Sitz des Vereins kann **frei bestimmt** werden, er muss **nicht** mit dem **Verwal-** 42
tungssitz des Vereins identisch sein.[100] Der Verwaltungssitz muss nicht in der Satzung angegeben werden. Bis zur Grenze des Rechtsmissbrauches ist daher auch ein fiktiver Sitz zulässig, auch wenn der Verein sein Hauptbetätigungsfeld an einem anderen Ort entfaltet.[101] Der Ort der Verwaltung ist derjenige Ort, an welchem die Geschäftsführung hauptsächlich tätig ist. Wenn der Verein eine Geschäftsstelle unterhält, ist dies in aller Regel der Ort der Verwaltung, auch wenn die Vorstandsmitglieder anderswo tätig sind. Es kommt demnach weniger darauf an, wo die grundlegenden Leitungsentscheidungen getroffen werden, sondern darauf, wo diese effektiv in laufende Geschäftsführungsakte umgesetzt werden.[102]

Eine **rechtsmissbräuchliche Sitzwahl** wird angesichts der durch das Gesetz vorgege- 43
benen Wahlfreiheit hinsichtlich des Satzungssitzes nur ausnahmsweise vorliegen.[103] Insoweit ist zu prüfen, ob irgendein schutzwürdiges Interesse an der Bestimmung des Vereinssitzes erkennbar ist, oder aber die Sitzwahl alleine deshalb erfolgt, um die Interessen von Gläubigern, Mitgliedern oder der Behörden zu beeinträchtigen. Dies ist etwa dann der Fall, wenn ein Sitz gewählt wird, der (ohne sachlichen Grund) weit von den Wohnorten der Mitglieder entfernt liegt, um diese von den Mitgliederversammlungen fernzuhalten.[104] Als rechtsmissbräuchlich ist es auch anzusehen, wenn als Vereinssitz ein Ort gewählt wird, an dem der Verein keine Aktivität entfaltet, keine Geschäftsstelle unterhält, also überhaupt nicht tätig ist, zu dem mithin der Verein überhaupt keinen Bezug hat und dadurch eine Kontrolle des Vereins erschwert wird bzw. Sanktionen gegen den Verein vereitelt werden sollen.[105] Im Übrigen sind an einen Rechtsmissbrauch hohe Anforderungen zu stellen. Als nicht rechtsmissbräuchlich ist es hingegen anzusehen, wenn der Verein an seinem Sitz nicht postalisch erreichbar ist, solange er über eine andere zustellungsfähige Anschrift verfügt.[106]

Hinweis:

Vom Sitz ist die **ladungsfähige Anschrift** (hier kann auch eine Postfachadresse benannt werden) des Vereins zu unterscheiden. Gemäß § 15 VRV ist auch die Angabe einer ladungsfähigen Anschrift bei der Erstanmeldung und einer Sitzverlegung erforderlich, wobei die Eintragung einer „inländischen Geschäftsanschrift" in das Vereinsregister – anders als im Handelsregister – nicht vorgesehen ist. Wird eine ladungsfähige Anschrift bei der Ersteintragung des Vereins nicht mitgeteilt, ist die Eintragung zunächst nicht vorzu-

[99] KG NJOZ 2008, 237.
[100] Palandt/*Ellenberger* BGB § 24 Rn. 2.
[101] BayObLG DNotZ 1988, 53 (55).
[102] BGHZ 97, 269 (272); BayObLGZ 1987, 267 (271).
[103] Großzügiger *Sauter/Schweyer/Waldner* Eingetragener Verein Rn. 65: Rechtsmissbrauch praktisch ausgeschlossen, da jeder Verein über das elektronische Register schnell ermittelt werden kann.
[104] Soergel/*Hadding* BGB § 24 Rn. 2.
[105] LG Berlin NJW-RR 1999, 335.
[106] BeckOK BGB/*Schöpflin* BGB § 24 Rn. 4; *Sauter/Schweyer/Waldner* Eingetragener Verein Rn. 65.

nehmen und dem Verein bzw. den anmeldenden Vorstandsmitgliedern ist Gelegenheit zu geben, das bestehende Eintragungshindernis zu beseitigen (§ 382 Abs. 4 FamFG). Vollzugsfähig ist die Vereinsanmeldung aber bereits dann, wenn sich aus der Anmeldung und den beigefügten Anlagen die ladungsfähige Anschrift zweifelsfrei feststellen lässt, etwa durch Angabe einer Anschrift „c/o" über ein Vorstandsmitglied.[107] Eine Sitzverlegung (Satzungsänderung) ist daher zu unterscheiden von der bloßen Änderung der ladungsfähigen Anschrift (etwa bei Umzug des Vereinslokals). Bei Letzterer reicht es aus, wenn die Änderung vom Vorstand (in vertretungsberechtigter Zahl) zum Vereinsregister angemeldet wird.

44 Der Sitz muss stets **eindeutig bestimmt** sein. Unzulässig – weil zu unbestimmt – wäre demnach eine Satzungsregelung, wonach sich der Sitz stets am **Wohnort des jeweiligen 1. Vorsitzenden** befindet.[108] Der Sitz sollte daher mit dem Namen einer politischen Gemeinde bezeichnet werden. Ausreichend wäre aber auch die Bezeichnung einer geographisch bestimmten Ortschaft, deren Lage und rechtlich erhebliche Zuordnung nach allgemein zugänglichen Schrift- oder Kartenwerken für jedermann eindeutig feststellbar ist.[109] Daher kann als Sitz auch ein **Gemeinde- oder Stadtteil,** der einen eigenen Namen führt, gewählt werden.[110] Es kann auch der **frühere Name einer Gemeinde,** welche im Rahmen einer Gebietsreform mit einer anderen Gemeinde und einem neuen Namen zusammengeschlossen wurde, gewählt werden.[111] Gibt es mehrere Orte gleichen Namens, kann das Gericht eine nähere Bezeichnung verlangen, um Verwechslungen auszuschließen.

45 Der Verein darf nur einen Sitz haben, ein **Doppelsitz** ist grundsätzlich **unzulässig.**[112] Die Ausnahmen, die nach 1945 unter dem Eindruck praktischer Bedürfnisse im Gefolge der Teilung Deutschlands gemacht wurden,[113] sind überholt.[114] Bei Zulassung zweier Vereinssitze besteht durch die Möglichkeit unterschiedlicher Registereintragungen eine nicht hinzunehmende Gefährdung für den Rechtsverkehr. Ausnahmsweise sollen mehrere Vereinssitze im Fall einer **Verschmelzung** zulässig sein, etwa um einen Zusammenschluss auf Augenhöhe *(merger of equals)* zu dokumentieren.[115] Dies ist im Interesse der Rechtssicherheit und Rechtklarheit abzulehnen.[116]

2. Sitzverlegung

46 Die **Sitzverlegung** bedarf als **Satzungsänderung** zunächst eines Beschlusses der Mitgliederversammlung[117] mit einer **Mehrheit von drei Vierteln der abgegebenen Stimmen** (sofern nichts anderes in der Satzung bestimmt wurde, → § 7 Rn. 168). Wirksam wird die Sitzverlegung mit Eintragung in das Vereinsregister (§ 71 Abs. 1 S. 1 BGB). Die Registeranmeldung erfolgt durch den Vorstand in vertretungsberechtigter Zahl (§ 77 BGB) beim bisherigen Vereinsregister. Auch im Falle der Sitzverlegung ist eine neue ladungsfähige Anschrift des Vereins anzugeben. Fehlt diese, kann das Gericht nach § 15 VRV den Verein zu deren Mitteilung auffordern, wenn dies zweckmäßig ist, um die Erreichbarkeit des Vereins sicherzustellen.

47 Bei einer **grenzüberschreitenden Sitzverlegung** muss zum einen zwischen Wegzugs- und Zuzugsfällen unterschieden werden, zum anderen danach, ob lediglich der Satzungs-

---

[107] *Krafka* RegisterR-HdB Rn. 2153.
[108] *Burhoff* Rn. 51.
[109] OLG Hamm Rpfleger 1977, 275; *Stöber/Otto* Rn. 150.
[110] BayObLGZ 1976, 21; *Stöber/Otto* Rn. 150.
[111] OLG Hamm Rpfleger 1977, 275; aA BayObLG DNotZ 1976, 594.
[112] KG MDR 1950, 740; OLG Hamburg MDR 1972, 417.
[113] MHdB GesR V/*Knof* § 17 Rn. 13.
[114] Vgl. aber BayObLG NJW-RR 2001, 28 zur Zulässigkeit des Mehrfachsitzes bei öffentlich-rechtlichen Sparkassen.
[115] *Katschinski* ZIP 1997, 620.
[116] Ebenso BeckOGK BGB/*Wolff* BGB § 24 Rn. 30.
[117] Zur Zulässigkeit der Delegation auf ein anderes Organ MHdB GesR V/*Wagner* § 22 Rn. 29.

und/oder der Verwaltungssitz verlegt werden (zur Verwaltungssitzverlegung → § 13 Rn. 363 ff.). Der Wegzugsfall, also die Satzungssitzverlegung eines deutschen Vereins ins Ausland, führt nach bisher überwiegender Ansicht zu einem Wechsel der anwendbaren Rechtsordnung (Gesellschaftsstatut) und wird daher als Auflösungsbeschluss gedeutet.[118] Dementsprechend sieht § 6 Abs. 3 VRV vor, dass die Verlegung des Vereinssitzes in das Ausland in das Registerblatt als Auflösung einzutragen ist (im Einzelnen → § 13 Rn. 353 ff.). Nach anderer Auffassung ist in diesem Fall das Registerblatt zu schließen und zu vermerken, dass die Zuständigkeit der deutschen Gerichte nicht mehr besteht.[119]

Ebenso kann nach herrschender Ansicht ein ausländischer Verein, der seinen Satzungs- und Verwaltungssitz nach Deutschland verlegt (Zuzugsfall), Rechtsfähigkeit nur dann erlangen, wenn er unter Beachtung der inländischen Vorschriften erneut gegründet und anschließend in das Vereinsregister eingetragen wird (§ 21 BGB).[120] Diese Sichtweise soll auch nicht gegen die **Niederlassungsfreiheit (Art. 49, 54 AEUV;** „Centros", „Überseering", „Inspire Art", „SEVIC", „Cartesio"[121]) verstoßen. Die bisher ergangenen Entscheidungen betrafen die Niederlassungsfreiheit von Gesellschaften, die nach dem Recht des Mitgliedstaats, in dem sie ihren statutarischen Sitz haben, gegründet worden sind und die **unter Beibehaltung ihres satzungsmäßigen Sitzes** in einem anderen Mitgliedsstaat geschäftlich tätig werden wollen. 48

Ob der Fall der **grenzüberschreitenden Satzungssitzverlegung** vom Anwendungsbereich der Niederlassungsfreiheit umfasst ist, war bisher umstritten, ist aber nunmehr durch die Entscheidung in der Rechtssache **„Vale"** geklärt.[122] Gegenstand der Entscheidung war eine Satzungssitzverlegung unter gleichzeitigem grenzüberschreitendem Formwechsel im Zuzugsstaat. Nach Auffassung des EuGH steht die europäische Niederlassungsfreiheit einer nationalen Regelung entgegen, die zwar für inländische Gesellschaften die Möglichkeit einer Umwandlung vorsieht, aber die Umwandlung einer EU-Auslandsgesellschaft in eine inländische Gesellschaft nicht gestattet. Daher ist nunmehr eine grenzüberschreitende Sitzverlegung unter gleichzeitiger Umwandlung in eine Rechtsform des Zuzugsstaats möglich, sofern dessen Recht einen entsprechenden inländischen Formwechsel kennt.[123] Ausländischen Vereinen wäre dementsprechend eine grenzüberschreitende Satzungssitzverlegung unter gleichzeitigem Formwechsel in einen e.V. möglich, wenn das deutsche Recht eine solche Möglichkeit vorsähe. Allerdings kann nach deutschem Umwandlungsrecht ein Verein **nur Ausgangsrechts- aber nicht Zielrechtsträger sein (§ 191 Abs. 2 UmwG),** dh es ist auch deutschen Rechtsträgern verwehrt, sich **in einen Verein formzuwechseln** (hierzu ausführlich → § 13). Aus diesem Grund ergibt sich aus der „Vale"-Entscheidung keine Änderung der Beurteilung der Zuzugsfälle, da auch inländischen Gesellschaften diese Möglichkeit des Formwechsels verwehrt ist.[124] Demnach muss ein ausländischer Verein, der seinen Satzungssitz nach Deutschland verlegt, dort neu gegründet werden. 49

Beim nichtwirtschaftlichen Verein kann sich weiter die Frage stellen, ob diese überhaupt dem **Schutzbereich der Niederlassungsfreiheit** unterfallen. Auf die Niederlassungsfreiheit nach Art. 49, 54 AEUV können sich nur diejenigen (natürlichen und juristischen) Personen berufen, die entgeltliche und zumindest mittelbar einem Erwerbszweck dienende wirtschaftliche Aktivitäten erbringen (Art. 54 Abs. 2 AEUV aE). Daher wird teilweise davon ausgegangen, dass sich Idealvereine nicht auf die Niederlassungsfreiheit berufen kön- 50

---

[118] BGHZ 25, 134 (144) = NJW 1957, 1433; BayObLG NJW-RR 1993, 43 (44); MHdB GesR V/*Knof* § 17 Rn. 32; aA *Sauter/Schweyer/Waldner* Eingetragener Verein Rn. 399.
[119] *Sauter/Schweyer/Waldner* Eingetragener Verein Rn. 399; *Stöber/Otto* Rn. 1388.
[120] OLG Zweibrücken NZG 2005, 1019 mwN.
[121] EuGH NZG 1999, 298; NZG 2002, 1164; NZG 2003, 1064; DStR 2006, 49; DStR 2009, 121.
[122] EuGH NZG 2012, 871; vgl. dazu *Kindler* EuZW 2012, 888; *Wicke* DStR 2012, 1756; obergerichtlich für Kapitalgesellschaften OLG Nürnberg DNotZ 2014, 150.
[123] *Wicke* DStR 2012, 1756 (1759).
[124] Ebenso *Sauter/Schweyer/Waldner* Eingetragener Verein Rn. 31; KG NJW-RR 2021, 298 (299).

nen.[125] Allerdings liegt ein Erwerbszweck iSd Art. 54 Abs. 2 AEUV bereits dann vor, wenn als Haupt- oder Nebenzweck entgeltliche Leistungen erbracht werden und hieraus – außerhalb der Mitgliedsbeiträge – Einnahmen erzielt werden.[126] Soweit demnach ein Idealverein im Rahmen des Nebenzweckprivilegs (zulässigerweise) am Wirtschaftsverkehr teilnimmt und diese Tätigkeit nicht völlig unbedeutend ist, wird er sich auf die Niederlassungsfreiheit berufen können.[127]

IV. Eintragung in das Vereinsregister

51 Die Satzung muss ergeben, dass der Verein in das Vereinsregister eingetragen werden soll **(Eintragungsabsicht, § 57 Abs. 1 BGB).** Als zulässig werden Formulierungen wie „Der Verein ist rechtsfähig iSd § 21 BGB“ angesehen, auch wenn hierin streng genommen die Eintragungsabsicht nicht zum Ausdruck kommt. Es empfiehlt sich daher, folgende klarstellende Satzungsregelung aufzunehmen:

52 **Formulierungsbeispiel: Eintragungsabsicht**

Der Verein soll in das Vereinsregister eingetragen werden. Nach seiner Eintragung führt er den Namenszusatz e.V.

53 Wurde der Verein zunächst als **nichtrechtsfähiger Verein** gegründet und soll der Verein nachträglich in einen rechtsfähigen Verein **umgewandelt** werden, ist eine Satzungsänderung erforderlich. Erforderlich ist demnach ein Beschluss der Mitgliederversammlung mit satzungsändernder Mehrheit. In der Erlangung der Rechtsfähigkeit liegt **keine Zweckänderung,** so dass die Zustimmung aller Mitglieder (§ 33 Abs. 1 S. 2 BGB) nicht erforderlich ist. Mit der Registereintragung wandelt sich der nichtrechtsfähige Verein in einen rechtsfähigen Verein. Zwischen dem nichtrechtsfähigen und dem rechtsfähigen Verein besteht Identität, der Verein wechselt ähnlich dem Formwechsel nach dem UmwG lediglich sein Rechtskleid, so dass alle Rechte und Verbindlichkeiten automatisch auf den neuen Verein übergehen, ohne dass es eines besonderen Übertragungsaktes bedarf. Die Eintragung führt aber nicht dazu, dass eine etwa bereits bestehende Haftung für Verbindlichkeiten des nichtrechtsfähigen Vereins gem. § 54 S. 2 BGB erlischt.[128]

1. Vergessene Satzungsregel

54 Wurde eine Satzungsregelung zur Eintragungsabsicht vergessen, ist der Verein zunächst als nichtrechtsfähiger Verein errichtet. Für die Erlangung der Rechtsfähigkeit reicht es in diesem Falle grundsätzlich nicht aus, dass der Vorstand den Verein zur Eintragung anmeldet. Gleichwohl lassen es viele Registergerichte genügen, wenn sich die erstrebte Rechtsfähigkeit aus dem **Namenszusatz „e.V.“** ergibt. Ein Anspruch auf Eintragung alleine aus dem Namenszusatz kann aber nicht hergeleitet werden. Grundsätzlich wäre daher eine Satzungsänderung erforderlich, durch die eine Bestimmung aufgenommen wird, dass der Verein in das Vereinsregister eingetragen werden soll. Gleichwohl halten viele – aus Praktikabilitätsgründen zu Recht – den Vorstand im Falle der vergessenen Satzungsregelung für (stillschweigend) ermächtigt, die Satzung zu ergänzen, wenn sich aus anderen Unterlagen (etwa dem Gründungsprotokoll) der Eintragungswille ergibt.[129] Soll hingegen ein zunächst als nichtrechtsfähiger Verein gegründeter Verein später Rechtsfähigkeit erlangen, so ist eine dahingehende Satzungsänderung erforderlich.

---

[125] BeckOK BGB/*Schöpflin* BGB § 24 Rn. 9; *Stöber/Otto* Rn. 159; Palandt/*Thorn* EGBGB Anh. Art. 12 Rn. 5.
[126] MHdB GesR V/*Knof* § 17 Rn. 27.
[127] MüKoBGB/*Leuschner* BGB vor § 21 Rn. 193.
[128] *Stöber/Otto* Rn. 171.
[129] MHdB GesR V/*Knof* § 20 Rn. 10.

Umstritten ist, ob die Satzungsbestimmung nach Eintragung des Vereins bei einer späteren Satzungsänderung **gestrichen** werden kann, ohne dass dies Auswirkungen auf die Rechtsfähigkeit als solche hat. Dies wird zum Teil bejaht, wenn zumindest im Vereinsnamen durch den Zusatz e.V. zum Ausdruck kommt, dass der Verein eingetragen bleiben soll.[130] Nach anderer Auffassung liegt in der Streichung der entsprechenden Satzungsbestimmung ein Verzicht auf die Rechtsfähigkeit, womit der Verein fortan als nicht rechtsfähiger Verein fortbesteht.[131] Soweit im Rahmen einer späteren Satzungsneufassung die Regelung über die Eintragungsabsicht weggelassen wurde, ist im Wege der Auslegung zu ermitteln, ob hierin ein Verzicht auf die Rechtsfähigkeit zu sehen ist, oder ob sich die Eintragungsabsicht aus anderen Satzungsbestimmungen ableiten lässt. Die Eintragungsabsicht kann etwa daraus abgeleitet werden, dass die geänderte Satzung eine Regelung enthält, wonach die neugefasste Satzung erst mit Eintragung in das Vereinsregister anstelle der bisherigen Satzung gilt.[132] Angesichts der unklaren Rechtslage empfiehlt es sich, die Satzungsbestimmung nicht herauszustreichen. Unschädlich ist es hingegen, die Bestimmung nach der Eintragung umzuformulieren („Der Verein ist in das Vereinsregister eingetragen.“). 55

2. „Verzicht auf Rechtsfähigkeit"

Nach überwiegender Meinung kann der Verein **nachträglich auf seine Rechtsfähigkeit verzichten.**[133] Gemeint ist in diesen Fällen, dass der Verein nachträglich auf die erfolgte Registereintragung (bzw. Konzession) verzichtet. Da auch der nicht eingetragene Verein entgegen dem Gesetzeswortlaut rechtsfähig ist, soweit er im Rechtsverkehr auftritt und Träger von Rechten und Pflichten ist,[134] sollte in diesen Fällen terminologisch genauer von einem Verzicht auf die Registrierung gesprochen werden. Beweggrund für den Verzicht kann etwa sein, dass der Verein nur noch über wenige Mitglieder verfügt und daher die Formstrenge, die bei Beschlussfassungen im rechtsfähigen Verein herrscht, beseitigen will und auch der registerlichen Publizität (mit den verbundenen Formalia und Kosten) nicht mehr unterliegen will. 56

Zum nachträglichen Verzicht auf die Registrierung bedarf es eines entsprechenden **Beschlusses der Mitgliederversammlung** (der auch noch im Liquidationsstadium gefasst werden kann)[135] und der Anmeldung zum Vereinsregister. Der Beschluss über den Verzicht sollte zugleich eine **Satzungsänderung** dahingehend enthalten, dass die Eintragungsabsicht und der Zusatz „e.V.“ aus der Satzung gestrichen wird; fehlt diese, so wird dies idR konkludent im Beschluss mitenthalten sein.[136] 57

Soweit die Satzung (wie idR) für diesen Beschluss keine ausdrückliche Mehrheit bestimmt, ist fraglich, ob der Beschluss der **Mehrheit** bedarf, die für eine Satzungsänderungen erforderlich ist oder derjenigen, die zur Auflösung benötigt wird.[137] Zwar schreibt das Gesetz für beide Beschlüsse die gleiche Drei-Viertel-Mehrheit vor, allerdings finden sich in den Satzungen zumeist abweichende Regelungen. Die Ansicht, welche eine satzungsändernde Mehrheit für ausreichend hält, erscheint vorzugswürdig, da die Mitglieder ja gerade nicht die Auflösung des Vereins mit dem Ziel der Beendigung und Liquidation beschließen wollen, sondern den Vereinstyp ändern und den Verein in seinem neuen Rechtskleid fortsetzen wollen. Eine **Liquidation** des Vereins scheidet nach dem Beschluss 58

[130] *Sauter/Schweyer/Waldner* Eingetragener Verein Rn. 69; *Schäfer* RNotZ 2008, 22.
[131] *Stöber/Otto* Rn. 167.
[132] OLG Düsseldorf NZG 2020, 199.
[133] BayObLGZ 1959, 152; *Kollhosser* ZIP 1984, 1434; *Stöber/Otto* Rn. 177.
[134] *Stöber/Otto* Rn. 1504 mwN; → § 4 Rn. 248.
[135] *Reichert* Rn. 3793; *Schäfer* RNotZ 2008, 22 (24).
[136] *Schäfer* RNotZ 2008, 22.
[137] *Reichert* Rn. 4093; Soergel/*Hadding* BGB vor §§ 41–53 Rn. 8.

über den Verzicht auf die Registereintragung aus, da der Verein als nicht rechtsfähiger Verein fortbesteht.[138]

59 Der Verzicht muss zur Eintragung in das Vereinsregister **angemeldet** werden. Die Anmeldung erfolgt durch den Vorstand in vertretungsberechtigter Zahl; falls der Verein bereits aufgelöst ist, durch die Liquidatoren. Mit der Anmeldung ist dem Registergericht eine Abschrift des Protokolls über den Beschluss über den Verzicht auf die Rechtsfähigkeit vorzulegen, da der Beschluss satzungsändernden Charakter hat. Der Verzicht auf die Rechtsfähigkeit wird entsprechend eingetragen (vgl. § 3 S. 3 Nr. 4 lit. b sublit. bb VRV) und das Registerblatt geschlossen (§ 4 Abs. 2 VRV).

60 **Formulierungsbeispiel: Verzicht auf Eintragungsabsicht**
→ § 4 Rn. 232.

V. Erwerb der Mitgliedschaft (§ 58 Nr. 1 BGB)

61 Das Gesetz enthält keine Bestimmungen darüber, wie jemand, der nicht Gründungsmitglied ist, Mitglied des Vereins wird. Diese Entscheidung ist daher in der Satzung des Vereins zu treffen, es müssen Bestimmungen zum Ein- und Austritt ihrer Mitglieder enthalten sein (§ 58 Nr. 1 BGB). Fehlt eine entsprechende Bestimmung, ist die Anmeldung zurückzuweisen. Aus dem zwingenden Erfordernis einer Regelung über den Ein- und Austritt folgt weiter, dass ein Verein satzungsmäßig **keinen geschlossenen** Mitgliederbestand haben darf.[139] Eine begrenzte Mitgliederzahl ist hingegen zulässig; in diesem Fall kann die Satzung auch eine Aufnahmesperre vorsehen, wenn die Höchstzahl erreicht ist. Die Satzung kann weitere Anforderungen an den Erwerb der Mitgliedschaft stellen (zB Alter, Geschlecht, etc.). Dazu → § 10 Rn. 26.

1. Eintritt

62 Bestimmungen über die Formalia des Eintritts eines neuen Mitglieds sind im BGB nicht enthalten Dennoch muss sich aus der Satzung mit hinreichender Bestimmtheit ergeben, **auf welche Art und Weise** sich der Eintritt eines Mitglieds vollzieht.[140] So kann etwa vorgesehen werden, dass ein besonderes Aufnahmeverfahren durchlaufen werden muss. Die Beitrittserklärung ist an **keine bestimmte Form** gebunden. Auch Satzungsangaben zur Form sind nicht zwingend erforderlich,[141] gleichwohl ist **Schriftform oder zumindest Textform (also via E-Mail, SMS, WhatsApp etc.) empfehlenswert,** um Unsicherheiten über das ob und den Zeitpunkt des Beitritts zu vermeiden.[142] Die Satzung kann auch vorsehen, dass der Beitritt rückwirkend zu einem bestimmten Zeitpunkt als erfolgt gilt.[143] Wegen der mit der Mitgliedschaft verbundenen Rechte und Pflichten (vor allem Stimmrecht) empfiehlt es sich, den Zeitpunkt des Erwerbs der Mitgliedschaft oder den die Mitgliedschaft begründenden Akt genau festzulegen und diese Formalia in der Vereinspraxis genau zu befolgen.

62a Teilweise wird die Ansicht vertreten, dass eine (formlose) Begründung der Mitgliedschaft durch schlüssiges Verhalten in diesen Fällen regelmäßig nicht in Betracht kommen soll, auch dann nicht, wenn die vermeintlichen Mitglieder über einen längeren Zeitraum

---

[138] *Krafka* RegisterR-HdB Rn. 180.
[139] *Burhoff* Rn. 62.
[140] BayObLG Rpfleger 2001, 137.
[141] BayObLGZ 1972, 114 = NJW 1972, 1323; *Sauter/Schweyer/Waldner* Eingetragener Verein Rn. 73. Wenn die Satzung keine Regelung enthält, ist keine besondere Form für den Beitritt erforderlich.
[142] Sieht die Satzung Schriftform vor, so ist die Übermittlung durch Telefax ausreichend: BGH NJW-RR 1996, 866.
[143] KG NotBZ 2010, 408.

als Mitglieder behandelt wurden.[144] Der BGH hält hingegen einen schlüssigen Beitritt auch bei satzungsmäßigen Aufnahmevoraussetzungen nur dann für ausgeschlossen, wenn sich durch eine Auslegung der Satzung ergibt, dass die Einhaltung dieser Verfahrensweisen eine Wirksamkeitsvoraussetzung für den Erwerb der Mitgliedschaft ist.[145]

> **Hinweis:**
>
> Soweit die beigetretenen Mitglieder jedoch in der Vergangenheit am Vereinsleben teilgenommen haben (also etwa an Beschlüssen mitgewirkt haben, zu Mitgliederversammlungen geladen wurden und Beiträge entrichtet haben) und ein schlüssiger Beitritt dennoch nicht in Betracht kommt, können diese Mitglieder möglicherweise nach den **Grundsätzen über den fehlerhaften Eintritt in Gesellschaften** zumindest für die Vergangenheit als Mitglieder zu behandeln sein. Die Regelungen über den fehlerhaften Beitritt zu einer Gesellschaft sind auch auf einen fehlerhaften Vereinsbeitritt entsprechend anwendbar.[146] Danach kann die Unwirksamkeit des Beitritts grundsätzlich nur für die Zukunft geltend gemacht werden. Dagegen können geleistete Beiträge für die Vergangenheit nicht zurückgefordert werden. Auch Beschlüsse der Mitgliederversammlung, die unter Mitwirkung der fehlerhaft Beigetretenen gefasst wurden, sind grundsätzlich wirksam. Die fehlerhaft beigetretenen „Vereinsmitglieder" werden bis zur Geltendmachung des Unwirksamkeitsgrundes als Mitglieder des Vereins behandelt.[147] Voraussetzung für die Anwendung der Grundsätze über den fehlerhaften Beitritt zum Verein ist jedoch, dass die Mitgliedschaft in Vollzug gesetzt wurde (ausführlich → § 10 Rn. 239).

Die Vereinsmitgliedschaft kommt durch einen **Aufnahmevertrag** zwischen Verein und Beitretendem zustande, für den die allgemeinen Vorschriften über Willenserklärungen gelten.[148] Daher kann die Satzung nicht wirksam anordnen, dass eine Spende als Beitrittserklärung gilt oder dass jemand ohne Beitrittserklärung Mitglied werden kann.[149] Die Aufnahme ist eine empfangsbedürftige Willenserklärung, die Wirksamkeit erst dadurch erlangt, dass sie dem Verein zugeht.[150] Der Verein kann sich nicht in der Satzung vom Erfordernis des Zugangs der Annahmeerklärung befreien, da dies dem Vertragscharakter des Eintritts widersprechen würde.[151] 63

Soweit die Satzung vorsieht, dass die Mitgliedschaft durch **bloße Beitrittserklärung** begründet wird, ist diese dahingehend auszulegen, dass das Vertretungsorgan die Annahme des Beitritts ohne weitere Voraussetzungen erklären muss, was auch konkludent erfolgen kann. Hiervon sollte kein Gebrauch gemacht werden, da der Verein dadurch die Kontrolle über seine Mitglieder verliert und eine drohende Unterwanderung nicht unterbinden kann.[152] 63a

Die Satzung kann auch nicht vorsehen, dass jemand alleine aufgrund seiner **(beruflichen) Stellung oder bestimmten Funktion** (Bürgermeister, Präsident der Handwerkskammer etc.) Vereinsmitglied ist. Eine solche Satzungsregelung ist unzulässig, da niemand gegen seinen Willen in die Vereinsmitgliedschaft gezwungen werden kann.[153] Bei religiösen Vereinen sind wegen der in Art. 140 GG iVm Art. 137 Abs. 3 WRV garantierten Selbstordnungs- und Selbstverwaltungsgarantie andere Maßstäbe anzulegen, weshalb hier 63b

---

[144] OLG Naumburg Urt. v. 20.1.1998 – 11 U 1190/97, ZfG 49 (2001), 312 (314); KG Rpfleger 2004, 497 (500); AG Duisburg NZG 2002, 1072.
[145] BGH DNotZ 2014, 942 (943).
[146] Soergel/*Hadding* BGB § 38 Rn. 10; LG Wiesbaden NJW 1975, 1033 f.
[147] KG Rpfleger 2004, 497 (501).
[148] MHdB GesR V/*Wagner* § 20 Rn. 12.
[149] BayObLG NStZ 1982, 387; DB 1973, 2518.
[150] BGH NJW 1987, 2503.
[151] MHdB GesR V/*Wagner* § 20 Rn. 12.
[152] *Weimar* MDR 1974, 310.
[153] BayObLGZ 1973, 303.

eine solche Satzungsregel, wonach ein bestimmter Funktionsträger automatisch Vereinsmitglied wird, zulässig ist.[154] In aller Regel werden solche Satzungsbestimmungen allerdings dahingehend auszulegen sein, dass keine Zwangsmitgliedschaft gegen den Willen des Betroffenen begründet wird, sondern dass die Person ohne weiteres Aufnahmeverfahren oder besondere Formalia Vereinsmitglied wird.[155]

64 Generell ist eine **Stellvertretung** bei der Beitrittserklärung zulässig. Ein Ehegatte kann aber nicht aufgrund der sich aus § 1357 BGB ergebenden „Schlüsselgewalt" den Beitritt des anderen Ehegatten erklären.[156]

65 Der Vereinsbeitritt ist als solcher kein entgeltlicher Vertrag, sondern ein auf Begründung der Mitgliedschaft gerichtetes organisationsrechtliches Geschäft und unterliegt daher **nicht den Vorschriften über den Verbrauchervertrag iSd § 312 BGB** (Widerrufsmöglichkeit, erforderliche Belehrung). Die Begründung einer Mitgliedschaft ist jedoch einem entgeltlichen Vertrag gleichzustellen, wenn der Beitritt im Wesentlichen zur Erlangung bestimmter Leistungen für den Vereinsbeitrag als Entgelt erfolgt, dh sofern der Austauschcharakter die Mitgliedschaft wesentlich prägt (so angenommen für den Beitritt zu einem Flugrettungsdienst[157] und Timesharing-Modellen[158]). Vgl. auch → § 10 Rn. 183.

66 Hinsichtlich der Einzelheiten des **Aufnahmeverfahrens** besteht ein weitgehender Gestaltungsspielraum des Satzungsgebers.

67 Dies gilt zunächst für die **Zuständigkeit** für die Entscheidung über den Aufnahmeantrag. Hierüber kann etwa der Vorstand oder ein etwa besonders eingesetzter Ausschuss entscheiden. Ist keine besondere Zuständigkeit in der Satzung vorgesehen, dann entscheidet die Mitgliederversammlung.[159] Es kann auch ein **gestuftes Verfahren** vorgesehen werden, etwa dergestalt, dass zunächst der Vorstand über die Aufnahme entscheidet und bei dessen Ablehnung der Bewerber die Möglichkeit hat, hiergegen eine Entscheidung der Mitgliederversammlung herbeizuführen.

68 Weitere Verfahrenserfordernisse können aufgestellt werden, etwa eine Regelung dergestalt, dass Vereinsmitglied nur werden kann, wenn kein Mitglied der Neuaufnahme innerhalb einer angemessenen Frist widerspricht. Es ist aber nicht möglich, die Berufung aller Vereinsmitglieder durch einen **außenstehenden Dritten** vorzusehen.[160] Zulässig ist es hingegen, wenn in der Satzung bestimmt wird, dass ein außenstehender Dritter vor der beabsichtigten Aufnahme informiert werden muss oder ihm ein ausdrückliches Vetorecht eingeräumt wird.[161]

69 Der Vereinsbeitritt kann auch von einer aufschiebenden Bedingung (etwa der Zahlung einer Aufnahmegebühr) abhängig gemacht werden.

70 Hinsichtlich der Ausgestaltung der Mitgliedschaft besteht weitgehende Gestaltungsfreiheit. So kann die Satzung die Mitgliedsrechte und -pflichten differenzieren, also verschiedene **Mitgliedergruppen** mit unterschiedlichen Rechten und Pflichten bilden, wobei aber die unterschiedliche Behandlung der Mitglieder auf einem sachlichen Grund beruhen und die Regelung eindeutig formuliert sein muss.[162] So kann etwa das Stimmrecht in der Mitgliederversammlung, obwohl es sich um das wichtigste Recht zur vereinsinternen Willensbildung handelt, einzelnen Mitgliedergruppen (typischerweise bei fördernden oder passiven Mitgliedern) verwehrt werden.[163] Die Reichweite der Dispositionsbefugnis richtet sich nach der Art der betroffenen Rechte. Unabdingbar sind Schutzrechte (etwa nach § 37 Abs. 1 BGB: Einberufungsrecht einer Minderheit; § 39 BGB: Austrittsrecht) und das

[154] OLG Hamm NJW-RR 1995, 119.
[155] *Sauter/Schweyer/Waldner* Eingetragener Verein Rn. 71.
[156] AG Marl NJW-RR 1988, 197; *Burhoff* Rn. 64.
[157] OLG München NJW 1996, 263.
[158] LG Stuttgart NJW-RR 1995, 1009.
[159] So die wohl überwiegende Ansicht: MHdB GesR V/*Wagner* § 20 Rn. 13; *Reichert* Rn. 141.
[160] OLG Stuttgart NJW-RR 1986, 995.
[161] Für die Zulässigkeit eines Vetorechts MHdB GesR V/*Wagner* § 20 Rn. 13.
[162] KG NJW 1962, 1917; *Stöber/Otto* Rn. 204.
[163] *Sauter/Schweyer/Waldner* Eingetragener Verein Rn. 198.

Recht auf Teilnahme an der Mitgliederversammlung.[164] Zulässig ist ferner die Einführung einer **Probemitgliedschaft,** wobei die Satzung hier Regelungen zum Ein- und Austritt und der Beitragspflicht der Probemitglieder vorsehen muss.[165]

Formulierungsbeispiel: Probemitgliedschaft (Satzungsbestandteil) 71
→ § 10 Rn. 195.

Auch gegen die Einführung einer **Tagesmitgliedschaft** bestehen aus vereinsrechtlicher Sicht keine Bedenken. Eine solche steht freilich in Konflikt zum Idealbild des Vereins, welches davon ausgeht, dass sich Mitglieder aktiv in das Vereinsgeschehen einbringen und zusammen die Geschicke der Gemeinschaft bestimmen. Die Einführung einer Tagesmitgliedschaft ist aber von der Gestaltungsfreiheit des Satzungsgebers gedeckt, soweit der Kernbereich der Mitgliedschaftsrechte unberührt bleibt. Im konkreten Fall hatte ein Modellflugverein eine luftrechtliche Genehmigung, die durch seine Mitglieder ausgeübt werden konnte, wobei die Genehmigungsbehörde davon ausging, dass eine Tagesmitgliedschaft von der öffentlich-rechtlichen Genehmigung gedeckt war. Dieser Verein wollte „Gästen" die Möglichkeit einräumen, die Vereinsanlagen tagesweise zu nutzen. Das OLG Stuttgart ging davon aus, dass die Tagesmitgliedschaft von der Gestaltungsfreiheit des Satzungsgebers gedeckt ist.[166] 71a

Die von einigen Fußballvereinen eingeführten **„lebenslangen Vereinsmitgliedschaften"** sind zulässig. Diese sind in der Regel so ausgestaltet, dass das Mitglied einen einmaligen Betrag zahlt und ansonsten keine weiteren Beiträge zahlen muss. Eine Kündigung ist möglich, eine (anteilige) Rückzahlung des Beitrags jedoch ausgeschlossen. Solche Regelungen sind von der Gestaltungsfreiheit des Satzungsgebers gedeckt und verstoßen auch nicht gegen § 138 Abs. 2 BGB. Eine AGB-Kontrolle ist bei Vereinssatzungen ohnehin (grundsätzlich) ausgeschlossen (§ 310 Abs. 4 BGB).[167] 71b

Im Übrigen kann die Satzung frei festlegen, welche **Voraussetzungen ihre Mitglieder erfüllen müssen.** So kann die Satzung eines Berufsverbands anordnen, dass Mitglieder im Ruhestand für Verbandsfunktionen nicht passiv wahlberechtigt sind; ein Verstoß gegen das AGG liegt nicht vor.[168] Die Satzung kann etwa bestimmen, dass nur natürliche (oder nur juristische) Personen Mitglieder sein können. Weiter können bestimmte Eigenschaften an den Beruf, Alter, Geschlecht, Wohnsitz, Staatsangehörigkeit oder sonstige Eigenschaften geknüpft werden (etwa kann bei einem Mieterschutzverein vorgesehen werden, dass nur Mieter Mitglieder werden können).[169] In diesem Fall kann die Satzung anordnen, dass das Mitglied bei Wegfall der festgelegten Voraussetzungen automatisch aus dem Verein ausscheidet (→ § 5 Rn. 119). Wird eine Regelung zu den Voraussetzungen der Mitgliedschaft nachträglich eingeführt und gleichzeitig bestimmt, dass die Mitglieder ihre Mitgliedschaft verlieren, welche die Voraussetzung nicht mehr erfüllen, so bedarf die Satzungsänderung der Zustimmung der vom Ausschluss betroffenen Mitglieder.[170] Weiter kann die Satzung anordnen, dass die Vereinsmitglieder automatisch Mitglieder eines Dachverbandes werden (statutarisch verankerte **Doppelmitgliedschaft:** In diesem Falle sind korrespondierende Satzungsregelungen in der Satzung des Mitgliedsvereins und des Dachverbandes erforderlich, dass mit der Mitgliedschaft im Mitgliedsverein zugleich eine Mitgliedschaft im Dachverband begründet wird).[171] Fehlt es an einer solchen wechselbezügli- 72

[164] OLG Frankfurt a. M. NJW-RR 1997, 482; Palandt/*Ellenberger* BGB § 38 Rn. 2.
[165] BayObLG NJW-RR 2001, 326.
[166] Insoweit ist diese Entscheidung von anderen Fällen, in welchen Tagesmitgliedschaften etwa zur Umgehung der Nichtraucherschutzgesetze eingeführt wurden, abzugrenzen.
[167] *Segna/Lenz* ZStV 2018, 121 ff.
[168] AG München npoR 2018, 213.
[169] AG Wiesbaden NJW-RR 1999, 1242 zum fristlosen Austritt eines Mitglieds aus einem Mieterschutzverein nach Erwerb einer Eigentumswohnung.
[170] OLG Frankfurt a. M. ZStV 2018, 103 (105).
[171] BGHZ 105, 306; LG Frankenthal Rpfleger 2003, 591; MHdB GesR V/*Steinbeck* § 5 Rn. 76.

chen Regelung, kann das Vereinsmitglied Mitglied im Verband nur werden, wenn es mit diesem einen gesonderten Aufnahmevertrag schließt.

73 Soweit in der Vereinssatzung bestimmte Anforderungen an die Mitgliedschaft gestellt werden, kann alleine daraus aber nicht hergeleitet werden, dass einem Beitrittswilligen, der diese Voraussetzungen erfüllt, ein **Anspruch auf Aufnahme** in den Verein zusteht. Sollte dies (ausnahmsweise) gewollt sein, so muss sich dies eindeutig aus der Satzung ergeben.[172]

74 Bei Monopolvereinen oder Vereinen mit überragender Machtstellung im wirtschaftlichen oder sozialen Bereich (zB Gewerkschaften) besteht nach der Rechtsprechung in bestimmten Fällen eine **Aufnahmepflicht** (→ § 10 Rn. 244ff.). Dies ist beispielsweise dann der Fall, wenn trotz Erfüllung der satzungsmäßigen Aufnahmevoraussetzungen die Ablehnung – im Verhältnis zu den übrigen Mitgliedern – zu einer nicht gerechtfertigten Ungleichbehandlung und unbilligen Benachteiligung des Bewerbers führen würde und ein wesentliches oder grundlegendes Interesse an dem Erwerb der Mitgliedschaft besteht.[173] Die Interessen an der Aufnahme und die Bedeutung der damit verbundenen Rechte und Vorteile sind dann gegen die Interessen des Verbandes abzuwägen.[174] Dies gilt auch für die Aufnahme in einen Sportverband (hier kann der Verband die Aufnahme zulässigerweise davon abhängig machen, dass Name des Sponsors nicht Bestandteil des Vereinsnamens sein darf)[175] oder Sportverein.[176] In diesen Fällen kommt ebenfalls ein Anspruch nach **§ 20 Abs. 5 GWB** in Betracht.

74a In diesem Zusammenhang ist das in den Satzungen der Landessportverbände verankerte **„Ein-Platz-Prinzip"** häufiger Gegenstand gerichtlicher Entscheidungen.[177] Grundsätzlich müssen Landessportverbände wegen ihrer Monopolstellung Mitglieder, welche die Aufnahmevoraussetzungen erfüllen, aufnehmen. Diese Aufnahmepflicht wird aber durch das „Ein-Platz-Prinzip" beschränkt, wonach der Verband für jede Sportart nur ein Mitglied als Fachverband aufnimmt. Diese Beschränkung kann unwirksam sein, wenn sich der verfolgte Zweck auch durch eine mildere Satzungsgestaltung erreichen lässt, die eine Mitgliedschaft des Bewerbers gleichwohl ermöglicht. Insoweit wird man bei der Satzungsgestaltung auf eine gleichförmige Anwendung der Aufnahmevoraussetzung gegenüber allen Mitgliedern achten müssen; die Hürden dürfen nicht so hoch angelegt werden, dass an die Bewerber strengere Anforderungen gestellt werden als dies bei den Altmitgliedern der Fall war und so Bewerber unzulässigerweise von der Mitgliedschaft abgehalten werden.[178]

75 In der Praxis stellen sich häufig Probleme der **Mitgliedschaft von Minderjährigen** (ausführlich → § 10 Rn. 216ff.). Da die Mitgliedschaft in einem Verein Verpflichtungen mit sich bringt (etwa zur Zahlung des Mitgliedsbeitrages) ist der Beitritt **kein lediglich rechtlich vorteilhaftes Rechtsgeschäft.** Der Minderjährige bedarf daher der Einwilligung seiner gesetzlichen Vertreter, also bei gemeinsamem Sorgerecht vom Vater und der Mutter (§§ 1626 Abs. 1, 1629 Abs. 1 BGB). Haben die Eltern dem Beitritt zugestimmt, so ist der Minderjährige anschließend berechtigt, die aus der Vereinsmitgliedschaft resultierenden Rechte (Stimmrecht) alleine auszuüben. In der gezielten Überlassung der zur Beitragszahlung erforderlichen Mittel an den Minderjährigen kann eine konkludente Einwilligung in den Vereinsbeitritt gesehen werden. Eine Wirksamkeit des Vereinsbeitritts des Minderjährigen gem. § 110 BGB („Taschengeld") kommt dagegen nicht in Betracht, da die durch die Vereinsmitgliedschaft übernommenen (auch nicht-finanziellen) Pflichten nicht durch Erfüllung der Beiträge zu „bewirken" (iSd § 110 BGB) sind.[179] Ist der Min-

[172] BGH NJW 1985, 1214 (1215).
[173] BGH NJW 1985, 1214 (1216); NJW 1987, 2305; NJW 1997, 3368.
[174] OLG München ZStV 2019, 218 (220).
[175] OLG Frankfurt a. M. BeckRS 2009, 09489.
[176] BGH NJW 1999, 1326; OLG Frankfurt a. M. OLGR 2009, 566.
[177] OLG München ZStV 2019, 218; OLG Dresden NZG 2017, 189.
[178] *Engel* ZStV 2019, 221 (222).
[179] Ebenso *Stöber/Otto* Rn. 247; aA *Sauter/Schweyer/Waldner* Eingetragener Verein Rn. 10, zumindest wenn nur ein einmaliger Beitrag gefordert wird und dieser bezahlt ist.

derjährige zum selbständigen Betrieb eines Erwerbsgeschäfts (§ 112 BGB) oder zur Eingehung eines Dienst- oder Arbeitsverhältnisses (§ 113 BGB) ermächtigt, so ist ihm auch ein hiermit in Zusammenhang stehender Vereinsbeitritt möglich (etwa zu einen Berufsverband).

Die Satzung kann die Aufnahme von Minderjährigen davon abhängig machen, dass der **gesetzliche Vertreter** für die **Mitgliedsbeiträge** des neuen Mitglieds **haftet.** In diesem Fall muss die Ausgestaltung der (rechtsgeschäftlichen) Haftungsübernahme sicherstellen, dass der gesetzliche Vertreter bei Stellung des Aufnahmeantrages von der doppelten Bedeutung der von ihm abgegebenen Willenserklärung Kenntnis hat. Dies ist nach OLG Hamm[180] nicht der Fall, wenn sich die Satzung auf die Anordnung beschränkt, dass der gesetzliche Vertreter durch seine Unterschrift unter den Aufnahmeantrag für die Zahlung der Mitgliedsbeiträge haftet. Eine Haftung kann nur begründet werden, wenn dies im **Aufnahmeantrag deutlich gekennzeichnet wird.** 76

Eine **„Zwangsmitgliedschaft“,** wonach eine Person alleine aufgrund der beruflichen Stellung Mitglied eines Vereins ist, ist unzulässig.[181] Eine Ausnahme hiervon ist anerkannt, wenn eine verbandsrechtliche Mitgliedschaft gesetzlich vorgeschrieben ist (wie etwa in § 54 GenG, wonach die Genossenschaft dem Verband angehören muss, dem das Prüfungsrecht verliehen ist (Prüfungsverband)). Auch bei **kirchlichen Vereinen** wird eine Satzungsregelung als zulässig angesehen, wonach bestimmte Personen „geborene“ Vereinsmitglieder sind.[182] 77

> **Hinweis:**
>
> Auf die Festlegung der Voraussetzung der Mitgliedschaft ist besonderes Augenmerk zu richten, wenn der Verein als **gemeinnützig** anerkannt werden soll (§ 51 Abs. 1 AO). Eine Körperschaft verfolgt nur dann gemeinnützige Zwecke, wenn ihre Tätigkeit darauf gerichtet ist, die Allgemeinheit auf materiellem, geistigem oder sittlichem Gebiet selbstlos zu fördern. Wenn die Tätigkeit der Körperschaft im Wesentlichen ihren Mitgliedern zugutekommt, liegt eine Förderung der Allgemeinheit nur dann vor, wenn im Grundsatz jedermann freien Zutritt zur Körperschaft hat, die Mitglieder sich dementsprechend zumindest als **Ausschnitt der Allgemeinheit darstellen.**[183] Satzungsregelungen sind dann problematisch, wenn sie inhaltlich darauf gerichtet sind, die Allgemeinheit von der satzungsmäßigen Förderung auszuschließen. Dies ist nach Ansicht des BFH bereits nicht deshalb der Fall, weil neue Aufnahmegesuche von zwei stimmberechtigten Vereinsmitgliedern befürwortet werden müssen. Auch ein Widerspruchsrecht einzelner Mitglieder gegen die Neuaufnahme eines Mitglieds ist unschädlich, wenn dieser Widerspruch durch einen einstimmigen Beschluss des Vorstandes überstimmt werden kann.[184] Gemeinnützigkeitsschädlich sind aber Verpflichtungen zur Zahlung von laufenden Beiträgen, Aufnahmebeiträgen und Umlagen, deren Höhe eine Repräsentation der Allgemeinheit im Mitgliederbestand nicht mehr gewährleistet. Derzeit dürfen die Beiträge und Umlagen zusammen im Durchschnitt je 1.023 EUR je Mitglied pro Jahr und die Aufnahmegebühr 1.534 EUR nicht übersteigen.[185]

[180] NJW-RR 2000, 42.
[181] BayObLG DB 1973, 2518.
[182] OLG Köln NJW 1992, 1048.
[183] BFHE 108, 451 = BStBl. II 1973, 430; BFHE 127, 330 = BStBl. II 1979, 482.
[184] BFH BB 1997, 2260 = BStBl. II 1997, 794.
[185] Weitere Einzelheiten, etwa zur zulässigen Investitionszulage (5.113 EUR pro Jahr): Anwendungserlass zur Abgabenordnung (AEAO); BMF-Schreiben v. 2. 1. 2008 (BStBl. I 26); geändert durch BMF-Schreiben v. 21. 4. 2008 (BStBl. I 582), zuletzt geändert durch BMF-Schreiben v. 17. 7. 2008 (BStBl. I 694).

2. Austritt

78 Die Satzung muss eine Regelung zum Austritt aus dem Verein enthalten (§ 58 Nr. 1 BGB). Der Austritt ist eine empfangsbedürftige Willenserklärung, die dem Vorstand (bei mehreren einem seiner Mitglieder § 28 Abs. 2 BGB) zugehen muss. Die Satzung kann aber anordnen, dass der Austritt gegenüber einem anderen Vereinsorgan zu erklären ist. Die Satzung kann bestimmen, dass die Austrittserklärung nur **höchstpersönlich,** nicht durch einen Vertreter, erklärt werden kann.[186] Auch wenn die Satzung eine solche Einschränkung vorsieht, dürfte im Falle der Geschäftsunfähigkeit ein Austritt durch einen Betreuer oder aufgrund einer (notariellen) General- und Vorsorgevollmacht zulässig sein. Auch während des **Liquidationsverfahrens** ist ein Austritt möglich, solange die Liquidation noch nicht beendet ist.

79 Das **Recht zum Austritt** aus dem Verein ist **zwingend** und kann durch die Satzung nur geringfügig eingeschränkt werden (§ 39 BGB). So kann die Satzung eine Befristung dergestalt vorsehen, dass der Austritt erst zum Schluss des Geschäftsjahres oder nach Ablauf einer **Kündigungsfrist,** die höchstens zwei Jahre betragen darf, erfolgen kann (§ 39 Abs. 2 BGB). Das (fristlose) Austrittsrecht bei Vorliegen eines wichtigen Grundes bleibt hiervon unberührt. Eine Kombination der Befristungsmöglichkeiten in § 39 Abs. 2 BGB ist möglich, sofern gewährleistet ist, dass die Zweijahresfrist nicht überschritten wird.

Beispiel:

Zulässig wäre also zB eine Kündigungsfrist von sechs Wochen zum Ende eines Kalenderjahres, nicht aber von sechs Wochen zum Ende des übernächsten Kalenderjahres, da in diesem Falle die Frist insgesamt mehr als zwei Jahre betragen würde. Weiter zulässig ist eine Kündigungsfrist von einem Jahr zum Ende eines Kalenderjahres.[187]

80 Nach der Kündigung, aber während des Laufes der Kündigungsfrist, ist das Mitglied weiterhin stimmberechtigt, beitragspflichtig etc.[188] Die Satzung kann hiervon abweichen. Wurde in der Satzung eine **unzulässige Kündigungsfrist** vereinbart, fällt diese nicht ersatzlos weg, sondern verkürzt sich nach hM auf die in § 39 Abs. 2 BGB vorgesehenen zwei Jahre.[189] Wenn die Zweijahresfrist für die Kündigung nicht überschritten wird, kann die Satzung auch anordnen, dass eine Kündigung für einen gewissen Zeitraum nach Aufnahme ausgeschlossen ist.

80a Wenn die Satzung keine Kündigungsfrist bestimmt, ist der Austritt jederzeit möglich.[190] Auch wenn in der Satzung bestimmt wird, dass die Mitgliedschaft **„auf Lebenszeit"** besteht, ist ein Austritt möglich. Es ist eine Frage der Auslegung, ob hier ein Austritt nur unter Einhaltung der höchstmöglichen Kündigungsfrist des § 39 Abs. 2 BGB (zwei Jahre) erfolgen kann oder ob ein sofortiger Austritt möglich ist. Hierbei wird es auch auf die bisherige Vereinspraxis ankommen.[191]

81 In Sonderfällen ist auch die in § 39 Abs. 2 BGB vorgesehene Zweijahresfrist zu lang. Angesichts der negativen Koalitionsfreiheit (Art. 9 Abs. 3 GG) wurde bei **Gewerkschaften** eine Austrittsfrist von drei Monaten zum Jahresende als zu lange angesehen; die Höchstgrenze soll hier bei **sechs Monaten** liegen.[192] Diese Grundsätze gelten auch beim Austritt aus einem Arbeitgeberverband.[193] Auch hier ist eine sechs Monate überschreitende Kündigungsfrist unter Berücksichtigung der berechtigten Belange des Verbands regelmäßig

[186] BGH NJW 1993, 1329.
[187] RGZ 90, 306 (311).
[188] *Stöber/Otto* Rn. 282.
[189] OLG Hamm BeckRS 2007, 10640; MüKoBGB/*Leuschner* BGB § 39 Rn. 4; nach aA soll in diesem Fall entsprechend dem Verbot geltungserhaltender Reduktion ein sofortiges Austrittsrecht bestehen, vgl. MHdB GesR V/*Schöpflin* § 38 Rn. 11 mwN.
[190] LG Stuttgart NJW-RR 1995, 1009.
[191] *Sauter/Schweyer/Waldner* Eingetragener Verein Rn. 86.
[192] BGH NJW 1981, 340; Palandt/*Ellenberger* BGB § 39 Rn. 3.
[193] BGH NJW 2014, 3239.

nicht mit der in Art. 9 Abs. 3 GG gewährleisteten individuellen Koalitionsfreiheit seiner Mitglieder vereinbar. Wenn die in der Satzung eines Arbeitgeberverbands bestimmte Kündigungsfrist diese Höchstdauer überschreitet, bleibt die Regelung in dem mit Art. 9 Abs. 3 GG vereinbaren Umfang aufrechterhalten. Ein gemeinschaftlicher Prüfungsverband kann hingegen die Zweijahresfrist ausschöpfen.[194]

Der Austritt aus einer **politischen Partei** ist **jederzeit sofort** möglich (§ 10 Abs. 2 82
S. 3 ParteiG).

Formulierungsbeispiel: Kündigung der Mitgliedschaft 83

An den
*** Verein

Kündigung

Sehr geehrte Damen und Herren,

hiermit kündige ich meine Mitgliedschaft zum Ablauf des 31.12.20***. Eine etwa bestehende Einzugsermächtigung wird mit Wirkung zu diesem Zeitpunkt widerrufen.

Den Eingang dieser Kündigungserklärung bitte ich zu bestätigen.

Mit freundlichen Grüßen

Unterschrift

Dem Mitglied dürfen über die Kündigungsfrist hinaus auch **keine sonstigen Erschwe-** 84
rungen auferlegt werden, die von einem Austritt abhalten oder an den Austritt nachteilige Folgen knüpfen. Daher ist etwa eine Regelung unzulässig, wonach das Mitglied mit Austritt seine Rechte verliert, aber weiterhin der Beitragspflicht unterliegt.[195]

Die Erschwerungen dürfen sich auch nicht aus der geforderten Form der Austrittserklä- 85
rung ergeben. Das Gesetz sieht für den Austritt keine bestimmte Form vor. **Schriftform** kann – und sollte aus Beweisgründen – angeordnet werden, darüber hinausgehende Formerfordernisse sind dagegen unzulässig. Das Schriftformerfordernis ist in diesem Fall grundsätzlich als gewillkürte Schriftform iSv § 127 BGB anzusehen, so dass gem. § 127 S. 2 BGB auch eine andere telekommunikative Übermittlung **(Fax, E-Mail oder Computerfax)** genügt. Soweit die Satzung für die Austrittserklärung einen **eingeschriebenen Brief** vorschreibt, wird man diese Bestimmung in aller Regel dahingehend auslegen können, dass diese nur der Beweiserleichterung des Zugangs der Austrittserklärung dient, hiermit aber kein Wirksamkeitserfordernis statuiert werden soll, wonach die Nichteinhaltung der Form die Unwirksamkeit des Austritts nach sich ziehen würde. Wenn ein Mitglied in diesen Fällen nur unter Verwendung eines einfachen Briefes austritt, kann der Verein die Wirksamkeit des Austritts nicht mit dem Argument bestreiten, die Satzung sehe eine strengere Form vor.[196]

Soweit die Satzung eine **Unterschriftsbeglaubigung** für die Austrittserklärung ver- 86
langt, dürfte hierin eine unzulässige Erschwerung des Austrittsrechts liegen.[197] Gleiches gilt für eine Regelung, wonach ein Austritt nur in der Mitgliederversammlung erfolgen kann; wegen der damit verbundenen öffentlichen „Prangerwirkung" könnten Mitglieder vom Austritt abgehalten werden.

Die Satzung darf keine **Begründung** für den Austritt fordern oder **sonstige nachteili-** 87
ge Folgen an den Austritt knüpfen (etwa Beitragsnachzahlung, Zahlung eines Austrittsgeldes, Zahlungspflicht für kostenlos gewährte Mitgliederleistungen).[198] Der Austritt kann auch nicht von der Zahlung rückständiger Beiträge abhängig gemacht werden. Keine Aus-

[194] BGH NZG 2017, 390 (393).
[195] MHdB GesR V/*Schöpflin* § 38 Rn. 16.
[196] BayObLGZ 1968, 528; *Sauter/Schweyer/Waldner* Eingetragener Verein Rn. 85.
[197] Ebenso *Sauter/Schweyer/Waldner* Eingetragener Verein Rn. 99.
[198] *Stöber/Otto* Rn. 269.

trittserschwerung ist aber der Wegfall einer nichtmitgliedsrechtlichen Vergünstigung (zB Fälligkeit eines dem Austretenden vom Verein gewährten Darlehens). Unzulässig ist auch eine Regelung, wonach der freiwillige Austritt ausgeschlossen ist, sobald gegen das Mitglied ein Ausschlussverfahren oder sonstiges Vereinsstrafverfahren eingeleitet wird.[199]

88 Infolge des Austritts **endet die Mitgliedschaft** im Verein. Ein Anspruch auf ein Auseinandersetzungsguthaben am Vereinsvermögen besteht nicht. Soweit die Satzung hierzu keine Regelung trifft, hat ein Mitglied auch **keinen Anspruch auf Rückzahlung** eines bei Eintritt in den Verein gezahlten **Aufnahmebeitrages.** Der Austritt aus einem Verein führt – anders als das Ausscheiden eines Gesellschafters aus einer Gesellschaft bürgerlichen Rechts (§ 738 BGB) – nicht dazu, dass eine Vermögensauseinandersetzung zwischen dem ausscheidenden Vereinsmitglied einerseits und den verbleibenden Vereinsmitgliedern andererseits durchzuführen wäre.[200] Da generell kein Anspruch auf Rückzahlung des Aufnahmebeitrages besteht, kann die Satzung hiervon – zugunsten der Mitglieder – abweichen. So kann etwa angeordnet werden, dass ein gezahlter Aufnahmebeitrag nur bei Erreichen einer bestimmten Mindestmitgliederzahl zurückgezahlt wird oder nur dann, wenn zugleich ein neues Mitglied geworben wird.[201]

3. Ausschluss

89 Dazu auch → § 10 Rn. 294 ff. Während die Satzung zwingend eine Regelung über den freiwilligen Austritt aus dem Verein enthalten muss (§ 58 Nr. 1 BGB), ist eine Bestimmung über den **zwangsweisen Ausschluss** eines Vereinsmitglieds nicht vorgeschrieben, gleichwohl üblich und empfehlenswert (zu den Vereinsstrafen ausführlich → § 11). Der Ausschluss beendet die Mitgliedschaft des Vereins gegen den Willen des Mitglieds und stellt idR die **schwerste Vereinsstrafe** dar, zu deren Verhängung der Verein aufgrund seiner Autonomie berechtigt ist. Durch Eintritt in den Verein unterwerfen sich die Mitglieder der Vereinsgewalt, in deren Rahmen der Verein neben dem Ausschluss sonstige Vereinsstrafen verhängen und zu deren Überprüfung eine sog. Vereinsgerichtsbarkeit (spezielle Organe, die mit der Überprüfung der Sanktion betraut werden) eingerichtet werden können.

89a Wenn der Verein eine Satzungsregelung einführt und gewisse Anforderungen an die Mitgliedschaft stellt und gleichzeitig bestimmt, dass die bestehende Mitgliedschaft derjenigen Mitglieder erlischt, welche diese Voraussetzungen nicht mehr erfüllen, führt dies zu einem faktischen Ausschluss der betroffenen Mitglieder. Eine solche Satzungsänderung ist dann nur möglich, wenn die betroffenen Mitglieder zustimmen.[202] Ist eine solche Zustimmung aller betroffenen Mitglieder faktisch nicht erreichbar, so bestünde die Möglichkeit, einen Bestandsschutz für die bisherigen Mitglieder vorzusehen und klarzustellen, dass die satzungsmäßigen Voraussetzungen nur für Neumitglieder gelten.[203]

90 Für den Ausschluss aus einer politischen Partei enthalten die **§§ 10, 14 ParteiG** eine abschließende Sonderregelung.[204]

91 **a) Voraussetzungen für den Ausschluss.** Soweit einzelne **Ausschlussgründe** benannt werden, muss dies in der Satzung selbst vorgenommen werden. Die Regelung in einer Verfahrens- oder Geschäftsordnung reicht nicht aus, hier kann nur das Verfahren des Ausschlusses geregelt werden.[205]

92 Es kann vorgesehen werden, dass ein Ausschluss „aus wichtigem Grund zulässig“ ist; es können aber auch einzelne Gründe ausdrücklich („Eröffnung des Insolvenzverfahrens eines

[199] *Burhoff* Rn. 125.
[200] OLG Brandenburg MDR 2005, 640 (Aufnahmegebühr in Golfclub iHv 20.000 DM).
[201] OLG Brandenburg MDR 2005, 640.
[202] OLG Frankfurt a. M. ZStV 2018, 103.
[203] *Röcken* ZStV 2018, 105 (106).
[204] BGH NJW 1994, 2610.
[205] *Burhoff* Rn. 176.

Mitglieds") oder in Form von Generalklauseln („vereinsschädigendes Verhalten", „grobes Zuwiderhandeln gegen die Vereinsinteressen") aufgeführt werden. Ein Verschulden des Mitglieds ist nicht erforderlich. Ein Ausschluss aus einem Grund, der kein wichtiger ist, ist aber nur bei ausdrücklicher Erwähnung in der Satzung zulässig.[206] Werden konkrete Ausschlussgründe bezeichnet, brauchen sie nicht die Schwere eines wichtigen Grundes zu erreichen, um einen Ausschluss zu rechtfertigen (so kann beispielsweise auch Verzug mit der Beitragszahlung ausreichend sein, um einen Ausschluss zu rechtfertigen).

Umstritten ist die Frage, ob die Satzung den Ausschluss in das freie Ermessen eines Ver- 92a
einsorgans (etwa des Vorstandes) stellen kann **(Hinauskündigungsklausel).** Dies wird teilweise bejaht.[207] Meines Erachtens sind die Erwägungen, die im Personengesellschaftsrecht gegen eine freie Hinauskündigungsklausel sprechen, auf die Vereinsmitgliedschaft übertragbar:[208] Es besteht die Gefahr, dass die betroffenen Mitglieder von ihren Rechten keinen Gebrauch machen, sondern sich vielmehr dem Willen des hinauskündigungsberechtigten Organs beugen. Eine freie Hinauskündigungsklausel kann daher nur ausnahmsweise durch außergewöhnliche Umstände, die in der Besonderheit des Vereinszwecks oder der Mitgliedschaft liegen müssen, sachlich gerechtfertigt sein. Keine Bedenken bestehen aber gegen die Vereinbarung einer Probemitgliedschaft, während derer der Ausschluss ohne weitere Gründe erklärt werden kann.

Werden einzelne Ausschlussgründe genannt, dann hindert dies den Verein nicht, ein 92b
Mitglied bei Vorliegen eines anderen wichtigen Grundes auszuschließen, denn ein **Ausschluss aus wichtigem Grund** ist auch **ohne satzungsmäßige Grundlage** möglich.[209] Wie jedes Dauerrechtsverhältnis kann auch die Vereinsmitgliedschaft aus wichtigem Grund beendet werden (§ 314 S. 2 BGB). Soweit die Satzung wichtige Gründe nicht ausdrücklich benennt, setzt ein wichtiger Grund voraus, dass dem Verein die Fortsetzung der Mitgliedschaft mit dem betroffenen Mitglied **nicht mehr zumutbar** ist.

Entsprechend dem Grundsatz *nulla poena sine lege* (Art. 103 Abs. 2 GG) kommt ein Aus- 93
schluss nur in Betracht, wenn für die Mitglieder aufgrund einer eindeutig formulierten Satzungsbestimmung klar erkennbar ist, welches konkrete Verhalten die Sanktion des Ausschlusses nach sich zieht. Daher kommt eine analoge Anwendung der in der Satzung genannten Ausschlussgründe auf andere Sachverhalte nicht in Betracht.[210]

Beispiel:

Unzulässigkeit des Ausschlusses des Vaters aus einem Tennisverein wegen „Nichtzahlung des Beitrags", weil dieser die Kosten des Jugendtrainings seiner minderjährigen Töchter nicht gezahlt hatte.[211]

Wird ein Ausschlussgrund nachträglich durch Satzungsänderung eingefügt, können in 94
der Vergangenheit liegende, abgeschlossene Sachverhalte nicht mit diesem neuen Ausschlussgrund sanktioniert werden. Anderes gilt etwa dann, wenn nicht an einen bestimmten Vorfall, sondern an einen fortwirkenden Zustand (zB an die Mitgliedschaft in einer anderen Organisation) geknüpft werden soll; in diesem Fall ist eine **„unechte Rückwirkung"** zulässig.[212]

---

[206] BGH NJW 1967, 1268 (1270); MHdB GesR V/*Wagner* § 21 Rn. 68.
[207] RGZ 88, 193 (196); MHdB GesR V/*Schöpflin* § 38 Rn. 34; aA *Reuter* NJW 1987, 2401 (2405).
[208] BGHZ 81, 263 = NJW 1981, 2565; BGHZ 105, 213 (217) = NJW 1989, 834; BGH ZIP 2004, 903 (904); BGHZ 164, 98 (101) = NJW 2005, 3641.
[209] BGHZ 29, 352 (355) = NJW 1959, 982; OLG Frankfurt a. M. NJW-RR 1991, 1276. Wichtige Gründe sind zB Wegfall persönlicher Voraussetzungen der Mitgliedschaft, beharrliches Nichtzahlen der Vereinsbeiträge analog § 543 Abs. 2 S. 1 Nr. 3 BGB; Bildung eines Konkurrenzvereins (OLG Hamm DB 1976, 910f.), Verleumdung von Organmitgliedern, erhebliche Pflichtverletzungen von Organmitgliedern.
[210] OLG Saarbrücken NJW-RR 1994, 251 (252); *Sauter/Schweyer/Waldner* Eingetragener Verein Rn. 350a.
[211] OLG Saarbrücken NJW-RR 1994, 251 (252).
[212] *Burhoff* Rn. 178.

95 **b) Ausschlussverfahren.** Die Satzung kann das Ausschlussverfahren weitgehend frei gestalten. Leitender Gedanke muss aber sein, dass das **Ausschlussverfahren fair zu gestalten** ist.[213] Um Unsicherheiten zu vermeiden und für die Vereinsmitglieder Transparenz zu schaffen, sollte das Ausschlussverfahren zumindest in den Grundzügen beschrieben werden.

95a Hierbei ist es nicht erforderlich, dass das Verfahren in der Satzung selbst geregelt wird; es kann außerhalb der Satzung in einer (von der Mitgliederversammlung oder dem ausschließenden Organ zu erlassenden) **Verfahrensordnung** festgelegt werden. Anders ist dies hingegen zu beurteilen, wenn die Verfahrensordnung nicht nur die Formalia des Ausschlussverfahrens, sondern weitere, das Mitglied beschwerende Regelungen enthält (so zB wenn vorgesehen wird, dass der Ausschließungsbeschluss im Mitteilungsblatt des Vereins veröffentlicht wird oder das Mitglied die Verfahrenskosten zu tragen hat). Hier bedarf es einer Regelung in der Satzung, um Klarheit für die Mitglieder zu schaffen.[214]

95b Macht die Satzung Vorgaben zum Ausschlussverfahren, dann ist die Einhaltung der Regelungen genau zu beachten, da der Ausschluss ansonsten anfechtbar ist und sich der Verein gegenüber dem ausgeschlossenen Mitglied schadensersatzpflichtig machen kann.[215]

Hinweis:

Ein **Gruppenausschluss** mehrerer Vereinsmitglieder ist unzulässig, auch die Satzung kann eine solche Möglichkeit nicht vorsehen.[216] Durch den Ausschluss wird die Einzelmitgliedschaft als individuelles Rechtsverhältnis beendet. Das zuständige Organ muss sich ein Urteil darüber bilden, ob das Verhalten eines jeden betroffenen Vereinsmitglieds diese einschneidende Maßnahme rechtfertigt. Ein Gruppenausschluss könnte dazu führen, dass diese individuellen Überlegungen nicht angestellt werden. Daher ist auch in den Fällen, in denen mehreren Mitglieder dasselbe Fehlverhalten vorgeworfen wird, über jeden Ausschluss einzeln zu beschließen.

96 **Zuständig** für den Vereinsausschluss ist mangels abweichender Satzungsbestimmung die **Mitgliederversammlung** (§ 32 BGB), die grundsätzlich mit einfacher Mehrheit entscheidet.[217] In dringenden Fällen kann der Vorstand im Rahmen seiner Geschäftsführungskompetenz eine vorläufige Suspendierung aussprechen.[218] Die Satzung kann davon abweichen und die **Ausschlusskompetenz** auf ein anderes Organ **delegieren,** was vor allem bei größeren Vereinen zweckmäßig ist. Falls die Satzung bestimmt, dass der Vorstand über den Ausschluss der Mitglieder beschließt, muss die Mitgliederversammlung zwingend beteiligt werden, wenn ein Vorstandsmitglied selbst betroffen ist. Dies wird damit begründet, dass sich der Vorstand ansonsten leicht eines missliebigen Vorstandsmitglieds entledigen könnte und damit jedes Vorstandsmitglied in eine mit seiner Stellung unvereinbare Abhängigkeit von der Vorstandsmehrheit kommen könnte (→ § 8 Rn. 135).[219]

96a Gleiches gilt, wenn das Vereinsmitglied eine juristische Person ist, die im Vorstand durch ihren örtlichen Repräsentanten vertreten ist.[220] Wenn der Verein Mitglied eines Verbandes ist, kann die **Ausschlusskompetenz auf den Verband übertragen** werden, aber nur dann, wenn in der Verbandssatzung selbst angeordnet wird, dass die Verbandssatzung für die Mitgliedsvereine verbindlich ist und die Satzungen der Mitgliedsvereine ihrerseits

---

213 *Burhoff* Rn. 178.

214 BGH BB 1967, 602; *Sauter/Schweyer/Waldner* Eingetragener Verein Rn. 361.

215 OLG Schleswig SchlHA 2002, 258. Ausf. zum Ausschlussverfahren OLG Köln NJW-RR 1993, 891.

216 OLG Köln NJW 1968, 992; BayObLG DNotZ 1989, 311; *Stöber/Otto* Rn. 286; Soergel/*Hadding* BGB § 39 Rn. 10.

217 OLG Frankfurt a. M. NJW-RR 1991, 1276; *Burhoff* Rn. 287.

218 *Stöber/Otto* Rn. 287.

219 BGH NJW 1984, 1884; OLG Köln FGPrax 2009, 82; OLG Düsseldorf NJW-RR 1988, 1271 (1273); aA *Stöber/Otto* Rn. 289.

220 OLG Düsseldorf NJW-RR 1988, 1271.

auf die Verbandssatzung verweisen (Doppelverankerung mit Verweisung; dazu auch → Rn. 3).[221]

In der Satzung können auch weitere Regelungen zur **Besetzung des Ausschlussorgans** getroffen werden. So sind etwa Mitglieder, welche durch das Verhalten, das den Gegenstand des Ausschlusses bildet, verletzt worden sind, von der Beschlussfassung ausgeschlossen.[222] Die Satzung ist hier frei zu bestimmen, wie in einer solchen Situation zu verfahren ist, ob etwa ein Ersatzmitglied zu bestellen oder ob das Ausschlussorgan auch ohne das betroffene Mitglied entscheidungsbefugt ist. 96b

Die Satzung bzw. Verfahrensordnung kann die weiteren **Formalia des Ausschließungsbeschlusses** festlegen. Dies gilt etwa für Regelungen, in welcher Zusammensetzung das Ausschlussorgan entscheidet oder für die Einberufung des Ausschlussorgans. 97

Das Ausschlussverfahren wird durch einen **Antrag** eingeleitet, der von jedem Mitglied beim zuständigen Organ gestellt werden kann. Am Ausschlussverfahren und auch an der Entscheidung über die Ausschließung kann auch das Vereinsmitglied teilnehmen, das den Ausschlussantrag gestellt hat. Der strafrechtliche Grundsatz, wonach niemand Richter in eigener Sache sein kann, ist auf das vereinsrechtliche Verfahren nicht übertragbar.[223] Daher ist es auch möglich, in der Satzung vorzusehen, dass das für den Ausschluss zuständige Organ von sich aus das Ausschlussverfahren einleitet und anschließend über den Ausschluss entscheidet.[224] 98

[Einstweilen frei.] 99

In jedem Falle ist dem auszuschließenden Mitglied **rechtliches Gehör** zu gewähren. Dies sollte die Satzung bzw. Verfahrensordnung ausdrücklich vorsehen; es ist aber auch dann zu gewähren, wenn hierzu keine Regelung enthalten ist. Hierfür ist es idR ausreichend, wenn das Mitglied die Gelegenheit zu einer schriftlichen Stellungnahme erhält.[225] 100

Eine ausdrückliche Regelung empfiehlt sich etwa auch zur Frage, ob das Mitglied im Ausschließungsverfahren einen **Beistand** (zB einen Rechtsanwalt) zu seiner Unterstützung hinzuziehen darf. Man wird zwar grundsätzlich davon ausgehen können, dass das betroffene Vereinsmitglied im Ausschließungsverfahren selbst seine Interessen hinreichend vertreten kann, so dass die Zuziehung eines Beistandes nicht zwingend erforderlich ist.[226] Allerdings ist es wenig empfehlenswert, die Zuziehung eines Beistandes generell zu verbieten. So kann es etwa unter dem Gesichtspunkt der „Waffengleichheit" angezeigt sein, dem Vereinsmitglied einen anwaltlichen Beistand zuzubilligen, wenn der Verein selbst anwaltlich vertreten ist (wobei allein die Tatsache, dass der Vorsitzende des Ausschlussorgans Rechtsanwalt ist, nicht ausreichen soll).[227] Das Recht auf Zuziehung eines Beistands kann sich auch aus der Person des Mitglieds (Alter, Unbeholfenheit etc.), aber auch aus der Komplexität der Sache und der wirtschaftlichen Bedeutung der Mitgliedschaft ergeben. 101

Das Ausschließungsverfahren endet mit dem **Ausschließungsbeschluss.** Der Ausschluss wird mit dessen Zugang beim betroffenen Mitglied wirksam. Hierbei sollte in der Satzung zunächst geregelt werden, mit welcher Mehrheit der Beschluss zu fassen ist und ob das auszuschließende Mitglied ggf. stimmberechtigt ist oder nicht. Beim Fehlen einer entsprechenden Regelung geht die wohl überwiegende Ansicht davon aus, dass das auszuschließende Mitglied berechtigt ist, mitabzustimmen.[228] Weiter muss der Ausschließungsbeschluss **begründet und protokolliert** werden um eine Prüfung der Maßnahme durch 102

---

[221] BGHZ 28, 131 (134) = NJW 1958, 1867; *Sauter/Schweyer/Waldner* Eingetragener Verein Rn. 358.
[222] OLG Karlsruhe NJW-RR 1996, 1503; BGH NJW 1981, 744.
[223] *Stöber/Otto* Rn. 291.
[224] BGH NJW 1967, 1607.
[225] Nach LG Gießen NJW-RR 1995, 828 soll eine Verletzung des rechtlichen Gehörs durch die vereinsinterne Rechtsmittelinstanz geheilt werden.
[226] BGH NJW 1971, 870.
[227] BGH NJW 1975, 160.
[228] OLG Köln NJW 1968, 992; LG Itzehoe NJW-RR 1989, 1531 (1532); *Sauter/Schweyer/Waldner* Eingetragener Verein § 34 Rn. 4.

die ordentlichen Gerichte zu ermöglichen.[229] Aus der Begründung muss das Mitglied entnehmen können, worauf sich der Beschluss stützt. Wenn sich der Ausschluss auf das Vorliegen eines wichtigen Grundes stützt, müssen die Umstände, die es dem Verein unzumutbar machen das mitgliedschaftliche Verhältnis fortzuführen, eindeutig und konkret bezeichnet und in gerichtlich nachprüfbarer Weise festgestellt werden.[230]

103 Als milderes Mittel ist es auch zulässig, einen **Ausschluss auf Zeit** vorzusehen, und zwar auch dann, wenn die Satzung hierzu keine ausdrückliche Regelung enthält, aber den Gesamtausschluss regelt. Allerdings darf der Ausschluss auf Zeit nur dann verhängt werden, wenn Gründe vorliegen, die einen endgültigen Ausschluss rechtfertigen würden.[231]

103a Wenn die Satzung einen Ausschluss auf Zeit vorsieht, bedeutet dies nicht, dass die Mitgliedschaft beendet wäre und wieder neu beginnt, sondern die **Mitgliedschaftsrechte und -pflichten** während dieser Zeit **ruhen.** Nicht abschließend geklärt, aber wohl zu bejahen ist die Frage, ob die Satzung regeln kann, dass die Mitgliedschaftsrechte während eines Ausschlussverfahrens oder eines Rechtsstreits des Mitgliedes mit dem Verein ruhen.[232] Siehe auch → § 18 Rn. 33.

Hinweis:

Ein Ausschluss auf Zeit kann also nicht dazu benutzt werden, um festzustellen, ob die geltend gemachten Ausschlussgründe überhaupt vorliegen.

104 **c) Rechtsmittel, Schiedsverfahren.** Die Satzung kann **vereinsinterne Rechtsbehelfe** gegen den Ausschließungsbeschluss vorsehen (etwa dergestalt, dass gegen den Ausschließungsbeschluss des Vorstandes die Mitgliederversammlung angerufen werden kann). Soweit die Satzung nichts anderes bestimmt, hat ein vereinsinterner Rechtsbehelf grundsätzlich **aufschiebende Wirkung.**[233] Das Mitglied scheidet in diesem Fall erst dann aus dem Verein aus, wenn die zweite Instanz entschieden hat oder wenn das Mitglied den vereinsinternen Rechtsbehelf nicht fristgemäß einlegt. Die Satzung kann aber dem vereinsinternen Rechtsbehelf die aufschiebende Wirkung versagen; in diesem Fall muss sie dies ausdrücklich anordnen.[234] Sie kann auch anordnen, dass die Mitgliedschaftsrechte bis zur Entscheidung ruhen[235] oder dass mit Ablauf einer nicht genutzten Rechtsmittelfrist die Mitgliedschaft des betroffenen Vereinsmitgliedes endet.[236] Zum Ausschluss als Vereinsstrafe auch → § 11 Rn. 60 ff.

105 **Formulierungsbeispiel: Ausschluss (Satzungsbestandteil)**

→ § 10 Rn. 299.

106 Der Vereinsausschluss kann durch die staatlichen Gerichte kontrolliert werden.[237] Den **Rechtsweg** kann die Satzung **nicht ausschließen,** entgegenstehende Satzungsbestimmungen sind nichtig.[238] Die Satzung kann aber die Entscheidung über die Rechtswirksamkeit des Ausschlusses einem **Schiedsgericht (§§ 1025 ff. ZPO)** übertragen, dessen Entscheidung an die Stelle des staatlichen Gerichts tritt. Da es sich um eine **statutarische Schiedsklausel (§ 1066 ZPO)** handelt, braucht die Formvorschrift des § 1031 ZPO

---

[229] BGH NJW 1990, 40; OLG Karlsruhe NJW-RR 1998, 684; *Burhoff* Rn. 103.
[230] BGH NJW 1990, 40; OLG Karlsruhe NJW-RR 1998, 684.
[231] OLG Frankfurt a. M. NJW 1974, 189; *Burhoff* Rn. 184.
[232] Vgl. OLG Celle BB 1973, 1140; BayObLGZ 1979, 351.
[233] BayObLG Rpfleger 1988, 417; *Burhoff* Rn. 199.
[234] BayObLG DNotZ 1989, 311.
[235] So die wohl hM, vgl. *Stöber/Otto* Rn. 297.
[236] BGHZ 47, 172; LG Münster Urt. v. 9.2.2005 – 1 S 131/04.
[237] Vgl. ausf. *Stöber/Otto* Rn. 1009. Zur Frage, ob der ordentliche Rechtsweg erst beschritten werden kann, wenn der vereinsinterne Rechtsbehelf eingelegt wurde BGHZ 47, 172.
[238] BGHZ 29, 354; BGHZ 47, 172; OLG Stuttgart NJW 1955, 833; KG NZG 2020, 1113 (1114).

nicht eingehalten zu werden.[239] Eine Schiedsklausel ist nur dann gültig, wenn die wesentlichen Punkte – hierzu zählen Aufgaben, Zuständigkeit sowie die Zusammensetzung des Schiedsgerichts und die Regeln zur Bestellung der Schiedsrichter – in der Satzung selbst festgelegt werden.[240] Dies folgt aus dem Grundsatz, wonach die für das Vereinsleben wesentlichen Leitprinzipien und Grundsatzentscheidungen in der Satzung selbst verankert werden müssen und nicht in eine Verfahrensordnung ausgelagert werden können.[241] Die Satzung kann auch vorsehen, dass die staatlichen Gerichte erst angerufen werden können, wenn das Mitglied die ihm nach der Satzung zustehenden **vereinsinternen Rechtsbehelfe** ausgeschöpft, insbesondere ein „Vereinsgericht", angerufen hat (zur Vereinsgerichtsbarkeit → § 18 Rn. 17ff.). In diesem Fall muss aus der Satzung aber deutlich hervorgehen, welche Konsequenzen die Nichteinlegung hat. Fehlt dieser Hinweis, so kann sofort gegen den Ausschluss vor den ordentlichen Gerichten vorgegangen werden.[242]

Soweit die Entscheidung nicht einem Schiedsgericht übertragen wurde, muss das ausgeschlossene Mitglied (ggf. nach Durchlaufen des vereinsinternen Rechtsbehelfsverfahrens) die Unwirksamkeit des Ausschließungsbeschlusses mittels **Feststellungsklage (§ 256 ZPO)** geltend machen. Dabei hat das OLG Hamm angenommen, dass die Erhebung der Feststellungsklage verwirkt sein kann, wenn mehr als vier Monate zwischen verfahrensabschließendem Beschluss und der Klageerhebung liegen.[243] Eine Schiedsklausel schließt aber nicht den einstweiligen Rechtsschutz vor einem ordentlichen Gericht aus.[244] 107

Hinweis:

In der Satzung sollte nur ein echtes Schiedsgericht als solches bezeichnet werden. In den meisten Fällen stellen die in den Vereinssatzungen vorgesehenen „Schiedsgerichte" keine echten Schiedsgerichte dar, durch die der Rechtsweg zu den staatlichen Gerichten ausgeschlossen wäre. Das Vereins*schieds*gericht sollte damit terminologisch strikt von einem Vereinsgericht unterschieden werden. Das Vereinsgericht ist ein Vereinsorgan, das Vereinsstrafen verhängt und gegen dessen Entscheidungen der ordentliche Rechtsweg (bzw. die Anrufung eines Schiedsgerichts) offen steht. Das (Vereins-)Schiedsgericht hingegen ist kein Vereinsorgan. Es ist zur Entscheidung eines Rechtsstreits berufen und tritt an die Stelle eines ordentlichen Gerichts.

Zur Frage, wann ein satzungsmäßig berufenes „Schiedsgericht" als echtes Schiedsgericht iSd §§ 1025ff. ZPO anzusehen ist, hat der BGH in der Landseer-Entscheidung ausführlich Stellung genommen.[245] Hierbei ging es um die Frage, ob das in den Statuten eines Hundezüchtervereins vorgesehene „Schiedsgericht" ein Schiedsgericht iSd 10. Buchs der ZPO war oder lediglich ein Vereinsgericht. Entscheidendes Merkmal für das Vorliegen eines echten Schiedsgerichts ist demnach, dass das Gericht eine **neutrale Stellung** hat und satzungsmäßig als unabhängige und unparteiliche Stelle organisiert ist.[246] Voraussetzung hierfür ist zunächst, dass die Streitparteien auf die **Besetzung des Gerichts paritätisch Einfluss** nehmen können.[247] Weiter müssen ein **faires Verfahren** sowie – dies sollte die Satzung ausdrücklich anordnen – eine an Recht und Gesetz oder zumindest an den 108

[239] BGH NJW 2000, 1713.
[240] OLG Hamm NJW-RR 1993, 1535; BGHZ 88, 314 (316); *Sauter/Schweyer/Waldner* Eingetragener Verein Rn. 317.
[241] BGHZ 47, 172 (177) = MDR 67, 564.
[242] BGHZ 47, 172; *Sauter/Schweyer/Waldner* Eingetragener Verein Rn. 372.
[243] OLG Hamm NJW-RR 1997, 989.
[244] OLG München NJW-RR 2001, 711.
[245] BGH NJW 2004, 2226; jüngst BGH NJW 2016, 2266 (2269).
[246] BGH NJW 2004, 2226.
[247] BGHZ 128, 109 = NJW 1995, 583; BeckNotar-HdB/*Waldner* § 18 Rn. 19. Der BGH hat die Frage, ob der Court of Arbitration for Sports (CAS) in Lausanne ein echtes Schiedsgericht ist, bejaht (BGH NJW 2016, 2266).

Grundsatz der Billigkeit orientierte Entscheidung gewährleistet sein.[248] Dies ist bei den satzungsmäßig vorgesehenen „Schiedsgerichten" idR nicht der Fall, da über deren Zusammensetzung in aller Regel alleine der Verein entscheidet.

109 Wenn eine Schiedsklausel (§ 1066 ZPO) nicht in der Gründungssatzung enthalten war, sondern **erst später eingefügt wird,** so kann sie einem Mitglied nur entgegengehalten werden, wenn es der entsprechenden Satzungsänderung **zugestimmt** hat.[249] Verweigert ein Mitglied nach seinem Beitritt zum Verein seine Zustimmung zu einer entsprechenden Satzungsänderung, so kann es gegen eine Entscheidung eines Schiedsgerichts auch weiterhin den ordentlichen Rechtsweg beschreiten (vgl. auch → Rn. 221).[250] Die Schiedsklausel muss in der Satzung selbst verankert sein; eine Anordnung in einer Vereinsordnung reicht nicht aus. Ausreichend ist hingegen, wenn die Mitglieder der Schiedsklausel in der Vereinsordnung schriftlich zustimmen, die Vereinsordnung zum Satzungsbestandteil erklärt wird und beim zuständigen Registergericht eingereicht wird.[251]

Hinweis:

Ein schiedsrichterliches Verfahren bringt viele Besonderheiten mit sich und kann bei Nichtbeachtung der Formalia zur Unwirksamkeit führen. Es ist deshalb nur für große Vereine zu empfehlen.

110 Die Schiedsklausel kann sich nur auf **Streitgegenstände aus der Vereinsmitgliedschaft** zwischen Mitglied und Verein beziehen.

Beispiele:

Stimmrecht, Mitwirkungsrecht, Beschlussmängelstreitigkeiten (zB Feststellung der Nichtigkeit eines Beschlusses der Mitgliederversammlung),[252] Beitragspflicht, Erwerb oder Verlust der Mitgliedschaft, oder aus einem Organschaftsverhältnis (zB Erwerb oder Verlust einer Organstellung), Entlastung, Streitigkeiten zwischen Organmitgliedern oder auf Streitgegenstände aus dem Mitgliedschaftsverhältnis zwischen den Mitgliedern, zB Wertung eines Sportwettkampfs zwischen zwei verbandsangehörigen Vereinen.[253]

111 Von einer statutarischen Schiedsklausel **nicht erfasst** werden können hingegen Streitigkeiten zwischen Mitglied und Verein, in welchem sich diese **wie Dritte gegenüberstehen** und die nicht aus der Vereinsmitgliedschaft herrühren, wie etwa aus einem Grundstückskaufvertrag zwischen Mitglied und Verein oder aus den schuldrechtlichen Anstellungsverträgen mit einem Organmitglied. Sollen auch diese Angelegenheiten einem Schiedsgericht unterstellt werden, so sind individuelle Schiedsvereinbarungen nötig. **Ausgeschiedene Mitglieder** sind der Schiedsklausel nur für Rechtsstreitigkeiten unterworfen, die aus einem vor dem Ausscheiden begründeten Rechtsverhältnis herrühren. Mit dem Ausscheiden endet in Hinblick auf § 39 Abs. 2 BGB auch die Bindung des Mitglieds an die Schiedsgerichtsbestimmung in der Satzung.[254]

112 Weiter müssen die **Zuständigkeit und die Zusammensetzung des Schiedsgerichts** sowie die Regeln über die Auswahl und Bestellung der Schiedsrichter in der Satzung festgelegt werden.[255] Wenn die Satzung die Zusammensetzung des Schiedsgerichts nicht selbst festlegt, sondern dies einer Schiedsordnung (Vereinsordnung) überlässt, die nicht Bestand-

[248] BGH NJW 2004, 2226 ff.; *Stöber/Otto* Rn. 1050.
[249] BGH NJW 2000, 1713; aA *Sauter/Schweyer/Waldner* Eingetragener Verein Rn. 318.
[250] BGH NJW 2000, 1713 f. zumindest in dem Fall, in dem das Mitglied auf die Zugehörigkeit zum Verein angewiesen ist.
[251] BGHZ 88, 314 (316) = NJW 1984, 1355; OLG München BB 1977, 865.
[252] *Sauter/Schweyer/Waldner* Eingetragener Verein Rn. 318; BGH NJW 2009, 1962 zur GmbH.
[253] BGH NJW 1967, 2057 (2059); BeckOK BGB/*Schöpflin* BGB § 25 Rn. 85.
[254] RGZ 88, 395.
[255] BGH NJW 1984, 1355.

teil der Satzung ist, führt dies zur Nichtigkeit der Schiedsklausel.[256] Das Schiedsgericht muss **neutral** sein, dh seine organisatorische Stellung muss von den übrigen Vereinsorganen unabhängig und verselbstständigt sein. Es muss ausgeschlossen werden, dass Vereinsorgane dem Schiedsgericht Weisungen erteilen können. Ist dies nicht der Fall, dann handelt es sich trotz der anders lautenden Bezeichnung um ein Vereinsgericht, gegen dessen Entscheidung der Rechtsweg zu den ordentlichen Gerichten eröffnet ist.[257] Unbedenklich ist aber eine Bestimmung, nach welcher nur Vereinsmitglieder Schiedsrichter sein können.[258] Vorstandsmitglieder sind hingegen Partei und können keine Schiedsrichter sein.[259]

Formulierungsbeispiel: Schiedsgerichtsbarkeit (Satzungsbestandteil)[260] 113

§ 25. Schiedsgerichtsbarkeit

(1) Alle Streitigkeiten zwischen dem Verein und seinen Mitgliedern über die Rechte und Pflichten aus der Mitgliedschaft und alle auf der Mitgliedschaft beruhenden Streitigkeiten zwischen Vereinsmitgliedern untereinander werden im schiedsgerichtlichen Verfahren entschieden. Das Schiedsgericht entscheidet endgültig. Der Rechtsweg zu den staatlichen Gerichten ist ausgeschlossen.

(2) Das Schiedsgericht besteht aus einem Vorsitzenden und zwei Beisitzern. Der Vorsitzende darf nicht dem Verein angehören. Jede Partei ernennt einen Beisitzer. Die Beisitzer bestimmen den Vorsitzenden.

(3) Wenn ein von den Parteien ernannter Schiedsrichter das Amt nicht mehr ausüben kann oder will oder das Amt aus einem anderen Grund endet, hat die Partei, die ihn ernannt hat, auf Aufforderung des Gegners binnen Monatsfrist einen Ersatzschiedsrichter zu benennen. Nach fruchtlosem Ablauf der Frist wird auf Antrag der betreibenden Partei der Schiedsrichter vom Präsident des für den Sitz des Vereins zuständigen Landgerichts ernannt.

(4) Die Klage und alle Anträge sind – soweit sie nicht in der mündlichen Verhandlung gestellt werden – schriftlich einzureichen. Der Vorsitzende setzt einen Termin zur mündlichen Verhandlung an und lädt die Beteiligten. Über die mündliche Verhandlung wird ein Protokoll geführt. Das Schiedsgericht bestimmt den Protokollführer. Den am Verfahren Beteiligten ist rechtliches Gehör zu gewähren. Die Einzelheiten bestimmt der Vorsitzende nach billigem Ermessen. Bei Säumnis einer Partei entscheidet das Gericht nach Aktenlage, nachdem es die erschienene Partei angehört hat. Die Klage kann ohne Einwilligung des Beklagten zurückgenommen werden.

(5) Das Schiedsgericht entscheidet mit Stimmenmehrheit. Das Schiedsgericht entscheidet auch über die Verpflichtung, die Verfahrenskosten zu tragen. Der Betrag der zu erstattenden Verfahrenskosten wird durch den Vorsitzenden festgesetzt.

(6) Der Schiedsspruch wird mit Gründen versehen, er ist unter Angabe des Tages der Abfassung vom Vorsitzenden zu unterzeichnen. Den Parteien ist eine vom Vorsitzenden unterschriebene Ausfertigung zuzustellen. Der Schiedsspruch hat unter den Parteien die Wirkungen eines rechtskräftigen gerichtlichen Urteils.

4. Streichung aus der Mitgliederliste

Die Satzung kann bestimmen, dass die Mitgliedschaft automatisch endet, wenn das Mitglied den satzungsmäßigen Ausschlusstatbestand verwirklicht. In der Regel wird der Ausschluss in diesem Fall durch das **Streichen aus der Mitgliederliste** dokumentiert. Dabei handelt es sich rechtlich um ein vereinfachtes Ausschließungsverfahren, das meist an ein- 114

256 BGH NJW 1984, 1355; *Stöber/Otto* Rn. 1055.
257 BGH NJW 1995, 583; NJW 2004, 218; OLG Frankfurt a. M. SpuRt 2003, 212.
258 RGZ 113, 321 (322); RG JW 1936, 85; BeckOK BGB/*Schöpflin* BGB § 25 Rn. 85.
259 *Sauter/Schweyer/Waldner* Eingetragener Verein Rn. 318; Zöller/*Geimer* ZPO § 1035 Rn. 3.
260 Nach *Stöber/Otto* Rn. 1060.

fach gelagerte, leicht feststellbare Tatbestände anknüpft (insbesondere Beitragsrückstände, aber auch Verlegung des Wohnsitzes, Nichtteilnahme an einer bestimmten Zahl von Vereinsveranstaltungen). Regelungen über eine Anfechtung der Streichung durch das Mitglied sind – anders als beim normalen Ausschließungsverfahren – regelmäßig entbehrlich.

115 Die Tatbestände, die zum automatischen Ausschluss eines Mitglieds führen sollen, müssen in der Satzung **klar** und auch für Nichtjuristen **leicht nachvollziehbar** geregelt sein, so dass das Mitglied leicht erkennen kann, bei welchem Fehlverhalten die Mitgliedschaft verloren geht. Der automatische Ausschluss mehrerer Mitglieder ist kein unzulässiger Gruppenausschluss.

116 **Formulierungsbeispiel: Streichen von der Mitgliederliste (Satzungsbestandteil)**

§ 18. Streichen von der Mitgliederliste

Ein Mitglied kann durch Beschluss des Vorstandes von der Mitgliederliste gestrichen werden, wenn es trotz zweimaliger schriftlicher Mahnung mit der Zahlung von Mitgliedsbeiträgen oder von Umlagen im Rückstand ist. Die Streichung darf erst beschlossen werden, wenn nach der Absendung der zweiten Mahnung zwei Monate verstrichen sind und in dieser Mahnung die Streichung angedroht wurde. Der Beschluss des Vorstands über die Streichung muss dem Mitglied mitgeteilt werden.

5. Sonstige Erlöschensgründe

117 **a) Automatische Beendigung.** Die Satzung kann das **automatische Erlöschen der Mitgliedschaft** beim Vorliegen bestimmter, in der Satzung genau umrissener Ereignisse (Beendigungstatbestand) anordnen.[261] Ein **Ausschließungsbeschluss** oder ein gesondertes Verfahren ist dann **nicht mehr erforderlich.** Ist ein automatisches Ausscheiden angeordnet, dann vollzieht die Streichung aus der Mitgliederliste nur „buchhalterisch" das zuvor erfolgte Ausscheiden nach. Der Tatbestand, an den das Ausscheiden anknüpft, muss dabei objektiv bestimmt und eindeutig in der Satzung umschrieben sein, so dass den Mitgliedern leicht nachvollziehbar wird, welche Verhaltensweise zum Ausscheiden führt. Weiter muss in der Satzung geregelt sein, welches Organ für diese Feststellung zuständig ist.

Beispiele:

Ausscheiden aus einer Untergliederung, Verlust eines Amtes, Aufgabe eines Berufs, Eröffnung des Insolvenzverfahrens oder Ablehnung mangels Masse, Lizenzentzug bei Mitgliedschaft im Sportverband.

118 Nicht ausreichend wäre etwa eine Klausel, wonach die Mitgliedschaft „... mit der Aufgabe eines der Grundsätze des Vereins" endet, wenn sich aus den im Bezug genommenen Grundsätzen nicht eindeutig ergibt, welches Verhalten im Einzelnen sanktioniert werden soll.[262] Satzungsregelungen zum automatischen Ausschluss sind **im Zweifel eng auszulegen.**

119 Bestimmt die Vereinssatzung, dass die Mitgliedschaft von besonderen Voraussetzungen abhängig sein soll, wie zB Alter, Beruf etc., so kann angeordnet werden, dass die Mitgliedschaft bei Wegfall dieser (genau bezeichneten) Eigenschaften automatisch erlischt. Eine solche automatische Ausschlussklausel kann auch nachträglich durch Satzungsänderung eingefügt werden, und zwar auch dergestalt, dass die Klausel auch Wirkung gegenüber den bereits bestehenden Mitgliedern entfaltet. Für die Satzungsänderung ist in diesem Fall aber die Zustimmung aller betroffenen Mitglieder erforderlich.[263] Bestimmt die Satzung eines Firmen-Unterstützungsvereins, dass die Mitgliedschaft endet, wenn das Mitglied aus den Diensten der Firma ausscheidet, so greift diese Vorschrift nicht ein, wenn bei einem Be-

[261] OLG Oldenburg NZG 2009, 917; *Stöber/Otto* Rn. 312.
[262] LG Braunschweig MDR 1995, 754.
[263] BGH NJW 1980, 2707; OLG Frankfurt a. M. ZStV 2018, 103 (104).

triebsinhaberwechsel der Betriebsnachfolger mit Zustimmung der Arbeitnehmer in deren bestehende Arbeitsverträge eintritt und diese fortsetzt.[264]

Einschränkungen bestehen allerdings bei **politischen Parteien:** Gemäß § 10 Abs. 4 ParteiG kann ein Mitglied nur dann aus der Partei ausgeschlossen werden, wenn es vorsätzlich gegen die Satzung oder erheblich gegen Grundsätze der Ordnung der Partei verstößt und ihr damit schweren Schaden zufügt. Eine Partei kann demnach eine automatische Beendigung der Mitgliedschaft nur anordnen, wenn diese an ein tatbestandlich leicht zu erfassendes Verhalten anknüpft, das eine weitere Mitgliedschaft für jeden einleuchtend weiter ausschließt und eine andere Wertung durch ein Parteienschiedsgericht praktisch nicht ermöglicht. Dies ist etwa bei einer Unvereinbarkeitsklausel mit automatischer Beendigung der Mitgliedschaft im Falle einer Kandidatur für eine andere Partei der Fall.[265] 120

b) Tod eines Mitglieds. Die Mitgliedschaft endet idR mit dem **Tod des Mitglieds,** da sie nach dem gesetzlichen Modell unvererblich ist (§ 38 S. 1 BGB). Diese Regelung ist dispositiv; die Satzung kann hiervon abweichen und die **Vererblichkeit** vorsehen (was idR allerdings nicht gewünscht ist); in diesem Falle geht die Mitgliedschaft auf den oder die Erben (entsprechend § 139 HGB im Wege der Sonderrechtsnachfolge auf jeden einzelnen) über.[266] Vgl. hierzu ausführlich → § 10 Rn. 12ff. Die Satzung kann auch vorsehen, dass die Mitgliedschaft mit dem Tod des Mitglieds endet, die Erben aber berechtigt sind, die Mitgliedschaft fortzusetzen, In diesem Fall ist eine Willenserklärung der Erben erforderlich, die Mitgliedschaft zu erwerben. In der Zahlung der Mitgliedsbeiträge durch die Erben (über mehrere Jahre) liegt keine konkludente Beitrittserklärung.[267] 121

Formulierungsbeispiel: Vererblichkeit der Mitgliedschaft (Satzungsbestandteil) 122
→ § 10 Rn. 18.

c) Umwandlungsmaßnahmen. Mit der Vollbeendigung (also ggf. nach Durchführung eines Liquidationsverfahrens) einer juristischen Person oder Personengesellschaft endet auch deren Mitgliedschaft im Verein. Die Mitgliedschaft endet auch, wenn eine Gesellschaft oder sonstige juristische Person durch eine Umwandlungsmaßnahme erlischt und ihr Vermögen im Wege der Gesamtrechtsnachfolge auf einen aufnehmenden Rechtsträger übergeht. 123

Mangels abweichender Satzungsbestimmungen ist die **Mitgliedschaft nicht übertragbar (§ 38 S. 1 BGB)** und geht damit auch nicht im Wege der Gesamtrechtsnachfolge auf den neuen Rechtsträger über. Selbiges gilt, wenn ein Rechtsträger, der Mitglied in einem Verein ist, aufgespalten wird (§ 131 Abs. 1 Nr. 2 UmwG). Auch in den sonstigen Fällen der Rechtsnachfolge (außerhalb des UmwG, etwa bei Unternehmensumstrukturierungen durch Anwachsung) findet kein automatischer Übergang der Mitgliedschaft statt. Wird etwa eine Körperschaft des öffentlichen Rechts, die Mitglied eines Vereins ist, kraft Gesetzes aufgelöst und eine an deren Stelle tretende Körperschaft geschaffen, geht die Vereinsmitgliedschaft nicht über, wenn dies nicht ausdrücklich in der Satzung zugelassen wurde.[268] Hingegen findet bei einem Formwechsel gerade kein Rechtsträgerwechsel statt. Die Vereinsmitgliedschaft wird hiervon nicht berührt.[269] Soweit die Vereinsmitgliedschaft auf ein Nachfolgeunternehmen übergehen soll, könnte folgende Satzungsregelung aufgenommen werden: 124

[264] BayObLG Rpfleger 1971, 311.
[265] BGH NJW 1979, 1402.
[266] *Stöber/Otto* Rn. 332.
[267] AG München ZStV 2017, 87.
[268] OLG Hamm NJW-RR 2011, 472.
[269] *Stöber/Otto* Rn. 319.

125 **Formulierungsbeispiel: Übertragbarkeit der Mitgliedschaft (Satzungsbestandteil)**

§ 23. Übertragbarkeit der Mitgliedschaft

Die Mitgliedschaft ist generell nicht übertragbar. Hiervon ausgenommen sind Maßnahmen nach dem UmwG oder sonstige Fälle der (partiellen) Gesamtrechtsnachfolge, bei denen das Vermögen eines Mitgliedsunternehmens auf einen Rechtsnachfolger übergeht. In diesem Fall ist die Übertragung der Mitgliedschaft auf den übernehmenden Rechtsträger zulässig.

VI. Erhebung von Beiträgen (§ 58 Nr. 2 BGB)

1. Beitragspflicht

126 Durch Beiträge sollen dem Verein finanzielle Mittel zur Verwirklichung des Vereinszwecks verschafft werden. Die Satzung soll gem. § 58 Nr. 2 BGB eine Bestimmung darüber enthalten, ob und welche Beiträge zu erheben sind, ansonsten ist der Verein nicht eintragungsfähig. Wenn die Satzung keine Bestimmung zur Beitragspflicht trifft und der Verein dennoch eingetragen wurde, dann ist die Mitgliedschaft **beitragsfrei,** es sei denn, die Beitragspflicht ergibt sich (ausnahmsweise) zwangsläufig aus dem Vereinszweck.[270]

127 **Beiträge** sind im Gegensatz zu Umlagen **periodisch zu entrichtende Zahlungen,** die ein Mitglied zur Förderung des Vereinszwecks zu erfüllen hat. **Umlagen** sind – ähnlich den aus dem Wohnungseigentumsrecht (§ 28 Abs. 1 WEG) bekannten Sonderumlagen – eine besondere Beitragsform, die typischerweise zur Finanzierung **außergewöhnlicher (einmaliger) Belastungen** erhoben werden.

128 Beiträge können grundsätzlich **nur auf Grund einer Satzungsbestimmung** erhoben werden (zum Mehrheitserfordernis → § 10 Rn. 121).[271] Fehlt eine entsprechende Satzungsregel oder sieht die Satzung vor, dass gerade keine Beiträge zu entrichten sind, so kann eine Beitragszahlungspflicht nur durch eine Satzungsänderung eingeführt werden, ein einfacher Beschluss der Mitgliederversammlung oder ein Vorstandsbeschluss sind nicht ausreichend.

129 Die Satzung muss nur die Beitragspflicht als solche anordnen, die **Höhe** des Beitrages oder eine **ziffernmäßige Obergrenze** muss – anders als bei Umlagen – **nicht** in der Satzung enthalten sein.[272]

130 Auch **einmalige Aufnahmegebühren** können bei einer entsprechenden Satzungsregelung festgelegt werden. Eine allgemein gehaltene Satzungsermächtigung zur Beitragserhebung ist aber nicht ausreichend, um eine einmalige Aufnahmegebühr,[273] einen dreizehnten Monatsbeitrag[274] oder ein zinsvergünstigtes Darlehen der Mitglieder[275] zu fordern. Regelungen, die eine Rückerstattung von der erfolgreichen Anwerbung weiterer Mitglieder oder dem Erreichen einer Mindestmitgliederanzahl vorsehen, sind zulässig, wenn sie klar gefasst und nicht diskriminierend sind.[276]

---

[270] *Stöber/Otto* Rn. 349.
[271] Vgl. aber OLG Bamberg BB 1982, 272 zur Genossenschaft, wonach ein Eintrittsgeld auch ohne satzungsmäßige Grundlage erhoben werden kann.
[272] BGH NZG 2010, 1112.
[273] *Burhoff* Rn. 81.
[274] OLG München NJW-RR 1998, 966.
[275] BGH NJW-RR 2008, 1357.
[276] OLG Brandenburg OLG-NL 2005, 177; *Stöber/Otto* Rn. 356.

Hinweis:
Es ist nicht empfehlenswert, die Höhe einer Aufnahmegebühr oder der Beiträge in der Satzung festzulegen, da ansonsten bei jeder Beitragsänderung eine Satzungsänderung mit den einzuhaltenden Formalia (Beschluss der Mitgliederversammlung, Anmeldung zum Vereinsregister) durchzuführen wäre.

Die Mitgliederversammlung kann die Höhe der Beiträge selbst festlegen oder die Entscheidung an ein anderes Vereinsorgan (zB Vorstand, Verwaltungsrat) delegieren. Üblicherweise werden die Einzelheiten in einer vom zuständigen Organ zu verfassenden Beitragsordnung festgelegt. Wenn die Höhe der Beiträge durch die Mitgliederversammlung festgelegt werden soll, dann beschließt diese grundsätzlich mit einfacher Mehrheit. 131

Formulierungsbeispiel: Erhebung von Beiträgen (Satzungsbestandteil) 132
→ § 10 Rn. 120.

Die Beitragspflicht ist idR auf eine Geldzahlung gerichtet, dies muss aber nicht zwingend so sein. So können auch **Sach- oder Dienstleistungen** festgelegt werden. Die Satzung kann etwa die Pflicht zum Training oder zur Teilnahme an Wettkämpfen als Beitragspflicht festlegen. Die Mitglieder können auch verpflichtet werden, bei Wettkämpfen Sportkleidung des Vereins mit der entsprechenden Werbung zu tragen.[277] Die Verpflichtung zur Erbringung von Sach- und Dienstleistungen muss aber ausdrücklich in der Satzung genannt werden; wird nur allgemein von „Beiträgen" gesprochen, so sind hierunter nur Geldbeträge zu verstehen.[278] 133

Wenn die Satzung Dienstleistungen einfordert, ist die Rechtsgrundlage hierfür die durch die Mitgliedschaft begründete Pflicht und nicht ein durch Arbeitsvertrag begründetes Arbeitsverhältnis, und zwar auch dann nicht, wenn der Verein Aufwendungen vergütet. Allerdings dürfen durch die vereinsrechtlichen Arbeitsverpflichtungen keine **zwingenden arbeitsrechtlichen Schutzvorschriften** umgangen werden.[279] Dies kann etwa dann der Fall sein, wenn dem zur Leistung abhängiger Arbeit verpflichteten Vereinsmitglied keine Mitgliedschaftsrechte zustehen, die ihm eine Einflussnahme ermöglichen oder wenn der Verein seinen in erheblichem Umfang zur Arbeit in persönlicher Abhängigkeit verpflichteten Mitgliedern weder einen Anspruch auf angemessene Vergütung noch einen Anspruch auf Versorgung einräumt.[280] 134

Die Beiträge müssen **nicht** für alle Mitglieder **gleich hoch** sein. Allerdings setzt ist der Grundsatz der Gleichbehandlung aller Vereinsmitglieder dem Satzungsgeber Grenzen. Nach dem im Recht der Körperschaften geltenden Gleichbehandlungsgrundsatz (vgl. § 53a AktG) kann jedes Mitglied verlangen, dass es nicht ohne sachlichen Grund schlechter gestellt wird als andere Mitglieder.[281] Die Mitgliedsbeiträge dürfen daher ohne Zustimmung des betroffenen Mitglieds durch eine nachträgliche Änderung nicht so festgesetzt werden, dass sie ein einzelnes Mitglied oder eine Gruppe von Mitgliedern in einer willkürlichen und sachfremden Weise gegenüber den anderen Mitgliedern besonders belasten.[282] 135

Nicht zu beanstanden ist es hingegen, wenn die Beiträge der Mitglieder unterschiedlich hoch sind, aber alle Mitglieder aufgrund der gleichen Grundlage herangezogen werden. Es bestehen auch keine Bedenken dagegen, als Vereinsbeitrag nicht einen von vornherein 136

---

[277] *Burhoff* Rn. 137; *Reichert* Rn. 2837 ff.
[278] BeckNotar-HdB/*Waldner* § 18 Rn. 20.
[279] BAG NJW 1996, 143 (151); NJW 2003, 161 – Scientology.
[280] BAG NJW 1996, 143 (151) – Scientology.
[281] BGH NJW 1967, 1657; NJW 1971, 879; NJW 1960, 2142 (2143) bzgl. e.G.; BVerwG NJW 1987, 1900 (1902); Palandt/*Ellenberger* BGB § 35 Rn. 3.
[282] BGH NJW 1954, 953; *Sauter/Schweyer/Waldner* Eingetragener Verein Rn. 121.

festgelegten Betrag zu erheben, sondern diesen **variabel zu ermitteln** (so etwa wenn sich die Beitragshöhe an der Anzahl der Mitglieder orientiert oder an den Umsätzen oder der Bilanzsumme der einzelnen Mitgliedsunternehmen).[283] In diesem Fall muss in der Satzung aber geregelt werden, welches **Organ für die endgültige Festlegung** des Beitrages zuständig ist (dies muss nicht zwingend die Mitgliederversammlung sein).[284] Bei einer solchen Regelung handelt es sich auch nicht um eine das Vereinsleben bestimmende und daher in die Satzung aufzunehmende Grundsatzentscheidung, die einer ausdrücklichen Satzungsregelung bedürfte.[285] In diesem Fall sollte allerdings geregelt werden, wie der Umsatz der Mitglieder zu bestimmen ist und dass die Mitglieder verpflichtet sind, dem Verein Auskunft und erforderlichenfalls Einsicht in die Geschäftsunterlagen zu geben, damit der Verein die Grundlagen für die Beitragsbemessung erhält.[286] Die Satzung kann auch vorsehen, dass jedes Mitglied die **Höhe seines Beitrages selbst bestimmt;** dies kommt teilweise bei Vereinen mit karitativer Zielsetzung vor und ist bei entsprechender Satzungsregelung unbedenklich.[287]

137 Bestimmte Gruppen können von der Beitragspflicht komplett ausgenommen werden (zB Schüler, Studenten, Senioren, Ehrenmitglieder), während die übrigen Mitglieder voll zahlen müssen. Es kann auch vorgesehen werden, dass das für die Beitragserhebung zuständige Organ entsprechende Befreiungen vorsehen kann. Wenn eine solche Befreiungsmöglichkeit nicht bereits in der Gründungssatzung enthalten ist, bedarf eine diesbezügliche Satzungsänderung der Zustimmung aller (beitragspflichtigen) Mitglieder.[288]

138 **Formulierungsbeispiel: Beitrag (Satzungsbestandteil)**

§ 6. Beitrag

Es ist ein Mitgliedsbeitrag zu leisten. Seine Höhe bestimmt die Mitgliederversammlung, wobei für jugendliche Mitglieder, Volljährige und Juristische Personen jeweils unterschiedliche Beiträge festgesetzt werden können. Einzelne Mitglieder oder Mitgliedergruppen können von der Beitragspflicht ausgenommen werden. Der Beitrag ist monatlich im Voraus zu zahlen. Eine rückwirkende Beitragserhöhung ist möglich, jedoch nur zu Beginn des laufenden Geschäftsjahres, in welchem die Beitragserhöhung beschlossen wird.

Hinweis:

Beiträge und sonstige Leistungen an den Verein sind **umsatzsteuerlich** voneinander zu trennen.[289] Die Finanzverwaltung unterscheidet hierbei zwischen **echten** und **unechten Mitgliedsbeiträgen.** Echte Mitgliedsbeiträge liegen vor, soweit der Verein zur Erfüllung des satzungsmäßigen Zwecks für die Gesamtbelange der Mitglieder tätig wird und die Mitgliedsbeiträge ihm die Erfüllung dieser Aufgaben ermöglichen. Erbringt der Verein hingegen Leistungen, die den Sonderbelangen einzelner Mitglieder dienen und werden die Beiträge entsprechend der tatsächlichen oder vermuteten Inanspruchnahme durch die Mitglieder erhoben, dann handelt es sich um unechte Mitgliedsbeiträge, die umsatzsteuerlich zu einem Leistungsaustausch führen.[290] Bei der Abgrenzung zwischen einem echten oder unechten Mitgliedsbeitrag kommt es nicht auf das äußere Erscheinungsbild der Zahlung, sondern auf eine wirtschaftliche Betrachtung an. Indiz für die

[283] BGH NJW 2010, 3521.
[284] BGHZ 130, 243 = NJW 1995, 2981; BGH NJW 2010, 3521; OLG Stuttgart NZG 2012, 317 (319).
[285] BGH NJW 2010, 3521.
[286] Fehlt eine entsprechende Satzungsregelung, ergibt sich das Auskunftsrecht als Nebenpflicht aus der Mitgliedschaft, vgl. *Stöber/Otto* Rn. 361.
[287] MHdB GesR V/*Waldner* § 39 Rn. 9.
[288] *Stöber/Otto* Rn. 358.
[289] Vgl. *Gotthard/Schütze* NZG 2010, 1406; *Bartmuß/Pauls* ZStV 2013, 121 ff.
[290] Abschn. 1.4 UStAE.

Annahme eines echten Mitgliedsbeitrages kann die gleichmäßige Erhebung nach einem für alle Mitglieder verbindlichen Bemessungsmaßstab sein.[291] Erhält das Mitglied dagegen für den Beitrag einen direkten Vorteil, dann spricht vieles für einen unechten Mitgliedsbeitrag. Dazu auch → § 14 Rn. 274 ff.

Die Festlegung der Beitragspflicht dem Grunde nach ist aber dann nicht ausreichend, wenn der Verein durch diese Beiträge **umfangreiche Leistungen** für die Mitglieder finanzieren will; in diesem Fall müssen jedenfalls die Grundzüge der Beitragspflichten und insbesondere die Festlegung eines Höchstbeitrages in der Satzung verankert sein (zB Beitragspflicht zur Einrichtung eines Garantiefonds durch Bankenverband).[292] Es liegt dann eine sog. **gespaltene Beitragspflicht** vor, da die Mitglieder neben ihrer regulären Beitragspflicht **weitere korporationsrechtliche Pflichten** erbringen müssen, die dazu dienen, den Verbandszweck zu verwirklichen und mitgliedschaftlicher Natur sind. Wenn solche Verpflichtungen begründet werden sollen, bedarf es einer klaren Satzungsregelung, aus welcher die zusätzliche Verpflichtung eindeutig hervorgeht; weiter muss die **Obergrenze** in der Satzung bestimmt oder objektiv bestimmbar sein.[293] 139

Beispiel:

Ein Golfclub verpflichtete seine Mitglieder, dem Verein neben der Zahlung einer Aufnahmegebühr und des Jahresbeitrags ein zinsloses Darlehen zu gewähren, um den Golfplatz zu erweitern.[294] Hierzu wurde zwischen dem Verein und dem Mitglied ein Darlehensvertrag abgeschlossen; eine satzungsmäßige Grundlage bestand nicht. Da der Darlehensbetrag dem vom Verein verfolgten Zweck dient und die Verpflichtung, das Darlehen zu gewähren, mit der Mitgliedschaft verbunden war, liegt ein Fall der sog. „gespaltenen Beitragspflicht" vor, die in der Satzung verankert werden muss.

[Einstweilen frei.] 140

Rückwirkende Beitragserhöhungen sind nur zulässig, wenn dies ausdrücklich in der Satzung vorgesehen ist.[295] Beim Fehlen einer entsprechenden Ermächtigung soll sich die Zulässigkeit ausnahmsweise aus der **Treuepflicht der Mitglieder** ergeben, aber nur dann, wenn Ereignisse eingetreten sind, die nach der normalen Kassenlage eines Vereins vorausschauend zum Ende eines Geschäftsjahres unvorhersehbar waren.[296] Allerdings ist das schutzwürdige Vertrauen der Mitglieder vor einer unvorhersehbaren Pflichtenmehrung zu berücksichtigen. Bei einer gravierenden Beitragserhöhung (im konkreten Fall auf das mehr als dreifache)[297] ist den nicht zustimmenden Mitgliedern ein **außerordentliches Kündigungsrecht** unter Beibehaltung der bisherigen Beitragsrechte einzuräumen.[298] Teilweise wird großzügiger davon ausgegangen, dass eine rückwirkende Erhöhung bei Vereinen zulässig ist, die nur einmal im Jahr eine Mitgliederversammlung abhalten und die Beitragserhöhung rückwirkend vom Beginn des laufenden Geschäftsjahres an gezahlt werden soll.[299] Die **Grenze einer zulässigen Rückwirkung** dürfte in jedem Fall (auch bei ausdrücklicher Zulassung in der Satzung) zum Beginn des laufenden Geschäftsjahres, in dem der Beschluss gefasst wird, zu setzen sein. 141

---

[291] Eine Staffelung der Beiträge ist unschädlich, wenn sich die Staffelung nach persönlichen Merkmalen der Mitglieder richtet (zB Lebensalter oder Vermögen): Abschn. 1.4 Abs. 1 S. 2 UStAE.
[292] BGHZ 105, 306 (316) = NJW 1989, 1724.
[293] BGH NZG 2008, 38; OLG München NJW-RR 1998, 966.
[294] BGH NZG 2008, 675.
[295] LG Hamburg NJW-RR 1999, 1708.
[296] LG Hamburg NJW-RR 1999, 1708 (1709); DNotI-Report 2008, 68.
[297] Eine Mehrbelastung von weniger als 100% der bisherigen Beiträge reicht allerdings nicht aus, LG Aurich Rpfleger 1987, 117.
[298] LG Hamburg NJW-RR 1999; 1708; *Reichert* Rn. 848.
[299] *Stöber/Otto* Rn. 357; krit. *Burhoff* Rn. 151.

Hinweis:

Ein Beschluss über eine rückwirkende Beitragserhöhung ohne ausreichende Satzungsgrundlage ist unwirksam bzw. nichtig. Ob der Beschluss im Wege der Teilwirksamkeit dergestalt aufrechterhalten werden kann, dass die Beitragserhöhung zwar für das laufende Jahr unwirksam, für das Folgejahr aber wirksam ist, ist unklar. Vorsichtshalber sollte in solchen Fällen ein erneuter Beschluss über die künftige Beitragserhöhung gefasst werden.

142 Die Satzung kann nicht vorsehen, dass **ein Dritter** (etwa die Eltern) verpflichtet sind, den Vereinsbeitrag zu zahlen. Dagegen kann sie zB den Beitritt eines beschränkt Geschäftsfähigen davon abhängig machen, dass der gesetzliche Vertreter für dessen Mitgliedsbeiträge haftet. Bei der Ausgestaltung dieser Regelung ist aber auf die Erkennbarkeit der Haftübernahme besonders zu achten: Soll etwa eine Mithaft der Eltern für die Mitgliedsbeiträge ihrer Kinder begründet werden, so bedarf es einer ausdrücklichen Mithaftübernahme, die in der Mitunterzeichnung der Beitrittserklärung nur dann liegen kann, wenn diese doppelte Bedeutung der Erklärung klar erkennbar ist.[300]

143 Die Satzung kann auch Regelungen zur **Fälligkeit** des Beitrages treffen. Tut sie das nicht, so kann das für die Festlegung der Höhe des Vereinsbeitrages zuständige Organ auch die Fälligkeit bestimmen, im Zweifel ist der Beitrag demnach sofort (§ 271 Abs. 1 BGB) zu zahlen.

144 Auch die **Form,** in welcher die Beiträge zu zahlen sind, kann in der Satzung geregelt werden. Sollen die Mitglieder verpflichtet werden, an einem **Lastschriftverfahren** teilzunehmen, so muss dies ausdrücklich in der Satzung geregelt sein.[301] Die Satzung kann vorsehen, dass ein Mitglied, das keine Einzugsermächtigung erteilt, für die Deckung des dem Verein dadurch zusätzlich anfallenden Mehraufwandes herangezogen wird. In diesem Fall muss sich aber der Zusatzaufwand in einem angemessenen Rahmen halten.

145 Ebenso können **Sanktionen für säumige Mitglieder** vorgesehen werden. So kann die Benutzung der Vereinseinrichtungen von der rechtzeitigen Zahlung der Beiträge abhängig gemacht werden. Auch eine Satzungsbestimmung, wonach ein Mitglied von der Mitgliederliste gestrichen wird, wenn es eine bestimmte Zeit keine Beiträge geleistet hat, ist zulässig (→ § 10 Rn. 274).[302]

146 **Formulierungsbeispiel: Fälligkeit des Beitrags (Satzungsbestandteil)**

§ 6. Beitrag

(1) Der jährliche Mitgliedsbeitrag ist am 3. Januar eines Jahres in einer Summe zur Zahlung fällig. Jedes Mitglied ist verpflichtet, dem Verein zu dessen Zahlung ein SEPA-Lastschriftmandat zu erteilen.

(2) Ein Mitglied kann durch Beschluss der Mitgliederversammlung [*Alt. 1:* des Vorstands] [*Alt. 2:* des Beirats] von der Mitgliederliste gestrichen werden, wenn es trotz zweimaliger schriftlicher Mahnung mit der Zahlung von Mitgliedsbeiträgen oder von Umlagen im Rückstand ist. Die Streichung darf erst beschlossen werden, wenn nach der Absendung der zweiten Mahnung zwei Monate verstrichen sind und in dieser Mahnung die Streichung angedroht wurde. Der Beschluss über die Streichung muss dem Mitglied mitgeteilt werden.

147 Die überwiegende Ansicht lässt es auch zu, dass die Satzung – bei Gleichbehandlung aller Mitglieder – vorsieht, dass das **Stimmrecht** eines Mitglieds so lange **ruht,** wie rück-

---

[300] Vgl. OLG Hamm FGPrax 2000, 35 (36).
[301] OLG Hamburg NJW-RR 1998, 1163 (zur WEG).
[302] MHdB GesR V/*Wagner* § 39 Rn. 12.

ständige Beiträge noch nicht beglichen sind.[303] Der BGH hat hingegen bei der WEG entschieden, dass ein Stimmrechtsausschluss für säumige Wohnungseigentümer unwirksam ist.[304] Dennoch wird man diese Argumentation nicht ohne weiteres auf das Vereinsrecht übertragen können:[305] Die Eigentümer einer WEG sind durch ihr Miteigentum an den personenrechtlichen Verband gebunden und können sich dem nicht einfach durch Austritt entziehen. Das Vereinsmitglied ist demgegenüber in aller Regel eher in der Lage, die Vereinsmitgliedschaft durch Austritt zu beenden, wenn die Versammlung nicht seinem Willen entsprechende Beschlüsse fasst.

Hinweis:

Eine Satzungsregelung, wonach die mitgliedschaftlichen Rechte von der Zahlung der Beiträge abhängt, erschwert die Kontrolle der bestehenden Stimmrechte in der Mitgliederversammlung und ist daher wenig empfehlenswert.

2. Umlagen

Eine Umlage (oder ein „außerordentlicher Beitrag“) kann nur bei satzungsmäßiger Verankerung erhoben werden und ist nur bei **außergewöhnlichem Bedarf** zulässig.[306] Eine „Sonderumlage“, die nicht der Befriedigung eines außergewöhnlichen Bedarfs dient, sondern regelmäßig anfällt (und der Verein zur Finanzierung seiner Aufgaben auf die regelmäßige Erhebung einer Sonderumlage angewiesen ist), regelt in Wahrheit die reguläre Beitragspflicht.[307] Fehlt eine Regelung in der Satzung, dann ist es dem Vorstand verwehrt, eine Umlage zu beschließen, um damit etwa ein Defizit in der Vereinskasse zu decken.[308] Eine Umlage kann weiter nur **zur Förderung des Vereinszweckes** erhoben werden. 148

Beispiel:[309]

Unzulässigkeit einer „Sonderumlage" neben den Mitgliedsbeiträgen, für welche jedes Mitglied einen jährlichen Verzehrbon für die (fremdverpachtete) Vereinsgaststätte erhält. Hier dient die Sonderumlage vor allem der Subventionierung des Pächters.

Die satzungsmäßige Grundlage für die Zahlung der Umlage muss **hinreichend bestimmt** sein. Die Erhebung einer einmaligen Umlage setzt die Zulassung in der Satzung nicht nur dem Grunde nach voraus, sondern es muss auch ihre **Obergrenze der Höhe nach** bestimmt oder objektiv bestimmbar sein.[310] Die hinreichende Bestimmtheit durch eine Obergrenze dient dem Schutz des einzelnen Mitglieds vor einer schrankenlosen nicht vorhersehbaren Pflichtenmehrung. Das Mitglied muss also erkennen können, in welchem Umfang es über die reguläre Beitragspflicht zu außerplanmäßigen Geldzahlungen verpflichtet werden kann, damit es die mit dem Beitritt verbundenen Kosten bewerten kann. Die Sonderumlage wird idR auf Geldleistung gerichtet sein, kann aber auch in einer **Werk- oder Dienstleistung** bestehen, wenn zwingende arbeitsrechtliche Schutznormen nicht umgangen werden.[311] Vereinsmitglieder können in der Satzung aber nicht dazu verpflichtet werden, für Vereinsschulden **Dritten gegenüber unmittelbar zu haften.**[312] Für eine solche Haftung ist demnach eine gesonderte Vereinbarung (Schuldbeitritt, Bürgschaft) erforderlich. 149

---

[303] *Sauter/Schweyer/Waldner* Eingetragener Verein Rn. 122; *Burhoff* Rn. 145.
[304] BGH NJW 2011, 679.
[305] *Stöber/Otto* Rn. 824 Fn. 5.
[306] BGH NJW-RR 2008, 194; OLG München NJW-RR 1998, 966.
[307] OLG Stuttgart NZG 2012, 317.
[308] *Burhoff* Rn. 154; *Sauter/Schweyer/Waldner* Eingetragener Verein Rn. 120.
[309] OLG München NJW-RR 1998, 966.
[310] BGH NJW 2008, 1357; OLG München NJW-RR 1998, 966.
[311] BAG NJW 2003, 161 – Scientology; NZA 1996, 33.
[312] *Reichert* Rn. 871; *Sauter/Schweyer/Waldner* Eingetragener Verein Rn. 349.

150 Ausnahmsweise kann die Treuepflicht des Mitglieds gegenüber dem Verein allerdings die Zulässigkeit der Umlage **trotz Fehlens einer solchen Satzungsbestimmung** begründen, wenn die Umlage für den Fortbestand des Vereins unabweisbar notwendig und den Mitgliedern zumutbar ist. In dem vom BGH entschiedenen Fall konnte ein Segelclub das bisher gepachtete Vereinsgrundstück nicht weiter anpachten. Daher wurde der Ankauf des Grundstücks beschlossen, wobei jedes Mitglied 1.500 EUR Sonderumlage (das sechsfache des Jahresbeitrages) aufbringen sollte. Trotz nicht hinreichender Satzungsbestimmung (keine Höchstgrenze für die Sonderumlage) hielt der BGH die Sonderumlage für zulässig, wenn sie für den **Fortbestand** des Vereins **unabweisbar notwendig** und dem einzelnen Mitglied unter Berücksichtigung seiner eigenen schutzwürdigen Belange **zumutbar** ist. Beides hat der BGH im konkreten Falle bejaht. Insgesamt bestehen aber **hohe Hürden** für die Erhebung einer Sonderumlage ohne satzungsmäßige Grundlage.

Gegenbeispiel:

Die Erhebung einer Sonderumlage eines Kleingartenvereins zum Bau einer Abwasserentsorgungsanlage ist unzulässig, da die Nichtausführung nicht die Auflösung des Vereins zur Folge hat. Allein das überwiegende Interesse der Mitglieder an einer weitergehenden Nutzung der Wochenendgrundstücke reicht dafür nicht aus.[313]

151 Wird eine Sonderumlage erhoben, die nicht in der Satzung vorgesehen ist, besteht für die Vereinsmitglieder, die den Beschluss nicht mittragen wollen, ein **außerordentliches Austrittrecht,** um sich dadurch den finanziellen Pflichten zu entziehen. Im Interesse der Planungssicherheit des Vereines, der zeitnah erfahren muss, wie viele Mitglieder austreten und die beschlossene Sonderumlage nicht mittragen wollen, ist der Austritt in angemessenem zeitlichen Zusammenhang mit dem Wirksamwerden des Beschlusses zur Erhebung einer Sonderumlage zu erklären, um die Zahlungspflicht entfallen zu lassen.[314]

> **Hinweis:**
>
> Ausführliche Erläuterungen zur Beitragspflicht finden sich auch bei den Erläuterungen zur Mitgliedschaft in → § 10 Rn. 112 ff.

152 **Formulierungsbeispiel: Mitgliedsbeitrag (zusammenfassender Satzungsbestandteil)**

§ 6. Beitrag

(1) Die Festsetzung der Mitglieds- und Abteilungsbeiträge, außerordentlicher Beiträge, Aufnahmegebühren sowie deren Zahlungsweise erfolgt durch den Vorstand. Der Verein kann verlangen, dass das Mitglied für die Beiträge eine Einzugsermächtigung erteilt.

(2) Näheres, insbesondere die Gewährung von Beitragsermäßigungen oder -befreiungen für bestimmte Gruppen von Mitgliedern regelt die Beitragsordnung, die durch den Vorstand erlassen wird. [*ggf.:* Der Vorstand kann einzelne Mitglieder bei Vorliegen außergewöhnlicher Umstände von der Beitragspflicht befreien oder die Beiträge stunden.]

(3) Mitglieder sind im Rahmen ihrer Beitragsleistung dem Verein zur Erbringung von Dienstleistungen durch Ableistung von „Arbeitsstunden" verpflichtet. Näheres hierzu regelt die Beitragsordnung.

(4) Der Vorstand ist bei Vorliegen eines wichtigen Grundes berechtigt, Umlagen zu beschließen, die das Doppelte des Jahresbeitrages pro Mitglied nicht übersteigen dürfen. Im Wege der Sonderumlage kann ein Mitglied auch zur Erbringung von Dienst-

[313] AG Erfurt BeckRS 2008, 53212.
[314] BeckOK BGB/*Schöpflin* BGB § 58 Rn. 4.

leistungen verpflichtet werden, die aber 20 Stunden pro Jahr nicht übersteigen dürfen.

VII. Bildung des Vorstandes (§ 58 Nr. 3 BGB)

§ 58 Nr. 3 BGB verlangt, dass die Satzung eine Regelung dazu enthält, wie sich der (gesetzliche) Vorstand iSd § 26 BGB zusammensetzt. Fehlt eine entsprechende Bestimmung, ist der Verein nicht eintragungsfähig (§ 60 BGB); wurde er dennoch eingetragen, besteht der Vorstand aus einer Person.[315] Die Satzung muss demnach anordnen, aus **welcher Anzahl an Mitgliedern** sich der Vorstand zusammensetzt, ob er also aus einer oder mehreren, ggf. aus wie vielen Personen (§ 26 Abs. 1 S. 2 BGB) er besteht. Üblicherweise gibt die Satzung neben der Zahl verschiedene Vereinsämter (1. Vorsitzender, Schriftführer, Kassier etc.) vor. 153

Die Satzungsregelung zur Bildung des Vorstandes muss **klar und bestimmt** sein, aus ihr muss sich demnach unzweifelhaft ergeben, welche Inhaber von Vereinsämtern den Vorstand bilden und den Verein vertreten.[316] Der Vorstand kann daher **nicht alternativ** bestimmt werden, etwa dergestalt, dass Vorstand entweder der Vorsitzende oder der stellvertretende Vorsitzende sein soll.[317] Die Satzung muss aber **nicht die konkrete Zahl** der Vorstandsmitglieder festlegen, sondern kann sich auf die Festlegung einer Mindest- und Höchstzahl beschränken.[318] In diesem Fall entscheidet die Mitgliederversammlung oder – bei einer entsprechenden satzungsmäßigen Regelung – ein anderes für die Bestellung von Vorstandsmitgliedern zuständiges Vereinsorgan über die Größe des Vorstandes.[319] 154

Beschränkt sich die Satzung auf die Angabe einer **Mindestanzahl,** so kann das in der Praxis nicht seltene Problem umgangen werden, wie zu verfahren ist, wenn bei einer Wahl nicht genügend Kandidaten für die in der Satzung vorgesehenen Vorstandsämter gefunden werden. Nach verbreiteter Auffassung soll es auch möglich sein, der Mitgliederversammlung die Anzahl der Vorstandsmitglieder zu überlassen, ohne eine Ober- und Untergrenze festzulegen.[320] Das OLG Celle geht dagegen davon aus, dass aus Gründen der Rechtssicherheit zumindest die Angabe einer Mindestzahl erforderlich ist.[321] Ausführlich zum Ganzen → § 8 Rn. 8ff. 155

Formulierungsbeispiel: Vorstand (Satzungsbestandteil) 156

§ 5. Vorstand

Der Vorstand iSd § 26 BGB besteht aus mindestens drei und höchstens sieben Mitgliedern. Über die Zahl der Vorstandsmitglieder entscheidet die Mitgliederversammlung.

Hinweis:

Die wohl hM geht davon aus, dass bei Gründung des Vereins alle in der Satzung vorgegebenen Vorstandsposten besetzt werden müssen, da erst dann der Vorstand als Organ gebildet wurde und die Gründungsphase abgeschlossen ist (hierzu → § 4 Rn. 104).[322] Bleibt allerdings bei einer späteren Neuwahl ein Vorstandsamt unbesetzt, kann die Vor-

---

[315] MHdB GesR V/*Waldner* § 25 Rn. 58.
[316] BayObLGZ 1971, 266 (269f.) = Rpfleger 1971, 352; BayObLGZ 1972, 286 (291) = Rpfleger 1972, 440; *Danckelmann* NJW 1973, 735 (737).
[317] BayObLG NJW-RR 1992, 802; *Stöber/Otto* Rn. 381.
[318] BayObLGZ 1969, 33; OLG Celle NotBZ 2011, 42.
[319] BayObLGZ 1969, 33 (36).
[320] LG Gießen MDR 1984, 312; Palandt/*Ellenberger* BGB §§ 57, 58 Rn. 3; MüKoBGB/*Leuschner* BGB § 58 Rn. 5.
[321] OLG Celle NotBZ 2011, 42.
[322] *Sauter/Schweyer/Waldner* Eingetragener Verein Rn. 15; *Burhoff* Rn. 35; nach aA soll es ausreichen, wenn die zur Vertretung berechtigte Zahl der Vorstandsmitglieder bestellt wird, so *Stöber/Otto* Rn. 1231.

standswahl dennoch im Vereinsregister eingetragen werden. Die Zahl der Vorstandsmitglieder sollte auch nicht zu umfangreich gehalten werden. Die Praxis zeigt, dass die Zusammenarbeit bei zu großen Organen Schwierigkeiten bereitet. Darüber hinaus ist jede Änderung der Vorstandschaft zum Vereinsregister anzumelden, so dass ein großer Vorstandskreis bei oftmals stattfindenden Änderungen unnötigen Zeit- und Kostenaufwand verursacht.

157 Die meisten Satzungen regeln oftmals einen größeren „erweiterten" Vorstand, wobei den Mitgliedern einzelne Aufgaben innerhalb des Vereins zugewiesen werden (Beisitzer, Jugendwart etc.). Nur einige Mitglieder des „erweiterten" Vorstands sollen aber **echte Vorstände iSv § 26 BGB** (dann oftmals „geschäftsführender Vorstand" oder „Präsidium" genannt) und damit vertretungsberechtigt sein. Solche Regelungen sind zulässig, gleichwohl darf **kein Zweifel** darüber bestehen, welche Vorstandsmitglieder zur Vertretung des Vereins berechtigt sein sollen.[323]

158 Oftmals besteht das Problem, dass sich der Vorstand nach der Satzung aus mehreren Mitgliedern mit abgrenzbaren Funktionen zusammensetzt, sich aber nicht genügend Kandidaten für sämtliche Ämter finden. Hier stellt sich die Frage nach der **Zusammenlegung der Vorstandsämter,** also der Belegung mehrerer Vorstandsämter durch ein Mitglied **in Personalunion.** Teilweise wird davon ausgegangen, dass bei der Zusammenlegung wegen der hiermit verbundenen Verkleinerung des Vorstandes eine Satzungsänderung bzw. ausdrückliche Zulassung in der Satzung erforderlich ist; ein einfacher Beschluss der Mitgliederversammlung soll nicht ausreichen.[324] Nach zutreffender abweichender Auffassung ist die Zusammenlegung durch bloßen Beschluss zulässig, solange die erforderliche Mindestanzahl an Vorstandsmitgliedern vorhanden bleibt, also die gesetzliche Vertretung des Vereins gewährleistet ist[325] und sich aus der Satzung nichts Gegenteiliges (also Anhaltspunkte dafür, dass mit der Festlegung der Vorstandsämter auch gerade die Kopfzahl des Vorstands festgelegt werden sollte) ergibt.[326]

Hinweis:

Soweit die Satzung beim mehrgliedrigen Vorstand vorsieht, dass dieser aus den Inhabern klar abgegrenzter Vereinsämter besteht, sollte die Frage der Wahrnehmung der Ämter in Personalunion ausdrücklich geregelt werden. Falls eine personengleiche Besetzung mehrerer Vorstandsämter zulässig ist, sollte zugleich geregelt werden, wie die Stimmrechte innerhalb des Vorstandes (nach Kopf- oder Amtszahl) verteilt werden.

159 Unzulässig sind Satzungsklauseln, die eine **bedingte Zugehörigkeit** zum Vorstand vorsehen. So hielt das BayObLG eine Bestimmung, wonach Vorstand iSd BGB „der Vorsitzende und bei dessen Verhinderung der stellvertretende Vorsitzende ist", für unzulässig, da aus dem Vereinsregister nicht rechtssicher ersichtlich sei, wer zur Vertretung des Vereins berufen ist.[327] Daher sollten Formulierungen, die auf eine bedingte Vorstandszugehörigkeit schließen lassen, vermieden werden. Die häufig in Vereinssatzungen anzutreffende Regelung

„Der Vorstand wird durch den Vorsitzenden, im Falle seiner Verhinderung durch den stellvertretenden Vorsitzenden vertreten."

---

[323] BayObLG NJW-RR 2001, 1479.
[324] Soergel/*Hadding* BGB § 26 Rn. 9.
[325] *Burhoff* Rn. 515: Sieht die Satzung zB vor, dass der Vorstand aus dem 1. Vorsitzenden und dem 2. Vorsitzenden besteht und diese den Verein gemeinsam vertreten, ist eine Zusammenlegung nicht möglich.
[326] OLG Düsseldorf NJW-RR 1989, 894; OLG Hamm NJW-RR 2011, 471; LG Köln Rpfleger 1984, 422; *Sauter/Schweyer/Waldner* Eingetragener Verein Rn. 230.
[327] BayObLG NJW-RR 1992, 802.

wird man aber dahingehend auslegen können, dass der Vorstand aus dem Vorsitzenden und seinem Stellvertreter besteht, aber der stellvertretende Vorsitzende im Innenverhältnis nur dann vom Vorstandsamt Gebrauch machen darf, wenn der Vorsitzende verhindert ist.[328] Um Unsicherheiten zu vermeiden, sollte allerdings stets klargestellt werden, dass es sich um eine Beschränkung im Innenverhältnis handelt.

Soweit die Satzung **„stellvertretende Vorstandsmitglieder"** vorsieht, sollte deutlich 160
gemacht werden, dass es sich bereits um echte Vorstandsmitglieder handelt, die aber im Innenverhältnis (etwa durch eine Geschäftsordnung) erst beim Wegfall der ordentlichen Mitglieder vertretungsbefugt sein sollen. Es ist aber nicht möglich, einen Stellvertreter dergestalt zu bestimmen, dass dieser erst im Verhinderungsfall in den Vorstand aufrückt; ansonsten bestünde eine unzulässige bedingte Vorstandszugehörigkeit.

Die Satzung kann für den **Wegfall eines Vorstandsmitgliedes** während der laufenden 161
Amtsperiode vorsehen, dass das freigewordene Vorstandsamt von einem bestimmten anderen Vorstandsmitglied übernommen wird (Kooptation, → § 8 Rn. 65) oder diese Bestimmung dem Vorstand selbst oder einem anderen Vereinsorgan (etwa der Mitgliederversammlung) überlassen[329] (→ § 8 Rn. 238 ff.).

Die Satzung kann an die **Wählbarkeit** der Vorstandsmitglieder bestimmte **persönliche** 162
Voraussetzungen knüpfen (Mindestalter, Dauer der Mitgliedschaft, Zustimmung eines Dritten), solange die Bestimmung nicht diskriminierend ist (→ § 8 Rn. 26 ff.). Auch **Nichtmitglieder** können zum Vorstand bestellt werden;[330] dies kann aber in der Satzung ausgeschlossen und stattdessen angeordnet werden, dass nur Vereinsmitglieder zum Vorstand bestellt werden können. Fehlt es an einer solchen Bestimmung, dann zieht der Verlust der Vereinsmitgliedschaft nicht automatisch den Verlust des Vorstandamtes nach sich.[331] **Juristische Personen** können ebenfalls zum Vorstand bestellt werden, die das Vorstandsamt dann durch ihr eigenes Vertretungsorgan ausüben.[332]

> **Hinweis:**
>
> Die Erwerbslosigkeit oder der Bezug von Arbeitslosengeld steht der Ausübung des Vorstandsamtes nicht entgegen, wenn es sich um kein „verdecktes Erwerbsverhältnis" handelt und die ehrenamtliche Tätigkeit jederzeit beendet werden kann.[333] Die ehrenamtliche Betätigung von Arbeitslosen darf bei ALG I nicht mehr als 15 Stunden/Woche umfassen; ein Überschreiten bedarf der Zustimmung des Arbeitsvermittlers. Beim Bezug von ALG gibt es keine zeitliche Beschränkung aber eine Anzeigepflicht gegenüber der Arbeitsagentur. Dem Vorstand darf auch Auslagenersatz gewährt werden, der aber – wenn er als „Pauschale" geleistet wird – 200 EUR/Monat nicht übersteigen darf.

Wurde ein Vorstandsmitglied **entgegen der satzungsmäßigen Voraussetzungen** be- 163
stellt, so ist der Beschluss nicht per se unwirksam. Die Vorstandsbestellung kann nach den Grundsätzen über die Behandlung satzungsdurchbrechender Beschlüsse trotz des Verstoßes wirksam sein. Sicherer ist es allerdings, die persönlichen Wählbarkeitsvoraussetzungen als „Soll"-Vorschrift auszugestalten, von der die Mitgliederversammlung durch einfachen Beschluss abweichen kann.

[328] *Burhoff* Rn. 511.
[329] LG Frankenthal Rpfleger 1975, 354.
[330] *Stöber/Otto* Rn. 400.
[331] OLG Düsseldorf NZG 2016, 305.
[332] LG München I MittBayNot 1975, 9.
[333] *Burhoff* Rn. 521. Die entsprechenden Regelungen finden sich in der Verordnung über die ehrenamtliche Betätigung von Arbeitslosen v. 24. 5. 2002 (BGBl. I 1783).

164 **Formulierungsbeispiel: Wählbarkeit zum Vorstand (Sollvorschrift)**

Zum Vorstand sollen nur natürliche Personen bestellt werden, die seit mindestens fünf Jahren Mitglied des Vereins sind und die das 40. Lebensjahr vollendet haben. Die Mitgliederversammlung kann im Einzelfall von diesen Voraussetzungen abweichen, soweit im Rahmen der Wahl ausdrücklich hierauf hingewiesen wird.

VIII. Einberufung der Mitgliederversammlung und Beurkundung der Beschlüsse (§ 58 Nr. 4 BGB)

1. Form der Einberufung

165 Gemäß § 58 Nr. 4 BGB soll die Satzung eine Bestimmung über die Form der Einberufung der Mitgliederversammlung enthalten. Mitgliederversammlungen finden grundsätzlich als **Präsenzversammlung,** also einer Zusammenkunft der Mitglieder an einem Versammlungsort, statt. Rein **virtuelle Mitgliederversammlungen** sind – ohne satzungsmäßige Grundlage und soweit die Sonderregelung des § 5 COVMG nicht eingreift (dazu ausführlich → § 7 Rn. 23a ff.) – nicht zulässig.[334] Die Vorgaben der Satzung zur Einberufung der Mitgliederversammlung sind genau zu beachten. **Fehler bei der Einberufung** können schwerwiegende Konsequenzen nach sich ziehen. So kann die Tatsache, dass ein Teil der Mitglieder überhaupt nicht eingeladen wurde oder die Verletzung der satzungsmäßigen Ladungsform und -frist zur Nichtigkeit der gefassten Beschlüsse führen,[335] es sein denn, der Verein weist nach, dass der Beschluss nicht auf dem Einberufungsmangel beruht.[336] Der Nachweis ist vor allem dann schwer zu führen, wenn eine Diskussion oder Aussprache vorgesehen ist; in diesem Fall ist nur schwer auszuschließen, dass nicht erschienene Mitglieder durch ihre Teilnahme andere Mitglieder im Hinblick auf die Stimmabgabe beeinflusst hätten.[337] Einberufungsmängel sind **unbeachtlich,** wenn es sich um eine Vollversammlung handelt und alle Mitglieder (zumindest stillschweigend) auf die Einhaltung der satzungsmäßigen Form- und Fristvorschriften verzichtet haben.[338] Davon wird man ausgehen können, wenn kein Mitglied den Verstoß in der Versammlung gerügt hat.

166 Das Vereinsrecht enthält keine Vorschrift, in welcher Form die Mitgliederversammlung **einzuberufen** ist. Daher kann die Satzung die Form der Einladung zur Mitgliederversammlung grundsätzlich **frei wählen,** allerdings muss sichergestellt sein, dass jedes teilnahmeberechtigte Vereinsmitglied Kenntnis von der Anberaumung einer Mitgliederversammlung erlangen kann.[339] Die Satzung kann anordnen, dass schriftlich, mündlich, fernmündlich, mittels Fernkopie (Telefax), per eingeschriebenen Brief, durch Boten, Anzeigen in einer bestimmten, namentlich zu bezeichnenden Zeitung[340] oder Anschlag im Vereinslokal[341] eingeladen wird.

166a Problematisch sind Einberufungsformen, die ausschließlich auf **elektronische Kommunikation** abstellen, sei es auf direktem Wege mit den Mitgliedern (E-Mail, Facebook, WhatsApp), sei es auf indirektem Wege (Veröffentlichung auf der Website des Vereins).[342] Nach Auffassung des OLG Köln ist eine Satzungsbestimmung, welche die Einberufung

---

[334] BeckOK BGB/*Schöpflin* BGB § 32 Rn. 14, 45; *Sauter/Schweyer/Waldner* Eingetragener Verein Rn. 210; aA BeckOGK/*Notz* BGB § 32 Rn. 294; *Noack* NJW 2018, 1345 (1349), welche den Versammlungsbegriff in § 32 Abs. 1 S. 1 BGB angesichts veränderter Kommunikationsmittel weit auslegen.
[335] BGH NJW-RR 2006, 831.
[336] BayObLG NJW-RR 1997, 289; OLG Karlsruhe NJW-RR 1998, 684.
[337] BGH NJW 1973, 235; *Burhoff* Rn. 234.
[338] OLG Zweibrücken FGPrax 2006, 229 (zum verneinten Teilnahmerecht eines nicht vereinsangehörigen Liquidators).
[339] OLG Hamm NJW-RR 2011, 395; *Sauter/Schweyer/Waldner* Eingetragener Verein Rn. 171.
[340] OLG Hamm NJW-RR 2011, 395.
[341] OLG Schleswig NJW 2012, 2524 (2525).
[342] OLG Hamm DStR 2016, 487 (489).

„schriftlich, per E-Mail oder durch Veröffentlichung auf der Internetseite" vorsieht, unzulässig, da keinem Vereinsmitglied eine Übermittlung per E-Mail aufgezwungen werden darf und es den Vereinsmitgliedern nicht zumutbar sei, regelmäßig die Internetseite des Vereins durchzusehen, zumal nicht sichergestellt sei, dass sämtliche Vereinsmitglieder einen Internetzugang haben.[343] Bezüglich der Zulässigkeit von elektronischen Einladungsformen kommt es maßgeblich auf den Mitgliederkreis an, den der Verein nach seinem Zweck typischerweise hat. Solche Einberufungsformen sind dann zulässig, wenn der typische Mitgliederkreis die Möglichkeit hat, hiervon Kenntnis zu nehmen. Soweit die Mitglieder über die entsprechenden technischen Voraussetzungen verfügen, ist etwa die Kenntnisnahme über die Internetseite des Vereins nicht beschwerlicher als der Aushang im Vereinslokal und damit zulässig.[344] Soweit dies nicht eindeutig ist, sollte die Satzung eine alternative Möglichkeit vorsehen, wie auch diese Mitglieder in Kenntnis gesetzt werden können. Bei einer Einladung via E-Mail kann dies etwa dadurch sichergestellt werden, dass Mitglieder, die über keine E-Mailadresse verfügen, schriftlich auf dem Postwege eingeladen werden; bei einer Ankündigung über die Internetseite des Vereins kann dies dadurch sichergestellt werden, dass dies parallel zwingend im Vereinslokal anzuschlagen ist. Wird eine virtuelle Mitgliederversammlung abgehalten, so ist es in der Regel zweckmäßig, diese per E-Mail oder auf sonstige fernkommunikative Weise einzuberufen und in der Einberufung auch die für die Teilnahme erforderlichen Zugangsdaten mitzuteilen.

Formulierungsbeispiel: Einberufung per E-Mail (Satzungsbestandteil) 167

§ 4. Mitgliederversammlung

(5) Die Mitgliederversammlung wird grundsätzlich per E-Mail einberufen, die an die beim Verein hinterlegte E-Mail-Adresse übersandt wird. Jedes Mitglied hat dafür Sorge zu tragen, dass stets eine aktuelle E-Mail-Adresse hinterlegt ist. Abweichend davon können Mitglieder jedoch eine schriftliche Einladung an die von Ihnen angegebene Adresse verlangen.

Fordert die Satzung eine **schriftliche Einberufung,** so wird dieses satzungsmäßige Er- 168
fordernis durch eine **Einberufung per E-Mail** gewahrt. Bei den satzungsmäßigen Anforderungen handelt es sich nicht um ein gesetzliches Schriftformerfordernis iSd § 126 BGB, für dessen Ersetzung durch elektronische Form § 126a BGB gilt. Bei einer Vereinssatzung handelt es sich um privatautonome Rechtssetzung, weshalb eine gewillkürte Schriftform iSd § 127 BGB vorliegt.[345] Gemäß § 127 Abs. 2 S. 1 BGB genügt zur Wahrung der durch Rechtsgeschäft bestimmten schriftlichen Form die telekommunikative Übermittlung, soweit nicht ein anderer Wille anzunehmen ist. Erfasst ist davon neben dem Telefax auch die E-Mail, da auch insoweit der geschriebene Text dauerhaft aufbewahrt werden oder der Empfänger einen Ausdruck anfertigen kann.[346]

Die Regelung zur Einberufung muss aber **so konkret** sein, dass das Mitglied direkt aus 169
der Satzung entnehmen kann, auf welche Art und Weise die Einladung stattfindet. Nicht ausreichend wäre daher eine Satzungsbestimmung, wonach „durch Presseveröffentlichung" oder „durch Aushang" einberufen wird.[347] Das OLG Celle hielt eine Satzungsregelung, wonach „durch Anzeige in der örtlichen Tagespresse für öffentliche Bekanntmachungen einzuberufen ist", ausnahmsweise für zulässig. Dies wurde vor allem damit begründet, dass am Vereinssitz lediglich eine einzige Tageszeitung diese Kriterien erfüllt und der Verein einen ganz überwiegend örtlich ausgerichteten Tätigkeitsschwerpunkt hat.[348] Wenn die

[343] OLG Köln BeckRS 2016, 128077.
[344] MHdB GesR V/*Waldner* § 25 Rn. 14.
[345] BGH NJW-RR 1996, 866; OLG Hamm DStR 2016, 487.
[346] OLG Zweibrücken FGPrax 2008, 223; *Grziwotz* MDR 2012, 741; *Scheffer* DStR 2011, 2053.
[347] OLG Zweibrücken Rpfleger 1985, 31.
[348] OLG Celle FGPrax 2012, 35.

Einberufung durch Veröffentlichung in einer Zeitung erfolgen soll, dann sollte die Satzung die **Zeitung stets namentlich benennen.** Bei einer Einberufung „durch Aushang" muss der Ort des Aushanges genau wiedergegeben werden.[349] Zulässig ist eine Einladung **„in Textform"**, da dieser Begriff durch § 126b BGB hinreichend bestimmt definiert wird.[350]

169a Grundsätzlich muss die vom Einberufungsorgan festgelegte **Tagesordnung** mit der Einladung bekannt gegeben werden (§ 32 Abs. 1 S. 2 BGB). Den Mitgliedern soll die Möglichkeit gegeben werden, sich vorab über die Versammlung und die geplanten Beschlüsse zu informieren, um zu entscheiden, ob sie an der Versammlung teilnehmen wollen oder nicht; sie sollen sich sachgerecht vorbereiten können und vor Überraschungen geschützt werden (hierzu → § 7 Rn. 75 ff).[351] Vor diesem Hintergrund wird die Frage, ob § 32 Abs. 1 S. 2 BGB dispositiv ist, kontrovers beurteilt. Unproblematisch sind Verschärfungen, also wenn die Satzung Bekanntmachungspflichten aufstellt, die über die gesetzlichen Anforderungen hinausgehen. Schwieriger zu beantworten ist die Frage, ob die Satzung die Bekanntmachungspflicht einschränken oder gar gänzlich abschaffen kann. Während teilweise davon ausgegangen wird, dass § 32 Abs. 1 S. 2 BGB zwingend sei, die Satzung also von der Bekanntgabepflicht nicht abweichen kann,[352] hält die wohl überwiegende Ansicht Einschränkungen für möglich.[353] Für dieses Verständnis spricht zunächst § 40 BGB, welcher vorsieht, dass § 32 BGB nur insoweit Anwendung findet, als nichts anderes bestimmt ist. Im Interesse des Mitgliederschutzes wird man aber insoweit eine Einschränkung vorsehen müssen, als bei gewichtigen Entscheidungen eine Vorabinformation der Mitglieder gewährleistet sein muss.[354] Dies ist sicher bei Beschlüssen über die Besetzung der Vorstandsämter, Satzungsänderungen oder sonstigen Strukturmaßnahmen der Fall, kann aber auch bei anderen Beschlüssen vorliegen, sofern diese für das Vereinsleben eine wesentliche (finanzielle) Bedeutung haben. Bei diesen Beschlüssen kann die Satzung von der Bekanntmachungspflicht demnach nicht abweichen.

169b In diesem Kontext stellt sich auch die Frage, ob die Satzung vorsehen kann, dass Gegenstände auch noch nach Einberufung der Mitgliederversammlung als **Dringlichkeitsanträge** nachträglich auf die Tagesordnung gesetzt werden.[355] Grundsätzlich ist anerkannt, dass eine qualifizierte Minderheit (auch ohne satzungsmäßige Grundlage) entsprechend § 37 BGB das Recht hat, Gegenstände auf die Tagesordnung nehmen zu lassen.[356] Die Satzung kann dieses Recht weiter ausgestalten und das Verfahren des Ergänzungsverlangens festlegen. Zumindest bei gewichtigen Beschlüssen im vorstehenden Sinne ist es erforderlich, dass eine rechtzeitige Unterrichtung der übrigen Mitglieder über die Ergänzung erfolgt, damit ihnen genügend Zeit bleibt, sich auf den Dringlichkeitsantrag vorzubereiten.[357] Welche Mindestanforderungen an die rechtzeitige Mitteilung zu stellen sind, ist anhand der konkreten Umstände (Art und Struktur des Vereins, Art des Beschlusses) zu ermitteln. Stets ist hierbei der Zweck – Schutz der Mitglieder vor überraschenden Beschlüssen und Gewährleistung einer angemessenen Vorbereitungszeit – zu berücksichtigen.[358] So kann die Satzung etwa vorsehen, dass Ergänzungsanträge bis zu einer gewissen Frist vor der Mitgliederversammlung einzureichen sind – um die Information der übrigen

---

349 *Stöber/Otto* Rn. 678. Der genaue Ort kann sich auch durch Auslegung der Satzung ergeben. So ist die Veröffentlichung „im Aushangkasten" eindeutig, wenn der Verein nur über einen solchen Kasten verfügt: OLG Celle FGPrax 2010, 303.

350 OLG Schleswig NZG 2012, 678.

351 BGH NJW 2018, 69 (72 f.); NJW 1975, 1559; BeckOK BGB/*Schöpflin* BGB § 32 Rn. 15.

352 NK-BGB/*Heidel/Lochner* BGB § 32 Rn. 15.

353 OLG Köln WM 1990, 1068 (1070); *Sauter/Schweyer/Waldner* Eingetragener Verein Rn. 178b; *Scheffer* DStR 2011, 2053 (2054).

354 BGH NJW 1987, 1811.

355 BGH NJW 1987, 1811; *Stöber/Otto* Rn. 745.

356 OLG Hamm MDR 1973, 929; OLG Frankfurt a. M. BeckRS 2013, 22812; *Stöber/Otto* Rn. 658.

357 BGH NJW 1987, 1811; OLG Jena Beschl. v. 17. 12. 2014 – 3 W 198/14.

358 *Stöber/Otto* Rn. 746.

Mitglieder zu gewährleisten – und nachträgliche Verlangen keine Berücksichtigung mehr finden können.

Ein erst in der Mitgliederversammlung gestellter **Initiativantrag** darf nur dann auf die Tagesordnung gesetzt werden, wenn hierfür eine satzungsmäßige Grundlage besteht.[359] Soweit die Satzung keine entsprechende Regelung enthält, ist der Versammlungsvorsitzende nicht verpflichtet, einen Tagesordnungspunkt aufzunehmen, weil eine qualifizierte Minderheit nach § 37 BGB dies verlangt; das Minderheitenrecht gewährt zwar einen Anspruch auf Behandlung in einer Mitgliederversammlung, aber nicht in der konkret bereits anberaumten, zu welcher der Tagesordnungspunkt nicht bekannt gegeben wurde.[360] 169c

Es ist nicht erforderlich, dass alle Mitglieder tatsächlich Kenntnis von der Einberufung erlangen. Daher sind auch Einladungsformen zulässig, die den Mitgliedern ohne Erschwernisse, insbesondere ohne unzumutbare Erkundigungen, die Möglichkeit der Kenntniserlangung von einer bevorstehenden Mitgliederversammlung verschaffen. Die satzungsmäßig bestimmte Form muss aber sicherstellen, dass die Mitglieder **unter gewöhnlichen Umständen von der Berufung Kenntnis erlangen.** Dies schließt solche Formen der Einberufung aus, bei denen von den dem Verein nach seinem Zweck angehörenden Mitgliedern üblicherweise keine Kenntniserlangung erwartet werden kann (zB keine Veröffentlichung in Lokalzeitung bei überregionalem Mitgliederbestand, kein Anschlag im Vereinslokal bei einem Großverein). 170

Hinweis:

Nach einer Entscheidung des LG Bremen[361] können Einladungen zu **außerordentlichen Mitgliederversammlungen** überhaupt nicht durch Bekanntgabe in einer Tageszeitung erfolgen, auch wenn die Tageszeitung näher bestimmt ist. Es könne keinem Vereinsmitglied zugemutet werden, ständig eine Tageszeitung auf entsprechende Einladungen durchzusehen. Vorsichtshalber sollte daher eine außerordentliche Mitgliederversammlung stets (auch) auf einem anderen Weg einberufen werden; die Satzung sollte dies – ggf. durch Differenzierung zwischen ordentlichen und außerordentlichen Mitgliederversammlungen – entsprechend berücksichtigen.[362]

Die Form der Einberufung muss **hinreichend bestimmt** sein, damit die Mitglieder ohne größere Anstrengung erfahren, auf welche Art die Berufung stattfindet. Nicht hinreichend konkret wäre daher eine Satzungsbestimmung, die es dem Vorstand nach freiem Belieben überlässt, in welcher Form die Einberufung erfolgt.[363] 171

Umstritten ist, ob die Satzung **alternative Einberufungsmöglichkeiten** vorgeben kann, innerhalb derer sich das einberufende Organ entscheiden kann. Die wohl überwiegende Ansicht hält dies für zulässig, wenn durch diese Gestaltung den Mitgliedern nicht die Möglichkeit der Kenntnisnahme erschwert wird; dies wäre etwa bei der wahlweisen Bestimmung zweier Zeitungen der Fall, da es den Mitgliedern nicht zumutbar ist, mehrere Zeitungen auf Veröffentlichungen durchzusehen. Nach anderer Auffassung ist die wahlweise Einberufungsmöglichkeit mangels hinreichender Bestimmbarkeit generell unzulässig.[364] Angesichts der bestehenden Rechtsunsicherheit sollte von der Möglichkeit der alternativen Einberufungsform in der Satzung kein Gebrauch gemacht werden. 171a

Davon zu unterscheiden ist die Konstellation, in welcher die Einberufungsmöglichkeit eindeutig festgelegt wird, aber als Sollbestimmung eine **alternative Kundgabe** vorgesehen ist. Dies ist selbstverständlich zulässig, wobei sich dann sprachlich aus der Satzung ein- 171b

---

[359] OLG Köln WM 1990, 1068; MHdB GesR V/*Waldner* § 25 Rn. 30.
[360] MHdB GesR V/*Waldner* § 25 Rn. 30.
[361] LG Bremen Rpfleger 1992, 304.
[362] AA *Stöber/Otto* Rn. 676.
[363] OLG Stuttgart NJW-RR 1986, 995; Palandt/*Ellenberger* BGB § 58 Rn. 4.
[364] *Stöber/Otto* Rn. 679; OLG Zweibrücken Rpfleger 1985, 31 (32).

deutig ergeben sollte, welches die verbindliche Form der Einberufung ist und welche als Sollvorschrift ausgestaltet wird.

171c Wenn die Satzung bei der **Ersteintragung** des Vereins eine nicht zulässige Form der Einberufung vorsieht, wird das Vereinsregister dies im Wege einer Zwischenverfügung beanstanden und dem Verein die Gelegenheit geben, diesen Mangel zu beheben. Wurde ein Verein bereits eingetragen, obwohl die Satzungsbestimmung gegen § 58 Nr. 4 BGB verstößt, so sollte das Vereinsregister dem Verein nahelegen, diesen Satzungsmangel bei der nächsten Mitgliederversammlung zu beheben. Bis zu diesem Zeitpunkt kann die Mitgliederversammlung aufgrund der bestehenden Satzung wirksam einberufen werden. Eines Amtslöschungsverfahrens (§ 395 FamFG) bedarf es daher nicht.[365] Zur Einberufung vgl. auch → § 7 Rn. 66 ff.

2. Einberufungsrecht

172 Gemäß § 37 BGB ist die Mitgliederversammlung (entsprechendes gilt für die Delegiertenversammlung, in diesem Falle steht das Recht mE sowohl einer Minderheit der Mitglieder als auch einer Minderheit der Delegierten zu, → § 7 Rn. 39)[366] auf Verlangen einer Minderheit (mangels Satzungsregelung mindestens 10 % der Mitglieder) einzuberufen. Dieses Recht kann **nicht** durch die Satzung **ausgeschlossen** werden. Die Satzung kann ein niedrigeres Einberufungsquorum als das von 10 % festsetzen. Die Geltendmachung eines Einberufungsverlangens ist auch während der Corona-Pandemie nicht rechtsmissbräuchlich, da die gegenwärtigen Sonderregelungen in § 5 COVMG die Möglichkeit einer virtuellen Mitglieder- bzw. Delegiertenversammlung vorsehen.[367]

173 Umstritten ist, ob die Satzung auch ein **höheres Einberufungsquorum** festlegen kann. Teilweise wird davon ausgegangen, dass das gesetzlich festgelegte Minderheitenquorum zwingend sei und aus Gründen des Minderheitenschutzes (entsprechend § 51 GmbHG, § 122 AktG) nicht erhöht werden kann.[368] Die überwiegende Ansicht hält (dem Wortlaut des § 37 BGB entsprechend) auch eine Erhöhung bis zur einfachen Mehrheit für zulässig.[369] Meines Erachtens ist der Gestaltungsspielraum des Satzungsgebers aber insoweit eingeschränkt, als es sich – wie der Wortlaut von § 37 BGB vorgibt – noch um ein Minderheitenrecht handelt.[370] Dies ist nicht mehr der Fall, wenn die Satzung mehr als die Hälfte der Mitglieder verlangt.[371] Ein Quorum von 20 %[372] bzw. 25 %[373] soll nach der Rechtsprechung noch zulässig sein, dürfte aber die äußerste Grenze darstellen.

174 Die Satzungsregel muss auch berücksichtigen, dass der Minderheitenschutz nicht nur im Zeitpunkt der Schaffung der betreffenden Satzungsregel, sondern auch bei späteren Veränderungen der Mitgliederzahl gewährleistet ist. Aus diesem Grund sollte auf die Angabe einer **absoluten Mitgliederzahl** verzichtet werden. In **formeller Hinsicht** kann die Satzung die Voraussetzungen des Minderheitenbegehrens erleichtern (Verzicht auf Schriftformerfordernis oder die Angabe von Gründen), aber nicht erschweren. Sind in einem Verein **fördernde Mitglieder** zugelassen, so müssen ihnen Mindestrechte eingeräumt werden. Sie können weder von der Zugehörigkeit zur Mitgliederversammlung noch von dem Minderheitenrecht zu ihrer Einberufung ganz ausgeschlossen werden.[374]

---

[365] *Stöber/Otto* Rn. 677; MHdB GesR V/*Waldner* § 25 Rn. 19.
[366] OLG Frankfurt a. M. Rpfleger 1973, 54; *Sauter/Schweyer/Waldner* Eingetragener Verein Rn. 170; MüKo-BGB/*Leuschner* BGB § 37 Rn. 12.
[367] OLG München NJW 2021, 558.
[368] Soergel/*Hadding* BGB § 37 Rn. 5; BeckOK BGB/*Schöpflin* BGB § 37 Rn. 4.
[369] MüKoBGB/*Leuschner* BGB § 37 Rn. 14 mwN.
[370] OLG Stuttgart NJW-RR 1986, 995; BayObLG NJW-RR 2001, 1479; MHdB GesR V/*Wagner* § 20 Rn. 32.
[371] KG NJW 1962, 1917; BayObLGZ 1972, 314 = NJW 1973, 151.
[372] BayObLG NJW-RR 2001, 1479.
[373] OLG Celle Rpfleger 2011, 278.
[374] LG Bremen Rpfleger 1990, 262.

3. Versammlungsort

Der Versammlungsort muss nicht zwingend in der Satzung angegeben werden. Fehlt eine Angabe in der Satzung, so kann die Mitgliederversammlung entweder selbst bestimmen, wo sie (nächstes Jahr) tagt oder dies wird vom Einberufungsorgan festgelegt. Ist auch dies nicht geschehen, so entscheidet der Vorstand oder das satzungsgemäße Einberufungsorgan, wo die Mitgliederversammlung stattfindet. Wenn eine entsprechende Regelung zum Ort in die Satzung aufgenommen wird, dann muss gewährleistet sein, dass der Versammlungsort für die Mitglieder in zumutbarer Weise erreicht werden kann (→ § 7 Rn. 92). 175

4. Ladungsfrist

Wenn die Satzung eine Ladungsfrist vorsieht, darf diese **nicht zu kurz bestimmt sein;** es muss gewährleistet sein, dass es jedem Mitglied möglich ist, sich auf die Versammlung vorzubereiten und daran teilzunehmen. Hier verbietet sich eine pauschale Betrachtungsweise, sondern es kommt auf die Umstände des Einzelfalls und die Gegebenheiten des Vereins an. Handelt es sich um einen lokal strukturierten Verein, bei dem alle Mitglieder vor Ort wohnen, wird eine Frist von einer Woche für ausreichend gehalten.[375] Das OLG Düsseldorf hat eine Frist von fünf Tagen aufgrund der Besonderheiten des Vereins (Traditionsverein mit stark lokalem Bezug, seit Jahren zeitlich an einem bestimmten Tag im Januar habitualisierte Abhaltung der Mitgliederversammlung, besondere Sachkunde von Mitgliedern in Bezug auf den Vereinszweck, kein Widerstand gegen Kürze der Einberufungsfrist) für zulässig erachtet.[376] Bei überörtlichen Vereinen sollte eine Frist von mindestens vier Wochen eingehalten werden.[377] Auch bei Maßnahmen nach dem UmwG ist die in der Satzung festgelegte Frist maßgeblich (sofern diese nicht unangemessen kurz ist), eine analoge Anwendung von § 123 Abs. 1 AktG (dreißig Tage) wird überwiegend abgelehnt.[378] 176

Die **Frist beginnt** nicht schon mit der Absendung des Einladungsschreibens an die Mitglieder, sondern in dem Zeitpunkt, zu dem bei normaler postalischer Beförderung mit einem Zugang bei allen Mitgliedern zu rechnen ist.[379] Um Unsicherheiten bei der Fristberechnung zu vermeiden, sollte in der Satzung geregelt werden, dass zur Fristwahrung die rechtzeitige Aufgabe der Einladung bei der Post genügt (→ § 7 Rn. 59). 177

5. Virtuelle Mitgliederversammlung

Nach wohl überwiegender Auffassung ist auch eine virtuelle Mitgliederversammlung (etwa in einem gesondert eingerichteten Chatraum) zulässig.[380] Ausführlich zum Ganzen auch → § 7 Rn. 11 ff. 178

6. Beurkundung der Beschlüsse

Die Satzung hat die Beurkundung der Beschlüsse zu regeln (§ 58 Nr. 4 BGB). Unter Beurkundung ist dabei eine private Niederschrift gemeint; eine notarielle Beurkundung sämtlicher Beschlüsse der Mitgliederversammlung ist nicht erforderlich und in der Praxis unüblich. Ausnahmsweise – etwa bei Maßnahmen nach dem Umwandlungsgesetz (§ 13 Abs. 3 S. 1 UmwG) – ist eine notarielle Beschlussniederschrift erforderlich. Die Satzung kann die Beurkundung nach **freiem Belieben** regeln. Ausreichend ist eine Satzungsbestimmung, dass eine Niederschrift anzufertigen ist. Zulässig – gleichwohl aus Gründen der Nachweisführung wenig empfehlenswert – ist es auch, wenn die Satzung von der Beurkundung der Beschlüsse 179

[375] MüKoBGB/*Arnold,* 7. Aufl. 2015, BGB § 32 Rn. 16.
[376] OLG Düsseldorf BeckRS 2020, 21133.
[377] *Sauter/Schweyer/Waldner* Eingetragener Verein Rn. 172.
[378] LG Frankenthal RNotZ 2007, 478 mAnm *Terner; Katschinski,* Die Verschmelzung von Vereinen, S. 137.
[379] BGH GmbHR 1987, 424; *Stöber/Otto* Rn. 689.
[380] OLG Hamm NZG 2012, 189; BeckOK BGB/*Schöpflin* BGB § 32 Rn. 44a; *Fleck* DNotZ 2008, 245; aA *Stöber/Otto* Rn. 638.

gänzlich absieht.[381] Ist die Beurkundung vorgesehen, muss die Satzung bestimmen, **wer die Niederschrift zu unterzeichnen hat.** Die Satzung kann eine Person (Schriftführer oder Versammlungsleiter) oder – üblicher – mehrere Personen (Vorsitzender und Schriftführer) für zuständig erklären. Wenn eine Beurkundung vorgesehen, aber kein Unterzeichner bestimmt wird, dann ist der Vorstand aufgrund seiner allgemeinen Geschäftsführungszuständigkeit zuständig.[382] Sieht die Satzung vor, dass die Beschlüsse in einem unter anderem vom Protokollführer zu unterschreibenden Protokoll niederzulegen sind, muss dieser ausdrücklich als „Protokollführer" unterzeichnen, wenn sich die Person des Protokollführers nicht aus der Satzung ergibt.[383] Ausführlich → § 7 Rn. 222ff.

B. Satzungsänderung

I. Grundlagen

1. Begriff

180 Eine Satzungsänderung liegt immer dann vor, wenn eine Satzungsvorschrift geändert, ergänzt oder ganz oder teilweise aufgehoben wird, unabhängig davon, ob damit eine Änderung des Regelungsgehaltes einhergeht oder nur sprachliche oder redaktionelle Veränderungen vorgenommen werden. Grundsätzlich ist jede Änderung des Satzungstextes eine Satzungsänderung. Nur bei Änderung einer Textpassage, die ganz offensichtlich einen Fremdkörper in der Satzung darstellt und nur bei Gelegenheit der Errichtung aufgenommen wurde, brauchen die Formalia über die Satzungsänderung nicht eingehalten werden (unechte Satzungsbestandteile). Grundsätzlich kann jede Satzungsbestimmung nachträglich geändert werden, insbesondere auch der Anfallberechtigte bei Auflösung des Vereins (§ 45 Abs. 1 BGB) und dies auch noch nach der Auflösung.[384]

> **Hinweis:**
>
> Unzulässig sind sog. **Ewigkeitsklauseln,** welche die Abänderung einzelner oder aller Satzungsbestimmungen für immer ausschließen. Soweit eine Satzung eine solche Ewigkeitsklausel enthält, wird diese idR dahingehend auszulegen sein, dass eine Änderung der betreffenden Bestimmung nur einstimmig vorgenommen werden kann.[385] Auch Regelungen, die zu einer faktischen Unabänderbarkeit führen, sind unzulässig; an deren Stelle treten dann die gesetzlichen Vorschriften.[386] Dies ist etwa dann der Fall, wenn für den satzungsändernden Beschluss bei einem mitgliederstarken Verein mit regelmäßig geringer Präsenz ein Anwesenheitsquorum von 50 % der Mitglieder verlangt wird.[387]

181 Die gesetzliche Regelung über das Verfahren der Satzungsänderung (§ 33 BGB) ist dispositiv. Soweit die Satzung keine abweichende Regelung trifft, bedarf es eines **Beschlusses der Mitgliederversammlung** mit einer **Mehrheit von drei Viertel** der abgegebenen Stimmen (§ 33 Abs. 1 BGB). **Wirksam** wird die Satzungsänderung erst, wenn sie in das Vereinsregister **eingetragen wird** (§ 71 Abs. 1 BGB; zur Rückwirkung → Rn. 218). Eine spezielle Form der Satzungsänderung ist die komplette **Neufassung der Satzung,** die aus Gründen der Klarheit und Übersichtlichkeit idR vorgenommen wird, wenn die

---

381 MüKoBGB/*Arnold,* 7. Aufl. 2015, BGB § 58 Rn. 6; Palandt/*Ellenberger* BGB § 58 Rn. 4.

382 *Stöber/Otto* Rn. 882; aA OLG München NZM 2011, 158 zu einer altrechtlichen Alpenweidegenossenschaft; *Sauter/Schweyer/Waldner* Eingetragener Verein Rn. 127.

383 OLG Hamm NJW-RR 1997, 484.

384 MHdB GesR V/*Wagner* § 23 Rn. 13.

385 MHdB GesR V/*Wagner* § 23 Rn. 28.

386 OLG München ZStV 2020, 127 (satzungsmäßiges Quorum für die Beschlussfähigkeit von 51% bei einem Verein mit 1420 stimmberechtigten Mitgliedern, bei welchem in den jährlichen Hauptversammlungen in den vergangenen Jahren ca. 80 Mitglieder anwesend waren).

387 OLG Frankfurt a. M. Rpfleger 1979, 60; Rpfleger 1981, 310.

bisherige Satzungsfassung durch zahlreiche kleinere Änderungen unübersichtlich geworden ist. Eine vollständige Neufassung der Satzung erfasst zwingend auch den Vereinszweck. Die besonderen Voraussetzungen über die Zweckänderung (Einstimmigkeit, § 33 Abs. 1 S. 2 BGB, → § 6 Rn. 42) sind aber nur dann zu beachten, wenn es durch die Neufassung zu einer materiellen Änderung des Vereinszwecks kommt.

2. Abgrenzung zur Satzungsdurchbrechung

Unter Satzungsänderung ist dabei jede Änderung der Verfassung im formellen Sinne, also des **Wortlauts der Satzungsurkunde,** zu verstehen. Darunter fallen auch rein redaktionelle Anpassungen sowie die Änderung von Satzungsvorschriften, die als einfaches Vereinsrecht hätten erlassen werden können (zB bloße Ordnungsvorschriften). Auch Änderungen der Formulierung einer Satzungsklausel, die keine Änderung der Rechtslage bezwecken, fallen unter den Begriff einer Satzungsänderung. Bei einer sog. **Satzungsdurchbrechung** weicht ein Beschluss der Mitgliederversammlung (in einem Einzelfall) von der Satzung ab, ohne dass eine formelle Satzungsänderung beschlossen worden und die Satzung generell geändert worden wäre.[388] Unerheblich ist die Frage, ob sich die Mitglieder bei Beschlussfassung der Satzungswidrigkeit bewusst waren oder ob der Beschluss mit der Intention gefasst wurde, die Satzung ad hoc zu ändern.[389] Eine Satzungsdurchbrechung ist damit die **Außerkraftsetzung der Satzung** für den jeweils entschiedenen Einzelfall.[390] 182

Beispiele:

Wahl eines Vorstandsmitglieds, das die satzungsmäßigen Voraussetzungen nicht erfüllt; Vorstandswahl im Wege der Blockwahl, wenn die Satzung bestimmt, dass die Vorstandsmitglieder nacheinander zu wählen sind.[391]

Die Ansichten, ob bzw. unter welchen Voraussetzungen solche Satzungsdurchbrechungen wirksam sind, gehen weit auseinander. Teilweise wird die Wirksamkeit satzungsdurchbrechender Beschlüsse generell abgelehnt.[392] Nach anderer Auffassung können satzungsdurchbrechende Beschlüsse wirksam sein, wenn zumindest das für die Satzungsänderung **zuständige Organ** gehandelt hat und zwar mit der **Mehrheit** und unter Beachtung etwaiger weiterer Erfordernisse (ggf. Zustimmung Dritter), die für einen normalen **satzungsändernden Beschluss** zu beachten sind.[393] Welche darüber hinausgehenden Anforderungen eingehalten werden, ist umstritten. Teilweise wird gefordert, dass die Abweichung in das Vereinsregister eingetragen wird („Frau X ist entgegen § 3 der Satzung zum Vorstand gewählt worden").[394] Der BGH hält entsprechende Beschlüsse in zwei zur GmbH ergangenen Entscheidungen dann für nicht nichtig, wenn sie **keinen rechtlichen Zustand begründen,** sondern sich **in einer punktuellen Wirkung** erschöpfen.[395] Auch in diesem Fall soll es aber erforderlich sein – und diese Voraussetzung wird in den seltensten Fällen erfüllt sein –, dass der satzungsdurchbrechende Beschluss hinreichend **angekündigt** wurde. Es muss somit in der Einladung ausdrücklich darauf hingewiesen worden sein, dass die Satzung durch den Beschluss außer Kraft gesetzt wird.[396] Regelungen, die sich nicht in einer punktuellen Maßnahme erschöpfen, sondern **Dauerwirkung** entfalten, also einen von der Satzung **abweichenden rechtlichen Zustand** begründen, können nur durch eine Satzungsänderung herbeigeführt werden und werden erst mit Eintragung in das Vereinsregister wirksam. 183

---

388 BGH NJW 1960, 866; NJW 1993, 2246. Zu Kapitalgesellschaften *Leitzen* RNotZ 2010, 566.
389 OLG Dresden GmbHR 2012, 213 (214) zur GmbH.
390 *Sauter/Schweyer/Waldner* Eingetragener Verein Rn. 134.
391 OLG Bremen NZG 2011, 1192.
392 Palandt/*Ellenberger* BGB § 33 Rn. 1; MHdB GesR V/*Wagner* § 23 Rn. 42.
393 *Sauter/Schweyer/Waldner* Eingetragener Verein Rn. 134.
394 *Sauter/Schweyer/Waldner* Eingetragener Verein Rn. 134.
395 BGH WM 1981, 1218 (1219); NJW 1993, 2246; *Priester* ZHR 151 (1987), 40 (52).
396 *Stöber/Otto* Rn. 954, ähnlich *Sauter/Schweyer/Waldner* Eingetragener Verein Rn. 134.

Hinweis:

Die Frage satzungsdurchbrechender Beschlüsse wird vor allem im GmbH- und Aktienrecht diskutiert, die Rechtslage ist dort alles andere als geklärt.[397] Auch die in der Rechtsprechung vorgenommene Abgrenzung zwischen zulässigen „punktuellen" und unzulässigen „zustandsbegründenden" Satzungsdurchbrechungen ist praktisch nur schwer handhabbar und mit erheblicher Rechtsunsicherheit verbunden.[398]

II. Verfahren und Form

1. Zuständigkeit

184 Zuständig für die Satzungsänderung ist grundsätzlich die **Mitgliederversammlung.** Besonderheiten gelten für eine **Änderung** der Satzung **im Gründungsstadium,** also vor Eintragung des Vereins. Solche Änderungen kommen vor allem in Betracht, wenn das Registergericht die beschlossene Satzung beanstandet. Hierbei ist zu differenzieren, ob bereits ein Vorverein entstanden ist oder nicht (vgl. auch → § 4 Rn. 78f.). Ein Vorverein entsteht, wenn die Errichtung des Vereins durch die Gründer abgeschlossen ist, also mit Feststellung der Satzung und Bestellung des ersten Vorstandes (→ § 4 Rn. 217ff.). Soll die Satzung vor dem Entstehen des Vorvereins geändert werden, so bedarf es eines **einstimmigen Beschlusses aller Gründer.** Auf den Vorverein sind nach hM die Vorschriften über den entstandenen Verein anzuwenden, soweit diese nicht das Entstehen der Rechtsfähigkeit voraussetzen.[399] In diesem Falle bedarf der Satzungsänderungsbeschluss lediglich der Mehrheit von drei Viertel der abgegebenen Stimmen der Mitglieder (§§ 32, 33 BGB), soweit die Satzung keine abweichende Regelung enthält. Änderungen oder Ergänzungen der Vereinssatzung aufgrund gerichtlicher Beanstandungen lassen sich am einfachsten durch eine Ermächtigung des Vorstandes umsetzen („Reparaturvollmacht"), wonach der Vorstand ermächtigt wird, solche Änderungen selbst zu beschließen. Die entsprechende Vollmacht ist im Gründungsprotokoll bzw. im Protokoll der Mitgliederversammlung festzuhalten. Dazu auch → § 4 Rn. 77.

185 **Formulierungsbeispiel: Vollmacht**

Der Vorsitzende ist unter Befreiung von den Beschränkungen des § 181 BGB ermächtigt, Änderungen oder Ergänzungen der Satzung vorzunehmen, die zur Behebung gerichtlicher oder behördlicher Beanstandungen erforderlich oder zweckdienlich sind.

186 Die Satzung kann die Zuständigkeit zur Satzungsänderung auf ein anderes Organ übertragen. Gerade bei größeren Vereinen werden die Aufgaben der Mitgliederversammlung einer **Delegiertenversammlung (Vertreterversammlung)** übertragen, welche die Mitgliederversammlung ergänzt oder ersetzt.[400] Eine Pflicht zur Einrichtung einer Delegiertenversammlung (etwa ab einer bestimmten Mitgliederzahl) besteht nicht, diese Entscheidung obliegt alleine dem Satzungsgeber.[401] Soweit die Rechte der Mitgliederversammlung auf die Delegiertenversammlung übertragen werden, gelten die Bestimmung über die Durchführung der Versammlung und die Beschlussfassung für die Delegiertenversammlung

[397] Ausführlich MüKoGmbHG/*Harbath* GmbHG § 53 Rn. 44ff.

[398] Dazu jüngst OLG Dresden NZG 2012, 507, das entgegen der wohl überwiegenden Ansicht in der Literatur davon ausgeht, dass von der Satzung abweichende Gewinnverwendungsbeschlüsse Dauerwirkung entfalten.

[399] *Sauter/Schweyer/Waldner* Eingetragener Verein Rn. 18.

[400] Gesetzlich geregelt ist eine Delegiertenversammlung bei politischen Parteien (§ 13 ParteiG), Versicherungsvereinen auf Gegenseitigkeit (§ 29 VAG), Genossenschaften (§ 43a GenG) und bei Lohnsteuerhilfevereinen (§ 14 Abs. 1 S. 2 StBerG).

[401] So verfügt etwa der FC Bayern München e.V., der über 100.000 Mitglieder hat, über keine Delegiertenversammlung.

– soweit in der Satzung nicht ausdrücklich etwas anderes bestimmt ist – im Zweifel entsprechend.[402] Wenn die Mitgliederversammlung durch die Delegiertenversammlung ersetzt wird, muss gewährleistet sein, dass alle Mitglieder ausreichend und gleichmäßig repräsentiert werden.[403] Ausführlich zur Delegiertenversammlung → § 7 Rn. 279 ff.

Bei Einrichtung einer Delegiertenversammlung muss die Satzung deren **Aufgaben** genau festlegen und auch regeln, aus welchen Personen sich die **Delegiertenversammlung zusammensetzt** und wie die einzelnen Mitglieder bestimmt werden, wie viele Delegierte es gibt und wer sie wählt. Es sollte jedoch gewährleistet sein, dass alle Gruppierungen innerhalb eines Vereins berücksichtigt werden. So kann die Satzung bei einem Verein mit zehn Abteilungen etwa vorsehen, dass – unabhängig von der Größe der Abteilungen – zehn Delegierte zu wählen sind. Dies führt dazu, dass eine kleinere Abteilung mit weniger Mitgliedern ebenso repräsentiert wird wie eine größere Abteilung. Soll dagegen möglichst jedes Mitglied gleich in der Delegiertenversammlung repräsentiert werden, kann auch eine Anzahl an Delegierten vorgesehen werden, die sich an der Größe der jeweiligen Abteilung orientiert (etwa pro 100 Mitglieder ein Delegierter). Hier ist der Satzungsgeber frei, auch eine Höchstanzahl an Mitgliedern, die rechnerisch auf einen Delegierten entfallen dürfen, besteht grundsätzlich nicht. So wurde in der Rechtsprechung die Mitgliedschaft eines aus ca. 70.000 Mitgliedern bestehenden Vereins durch 15 gewählte Vertreter als ausreichend repräsentiert angesehen.[404] 187

Es ist aber **nicht** möglich, die Satzungsänderungskompetenz auf **einen vereinsfremden Dritten** zu übertragen. Dies widerspräche dem Grundsatz der Vereinsautonomie und würde zu einer nicht zulässigen Selbstentmündigung der Mitgliederversammlung führen.[405] Möglich ist es aber, die Satzungsänderung von der **Zustimmung** eines bestimmten Mitglieds oder der **Genehmigung eines Dritten** abhängig zu machen.[406] Bei nichtreligiösen Vereinen muss der Mitgliederversammlung aber zumindest die sog. Kompetenzkompetenz verbleiben; darunter ist die Möglichkeit zu verstehen, das Einflussrecht des Dritten im Wege der Satzungsänderung – ohne dessen Zustimmung – wieder zu beseitigen.[407] 188

Zustimmungsrechte Dritter spielen vor allem bei kirchlichen Vereinen eine große Rolle. Bei diesen sind aufgrund ihrer verfassungsrechtlichen Sonderstellung (Art. 4 GG iVm Art. 137 Abs. 2, Abs. 4 WRV) weitergehende Einschränkungen der Vereinsautonomie möglich, weshalb hier Zustimmungsvorbehalte kirchlicher Gremien zulässig sind. Die Grenze zur völligen Fremdbestimmung ist aber dann überschritten, wenn Selbstbestimmung und Selbstverwaltung des Vereins nicht nur hinsichtlich der religionsrechtlich bedingten hierarchischen Einordnung, sondern darüber hinaus in weitem Umfang ausgeschlossen wird.[408] Diese Grundsätze gelten auch für religiös oder kirchlich orientierte Vereine, die sich zwar nicht als Teilgliederung einer Religionsgemeinschaft verstehen, aber sich eng an eine solche anlehnen und deshalb in vergleichbarer Weise einen Widerspruch zu deren religiösen Prinzipien vermeiden wollen. 189

Beispiel:

Die Satzungsbestimmung eines religiösen Vereins, wonach Änderungen der Satzung, die den Vereinszweck, die Organzusammensetzung und -zuständigkeit oder die Bestimmungen über die Zuordnung zur Kirche ändern, der Zustimmung eines kirchlichen Gremiums bedürfen, berühren nicht den Kernbereich der Vereinsautonomie und sind wirksam.[409]

---

402 LG Frankfurt a. M. ZIP 1983, 1336.
403 LG Frankfurt a. M. ZIP 1985, 213 (219); *Sauter/Schweyer/Waldner* Eingetragener Verein Rn. 216a.
404 LG Frankenthal RNotZ 2007, 478.
405 OLG Frankfurt a. M. NJW 1983, 2576.
406 OLG Düsseldorf NZG 2009, 1227; KG Rpfleger 1974, 394; BayObLG Rpfleger 1979, 416.
407 BeckOK BGB/*Schöpflin* BGB § 33 Rn. 5; ob dies auch für religiöse Vereine gilt, wurde von OLG Düsseldorf NZG 2009, 1227 offen gelassen.
408 BVerfGE 83, 341 = NJW 1991, 2623.
409 OLG Düsseldorf NZG 2009, 1227.

2. Beschlussfähigkeit, Abstimmungsmehrheit

190 Gemäß § 33 Abs. 1 BGB ist zu einem **Beschluss,** der eine Änderung der Satzung enthält, eine **Mehrheit von drei Vierteln der abgegebenen Stimmen** erforderlich. Von der gesetzlichen Regelung zur Abstimmungsmehrheit kann die Satzung entweder nach unten (zB einfache Mehrheit) oder nach oben abweichen oder weitere Zustimmungserfordernisse oder Vetorechte (zB zugunsten des Vorstandes oder einzelner Vereinsmitglieder) einführen.[410] Zur Einberufung der Mitgliederversammlung → § 7 Rn. 78.

190a Im Rahmen der Satzungsänderung können aber durchaus weitere (Mehrheits-) Erfordernisse eine Rolle spielen. Schreibt die Satzung für bestimmte Beschlüsse eine besondere Mehrheit vor, so bedarf auch eine Änderung dieses Erfordernisses eines Beschlusses mit derselben Mehrheit; ansonsten könnte das spezielle Mehrheitserfordernis umgangen werden.

Beispiel:

Schreibt die Satzung vor, dass für die Auflösung des Vereins ein einstimmiger Beschluss erforderlich ist, kann eine Satzungsänderung hingegen normalerweise mit einer Dreiviertelmehrheit beschlossen werden, so ist für eine Satzungsänderung, mit welcher vom Einstimmigkeitserfordernis für den Auflösungsbeschluss abgewichen werden soll, ebenfalls ein einstimmiger Beschluss erforderlich.[411]

191 Ein bestimmtes **Quorum** ist **für die Beschlussfähigkeit** der Mitgliederversammlung nicht erforderlich. Beschlussfähigkeit ist vielmehr dann gegeben, wenn die Mitgliederversammlung ordnungsgemäß einberufen wurde (→ § 7 Rn. 78). Ist dies der Fall, so ist Beschlussfähigkeit auch dann gegeben, wenn nur ein Mitglied anwesend ist.[412] Die Satzung kann aber bestimmte **Anforderungen an die Beschlussfähigkeit** stellen; so kann etwa vorgesehen werden, dass die Mitgliederversammlung nur bei einer bestimmten Anzahl an teilnehmenden Mitgliedern oder einem bestimmten **Prozentsatz** beschlussfähig ist. In diesem Fall bestimmt sich die Beschlussfähigkeit nach der Anzahl der erschienenen stimmberechtigten Mitglieder; ein in eigener Sache nicht stimmberechtigtes Mitglied ist bei der Berechnung der Beschlussfähigkeit nicht mitzuzählen.[413] Grundsätzlich kann die Satzung beliebige Anforderungen an das Beschlussfähigkeitsquorum stellen, wobei das Quorum nicht dazu führen darf, dass die Satzung **faktisch nicht mehr abänderbar ist.**

Beispiel:

Dies ist dann der Fall, wenn die Anwesenheit von mindestens 50 % der Mitglieder notwendig ist, tatsächlich aber in den vergangenen Jahren nur etwa 2 % der Mitglieder zur Versammlung erschienen.[414]

192 Ein Beschluss, der unter Verstoß gegen ein satzungsmäßiges Quorum gefasst wurde, ist **nichtig.**[415]

Hinweis:

Quoren für die Beschlussfähigkeit der Mitgliederversammlung sollen sicherstellen, dass wichtige Beschlüsse von einer tatsächlichen Mehrheit der Vereinsmitglieder getragen werden und nicht von der (zufälligen) Mehrheit der Mitglieder in der Versammlung. Dennoch können zu hohe Quoren die Beschlussfassung, insbesondere bei größeren Vereinen, erschweren. Eine Satzungsregel zu einem bestimmten Beschlussquorum ist

---

[410] MHdB GesR V/*Wagner* § 23 Rn. 26.
[411] OLG München NZG 2011, 904; *Sauter/Schweyer/Waldner* Eingetragener Verein Rn. 138.
[412] OLG Zweibrücken FGPrax 2006, 229; *Stöber/Otto* Rn. 785.
[413] *Burhoff* Rn. 467.
[414] OLG Frankfurt a. M. Rpfleger 1981, 310.
[415] KG JW 1935, 715; *Stöber/Otto* Rn. 788.

daher allenfalls bei Vereinen, die nicht auf eine zu große Mitgliederzahl angelegt sind, empfehlenswert.

Sofern bestimmte Quoren vorgesehen werden, sollte zugleich geregelt werden, was passiert, wenn eine Mitgliederversammlung **wegen Nichterreichen des Quorums beschlussunfähig** ist. 193

Die Satzung kann vorsehen, dass bei Beschlussunfähigkeit eine **weitere Mitgliederversammlung mit derselben Tagesordnung** einzuberufen ist, die unter erleichterten Voraussetzungen bzw. ohne ein bestimmtes Quorum zu erreichen, beschlussfähig ist.[416] In diesem Fall muss aber die Einladung zur darauf folgenden Mitgliederversammlung ausdrücklich auf diesen Umstand hinweisen. Die Mitglieder müssen gewarnt sein, dass in der nunmehr anstehenden Versammlung die angekündigten Beschlüsse ohne Quorum gefasst werden können. Grundsätzlich kann die Einladung zur zweiten Mitgliederversammlung erst nach der ersten Mitgliederversammlung erfolgen.[417] 194

Die Satzung kann aber auch vorsehen, dass mit der **(ursprünglichen) Einladung zugleich eine Eventualeinladung** zur zweiten Mitgliederversammlung **verbunden wird,** die im Anschluss an die beschlussunfähige Mitgliederversammlung nach Ablauf einer kurzen Wartezeit abgehalten wird **(Eventualeinberufung).** Ist die Möglichkeit nicht ausdrücklich in der Satzung vorgesehen, dann scheidet die Möglichkeit der Eventualeinberufung aus.[418] Sieht die Satzung vor (bzw. ergibt sich durch deren Auslegung), dass eine Wiederholungsversammlung erst einberufen werden kann, wenn wegen mangelnder Teilnehmer ein Beschluss nicht gefasst werden konnte, dann ist eine Eventualeinberufung gleichzeitig mit der ersten Einberufung unzulässig.[419] Dazu auch → § 7 Rn. 99. 195

Formulierungsbeispiel: Beschlussfähigkeit (Satzungsbestandteil) 196

§ 4. Mitgliederversammlung

(1) Die Mitgliederversammlung ist beschlussfähig, wenn mindestens die Hälfte sämtlicher Mitglieder anwesend oder vertreten ist. Bei Beschlussunfähigkeit muss zeitnah eine zweite Versammlung einberufen werden, die ohne Rücksicht auf die Zahl der erschienen Mitglieder beschlussfähig ist. In der Einladung ist hierauf hinzuweisen. [*Alt. (Möglichkeit der Eventualeinberufung):* Die Mitgliederversammlung ist beschlussfähig, wenn mindestens die Hälfte sämtlicher Mitglieder anwesend oder vertreten ist. In der Ladung zur Mitgliederversammlung kann für den Fall der Beschlussunfähigkeit bereits zu einer zweiten Mitgliederversammlung, die am gleichen Tage wie die erste stattfindet, geladen werden. Diese zweite Mitgliederversammlung ist ohne Rücksicht auf die Zahl der erschienenen Mitglieder beschlussfähig. Auf diesen Umstand ist in der Ladung hinzuweisen.]

3. Stimmrecht, Stimmabgabe

Das Stimmrecht ist das wichtigste mitgliedschaftliche Recht eines Vereinsmitglieds. Grundsätzlich steht jedem Mitglied das gleiche Stimmrecht zu. Die Satzung kann im Falle der Existenz mehrerer Mitgliederklassen das Stimmrecht für bestimmte Mitglieder (außerordentliche Mitglieder, fördernde Mitglieder, passive Mitglieder, Ehrenmitglieder) ausschließen.[420] Ebenso ist es möglich, dass die Satzung gewissen Mitgliedern oder -gruppen (etwa den Gründungsmitgliedern) **Mehrstimmrechte** einräumt. Auch eine Satzungsregelung, 197

[416] BGH NJW-RR 1989, 376; BayObLG FGPrax 2002, 266.
[417] BGH NJW 1998, 1317 zur GmbH.
[418] OLG Köln Rpfleger 2009, 237; generell kritisch zur Zulässigkeit einer Eventualeinladung *Stöber/Otto* Rn. 789.
[419] OLG Düsseldorf NZG 2015, 1321; LG Nürnberg-Fürth Rpfleger 1990, 427.
[420] Anderes kann bei Vereinen ohne Aufnahmefreiheit bestehen (→ § 16 Rn. 244); hier sind Stimmrechtsbeschränkungen nur bei Vorliegen eines sachlichen Grundes zulässig, BGH NJW 1989, 1724 (1726).

wonach das Stimmrecht in der Mitgliederversammlung **von der Erfüllung der Beitragspflicht abhängt,** wird allgemein als zulässig angesehen.[421]

198 Die Mitgliederversammlung kann grundsätzlich die **Abstimmungsform** frei festlegen, sofern in der Satzung nichts Abweichendes geregelt ist. Wenn weder die Satzung noch die Mitgliederversammlung die Abstimmungsform festlegen, entscheidet der Versammlungsleiter zu Beginn der Abstimmung.[422] Die Satzung kann aber auch nur für einzelne, besonders wichtige Abstimmungen (zB Vorstandswahl, Satzungsänderungen) die Form festlegen, die Entscheidung im Übrigen der Mitgliederversammlung bzw. dem Versammlungsleiter überlassen. Weder Abstimmungen noch Wahlen verlangen eine **geheime Abstimmung,** auch nicht auf Antrag eines oder mehrerer Mitglieder. Stellt also ein oder mehrere Vereinsmitglieder einen Antrag auf eine geheime Abstimmung, dann ist der Versammlungsleiter grundsätzlich nicht verpflichtet, diesem Antrag nachzukommen.[423] Er muss diesen Antrag auch nicht zur Abstimmung stellen.[424] Allerdings kann die Satzung den Mitgliedern ein solches Antragsrecht ausdrücklich zubilligen. Vorgesehen werden kann entweder ein direktes Antragsrecht der Mitglieder, das im Falle der Geltendmachung unmittelbar zu befolgen ist. Alternativ kann die Mitgliederversammlung zunächst darüber entscheiden, ob geheim gewählt werden soll oder nicht (vgl. auch → § 7 Rn. 177).

199 **Formulierungsbeispiel: Geheime Abstimmung (Satzungsbestandteil)**

§ 5. Beschlüsse

(1) Eine Abstimmung muss geheim durchgeführt werden, wenn ein anwesendes stimmberechtigtes Mitglied dies vor Beginn der Abstimmung verlangt. [*Alt.:* Jedes anwesende stimmberechtigte Mitglied hat das Recht, eine geheime Abstimmung zu verlangen. Über diesen Antrag entscheidet die Mitgliederversammlung in offener Abstimmung mit einfacher Mehrheit.]

200–202 [Einstweilen frei.]

203 Gemäß § 38 BGB ist die Vereinsmitgliedschaft nicht übertragbar und nicht vererblich; die Ausübung der Mitgliedschaftsrechte kann nicht einem anderen überlassen werden. Die Stimmabgabe erfolgt somit grundsätzlich höchstpersönlich. Eine **Vertretung (Stimmrechtsvollmacht)** ist nur zulässig, wenn diese ausdrücklich in der Satzung zugelassen wird. Einigkeit herrscht darüber, dass die Satzung vorsehen kann, dass sich ein Vereinsmitglied durch ein anders Mitglied vertreten lässt. Hierbei ist es auch möglich, dass ein Vereinsmitglied mehrere Mitglieder gleichzeitig vertritt.

204 Umstritten ist, ob die Satzung auch eine **Vertretung durch Nichtmitglieder** gestatten kann. Teilweise wird davon ausgegangen, dass eine Vertretung durch Nichtmitglieder mit dem Charakter eines Idealvereins unvereinbar sei, da es insoweit auf eine persönliche Identifikation mit den Vereinszielen ankomme.[425] Eine solche Sichtweise dürfte aber zu weit gehen.[426] Wenn die Satzung den Verein für die Mitwirkung von Nichtmitgliedern öffnet, signalisiert sie dadurch die Verträglichkeit von Dritteinfluss mit dem Charakter dieses Vereins. Daher ist davon auszugehen, dass die Satzung auch Stimmrechtsvollmachten an Dritte ausdrücklich vorsehen kann.[427] Formulierungsbeispiel zur Vollmacht → § 7 Rn. 201.

---

[421] *Stöber/Otto* Rn. 824; *Sauter/Schweyer/Waldner* Eingetragener Verein Rn. 122. Anders die Rechtsprechung zur Wohnungseigentümergemeinschaft: BGH MittBayNot 2011, 399.

[422] BGH NJW 1984, 1038 bzgl. bergrechtlicher Gewerkschaft; BGH NJW 1989, 1150 (1151); *Reichert* Rn. 1662ff.

[423] BGH NJW 1970, 46 betreffend Rechtsanwaltskammer.

[424] BGH NJW 1984, 1038.

[425] Palandt/*Ellenberger* BGB § 38 Rn. 3; Staudinger/*Weick* BGB § 26 Rn. 4.

[426] MüKoBGB/*Arnold,* 7. Aufl. 2015, BGB § 32 Rn. 32, der aber unwiderrufliche Stimmrechtsvollmachten für unzulässig hält.

[427] *Sauter/Schweyer/Waldner* Eingetragener Verein Rn. 345; *Stöber/Otto* Rn. 826.

Die Satzung kann weitere Erfordernisse aufstellen, etwa eine schriftliche Vollmacht verlangen oder eine Höchstzahl an Vollmachtgebern festlegen, die vertreten werden können. Will der Stimmrechtsbevollmächtigte seine Vollmacht weitergeben **(Untervollmacht),** so muss dies ausdrücklich in der Satzung vorgesehen sein. Dies kann etwa dann praxisrelevant werden, wenn der Stimmrechtsbevollmächtigte die Versammlung frühzeitig verlassen muss. 205

Formulierungsbeispiel: Vertretung in der Mitgliederversammlung (Satzungsbestandteil) 206

§ 4. Mitgliederversammlung

(5) Die Stimmabgabe erfolgt grundsätzlich höchstpersönlich. Eine Vertretung durch Dritte, die nicht Vereinsmitglied sein müssen, ist zulässig. In diesem Fall muss der Bevollmächtigte sich zu Beginn der Versammlung durch Vorlage einer schriftlichen Vollmacht legitimieren. Die Erteilung von Untervollmachten ist zulässig.

4. Abstimmungsmehrheit[428]

Die Beschlussfassung in der Mitgliederversammlung ist grundsätzlich ein Mehrheitsentscheid, das heißt die Zahl der gültig abgegebenen Ja-Stimmen muss größer sein als die der Nein-Stimmen (zur Abstimmungsmehrheit ausführlich → § 7 Rn. 164). Bei der Ermittlung der Mehrheit kommt es somit auf die **Mehrheit abgegebenen gültigen Stimmen** an (§ 32 Abs. 1 S. 1 BGB). Bis zur Vereinsrechtsreform 2009 war aufgrund des Wortlautes der §§ 32, 33 BGB unklar, ob es für die Ermittlung der Mehrheit auf die abgegebenen Stimmen ankommt oder auf die Mehrheit der erschienenen Mitglieder (was dazu geführt hätte, dass Stimmenthaltungen oder ungültige Stimmen faktisch als Nein-Stimme zu werten wären). Dieses unbillige Ergebnis wurde von der Rechtsprechung bereits in der Vergangenheit abgelehnt und der Wortlaut der §§ 32, 33 BGB aF dahingehend verstanden, dass mit der Mehrheit der „erschienen Mitglieder" lediglich gemeint sei, dass es nicht auf die Mehrheit der dem Verein angehörigen Mitglieder ankomme. Insoweit sollte die Mehrheit der abgegebenen Stimmen entscheidend sein.[429] Durch die Vereinsrechtsreform ist dies nunmehr in § 32 Abs. 1 S. 1 BGB, der auf die „Mehrheit der abgegebenen Stimmen" abstellt, ausdrücklich niedergelegt. 207

Hinweis:

Zur Klarstellung sollte die Satzung stets eine Regelung zur Ermittlung der Abstimmungsmehrheit und zur Behandlung von Stimmenthaltungen oder ungültigen Stimmen enthalten. Die Satzung sollte Formulierungen, die auf die Mehrheit der „erschienenen Mitglieder" abzielt, vermeiden. Wenn eine Satzung vor 2009 errichtet wurde und auf die Mehrheit der „erschienenen Mitglieder" abstellt, so ist dies in der Regel dahingehend auszulegen, dass die Mehrheit nur aus den gültigen Ja- und Nein-Stimmen zu errechnen ist. Dennoch sollte diese Formulierung berichtigt werden auf die Mehrheit der „abgegebenen Stimmen".

Soweit das Gesetz abweichend davon eine bestimme, qualifizierte Mehrheit der Stimmen verlangt (zB bei Satzungsänderungen) gelten die gemachten Ausführungen entsprechend, dh auch hier ist grundsätzlich die erforderliche Mehrheit aufgrund der abgegebenen gültigen Stimmen entscheidend; Stimmenthaltungen oder ungültige Stimmen sind auch hier nicht mitzurechnen. Die Drei-Viertel-Mehrheit des § 33 Abs. 1 BGB ist disposi- 208

[428] Vgl. auch *Keilbach* DNotZ 1997, 846.
[429] So die hM: Palandt/*Ellenberger* BGB § 32 Rn. 7; BeckOK BGB/*Schöpflin* BGB § 32 Rn. 26; krit. *Stöber/Otto* Rn. 810.

tiv, so dass die Satzung die erforderliche Beschlussmehrheit mildern oder verschärfen kann. Die Satzung kann daher Einstimmigkeit vorsehen oder eine zwei Drittel bzw. eine einfache Mehrheit genügen lassen. Will die Satzung für satzungsändernde Beschlüsse oder generell abweichende Mehrheitserfordernisse einführen, so sollte klar zum Ausdruck kommen, auf welche Beschlüsse sich das Mehrheitserfordernis bezieht. Eine Satzungsregelung, wonach „alle Beschlüsse der Mitgliederversammlung mit einfacher Mehrheit gefasst werden", soll zwar auch für Satzungsänderungen gelten; um Unsicherheiten vorzubeugen, sollte dies klargestellt werden.[430]

209 Mehrheitsentscheid im Rahmen der **„einfachen" Mehrheit** heißt, dass ein Beschlussantrag bzw. Wahlvorschlag mehr als die Hälfte der gültigen Stimmen auf sich vereinigt. Erforderlich ist, dass die Zahl der gültigen Ja-Stimmen die der gültigen Nein-Stimmen um wenigstens eine übertrifft. Bei **Stimmengleichheit** gilt ein Antrag als abgelehnt.

210 Insbesondere bei Wahlvorschlägen aber auch bei sonstigen Abstimmungen sollte die Satzung deutlich zwischen der **„einfachen"** und der **„relativen" Mehrheit** differenzieren. Während die einfache Mehrheit der absoluten Mehrheit der abgegebenen gültigen Stimmen entspricht, genügt es bei der „relativen" Stimmenmehrheit, dass eine Abstimmungsalternative mehr Stimmen erhält als eine der anderen.[431] Soll es bei Wahlen auf die relative Stimmenmehrheit ankommen, so muss sich dies eindeutig aus der Satzung ergeben.[432]

Beispiel:

Bei einer Wahl entfallen auf A 10, auf B 7 und auf C 8 Stimmen. Demnach wäre A mit relativer Stimmenmehrheit gewählt, da er die meisten Stimmen auf sich vereinigt. Ist in der Satzung nicht ausdrücklich festgelegt, dass der Kandidat gewählt ist, der die meisten Stimmen auf sich vereinigt, gilt mangels abweichender Regelung die einfache Stimmenmehrheit gem. § 32 Abs. 1 S. 3 BGB. Demnach wäre kein Kandidat gewählt, weil keiner die vorgesehene Mehrheit der abgegebenen Stimmen auf sich vereinigt hat. Eine Stichwahl zwischen den Kandidaten mit den meisten Stimmen soll dabei nur zulässig sein, wenn dies ausdrücklich in der Satzung vorgesehen wurde.[433]

Hinweis:

In der Satzung sollten nicht alleine die Begrifflichkeiten (einfache, relative Stimmenmehrheit) verwendet werden. Um Unklarheiten zu beseitigen, sollte in einem erläuternden Nebensatz klargestellt werden, welche Mehrheit darunter zu verstehen ist, zB „Für die Wahl genügt die relative Stimmenmehrheit, das heißt der Kandidat ist gewählt, der die meisten abgegebenen gültigen Stimmen auf sich vereinigt".

211 Wenn die Satzung den Begriff der **absoluten Mehrheit** verwendet, so ist durch Auslegung zu ermitteln, wie dieser Begriff zu verstehen ist. In der Regel handelt es sich hierbei nur um einen anderen Ausdruck für einfache Mehrheit. Wenn damit etwas anderes gemeint sein sollte, muss dies in der Satzung zum Ausdruck kommen.

212 Die **Feststellung des Beschlussergebnisses** durch den Versammlungsleiter hat grundsätzlich keine konstitutive Wirkung. Fehler bei der Stimmenauszählung und Verkündung des Beschlussergebnisses beeinflussen also nicht den Beschlussinhalt. Der Beschlussinhalt richtet sich alleine nach dem, was die Mehrheit tatsächlich beschlossen hat. Allerdings kann die Satzung eine konstitutive Wirkung anordnen; dies muss aber ausdrücklich festgelegt worden sein. Eine allgemeine Satzungsregelung, wonach das Ergebnis der Abstim-

[430] LG Mainz Beschl. v. 17.7.2008 – 8 T 122/08.
[431] OLG München NZG 2008, 351.
[432] BGHZ 106, 67 (72) = NJW 1989, 1212; BayObLG FGPrax 1996, 74 (75); *Sauter/Schweyer/Waldner* Eingetragener Verein Rn. 208 aE; *Reichert* Rn. 1688.
[433] OLG Schleswig Rpfleger 2005, 317.

mung der Versammlung durch den Protokollführer bekannt gegeben wird, genügt dafür nicht. Eine solche Bestimmung legt nur den Verfahrensablauf bei der Wahl fest und ist nicht geeignet, der Verkündung des Wahlergebnisses eine weiter reichende rechtliche Wirkung zu verleihen.[434]

5. Anmeldung zum Vereinsregister

Die Satzungsänderung ist nach der Beschlussfassung durch die Mitgliederversammlung durch den **Vorstand in vertretungsberechtigter Zahl** zum Vereinsregister anzumelden. Die Anmeldung muss in öffentlich beglaubigter Form erfolgen. 213

> Hinweis:
>
> Auch wenn mehrere (gemeinschaftlich vertretungsberechtigte) Vorstandsmitglieder unterzeichnen müssen, ist deren gleichzeitige Anwesenheit beim Notartermin nicht erforderlich. Die Anmeldung kann auch zu verschiedenen Zeiten unterzeichnet werden, dadurch erhöhen sich jedoch die Notarkosten.

Der Anmeldung ist der die Satzungsänderung enthaltende **Beschluss der Mitgliederversammlung** (also das Protokoll) sowie eine durch den Vorstand zu erstellende **vollständige Satzungsneufassung** – die nicht vom Vorstand unterschrieben sein muss[435] – in Abschrift **beizufügen** (§ 71 Abs. 1 S. 3 BGB). Das mit der Anmeldung einzureichende Protokoll muss in der Form erstellt sein, welche die Satzung für die Beurkundung der Beschlüsse der Mitgliederversammlung vorsieht. Dabei reicht die Abschrift des die Änderung enthaltenden Beschlusses. Nach dem KG muss diese Abschrift nicht zusätzlich von den das originale Beschlussprotokoll unterzeichnenden Personen unterschrieben sein.[436] Bei der eingereichten neuen Satzung müssen die geänderten Bestimmungen mit dem Beschluss über die Satzungsänderung, die unveränderten Bestimmungen mit dem zuletzt eingereichten Wortlaut der Satzung oder, wenn ein solcher vollständiger Satzungswortlaut bisher noch nicht eingereicht wurde, mit den zuvor eingetragenen Änderungen übereinstimmen (§ 71 Abs. 1 S. 4 BGB). Eine notarielle Bescheinigung entsprechend § 54 GmbHG, § 181 AktG (Satzungsänderung bei der GmbH bzw. AG) ist zwar nicht vorgeschrieben, es kann jedoch den Vollzug der Anmeldung erleichtern, wenn der Vorstand eine entsprechende Versicherung in der Anmeldung abgibt.[437] 214

Die Änderung der nach § 64 BGB in das Vereinsregister einzutragenden Tatsachen **(Name, Sitz, Vertretungsmacht des Vorstandes)** müssen in der **Anmeldung konkret bezeichnet** werden. Diesem Erfordernis ist jedoch bereits dann Genüge getan, wenn in der Anmeldung die geänderten Satzungsparagrafen nach Ziffer und Überschrift bezeichnet werden; einer inhaltlichen Wiedergabe der jeweiligen Satzungsänderung in der Anmeldung bedarf es hingegen nicht zwingend.[438] Bei sonstigen Änderungen sollte ein schlagwortartiger Hinweis auf den betroffenen Passus der Satzung vorgenommen werden. Jedoch darf bei den sonstigen Änderungen die Eintragung der Änderung in das Vereinsregister nicht deshalb versagt werden, weil die Registeranmeldung keine – sei es auch nur schlagwortartige – Bezeichnung der betroffenen Satzungsbestimmung enthält.[439] 215

Das **Registergericht prüft** im Rahmen der Satzungsänderung zunächst, ob der Beschluss den gesetzlichen- und satzungsmäßigen Vorschriften genügt, wobei die Beachtung der formalen Ordnungsvorschriften (Form der Einberufung der Mitgliederversammlung 215a

[434] OLG München NZG 2008, 351.
[435] OLG Hamm RNotZ 2010, 665.
[436] KG NZG 2015, 1365.
[437] Nach OLG Düsseldorf RNotZ 2010, 477 ist das Registergericht gleichwohl nicht berechtigt, eine entsprechende Versicherung zu fordern.
[438] OLG Nürnberg MittBayNot 2015, 59.
[439] OLG Nürnberg NZG 2012, 1155.

oder Abstimmungsverfahren) nur zu prüfen sind, wenn im Einzelfall begründete Zweifel an der Wirksamkeit des Änderungsbeschlusses bestehen.[440]

215b Im Übrigen ist die Prüfungskompetenz des Registergerichts umstritten. So wird zum einen ein **eingeschränktes Prüfungsrecht** unter Hinweis auf § 9c Abs. 2 GmbHG angenommen.[441] Dabei wird mE verkannt, dass es sich bei § 9c Abs. 2 GmbHG um eine spezielle Norm des GmbH-Rechts handelt, welche das Gründungsverfahren beschleunigen soll und daher etwa auch bei der Satzungsänderung einer GmbH keine Anwendung findet.[442] Daher wird zutreffend davon ausgegangen, dass das Registergericht die inhaltliche Zulässigkeit **vollumfänglich** prüfen kann.

215c Wird eine **Neufassung der Satzung** angemeldet, so ist das Registergericht nicht darauf beschränkt, nur die geänderten Teile zu prüfen.[443] In diesem Fall können auch die unveränderten Regelungen, die bei der Voreintragung nicht beanstandet wurden, nunmehr auf ihre inhaltliche Zulässigkeit überprüft und ggf. als unzulässig zurückgewiesen werden.[444] Wenn die Satzung nicht insgesamt neu gefasst wurde, sondern nur einzelne Bestimmungen geändert wurden und daher eine Satzungsänderung angemeldet wurde, so ist das Gericht aber auf die Prüfung der angemeldeten Satzungsänderung beschränkt.[445] Eine Prüfung der Zweckmäßigkeit einzelner Satzungsbestimmungen ist wegen des verfassungsrechtlich verbürgten Rechts auf autonome Gestaltung der inneren Angelegenheiten ausgeschlossen.[446]

216 **Formulierungsbeispiel: Anmeldung einer Satzungsänderung**

An das Amtsgericht ***
– Vereinsregister –

Betrifft: * e.V., VR-Nr. *****
Hier: Satzungsänderung

Zur Eintragung in das Vereinsregister wird angemeldet:

Die Mitgliederversammlung vom *** hat folgende Änderungen der Satzung beschlossen:

§ *** der Satzung *** *[Name]* wurde geändert und lautet künftig wie folgt: ***

Es wird versichert, dass die Versammlung satzungsgemäß einberufen wurde und die gefassten Beschlüsse ordnungsgemäß zustande kamen.

Wir überreichen in der Anlage:
- Abschrift des Protokolls der Versammlung, in der die Satzungsänderung beschlossen wurde
- Vollständiger Wortlaut der neuen Satzung mit der Versicherung, dass iSd § 71 Abs. 1 S. 4 BGB die geänderten Bestimmungen mit dem Beschluss über die Satzungsänderung, die unveränderten Bestimmungen mit dem zuletzt eingereichten vollständigen Wortlaut der Satzung und, wenn die Satzung geändert worden ist, ohne dass ein vollständiger Wortlaut der Satzung eingereicht wurde, auch mit den zuvor eingetragenen Änderungen übereinstimmen.

Die Unterzeichner bevollmächtigen die Angestellten des beglaubigenden Notars, welche der genannte Notar zu bezeichnen bevollmächtigt wird, je einzeln und befreit von den

[440] *Krafka* RegisterR-HdB Rn. 2189.
[441] MüKoBGB/*Leuschner* BGB § 60 Rn. 5; Staudinger/*Schwennicke* BGB § 60 Rn. 8.
[442] BayObLG MittBayNot 2002, 201.
[443] KG NZG 2020, 1113 (1115).
[444] BayObLG WM 1976, 281; OLG Nürnberg NJW 2016, 153.
[445] BayObLG Rpfleger 1997, 167; *Sauter/Schweyer/Waldner* Eingetragener Verein Rn. 141; nach aA ist auch in diesem Fall eine umfassende Prüfung der Satzung vorzunehmen, so BeckOK BGB/*Schöpflin* BGB § 71 Rn. 7; Staudinger/*Schwennicke* BGB § 71 Rn. 22. Offen gelassen OLG Düsseldorf BeckRS 2020, 21113.
[446] KG NZG 2020, 1113 (1115); OLG Hamm NJW-RR 1994, 119.

Beschränkungen des § 181 BGB, Erklärungen, Bewilligungen und Anträge zur Ergänzung oder Änderung der Anmeldung abzugeben, soweit diese zur Behebung behördlicher oder gerichtlicher Beanstandungen zweckdienlich sind.

Die Kosten dieser Anmeldung und ihres Vollzuges trägt der Verein. Eintragungsnachricht wird auch an den beglaubigenden Notar erbeten.

Unterschriften Vorstand in vertretungsberechtigter Zahl

Beglaubigungsvermerk des Notars

III. Besonderheiten

1. Änderung der Voraussetzungen der Mitgliedschaft

Die Satzung kann einzelne Voraussetzungen für den Erwerb der Mitgliedschaft festlegen. 217
Diese können jederzeit geändert oder ergänzt werden. Problematisch ist die Auswirkung solcher **Änderungen auf bereits bestehende Mitglieder,** welche nunmehr die satzungsmäßigen Voraussetzungen nicht mehr erfüllen. Der BGH hält es für zulässig, dass Mitglieder, die den geänderten Merkmalen nicht mehr entsprechen, in eine Gruppe minderer Rechte abgestuft werden. Die betroffenen Mitglieder können sich dann nicht auf Bestandsschutz berufen, wenn das am Vereinszweck zu messende Interesse des Vereins an einer solchen Regelung den Vorzug verdient.[447] Insoweit ist das Interesse der Mitglieder am Erhalt der bisherigen Rechtsposition gegen das Vereinsinteresse an der Änderung abzuwägen. Solche Änderungen sind vor allem dann zulässig, wenn sie durch den Wandel der tatsächlichen Verhältnisse notwendig werden, um die Verfolgung des Vereinszwecks zu gewährleisten. Wird der Verein aufgrund veränderter Verhältnisse (tatsächlicher oder rechtlicher Natur) gezwungen, die satzungsmäßigen Voraussetzungen der Mitgliedschaft zu ändern, haben die Mitglieder keinen Anspruch auf Aufrechterhaltung der Mitgliedschaft.[448]

2. Rückwirkende Satzungsänderung

Gemäß § 71 Abs. 1 BGB wird eine Satzungsänderung erst mit der Eintragung in das Ver- 218
einsregister wirksam. Solange dies nicht erfolgt ist, hat sie im Innenverhältnis zu den Mitgliedern wie im Außenverhältnis zu Dritten keine Wirkung.[449] Dies schließt es aber nicht aus, zugleich mit dem satzungsändernden Beschluss ausführende Beschlüsse, welche an die Wirksamkeit der Satzungsänderung anknüpfen, zu beschließen. Diese sind – auch wenn dies aus dem Wortlaut des Beschlusses nicht eindeutig zum Ausdruck kommt – als bedingte Beschlüsse anzusehen.[450]

Beispiel:

Wird die Anzahl der Vorstandsmitglieder durch satzungsändernden Beschluss erhöht, so können in derselben Mitgliederversammlung die neuen Vorstandsposten besetzt werden. Diese Wahl wird mit Eintragung der Satzungsänderung wirksam.

Wegen der konstitutiven Wirkung der Eintragung kann die Satzungsänderung daher 218a
grundsätzlich **keine Rückwirkung** haben.[451] Allerdings können die Mitglieder **im Innenverhältnis** festlegen, dass die Satzungsänderung rückwirkend gelten soll.[452] Soweit durch eine Satzungsänderung die Verhaltenspflichten der Mitglieder rückwirkend verän-

[447] BGH NJW 1971, 879.
[448] MHdB GesR V/*Wagner* § 23 Rn. 7.
[449] BGHZ 23, 122; OLG Schleswig NJW-RR 2000, 1425; MüKoBGB/*Arnold,* 7. Aufl. 2015, BGB § 71 Rn. 1, 4.
[450] *Sauter/Schweyer/Waldner* Eingetragener Verein Rn. 139.
[451] OLG Hamm NZG 2007, 318.
[452] MHdB GesR V/*Wagner* § 23 Rn. 14.

dert (insbesondere verschärft) werden sollen, ist zum Schutz der betroffenen Mitglieder ein **einstimmiger Beschluss** erforderlich.[453] Andere Änderungen, welche die Pflichten der Mitglieder nicht verschärfen, können zumindest im Innenverhältnis rückwirkend mit satzungsändernder Mehrheit beschlossen werden. Eine Satzungsregelung **mit Außenwirkung** kann aber nicht rückwirkend getroffen werden.

Beispiele:

Keine rückwirkende Herabsetzung der Zahl der Vorstandsmitglieder; rückwirkende Regelung zur Verwendung des Vereinsvermögens eines gemeinnützigen Vereins bei Auflösung (§ 55 Abs. 1 Nr. 4 AO);[454] keine rückwirkende Begründung einer OT-Mitgliedschaft (ohne Tarifbindung) in einem Arbeitgeberverband.[455]

3. Bedingungen und Befristungen

219 Generell können Beschlüsse der Mitgliederversammlung – und damit auch satzungsändernde Beschlüsse – unter einer Bedingung oder Befristung gefasst werden.[456] So kann die Mitgliederversammlung einen satzungsändernden Beschluss dergestalt fassen, dass die Satzungsänderung erst nach Ablauf eines bestimmten Datums (zB „mit Wirkung zum 1.1. 2023") in Kraft treten soll **(Befristung).**

219a Umstritten ist in diesem Fall, **ob die Satzungsänderung bereits vor Ablauf der Befristung** – also zu einem Zeitpunkt, zu welcher die geänderte Regelung noch keine Wirkung entfalten soll – **eingetragen werden kann.** Die wohl überwiegende Ansicht geht davon aus, dass eine Vorabeintragung aufgrund der konstitutiven Wirkung der Eintragung der Satzungsänderung unzulässig ist.[457] Dies wird vor allem mit der Registerklarheit begründet: Aus Rechtssicherheitsgründen müsse das Vereinsregister den gegenwärtigen Rechtszustand und die Satzung des e.V. in der derzeit gültigen Form zum Gegenstand wiedergeben, was bei einer Vorabeintragung nicht gewährleistet werde.[458] Dagegen wird eingewandt, dass es den Belangen des Rechtsverkehrs genügt, wenn der Zeitpunkt des Inkrafttretens durch die Eintragung hinreichend deutlich bestimmt wird; daher werden aufschiebend bzw. auflösend befristete Satzungsänderungen für eintragungsfähig erachtet, bedingte hingegen nicht.[459] Richtigerweise ist auch die Vorabeintragung von befristeten Satzungsänderungen abzulehnen. Auch hier besteht die Gefahr, dass das Register den Rechtszustand unzutreffend wiedergibt, etwa wenn nach Eintragung der befristeten Satzungsänderung, aber vor Ablauf der Frist, eine erneute Mitgliederversammlung durchgeführt wird und eine Änderung oder Aufhebung beschlossen wird.

> Hinweis:
>
> In der Praxis kann man sich in diesen Fällen oft dadurch helfen, dass der Vorstand die erforderliche Anmeldung sofort unterzeichnet und der beglaubigende Notar angewiesen wird, die Anmeldung erst mit Ablauf des genannten Datums zum Vereinsregister einzureichen.

219b Keine befristete Satzungsänderung liegt hingegen vor, wenn es sich um eine bereits in Kraft getretene Regelung handelt, die sich auch auf zukünftige Zeiträume bezieht.[460] So kann etwa eine Regelung über eine Staffelung des Mitgliedsbeitrages („Der Mitgliedsbei-

---

[453] OLG Hamm NZG 2007, 318; *Lutter/Hommelhoff* GmbHG § 53 Rn. 38 zur GmbH.
[454] OLG Hamm NZG 2007, 318.
[455] BAG NZA-RR 2010, 305.
[456] Vgl. dazu auch *Heinze* NZG 2019, 847.
[457] LG Bonn Rpfleger 1984, 192 (193); BeckOGK/*Geißler* BGB § 71 Rn. 9f.; *Sauter/Schweyer/Waldner* Eingetragener Verein Rn. 139b.
[458] LG Bonn Rpfleger 1984, 192 (193).
[459] MüKoBGB/*Leuschner* BGB § 71 Rn. 5; Staudinger/*Schwennicke* BGB § 71 Rn. 25.
[460] *Sauter/Schweyer/Waldner* Eingetragener Verein Rn. 139b.

trag beträgt für 2021 50,– EUR und ab dem 1.1.2022 60,– EUR") bereits im Jahre 2021 eingetragen werden, da der Regelungsinhalt des satzungsändernden Beschlusses sofort wirksam wird, mag sich der Regelungszeitraum auch auf die Zukunft beziehen.[461] So ist auch allgemein anerkannt, dass eine Änderung des Geschäftsjahres bereits vor Beginn des neuen Geschäftsjahres eingetragen werden kann.

Aus denselben Gründen sind **bedingte Satzungsänderungen** unzulässig, da bei einem 220 Blick in die Satzung nicht klar ist, ob die Satzungsänderung bereits wirksam ist oder nicht. Eine Ausnahme hiervon gilt dann, wenn dem Registergericht bei der Anmeldung der Eintritt der Bedingung nachgewiesen werden kann und die neue Bestimmung als unbedingte eingetragen werden kann. Unzulässig wäre hingegen die Eintragung eines den Bedingungsvorbehalt umfassenden Beschlusswortlauts.[462]

4. Aufnahme einer Schiedsklausel

Die Satzung kann durch eine Schiedsklausel iSd § 1066 ZPO anordnen, dass Streitigkeiten 221 aus dem Mitgliedschaftsverhältnis unter Ausschluss des ordentlichen Rechtsweges von einem Schiedsgericht entschieden werden (→ § 18 Rn. 17).[463] Eine Schiedsklausel kann auch nachträglich im Wege der Satzungsänderung (durch satzungsändernden Mehrheitsbeschluss) eingeführt werden. Die Unterwerfung unter eine Schiedsklausel und der damit verbundene Verzicht auf die Entscheidung eines staatlichen Gerichts ist mit Blick auf Art. 101 Abs. 1 S. 2 GG (Recht auf den gesetzlichen Richter) **nur freiwillig möglich.**[464] Diese Voraussetzungen erfüllen aber nur diejenigen Vereinsmitglieder, die der Satzungsänderung zugestimmt haben. Bei einer ordnungsgemäß durchgeführten Satzungsänderung kann im Allgemeinen davon ausgegangen werden, dass das betreffende Vereinsmitglied ausreichende Möglichkeiten hatte, sich bewusst und mit der nötigen Ernsthaftigkeit mit der Regelung auseinanderzusetzen, bevor es die Zustimmung erteilte. Die Mitglieder, die der Satzungsänderung nicht zugestimmt haben, wollten gerade keine freiwillige Entscheidung für die Unterwerfung unter eine private Schiedsgerichtsbarkeit treffen und haben damit nicht aus eigenem Willen auf den Zugang zu den staatlichen Gerichten verzichtet. Ein solch freiwilliger Verzicht könnte allenfalls darin gesehen werden, dass das Mitglied seine Mitgliedschaft weiter aufrecht erhält, obwohl es die Möglichkeit hat, einer Unterwerfung unter die Schiedsgerichtsklausel durch Austritt aus dem Verein zu entgehen.[465] Dies ist aber nur dann der Fall, wenn das Aufrechterhalten der Mitgliedschaft einen Schluss auf die nachträgliche Akzeptanz der Schiedsgerichtsklausel zulässt. Für Vereine mit überragender Machtstellung im wirtschaftlichen oder sozialen Bereich hat der BGH festgestellt, dass in der Aufrechterhaltung der Mitgliedschaft keine freiwillige Unterwerfung unter die Schiedsgerichtsklausel gesehen werden kann, so dass dem Mitglied weiter der Rechtsweg zu den ordentlichen Gerichten offen steht.[466]

---

461 *Sauter/Schweyer/Waldner* Eingetragener Verein Rn. 139b.
462 MüKoGmbHG/*Harbath* GmbHG § 53 Rn. 168 zur GmbH.
463 BGHZ 43, 261 (264) = NJW 1965, 1378; BGHZ 144, 146 (148) = NJW 2000, 1713.
464 BGH NJW 2000, 1713; aA *Sauter/Schweyer/Waldner* Eingetragener Verein Rn. 317: Satzungsändernde Mehrheit ausreichend.
465 BGH NJW 2000, 1713.
466 BGH NJW 2000, 1713 zum Austritt eines Züchters aus dem Verein, der die Rassekennzeichen vergibt und das Zuchtbuch für Deutsche Schäferhunde führt.

§ 6. Zweck des Vereins

Übersicht

Schrifttum:

Monographien: *Schöpflin,* Der nichtrechtsfähige Verein, 2003.

Aufsätze: *Beuthien,* Endlich grünes Licht für Vereinszweckbetriebe – BGH hebt ersten Kita-Beschluss des KG auf, npoR 2017, 137; *Leuschner,* Die Registersache FC Bayern München e.V., NZG 2017, 16; *ders.,* Ist der ADAC zu Recht ein eingetragener Verein?, ZIP 2015, 356; *ders.,* Zwischen Gläubigerschutz und Corporate Governance: Reformperspektiven des Vereinsrechts, npoR 2016, 99; *ders.,* Der Zweck heiligt doch die Mittel – Vereinsklassenabgrenzung nach dem Kita-Beschluss des BGH, NJW 2017, 1919; *Otto,* Zur zwecklosen Unterscheidung von Neben- und Selbstzweck, solange der Verein im Hauptzweck gemeinnützig ist, NotBZ 2017, 286; *Reuter,* Die Reform des Vereinsrechts, NZG 2005, 738; *K. Schmidt,* Die Abgrenzung der beiden Vereinsklassen – Bestandsaufnahme, Kritik und Neuorientierung, Rpfleger 1982, 286 und Rpfleger 1982, 343; *ders.,* Der bürgerlich-rechtliche Verein mit wirtschaftlicher Tätigkeit, AcP 182 (1982), 1; *ders.,* Wirtschaftliche Tätigkeit von Idealvereinen durch Auslagerung auf Handelsgesellschaften, NJW 1983, 543; *Segna,* Publizitätspflicht eingetragener Vereine?, DB 2003, 1311; *ders.,* Die Scientology Church – (k)ein wirtschaftlicher Verein?, NVwZ 2004, 1446; *ders.,* Vereinsklassenabgrenzung nach Art des Hauses, ZIP 2017, 1881; *Schauhoff,* Der unternehmerisch tätige gemeinnützige Verein in Existenznot, npoR 2016, 241; *Schauhoff/Kirchenhain,* Der wirtschaftlich tätige gemeinnützige Verein – Zur Auslegung von § 21 BGB, ZIP 2016, 1857; *Schöpflin,* Die Durchgriffshaftung im deutschen und englischen Recht, FS Beuthien 2009, 45; *ders.,* Neuerungen im Vereinsrecht, Rpfleger 2010, 349; *ders.,* Gemeinnützigkeitsrechtlich geprägte Vereinsklassenabgrenzung – die KiTa-Entscheidung des BGH, ZStV 2018, 6; *Sdorra,* Die Kita-Rechtsprechung des Kammergerichts, npoR 2017, 45; *Steinbeck/Menke,* Bundesliga an die Börse, NJW 1998, 2169; *Terner,* Vereinsklassenabgrenzung des Bürgerlichen Gesetzbuches, Rpfleger 2004, 537; *v. Hippel,* Durchgriffshaftung der Vereinsmitglieder bei Verstößen gegen das Nebenzweckprivileg, NZG 2006, 537; *Winheller,* Kindergärten sind Unternehmen! Warum die Rechtsform des „e.V." für zweckbetriebsdominierte NPOs nicht taugt und Alternativen (gGmbH, e.G.) gefragt sind, DStR 2012, 1562; *ders.,* Die restriktive Rechtsprechung zur Eintragungsfähigkeit von Vereinen – Hilfestellungen für Träger sozialer Dienstleistungen in rechtsunsicheren Zeiten, DStR 2015, 1389; *Wöstmann,* Die Kita-Rechtsprechung des BGH, npoR 2018, 195.

A. Grundlagen

I. Bedeutung

1 Die Satzung muss eine Angabe über den Vereinszweck enthalten (§ 57 Abs. 1 BGB), ansonsten ist die Anmeldung durch das Gericht zurückzuweisen (§ 60 BGB). Der **gemeinsame Zweck** als überindividueller Verbandszweck ist der zentrale Begriff des Verbandsrechts und das konstituierende Merkmal jeder Personenvereinigung.[1] Die Gründer eines Vereins einigen sich in der Satzung über den gemeinsamen Zweck und verpflichten sich, diesen Zweck, insbesondere durch Leistung von Beiträgen, zu fördern. Der Vereinszweck wird definiert als der den Charakter des Vereins bestimmende **oberste Leitsatz der Vereinstätigkeit,** in dem das alle Mitglieder verbindende gemeinsame Interesse zum Ausdruck kommt.[2] Der Vereinszweck ist damit die Richtschnur für die Tätigkeit des Vereins und dient in erster Linie zur sog. **Vereinsklassenabgrenzung** zwischen wirtschaftlichen und nichtwirtschaftlichen Vereinen, §§ 21, 22 BGB.

2 Zu unterscheiden ist der **Vereinszweck von der Vereinstätigkeit.** Die Vereinstätigkeit beschreibt die Mittel, mit welcher der Verein seine Aufgabe erfüllt.

Beispiel:

Vereinszweck ist die Förderung des Tierschutzes, Vereinstätigkeit ist dabei unter anderem der Betrieb eines Tierheims.

Hinweis:

Der Zweck des Vereins und die Mittel zur Förderung sollten im Wortlaut der Satzung deutlich (auch räumlich) voneinander abgegrenzt werden. Dies kann spätere Auslegungsprobleme – etwa bei Änderungen der Vereinstätigkeit und damit verbundenen Satzungsänderungen – vermeiden. Die Änderung oder Erweiterung der Vereinstätigkeit bedarf lediglich einer (einfachen) Satzungsänderung, also eines Beschlusses der Mitgliederversammlung mit einer Mehrheit von drei Vierteln der abgegebenen Stimmen (§ 33 Abs. 1 S. 1 BGB). Eine Zweckänderung ist grundsätzlich nur mit der Zustimmung aller Mitglieder möglich (§ 33 Abs. 1 S. 2 BGB).

II. Unzulässige Vereinszwecke

3 Aus der Vereinsautonomie folgt das Recht des Vereins, sich in freier Selbstbestimmung eine eigene innere Ordnung zu geben. Die Gründer des Vereins und die beigetretenen Mitglieder können die Vereinsangelegenheiten eigenverantwortlich regeln; der Verein kann durch seine Organe seine Organisation und Rechtsverhältnisse frei gestalten. Dies umfasst gerade auch die Wahl des Vereinszwecks. Die Mitglieder können sich grundsätzlich zur Verfolgung **jedes beliebigen Zwecks** in der Rechtsform des Vereins zusammenschließen. **Unzulässig** sind Vereinszwecke, die

- gegen ein gesetzliches Verbot verstoßen (§ 134 BGB),
- den Strafgesetzen zuwiderlaufen, oder
- sich gegen die verfassungsmäßige Ordnung oder gegen den Gedanken der Völkerverständigung richten (Art. 9 Abs. 2 GG).[3]

---

[1] Ausf. MHdB GesR V/*Knof* § 14.
[2] BGH NJW 1986, 1033.
[3] Vgl. dazu auch BeckOK BGB/*Schöpflin* BGB § 21 Rn. 86. Vgl. ausführlich → § 20 Rn. 11 ff.

1. Gesetzliches Verbot

Ein Verstoß gegen ein gesetzliches Verbot kann in der geschäftsmäßigen Besorgung **fremder Rechtsangelegenheiten** liegen (§ 3 RDG, §§ 1 ff. StBerG). Eine Ausnahme hiervon enthält **§ 7 RDG.** Danach sind Rechtsdienstleistungen erlaubt, die berufliche oder andere zur Wahrung gemeinschaftlicher Interessen gegründete Vereinigungen im Rahmen ihres satzungsmäßigen Aufgabenbereichs für ihre Mitglieder erbringen, soweit sie gegenüber der Erfüllung ihrer übrigen satzungsmäßigen Aufgaben nicht von übergeordneter Bedeutung sind. Die **Rechtsberatung** ist dann aber nur als **Teilaufgabe im Rahmen der Verfolgung des Gesamtzwecks** zulässig (zB bei Mietervereinen oder Grundstückseigentümervereinen, Gewerkschaften, aber auch den großen Automobilclubs, etwa dem ADAC). Erforderlich ist zudem eine ausreichende persönliche, sachliche und finanzielle Ausstattung und die Erbringung der Rechtsdienstleistung durch eine Person, die über eine entsprechende Erlaubnis verfügt oder das zweite juristische Staatsexamen bestanden hat; wenn eine solche Person vorhanden ist, kann die Beratungsleistung auch an einen Mitarbeiter delegiert werden (§ 7 Abs. 2 RDG). Vereine dürfen damit im Rahmen von § 7 RDG nicht den Zweck verfolgen, ausschließlich die rechtlichen Angelegenheiten ihrer Mitglieder durch geschäftsmäßige Besorgung ihrer Rechtsangelegenheiten zu wahren.[4] 4

Erlaubt sind weiterhin gem. § 6 Abs. 2 RDG unentgeltliche Rechtsdienstleistungen, 4a
wenn die Rechtsdienstleistung durch eine Person, der die entgeltliche Erbringung dieser Rechtsdienstleistung erlaubt ist, oder unter Anleitung einer solchen Person erfolgt. Demnach bestehen keine Bedenken gegen die Eintragungsfähigkeit von **studentischen Rechtsberatungsvereinen,** deren (alleiniger) Satzungszweck die unentgeltliche außergerichtliche Rechtsberatung der Studenten einer Universität und aller Bürger ist.[5] Erbringt der Verein seine Dienstleistungen hingegen nur gegenüber seinen Mitgliedern, so sind die zusätzlichen Voraussetzungen des § 7 RDG zu prüfen.

Beispiel:

Unzulässig ist ein „**Klageverein geschädigter Anleger**" mit dem primären Zweck, ein bestimmtes Unternehmen in Anspruch zu nehmen. Bei diesen Vereinigungen besteht auch kein gemeinschaftliches Interesse iSd § 7 Abs. 1 Nr. 1 RDG, da die geschädigten Anleger lediglich Einzelinteressen verfolgen und sich die Wahrung der gemeinschaftlichen Interessen in der Bündelung der Durchsetzung dieser Einzelinteressen erschöpft.[6] Ferner dürfen solche Vereine keine Gebühren auf Grundlage eines Gebührensystems erheben, welche nur für Rechtsanwälte und Rechtsbeistände vorgesehen ist; allerdings können die Mitglieder zum Ersatz der entstandenen Aufwendungen und Auslagen verpflichtet werden.

Ähnlich ist die Rechtslage bei Vereinen, deren Zweck auf die **Hilfeleistung in Steuersachen** gerichtet ist. Steuerberatung ist nur den in §§ 3, 4 StBerG genannten Personen erlaubt, weshalb Vereinen die Erbringung von Steuerberatungsleistungen grundsätzlich untersagt ist. Ausnahmen bestehen unter anderem für genossenschaftliche Prüfungs- und Spitzenverbände (§ 4 Nr. 6 StBerG), als Berufsvertretung oder auf ähnlicher Grundlage gebildete Vereine von Land- und Forstwirten, zu deren satzungsmäßiger Aufgabe die Hilfeleistung für land- und forstwirtschaftliche Betriebe iSd Bewertungsgesetzes gehört (§ 4 Nr. 8 StBerG) und **Lohnsteuerhilfevereine (§§ 4 Nr. 11, 13 ff. StBerG).** Dazu auch → Rn. 34. 5

[4] OLG Karlsruhe NJW-RR 1990, 685 (686); MHdB GesR V/*Knof* § 14 Rn. 18.
[5] *Wegner* NVwZ 2015, 760; aA OLG Brandenburg NJW 2015, 1122.
[6] LG Darmstadt BeckRS 2011, 02235.

2. Verbotener Zweck

6 Einen verbotenen Zweck verfolgt etwa ein Verein, der Forderungen seiner Mitglieder mit sittenwidrigen Maßnahmen (Einsatz von „schwarzgekleideten Männern" zum Inkasso) durchsetzen will,[7] ein Verein, dessen satzungsgemäße Aktivitäten gegen das **Tierschutzgesetz** verstoßen (Tierquälerei beim Wettbewerbsfischen,[8] Verein zur Aufklärung über Zoophilie[9]) oder ein Verein, der nach seinem Zweck gemeinschaftliche Interessen der Insassen einer Justizvollzugsanstalt gegenüber der Anstaltsleitung vertreten und durchsetzen soll, da die Interessenvertretung von Gefangenen abschließend in § 160 StVollzG geregelt ist.[10] Unzulässig sind auch **Wohnraumvermittlungsvereine,**[11] die Wohnraum an Mitglieder vermitteln und auch bei ausbleibendem Vermittlungserfolg Entgelte (Aufnahmebeitrag, Mitgliedsbeitrag) verlangen (Verstoß gegen §§ 2 Abs. 1, 3 Abs. 2 WoVermittG). Ein Verein der beabsichtigt, eine Grundlage für die Umgehung von durch Nichtraucherschutzgesetze geregelten Rauchverboten in Gaststätten zu schaffen, kann in das Vereinsregister eingetragen werden. Der Zweck als solcher ist zulässig und ob einzelne Mitglieder bei der Vereinstätigkeit gegen das Gesetz verstoßen, bleibt ungewiss.[12]

3. Sittenwidrigkeit

7 Der Vereinszweck darf auch nicht sittenwidrig (§ 138 BGB) sein (zB Veranstaltung von Glücksspielen[13]), wobei sich die Sittenwidrigkeit auch aus einer Gesamtschau der Bestimmungen der Vereinssatzung ergeben kann.[14] Über den Wortlaut der Satzung hinaus ist die **tatsächliche Betätigung** des Vereins heranzuziehen, soweit diese Rückschlüsse auf den sittenwidrigen (faktischen) Vereinszweck zulässt. Der Betrieb eines Swingerclubs ist nicht von vornherein sittenwidrig, im Einzelfall ist hier aber zu prüfen, ob in diesen Fällen nicht ein wirtschaftlicher Verein vorliegt.[15]

8 Verboten sind auch Vereinigungen, die sich gegen die **verfassungsmäßige Ordnung** richten. Das ist etwa dann der Fall, wenn sich der Verein gegen den Gedanken der Völkerverständigung (§ 3 Abs. 1 S. 1 VereinsG iVm Art. 9 Abs. 2 GG) richtet, indem er durch finanzielle Zuwendungen über einen langen Zeitraum und in beträchtlichem Umfang eine Gruppierung (zB Hamas) unterstützt, die Gewalt in das Verhältnis von Völkern hineinträgt, und wenn die dadurch eintretende Beeinträchtigung des friedlichen Miteinanders der Völker von einem entsprechenden Willen des Vereins getragen ist.[16]

B. Vereinsklassenabgrenzung

I. Grundsätzliches

9 Ein Verein, dessen Zweck nicht auf einen wirtschaftlichen Geschäftsbetrieb gerichtet ist (sog. **Idealverein**), erlangt Rechtsfähigkeit durch Eintragung in das Vereinsregister (§ 21 BGB). Ein Verein, dessen Zweck auf einen wirtschaftlichen Geschäftsbetrieb gerichtet ist, erlangt Rechtsfähigkeit durch staatliche Verleihung (**Konzessionssystem,** § 22 BGB).

10 Welche Behörde für die Verleihung **zuständig** ist, richtet sich nach Landesrecht (Art. 82 EGBGB). Zuständig ist in der Regel eine höhere Verwaltungsbehörde, in Bayern

---

[7] LG Bonn NJW-RR 1995, 1515.
[8] LG Hamburg NJW-RR 1991, 892.
[9] KG Rpfleger 2012, 212.
[10] BayObLGZ 1981, 289; BVerfG NStZ 1983, 331. Zur Vereinsgründung im Strafvollzug vgl. ferner AG Mannheim NStZ 1982, 136; LG Mannheim NStZ 1982, 487.
[11] LG Karlsruhe Rpfleger 1984, 22.
[12] OLG Oldenburg NJW 2008, 2194.
[13] RG JW 1921, 1527; KG OLGZ 1936, 188.
[14] LG Bremen MittBayNot 1974, 77 (Ls.).
[15] BayObLG NJW-RR 2001, 326 (327).
[16] BVerwG NVwZ 2005, 1435.

die Regierung von Schwaben (Art. 2 Abs. 1 AGBGB).[17] Die Unterscheidung zwischen wirtschaftlichem und nichtwirtschaftlichem Verein (Vereinsklassenabgrenzung) ist eine der **umstrittensten Fragen** des Vereinsrechts und hat erhebliche praktische Bedeutung. Nichtwirtschaftliche Vereine können verhältnismäßig einfach errichtet werden und sind zwingend in das Vereinsregister einzutragen (und führen anders als wirtschaftliche Vereine den Zusatz „e.V."). Wirtschaftliche Vereine müssen gesondert anerkannt werden, was eine erhebliche rechtliche Hürde darstellt.

Eine Verleihung nach § 22 BGB ist unzulässig, wenn der geplanten Organisation die Annahme einer speziellen handelsgesellschaftlichen Rechtsform (AG, GmbH, eG etc.) zugemutet werden kann **(Subsidiaritätsprinzip).**[18] Die Beteiligung von Vereinen am Wirtschaftsleben bringt für die Vereinsmitglieder und Dritte besondere Risiken mit sich, auf welche die vereinsrechtlichen Bestimmungen nicht zugeschnitten sind.[19] So werden vor allem **Gläubigerinteressen** berührt, welche in den Vorschriften über andere Rechtsformen weit mehr berücksichtigt werden als beim Verein. Dies gilt etwa für die Mindestkapitalausstattung bei Kapitalgesellschaften oder die Bilanzierungs-, Prüfungs- und Publizitätspflichten. Diese besonderen Schutzvorschriften würden durch die Wahl der Rechtsform des Wirtschaftsvereins unterlaufen. 11

In der Praxis ist der wirtschaftliche Verein derzeit auf einige **Spezialfälle** begrenzt (urheberrechtliche Verwertungsvereine, also GEMA, VG Wort, Erzeugergemeinschaften nach dem Marktstrukturgesetz und forstbetriebliche Zusammenschlüsse nach dem BWaldG).[20] Ein wirtschaftlicher Verein, dem die behördliche Verleihung versagt wird und der – etwa wegen der Gründungskosten – die Wahl einer anderen Rechtsform scheut, besteht dann als **nichtrechtsfähiger wirtschaftlicher Verein.** Auf diesen findet gem. § 54 BGB das Recht der Personengesellschaften Anwendung, was vor allem zu einer persönlichen Haftung der Vereinsmitglieder führt (§ 128 HGB).[21] Zur Reform von § 54 BGB mit Wirkung zum 1.1.2024 auch → § 4 Rn. 212ff. 12

Liegt kein Idealverein, sondern ein wirtschaftlicher Verein vor, ist die Eintragung im Vereinsregister abzulehnen. Auch eine **deklaratorische Registereintragung** kommt für den wirtschaftlichen Verein **nicht** in Betracht. Dies kann beim wirtschaftlichen Verein zu Schwierigkeiten beim Nachweis der Existenz und der Vertretungsberechtigung der handelnden Vorstandsmitglieder führen. Bei nichtwirtschaftlichen Vereinen kann der Vertretungsnachweis der Vorstandsmitglieder regelmäßig durch Verweis auf das beim gleichen Amtsgericht geführten Vereinsregister oder durch eine Vertretungsbescheinigung des Notars (§ 21 BNotO) geführt werden. Dies ist beim wirtschaftlichen Verein nicht möglich. 13

Allerdings erteilt die Verleihungsbehörde bei der Verleihung der Rechtsfähigkeit zugleich ein **Legitimationszeugnis,** das die Vertretungsbefugnis der Vorstandsmitglieder und ggf. der besonderen Vertreter ausweist.[22] Dies reicht in aller Regel aus, um den Vertretungsnachweis – auch im Grundbuchverkehr – zu führen. Die Zugehörigkeit zum Vorstand kann ferner dadurch nachgewiesen werden, dass die Niederschrift über die Beschlussfassung mit den Vorstandswahlen vorgelegt wird, bei der die Unterschriften der die 14

[17] Baden-Württemberg: Regierungspräsidenten; Berlin: Senator für Justiz; Brandenburg: Minister des Inneren; Bremen (einschließlich Bremerhaven): Senator für Inneres; Hamburg: Justizbehörde; Hessen: in kreisfreien Städten und kreisangehörigen Gemeinden mit mehr als 50.000 Einwohnern die Magistrate, im Übrigen die Landräte; Mecklenburg-Vorpommern: Innenminister; Niedersachsen: Regierungspräsident; Hannover: Präsidenten der Verwaltungsbezirke; Nordrhein-Westfalen: Regierungspräsidenten; Rheinland-Pfalz: Aufsichts- und Dienstleistungsdirektion; Saarland: Ministerium für Inneres und Sport; Sachsen: Regierungspräsidien; Sachsen-Anhalt: Regierungspräsidenten; Schleswig-Holstein: Minister des Inneren; Thüringen: Minister des Inneren.

[18] BVerfG NJW 1979, 2261ff.

[19] BGHZ 45, 395 (397); *K. Schmidt* Rpfleger 1972, 286 (291).

[20] Vor allem in Rheinland-Pfalz bestand allerdings eine liberalere Genehmigungspraxis, vgl. *Sauter/Schweyer/Waldner* Eingetragener Verein Rn. 42a.

[21] BeckOK BGB/*Schöpflin* BGB § 54 Rn. 8.

[22] Ähnlich ist die Rechtslage bei der Vertretung von Stiftungen, vgl. OLG Zweibrücken DNotZ 2011, 290; DNotI-Report 2002, 27.

Niederschrift „beurkundenden“ Personen (§ 58 Nr. 4 BGB), notariell beglaubigt werden. Ähnliches gilt bei anderen nicht in öffentlichen Registern eingetragenen Körperschaften, so zB einer altrechtlichen Waldkorporation.[23]

15 Es kann passieren, dass das Registergericht und die Verleihungsbehörde über die Frage, ob ein wirtschaftlicher oder nichtwirtschaftlicher Verein vorliegt, unterschiedlicher Auffassung sind und daher dem Verein sowohl die Eintragung ins Vereinsregister versagt wird als auch die Verleihung deswegen abgelehnt wird, weil es sich nach Ansicht der Registerbehörde um einen nichtwirtschaftlichen Verein handelt.[24] Dieses unbefriedigende Ergebnis ließe sich dadurch vermeiden, dass man eine gewisse Bindungswirkung der Entscheidung der ersten Entscheidungsstelle, ob ein wirtschaftlicher oder nichtwirtschaftlicher Verein vorliegt, für die zweite Stelle annimmt.[25]

II. Folgen einer Rechtsformverfehlung

16 Wurde ein wirtschaftlicher Verein **unzulässigerweise** in das Vereinsregister eingetragen, weil sein satzungsmäßiger Zweck auf einen wirtschaftlichen Geschäftsbetrieb gerichtet ist, so kann die Eintragung von Amts wegen gelöscht werden (§ 395 FamFG).[26] Bis zur Löschung ist von seiner Rechtsfähigkeit auszugehen.[27] Das gilt sowohl für das Verhältnis des Vereins zu seinen Mitgliedern wie auch im Verhältnis zu Dritten.[28] Gleiches gilt, wenn ein eingetragener Verein durch seine Satzung als nichtwirtschaftlicher („ideeller“) Verein gekennzeichnet ist, er aber **nach** der Eintragung – satzungswidrig – in der Hauptsache einen wirtschaftlichen Geschäftsbetrieb verfolgt oder nach seiner Eintragung einen nicht vom Nebentätigkeitsprivileg gedeckten Geschäftsbetrieb aufnimmt.

17 Wenn das Registergericht von einer Rechtsformverfehlung ausgeht, ist es zwar grundsätzlich zur Löschung verpflichtet, wobei dennoch ein gewisser **Ermessenspielraum** besteht.[29] Auch zur Vorgängervorschrift § 43 Abs. 2 BGB aF hat das BVerwG entschieden, dass die Behörde beim Vorliegen eines wirtschaftlichen Vereins grundsätzlich zur Entziehung der Rechtsfähigkeit verpflichtet ist, aber in atypischen Fällen Ermessenserwägungen angestellt werden können.[30] Dem ist grundsätzlich beizupflichten. Für das Vorliegen eines Ermessens spricht bereits der Wortlaut des § 395 Abs. 1 FamFG („kann“). Im Rahmen der Ermessensentscheidung ist das öffentliche Interesse an der Bereinigung des Registers und dem Schutz des Rechtsverkehrs gegen das Bestandsinteresse des Beteiligten abzuwägen, wobei der Grundsatz der Verhältnismäßigkeit zu berücksichtigen ist. Hierbei kann sich, insbesondere bei Großvereinen, die seit Jahrzehnten bestehen und die im Vertrauen auf die Registereintragung nur schwer oder mit erheblichem (finanziellen) Aufwand zu verändernde Strukturen geschaffen haben, das Bestandsinteresse des Vereins überwiegen.[31]

18 Bis zur Streichung von § 43 Abs. 2 BGB durch die Vereinsrechtsreform 2009 war unklar, ob ein Amtslöschungsverfahren gem. § 395 FamFG nur im Fall der offenen (= aus der Satzung hervorgehenden), oder aber auch im Fall der verdeckten (= im Widerspruch zur Satzung stehenden) Rechtsformverfehlung in Betracht kommt. Durch den Wegfall des § 43 Abs. 2 BGB ist nunmehr klargestellt, dass das Amtslöschungsverfahren gem. § 395 FamFG **offene und verdeckte Rechtsformverfehlungen** erfasst.[32] Das früher vorgese-

[23] OLG München BeckRS 2009, 86794.
[24] So der Fall bei KG NJW-RR 2021, 298.
[25] *Sauter/Schweyer/Waldner* Eingetragener Verein Rn. 48a; aA (keine Bindungswirkung) KG NJW-RR 2021, 298 (300).
[26] OLG Hamm Rpfleger 1993, 249; KG Rpfleger 1993, 69.
[27] KG NJW-RR 2001, 966.
[28] KG NJW-RR 2001, 966.
[29] OLG Brandenburg npoR 2015, 26; dazu auch *Röcken* npoR 2015, 17.
[30] BVerwG NJW 1998, 1166.
[31] In diese Richtung auch *Leuschner* ZIP 2015, 356; großzügiger hingegen OLG Brandenburg npoR 2015, 26.
[32] BeckOK BGB/*Schöpflin* BGB § 43 Rn. 7.

hene Verwaltungsverfahren mit dem Ziel der Entziehung der Rechtsfähigkeit nach §§ 43 Abs. 2, 44 BGB kommt hier also nicht mehr in Betracht.

Durch die Löschung der Eintragung eines Vereins verliert dieser die Rechtsfähigkeit. 19 Hinsichtlich der Rechtsfolgen steht dieser Verlust der Entziehung der Rechtsfähigkeit iSd §§ 45–47 BGB (Vermögensanfall, Liquidation) gleich (hierzu → § 13 Rn. 378).

Auch bei einer Rechtsformverfehlung kommt es grundsätzlich zu **keiner Durchgriffs-** 20 **haftung der Vereinsmitglieder.** Nach dem **Trennungsgrundsatz** ist die juristische Person gegenüber ihren Mitgliedern verselbständigt. Das Vermögen der juristischen Person haftet daher für Verbindlichkeiten der Mitglieder ebenso wenig wie das Privatvermögen eines Mitglieds für Verbindlichkeiten der juristischen Person.

Eine gewisse Unsicherheit bestand nach dem **Kolpingwerk-Urteil** des OLG Dres- 21 den.[33] Dies hatte entschieden, dass die Mitglieder eines personalistisch strukturierten e.V., der sich über das Nebenzweckprivileg hinaus in erheblichem Umfang wirtschaftlich betätigt, jedenfalls dann akzessorisch für sämtliche Vereinsverbindlichkeiten haften, wenn sie Kenntnis von der wirtschaftlichen Betätigung haben und dieser keinen Einhalt gebieten.[34] Das Kolpingwerk Sachsen e.V., das insbesondere Bildungsmaßnahmen durchführte, gründete im Laufe der Jahre 25 Tochter- und Enkelgesellschaften. Nachdem der Verein in Insolvenz gefallen war, klagte ein Gläubiger des Vereins gegen die hinter dem Verein stehenden (wiederum als Verein organisierten) Mitglieder. Der BGH **verneinte** eine **Durchgriffshaftung:** Die gesetzlich vorgesehene Konsequenz der Überschreitung des Nebenzweckprivilegs sei die Einleitung des Amtslöschungsverfahrens (nunmehr alleine nach § 395 FamFG). Erst durch den Verlust der Rechtsfähigkeit wird der Verein zu einem nicht rechtsfähigen wirtschaftlichen Verein, für dessen Verbindlichkeiten die Mitglieder von diesem Zeitpunkt an *ex nunc* persönlich haften (§ 54 BGB) – aber eben nicht, wie bei der Durchgriffshaftung, *ex tunc.* Eine Durchbrechung dieses Trennungsgrundsatzes ist nur ausnahmsweise dann zulässig, wenn die Ausnutzung der rechtlichen Verschiedenheit zwischen der juristischen Person und den hinter ihr stehenden natürlichen Personen rechtsmissbräuchlich ist.[35]

Zu **Haftungsgefahren** für die Mitglieder kann es hingegen kommen, wenn ein Verein 21a wegen seiner wirtschaftlichen Ausrichtung niemals in das Vereinsregister eingetragen wird (und auch keine Konzessionierung gem. § 22 BGB vorliegt) und dieser Verein dennoch geschäftlich tätig wird. Hier finden gem. § 54 S. 1 BGB die Vorschriften über die Gesellschaft Anwendung, wonach die Vereinsmitglieder für Verbindlichkeiten des Vereins akzessorisch haften (§ 128 HGB analog). Die für nicht rechtsfähige nichtwirtschaftliche Idealvereine geltende Ausnahme – Anwendung des Vereinsrechts anstelle von Gesellschaftsrecht – greift dann nicht, da es sich bei dem zu beurteilenden Verein um einen wirtschaftlichen Verein iSd § 22 BGB handelt.[36]

III. Wirtschaftlicher Geschäftsbetrieb

1. Typologischer Ansatz

Maßgebliche Frage für die Vereinsklassenabgrenzung ist demnach, ob der Vereinszweck auf 22 einen wirtschaftlichen Geschäftsbetrieb gerichtet ist.[37] In den ersten Jahren nach Schaffung des BGB wurde die Abgrenzung teilweise alleine anhand des Merkmals der wirtschaftlichen Zielsetzung vorgenommen (subjektive Theorie), teilweise anhand des objektiven

[33] OLG Dresden ZIP 2005, 1680; vgl. dazu *v. Hippel* NZG 2006, 537.
[34] OLG Dresden ZIP 2005, 1680.
[35] BGH NZG 2008, 670 (672) – Kolpingwerk; zu weiteren Fallgruppen der Durchgriffshaftung BeckOK BGB/*Schöpflin* BGB § 21 Rn. 19.
[36] LSG Berlin-Brandenburg NZG 2016, 1190 zur Haftung eines Vereinsmitglieds wegen nicht abgeführter Sozialversicherungsbeiträge.
[37] Vgl. *Burhoff* Rn. 36; BeckOK BGB/*Schöpflin* BGB § 21 Rn. 90ff.; *Terner* Rpfleger 2004, 537ff.

Merkmals eines wirtschaftlichen Geschäftsbetriebs.[38] Durchgesetzt hatte sich jedoch die sog. gemischt subjektiv-objektive Theorie: Danach war ein Verein als wirtschaftlich anzusehen, wenn er objektiv einen Geschäftsbetrieb unterhielt und ihm eine wirtschaftliche Zwecksetzung als Hauptzweck zugrunde lag.[39] Diese Abgrenzung hat sich jedoch als nicht präzise erwiesen und wurde zahlreichen Korrekturen unterworfen. Bis zur Kita-Entscheidung des BGH[40] nahm die ganz hM die Abgrenzung nach einem von *K. Schmidt* begründeten **typologischen Ansatz,** also fallgruppenbezogen, vor.[41] Ausgangspunkt war die Überlegung, dass ein Verein, der Leistungen am Markt anbietet und wie ein Unternehmen am Wirtschafts- und Rechtsverkehr teilnimmt, kein nichtwirtschaftlicher Verein ist. Entscheidend ist also, ob sich der Verein **unternehmerisch am Marktgeschehen betätigt** und das mit einer solchen Tätigkeit **typischerweise verbundene Risiko** trägt. Hierbei wurden **drei Typen** von Betätigungsformen des Vereins identifiziert, die den Verein als wirtschaftlichen kennzeichnen:

1. der **Volltypus des unternehmerisch tätigen Vereins,**
2. der Verein mit einer **unternehmerischen** Tätigkeit an einem inneren Markt und
3. der **genossenschaftliche Verein.**

23 Auf die **Gewinnerzielungsabsicht** sollte es bei keiner dieser Fallgruppen ankommen.[42] Soweit ein Verein unter eine dieser Kategorien fiel, indizierte dies die Qualifikation als wirtschaftlicher Verein. In diesem Fall konnte nur eine Berufung auf das sog. Nebenzweckprivileg dazu führen, dass der Verein doch noch als nichtwirtschaftlicher Verein eintragungsfähig war (dazu → Rn. 36). Lag hingegen keine der drei Fallgruppen vor, handelte es sich um einen nichtwirtschaftlichen Verein. In der juristischen Literatur und auch der obergerichtlichen Rechtsprechung wurde diesem Ansatz weitgehend gefolgt.[43]

2. Neue Rechtsprechung des BGH (Kita-Entscheidung)

24 Durch die konsequente Abgrenzung nach dem typologischen Ansatz versagte das KG in mehreren Fällen Vereinen die Eintragung, die einen **Kindergarten oder** eine **Kindertagesstätte** betrieben.[44] Das KG argumentierte dabei, dass der planmäßige, auf Dauer angelegte entgeltliche Betrieb einer Kinderbetreuungseinrichtung grundsätzlich eine unternehmerische Betätigung darstelle. In den entschiedenen Fällen richtete sich das Betreuungsangebot der Vereine nicht ausschließlich oder mehrheitlich an Kinder der Vereinsmitglieder, sondern der Verein trat jeweils am freien Markt in Konkurrenz zu anderen gewerblichen Anbietern auf. Dabei war es nach Auffassung des KG irrelevant, auf welche Art und Weise die Entgeltzahlung erfolgte, also ausschließlich durch die Leistungsnehmer oder durch staatliche Leistungsträger. Schließlich konnten sich die Vereine nicht auf das Nebenzweckprivileg berufen, da nach Ansicht des KG eine wirtschaftliche Betätigung hiernach nur dann in Betracht komme, wenn der Nebenzweck dem nicht-wirtschaftlichen Hauptzweck des Vereins funktional untergeordnet sei und einen geringen Umfang habe. Dies lag nach dem KG in den entschiedenen Fällen nicht vor. Andere OLG[45] haben diese

---

[38] Nachweise bei MüKoBGB/*Leuschner* BGB § 21 Rn. 13.

[39] BGH NJW 1955, 422; NJW 1966, 2007; BayObLGZ 1973, 303 (304).

[40] BGH NJW 2017, 1943; ebenso BGH NZG 2018, 1392 (1393 ff.).

[41] Grundlegend *K. Schmidt* Rpfleger 1972, 286 ff. und Rpfleger 1972, 343 ff.

[42] *K. Schmidt* Rpfleger 1972, 286 (292 ff.).

[43] BayObLG NJW-RR 1999, 765; OLG Frankfurt a. M. Rpfleger 2006, 545; OLG Schleswig 2012, 693; KG NJW-RR 2005, 339 (340); BeckOK BGB/*Schöpflin* BGB § 21 Rn. 93 ff.; Palandt/*Ellenberger* BGB § 21 Rn. 3.

[44] Die Größe der betriebenen Einrichtungen reichte von einer einzigen betriebenen Kita mit 25 Plätzen (KG DStR 2016, 2120) über die Trägerschaft von zwei (KG Beschl. v. 21. 2. 2011 – 25 W 15/10) bzw. neun Kitas (KG DStR 2016, 1173) bis hin zur Trägerschaft eines Schulhorts mit 250 Plätzen (KG Beschl. v. 15. 3. 2016 – 22 W 87/14) und einem Träger von 24 Kitas mit ca. 2.400 Plätzen (KG NZG 2016, 989); zu den Hintergründen auch *Sdorra* npoR 2017, 45.

[45] OLG Schleswig NZG 2013, 627; OLG Stuttgart npoR 2015, 27 (unter Berufung auf das Nebenzweckprivileg); OLG Brandenburg npoR 2015, 199 mAnm *Reuter.*

Sichtweise nicht geteilt, weshalb das KG in drei Fällen die Rechtsbeschwerde zugelassen hat.

Der **BGH** hatte im Jahr 2017 über die Rechtsbeschwerden gegen die Beschlüsse des KG zu entscheiden und hierbei die Entscheidungen des KG jeweils aufgehoben und bestätigt, dass die Vereine zu Recht als nichtwirtschaftliche Vereine in das Vereinsregister eingetragen seien.[46] Nach dem BGH seien die Voraussetzungen für das Vorliegen eines wirtschaftlichen Geschäftsbetriebs erfüllt, wenn der Verein planmäßig, auf Dauer angelegt und nach außen gerichtet, das heißt über den vereinsinternen Bereich hinausgehend, eigenunternehmerische Tätigkeiten entfalte, die auf die Verschaffung vermögenswerter Vorteile zugunsten des Vereins oder seiner Mitglieder abzielen.[47] Allerdings könne nach dem Nebenzweckprivileg ein nichtwirtschaftlicher Verein auch dann vorliegen, wenn er zur Erreichung seiner ideellen Ziele unternehmerische Tätigkeiten vornehme, sofern diese dem nichtwirtschaftlichen Hauptzweck zu- und untergeordnet und Hilfsmittel zu dessen Erreichung sind. Nach dem BGH kommt im Rahmen dieser Frage der Tatsache, ob der Verein als **gemeinnützig** iSd §§ 51ff. AO anerkannt ist, entscheidende Bedeutung zu. Bereits der historische Gesetzgeber habe den gemeinnützigen Verein als Regelfall des Idealvereins angesehen. Die gemeinnützigkeitsrechtlichen Vorgaben, vor allem das **Gewinnausschüttungsverbot,** hindere den Anreiz, unternehmerische Risiken einzugehen und wirtschaftliche Aktivitäten auf den e.V. zu verlagern. Dadurch sei ein wirtschaftlicher Geschäftsbetrieb – unabhängig von dessen Größe – durch das **Nebenzweckprivileg** gedeckt. Wenn ein Verein die Mittel in der erforderlichen Höhe zur Verwirklichung seines ideellen Zwecks erwirtschaften dürfe, könne es ihm auch nicht verwehrt werden, **den ideellen Zweck unmittelbar mit seinen wirtschaftlichen Aktivitäten zu erfüllen.** Gläubigerschutzinteressen seien durch das Gewinnausschüttungsverbot angemessen gewahrt.[48] Im Ergebnis bedeutet damit die steuerrechtliche Einordnung als gemeinnütziger Verein zwar nicht automatisch, dass es sich um einen nichtwirtschaftlichen Verein handelt, aber der Gemeinnützigkeit kommt doch eine erhebliche Indizwirkung zu, so dass ein wirtschaftlicher Verein wohl nur dann vorliegen kann, wenn besondere, außergewöhnliche Umstände hinzutreten. 25

Hinweis:

Für die Gemeinnützigkeit muss die Satzung bestimmte **Mindestanforderungen** erfüllen. So muss zum Ausdruck kommen, dass

- der Verein **ausschließlich und unmittelbar gemeinnützige Zwecke verfolgt,** wobei diese im Einzelnen aufzuführen sind (Ausnahme bestehen bei Fördervereinen, vgl. § 58 Nr. 1 AO),
- der Verein **selbstlos tätig** ist und nicht in erster Linie eigenwirtschaftliche Zwecke verfolgt,
- die **Mittel** des Vereins **nur für satzungsmäßige Zwecke** verwendet werden und die Mitglieder keine Gewinnanteile oder sonstigen Zuwendungen aus den Mitteln des Vereins erhalten,
- der Verein keine Person durch **Ausgaben, die dem Zweck des Vereins fremd sind,** oder durch unverhältnismäßig hohe Vergütungen **begünstigt,**
- bei **Auflösung** des Vereins oder bei einem **Wegfall** seines bisherigen Zwecks das Vermögen **nur für steuerbegünstigte Zwecke** verwendet werden darf.

In der Anlage 1 zu § 60 AO des Anwendungserlasses zur Abgabenordnung – angepasst durch das BMF-Schreiben vom 21.4.2008 (BStBl. I 582) - sind Musterformulierungen für den steuerlichen Teil der Vereinsatzung enthalten, die (weitgehend) wortgleich zu

[46] BGH NJW 2017, 1943; siehe ebenso BGH npoR 2018, 21 und BeckRS 2017, 114946; NZG 2018, 1392ff.

[47] BGH NJW 2017, 1943 (1944). Vgl. hierzu auch *Leuschner* NJW 2017, 1919; *Otto* NotBZ 2017, 286; *Schöpflin* ZStV 2018, 6; *Beuthien* npoR 2017, 137; *Wöstmann* npoR 2018, 195.

[48] BGH NJW 2017, 1943 (1944); *Schöpflin* ZStV 2018, 6 (9).

übernehmen sind. Es empfiehlt sich, den Satzungsinhalt vor der Gründungsversammlung mit dem zuständigen Finanzamt abzustimmen. Mustersatzung → § 21 Rn. 15.

25a Die neue Rechtsprechung des BGH hat letztlich auch ihre **Billigung durch den Gesetzgeber** erfahren. Das Bundesministerium der Justiz und für Verbraucherschutz (BMJV) hatte einen Referentenentwurf vorgelegt, mit welchem § 22 BGB geändert werden sollte; dadurch sollten kleinere Unternehmen im Bereich des bürgerschaftlichen Engagements – etwa Dorfläden – einen erleichterten Zugang zum wirtschaftlichen Verein gem. § 22 BGB erhalten. Geplant war, in einem neuen § 22 Abs. 2 BGB dem BMJV die Ermächtigung einzuräumen, künftig durch Rechtverordnung (einer Art Freistellungsverordnung) zu regeln, unter welchen Voraussetzungen Vereinen die Annahme einer handelsgesellschaftlichen Organisationsform unzumutbar und damit dem wirtschaftlichen Verein die Rechtsfähigkeit zu verleihen ist.[49] Nach der BGH-Entscheidung hat der Rechtsausschuss empfohlen, die Reform zu streichen, da das Nebenzweckprivileg von Vereinen gestärkt worden sei, indem eine wirtschaftliche Betätigung unabhängig vom Umfang des Geschäftsbetriebes als dem Hauptzweck zu- oder untergeordnet angesehen werden kann.[50] Daher können unternehmerische Initiativen aus bürgerschaftlichem Engagement als Idealverein eingetragen werden, und zwar auch als nicht gemeinnützig anerkannte Initiativen, wenn sie einen ideellen Hauptzweck verfolgen und nicht gewinnorientiert oder auf Gewinnausschüttung gerichtet sind.

3. Konsequenzen

25b Für die Praxis ist die Entscheidung zu begrüßen, da sie Rechtssicherheit schafft[51] und weitestgehend praktisch handhabbare Maßstäbe liefert. Der BGH hat – wohl ausgehend vom typologischen Abgrenzungsgrundsatz[52] – einen unternehmerischen Verein bejaht, aber die Tätigkeit als vom Nebenzweckprivileg gedeckt angesehen. Zur Beantwortung der Frage, ob die Tätigkeit des Vereins auf einen wirtschaftlichen Geschäftsbetrieb gerichtet ist, kann daher auf die bisherige Kasuistik der typologischen Abgrenzungsmethode zurückgegriffen werden (→ Rn. 26 ff.).[53] Diese ist aber unter Berücksichtigung der gemeinnützigkeitsrechtlichen Sichtweise des BGH entsprechend fortzuentwickeln. Wenn ein gemeinnütziger Verein vorliegt, schadet ein wirtschaftlicher Geschäftsbetrieb (unabhängig von der Größe) in aller Regel nicht, da er durch das Nebenzweckprivileg gedeckt ist. Bei einem nicht gemeinnützigen Verein – bei dem auch Gewinnausschüttungen an Mitglieder nicht ausgeschlossen sind – muss hingegen die ideelle Zielsetzung positiv festgestellt werden, dh für diese Vereine bleibt es bei den bisher bekannten Abgrenzungskriterien nach dem typologischen Ansatz.[54] Für die **Registerpraxis** bedeutet dies eine **Vereinfachung:** Gemeinnützige Vereine sind daher in aller Regel – sofern nicht ausnahmsweise besondere Umstände vorliegen, etwa weil das konkrete Wirtschaften des Vereins eine erhebliche Gläubigergefährdung mit sich bringt – eintragungsfähig.

25c Welche Auswirkung die BGH-Entscheidung über den unmittelbar entschiedenen Sachverhalt des gemeinnützigen Vereins hinaus hat, ist derzeit noch nicht abschließend geklärt. Überwiegend wird davon ausgegangen, dass es nicht auf die Gemeinnützigkeit im Sinne der AO ankommt, sondern dass ein wirtschaftlicher Geschäftsbetrieb dann unschädlich ist, wenn ein ideeller (unabhängig von der Gemeinnützigkeit oder Gemeinwohlorientierung)

---

[49] Referentenentwurf eines Gesetzes zur Erleichterung unternehmerischer Initiativen aus bürgerschaftlichem Engagement und zum Bürokratieabbau bei Genossenschaften v. 14.11.2016.

[50] Rechtsausschuss, BT-Drs. 18/12998, 19.

[51] Knapp 90% der eingetragenen Vereine sind gemeinnützig; vgl. *Leuschner* NJW 2017, 1919 (1921).

[52] Explizit hat sich der BGH aber keiner existierenden Theorie angeschlossen, vgl. *Wöstmann* npoR 2018, 195 (196).

[53] BeckOK BGB/*Schöpflin* BGB § 21 Rn. 102; OLG Brandenburg NJW-RR 2020, 227 (228); VG Augsburg npoR 2019, 171 (172).

[54] *Sauter/Schweyer/Waldner* Eingetragener Verein Rn. 43b f.

Vereinszweck vorliegt und eine **Gewinnausschüttung an die Mitglieder ausgeschlossen** ist.[55] Die sonstigen Anforderungen, welche de AO an die Vermögensverwendung stellt (Gebot der zeitnahen Mittelverwendung, § 55 Abs. 1 Nr. 5 AO; Bestimmung eines gemeinnützigen Anfallberechtigten bei Auflösung des Vereins, § 55 Abs. 1 Nr. 4 AO) sollen demgegenüber keine Rolle spielen.[56] Dies ist insoweit konsequent, als es aus Gläubigerschutzgesichtspunkten alleine darauf ankommt, dass durch die fehlende Gewinnausschüttung Eigenkapital generiert wird, das als Haftungsmasse zur Verfügung steht; ob der Verein zusätzlich gemeinnützig oder gemeinwohlorientiert ist, ist aus der Perspektive der Gläubiger irrelevant.[57]

Hinweis:

Um auch in diesem Fall die Eintragungsfähigkeit des Vereins zu erleichtern, empfiehlt es sich beim nicht gemeinnützigen Verein in der Satzung ausdrücklich klarzustellen, dass eine Gewinnausschüttung an Mitglieder ausgeschlossen ist.

Generell sind für die Vereinsklassenabgrenzung zwei Ebenen auseinanderzuhalten. Der Zweck des Vereins ist die Aufgabe, die ihm die Satzung stellt. Davon zu trennen ist die Frage, ob sich die **in Aussicht genommene Betätigung** des Vereins als wirtschaftlicher Geschäftsbetrieb darstellt. Für die Abgrenzung zwischen ideellem/wirtschaftlichem Verein ist die letztere Frage entscheidend, das heißt es kommt auf die objektive (also tatsächlich ausgeübte bzw. beabsichtigte) Tätigkeit an.[58] 25d

Hinweis:

Die Satzung muss so gestaltet werden, dass sich **aus ihr selbst** die Berechtigung zur Eintragung in das Vereinsregister ergibt. Die häufig in Satzungen enthaltene Erklärung, dass der Zweck des Vereins nicht auf einen wirtschaftlichen Geschäftsbetrieb gerichtet ist, ist hierfür nicht ausreichend. Neben dem Vereinszweck müssen daher die **wesentlichen Vorhaben** des Vereins beschrieben werden, so dass hieraus die Vereinstätigkeit abgeleitet werden kann.[59] Hat das Registergericht Zweifel, ob ein nichtwirtschaftlicher Verein vorliegt, so sind die Anmelder verpflichtet, die nichtwirtschaftliche Betätigung des Vereins zu begründen. Der Vorstand muss daher alle Umstände darlegen, welche die insgesamt nichtwirtschaftliche Betätigung des Vereins belegen, da nur er Aussagen dazu treffen kann, was der Verein in Zukunft tun wird.[60] In Zweifelsfällen kann das Vereinsregister eine Stellungnahme einer nach § 22 BGB zuständigen Behörde, der IHK oder einer anderen geeigneten Organisation, einholen (§ 9 Abs. 2 VRV, § 380 FamFG).

4. Unternehmerischer Verein

Ein unternehmerischer Verein liegt vor, wenn der Verein **planmäßig und dauerhaft gegen Entgelt am Markt nach außen** als Anbieter von Waren oder Dienstleistungen tätig ist. Auch die Vermarktung ideeller Werte kann eine wirtschaftliche Tätigkeit begründen, wie etwa im Fall der Scientology Church.[61] Die Tätigkeit muss planmäßig und dauerhaft 26

[55] MüKoBGB/*Leuschner* BGB § 21 Rn. 43ff.; *Schauhoff/Kirchenhain* ZIP 2016, 1857 (1861ff.).
[56] MüKoBGB/*Leuschner* BGB § 21 Rn. 48; MHdB GesR V/*Schwarz van Berk/Könen* § 3 Rn. 27; *Schauhoff/Kirchenhain* ZIP 2016, 1857 (1862f.).
[57] Vgl. hierzu *Leuschner* NJW 2017, 1919 (1923), der allerdings beim genossenschaftlichen Verein eine Ausnahme machen und eine bestehende Gewinnerzielungsabsicht der Mitglieder dem Verein zurechnen lassen will. Ebenso sei im Bereich des Profisports das „sportliche Gewinnstreben" dem wirtschaftlichen Gewinnstreben gleichzusetzen.
[58] BayObLG Rpfleger 1977, 19 (20); KG FGPrax 2005, 77.
[59] OLG Düsseldorf FGPrax 1996, 116 (117); *Sauter/Schweyer/Waldner* Eingetragener Verein Rn. 43.
[60] BayObLGZ 1989, 131; KG DNotZ 2011, 632.
[61] VGH Mannheim NJW 1996, 3358 (3359); *K. Schmidt* NJW 1988, 2574.

erfolgen. Ein Verein, der nur gelegentlich am Markt tätig ist, etwa gelegentlich seine Räumlichkeiten an Dritte vermietet, wird dadurch nicht zum wirtschaftlichen Verein. Weiter muss die Tätigkeit entgeltlich sein, wobei eine **Gewinnerzielungsabsicht nicht erforderlich** ist.[62] Die Tätigkeit muss ferner nicht zwingend kaufmännisch sein, so dass auch Tätigkeiten unterhalb der Schwelle des Handelsgewerbes (§ 1 Abs. 2 HGB) einen wirtschaftlichen Verein begründen können. Eine rein nachfragende Tätigkeit führt nicht zu einem wirtschaftlichen Verein.[63] Auch die **rein vereinsinterne Tätigkeit** begründet keinen Geschäftsbetrieb. Dazu zählen etwa die Verwaltung des Vereinsvermögens, die Einziehung der Mitgliedsbeiträge und die Anstellung von Vereinsangestellten. Ein Geschäftsbetrieb liegt aber dann vor, wenn die Tätigkeit zum Abschluss von Rechtsgeschäften mit Dritten führt. Ein **rein vermögensverwaltender Verein,** der seinen Mitgliedern die Möglichkeit verschafft, Gewinne zu entnehmen, ist ein wirtschaftlicher Verein und nicht eintragungsfähig.[64]

27 Die **Höhe der Mitgliedsbeiträge** als solche ist für die Vereinsklassenabgrenzung nicht aussagekräftig; ein hoher (im konkreten Fall 1.000 EUR jährlich) Mitgliedsbeitrag kann auch gerade dafür sprechen, dass sich der Verein alleine aus den Beiträgen seiner Mitglieder finanzieren will.[65]

Beispiele für einen unternehmerischen Verein:[66]

Fremdenverkehrsvereine, die entgeltlich Vermittlungsleistungen an Feriengäste erbringen;[67] **Glücksspielvereine,** so etwa ein Sparkassen-Lotterieverein, der über Sparkassen entgeltlich Lose vertreibt und regelmäßig Verlosungen in Form eines Gewinnspiels durchführt;[68] **Kapitalanlagevereine,** deren Zweck die Beteiligung an einem Unternehmen ist;[69] **Inkasso- und Kreditauskunftvereine,** soweit sie nicht nur Leistungen an ihre Mitglieder erbringen.[70]

Weitere Beispiele:

Überbetriebliche Unterstützungskasse, die unter dem Einsatz von Fremdmitteln als gewerblicher Vermieter auftritt;[71] Verein zur Durchführung von Wochenmärkten, der Standplätze an Dritte vermietet;[72] Verein zum Vertrieb von Teilzeitwohnrechten (Timesharing);[73] Verein zur beabsichtigten Vermarktung von noch zu erwerbenden Immobilien durch die entgeltliche Einräumung von Gestattungsrechten an Betreiber von Windkraftanlagen;[74] Verein zur Durchführung von Filmvorführungen/Festivals gegen Entgelt, auch wenn nur kostendeckend;[75] Verein zum Betrieb von Skiliften und Seilbahnen mit Gewinnausschüttung an die Mitglieder;[76] Betrieb eines Fitnessstudios;[77] Kolping Bildungswerk mit erheblicher wirtschaftlicher Tätigkeit;[78] Verein, der ein öffentliches Schwimmbad fortführen will, das der Öffentlichkeit gegen „Tagesmitgliedschaft" zugänglich ist;[79] Verein, der eine Kletterhalle

[62] BGHZ 85, 84 (92) = NJW 1983, 569.
[63] BeckOK BGB/*Schöpflin* BGB § 21 Rn. 108.
[64] BGH NZG 2018, 1392 (1394).
[65] OLG Hamm BeckRS 2017, 162091.
[66] BeckOK BGB/*Schöpflin* BGB § 21 Rn. 98.
[67] OLG Celle Rpfleger 1992, 66.
[68] LG Potsdam Rpfleger 1994, 361.
[69] OLG Celle OLGR 2000, 29; AG Lemgo Beschl. v. 16.8.2012 – 6 AR 77/12.
[70] AG Tiergarten WM 1991, 1139.
[71] OLG Düsseldorf NJW-RR 1998, 683.
[72] LG Hanau NJW-RR 2002, 102.
[73] BayObLGZ 1989, 345; *Mäsch* DNotZ 1997, 187.
[74] OLG Jena Beschl. v. 30.10.2012 – 9 W 415/12.
[75] KG Rpfleger 2011, 445.
[76] OLG Stuttgart OLGZ 1971, 465.
[77] OLG Zweibrücken NZG 2014, 1349.
[78] BGH NZG 2008, 670 (672); OLG Dresden ZIP 2005, 1680.
[79] OLG Karlsruhe Beschl. v. 30.8.2011 – 14 Wx 51/11.

betreibt.[80] Anders hingegen bei einem Verein, der einen Saunabereich eines Schwimmbades anmieten und weiterbetreiben wollte, wobei hier die Besonderheit bestand, dass Nichtmitgliedern zwar der Zutritt zur Sauna gewährt wurde, diese aber die Eintrittsgelder an den Betreiber des Schwimmbades und nicht an den Verein zu entrichten hatten.[81]

Als Alternative zum e.V. kommt vor allem eine GmbH in Betracht, wobei die Umstrukturierung des Vereins entweder durch eine **Ausgliederung aus dem e.V.** zur Neugründung bzw. zur Aufnahme auf eine (gemeinnützige) GmbH (§ 124 Abs. 1 UmwG) oder durch einen **Formwechsel** (§§ 272ff. UmwG) erfolgen kann (→ § 13 Rn. 170). Ein Formwechsel in eine GmbH wird – zumindest bei größeren Vereinen – in aller Regel nicht den Interessen der Beteiligten entsprechen, da dadurch die Vereinsmitglieder automatisch Gesellschafter der GmbH werden. Bei einem Wechsel im Mitgliederbestand müssten die Anteilsübertragungen notariell beurkundet werden (§ 15 Abs. 1 GmbHG); der damit verbundene Zeit- und Kostenaufwand ist in aller Regel nicht gewünscht. Eine Ausgliederung auf eine GmbH hat demgegenüber den Vorteil, dass der Verein als Alleingesellschafter der GmbH bestehen bleiben kann. Nach den Grundsätzen des ADAC-Urteils (→ Rn. 38ff.) kommt in diesem Fall eine Zurechnung des wirtschaftlichen Geschäftsbetriebs der GmbH zum Verein nicht in Betracht. In diesem Fall ist aus gemeinnützigkeitsrechtlicher Sicht zu bedenken, dass der Verein auch nach der Ausgliederung weiterhin gemeinnützige Zwecke verfolgen muss. Soweit der Zweck des Vereins eng gefasst ist, kann es erforderlich sein, ggf. zusätzlich eine Zweckänderung dahingehend zu beschließen, dass der Verein künftig nur noch als Förderverein für die ausgegliederte GmbH agiert.[82] Soweit die Satzung keine abweichende Bestimmung trifft, ist für eine solche Zweckänderung die Zustimmung aller Mitglieder erforderlich (§ 33 Abs. 1 S. 2 BGB; zur Zweckänderung → Rn. 42). Bei Gründung einer gemeinnützigen GmbH kann nunmehr – entgegen einer nunmehr überholten Entscheidung des OLG München[83] – der Rechtsformzusatz „gGmbH" verwendet werden (vgl. § 4 S. 2 GmbHG). 28

Auch ein Verein der **Mitglieder einer Wohnungseigentümergemeinschaft,** welcher eine Wohnung erwerben und entweder dem Hausmeister zur Verfügung stellen oder an Dritte vermieten will, ist ein wirtschaftlicher Verein und damit nicht eintragungsfähig.[84] In diesem Fall ist allerdings die Gründung eines eigenen Vereins regelmäßig entbehrlich, da die Gemeinschaft der Wohnungseigentümer im Rahmen der Verwaltung des gemeinschaftlichen Eigentums selbst Rechte erwerben und Pflichten eingehen (§ 9a WEG) und damit auch Grundstückseigentum erwerben kann. 29

Umstritten war und ist die Vereinsklassenabgrenzung bei **Fußball-Bundesligavereinen** oder anderen Sportvereinen mit einer Vertragsspielerabteilung (dazu auch → Rn. 40a).[85] Hier wird zum Teil geltend gemacht, dass es sich um wirtschaftliche Vereine handle, die als Unternehmensträger zu Unrecht im Vereinsregister eingetragen seien.[86] Dagegen wird eingewandt, dass auch Großvereine den Sport fördern und damit steuerbegünstigte Zwecke (§ 52 Abs. 2 AO) verfolgen; daneben ist die Förderung bezahlten Sports – sofern die Förderung des Amateursports neben dem bezahlten Sport keine untergeordnete Bedeutung hat – unschädlich (§ 58 Nr. 8 AO). Der steuerpflichtige wirtschaftliche Geschäftsbetrieb der Vertragsspielerabteilung schließe auch die Gemeinnützigkeit nicht aus (§ 64 AO). Durch diese steuerrechtliche Beurteilung liegt nach der Kita-Rechtsprechung des BGH ein starkes Indiz dafür vor, dass auch zivilrechtlich ein nichtwirtschaftlicher Verein vorliegt (→ Rn. 24).[87] Daher ist davon auszugehen, dass – soweit der Verein neben der kritischen 30

[80] OLG Frankfurt a. M. EWiR 2011, 365.
[81] OLG Schleswig FGPrax 2011, 34.
[82] Vgl. hierzu OLG Düsseldorf NZG 2020, 793.
[83] OLG München NZG 2007, 191.
[84] OLG Frankfurt a. M. NJW-RR 2006, 1698.
[85] *Wagner* NZG 1999, 469.
[86] *Steinbeck/Menke* NJW 1998, 2169; *Wagner* NZG 1999, 469 (473).
[87] Kritisch insoweit MüKoBGB/*Leuschner* BGB § 21 Rn. 77; *Segna* ZIP 2017, 1881 (1887).

„Profi-Abteilung“ noch wesentliche weitere Abteilungen unterhält – die Vertragsspielerabteilung unter das Nebenzweckprivileg fällt.[88] Weiter wird zutreffend geltend gemacht, dass der Rechtsverkehr insoweit nicht schutzwürdig sei, da er sich des wirtschaftlichen Risikos des Vertragsschlusses mit einem Bundesligaverein bewusst sei.[89]

5. Verein mit einem inneren Markt

31 Ein wirtschaftlicher Verein liegt weiter dann vor, wenn der Verein Waren bzw. Dienstleistungen **lediglich seinen Mitgliedern** im Sinne eines „inneren Markts“ anbietet. Dies ist dann der Fall, wenn der Verein **dauerhaft und planmäßig gegen Entgelt** ausschließlich oder überwiegend **seinen Mitgliedern** gegenüber Leistungen erbringt, die über die typische Verwirklichung der Mitgliedschaft hinausgehen.[90] Bei diesem Vereinstypus steht damit die Versorgung der eigenen Mitglieder im Vordergrund. Die Leistung muss entgeltlich erfolgen, auf eine **Gewinnerzielungsabsicht kommt** es hier ebenfalls **nicht an.**[91] Für die Frage der Entgeltlichkeit ist es auch nicht entscheidend, wie die Gegenleistung der Nutzer der angebotenen Leistung benannt wird. Auch Vereinsbeiträge und Umlagen können ein Entgelt darstellen, wenn sie dem direkten Eintausch der angebotenen Leistung dienen.[92]

32 Allerdings ist nicht jeder Verein, der planmäßig und dauerhaft gegen Entgelt Leistungen an seine Mitglieder erbringt, schon deshalb ein wirtschaftlicher Verein. Vielmehr kommt es darauf an, **welche Stellung die Mitglieder dem Verein gegenüber einnehmen.** Ein wirtschaftlicher Verein liegt dann vor, wenn die Mitglieder des Vereins diesem gegenüber in der Rolle als Kunde gegenübertreten und eine Leistung gegen Entgelt in Anspruch nehmen, die üblicherweise an einem äußeren Markt angeboten wird, womit sich das Mitgliedschaftsverhältnis **faktisch in dieser Kundenbeziehung erschöpft.** Der Verein konkurriert insoweit mit Anbietern gleicher Güter oder Dienstleistungen. Ist dies nicht der Fall, das heißt das Mitgliedschaftsverhältnis erschöpft sich nicht in einer reinen Kundenbeziehung, dann kann der Verein (zulässigerweise) seinen Mitgliedern Leistungen zur Verwirklichung seines ideellen Zwecks anbieten.

Beispiel:

Klassisches Beispiel ist der Tennisverein, der seinen Mitgliedern Tennisplätze stundenweise gegen Entgelt zur Verfügung stellt; der vermietende Tennisverein bleibt ein Idealverein.[93] Gleiches gilt für betriebliche Sozialeinrichtungen in Vereinsform, wie etwa Werksbüchereien oder Werkskantinen.[94]

33 Bei einem **Firmen-Unterstützungsverein** handelt es sich um eine in die Rechtsform des Vereins gekleidete, vom Betrieb getragene Versorgungseinrichtung, welche für Arbeitnehmer und deren Angehörige freiwillige Leistungen erbringt (§ 1b Abs. 4 BetrAVG). Die Freiwilligkeit sollte dabei deutlich in der Satzung zum Ausdruck kommen, da ansonsten ein der staatlichen Aufsicht (§ 1 VAG) unterliegendes privates Versicherungsunternehmen vorliegen kann. Ein Firmen-Unterstützungsverein ist als nichtwirtschaftlicher Verein anzusehen, selbst wenn sich die Trägerunternehmen hierdurch jeweils die Gründung einer eigenen Unterstützungskasse ersparen.[95] Ein wirtschaftlicher Verein soll nach teilweise vertretener Auffassung hingegen dann vorliegen, wenn die Satzung vorsieht, dass nicht nur Arbeitnehmer oder deren Angehörige, sondern auch der Unternehmer selbst Leistungs-

---

[88] Palandt/*Ellenberger* BGB § 21 Rn. 7; OLG Frankfurt a. M. WRP 1985, 500 (503) *obiter dictum.*
[89] BeckOK BGB/*Schöpflin* BGB § 21 Rn. 119.1.
[90] BVerfG NJW 1998, 1166 (1167) – Scientology.
[91] BeckOK BGB/*Schöpflin* BGB § 21 Rn. 99.
[92] OLG Schleswig NJWE-MietR 1997, 40 zu einem Verein, dessen Tätigkeit darauf gerichtet war, Kläranlagen herzustellen, die dazu erforderlichen Investitionen zu tätigen und die Benutzung dieser Kläranlagen den Mitgliedern auf Dauer anzubieten, wofür diese Mitgliedsbeiträge und Umlagen entrichten sollten.
[93] BeckOK BGB/*Schöpflin* BGB § 21 Rn. 100.
[94] BayObLG Rpfleger 1974, 13.
[95] OLG München NJW-RR 2013, 942.

empfänger der Unterstützungskasse werden kann. In diesem Fall soll keine betriebliche Altersversorgung iSv §§ 1 ff. BetrAVG, sondern eine Kapitalisierung von eigenem Betriebsvermögen der Unternehmer vorliegen. Für den Unternehmer handelt es sich damit, wie mE zu Recht eingewandt wird, um eine Form der Kapitalanlage und damit um einen wirtschaftlichen Verein iSd § 22 BGB.[96] Das OLG München geht dagegen davon aus, dass ein nichtwirtschaftlicher Verein vorliegt, wenn die Unterstützungskasse die steuerlichen Vorgaben zur Befreiung von der Körperschaftssteuer gem. §§ 1, 5 Abs. 1 Nr. 3b KStDV einhält, wenn also sichergestellt ist, dass sich die Leistungsempfänger in der Mehrzahl nicht aus Unternehmern oder deren Angehörigen zusammensetzen.[97] Nach dem KG sollen hingegen Unterstützungskassen nicht allgemein als nicht wirtschaftliche Vereine angesehen werden, sondern es sei grundsätzlich eine typologische Abgrenzung durchzuführen. Im konkreten Fall ist das KG von einem wirtschaftlichen Verein ausgegangen, da es sich bei den Gründungsmitgliedern um Steuer- und Finanzberater handelte, bei denen davon ausgegangen werden kann, dass sie dem Verein gegen Entgelt Anlagemöglichkeiten für die von den Mitgliedern zur Verfügung gestellten Mittel aufzeigen bzw. vermitteln wollen.[98]

Beispiele für Vereine mit einem inneren Markt:[99]

Konsumvereine, wie Buchclubs oder die Wissenschaftliche Buchgesellschaft in Darmstadt, die wissenschaftliche Literatur verlegt und an ihre Mitglieder verkauft; **Wohnungsbausparvereine,** deren Zweck die finanzielle Unterstützung seiner Mitglieder zur Ermöglichung des Hausbaus ist;[100] **Wohnungsvermittlungsvereine,** bei denen die Nutzung der Leistung an die Vereinsmitgliedschaft gebunden ist;[101] Verein mit dem Zweck, 27 Wohnungen zu erwerben und ohne Gewinnerzielungsabsicht an Mitglieder zu vermieten;[102] **Car-Sharing-Vereine,** die ihren Mitgliedern die Teilnutzung von Kfz ermöglichen;[103] Verein zum Zweck des **Timesharing von Ferienwohnungen,** bei dem die Nutzung an die Mitgliedschaft gekoppelt ist.[104]

Weitere Beispiele:

Verein, der eine Internetplattform für Preisvergleiche betreibt;[105] Abrechnungsstellen für Angehörige der Heilberufe gegenüber Krankenkassen;[106] Antennenverein mit dem Zweck des Betreibens einer gemeinschaftlich errichteten Antennenanlage;[107] Garagengemeinschaft, die Garagen erwerben, unterhalten und ihren Mitgliedern verpachten soll;[108] Wasserbeschaffungsverein zur Gewinnung und Verteilung von Trink- und Brauchwasser;[109] Wasserversorgungsverein zur Unterhaltung einer Wasserversorgungsanlage zur Belieferung der Mitglieder mit Wasser.[110] Ebenso wäre ein Verein, dessen Zweck der Erwerb und Betrieb einer Photovoltaik- oder einer Windkraftanlage ist, als wirtschaftlicher Verein zu qualifizieren.

Jüngst hat das OLG Brandenburg einen Verein, dessen Zweck die „gemeinsame Pflege, Instandhaltung und Restauration von Fahrzeugen aller Art und der dafür notwendigen

[96] OLG Köln FGPrax 2009, 275; aA LG Münster Rpfleger 2008, 426 (427).
[97] OLG München NJW-RR 2013, 942; VG Augsburg npoR 2019, 171.
[98] KG NZG 2016, 1352.
[99] Vgl. auch BeckOK BGB/*Schöpflin* BGB § 21 Rn. 10.1.
[100] LG Kassel Rpfleger 1986, 228.
[101] LG Lübeck WuM 1990, 601.
[102] OLG Schleswig NZG 2013, 145.
[103] MHdB GesR V/*Schwarz van Berk/Könen* § 3 Rn. 37; aA LG Bremen Rpfleger 1992, 67.
[104] BayObLGZ 1989, 124.
[105] LG Saarbrücken Rpfleger 2000, 25.
[106] LG Bonn MDR 1986, 53.
[107] LG Mühlhausen DtZ 1996, 245; zur Eintragungsfähigkeit ehemaliger ZGB-Gemeinschaften in den neuen Bundesländern *Christoph* DtZ 1994, 234.
[108] LG Erfurt BeckRS 2008, 13056.
[109] BayObLG NZG 1998, 606.
[110] LG Lübeck Rpfleger 2009, 29.

Räumlichkeiten" für eintragungsfähig erachtet; es handele sich im konkreten Fall nicht um einen **Garagenverein** im vorgenannten Sinne, da sich der Vereinszweck nicht darauf beschränkt, eine Anlage anzuschaffen und dann einzeln zu nutzen. Der Zweck des Vereins gehe darüber hinaus, es solle eine gemeinschaftliche Tätigkeit gefunden und die dafür benötigten Anlagen ebenfalls gemeinschaftlich vorgehalten werden. Ein Verein, dessen Zweckbestimmung ihn eindeutig als Idealverein kennzeichnet, wird nicht zum wirtschaftlichen Verein, indem er als nachfragender Marktteilnehmer Gegenstände, Grundstücke, Nutzungsrechte oder andere Berechtigungen gegen Entgelt erwirbt. Was ein Idealverein benötigt, um seinen Zweck zu verwirklichen, dürfe er beschaffen, ohne dadurch einen wirtschaftlichen Geschäftsbetrieb auszuüben. Zum wirtschaftlichen Geschäftsbetrieb führe die Mittelbeschaffung als Vereinszweck, nicht die Verwendung beschaffter Mittel.[111]

34 Unklar ist die Einordnung von **Lohnsteuerhilfevereinen** iSd §§ 13 ff. StBerG. Diese wurden teilweise als wirtschaftliche Vereine eingeordnet, da sie nur für ihre Mitglieder Steuerberatungsleistungen erbringen und damit an einem inneren Markt tätig sind. Überwiegend werden diese allerdings als nichtwirtschaftliche Vereine angesehen.[112] Dies resultiert letztlich auch daraus, dass für Lohnsteuerhilfevereine ein besonderes Anerkennungsverfahren durch die Oberfinanzdirektion (in Bayern: Bayerisches Landesamt für Steuern) vorgesehen ist; soweit dieses durchlaufen ist, sollen Lohnsteuerhilfevereine wie Idealvereine eingetragen werden können, um ein zweimaliges Anerkennungsverfahren zu vermeiden.[113] Dies entspricht der Registerpraxis.

6. Verein mit genossenschaftlicher Kooperation

35 Ein Wirtschaftsverein in Form der genossenschaftsähnlichen Kooperation liegt vor, wenn die Mitglieder ihre eigene, profitorientierte Unternehmenstätigkeit sowie hierfür **benötigte Einrichtungen** organisatorisch ganz oder teilweise auf einen eingetragenen Verein **auslagern.**[114] Die Tätigkeit des Vereins stellt sich somit als **ausgelagerter Teilbetrieb** der Unternehmen seiner Mitglieder dar.[115] Es kommt allerdings **nicht** darauf an, ob der Verein gegenüber den Mitgliedern (oder Dritten) **entgeltliche oder unentgeltliche** Leistungen erbringt.[116] Wenn der Verein nur unentgeltlich tätig wird, muss er aber schwerpunktmäßig mit Dritten (nicht nur mit Vereinsmitgliedern) in Rechtsbeziehungen treten. Weiter muss der Verein **in die Umsatztätigkeit der Mitglieder eingeschaltet** sein, indem er die Anbietertätigkeit der Mitgliedsunternehmen mittelbar oder unmittelbar fördert.

Beispiele für eine genossenschaftliche Kooperation:

Funktaxizentralen, also der Zusammenschluss von Taxiunternehmen zur Annahme und Vermittlung von Aufträgen für Taxifahrten;[117] **ärztliche Verrechnungsstellen,** welche die eingehenden Aufträge bzw. die Abrechnung mit den Patienten für ihre Mitglieder abwickeln.[118]

Weitere Beispiele:

Von Maklern gegründete Immobilienbörse, die „Angebot und Nachfrage in allen Geschäftssparten eines Immobilien- und Finanzmaklers" zusammenführen will;[119] Entsorgungsverbund gem. § 17 KrW-/AbfG, der für die Mitglieder Abfallverwertungs- und Besei-

---

[111] OLG Brandenburg NJW-RR 2020, 227 (228).
[112] OLG Stuttgart OLGZ 1970, 416; Rpfleger 1976, 11; *Krafka* RegisterR-HdB Rn. 2124.
[113] OLG Celle NJW 1976, 197.
[114] Vgl. *Eyles* NJW 1996, 1994 (1996 ff.).
[115] BGH NJW 1966, 2007; OLG Bremen Rpfleger 1988, 532; OLG Düsseldorf NJW-RR 1996, 989; Palandt/*Ellenberger* BGB §§ 21, 22 Rn. 4.
[116] BGH NJW 1966, 2007; OLG Hamm NJW-RR 2000, 698.
[117] BGHZ 45, 395 (398) = NJW 1966, 2007.
[118] OLG Hamm Rpfleger 1981, 66; Palandt/*Ellenberger* BGB § 21 Rn. 6 mwN.
[119] OLG Düsseldorf NJW-RR 1996, 989 (990); OLG Celle NJW-RR 1996, 1502.

tigungsverpflichtungen übernimmt;[120] kassenärztlicher Verein, der die Abendsprechstunden der Mitglieder organisiert und zum Angebot von medizinischen Leistungen außerhalb des Notfalldienstes beiträgt;[121] Einkaufsvereinigung, deren Hauptzweck darin liegt, zugunsten seiner gewerblichen Mitglieder bei herstellenden Unternehmen Einkaufskonditionen auszuhandeln;[122] Einkaufszentrale für Gewerkschaftsmitglieder,[123] nicht aber ein Verein, der seine Mitglieder (Arbeitgeber) bei der Wahl der Altersversorgung unterstützt und insbesondere Rahmenverträge mit Versicherungsunternehmen abschließt, da kein Zusammenhang mit der werbenden Tätigkeit der Mitgliedsunternehmen;[124] Weide- und Landschaftspflegegemeinschaften;[125] Mähdreschvereine;[126] Gefriergemeinschaft zur gemeinsamen Nutzung und Unterhaltung einer Tiefgefriertruhe;[127] Erzeugergemeinschaften nach dem Marktstrukturgesetz und Forstbetriebsgemeinschaften nach dem BWaldG;[128] Verein, dessen Veranstaltungen der Kundenwerbung für ein gewerbliches Unternehmen dienen;[129] technische Prüf- und Vertriebsstelle des Schornsteinfegerhandwerks;[130] Internet-Verein, der selbständig einen Einwahlknoten betreibt und die hierzu notwendige technische Infrastruktur schafft.[131]

7. Nebentätigkeitsprivileg

Ein wirtschaftlicher Verein liegt nicht schon deshalb vor, weil der Verein irgendeine wirt- 36
schaftliche Betätigung vornimmt. Zur Erreichung seiner ideellen Ziele darf der Verein auch unternehmerische Tätigkeiten entfalten, sofern diese dem nichtwirtschaftlichen Hauptzweck zu- und untergeordnet und Hilfsmittel zu dessen Erreichung sind (sog **Nebenzweckprivileg oder Nebentätigkeitsprivileg**).[132] Lehrbeispiel hierfür ist die vom Sportverein betriebene Vereinsgaststätte, mit deren Erträgen die Einrichtungen des Vereins instand gehalten werden oder der Verkauf von Eintrittskarten zu Kulturveranstaltungen. Bisher ist die wohl überwiegende Ansicht davon ausgegangen, dass eine wirtschaftliche Betätigung akzeptiert werden kann, wenn sie eine **qualitativ untergeordnete Rolle spielt** und den nicht wirtschaftlichen Hauptzweck unberührt lässt.[133] Dies sollte dann der Fall sein, wenn der Verein nach **seiner Satzung einen nichtwirtschaftlichen Hauptzweck** festgelegt hat und diesen auch **tatsächlich verfolgt** und die unternehmerische Tätigkeit dem nichtwirtschaftlichen Vereinszweck **funktionell untergeordnet** ist.[134] Umstritten war hierbei, ob die die unternehmerische Tätigkeit einen inhaltlichen Bezug zur Vereinstätigkeit aufweisen muss oder ob dem Verein **jede (untergeordnete) wirtschaftliche Tätigkeit** gestattet ist, um sich hierdurch die zur Erreichung jener Zwecke erforderlichen Mittel zu verschaffen.[135] Die Nebentätigkeit darf aber für das Erscheinungsbild des Vereins **nicht prägend** sein; insoweit sollte es auf die konkrete Ausgestaltung und letztlich die Größe des Vereins ankommen. Vorschläge, die Grenzen des Nebentätigkeitsprivilegs nach quantitativen Kriterien (etwa das Verhältnis der Einnahmen aus dem wirtschaftlichen Bereich zu den Ausgaben für die nichtwirtschaftliche Tätigkeit oder des Zeitaufwandes der

[120] LG Bremen Rpfleger 2000, 165.
[121] OLG Hamm NJW-RR 1997, 1530.
[122] OLG Hamm Rpfleger 2000, 277.
[123] AG Alzenau BB 1961, 8.
[124] OLG Schleswig Rpfleger 2010, 669.
[125] AG Schönau Rpfleger 1993, 203 zur Betreuung von Tieren der Mitglieder.
[126] LG Ansbach RdL 1976, 94.
[127] LG Lübeck SchlHA 1964, 22.
[128] OLG Schleswig Rpfleger 1990, 303.
[129] KG NZG 2005, 361.
[130] LG Oldenburg Rpfleger 1978, 371.
[131] AG Passau Rpfleger 1999, 401; vgl. auch OFD Münster BB 1996, 676.
[132] BGHZ 85, 84 = NJW 1983, 569; BVerwG NJW 1997, 2265, eingehend *K. Schmidt* Rpfleger 1972, 343 ff.; *Beuthien* NZG 2015, 449 ff.
[133] BGH NJW 1955, 422; NJW 1966, 2007; NJW 1983, 569; OLG Schleswig NJW-RR 2001, 1478; BeckOK BGB/*Schöpflin* BGB § 21 Rn. 105 mwN.
[134] BGH NJW 1983, 569; BVerwG NJW 1998, 1166 (1168).
[135] Nachweise bei *Beuthien* NZG 2015, 449 (452).

Mitglieder für die jeweilige Tätigkeit)[136] haben sich nicht durchsetzen können; die Abgrenzung sollte anhand qualitativer Kriterien aufgrund einer wertenden Gesamtbetrachtung vorgenommen werden.[137]

Beispiele für zulässige Betätigungen innerhalb des Nebentätigkeitsprivilegs:

Vereinsgaststätten von Sportvereinen;[138] die Vermietung von Räumen eines Vereinshauses[139] oder der Verkauf von Programmheften durch einen Sport-Dachverband;[140] **Musikschulen,** die auch Leistungen gegenüber Schülern, die nicht Vereinsmitglieder sind, erbringen;[141] Aufnahme von Nichtmitgliedern in Kurse eines Sportvereins;[142] Verein zur Veranstaltung des Kieler Hafenfests, der durch die Stellplatzvermietung zwar einen wirtschaftlichen Geschäftsbetrieb betreibt, dieser aber untergeordnet im Vergleich zur kulturellen Tätigkeit des Vereins steht;[143] Verein, der Reiseveranstaltungen des Kolpingwerkes durchführt.[144]

37 Die bisher vorgenommenen Einschränkungen wurden vom BGH in der Kita-Entscheidung – zumindest für den gemeinnützigen Verein – erheblich aufgeweicht. Der **Umfang des Geschäftsbetriebs** spielt nach Auffassung des BGH für das Nebenzweckprivileg keine Rolle; dies zeige auch ein Blick in die Gesetzesmaterialien.[145] Darüber hinaus kann ein Verein seinen ideellen Zweck auch unmittelbar durch seine wirtschaftlichen Aktivitäten erfüllen.[146] Unter Gläubigerschutzgesichtspunkten macht es nach dem BGH keinen Unterschied, ob der Verein einen wirtschaftlichen Geschäftsbetrieb unterhält, um seine ideellen Ziele zu erfüllen oder ob der wirtschaftliche Geschäftsbetrieb unmittelbar den ideellen Zweck verfolgt. Es ist allerdings davon auszugehen, dass diese Maßstäbe nicht nur beim gemeinnützigen Verein anwendbar sind, sondern auch darüber hinaus, soweit eine **Gewinnausschüttung an die Mitglieder** ausgeschlossen ist. Auch der Rechtsausschuss des Bundestags geht davon aus, dass regelmäßig nicht als gemeinnützig anerkannte Initiativen, wie zB Dorfläden, soweit sie einen ideellen Hauptzweck verfolgen und nicht gewinnorientiert und auf Ausschüttung von Gewinnen gerichtet sind, als Idealverein eingetragen werden können.[147] Erforderlich ist demnach, dass der wirtschaftliche Geschäftsbetrieb als Mittel zur Erfüllung des nichtwirtschaftlichen Zwecks dient **(Finalitätsgebot).**[148] Dies ist zum einen dann der Fall, wenn – wie in der Kita-Entscheidung des BGH[149] – der ideelle Zweck des Vereins unmittelbar durch den wirtschaftlichen Geschäftsbetrieb verwirklicht wird, aber auch dann, wenn der wirtschaftliche Zweck der Mittelbeschaffung dient, um den ideellen Zweck zu verwirklichen. Die Grenzen des Nebenzweckprivilegs sind aber dann überschritten, wenn der wirtschaftliche Geschäftsbetrieb weder unmittelbar noch mittelbar dem ideellen Zweck dient.[150]

---

[136] *Knauth* JZ 1978, 339 (341 ff.).
[137] MHdB GesR V/*Schwarz van Berk* § 3 Rn. 37.
[138] RGZ 133, 130 (176).
[139] RGZ 85, 256.
[140] BGH NJW 1962, 629 zum DFB.
[141] KG DNotZ 2011, 632; OLG Schleswig Beschl. v. 18.9.2012 – 2 W 152/11.
[142] OLG Hamm Rpfleger 2008, 141 (142).
[143] OLG Schleswig NJW-RR 2001, 1478.
[144] OLG Hamm NZG 2003, 879: zweifelhaft, da nicht ersichtlich, dass der Verein neben der Veranstaltung von Reisen noch andere Tätigkeiten entfaltet.
[145] BGH NJW 2017, 1943 (1945).
[146] BGH NJW 2017, 1943 (1945).
[147] BT-Drs. 18/12998, 19.
[148] MüKoBGB/*Leuschner* BGB § 21 Rn. 52; BeckOGK/*Segna* BGB § 21 Rn. 168; *Schöpflin* ZStV 2018, 6 (9); MHdB GesR V/*Schwarz van Berk/Könen* § 3 Rn. 30.
[149] BGH NJW 2017, 1943 (1945).
[150] MüKoBGB/*Leuschner* BGB § 21 Rn. 56 spricht dann von „Selbstzweckbetrieben".

8. Ausgliederung der wirtschaftlichen Tätigkeit auf Tochtergesellschaften – ADAC-Urteil

Besonders umstritten ist die Frage, ob sich ein Verein die wirtschaftlichen Aktivitäten seiner Tochtergesellschaften zurechnen lassen muss. Eine Vielzahl von Vereinen hat seine wirtschaftlichen Aktivitäten auf Töchter (in Rechtsform einer GmbH oder AG) ausgelagert, an welchen der Verein alleiniger Gesellschafter (oder zumindest mit herrschendem Einfluss) beteiligt ist. 38

Der BGH hat hierzu erstmals im Jahre 1982 im sog. **ADAC-Urteil** Stellung genommen.[151] Im zugrunde liegenden Sachverhalt hatte der ADAC e.V. als nichtwirtschaftlicher Verein wirtschaftliche Aktivitäten auf eine 100%ige Tochtergesellschaft (ADAC-Rechtsschutz-Versicherung AG) ausgegliedert. Der BGH hat eine **Zurechnung** der wirtschaftlichen Betätigung der Tochter-AG zum Verein **verneint.** Die rechtliche und organisatorische Trennung schließe es aus, die Geschäftstätigkeit des Dritten dem Verein als eine eigene unternehmerische Betätigung zuzurechnen, dh als einen eigenen wirtschaftlichen Geschäftsbetrieb des Vereins anzusehen **(Trennungsgrundsatz).** Wenn ein Geschäftsbetrieb vom Verein auf eine Kapitalgesellschaft ausgelagert wird und diese ihren Gläubigern alle mit einer solchen Rechtsform verbundenen Sicherheiten biete (Kapitalaufbringung und -erhaltung, Bilanzierungs- und Publizitätspflichten), dann kann deren Geschäftsbetrieb grundsätzlich nur dieser Kapitalgesellschaft und nicht dem Verein zugerechnet werden. Dies gilt trotz der Möglichkeit der konzernrechtlichen Haftung des herrschenden Unternehmens (zB Nachteilsausgleichspflicht gem. §§ 311, 317 AktG).[152] Soweit den Gläubigern der Tochtergesellschaft Nachteile dadurch entstünden, dass der Verein keinen Anforderungen zur Mindestkapitalausstattung unterliegt, würde diese Schutzlücke durch die persönliche Haftung der Vereinsvorstandsmitglieder (§ 317 Abs. 3 AktG) ausreichend kompensiert. 39

In der Literatur ist die Rechtsprechung überwiegend kritisiert worden, da es dem Verein danach möglich sei, unbegrenzt wirtschaftliche Aktivitäten auf Töchter auszulagern;[153] kritisiert wird unter anderem, der BGH beschränke seine Argumentation auf den Gläubigerschutz und verkenne, dass das vereinsrechtliche Subsidiaritätsprinzip auch dem Schutz der Mitglieder diene.[154] Die wohl überwiegende Literaturansicht geht davon aus, dass eine Zurechnung der wirtschaftlichen Betätigung an die Mutter zumindest bei einer Mehrheitsbeteiligung, jedenfalls mit dem Erreichen eines **herrschenden Einflusses** geboten sei.[155] Teilweise wird darauf abgestellt, inwieweit sich die Beteiligung wirtschaftlich auf die Vereinsgläubiger auswirkt: Eine Zurechnung wird dann bejaht, wenn der Wert der Beteiligung nicht bilanziell durch Eigenkapital hinterlegt wird oder wenn der Verein verhaltensunabhängig für Verbindlichkeiten der Tochtergesellschaft haftet.[156] Dem vom BGH postulierten Trennungsgrundsatz ist grundsätzlich beizupflichten, wobei stets danach zu fragen ist, ob der Verein neben seiner Beteiligung noch weitere Vereinsaktivitäten entfaltet. Wenn die Beteiligung an einer Gesellschaft der Hauptzweck der Vereinsbetätigung ist, sich der Verein insoweit auf eine **reine Holdingfunktion** beschränkt, liegt ein wirtschaftlicher Geschäftsbetrieb vor. Anders kann dies zu beurteilen sein, wenn der Verein seinen ideellen Zweck durch seine wirtschaftliche Tätigkeit verwirklicht.[157] 40

Derzeit ist nicht abschließend geklärt, inwieweit die Grundsätze des ADAC-Urteils heute noch gelten. Die Frage hat durch zwei **beim AG München eingeleitete Amtslöschungsverfahren** gem. § 395 FamFG, namentlich beim Allgemeinen Deutschen Au- 40a

---

[151] BGH NJW 1983, 569; *Segna* DB 2003, 1311 (1313); *Lettl* DB 2000, 1449 (1450).
[152] BGH NJW 1983, 569 (571); BeckOK BGB/*Schöpflin* BGB § 21 Rn. 97.
[153] *Reuter* ZIP 1984, 1052ff.; *Schad* NJW 1998, 2411 (2412); *Segna* DB 2003, 1311 (1313).
[154] *Wagner* NZG 1999, 469.
[155] *Segna* ZIP 1997, 1901 (1905); *Wagner* NZG 1999, 469 (473ff.); *Reuter* ZIP 1984, 1052; *Lettl* DB 2000, 1449 (1450f.).
[156] MüKoBGB/*Leuschner* BGB §§ 21, 22 Rn. 66f.; MHdB GesR V/*Schwarz van Berk/Könen* § 3 Rn. 58.
[157] BGH NJW 2017, 1943 (1945).

tomobilclub e.V. (ADAC) und dem FC Bayern München e.V. an Brisanz gewonnen.[158] Das Registergericht hat in beiden Fällen die Einleitung eines Amtslöschungsverfahrens – auch unter Berufung auf die Grundsätze aus dem ADAC-Urteil – abgelehnt.

- Um einer drohenden Amtslöschung zu entgehen, wurde der **ADAC** umstrukturiert; Ziel war es insbesondere, dem Verein den beherrschenden Einfluss auf die wirtschaftlich aktiven Töchter zu nehmen. Daher wurden die kommerziellen Tätigkeiten in der ADAC SE (und deren Tochtergesellschaften) gebündelt, weiter wurden 25,1% der Aktien an der ADAC SE auf eine neu errichtete Stiftung übertragen und der ADAC e.V. verzichtete auf eine Mehrheit im Aufsichtsrat der SE. Das Registergericht ging aufgrund dieser Maßnahmen davon aus, dass eine Zurechnung der Geschäftstätigkeit der SE zum Verein nicht in Betracht komme, da eine Beherrschung der ADAC SE beziehungsweise ihrer Beteiligungsgesellschaften durch den Verein ausgeschlossen sei.
- In der Sache **FC Bayern München** hat das Registergericht die Beteiligung des Vereins zu 75% an der FC Bayern München AG unter Berufung auf die Grundsätze aus dem ADAC-Urteil als unschädlich angesehen.[159] Ein beherrschender Einfluss komme trotz Mehrheitsbeteiligung nicht in Betracht, da der Vorstand die AG unabhängig von den Weisungen des Vereins leite (§ 76 Abs. 1 AktG) und der Verein lediglich mit drei Mitgliedern im Aufsichtsrat vertreten sei; zudem könne sich der FC Bayern auf das Nebenzweckprivileg berufen.[160]

40b Der Trennungsgrundsatz führt dazu, dass sich der Verein die wirtschaftliche Tätigkeit seiner Töchter nicht zurechnen lassen muss; mangels eigener wirtschaftlicher Aktivität des Vereins kommt es auf das Nebenzweckprivileg insoweit nicht an. Insgesamt dürfte sich die Problematik aber infolge der Liberalisierung in der Kita-Entscheidung des BGH (→ Rn. 24ff.) erheblich entschärft haben: Denn selbst wenn eine Zurechnung zum Verein in Betracht kommt, ist eine wirtschaftliche Tätigkeit grundsätzlich zulässig, wenn sie final dem Vereinszweck dient, also wenn der Verein entweder seinen ideellen Zweck unmittelbar durch die wirtschaftliche Betätigung erreicht oder die erwirtschafteten Mittel dem ideellen Zweck dienen.

Hinweis:

Durch folgende Gestaltungsmöglichkeiten kann versucht werden, den Einfluss des Vereins auf die Töchter zu beschränken: So sollte eine Personalunion von Vereinsvorstand und Geschäftsführung der Tochtergesellschaften vermieden werden. Soweit die Tochtergesellschaft in Form einer GmbH betrieben wird, könnte die Stellung der Geschäftsführung auch durch einen Formwechsel in eine AG gestärkt werden, da der Vorstand der AG die Geschäfte in eigener Verantwortung führt (§ 76 Abs. 1 AktG) und anders als der GmbH-Geschäftsführer nicht den Weisungen der Gesellschafterversammlung unterliegt.[161] In der Praxis wird bei der Auslagerung auf Tochtergesellschaften auch häufig eine Zwischenholding etabliert, die als Haftungspuffer den Verein vor der konzernrechtlichen Verantwortlichkeit abschirmen soll.[162] Weiter sollten Gestaltungen bzw. Rechtsgeschäfte unterbleiben, bei welchen es zu einer verhaltensunabhängigen Haftung des Vereins für Verbindlichkeiten der Tochtergesellschaft kommt (Verlustausgleichspflicht im Konzern, § 302 AktG; Bürgschafts- oder Patronatserklärungen).

---

[158] Vgl. *Leuschner* ZIP 2015, 356; *ders.* NZG 2017, 16; *Segna* npoR 2017, 3; *Beuthien* NZG 2015, 449.

[159] Eine Entherrschung nach dem Vorbild des ADAC wäre dem FC Bayern München nicht möglich gewesen, da die sog. 50 + 1 Regelung vorsieht, dass in Kapitalgesellschaften ausgegliederte Lizenzspielerabteilungen nur dann an der Fußballbundesliga teilnehmen dürfen, wenn der Verein bzgl. der Stimmrechte herrschenden Einfluss ausübt. Dadurch soll verhindert werden, dass Großunternehmen oder andere Kapitalgeber die vollständige Kontrolle über die Profimannschaften übernehmen.

[160] Zitiert bei *Leuschner* NZG 2017, 16 (18).

[161] *Winheller* DStR 2015, 1389 (1392).

[162] *Henze,* Non Profit Law Yearbook, 2004, S. 16, 37f.; *K. Schmidt* NJW 1983, 543 (545); kritisch hierzu *Beuthien* NZG 2015, 449 (456).

Überwiegend wird davon ausgegangen, dass einem Verein die Beteiligung an einer Gesellschaft, in welcher der Verein die Rolle eines **persönlich haftenden Gesellschafters** übernimmt (OHG, Komplementär einer KG oder KGaA) nicht möglich ist.[163] Begründet wird dies vor allem mit der persönlichen Haftung als Gesellschafter (§ 128 HGB), die dazu führe, dass dem Verein das Handelsgewerbe der OHG oder KG (vgl. §§ 105 Abs. 1, 161 Abs. 1 HGB) zugerechnet wird. Richtigerweise ist die Beteiligung des Vereins als persönlich haftender Gesellschafter nicht generell ausgeschlossen. Es kommt darauf an, ob die Gesellschaft ein Handelsgewerbe betreibt oder etwa zum alleinigen Zweck der Vermögensverwaltung (§ 105 Abs. 2 HGB) betrieben wird. In letzterem Falle kann sich der Verein auch als persönlich haftender Gesellschafter beteiligen, ohne die Schwelle zum wirtschaftlichen Geschäftsbetrieb zu überschreiten.[164] 41

C. Änderung des Vereinszwecks

I. Abgrenzung zur einfachen Satzungsänderung

Angesichts der herausragenden Bedeutung des Vereinszwecks sieht § 33 Abs. 1 S. 2 BGB vor, dass für die Änderung des Zweckes des Vereins die **Zustimmung aller Mitglieder** (also nicht nur der in der Mitgliederversammlung anwesenden Mitglieder) erforderlich ist. In der Praxis wird wegen des Einstimmigkeitserfordernisses eine Zweckänderung in aller Regel nur schwer durchführbar sein. 42

Insoweit kommt der Frage, ob eine Zweckänderung iSd § 33 Abs. 1 S. 2 BGB oder eine einfache Satzungsänderung vorliegt, maßgebliche Bedeutung zu. Ausgangspunkt ist dabei die bisherige Zweckbestimmung in der Satzungsurkunde. Wird diese geändert, so liegt zwar eine Zweckänderung nahe, dies ist aber nicht zwingend der Fall. Viele Satzungen differenzieren nicht hinreichend zwischen dem **eigentlichen Vereinszweck** iSd § 33 Abs. 1 S. 2 BGB und der **Darstellung der Aufgaben und Tätigkeiten** des Vereins, die grundsätzlich durch einfache Satzungsänderung abänderbar sind. Nicht jede Änderung der Zweckbestimmung in der Satzung (§ 57 Abs. 1 S. 1 BGB) ist damit eine Zweckänderung iSd § 33 Abs. 1 S. 2 BGB. Die bloße **redaktionelle Neufassung** der Satzungsvorschrift, die die Zweckangabe enthält, ist eine Satzungs-, aber keine Zweckänderung. 43

Der Vereinszweck ist der satzungsmäßig festgelegte Zweck, der für das Wesen der Rechtspersönlichkeit des Vereins maßgebend ist, also quasi das Lebensgesetz des Vereins, das seine große Linie bildet, um derentwillen sich die Mitglieder zusammengeschlossen haben. Eine Zweckänderung liegt also nur dann vor, wenn sich der **Charakter eines Vereins ändert**[165] und **die bisherige Leitidee des Vereins gegen eine neue ausgetauscht wird.** Die Änderung muss so wesentlich sein, dass die Mitgliedschaft einen **gänzlich anderen Charakter annimmt** und daher von der Beitrittserklärung der einzelnen Mitglieder sachlich nicht mehr gedeckt ist.[166] Nach dem BGH ist 44

„im Zweifel […] daher nur derjenige enge Satzungsbestandteil, in dem der oberste Leitsatz für die Vereinstätigkeit zum Ausdruck gebracht wird, und mit dessen Abänderung schlechterdings kein Mitglied bei seinem Beitritt zum Verein rechnen kann, als „Vereinszweck" iSd § 33 Abs. 1 S. 2 BGB anzusehen."[167]

Eine zu **weite Ausdehnung der Zweckbestimmung** liegt auch regelmäßig nicht im Interesse des Vereins und seiner Mitglieder, weil es möglich sein muss, den Zweck ohne 45

---

[163] *Reichert* Rn. 124.
[164] *Sauter/Schweyer/Waldner* Eingetragener Verein Rn. 46; DNotI-Gutachten Nr. 62453. Zu den Auswirkungen der Beteiligung auf die Gemeinnützigkeit vgl. *Arnold* DStR 2005, 581.
[165] BGH NJW 1986, 1033 (1034).
[166] *Beuthien/Schöpflin* DB 1997, 361 (362).
[167] BGH NJW 1986, 1033 (1034).

Aufgabe der prinzipiellen Zielsetzung durch satzungsändernde Mehrheit abzuändern.[168] Das Einstimmigkeitserfordernis des § 33 Abs. 1 S. 2 BGB dient dem Schutz der Mitglieder, weshalb aus der Sicht und Interessenlage des einzelnen Mitglieds zu bestimmen ist, ob eine Zweckänderung vorliegt.[169]

45a **Zweckergänzungen oder -beschränkungen** sind keine Zweckänderungen iSd § 33 Abs. 1 S. 2 BGB, wenn die bisherige Stoßrichtung aufrecht erhalten bleibt; gleiches gilt für eine **Zweckverfolgung mit anderen Mitteln.**[170] Anders kann dies zu beurteilen sein, wenn das für den Verein bisher Typische gerade in der Spezialisierung auf ein bestimmtes Gebiet bestand; dann kann die nachträgliche Erweiterung des Gegenstandes eine Zweckänderung darstellen.[171]

Hinweis:

Folgende Fragestellung mag als Hilfestellung dienen: Hat das einzelne Mitglied die angestrebte Änderung vernünftigerweise hinzunehmen oder betrifft die Änderung Umstände, denen für die Vereinsmitgliedschaft so wesentliche Bedeutung zukommt, dass die Mitglieder bei ihrem Beitritt hiermit nicht rechnen mussten?

Beispiele für die Verneinung der Zweckänderung:

Ein Dachverband beendet die bisherige korporative Mitgliedschaft zugunsten der unmittelbaren Mitgliedschaft der bisherigen Mitgliedsmitglieder;[172] der Zweck „Schutz und Bewahrung der das Gebiet X prägenden Architektur" wird um den Zusatz „und seiner angrenzenden Gebiete" erweitert;[173] ein Verein mit dem Zweck der Bekämpfung des unlauteren Wettbewerbs hat zunächst als Mischverband sowohl gewerbliche als auch Verbraucherinteressen wahrgenommen und gibt später die Wahrnehmung der Verbraucherinteressen auf;[174] Änderung der Satzung eines Schützenvereins dahingehend, dass an Stelle der Ausübung des „Schieß- und Bogensports" lediglich noch die Ausübung des „Bogensports" Vereinszweck ist;[175] Erweiterung des Zwecks der Innenrestaurierung einer Pfarrkirche auf deren allgemeine Förderung einschließlich des gesamten Pfarrzentrums.[176]

Ein Verein mit dem Zweck der Förderung der Jugendhilfe und der Förderung der Hilfe für Zivilbeschäftigte und behinderte Menschen enthielt folgende Bestimmung: „Der Satzungszweck wird verwirklicht insbesondere durch ideelle und finanzielle Mithilfe bei der Förderung der Kinder, Jugendlichen und Erwachsenen des […]hauses […]". Die Streichung der Worte „ideelle und" ist keine Zweckänderung.[177] Die Öffnung eines bislang nur Männern vorbehaltenen Vereins für Frauen ist keine Zweckänderung.[178] Die Änderung von „Zweck des Vereins ist die Nutzung und Unterhaltung des Bau- und Bodendenkmals Haus B. […]." in „Zweck des Vereins ist die Förderung der Nutzung und Unterhaltung des Bau- und Bodendenkmals Haus B. […]." ist keine Zweckänderung, wobei es sich im konkreten Fall nicht um einen Wechsel in einen reinen Förderverein handelte, da auch nach der Satzungsänderung die Möglichkeit zum persönlichen Engagement vorgesehen war.[179]

---

[168] OLG Hamm FGPrax 2012, 36 (37).
[169] OLG München FGPrax 2011, 310.
[170] OLG Düsseldorf NZG 2020, 793; vgl. auch BeckOK BGB/*Schöpflin* BGB § 33 Rn. 7.
[171] Erweiterung von Squash und Badminton auf Sport im Allgemeinen, OLG Hamm FGPrax 2012, 36; siehe auch LG Nürnberg-Fürth Rpfleger 1988, 151.
[172] BGH NJW 1980, 2707.
[173] OLG München FGPrax 2011, 310.
[174] BGH NJW 1986, 1033 (1034).
[175] OLG Nürnberg Rpfleger 2016, 159.
[176] OLG Zweibrücken BeckRS 2014, 01588.
[177] OLG Düsseldorf NZG 2020, 956.
[178] OLG Frankfurt a. M. BeckRS 2018, 16609.
[179] OLG Düsseldorf NZG 2020, 793 (795).

Beispiele für die Bejahung der Zweckänderung:

Wenn der Verein von einer nichtwirtschaftlichen zu einer wirtschaftlichen Zielsetzung wechselt;[180] bei Aufgabe der Gemeinnützigkeit (nicht aber, wenn die Gemeinnützigkeit ohnehin weggefallen ist, weil die Geschäftsführung nicht mehr den Anforderungen des steuerbegünstigten Zwecks entspricht (§ 63 AO) und die Satzung nur nachträglich angepasst wird); bei der Aufgabe eines von mehreren Zwecken oder der Änderung der Gewichtung zwischen mehreren Vereinszwecken.[181] Weiter wurde eine Zweckänderung bejaht, wenn ein Verein, dessen alleiniger Zweck „die Förderung von Racketsportarten, insbesondere von Squash und Badminton" ist, den Zweck ändert in eine umfassende sportliche Betätigung, die zusätzlich den Gesundheits-, Behinderten- und Rehabilitationssport umfasst;[182] wenn ein genossenschaftlicher Prüfungsverband für Kreditgenossenschaften sein satzungsmäßiges Betätigungsfeld um die Unterhaltung eines Sicherungsfonds erweitert und die Kosten durch hohe Beiträge auf die Mitglieder umlegt;[183] wenn ein bisheriger Amateurverein sein Haupttätigkeitsfeld auf den Profisport verlegt, da dann an die Stelle des ideellen ein erwerbswirtschaftlicher Vereinszweck tritt.[184] Anders kann dies zu beurteilen sein wenn der Wandel zum erwerbswirtschaftlichen Engagement im Zweck des Vereins angelegt ist.

Ändern sich die tatsächlichen Verhältnisse und wird dem Verein dadurch die Erfüllung des satzungsmäßigen Zwecks unmöglich, hat das weder die Auflösung des Vereins noch die Entstehung eines neuen, an die gewandelten Verhältnisse angepassten Vereinszwecks zur Folge. Der Vereinszweck schrumpft vielmehr auf die ihm noch unterzuordnenden Restaufgaben, insbesondere die Verwaltung des Vereinsvermögens, zusammen.[185] Durch die Unmöglichkeit der Zweckerreichung werden die Anforderungen des § 33 Abs. 1 S. 2 BGB aber nicht erleichtert, dh zu einer Zweckänderung müssen alle Mitglieder zustimmen. 46

Beispiel:

Ein Verein, der als Zusammenschluss von Kleingarteninteressenten gegründet worden war, kann seinen Zweck nicht mehr erfüllen, nachdem die Parzellen mit Wohnhäusern bebaut wurden.

II. Beschlussfassung

§ 33 Abs. 1 S. 2 BGB fordert die Zustimmung **aller Mitglieder** zur Zweckänderung. Zustimmung bedeutet die Abgabe einer **Ja-Stimme,** so dass Enthaltungen oder ungültige Stimmabgaben faktisch als Neinstimme wirken. Sollten nicht alle Vereinsmitglieder in der Versammlung anwesend sein, reicht es aus, wenn die übrigen Mitglieder nachträglich schriftlich zustimmen. Maßgeblich für die Zahl der Mitglieder ist der **Tag der Beschlussfassung,** so dass nachträglich eintretende Mitglieder nicht berücksichtigt werden.[186] Dies gilt auch dann, wenn bei der Mitgliederversammlung nicht sämtliche Mitglieder anwesend sind; in diesem Fall ist die nachträgliche Zustimmung derjenigen Mitglieder erforderlich, die am Tag der Beschlussfassung bereits Vereinsmitglied waren. Wurde von vorneherein eine schriftliche Beschlussfassung im Umlaufverfahren festgelegt, müssen alle Mitglieder, die am Tage des Einganges der letzten Zustimmung Mitglied sind, zustimmen. Die Zustimmung kann auch **konkludent gefasst werden,** auch die widerspruchslose Hinnahme durch die übrigen Mitglieder ist als stillschweigende Billigung anzusehen.[187] 47

[180] OLG Stuttgart OLGZ 1971, 465.
[181] LG Frankfurt a. M. DJ 1934, 778.
[182] OLG Hamm FGPrax 2012, 36.
[183] OLG Hamm OLGZ 1980, 326 (328).
[184] MüKoBGB/*Leuschner* BGB § 33 Rn. 12.
[185] BGH NJW 1968, 545.
[186] MHdB GesR V/*Knof* § 14 Rn. 31; *Reichert* Rn. 566.
[187] BGH NJW 1955, 457; NJW 1957, 497; krit. wegen des Schriftformerfordernisses gem. § 32 Abs. 2 BGB insoweit MHdB GesR V/*Knof* § 14 Rn. 30.

48 Die Satzung kann vom Einstimmigkeitserfordernis abweichen (§ 40 S. 1 BGB) und ein anderes Quorum (etwa Drei-Viertel-Mehrheit) oder auch nur einfache Mehrheit ausreichen lassen.

> **Hinweis:**
> Das strenge Einstimmigkeitserfordernis verhindert in aller Regel eine nachträgliche Änderung des Vereinszwecks. Es sollte daher eine abweichende Satzungsregelung aufgenommen werden.

49 Die Satzung kann zB auch festlegen, dass die Zustimmung aller in der Mitgliederversammlung anwesenden Mitglieder ausreichend ist, so dass nicht anwesende Mitglieder nachträglich nicht mehr zustimmen müssen. Möglich ist auch die Aufnahme einer **Zustimmungsfiktion,** wonach die Zustimmung aller nicht in der Mitgliederversammlung erschienenen Mitglieder als erteilt gilt, wenn diese nicht innerhalb einer bestimmten Frist Widerspruch beim Vorstand des Vereins einlegen. Soll **nachträglich** eine Satzungsregelung dergestalt eingeführt werden, dass die Änderung des Vereinszwecks in Abweichung von § 33 Abs. 1 S. 2 BGB nicht der Zustimmung aller Mitglieder bedarf, so kann diese Satzungsänderung ebenso wie eine solche, die unmittelbar eine Zweckänderung enthält, nur mit **Zustimmung aller Mitglieder** beschlossen werden, da ansonsten die Notwendigkeit der Einstimmigkeit für Zweckänderungen leicht umgangen werden könnte.[188]

50 Wenn die Satzung vom Einstimmigkeitserfordernis des § 33 Abs. 1 S. 2 BGB abweichen will, muss sich dies **eindeutig aus der Satzung** ergeben. Die allgemeine Regelung in der Satzung eines Vereins über die für „Satzungsänderungen" notwendige Stimmenmehrheit gilt im Zweifel nicht für die Änderung des Vereinszwecks.[189]

---

[188] OLG München NZG 2011, 994.

[189] BGH DNotZ 1986, 276; OLG Hamm OLGZ 1980, 326 (329).

§ 7. Organe und Vertretung

Übersicht

Schrifttum:

Handbücher und Monographien: *Märkle/Alber,* Der Verein im Zivil- und Steuerrecht, 12. Aufl. 2008; *Schindler/Schaffner,* Virtuelle Beschlussfassungen in Kapitalgesellschaften und Vereinen, 2021; *Schmidt,* COVID-19 – Rechtsfragen zur Corona-Krise, 2. Aufl. 2020; *Wörle-Himmel,* Vereine gründen und erfolgreich führen, 12. Aufl. 2009; *Wörle-Himmel,* Vereinsrecht, 2. Aufl. 2013.

Aufsätze: *Beck,* Aktuelles zur elektronischen Hauptversammlung, RNotZ 2014, 160; *Dehesselles/Richter,* Die virtuelle Mitgliederversammlung in Verbänden, npoR 2016, 246; *Engel,* Mitgliederversammlungen in Zeiten des Corona-Virus, ZStV 2020, 110; *Erdmann,* Die Online-Versammlung im Vereins- und GmbH-Recht, MMR 2000, 526; *Fisch,* Gesetzliche Erleichterungen für die Arbeitsweise von Vereinen und Stiftungen in der Corona-Krise – Arbeitsweise mit eingeschränkter und ohne physische Präsenz, NZG 2020, 512; *Fleck,* Die virtuelle Mitgliederversammlung im eingetragenen Verein, DNotZ 2008, 245; *Flume,* Der minderjährige Gesellschafter, NZG 2014, 17 (18); *Hager,* Die Verschmelzung von eingetragenen Vereinen miteinander aus notarieller Sicht, RNotZ 2011, 565; *Keilbach,* Mehrheiten bei Beschlüssen und Wahlen in privat-rechtlichen Personenverbänden, DNotZ 1997, 846; *Kölsch,* Die Form der Einberufung der Mitgliederversammlung eines eingetragenen Vereins, Rpfleger 1985, 137; *Krüger,* Fernabstimmung bei Vereinen, Zulässigkeit und Wege der Beteiligung ohne persönliche Anwesenheit, MMR 2012, 85; *Leinenbach/Alvermann,* Umlaufbeschlüsse und virtuelle Mitgliederversammlung von Vereinen während Corona, NJW 2020, 2319; *Munzig,* Rechtsprechungsübersicht zum Handels- und Registerrecht (Teil II), FGPrax 2011, 211; *Nessler,* Die (neue) Beschlussfassung „der Mitglieder" außerhalb von Mitgliederversammlungen, ZStV 2020, 168; *Noack,* Mitgliederversammlung bei Großvereinen und digitale Teilhabe, NJW 2018, 1345; *Piper,* Virtuelle Mitgliederversammlungen bei Vereinen, NZG 2012, 735; *Roßnagel/Gitter/Opitz-Talidou,* Telemedienwahlen in Vereinen, MMR 2009, 383; *Schäfer,* „Schriftliche" Einladung zur Mitgliederversammlung eines eingetragenen Vereins auch per E-Mail?, NJW 2012, 891; *Scheffer,* Vereinsrecht: Fallstricke bei Einberufung und Durchführung von Mitgliederversammlungen, DStR 2011, 2053; *Schneider/Bischoff,* Virtuelle Mitgliederversammlungen in Zeiten der Corona-Pandemie, ZStV 2020, 153; *Schulteis,* Die Verordnung zur Verlängerung von Maßnahmen im Gesellschafts-, Genossenschafts-, Vereins- und Stiftungsrecht zur Bekämpfung der Auswirkungen der COVID-19-Pandemie, GWR 2020, 465; *Schwarz,* Neue Medien im Gesellschaftsrecht, Von der Präsenz- zur virtuellen Mitgliederversammlung, MMR 2003, 23; *Schwenn/Blacher,* Virtuelle Mitgliederversammlungen und Gremiensitzungen von Vereinen und Stiftungen – ein Praxisleitfaden, npoR 2020, 154; *Segna,* Vereinsrechtsreform, NZG 2002, 1048; *Segna,* Neuerungen für Vereine und Stiftungen durch das COVID-19-Pandemie-Gesetz 2020, npoR 2020, 148; *Simons/Hauser,* Zweifelsfragen bei der Durchführung virtueller Hauptversammlungen nach der Verlängerungs-VO, NZG 2020, 1406; *Terner,* Neues zum Vereinsrecht, NJW 2008, 16; *Wälzholz/Bayer,* Auswirkungen des „Corona-Gesetzes" auf die notarielle Praxis, DNotZ 2020, 285; *Wagner,* Die Entwicklungen im Vereinsrecht, NZG 2019, 46 und NZG 2016, 1046; *Wicke,* Die Leitung der Hauptversammlung einer Aktiengesellschaft, Praxisrelevante Fragen und neuere Entwicklungen, NZG 2007, 771; *Wilken,* Die Mitgliederversammlung im Vereinsrecht – ein kurzer Leitfaden, ZStV 2020, 34.

A. Mitgliederversammlung

I. Funktion und Befugnisse

1. Rechtsgrundlagen

1 Die Mitgliederversammlung ist das **oberste Organ** für die **Willensbildung** des Vereins. Nur durch sie können die Mitglieder Einfluss auf die Geschicke des Vereins nehmen.[1] Gemäß § 32 Abs. 1 S. 1 BGB werden die Angelegenheiten des Vereins, soweit sie nicht vom Vorstand oder einem anderen Vereinsorgan zu besorgen sind, durch Beschlussfassung in der Versammlung der Mitglieder geregelt. Man spricht daher auch von einer **Auffangzuständigkeit** der Mitgliederversammlung.[2] Zu den gesetzlich normierten Befugnissen der Mitgliederversammlung zählen insbesondere die Bestellung und Abberufung des Vorstandes bzw. der Liquidatoren (§§ 27 Abs. 1 und Abs. 2, 48 Abs. 1 S. 2 BGB), die Kontrolle und Entlastung der Vereinsorgane einschließlich der Erteilung von Weisungen an den Vorstand (§ 27 Abs. 3 iVm § 665 BGB), Satzungsänderungen (§ 33 Abs. 1 BGB) sowie die Entscheidung über die Auflösung des Vereins (§ 41 BGB).[3]

1a Es besteht ferner eine vorrangige Zuständigkeit der Mitgliederversammlung für Geschäftsführungsangelegenheiten (mit Ausnahme der Vertretung des Vereins nach außen) vor der Zuständigkeit des Vorstandes. Die Mitgliederversammlung ist gegenüber dem Vorstand gem. § 27 Abs. 3 BGB insoweit auch weisungsbefugt (sog. **konkurrierende Zuständigkeit**).[4] Die Mitgliederversammlung ist ferner bei vereinsinternen Streitigkeiten zwischen Vereinsorganen und Organmitgliedern oder über die Satzungsmäßigkeit der Willensbildung in einem Vereinsorgan zuständig **(Organstreitzuständigkeit).**[5] Sie ist auch zuständig, wenn ein anderes Vereinsorgan außer dem Vorstand handlungsunfähig wird (Ersatzzuständigkeit).[6]

1b Der Begriff Mitgliederversammlung bezeichnet aber zugleich das Verfahren der Willensbildung.[7]

2 Die **Satzung** kann die **Befugnisse der Mitgliederversammlung** in den Grenzen des § 40 BGB abweichend vom Gesetz regeln. So kann sie die Rechte der Mitgliederversammlung schwächen, indem sie ihr Aufgaben entzieht und auf ein anderes Vereinsorgan verlagert, § 32 Abs. 1 S. 1 BGB. Sie kann die Rechte der Mitgliederversammlung aber auch stärken, indem sie ihr weitere Zuständigkeiten überträgt.[8]

Hinweis:

Sind Kompetenzen der Mitgliederversammlung durch Satzung auf ein anderes Vereinsorgan übertragen worden, so kann die Mitgliederversammlung diese nicht ohne weiteres wieder an sich ziehen. Allerdings kann sie die Aufgabenübertragung selbst jederzeit

[1] *Märkle/Alber* S. 67.
[2] BeckOGK/*Notz* BGB § 32 Rn. 18; BeckOK BGB/*Schöpflin* BGB § 32 Rn. 4; MüKoBGB/*Arnold*, 7. Aufl. 2015, BGB § 32 Rn. 12; MüKoBGB/*Leuschner* BGB § 32 Rn. 1.
[3] Palandt/*Ellenberger* BGB § 32 Rn. 1; MüKoBGB/*Leuschner* BGB § 32 Rn. 3 mit weiteren Zuständigkeiten zB aufgrund UmwG; *Sauter/Schweyer/Waldner* Eingetragener Verein Rn. 156; *Stöber/Otto* Rn. 630; eine Übersicht findet sich bei BeckOGK/*Notz* BGB § 32 Rn. 15.
[4] MüKoBGB/*Leuschner* BGB § 32 Rn. 4: ggf. besteht insoweit auch eine Vorlagepflicht des Vorstandes; aM MHdB GesR V/*Waldner* § 25 Rn. 2: entscheidend sei die Satzungsregelung zur Zuständigkeit des Vorstandes; differenzierend BeckOGK/*Notz* BGB § 32 Rn. 16.
[5] BeckOGK/*Notz* BGB § 32 Rn. 21; BeckOK BGB/*Schöpflin* BGB § 32 Rn. 4; MHdB GesR V/*Waldner* § 25 Rn. 6a.
[6] BeckOGK/*Notz* BGB § 32 Rn. 18; BeckOK BGB/*Schöpflin* BGB § 32 Rn. 4.
[7] MüKoBGB/*Leuschner* BGB § 32 Rn. 1; *Noack* NJW 2018, 1345 (1346); *Schmidt* COVID-19 Rn. 2.
[8] Palandt/*Ellenberger* BGB § 32 Rn. 1; engere Grenzen für Vereine ohne Aufnahmefreiheit fordert MüKoBGB/*Arnold*, 7. Aufl. 2015, BGB § 32 Rn. 11.

rückgängig machen, solange ihr die gem. § 40 BGB **disponible Befugnis zur Satzungsänderung** nach § 33 BGB verblieben ist.[9]

3 Die Mitgliederversammlung ist zugleich **notwendiges Willensbildungsorgan**[10] des Vereins. Zwar räumt § 40 BGB dem Verein einen weitgehenden Gestaltungsspielraum ein, da auch die Vorschrift des § 32 BGB abdingbar ist. Dennoch kann die **Mitgliederversammlung nicht gänzlich abgeschafft** werden (außer zugunsten einer Delegiertenversammlung → Rn. 279 ff.).[11] Dies ergibt sich schon daraus, dass die Vorschriften der §§ 36, 37 BGB (**Einberufung** der Mitgliederversammlung) sowie § 41 BGB (Auflösung des Vereins durch die Mitgliederversammlung) als unabdingbare Vorschriften (arg. *e contrario* § 40 BGB) die Existenz einer Mitgliederversammlung voraussetzen.[12] Gleiches gilt für § 45 Abs. 2 S. 2 BGB (Zuweisung des Vereinsvermögens durch die Mitgliederversammlung, str.[13]) sowie für §§ 1 Abs. 3 S. 1 und 13 Abs. 1 S. 2 UmwG.[14] Die Satzung kann die Rechte der Mitgliederversammlung folglich weitgehend beschneiden, sie darf aber nicht von vorneherein jegliche nennenswerte Mitwirkung der Vereinsmitglieder bei der Willensbildung des Vereins ausschließen.[15] Dies wäre gegeben, wenn ausschließlich bestimmte Mitglieder die Angelegenheiten des Vereins regeln, auf deren Bestellung und Kontrolle die übrigen Mitglieder keinen Einfluss haben.[16] Eine völlige **Fremdbestimmung** des Vereins durch bestimmte Mitglieder oder Dritte ist damit **ausgeschlossen.** Hierzu auch → § 5 Rn. 9 und → § 5 Rn. 188 f.

2. Bezeichnung

4 Die Mitgliederversammlung ist eine nach Ort und Zeit vom zuständigen Vereinsorgan festgesetzte Zusammenkunft der Mitglieder,[17] die der Willensbildung des Vereins dient. Das Gesetz bezeichnet diese Zusammenkunft in § 32 Abs. 1 S. 1 BGB als **„Versammlung der Mitglieder". Abweichende Bezeichnungen** hiervon, auch in der Satzung, sind häufig anzutreffen, jedoch unschädlich.

Beispiele:

Generalversammlung, Hauptversammlung, Jahresversammlung, Konvent, Mitgliederversammlung, Tagung, Verbandstag, Vollversammlung.[18]

3. Ordentliche und außerordentliche Mitgliederversammlung

5 Gemäß § 36 BGB ist die Mitgliederversammlung in den durch die Satzung bestimmten Fällen sowie dann einzuberufen, wenn das Interesse des Vereins es erfordert. § 36 BGB ist nicht disponibel.

6 Der Verein kann (bzw. soll gem. § 58 Nr. 4 BGB) daher durch entsprechende Satzungsgestaltung Mitgliederversammlungen in bestimmten Intervallen oder zu bestimmten Zeit-

---

[9] MüKoBGB/*Leuschner* BGB § 32 Rn. 9 (auch durch Einzelfallsatzungsänderung welche nicht im Vereinsregister eingetragen werden muss); *Stöber/Otto* Rn. 632.

[10] BeckOGK/*Notz* BGB § 32 Rn. 12: gilt im Übrigen auch bei Religionsvereinen; MüKoBGB/*Leuschner* BGB § 32 Rn. 1, 10.

[11] BeckOK BGB/*Schöpflin* BGB § 32 Rn. 5; *Dehesselles/Richter* npoR 2016, 246 (248); *Kölsch* Rpfleger 1985, 137; MüKoBGB/*Leuschner* BGB § 32 Rn. 1; Palandt/*Ellenberger* BGB § 32 Rn. 1.

[12] MüKoBGB/*Leuschner* BGB § 32 Rn. 7; Palandt/*Ellenberger* BGB § 32 Rn. 1; *Wörle-Himmel* VereinsR S. 48.

[13] MHdB GesR V/*Waldner* § 32 Rn. 6; Soergel/*Hadding* BGB § 32 Rn. 4; aM BeckOGK/*Notz* BGB § 32 Rn. 22; MüKoBGB/*Leuschner* BGB § 32 Rn. 7 sowie MüKoBGB/*Arnold*, 7. Aufl. 2015, BGB § 32 Rn. 1.

[14] MüKoBGB/*Leuschner* BGB § 32 Rn. 7.

[15] OLG Celle NJW-RR 1995, 1273; *Sauter/Schweyer/Waldner* Eingetragener Verein Rn. 155.

[16] OLG Celle NJW-RR 1995, 1273.

[17] *Sauter/Schweyer/Waldner* Eingetragener Verein Rn. 155.

[18] BeckOK BGB/*Schöpflin* BGB § 32 Rn. 2; MHdB GesR V/*Waldner* § 25 Rn. 1a; *Sauter/Schweyer/Waldner* Eingetragener Verein Rn. 155; *Stöber/Otto* Rn. 634.

punkten vorsehen.[19] Die meisten Satzungen sehen **jährliche** Mitgliederversammlungen vor. Diese werden in Satzungen oft als **ordentliche Mitgliederversammlungen** bezeichnet, während Mitgliederversammlungen, die aufgrund ungewöhnlicher oder unvorhersehbarer Vorkommnisse und damit im Interesse des Vereins einberufen werden, oftmals **außerordentliche Mitgliederversammlungen** genannt werden. Das Gesetz kennt diese Differenzierung nicht.[20] Es ist jedoch zulässig, in der Satzung an die ordentlichen und außerordentlichen Mitgliederversammlungen unterschiedliche Formalitäten zu knüpfen, zB im Hinblick auf die Einberufung der Mitgliederversammlung.[21]

4. Willensbildung außerhalb von Versammlungen

Nur die **Gesamtheit der Mitglieder** kann die Mitgliederversammlung ersetzen.[22] Eine Willensbildung der Mitglieder ist daher außerhalb von Mitgliederversammlungen gem. § 32 Abs. 2 BGB nur zulässig, wenn alle Vereinsmitglieder dem form- und fristgerecht schriftlich zustimmen. Die Zustimmung beinhaltet nicht nur die Zustimmung zur Verfahrensweise, sondern auch zum Beschlussgegenstand.[23] 7

Fraglich ist, wie der Wortlaut **„alle" Mitglieder** zu verstehen ist. Wenn alle Mitglieder des Vereins stimmberechtigt sind, so sind logischerweise alle Vereinsmitglieder zu beteiligen, damit diese ihr Stimmrecht ausüben können. Einige Satzungen sehen vor, dass bestimmte Mitglieder kein Stimmrecht haben, regeln jedoch die Folgen für ein Verfahren nach § 32 Abs. 2 BGB ausdrücklich nicht, obwohl dies möglich wäre (→ Rn. 9).[24] Teilweise wird (in historischer Auslegung) vertreten, dass hierunter nur die stimmberechtigten Mitglieder zu verstehen sind, da man ansonsten den nicht stimmberechtigten Mitgliedern ein Stimmrecht zusprechen würde. Zudem sei man bei Fassung des Gesetzes von der Grundregel ausgegangen, dass jedem Mitglied ein Stimmrecht zustehe. Dass auch nicht stimmberechtigte Mitglieder bei einer Mitgliederversammlung zur Diskussion beitragen, sei irrelevant, da der Gesetzgeber die fehlende vorgängige Erörterung der Beschlussgegenstände bei einem Verfahren nach § 32 Abs. 2 BGB in Kauf genommen habe.[25] Der Auffassung ist grundsätzlich zuzustimmen, da es bei § 32 Abs. 2 BGB auch um die inhaltliche Zustimmung zu einem Beschluss geht und nicht nur um die Verfahrensweise der Beschlussfassung. Zu den **Erleichterungen in Zusammenhang mit der Corona-Pandemie** → Rn. 23a ff., insbesondere → Rn. 23n. 7a

Das Erfordernis der Zustimmung aller Mitglieder ist bei Stimmenthaltungen und nichtigen Stimmen nicht gewahrt.[26] Das Fristerfordernis ist nicht gewahrt, wenn Stimmen, die nicht innerhalb einer bestimmten Frist eingegangen sind, als Zustimmung gewertet werden.[27] Ferner müssen die Zustimmungen in **Schriftform** iSv § 126 BGB erfolgen, wobei elektronische Form gem. §§ 126 Abs. 3, 126a BGB zulässig ist. Letztere erfordert eine qualifizierte elektronische Signatur nach dem Signaturgesetz. Dagegen wird der Schriftform iSv § 126 BGB durch einfache E-Mail, Telefax oder Telegramm wohl nicht Genüge getan (zum Verzicht → Rn. 10),[28] wohl aber durch Briefwahl. Hierbei ist zu berücksichtigen, dass sich Stimmabgaben nach den Vorschriften des Allgemeinen Teils des BGB richten, so dass sie nach Zugang beim Verein nicht mehr widerrufen werden können.[29] 8

---

[19] *Wörle-Himmel* VereinsR S. 38.
[20] MHdB GesR V/*Waldner* § 25 Rn. 5; *Stöber/Otto* Rn. 635.
[21] MHdB GesR V/*Waldner* § 25 Rn. 5; *Sauter/Schweyer/Waldner* Eingetragener Verein Rn. 155.
[22] Palandt/*Ellenberger* BGB § 32 Rn. 12.
[23] *Schmidt* COVID-19 § 8 Rn. 17.
[24] *Nessler* ZStV 2020, 168 (169).
[25] *Nessler* ZStV 2020, 168 (169, 170).
[26] BeckOK BGB/*Schöpflin* BGB § 32 Rn. 44; MüKoBGB/*Leuschner* BGB § 32 Rn. 66; *Schmidt* COVID-19 § 8 Rn. 17; *Stöber/Otto* Rn. 637.
[27] *Engel* ZStV 2020, 110 (111); *Stöber/Otto* Rn. 637.
[28] *Stöber/Otto* Rn. 636; aM für Telefax MüKoBGB/*Leuschner* BGB § 32 Rn. 22g.
[29] *Krüger* MMR 2012, 85 (88); *Stöber/Otto* Rn. 792.

9 Die Vorschrift des § 32 Abs. 2 BGB ist gem. § 40 BGB **disponibel.** Die Satzung kann daher sowohl Erleichterungen als auch Erschwernisse vorsehen. So können die Zustimmungen in fernmündlicher oder elektronischer Form (einfache E-Mail) zugelassen werden. Die Satzung kann die Willensbildung der Mitglieder außerhalb von Mitgliederversammlungen aber auch ausdrücklich verbieten[30] oder das Verfahren der schriftlichen Stimmabgabe mit einer Präsenzversammlung kombinieren.[31] Soweit man der Ansicht folgt, dass eine virtuelle Versammlung eine Versammlung iSv § 32 Abs. 2 BGB ist (→ Rn. 12a), kann für diese auch das Mehrheitsprinzip vereinbart werden. Auch im Übrigen kann vom Einstimmigkeitsprinzip abgewichen werden.

10 Strittig ist, ob die **Zustimmung** iSv § 32 Abs. 2 BGB auch ohne Satzungsgrundlage formlos, also insbesondere fernmündlich oder mit einfacher E-Mail erteilt werden kann. Eine Ansicht geht davon aus, dass bei der Beschlussfassung auf jegliche Förmlichkeiten **verzichtet** werden kann, wenn die Gesamtheit der Mitglieder (= alle Mitglieder) hiermit einverstanden sind.[32] Nach anderer Ansicht ist die fernmündliche Zustimmung unzulässig.[33] Erstere Ansicht überzeugt, da es als bloße Förmelei erscheint, eine Änderung der Satzung zu verlangen, wenn sämtliche Mitglieder mit der Vorgehensweise einverstanden sind.

> Hinweis:
>
> Je nach Mitgliederumfang und -zusammensetzung kann es sich empfehlen, in der Satzung die fernmündliche, elektronische oder Online-Versammlung (→ Rn. 11 ff.) vorzusehen und zusätzlich für die Willensbildung außerhalb von Versammlungen vom Einstimmigkeitsprinzip abzuweichen. Auch eine Kombination aus Abstimmung in und außerhalb von Mitgliederversammlungen kann bestimmt werden.[34] Das Verfahren ist in der Satzung möglichst genau zu regeln, insbesondere die Fristen zur Stimmabgabe und die Bekanntgabe des Abstimmungsergebnisses. Zu beachten ist, dass bei Abstimmungen ausschließlich außerhalb von Mitgliederversammlungen der Terminus „anwesende Mitglieder" diejenigen Mitglieder meint, die sich an der Abstimmung beteiligen.[35]

5. Einsatz neuer Medien

11 **a) Kapitalgesellschafts- und Verbandsrecht.** In den letzten Jahren haben moderne Kommunikationsmedien im Kapitalgesellschafts- und Verbandsrecht eine zeit- und kostensparende Alternative zur **realen Präsenzversammlung** der Mitglieder bzw. Aktionäre eröffnet, insbesondere bei Versammlungen mit hohen Teilnehmerzahlen. Die wichtigsten hiervon sind die **Online-Präsenz-Versammlung (hybride Form/Mischform)** sowie die **reine Online-Versammlung bzw. rein virtuelle Versammlung** (ohne Präsenz der Mitglieder/Aktionäre). Unter einer Online-Präsenzversammlung ist eine Präsenzversammlung zu verstehen, an der die Mitglieder/Aktionäre grundsätzlich physisch teilnehmen können und nicht anwesende Mitglieder/Aktionäre zusätzlich elektronisch teilnehmen können. Bei einer reinen Online-Versammlung findet die Versammlung rein virtuell statt, also ohne jegliche physische Präsenz der Mitglieder.[36]

---

[30] *Stöber/Otto* Rn. 636; BeckOK BGB/*Schöpflin* BGB § 32 Rn. 44 weist darauf hin, dass das Verbot ausdrücklich in der Satzung zu regeln ist.
[31] *Sauter/Schweyer/Waldner* Eingetragener Verein Rn. 211; *Stöber/Otto* Rn. 796.
[32] Palandt/*Ellenberger* BGB § 32 Rn. 12; *Sauter/Schweyer/Waldner* Eingetragener Verein Rn. 210.
[33] *Stöber/Otto* Rn. 636.
[34] *Sauter/Schweyer/Waldner* Eingetragener Verein Rn. 211; *Stöber/Otto* Rn. 796.
[35] *Sauter/Schweyer/Waldner* Eingetragener Verein Rn. 210; aA noch die Vorauflage.
[36] *Schwarz* MMR 2003, 23 ff. für die AG; die Abgrenzung ist schwierig, wenn alle Mitglieder elektronisch teilnehmen und nicht zur Präsenzversammlung erscheinen, BeckOGK/*Notz* BGB § 32 Rn. 113 sieht hierin eine zulässige Online-Präsenz-Versammlung.

Im Bereich des Kapitalgesellschaftsrechts hat der Gesetzgeber in § 118 Abs. 1 S. 2 AktG die Möglichkeit der Online-Teilnahme an Hauptversammlungen bei entsprechender Satzungsgrundlage eingeführt.[37] Diese Regelungen sind jedoch nicht ohne weiteres vollumfänglich auf die Mitgliederversammlung von Vereinen übertragbar.[38] 11a

b) Vereinsrecht. aa) Allgemeines. Nichtsdestotrotz können sich auch Vereine des Einsatzes moderner Techniken zur Abhaltung von Mitgliederversammlungen bedienen. Zwar ist eine entsprechende Gesetzesänderung im Vereinsrecht grundsätzlich ausgeblieben (zu den Besonderheiten während der Corona-Pandemie → Rn. 23a ff.),[39] eine solche war aber auch nicht erforderlich. 12

bb) Literatur. Während frühere Literaturmeinungen davon ausgingen, dass aus dem bloßen Gesetzeswortlaut „Versammlung der Mitglieder" in § 32 Abs. 1 BGB zu schließen sei, dass eine reale Zusammenkunft der Mitglieder in jedem Fall zwingend erforderlich sei und eine virtuelle Versammlung die Abschaffung der Mitgliederversammlung bedeute,[40] geht ein Teil der Literatur nunmehr davon aus, dass für eine „Versammlung der Mitglieder" in § 32 Abs. 1 BGB eine reale Zusammenkunft der Mitglieder nicht zwingend erforderlich[41] und demgemäß eine virtuelle Mitgliederversammlung auch ohne Satzungsgrundlage bzw. Zustimmung aller Mitglieder stets zulässig sei.[42] Ein anderer Teil hält die hybride Form (Online-Präsenzversammlung) ohne Satzungsgrundlage für zulässig, solange die Mitglieder nur die freie Auswahl haben, ob sie an der Versammlung in Präsenz oder online teilnehmen. Die Rechte der Mitglieder würden in diesem Fall gegenüber der reinen Präsenzversammlung erweitert.[43] Andere Teile der Literatur gehen von einer Zulässigkeit ohne entsprechende Satzungsgrundlage, jedoch mit Zustimmung sämtlicher Vereinsmitglieder analog § 32 Abs. 2 BGB aus.[44] 12a

Auch die hM in der Literatur vertritt den Standpunkt, dass eine **virtuelle Mitgliederversammlung** bei entsprechender Satzungsgrundlage zulässig sei.[45] Die überwiegende Meinung in der Literatur geht dabei davon aus, dass der Begriff „Versammlung der Mitglieder" zwar grundsätzlich eine physische Präsenz voraussetze,[46] aber aufgrund der **Sat-** 13

---

[37] *Schwarz* MMR 2003, 23.

[38] *Stöber/Otto* Rn. 638; aM *Dehesselles/Richter* npoR 2016, 246 (247): was im Aktienrecht erlaubt ist, ist generell auch einem Verein erlaubt.

[39] *Krüger* MMR 2012, 85 (86).

[40] *Stöber/Otto* Rn. 638; aM *Fleck* DNotZ 2008, 245 (247).

[41] *Fleck* DNotZ 2008, 245 (247); *Noack* NJW 2018, 1345 (1349); aM *Stöber/Otto* Rn. 638 und *Schindler/Schaffner* Virtuelle Beschlussfassung § 4 Rn. 632.

[42] *Noack* auf dem Vereinsrechtstag 2018, vgl. npoR 2018, 133 (136 f.); *Piper* NZG 2012, 735 (737); weitere, dem zustimmende Autoren zu finden bei *Segna* npoR 2020, 148 (150); *Schmidt* COVID-19 § 8 Rn. 6 mit Hinweis auf § 147 BGB, jedoch nur, wenn satzungsmäßig nicht ausgeschlossen; vorsichtig mit Einschränkungen zustimmend auch BeckOGK BGB/*Notz* BGB § 32 Rn. 294.

[43] *Noack* NJW 2018, 1345 (1350); *Schindler/Schaffner* Virtuelle Beschlussfassung § 4 Rn. 634, jedoch unter Rn. 635 mit dem Hinweis, vorsichtshalber die Satzung entsprechend zu gestalten und aM offensichtlich in Rn. 656; wohl auch BeckOGK/*Notz* BGB § 32 Rn. 113; aM zumindest für die GmbH BGH NJW 2006, 2044.

[44] BeckOGK/*Notz* BGB § 32 Rn. 294; BeckOK BGB/*Schöpflin* BGB § 32 Rn. 14, 45; MüKoBGB/*Leuschner* BGB § 32 Rn. 67; MüKoBGB/*Arnold,* 7. Aufl. 2015, BGB § 32 Rn. 67; *Noack* NJW 2018, 1345 (1348 f.); Palandt/*Ellenberger* BGB § 32 Rn. 1.

[45] BeckOGK/*Notz* BGB § 32 Rn. 294; BeckOK BGB/*Schöpflin* BGB § 32 Rn. 45; *Dehesselles/Richter* npoR 2016, 246 (248); *Erdmann* MMR 2000, 526 (527); *Fleck* DNotZ 2008, 245 (247); *Krüger* MMR 2012, 85; MüKoBGB/*Arnold,* 7. Aufl. 2015, BGB § 32 Rn. 67, jedoch zweifelnd für Vereine ohne Aufnahmefreiheit; MüKoBGB/*Leuschner* BGB § 32 Rn. 21; MHdB GesR V/*Waldner* § 25 Rn. 4; Palandt/*Ellenberger* BGB § 32 Rn. 1; *Roßnagel/Gitter/Opitz* MMR 2009, 383; *Sauter/Schweyer/Waldner* Eingetragener Verein Rn. 210; *Schindler/Schaffner* Virtuelle Beschlussfassung § 4 Rn. 632; *Schwarz* MMR 2003, 23; *Stöber/Otto* Rn. 639; kritisch *Beck* RNotZ 2014, 160 (167) für die rein virtuelle Mitgliederversammlung.

[46] *Schindler/Schaffner* Virtuelle Beschlussfassung § 4 Rn. 632 mwN; aM wohl mit gewissen Einschränkungen BeckOGK/*Notz* BGB § 32 Rn. 294; aM auch *Noack* NJW 2018, 1345 (1350) sowie *Piper* NZG 2012, 735 (737).

zungsfreiheit (§§ 32, 40 BGB) der Einsatz moderner Techniken bis hin zur rein virtuellen Online-Versammlung bei entsprechender Satzungsausgestaltung zulässig sei. Spätestens seit Inkrafttreten des § 5 COVMG in Zusammenhang mit der Corona-Pandemie (→ Rn. 23a ff.) ist klar, dass der Gesetzgeber davon ausgeht, dass eine Versammlung iSd § 32 Abs. 1 BGB eine Präsenzversammlung darstellt und dass virtuelle Versammlungen grundsätzlich bei entsprechender Satzungsgrundlage sowie zusätzlich während der Geltung des COVMG aufgrund gesetzlicher Anordnung zulässig sind.[47]

14 **cc) Rechtsprechung.** Die Rechtsprechung spricht sich ebenfalls für eine grundsätzliche Zulässigkeit von virtuellen Mitgliederversammlungen (in Form der reinen Online-Versammlung) bei entsprechender Satzungsgrundlage aus (zur grundsätzlichen Zulässigkeit aufgrund der Vereinsautonomie → Rn. 22 ff.). Mit Beschluss vom 27. 9. 2011 hat das OLG Hamm entschieden, dass eine Mitgliederversammlung nicht nur im Präsenzverfahren, sondern auch rein virtuell durchgeführt werden kann, wenn diese Alternative zur Präsenzversammlung in der Vereinssatzung vorgesehen ist. Durch virtuelle Mitgliederversammlungen werde das Organ der Mitgliederversammlung ja nicht abgeschafft, sondern lediglich ein **bestimmte Art der Willensbildung** bzw. Verfahrensart geregelt, die gem. §§ 32, 40 BGB ohnehin dispositiv sei.[48] Der Verein müsse zudem nicht einem beliebigen Personenkreis offenstehen und Kommunikation nicht auf jede erdenkliche Weise anbieten.[49]

> Hinweis:
>
> Überregional tätige Vereine sowie Vereine mit großen Mitgliederzahlen sollten die gesetzlichen Freiräume für moderne Kommunikationstechniken auszunutzen. Dies erfordert eine entsprechende Ausgestaltung der Satzung. Die Inanspruchnahme moderner Kommunikationstechniken kann grundsätzlich zu einer höheren Beteiligung der Mitglieder an der Versammlung und somit zu repräsentativeren Ergebnissen führen.[50]

15 **dd) Missbrauchsgefahr.** Bisher geäußerten grundsätzlichen Bedenken im Hinblick auf die Missbrauchsgefahr beim Einsatz moderner Kommunikationstechniken hat die Rechtsprechung und auch die hM in der Literatur eine Absage erteilt. Die Tatsache, dass sich auch eine fremde Person Zugang zur Onlineversammlung verschaffen und sich als Mitglied ausgeben kann sowie die fehlende Prüfung der Geschäftsfähigkeit der teilnehmenden Mitglieder sei unbeachtlich, da diese Gefahren auch bei einem Verfahren gem. § 32 Abs. 2 BGB gegeben sind[51] und auch bei einem Präsenzverfahren gegeben sein können.[52] Das virtuelle Verfahren biete aufgrund technischer Möglichkeiten zur Registrierung, Speicherung und ggf. automatischen Auszählung der Stimmen zudem mehr Sicherheit im Hinblick auf die Richtigkeit als das Händezählen auf einer Präsenzversammlung.[53]

> Hinweis:
>
> Dennoch empfiehlt es sich, durch Satzungsregelungen der **Missbrauchsgefahr** entgegenzuwirken, also Passwörter/PINs für virtuelle Versammlungen oder Einwahlnummern und Einwahlcodes für Telefonkonferenzen zu vergeben,[54] mit der sich die Mitglieder zu-

---

[47] *Schindler/Schaffner* Virtuelle Beschlussfassung § 4 Rn. 633, 638.
[48] OLG Hamm NZG 2012, 189 (190); *Piper* NZG 2012, 735 (736).
[49] OLG Hamm NZG 2012, 189 (190).
[50] *Dehesselles/Richter* npoR 2016, 246; *Noack* NJW 2018, 1345.
[51] OLG Hamm NZG 2012, 189 (190); *Erdmann* MMR 2000, 529; *Roßnagel/Gitter/Opitz* MMR 2009, 383 (386); *Schindler/Schaffner* Virtuelle Beschlussfassung § 4 Rn. 687; *Schmidt* COVID-19 § 8 Rn. 13; *Schneider/Bischoff* ZStV 2020, 153 (154).
[52] *Fleck* DNotZ 2008, 245 (252); *Leinenbach/Alvermann* NJW 2020, 2319 (2321).
[53] *Dehesselles/Richter* npoR 2016, 246 (248).
[54] *Fleck* DNotZ 2008, 245 (254); *Leinenbach/Alvermann* NJW 2020, 2319 (2321).

sätzlich über die Angabe ihrer Mitgliedsnummer hinaus identifizieren können.[55] Mitglieder sollten zudem in der Einberufung darauf hingewiesen werden, dass die Zugangsdaten und Passwörter nicht an unbefugte Dritte weitergegeben werden dürfen.[56]

Auch Bedenken im Hinblick auf eine möglicherweise notwendige geheime Abstimmung greifen nicht. Die technischen und organisatorischen Mittel ermöglichen auch bei einer virtuellen Mitgliederversammlung die Grundsätze der freien, gleichen, öffentlichen und geheimen Wahlen einzuhalten.[57] Hierzu auch → Rn. 18. Zum Anspruch auf geheime Wahlen → Rn. 177. 15a

ee) Gesetzliche Formerfordernisse. Generell können sämtliche Angelegenheiten des Vereins in Mitgliederversammlungen unter Einsatz moderner Kommunikationstechniken geregelt werden. Gesetzliche Schriftformerfordernisse, wie zB § 59 Abs. 2 BGB bei erstmaliger Bestellung des Vorstands (→ § 4 Rn. 113 f., 135) oder § 59 Abs. 3 BGB bei Vereinsgründung bleiben hiervon unberührt.[58] 16

Lediglich die **Verschmelzung von Vereinen** bedarf gem. § 13 Abs. 1 S. 2 UmwG eines Beschlusses im Präsenzverfahren, sog. Versammlungszwang (str., zu den Einzelheiten und zur Ausgestaltung der Satzung → Rn. 23). Zu den Besonderheiten im Zusammenhang mit der Corona-Pandemie → Rn. 24s ff. 17

ff) Auswahl der Verfahrensart. Im Vereinsrecht stehen grundsätzlich die verschiedensten Verfahrensarten für Mitgliederversammlungen ohne physische Präsenz zu Verfügung (→ Rn. 11). Spätestens seit Einführung des COVMG (→ Rn. 23a ff.) ist mE klar, dass sämtliche nachgenannten Möglichkeiten vom Gesetzgeber bei entsprechender Satzungsgrundlage für zulässig gehalten werden. Die Satzung kann für die Mitgliederversammlung somit folgende Verfahren bestimmen: 18

- reine Online-Versammlung bzw. rein virtuelle Versammlung;[59]
- Online-Präsenzversammlung (hybride Form), dh zusätzlich zur Präsenzversammlung die virtuelle Stimmabgabe nicht anwesender Mitglieder im Wege der elektronischen Teilnahme an der Präsenzversammlung (oder im Wege der Briefwahl);[60]
- Versammlungen entweder ausschließlich real oder ausschließlich virtuell oder in der Form der Online-Präsenzversammlung durchzuführen, wobei der Vorstand bei jeder Einladung gesondert über die Form der Versammlung entscheidet.[61]

Zur Umsetzung dieser Verfahren kommen zahlreiche Möglichkeiten in Betracht. 18a

Beispiele:

Rein virtuelle Versammlung als Telefon- oder Videokonferenz[62] oder in einem Chatroom,[63] Abstimmung per E-Mail,[64] Abstimmung per elektronisch hinterlegtem Internetformular, das online ausgefüllt und an die auszählende Stelle geschickt wird, etc.

---

[55] *Roßnagel/Gitter/Opitz* MMR 2009, 383; *Schindler/Schaffner* Virtuelle Beschlussfassung § 4 Rn. 687.

[56] *Leinenbach/Alvermann* NJW 2020, 2319 (2321).

[57] Vgl. hierzu *Roßnagel/Gitter/Opitz* MMR 2009, 383 (385 ff.); in diese Richtung auch *Schmidt* COVID-19 § 8 Rn. 6.

[58] *Erdmann* MMR 2000, 529.

[59] BeckOK BGB/*Schöpflin* BGB § 32 Rn. 45; vgl. auch *Schindler/Schaffner* Virtuelle Beschlussfassung § 4 Rn. 637.

[60] Bzgl. elektronischer Teilnahme: *Dehesselles/Richter* npoR 2016, 246 (247); *Fleck* DNotZ 2008, 245 (255); MüKoBGB/*Leuschner* BGB § 32 Rn. 21; *Stöber/Otto* Rn. 796.

[61] *Wilken* ZStV 2020, 34 (35).

[62] BeckOK BGB/*Schöpflin* BGB § 32 Rn. 45; *Leinenbach/Alvermann* NJW 2020, 2319 (2320); MüKoBGB/*Leuschner* BGB § 32 Rn. 22e; *Stöber/Otto* Rn. 639; verschiedene Anbieter zB Microsoft Teams, Zoom, Skype, GoTo Meeting und Facetime.

[63] *Dehesselles/Richter* npoR 2016, 246 ff. mit passwortgeschütztem Zugang, automatisch verschlüsselter Datenübertragung etc. und dem Vorschlag zur Weiterleitung auf ein Internetformular zur Abstimmung; ausführlich hierzu auch *Leinenbach/Alvermann* NJW 2020, 2319 (2320); *Schwenn/Blacher* npoR 2020, 154 (156).

Hinweis:

Bei der Auswahl der Verfahrensart ist Folgendes zu beachten:

Bei einigen Verfahren, zB Abstimmung per E-Mail, ist eine Diskussion im Plenum nicht gleichermaßen wie bei einer Präsenzversammlung möglich. Dem kann durch geschickte Verfahrensgestaltung im Vorlauf der Abstimmung entgegengewirkt werden, indem diese samt Beschlussvorschlägen angekündigt und zugleich eine Frist bestimmt wird, innerhalb derer Änderungsvorschläge der Mitglieder einbezogen werden, bevor die endgültigen Abstimmungsunterlagen samt Beschlussvorschlägen ermittelt werden.[65] Einzelnen Literaturstimmen, die fordern, dass bei reinen virtuellen Versammlungen der Auskunftsanspruch und das Rederecht des Mitglieds nicht vollständig beseitigt werden darf,[66] kann so Genüge getan werden.

Für virtuelle Diskussionen eignen sich beispielsweise der Chatroom oder Telefon- oder Videokonferenzen, bei denen alle Mitglieder gleichzeitig sprechen und hören können. Telefon- und Videokonferenzen galten bisher nur bei einer geringen Teilnehmerzahl als praktikabel.[67] Zudem wurde bemängelt, dass sie geheime Abstimmungen nicht zulassen.[68] Zu bedenken ist jedoch, dass verschiedene Softwareanbieter für Videokonferenzen zwischenzeitlich sowohl eine große Anzahl an Teilnehmern als auch geheime Abstimmungen bewältigen können.[69] Gleiches gilt für Online-Wahlportale[70] sowie für E-Mail samt Verschlüsselungssoftware.[71]

Eine Online-Präsenzversammlung kann von Vorteil sein bei mitgliedstarken Vereinen, bei denen sich Mitglieder ggf. in ihren Sparten und Gruppierungen an jeweils anderen Orten als dem Ort der Präsenzversammlung versammeln und die Gruppierungen virtuell miteinander kommunizieren (wobei einzelne Mitglieder auch nur virtuell von zu Hause aus teilnehmen können).[72] Wenn jedoch während der Mitgliederversammlung eines Großvereins sich Mitglieder verschiedener Gruppierungen in verschiedenen Räumen am Versammlungsort aufhalten und über Live-Bildschirme (besser jedes Mitglied über ein Tablet/Computer/Smartphone) miteinander kommunizieren können, ist von einer reinen Präsenzversammlung auszugehen.[73] Bei der Online-Präsenzversammlung sind Vorkehrungen zu treffen, damit Mitglieder nicht zusätzlich zur virtuellen Teilnahme ihre Stimme in der Präsenzversammlung abgeben können[74] und es muss eine Verfahrensweise für einen etwaigen zweiten Wahlgang festgelegt werden.[75]

19 **gg) Satzungsinhalt.** Bis zur höchstrichterlichen Klärung der Zulässigkeit sollte die jeweils gewählte Verfahrensart ausdrücklich als zulässige Form in der Satzung niedergelegt werden.[76] Sieht die Satzung mehrere Arten der Mitgliederversammlung vor, so ist klar zu definieren, wer wann über die jeweilige Versammlungsform entscheidet, so zB der Vorstand gesondert bei jeder Einladung.[77] Ferner muss die Satzung klare Vorgaben zum jeweiligen

---

[64] BeckOK BGB/*Schöpflin* BGB § 32 Rn. 45; *Dehesselles/Richter* npoR 2016, 246.
[65] *Dehesselles/Richter* npoR 2016, 246 (247 f.).
[66] *Schindler/Schaffner* Virtuelle Beschlussfassung § 4 Rn. 641.
[67] *Erdmann* MMR 2000, 526 (528); *Leinenbach/Alvermann* NJW 2020, 2319 (2320).
[68] *Fleck* DNotZ 2008, 245 (253); *Leinenbach/Alvermann* NJW 2020, 2319 (2320).
[69] AA *Fleck* DNotZ 2008, 245 (253) und *Leinenbach/Alvermann* NJW 2020, 2319 (2320), der davon spricht, dass die geheime Abstimmung technische Zusatzaufwand bedeute.
[70] Vgl. hierzu mit Anbieterbeispielen *Schneider/Bischoff* ZStV 2020, 153 (155 f.); *Schmidt* COVID-19 § 8 Rn. 14.
[71] *Schmidt* COVID-19 § 8 Rn. 14.
[72] *Dehesselles/Richter* npoR 2016, 246 (249) mit weiteren Vorschlägen zur Organisation und zum Ablauf.
[73] *Dehesselles/Richter* npoR 2016, 246 (249).
[74] *Noack* NJW 2018, 1345 (1348 f.); *Roßnagel/Gitter/Opitz* MMR 2009, 383 (385 f.); *Schindler/Schaffner* Virtuelle Beschlussfassung § 4 Rn. 695 mit Lösungsvorschlägen.
[75] *Krüger* MMR 2012, 85 (88).
[76] *Schindler/Schaffner* Virtuelle Beschlussfassung § 4 Rn. 635; *Stöber/Otto* Rn. 796.
[77] *Schindler/Schaffner* Virtuelle Beschlussfassung § 4 Rn. 653, 658 f.

Verfahrensablauf machen.[78] Zudem sollte die Satzung genau definieren, wie die Einladung erfolgt und wie Mitglieder an ihre Zugangsdaten und Passwörter für die Online-Teilnahme gelangen.[79] Einschränkungen der Mitgliedsrechte bei virtuellen Versammlungen sollten entweder in der Satzung klar definiert sein oder die Satzung sollte das Einberufungsorgan hierzu ermächtigen.[80] Zudem kann erwogen werden, per Satzung festzulegen, dass die Beschlussfeststellung durch den Versammlungsleiter für die Wirksamkeit des Beschlusses entscheidend ist. So kann ggf. vermieden werden dass bei technischen Problem der elektronischen Abstimmung eine Nichtigkeit eintritt.[81] Die Satzung kann zudem regeln, dass bei technischen Mängeln während der Versammlung § 243 Abs. 3 S. 1 AktG analog gilt und somit die Beschlüsse nicht mehr wegen technischer Mängel angreifbar sind, soweit dem Verein nicht Vorsatz oder grobe Fahrlässigkeit zur Last gelegt wird.[82] Soweit nach der Satzung eine Vertretung zulässig ist (→ Rn. 196), ist sie um eine Bestimmung zu ergänzen, wie die Abstimmung durch Vertreter in der virtuellen Versammlung erfolgen soll.[83] Sind geheime Abstimmungen für Präsenzversammlungen in der Satzung vorgesehen, so sind insoweit in der Satzung ggf. Ausnahmen für virtuelle Versammlungen bzw. Stimmabgaben zu machen, soweit nicht über entsprechende Gestaltung des elektronischen Abstimmungsprozesses bzw. Verwendung entsprechender Abstimmungssoftware[84] eine geheime Wahl aufrecht erhalten werden kann.

Formulierungsbeispiel: Virtuelle Mitgliederversammlung[85] (Satzungsbestandteil) 20

§ 4. Mitgliederversammlung

(1) Die Mitgliederversammlung kann jeweils entweder real (als reine Präsenzversammlung) und, sofern keine zwingenden Gesetzbestimmungen entgegenstehen, virtuell (ausschließlich unter Einsatz technischer Kommunikationsmittel) oder in hybrider Form als Online-Präsenzversammlung (Präsenzversammlung, an der nicht physisch anwesende Mitglieder elektronisch teilnehmen können) erfolgen. Der Vorstand entscheidet hierüber nach seinem Ermessen und teilt dies den Mitgliedern in der Einladung mit. Die Vorschrift des § 32 Abs. 2 BGB bleibt hiervon unberührt.

(2) Virtuelle Mitgliederversammlungen finden in einem nur für Mitglieder zugänglichen Chatroom statt. Mitglieder müssen sich hierbei mit ihren Daten sowie einem gesonderten Passwort anmelden. Das Passwort ist jeweils nur für eine virtuelle Mitgliederversammlung gültig. Mitglieder, die ihre E-Mail-Adresse beim Verein registriert haben, erhalten das Passwort durch eine gesonderte E-Mail, die übrigen Mitglieder erhalten das Passwort per Brief. Ausreichend ist eine Versendung des Passworts zwei Tage vor der Mitgliederversammlung an die dem Verein zuletzt bekannt gegebene E-Mail-Adresse bzw. eine Woche vor Versammlung an die dem Verein zuletzt bekannte Postadresse. Die Mitglieder sind verpflichtet, das Passwort geheim zu halten. Eine Weitergabe an dritte Personen ist nicht zulässig.

(3) Im Fall einer Online-Präsenzversammlung entscheidet der Vorstand über die Modalitäten der Fernabstimmung,[86] die allen Mitgliedern die Teilnahme im Wege elektronischer Kommunikation ermöglicht.

---

[78] *Schindler/Schaffner* Virtuelle Beschlussfassung § 4 Rn. 653.
[79] Zu den Details *Schindler/Schaffner* Virtuelle Beschlussfassung § 4 Rn. 662.
[80] *Schindler/Schaffner* Virtuelle Beschlussfassung § 4 Rn. 672 mit Hinweis, dass dies in der Einladung mitzuteilen ist.
[81] *Schindler/Schaffner* Virtuelle Beschlussfassung § 4 Rn. 653, 673.
[82] *Schindler/Schaffner* Virtuelle Beschlussfassung § 4 Rn. 676f., 710ff.
[83] *Schwenn/Blacher* npoR 2020, 154 (157).
[84] *Schindler/Schaffner* Virtuelle Beschlussfassung § 4 Rn. 696.
[85] Angelehnt an die Formulierung OLG Hamm NZG 2012, 189 (190).
[86] Nähere Einzelheiten in die Satzung aufzunehmen würde diese überfrachten und die Handhabung im Einzelfall unflexibel machen, so auch *Noack* NJW 2018, 1345 (1348f.).

(4) Der Vorstand kann auch entscheiden, dass jedes Mitglied, das es wünscht,[87] seine Stimme auch ohne an der Versammlung teilzunehmen im Wege elektronischer Kommunikation abgeben darf. In diesem Fall muss dem Verein die Stimme bis zum Ablauf des Tages vor dem Versammlungstag zugegangen sein.[88]

(5) Der Vorstand ist ermächtigt, die Bestimmungen zum Verfahren und zur Ausübung der Mitgliedschaftsrechte in der Versammlung zu treffen. Im Falle einer virtuellen Mitgliederversammlung ist der Vorstand berechtigt, das Rede- und Fragerecht in angemessener Weise (und zwar sowohl zeitlich als auch sachlich) zu begrenzen. Wird die Versammlung als Online-Präsenzversammlung abgehalten, kann der Vorstand das Rede- und Fragerecht auf die in der Präsenzversammlung anwesenden Mitglieder beschränken oder nach pflichtgemäßem Ermessen entscheiden, welche Fragen der nicht persönlich anwesenden Mitglieder er beantwortet. Die Beschränkungen gemäß Satz 2 und 3 sind mit der Einladung zur Mitgliederversammlung anzukündigen.[89]

21 **hh) Mitgliedsrechte bei virtuellen Versammlungen.** In jedem Fall hat der Verein für einen sicheren elektronischen Kommunikationsweg zu sorgen.[90]

Grundsätzlich stellt sich aber die Frage, ob die Mitgliedsrechte im Rahmen von virtuellen Versammlungen, in welcher Ausprägung auch immer, beschnitten werden können. Das Teilnahmerecht als unabdingbares Mitgliedsrecht und das Stimmrecht, das nur mit sachlichem Grund eingeschränkt werden darf, muss grundsätzlich bei der virtuellen Mitgliederversammlung genauso wie bei der realen erhalten bleiben. Anders steht es um das Rede- und Auskunftsrecht.[91]

21a Es stellt sich die Frage, ob bei der hybriden Form die via elektronischer Medien teilnehmende Mitglieder mit denselben Rechten (insbesondere Frage-, Rede- und Antragsrecht; → Rn. 135 ff.) wie physisch teilnehmende Mitglieder ausgestattet sein müssen, insbesondere ob dafür eine Zwei-Wege-Direktverbindung in Echtzeit nötig ist. Im Aktienrecht wird dies unter Hinweis auf den Wortlaut des § 118 Abs. 1 S. 2 AktG verneint. Dies muss auch für das Vereinsrecht gelten. Denn wer das Privileg in Anspruch nimmt, von einem anderen Ort aus an der Hauptversammlung teilzunehmen, der muss mit einer Einschränkung seiner Rechte rechnen. Relevant ist nur, dass das elektronisch teilnehmende Mitglied eine informierte Entscheidung treffen kann. Dafür ist zB ausreichend, dass man der Präsenzversammlung folgen und mitabstimmen kann.[92] Eine Zwei-Wege-Kommunikation ist dafür jedoch nicht nötig.[93] Anders wird dies bei rein virtuellen Versammlungen gesehen,[94] wobei hier nicht zwingend eine volldigitale interaktive Versammlung in Echtzeit zu einem bestimmten Zeitpunkt nötig bzw. möglich ist.[95] Gerade bei mitgliedstarken Vereinen besteht auch die Möglichkeit, eine rein virtuelle Versammlung als mehrtägigen digitalen Prozess zu organisieren, um eine mehrtägige moderierte Diskussion und am Ende eine Abstimmung zu erreichen.[96]

21b Zur den Mitgliedsrechten bei Abstimmung per E-Mail → Rn. 18. Zu den Besonderheiten im Anwendungsbereich des COVMG → Rn. 24b, 24i. Praktische Hinweise zur

---

[87] Nach *Noack* NJW 2018, 1345 (1348) müssen alle Mitglieder gleichbehandelt werden.
[88] *Noack* NJW 2018, 1345 (1348).
[89] Abs. 5 des Formulierungsvorschlags teilweise von *Schindler/Schaffner* Virtuelle Beschlussfassung § 4 Rn. 778.
[90] *Noack* NJW 2018, 1345 (1348 f.).
[91] BeckOGK/*Notz* BGB § 32 Rn. 129; *Schindler/Schaffner* Virtuelle Beschlussfassung § 4 Rn. 669.
[92] BeckOGK/*Notz* BGB § 32 Rn. 129; *Noack* NJW 2018, 1345 (1349); so wohl auch *Schindler/Schaffner* Virtuelle Beschlussfassung § 4 Rn. 642.
[93] *Noack* NJW 2018, 1345 (1349); so wohl auch *Schindler/Schaffner* Virtuelle Beschlussfassung § 4 Rn. 669; aM *Dehesselles/Richter* npoR 2016, 246 (247).
[94] *Schindler/Schaffner* Virtuelle Beschlussfassung § 4 Rn. 669.
[95] *Noack* NJW 2018, 1345 (1349).
[96] *Noack* NJW 2018, 1345 (1350).

Durchführung der virtuellen Versammlung sowie zum **Teilnahme- und Rederecht** → Rn. 109a, 129a, 139a.

c) Rechtliche Bedenken. Rechtliche Bedenken gegen die **Zulässigkeit** von virtuellen Versammlungen ergeben sich grundsätzlich nicht. 22

- Satzungen, die die Form der **Online-Präsenz-Versammlung** (zum Begriff → Rn. 11) anbieten, stellen eine Erweiterung der Rechte der Mitglieder dar und sind daher unproblematisch zulässig.[97]
- Für Satzungen, die entweder **reale oder virtuelle Versammlungen** vorsehen, wurde die Zulässigkeit durch das OLG Hamm bejaht (→ Rn. 14). Gleiches dürfte für Satzungen gelten, die als weitere Option die Online-Präsenzversammlung anbieten.
- Schließlich bestehen im Ergebnis auch keine rechtlichen Bedenken gegen Satzungen, nach denen Mitgliederversammlungen nicht als Alternative zur Präsenzversammlung, sondern **ausschließlich virtuell** dh ohne jegliche Möglichkeit zur Präsenzversammlung stattfinden und somit jedes Vereinsmitglied die technischen Vorrichtungen zur Nutzung von virtuellen Versammlungen vorhalten muss.[98] Dies ergibt sich schon aus dem COVMG (→ Rn. 23a ff.). Ihre Zulässigkeit ist jedenfalls dann weitgehend unbestritten, wenn die entsprechende Satzungsbestimmung seit Gründung existiert.[99] Aufgrund der durch Art. 9 Abs. 1 GG geschützten **Vereinsautonomie** müssen Vereine nicht einem beliebigen Personenkreis offen stehen, so dass keine Benachteiligung der (potentiellen) Mitglieder vorliegt, die die technischen Einrichtungen zur virtuellen Mitgliederversammlung nicht besitzen.[100] Es ist Aufgabe des eintretenden Mitglieds, dafür zu sorgen, dass es seine Rechte in solchen Versammlungen auch wahrnehmen kann. Bei Vereinen, deren Mitglieder alle beruflich das Internet nutzen, wie zB in der Forschung, kann man ohnehin problemlos davon ausgehen, dass ihnen ein Internetzugang zur Verfügung steht.[101]

Hinweis:

Bedenken zur Zulässigkeit von Mitgliederversammlungen unter Einsatz moderner Kommunikationstechniken werden vereinzelt vorgebracht, wenn die Regelung nicht bereits bei der Gründung des Vereins, sondern erst später durch nicht einstimmige Satzungsänderung eingeführt wird, weil dann Mitglieder, die nicht die erforderlichen **technischen Einrichtungen** (Internetanschluss, EDV-Gerät) besitzen oder besitzen wollen, in ihrer faktischen Mitwirkungsmöglichkeit verletzt werden könnten.[102] Kritisch wird die Rechtslage zudem bei Vereinen mit Monopolstellung bzw. Aufnahmezwang (also Vereinen in Form von Gewerkschaften oder Sportverbänden, die Lizenzen und Zertifikate verteilen), beurteilt.[103]

Meines Erachtens dürfte auch in diesen Fällen eine entsprechende Satzungsregelung zulässig sein. Heutzutage ist es nahezu jeder Privatperson möglich, auf das Internet zuzugreifen, sei es von einem privaten Internetanschluss zu Hause aus, von unterwegs aus (via Smartphone, Tablet etc.), von der Arbeit, Universität oder von einem öffentli-

[97] *Dehesselles/Richter* npoR 2016, 246 (251); *Krüger* MMR 2012, 85 (86); *Roßnagel/Gitter/Opitz* MMR 2009, 383; *Schindler/Schaffner* Virtuelle Beschlussfassung § 4 Rn. 634; aM *Stöber/Otto* Rn. 639, der wohl den Gleichbehandlungsgrundsatz verletzt sieht.
[98] *Fleck* DNotZ 2008, 245; aM *Stöber/Otto* Rn. 797, der in der nicht abdingbaren Vorschrift des § 37 BGB ein Recht der Minderheit auf eine Präsenzversammlung sieht.
[99] BeckOK BGB/*Schöpflin* BGB § 32 Rn. 45; *Stöber/Otto* Rn. 639, vgl. auch BT Drs. 19/18110, 30.
[100] *Fleck* DNotZ 2008, 245.
[101] *Roßnagel/Gitter/Opitz* MMR 2009, 383 (384).
[102] BeckOK BGB/*Schöpflin* BGB § 32 Rn. 45; *Beck* RNotZ 2014, 160 (168); offen gelassen von *Noack* NJW 2018, 1345 (1350); *Roßnagel/Gitter/Opitz* MMR 2009, 383; *Schindler/Schaffner* Virtuelle Beschlussfassung § 4 Rn. 644 mwN; *Stöber/Otto* Rn. 639, 683a.
[103] *Erdmann* MMR 2000, 531.

chen Anschluss (Internetcafé etc.). E-Mail-Konten sind zudem bei den meisten Anbietern kostenfrei.[104] Abweichende Meinungen hierzu dürften teils veraltet sein.[105] Dass damit eine Pflicht der Mitglieder zum Errichten und Vorhalten eines E-Mail-Kontos und der entsprechenden Empfangseinrichtung sowie zur Bekanntgabe der E-Mail-Adresse und etwaiger späterer Änderungen einhergeht, kann nicht als Gegenargument herangezogen werden.[106] Auch bei einer Einladung per Brief muss das Mitglied gegenüber dem Verein eine Wohnadresse offenlegen, Umzüge mitteilen und für einen Briefkasten sorgen. Es ist im Übrigen Aufgabe des einzelnen Mitglieds, dafür zu sorgen, dass es sich die nötigen technischen Mittel beschafft bzw. vorhält, um an der Mitgliederversammlung teilzunehmen. Niemand würde bestreiten, dass eine nachträgliche Satzungsänderung, die den Ort der Mitgliederversammlung ändert, unzulässig ist, weil der neue Versammlungsort im Gegensatz zum bisherigen nur mit dem Auto und nicht mit dem öffentlichen Personennahverkehr erreichbar ist und dass Mitglieder nunmehr ein Auto vorhalten oder eine Fahrgelegenheit am Versammlungstag organisieren müssen. Gleiches gilt für das Vorhalten bzw. die Nutzung elektronischer Kommunikationsmittel am Tag der Mitgliederversammlung.

Ausnahmen sind dagegen bei Vereinen mit speziellen Zielgruppen, zB überwiegend älteren Mitgliedern zu machen, wenn die Mitgliederversammlung nicht für die entsprechende Satzungsänderung zuständig ist. Ist die Befugnis zur Satzungsänderung dagegen bei der Mitgliederversammlung verblieben, so dürfte eine entsprechende Mehrheit gar nicht zustande kommen. Kommt sie zustande, so ist davon auszugehen, dass der Mehrheit der Mitglieder die virtuelle Versammlung technisch möglich ist und sich die Minderheit dem, wie bei Mehrheitsbeschlüssen üblich, beugen muss. Zudem dürften auch bei älteren Mitgliedern inzwischen Smartphones und elektronische Kommunikation stärker verbreitet sein als noch vor einigen Jahren.

Die Satzungsänderung hat mit einfacher Mehrheit zu erfolgen.[107] Lässt die Satzung sowohl die rein virtuelle als auch die Präsenzversammlung und/oder die Online-Präsenzversammlung oder weitere Optionen zu ist, es Aufgabe des Vorstands, im Rahmen seiner Ermessensentscheidung das richtige Verfahren zu wählen.[108]

23 Die Vorschrift des § 13 Abs. 1 S. 2 UmwG, die (nach umstrittener Ansicht) eine physische Versammlung der Mitglieder (sog. Versammlungszwang) erfordert,[109] muss bei der Ausgestaltung der Vereinssatzung berücksichtigt werden. Dies kann dadurch erreicht werden, dass die Satzung sowohl die Möglichkeit der realen als auch der virtuellen Mitgliederversammlung vorsieht (Formulierungsbeispiel → Rn. 20). Sollen Mitgliederversammlungen ausschließlich virtuell erfolgen, empfiehlt es sich, in der Satzung zu ergänzen, dass ausnahmsweise Präsenzversammlungen stattfinden, wenn solche gesetzlich vorgeschrieben sind. Selbst wenn eine solche Klarstellung fehlt, dürfte dies mE unproblematisch sein, solange der Mitgliederver-

---

[104] So auch *Dehesselles/Richter* npoR 2016, 246 (251); aM *Schäfer* NJW 2012, 891 (892) sowie *Stöber/Otto* Rn. 683a.

[105] Insbesondere *Erdmann* MMR 2000, 531 (527); das sehen auch *Schindler/Schaffner* Virtuelle Beschlussfassung § 4 Rn. 646 und *Schmidt* COVID-19 § 8 Rn. 13 so.

[106] So aber *Stöber/Otto* Rn. 683a, 683b.

[107] *Schindler/Schaffner* Virtuelle Beschlussfassung § 4 Rn. 645.

[108] *Noack* NJW 2018, 1345 (1350).

[109] OLG Hamm NZG 2012, 189 in einem *obiter dictum; Erdmann* MMR 2000, 526 (529); *Hager* RNotZ 2011, 565 (579); Lutter/*Hoger* UmwG § 193 Rn. 4 und *Schindler/Schaffner* Virtuelle Beschlussfassung § 4 Rn. 632; aM BeckOGK/*Rieckers/Cloppenburg* UmwG § 13 Rn. 41 ganz allgemein für alle Rechtsträger; MHdB GesR VIII/*Ghassemi-Tabar* § 11 Rn. 13; *Piper* NZG 2012, 735 (737) und *Krüger* MMR 2012, 85 (89). Letzterer weist auf die Notwendigkeit der persönlichen Anwesenheit der Mitglieder für Verzichtserklärungen im Rahmen der Verschmelzung hin. Differenzierend ganz allgemein für alle Rechtsträger Semler/Stengel/*Gehling* UmwG § 13 Rn. 14, der für die Zulässigkeit einer virtuellen Versammlung im Rahmen von Umwandlungen eine Möglichkeit zum Austausch der Anteilsinhaber untereinander und mit den zuständigen Organen des Rechtsträgers fordert; unklar BeckOK BGB/*Schöpflin* BGB § 32 Rn. 44.

sammlung noch die Befugnis zur Satzungsänderungen zusteht, da bei einer anstehenden Umwandlung immer noch vorab die Satzung geändert werden kann.[110]

6. Besonderheiten während der Corona Pandemie

a) Gesetz über Maßnahmen im Gesellschafts-, Genossenschafts-, Vereins-, Stiftungs- und Wohnungseigentumsrecht zur Bekämpfung der Auswirkungen der COVID-19-Pandemie (COVMG). Im Zusammenhang mit der Corona-Pandemie trat am 28.3.2020 das Gesetz zur Abmilderung der Folgen der COVID-19-Pandemie im Zivil-, Insolvenz- und Strafverfahrensrecht[111] in Kraft. Es beinhaltet in Art. 2 das „Gesetz über Maßnahmen im Gesellschafts-, Genossenschafts-, Vereins-, Stiftungs- und Wohnungseigentumsrecht zur Bekämpfung der Auswirkungen der COVID-19-Pandemie" (nachfolgend kurz **COVMG**), dessen § 5 den Vereinen und Stiftungen gewidmet ist. 23a

Das Gesetz wurde durch die Verordnung zur Verlängerung von Maßnahmen im Gesellschafts-, Genossenschafts-, Vereins-, Stiftungs- und Wohnungseigentumsrecht zur Bekämpfung der Auswirkungen der COVID-19-Pandemie vom 20.10.2020 mit Wirkung zum 29.10.2020 (bzw. durch das COVMGÄndG vom 17.12.2020) verlängert und sollte mit Ablauf des 31.12.2021 bereits wieder außer Kraft treten.[112] Am 29.10.2020 trat ferner das Gesetz zur Änderung des Bundeswahlgesetzes und des Gesetzes über Maßnahmen im Gesellschafts-, Genossenschafts-, Vereins- und Stiftungs- und Wohnungseigentumsrecht zur Bekämpfung der Auswirkungen der COVID-19-Pandemie (nachstehend **erstes Änderungsgesetz**) in Kraft. In seinem Art. 2 beinhaltet es eine Änderung des COVMG dahingehend, dass es nunmehr auch eine Regelung für die Parteien enthält. Am 22.12.2020 trat ferner das Gesetz zur weiteren Verkürzung des Restschuldbefreiungsverfahrens und zur Anpassung pandemiebedingter Vorschriften im Gesellschafts-, Genossenschafts-, Vereins- und Stiftungsrecht sowie im Miet- und Pachtrecht (nachstehend **zweites Änderungsgesetz**) in Kraft. In seinem Art. 11 ändert es § 2 des COVMG betreffend die Vereine (§ 5 COVMG) ab bzw. erweitert es um einen Abs. 2a und einen Abs. 3a. Ferner stellte es in seinem Art. 11 klar, dass der Anwendungsbereich des § 5 COVMG sowohl auf im Jahr 2020 als auch im Jahr 2021 stattfindende Mitgliederversammlungen anzuwenden ist.[113] Das Gesetz ist am 28.2.2021 in Kraft getreten. Am 11.9.2021 trat ferner das Aufbauhilfegesetz 2021 in Kraft, welches in seinen Art. 15 und 16 die im Gesetz vorgesehenen Maßnahmen bis einschließlich 31.8.2022 verlängert, so dass § 5 COVMG auf bis zum Ablauf des 31.8.2022 stattfindende Versammlungen und Beschlussfassungen anzuwenden ist. 23b

Das Gesetz reagiert auf die während der Pandemie in Kraft getretenen gesetzlichen Einschränkungen der Versammlungsfreiheit (**Ausgangsbeschränkungen** und **Kontaktverbote**). Diese hatten aus Infektionsgesichtspunkten ein Zusammentreffen von Privatpersonen auf eine bestimmte Höchstzahl begrenzt bzw. ein Zusammentreffen gänzlich ausgeschlossen oder nur mit großem finanziellen und organisatorischen Mehraufwand im Hinblick auf Hygienestandards erlaubt. 23c

Die vom Gesetzgeber bzw. der Rechtsprechung bislang vorgesehen Möglichkeiten zur Willensbildung des Vereins ohne physisches Zusammentreffen der Mitglieder stellten in der Pandemie zu **große Hürden** dar. Denn die Willensbildung außerhalb von Versammlungen war gem. § 32 Abs. 2 BGB – vorbehaltlich anderweitiger Satzungsregelungen – nur mit schriftlicher Zustimmung sämtlicher Vereinsmitglieder (Umlaufverfahren) zugelassen (→ Rn. 7ff.) und eine virtuelle Mitgliederversammlung erforderte nach hM eine entsprechende Satzungsgrundlage (→ Rn. 14). Beides dürfte in der Praxis eher die Ausnahme ge- 23d

[110] AA wohl OLG Hamm NZG 2012, 189 (190).
[111] BGBl. 2020 I 569.
[112] BGBl. 2020 I 2258.
[113] Zunächst war § 5 gem. Art. 2 § 7 Abs. 5 COVMG nur auf im Jahr 2020 stattfindende Mitgliederversammlungen anwendbar.

wesen sein.[114] Aber gerade in Zeiten der Pandemie müssen wichtige Entscheidungen über Angelegenheiten des Vereins getroffen werden bzw. gerade weil die Pandemie so lange dauert, müssen auch in dieser Zeit ordentliche Mitgliederversammlungen abgehalten werden.

Hinweis:

Das Gesetz tritt zeitnah außer Kraft. Mancher Verein wird aber die Vorteile der virtuellen Mitgliederversammlung oder virtuellen Abstimmung (moderner, kostengünstiger, zeitlich nicht so aufwendig) in der Zwischenzeit schätzen lernen. Wenn ein Verein sich auch weiter die Möglichkeit der virtuellen Versammlung bzw. Abstimmung zusätzlich oder anstelle der Präsenzversammlung offen halten möchte, macht es Sinn, dass Vereine ihre Satzung auf Änderungsbedarf prüfen und diesen umsetzen.[115]

23e Gemäß § 5 Abs. 2 Nr. 1 und Nr. 2 COVMG in der aktuellen Fassung (nach Inkrafttreten des zweiten Änderungsgesetzes) kann der Vorstand abweichend von § 32 Abs. 1 S. 1 BGB auch ohne Ermächtigung in der Satzung vorsehen, dass Vereinsmitglieder,

1. an der Mitgliederversammlung ohne Anwesenheit am Versammlungsort teilnehmen und Mitgliederrechte im Wege der elektronischen Kommunikation ausüben können oder müssen,
2. ohne Teilnahme an der Mitgliederversammlung ihre Stimmen vor der Durchführung der Mitgliederversammlung schriftlich abgeben können.

23f Gemäß Art. 2 § 5 Abs. 2a COVMG (eingefügt durch das zweite Änderungsgesetz) ist der Vorstand, abweichend von § 36 BGB, nicht verpflichtet, die in der Satzung vorgesehene Mitgliederversammlung einzuberufen, solange die Mitglieder sich nicht an einem Ort versammeln dürfen und die Durchführung der Mitgliederversammlung im Wege elektronischer Kommunikation für den Verein oder die Vereinsmitglieder nicht zumutbar ist.[116]

23g Gemäß den Bestimmungen des § 5 Abs. 3 des vorgenannten Gesetzes ist abweichend von § 32 Abs. 2 BGB ein Beschluss ohne Versammlung der Mitglieder gültig, wenn alle Mitglieder beteiligt wurden, bis zu dem vom Verein gesetzten Termin mindestens die Hälfte der Mitglieder ihre Stimmen in Textform abgegeben haben und der Beschluss mit der erforderlichen Mehrheit gefasst wurde.

23h Gemäß § 5 Abs. 3a COVMG (eingefügt durch das zweite Änderungsgesetz) gelten dessen Abs. 2 und Abs. 3 auch für den Vorstand von Vereinen sowie für andere Vereinsorgane.

Hinweis:

Damit bestehen für den Vereinsvorstand während der Pandemie verschiedene Optionen betreffend die Mitgliederversammlung:
- Abhaltung einer **rein virtuellen Mitgliederversammlung,**
- Abhaltung einer **Online-Präsenz-Versammlung** (hybride Form),
- Beschlussfassung im **Umlaufverfahren** ohne Abhalten einer Versammlung,
- bei ordentlichen Mitgliederversammlungen: **Zurückstellen** der ordentlichen (nicht außerordentlichen) Mitgliederversammlung, bis eine Präsenzversammlung wieder möglich ist, sofern die Durchführung der Mitgliederversammlung im Wege elektronischer Kommunikation für den Verein oder die Vereinsmitglieder nicht zumutbar ist.[117]

Zu den Nachteilen des Umlaufverfahrens gehört es, dass Diskussionen ausscheiden.[118]

---

[114] *Fisch* NZG 2020, 512; *Leinenbach/Alvermann* NJW 2020, 2319; *Nessler* ZStV 2020, 168 (169): Verfahren nach § 32 Abs. 2 BGB nur äußerst selten realisierbar; *Schneider/Bischoff* ZStV 2020, 153 (156).

[115] *Leinenbach/Alvermann* NJW 2020, 2319 (2322); *Segna* npoR 2020, 148 (153); *Schneider/Bischoff* ZStV 2020, 153 (157); *Schwenn/Blacher* npoR 2020, 154 (160); MüKoBGB/*Leuschner* BGB § 32 Rn. 22d weist darauf hin, dass eine gesetzliche Klarstellung gegenüber einer befristeten *lex specialis* vorzugswürdig gewesen wäre.

[116] So bereits vor Erlass des zweiten Änderungsgesetzes *Leinenbach/Alvermann* NJW 2020, 2319.

[117] *Leinenbach/Alvermann* NJW 2020, 2319; *Schindler/Schaffner* Virtuelle Beschlussfassung § 4 Rn. 649.

[118] *Leinenbach/Alvermann* NJW 2020, 2319 (2320).

b) Verschiedene Möglichkeiten der Versammlung/Stimmabgabe. aa) § 5 Abs. 2 Nr. 1 COVMG virtuelle Versammlung und Online-Präsenzversammlung. Ausweislich der Gesetzesbegründung ist im Rahmen von § 5 Abs. 2 Nr. 1 COVMG sowohl eine rein virtuelle Mitgliederversammlung als auch eine Online-Präsenzversammlung zulässig.[119] Zu den Einzelheiten → Rn. 11. § 5 Abs. 2 Nr. 1 COVMG setzt aber immer voraus, dass eine Mitgliederversammlung stattfindet, auch wenn die Mitglieder an dieser bei der rein virtuellen Versammlung überhaupt nicht und bei der Online-Präsenzversammlung teilweise nicht im physischen Sinne anwesend sind. Es existiert also immer ein Versammlungsort.[120] Bei der rein virtuellen Mitgliederversammlung ist das der Ort, an dem diejenigen Personen physisch anwesend sind, die zur technischen Durchführung der virtuellen Versammlung nötig sind, wie zB der Versammlungsleiter, Vorstand etc.[121] Die Möglichkeit der vorherigen schriftlichen Stimmabgabe im Sinne einer Briefwahl ändert daran nichts. Eine rein virtuelle Versammlung im Cyberspace ohne einen physischen Versammlungsort soll nach einer Ansicht nicht unter § 5 Abs. 2 Nr. 1 COVMG fallen.[122] Diese Ansicht verkennt, dass auch in diesem Fall ein Versammlungsleiter benötigt wird und der Ort seiner physischen Anwesenheit somit nach vorstehenden Grundsätzen der Versammlungsort ist. 23i

Der bisherige Rechtsstreit, ob eine Mitgliederversammlung eine physische Zusammenkunft der Mitglieder erfordert und daher reine Online-Versammlungen keine Versammlungen im Sinne des Gesetzes sein können (→ Rn. 12a), beantwortet das Gesetz (§ 5 Abs. 2 COVMG) nun im Sinne der bisherigen hM. 23j

Hinweis:

Es empfiehlt sich aus praktischen Gründen, vor Beginn der Mitgliederversammlung die verwendete Konferenztechnik bzw. -software sowie die Dokumentationsmethoden gründlich zu testen.[123]

bb) § 5 Abs. 2 Nr. 2 COVMG: Schriftliche Stimmabgabe vor der Mitgliederversammlung. Auch bei der schriftlichen Stimmabgabe vor Durchführung der Mitgliederversammlung iSv § 5 Abs. 2 Nr. 2 COVMG findet eine Mitgliederversammlung statt, das schriftlich abstimmende Mitglied nimmt jedoch an der Mitgliederversammlung nicht teil. § 5 Abs. 2 Nr. 2 COVMG kann angewendet werden unabhängig davon, ob die Mitgliederversammlung physisch oder virtuell oder in einem Online-Präsenzverfahren stattfindet. Relevant ist nur, dass die Stimmabgabe **vor der Versammlung** erfolgt ist.[124] 23k

Die Stimmabgabe hat **schriftlich** zu erfolgen, § 126 BGB. Eine Stimmabgabe in Textform ist, anders als bei § 5 Abs. 3 COVMG,[125] nicht vorgesehen.[126] 23l

Die Stimmabgabe hat gegenüber dem Verein zu erfolgen.[127] Verspätet eingehende schriftliche Stimmen sind ungültig,[128] soweit die Satzung nicht vorrangig etwas anderes regelt. Soweit die Satzung geheime schriftliche Stimmabgaben vorsieht, so ist dies auch im 23m

---

119 BT-Drs. 19/18110, 30; *Leinenbach/Alvermann* NJW 2020, 2319; *Schmidt* COVID-19 § 8 Rn. 10; *Schneider/Bischoff* ZStV 2020, 153 (154); *Segna* npoR 2020, 148 (149); so auch DNotI-Report 2020, 73.

120 *Schwenn/Blacher* npoR 2020, 154 (155); MüKoBGB/*Leuschner* BGB § 32 Rn. 22e findet die Diskussion überflüssig.

121 DNotI-Report 2020, 73 (74).

122 *Schwenn/Blacher* npoR 2020, 154 (155 f.) mit dem Hinweis auf die Unzweckmäßigkeit der Regelung.

123 *Schwenn/Blacher* npoR 2020, 154 (155).

124 MüKoBGB/*Leuschner* BGB § 32 Rn. 22g; *Schindler/Schaffner* Virtuelle Beschlussfassung § 4 Rn. 729; *Schmidt* COVID-19 § 8 Rn. 15.

125 Wohl kein Versehen, vgl. BT-Drs. 19/18110, 30 und *Segna* npoR 2020, 148 (151).

126 So auch *Schindler/Schaffner* Virtuelle Beschlussfassung § 4 Rn. 730; *Schwenn/Blacher* npoR 2020, 154 (159); aA *Schmidt* COVID-19 § 8 Rn. 15 und *Schneider/Bischoff* ZStV 2020, 153 (155), die wohl § 127 Abs. 2 BGB anwenden wollen, sowie *Fisch* NZG 2020, 512 (513).

127 *Schneider/Bischoff* ZStV 2020, 153 (155).

128 *Schmidt* COVID-19 § 8 Rn. 15.

Rahmen des § 5 Abs. 2 Nr. 2 COVMG zu beachten.[129] Eine schriftliche Stimmabgabe vor der Präsenz-Mitgliederversammlung hindert das Mitglied jedoch grundsätzlich nicht an seiner späteren Teilnahme an der Präsenzversammlung.[130] Durch geeignete organisatorische Maßnahmen ist sicherzustellen, dass dieses Mitglied in der Präsenzversammlung nicht nochmals abstimmt.

23n **cc) Umlaufverfahren.** § 5 Abs. 3 COVMG ermöglicht dagegen einen versammlungslosen Beschluss (Umlaufverfahren) unter weniger strengen Voraussetzungen als denjenigen des § 32 Abs. 2 BGB.[131] § 5 Abs. 3 COVMG ist jedoch auch dann anwendbar, wenn eine Online-Versammlung erst geschlossen wird und unmittelbar danach die Abstimmung über E-Mail oder elektronisch hinterlegten Stimmzettel erfolgt.[132]

23o Im Rahmen von § 5 Abs. 3 COVMG ist **Textform** iSv § 126b BGB ausreichend.

Beispiel Textform:

E-Mail, Telefax,[133] SMS, WhatsApp,[134] aber auch Stimmabgabe auf der Website des Vereins oder mittels virtuellen Stimmzettels, der online ausgefüllt und abgegeben wird, ggf. mit automatisierter Auswertung und Fristkontrolle.[135] Eine Doodle-Umfrage erfüllt diese Voraussetzungen wohl nur bei entsprechender Gestaltung des Verfahrens, wie dass ab Abstimmungsende die Ergebnisse dauerhaft und unveränderlich auf der Abstimmungsseite gespeichert werden und der Administrator hierauf dauerhaft Zugriff hat.[136]

23p Zu beachten ist, dass ein Umlaufbeschluss eine ordentliche Mitgliederversammlung, die zB in der Satzung turnusmäßig vorgesehen ist, nicht ersetzt.[137] Hier hilft jedoch § 5 Abs. 2a COVMG.

23q Ferner ist zu beachten, dass satzungsmäßige Erleichterungen von § 32 Abs. 2 BGB den Vorgaben des § 5 Abs. 3 COVMG vorgehen, wenn sie über die Regelung des § 5 Abs. 3 COVMG hinausgehende Erleichterungen enthalten. § 5 Abs. 3 COVMG überwindet auch entgegenstehende erschwerende Satzungsbestimmungen.[138]

23r § 5 Abs. 3 COVMG setzt voraus, dass **alle Mitglieder** beteiligt wurden, mindestens die Hälfte der Mitglieder ihre Stimmen in Textform abgegeben haben und der Beschluss mit der erforderlichen Mehrheit gefasst wurde.

23s Die Gesetzesbegründung geht nicht darauf ein, ob die Beteiligung „alle(r)“ Mitglieder nur die stimmberechtigten Mitglieder oder auch die nicht stimmberechtigten Mitglieder erfasst. Auch im ersten und zweiten Änderungsgesetz wurde hier nicht nachgebessert. Es ist dennoch davon auszugehen, dass **alle Mitglieder** beteiligt werden müssen. Denn auch nicht stimmberechtigte Mitglieder haben grundsätzlich ein **Teilnahmerecht** an sowie ein Rederecht in der Mitgliederversammlung und sind daher ordnungsgemäß, dh form- und fristgerecht unter Angabe der Tagesordnung, zu einer Mitgliederversammlung zu laden (→ Rn. 84 und → Rn. 254 ff.). Daher sind auch im Rahmen des § 5 Abs. 3 COVMG den nicht stimmberechtigten genau wie den stimmberechtigten Mitgliedern die Anträge sowie das dazugehörige Informationsmaterial zur Verfügung zu stellen (→ Rn. 75a). Da gem. § 5 Abs. 3 COVMG der Verein eine Frist zur Stimmabgabe setzen muss, besteht in diesem Zeitraum eine Möglichkeit für die Mitglieder, sich **untereinander auszutau-**

[129] *Schneider/Bischoff* ZStV 2020, 153 (155 f.); aM *Schmidt* COVID-19 § 8 Rn. 14, der davon ausgeht, dass § 5 Abs. 2 COVMG geheime Wahlen aussetzt.
[130] *Dehesselles/Richter* npoR 2016, 246 (250).
[131] DNotI-Report 2020, 73.
[132] *Leinenbach/Alvermann* NJW 2020, 2319 (2320).
[133] BT-Drs. 19/18110, 30.
[134] *Fisch* NZG 2020, 512 (513); MüKoBGB/*Leuschner* BGB § 32 Rn. 22k.
[135] Zu Letzterem *Leinenbach/Alvermann* NJW 2020, 2319 (2320).
[136] DNotI-Report 2020, 89 mit weiteren Einzelheiten.
[137] *Leinenbach/Alvermann* NJW 2020, 2319 (2320).
[138] *Wälzholz/Bayer* DNotZ 2020, 285 (301); aM für GmbH LG Stuttgart Urt. v. 11.1.2021 – 44 O 52/20 KfH.

schen. Das gilt natürlich auch für nicht stimmberechtigte Mitglieder.[139] Anders als bei § 32 Abs. 2 BGB, bei dem es darum geht, dass alle Mitglieder dem Umlaufverfahren und (!) dem Beschluss zustimmen müssen, geht es bei § 5 Abs. 3 COVMG darum, alle Mitglieder zu beteiligen; die Zustimmung sämtlicher Mitglieder ist dagegen grundsätzlich nicht erforderlich.

Auch im Rahmen des § 5 Abs. 3 COVMG müssen den Mitgliedern die zur Beschlussfassung stehenden Anträge bekanntgegeben werden. Hierfür ist keine besondere Form nötig. Entscheidend ist, dass die Mitglieder ausreichend **Informationsmaterial** erhalten, um eine informierte Entscheidung treffen zu können.[140] 23t

Beispiel:

Für die Entlastung des Vorstands ist als Informationsmaterial der Jahresbericht des Vorstands, der Finanzbericht und ggf. auch der Bericht der Rechnungsprüfer nötig.[141] Vgl. im Übrigen → Rn. 75a ff.

Selbstverständlich muss ferner der **Termin** zur Stimmabgabe und das **Verfahren** der Stimmabgabe festgesetzt bzw. näher erläutert werden.[142] 23u

Hinweis:

Es empfiehlt sich wie folgt vorzugehen: Zunächst sind die Mitglieder in schriftlicher oder elektronischer Form zur Abstimmung aufzufordern.[143] Dabei sind die zu fassenden Beschlüsse sowie das zugehörige Informationsmaterial bekanntzugeben.[144] Es kann auch vorgesehen werden, dass die Mitglieder den Katalog zu fassender Beschlüsse innerhalb einer bestimmten Frist ergänzen können.[145]

Die Stimmabgabe hat innerhalb einer **bestimmten Frist** in Textform gem. § 126b BGB gegenüber dem Vorstand zu erfolgen. Für die Fristwahrung genügt der Zugang der Stimmabgabe. Verspätete oder formwidrige Stimmabgaben sind als Enthaltungen zu qualifizieren.[146] Daher sind die Mitglieder nachdrücklich auf die Form der Stimmabgabe sowie auf das erforderliche Quorum hinzuweisen.[147] Als Frist für die Stimmabgabe sind wohl zwei Wochen angemessen.[148]

Unter der Hälfte der Mitglieder sind die in einer Mitgliederversammlung **stimmberechtigten Mitglieder** zu verstehen.[149] Dies ergibt sich daraus, dass der Gesetzgeber bei Schaffung des § 5 Abs. 3 COVMG keine Änderung der in der Satzung oder nach dem Gesetz geforderten Mehrheitserfordernisse herbeiführen wollte. Es ist zudem nicht erkennbar, dass der Gesetzgeber durch die Einführung des § 5 Abs. 3 COVMG nicht stimmberechtigten Mitgliedern eine Stimme geben wollte.[150] Die Hälfte der Mitglieder meint die Anzahl der stimmberechtigten Mitglieder und nicht die Anzahl der vertretenen Stimmen.[151] Dies würde zB bei **Mehrstimmrechten** einen Unterschied machen. 23v

139 *Nessler* ZStV 2020, 168 (169).
140 MüKoBGB/*Leuschner* BGB § 32 Rn. 22j; *Segna* npoR 2020, 148 (150).
141 *Leinenbach/Alvermann* NJW 2020, 2319 (2320).
142 *Segna* npoR 2020, 148 (150).
143 AA *Schindler/Schaffner* Virtuelle Beschlussfassung § 4 Rn. 733: Wahrung der satzungsmäßigen Einladungsform genügt.
144 *Leinenbach/Alvermann* NJW 2020, 2319 (2320); *Schwenn/Blacher* npoR 2020, 154 (156).
145 *Leinenbach/Alvermann* NJW 2020, 2319 (2320), der jedoch missverständlich von Tagesordnung spricht.
146 *Leinenbach/Alvermann* NJW 2020, 2319 (2320).
147 *Leinenbach/Alvermann* NJW 2020, 2319 (2320).
148 MüKoBGB/*Leuschner* BGB § 32 Rn. 22j; *Schindler/Schaffner* Virtuelle Beschlussfassung § 4 Rn. 734: aber auch satzungsmäßige Einberufungsfrist zulässig.
149 *Nessler* ZStV 2020, 168 (171).
150 *Nessler* ZStV 2020, 168 (171).
151 *Nessler* ZStV 2020, 168 (171).

23w Unter der erforderlichen Mehrheit versteht man die nach Gesetz bzw. Satzung erforderliche Mehrheit. Der Gesetzgeber hat darauf verzichtet, in der Corona-Krise an den Mehrheitserfordernissen etwas zu ändern, sondern hat lediglich mit § 5 Abs. 3 COVMG die Abstimmung außerhalb von Versammlungen erleichtert. Mehrfachstimmrechte, die Mitgliedern aufgrund der Satzung zustehen, bleiben bei einer Beschlussfassung außerhalb von Versammlungen damit grundsätzlich bestehen.[152]

> **Hinweis:**
> Soweit in der Satzung nicht anders geregelt, bleibt es beim Erfordernis der Zustimmung aller Mitglieder für eine Zweckänderung des Vereins (§ 33 Abs. 1 S. 2 BGB) sowie beim Erfordernis einer Drei-Viertel-Mehrheit der abgegebenen Stimmen für eine Satzungsänderung (§ 33 Abs. 1 S. 1 BGB).[153]

23x **dd) Folgefragen.** Das COVMG in seiner ersten Fassung regelte für den Verein wichtige Folgefragen nicht.[154] Hier wurde jedoch am 22.12.2020 (→ Rn. 23b) nachgebessert. In § 1 COVMG werden die für die Aktiengesellschaften bedeutsamen Fragen jedoch deutlich ausführlicher geregelt. § 5 COVMG betreffend die Vereine schweigt leider zu den meisten für die Aktiengesellschaft geregelten Fragen.

23y **(1) Ordentliche und außerordentliche Mitgliederversammlung.** § 5 Abs. 2 Nr. 1 COVMG gilt uneingeschränkt für ordentliche und außerordentliche Mitgliederversammlungen.[155] Zur Unterscheidung → Rn. 5f.

23z **(2) Delegiertenversammlung.** Da die Delegiertenversammlung (→ Rn. 279ff.) lediglich eine besondere Ausgestaltung des Organs der Mitgliederversammlung ist, ist davon auszugehen, dass die in § 5 COVMG beschlossenen Erleichterungen auch für diese gelten.[156]

24 **(3) Pflicht zur Einberufung der ordentlichen Mitgliederversammlung.** Durch den neu eingefügten § 5 Abs. 2a COVMG wird für Vereine, die während der Corona-Pandemie eigentlich ihre ordentliche Mitgliederversammlung hätten abhalten müssen, sie aber nicht durchgeführt haben, eine Erleichterung geschaffen. Die Pflicht besteht dann nicht, wenn die physische Mitgliederversammlung nicht erlaubt ist und die Abhaltung der Versammlung in virtueller oder hybrider Form für den Verein oder seine Mitglieder **nicht zumutbar** ist. Das dürfte aber in der Praxis eher selten vorkommen.[157] Offensichtlich haben einige Vereine zuvor von der Möglichkeit der Abhaltung der Versammlung nach dem COVMG keinen Gebrauch gemacht, etwa, weil die Mitglieder zu alt sind für virtuelle Versammlungen oder weil der Verein nicht die Mittel für die elektronische Kommunikation hat.[158]

24a Die Vorschrift gilt ausdrücklich nur für die ordentliche, nicht jedoch für eine außerordentliche Mitgliederversammlung. Das **Recht der Minderheit** auf Einberufung einer Mitgliederversammlung (→ Rn. 30) dürfte nicht unter die Regelung des § 5 Abs. 2a COVMG fallen. Zumindest hat das OLG München vor Inkrafttreten des zweiten Änderungsgesetzes keinen Rechtsmissbrauch des Antrags der Minderheit darin gesehen, dass die Abhaltung von Mitgliederversammlungen bzw. Delegiertenversammlungen während der

---

[152] *Nessler* ZStV 2020, 168 (172).
[153] BT-Drs. 19/18110, 30; BeckOK BGB/*Schöpflin* BGB § 32 Rn. 44a; *Schmidt* COVID-19 § 8 Rn. 17.
[154] *Segna* npoR 2020, 148 (156) spricht von stiefmütterlicher Behandlung; *Schwenn/Blacher* npoR 2020, 154.
[155] *Schindler/Schaffner* Virtuelle Beschlussfassung § 4 Rn. 717; *Schmidt* COVID-19 § 8 Rn. 9; *Segna* npoR 2020, 148 (150); für die AG *Simons/Hauser* NZG 2020, 1406 (1407). Zur Anwendbarkeit bei Vereinsgründung vgl. DNotI-Report 2021, 20 (21).
[156] *Schmidt* COVID-19 § 8 Rn. 9; *Segna* npoR 2020, 148 (152).
[157] *Schmidt* COVID-19 § 8 Rn. 13.
[158] BT-Drs. 19/25322, 22.

Corona-Pandemie als Präsenzversammlung nicht oder nur eingeschränkt gestattet ist. Zum einen wies das Gericht darauf hin, dass die behördlichen Verbote sich auch in absehbarer Zeit ändern könnten und in jedem Bundesland unterschiedlich seien, zum anderen merkte es an, dass aufgrund von § 5 COVMG die Möglichkeit der Abhaltung einer virtuellen Versammlung bestehe.[159]

> **Hinweis:**
> Bei kleinen Vereinen mit problemlosen Abläufen ist die rein virtuelle Mitgliederversammlung am ehesten zu empfehlen. Bei Vereinen mit querulatorischen Mitgliedern oder Vereinen mit einer großen Anzahl an Mitgliedern sollte **professionelle Hilfe** für die Durchführung einer virtuellen Mitgliederversammlung in Anspruch genommen werden.[160] Bei Vorliegen der weiteren Voraussetzungen des § 5 Abs. 2a COVMG sollte zudem in diesen Fällen die Mitgliederversammlung ausgesetzt werden.

(4) Art der Versammlung. Der Gesetzesbegründung ist zu entnehmen, dass die Ent- 24b
scheidung zur Abhaltung einer rein virtuellen Versammlung oder einer Online-Präsenzversammlung oder eines Umlaufbeschlusses alleine beim **Vorstand** liegt. Sie liegt dagegen nicht bei einem anderen satzungsmäßig zur Einberufung zuständigen Organ.[161] Eine entsprechende Satzungsbestimmung ist nicht nötig. Der Vorstand hat diese Entscheidung nach **pflichtgemäßem Ermessen** zu treffen. Steht zB fest, dass bei Wahl einer rein virtuellen Versammlung eine Vielzahl der Mitglieder mangels Vorhandensein eines Computers oder Smartphones oder mangels technischem Verständnis (zB Verein, der überwiegend aus Senioren besteht) nicht teilnehmen können wird, so hat der Vorstand sein Ermessen in Richtung eines Umlaufbeschlusses oder in Richtung einer virtuellen Versammlung, bei der auch eine vorherige schriftliche Stimmabgabe zulässig ist, auszuüben.[162]

Durch das zweite Änderungsgesetz wird zudem klargestellt, dass es alleine in der Ent- 24c
scheidung des Vorstandes liegt, ob eine rein virtuelle oder eine Online-Präsenzversammlung stattfindet. Im ursprünglichen Wortlaut war nur die Rede davon, dass der Vorstand es den Vereinsmitgliedern ermöglichen kann, an der Mitgliederversammlung ohne Anwesenheit am Versammlungsort teilzunehmen und Mitgliederrechte im Wege der elektronischen Kommunikation auszuüben. Das hätte man dahingehend interpretieren können, dass die Vorschrift eine Erleichterung für diejenigen Mitglieder darstellt, welche nicht physisch an der Versammlung teilnehmen können oder wollen, dass jedoch Mitglieder grundsätzlich ein Anrecht auf physische Teilnahme hätten und daher zumindest ein Anspruch auf eine Online-Präsenz-Mitgliederversammlung bestünde.[163]

Es liegt auch allein im pflichtgemäßen Ermessen des Vorstandes auszuwählen, mit wel- 24d
chem **elektronischen Kommunikationsmittel** eine rein virtuelle Mitgliederversammlung durchgeführt wird. Dabei muss der Vorstand Mitgliederstruktur und Tagesordnung berücksichtigen.[164]

---

[159] OLG München NZG 2021, 79 (81); so auch MüKoBGB/*Leuschner* BGB § 36 Rn. 6a ff., der auch in der Corona-Pandemie von einer uneingeschränkten Einberufungspflicht ausgeht, Ausnahmen hiervon sollen nur in Ausnahmefällen möglich sein.

[160] *Schwenn/Blacher* npoR 2020, 154 (160).

[161] *Schwenn/Blacher* npoR 2020, 154 (155).

[162] *Schneider/Bischoff* ZStV 2020, 153 (155); *Schmidt* COVID-19 § 8 Rn. 16 weist aber in Rn. 13 darauf hin, dass eine telefonische Mitwirkung wohl stets möglich ist.

[163] Vgl. https://www.vereinsrechtstag.de/aktuelles/. Dafür sprach auch, dass der Gesetzgeber eine solche Möglichkeit der Verschiebung der Versammlung auf einen späteren Zeitpunkt in der Gesetzesbegründung nur für die Genossenschaft vorgesehen hatte, vgl. BT-Drs. 19/18110, 28.

[164] *Schneider/Bischoff* ZStV 2020, 153 (154).

Hinweis:

Da der Gesetzeswortlaut von „elektronische[n]r Kommunikation" in § 5 Abs. 2 Nr. 1 COVMG spricht, ist eine **Zwei-Wege-Kommunikation** nötig, die die **Einflussnahmemöglichkeit** jedes Mitglieds auf die Willensbildung des Vereins und somit die effektive Verwirklichung seiner Mitgliedschaftsrechte gewährleistet.[165] Eine solche setzt voraus, dass die Vereinsmitglieder untereinander und mit dem Versammlungsleiter[166] in Echtzeit kommunizieren können.[167] Jedoch kann von den Vorgaben für Aktiengesellschaften im COVMG (insbesondere § 1 Abs. 2 Nr. 1 COVMG), die eine Bild- und Tonübertragung vorsehen, nicht auf Vereine geschlossen werden.[168] Es empfiehlt sich dennoch, als rechtssicherste Variante möglichst eine **Videokonferenz** oder eine andere interaktive Kommunikationsmöglichkeit mit zusätzlicher audiovisuelle Übertragungsmöglichkeit zu wählen, da dies einer Präsenzversammlung am nächsten kommt. Zwingend ist dies jedoch nicht,[169] sondern nur eine Variante, die eine effektive Kommunikation der Mitglieder untereinander sicherstellt.

Vgl. im Übrigen → Rn. 24j ff. Zur Rechtslage außerhalb des Anwendungsbereich des COVMG → Rn. 21.

24e **(5) Art der Abstimmung.** Die Abstimmung hat auch bei virtuellen Versammlungen in der in der Satzung vorgesehenen Weise zu erfolgen. Durch § 5 COVMG werden diese Satzungserfordernisse keineswegs suspendiert.[170] Dies gilt auch für das Erfordernis der **geheimen Abstimmung.** Aus der Gesetzesbegründung ist nicht erkennbar, dass auch diesbezüglich eine Erleichterung erfolgen sollte.[171] Allerdings sind die in der Satzung vorgesehenen Abstimmungsweisen nicht immer bei virtuellen Versammlungen praktikabel (zB Handzeichen bei Videokonferenz und vielen Teilnehmern) oder gar nicht durchführbar (zB Handzeichen bei Versammlung in einem Chat-Room). In diesem Fall hat der Vorstand nach pflichtgemäßem Ermessen eine andere Abstimmungsart[172] zu wählen, die der nicht praktikablen bzw. durchführbaren am nächsten kommt.

Beispiel:

Abstimmung per E-Mail; Abstimmung mittels **Abstimmungssoftware** (zu Doodle → Rn. 23o); Stimmabgabe auf der Homepage; Abstimmung im Chat, bei dem auf ein Internetformular verwiesen wird, das online ausgefüllt und versendet werden kann.[173]

Hinweis:

Der Einsatz von Abstimmungssoftware ist bei einer Vielzahl von Mitgliedern oder bei geheimer Abstimmung zu empfehlen. Zur Authentifizierung empfiehlt sich der Versand von Passwörtern[174] (→ Rn. 15).

---

[165] *Schwenn/Blacher* npoR 2020, 154 (157 f.).
[166] *Schmidt* COVID-19 § 8 Rn. 13: Rede und Gegenrede relevant, daher Chatroom ausreichend; *Segna* npoR 2020, 148 (150).
[167] MüKoBGB/*Leuschner* BGB § 32 Rn. 22e; *Schindler/Schaffner* Virtuelle Beschlussfassung § 4 Rn. 720; *Schwenn/Blacher* npoR 2020, 154 (157 f.); *Schmidt* COVID-19 § 8 Rn. 13 spricht nur davon, dass Rede und Gegenrede einer Präsenzversammlung „gleichwertig" sein müssen.
[168] *Schwenn/Blacher* npoR 2020, 154 (157 f.).
[169] *Schmidt* COVID-19 § 8 Rn. 13; *Schwenn/Blacher* npoR 2020, 154 (157 f.); BeckOK BGB/*Schöpflin* BGB § 32 Rn. 23 weist auch auf die Möglichkeit des Chats hin.
[170] MüKoBGB/*Leuschner* BGB § 32 Rn. 22e.
[171] *Schneider/Bischoff* ZStV 2020, 153 (155).
[172] *Schwenn/Blacher* npoR 2020, 154 (159).
[173] *Schwenn/Blacher* npoR 2020, 154 (159).
[174] *Schwenn/Blacher* npoR 2020, 154 (159).

(6) Wahl des Versammlungsortes. § 5 Abs. 2 Nr. 1 COVMG hält am Versammlungsort fest[175] (→ Rn. 23i). Vom satzungsmäßig bestimmten Versammlungsort darf bei einer reinen Online-Versammlung nach § 5 Abs. 2 Nr. 1 COVMG abgewichen werden, wenn dies mit **Zustimmung** sämtlicher am Versammlungsort physisch Anwesender (Versammlungsleiter, Vorstand etc.) erfolgt.[176] Bei Online-Präsenzversammlungen ist der **satzungsmäßige Versammlungsort** zu wählen.[177] 24f

(7) Einberufung. Für die Einberufung (Form und Frist) haben sich durch das COVMG keine Änderungen ergeben. Insoweit sind die Vorgaben in **Gesetz und Satzung** (→ Rn. 59 ff.) auch weiter zu beachten.[178] Mitglieder benötigen jedoch mit der Einladung die für die virtuelle Stimmabgabe bzw. Teilnahme an der virtuellen Versammlung nötigen **Zugangsdaten** samt Passwörtern und **technischen Informationen.**[179] Zu den Details → Rn. 84a. Sieht die Satzung des Vereins jedoch bereits eine virtuelle Versammlung vor, so sind die in der Satzung gemachten Vorgaben zu Form und Frist der Einberufung vorrangig vor den Bestimmungen des COVMG weiter zu beachten.[180] 24g

Bei einer reinen Online-Versammlung ist der Versammlungsort nicht zu nennen.[181] Auch wenn ein solcher existiert (→ Rn. 23i), hat die Nennung für die Mitglieder keine Bedeutung da sie dort physisch nicht erscheinen dürfen. Die Nennung eines Ortes dürfte eher zur Verwirrung führen, da Mitglieder dort vielleicht erscheinen, in der Annahme, es handle sich um eine Online-Präsenzversammlung. 24h

Im Fall des § 5 Abs. 2 Nr. 2 COVMG gilt ferner: Den Mitgliedern ist zusammen mit der Einladung und Übermittlung der Tagesordnung mitzuteilen, dass eine vorherige schriftliche Stimmabgabe möglich ist. Wichtig ist, darauf hinzuweisen, dass die Abgabe nur bis zu Beginn der Versammlung möglich ist und dass später abgegebene Stimmen ungültig sind (vorbehaltlich anderweitiger Satzungsregelungen).[182] 24i

(8) Versammlungsbezogene Mitgliedsrechte. Grundsätzlich ist davon auszugehen, dass auch im Anwendungsbereich des § 5 Abs. 2 Nr. 1 COVMG bei virtuellen Versammlungen versammlungsbezogene Mitgliedsrechte (Teilnahmerecht, Rede-, Frage- und Auskunftsrecht, Stimmrecht, aktive und passive Wahlrechte etc.) gewährt werden müssen.[183] Zudem gilt weiter der **Gleichbehandlungsgrundsatz.**[184] Fraglich ist, ob bei der Online-Präsenz-Versammlung die versammlungsbezogenen Mitgliedsrechte (zB Auskunfts- und Gehörrecht; → Rn. 135 ff.) der virtuell abstimmenden Mitglieder denen der physisch anwesenden Mitglieder entsprechen müssen. Dies wird zumindest für Online-Präsenzversammlungen im Aktienrecht unter Bezugnahme auf den eindeutigen Wortlaut des § 118 Abs. 1 S. 2 AktG vereint. Das COVMG äußert sich im Wortlaut hierzu nicht, so dass 24j

---

[175] *Schwenn/Blacher* npoR 2020, 154 (155 f.) bezweifelt jedoch die Zweckmäßigkeit.

[176] Abweichung uneingeschränkt möglich: *Schindler/Schaffner* Virtuelle Beschlussfassung § 4 Rn. 719; *Segna* npoR 2020, 148 (150) und *Schwenn/Blacher* npoR 2020, 154 (155), der jedoch vorsichtshalber empfiehlt, den satzungsmäßigen Versammlungsort beizubehalten.

[177] *Schwenn/Blacher* npoR 2020, 154 (155).

[178] *Fisch* NZG 2020, 512 (513); *Leinenbach/Alvermann* NJW 2020, 2319 (2321); *Schmidt* COVID-19 § 8 Rn. 11 f.; *Schneider/Bischoff* ZStV 2020, 153 (154); *Schwenn/Blacher* npoR 2020, 154 (155 f.); *Wälzholz/Bayer* DNotZ 2020, 285 (301), die einen zeitlichen Zuschlag empfehlen; für die GmbH LG Hamburg GWR 2020, 397.

[179] MüKoBGB/*Leuschner* BGB § 32 Rn. 22e; *Schmidt* COVID-19 § 8 Rn. 10 ff.; *Schneider/Bischoff* ZStV 2020, 153 (154) empfehlen einen Leitfaden, um Ablauf und technisches System zu erläutern.

[180] *Schmidt* COVID-19 § 8 Rn. 11.

[181] *Schmidt* COVID-19 § 8 Rn. 12 mit Hinweis, dass der Versammlungsort die Einwahldaten und Passwörter meint; aA *Schwenn/Blacher* npoR 2020, 154 (155) mit der Empfehlung, darauf hinzuweisen, dass Mitglieder dort nicht erscheinen dürfen, vgl. dortigen Formulierungsvorschlag; zweifelnd *Schindler/Schaffner* Virtuelle Beschlussfassung § 4 Rn. 719.

[182] *Schmidt* COVID-19 § 8 Rn. 16.

[183] *Segna* npoR 2020, 148 (150) unter Verweis auf die Gesetzesbegründung; *Schwenn/Blacher* npoR 2020, 154 (156).

[184] *Schwenn/Blacher* npoR 2020, 154 (156).

e contrario davon ausgegangen wird, dass allen Mitgliedern **die gleichen Rechte** zustehen sollen. Online zugeschaltete Teilnehmer müssen also die Möglichkeit haben, mit den anderen Mitgliedern und dem Versammlungsleiter zu interagieren.[185]

24k Wie bereits dargestellt (→ Rn. 24d ff.), kann das Rede-, Frage- und Auskunftsrecht auch im Wege elektronischer Kommunikation effektiv wahrgenommen werden. Dies ist grundsätzlich auch bei einem Chat der Fall, da dort die Mitglieder ihre Rechte schriftlich ausüben können. Elektronische Kommunikation bedeutet aber nicht, dass die Rechte jederzeit ausgeübt werden können. Wie bei einer Präsenzversammlung kann es festgelegte Zeiträume für Fragen und Diskussionen geben. Ferner muss die Kommunikationsmöglichkeit in Echtzeit eine angemessene Zeit aufrechterhalten bleiben.[186]

Beispiel:

Der Vorstand bestimmt, dass Fragen per E-Mail gestellt werden und zu einem oder mehreren festgelegten Zeitpunkten beantwortet werden; Fragen werden in einem moderierten Chat beantwortet, der allen Mitgliedern zugänglich ist; zu einem festgelegten Zeitpunkt wird eine Chat-Diskussion eröffnet.[187]

24l Zu den versammlungsbezogenen Mitgliedrechten bei virtuellen Versammlungen außerhalb des Anwendungsbereich des COVMG → Rn. 21. Praktische Hinweise zur **Durchführung der virtuellen Versammlung** sowie zum **Teilnahme- und Rederecht** → Rn. 109a, 129a, 139a.

24m **(9) Beschlussmängel.** Was passiert, wenn es bei der rein virtuellen Versammlung oder auch bei der Online-Präsenzversammlung zu **technischen Schwierigkeiten** kommt? Der Gesetzgeber hat dies im COVMG nur für die Genossenschaft in § 3 Abs. 1 S. 4 COVMG geregelt. Demgemäß kann die **Anfechtung** eines Beschlusses der Generalversammlung nicht auf Verletzungen des Gesetzes oder Mitgliedsrechte gestützt werden, es sei denn, der Genossenschaft ist Vorsatz oder grobe Fahrlässigkeit vorzuwerfen. Eine ähnliche Regelung findet sich in § 243 Abs. 3 Nr. 1 AktG. Für den Verein findet sich keine entsprechende Regelung. Vor der gesetzgeberischen Intention, die Vereine möglichst flexibel zu stellen und das Abhalten rein virtueller Mitgliederversammlungen zu fördern, halte ich es für vertretbar, die Regelung für die Genossenschaft analog anzuwenden.[188] Aufgrund der Eile, in der das Gesetz erlassen wurde, dürfte von einer **planwidrigen Regelungslücke** auszugehen sein. Ob sich das vor dem Hintergrund des ersten und zweiten Änderungsgesetzes (→ Rn. 23b) noch aufrechterhalten lässt, kann man aber bezweifeln. Auch außerhalb des Anwendungsbereichs des COVMG ist die analoge Anwendung des § 243 Abs. 3 Nr. 1 AktG umstritten (→ Rn. 269a).

24n Ferner sollte die Entscheidung des Vorstandes, auf welche Art er die Mitgliederversammlung abhält (physisch, virtuell, hybrid), ebenfalls anfechtungsfrei sein.[189] Aber auch diesbezüglich enthält das COVMG keine Regelung, auch nicht für andere Rechtsträger.

24o **(10) Dokumentation.** Auch im Rahmen des COVMG gelten für die Dokumentation der Versammlung keine anderen Vorgaben wie bei rein virtuellen oder hybriden Versammlungen außerhalb des Anwendungsbereiches des COVMG. Die Führung einer **Teilnehmerliste** und die Erstellung eines **Protokolls** der Mitgliederversammlung ist also nö-

---

[185] *Schindler/Schaffner* Virtuelle Beschlussfassung § 4 Rn. 722; *Segna* npoR 2020, 148 (150).

[186] *Schwenn/Blacher* npoR 2020, 154 (158).

[187] *Schwenn/Blacher* npoR 2020, 154 (158); so wohl auch *Schindler/Schaffner* Virtuelle Beschlussfassung § 4 Rn. 724.

[188] So auch *Segna* npoR 2020, 148 (151) und *Schwenn/Blacher* npoR 2020, 154 (157); für eine Anwendung von § 243 Abs. 3 Nr. 1 AktG *Krüger* MMR 2012, 85 (87) und *Leinenbach/Alvermann* NJW 2020, 2319 (2321); zur Genossenschaft *Schulteis* GWR 2020, 465 (467); aM *Schindler/Schaffner* Virtuelle Beschlussfassung § 4 Rn. 725 f.

[189] *Segna* npoR 2020, 148 (151).

tig. Von einer Aufzeichnung der Versammlung bei Telefon- oder Videokonferenzen ist aus datenschutzrechtlichen Gründen dringend abzuraten.[190]

Zu Video-, Bild- und Tonaufnahmen in der Versammlung → Rn. 156 ff. Zur Teilnehmererfassung in virtuellen Versammlungen → Rn. 129a. 24p

(11) Beschlussfassung sonstiger Organe. Vor der 2. Änderung des COVMG war umstritten, inwieweit die Bestimmungen des § 5 Abs. 2 und Abs. 3 COVMG auch auf Beschlüsse des Vereinsvorstandes anzuwenden sind.[191] Durch die Einfügung von § 5 Abs. 3a COVMG wurde nunmehr Klarheit geschaffen, dass § 5 Abs. 2 und Abs. 3 COVMG uneingeschränkt für den Vorstand von Vereinen sowie für Vereinsorgane, wie zB Ausschüsse, Gremien oder den sog. erweiterten Vorstand, gilt.[192] § 5 Abs. 3a COVMG gilt für die sonstigen Organe dem Wortlaut nach ebenfalls, insbesondere für die **Delegiertenversammlung** (→ Rn. 279 ff.).[193] 24q

(12) Absage oder Verlegung einer bereits einberufenen Mitgliederversammlung. 24r
In Zeiten der Corona-Pandemie kann es erforderlich werden, eine bereits einberufene Mitgliederversammlung abzusagen **(Widerruf der Einberufung)** oder zu verlegen. Die behördlich auferlegten Versammlungsverbote sowie **Gesundheits- und Hygieneaspekte** dürften als wichtiger Grund für eine Absage oder Verlegung ausreichen.[194] Die übrigen satzungsmäßigen bzw. gesetzlichen Vorgaben zum Widerruf bzw. zu einer Verlegung der Mitgliederversammlung (→ Rn. 85) sind einzuhalten.[195]

c) Anwendung im Rahmen von Umwandlungen. Es stellt sich die Frage, ob § 5 24s
Abs. 2 und Abs. 3 COVMG die Vorgaben des § 13 Abs. 1 S. 2 UmwG erfüllt. Denn dieser erfordert ja nach der überwiegenden Meinung (zum Meinungsstand → Rn. 23) eine Präsenzversammlung (sog. **Versammlungszwang**). Der Gesetzgeber hat im COVMG unter § 4 betreffend das UmwG diese Frage nicht geregelt, auch nicht im ersten und zweiten Änderungsgesetz (→ Rn. 23b). Sicher ist zumindest, dass das versammlungslose Umlaufverfahren nach § 5 Abs. 3 COVMG den Anforderungen des § 13 Abs. 1 S. 2 UmwG nicht genügt. Da das versammlungslose Umlaufverfahren nach § 32 Abs. 2 BGB schon bisher nicht als Präsenzversammlung iSd § 13 Abs. 1 S. 2 UmwG galt, kann sich aus der Formerleichterung des § 5 Abs. 3 COVMG nichts anderes ergeben.[196]

Unklar ist dagegen, ob dem Versammlungszwang iSv § 13 Abs. 1 S. 2 UmwG durch 24t
ein Vorgehen nach § 5 Abs. 2 COVMG, insbesondere bei einer rein virtuellen Versammlung, Genüge getan wird. Für die Zulässigkeit des Verfahrens nach § 5 Abs. 2 COVMG spricht die Tatsache, dass es auch bei einer rein virtuellen Versammlung im Anwendungsbereich des COVMG stets einen Versammlungsort gibt (→ Rn. 23i). Dass die physisch nicht anwesenden Mitglieder ihre Stimme entweder schriftlich vor der Versammlung (§ 5 Abs. 2 Nr. 2 COVMG) oder während der Versammlung elektronisch (§ 5 Abs. 2 Nr. 1 COVMG) abgeben, ändert daran meiner Ansicht nach nichts.[197] Auch die gesetzgeberische Intention, durch das COVMG Umwandlungsmaßnahmen ganz allgemein zu erleichtern, dürfte für eine Zulässigkeit des § 5 Abs. 2 COVMG im Zuge des § 13 Abs. 1 S. 2 UmwG sprechen, auch wenn sich keine genaueren Anhaltspunkte hierzu aus den Gesetzesbegründungen entnehmen lassen.[198] Zudem ist bei der AG anerkannt, dass die Durch-

[190] *Schwenn/Blacher* npoR 2020, 154 (159).
[191] *Segna* npoR 2020, 148 (152) mwN; für die Anwendung auch *Fisch* NZG 2020, 512 (513).
[192] BT-Drs. 19/25322, 22; vor Inkrafttreten des 2. Änderungsgesetzes bejahend *Segna* npoR 2020, 148 (153).
[193] *Schindler/Schaffner* Virtuelle Beschlussfassung § 4 Rn. 739.
[194] *Engel* ZStV 2020, 110 (111) für behördliche Untersagung der Versammlung.
[195] *Engel* ZStV 2020, 110 (111).
[196] So auch DNotI-Report 2020, 73 (74).
[197] So auch DNotI-Report 2020, 73 (75).
[198] DNotI-Report 2020, 73 (75); *Schulteis* GWR 2020, 465 (469): planwidrige Regelungslücke; aM OLG Karlsruhe DNotI-Report 2021, 94 für die Genossenschaft.

führung einer Präsenzversammlung und Abstimmung mittels Briefwahl ausreichend für den Versammlungszwang ist.[199]

24u Gegenstand der notariellen Beurkundung im Rahmen von Umwandlungsmaßnahmen ist daher in der Mitgliederversammlung, ähnlich wie in der Hauptversammlung des Aktienrechts, nicht die einzelne Stimmabgabe, sondern die Feststellung des Versammlungsleiters zum Beschlussergebnis. Der Notar kann seine Wahrnehmungen zur Auszählung der schriftlichen oder der elektronischen Stimmen durch den Versammlungsleiter protokollieren.[200] Der Notar erstellt also ein Tatsachenprotokoll über die Versammlung.

Hinweis:

Da noch keine Rechtsprechung und nur wenig Literatur zu dem Thema existiert, ist es ratsam, eine Mitgliederversammlung iSd § 13 Abs. 1 S. 2 UmwG möglichst auf einen späteren Zeitpunkt zu verschieben oder mit einer **Präsenzversammlung und Vollmachten** zu arbeiten. Voraussetzung ist jedoch, dass die Verwendung von Vollmachten in der Satzung zugelassen ist[201] (→ Rn. 196 ff.).

Sollte dies nicht möglich sein, empfiehlt es sich, das Verfahren nach § 5 Abs. 2 COVMG zu wählen und den Mitgliedern die elektronische Teilnahme an der Versammlung sowie den Austausch mit den anderen Teilnehmern und dem zuständigen Organ des Rechtsträgers zu ermöglichen. Zudem sollte der Vorgang mit dem **Registergericht** abgesprochen werden, um in praktischer Hinsicht die Eintragungsfähigkeit abzuklären.[202]

II. Einladung (Einberufung)

25 Gemäß § 58 Nr. 4 BGB muss die Satzung eines Vereins Angaben enthalten zu den Voraussetzungen, unter denen die Mitgliederversammlung zu berufen ist **(Einberufungsgründe),** zur **Form der Berufung** sowie zur Beurkundung der Beschlüsse.

25a **Formulierungsbeispiel: Einberufung (Satzungsbestandteil)**

§ 4. Mitgliederversammlung

(6) In der ersten Hälfte des Kalenderjahres hat jährlich eine ordentliche Mitgliederversammlung stattzufinden. Außerordentliche Mitgliederversammlungen hat der Vorstand einzuberufen, wenn es das Interesse des Vereins erfordert oder wenn mindestens ein Zehntel der Mitglieder dies schriftlich unter Angabe des Zwecks und der Gründe verlangt. Die Einladung erfolgt durch den Vorstand jeweils schriftlich unter Wahrung der nachgenannten Einberufungsfrist. Mit der Einladung ist die Tagesordnung mitzuteilen.

(7) Die Beschlüsse der Mitgliederversammlung werden in einem Protokoll festgehalten, das von dem Versammlungsleiter und dem Schriftführer zu unterzeichnen ist.

---

[199] DNotI-Report 2020, 73 (75).

[200] DNotI-Report 2020, 73 (74).

[201] DNotI-Report 2020, 73 (75).

[202] DNotI-Report 2020, 73 (75); *Schulteis* GWR 2020, 465 (469); ganz allgemein empfohlen für Durchführung der neuen Beschluss- und Versammlungsformen nach dem COVMG bei *Leinenbach/Alvermann* NJW 2020, 2319 (2321); nach OLG Karlsruhe DNotI-Report 2021, 94 ist ein Austausch zwischen Versammlungsteilnehmern nötig (für Genossenschaft).

1. Formalien

a) Einberufungsgründe. Die Mitgliederversammlung ist in folgenden Fällen zwingend einzuberufen: 26
- in den durch die Satzung bestimmten Fällen (§ 58 Nr. 4 iVm § 36 Alt. 1 BGB),
- wenn es das Interesse des Vereins erfordert (§ 36 Alt. 2 BGB),
- wenn dies eine durch Satzung bestimmte Minderheit bzw. bei einer Satzungslücke es 10% der Mitglieder verlangen (§ 37 BGB).

Die Vorschriften der §§ 36, 37, 58 BGB sind nicht abdingbar (vgl. § 40 BGB). Unter- 27
lässt das zuständige Organ schuldhaft eine erforderliche Einberufung, so macht es sich gegenüber dem Verein schadensersatzpflichtig.[203] Den Mitgliedern bleibt nur die Möglichkeit, die Einberufung gemäß § 37 Abs. 2 BGB (→ Rn. 30) durchzusetzen.[204] Zu den Besonderheiten während der Corona-Pandemie → Rn. 24.

aa) Satzungsgemäße Einberufungsgründe. Vereine können und sollten in der Satzung 28
Einberufungsgründe nach ihren individuellen Bedürfnissen festlegen.

Beispiele:

Versammlungen zu einem bestimmten Zeitpunkt (zB jeweils im letzten Quartal eines Kalenderjahres), in bestimmten Zeitabständen (zB jährlich/alle vier Jahre)[205] oder nach bestimmten Ereignissen wie einem Wettkampf,[206] nach der Beschlussunfähigkeit einer Mitgliederversammlung oder am Ende der Amtsperiode der Vorstandsmitglieder.[207]

bb) Vereinsinteresse. Erfordert das Interesse des Vereins eine Mitgliederversammlung, so 29
kommt eine Einberufung dennoch nur dann in Betracht, wenn die betroffene Angelegenheit überhaupt in den **Zuständigkeitsbereich der Mitgliederversammlung** fällt[208] bzw. wenn ihr zumindest noch die disponible Befugnis geblieben ist, die betroffene Angelegenheit durch Satzungsänderung (§§ 33, 40 BGB) wieder an sich zu ziehen.[209] Sofern keine dieser Voraussetzungen vorliegt, so besteht mE grundsätzlich keine Einberufungspflicht, auch nicht um die Mitglieder von dringlichen oder ungewöhnlichen Ereignissen zu informieren, da dies auch auf einfachere Weise geschehen kann.[210] Etwas anderes gilt mE nur dann, wenn die Mitgliederversammlung auf die betroffene Angelegenheit anderweitig wirksam reagieren könnte.

cc) Minderheitenrecht auf Einberufung. (1) Allgemeines. Grundsätzlich gilt im Ver- 30
einsrecht, dass Anliegen einzelner Mitglieder nicht die Einberufung einer Mitgliederversammlung erfordern.[211] § 37 BGB enthält jedoch eine Bestimmung zum **Schutz von Minderheiten.** Demnach ist zur Mitgliederversammlung einzuladen, wenn der durch die Satzung bestimmte Teil der Mitglieder die **Einberufung** schriftlich unter Angabe des Zwecks und der Gründe verlangt. Enthält die Satzung keine Bestimmung, so sind **mindestens 10% der Mitglieder** erforderlich. Benötigt ein Vereinsmitglied zur Vorbereitung eines solchen Minderheitenverlangens die persönlichen Daten aller Vereinsmitglieder, so

---

[203] BeckOK BGB/*Schöpflin* BGB § 36 Rn. 5; MHdB GesR V/*Waldner* § 25 Rn. 11; MüKoBGB/*Leuschner* BGB § 36 Rn. 7; Palandt/*Ellenberger* BGB § 36 Rn. 1; *Wörle-Himmel* Vereine gründen S. 158.
[204] BeckOK BGB/*Schöpflin* BGB § 36 Rn. 5.
[205] MüKoBGB/*Leuschner* BGB § 36 Rn. 4; *Wörle-Himmel* VereinsR S. 38.
[206] *Stöber/Otto* Rn. 644.
[207] MüKoBGB/*Leuschner* BGB § 36 Rn. 4.
[208] MüKoBGB/*Leuschner* BGB § 36 Rn. 5; *Stöber/Otto* Rn. 642.
[209] *Sauter/Schweyer/Waldner* Eingetragener Verein Rn. 158.
[210] AA MHdB GesR V/*Waldner* § 25 Rn. 11 und *Sauter/Schweyer/Waldner* Eingetragener Verein Rn. 158; MüKoBGB/*Arnold*, 7. Aufl. 2015, BGB § 36 Rn. 9, der aufgrund der fehlenden Abdingbarkeit von § 36 BGB von einer Notzuständigkeit der Mitgliederversammlung für Satzungsänderungen ausgeht.
[211] *Stöber/Otto* Rn. 642.

begründet § 37 BGB bereits einen entsprechenden Auskunftsanspruch gegen den Verein.[212] Hierzu auch → § 5 Rn. 172ff.

Hinweis:

Bei Festlegung der Quote in der Satzung kann die 10%-Marke zur Verbesserung des Minderheitenschutzes unterschritten werden. Nach überwiegender und richtiger Ansicht ist auch eine **Überschreitung** möglich.[213] Jedoch ist eine Quote von 50% oder mehr nach der hM nicht mehr mit dem Charakter des § 37 BGB als Minderheitenrecht vereinbar und damit unzulässig.[214] Es dürfen daher auch keine festen Zahlen, sondern nur Prozentsätze[215] in der Satzung angegeben werden, so dass auch bei sinkenden Mitgliederzahlen eine Quote von unter 50% gewährleistet ist.[216] Im Übrigen kann § 37 BGB nicht durch die Satzung abbedungen werden.[217]

31 **(2) Berechnung der Minderheit.** Bei der Berechnung der Quote ist zunächst die **Gesamtzahl der Mitglieder** zu ermitteln. Hierbei ist auf den Zeitpunkt abzustellen, an dem der Antrag der Minderheit beim zuständigen Einberufungsorgan gestellt wird.[218] Alle Mitglieder sind mitzuzählen, unabhängig davon, ob ihnen ein Stimmrecht zusteht, also auch außerordentliche Mitglieder oder Ehrenmitglieder.[219] Mehrstimmrechte eines Mitglieds sind nicht zu berücksichtigen.[220] Die Satzung kann das Minderheitenrecht nichtstimmberechtigter Mitglieder nach § 37 BGB nicht beschränken oder ausschließen, sie kann also bei Berechnung der Minderheit nicht allein auf stimmberechtigte Mitglieder abstellen, sondern muss auf die **teilnahmeberechtigten Mitglieder** abstellen.[221] Für die Anzahl der Mitglieder ist grundsätzlich der Verein beweispflichtig. Anschließend ist die Anzahl der Angehörigen der Minderheit zu ermitteln, wobei es auf den gleichen Zeitpunkt ankommt. Unterstützen Mitglieder erst im gerichtlichen Verfahren den Antrag, so sind sie nicht zu berücksichtigen.[222] Gleiches gilt, wenn Personen den Antrag unterstützen, die zu diesem Zeitpunkt noch nicht wirksam als Mitglieder in den Verein aufgenommen wurden.[223]

31a Ist bei einer Delegiertenversammlung als Quote eine bestimmte Prozentzahl der Mitglieder des erweiterten Vorstandes vorgesehen, so ist auf die tatsächliche Anzahl der Mitglieder des erweiterten Vorstandes im Zeitpunkt des Zugangs des Verlangens beim Einberufungsorgan, nicht auf die satzungsmäßige größte Zahl abzustellen. Ansonsten würde bei Ausscheiden oder Ausschluss von Vorstandsmitgliedern das Quorum faktisch erhöht und das Antragsrecht ausgehebelt werden.[224]

---

212 LG Köln BeckRS 2011, 23928; *Stöber/Otto* Rn. 342.

213 OLG Celle Rpfleger 2011, 278; BayObLG DNotZ 2001, 853 (855); MüKoBGB/*Leuschner* BGB § 37 Rn. 14; *Scheffer* DStR 2001, 2053; *Wörle-Himmel* Vereine gründen S. 93; aM *Sauter/Schweyer/Waldner* Eingetragener Verein Rn. 159; aM BeckOK BGB/*Schöpflin* BGB § 37 Rn. 4.

214 KG NJW 1962, 1917; BayObLGZ 1986, 459 (463); OLG Celle Rpfleger 2011, 278; Palandt/*Ellenberger* BGB § 37 Rn. 1; *Scheffer* DStR 2011, 2053; *Stöber/Otto* Rn. 655; aM MüKoBGB/*Leuschner* BGB § 37 Rn. 14.

215 AA BeckOK BGB/*Schöpflin* BGB § 37 Rn. 4.

216 OLG Stuttgart NJW-RR 1986, 995; Palandt/*Ellenberger* BGB § 37 Rn. 1; *Sauter/Schweyer/Waldner* Eingetragener Verein Rn. 159; *Stöber/Otto* Rn. 655.

217 Vgl. statt vieler: BeckOK BGB/*Schöpflin* BGB § 37 Rn. 1.

218 OLG München NZG 2021, 79 (80); BeckOK BGB/*Schöpflin* BGB § 37 Rn. 4; MüKoBGB/*Leuschner* BGB § 37 Rn. 3.

219 OLG Düsseldorf BeckRS 2013, 10294; LG Bremen Rpfleger 1990, 262; BeckOK BGB/*Schöpflin* BGB § 37 Rn. 4; *Sauter/Schweyer/Waldner* Eingetragener Verein Rn. 160.

220 MüKoBGB/*Leuschner* BGB § 37 Rn. 3; OLG München NZG 2021, 79 (80).

221 OLG Düsseldorf BeckRS 2013, 10294; MüKoBGB/*Leuschner* BGB § 37 Rn. 3; *Stöber/Otto* Rn. 655.

222 MüKoBGB/*Leuschner* BGB § 37 Rn. 4.

223 Sauter/Schweyer/Waldner Eingetragener Verein Rn. 160.

224 OLG München NZG 2021, 79 (81).

(3) Formalien des vereinsinternen Antrags. Bevor das gerichtliche Verfahren eingeleitet werden kann, müssen sich die Angehörigen der Minderheit mit ihrem **Antrag** an das für die Einberufung der Mitgliederversammlung zuständige Organ wenden. Eine Verpflichtung, sich an den Vorstand zu wenden, sofern dieser nicht für die Einberufung zuständig ist, besteht dagegen nicht. Es wäre reiner Formalismus, wie vereinzelt vertreten, zu verlangen, dass sich die Minderheit an ein Vereinsorgan wendet, das die Einberufung einer Mitgliederversammlung gar nicht vornehmen kann. Will die Minderheit aber den sichersten Weg beschreiten, so sollte sie sich sowohl an den Vorstand, als auch an das für die Einberufung zuständige Einberufungsorgan mit ihrem Begehren wenden.[225] Allerdings dürfte der Vorstand idR auch das **zuständige Einberufungsorgan** sein, so dass sich die Problematik nur in wenigen Fällen stellt. Ist der Vorstand nach der gesetzlichen Regelung vertretungsberechtigt und zugleich das für die Einberufung zuständige Organ, so ist es ausreichend, wenn einem Vorstandsmitglied der Antrag zugeht (§ 26 Abs. 2 S. 2 BGB).[226] 32

Gemäß § 37 Abs. 1 BGB hat die Minderheit das Verlangen **schriftlich** unter Angabe des Zwecks und der Gründe zu verlangen. Daher ist die Form des § 126 BGB, also eigenhändige Unterschrift sämtlicher Angehöriger der Minderheit,[227] alternativ die Form des § 126a BGB (elektronische Form mit elektronischer Signatur) zu wahren. Ein von allen Mitgliedern unterzeichnetes Telefax oder Telegramm kann dagegen den Anforderungen an die gesetzlich vorgeschriebene Schriftform nicht genügen, ebenso wenig wie eine E-Mail, es sei denn, die Satzung lässt diese Form genügen.[228] Dies ergibt sich bereits aus § 127 Abs. 2 BGB.[229] Es empfiehlt sich, entweder sämtliche beteiligte Mitglieder einen gemeinsamen Antrag auf demselben Schriftstück oder jedes Mitglied einen separaten inhaltlich identischen Antrag unterzeichnen zu lassen.[230] Die Minderheit sollte ferner eine **angemessene Frist** setzen, in der das Einberufungsorgan über die Angelegenheit entscheiden kann und nach deren fruchtlosem Ablauf sie den Antrag beim Gericht stellen wird.[231] 33

Der Antrag ist als geschäftsähnliche einseitige Handlung einzuordnen, so dass die Vorschriften des Allgemeinen Teils des BGB über Willenserklärungen analog anzuwenden sind. Demgemäß ist der Zugang des Antrags erforderlich (§ 130 BGB). Eine rechtsgeschäftliche **Vertretung** (§§ 164 ff. BGB) ist möglich, wobei auf die Vorlage der Vollmachtsurkunde zu achten ist (§ 174 BGB).[232] 34

Hinweis:

Um das weitere vereinsinterne und gerichtliche Verfahren zu erleichtern, sollten alle Angehörigen der Minderheit den Antrag auf einem **einzigen Schriftstück** unterzeichnen und im gleichen Dokument eine Person für das weitere Verfahren schriftlich bevollmächtigen (§ 11 FamFG) → Rn. 36. Dies sollte jedoch aus Sicherheitsgründen in zweifacher Ausfertigung erfolgen, da ein Exemplar an das zuständige Einberufungsorgan zu übersenden ist, so dass ein Schriftstück beim Bevollmächtigten der Minderheit verbleibt (§ 174 BGB).[233]

---

[225] *Sauter/Schweyer/Waldner* Eingetragener Verein Rn. 161.
[226] *Stöber/Otto* Rn. 656.
[227] Unschädlich, wenn nicht Antragsberechtigte zusätzlich unterschreiben: OLG München NZG 2021, 79 (80).
[228] MüKoBGB/*Leuschner* BGB § 37 Rn. 3; *Sauter/Schweyer/Waldner* Eingetragener Verein Rn. 161 mit aM für Telegramm und Telefax.
[229] MüKoBGB/*Leuschner* BGB § 37 Rn. 3.
[230] OLG München NZG 2021, 79 (80); OLGZ 1973, 137 (140).
[231] *Stöber/Otto* Rn. 657.
[232] BeckOK BGB/*Schöpflin* BGB § 37 Rn. 5; MüKoBGB/*Leuschner* BGB § 37 Rn. 4.
[233] *Sauter/Schweyer/Waldner* Eingetragener Verein Rn. 161; *Stöber/Otto* Rn. 656.

35 Der Antrag muss ferner den **Zweck** der Mitgliederversammlung angeben, also den genauen Inhalt der Tagesordnungspunkte[234] bzw. Beschlüsse. Zudem ist zu **begründen,** warum eine Mitgliederversammlung notwendig ist. Auch wenn sich Zweck und Gründe oftmals überschneiden, so sollten Minderheiten dennoch vorsichtshalber beide Angaben tätigen, da ansonsten die Ablehnung des Antrags durch das Einberufungsorgan drohen kann.[235]

36 **Formulierungsbeispiel: Antrag auf Einberufung einer Mitgliederversammlung**

***-Verein
An den Vorstand
*** *[Anschrift]*

Einberufung einer Mitgliederversammlung

Wir, die Unterzeichner, sind Mitglieder des ***-Vereins mit Sitz in *** und stellen mehr als 10 % der Mitglieder des Vereins. Wir verlangen hiermit, dass der Vorstand des ***-Vereins als zuständiges Organ zum Zweck der *** binnen eines Monats als zuständiges Organ eine außerordentliche Mitgliederversammlung mit folgenden Tagesordnungspunkten einberuft:

1. ***

2. ***

Gründe: ***[236]

Jeder der Unterzeichner bevollmächtigt hiermit Herrn/Frau ***, ihn im gerichtlichen Verfahren gem. § 37 Abs. 2 BGB vor dem zuständigen Amtsgericht vollumfänglich zu vertreten und alle für die Ermächtigung zur Einberufung erforderlichen und zweckdienlichen Erklärungen vorzunehmen, insbesondere den entsprechenden Antrag bei Gericht zu stellen. Im Zweifel ist ein weiter Umfang der Vollmacht anzunehmen.

Unterschriften sämtlicher antragstellender Mitglieder

37 **(4) Minderheitenrecht auf Ergänzung der Tagesordnung; weitere Fälle.** Das **Minderheitenrecht** auf Einberufung einer Mitgliederversammlung beinhaltet auch das Recht der Minderheit auf **Ergänzung der Tagesordnung.**[237] Voraussetzung hierfür ist, dass die Mitgliederversammlung bereits ordnungsgemäß einberufen ist, sich der Vorstand jedoch weigert, eine von der Minderheit geforderte Angelegenheit auf die Tagesordnung zu setzen. Hierbei sind dieselben Formalien wie beim Antrag auf Einberufung der Mitgliederversammlung zu wahren.[238] Sofern die Minderheit den Antrag rechtzeitig bei Gericht gestellt hat, kann die Tagesordnung entsprechend ergänzt werden, auch wenn die fristgerechte Bekanntgabe der Tagesordnung entgegen § 32 Abs. 1 S. 2 BGB dann nicht mehr möglich ist (→ Rn. 75).[239]

37a § 37 Abs. 2 BGB soll ferner dann anwendbar sein, wenn das zuständige Einberufungsorgan einen offenbar ungeeigneten oder satzungswidrigen Zeitpunkt oder Versammlungsort festgelegt haben sollte.[240]

---

[234] BeckOK BGB/*Schöpflin* BGB § 37 Rn. 5.
[235] *Sauter/Schweyer/Waldner* Eingetragener Verein Rn. 161.
[236] Angelehnt an *Sauter/Schweyer/Waldner* Eingetragener Verein Rn. 642.
[237] Palandt/*Ellenberger* BGB § 37 Rn. 2.
[238] *Stöber/Otto* Rn. 658.
[239] *Stöber/Otto* Rn. 710a.
[240] BeckOK BGB/*Schöpflin* BGB § 37 Rn. 2.

Formulierungsbeispiel: Antrag auf Ergänzung der Tagesordnung 38

***-Verein
An den Vorstand
*** *[Anschrift]*

Antrag auf Ergänzung der Tagesordnung

Wir, die Unterzeichner, sind Mitglieder des ***-Vereins mit Sitz in *** und stellen mehr als 10% der Mitglieder des Vereins. Wir verlangen hiermit, dass der Vorstand des ***-Vereins als zuständiges Organ zum Zweck der *** die Tagesordnung für die am *** stattfindende Mitgliederversammlung, zu der bereits ordnungsgemäß geladen wurde, um folgende Tagesordnungspunkte ergänzt:

1. ***

2. ***

Gründe: ***[241]

Jeder der Unterzeichner bevollmächtigt hiermit Herrn/Frau ***, ihn im gerichtlichen Verfahren gem. §37 Abs. 2 BGB vor dem zuständigen Amtsgericht vollumfänglich zu vertreten und alle für die Ermächtigung zur Einberufung bzw. Ergänzung der Tagesordnung erforderlichen und zweckdienlichen Erklärungen vorzunehmen, insbesondere den entsprechenden Antrag bei Gericht zu stellen. Im Zweifel ist ein weiter Umfang der Vollmacht anzunehmen.

Unterschriften sämtlicher antragstellender Mitglieder

(5) Minderheitenrecht bei Delegiertenversammlung. Wird die Mitgliederversamm- 39
lung durch eine **Delegiertenversammlung** ersetzt, so ist § 37 BGB entsprechend anwendbar.[242] Die Minderheit der Vereinsmitglieder kann in diesem Fall vom Vorstand entweder die Einberufung der Delegiertenversammlung oder die Ergänzung der Tagesordnung verlangen.[243] Strittig ist dagegen die Frage, ob auch Angehörigen einer **Minderheit der Delegierten** in entsprechender Anwendung von § 37 BGB zusätzlich ein Minderheitenrecht zusteht.[244] Dies ist zu bejahen.[245] Dafür spricht schon der Rechtsgedanke des § 37 BGB, wonach eine Minderheit von Mitgliedern des obersten Vereinsorgans die Einberufung verlangen kann. Wenn das oberste Vereinsorgan jedoch die Delegiertenversammlung ist, so erscheint es nur konsequent, wenn deren Minderheit die Einberufung herbeiführen kann.[246] Eine Beschränkung des § 37 BGB auf die Minderheit der Vereinsmitglieder wäre bei Vorhandensein einer Delegiertenversammlung zudem nicht praktikabel, da sich das Interesse der Minderheit der Mitglieder nicht immer mit dem der Delegierten decken dürfte.[247] Schließlich ist es Aufgabe der Delegierten, die Interessen der von ihnen vertretenen Mitglieder auch außerhalb von Delegiertenversammlungen wahrzunehmen und dies kann effektiv nur über die Befugnis des § 37 BGB erreicht werden.[248]

[241] Angelehnt an *Sauter/Schweyer/Waldner* Eingetragener Verein Rn. 642.
[242] KG NJW 1962, 1917; OLG München NZG 2021 79 (80); Palandt/*Ellenberger* BGB § 37 Rn. 2.
[243] MüKoBGB/*Leuschner* BGB § 37 Rn. 12; Palandt/*Ellenberger* BGB § 37 Rn. 2; *Stöber/Otto* Rn. 770.
[244] Zum Meinungsstand MüKoBGB/*Leuschner* BGB § 37 Rn. 12.
[245] OLGZ 1973, 137 (139); BeckOK BGB/*Schöpflin* BGB § 37 Rn. 2; MüKoBGB/*Leuschner* BGB § 37 Rn. 12; *Sauter/Schweyer/Waldner* Eingetragener Verein Rn. 170; aM *Stöber/Otto* Rn. 770 und für die Genossenschaft KG NJW-RR 1999, 1488.
[246] *Sauter/Schweyer/Waldner* Eingetragener Verein Rn. 170.
[247] MüKoBGB/*Leuschner* BGB § 37 Rn. 12.
[248] OLGZ 1973, 137 (139).

40 Zur Feststellung des für § 37 BGB erforderlichen Quorums ist bei Antragstellung durch die Delegierten auf die in der Satzung bestimmten Anzahl der Delegierten zurückzugreifen.[249]

> **Hinweis:**
> Zur Sicherheit sollte die Satzung vorsehen, dass auch das erforderliche Quorum der Delegierten den Minderheitenantrag auf Einberufung stellen kann. Eine solche Regelung kann das Minderheitenrecht der Mitglieder aber nicht ersetzen. Dieses muss zwingend daneben bestehen,[250] da die Vorschrift des § 37 BGB gem. § 40 BGB nicht abdingbar ist.

41 **(6) Prüfungsbefugnis des Einberufungsorgans.** Dem für die Einberufung der Mitgliederversammlung zuständigen Vereinsorgan steht hinsichtlich des Minderheitenantrags ein formelles Prüfungsrecht zu.[251] Sind die Formalien nicht erfüllt, so darf es den Antrag ablehnen. Strittig ist dagegen, ob ihm auch ein **materielles Prüfungsrecht** zusteht, es also einen formell rechtmäßigen, jedoch unbegründeten oder gar sinnlosen Antrag ablehnen darf. Sinn und Zweck des § 37 BGB ist der Minderheitenschutz, so dass bereits aus diesem Gesichtspunkt dem Einberufungsorgan eine materielle Prüfungsbefugnis abzusprechen ist.[252] Grenzen muss dies dort haben, wo das Minderheitenrecht **rechtsmissbräuchlich** ausgeübt wird (zB beabsichtigte Beschlüsse wären nichtig) oder die Mitgliederversammlung über den begehrten Beschlussgegenstand mangels Zuständigkeit überhaupt nicht entscheiden kann.[253] Offensichtlich rechtsmissbräuchliche Anträge darf das Einberufungsorgan daher als solche zurückweisen, da auch dem Gericht im weiteren Verfahren eine entsprechende Befugnis zusteht.[254] Auch ist die Einberufung einer separaten Mitgliederversammlung nicht erforderlich, wenn sowieso zeitnah eine Mitgliederversammlung einberufen wird und der Antrag der Minderheit noch auf die Tagesordnung gesetzt werden kann.[255] In diesem Fall reduziert sich der Antrag der Minderheit auf Ergänzung der Tagesordnung (→ Rn. 37).

42 **(7) Gerichtliches Verfahren zur Einberufung.** Entspricht das zuständige Einberufungsorgan dem Verlangen der Minderheit nicht unverzüglich[256] oder nicht vollständig, so kann gem. § 37 Abs. 2 S. 1 BGB das **zuständige Amtsgericht** die antragstellenden Mitglieder zur **Einberufung** der Versammlung bzw. zur Ergänzung der Tagesordnung ermächtigen. **Örtlich zuständig** ist gem. § 37 Abs. 2 S. 2 BGB das Amtsgericht, das für den Bezirk, in dem der Verein seinen Sitz hat, das Vereinsregister führt.[257] Die funktionelle Zuständigkeit liegt beim Rechtspfleger, § 3 Nr. 1 lit. a RPflG.[258]

43 Erforderlich ist ein Antrag von den Angehörigen der Minderheit, die zuvor den vereinsinternen Antrag gestellt hat. Sowohl der vereinsinterne Antrag als auch der Ermächtigungsantrag an das Gericht müssen vom notwendigen Quorum nach § 37 Abs. 1 BGB

[249] *Sauter/Schweyer/Waldner* Eingetragener Verein Rn. 170; aM MüKoBGB/*Leuschner* BGB § 37 Rn. 3; aM auch OLG München NZG 2021, 79 (80), wenn es auf die Anzahl der Mitglieder des erweiterten Vorstands ankommt.
[250] *Stöber/Otto* Rn. 770.
[251] *Sauter/Schweyer/Waldner* Eingetragener Verein Rn. 161, 163.
[252] Palandt/*Ellenberger* BGB § 37 Rn. 2; *Stöber/Otto* Rn. 659; *Sauter/Schweyer/Waldner* Eingetragener Verein Rn. 163; *Wörle-Himmel* Vereine gründen S. 158.
[253] BeckOK BGB/*Schöpflin* BGB § 37 Rn. 6; *Stöber/Otto* Rn. 659; Palandt/*Ellenberger* BGB § 37 Rn. 3.
[254] *Sauter/Schweyer/Waldner* Eingetragener Verein Rn. 163; *Stöber/Otto* Rn. 659.
[255] BeckOK BGB/*Schöpflin* BGB § 37 Rn. 6; MüKoBGB/*Leuschner* BGB § 37 Rn. 5.
[256] MüKoBGB/*Leuschner* BGB § 37 Rn. 8 mwN.
[257] BeckOK BGB/*Schöpflin* BGB § 37 Rn. 8; Palandt/*Ellenberger* BGB § 37 Rn. 2.
[258] BeckOK BGB/*Schöpflin* BGB § 37 Rn. 8; MüKoBGB/*Leuschner* BGB § 37 Rn. 6.

betrieben werden[259] (→ § 17 Rn. 156). Es ist unzureichend, wenn das Quorum dadurch erreicht wird, dass der Antrag von weiteren Mitgliedern unterstützt wird, die sich jedoch nicht am vorherigen Einberufungsverlangen beteiligt haben.[260] **Antragsgegner** ist stets der Verein und nicht der Vorstand.[261] Der **Antrag** ist **schriftlich** oder zur Niederschrift der Geschäftsstelle zu erklären, § 25 Abs. 1 FamFG, wobei Vertretung mit schriftlicher Vollmacht möglich ist (§§ 10, 11 FamFG; → Rn. 34). Der Antrag soll zweckmäßigerweise auch die **Bestimmung des Versammlungsleiters** umfassen, da das Gericht hierüber ebenfalls entscheiden kann, § 37 Abs. 2 S. 1 Hs. 2 BGB. Ferner sind der Zweck und die **Gründe des Einberufungsbegehrens** anzugeben sowie darzulegen, dass das Einberufungsorgan dem ordnungsgemäß gestellten Antrag nicht nachgekommen ist.[262]

Vor der **gerichtlichen Ermächtigung** muss der Rechtspfleger schließlich noch dem 44
Vorstand rechtliches Gehör gewähren, § 37 Abs. 2 FamFG,[263] bzw. sofern dieser nicht zur Einberufung zuständig ist, dem zuständigen Einberufungsorgan.[264] Schriftliche Anhörung genügt. Eine Anhörung ist entbehrlich, wenn dies aus Gründen, die in der Person des Einberufungsorgans liegen, nicht möglich ist und ein Abwarten das Minderheitenrecht verkürzen würde.[265]

Der zuständige Rechtspfleger prüft den Antrag von Amts wegen (§ 26 FamFG) in **for-** 45
meller Hinsicht. Hierfür muss er die Mitgliederzahl des Vereins ermitteln, die der Vorstand auf Verlangen des Amtsgerichts gem. § 72 BGB schriftlich einzureichen hat. Notfalls darf das Amtsgericht den Vereinsvorstand hierzu unter Festsetzung von Zwangsgeld anhalten, § 78 Abs. 1 BGB. Ferner muss das Gericht ermitteln, ob im Zeitpunkt der Erteilung der Ermächtigung noch die gesetzlich bzw. satzungsmäßig erforderliche Minderheit vorhanden ist.[266] In **materieller Hinsicht** darf das Gericht nur prüfen, ob der Antrag offensichtlich unbegründet ist. Dies ist gegeben, wenn die Mitgliederversammlung für die Angelegenheit offensichtlich unzuständig ist oder ein evident sittenwidriger bzw. satzungs-/gesetzwidriger oder sonst ungültiger Beschluss gefasst werden soll[267] oder der Antrag auf sonstige Weise offenkundig rechtsmissbräuchlich ist.[268]

Beispiele:

Es besteht kein Rechtschutzbedürfnis für die beantragte Ermächtigung, wenn die ordentliche Mitgliederversammlung kurz bevorsteht und das zuständige Einberufungsorgan glaubhaft versichert, den begehrten Beschluss der Minderheit auf die Tagesordnung zu setzen.[269] Kein Rechtsmissbrauch liegt dagegen vor, wenn die Mitgliederversammlung erst zu einem so späten Zeitpunkt stattfindet, dass deren Abwarten einer Ablehnung des Antrages gleichkommt oder wenn die Mitgliederversammlung an einem ungewöhnlichen Ort oder zu einer unzumutbaren Zeit[270] einberufen wird oder eine zunächst einberufene Mitgliederversammlung schließlich wieder abgesagt wird.[271]

---

[259] KG FGPrax 2020, 218; MüKoBGB/*Leuschner* BGB § 37 Rn. 6; *Sauter/Schweyer/Waldner* Eingetragener Verein Rn. 164; *Stöber/Otto* Rn. 661.
[260] OLGZ 1973, 137 (140).
[261] BayObLG NJW-RR 1986, 1499; BeckOK BGB/*Schöpflin* BGB § 37 Rn. 8; MüKoBGB/*Leuschner* BGB § 37 Rn. 6; Palandt/*Ellenberger* BGB § 37 Rn. 4.
[262] OLGZ 1973, 137 (140); *Stöber/Otto* Rn. 661.
[263] BayObLG NJW-RR 1986, 1499; MüKoBGB/*Leuschner* BGB § 37 Rn. 7.
[264] Str., *Sauter/Schweyer/Waldner* Eingetragener Verein Rn. 164; aM MüKoBGB/*Leuschner* BGB § 37 Rn. 7; Anhörung Vorstand und Einberufungsorgan nötig: BeckOK BGB/*Schöpflin* BGB § 37 Rn. 8.
[265] MüKoBGB/*Leuschner* BGB § 37 Rn. 7.
[266] *Sauter/Schweyer/Waldner* Eingetragener Verein Rn. 164.
[267] OLGZ 1973, 137 (140); BeckOK BGB/*Schöpflin* BGB § 37 Rn. 9.
[268] BeckOK BGB/*Schöpflin* BGB § 37 Rn. 9; allein auf fehlende Rechtsmissbräuchlichkeit abstellend: MüKoBGB/*Leuschner* BGB § 37 Rn. 8; Palandt/*Ellenberger* BGB § 37 Rn. 4.
[269] *Sauter/Schweyer/Waldner* Eingetragener Verein Rn. 164; *Stöber/Otto* Rn. 663.
[270] BayObLGZ 2004, 177 (183).
[271] *Sauter/Schweyer/Waldner* Eingetragener Verein Rn. 164.

46 Ein weiteres materielles Prüfungsrecht des Gerichts ist jedoch ausgeschlossen.[272] Insbesondere darf das Gericht weder Abwägungen zwischen den Interessen der Antragsteller und dem mit einer außerordentlichen Mitgliederversammlung verbundenen Aufwand treffen, noch die **Zweckmäßigkeit** oder gar die Erfolgsaussichten des Antrags prüfen.[273] Auch eine Untersuchung, ob der Antrag dem Vereinsinteresse oder dem Interesse der übrigen Vereinsmitglieder widerspricht, ist nicht zulässig.[274]

> **Hinweis:**
>
> Der in § 37 BGB geregelte Verfahrensweg zur Wahrnehmung der Minderheitenrechte stellt eine abschließende Regelung dar. Eine zivilrechtliche Klage, auch im einstweiligen Rechtsschutz, ist daher mangels Rechtschutzbedürfnis unzulässig.[275]

47 **(8) Ermächtigung durch das Gericht.** Gibt das Gericht dem Antrag statt, so ermächtigt es durch Beschluss entweder sämtliche Antragsteller oder deren Vertreter zur Einberufung der Mitgliederversammlung.[276] Inhaltlich muss die Ermächtigung bereits die **Tagesordnung** bezeichnen, zudem kann sie Anordnungen über die Führung des Vorsitzes in der Versammlung treffen (→ Rn. 43). Der **Vorsitz** kann dabei entweder einem Mitglied des Vorstandes, einem Angehörigen der Minderheit, einem sonstigen erfahrenen Vereinsmitglied oder einem Dritten übertragen werden, sofern dies satzungsrechtlich zulässig ist.[277] Die Mitgliederversammlung darf einen gerichtlich bestimmten Versammlungsleiter nicht nach Belieben ersetzen (→ Rn. 108). Die Ermächtigung kann zudem Versammlungsort und -zeit bzw. den Zeitrahmen für die Einberufung und die Versammlung festlegen, sie kann dies jedoch auch den Ermächtigten überlassen. Ferner darf das Gericht weitere, zur Einberufung erforderliche Anordnungen treffen, zB beim Einberufungsorgan Namen und Anschriften sämtlicher Vereinsmitglieder anfordern.[278]

48 Die Ermächtigung ist schließlich durch das Gericht mitzuteilen; sie wird mit **Bekanntgabe** gegenüber dem Antragsteller **wirksam,** §§ 40 Abs. 1, 41, 15 FamFG. Für die Bekanntgabe ist weder eine förmliche Zustellung, auch nicht nach § 40 Abs. 3 FamFG, noch ein Rechtskraftzeugnis erforderlich, vgl. § 40 Abs. 2 FamFG.[279] Dem Verein ist der Beschluss gem. § 41 FamFG förmlich bekannt zu geben. Dasselbe gilt für die antragstellende Minderheit, soweit ihrem Antrag nicht vollständig stattgegeben werden kann, § 41 Abs. 1 S. 2 FamFG.[280] Eine so erteilte Ermächtigung ist wirksam, auch wenn ihre Voraussetzungen nicht vorgelegen haben.[281] Etwas anderes gilt dann, wenn Nichtmitglieder auf Grund der Ermächtigung die Einberufung vorgenommen haben.[282] Sofern die Ermächtigung nur formlos bekannt gemacht wird, sind die Beschlüsse der so einberufenen Mitgliederversammlung nichtig.[283]

---

[272] MüKoBGB/*Leuschner* BGB § 37 Rn. 8.

[273] KG FGPrax 2020, 218; BeckOK BGB/*Schöpflin* BGB § 37 Rn. 9; *Sauter/Schweyer/Waldner* Eingetragener Verein Rn. 164.

[274] *Sauter/Schweyer/Waldner* Eingetragener Verein Rn. 164.

[275] *Stöber/Otto* Rn. 672; Palandt/*Ellenberger* BGB § 37 Rn. 4.

[276] BeckOK BGB/*Schöpflin* BGB § 37 Rn. 10; MüKoBGB/*Leuschner* BGB § 37 Rn. 8; *Stöber/Otto* Rn. 665.

[277] MüKoBGB/*Arnold,* 7. Aufl. 2015, BGB § 37 Rn. 11; *Sauter/Schweyer/Waldner* Eingetragener Verein Rn. 165; *Stöber/Otto* Rn. 665.

[278] BeckOK BGB/*Schöpflin* BGB § 37 Rn. 4, auch zu datenschutzrechtlichen Aspekten; MüKoBGB/*Leuschner* BGB § 37 Rn. 10; Palandt/*Ellenberger* BGB § 37 Rn. 2; *Stöber/Otto* Rn. 665; aM *Sauter/Schweyer/Waldner* Eingetragener Verein Rn. 169; zum entsprechenden Anspruch der Minderheit OLG Hamm BeckRS 2014, 17891; vgl. auch → Rn. 30.

[279] *Sauter/Schweyer/Waldner* Eingetragener Verein Rn. 166; *Stöber/Otto* Rn. 667; aM BeckOK BGB/*Schöpflin* BGB § 37 Rn. 10, der Zustellung fordert, aber keine Rechtskraft; Palandt/*Ellenberger* BGB § 37 Rn. 4.

[280] *Stöber/Otto* Rn. 668.

[281] BeckOK BGB/*Schöpflin* BGB § 37 Rn. 10; MüKoBGB/*Leuschner* BGB § 37 Rn. 11.

[282] BayObLGZ 1986, 459; BeckOK BGB/*Schöpflin* BGB § 37 Rn. 10.

[283] BayObLGZ 1970, 120 (124), BeckOK BGB/*Schöpflin* BGB § 37 Rn. 10.

(9) Rechtsbehelfe gegen gerichtliche Entscheidungen. Gegen den Ermächtigungsbeschluss des Amtsgerichts können der Verein, sofern eine Ermächtigung erteilt wurde, sowie die antragstellende Minderheit, soweit ihrem Antrag nicht (vollumfänglich) entsprochen wurde, **Beschwerde** (beim Amtsgericht) einreichen, die keine aufschiebende Wirkung hat.[284] Das Beschwerdegericht kann aber im Wege der einstweiligen Anordnung die Vollziehung der Ermächtigung aussetzen oder die Mitgliederversammlung untersagen, § 64 Abs. 3 FamFG.[285] Tut es das nicht und wird erst nach Abhaltung der Mitgliederversammlung über die Ermächtigung entschieden, so bleiben die inzwischen gefassten Beschlüsse der Mitgliederversammlung gültig, auch wenn das Gericht die Ermächtigung später aufhebt.[286] 49

49a Über die Beschwerde entscheidet das Landgericht, §§ 58 Abs. 1, 64 FamFG, § 11 RPflG. Die Beschwerde müssen sämtliche Angehörige der Minderheit gemeinsam einreichen, für den Verein ist der Vorstand vertretungsberechtigt.[287] Unter den Voraussetzungen des § 70 FamFG ist gegen die Entscheidung des Landgerichts auch die Beschwerde zum BGH möglich.[288]

50 **(10) Rechtsfolgen der Ermächtigung.** Da die Ermächtigung bereits mit Bekanntgabe wirksam wird, kann die **Einberufung** der Mitgliederversammlung regelmäßig schon **vor Rechtskraft** des Beschlusses erfolgen.[289] Etwas anderes gilt nur, wenn das Beschwerdegericht gem. § 64 Abs. 3 FamFG per einstweiliger Anordnung die Einberufung untersagt bzw. die Abhaltung der Versammlung verbietet (→ Rn. 49).[290] Sobald die Versammlung durch die Minderheit einberufen ist, ist die Ermächtigung verbraucht und etwaige Beschwerden hierzu werden vor Gericht unzulässig.[291] Hat der Verein dagegen vor Ausübung der Ermächtigung eine Mitgliederversammlung einberufen, so ist die Ermächtigung nicht verbraucht, wenn der begehrte Tagesordnungspunkt nicht vollständig oder nicht wirksam abgehandelt wird.[292]

51 Die Ermächtigung umfasst nicht nur die Befugnis der ermächtigten Mitglieder, die Mitgliederversammlung einzuberufen, sondern auch die Befugnis eine weitere Versammlung ordnungsgemäß einzuberufen, wenn die erste Einberufung fehlerhaft war.[293] Ferner berechtigt die Ermächtigung die Minderheit auch zu einer **Eventualeinberufung,** sofern die Voraussetzungen hierfür vorliegen[294] (→ Rn. 99 ff.) und die in der Ermächtigung bestimmte Frist noch nicht abgelaufen ist.[295] Im Übrigen muss die Minderheit die gesetzlichen bzw. satzungsmäßigen Vorgaben insbesondere hinsichtlich Frist und Form der Einladung einhalten (→ Rn. 59 ff.).[296]

[284] BeckOK BGB/*Schöpflin* BGB § 37 Rn. 11; Palandt/*Ellenberger* BGB § 37 Rn. 4.
[285] BeckOK BGB/*Schöpflin* BGB § 37 Rn. 11.
[286] BayObLGZ 1986, 459 (463).
[287] BeckOK BGB/*Schöpflin* BGB § 37 Rn. 11.
[288] MüKoBGB/*Leuschner* BGB § 37 Rn. 9; *Sauter/Schweyer/Waldner* Eingetragener Verein Rn. 167.
[289] BayObLG Rpfleger 1971, 176; MüKoBGB/*Leuschner* BGB § 37 Rn. 9; Palandt/*Ellenberger* BGB § 37 Rn. 4; *Sauter/Schweyer/Waldner* Eingetragener Verein Rn. 166; *Stöber/Otto* Rn. 667, 669.
[290] BayObLG Rpfleger 1971, 176; MüKoBGB/*Leuschner* BGB § 37 Rn. 9; Palandt/*Ellenberger* BGB § 37 Rn. 4; *Stöber/Otto* Rn. 669.
[291] Palandt/*Ellenberger* BGB § 37 Rn. 4.
[292] OLGZ 1973, 137 (138); BayObLGZ 1970, 120.
[293] *Stöber/Otto* Rn. 670; für die Genossenschaft BayObLG Rpfleger 1978, 377.
[294] BeckOK BGB/*Schöpflin* BGB § 37 Rn. 11: insbesondere entsprechende Satzungsbestimmung.
[295] *Stöber/Otto* Rn. 671.
[296] *Stöber/Otto* Rn. 676 mwN zum Meinungsstand.

Hinweis:

Wirksamkeitsvoraussetzung für die Einberufung der Versammlung ist eine ausdrückliche **Bezugnahme auf die Ermächtigung** in der Einladung, § 37 Abs. 2 S. 3 BGB. Ansonsten können in der Versammlung keine gültigen Beschlüsse gefasst werden.[297]

52 Ist die Ermächtigung **befristet,** so erlischt sie automatisch mit Ablauf der Frist. Die Beschwerde des Vereins gegen die Ermächtigung wird dadurch unzulässig, sofern sie sich nicht auf die Kostentragung beschränkt.[298]

53 Die **Kosten** der Versammlung hat der Verein der Minderheit nach den Regelungen über die Geschäftsführung ohne Auftrag (§§ 27 Abs. 3, 670 BGB) zu ersetzen[299] bzw. zu tragen.[300]

54 Von der Ermächtigung bleibt jedoch das **Einberufungsrecht des Vereins** unberührt, es wird lediglich ein zusätzliches Einberufungsrecht der Minderheit geschaffen.[301] Daher kann es in Folge der Ermächtigung zu **Überschneidungen der Einladungen** kommen. Lädt sowohl der Verein als auch die Minderheit aufgrund der Ermächtigung zu einer Versammlung ein und stimmen die Tagesordnungen jedenfalls teilweise überein, so erhält die frühere Einladung den Vorzug.[302] Bei unterschiedlichen Tagesordnungen und unterschiedlichen Versammlungszeitpunkten sind beide Einberufungen wirksam, während bei gleichzeitigem Zugang der Einladungen mit sich überschneidenden Tagesordnungspunkten oder identischen Versammlungszeitpunkten an unterschiedlichen Orten beide Einladungen wegen **Verwirrungsgefahr** der Mitglieder unwirksam sind[303] (→ Rn. 254).

Hinweis:

Lädt der Verein selbst zu einer Versammlung ein, um der Minderheit zuvorzukommen, so hat er dennoch die erforderlichen satzungsmäßigen bzw. gesetzlichen Vorgaben zu beachten, insbesondere im Hinblick auf die Einberufungsfrist. Eine besondere Dringlichkeit ist in einem solchen Fall gerade nicht gegeben.[304]

55 **b) Zuständigkeit.** Die **Einberufung** der Mitgliederversammlung hat grundsätzlich durch das in der Satzung bestimmte Organ des Vereins zu erfolgen.[305] Die Satzung kann mE keine außerhalb des Vereins stehende Person hierfür benennen, da die Einberufung der Mitgliederversammlung zum Zwecke der Willensbildung des Vereins zu den ureigenen Aufgaben des Vereins gehört, die nicht an Dritte übertragen werden kann, str.[306] Das zuständige Organ kann sein Einberufungsrecht auch keinem Dritten übertragen.[307] Das bedeutet aber nicht, dass das für die Einberufung zuständige Organ sämtliche Einberufungs-

[297] BeckOK BGB/*Schöpflin* BGB § 37 Rn. 10; *Märkle/Alber* S. 70; MüKoBGB/*Leuschner* BGB § 37 Rn. 10; *Sauter/Schweyer/Waldner* Eingetragener Verein Rn. 169.

[298] *Sauter/Schweyer/Waldner* Eingetragener Verein Rn. 168.

[299] BeckOK BGB/*Schöpflin* BGB § 37 Rn. 10; MüKoBGB/*Leuschner* BGB § 37 Rn. 11; Palandt/*Ellenberger* BGB § 37 Rn. 4; *Stöber/Otto* Rn. 659.

[300] BeckOK BGB/*Schöpflin* BGB § 37 Rn. 10.

[301] BayObLGZ 2004, 177 (181); OLG Stuttgart Rpfleger 2004, 106; Palandt/*Ellenberger* BGB § 37 Rn. 3; *Wörle-Himmel* Vereine gründen S. 159.

[302] Zweifelnd *Sauter/Schweyer/Waldner* Eingetragener Verein Rn. 169, der in diesem Fall der Minderheit den Vorzug gibt; so auch BeckOK BGB/*Schöpflin* BGB § 32 Rn. 10 generell für Doppeleinladungen.

[303] OLG Stuttgart Rpfleger 2004, 106; BeckOGK/*Notz* BGB § 32 Rn. 37; BeckOK BGB/*Schöpflin* BGB § 32 Rn. 10; MHdB GesR V/*Waldner* § 25 Rn. 9; MüKoBGB/*Arnold,* 7. Aufl. 2015, BGB § 36 Rn. 6; aM *Sauter/Schweyer/Waldner* Eingetragener Verein Rn. 169, wonach die Einladung der Minderheit Vorrang hat.

[304] BayObLGZ 2004, 177.

[305] MHdB GesR V/*Waldner* § 25 Rn. 7a.

[306] BeckOK BGB/*Schöpflin* BGB § 32 Rn. 10; aA MHdB GesR V/*Waldner* § 25 Rn. 7 sowie MüKoBGB/*Leuschner* BGB § 32 Rn. 12 und *Stöber/Otto* Rn. 647.

[307] BeckOK BGB/*Schöpflin* BGB § 32 Rn. 10; *Stöber/Otto* Rn. 647.

maßnahmen höchstpersönlich ausführen muss, vielmehr können diese auch delegiert werden.[308]

Fehlt eine entsprechende **Satzungsbestimmung,** so ist die Einberufung durch das vertretungsberechtigte Organ vorzunehmen. Dies ist regelmäßig die für die gesetzliche Vertretung erforderliche Anzahl[309] von Vorstandsmitgliedern, auch in der Insolvenz des Vereins.[310] Im Fall der Auflösung des Vereins sind dagegen die Liquidatoren einberufungsbefugt.[311] Da die gesetzliche Vertretungsregelung des § 26 Abs. 2 BGB dispositiv ist, können einzelvertretungsberechtigte **Vorstandsmitglieder** auch die Einberufung alleine vornehmen.[312] Eine Einladung durch ein Gremium, das nicht Vorstand iSd Gesetzes ist, weil es nicht mit Vertretungsmacht ausgestattet ist, sondern nur interne Geschäftsführungsaufgaben übernimmt, wie zB der „erweiterte Vorstand", ist dagegen ohne entsprechende Satzungsbestimmung nicht ausreichend (→ § 9 Rn. 43).[313] 56

Eine vorherige Beschlussfassung durch den Vorstand ist für die Einberufung grundsätzlich nicht erforderlich,[314] eine entsprechende Pflicht kann sich jedoch für das einberufende Organ aus internen Vorschriften wie zB einer Geschäftsordnung ergeben, bei dessen Verletzung Schadensersatzansprüche drohen.[315] 57

Voraussetzung für die wirksame Einberufung ist zunächst, dass das zuständige Einberufungsorgan, regelmäßig der Vorstand, rechtswirksam bestellt wurde und zum Zeitpunkt der Einberufung der Versammlung noch im Amt ist bzw. ein entsprechender Rechtsschein gesetzt ist.[316] Der Vorstand kann folglich ab dem Zeitpunkt seiner wirksamen Bestellung unabhängig von deren **Eintragung im Vereinsregister** die Mitgliederversammlung einberufen.[317] Abberufungen, Amtsniederlegungen durch ein Vorstandsmitglied sowie der Ablauf der Amtsdauer eines Vorstandsmitglieds sind dagegen (analog § 121 Abs. 2 S. 2 AktG) unschädlich, solange der **Rechtsschein** fortbesteht, also das zuständige Organ im Zeitpunkt der Einberufung noch im Vereinsrechtsregister eingetragen ist[318] und das neue Organ noch nicht gewählt wurde.[319] Die Eintragung des Vorstands im Vereinsregister begründet folglich die unwiderlegbare Vermutung, dass dieser zur Einberufung der Mit- 58

---

[308] MHdB GesR V/*Waldner* § 25 Rn. 7a; *Sauter/Schweyer/Waldner* Eingetragener Verein Rn. 157; *Wörle-Himmel* Vereine gründen S. 157.

[309] BeckOK BGB/*Schöpflin* BGB § 32 Rn. 9 und § 36 Rn. 2; MHdB GesR V/*Waldner* § 25 Rn. 7a; aM MüKoBGB/*Leuschner* BGB § 32 Rn. 11, der davon ausgeht, dass jedes Vorstandsmitglied stets alleine zur Einberufung befugt ist, ebenso wohl Palandt/*Ellenberger* BGB § 32 Rn. 2, 9, der jedoch einen entsprechenden Vorstandsbeschuss fordert, ansonsten müsse der Vorstand in der gesetzlich erforderlichen Anzahl einberufen, bei Verstoß droht Nichtigkeit.

[310] MHdB GesR V/*Waldner* § 25 Rn. 7a; *Sauter/Schweyer/Waldner* Eingetragener Verein Rn. 157.

[311] OLG Zweibrücken Rpfleger 2006, 658; BeckOK BGB/*Schöpflin* BGB § 32 Rn. 9; *Sauter/Schweyer/Waldner* Eingetragener Verein Rn. 157; *Stöber/Otto* Rn. 645.

[312] BeckOK BGB/*Schöpflin* BGB § 32 Rn. 9; MHdB GesR V/*Waldner* § 25 Rn. 7, 7a: Hinweis auch Sonderrecht gem. § 35 BGB möglich.

[313] BeckOK BGB/*Schöpflin* BGB § 32 Rn. 9; MHdB GesR V/*Waldner* § 25 Rn. 7; Palandt/*Ellenberger* BGB § 32 Rn. 2; *Stöber/Otto* Rn. 645.

[314] BeckOGK/*Notz* BGB § 32 Rn. 33; BeckOK BGB/*Schöpflin* BGB § 32 Rn. 9; MHdB GesR V/*Waldner* § 25 Rn. 7a; MüKoBGB/*Leuschner* BGB § 32 Rn. 11, so iErg auch Palandt/*Ellenberger* BGB § 32 Rn. 2, falls der Vorstand in vertretungsberechtigter Zahl einberuft, ansonsten schon; *Sauter/Schweyer/Waldner* Eingetragener Verein Rn. 157; aM *Schindler/Schaffner* Virtuelle Beschlussfassung § 4 Rn. 658, falls der Vorstand laut Satzung einberufungsbefugt ist und mit der Einladung zugleich über die Art der Mitgliederversammlung (virtuell, real etc.) entscheiden muss.

[315] MHdB GesR V/*Waldner* § 25 Rn. 7a; *Sauter/Schweyer/Waldner* Eingetragener Verein Rn. 157.

[316] BGHZ 18, 334 (339); BeckOK BGB/*Schöpflin* BGB § 36 Rn. 2.

[317] *Stöber/Otto* Rn. 645.

[318] BayObLGZ 1972, 329; OLG Düsseldorf BeckRS 2011, 26646; BeckOK BGB/*Schöpflin* BGB § 32 Rn. 9; MHdB GesR V/*Waldner* § 25 Rn. 8; MüKoBGB/*Leuschner* BGB § 32 Rn. 12; *Sauter/Schweyer/Waldner* Eingetragener Verein Rn. 157; *Stöber/Otto* Rn. 650, 651b mwN; zweifelnd BeckOGK/*Notz* BGB § 32 Rn. 34.

[319] OLG Brandenburg RNotZ 2007, 343; MHdB GesR V/*Waldner* § 25 Rn. 8; *Sauter/Schweyer/Waldner* Eingetragener Verein Rn. 157; *Stöber/Otto* Rn. 650, 651b mwN.

gliederversammlung befugt ist.[320] Dies soll im Ausnahmefall auch für den Tod eines Vorstandsmitglieds gelten, auch wenn der Vorstand ohne das verstorbene Mitglied nicht mehr vertretungsberechtigt ist[321] sowie für fehlerhafte Bestellungen.[322]

58a Für das Fortbestehen des Rechtsscheins spielt es keine Rolle, ob die Mitgliederversammlung wirksam anderweitig einberufen werden kann, etwa durch ein anderes hierfür zuständiges Organ oder durch die verbleibenden Vorstandsmitglieder, str.[323] Sollte daher die Amtszeit des Vorstandes abgelaufen sein oder sollte es während der Amtszeit des Vorstandes zu einem anderen (unvorhergesehenen) Ausscheiden kommen oder eine fehlerhafte Bestellung festgestellt werden, so kann der noch eingetragene Vorstand wirksam zur Mitgliederversammlung laden, in der dann unter anderem auch die Neuwahlen des Vorstandes wirksam beschlossen werden können. Unerheblich ist, ob die Vereinsmitglieder Kenntnis davon haben, dass der einberufende Vorstand nicht (mehr) Amtsinhaber ist.[324]

> **Hinweis:**
> Auf die Einberufung durch das zuständige Organ ist strikt zu achten, da die Einberufung durch ein unzuständiges Organ bzw. durch eine nicht ausreichende Zahl an vertretungsberechtigten Personen zur Nichtigkeit der in der Mitgliederversammlung gefassten Beschlüsse führt[325] (→ Rn. 254).

59 **c) Frist.** Das Gesetz schweigt zur **Einladungsfrist.** Lediglich im Gesellschaftsrecht sieht § 123 AktG eine Monatsfrist vor, während für die GmbH eine Wochenfrist vorgegeben ist (§ 51 GmbHG). Einberufungsfristen dienen dem Schutz der einzelnen Vereinsmitglieder. Die rechtzeitige Bekanntgabe soll ihnen dabei helfen, die Mitgliederversammlung zeitlich einzuplanen, sowie eine etwaige Anreise und die Versammlung selbst vorzubereiten.[326] **Anhaltspunkte** bietet die bisherige **Praxis** des Vereins. Sollte von dieser allerdings hinsichtlich des Versammlungszeitraumes (zB üblicherweise Ende Januar) abgewichen werden, so ist die Ladungsfrist ggf. sogar zu verlängern.[327]

60 Daher empfiehlt es sich, in der Vereinssatzung entweder eine Einberufungsfrist vorzusehen, die ausdrücklich sowohl für ordentliche als auch für außerordentliche Mitgliederversammlungen gilt oder unterschiedliche Einberufungsfristen je nach Versammlungsart festzulegen. Trifft die **Satzung** keine ausdrückliche Bestimmung, so gilt die Einberufungsfrist sowohl für die außerordentliche als auch für die ordentliche Mitgliederversammlung.[328] Satzungsbestimmungen zur Einberufungsfrist sind streng zu befolgen, da Verstöße zur Unwirksamkeit der Beschlüsse führen können[329] (→ Rn. 259a).

61 Hat der Verein keine Einladungsfrist in der Satzung festgelegt, so ist die Einberufung so vorzunehmen, dass der **Schutzzweck** der Einberufungsfrist gewahrt ist. Dies ist nach den Umständen des Einzelfalls im Hinblick auf Größe, Zweck und Mitgliederstruktur des jeweiligen Vereins,[330] Vorhersehbarkeit von Terminproblemen und Entfernung zwischen

---

[320] OLG Düsseldorf BeckRS 2011, 26646; MüKoBGB/*Leuschner* BGB § 32 Rn. 12; aM OLG Brandenburg BeckRS 2012, 21726.
[321] *Stöber/Otto* Rn. 648.
[322] MüKoBGB/*Leuschner* BGB § 32 Rn. 12 bejaht dies ferner auch für den fehlerhaft bestellten Vorstand, wenn dieser die Amtstätigkeit aufgenommen hat und nicht wieder abberufen wurde; *Sauter/Schweyer/Waldner* Eingetragener Verein Rn. 266; *Stöber/Otto* Rn. 650.
[323] *Sauter/Schweyer/Waldner* Eingetragener Verein Rn. 266; aM OLG Brandenburg BeckRS 2012, 21726 sowie *Stöber/Otto* Rn. 651b.
[324] *Stöber/Otto* Rn. 651a.
[325] *Sauter/Schweyer/Waldner* Eingetragener Verein Rn. 157; *Stöber/Otto* Rn. 648.
[326] MüKoBGB/*Leuschner* BGB § 32 Rn. 16.
[327] *Stöber/Otto* Rn. 674, 688.
[328] LG Bremen Rpfleger 1990, 466; *Stöber/Otto* Rn. 687; OLG Hamm BeckRS 2013, 12644 hinsichtlich satzungsmäßiger Vorschlagfristen für die Besetzung von Vereinsämtern.
[329] *Stöber/Otto* Rn. 691.
[330] *Wilken* ZStV 2020, 34 (35).

Versammlungs- und Wohnort[331] zu beurteilen. So sollten überregional tätige Vereine oder Vereine mit hauptsächlich berufstätigen Mitgliedern eine längere Frist einplanen, da Mitglieder auch noch die **Anreise mit einplanen** bzw. den Versammlungszeitpunkt in ihrem Terminkalender unterbringen müssen.[332] Vereine mit ausschließlich ortsansässigen Mitgliedern sollten eine Einberufungsfrist von mindestens einer Woche einhalten,[333] überregional tätige Vereine mit überwiegend berufstätigen Mitgliedern dagegen mindestens eine Frist von vier Wochen.[334] Bei der Delegiertenversammlung eines Gesamtvereins oder Vereinsverbandes ist es ferner zu berücksichtigen, ob sich die Delegierten noch ihrerseits mit den Mitgliedsvereinen bzw. den Untergliederungen abstimmen müssen.[335]

Die Frist beginnt von dem Zeitpunkt an zu laufen, an dem bei normalem Verlauf mit 62
dem **Zugang der Einladung** beim letzten Mitglied bzw. allen Mitgliedern zu rechnen ist.[336] Auf den tatsächlichen Zugang kommt es nicht an, str.[337] Daher ist auch bei überregional tätigen Vereinen oder Vereinen, deren Mitglieder im Ausland ansässig sind, bei Übersendung der Einladung auf dem Postweg mit verlängerten Zustellungszeiten zu rechnen. Im Übrigen berechnet sich die Frist gemäß den Vorschriften der §§ 187, 188 BGB, wobei § 193 BGB nicht zur Anwendung gelangt.[338]

Beispiel:

Erfolgt bei einem Verein mit überregional ansässigen Mitgliedern bei einer Ladungsfrist von vier Wochen der Versand der Einladungen am Montag früh, so kann wohl erst am Mittwoch[339] mit dem Zugang gerechnet werden, so dass die Frist am Donnerstag zu laufen beginnt, § 187 Abs. 1 BGB. Fristende ist der Ablauf des Mittwochs, vier Wochen später, § 188 Abs. 2 BGB, so dass die Versammlung einen Tag später am Donnerstag abgehalten werden kann.

Hinweis:

Da dieses Verfahren mit Unsicherheiten verbunden sein kann, empfiehlt sich eine entsprechende Regelung in der Satzung, wonach die Frist bereits mit rechtzeitigem **Versand** der Einladung an die dem Verein zuletzt bekannte postalische Anschrift/E-Mail-Adresse etc. beginnt (Zugangsfiktion).[340]

Beweispflichtig für den rechtzeitigen Zugang der Einladungen, soweit auf den tatsächli- 63
chen Zugang abzustellen ist (→ Rn. 62) ist grundsätzlich der Verein.[341] Genügt zur Fristwahrung nach der Satzung jedoch der Versand, so ist der Verein nur für die Abgabe der Einladungen (Aufgabe zur Post etc.) beweispflichtig.[342]

---

331 MHdB GesR V/*Waldner* § 25 Rn. 20; MüKoBGB/*Leuschner* BGB § 32 Rn. 16.

332 *Sauter/Schweyer/Waldner* Eingetragener Verein Rn. 172.

333 MHdB GesR V/*Waldner* § 25 Rn. 20; MüKoBGB/*Leuschner* BGB § 32 Rn. 16; *Sauter/Schweyer/Waldner* Eingetragener Verein Rn. 172; *Wilken* ZStV 2020, 34 (35) spricht davon, dass eine solche Frist in diesem Fall angemessen sein mag.

334 MHdB GesR V/*Waldner* § 25 Rn. 20; MüKoBGB/*Leuschner* BGB § 32 Rn. 16; *Sauter/Schweyer/Waldner* Eingetragener Verein Rn. 172.

335 BeckOGK/*Notz* BGB § 32 Rn. 55.

336 OLG München NZG 2016, 387; BeckOK BGB/*Schöpflin* BGB § 32 Rn. 13; MHdB GesR V/*Waldner* § 25 Rn. 20; Palandt/*Ellenberger* BGB § 32 Rn. 3; *Stöber/Otto* Rn. 689.

337 BeckOGK/*Notz* BGB § 32 Rn. 44; aA auch für Einschreibebriefe *Sauter/Schweyer/Waldner* Eingetragener Verein Rn. 172; OLG Frankfurt a. M. NJW 1974, 189; MüKoBGB/*Leuschner* BGB § 32 Rn. 16.

338 OLG Hamm NJW RR 2001, 105 (107) für die GmbH; MHdB GesR V/*Waldner* § 25 Rn. 20; *Stöber/Otto* Rn. 689.

339 Wobei im Einzelfall bereits am Dienstag oder aber auch erst am Donnerstag, je nach Postzustellzeiten, mit dem Zugang gerechnet werden kann, vgl. OLG München NZG 2015, 387 (388).

340 *Schindler/Schaffner* Virtuelle Beschlussfassung § 4 Rn. 665; *Wörle-Himmel* Vereine gründen S. 160; vgl. auch OLG Schleswig NJW 2012, 2524 (2526).

341 *Sauter/Schweyer/Waldner* Eingetragener Verein Rn. 172.

342 *Stöber/Otto* Rn. 689.

64 **Formulierungsbeispiel: Einberufungsfrist[343] (Satzungsbestandteil)**

§ 4. Mitgliederversammlung

(8) Die Einberufungsfrist beträgt vier Wochen. Sie beginnt mit dem Versand der Einladung, auf den tatsächlichen Zugang beim jeweiligen Mitglied kommt es nicht an. Das Einladungsschreiben gilt dem jeweiligen Mitglied als zugegangen, wenn es an die letzte dem Verein bekannt Postadresse des jeweiligen Mitglieds versandt wurde.

65 **d) Form.** Es gibt nur wenig gesetzliche Vorgaben zur **Form der Einberufung.** Nach § 32 Abs. 1 S. 2 BGB muss zur Gültigkeit eines Beschlusses der Mitgliederversammlung der Gegenstand bei der Einberufung bezeichnet werden. Im Übrigen muss jeder Verein die Form der Einladung in seiner Satzung festlegen (§ 58 Nr. 4 BGB). Die Form darf den Einberufungsorganen grundsätzlich nicht zur Disposition gestellt werden,[344] da § 58 Nr. 4 BGB eine Schutzvorschrift zugunsten der einzelnen Mitglieder darstellt.[345] Die Einladungsform unterliegt damit im Ergebnis der **Satzungsautonomie.** Der Verein sollte hierbei die nachfolgenden Grundsätze beachten.[346]

66 **aa) Direkte Einberufungsformen.** In Betracht kommen vor allem Einladungsformen, die zu einer **direkten Benachrichtigung** der Mitglieder führen.[347]

Beispiele:

Schriftform (§ 126 BGB); Textform (§ 126b BGB: E-Mail oder Telefax); elektronische Form (§§ 126 Abs. 3, 126a Abs. 1 BGB); mündliche,[348] insbesondere telefonische Einladung oder konkrete Bezeichnung wie eingeschriebener Brief oder einfacher Brief; Telefax oder E-Mail an die dem Verein zuletzt bekannte Anschrift bzw. Telefaxnummer bzw. E-Mail-Adresse etc.[349]

67 Sieht die Satzung **Schriftform** vor, so hat der Verein die Wahl zwischen Rundschreiben, einfachem oder eingeschriebenen Brief sowie gem. § 127 Abs. 2 BGB telekommunikativer Übermittlung, str.[350] Hierunter ist die Übermittlung einer Erklärung zu verstehen, die entweder dauerhaft aufbewahrt werden oder deren Text der Empfänger ausdrucken kann und aus der sich der Absender ergibt.[351] Ausreichend sind folglich die Übermittlung durch Fax, Telegramm oder E-Mail,[352] fernmündliche Übermittlungen dagegen nicht. Ist Schriftform vorgesehen und erfolgt die Einberufung durch **E-Mail** so muss diese gem. § 127 Abs. 2 BGB keine Unterschrift des Einberufungsorganes enthalten, der E-Mail muss auch die unterschriebene Ladung nicht als Scan beigefügt werden, str.[353] Eine eigenhändige **Unterschrift** des Einberufungsorgans ist ebenfalls entbehrlich, wenn bei vorgeschriebener Schriftform die Einladung mittels postalischer Versendung der Sonderausgabe der

[343] Angelehnt an *Sauter/Schweyer/Waldner* Eingetragener Verein Rn. 628.

[344] OLG Schleswig NJW 2012, 2524 (2525); OLG Hamm Rpfleger 1966, 177; *Kölsch* Rpfleger 1985, 137; MHdB GesR V/*Waldner* § 25 Rn. 12.

[345] *Kölsch* Rpfleger 1985, 137 (138).

[346] *Kölsch* Rpfleger 1985, 137.

[347] *Sauter/Schweyer/Waldner* Eingetragener Verein Rn. 171a; *Scheffer* DStR 2011, 2053.

[348] MüKoBGB/*Leuschner* BGB § 32 Rn. 13.

[349] OLG Schleswig NJW 2012, 2524 (2525).

[350] OLG Hamm DStR 2016, 487; OLG Zweibrücken NZG 2014, 1020 (1021); BeckRS 2013, 08493; OLG Hamburg BeckRS 2013, 08576; BeckOK BGB/*Schöpflin* BGB § 32 Rn. 12; MHdB GesR V/*Waldner* § 25 Rn. 13; MüKoBGB/*Leuschner* BGB § 32 Rn. 15; *Schäfer* NJW 2012, 891; *Scheffer* DStR 2011, 2053; *Wagner* NZG 2016, 1046 (1050); aM Palandt/*Ellenberger* BGB § 32 Rn. 3.

[351] OLG Zweibrücken BeckRS 2013, 08493; Palandt/*Ellenberger* BGB § 127 Rn. 2.

[352] OLG Hamburg BeckRS 2013, 08576 und OLG Zweibrücken BeckRS 2013, 08493 für E-Mail; *Kölsch* Rpfleger 1985, 137 (138); MHdB GesR V/*Waldner* § 25 Rn. 13 und *Wagner* NZG 2016, 1046 (1050), dort Fn. 183 für Fernschreiben und Telegramm; aM Palandt/*Ellenberger* BGB § 32 Rn. 3.

[353] OLG Hamburg BeckRS 2013, 08576; BeckOK BGB/*Schöpflin* BGB § 32 Rn. 11; Palandt/*Ellenberger* BGB § 127 Rn. 2; aM *Schäfer* NJW 2012, 891 (893).

Vereinszeitschrift erfolgt[354] oder per Brief oder Rundschreiben.[355] Es empfiehlt sich daher, die konkrete Einberufungsform in der **Satzung** anzugeben, um Rechtsunsicherheit und Streitigkeiten zu vermeiden. Enthält die Satzung lediglich eine konkrete schriftliche Einberufungsform, wie zB eingeschriebenen Brief, so genügt eine telekommunikative Übermittlung jedoch nicht. Einer Satzungsregelung, wonach die Einladung ausschließlich per E-Mail zu erfolgen hat, begegnen aus meiner Sicht keine rechtlichen Bedenken.[356] Aber auch bei Textform (§ 126b BGB)[357] ist erforderlich, dass die Erklärung sämtlichen Mitgliedern gem. § 130 BGB zugeht. Ist als Einberufungsform in der Satzung Schriftform oder Textform angegeben, so muss der Verein bei ausschließlichem Versand per E-Mail sicherstellen, dass ihm sämtliche E-Mail-Adressen vorliegen und sich die Mitglieder durch Bereitstellung dieser Adressen mit der Form der Übertragung einverstanden erklärt haben.[358] Liegen dem Verein bei einem Schriftformerfordernis in der Satzung nicht alle E-Mail-Adressen vor, so muss bezüglich der fehlenden E-Mail-Adressen weiter postalisch in Schriftform eingeladen werden.[359] Die Ansicht, wonach telefonische Übermittlungsformen unzulässig sind, da nicht sämtlichen Mitgliedern der Unterhalt eines Telefonanschlusses zugemutet werden kann,[360] ist wohl überholt. Die elektronische Form (§§ 126 Abs. 3, 126a Abs. 1 BGB) dürfte sich wegen des damit verbundenen Erfordernisses einer qualifizierten elektronischen Signatur aus Praktikabilitätsgründen meist nicht anbieten.[361]

Hinweis:

Die E-Mail ist als Einladungsform je nach Größe des Vereins sowohl aus Zeit- und Kostengründen als auch aus Gründen der einfachen Nachweisbarkeit des Zugangs, soweit auf den tatsächlichen Zugang abzustellen ist (→ Rn. 62), zu empfehlen.[362] Auch hier ist anzuraten, in der Satzung eine Zugangsfiktion aufzunehmen[363] (Formulierungsbeispiel → Rn. 68).

Formulierungsbeispiel: Einberufungsform (Satzungsbestandteil) 68

§ 4. Mitgliederversammlung

(6) Die Einberufung hat schriftlich zu erfolgen. Hierunter fallen sowohl Rundschreiben, einfacher oder eingeschriebener Brief als auch telekommunikative Übermittlung iSv § 127 Abs. 2 BGB, also insbesondere Fax oder E-Mail. Der E-Mail ist das unterzeichnete Einladungsschreiben als Scan beizufügen. Der Vorstand wählt nach seinem Ermessen eine der vorgenannten Einladungsformen für die jeweilige Einberufung. Das Einladungsschreiben gilt dem jeweiligen Mitglied als zugegangen, wenn das Rundschreiben oder der eingeschriebene bzw. einfache Brief an die letzte dem Verein bekannt Postadresse des jeweiligen Mitglieds bzw. bei telekommunikativer Übermittlung an die dem Verein zuletzt bekannte Faxnummer bzw. E-Mail-Adresse versandt wurde.

[354] OLG Zweibrücken NZG 2014, 1020 (1021); wohl auch MüKoBGB/*Leuschner* BGB § 32 Rn. 15.

[355] *Noack* NJW 2018, 1345 (1347); *Stöber/Otto* Rn. 682.

[356] Hier dürften die gleichen Bedenken vorgebracht werden wie gegen ausschließlich virtuelle Mitgliederversammlungen (→ Rn. 22ff. sowie die Nachweise in den dortigen Fn.); Bedenken auch im Hinblick auf den Gleichbehandlungsgrundsatz bei *Wilken* ZStV 2020, 34.

[357] OLG Frankfurt a. M. BeckRS 2010, 19149: Textform hinreichend bestimmt.

[358] *Stöber/Otto* Rn. 674, 683; *Wagner* NZG 2016, 1046 (1051), der zutreffend darauf hinweist, dass Mitglieder, die keine E-Mail-Adresse hinterlegt haben, postalisch einzuladen sind.

[359] *Schwenn/Blacher* npoR 2020, 154 (155); *Wagner* NZG 2016, 1046 (1050).

[360] *Kölsch* Rpfleger 1985, 137 (138).

[361] *Stöber/Otto* Rn. 683.

[362] *Wörle-Himmel* VereinsR S. 39.

[363] *Stöber/Otto* Rn. 683.

69 **bb) Indirekte Einberufungsformen.** Umstritten ist, ob auch **indirekte Einladungsformen** möglich sind, bei denen sich die Mitglieder selbst aktiv Kenntnis von der Einberufung der Mitgliederversammlung verschaffen müssen.[364]

Beispiele:

Bekanntmachung in der Vereinszeitschrift, in einer lokalen Zeitschrift/Zeitung; Aushang in den Vereinsräumlichkeiten oder an der Gemeindetafel;[365] Bekanntmachung auf der Internetseite des Vereins.[366]

70 Nach richtiger Meinung ist dies grundsätzlich zulässig,[367] da auch bei anderen juristischen Personen die Einberufung durch Bekanntmachung in öffentlichen Blättern vorgesehen ist, vgl. § 6 Nr. 4 GenG. Grenzen sind dort zu setzen, wo die Teilnahme an der Versammlung aufgrund der Einladungsform nicht mehr gewährleistet ist, zB weil es mit erheblichem Aufwand verbunden ist, sich von der Einberufung Kenntnis zu verschaffen.[368] Bedenken bestehen daher bei einer Einberufung durch Aushang in den Räumlichkeiten des Vereins, wenn die Mitglieder überwiegend überregional verstreut sind und die Vereinsräume typischerweise eher unregelmäßig aufsuchen.[369]

71 Da indirekte Einladungsformen voraussetzen, dass sich die Mitglieder selbst Kenntnis verschaffen, ist das Medium der Bekanntmachung **genau zu bezeichnen** (zB Name der Zeitung, Zeitschrift bzw. Vereinszeitschrift).[370] Satzungsbestimmungen, wonach die Einberufung in der „ortsüblichen Form", „durch Anschlag", „Tagespresse" oder durch „Presseveröffentlichung" erfolgen soll, sind demgemäß unzulässig.[371] Bei Veröffentlichung durch Zeitungen bzw. Zeitschriften ist zwischen der Vereinszeitschrift und sonstigen Zeitschriften bzw. Zeitungen zu unterscheiden.[372] Der Veröffentlichung mittels Vereinszeitschrift begegnen grundsätzlich keine Bedenken, da diese sowieso der Übermittlung vereinsinterner Informationen dient, in größeren Abstanden erscheint und ihre Mitglieder per Satzung zum Bezug verpflichtet werden können.[373] Die Angabe „durch Anzeige in der örtlichen Tagespresse" ist wohl bei Vereinen mit örtlich ausgerichtetem Tätigkeitsschwerpunkt zulässig, wenn am Sitz des Vereins lediglich eine einzige Tageszeitung vorhanden ist, str.[374] Die Einberufung der Mitgliederversammlung mittels einer genau bezeichneten Zeitung oder Zeitschrift ist zudem ausschließlich den ordentlichen Versammlungen vorbehalten, da es den Vereinsmitgliedern nicht zugemutet werden kann, dieses Medium regelmäßig auf die Bekanntgabe außerordentlicher Versammlungen durchzusehen, str.[375] Die Bekanntgabe einer ordentlichen Mitgliederversammlung durch eine genau bezeichnete Zeitung bzw. Zeitschrift setzt ferner voraus, dass der Zeitpunkt der ordentlichen Mitgliederversammlungen in der Satzung verankert ist, so dass Vereinsmitglieder abschätzen können, in welchem

---

[364] Zulässig, vgl. *Sauter/Schweyer/Waldner* Eingetragener Verein Rn. 171b.

[365] OLG Schleswig NJW 2012, 2524 (2525); OLG Celle FGPrax 2010, 303.

[366] MHdB GesR V/*Waldner* § 25 Rn. 14; *Noack* NJW 2018, 1345 (1347).

[367] Vgl. statt vieler OLG Celle BeckRS 2011, 29457.

[368] OLG Schleswig NJW 2012, 2524 (2525); BeckOK BGB/*Schöpflin* BGB § 32 Rn. 12; *Sauter/Schweyer/Waldner* Eingetragener Verein Rn. 171b; *Scheffer* DStR 2011, 2053.

[369] OLG Celle FGPrax 2010, 303; *Scheffer* DStR 2011, 2053 (2054); so wohl auch BeckOK BGB/*Schöpflin* BGB § 32 Rn. 12.

[370] OLG Celle BeckRS 2011, 29457; OLGZ 65, 65; LG Bremen Rpfleger 92, 304 (305); *Kölsch* Rpfleger 1985, 137; MHdB GesR V/*Waldner* § 25 Rn. 14; MüKoBGB/*Leuschner* BGB § 32 Rn. 13; Palandt/*Ellenberger* BGB § 32 Rn. 3.

[371] OLG Schleswig NJW 2012, 2524 (2525); OLG Celle BeckRS 2011, 29457; OLG Hamm DNotZ 2011, 446; Palandt/*Ellenberger* BGB § 32 Rn. 3 und § 58 Rn. 4.

[372] *Kölsch* Rpfleger 1985, 137 (138).

[373] *Kölsch* Rpfleger 1985, 137 (138).

[374] OLG Celle BeckRS 2011, 29457; aM *Kölsch* Rpfleger 1985, 137 (138).

[375] OLG Celle BeckRS 2011, 29457 und LG Bremen Rpfleger 1992, 304 (305); aM OLG Stuttgart NZG 2017, 996 (997); BeckOGK/*Notz* BGB § 32 Rn. 51; BeckOK BGB/*Schöpflin* BGB § 32 Rn. 12; MHdB GesR V/*Waldner* § 25 Rn. 15, MüKoBGB/*Arnold*, 7. Aufl. 2015, BGB § 32 Rn. 15 sowie *Stöber/Otto* Rn. 676; offen MüKoBGB/*Leuschner* BGB § 32 Rn. 13.

Zeitraum sie die Zeitung bzw. Zeitschrift auf eine Einberufung überprüfen müssen. Eine jährlich durchgängige Lektüre ist ihnen dagegen nicht **zumutbar.**[376] Die in der Satzung vorgegebene Einladung per Vereinszeitschrift kann aber grundsätzlich durch eine Einladung per Brief ersetzt werden, sofern der Verein als Absender erkennbar ist.[377]

cc) Alternative Einberufungsformen. Die Satzung kann auch **alternative Einberufungsformen** in den Grenzen des für die Mitglieder Zumutbaren vorsehen.[378] 72

Beispiel:

Einladung entweder durch Brief oder durch Veröffentlichung in der Vereinszeitschrift.

Es dürfen nur direkte Einladungsformen oder eine direkte und eine indirekte Einladungsform kombiniert werden. Mehr als eine indirekte Einladungsform stellt für Vereinsmitglieder einen nicht mehr zumutbaren Aufwand dar.[379] So ist zB die wahlweise Einberufung durch Bekanntmachung in einer von zwei Tageszeitungen am Ort unzumutbar und daher nicht möglich.[380] Ferner muss jede der alternativen Einladungsform für sich genommen nach obigen Grundsätzen, also insbesondere hinsichtlich Bestimmtheit, zulässig sein. Trifft dies auf eine Alternative nicht zu, so ist die gesamte Satzungsregelung zur Einberufung nichtig.[381] 73

dd) Satzungslücke. Schweigt die Satzung des Vereins zu den Modalitäten der Einberufung (Satzungslücke), so muss das Registergericht die Anmeldung durch **Zwischenverfügung** aufhalten und eine Satzungsänderung fordern. Erfolgt diese nicht, ist die Anmeldung zurückzuweisen.[382] Wurde ein Verein trotz Satzungslücke in das Vereinsregister aufgenommen, so ist eine Löschung von Amts wegen nicht erforderlich, da eine Satzungsänderung jederzeit möglich ist.[383] Die Mitgliederversammlung kann dennoch einberufen werden, und zwar durch persönliche mündliche oder schriftliche Benachrichtigung jedes Mitglieds.[384] 74

ee) Angabe der Tagesordnung. Die **Tagesordnung** ist gem. § 32 Abs. 1 S. 2 BGB mit der Einladung bekannt zu geben, wobei die Gegenstände der Beschlussfassung sowie deren Reihenfolge (→ Rn. 81) vom zuständigen Einberufungsorgan festgesetzt werden.[385] Diese Bekanntgabe soll die Mitglieder vor Überraschungen schützen, ihnen die Entscheidung über ihre Teilnahme erleichtern und schließlich die Möglichkeit geben, sich auf die Versammlung vorzubereiten.[386] Die Tagesordnung muss daher so **konkret** gefasst sein, dass die Vereinsmitglieder Umfang und Tragweite der einzelnen Tagesordnungspunkte einordnen und auf dieser Grundlage entscheiden können, ob sie an der Mitgliederversammlung teil- 75

---

[376] *Kölsch* Rpfleger 1985, 137 (138).
[377] OLG Hamm NZG 2014, 510 (511): unzulässig bei Versand mittels Infopost; BeckOK BGB/*Schöpflin* BGB § 32 Rn. 12; *Stöber/Otto* Rn. 682.
[378] OLG Stuttgart NJW-RR 1986, 995; *Wilken* ZStV 2020, 34; aM *Stöber/Otto* Rn. 679.
[379] MHdB GesR V/*Waldner* § 25 Rn. 16; *Sauter/Schweyer/Waldner* Eingetragener Verein Rn. 171c; *Wörle-Himmel* VereinsR S. 40; so iErg auch LG Bremen Rpfleger 1992, 304 (305); allgemeiner MüKoBGB/*Leuschner* BGB § 32 Rn. 14.
[380] OLG Stuttgart Rpfleger 1978, 57; BeckOK BGB/*Schöpflin* BGB § 32 Rn. 12; *Kölsch* Rpfleger 1985, 137 (140); MHdB GesR V/*Waldner* § 25 Rn. 16; MüKoBGB/*Leuschner* BGB § 32 Rn. 14.
[381] MHdB GesR V/*Waldner* § 25 Rn. 16; *Sauter/Schweyer/Waldner* Eingetragener Verein Rn. 171c.
[382] MHdB GesR V/*Waldner* § 25 Rn. 18.
[383] MHdB GesR V/*Waldner* § 25 Rn. 19; MüKoBGB/*Leuschner* BGB § 32 Rn. 13; *Sauter/Schweyer/Waldner* Eingetragener Verein Rn. 171d; *Stöber/Otto* Rn. 677.
[384] BeckOK BGB/*Schöpflin* BGB § 32 Rn. 11; MHdB GesR V/*Waldner* § 25 Rn. 19.
[385] KG NJW 1957, 1680; *Stöber/Otto* Rn. 710.
[386] BGH NJW 1987, 1811; OLG Celle FGPrax 2012, 34; BayObLG MittBayNot 1979, 63; BeckOK BGB/*Schöpflin* BGB § 32 Rn. 15 mwN; MHdB GesR V/*Waldner* § 25 Rn. 26; MüKoBGB/*Leuschner* BGB § 32 Rn. 17; Palandt/*Ellenberger* BGB § 32 Rn. 4.

nehmen wollen.[387] Ob ein Tagesordnungspunkt konkret genug bezeichnet ist, kann nur anhand der jeweiligen Umstände des **Einzelfalls** beurteilt werden.[388] Erforderlich ist jedenfalls die kurze, stichwortartige Benennung des Beschlussgegenstandes. Dagegen ist es nicht erforderlich, den ganzen Antrag wörtlich wiederzugeben oder weitere Einzelheiten zu benennen.[389] Allerdings ist die Bezeichnung „Verkauf Clubhaus" nicht hinreichend konkret, wenn hierzu nicht nur ein Grundlagenbeschluss eingeholt, sondern bereits einer konkreten Veräußerung zugestimmt werden soll.[390] In einem solchen Fall sind die Eckdaten des Vertrages mitzuteilen.[391]

Hinweis:

Im Zweifel sollten die Tagesordnungspunkte lieber genauer beschrieben werden, um etwaige Streitigkeiten hierüber zu vermeiden.[392]

75a Zusätzlich zur Bekanntgabe der Tagesordnung hat das Einberufungsorgan den Mitgliedern für bestimmte komplexe Beschlussgegenstände **weitere Unterlagen** vorab zur Information zur Verfügung zu stellen. Dies muss jedoch nicht innerhalb der Einberufungsfrist erfolgen, aber so rechtzeitig vor der Versammlung, dass eine sachgerechte Vorbereitung durch die Mitglieder möglich ist.[393] Die Erstellung und Übersendung von schriftlichen Berichten zusammen mit der Tagesordnung kann aber im Übrigen aufgrund entsprechender Satzungsbestimmungen oder dem Gesetz (zB im Zusammenhang mit Umwandlungsvorgängen nach dem UmwG) erforderlich sein.[394]

Hinweis:

Die Bezeichnung des Tagesordnungspunktes darf auch **nicht irreführend** sein. So beinhaltet die Ankündigung „Feststellung des Kassenvorschlages" nicht auch zugleich eine neue Beitragsfestsetzung.[395]

76 Besondere Vorsicht ist bei einer **Abberufung von Vorstandsmitgliedern** gegeben, diese ist in der Tagesordnung deutlich zu kennzeichnen.

Beispiele:

Nicht ausreichend sind folgende Tagesordnungspunkte für die Abberufung des Vorstands (ggf. verbunden mit einer Neuwahl): „Neuwahlen des Vorstandes", „Vorstandsangelegenheiten",[396] „Änderung des Vorstandes", „Personelle Konsequenzen",[397] „Neuwahl (zurückgetretener) Vorstandsmitglieder",[398] „Ergänzungswahlen zum Vorstand".[399]

77 Soll entgegen dem in der Satzung vorgesehenen Modus in Blockwahlen (Definition → Rn. 181) abgestimmt werden, so ist dies in der Einladung genau zu bezeichnen.[400] Die

---

[387] MHdB GesR V/*Waldner* § 25 Rn. 26; *Sauter/Schweyer/Waldner* Eingetragener Verein Rn. 178.
[388] OLG Celle FGPrax 2012, 34; LG Bremen Rpfleger 1988, 533. Eine gute Übersicht findet sich bei BeckOGK/*Notz* BGB § 32 Rn. 70.
[389] BayObLG NJW 73, 1086 für die WEG; BeckOK BGB/*Schöpflin* BGB § 32 Rn. 15; MüKoBGB/*Leuschner* BGB § 32 Rn. 17; *Stöber/Otto* Rn. 701.
[390] BGH DStR 2007, 1970 (1973).
[391] *Terner* NJW 2008, 16 (18).
[392] MHdB GesR V/*Waldner* § 25 Rn. 26; *Wilken* ZStV 2020, 34 (35).
[393] *Stöber/Otto* Rn. 700.
[394] MüKoBGB/*Leuschner* BGB § 32 Rn. 18 für Maßnahmen nach dem UmwG mit weiteren Einzelheiten.
[395] Palandt/*Ellenberger* BGB § 32 Rn. 4; *Sauter/Schweyer/Waldner* Eingetragener Verein Rn. 178b.
[396] BGH NJW-RR 2000, 1278 (betreffend das GmbHG analog).
[397] BGH NZG 2001, 901 (902) (betreffend das GmbHG analog).
[398] *Sauter/Schweyer/Waldner* Eingetragener Verein Rn. 178b; *Wörle-Himmel* Vereine gründen S. 160.
[399] OLGZ 1984, 401; Palandt/*Ellenberger* BGB § 32 Rn. 4.
[400] OLG Bremen NJW-RR 2011, 1487.

Durchführung von in der Einladung angekündigten Block- und Listenwahlen ohne satzungsmäßige Grundlage begründet trotzdem einen Verfahrensfehler, der zur Nichtigkeit des Beschlusses führen kann, soweit der Verfahrensfehler relevant ist.[401] Zu den Einzelheiten → Rn. 180.

Die bloße Bezeichnung **„Satzungsänderung"** in einer Einladung genügt den Anfor- 78
derungen grundsätzlich nicht.[402] Eine Ausnahme von diesem Grundsatz ist zu machen, wenn in der Einladung angegeben ist, dass es sich lediglich um formelle Satzungsänderungen handelt, die durch Beanstandungen des Registergerichts notwendig geworden sind[403] oder sich aus früheren Erörterungen ergibt, welche Änderungen gemeint sind und in der Einladung „Satzungsänderung entsprechend früherer Erörterungen" angegeben ist.[404] Grundsätzlich ist der Tagesordnung der beabsichtigte **Satzungsentwurf** beizufügen oder die Änderung stichwortartig zu bezeichnen.[405] Alternativ soll zumindest die Satzungsbestimmung genannt werden, die geändert werden soll.[406] Gleiches muss *a maiore ad minus* auch für die vollständige **Satzungsneufassung** gelten. Hier ist der beabsichtigte Wortlaut beizufügen,[407] da Mitgliedern zugemutet werden kann durch Vergleich der alten mit der neuen Fassung die beabsichtigten Änderungen herauszuarbeiten.[408] Nach anderer Auffassung ist die bloße Angabe „Satzungsneufassung" ausreichend, da Mitglieder dann mit einer kompletten Neufassung der Satzung (mit Ausnahme der Änderung des Vereinszweckes) rechnen müssen.[409] Diese Auffassung ist abzulehnen, da es sich bei der bloßen Angabe „Satzungsneufassung" sowohl um bloße formelle als auch inhaltlich relevante Neuregelungen handeln kann.[410] Soll im Rahmen der Satzungsneufassung der Vereinszweck geändert werden, so ist dies in der Einladung anzugeben.[411]

Auch die Tagesordnungspunkte „Anträge" oder **„Verschiedenes"** sind inhaltlich nicht 79
hinreichend konkret und ermöglichen keine wirksame Beschlussfassung, sondern lediglich Beratungen[412] oder Beschlussfassungen über Angelegenheiten von untergeordneter Bedeutung.[413] Neue Anträge sind in der Versammlung sowieso nur möglich, wenn dies die Satzung entsprechend zulässt (→ Rn. 140).

Besondere Vorsicht ist ferner geboten beim **Ausschluss eines Mitglieds** und bei der 80
Verhängung einer **Vereinsstrafe.** Diese Beschlussfassung muss so konkret wie möglich in der Einladung bezeichnet werden.[414] Zwar wird vorgeschlagen, eine unnötige Blamage des auszuschließenden Mitglieds zu verhindern und dessen Namen nicht in der Tagesordnung zu nennen. Jedoch ist strittig, inwieweit dies ausreichend ist.[415] Da solche Angelegenheiten

---

[401] Offen gelassen bei OLG Bremen NJW-RR 2011, 1487; OLG Rostock BeckRS 2013, 01186 und OLG Bremen NZG 2016, 1192: fehlende Relevanz, wenn Blockwahl einstimmig durchgeführt wurde (→ Rn. 255 ff.); ebenso *Sauter/Schweyer/Waldner* Eingetragener Verein Rn. 213b und *Stöber/Otto* Rn. 845a.

[402] OLG Celle FGPrax 2012, 34; OLG Schleswig NJW-RR 2002, 760; BayObLG MittBayNot 1979, 63.

[403] BayObLGZ 1972, 29 (34).

[404] LG Bremen Rpfleger 1988, 533.

[405] OLG Zweibrücken BeckRS 2013, 08493; Palandt/*Ellenberger* BGB § 32 Rn. 4.

[406] BeckOK BGB/*Schöpflin* BGB § 32 Rn. 15; *Sauter/Schweyer/Waldner* Eingetragener Verein Rn. 178a.

[407] So auch BeckOK BGB/*Schöpflin* BGB § 32 Rn. 16; *Sauter/Schweyer/Waldner* Eingetragener Verein Rn. 178a; aM *Stöber/Otto* Rn. 708.

[408] *Stöber/Otto* Rn. 709.

[409] *Stöber/Otto* Rn. 709a; aM MHdB GesR V/*Waldner* § 25 Rn. 27.

[410] MHdB GesR V/*Waldner* § 25 Rn. 27; *Sauter/Schweyer/Waldner* Eingetragener Verein Rn. 178a.

[411] *Stöber/Otto* Rn. 709b.

[412] OLG Celle FGPrax 2012, 34; Palandt/*Ellenberger* BGB § 32 Rn. 4; *Sauter/Schweyer/Waldner* Eingetragener Verein Rn. 178a.

[413] OLG Hamm NJW-RR 1993, 468 (469); BayObLG NJW-RR 1990, 784 – jeweils für die WEG.

[414] OLG Zweibrücken NZG 2002, 436 (437).

[415] Bejahend BeckOK BGB/*Schöpflin* BGB § 32 Rn. 16; ebenso MHdB GesR V/*Waldner* § 25 Rn. 28; MüKoBGB/*Arnold,* 7. Aufl. 2015, BGB § 32 Rn. 18 sowie MüKoBGB/*Leuschner* BGB § 32 Rn. 17, der jedoch empfiehlt, das auszuschließende Mitglied vorab hierüber zu unterrichten, so dass ausreichend Zeit für eine Verteidigung bleibt; *Sauter/Schweyer/Waldner* Eingetragener Verein Rn. 178b, *Stöber/Otto* Rn. 703; aM *Wörle-Himmel* Vereine gründen S. 160.

erfahrungsgemäß streitanfällig sind, empfiehlt es sich, den Namen der betroffenen Mitglieder bzw. Vorstandsmitglieder sowie die konkret erhobenen Vorwürfe in der Einberufung zu benennen.[416]

81 Ein Verstoß gegen § 32 Abs. 1 S. 2 BGB führt regelmäßig zur **Nichtigkeit** eines Beschlusses,[417] es sei denn, der Verein kann die fehlende Relevanz beweisen[418] (→ Rn. 255 ff.). Daher ist die Tagesordnung im Zweifel eher ausführlicher zu gestalten, insbesondere bei außergewöhnlichen Angelegenheiten. Zu beachten ist, dass es bei Bekanntgabe der Tagesordnung nicht so sehr auf ihre Reihenfolge ankommt, da über diese regelmäßig endgültig erst in der Versammlung entschieden wird (→ Rn. 133).[419]

Hinweis:

Die Vorschrift des § 32 Abs. 1 S. 2 BGB ist jedoch gem. § 40 BGB **disponibel.** Daher kann die Vereinssatzung das Erfordernis der Bekanntgabe der Tagesordnung bei der Einladung gänzlich abbedingen[420] oder die Mitteilungspflicht auf bestimmte Fälle beschränken oder eine feste Tagesordnung vorgeben.[421] Auch kann die Satzung vorsehen, dass die Einberufung der Mitgliederversammlung von der Mitteilung der Tagesordnung zu trennen ist, so dass Mitglieder bis zum Ablauf der in der Satzung festgelegten Frist Anträge zur Behandlung in der Tagesordnung stellen können.[422] Ferner kann die Satzung bestimmen, dass dringende Anträge auch noch nachträglich (auch während der Versammlung) auf die Tagesordnung gesetzt werden dürfen. Dann ist aber das Dringlichkeitserfordernis genau zu benennen und das Verfahren für die nachgereichten Anträge zu regeln.[423] Die Grenze ist jedoch dort zu ziehen, wo sich Mitglieder auf wichtige Tagesordnungspunkte nicht mehr vor der Versammlung vorbereiten können. So ist bei einer Satzungsänderung oder sonstigen wichtigen eilbedürftigen Angelegenheiten dennoch unabhängig von einer entsprechenden Erleichterung in der Satzung eine vorherige Unterrichtung der Mitglieder erforderlich,[424] so dass § 32 Abs. 1 S. 2 BGB im Ergebnis nur eingeschränkt dispositiv ist.[425] In gleicher Weise ist bei einem drohenden Ausschluss eines Mitglieds mE dieses vorab zu informieren, damit es sich sachgerecht auf seine Verteidigung vorbereiten kann.[426] Umgekehrt ist jedoch auch eine Verschärfung der Vorschrift des § 32 Abs. 1 S. 2 BGB möglich, so dass zB bei Satzungsänderungen der komplette vorgeschlagene neue Satzungswortlaut in der Einladung anzugeben ist.[427]

[416] BGH NJW 1996, 1756.
[417] BGH NJW 2008, 69 (72); NJW-RR 2000, 1278 (für das GmbHG); OLG Celle FGPrax 2012, 34; *Scheffer* DStR 2011, 2053 (2054).
[418] BayObLG NJW-RR 1990, 784 für die WEG.
[419] *Stöber/Otto* Rn. 698.
[420] *Sauter/Schweyer/Waldner* Eingetragener Verein Rn. 178b; aA BeckOGK/*Notz* BGB § 32 Rn. 75 und MüKoBGB/*Arnold,* 7. Aufl. 2015, BGB § 32 Rn. 18, die eine sachgerechte Vorbereitung für die Mitglieder fordern, letzterer vor allem bei Vereinen ohne Aufnahmefreiheit; offen dagegen MüKoBGB/*Leuschner* BGB § 32 Rn. 19.
[421] *Stöber/Otto* Rn. 699.
[422] MHdB GesR V/*Waldner* § 25 Rn. 30; *Stöber/Otto* Rn. 711.
[423] OLG Celle FGPrax 2012, 34 (35).
[424] BGH NJW 1987, 1811; OLG Celle FGPrax 2012, 34 (35); BeckOK BGB/*Schöpflin* BGB § 32 Rn. 17; *Märkle/Alber* S. 70; MHdB GesR V/*Waldner* § 25 Rn. 230; Palandt/*Ellenberger* BGB § 32 Rn. 4; *Sauter/Schweyer/Waldner* Eingetragener Verein Rn. 179; *Scheffer* DStR 2012, 2053 (2055); *Wörle-Himmel* Vereine gründen S. 162.
[425] *Stöber/Otto* Rn. 699.
[426] So auch MüKoBGB/*Leuschner* BGB § 32 Rn. 17.
[427] MHdB GesR V/*Waldner* § 25 Rn. 29; *Sauter/Schweyer/Waldner* Eingetragener Verein Rn. 178b.

Formulierungsbeispiel: Einladung zur ordentlichen Mitgliederversammlung 82

***-Verein e.V. *** *[Ort]*, den *** *[Datum]*

Einladung

zu der am *** *[Tag]* um *** *[Zeit]* Uhr im *** *[Ort]* stattfindenden ordentlichen Mitgliederversammlung

Tagesordnung

1. Eröffnung der Versammlung durch den Versammlungsleiter
2. [*ggf.:* Feststellung der Beschlussfähigkeit]
3. Geschäftsbericht des Vorstandes
4. Bericht des Kassenwarts
5. Entlastung des Vorstandes
6. Abberufung und Neuwahl des Vorstands
7. Beschluss zur Verhängung einer Vereinsstrafe über das Mitglied ***
8. Satzungsänderung (§ *** Abs. *** der Satzung betreffend Kassenprüfung, Entwurf der Satzungsänderung ist der Einladung beigefügt)
9. [*ggf.:* Dringlichkeitsanträge gem. § *** der Satzung]
10. Verschiedenes

Unterschrift zuständiges Einberufungsorgan

Formulierungsbeispiel: Ergänzung der Tagesordnung[428] (Satzungsbestandteil) 83

§ 4. Mitgliederversammlung

(8) Jedes Vereinsmitglied ist berechtigt, in dringenden Angelegenheiten bis spätestens eine Woche vor der Mitgliederversammlung beim Vorstand einen schriftlichen Antrag auf Ergänzung der Tagesordnung zu stellen. Über Anträge zur Tagesordnung, um die der Vorstand die Tagesordnung nicht ergänzt hat oder die erstmals in der Mitgliederversammlung gestellt werden, beschließt die Mitgliederversammlung mit der Mehrheit der Stimmen der anwesenden Mitglieder mit Ausnahme von Anträgen zur Satzungsänderung, zur Auflösung des Vereins sowie zur Abberufung oder Neuwahl von Vorstandsmitgliedern.

ff) Einladung sämtlicher Vereinsmitglieder. Sämtliche Vereinsmitglieder sind zur Versammlung zu laden, nicht nur die stimmberechtigten.[429] Ansonsten besteht die Gefahr, dass sämtliche gefassten Beschlüsse unwirksam sind[430] (→ Rn. 254ff.). Abzustellen ist auf die Vereinsmitglieder, die zum Zeitpunkt der Einberufung bereits oder (noch) Mitglieder sind.[431] 84

gg) Besonderheiten bei virtuellen Versammlungen. Die Einladung der Mitglieder zu einer rein virtuellen Mitgliederversammlung bzw. zu einer Online-Präsenzversammlung muss weitere Details enthalten. Im Einzelnen sind zu nennen: 84a
- Tag und Uhrzeit der Versammlung (nicht dagegen Ort, → Rn. 24h);
- Zeitpunkt, ab welchem vor Versammlungsbeginn eine Einwahl möglich ist;
- technische Details der virtuellen Teilnahme, also bei Zuschaltung über eine Internetseite Mitteilung der URL/Internetplattform und des Ortes der Login-Eingabemaske; bei Wahl eines Konferenzsystems Erläuterung wo dieses erhältlich ist, welche Systemanfor-

[428] Angelehnt an *Sauter/Schweyer/Waldner* Eingetragener Verein Rn. 628.
[429] BeckOK BGB/*Schöpflin* BGB § 32 Rn. 11.
[430] *Kölsch* Rpfleger 1985, 137.
[431] BeckOGK/*Notz* BGB § 32 Rn. 42 mit weiteren Einzelheiten.

derungen benötigt werden und wie dieses zu installieren ist;[432] ebenso bei Inanspruchnahme einer Voting-Software;[433]

– Prozedere der Teilnahme und die Ausübung der Mitgliedschaftsrechte samt Modalitäten der Stimmabgabe, Ergebnisfeststellung etc.;[434]
– Login-Daten[435] mit dem Hinweis, dass das Passwort separat kurz vor Versammlungsbeginn übermittelt wird und dem weiteren Hinweis, dass Einwahldaten und Passwörter nicht an Unbefugte weitergegeben werden dürfen,[436] wozu die Mitglieder verpflichtet sind;[437]
– bei Abstimmung per E-Mail, bis zu welchem Zeitpunkt die Stimme abgegeben sein muss.[438]

84b Aus Sicherheitsgründen empfiehlt es sich, das Passwort mit einer separaten Nachricht (E-Mail) kurz vor Versammlungsbeginn zu versenden.[439] Vgl. im Übrigen → Rn. 15.

84c Diese Angaben müssen bei der Online-Präsenzversammlung zusätzlich zu den Angaben für die Präsenzversammlung gemacht werden.

85 **e) Widerruf der Einberufung.** Das für die Einberufung der Mitgliederversammlung zuständige Organ kann als *actus contrarius* auch eine bereits einberufene Mitgliederversammlung **verlegen** oder die **Einladung widerrufen.**[440] Dies ist grundsätzlich nur bis zur Eröffnung der Versammlung möglich.[441] Hierbei sind die für die Einladung vorgeschriebenen Formalitäten (Zuständigkeit)[442] und bei einer Verlegung zusätzlich die Einberufungsfrist und die Einberufungsform einzuhalten.[443] Für den Widerruf müssen **wichtige Gründe** vorliegen, ansonsten kann sich das für die Einberufung zuständige Organ gegenüber dem Verein schadensersatzpflichtig machen.[444] Ist eine Mitgliederversammlung widerrufen worden, so können auf der ursprünglich einberufenen Versammlung keine wirksamen Beschlüsse mehr gefasst werden,[445] es sei denn sämtliche Mitglieder erscheinen zum Zeitpunkt der ursprünglich einberufenen Versammlung und verzichten, ggf. konkludent, auf die Einhaltung von Form- und Fristvorschriften. Im Hinblick auf § 37 BGB kann der Vorstand eine von ihm aufgrund eines Minderheitsverlangens einberufene Mitgliederversammlung nicht widerrufen. Gleiches gilt, wenn die Minderheit aufgrund einer Ermächtigung einberuft.[446]

---

[432] MüKoBGB/*Leuschner* BGB § 32 Rn. 22e; *Schmidt* COVID-19 § 8 Rn. 10ff.; *Schneider/Bischoff* ZStV 2020, 153 (154) empfehlen einen Leitfaden, um Ablauf und technisches System zu erläutern; *Schwenn/Blacher* npoR 2020, 154 (156).
[433] *Dehesselles/Richter* npoR 2016, 246 (250).
[434] *Schneider/Bischoff* ZStV 2020, 153 (157); *Schwenn/Blacher* npoR 2020, 154 (156).
[435] *Dehesselles/Richter* npoR 2016, 246 (250).
[436] *Leinenbach/Alvermann* NJW 2020, 2319 (2321); *Schindler/Schaffner* Virtuelle Beschlussfassung § 4 Rn. 681; *Schneider/Bischoff* ZStV 2020, 153 (154).
[437] *Schindler/Schaffner* Virtuelle Beschlussfassung § 4 Rn. 681; *Schwenn/Blacher* npoR 2020, 154 (156).
[438] *Schindler/Schaffner* Virtuelle Beschlussfassung § 4 Rn. 683.
[439] *Schindler/Schaffner* Virtuelle Beschlussfassung § 4 Rn. 682; *Schneider/Bischoff* ZStV 2020, 153 (155); *Schwenn/Blacher* npoR 2020, 154 (156).
[440] BeckOK BGB/*Schöpflin* BGB § 32 Rn. 10; MHdB GesR V/*Waldner* § 25 Rn. 10, 10a; Palandt/*Ellenberger* BGB § 32 Rn. 2.
[441] OLGZ 81, 25; MHdB GesR V/*Waldner* § 25 Rn. 10, 10a: danach kann die Mitgliederversammlung über die Vertagung beschließen; *Stöber/Otto* Rn. 653.
[442] Bei Widerruf aber nicht die Form: *Engel* ZStV 2020, 110 (111) mwN; MHdB GesR V/*Waldner* § 25 Rn. 10; MüKoBGB/*Leuschner* BGB § 32 Rn. 20; aM *Stöber/Otto* Rn. 653.
[443] *Engel* ZStV 2020, 110 (111): ansonsten droht die Unwirksamkeit der Beschlüsse der so verlegten Mitgliederversammlung; *Stöber/Otto* Rn. 653.
[444] *Engel* ZStV 2020, 110: Absage möglich bei behördlichem Verbot der Abhaltung der Versammlung; MüKoBGB/*Leuschner* BGB § 32 Rn. 20: Widerruf aber unabhängig hiervon wirksam, zudem auch Schadensersatzpflicht des Vereins gegenüber einzelnem Mitglied (Reisekosten etc.) möglich.
[445] *Engel* ZStV 2020, 110 (111); MüKoBGB/*Leuschner* BGB § 32 Rn. 20; aM MHdB GesR V/*Waldner* § 25 Rn. 10, wenn Widerruf nicht eindeutig ist.
[446] MHdB GesR V/*Waldner* § 25 Rn. 10.

Der Widerruf ist zwar als geschäftsähnliche Handlung zu qualifizieren, jedoch eher mit Prozesshandlungen als mit Willenserklärungen vergleichbar. Die Vorschriften des BGB über Willenserklärungen sind auf ihn daher nicht anwendbar.[447] Dennoch ist der Widerruf erst mit dem Zugang beim jeweiligen Mitglied wirksam.[448] 86

f) Folgen bei Einberufungsmängeln. Einladungsmängel hinsichtlich Einberufungsform und -frist können unter bestimmten Voraussetzungen die **Nichtigkeit** begründen (→ Rn. 259, 259a).[449] 87

Ein Einladungsmangel kann **geheilt** werden, wenn alle Mitglieder an der Versammlung teilnehmen und (konkludent) auf die Einhaltung der Form- bzw. Fristvorschrift **verzichten.**[450] 88

2. Ort und Zeitpunkt der Versammlung

Bei Einberufung der Mitgliederversammlung sind Veranstaltungsort sowie Veranstaltungszeitpunkt sorgfältig zu wählen. Eine Mitgliederversammlung kann nicht in zeitlich oder örtlich getrennten Teilen abgehalten werden.[451] Der Aufenthalt von Mitgliedern in verschiedenen Räumen am gleichen Versammlungsort ist jedoch dann unproblematisch, wenn die Mitglieder zB über Live-Bildschirme miteinander kommunizieren können (→ Rn. 18a). 89

a) Ort der Versammlung. Das Gesetz macht keine Vorgaben zum Ort der Mitgliederversammlung.[452] Vereinen steht es daher frei, den Versammlungsort in der Satzung festzulegen. 90

Beispiele:

Am Satzungssitz des Vereins, am Verwaltungssitz des Vereins, im Bezirk des zuständigen Registergerichts,[453] an dem von der Mitgliederversammlung/dem Vorstand bestimmten Ort[454] etc.

Enthält die Satzung keine Regelung zum Versammlungsort, so hat die Mitgliederversammlung hierüber entweder allgemein oder gesondert für jede Versammlung zu beschließen. Fehlt ein entsprechender Beschluss, so ist die Wahl des Versammlungsortes Aufgabe des zuständigen Einberufungsorgans.[455] In diesem Fall hat das Einberufungsorgan den Versammlungsort festzulegen.[456] Gleiches gilt, wenn in der Satzung lediglich der **Ort für die Mitgliederversammlung,** jedoch keine konkrete Räumlichkeit bestimmt wurde.[457] 91

Sowohl die **Satzung** als auch die Mitgliederversammlung bzw. das zuständige Einberufungsorgan sind jedoch in der Wahl des Versammlungsortes nicht völlig frei. Vielmehr muss der gewählte Versammlungsort den Mitgliedern **zumutbar** sein, ihnen also die Teilnahme an der Mitgliederversammlung verkehrstechnisch ohne größere Schwierigkeiten ermöglichen.[458] Das bedeutet bei Vereinen mit örtlichem Tätigkeitsschwerpunkt, dass der 92

---

447 MüKoBGB/*Arnold,* 7. Aufl. 2015, BGB § 36 Rn. 10.
448 *Engel* ZStV 2020, 110 (111).
449 *Stöber/Otto* Rn. 691.
450 BGH NJW 1973, 235; *Stöber/Otto* Rn. 690.
451 BeckOGK/*Notz* BGB § 32 Rn. 10: auch nicht beim Gesamtverein und bei einzelnen Untergliederungen; *Sauter/Schweyer/Waldner* Eingetragener Verein Rn. 173.
452 BeckOGK/*Notz* BGB § 32 Rn. 59 nennt eine Ausnahme für genossenschaftsrechtliche Prüfungsverbände: § 63b Abs. 6 GenG.
453 *Stöber/Otto* Rn. 692.
454 MHdB GesR V/*Waldner* § 25 Rn. 21.
455 MHdB GesR V/*Waldner* § 25 Rn. 21; MüKoBGB/*Leuschner* BGB § 32 Rn. 21; *Wilken* ZStV 2020, 34 (35).
456 BeckOGK/*Notz* BGB § 32 Rn. 58.
457 BeckOGK/*Notz* BGB § 32 Rn. 58; *Sauter/Schweyer/Waldner* Eingetragener Verein Rn. 173.
458 *Sauter/Schweyer/Waldner* Eingetragener Verein Rn. 173.

Versammlungsort nicht zu weit vom Satzungs- bzw. Verwaltungssitz des Vereins entfernt stattfinden darf bzw. von diesem Ort aus gut erreichbar sein muss.[459] Schließlich ist ein geeigneter **Versammlungsraum** auszuwählen. Dieser muss die erforderliche Größe besitzen und die Abhaltung der Versammlung ermöglichen,[460] zudem dürfen Mitglieder nicht durch unangemessene Einlasskontrollen an der Teilnahme gehindert werden.[461] Bei Vereinen mit hauptsächlich jugendlichen Mitgliedern sind darüber hinaus die Bestimmungen des JuSchG zu beachten.[462]

93 Liegt die Entscheidung über den Versammlungsort nach obigen Grundsätzen beim zuständigen Einberufungsorgan, so hat die Mitgliederversammlung vorrangig am **Verwaltungssitz,** ersatzweise am Satzungssitz des Vereins stattzufinden, wobei eine ständige Übung des Vereins vorrangig ist.[463] Hiervon kann nur bei schwerwiegenden Gründen abgewichen werden.[464]

94 Stellt sich im Nachhinein heraus, dass die Mitgliederversammlung am ursprünglich geplanten Ort nicht ordnungsgemäß durchgeführt werden kann, so ist eine **Verlegung** (→ Rn. 85) möglich. Diese setzt voraus, dass die Mitglieder hierüber umfassend informiert werden (entweder rechtzeitig vorab oder durch entsprechend sichtbaren Anschlag am ursprünglichen Versammlungsort), ferner, dass der neue Versammlungsort die Voraussetzungen für die Abhaltung einer ordnungsgemäßen Versammlung erfüllt und schließlich für die Mitglieder in zumutbarer Weise erreichbar ist.[465]

95 **b) Zeitpunkt der Versammlung.** Auch hinsichtlich des **Zeitpunkts der Versammlung** finden sich keine Vorgaben im Gesetz. Entscheidend sind folglich die Satzungsbestimmungen. Ist dort für die Abhaltung der Mitgliederversammlung ein bestimmter Zeitpunkt vorgesehen und hält das zuständige Einberufungsorgan diesen nicht ein, so kann es sich gegenüber dem Verein schadensersatzpflichtig machen.[466] Die auf der so einberufenen Versammlung gefassten Beschlüsse sind aber gültig (→ Rn. 254a).[467]

96 Enthält die **Satzung** keine weiteren Bestimmungen, so hat das zuständige Einberufungsorgan den Zeitpunkt nach **pflichtgemäßem Ermessen** festzulegen. Bei zu früh oder zu spät einberufenen Mitgliederversammlungen kann sich das Einberufungsorgan schadensersatzpflichtig machen.[468] Bei der Wahl des Zeitpunktes ist wiederum auf die **Interessen der Vereinsmitglieder** Rücksicht zu nehmen, deren Teilnahme durch die Wahl des Versammlungszeitpunktes nicht unzumutbar erschwert werden darf. Auf eine **ständige Übung,** von der nur aus wichtigen Gründen abgewichen werden darf,[469] ist Rücksicht zu nehmen,[470] ebenso auf die Eigenheiten des jeweiligen Vereins[471] sowie auf die berechtigten Erwartungen und Interessen der Mitglieder.[472]

97 Eine einheitliche Rechtsprechung zum Versammlungszeitpunkt ist nicht ersichtlich. Entscheidend sind stets die Umstände des **Einzelfalles.** Eine Versammlung **werktags** während der Vormittagsstunden dürfte bei Vereinen mit hauptsächlich gewerbetreibenden oder berufstätigen Mitgliedern unzumutbar sein, ebenso ein später Versammlungsbeginn am Abend, wenn der nächste Tag ein Werktag ist, da dann die berufstätigen Mitglieder die

[459] MHdB GesR V/*Waldner* § 25 Rn. 21: ggf. auch im Ausland zulässig.
[460] MHdB GesR V/*Waldner* § 25 Rn. 21a; MüKoBGB/*Leuschner* BGB § 32 Rn. 21; *Sauter/Schweyer/Waldner* Eingetragener Verein Rn. 173.
[461] *Stöber/Otto* Rn. 693.
[462] *Stöber/Otto* Rn. 695.
[463] *Stöber/Otto* Rn. 692.
[464] MüKoBGB/*Arnold,* 7. Aufl. 2015, BGB § 32 Rn. 1; *Sauter/Schweyer/Waldner* Eingetragener Verein Rn. 173.
[465] MHdB GesR V/*Waldner* § 25 Rn. 21a.
[466] *Sauter/Schweyer/Waldner* Eingetragener Verein Rn. 174.
[467] MHdB GesR V/*Waldner* § 25 Rn. 22.
[468] *Stöber/Otto* Rn. 694.
[469] *Sauter/Schweyer/Waldner* Eingetragener Verein Rn. 174.
[470] BayObLGZ 2004, 177 (182); BeckOK BGB/*Schöpflin* BGB § 32 Rn. 13.
[471] BayObLGZ 2004, 177 (182).
[472] *Stöber/Otto* Rn. 694.

Versammlung zeitig wieder verlassen müssen.[473] Allerdings kann hieraus nicht generell geschlossen werden, dass Mitgliederversammlungen, die sich bis nach Mitternacht ziehen unzulässig sind.[474] Anders ist dies wohl bei Vereinen mit vielen jugendlichen Mitgliedern wegen der Bestimmungen des JuSchG. Im Übrigen ist entscheidend, ob anhand der Tagesordnung und des gewählten Beginns der Versammlung damit gerechnet werden muss, dass sich die Versammlung bis in die späten Abendstunden zieht. Ist zuvor in der Einladung angekündigt worden, dass sich die Versammlung bis nach Mitternacht ziehen kann, so ist aber von deren Zulässigkeit auszugehen.[475] Meines Erachtens gilt dies nur, wenn diese Ankündigung so rechtzeitig erfolgt ist, dass sich ein typisches Vereinsmitglied mit beruflichen als auch privaten Terminen hierauf rechtzeitig einstellen kann. Versammlungen an **Sonn- und Feiertagen** dürften nicht schlechthin unzulässig sein,[476] an höchsten Feiertagen (Weihnachten, Neujahr und zwischen diesen Feiertagen) dürften sie aber **unzumutbar** sein,[477] sofern sie nicht ständiger Übung entsprechen.[478] Eine Versammlung am Sonntag vor 11 Uhr ist jedenfalls dann unzulässig, wenn ein Großteil der Mitglieder rechtzeitig vorher vorträgt, eine Versammlung erst nach 11 Uhr zu wünschen.[479] Eine Terminierung während der **Ferienzeiten** kann unwirksam sein.[480] Sie ist es jedenfalls dann, wenn die Angelegenheit nicht dringend ist und der Vorstand grundsätzlich eine versammlungsfreie Ferienzeit zugesagt hatte, wobei die Abhaltung einer Versammlung zur Verhinderung eines gerichtlichen Verfahrens nach § 37 BGB nicht als dringend anzusehen ist.[481]

c) Rechtsfolge bei Verstößen. Bei Verstößen im Hinblick auf Zeitpunkt und Ort der Mitgliederversammlung können Beschlüsse grundsätzlich **nichtig** sein,[482] weil die unzumutbare Erschwerung der Teilnahme für die Mitglieder einer fehlenden Einladung gleichzusetzen ist[483] (→ Rn. 254a). 98

3. Wiederholungsversammlung

Grundsätzlich ist die Mitgliederversammlung ohne Rücksicht auf die Anzahl der erschienen Vereinsmitglieder beschlussfähig.[484] Viele Vereine weichen hiervon ab, indem sie für wichtige Entscheidungen eine Mindestpräsenz festlegen (→ Rn. 132, 161). Damit wichtige Beschlüsse dennoch dauerhaft nicht an der geringen Teilnehmerzahl scheitern, kann die Vereinssatzung die Möglichkeit einer Wiederholungsversammlung mit **erleichterter Beschlussfähigkeit** vorsehen.[485] Voraussetzung hierfür ist in jedem Fall 99

- eine erneut form- und fristgerechte Einladung mit einem Hinweis auf die erleichterte Beschlussfähigkeit (soweit die Satzung das nicht abbedingt)[486] und
- eine entsprechende Satzungsgrundlage.

Eine Wiederholungsversammlung kann zeitlich auch direkt im Anschluss an eine gescheiterte Zusammenkunft stattfinden, sofern 99a

---

[473] MHdB GesR V/*Waldner* § 25 Rn. 22; *Stöber/Otto* Rn. 694.
[474] MHdB GesR V/*Waldner* § 25 Rn. 22; *Sauter/Schweyer/Waldner* Eingetragener Verein Rn. 174.
[475] *Stöber/Otto* Rn. 694.
[476] Nicht vor 11 Uhr: BayObLG NJW-RR 1987, 1362 für die WEG; BeckOK BGB/*Schöpflin* BGB § 32 Rn. 14; MHdB GesR V/*Waldner* § 25 Rn. 22; *Stöber/Otto* Rn. 694.
[477] OLG Hamm NJW-RR 2001, 516 für die WEG; MüKoBGB/*Arnold,* 7. Aufl. 2015, BGB § 32 Rn. 17 und MüKoBGB/*Leuschner* BGB § 32 Rn. 23; zweifelnd MHdB GesR V/*Waldner* § 25 Rn. 22.
[478] BayObLGZ 2004, 177 (182).
[479] Palandt/*Ellenberger* BGB § 32 Rn. 3; *Stöber/Otto* Rn. 694.
[480] MüKoBGB/*Arnold,* 7. Aufl. 2015, BGB § 32 Rn. 1; Palandt/*Ellenberger* BGB § 32 Rn. 3; zweifelnd MHdB GesR V/*Waldner* § 25 Rn. 22.
[481] *Stöber/Otto* Rn. 694.
[482] *Stöber/Otto* Rn. 693, 694, 866.
[483] BayObLGZ 2004, 177 (182).
[484] BGH Rpfleger 1989, 111 (112).
[485] BeckOK BGB/*Schöpflin* BGB § 32 Rn. 24; *Wilken* ZStV 2020, 34.
[486] BeckOGK/*Notz* BGB § 32 Rn. 73.

– hierauf in der Einberufung ausdrücklich hingewiesen wurde (sog. **Eventualeinberufung**) und
– diese Möglichkeit satzungsmäßig verankert ist[487] (hierzu auch → § 5 Rn. 194 ff.).

100 In die Satzung muss die Möglichkeit der Einberufung im Anschluss an die erste Versammlung sowie die erleichterte Beschlussfähigkeit aufgenommen werden.[488] Aufgrund der Satzungsautonomie des Vereins verstößt eine solche Regelung weder gegen unabdingbares Gesetzesrecht noch gegen übergeordnete zwingende allgemeine Grundsätze des Vereinsrechts.[489] Schließlich müssen die Mitglieder bei einem entsprechenden Hinweis in der Einladung mit einer Wiederholungsversammlung rechnen.[490]

101 Enthält die Satzung keine entsprechende Regelung, so sind die Beschlüsse der direkt an die erste Zusammenkunft anschließenden Wiederholungsversammlung meines Erachtens **nichtig** (→ Rn. 254).[491] Denn den Mitgliedern muss nach einer gescheiterten Versammlung die Möglichkeit geben werden, sich ihre Teilnahme an der Wiederholungsversammlung, sei es persönlich oder durch einen Vertreter, erneut zu überlegen.[492] Ein Verstoß hiergegen verletzt die Mitgliedsrechte auf Teilnahme an der Versammlung (→ Rn. 118).

102 **Formulierungsbeispiel: Erneute Versammlung[493] (Satzungsbestandteil)**

§ 4. Mitgliederversammlung

(8) Bei Beschlussunfähigkeit der Mitgliederversammlung kann am gleichen Tag im Anschluss an die erste Versammlung eine zweite Mitgliederversammlung stattfinden, [*Alt. 1:* die ohne Rücksicht auf die Zahl der erschienenen Mitglieder beschlussfähig ist] [*Alt. 2:* in welcher Satzungsänderungen nunmehr lediglich einer Mehrheit von 1/4 der stimmberechtigten Mitglieder bedürfen].
In der Ladung der Mitgliederversammlung ist hierauf hinzuweisen.

III. Durchführung der Mitgliederversammlung

1. Versammlungsleiter

103 **a) Person des Versammlungsleiters. aa) Allgemeines.** Das Gesetz enthält keine Vorgaben zur Auswahl des Versammlungsleiters.[494] Die Leitung der Mitgliederversammlung obliegt damit grundsätzlich der in der Satzung hierfür bestimmten Person. Ihr steht das **Vorrecht** auf die Leitung der Mitgliederversammlung zu.[495] Die Mitgliederversammlung kann daher die Frage des Vorsitzes nicht abweichend von der Satzung regeln, sofern der satzungsmäßig vorgesehene Versammlungsleiter anwesend und bereit ist, den Vorsitz zu übernehmen.[496] Wird er an der Wahrnehmung seiner Rechte gehindert, so liegt ein Verstoß gegen die Satzung vor, der zur Unwirksamkeit der in der Versammlung gefassten Beschlüsse führt, es sei denn, ein Zusammenhang zwischen der Person des Versammlungsleiters und dem Beschlussergebnis lässt sich gänzlich ausschließen[497] (→ Rn. 255 ff.).

---

487 LG Nürnberg-Fürth Rpfleger 1990, 427; BeckOK BGB/*Schöpflin* BGB § 32 Rn. 24; MüKoBGB/*Leuschner* BGB § 32 Rn. 44; Palandt/*Ellenberger* BGB § 32 Rn. 6.
488 LG Bonn Rpfleger 1984, 240.
489 BGH Rpfleger 1989, 111.
490 BGH Rpfleger 1989, 111 (112).
491 So auch OLG Köln Rpfleger 2009, 237; *Sauter/Schweyer/Waldner* Eingetragener Verein Rn. 205; *Stöber/Otto* Rn. 697; aM LG Münster Rpfleger 1995, 23.
492 LG Nürnberg-Fürth Rpfleger 1990, 427.
493 Angelehnt an *Sauter/Schweyer/Waldner* Eingetragener Verein Rn. 678.
494 BeckOK BGB/*Schöpflin* BGB § 32 Rn. 18.
495 BayObLGZ 1972, 329 (330); MHdB GesR V/*Waldner* § 25 Rn. 32; *Wörle-Himmel* Vereine gründen S. 163.
496 *Stöber/Otto* Rn. 722; *Wörle-Himmel* Vereine gründen S. 164; aM MüKoBGB/*Leuschner* BGB § 32 Rn. 24 im Wege der Einzelfallsatzungsänderung.
497 MüKoBGB/*Leuschner* BGB § 32 Rn. 24; *Stöber/Otto* Rn. 866, 722.

Der nach der Satzung berufene Versammlungsleiter kann aber jederzeit auf sein Recht verzichten und die Leitung einer anderen Person überlassen.[498] Ferner darf er die Abhaltung der Mitgliederversammlung nicht durch sein **Fernbleiben** blockieren.[499] Ist also bei der Versammlung die in der Satzung benannte Person nicht anwesend oder nicht fähig, den Vorsitz zu übernehmen (zB bei Befangenheit), so darf die Mitgliederversammlung dennoch abgehalten und eine andere Person zum Versammlungsleiter bestimmt werden.[500] 104

Formulierungsbeispiel: Leitung der Mitgliederversammlung[501] (Satzungsbestandteil) 105

§ 4. Mitgliederversammlung

(6) Die Mitgliederversammlung wird von dem ersten Vorstand, bei dessen Verhinderung von dem zweiten Vorstand wiederum ersatzweise von einem anderen Mitglied des Vorstandes geleitet. Nimmt kein Vorstandsmitglied an der Versammlung teil, bestimmt die Mitgliederversammlung den Versammlungsleiter aus ihrer Mitte.

bb) Vorstand als Versammlungsleiter. Häufig benennt die Satzung den **Vorstand** als Versammlungsleiter. Auch wenn niemand in der Versammlung widerspricht, so kann der zurückgetretene, aber noch im Vereinsregister eingetragene Vorstand nicht analog § 121 Abs. 2 S. 2 AktG den Vorsitz in der Versammlung führen.[502] Besteht der Vorstand aus einer juristischen Person, so obliegt seinem vertretungsberechtigten Organ die Leitung der Versammlung, ein rechtsgeschäftlicher Vertreter kann diese Aufgabe nur bei entsprechender Satzungsgrundlage übernehmen.[503] 106

cc) Ersatzregelung. Benennt die Satzung keinen Versammlungsleiter oder ist der satzungsmäßige Versammlungsleiter abwesend bzw. nicht fähig, den Vorsitz zu übernehmen so ist fraglich, wie der Vorsitzende zu bestimmen ist. Nach einer Ansicht ist in diesen Fällen grundsätzlich der Vorstand zum Versammlungsleiter berufen.[504] Besteht der Vorstand aus mehreren Personen, so ist der Vorstandsvorsitzende der geborene Versammlungsleiter, bei dessen Verhinderung dessen Stellvertreter, hilfsweise jedes Mitglied des Vorstandes.[505] Ist die Versammlungsleitung durch den Vorstand nicht möglich oder nicht gewünscht so muss die **Mitgliederversammlung** über die Person des Versammlungsleiters beschließen.[506] Eine andere Ansicht stellt darauf ab, ob eine **Satzungslücke** besteht. Ist dies der Fall, so sei der Vorstandsvorsitzende zuständig, während bei Verhinderung des satzungsmäßigen Vorsitzenden die Mitgliederversammlung entscheide.[507] Nach richtiger Ansicht ist die Mitgliederversammlung in beiden Fällen zur Wahl des Vorsitzenden berechtigt.[508] Dies ergibt sich bereits aus § 32 Abs. 1 S. 1 BGB, wonach die Mitgliederversammlung für sämtliche Angelegenheiten zuständig ist, solange und soweit sie nicht einem anderen Vereins- 107

[498] *Wörle-Himmel* Vereine gründen S. 163; *Wörle-Himmel* VereinsR S. 50; nur vorübergehend bei Interessenkollision: BeckOK BGB/*Schöpflin* BGB § 32 Rn. 18.
[499] BayObLGZ 1972, 329 (330); *Sauter/Schweyer/Waldner* Eingetragener Verein Rn. 180.
[500] BayObLGZ 1972, 329 (330); *Märkle/Alber* S. 71; MüKoBGB/*Leuschner* BGB § 32 Rn. 24; so im Ergebnis auch Palandt/*Ellenberger* BGB § 32 Rn. 5.
[501] Angelehnt an *Sauter/Schweyer/Waldner* Eingetragener Verein Rn. 628.
[502] BGH NJW 2017, 1471 für die GmbH; BeckOGK/*Notz* BGB § 32 Rn. 77; *Stöber/Otto* Rn. 722; aM BayObLGZ 1972, 329.
[503] *Stöber/Otto* Rn. 722a.
[504] MHdB GesR V/*Waldner* § 25 Rn. 32; MüKoBGB/*Leuschner* BGB § 32 Rn. 24; *Sauter/Schweyer/Waldner* Eingetragener Verein Rn. 180.
[505] *Sauter/Schweyer/Waldner* Eingetragener Verein Rn. 180.
[506] MüKoBGB/*Arnold,* 7. Aufl. 2015, BGB § 32 Rn. 19; *Wörle-Himmel* VereinsR S. 50.
[507] Palandt/*Ellenberger* BGB § 32 Rn. 5; *Scheffer* DStR 2011, 2053 (2055).
[508] BeckOK BGB/*Schöpflin* BGB § 32 Rn. 18; *Stöber/Otto* Rn. 723.

organ übertragen wurden.[509] Der Vorstand kann aber auch ohne vorausgehende Wahl den Vorsitz übernehmen, wenn es der ständigen Übung des Vereins entspricht und alle Teilnehmer einverstanden sind, auch konkludent, indem sie der Regelung nicht widersprechen.[510]

> **Hinweis:**
> Es besteht kein Anspruch der Mitgliederversammlung darauf, dass ein bestimmtes (von ihr gewähltes) Mitglied auch tatsächlich den Vorsitz übernimmt.[511]

108 **dd) Sonderfälle.** Eine Sondersituation liegt vor, wenn die Mitgliederversammlung aufgrund **Ermächtigung** (§ 37 BGB) einberufen wurde. In diesem Fall kann nur der in der gerichtlichen Ermächtigung Benannte den Vorsitz in der Versammlung führen. Dies gilt selbst dann, wenn die Mitgliederversammlung etwas anderes beschließen sollte[512] (→ Rn. 47).

109 Schließlich kann auch vollständig auf eine Versammlungsleitung **verzichtet** werden, insbesondere bei kleineren Vereinen mit wenigen Versammlungsteilnehmern und Einigkeit über den Ablauf.[513]

109a **ee) Besonderheiten bei virtuellen Versammlungen.** Bei rein virtuellen Versammlungen empfiehlt es sich, neben dem Versammlungsleiter eine Person als Ansprechpartner für Ablauffragen, Sammlung der Wortmeldungen zur geordneten Erteilung des Wortes oder für technische Fragen zur Verfügung zu stellen.[514] Zahlreiche Videokonferenzsoftwares bieten zudem während der laufenden Videokonferenz eine Chatfunktion für alle Mitglieder an, wobei die Mitglieder ihre Nachricht entweder an alle anderen teilnehmenden Mitglieder oder nur an den Ansprechpartner zur Klärung technischer Fragen, Ablauffragen oder Ankündigung von Wortmeldungen senden können. Bei Versammlungen in einem Chat-Room mit vielen Teilnehmern sollte zudem im Sinne der Übersichtlichkeit ein Moderator[515] einbezogen werden, der Fragen und Anliegen der Mitglieder sammelt, zusammenzufasst und den anderen Mitgliedern zugänglich macht, so dass es zum Meinungsaustausch kommt.[516]

110 **b) Aufgaben und Pflichten des Versammlungsleiters.** Der Versammlungsleiter ist grundsätzlich für den ordnungsgemäßen Verlauf der Mitgliederversammlung und die **sachgemäße Erledigung** der Tagesordnungspunkte verantwortlich.[517] Ihm stehen die hierzu erforderlichen Rechte zu. Der Versammlungsleiter hat **unparteiisch** zu handeln und darf weder ein Organ noch ein Mitglied oder den Verein bevorzugen oder benachteiligen.[518] Er hat alles zu tun, um bereits den Anschein der Parteilichkeit oder Voreingenommenheit zu unterbinden. Dies kann sich als schwierig darstellen, da ihm auf der anderen Seite gestattet ist, vor Abstimmungsbeginn an der Sachdiskussion teilzunehmen, Beschlussempfehlungen abzugeben und damit auf eine seinen Wünschen entsprechende

---

509 BeckOK BGB/*Schöpflin* BGB § 32 Rn. 18; so iErg und daher leicht widersprüchlich auch *Sauter/Schweyer/Waldner* Eingetragener Verein Rn. 180.
510 *Stöber/Otto* Rn. 723.
511 *Stöber/Otto* Rn. 723.
512 BeckOGK/*Notz* BGB § 32 Rn. 77; *Sauter/Schweyer/Waldner* Eingetragener Verein Rn. 180.
513 *Wörle-Himmel* Vereine gründen S. 164.
514 *Schneider/Bischoff* ZStV 2020, 153 (154).
515 *Schindler/Schaffner* Virtuelle Beschlussfassung § 4 Rn. 666 empfiehlt, dass die Funktion des Moderators der Versammlungsleiter übernimmt und dass dies satzungsmäßig geregelt wird.
516 *Dehesselles/Richter* npoR 2016, 246 (250); *Schindler/Schaffner* Virtuelle Beschlussfassung § 4 Rn. 689.
517 *Scheffer* DStR 2011, 2053 (2055).
518 *Sauter/Schweyer/Waldner* Eingetragener Verein Rn. 180; aM MüKoBGB/*Leuschner* BGB § 32 Rn. 22. Neutralität nicht nötig, jedoch gleichmäßige Behandlung aller Teilnehmer.

Beschlussfassung hinzuwirken, auch wenn er damit Stellung gegen einzelne oder mehrere Versammlungsteilnehmer bezieht.[519]

c) Höchstpersönliche Sitzungsleitung. Es besteht keine Verpflichtung des Vorsitzenden, die Sitzungsleitung bei einer Abstimmung **in eigenen Angelegenheiten,** insbesondere bei seiner Wahl zu einem Vereinsorgan, abzugeben.[520] Allerdings muss sich der Versammlungsleiter auch in diesen Angelegenheiten unparteiisch verhalten[521] und die zuverlässige Auswertung der Stimmen sowie bei Wahlen die Chancengleichheit der Bewerber sicherstellen.[522] Gibt der Versammlungsleiter dennoch in diesen Angelegenheiten den Vorsitz ab, so ist das auch ohne satzungsmäßige Grundlage zulässig.[523] In diesem Fall hat die Mitgliederversammlung jedoch über einen weiteren Ersatzversammlungsleiter abzustimmen, der für den Zeitraum der **persönlichen Verhinderung** den Vorsitz anstelle des Versammlungsleiters übernimmt.[524] Diese Abstimmung kann auch konkludent erfolgen, wenn niemand dem Vorgehen des Vorsitzenden widerspricht.[525] 111

Im Übrigen hat der Versammlungsleiter den Vorsitz während der gesamten Mitgliederversammlung persönlich beizubehalten. Andere Mitglieder oder dritte Personen können ihn aber durch die Übernahme von **Hilfstätigkeiten** unterstützen.[526] So kann bei der Wahl von Vereinsorganen ein eigener Wahlvorstand, Wahlausschuss oder Wahlleiter bestimmt werden. Eigenständige Befugnisse können diesen Personen aber nur mit der zumindest stillschweigend erteilten Zustimmung des Versammlungsleiters übertragen werden.[527] 112

Die Mitgliederversammlung kann den Versammlungsleiter aus wichtigem Grund bei schweren Verstößen gegen Gesetz oder Satzung für die Dauer der gesamten Versammlung durch Beschluss abberufen.[528] 113

d) Befugnisse des Versammlungsleiters. Das BGB regelt nicht, welche Befugnisse dem Vorsitzenden einer Mitgliederversammlung zustehen. Lediglich für öffentliche Versammlungen existieren Vorschriften in den §§ 7–12 VersammlG. Allerdings wird man von einer öffentlichen Versammlung bei einem Verein nur sprechen können, wenn keine Kontrolle der Anwesenden auf ihre Mitgliedseigenschaft stattfindet oder, sofern Gäste zugelassen sind, die Anzahl der Gäste die der Vereinsmitglieder eindeutig übersteigt bzw. Gäste wahllos an der Versammlung teilnehmen dürfen.[529] Dies dürfte aber nur im Ausnahmefall gegeben sein. 114

Folglich ergeben sich die Befugnisse des Versammlungsleiters aus der **Satzung** und einer etwa vorhandenen **Geschäftsordnung.**[530] Im Übrigen übt der Vorsitzende seine Befugnisse in eigener Verantwortung[531] und nach **pflichtgemäßem Ermessen** unter Berücksichtigung des Neutralitätsgebots sowie des Gleichheits- und Verhältnismäßigkeitsgrundsatzes aus.[532] Ihm stehen die Rechte und Befugnisse zu, die er benötigt um eine 115

[519] KG NJW 1957, 1680 (1681) für die Genossenschaft; MHdB GesR V/*Waldner* § 25 Rn. 33; Palandt/*Ellenberger* BGB § 32 Rn. 5; *Sauter/Schweyer/Waldner* Eingetragener Verein Rn. 180.
[520] *Stöber/Otto* Rn. 724; aM *Wörle-Himmel* Vereine gründen S. 169.
[521] *Wicke* NZG 2007, 771 für die AG.
[522] *Scheffer* DStR 2011, 2053 (2056).
[523] OLG Köln Rpfleger 1985, 447; BeckOK BGB/*Schöpflin* BGB § 32 Rn. 18; Palandt/*Ellenberger* BGB § 32 Rn. 5.
[524] *Stöber/Otto* Rn. 724.
[525] *Stöber/Otto* Rn. 724.
[526] BeckOGK/*Notz* BGB § 32 Rn. 107; *Scheffer* DStR 2011, 2053 (2056).
[527] *Stöber/Otto* Rn. 725.
[528] *Stöber/Otto* Rn. 728, 726.
[529] *Wörle-Himmel* Vereine gründen S. 164.
[530] *Wörle-Himmel* Vereine gründen S. 164; eine Übersicht findet sich bei BeckOGK/*Notz* BGB § 32 Rn. 85.
[531] MüKoBGB/*Leuschner* BGB § 32 Rn. 26.
[532] *Wicke* NZG 2007, 771 für die AG.

Mitgliederversammlung ordnungsgemäß zu leiten, insbesondere um eine ordnungsgemäße Beschlussfassung herbeizuführen.[533]

Beispiele:

Eröffnung und Schließung der Versammlung, Feststellung der Teilnahmeberechtigung[534] und Beschlussfähigkeit, Bekanntgabe der Tagesordnung, Worterteilung, Ordnungsmaßnahmen, Leitung der Diskussion und der Abstimmungen, Feststellung und Verkündung von Abstimmungsergebnissen, Überwachung der Protokollführung,[535] Unterbrechung der Versammlung etc. (→ Rn. 128 ff.).

Hinweis:

Die **Rechtswidrigkeit** einer Versammlungsleitermaßnahme kann die Rechtswidrigkeit der gefassten Beschlüsse nach sich ziehen.[536] Maßnahmen des Versammlungsleiters können nicht unmittelbar gerichtlich angefochten werden,[537] allerdings können die hierauf beruhenden Beschlüsse gerichtlich überprüft werden.[538] Der Versammlungsleiter haftet dem Verein für den mit einer rechtswidrigen Maßnahme verbundenen Schaden (zB Kosten des Rechtsstreits und der Wiederholungsversammlung).[539]

116 Der Versammlungsleiter sollte darauf achten, dass das Protokoll den Gang der Versammlung sowie die Abstimmungsergebnisse und den Wortlaut der Beschlüsse korrekt wiedergibt[540] (→ Rn. 234).

117 Schließlich hat er dafür zu sorgen, dass die Tagesordnung in der gebotenen Kürze abgehandelt wird. Hierzu stehen ihm das **Ordnungs- und Hausrecht** des Vereins zu.[541] In Zweifelsfällen hat der Versammlungsleiter stets die Mitgliederversammlung über die Zulässigkeit von Anträgen oder seiner Maßnahmen abstimmen zu lassen.[542]

Hinweis:

Es darf nicht vergessen werden, dass die Mitgliederversammlung grundsätzlich über dem Versammlungsleiter steht[543] und seine Maßnahmen korrigieren kann, sofern die Satzung nichts anderes bestimmt.[544]

2. Teilnahmeberechtigung

118 **a) Mitgliedsrecht auf Teilnahme.** Das Recht zur Teilnahme an Mitgliederversammlungen ist ebenso wie das Minderheitenrecht nach § 37 BGB ein **unabdingbares Mitgliedsrecht,**[545] das die Satzung für kein Mitglied bzw. für keine Mitgliedergruppe ausschließen darf,[546] es sei denn, die Mitgliederversammlung wird durch eine Delegiertenversammlung

533 BGH NJW 1966, 43 (44); BeckOK BGB/*Schöpflin* BGB § 32 Rn. 19; MHdB GesR V/*Waldner* § 25 Rn. 3 schlägt vor, sich an den Regeln über die Hauptversammlung einer AG zu orientieren; *Wicke* NZG 2007, 771 für die AG.
534 MüKoBGB/*Leuschner* BGB § 32 Rn. 25.
535 MHdB GesR V/*Waldner* § 25 Rn. 46.
536 MüKoBGB/*Arnold,* 7. Aufl. 2015, BGB § 32 Rn. 22.
537 *Sauter/Schweyer/Waldner* Eingetragener Verein Rn. 194; *Wicke* NZG 2007, 771 für die AG.
538 BeckOK BGB/*Schöpflin* BGB § 32 Rn. 19; MüKoBGB/*Leuschner* BGB § 32 Rn. 26; *Wicke* NZG 2007, 771 für die AG.
539 *Stöber/Otto* Rn. 728a.
540 *Sauter/Schweyer/Waldner* Eingetragener Verein Rn. 191.
541 *Stöber/Otto* Rn. 727.
542 *Stöber/Otto* Rn. 728.
543 *Sauter/Schweyer/Waldner* Eingetragener Verein Rn. 183.
544 *Stöber/Otto* Rn. 728.
545 Palandt/*Ellenberger* BGB § 38 Rn. 1.
546 LG Bremen Rpfleger 1990, 262.

(→ Rn. 279 ff.) ersetzt.[547] In letzterem Fall sind regelmäßig nur die Delegierten teilnahmeberechtigt.[548] Grundsätzlich ist jedes Vereinsmitglied zur Teilnahme an der Mitgliederversammlung berechtigt, unabhängig davon, ob ihm ein Stimmrecht zusteht. Das bedeutet, dass sowohl ordentliche als auch außerordentliche Mitglieder, wie zB passive Mitglieder, Fördermitglieder, Ehrenmitglieder etc., teilnahmeberechtigt sind.[549] Gleiches gilt für Mitglieder, die in eigenen Angelegenheiten vom Stimmrecht ausgeschlossen sind.[550] Wegen Art. 4, 140 GG können jedoch bei einem religiösen Verein bestimmte Mitglieder von der vereinsinternen Willensbildung ausgeschlossen werden, str.[551] Ferner ist ungeklärt, ob Vereinsorgane wie Vorstand, Insolvenzverwalter oder Liquidator an der Versammlung teilnehmen dürfen, wenn sie selbst keine Vereinsmitglieder sind (sog. Fremdorgane). Im Gegensatz zum Aktienrecht enthält das Vereinsrecht hierzu keine gesetzliche Regelung.[552] Die Teilnahmeberechtigung von **Fremdorganen** ist nur insoweit zu bejahen, als sie der Mitgliederversammlung Bericht erstatten müssen bzw. als nur sie Bericht erstatten können. Da der Vorstand Rechenschaft ablegen muss und nur der Insolvenzverwalter den Rechenschaftsbericht zum Zwecke der Entlastung des Vorstandes erläutern kann, ist insoweit von einem Anwesenheitsrecht[553] jedenfalls hinsichtlich der betroffenen Tagesordnungspunkte auszugehen. Dagegen steht dem Liquidator des Vereins kein Teilnahmerecht zu.[554]

Allerdings kann die Satzung oder die Geschäftsordnung des Vereins die Teilnahmeberechtigung von Mitgliedern von **formellen Voraussetzungen** abhängig machen, beispielsweise vom Mitführen des Ausweises oder der vorherigen Eintragung in eine Liste.[555] 119

Das Recht der **nichtstimmberechtigten Mitglieder** ist nicht auf die bloße Anwesenheit bei der Versammlung beschränkt. Vielmehr dürfen sie sich als Ausfluss ihres Teilnahmerechts an der Diskussion beteiligen, zu Wort melden, um Auskunft bitten und Anträge stellen.[556] 120

Als Ausfluss des Teilnahmerechts steht jedem Mitglied ein Auskunfts-, Rede- und Antragsrecht zu (→ Rn. 135 ff.).[557] 120a

b) Zulassung von Nichtmitgliedern. Nichtmitglieder (Gäste) haben grundsätzlich keinen Anspruch auf Zulassung. Dies gilt gleichermaßen für die Öffentlichkeit, Vertreter von etwaigen Landes- oder Bundesverbänden, sowie für die Presse bzw. Rundfunk und Fernsehen. Dadurch soll die vereinsfremde Beeinflussung von Mitgliedern verhindert werden.[558] Hiervon sind Ausnahmen zu machen, wenn die Satzung eine entsprechende Regelung vorsieht oder die Zulassung bestimmter Nichtmitglieder jahrelanger Übung entspricht[559] oder spezialgesetzliche Vorschriften einschlägig sind, wie etwa § 29 Abs. 2 StBerG für Mitgliedsversammlungen von Lohnsteuerhilfevereinen.[560] 121

---

547 *Sauter/Schweyer/Waldner* Eingetragener Verein Rn. 196; *Stöber/Otto* Rn. 712.

548 *Stöber/Otto* Rn. 640.

549 *Sauter/Schweyer/Waldner* Eingetragener Verein Rn. 196; aM für Ehrenmitglieder, denen satzungsmäßig kein Teilnahmerecht zusteht: *Stöber/Otto* Rn. 640 mit dem Hinweis, diese müssten im Zweifel nicht frist- und formgerecht geladen werden.

550 *Stöber/Otto* Rn. 712.

551 OLG Frankfurt a. M. FGPrax 1996, 193 (194); ablehnend *Sauter/Schweyer/Waldner* Eingetragener Verein Rn. 196, dort Fn. 198; offen BeckOGK/*Notz* BGB § 32 Rn. 110.

552 OLG Zweibrücken Rpfleger 2006, 658.

553 *Stöber/Otto* Rn. 714, 640, der jedoch darauf hinweist, dass Fremdorgane im Zweifel nicht in satzungsmäßiger Frist und Form zu laden sind; aM MHdB GesR V/*Waldner* § 25 Rn. 51: pauschal kein Teilnahmerecht.

554 OLG Zweibrücken Rpfleger 2006, 658; BeckOGK/*Notz* BGB § 32 Rn. 115; MHdB GesR V/*Waldner* § 25 Rn. 51.

555 *Stöber/Otto* Rn. 712, 713.

556 *Stöber/Otto* Rn. 713.

557 BeckOGK/*Notz* BGB § 32 Rn. 116 ff. mit Hinweisen speziell zur Auskunftspflicht.

558 BGH NJW 1993, 1329 (1330) für die WEG.

559 *Sauter/Schweyer/Waldner* Eingetragener Verein Rn. 196; *Stöber/Otto* Rn. 719; zur Zulässigkeit einer entsprechenden Satzungsbestimmung vgl. LG Düsseldorf BeckRS 2015, 03788.

560 *Sauter/Schweyer/Waldner* Eingetragener Verein Rn. 196a.

Hinweis:

Sind in der Versammlung beurkundungsbedürftige Beschlüsse zu fassen (zB nach § 13 UmwG), so steht auch dem beurkundenden Notar ein Teilnahmerecht zu, ohne dass es eines entsprechenden Beschlusses der Mitgliederversammlung bedarf. Im Hinblick auf das Rederecht ist er wie ein fachkundiger Dritter (→ Rn. 125) zu behandeln.

122 Enthält die Satzung keine Regelung, so hat das Einberufungsorgan nach pflichtgemäßem Ermessen zu entscheiden, ob es Gäste zulässt. Soll ein sachkundiger Dritter zu bestimmten Tagesordnungspunkten gehört werden, so bedarf es hierzu der Zustimmung der Mitgliederversammlung, wobei ein förmlicher Beschluss nicht erforderlich ist.[561]

123 Auch die Mitglieder selbst haben grundsätzlich keinen Anspruch auf Zulassung von anderen Personen wie etwa Beiständen, auch sofern diese **Sachverständige** sind. Ausnahmen sind nur zu machen, wenn entweder die Satzung oder ein Beschluss der Mitgliederversammlung oder die Übung es gestattet,[562] im Übrigen nur bei Vorliegen ganz außergewöhnlicher Umstände.

Beispiele:

Bei hochkomplexen Angelegenheiten, deren Beurteilung entsprechenden Sachverstand voraussetzt, der bei der Mehrzahl der Mitglieder nicht vorhanden ist, so dass sie mit dem Tagesordnungspunkt überfordert wären.[563] Dies gilt jedoch nur, wenn die Beratung nicht bereits umfassend vor Versammlungsbeginn erfolgen kann.[564] Ein weiteres Beispiel bilden Vereine, bei denen die Mitgliedschaft berufsbedingt erforderlich oder beruflich förderlich ist, sowie wirtschaftliche Vereine.[565] Schließlich können für eine Ausnahme auch in der Person des Mitglieds liegende Gründe (zB hohes Alter) herangezogen werden.[566] Ein Rechtsanwalt als Berater eines Mitglieds darf jedenfalls aus Gründen der „Waffengleichheit" an der Mitgliederversammlung teilnehmen, wenn auch der Anwalt eines Vereinsorgans in beratender Funktion hinzugezogen wird und der Antrag den Verlust von Rechten des betroffenen Vereinsmitglieds zum Gegenstand hat.[567]

124 Besteht ausnahmsweise ein Anspruch des Mitglieds auf Zulassung von Nichtmitgliedern und wird ein solcher Antrag abgelehnt, ist von einem Ermessensfehlgebrauch des zuständigen Organs auszugehen, das den gefassten Beschluss unwirksam machen kann.[568]

Hinweis:

Sieht die Satzung keine Regelung zur Zulassung vereinsfremder Personen vor und tritt die Frage erst in der Versammlung auf, so hat hierüber der Versammlungsleiter zu entscheiden. Zumindest in Zweifelsfällen ist es empfehlenswert, die Mitgliederversammlung hierüber abstimmen zu lassen.[569] Die Zulassung kann auch auf bestimmte Tagesordnungspunkte beschränkt werden.[570]

125 Werden Gäste zugelassen, hat der Versammlungsleiter darauf zu achten, dass sich diese nicht an der Diskussion beteiligen, um eine **Beeinflussung** der Abstimmung zu vermei-

[561] *Sauter/Schweyer/Waldner* Eingetragener Verein Rn. 196a.
[562] BGH NJW 1971, 879 (882).
[563] *Sauter/Schweyer/Waldner* Eingetragener Verein Rn. 197.
[564] BayObLG NJW-RR 2002, 1307 für die WEG.
[565] *Sauter/Schweyer/Waldner* Eingetragener Verein Rn. 197; *Stöber/Otto* Rn. 717.
[566] BGH NJW 1993, 1329 (1330) für die WEG.
[567] BGH NJW 1971, 879 (882); weitergehend: MHdB GesR V/*Waldner* § 25 Rn. 54: Recht auf Hinzuziehung eines Anwalts stets bei Ausschluss- und Vereinsstrafverfahren.
[568] *Stöber/Otto* Rn. 717.
[569] *Sauter/Schweyer/Waldner* Eingetragener Verein Rn. 196a.
[570] *Sauter/Schweyer/Waldner* Eingetragener Verein Rn. 197.

den.[571] Wird ein **fachkundiger Dritter** zugelassen, so hat sich seine Teilnahme auf die Beratung zu beschränken.[572] Der Versammlungsleiter ist nicht befugt, Gästen die Beteiligung an der Diskussion zu gewähren, es sei denn, die Mitgliederversammlung gestattet es ausdrücklich.[573] Nichtmitgliedern steht kein Stimmrecht zu.[574]

Formulierungsbeispiel: Öffentlichkeit[575] (Satzungsbestandteil) 126

§ 4. Mitgliederversammlung

(12) Die Mitgliederversammlungen finden stets unter Ausschluss der Öffentlichkeit statt. Über die Zulassung von Gästen hat der Versammlungsleiter zu entscheiden. Gäste dürfen sich nicht an der Diskussion beteiligen, soweit die Mitgliederversammlung hierüber nicht mit der einfachen Mehrheit der abgegebenen Stimmen anderweitig beschließt.

c) Teilnahmerecht von Vertretern. Die Mitgliedschaftsrechte eines **Geschäftsunfähigen** kann für ihn nur sein **gesetzlicher Vertreter** ausüben, so dass grundsätzlich nur diesem ein Teilnahmerecht zustehen kann. Gleiches gilt für die Organe einer juristischen Person, Personenvereinigung oder Personengesellschaft. **Rechtsgeschäftlichen Vertretern** kann ein Teilnahmerecht nur bei entsprechender Satzungsgrundlage zustehen (→ Rn. 196). 127

3. Eröffnung der Versammlung

Die Versammlung ist durch den **Versammlungsleiter förmlich** zu eröffnen.[576] Rechtlich ist die Eröffnung der Versammlung mit dem Beginn der Ordnungsgewalt des Vorsitzenden sowie der rechtlich erheblichen Handlungen der anwesenden Vereinsmitglieder verbunden.[577] Der Versammlungsleiter hat die Versammlung **pünktlich** zu dem in der Einladung angegebenen Zeitpunkt zu eröffnen. 128

Hinweis:

Ein früherer als auch ein späterer Versammlungsbeginn können zur Unwirksamkeit der gefassten Beschlüsse führen, wenn Versammlungsteilnehmer hierdurch an der Ausübung ihrer Mitgliedsrechte (insbesondere Teilnahme- und Stimmrecht) gehindert werden.[578] Ein Anspruch verspäteter Teilnehmer auf Wiederholung oder Zurückstellung der Beschlussfassung bis zu ihrem Eintreffen besteht nicht.[579]

Die **formelle Eröffnung** der Versammlung durch den Leiter sollte unter Angabe der Uhrzeit im Protokoll festgehalten werden.[580] Zudem empfiehlt es sich, eine Anwesenheitsliste (→ Rn. 237a) zu führen, insbesondere wenn die Satzung die Beschlussfähigkeit von der Anwesenheit einer bestimmten Anzahl von Mitgliedern abhängig macht.[581] In diesem Fall sollte auch die Anzahl der erschienenen Mitglieder im Protokoll festgehalten werden, 129

[571] *Sauter/Schweyer/Waldner* Eingetragener Verein Rn. 196a.
[572] *Sauter/Schweyer/Waldner* Eingetragener Verein Rn. 197.
[573] MHdB GesR V/*Waldner* § 25 Rn. 53: kein Beschluss nötig, ausreichend, wenn Versammlungsleiter die Mitgliederversammlung fragt und kein Widerspruch erhoben wird.
[574] *Stöber/Otto* Rn. 719.
[575] Angelehnt an *Sauter/Schweyer/Waldner* Eingetragener Verein Rn. 628.
[576] MHdB GesR V/*Waldner* § 25 Rn. 34; *Sauter/Schweyer/Waldner* Eingetragener Verein Rn. 181.
[577] MHdB GesR V/*Waldner* § 25 Rn. 34; *Sauter/Schweyer/Waldner* Eingetragener Verein Rn. 181; *Wörle-Himmel* Vereine gründen S. 164.
[578] MHdB GesR V/*Waldner* § 25 Rn. 34; *Sauter/Schweyer/Waldner* Eingetragener Verein Rn. 181; *Wicke* NZG 2007, 771 (772) für die AG.
[579] *Stöber/Otto* Rn. 738.
[580] MHdB GesR V/*Waldner* § 25 Rn. 34; *Wörle-Himmel* VereinsR S. 50.
[581] MHdB GesR V/*Waldner* § 25 Rn. 34; *Sauter/Schweyer/Waldner* Eingetragener Verein Rn. 181.

auch wenn die Feststellung der Beschlussfähigkeit durch den Versammlungsleiter ohne Angabe einer konkreten Anwesenheitszahl ausreichen soll,[582] sofern keine begründeten Zweifel vorliegen.[583]

129a Bei virtuellen Versammlungen kann die Anwesenheit der Mitglieder zB durch Ein- und Ausloggen des Mitglieds im Chatroom oder durch die Einwahl und die Auswahl in bzw. aus der Videokonferenz festgestellt werden.[584] Eine Teilnehmerliste kann auch digital erstellt werden. Einige Konferenzsoftwareanbieter ermöglichen es nach der Sitzung, eine Teilnehmerliste mit den Zeiten der Zuschaltung der Teilnehmer zu erstellen.[585] Eine genaue Überprüfung kann jedoch nur über die Zugangsdaten erfolgen, ein Missbrauch von Login-Daten kann dabei aber nicht ausgeschlossen werden. Manuell geführte Teilnehmerlisten werden nur bei kleinen Vereinen und Videokonferenzen möglich sein.[586] Kann keine digitale Teilnehmerliste erzeugt werden, so muss sie manuell geführt werden.

130 Das Gesetz macht keine Vorgaben zum weiteren Verlauf der Versammlung. Entsprechende Regelungen können jedoch in der Satzung oder der Geschäftsordnung des Vereins getroffen werden. Ist dies der Fall, so sind sie strikt zu beachten.[587]

4. Feststellungen des Versammlungsleiters

131 Es empfiehlt sich, dass der Versammlungsleiter im Anschluss an die Eröffnung der Versammlung die **ordnungsgemäße Einberufung** der Mitgliederversammlung feststellt und ggf. die **Teilnahmeberechtigung** der Erschienenen prüft.

132 Auch kann die Feststellung der Anzahl der anwesenden Stimmen sowie der **Beschlussfähigkeit** der Versammlung erforderlich bzw. nützlich sein. Da das Gesetz keine Vorgaben zur Beschlussfähigkeit macht, ist eine solche bereits gegeben, wenn nur ein Vereinsmitglied anwesend ist.[588] Die Feststellung der Beschlussfähigkeit bzw. Anzahl der anwesenden Stimmen ist jedoch unerlässlich, wenn das Gesetz ausnahmsweise die Zustimmung einer bestimmten Anzahl von Vereinsmitgliedern fordert (zB § 33 Abs. 1 S. 2 BGB) oder die Satzung für die Beschlussfähigkeit vom Gesetz abweichende Bestimmungen trifft (→ Rn. 161). Die Feststellung der Beschlussfähigkeit ist jedoch auch in den übrigen Fällen von Nutzen, da sie den Mitgliedern die Möglichkeit eröffnet, Einberufungsmängel zu beanstanden[589] sowie Einwendungen gegen die Beschlussfähigkeit vorzubringen.[590] Unterlässt ein anwesendes Mitglied eine solche Beanstandung, so kann es sich später nicht auf die Beschlussunfähigkeit berufen.

Hinweis:

Sofern Zweifel an der Gesamtzahl der anwesenden Mitglieder und damit an der Beschlussfähigkeit bestehen, so ist der Verein hierfür beweispflichtig.[591]

5. Bekanntgabe der Tagesordnung

133 Die Tagesordnung ist – sofern keine abweichende Satzungsregelung existiert – mit der Einladung mitzuteilen. Trotzdem ist eine erneute Bekanntgabe in der Versammlung üblich und unschädlich, da gerade die Reihenfolge der Tagesordnungspunkte in der Einladung

[582] *Munzig* FGPrax 2011, 211 (214).
[583] OLG Düsseldorf FGPrax 2010, 43.
[584] *Dehesselles/Richter* npoR 2016, 246 (250) mit weiteren Sicherheitsaspekten.
[585] *Schwenn/Blacher* npoR 2020, 154 (159), auch zu den entsprechenden Anbietern.
[586] *Schindler/Schaffner* Virtuelle Beschlussfassung § 4 Rn. 685.
[587] *Sauter/Schweyer/Waldner* Eingetragener Verein Rn. 180.
[588] BeckOK BGB/*Schöpflin* BGB § 32 Rn. 24; MüKoBGB/*Leuschner* BGB § 32 Rn. 44; *Scheffer* DStR 2011, 2053 (2056); *Wörle-Himmel* VereinsR S. 41.
[589] MHdB GesR V/*Waldner* § 25 Rn. 35; *Sauter/Schweyer/Waldner* Eingetragener Verein Rn. 181.
[590] MHdB GesR V/*Waldner* § 25 Rn. 35; *Stöber/Otto* Rn. 739.
[591] *Sauter/Schweyer/Waldner* Eingetragener Verein Rn. 204b.

nur einen Vorschlag darstellt und deren endgültige Festlegung zur Leitung der Versammlung gehört. Mitglieder, die im Vertrauen auf die in der Einladung festgelegte Abfolge der Tagesordnungspunkte verspätet erscheinen, genießen keinen Vertrauensschutz.[592] Von der vorgegebenen Reihenfolge kann die Mitgliederversammlung oder auch der Versammlungsleiter nämlich nach pflichtgemäßem Ermessen abweichen.[593] Der Versammlungsleiter kann dies ohne Zustimmung, aber nicht gegen den Willen der Mitgliederversammlung veranlassen.[594] In Zweifelsfällen empfiehlt es sich dennoch, einen Beschluss der Mitgliederversammlung hierüber herbeizuführen, insbesondere wenn der Versammlungsleiter bei den vorzuziehenden oder hinten anzustellenden Tagesordnungspunkten persönlich betroffen ist.[595] Mitgliedern steht die Möglichkeit offen, durch einen Antrag eine **abweichende Reihenfolge** von der Tagesordnung herbeizuführen. Einen solchen Antrag hat der Versammlungsleiter zwingend zur Abstimmung zu stellen.[596] Von einer einmal festgestellten Tagesordnung darf nur durch Mehrheitsbeschluss der Mitgliederversammlung abgewichen werden. Zur Ergänzung der Tagesordnung in der Versammlung → Rn. 140.

6. Erledigung der Tagesordnung, Anträge, Beratungen

a) Anträge und Wortmeldungen. Nach endgültiger Festlegung der Tagesordnung und 134
deren Reihenfolge ist diese Punkt für Punkt abzuarbeiten. Der Versammlungsleiter ruft zu diesem Zweck die einzelnen Punkte auf stellt sie zur **Diskussion,** bevor er eine Beschlussfassung herbeiführt.

Grundsätzlich steht jedem Mitglied das Recht zu, sich zu den aufgerufenen Punkten zu 135
Wort zu melden **(Rederecht),**[597] Anträge zu stellen **(Auskunfts- und Gehörsrecht)**[598] sowie Wahl- oder Beschlussvorschläge zu unterbreiten, sofern diese den sachlichen Rahmen des angekündigten Tagesordnungspunktes nicht verlassen.[599] Von einem in der Einladung vorgesehenen Beschlussvorschlag darf daher in diesem Rahmen auch abgewichen werden.[600] Dies gilt auch für Satzungsänderungen, sofern sie sich inhaltlich innerhalb der geplanten Neuerung bewegen. Bestehen Zweifel über den sachlichen Zusammenhang des Antrags zur Tagesordnung, so sollte dennoch darüber abgestimmt werden. Ist der fehlende Zusammenhang offensichtlich, so sollte der Antrag zurückgewiesen werden.[601]

Anträge von Mitgliedern können sich auf Tagesordnungspunkte **(Sachanträge),** oder 136
auf das Verfahren in der Versammlung beziehen **(Verfahrensanträge).**[602]

Beispiele für Verfahrensanträge:

Antrag, einen Tagesordnungspunkt bis zur Beschlussfassung über einen anderen Tagesordnungspunkt zurückzustellen; Überweisung der Angelegenheit an einen bestimmten Ausschuss des Vereins; Antrag, die Sitzung zu unterbrechen; Antrag, die Redezeit zu begrenzen etc.[603]

---

[592] *Stöber/Otto* Rn. 740, 741, 742.
[593] KG NJW 1957, 1680 (1681) für die Genossenschaft; BeckOK BGB/*Schöpflin* BGB § 32 Rn. 19; *Stöber/Otto* Rn. 741; *Wicke* NZG 2007, 771 (772) für die AG.
[594] MHdB GesR V/*Waldner* § 25 Rn. 36; MüKoBGB/*Leuschner* BGB § 32 Rn. 25.
[595] MHdB GesR V/*Waldner* § 25 Rn. 36; *Sauter/Schweyer/Waldner* Eingetragener Verein Rn. 183; *Stöber/Otto* Rn. 740; *Wörle-Himmel* Vereine gründen S. 165.
[596] MHdB GesR V/*Waldner* § 25 Rn. 36; *Sauter/Schweyer/Waldner* Eingetragener Verein Rn. 183; *Stöber/Otto* Rn. 741.
[597] BeckOGK/*Notz* BGB § 32 Rn. 122.
[598] *Sauter/Schweyer/Waldner* Eingetragener Verein Rn. 184; *Stöber/Otto* Rn. 751.
[599] BeckOGK/*Notz* BGB § 32 Rn. 126; MHdB GesR V/*Waldner* § 25 Rn. 37; *Stöber/Otto* Rn. 711.
[600] MHdB GesR V/*Waldner* § 25 Rn. 31; *Stöber/Otto* Rn. 757a.
[601] *Wörle-Himmel* Vereine gründen S. 168.
[602] AA *Schindler/Schaffner* Virtuelle Beschlussfassung § 4 Rn. 670: nur bei entsprechender Satzungsregelung Befugnis der Mitglieder, Sachanträge zu stellen. Im Übrigen nur Vorschlagsrecht bei Wahlen und Befugnis, Abänderungsanträge zu Sachanträgen zu stellen.
[603] *Sauter/Schweyer/Waldner* Eingetragener Verein Rn. 184; *Wörle-Himmel* Vereine gründen S. 166; MHdB GesR V/*Waldner* § 25 Rn. 37 (keine Empfehlung, aber eine Möglichkeit).

137 Verfahrensanträge sind grundsätzlich vom Versammlungsleiter zur Abstimmung zu stellen.[604] Es empfiehlt sich generell, die Verfahrensanträge vor den Sachanträgen zu erledigen.[605] Bei letzteren sollten mehrere Anträge zum gleichen Tagesordnungspunkt dergestalt abgearbeitet werden, dass zunächst der weitestgehende Antrag zur Abstimmung zu stellen ist und Hauptanträge etwaigen Hilfs- bzw. Ergänzungsanträgen vorzugehen haben.[606] Im Einzelfall kann auch der voraussichtlich erfolgreichste Antrag vorgezogen werden oder einzelne Teilaspekte, bevor über den gesamten Antrag abgestimmt wird.[607] Im Übrigen sollte nach der Reihenfolge der Anträge vorgegangen werden.

138 Sobald ein Tagesordnungspunkt erledigt ist, können hierzu keine weiteren Anträge mehr gestellt werden. Insbesondere kann über zurückgenommene Anträge nicht erneut abgestimmt und bereits gefasste Beschlüsse können nicht wieder aufgehoben werden. Letzteres ist ausnahmsweise möglich, wenn sämtliche Mitglieder, die bei Beschlussfassung anwesend waren, auch bei der Aufhebung mitwirken, also keiner zwischenzeitlich die Versammlung verlassen hat.[608] Vgl. im Übrigen → Rn. 149.

139 Die Mitglieder können ihre **Wortmeldungen** erst dann abgeben, wenn ihnen der Versammlungsleiter das Wort erteilt. In welcher Reihenfolge er dies tut, steht in seinem pflichtgemäßen Ermessen und ist von der Lage des Einzelfalls abhängig. Je nach Vereinsgröße und sachlichem Zusammenhang der einzelnen Wortmeldungen kann er das Wort in der **Reihenfolge** der Meldungen, aber auch nach ihrem Zusammenhang oder nach Einhaltung eines bestimmten Meldeverfahrens (zB vorheriger Anmeldung beim Protokollführer, Verwendung von Meldezetteln) erteilen.[609] Zu Verfahrensanträgen oder persönlichen Bemerkungen (zB Zurückweisung von Äußerungen in Bezug auf die eigene Person etc.) kann das Wort auch sofort ohne Beachtung der Reihenfolge erteilt werden.[610] Offenkundig gesetzwidrige oder missbräuchliche Anträge braucht der Versammlungsleiter nicht zur Beschlussfassung zu stellen.[611] Es empfiehlt sich, eine **Rednerliste** zu führen.[612]

139a Soweit die Versammlung virtuell in Form einer Videokonferenz stattfindet, sollte der Versammlungsleiter im Hinblick auf Beiträge und Wortmeldungen wie folgt vorgehen: Zu Beginn der Versammlung sollten alle Teilnehmer ihr Mikrofon stummschalten bzw. der Versammlungsleiter sollte alle Teilnehmer stummschalten, um den Geräuschpegel so niedrig wie möglich zu halten. Dies entspricht der Vorgehensweise bei einer Präsenzversammlung, bei der sich die Teilnehmer auch bei den Redebeiträgen anderer ruhig verhalten müssen. Nur wem das Wort erteilt wurde, darf sein Mikrofon anschalten. Sofern Mitgliedern in einer Präsenzversammlung das Wort entzogen werden darf (→ Rn. 144), kann dies durch Stummschalten des Mikrofons durch den Versammlungsleiter erfolgen. Soweit Mitgliedern in der Präsenzversammlung ein Saalverweis (→ Rn. 154) erteilt werden kann, können diese von der Videokonferenz ausgeschlossen werden.[613]

140 **b) Dringlichkeits- und Initiativanträge.** Wird der Antrag gestellt, weitere, insbesondere eilbedürftige Angelegenheiten nachträglich während der Versammlung auf die Tagesordnung zu setzen, so kann dies zulässigerweise nur bei entsprechender Satzungsgrundlage er-

---

[604] MHdB GesR V/*Waldner* § 25 Rn. 37; *Stöber/Otto* Rn. 728.
[605] MHdB GesR V/*Waldner* § 25 Rn. 37; *Wicke* NZG 2007, 771 (772) für die AG; ähnlich MHdB GesR V/*Waldner* § 25 Rn. 37 (keine Empfehlung, aber eine Möglichkeit).
[606] BeckOK BGB/*Schöpflin* BGB § 32 Rn. 25; aM MHdB GesR V/*Waldner* § 25 Rn. 37: Hilfs- und Ergänzungsanträge vor Hauptanträgen.
[607] *Stöber/Otto* Rn. 757; *Wörle-Himmel* Vereine gründen S. 167.
[608] KG GRUR-RR 2011, 280 (281); LG Berlin JZ 1976, 603 (604); MHdB GesR V/*Waldner* § 25 Rn. 37; *Sauter/Schweyer/Waldner* Eingetragener Verein Rn. 184; *Stöber/Otto* Rn. 755, 762.
[609] MHdB GesR V/*Waldner* § 25 Rn. 38; *Sauter/Schweyer/Waldner* Eingetragener Verein Rn. 185; *Wörle-Himmel* Vereine gründen S. 165.
[610] *Stöber/Otto* Rn. 753.
[611] *Wicke* NZG 2007, 771 (772) für die AG.
[612] *Wörle-Himmel* Vereine gründen S. 166.
[613] *Schwenn/Blacher* npoR 2020, 154 (158).

folgen, (Formulierungsbeispiel → Rn. 83). Um dringliche Satzungsänderungen kann die Tagesordnung auch bei entsprechender Satzungsgrundlage jedoch zulässigerweise nachträglich nur ergänzt werden, wenn den Mitgliedern ausreichend Zeit für die Vorbereitung bleibt, also nicht erst in der Versammlung.[614] Allerdings steht dem Versammlungsleiter nicht das Recht zu, den Antrag auf Ergänzung der Tagesordnung bzw. die Beschlussfassung hierzu zu verweigern, auch dann nicht, wenn dies mangels entsprechender Satzungsbestimmungen oder aufgrund entsprechender Satzungsbestimmungen unzulässig ist. Vielmehr hat der Versammlungsleiter auf die Unzulässigkeit hinzuweisen, den Antrag auf die Tagesordnung zu setzen und hierüber abstimmen zu lassen. Es ist Aufgabe des Vorstands, zu entscheiden, ob satzungswidrig behandelte Anträge zu vollziehen sind.[615] Zudem bleibt bei unzulässigen **Dringlichkeitsanträgen** stets die Möglichkeit einer vorläufigen Regelung oder einer Beratung bzw. Diskussion,[616] so dass bereits aus diesem Grund der Antrag vom Versammlungsleiter nicht als unzulässig zurückgewiesen werden darf.

Von Dringlichkeits- und Initiativanträgen abzugrenzen sind **Verfahrensanträge, Gegenanträge und Wahlvorschläge,** die (vorbehaltlich anderer Satzungsregelungen) stets noch in der Versammlung gestellt werden können, soweit sie sich in den Grenzen der Tagesordnung halten (→ Rn. 135). Von Dringlichkeits- und Initiativanträgen, die während der Versammlung gestellt werden, zu unterscheiden sind ferner die **Anträge auf Ergänzung der Tagesordnung,** die von den Mitgliedern vor Beginn der Versammlung, ggf. auch vor Festsetzung der Tagesordnung, gestellt werden. Wird der Antrag abgelehnt, kann das Mitglied nach § 37 BGB vorgehen (→ Rn. 37). 140a

c) Beschränkungen der Redezeit. Der Versammlungsleiter hat grundsätzlich für die ordnungsgemäße Erledigung der Tagesordnung in dem zur Verfügung stehenden **Zeitrahmen** zu sorgen. Dies beinhaltet auch das Recht, die Redezeit der einzelnen Vereinsmitglieder zu beschränken,[617] sofern dem **Gleichbehandlungsgrundsatz** Genüge getan wird.[618] Das bedeutet konkret, dass die Redezeit gegenüber allen Mitgliedern gleichermaßen zu beschränken ist. 141

Eine Beschränkung der Redezeit setzt ferner voraus, dass hierfür ein entsprechendes Bedürfnis besteht.[619] Dies ist nur dann der Fall, wenn die zwingenden zeitlichen Grenzen der Versammlung gefährdet sind, der bloße Wunsch nach einer zügigen Versammlung reicht nicht.[620] Die Beschränkung der Redezeit muss zudem einen Ausgleich schaffen zwischen dem Interesse der Mitglieder an einer zügigen und effektiven Durchführung der Versammlung einerseits und dem Rederecht als Ausfluss des Teilnahmerechts der Mitglieder andererseits.[621] Ohne Satzungsgrundlage ist daher eine pauschale Beschränkung der Redezeit in der Einladung (auch) bei virtuellen Versammlungen nicht möglich, auch wenn bei virtuellen Mitgliederversammlungen von einer höheren Anzahl von Wortmeldungen ausgegangen werden muss als in einer Präsenzversammlung.[622] 141a

Grundsätzlich gibt es daher keine feste Redezeit, diese muss vielmehr vom Versammlungsleiter nach pflichtgemäßem **Ermessen** und den konkreten Umständen des Einzelfalls festgelegt werden. 141b

---

[614] *Stöber/Otto* Rn. 746.

[615] MHdB GesR V/*Waldner* § 25 Rn. 36; *Sauter/Schweyer/Waldner* Eingetragener Verein Rn. 183.

[616] *Stöber/Otto* Rn. 746 ff.

[617] BGH NJW 1966, 43 (44); MüKoBGB/*Leuschner* BGB § 32 Rn. 25; Palandt/*Ellenberger* BGB § 32 Rn. 5; zweifelnd *Wörle-Himmel* Vereine gründen S. 165.

[618] *Stöber/Otto* Rn. 732.

[619] KG BeckRS 2019, 43898.

[620] LG Köln BeckRS 2005, 8759 zur AG mit weiteren Einzelheiten sowie KG BeckRS 2019, 43898.

[621] KG BeckRS 2019, 43898.

[622] *Schindler/Schaffner* Virtuelle Beschlussfassung § 4 Rn. 704.

Beispiele:

Anzahl der Mitglieder, Komplexität des Themas, der zur Verfügung stehende Zeitrahmen, Umfang der noch zu erledigenden Tagesordnung etc.

141c Als Faustregel kann man bei kleineren Mitgliederversammlungen von einer Redezeit von ca. zehn Minuten ausgehen.[623] Unzulässig ist es jedoch, lediglich aufgrund einer umfangreichen Tagesordnung bereits in der Einladung vorzuschlagen, die Redezeit für alle Mitglieder zu beschränken und zu Beginn der Versammlung pauschal darüber abstimmen zu lassen, das Rederecht ausnahmslos in der gesamten Versammlung auf eine Minute zu begrenzen und die ausliegende Rednerliste zu schließen.[624] Dies gilt vor allem dann, wenn keine konkrete Gefährdungslage für die Verzögerung vorliegt, wie zB zahlreiche Wortmeldungen zu Beginn der Versammlung oder eine volle Rednerliste oder wenn mit umfangreichen Ausführungen zu rechnen ist.[625]

142 Vorsichtshalber sollte der Versammlungsleiter je nach den Umständen des Einzelfalls bei konkreter Gefährdungslage bereits zu Beginn der Versammlung oder vor jedem Tagesordnungspunkt den Umfang der Redezeit zur Abstimmung stellen. Für jeden Tagesordnungspunkt kann je nach Komplexität auch eine unterschiedliche Redezeit festgelegt werden.[626] Auch die nachträgliche **Herabsetzung der Redezeit** ist zulässig, wenn sie zeitlich erforderlich ist.

143 Die Redezeit kann aber auch nur gegenüber einem bestimmten Redner beschränkt werden,[627] wenn durch dessen ständige Wiederholungen die ordnungsgemäße Erledigung der Tagesordnung in Gefahr ist oder die Wiederholungen zu Lasten der Redezeit der anderen Teilnehmer gehen. Allerdings sollen kurze Erklärungen persönlicher Art nicht durch Redezeitbeschränkungen unzulässig beeinträchtigt werden. Es besteht auch die Möglichkeit, die sog. Rednerliste zu schließen und damit die Debatte um einen Tagesordnungspunkt zu beenden, wenn dies zur ordnungsgemäßen zeitlichen Erledigung erforderlich ist.[628] Allerdings sind die bis zur Ankündigung dieser Maßnahme bereits angemeldeten Diskussionsbeiträge und Anträge noch zuzulassen. Die Maßnahme ist zur Abstimmung der Mitgliederversammlung zu bringen, bevor die Rednerliste bzw. Diskussion durch den Versammlungsleiter geschlossen wird.[629] Nur bei entsprechender Ermächtigung in der Satzung bzw. Geschäftsordnung kann der Versammlungsleiter ohne Beschluss der Mitgliederversammlung über die Beendigung der Debatte entscheiden[630] (→ Rn. 145).

144 **d) Entziehung des Wortes.** Schließlich kann der Versammlungsleiter einem Redner das Wort entziehen, wenn dieser die Redezeit überschritten hat, sich in ständigen Wiederholungen ergeht, nicht zur Sache spricht oder beleidigende bzw. unsachliche Äußerungen tätigt.[631] Der **Wortentziehung** sollen jedoch eine Ermahnung sowie eine **Verwarnung** (Ankündigung der Entziehung des Wortes) vorausgehen. Diese sind samt der Wortentziehung genau im Versammlungsprotokoll zu **dokumentieren.**[632] Beachtet das ermahnte Mitglied die Wortentziehung nicht, so kann der Versammlungsleiter das Mitglied auch des

[623] MHdB GesR V/*Waldner* § 25 Rn. 39; *Sauter/Schweyer/Waldner* Eingetragener Verein Rn. 186 und *Stöber/Otto* Rn. 732: 5 bis 20 Minuten; *Wicke* NZG 2007, 771 (773): bei der AG 10 bis 15 Minuten, erneute Herabsetzung auf bis zu 5 Minuten zulässig; *Wörle-Himmel* Vereine gründen S. 165: 3 bis 5 Minuten.
[624] KG BeckRS 2019, 43898.
[625] KG BeckRS 2019, 43898.
[626] MHdB GesR V/*Waldner* § 25 Rn. 39.
[627] *Wicke* NZG 2007, 771 (773) für die AG.
[628] *Wicke* NZG 2007, 771 (773) für die AG.
[629] *Stöber/Otto* Rn. 732.
[630] *Sauter/Schweyer/Waldner* Eingetragener Verein Rn. 189; *Stöber/Otto* Rn. 733.
[631] MHdB GesR V/*Waldner* § 25 Rn. 40; MüKoBGB/*Leuschner* BGB § 32 Rn. 25; *Wörle-Himmel* Vereine gründen S. 165.
[632] MHdB GesR V/*Waldner* § 25 Rn. 40; *Wicke* NZG 2007, 771 (773) für die AG.

Saales verweisen[633] (→ Rn. 154). Entzieht der Versammlungsleiter dagegen dem Redner grundlos das Wort, so sind die in der Versammlung gefassten Beschlüsse fehlerhaft.[634]

e) Beendigung der Diskussion, Absetzen von Tagesordnungspunkten. Der Versammlungsleiter hat für den ordnungsgemäßen Ablauf bzw. die Erledigung der Tagesordnung zu sorgen. Er kann daher das Ende der Diskussion anordnen, wenn diese den zeitlichen Rahmen zu sprengen droht oder sich nur noch in Wiederholungen der Redner erschöpft, sofern eine entsprechende Ermächtigung in der Satzung bzw. der Geschäftsordnung gegeben ist. Im Übrigen liegt dieses Recht ausschließlich bei der Mitgliederversammlung, die hierüber auf einen entsprechenden Hinweis des Versammlungsleiters abzustimmen hat.[635] Allerdings sollten zuvor stets Befürworter des Antrags sowie ihre Gegner zu Wort kommen.[636] 145

Das Recht, einzelne Tagesordnungspunkte gänzlich **abzusetzen,** steht grundsätzlich nicht dem Versammlungsleiter, sondern der Mitgliederversammlung zu.[637] Eine Absetzung ist jederzeit möglich, es sei denn, der Tagesordnungspunkt wurde aufgrund einer Ermächtigung gem. § 37 Abs. 2 BGB aufgenommen. In diesem Fall ist die Zustimmung der ermächtigten Mitglieder erforderlich.[638] 146

7. Beschlussfassungen

Der Versammlungsleiter hat grundsätzlich sämtliche Anträge zur Beschlussfassung zu stellen und diese ggf. vorab zu formulieren.[639] Die Beschlussfassung kann sowohl am Ende der Versammlung als auch im Anschluss an den jeweiligen Tagesordnungspunkt stattfinden, wobei letzteres in der Regel praktikabler ist.[640] Eine Beschlussfassung ist eine körperschaftliche Willensbildung des Vereins,[641] bei der es nicht um individuelle Mitgliedsinteressen, sondern um einen **überindividuellen Zweck** geht. Ein Beschluss der Mitgliederversammlung ist seiner Rechtsnatur nach weder als Rechtsgeschäft noch als Vertrag der Mitglieder untereinander zu qualifizieren, sondern als **Gesamtakt körperschaftlicher Willensbildung** gegenüber dem Verein.[642] Zu den Einzelheiten der Abstimmung → Rn. 160ff. 147

> **Hinweis:**
> Aus diesem Grund kommt auch § 181 BGB nicht zur Anwendung.[643]

8. Verkündung der Beschlüsse

Zu den (ungeschriebenen) Aufgaben des Versammlungsleiters gehört die Verkündung der Abstimmungsergebnisse, verbunden mit ein Hinweis auf deren Folgen sowie ggf. die 148

[633] *Stöber/Otto* Rn. 751.
[634] *Sauter/Schweyer/Waldner* Eingetragener Verein Rn. 187.
[635] *Sauter/Schweyer/Waldner* Eingetragener Verein Rn. 189; *Stöber/Otto* Rn. 733, 756.
[636] MHdB GesR V/*Waldner* § 25 Rn. 44; *Stöber/Otto* Rn. 733.
[637] MüKoBGB/*Leuschner* BGB § 32 Rn. 25; *Stöber/Otto* Rn. 733, 743; *Sauter/Schweyer/Waldner* Eingetragener Verein Rn. 190.
[638] *Stöber/Otto* Rn. 743.
[639] *Wörle-Himmel* Vereine gründen S. 166.
[640] *Wilken* ZStV 2020, 34 (36).
[641] BeckOK BGB/*Schöpflin* BGB § 32 Rn. 21; MüKoBGB/*Leuschner* BGB § 32 Rn. 27; Palandt/*Ellenberger* BGB § 32 Rn. 8.
[642] MüKoBGB/*Leuschner* BGB § 32 Rn. 27; Palandt/*Ellenberger* BGB § 32 Rn. 8; *Sauter/Schweyer/Waldner* Eingetragener Verein Rn. 203; aM *Wagner* NZG 2019, 46 (49).
[643] BGH NJW 1970, 33 ganz allgemein für die GmbH und MüKoBGB/*Leuschner* BGB § 32 Rn. 42 mwN für den Verein; BeckOGK/*Notz* BGB § 32 Rn. 130 für den Versammlungsleiter, der als Vereinsmitglied die Stimme abgibt und entgegennimmt.

nochmalige Mitteilung des angenommenen bzw. abgelehnten Antrages.[644] Die **Feststellung des Abstimmungsergebnisses** ist **nicht konstitutiv** und kann daher Mängel bei Zustandekommen des Beschlusses nicht heilen.[645] Bestimmt die Satzung, dass der Versammlungsleiter die Beschlüsse zu verkünden hat, so ist dies nach richtiger Ansicht als Ordnungsvorschrift zu verstehen, die das tatsächliche Abstimmungsergebnis nicht verfälschen kann.[646] Die Satzung kann jedoch ausdrücklich bestimmen, dass die Verkündung des Beschlussergebnisses oder dessen Protokollierung konstitutiv sind. In diesem Fall ist ein unrichtig festgestelltes Abstimmungsergebnis solange wirksam, bis das korrekte Ergebnis rechtskräftig feststeht.[647]

148a Bei rein virtuellen Versammlungen (zB Videokonferenz) ist das Abstimmungsergebnis ebenfalls durch den Versammlungsleiter festzustellen, ansonsten ist es im Abstimmungsportal oder auf der Internetseite des Vereins zu veröffentlichen.[648]

149 Das Registergericht kann die angemeldeten Beschlüsse auf ihre Wirksamkeit überprüfen.[649] Eine **Wiederholung der Abstimmung nach Verkündung** kann nur die Mitgliedsversammlung beschließen, nicht dagegen der Versammlungsleiter. Eine Wiederholung kann sich insbesondere bei unklarer Stimmabgabe empfehlen. Sie ist nur zulässig, wenn seitdem noch kein Mitglied die Versammlung verlassen hat (→ Rn. 138). Eine Wiederholung ist ferner möglich, wenn sie durch Satzung vorgesehen ist oder zu Beginn der Versammlung ausdrücklich beschlossen wurde.[650] Die Mitgliederversammlung kann ferner eine Wiederholung der Abstimmung auch schon **vor Verkündung** beschließen, wenn offensichtliche Fehler bei der Abstimmung oder Auszählung vorliegen.[651]

9. Ende der Mitgliederversammlung

150 **a) Beendigung der Mitgliederversammlung.** Üblicherweise schließt der Versammlungsleiter die Versammlung nach Erledigung sämtlicher Tagesordnungspunkte.[652] Unterlässt er dies, gilt die Versammlung mit seinem Weggang als geschlossen.[653] Die **förmliche Schließung** ist ein wichtiger Akt, der den anwesenden Mitgliedern verdeutlicht, dass weitere Handlungen nicht mehr von der Mitgliederversammlung umfasst sind und so für Rechtssicherheit sorgt.[654] Vor Erledigung der Tagesordnung kann der Versammlungsleiter das Versammlungsende nicht eigenmächtig anordnen.[655] Die Wiedereröffnung einer bereits (auch unrechtmäßigerweise durch den Versammlungsleiter) geschlossenen Versammlung ist nur zulässig, wenn sämtliche Teilnehmer noch anwesend sind und dies beschließen.[656]

151 **b) Vertagung der Mitgliederversammlung.** Der Versammlungsleiter kann eine bereits eröffnete Versammlung grundsätzlich nicht vertagen.[657] Dies kann nur die Mitgliederversammlung mit einfacher Mehrheit beschließen, wobei ein neuer Versammlungstermin sowie -ort zu benennen sind. Es besteht keine Verpflichtung, nichtanwesende Mitglieder

---

644 *Sauter/Schweyer/Waldner* Eingetragener Verein Rn. 192; *Wilken* ZStV 2020, 34 (36).
645 BGH NJW 1975, 2101; KG RNotZ 2020, 475 (476); BeckOK BGB/*Schöpflin* BGB § 32 Rn. 27; MüKoBGB/*Leuschner* BGB § 32 Rn. 49; Palandt/*Ellenberger* BGB § 32 Rn. 7; *Stöber/Otto* Rn. 761, 835; aM für die WEG: BGH NJW 2001, 3339.
646 OLG München FGPrax 2008, 126 (128); BeckOK BGB/*Schöpflin* BGB § 32 Rn. 28; *Sauter/Schweyer/Waldner* Eingetragener Verein Rn. 192; *Stöber/Otto* Rn. 761.
647 BeckOK BGB/*Schöpflin* BGB § 32 Rn. 28; MüKoBGB/*Leuschner* BGB § 32 Rn. 49.
648 *Dehesselles/Richter* npoR 2016, 246 (250).
649 *Munzig* FGPrax 2011, 211 (213).
650 *Stöber/Otto* Rn. 762.
651 *Sauter/Schweyer/Waldner* Eingetragener Verein Rn. 192.
652 *Wicke* NZG 2007, 771 (772) für die AG.
653 BeckOGK/*Notz* BGB § 32 Rn. 96; *Stöber/Otto* Rn. 764.
654 BayObLGZ 1989, 298 (302).
655 *Sauter/Schweyer/Waldner* Eingetragener Verein Rn. 190; *Stöber/Otto* Rn. 765; aM wohl BayObLGZ 1989, 298 (303); BeckOK BGB/*Schöpflin* BGB § 32 Rn. 19 und Palandt/*Ellenberger* BGB § 32 Rn. 5.
656 BeckOGK/*Notz* BGB § 32 Rn. 97; *Sauter/Schweyer/Waldner* Eingetragener Verein Rn. 193.
657 MHdB GesR V/*Waldner* § 25 Rn. 50; *Wicke* NZG 2007, 771 (772) für die AG.

hierüber zu informieren, diese können jedoch zulässigerweise an der vertagten Versammlung teilnehmen.[658]

> **Hinweis:**
>
> Unter die **Vertagung** einer Versammlung fallen begrifflich nur Mitgliederversammlungen, die bereits eröffnet worden sind. Hiervon ist die Absetzung einer bereits anberaumten aber noch nicht eröffneten Mitgliederversammlung und Einberufung einer neuen Versammlung **(Verlegung)** zu unterscheiden.[659] Bei letzterer ist auf die Einhaltung der Formalien (Zuständigkeit etc.) zu achten (→ Rn. 85).

c) Abbruch der Mitgliederversammlung. Beschließt die Mitgliederversammlung vorzeitig das Ende der Versammlung ohne einen neuen Versammlungszeitpunkt und -ort festzulegen, so liegt ein Abbruch und keine Vertagung vor. Dieser ist idR mit einer Aufforderung an das zuständige Einberufungsorgan verbunden, eine neue Mitgliederversammlung anzusetzen, wobei dies auch konkludent erfolgen kann.[660] Die **Befugnis** zum Abbruch der Versammlung steht nach umstrittener Ansicht nur der **Mitgliederversammlung** und nicht dem Versammlungsleiter zu.[661] Ein Abbruch kommt beispielsweise in Betracht, wenn aufgrund von Einberufungsmängeln keine wirksame Beschlussfassung stattfinden kann oder die Versammlung beschlussunfähig ist.[662] 152

d) Unterbrechung der Mitgliederversammlung. Eine Unterbrechung der Mitgliederversammlung kommt in Betracht, wenn dies zur **Wiederherstellung der Ordnung** geboten ist, also insbesondere bei langwierigen und schwierigen Versammlungen, bei denen eine Pause zur Wiederherstellung der Konzentration bzw. Beruhigung der Mitglieder oder zur Einleitung dringend erforderlicher Schritte geboten ist. Über die Unterbrechung entscheidet der **Versammlungsleiter** nach eigenem Ermessen.[663] Er hat den Fortsetzungszeitpunkt zu verkünden und die Unterbrechung unter Angabe der Uhrzeit sowie der Gründe im Versammlungsprotokoll zu dokumentieren.[664] 153

Ist die Unterbrechung bereits von Anfang an geplant und in der Einladung bekannt gegeben worden, so ist bei Abweichungen vom ursprünglichen Zeitplan hinsichtlich der Unterbrechung auf die nicht anwesenden Mitglieder Rücksicht zu nehmen, wenn diese davon ausgehen durften, dass bestimmte Tagesordnungspunkte erst nach der Unterbrechung abgehandelt werden. Die ohnehin für die Abweichung notwendige Zustimmung der anwesenden Mitglieder reicht dann nicht aus.[665] 153a

> **Hinweis:**
>
> Von der Unterbrechung der Mitgliederversammlung ist die Vertagung (→ Rn. 151) zu unterscheiden. Eine Unterbrechung liegt dann vor, wenn bei natürlicher Betrachtungsweise die fortgesetzte Mitgliederversammlung noch eine **unmittelbare Fortsetzung** der unterbrochenen Versammlung darstellt. Bei einer Unterbrechung über mehrere Tage ist dagegen von einer Vertagung auszugehen.[666]

---

658 *Sauter/Schweyer/Waldner* Eingetragener Verein Rn. 195.

659 MHdB GesR V/*Waldner* § 25 Rn. 50; *Sauter/Schweyer/Waldner* Eingetragener Verein Rn. 195.

660 *Sauter/Schweyer/Waldner* Eingetragener Verein Rn. 195.

661 *Sauter/Schweyer/Waldner* Eingetragener Verein Rn. 190; *Stöber/Otto* Rn. 734, 765; *Wicke* NZG 2007, 771 (772) für die AG; aM Palandt/*Ellenberger* BGB § 32 Rn. 5.

662 *Wicke* NZG 2007, 771 (772) für die AG.

663 MHdB GesR V/*Waldner* § 25 Rn. 45; *Wicke* NZG 2007, 771 (772) für die AG.

664 *Sauter/Schweyer/Waldner* Eingetragener Verein Rn. 190.

665 *Stöber/Otto* Rn. 731.

666 *Sauter/Schweyer/Waldner* Eingetragener Verein Rn. 190.

10. Ordnungsmaßnahmen

154 **a) Allgemeines.** Der **Versammlungsleiter** übt das **Ordnungsrecht** aus. Unabhängig von dem ihm zustehenden Hausrecht hat er für die ordnungsgemäße Erledigung der Tagesordnung zu sorgen, wobei ihm die hierfür erforderlichen Rechte zustehen.[667] Störende Handlungen hat er zu unterbinden, etwa wie wiederholt sinnloses Lärmen, dauerndes Dazwischenrufen, Einschalten von Musik- oder Sprechapparaten,[668] unsachliche Dauerreden, Beleidigung der verbleibenden Mitglieder etc.[669] Das Ordnungsrecht umfasst verschiedene Maßnahmen, angefangen mit der Redezeitbeschränkung über die Entziehung des Wortes, Entfernung des Mitglieds vom Rednerpult und bei fortdauernder Störung eines Mitglieds dessen Ausschluss von der Versammlung **(Saalverweis)**[670] bis hin zur Verwehrung eines Wiedereintritts. Die Maßnahmen hat der Versammlungsleiter nach pflichtgemäßem Ermessen anzuordnen, wobei der Grundsatz der **Verhältnismäßigkeit** zu wahren ist. Zu diesem Zweck ist zwischen dem Teilnahmerecht des einzelnen Mitglieds und dem Recht der übrigen Mitglieder auf einen störungsfreien Ablauf der Versammlung **abzuwägen.** Die Entfernung eines Mitglieds von der Versammlung stellt einen schwerwiegenden Eingriff in seine Recht auf Teilnahme und Abstimmung dar, der nur als *ultima ratio* unter vorheriger Androhung angewendet werden sollte, sofern mit milderen Maßnahmen keine Abhilfe geschaffen werden kann und sich das störende Verhalten fortsetzt.[671] Bei einer virtuellen Versammlung besteht zudem die Möglichkeit, je nach deren Ausgestaltung die Ton- und Bildübertragung des störenden Mitglieds auszuschalten oder aber auch als *ultima ratio* die Abschaltung des Zugangs.[672] Nach schwerwiegenden Beleidigungen kann auf eine vorherige Androhung verzichtet werden.[673] Bei entsprechender Satzungsgrundlage sollte dem störenden Mitglied zuvor Gelegenheit gegeben werden, sein Stimmrecht auf andere Personen zu übertragen (→ Rn. 196).[674] Gäste haben keine Mitgliedsrechte und können daher bei Störungen unproblematisch ausgeschlossen werden.[675]

> **Hinweis:**
> Unverhältnismäßige Ordnungsmaßnahmen verletzten den Kernbereich der Mitgliedsrechte und können daher zur **Unwirksamkeit** der gefassten Beschlüsse führen. Daher sind die Voraussetzungen hierfür besonders sorgfältig vom Versammlungsleiter zu prüfen.

155 **b) Rauchen.** Zum Ordnungsrecht des Versammlungsleiters gehört ferner die Befugnis, das **Rauchen** in der Versammlung zu verbieten oder zu erlauben.[676] Für die Entscheidung sind vorrangig die **Satzungsbestimmungen,** die Geschäftsordnung oder die **ständige Übung,** hilfsweise auch der Zweck des Vereins (zB Verein zur Bekämpfung von passivem Rauchen) heranzuziehen. Ergeben sich hieraus keine Anhaltspunkte, so kann der Versammlungsleiter auch die Mitgliederversammlung abstimmen lassen. An einen solchen Be-

---

[667] BGH NJW 1966, 43 (45) für die AG.
[668] BGH NJW 1966, 43 (45) und *Wicke* NZG 2007, 771 (774) – jeweils für die AG; MHdB GesR V/*Waldner* § 25 Rn. 41.
[669] OLG Bremen NZG 2007, 468; MHdB GesR V/*Waldner* § 25 Rn. 41; *Sauter/Schweyer/Waldner* Eingetragener Verein Rn. 188.
[670] BGH NJW 1966, 43 (44) und *Wicke* NZG 2007, 771 (773) – jeweils für die AG.
[671] OLG Bremen NZG 2007, 468; MHdB GesR V/*Waldner* § 25 Rn. 41; *Sauter/Schweyer/Waldner* Eingetragener Verein Rn. 188; *Stöber/Otto* Rn. 735.
[672] *Schindler/Schaffner* Virtuelle Beschlussfassung § 4 Rn. 690.
[673] *Wicke* NZG 2007, 771 (773) für die AG.
[674] BGH NJW 1966, 43 (46) für die AG; MHdB GesR V/*Waldner* § 25 Rn. 41; *Sauter/Schweyer/Waldner* Eingetragener Verein Rn. 188.
[675] *Sauter/Schweyer/Waldner* Eingetragener Verein Rn. 188; *Wicke* NZG 2007, 771 (774) für die AG.
[676] BeckOGK/*Notz* BGB § 32 Rn. 101; MüKoBGB/*Leuschner* BGB § 32 Rn. 25.

schluss ist er gebunden.[677] Ist bereits nach öffentlichem Recht (zB bei Mitgliederversammlungen in Gaststätten) Rauchen nicht zulässig, so dürfte sich die Frage gar nicht stellen.[678] Strittig ist jedoch, ob der Versammlungsleiter dem Antrag einer Minderheit auf Erlaubnis bzw. Verbot des Rauchens nachkommen muss. Ist in der Satzung das Rauchen gestattet, hat dies der Nichtraucher zu akzeptieren, da er die Satzung mit Vereinseintritt gebilligt hat. Etwas anderes kann sich nur bei Vereinen mit Monopolstellung bzw. Aufnahmezwang ergeben,[679] bei nachträglicher Satzungsänderung sowie wenn sich für Nichtraucher unzumutbare Zustände ergeben. In diesem Fall kann sich ein Anspruch des nicht rauchenden Mitglieds auf Schutz vor Rauchern bei Ausübung seiner Mitgliedsrechte ergeben.[680] Im Übrigen besteht kein Anspruch einzelner Mitglieder auf Rauchfreiheit.[681]

Hinweis:
Werden die Teilnehmerrechte von Nichtrauchern durch Rauchen unzumutbar beeinträchtigt, so können Vereinsbeschlüsse im Extremfall sogar nichtig sein.[682]

c) Tonband- und Videoaufnahmen, audiovisuelle Übertragungen. aa) Ohne Satzungsgrundlage. Trifft die Satzung des Vereins keine Regelung zu Tonband- und/oder Videoaufnahmen oder audiovisuellen Übertragungen (Live Stream) in Mitgliederversammlungen, so ist es Aufgabe des Versammlungsleiters, über deren Zulässigkeit (insbesondere hinsichtlich **privater Aufnahmen**) zu entscheiden. Die Aufnahme ist in jedem Fall anzukündigen. Jedes Mitglied kann einen Beschluss der Versammlung zur Verhinderung der Aufnahme verlangen.[683] 156

Hinsichtlich Tonband- und Videoaufnahmen gilt zudem: Zum Schutz des **Persönlichkeitsrechts** (Art. 2 Abs. 1 iVm Art. 1 Abs. 1 GG) des jeweils sprechenden bzw. aufgenommenen Mitglieds und aufgrund der Vorgaben der DS-GVO[684] ist zudem dessen Erlaubnis erforderlich.[685] Daher muss der Versammlungsleiter die beabsichtigte Aufnahme bekannt geben sowie die Redner bzw. die Gefilmten auf die Möglichkeit hinweisen, die Unterbrechung der Aufzeichnung für die Dauer ihrer Ausführungen verlangen zu können bzw. verlangen zu können, nicht gefilmt zu werden. Entscheidet sich die Versammlung per Beschluss gegen die Aufzeichnung, so ist die Aufnahme zu untersagen. Wird die Aufnahme dagegen durch Beschluss der Mitgliederversammlung oder durch Anordnung des Versammlungsleiters zugelassen, so ist die Aufnahme dennoch für diejenigen Redner zu unterbrechen, die der Aufzeichnung widersprechen[686] bzw. dürfen die Widersprechenden nicht gefilmt werden. 156a

Zu einer Live-Übertragung ohne digitales Speichern (zB in Form einer Video- oder Telefonkonferenz bei einer Online-Präsenzversammlung) liegt dagegen noch keine Rechtsprechung vor. Nach der Literatur kann eine entsprechende Unterbrechung nicht aufgrund der Privatsphäre von einem Vereinsmitglied geltend gemacht werden.[687] Dies ist richtig, da es ein Unterschied ist, ob ein Redebeitrag oder die Versammlung auf einem Datenträger aufgezeichnet wird und damit dauerhaft zur Verfügung steht oder ob eine Live-Übertragung vorgenommen wird, da dann die Aufnahme gerade nicht dauerhaft zur Verfügung steht. Ein Mitglied, das einen Redebeitrag abgibt, muss davon ausgehen, dass alle anderen 156b

---

[677] *Sauter/Schweyer/Waldner* Eingetragener Verein Rn. 188b.
[678] MHdB GesR V/*Waldner* § 25 Rn. 43.
[679] BeckOGK/*Notz* BGB § 32 Rn. 101; *Stöber/Otto* Rn. 736.
[680] BeckOGK/*Notz* BGB § 32 Rn. 101; *Sauter/Schweyer/Waldner* Eingetragener Verein Rn. 188b.
[681] MHdB GesR V/*Waldner* § 25 Rn. 43.
[682] *Stöber/Otto* Rn. 736.
[683] BGH DNotZ 1995, 551; zu Tonbandaufnahmen: *Noack* NJW 2018, 1345 (1347).
[684] *Schindler/Schaffner* Virtuelle Beschlussfassung § 4 Rn. 698.
[685] OLG Karlsruhe NJW-RR 1998, 1116; MüKoBGB/*Leuschner* BGB § 32 Rn. 25.
[686] *Stöber/Otto* Rn. 891.
[687] *Noack* NJW 2018, 1345 (1347).

anwesenden Personen diesen Beitrag hören. Ein Mitglied, das zur Mitgliederversammlung erscheint, muss damit rechnen, dass die anderen Teilnehmer es sehen und hören können. Nichts anderes muss bei einer Live-Übertragung bzgl. elektronisch zugeschalteter Mitglieder im Rahmen einer Online-Präsenzversammlung oder bei Abhaltung einer rein virtuellen Mitgliederversammlung in Form einer Video- oder Telefonkonferenz gelten.

157 **bb) Mit Satzungsgrundlage.** Sieht die Satzung die Möglichkeit vor, den Verlauf der Mitgliederversammlung mittels Tonband- oder Videoaufnahme zu protokollieren, § 58 Nr. 4 BGB, so ist diese Bestimmung für jedes Mitglied bindend. Ein Widerspruchsrecht des einzelnen Redners besteht grundsätzlich nicht, es sei denn, es handelt sich um die Aufzeichnung eines Mitglieds zu privaten Zwecken und nicht um die des Vereins.[688] Voraussetzung ist in jedem Falle die vorherige Ankündigung der Aufnahme durch den Versammlungsleiter. Wird die Versammlung satzungsgemäß komplett auf Tonband oder Video aufgenommen, so darf die Aufzeichnung Dritten zur Wiedergabe oder Verwertung (zB mittels öffentlicher Übertragung im Internet) trotzdem nur zur Verfügung gestellt werden, wenn das jeweilige Mitglied damit einverstanden ist.[689] Wird in der Satzung die Möglichkeit einer Live-Übertragung (zB Abhaltung einer virtuellen Versammlung als Videokonferenz; → Rn. 156a) vorgesehen, so ist dies ebenfalls für jedes Mitglied bindend; ein Widerspruchsrecht besteht nicht.

158 **Formulierungsbeispiel: Tonbandaufnahme (Satzungsbestandteil)**

§ 4. Mitgliederversammlung

(15) Der Verlauf der Mitgliederversammlung kann alternativ zur vorgenannten Niederschrift auch mittels Tonband- oder Videoaufnahmen protokolliert werden. Hierüber entscheidet der Versammlungsleiter, der dies vor Beginn der Aufnahme anzukündigen hat. Die Aufnahme darf vereinsfremden Personen zum Zwecke der Verwertung oder Wiedergabe nur mit Zustimmung aller sprechenden Personen zur Verfügung gestellt werden.

159 **cc) Heimliche Tonbandaufnahmen.** Heimliche Tonbandaufnahmen dürfen nicht angefertigt werden. Der Versammlungsleiter hat diese zu unterbinden und nach erfolgloser Abmahnung ggf. den Ausschluss des aufnehmenden Mitglieds von der Versammlung zu veranlassen.[690]

IV. Abstimmungen

1. Rechtsnatur der Stimmabgabe

160 Die Stimmabgabe als solche ist als empfangsbedürftige, bedingungsfeindliche **Willenserklärung** zu qualifizieren.[691] Diese muss dem Verein, in Präsenzversammlungen vertreten durch den Versammlungsleiter, bei Stimmabgaben außerhalb von Mitgliederversammlungen, dem Vorstand zugehen.[692] Es gelten die allgemeinen **Anfechtungs- und Nichtigkeitsgründe** des BGB, insbesondere §§ 119 ff. BGB sowie §§ 134 ff. BGB.[693] Die Stimm-

[688] MHdB GesR V/*Waldner* § 25 Rn. 42; *Sauter/Schweyer/Waldner* Eingetragener Verein Rn. 188a; *Stöber/Otto* Rn. 891.

[689] *Stöber/Otto* Rn. 891.

[690] *Sauter/Schweyer/Waldner* Eingetragener Verein Rn. 188a.

[691] BeckOK BGB/*Schöpflin* BGB § 32 Rn. 23; MüKoBGB/*Leuschner* BGB § 32 Rn. 39 f.; Palandt/*Ellenberger* BGB § 32 Rn. 8; *Stöber/Otto* Rn. 791; zu Probeabstimmungen *Sauter/Schweyer/Waldner* Eingetragener Verein Rn. 205a.

[692] BeckOK BGB/*Schöpflin* BGB § 32 Rn. 23; MüKoBGB/*Leuschner* BGB § 32 Rn. 39; aM Palandt/*Ellenberger* BGB § 32 Rn. 8, der einen Zugang gegenüber den anwesenden Mitgliedern ausreichen lassen will.

[693] BeckOK BGB/*Schöpflin* BGB § 32 Rn. 23; MüKoBGB/*Leuschner* BGB § 32 Rn. 40, 43; Palandt/*Ellenberger* BGB § 32 Rn. 8.

abgabe kann somit während der Versammlung durch Erklärung gegenüber dem Versammlungsleiter, nach Ende der Versammlung durch Erklärung gegenüber dem Vorstand angefochten werden.[694] Die Stimmabgabe ist dann von Anfang an als nichtig zu beurteilen.[695] § 116 S. 2 BGB und § 117 BGB sind dagegen nicht anwendbar; auch eine bedingte Stimmabgabe ist unzulässig.[696] Nichtige oder unwirksame Stimmabgaben berühren die Wirksamkeit des Beschlusses jedoch nur, wenn sie sich auf das Abstimmungsergebnis auswirken, zB wenn dem Beschluss dadurch die nötige Mehrheit fehlt.[697] Zur Rechtsnatur von Beschlüssen → Rn. 147.

2. Beschlussfähigkeit

Das Gesetz selbst macht im Hinblick auf die Beschlussfähigkeit der Mitgliederversammlung 161
wenig Vorgaben. Generell reicht für Beschlüsse stets die Mehrheit der abgegebenen Stimmen aus, sei es als einfache (§ 32 Abs. 1 S. 3 BGB) oder als qualifizierte Mehrheit (zB §§ 33 Abs. 1 S. 1, 41 BGB). Dass das Gesetz nur auf die Mehrheit der abgegebenen Stimmen abstellt, bedeutet im Ergebnis, dass Beschlussfähigkeit schon gegeben ist, wenn nur **ein Vereinsmitglied** anwesend ist.[698] Nur bei einer Änderung des Vereinszwecks ist im Sinne eines Minderheitenschutzes[699] die Zustimmung sämtlicher Vereinsmitglieder erforderlich, wobei nicht erschienene Mitglieder schriftlich zustimmen müssen, § 33 Abs. 1 S. 2 BGB. Gleiches gilt, wenn die Satzung dahingehend geändert wird, dass eine Änderung des Vereinszweckes künftig nicht mehr der Zustimmung sämtlicher Vereinsmitglieder bedürfen soll.[700]

Hinweis:

Allerdings sind die Vorschriften der §§ 32, 33 BGB (gem. § 40 BGB) dispositiv. Die Satzung kann daher die **Beschlussfähigkeit** generell oder in bestimmten Angelegenheiten von der Anwesenheit einer bestimmten Mindestanzahl von Mitgliedern bzw. eines bestimmten Bruchteils der Gesamtzahl der Mitglieder oder von der Anwesenheit bestimmter Mitglieder abhängig machen.[701] Eine solche Satzungsregelung stellt sicher, dass wichtige Entscheidungen von einer Mehrzahl an Mitgliedern getragen werden.[702] In einem solchen Fall ist sicherzustellen, dass die Beschlussfähigkeit jeweils zum Zeitpunkt der relevanten Abstimmungen vorliegt und nicht durch das vorzeitige Verlassen der Versammlung durch Mitglieder aufgehoben wird. Bei der Ermittlung der Beschlussfähigkeit sind nicht stimmberechtigte Mitglieder nicht mitzuzählen.[703] Zudem ist Sorge dafür zu tragen, dass der Verein auch dann handlungsfähig ist, wenn keine Beschlussfähigkeit erreicht wird. Dies kann dadurch erfolgen, dass in der Satzung geregelt wird, dass in diesem Fall eine weitere Versammlung einberufen werden kann, die unabhängig von der Anzahl der erschienenen Mitglieder beschlussfähig ist (→ Rn. 99).

---

694 *Stöber/Otto* Rn. 828.

695 *Sauter/Schweyer/Waldner* Eingetragener Verein Rn. 205a.

696 MüKoBGB/*Leuschner* BGB § 32 Rn. 40; aM wohl zu § 116 S. 2 und § 117 BGB Palandt/*Ellenberger* BGB § 32 Rn. 8.

697 BeckOK BGB/*Schöpflin* BGB § 32 Rn. 39; *Märkle/Alber* S. 78; MüKoBGB/*Arnold,* 7. Aufl. 2015, BGB § 32 Rn. 41; Palandt/*Ellenberger* BGB § 32 Rn. 8.

698 MüKoBGB/*Arnold,* 7. Aufl. 2015, BGB § 32 Rn. 43; Palandt/*Ellenberger* BGB § 32 Rn. 6; *Scheffer* DStR 2011, 2053 (2056); *Wilken* ZStV 2020, 34; *Wörle-Himmel* VereinsR S. 41.

699 MüKoBGB/*Leuschner* BGB § 33 Rn. 1.

700 OLG München BeckRS 2011, 17482; MüKoBGB/*Leuschner* BGB § 33 Rn. 23; zur Definition des Vereinszwecks OLG Zweibrücken BeckRS 2014, 01588.

701 *Märkle/Alber* S. 71; *Sauter/Schweyer/Waldner* Eingetragener Verein Rn. 204a.

702 *Sauter/Schweyer/Waldner* Eingetragener Verein Rn. 204a; *Stöber/Otto* Rn. 788.

703 *Stöber/Otto* Rn. 787.

162 **Formulierungsbeispiel: Beschlussfähigkeit[704] (Satzungsbestandteil)**

§ 4. Mitgliederversammlung

(7) Die Mitgliederversammlung ist beschlussfähig, wenn mindestens die Hälfte sämtlicher Vereinsmitglieder anwesend ist. [*Alt.:* Die Mitgliederversammlung ist grundsätzlich unabhängig von der Zahl der erschienenen Vereinsmitglieder beschlussfähig. Soll die Mitgliederversammlung jedoch über eine Satzungsänderung oder die Auflösung des Vereins beschließen, so ist sie nur beschlussfähig, wenn mindestens zwei Drittel der stimmberechtigten Vereinsmitglieder anwesend sind.]

(8) Eine Änderung des Vereinszweckes kann nur mit Zustimmung sämtlicher Vereinsmitglieder beschlossen werden.

163 Auch § 41 BGB ist grundsätzlich dispositiv, allerdings darf die Entscheidung über die Auflösung des Vereins keinem Dritten übertragen werden. Zulässig ist jedoch die Entscheidung von der Zustimmung eines Vereinsorgans oder Dachverbandes abhängig zu machen.[705]

3. Stimmenmehrheit

164 **a) Gesetzliche Grundlage.** Gemäß § 32 Abs. 1 S. 3 BGB entscheidet bei der Beschlussfassung die **Mehrheit** der **abgegebenen Stimmen.** Das bedeutet, dass zu den abgegebenen Stimmen nur die Ja- und Nein-Stimmen gezählt werden, während **Stimmenthaltungen** und **ungültige Stimmen** keine abgegebenen Stimmen in diesem Sinne darstellen und daher nicht mitgezählt werden.[706] So kann erreicht werden, dass unabhängig von der Anzahl der Enthaltungen bzw. ungültigen Stimmen eine Mehrheit zustande kommt, wenn die Anzahl der abgegebenen Ja-Stimmen die der Nein-Stimmen übersteigt.[707] Dies dürfte auch dem Willen der sich der Stimme enthaltenden Mitglieder entsprechen, die sich zumeist aus Desinteresse oder Konfliktscheu aus der Angelegenheit heraushalten.[708]

Beispiel:

Es sind 50 stimmberechtigte Mitglieder anwesend, 30 enthalten sich der Stimme, neun Ja-Stimmen und elf Nein-Stimmen. Der Antrag ist in diesem Fall abgelehnt.

165 Auch bei einer Abstimmung vorrübergehend nicht anwesende Mitglieder werden bei der Auszählung weder als Ja- noch als Nein-Stimmen gezählt.

Hinweis:

Da § 32 BGB gem. § 40 BGB disponibel ist, ist auf die genaue Formulierung in der Satzung zu achten, die sich möglichst genau am Wortlaut von § 32 Abs. 1 S. 3 BGB orientieren soll. Die Formulierung, es käme auf die Mehrheit der „erschienenen Mitglieder" an, ist dabei unbedingt zu vermeiden, da sie der alten Gesetzeslage entspricht, zu der in Schrifttum und Rechtsprechung teilweise vertreten wurde, dass Stimmenthaltungen und ungültige Stimmen praktisch zu den Nein-Stimmen zählen.[709] Sollen ausnahmsweise

[704] Angelehnt an *Sauter/Schweyer/Waldner* Eingetragener Verein Rn. 628.
[705] Palandt/*Ellenberger* BGB § 41 Rn. 5.
[706] BeckOK BGB/*Schöpflin* BGB § 32 Rn. 26; anders in § 9 Abs. 3 BJagdG: vgl. Palandt/*Ellenberger* BGB § 32 Rn. 7 mwN.
[707] *Sauter/Schweyer/Waldner* Eingetragener Verein Rn. 206.
[708] BGH NJW 1982, 1585; NJW 1987, 2430; *Märkle/Alber* S. 72f.; aM *Stöber/Otto* Rn. 812f., der eine Stimmenthaltung als Protest gegen das Zustandekommen des Beschlusses sieht und Satzungsbestimmungen zur Berücksichtigung von Stimmenthaltungen empfiehlt.
[709] *Keilbach* DNotZ 1997, 846 (855); Palandt/*Ellenberger* BGB § 32 Rn. 7; *Sauter/Schweyer/Waldner* Eingetragener Verein Rn. 206; die Rechtsprechung ging ab 1982 von der Mehrheit der abgegebenen Stimmen aus: BGH NJW 1982, 1585 und NJW 1987, 2430.

tatsächlich die Enthaltungen berücksichtigt werden, so muss dies ausdrücklich in der Satzung vermerkt werden, wobei die Formulierung, es komme auf die Mehrheit der erschienenen Mitglieder an, alleine wohl nicht ausreicht.[710] Die Satzung kann zudem regeln, ob und wie sich Stimmenthaltungen, ungültige Stimmen oder vorrübergehend abwesende Mitglieder auf das Abstimmungsergebnis auswirken sollen.[711] Die Satzung kann ferner auf verschiedene Bezugsgrößen zur Herstellung einer Mehrheit abstellen, so zB auf die Gesamtanzahl der in der Versammlung anwesenden bzw. beteiligten Mitglieder (Anwesenheitsmehrheit) oder auf die tatsächlich Abstimmenden (Abstimmungsmehrheit) oder sogar auf die Gesamtanzahl der Mitglieder (Mitgliedermehrheit).[712] Ohne entsprechende Satzungsgrundlage ist dies jedoch nicht möglich.[713]

Formulierungsbeispiel: Mehrheitserfordernisse[714] (Satzungsbestandteil) 166

§ 4. Mitgliederversammlung

(5) Die Mitgliederversammlung fasst Beschlüsse grundsätzlich mit einfacher Mehrheit der abgegebenen Stimmen.

(6) Änderungen der Satzung sowie die Auflösung des Vereins können jeweils nur mit einer Mehrheit von drei Vierteln der abgegebenen Stimmen beschlossen werden. Die Änderung des Vereinszwecks erfordert die Zustimmung sämtlicher Vereinsmitglieder, wobei nicht erschienene Mitglieder schriftlich zustimmen müssen.

(7) Stimmenthaltungen werden bei der Feststellung der Mehrheit [*ggf.:* nicht] mitgezählt. Ungültige Stimmen werden dagegen [*Alt.:* ebenfalls] nicht mitgezählt, sie gelten als nicht abgegeben. Eine Enthaltung liegt vor, wenn bei offener Abstimmung die Stimme als Enthaltung abgegeben wird, bei schriftlicher Abstimmung, wenn der Stimmzettel unverändert abgegeben oder als Enthaltung gekennzeichnet wird.

b) Mehrheitserfordernisse. Gemäß § 32 Abs. 1 S. 3 BGB ist die einfache Mehrheit der wirksam abgegebenen Stimmen grundsätzlich ausreichend. Eine größere Mehrheit ist jedoch in folgenden Fällen erforderlich: 167

- Bei einer **Satzungsänderung** ist gem. § 33 Abs. 1 S. 1 BGB eine Mehrheit von 3/4 der abgegebenen Stimmen erforderlich.
- Gleiches gilt für die **Auflösung** des Vereins gem. § 41 BGB.
- Eine **Vereinszweckänderung**[715] erfordert zudem gem. § 33 Abs. 1 S. 2 BGB die Zustimmung sämtlicher Mitglieder einschließlich der nicht erschienen Mitglieder, die gem. § 32 Abs. 2 BGB schriftlich zustimmen können;[716] Stimmenthaltungen und unwirksame Stimmabgaben verhindern dabei die Einstimmigkeit.[717]
- Die **Beeinträchtigung von Sonderrechten** eines Mitglieds setzt neben dem Beschluss der Mitgliederversammlung (einfache Stimmenmehrheit) auch die Zustimmung des betroffenen Mitglieds voraus, § 35 BGB.[718]
- Der **Verschmelzungs-, Spaltungs- bzw. Formwechselbeschluss** der Mitgliederversammlung bedarf gem. §§ 103 S. 1, 125 S. 1, 275 Abs. 2 UmwG eine Mehrheit von 3/4 der abgegebenen Stimmen bzw. Einstimmigkeit samt der Zustimmung nicht erschienener Mitglieder gem. § 275 Abs. 1 UmwG.

---

[710] BGH NJW 1987, 2430.
[711] *Stöber/Otto* Rn. 816.
[712] RNotZ 2020, 475.
[713] Vgl. auch BGH NJW 1987, 2430 und NJW 1989, 1212.
[714] Angelehnt an *Stöber/Otto* Anh. S. 678.
[715] Zur Definition der Änderung des Vereinszwecks vgl. OLG Zweibrücken BeckRS 2014, 01588.
[716] *Wörle-Himmel* VereinsR S. 41.
[717] Palandt/*Ellenberger* BGB § 32 Rn. 7; *Stöber/Otto* Rn. 817.
[718] *Keilbach* DNotZ 1997, 846 (862).

168 Die vorgenannten Anforderungen sind idR nur zu beachten, wenn die Satzung keine abweichenden Regelungen trifft, §§ 40, 41 BGB.[719] Die Satzung kann die Anforderungen grundsätzlich sowohl verschärfen (zB Einstimmigkeit der abgegebenen Stimmen bis hin zur Zustimmung aller Mitglieder; → Rn. 165), als auch erleichtern (statt 3/4 Mehrheit einfache Mehrheit etc.).[720] Die **Satzung** kann die Festlegung dagegen nicht einer Geschäfts-, Wahl- oder Versammlungsordnung überlassen, da diese nur vereinsinterne Ausführungsbestimmungen regeln können.[721] Satzungsänderungen die von der Zustimmung Außenstehender abhängig gemacht werden, sind nicht ausnahmslos zulässig.[722] Vgl. hierzu auch → § 5 Rn. 188ff.

Hinweis:

Von § 35 BGB kann schon nach seinem Wortlaut nicht durch die Satzung abgewichen werden. §§ 103 S. 2, 275 Abs. 2 S. 3 UmwG gestatten lediglich eine Verschärfung der Anforderungen, aber keine Erleichterung.

169 Das **Registergericht** hat zu prüfen, ob die gesetzliche oder die in der Satzung vorgeschriebene Mehrheit für den Beschluss erreicht worden ist.[723]

4. Stimmengleichheit

170 Bei Stimmengleichheit gilt der **Antrag** als **abgelehnt,** wenn nicht die Satzung gem. § 40 BGB eine andere Regelung trifft.[724] So kann bestimmt werden, dass in diesem Fall zB die Stimme des Versammlungsleiters oder des Vorstandsvorsitzenden oder gar das Los ausschlaggebend ist.[725]

5. Einfache, qualifizierte, absolute und relative Mehrheit

171 Diese Begriffe werden im Gesetz nicht verwendet, sind jedoch im Zusammenhang mit der Stimmabgabe bei Vereinen gebräuchlich. Von einer einfachen Mehrheit spricht man, wenn die Anzahl der gültigen Ja-Stimmen die der gültigen Nein-Stimmen übersteigt.[726] Stimmenthaltungen und ungültige Stimmen werden also nicht mitgezählt.[727] Von einer qualifizierten Mehrheit spricht man dagegen, wenn aufgrund gesetzlicher oder satzungsmäßiger Vorgaben eine höhere Mehrheit als die einfache erforderlich ist.[728]

172 Was unter der absoluten Mehrheit zu verstehen ist, ist dagegen unklar. Hierunter wird oft die einfache Mehrheit als Gegensatz zur relativen Mehrheit (→ Rn. 173) subsumiert,[729] es könnte jedoch auch die Mehrheit der anwesenden Mitglieder oder aller Vereinsmitglieder damit gemeint sein. Daher sollte der Begriff der absoluten Mehrheit nur verwendet werden, wenn er in der Satzung genau definiert ist. Ist dies nicht der Fall, so ist im Zweifel davon auszugehen, dass die absolute Mehrheit mit der einfachen gleichzusetzen ist.[730]

---

[719] *Sauter/Schweyer/Waldner* Eingetragener Verein Rn. 207.

[720] MüKoBGB/*Leuschner* BGB § 32 Rn. 45 weist aber auf Einschränkungen bei Vereinen mit überragender Machtstellung hin.

[721] *Stöber/Otto* Rn. 818.

[722] OLG Zweibrücken BeckRS 2013, 12697: unzulässig für die Zustimmung ehemaliger Mitglieder; KG OLGZ 1974, 385: zulässig für die Zustimmung des Bischöflichen Ordinariats; BayObLGZ 1975, 435: unzulässig bei betrieblicher Unterstützungseinrichtung.

[723] *Munzig* FGPrax 2011, 211 (214).

[724] *Stöber/Otto* Rn. 807.

[725] *Keilbach* DNotZ 1997, 846 (857); *Sauter/Schweyer/Waldner* Eingetragener Verein Rn. 206.

[726] BeckOK BGB/*Schöpflin* BGB § 32 Rn. 26; *Keilbach* DNotZ 1997, 846 (863).

[727] KG RNotZ 2020, 475 (476); BeckOK BGB/*Schöpflin* BGB § 32 Rn. 26.

[728] *Sauter/Schweyer/Waldner* Eingetragener Verein Rn. 208.

[729] BeckOK BGB/*Schöpflin* BGB § 32 Rn. 26; *Keilbach* DNotZ 1997, 846 (859); Palandt/*Ellenberger* BGB § 32 Rn. 7; *Stöber/Otto* Rn. 819.

[730] BeckOK BGB/*Schöpflin* BGB § 32 Rn. 26f.; *Sauter/Schweyer/Waldner* Eingetragener Verein Rn. 208.

Eine **relative Mehrheit liegt** dann vor, wenn die einfache Mehrheit nicht erreicht wird, insbesondere weil **drei oder mehr Varianten** zur Wahl gestellt werden. Diejenige Variante, die die meisten Stimmen auf sich vereint, soll dabei als gewählt gelten. Der häufigste Anwendungsfall ist die Wahl von Vereinsorganen, bei der mehrere Kandidaten gleichzeitig zur Wahl gestellt werden und keiner die einfache Mehrheit aller Stimmen auf sich vereinigen kann.[731] 173

Beispiel:

Bei der Wahl zum Vorstand vereint von 20 gültig abgegebenen Stimmen Kandidat A neun Stimmen, Kandidat B sieben Stimmen und Kandidat C vier Stimmen auf sich. Die einfache Mehrheit von elf Stimmen erreicht keiner der Kandidaten.

Die relative Mehrheit kann jedoch auch dann von Bedeutung sein, wenn zwei Möglichkeiten zur Auswahl stehen und Stimmenthaltungen ausnahmsweise aufgrund entsprechender Satzungsregelung als abgegebene Stimmen mitzählen.[732] Soll die relative Mehrheit ausreichen, so bedarf dies einer **satzungsmäßigen Grundlage,** da die einfache Mehrheit nicht erreicht wird.[733] Gleiches gilt für eine **Stichwahl** zwischen den beiden bestplatzierten Kandidaten.[734] 174

Hinweis:

Es empfiehlt sich, in der Satzung für die Wahl von Vereinsämtern die relative Mehrheit zuzulassen, alternativ eine Stichwahl zwischen den beiden bestplatzierten Bewerbern.[735]

Formulierungsbeispiel: Stichentscheid bei Wahlen[736] (Satzungsbestandteil) 175

§ 4. Mitgliederversammlung

(15) Bei Wahlen findet eine Stichwahl statt, wenn kein Kandidat die Mehrheit der abgegebenen gültigen Stimmen auf sich vereinen kann. Die Stichwahl findet zwischen den beiden Kandidaten statt, auf die bei der ersten Wahl die meisten Stimmen entfielen. [*Alt.:* Hat im ersten Wahlgang kein Kandidat die einfache Mehrheit erreicht, gilt als gewählt, wer die Mehrheit der abgegebenen gültigen Stimmen erhalten hat (relative Mehrheit); bei Stimmengleichheit zwischen mehreren Kandidaten hat eine Stichwahl zu erfolgen.]

6. Art der Abstimmung

a) Allgemeines. In Betracht kommen bei einer Präsenzversammlung mündliche Abstimmung (zB Akklamation, Zuruf etc.), schriftliche Abstimmung oder Abstimmung durch Kugelung (geheime Abstimmung mit schwarzen oder weißen Kugeln), Zeichen (Handzeichen, Erheben einer Stimmkarte, Aufstehen etc.)[737] oder mittels elektronischer Hilfsmittel (Tablets, die anwesenden Mitgliedern zur Verfügung gestellt werden, oder eine App auf dem Smartphone).[738] Vorrangig sind die Satzungsregelungen zu beachten. Von diesen kann weder der Versammlungsleiter noch die Mitgliederversammlung durch Beschluss abwei- 176

---

[731] *Keilbach* DNotZ 1997, 846 (859); *Sauter/Schweyer/Waldner* Eingetragener Verein Rn. 208.
[732] *Keilbach* DNotZ 1997, 846 (857).
[733] KG RNotZ 2020, 475; OLG Schleswig Rpfleger 2005, 317; BeckOK BGB/*Schöpflin* BGB § 32 Rn. 26; Palandt/*Ellenberger* BGB § 32 Rn. 7; *Wörle-Himmel* VereinsR S. 51 f.
[734] OLG Schleswig Rpfleger 2005, 317; BeckOK BGB/*Schöpflin* BGB § 32 Rn. 27; *Wörle-Himmel* VereinsR S. 52.
[735] *Keilbach* DNotZ 1997, 846 (869).
[736] Angelehnt an *Sauter/Schweyer/Waldner* Eingetragener Verein Rn. 209.
[737] *Stöber/Otto* Rn. 795; *Sauter/Schweyer/Waldner* Eingetragener Verein Rn. 209.
[738] MüKoBGB/*Leuschner* BGB § 32 Rn. 46; *Noack* NJW 2018, 1345 (1347).

chen.[739] Schweigt die Satzung zur Art der Abstimmung, so kann der Versammlungsleiter diese nach pflichtgemäßem Ermessen unter Berücksichtigung der Vereinsübung und der Verkehrssitte festsetzen oder die Mitgliederversammlung hierüber abstimmen lassen.[740] An die von der Mitgliederversammlung so bestimmte Form ist er dann aber gebunden.[741] Widerspricht ein Vereinsmitglied der vom Versammlungsleiter zuvor festgesetzten Abstimmungsart, so muss die Mitgliederversammlung entscheiden.[742]

176a Bei virtuellen Versammlungen ist nur bei einem kleinen Teilnehmerkreis und bei Durchführung der Versammlung in der Form der Videokonferenz eine mündliche Abstimmung oder eine Abstimmung mittels Zeichen praktikabel. Bei größeren Teilnehmerzahlen muss die Abstimmung digital, zB mit entsprechender Voting-Software[743] auf dem eigenen Smartphone/Tablet/Computer des Teilnehmers erfolgen. Die Abstimmungsdaten werden dann auf einen Server weitergeleitet und ausgewertet. Die Abstimmung mittels Internet-Formularen hat den Vorteil, dass die Einhaltung von Abstimmungsfristen kontrolliert werden kann und ist manipulationssicher. Nachteilig ist, dass für digitale Abstimmungen oft eine besondere Software erworben werden muss.[744] Einige Videokonferenzsoftwares (zB Zoom) beinhalten bereits eine Abstimmungsfunktion (auch für anonyme Abstimmungen) mit sofortiger Auswertung. Der Versammlungsleiter kann das Ergebnis der digitalen Abstimmung auf einem mobilen Abstimmgerät[745] oder einem Smartphone/Tablet/Computer entgegennehmen.

177 **b) Geheime Wahlen.** Es besteht grundsätzlich kein Anspruch auf **geheime Beschlussfassungen, insbesondere Wahlen.**[746] Sieht die Satzung jedoch geheime Wahlen vor und wird gegen diesen Grundsatz verstoßen, so stellt dies einen Verfahrensfehler dar, der zur Unwirksamkeit der Abstimmung führt, str.[747] Der Grundsatz der geheimen Beschlussfassung ist dann nicht mehr eingehalten, wenn in der Mitgliederversammlung die Anwesenheitsliste sowie die Stimmzettel derart nummeriert werden, dass die Wahlentscheidung des einzelnen Wählers aufgedeckt werden kann.[748] Eine Satzungsbestimmung, die geheime Wahlen vorsieht, kann jederzeit mit der gesetzlichen bzw. satzungsmäßigen Mehrheit wieder aufgehoben werden, da die geheime Wahl kein Sonderrecht von einzelnen Mitgliedern darstellt.[749]

Hinweis:

Besondere Vorsicht ist geboten, wenn aufgrund von Sonderrechten oÄ Mitgliedern Mehrstimmrechte zustehen, da diese nur einheitlich ausgeübt werden können (→ Rn. 191). In diesem Fall ist die Durchführung geheimer Wahlen praktisch nicht möglich (zu den Einzelheiten → Rn. 304). Ist gewünscht, dass Abstimmungen geheim durchgeführt werden sollen, so ist dies in der Satzung ausdrücklich zu vermerken mit dem Hinweis, dass die geheime Durchführung Gültigkeitserfordernis sein soll.

---

739 *Sauter/Schweyer/Waldner* Eingetragener Verein Rn. 209; *Wicke* NZG 2007, 771 (772) für die AG.
740 *Märkle/Alber* S. 71; Palandt/*Ellenberger* BGB § 32 Rn. 7; *Scheffer* DStR 2011, 2053 (2056).
741 MüKoBGB/*Leuschner* BGB § 32 Rn. 41.
742 BeckOK BGB/*Schöpflin* BGB § 32 Rn. 25.
743 MüKoBGB/*Leuschner* BGB § 32 Rn. 22e mit genauerer Nennung von Voting Software.
744 *Dehesselles/Richter* npoR 2016, 246 (248f.).
745 *Dehesselles/Richter* npoR 2016, 246 (250).
746 BGH NJW 1970, 46 (47) für die Wahl zum Vorstand einer Rechtsanwaltskammer; BeckOK BGB/*Schöpflin* BGB § 32 Rn. 15 mit Hinweis auf Ausnahmefall; Palandt/*Ellenberger* BGB § 32 Rn. 7.
747 BGH NJW-RR 2001, 995 (996); aM BeckOGK/*Notz* BGB Rn. 167, 173 und MüKoBGB/*Leuschner* BGB § 32 Rn. 41: nur wenn die Auslegung der Satzung ergibt, dass die Geheimhaltung Gültigkeitserfordernis sein soll.
748 BGH NJW-RR 2001, 995 (996); *Stöber/Otto* Rn. 795.
749 *Sauter/Schweyer/Waldner* Eingetragener Verein Rn. 209.

Der Versammlungsleiter hat im Übrigen Gestaltungen zu vermeiden, die die Mitglieder an einer unbefangenen Stimmabgabe hindern können. 178

Beispiele:

Mitglieder, die mit Nein stimmen, müssen auf der Versammlung hervortreten; die Abstimmungsfrage auf dem Wahlzettel ist derart vorformuliert, dass sie die Wähler beeinflusst; der Stimmzettel enthält nur einen Wahlvorschlag, den die Wähler, sofern sie ihm nicht folgen möchten, streichen und durch ihren Wahlvorschlag handschriftlich ersetzen müssen.[750]

c) Einzelwahl. Gebräuchlich und grundsätzlich zulässig ist die **Einzelwahl.** Bei dieser wird über jeden Antrag einzeln abgestimmt. Bei der Vergabe von Vereinsämtern finden so viele Wahlgänge statt, wie Vereinsämter zu vergeben sind. Die Mitglieder können dann ihre Stimme jeweils nur einem Kandidaten geben oder sich der Stimme enthalten.[751] 179

d) Block- und Listenwahlen. Die Durchführung von Wahlen als **Block-** (→ Rn. 181 f.) 180 **oder Listenwahlen** (→ Rn. 183), insbesondere bei der Wahl von Vereinsämtern, ist dagegen nur bei ausdrücklicher Zulassung in der **Satzung** möglich. Eine Satzungsbestimmung, wonach die Vorstandsmitglieder nacheinander zu wählen sind, schließt die Zulässigkeit der Blockwahl ebenso wie eine fehlende Satzungsbestimmung grundsätzlich aus.[752] Bei Durchführung von Block- oder Listenwahlen ohne entsprechende Satzungsgrundlage liegt ein Verfahrensfehler vor, der, außer bei fehlender Relevanz, grundsätzlich zur **Nichtigkeit** führt (→ Rn. 254a).[753]

Man könnte daran denken, die Durchführung von Block- und Listenwahlen ohne Sat- 180a zungsgrundlage im Wege eines satzungsdurchbrechenden Beschlusses zu ermöglichen. Nach einer Ansicht scheide ein solcher satzungsändernder Beschluss bei der Vergabe von Vereinsämtern aus,[754] da Satzungsdurchbrechungen nur für punktuelle Regelungen zulässig seien.[755] Die Begründung abweichender rechtlicher Zustände, wie eine Ämterbesetzung für eine Amtszeit, sei aber gerade keine punktuelle Regelung.[756] Satzungsdurchbrechende Beschlüsse setzten zudem voraus, dass die Mitgliederversammlung für die Satzungsänderung zuständig ist[757] und die Blockwahl in der Einladung angekündigt war (→ Rn. 78).[758] Nach anderer Ansicht liegt in der Durchführung einer Block- oder Listenwahl ohne Satzungsgrundlage stets ein Verfahrensfehler, dem bei Zustimmung aller bei der Versammlung anwesender Mitglieder keine Relevanz für die Ausübung der Mitgliedsrechte zukommt und der deshalb nicht zur Unwirksamkeit führt.[759]

Gemeinsam ist Block- und Listenwahl, dass bei beiden Wahlvarianten die Wahl von 180b mehreren Vereinsämtern in einem Wahlgang zusammengefasst wird.

Dies erfolgt bei einer **Blockwahl,** bei der mehrere gleichrangige Ämter zu vergeben, 181 aber mehr Kandidaten als zu besetzende Ämter vorhanden sind, in der Weise, dass jedem

---

[750] *Sauter/Schweyer/Waldner* Eingetragener Verein Rn. 209.

[751] *Stöber/Otto* Rn. 831.

[752] BeckOK BGB/*Schöpflin* BGB § 32 Rn. 25.

[753] OLG Zweibrücken NZG 2013, 1236 (1237); BayObLG NJW-RR 2001, 537; Palandt/*Ellenberger* BGB § 32 Rn. 9; *Scheffer* DStR 2011, 2053 (2056); offen gelassen bei OLG Bremen NJW-RR 2011, 1487; OLG Rostock BeckRS 2013, 01186 und OLG Bremen NZG 2016, 1192: fehlende Relevanz, wenn Blockwahl einstimmig durchgeführt wurde (→ Rn. 255 ff.); ebenso *Sauter/Schweyer/Waldner* Eingetragener Verein Rn. 213b und *Stöber/Otto* Rn. 845a.

[754] OLG Zweibrücken NZG 2013, 1236 (1237) für die Blockwahl; offen gelassen bei OLG Bremen BeckRS 2011, 22334 und *Scheffer* DStR 2011, 2053 (2057).

[755] OLG Zweibrücken NZG 2013, 1236 (1237); offen gelassen bei OLG Bremen BeckRS 2011, 22334 und *Scheffer* DStR 2011, 2053 (2057).

[756] OLG Zweibrücken NZG 2013, 1236 (1237); BeckOK BGB/*Schöpflin* BGB § 32 Rn. 25.

[757] BayObLG NJW-RR 2001, 537; *Scheffer* DStR 2011, 2053 (2057).

[758] OLG Bremen BeckRS 2011, 22334; BeckOK BGB/*Schöpflin* BGB § 32 Rn. 25; aM *Sauter/Schweyer/Waldner* Eingetragener Verein Rn. 213b.

[759] OLG Rostock BeckRS 2013, 01186 und OLG Bremen NZG 2016, 1192.

Mitglied genauso viel Stimmen zustehen, wie Vereinsämter benötigt werden. Die Kandidaten gelten dann in der Reihenfolge der Anzahl der auf sie entfallenden Stimmen als gewählt.[760] Gibt ein Mitglied weniger Stimmen ab, als Vereinsämter besetzt werden müssen, führt dies zur Ungültigkeit des Stimmzettels.[761] Mitglieder können folglich nicht für oder gegen einen Kandidaten stimmen und sich auch nicht der Stimme enthalten. Sie sind vielmehr gezwungen, ihre Stimmen voll auszunutzen.[762]

Beispiel:

Sind also drei gleichrangige Vorstandsämter zu vergeben und stehen sechs Kandidaten zur Verfügung, so erhält jedes Mitglied drei Stimmen. Erhält von diesen in der Gesamtzahl A 40 Stimmen, B zwei Stimmen, C 15 Stimmen, D drei Stimmen, E 20 Stimmen und F eine Stimme, so gelten A, E und C als gewählt. Stimmt ein Mitglied nur für A und B, etwa weil es mit der Wahl von C, D, E und F nicht einverstanden ist und diesen daher keine Stimme geben, sich also insoweit der Wahl enthalten möchte, so ist seine Abstimmung ungültig.

182 Bei der sog. **strikten Blockwahl** werden die Kandidaten für mehrere Ämter auch in einem Wahlgang gewählt. Die Besonderheit ist, dass pro Amt nur ein Wahlvorschlag existiert, es also genauso viele Kandidaten wie Ämter gibt.[763] Im obigen Beispielsfall stünden also nur A, B und C zur Wahl. Die Mitglieder können daher den Wahlvorschlag für alle Ämter (sog. Gesamtwahlvorschlag) nur einheitlich ablehnen oder annehmen, sich jedoch nicht bezüglich einzelner Kandidaten entscheiden.[764] Daher ist unsicher, ob die mittels Blockwahl gewählten Bewerber auch bei einer Einzelwahl nach dem Mehrheitsprinzip wirklich gewählt worden wären.[765]

183 Eine **Listenwahl** bedeutet, dass die Wahl mehrerer Vereinsämter anhand gebundener Listen erfolgt, auf denen die zu vergebenden Ämter und der jeweils hierfür vorgesehene Kandidat bereits fest vorgegeben sind. Die Kandidaten auf einer Liste können somit nur insgesamt angenommen oder abgelehnt werden. Vereinsmitglieder können sich in diesem Fall gerade nicht für einen bestimmten Kandidaten für das jeweilige Amt entscheiden, sondern nur für eine bestimmte Liste.[766]

Beispiel:

Es ist der Vorstandsvorsitzende, der Schriftführer und der Kassierer zu wählen. Auf der ersten Liste ist für den Posten des Vorstandsvorsitzenden A, für den Posten des Schriftführers B und für den Posten des Kassierers C vorgesehen. Auf der zweiten Liste ist für den Posten des Vorstandsvorsitzenden D, für den Posten des Schriftführers E und für den Posten des Kassierers F vermerkt. Mitglieder, die zB A zum Vorstandsvorsitzenden, E zum Schriftführer und C zum Kassierer wählen wollen, können dies nicht.

184 Auch eine **Kumulierung von Stimmen,** also die Vergabe mehrerer Stimmen an einen einzigen Kandidaten bei gleichzeitiger Wahl mehrerer Bewerber ist nur bei ausdrücklicher Satzungsgrundlage zulässig.[767]

185 **e) Gesamtwahlen.** Zulässig sind nach einem entsprechenden Beschluss der Mitgliederversammlung dagegen **Gesamtwahlen,** bei denen Einzelwahlen mit Mehrheitswahlrecht für mehrere **gleichrangige Vereinsämter** (zB drei gleichberechtigte Vorstände) in einem

---

[760] *Wörle-Himmel* VereinsR S. 51; MHdB GesR V/*Waldner* § 25 Rn. 15 und *Sauter/Schweyer/Waldner* Eingetragener Verein Rn. 257 mit Hinweis auf Unzulässigkeit.
[761] *Märkle/Alber* S. 73.
[762] *Scheffer* DStR 2011, 2053 (2056); *Stöber/Otto* Rn. 845.
[763] BayObLG NJW-RR 2001, 537; MHdB GesR V/*Waldner* § 25 Rn. 15; *Sauter/Schweyer/Waldner* Eingetragener Verein Rn. 257 mit Hinweis auf Unzulässigkeit.
[764] *Stöber/Otto* Rn. 845.
[765] OLG Zweibrücken NZG 2013, 1236 (1237).
[766] BeckOK BGB/*Schöpflin* BGB § 32 Rn. 25; *Märkle/Alber* S. 74; *Wörle-Himmel* VereinsR S. 51.
[767] BGH NJW 1989, 1212; *Stöber/Otto* Rn. 845.

Wahlgang zusammengefasst werden. Dies gilt, wenn entweder mehr Bewerber als Ämter (zB acht Kandidaten für drei Vorstandsposten) oder genauso viele Bewerber wie gleichrangige Vereinsämter zur Verfügung stehen (zB drei Kandidaten für drei Vorstandsposten).[768] Jedes Mitglied erhält in diesem Fall pro Amt eine Stimme und kann seine Kandidaten frei wählen, wie es auch bei der Einzelwahl der Fall ist. Das bedeutet, dass Stimmenthaltungen insgesamt oder auch nur für ein Amt zulässig sind, wie es auch bei der Einzelwahl gewesen wäre. Das Mitglied muss also gerade nicht wie bei der Blockwahl so viele Stimmen abgeben wie Vereinsämter zu besetzen sind. Stimmenkumulierungen sind dagegen unzulässig, ebenso wie die Vergabe von mehr Stimmen als zu vergebenden Ämtern.[769]

Gesamtwahlen, die folgendem Prinzip folgen, sind dagegen nur bei entsprechender Satzungsgrundlage zulässig: Es soll derjenige Kandidat gewählt sein, der die meisten Stimmen auf sich vereinigt und zugleich die Mehrheit der abgegebenen Stimmen erreicht, wobei bei Nichterreichen der Mehrheit der abgegebenen Stimmen ein zweiter Wahlgang durchgeführt werden soll, bei dem die Kandidaten gewählt sind, die in der Reihenfolge der für sie abgegebenen Stimmen die meisten Stimmen erhalten haben.[770] 185a

Zulässig ist nach einem entsprechenden Beschluss der Mitgliederversammlung bei der Wahl **verschiedener Vereinsämter** (Schriftführer, Kassierer etc.) auch die äußerliche Zusammenfassung von mehreren Einzelwahlen auf einem Stimmzettel, wenn jedes Mitglied für jede Einzelwahl eine Stimme erhält.[771] 185b

Führt die Durchführung der Wahl zu keiner Mehrheit, so ist erneut abzustimmen, hierbei können auch neue Bewerber vorgeschlagen werden, soweit die Satzung nichts anderes bestimmt.[772] 186

7. Art der Auszählung

Über die Art der Auszählung entscheidet die **Satzung,** im Übrigen der Versammlungsleiter.[773] Grundsätzlich empfiehlt es sich, sowohl die Anzahl der Ja- und Nein-Stimmen als auch der Enthaltungen bzw. ungültigen Stimmen genau auszuzählen. Dies stellt den sichersten Weg bei Ermittlung des Abstimmungsergebnisses dar, weil die gesamte Zahl der so ermittelten Stimmen mit der Anzahl der anwesenden Mitglieder verglichen werden kann. 187

Alternativ kann zur Erleichterung der Auszählung auch die sog. **Subtraktionsmethode** angewendet werden. Bei dieser wird durch Auszählung zweier von drei Abstimmungsfragen (Zustimmung, Abstimmung oder Enthaltung) das Ergebnis der dritten Abstimmungsfrage ermittelt.[774] Demgemäß werden meist nur die Ja- und Nein-Stimmen ermittelt, die Enthaltungen ergeben sich dann aus der Differenz zur Anzahl der anwesenden Mitglieder.[775] Zweckmäßigerweise sollte der Versammlungsleiter auf diese Art der Abstimmung hinweisen.[776] Unzulässig ist es bei dieser Methode jedoch, nur die Zahl der Nein-Stimmen zu ermitteln, da dann Stimmenthaltungen und ungültige Stimmen den Ja-Stimmen zugerechnet werden würden.[777] Die Subtraktionsmethode birgt allerdings die Gefahr, Stimmrechtsverbote zu übersehen[778] und empfiehlt sich überdies nur dann, wenn die Anzahl der bei den einzelnen Abstimmungen anwesenden Mitglieder exakt bestimmt 188

---

[768] *Stöber/Otto* Rn. 836 ff.
[769] *Stöber/Otto* Rn. 836 ff.
[770] BGH NJW 1989, 1150 (1151); MHdB GesR V/*Waldner* § 25 Rn. 17 sowie *Sauter/Schweyer/Waldner* Eingetragener Verein Rn. 257.
[771] *Stöber/Otto* Rn. 842.
[772] *Stöber/Otto* Rn. 845.
[773] *Stöber/Otto* Rn. 798.
[774] BGH NJW 2002, 3629.
[775] BGH NJW 2002, 3629; MüKoBGB/*Leuschner* BGB § 32 Rn. 47.
[776] *Stöber/Otto* Rn. 800.
[777] *Stöber/Otto* Rn. 801.
[778] BGH NJW 2002, 3629.

werden kann.[779] Ist dies zweifelhaft, so gilt die Feststellung der Ja-Stimmen durch den Versammlungsleiter als unrichtig.[780]

V. Das Stimmrecht

1. Allgemeines

189 Grundsätzlich hat jedes Mitglied in der Versammlung nur eine Stimme. Dies gilt unabhängig davon, ob das Mitglied eine natürliche oder juristische Person, eine Handelsgesellschaft oder eine Körperschaft des öffentlichen Rechts ist.[781] Nichtmitgliedern kann kein eigenes Stimmrecht zustehen.[782]

190 Die Satzung kann jedoch bestimmten Mitgliedern als Sonderrecht (§ 35 BGB) mehrere Stimmen zuteilen, **sog. Mehrstimmrecht,** wobei dieses auch auf bestimmte Angelegenheiten beschränkt werden kann.[783]

Beispiel:

Mehrstimmrechte für Gründungsmitglieder oder für Vereinsverbände (→ Rn. 285), bei denen die Anzahl der Stimmen des jeweiligen Einzelvereins von der Anzahl seiner Mitglieder abhängt (→ Rn. 290).[784]

191 Mehrere Stimmen, die einem einzigen Mitglied zustehen, kann dieses aber **nur einheitlich** ausüben, str.[785] Dies gilt aufgrund des Gleichbehandlungsgrundsatzes auch für juristische Personen, die durch mehrere Organe gemeinschaftlich vertreten werden[786] (→ Rn. 206). Etwas anderes gilt nur dann, wenn eine Person aufgrund Vollmacht für mehrere **verschiedene Personen** handelt[787] (→ Rn. 198) oder wenn ein Vereinsmitglied zugleich für sich und als gesetzlicher Vertreter für ein geschäftsunfähiges oder beschränkt geschäftsfähiges Mitglied oder als Organ für eine juristische Person abstimmt. In diesem Fall ist nach der hM eine **unterschiedliche Stimmabgabe** zulässig. Nach einer Mindermeinung ist weitere Voraussetzung hierfür, dass der abstimmende Vertreter verschiedenen Weisungen unterliegt, da eine willkürlich nicht einheitliche Abstimmung unzulässig ist.[788] Die Satzung kann abweichende Regelungen treffen.[789] Zur Problematik der geheimen Wahl bei Mehrstimmrechten → Rn. 304.

192 Zulässig ist eine Satzungsbestimmung, wonach bestimmten Vereinsmitgliedern **kein Stimmrecht** zusteht.[790]

Beispiele:

Passive Mitglieder, fördernde Mitglieder, auswärtige Mitglieder, außerordentliche Mitglieder, Ehrenmitglieder, Probemitglieder;[791] das Stimmrecht kann auch an Bedingungen wie pünktliche Beitragszahlung oder eine Mindestdauer der Vereinszugehörigkeit geknüpft

[779] BeckOK BGB/*Schöpflin* BGB § 32 Rn. 26.
[780] BGH NJW 2002, 3629; *Stöber/Otto* Rn. 797.
[781] *Sauter/Schweyer/Waldner* Eingetragener Verein Rn. 198.
[782] BeckOGK/*Notz* BGB § 32 Rn. 134.
[783] BeckOK BGB/*Schöpflin* BGB § 32 Rn. 22; *Stöber/Otto* Rn. 803; MüKoBGB/*Leuschner* BGB § 32 Rn. 34, der die Zulässigkeit der Mehrstimmrechte nur in Vereinen ohne Aufnahmefreiheit von einem sachlichen Grund abhängig macht, im Übrigen aber nicht.
[784] *Sauter/Schweyer/Waldner* Eingetragener Verein Rn. 198; das Für und Wider abwägend MüKoBGB/*Arnold,* 7. Aufl. 2015, BGB § 32 Rn. 30.
[785] BeckOK BGB/*Schöpflin* BGB § 32 Rn. 22; *Stöber/Otto* Rn. 803, 861; aM Palandt/*Ellenberger* BGB § 32 Rn. 8.
[786] *Stöber/Otto* Rn. 861.
[787] *Sauter/Schweyer/Waldner* Eingetragener Verein Rn. 200.
[788] BeckOK BGB/*Schöpflin* BGB § 32 Rn. 22; MüKoBGB/*Leuschner* BGB § 32 Rn. 38.
[789] BeckOK BGB/*Schöpflin* BGB § 32 Rn. 22; *Stöber/Otto* Rn. 826.
[790] *Wagner* NZG 2019, 46 (50) mwN; einschränkend: MüKoBGB/*Leuschner* BGB § 32 Rn. 32 fordert hierfür einen sachlichen Grund.
[791] Palandt/*Ellenberger* BGB § 38 Rn. 2.

werden.[792] Wird ein ordentliches Mitglied jedoch zum Ehrenmitglied ernannt, ist damit grundsätzlich nicht der Entzug seines Stimmrechts verbunden.[793]

Zulässig ist ferner eine satzungsmäßige Vereinbarung, dass einem bestimmten Vereinsorgan, Gremium oder einer bestimmten Gruppe von Mitgliedern ein gewisser Prozentsatz der insgesamt bestehenden Stimmrechte zustehen muss (also zB 10% aller Stimmen), str.[794] 193

Um Streitigkeiten zu vermeiden, empfiehlt es sich, in der Satzung genau zu regeln, wem keine Stimmrechte bzw. Mehrstimmrechte zustehen und für letzteren Fall ob diese für sämtliche Beschlussfassungen gelten oder sich nur auf bestimmte Angelegenheiten beziehen. 194

Formulierungsbeispiel: Stimmrecht (Satzungsbestandteil) 195

§ 4. Mitgliederversammlung

(7) Jedes Mitglied hat eine Stimme. Ehrenmitglieder und außerordentliche Mitglieder haben keine Stimme.
(8) Gründungsmitglieder haben bei allen Beschlussfassungen jeweils zwei Stimmen.
(9) Das Stimmrecht kann entweder persönlich oder durch einen Bevollmächtigten ausgeübt werden. Bevollmächtigt werden können nur andere Vereinsmitglieder, außenstehende Personen können ausdrücklich nicht bevollmächtigt werden. Die Bevollmächtigung kann nicht allgemein, sondern nur beschränkt auf die jeweilige Mitgliederversammlung erteilt werden. Die Bevollmächtigung ist schriftlich nachzuweisen. Der Bevollmächtigte darf nicht nur das Stimmrecht ausüben, sondern auch im Namen des Vollmachtgebers an Diskussionen teilnehmen und Anträge stellen. Untervollmacht kann nicht erteilt werden.
(10) Mitglieder dürfen grundsätzlich nicht mehr als zwei Vollmachtgeber gleichzeitig vertreten.

2. Vertretungsfragen

a) Vertretung natürlicher Personen. aa) Stimmrechtsvollmacht. Gemäß § 38 S. 1 BGB ist die Mitgliedschaft nicht übertragbar und nicht vererblich, zudem kann nach § 38 S. 2 BGB die Ausübung der Mitgliedschaft einem Dritten nicht überlassen werden. Das Stimmrecht ist somit **höchstpersönlich** auszuüben.[795] Eine Übertragung ist grundsätzlich nicht möglich, auch nicht mittels rechtsgeschäftlicher Vollmacht.[796] Etwas anderes kann sich aus der Satzung ergeben, da § 38 BGB gem. § 40 BGB zu den abdingbaren Vorschriften zählt.[797] 196

Sollen Stimmrechtsvollmachten zugelassen werden, so ist in der Vereinssatzung ausdrücklich zu regeln, ob Untervollmacht erteilt werden kann,[798] da dies nur mit ausdrücklicher Gestattung zulässig ist.[799] Ferner ist anzugeben, ob die Vollmacht auch Nichtvereinsmitgliedern erteilt werden kann.[800] Einer Satzungsbestimmung, wonach sich Mitglieder nur durch Ehegatten oder andere Vereinsmitglieder vertreten lassen können, begegnen keine rechtlichen Bedenken.[801] Nach anderer Meinung ist die Bevollmächtigung von 197

[792] MüKoBGB/*Leuschner* BGB § 32 Rn. 32.
[793] *Sauter/Schweyer/Waldner* Eingetragener Verein Rn. 198.
[794] MüKoBGB/*Leuschner* BGB § 32 Rn. 35 und *Sauter/Schweyer/Waldner* Eingetragener Verein Rn. 198, 344; aM *Märkle/Alber* S. 74 und *Stöber/Otto* Rn. 803.
[795] Palandt/*Ellenberger* BGB § 32 Rn. 8.
[796] *Stöber/Otto* Rn. 715, 825, 827.
[797] *Krüger* MMR 2012, 85; MüKoBGB/*Leuschner* BGB § 32 Rn. 29: dagegen unzulässig Ermächtigung eines Dritten, das Stimmrecht des Mitglieds in eigenem Namen auszuüben.
[798] *Sauter/Schweyer/Waldner* Eingetragener Verein Rn. 199; *Stöber/Otto* Rn. 716.
[799] *Stöber/Otto* Rn. 827.
[800] *Sauter/Schweyer/Waldner* Eingetragener Verein Rn. 199.
[801] BGH MittBayNot 1987, 84 (86).

Nichtmitgliedern mit dem Charakter des Idealvereins unvereinbar.[802] Unwiderrufliche Stimmrechtsvollmachten für Nichtmitglieder von Idealvereinen sind jedenfalls rechtlich bedenklich.[803] Erlaubt die Satzung die Vertretung in der Versammlung, so ist davon auszugehen, dass die Vollmacht sowohl die Stimmabgabe, als auch die Teilnahme an der Diskussion sowie Antragstellungen umfasst (Formulierungsbeispiel → Rn. 195).

198 Mehrere Mitglieder können dieselbe Person bevollmächtigen, die für die verschiedenen Vollmachtgeber das Stimmrecht unterschiedlich ausüben kann, sofern keine entgegenstehende Satzungsbestimmung existiert (→ Rn. 191).

198a Bei mitgliedstarken Vereinen kann der Vorstand bestimmte Personen als taugliche Vertreter benennen, so dass abwesende Vereinsmitglieder nicht selbst einen Bevollmächtigten suchen müssen.[804]

199 Grundsätzlich ist davon auszugehen, dass formelle Anforderungen an die Vollmacht in der Satzung im Zweifel keine materiellen Wirksamkeitsvoraussetzungen darstellen. Vollmachten sollten im Hinblick auf § 174 BGB dennoch **schriftlich** erfolgen, sofern die Satzung keine strengere Form vorsieht.[805] Eine satzungsgemäß erteilte Vollmacht umfasst nur die in der Tagesordnung bekannt gemachten Beschlussgegenstände, jedoch nicht das Recht, weitere Beschlussgegenstände unter Verzicht auf gesetzliche oder satzungsmäßige Form- und Fristvorschriften zur Tagesordnung zuzulassen.[806] Etwas anderes gilt dann, wenn der Vollmachtgeber mit einem solchen Handeln des Bevollmächtigten rechnen muss, etwa bei ausdrücklicher Klarstellung in der Vollmacht.

200 Die Satzung kann die Form der Vollmacht bestimmen und zB zulassen, dass der Verein auf seiner Homepage im internen Mitgliederbereich die Funktion anbietet, die Vollmacht elektronisch zu erteilen. Bei mitgliedstarken Vereinen kann der Verein auf der **Homepage** Mitgliedern eine Auswahl an tauglichen Vertretern sowie die Tagesordnungspunkte zur Verfügung stellen, so dass die Mitglieder dem Vertreter eine Vollmacht und genaue Anweisungen zur Abstimmung bzgl. der einzelnen Tagesordnungspunkte erteilen können.[807]

201 **Formulierungsbeispiel: Vollmacht zur Vertretung in der Mitgliederversammlung**

Ich, ***, geboren am ***, wohnhaft in ***, erteile hiermit

Herrn/Frau ***, geboren am *** wohnhaft in ***

Vollmacht,

mich in der Mitgliederversammlung des ***-Vereins am *** zu vertreten und meine Mitgliedschaftsrechte für mich vollumfänglich auszuüben, insbesondere mein Recht auf Teilnahme, Beteiligungen an Diskussionen, Stellung von Anträgen sowie mein Stimmrecht.

Die Vollmacht ist ausdrücklich nicht auf die in der Tagesordnung angeführten Punkte beschränkt, sie erfasst vielmehr auch das Recht, unter Verzicht auf die Einhaltung von Form- und Fristvorschriften der Aufnahme weiterer Beschlussgegenstände auf die Tagesordnung zuzustimmen.

Untervollmacht kann nicht erteilt werden, so dass eine Übertragung dieser Vollmacht auf Dritte nicht zulässig ist.

Im Zweifel ist ein weiter Umfang der Vollmacht anzunehmen.

*** *[Ort]*, den *** *[Datum]* *Unterschrift*

---

802 Palandt/*Ellenberger* BGB § 38 Rn. 3; differenzierend MüKoBGB/*Leuschner* BGB § 32 Rn. 30: von Satzungsgestaltung abhängig.

803 MüKoBGB/*Leuschner* BGB § 32 Rn. 31.

804 *Noack* NJW 2018, 1345 (1348).

805 *Stöber/Otto* Rn. 716.

806 OLG Hamm NJW-RR 1993, 468 (469); *Stöber/Otto* Rn. 716.

807 *Noack* NJW 2018, 1345 (1348).

Vertretungsberechtigte Personen sind bei der Anzahl der erschienen Mitglieder zu berücksichtigen.[808] 202

bb) Stimmrecht Geschäftsunfähiger. Da ein Geschäftsunfähiger selbst nicht wirksam sein Stimmrecht ausüben kann, darf nur sein gesetzlicher Vertreter für ihn abstimmen. Stimmt der Geschäftsunfähige dennoch selbst ab, ist seine Stimmabgabe gem. § 105 BGB nichtig. Dies führt jedoch nicht zur Nichtigkeit des Beschlusses, es sei denn, dass dem Beschluss durch den Wegfall der Stimme die notwendige Mehrheit fehlt.[809] Zum Stimmrecht von unter Betreuung stehenden Personen → Rn. 205a. 203

cc) Stimmrecht Minderjähriger. Für beschränkt Geschäftsfähige (insbesondere Minderjährige) stimmen die gesetzlichen Vertreter ab.[810] Nur mit ihrer Einwilligung kann der Minderjährige sein Stimmrecht selbst ausüben. Die fehlende Einwilligung ist dennoch unbeachtlich, wenn der Versammlungsleiter die Stimmabgabe nicht sofort zurückweist, § 111 S. 2, S. 3 BGB analog.[811] § 110 BGB ist hingegen nicht anwendbar,[812] ebenso wenig wie § 107 BGB. Eine Stimmabgabe für Minderjährige kann nämlich per se nicht nur rechtlich vorteilhaft sein,[813] da sie zum Verbrauch des Stimmrechts führt.[814] Haben die Eltern ihre Einwilligung zum Vereinsbeitritt des Minderjährigen erklärt, so ist darin regelmäßige eine konkludente Zustimmung zur Stimmrechtsausübung durch den Minderjährigen zu sehen.[815] Etwas anderes gilt nur dann, wenn die Satzung eine Stimmabgabe erst ab Volljährigkeit gestattet.[816] Will ein Verein mit hauptsächlich jugendlichen Mitgliedern die Abstimmung durch den gesetzlichen Vertreter untersagen, so ist dies ausdrücklich in der Satzung festzulegen.[817] 204

Formulierungsbeispiel: Stimmrecht Minderjähriger (Satzungsbestandteil) 205

§ 4. Mitgliederversammlung

(19) Kinder bis zur Vollendung des siebten Lebensjahres und sonstige geschäftsunfähige Personen können ihr Stimmrecht nur durch ihren gesetzlichen Vertreter ausüben.

(20) Kinder und Jugendliche, die bereits das siebte aber noch nicht das 18. Lebensjahr vollendet haben, können ihr Stimmrecht nur höchstpersönlich ausüben, eine Ausübung durch den gesetzlichen Vertreter ist unzulässig. Tritt eine solche Person dem Verein bei, so hat der gesetzliche Vertreter sein Einverständnis zum Beitritt sowie zu allen Handlungen zu erklären, die im Rahmen der Mitgliedschaft anfallen, insbesondere zur Ausübung des Stimmrechts durch den Minderjährigen.

dd) Stimmrecht Betreuter. Wer unter Betreuung steht, ist grundsätzlich stimmberechtigt, soweit er nicht einem Einwilligungsvorbehalt gem. § 1903 BGB unterliegt oder geschäftsunfähig ist.[818] Probleme können sich ergeben, wenn sowohl der Betreuer als gesetzlicher Vertreter als auch der Betreute selbst zugleich ihre Stimme abgeben. Wegen der Perplexität kann man hier wohl von der Unwirksamkeit beider Stimmabgaben ausgehen, str.[819] 205a

---

808 *Sauter/Schweyer/Waldner* Eingetragener Verein Rn. 199.
809 *Märkle/Alber* S. 78.
810 *Stöber/Otto* Rn. 847.
811 BeckOGK/*Notz* BGB § 32 Rn. 131; *Stöber/Otto* Rn. 848.
812 Palandt/*Ellenberger* BGB § 38 Rn. 4.
813 *Stöber/Otto* Rn. 847.
814 *Flume* NZG 2014, 17 (18).
815 BeckOK BGB/*Schöpflin* BGB § 32 Rn. 23; MüKoBGB/*Leuschner* BGB § 32 Rn. 40; Palandt/*Ellenberger* BGB § 32 Rn. 8.
816 *Märkle/Alber* S. 78; Palandt/*Ellenberger* BGB § 32 Rn. 7.
817 *Sauter/Schweyer/Waldner* Eingetragener Verein Rn. 199; *Stöber/Otto* Rn. 850.
818 *Stöber/Otto* Rn. 851.
819 BeckOK BGB/*Schöpflin* BGB § 32 Rn. 23 mwN.

206 **b) Vertretung juristischer Personen. aa) Organschaftliche Vertretung.** Juristische Personen und Personenhandelsgesellschaften werden in Mitgliederversammlungen von ihren Organen in vertretungsberechtigter Zahl vertreten.[820] Die Satzung kann vorsehen, dass für sie **nur eine vertretungsberechtigte Person** zur Mitgliederversammlung erscheinen darf, auch wenn nach den Statuten oder dem Gesetz keine Einzelvertretung möglich ist. In diesem Fall muss der nichtteilnehmende Organvertreter den teilnehmenden entsprechend ermächtigen.[821] Dürfen mehrere gemeinschaftlich vertretungsberechtigte Personen an der Mitgliederversammlung teilnehmen, so ist strittig, ob diese das Stimmrecht unterschiedlich ausüben können. Nach richtiger Auffassung kann eine juristische Person bzw. Personenhandelsgesellschaft ihr Stimmrecht nur einheitlich ausüben, auch wenn sie gemäß ihren Statuten oder dem Gesetz von mehreren Personen gemeinsam vertreten wird.[822] Dies ergibt sich bereits aus dem **Gleichbehandlungsgrundsatz.** Juristischen Personen und Personenhandelsgesellschaften steht, wie auch natürlichen Mitgliedern, nur eine Stimme zu. Sofern Mehrstimmrechte bestehen, können diese bei natürlichen Personen nur einheitlich ausgeübt werden (→ Rn. 191). Nichts Anderes darf für juristische Personen gelten.

207 **bb) Rechtsgeschäftliche Vertretung.** Umstritten ist, ob eine **rechtsgeschäftliche Bevollmächtigung** bei juristischen Personen und Personenhandelsgesellschaften zulässig ist. Nach überwiegender Meinung soll dies nur dann gelten, wenn die Satzung die rechtsgeschäftliche Bevollmächtigung von Dritten mittels Vollmacht ausdrücklich zulässt.[823] Denn die Mitgliedschaft ist sowohl für natürliche als auch für juristische Personen bzw. Personenhandelsgesellschaften ein höchstpersönliches Recht, das gem. § 38 S. 2 BGB nicht von Dritten ausgeübt werden darf.[824] Handelt das Organ für die Gesellschaft, so liegt eine gesetzliche Vertretung und damit ein originäres Handeln der vertretenen Gesellschaft vor. Handelt ein rechtsgeschäftlicher Vertreter, so liegt kein höchstpersönliches Handeln des Organs vor, vielmehr handelt ein Fremder aufgrund Vollmacht für die Gesellschaft.[825] Erlaubt die Satzung die rechtsgeschäftliche Vertretung der Mitglieder in der Versammlung, so muss dies aufgrund des Gleichbehandlungsgrundsatzes sowohl für natürliche als auch für juristische Personen einschließlich Personenhandelsgesellschaften gelten.[826]

Hinweis:

Der **Prokurist** übt gem. § 48 HGB rechtsgeschäftliche und nicht gesetzlich begründete Vertretungsmacht aus und darf daher nur bei entsprechender Satzungsgrundlage sein Stimmrecht ausüben. Dies gilt auch, wenn die Prokura an die Mitwirkung eines weiteren Vorstandsmitglieds oder Geschäftsführers gebunden ist (Sonderfall der Gesamtprokura). Wird eine Gesellschaft dagegen durch ein Vorstandsmitglied bzw. einen Geschäftsführer zusammen mit einem Prokuristen gesetzlich vertreten (sog. unechte Gesamtvertretung), so ist eine Stimmrechtsausübung unproblematisch möglich, da in diesem Fall eine organschaftliche Vertretung vorliegt. Der Prokurist eines **Einzelkaufmanns** kann dagegen nie das Stimmrecht ausüben, weil bei einem Einzelkaufmann – anders als bei juristischen Personen oder Handelsgesellschaften – die Ausübung des Stimmrechts in der Mitgliederversammlung nicht zum Betrieb eines Handelsgewerbes gehört und daher von der Prokura nicht erfasst ist.[827]

---

[820] Palandt/*Ellenberger* BGB § 32 Rn. 8.
[821] *Stöber/Otto* Rn. 718.
[822] *Stöber/Otto* Rn. 861, 718.
[823] Str., OLGZ 1990, 257 (263); *Stöber/Otto* Rn. 857; *Wörle-Himmel* VereinsR S. 42; aM *Sauter/Schweyer/Waldner* Eingetragener Verein Rn. 199.
[824] OLG Hamm NJW-RR 1990, 532 (533).
[825] OLG Hamm NJW-RR 1990, 532 (533); *Stöber/Otto* Rn. 857.
[826] OLG Hamm NJW-RR 1990, 532 (533).
[827] *Stöber/Otto* Rn. 855, 858f.

Die rechtsgeschäftliche Vertretung von **öffentlich-rechtlichen Körperschaften,** zB Gemeinden, soll hingegen auch ohne entsprechende Satzungsregelung zulässig sein. Nimmt ein beauftragter Behördenvertreter für die Körperschaft an der Versammlung teil, so soll dies nicht als Stimmrechtsübertragung, sondern als Organisationsmaßnahme der Behörde zulässig sein.[828] Eine Differenzierung zwischen privaten Gesellschaften und öffentlich-rechtlichen Körperschaften ist jedoch wenig einleuchtend und daher abzulehnen. 208

3. Ausschluss des Stimmrechts gem. § 34 BGB

a) Anwendungsbereich. Gemäß § 34 BGB ist ein Mitglied nicht stimmberechtigt, wenn die Beschlussfassung die Vornahme eines Rechtsgeschäfts oder die Einleitung bzw. Erledigung eines Rechtsstreits zwischen ihm und dem Verein betrifft. Zweck dieser Vorschrift ist es, einen Interessenkonflikt für das Vereinsmitglied bei der Beschlussfassung zu vermeiden.[829] Entscheidend ist, dass sich der Verein auf der einen Seite und das Mitglied auf der anderen Seite befindet. § 34 BGB gilt unabhängig davon, ob 209

- es sich bei dem Beschlussgegenstand um ein einseitiges oder zweiseitiges Rechtsgeschäft oder gar eine rechtsgeschäftsähnliche Handlung handelt,[830]
- es sich bei dem Beschlussgegenstand um den privaten oder den geschäftlichen Bereich des Vereinsmitglieds handelt,
- sich das Mitglied tatsächlich in einem solchen Konflikt befindet, da es auf die abstrakte Gefahr eines Interessengegensatzes ankommt.[831]

Die Einleitung oder Erledigung eines Rechtsstreits zwischen dem Mitglied und dem Verein umfasst dabei grundsätzlich alle vorbereitenden Maßnahmen (zB außergerichtliche Geltendmachung gegen das Mitglied, Mahnung, Beantragung Mahnbescheid, Einlegung von Rechtsmitteln) sowie zur Erledigung des Rechtsstreits führende Maßnahmen (zB Vergleich gerichtlich oder außergerichtlich, Klagerücknahme, Einlegung und Rücknahme von Rechtsmitteln).[832] 209a

b) Unmittelbarer Interessenskonflikt. Der Interessenkonflikt muss jedoch ein **unmittelbarer** sein, setzt also voraus, dass das Vereinsmitglied unmittelbar auf der Gegenseite beteiligt ist.[833] 210

Beispiele:

Kündigung oder Abschluss eines Miet- oder Kaufvertrages zwischen dem Verein und dem Mitglied, Mahnung einer noch ausstehenden Leistung des Mitglieds, Entlastung als Vorstandsmitglied,[834] Beschlussfassung über die Höhe der Bezüge des stimmberechtigten Vorstandsmitglieds oder eines sonstigen stimmberechtigten Vereinsorgans,[835] Entscheidung über Geltendmachung von Schadensersatzansprüchen gegenüber einem Vereinsmitglied.[836]

Dagegen bleibt ein **mittelbarer Konflikt** unberücksichtigt. Ist also bei einem Vertrag zwischen dem Verein auf der einen Seite und einer juristischen Person, Bruchteils- oder Gesamthandsgemeinschaft auf der anderen Seite ein Vereinsmitglied zugleich als Gesellschafter, Genosse etc. auf der anderen Vertragsseite beteiligt, so ist er grundsätzlich nicht vom Stimmrecht ausgeschlossen.[837] 211

---

[828] AA *Stöber/Otto* Rn. 718.
[829] MüKoBGB/*Arnold,* 7. Aufl. 2015, BGB § 34 Rn. 2.
[830] Palandt/*Ellenberger* BGB § 34 Rn. 2.
[831] *Sauter/Schweyer/Waldner* Eingetragener Verein Rn. 202.
[832] MüKoBGB/*Leuschner* BGB § 34 Rn. 6.
[833] BGH NJW 1971, 1265 (1267).
[834] KG NJW-RR 1989, 144 (145) sowie OLG Köln NJW-RR 2007, 670 – je für den Verwalter einer WEG.
[835] *Sauter/Schweyer/Waldner* Eingetragener Verein Rn. 202.
[836] *Märkle/Alber* S. 72; MüKoBGB/*Arnold,* 7. Aufl. 2015, BGB § 34 Rn. 16.
[837] BGH NJW 1971, 1265 (1267); MüKoBGB/*Leuschner* BGB § 34 Rn. 4; Palandt/*Ellenberger* BGB § 34 Rn. 3.

Beispiel:

Abschluss von Verträgen zwischen dem Verein und einer börsennotierten Aktiengesellschaft, an der das Mitglied Aktien hält.

212 Etwas anderes gilt aber dann, wenn das Vereinsmitglied mit der juristischen Person, Gesamthand- oder Bruchteilsgemeinschaft auf der Gegenseite wirtschaftlich identisch ist, wie zB bei einem Vertrag zwischen dem Verein und einer Ein-Mann-GmbH eines Mitglieds oder wenn das Mitglied den Vertragspartner dergestalt beherrscht, dass alle Handlungen ausschließlich von ihm bestimmt werden.[838]

213 Betrifft der Interessenskonflikt dagegen rein **körperschaftliche Sozialakte,** also solche, die die Stellung des Mitglieds innerhalb des Vereins bestimmen, so besteht kein Stimmrechtsausschluss[839] (aber ggf. Aspekt des Richtens in eigener Sache; → Rn. 215).[840]

Beispiele:

Ein Mitglied kann sich selbst zum Vorstand wählen, aber auch später wieder abwählen; es kann bei der Entscheidung über seinen Ausschluss aus dem Verein oder der Auferlegung seiner Vereinsstrafe mitstimmen, sofern dies keinen Rechtsmissbrauch darstellt[841] (str.; → Rn. 215); bei seiner Abberufung aus wichtigem Grund kann das Mitglied dagegen nicht mitstimmen.[842]

214 Kein Stimmrechtsausschluss besteht auch bei Rechtsgeschäften zwischen dem Verein und einem **nahen Angehörigen** eines Vereinsmitglieds.[843]

215 **c) Richten in eigener Sache.** Nach *Leuschner* soll von § 34 BGB auch das sog. „Richten in eigener Sache" erfasst sein, so dass ein Vereinsmitglied nicht bei der Verhängung seiner Vereinsstrafe oder bei dem Beschluss über seinen Ausschluss mitwirken können soll.[844] Eine solche Ansicht ist jedoch abzulehnen, da sie nicht mit dem Wortlaut des § 34 BGB vereinbar ist und das Stimmrecht als wesentliches Mitgliedsrecht unangemessen beschneidet.[845] Zur Vermeidung von Streitigkeiten empfiehlt es sich jedoch, dies ausdrücklich in der Satzung zu regeln.[846]

216 **d) Rechtsfolgen.** Ist ein Mitglied gem. § 34 BGB in eigenen Angelegenheiten von der Ausübung des Stimmrechts ausgeschlossen, so ist seine **Stimme nichtig und nicht mitzuzählen.** Das ausgeschlossene Mitglied kann sein Stimmrecht auch nicht auf einen Vertreter übertragen.[847] Wurden ihm durch Vollmacht weitere Stimmrechte übertragen, so kann es diese ebenfalls nicht ausüben, unabhängig davon, ob es gegenüber dem Vollmachtgeber zur Stimmrechtsausübung in einer bestimmten Art und Weise verpflichtet ist. Denn der abstrakte Interessenskonflikt besteht ja auch in diesem Fall.[848] Eine Stimmabgabe durch das ausgeschlossene Mitglied berührt die Wirksamkeit des Beschlusses jedoch nur, wenn diese Stimme das Abstimmungsergebnis beeinflusst hat,[849] wobei eine entsprechende Prüfung nicht dem Registergericht obliegt.[850]

---

838 BGH NJW 1971, 1265 (1267); MüKoBGB/*Leuschner* BGB § 34 Rn. 4; Palandt/*Ellenberger* BGB § 34 Rn. 3.
839 Palandt/*Ellenberger* BGB § 34 Rn. 3.
840 MüKoBGB/*Leuschner* BGB § 34 Rn. 5.
841 Str., KG NZG 2015, 280; OLGZ 1968, 248; *Sauter/Schweyer/Waldner* Eingetragener Verein Rn. 202a; aM für die WEG: BGH NJW 2002, 3704 und für die GmbH: BGH NJW 2009, 2300.
842 OLG Köln NJW-RR 2007, 670 (671); *Stöber/Otto* Rn. 823.
843 Palandt/*Ellenberger* BGB § 34 Rn. 3; *Stöber/Otto* Rn. 822.
844 MüKoBGB/*Leuschner* BGB § 34 Rn. 7; aM KG NZG 2015, 280.
845 OLGZ 1968, 248 (250); Palandt/*Ellenberger* BGB § 34 Rn. 3.
846 *Sauter/Schweyer/Waldner* Eingetragener Verein Rn. 202a.
847 MüKoBGB/*Leuschner* BGB § 34 Rn. 3.
848 OLG Zweibrücken NJW-RR 2002, 735; KG NJW-RR 1989, 144 (145) für den Verwalter einer WEG.
849 MüKoBGB/*Leuschner* BGB § 34 Rn. 9; Palandt/*Ellenberger* BGB § 34 Rn. 2.
850 *Sauter/Schweyer/Waldner* Eingetragener Verein Rn. 202c.

Hinweis:

Gemäß § 40 BGB kann die Vorschrift des § 34 BGB nicht abbedungen,[851] also weder abgeschafft noch entschärft werden. Die Satzung kann den Anwendungsbereich von § 34 BGB jedoch erweitern, beispielsweise falls ein Mitglied mit der Beitragszahlung im Rückstand ist. Dies muss aber für alle Mitglieder gleichermaßen gelten.[852]

Ein Ausschluss des Stimmrechts gem. § 34 BGB lässt das **Teilnahmerecht** des Vereinsmitglieds unberührt.[853] 217

Hinweis:

Die Frage, ob ein Stimmrechtsausschluss rechtmäßigerweise vorgenommen bzw. nicht vorgenommen wurde, darf das **Registergericht** nicht bei der Eintragung klären. Die Beteiligten sind diesbezüglich auf den Zivilrechtsweg zu verweisen.[854]

4. Stimmteilnahme Nichtstimmberechtigter

Nehmen nichtstimmberechtigte Vereinsmitglieder oder Dritte an der Beschlussfassung teil, 218 so ist der Versammlungsbeschluss in vollem Umfang **wirksam,** wenn die Stimmen der Nichtberechtigten für das Abstimmungsergebnis nicht entscheidend waren, zB weil eine Mehrheit auch ohne ihre Stimmen zustande gekommen wäre (→ Rn. 255 f.).[855] Sofern behauptet wird, dass das Beschlussergebnis durch die Stimmen von Nichtberechtigten verfälscht worden sei, ist der Verein für die Satzungsmäßigkeit des Beschlusses beweispflichtig. Er muss folglich darlegen, dass Nichtberechtigte nicht mitgestimmt haben bzw. sofern Unbefugte mitgestimmt haben, dass sie das Abstimmungsergebnis nicht beeinflusst haben.[856] Zur Umkehr der Beweislast bei Genehmigung des Protokolls[857] → Rn. 224.

5. Stimmrechtsvereinbarungen bzw. Stimmbindungsverträge

Unter Stimmrechtsvereinbarungen versteht man die im Vorfeld einer Mitgliederversamm- 219 lung getroffene Vereinbarung mehrerer Vereinsmitglieder, in bestimmter Art und Weise abzustimmen.

Beispiel:

Vereinbarung, eine bestimmte Person zum Vorstand zu wählen oder gegen eine bestimmte Satzungsänderung zu stimmen.

Da jedes einzelne Mitglied grundsätzlich frei in seiner Entscheidung zur Abstimmung 220 ist, bestehen gegen solche Vereinbarungen keine grundsätzlichen Bedenken.[858] Etwas anderes gilt nur dann, wenn die Satzung Stimmrechtsvereinbarungen verbietet oder diese gegen Gesetze oder die guten Sitten verstoßen.[859] Unzulässig sind ferner der **Stimmrechtskauf**[860] sowie der **Missbrauch** der Stimmbindung zur Umgehung gesetzlicher Stimmverbote.[861] In diesen Fällen (→ Rn. 221 zu den sonstigen Fällen) sind die aufgrund

[851] MüKoBGB/*Leuschner* BGB § 34 Rn. 8.
[852] *Sauter/Schweyer/Waldner* Eingetragener Verein Rn. 202b.
[853] Palandt/*Ellenberger* BGB § 34 Rn. 2; *Stöber/Otto* Rn. 821.
[854] OLG Frankfurt a. M. Rpfleger 2009, 321 für die GmbH.
[855] LG Wuppertal MittBayNot 1973, 24; *Stöber/Otto* Rn. 720.
[856] BGH NJW 1968, 543 (545).
[857] BGH NJW 1968, 543 (545); *Stöber/Otto* Rn. 721.
[858] MüKoBGB/*Leuschner* BGB § 32 Rn. 36; Palandt/*Ellenberger* BGB § 32 Rn. 8.
[859] *Märkle/Alber* S. 72.
[860] MüKoBGB/*Leuschner* BGB § 32 Rn. 36; *Sauter/Schweyer/Waldner* Eingetragener Verein Rn. 201.
[861] MüKoBGB/*Leuschner* BGB § 32 Rn. 36.

der Vereinbarung abgegebenen Stimmen unwirksam. Die **Unwirksamkeit** kann sich auf die gefassten Beschlüsse auswirken, sofern sie das Beschlussergebnis beeinflusst.[862]

221 Stimmrechtsvereinbarungen wirken nur zwischen den betroffenen Vereinsmitgliedern. So hat ein Verstoß gegen die Vereinbarung keine Auswirkung auf die Gültigkeit der Stimme bzw. die Wirksamkeit des Beschlusses.[863] Allerdings kann sich ein gegen die Vereinbarung verstoßendes Mitglied gegenüber den anderen **schadensersatzpflichtig** machen.[864] Stimmbindungen gegenüber Nichtmitgliedern sind wohl nur bei Vorliegen eines wichtigen Grundes zulässig.[865]

> **Hinweis:**
>
> Unklar ist, ob eine zivilrechtliche Klage gegen ein Vereinsmitglied auf vereinbarungsgemäße Abstimmung zulässig ist. Für die GmbH wurde dies bereits bejaht, wobei das Urteil nach § 894 ZPO für vollstreckbar erklärt wurde.[866] Eine gerichtliche Entscheidung für den Verein liegt jedoch, soweit ersichtlich, noch nicht vor.

VI. Beurkundung der Beschlüsse

1. Rechtsgrundlage und Zweck

222 Gemäß § 58 Nr. 4 BGB soll die Satzung eines Vereins Bestimmungen über die Beurkundung der Beschlüsse der Mitgliederversammlung enthalten. Enthält die Satzung keine solche Bestimmung, ist der Rechtspfleger verpflichtet, dies bei der Eintragung gem. § 60 BGB zu beanstanden. Unter dem Begriff Beurkundung versteht man dabei das schriftliche Festhalten sämtlicher Beschlüsse, üblicherweise in einem Versammlungsprotokoll.

223 Die Protokollierung erfolgt hauptsächlich zu **Beweiszwecken,** da der satzungsgemäß beurkundete Protokollinhalt als Privaturkunde den vollen Beweis für die Richtigkeit und Vollständigkeit des Beurkundeten erbringt (§ 416 ZPO), solange nicht das Gegenteil bewiesen ist.[867] Sind Urkunden durch äußere Mängel, wie Radierungen, Durchstreichungen etc. behaftet, so entscheidet das Gericht nach freier Überzeugung, inwieweit diese den Beweiswert aufheben oder mindern, § 419 ZPO.[868] Ist bewiesen, dass die Protokollierung unrichtig erfolgte, so ist der Beschluss im Rechtsverkehr nicht nachgewiesen. Auch Verstöße gegen Satzungsbestimmungen zur Protokollierung schmälern regelmäßig den Beweiswert der Urkunde.[869]

224 Das Protokoll dient der Information der Mitglieder über Inhalt und Zustandekommen der Beschlüsse, auch zur Vorbereitung eines etwaigen gerichtlichen Vorgehens. Eine Protokollierung ist unumgänglich, wenn die gefassten Beschlüsse in das **Vereinsregister** eingetragen werden müssen.[870] Das Registergericht muss in diesem Fall nämlich prüfen, ob der entsprechende Beschluss wirksam zustande gekommen ist. Aus diesem Grund ist den Eintragungsanträgen regelmäßig eine Beschlussabschrift beizufügen (vgl. zB §§ 59 Abs. 2, 67 Abs. 1 S. 2, 71 Abs. 1 S. 3, 74 Abs. 2 S. 2, 76 Abs. 2 S. 4 BGB etc.).[871] Die Beurkun-

---

[862] *Sauter/Schweyer/Waldner* Eingetragener Verein Rn. 201.

[863] BeckOK BGB/*Schöpflin* BGB § 32 Rn. 22; MüKoBGB/*Leuschner* BGB § 32 Rn. 37; Palandt/*Ellenberger* BGB § 32 Rn. 8.

[864] *Märkle/Alber* S. 72; *Sauter/Schweyer/Waldner* Eingetragener Verein Rn. 201.

[865] BGH NJW 1967, 1963 für die GmbH; BeckOK BGB/*Schöpflin* BGB § 32 Rn. 22; MüKoBGB/*Leuschner* BGB § 32 Rn. 37.

[866] BGH NJW-RR 1989, 1056.

[867] *Stöber/Otto* Rn. 881, 897.

[868] *Stöber/Otto* Rn. 887.

[869] *Stöber/Otto* Rn. 897.

[870] *Märkle/Alber* S. 75.

[871] *Sauter/Schweyer/Waldner* Eingetragener Verein Rn. 127; *Stöber/Otto* Rn. 882.

dung der Beschlüsse ist jedoch keine Wirksamkeitsvoraussetzung, es sei denn, die Satzung ordnet dies ausdrücklich an.[872]

Hinweis:

Satzungsbestimmungen, wonach die **Niederschrift** durch die spätere Mitgliederversammlung zu **genehmigen** ist, bedeuten nicht, dass die Genehmigung Wirksamkeitsvoraussetzung ist. Vielmehr soll den Mitgliedern Kenntnis vom Protokollinhalt verschafft und ihnen die Möglichkeit gegeben werden, Tatsachen zu berichtigen oder etwaige Einwendungen vorzubringen. Dies schafft eine sichere Grundlage für die Umsetzung der Beschlüsse. Wird das Protokoll von allen Mitgliedern genehmigt, so wird das satzungsmäßige Zustandekommen der Beschlüsse vermutet. Spätere Einwände sind jedoch nicht ausgeschlossen. Es kehrt sich lediglich die **Beweislast** dergestalt um, dass das die Unwirksamkeit rügende Mitglied beweispflichtig ist, soweit sich die Mängel nicht direkt aus der Niederschrift ergeben.[873]

Der Begriff Beurkundung ist im untechnischen Sinne zu verstehen. Er verlangt eine 225
private Niederschrift, jedoch keine notarielle Beurkundung iSv § 128 BGB,[874] es sei denn, eine solche ist ausnahmsweise gesetzlich vorgeschrieben, wie etwa bei Umwandlungsvorgängen gem. § 13 Abs. 3 UmwG. Eine **Privaturkunde** hat jedoch nicht die Beweiskraft einer notariell beurkundeten und damit öffentlichen Urkunde. Daher darf das Registergericht bei begründeten Zweifeln Nachweise zu protokollierten Beschlüssen verlangen.[875]

Hinweis:

Da es sich bei der Niederschrift um eine Privaturkunde handelt, ist ihre Verfälschung, unechte Herstellung usw gem. § 267 StGB strafbar.[876]

Für virtuelle Mitgliederversammlungen ergeben sich keine Besonderheiten. Eine digitale Aufzeichnung anstelle eines Protokolls bzw. zur Unterstützung der nachträglichen Protokollerstellung ist nicht sinnvoll bzw. nicht ohne weiteres zulässig[877] (→ Rn. 156 ff.).

2. Satzungsbestimmungen

Die Satzung sollte die Anfertigung eines Versammlungsprotokolls verbindlich festlegen, 226
ebenso die Person der Unterzeichner, die die Verantwortung für die Anfertigung sowie inhaltliche Richtigkeit und Vollständigkeit des Protokolls übernehmen. Hierfür kommen sowohl der Versammlungsleiter als auch der Schriftführer oder der Vorstandsvorsitzende in Betracht. Üblich ist es, für die Unterzeichnung zwei Personen vorzusehen.[878]

Formulierungsbeispiel: Protokoll[879] (Satzungsbestandteil) 227

§ 4. Mitgliederversammlung

(9) Über die in Mitgliederversammlungen gefassten Beschlüsse ist eine Niederschrift in Form eines Ergebnisprotokolls aufzunehmen. Die Niederschrift ist vom Versammlungsleiter und vom Protokollführer zu unterzeichnen. Jedes Vereinsmitglied kann Einsicht in das Protokoll verlangen.

[872] *Wörle-Himmel* Vereine gründen S. 170.
[873] BGH NJW 1968, 543 (544 f.); *Sauter/Schweyer/Waldner* Eingetragener Verein Rn. 129; *Stöber/Otto* Rn. 896.
[874] *Wörle-Himmel* VereinsR S. 42 f.
[875] BGH Rpfleger 2005, 317; *Stöber/Otto* Rn. 882.
[876] *Stöber/Otto* Rn. 901.
[877] *Schindler/Schaffner* Virtuelle Beschlussfassung § 4 Rn. 697.
[878] *Stöber/Otto* Rn. 882.
[879] Angelehnt am *Stöber/Otto* Anh. S. 678.

228 Einzelheiten zum Inhalt der Urkunde müssen in der Satzung nicht aufgenommen werden.[880] Grundsätzlich kann die Satzung nähere Einzelheiten zur Protokollierung auch der Geschäftsordnung überlassen.[881]

229 Üblich ist es, eine Niederschrift aufzunehmen. Zur Aufzeichnung der Mitgliederversammlung auf Tonband oder Video → Rn. 156 ff.

230 Das Gesetz schreibt nicht vor, in welcher **Form** die Protokolle anzufertigen oder aufzubewahren sind. In Betracht kommen Anfertigung mittels Handschrift, Maschinenschrift, Computerausdruck etc. Als Form der Aufbewahrung sind sowohl lose Blätter als auch Protokollbücher möglich. Satzungsbestimmungen, wonach Niederschriften in ein **Protokollbuch** aufgenommen werden müssen, führen nicht dazu, dass die im Übrigen satzungsmäßigen losen Protokolle nicht wirksam beurkundet sind. Vielmehr regelt diese Bestimmung lediglich die Form der Aufbewahrung und kann vom Registergericht daher nicht bemängelt werden.[882]

3. Urkundsperson

231 Bei der Niederschrift handelt es sich um einen reinen Bericht, in dem jeder Unterzeichner seine eigenen Wahrnehmungen bekundet. Daher müssen die Unterzeichner an der Mitgliederversammlung selbst teilgenommen und auch das Ergebnis der Abstimmung selbst festgestellt haben. Ist das nicht der Fall, so ist dies im Protokoll ausdrücklich zu vermerken. Erscheint die in der Satzung vorgesehene Urkundsperson nicht zur Mitgliederversammlung, so hat diese über einen neuen Unterzeichner abzustimmen.[883]

Hinweis:

Es ist nicht sinnvoll, den Inhaber eines bestimmten Vereinsamtes (zB Schatzmeister) durch Satzung zur Urkundsperson zu bestimmen. Flexibler ist die Regelung, dass der Protokollführer und/oder der Versammlungsleiter die Niederschrift unterzeichnen müssen.

232 Wechselt die Person des Unterzeichners während der laufenden Mitgliederversammlung zB durch Wahl eines neuen Versammlungsleiters, so hat jede Urkundsperson den Teil der Niederschrift zu unterzeichnen, für den sie verantwortlich ist.[884] Auch unterschiedliche Ansichten mehrere Protokollführer über die eigenen Wahrnehmungen sollten dargelegt werden, sofern diesbezüglich keine Abstimmung möglich ist.[885]

4. Unterzeichnung des Protokolls

233 Die Urkundsperson hat das Protokoll **eigenhändig** mit vollem Namen zu unterschreiben, eine Paraphe oder ein Faksimilestempel genügen nicht.[886] Im Übrigen ist der Unterzeichner nicht verpflichtet, seiner Unterschrift seine Funktion im Verein hinzuzufügen. Das ergibt sich weder aus Satzungsbestimmungen, wonach bestimmte Personen das Protokoll zu unterzeichnen haben, noch aus dem Gesetz. Es ist auch keine Wirksamkeitsvoraussetzung oder aus Beweisgründen geboten, da nachgewiesen werden kann, wer das Protokoll unterzeichnet hat. Allerdings ist das **Hinzufügen der Funktion** zu empfehlen, wenn Beschlüsse in das Vereinsregister eingetragen werden sollen, da das Registergericht Nachweise zur Funktion des Unterzeichners verlangen kann.[887]

---

[880] *Stöber/Otto* Rn. 886; *Wörle-Himmel* VereinsR S. 43.
[881] *Sauter/Schweyer/Waldner* Eingetragener Verein Rn. 128.
[882] *Stöber/Otto* Rn. 885.
[883] *Stöber/Otto* Rn. 883.
[884] *Stöber/Otto* Rn. 883.
[885] *Stöber/Otto* Rn. 888.
[886] *Stöber/Otto* Rn. 892.
[887] *Märkle/Alber* S. 75; *Stöber/Otto* Rn. 884.

5. Inhalt des Protokolls

In der Niederschrift muss, soweit nicht anders in der Satzung bestimmt, nicht der gesamte Ablauf der Versammlung wiedergegeben werden (sog. Ablaufprotokoll). Ausreichend ist ein sog. **Ergebnisprotokoll,** das sämtliche Beschlussergebnisse sowie geäußerte Widersprüche enthält.[888] 234

a) Erforderliche Angaben. In das Protokoll sind folgende Angaben zwingend aufzunehmen: 235

- **Versammlungsort und -datum** einschließlich Angabe der Uhrzeit,
- **Name des Versammlungsleiters** und des Protokollführers,
- Anzahl der anwesenden stimmberechtigten Mitglieder einschließlich der zulässigerweise vertretenen Mitglieder,[889]
- Art der **Abstimmung** (schriftlich, mündlich, Akklamation, Handzeichen, geheime Wahl etc.) sowie ggf. Art der **Auszählung** (bei Verwendung der Subtraktionsmethode zusätzlich die Gesamtzahl der anwesenden Mitglieder sowie welche Maßnahmen zur Sicherstellung der Ermittlung der anwesenden Mitglieder ergriffen wurden, wobei erfolgte Veränderungen in der Präsenz bei der jeweiligen Abstimmung mitzuteilen sind),[890]
- **Wortlaut** der gefassten **Beschlüsse** sowie das dazugehörige **Abstimmungsergebnis,** wobei die genaue Anzahl der Ja- und Nein-Stimmen, der Enthaltungen und ungültige Stimmen in Zahlen anzugeben sind (mit Ausnahme bei der Subtraktionsmethode, → Rn. 188),[891] ebenso Unstimmigkeiten bei den Stimmauszählungen mit besonderer Erläuterung,[892]
- bei Vergabe von Ämtern den vollständigen Namen des Gewählten (Vor- und Nachname), Adresse, ggf. Berufsbezeichnung, das zugewiesene Amt sowie die Erklärung über die Annahme des Amtes,[893]
- Zeitpunkt der **Schließung der Versammlung,**[894]
- **Unterschrift** des Protokollführers sowie der nach der Satzung zur Unterschrift vorgesehenen Personen.

Bei der Angabe des Abstimmungsergebnisses ist auf eine präzise Wortwahl zu achten. Ungenaue Angaben wie „überwältigende Mehrheit" oder „große Mehrheit" oder gar der Ausdruck, der Beschluss sei „angenommen", sind abzulehnen, insbesondere wenn im Einzelfall eine qualifizierte Mehrheit erforderlich ist.[895] Bei Satzungsänderungen ist der genaue Wortlaut der Änderung festzuhalten, das gilt erst recht bei einer Satzungsneufassung. Die neu gefassten Satzungsbestandteile bzw. die neue Satzung sollten dem Protokoll als Anlage beigefügt werden (→ Rn. 240). 236

b) Fakultative Angaben. Folgende Angaben können je nach den Umständen des Einzelfalls getätigt werden: 237

- Feststellung der satzungsgemäßen Einberufung der Mitgliederversammlung,
- Feststellung der **Beschlussfähigkeit** (sofern die Satzung diesbezügliche Vorgaben enthält),

---

[888] *Sauter/Schweyer/Waldner* Eingetragener Verein Rn. 127; *Stöber/Otto* Rn. 881.
[889] *Wörle-Himmel* VereinsR S. 43.
[890] *Stöber/Otto* Rn. 886.
[891] *Sauter/Schweyer/Waldner* Eingetragener Verein Rn. 127.
[892] *Stöber/Otto* Rn. 886, 888.
[893] *Scheffer* DStR 2011, 2053 (2056); *Stöber/Otto* Rn. 886; notfalls kann die Anmeldung zum Vereinsregister als Annahmeerklärung ausgelegt werden, vgl. BayObLG NJW-RR 1997, 289.
[894] *Wörle-Himmel* VereinsR S. 44.
[895] BGH NJW 1968, 543 (544); *Sauter/Schweyer/Waldner* Eingetragener Verein Rn. 128; *Stöber/Otto* Rn. 886; *Wilken* ZStV 2020, 34 (36).

- **Tagesordnung** einschließlich der Feststellung, dass diese bei Einberufung ordnungsgemäß mitgeteilt wurde bzw. ihre Mitteilung nach der Satzung nicht erforderlich ist,[896]
- gestellte **Anträge,**
- den groben Verlauf der Mitgliederversammlung,
- vorgebrachter Widerspruch gegen einen Beschluss oder geäußerte Bedenken hinsichtlich der Wirksamkeit eines Beschlusses oder sonstige Beanstandungen,
- Angabe, ob es sich um eine ordentliche oder außerordentliche Versammlung handelt,[897]

237a Nicht zwingend im Protokoll festgehalten werden müssen:

- Inhalt der Diskussion,
- einzelne Wortmeldungen, Anträge und Diskussionsbeiträge,
- genauer Verlauf der Mitgliederversammlung,[898]
- Präsenzliste.[899]

238 **c) Angaben nach Ermessen.** Sofern die Satzung nichts anderes bestimmt, liegt es im Ermessen des Protokollführers, Einzelheiten über das erforderliche Maß hinaus aufzunehmen und das Ergebnisprotokoll so einem **Ablaufprotokoll** anzunähern.[900] Die einzelnen Vereinsmitglieder haben jedoch keinen Anspruch auf ein Ablaufprotokoll, in das die einzelnen Diskussionsbeiträge, insbesondere ihre eigenen, wortwörtlich aufgenommen werden.[901] Wie ausführlich das Protokoll sein kann oder sollte, dürfte sich aus den jeweiligen Umständen des Einzelfalls ergeben, wie Größe und Zusammensetzung des Vereins, Bedeutung des Festhaltens von Diskussionsbeiträgen für die Öffentlichkeit, das Vereinsleben oder die Historie.[902] Der Inhalt der Diskussion sowie der einzelnen Anträge kann für eine spätere Auslegung der gefassten Beschlüsse von Bedeutung sein.

239 **d) Wegzulassende Angaben.** Ein Protokoll sollte übersichtlich, knapp und präzise sein. Die folgenden Angaben sollten daher weggelassen werden:

- Wiederholungen,
- Nebensächlichkeiten.

240 **e) Anlagen zum Protokoll.** Sollen dem Protokoll **Anlagen** beigefügt werden, was sich insbesondere bei Satzungsänderungen und Satzungsneufassungen empfiehlt, so ist in der Niederschrift auf die Anlage zu verweisen. Diese ist dem Protokoll mit der Bezeichnung „Anlage *** zur Niederschrift über die Mitgliederversammlung vom ***" beizufügen[903] und von den Urkundspersonen ebenfalls abzuzeichnen.[904]

241 **Formulierungsbeispiel: Protokoll einer Mitgliederversammlung**[905]

Protokoll der Mitgliederversammlung des Vereins *** e.V. mit dem Sitz in ***

Zeitpunkt der Mitgliederversammlung: ***

Ort der Mitgliederversammlung: *** *[genaue Bezeichnung der Örtlichkeit]*

Beginn: *** Uhr

Ende: *** Uhr

---

[896] *Sauter/Schweyer/Waldner* Eingetragener Verein Rn. 127; aM zwingender Inhalt: *Wörle-Himmel* VereinsR S. 43.
[897] *Wörle-Himmel* Vereine gründen S. 170.
[898] *Stöber/Otto* Rn. 887.
[899] *Sauter/Schweyer/Waldner* Eingetragener Verein Rn. 128.
[900] *Sauter/Schweyer/Waldner* Eingetragener Verein Rn. 127.
[901] *Stöber/Otto* Rn. 899.
[902] *Stöber/Otto* Rn. 889.
[903] *Stöber/Otto* Rn. 894.
[904] *Sauter/Schweyer/Waldner* Eingetragener Verein Rn. 128.
[905] Angelehnt an *Sauter/Schweyer/Waldner* Eingetragener Verein Rn. 636; *Stöber/Otto* S. 405 f.

Anwesende: Vgl. Anwesenheitsliste, die als Anlage beigefügt ist

Versammlungsleiter: ***

Protokollführer: ***

Der/Die Versammlungsleiter/in *** eröffnete um *** Uhr die Mitgliederversammlung, begrüßte die anwesenden Mitglieder und stellt die form- und fristgerechte Einberufung der Mitgliederversammlung sowie die Beschlussfähigkeit fest. Der/die Versammlungsleiter/in gab die Tagesordnungspunkte gemäß dem Einladungsschreiben bekannt.

1. Geschäftsbericht des Vorstandes für das vergangene Jahr sowie Jahresrückblick, Entlastung des Vorstandes
2. Verlesung des Protokolls der letzten Mitgliederversammlung
3. Neuwahl des Vorstandes
4. Satzungsänderung
5. Verschiedenes

Zu Punkt 1:

Der/Die 1. Vorsitzende erstattete sodann den Bericht für das vergangene Jahr ***.

Zu Punkt 2:

Der Protokollführer verlas das Protokoll der letzten Mitgliederversammlung vom ***. Einwendungen wurden nicht erhoben. Alle erschienenen Mitglieder genehmigten das Protokoll.

Zu Punkt 3:

Die Neuwahlen wurden gemäß der Satzung schriftlich vorgenommen. Sie brachten folgendes Ergebnis:

Zum 1. Vorsitzenden wurde gewählt:

Herr *** *[Max Mustermann]*, *** *[Berufsbezeichnung]*

geboren am ***

wohnhaft in ***

mit 50 Stimmen bei zwei Enthaltungen und drei Gegenstimmen

Zum Kassierer wurde gewählt:

Frau *** *[Lisa Mustermann]*, *** *[Berufsbezeichnung]*

geboren am ***

wohnhaft in ***

mit 48 Stimmen bei fünf Enthaltungen und zwei Gegenstimmen

*** *[Max Mustermann]* und *** *[Lisa Mustermann]* nahmen die Wahl jeweils an.

Zu Punkt 4:

Die Mitgliederversammlung hat mit 55 Stimmen in einer schriftlichen Abstimmung beschlossen, dass § 4 der Satzung des Vereins wie folgt zu ändern ist:

*** *[geänderter neuer Satzungswortlaut]*

Zu Punkt 5:

***

Die Versammlung wurde um *** Uhr geschlossen.

Unterschrift Versammlungsleiter *Unterschrift Protokollführer*

6. Zeitpunkt der Protokollerstellung

242 Gesetzliche Vorgaben hierzu existieren nicht. Dennoch empfiehlt es sich, das Protokoll entweder während der Versammlung oder **zeitnah** danach zu erstellen, wobei letztere Variante in der Praxis am häufigsten verbreitet sein dürfte. Dann sollten aber schon während der Versammlung konkrete Aufzeichnungen angefertigt werden.[906] Je größer der Zeitabstand zwischen der Mitgliederversammlung und der Erstellung des Protokolls ist, desto eher verliert die Niederschrift ihre **Beweiskraft.** Die vorläufigen Aufzeichnungen sind nur dann aufzubewahren oder der Niederschrift beifügen, wenn die Satzung dies vorsieht. Trotzdem kann sich die Aufbewahrung über einen längeren Zeitraum zu Beweiszwecken empfehlen.[907]

7. Einsicht

243 Vereinsmitglieder haben Anspruch auf Einsicht in das jeweilige Protokoll.[908] Das Einsichtsrecht erstreckt sich jedoch nicht auf die dazugehörigen Notizen des Protokollführers.[909]

244 Gleiches gilt hinsichtlich des Anspruchs der Mitglieder auf eine vollständige Abschrift der Aufnahme, wenn die Versammlung auf Tonband aufgezeichnet wurde.[910] Jedes Mitglied kann lediglich eine Abschrift seiner eigenen Fragen und Beiträge sowie der Reden und Antworten des Vorstands bzw. Versammlungsleiters gegen Kostenerstattung verlangen, alternativ das Abhören dieser Passagen.[911] Zwar hat kein Mitglied Anspruch auf wortwörtliche Wiedergabe seiner Beiträge im Protokoll. Nach umstrittener Auffassung soll aber jedes Mitglied, das an der Versammlung teilgenommen hat, eigene Erklärungen zum Protokoll hinzufügen können, unabhängig davon, ob dies für Beschlüsse oder ihre Auslegung relevant ist.[912]

8. Nachträgliche Berichtigung des Protokolls

245 **a) Offensichtliche Unrichtigkeiten.** Die Niederschrift kann nach den Vorschriften der ZPO (§ 164 Abs. 1 iVm § 319 ZPO) nachträglich berichtigt werden, sofern es sich um **offensichtliche Unrichtigkeiten** handelt. Die Berichtigung genießt dann die gleiche **Beweiskraft** wie das Protokoll.[913]

Beispiele:

Schreibversehen oder offenkundige Rechenfehler, vergessene Beschlüsse oder nicht zutreffend wiedergegebene Beschlüsse etc.[914]

246 Voraussetzung hierfür ist, dass die Richtigstellung wahrheitsgemäß erfolgt und das Versehen erkennbar bei Abfassung des Protokolls unterlaufen ist. Unklarheiten, die bereits in der Mitgliederversammlung bestanden, können nicht als offensichtliche Unrichtigkeit nachträglich berichtigt werden.[915]

247 Der Vermerk muss auf dem Protokoll selbst oder einem Zusatz angebracht werden, der mit der Niederschrift verbunden wird und von den Unterzeichnern des Protokolls zu unterschreiben ist. Dies gilt unabhängig davon, ob diejenigen dann noch die entsprechenden Funktionen wie zB Protokollführer oder Versammlungsleiter innehaben. Wenn der Proto-

---

906 *Sauter/Schweyer/Waldner* Eingetragener Verein Rn. 128.
907 *Stöber/Otto* Rn. 892.
908 *Sauter/Schweyer/Waldner* Eingetragener Verein Rn. 128; *Stöber/Otto* Rn. 902.
909 *Sauter/Schweyer/Waldner* Eingetragener Verein Rn. 128.
910 BGH DNotZ 1995, 551; *Stöber/Otto* Rn. 902, 903.
911 BGH DNotZ 1995, 551; *Sauter/Schweyer/Waldner* Eingetragener Verein Rn. 128; *Stöber/Otto* Rn. 902, 903.
912 *Stöber/Otto* Rn. 899.
913 *Stöber/Otto* Rn. 900.
914 *Stöber/Otto* Rn. 899.
915 *Stöber/Otto* Rn. 899.

kollunterzeichner zum Zeitpunkt der Berichtigung nicht mehr Vereinsmitglied ist, so kann er die Berichtigung nicht unterzeichnen. Dann kann aber auch der Amtsnachfolger dies nicht an seiner Stelle erledigen. Ist einer von mehreren Protokollunterzeichnern bei Unterschrift der Berichtigung verhindert, so muss dies im Protokoll vermerkt werden.[916]

b) Beleidigungen. Beleidigende Äußerungen der Urkundsperson im Protokoll können im Einzelfall unabhängig von offensichtlichen Unrichtigkeiten nachträglich zu berichtigen sein.[917] 248

VII. Beschlussmängel

1. Nichtigkeit und Anfechtbarkeit der gefassten Beschlüsse

Im Vereinsrecht sind Beschlüsse fehlerhaft, wenn sie gegen gesetzliche Vorschriften oder Satzungsbestimmungen verstoßen. Ist der Inhalt des Beschlusses fehlerhaft, so liegt ein **materieller** Verstoß vor, während Mängel bei Art und Weise seines Zustandekommens einen **formellen** Verstoß begründen.[918] 249

Das **Aktien- und Genossenschaftsrecht** unterscheidet bei fehlerhaften Beschlüssen grundsätzlich zwischen nichtigen und lediglich anfechtbaren Beschlüssen, vgl. §§ 241 ff. AktG für die AG und § 51 GenG sowie §§ 241 ff. AktG analog für die Genossenschaft. Beschlüsse, die an einem besonders schweren Mangel leiden, sind demgemäß nichtig, während anfechtbare Beschlüsse gültig sind, sofern sie nicht innerhalb einer bestimmten Frist durch Anfechtungsklage angegriffen werden. Das GmbH-Recht enthält keine entsprechenden Regelungen, die Rechtsprechung wendet in diesem Bereich jedoch grundsätzlich die Regelungen des Aktienrechts analog an.[919] Auch im Vereinsrecht existieren keine vergleichbaren Vorschriften zu fehlerhaft zustande gekommenen Beschlüssen. Zur nichtigen oder unwirksamen Stimmabgabe → Rn. 160. 250

2. Ansicht der Rechtsprechung

a) Generelle Unwirksamkeit. Nach Ansicht der Rechtsprechung können die Grundsätze zum Aktien- und Genossenschaftsrecht nicht auf den Verein übertragen werden, und zwar weder direkt noch analog.[920] Der Gesetzgeber habe wegen der geringeren Förmlichkeiten des Vereinsrechts und der Möglichkeit der **Feststellungsklage** bewusst kein praktisches Bedürfnis für das komplizierte Verfahren einer Anfechtungsklage gesehen.[921] Nach Ansicht der Rechtsprechung kann ein Beschluss demgemäß nur gültig oder ungültig sein. Nach früherer Ansicht des BGH hatte jeder fehlerhafte Beschluss, unabhängig davon, ob er auf einem Verstoß gegen das Gesetz oder die Satzung beruhte oder ob er formeller oder materieller Art war, die **Unwirksamkeit** zur Folge.[922] Nur wenn keine **Kausalität** zwischen dem Mangel und dem gefassten Beschluss bestand, war er ausnahmsweise wirksam.[923] 251

---

[916] *Stöber/Otto* Rn. 900.
[917] *Stöber/Otto* Rn. 899.
[918] OLG Hamm NJW-RR 2014, 472; BeckOK BGB/*Schöpflin* BGB § 32 Rn. 29.
[919] MüKoBGB/*Leuschner* BGB § 32 Rn. 53.
[920] BGH DStR 2007, 1970 (1973); NJW 1973, 235; KG Rpfleger 1971, 396; BeckOK BGB/*Schöpflin* BGB § 32 Rn. 29; Palandt/*Ellenberger* BGB § 32 Rn. 9; *Sauter/Schweyer/Waldner* Eingetragener Verein Rn. 212; *Wagner* NZG 2019, 46 (49).
[921] BGH DStR 2007, 1970 (1973); OLGZ 1971, 480; BeckOK BGB/*Schöpflin* BGB § 32 Rn. 29.
[922] OLG Hamm NJW-RR 2014, 472 (473); *Stöber/Otto* Rn. 862; so wohl auch noch *Wagner* NZG 2019, 46 (49).
[923] OLG Hamm NJW-RR 2014, 472 (473); BeckOK BGB/*Schöpflin* BGB § 32 Rn. 33; *Sauter/Schweyer/Waldner* Eingetragener Verein Rn. 212.

Beispiel:

Wurde ein Vereinsmitglied nicht geladen und konnte deshalb an der Mitgliederversammlung nicht teilnehmen, so waren die gefassten Beschlüsse dennoch wirksam, wenn feststand, dass die Beschlüsse bei ordnungsgemäßer Ladung ebenso gefasst worden wären.[924]

252 Davon zu unterscheiden sind bloße **nichtige einzelne Stimmabgaben,** etwa wegen Geschäftsunfähigkeit oder Anfechtung. Sie haben grundsätzlich keine Auswirkung auf die Wirksamkeit des Beschlusses, sofern dadurch nicht die erforderliche Mehrheit fehlt[925] (→ Rn. 160).

253 **b) Relevanz. aa) Übergeordnetes Gesamtinteresse des Vereins.** Materielle Beschlussmängel, also der inhaltliche Verstoß eines Beschlusses gegen zwingende gesetzliche oder satzungsmäßige Vorschriften (zB §§ 134, 138 BGB), führen stets zur Nichtigkeit.[926]

Nach der neuen sog. **Relevanztheorie** des BGH[927] kommt es dagegen bei Verfahrensmängeln nunmehr auf die Relevanz des Verfahrensfehlers für die Ausübung der mitgliedschaftlichen Rechte an und nicht mehr auf die Kausalität. Entscheidend ist, ob die verletzte Verfahrensnorm nach ihrem Schutzzweck der ordnungsgemäßen **Willensbildung des Vereins** dienen soll und damit im übergeordneten **Gesamtinteresse des Vereins**[928] dergestalt liegt, dass Verstöße bei wertender Betrachtung die Rechtsfolge der Nichtigkeit rechtfertigen.[929] Maßstab für die Relevanz des Verfahrensfehlers ist ein objektiv urteilendes Verbandsmitglied.[930] Demgemäß führen insbesondere folgende Beschlussmängel (vorbehaltlich ihrer Relevanz, → Rn. 255 ff.) zur **Nichtigkeit:**

(1) Fehler bei der Einberufung

254 – Ein oder mehrere Mitglieder wurden nicht zur Mitgliederversammlung eingeladen (→ Rn. 84).[931]
– Es ergehen **Doppeleinladungen** (zB Überschneiden der Einladung des Vorstands und der Einladung einer Minderheit, § 37 BGB, so dass Verwirrungsgefahr besteht)[932] (→ Rn. 54).
– Ein oder mehrere Mitglieder werden durch **unberechtigte Ordnungsmaßnahmen** an der Versammlungsteilnahme gehindert.[933]
– Eine fehlerhafte oder **unvollständige Mitteilung der Tagesordnung,** wobei es ausreicht, dass Tagesordnungspunkte nicht ausreichend bezeichnet worden sind, so dass eine sachgerechte Vorbereitung nicht möglich ist.[934] Unwesentlich ist dabei, dass ein Vereinsrechtsmitglied zufällig privat vom Inhalt der Tagesordnung Kenntnis erhält[935] (→ Rn. 75 ff.).

---

[924] BayObLG NJW-RR 1990, 784.
[925] *Märkle/Alber* S. 78.
[926] BeckOK BGB/*Schöpflin* BGB § 32 Rn. 29 mwN.
[927] BGH NJW 2008, 69.
[928] BeckOK BGB/*Schöpflin* BGB § 32 Rn. 36; *Scheffer* DStR 2011, 2053 (2057).
[929] OLG Brandenburg BeckRS 2012, 15690; zuletzt KG BeckRS 2019, 43898.
[930] BGH DStR 2007, 1970 (1974); zuletzt KG BeckRS 2019, 43898.
[931] BGH NJW 1973, 235 (236); BayObLG NZG 2002, 439 (440); NJW-RR 1997, 289 (290); OLGZ 1984, 11 (14); BayObLGZ 1963, 15 (18); BeckOK BGB/*Schöpflin* BGB § 32 Rn. 34: auf die Stimmberechtigung kommt es nicht an; Palandt/*Ellenberger* BGB § 32 Rn. 9; ferner *Sauter/Schweyer/Waldner* Eingetragener Verein Rn. 213a, der zutreffend darauf hinweist, dass derartige Fehler bei der Einladung größerer Vereine die Regel sein dürften; aM mit gleichem Argument *Stöber/Otto* Rn. 869; aM ebenfalls für die WEG: BGH WuM 2012, 573.
[932] *Märkle/Alber* S. 77; MHdB GesR V/*Waldner* § 25 Rn. 8; Palandt/*Ellenberger* BGB § 32 Rn. 3.
[933] *Stöber/Otto* Rn. 870.
[934] BGH DStR 2007, 1970 (1973); OLG Hamm NJW-RR 2014, 472 (473); OLG Zweibrücken BeckRS 2013, 08493; OLG Bremen BeckRS 2011, 22334; BeckOK BGB/*Schöpflin* BGB § 32 Rn. 31; *Märkle/Alber* S. 77; Palandt/*Ellenberger* BGB § 32 Rn. 9; *Stöber/Otto* Rn. 866.
[935] OLG Zweibrücken NZG 2002, 436 (437); OLG Hamm NJW-RR 1993, 468 (469).

– Die aufgrund einer **Eventualeinberufung** gefassten Beschlüsse, sofern für die Eventualeinberufung keine Satzungsgrundlage besteht[936] (→ Rn. 101).
– Einberufung der Mitgliederversammlung durch ein unzuständiges Organ[937] (→ Rn. 58, 58a).

(2) Fehler bei der Durchführung der Versammlung
– **Beschlussunfähigkeit** der Versammlung nach den Satzungsbestimmungen[938] (→ Rn. 161). 254a
– Beschlussfassung durch die Delegiertenversammlung (→ Rn. 279 ff.), deren Aufgabe und Zusammensetzung nicht ordnungsgemäß in der Satzung festgelegt sind.[939]
– Beschlussfassung über Angelegenheiten, für die die Mitgliederversammlung nicht zuständig ist.[940]
– Teilnahme von Nichtmitgliedern an der Versammlung.[941]
– Versammlungsleitung durch einen Nichtberechtigten[942] (→ Rn. 103 ff.).
– Durchführung der Mitgliederversammlung zu einer **unzumutbaren Zeit,** die mit einer gänzlich fehlenden Einladung gleichzusetzen ist (→ Rn. 98).[943] Wird dagegen der in der Satzung bestimmte Zeitpunkt für die Abhaltung der Mitgliederversammlung nicht eingehalten, so ist nicht von der Ungültigkeit der zu früh oder zu spät gefassten Beschlüsse auszugehen.[944]
– Durchführung von Block oder Listenwahlen ohne Satzungsgrundlage (→ Rn. 180 ff.).
– Pauschale Beschränkung der Redezeit für alle Mitglieder zu Beginn der Versammlung auf eine Minute und Schließung der ausgelegten Rednerliste[945] sowie weitere unzulässige Beschränkungen des Rede- und Stimmrechts.[946]
– Abstimmung über einen nicht formgerechten oder nicht fristgerechten Antrag.[947]

Im Fall einer virtuellen Versammlung muss die Wahl des Mediums, über das die Ver- 254b sammlung abgehalten wird, zumutbar sein. Gängige Videokonferenzplattformen sind sicher zulässig. Unzulässig dürfte das Installieren spezieller Software sein, die mit Kosten für das einzelne Mitglied verbunden ist.[948] Ihre Verwendung dürfte wohl zur Nichtigkeit der gleichwohl gefassten Beschlüsse führen. Gleiches gilt für eine spätere Änderung der Onlineplattform, da diese bei virtuellen Versammlungen den Status des Versammlungsortes einnimmt. Die Vergabe von Passwörtern erst kurz vor Versammlungsbeginn ist hingegen nicht zu beanstanden.[949]

bb) Fehlende Relevanz. Der Verfahrensfehler führt jedoch nur dann zu einem Mangel, 255 wenn er für die Ausübung der Mitgliedsrechte relevant ist. Ausschlaggebend ist, ob der Verfahrensfehler für ein objektiv urteilendes Mitglied **Relevanz** hat, also ob das Mitglied ohne den Verfahrensfehler eine andere Entscheidung getroffen hätte.[950]

---

936 BeckOK BGB/*Schöpflin* BGB § 32 Rn. 31; Palandt/*Ellenberger* BGB § 32 Rn. 9; *Stöber/Otto* Rn. 789.
937 OLG Düsseldorf BeckRS 2016, 06346; BayObLGZ 1989, 298; BayObLGZ 1963, 15 (18); BeckOK BGB/*Schöpflin* BGB § 32 Rn. 36; MüKoBGB/*Leuschner* BGB § 32 Rn. 56; Palandt/*Ellenberger* BGB § 32 Rn. 9.
938 MüKoBGB/*Leuschner* BGB § 32 Rn. 56; *Stöber/Otto* Rn. 866.
939 *Stöber/Otto* Rn. 866.
940 BayObLGZ 1986, 528 (535).
941 BGH NJW 1968, 543 (544); BeckOK BGB/*Schöpflin* BGB § 32 Rn. 32.1; Palandt/*Ellenberger* BGB § 32 Rn. 9.
942 BayObLGZ 1963, 15 (18); LG Bonn Rpfleger 1985, 198; BeckOK BGB/*Schöpflin* BGB § 32 Rn. 32.1; Palandt/*Ellenberger* BGB § 32 Rn. 9; *Stöber/Otto* Rn. 722, 866.
943 BayObLG FGPrax 2004, 295 (297).
944 *Sauter/Schweyer/Waldner* Eingetragener Verein Rn. 174.
945 KG BeckRS 2019, 43898.
946 BeckOK BGB/*Schöpflin* BGB § 32 Rn. 32.1.
947 BeckOK BGB/*Schöpflin* BGB § 32 Rn. 32.1 mwN.
948 *Schindler/Schaffner* Virtuelle Beschlussfassung § 4 Rn. 701.
949 *Schindler/Schaffner* Virtuelle Beschlussfassung § 4 Rn. 702.
950 OLG Hamm BeckRS 2013, 12644; Palandt/*Ellenberger* BGB § 32 Rn. 10; *Stöber/Otto* Rn. 863.

256 An der Relevanz fehlt es insbesondere in folgenden Fällen:

- Sämtliche Mitglieder erscheinen zur Versammlung und **verzichten** (zumindest konkludent) auf die Einhaltung der Förmlichkeiten, indem sie in Kenntnis des Mangels nicht widersprechen und Beschlüsse fassen bzw. die nicht zur Versammlung erschienenen Mitglieder stimmen der Beschlussfassung zusätzlich schriftlich gem. § 32 Abs. 2 BGB zu.[951]
- Die nicht oder fehlerhaft eingeladenen Vereinsmitglieder erscheinen zur Versammlung und erklären sich ausdrücklich mit der Beschlussfassung einverstanden oder nehmen widerspruchslos an der Abstimmung teil und zeigen so ihre konkludente Zustimmung.[952]
- Ein nichteingeladenes Mitglied hätte sowieso nicht an der Versammlung teilnehmen können oder wollen, vorausgesetzt der unterlassenen Einladung liegt ein Versehen oder entschuldbarer Rechtsirrtum zugrunde.[953]
- Eine Mitgliederversammlung wird nach dem Tod eines Vorstandsmitglieds von den übrigen Vorstandsmitgliedern einberufen, wobei feststeht, dass auch ein bestellter Notvorstand nicht anders eingeladen hätte.[954]
- Trotz fehlendem Hinweis auf die geringeren Anforderungen an die Beschlussfähigkeit einer Wiederholungsversammlung erscheint bei der Wiederholungsversammlung die für die erste Versammlung erforderliche Anzahl an stimmberechtigten Mitgliedern, so dass die Beschlussfähigkeit für die Erstversammlung erreicht wird.[955]
- Trotz fehlerhafter Einladung steht fest, dass die auf der Mitgliederversammlung gefassten Beschlüsse auch bei einer ordnungsgemäßen Einladung gleichlautend gefasst worden wären.[956]
- Bei Teilnahme von Dritten an der Beschlussfassung steht fest, dass die Stimmen der Dritten keine Auswirkung auf das Abstimmungsergebnis hatten (→ Rn. 218).[957]
- Bei Durchführung einer Blockwahl zur Wahl des Vereinsvorstandes ohne entsprechende Satzungsgrundlage, wenn der Vorschlag zur Blockwahl aus dem Kreis der Mitglieder kommt, eine streitige Diskussion nicht stattfindet und alle Mitglieder der Neubesetzung des Vorstandes zustimmen.[958]

257 **cc) Beweislast.** Der Verein trägt dabei die **Beweislast** für die fehlende Relevanz.[959] Diese Beweislast kann sich nur dann umkehren, wenn das Protokoll der betroffenen Mitgliederversammlung in einer späteren Mitgliederversammlung zunächst von allen widerspruchslos genehmigt worden ist[960] (→ Rn. 224). Bei inhaltlichen Einberufungsmängeln sind **strenge Anforderungen** an den Beweis der fehlenden Relevanz zu knüpfen.[961]

Beispiele:

Wenn einzelne Mitglieder nicht zur Mitgliederversammlung geladen oder durch unbegründete Ordnungsmaßnahmen von der Versammlung ferngehalten wurden, so lässt sich der Beweis der fehlenden Relevanz nicht anhand des erzielten Abstimmungsergebnisses füh-

---

[951] BGH NZG 2001, 901 (902); NJW 1973, 235 (236); OLG Zweibrücken NZG 2002, 436 (437); OLG Naumburg NZG 2001, 901; OLGZ 1984, 11 (15); BeckOK BGB/*Schöpflin* BGB § 32 Rn. 37; MHdB GesR V/*Waldner* § 25 Rn. 23; MüKoBGB/*Leuschner* BGB § 32 Rn. 56; Palandt/*Ellenberger* BGB § 32 Rn. 4; *Stöber/Otto* Rn. 690.

[952] Palandt/*Ellenberger* BGB § 32 Rn. 10; *Stöber/Otto* Rn. 869, 690.

[953] *Sauter/Schweyer/Waldner* Eingetragener Verein Rn. 213a, der von fehlendem Beruhen spricht, was aber der alten Rechtsprechung des BGH entspricht; → Rn. 251.

[954] OLG Köln Rpfleger 1983, 158; BeckOK BGB/*Schöpflin* BGB § 32 Rn. 34.

[955] OLG Köln Rpfleger 2009, 237; OLG Frankfurt a. M. Rpfleger 1983, 22; *Sauter/Schweyer/Waldner* Eingetragener Verein Rn. 205; *Scheffer* DStR 2011, 2053 (2056); *Stöber/Otto* Rn. 789f.

[956] BayObLG FGPrax 2004, 295.

[957] LG Wuppertal MittBayNot 1973, 24; *Stöber/Otto* Rn. 720.

[958] OLG Bremen NZG 2016, 1192.

[959] OLG Hamm NJW-RR 2014, 472 (473); MüKoBGB/*Leuschner* BGB § 32 Rn. 55.

[960] BGH NJW 1968, 543 (544); BeckOK BGB/*Schöpflin* BGB § 32 Rn. 34; MüKoBGB/*Leuschner* BGB § 32 Rn. 55; *Sauter/Schweyer/Waldner* Eingetragener Verein Rn. 129.

[961] BGH NJW 1998, 684 (685) zur GmbH; BeckOK BGB/*Schöpflin* BGB § 32 Rn. 34.

ren, wenn vor der Abstimmung eine Aussprache stattfindet. In diesem Fall lässt sich nicht ausschließen, dass die Mitwirkung des fehlenden Mitglieds zB durch Wortmeldungen und Beiträge auch die anderen Mitglieder beeinflusst und somit zu einem anderen Beschlussergebnis geführt hätte.[962] Gleiches gilt auch bei unrichtiger Ankündigung der Tagesordnung, da sie einen maßgeblichen Einfluss auf die Entscheidung des Mitglieds zur Teilnahme hat und nicht auszuschließen ist, dass das ferngebliebene Mitglied auf eine andere Beschlussfassung hingewirkt hätte.[963]

c) Rüge. Werden hingegen Verfahrensvorschriften verletzt, die der Mitwirkung des **einzelnen Vereinsmitglieds** an der Willensbildung des Vereins zu dienen bestimmt sind, so geht die Rechtsprechung nicht von einer automatischen Nichtigkeit aus. Vielmehr sollen Verstöße erst dann zur Nichtigkeit führen, wenn das betroffene Vereinsmitglied eine entsprechende **Rüge** erhebt.[964] 258

Beispiel:

Verstöße gegen Gesetze bzw. Satzungsvorgaben zu Zeitpunkt und Ort der Mitgliederversammlung (vgl. aber → Rn. 254)[965] etc.

aa) Mängel hinsichtlich Einberufungsform und -frist. Hinsichtlich von Mängeln bei der **Einberufungsform** entscheidet wohl die Schwere des Verstoßes, ob automatisch Nichtigkeit eintritt oder ob dies eine Rüge voraussetzt.[966] Verstöße gegen die satzungsgemäße Einberufungsform führen mangels Relevanz grundsätzlich nicht zur Nichtigkeit, wenn indirekte Einberufungsformen durch direkte ersetzt werden. Dies gilt jedoch nicht bei Versendung der Einladung mittels einer „Infopost" anstelle Bekanntgabe in der Vereinszeitschrift.[967] 259

Mängel hinsichtlich der Einhaltung der **Einberufungsfrist** wurden bisher nur bei entsprechender Rüge als beachtlich eingestuft,[968] so dass das Registergericht die Eintragung der auf der Mitgliederversammlung gefassten Beschlüsse nicht ablehnen darf, solange keines der Mitglieder einen entsprechenden Antrag beim zuständigen Amtsgericht gestellt hat, str.[969] Wird die satzungsgemäße Einberufungsfrist daher um ein oder zwei Tage unterschritten, so führt dies nicht zwingend zur Nichtigkeit, wenn das Vereinsmitglied dies nicht während der Versammlung oder schon zuvor beim Einladenden rügt.[970] Haben nur einzelne Mitglieder die Einladung nicht fristgerecht erhalten, so sind die Beschlüsse wirksam, wenn die verspätete Ladung nicht relevant ist. Hierbei ist auch zu berücksichtigen, ob das nicht rechtzeitig geladene Mitglied die Nichtigkeit rügt.[971] Ist die in der Satzung bestimmte Einberufungsfrist großzügig bemessen und wird sie nicht eingehalten, so kann die **Berufung** der Vereinsmitglieder auf die Nichtigkeit gegen § 242 BGB verstoßen, wenn die verbleibende Frist zur Vorbereitung der Versammlung ausreicht.[972] 259a

[962] BGH NJW 1973, 235 (236); BeckOK BGB/*Schöpflin* BGB § 32 Rn. 34; MHdB GesR V/*Waldner* § 25 Rn. 24; *Sauter/Schweyer/Waldner* Eingetragener Verein Rn. 213a; *Stöber/Otto* Rn. 870; aM wohl OLG Zweibrücken NZG 2014, 1020 (1022).
[963] OLG Celle FGPrax 2012, 34 (35); Palandt/*Ellenberger* BGB § 32 Rn. 10.
[964] KG RNotZ 2020, 475 (476); MüKoBGB/*Leuschner* BGB § 32 Rn. 56: bis dahin schwebend wirksam; Palandt/*Ellenberger* BGB § 32 Rn. 10, so iErg nun auch *Stöber/Otto* Rn. 863.
[965] *Sauter/Schweyer/Waldner* Eingetragener Verein Rn. 172.
[966] *Sauter/Schweyer/Waldner* Eingetragener Verein Rn. 172; *Stöber/Otto* Rn. 866.
[967] OLG Hamm NJW-RR 2014, 472.
[968] BeckOK BGB/*Schöpflin* BGB § 32 Rn. 38.
[969] LG Bremen Rpfleger 1990, 466; aM *Stöber/Otto* Rn. 691, 871, wonach Verstöße gegen die Ladungsfrist grundsätzlich zur Nichtigkeit führen, es sei denn, die Frist wurde nur einzelnen Mitgliedern gegenüber nicht gewahrt.
[970] OLG Brandenburg BeckRS 2012, 21726.
[971] OLG München NZG 2015, 387 (389).
[972] MüKoBGB/*Leuschner* BGB § 32 Rn. 16.

260 **bb) Rügefrist.** Die nach vorstehenden Ausführungen nicht automatisch unwirksamen Beschlüsse müssen vom betroffenen Mitglied in der Mitgliederversammlung unverzüglich gegenüber dem Versammlungsleiter **gerügt** werden, sofern das betroffene Mitglied anwesend ist und von dem Beschlussmangel Kenntnis hat. Hat das betroffene Mitglied nicht an der Versammlung teilgenommen oder erfährt es erst später von dem Mangel, so hat es diesen unter Einhaltung der in der Satzung vorgesehenen Frist beim Vorstand zu rügen. Ist eine solche nicht bestimmt, so hat die Rüge innerhalb **angemessener Frist** zu erfolgen, wobei das Rügerecht bei Beschlüssen, die einen längeren Zeitraum zurückliegen, wohl **verwirkt** ist. Welche Frist angemessen ist, entscheidet sich nach den Umständen des Einzelfalles.[973] Hat sich ein anwesendes Mitglied mit der Beschlussfassung in Kenntnis des Mangels einverstanden erklärt, so ist eine spätere Rüge nicht möglich.[974]

261 **cc) Rechtsfolgen der Rüge.** Inhaltlich begründete und rechtzeitig erhobene Rügen führen dazu, dass die fehlerhaft gefassten und bis dahin schwebend wirksamen Beschlüsse vom Verein rückwirkend als **von Anfang an ungültig** zu behandeln sind.[975] Ist die Rüge beim Verein erfolglos, so kann das betroffene Mitglied **Feststellungsklage** gem. § 256 ZPO gegen den Verein erheben. Das Gericht kann dann nur die Gültigkeit oder Ungültigkeit des Beschlusses feststellen. Der Verstoß gegen eine Verfahrensvorschrift zum Schutz einzelner Mitglieder wird jedoch geheilt, wenn die betroffenen Mitglieder den Beschluss genehmigen.[976]

262 **d) Rechtsfolgen nichtiger Beschlüsse. aa) Unwirksamkeit.** Sind Beschlüsse nichtig, so tritt die **Unwirksamkeit kraft Gesetz** ein, unabhängig von der gerichtlichen oder außergerichtlichen Geltendmachung. Solche Beschlüsse haben keinerlei Auswirkungen, auch nicht vereinsintern. Grundsätzlich kann sich jeder Beteiligter und jedes Mitglied auf die Nichtigkeit berufen, bei einem Beschluss der Vertreterversammlung (→ Rn. 279 ff.) neben dem Delegierten unter bestimmten Voraussetzungen (→ Rn. 273) auch das Vereinsmitglied.[977]

263 **bb) Heilung.** Ein nichtiger Beschluss bleibt grundsätzlich nichtig, auch wenn der Verein und die Mitgliederversammlung diesen nachträglich als wirksam behandeln.[978] Etwas anderes gilt dann, wenn der Beschluss jahrelang widerspruchslos hingenommen und umgesetzt wurde, da darin im Einzelfall eine konkludente Billigung zu sehen ist.[979] Im Übrigen kann allein die **erneute fehlerfreie Abstimmung** einen wirksamen Beschluss herbeiführen.[980]

> Hinweis:
>
> Besteht Unsicherheit oder Ungewissheit über das Ergebnis oder die Fehlerhaftigkeit des vorangegangenen Beschlusses, so empfiehlt es sich, diesen in der nächsten Mitgliederversammlung bestätigen zu lassen. Ist das Beschlussergebnis bereits verkündet, kann eine erneute Beschlussfassung in derselben Versammlung nicht wirksam erfolgen, wenn Mitglieder den Saal bereits verlassen haben, da diese nicht mit einer erneuten Befassung in derselben Sache rechnen müssen (→ Rn. 138, 149).[981]

[973] BGH NJW 1990, 2625; BeckOK BGB/*Schöpflin* BGB § 32 Rn. 38; MüKoBGB/*Leuschner* BGB § 32 Rn. 73 fordert strengere Regelungen für Delegierte.
[974] OLG Hamm NJW-RR 1993, 468 (470).
[975] MüKoBGB/*Leuschner* BGB § 32 Rn. 56 f.
[976] OLG Frankfurt a. M. OLGZ 1984, 11 (15) zur GmbH; BeckOK BGB/*Schöpflin* BGB § 32 Rn. 38.
[977] *Stöber/Otto* Rn. 873.
[978] BGH NJW 1968, 543 (544).
[979] *Stöber/Otto* Rn. 872.
[980] BGH NJW 1968, 543 (544); BeckOK BGB/*Schöpflin* BGB § 32 Rn. 35; Palandt/*Ellenberger* BGB § 32 Rn. 10.
[981] *Stöber/Otto* Rn. 879.

Die Wiederholung der Abstimmung ist grundsätzlich aufgrund der Vereinsautonomie zulässig,[982] setzt jedoch ein ordnungsgemäßes Verfahren voraus und wirkt nur *ex nunc.*[983] Lediglich gültig zustande gekommene Beschlüsse, die bereits Wirkung erlangt haben und daher nicht mehr rückgängig gemacht werden können, sind einer erneuten Beschlussfassung nicht zugänglich. 264

Beispiele:

Die Entlastung des Vorstands führt zum Untergang von etwaigen Ersatzansprüchen gegen den Vorstand, die durch Aufhebung des Entlastungsbeschlusses nicht wieder aufleben; der Ausschluss eines Mitglieds aus dem Verein führt zum Erlöschen der Mitgliedschaft, was durch Aufhebung des Beschlusses nicht rückgängig gemacht werden kann.[984]

cc) Registergericht. Grundsätzlich hat das **Registergericht** davon auszugehen, dass nur wirksam zustande gekommene Beschlüsse von den Beteiligten angemeldet werden.[985] Die Beachtung von Ordnungsvorschriften wie Einberufungsfrist und -form prüft das Registergericht daher grundsätzlich nicht, es sei denn, es ergeben sich begründete Zweifel an der Wirksamkeit der gefassten Beschlüsse, zB aus dem beigefügten Protokoll.[986] Erkennbar nichtige Beschlüsse darf das Registergericht von Amts wegen nicht vollziehen, unabhängig davon, ob gegen diese gerichtlich vorgegangen wird.[987] Ein ungültiger Beschluss kann nicht durch seine Eintragung in das Vereinsregister Wirksamkeit erlangen;[988] ist er vollzogen, so kommt eine **Amtslöschung** in Betracht.[989] Bei nicht gravierenden Verstößen kann das Registergericht die Eintragung aussetzen, wenn ein **Widerspruch** vorliegt. Es kann dem Verein unter Fristsetzung Gelegenheit zur Stellungnahme oder dem Widersprechenden Gelegenheit zur Klageerhebung geben und das Verfahren für die Dauer des Rechtsstreits ruhen lassen.[990] 265

dd) Vereinsorgane. Auch die **Vereinsorgane** dürfen nichtige Versammlungsbeschlüsse nicht umsetzen. Verstöße hiergegen können eine **Schadensersatzpflicht** des ausführenden Organs gem. § 31 BGB begründen (→ § 12 Rn. 28). 266

3. Ansicht der Literatur

Die Literatur ist anderer Meinung und fordert grundsätzlich bzw. für bestimmte Vereine eine Analogie zu §§ 241 ff. AktG.[991] So wird teilweise vertreten, dass nur Verstöße gegen „zwingende Vorschriften des Gesetzes oder der Satzung" zur Nichtigkeit des Beschlusses führen.[992] Nach aM sollen nicht nur die Vorschriften des Aktien- und Genossenschaftsrechts, sondern auch die Bestimmung des § 23 Abs. 4 WEG entsprechend anzuwenden sein. Demnach sollen unabhängig von einer Rüge oder Anfechtungsklage **nichtig** sein: 267

- gesetzes- oder sittenwidrige Beschlüsse,[993]
- Beschlüsse, die gegen unabdingbare Vereinsvorschriften (vgl. § 40 BGB) oder Vorschriften des öffentlichen Vereinsrechts verstoßen,

[982] *Stöber/Otto* Rn. 878.
[983] OLGZ 1984, 11 (14).
[984] *Stöber/Otto* Rn. 879.
[985] *Stöber/Otto* Rn. 1259.
[986] BeckOK BGB/*Schöpflin* BGB § 32 Rn. 40.
[987] OLGZ 1984, 401; KG BeckRS 2019, 43898.
[988] BayObLGZ 1963, 15 (19).
[989] BayObLG NJW-RR 1997, 289 (290).
[990] BayObLGZ 1963, 15 (18); BeckOK BGB/*Schöpflin* BGB § 32 Rn. 40.
[991] MüKoBGB/*Leuschner* BGB § 32 Rn. 64 f. mit Hinweis auf Nichtanwendbarkeit sonstiger bürgerlichrechtlicher Unwirksamkeitsgründe; MüKoBGB/*Arnold,* 7. Aufl. 2015, BGB § 32 Rn. 55 ff.
[992] Palandt/*Ellenberger* BGB § 32 Rn. 9; vgl. auch OLG Hamm NJW-RR 2014, 472.
[993] *Stöber/Otto* Rn. 866.

– Beschlüsse, die gegen ein unentziehbares Sonderrecht verstoßen,[994]
– Beschlüsse, die gegen Bestimmungen verstoßen, die im Interesse der Gemeinschaft an einer fehlerfreien Willensbildung der Mitgliederversammlung liegen.[995] Zu dieser Fallgruppe sollen grundsätzlich auch die von der Rechtsprechung anerkannten Nichtigkeitsgründe gehören.[996] Jedoch kommt es auch hier zu abweichenden Auffassungen. So wertet die Rechtsprechung Verstöße gegen die Einberufungsfrist teilweise nur bei entsprechender Rüge als relevant[997] während die Literatur und andere Teile der Rechtsprechung teilweise von der Nichtigkeit der zugrunde liegenden Beschlüsse ausgehen.[998]

268 Lediglich **anfechtbar** und damit nur auf entsprechende Rüge hin beachtlich sollen Verstöße gegen Vorschriften sein, die dem Schutz einzelner Vereinsmitglieder zu dienen bestimmt sind.

269 Allerdings gehen auch die einzelnen Literaturmeinungen auseinander, wenn es um die Differenzierung geht, welche Vorschriften dem Schutz einzelner Mitglieder und welche dem Interesse der Gemeinschaft zu dienen bestimmt sind.[999]

269a Bei virtuellen Versammlungen wird zudem diskutiert, ob § 243 Abs. 3 Nr. 1 AktG analog anwendbar ist. Nach dieser Vorschrift wäre eine Anfechtung eines Beschlusses nicht möglich, wenn Mitgliedschaftsrechte durch eine technische Störung verursacht wurden, es sei denn, dass dem Verein Vorsatz oder grobe Fahrlässigkeit zur Last gelegt werden kann. Für letzteres ist das klagende Mitglied beweispflichtig.[1000] Teilweise setzt sich die Literatur für die analoge Anwendbarkeit ein, gerade im Zusammenhang mit dem COVMG (→ Rn. 23a ff.).[1001] Teilweise wird auch vertreten, dass die analoge Anwendung nur bei einer Online-Präsenzversammlung möglich sei.[1002] Zum Meinungsstand im Rahmen des COVMG → Rn. 24m. Zur entsprechenden Satzungsgestaltung → Rn. 19.

270 Meines Erachtens sind alle der vorstehend genannten Meinungen in der Praxis mit Unsicherheiten behaftet, da es stets eine Frage der Auslegung ist, ob etwas gegen „zwingendes" Gesetzesrecht oder gegen eine Bestimmung verstößt, „die im Interesse der Gemeinschaft an einer fehlerfreien Willensbildung der Mitgliederversammlung" liegt. Der Rechtsprechung ist insoweit zuzustimmen, als die Nichtigkeitsgrundsätze des AktG nicht auf das Vereinsrecht übertragen werden können, da letzteres deutlich weniger förmlich ausgestaltet ist (→ Rn. 251). Eine Analogie zu den Vorschriften des WEG kommt aus dem gleichen Grund nicht in Betracht. Der Rechtsprechung ist ferner zuzustimmen, dass die Frage der Nichtigkeit unter dem Gesichtspunkt der Relevanz zu beurteilen ist (→ Rn. 253) und der Verstoß gegen Vorschriften, die lediglich einzelne Mitglieder schützen, nur aufgrund Rüge der betroffenen Mitglieder beachtlich ist (→ Rn. 258). Ein Tätigwerden des Gesetzgebers ist insoweit wünschenswert.[1003]

4. Satzungsbestimmungen zu fehlerhaften Beschlüssen

271 Die Frage, ob ein Beschlussmangel vorliegt, der zur Nichtigkeit der gefassten Beschlüsse führt, ist regelmäßig mit Rechtsunsicherheit verbunden. Daher empfiehlt es sich, in der **Satzung** die Konsequenzen von Beschlussmängeln zu regeln, insbesondere die Verstöße zu bezeichnen, die lediglich bei entsprechender Rüge zur Unwirksamkeit des betroffenen

---

994 *Stöber/Otto* Rn. 866.
995 *Sauter/Schweyer/Waldner* Eingetragener Verein Rn. 213b.
996 *Sauter/Schweyer/Waldner* Eingetragener Verein Rn. 213b.
997 OLGZ 1971, 480 (482); LG Gießen Rpfleger 1998, 523; LG Bremen Rpfleger 1990, 466.
998 BGH 1998, 684 (685); *Stöber/Otto* Rn. 871.
999 MüKoBGB/*Leuschner* BGB § 32 Rn. 62.
1000 *Schindler/Schaffner* Virtuelle Beschlussfassung § 4 Rn. 710.
1001 *Segna* npoR 2020, 148 (151) und *Schwenn/Blacher* npoR 2020, 154 (157); für eine Anwendung von § 243 Abs. 3 Nr. 1 AktG *Krüger* MMR 2012, 85 (87) und *Leinenbach/Alvermann* NJW 2020, 2319 (2321); zur Genossenschaft *Schulteis* GWR 2020, 465 (467).
1002 *Schindler/Schaffner* Virtuelle Beschlussfassung § 4 Rn. 712.
1003 So auch *Fluck* auf dem Vereinsrechtstag 2018, npoR 2018, 133 (137).

Beschlusses führen sollen.[1004] Solchen Bestimmungen begegnen keine rechtlichen Bedenken, da § 32 BGB gem. § 40 BGB dispositiv ist. Ferner sollte in der Satzung eine Rüge- und **Klagefrist** festgelegt werden, die nicht kürzer als die Anfechtungsfrist nach dem Aktienrecht (ein Monat) ausfallen sollte.[1005]

5. Klage

a) Zulässigkeit der Klage. aa) Feststellungsklage. Nichtige Beschlüsse können jeweils im Wege der **Feststellungsklage** gem. § 256 ZPO gerichtlich geltend gemacht werden.[1006] Dies gilt unabhängig davon, ob die Nichtigkeit automatisch oder erst durch Rüge eintritt. Beklagter ist stets der Verein.[1007] 272

> **Hinweis:**
> Da nach vorstehenden Ausführungen nicht immer eindeutig beurteilt werden kann, ob ein Beschluss nichtig ist (→ Rn. 253 ff., 267), schafft die Feststellungsklage Rechtssicherheit.

Ein **Feststellungsinteresse** steht nur denjenigen Personen zu, die sowohl bei Beschlussfassung als auch bei Klageerhebung Vereinsmitglieder sind, sowie Vereinsorganen[1008] und deren Mitgliedern.[1009] Rechtlich unselbständigen Untergliederungen eines eingetragenen Vereins fehlt dagegen die Klagebefugnis, da sie gerade keine Mitglieder des Vereins sind.[1010] Existiert eine Vertreterversammlung (→ Rn. 279 ff.), so haben grundsätzlich nur die Delegierten ein Feststellungsinteresse, str.[1011] Handelt es sich jedoch um eine Angelegenheit, die aufgrund ausdrücklicher Satzungsregelung in der Zuständigkeit der Mitgliederversammlung verblieben ist oder das Mitglied in seiner persönlichen Rechtstellung betrifft oder gegen grundlegende Rechtssätze verstößt, so können auch bei Vorhandensein einer Delegiertenversammlung die betroffenen Vereinsmitglieder die Beschlüsse anfechten.[1012] Endet die Mitgliedschaft des Klägers im Verein während des laufenden Verfahrens, so tritt Erledigung des Rechtsstreits ein.[1013] Außenstehenden Dritten kann ein **Feststellungsinteresse** nur ausnahmsweise im Einzelfall zugebilligt werden,[1014] wenn der Beschluss ihnen gegenüber unmittelbare Außenwirkung hat.[1015] 273

Eine **Klagefrist** ist gesetzlich nicht vorgesehen (außer im Umwandlungsrecht)[1016] und kann sich mangels direkter bzw. analoger Anwendung der aktien- und genossenschaftsrechtlichen Anfechtungsregelungen nur aus der Satzung ergeben. Allerdings kann einer Klageerhebung nach längerer Zeit der Einwand der **Verwirkung** entgegengehalten werden, wobei die Verwirkung teilweise schon nach einem Monat,[1017] teilweise erst nach vier 274

[1004] *Sauter/Schweyer/Waldner* Eingetragener Verein Rn. 214; BeckOK BGB/*Schöpflin* BGB § 32 Rn. 29.
[1005] *Sauter/Schweyer/Waldner* Eingetragener Verein Rn. 214a; *Stöber/Otto* Rn. 875a.
[1006] BGH NJW 2008, 69; KG BeckRS 2011, 03925; Palandt/*Ellenberger* BGB § 32 Rn. 11; *Sauter/Schweyer/Waldner* Eingetragener Verein Rn. 215a; *Stöber/Otto* Rn. 862; *Wagner* NZG 2019, 46 (49).
[1007] BeckOK BGB/*Schöpflin* BGB § 32 Rn. 40; *Stöber/Otto* Rn. 875a.
[1008] *Stöber/Otto* Rn. 874.
[1009] *Wagner* NZG 2019, 46 (49).
[1010] BGH DStR 2007, 1970; BeckOK BGB/*Schöpflin* BGB § 32 Rn. 40; *Märkle/Alber* S. 76; *Sauter/Schweyer/Waldner* Eingetragener Verein Rn. 214a.
[1011] *Sauter/Schweyer/Waldner* Eingetragener Verein Rn. 222; aM *Stöber/Otto* Rn. 873, wonach Mitglieder stets die Beschlüsse anfechten können; differenzierend BeckOK BGB/*Schöpflin* BGB § 32 Rn. 47: grundsätzlich nur Delegierte, Mitglieder im Ausnahmefall.
[1012] BeckOK BGB/*Schöpflin* BGB § 32 Rn. 47; *Sauter/Schweyer/Waldner* Eingetragener Verein Rn. 222.
[1013] BGH DStR 2007, 1970 (1975); *Stöber/Otto* Rn. 874.
[1014] MüKoBGB/*Leuschner* BGB § 32 Rn. 57; *Sauter/Schweyer/Waldner* Eingetragener Verein Rn. 215a.
[1015] OLG Frankfurt a. M. BeckRS 2014, 06804; *Stöber/Otto* Rn. 874.
[1016] MüKoBGB/*Leuschner* BGB § 32 Rn. 57.
[1017] OLG Saarbrücken NZG 2008, 677 (679).

bis sechs Monaten angenommen wird.[1018] Hintergrund ist das legitime Interesse des Vereins an Rechtssicherheit und Rechtsklarheit. Vorrangig vor der Feststellungsklage sind jedoch **vereinsinterne Rechtsmittel,** wie etwa die Anrufung von Schiedsgerichten auszuschöpfen, sofern die Satzung solche vorsieht.[1019] Dies gilt jedoch nicht, wenn deren Inanspruchnahme böswillig derart verhindert oder verzögert wird, so dass dem betroffenen Mitglied ein weiteres Abwarten des Ergebnisses unzumutbar erscheint.[1020] Hat ein Mitglied in Kenntnis des Mangels einem Beschluss ausdrücklich oder konkludent zugestimmt, so ist seine spätere Feststellungsklage wegen Rechtsmissbrauchs unzulässig.[1021]

275 **bb) Positive Beschlussfeststellungsklage.** Mittels der positiven Beschlussfeststellungsklage kann auf die Feststellung des zutreffenden Beschlussergebnisses geklagt werden. Dies kommt in Betracht, wenn eine nichtige Stimmabgabe geltend gemacht wird, die das Beschlussergebnis beeinflusst oder wenn die falsche Auszählung der Abstimmung festgestellt werden soll.[1022]

276 **cc) Einstweiliger Rechtschutz.** Will ein Vereinsmitglied verhindern, dass nichtige Beschlüsse ausgeführt werden, so kann dies mittels einer **einstweiligen Verfügung** erwirkt werden, § 940 ZPO.[1023]

277 **b) Beweislast.** Grundsätzlich ist der beklagte Verein und nicht das klagende Mitglied beweispflichtig. Der Verein muss also den Beweis für das gesetz- und satzungsmäßige Zustandekommen des Beschlusses bzw. bei fehlerhaften Beschlüssen für die fehlende Relevanz erbringen.[1024] Wurden Beschlüsse dagegen ordnungsgemäß beurkundet (→ Rn. 222 ff.), so muss derjenige die Ungültigkeit beweisen, der sich darauf beruft.[1025] Zur Beweislast, wenn das klagende Mitglied das Protokoll genehmigt hat → Rn. 224.

278 **c) Auswirkungen des Urteils.** Ein Urteil, das die Wirksamkeit des angegriffenen Beschlusses feststellt, kann nur *inter partes* Wirkung entfalten. Stellt das Gericht dagegen fest, dass ein Beschluss ungültig ist, so gilt dies gegenüber jedermann, also auch gegenüber dem Registergericht.[1026]

B. Delegiertenversammlung

I. Rechtsgrundlagen, Zweck

279 Unter einer Delegiertenversammlung, auch **Vertreterversammlung** genannt, versteht man eine Versammlung, in der die Rechte der Vereinsmitglieder ausschließlich von Delegierten bzw. Vertretern wahrgenommen werden.[1027] Diese repräsentieren die Vereinsmit-

---

[1018] KG NZG 2015, 280; BeckOK BGB/*Schöpflin* BGB § 32 Rn. 41; Palandt/*Ellenberger* BGB § 32 Rn. 11 (6 Monate).
[1019] KG NJW 1988, 3159 für Parteien; BeckOK BGB/*Schöpflin* BGB § 32 Rn. 40; Palandt/*Ellenberger* BGB § 32 Rn. 11.
[1020] KG NJW 1988, 3159; *Sauter/Schweyer/Waldner* Eingetragener Verein Rn. 215a.
[1021] BeckOK BGB/*Schöpflin* BGB § 32 Rn. 41; Palandt/*Ellenberger* BGB § 32 Rn. 11.
[1022] BeckOK BGB/*Schöpflin* BGB § 32 Rn. 43.
[1023] KG BeckRS 2011, 03925; BeckOK BGB/*Schöpflin* BGB § 32 Rn. 43; *Sauter/Schweyer/Waldner* Eingetragener Verein Rn. 215; *Stöber/Otto* Rn. 877; *Wagner* NZG 2019, 46 (49).
[1024] BGH NJW 1968, 543 (544); BeckOK BGB/*Schöpflin* BGB § 32 Rn. 42.
[1025] BeckOK BGB/*Schöpflin* BGB § 32 Rn. 42; Palandt/*Ellenberger* BGB § 32 Rn. 11.
[1026] KG BeckRS 2011, 03925; BeckOK BGB/*Schöpflin* BGB § 32 Rn. 42; MüKoBGB/*Leuschner* BGB § 32 Rn. 57; Palandt/*Ellenberger* BGB § 32 Rn. 11; *Sauter/Schweyer/Waldner* Eingetragener Verein Rn. 215; *Stöber/Otto* Rn. 876.
[1027] *Sauter/Schweyer/Waldner* Eingetragener Verein Rn. 216.

glieder. Die Delegiertenversammlung ist somit eine **besondere Ausgestaltung** des Organs **der Mitgliederversammlung.**[1028]

280 Vereinsmitglieder können die Angelegenheiten des Vereins durch Ausübung ihrer Rechte in der Mitgliederversammlung beeinflussen. Diese Ausübung der Mitgliedschaftsrechte ist gem. § 38 BGB grundsätzlich nicht übertragbar, es sei denn die Satzung weicht hiervon ausdrücklich ab, § 40 BGB. Eine an die Stelle der Mitgliederversammlung tretende und diese fast vollständig ersetzende Delegiertenversammlung erfordert daher eine entsprechende Satzungsgrundlage.[1029] Mit der Satzungsbestimmung bzw. -änderung übertragen die einzelnen Mitglieder ihre Stimmrechte an die Delegierten.[1030]

281 Dennoch muss ein mittelbarer Einfluss der Mitglieder auf die Vereinsangelegenheiten gewährleisten bleiben. Dies ist üblicherweise gegeben, da der Mitgliederversammlung die Kompetenz zur Einführung und bis zu deren Eintragung zur Abschaffung der Delegiertenversammlung (→ Rn. 297) verbleibt.[1031] Ferner muss die Delegiertenversammlung die Struktur ihrer Mitglieder spiegeln.[1032]

II. Anwendungsbereich

282 Grundsätzlich besteht keine gesetzliche Verpflichtung des Vereins, eine Delegiertenversammlung einzuführen. Andererseits braucht der Verein auch keinen besonderen Grund für deren Einführung, wie etwa organisatorische Probleme bei der Durchführung der Mitgliederversammlung.[1033] Eine Delegiertenversammlung empfiehlt sich jedoch besonders in den folgenden Fällen.

1. Mitgliedstarke Vereine

283 In besonders mitgliedstarken, insbesondere auch überregionalen Vereinen kann eine Mitgliederversammlung oft aus organisatorischen Gründen nicht mehr in geregelter Weise erfolgen, beispielsweise weil sich ein so großer Versammlungsraum nicht finden lässt, die Versammlungsleitung aufgrund der großen Anzahl der Teilnehmer nicht mehr ordnungsgemäß möglich ist oder mit der Einladung sämtlicher Mitglieder erhebliche technische Schwierigkeiten verbunden sind. Der Gesetzgeber hat in solchen Fällen ein Bedürfnis für eine Vertreterversammlung im Genossenschaftsrecht (§ 43a GenG) anerkannt,[1034] allerdings erst ab einer gewissen Anzahl von Mitgliedern. Eine korrespondierende Vorschrift existiert im Vereinsrecht nicht, so dass der Verein völlig frei entscheiden kann, ob und bei welcher Mitgliedsgröße er eine Delegiertenversammlung einführt.[1035]

Hinweis:
Bei schnell wachsenden Vereinen sollte die Vertreterversammlung rechtzeitig eingeführt werden, bevor aufgrund des Mitgliederzuwachses organisatorische Schwierigkeiten entstehen und die für die Einführung der Delegiertenversammlung erforderliche Satzungsänderung nicht mehr durchgeführt werden kann.[1036] Auch die Möglichkeit einer rein virtuellen Versammlung ist ab einer gewissen Mitgliederanzahl keine echte Alternative zu einer Delegiertenversammlung.[1037]

[1028] *Stöber/Otto* Rn. 766.
[1029] BeckOK BGB/*Schöpflin* BGB § 32 Rn. 46.
[1030] *Stöber/Otto* Rn. 768.
[1031] MüKoBGB/*Arnold,* 7. Aufl. 2015, BGB § 32 Rn. 11 und MüKoBGB/*Leuschner* BGB § 32 Rn. 8.
[1032] *Stöber/Otto* Rn. 766.
[1033] *Stöber/Otto* Rn. 766, 780.
[1034] *Sauter/Schweyer/Waldner* Eingetragener Verein Rn. 216a.
[1035] MüKoBGB/*Leuschner* BGB § 32 Rn. 70; aM MüKoBGB/*Arnold,* 7. Aufl. 2015, BGB § 32 Rn. 5f.
[1036] *Sauter/Schweyer/Waldner* Eingetragener Verein Rn. 216a.
[1037] AA *Dehesselles/Richter* npoR 2016, 246 (249) mit zahlreichen Vorschlägen zur Strukturierung einer rein virtuellen Versammlung mit einer großen Mitgliederanzahl.

2. Gesamtvereine

284 Bei einem Gesamtverein, der aus vielen **unselbständigen Untergliederungen** (zB Ortsgruppen, Bezirksverbänden, Landesverbänden etc.) besteht, die selbst wiederum keine Vereine darstellen, sondern lediglich überregionale organisatorische Zusammenschlüsse,[1038] ist die Delegiertenversammlung oft unabwendbar. Bei Gesamtvereinen sind sämtliche Mitglieder der Untergliederung gleichzeitig Mitglieder des Gesamtvereins.

3. Vereinsverband

285 Ein Vereinsverband (auch **Hauptverein** oder **Dachverband**) ist ein Verein, dessen Mitglieder sich aus einzelnen Vereinen zusammensetzen. Die Mitglieder der jeweiligen Einzelvereine sind aber keine Mitglieder des Hauptvereins. Die Vertretungsorgane der einzelnen Mitgliedervereine (meist der Vorstand) nehmen die Mitgliederrechte ihres **Einzelvereins** beim Hauptverein wahr und repräsentieren dadurch ihren Verein sowie dessen Mitglieder. Sofern der Einzelverein in der Mitgliederversammlung des Hauptvereins nicht durch seine Vertretungsorgane repräsentiert werden soll, besteht alternativ die Möglichkeit, die Mitgliederrechte der Einzelvereine durch Satzungsbestimmung auf Delegierte zu übertragen. Die Mitglieder des Einzelvereins können dann aus ihrer Mitte ihre Vertreter für die Delegiertenversammlung des Hauptvereins wählen, sofern die Satzung dies vorsieht.[1039]

III. Satzungsregelungen

1. Inhalt

286 Der Wechsel von einer Mitgliederversammlung zu einer Delegiertenversammlung erfordert eine entsprechende **Satzungsänderung** (zu den Einzelheiten → Rn. 297), mit der die Mitgliederversammlung ihre Aufgaben und Befugnisse auf die Delegiertenversammlung überträgt. Dies gilt idR auch dann, wenn die Satzung bereits alternativ zur Mitgliederversammlung eine Delegiertenversammlung vorsieht (→ Rn. 298). Der Beschluss zur Satzungsänderung erfordert gem. § 33 BGB eine 3/4 Mehrheit der erschienenen Mitglieder, soweit die Satzung keine abweichenden Bestimmungen enthält.[1040] Insbesondere müssen in der Satzung (gem. § 25 BGB) genau geregelt werden:
- die Anzahl der Delegierten,
- die **Delegiertenquote** bzw. der Delegiertenschlüssel (→ Rn. 289 ff.),[1041]
- die aktive und passive Wahlberechtigung,[1042]
- die Wahlperiode und das Wahlverfahren,[1043]
- die Art der Bestimmung der einzelnen Delegierten durch die Vereinsmitglieder,[1044]
- Bestimmungen über die Einberufungsvoraussetzung und -formen sowie über die Beurkundung der Beschlüsse (vgl. § 58 Nr. 4 BGB).
- Satzungslücken können in Ausnahmefällen durch ständige Vereinsübung geschlossen werden.[1045]

[1038] *Wörle-Himmel* Vereine gründen S. 103.
[1039] *Sauter/Schweyer/Waldner* Eingetragener Verein Rn. 216c; *Stöber/Otto* Rn. 768.
[1040] AA MüKoBGB/*Leuschner* BGB § 32 Rn. 8 und § 33 Rn. 15, der § 33 Abs. 1 S. 2 BGB analog anwenden will und daher die Zustimmung aller Mitglieder fordert.
[1041] BeckOK BGB/*Schöpflin* BGB § 32 Rn. 46; MüKoBGB/*Leuschner* BGB § 32 Rn. 72.
[1042] MüKoBGB/*Leuschner* BGB § 32 Rn. 72.
[1043] BeckOK BGB/*Schöpflin* BGB § 32 Rn. 46; MüKoBGB/*Leuschner* BGB § 32 Rn. 72.
[1044] LG Berlin FHZivR 15 Nr. 66; MüKoBGB/*Arnold,* 7. Aufl. 2015, BGB § 32 Rn. 8, 9 mit Hinweis auf Besonderheiten für Vereinsverbände und Gesamtvereine; Palandt/*Ellenberger* BGB § 32 Rn. 1.
[1045] OLG Frankfurt a. M. ZIP 1985, 213; Palandt/*Ellenberger* BGB § 32 Rn. 1.

Die Satzung kann die Zuständigkeit der Mitgliederversammlung für einzelne Angelegenheiten aufrechterhalten. Ist dies nicht der Fall, so beschränkt sich die Aufgabe der Mitgliederversammlung auf die Wahl der Delegierten.[1046] 287

a) Anzahl der Delegierten. Die Anzahl der Delegierten ist gesetzlich nicht geregelt. Die Satzung kann entweder eine feste Zahl vorgeben oder anordnen, dass sich diese nach einer bestimmten Bezugsgröße richtet, zB der Anzahl der Mitglieder zu einem bestimmten Zeitpunkt oder der Anzahl der unselbständigen Untergliederungen bzw. Einzelvereine oder deren Mitgliederstärke. Es reicht aus, dass die Anzahl der Delegierten bestimmbar ist. 288

Beispiele:

Zum Stichtag entfallen auf je 1000 Mitglieder 20 Delegierte; zum Stichtag entfallen auf je 100 Mitglieder einer unselbständigen Untergliederung ein Delegierter, etc.

b) Delegiertenquote und Delegiertenschlüssel. Bei mitgliedsstarken Vereinen muss die Satzung festlegen, wie viele Delegierte auf wie viele Mitglieder entfallen. 289

- Beim **Gesamtverein** ist in der Verbandsatzung die Anzahl der Delegierten, ihre aktive und passive Wahlberechtigung, ihre Amtszeit und die Bestimmung, wie viele Delegierte die einzelnen unselbständigen Untergliederungen entsenden dürfen (ggf. abhängig von der Größe der jeweiligen Untergliederung) zu regeln. Das Wahlverfahren kann jedoch der Satzung der Untergliederung überlassen werden.[1047]
- Für **Einzelvereine** beim **Vereinsverband** gilt, dass die Verbandssatzung nur regeln muss, dass die Mitgliedsvereine ihre Rechte durch Delegierte statt durch ihre Organe ausüben und wie viele Delegierte den einzelnen Mitgliedsvereinen zustehen. Es kann jedoch den Satzungen der einzelnen Mitgliedsvereine überlassen werden, Bestimmungen zur Person, Amtsdauer und zur Wahl der Delegierten beim Vereinsverband zu treffen.[1048]

Zwar muss die Delegiertenversammlung kein genaues Abbild des Mitgliederwillens darstellen,[1049] jedoch muss beim Vereinsverband und beim Gesamtverein die Zusammensetzung der Delegierten die **Verhältnisse** der einzelnen Mitgliedergruppen untereinander zahlenmäßig **angemessen repräsentieren (sog. Delegiertenquote).**[1050] Maßstab hierfür kann das Verhältnis der Mitgliederzahlen in den einzelnen Untergliederungen bzw. Einzelvereinen zueinander sein, aber auch eine andere repräsentative Rechengröße wie zB das Beitragsaufkommen, wobei stets auf einen bestimmten Stichtag abgestellt werden sollte. Bei großen Unterschieden in den Mitgliederzahlen der einzelnen Untergliederungen bzw. Einzelvereinen ist die Zuweisung von gleich vielen Delegierten pro Einheit bedenklich,[1051] da dies gegen den Grundsatz der **Gleichbehandlung** der Vereinsmitglieder verstößt.[1052] Den unterschiedlichen Größen der Untereinheiten kann aber auch durch die Vergabe von **Mehrstimmrechten** Rechnung getragen werden.[1053] 290

c) Bestimmung der Person der Delegierten. aa) Art der Bestimmung. Grundsätzlich ist zwischen den **geborenen** und den **gekorenen Delegierten** zu unterscheiden. Unter den gekorenen Delegierten sind die Vertreter zu verstehen, die von den Vereinsmitgliedern aus ihrer Mitte gewählt werden. Das sind bei mitgliedstarken Vereinen und Gesamtvereinen die einzelnen Vereinsmitglieder, beim Vereinsverband die Mitglieder der je- 291

1046 *Sauter/Schweyer/Waldner* Eingetragener Verein Rn. 221.
1047 MüKoBGB/*Arnold,* 7. Aufl. 2015, BGB § 32 Rn. 9; *Sauter/Schweyer/Waldner* Eingetragener Verein Rn. 217.
1048 MüKoBGB/*Arnold,* 7. Aufl. 2015, BGB § 32 Rn. 9; *Sauter/Schweyer/Waldner* Eingetragener Verein Rn. 217.
1049 *Segna* NZG 2002, 1048 (1049).
1050 MüKoBGB/*Leuschner* BGB § 32 Rn. 71; *Sauter/Schweyer/Waldner* Eingetragener Verein Rn. 216c; *Segna* NZG 2002, 1048 (1052).
1051 *Stöber/Otto* Rn. 769.
1052 *Sauter/Schweyer/Waldner* Eingetragener Verein Rn. 216c.
1053 *Sauter/Schweyer/Waldner* Eingetragener Verein Rn. 216c.

weiligen Einzelvereine (→ Rn. 285). Die Satzungen bestimmen jedoch zuweilen, dass Inhaber von Vereinsämtern (zB der Vorstand eines Einzelvereins oder einer Untergliederung) als sog. geborene Delegierte fungieren.[1054] In einem solchen Fall ist jedoch sicherzustellen, dass die gekorenen Mitglieder eine satzungsändernde Mehrheit herbeiführen können, den geborenen Mitgliedern darf also keine Sperrminorität zustehen.[1055] Bestimmt die Satzung des Gesamtvereins zB dagegen, dass die Delegierten durch die unselbständigen Untergliederungen gewählt werden müssen, so ist eine bloße Benennung oder Entsendung nicht ausreichend. Die Beschlüsse der in Folge eines solchen Verstoßes fehlerhaft zusammengesetzten Delegiertenversammlung sind daher nichtig.[1056]

292 Unzulässig ist beim mitgliedstarken Verein sowie beim Gesamtverein eine Satzungsbestimmung, wonach die Wahl der Delegierten durch die Vereinsorgane des Vereins bzw. der Untergliederungen erfolgt, da dies den Mitgliedern (bzw. den Mitgliedern der unselbständigen Untergliederungen) die Möglichkeit nehmen würde, wenigstens mittelbar durch die Wahl der Delegierten auf die Geschicke des Vereins Einfluss zu nehmen und somit die Mitglieder ihrer wesentlichen **Mitgliederrechte** berauben würde. Beim Vereinsverband werden die Mitgliedsrechte des jeweiligen Einzelvereins durch die Vereinsorgane der Einzelvereine ausgeübt, so dass die Mitglieder der Einzelvereine ohnehin keinen Einfluss auf die Wahl der Delegierten im Vereinsverband haben. Daher können ihre Mitgliederrechte durch eine solche Satzungsbestimmung ohnehin nicht geschmälert werden, es sei denn, die Satzung des Einzelvereins bestimmt, dass die Wahl der Delegierten für den Vereinsverband aus dem Kreis der Mitglieder des Einzelvereins zu erfolgen hat.[1057]

293 Jedes Vereinsmitglied kann in die Vertreterversammlung gewählt werden, beim Vereinsverband auch die Mitglieder der jeweiligen Einzelvereine, ebenso deren Organmitglieder wie zB der Vorstandsvorsitzende eines Einzelvereins. Letzteres sollte in der Satzung (sowohl des Einzelvereins als auch des Vereinsverbands) klargestellt werden. Sollen Organmitglieder des Gesamtvereins wegen der Gefahr potentieller Interessenskollisionen (der Delegierte vertritt die Interessen der Mitglieder, das Organ die Interessen des Gesamtvereins) dagegen gerade nicht als Delegierte wählbar sein, so ist dies ausdrücklich in der Satzung zu regeln.[1058] Ein Nichtvereinsmitglied zu wählen, stellt eine unzulässige Stimmrechtsübertragung dar, die nur bei entsprechender Satzungsgrundlage zulässig ist.[1059] Die Satzung kann ferner bestimmen, dass Delegierte bestimmte Eigenschaften mitbringen müssen (Lebensalter, bestimmte Dauer der Vereinszugehörigkeit etc.).[1060]

> **Hinweis:**
>
> Ist der Delegierte an der Teilnahme an der Delegiertenversammlung verhindert, so kann er sein Stimmrecht ohne entsprechende Satzungsgrundlage weder auf andere Delegierte noch auf dritte Personen (zB Mitglied des Einzelvereins beim Vereinsverband oder völlig außenstehende Dritte) übertragen.[1061] Für jeden Delegierten sollte daher eine **Ersatzperson** gewählt oder bereits in der Satzung (des Vereinsverbandes bzw. Gesamtvereins bzw. beim mitgliedsstarken Verein in der Satzung des Vereins) eine Ersatzperson (zB Vereinsorgan einer Untergliederung beim Gesamtverein) bestimmt werden.

1054 *Sauter/Schweyer/Waldner* Eingetragener Verein Rn. 217.
1055 KG NJW 1962, 1917; LG Berlin FHZivR 15 Nr. 66; BeckOK BGB/*Schöpflin* BGB § 32 Rn. 46; MüKoBGB/*Arnold*, 7. Aufl. 2015, BGB § 32 Rn. 7.
1056 OLG Dresden ZStV 2018, 62 mAnm *Klages* und Vorschlägen zur Vermeidung entsprechender fehlerhafter Besetzungen, wie satzungsmäßige Prüfpflicht des Gesamtvereins; zustimmend *Wagner* NZG 2019, 46 (49).
1057 *Stöber/Otto* Rn. 771.
1058 *Sauter/Schweyer/Waldner* Eingetragener Verein Rn. 216b.
1059 *Stöber/Otto* Rn. 772.
1060 *Sauter/Schweyer/Waldner* Eingetragener Verein Rn. 218.
1061 *Stöber/Otto* Rn. 776.

bb) Wahlverfahren. Die Wahl der Delegierten mittels sog. **Listenwahl** (→ Rn. 183) ist nur bei entsprechender Satzungsgrundlage (bei Einzelverein bzw. Untergliederung regelmäßig Satzung des Einzelvereins bzw. der Untergliederung; → Rn. 289) zulässig, gleiches gilt für die Kumulierung von Stimmen auf einen Kandidaten. Die Listenwahl setzt ferner voraus, dass auch eine Minderheit der Vereinsmitglieder „ihre" Vertreter entsenden kann. Daher sind Satzungsbestimmungen, wonach die Liste mit den meisten Stimmen als gewählt gilt (sog. Listenmehrheitswahl) unzulässig, da dadurch eine nur relative Mehrheit eine in ihrem Sinne handelnde Anzahl von Vertretern entsenden kann, während die Minderheit über keine Sperrminorität verfügt, und folglich keine Möglichkeit hat, ihre Interessen bei Abstimmungen zu wahren. Die sog. Verhältniswahl bei Wahlen mit gebundenen Listen ist dagegen zulässig, da sie alle Mitglieder angemessen berücksichtigt.[1062] Unter einer Verhältniswahl, die meist im Zusammenhang mit politischen Wahlen angewandt wird, versteht man, dass die auf die einzelnen Listen entfallenen Stimmen zueinander ins Verhältnis gesetzt werden. In diesem Verhältnis wird jeder Liste eine entsprechende Anzahl an Delegierten zugeteilt, die meist geringer ist, als die sich auf der Liste befindliche Personenzahl, so dass die zuerst auf der Liste Genannten idR vor den später Genannten berücksichtigt werden.[1063] 294

d) Einberufung. Sofern die Satzung hierzu keine Vorgaben enthält, gelten im Zweifel die gesetzlichen bzw. satzungsmäßigen Regelungen für die Mitgliederversammlung entsprechend.[1064] Die Ansicht, welche die Vorschrift des § 32 Abs. 1 S. 2 BGB für Delegiertenversammlungen weniger streng handhabt als für Mitgliederversammlungen, da Delegierte verpflichtet seien, sich vorab über den Gegenstand der **Einberufung** zu informieren, ist abzulehnen.[1065] Im Übrigen sind bei einem Wechsel von der Mitgliederversammlung zur Vertreterversammlung neue Satzungsbestimmungen zu treffen und diejenigen für die Mitgliederversammlung aufzuheben.[1066] 295

e) Fakultative Satzungsbestimmungen. Die Satzung sollte die Amtszeit der Delegierten bestimmen,[1067] wobei eine Dauer von drei Jahren nicht überschritten werden sollte.[1068] Fehlt eine entsprechende Regelung, so sind die Delegierten im Zweifel nur bis zur nächsten Versammlung gewählt. 296

> **Hinweis:**
> In der Satzung sollte die Amtszeit über die festgesetzte Dauer hinaus bis zur Verkündung der Ergebnisse der Neuwahlen ausgedehnt werden, um bei etwaigen Schwierigkeiten mit der Wahl die Handlungsfähigkeit der Vertreterversammlung zu erhalten. Eine Verlängerung der Amtsperiode durch Satzungsänderung ist grundsätzlich nur mit Wirkung für künftige Vertreterversammlungen möglich und daher bei Problemen im Zuge der Neuwahl nicht hilfreich.[1069]

2. Änderung der Satzung

Die Satzungsänderung zur Einführung der Vertreterversammlung bedarf zu ihrer Wirksamkeit der Eintragung im Vereinsregister. Aufgaben und Befugnisse der Mitglieder- 297

[1062] BGH NJW 1982, 2558 (2559); *Sauter/Schweyer/Waldner* Eingetragener Verein Rn. 217.
[1063] Vgl. zB § 41 RiWO.
[1064] Palandt/*Ellenberger* BGB § 32 Rn. 1; *Stöber/Otto* Rn. 766.
[1065] So jedoch MüKoBGB/*Arnold,* 7. Aufl. 2015, BGB § 32 Rn. 74ff. und MüKoBGB/*Leuschner* BGB § 32 Rn. 73; aM *Wagner* NZG 2016, 1046 (1051).
[1066] *Stöber/Otto* Rn. 779.
[1067] OLG Frankfurt a. M. ZIP 1985, 213.
[1068] *Sauter/Schweyer/Waldner* Eingetragener Verein Rn. 219.
[1069] *Sauter/Schweyer/Waldner* Eingetragener Verein Rn. 219.

versammlung bestehen bis dahin unverändert fort.[1070] Dies gilt insbesondere auch für die Befugnis zu weiteren Satzungsänderungen, Organwahlen etc., so dass die Mitgliederversammlung auch den Beschluss zur Einführung einer Delegiertenversammlung bis zu dessen Eintragung im Vereinsregister jederzeit wieder rückgängig machen kann.[1071] Ist die Einführung der Delegiertenversammlung im Vereinsregister vermerkt, so bedarf es zu Änderungen zB hinsichtlich Anzahl oder Zusammensetzung der Delegierten ebenso wie zu ihrer Abschaffung verbunden mit der erneuten Wiedereinführung der Mitgliederversammlung eine Satzungsänderung. Über diese beschließt die Delegiertenversammlung; sie wird erst mit Eintragung im Handelsregister wirksam.[1072] Nur wenn eine ordnungsgemäße Wahl der Delegierten endgültig nicht möglich sein sollte, kann die Mitgliederversammlung ausnahmsweise auch ohne entsprechende Satzungsänderung ihre Aufgaben und Befugnisse wieder wahrnehmen.[1073]

298 Eine Satzungsbestimmung, wonach ab einer bestimmten Mitgliederanzahl eine Delegiertenversammlung automatisch eingeführt bzw. die Mitgliederversammlung wieder eingeführt wird, ist unzulässig.[1074] Hierfür ist stets eine förmliche Satzungsänderung erforderlich.[1075]

> **Hinweis:**
> Mit dem Beschluss der Satzungsänderung durch die Mitgliederversammlung kann auch die Wahl der Delegierten verbunden werden. Beides ist zum Vereinsregister anzumelden und muss bei der Einberufung der Mitgliederversammlung angekündigt werden.[1076]

IV. Rechtstellung der Delegierten

299 Die Delegierten haben nach ihrer Wahl zu erklären, ob sie das Amt annehmen. Es besteht keine Verpflichtung des gewählten Delegierten zur Annahme.[1077]

1. Pflichten

300 Durch die Annahme entsteht zwischen dem Vertreter (Delegierten) und dem Verein ein auftragsähnliches Organverhältnis, das unter anderem folgende Pflichten beinhaltet:
- persönliche Verpflichtung, § 664 Abs. 1 BGB: Verpflichtung, den Auftrag persönlich auszuführen, also an der jeweiligen Delegiertenversammlung **teilzunehmen;**[1078]
- Auskunfts- und Rechenschaftspflicht, § 666 BGB: Verpflichtung, den Auftraggeber über den Stand des Auftrags zu **benachrichtigen;** je nach den Besonderheiten des Einzelfalls entsteht dadurch eine Berichtspflicht gegenüber dem Vorstand oder in der Mitgliederversammlung oder gegenüber den einzelnen Mitgliedern; der Delegierte muss seine Stimmabgabe aber nicht offenlegen.

2. Rechte

301 Im Gegenzug stehen ihm die Rechte des Beauftragten gem. §§ 662ff. BGB zu, vor allem folgende:

[1070] BGH NJW 1960, 1447 (1448).
[1071] *Stöber/Otto* Rn. 779, 780.
[1072] *Stöber/Otto* Rn. 781.
[1073] *Stöber/Otto* Rn. 782.
[1074] *Stöber/Otto* Rn. 783.
[1075] BGH NJW 1960, 1447 (1448).
[1076] BGH NJW 1960, 1447.
[1077] *Sauter/Schweyer/Waldner* Eingetragener Verein Rn. 220.
[1078] BeckOK BGB/*Schöpflin* BGB § 32 Rn. 46.

- **Kündigung,** § 671 BGB: Die Amtsniederlegung ist jederzeit möglich, § 671 Abs. 1 BGB und gegenüber dem Vorstand zu erklären, wobei sich der Delegierte gem. § 671 Abs. 2 BGB bei einer Kündigung zur Unzeit **schadensersatzpflichtig** machen kann;[1079]
- **Auslagenersatzanspruch,** § 670 BGB;
- **Vorschusspflicht,** § 669 BGB: Anspruch auf Zahlung des für die Ausführung des Auftrages erforderlichen Vorschusses.[1080]

3. Stimmrecht

Das Stimmrecht übt der Delegierte selbständig und grundsätzlich **weisungsunabhängig** aus.[1081] Nur bei entsprechender Satzungsgrundlage hat er Weisungen zu befolgen. Seine Stimmabgabe ist unabhängig von der Beachtung der Anordnungen wirksam.[1082] 302

Entfallen auf einen Einzelverein oder eine unselbständige Untergliederung mehrere Delegierte, so vertreten diese den Einzelverein bzw. die unselbständige Untergliederung nicht gemeinschaftlich. Vielmehr ist jeder einzelne von ihnen Mitglied der Vertreterversammlung und damit selbständiger Stimmrechtsträger. Die Delegierten sind in einem solchen Fall gerade nicht wie Organe einer juristischen Person zu behandeln, die selbst Vereinsmitglied ist, und zu deren gemeinschaftlichen Vertretung sie berechtigt sind (→ Rn. 206). Daher können mehrere Delegierte ihr Stimmrecht unterschiedlich ausüben. 303

Steht einem Delegierten ein **Mehrstimmrecht** (→ Rn. 190) zu, so kann dieses nur einheitlich ausgeübt werden,[1083] da ein Mehrstimmrecht lediglich ein einzelnes Stimmrecht darstellt, dem mehr Gewicht im Vergleich zu den anderen zukommt. Vor der Abstimmung muss genau festgestellt werden, welchen Delegierten Mehrstimmrechte zustehen und wie diese zu bewerten sind.[1084] Im Falle von Mehrstimmrechten sind geheime Wahlen praktisch nicht durchführbar. Zwar bleibt die Wahl geheim, wenn jedem Inhaber von Mehrstimmrechten die Anzahl an Wahlzetteln ausgeteilt wird, die seinen Stimmen entsprechen, jedoch ist die einheitliche Stimmausübung so nicht sichergestellt. Wird die Anzahl der Stimmrechte dagegen auf dem Wahlzettel vermerkt, so lassen sich daraus Rückschlüsse auf die Stimmabgabe ziehen.[1085] 304

4. Beendigung

Die Vertreterstellung endet grundsätzlich durch den Tod, Ablauf der Amtszeit oder Ausscheiden aus dem Verein.[1086] Für die beiden letztgenannten Varianten gilt dies nur, soweit die Satzung nichts anderes bestimmt (→ Rn. 296). 305

V. Rechtsstellung der Vereinsmitglieder

1. Teilnahmerecht an der Veranstaltung

Vereinsmitgliedern steht in Delegiertenversammlungen grundsätzlich kein Teilnahmerecht zu, sofern sie nicht selbst als Delegierte gewählt wurden oder aus sonstigen besonderen Gründen teilnahmeberechtigt sind. Mitglieder können jedoch als Gäste zugelassen werden.[1087] 306

1079 *Stöber/Otto* Rn. 773.
1080 *Stöber/Otto* Rn. 775.
1081 BeckOK BGB/*Schöpflin* BGB § 32 Rn. 46.
1082 *Sauter/Schweyer/Waldner* Eingetragener Verein Rn. 220.
1083 *Stöber/Otto* Rn. 774.
1084 *Sauter/Schweyer/Waldner* Eingetragener Verein Rn. 223.
1085 *Sauter/Schweyer/Waldner* Eingetragener Verein Rn. 223.
1086 *Sauter/Schweyer/Waldner* Eingetragener Verein Rn. 220.
1087 *Stöber/Otto* Rn. 778.

Hinweis:
Soll Vereinsmitgliedern in Vertreterversammlungen ein Teilnahmerecht zustehen, so empfiehlt sich eine entsprechende Satzungsregelung.

307 **Formulierungsbeispiel: Teilnahmerecht (Satzungsbestandteil)**

§ 6. Delegiertenversammlung

(5) In der Delegiertenversammlung steht Vereinsmitgliedern grundsätzlich ein Teilnahmerecht zu. Dies umfasst jedoch nicht die Beteiligung an Diskussionen oder die Stellung von Anträgen.

308 Die Organe des Vereins (Vorstand etc.), dessen Mitgliederversammlung als Delegiertenversammlung stattfindet, dürfen auch ohne ausdrückliche Satzungsbestimmung an der Delegiertenversammlung teilnehmen.[1088] Die Amtsinhaber des Einzelvereins beim Vereinsverband bzw. der unselbständigen Untergliederung beim Gesamtverein haben dagegen kein Teilnahmerecht, sofern in der Satzung nicht vorgesehen. Sie können lediglich wie die Vereinsmitglieder als Gäste zugelassen werden.[1089] Auch ein Rüge- oder Klagerecht hinsichtlich der Beschlüsse der Delegiertenversammlung steht ihnen grundsätzlich nicht zu (zu den Ausnahmen → Rn. 273 ff.).

2. Sonderfälle

309 Bei Einführung einer Delegiertenversammlung bleibt das Minderheitenrecht der Vereinsmitglieder gem. § 37 BGB bestehen (→ Rn. 39 ff.).

310 Trotz des eindeutigen Wortlautes in §§ 13 Abs. 1 S. 2, 101 Abs. 1 UmwG ist anerkannt, dass die Vertreterversammlung anstelle der Mitgliederversammlung über die Umwandlung beschließen kann. Strittig ist jedoch, ob hierfür eine entsprechende Satzungsermächtigung benötigt wird.[1090] Dies ist mE nicht erforderlich, da die Vertreterversammlung lediglich eine besondere Ausgestaltung des Organs der Mitgliederversammlung ist und die Rechte der Mitgliederversammlung nahezu vollumfänglich wahrnimmt (→ Rn. 279 ff.). Bis zu einer Klärung in der Rechtsprechung sollte dennoch vorsichtshalber eine Ermächtigung in die Satzung aufgenommen werden.

VI. Politische Parteien

311 Für politische Parteien gelten die Sondervorschriften des ParteiG, wobei gem. § 8 Abs. 1 S. 2, S. 3 ParteiG die Mitgliederversammlung ebenfalls durch die Vertreterversammlung ersetzt werden kann.[1091] Hier dürfen die geborenen Mitglieder gem. § 9 Abs. 2 ParteiG nur bis zu ein Fünftel der Stimmrechte innehaben.[1092] Im Übrigen sind hinsichtlich Versammlungszeitpunkt, Stimmrecht etc. die besonderen Regelungen des ParteiG zu beachten, die denen des BGB als *lex specialis* vorgehen.

312 Auch für die Parteien wurden mit dem Gesetz zur Änderung des Bundeswahlgesetzes und des Gesetzes über Maßnahmen im Gesellschafts-, Genossenschafts-, Vereins-, Stiftungs- und Wohnungseigentumsrecht zur Bekämpfung der Auswirkungen der COVID-19-Pandemie vom 28.10.2020[1093] coronabedingte Erleichterungen geschaffen. So wurde § 5 des Gesetzes über Maßnahmen im Gesellschafts-, Genossenschafts-, Vereins-, Stiftungs-

[1088] *Sauter/Schweyer/Waldner* Eingetragener Verein Rn. 221.
[1089] *Stöber/Otto* Rn. 778.
[1090] *Hager* RNotZ 2011, 565 (579).
[1091] *Stöber/Otto* Rn. 784.
[1092] BeckOK BGB/*Schöpflin* BGB § 32 Rn. 46.
[1093] BGBl. 2020 I 2263 (2264).

und Wohnungseigentumsrecht zur Bekämpfung der Auswirkungen der COVID-19-Pandemie (COVMG) um einen Abs. 4 ergänzt, wonach § 5 Abs. 2 Nr. 1 COVMG entsprechend für Mitglieder- und Vertreterversammlungen der Parteien und ihrer Gliederungen gilt (→ Rn. 23a ff.), soweit in der Versammlung nicht über die Satzung beschlossen oder Schlussabstimmungen über Wahlen nach § 9 Abs. 4 ParteiG vorgenommen werden sollen. Das Gesetz ermächtigt den Vorstand weiter dazu, auch ohne Satzungsgrundlage Briefwahlen oder zeitlich versetzte Urnenwahlen an verschiedenen Orten zuzulassen. Gemäß dem Gesetz bleibt § 17 S. 2 ParteiG (die Aufstellung von Bewerbern für Wahlen zu Volksvertretungen regeln die Wahlgesetze und die Satzungen der Parteien) unberührt.

Für Parteien, die als Verein organisiert sind, hat der VGH München zudem entschieden, 313
dass auch das Grundgesetz ein Nichtmitglied nicht dazu berechtigt, auf die Willensbildung der Partei einzuwirken.[1094]

[1094] VGH München BeckRS 2018, 531; vgl. auch *Wagner* NZG 2019, 46 (49).

§ 8. Vorstand und Vorstandswechsel

Übersicht

A. Grundlagen

1 Der Vorstand ist neben der Mitgliederversammlung das zweite **gesetzlich unabdingbar vorgeschriebene Organ** eines Vereins. § 26 Abs. 1 BGB legt unmissverständlich fest: „Der Verein muss einen Vorstand haben." Diese Bestimmung ist, wie ein Umkehrschluss zu § 40 BGB ergibt, zwingend. Zwar ist der Verein in der Ausgestaltung der Vertretungsmacht nach außen frei; er kann Bildung, Zusammensetzung, Willensbildung und Aufgaben des Vorstandes satzungsautonom regeln, es können auch besondere Vertreter nach § 30 BGB zur Vertretung des Vereins bestellt werden. Allein: Das Organ „Vorstand" muss in jedem Verein zwingend – als Vertretungsorgan – vorhanden sein, seine Existenz ist unabdingbar für den Begriff des (rechtsfähigen) Vereins.

2 § 26 Abs. 1 BGB zwingt den Verein zwar nicht dazu, sein Vertretungsorgan in jedem Fall als „Vorstand" zu bezeichnen. Die Satzung kann, wenn sie ein Organ mit den entsprechenden Aufgaben vorsieht, grundsätzlich auch eine andere Bezeichnung wählen.[1] Umgekehrt können „fakultative Vereinsorgane" nach hM mit dem Begriff oder Wortbestandteil „Vorstand" bezeichnet werden.[2] Um Zuständigkeits- und Abgrenzungsschwierigkeiten – bei eingetragenen Vereinen zusätzlich auch Schwierigkeiten im Eintragungsverfahren – zu vermeiden, sollte von dieser Möglichkeit jedoch nicht oder nur bei sehr sorgfältiger Satzungsgestaltung, die an Funktion und Aufgaben der betroffenen Organe und ggf. deren Verhältnis zueinander keine Zweifel lässt, Gebrauch gemacht werden.

3 Die durch das Vereinsregister gewährleistete Publizität der Vertretung des Vereins erfordert Präzision im Eintragungsverfahren und damit möglichst weitgehende Genauigkeit bei der Satzungsgestaltung. Diese **Registerpublizität** kann in ihrer Bedeutung für ein funktionierendes Vereinswesen nicht überschätzt werden. Sie ermöglicht das reibungslose Auftreten des Vereinsvorstands im Rechtsleben. Die Probleme, die sich ohne zuverlässige Nachweismöglichkeiten ergeben können, werden und wurden jedem Rechtsanwender zuletzt beispielhaft durch die unsäglichen Wirrungen des Vertretungsnachweises infolge der Grundbuchfähigkeit der BGB-Gesellschaft vorgeführt. Demgemäß hat das Registergericht nach den §§ 58 Nr. 3, 60 BGB die Eintragung von Vereinen zurückzuweisen, deren Satzungen keine (hinreichenden) Bestimmungen über die „Bildung des Vorstandes" enthalten.

[1] Vgl. nur OLG Nürnberg DStR 2015, 1698; BeckOK BGB/*Schöpflin* BGB § 26 Rn. 4.
[2] Vgl. BeckOK BGB/*Schöpflin* BGB § 26 Rn. 5; *Krafka* RegisterR-HdB Rn. 2139.

(Abgrenzungs-) Probleme ergeben sich in der Praxis insbesondere dann, wenn die Satzung neben dem Vorstand weitere Gremien vorsieht, die mit einer sprachlich ähnlichen Bezeichnung versehen sind. In der Praxis häufig anzutreffen sind Satzungen, die neben dem Vorstand einen „erweiterten Vorstand“, einen Gesamtvorstand[3], oder Ähnliches mehr vorsehen. Der Vorstand selber ist dabei bisweilen „Präsidium“, „geschäftsführender Vorstand“ oder „Direktorium“. Die Lösung des Satzungsgebers zur Abgrenzung dieser Gremien besteht nicht selten darin, eines von ihnen, nämlich das, dem die gesetzlich vorgesehene Funktion als Vertretungsorgan tatsächlich zukommen soll, als „Vorstand iSd § 26 BGB“ zu bezeichnen.[4] Dieser „Kunstgriff“ kann für das Eintragungsverfahren die nötige Klarheit schaffen. Hält aber die Satzung ihre eigene Terminologie im Rahmen der gesamten Satzungsgestaltung, also etwa bei Vorschriften zu Wahl, Amtszeit, Aufgaben und Befugnissen der verschiedenen Gremien nicht vollständig ein, können insoweit gleichwohl Unklarheiten verbleiben. Diese können das Vereinsleben massiv erschweren und – je nach Schwere der dahingehenden Satzungsmängel – auch die Eintragungsfähigkeit hindern. Mit Rücksicht auf die Bedeutung, die dem Vorstand als dem gesetzlichen Vertretungs- und Geschäftsführungsorgan des Vereins zukommt, ist nämlich in jedem Fall zu fordern, dass die Satzung keine begründeten Zweifel darüber aufkommen lässt, welche Inhaber der in der Satzung bezeichneten Vereinsämter oder welche Mitglieder eines Vereinsorgans den Vorstand des Vereins bilden.[5] Unerlässlich ist es daher, den Vorstand eindeutig und konsequent von anderen „Führungsgremien“ abzugrenzen.[6] 4

Vorstand iSd BGB ist in jedem Fall nur das Vertretungsorgan, Vorstandsmitglied nur eine Person, die – unbeschadet etwaiger Einschränkungen des Umfangs ihrer Vertretungsmacht durch die Satzung – vertretungsbefugt ist. Unzulässig ist es, dem Vorstand als Ganzem oder einzelnen seiner Mitglieder die Vertretungsmacht völlig zu entziehen.[7] 5

B. Bildung des Vorstands

Zum Pflichtprogramm jeder Satzung sollen nach § 58 Nr. 3 BGB Bestimmungen über die „Bildung des Vorstandes“ gehören. Während die Norm nur auf den eingetragenen Verein unmittelbar anwendbar ist, ist die Aufnahme entsprechenden Bestimmungen auch beim nicht eingetragenen Verein zur Wahrung der Vereinsstruktur und der Vertretungsmöglichkeiten nahezu unumgänglich. 6

Die Satzung muss zur Wahrung der gesetzlichen Vorgaben eindeutig festlegen, wie sich der Vorstand zusammensetzt.[8] Die „Bildung des Vorstandes“ iSd BGB nimmt daher nicht die Verfahren über die Besetzung von Vorstandsämtern in Bezug, sondern meint die Größe und Zusammensetzung des Vertretungsorgans Vorstand. Hierzu gehören auch etwaige Bestimmungen über persönliche Voraussetzungen der Vorstandstätigkeit, also Vorgaben zur „Vorstandsfähigkeit“. In jedem Fall hat die Satzung zur Wahrung des § 59 Nr. 3 BGB zumindest zu bestimmen, aus welchen Mitgliedern der Vorstand als das Vereinsorgan, dem die Vertretung des Vereins obliegt,[9] besteht.[10] 7

---

[3] Vgl. speziell dazu MüKoBGB/*Leuschner* BGB § 26 Rn. 14.
[4] So etwa Palandt/*Ellenberger* BGB § 26 Rn. 3.
[5] BayObLGZ 1971, 266 (269 f.).
[6] So ausdrücklich auch *Krafka* RegisterR-HdB Rn. 2139; ebenso *Sauter/Schweyer/Waldner* Eingetragener Verein Rn. 226, 308a.
[7] BayObLGZ 1992, 16 (18 f.); *Sauter/Schweyer/Waldner* Eingetragener Verein Rn. 224, 309.
[8] Vgl. Palandt/*Ellenberger* BGB § 58 Rn. 3; *Sauter/Schweyer/Waldner* Eingetragener Verein Rn. 124, 225; *Stöber/Otto* Rn. 388.
[9] → Rn. 5.
[10] Vgl. grundlegend BayObLGZ 1992, 16 (18).

I. Größe und Zusammensetzung des Vorstandes

8 Der Vorstand kann grundsätzlich aus einer oder mehreren Personen bestehen (vgl. § 26 Abs. 2 S. 1 BGB). Eine Pflicht, je nach Vereinsstruktur, Tätigkeitsbereich, Größe oder nach anderen Parametern eine bestimmte **Mindest-/Höchstzahl** von Vorstandsmitgliedern vorzusehen, ergibt sich auch nicht aus der Rechtsprechung zur Vereinshaftung aus Organisationsmängeln im Rahmen des § 31 BGB. Die dort zur Haftungsvermeidung konstituierte Pflicht, für alle wichtigen Aufgabenbereiche verfassungsmäßige Vertreter vorzusehen, ist keine die Satzungsautonomie einengende Pflicht zur Wahl einer konkreten Vorstandsstruktur im Rahmen des § 58 BGB.[11] Enthält die Satzung keine Bestimmung, besteht keine Eintragungsfähigkeit. Wird gleichwohl (versehentlich) eingetragen oder ist ein nicht eingetragener Verein betroffen, wird von einem (einzigen) Vorstandsmitglied auszugehen sein.[12] Auch der Ein-Personen-Vorstand sollte jedoch – nicht nur beim eingetragenen Verein – einer ausdrücklichen Regelung zugeführt werden.

9 In der Praxis häufiger anzutreffen sind Bestimmungen, nach denen der Vorstand aus mehreren Personen besteht **(„mehrgliedriger Vorstand“).** Zur Wahrung der Handlungsfähigkeit des Vereins bei Verhinderung eines Vorstandsmitglieds (wie auch zur Einbindung zusätzlichen Sachverstandes) ist dies im Zweifel auch sinnvoll. Die Satzung kann dabei detaillierte Vorgaben machen oder dem zur Vorstandbestimmung zuständigen Gremium, typischerweise der Mitgliederversammlung, weitgehende Freiheit gewähren.

10 Während die Literatur jedenfalls teilweise davon ausgeht, dass die Satzung dem Bestellungsorgan ohne weitere Vorgaben die Bestimmung der Zahl der Vorstandsmitglieder überlassen könne,[13] wurde zuletzt jedenfalls die Angabe einer Mindestzahl gefordert.[14] Viele Vorgaben gehen dahin, die Satzung müsse eine Höchst- und/oder Mindestgrenze festlegen.[15]

11 Meines Erachtens ist die Ansicht, die dem Vereine hier weitgehende Freiheit gewähren will, überzeugend. Die Größe und Zusammensetzung des Vorstands ist weniger Rechts- als vielmehr Zweckmäßigkeitsfrage. Alleine maßgeblich (aber auch ausreichend) ist, dass die Kombination aus den Vertretungsregelungen der Satzung und den Bestimmungen über die Zusammensetzung des Vorstands die Vertretung des Vereins nach außen zuverlässig erkennbar macht und umsetzungsfähig ist.

11a Entgegen der in der Erstauflage vertretenen Auffassung ist daher bei Wahrung dieser Vorgaben auch nicht zwingend festzulegen, ob ein ein- oder mehrgliedriger Vorstand besteht. Die Satzung darf sich damit zwar nicht jeder Regelung entziehen, sie kann die Festlegung der Zahl der Vorstandsmitglieder aber dem Bestellungsgremium, regelmäßig der Mitgliederversammlung, zuweisen. Je größer jedoch die Freiheit des zur Vorstandsbestellung zuständigen Gremiums bei der Festlegung der Größe des Vorstands ist, umso klarer müssen die Vertretungsregelungen gefasst sein, Bei offener Vorstandszahl darf damit nicht auch die Zahl der zur Vertretung nötigen Vorstandsmitglieder offen bleiben, um die Vertretung nach außen zuverlässig aus dem Register entnehmen zu können.[16] Die Vertretungsreglungen müssen, allgemein formuliert, für jede mögliche Vorstandszahl die Vertretung klarstellen. Genügt die Satzung diesen Vorgaben, sind im Übrigen keine zwingenden

---

[11] → § 9 Rn. 10.

[12] So BeckOK BGB/*Schöpflin* BGB § 26 Rn. 9; Palandt/*Ellenberger* BGB § 26 Rn. 3.

[13] Vgl. MüKoBGB/*Reuter,* 7. Aufl. 2015, BGB § 25 Rn. 10; Palandt/*Ellenberger* BGB § 58 Rn. 3; *Sauter/Schweyer/Waldner* Eingetragener Verein Rn. 225.

[14] Vgl. OLG Celle NotBZ 2011, 42; BeckOK BGB/*Schöpflin* BGB § 58 Rn. 6.

[15] So etwa *Krafka* RegisterR-HdB Rn. 2139; MüKoBGB/*Leuschner* BGB § 26 Rn. 16 und § 58 Rn. 5; *Stöber/Otto* Rn. 381.

[16] So ausdrücklich auch *Sauter/Schweyer/Waldner* Eingetragener Verein Rn. 225; dies betont auch *Stöber/Otto* Rn. 381; dem Entscheidungswortlaut nach so auch LG Gießen MDR 1984, 312, wobei aus dem Tatbestand zu entnehmen ist, dass hier letztlich implizit eine Mindestzahl statuarisch festgeschrieben war, da nur die Zahl bestimmter Vorstandsämter (nämlich der „Beisitzer“) offen blieb, während andere Vorstandsämter fest vorgegeben waren.

Gründe für weitere Einschränkungen ersichtlich, auch wenn präzisere Satzungsbestimmungen wünschens- und empfehlenswert bleiben

12 Auch in der häufig zitierten Entscheidung des OLG Celle[17] ist zwar ausgeführt, dass bei einem mehrgliedrigen Vorstand die Mindestzahl der Vorstandsmitglieder festgeschrieben sein müsse. Soweit die Satzung des betroffenen Vereins in der Entscheidung wiedergegeben ist, hatte diese – nach der (nicht völlig überzeugenden) Lesart des Gerichts – aber mE nicht nur die Zahl der Mitglieder eines mehrgliedrigen Vorstands, sondern letztlich auch die Frage der Mehrgliedrigkeit also solche offen gelassen. Das kann in Kombination mit der leider nicht wiedergegebenen Vertretungsregelung tatsächlich zu eintragungsrelevanten Unklarheiten führen. Dies kann der Veröffentlichung indes nicht entnommen werden. Offen bleibt bei Lektüre der Entscheidung mE letztlich auch, worin in dem vom OLG zitierten Fallbeispiel mit „bis zu 1.000 Mitgliedern" des Vorstands die maßgebliche Verbesserung der offenbar gewünschten Eingrenzung auf „mindestens zwei/drei [...] und höchstens 1.000 Vorstandsmitglieder" läge. Für den Rechtsverkehr ist (nur) die Registereintragung der tatsächlich gewählten Vorstände und deren Vertretungsbefugnis entscheidend, während ihm mit der Festlegung einer bestimmten Mindestzahl nicht weiter gedient ist. Die Festlegung einer bloßen Mindestzahl (also etwa „mindestens ein/zwei/drei...") bringt aus sich heraus ebenso wenig Klarheit, wie die Höchstgrenze (zB 1.000) oder die Kombination aus Beidem. Der gesetzlichen Vorgabe des § 58 Nr. 3 BGB, die Satzung müsse die Bildung des Vorstands regeln, genügt mit anderen Worten auch die hinreichend deutliche Übertragung der Entscheidung auf das Wahlgremium.

13 Das BayObLG hat in seiner viel zitierten Entscheidung aus dem Jahre 1969 zwar in einer beispielhaften Aufzählung[18] die Gestaltungsfreiheit des Satzungsgebers bei der Ausgestaltung der Bestimmungen zur „Bildung des Vorstandes" betont und dabei – begründungslos – auch von Höchst- oder Mindestzahl gesprochen. Die Entscheidung stellt aber zugleich klar, dass die Satzung festlegen „solle", ob ein ein- oder mehrgliedriger Vorstand bestehe. Letzteres kann vor dem Hintergrund der im Einzelfall maßgeblichen Vertretungsregelungen erforderlich werden; insgesamt trägt aber die Entscheidung Auffassungen, die uneingeschränkt Höchst- oder Mindestzahlen fordern, diese aber auch in jedem Fall ausreichen lassen wollen, mE nicht.

14 Damit kann die Satzung mE – bei Wahrung klarer Vertretungsregelungen für jede nach der Satzung zulässige Zahl von Vorstandsmitgliedern –
- die genaue Zahl der Vorstandsmitglieder festschreiben,
- sich auf die Festlegung einer Mindes- oder einer Höchstzahl beschränken,
- Höchst- und Mindestzahl vorgeben,
- dem Bestellungsgremium die Bestimmung der Zahl aller oder bestimmter Vorstandsmitglieder (völlig) freistellen und
- die vorstehenden Möglichkeiten für verschiedene Vorstandsämter kombinieren.

15 In der weiteren inhaltlichen Ausgestaltung ist es dem Satzungsgeber überlassen, nur „Vorstandsmitglieder" ohne weitere Bezeichnungen vorzusehen oder die zu besetzenden Vorstandsämter mit unterschiedlichen **Funktionsbezeichnungen** (Vorsitzender, Kassier/Schatzmeister, Schriftführer, usw) zu versehen[19]. Derartige Funktionen können – müssen aber nicht – in der Satzung mit verschiedenen Aufgaben, Rechten und Pflichten, etwa ihnen zugewiesenen Zuständigkeiten oder Vertretungsbefugnissen bzw. -einschränkungen, verbunden werden.[20]

16 Unzulässig, weil nicht eindeutig und für den Rechtsverkehr mit Unsicherheiten hinsichtlich des tatsächlich vertretungsbefugten Vorstandsmitglieds verbunden, sind Bestimmungen über die bedingte bzw. eine **alternative Vorstandszugehörigkeit.** Die Satzung

[17] OLG Celle NotBZ 2011,42.
[18] BayObLGZ 1969, 33 (36).
[19] Vgl. BeckOK BGB/*Schöpflin* BGB § 26 Rn. 9.
[20] Zur Vertretung im Einzelnen → Rn. 206 ff.; zur Zuständigkeit → Rn. 200 ff.

kann daher weder vorschreiben, dass eine Person dem Vorstand nur unter bestimmten Voraussetzungen, also bedingt (etwa nur vorübergehend bei Verhinderung eines anderen „primären" Vorstandsmitgliedes) angehören soll, noch kann sie bestimmen, dass Vorstand iSd BGB entweder der Vorsitzende oder der stellvertretende Vorsitzende ist.[21]

17 Davon abzugrenzen sind zulässige Beschränkungen im Innenverhältnis, wonach einzelne Vorstandsmitglieder etwa gehalten sind, nur unter bestimmten Voraussetzungen von ihrer Vertretungsmacht Gebrauch zu machen.[22] Denkbar ist es damit also insbesondere, die unbedingte, „dauernde" und nicht nur bei Verhinderung eines anderen Vorstandsmitgliedes gegebene Vorstandszugehörigkeit mit rein intern wirkenden (dauernden oder vorübergehenden) Befugnisbeschränkungen zu verbinden. Daneben können sie aber alternativ oder kumulativ auch mit (permanent geltenden) eindeutig feststellbaren, an dem konkreten Amt anknüpfenden, auch mit Außenwirkung versehenen, Vertretungsbegrenzungen versehen sein. In diesem Rahmen sind auch Bezeichnungen einzelner Vorstandsämter als „Stellvertreter" denkbar, um mit dem fraglichen Amt verbundene interne und/oder externe Beschränkungen deutlich zu machen. So sind etwa die (unbedingten) Vorstandsämter der „stellvertretenden Vorsitzenden", „stellvertretenden Schatzmeister" etc. nicht zu beanstanden und eintragungsfähig.[23]

18 Nicht mit der unzulässigen bedingten Vorstandszugehörigkeit zu verwechseln sind zudem in der Satzung etwa vorgesehene „Interimslösungen": Danach ist es etwa zulässig, vorzusehen, dass ein Vorstandsamt bei Wegfall eines Vorstandsmitgliedes an ein anderes Vorstandsmitglied fällt (das dieses Amt dann anstelle des oder in Personalunion mit seinem bisherigen Amt weiterführt).[24] Genauso möglich sind in der Satzung etwa vorgesehene **„Ersatzvorstandsmitglieder"** oder „Nachrückermodelle", also Gestaltungen, in denen Personen bestimmt werden, die zunächst nicht dem Vorstand angehören, sondern in diesen erst einrücken, wenn ein Vorstandsmitglied ausscheidet. Insoweit liegt ein besonderes Wahlverfahren in Form einer bedingen Wahl, nicht aber eine unzulässige bedingte Vorstandsmitgliedschaft vor.[25] Beide Modelle bedürfen jedoch der ausdrücklichen Satzungsgrundlage; ohne sie rückt ein „Stellvertreter" nicht in das von ihm „vertretene" Amt ein.[26]

Hinweis:

In der Praxis empfiehlt sich die Bestellung eines mehrgliedrigen Vorstandes, dessen Mitglieder jedoch nicht zu zahlreich sein sollten, Bei der Festlegung der Größe des Vorstandes durch die Satzung ist zwischen dem Wunsch, die Verantwortung auf mehrere Schultern zu verteilen und der Wahrung der Funktionstüchtigkeit des Gremiums (Willensbildung, Besetzbarkeit der Positionen etc.) abzuwägen. Jedenfalls bei Gründung müssen auch zwingend alle Vorstandsposten besetzt werden.[27] Sinnvoll sind daher Satzungsbestimmungen, die der Mitgliederversammlung bei der Besetzung des Vorstandes bzw. dessen Größe einen (begrenzten) Spielraum lassen.

19 Auch ohne ausdrückliche Grundlage in der Satzung kann eine Person – jedenfalls bei Wahrung einer durch die Satzung etwa vorgegeben Mindestzahl von Vorstandsmitgliedern und bei Wahrung der Vorgaben zur Vorstandsfähigkeit für jedes in Frage kommende Amt

[21] BayObLGZ 1992, 16 (19); BayObLGZ 1969, 33 (36); BeckOK BGB/*Schöpflin* BGB § 26 Rn. 10; *Krafka* RegisterR-HdB Rn. 2140; MüKoBGB/*Leuschner* BGB § 26 Rn. 15; Palandt/*Ellenberger* BGB § 26 Rn. 4; *Sauter/Schweyer/Waldner* Eingetragener Verein Rn. 227f.; Soergel/*Hadding* BGB § 26 Rn. 8; Staudinger/*Schwennicke* BGB § 26 Rn. 45. Zur „bedingten Bestellung" → Rn. 238ff.

[22] *Krafka* RegisterR-HdB Rn. 2140; Palandt/*Ellenberger* BGB § 26 Rn. 4.

[23] Insoweit mE unklar BayObLGZ 1992, 16 (21).

[24] Vgl. dazu etwa BeckOK BGB/*Schöpflin* BGB § 26 Rn. 10; MüKoBGB/*Leuschner* BGB § 26 Rn. 16; Palandt/*Ellenberger* BGB § 26 Rn. 4.

[25] Dieser Fall entspricht § 101 Abs. 3 AktG zur – zulässigen – Wahl von Ersatz-Aufsichtsratsmitgliedern; vgl. dazu *Armbrüster* ZWE 2001, 355 (359).

[26] Vgl. BayObLG Rpfleger 1972, 400; BeckOK BGB/*Schöpflin* BGB § 26 Rn. 10.

[27] Dazu → § 4 Rn. 104; zur Rechtslage bei späteren Vorstands(neu)besetzungen → Rn. 175ff.

– grundsätzlich mehrere Vorstandsämter in **Personalunion** (gleichzeitig) innehaben.[28] Eine klarstellende Bestimmung in der Satzung ist daher nicht nötig, aber dann empfehlenswert, wenn die Satzung Vorstandsämter mit unterschiedlichen Vertretungsbefugnissen bzw. Zuständigkeitsbereichen vorsieht.

Nicht zum Vorstand gehören die sog. „besonderen Vertreter" iSd § 30 BGB. Weder müssen sie in der Satzung vorgesehen werden, noch ist ihre Bestellung im Gründungsverfahren zwingend vorzunehmen.[29] Ihre (erstmalige) Bestellung ist damit auch nicht zum Abschluss der Gründungsphase nötig.[30] 20

Formulierungsbeispiel: Vorstand (Satzungsbestandteil) 21

§ 6. Vorstand

(1) Der Vorstand besteht aus erstem und zweitem Vorstand.
[*Var. 1:* Der Vorstand besteht aus mindestens drei und höchstens sechs (gleichberechtigten) Vorstandsmitgliedern.]
[*Var. 2:* Der Vorstand des Vereins besteht aus vier bis sechs Personen, nämlich dem 1. und dem 2. Vorsitzenden, dem Schatzmeister, dem Schriftführer und bis zu zwei Beisitzern. Eine Person kann mehrere Ämter in Personalunion innehaben.]
[*Var. 3:* Der Vorstand des Vereins iSd § 26 BGB besteht aus dem Vorsitzenden und dem stellvertretenden Vorsitzenden. Der Vereinsführung gehören neben erstem und zweitem Vorsitzenden zusätzlich Schatzmeister, Schriftführer und zwei bis vier Beisitzer an. Eine Person kann nicht mehrere Vorstandsämter gleichzeitig innehaben.]
[*Var. 4:* Der Vorstand besteht aus dem/der Vorsitzenden, einem Kassier und einem/einer Schriftführer/in sowie einem oder mehreren Beisitzer/n. Keine Person kann mehrere Vorstandsämter in ihrer Person vereinen.]

II. Vorstandsfähigkeit

1. Gesetzliche Bestimmungen

Nach den gesetzlichen Bestimmungen ist grundsätzlich **jede natürliche Person** vorstandsfähig. Dies gilt grundsätzlich auch für beschränkt geschäftsfähige Personen, während Geschäftsunfähige nicht Vorstand sein können[31]. Beschränkt Geschäftsfähige bedürfen (zur Annahme) der Zustimmung ihres gesetzlichen Vertreters.[32] Diese Zustimmung kann – jedenfalls im Regelfall – nicht schon in der Zustimmung zum Vereinsbeitritt erblickt werden,[33] kann sich aber zB auch aus §§ 112, 113 BGB ergeben.[34] Auch unter Betreuung nach § 1896 BGB stehende Personen können nach hM – im Gegenschluss zur ausdrücklich anders lautenden Bestimmung bei AG und GmbH[35] – Vereinsvorstand sein.[36] Die Satzung kann jedoch Abweichendes bestimmen.[37] Betreute, für die ein Einwilligungsvorbehalt angeordnet ist, bedürfen zur wirksamen Bestellung (dh zur Annahme) der Einwilli- 22

[28] Vgl. OLG Düsseldorf NJW-RR 1989, 894; OLG Hamm NJW-RR 2011, 471; BeckOK BGB/*Schöpflin* BGB § 26 Rn. 9; MüKoBGB/*Arnold,* 7. Aufl. 2015, BGB § 26 Rn. 10; Palandt/*Ellenberger* BGB § 26 Rn. 5; *Soergel/Hadding* BGB § 26 Rn. 7; aA LG Darmstadt Rpfleger 1983, 445; MüKoBGB/*Leuschner* BGB § 26 Rn. 13.

[29] Dazu → § 9 Rn. 5 ff.

[30] → § 4 Rn. 105.

[31] → Rn. 104.

[32] → Rn. 48; ebenso MüKoBGB/*Leuschner* BGB § 27 Rn. 6; Palandt/*Ellenberger* BGB § 26 Rn. 5; Soergel/*Hadding* BGB § 27 Rn. 4; *Reichert* Rn. 2070.

[33] Ähnlich wie bei der Annahme einer Wahl (→ Rn. 50) kann dies aber in Sondersituationen, nämlich dann, wenn schon nach den Satzungsbestimmungen die Berufung des Beitretenden in den Vorstand – erkennbar – vorgezeichnet war, etwa durch rollierende Vorstandsmodelle oÄ, anders sein.

[34] Vgl. Palandt/*Ellenberger* BGB § 26 Rn. 5.

[35] Vgl. § 76 Abs. 3 S. 1 AktG, § 6 Abs. 2 S. 1 GmbHG.

[36] Vgl. etwa MüKoBGB/*Arnold,* 7. Aufl. 2015, BGB § 26 Rn. 7 mwN.

[37] Im Einzelnen str.; vgl. zum Betreuten BeckOK BGB/*Schöpflin* BGB § 27 Rn. 3.

gung des Betreuers (§ 1903 BGB). Früher diskutierte Auffassungen zur Einschränkung der Vorstandsfähigkeit von Ausländern werden heute kaum noch vertreten, jedenfalls bei EU-Ausländern sind sie obsolet. Die Staatsangehörigkeit spielt heute bei der Vorstandsbestellung nach den gesetzlichen Bestimmungen mE keine Rolle (mehr).[38]

23 Aus dem Fehlen anders lautender Bestimmungen, wie sie im Recht der GmbH und der AG bestehen,[39] wird die Vorstandsfähigkeit **juristischer Personen** geschlossen.[40] Sie handeln für den Verein durch ihr (Vertretungs-)Organ (oder ggf. durch rechtsgeschäftliche Vertreter).

24 Die hM sieht – gleich der juristischen Person – grundsätzlich auch Personenhandels- und (wohl auch) Partnerschaftsgesellschaften als vorstandsfähig an.[41] Dies wird auch für die Europäische wirtschaftliche Interessenvereinigung (EWIV) angenommen.[42] Zu verneinen ist mE – unabhängig davon, ob sich der Vereinszweck dem sachlichen Bereich der Teilrechtsfähigkeit zuordnen lassen kann – die Vorstandsfähigkeit der Wohnungseigentümergemeinschaft.[43] Nicht vorstandsfähig sind zudem nicht rechtsfähige Personengemeinschaften. Dies gilt etwa für die Erbengemeinschaft, die Bruchteilsgemeinschaft oder den Betriebsrat.[44]

24a Umstritten ist, ob auch die (Außen-)GbR Mitglied des Vereinsvorstandes sein kann, auch wenn dies zunehmend bejaht wird.[45] Meines Erachtens ist die Vorstandsfähigkeit (auch) der Außen (GbR) jedoch richtigerweise zu verneinen. Deren Bejahung ist nicht automatisch mit der grundlegenden Anerkennung der Rechtsfähigkeit der Gesellschaft verbunden. Sie konterkarierte vielmehr infolge der fehlenden Registereintragung der GbR die Bestrebungen des BGB-Vereinsrechts, klare Vertretungsverhältnisse zu schaffen und unterliefe die gewünschte Registerpublizität. Die für die Kommanditistenstellung gefundene Lösung in § 162 Abs. 1 S. 2 HGB (deren analoge Anwendbarkeit auf die Komplementärstellung bisher zu Recht nicht feststeht)[46] ist infolge des Ausschlusses des Kommanditisten von der Vertretung nicht übertragbar, dient die Registereintragung im Bereich des Vereinsrechts doch ausschließlich der Klarstellung der Vertretungsverhältnisse und damit dem vorrangigen Interesse des Rechtsverkehrs an Registerklarheit. Sie widerspräche damit auch der ausdrücklichen Vorgabe des § 58 Nr. 3 BGB, klar zu regeln, welche Personen zur Vertretung des Vereins befugt sind.

25 Vereinsmitgliedschaft ist nach ganz hM – im Umkehrschluss zu § 9 Abs. 2 GenG – nicht von Gesetzes wegen Voraussetzung der Vorstandsfähigkeit.[47]

25a Vorstandsfähig sind damit zusammenfassend (nach hier vertretener Meinung) nach den gesetzlichen Vorschriften:

---

[38] Vgl. näher *Sauter/Schweyer/Waldner* Eingetragener Verein Rn. 253 mwN.

[39] Vgl. § 6 Abs. 2 S. 1 GmbHG bzw. § 76 Abs. 3 AktG.

[40] So etwa BeckOK BGB/*Schöpflin* BGB § 27 Rn. 3; *Krafka* RegisterR-HdB Rn. 2141; Palandt/*Ellenberger* BGB § 26 Rn. 5; Soergel/*Hadding* BGB § 27 Rn. 5; letztlich offenlassend MüKoBGB/*Leuschner* BGB § 27 Rn. 5.

[41] Vgl. etwa BeckOK BGB/*Schöpflin* BGB § 27 Rn. 3; nur Personenhandelsgesellschaften sprechen an: MüKoBGB/*Leuschner* BGB § 26 Rn. 6; *Reichert* Rn. 2072.

[42] BeckOK BGB/*Schöpflin* BGB § 27 Rn. 3.

[43] Zur (Teil-)Rechtsfähigkeit der Wohnungseigentümergemeinschaft vgl. etwa MüKoBGB/*Commichau* BGB Anh. §§ 854–902 und WEG Vorb. Rn. 37 ff.

[44] Vgl. BeckOK BGB/*Schöpflin* BGB § 27 Rn. 3; MüKoBGB/*Leuschner* BGB § 27 Rn. 5 (nur zu Betriebsrat); *Reichert* Rn. 2072.

[45] Bejahend BeckOK BGB/*Schöpflin* BGB § 27 Rn. 3; *Soergel/Hadding* BGB § 27 Rn. 5; verneinend *Reichert* Rn. 2072; einschränkend MüKoBGB/*Leuschner* BGB § 27 Rn. 5.

[46] Vgl. zum Rechtsstand bei Personenhandelsgesellschaften etwa MüKoBGB/*Schäfer* BGB § 705 Rn. 326 (grds. bejahend); Baumbach/Hopt/*Roth* HGB § 105 Rn. 28f (persönlich haftende Gesellschafterstellung für Außen-GbR möglich).

[47] So etwa OLG Düsseldorf NZG 2016, 305 (306); Beschl. v. 9.2.2016 – I-3-Wx 4/16, BeckRS 2016, 06346 Rn. 18; Beschl. v. 9.2.2016 – I-3-Wx 5/16, BeckRS 2016, 05595 Rn. 22; OLG Köln NJW 1992, 1048; BeckOK BGB/*Schöpflin* BGB § 27 Rn. 3; MüKoBGB/*Leuschner* BGB § 27 Rn. 4; *Palandt/Ellenberger* BGB § 26 Rn. 5 und § 27 Rn. 1; Soergel/*Hadding* BGB § 27 Rn. 3; Staudinger/*Schwennicke* BGB § 26 Rn. 35; offensichtlich aA: („Satzung kann zulassen“) *Krafka* RegisterR-HdB Rn. 2141.

- Nichtmitglieder,
- beschränkt Geschäftsfähige (nur mit Zustimmung des gesetzlichen Vertreters),
- Betreute,
- juristische Person (hM),
- Personenhandelsgesellschaft (hM),
- Partnerschaftsgesellschaft (hM),
- Personen ohne deutsche Staatsangehörigkeit (für Nicht-EU-Ausländer teilweise str.).

Nicht vorstandsfähig sind (nach hier vertretener Meinung): 25b
- Geschäftsunfähige,
- GbR (str.),
- Wohnungseigentümergemeinschaft (str.),
- Betriebsrat,
- Erbengemeinschaft/Bruchteilsgemeinschaft (uÄ).

2. Vorgaben der Satzung

Die Satzung kann abweichende Bestimmungen zur Vorstandsfähigkeit treffen. Diese Befugnis steht aber grundsätzlich – da zustandsbegründend[48] – nicht dem Bestellungsorgan oder der Mitgliederversammlung in satzungsdurchbrechenden Beschlüssen zu und kann nicht durch sonstiges Vereinsrecht unterhalb der Satzung geschaffen werden. Derartige Vorgaben bedürfen grundsätzlich der Festlegung durch die Satzung;[49] im Einzelfall können sie sich jedoch auch aus der Eigenart des Vereins (mE aber nicht aus bloßer Übung) ergeben.[50] 26

So kann die Satzung die **Vereinsmitgliedschaft** als Kriterium der Vorstandsfähigkeit einführen, aber auch (bei Wahrung des Diskriminierungsverbots[51]) zusätzlich oder alternativ andere Eigenschaften oder Qualifikationen, insbesondere besondere persönliche, berufliche oder soziale Qualifikationen voraussetzen. Solche persönlichen Voraussetzungen können – rein beispielhaft – etwa sein: 27
- ein bestimmtes Mindest- und/oder Höchstalter,
- eine bestimmte Dauer der Vereinsmitgliedschaft,
- Geschlecht/Nationalität/Konfession/etc.,
- die Zugehörigkeit zu einer bestimmten Vereinsabteilung,
- die Zugehörigkeit zu einer bestimmten Mitgliedsart,
- die Zugehörigkeit zu einem bestimmten Beruf oder einer bestimmten Berufsgruppe.

Die Satzung sollte klarstellen, ob die Voraussetzungen zwingend und ununterbrochen vorzuliegen haben oder ob ihr Vorhandensein zum Zeitpunkt der Vorstandbestellung ausreichend ist. Klärungsbedürftig ist auch, ob eine Voraussetzung nur vorliegen sollte („nach Möglichkeit"), ohne echtes Kriterium der Vorstandsfähigkeit zu sein, oder ob das fragliche Merkmal zwingend vorliegen muss.[52] 28

Mangels abweichender Satzungsbestimmungen müssen statuarische Voraussetzungen der Vorstandsfähigkeit bereits beim Gründungsvorstand vorliegen.[53] 29

Fehlen einer Person schon bei ihrer Bestellung in den Vorstand **gesetzliche Voraussetzungen** der Vorstandsfähigkeit, ist die Vorstandsbestellung unwirksam.[54] Fallen sie später weg, endet das Vorstandsamt grundsätzlich automatisch.[55] 30

[48] Vgl. dazu MüKoBGB/*Reuter,* 6. Aufl. 2012, BGB § 26 Rn. 6 und § 33 Rn. 10; im Ergebnis auch MüKoBGB/*Leuschner* BGB § 27 Rn. 3f.

[49] So auch BeckOK BGB/*Schöpflin* BGB § 27 Rn. 3; MüKoBGB/*Leuschner* BGB § 26 Rn. 6; Palandt/*Ellenberger* BGB § 26 Rn. 5.

[50] Für beide Fälle bejahen dies OLG Düsseldorf Beschl. v. 9.2.2016 – I-3 Wx 5/16, BeckRS 2016, 05595 (unter Berufung auf *Stöber/Otto,* 10. Aufl., Rn. 400); *Sauter/Schweyer/Waldner* Eingetragener Verein Rn. 253.

[51] Zu den grundrechtlich bedingten Grenzen → § 10 Rn. 190f.

[52] Näher dazu *Sauter/Schweyer/Waldner* Eingetragener Verein Rn. 254.

[53] → § 4 Rn. 103.

[54] So auch BeckOK BGB/*Schöpflin* BGB § 27 Rn. 3; *Reichert* Rn. 2079.

[55] Dazu → Rn. 109ff.

31 Bei anfänglichem Fehlen **statuarischer Voraussetzungen** wird angenommen, die Vorstandsbestellung könne wirksam, aber jederzeit widerruflich sein.[56] Richtiger Ansicht nach wird zu differenzieren sein: Macht die Satzung deutlich, dass die von ihr zu Voraussetzungen der Vorstandsfähigkeit erhobenen Kriterien zwingend (ununterbrochen) vorliegen müssen, wird deren anfängliches Fehlen grundsätzlich zur Unwirksamkeit der Vorstandbestellung führen müssen. Dem entspricht, dass der spätere Wegfall derartiger Voraussetzungen dann zum (sofortigen) Erlöschen des Vorstandsamtes führt, wenn der Satzung der dargestellte zwingende Charakter des Vorstandsfähigkeits-Kriteriums zu entnehmen ist.[57] Ist die zwingende Natur nicht anzunehmen, ist die Bestellung wirksam. Die Widerruflichkeit richtet sich dann nach den allgemeinen Regeln (→ Rn. 113 ff.).

32 **Formulierungsbeispiel: Voraussetzungen für die Mitgliedschaft im Vorstand (Satzungsbestandteil)**

§ 6. Vorstand

(5) Vorstandsmitglieder müssen nicht Vereinsmitglied sein.
[*Var. 1:* Nur Vereinsmitglieder können Vorstandsmitglied sein.]
[*Var. 2:* Vorstandsmitglied können nur volljährige natürliche Personen sein, solange sie Vereinsmitglied sind.]

(5) [*Var. 3:* Der Vorstand besteht aus erstem und zweitem Vorsitzenden, einem Jugendvertreter, einem Aktivensprecher und zwei bis vier Beiräten.

(6) Erster Vorsitzender soll – wenn möglich – nur sein, wer zu Beginn der Amtszeit das 35. Lebensjahr vollendet hat. Zum Jugendvertreter kann wirksam nur eine natürliche Person, die Vereinsmitglied ist und zu Beginn der Amtszeit das 25. Lebensjahr nicht vollendet hat, gewählt werden; zum Aktivensprecher nur, wer Aktivmitglied ist. Mit Verlust der Vereinsmitgliedschaft bzw. der Aktivmitgliedschaft endet das Vorstandsamt mit Wirksamwerden des Ausscheidens bzw. des Wechsels der Mitgliedsart ohne weitere Voraussetzungen. Soweit vorstehend nicht ausdrücklich anders angeordnet, können auch Personen dem Vorstand angehören, die nicht Vereinsmitglied sind.]

C. Bestellung des Vorstands

I. Allgemeines

33 Zwar muss das Organ „Vorstand" wie gesehen bei jedem Verein existieren. Die Bestellung des Vorstandes ist, jedenfalls beim eingetragenen Verein, **zwingend** im Gründungsverfahren vorzunehmen: Nur der Vorstand ist nach § 59 BGB zur Anmeldung des Vereins zur Eintragung in das Vereinsregister zuständig, die Gründung des Vereins ist erst mit Besetzung der nach der Satzung vorgesehenen Vorstandsämter abgeschlossen.[58] Die erstmalige Nichtbesetzung zwingend vorgesehener Vorstandsämter hindert die (Erst-)Eintragung des Vereins in das Register.

34 Die ununterbrochene personelle Besetzung des Vorstandes ist jedoch nicht zwingend für den (Fort-)Bestand des Vereins. In § 29 BGB, der die Möglichkeit der Bestellung eines Notvorstandes durch das Vereinsregister vorsieht, setzt das BGB voraus, dass das entsprechende Amt vorübergehend vakant sein kann. Der Verein „hört nicht auf, zu existieren", wenn die in ihm vorhandene Vorstandsämter nicht oder nicht vollständig besetzt sind. Gleichwohl ist der Verein ohne Vorstand nach außen handlungsunfähig, soweit nicht eine Vertretung durch besondere Vertreter sichergestellt ist.

---

[56] So BeckOK BGB/*Schöpflin* BGB § 27 Rn. 3; MüKoBGB/*Reuter,* 6. Aufl. 2012, BGB § 26 Rn. 7 (zweifelnd); *Reichert* Rn. 2024; ablehnend MüKoBGB/*Arnold,* 7. Aufl. 2015, BGB § 26 Rn. 7 (Bestellung unwirksam); Staudinger/*Schwennicke* BGB § 26 Rn. 43.

[57] Im Einzelnen → Rn. 109 ff.

[58] → § 4 Rn. 104, 116.

Damit schreibt das BGB auch nicht zwingend vor, dass – nach wirksamer Gründung – sämtliche Vorstandsämter dauernd besetzt sein müssten. Ausreichend ist grundsätzlich, soweit die Satzung nicht anderes fordert, die Besetzung der zur wirksamen Vertretung des Vereines nach außen durch Gesetz und Satzung erforderten Vorstandspositionen.[59] 35

Während sich die Bestimmungen über die „Bildung des Vorstandes" mit den Vorgaben über Größe, Zusammensetzung und Berufungsvoraussetzungen des Vorstandes auseinandersetzen,[60] befassen sich Regelungen über seine Bestellung mit den Fragen der Berufung einzelner Personen in die satzungsmäßig vorgesehenen Ämter des Vorstandes. 36

§ 27 Abs. 1 BGB regelt hier als Grundsatz die Bestellung des Vorstandes durch Beschluss der **Mitgliederversammlung.** Die Regelzuständigkeit der Mitgliederversammlung entspricht deren Bedeutung als Willensbildungsorgan des Vereins. Die Vorschrift ist jedoch, wie aus § 40 BGB zu entnehmen ist („soweit nichts anderes bestimmt ist"), **disponibel,** so dass die Satzung auch andere Arten der Vorstandsberufung vorsehen kann. Denkbar sind damit insbesondere die folgenden Bestellungsverfahren: 37

- Wahl durch die Mitgliederversammlung („Regelfall", → Rn. 52ff.),
- Bestellung durch ein anderes Vereinsorgan (→ Rn. 56ff.),
- Selbstergänzung des Vorstands (zB Kooptation, → Rn. 65ff.),
- Berufung von Vorstandsmitgliedern qua Amtes (geborene Vorstandsmitglieder, → Rn. 69ff.),
- Vorstandberufung durch Mitglied(er) als Sonderrecht (→ Rn. 76ff.),
- Satzungsmäßige Benennung bestimmter Person(en) (→ Rn. 79f.),
- Vorstandsberufung durch einen (außerhalb des Vereins stehenden) Dritten (→ Rn. 81ff.),
- Sonder- und Mischformen (→ Rn. 87ff.).

Sieht die errichtete Satzung besondere Regelungen zur Vorstandsbestellung vor, sind diese bereits für die Bestellung des ersten Vorstandes **bei Gründung** einzuhalten.[61] 38

II. Vereinsautonomie und Vorstandbestellung unter Dritteinfluss

Die möglichen Verfahren zur Vorstandsbestellung lassen sich ihrer Struktur folgend grundsätzlich in zwei Kategorien einteilen: An erster Stelle stehen Verfahren, die die Zuständigkeit zur Vorstandsbestellung innerhalb des Vereins von der Mitgliederversammlung (ganz oder teilweise) auf andere Vereinsgremien bzw. Vereinsorgane übertragen. Sie sind strukturell keinen grundsätzlichen rechtlichen Bedenken ausgesetzt. Daneben stehen, neben Formen der Vorstandsbestellung, die Komponenten beider Kategorien aufweisen, Verfahren, die einen Einfluss außerhalb des Vereins stehender Dritter auf die Bestellung des Vorstandes vorsehen oder jedenfalls ermöglichen. Sie beschränken ihrer Funktionsweise nach die freie selbständige Willensbildung des Vereins. Sie müssen sich daher am Maßstab der **Vereinsautonomie** messen lassen. 39

Wesentliches Ziel der – nach hM auf den Grundsätzen der Vertragsfreiheit und Parteiautonomie beruhenden[62] – Vereinsautonomie ist nach der Rechtsprechung des BVerfG die Wahrung des Charakter(s) des Vereins als eines vornehmlich von der Willensbestimmung und -betätigung seiner Mitglieder getragenen Personenverbandes.[63] Träger der Vereinsautonomie sind damit die Mitglieder in ihrer Gesamtheit. 40

Zur Vereinsautonomie gehört, den mit ihr ausgestatteten Einrichtungen das Recht einzuräumen, sich die ihren Zwecken entsprechende Organisation selbst zu geben und diese frei zu bestimmen; dabei kann sie auch in der Weise ausgeübt werden, dass das Selbstverwaltungsrecht des Vereins satzungsmäßig beschränkt wird. Zugleich bewahrt sie aber die 41

---

[59] Vgl. aber zur Frage der Beschlussfähigkeit bei Nichtbesetzung aller Vorstandsämter → Rn. 178ff.
[60] → Rn. 6ff.
[61] → § 4 Rn. 99f.
[62] Vgl. dazu etwa BeckOK BGB/*Schöpflin* BGB § 21 Rn. 57ff.
[63] BVerfG NJW 1991, 2623 (2625); vgl. BeckOK BGB/*Schöpflin* BGB § 21 Rn. 57ff.; *Sauter/Schweyer/Waldner* Eingetragener Verein Rn. 39ff.

Selbstbestimmung des Vereins und seiner Mitglieder vor einer Entäußerung, die die eigene Willensbestimmung nahezu vollständig zum Erliegen bringt.[64] Diese beiden Ausprägungen des Grundsatzes der Vereinsautonomie – Freiheit zur Beschneidung der Selbstverwaltung einerseits und Schutz vor Selbstaufgabe andererseits – sind in jedem Einzelfall gegeneinander abzuwägen.[65]

42 Rechtsprechung und Literatur betonen, dass die Autonomie nicht so weit eingeschränkt werden dürfe, dass der Verein sich lediglich als **Sonderverwaltung eines Dritten** darstelle. Satzungsgestaltungen dürfen daher keinen so weitgehenden Fremdeinfluss gestatten, dass der Verein nicht mehr vornehmlich als von der Willensbildung und -betätigung der Mitglieder getragen wird, sondern als unselbständige Verwaltungsstelle einer anderen organisatorischen Einheit erscheint.[66] Andernfalls schränkten sie die Vereinsautonomie in ihrer Ausprägung als Selbstbestimmungsgarantie in einer mit dem Wesen des Vereins unvereinbaren und deshalb unzulässigen Art und Weise ein.

1. Abwägungsgrundsätze

43 Im Regelfall müssen daher die Mitglieder in jedem Fall zumindest die Möglichkeit behalten, die Satzungsbestimmungen, die den Dritteinfluss vorsehen, auch ohne Zustimmung des Dritten abzuändern bzw. aufzuheben;[67] regelmäßig wird zumindest auch die Widerrufbarkeit der Vorstandsbestellung durch ein Vereinsgremium zu fordern sein.[68] Das Recht zur Rückgewinnung von Autonomie mittels Änderbarkeit der Satzung kann aber nicht stets alleine den im Übrigen gegebenen Vorwurf einer unzulässigen Einschränkung der Satzungsautonomie entkräften. Vielmehr ist die Abwägung in jedem Einzelfall konkret aufgrund der Gesamtregelungen der Satzung vorzunehmen. Weitgehende Beschränkungen sind häufig bei Arbeitnehmervereinen, in Verbandsstrukturen[69] und bei religiösen Vereinen[70] anzutreffen.

44 Nach *Reuter*[71] und ihm folgend *Arnold*[72] sind die Grenzen des Vorstandsbestellungsrechtes Dritter dabei maßgeblich von der Eigenart des betroffenen Vereins abhängig. Bei wirtschaftlichen Vereinen sei die Einheit von Leitungsmacht und Verantwortlichkeit von besonderer Bedeutung und stehe der Kombination von „Bestellungsrecht eines Dritten und Widerrufsrecht der Mitglieder" regelmäßig entgegen. Stets unzulässig sei das Bestellungsrecht Dritter bei Vereinen ohne Aufnahmefreiheit. Dies gelte insbesondere für Interessenverbände, die zwingend demokratisch organisiert sein müssten. Bei Idealvereinen könne dagegen ein Drittbestellungsrecht Dritter gewährt werden, solange die Mitglieder genügend Einwirkungsmöglichkeiten behielten, insbesondere auch den zur Durchsetzung von Schadenersatzansprüchen gegen das drittbestellte Vorstandsmitglied nötigen Einfluss. Die dargestellten Grundsätze werden im Folgenden bei den einzelnen Verfahren der Vorstandsbestellung aufgegriffen.

---

[64] BVerfG NJW 1991, 2623 (2625).

[65] BVerfG NJW 1991, 2623 (2625); OLG Karlsruhe NZG 2012, 1314 (1315); BeckOK BGB/*Schöpflin* BGB § 21 Rn. 58.

[66] OLG Köln NJW 1992, 1048; OLG Karlsruhe NZG 2012, 1314; BayObLGZ 1975, 435; BeckOK BGB/*Schöpflin* BGB § 27 Rn. 4; Soergel/*Hadding* BGB § 27 Rn. 7.

[67] So auch OLG Frankfurt a. M. OLGZ 1981, 391; BeckOK BGB/*Schöpflin* BGB § 27 Rn. 4; *Reichert* Rn. 2091; *Sauter/Schweyer/Waldner* Eingetragener Verein Rn. 255, 267; *Soergel/Hadding* BGB § 27 Rn. 7; aA MüKoBGB/*Leuschner* BGB § 27 Rn. 19.

[68] So etwa *Reichert,* 13. Auf. 2016, Rn. 2091 (zudem für eine Beschränkung auf einzelne Vorstandsämter plädierend).

[69] → § 3 Rn. 24ff.; weitgehend OLG Karlsruhe NZG 2012, 1314.

[70] Dazu sogleich → Rn. 45ff.

[71] MüKoBGB/*Reuter,* 6. Aufl. 2012, BGB § 27 Rn. 19ff.

[72] MüKoBGB/*Arnold,* 7. Aufl. 2015, BGB § 27 Rn. 16ff.

2. Sonderfall: Religiöse Vereine

In der Gesamtabwägung zur Prüfung der Vereinssatzung am Grundsatz der Parteiautonomie sind die Belange **religiöser Vereine** besonders zu würdigen. Nach Art. 140 GG iVm Art. 137 Abs. 3 WRV ist den Religionsgesellschaften die Freiheit garantiert, ihre Angelegenheiten selbständig innerhalb der Schranken des für alle geltenden Gesetzes zu ordnen und zu verwalten. Diese Selbstordnungs- und Selbstverwaltungsgarantie kommt nicht nur den verfassten Kirchen und deren rechtlich selbständigen Teilen zugute, sondern allen der Kirche in bestimmter Weise zugeordneten Einrichtungen ohne Rücksicht auf ihre Rechtsform, wenn sie nach kirchlichem Selbstverständnis ihrem Zweck oder ihrer Aufgabe entsprechend berufen sind, ein Stück des Auftrags der Kirche wahrzunehmen und zu erfüllen.[73] 45

Aufgrund dieser Vorgaben sind bei religiösen Vereinen weitergehende Einschränkungen der Satzungsautonomie denkbar als bei sonstigen Verbänden.[74] Dies betrifft insbesondere solche Regelungen, die sich allein auf die innere Organisation des Vereins beziehen und nicht diejenigen Bestimmungen des Vereinsrechts berühren, die im Interesse der Sicherheit und Klarheit des Rechtsverkehrs die nach außen wirkenden Angelegenheiten und Rechtsverhältnisse regeln (Bestellung und Abberufung des Vorstands, dessen Vertretungsmacht, Haftung des Vereinsvermögens, Liquidation bei Auflösung des Vereins etc.).[75] 46

III. Der Bestellungsakt

Die Rechtsnatur der Vorstandsbestellung ist umstritten. Der Bestellungsakt wird als Rechtsgeschäft körperschaftlicher Natur[76], „körperschaftsrechtlichen Regeln unterliegender Vereinsakt"[77] oder als Sozialakt der körperschaftlichen Willensbildung[78] bzw. schlicht „vereinsrechtlicher Organisationsakt"[79] qualifiziert. Einigkeit besteht jedoch, soweit ersichtlich, darin, dass die Berufung einer Person zur Organstellung nicht durch die bloße einseitige Erklärung des bestellenden Organs gegenüber dem Bestellten eintritt, sondern zusätzlich die Annahme der Bestellung erforderlich ist. Die Vorstandsbestellung ist damit ein **zweistufiger Akt;** dadurch unterscheidet sie sich wesentlich von der Bevollmächtigung gem. § 167 BGB.[80] 47

Die Notwendigkeit der **Annahme** der Bestellung ergibt sich schon aus dem Grundsatz, dass keiner Person ohne ihre Zustimmung besondere Pflichten oder Aufgaben auferlegt werden können. Mit der Stellung des Vorstandes eines Vereins sind aber nicht nur zu erfüllende Aufgaben und Rechte verbunden, sondern auch Pflichten, die ggf. bei Nichterfüllung durch Haftung sanktioniert werden können. Diese Einschätzung gilt unabhängig davon, ob man in der Vorstandsbestellung ein vertragsähnliches Rechtsgeschäft sehen möchte, für das die §§ 145 ff. BGB jedenfalls entsprechend gelten sollen[81] oder – ähnlich – eine geschäftsähnliche Erklärung[82] oder ob die Annahme der Bestellung als Rechtsbedingung des Bestellungsaktes angesehen wird.[83] Beschränkt Geschäftsfähige bedürfen zur wirksamen Abgabe der Annahmeerklärung der Zustimmung des gesetzlichen Vertreters. 48

---

[73] BVerfG NJW 1986, 367.

[74] Ständige Rspr.; vgl. BVerfG NJW 1991, 2623 (2625); OLG Düsseldorf FGPrax 2009, 79; OLG Köln NJW 1992, 1048; BeckOK BGB/*Schöpflin* BGB § 21 Rn. 62f.; *Schockenhoff* NJW 1992, 1013 (Vereinsautonomie vollständig verdrängt); wohl iErg auch MüKoBGB/*Arnold,* 7. Aufl. 2015, BGB § 40 Rn. 3f.

[75] BVerfG NJW 1991, 2623 (2625); OLG Düsseldorf FGPrax 2009, 79.

[76] So MüKoBGB/*Leuschner* BGB § 27 Rn. 14.

[77] So Staudinger/*Schwennicke* BGB § 27 Rn. 12.

[78] So *Sauter/Schweyer/Waldner* Eingetragener Verein Rn. 251.

[79] So *Sauter/Schweyer/Waldner* Eingetragener Verein Rn. 251.

[80] Palandt/*Ellenberger* BGB § 27 Rn. 1; vgl. dazu auch Soergel/*Hadding* BGB § 27 Rn. 9.

[81] So etwa Soergel/*Hadding* BGB § 27 Rn. 9 mwN.

[82] Staudinger/*Schwennicke* BGB § 27 Rn. 16.

[83] So BayObLGZ 81, 277; MüKoBGB/*Leuschner* BGB § 27 Rn. 14; offenlassend (Bestellung als empfangsbedürftige Willenserklärung, die jedoch der Annahme bedarf) Palandt/*Ellenberger* BGB § 27 Rn. 1.

49 Diese Zweistufigkeit – Bestellung einerseits, Annahme andererseits – ist dabei unabhängig davon, auf welche Art und Weise der Bestellungsvorgang vor sich geht. Sie gilt also nicht nur, wenn die Bestellung (mit der Auffangvorschrift des § 27 BGB) durch Beschluss der Mitgliederversammlung erfolgt, sondern auch, wenn sie einem der nachstehend dargestellten anderen Mechanismen folgt, also etwa auch bei der Notbestellung durch das Amtsgericht nach § 29 BGB.[84] Ein Bestellungsakt ohne Annahme führt nicht zur wirksamen Vorstandsbestellung.

50 Die Annahme selbst muss nicht zwingend explizit erfolgen, sie bedarf – soweit nicht durch die Satzung vorgeschrieben – auch keiner Form. Erfolgt eine gesonderte Erklärung über die Annahme der Bestellung zum Vorstand nicht, wird sie regelmäßig in der Unterzeichnung der entsprechenden Anmeldung zum Vereinsregister zu sehen sein.[85] Im bloßen Beitritt zu einem Verein kann sie dagegen allenfalls in Ausnahmefällen erblickt werden, wenn die Satzung dahingehende Sonderregeln enthält. Denkbar ist dies etwa bei Vereinen mit geringem Mitgliederkreis, deren Satzung einen turnusmäßigen Wechsel der Vorstandschaft innerhalb der Mitglieder vorsieht.

51 Aus dem Erfordernis der Annahme ergibt sich im Übrigen auch die Notwendigkeit des Zugangs des Bestellungsaktes an den Betroffenen. Mit der Rechtsprechung des BGH bedarf es eines besonderen Mitteilungsaktes aber nicht, wenn der Bestellte in der Versammlung, in der er bestellt wird, anwesend ist.[86]

1. Bestellung durch die Mitgliederversammlung

52 Die mangels abweichender Satzungsbestimmung durch die gesetzliche Auffangregelung vorgegebene, typische Art der Bestimmung des Vorstands ist dessen Wahl durch die Mitgliederversammlung. Soweit die Satzung keine abweichenden Bestimmungen enthält, entscheidet diese nach § 32 Abs. 1 S. 3 BGB durch Beschluss mit der Mehrheit der an der Abstimmung tatsächlich teilnehmenden[87] stimmberechtigten Mitglieder.

53 Danach ist die **absolute Mehrheit,** also eine Stimme mehr als die Hälfte der abgegebenen Stimmen, erforderlich.[88] Dies gilt nach der Rechtsprechung auch, wenn die Satzung die einfache Mehrheit vorschreibt.[89] Das Erreichen nur der meisten Stimmen, also die relative Mehrheit genügt nur, wenn die Satzung dies ausdrücklich so regelt. Auch eine Stichwahl zwischen Bewerbern, die in einem Wahlgang die meisten Stimmen erreicht haben, ohne die nötige Mehrheit zu erreichen, bedarf einer Satzungsgrundlage.[90]

54 Mitglieder, die sich der Stimme enthalten, gelten nach der gesetzlichen Regelung als nicht erschienen, sie sind also nicht mitzuzählen.[91] Die Satzung kann aber – wozu es allerdings einer eindeutigen Vorgabe bedarf[92] – bestimmen, dass Stimmenthaltungen bei der Zahl der abgegebenen Stimmen mitzählen. Bei einer derartigen Satzungsvorgabe wirkt eine Enthaltung damit wie eine Nein-Stimme. Die gleiche Regelung – Wertung als „nicht erschienen" als Regelfall, abweichende Satzungsbestimmung möglich – gilt für ungültige Stimmen.[93] Zur Vorstandsbestellung vorgeschlagene Vereinsmitglieder sind nicht an der Stimmabgabe gehindert, sie dürfen an der Abstimmung teilnehmen.

55 Die Durchführung der Abstimmung selbst folgt den allgemeinen dafür in Satzung und Gesetz vorgegebenen Verfahren. Jedenfalls im Regelfall wird dabei, soweit nicht eine Voll-

---

[84] So ausdrücklich auch OLG Düsseldorf NJW-RR 2016, 865 (866).
[85] Vgl. *Sauter/Schweyer/Waldner* Eingetragener Verein Rn. 251.
[86] Vgl. BGHZ 52, 316 (321); MüKoBGB/*Leuschner* BGB § 27 Rn. 14; Staudinger/*Schwennicke* BGB § 27 Rn. 14.
[87] Zur Enthaltung → Rn. 54.
[88] Vgl. Palandt/*Ellenberger* BGB § 32 Rn. 7; *Sauter/Schweyer/Waldner* Eingetragener Verein Rn. 256.
[89] BayObLG FGPrax 1996, 73; so auch Palandt/*Ellenberger* BGB § 32 Rn. 7.
[90] *Sauter/Schweyer/Waldner* Eingetragener Verein Rn. 256.
[91] BGH NJW 1982, 1585; Palandt/*Ellenberger* BGB § 32 Rn. 7; *Sauter/Schweyer/Waldner* Eingetragener Verein Rn. 206, 256.
[92] BGH NJW 1987, 2430.
[93] Palandt/*Ellenberger* BGB § 32 Rn. 7; *Sauter/Schweyer/Waldner* Eingetragener Verein Rn. 206, 256.

versammlung stattfindet und alle Mitglieder der Beschlussfassung ohne Einhaltung der Form- und Fristvorschriften für die Einberufung der Mitgliederversammlung zustimmen, ein Beschluss nur gefasst werden können, wenn die Vorstandwahl ausdrücklich als Tagesordnungspunkt angekündigt war. Einzelheiten zum Wahlverfahren, zur Zulässigkeit von Blockwahlen und anderem finden sich bei den Ausführungen zur Mitgliederversammlung und denen zur Satzungsgestaltung.[94]

2. Vorstandsbestimmung durch andere Vereinsorgane

Die Satzung kann die Bestimmung des Vorstandes grundsätzlich auch **anderen Vereinsorganen** als der Mitgliederversammlung übertragen.[95] So ist die Zuständigkeit einer Delegiertenversammlung ebenso denkbar, wie die Bestellung durch Beirat, Aufsichtsrat, Kuratorium oder andere Organe. Schweigt die Satzung, folgt die Berufung durch diese Gremien den für deren Willensbildung im Allgemeinen anwendbaren Bestimmungen. 56

a) Grundsätze. Die im Regelfall zu bejahende Zulässigkeit derartiger Zuständigkeitsübertragungen auf andere Vereinsgremien steht jedoch unter dem Vorbehalt der Wahrung des Grundsatzes der Vereinsautonomie. Der Charakter des Vereins als eines vornehmlich von der Willensbestimmung seiner Mitglieder getragenen Personenverbandes ist zu wahren. Zwar ist der Verein grundsätzlich in der Gestaltung seiner Strukturen frei und daher auch befugt, das Vorstandsbestimmungsrecht eigenen Regeln zu unterwerfen. Dieses Recht ist jedoch nicht schrankenlos, es ist – wie eingangs für Bestellungsrechte (nicht vereinsangehöriger) Dritter dargestellt[96] – Grenzen unterworfen, die den Verein vor seiner „Selbstauslieferung" schützen sollen. Diese Grenzen können mE auch bei einer besonderen Struktur und Zusammensetzung des zur Vorstandsbestimmung zuständigen vereinseigenen Organs tangiert werden. 57

Stellt sich die Wahl des Vorstandes durch das dafür bestimmte Wahlorgan nämlich etwa als Mediatisierung der Drittbestimmung dar, indem dessen Mitglieder durch Dritte (frei) benannt und abberufen werden, kann dies im Ergebnis ebenso zu einer vom Willen der Vereinsmitglieder gelösten und von ihnen nicht kontrollierbaren Bestellung des Vorstands führen, wie die direkte Drittbenennung, und dadurch den Verein als Werkzeug eines Dritten erscheinen lassen. In dieselbe Richtung weist mE eine Entscheidung des OLG Celle,[97] die die Mitglieder vor der Entrechtung durch ein, keiner nennenswerten Kontrolle und Einflussnahme durch die Mitglieder unterworfenes, Vereinsorgan schützen möchte. Statt wie vom Gericht mittels Anwendung des Gleichbehandlungsgrundsatzes und des Willkürverbotes lässt sich diese Einschränkung mE ebenfalls mit dem Grundsatz der von der Gesamtheit der Mitglieder getragenen Vereinsautonomie begründen. 58

Im Einzelfall kann deshalb auch bei Übertragung der Vorstandswahl auf ein anderes Vereinsorgan eine nicht oder nur bei ausreichendem Gegengewicht der Mitgliederrechte zu tolerierende Einschränkung der Satzungsautonomie drohen. Dies gilt umso mehr, je stärker das zur Vorstandbenennung berufene Organ von Willen und Einflussmöglichkeiten der Mitglieder gelöst ist und je weiter die Übertragung des Vorstandsbestellungsrechts mit anderen Satzungsbestimmungen, die zu einer weiteren Entrechtung der Mitglieder(versammlung) führen, zusammenfällt. Dies gilt in besonderer Weise dann, wenn den Mitgliedern auch nicht die Möglichkeit zur Abberufung der so bestellten Vorstandsmitglieder zustehen oder ihnen die Möglichkeit zur Abschaffung des Wahlgremiums mittels Satzungsänderung genommen werden soll. Die Grenzen werden umgekehrt umso weiter gezogen werden können, je größere Einflussmöglichkeiten den Mitgliedern im Übrigen zustehen. 59

---

[94] → § 5 Rn. 168 ff. und → § 7 Rn. 180 ff.
[95] BayObLGZ 1984, 1; OLG Hamm RNotZ 2008, 92 (94); *Krafka* RegisterR-HdB Rn. 2141; Palandt/*Ellenberger* BGB § 27 Rn. 1.
[96] → Rn. 39 ff.
[97] NJW 1995, 1273.

60 Unter dem Gesichtspunkt des Dritteinflusses sollten jedenfalls Übertragungen auf solche Vereinsorgane zulässig sein, deren Zusammensetzung (vor allem durch Wahl bzw. Abwahl) von den Mitgliedern zu beeinflussen ist. Dabei wird zumindest die Einflussnahme auf die Mitgliedschaft einer solchen Zahl von Angehörigen des Wahlorgans erforderlich sein, die nach den Regeln der Satzung die alleinige Vorstandsbestimmung durch die von Dritten bestimmten Organmitglieder hindern kann (Sperrminorität).

61 **b) Delegiertenversammlung.** Der Struktur und Funktion des Gremiums nach kommt der Bestimmung des Vorstands durch Beschluss der Mitgliederversammlung die durch die Delegierten- oder Vertreterversammlung besonders nahe. Auch hier basiert sie auf dem – durch hierfür gewählte Vertreter geäußerten – Willen der Mitglieder. Es obliegt jedoch der Satzung, die Rechte von Delegierten- und Mitgliederversammlung zueinander abzugrenzen. Auch bei bestehender Delegiertenversammlung bleibt die Versammlung der Mitglieder zur Vorstandsbestimmung zuständig, soweit der Satzung keine Aufgabenübertragung zu entnehmen ist. Eine derartige Delegation wird, der Funktion des zusätzlichen Organs folgend, den Regelfall darstellen, zwingend ist sie indes nicht. Ladungs-, Mehrheits- und Formerfordernisse entsprechen mangels abweichender Satzungsbestimmung denen der Mitgliederversammlung.

62 **c) Wahlleute.** Der Wahl durch die Delegiertenversammlung ähnelt – durch eine gleichgelagerte Mediatisierung des Mitgliederwillens – die Wahl durch dafür bestimmte Wahlmänner oder Wahlfrauen. Auch hier wird der Willen der Mitglieder durch **gewählte Vertreter** vermittelt. Das Verfahren unterscheidet sich jedoch strukturell durch das Fehlen einer weitergehenden Institutionalisierung des Wahlgremiums. Seine Aufgaben sind auf die Wahl beschränkt.

63 **d) Weitere Vereinsorgane.** Eine methodisch ähnliche, aber strukturell abweichende Methode der Bestellung des Vorstandes liegt in der Wahl durch ein anderes Vereinsorgan, wie Beirat, Aufsichtsrat oder Kuratorium. Derartige Übertragungen widersprechen nicht schon aufgrund der ihnen inhärenten Beschneidung der Rechte der Mitglieder grundlegenden Prinzipien des Vereinsrechts. Soweit sie durch die Satzung festgelegt sind und nicht im Einzelfall satzungsdurchbrechend erfolgen, sind sie vielmehr grundsätzlich – in den vorstehend bezeichneten Grenzen (→ Rn. 57 ff.) – von der Satzungsautonomie gedeckt und damit zulässig.

64 **Formulierungsbeispiel: Wahl des Vorstands durch ein anderes Vereinsorgan (Satzungsbestandteil)**

§ 6. Vorstand

(1) Der Vorstand wird vom *** *[Beirat/Kuratorium/Aufsichtsrat/etc.]* auf die Dauer von *** gewählt.[98]

3. Kooptation

65 Grundsätzlich rechtlich zulässig sind auch Satzungsbestimmungen, die dem – mehrgliedrigen – Vorstand selbst das Recht zur **Selbstergänzung** oder Kooptation (auch Kooption) geben, also zur Bestimmung von (weiteren/späteren) Vorstandsmitgliedern durch dessen bereits anderweitig bestimmte Mitglieder selbst.[99] Solche Verfahren sind in der Praxis vor allem für den Fall des Ausscheidens einzelner Vorstandsmitglieder während der Amtszeit

[98] Zur Satzungsgestaltung hinsichtlich der Amtsdauer → Rn. 97 ff.

[99] OLG Hamm RNotZ 2008, 92 (94); LG Köln VersR 2008, 665; BeckOK BGB/*Schöpflin* BGB § 27 Rn. 4; *Krafka* RegisterR-HdB Rn. 2141; MüKoBGB/*Leuschner* BGB § 27 Rn. 18; Palandt/*Ellenberger* BGB § 27 Rn. 1; *Sauter/Schweyer/Waldner* Eingetragener Verein Rn. 255; Soergel/*Hadding* BGB § 27 Rn. 7.

des amtierenden Vorstandes typisch, indem die verbleibenden Mitglieder das Recht erhalten, den Vorstand wieder aufzufüllen. Denkbar sind selbstverständlich auch andere Konstellationen, etwa das Recht des auf andere Art und Weise bestellten Vorstandes, einzelne weitere Vorstandsmitglieder zu berufen.

Regelt die Satzung das Verfahren der Kooptation nicht gesondert, ist von der (entsprechenden) Geltung der allgemeinen Regeln zur Beschlussfassung durch das (gesamte) Gremium auszugehen. Grundsätzlich wird daher der bereits anderweitig bestimmte Vorstand durch (Mehrheits-) Beschluss entscheiden. 66

Der Kooptation ähneln Regelungen, die den bisherigen Amtsinhabern das Recht zur **Bestimmung eines Nachfolgers** geben: Während bei der Kooptation eine Ergänzung des im Übrigen im Amt bleibenden Gremiums erfolgt, steht bei der Benennung des Nachfolgers dem Gesamtgremium – oder nach näher festzulegender Regelung ggf. einzelnen Vorstandsmitgliedern – das Recht zu, die Nachfolger (einzelner) ausgeschiedener Vorstandsmitglieder oder ggf. mehrere oder gar alle nachfolgenden Vorstandsmitglieder zu bestellen.[100] Die Nachbesetzung des Vorstandspostens eines ausgeschiedenen Mitglieds ähnelt in ihrer regelmäßigen Begrenzung auf die Amtszeit des aktiven Gremiums der Kooptation, während die Bestellung der eigenen Nachfolger ein atypisches Neubesetzungsverfahren darstellt. Auch derartige Verfahren sind nach hM grundsätzlich zulässig.[101] 67

Soll nicht nur ein einzelnes Vorstandsmitglied, sondern der gesamte Vorstand durch Kooptation bzw. Nachfolgerbenennung (sei es durch einzelne Vorstandsmitglieder, sei es durch das Gremium insgesamt) bestellt werden, führt dies zu einer Einschränkung der Mitgliederrechte, die mE dann rechtlich zu akzeptieren ist, wenn im Übrigen hinreichende Mitgliedschaftsrechte, insbesondere die Möglichkeit zur Satzungsänderung und zum Widerruf der Bestellung, verbleiben.[102] Bedenken können umgekehrt vor allem dann entstehen, wenn derart weitgehende Kooptationsmöglichkeiten einem ursprünglich durch maßgeblichen Dritteinfluss bestimmten Vorstand zustehen und damit die Selbstentrechtung der Mitglieder perpetuiert zu werden und der Verein der Fremdsteuerung zu unterfallen droht. 68

4. Vorstandsmitgliedschaft qua Amtes

Einem praktischen Bedürfnis entspricht die Möglichkeit, durch die Satzung bestimmte Personen als geborene Vorstandsmitglieder vorzusehen.[103] Dabei werden die Mitglieder des Vorstandes oder Einzelne von ihnen ohne weiteren unmittelbaren (Dritt-) Bestimmungsakt bereits durch die Satzung in **Anknüpfung an eine außerhalb des Vereins stehende Funktion** bzw. Amtsinhaberschaft bestimmt. Häufig wird auf diese Weise der jeweilige Inhaber eines bestimmten privaten, öffentlichen oder kirchlichen Amtes, zB das Vorstandsmitglied einer Gesellschaft, der Dekan einer Fakultät, der Pfarrer einer Kirchengemeinde, die Leiterin einer (vom Verein) geförderten Schule usw zugleich zu einem bestimmten Vorstandsamt berufen. 69

Solche Regelungen dienen regelmäßig dazu, einen engen Bezug zu Institutionen, deren Unterstützung und Förderung der Verein dient, durch personelle Verknüpfungen zu schaffen oder dazu, die Nähe zu Kirchen, (Gebiets-) Körperschaften oder anderen Einrichtungen zu betonen. Dies geschieht in zweifacher Weise: Einerseits durch die Einbindung des Amtsinhabers in die Vereinsstruktur und andererseits mittels der damit dem „Dritten" gewährten Möglichkeit, Einflussnahme auf die Willensbildung beim Verein zu nehmen. Die Verbindung kann daher zB auch der Einbindung eines Vereins in Verbands(-ähnliche-) Strukturen dienen. 70

[100] Vgl. OLG Hamm RNotZ 2008, 92 (94); Soergel/*Hadding* BGB § 27 Rn. 7.
[101] *Sauter/Schweyer/Waldner* Eingetragener Verein Rn. 255.
[102] So auch *Reichert* Rn. 2084.
[103] BayObLGZ 1907, 612 (615) – Hofkurator; BeckOK BGB/*Schöpflin* BGB § 27 Rn. 4; Soergel/*Hadding* BGB § 27 Rn. 7; enger *Reichert* Rn. 2086 (sachlich rechtfertigende (Vereinszweck-)Gründe erforderlich).

71 Diese Verknüpfung ist jedenfalls dann grundsätzlich zulässig, wenn einerseits nicht der gesamte Vorstand durch die Bezugnahme auf außerhalb des Vereins bestehende Funktionen bestimmt wird und andererseits ein enger Bezug zum Vereinszweck besteht. In andern Fällen kann die Wahrung der Vereinsautonomie im Einzelfall zu prüfen sein.

72 Es ist insbesondere nicht ausgeschlossen, dass nach den oben[104] für die Fälle der Drittbestimmung dargelegten Erwägungen im Einzelfall eine zu weitgehende Beschneidung der Mitgliederrechte angenommen werden muss. Dies wird zu bejahen sein, wenn der Mitgliederversammlung keine maßgeblichen Einflussmöglichkeiten auf die Fortdauer des Vorstandsamtes oder die Änderung der zugrunde liegenden Satzungsbestimmungen verbleiben.

73 Grundsätzlich zulässig sind damit auch – als Sonderform der Bestellung qua Amtes – Bestimmungen, nach denen der Vorstand eines Vereins vollständig mit dem eines andern Vereins identisch sein soll.[105] Da auch diese Gestaltung in meinen Augen zumindest in ihren Auswirkungen den Fällen der Drittbenennung entspricht, ist sie ebenfalls an den hierfür entwickelten Kriterien zu messen.[106]

74 Da die Abwahl eines solchen Vorstandes praktisch nicht denkbar ist, muss zudem auch die Absetzung durch Satzungsänderung stets möglich bleiben, um nicht eine tatsächliche Unabsetzbarkeit eines Vorstandsmitgliedes bzw. des Vorstands zu erreichen.[107]

75 **Formulierungsbeispiel: Vorstand qua Amtes (Satzungsbestandteil)**

§ 6. Vorstand

(5) (Stellvertretender) Vorsitzender ist der *** [*zB:* jeweilige erste Pfarrer der Kirchengemeinde ***/Direktor der ***-Schule].
[*Var. 1:* Der jeweilige erste Vorsitzende des *** e.V. ist, solange er diese Position innehat, unabhängig von der Wahlperiode des gewählten Vorstandes, qua Amtes einfaches Vorstandsmitglied.]
[*Var. 2:* Der Oberbürgermeister der Stadt *** ist qua Amtes einfaches Vorstandsmitglied. Verliert er sein Amt als Oberbürgermeister während der Wahlperiode der gewählten Vorstandsmitglieder, gehört er dem Vorstand noch bis zum Ablauf von deren Wahlperiode an.]

5. Sonderrechte auf Vorstandsmitgliedschaft oder Vorstandsbenennung

76 Denkbar sind auch Satzungsbestimmungen, die bestimmte Personen nicht mittelbar über die Inhaberschaft eines bestimmten Amtes, sondern *in persona* unmittelbar durch die Satzung zu Vorständen berufen. Da das Vereinsrecht des BGB wie gesehen keine zeitliche Begrenzung der Vorstandstätigkeit festschreibt, ist auch die Berufung **bestimmter Personen** zu Vorständen auf **Lebenszeit** denkbar. Stets muss jedoch nach dem unabdingbaren Grundsatz des § 27 Abs. 2 BGB zumindest die Widerruflichkeit der Bestellung aus wichtigem Grund möglich bleiben.[108]

77 In ähnlicher Weise ist es möglich, einzelnen Mitgliedern und Mitgliedergruppen als Sonderrecht die Möglichkeit zur Vorstandsberufung zu geben. Derartige Bestimmungen unterliegen aufgrund der Vereinsmitgliedschaft der Berufungsberechtigten nicht denselben Bedenken wie das Bestimmungsrecht eines Dritten. Gleichwohl müssen hier dieselben Grenzen wie bei der satzungsunmittelbaren Benennung beachtet werden. Derartige Satzungsbestimmungen können etwa wie folgt formuliert werden:

---

[104] → Rn. 39 ff.
[105] OLG Köln NJW 1992, 1049; BeckOK BGB/*Schöpflin* BGB § 27 Rn. 4; Palandt/*Ellenberger* BGB § 27 Rn. 1.
[106] → Rn. 39 ff.
[107] → Rn. 116 ff.
[108] → Rn. 113 ff.

Formulierungsbeispiel: Sonderrechte zur Vorstandsbestimmung (Satzungsbestandteil) 78

§ 6. Vorstand

(6) Erster Vorstand des Vereins ist auf die Dauer von *** Jahren [*Alt.:* auf Lebenszeit] Herr ***. Er ist jederzeit berechtigt, einen Nachfolger zu benennen. Die Abberufung des Vorstands ist nur aus wichtigem Grund zulässig. [*Alt.:* Den Vorstand bestimmen die Gesellschafter der *** GmbH, soweit sie Vereinsmitglieder sind, durch Beschluss mit einfacher Mehrheit ihrer Stimmen.]

Möglich sind schließlich auch Satzungsbestimmungen, wonach die Vorstandstätigkeit unter allen oder bestimmten Mitgliedern, zB nach einem bestimmten Zeitraum, nach vorgegebenen Kriterien wechselt. Eine derartige, in Ausnahmesituationen denkbare „exotische" Satzungsbestimmung kann etwa wie folgt formuliert sein: 79

Formulierungsbeispiel: Vorstandswechsel (Satzungsbestandteil) 80

§ 6. Vorstand

(5) Der Vorstand besteht aus zwei gleichberechtigten Vorstandsmitgliedern. Ihn bilden stets zwei Vereinsmitglieder in der alphabetischen Reihenfolge ihrer Geburtsnamen, beginnend mit „A". Jeweils zum Ablauf des 1. Januar eines Kalenderjahres scheiden die bisherigen beiden Vorstandsmitglieder aus und treten die beiden Mitglieder, deren Geburtsnamen denen des bisherigen zweiten Vorstandsmitgliedes alphabetisch nachfolgen, an die Stelle der bisherigen Vorstandsmitglieder. Maßgeblich für die Vorstandsmitgliedschaft sind der Geburtsname und die Vereinsmitgliedschaft jeweils zum 31. Dezember des der Berufung in den Vorstand unmittelbar vorausgehenden Jahres. Gibt es keine berücksichtigungsfähigen Vereinsmitglieder mit alphabetisch folgenden Nachnamen, beginnt die Reihe wieder mit dem Buchstaben „A".

6. Drittbestellung

Denkbar und durch die Satzung, nicht aber durch bloßen Organbeschluss, grundsätzlich zulässig, ist auch die Übertragung der Berufung der Mitglieder des Vorstandes auf **außerhalb des Vereins stehende Dritte.**[109] 81

Beispiele:

Die Bestellung des Vorstands einer betrieblichen Unterstützungskasse durch den Arbeitgeber,[110] die durch den Vorstand eines anderen Vereins oder übergeordneten Verbandes[111] oder die durch eine staatliche oder kirchliche Behörde.[112]

Formulierungsbeispiel: Drittbestellung (Satzungsbestandteil) 82

§ 6. Vorstand

(5) Der Vorstand wird auf die Dauer von *** Jahren benannt durch ***. Diese(r) und die Mitgliederversammlung können den Vorstand insgesamt oder einzelne seiner Mitglieder aus wichtigem Grund jederzeit abberufen.

Diese, durch die Disponibilität des § 27 Abs. 1 BGB vorgezeichnete Zulassung beruht auf der oben[113] dargestellten Einschätzung des BVerfG, dass auch das Recht, sich eigener 83

---

[109] *Krafka* RegisterR-HdB Rn. 2141.
[110] BAG MDR 1965, 943; *Sauter/Schweyer/Waldner* Eingetragener Verein Rn. 255.
[111] Soergel/*Hadding* BGB § 27 Rn. 7.
[112] BVerfG NJW 1991, 2361; OLG Köln NJW 1992, 1045; *Sauter/Schweyer/Waldner* Eingetragener Verein Rn. 255.
[113] → Rn. 39ff.

Kompetenzen und Einflussmöglichkeiten zu begeben, als Teil der Satzungsautonomie vor korrigierenden Eingriffen der Rechtsprechung geschützt sei, soweit nicht die Selbständigkeit und Selbstverwaltung des Vereins in ihrem Kern[114] getroffen ist.

84 Ein derartiger Eingriff liegt nicht bei jeder Drittbestimmung vor. Er kann sich im Einzelfall ergeben, wenn die Rechte der Mitglieder zusätzlich etwa dadurch beschnitten sind, dass sie jeder Einwirkungsmöglichkeit auf die Amtsdauer der (drittbestimmten) Vorstandsmitglieder beraubt sind.

85 Regelmäßig wird der Änderbarkeit der Satzung überragende Bedeutung für die Zulässigkeit der entsprechenden Satzungsbestimmungen zukommen. Daher bedürfen auch die Bestimmungen der Satzung, die das für die Änderung der maßgeblichen Bestimmungen maßgebliche Verfahren und die einzuhaltenden Mehrheiten beschreiben, besonderer Beachtung. Sind hier Vorgaben gemacht, die zu einer wesentlichen Einschränkung der **Satzungsänderungsmöglichkeiten** gegenüber dem gesetzlichen Maß führen, kann dies zur Unzulässigkeit der Regelungen über die Vorstandsbestimmung nach den vorgenannten Grundsätzen führen. Hier ist im Einzelfall nach den erörterten Grundsätzen abzuwägen.

86 Unzulässig dürften im Ergebnis (jedenfalls außerhalb des kirchlichen Bereichs[115]) Gestaltungen sein, nach denen die Mitgliederversammlung weder die der Drittbestimmung zugrunde liegenden Satzungsbestimmungen aufheben noch den Vorstand abberufen kann.

7. Mischformen

87 Rechtlich prinzipiell nicht zu beanstanden, sind Mischformen der Vorstandsbestellung, die sich aus verschiedenen – im Übrigen zulässigen – Verfahren zusammensetzen.

88 Dies gilt etwa für Bestimmungen, nach denen die Mitgliederversammlung ein Vereinsgremium (zB erweiterte Vorstandschaft, Beirat oÄ) wählt, aus dessen Mitte in der Folge die (vertretungsberechtigten) Vorstandsmitglieder durch ein von der Mitgliederversammlung gelöstes Verfahren bestimmt werden. Dies kann zB durch ein roulierendes System, durch Wahl innerhalb des Gremiums oder durch eine objektiven Kriterien folgende Auswahl (Lebensalter, Vereinsmitgliedschaft, Seniorität innerhalb des Gremiums oÄ) geschehen.

89 Zulässig sind aber etwa auch Bestimmungen, wonach einzelne Personen aus einem von der Mitgliederversammlung bestimmten Kreis durch andere Vereinsgremien, (uU) durch Dritte oder etwa mittels Kooptation durch bereits bestellte Vorstandsmitglieder gewählt werden.

8. Notbestellung des Vorstands durch das Amtsgericht

90 § 29 BGB ermöglicht es dem zuständigen Amtsgericht, auf Antrag eines Beteiligten in dringenden Fällen die erforderlichen Mitglieder des Vorstandes zu bestellen.[116]

91 Dieser Bestimmung kommt eine weit über das Vereinsrecht hinausgreifende Bedeutung für die juristischen Personen des Gesellschaftsrechtes zu. Für sie ist § 29 BGB entsprechend anwendbar, soweit nicht besondere Vorschriften bestehen.[117]

92 Umstritten ist die Geltung des § 29 BGB für **nicht eingetragene Vereine.** Während die Rechtsprechung ihr zunächst skeptisch gegenüberstand,[118] bejaht die heute hM auch für sie die Anwendbarkeit des § 29 BGB.[119]

---

[114] BVerfG NJW 1991, 2361.
[115] → Rn. 45 ff.
[116] Dazu → § 17 Rn. 118 ff.
[117] Vgl. zum Ganzen Palandt/*Ellenberger* BGB § 29 Rn. 1; Soergel/*Hadding* BGB § 29 Rn. 2.
[118] Vgl. dazu bei Soergel/*Hadding* BGB § 29 Rn. 2.
[119] Vgl. etwa MüKoBGB/*Leuschner* BGB § 29 Rn. 3; Palandt/*Ellenberger* BGB § 29 Rn. 1; Soergel/*Hadding* BGB § 29 Rn. 2; Staudinger/*Schwennicke* BGB § 29 Rn. 4; grundlegend *Habscheidt* MDR 1952, 653 ff.

IV. Amtsdauer

Vom Fall der Notbestellung des Vorstandes durch das Amtsgericht nach § 29 BGB abgesehen, enthält das BGB keine Bestimmungen zur Amtsdauer eines Vorstandes. Entsprechende Bestimmungen müssen auch nicht in der Satzung aufgenommen sein, auch nicht bei eingetragenen Vereinen (vgl. §§ 57, 58 BGB): Die hM gibt dem Verein hier – zu Recht – **weitgehende Freiheit.**[120] Die Bestellung kann grundsätzlich auf Zeit oder auf unbegrenzte Zeit, ggf. auch auf Lebenszeit (hierzu → Rn. 117 f.), erfolgen.[121] 93

Schweigt die Satzung, ist mit der hM davon auszugehen, dass die Mitgliederversammlung oder das sonst für die Bestellung zuständige Organ die Amtszeit des Vorstandes frei bestimmen kann. Dies wird sinnvollerweise im Bestellungsakt, insbesondere im Bestellungsbeschluss, zu erfolgen haben. Ob engere Grenzen bestehen, wenn ein außerhalb des Vereins stehender Dritter zur Vorstandsbenennung befugt ist[122], ist mE nicht allgemein zu klären. Grundsätzlich ist eine Beschränkung der Amtszeit auf ein übliches Maß nicht in jedem Fall der Drittbestellung des Vorstandes zwingend zu fordern.[123] In der zeitlichen Unbegrenztheit der Vorstandsbestellung liegt jedoch ein Gesichtspunkt, der bei der anzustellenden Gesamtbetrachtung im Einzelfall zur Annahme eines übergroßen Maßes der Fremdbestimmung führen kann (auch wenn der Mitgliederversammlung die Satzungsänderungsmöglichkeit verbleibt).[124] 94

Mangels anderer Satzungsregelung oder Beschlussfassung ist regelmäßig davon auszugehen, dass das neue Vorstandsamt mit Wirksamwerden der Bestellung, im Zweifel also mit deren Annahme, beginnt.[125] Ist keine Amtsdauer vorgeschrieben oder bestimmt, wird die Amtsdauer aus den **Umständen des Einzelfalles** zu entnehmen sein. Ohne besondere Umstände kann die nicht näher bezeichnete Bestellung bei Schweigen von Satzung und Bestellungsakt wohl als zeitlich unbefristet, aber widerruflich anzusehen sein. 95

Sieht die Satzung eine zeitliche Begrenzung der Amtsdauer vor, empfiehlt es sich, nicht nur die Amtsdauer selbst, sondern auch ihren **Beginn** und ihr **Ende** festzulegen. Schweigt sie nämlich hierzu und ergibt sich auch aus dem Bestellungsbeschluss kein Anhaltspunkt für den Beginn des Amtes des neu bestellten Vorstandsmitgliedes, können sich andernfalls Unklarheiten über das Nach- oder Nebeneinander von altem und neuem Vorstand und die genaue Fristenberechnung und damit zeitliche Lücken zwischen den Amtsdauern der jeweiligen Vorstände ergeben.[126] 96

Formulierungsbeispiel: Dauer des Vorstandsamts (Satzungsbestandteil) 97

§ 6. Vorstand

(5) Die Mitgliederversammlung wählt den Vorstand auf die Dauer von zwei Jahren, beginnend mit dem Tag der Wahl.
[*Var. 1:* Die Mitglieder des Vorstandes werden vom *** *[Aufsichtsrat/Mitgliederversammlung/etc.]* auf die Dauer von zwei Jahren gewählt. Das Amt beginnt mit dem 1. Januar des auf die Wahl folgenden Jahres und endet am 31. Dezember des Folgejahres.]

---

[120] OLG Hamm RNotZ 2008, 92; *Sauter/Schweyer/Waldner* Eingetragener Verein Rn. 265; Soergel/*Hadding* BGB § 27 Rn. 15.

[121] OLG Hamm RNotZ 2008, 92; *Krafka* RegisterR-HdB Rn. 2139; einschränkend: MüKoBGB/*Leuschner* BGB § 27 Rn. 22 f. (Satzungsbestimmungen, die eine unbegrenzte Amtsdauer des Vorstandes, insbesondere die Berufung auf Lebenszeit vorsehen, sind jedenfalls bei Interessenverbänden unzulässig, da sie demokratischen Organisationsstrukturen nicht entsprechen).

[122] → Rn. 81 ff.

[123] So grds. auch *Sauter/Schweyer/Waldner* Eingetragener Verein Rn. 267.

[124] Dazu bereits → Rn. 39 ff.; alleine die Satzungsänderungsmöglichkeit für ausreichend hält etwa *Sauter/Schweyer/Waldner* Eingetragener Verein Rn. 267; einschränkend auch *Reichert* Rn. 2091.

[125] Vgl. *Sauter/Schweyer/Waldner* Eingetragener Verein Rn. 265.

[126] Zum Ganzen → Rn. 106 ff.

[*Var. 2:* Der Vorstand wird von der Mitgliederversammlung gewählt. Diese bestimmt die Dauer der Wahlperiode, die jedoch nicht weniger als zwei und nicht mehr als fünf Jahre betragen darf.]
[*Var. 3:* Der Vorstand wird von der Mitgliederversammlung auf die Dauer von vier Jahren, gerechnet vom Ablauf der Wahlversammlung bis zum Ablauf der vierten darauf folgenden ordentlichen Mitgliederversammlung gewählt.]
[*Var. 4:* Die Mitglieder des Vorstandes werden von der Mitgliederversammlung auf die Dauer von zwei Jahren gewählt. Die Amtsdauer beginnt mit dem Ende der Mitgliederversammlung, in der die Wahl erfolgt, und endet – ggf. auch vor oder nach Ablauf der Zweijahresfrist – mit Ablauf der Mitgliederversammlung, in der der neue Vorstand gewählt wird.]

Hinweis:

In allen vorstehenden Fällen, insbesondere den ersten drei genannten Varianten, kann er sich empfehlen, ggf. eine Bestimmung zur Fortdauer des Amtes bis zur Neubesetzung aufzunehmen (→ Rn. 108).

98 Die Amtsdauer des Vorstandes ist nicht im Vereinsregister einzutragen. Dies gilt auch in den Fällen, in denen sich die zeitliche Begrenzung des Amtes nicht aus der Satzung, sondern aus dem Beschluss der Mitgliederversammlung ergibt.[127]

99 Von der zeitlichen Beschränkung der Vorstandsbestellung zu unterscheiden ist die zeitliche Befristung des zugrunde liegenden Anstellungsverhältnisses[128]. Endet dieses, etwa weil ein zugrunde liegender Dienstvertrag zeitlich befristet war, endet die Organstellung des Betroffenen nicht automatisch mit dem Anstellungsverhältnis. Hierzu bedarf es grundsätzlich noch eines Widerrufsaktes.[129]

D. Beendigung des Vorstandsamtes

100 Unabhängig von der Art der Vorstandsbestellung und unabhängig von etwaigen satzungsmäßigen Bestimmungen endet das Vorstandsamt stets durch **Tod** oder Eintritt der **Geschäftsunfähigkeit** eines Vorstandsmitgliedes[130] (→ Rn. 103 ff.).

101 Daneben sind folgende weitere Beendigungsgründe denkbar:
- Ablauf einer durch Satzung oder Beschluss bestimmten Amtsdauer (→ Rn. 106 ff.),[131]
- Wegfall der satzungsmäßigen Voraussetzungen für die Vorstandsstellung (→ Rn. 109 ff.),
- Widerruf der Bestellung (→ Rn. 113 ff.),
- Ausschluss oder Austritt aus dem Verein (→ Rn. 134 ff.),
- Amtsniederlegung (→ Rn. 139 ff.).

102 Zum Teil wird vertreten, das Registergericht müsse, wenn es Kenntnis davon erlangt, dass die Ämter der noch im Vereinsregister eingetragenen Personen erloschen sind, ohne dass ein neuer Vorstand bestellt wurde, von Amts wegen tätig werden, sei es durch die Löschung des alten Vorstandes,[132] sei es durch die Bestellung eines Notvorstandes zur Anmeldung des Ausscheidens des alten Vorstandes.[133] Beides ist jedoch nach mE zutreffender Ansicht nur auf Antrag durchzuführen, so dass das Registergericht in diesen Fällen nicht

[127] So auch *Reichert* Rn. 2107; *Sauter/Schweyer/Waldner* Eingetragener Verein Rn. 267.
[128] Soergel/*Hadding* BGB § 27 Rn. 15; → Rn. 145 ff.
[129] Offenlassend Staudinger/*Schwennicke* BGB § 27 Rn. 4.
[130] Vgl. etwa Soergel/*Hadding* BGB § 27 Rn. 14; MüKoBGB/*Leuschner* BGB § 27 Rn. 20; *Sauter/Schweyer/Waldner* Eingetragener Verein Rn. 272; Staudinger/*Schwennicke* BGB § 27 Rn. 37.
[131] Für die Sondervorschriften des COVID-19 MaßnG-GesR → Rn. 108a ff.
[132] So *Stöber/Otto* Rn. 1421.
[133] So BayObLGZ 1988, 410.

tätig werden muss oder auch nur darf.[134] Zur Eintragung der Beendigung des Vorstandsamts in das Vereinsregister → Rn. 154ff.

I. Tod/Geschäftsunfähigkeit/Verlust der Rechtsfähigkeit

Einigkeit besteht, dass die Stellung als Vorstandsmitglied nicht vererblich ist. In entsprechender Anwendung des § 38 BGB endet das Vorstandsamt mit Tod des Inhabers. Es geht nicht auf die Erben über. 103

Da der Vorstand als gesetzlicher Vertreter des Vereins zu dessen Vertretung eigene Willenserklärungen abzugeben hat, und der Geschäftsunfähige – auch für Dritte – nicht rechtsgeschäftlich wirksam handeln kann, endet das Amt eines Vorstandes automatisch mit Eintritt seiner **Geschäftsunfähigkeit.**[135] Wird er später wieder geschäftsfähig, lebt das Vorstandsamt nicht von neuem auf. Es bleibt erloschen.[136] 104

Verliert eine zum Vorstand bestellte juristische Person oder Personenhandelsgesellschaft ihre Rechtsfähigkeit, endet ihr Vorstandsamt in gleicher Weise. Nach der hier vertretenen Auffassung gilt dies etwa auch bei Übergang einer oHG in eine GbR.[137] 105

II. Ablauf der Amtszeit

1. Allgemeine Bestimmungen

Die Amtszeit endet mit dem Ablauf der vorgesehenen Amtsperiode. Sehen Satzung oder Bestellungsakt eine zeitliche Befristung vor, endet das Vorstandsamt **automatisch** mit Ablauf der vorgesehenen Zeit, ohne dass es hierzu eines weiteren Widerrufsaktes bedarf.[138] 106

Mangels abweichender Satzungsvorgaben kann die neue Vorstandsbestellung schon vor eigentlichem Amtsablauf der bisherigen Vorstandsmitglieder erfolgen. In ihr kann häufig zugleich der Widerruf der alten Bestellung zu sehen sein (dies ist aber nicht zwingend).[139] Andererseits ist der Fall denkbar, dass eine Neubestellung (möglicherweise versehentlich) erst nach Ablauf der Amtsdauer des bisherigen Vorstandes erfolgt. In einem solchen Fall dauert das Amt der bisherigen Vorstandsmitglieder nicht von Gesetzes wegen bis zur Neubestellung des Vorstandes fort. Vielmehr entsteht unter Umständen ein Vakuum, in dem der Verein nicht handlungsfähig ist. Diese Gefahr kann durch eine **Satzungsbestimmung,** wonach der bisherige Vorstand im Amt bleibt, bis ein neuer Vorstand bestellt ist, gebannt werden.[140] 107

Formulierungsbeispiel: Fortdauer der Amtszeit (Satzungsbestandteil) 108

§ 6. Vorstand

(3) Der Vorstand wird von *** auf die Dauer von *** gewählt. Der Vorstand bleibt auch nach Ablauf seiner Amtszeit bis zur ([*ggf.:* erfolgreichen] Neuwahl des Vorstands im Amt.

[134] So mE zutreffend *Sauter/Schweyer/Waldner* Eingetragener Verein Rn. 267.

[135] Vgl. etwa BeckOK BGB/*Schöpflin* BGB § 27 Rn. 9; MüKoBGB/*Leuschner* BGB § 27 Rn. 20; Soergel/*Hadding* BGB § 27 Rn. 4, 14; Staudinger/*Schwennicke* BGB § 27 Rn. 37; für die GmbH vgl. auch BayObLG DStR 1993, 406 (407); BGHZ 115; 78 (80); *Münch* DStR 1993, 916 (918).

[136] Vgl. *Münch* DStR 1993, 916 (918).

[137] Dazu → Rn. 24.

[138] Vgl. *Sauter/Schweyer/Waldner* Eingetragener Verein Rn. 265ff.; Soergel/*Hadding* BGB § 27 Rn. 15; Staudinger/*Schwennicke* BGB § 27 Rn. 36.

[139] Vgl. dahingehend etwa OLG Düsseldorf Beschl. v. 9.2.2016 – I-3-Wx 4/16, BeckRS 2016, 06346 Rn. 25.

[140] So auch *Sauter/Schweyer/Waldner* Eingetragener Verein Rn. 265f.

2. COVID-19-Pandemie

108a Durch das als Art. 2 des Gesetzes zur Abmilderung der Folgen der COVID-19-Pandemie im Zivil-, Insolvenz- und Strafverfahrensrecht (COVID-19-G)[141] erlassene Gesetz über Maßnahmen im Gesellschafts-, Genossenschafts-, Vereins-, Stiftungs- und Wohnungseigentumsrecht zur Bekämpfung der Auswirkungen der COVID-19-Pandemie (im Folgenden kurz: MaßnG-GesR) bestehen derzeit – nach dem momentanen Stand der Rechtsetzung bis zum 31.12.2021[142] – neben den Bestimmungen zur Abhaltung virtueller Mitgliederversammlungen bzw. Vorstandssitzungen und zur Beschlussfassung im Umlaufverfahren[143] – Sonderregeln für die Amtsdauer von Vereinsvorständen. Gemäß § 5 Abs. 1 MaßnG-GesR bleibt ein Vorstandsmitglied nach Ablauf seiner Amtszeit bis zu seiner Abberufung oder bis zur Bestellung seines Nachfolgers im Amt.[144]

108b Die Vorschrift hilft – zur Sicherung ihrer Handlungsfähigkeit – den Vereinen, bei denen die Vorstände auf Zeit bestellt sind (→ Rn. 93ff.), ohne dass die Satzung bereits selbst Bestimmungen über die Fortdauer der Amtsstellung bis zur Bestellung eines Nachfolgers trifft (→ Rn. 107). Deren Amt dauert nun kraft Gesetzes über das eigentliche Bestellungsende hinaus. Umgekehrt wird weder dem Verein ein Vorstandsmitglied gegen den Willen des für Bestellung und Abberufung zuständigen Organs „aufgezwungen", noch wird ein Vorstandsmitglied gezwungen, im Amt zu bleiben. Die Möglichkeit der – früheren – Abberufung[145] bleibt, ebenso wie die der Amtsniederlegung[146], grundsätzlich erhalten.

108c Die Vorschrift greift nach ihrer *ratio* mE nur für den „Vorstand im Sinne des BGB", nicht für sonstige in der Satzung als „Vorstand" oÄ bezeichnete Organe bzw. Gremien.[147] Sie gilt zudem nur für die Beendigung eines Amtes infolge Zeitablaufs, nicht für andere Beendigungsgründe.[148]

III. Verlust erforderlicher persönlicher Voraussetzungen

109 Fordert die Satzung bestimmte persönliche Eigenschaften oder Qualifikationen zur Bestellung in das Vorstandsamt, ist für die Beendigung des Vorstandsamtes maßgeblich, ob diese Umstände nach den Bestimmungen der Satzung zwingend vorzuliegen haben oder ob sie nur vorliegen „sollen".[149]

110 Im letztgenannten Fall wird ihr Entfall nicht automatisch zum Wegfall des Vorstandsamtes führen können.[150] Dagegen endet die Organmitgliedschaft, soweit der Satzung zu entnehmen ist, dass die Voraussetzungen zwingend vorzuliegen haben, ohne dass es eines Widerrufsaktes bedarf, mit Wegfall dieser Voraussetzungen.[151]

111 Typische persönliche Voraussetzungen sind etwa, wie in → Rn. 26ff. dargestellt, die Zugehörigkeit zu einem bestimmten Beruf oder einer bestimmten Berufsgruppe, eine besondere persönliche, berufliche oder soziale Qualifikation oder die Vereinsmitgliedschaft.

---

141 BGBl. 2020 I 569.

142 Die ursprünglich bis zum Jahresablauf 2020 befristete Geltung der §§ 1–5 MaßnG-GesR wurde durch § 1 der Verordnung zur Verlängerung von Maßnahmen im Gesellschafts-, Genossenschafts-, Vereins- und Stiftungsrecht zur Bekämpfung der Auswirkungen der COVID-19-Pandemie (GesRGenRCOVMVV) v. 20.10.2020 (BGBl. 2020 I 2258) bis 31.12.2021 verlängert.

143 Vgl. dazu → § 7 für die Mitgliederversammlung und → Rn. 161a ff. für den Vorstand.

144 Vgl. Begründung BT-Drs. 19/18110, 19, 30.

145 → Rn. 113ff.

146 → Rn. 137ff.

147 Ebenso MüKoBGB/*Leuschner* BGB § 27 Rn. 21b.

148 → Rn. 100f.

149 BeckOK BGB/*Schöpflin* BGB § 27 Rn. 9; vgl. *Sauter/Schweyer/Waldner* Eingetragener Verein Rn. 272; Soergel/*Hadding* BGB § 27 Rn. 15.

150 Dies nehmen im Zweifel BeckOK BGB/*Schöpflin* BGB § 27 Rn. 3 und Palandt/*Ellenberger* BGB § 26 Rn. 4 an.

151 BeckOK BGB/*Schöpflin* BGB § 27 Rn. 9; vgl. MüKoBGB/*Leuschner* BGB § 27 Rn. 20; *Sauter/Schweyer/Waldner* Eingetragener Verein Rn. 272; Soergel/*Hadding* BGB § 27 Rn. 15; Staudinger/*Schwennicke* BGB § 27 Rn. 37.

Ebenso wenig wie die Wiedererlangung der Geschäftsfähigkeit nach zwischenzeitlicher Geschäftsunfähigkeit[152], führt die Wiederbegründung der fraglichen persönlichen Eigenschaft zum Wiederaufleben der Vorstandsmitgliedschaft: Nach Verlust des Vorstandsamtes lebt es nicht von selbst wieder auf. 112

IV. Widerruf der Bestellung (Abberufung) des Vorstandes

1. Grundlagen

Die Vorstandsbestellung ist nach § 27 Abs. 2 S. 1 BGB jederzeit widerruflich. Satz 2 der Norm gibt (nur) die Möglichkeit, die Widerruflichkeit durch Satzung auf den Fall zu beschränken, dass ein wichtiger Grund für den Widerruf vorliegt. Im Übrigen ist die Bestimmung nach § 40 BGB **zwingendes Recht,** kann also das Recht zum Widerruf des Vorstandes durch die Satzung nicht gänzlich ausgeschlossen werden.[153] 113

Eine Beschränkung auf die Widerruflichkeit aus wichtigem Grund liegt nicht schon in der Befristung der Amtsdauer des Vorstandes; der jederzeitige Widerruf bleibt also auch dann möglich, wenn die Bestellung des Vorstandes durch die Satzung auf eine bestimmte Zeit begrenzt ist.[154] 114

Aufgrund der gesetzlich zwingenden Widerruflichkeit sind auch Bestimmungen, die das Widerrufsrecht (über das Erfordernis eines wichtigen Grundes hinaus) **mittelbar einschränken, nicht wirksam.**[155] Dies gilt regelmäßig – Besonderheiten können sich bei religiösen Vereinen ergeben[156] – für: 115

- das Erfordernis einer qualifizierten (über die einfache Mehrheit nach § 32 Abs. 1 S. 3 BGB hinausgehenden) Mehrheit für den Widerrufsbeschluss der Mitgliederversammlung,
- Bestimmungen, die neben dem Widerrufsbeschluss des zuständigen Gremiums Zustimmungserfordernisse Dritter begründen,
- Satzungsbestimmungen, die dem ausgeschiedenen Vorstandsmitglied Ausgleichs- oder Entschädigungszahlungen in einem Maße zubilligen, das faktisch zu einer Einschränkung der Widerrufsmöglichkeit führt (str.).[157]

Die Möglichkeit des Widerrufs (zumindest aus wichtigem Grund) muss auch dann bestehen, wenn die Vorstandsbestellung durch die Satzung abweichend von den gesetzlichen Vorschriften geregelt ist. Sie ist also auch dann zwingend, wenn der Vorstand durch Dritte bestellt wird oder die Vorstandsstellung an eine bestimmte andere Funktion oder ein anderes Amt geknüpft ist. Gewährt die Satzung ein Sonderrecht auf Vorstandstätigkeit, ist im Hinblick auf § 35 BGB zwar entweder die Zustimmung des Betroffenen oder das Vorliegen eines wichtigen Grundes zu fordern, auch in diesem Fall muss aber die Widerruflichkeit gewahrt bleiben.[158] 116

So wurde von der Rechtsprechung eine Satzungsbestimmung über die Bestellung eines Vorstandes auf Lebenszeit (deshalb) nicht beanstandet, weil die Satzung dahingehend verstanden werden konnte, dass durch diese Bestellung nicht die Widerruflichkeit der Vor- 117

---

152 → Rn. 104.

153 Vgl. MüKoBGB/*Leuschner* BGB § 27 Rn. 23; Palandt/*Ellenberger* BGB § 27 Rn. 2; *Sauter/Schweyer/Waldner* Eingetragener Verein Rn. 268f.; Soergel/*Hadding* BGB § 27 Rn. 19; Staudinger/*Schwennicke* BGB § 27 Rn. 54.

154 Vgl. *Sauter/Schweyer/Waldner* Eingetragener Verein Rn. 269; Soergel/*Hadding* BGB § 27 Rn. 18.

155 Vgl. BeckOK BGB/*Schöpflin* BGB § 27 Rn. 14; *Sauter/Schweyer/Waldner* Eingetragener Verein Rn. 269; Soergel/*Hadding* BGB § 27 Rn. 19; Staudinger/*Schwennicke* BGB § 27 Rn. 54; für die GmbH auch BGH NJW 1983, 938.

156 → Rn. 45ff.

157 So auch MüKoBGB/*Arnold,* 7. Aufl. 2015, BGB § 27 Rn. 27 unter Hinweis auf die unter diesem Gesichtspunkt einschränkend zu interpretierende Vorschrift des § 27 Abs. 2 S. 1 (Hs. 2) BGB; *Sauter/Schweyer/Waldner* Eingetragener Verein Rn. 269; Soergel/*Hadding* BGB § 27 Rn. 19.

158 Vgl. zum Ganzen *Sauter/Schweyer/Waldner* Eingetragener Verein Rn. 269; Soergel/*Hadding* BGB § 27 Rn. 19; Staudinger/*Schwennicke* BGB § 27 Rn. 52 und § 35 Rn. 38ff.

standsstellung durch das zuständige Gremium ausgeschlossen, das eingeräumte Sonderrecht nach § 35 BGB vielmehr (nur) widerruflich (jedenfalls aus wichtigem Grund) gewährt sei.[159] Dies kann in der Satzung klargestellt werden.

118 **Formulierungsbeispiel: Vorstand auf Lebenszeit (Satzungsbestandteil)**

§ 6. Vorstand

(3) Erster Vorsitzender auf Lebenszeit ist ***. Er/Sie kann (nur) aus wichtigem Grund durch Beschluss der Mitgliederversammlung mit einfacher Stimmenmehrheit abberufen werden.

2. Zuständigkeit

119 Die Zuständigkeit zum Widerruf der Bestellung als *actus contrarius* liegt im Regelfall bei dem für die Bestellung zuständigen Organ.[160] Dies gilt grundsätzlich auch, wenn es sich dabei um eine außerhalb des Vereins stehende Person oder Organisation handelt.

120 Anders ist dies nach richtiger Ansicht für den Fall zu beurteilen, dass der Vorstand selbst zur Bestellung berufen war, also insbesondere für den Fall der Kooptation. So hat der BGH[161] für den Fall des unberechtigten Ausschlusses eines Vorstandsmitgliedes aus dem Verein durch Vorstandsbeschluss ausgeführt, dass jedes Vorstandsmitglied in eine abhängige Stellung von der Vorstandsmehrheit gelangen könnte, wenn es von dieser seines Vorstandsamtes beraubt werden könne (im entschiedenen Fall durch Ausschluss aus dem Verein). Diese Interessenlage besteht auch, wenn ein **kooptiertes Vorstandsmitglied** durch die Vorstandsmehrheit wieder seines Amtes enthoben werden könnte. Damit ist in den Fällen der Bestellung durch den Vorstand eine Zuständigkeit (auch) für den Widerruf beim Vorstand **nicht** gegeben.[162] Zuständig ist in einem solchen Fall mangels ausdrücklicher Satzungsbestimmung die Mitgliederversammlung.

121 Umstritten ist, ob – neben der grundsätzlichen Widerrufszuständigkeit des Bestellungsorgans – nach § 27 Abs. 2 BGB stets auch ohne gesonderte Satzungsbestimmung die **Zuständigkeit der Mitgliederversammlung** zur Abberufung (jedenfalls aus wichtigem Grunde) besteht. Dies wird zum Teil im Hinblick auf die systematische Stellung der Norm bejaht: Nicht nur die Widerruflichkeit als solche, sondern auch die Zuständigkeit der Mitgliederversammlung hierfür sei vom Gesetzgeber zwingend angeordnet.[163] Teilweise wird eine solche Zuständigkeit der Mitgliederversammlung gänzlich abgelehnt.[164] Nach einer vermittelnden, mE überzeugenden Ansicht statuiert § 27 BGB keine zwingende Organs- sondern eine zwingende Vereinszuständigkeit. Damit ist eine – statuarisch an sich nicht vorgesehene – Zuständigkeit der Mitgliederversammlung nur dann zu bejahen, wenn (sonst nur) ein außenstehender Dritter zur Vorstandsbestellung berufen ist. In einem solchen Fall ist die Möglichkeit der Satzungsänderung nach der ausdrücklichen Wertung des § 27 Abs. 2 BGB nicht ausreichend.[165]

122 Ein **Verzicht** auf das Abberufungsrecht kann vom Verein nicht wirksam erklärt werden.[166]

---

[159] So KG NZG 2005, 360 (361).

[160] Vgl. OLG Köln FGPrax 2009, 82 (83); MüKoBGB/*Leuschner* BGB § 27 Rn. 24; *Sauter/Schweyer/Waldner* Eingetragener Verein Rn. 268 mwN; Soergel/*Hadding* BGB § 27 Rn. 17; auch (in einem *obiter dictum*) BGH NJW 1984, 1883 (1884 f.); für die GmbH: OLG Düsseldorf NJW 1990, 1122 (1123).

[161] BGH NJW 1984, 1884.

[162] So iErg auch *Sauter/Schweyer/Waldner* Eingetragener Verein Rn. 268.

[163] So BeckOK BGB/*Schöpflin* BGB § 27 Rn. 12; iErg auch Palandt/*Ellenberger* BGB § 27 Rn. 2.

[164] So MüKoBGB/*Leuschner* BGB § 27 Rn. 124; Soergel/*Hadding* BGB § 27 Rn. 17.

[165] So MüKoBGB/*Arnold*, 7. Aufl. 2015, BGB § 27 Rn. 28; *Sauter/Schweyer/Waldner* Eingetragener Verein Rn. 268; Staudinger/*Schwennicke* BGB § 27 Rn. 50; aA (Möglichkeit der Satzungsänderung reicht jedenfalls bei Abberufungsrecht eines anderen Organs) Soergel/*Hadding* BGB § 27 Rn. 31.

[166] Vgl. BeckOK BGB/*Schöpflin* BGB § 27 Rn. 14; *Sauter/Schweyer/Waldner* Eingetragener Verein Rn. 269; Soergel/*Hadding* BGB § 27 Rn. 19.

3. Voraussetzungen des Widerrufs

Nach § 27 Abs. 2 S. 1 BGB ist der Widerruf grundsätzlich jederzeit, also auch ohne besonderen Grund, zulässig. Macht die Satzung den Widerruf zulässigerweise vom Vorliegen eines wichtigen Grundes abhängig, nennt § 27 Abs. 2 S. 2 BGB beispielhaft, nicht jedoch abschließend, den Fall der groben Pflichtverletzung und den der Unfähigkeit zur ordnungsgemäßen Geschäftsführung. Die Satzung kann weitere Fälle, in denen das Vorliegen eines **wichtigen Grundes** anzunehmen ist, festlegen. 123

Derartige Festlegungen dürfen jedoch nur zu einer Erweiterung, nicht zu einer Einengung der gesetzlichen Bestimmungen führen, also den Kreis der wichtigen Gründe gegenüber § 27 BGB nicht beschränken. Regelmäßig wird ihnen auch nur beispielhafte Bedeutung zukommen können. 124

Grundsätzlich wird davon auszugehen sein, dass ein wichtiger Grund jedenfalls dann zu bejahen ist, wenn dem Verein die weitere Tätigkeit des Betroffenen (ggf. etwa bis zu einem etwa sonst bevorstehenden Ende der Amtszeit, etwa dem Ablauf der Wahlperiode) unzumutbar ist.[167] Anders wird formuliert, es müsse ein Sachverhalt von einigem Gewicht vorliegen, der eine ordnungsgemäße Amtsführung unmöglich mache oder gefährde.[168] 125

Einigkeit besteht dahingehend, dass der wichtige Grund weder ein Verschulden des betroffenen Vorstandsmitglieds voraussetzt[169], noch dass er zwingend ein vereinsspezifisches Moment erfordert. Vielmehr kann, jedenfalls dann, wenn er in die Vereinssphäre hineinwirkt, auch ein privater Vorgang ausreichend sein.[170] In der Literatur wird auch der Fall genannt, dass der Vorstand die von der Mitgliederversammlung vorgenommene Wahl eines Vereinsmitgliedes in ein Vereinsorgan in Missachtung der Mitgliederversammlung nicht gelten lasse.[171] 126

Die Unfähigkeit zur ordnungsgemäßen Geschäftsführung setzt jedenfalls volle Geschäftsunfähigkeit nicht voraus, da bei deren Vorliegen das Vorstandsamt schon automatisch erlischt. Die Verhinderung braucht auch keine dauernde zu sein. Während ein vergleichsweise kurzer, vorübergehender Zeitraum, etwa die vorübergehende Erkrankung, nicht wird ausreichen können,[172] werden etwa die Inhaftierung für einen längeren Zeitraum, ein längerer Auslandsaufenthalt oder auch eine langwierige psychische oder physische Beeinträchtigung, die den Vorstand an der ordnungsgemäßen Ausübung seiner Geschäfte hindert, einen wichtigen Grund darstellen. 127

4. Widerrufsakt

Der Widerruf als solcher erfolgt bei Zuständigkeit eines Kollektivorgans, insbesondere der Mitgliederversammlung, durch deren Beschluss, der dem Betroffenen bekanntzugeben ist, im Übrigen durch Willenserklärung des zuständigen Organs bzw. der zuständigen Person. In jedem Fall wird der Widerruf erst mit **Zugang** der Widerrufserklärung beim Betroffenen (ausreichend ist auch dessen Anwesenheit bei Beschlussfassung) wirksam.[173] 128

Die Widerrufserklärung selbst bedarf dabei keiner bestimmten Form. Eine Anhörung des Betroffenen vor Ausspruch bzw. Beschlussfassung über den Widerruf mag ein „Gebot des Anstands" sein,[174] zwingend ist sie mangels eines Rechtes des Betroffenen auf die Mitgliedschaft im Vorstand im Regelfall nicht. Nur im Einzelfall kann der Verein bei Vorliegen eines Sonderrechts (oder allgemein aus dem dem Vorstand gegenüber bestehenden 129

[167] So *Sauter/Schweyer/Waldner* Eingetragener Verein Rn. 269; Soergel/*Hadding* BGB § 27 Rn. 18.
[168] Staudinger/*Schwennicke* BGB § 27 Rn. 55.
[169] So die eben Genannten unter Hinweis auf die Rechtsprechung zur GmbH; für die Aktiengesellschaft ebenso *Fleischer* NZG 2010, 561; *Büsse* AktG § 84 Rn. 28, jeweils mwN.
[170] So Soergel/*Hadding* BGB § 27 Rn. 18; auch *Sauter/Schweyer/Waldner* Eingetragener Verein Rn. 269.
[171] So Staudinger/*Weick* (2005) BGB § 27 Rn. 14 unter Berufung auf RGZ 19, 409ff. und unter Hinweis auf Art. 65 Abs. 3 des schweizerischen ZGB.
[172] Vgl. dazu Staudinger/*Weick* (2005) BGB § 27 Rn. 14.
[173] So auch Soergel/*Hadding* BGB § 27 Rn. 20; Staudinger/*Schwennicke* BGB § 27 Rn. 57.
[174] So *Sauter/Schweyer/Waldner* Eingetragener Verein Rn. 269.

Gebot der Rücksichtnahme) zur vorherigen Anhörung gezwungen sein.[175] Rein praktisch empfiehlt es sich, in Zweifelsfällen, insbesondere beim Widerruf aus wichtigem Grunde, eine Anhörung, soweit diese nicht untunlich ist, zur Klärung des Sachverhaltes und zur Vermeidung von Wirksamkeitsbedenken durchzuführen.

5. Wirksamkeit

130 Umstritten ist, ob die Wirksamkeit des Widerrufs unmittelbar mit Vorliegen der **materiellen Voraussetzungen** gegeben ist und damit umgekehrt bei deren Fehlen davon auszugehen ist, dass der Widerruf von vornherein unwirksam ist. Nach einer mE zutreffenden Entscheidung des BGH ist die Bestimmung des § 84 Abs. 3 S. 4 AktG, wonach der Widerruf als wirksam zu gelten habe, bis seine Unwirksamkeit rechtskräftig festgestellt wurde, auf den Vereinsvorstand nicht analog anwendbar.[176] Damit bleibt es mE bei der Maßgeblichkeit der materiellen Rechtslage (str.).

6. Anstellungsverhältnis

131 Der Widerruf beendet unmittelbar die Organstellung des Vorstandsmitgliedes. Das zugrunde liegende Anstellungsverhältnis, also das Auftrags- oder Dienstverhältnis, endet dagegen nicht ohne weiteres gleichzeitig. Vgl. dazu → Rn. 152 ff.

V. Austritt/Ausschluss aus dem Verein

132 Legt die Satzung ausdrücklich fest, dass nur Vereinsmitglieder Vorstand sein können, führen grundsätzlich sowohl Austritt als auch Ausschluss aus dem Verein ohne weiteres zum Erlöschen des Vorstandsamtes. Enthält die Satzung jedoch keine derartigen Bestimmungen, ist zu **differenzieren:**

133 Mit dem freiwilligen Austritt aus dem Verein ist mE nicht in jedem Fall das automatische Ende der Organmitgliedschaft verbunden. Häufig wird zwar in der Austrittserklärung auch die stillschweigende Amtsniederlegungserklärung der betroffenen Person[177] erblickt werden können. Dies ist aber nicht zwingend. So wird der Austritt zwar regelmäßig auch das Ende des Vorstandsamtes zur Folge haben, doch ist denkbar, dass besondere persönliche Gründe zum Vereinsaustritt führen, die den Austretenden nicht an einer ordnungsgemäßen Ausübung seiner Vorstandsaufgaben hindern.[178] Das Vorstandsamt endet jedoch stets dann mit Wirksamwerden des Austritts, wenn die Vereinsmitgliedschaft zwingende Voraussetzung der Vorstandsfähigkeit ist.[179]

134 Erfolgt der Austritt nicht mit sofortiger Wirkung, sondern erst mit Wirkung zu einem späteren Zeitpunkt, kann die Auslegung umgekehrt auch zu dem Ergebnis führen, dass mit der Kündigung der Mitgliedschaft (zum späteren Zeitpunkt) die sofortige Amtsniederlegung des Vorstandsamtes verbunden ist.[180] Letzteres wird häufig dann der Fall sein, wenn

---

[175] So auch *Sauter/Schweyer/Waldner* Eingetragener Verein Rn. 269; Soergel/*Hadding* BGB § 27 Rn. 18; Staudinger/*Schwennicke* BGB § 27 Rn. 58 (zwingend, wenn zugleich Vereinsausschluss oder Vereinsstrafe erfolgen solle).

[176] Vgl. BGH WM 1977, 169 (170); MüKoBGB/*Leuschner* BGB § 27 Rn. 26; Soergel/*Hadding* BGB § 27 Rn. 19; differenzierend (anders – wegen ähnlicher Interessenlage zur Vermeidung unzumutbarer Rechtsunsicherheit – jedenfalls bei größeren Vereinen und Großvereinen) *Sauter/Schweyer/Waldner* Eingetragener Verein Rn. 270; aA Staudinger/*Schwennicke* BGB § 27 Rn. 60.

[177] Dazu → Rn. 139 ff.

[178] IErg ähnlich („nur“ regelmäßige Verbindung anzunehmen): OLG Düsseldorf Beschl. v. 9.2.2016 – I-3-Wx 4/16, BeckRS 2016, 06346 Rn. 22; *Sauter/Schweyer/Waldner* Eingetragener Verein Rn. 272 (der maßgeblich auf das der Bestellung zugrundeliegende Rechtsverhältnis abstellt); Soergel/*Hadding* BGB § 27 Rn. 15.

[179] So auch Staudinger/*Schwennicke* BGB § 27 Rn. 38.

[180] Dies nimmt für den Regelfall *Sauter/Schweyer/Waldner* Eingetragener Verein Rn. 272 an; aA *Stöber/Otto* Rn. 441.

der Austritt nicht wegen eines noch bevorstehenden Ereignisses bzw. Motives erst künftig wirksam wird, sondern alleine wegen eventueller Fristsetzungen der Satzung.

Besondere Rechtsfragen ergeben sich beim **Ausschluss von Vorstandsmitgliedern** 135 aus dem Verein: Wird ein Vorstandsmitglied aus dem Verein ausgeschlossen, ist jedenfalls in Fällen der statuarisch zwingenden Vereinsmitgliedschaft aller Organmitglieder mit Verlust der Mitgliedschaft zwingend auch der Verlust der Organstellung verbunden.[181] In allen anderen Fällen ist ein abweichendes Ergebnis zwar denkbar, regelmäßig wird aber der Vereinsausschluss (auch ohne zwingende Verknüpfung) zum Erlöschen des Vorstandsamtes führen. Dies kann sich schon aus einer entsprechenden Auslegung der Erklärung über den Vereinsausschluss ergeben, sofern das ausschließende Vereinsorgan auch für den Widerruf der Vorstandsbestellung zuständig ist,[182] wird aber mE auch unabhängig von dieser Doppelzuständigkeit, in aller Regel mit dem Verlust der Vereinsmitgliedschaft im Übrigen begründet werden können: Eine Person, die nicht mehr als Mitglied zumutbar ist, wird erst recht nicht als Vorstand zumutbar sein.[183]

Die Zuständigkeit für den Vereinsausschluss liegt bei einem Vorstandsmitglied, unabhän- 136 gig von der Bestimmung der Satzung, nicht beim Vorstand selbst. So wie es dem Vorstand zur Wahrung der Unabhängigkeit jedes einzelnen Vorstandsmitgliedes vom Mehrheitswillen verwehrt ist, einzelne seiner Mitglieder aus dem Organ auszuschließen,[184] ist es ihm auch verwehrt, sie aus dem Verein auszuschließen.[185] Dies gilt auch dann, wenn der Vorstand an sich nach der Satzung zuständig wäre, Ausschlussentscheidungen zu treffen. Aus den oben bereits genannten Gründen ist hier vielmehr regelmäßig die Zuständigkeit der **Mitgliederversammlung** gegeben.

VI. Amtsniederlegung

1. Grundsätze

Das Vorstandsamt endet auch durch die Amtsniederlegung eines Vorstandsmitgliedes. Eine 137 derartige einseitige, **empfangsbedürftige Erklärung** kann nach § 26 Abs. 2 S. 2 BGB gegenüber einem anderen Vorstandsmitglied einzeln, nach zutreffender hM aber auch gegenüber dem für die Bestellung des Vorstandes zuständigen Vereinsorgan, regelmäßig also gegenüber der Mitgliederversammlung, abgegeben werden.[186] Die Niederlegung bedarf grundsätzlich keiner besonderen Form, ist also auch mündlich möglich (auch wenn nach § 67 Abs. 1 S. 2 BGB zur Anmeldung des Ausscheidens des niederlegenden Vorstandsmitglieds eine schriftliche Erklärung oder Bestätigung nachzureichen bleibt).[187]

Dabei ist die Amtsniederlegung des gesamten Vorstandes nicht als einheitlicher Akt, 138 sondern als Amtsniederlegungserklärung jedes einzelnen Vorstandsmitgliedes zu werten. Eine Gestaltung, wonach sämtliche Vorstandsmitglieder eines Vereins den jeweils anderen Mitgliedern gegenüber ihre Amtsniederlegung zum Zeitpunkt der Eintragung der Niederlegung im Vereinsregister erklären, wurde von der Rechtsprechung jedoch als rechtsmissbräuchlich angesehen.[188]

---

[181] So die hM vgl. nur BeckOK BGB/*Schöpflin* BGB § 27 Rn. 9; aA Staudinger/*Schwennicke* BGB § 27 Rn. 40.

[182] So *Sauter/Schweyer/Waldner* Eingetragener Verein Rn. 271.

[183] So ausdrücklich OLG Celle OLGZ 1980, 359 (361); so auch *Sauter/Schweyer/Waldner* Eingetragener Verein Rn. 271, 272; aA Staudinger/*Schwennicke* BGB § 27 Rn. 40.

[184] → Rn. 120.

[185] BGH NJW 1984, 1884; OLG Köln FGPrax 2009, 82 (jedenfalls bei Vorstandswahl durch Mitgliederversammlung); OLG Schleswig BeckRS 2008, 21671; AG Düsseldorf NJW-RR 1994, 1045 (mit auch an karnevalistischen Grundsätzen gemessener Begründung); iErg auch *Sauter/Schweyer/Waldner* Eingetragener Verein Rn. 357.

[186] OLG München DNotZ 2011, 148; vgl. etwa MüKoBGB/*Leuschner* BGB § 27 Rn. 28; *Sauter/Schweyer/Waldner* Eingetragener Verein Rn. 275; Soergel/*Hadding* BGB § 27 Rn. 16; Staudinger/*Schwennicke* BGB § 27 Rn. 43.

[187] HM; vgl. nur OLG Frankfurt a. M. NJW-RR 2016, 360.

[188] Vgl. OLG München DNotZ 2011, 148.

139 Umstritten ist, ob der **Ein-Personen-Vorstand** eine Amtsniederlegungserklärung sich selbst erklären kann[189] oder ob sie nur gegenüber der Mitgliederversammlung oder einem hierfür zu bestellenden Notvorstand nach § 29 BGB abgegeben werden kann.[190] Meines Erachtens ist mit Blick auf § 181 BGB der wohl hM, die die Erklärung sich selbst gegenüber untersagt, zuzustimmen: Es bedarf hier einer Erklärung gegenüber dem Bestellungsorgan (oder gegenüber einem neu bestellten Vereinsvorstand).

140 Unabhängig davon, ob ein Vorstandsmitglied auf Zeit oder zeitlich unbefristet bestellt ist, ergeben sich aus dem Vereinsrecht des BGB grundsätzlich keine Grenzen für die Amtsniederlegung. Entsprechend der nach § 27 BGB grundsätzlich gegebenen Widerrufsmöglichkeit durch den Verein, steht auch dem Vorstandsmitglied selbst die Möglichkeit der Amtsniederlegung offen.

2. Grenzen

141 Grenzen der Möglichkeit der Amtsniederlegung durch ein Vorstandsmitglied können sich aus dem zugrundeliegenden **Anstellungsverhältnis** ergeben. Ist hier das Vorliegen eines Auftragsverhältnisses anzunehmen, was bei ehrenamtlich tätigen Vereinsvorständen regelmäßig der Fall sein wird, ist auch dieser als Auftragnehmer grundsätzlich zu dessen jederzeitiger Beendigung berechtigt. Ausnahmen können nur dann zu bejahen sein, wenn die Beendigung zu einem für den Verein mit unzumutbaren Nachteilen verbundenen Zeitpunkt erfolgen soll.[191] Demgemäß ist mit der hM davon auszugehen, dass beim unentgeltlich tätigen Vorsitzenden die Amtsniederlegung jederzeit, nicht aber zur Unzeit, zulässig ist. Erfolgt sie zur Unzeit, kann eine Schadensersatzpflicht des Niederlegenden entstehen; Unwirksamkeit der Amtsniederlegung ist jedoch nur in besonderen Situationen anzunehmen, wenn sie rechtsmissbräuchlich und treuwidrig erfolgt.[192]

142 Ist der Vereinsvorstand aufgrund entgeltlichen Geschäftsbesorgungsvertrages bzw. Dienstvertrages tätig, ist, wie bereits beim Widerruf gesehen, das Grundverhältnis nur aus wichtigem Grund kündbar. Daraus wird geschlossen, dass der aufgrund Dienstvertrages zur Tätigkeit als Vorstandsmitglied Verpflichtete auch sein Amt als Vorstand, also die Organstellung, nur aus wichtigem Grund wirksam niederlegen könne.[193] Diese Ansicht überzeugt indes mE nicht. Die Organstellung ist auch bei vertraglich zur Tätigkeit verpflichteten Vorstandsmitgliedern grundsätzlich von den Rechtsfragen des Anstellungsverhältnisses zu trennen. Auch wenn der Vorstand daher verpflichtet sein mag, seine Tätigkeit fortzuführen, darf er zwar unter Umständen sein Amt nicht niederlegen, er kann es aber mE wirksam tun.[194] Die Frage nach (Schaden-) Ersatzansprüchen des Vereins gegenüber dem pflichtwidrig ausscheidenden Vorstandsmitglied ist davon zu trennen.

143 Umstritten ist, ob die Amtsniederlegung, ähnlich wie der Widerruf, rein mit Vorliegen bzw. Fehlen der materiellen Voraussetzungen wirksam bzw. unwirksam ist, oder ob bis zur gerichtlichen Feststellung von der Unwirksamkeit bzw. Wirksamkeit auszugehen ist, um unklare Vertretungsverhältnisse zu vermeiden. Meines Erachtens ist die Frage wie beim Widerruf zu beantworten. Vertretungsunsicherheiten sind hier wie dort hinzunehmen. Es bleibt bei der **Maßgeblichkeit der materiellen Rechtslage.**[195]

---

189 So *Sauter/Schweyer/Waldner* Eingetragener Verein Rn. 275.
190 So MüKoBGB/*Leuschner* BGB § 27 Rn. 28; *Reichert* Rn. 2316; Soergel/*Hadding* BGB § 27 Rn. 16.
191 Vgl. § 671 BGB; BeckOK BGB/*Schöpflin* BGB § 27 Rn. 10; BGH NJW-RR 2007, 185.
192 OLG München DNotZ 2011, 148 (149) (zur kollektiven Amtsniederlegung aller Vorstandsmitglieder außerhalb einer Mitgliederversammlung).
193 So Soergel/*Hadding* BGB § 27 Rn. 16; Staudinger/*Weick* (2005) BGB § 27 Rn. 16; wohl auch BeckOK BGB/*Schöpflin* BGB § 27 Rn. 10.
194 So auch MüKoBGB/*Leuschner* BGB § 27 Rn. 31; Staudinger/*Schwennicke* BGB § 27 Rn. 44; wohl auch *Sauter/Schweyer/Waldner* Eingetragener Verein Rn. 274.
195 AA *Sauter/Schweyer/Waldner* Eingetragener Verein Rn. 274a; (jetzt auch) BeckOK BGB/*Schöpflin* BGB § 27 Rn. 10.

Hinweis:
Im Hinblick auf die Anmeldebedürftigkeit der Amtsniederlegung kann es sinnvoll sein, das Amt nicht mit sofortiger Wirkung, sondern mit Wirkung zum Zeitpunkt der Eintragung in das Vereinsregister niederzulegen, um das Löschen im Register noch **durch das ausscheidende Vorstandsmitglied** vornehmen zu können.

Formulierungsbeispiel: Schreiben zur Amtsniederlegung 144

An den
*** Verein e.V.
*** *[Anschrift]*

Amtsniederlegung

Sehr geehrte Damen und Herren,

ich, *** *[Vorname, Name]*, lege hiermit mein Amt als Vorstand des *** Vereins zum Zeitpunkt der Eintragung meines Ausscheidens in das Vereinsregister [*Alt.:* mit sofortiger Wirkung] nieder.

VII. Beendigung des Anstellungsverhältnisses

145 Unabhängig davon, aus welchem Grunde ein Vorstandsamt, also die Organstellung, endet, führt die Beendigung nicht automatisch auch zur Unwirksamkeit bzw. zum Ablauf des zugrunde liegenden Anstellungsverhältnisses. Diese Rechtsfrage ist gesondert zu prüfen. Besonderer Prüfungsbedarf wird dabei regelmäßig vor allem bei der unplanmäßigen Beendigung des Vorstandsamtes, insbesondere beim Widerruf, entstehen.

1. Grundsätze

146 Grundsätzlich gelten für die Beendigung des Anstellungsverhältnisses die allgemeinen gesetzlichen Bestimmungen ohne Rücksicht auf die Besonderheiten des Vereins. Danach ist bei einem ehrenamtlichen, aufgrund Auftrags tätigen Vorstandsmitglied die Beendigung des Anstellungsverhältnisses beiden Seiten, also Organmitglied und Verein, grundsätzlich jederzeit möglich. Bei dem aufgrund Dienstvertrags tätigen Vorstandsmitglied bedarf es grundsätzlich eines wichtigen Grundes iSd §§ 626, 627 BGB (in direkter oder analoger Anwendung).[196] Teilweise wird angenommen, bei befristeter Vorstandsbestellung ende mangels abweichender vertraglicher Regelungen im Anstellungsvertrag auch dieser mit Ablauf des Bestellungszeitraums.[197]

147 Die Zuständigkeit für Abschluss und Aufhebung des Anstellungsvertrages mit einem Vorstandsmitglied liegt in aller Regel alleine bei dem Organ, das nach Satzung oder gesetzlicher Auffangregelung zu dessen Bestellung und Abberufung zuständig ist;[198] nach der Rechtsprechung des BGH gilt dies auch für die Auflösung eines auf einem unwirksamen Dienstvertrag beruhenden fehlerhaften Anstellungsverhältnisses mit einem (tatsächlichen) Vorstandsmitglied.[199]

2. Widerruf

148 Bei einem **ehrenamtlich** tätigen Vorstandsmitglied ist mit dem Widerruf der Berufung in die Organstellung nach § 671 Abs. 3 bzw. Abs. 1 BGB im Zweifel die gleichzeitige Been-

[196] → Rn. 145.
[197] So Staudinger/*Schwennicke* BGB § 27 Rn. 121; ablehnend MüKoBGB/*Leuschner* BGB § 27 Rn. 9.
[198] Grundlegend BGH NJW 1991, 1727 ff.; ebenso OLG Frankfurt a. M. Beschl. v. 2.3.2016 – 4 U 60/15, BeckRS 2016, 13079; *Sauter/Schweyer/Waldner* Eingetragener Verein Rn. 263, 271.
[199] BGH NJW 1991, 1727 ff.

digung des Grundverhältnisses verbunden. Dies gilt grundsätzlich sowohl für den Widerruf der Vorstandsberufung aus wichtigem Grund wie auch für den ohne einen solchen Grund wirksam erklärten Widerruf. Die entsprechende Beendigungserklärung wird regelmäßig im Widerruf zu erblicken bzw. mit ihm verbunden sein.

149 Beim **entgeltlich,** aufgrund Dienstvertrages, tätigen Vorstandsmitglied wird im **Einzelfall** zu klären sein, ob das Grundverhältnis ebenfalls beendet werden soll. Dies ist jedenfalls nicht in jedem Fall mit der Beendigung des Vorstandsamtes verbunden:[200]

- Bei einem Widerruf, der nicht auf einen wichtigen Grund gestützt wird, bleiben die aufgrund Dienstvertrages bestehenden Ansprüche des Vorstands von der Beendigung der Organstellung zunächst unberührt.[201]
- Erfolgt der Widerruf aus wichtigen Gründen, die nicht in der Person des Vorstands liegen, wird ebenfalls im Zweifel der Fortbestand des Anstellungsverhältnisses anzunehmen sein.
- Bei einem Widerruf der aus wichtigen, in der Person des Vorstands liegenden Gründen erklärt wird, werden dagegen häufig die Voraussetzungen der §§ 626 oder 627 BGB vorliegen.[202]

149a Wie gesehen, darf der Widerruf aus wichtigem Grunde im Übrigen (auch nicht mittelbar) nicht so wesentlich beschränkt sein, dass die Widerrufsmöglichkeit des Vereins faktisch ausgeschlossen ist. Daher kann trotz § 27 Abs. 2 S. 1 Hs. 2 BGB, der grundsätzlich die vertraglichen Vergütungsansprüche des Vorstands unberührt lässt, im Einzelfall bestimmten vertraglichen Vereinbarungen, die – mittelbar – zu einer faktisch-wirtschaftlichen Einschränkung der Widerrufsmöglichkeiten des Vereins führen können, die Anerkennung zu verweigern sein. So kann eine Vertragsklausel, die durch wirtschaftlich unzumutbare Belastungen für den Verein infolge des Widerrufs des Vorstandsamtes das Widerrufsrecht faktisch aushebelt, unwirksam sein.

VIII. Eintragung in das Vereinsregister

150 Das Ausscheiden des Vorstandsmitgliedes ist – wie seine Berufung – zur Eintragung in das Vereinsregister anzumelden. Zum Verfahren → § 17 Rn. 2ff., 42ff. Die Eintragung hat der Vorstand in vertretungsberechtigter Zahl vorzunehmen. Das ausscheidende Vorstandsmitglied kann sein eigenes Ausscheiden noch (mit-)anmelden, wenn das Amt bis zum Zeitpunkt der Eintragung in das Vereinsregister noch besteht. Andernfalls ist er an der Mitwirkung gehindert. Die Anmeldung hat dann durch die verbliebenen bzw. neu bestimmten Vorstandsmitglieder zu erfolgen. Die Eintragung wirkt **deklaratorisch.**

151 Das Vereinsregister hat grundsätzlich zu prüfen, ob der mit der Anmeldung vorgebrachte Tatbestand die anmeldepflichtige Tatsache, also das Ausscheiden des Vorstandsmitgliedes, trägt. Das Vorliegen eines behaupteten wichtigen Grundes für Widerruf bzw. Amtsniederlegung muss das Registergericht dabei aber grds. nicht prüfen; eine weitergehende Prüfungspflicht greift nur, wenn begründete Zweifel an der Wirksamkeit bestehen.[203]

IX. Fehlerhafte Vorstandsbestellung

151a Der Verein tritt im Rechtsleben primär durch den Vorstand als sein Vertretungsorgan auf. Durch ihn handelt er nach außen. Die Anwendung der allgemeinen Nichtigkeits- und Anfechtungsregeln kann für den Rechtsverkehr bei unwirksamen oder anfechtbaren Vorstandsbestellungen massive Risiken bergen. Einigkeit besteht daher – soweit ersichtlich – im Bestreben, den Rechtsverkehr vor den Folgen derartiger Unwirksamkeit oder Anfecht-

[200] Vgl. BAG NJW 1996, 614.
[201] Vgl. Soergel/*Hadding* BGB § 27 Rn. 20; Staudinger/*Schwennicke* BGB § 27 Rn. 122.
[202] Vgl. Palandt/*Ellenberger* BGB § 27 Rn. 2; Beendigung bei erkennbarem Vertrauensverlust, der die Rechtsbeziehungen insgesamt belastet: *Sauter/Schweyer/Waldner* Eingetragener Verein Rn. 271.
[203] Vgl. BayObLGZ 1981, 270 (272); vgl. auch → § 17 Rn. 53ff.

barkeit des Bestellungsaktes, also beim Handeln nur vermeintlicher Vorstandsmitglieder, schützen zu wollen.

Da der Registereintragung im Vereinsrecht (bedauerlicherweise) keine positive Publizität zukommt, wird zum Teil die Lösung über die Grundsätze der Anscheins- und Duldungsvollmacht gesucht,[204] zum Teil wird nach den Grundsätzen der (fehlerhaften Gesellschaft[205] und – daraus entwickelt – denen der) fehlerhaften Organstellung argumentiert.[206] Nach beiden Grundsätzen können nach Aufnahme der Organtätigkeit (mit Wissen und Willen des zur Vorstandsbestellung zuständigen Vereinsorgans) Nichtigkeit und Anfechtbarkeit der Bestellung nur noch mit Wirkung für die Zukunft geltend gemacht werden.[207] Unterschiede zeigen sich vor allem darin, ob es im konkreten Anwendungsfall auf die Gutgläubigkeit des Partners ankommt (nur bei Anwendung der Grundsätze der Duldungs- und Anscheinsvollmacht erforderlich). 151b

Die besseren Argumente sprechen mE für die Anwendbarkeit der **Grundsätze der fehlerhaften Organstellung.** Fehlerhafte Gründung und fehlerhafte Organstellung betreffen in gleicher Weise den von konkreter Gutgläubigkeit gelösten Vertrauensschutz des Rechtsverkehrs. Der Verein ist insoweit nicht anders zu behandeln als andere Körperschaften des Privatrechts. 151c

Bei den Grundsätzen der Anscheins- und Duldungsvollmacht bleibt es, soweit die Zurechnung des Handelns von Vereinsvertretern ohne (auch nur vermeintlich wirksamen) Organbestellungsakt im Raume steht.[208] Dies können zB solche Situationen sein, in denen im haftungsrechtlichen Bereich die Anwendung der §§ 30, 31 BGB in deren von der Rechtsprechung im Interesse der Haftungserweiterung entwickelten (wenn auch im Rahmen des § 30 BGB nicht überzeugenden) Deutung[209] in Betracht kommt. Zur Unterscheidung der Phänomene erscheint es mir überzeugend, nur hier – nicht bei den Fällen der fehlerhaften Organstellung – vom „faktischen Organ" zu sprechen.[210] 151d

E. Entlastung des Vorstands

Im Vereinsleben kommt der Entlastung des Vorstands große praktische Bedeutung zu. Dabei ist die Entlastung weder im BGB noch in einer Vielzahl von Vereinssatzungen gesondert geregelt. Sie bedeutet nach hM die grundsätzliche Billigung der Amtsführung des Vorstandes als gesetzes- und satzungskonform und den grundsätzlichen Verzicht auf Schadenersatz- und Bereicherungsansprüche, die der Verein gegenüber dem Vorstand haben könnte.[211] Mit der Entlastung verbunden ist regelmäßig auch der Verzicht auf etwaige Kündigungsgründe gegenüber dem Vorstand.[212] 152

Die Entlastung beschränkt sich dabei auf den Entlastungszeitraum und auf die Umstände, die entweder dem die Entlastung erklärenden Gremium bekannt waren bzw. ihm jedenfalls bei sorgfältiger Prüfung aller gemachten Vorlagen und Berichte erkennbar waren oder allen Vereinsmitglieder (privat) zur Kenntnis gelangt waren. 153

---

[204] So etwa BeckOK BGB/*Schöpflin* BGB § 27 Rn. 7; Staudinger/*Schwennicke* BGB § 27 Rn. 122.
[205] Vgl. zur fehlerhaften (Kapital) Gesellschaft nur Baumbach/Hueck/*Fastrich* GmbHG § 2 Rn. 37 ff.; zur fehlerhaften Personengesellschaft MüKoBGB/*Ulmer/Schäfer* BGB § 705 Rn. 323 ff.
[206] Vgl. für den GmbH-Geschäftsführer nur Baumbach/Hueck/*Zöllner/Noack* GmbHG § 35 Rn. 8 ff.
[207] So MüKoBGB/*Leuschner* BGB § 27 Rn. 91; Staudinger/*Weick* (2005) BGB § 27 Rn. 28.
[208] Ebenso MüKoBGB/*Leuschner* BGB § 27 Rn. 92; für die GmbH: Baumbach/Hueck/*Zöllner/Noack* GmbHG § 35 Rn. 9; zur denkbaren Anwendung dieser Grundsätze bei Handeln eines einzelnen, nicht einzelvertretungsberechtigten Vorstandsmitglieds → § 9 Rn. 63.
[209] Dazu → § 9 Rn. 10 ff.
[210] So ausdrücklich Staudinger/*Weick* (2005) BGB § 27 Rn. 21; ebenso MüKoBGB/*Leuschner* BGB § 27 Rn. 92.
[211] Vgl. nur *Leuering/Keßler* NJW-Spezial 2017, 335; *Sauter/Schweyer/Waldner* Eingetragener Verein Rn. 289 mwN.
[212] Vgl. *Sauter/Schweyer/Waldner* Eingetragener Verein Rn. 289; Soergel/*Hadding* BGB § 27 Rn. 24.

154 Der Umfang der Entlastungserklärung und des darin erklärten Anspruchsverzichts hängt damit also wesentlich davon ab, wie umfangreich und präzise das Entlastungsgremium vom Vorstand über seine Tätigkeit informiert war.[213] Von der Entlastung nicht erfasst sind nach der Rechtsprechung daher solche Ansprüche, die bei Anlegung eines vernünftigen Maßstabes bei der Entlastungsentscheidung nicht zu überblicken waren.[214] Insbesondere Ansprüche, die aus den Rechenschaftsberichten des Vorstandes und den der Mitgliederversammlung bei der Rechnungslegung unterbreiteten Unterlagen nicht, oder doch in wesentlichen Punkten nur so unvollständig erkennbar sind, dass die Vereinsmitglieder die Tragweite der ihnen abverlangten Entlastungsentscheidung bei Anlegung eines lebensnahen vernünftigen Maßstabes nicht zu überblicken vermögen, werden von der Verzichtswirkung nicht erfasst. Dies gilt etwa für solche Ansprüche, die erst nach eingehendem Vergleich und rechtlicher Auswertung verschiedener Unterlagen, die bei Fassung des Entlastungsbeschlusses nicht oder nicht vollständig vorliegen, ersichtlich sind.[215]

155 Im Übrigen ist die Reichweite der Entlastung dem Inhalt des entsprechenden Entlastungsbeschlusses zu entnehmen. Der Beschlussinhalt legt in jedem Einzelfall fest, für welchen Zeitraum die Entlastung erklärt werden soll. Sie kann sich auf die gesamte bisherige Tätigkeit des Vorstandes oder einen kürzeren, bestimmten Zeitraum beschränken. Zudem kann die Entlastung ihrem Inhalt nach auf einzelne Vorstandsmitglieder eingeschränkt, statt für den gesamten Vorstand erklärt werden. Auch eine Beschränkung auf einzelne Tätigkeitsbereiche oder Geschäftsfelder ist denkbar. Die Entscheidung darüber obliegt dem für die Entlastung zuständigen Gremium.

156 Zuständig für die Entlastung ist mangels besonderer Satzungsbestimmungen die Mitgliederversammlung. Diese entscheidet durch Beschluss. Vorstandsmitglieder, die von der Entlastungsentscheidung betroffen sind, dürfen bei der Abstimmung nicht mitwirken. Sie dürfen auch nicht als Bevollmächtigte für andere Vereinsmitglieder auftreten.[216]

157 Umstritten ist, ob ein Anspruch auf Entlastung auch besteht, wenn das in der Satzung nicht ausdrücklich ausgesprochen wurde. Die hM verneint dies grundsätzlich. Er bestehe nur, wenn eine entsprechende satzungsmäßige Grundlage oder zumindest entsprechendes Vereinsgewohnheitsrecht vorliege; Vertrauen lasse sich nicht erzwingen.[217] Teilweise wird noch weiter eingeschränkt, ein Anspruch auf Entlastung lasse sich auch durch Satzung nicht begründen, da ein durchsetzbarer Anspruch auf Verzicht nicht möglich sei.[218] Meines Erachtens ist hier der hM zu folgen, begründen Satzungsbestimmungen, die die Entlastung vorsehen, doch regelmäßig keinen Anspruch auf Verzicht, sondern (nur) einen solchen auf Beschlussfassung bzw. Entscheidung über die Frage der Entlastung – bei offenem Ergebnis.

158 Möglich bleibt stets die negative Feststellungsklage auf Nichtbestehen eines Anspruchs des Vereins durch ein Vorstandsmitglied demgegenüber sich der Verein eines – jedenfalls möglichen – Anspruchs berühmt.

159 **Formulierungsbeispiel: Entlastung des Vorstands (Satzungsbestandteil)**

§ 6. Vorstand

(8) Über die Entlastung des Vorstandes entscheidet die *** *[Mitgliederversammlung/ Delegiertenversammlung/etc.].*
[*Var. 1:* Über die Entlastung des Vorstandes ist jährlich in der ordentlichen Mitgliederversammlung Beschluss zu fassen.]

---

[213] Vgl. dazu ausf. *Sauter/Schweyer/Waldner* Eingetragener Verein Rn. 289.
[214] So BGH NJW-RR 1988, 745 (748).
[215] So BGH NJW-RR 1988, 745 (748).
[216] Vgl. *Sauter/Schweyer/Waldner* Eingetragener Verein Rn. 289b.
[217] So etwa BGHZ 94, 324; OLG Celle NJW-RR 1994, 1545; MüKoBGB/*Leuschner* BGB § 27 Rn. 61; Palandt/*Ellenberger* BGB § 27 Rn. 8; *Sauter/Schweyer/Waldner* Eingetragener Verein Rn. 289e; iErg auch BeckOK BGB/*Schöpflin* BGB § 27 Rn. 27.
[218] So OLG Köln NJW-RR 1997, 483.

[*Var. 2:* Über die Entlastung des Vorstandes ist auf dessen Antrag in der Mitgliederversammlung Beschluss zu fassen.]
[*Var. 3:* Ein Anspruch des Vorstands auf Entlastung besteht nicht.]

F. Meinungsbildung des Vorstands

Die Meinungsbildung innerhalb des Vorstandes geschieht gem. § 28 Abs. 1 BGB bei dem **160** aus mehreren Personen bestehenden Vorstand nach den für die Beschlüsse der Mitgliederversammlung geltenden Vorschriften der §§ 32 und 34 BGB. Diese Bestimmung ist insoweit dispositiv, als Abweichungen von der Anwendbarkeit der für die Beschlussfassung in der Mitgliederversammlung geltenden Vorschriften in der Satzung möglich sind. Der Ausschluss vom Stimmrecht gem. § 34 BGB ist dagegen auch für den Vorstand zwingend.[219]

Nach § 28 Abs. 1 BGB erfolgt die Willensbildung innerhalb des Vorstandes durch **Beschlussfassung.** **161** Nach § 28 Abs. 1 iVm § 32 BGB können Beschlüsse grundsätzlich nur in einer **Versammlung** gefasst werden. Ohne Versammlung ist ein Beschluss nur gültig, wenn alle Vorstandsmitglieder ihre Zustimmung zu dem Beschluss schriftlich erklären. Nicht zu den Vorstandsmitgliedern zählen besondere Vertreter.[220]

Sonderregeln für die Beschlussfassung bestehen zur Sicherung der Funktionsfähigkeit **161a** der Vereine während der **Corona-Pandemie** nach § 5 Abs. 3a iVm Abs. 2 und Abs. 3 MaßnG-GesR[221] in der Fassung des Gesetzes zur weiteren Verkürzung des Restschuldbefreiungsverfahrens und zur Anpassung pandemiebedingter Vorschriften im Gesellschafts-, Genossenschafts-, Vereins- und Stiftungsrecht sowie im Miet- und Pachtrecht vom 22. 12. 2020;[222] derzeit[223] zeitlich befristet bis 31. 12. 2021.[224] § 5 Abs. 2 und Abs. 3 MaßnG-GesR ermöglichen Vereinen, auch ohne (bzw. gegen)[225] entsprechende Satzungsgrundlage und ohne Zustimmung sämtlicher Mitglieder virtuelle Mitgliederversammlungen abzuhalten und Beschlüsse auch außerhalb einer Versammlung im Umlaufverfahren zu fassen.

Bis zur Einfügung des § 5 Abs. 3a MaßnG-GesR war unklar, ob durch die (unveränderte) **161b** Verweisung des § 28 BGB auf § 32 BGB diese für die Beschlussfassung der Mitgliederversammlung geltenden Erleichterungen auch für die Beschlussfassung innerhalb des Vorstandes Anwendung fanden.[226] Der Gesetzgeber hat die Frage nun zugunsten der Anwendbarkeit beantwortet: § 5 Abs. 3a MaßnG-GesR regelt ausdrücklich, dass „die Absätze 2 und 3 […] auch für den Vorstand von Vereinen und Stiftungen sowie für andere Vereins- und Stiftungsorgane" gelten. Damit ist es möglich, Beschlüsse auch in virtuellen Verfahren und – auch ohne Beteiligung aller Vorstandsmitglieder – im Umlaufverfahren zu fassen.

Danach sind zum einen besondere Formen von Vorstandssitzungen möglich: Zulässig ist **161c** es gemäß § 5 Abs. 3a iVm Abs. 2 MaßnG-GesR abweichend von § 28 iVm § 32 Abs. 1 S. 1 BGB vorzusehen, dass

[219] Palandt/*Ellenberger* BGB § 28 Rn. 2 und § 34 Rn. 1; Soergel/*Hadding* BGB § 28 Rn. 1; Staudinger/*Schwennicke* BGB § 28 Rn. 19.
[220] → § 9 Rn. 5ff.
[221] Gesetz über Maßnahmen im Gesellschafts-, Genossenschafts-, Vereins-, Stiftungs- und Wohnungseigentumsrecht zur Bekämpfung der Auswirkungen der COVID-19-Pandemie v. 27. 3. 2020, BGBl. 2020 I 569; dazu bereits → Rn. 108a.
[222] BGBl. 2020 I 3328.
[223] Die Änderungen sind am 28. 2. 2021 in Kraft getreten.
[224] Die ursprünglich bis zum Jahresablauf 2020 befristete Geltung der §§ 1–5 MaßnG-GesR wurde durch § 1 der Verordnung zur Verlängerung von Maßnahmen im Gesellschafts-, Genossenschafts-, Vereins- und Stiftungsrecht zur Bekämpfung der Auswirkungen der COVID-19-Pandemie (GesRGenRCOVMVV) v. 20. 10. 2020 (BGBl. 2020 I 2258) bis 31. 12. 2021 verlängert.
[225] *Wälzholz/Bayer* DNotZ 2020, 285 (300).
[226] Vgl. zum Streitstand etwa MüKoBGB/*Leuschner* BGB § 28 Rn. 4a f.

– Vorstandsmitglieder an einer Vorstandssitzung ohne Anwesenheit am Versammlungsort teilnehmen und ihre Rechte im Wege der elektronischen Kommunikation ausüben können oder müssen sowie
– dass sie ohne Teilnahme an der Sitzung ihre Stimmen vor der Durchführung der Vorstandssitzung schriftlich abgeben können.

161d Der Wortlaut der Norm geht von einem „Versammlungsort" aus, an dem (einzelne) Vorstandmitglieder nicht anwesend sind. Anders als bei der Aktiengesellschaft[227] spricht das Gesetz beim Verein nicht von einer „virtuellen Mitgliederversammlung". Gleichwohl ist aus der Formulierung der Norm („Vereinsmitglieder"; nicht nur „einzelne Vereinsmitglieder", die elektronisch agieren „müssen") iVm § 5 Abs. 2a MaßnG-GesR, der auf die Zumutbarkeit einer „Mitgliedersammlung im Wege der elektronischen Kommunikation" abstellt, davon auszugehen, dass auch rein virtuelle Versammlungen möglich sind. Die Bestimmung grenzt vom reinen Umlaufbeschluss ohne Sitzung iSd Abs. 3 ab.

161e Zum anderen ist abweichend von § 28 iVm § 32 Abs. 2 BGB eine gültige Beschlussfassung außerhalb einer Versammlung – also im Umlaufverfahren – auch dann möglich, wenn nicht alle Vorstandsmitglieder ihr Einverständnis mit der entsprechenden Verfahrensweise (schriftlich) erklären: Ausreichend ist es gemäß § 5 Abs. 3a iVm Abs. 3 MaßnG-GesR, wenn – bei zwingender Beteiligung aller Vorstandsmitglieder an dem Verfahren – bis zu dem für die Stimmabgabe gesetzten Termin nicht alle, sondern nur (mindestens) die Hälfte aller Vorstandsmitglieder ihre Stimme in Textform abgegeben haben und die erforderliche Mehrheit, die unverändert nach den Bestimmungen der Satzung, hilfsweise nach den (insoweit nicht pandemiebedingt angepassten) gesetzlichen Bestimmungen zu ermitteln ist, erreicht wurde. Mittels Berufung der „Textform" nach § 126b BGB besteht insoweit eine weitere Erleichterung, da nicht die (strengere) Schriftform des § 126 BGB zu wahren ist. Damit sind also auch Stimmabgaben etwa per E-Mail, SMS oder per Telefax möglich.

161f Die Fristsetzung zur Stimmabgabe, für die nach § 5 Abs. 2 MaßnG-GesR bei Mitgliederversammlungen „der Verein" zuständig ist, fällt bei Vorstandssitzungen in die Zuständigkeit dessen, der für die Einladung zur Vorstandssitzung zuständig ist (→ Rn. 164 ff). Die Frist ist vom Gesetzgeber nicht vorgegeben, sie muss in jedem Fall „angemessen" sein.[228] Angemessen erscheint mir eine Orientierung an der Ladungsfrist.

161g Zusammenfassend bestehen daher grds. folgende Möglichkeiten der Herbeiführung von Vorstandsbeschlüssen:
– Abhaltung einer rein virtuellen Vorstandssitzung;
– Präsenzsitzung, an der auch in virtueller Form teilgenommen werden kann (Hybrid-Sitzung);
– (Präsenz- oder virtuelle) Sitzung mit Stimmabgabe Einzelner im Wege der Fernabstimmung im Vorfeld der Sitzung;
– Beschlussfassung im Umlaufverfahren.[229]

161h Die Zeit wird zeigen, welche der Besonderheiten, die uns die Pandemie aufgezwungen hat, nach deren Überwindung weiter Bestand haben werden. Die starke Elektronisierung unserer Kommunikation wird wohl kaum auf den Stand des Jahresbeginns 2020 „zurückgedreht" werden, auch wenn Präsenzveranstaltungen unverändert die „Königsform" einer Versammlung bleiben werden. Ein Mit- und Nebeneinander verschiedener Verfahren wird jedoch auch in Zukunft dabei helfen können, schnell, flexibel und effektiv wirksame Entscheidungen herbeizuführen. Jeder Verein wird daher für sich zu klären haben, ob die Satzung stärker als früher regelmäßig üblich Vertretungen, rein virtuelle und/oder Hybrid-Sitzungen, Fernabstimmungen (vor oder während der Sitzung) und Umlaufbeschlüsse

---

[227] Zur Begrifflichkeit bei der AG und der Verwendung des Begriffs der „virtuellen Hauptversammlung" vgl. *Dubovitskaya* NZG 2020, 647 (648 f.).
[228] So auch *Wälzholz/Bayer* DNotZ 2020, 285 (300 f.), Palandt/*Ellenberger* BGB § 32 Rn. 3.
[229] Zur Mitgliederversammlung vgl. etwa *Leinenbach/Alvermann* NJW 2020, 2319.

erlauben soll.[230] Unkritisch zulässig ist die Aufnahme derartiger Verfahren bei Neugründungen. Bei der Einführung im Wege der Satzungsänderung werden die Grenzen der Zulässigkeit für den zahlenmäßig begrenzten und dem Verein in besonderer Weise verpflichteten Kreis der Vorstandsmitglieder mE noch weiter zu ziehen sein als bei der Schaffung derartiger Verfahren für die Mitgliederversammlung.[231] Dies gilt in besonderer Weise nach der entsprechenden, freilich vor dem Hintergrund der Corona-Pandemie getroffenen Grundentscheidung des Gesetzgebers zugunsten virtueller Verfahren. Allenfalls in Ausnahmefällen kann bei besonderen Vereinsstrukturen die Schaffung von Verfahren, die ausschließlich virtuell zu treffende Entscheidungen ermöglichen und dann insoweit keine andere Sitzungs- bzw. Stimmteilnahme ermöglichen, unzulässig sein. Dies kommt mE in Betracht, wenn sie jedenfalls faktisch zu einem nicht diskriminierungsfreien Ausschluss bestimmter Mitglieder oder Mitgliedergruppen von der Vorstandschaft führen. Fälle, in denen Bestimmungen unzulässig werden könnten, die Hybrid-Verfahren ermöglichen oder sonst zusätzliche Möglichkeiten der Stimmabgabe bieten, scheinen mir kaum denkbar.

Noch unklar ist, welche Regelungstiefe Satzungsbestimmungen zur Gestattung virtueller Verfahren aufweisen müssen.[232] Meines Erachtens kann sich der Satzungsgeber hier weitgehend „zurückhalten". So wenig wie bei der „realen" Präsenz-Versammlung die Satzung etwa regeln muss, in welcher Lokalität Sitzungen stattfinden, wie die Einlasskontrolle gewährleistet wird und wie eine Prüfung der Geschäftsfähigkeit abstimmender Mitglieder stattfinden kann, so wenig muss sie das für virtuelle Versammlungen etwa durch Vorgabe der Plattform bzw. des Anbieters oder durch Festlegung der Authentifizierungswege tun.[233] Angesichts der Geschwindigkeit, mit der sich elektronische Verfahren entwickeln, sollte die Satzung mE sogar eher auf eine zu detailgenaue Ausgestaltung verzichten.[234] Mir erscheint eine Formulierung in Orientierung am Wortlaut des MaßnG-GesR jedenfalls denkbar und ausreichend. 161i

Formulierungsbeispiel: Virtuelle Vorstandssitzung (Satzungsbestandteil) 161j

§ 6. Vorstand

(5) Vorstandssitzungen können auch in der Weise stattfinden, dass
- alle Vorstandsmitglieder zu einer rein virtuellen Sitzung zusammentreten („Online-Sitzung") oder
- einzelne Vorstandsmitglieder an der Sitzung ohne Anwesenheit an einem Sitzungsort teilnehmen und ihre Rechte, insbesondere ihr Stimmrecht, im Wege der elektronischen Kommunikation ausüben („Hybrid-Sitzung").

Es kann auch gestattet werden, dass einzelne Vorstandsmitglieder ohne Teilnahme an einer Sitzung ihre Stimme spätestens bei Beschlussfassung in Textform abgeben („Fernabstimmung"). Für Beschlüsse, bei denen sie ihre Stimme abgegeben haben, gelten sie als anwesend. Die Art der Sitzung und die Möglichkeiten der Sitzungsteilnahme sowie die Einzelheiten des Verfahrens sind spätestens bei der Ladung zur Sitzung mitzuteilen.

(6) Außerhalb von Versammlungen können Vorstandsbeschlüsse gefasst werden, wenn alle Vorstandsmitglieder an der Beschlussfassung beteiligt wurden und bis zu einem bei Aufforderung zur Stimmabgabe zu setzenden Termin mindestens *** [*zB:* die Hälfte/zwei Drittel/etc.] der Vorstandsmitglieder ihre Stimmen in Textform abgege-

230 Zu den Chancen solcher Verfahren für den Großverein vgl. *Noack* NJW 2018, 1345.

231 Vgl. dazu → § 7 Rn. 22.

232 *Noack* NJW 2018, 1345 (1349 f.) geht sogar davon aus, dass Hybrid-Verfahren ohne Satzungsgrundlage zulässig seien und warnt vor der Überfrachtung der Satzung mit Detailregeln. Umgekehrt fordert er aber bei der „Fernabstimmung" eine Satzungsregelung über Frist und Adressat der Stimmabgabe.

233 Die Pflicht des Vorstands, die Teilhabe aller Mitglieder an Entscheidungen in Umsetzung der Satzungsregelungen sicherzustellen, betont auch *Noack* NJW 2018, 1345 (1349 f.).

234 Insoweit auch sehr zurückhaltend zeigt sich der sonst ausführliche Formulierungsvorschlag von *Fleck* DNotZ 2008, 245 (257).

ben haben. Für die erforderlichen Mehrheiten gelten die Bestimmungen für Beschlussfassungen in Sitzungen.

162 Teilnahmeberechtigt an Vorstandssitzungen sind grundsätzlich, soweit die Satzung oder der Vorstand durch Beschluss nichts anderes bestimmen, nur Vorstandsmitglieder. Sitzungen sind grundsätzlich **nicht öffentlich.**

I. Einberufung von Vorstandssitzungen

163 Die ordnungsgemäße Einberufung einer Versammlung setzt nach den gesetzlichen Bestimmungen die Ladung aller Vorstandsmitglieder unter Angabe des Gegenstandes voraus. Von der gesetzlichen Regelung abweichende Bestimmungen der Satzung für die Beschlussfassung in der Mitgliederversammlung sind nicht in jedem Fall entsprechend anwendbar. Vielmehr ist ihre Anwendbarkeit im Einzelfall zu prüfen.

Hinweis:

Empfehlenswert sind daher Satzungsbestimmungen, die die entsprechende Anwendbarkeit (ggf. einschränkend) bejahen oder verneinen oder eigenständige Regelungen für den Vorstand aufweisen.

1. Zuständigkeit zur Einberufung

164 Für die Einberufung einer Vorstandssitzung ist, wenn die Satzung insoweit schweigt, der **Vorsitzende** des Vorstandes zuständig, bei dessen Verhinderung oder bei grundlosem Unterlassen der Einberufung sein Stellvertreter.[235] Erfolgt die Ladung durch ein hierfür nicht zuständiges Vorstandsmitglied, kann dies, so nicht eine Vollversammlung stattfindet, die Unwirksamkeit der gefassten Beschlüsse zur Folge haben.[236]

165 Hier kann die Satzung jedoch klarstellend wirken. Enthält sie für die Mitgliederversammlung spezielle Vorschriften über die **Einberufungszuständigkeit** jedes einzelnen Vorstandsmitgliedes (über die allgemeine Vertretungsregelung des Vereins nach außen hinaus), kann dies auch für die Einberufung der Vorstandssitzung entsprechend angewandt werden. Ebenso wenig wie die Einladung zur Mitgliederversammlung[237], ist die Einladung zur Vorstandssitzung im Übrigen durch den Vorstand höchstpersönlich vorzunehmen. Der zur Einberufung Zuständige kann sich vielmehr der Hilfe anderer Personen bedienen.

166 Die zur Einberufung zuständige Person ist auch zuständig, eine anberaumte Vorstandssitzung abzusagen. Hier gelten die für die Mitgliederversammlung entwickelten Grundsätze entsprechend.[238] Erfolgt die **Absage** nicht hinreichend klar und eindeutig, können in der einmal terminierten Sitzung wirksam Beschlüsse gefasst werden, andernfalls sind derartige Beschlussfassungen unwirksam.[239] Die Einhaltung der für die Einladung geltenden Form ist für die Absage nicht zwingend.

2. Ladung zu Vorstandssitzungen

167 Schweigt die Satzung (auch) zu Ort und Zeit der Vorstandssitzungen, sind die Bestimmungen zur Mitgliederversammlung aufgrund der nur eingeschränkt vergleichbaren Interessenlage im Zweifel nicht anwendbar, kommt vielmehr dem zur Einberufung der Sitzungen zuständigen Vorstandsmitglied ein weites **Ermessen** zu. Ähnlich wie bei der Einberufung

[235] Vgl. *Sauter/Schweyer/Waldner* Eingetragener Verein Rn. 245d.
[236] → Rn. 191 ff.
[237] → § 7 Rn. 55.
[238] → § 7 Rn. 85.
[239] Vgl. *Sauter/Schweyer/Waldner* Eingetragener Verein Rn. 246.

der Mitgliederversammlung[240] darf es jedoch nicht in der Weise ausgeübt werden, dass einzelne Vorstandsmitglieder an der Teilnahme gänzlich gehindert werden oder ihnen die Teilnahme in unzumutbarer Weise erschwert wird. Der BGH hat für statuarisch grds. gestattete Dringlichkeitsanträge auf Satzungsänderung den „Schutzgedanke[n] des Gesetzes" dahingehend formuliert, dass der Beschlussgegenstand auch bei Dringlichkeit den „Mitgliedern noch so rechtzeitig vor dem Zusammentritt der Versammlung mitgeteilt wird, dass ihnen genügend Zeit bleibt, sich mit der durch die Dringlichkeit der Angelegenheit gebotenen Eile auf den neuen Beratungsstoff sachgerecht vorzubereiten."[241]

Unter Wahrung dieser Grundsätze wird mE auch eine Änderung des Versammlungsortes während des Laufs der Einladungsfrist möglich sein. Nicht ausgeschlossen scheint mir, unter denselben Voraussetzungen bei Vorstandssitzungen – wohl anders als bei Mitgliederversammlungen[242] – die Art der Sitzung noch während dieses Zeitraums zu ändern, also etwa eine Präsenzsitzung durch eine (nach MaßnG-GesR oder Satzung zulässige) virtuelle Sitzung zu ersetzen (auch wenn ab der Bekanntgabe der Änderung die statuarische Ladungsfrist nicht mehr gewahrt wird). Der umgekehrte Weg wird wegen des grundsätzlich wohl größeren organisatorischen Aufwands für die teilnahmewilligen Mitglieder eher unzulässig sein. 167a

Entsprechendes gilt für die Form der Einladung. Bestimmungen dazu sind in der Satzung, anders als bei der Mitgliederversammlung, gem. § 58 Nr. 4 BGB nicht zwingend aufzunehmen. Fehlen demgemäß eigenständige Bestimmungen für den Vorstand, sind im Zweifel auch die Bestimmungen über die Ladung der Mitgliederversammlung nicht entsprechend anwendbar, da der Vorstand auf größere Flexibilität angewiesen ist. Der zur Einberufung Zuständige hat in diesen Fällen vielmehr ein weites Ermessen. Stets muss aber die Ladung aller Vorstandsmitglieder sichergestellt sein.[243] 168

Auch ohne ordnungsgemäße Einladung ist der Vorstand beschlussfähig, wenn alle Vorstandsmitglieder anwesend sind und keiner von ihnen der Beschlussfassung widerspricht.[244] Auch in einem solchen Fall gelten für zu fassende Beschlüsse die allgemeinen Mehrheitserfordernisse und ist nicht zwingend Einstimmigkeit erforderlich.[245] Unabhängig von ihren Zuständigkeiten und dem Umfang ihrer Vertretungsmacht sind besondere Vertreter nicht Vorstand(smitglieder). Deren Ladung ist daher für die Beschlussfähigkeit – mangels abweichender Satzungsbestimmungen – irrelevant. Sie haben auch kein Teilnahmerecht an Vorstandssitzungen, soweit sie nicht – durch Satzung oder Beschluss des Vorstandes – zu ihnen zugelassen werden. 169

Erklärt die Satzung für die Einladung zur Mitgliederversammlung die Mitteilung der **Tagesordnung** für entbehrlich, gilt dies wohl auch für den Vorstand[246]. 170

---

[240] → § 7 Rn. 89ff.

[241] BGH NJW 1987, 1811.

[242] Für diese wird diese Änderungsmöglichkeit wegen der gegenüber der Satzung verkürzten Vorbereitungszeit von DNotI-Report 2021, 25 verneint.

[243] Vgl. zur Form der Einladung *Sauter/Schweyer/Waldner* Eingetragener Verein Rn. 245c.

[244] Vgl. *Sauter/Schweyer/Waldner* Eingetragener Verein Rn. 246; Soergel/*Hadding* BGB § 28 Rn. 4; Staudinger/*Schwennicke* BGB § 28 Rn. 14.

[245] Dies fordert aber offensichtlich Staudinger/*Schwennicke* BGB § 28 Rn. 14, der die „ad-hoc-Sitzung" mE nicht überzeugend dem schriftlichen Verfahren des § 32 Abs. 2 BGB gleichsetzt. Tatsächlich betrifft die Frage aber die der Beschlussfähigkeit einer Versammlung, nicht die davon zu trennende Frage der nötigen Beschlussmehrheiten; dahingehend mE richtigerweise auch BeckOK BGB/*Schöpflin* BGB § 28 Rn. 3 einerseits und Rn. 5 andererseits.

[246] So *Sauter/Schweyer/Waldner* Eingetragener Verein Rn. 245e.

171 **Formulierungsbeispiel: Ladung zur Vorstandssitzung (Satzungsbestandteil)**

§ 6. Vorstand

(1) Vorstandssitzungen sind vom Vorsitzenden, bei dessen Verhinderung vom stellvertretenden Vorsitzenden in Textform oder (fern-)mündlich unter Einhaltung einer Einberufungsfrist von einer Woche einzuberufen. Der Mitteilung einer Tagesordnung bedarf es nicht.

[*Var. 1:* Vorstandssitzungen sind vom 1. Vorsitzenden, bei dessen Verhinderung von seinem Stellvertreter, unter Angabe der Tagesordnung einzuberufen. Die Einladung bedarf keiner besonderen Form, sie kann insbesondere schriftlich, (fern-)mündlich, per E-Mail oder sonst in Textform sowie durch Veröffentlichung in der Vereinszeitschrift erfolgen. Zwischen der Einladung und dem Tag der Vorstandssitzung müssen mindestens sieben Tage liegen. Für die Fristberechnung gelten die Bestimmungen für die Mitgliederversammlung entsprechend. Ort und Zeit der Vorstandssitzung sind in der Einladung bekannt zu geben.]

[*Var. 2:* Vorstandssitzungen sind vom 1. Vorsitzenden, bei dessen Verhinderung von seinem Stellvertreter, einzuberufen, der Mitteilung einer Tagesordnung bedarf es nicht. Die Einladung bedarf kann schriftlich, (fern-)mündlich, per E-Mail oder sonst in Textform erfolgen. Zwischen dem Tag der Einladung bzw. deren Absendung und dem Tag der Vorstandssitzung müssen mindestens *** Tage liegen, wobei der Tag der Ladung und der Tag der Sitzung nicht mitgezählt werden. Ort und Zeit der Vorstandssitzung sind in der Einladung bekannt zu geben.]

[*Var. 3:* Für die Einberufung der Vorstandssitzung gelten die Vorschriften über die Einberufung der Mitgliederversammlung entsprechend, jedoch mit der Maßgabe, dass die Frist nur fünf Tage beträgt.]

[*Var. 4:* Für die Einberufung der Vorstandssitzung gelten die Vorschriften über die Einberufung der Mitgliederversammlung entsprechend, jedoch mit der Maßgabe, dass es der Übersendung einer Tagesordnung nicht bedarf.]

172 Eine Ladung ist gänzlich entbehrlich, wenn die Termine schon in der Satzung festgelegt sind.

173 **Formulierungsbeispiel: Fest terminierte Vorstandssitzung (Satzungsbestandteil)**

§ 6. Vorstand

(3) Der Vorstand versammelt sich jeden zweiten *** *[Wochentag]* eines Monats um *** Uhr in der Geschäftsstelle, Hauptstraße ***, ***, ohne dass es dazu einer gesonderten Einladung bedarf.

II. Beschlussfähigkeit

1. Grundlagen

174 Beschlussfähigkeit setzt, soweit die Satzung nicht etwas anderes bestimmt, nicht die Anwesenheit aller Vorstandsmitglieder voraus. Ist die Sitzung **ordnungsgemäß einberufen,** kann vielmehr schon ein einziges anwesendes Vorstandsmitglied „einstimmig" Beschlüsse fassen.

2. Vollständige Besetzung des Vorstands

Nach der bisher hM ist zur wirksamen Beschlussfassung des Vorstands erforderlich, dass alle Vorstandsämter besetzt sind: Bei Wegfall nur eines Vorstandsmitgliedes wäre daher eine (wirksame) Beschlussfassung nicht möglich, bis das Amt wieder besetzt ist.[247] 175

Diese Auffassung überzeugt indes nicht. Dem Gesetz ist nicht zwingend der Grundsatz zu entnehmen, dass Existenz und Beschlussfähigkeit des Organs Vorstand nur bei Besetzung sämtlicher Vorstandsämter zu bejahen sind. 176

Umstritten ist, ob die Gründung des Vereins erst abgeschlossen ist, wenn sämtliche Vorstandsämter besetzt sind. Entgegen der früher ganz hM wird dies zunehmend verneint.[248] In keinem Fall gilt dieses Erfordernis mE jedenfalls im weiteren Vereinsleben: Schon § 29 BGB stellt darauf ab, ob ein „erforderliches Mitglied" des Vorstands fehlt. Wäre die hM zutreffend, wonach zur Beschlussfassung des Vorstandes stets alle Ämter besetzt sein müssen, müsste jedes Vorstandsmitglied „erforderlich" sein. Zutreffend wird aber für die Erforderlichkeit auf die Zahl der zur Vertretung erforderlichen Vorstandsmitglieder abgestellt.[249] Nicht erforderliche Vorstandsmitglieder gäbe es daher nur, wenn die Satzung ausdrücklich vom Erfordernis der Vollbesetzung eines Vorstandes absähe.[250] Demgegenüber gefährdet das Abstellen auf die Besetzung aller Vorstandsämter nicht nur die Funktionsfähigkeit des Vorstandes und damit die Vertretung und Willensbildung des Vereins,[251] es eröffnet einzelnen Vorstandsmitgliedern auch erhebliche Manipulationsmöglichkeiten, missliebige Mehrheitsentscheidungen (insbesondere durch die gezielte Amtsniederlegung) zu unterminieren. Auch praktisch zwingt die hM Vereine unnötig zu zusätzlichen Mitgliederversammlungen und ggf. Satzungsänderungen. Sie gefährdet die Funktionstüchtigkeit und ggf. Existenz kleinerer Vereine, die Schwierigkeiten haben, geeignete Personen für die Besetzung aller Vorstandsämter zu finden (auch unter Umständen nicht die zur Satzungsänderung nötige Mehrheit in ihrer Mitgliederversammlung erlangen können) und führt unter Umständen zu einer größeren Belastung der Amtsgerichte durch Anträge auf Bestellung eines Notvorstandes. Ohnehin belastende Streitigkeiten und Auseinandersetzungen über die Wirksamkeit eines Widerrufs aus wichtigem Grunde, eines Vereinsausschlusses oder einer Amtsniederlegung erhielten durch die Auffassung zudem besonderes Gewicht, da sie das Weiterhandeln des Restvorstandes verhindern.

Nach zutreffender Ansicht hindert daher (jedenfalls nach abgeschlossener Gründung) die Nichtbesetzung einzelner Vorstandsämter wie auch das Ausscheiden einzelner Vorstandsmitgliedes auch dann nicht die Beschlussfassung des Vorstandes, wenn die Satzung keine dahingehenden Bestimmungen enthält.[252] 177

Selbstverständlich sind entsprechende **klarstellende Bestimmungen in der Satzung** möglich und empfehlenswert. So kann die Satzung entweder bestimmen, dass die vollständige Besetzung des Vorstandes Voraussetzung wirksamer Vorstandsbeschlüsse ist oder das umgekehrte Ergebnis klarstellen. 178

---

[247] So BayObLGZ 1985, 24 (29ff.); BayObLGZ 1988, 170 (174); MüKoBGB/*Arnold,* 7. Aufl. 2015, BGB § 28 Rn. 3; Soergel/*Hadding* BGB § 28 Rn. 4.

[248] So jetzt auch → § 4 Rn. 104; dort auch zum Meinungsstand.

[249] Vgl. dahingehend etwa MüKoBGB/*Arnold,* 7. Aufl. 2015, BGB § 29 Rn. 8; Palandt/*Ellenberger* BGB § 29 Rn. 2 (jedoch auch auf notwendiges Mitglied zur wirksamen Beschlussfassung abstellend).

[250] Das BayObLG führt in seiner Entscheidung BayObLGZ 1989, 298 (307) ausdrücklich aus, dass bei einem Notvorstand so viele Vorstandsmitglieder zu bestellen sind, wie an der zur Beschlussfassung oder Vertretung erforderlichen Anzahl fehlen, wobei die Bestimmungen der Satzung über die Zusammensetzung des Vorstandes zu beachten seien. Im weiteren Fortgang stellt das Gericht jedoch nur auf die Vertretung ab, ohne dass dem mitgeteilten Sachverhalt zu entnehmen wäre, dass die Satzung besondere Bestimmungen über die Beschlussfassung des Vorstands enthalte. Der Entscheidung ist daher insoweit mE nichts Ausschlaggebendes zu entnehmen.

[251] Dies betont etwa BeckOK BGB/*Schöpflin* BGB § 28 Rn. 3.

[252] So auch BeckOK BGB/*Schöpflin* BGB § 28 Rn. 3; *Reichert* Rn. 2576; *Sauter/Schweyer/Waldner* Eingetragener Verein Rn. 245a (unter Hinweis auf § 108 Abs. 2 S. 4 AktG); jetzt auch MüKoBGB/*Leuschner* BGB § 28 Rn. 4; Staudinger/*Schwennicke* BGB § 28 Rn. 7.

179 **Formulierungsbeispiel: Beschlussfähigkeit des Vorstands (Satzungsbestandteil)**

§ 6. Vorstand

(5) Die Beschlussfähigkeit des Vorstandes setzt nicht voraus, dass sämtliche Vorstandsämter besetzt sind. [*Alt.:* Der Vorstand ist nur beschlussfähig, wenn sämtliche Vorstandsämter besetzt sind.]

180 Hilfreich und sinnvoll können zur Vermeidung von Problemen dieser Art solche Satzungsbestimmungen sein, die der Mitgliederversammlung bei der Besetzung des Vorstandes bzw. dessen Größe einen gewissen Spielraum lassen, indem etwa nur eine Höchst- und/oder Mindestzahl von Vorstandsmitgliedern vorgegeben oder der Mitgliederversammlung noch weitergehende Freiheit gelassen wird.[253]

III. Sitzungsleitung

181 Die Leitung der Vorstandssitzung obliegt, soweit die Satzung schweigt, dem **Vorsitzenden** des Vorstandes. Bei dessen Verhinderung ist sein Stellvertreter zuständig. Die Satzung kann hier selbstverständlich Abweichendes regeln, insbesondere andere Zuständigkeiten ausdrücklich festsetzen oder die Entscheidung dem Vorstandsgremium überlassen.

IV. Mehrheitserfordernisse

182 Nach § 28 iVm § 32 BGB gilt für die Mehrheitsfindung bei Beschlussfassungen des Vorstandes die **Regelung für die Mitgliederversammlung entsprechend.** Hierzu kann zu den Ausführungen bei der Mitgliederversammlung verwiesen werden.[254] Danach gelten folgende Grundsätze: Es entscheidet die Mehrheit der abgegebenen Stimmen. Stimmenthaltungen sind nicht abgegebene Stimmen und werden daher nicht mitgezählt, das gleiche gilt für ungültige Stimmen. Gezählt werden daher nur gültige Ja- bzw. Neinstimmen.[255] Bei Stimmengleichheit gilt ein Antrag als abgelehnt. Vorstandsmitglieder, die einem Stimmenverbot nach § 34 BGB unterliegen, werden bei der Berechnung der Mehrheit der abgegebenen Stimmen nicht mitgerechnet.

183 Die gesetzliche Regelbestimmung kann jedoch gem. § 40 BGB durch die **Satzung abgeändert** werden. So kann zB generell – oder für einzelne Fragen – eine andere (Abstimmungs-) Mehrheit eingeführt, ein Alleinentscheidungsrecht für einzelne Vorstandsmitglieder in verschiedenen Fragen (oder generell) oder das „Mehrstimmrecht" eines Mitgliedes des Vorstandes, etwa dahingehend, dass bei Stimmengleichheit die Stimmen des ersten Vorsitzenden den Ausschlag geben soll, vorgesehen werden.

184 **Formulierungsbeispiel: Mehrheitserfordernisse (Satzungsbestandteil)**

§ 6. Vorstand

(3) Für die Beschlussfassung innerhalb des Vorstandes gelten die Bestimmungen über die Beschlussfassung in der Mitgliederversammlung entsprechend. Bei Stimmengleichheit gibt jedoch die Stimme des 1. Vorsitzenden den Ausschlag.
[*Var. 1:* Beschlüsse des Vorstandes werden grundsätzlich mit der einfachen Mehrheit der Stimmen gefasst. Beschlüsse über folgende Gegenstände bedürfen jedoch der Einstimmigkeit:
***.]

---

[253] Dazu → Rn. 8ff.

[254] → Rn. 37 und → § 7 Rn. 164ff.

[255] Vgl. *Sauter/Schweyer/Waldner* Eingetragener Verein Rn. 248; Staudinger/*Schwennicke* BGB § 28 Rn. 10 und für die Mitgliederversammlung Rn. 206; für die alte Fassung des § 28 BGB auch Soergel/*Hadding* BGB § 28 Rn. 5; Staudinger/*Weick* (2005) BGB § 28 Rn. 4.

[*Var. 2:* Beschlüsse des Vorstandes werden mit Zweidrittelmehrheit gefasst, soweit nicht die Satzung oder das Gesetz zwingend eine andere Mehrheit vorsehen.]
[*Var. 3:* Die Entscheidungsfindung innerhalb des Vorstandes erfolgt durch Beschlussfassung. Jedoch hat der künstlerische Leiter eine Alleinentscheidungsbefugnis bei folgenden Vorgängen:
- Festlegung des Probenplanes,
- Festlegung der Konzerttermine und Konzertprogramme,
- Beschaffung des Notenmaterials,
- ***].

In die Diskussion geraten ist zuletzt die Frage, ob sich ein Vorstandsmitglied bei Beschlussfassung durch eine andere Person vertreten lassen kann. Dies wird zum Teil (wohl gemäß der – jedenfalls bisher – hM) verneint: Zur Begründung wird darauf abgestellt, dass das Vorstandsamt bei einem Verein nach § 664 Abs. 1 S. 1 BGB persönlich auszuüben sei, bisweilen wird dazu (mE weniger überzeugend) auf das Gebot der persönlichen Wahrnehmung der Rechte aus der Mitgliedschaft abgestellt.[256] Zunehmend wird eine Vertretung nun auch ohne Satzungsbestimmung gestattet.[257] Klarstellende Satzungsbestimmungen sind in meinen Augen in jedem Fall zulässig und empfehlenswert. Sie können der Sicherung der Funktionsfähigkeit des Vorstandes dienen. **185**

Auch bei anderslautender Satzungsgestaltung können dabei mE nur andere Vorstandsmitglieder bevollmächtigt werden. Eine Vollmacht darüber hinaus, etwa an Personen, die weder Vereins- noch Vorstandsmitglied sind, ist mE unzulässig: Kein Vorstandsmitglied kann es in der Hand haben, Dritten die Mitwirkung an einer Organhandlung bzw. die Mitwirkung an Organbeschlüssen zu ermöglichen. Auch die Geheimhaltung vertraulicher Informationen muss gewahrt bleiben.[258] **185a**

Formulierungsbeispiel: Vertretung bei Beschlussfassung (Satzungsbestandteil) **186**

§ 6. Vorstand

(6) Ein Vorstandsmitglied kann sich in Vorstandssitzungen durch ein anderes Vorstandsmitglied vertreten lassen. Ein Vorstandsmitglied kann jedoch nur ein weiteres Vorstandsmitglied vertreten.

Grundsätzlich kann der Vorstand einen gefassten Beschluss jederzeit wieder aufheben. Einschränkungen können sich aber ergeben, sobald ein Beschluss nach außen umgesetzt wurde, also auf seiner Grundlage Maßnahmen außerhalb des Vorstandskreises ergriffen worden sind.[259] **187**

V. Protokollierung

Während § 58 Nr. 4 BGB für den eingetragenen Verein Bestimmungen über die „Beurkundung" der Beschlüsse der Mitgliederversammlung zum „Sollinhalt" der Satzung erhebt und damit faktisch zu deren Regelung zwingt, fehlt eine entsprechende Vorgabe für die Protokollierung von Beschlüssen des Vorstands. Derartige Bestimmungen stehen zur Disposition des Satzungsgebers. Sie sind gebräuchlich und können zur Streitvermeidung und Klarstellung empfehlenswert sein, unabdingbar sind sie aber nicht. **188**

[256] Vgl. zum bisherigen Meinungsstand DNotI-Report 2007, 115 mwN; kritisch für den Verein und aA für die Stiftung (Vertretung durch andere Vorstandsmitglieder stets möglich) *Henssler/Markworth* NZG 2020, 441.
[257] *Sauter/Schweyer/Waldner* Eingetragener Verein Rn. 248; Staudinger/*Schwennicke* BGB § 28 Rn. 8.
[258] Gegen Vertretung durch „Nichtmitglieder" (des Vorstands) auch Staudinger/*Schwennicke* BGB § 28 Rn. 8.
[259] Vgl. dazu *Sauter/Schweyer/Waldner* Eingetragener Verein Rn. 248.

189 Inhaltlich kann sich die Satzung vorstandsspezifische Lösungen suchen oder sich darauf beschränken, die entsprechende Anwendbarkeit der Bestimmungen über die Mitgliederversammlung anzuordnen.

190 **Formulierungsbeispiel: Protokollierung von Vorstandsbeschlüssen (Satzungsbestandteil)**

§ 6. Vorstand

(7) Über die Vorstandssitzungen ist [*ggf.:* vom Schriftführer] ein Protokoll zu führen, das Ort und Zeit der Sitzung, Namen der Teilnehmer, gefasste Beschlüsse und Abstimmungsergebnis enthalten soll. Das Protokoll dient Beweiszwecken. [*Alt.:* Über die Vorstandssitzungen ist ein Protokoll zu führen. Hierfür gelten die Bestimmungen über die Beurkundung der Beschlüsse der Mitgliederversammlung entsprechend.]

VI. Beschlussmängel

191 Grundsätzlich ist davon auszugehen, dass die Verletzung von Vorschriften über Form und Frist der Einladung und sonstige Ladungs- oder Beschlussmängel bei Beschlüssen des Vereinsvorstandes nicht nur zur Anfechtbarkeit der gefassten Beschlüsse führen. Inhaltliche wie formelle Fehler führen vielmehr grundsätzlich zur **Nichtigkeit** des Beschlusses, wenn nicht im Einzelfall ausgeschlossen ist, dass das Beschlussergebnis durch den Mangel beeinflusst wurde.[260] Beweispflichtig dafür, dass Verfahrensfehler nicht für das Beschlussergebnis ursächlich waren, ist der Verein.

192 Ein unwirksamer Nicht-Beschluss liegt etwa dann vor, wenn nicht alle Vorstandsmitglieder geladen wurden[261], wenn die Einberufung durch eine dafür nicht zuständige Person erfolgte oder wenn ein (wesentlicher) Beschlussgegenstand nicht auf der erforderlichen Tagesordnung angegeben war. Für die Unbeachtlichkeit von Verfahrensfehlern sind die für die Mitgliederversammlung entwickelten Grundsätze entsprechend anwendbar.

193 Beschlussmängel können durch einen ordnungsgemäßen neuerlichen Beschluss **geheilt** werden, durch den Beschluss eines anderen Vereinsorgans nur im Rahmen dessen Zuständigkeit.[262]

194 Zur Vermeidung von Unklarheiten sollte die Satzung einzuhaltende wesentliche Verfahrensfragen möglichst ausdrücklich regeln.

G. Geschäftsführung des Vorstands

195 Dem Vorstand obliegt, wie sich aus § 27 Abs. 3 BGB ergibt, grundsätzlich – als **Recht,** aber auch als **Pflicht** – die eigenverantwortliche Führung der Geschäfte des Vereins.[263] Geschäftsführung ist jede auf die Förderung des Vereinszwecks gerichtete[264] Tätigkeit, sei sie tatsächlicher oder rechtsgeschäftlicher Natur. Damit ist *per definitionem* auch jede (im Außenverhältnis vorgenommene) Vertretungshandlung zugleich eine Maßnahme der Geschäftsführung. Der Umfang der Pflichten des Vorstands richtet sich nach Größe, Struktur und Zweck des Vereins.[265]

[260] Soergel/*Hadding* BGB § 28 Rn. 10; *Reichert* Rn. 2596; ähnlich BeckOK BGB/*Schöpflin* BGB § 28 Rn. 7 (nichtig, wenn Verfahrensfehler für Beschlussfassung „relevant").

[261] Vgl. etwa BeckOK BGB/*Schöpflin* BGB § 28 Rn. 7 (Unwirksamkeit nur, wenn Ladungsmangel für Abstimmungsergebnis relevant); AG Königswinter Urt. v. 1. 2. 2012 – 3 C 82/11, BeckRS 2012, 06348.

[262] Vgl. zum Letzteren *Sauter/Schweyer/Waldner* Eingetragener Verein Rn. 247.

[263] Vgl. nur BGH NJW 1993, 191; Palandt/*Ellenberger* BGB § 27 Rn. 4; MüKoBGB/*Leuschner* BGB § 27 Rn. 35.

[264] So BeckOK BGB/*Schöpflin* BGB § 27 Rn. 16.

[265] Vgl. BeckOK BGB/*Schöpflin* BGB § 27 Rn. 20a.

Außerhalb des Geschäftsführungsbereiches (des Vorstands) stehen zum einen die Geschäfte, die durch Gesetz oder Satzung der Zuständigkeit einem anderen Organ, insbesondere der Mitgliederversammlung, zugewiesen sind, zum Anderen die Verfassung des Vereins und das Mitgliedschaftsverhältnis betreffende **Grundlagengeschäfte.**[266] 196

I. Vertretungs- und Geschäftsführungsbefugnis

1. Grundsätzlicher Gleichlauf

Mit dem BGH[267] ist grundsätzlich davon auszugehen, dass ein Gleichlauf zwischen Vertretungs- und Geschäftsführungsbefugnis besteht,[268] die Satzung also einem Mitglied des Vorstandes regelmäßig nicht im Innenverhältnis untersagen will, was sie ihm im Außenverhältnis ausdrücklich erlaubt. Daher entspricht bei mehrgliedrigem Vorstand, soweit die Satzung die Geschäftsführung nicht abweichend von der Vertretungsregelung gestaltet, der Umfang der Geschäftsführungsbefugnis grundsätzlich dem Umfang der Vertretungsmacht und umgekehrt. 197

Räumt die Satzung mithin einem Vorstandsmitglied eine bestimmte Vertretungsmacht ein, so spricht sie ihm damit regelmäßig zugleich diejenige Geschäftsführungsbefugnis zu, die mit dieser Vertretung untrennbar verbunden ist; stattet sie es mit Einzelvertretungsmacht aus, so ist im Allgemeinen davon auszugehen, dass es auch im Innenverhältnis gegenüber dem Verein unabhängig von einer vorigen Zustimmung anderer Vorstandsmitglieder oder einer Mehrheit des Vorstandes zur Ausführung der entsprechenden Vertretungshandlung berechtigt sein soll.[269] Gilt dagegen – entsprechend der gesetzlichen Auffangregelung – der Grundsatz der Mehrheitsvertretung, gilt auch für die Geschäftsführung das Mehrheitsprinzip.[270] 198

2. Einschränkungen der Geschäftsführungsbefugnis

Der Gleichlauf von Vertretungs- und Geschäftsführungsbefugnis kann (nur) durchbrochen werden: 199
- durch eine schon anfänglich bestehende oder durch späteren (satzungsändernden) Beschluss eingefügte Satzungsbestimmung oder
- auf Grundlage einer (solchermaßen aufgenommenen) statuarischen Ermächtigung.

Bei entsprechender Satzungsgestaltung bleibt die Geschäftsführungsbefugnis hinter der Vertretungsbefugnis zurück, so dass ein im Außenverhältnis unverändert wirksames Vertreterhandeln im Innenverhältnis eine pflichtwidrige Geschäftsführungsmaßnahme darzustellen vermag. Dies kann etwa durch ausdrücklich angeordnete, (nur) im Innenverhältnis wirkende Zustimmungsvorbehalte bei Vertretungsakten, aber auch durch Aufgabenzuweisungen innerhalb des Vorstandes, zB hinreichend deutliche Ressortaufteilungen,[271] erfolgen.[272] 200

Solche geschäftsführungsrelevanten Ressortaufteilungen liegen aber wohl nicht ohne weiteres bereits bei dahingehenden Ämterbezeichnungen der Vorstandsmitglieder (zB Schatzmeister, Schriftführer oÄ) vor; hier wird regelmäßig die erforderliche genaue Angabe der zuständigkeitsbegründenden bzw. -einschränkenden Sachgebiete fehlen.[273] Die Satzung oder 201

[266] BeckOK BGB/*Schöpflin* BGB § 27 Rn. 16; Soergel/*Hadding* BGB § 26 Rn. 10.
[267] BGH NJW 1993, 191 (192).
[268] So auch BeckOK BGB/*Schöpflin* BGB § 27 Rn. 17; Soergel/*Hadding* BGB § 26 Rn. 16.
[269] BGH NJW 1993, 191 (192).
[270] Wie hier auch BeckOK BGB/*Schöpflin* BGB § 27 Rn. 19 (mwN, auch zu Gegenmeinungen); *Sauter/Schweyer/Waldner* Eingetragener Verein Rn. 277.
[271] Vgl. BeckOK BGB/*Schöpflin* BGB § 27 Rn. 18; *Sauter/Schweyer/Waldner* Eingetragener Verein Rn. 277a; zur Bedeutung einer solchen Ressortaufteilung für die Haftung der Vorstandsmitglieder → Rn. 205a ff. und vor allem → § 12 Rn. 49 ff.
[272] Zu entsprechenden Satzungsgestaltungen → Rn. 15 ff.
[273] So *Sauter/Schweyer/Waldner* Eingetragener Verein Rn. 277a.

– bei entsprechender Satzungsgrundlage – eine Geschäftsordnung sollte in solchen Fällen daher die nötige Klarheit schaffen.

202 Denkbar ist nach hM auch, dass die Satzung dem Vorstand die Geschäftsführungsbefugnis (nicht aber die Vertretungsbefugnis) vollständig entzieht und auf ein anderes Gremium, etwa einen erweiterten Vorstand oÄ überträgt.[274]

203 Sieht die Satzung dagegen keine dahingehenden Einschränkungen und keine Ermächtigung für den Vorstand zu deren Einführung vor, kann dieser nicht durch internen Beschluss die Geschäftsführungsbefugnis aller, einzelner oder bestimmter vertretungsbefugter Vorstandsmitglieder in der Weise beseitigen, dass jegliches Tätigwerden einzelner Vorstandsmitglieder ohne Zustimmung zu unterbleiben und als Verletzung der gegenüber dem Verein bestehenden Pflichten zu gelten habe.[275] Nicht der Vorstand in seiner Gesamtheit, sondern die Mitgliederversammlung ist daher zu derartigen Weisungen befugt.

203a Noch nicht abschließend geklärt ist, inwieweit eine Verpflichtung des Vorstands, besteht, eine **(Vorab-)Entscheidung der Mitgliederversammlung** vor Vornahme einer Geschäftsführungsmaßnahme herbeizuführen. Dies wird zum Teil gestützt auf § 36 BGB bejaht, „wenn eine die Gesamtheit des Vereins betreffende, in die Zuständigkeit der Mitgliederversammlung fallende grundlegende Entscheidung zu fällen ist",[276] zum Teil wird gestützt auf § 27 Abs. 3 iVm § 665 BGB eine Vorlagepflicht angenommen für „außergewöhnliche Geschäftsführungsmaßnahmen […] wenn Anhaltspunkte für einen mutmaßlichen Willen der Mitgliederversammlung bestehen, eine Sachentscheidung zu treffen".[277] Ein dritter Ansatz geht davon aus, dass eine Entscheidung dann herbeizuführen sei, wenn „Rechte der Vereinsmitglieder beeinträchtigt sind, weil durch die zu treffende Entscheidung der Vereinszweck aushöhlt wird."[278] Meines Erachtens haben sich alle Ansätze an der Satzungsautonomie und an der konkreten Satzungsgestaltung messen zu lassen. Hat der Satzungsgeber bestimmte Fälle von Vorstandshandlungen im Innen- oder Außenverhältnis von einer vorherigen Mitgliederentscheidung anhängig gemacht, mögen weitere Fälle allenfalls im Einzelfall im Wege einer (Gesamt-) Analogie zu dem aufgestellten Katalog bzw. einzelnen Katalogtatbeständen anzunehmen sein. Hat er keinen Katalog aufgestellt, kann auch darin eine bewusste, ebenso zu respektierende Entscheidung liegen. Der Blick auf § 665 BGB kann eine weisende Mitgliederentscheidung mE jedenfalls oder wohl auch nur dann erforderlich machen, wenn eine Maßnahme die Verwirklichung des Vereinszwecks gefährden kann, da die implizite Weisung an den Vorstand doch stets dessen Förderung sein wird. Stets bleibt die satzungsautonome Aufgabenteilung zu ermitteln und grundsätzlich zu akzeptieren.

203b Fraglich ist, ob sich Beschränkungen der Geschäftsführungsbefugnis des Vorstands schließlich aus den Grundsätzen der **„Holzmüller"-**[279] und „Gelatine"-[280] Rechtsprechung des BGH[281] ergeben können.[282] In meinen Augen sprechen die überzeugenderen Gründe gegen die Anwendbarkeit. Die Rechtsprechung dient dem Grunde nach der Erweiterung der im Aktienrecht nach § 119 AktG nur enumerativen Zuständigkeit der Hauptversammlung, die über Geschäftsführungsmaßnahmen grundsätzlich nur nach Auf-

[274] BGHZ 69, 250; BeckOK BGB/*Schöpflin* BGB § 27 Rn. 16; *Sauter/Schweyer/Waldner* Eingetragener Verein Rn. 309; zur Vertretungsbefugnis → Rn. 5 und → Rn. 206 ff.

[275] BGH NJW 1993, 191 (192); so auch BeckOK BGB/*Schöpflin* BGB § 27 Rn. 17.

[276] BeckOK BGB/*Schöpflin* BGB § 36 Rn. 4 mwN.

[277] MüKoBGB/*Leuschner* BGB § 27 Rn. 50 mwN.

[278] OLG Celle (20. Zivilsenat) Beschl. v. 12.12.2017 – 20 W 20/17, BeckRS 2017, 138245 Rn. 36.

[279] BGH NJW 1982, 1703.

[280] BGH NJW 2004, 1860 – Gelatine I und BGH DNotZ 2004, 872 – Gelatine II.

[281] Einen Überblick zur Rechtsprechung bietet etwa *Hüffer/Koch* AktG § 119 Rn. 16 ff.

[282] Für die Anwendbarkeit etwa *Lettl* AcP 203 (2003), 149 (204 ff.); *Steinbeck/Menke* NJW 1998, 2169 (2170); *Segna* ZIP 1997, 1901 (1908 f.); *Terner* NJW 2008, 16 (20); *Wagner* NZG 1999, 469 (475). Gegen die Anwendbarkeit *Heermann* ZIP 1998, 1249 (1253 f.); grds. ablehnend auch OLG Celle (20. Zivilsenat) Beschl. v. 12.12.2017 – 20 W 20/17, BeckRS 2017, 138245; offenlassend BeckOK BGB/*Schöpflin* BGB § 32 Rn. 4; *Heinze* NJW 2019, 1995 (1997); *Wagner* NZG 2018, 330.

forderung des Vorstandes Beschluss fassen kann. Demgegenüber soll der Vorstand verpflichtet werden, bei „einzelnen Geschäftsführungsmaßnahmen" auch ohne Verpflichtung „im geschriebenen Gesetz [...] aus dem Gesichtspunkt eines tief greifenden Eingriffs in die mitgliedschaftlichen Befugnisse der Aktionäre [...] die Zustimmung der Hauptversammlung einzuholen".[283] Sie besteht als Korrelat der „eigenverantwortlichen, an objektiven Sorgfaltsmaßstäben orientierten Geschäftsführung" des „allein [...] der Überwachung durch den [...] Aufsichtsrat unterworfenen" Vorstands vor dem Hintergrund der „vom Gesetzgeber bewusst aufgegebenen", zur Weimarer Zeit ehemals bestehenden „zentrale[n] Stellung der Hauptversammlung als des für die Geschicke der Aktiengesellschaft maßgebenden Organs, von dem Aufsichtsrat und Vorstand ihre Befugnisse" herleiten.[284] Diese Interessenlage entscheidet sich mE grundlegend von der Situation des Vereins, der eben – anders als die AG – durch die zentrale Rolle und Bedeutung der Mitgliederversammlung gekennzeichnet ist, in deren Auftrag der Vorstand tätig wird, die den Vorstand regelmäßig unmittelbar bestellt und abberuft, die dem Vorstand Weisungen erteilen kann und die die Geschäftsführungsbefugnis des Vorstands durch die Satzung bis zur Grenze der unentziehbaren Vertretungsbefugnis „kastrieren" kann.

II. Tätigkeit des Vorstandes

1. Grundsätze

Nach § 27 Abs. 3 BGB richtet sich das Geschäftsführungsverhältnis zwischen Vorstand und Verein, vorbehaltlich (nach § 40 BGB möglicher) anders lautender Satzungsbestimmungen nach dem in §§ 664–670 BGB geregelten Auftragsverhältnis. 204

Durch diese Verweisung ergeben sich für das Vorstandshandeln vor allem folgende Grundsätze: 205

- (Im Zweifel) Verpflichtung des Vorstands zur persönlichen Geschäftsführungstätigkeit (§ 664 Abs. 1 S. 1 BGB).
- Bindung an Weisungen der Mitgliederversammlung (§ 665 BGB); die Mitgliederversammlung und nicht der Vorstand in seiner Gesamtheit ist daher auch als Auftraggeber zu Weisungen gegenüber einzelnen Vorstandsmitgliedern zuständig.[285]
- Umgekehrt ist der Vorstand bei Fehlen einer ausdrücklichen Satzungsbestimmung zur **Einberufung der Mitgliederversammlung** zuständig. Vorbehaltlich abweichender Satzungsbestimmung sind dabei einzelvertretungsberechtigte Vorstandsmitglieder je einzeln zur Einberufung legitimiert, im Übrigen bedarf es der Mitwirkung der zur Vertretung erforderlichen Zahl von Vorstandsmitgliedern.[286] Wirksam ist auch die Einberufung durch ein Vorstandsmitglied, das nicht (mehr) im Amt ist, wenn es noch im Vereinsregister eingetragen ist.[287]
- Anspruch des Vereins auf Herausgabe des Erlangten (§ 667 BGB).
- Anspruch des Vorstands auf Aufwendungsersatz (§ 670 BGB) samt Vorschussanspruch (§ 669 BGB); Entgeltansprüche hat der Vorstand dagegen nur bei Satzungsgrundlage (vgl. § 27 Abs. 3 S. 2 BGB nF).
- Rechenschafts- und Auskunftspflicht des Vorstands gegenüber der Mitgliederversammlung (als Auftraggeber, § 666 BGB) über alle wesentlichen tatsächlichen und rechtlichen Verhältnisse des Vereins[288] durch Rechnungslegung und Tätigkeitsbericht. Dabei ist der Vorstand mE – auch bei Fehlen dahingehender Satzungsbestimmungen (etwa ausdrücklicher Vorgaben zur jährlichen Rechnungslegung oÄ) – nicht nur am Ende seiner Amts-

[283] BGH NJW 2004, 1860 (1863).
[284] BGH NJW 2004, 1860 (1863 f.).
[285] Dazu soeben → Rn. 203.
[286] Zu Problemen bei abweichenden Einberufungen durch mehrere zuständige Vorstandsmitglieder OLG Stuttgart NJW-RR 2004, 249 ff.
[287] BayObLGZ 1993, 348 ff.; BeckOK BGB/*Schöpflin* BGB § 32 Rn. 9 mwN.
[288] Allgemeine Meinung; vgl. BGH NJW-RR 2003, 830; grds. ebenso *Ehlers* NJW 2011, 2869.

zeit zur Vorlage einer Einnahmen- und Ausgabenrechnung und zu einem mündlichen Geschäftsbericht verpflichtet[289], sondern auch fortwährend, soweit dies für die Mitgliederversammlung zur Wahrnehmung ihrer Aufgaben nötig ist.[290] Zu den erforderlichen Informationen gehören regelmäßig Angaben über die Entwicklung des Vermögens und der Mitgliederzahl sowie über wichtige Aktivitäten.[291] Ihren Auskunftsanspruch kann die Mitgliedersammlung auch durch ein (beschlussmäßiges) Auskunftsersuchen im Einzelfall geltend machen. Der Aufnahme des Punktes in der Tagesordnung bedarf es dazu nicht.[292] Ein weitergehender Auskunftsanspruch des einzelnen Mitgliedes besteht (jedenfalls von Gesetzes wegen) nicht.[293] Insgesamt ist das Vereinsrecht des BGB damit durch eine sehr schwache Ausprägung der **Rechnungslegungspflichten** gekennzeichnet. Sie bestehen grundsätzlich nur intern und auch hier nur in begrenzter Form. Das Gesetz gibt daneben auch weder (Auffang-)Vorschriften zur **Rechnungsprüfung** vor, noch zwingt es den Verein zu deren eigenständiger Regelung in der Satzung. Natürlich ist der Satzungsgeber in deren Anordnung aber frei.[294]

2. Compliance

205a Wie grundsätzlich jeder andere Rechtsträger auch, ist der Verein schon aufgrund der jedem Handeln im Rechtsstaat immanenten, grundlegenden Pflicht zur Gesetzeswahrung, zur Legalität, gehalten, für ihn geltende Vorschriften und Pflichten einzuhalten bzw. zu erfüllen. Er selbst hat die Rechte Dritter zu achten, die für ihn Handelnden haben seine Interessen und Rechte und die seiner Mitglieder zu wahren. Den Verein selbst trifft dabei zunächst die Pflicht, zur Aufgabenerfüllung geeignete Organe auszuwählen. Die nach Gesetz und Satzung zur Geschäftsführung berufenen Organe und deren Mitglieder wiederum, regelmäßig also der grundsätzlich für Geschäftsführung und Vertretung zuständige Vorstand und seine Mitglieder, sind als die für den Handelnden zur Umsetzung dieser Pflicht berufen. Sie haben die Maßnahmen, die nötig sind, um die ordnungsgemäße Aufgabenerfüllung in einer Weise, die unter Wahrung der gesetzlichen Vorgaben die Entstehung von Schäden möglichst vermeidet, sicherzustellen, entweder selbst zu ergreifen oder dafür geeignete Personen auszuwählen, zu beauftragen, anzuweisen und zu überwachen.[295]

205b Jedes Mitglied des Organs, durch das der Verein handelt, im Regelfall damit jedes Vorstandsmitglied „hat dabei über seine eigene Rechtstreue hinaus (Legalitätspflicht im engeren Sinne) auch im Rahmen des Erforderlichen und Zumutbaren für ein rechtmäßiges Verhalten der übrigen für den Verein handelnden Personen Sorge zu tragen (Legalitätskontrollpflicht)."[296] Diese Akteure haben daher mit anderen Worten die Pflicht, darauf hinzuwirken, dass der Verein nach innen und außen rechtstreu agiert.[297] Diese **Legalitätspflicht,** verstanden als Pflicht des Vorstands, die Achtung des für den Verein maßgeblichen Rechtsrahmens sicherzustellen, wird heute – auch im Vereinsrecht – mit dem Begriff der Compliance beschrieben.

205c Umstritten ist die Herleitung der entsprechenden Pflichten im Verein. Nach *Leuschner* ist die Compliance-Pflicht Annex der (auf den Vereinsvorstand) übertragbaren Legalitäts-

[289] So BeckOK BGB/*Schöpflin* BGB § 27 Rn. 19.
[290] Str.; so wie hier MüKoBGB/*Reuter,* 6. Aufl. 2012, BGB § 27 Rn. 42; jetzt auch MüKoBGB/*Leuschner* BGB § 27 Rn. 50, 52; *Reuter* folgend auch *Segna* DStR 2006, 1568 (1569); eher offenlassend *Sauter/Schweyer/Waldner* Eingetragener Verein Rn. 281; MüKoBGB/*Arnold,* 7. Aufl. 2015; BGB § 27 Rn. 39 (Umfang richtet sich nach Informationsbedarf zur Aufgabenerfüllung der Mitgliederversammlung).
[291] MüKoBGB/*Leuschner* BGB § 27 Rn. 52.
[292] Vgl. MüKoBGB/*Leuschner* BGB § 27 Rn. 52.
[293] Vgl. KG NJW-RR 1999, 1486 mwN; MüKoBGB/*Arnold,* 7. Aufl. 2015, BGB § 38 Rn. 33f. („grds. nicht"); Palandt/*Ellenberger* BGB § 27 Rn. 4.
[294] Dazu → § 9 Rn. 83ff.
[295] → § 12 Rn. 24.
[296] MüKoBGB/*Leuschner* BGB § 27 Rn. 43; so auch *Larisch/von Hesberg* CCZ 2017, 17 (20).
[297] Vgl. ausführlich zu Begriff, Herleitung und Bedeutung der „Compliance" im Vereinsleben *Schockenhoff* NZG 2019, 281.

pflicht des Geschäftsleiters,[298] für *Schockenhoff* ist sie Teil der Geschäftsführungspflicht des Vorstands,[299] häufig erfolgt ein Rückgriff auf Gesetzesanalogien.[300] Meines Erachtens ist sie schlicht Folge und Ausdruck der Gesetzesbindung jedes Rechtsträgers, die sicherzustellen bei juristischen Personen Aufgabe seiner Organe (in deren jeweiligem Zuständigkeitsbereich) ist. Sie begründet damit keinen grundsätzlich neuen, eigenständigen Regeln unterliegenden Pflichtenkanon. Die Wahrung der Legalität ist Teil des allgemeinen Pflichtenkreises des handelnden Organs, sie besteht damit umfassend in seinem Aufgabenbereich – aber grundsätzlich auch nicht darüber hinaus.

Die **Compliance-Pflichten** lassen sich – mE unabhängig von ihrer Herleitung – dahingehend kategorisieren,[301] dass die Vereinsorgane einerseits gehalten sind, selbst keine Gesetzesverstöße zu begehen und künftigen Gesetzesverletzungen vorzubeugen (präventive Compliance) und andererseits bekannt gewordene Gesetzesverletzungen aufzuklären, abzustellen und zu ahnden (repressive Compliance). 205d

Die zum Teil gestellte Frage, inwieweit generell eine Pflicht zur Errichtung einer institutionalisierten Compliance-Organisation bestehen kann,[302] führt mE nicht zum Ziel. Der **„Legalitätsauftrag"** des Gesetzes begründet weniger eine „Handlungspflicht" als vielmehr eine „Erfolgspflicht". Wie häufig formuliert, ist das „Ob" der Vorgabenwahrung fix, das „Wie" dagegen weitgehendem Ermessen überantwortet.[303] Daher ist mE auch keine grundsätzliche Verpflichtung zu einer standardisierten bzw. institutionalisierten Compliance-Organisation anzunehmen.[304] Vielmehr sind stets die Maßnahmen zu treffen, die aufgrund der konkreten Verhältnisse des Vereins, insbesondere also nach dessen Größe, Struktur und (regionalem und sachlichem) Tätigkeitsbereich, aber auch nach den zu beachtenden Vorschriften, und nach dem Vorliegen oder dem Verdacht von Verstößen aus der Vergangenheit[305] erforderlich sind, um Gesetzesverletzungen und Schadenseintritt bei Dritten zu vermeiden. Diese Pflicht trifft jeden Verein. Die dafür nötigen Strukturen und Maßnahmen lassen sich mE aber für den Vereinsbereich aufgrund der großen Bandbreite der Strukturen nicht sinnvoll kategorisieren bzw. generalisieren. Sie können sich im Laufe der Zeit auch mit dem Verein wandeln. Hier hat jeder Verein und mit ihm das zuständige Organ, regelmäßig der Vorstand, selbst die konkrete Situation des Vereins zu analysieren, bestehende Gefahren bzw. Risken einzuschätzen, die nötigen Strukturen zu schaffen, Entwicklungen (fortlaufend) zu beobachten und bei Bedarf (Struktur-) Maßnahmen anzupassen bzw. neu zu ergreifen.[306] 205e

Denkbare Maßnahme sind beispielsweise der Erlass von Richtlinien, die Begründung von Berichtspflichten, die Klärung und Benennung von Verantwortlichkeiten, Sanktionsbefugnissen und -zuständigkeiten, die Vornahme von Schulungen, die Schaffung, Stärkung, Neuausrichtung von Aufsichtsorganen oder sonstigen Kontrollinstanzen (beginnend mit dem Kassenprüfer bis hin zum Aufsichtsrat), die Schaffung kompetenzverteilender Vorstandsstrukturen und die Einführung von Kontroll- und Begrenzungsmechanismen bei 205f

[298] MüKoBGB/*Leuschner* BGB § 27 Rn. 43.

[299] *Schockenhoff* NZG 2019, 281 (282); ihm folgend BeckOK BGB/*Schöpflin* BGB § 27 Rn. 20a.

[300] Einen Überblick zum Meinungsstand bieten etwa *Larisch/von Hesberg* CCZ 2017, 17 (20).

[301] Die Kategorisierung folgt *Schockenhoff* NZG 2019, 281 (283); vgl. etwa auch *Larisch/von Hesberg* CCZ 2017, 17.

[302] Zu der Diskussion vgl. *Schockenhoff* NZG 2019, 281 (282).

[303] Vgl. etwa *Larisch/von Hesberg* CCZ 2017, 17 (18) mwN; noch präziser differenzierend *Schockenhoff* NZG 2019, 281 (282 ff.).

[304] So auch BeckOK BGB/*Schöpflin* BGB § 27 Rn. 20a; *Larisch/von Hesberg* CCZ 2017, 17 (21 f.); für kleinere Vereine ebenso, im Übrigen aber offen lassend: MüKoBGB/*Leuschner* BGB § 27 Rn. 44.

[305] So auch LG München I NZG 2014, 345 in der grundlegenden Compliance-Entscheidung zur AG.

[306] Vgl. ausführlich zur individuellen Analyse- und Organisationspflicht auch *Larisch/von Hesberg* CCZ 2017, 17 (21 f.); ausführlich zur (komplexen) Compliance-Struktur des ADAC durch Einbindung einer zur Vorstandsunterstützung in allen Bereichen des Gesamtvereins gegründeten Compliance-GmbH *Hornik* npoR 2019, 158 ff.

der Vertretungsmacht, die Schaffung eines internen, uU auch externen „whistleblower-Systems“ oder die Einführung von Compliance-Beauftragten.[307]

205g Diese sich aus dem Legalitätsauftrag ergebenden Verpflichtungen treffen grundsätzlich das zur Geschäftsführung und Vertretung berufene Organ in seiner Gesamtheit und mit ihm all seine Mitglieder. **Compliance-Adressat** ist daher außerhalb von Normen, die ein bestimmtes Organ ansprechen, das Organ, durch das der Verein handelt, das auf Grundlage der gesetzlichen Bestimmungen durch die Vereinsorganisation und -struktur dazu benannt ist, die Handlungspflichten des Vereins zu erfüllen.

205h Daraus ergibt sich zunächst, dass selbstverständlich keine vereinsinterne Maßnahme, weder die Satzung noch ein Organbeschluss, die Pflichten modifizieren kann, die den Vorstand gesetzlich adressieren; sie treffen ihn in seiner Gesamtheit.[308] Dies gilt etwa für die Insolvenzantragspflicht nach § 42 Abs. 2 BGB, die Anmeldepflichten nach §§ 59, 67, 71, 75 Abs. 2 BGB und die Pflicht zur Erteilung einer Bescheinigung über die Mitgliederzahl nach § 72 BGB. Ähnlich limitierende Wirkung kann mE § 34 AO zukommen, der alle gesetzlichen Vertreter für die Erfüllung der steuerlichen Pflichten in Anspruch nimmt. Gleichwohl erkennt der BFH auch insoweit eine Pflichtenreduzierung durch Ressortverteilung an.[309] Zum Zweiten ergibt sich daraus, dass erst die Vereinsstruktur darüber entscheidet, inwieweit der Vorstand bzw. seine Mitglieder darüber hinaus zur Erfüllung der entsprechenden Pflichten des Vereins berufen sind. Stärker als etwa bei GmbH oder Aktiengesellschaft ist die Strukturentscheidung zur Geschäftsführungszuständigkeit beim Verein offen. Die Geschäftsführung kann entweder direkt durch die Satzung oder doch – durch eine entsprechende Gestattung – auf deren Grundlage auf andere Organe übertragen werden. Außerhalb seines durch Gesetz und Satzung gezogenen Zuständigkeitsrahmens treffen den Vorstand jedoch grundsätzlich keine Handlungspflichten – und damit grundsätzlich keine umfassenden Compliance-Aufgaben.[310] Je geringer die eigenen Zuständigkeiten ausgestaltet sind, umso enger ist damit der Pflichtenkreis und umso enger sind auch die Compliance-Aufgaben. Eine Pflichtenreduzierung „auf null“ kann es dabei mE jedoch nicht geben, da, unabhängig von seinen Aufgaben im Übrigen, kein Organmitglied die Augen verschließen darf, wenn ihm Rechtsverstöße des Vereins, durch welchen Akteur auch immer, bekannt werden oder es dahingehende Gefahren erkennt. Dabei mag der Umfang der sich ergebenden Tätigkeitspflichten je nach Position des Organmitglieds variieren, unter Umständen mag eine bloße Informationsweitergabe genügen, während in anderen Fällen über die repressive Seite hinausgehende Pflichten zu Präventivmaßnahmen entstehen können.

205i Diese Betrachtung zeigt, dass eine Geschäftsverteilung bzw. **Ressortaufteilung** eine Entlastung für die Mitglieder des Vorstands bieten kann. Dies entspricht – jedenfalls im Ergebnis – auch ganz hM,[311] auch wenn eine zwischenzeitlich beabsichtigte gesetzliche Regelung dazu nicht Gesetz geworden ist.[312] Möglich ist zudem die **Verlagerung von Aufgaben auf andere Organe,** etwa die Überantwortung der Geschäftsführung an ein anderes Vereinsführungsgremium, etwa einen erweiterten Vorstand, ein Vereinspräsidium

[307] Vgl. beispielhaft zur Grundstruktur der Compliance-Maßnahmen des ADAC *Hornik* npoR 2019, 158 (160 ff.).

[308] So auch *Brouwer* NZG 2017, 481 (487 f.).

[309] BFH NJW 2018, 3374; vgl. zur Haftung im Steuerrecht → § 12 Rn. 34 ff. und → § 14 Rn. 238 ff.

[310] Die Satzungsdispositivität betonen etwa *Brouwer* NZG 2017, 481 (486 ff.); *Schockenhoff* NZG 2019, 281 (285).

[311] So etwa BFH NJW 2018, 3374; BeckOK BGB/*Schöpflin* BGB § 31 Rn. 28; *Heermann* NJW 2016, 1687 (1688 f.); *Larisch/von Hesberg* CCZ 2017, 17 (22 f.); MüKoBGB/*Leuschner* BGB § 27 Rn. 73 ff.; *Sauter/Schweyer/Waldner* Eingetragener Verein Rn. 277a – je mwN; grds. auch *Ehlers* NJW 2011, 2689 (2691), der jedoch eine fortwirkende Auswahl- und Überwachungspflicht annimmt.

[312] Nach dem Gesetzentwurf des Bundesrats v. 13. 8. 2009 zur Begrenzung der Haftung von ehrenamtlich tätigen Vereinsvorständen (BT-Drs. 16/10120) sollte die Haftung der Mitglieder eines Vereinsvorstands für die Abführung von Steuern und Sozialversicherungsbeiträgen ausgeschlossen werden, wenn nach vorweg schriftlich festgelegter Aufgabenverteilung ein anderes Vorstandsmitglied für die Einhaltung der Zahlungspflichten verantwortlich war. Die Bundesregierung hat die Haftungsbeschränkung abgelehnt.

oÄ, aber auch die Beauftragung eines besonderen Vertreters mit dem Pflichtenkreis „Compliance“. Durch eine solche Verlagerung können alle dann – in deren Umfang – nicht mehr zuständigen Vorstandsmitglieder von weitergehenden Handlungspflichten entlastet werden.

Noch nicht abschließend geklärt ist, ob und inwieweit in diesen Fällen Überwachungs- 205j
und Kontrollpflichten des Vorstands bzw. der nicht zuständigen Vorstandsmitglieder verbleiben. Meines Erachtens hängt die Antwort nach dem zuvor Gesagten – entgegen der wohl hM, die hier nicht differenziert[313] – davon ab, welche Aufgaben dem Vorstand und seinen Mitgliedern bei der Ressortaufteilung und deren konkreter Ausgestaltung selbst bzw. in deren Folge verbleiben:

- Erfolgen Ressortaufteilungen unmittelbar durch die Satzung[314] wird vereinsrechtlich der Gleichlauf zwischen Vertretungsbefugnis und Geschäftsführungsaufgabe der Vorstandsmitglieder durchbrochen und damit der Pflichtenkreis jedes einzelnen Vorstandsmitglieds reduziert. Eine wechselseitige Überwachungspflicht im Sinn einer präventiven Compliance-Kontrolle besteht grundsätzlich nicht für den Geschäftsbereich anderer Vorstandsmitglieder bzw. deren Handlungen. Gleichwohl bleibt jedes Vorstandsmitglied unverändert verpflichtet, erkannte bzw. drohende Pflichtenverstöße zu unterbinden und Wiederholungen zu vermeiden. Erhält ein Vorstandsmitglied daher von derartigen Verstößen bzw. Verdachtsfällen Kenntnis, trifft ihn eine Handlungspflicht.[315]
- Die vorstehend dargestellten Grundsätze gelten in meinen Augen weitgehend entsprechend, wenn der Vorstand durch die Satzung zu einer Ressortaufteilung durch Beschluss ermächtigt. Auch in diesem Fall beruht die Aufgabenverteilung und damit -reduzierung auf dem Willen des Satzungsgebers. Allerdings obliegen hier regelmäßig die Auswahlentscheidung und – je nach Satzungsgestaltung – der Ressortzuschnitt und andere Organisationsfragen dem satzungsumsetzenden Vorstandsbeschluss. Hier tritt also neben die vorstehend dargestellten Pflichten die Verpflichtung zur ordnungsgemäßen Auswahl mit der ergänzenden Aufgabe, die Auswahl und weitere etwa getroffene Organisationsentscheidungen bei Verdacht auf Fehlentwicklungen oder Pflichtenverstöße zu überprüfen bzw. zu korrigieren.[316]
- Eine Geschäftsverteilung durch Vorstandsbeschluss ohne Satzungsgrundlage kann schließlich mE keine so weitgehende Übertragung bzw. Begrenzung von Geschäftsführungsaufgaben bewirken, wie die durch zumindest satzungsbasierte Ressortaufteilung.[317] Der Aufgabenzuschnitt steht nicht zur Disposition des Vorstandes selbst, sondern obliegt dem Satzungsgeber. Damit bleibt die Geschäftsführungsaufgabe grundsätzlich bei der Gesamtheit der Vorstandsmitglieder. Arbeitsteiliges Arbeiten ist jedoch auch dem Vorstand nicht verwehrt, wie er generell nicht alle Aufgaben höchstpersönlich zu erfüllen hat. Die eigene umfassende Handlungspflicht wandelt sich infolge eines derartigen Ressortverteilungsbeschlusses damit zur Pflicht ordnungsgemäßer Auswahl sowie eingeschränkter Überwachung und Kontrolle.[318] Die Geschäftsverteilung innerhalb des Vorstandes ist daher mE im Kern ähnlich zu beurteilen, wie die seit jeher tagtäglich anzutreffende

---

[313] Vgl. dazu unten bei Fn. 318; eine ähnliche Differenzierung nehmen jedoch vor: *Brouwer* NZG 2017, 481 (487 ff.); MüKoBGB/*Leuschner* BGB § 27 Rn. 75; *Schockenhoff* NZG 2019, 281 (287 ff.).

[314] Zu den Möglichkeiten → Rn. 199 ff.

[315] So auch MüKoBGB/*Leuschner* BGB § 27 Rn. 75 („allgemeine(n) Pflicht zur Schadensabwehr“) unter Berufung auf *Küpperfahrenberg*, Haftungsbeschränkungen für Verein und Vorstand, 2005, S. 244; dahingehend auch *Brouwer* NZG 2017, 481 (487 ff.) für die „organschaftliche Pflichtendelegation“.

[316] Ähnlich *Brouwer* NZG 2017, 481 (487 ff.), der insoweit von einer „Ersetzungs- und ‘Aufgaben-Rückholpflicht’“ spricht.

[317] So auch MüKoBGB/*Leuschner* BGB § 27 Rn. 73 f.; Soergel/*Hadding* BGB § 27 Rn. 23; wohl auch *Brouwer* NZG 2017, 481 (487 ff.).

[318] Diesen Prüfungsumfang bejaht etwa für jede Ressortaufteilung BeckOK BGB/*Schöpflin* BGB § 31 Rn. 28; *Heermann* NJW 2016, 1687 (1688); *Unger* NJW 2009, 3269 (3271 f.); je nach Vereinsgröße bzw. -struktur differenzieren dagegen *Larisch/von Hesberg* CCZ 2017, 17 (22 f.).

Beauftragung eines Nicht-Vorstandsmitgliedes mit der bzw. dessen Einbindung bei der Erfüllung bestimmter Vereinsaufgaben.

- Nach einer sorgfältig abgewogenen und geprüften Geschäftsverteilungsentscheidung besteht damit zwar keine generelle Kontrollpflicht, die nicht zuständigen Vorstandsmitglieder haben sich jedoch – etwa durch Berichte in gemeinsamen Vorstandssitzungen – grundsätzlich von der ordnungsgemäßen Geschäftsführung innerhalb der jeweils anderen Ressorts informiert zu halten und bei Unklarheiten, Fragen oder Zweifeln den zuständigen Vorstandskollegen um Auskunft und wenn – bzw. sobald – nötig um weitere Informationen oder Unterlagen zu bitten. Jedes Vorstandsmitglied hat dabei die übrigen Vorstandsmitglieder über wichtige Entwicklungen und Ereignisse im eigenen Ressort zu informieren[319]. Entstehen Zweifel an der pflichtgemäßen Erfüllung der Geschäftsführungs- bzw. Legalitätsaufgabe bzw. treten sonstige besondere Umstände ein, die ein Handeln erforderlich machen (zB besondere Krisensituation, umfassende Vorschriftenänderungen) sind weitergehende Maßnahmen zu ergreifen. Diese können, beginnend mit einer intensive(re)n Kontrollpflicht, bis zu einer Pflicht zum Eingreifen reichen. Jedes Vorstandsmitglied, das an Geschäftsführungsmaßnahmen, etwa Vertretungshandlungen, außerhalb seines Ressorts mitwirkt, treffen insoweit schon im Normalfall weitergehende Pflichten. Je intensiver es eingebunden ist, desto umfassendere (Prüfungs-) Pflichten bestehen. In vielen Fällen der „Zweitunterschrift" bei der Außenvertretung kann eine Plausibilitätsprüfung ausreichen.[320]
- Auch für die GmbH gestattet die Rechtsprechung eine Ressortaufteilung. Sie kann einzelnen danach unzuständigen Geschäftsführern eine Entlastung jedenfalls dann bieten, wenn eine „klare und eindeutige Abgrenzung der Geschäftsführungsaufgaben aufgrund einer von allen Mitgliedern des Organs mitgetragenen Aufgabenzuweisung [...], die die vollständige Wahrnehmung der Geschäftsführungsaufgaben durch hierfür fachlich und persönlich geeignete Personen sicherstellt und ungeachtet der Ressortzuständigkeit [...] die Zuständigkeit des Gesamtorgans insbesondere für nicht delegierbare Angelegenheiten der Geschäftsführung wahrt"[321], vorliegt. Es besteht kein Grund zur strengeren Handhabung beim Verein.
- Die satzungsunmittelbare Verlagerung von Aufgaben auf andere Organe, wie eingangs kurz dargestellt auf ein anderes Gremium der Vereinsführung oder auf einen besonderen Vertreter, ist mE nicht anders zu beurteilen als die satzungsunmittelbare Ressortaufteilung. Auch hier kommt es zu einer Aufgabenverlagerung durch den Satzungsgeber; der Verlagerungsadressat ist mE insoweit zweitrangig.[322]
- Die satzungsgestützte Aufgabenverlagerung, also etwa die Einsetzung eines besonderen Vertreters für bestimmte Aufgaben ist wiederum ähnlich der satzungsgestützten Ressortverteilung zu betrachten.

205k Verstoßen der Vorstand – und damit nach außen der Verein – gegen ihre Pflichten, können sich einerseits **Haftungsansprüche** Dritter gegen den Verein (und ggf. gegen den Vorstand) bzw. Ansprüche des Vereins gegen die pflichtwidrig (nicht) handelnden Vorstandsmitglieder ergeben,[323] andererseits drohen **Strafbarkeitsrisiken** für die (nicht) handelnden Akteure.[324] Dabei wird zunehmend diskutiert, ob die **„Business Judgement Rule"** des § 93 Abs. 1 S. 2 AktG, wonach „eine Pflichtverletzung [...] nicht vor[liegt], wenn das Vorstandsmitglied bei einer unternehmerischen Entscheidung vernünftigerweise annehmen durfte, auf der Grundlage angemessener Information zum Wohle der Gesell-

[319] So auch *Unger* NJW 2009, 3269 (3271 f.).
[320] So etwa *Brouwer* NZG 2017, 481 (488).
[321] BGH NZG 2019, 225 ff.
[322] So im Ergebnis auch MüKoBGB/*Leuschner* BGB § 27 Rn. 75. *Brouwer* NZG 2017, 481 (488 f.) geht noch weitergehend davon aus, dass den Vorstand in solchen Fällen keine Verantwortung mehr treffe.
[323] Dazu ausführlich → § 12.
[324] Dazu → § 16.

schaft zu handeln", auch für den Vereinsvorstand gilt.[325] Dies ist anzunehmen, wenn (unternehmerische) Maßnahmen des Vorstands „zum Wohle des Vereins erfolgen, frei von Interessenkonflikten [...] [sind], auf der Basis angemessener Informationen erfolgen und [...] zu keinen unverhältnismäßigen, insbesondere existenzgefährdenden Risiken für den Verein führen."[326] Haftungserleichterungen können sich für ehrenamtliche tätige Vorstandsmitglieder daneben aus § 31a BGB ergeben.[327] Sie können aber auch durch die Vereinssatzung geschaffen werden, etwa durch einen erleichterten Sorgfaltsmaßstab (Haftung etwa nur für Vorsatz), durch Aufnahme einer Haftungshöchstsumme, oÄ.[328] Zu Versicherungsfragen → § 12 Rn. 76 ff.

III. Vertretung des Vereins

1. Grundlagen

Die Vertretung des Vereins ist die wesentliche Aufgabe des Vorstandes. Nach § 26 Abs. 1 S. 1 BGB ist er grundsätzlich unbeschränkt zur Vertretung befugt. Seine Vertretungsmacht erstreckt sich auf alle Rechtsgeschäfte und -handlungen, die für den Verein vorgenommen werden sollen. Der Vorstand vertritt den Verein, auch ohne dass dieses der Erwähnung in der Satzung bedarf, **gerichtlich und außergerichtlich.** 206

Im **Prozess** hat der Vorstand die Stellung eines gesetzlichen Vertreters des Vereins, ist also Partei(-vertreter) und kann nicht als Zeuge vernommen werden. Er übt die dem Verein zustehenden Rechte im Prozess aus. Der Vorstand ist auch für die Stellung des **Insolvenzantrages** zuständig, ihm obliegt die Abgabe einer **eidesstattlichen Versicherung** für den Verein. Beim mehrgliedrigen Vorstand sind einzelne Vorstandsmitglieder jedenfalls berechtigt, eine eidesstattliche Erklärung für den Verein alleine abzugeben, wenn sie einzelvertretungsberechtigt sind.[329] Der Vorstand ist auch zur Stellung eines **Strafantrages** namens des Vereins befugt. 207

Zu den außergerichtlichen Vertretungsaufgaben des Vereins gehören insbesondere: 208

1. die Abgabe und Entgegennahme von **Willenserklärungen,**
2. die Vertretung des Vereins vor den **Verwaltungsbehörden,**
3. die Erfüllung der **steuerlichen Pflichten** des Vereins (§ 34 Abs. 1 AO),
4. die Vertretung des Vereins **„nach innen"** gegenüber den Mitgliedern.

Die Wirksamkeit der vom Vorstand vorgenommenen Vertretungshandlungen ist entgegen der vor der Änderung des § 26 BGB kontrovers diskutierten Fragestellung nicht davon abhängig, dass sie von einem wirksamen Vorstandsbeschluss gedeckt sind. Maßgeblich ist alleine, dass die Handlung von Vorstandsmitgliedern in vertretungsberechtigter Zahl vorgenommen wird. 209

2. Implizite Beschränkungen der Vertretungsmacht?

Die Reichweite der Vertretungsmacht ist grundsätzlich nicht beschränkt. Nach hM wird dennoch eine wirksame Vertretung verneint, wenn der Vorstand sich außerhalb des **Vereinszwecks** bewege. 210

Die Begründungen hierfür variieren ebenso wie die Reichweite der angenommenen Einschränkungen. Nach einer Ansicht[330] werde der Verein bei einem Vorstandshandeln dann nicht wirksam

[325] Dazu → § 12 Rn. 32a; bejahend etwa *Heermann* NJW 2016, 1687 (1689 ff.); *Leuering/Keßler* NJW-Spezial 2017, 335; *Schockenhoff* NZG 2019, 281 (284); *Unger* NJW 2009, 3269 (3272); offenlassend MüKoBGB/*Leuschner* BGB § 27 Rn. 20.
[326] *Heermann* NJW 2016, 1687 (1692).
[327] Dazu → § 12 Rn. 53 ff.
[328] Allgemein zu Möglichkeiten der Haftungsbegrenzung → § 12 Rn. 75.
[329] Ausf. → Rn. 226 ff. und → § 9 Rn. 44; vgl. auch *Sauter/Schweyer/Waldner* Eingetragener Verein Rn. 243 f.
[330] So BeckOK BGB/*Schöpflin* BGB § 26 Rn. 12; Palandt/*Ellenberger* BGB § 26 Rn. 6; *Sauter/Schweyer/Waldner* Eingetragener Verein Rn. 233 unter Verweis auf BGH JZ 1953, 474 (475).

vertreten und handele der Vorstand ohne Vertretungsmacht, wenn die Überschreitung der Vertretungsmacht durch den Vorstand für den Geschäftspartner ohne Weiteres auch ohne Kenntnisse der internen Vertretung dadurch erkennbar sei, dass das Vorstandshandeln nach der Anlage des Vereins und seinem typischen Betätigungsfeld ganz außerhalb des Vereinszwecks liege. Nach anderer Ansicht[331] liege auch in derartigen Fällen grundsätzlich Vertretungsmacht vor, doch werde das Vorstandshandeln dem Verein unter Umständen nach den Regeln des Missbrauchs der Vertretungsmacht nicht zugerechnet.

211 Meines Erachtens ist dem BGB eine Begrenzung der Vertretungsmacht des Vorstands nach den oben dargelegten Grundsätzen nicht zu entnehmen. Sie widerspricht den Zwecken der klaren Vertretungsregelung des § 26 BGB und dem darauf basierenden Vertretungsnachweis durch das Vereinsregister bei eingetragenen Vereinen. Sie bürdet dem Geschäftspartner eines Vereins ohne zwingenden Grund ein Restrisiko der wirksamen Vertretung auf. Eine vereinsspezifische Einschränkung der Vertretungsmacht des Vorstands existiert daher nicht. Für Ausnahmesituationen genügt die Anwendung der Grundsätze über den Missbrauch der Vertretungsmacht, die grundsätzlich kollusives Zusammenwirken von Vertreter und Geschäftspartnern erfordern.[332]

212 Vorgetragen wird weiter eine Einschränkung der Vertretungsmacht des Vorstandes, die sich aus der **Organisationsform des Vereins** ergebe.[333] So könne der Vorstand den Verein nicht zu solchen Maßnahmen verpflichten, die – wie die Änderung des Vereinsnamens oder die Vornahme einer Satzungsänderung – (intern) in die Zuständigkeit eines anderen Vereinsorgans fielen. Daher seien insbesondere auch der mit der Verpflichtung zu Satzungsänderungen vorgesehene Beitritt zu einem Dachverband oder umgekehrt die Beendigung einer solchen, in der Satzung vorgesehenen Mitgliedschaft, nicht von der Vertretungsmacht des Vorstandes gedeckt.

213 Auch diese Auffassung zur Einschränkung der Vorstandsmacht des Vorstandes per Gesetz ist mE – im Wesentlichen aus denselben Gründen wie oben zur Bindung an den Vereinszweck aufgeführt – **abzulehnen.**

Macht der Satzungsgeber keinen Gebrauch von der Möglichkeit, die Befugnisse des Vorstandes mit Wirkung gegenüber Dritten zu begrenzen,[334] muss er sich an dessen Handeln festhalten lassen. Selbstverständlich obliegt die Entscheidung über die Vornahme der vom Vorstand versprochenen Satzungsänderung im gegebenen Fallbeispiel unverändert dem dafür vorgesehenen Vereinsgremium, in der Regel also der Mitgliederversammlung; die Vertretungsmacht umfasst mit anderen Worten nicht die Möglichkeit der Erfüllung der eingegangenen Verpflichtung.

Für den Fall des Austritts aus dem Landesverband, dem der Verein laut Satzung angehört, hat auch der BGH[335] entschieden, eine Satzungsbestimmung schränke den Umfang der Vertretungsmacht des Vereinsvorstands nur ein, wenn dies eindeutig aus ihr zu entnehmen sei. Eine den Handlungsspielraum des Vorstands einschränkende Regelung genüge nicht, wenn in ihr nicht zum Ausdruck gebracht werde, dass damit auch die Vertretungsmacht beschränkt werden soll.[336]

213a Fraglich ist schließlich, ob sich eine Begrenzung der Vertretungsmacht des Vorstandes aus einer **analogen Anwendung des § 179a AktG** ergeben kann.[337] Während die „Holz-

---

[331] So Soergel/*Hadding* BGB § 26 Rn. 16.

[332] So (jedenfalls iErg) auch MüKoBGB/*Leuschner* BGB § 26 Rn. 25; Soergel/*Hadding* BGB § 26 Rn. 20; Staudinger/*Weick* (2005) BGB § 26 Rn. 9.

[333] So *Sauter/Schweyer/Waldner* Eingetragener Verein Rn. 233; Soergel/*Hadding* BGB § 26 Rn. 20; dahingehend auch BeckOK BGB/*Schöpflin* BGB § 26 Rn. 12; aA MüKoBGB/*Leuschner* BGB § 26 Rn. 26.

[334] Dazu sogleich → Rn. 215 ff.

[335] BGH NJW 1980, 2799 (2800).

[336] So auch BGH NJW-RR 1996, 866.

[337] Verneinend *Lettl* AcP 203 (2003), 149 (199 f.); MüKoAktG/*Stein* AktG § 179a Rn. 14; MüKoBGB/*Leuschner* BGB § 32 Rn. 3 mwN; offenlassend *Heinze* NJW 2019, 1995 (1997); bejahend *Stellmann/Stoeckle* WM 2011, 1983 (1984).

müller"-[338] und „Gelatine"-[339] Rechtsprechung des BGH „nur" Innenwirkung entfaltet,[340] die Vertretungsmacht des Vorstandes damit nach außen damit nicht begrenzt,[341] wird dies für Fälle im Anwendungsbereich des § 179a AktG von der weitaus hM bejaht.[342] Kern der Norm ist, einen angemessenen Ausgleich der widerstreitenden Interessen (Gesellschafterschutz vs. Verkehrsschutz) zu erreichen.[343] Eine analoge Anwendung auf den Verein ist in meinen Augen jedoch klar zu **verneinen.** Wie bei der GmbH kann sich insoweit eine Beschränkung der Vereinsbindung an das Vorstandshandeln allenfalls nach den Grundsätzen über den Missbrauch der Vertretungsmacht ergeben.

Meines Erachtens besteht schon keine der Analogie zugängliche Regelungslücke: Der Gesetzgeber gibt dem Verein in § 26 Abs. 1 S. 3 BGB unmittelbar die Möglichkeit, die Vertretungsbefugnis auch mit Außenwirkung einzuschränken. Diese Möglichkeit haben weder die Gesellschafter der GmbH noch die Aktionäre einer Aktiengesellschaft. Nutzen die Mitglieder diese Beschränkungsmöglichkeit indes nicht, ist diese Entscheidung in gleicher Weise zu respektieren, wie eine tatsächlich beschlossene Beschränkung der Vertretungsmacht. Auch diese könnte nicht erweiternd oder beschränkend korrigiert werden. Dem stehen die Wahrung der Satzungsautonomie des Vereins ebenso entgegen wie der gesetzlich verankerte Schutz des Rechtsverkehrs, der auf das Nichtbestehen von (weitergehenden) Vertretungsbeschränkungen außerhalb des Registers vertrauen darf. 213b

Selbst wenn gleichwohl eine analoge Anwendung ins Auge gefasst werden wollte, trifft der vom BGH für die GmbH als „Sonderform des Vereins" ausführlich dargestellte Befund, dass eine „Sinn und Zweck der Vorschrift berücksichtigende Interessenabwägung zwischen dem Schutz des Gesellschafterinteresses und dem Schutz des redlichen Rechtsverkehrs bei einer Gesamtvermögensveräußerung […] zu einem gegen die analoge Anwendung des § 179a AktG sprechenden Abwägungsergebnis" führt,[344] im Ergebnis auch für den Verein zu. Hier wie dort gilt, dass eine derartige „analoge Anwendung der systemfremden Beschränkung der Vertretungsmacht im Außenverhältnis […] Rechtsunsicherheit [verursachen] und […] mit Haftungsrisiken verbunden" wäre.[345] 213c

Auch der – umstrittene – „telos" der Norm spricht gegen eine analoge Anwendung. Ob der Zweck der Norm darin besteht, die Aktionäre vor wesentlichen Änderungen der Vermögensstruktur zu schützen, die das bisherige Geschäftskonzept beeinträchtigenden,[346] ob sie mit der wohl hM die Dispositionsfreiheit der Aktionäre wahren soll, indem sie davor geschützt werden, dass „die Verwaltung ohne ihren Willen das Vermögen der Aktiengesellschaft, das die Grundlage ihrer satzungsmäßigen Unternehmenstätigkeit bilde[t], aus der Hand gebe oder fremden Einflüssen unterwerfe"[347] oder ob sie die Aktionäre „vor einer unangemessenen Vertragsgestaltung, die für die Übertragung des Gesellschaftsvermögens keine adäquate Gegenleistung vorsehe und dadurch die Vermögensinteressen der Aktionäre verletze"[348] schützen will, kann hier letztlich dahinstehen: Der BGB-Verein ist durch die Verfolgung eines Zwecks, der gemäß § 21 BGB „nicht auf einen wirtschaftlichen Geschäftsbetrieb gerichtet ist", gekennzeichnet. Anders als die AktG, bei der der Vorstand das „ihm anvertrautes Geld" der Aktionäre „zu verwalten hat",[349] ist er nicht auf 213d

---

338 BGH NJW 1982, 1703.
339 BGH NJW 2004, 1860 – Gelatine I und BGH DNotZ 2004, 872 – Gelatine II.
340 Dazu → Rn. 203a.
341 Vgl. nur BGH NJW 2004, 1860 (1863).
342 Vgl. nur den Überblick zum Meinungsstand in BGH NZG 2019, 505 (506); *Eschwey* MittBayNot 2018, 299 (307 ff.).
343 *Eschwey* MittBayNot 2018, 299 (314).
344 BGH NZG 2019, 505 (507 f.); so schon zuvor überzeugend *Eschwey* MittBayNot 2018, 299 (307 ff.) unter ausführlicher Auseinandersetzung mit der Literatur.
345 BGH NZG 2019, 505 (507 f.).
346 *Scheel* FS Wegen 2015, 297 (302) (zitiert nach *Eschwey* MittBayNot 2018, 299 (302)).
347 BGH NZG 2019, 505 (508) mit zahlreichen Nachweisen.
348 Vgl. die Nachweise dazu bei BGH NZG 2019, 505 (508).
349 BGH NJW 2004, 1860 (1863).

Vermögensmehrung durch Umsetzung seines Unternehmensgegenstandes angelegt. Sein Vermögen ist „Mittel zum Zweck", dessen Mehrung gerade nicht Zweck seines Tätigwerdens, vielmehr verwendet er (umgekehrt) sein Vermögen zur Erreichung des Vereinszwecks. Beim gemeinnützigen Verein schließlich – die Bedeutung der Gemeinnützigkeit hat der BGH zuletzt für die Vereinsklassenabgrenzung hervorgehoben – steht den Mitgliedern schon systembedingt kein Anspruch auf das Vereinsvermögen zu. Damit zeigt sich mE, dass die Interessenlage grundlegend differiert: Der Telos des § 179a AktG „passt nicht" zum Verein. Zwar mag eine Veräußerung eines wesentlichen Vermögenswertes auch die Umsetzung des Vereinszwecks gefährden,[350] worauf etwa *Terner* hinweist. Dieser Befund kann aber mE allenfalls zum Erfordernis eines zustimmenden Beschlusses nach den Kriterien der „Holzmüller"- Rechtsprechung (im Innenverhältnis) führen, berührt aber nicht den anderslautenden „vermögensbezogenen" Zweck des § 179a AktG.

213e Diese Betrachtung wird noch dadurch gestärkt, dass die Überlegungen des BGH zu den stärkeren Einflussrechten der Gesellschafter der GmbH auf die Geschäftsführung im Vergleich zur eher schwachen Position der Aktionäre im Verhältnis zum Vorstand in nicht minderer Weise auf den Verein passen. Auch insoweit haben die Vereinsmitglieder, die in der Mitgliederversammlung das zentrale Meinungsbildungs- und Vorstandskontrollorgan des Vereins bilden, kein das schützenswerte Vertrauen des redlichen Rechtsverkehrs an der Vertretungsmacht des Vorstandes überwiegendes Schutzbedürfnis. Nach § 32 BGB zeichnet die Mitgliederversammlung eine „Allzuständigkeit" vorbehaltlich ausdrücklicher Zuweisung an andere Vereinsorgane aus. Der Vorstand ist an ihre Weisungen unmittelbar gebunden.

214 Ohne Satzungsregelung (dazu → Rn. 215 ff.) ist die Vertretungsmacht des Vorstandes daher mE nur durch die allgemeinen Grundsätze über den Missbrauch der Vertretungsmacht (→ Rn. 211), durch ausdrückliche gesetzliche Beschränkungen (wie etwa § 181 BGB; dazu → Rn. 233 ff.) und dahingehend beschränkt, dass der Verein gegenüber Vorstandsmitgliedern durch das Organ, das zur Bestellung und Abberufung des Vorstandes zuständig ist, und nicht durch den (Rest-)Vorstand vertreten wird. Nach der Rechtsprechung gilt dies, soweit die Geltendmachung von Ansprüchen des Vereins aus der Vorstandstätigkeit im Raume steht, auch gegenüber früheren Vorstandsmitgliedern.[351] Zur Frage der impliziten Beschränkung der Vertretungsmacht der Liquidatoren → § 13 Rn. 275.

3. Statuarische Einschränkungen der Vertretungsmacht

215 Unabhängig von den erörterten, im Ergebnis weitestgehend abzulehnenden „impliziten" Einschränkungen der Vertretungsmacht des Vorstandes, eröffnet § 26 BGB dem Satzungsgeber die Möglichkeit, die Vertretungsmacht auch mit Wirkung gegenüber Dritten durch entsprechende Regelungen in der Vereinssatzung zu begrenzen. Bestehen sie nicht bereits bei Vereinsgründung, erfordern sie eine Satzungsänderung nach allgemeinen Regelungen. Der Zustimmung des Vorstandes bedarf diese Satzungsänderung nicht, soweit die Vertretungsbefugnis nicht ausnahmsweise durch die Satzung als Sonderrecht bestimmter Personen ausgestaltet ist.

216 **a) Grundlagen.** Derartige Bestimmungen, die zu einer nach außen, gegenüber Dritten wirksamen Beschränkung führen, sind von solchen Satzungsregelungen **abzugrenzen,** die lediglich Vorbehalte im Innenverhältnis begründen, den Vorstand also zur Einhaltung eines bestimmten Verfahrens oder Entscheidungsweges zwingen, ohne die Wirksamkeit des Vertreterhandelns davon abhängig zu machen. Hier ist **besondere Sorgfalt** des Satzungsgebers erforderlich, um einerseits den Charakter der Satzungsnormen mit hinreichender Deutlichkeit hervortreten zu lassen, andererseits aber den Umfang von Beschränkungen,

[350] Ein schönes Beispiel findet sich in der Veräußerung des Bootshauses eines Ruderclubs, die der Entscheidung in BGH NJW 2008, 69 zugrunde lag. Vgl. dazu *Terner* NJW 2008, 16 (19 f.).
[351] So BGHZ 113, 237; OLG Zweibrücken OLGR 2005, 159.

die mit Drittwirkung angeordnet sind, mit der für das Registerverfahren und den Rechtsverkehr nötigen Klarheit festzulegen.

Lässt die Satzung die nötige Klarheit vermissen, ist der Willen des Satzungsgebers nach den allgemeinen Regeln durch Auslegung zu ermitteln. Die Einschränkung der Vertretungsmacht mit Außenwirkung wird dabei als Ausnahme anzunehmen sein und setzt daher eine hinreichend **klare Anordnung** voraus, im Zweifel ist eine Begrenzung auf das Innenverhältnis anzunehmen.[352] Zur Abgrenzung kann die Frage dienen, ob Schwerpunkt der Satzungsregelung die Einhaltung eines bestimmten Entscheidungsprozedere ist, oder ob – vor allem wegen der wirtschaftlich oder tatsächlich besonderen Bedeutung einer Maßnahme – tatsächlich die Bindung des Vereins nach außen offen gehalten werden soll.[353] 217

b) Einzelne Bestimmungen. In der Sache sind verschiedene Begrenzungsarten denkbar und zulässig. Möglich ist etwa, die Vertretungsmacht für bestimmte, zB in die Zuständigkeit eines besonderen Vertreters fallende Fragen vollständig auszuschließen, oder die Wirksamkeit der Vertretungshandlung nach außen, insbesondere bei bestimmten Größenordnungen bzw. wesentlichen Entscheidungen, von der Mitwirkung bestimmter, weiterer oder aller Vorstandsmitglieder oder der eines anderen (Geschäftsführungs-) Vereinsorgans abhängig zu machen.[354] 218

In der Praxis häufig sind Regelungen, die Rechtsgeschäfte, die einen bestimmten finanziellen Umfang überschreiten oder bestimmte Arten von Rechtsgeschäften, etwa Immobiliengeschäfte, von der Zustimmung der Mitgliederversammlung, einer „erweiterten Vorstandschaft" oder eines anderen „Aufsichts-"Organs abhängig zu machen. Denkbar ist jedoch auch, für solche Fälle schlicht mehr Vorstandsmitglieder (oder zwingend die Inhaber bestimmter Vorstandsämter) in die Vertretung einzubeziehen, als dies bei „normalen" Vertretungshandlungen der Fall ist und ggf. zusätzlich noch weitere, „nur" interne Zustimmungserfordernisse zu begründen. Dem vorsichtigen Satzungsgestalter ist dies im Hinblick auf Nachweisschwierigkeiten bei extern zu beweisender Mitwirkung weiterer Vereinsgremien zu empfehlen. 219

Hinweis:

Empfehlenswert sind mE Satzungsbestimmungen, die die Vertretungsmacht des Vorstands im Außenverhältnis bestehen lassen – wenn gewünscht auch mit besonderen Vertretungsregeln für bestimmte Rechtsgeschäften (ggf. bis hin zum Erfordernis der Mitwirkung aller Vorstandsmitglieder) –, Zustimmungserfordernisse weiterer Gremien jedoch (nur) im Innenverhältnis anordnen.

Bei der Satzungsgestaltung ist der Wunsch, den Verein vor besonders belastenden Investitionen bzw. Maßnahmen durch den Vorstand effektiv zu schützen, mit der möglichen Trägheit der Entscheidungsfindung und der Gefahr eventueller Schwierigkeiten beim Nachweis des Vorliegens der Voraussetzungen für wirksames Vorstandshandeln, abzuwägen.[355] 220

Ist etwa die Zustimmung eines anderen Vereinsgremiums oder die Zustimmung einzelner Personen im Außenverhältnis erforderlich, ist auch der Nachweis über die Zugehörigkeit der Zustimmenden zu dem fraglichen Gremium bzw. die Inhaberschaft der maßgebli- 221

[352] Vgl. BGH NJW-RR 1996, 866; NJW 1980, 2799 (2800); OLG Nürnberg DStR 2015, 1698; *Otto* MittBayNot 2016, 541; Palandt/*Ellenberger* BGB § 26 Rn. 6.

[353] Ähnlich *Sauter/Schweyer/Waldner* Eingetragener Verein Rn. 235.

[354] Vgl. zur Zulässigkeit BGHZ 69, 250 (254); BeckOK BGB/*Schöpflin* BGB § 27 Rn. 16; *Soergel/Hadding* BGB § 26 Rn. 4 und § 27 Rn. 21; zum Ganzen auch → Rn. 229 und → § 9 Rn. 44ff.

[355] Die Gefahr großer Nachweisprobleme führt jetzt die nachstehend dargestellte (mE unzutreffende) Entscheidung des KG (MittBayNot 2016, 541 mAnm *Otto*) deutlich vor Augen.

chen Funktion der Zustimmenden durch öffentliche Urkunde zu führen.[356] Teilweise umstritten ist nun, wie dieser Nachweis zu führen ist.

221a Für den Nachweis einer etwa erforderlichen **Zustimmung der Mitgliederversammlung** besteht Einigkeit, dass eine den Vorgaben des § 58 Nr. 4 BGB entsprechende Niederschrift vorzulegen ist, auf der die Unterschriften der Personen, die diese nach den Satzungsbestimmungen zu unterzeichnen haben, zu beglaubigen sind. Eines Nachweises der Berufung der Unterzeichner in das dafür maßgebliche Amt bedarf es dabei nicht.[357]

221b Ist nach der Satzung die **Zustimmung eines anderen Vereinsorgans** erforderlich, ist (neben der Zustimmung als solcher) der Nachweis der Zugehörigkeit der Genehmigung zum fraglichen Organ zu führen. Dies geschieht durch Vorlage einer Urkunde über die Berufung der Unterzeichner in das fragliche Organ. Vorbehaltlich begründeter Zweifel des Grundbuchamts im Einzelfall ist etwa auch im Grundbuchverfahren bei Wahl durch die Mitgliederversammlung die Vorlage eines Wahlprotokolls, das die nach der Satzung dafür erforderlichen Personen in öffentlich beglaubigter Form unterzeichnet haben, für diesen Nachweis nötig, aber auch ausreichend.[358] Die zuletzt vom KG[359] geäußerte Gegenansicht überspannt die Nachweispflichten – gerade auch im Vergleich zu den im Vereinsregisterverfahren bestehenden Vorgaben – in nicht begründbarem Umfang. Warum ein Protokoll, das – unbeglaubigt – als Grundlage für Eintragungen im Vereinsregister genügt, in beglaubigter Form nicht zum Nachweis im Grundbuchverfahren ausreichend sein sollte, erscheint kaum begründbar.[360] Wie *Otto* in seiner Anmerkung zur Entscheidung des KG überzeugend darlegt,[361] dokumentiert auch insoweit die den Vorgaben der Satzung entsprechende Niederschrift die Beschlussfassung des Vereins nach dem Willen des Satzungsgebers ohne zusätzliche Voraussetzungen (auch wenn dies nicht – wie vom KG gefordert – explizit in der Satzung aufgeführt sein sollte). Ob daneben auch eine analoge Anwendung des § 26 Abs. 4 WEG denkbar ist (wofür mE gewichtige Gründe sprechen) kann insoweit offen bleiben.

Beispiel:

Ist im Grundbuch- oder Registerverfahren ein Zustimmungsbeschluss der Mitgliederversammlung nachzuweisen, bedarf es dazu mE der Vorlage des Protokolls über die erfolgte Beschlussfassung samt Beglaubigung der Unterschriften der Personen, die nach der Satzung für die Protokollunterzeichnung zuständig sind. Wie oben → Rn. 219 ausgeführt, sollten derartige Satzungsbestimmungen aber möglichst gemieden werden.

222 Etwaige Betrags- bzw. Summenbegrenzungen, die Beschränkungen der Vertretungsmacht mit Wirkung gegenüber Dritten begründen sollen, müssen auch im Außenverhältnis nachvollziehbar und klar sein. Ihre Anwendbarkeit und ihr Umfang müssen daher ohne Weiteres dem Register zu entnehmen sein – ohne Prüfung nicht zugänglicher vereinsinterner Dokumente wie Finanzpläne, Aufzeichnungen über im Jahresverlauf bis zum fraglichen Zeitpunkt getätigte Investitionen oÄ.

Beispiel:

Unklarheiten bestehen regelmäßig, wenn auf das Überschreiten bestimmter Investitionssummen pro Jahr abgestellt wird, da für außenstehende Dritte der Umfang bereits getätigter Geschäfte schlicht nicht nachvollziehbar und prüfbar ist. Auch die Berücksichtigung einer getätigten Investitionsmaßnahme in einem vereinsinternen Finanzplan oÄ kann zwar

[356] KG MittBayNot 2016, 541; LG Lübeck Rpfleger 1991, 309; *Sauter/Schweyer/Waldner* Eingetragener Verein Rn. 234; *Schöner/Stöber* GrundbuchR Rn. 3650.

[357] Vgl. nur *Otto* MittBayNot 2016, 542ff. mwN; *Sauter/Schweyer/Waldner* Eingetragener Verein Rn. 234; *Schöner/Stöber* GrundbuchR Rn. 3650.

[358] LG Bochum Rpfleger 1979, 462; *Schöner/Stöber* Eingetragener Verein Rn. 3650.

[359] KG MittBayNot 2016, 541.

[360] Dies betont auch *Otto* MittBayNot 2016, 542ff. unter Hinweis auf *Groß* BWNotZ 1984, 163 (164).

[361] *Otto* MittBayNot 2016, 542ff.

im Innenverhältnis zu angemessenen Ergebnissen führen, ist aber mangels Nachvollziehbarkeit und Nachweisbarkeit für Einschränkungen im Außenverhältnis grundsätzlich nicht geeignet.

c) Registereintragung. Bestehen derartige Begrenzungen der Vertretungsmacht mit Außenwirkung, bedürfen sie nach §§ 64, 68, 70 BGB der Eintragung in das Vereinsregister. Unterbleibt die Eintragung, kann sich der Verein einem Dritten gegenüber nur dann auf die Einschränkung der Vertretungsmacht seines Vorstandes berufen, wenn diese dem Dritten bekannt war. Die eingetragene Einschränkung dagegen muss der Dritte regelmäßig auch dann gegen sich gelten lassen, wenn sie ihm nicht bekannt war (§§ 68, 70 BGB).[362] Auf das Innenverhältnis bezogene Begrenzungen sind dagegen nicht eintragungsfähig. 223

Formulierungsbeispiel: Vertretungsbefugnis im Innenverhältnis (Satzungsbestandteil) 224

§ 8. Vertretungsbefugnis des Vorstands

(1) Jedes Vorstandsmitglied vertritt einzeln. Im Innenverhältnis, also ohne Einschränkung der Vertretungsmacht nach außen, ist jedoch für folgende Rechtsgeschäfte die vorherige Zustimmung *** *[der Mitgliederversammlung/des Beirates/des Präsidiums/etc.]* einzuholen:
- Veräußerung und Belastung von Grundbesitz,
- Rechtsgeschäfte mit einem Geschäftswert über 10.000 EUR, soweit sie nicht in dem von der Mitgliederversammlung beschlossenen Investitionsplan vorgesehen sind,
- *** *[ggf. weitere Rechtsgeschäfte]*.

Formulierungsbeispiel: Vertretungsbefugnis im Außenverhältnis (Satzungsbestandteil) 225

§ 8. Vertretungsbefugnis des Vorstands

(1) Jedes Vorstandsmitglied vertritt grundsätzlich einzeln. Zur wirksamen Veräußerung und Belastung von Grundbesitz ist jedoch die Mitwirkung von mindestens zwei [*Alt. 1:* drei/vier/etc.] [*Alt. 2:* allen] vorhandenen Vorstandsmitgliedern erforderlich. Zusätzlich ist für solche Rechtsgeschäfte im Innenverhältnis die Zustimmung der Mitgliederversammlung einzuholen.
[*Alt. 1:* Jedes Vorstandsmitglied vertritt grundsätzlich einzeln. Zu einem Rechtsgeschäft mit einem Geschäftswert über *** EUR sind jedoch nur zwei Vorstandsmitglieder gemeinschaftlich zur Vertretung befugt.]
[*Alt. 2:* Der Verein wird durch zwei Vorstandsmitglieder gemeinschaftlich vertreten. Ein Rechtgeschäft mit einem Geschäftswert über *** EUR kann der Vorstand für den Verein nur mit Zustimmung *** *[der Mitgliederversammlung/des Präsidiums/etc.]* bindend vornehmen.][363]

---

[362] Ausnahmen sind allenfalls in besonderen Situationen denkbar. *Sauter/Schweyer/Waldner* Eingetragener Verein Rn. 236 nennt etwa das zeitliche Zusammenfallen von Eintragung und Rechtsgeschäftsvornahme.

[363] Der vorsichtige Satzungsgestalter kann hier im Hinblick auf die Entscheidung der soeben dargestellten Entscheidung des KG angenähert an dessen Vorschlag fortfahren: „Gegenüber Dritten gilt die erforderliche Zustimmung als erteilt bei Zustimmung durch mindestens eine [***Alt.:*** zwei/drei/etc.] der Personen, deren Bestellung in *** *[das Präsidium/etc.]* einem Protokoll der Mitgliederversammlung, das seinerseits von den nach der Satzung hierfür zuständigen Personen unterzeichnet ist, zu entnehmen ist."

4. Vertretungsregelung bei mehrgliedrigem Vorstand

226 **a) Grundlagen.** Besteht der Vorstand des Vereins aus mehr als einer Person, wird der Verein nach der gesetzlichen (Auffang-) Regelung des § 26 Abs. 2 S. 1 BGB grundsätzlich durch die **Mehrheit der Vorstandsmitglieder** vertreten. Nach Satz 2 derselben Norm genügt bei der Passivvertretung, also bei der Abgabe einer Willenserklärung gegenüber dem Verein, die Abgabe gegenüber einem Mitglied des Vorstandes.

227 Durch diese Bestimmungen ist die frühere Streitfrage über die Gesamtvertretung durch alle Vorstandsmitglieder oder die Vertretung durch die Mehrheit (samt Streitigkeiten über deren Ermittlung) hinfällig.[364] Nach der eindeutigen gesetzlichen Bestimmung ist nicht auf eine Beschlussmehrheit, sondern auf die Zahl der (vorhandenen) Vorstandsmitglieder abzustellen.[365] Bei einem aus zwei Personen bestehenden Vorstand ist daher ein Handeln durch beide Vorstandsmitglieder geboten.

228 **b) Änderbarkeit.** Die Regelung zur alleinigen Vertretung durch das einzig vorhandene Vorstandsmitglied ist zwingend. Nicht änderbar ist auch die alleinige Vertretung durch jedes Vorstandsmitglied einzeln bei dem Verein gegenüber abzugebenden Erklärungen gem. § 26 Abs. 2 S. 2 BGB (Passivvertretung).[366] Dagegen sind im Übrigen Abweichungen von der Gesamtvertretung gem. § 26 Abs. 2 S. 1 BGB (nach § 40 BGB) zulässig und auch weitgehend üblich.

229 Die Satzung kann zB Einzelvertretungsbefugnisse aller oder verschiedener Vorstandsmitglieder vorsehen, Gesamtvertretungen durch zwei oder mehr Vorstandsmitglieder anordnen oder die Mitwirkung bestimmter Vorstandsmitglieder (etwa des Vorstandsvorsitzenden oder Schatzmeisters) für die Vertretung anordnen. Denkbar, aber in der Regel wenig praktikabel, ist auch die Anordnung der Vertretung durch sämtliche Vorstandsmitglieder gemeinschaftlich.

229a Umstritten ist, ob „unechte Gesamtvertretung" in der Weise angeordnet werden kann, dass ein Vorstandsmitglied nur gemeinsam mit einem nicht zum Vorstand gehörenden „Geschäftsführer" zur Vertretung des Vereins befugt ist.[367] Meines Erachtens ist (trotz § 26 Abs. 1 S. 3 BGB) entscheidend, dass der Verein (durch seine Organe) handlungsfähig bleiben muss.[368] Daher dürfte mE richtigerweise zu differenzieren sein: „Unechte Gesamtvertretung" durch ein Organmitglied gemeinschaftlich mit einem Dritten ist nicht als organschaftliche Vertretung möglich.[369] Denkbar ist das zugrundeliegende „Vertretungsmodell" aber als rechtsgeschäftliche Vertretung (aufgrund später erteilter Vollmacht oder auch schon durch Satzungsanordnung) und auch als Einschränkung der Vertretungsmacht des Vorstands (wenn nur der Verein auch alleine durch seine Organe handeln kann).

229b Damit ist mE zB eine Satzungsbestimmung
- unzulässig, die zwingend (also unabhängig von der Zahl der vorhandenen/mitwirkenden Vorstandsmitglieder) die Mitwirkung außerhalb der Vereinsorgane stehender Dritter, etwa die eines „Geschäftsführers", der nicht besonderer Vertreter oder Vorstandsmitglied ist, zur wirksamen Vertretung des Vereins verlangt;[370]
- zulässig, wonach der Verein entweder durch zwei Vorstandsmitglieder gemeinschaftlich oder durch ein Vorstandsmitglied mit Zustimmung eines (uU bevollmächtigten) Geschäftsführers vertreten wird;

---

[364] Vgl. zum damaligen Streitstand Staudinger/*Weick* (2005) BGB § 26 Rn. 12.
[365] Vgl. BeckOK BGB/*Schöpflin* BGB § 26 Rn. 16.
[366] Vgl. *Krafka* RegisterR-HdB Rn. 2142.
[367] Vgl. zum Ganzen *Sauter/Schweyer/Waldner* Eingetragener Verein Rn. 234; Soergel/*Hadding* BGB § 26 Rn. 8, 21.
[368] So ausdrücklich MüKoBGB/*Arnold*, 7. Aufl. 2015, BGB § 26 Rn. 13.
[369] So auch MüKoBGB/*Arnold*, 7. Aufl. 2015, BGB § 26 Rn. 13.
[370] AA wohl *Sauter/Schweyer/Waldner* Eingetragener Verein Rn. 229, 234.

– zulässig, wonach (auch beim eingliedrigen Vorstand) die Mitwirkung eines besonderen Vertreters (in seinem Aufgabenbereich) erforderlich ist;[371] erhalten bleiben muss die Möglichkeit des Vorstands alleine zu vertreten, wenn der besondere Vertreter nicht bestellt ist.

Nicht zulässig und – beim eingetragenen Verein – nicht eintragungsfähig, sind Vertretungsregeln, die die Vertretungsbefugnisse im konkreten Einzelfall nicht eindeutig erkennen lassen. Dies gilt etwa für alternative oder bedinge Vertretungsregeln.[372] Typische Vertretungsregelungen sind wie folgt möglich: 230

Formulierungsbeispiel: Vertretungsbefugnis (Satzungsbestandteil) 231

§ 8. Vertretungsbefugnis des Vorstands

(1) Jedes Vorstandsmitglied vertritt einzeln.
[*Var. 1:* Der Verein wird durch zwei Vorstandsmitglieder gemeinschaftlich vertreten.]
[*Var. 2:* Der erste Vorsitzende vertritt den Verein einzeln, im Übrigen wird der Verein durch zwei Vorstandsmitglieder gemeinschaftlich vertreten.]
[*Var. 3:* Der Verein wird durch zwei Vorstandsmitglieder gemeinschaftlich, darunter der 1. oder 2. Vorsitzende, vertreten.]

c) Vollmachten. Möglich ist es, in der **Satzung** das **persönliche Handeln** der Vorstandsmitglieder vorzuschreiben. Durch eine derartige Bestimmung ist eine rechtsgeschäftliche Bevollmächtigung ausgeschlossen.[373] Denkbar sollten auch Anordnungen sein, die eine Bevollmächtigung Dritter zwar untersagen, eine Bevollmächtigung einzelner Vorstandsmitglieder aber gestatten. Während die Vertretung eines Vorstandsmitgliedes bei der Beschlussfassung durch eine andere Person grundsätzlich untersagt ist,[374] ist es dem Vorstand grundsätzlich möglich, namens des Vereins einem Dritten oder auch einem oder mehreren seiner Mitglieder Vollmacht zur Vertretung des Vereins zu erteilen. Da die Vollmacht in einem solchen Fall nicht von den Vorstandsmitgliedern, sondern vom Verein erteilt wird, berührt auch ein Wechsel der Vorstandsmitglieder die Wirksamkeit einer derartigen Vollmacht nicht.[375] Näheres zur Vollmachtserteilung durch den Verein → § 9 Rn. 63 ff. 232

5. Grenzen der Vertretungsmacht: Selbstkontrahierungsverbot

Eine Einschränkung der Handlungsmöglichkeit des Vorstandes ergibt sich aus **§ 181 BGB.** Danach sind dem Vorstand Insichgeschäfte grundsätzlich nicht gestattet. Von diesen Beschränkungen – in beiden Varianten der Doppelvertretung und des Eigenhandelns – kann der Vorstand in der Satzung allgemein oder für bestimmte Arten von Geschäften befreit werden.[376] Die Befreiung erteilt die Mitgliederversammlung bzw. ein davon abweichendes Bestellungsorgan. Die Gestattung kann sich auf den ganzen Vorstand oder nur einzelne Vorstandsmitglieder beziehen, beide oder nur eine der Varianten des § 181 BGB umfassend und generell oder nur für bestimmte (Arten von) Geschäfte(n) oder im Verhältnis zu bestimmten Dritten erteilt sein. Dies entspricht der Rechtslage bei der GmbH. 233

---

[371] So wohl auch *Sauter/Schweyer/Waldner* Eingetragener Verein Rn. 234.
[372] Im Einzelnen → Rn. 16 f. und → Rn. 238 ff.
[373] Vgl. *Sauter/Schweyer/Waldner* Eingetragener Verein Rn. 234; Staudinger/*Weick* (2005) BGB § 26 Rn. 14.
[374] Dazu → Rn. 188 f.
[375] Vgl. dazu *Sauter/Schweyer/Waldner* Eingetragener Verein Rn. 237.
[376] Allgemeine Meinung: vgl. nur BeckOK BGB/*Schöpflin* BGB § 26 Rn. 15; *Sauter/Schweyer/Waldner* Eingetragener Verein Rn. 239; Soergel/*Hadding* BGB § 26 Rn. 22, jeweils mwN.

234 Umstritten ist, ob für die Befreiung ein einfacher Beschluss ausreichend ist oder ob – ähnlich wie im GmbH-Recht[377] – eine **satzungsmäßige Grundlage** (also eine Ermächtigung in der Satzung, wonach das Vorstandsmitglied von § 181 BGB befreit werden kann) erforderlich ist. Mit der wohl hM ist mE davon auszugehen, dass das Bestellungsorgan den Vorstand im Einzelfall auch ohne satzungsmäßige Grundlage von den Beschränkungen des § 181 BGB befreien kann.[378] Ob eine generelle Befreiung dagegen einer Satzungsgrundlage bedarf oder auch ohne weiteres durch Beschluss des Bestellungsorgans möglich ist, ist nicht abschließend geklärt.[379] Meines Erachtens ist die Befreiung (nur) durch die Mitgliederversammlung (bzw. die Delegiertenversammlung), soweit sie zur Vorstandsbestellung zuständig ist, (auch) ohne Satzungsrundlage möglich, sonst jedoch ausgeschlossen. Angesichts der bestehenden Rechtsunsicherheit empfiehlt es sich jedoch, eine entsprechende Satzungsregelung aufzunehmen. Diese kann eine Befreiung ganz oder teilweise unmittelbar selber erteilen oder sie der Entscheidung durch das Berufungsgremium, regelmäßig die Mitgliederversammlung, überantworten.

235 Ist der Vorstand selbst nicht von den Beschränkungen des § 181 BGB befreit, kann er – nach allgemeinen Grundsätzen – auch Dritte oder einzelne Vorstandsmitglieder als Bevollmächtigte bzw. Ermächtigte nicht von diesen freistellen. Zulässig soll aber die Mitwirkung eines von § 181 BGB nicht befreiten Vorstandsmitgliedes bei der Ermächtigung eines anderen Vorstandsmitgliedes zur Alleinvertretung sein, wenn in der Folge dieses ermächtigte Vorstandsmitglied einen Vertrag namens des Vereins mit dem anderen Vorstandsmitglied abschließt.[380]

236 Eine wirksam erteilte Befreiung, sei es, dass sie durch die Satzung oder durch die Mitgliederversammlung erteilt wird, nicht aber die in der Satzung geschaffene Möglichkeit dazu, ist – soweit sie nicht nur für ein einzelnes Geschäft erteilt ist und sich mit dem Einzelfall wieder erledigt – beim eingetragenen Verein in das **Vereinsregister** in entsprechender Anwendung des § 64 BGB einzutragen.[381]

237 **Formulierungsbeispiel: Befreiung des Vorstandes von den Beschränkungen des § 181 BGB (Satzungsbestandteil)**

§ 8. Vertretungsbefugnis des Vorstands

(2) Der Vorstand ist von den Beschränkungen des § 181 BGB umfassend befreit.
[*Var. 1:* Der Vorstand ist zur Vornahme von Rechtsgeschäften mit sich selbst und als Vertreter eines Dritten befugt.]
[*Var. 2:* Der Vorstand ist zur Vornahme von Rechtsgeschäften mit sich selbst als Vertreter eines Dritten befugt.]
[*Var. 3:* Die Mitgliederversammlung kann den Vorstand insgesamt oder einzelne Vorstandsmitglieder von den Beschränkungen des § 181 BGB in der Form der Mehrfachvertretung ganz oder teilweise befreien.]
[*Var. 4:* Die Mitgliederversammlung ist berechtigt, einem, mehreren oder allen Vorständen im Einzelfall oder generell Befreiung von den Beschränkungen des § 181 BGB zu erteilen.]
[*Var. 5:* Der 1. Vorsitzende ist befugt, den Verein bei der Vornahme von Rechtsge-

---

[377] So die überwiegende Ansicht bei der GmbH: BGHZ 33, 189; BGHZ 87, 59; BayObLGZ 1980, 209; BayObLGZ 1985, 189; aA Baumbach/Hueck/*Zöllner/Noack* GmbHG § 35 Rn. 132; Lutter/Hommelhoff/*Kleindiek* GmbHG § 35 Rn. 52.

[378] BayObLG NJW-RR 1996, 611; MHdB GesR V/*Waldner* § 28 Rn. 18; MüKoBGB/*Leuschner* BGB § 26 Rn. 27.

[379] Eine Satzungsgrundlage verlangen etwa Palandt/*Ellenberger* BGB § 181 Rn. 19; *Sauter/Schweyer/Waldner* Eingetragener Verein Rn. 239; wohl auch BeckOK BGB/*Schöpflin* BGB § 27 Rn. 15.

[380] Vgl. dazu Soergel/*Hadding* BGB § 26 Rn. 22.

[381] Dies ist für die GmbH eindeutig und allgemeine Meinung, gilt für den e.V. jedoch in gleicher Weise; vgl. etwa *Krafka* RegisterR-HdB Rn. 2144; Palandt/*Ellenberger* BGB § 181 Rn. 21; *Sauter/Schweyer/Waldner* Eingetragener Verein Rn. 239; Soergel/*Hadding* BGB § 26 Rn. 22.

schäften mit sich selbst als Vertreter eines Dritten zu vertreten. Im Übrigen sind die Vorstandsmitglieder von den Beschränkungen des § 181 BGB nicht befreit.]

H. Bedingte Bestellung, Stellvertreter, Ersatzleute

Regelungen zur Vertretung des Vereins nach außen müssen klar und eindeutig sein. Daher ist eine nur bedingte Bestellung einzelner Personen zum Vorstand nicht zulässig. Eine Bestimmung etwa, dass der 2. Vorsitzende des Vereins nur bei Verhinderung des 1. Vorsitzenden zur Vertretung des Vereins berufen sei, ist anders als eine im Innenverhältnis wirkende Verpflichtung eines Vorstandsmitgliedes, nur bei Verhinderung eines anderen von seinen Vertretungsbefugnissen Gebrauch zu machen, für Dritte nicht transparent und zur Kennzeichnung der Vertretungsregelung nach außen nicht geeignet, und daher nicht wirksam.[382] 238

Von der – unzulässigen – **bedingten Zugehörigkeit** zum Vorstand zu unterscheiden ist jedoch – neben der internen Vertretungsbeschränkung – zum einen die (unbedingte) Berufung in ein (ständiges) Vorstandsamt, das nach seiner Bezeichnung in der internen Funktion und Geschäftsführungsbefugnis beschränkt ist, zB stellvertretender Vorstand, stellvertretender Schriftführer. Diese und andere Inhaber solcher Ämter sind ständige Vorstandsmitglieder. In das Amt des Vorstandsmitgliedes, dessen Stellvertreter sie nach der Bezeichnung sind, rücken sie nur bei entsprechender Satzungsgrundlage automatisch nach.[383] 239

Formulierungsbeispiel: Nachrücken in den Vorstandsvorsitz (Satzungsbestandteil) 240

§ 6. Vorstand

(7) Scheidet der 1. Vorsitzende während seiner Amtszeit aus, rückt bis zu deren Ablauf der 2. Vorsitzende in dessen Amt nach. Das Amt des 2. Vorsitzenden bleibt bis zur regulären Neuwahl unbesetzt.

Derartige **Nachrückermodelle** sind auch in anderen Konstellationen denkbar, so kann bei Ausscheiden eines Inhabers eines bestimmten Vorstandsamtes, der eines anderen Amtes in dessen Funktion einrücken, während das Amt des Einrückenden neu zu besetzen ist oder – zunächst – offen bleibt. 241

Formulierungsbeispiel: Nachrücken in ein anderes Vorstandsamt (Satzungsbestandteil) 242

§ 6. Vorstand

(7) Scheiden Vorsitzender, Kassierer und/oder Schriftführer vor Ablauf der Amtszeit aus dem Vorstand aus, rückt für den Rest der Amtszeit das an Lebensjahren jüngste [*Alt.:* älteste] weitere Vorstandsmitglied in dessen Amt ein. Dessen Amt [...]

Zum anderen ist es zulässig, bei entsprechender Satzungsgrundlage **Ersatzvorstandsmitglieder** zu bestellen, die zunächst nicht Vorstandsmitglieder sind, aber beim Ausscheiden eines anderen Vorstandsmitgliedes – in einer festzulegenden Reihenfolge – für den Rest einer Amtsperiode ersatzweise in den Vorstand nachrücken. 243

[382] → Rn. 16 ff.; vgl. auch *Sauter/Schweyer/Waldner* Eingetragener Verein Rn. 227 f.
[383] Vgl. zum Ganzen → Rn. 116 ff.; *Sauter/Schweyer/Waldner* Eingetragener Verein Rn. 249.

244 **Formulierungsbeispiel: Nachrücken von Ersatzvorstandsmitgliedern (Satzungsbestandteil)**

§ 6. Vorstand

(7) Die Mitgliederversammlung kann bis zu drei Ersatzvorstandsmitglieder wählen, die – in der Reihenfolge der auf sie entfallenden Stimmen – bei Ausscheiden von Vorstandsmitgliedern während der Amtszeit bis zu deren Ablauf in das Vorstandsamt des Ausscheidenden nachrücken. Bei Stimmengleichheit von Ersatzleuten entscheidet das Los.

[*Alt. 1:* Die Mitgliederversammlung wählt den Vorstand für die Dauer von zwei Jahren. Zusätzlich ist für jedes Vorstandsamt eine Ersatzperson zu wählen. Eine Ersatzperson rückt bei Ausscheiden des gewählten Vorstandsmitgliedes, für dessen Amt es ersatzweise gewählt wurde, bis zum Ablauf der Wahlperiode in dessen Amt nach.]

[*Alt. 2:* Die Mitgliederversammlung kann bis zu drei Ersatzleute wählen, aus deren Kreis sich der Vorstand bei Ausscheiden eines einzelnen Vorstandsmitgliedes bis zum Ablauf der Wahlperiode durch Vorstandsbeschluss zu ergänzen hat.]

§ 9. Weitere Organe; „Geschäftsführer" und Bevollmächtigte; Rechnungsprüfer

Übersicht

A. Vorbemerkung

Mitgliederversammlung (→ § 7) und Vorstand (→ § 8) sind die einzigen, durch die körperschaftliche Organisationsform vorausgesetzten, zwingenden Organe eines Vereins. Die Schaffung weiterer – **fakultativer** – Organe steht im Ermessen des Satzungsgebers. Ihn trifft grundsätzlich keine Verpflichtung zur Wahl einer bestimmten Führungsstruktur. Die Findung der für seine Aufgaben und Zusammensetzung passenden Struktur unterfällt der Satzungsautonomie des Vereins. Auf einer anderen juristischen Ebene kann sich indes die Frage stellen, ob ein Verein und seine Organe, allen voran der Vorstand, zur Haftung für entstandene Schäden herangezogen oder für festgestellte Regel- und Gesetzesverstöße verantwortlich gemacht werden können, wenn der Verein keine Struktur gefunden hat, die zur Aufgabenerfüllung unter Gesetzeswahrung und Schutz und Wahrung der Rechte Drit- 1 ter geeignet ist. Dies berührt auch die Frage, ob und ggf. inwieweit der Verein zur Einrichtung einer bestimmten Compliance-Struktur verpflichtet ist.[1] Damit ist aber keine Pflicht zur Schaffung bestimmter Organe oder zur Wahl einer bestimmten Struktur verbunden.[2] Die gewählte Struktur selbst und ihre Ausgestaltung müssen (nur) in sich zur Erfüllung der Aufgaben und Wahrung der Pflichten geeignet sein.[3]

2 Das Vereinsrecht des BGB führt neben Vorstand und Mitgliederversammlung alleine den besonderen Vertreter einer gesetzlichen Regelung zu. Alle weiteren durch die Satzung etwa geschaffenen Vereinsorgane sind daher zwar in ihrer Einrichtung durch die Satzungsautonomie gedeckt, mangels gesetzlicher Bestimmungen jedoch auch einer satzungsautarken Regelung zuzuführen. Die Satzung kann sich also nicht darauf beschränken, ein derartiges fakultatives Organ vorzusehen. Vielmehr muss sie auch dessen Zusammensetzung, Aufgaben und Wirkungsweise festlegen. Eine der zentralen Regelungsaufgaben besteht dabei in der Abgrenzung zu den anderen Vereinsorganen, in Vertretungsfragen vor allem in der zum Vorstand.

3 Praktisch bedeutsam ist neben der Einrichtung derartiger Organe (erweiterte Vorstandschaft, Beirat, Aufsichtsrat, usw) und der Einsetzung besonderer Vertreter die Installation eines „Geschäftsführers". Etwa in Verbandsstrukturen und großen Vereinen ist er häufig anzutreffen, oft als hauptberuflich tätiger Angestellter des Vereins neben den ehrenamtlich tätigen Vorstandsmitgliedern.[4] Auch die Schaffung einer solchen Position ist jedoch – anders als bei der GmbH – weder durch gesetzliche Bestimmungen vorgeschrieben, noch ist sie (spezifischen) fakultativen Regelungen zugeführt: Der „Geschäftsführer" eines Vereins ist nicht Inhaber eines eigenständig geregelten Amtes. Seine Position ist vielmehr in das Gefüge des Vereinsrechts zwischen Vorstand, besonderem Vertreter und Bevollmächtigtem einzupassen.

4 Der besondere Vertreter wird in der Folge wegen seiner besonderen gesetzlichen Regelung und der praktischen Bedeutung als Anwendungsfall eines weiteren Organs vorweg dargestellt. Dort gefundene Überlegungen lassen sich teilweise auch auf weitere Vereinsgremien übertragen.

B. Besondere Vertreter

I. Allgemeines

5 Besonders bei größeren Vereinen mit großer Mitgliederzahl und/oder besonderer räumlicher Ausbreitung bzw. inhaltlicher Vielfalt kann sich das Bedürfnis ergeben, den Vorstand durch weitere vertretungsberechtigte Personen zu entlasten bzw. zu unterstützen. Dies kann etwa dem Wunsch entspringen, ihm durch die Abschichtung (räumlich oder sachlich) abgegrenzter Zuständigkeitsbereiche die Konzentration auf grundsätzliche Geschäftsführungs- und Vereinsleitungsaufgaben zu ermöglichen, dem Ziel folgen, ehrenamtlich tätige Vorstände – auch zur Wahrung einer von Wahlperioden gelösten Kontinuität im Vereinshandeln – durch (angestellte) Mitarbeiter zu entlasten und zu unterstützen oder aus dem Bestreben nach der Einbindung besonderen Sachverstandes in das Vereinshandeln erwachsen. § 30 S. 1 BGB ermöglicht es dazu, neben dem Vorstand „für gewisse Geschäfte" **besondere Vertreter** zu bestellen. Deren Vertretungsmacht erstreckt sich im Zweifel auf alle Rechtsgeschäfte, die der ihnen zugewiesene Geschäftsbereich gewöhnlich mit sich bringt, § 30 S. 2 BGB.

6 Der besondere Vertreter iSd § 30 BGB ist – in seinem Aufgabenkreis – **Organ des Vereins.**[5] Er schließt die Lücke zwischen dem grundsätzlich für das gesamte Vereinshan-

---

[1] Nach hier vertretener Auffassung ist dies nicht grundsätzlich der Fall, → § 8 Rn. 205a ff., insbes. Rn. 205c.
[2] Vgl. für den besonderen Vertreter und die dazu geführte (Haftungs-) Diskussion → Rn. 8 ff.
[3] Zur Haftung des Vereins → § 12 Rn. 20 ff., insbes. Rn. 24.
[4] Vgl. etwa den Überblick zur Führungsorganisation großer Vereine bei *Brouwer* NZG 2017, 481 (482 f.).
[5] Vgl. (bei der AG) etwa BGH NZG 2011, 1383 (mwN).

deln zuständigen Vorstand und dem nur im Rahmen der ihm erteilten Vollmacht zur Vertretung befugten (bloßen) rechtsgeschäftlichen Vertreter. Die Möglichkeit der rechtsgeschäftlichen Bevollmächtigung eines Dritten nach §§ 164ff. BGB steht dem Verein auch ohne Satzungsgrundlage grundsätzlich stets offen (soweit die Satzung sie nicht ausschließt oder einschränkt).[6] Während der Bevollmächtigte seine Rechtsmacht aber regelmäßig aus einer vom Vorstand erteilten Vollmacht ableitet, ermöglicht § 30 BGB die Schaffung einer unmittelbar in die Vereinsstruktur eingebundenen und – bei entsprechender Ausgestaltung in der Satzung – direkt der Mitgliederversammlung verantwortlichen, von ihr zu beeinflussenden und von ihr mandatierten zweiten Führungsebene neben dem Vorstand.[7] Dabei ist der besondere Vertreter nicht Vorstandsmitglied, die für Vorstände geltenden Vorschriften sind grundsätzlich nicht anwendbar.

Besondere, über den ursprünglichen Regelungsgehalt der Vorschrift hinausgehende Bedeutung hat die Regelung zum besonderen Vertreter durch das Zusammenspiel des § 30 BGB mit § 31 BGB erhalten. Letzterer statuiert die Haftung des Vereins auch für andere verfassungsmäßig berufene Vertreter neben dem Vorstand(smitglied). Die §§ 30, 31 BGB dienten der Rechtsprechung im Laufe der Jahre als Grundlage für die Entwicklung des Haftungsrechtes der Vereine. Dabei hat sie den Begriff des besonderen Vertreters zunehmend ausgeweitet, um eine möglichst weitgehende Grundlage für die – ohne Exkulpationsmöglichkeit angeordnete – Haftungszurechnungsnorm des § 31 BGB zu entwickeln. Der „Haftungsvertreter“ iSd § 31 BGB hat sich dabei stark von dem eigentlichen „besonderen Vertreter“ iSd § 30 BGB mit der ihm dort gewährten Vertretungs- und Geschäftsführungsmacht entfernt. Auch *Leuschner*[8] bezieht klar gegen diese haftungsrechtliche Blickrichtung der hM Position und betont überzeugend die organisationsrechtliche Dimension des § 30 BGB.[9] 7

II. Satzungsgrundlage

1. „Besondere Vertreter" und „Haftungsvertreter"

Die Bestellung eines besonderen Vertreters **kann** nach § 30 S. 1 BGB durch die Satzung vorgesehen werden. 8

Da die Satzung deren Bestellung vorsehen „kann“, gehören Bestimmungen über die Bestellung eines besonderen Vertreters **nicht zum zwingenden Satzungsinhalt** eines Vereins. Das einzige zwingend vorzusehende Vertretungsorgan des Vereins ist nach § 26 BGB der Vorstand.[10] Die Zulassung eines besonderen Vertreters obliegt – wie auch die Ausgestaltung des Vorstands in Größe, Struktur und Zusammensetzung – der Satzungsautonomie des Vereins. 9

Daran ändert mE auch die Rechtsprechung nichts, die eine Haftung des Vereins bei pflichtwidrigem Unterlassen der Bestellung eines besonderen Vertreters angenommen hat.[11] Zwar mag es gerechtfertigt sein, einem Verein, der es unterlassen hat, die Schädigung Dritter durch die Berufung eines mit hinreichenden Kompetenzen ausgestatteten Vertreters abzuwenden, den Vorwurf eines Organisationsverschulden zu machen, der nicht mit dem Hinweis, die Satzung gestatte keine Bestellung eines sonstigen verfassungsmäßigen Vertreters, abgewendet werden kann. Der Verein solle sich also bei Verletzung einer Verkehrssicherungspflicht nicht darauf berufen können, es sei niemand zuständig gewesen, 10

[6] Vgl. dazu → Rn. 63ff.; auch Soergel/*Hadding* BGB § 26 Rn. 19.
[7] Diese Möglichkeit einer differenzierten verfassungsunmittelbaren Handlungsorganisation stellt MüKoBGB/*Arnold,* 7. Aufl. 2015, BGB § 30 Rn. 1 in den Vordergrund.
[8] MüKoBGB/*Leuschner* BGB § 30 Rn. 1f.
[9] So jetzt auch Staudinger/*Schwenicke* BGB § 30 Rn. 2, 9.
[10] Vgl. Staudinger/*Schwennicke* BGB § 30 Rn. 9.
[11] So auch MüKoBGB/*Arnold,* 7. Aufl. 2015, BGB § 30 Rn. 3f.; MüKoBGB/*Leuschner* BGB § 30 Rn. 2; aA BeckOK BGB/*Schöpflin* BGB § 30 Rn. 5.

diese Pflicht für ihn wahrzunehmen.[12] Umgekehrt aber bleibt es bei dem unverrückbaren Grundsatz, dass der Verein seine verfassungsmäßige Grundordnung selbst gestalten kann. Die Wahrung der den Verein treffenden Pflichten mag zwar die Schaffung einer (haftungsvermeidenden) Organisation unter Einsatz geeigneter (durch die zuständigen Gremien auszuwählender und zu überwachender) Personen mit hinreichenden Kenntnissen und Befugnissen erfordern, sie erzwingt aber nicht die Schaffung eines besonderen Vertreters iSd § 30 BGB. Die Vereinsautonomie als das von § 25 BGB angesprochene Recht des Vereins, seine Angelegenheiten selbst zu ordnen und zu gestalten gehört zum Kernbereich der Vereinigungsfreiheit des Art. 9 Abs. 1 GG.[13] Zu dieser Gestaltungsfreiheit gehört auch die Freiheit zur Schaffung oder Nichtschaffung des Organs „besonderer Vertreter". Die (haftungsrechtliche) Verantwortlichkeit für das Unterlassen, die zur Erfüllung seiner Verkehrssicherungspflichten nötigen Handlungen vorzunehmen, bewirkt damit keine Einschränkung der Satzungsautonomie des Vereins. Dem entspricht auch die ständige Rechtsprechung, wonach eine Prüfung der Zweckmäßigkeit der Satzung nicht stattfindet.[14]

11 Durch seine Bezugnahme auf die Satzung stellt § 30 S. 1 BGB zugleich klar, dass die Bestellung besonderer Vertreter auch nur auf **Satzungsgrundlage** möglich ist. Da die Entscheidung über deren Zulassung aufgrund ihrer Organstellung die Verfassung des Vereins betrifft und das Gesetz sie der Klärung in der Satzung überlässt, scheidet die Bestellung eines besonderen Vertreters mit der in § 30 BGB vorgesehenen rechtlichen Position als Organ des Vereins ohne Grundlage in der Satzung aus.[15]

12 Hiervon mE klar zu scheiden, ist die schon oben angesprochene Entwicklung in der Rechtsprechung, zur Anwendbarkeit der Haftungszurechnungsnorm des § 31 BGB das Vorliegen eines organschaftlichen Vertreters des Vereins (außerhalb des Vorstands) auch ohne Satzungsgrundlage zu bejahen. Sie beruht auf dem Bestreben, den bei rechtsgeschäftlichen Vertretern nach § 831 Abs. 2 BGB möglichen Entlastungsbeweis auszuschließen und zu einer möglichst umfassenden Haftung des Vereins nach § 31 BGB zu gelangen,[16] also auf dem Wunsch die Haftung juristischer Personen für deliktisches Handeln ihrer Organe auszuweiten.[17] Eine Einstufung einer handelnden Person als sonstiger verfassungsmäßiger Vertreter iSd § 31 BGB erlaubt jedoch keinen Rückschluss auf die Anwendbarkeit der die Vertretungsmacht regelnden Norm des § 30 BGB. Sie klärt Fragen der Haftungszurechnung, nicht solche der Vertretungs- und Geschäftsführungsbefugnis.[18]

13 Es bleibt damit bei dem Grundsatz, dass ein mit der Vertretungsmacht des § 30 BGB ausgestatteter besonderer Vertreter nur auf entsprechender Satzungsgrundlage existieren und durch die Vereinsgremien installiert werden kann.[19]

2. Ausgestaltung

14 Kein einheitliches Meinungsbild besteht bisher zu der Frage, welche Regelungstiefe eine Satzungsbestimmung über die Schaffung eines besonderen Vertreters haben muss und wie der Kreis der ihm übertragenen „gewissen Geschäfte" durch die Satzung ausgestaltet sein kann bzw. muss.

---

[12] So Soergel/*Hadding* BGB § 30 Rn. 6; vgl. zur Haftung → § 12 Rn. 23f.
[13] Vgl. nur BayObLGZ 1982, 368 (373); BayObLG MittBayNot 1999, 305.
[14] Vgl. BayObLG MittBayNot 1999, 305.
[15] So im Grundsatz auch Rspr. und hM; vgl. die nachstehend genannten Fundstellen.
[16] BAG NJW 1997, 3261 (3262).
[17] Staudinger/*Schwennicke* BGB § 30 Rn. 2.
[18] Sehr kritisch zu dieser Rechtsprechung MüKoBGB/*Leuschner* BGB § 30 Rn. 1f. und zuvor MüKoBGB/*Arnold,* 7. Aufl. 2015, BGB § 30 Rn. 3f.; Staudinger/*Schwennicke* BGB § 30 Rn. 9.
[19] Vgl. zum Ganzen MüKoBGB/*Leuschner* BGB § 30 Rn. 4ff.; *Reichert* Rn. 2636ff.; *Sauter/Schweyer/Waldner* Eingetragener Verein Rn. 313; Staudinger/*Schwennicke* BGB § 30 Rn. 10f.; *Stöber/Otto* Rn. 385; etwas unklar, aber wohl aA Soergel/*Hadding* BGB § 30 Rn. 13.

a) Nötige Regelungstiefe. Nach hM setzt eine Satzungsbestimmung iSd § 30 BGB keine ausdrückliche Regelung in der Vereinssatzung voraus. Ausreichend soll – insoweit in meinen Augen zu großzügig – sein, wenn die Möglichkeit der Einsetzung eines besonderen Vertreters aus dem Gesamtinhalt der Satzung zu entnehmen sei,[20] bzw. wenn der besondere Vertreter und seine Aufgaben in der Satzung eine Grundlage hätten.[21] 14a

Hinweis:

Diese Großzügigkeit ist mE bloße Folge der soeben dargestellten Tendenz der Rechtsprechung, die Schwäche des § 831 BGB durch eine weite Anwendung des § 31 BGB ausgleichen zu wollen.[22] Für den Satzungsgestalter vorzugswürdig ist daher in jedem Fall die Aufnahme einer ausdrücklichen Satzungsbestimmung.

Die vom Reichsgericht[23] vertretene Auffassung, eine Satzungsgrundlage sei auch schon zu bejahen, wenn die Satzung eine Einrichtung des Vereins oder ein abgegrenztes Betätigungsfeld (etwa einen bestimmten Sachbereich oder eine örtlich getrennte Abteilung) vorsieht, die ohne weiteres die Bestellung eines oder mehrerer besonderer Vertreter erforderlich mache,[24] ist mE allenfalls zur Bejahung der Anwendbarkeit des § 31 BGB, also für den Bereich des „Haftungsvertreters" zu begründen. Insoweit wird letztlich auf die zu fordernde „Grundlage in der Satzung"[25] zu Gunsten der Haftungszurechnung verzichtet. 15

Für die Zulässigkeit der Ernennung eines besonderen Vertreters iSd § 30 BGB ist dieser „Verzicht" mE abzulehnen[26] wie – schon im Hinblick auf § 71 BGB – auch die Berufung auf Vereinsgewohnheitsrecht ohne Grundlage im geschriebenen Satzungsrecht.[27] All diese Ausweitungen sind in meinen Augen letztlich nur auf die haftungsrechtliche Sichtweise der hM zurückzuführen. § 30 BGB hat aber wie dargelegt primär organisationsrechtliche (nicht haftungsrechtliche) Bedeutung.[28] Daher muss die Satzung selbst die Möglichkeit der Schaffung eines besonderen Vertreters **ausdrücklich vorsehen,**[29] auch wenn dazu nicht zwingend die Verwendung der Worte „besonderer Vertreter" erforderlich ist, wenn die Auslegung der fraglichen (Organisations-) Bestimmung dennoch eindeutig ergibt, dass genau dessen Einrichtung ermöglicht werden soll. Genau unter diesem Blickwinkel – Auslegung der Satzung – ist mE der Entscheidung, dass in einer Satzungsregelung, die einen vorstandsbestellten, der Mitgliederversammlung verantwortlichen, für die Verwaltung des Vereinsvermögens und die Erledigung der laufenden Geschäfte zuständigen „Geschäftsführer" vorsieht, die Einsetzung eines besonderen Vertreters liegen könne,[30] zuzustimmen. Ist mangels Deutlichkeit der entsprechenden Bestimmungen unklar, welche (Organ-) Funktion einem in der Satzung vorgesehenen Vertreter zukommen soll, grenzt mE die Beschränkung auf „gewisse Geschäfte" zum Vorstand ab, die Verselbständigung in einem Bereich von gewissem Gewicht und – nach hier vertretener Auffassung – seine eigene, organschaftliche Vertretungsmacht[31] unterscheiden ihn von sonstigen „einfachen" Vertretern ohne Organstellung. 15a

Zutreffend ist dagegen, dass die nötige Satzungsgrundlage nicht erst vorliegt, wenn die Satzung besondere Vertreter ausdrücklich vorschreibt. Ausreichend ist es nach ganz hM, 16

[20] Staudinger/*Weick* (2005) BGB § 30 Rn. 3 (ohne selbst Stellung zu beziehen).

[21] So etwa BayObLGZ 1981, 71; BayObLG MittBayNot 1999 305.

[22] So jetzt auch ausdrücklich MüKoBGB/*Leuschner* BGB § 30 Rn. 4.

[23] RGZ 91, 1 (3).

[24] So Soergel/*Hadding* BGB § 30 Rn. 5; Staudinger/*Weick* (2005) BGB § 30 Rn. 3.

[25] BAG NJW 1997, 3261 (3262).

[26] Ablehnend etwa auch Staudinger/*Schwennicke* BGB § 30 Rn. 13 mwN.

[27] So aber Palandt/*Ellenberger* BGB § 30 Rn. 4; ablehnend auch MüKoBGB/*Leuschner* BGB § 30 Rn. 4; *Sauter/Schweyer/Waldner* Eingetragener Verein Rn. 313; Staudinger/*Schwennicke* BGB § 30 Rn. 11.

[28] So überzeugend MüKoBGB/*Leuschner* BGB § 30 Rn. 1 f.

[29] So auch MüKoBGB/*Leuschner* BGB § 30 Rn. 4.

[30] So die etwa bei Staudinger/*Schwennicke* BGB § 30 Rn. 12 zitierte Entscheidung BGH WuW 1989, 242.

[31] Vgl. dazu → Rn. 34 (zur Bedeutung der Vertretungsmacht; anders die hM).

deren Bestellung zu gestatten.[32] Auch diese Gestattung hat aber mE hinreichend deutlich zu erfolgen, ein bloßes „Nichtverbot“ ist nicht ausreichend.

17 **b) „Gewisse Geschäfte“.** Einigkeit besteht – soweit ersichtlich – noch bei der Feststellung, dass die Satzung nicht präzise (oder gar abschließend) regeln muss, für welche „gewissen Geschäfte“ ein besonderer Vertreter vorgesehen, bzw. welcher Geschäftskreis ihm zugewiesen wird.[33] Vielmehr ist es möglich, in der Satzung nur grundsätzlich die Möglichkeit der Bestellung vorzusehen, von der das zuständige Organ bei Bedarf Gebrauch machen kann. Dazu muss bei Ausgestaltung der Satzung weder ein bestimmter Geschäftskreis feststehen oder abzusehen sein, noch ist eine zeitliche oder sachliche Begrenzung oder gar eine namentliche Festsetzung nötig. Die Festlegung des Geschäftskreises eines besonderen Vertreters betrifft keine das Vereinsleben bestimmende Grundsatzregelung, die der Satzung vorbehalten sein muss.[34] Nach wohl zutreffender Auffassung des BayObLG[35] betrifft sie vielmehr eine (nachgeordnete) Organisationsfrage, die ihrer Bedeutung nach eher einer Ressortaufteilung innerhalb des Vorstands gleichkommt. Für letztere aber ist allgemein anerkannt, dass sie – jedenfalls aufgrund Satzungsermächtigung[36] – in einer Geschäftsordnung vom Vorstand selbst getroffen werden kann.[37] Damit muss der Aufgabenkreis nicht zwingend „in der Satzung umschrieben“ sein.[38]

18 Derart offene Satzungsgestaltungen treffen auch im Hinblick auf die Notwendigkeit eindeutiger Vertretungsregelungen auf keine Bedenken, kommt doch der bloßen organisationsrechtlichen Regelung, die Bestellung eines besonderen Vertreters durch spätere dahingehende Beschlussfassung (ohne satzungsändernden Charakter) zu ermöglichen, keine Außenwirkung zu. Die namentliche, Art und Umfang der Vertretungsmacht festlegende Konkretisierung kann der späteren Entscheidung der Gremien außerhalb der Satzung überlassen werden.[39] Spätestens in dem Bestellungsakt sind die betreffenden Festlegungen mE jedoch zwingend zu treffen, da die Selbständigkeit des Wirkungskreises des besonderen Vertreters – zur Eingrenzung seiner Vertretungsmacht und zur Abgrenzung gegenüber der umfassenden Zuständigkeit des Vorstands – eine auf klaren sachlichen Kriterien beruhende Umschreibung des wahrzunehmenden Geschäftsbereichs erfordert.[40]

19 Nach einer Entscheidung des OLG Zweibrücken soll es genügen, wenn der (von der Satzung ausdrücklich als solcher eingeordnete) besondere Vertreter als „Geschäftsführer“ bezeichnet und mit Vertretungsmacht im Außenverhältnis ausgestattet wird, ohne dass die Satzung im Einzelnen seinen Aufgabenbereich umschreibt, da

> „allein die Bezeichnung ‚Geschäftsführer' bereits eine i. S. von § 30 S. 1 BGB ausreichende Umschreibung des Aufgabenbereichs des besonderen Geschäftsführers beinhaltet. Dass ein Geschäftsführer zur Führung der laufenden Geschäfte – etwa, wie hier, des Vereins – berufen ist, ist der Bedeutung des Wortes inhärent“.[41]

20 Eine kurze, dem Verein ohne eine spätere Satzungsänderung die Schaffung besonderer Vertreter ermöglichende Bestimmung könnte daher in rudimentärer Form schon dahinge-

---

[32] Vgl. Soergel/*Hadding* BGB § 30 Rn. 5; unklar MüKoBGB/*Reuter,* 6. Aufl. 2012, BGB § 30 Rn. 7 (der auch die Ausweitung durch die Rspr. kritisiert); aA MüKoBGB/*Arnold,* 7. Aufl. 2015, BGB § 30 Rn. 7.
[33] Vgl. BayObLG MittBayNot 1999, 305; Staudinger/*Schwennicke* BGB § 30 Rn. 14.
[34] Vgl. dazu etwa BGHZ 88, 314 (316); die Erforderlichkeit satzungsmäßiger Vorgaben betont jedoch MüKoBGB/*Arnold,* 7. Aufl. 2015, BGB § 30 Rn. 7; anders jetzt MüKoBGB/*Leuschner* BGB § 30 Rn. 7.
[35] BayObLG MittBayNot 1999, 305.
[36] BayObLG MittBayNot 1999, 305.
[37] Ausführlich zur Ressortverteilung im Vorstand → § 8 Rn. 200 ff., 205a ff.
[38] So aber BeckOK BGB/*Schöpflin* BGB § 30 Rn. 6 unter (mE insoweit unzutreffender) Berufung auf BayObLG OLGZ 1981, 71 (78), wo nur eine „satzungsmäßige Grundlage“ gefordert wird.
[39] Vgl. BayObLG MittBayNot 1999, 305.
[40] BayObLGZ 1981, 71 (78); BayObLG MittBayNot 1999, 305; vgl. dazu → Rn. 28 ff.
[41] NZG 2013, 907 (908); dem folgend, allerdings mE zu sehr auf die Frage der „satzungsmäßigen Grundlage“ abstellend, BeckOK BGB/*Schöpflin* BGB § 30 Rn. 4.

hend lauten, dass „der Verein für gewisse Geschäfte besondere Vertreter iSd § 30 BGB bestellen" kann. In der bereits angesprochenen Entscheidung des BayObLG[42] wurde eine Satzungsbestimmung, wonach für einzelne Projekte besondere Vertreter gem. § 30 BGB zu bestellen und diesen die damit verbundene Vertretung und Geschäftsführung zu übertragen sind, gebilligt.

Umstritten ist, welche Weite die „gewissen Geschäfte", die dem besonderen Vertreter übertragen werden können, aufweisen können. Dies betrifft die Frage, welche Tätigkeitsbereiche einem besonderen Vertreter übertragen werden können. Dazu → Rn. 28 ff. In meinen Augen gilt unabhängig davon, welche Aufgabenbreite hier gestattet sind, dass mit wachsender Offenheit und Weite der Satzung zugleich die Notwendigkeit wächst, bei der Bestellungsentscheidung des zuständigen Gremiums auch den Aufgaben- und Zuständigkeitsbereich abschließend und hinreichend präzise festzulegen. Je weiter die Satzungsvorgaben sind, desto präziser muss also der Einrichtungs- und Bestellungsakt ausfallen.[43] Der großzügige Maßstab des OLG Zweibrücken[44] sollte hier nicht als Leitschnur dienen. 20a

Wie dargelegt ist es, neben anderen Möglichkeiten,[45] ohne Weiteres denkbar, einen Geschäftsführer als besonderen Vertreter zu installieren. Die bloße Bezeichnung eines Vereinsamtes als „Geschäftsführer" genügt jedoch nicht zur Zuweisung der Funktion eines „besonderen Vertreters" iSd § 30 BGB: Sie mag einen Aufgabenbereich hinreichend umschreiben, die rechtliche Einordnung des Amtes gibt sie jedoch nicht vor.[46] 21

III. Bestellung

1. Zuständigkeit

Die eigentliche Bestellungsentscheidung obliegt, soweit die Satzung keine bzw. keine abweichende Festlegung trifft, in entsprechender Anwendung der Vorschriften über die Bestellung des Vorstands als wesentlichen Vertretungsorgans, der **Mitgliederversammlung.**[47] 22

Beschränkt sich die Satzung darauf, die Bestellung besonderer Vertreter zu gestatten, ohne weitere inhaltliche Festlegungen zu treffen, also insbesondere ohne eine Umschreibung der diesen zugewiesenen Geschäftskreise vorzunehmen oder ohne den Umfang der Vertretungsmacht näher zu konkretisieren, obliegt auch diese Entscheidung der Mitgliederversammlung. Zur Vermeidung von Unklarheiten kann diese Zuständigkeit auch in der Satzung zum Ausdruck gebracht werden. 23

Die dem Gesetz in entsprechender Anwendung der Bestimmungen zur Vorstandbestellung entnommene Zuständigkeit der Mitgliederversammlung ist indes keine zwingende. In der Satzung kann die Bestellung – und Abberufung – besonderer Vertreter vielmehr auch einem anderen Vereinsorgan zugewiesen werden. Die Mitgliederversammlung kann von der ihr zustehenden Kompetenz-Kompetenz ohne Verstoß gegen zwingende allgemeine Grundsätze des Vereinsrechts auch durch **Übertragung der Entscheidungsbefugnis** – auch auf den Vorstand – Gebrauch machen.[48] Grenzen können allenfalls dann erreicht sein, wenn der Mitgliederversammlung keine Möglichkeit bliebe, die entsprechende Kompetenz wieder an sich zu ziehen.[49] 24

[42] BayObLG MittBayNot 1999, 305.
[43] Dazu nachfolgend → Rn. 26 ff.
[44] Soeben → Rn. 19.
[45] Dazu nachfolgend → Rn. 74 ff.
[46] Vgl. nachstehend → Rn. 74 ff.; auch im mehrfach zitierten Fall des OLG Zweibrücken war die Einordnung als besonderer Vertreter durch die Satzung ausdrücklich vorgegeben: NZG 2013, 907 (908); offensichtlich anders jetzt Staudinger/*Schwennicke* BGB § 29 Rn. 10.
[47] Vgl. MüKoBGB/*Leuschner* BGB § 30 Rn. 8; *Sauter/Schweyer/Waldner* Eingetragener Verein Rn. 313; Soergel/*Hadding* BGB § 30 Rn. 13; Staudinger/*Schwennicke* BGB § 30 Rn. 25.
[48] Vgl. MüKoBGB/*Leuschner* BGB § 30 Rn. 8; *Sauter/Schweyer/Waldner* Eingetragener Verein Rn. 313.
[49] Dahingehend BayObLG MittBayNot 1999, 305; vgl. zu entsprechenden Überlegungen bei der Vorstandsbestellung ausf. → 8 Rn. 39 ff.; 81 ff.

Beispiel:

Damit ist zB die Übertragung der Kompetenz auf den Vorstand möglich. Dies gilt nach hM auch dann, wenn die Satzung eine generelle Ermächtigung zur Bestellung von besonderen Vertretern ohne weitere inhaltliche, formelle oder personelle Vorgaben vorsieht.[50] Mögliche knappe, der Bestellungsentscheidung des hierfür zuständigen Organs maßgebliche Freiheit belassende Formulierungen können daher wie folgt lauten:

25 **Formulierungsbeispiel: Besondere Vertreter (Satzungsbestandteil)**

§ 15. Besondere Vertreter

(1) Durch Beschluss der Mitgliederversammlung können für gewisse Geschäfte besondere Vertreter iSd § 30 BGB bestellt werden.
[*Alt. 1:* Der Vorstand kann für gewisse Geschäfte besondere Vertreter iSd § 30 BGB bestellen.]
[*Alt. 2:* Der Vorstand kann für die Geschäfte der laufenden Verwaltung einen Geschäftsführer als besonderen Vertreter bestellen.]

2. Bestellungsakt

26 Möchte das zuständige Organ, mangels abweichender Satzungsbestimmung die Mitgliederversammlung,[51] von der satzungsmäßig eingeräumten Möglichkeit zur Berufung besonderer Vertreter Gebrauch machen, bedarf es eines hinreichend klaren Bestellungsaktes. Mit Bestellung muss neben der Person des besonderen Vertreters auch der Umfang des ihm zugewiesenen Geschäftsbereichs und der Umfang der ihm etwa eingeräumten Vertretungsmacht mit der zum Nachweis im Registerverfahren nötigen **Klarheit** festgelegt sein. Soweit diese Festlegungen nicht bereits in der Satzung getroffen sind, müssen sie in dem zu treffenden Bestellungsakt aufgenommen sein. Einer Satzungsänderung bedarf die Bestellung dagegen auch dann nicht, wenn die Satzung sich auf die generelle Ermächtigung der Bestellung besonderer Vertreter beschränkt.

27 Die Bestellung selbst erfolgt, soweit die Satzung keine abweichende Regelung trifft, durch **Beschluss** des zuständigen Organs nach dessen allgemeinen Regelungen. Auch die Berufung in das Amt eines besonderen Vertreters bedarf mE aber, da mit der Organstellung Rechte, aber auch Pflichten berufen sein können, zu ihrer Wirksamkeit – wie bei der Vorstandsbestellung – der **Annahme.**

27a Ausgeschlossen ist mE die Bestellung eines besonderen Vertreters nach § 29 BGB analog durch das Amtsgericht.[52] Ist ein besonderer Vertreter – gleich aus welchen Gründen – nicht bestellt, ist der Vorstand grundsätzlich nicht gehindert, in dem Bereich, für den dieser vorgesehen wäre, als Vereinsvertreter tätig zu werden, dies gilt auch dann, wenn ein (tatsächlich bestellter) besonderer Vertreter in seinem Zuständigkeitsbereich durch die Satzung an sich mit ausschließlichen Kompetenzen betraut wäre. Nicht die Möglichkeit der Bestellung eines besonderen Vertreters kann daher die Vorstandsvertretungskompetenz verdrängen, sondern nur der tatsächlich bestellte besondere Vertreter. Dadurch kann kein zur Vertretung erforderliches Vertretungsorgan fehlen, der Anwendungsbereich des § 29 BGB ist nicht eröffnet.

[50] Vgl. etwa BayObLG MittBayNot 1999, 305; LG Chemnitz NotBZ 2001, 427; *Krafka* RegisterR-HdB Rn. 2174.
[51] → Rn. 22.
[52] Wie hier BeckOK BGB/*Schöpflin* BGB § 29 Rn. 10; Soergel/*Hadding* BGB § 30 Rn. 13; wohl auch *Sauter/Schweyer/Waldner* Eingetragener Verein Rn. 311; aA MüKoBGB/*Leuschner* BGB § 30 Rn. 9; vgl. zum Ganzen auch → § 17 Rn. 121.

IV. Zuständigkeiten und Stellung des besonderen Vertreters

1. Tätigkeitsbereich

Die Zuständigkeiten und Befugnisse des besonderen Vertreters sind nicht vom Gesetz vorgegeben. Das BGB grenzt nur dahingehend ein, dass besondere Vertreter nur für „gewisse" Geschäfte bestellt werden können. Darunter sind nach der Entstehungsgeschichte der Norm und deren struktureller Einordnung in das Gefüge der Vereinsorganisation mE weder nur ausdrücklich „bestimmte" einzelne, noch „alle" Geschäfte zu verstehen, wie dies mit dem OLG München[53] erwägt wird.[54] Wird es mit der dargestellten Erwägung denkbar, einen „besonderen Vertreter" für alle Geschäftsführungs- und damit auch Vertretungsbereiche des Vereins zu bestellen und mit einer ausschließlichen, Vorstandskompetenzen verdrängenden, Zuständigkeit und Vertretungsmacht auszustatten, bliebe der Vorstand als zwingendes Organ kompetenzlos zurück. Dies zeigt mE die Schwäche dieser Auffassung. Entweder der besondere Vertreter würde in diesem Fall entgegen seiner – dann falschen – Bezeichnung in der Satzung zum „allgemeinen Vertreter" und damit zum Vorstand[55] oder es müssen Korrekturen beim Umfang oder der Ausschließlichkeit der Vertretungsmacht des besonderen Vertreters vorgenommen werden, um den unzulässigen Ausschluss des gesamten Vorstands von der Außenvertretung zu vermeiden. 28

Maßgeblich bleibt mE daher, dass die vollständige Verdrängung des Vorstands als Vertretungsorgan ausgeschlossen ist. Geschäftskreis des besonderen Vertreters kann also nicht das gesamte Vorstandsgeschäft sein; seine Zuständigkeit muss auf einen – räumlich oder sachlich – begrenzten Bereich eingegrenzt sein.[56] Wohl noch hinzunehmen ist es damit zwar, einen besonderen Vertreter mit der Wahrnehmung der „laufenden Geschäfte" zu betrauen.[57] Meines Erachtens zu weit geht dagegen die Einschätzung, es genüge, wenn „der Vorstand dem besonderen Vertreter eine Dienstanweisung erteilt und für ideelle Tätigkeiten zuständig bleibt".[58] 28a

In der Ausgestaltung des Geschäftskreises im Einzelnen ist der Satzungsgeber in diesem Rahmen frei.[59] In den Gesetzesmaterialien wurden als Beispiele „Kassageschäfte" oder Geschäfte eines örtlichen Delegierten genannt.[60] Denkbar erscheint auch eine Bestellung für bestimmte, näher definierte Vorhaben eines Vereins. Möglich ist auch die Bestellung eines besonderen Vertreters zur Erfüllung von Compliance-Aufgaben, die die Pflichtenlast des Vorstands in diesem Bereich erleichtern kann. Auch eine solche Strukturentscheidung führt aber mE nie dazu, dass der Vorstand „von vornherein nicht für Compliance zuständig" wäre,[61] da Compliance nach der hier vertretenen Auffassung keinen abgrenzbaren Aufgabenbereich darstellt, sondern immanenter Teil des Pflichtenkatalogs jedes Rechtsträgers und seiner Organe (im jeweiligen Aufgabenbereich) ist.[62] 29

Treffen Satzung oder Bestellungsakt keine hinreichend präzisen Vorgaben, ist der Geschäftskreis im Wege ergänzender Auslegung zu vervollständigen.[63] Die Rechtsprechung hat etwa auch (mE eher am Rande des Zulässigen) die Zuständigkeit eines „Akademie- 30

---

[53] OLG München NZG 2013, 32.

[54] So jetzt etwa auch Staudinger/*Schwennicke* BGB § 29 Rn. 17.

[55] Nach Staudinger/*Schwennicke* BGB § 30 Rn. 6 ist „umgekehrt" die Bestellung eines Vorstandsmitglieds zum besonderen Vertreter ausgeschlossen, da in einer solchen Kompetenzzuweisung tatsächlich eine Regelung der Aufgabenverteilung im Vorstand liege.

[56] So auch *Krafka* RegisterR-HdB Rn. 2174; *Sauter/Schweyer/Waldner* Eingetragener Verein Rn. 313; nicht „alle Vorstandsgeschäfte" zulässig: Palandt/*Ellenberger* BGB § 29 Rn. 6.

[57] Vgl. dazu auch → Rn. 19, 30; aA *Sauter/Schweyer/Waldner* Eingetragener Verein Rn. 313.

[58] So aber BeckOK BGB/*Schöpflin* BGB § 30 Rn. 6. Die Bedeutung „satzungsrechtlicher Vorgaben" betont, ohne konkrete Grenzen zu benennen, MüKoBGB/*Arnold*, 7. Aufl. 2015, BGB § 30 Rn. 7, 12.

[59] MüKoBGB/*Leuschner* BGB § 30 Rn. 7.

[60] Vgl. *Mugdan* I 617 (618).

[61] So aber *Schickenhoff* NZG 2019, 281 (285); vgl. zur grundsätzlich nur vorstandsunterstützenden Tätigkeit in Compliance-Strukturen am Beispiel des ADAC auch *Hornik* nopR 2019, 158 ff.

[62] Vgl. ausführlich zum Ganzen → § 8 Rn. 205e.

[63] MüKoBGB/*Leuschner* BGB § 30 Rn. 7.

direktors" als besonderen Vertreters für die Wahrnehmung der wirtschaftlichen, verwaltungsmäßigen und personellen Angelegenheiten des Vereins gebilligt, da dessen Bestellung zum Vollzug des „Tagesgeschäfts" erfolge.[64] Akzeptiert wurde auch die Bestellung für die Geschäfte der laufenden Verwaltung,[65] für „vereinsrechtliche Angelegenheiten"[66] und die Bestellung als Geschäftsführer.[67]

Beispiele für das praktische Vereinsleben:

Zuständigkeiten für Kassenführung, Presse- und Öffentlichkeitsarbeit, Immobilienverwaltung, Regionalbeauftragte etc.

31 Unabhängig von ihren Zuständigkeiten und dem Umfang ihrer Vertretungsmacht sind besondere Vertreter nicht Vorstand(smitglieder). Sie haben daher kein Teilnahmerecht an Vorstandssitzungen, können jedoch zu ihnen zugelassen werden. Nicht ausgeschlossen ist jedoch, dass Vorstandsmitglieder (zugleich) zu besonderen Vertretern bestellt werden.[68]

2. Vertretungsbefugnis

32 Nach der gesetzlichen Zweifelsregelung in § 30 S. 2 BGB steht dem besonderen Vertreter – ähnlich einem Prokuristen – Vertretungsmacht für alle Rechtsgeschäfte, die der ihm zugewiesene Geschäftskreis gewöhnlich mit sich bringt, zu. Die Vertretungsmacht – in genau diesem Umfang – ist jedoch keine zwingende, für den besonderen Vertreter konstitutive Befugnis. Sie stellt nur die Auslegungsregel bei Schweigen von Satzung und Bestellungsorgan dar. Im Übrigen steht ihre Ausgestaltung dem Verein zu. In der Satzung oder dem auf ihrer Grundlage ergehenden Bestellungsakt kann die Reichweite der Vertretungsmacht ausgestaltet und präzisiert werden.[69]

33 Nicht möglich ist eine Erweiterung der Vertretungsmacht des besonderen Vertreters über seinen **Geschäftskreis** hinaus. Seiner Definition nach ist er nur für gewisse Geschäfte des Vereins berufen. Die von der Bezugnahme auf den Geschäftskreis gelöste Vertretungsbefugnis definiert den Vorstand.[70]

34 Umgekehrt ist umstritten, ob die Vertretungsbefugnis **Wesensmerkmal** des besonderen Vertreters ist: Nach (bisher) hM könne dessen Vertretungsmacht auch gänzlich ausgeschlossen und seine Zuständigkeit auf die Geschäftsführung innerhalb des Vereins beschränkt werden.[71] In konsequenter Betonung der organisationsrechtlichen Bedeutung des § 30 BGB erweist sich diese Ansicht jedoch letztlich als nicht zutreffend:[72] Die Funktion des § 30 BGB liegt darin, ein Außenorgan neben dem Vorstand zu ermöglichen. Die Annahme eines Außenorgans ohne Vertretungsmacht[73] überzeugt nicht. Mag es daher zwar denkbar sein, ein reines Innenorgan als „besonderen Vertreter" zu bezeichnen, so ist dies in der Sache doch ebenso sinnhaft, wie die stets wiederkehrende Übung zahlreicher Vereine, einen (der Geschäftsführung dienenden) „Vorstand" neben den (vertretungsbefugten) „Vorstand im Sinne des BGB" zu setzen. Vertretungsbefugnis (nach außen) in zumindest eingegrenztem Umfang ist damit nach zutreffender Ansicht ein wesentliches Merkmal des besonderen Vertreters im (organisationsrechtlich geprägten) Sinn des § 30 BGB.

---

[64] OLG München NZG 2013, 32 (33).
[65] LG Chemnitz NotBZ 2001, 427.
[66] KG BeckRS 2020, 34469.
[67] OLG Zweibrücken NZG 2013, 907 (908); dazu bereits → Rn. 19 ff.
[68] → Rn. 39.
[69] Zum vollständigen Ausschluss jedoch sogleich → Rn. 34.
[70] Vgl. Soergel/*Hadding* BGB § 30 Rn. 10; Staudinger/*Weick* (2005) BGB § 30 Rn. 8.
[71] So die Vorauflage; vgl. BeckOK BGB/*Schöpflin* BGB § 30 Rn. 7; MüKoBGB/*Reuter,* 6. Aufl. 2012, BGB § 30 Rn. 10 f. (etwas einschränkend); Soergel/*Hadding* BGB § 30 Rn. 9; Staudinger/*Weick* (2005) BGB § 30 Rn. 8; so auch MüKoBGB/*Arnold,* 7. Aufl. 2015, BGB § 30 Rn. 11, 14 (Außenorganstellung zwingend, Vertretungsmacht nicht).
[72] Dies legt MüKoBGB/*Leuschner* BGB § 30 Rn. 5 überzeugend dar, der von einer – aus organisationsrechtlicher Sicht – „sinnlosen" Debatte spricht; so jetzt auch Staudinger/*Schwennicke* BGB § 30 Rn. 24.
[73] So aber wohl MüKoBGB/*Arnold,* 7. Aufl. 2015, BGB § 30 Rn. 11, 14.

Stets möglich ist nach § 30 S. 2 BGB die **Einschränkung der Vertretungsmacht** des 34a
besonderen Vertreters. Dies kann etwa in der Weise erfolgen, dass er – ähnlich wie dies bei Vorstandsmitgliedern häufig geregelt ist – an die Mitwirkung eines (bestimmten oder beliebigen) Vorstandsmitglieds gebunden ist oder dass seine Befugnisse zur Außenvertretung auf einen bestimmten Geschäftsumfang begrenzt werden.[74] Beispielhaft seien hierfür die folgenden Satzungsvarianten genannt:

Formulierungsbeispiel: Vertretungsbefugnis besonderer Vertreter 35
(Satzungsbestandteil)

§ 15. Besondere Vertreter

(2) Der besondere Vertreter vertritt innerhalb seines Geschäftskreises zusammen mit einem Vorstandsmitglied.
[*Alt. 1:* Der besondere Vertreter vertritt innerhalb seines Geschäftskreises zusammen mit dem ersten Vorsitzenden oder dem Kassierer.]
[*Alt. 2:* Der besondere Vertreter vertritt innerhalb seines Geschäftskreises bis zu einem Geschäftswert von 5.000,00 EUR im Einzelfall alleine. Darüber hinausgehende Geschäfte bedürfen zu ihrer Wirksamkeit der Zustimmung des ersten oder zweiten Vorsitzenden.]

Zu der dem besonderen Vertreter nach der Satzung bzw. dem Bestellungsakt zukom- 36
menden Vertretungsmacht sollte zugleich klargestellt sein, ob diese Vertretungsmacht ausschließlich ist, also der Vorstand im Geschäftskreis des besonderen Vertreters von der Vertretung des Vereins ausgeschlossen ist, oder ob dies nicht der Fall ist.

Zwar kann beim Verein die Vertretungsmacht des Vorstandes mit Außenwirkung einge- 37
schränkt sein. Dies kann auch durch Zuweisung ausdrücklicher Befugnisse an besondere Vertreter erfolgen. Nach § 26 Abs. 1 S. 3 BGB kann eine Begrenzung der Vertretungsmacht des Vorstands allerdings nur durch die Satzung erfolgen. Derartige Einschränkungen stehen also nicht der Mitgliederversammlung durch (einfachen, nicht-satzungsändernden) Beschluss zu. Um Außenwirkung zu haben, müssen sie hinreichend deutlich aus der Satzung hervorgehen.

In Zweifelsfällen ist nur eine interne, nicht die Vertretungsmacht des Vorstands nach 37a
Außen tangierende Beschränkung anzunehmen.[75] § 30 BGB setzt jedenfalls eine verdrängende Zuständigkeit nicht voraus.[76] Sie ist auch nicht der Zweifelsregel in § 30 S. 2 BGB zu entnehmen, kann der besondere Vertreter doch neben dem Vorstand bestellt werden. Bei Schweigen der Satzung, insbesondere also bei Satzungsregelungen, die sich darauf beschränken, die Einrichtung besonderer Vertreter zu gestatten oder vorzuschreiben, ohne die Vertretungsmacht näher zu bestimmen, ist daher von einer parallelen Vertretungsbefugnis von Vorstand und besonderem Vertreter in dessen Zuständigkeitsbereich auszugehen. In diesen Fällen steht damit auch dem Bestellungsorgan nicht die Möglichkeit zu, derartige ausschließliche Zuständigkeiten zur Außenvertretung zu begründen. Diese Möglichkeit ist der Satzung (also auch dem Satzungsgeber durch etwaigen satzungsändernden Beschluss) vorbehalten. Entsprechende klarstellende Bestimmungen können etwa wie folgt lauten:

---

[74] So auch Staudinger/*Schwennicke* BGB § 29 Rn. 7.
[75] Zum Ganzen bereits → § 8 Rn. 215 ff.
[76] So etwa auch BeckOK BGB/*Schöpflin* BGB § 30 Rn. 8; MüKoBGB/*Leuschner* BGB § 30 Rn. 11.

38 **Formulierungsbeispiel: Vertretungsbefugnis besonderer Vertreter anstelle des Vorstands (Satzungsbestandteil)**

§ 15. Besondere Vertreter

(3) Die Vertretungsmacht des Vorstandes erstreckt sich nicht auf einen Geschäftskreis, für den ein besonderer Vertreter bestellt ist. Innerhalb seines Geschäftskreises ist ausschließlich der besondere Vertreter zur Vertretung des Vereins befugt. [*Alt.:* Die Vertretungsmacht der Vorstandsmitglieder wird durch die Bestellung besonderer Vertreter nicht eingeschränkt.]

3. Weitere Fragen

38a Für das **Grund-/Anstellungsverhältnis** zwischen Verein und besonderem Vertreter gelten – ähnlich der Situation beim Vorstand – je nach den Umständen des Einzelfalls Auftrags- (§ 675 BGB), Dienst- oder Arbeitsvertragsrecht. Ob § 27 Abs. 3 S. 2 BGB für Vorstandsmitglieder gilt, ist nicht abschließend geklärt.[77]

38b Bei Weisungsgebundenheit des besonderen Vertreters wird angenommen, er könne Arbeitnehmer des Vereins sein.[78] Ohne Frage muss dies mE auch für solche Personen gelten, die nur im Sinne der haftungsrechtlich orientierten Rechtsprechung „Haftungsvertreter" des Vereins sind, ohne gemäß der hier vertretenen Auffassung tatsächlich Organmitglieder iSd § 30 BGB zu sein.[79]

38c Da besondere Vertreter nach der hier vertretenen Auffassung stets Organmitglied mit organschaftlicher Vertretungsmacht sind, gelten für sie nach § 14 Abs. 1 Nr. 1 KSchG die Vorschriften über den allgemeinen Kündigungsschutz nicht[80] und sind sie gemäß § 5 Abs. 1 S. 3 ArbGG keine Arbeitsnehmer iSd ArbGG.[81] Das BAG führt für die hM aus:

> „Besondere Vertreter eines Vereins nach § 30 BGB gelten nach § 5 Absatz 1 Satz 3 ArbGG nur dann nicht als Arbeitnehmer im Sinne des Arbeitsgerichtsgesetzes, wenn ihre Vertretungsmacht auf der Satzung beruht. Das ist nur der Fall, wenn die Satzung die Bestellung ausdrücklich zuläßt."[82]

38d Kenntnisse besonderer Vertreter werden dem Verein infolge ihrer Organstellung zugerechnet; sie sind **„Wissensvertreter"**. Ihr Fehlverhalten trifft den Verein ohne weiteres über § 31 BGB. Während nicht jeder „Haftungsvertreter" iSd § 31 BGB besonderer Vertreter iSd § 30 BGB ist, ist jeder besondere Vertreter **„Haftungsvertreter"** iSd § 31 BGB.

38e Umstritten ist, ob besondere Vertreter im Zivilprozess als Zeuge gem. §§ 373 ff. ZPO oder als Partei iSd § 455 ZPO anzusehen sind. Die ganz hM plädiert für eine Einvernahme als Zeuge, da der besondere Vertreter nicht gesetzlicher Vertreter des Vereins sei.[83] Mit der hier vertretenen Einordung des besonderen Vertreters als Außenorgan spricht – jedenfalls in ihrem Zuständigkeitsbereich – Einiges für die Einvernahme als Partei.[84]

---

[77] Bejahend etwa BeckOK BGB/*Schöpflin* BGB § 30 Rn. 9; Soergel/*Hadding* BGB § 30 Rn. 9; ablehnend Staudinger/*Schwennicke* BGB § 29 Rn. 28.

[78] So *Kelber* NZA 2013, 988; Staudinger/*Schwennicke* BGB § 29 Rn. 28.

[79] → Rn. 8 ff.

[80] So auch *Kelber* NZA 2013, 988; MüKoBGB/*Leuschner* BGB § 29 Rn. 14; nach Rspr. und hM gilt dies stets dann, wenn sich Stellung und Vertretungsmacht aus der Satzung ergeben; vgl. dazu die Nachweise bei Staudinger/*Schwennicke* BGB § 29 Rn. 29.

[81] So auch MüKoBGB/*Leuschner* BGB § 29 Rn. 14.

[82] BAG NZA 1997, 959.

[83] So etwa BeckOK BGB/*Schöpflin* BGB § 29 Rn. 11; Palandt/*Ellenberger* BGB § 29 Rn. 6; Soergel/*Hadding* BGB § 29 Rn. 11.

[84] So MüKoBGB/*Leuschner* BGB § 29 Rn. 13.

V. Person des besonderen Vertreters

39 Vorbehaltlich abweichender Bestimmungen in der Satzung können auch Personen, die nicht Vereinsmitglieder sind, zu besonderen Vertretern bestellt werden. Dies ergibt sich schon unmittelbar aus der körperschaftlichen Struktur des Vereins, die Dritt (bzw. Fremd-) Organschaft nicht ausschließt.[85] Grundsätzlich sollten mE auch keine Bedenken dagegen bestehen, eine juristische Person zum besonderen Vertreter zu bestellen. Nach ganz hM können auch Vorstandsmitglieder zu besonderen Vertretern bestellt werden;[86] eine vereinzelte Gegenansicht sieht in einer derartigen Ernennung eine vorstandsinterne Kompetenzzuweisung (in Bezug auf Geschäftsführungsbefugnis und Vertretungsmacht.[87]

VI. Eintragung in das Vereinsregister

40 Kontrovers diskutiert wird die Frage, ob eingetragene Vereine verpflichtet sind, ihre besonderen Vertreter in das Vereinsregister eintragen zu lassen.

41 Die herrschende Ansicht bejaht mE zutreffend eine Eintragungspflicht mit der Begründung, dass das Register die (vollständige) organschaftliche Vertretung des Vereins für jedermann offenkundig machen solle;[88] dies gilt umso mehr, wenn und weil besonderen Vertretern eine die Vorstandszuständigkeit ausschließende Vertretungsmacht zukommen kann. Von dieser Sachlage geht auch der Verordnungsgeber der Vereinsregisterverordnung aus, die in § 3 Abs. 1 Nr. 5 VRV ausdrücklich besondere Vertretungsbefugnisse als einzutragende Tatsachen aufführt.

42 Die Gegenmeinung[89] stützt sich vor allem auf den Wortlaut des § 64 S. 1 BGB, der die Eintragung der Mitglieder des Vorstands vorschreibt, aber gerade nicht die der besonderen Vertreter, die, wie gesehen, zwar Organ, aber eben nicht Vorstand des Vereins sind.[90] Folgt man dieser Meinung, die gegen die Eintragungspflicht eintritt, ist es gleichwohl zwingend, eine Eintragung dann vorzunehmen, wenn die Vertretungsmacht des Vorstands durch die eines besonderen Vertreters eingeschränkt ist.[91]

C. Weitere Organe

43 Dem Verein steht es im Rahmen seiner Satzungsautonomie weitgehend frei, neben Vorstand und Mitgliederversammlung (sowie ggf. besonderem Vertreter) weitere fakultative Organe vorzusehen. Grundsätzlich stellt das Vereinsrecht des BGB dem keine Hindernisse in den Weg. In Betracht kommen neben der Delegierten- oder Vertreterversammlung (ausführlich → § 7 Rn. 278 ff.) etwa erweiterte Vorstandschaft, Gesamtvorstand, geschäftsführender Vorstand, (Haupt-)Ausschuss, Präsidium, Direktorium, Beirat, Aufsichtsrat, Kuratorium oder Ähnliches. Denkbar sind natürlich auch andere, auch vereinsspezifische, Bezeichnungen.[92]

---

[85] Vgl. Soergel/*Hadding* BGB § 30 Rn. 8.

[86] So etwa BeckOK BGB/*Schöpflin* BGB § 29 Rn. 6; MüKoBGB/*Leuschner* BGB § 29 Rn. 6; Soergel/*Hadding* BGB § 29 Rn. 8.

[87] Staudinger/*Schwennicke* BGB § 29 Rn. 6.

[88] Vgl. etwa BayObLG Rpfleger 1999, 332 (333); OLG Köln MittRhNotK 1986, 225; OLG Zweibrücken NZG 2013, 907; Bamberger/Roth/*Schwarz* BGB § 30 Rn. 11; *Krafka* RegisterR-HdB Rn. 2174a; MüKoBGB/*Leuschner* BGB § 30 Rn. 12; Palandt/*Ellenberger* BGB § 30 Rn. 6 und § 64 Rn. 1 (ausgenommen „bloße Haftungsvertreter"); Staudinger/*Schwennicke* BGB § 30 Rn. 30.

[89] *Stöber/Otto* Rn. 389.

[90] → Rn. 5 ff.

[91] So ausdrücklich Soergel/*Hadding* BGB § 30 Rn. 14.

[92] Vgl. etwa das „Schützenmeisteramt", das *Sauter/Schweyer/Waldner* Eingetragener Verein Rn. 308 als Beispiel für am Vereinszweck orientierte oder aus älteren gesetzlichen Regelungen übernommene Bezeichnungen nennt.

I. Abgrenzung und Aufgabenzuweisung

44 Zwar ist der Satzungsgeber in der Ausgestaltung der Aufgaben und Befugnisse derartiger fakultativer Organe weitgehend frei, wesentliche Aufgabe ist aber zunächst die Abgrenzung zu den sonstigen Vereinsorganen. So besteht eine häufige Schwäche von Vereinssatzungen in der nicht hinreichend eindeutigen Abgrenzung derartiger fakultativer Organe zum Vorstand.

45 Nicht selten wird dem (eigentlichen) „Vorstand iSd § 26 BGB" oder „iSd BGB" schlicht der „Vorstand" oder die „Vorstandschaft" ohne weitere Eingrenzung gegenübergestellt. Solche Bestimmungen werden zwar von der Rechtsprechung grundsätzlich weitgehend akzeptiert, doch ergeben sich nicht selten Probleme daraus, dass die Satzung ihre selbstgewählte unglückliche Diktion nicht durchhält und in ihren übrigen Bestimmungen nicht konsequent zwischen den beiden Organen differenziert. Dadurch können zahlreiche Unklarheiten in der Abgrenzung von Funktion und Zuständigkeit der beiden Organe entstehen. Empfehlenswert ist daher, die beiden Organe schon begrifflich deutlicher voneinander abzusetzen.[93]

46 Mit dieser Abgrenzungsaufgabe Hand in Hand geht die Notwendigkeit, auch **Funktion und Kompetenzen** derartiger weiterer Organe (wegen des Fehlens klärender gesetzlicher Bestimmungen) durch die Satzung hinreichend **klar festzusetzen.** Dabei ist es grundsätzlich denkbar, solchen Gremien alle Aufgaben zu übertragen, die nicht zwingend dem Vorstand oder der Mitgliederversammlung vorbehalten bleiben müssen.

47 So ist es etwa ausgeschlossen, dem Vorstand (iSd BGB) als Ganzem (gleich wie dieser in der Satzung bezeichnet sein mag) die Vertretungsmacht völlig zu entziehen und diese einem anderen Gremium zuzuweisen: Vertretungsorgan des Vereins ist der Vorstand.[94] Dagegen ist die Bindung der Vertretungsmacht des Vorstandes oder einzelner seiner Mitglieder an die Zustimmung eines weiteren Organs, insbesondere für bestimmte Geschäfte, grundsätzlich zulässig.[95]

48 Eine die Rechte der Mitgliederversammlung beschneidende Übertragung von Aufgaben kann ihre Grenzen dann finden, wenn das Selbstbestimmungsrecht der den Verein tragenden Mitglieder durch derartige Kompetenzbeschneidungen in einer verfassungsrechtlich nicht zu tolerierenden Weise eingeschränkt wird. Dies kann etwa dann der Fall sein, wenn das zusätzlich geschaffene Vereinsorgan in Zusammensetzung und Bestellung jedem Einfluss der Mitglieder entzogen bliebe.[96]

49 Denkbar ist neben der beschriebenen Einbindung in Vertretungshandlungen vor allem die Übertragung von Geschäftsführungsaufgaben auf andere Gremien sowie deren Zuständigkeit für Überwachung, Bestellung und/oder Abberufung von Vorstandsmitgliedern[97]. Nach herrschender Auffassung ist es sogar möglich, die gesamte Geschäftsführung auf ein anderes Gremium als den Vorstand zu übertragen.[98] Wichtigste Aufgaben des Satzungsgestalters sind auch insoweit Abgrenzung und Abstimmung der Kompetenzen der fakultativen Organe untereinander und zu bzw. mit denen von Vorstand und Mitgliederversammlung.

II. Einzelne Organisations- und Strukturfragen

50 Zu den durch den Satzungsgeber zu klärenden Punkten gehören auch die Bildung und Zusammensetzung fakultativer Organe und die Verfahren zu deren Besetzung, also zur Bestellung der Organmitglieder.

---

93 Zum Ganzen schon → § 8 Rn. 3 ff.
94 → § 8 Rn. 206 ff.
95 → § 8 Rn. 215 ff.
96 → § 8 Rn. 39 ff.
97 → § 8 Rn. 56; 215 ff., 221.
98 → § 8 Rn. 200 ff.

51 Auch hier gilt, dass das BGB grundsätzlich keine Verfahrens- und Organisationsvorschriften bereithält, die *per se* Anwendung finden können. Insbesondere werden die für den Vorstand geltenden Vorschriften des Vereinsrechts jedenfalls insoweit nicht (entsprechende) Anwendung finden können, als sie auf dessen Funktion als grundsätzlich alleinigen Vertretungsorgans des Vereins zugeschnitten sind.

1. Bildung des Organs

52 Die Satzung sollte zunächst entsprechend der Aufgabenstellung des § 58 Nr. 3 BGB Bestimmungen über die Bildung des Organs enthalten, also eindeutig festlegen, wie sich das Organ zusammensetzt, wie viele **Mitglieder** es in welchen **Funktionen** hat und wie es strukturiert ist. Daneben gehören Bestimmungen über persönliche Voraussetzungen der Organzugehörigkeit – wie beim Vorstand – zum Pflichtenkreis des Satzungsgebers.[99]

53 Bei der **Organfähigkeit** stellen sich primär zwei Fragen. Zum einen ist zu klären, ob Vereinsmitgliedschaft zwingende Voraussetzung der Organzugehörigkeit ist, zum Zweiten, inwieweit Mitglieder eines anderen Vereinsorgans (außerhalb der Mitgliederversammlung), insbesondere Vorstandsmitglieder, zugleich Mitglied des weiteren (fakultativen) Organs sein können.

53a Mangels anderer Bestimmungen in der Satzung, die jedoch ohne weiteres möglich und zulässig sind, besitzen grundsätzlich auch Nichtmitglieder die Fähigkeit, einem fakultativen Vereinsorgan anzugehören.[100] Gerade deren Einbindung kann das Ziel des Satzungsgebers sein. Anders mag dies – auch bei Fehlen expliziter Anordnung – im Einzelfall dann zu beurteilen sein, wenn die bei anderen Organen gegebenen entsprechenden Vorgaben im Einzelfall nicht *e contrario* zum Gegenschluss drängen, sondern als Grundentscheidung des Vereins zur Beschränkung der Organmitgliedschaft auf Vereinsmitglieder angesehen werden können.

54 Die Zugehörigkeit einer Person zu zwei Organen wird dagegen nicht als Grundsatz gestattet sein. Die Zulässigkeit einer solchen doppelten Organzugehörigkeit ist vielmehr – praktisch wird insbesondere die Zugehörigkeit zu einem zweiten Gremium neben dem Vorstand – im Einzelfall von der Stellung und Funktion der fraglichen Organe abhängig. Nach dem Grundsatz, dass sich niemand im Rechtssinne selber kontrollieren kann, ist die Zugehörigkeit zum Vorstand und zugleich zu einem Organ, das dessen Überwachung und Kontrolle dient, nicht zulässig.[101] Da dieser Grundsatz zu den zwingenden Prinzipien des Vereinsrechts gehört, an denen auch die Vereinsautonomie Grenzen findet, sind widersprechende Satzungsbestimmungen unwirksam.

55 Selbstverständlich steht es dem Satzungsgeber frei, neben der möglichen Forderung nach Vereinsmitgliedschaft weitere persönliche Voraussetzungen für die Berufung in die Organstellung festzusetzen. Auch die Amtszeit sollte, wie etwaige Begrenzungen der Wiederbestellung, geregelt sein. Zu beiden Regelungsbereichen sind grundsätzlich dieselben Vorgaben wie bei den Vorstandsmitgliedern denkbar.[102]

2. Bestellung der Organmitglieder, Beschlussfassung und Weiteres

56 Zuständigkeit und Verfahren der Organbestellung bedürfen ebenfalls einer satzungsautonomen Regelung. Die Vereinsstatuten sollten regeln, von wem die Organmitglieder auf welche Weise in ihr Amt berufen werden. Hier bestehen dem Grunde nach dieselben Möglichkeiten wie bei der Bestellung der Vorstandsmitglieder. Je nach Struktur und Funktion des zu besetzenden Organs werden die Grenzen des Dritteinflusses jedoch noch weiter

[99] → § 8 Rn. 26ff.
[100] So auch *Sauter/Schweyer/Waldner* Eingetragener Verein Rn. 310.
[101] Vgl. *Sauter/Schweyer/Waldner* Eingetragener Verein Rn. 310; jedenfalls bei Überwachung als „Kernaufgabe" auch: MüKoBGB/*Leuschner* BGB § 30 Rn. 6.
[102] Dazu → § 8 Rn. 26ff.

gezogen werden können, als dies beim Vorstand der Fall ist.[103] Auch die Berufung in eine derartige Organmitgliedschaft bedarf dabei stets der Annahme.

57 Denkbar sind auch – je nach Art des Organs mag dies größere oder nur geringere Bedeutung haben – klärende Bestimmungen über die Beendigung des Amtes.

58 Für die Einberufung und Abhaltung der Sitzungen des Gremiums kommt – je nach Art des fakultativen Organs – die Anwendung der Bestimmungen über die Mitgliederversammlung grundsätzlich ebenso in Betracht, wie die der für den Vorstand geltenden Vorgaben. Daher sollte die Satzung diese Fragen ebenso klären, wie sie die Beschlussfassung regeln sollte. Während nämlich § 32 BGB in jedem Fall Anwendung finden dürfte, wird auch hier grundsätzlich je nach Eigenart des Gremiums die Anwendung der Regelungen für Vorstand oder Mitgliederversammlung in Betracht kommen können. Die Frage erübrigt sich nur, soweit auch der Vorstand im Einzelfall nach den für die Mitgliederversammlung geltenden Vorschriften Beschlüsse fasst.

58a Grundsätzlich gehören schließlich auch die Fragen der Beurkundung oder Protokollierung der Beschlüsse zum Pflichtenkreis der Satzungsgeber.[104]

3. Checkliste

59 Eine Checkliste für die bei Schaffung weiterer Vereinsorgane zu beantwortenden Fragen kann wie folgt aussehen:

Checkliste zur Schaffung weiterer Vereinsorgane:
- Bezeichnung des Organs
- Aufgaben und Befugnisse des Organs
- Bildung des Organs (Zahl der Mitglieder, Zusammensetzung, Organfähigkeit)
- Bestellung der Organmitglieder (Zuständigkeit, Verfahren, ggf. Amtszeit, ggf. Ersatzmitglieder)
- Beschlussfassung (Ladung zu Sitzungen, Mehrheiten, Sitzungsleitung)
- Protokollierung der Beschlüsse

4. Beispiele

60 Praktisch besonders relevant sind – neben dem besonderen Vertreter – Delegiertenversammlungen, die (nahezu) ganz oder teilweise die Aufgaben der Mitgliederversammlung übernehmen. Sie werden dort gesondert dargestellt (→ § 7 Rn. 278 ff.). Relativ häufig finden sich aber auch Gremien, die als weitere Vereinsführungsgremien die Arbeit des Vorstandes überwachen und unterstützen sollen. Je nach Ausgestaltung können sie sich zB der Funktion eines Aufsichtsrates annähern, die Aufgaben eines erweiterten Vorstandes übernehmen oder nur beratende Funktionen ausüben. Je näher sich die Funktion der anderer Vereinsgremien annähert, umso wichtiger ist die eindeutige Abgrenzung der Funktionen und Zuständigkeiten. Besonders fehlerträchtig ist häufig die Abgrenzung der Funktionen weiterer Gremien zu denen des Vorstands iSd § 26 BGB.

61 Eine mögliche Formulierung für ein Gremium, das Beratungsaufgaben wahrnimmt, aber auch bei besonderen Rechtsgeschäften als (intern) entscheidungsbefugtes Gremium die Geschäftsführungsbefugnisse des Vorstandes einschränkt, sei hier vorgestellt.

---

[103] Zum Ganzen → § 8 Rn. 39 ff.

[104] Für den Vorstand → § 8 Rn. 164 ff.

Formulierungsbeispiel: Beirat (Satzungsbestandteil) 62

§ 16. Beirat

(1) Der Verein hat einen Beirat. Dessen Aufgabe ist die Beratung des Vorstandes in allen Angelegenheiten des Vereins. Er entscheidet über die Vornahme von Rechtsgeschäften, zu denen der Vorstand nach § *** dieser Satzung der Zustimmung des Beirats bedarf.

(2) Dem Beirat gehören *** *[Anzahl]* von der Mitgliederversammlung auf die Dauer von *** Jahren ab dem Tag der Wahl gewählte Mitglieder an; er bleibt auch nach Ablauf seiner Amtszeit bis zur Neuwahl des Beirats im Amt. In den Beirat können nur Vereinsmitglieder gewählt werden; Wiederwahl ist zulässig. Vorstandsmitglieder können nicht zugleich Beiratsmitglieder sein. Bei Ausscheiden eines Beiratsmitgliedes wählt der Beirat aus dem Kreis der Mitglieder ein Ersatzmitglied für die restliche Amtszeit des Ausgeschiedenen. Der Beirat wählt aus seiner Mitte einen Beiratsvorsitzenden und einen stellvertretenden Beiratsvorsitzenden.

(3) Der Beirat beschließt in Sitzungen. Diese sollen mindestens einmal pro Halbjahr stattfinden. Für Ladung, Sitzungsleitung und Beschlussfassung gelten die Bestimmungen dieser Satzung für Vorstandssitzungen entsprechend. [*Alt.:* Die Sitzungen werden vom Beiratsvorsitzenden, bei dessen Verhinderung vom stellvertretenden Beiratsvorsitzenden, mit einer Frist von mindestens *** Tagen, wobei der Tag der Sitzung und der Tag der Einladung nicht mitrechnen, schriftlich, telefonisch oder per E-Mail einberufen. Der Mitteilung der Tagesordnung bedarf es nicht. Mit Zustimmung aller Beiratsmitglieder können Beschlüsse auch außerhalb von Sitzungen gefasst werden.]

(4) Die Sitzungen werden vom Beiratsvorsitzenden, bei dessen Verhinderung vom stellvertretenden Beiratsvorsitzenden geleitet. Der Beirat fasst seine Beschlüsse mit der Mehrheit der abgegeben gültigen Stimmen, Stimmenhaltungen gelten als nicht abgegebene Stimmen. Bei Stimmengleichheit entscheidet die Stimme des Beiratsvorsitzenden.

(5) Beschlüsse des Beirats sollen protokolliert werden. Protokollführer ist der stellvertretende Beiratsvorsitzende, bei dessen Verhinderung wird er in der Sitzung gewählt. Das Protokoll ist vom Protokollführer zu unterzeichnen.[105]

D. Bevollmächtigung

I. Grundlagen

63 Grundsätzlich kann der Verein, eingetragen wie nicht eingetragen, wie jeder andere Akteur des Rechtslebens Vollmachten erteilen. Daneben können bei Vereinen – wie bei anderen Rechtsträgern – auch die Grundsätze der **Anscheins- und Duldungsvollmacht** zum Tragen kommen. Zwar ist beim Handeln unwirksam oder anfechtbar bestellter Vorstandsmitglieder eines eingetragenen Vereins das Vertrauen des Rechtsverkehrs mE nach den Grundsätzen der fehlerhaften Vertreterbestellung zu schützen.[106] Jedoch kann beim Handeln faktischer Vorstandsmitglieder (also wie Vorstandsmitglieder auftretender sonstiger Vereinsvertreter) und beim Handeln sonstiger, nicht zum Vorstand gehörender Vereinsvertreter ein entsprechender schützenswerter, zurechenbarer Vertrauenstatbestand entstehen.[107]

[105] Im Hinblick auf die bei → § 8 Rn. 221 dargestellten Nachweisprobleme kann hier bei besonders vorsichtiger Satzungsgestaltung wie folgt ergänzt werden: „Klargestellt wird: Dritten gegenüber wird die Zugehörigkeit zum Beirat durch Vorlage des nach den Bestimmungen dieser Satzung errichteten Protokolls über die Wahl nachgewiesen."

[106] Dazu → § 8 Rn. 151.

[107] *Brouwer* NZG 2017, 481 (483) schildert als Beispiel den „Geschäftsführer" eines Vereins (ohne Organstellung).

In Ausnahmefällen (zB bei – vermeintlicher – gesonderter Bevollmächtigung eines an sich nur gemeinsam vertretungsberechtigten Vorstandsmitglieds durch weitere Vorstandsmitglieder) kann auch eine Durchbrechung eingetragener Beschränkungen der Vertretungsmacht nach diesen Grundsätzen möglich sein.[108]

64 Vollmachtgeber ist – bei zutreffender Ausgestaltung der Vollmacht – nicht der Vorstand oder gar das einzelne Vorstandsmitglied, sondern der Verein selbst.[109] Vertreten wird er dabei nach den gesetzlichen Bestimmungen durch den Vorstand; die **Vollmachterteilung ist Vertretungshandlung.** Mag im Innenverhältnis auch ein Beschluss nötig sein, bleibt es im Außenverhältnis bei der (bloßen) Notwendigkeit der Mitwirkung der zur Vertretung nötigen Zahl von Vorstandsmitgliedern.[110] Damit berührt auch ein Wechsel der Vorstandsmitglieder die Vollmachtswirksamkeit nicht.[111] Der Vorstand bedarf zu r Erteilung grundsätzlich keiner Zustimmung der Mitgliederversammlung.

65 „Bevollmächtigter“ kann ein außenstehender Dritter, ein Vereinsmitglied, aber grundsätzlich auch ein einzelnes Vorstandsmitglied sein.[112] Grundsätzlich kann zwar keine Person in demselben Bereich gleichzeitig gesetzliche und gewillkürte Vertretungsmacht innehaben,[113] kann ein Vorstand daher nicht als Bevollmächtigter für den Verein handeln, doch kann er von Vorstandsmitgliedern in vertretungsberechtigter Zahl, auch unter seiner eigenen Mitwirkung, wirksam zur Alleinvertretung ermächtigt werden (zu Grenzen dieser Ermächtigung → Rn. 69).[114]

66 Für die Form der Vollmachtserteilung, deren Funktion und Wirkungsweise, Wirksamkeit und Widerruf gelten grundsätzlich die allgemeinen Bestimmungen. Vollmachten, etwa solche für Inhaber bestimmter Vereinsämter, können auch direkt in der Vereinssatzung enthalten sein.

II. Einschränkungen

1. Gesetzliche Vorgaben

67 Einschränkungen für die Vollmachtserteilung durch einen Verein ergeben sich in jedem Fall aus gesetzlichen Vorgaben zu Inhalt und Reichweite von Vollmachten.

68 Grenzen sind der Vollmachtserteilung danach zunächst insoweit gesetzt, als die Bevollmächtigung nicht zu einer Übertragung der Organstellung auf Dritte führen darf. Die Vollmacht muss daher sachlich auf ein bestimmtes Geschäft oder eine bestimmte Art von Geschäften beschränkt sein, eine Generalvollmacht kann der Verein mithin grds. nicht wirksam erteilen.[115] Ausnahmen scheinen mir bei ausdrücklicher Satzungsgrundlage für (eine) weitergehende Vollmacht(en) denkbar (→ Rn. 81). Unwiderrufliche Vollmachten sind nur für bestimmte Einzelgeschäfte zulässig.[116]

69 Da eine vom Satzungsgeber vorgesehene Gesamtvertretung dem Schutz des vertretenen Vereins selbst dient, kann auch sie von den Vertretern nicht geändert werden.[117] Die Voll-

---

[108] Vgl. BeckOK BGB/*Schöpflin* BGB § 26 Rn. 18; dies erwägt auch OLG Bremen NJW-RR 2015, 1096 (verneint die Anwendung aber schon mangels „Vertrauens“ auf die Vertretungsmacht bei der Erbausschlagungserklärung); vgl. allgemein zur Anwendung im Handels- und Gesellschaftsrecht MüKoBGB/*Schubert* BGB § 167 Rn. 152.

[109] Diese Vollmachtserteilung ist vom Fall der zulässigen (wechselseitigen) Bevollmächtigung von Vorstandsmitgliedern zur Vertretung bei Beschlussfassungen oÄ sowie von der Ermächtigung einzelner an sich nur gesamtvertretungsberechtigter Vorstandsmitglieder zur Einzelvertretung (dazu → Rn. 65) zu scheiden.

[110] Vgl. *Sauter/Schweyer/Waldner* Eingetragener Verein Rn. 237; mE etwas unklar KG NJW-RR 2015, 1448.

[111] Vgl. Palandt/*Ellenberger* BGB § 26 Rn. 9; *Sauter/Schweyer/Waldner* Eingetragener Verein Rn. 237.

[112] Vgl. nur Palandt/*Ellenberger* BGB § 26 Rn. 9.

[113] Zu Ausnahmen → Rn. 67 ff.

[114] Vgl. OLG München NJW-RR 1991, 893.

[115] Vgl. KG NJW-RR 2015, 1448; OLG München NJW-RR 1991, 893; BeckOK BGB/*Schöpflin* BGB § 26 Rn. 19; *Sauter/Schweyer/Waldner* Eingetragener Verein Rn. 238; Soergel/*Hadding* BGB § 26 Rn. 19.

[116] Vgl. BeckOK BGB/*Schöpflin* BGB § 26 Rn. 19; *Sauter/Schweyer/Waldner* Eingetragener Verein Rn. 238; Soergel/*Hadding* BGB § 26 Rn. 19.

[117] Vgl. OLG München Beschl. v. 28.4.2011 – 34 Wx 81/11, BeckRS 2011, 22455.

machtserteilung darf deshalb auch nicht zu einer Durchbrechung der satzungsmäßig vorgesehenen Gesamtvertretung führen.[118] Wie die unwiderrufliche oder in allen Angelegenheiten erteilte Bevollmächtigung eines Dritten, ist daher auch die über eine konkrete und begrenzte Ermächtigung hinausgehende Generalermächtigung eines Vorstandsmitgliedes durch andere Vorstandsmitglieder unwirksam.[119] Nicht zulässig ist mithin auch die „Ermächtigung zur Vornahme von Geschäften jeder Art oder zur Vertretung in einem sachlich oder zeitlich abgegrenzten Geschäftskreis".[120] Das gewünschte Ergebnis der (weitgehenden) Einzelvertretung kann in einem solchen Falle nur durch Satzungsänderung herbeigeführt werden.

2. Statuarische Grenzen

Spezifische Einschränkungen der Zulässigkeit von Vollmachtserteilungen können sich auch aus der Vereinssatzung ergeben. 70

So kann die Satzung etwa generell das persönliche Handeln der Vorstandsmitglieder bei der Vertretung des Vereins vorschreiben. Durch eine derartige Bestimmung wird jede rechtsgeschäftliche Bevollmächtigung ausgeschlossen.[121] Denkbar sind aber auch differenzierende Anordnungen, die etwa eine Bevollmächtigung (außenstehender) Dritter untersagen, eine Bevollmächtigung einzelner Vorstandsmitglieder aber gestatten oder auch das umgekehrte Vorgehen vorsehen. 71

Juristisch zulässig sind mE beispielsweise auch sonstige Bestimmungen zur Begrenzung, etwa solche, die 72

- den Kreis der zulässigen Bevollmächtigten beschränken, etwa durch die Eingrenzung auf bestimmte Berufsträger, Vereins(nicht)mitglieder oder Personen, die (sonstige) bestimmte persönliche Merkmale erfüllen,
- den Kreis der Vollmachtsgegenstände eingrenzen (nur bestimmte Arten von Rechtsgeschäften) oder
- Vorgaben zu dem bei Vollmachtserteilung einzuhaltenden Verfahren (wie etwa durch die vorherige Einbeziehung anderer Vereinsgremien) machen.

Aufgrund der häufig praktischen Notwendigkeit zumindest begrenzter Einzelvollmachten (etwa zur Vertragsabwicklung bestimmter Verträge, zur Vertretung im Prozess oder in Steuerfragen etc.) sollten Satzungsregelungen zur Einschränkung der Vollmachtsmöglichkeiten nur mit großer Vorsicht vorgesehen werden. Begrifflich sollte zudem die „Bevollmächtigung" eines vereinsexternen Dritten von der „Ermächtigung" eines Vorstandsmitgliedes durch das andere oder die anderen Vorstandsmitglieder unterschieden werden. 73

E. Sonderfall: Geschäftsführer

Das Amt eines Geschäftsführers ist beim Verein – anders als bei der GmbH – nicht gesetzlich geregelt. Es ist weder vorgeschrieben noch spezifischen (dispositiven) Regelungen zugeführt. Das BGB stellt auch keine besonderen Vorschriften für dessen fakultative Einsetzung zur Verfügung. Der Geschäftsführer tritt damit nicht als Inhaber einer eigenständigen, besonderen rechtlichen Regelungen zugeführten Position neben die Inhaber anderer Vereinsämter. Sein Amt ist beim Verein vielmehr schlichter Anwendungsfall des zur Verfügung gestellten Instrumentariums von Vorstand, besonderem Vertreter und Bevollmächtigtem. Ein Verein, der einen Geschäftsführer installieren möchte, muss seine Position unter Anwendung dieser rechtlichen Mittel abschließend in die Vereinsstruktur einpassen und 74

---

[118] Vgl. *Sauter/Schweyer/Waldner* Eingetragener Verein Rn. 238; *Mittenzwei* MDR 1991, 492 (494).
[119] Vgl. OLG München NJW-RR 1991, 893; *Sauter/Schweyer/Waldner* Eingetragener Verein Rn. 238.
[120] KG NJW-RR 2015, 1448; BeckOK BGB/*Schöpflin* BGB § 26 Rn. 18.
[121] Vgl. *Sauter/Schweyer/Waldner* Eingetragener Verein Rn. 234; Staudinger/*Weick* (2005) BGB § 26 Rn. 14.

steht damit, in ähnlicher Weise wie bei der Schaffung (echter) weiterer Vereinsorgane, vor der Aufgabe, Stellung und Funktion (möglichst) präzise festlegen zu müssen.

75 Für die Ausgestaltung der Position des Geschäftsführers bestehen grundsätzlich drei Möglichkeiten: So kann sein Amt als (ggf. besonders ausgestaltetes) Vorstandsamt eingerichtet und umschrieben werden, er kann als besonderer Vertreter iSd § 30 BGB vorgesehen werden und er kann schlicht (rechtsgeschäftlich) Bevollmächtigter sein. Die Wahl zwischen diesen **Gestaltungsvarianten** steht dem Satzungsgeber offen. Die Vollmachtserteilung als solche bedarf dabei keiner Satzungsgrundlage, sie ist dem Verein, wie anderen im Rechtsverkehr auftretenden Akteuren grundsätzlich (in den vereinsspezifischen Grenzen) ohne weiteres möglich.[122]

I. Geschäftsführer als Vorstandsamt

76 Wird ein „Geschäftsführer“ als besonderes **Vorstandsamt** eingerichtet und soll er etwas anderes als sein, als der Inhaber eines lediglich mit besonderem Namen ausgestatteten normalen Vorstandsamts, kann die Satzung neben der in jedem Fall erforderlichen Bestimmung über die Bildung des Vorstandes, auch spezifische Bestimmungen über Bestellung und Kompetenzen des Geschäftsführers enthalten:

- Zunächst bestehen keine rechtlichen Bedenken dagegen, für den Geschäftsführer eigene Bestellungsregeln zu bestimmen, für ihn etwa eine längere (oder uU unbefristete) Amtsdauer[123], die Kooptation[124] durch den Vorstand anstelle der sonst etwa vorgesehenen Wahl durch die Mitgliederversammlung oder sonst abweichende Bestellungsmechanismen[125] vorzusehen.
- Weiter steht es dem Satzungsgeber frei, dem Geschäftsführer eine besondere Vertretungsbefugnis, etwa umfassende Alleinvertretungsbefugnis zu gewähren oder sie gerade im Gegensatz zu anderen Vorstandsmitgliedern im Außen – und/oder Innenverhältnis einzuschränken.[126]
- Schließlich besteht – bei entsprechender Satzungsgrundlage[127] – auch die Möglichkeit, eine Vergütung seiner Tätigkeit für den Verein vorzusehen.

77 Diese Variante der Ausgestaltung des Geschäftsführers als besonderes Vorstandsmitglied führt, durch seine Einbeziehung in das Vertretungsorgan des Vereins, strukturell zu der relativ stärksten Stellung des Geschäftsführers.

II. Geschäftsführer als besonderer Vertreter

78 Entschließt sich der Satzungsgeber zur Einsetzung des Geschäftsführers als besonderer Vertreter, kommt ihm die Aufgabe zu, nicht nur das Amt als solches vorzusehen, sondern auch die nötigen Festlegungen zu dessen Bestellung, Aufgaben und Befugnissen zu treffen. Die Bestimmungen für den Vorstand sind auf den besonderen Vertreter nicht anwendbar, er ist nicht Vorstandsmitglied.

79 Dem Verein steht es dabei offen, dem besonderen Vertreter nur wenige, begrenzte Aufgaben und Befugnisse zu überantworten oder ihm eine Rechtsmacht einzuräumen, die der eines Vorstandes nahe kommt bzw. diese in einzelnen Bereichen gar überschreitet. Daneben können ihm zur Stärkung der Position einerseits, andererseits aber auch zur verbesserten Verzahnung und Einbindung der verschiedenen Akteure im Verein, Teilnahme- (und Stimm-) Rechte für Sitzungen bzw. Beschlussfassungen einzelner oder aller Vereinsorgane gewährt werden.

---

122 → Rn. 63ff.
123 Grundsätzlich zu Gestaltungsmöglichkeiten bei der Amtsdauer → § 8 Rn. 106ff.
124 Dazu → § 8 Rn. 65ff.
125 Dazu ausf. → § 8 Rn. 33f.
126 Grundsätzlich zu Möglichkeiten derartiger Beschränkungen → § 8 Rn. 215ff.
127 → § 14 Rn. 33, 79, 229ff.

Grenzen in der erweiternden Ausgestaltung des Amtes ergeben sich – nach der hier vertretenen Auffassung – allerdings aus der Beschränkung der Zuständigkeit des besonderen Vertreters auf „bestimmte" Geschäfte.[128] 80

III. Geschäftsführer als Bevollmächtigter

Denkbar ist schließlich die Ausgestaltung des Geschäftsführeramtes als Inhaber einer – besonders gestalteten – Vollmacht. Durch die Erteilung der Vollmacht durch den Verein ist das Tätigwerden des Geschäftsführers in diesem Fall zwar einerseits nicht an die Amtsperioden von Vorständen gebunden. Anderseits darf die nicht schon durch den Satzungsgeber in der Satzung aufgenommene oder – auch in ihrer Reichweite – in der Satzung vorgesehene, sondern vom Vorstand erteilte Vollmacht in ihrer Ausgestaltung keine zu weitgehenden Kompetenzverlagerungen auf den Geschäftsführer vorsehen, da die Generalvollmacht rechtlich unzulässig ist. Die statuarische Vollmacht darf jedenfalls nicht die Vertretungsmöglichkeiten des Vorstands ausschließen. Der Reichweite der Vollmacht und damit den Befugnissen des Geschäftsführers sind daher insoweit (insbesondere bei der nicht bereits in der Satzung erteilten Vollmacht) **rechtlich zwingende Grenzen** gesetzt. Als bloßer rechtsgeschäftlich Bevollmächtigter kann er schließlich seine Vertretungsmacht nicht aus dem Register herleiten, ist er vielmehr Geschäftspartnern gegenüber grundsätzlich in jedem Einzelfall auf den Vollmachtsnachweis durch Vorlage seiner Vollmacht (surkunde) angewiesen. 81

Mangels Unwiderruflichkeit der Vollmacht kann der Verein (vertreten durch den Vorstand) die Vollmacht grundsätzlich jederzeit widerrufen und dem Handeln des Geschäftsführers die Grundlage entziehen. 82

F. Rechnungsprüfer

I. Grundlagen

Für die Genossenschaften schreibt § 53 GenG eine regelmäßige Prüfung der Geschäftsführung vor. Vergleichbare Vorschriften kennt das Vereinsrecht in Deutschland nicht. Eine Pflicht zur Prüfung und Offenlegung der Rechnungslegung sieht es, so wird von Kritikern konstatiert, nicht einmal für Vereine vor, die im Rahmen des Nebenzweckprivilegs Millionenumsätze erzielen oder über Spendeneinnahmen in beträchtlicher Höhe verfügen.[129] Insbesondere die Streitigkeiten und Unklarheiten rund um einen der bekanntesten deutschen Großvereine in der jüngeren Vergangenheit scheinen insoweit ins Bild zu passen. 83

Trotz des – von spezialgesetzlichen Vorgaben[130] abgesehen – weitgehenden **Fehlens gesetzlicher** (Rechnungslegungs- und) **Prüfungsvorgaben,** sind solche Prüfungen gleichwohl bei zahlreichen, jedenfalls größeren Vereinen, sehr gebräuchlich. Einerseits kann sie von Fall zu Fall von der Mitgliederversammlung beschlossen werden, andererseits kann sie aber auch in der Satzung verankert und angeordnet werden. Entschließt sich der Satzungsgeber, „Rechnungsprüfungen" generell anzuordnen, hat die Satzung einerseits die Person der Prüfenden zu bestimmen, anderseits deren Aufgaben und Kompetenzen festzulegen. 84

II. Satzungsgestaltung

Während es etwa bei Großvereinen oder Vereinen mit großem wirtschaftlichen Betrieb sinnvoll sein kann, eine externe Prüfung – oder jedenfalls die Möglichkeit dazu – zu statuieren, um etwa die Prüfung durch eine dazu beauftragte (außerhalb des Vereins stehende) 85

---

[128] → Rn. 28 ff.
[129] *Segna* DStR 2006, 1568.
[130] Vgl. etwa §§ 23 ff. ParteiG für politische Parteien oder §§ 21 ff. StBerG für Lohnsteuerhilfevereine.

Wirtschaftsprüfungsgesellschaft zu ermöglichen, werden zumindest bei Vereinen nicht mehr als durchschnittlicher Größe regelmäßig vereinsinterne „Prüfungsämter" geschaffen. Sie werden vor allem als Kassenprüfer, Revisoren, Rechnungsprüfer oÄ bezeichnet.

1. Gestaltungsauftrag

86 Aus dem Fehlen allgemeiner gesetzlicher Prüfungsvorgaben ergibt sich, wie bei der Schaffung weiterer Organe bereits gesehen, die Aufgabe, alle notwendigen Vorgaben satzungsautonom zu treffen. Die dort aufgestellte Checkliste zu den grundsätzlich regelungsbedürftigen Punkten[131] kann auch hier – in angepasster Form – Verwendung finden.

Checkliste zur (vereinsinternen) Rechnungsprüfung:
- Bezeichnung des Amtes
- Zahl der Prüfer (ggf. Zusammensetzung und Struktur eines Prüfungsgremiums)
- Bestellung der Prüfer (Zuständigkeit, Verfahren, ggf. Amtszeit, ggf. Ersatzmitglieder)
- Festlegung der Prüfungsaufgaben und Kompetenzen
- ggf. Beschlussfassung und Protokollierung in einem etwaigen Rechnungsprüfungsgremium

2. Einzelfragen

87 **a) Bezeichnung des Amtes und Zahl der Prüfer.** Bei der Bezeichnung eines vereinsinternen Prüfungsamtes ist der Satzungsgeber grundsätzlich frei. Gesetzliche Vorgaben zur Benennung sind nicht zu beachten. Regelmäßig wird der Benennung auch keine – oder doch keine relevante – Bedeutung für die Ausgestaltung des Amtes im Übrigen zukommen.

88 Häufig wird sich die Satzung darauf beschränken können, eine bestimmte Zahl von Prüfern vorzusehen, ohne ein eigenständiges Prüfungsgremium zu etablieren. Bei der Bestimmung der Zahl kann der Satzungsgeber – ähnlich wie bei der Vorstandsbildung[132] – etwa eine numerisch exakte Zahl anordnen, oder sich auf eine Mindest- und/oder Höchstzahl zurückziehen und die genaue Festlegung in jedem Bestellungsfall dem dafür zuständigen Gremium überantworten. Da die sich bei der Vorstandsbildung ergebenden Vertretungsfragen hier entfallen, gibt es mE auch keine Notwendigkeit, die Frage der Einzel- oder Kollektivprüfung statuarisch festzulegen. Denkbar ist freilich auch, ein Gremium zu bilden, in dem die durch die Satzung angeordneten Prüfungsaufgaben in institutionalisierter Form, etwa mit vorstandsähnlicher Struktur, auf verschiedene Prüfungsämter verteilt werden. In einem solchen Fall hat die Satzung freilich die nötigen Strukturfragen umfassend zu klären.

89 **b) Bestellung der Prüfer.** Wegen des Fehlens entsprechender gesetzlicher Vorgaben hat der Satzungsgeber das Verfahren der Bestellung der Prüfer abschließend zu regeln. Dazu gehören regelmäßig die Festlegung des zuständigen Bestellungsgremiums, das Bestellungsverfahren – häufig wird dies die Wahl sein – und die Amtszeit. Denkbar ist es, daneben die Bestellung von Ersatzmitgliedern vorzusehen oder sonstige Verfahren zu schaffen, um Ersatz für außerplanmäßig ausscheidende Prüfer gewinnen zu können. Regelungstechnisch kann sich die Satzung hier auf die entsprechende Anwendung der Regelungen für die Mitglieder von Vorstand oder sonstigen Vereinsorganen beschränken oder autonome Regelungen finden. Gesetzliche Vorgaben bestehen (außerhalb der erwähnten Spezialgesetze) nicht, doch wird die Bestellung der Prüfer wegen ihres Prüfungsauftrages regelmäßig nicht durch den Vorstand erfolgen können.

[131] → Rn. 59.
[132] → § 8 Rn. 9ff.

c) Aufgaben und Kompetenzen. Die Satzung sollte zur Vermeidung von Unklarheiten auch den Prüfungsauftrag und ggf. die Kompetenzen der bestellten Prüfer klar festlegen. Denkbar sind neben der „klassischen Kassenprüfung“ als Prüfung der Übereinstimmung zwischen Ein- und Ausgabebelegen und Kassenbestand einerseits und der umfassenden Revision der gesamten Geschäftsführung andererseits Zwischenformen je nach den Bedürfnissen und Notwendigkeiten des betroffenen Vereins. Die gewählte Bezeichnung des Prüfungsamtes kann weder die Festlegung der Aufgaben ersetzen noch zu einer Erweiterung bzw. Begrenzung gegenüber den aus der Satzung zu entnehmenden Aufgaben führen. 90

Denkbar ist es, den Prüfern durch die Satzung klare Kompetenzen und Befugnisse, etwa Einsichtsrechte, Informations- und Auskunftsansprüche zu gewähren, um ihre Stellung gegenüber den zu Prüfenden klar festzulegen. Regelmäßig wird sich jedoch schon aus der Aufgabenzuweisung das (Mindest-)Maß der Prüferrechte entnehmen lassen, müssen diese doch zumindest über die Rechte verfügen, derer sie zur effektiven Erfüllung ihrer Aufgaben bedürfen. Eine (knappe) Satzungsregelung zur Kassenprüfung kann wie folgt lauten: 91

Formulierungsbeispiel: Kassenprüfung (Satzungsbestandteil) 92

§ *. Kassenwesen**

(1) Der Schatzmeister hat über die Kassengeschäfte Buch zu führen und eine Jahresrechnung zu erstellen.
(2) Die Jahresrechnung wird von zwei Kassenprüfern geprüft, die von der Mitgliederversammlung gewählt werden. Für deren Wahl, Wählbarkeit und Amtsdauer gelten die Bestimmungen für Vorstandsmitglieder entsprechend. Die geprüfte Jahresrechnung ist der Mitgliederversammlung zur Beschlussfassung vorzulegen.

Weitere Beispiele für mögliche Satzungsbestimmungen finden sich in → § 21. 93

§ 10. Mitglieder des Vereins

Übersicht

Schrifttum:

Monographien: *K. Schmidt,* Informationsrechte in Gesellschaften und Verbänden, 1984.

Aufsätze: *Ballerstedt,* Mitgliedschaft und Vermögen beim rechtsfähigen Verein, FS Knur 1972, 1; *Birk,* Der Aufnahmezwang bei Vereinen und Verbänden, JZ 1972, 343; *Deutsch,* Das „sonstige Recht" des Sportlers aus der Vereinsmitgliedschaft, VersR 1991, 837; *Grunewald,* Vereinsaufnahme und Kontrahierungszwang, AcP 182 (1982), 181; *Haas/Scholl,* Informationsansprüche und -pflichten im Idealverein, FS Hadding 2005, 365; *Hofmann,* Der Vereinsbeitritt Minderjähriger, Rpfleger 1986, 5; *Lettl,* Der vermögensrechtliche Zuweisungsgehalt der Mitgliedschaft im Idealverein, AcP 203 (2003), 149; *Löffler,* Der Kernbereich der Mitgliedschaft als Schranke für Mehrheitsbeschlüsse bei Personengesellschaften, NJW 1989, 2656; *Lutter,* Theorie der Mitgliedschaft, AcP 180 (1980), 84; *Mertens,* Die Geschäftsführung in der GmbH und das ITT-Urteil, FS R. Fischer 1979, 461; *Morgenroth,* Die Rechtmäßigkeit lebenslanger Vereinsmitgliedschaften, ZStV 2018, 41; *Müller,* Die Erhebung von Umlagen, MDR 1992, 924; *K. Schmidt,* Die Vereinsmitgliedschaft als Grundlage von Schadensersatzansprüchen – Positive „Vertragsverletzung" und „sonstiges Recht" im Innenrecht des Vereins, JZ 1991, 157; *Schroeder/Diller,* Antidiskriminierung bei der Aufnahme als Gesellschafter?, NZG 2006, 728; *Segna,* Neuerungen für Vereine und Stiftungen durch das COVID-19-Pandemie-Gesetz 2020, npoR 2020, 148; *Segna/Lenz,* Zur Zulässigkeit lebenslanger Vereinsmitgliedschaften, ZStV 2018, 121; *Vieweg/Werner,* BGH: Bemessung des Vereinsbeitrags nach Vorjahresumsatz keine Grundsatzentscheidung, LMK 2011, 313895; *Wüstenberg,* Der Betreute als Vereinsmitglied, BtPrax 2005, 138.

A. Mitgliedschaft

I. Rechtsnatur und deliktsrechtlicher Schutz

1 Als Mitgliedschaft bezeichnet man die auf der Zugehörigkeit eines Vereinsmitglieds zu seinem Verein beruhende Rechtsstellung. Sie ist ihrer Rechtsnatur nach sowohl **Rechtsverhältnis,** das subjektive Rechte und Pflichten zwischen Verein und Mitglied begründet, als auch **subjektives Recht.**[1]

2 Nach der Rechtsprechung des BGH stellt die Mitgliedschaft ein absolutes subjektives Recht dar und ist als **sonstiges Recht iSv § 823 Abs. 1 BGB** Gegenstand deliktsrechtlichen Schutzes.[2] Die sich hieran anschließende Frage nach dem Umfang und den Grenzen

[1] *K. Schmidt* S. 549; *Lutter* AcP 180 (1980), 84 (97 ff.) MüKoBGB/*Leuschner* BGB § 38 Rn. 4 ff.; Palandt/*Ellenberger* BGB § 38 Rn. 1.

[2] BGH NJW 1990, 2877; *K. Schmidt* JZ 1991, 157; *Deutsch* VersR 1991, 837; MüKoBGB/*Wagner* BGB § 823 Rn. 351.

des Schutzbereichs ist jedoch nicht abschließend geklärt. So hat der BGH bislang offen gelassen, ob die deliktische Haftung bereits bei jeder schuldhaften Beeinträchtigung eines Mitgliedschaftsrechtes eingreift oder ob dies einen unmittelbar gegen den Bestand der Mitgliedschaft oder in ihr verkörperter Rechte und Betätigungsmöglichkeiten gerichteten Eingriff von erheblichem Gewicht erfordert. Tatbestandsmäßig sei jedenfalls eine Beeinträchtigung der Mitgliedschaft „in ihrem Kern", welcher vom BGH maßgeblich anhand des Vereinszwecks bestimmt wurde.[3]

Im Schrifttum wird häufig eine Bestimmung des Schutzbereichs nach den für das Recht 3 am eingerichteten und ausgeübten Gewerbebetrieb entwickelten Kriterien vorgenommen.[4] Eine deliktische Verletzung des Mitgliedschaftsrechts ist demnach jedenfalls gegeben, wenn sich ein Eingriff unmittelbar gegen den Bestand der Mitgliedschaft richtet.[5] Vom Schutzbereich umfasst sind darüber hinaus auch Eingriffe in **wesentliche Ausformungen des Mitgliedschaftsrechts,** sofern diese einen spezifischen Bezug zur Mitgliedschaft im Sinne einer Unmittelbarkeit aufweisen.[6] Dies kann etwa bei einer Beeinträchtigung wesentlicher Teilnahmerechte gegeben sein. Dabei ist zu berücksichtigen, dass nicht nur die Vorschriften des BGB, sondern auch die Regelungen der Vereinssatzung die Mitgliedschaftsrechte ausformen und begrenzen.[7] Bloß mittelbare Eingriffe, wie etwa die Beeinträchtigung des Vereinsvermögens oder die Schmälerung von Erwerbsaussichten, sind vom deliktischen Schutz der Mitgliedschaft nicht umfasst.[8] Neben dem Entzug der Mitgliedschaft als solcher, etwa durch grundlosen Ausschluss, kann eine Haftung nach § 823 Abs. 1 BGB bei Beeinträchtigung der folgenden Rechte in Betracht kommen.

Beispiele:[9]

Teilnahme an der Mitgliederversammlung, passives Wahlrecht, Recht zur diskriminierungsfreien Teilnahme an vom Verein durchgeführten Wettbewerben sowie Meldung zu überörtlichen oder übervereinsmäßigen Wettbewerben, Einhaltung der Verfahrensvorschriften des Vereins.

Tatbestandsmäßig können neben positiven, auf den Entzug der Mitgliedsbefugnisse ge- 4 richteten Verletzungshandlungen, auch **negative Verletzungshandlungen** sein, die das Mitglied bei der Wahrnehmung seiner Rechte lediglich behindern.[10]

Nach in der Literatur bestrittener[11] Ansicht des BGH erstreckt sich der deliktische 5 Schutz auch auf das **Verbandsinnenverhältnis** gegenüber Handlungen des Verbandes bzw. seiner Organe.[12] Ein Anspruch nach § 823 Abs. 1 BGB kommt folglich nicht nur gegen außenstehende Dritte, sondern auch gegen andere Vereinsmitglieder oder einzelne Vereinsorgane, insbesondere den Vorstand, in Betracht. Eine persönliche Haftung des Vereinsorgans soll jedoch ausscheiden, wenn es die Verletzungshandlung ausschließlich in Vollzug bindender Mehrheitsentscheidungen der – insbesondere durch die Mitgliederversammlung verkörperten – Gesamtheit der Mitglieder vorgenommen hat.[13]

---

[3] BGH NJW 1990, 2877 (2879 f.). Im entschiedenen Fall hatte der Vorstand eines Vereins, dessen Zweck die Förderung einer bestimmten Segelbootklasse und deren Eigner ist, zu Unrecht die Qualifizierung des Bootes eines Vereinsmitglieds in diese Klasse abgelehnt und Dritten demzufolge falsche Auskunft über die Startberechtigung erteilt; der BGH hat eine Verletzung des Kernbereichs bejaht.

[4] Vgl. *Mertens* FS R. Fischer 1979, 461 (469 ff.); *Deutsch* VersR 1991, 837 (838 f.); MüKoBGB/*Arnold,* 7. Aufl. 2015, BGB § 38 Rn. 17 ff.

[5] *K. Schmidt* JZ 1991, 157 (159).

[6] *Deutsch* VersR 1991, 837 (840); MüKoBGB/*Arnold,* 7. Aufl. 2015, BGB § 38 Rn. 18.

[7] *Deutsch* VersR 1991, 837 (840).

[8] *K. Schmidt* JZ 1991, 157 (159); MüKoBGB/*Wagner* BGB § 823 Rn. 352.

[9] Vgl. *Deutsch* VersR 1991, 837 (840).

[10] *K. Schmidt* JZ 1991, 157 (159).

[11] Vgl. MüKoBGB/*Leuschner* BGB § 38 Rn. 7; MüKoBGB/*Wagner* BGB § 823 Rn. 353; *Stöber/Otto* Rn. 327; MHdB GesR V/*Schöpflin* § 32 Rn. 4; zust. *K. Schmidt* JZ 1991, 157 (160); *Reichert* Rn. 719.

[12] BGH NJW 1990, 2877 (2880).

[13] BGH NJW 1990, 2877 (2880).

II. Höchstpersönlichkeit der Mitgliedschaft

1. Persönliche Ausübung der Mitgliedschaftsrechte

6 Nach § 38 S. 1 BGB kann die Ausübung der Mitgliedschaftsrechte nicht einem anderen überlassen werden.[14] Die (rechtsgeschäftliche) Bevollmächtigung eines Dritten – gleich ob ebenfalls Mitglied oder Nichtmitglied – zur Ausübung der Rechte aus der Mitgliedschaft, wie etwa des Stimmrechts, ist daher grundsätzlich unzulässig. Die Satzung kann gem. § 40 BGB von diesem Grundsatz der höchstpersönlichen Ausübung abweichen und die **rechtsgeschäftliche Vertretung** zulassen. Hierzu kann sie die Voraussetzungen detailliert vorgeben und bspw. die Ausübung von Stimmrechten auf Vereinsmitglieder beschränken, die Höchstzahl der zulässigerweise auf einen Vertreter vereinigten Stimmen festlegen oder Anforderungen an die Form des Nachweises der Vollmacht stellen.[15] Die Vertretung eines Mitglieds durch einen Rechtsanwalt bei vereinsinternen Angelegenheiten, bspw. einem Disziplinarverfahren, kann auch ohne Grundlage in der Satzung wegen des Gebots der „Waffengleichheit" zulässig sein, wenn der Verein ebenfalls durch einen Rechtsanwalt vertreten wird.[16]

7 **Formulierungsbeispiel: Vertretung bei der Stimmrechtsausübung (Satzungsbestandteil)**

§ 12. Mitgliederversammlung

[...] Jedes Mitglied kann sich bei der Ausübung seines Stimmrechts durch ein anderes Mitglied vertreten lassen. Die Vollmacht bedarf der Schriftform. Ein Mitglied darf nicht mehr als zwei Vollmachtgeber gleichzeitig vertreten.

8 Auch ohne ausdrückliche Gestattung in der Satzung ist die **gesetzliche Vertretung** bei der Ausübung der Mitgliedschaftsrechte grundsätzlich zulässig.[17] Für minderjährige oder geschäftsunfähige Vereinsmitglieder nehmen die gesetzlichen Vertreter die Mitgliedsrechte wahr. Etwas anderes kann sich insoweit jedoch aus der Satzung oder dem Vereinszweck ergeben; so wird etwa die Benutzung der Vereinseinrichtungen oder die Teilnahme am Vereinsleben regelmäßig allein durch das Vereinsmitglied selbst erfolgen.[18] Sind **juristische Personen** oder Personengesellschaften Mitglieder des Vereins, werden ihre Rechte durch ihre organschaftlichen Vertreter ausgeübt. Sofern hierzu auch andere Personen berechtigt sein sollen, muss diese (rechtsgeschäftliche) Vertretung in der Satzung zugelassen werden; dies ergibt sich nicht allein schon daraus, dass Gesellschaften als Mitglieder zugelassen sind.[19] Die Ermächtigung eines von mehreren Gesamtvertretern zur Alleinvertretung ist jedoch keine rechtsgeschäftliche Vollmacht, sondern ein organschaftlicher Akt besonderer Art[20] und daher auch ohne ausdrückliche Gestattung in der Vereinssatzung möglich. Die Satzung kann ferner auch Beschränkungen vorsehen, etwa dergestalt, dass jedes Vereinsmitglied nur durch einen einzelnen organschaftlichen Vertreter vertreten wird, unabhängig davon, ob der jeweilige Gesellschaftsvertrag die Einzelvertretung zulässt oder Gesamtvertretung anordnet.[21] Es obliegt in diesem Fall dann dem handelnden Vertreter, seine Vertretungsmacht mittels entsprechender Ermächtigung durch die weiteren Gesamtvertreter sicherzustellen.[22]

---

[14] Grundlegend RGZ 100, 1 (2); RGZ 163, 200 (203).
[15] *Stöber/Otto* Rn. 826; zur Stimmrechtsvollmacht → § 7 Rn. 196.
[16] BGH NJW 1971, 879 (882); *Reichert* Rn. 724. Die bloße Tatsache, dass der Vorsitzende des Ausschließungsorgans Volljurist ist, genügt indes regelmäßig nicht, vgl. BGH NJW 1975, 160.
[17] *Reichert* Rn. 725; Staudinger/*Weick* BGB § 38 Rn. 5.
[18] *Stöber/Otto* Rn. 328.
[19] OLG Hamm NJW-RR 1990, 532.
[20] Baumbach/Hueck/*Zöllner/Noack* GmbHG § 35 Rn. 120.
[21] *Reichert* Rn. 1507.
[22] *Stöber/Otto* Rn. 328b.

Der Grundsatz der persönlichen Ausübung der Mitgliedschafsrechte gilt auch für **Parteien,** die traditionell als nicht eingetragener Verein organisiert sind. Es besteht daher für Nichtmitglieder kein Recht auf die Willensbildung innerhalb der Partei einzuwirken – auch nicht aufgrund öffentlich-rechtlicher oder verfassungsrechtlicher Erwägungen.[23] 8a

2. Übertragung von Mitgliedschaftsrechten

Von der vorstehend beschriebenen Ausübung einzelner Mitgliedschaftsrechte durch Vertreter ist die Übertragung solcher Rechte auf Dritte zu unterscheiden. Aufgrund des als allgemeinen Rechtsgrundsatz anerkannten Abspaltungsverbotes, welches in § 717 S. 1 BGB zum Ausdruck kommt, wird eine Übertragung von **Organschafts-**[24] und **Schutzrechten**[25] (bzw. -pflichten) generell als unzulässig erachtet; abweichende Satzungsbestimmungen sind unwirksam.[26] Die Übertragung von **Wertrechten,**[27] wie etwa das Recht zur Nutzung von Vereinseinrichtungen, ist nach dem in § 717 S. 2 BGB normierten Rechtsgedenken zwar grundsätzlich zulässig, bedarf jedoch einer ausdrücklichen Gestattung in der Satzung.[28] Demgegenüber sind Ansprüche eines Mitglieds gegen den Verein, die es in gleicher Weise wie ein außenstehender Dritter erworben hat, insbesondere durch Abschluss eines gesonderten Vertrages, ohne weiteres übertragbar und vererblich (**Drittgläubigerrechte,** → Rn. 57). Gleiches gilt für Ansprüche, die zwar ursprünglich nur einem Mitglied erwachsen konnten (bspw. Preisgelder), nach ihrer Entstehung aber als selbstständige Forderung losgelöst von der Mitgliedschaft bestehen können (**gläubigerrechtsähnliche Wertrechte,** → Rn. 63).[29] 9

Wenngleich die Mitgliedschaft als solche gem. § 38 S. 1 BGB, § 851 Abs. 1 ZPO grundsätzlich unpfändbar ist,[30] schließt dies die **Pfändbarkeit** einzelner Mitgliedschaftsrechte nicht aus.[31] Eine Pfändung ist daher möglich, wenn diese Rechte nach den dargestellten Grundsätzen übertragbar sind (§ 851 Abs. 1 ZPO) oder soweit die Ausübung Dritten überlassen werden kann (§ 857 Abs. 3 ZPO).[32] In Betracht kommen kann daher die Pfändung von Wertrechten, sofern diese in der Satzung entsprechend ausgestaltet sind. Die Pfändung von Organschafts- und Schutzrechten ist wegen des Abspaltungsverbotes ausgeschlossen.[33] Dies gilt für das Kündigungsrecht jedenfalls dann, wenn dem Mitglied – wie dies regelmäßig der Fall ist[34] – bei seinem Ausscheiden ein Abfindungsanspruch nicht zusteht; denn der Zugriff auf diesen Abfindungsanspruch ist gerade der Zweck eines etwa im Personengesellschaftsrecht normierten Kündigungsrechts des Privatgläubigers eines Gesellschafters.[35] 10

Vermögensrechtliche **Ansprüche des Vereins** gegen ein Mitglied, wie etwa die Pflicht zur Zahlung des laufenden oder rückständigen Mitgliedsbeitrags, gehen bei Versterben des Mitglieds im Wege der Gesamtrechtsnachfolge auf dessen Erben über; mit der erforderlichen Zustimmung des Vereins kann die Schuld von einem Dritten übernommen werden, §§ 414, 415 BGB.[36] Derartige Ansprüche sind ferner abtretbar und pfändbar.[37] 11

---

[23] VGH München Beschl. v. 19.1.2018 – 5 CE 18.169, BeckRS 2018, 531.
[24] → Rn. 94.
[25] → Rn. 109.
[26] OLG Stuttgart NZG 2010, 753; MüKoBGB/*Leuschner* BGB § 38 Rn. 47.
[27] → Rn. 105.
[28] MüKoBGB/*Leuschner* BGB § 38 Rn. 47.
[29] *Stöber/Otto* Rn. 334; Soergel/*Hadding* BGB § 38 Rn. 33.
[30] → Rn. 12ff.
[31] Gottwald/Haas/*Haas/Mock,* Insolvenzrechts-Handbuch, 6. Aufl. 2020, § 93 Rn. 184.
[32] Nach Gottwald/Haas/*Haas/Mock,* Insolvenzrechts-Handbuch, 6. Aufl. 2020, § 93 Rn. 186 sind demnach die Wertrechte eines Vereins, welche diesem als Mitglied eines übergeordneten Verbandes zustehen und deren Ausübung der Verein seinen Mitgliedern überlassen kann, nach § 857 Abs. 3 ZPO pfändbar.
[33] Gottwald/Haas/*Haas/Mock,* Insolvenzrechts-Handbuch, 6. Aufl. 2020, § 93 Rn. 184.
[34] → Rn. 108.
[35] Gottwald/Haas/*Haas/Mock,* Insolvenzrechts-Handbuch, 6. Aufl. 2020, § 93 Rn. 182 zum Kündigungsrecht des Insolvenzverwalters.
[36] MüKoBGB/*Leuschner* BGB § 38 Rn. 47.
[37] *Reichert* Rn. 930.

3. Übertragung und Vererbung der Mitgliedschaft

12 Die Mitgliedschaft ist gem. § 38 S. 1 BGB grundsätzlich weder übertragbar noch vererblich und kann daher gem. § 851 Abs. 1 ZPO nicht **gepfändet** werden. Mit dem Tod eines Mitglieds erlischt dessen Mitgliedschaft im Verein.

13 In der Satzung kann gem. § 40 BGB eine andere Regelung getroffen werden. Sie kann die freie **Übertragung** – und damit auch Pfändbarkeit – der Mitgliedschaft zulassen oder diese vom Vorliegen bestimmter Voraussetzungen abhängig machen. In Betracht kommen insbesondere persönliche Voraussetzungen des Nachfolgers sowie die Zustimmung eines Vereinsorgans oder eines Dritten.[38] Soweit die Mitgliedschaft übertragbar ist, ist auch eine treuhänderische Übertragung, sowohl in Form der Verwaltungs- als auch der Sicherungstreuhand,[39] sowie die Bestellung eines Nießbrauchs (§§ 1068 Abs. 1, 1069 Abs. 2 BGB) möglich.

14 **Formulierungsbeispiel: Übertragbarkeit der Mitgliedschaft (Satzungsbestandteil)**

§ 4. Mitgliedschaft

[...] Die Mitgliedschaft ist, ohne dass es einer Zustimmung des Vereins bedarf, auf eine andere Person übertragbar, sofern diese im Zeitpunkt der Übertragung die Voraussetzungen der Aufnahme nach § *** erfüllt.

15 Eine Satzungsbestimmung, wonach mit dem Ausscheiden eines Mitglieds die Mitgliedschaft unmittelbar („automatisch") auf bestimmte andere Person übergehen soll, ist wegen den mit der Mitgliedschaft verbundenen Pflichten nicht zulässig.[40] Möglich ist jedoch, einem Dritten durch die Satzung ein **Eintrittsrecht** einzuräumen, wobei hinreichend deutlich zum Ausdruck kommen muss, dass eine solche Selbstbindung tatsächlich gewollt ist.[41] Ist die Mitgliedschaft bspw. mit bestimmten Eigenschaften der Vereinsmitglieder verbunden, wie etwa der Inhaberschaft eines bestimmten Gewerbebetriebs oder der Wahrnehmung bestimmter Funktionen,[42] so kann die Mitgliedschaft künftiger Unternehmens- oder Funktionsnachfolger durch ein entsprechendes Eintrittsrecht sichergestellt werden. Die Ausübung eines solchen Eintrittsrechts bedarf einer entsprechenden Willenserklärung des Berechtigten, die – sofern die Satzung keine strengere Form vorschreibt – auch konkludent erfolgen kann.[43] Zur Vermeidung von Unsicherheiten empfiehlt es sich in der Satzung jedoch festzulegen, innerhalb welcher Frist und in welcher Form der Eintritt erfolgen kann.

16 **Formulierungsbeispiel: Einräumung eines Eintrittsrechts (Satzungsbestandteil)**

§ 3. Erwerb der Mitgliedschaft

[...] Beim Tod eines Mitglieds hat dessen ältester leiblicher Abkömmling, bei mehreren gleichaltrigen Abkömmlingen ein jeder von ihnen, das Recht, dem Verein durch einseitige, schriftliche Erklärung als ordentliches Mitglied beizutreten. Die Mitgliedschaft entsteht mit Zugang der Beitrittserklärung beim Verein. Dieses Eintrittsrecht erlischt, wenn es nicht innerhalb einer Frist von einem Jahr seit dem Tod des verstorbenen Mitglieds wirksam ausgeübt wurde.

---

[38] *Stöber/Otto* Rn. 331; Soergel/*Hadding* BGB § 38 Rn. 28; Staudinger/*Weick* BGB § 38 Rn. 6.

[39] MüKoBGB/*Leuschner* BGB § 38 Rn. 49.

[40] BGH WM 1980, 1286 = NJW 1980, 2708 (Ls.); Palandt/*Ellenberger* BGB § 38 Rn. 3; aA *Reichert* Rn. 1050.

[41] RGZ 106, 120 (126); BGH WM 1980, 1286 = NJW 1980, 2708 (Ls.); NJW 1987, 2503 (2504).

[42] BGH WM 1980, 1286 = NJW 1980, 2708 (Ls.).

[43] Vgl. AG München ZStV 2017, 87, wonach allein in der stillschweigenden Fortzahlung der Mitgliedsbeiträge eines Verstorbenen durch dessen Erben, ohne Hinweis darauf, dass der Erbe die Mitgliedschaft fortführen wolle oder dass das Mitglied verstorben sei, keine hinreichende Willenserklärung gesehen werden kann.

Stellt die Satzung die Mitgliedschaft **vererblich,** so geht diese unmittelbar im Wege der Universalsukzession auf den Erben über.[44] Wegen des Gebots der negativen Vereinigungsfreiheit steht dem Erben jedoch ein sofortiges Austrittsrecht zu.[45] Ein etwaiges Vereinsamt des Verstorbenen geht hingegen grundsätzlich nicht auf die Erben über.[46] Ist der Kreis möglicher Mitglieder in der Satzung beschränkt und erfüllt der Erbe diese Voraussetzungen nicht, so kann die Satzung das sofortige Erlöschen der Mitgliedschaft ohne Ausschlussverfahren anordnen.[47] Ist der Erbe bereits Mitglied des Vereins, verbleibt es bei dem Grundsatz, dass im selben Verein nur eine Mitgliedschaft bestehen kann; die Rechte des Erben erweitern sich jedoch um etwaige Rechte des Erblassers.[48] Die überwiegende Ansicht lehnt die Mitgliedsfähigkeit der Ebengemeinschaft zu Recht ab und geht bei einer **Mehrheit von Erben** – entsprechend den im Personengesellschaftsrecht angewendeten Grundsätzen – von einem unmittelbaren Eintritt der einzelnen Erben aus.[49] Die **vermächtnisweise Zuwendung** einer (nur) vererblich gestellten Mitgliedschaft ist nicht möglich. Es muss darüber hinaus auch deren Übertragung zugelassen werden, um dem Erben die Erfüllung des Vermächtnisses zu ermöglichen.[50] 17

Formulierungsbeispiel: Freie Vererblichkeit der Mitgliedschaft (Satzungsbestandteil) 18

§ 5. Tod eines Mitglieds

(1) Die Mitgliedschaft ist frei vererblich. Bei einer Mehrheit von Erben erwirbt jeder Miterbe die Mitgliedschaft. Die Mitgliedschaft eines Erben erlischt, wenn dieser die Voraussetzungen der Aufnahme nach § *** im Zeitpunkt des Anfalls der Erbschaft nicht erfüllt.
(2) Jeder Erbe kann innerhalb einer Frist von drei Monaten seit dem Tod des verstorbenen Mitglieds gegenüber dem Verein den sofortigen Austritt erklären. Die Austrittserklärung bedarf der Schriftform.
(3) Die Mitgliedschaft ist, ohne dass es einer Zustimmung des Vereins bedarf, auf ein Vermächtnisnehmer des verstorbenen Mitglieds übertragbar, sofern dieser im Zeitpunkt der Übertragung die Voraussetzungen der Aufnahme nach § *** erfüllt.
(4) Die Sonderrechte auf Mitgliedschaft im Beirat nach § *** sind nicht vererblich oder übertragbar; sie erlöschen mit dem Tod des jeweiligen Berechtigten.

Die nach § 38 Abs. 1 BGB grundsätzlich nicht übertragbare Mitgliedschaft geht auch bei **Umwandlung** eines Mitglieds nicht im Wege der Gesamtrechtsnachfolge auf den aufnehmenden oder neuzugründenden Rechtsträger über.[51] Mit dem Erlöschen des übertragenden Rechtsträgers im Falle der Verschmelzung (§ 20 Abs. 1 Nr. 2 S. 1 UmwG) oder der Aufspaltung (§ 131 Abs. 1 Nr. 2 S. 1 UmwG) erlischt auch dessen Mitgliedschaft. Bei der Abspaltung oder der Ausgliederung bleibt der übertragende Rechtsträger hingegen bestehen und daher unverändert Mitglied im Verein; dies gilt auch dann, wenn die Mitgliedschaft nach dem Spaltungs-/Ausgliederungsplan bzw. -vertrag übergehen soll. Im Falle eines Formwechsels bleibt der formwechselnde Rechtsträger ebenfalls bestehen und somit 19

[44] *Reichert* Rn. 734; Soergel/*Hadding* BGB § 38 Rn. 32; aA Staudinger/*Weick* BGB § 38 Rn. 3, wonach für den Erben wegen des Gebotes der negativen Vereinigungsfreiheit lediglich ein Eintrittsrecht vorgesehen werden kann.
[45] *Stöber/Otto* Rn. 332; abhängig vom konkreten Fall Soergel/*Hadding* BGB § 38 Rn. 32.
[46] *Reichert* Rn. 729; anders wohl, wenn dem Verstorbenen ein ebenfalls vererbliches Sonderrecht auf ein Vereinsamt zustünde.
[47] → Rn. 307.
[48] *Reichert* Rn. 736.
[49] Soergel/*Hadding* BGB § 38 Rn. 32; *Sauter/Schweyer/Waldner* Eingetragener Verein Rn. 11; *Stöber/Otto* Rn. 332; MüKoBGB/*Leuschner* BGB § 38 Rn. 10; aA *Reichert* Rn. 735.
[50] MHdB GesR V/*Schöpflin* § 38 Rn. 24.
[51] AG Kaiserslautern NZG 2005, 285; Widmann/Mayer/*Vossius* UmwG § 20 Rn. 171; Lutter/*Grunewald* UmwG § 20 Rn. 21; Semler/Stengel/*Kübler* UmwG § 20 Rn. 27.

Mitglied im Verein. Die Satzung kann jedoch die Mitgliedsfähigkeit auf bestimmte Rechtsformen beschränken und für den Wegfall einer solchen Aufnahmevoraussetzung die Beendigung der Mitgliedschaft vorsehen.[52] Erfüllt das Mitglied die Voraussetzzungen der Mitgliedsfähigkeit nach der Umwandlung nicht mehr, erlischt in diesem Fall die Mitgliedschaft mit dem Wirksamwerden des Formwechsels. Wird die Mitgliedschaft in der Satzung jedoch übertragbar gestaltet, geht sie auch im Rahmen der Umwandlung eines Mitglieds auf dessen Gesamtrechtsnachfolger über; ein Eintrittsrecht bedarf es daher – anders als im vorstehenden Fall bloßer Funktionsnachfolge (→ Rn. 15) – nicht.[53] Die Übertragbarkeit der Mitgliedschaft ergibt sich allerdings nicht allein daraus, dass die Vereinssatzung die Mitgliedschaft juristischer Personen ausdrücklich zulässt.[54]

III. Mitgliedsfähigkeit

1. Grundlagen

20 Die Mitgliedsfähigkeit ist anerkannt für

- **natürliche Personen,** auch Geschäftsunfähige, Minderjährige und Betreute,
- **juristischen Personen** des Privatrechts und des öffentlichen Rechts, insbesondere GmbH, AG, KGaA, eingetragene Vereine, VVaG, rechtsfähige Stiftungen des bürgerlichen und öffentlichen Rechts, Körperschaften und Anstalten des öffentlichen Rechts,
- **rechtsfähige Personengesellschaften,** insbesondere oHG, KG, Partnerschaftsgesellschaften und Europäische Wirtschaftliche Interessenvereinigungen.

21 Die **Gesellschaft bürgerlichen Rechts** kann, soweit sie als Außengesellschaft am Rechtsverkehr teilnimmt, eigene Rechte und Pflichten erwerben[55] und somit auch Mitglied eines Vereins sein.[56]

22 Auch der **nicht rechtsfähige Verein** ist mitgliedsfähig,[57] erlangt durch den Beitritt zu einem rechtfähigen Verein jedoch selbst keine Rechtsfähigkeit.[58]

23 Umstritten ist die Mitgliedsfähigkeit der **Erbengemeinschaft.** Nach teilweise vertretener Ansicht lassen sich die im Personengesellschaftsrecht vorgebrachten Gründe gegen die Gesellschafterstellung der Erbengemeinschaft nicht auf die Frage der Mitgliedsfähigkeit in Vereinen übertragen.[59] Die überwiegende Ansicht lehnt die Mitgliedsfähigkeit gleichwohl zu Recht ab.[60]

24 Auch **Behörden** können als bloße Organe eines öffentlich-rechtlichen Rechtsträgers nicht Mitglied eines Vereins sein. Möglich ist jedoch der Eintritt des jeweiligen Rechtsträgers mit der Auflage die Mitgliedschaftsrechte durch eine bestimmte Behörde auszuüben. Eine Satzungsklausel, welche die Mitgliedschaft von Behörden zulässt, ist im Zweifel dahingehend auszulegen.[61]

25 Mitglieder einer **Partei** können nur natürliche Personen sein, § 2 Abs. 1 S. 2 ParteiG.

---

[52] → Rn. 307.
[53] Semler/Stengel/*Kübler* UmwG § 20 Rn. 27.
[54] AG Kaiserslautern NZG 2005, 285.
[55] BGHZ 146, 341 = NJW 2001, 1056.
[56] Die entgegenstehende Rechtsprechung des LG Bonn NJW 1988, 1596 ist insoweit überholt, vgl. MüKoBGB/*Leuschner* BGB § 38 Rn. 10; *Stöber/Otto* Rn. 195; *Sauter/Schweyer/Waldner* Eingetragener Verein Rn. 11. Vgl. zur Mitgliedschaft in einer GbR BGH NJW 1998, 376 sowie zur Mitgliedschaft in einer Genossenschaft BGH NJW 1992, 499.
[57] LG Duisburg JW 1933, 2167 mAnm *Voß;* Staudinger/*Weick* BGB § 38 Rn. 33; *Sauter/Schweyer/Waldner* Eingetragener Verein Rn. 11; *Stöber/Otto* Rn. 195.
[58] *Sauter/Schweyer/Waldner* Eingetragener Verein Rn. 11.
[59] *Reichert* Rn. 720, 735.
[60] Soergel/*Hadding* BGB § 38 Rn. 32; *Sauter/Schweyer/Waldner* Eingetragener Verein Rn. 11; *Stöber/Otto* Rn. 195; MüKoBGB/*Leuschner* BGB § 38 Rn. 10.
[61] *Sauter/Schweyer/Waldner* Eingetragener Verein Rn. 11; MüKoBGB/*Arnold,* 7. Aufl. 2015, BGB § 38 Rn. 21.

2. Beschränkungen der Mitgliedsfähigkeit

Vereine können durch das Festlegen von Aufnahmevoraussetzungen in der Satzung den Kreis möglicher Mitglieder einschränken (→ Rn. 190). Neben der Beschränkung auf bestimmte Rechtssubjekte, wie etwa natürliche oder juristische Personen, können Einschränkungen auch an bestimmte Eigenschaften der Bewerber anknüpfen. Eine zu weitgehende Eingrenzung des Mitgliederkreises kann jedoch bei Vereinen, welche die steuerrechtliche Gemeinnützigkeit anstreben, problematisch sein, müssen sie doch grundsätzlich der „Allgemeinheit" dienen (→ § 5 Rn. 77 und → § 14 Rn. 12). Besondere Probleme ergeben sich daneben bei Vereinen mit „Aufnahmepflicht" (→ Rn. 244ff.; → § 5 Rn. 74). 26

Beispiele:

Eingrenzung des Mitgliederkreises anhand Geschlecht, Alter, Herkunft, Wohnsitz, bestimmter Kenntnisse und Fähigkeiten (bspw. Sprachen, Erreichen einer Leistungsstufe im Sport oder eines bestimmten Intelligenzquotienten) oder der Mitgliedschaft in anderen Vereinigungen.[62]

Weiterhin kann die Aufnahme von der Zahlung des ersten Jahresbeitrags, einer Aufnahmegebühr oder der Fürsprache eines Bürgen abhängig gemacht werden.[63] Möglich ist ferner die Aufnahme beschränkt geschäftsfähiger Mitglieder davon abhängig zu machen, dass der gesetzliche Vertreter für Beiträge mithaftet.[64] Empfehlen kann sich der Ausschluss solcher Rechtsformen, deren Existenz und Vertretungsbefugnis nicht anhand eines Registers festgestellt werden kann (insbesondere Gesellschaften bürgerlichen Rechts sowie nichtrechtfähige Vereine).[65] Die Satzung kann vorsehen, dass die Mitgliedschaft bei Wegfall einer Aufnahmevoraussetzung „automatisch" endet (→ Rn. 307). 27

Formulierungsbeispiel: Ausscheiden aus dem Verein (Satzungsbestandteil) 28

§ 18. Beendigung der Mitgliedschaft

[…] Ein Mitglied scheidet [*ggf.:* daneben] ohne weitere Voraussetzungen aus dem Verein mit Ablauf des Tages aus, an dem es die Voraussetzungen der Mitgliedschaft gem. § *** der Satzung nicht mehr erfüllt.

Die Aufnahme von Personen, welche die aufgestellten Eigenschaften nicht erfüllen, ist ausgeschlossen. Wird dem Bewerber vom zuständigen Organ des Vereins **gleichwohl die Aufnahme erklärt,** ist diese nach hM wirksam.[66] Nach der hier vertretenen Ansicht ist die Fehlerfolge einer satzungswidrigen Aufnahmeerklärung anhand der Satzung zu bestimmen.[67] Bei ausdrücklicher Anordnung ist die Aufnahme eines Bewerbers, der die Eignungsvoraussetzungen nicht erfüllt, auch dann ausgeschlossen, wenn diesem die Aufnahme erklärt wurde; fehlt hingegen eine solche Anordnung ist die satzungswidrige Aufnahmeerklärung wirksam. 29

Eine **nachträgliche Beschränkung** der Mitgliedsfähigkeit ist durch satzungsändernden Beschluss grundsätzlich zulässig und gilt ab dem Wirksamwerden für neu aufzunehmende Mitglieder. Zur rückwirkenden Geltung für bereits vorhandene Mitglieder mit der Folge der sofortigen Beendigung der Mitgliedschaft → Rn. 310. 30

---

[62] *Stöber/Otto* Rn. 196.

[63] MHdB GesR V/*Schöpflin* § 32 Rn. 10.

[64] OLG Hamm NJW-RR 2000, 42 (43). Dies setzt voraus, dass der gesetzliche Vertreter überhaupt Kenntnis davon erhält, dass er mit der im Namen des Minderjährigen abgegebenen Beitrittserklärung auch eine entsprechende Erklärung im eigenen Namen abgibt.

[65] MHdB GesR V/*Schöpflin* § 32 Rn. 10.

[66] Soergel/*Hadding* BGB § 38 Rn. 9; *Sauter/Schweyer/Waldner* Eingetragener Verein Rn. 75; *Stöber/Otto* Rn. 242; MHdB GesR V/*Schöpflin* § 32 Rn. 11.

[67] → Rn. 233.

IV. Grundsatz der Gleichbehandlung

1. Begriff

31 Der Verein ist in seinen Entscheidungen grundsätzlich autonom. Aus der Vereinsautonomie ergibt sich die Befugnis der Mitglieder, sämtliche Angelegenheit des Vereins eigenverantwortlich zu regeln.[68] Die Organisationsgewalt des Vereins erfährt jedoch eine allgemeine Beschränkung durch den **Grundsatz der Gleichbehandlung** aller Vereinsmitglieder.[69] Hierbei handelt es sich um einen ungeschriebenen, allgemeinen Rechtsgrundsatz für privatrechtliche Personenzusammenschlüsse, der etwa in § 53a AktG und § 21 Abs. 1 VAG zum Ausdruck kommt.[70] Der Gleichbehandlungsgrundsatz ist verletzt, wenn einzelne Mitglieder oder eine Gruppe von Mitgliedern anders behandelt werden als die übrigen Mitglieder, insbesondere weil ihnen besondere Belastungen auferlegt[71] oder Vorteile verwehrt[72] werden, und diese Differenzierung willkürlich, dh ohne sachlichen Grund, erfolgt.

32 Die **gesamte Organisation des Vereins** hat dem Gleichbehandlungsgrundsatz zu genügen; sowohl die von den Vereinsorganen im Einzelfall getroffenen Maßnahmen als auch die generellen Regelungen der Satzung. An letztere dürfen dabei keine überzogenen Anforderungen gestellt werden, so dass nicht jeder denkbare Sonderfall vorweggenommen werden muss.[73]

33 Der sich hieraus ergebende Anspruch auf Gleichbehandlung begünstigt die Mitglieder des Vereins. **Nichtmitgliedern** kann ausnahmsweise ein Anspruch auf Gleichbehandlung mit Vereinsmitgliedern oder anderen Nichtmitgliedern zustehen, soweit sie sich vertraglich der Vereinsordnung unterworfen haben.

Beispiele:[74]

Wird Nichtmitgliedern die Teilnahme an Wettkämpfen des Vereins gestattet, haben diese den Anspruch, den gleichen Wettkampfregeln wie die Vereinsmitglieder unterworfen zu sein. Erstreckt ein Dachverband seine Mitgliedsordnung auf die Einzelmitglieder der Mitgliedsvereine, so haben diese mittelbaren Mitglieder Anspruch auf gleiche Behandlung.

34 Hinsichtlich der Mitwirkung in Berufsorganisationen untersagen §§ 18, 7 Abs. 1 AGG eine Benachteiligung aus den in § 1 AGG genannten Gründen (→ Rn. 254). Andernfalls besteht ein verschuldensunabhängiger Anspruch auf Mitwirkung, § 18 Abs. 2 AGG.

2. Differenzierung von Mitgliedschaftsrechten und -pflichten

35 **a) Satzungsmäßige Grundlage.** Eine zulässige unterschiedliche Ausgestaltung von Mitgliedschaftsrechten und -pflichten bedarf in formeller Hinsicht einer hinreichend bestimmten Grundlage in der Satzung. Diese ist eindeutig zu formulieren, da die Satzung im Zweifel im Sinne einer Gleichberechtigung aller Mitglieder auszulegen ist.[75] Gleichwohl sind die Anforderungen an die Regelungsdichte der Satzung nicht zu überspannen. Soweit deren Bestimmungen oder das Willkürverbot nicht entgegenstehen, kann der Verein regelmäßig die Einzelheiten seines Betriebes festlegen, ohne dass diese im Detail in der Sat-

---

[68] OLG Celle NJW-RR 1995, 1273; LG Darmstadt Urt. v. 24.1.1990 – 9 O 644/89, BeckRS 1990, 07700; zur Vereinsautonomie → § 5 Rn. 8, → § 8 Rn. 39.

[69] BGH Urt. v. 24.3.1954 – II ZR 33/53, NJW 1953, 953 (Ls.); NJW 1967, 1657 (1659); OLG Celle NJW-RR 1995, 1273; *Stöber/Otto* Rn. 336ff. Für eine eingeschränkte Anwendung des Gleichbehandlungsgrundsatzes bei Vereinen mit Aufnahmefreiheit MüKoBGB/*Arnold,* 7. Aufl. 2015, BGB § 34 Rn. 20.

[70] Vgl. *Hüffer/Koch* AktG § 53a Rn. 1.

[71] Vgl. BGH Urt. v. 24.3.1954 – II ZR 33/53, NJW 1953, 953 (Ls.); LG Paderborn Urt. v. 6.3.1980 – 3 C 313/791, Fremdenverkehrsrechtliche Entscheidungen Vereinsrecht, Nr. 2.

[72] LG Darmstadt Urt. v. 24.1.1990 – 9 O 644/89, BeckRS 1990, 07700; zum Genossenschaftsrecht BGH NJW 1960, 2142 (2143).

[73] Nach BGH NJW 1971, 879 (881) kann es genügen, wenn der Verein die Satzung anpasst, nachdem er erkennt, dass weitere Fälle in derselben Weise regelungsbedürftig sind.

[74] Nach *Reichert* Rn. 839.

[75] Palandt/*Ellenberger* BGB § 38 Rn. 2; *Stöber/Otto* Rn. 204, 337.

zung geregelt sein müssen; dies gilt auch, wenn damit eine Einschränkung der Mitgliedschaftsrechte verbunden ist.

Beispiele:

So kann etwa die Mitgliederversammlung mit einfacher Mehrheit oder der Vorstand (sofern es sich um laufende Vereinsangelegenheiten handelt bzw. eine Ermächtigung der Mitgliederversammlung vorliegt) entscheiden über die Einteilung des Spielbetriebs in Leistungsklassen, über die Anzahl und die Aufstellung[76] der Mannschaften, über die Voraussetzungen für die Teilnahme an Wettbewerben[77] sowie über die Modalitäten der Nutzung der Vereinseinrichtungen, insbesondere über die Einteilung bei überschießender Nachfrage.

Hiervon ist eine generell, abstrakt abweichende Ausgestaltung der Rechtsstellung einiger Mitglieder zu unterscheiden, die stets einer satzungsmäßigen Grundlage bedarf, wie bspw. der allgemeine Ausschluss einer Mitgliedergruppe von der Inanspruchnahme der Vereinseinrichtungen. Einige Mindestrechte können jedoch auch durch Satzungsbestimmung nicht entzogen werden (→ Rn. 66). 36

b) Differenzierung aufgrund sachlicher Gründe. Innerhalb der durch das Willkürverbot gezogenen Grenze können in der Satzung die Rechte und Pflichten einzelner Mitglieder oder Mitgliedergruppen unterschiedlich ausgestaltet werden. Der Verein ist insoweit sowohl in der Festlegung der Differenzierungskriterien als auch in der konkreten Ausgestaltung der unterschiedlichen Mitgliedschaftsrechte und -pflichten grundsätzlich frei. 37

Ein Verstoß gegen das Willkürverbot liegt vor, wenn eine Differenzierung aufgrund sachfremder Erwägungen erfolgt. Ob ein **sachlicher Grund** vorliegt, ist dabei in erster Linie anhand des Vereinszwecks zu beurteilen. Beschränkungen, die sich unmittelbar aus diesem ergeben, sind anzuerkennen. Bezweckt der Verein die Förderung bestimmter Personengruppen, lässt er daneben aber auch Mitglieder zu, die dieser Gruppe nicht angehören, so kann er deren Mitgliederrechte anders ausgestalten.[78] 38

Beispiele:

Nimmt ein Männergesangsverein auch Frauen auf, so muss er sie dennoch nicht mitsingen lassen.[79] Ein Fußballverein für Jugendliche muss seinen Fußballplatz nicht auch den erwachsenen Mitgliedern zur Verfügung stellen.

Darüber hinaus sind jedoch auch solche Differenzierungen zulässig, die sich nur mittelbar aus dem Vereinszweck oder den zur Verwirklichung gewählten Mitteln herleiten lassen.[80] Soweit es hierzu auf die subjektive Einschätzung des Vereins ankommt, ist diesem ein gewisser Beurteilungsspielraum zuzugestehen.[81] 39

Beispiel:

Der Ausschluss eines Jugendlichen aus der Wettkampfmannschaft aufgrund des Verhaltens seiner Eltern, die durch ihre Einflussnahme auf den Spiel- und Trainingsablauf bereits andere Vereinsmitglieder zum Austritt aus dem Verein veranlasst haben, kann durch sachliche Gründe gerechtfertigt sein, wenn eine Beeinträchtigung der sportlichen Gesamtentwicklung des Vereins infolge des Abwanderns spielstarker Mitglieder zu befürchten ist.[82]

[76] Vgl. LG Darmstadt Urt. v. 24.1.1990 – 9 O 644/89, BeckRS 1990, 07700, wonach der Ausschluss eines Mitglieds vom Mannschaftstraining sowie die Nichtberücksichtigung in der Mannschaftsaufstellung im Rahmen des allgemeinen Direktionsrechts liegt, das der Verein, soweit es den Trainings- und Spielbetrieb betrifft, in zulässiger Weise über den Trainer ausübt.
[77] OLG Celle WM 1988, 495.
[78] MHdB GesR V/*Schöpflin* § 34 Rn. 28a; differenzierend *Stöber/Otto* Rn. 338a f.
[79] *Stöber/Otto* Rn. 338b.
[80] *Stöber/Otto* Rn. 338.
[81] LG Darmstadt Urt. v. 24.1.1990 – 9 O 644/89, BeckRS 1990, 07700.
[82] LG Darmstadt Urt. v. 24.1.1990 – 9 O 644/89, BeckRS 1990, 07700.

40 Der Verein kann somit durch eine entsprechende Anpassung des Vereinszwecks sachliche Differenzierungsgründe für eine Ungleichbehandlung seiner Mitglieder selbst schaffen. In der Festlegung seines Zwecks ist der Verein grundsätzlich frei.[83] Dem Charakter des Gleichbehandlungsgrundsatzes als Schutzrecht widerspricht dies nicht, da zu einer Änderung des Vereinszwecks die Zustimmung sämtlicher Mitglieder erforderlich ist, § 33 Abs. 1 S. 2 BGB.[84]

41 **c) Zustimmung der benachteiligten Mitglieder.** Der Anspruch der Mitglieder auf Gleichbehandlung dient dem Schutz der Minderheit gegen Maßnahmen der Mehrheit oder der Vereinsführung. Entsprechend dem Sinn und Zweck solcher Schutzrechte, können diese nicht ohne Zustimmung der betroffenen Mitglieder beschränkt werden. Stimmen hingegen sämtliche benachteiligten Mitglieder einer gleichheitswidrigen Behandlung zu, verstößt diese nicht gegen den Gleichbehandlungsgrundsatz. Auf das Vorliegen eines sachlichen Differenzierungsgrundes kommt es dann nicht mehr an, da die benachteiligten Mitglieder auf ihren Anspruch auf Gleichbehandlung verzichten können.[85]

42 Sieht die Gründungssatzung eine unterschiedliche Behandlung der Mitglieder vor, so liegt in der Einigung sämtlicher Gründungsmitglieder im Rahmen des Gründungsaktes zugleich auch die Zustimmung der benachteiligten Mitglieder zu der Ungleichbehandlung. Neue Mitglieder erklären sich durch ihren Beitritt mit der gültigen Satzung auch dann einverstanden, wenn sie nur die geminderten Rechte erlangen.[86]

3. Mitgliedergruppen

43 **a) Begründung und Änderung von Mitgliedergruppen.** Durch eine unterschiedliche Ausgestaltung der mitgliedschaftlichen Rechte und Pflichten können unterschiedliche Mitgliedergruppen gebildet werden. Da dies eine Durchbrechung des Grundsatzes der Gleichbehandlung darstellt, müssen die vorstehend dargestellten Voraussetzungen erfüllt sein: Neben einer entsprechenden Grundlage in der Satzung bedarf es eines sachlichen Differenzierungsgrundes oder der Zustimmung sämtlicher benachteiligten Mitglieder. Ist mit der Begründung einer Mitgliedergruppe zugleich eine Beschränkung der Mitgliedschaftsrechte verbunden, etwa weil einige Mitglieder einer Gruppe mit minderen Rechten zugeordnet werden, so ist die Zulässigkeit dieser Beschränkungen darüber hinaus nach den unten dargestellten Grundsätzen (→ Rn. 65) zu prüfen. Insbesondere können einige Mindestrechte auch durch Satzungsbestimmung nicht entzogen werden.

44 Gleiches gilt für eine **nachträgliche Änderung** der Mitgliedergruppen, etwa durch eine Änderung der Rechte der Gruppenangehörigen oder infolge einer Änderung der satzungsmäßigen Voraussetzungen für die Zugehörigkeit zu einer Gruppe,[87] so dass einige Mitglieder künftig in eine andere Gruppe mit abweichenden Mitgliedschaftsrechten eingestuft werden.

45 **b) Einzelfälle.** Die im Folgenden dargestellte abweichende Ausgestaltung der Rechte und Pflichten einzelner Mitgliedergruppen in der Satzung kann regelmäßig nach sachlichen Gesichtspunkten begründet werden und stellt daher **keinen Verstoß gegen den Gleichbehandlungsgrundsatz** dar:[88]

– Sachgerecht kann eine Differenzierung zwischen ordentlichen Mitgliedern einerseits und **außerordentlichen Mitgliedern** mit eingeschränkten Rechten und Pflichten andererseits sein. Als außerordentliche Mitglieder kommen insbesondere sogenannte passi-

---

[83] → § 6 Rn. 3.

[84] Gleiches gilt für eine Satzungsänderung, welche die Änderung des Vereinszwecks an niedrigere Voraussetzungen knüpft, OLG München NZG 2011, 994.

[85] *Reichert* Rn. 845.

[86] Vgl. RGZ 62, 303 (308) zur Genossenschaft; *Reichert* Rn. 845.

[87] Vgl. BGH NJW 1971, 879 (881).

[88] Ausf. zu den unterschiedlichen Mitgliedergruppen *Reichert* Rn. 756ff.

ve oder fördernde Mitglieder in Betracht, die den Verein nicht aktiv unterstützen und nicht (mehr) an Vereinsveranstaltungen, wie Wettbewerben, teilnehmen, den Verein jedoch durch ihren (regelmäßig reduzierten) Mitgliedsbeitrag sowie ggf. Sachzuwendungen oder Dienstleistungen fördern. Zulässig ist insbesondere eine Beschränkung des Stimmrechts derartiger Mitglieder; das Recht zur Teilnahme an der Mitgliederversammlung sowie zu ihrer Einberufung kann hingegen nicht ausgeschlossen werden.[89]

Formulierungsbeispiel: Stimmrecht (Satzungsbestandteil) 46

§ 19. Stimmrecht

(1) Das Stimmrecht in der Mitgliedversammlung steht nur ordentlichen Mitgliedern zu.

– Zulässig ist, eine **Probemitgliedschaft** für neue Mitglieder in der Satzung vorzusehen. Im Gegensatz zur Probezeit (→ Rn. 194) handelt es sich hierbei um eine echte Mitgliedschaft im Rechtssinn,[90] jedoch mit einer eingeschränkten Rechtsstellung des Probemitglieds für einen bestimmten Zeitraum. Für die Eintragung ins Vereinsregister hat die Satzung gem. § 58 Nr. 1 und Nr. 2 BGB Bestimmungen zur Aufnahme, zur Beitragspflicht sowie zur Beendigung der Probemitgliedschaft zu treffen.[91] Ebenfalls zulässig ist eine **Gastmitgliedschaft,** die regelmäßig eine auf eine bestimmte Zeitdauer beschränkte Vollmitgliedschaft darstellt.[92]

Formulierungsbeispiel: Gastmitgliedschaft (Satzungsbestandteil) 47

§ 2. Mitgliedschaft

[...] Personen, die *** *[Umschreibung bestimmter Voraussetzungen, bei deren Vorliegen Gastmitgliedschaft eröffnet wird]* können Gastmitglied des Vereins werden. Gastmitglieder haben dieselben Rechte und Pflichten wie ordentliche Mitglieder. Jedoch endet ihre Mitgliedschaft ohne weitere Voraussetzungen mit Ablauf von *** Jahren ab Wirksamwerden ihres Eintritts. Im Übrigen gelten für Eintritt und Austritt die Bestimmungen für ordentliche Mitglieder entsprechend. Eine mehrmalige Gastmitgliedschaft ist ausgeschlossen [*Alt.:* möglich].

– Die Satzung kann abweichende Regelungen für **minderjährige Mitglieder** vorsehen, insbesondere die Ausübung des Stimmrechts an ein bestimmtes Mindestalter knüpfen.

Formulierungsbeispiel: Stimmrecht Minderjähriger (Satzungsbestandteil) 48

§ 19. Stimmrecht

(1) In der Mitgliederversammlung hat jedes Mitglied ab dem *** Lebensjahr eine Stimme. Mitglieder, die das *** Lebensjahr noch nicht vollendet haben, dürfen ihr Stimmrecht nicht persönlich ausüben; für sie handelt der gesetzliche Vertreter.

– Differenzierungen können ferner für **Ehrenmitglieder** (→ Rn. 91) zulässig sein.[93]

Formulierungsbeispiel: Ehrenmitgliedschaft (Satzungsbestandteil) 49

§ 2. Mitgliedschaft

[...] Ehrenmitglieder haben dieselben Rechte und Pflichten wie ordentliche Mitglieder, jedoch mit folgenden Abweichungen:

---

[89] LG Bremen Rpfleger 1990, 262; aA für religiöse Vereine OLG Frankfurt a. M. NJW-RR 1997, 482; *Sauter/Schweyer/Waldner* Eingetragener Verein Rn. 196.
[90] BayObLG NJW-RR 2001, 326 (327).
[91] BayObLG NJW-RR 2001, 326 (327).
[92] *Reichert* Rn. 760.
[93] OLG Nürnberg Beschl. v. 14.7.2021 – 12 W 2036/20, DNotI-Report 2021, 125.

– Ehrenmitglieder sind von der Verpflichtung zur Leistung von Beiträgen befreit.
– *** [Aufzählung weiterer Abweichungen]

49a – Die Satzung kann neben einer regulären Mitgliedschaft mit wiederkehrender Beitragspflicht eine sog. **„lebenslange Mitgliedschaft"** anbieten, bei der neben einem einmalig zu zahlendem Betrag (der meist einem Vielfachen des regulären Jahresbeitrags entspricht) keine weiteren regulären wiederkehrenden Mitgliedsbeiträge erhoben werden.[94] Sachlicher Grund ist regelmäßig das Bedürfnis der Vereine, ihren Anhängern eine Mitgliedschaft anzubieten, die eine besonders enge Verbundenheit zu Ausdruck bringt. Eine Beschränkung des Austrittsrechts des Mitglieds kann damit jedoch nicht verbunden werden (→ Rn. 272).

50 Als **unvereinbar mit dem Gleichheitsgrundsatz** wurde eine Satzungsgestaltung angesehen, bei welcher nahezu sämtliche Angelegenheiten des Vereins ohne sachlichen Grund ausschließlich von bestimmten Mitgliedern und **ohne jegliche Mitwirkung der Mitgliederversammlung** wahrgenommen werden.[95] Demgegenüber ist es zulässig, die Aufgaben der Mitgliederversammlung auf eine Delegiertenversammlung (→ § 7 Rn. 279) zu übertragen, da den übrigen Mitgliedern eine zumindest mittelbare Einflussnahme verbleibt. Ein Verstoß gegen den Gleichbehandlungsgrundsatz wurde von der Rechtsprechung ferner in den nachfolgenden Einzelfällen angenommen.

Beispiele:

Mitgliedsbeiträge dürfen ohne Zustimmung des betroffenen Mitglieds durch eine nachträgliche Änderung nicht so festgesetzt werden, dass sie ein einzelnes Mitglied oder eine Gruppe von Mitgliedern ohne sachlichen Grund besonders belasten.[96] Unterschiedliche Nutzungsentgelte sind ohne sachlichen Grund nicht zulässig.[97] Unzulässig ist der Ausschluss eines Mitglieds, wenn andere Mitglieder, denen ein gleicher Verstoß zur Last fällt, ohne sachlichen Grund nicht ausgeschlossen werden.[98] Ein Verstoß kann ferner im Falle eines überproportionalen Stimmgewichts des Vorstands gegenüber den restlichen Mitgliedern in der Mitgliederversammlung gegeben sein.[99]

4. Rechtsfolgen einer Verletzung des Gleichbehandlungsgrundsatzes

51 Verstößt eine **Satzungsbestimmung** gegen den Grundsatz der Gleichbehandlung, ist diese nichtig. Dies kann, wenn wesentliche Satzungsbestimmungen betroffen sind und ein geordnetes Vereinsleben nicht mehr gewährleistet ist, die Nichtigkeit der gesamten Satzung zur Folge haben.[100] Ebenso nichtig sind **Beschlüsse** der Mitgliederversammlung und des Vorstandes, die gegen den Gleichbehandlungsgrundsatz verstoßen. Eine entsprechende Anwendung von §§ 241 ff. AktG oder § 51 GenG mit der Folge der bloßen Anfechtbarkeit rechtswidriger Beschlüsse der Mitgliederversammlung scheidet aus.[101]

52 Das benachteiligte Mitglied kann den Anspruch auf Gleichbehandlung klageweise geltend machen und die **Beseitigung der Ungleichbehandlung** verlangen. Ist diese darin zu sehen, dass anderen Mitgliedern gleichheitswidrig Vermögensvorteile verschafft wurden,

[94] *Segna/Lenz* ZStV 2018, 121. Krit. insoweit *Morgentroth* ZStV 2018, 41, jedenfalls für den Fall, dass sich der einmalige Mitgliedsbeitrag infolge frühen Versterbens nicht amortisiert. Dem ist jedoch entgegenzuhalten, dass die Überlegung wonach eine Äquivalenz zwischen der Höhe des Mitgliedsbeitrags sowie etwaiger vom Verein erbrachten Leistungen bestehe müsse, nicht zutrifft (→ Rn. 126).
[95] OLG Celle NJW-RR 1995, 1273.
[96] BGH NJW 1954, 953.
[97] BGH NJW 1960, 2142 (2143) zur eG.
[98] BGH NJW 1967, 1657.
[99] KG NJW 1962, 1917: 10 Stimmen des Vorstands gegenüber 19 Stimmen der restlichen Mitglieder, so dass die satzungsändernde Mehrheit nur noch mit den Stimmen des Vorstands zu erreichen ist.
[100] KG NJW 1962, 1917; Staudinger/*Weick* BGB § 35 Rn. 16.
[101] BGH NJW 1973, 235; NJW 2008, 69 (72); Staudinger/*Weick* BGB § 32 Rn. 23 ff.; Soergel/*Hadding* BGB § 38 Rn. 19; BeckOK BGB/*Schöpflin* BGB § 32 Rn. 30; aA *Reichert* Rn. 847; *K. Schmidt* GesR S. 447 ff.

so kann vom Verein grundsätzlich die Rückforderung in das Vereinsvermögen verlangt werden.[102] Ein Anspruch des insofern benachteiligten Mitglieds auf Gewährung desselben Vorteils besteht regelmäßig nicht **(keine Gleichbehandlung im Unrecht).**[103] Lediglich soweit eine Rückforderung von den begünstigten Mitgliedern, etwa nach §§ 814, 818 Abs. 3, 242 BGB, ausscheidet, kann das benachteiligte Mitglied die Gewährung derselben Vorteile oder, sofern dies nicht möglich ist, Geldausgleich verlangen.[104] Etwaige vereinsintern gegebene Rechtsmittel sind vor Klageerhebung auszuschöpfen.[105]

Die Verletzung des Anspruchs auf Gleichbehandlung stellt schließlich eine Pflichtverletzung iSv § 280 Abs. 1 BGB dar, so dass das Mitglied einen etwaigen **Schaden ersetzt verlangen** kann.[106] Eine Einschränkung des Schadensersatzanspruchs kann sich aus der Treuepflicht des Mitglieds ergeben (→ Rn. 166). 53

B. Rechte und Pflichten aus der Mitgliedschaft

I. Grundlagen

1. Begriffe und Abgrenzung

a) Mitgliedschaftsrechte und -pflichten. Die Rechte der Mitglieder werden regelmäßig in **Organschafts-, Wert-** und **Schutzrechte** eingeteilt. Damit kommt zum Ausdruck, dass die Mitgliedschaft sowohl Teilhabe an der Verwaltung des Vereins und an dessen Vorteilen gewährt als auch Schutz gegen Maßnahmen der Mehrheit vermittelt. 54

Kennzeichen korporationsrechtlicher Pflichten eines Vereinsmitglieds ist, dass sie unmittelbar auf der Satzung beruhen, dass sie der Verwirklichung des Vereinszwecks zu dienen bestimmt sind und dass sie mitgliedschaftlicher Natur sind.[107] Zu den wichtigsten Pflichten der Mitglieder zählen die **Beitragspflicht** sowie etwaige **Mitverwaltungspflichten.** Daneben kann die Satzung den Mitgliedern noch weitere, zumutbare Pflichten auferlegen. 55

Beispiele:[108]

Auferlegung von Verhaltenspflichten, wie etwa die Einhaltung von Sport- oder Zuchtordnungen; Pflicht zur Mitteilung von Adressänderungen oder – im Vereinsverband – zur Mitteilung bei Änderung wesentlicher Umstände, wie wesentliche Satzungsänderungen, Änderung der Vertretungsbefugnis oder Verlust der steuerlichen Gemeinnützigkeit; Pflicht zur Mitteilung von Einkommensänderungen bei nach Einkommen gestaffelten Mitgliedsbeiträgen; Pflicht zur Erteilung einer Einzugsermächtigung zur Abbuchung der Beiträge; Auferlegung eines Wettbewerbsverbotes bei Wirtschaftsvereinen.

Rechtsgrundlage sämtlicher Mitgliedschaftsrechte und -pflichten ist die Mitgliedschaft. Mitgliedschaftliche Rechte und Pflichten stehen und fallen daher mit der Mitgliedschaft und sind ohne diese regelmäßig nicht übertragbar.[109] Ist der Verein seinerseits Mitglied in einem **Dachverband,** so gelten die Regeln des übergeordneten Verbandes daher lediglich für dessen Mitglieder. Sie erstrecken sich allein aufgrund der Mitgliedschaft des nachgeordneten Vereins in dem übergeordneten Verband nicht automatisch auch auf die einzelnen Mitglieder des nachgeordneten Vereins.[110] Insbesondere bedarf es zur Umsetzung einer 56

---

[102] BGH NJW 1960, 2142 (2143) zum Genossenschaftsrecht; *Reichert* Rn. 848, 850; MüKoBGB/*Arnold,* 7. Aufl. 2015, BGB § 38 Rn. 31.
[103] LG Frankfurt a. M. ZStV 2019, 59 (60).
[104] BGH NJW 1960, 2142 (2143) zum Genossenschaftsrecht; *Reichert* Rn. 850.
[105] RG JW 1935, 1776; *Reichert* Rn. 848.
[106] MHdB GesR V/*Schöpflin* § 34 Rn. 31.
[107] BGH NJW-RR 2008, 1357 (1358).
[108] Vgl. *Reichert* Rn. 942ff.
[109] → Rn. 9.
[110] BGH NJW 2017, 402 (405f.); die Mitgliedschaft im untergeordneten Verein führt auch nicht automatisch, dh ohne weitere Beitrittserklärung, zur Mitgliedschaft im Dachverband (→ Rn. 187).

von einem Dachverband gegenüber dem Mitglied eines nachgeordneten Vereins ausgesprochenen Disziplinarmaßnahme entweder einer Grundlage in der Satzung des nachgeordneten Vereins oder einer vertraglichen Unterwerfung unter die Disziplinargewalt durch das Mitglied (→ § 11 Rn. 32 ff.).

57 **b) Drittgläubigerrechte.** Von den Mitgliedschaftsrechten sind sogenannte Drittgläubigerrechte zu unterscheiden, die nicht auf der Mitgliedschaft, sondern auf einer hiervon unabhängigen Rechtsbeziehung zwischen dem Mitglied und dem Verein beruhen. Als Rechtgrundlage kommen insbesondere Verträge in Betracht, die der Verein mit seinem Mitglied wie mit einem außenstehenden Dritten abschließt. Ferner auch gesetzliche Schuldverhältnisse, wie Delikt oder ungerechtfertigte Bereicherung.[111]

Beispiele:

Abschluss eines Darlehens-, Miet- oder Arbeitsvertrages, sofern sich die Leistungspflicht nicht aus der Satzung/Mitgliedschaft ergibt. Der Verein kommt als Grundstückseigentümer im Winter seiner Streupflicht nicht nach und das Mitglied verletzt sich beim Vorbeigehen als gewöhnlicher Fußgänger.[112]

58 Die **Abgrenzung** zwischen Mitgliedschaftsrechten und Drittgläubigerrechten kann im Einzelfall Schwierigkeiten bereiten. **Verpflichtet die Satzung das Mitglied zu einer Leistung,** handelt es sich hierbei grundsätzlich um eine mitgliedschaftliche Pflicht. Insbesondere kann Gegenstand der Beitragspflicht auch die Erbringung von Dienst- bzw. Arbeitsleistungen[113] oder die Bereitstellung eines zinsvergünstigten Darlehens[114] sein. Fraglich ist dann, ob neben dieser korporationsrechtlichen Pflicht auch eine vertragliche Rechtsbeziehung besteht.[115] Eine solche ist jedenfalls bei ausdrücklichem Abschluss eines Vertrages zwischen dem Mitglied und dem Verein anzunehmen.

Beispiele:

Die Satzung verpflichtet das Mitglied dem Verein ein Darlehen zu bestimmten, vergünstigten Konditionen zur Verfügung zu stellen (mitgliedschaftliche Pflicht); in Erfüllung dieser Pflicht, schließt das Mitglied mit dem Verein zusätzlich einen entsprechenden Darlehensvertrag (vertragliche Rechtsbeziehung).[116] Die Satzung eines Sportvereins verpflichtet das Mitglied zur Teilnahme an Wettkämpfen (mitgliedschaftliche Pflicht); darüber hinausgehend schließt der Verein mit dem Mitglied einen zusätzlichen Spielvertrag ab, der ihm bspw. eine Vergütung gewährt (vertragliche Rechtsbeziehung).[117]

59 Mitgliedschaftliche und vertragliche Rechtsbeziehung sind grundsätzlich selbstständig zu beurteilen.[118] Möchte im vorstehenden Beispiel der Spieler den Verein verlassen, muss er sowohl die Mitgliedschaft als auch den Arbeitsvertrag beenden. Fehlt es an einem ausdrücklichen zusätzlichen Vertragsschluss, wird eine über die Mitgliedschaft hinausgehende vertragliche Rechtsbeziehung regelmäßig dann abzulehnen sein, wenn die Satzung alle maßgeblichen Recht und Pflichten des Mitglieds regelt, so dass sich die Rechtsbeziehung zwischen Verein und Mitglied in diesen mitgliedschaftlichen Rechten und Pflichten erschöpft und für eine vertragliche Regelung kein Raum verbleibt.

---

[111] MHdB GesR V/*Schöpflin* § 34 Rn. 2.
[112] MHdB GesR V/*Schöpflin* § 34 Rn. 2.
[113] → Rn. 115.
[114] → Rn. 154.
[115] Vgl. BAGE 27, 163 (170) = NJW 1976, 386 (Ls.).
[116] BGH NJW-RR 2008, 1357 (1358).
[117] Vgl. *Reichert* Rn. 893 mit Hinweis auf § 8 der DFB-Spielordnung; abgelehnt im in BAGE 27, 163 = NJW 1976, 386 (Ls.) entschiedenen Fall.
[118] *Reichert* Rn. 806.

Beispiele:[119]

Satzungsmäßige Verpflichtung der Mitglieder einer Rot-Kreuz-Schwesternschaft, sich vornehmlich der Kranken- und Kinderpflege zu widmen und ihren Beruf nur im Auftrag der Schwesternschaft auszuüben. Auch ein satzungsmäßig festgelegter Anspruch auf Zahlung einer monatlichen Vergütung spricht nicht für die (zusätzliche) Begründung eines Arbeitsvertrages. Für die Beurteilung unerheblich ist dagegen, ob die Satzung bestimmt, dass kein Arbeitsvertrag bestehe, da diese nicht die Rechtsfolgen ausschließen kann, die sich aus zwingenden gesetzlichen Vorschriften ergeben.

Die Umgehung zwingender arbeitsrechtlicher Schutzvorschriften kann jedoch dazu führen, dass das Rechtsverhältnis, aufgrund dessen die Arbeitsleistungen erbracht werden, als arbeitsrechtliches zu qualifizieren ist.[120] 60

Erbringt das Mitglied hingegen eine Leistung, zu der es **nicht aufgrund der Satzung verpflichtet** ist, kann diese gleichwohl aufgrund des Mitgliedschaftsverhältnisses erbracht werden. Verlangt das Mitglied eine Vergütung für seine Leistung, obliegt ihm der Beweis dafür, dass eine vertragliche Vereinbarung geschlossen wurde, aus welcher sich eine Vergütungspflicht ergibt. 61

Beispiel:[121]

Ein Vereinsmitglied ist Architekt und wird in das Amt eines „Baubeauftragten" gewählt. Bei den in der Folge erbrachten Architektenleistungen ist davon auszugehen, dass diese aufgrund des mitgliedschaftlichen Rechtsverhältnisses erbracht wurden, wenn das Mitglied nicht den Abschluss eines Werkvertrages nachweisen kann. Die Vorschrift des § 632 Abs. 1 BGB, wonach eine Vergütung als vereinbart gilt, wenn die Herstellung eines Werkes den Umständen nach nur gegen eine solche zu erwarten ist, hilft insoweit nicht.

Drittgläubigerrechte sind im Gegensatz zu mitgliedschaftlichen Rechten und Pflichten **von der Mitgliedschaft unabhängig.** Sie können daher nach den allgemeinen Vorschriften übertragen und gepfändet werden. Bei einer Übertragung der Mitgliedschaft gehen Drittgläubigerrechte nicht automatisch mit über,[122] sondern müssen ggf. explizit auf den Erwerber übertragen werden. Im Falle der Beendigung der Mitgliedschaft bestehen Drittgläubigerrechte fort. 62

c) Gläubigerrechtsähnliche Wertrechte. Gläubigerrechtsähnliche Wertrechte nehmen eine Zwischenstellung zwischen mitgliedschaftlichen Rechten und Drittgläubigerrechten ein.[123] Solche Rechte beruhen grundsätzlich auf der Mitgliedschaft und können daher nur von Mitgliedern erworben werden. Mit ihrer Entstehung lösen sich diese Rechte jedoch von der Mitgliedschaft und werden zu selbstständigen Forderungsrechten. 63

Beispiele:[124]

Preisgelder für die Gewinner eines vereinsinternen Wettkampfs; das zuständige Organ eines wirtschaftlichen Vereins beschließt die Ausschüttung einer Dividende.

Nach dem Loslösen der gläubigerrechtsähnlichen Werterechte sind diese wie Drittgläubigerrechte zu behandeln. Sie unterliegen insbesondere nicht mehr der Disposition der Mitgliederversammlung.[125] 64

---

[119] BAGE 27, 163 = NJW 1976, 386 (Ls.).
[120] BAG NJW 1996, 143 (151).
[121] OLG Köln OLGZ 1990, 233.
[122] *Reichert* Rn. 807.
[123] *Reichert* Rn. 809.
[124] Vgl. MüKoBGB/*Arnold,* 7. Aufl. 2015, BGB § 35 Rn. 4; *Reichert* Rn. 809.
[125] BeckOK BGB/*Schöpflin* BGB § 35 Rn. 4; MüKoBGB/*Arnold,* 7. Aufl. 2015, BGB § 35 Rn. 4; *Reichert* Rn. 861.

2. Begründung und Änderung von Mitgliedschaftsrechten und -pflichten

65 Zur Begründung mitgliedschaftlicher Rechte und Pflichten bedarf es, soweit sich diese nicht bereits aus dem Gesetz ergeben, einer entsprechenden Regelung in der Satzung. Eine Erweiterung der Mitgliedschaftsrechte, dh sowohl die Erweiterung der sich aus dem Gesetz ergebenden Rechte durch die (Gründungs-)Satzung als auch eine Erweiterung der satzungsmäßigen Rechte durch eine nachträgliche Satzungsänderung, ist unproblematisch ebenso zulässig wie eine Herabsetzung von Mitgliedschaftspflichten. Die Zulässigkeit einer Beschränkung oder Entziehung mitgliedschaftlicher Rechte hängt hingegen von der Art des betroffenen Rechts ab.[126]

66 **a) Absolut unentziehbare Mitgliedschaftsrechte.** Eine Beschränkung absolut unentziehbare Mitgliedschaftsrechte ist weder in der Gründungssatzung noch durch satzungsändernden Beschluss möglich. Entsprechende Regelungen bzw. Beschlüsse sind unabhängig von einer Zustimmung der betroffenen Mitglieder unwirksam. Zu den absolut unentziehbaren Rechten gehören gem. § 40 BGB insbesondere das Recht der Minderheit, die Einberufung der Mitgliederversammlung nach § 37 BGB zu verlangen[127] sowie das Austrittsrecht nach § 39 BGB. Ferner zählen hierzu das Recht auf Teilnahme an der Mitgliederversammlung,[128] das Recht zur Beseitigung rechtswidriger Beschlüsse einschließlich deren Folgen[129] sowie das Informationsrecht der Vereinsmitglieder.[130] Im Kernbereich ebenfalls unentziehbar ist das Rede-, Antrags- und Auskunftsrecht im Rahmen der Mitgliederversammlung; aus sachlichen Gründen ist jedoch ein Entzug des Rederechts oder eine Beschränkung der Redezeit möglich.[131]

67 **b) Relativ unentziehbare Mitgliedschaftsrechte.** Als relativ unentziehbar bezeichnet man Mitgliedschaftsrechte, die nur mit Zustimmung des betroffenen Mitglieds eingeschränkt oder entzogen werden können. Hierzu zählt insbesondere das Recht auf Einhaltung des Vereinszwecks gem. § 33 Abs. 1 S. 2 BGB,[132] das Recht auf Gleichbehandlung,[133] sowie etwa gewährte Sonderrechte nach § 35 BGB.[134] Die Zustimmung kann sowohl im Voraus als auch nachträglich (auch außerhalb der Mitgliederversammlung) erfolgen und bedarf – vorbehaltlich abweichender Satzungsregelungen – keiner besonderen Form, kann mithin auch konkludent erfolgen, §§ 182 ff. BGB.

68 Die Einschränkung relativ unentziehbarer Mitgliedschaftsrechte in der Gründungssatzung begegnet keinen Bedenken, da in der Einigung sämtlicher Gründungsmitglieder im Rahmen des Gründungsaktes zugleich auch die Zustimmung der benachteiligten Mitglieder zur Beschränkung ihrer Rechte liegt. Eine nachträgliche Beschränkung durch satzungsändernden Beschluss bedarf der Zustimmung sämtlicher Mitglieder des Vereins. Ein ohne Einwilligung gefasster Beschluss der Mitgliederversammlung ist bis zu seiner Genehmigung schwebend, bei deren Versagung endgültig unwirksam. Die Unwirksamkeit kann

---

[126] Zur Erweiterung von Beitragspflichten → Rn. 129; zur Beschränkung von Mitgliedschaftsrechten aufgrund von Vereinsstrafen → § 11 Rn. 47.

[127] OLG Düsseldorf Rpfleger 2013, 539; LG Bremen Rpfleger 1990, 262.

[128] LG Bremen Rpfleger 1990, 262; *Reichert* Rn. 821; aA für religiöse Vereine OLG Frankfurt a. M. NJW-RR 1997, 482; hierzu krit. MüKoBGB/*Arnold,* 7. Aufl. 2015, BGB § 38 Rn. 9; abl. *Sauter/Schweyer/Waldner* Eingetragener Verein Rn. 196.

[129] *Reichert* Rn. 821; MüKoBGB/*Arnold,* 7. Aufl. 2015, BGB § 38 Rn. 30 f.

[130] MüKoBGB/*Leuschner* BGB § 38 Rn. 24; MHdB GesR V/*Schöpflin* § 34 Rn. 19.

[131] → § 7 Rn. 114; vgl. auch MüKoBGB/*Arnold,* 7. Aufl. 2015, BGB § 32 Rn. 20; *Sauter/Schweyer/Waldner* Eingetragener Verein Rn. 186; *Reichert* Rn. 829.

[132] Soll im Wege der Satzungsänderung bestimmt werden, dass es zur Änderung des Vereinszwecks in Abweichung von § 33 Abs. 1 S. 2 BGB nicht der Zustimmung aller Mitglieder bedarf, kann diese Satzungsänderung – ebenso wie eine solche, die unmittelbar eine Zweckänderung enthält – nur mit Zustimmung aller Mitglieder beschlossen werden; OLG München NZG 2011, 994.

[133] → Rn. 31.

[134] → Rn. 83.

durch Feststellungklage gem. § 256 ZPO festgestellt werden. Neue Mitglieder erklären sich durch ihren Beitritt mit der gültigen Satzung auch dann einverstanden, wenn sie nur die geminderten Rechte erlangen.[135]

c) Sonstige Mitgliedschaftsrechte. Die Einschränkung anderer Mitgliedschaftsrechte ist jedenfalls dann zulässig, wenn die vorstehend beschriebenen Voraussetzungen vorliegen, dh mit Zustimmung des betroffenen Mitglieds. Es ist daher möglich, solche Rechte in der Gründungssatzung zu beschränken; ebenso wirkt eine Beschränkung gegenüber solchen Mitgliedern, die nach dem Wirksamwerden der entsprechenden Satzungsbestimmung dem Verein beitreten.[136] 69

Darüber hinaus können jedoch auch nachträgliche Einschränkungen ohne Zustimmung des betroffenen (Alt-)Mitglieds zulässig sein. In diesem Fall ist das Interesse des Mitglieds am Bestand seines Rechts, das es durch Gründungsbeteiligung oder durch späteren Beitritt erworben hat, mit dem Interesse des Vereins, dieses Recht einzuschränken oder zu entziehen, abzuwägen.[137] Bei der Abwägung ist insbesondere zu berücksichtigen, ob im Falle der Beibehaltung der Mitgliedschaftsrechte die Verfolgung des satzungsmäßigen Zwecks, etwa aufgrund veränderter Umstände, gefährdet ist. Sofern die Beschränkung das Stimmrecht eines Mitglieds betrifft, ist dessen erhöhte Bestandskraft zu berücksichtigen, da es die Einflussnahme auf den Verein sicherstellt.[138] Sind nicht alle Mitglieder von der Beschränkung der Mitgliederrechte gleichermaßen betroffen, bedarf die unterschiedliche Ausgestaltung zudem eines sachlichen Grundes (→ Rn. 37). Schließlich bedarf es eines rechtmäßigen, satzungsändernden Beschlusses, bei welchem die betroffenen Mitglieder grundsätzlich stimmberechtigt sind.[139] Zur nachträglichen Begründung von Beitragspflichten → Rn. 121, zur nachträglichen Erweiterung von Beitragspflichten → Rn. 129. 70

3. Rechtsfolgen von Pflichtverletzungen

Die **gerichtliche Geltendmachung** verletzter mitgliedschaftlicher Rechte und Pflichten hängt vom jeweiligen Einzelfall ab. Zahlungspflichten sowie generell Handlungs- und Unterlassungspflichten können regelmäßig durch Leistungsurteil erzwungen werden. Führt die Verletzung eines Mitgliedschaftsrechts zur Rechtswidrigkeit eines Beschlusses, kann dies nach der herrschenden Meinung durch Feststellungsklage gem. § 256 ZPO festgestellt werden.[140] In Registerangelegenheiten ist das einzelne Mitglied nicht antragsberechtigt, es kann sich jedoch mit Anregungen an das Gericht wenden, sowie Beschwerde gegen registergerichtliche Entscheidungen wegen der Verletzung eines eigenen sachlichen Rechts gem. § 59 Abs. 1 FamFG einlegen.[141] 71

Umstritten ist, ob dem einzelnen Mitglied eine Einzelklagebefugnis dergestalt zukommt, dass es Ansprüche des Vereins gegen die (Organ-) Mitglieder im Wege einer Prozessstandschaft durchsetzen kann ***(actio pro socio)***. Dies wird teilweise unter dem Hinweis auf die Möglichkeit des Austritts, auf die starke Stellung der Mitgliederversammlung, auf das Recht zur demokratischen Opposition sowie auf das Fehlen von Vermögensinteressen verneint.[142] Gleichwohl hat sich die Einzelklagebefugnis zu einem allgemeinen Institut des Gesellschaftsrechts entwickelt, dass auch im Bereich der Körperschaften gilt[143] und richti- 72

[135] Vgl. RGZ 62, 303 (308) zur Genossenschaft; *Reichert* Rn. 845.
[136] → Rn. 67.
[137] BGH NJW 1971, 879 (881): Verschärfung der satzungsmäßigen Voraussetzungen für die Zugehörigkeit zu einer Mitgliedergruppe verbunden mit der Bestimmung, dass Mitglieder, die dieses Voraussetzungen nicht erfüllen, herabgestuft werden; vgl. auch BGH DNotZ 1978, 724.
[138] *Reichert* Rn. 831.
[139] *Reichert* Rn. 833.
[140] → § 7 Rn. 261, 272.
[141] *Reichert* Rn. 802.
[142] OLG Nürnberg Urt. v. 31.1.2011 – 4 U 1639/10, BeckRS 2011, 34541 Rn. 30 f.; MüKoBGB/*Arnold*, 7. Aufl. 2015, § 38 Rn. 7.
[143] Zur GmbH vgl. MüKoGmbHG/*Merkt* GmbHG § 13 Rn. 318 ff. mwN.

gerweise auch im Vereinsrecht anzuerkennen ist.[144] Auch im Verein bestehen schützenswerte Belange an einem rechtmäßigen Vorgehen, so dass ein Verweis auf die Möglichkeit des Austritts oder fehlender Vermögensinteressen nicht überzeugt. Gerade bei der Geltendmachung von Unterlassungs- oder Beseitigungsansprüchen können die vereinsinternen Möglichkeiten unter Umständen keinen rechtzeitigen Rechtsschutz gewährleisten.[145] Um die Handlungsfähigkeit des auf Mehrheitsentscheidung angelegten Vereins nicht zu gefährden, ist jedoch dessen Organisations- und Zuständigkeitsstruktur grundsätzlich zu wahren, so dass eine Einzelklagebefugnis nur in engen Ausnahmenfällen in Betracht kommt. Nach der Rechtsprechung setzt die *actio pro socio* daher voraus, dass eine Grundsatzfrage des Vereins betroffen ist oder Entscheidungen entgegen der satzungsmäßigen Aufgabenverteilung vom Vorstand anstelle der Mitgliederversammlung durchgesetzt werden.[146] Dabei ist eine Grundsatzfrage dann betroffen, wenn die angegriffene Maßnahme den satzungsmäßig festgelegten Vereinszweck aushöhlt oder gefährdet.[147] Weiterhin muss das Mitglied darlegen, weshalb andere, reguläre Handlungsoptionen, wie etwa die Entscheidung der Mitgliederversammlung über ein Minderheitenquorum herbeizuführen, ausscheiden.[148] Eine praktische Bedeutung wird der *actio pro socio* daher selten zukommen.

73 Verletzt der Verein Mitgliedschaftsrechte der Vereinsmitglieder, kann dies eine **Schadensersatzpflicht** nach § 280 Abs. 1 BGB begründen.[149] Eine Verletzung durch Vereinsorgane wird dem Verein gem. § 31 BGB zugerechnet. Die Mitgliedschaft ist ferner als sonstiges Recht iSv § 823 Abs. 1 BGB Gegenstand deliktsrechtlichen Schutzes (→ Rn. 2). Dieser erstreckt sich nach Ansicht des BGH auch auf das Verbandsinnenverhältnis gegenüber Handlungen des Vereins bzw. seiner Organe.[150]

74 Eine Schadensersatzpflicht des Mitglieds wegen Verletzung mitgliedschaftlicher Pflichten kommt ebenfalls nach § 280 Abs. 1 BGB in Betracht. Die Satzung kann ferner **Sanktionen** an die Nichterfüllung der Pflichten knüpfen (→ Rn. 140).

4. Sonderrechte und -pflichten

75 **a) Begriff und Abgrenzung.** Als Sonderrecht bezeichnet man allgemein ein durch die Satzung gewährtes, auf der Mitgliedschaft beruhendes und grundsätzlich unentziehbares Vorrecht eines Mitglieds oder einer Gruppe von Mitgliedern gegenüber dem Verein, das den anderen Mitgliedern nicht zusteht.[151] Sonderrechte stellen eine unterschiedliche Ausgestaltung der Rechte einzelner Mitglieder dar und durchbrechen daher den Grundsatz der Gleichbehandlung aller Vereinsmitglieder.[152] Nach dem Wortlaut des § 35 BGB sind Sonderrechte zwingend mit der Mitgliedschaft im Verein verbunden. Demnach erlischt das Sonderrecht eines Mitglieds mit dessen Ausscheiden aus dem Verein, sofern die Mitgliedschaft nicht ausnahmsweise auf eine andere Person übergeht.[153] Nichtmitgliedern können keine Sonderrechte gewährt werden, so dass bspw. satzungsmäßig eingeräumte Mitwir-

---

[144] OLG Celle ZStV 2018, 178; MüKoBGB/*Leuschner* BGB § 38 Rn. 25; MHdB GesR V/*Schöpflin* § 34 Rn. 25.
[145] MüKoBGB/*Leuschner* BGB § 38 Rn. 25.
[146] OLG Celle ZStV 2018, 178 (183).
[147] Dabei ist der Vereinszweck nach OLG Celle ZStV 2018, 178 (181f.) anhand der Satzung zu definieren. Äußere Umstände, wie Wahrnehmung in der Öffentlichkeit oder wirtschaftliche Erwägungen, spielen grundsätzlich keine Rolle. Auch eine Gefährdung der Gemeinnützigkeit und die damit verbundenen nachteiligen steuerlichen Folgen berührt den Vereinszweck in der Regel nicht.
[148] OLG Celle ZStV 2018, 178 (183).
[149] Vgl. BGH NJW 1984, 1884; NJW 1990, 2877 (2878).
[150] BGHZ 110, 323 = NJW 1990, 2877 (2880).
[151] Vgl. BGH MDR 1970, 913; *Reichert* Rn. 852; *Sauter/Schweyer/Waldner* Eingetragener Verein Rn. 344; BeckOK BGB/*Schöpflin* BGB § 35 Rn. 3. Rechte, die allen Mitgliedern zustehen, können demnach keine Sonderrechte sein, BGH NJW 1984, 1038 (1040); NJW 1962, 1917.
[152] → Rn. 31.
[153] Zur Übertragung und Vererbung der Mitgliedschaft → Rn. 12.

kungsbefugnisse außenstehender Dritter keine Sonderrechte darstellen.[154] Gegenstand von Sonderrechten sind regelmäßig Organschafts- oder Wertrechte.

Beispiele:[155]

Recht auf ein Vereinsamt, wie Vorstand oder Ehrenrat; Recht auf Bestellung oder Abberufung von Organpersonen, insbesondere des Vorstands; erhöhtes Stimmrecht; Beitragsfreiheit; Vorzugsrecht bei der Benutzung von Vereinseinrichtungen; Veto-/Zustimmungsrecht bei Beschlüssen des Vorstands oder der Mitgliederversammlung, insbesondere bei Satzungsänderungen; Recht auf jederzeitige Einberufung oder auf Leitung der Mitgliederversammlung; jederzeitiges Auskunfts- oder Einsichtsrecht; (überproportionaler) Anspruch auf Liquidationserlös; Bevorzugung bei Gewinn- oder Abfindungsrechten. Gegenstand von Sonderrechten können auch Schutzrechte sein, wie etwa Erschwerung oder Unmöglichkeit des Ausschlusses eines Mitglieds oder der Veränderung der mitgliedschaftlichen Pflichten.

In Abgrenzung von schlichten **Privilegien,** die die Satzung „freiwillig" einräumt, ohne dem Begünstigten eine nicht entziehbare Position gewähren zu wollen, können Sonderrechte nicht gegen den Willen des Berechtigen entzogen werden, § 35 BGB. In der Satzung sollte daher deutlich zum Ausdruck kommen, ob dem Mitglied ein durch Mehrheitsbeschluss entziehbares Privileg oder ein ohne dessen Zustimmung unentziehbares Sonderrecht gewährt wird; andernfalls ist dies durch **Auslegung** zu ermitteln.[156] Räumt die Satzung einzelnen Mitgliedern Vorrechte ein, so ist nach der Rechtsprechung regelmäßig nicht zu erwarten, dass deren Unentziehbarkeit ausdrückliche bestimmt wird. Es bedarf vielmehr in der Satzung Anhaltspunkte dafür, dass ein einseitiger Entzug ausnahmsweise zulässig sein soll.[157] Aufgrund der mit Sonderrechten verbundenen weitreichenden Rechtsfolgen (→ Rn. 83) ist eine präzise Formulierung in der Satzung empfehlenswert. 76

Formulierungsbeispiel: Sonderrechte und Privilegien (Satzungsbestandteil) 77

[Sonderrecht:] Ehrenmitglieder sind von der Pflicht zur Zahlung von Beiträgen, einschließlich Umlagen, befreit.

[Privileg:] Ehrenmitglieder sind von der Pflicht zur Zahlung von Beiträgen, einschließlich Umlagen, befreit, solange die Mitgliederversammlung nicht mit einer Mehrheit von drei Vierteln etwas anderes beschließt.

Keine Sonderrechte sind ferner **Drittgläubigerrechte** (→ Rn. 57), da diese nicht auf der Mitgliedschaft beruhen.[158] Gleiches gilt für **gläubigerrechtsähnliche Wertrechte** (→ Rn. 63), die zwar aus der Mitgliedschaft erwachsen sind, jedoch nach ihrer Entstehung losgelöst von dieser fortbestehen und damit – unabhängig von einer Zustimmung des Mitglieds – nicht mehr der Disposition der Mitgliederversammlung unterliegen.[159] Ferner stellen die jedem Mitglied zustehenden **allgemeinen Mitgliedschaftsrechte,** wie etwa das Stimmrecht als solches, keine Sonderrechte dar.[160] 78

[154] *Reichert* Rn. 853.

[155] Vgl. MüKoBGB/*Arnold,* 7. Aufl. 2015, BGB § 35 Rn. 5; *Stöber/Otto* Rn. 210; *Sauter/Schweyer/Waldner* Eingetragener Verein Rn. 344; *Reichert* Rn. 870f.; BeckOK BGB/*Schöpflin* BGB § 35 Rn. 7; MHdB GesR V/*Schöpflin* § 34 Rn. 34.

[156] MHdB GesR V/*Schöpflin* § 34 Rn. 35.

[157] BGH NJW-RR 1989, 542 (543) zur GmbH; OLG Saarbrücken ZStV 2020, 137 (138).

[158] MHdB GesR V/*Schöpflin* § 34 Rn. 35; *Reichert* Rn. 860.

[159] BeckOK BGB/*Schöpflin* BGB § 35 Rn. 4; MüKoBGB/*Arnold,* 7. Aufl. 2015, BGB § 35 Rn. 4; *Reichert* Rn. 861.

[160] BGH NJW 1984, 1038 (1040); NJW 1962, 1917; BeckOK BGB/*Schöpflin* BGB§ 35 Rn. 4; MHdB GesR V/*Schöpflin* § 34 Rn. 35.

79 Ähnliche Wirkungen wie die der Sonderrechte können in Grenzen auch durch **schuldrechtliche Abreden** zwischen Verein und Mitglied begründet werden.[161] Das Recht zur außerordentlichen Kündigung derartiger Abreden aus wichtigem Grund ist jedoch nicht abdingbar, so dass ein einseitiger Entzug der gewährten Rechte durch den Verein möglich bleibt.[162]

80 **b) Begründung.** Sonderrechte können nur durch die **Satzung** selbst begründet werden.[163] Aus dieser muss sich eindeutig ergeben, dass dem Mitglied ein ohne dessen Zustimmung unentziehbares Recht gewährt wird. Dabei verlangt die Rechtsprechung jedoch nicht, dass die Unentziehbarkeit des Rechts ausdrücklich bestimmt wird.[164] Wird ein Gründungsmitglied in der Gründungssatzung zum Vorstand bestellt, ist damit regelmäßig noch kein Sonderrecht verbunden, sofern dies nicht hinreichend deutlich zum Ausdruck kommt (so etwa bei einer ausdrücklichen Bestellung auf Lebenszeit).[165]

81 Die Begründung eines Sonderrechts stellt eine Durchbrechung des Grundsatzes der Gleichbehandlung dar. Aus diesem Grund verlangt die hM für die **nachträgliche Begründung** durch Satzungsänderung – neben den allgemeinen Voraussetzungen satzungsändernder Beschlüsse – die (formlose) Zustimmung sämtlicher Mitglieder, denen das Sonderrecht nicht gewährt wird.[166] Teilweise wird – etwas zu weitgehend – vertreten, dass auch der Begünstigte zustimmen müsse, da ihm die Vorzugsstellung nicht aufgedrängt werden dürfe.[167] Die Satzungsänderung ist erst wirksam, wenn sämtliche erforderlichen Zustimmungen erklärt wurden. Die Zustimmung der benachteiligten Mitglieder ist entbehrlich, wenn die (Gründungs-)Satzung die Schaffung von Sonderrecht durch satzungsändernden Mehrheitsbeschluss der Mitgliederversammlung oder durch den Vorstand zulässt,[168] wobei man zumindest eine hinreichend genaue Bestimmung des Inhalts der künftigen Sonderrechte wird fordern müssen. Eine Zustimmung ist auch dann nicht erforderlich, wenn die übrigen Mitglieder durch das Sonderrecht nicht benachteiligt werden[169] oder wenn die Begründung des Sonderrechts und damit die Durchbrechung des Gleichheitsgrundsatzes sachlich gerechtfertigt ist.[170]

---

[161] Vgl. MüKoBGB/*Leuschner* BGB § 35 Rn. 7. Fraglich ist, ob § 26 Abs. 2 AktG analoge Anwendung findet, mit der Folge, dass Gründervorteile einer Festsetzung in der Satzung bedürfen. Nach BGH NJW 1989, 1610 (1611) ist die Vorschrift Ausdruck eines allgemeinen Rechtsgedankens, der zum Schutz der Gläubiger und Mitglieder vor Vorbelastung des Haftkapitals auf sämtliche Kapitalgesellschaften, insbesondere die GmbH, anzuwenden ist. Eine analoge Anwendung auf den Verein dürfte mangels gesetzlichen Haftkapitals abzulehnen sein.

[162] MüKoBGB/*Leuschner* BGB § 35 Rn. 7; demnach ist bei einer Entscheidung der Mitgliederversammlung über die Ausübung des Kündigungsrecht das schuldrechtlich begünstigte Mitglied nach § 34 BGB nicht stimmberechtigt.

[163] BGH MDR 1970, 913.

[164] Vielmehr bedarf es umgekehrt für die Annahme, dass in der Satzung eingeräumte Individualrechte einzelner Mitglieder einseitig entzogen werden können, hinreichender satzungsmäßiger Anhaltspunkte, BGH NJW-RR 1989, 542 (543) zur GmbH; OLG Saarbrücken ZStV 2020, 137 (138).

[165] BGH NJW 1969, 131 zur GmbH; *Reichert* Rn. 863.

[166] Staudinger/*Weick* BGB § 35 Rn. 8; Soergel/*Hadding* BGB § 35 Rn. 9; *Löffler* NJW 1989, 2656 (2659) zur Personengesellschaft; *Reichert* Rn. 864; MHdB GesR V/*Schöpflin* § 34 Rn. 36; MüKoBGB/*Leuschner* BGB § 35 Rn. 10; BeckOK BGB/*Schöpflin* BGB § 35 Rn. 5; *Stöber/Otto* Rn. 209; MüKoGmbHG/*Reichert*/*Weller* GmbHG § 14 Rn. 103 f. für die GmbH; aA MüKoBGB/*Arnold,* 7. Aufl. 2015, BGB § 35 Rn. 6 bei Vereinen mit Aufnahmefreiheit.

[167] Soergel/*Hadding* BGB § 35 Rn. 9; *Reichert* Rn. 864; BeckOK BGB/*Schöpflin* BGB § 35 Rn. 5. Nach der zur Genossenschaft ergangenen Entscheidung RGZ 147, 201 (206) ist jedenfalls die Bekanntgabe an den Begünstigten ausreichend.

[168] *Reichert* Rn. 865, 868; MHdB GesR V/*Schöpflin* § 34 Rn. 36; BeckOK BGB/*Schöpflin* BGB § 35 Rn. 5. Die Einräumung eines Sonderrechts durch den Vorstand ohne satzungsmäßige Grundlage ist nicht möglich, LG Wiesbaden NJW 1975, 1033.

[169] Soergel/*Hadding* BGB § 35 Rn. 9; *Reichert* Rn. 856; dies kann bspw. bei Ehrungen der Fall sein, die als Sonderrecht ausgestaltet sind.

[170] OLG Nürnberg Beschl. v. 14.7.2021 – 12 W 2036/20, DNotI-Report 2021, 125 zur zulässigen Einführung einer Beitragsbefreiung für Ehrenmitglieder; MüKoBGB/*Leuschner* BGB § 35 Rn. 10; BeckOGK/

Inhaber eines Sonderrechts kann entsprechend der Definition (→ Rn. 75) nur ein **Vereinsmitglied** oder eine bestimmte Gruppe von Mitgliedern sein, nicht jedoch außenstehende Dritte. Auch Organmitgliedern, die nicht Vereinsmitglieder sind, oder unselbstständigen Untergliederungen von Großvereinen können damit keine Sonderrechte zustehen.[171] 82

c) Beeinträchtigung und Entzug. Wirksam begründete Sonderrechte können ohne Zustimmung des Sonderberechtigten **nicht beeinträchtigt** werden, § 35 BGB. Nach allgemeiner Ansicht geht dieses Verbot über die im Gesetz genannte Beeinträchtigung durch Beschluss der Mitgliederversammlung hinaus und untersagt sämtliche Maßnahmen des Vereins – insbesondere auch Beschlüsse und tatsächliche Handlungen anderer Vereinsorgane wie etwa des Vorstands – welche sich in irgendeiner Weise negativ auf die Position des Sonderberechtigten auswirken. Auch lediglich mittelbare Beeinträchtigungen eines Sonderrechts sind demnach untersagt.[172] Ebenso ausgeschlossen sind Satzungsänderungen oder -neufassungen, welche die bisherigen Bestimmungen zu bestehenden Sonderrechten entfallen lassen.[173] 83

Die **Zustimmung** des Sonderberechtigten kann sowohl im Voraus als auch nachträglich (auch außerhalb der Mitgliederversammlung) erfolgen und bedarf – vorbehaltlich abweichender Satzungsregelungen – keiner besonderen Form, kann mithin auch konkludent erfolgen, §§ 182ff. BGB.[174] Steht das Sonderrecht einer Mitgliedergruppe zu, ist die Zustimmung jedes Einzelnen erforderlich; die Zustimmung der Gruppenmehrheit genügt nicht.[175] Ein ohne Einwilligung gefasster Beschluss der Mitgliederversammlung ist bis zu seiner Genehmigung schwebend, bei deren Versagung endgültig unwirksam. Die Unwirksamkeit kann durch Feststellungklage gem. § 256 ZPO festgestellt werden. Im Falle einer Schädigung des Mitglieds wegen Verletzung seines Sonderrechts steht ihm ein Schadensersatzanspruch nach § 280 Abs. 1 BGB zu. Aus der Treuepflicht kann sich eine Pflicht zur Zustimmung zu einer Beeinträchtigung des Sonderrechts ergeben.[176] 84

Der **Entzug** des Sonderrechts bedarf als stärkste Form der Beeinträchtigung, neben einem satzungsändernden Beschluss, stets der Zustimmung des Berechtigten. Ein Entziehungsrecht des Vereins besteht auch bei Vorliegen eines wichtigen Grundes nicht.[177] Bezieht sich das Recht jedoch auf eine Organstellung, so ist eine Abberufung aus wichtigem Grund nach der zwingenden Vorschrift des § 27 Abs. 2 S. 2 BGB gleichwohl möglich.[178] Zulässig bleibt ferner der Ausschluss des Mitglieds aus dem Verein (→ Rn. 294). Da Träger eines Sonderrechts nur ein Vereinsmitglied sein kann, erlischt das Recht mit dem Verlust der Mitgliedschaft. 85

Als Mitgliedschaftsrecht ist das Sonderrecht – vorbehaltlich abweichender Regelungen in der Satzung – nicht übertragbar oder vererblich, § 38 S. 1 BGB.[179] 86

Könen BGB § 35 Rn. 25; aA *Stöber/Otto* Rn. 209; *Löffler* NJW 1989, 2656 (2659), wonach sich das Zustimmungserfordernis aus einem Umkehrschluss aus § 35 BGB ergibt.

[171] *Reichert* Rn. 853.

[172] *Soergel/Hadding* BGB § 35 Rn. 16; *Reichert* Rn. 874; BeckOK BGB/*Schöpflin* BGB § 35 Rn. 8; Palandt/*Ellenberger* BGB § 35 Rn. 5; MüKoBGB/*Leuschner* BGB § 35 Rn. 11, der zusätzlich fordert, dass die Beeinträchtigung mit an Sicherheit grenzender Wahrscheinlichkeit vorauszusehen gewesen sein muss.

[173] OLG Saarbrücken ZStV 2020, 137 (138) zur Unzulässigkeit der Neufassung einer Satzung, welche die bisherigen Sonderrechte eines Ehrenpräsidenten nicht vollständig wiedergibt.

[174] Palandt/*Ellenberger* BGB § 35 Rn. 5.

[175] *Soergel/Hadding* BGB § 35 Rn. 17; *Reichert* Rn. 875.

[176] MüKoBGB/*Leuschner* BGB § 35 Rn. 14.

[177] *Soergel/Hadding* BGB § 35 Rn. 18; BeckOGK/*Könen* BGB § 35 Rn. 39; BeckOK BGB/*Schöpflin* BGB § 35 Rn. 9; aA MüKoBGB/*Leuschner* BGB § 35 Rn. 13.

[178] OLG Hamm ZIP 1986, 1188 (1194).

[179] → Rn. 9.

87 **d) Sonderpflichten.** Die Satzung kann Sonderpflichten einzelner Mitglieder mit Zustimmung der jeweils belasteten Mitglieder **begründen.**[180]

Beispiele:[181]

Pflicht zur Leistung eines höheren Beitrags; Wettbewerbsverbote; Pflicht eines Rechtsanwalts als Rechtsberater des Vereins tätig zu sein; Pflicht eines Gewerkschaftsmitglieds, seine Aufsichtsratsvergütungen abzuführen.[182]

88 **Formulierungsbeispiel: Sonderpflichten (Satzungsbestandteil)**

§ 21. Sonderpflichten

(1) Mitglieder im Alter von *** bis *** Jahren haben Arbeitsleistungen zugunsten des Vereins in folgendem Umfang zu erbringen: ***.
(2) Die weiteren Einzelheiten zur Erbringung der Arbeitsleistung regelt eine von der Mitgliederversammlung zu beschließende Beitrags- und Leistungsordnung.

89 Sofern die Mitgliedschaft **übertragbar** ist und sich aus der Satzung in Bezug auf die Sonderpflicht nichts anderes ergibt, geht diese auf einen Erwerber über.[183] Andernfalls erlischt die Pflicht mit dem Ausscheiden des betroffenen Mitglieds.

90 Eine **Aufhebung** der Sonderpflicht bedarf eines satzungsändernden Beschlusses. Die Zustimmung der übrigen Mitglieder ist darüber hinaus regelmäßig nicht erforderlich, da in der Aufhebung kein Verstoß gegen den Gleichbehandlungsgrundsatz liegt. Etwas anderes kann dann gelten, wenn ein Mitglied als Ausgleich für die Übernahme der Sonderpflicht ein Sonderrecht erhalten hat und nunmehr allein die Sonderpflicht aufgehoben werden soll.[184]

5. Ehrungen

91 Der Verein kann Ehrungen an Mitglieder **verleihen,** um seine Wertschätzung, insbesondere aufgrund besonderer Verdienste um den Verein, zum Ausdruck zu bringen.[185] Die Ehrung bedarf des Einverständnisses der zu ehrenden Person. Sie erfordert eine **satzungsmäßige Grundlage** nur dann, wenn damit Sonderrechte iSv § 35 BGB begründet werden, wie bspw. eine beitragsfreie Ehrenmitgliedschaft oder die Berufung zum Ehrenvorsitzenden, sofern letztere nicht lediglich als Ehrentitel ausgestaltet ist, sondern bspw. Stimmrechte[186] vermittelt. Werden Ehrungen in der Satzung mit Sonderrechten verbunden, sind künftige Satzungsänderungen, durch welche diese Rechte beeinträchtigt werden, nur mit Zustimmung der Ehrenmitglieder möglich.[187] Enthält die Satzung Regelungen zu Ehrungen, ist in Ermangelung ausdrücklicher Bestimmungen durch Auslegung zu ermitteln, ob die Aufzählung der Ehrungen abschließend ist. Enthält die Satzung keine Regelung, obliegt die Beschlussfassung über die Ehrung der Mitgliederversammlung. Hingegen obliegen bloße Glückwünsche und Aufmerksamkeiten dem Vorstand als laufende Vereinsangelegenheit.

---

180 MüKoBGB/*Leuschner* BGB § 35 Rn. 15; *Reichert* Rn. 953.
181 Vgl. *Reichert* Rn. 953.
182 LG Frankfurt a. M. ZStV 2019, 59.
183 *Reichert* Rn. 953.
184 Vgl. MüKoGmbHG/*Harbarth* GmbHG § 53 Rn. 182.
185 Vgl. hierzu *Stöber/Otto* Rn. 214 ff.; *Reichert* Rn. 769 ff.
186 Zur Abgrenzung OLG Saarbrücken ZStV 2020, 137.
187 OLG Saarbrücken ZStV 2020, 137. Aufgrund der damit verbundenen weitreichenden Rechtsfolgen ist eine präzise Formulierung in der Satzung empfehlenswert.

Formulierungsbeispiel: Ehrungen (Satzungsbestandteil) 92

§ 22. Ehrungen

Der Vorstand kann Personen, die sich um den Verein besonders verdient gemacht haben, zu Ehrenmitgliedern ernennen. Ehemalige Vorstandmitglieder können durch Beschluss des Vorstands [*Alt.:* des Beirats] zu Ehrenvorsitzenden ernannt werden. Näheres kann in einer Ehrungsordnung geregelt werden. Ehrenmitglieder und Ehrenvorsitzende haben dieselben Rechte wie ordentliche Vereinsmitglieder, sind jedoch von der Verpflichtung zur Erbringung von Beiträgen und Umlagen befreit. Ehrenvorsitzende sind berechtigt, an Vorstandssitzungen teilzunehmen, haben jedoch kein Stimmrecht.

Eine Ehrung ohne Sonderrechtscharakter kann im Vereinsstrafverfahren **entzogen** werden. Die Aufgabe der Ehrung durch das ausgezeichnete Mitglied kann durch einseitige empfangsbedürftige Willenserklärung erfolgen.[188] 93

II. Organschaftsrechte

1. Grundlagen

Als Organschaftsrechte (auch Mitverwaltungs- oder Teilhaberechte) werden die Mitgliedschaftsrechte bezeichnet, welche dem Vereinsmitglied die Einflussnahme auf die Verwaltung des Vereins ermöglichen. Hierzu zählen das Recht auf **Einladung** und **Teilnahme an der Mitgliederversammlung,** das **Rede-, Auskunfts- und Antragsrecht** sowie das **Stimmrecht** in der Mitgliederversammlung, einschließlich des aktiven und passiven **Wahlrechts.** 94

Organschaftsrechte können durch die Satzung nur in Grenzen **beschränkt** werden. 95 Eine Satzungsbestimmung, die eine Beschränkung nur für einige Vereinsmitglieder vorsieht, muss dem Grundsatz der Gleichbehandlung (→ Rn. 31) genügen und bedarf demnach eines sachlichen Grundes. Unabdingbar ist das Recht auf **Teilnahme an der Mitgliederversammlung;** dieses steht sämtlichen Mitgliedern des Vereins zu, auch außerordentlichen, passiven, fördernden, stimmrechtslose oder probeweise aufgenommenen Mitgliedern.[189] Das **Rede- und Antragsrecht** in der Mitgliederversammlung ist Ausfluss des Teilnahmerechts und gewährleistet, dass Mitglieder ihre Auffassung zu einem Gegenstand der Beschlussfassung vorbringen können. Es ist von dem Stimmrecht des Mitglieds unabhängig und kann nicht generell ausgeschlossen werden.[190] Um eine einwandfreie Willensbildung und -feststellung zu ermöglichen, hat der Versammlungsleiter jedoch die Kompetenz die Länge der Redezeit festzusetzen oder einem Redner das Wort zu entziehen, wenn dieser die Redezeit überschreitet, nicht zur Sache spricht oder Strafgesetze (insbesondere wegen Beleidigung) verletzt (→ § 7 Rn. 114).[191] Eine Satzungsregelung, welche diese Kompetenzen nachzeichnet, ist unbedenklich.[192] Grundsätzlich zulässig ist eine

[188] Nach *Stöber/Otto* Rn. 218 ist eine einseitige Aufgabe durch das Mitglied ausgeschlossen, wenn mit der Ehrung ein Sonderrecht verbunden ist, da dieses vom Mitgliedschaftsrecht nicht gelöst werden kann; dem Mitglied verbliebe nur der Austritt aus dem Verein.

[189] LG Bremen Rpfleger 1990, 262; aA für religiöse Vereine OLG Frankfurt a. M. NJW-RR 1997, 482; hierzu krit. MüKoBGB/*Arnold,* 7. Aufl. 2015, BGB § 38 Rn. 9; *Sauter/Schweyer/Waldner* Eingetragener Verein Rn. 196. Eine Satzungsregelung, die dem Versammlungsleiter das Recht einräumt, ein Mitglied von der weiteren Teilnahme auszuschließen, wenn es den reibungslosen Ablauf der Mitgliederversammlung stört und die Störung nicht auf andere Weise behoben werden kann, ist rein deklaratorisch (vgl. BGHZ 44, 245 zur Hauptversammlung einer AG; MüKoBGB/*Arnold,* 7. Aufl. 2015, BGB § 32 Rn. 20) und somit unbedenklich.

[190] *Stöber/Otto* Rn. 713; etwas anderes kann gelten, wenn die Funktion der Mitgliederversammlung von einer Delegiertenversammlung (→ § 7 Rn. 279) wahrgenommen wird.

[191] MüKoBGB/*Arnold,* 7. Aufl. 2015, BGB § 32 Rn. 20; *Sauter/Schweyer/Waldner* Eingetragener Verein Rn. 186 f.; *Reichert* Rn. 829.

[192] S. auch § 131 Abs. 2 S. 2 AktG zur Hauptversammlung einer AG.

Stimmrechtsbeschränkung, soweit diese den Gleichbehandlungsgrundsatz nicht verletzt.[193] Als sachliche Differenzierung ist anerkannt, das Stimmrecht für außerordentliche Mitglieder, wie bspw. passive, fördernde oder Ehrenmitglieder, auszuschließen[194] oder von Bedingungen wie Mindestdauer der Vereinszugehörigkeit (Ausschluss von Probemitgliedern) oder pünktliche Beitragszahlung abhängig zu machen.[195] Die Einschränkung des passiven Wahlrechts von im Ruhestand befindlichen Mitgliedern zu einer Delegiertenversammlung kann bei Berufsverbänden eine sachliche Differenzierung darstellen.[196]

96 **Formulierungsbeispiel: Stimmrecht (Satzungsbestandteil)**

§ 8. Mitgliederversammlung

(1) In der Mitgliederversammlung sind nur Mitglieder, die dem Verein zum Zeitpunkt der Versammlung mindestens sechs Monate angehören, stimmberechtigt.
(2) Das Stimmrecht eines Mitglieds ruht, solange es sich mit der Zahlung seines Mitgliedsbeitrags oder eines Teiles länger als *** Monate im Verzug befindet.

96a Gemäß Art. 2 § 5 Abs. 2 des **COVID-19**-Gesetzes[197] kann bis zu dessen Außerkrafttreten[198] der Vorstand die Ausübung von Mitgliederrechten im Rahmen der Mitgliederversammlung auch im Wege der elektronischen Kommunikation zulassen (→ § 7 Rn. 23e).

97 Eine **rechtsgeschäftliche Vertretung** bei der Ausübung der Organschaftsrechte ist nur bei entsprechender Regelung in der Satzung zulässig.[199] Wegen des in § 717 S. 1 BGB zum Ausdruck kommenden Abspaltungsverbotes ist eine **Übertragung** von Organschaftsrechten generell unzulässig.[200]

2. Informationsrechte

98 **a) Kollektive und individuelle Informationsrechte.** Informationsrechte sind Hilfsrechte, welche der Durchsetzung der Rechte des Auskunftsberechtigten dienen. Im Hinblick auf den Berechtigten lassen sich Informationsrechte **unterscheiden** in solche, die der Mitgliederversammlung zustehen und durch Beschluss gegenüber dem zur Auskunft verpflichteten Vereinsorgan – regelmäßig dem Vorstand – geltend gemacht werden (kollektive Informationsrechte) und solche, die von jedem einzelnen Vereinsmitglied geltend gemacht werden können (individuelle Informationsrechte).[201]

99 Der **Mitgliederversammlung** steht gem. §§ 27 Abs. 3, 666 BGB ein umfassendes Informationsrecht gegenüber dem Vorstand zu. Dieses Recht bezieht sich auf alle Angelegenheiten des Vereins, über welche die Mitgliederversammlung Auskunft verlangt, unabhängig davon, ob dies Gegenstand der Tagesordnung ist.[202] Der Vorstand kann die Auskunft gegenüber der Mitgliederversammlung als höchstem Vereinsorgan und Herrin der Vereinsgeheimnisse nicht verweigern.[203]

---

193 KG NJW 1962, 1917; *Reichert* Rn. 1491; zum Stimmrechtsausschluss → § 7 Rn. 192.

194 LG Braunschweig Beschl. v. 16.5.2017 – 6 S 66/17, BeckRS 2017, 132176; *Sauter/Schweyer/Waldner* Eingetragener Verein Rn. 198, 343; MüKoBGB/*Leuschner* BGB § 32 Rn. 32.

195 Staudinger/*Weick* BGB § 32 Rn. 19; Soergel/*Hadding* BGB § 32 Rn. 22; *Sauter/Schweyer/Waldner* Eingetragener Verein Rn. 122.

196 LG München ZStV 2019, 30.

197 Gesetz zur Abmilderung der Folgen der COVID-19-Pandemie im Zivil-, Insolvenz- und Strafverfahrensrecht v. 27.3.2020.

198 Gemäß Art. 6 Abs. 2 COVID-19-Gesetz derzeit der 31.12.2021.

199 → Rn. 6.

200 → Rn. 9.

201 Grundlegend *K. Schmidt,* Informationsrechte in Gesellschaften und Verbänden, 1984; *ders.* GesR S. 624 ff.; *Haas/Scholl* FS Hadding 2005, 365.

202 *Haas/Scholl* FS Hadding 2005, 365 (367); *Sauter/Schweyer/Waldner* Eingetragener Verein Rn. 281.

203 MüKoBGB/*Leuschner* BGB § 27 Rn. 53, etwas anderes soll jedoch dann gelten, wenn der Beschluss rechtswidrig wäre, weil die ihn tragenden Mitglieder damit vereinsfremde Sonderinteressen verfolgen; *Haas/Scholl* FS Hadding 2005, 365 (381, 385); aA *Sauter/Schweyer/Waldner* Eingetragener Verein Rn. 281a;

Anders als bspw. im Recht der GmbH, der AG und der Genossenschaft,[204] findet sich im Vereinsrecht keine gesetzliche Grundlage für individuelle Informationsrechte der **einzelnen Mitglieder.** Die hM sieht hierin jedoch keine sachlich gebotene Differenzierung, sondern eine planwidrig Lücke des Gesetzes. In Fortbildung der gesetzlichen Regelung ist daher allgemein anerkannt, dass auch dem einzelnen Mitglied Informationsrechte zustehen, soweit diese zur ordnungsgemäßen Ausübung seiner Mitgliedschaftsrechte erforderlich sind. Das individuelle Auskunftsrecht wird teilweise aus dem Informationsrecht nach §§ 27 Abs. 3, 666 BGB,[205] aus dem Gebot von Treu und Glaube[206] oder aus einer Analogie zu § 131 AktG[207] hergeleitet. 100

b) Umfang des individuellen Informationsrechts. Das Vereinsmitglied kann in der Mitgliederversammlung über **alle wesentlichen tatsächlichen und rechtlichen Verhältnisse des Vereins** Auskunft verlangen.[208] Dies umfasst auch die Verhältnisse von Tochtergesellschaften des Vereins.[209] 101

Der Vorstand ist in entsprechender Anwendung von § 51a Abs. 2 S. 1 GmbHG bzw. § 131 Abs. 3 S. 1 Nr. 1 AktG berechtigt und verpflichtet, die **Auskunft zu verweigern,** soweit die Erteilung der Information geeignet ist, dem Verein einen nicht unerheblichen Nachteil zuzufügen.[210] Dieses Verweigerungsrechte steht dem Vorstand nur gegenüber dem einzelnen Mitglied zu, nicht gegenüber einem Informationsbegehren der Mitgliederversammlung durch entsprechenden Beschluss.[211] Ein Auskunftsverweigerungsrecht besteht ferner dann, soweit sich der Vorstand durch die Erteilung der Information strafbar machen würde, vgl. § 131 Abs. 3 S. 1 Nr. 5 AktG. Nicht anwendbar sind die Verweigerungsgründe nach § 131 Abs. 3 S. 1 Nr. 2–4 AktG, sofern mangels eines anderen Kontrollgremiums – wie etwa dem Aufsichtsrat in der AG – jede Kontrolle entfiele.[212] Ist der Verein selbst Gesellschafter einer Personen- oder Kapitalgesellschaft, begründet die sich aus der gesellschaftsrechtlichen Treuepflicht ergebende Verschwiegenheitspflicht des Gesellschafters kein Auskunftsverweigerungsrecht des Vorstands, da die Vereinsmitglieder insoweit nicht als außenstehende Dritte anzusehen sind.[213] 102

Umstritten ist, ob ein Vereinsmitglied das Informationsrecht auch **außerhalb der Mitgliederversammlung** geltend machen kann.[214] Dies wird jedenfalls dann zu bejahen sein, 103

MHdB GesR V/*Schöpflin* § 34 Rn. 21. Ein Verweigerungsgrund ist jedenfalls dann anzunehmen, wenn sich der Vorstand durch die Erteilung der Information strafbar machen würde, vgl. BGH NJW 1997, 1985 (1986) zur GmbH.

[204] Das Gesetz regelt die kollektiven und individuellen Informationsrechte je nach Rechtsform der Körperschaft unterschiedlich. Im Recht der **GmbH** hat die Gesellschafterversammlung ein umfassendes Informationsrecht gegenüber dem Geschäftsführer, vgl. § 46 Nr. 6 GmbHG; Verweigerungsgründe des Geschäftsführers bestehen insoweit nicht. Dem einzelnen Gesellschafter steht gem. § 51a GmbHG ein Auskunfts- und Einsichtsrecht zu; der Geschäftsführer kann die Auskunft nur mit Beschluss der Gesellschafterversammlung verweigern, § 51a Abs. 2 S. 2 GmbHG. Im Recht der **AG** hat der einzelne Aktionär nach § 131 AktG ein auf die Hauptversammlung beschränktes Auskunftsrecht; der Vorstand kann die Auskunft in den Fällen des § 131 Abs. 3 AktG verweigern. Ein darüber hinausgehendes kollektives Informationsrecht der Hauptversammlung besteht daneben nicht, MüKoAktG/*Kubis* AktG § 131 Rn. 15; MHdB GesR IV/*Semler* § 37 Rn. 4. Zur **Genossenschaft** vgl. §§ 47 Abs. 4, 48 Abs. 2 GenG.

[205] BGH NJW-RR 2003, 830; OLG Stuttgart NJW-RR 2001, 1478; KG NJW-RR 1999, 1486; Staudinger/*Weick* BGB § 27 Rn. 25; MHdB GesR V/*Schöpflin* § 34 Rn. 18; *Sauter/Schweyer/Waldner* Eingetragener Verein Rn. 336.

[206] LG Mainz BB 1989, 812.

[207] MüKoBGB/*Leuschner* BGB § 38 Rn. 23.

[208] BGH NJW-RR 2003, 830.

[209] BGH NJW-RR 2003, 830; vgl. auch § 131 Abs. 1 S. 5 AktG.

[210] BGH NJW-RR 2003, 830f.; MHdB GesR V/*Schöpflin* § 34 Rn. 19f.; MüKoBGB/*Leuschner* BGB § 38 Rn. 23.

[211] MüKoBGB/*Leuschner* BGB § 27 Rn. 53; aA MHdB GesR V/*Schöpflin* § 34 Rn. 21.

[212] MüKoBGB/*Leuschner* BGB § 38 Rn. 23; MHdB GesR V/*Schöpflin* § 34 Rn. 19.

[213] BGH NJW-RR 2003, 830.

[214] Bejahend *Sauter/Schweyer/Waldner* Eingetragener Verein Rn. 336; *Reichert* Rn. 1476; *Michalski/Ahrend* NZG 1999, 780; ablehnend KG NJW-RR 1999, 1486, das jedoch einen Anspruch aus § 242 BGB prüft,

wenn die Auskunftserteilung zur ordnungsgemäßen Ausübung der Mitgliedschaftsrechte erforderlich ist. Die Kosten einer Auskunft trägt das Vereinsmitglied entsprechend § 811 Abs. 2 BGB.[215] Anerkannt wurde ein Informationsrecht außerhalb der Mitgliederversammlung in folgenden Fällen:

- In engen Grenzen wurde ein Recht auf **Einsicht in die Bücher und Schriften** des Vereins bejaht, soweit das Mitglied ein berechtigtes Interesse darlegen kann und kein überwiegendes Geheimhaltungsinteresse des Vereins oder der anderen Mitglieder entgegensteht.[216]
- Bei berechtigtem Interesse des Mitglieds besteht ferner ein Recht zur **Einsicht der Mitgliederliste.** Ein solches ist insbesondere dann gegeben, wenn dies zur Erreichung des Stimmenquorums des § 37 BGB erforderlich ist, ferner um Opposition gegen die Vereinsführung organisieren oder Wahlwerbung betreiben zu können.[217] Ein Recht der übrigen Mitglieder auf pauschale Geheimhaltung ihrer Mitgliedschaft besteht nicht.[218] Sofern jedoch ausnahmsweise zur Wahrung des Datenschutzinteresses der übrigen Mitglieder erforderlich, kann Herausgabe an einen Treuhänder erfolgen.[219] Jedenfalls bei umfangreichen Daten besteht nicht nur ein Einsichtnahmerecht, sondern auch Anspruch auf Übermittlung der Daten.[220] Wird die Mitgliederliste elektronisch geführt, kann sowohl ein Ausdruck als auch eine Kopie der elektronischen Datei herausverlangt werden.[221]
- Jedes Mitglied hat ferner Anspruch auf Herausgabe eines **aktuellen Satzungstextes;** es muss sich nicht auf die Registereinsicht verweisen lassen.[222]

104 Das Informationsrecht der Vereinsmitglieder kann nicht durch die Satzung **beschränkt** werden.[223]

III. Wertrechte

105 Die Mitgliedschaft gewährleistet das Recht, die Leistungen des Vereins ausschließlich oder gegenüber Nichtmitgliedern privilegiert in Anspruch zu nehmen (sogenannte Wertrechte, auch als Vorteils-, Genuss- oder Benutzungsrechte bezeichnet). Hierzu zählen insbesondere die Teilnahme am Vereinsleben, die Nutzung der Einrichtungen des Vereins sowie die Inanspruchnahme von Dienst- oder Werkleistungen.

Beispiele:[224]

Teilnahme an Trainingsstunden, Wettkämpfen, Vereinsabenden, Messen oder sonstigen Veranstaltungen des Vereins; Nutzung von Sportanlagen, Vereinsheim, Vereinsbücherei oder sonstiger technischer Ausstattung; Inanspruchnahme von Trainerstunden, Schulungen,

---

wenn auch als im konkreten Fall nicht gegeben ansieht; *K. Schmidt,* Informationsrechte in Gesellschaften und Verbänden, S. 57; MüKoBGB/*Leuschner* BGB § 38 Rn. 23; Staudinger/*Weick* BGB § 27 Rn. 25, der auch eine entsprechende Anwendung von § 132 Abs. 4 AktG ablehnt; MHdB GesR V/*Schöpflin* § 34 Rn. 18; BeckOK BGB/*Schöpflin* BGB § 38 Rn. 19; *Haas/Scholl* FS Hadding 2005, 365 (379f.).

[215] OLG Hamburg NZG 2010, 317 (318); OLG Saarbrücken NZG 2008, 677 (678).

[216] Bejaht vom LG Mainz BB 1989, 812 bei finanzieller Abhängigkeit von einem wirtschaftlichen Verein und drohender schwerwiegender Nachteile; verneint von OLG Nürnberg Urt. v. 31.1.2011 – 4 U 1639/10, BeckRS 2001, 34541 Rn. 29ff. bei bloß allgemeinem Vermögensinteresse des Mitglieds; vgl. auch. OVG Sachsen-Anhalt Urt. v. 14.4.2011 – 2 L 118/09, BeckRS 2011, 50642.

[217] BGH NZG 2010, 1430; OLG München Urt. v. 24.3.2016 – 23 U 3886/15, BeckRS 2016, 6179 zu einer beabsichtigten Aufklärung der Mitglieder über ein vermeintlich satzungs- und gesetzeswidriges Verhalten von Vereinsorganen; OLG Hamburg NZG 2010, 317; OLG Saarbrücken NZG 2008, 677.

[218] OLG München npoR 2016, 213.

[219] BGH NZG 2010, 1430 (1432); OLG Hamburg NZG 2010, 317 (318f.).

[220] OLG Hamburg NZG 2010, 317 (318); OLG Saarbrücken NZG 2008, 677 (678); aA *Sauter/Schweyer/Waldner* Eingetragener Verein Rn. 336.

[221] BGH NZG 2010, 1430 (1431).

[222] LG Karlsruhe Rpfleger 1987, 164.

[223] MüKoBGB/*Leuschner* BGB § 38 Rn. 24; MHdB GesR V/*Schöpflin* § 34 Rn. 19.

[224] Siehe auch *Stöber/Otto* Rn. 343; *Sauter/Schweyer/Waldner* Eingetragener Verein Rn. 340.

Kursen, Rechts- oder Steuerberatung; Bezug vergünstigter Druckwerke; Nutzung der Wasser- und Stromversorgungsanlagen eines Kleingartenvereins[225].

Der Verein legt fest, welche Leistungen er seinen Mitgliedern anbietet und zu welchen 106
Bedingungen diese in Anspruch genommen werden können. Er kann insbesondere Benutzungsregelungen aufstellen, bestimmen ob und in welcher Höhe eine Leistung gesondert zu vergüten ist[226] oder in welchem Umfang die Mitglieder bei überschießender Nachfrage zum Zuge kommen. Die Entscheidung hierüber trifft die Mitgliederversammlung mit einfacher Mehrheit oder der Vorstand, soweit es sich um eine laufende Vereinsangelegenheit handelt bzw. eine Ermächtigung der Mitgliederversammlung vorliegt.[227] Ein Anspruch auf die Vereinsleistungen besteht daher nur in dem Umfang, in dem sich der Verein entschließt diese seinen Mitgliedern zur Verfügung zu stellen. Werden die Wertrechte **einzelner Mitglieder** oder einer Gruppe von Mitgliedern unterschiedlich ausgestaltet, insbesondere beschränkt, ausgeschlossen oder privilegiert, erfordert dies eine entsprechende Grundlage in der Satzung und darf keinen Verstoß gegen das Willkürverbot darstellen (→ Rn. 31). Aufgrund des **Zurückbehaltungsrechts** nach § 273 Abs. 1 BGB kann der Verein den Mitgliedern, die ihre fällige Beitragspflicht nicht erfüllen, den Zugang zu seinen Leistungen verweigern; eine ausdrückliche Anordnung in der Satzung bedarf es hierfür nicht.[228]

Nichtmitglieder haben grundsätzlich keinen Anspruch auf die Leistungen des Vereins. 107
Auch die tatsächliche Weitergabe der für die Mitglieder erbrachten Leistungen an Dritte kann der Verein untersagen.[229] Die Ausübung der Wertrechte durch Dritte oder die Übertragung solcher Rechte auf Dritte ist nur bei entsprechender ausdrücklicher Satzungsbestimmung möglich (→ Rn. 6). Möchte der Verein daher seine **Einrichtungen auch für Nichtmitglieder öffnen,** muss diese Grundsatzentscheidung in der Satzung getroffen werden.[230] Die Bedingungen der Inanspruchnahme, wie etwa die Höhe eines etwaigen Nutzungsentgelts, kann die Mitgliederversammlung oder der Vorstand, sofern eine Ermächtigung besteht oder es sich um eine laufende Angelegenheit handelt, festlegen. Die Inanspruchnahme erfolgt dann auf der Grundlage eines zwischen dem Verein und dem Dritten abzuschließenden Vertrages.

Eine **Beteiligung am Vereinsvermögen** vermittelt die Mitgliedschaft grundsätzlich 108
nicht.[231] Das Mitglied hat weder Anspruch auf Gewinnausschüttungen noch auf Zahlung

---

225 LG Berlin ZStV 2020, 187.

226 → Rn. 156; vgl. auch *Sauter/Schweyer/Waldner* Eingetragener Verein Rn. 337.

227 AA für die Festlegung einer Vergütungspflicht ohne Begründung *Stöber/Otto* Rn. 343.

228 OLG Brandenburg Urt. v. 22.8.2019 – 3 U 151/17, BeckRS 2019, 22220 Rn. 47; MüKoBGB/*Leuschner* BGB § 38 Rn. 32.

229 Vgl. AG Lichtenberg Urt. v. 30.8.2018 – 9 C 302/16, wonach ein Kleingartenverein seinen Mitgliedern die Weitergabe von Strom und Wasser, welches über Versorgungsanlagen des Vereins bezogen (und nach Verbrauch abgerechnet) wurde, untersagen darf; vgl. auch AG Frankfurt a. M. Urt. v. 26.6.2017 – 33 C 684/17, BeckRS 2017, 120818 zur Drittnutzung einer Kleingartenanlage.

230 Auch wenn ein Verein grundsätzlich keine Leistungen an Nichtmitglieder erbringt, soll nach *Kohlmeier* ZStV 2020, 187 (190) ein Anspruch auf Abschluss eines Nutzungsvertrages bei Vereinen mit Monopolstellung (→ Rn. 250) jedenfalls dann in Betracht kommen, wenn es sich bei dem Dritten um ein ehemaliges Mitglied handelt und dieses auf die Leistungen des Vereins angewiesen ist (Bezug von Strom und Wasser über Versorgungseinrichtungen eines Kleingartenvereins zur Versorgung des Gartengrundstücks); andernfalls habe der Ausschluss von Wasser- und Strombezug eine nach §§ 39, 40 BGB unzulässige faktische Erschwerung des Austrittsrechts (→ Rn. 272) zu Folge. Eine solche Verpflichtung lässt sich mE mit der angeführten Rechtsprechung zu Vereinen mit Monopolstellung nicht begründen. Demnach kann einem Dritten zwar ein Anspruch auf Aufnahme in einen solchen Verein zukommen, wenn ein wesentliches Interesse an dem Erwerb der Mitgliedschaft besteht. Dies setzt richtigerweise jedoch auch die Bereitschaft voraus, die mit der Mitgliedschaft verbundenen Pflichten zu übernehmen. Ein Anspruch auf Nutzung der Vereinsleistungen ohne eine ebensolche schränkt die Vereinsautonomie unverhältnismäßig ein und lässt sich auch nicht mit der in § 39 BGB zum Ausdruck kommenden negativen Vereinigungsfreiheit rechtfertigen. Der Verlust der Vereinsleistungen ist dem Austritt immanent und daher keine unzulässige Beschränkung des Austrittsrechts.

231 Ausführlich *Lettl* AcP 203 (2003), 149 (167 ff.); Palandt/*Ellenberger* BGB § 38 Rn. 1a.

einer Abfindung oder Rückzahlung geleisteter (Aufnahme-)Beiträge[232] beim Ausscheiden. Lediglich im Falle der Auflösung des Vereins oder dem Entzug der Rechtsfähigkeit fällt das Vermögen an die Vereinsmitglieder zu gleichen Teilen, sofern keine andere Person durch Satzung (§ 45 Abs. 1 BGB) oder Beschluss des satzungsgemäß zuständigen Vereinsorgans (§ 45 Abs. 2 BGB) bestimmt ist und der Verein ausschließlich den Interessen seiner Mitglieder diente (§ 45 Abs. 3 BGB). Nach hM kann die Mitgliedschaft durch entsprechende **Regelungen in der Satzung** als vermögensrechtliche Position ausgestaltet werden.[233] Demnach kann für ausscheidende Mitglieder ein Anspruch auf Abfindung vorgesehen werden, um erbrachte Beiträge zurück zu gewähren oder für den Wegfall künftiger Vorteile zu entschädigen.[234] Die Rückgewähr geleisteter Beiträge kann an Bedingungen, wie das Anwerben eines neuen Mitglieds oder das Erreichen einer bestimmten Mitgliederzahl geknüpft sein.[235] Durch die Zahlung der Abfindung darf der Verein jedoch nicht in Überschuldung geraten.[236] Zulässig ist auch eine durch Satzung bestimmte Beteiligung der Mitglieder an etwaigen Gewinnen des Vereins. Eine solche Bestimmung ist jedoch regelmäßig eintragungsschädlich, da von einer wirtschaftlichen Zwecksetzung des Vereins iSv § 22 BGB auszugehen ist.[237] Zur Wahrung der **Gemeinnützigkeit** dürfen weder Gewinnausschüttungen an Mitglieder vorgesehen werden (§ 55 Abs. 1 Nr. 1 AO) noch dürfen ihnen Abfindungszahlungen zustehen, die über die eingezahlten Kapitalanteile und den gemeinen Wert ihrer Sacheinlagen hinausgehen (§ 55 Abs. 1 Nr. 2 AO, → § 14 Rn. 26).

IV. Schutzrechte

109 Zu den Rechten, die dem Schutz der Minderheit gegen Maßnahmen der Mehrheit oder der Vereinsführung dienen (auch als Minderheitenrechte bezeichnet) zählen das **Austrittsrecht** (§ 39 BGB, → Rn. 272), das Recht der Minderheit, die **Einberufung der Mitgliederversammlung** zu verlangen (§ 37 BGB, → § 5 Rn. 172; → § 7 Rn. 30), das Recht auf Beachtung des **Gleichbehandlungsgrundsatzes** (→ Rn. 31) sowie auf Beachtung der **Treuepflichten** (→ Rn. 159).

110 Darüber hinaus anerkannt ist das Recht auf **gesetzes- und satzungsgemäße Behandlung.**[238] Demnach hat jedes Mitglied einen Anspruch auf Unterlassung satzungswidriger Maßnahmen des Vereins[239] sowie auf Beseitigung rechtwidriger Beschlüsse der Mitgliederversammlung.[240] Nach dem Vollzug rechtwidriger Beschlüsse kann das Mitglied ferner die Beseitigung der Folgen einer etwa schon erfolgten Durchführung verlangen.[241] Eine Rechtsverletzung des Mitglieds setzt voraus, dass dieses in seiner eigenen Mitgliedsstellung betroffen ist.[242] Dies ist insbesondere der Fall, wenn Vereinsorgane in unzulässiger Weise in die Zuständigkeit der Mitgliederversammlung eingreifen oder wenn sich die Rechtsverletzung aus einem Handeln der Mitgliederversammlung ergibt.[243] Von dem Recht des Mitglieds auf rechtmäßige Behandlung sind die Rechte des Vereins zu unterscheiden, dessen

[232] OLG Brandenburg MDR 2005, 640.
[233] Vgl. MHdB GesR V/*Schöpflin* § 34 Rn. 7ff.
[234] *Ballerstedt* FS Knur 1972, 1 (15ff.); MüKoBGB/*Leuschner* BGB § 38 Rn. 14; MHdB GesR V/*Schöpflin* § 38 Rn. 19.
[235] OLG Brandenburg MDR 2005, 640.
[236] MüKoBGB/*Arnold,* 7. Aufl. 2015, BGB § 38 Rn. 26.
[237] OLG Stuttgart OLGZ 1971, 465 (466f.); teilw. aA MHdB GesR V/*Schöpflin* § 34 Rn. 8, soweit lediglich in Ausnahmefällen unerwartete Gewinne ausgeschüttet werden sollen, die für den Vereinszweck nicht sinnvoll eingesetzt werden können.
[238] BGH NJW 2990, 2877 (2878); MüKoBGB/*Leuschner* BGB § 38 Rn. 16; MHdB GesR V/*Schöpflin* § 34 Rn. 25.
[239] Vgl. BGH NJW 1982, 1703 (1706) – Holzmüller, zur AG.
[240] KG NJW 1988, 3159f.
[241] MüKoBGB/*Arnold,* 7. Aufl. 2015, BGB § 38 Rn. 31.
[242] BGH NJW 1982, 1703 (1706) – Holzmüller, zur AG.
[243] MüKoBGB/*Arnold,* 7. Aufl. 2015, BGB § 38 Rn. 30.

Durchsetzung grundsätzlich allein diesem obliegen.[244] So steht etwa der Anspruch auf richtige Amtsführung gegen die Organmitglieder dem Verein und nicht dem Mitglied zu, so dass das Mitglied nicht aus eigenem Recht in rechtswidrige Geschäftsführungsmaßnahmen des Vorstands eingreifen kann.[245] Hier stellt sich die Frage, ob dem Mitglied auch eine Einzelklagebefugnis zur Durchsetzung der Rechte des Vereins zukommt (*actio pro socio*, → Rn. 72).

Zur **Beschränkung** von Schutzrechten → Rn. 66. 111

V. Beitragspflicht

1. Begriff und Abgrenzung

Als **Beiträge** bezeichnet man wiederkehrende Leistungen des Mitglieds an den Verein, die 112
der Verwirklichung des Vereinszwecks zu dienen bestimmt sind.[246] Sie sind Ausdruck des in § 705 BGB normierten allgemeinen Rechtsgrundsatzes[247] und regelmäßig in Geld zu erbringen.

Die Beitragspflicht im weiteren Sinne umfasst auch alle sonstigen Verpflichtungen, die 113
der Förderung des Vereinszwecks dienen (sog. Sonderbeiträge, → Rn. 153). Hierzu zählen insbesondere **Umlagen** zur Deckung eines einmaligen, außergewöhnlichen Bedarfs, etwa für besondere Aufwendungen des Vereins oder zur Tilgung von Vereinsschulden. Ebenfalls umfasst sind **Eintrittsgelder** (bzw. Aufnahmegebühren) sowie **Gebühren,** die als Gegenleistung für Leistungen des Vereins erbracht werden. Ob auch im Rahmen der Vereinsstrafgewalt verhängte **Geldstrafen** hierunter zu fassen sind, ist umstritten,[248] richtigerweise jedoch zu bejahen.

2. Reguläre wiederkehrende Beiträge

a) Rechtsgrundlage. Die Beitragspflicht muss in der **Satzung** angeordnet werden.[249] 114
Enthält die Satzung hierzu keine Bestimmungen, besteht grundsätzlich Beitragsfreiheit.[250] Nach überwiegend vertretender Ansicht kann sich eine Pflicht zur Beitragszahlung jedoch ausnahmsweise auch aus dem Vereinszweck ergeben; etwa bei einem karitativen Vereinszweck, der notwendigerweise die Sammlung von Geld erfordert.[251]

Die Satzung soll ferner Bestimmungen über die **Art der Beiträge** enthalten (§ 58 115
Nr. 2 BGB), wobei eine Kombination verschiedener Beitragsarten zulässig ist (→ Rn. 153). Regelmäßig handelt es sich hierbei um periodisch wiederkehrende Geldleistungen, etwa in Form von Monats- oder Jahresbeiträgen, und/oder um einmalige Eintrittsgelder. In der Satzung können die Mitglieder auch verpflichtet werden, Beiträge in Form von **Dienst- bzw. Arbeitsleistungen** oder Sachleistungen zu erbringen.

---

[244] MüKoBGB/*Arnold*, 7. Aufl. 2015, BGB § 38 Rn. 30.

[245] LG Frankfurt a. M. NJW-RR 1998, 396 (367 f.).

[246] Vgl. BGH NJW 1986, 1604.

[247] MHdB GesR V/*Schöpflin* § 35 Rn. 2.

[248] Dafür *Reichert* Rn. 891; *Sauter/Schweyer/Waldner* Eingetragener Verein Rn. 118; dagegen MHdB GesR V/*Schöpflin* § 35 Rn. 11.

[249] BGH NJW 1989, 1724.

[250] *Reichert* Rn. 895; *Stöber/Otto* Rn. 349; Staudinger/*Habermann* BGB § 58 Rn. 3; aA *Müller* MDR 1992, 924.

[251] MHdB GesR V/*Schöpflin* § 35 Rn. 12; Palandt/*Ellenberger* BGB § 58 Rn. 2; Soergel/*Hadding* BGB § 58 Rn. 3; BeckOK BGB/*Schöpflin* BGB § 38 Rn. 4; vgl. auch BAGE 27, 163 (170) = NJW 1976, 386 (Ls.), wonach sich eine Beitragspflicht in Form von Arbeitsleistungen aus dem Zweck einer Rot-Kreuz-Schwesternschaft, nach dem sich die Schwestern vornehmlich der Kranken- und Kinderpflege zu widmen haben, herleitet; zust. *Reichert* Rn. 941, aA für in Geld zu erbringende Beiträge *Reichert* Rn. 895.

Beispiele:

Dienstleistungsverpflichtungen bei Feuerwehrvereinen, der Bergwacht oder kirchlichen Vereinen, bspw. Rot-Kreuz-Schwesternschaft[252] oder Scientology;[253] Verpflichtung zur Teilnahme an Wettkämpfen.

116 Rechtsgrundlage solcher Leistungen ist grundsätzlich die mitgliedschaftliche Beitragspflicht, nicht ein durch Arbeitsvertrag begründetes Arbeitsverhältnis; dies gilt auch dann, wenn der Verein Aufwendungen pauschal vergütet.[254] Die Begründung vereinsrechtlicher Arbeitspflichten darf jedoch nicht zur Umgehung zwingender **arbeitsrechtlicher Schutzvorschriften** führen. Dies kann insbesondere dann der Fall sein, wenn dem Vereinsmitglied keine Mitgliedschaftsrechte zustehen, die ihm eine Einflussnahme ermöglichen oder das Mitglied in erheblichem Umfang zur Arbeit verpflichtet wird, ohne dass ihm Anspruch auf angemessene Vergütung oder Versorgung zusteht.[255] Möglich bleibt der Abschluss von Dienst- oder Arbeitsverträgen neben einer bestehenden mitgliedschaftlichen Pflicht.[256]

117 Eine allgemein gehaltene Satzungsermächtigung zur Erhebung von **„Beiträgen" umfasst im Zweifel** nur periodisch wiederkehrende Geldzahlungen,[257] nicht hingegen das Einfordern von Arbeitsleistungen, einmaliger Eintrittsgelder, dreizehnter Monatsbeiträge,[258] rückwirkender Beiträge,[259] Darlehen[260] oder Umlagen.[261] Sollen derartige Leistungspflichten begründet werden, muss dies hinreichend deutlich in der Satzung zum Ausdruck kommen.

117a Spricht die Satzung hingegen von **„Sonderumlagen"**, obwohl in Wirklichkeit wiederkehrende Zahlungspflichten zur Deckung des regulären Bedarfs begründet werden sollen, und verschleiert so, dass der regelmäßig wiederkehrende Finanzbedarf nicht aus den regulären Beiträgen gedeckt werden kann, kann dies die Unwirksamkeit der Satzungsregelung aufgrund mangelnder Transparenz zur Folge haben.[262]

118 Die Festsetzung der **Beitragshöhe** muss nicht in der Satzung erfolgen, sondern kann einem Vereinsorgan überlassen werden. Ersteres wäre regelmäßig unzweckmäßig, da jede Beitragsanpassung eine Satzungsänderung erfordern würde. Auch der satzungsmäßigen Bestimmung eines Höchstbeitrages[263] oder der Grundsätze, nach denen der Beitrag zu bemessen ist,[264] bedarf es grundsätzlich nicht. Die Satzung muss in diesem Fall jedoch das Organ bestimmen, dass zur Festsetzung ermächtigt ist. Dies kann die – mit einfacher Mehrheit beschließende – Mitgliederversammlung, der Vorstand oder ein anderes Vereinsorgan sein. Hierzu kann das Organ eine Beitragsordnung erlassen, welche die Grenzen der Satzung nicht überschreiten darf.[265] **Ausnahmen** von diesem Grundsatz bestehen angesichts der wirtschaftlichen Bedeutung nach der Rechtsprechung für die Beiträge zu einem

---

[252] BAGE 2, 289; BAGE 27, 163 = NJW 1976, 386 (Ls.); BAGE 80, 256.
[253] BAG NJW 1996, 143 (151); NJW 2003, 161 (162).
[254] BAGE 2, 289; BAGE 27, 163 = NJW 1976, 386; BAGE 80, 256; BAG NJW 2003, 161 (162); abgelehnt in BAG NJW 1996, 143 (151); jeweils auch zur Abgrenzung, hierzu ferner *Reichert* Rn. 5459 ff.
[255] BAG NJW 1996, 143 (151); liegt eine solche Umgehung vor, ist das Rechtsverhältnis, aufgrund dessen die Verpflichtung besteht als arbeitsrechtliches zu qualifizieren, § 117 BGB.
[256] Vgl. *Reichert* Rn. 893 mit Hinweis auf § 8 der DFB-Spielordnung; abgelehnt im in BAGE 27, 163 = NJW 1976, 386 (Ls.) entschiedenen Fall.
[257] *Stöber/Otto* Rn. 349.
[258] OLG München NJW-RR 1998, 966.
[259] LG Hamburg NJW-RR 1999, 1708, Palandt/*Ellenberger* BGB § 58 Rn. 2.
[260] BGH NJW-RR 2008, 1357; → Rn. 154.
[261] BGH NJW-RR 2008, 194 (195); OLG München NJW-RR 1998, 966.
[262] OLG Stuttgart NZG 2012, 317 (318).
[263] BGH NJW 2010, 3521 f.; NJW-RR 2008, 194 (195); NJW 1995, 2981 f.
[264] BGH NJW 2010, 3521 für einen variablen, auf Grundlage des Vorjahresumsatz des Mitglieds zu ermittelnden Beitrag.
[265] *Reichert* Rn. 902 f. Unzulässig wäre etwa das automatische Erlöschen oder Ruhen der Mitgliedschaft, wenn hierfür keine Grundlage in der Satzung vorhanden ist.

Sicherungssystem im Kreditgewerbe.[266] Etwas anderes gilt auch für über wiederkehrende Beiträge hinausgehende Sonderbeiträge (→ Rn. 147). Die Festlegung zu hoher Mitgliedsbeiträge oder Aufnahmegebühren kann die steuerrechtliche Gemeinnützigkeit gefährden, da gemeinnützige Vereine grundsätzlich der Allgemeinheit offen stehen müssen (→ § 5 Rn. 77; → § 14 Rn. 12).

Die Satzung kann die Bestimmung der Beitragshöhe ferner dem Mitglied selbst überlassen, wenngleich sich die Festlegung eines Mindestbeitrags empfiehlt.[267] 119

Hinweis:

Zur **Eintragung ins Vereinsregister** muss sich gem. §§ 58 Nr. 2, 60 BGB aus der Satzung ergeben „ob" und „welche" Beiträge die Mitglieder zu leisten haben. Auch wenn Beitragsfreiheit besteht, muss sich dies aus der Satzung ergeben („ob"). Darüber hinaus muss die Satzung die Art des Beitrags (wiederkehrende oder einmalige Beiträge, Umlagen) sowie den Inhalt des Beitrags (Geld- oder Sachleistungen, Dienstleistungen etc.) bestimmen. Wird die Beitragshöhe nicht in der Satzung geregelt, muss das für die Bestimmung zuständige Vereinsorgan festgelegt werden. Sieht die Satzung eine Probemitgliedschaft (→ Rn. 46) vor, müssen entsprechende Regelungen auch für solche Mitglieder getroffen werden.[268]

Formulierungsbeispiel: Beitragspflicht (Satzungsbestandteil) 120

§ 3. Beitrag

(1) Von den Mitgliedern werden Jahresbeiträge erhoben. Die Höhe des Mitgliedsbeitrags sowie die Fälligkeit werden von der Mitgliederversammlung mit der Mehrheit der abgegebenen Stimmen [*Alt.:* vom Vorstand] beschlossen.
(2) Jedes Mitglied ist verpflichtet, dem Verein ein SEPA-Lastschriftmandat zum Einzug des Mitgliedsbeitrags zu erteilen. Die Mitgliederversammlung kann mit der Mehrheit der abgegebenen Stimmen [*Alt.:* Der Vorstand kann] für den Fall, dass diese Verpflichtung nicht erfüllt wird, die Erhebung eines angemessenen Beitragszuschlages beschließen.
(3) Die Mitgliederversammlung kann mit der Mehrheit der abgegebenen Stimmen [*Alt.:* Der Vorstand kann] die Erhebung von Aufnahmegebühren beschließen und deren Höhe festlegen.
(4) Ehrenmitglieder sind von der Verpflichtung zur Leistung von Beiträgen und Umlagen befreit.

b) Nachträgliche Begründung einer Beitragspflicht. Wurde die Beitragspflicht nicht bereits bei Gründung in der Satzung angeordnet, kann durch **nachträgliche Satzungsänderung** eine allgemeine Beitragspflicht vorgesehen werden.[269] Fraglich ist, ob hierfür ein Mehrheitsbeschluss genügt, oder ob die Zustimmung aller betroffenen Mitglieder erforderlich ist. Die allgemeine Beitragsfreiheit stellt jedenfalls kein Sonderrecht dar, so dass § 35 BGB keine Anwendung findet.[270] Aus dem Verbot einer unfreiwilligen Pflichtenmehrung (→ Rn. 130) kann sich ein Zustimmungserfordernis dann ergeben, wenn die Einführung der Beitragspflicht für das einzelne Mitglied bei Eintritt in den Verein nicht vorhersehbar war. An die Vorhersehbarkeit wird man jedoch keine allzu strengen Anforde- 121

[266] BGH NJW 1989, 1724 (1725 f.), wonach in diesem Fall die Grundentscheidungen über die Beitragsstruktur, insbesondere der Höchstbeitrag, in der Satzung festgelegt werden müssen.
[267] *Stöber/Otto* Rn. 353; *Sauter/Schweyer/Waldner* Eingetragener Verein Rn. 120.
[268] BayObLG NJW-RR 2001, 326 (327).
[269] *Stöber/Otto* Rn. 358; *Sauter/Schweyer/Waldner* Eingetragener Verein Rn. 120; *Reichert* Rn. 916.
[270] Allgemeine Mitgliedschaftsrechte, die allen Mitgliedern zustehen, können keine Sonderrechte sein: BGH NJW 1984, 1038 (1040); NJW 1962, 1917; *Stöber/Otto* Rn. 358.

rungen stellen dürfen, da sich das Mitglied durch seinen Eintritt grundsätzlich mit der gesetzes- und satzungskonformen Ausgestaltung und Änderung der Mitgliederrechte und -pflichten durch Mehrheitsbeschluss einverstanden erklärt. Die Vorhersehbarkeit wird insbesondere dann zu bejahen sein, soweit mit der Erhebung der Beiträge zur Erreichung des Vereinszwecks gerechnet werden muss. Nach zutreffender Ansicht kann sich ein Zustimmungserfordernis aus § 33 Abs. 1 S. 2 BGB ergeben, wenn sich die Einführung der Beitragspflicht zugleich als Änderung des Vereinszwecks darstellt[271] (→ Rn. 130).

122 Sind durch Satzungsbestimmung lediglich **einige Mitglieder von der Beitragspflicht befreit** (bspw. passive Mitglieder oder Ehrenmitglieder), so ist durch Auslegung zu ermitteln, ob es sich bei der Beitragsfreiheit um ein ohne Zustimmung des betroffenen Mitglieds unentziehbares Sonderrecht handelt oder um eine bloße, durch Mehrheitsbeschluss entziehbare Privilegierung im Rahmen der Beitragsbemessung (→ Rn. 76). Insbesondere wenn die Satzung die Festsetzung der Beiträge grundsätzlich einem Vereinsorgan überlässt, gleichwohl aber ausdrücklich Beitragsfreiheit für besondere Mitglieder, wie bspw. Ehrenmitglieder, anordnet, wird man im Zweifel von der Begründung eines Sonderrechts ausgehen können.[272] Ergibt sich die bisherige Beitragsfreiheit allein aufgrund eines (einfachen) Beschlusses eines Vereinsorgans über die Beitragsbemessung,[273] scheidet die Begründung eines Sonderrechts mangels satzungsmäßiger Grundlage aus, so dass eine Beitragspflicht ohne die Zustimmung der betroffenen Mitglieder durch Beschluss des Organs eingeführt werden kann.

123 Der **Zeitpunkt,** ab dem die Beitragspflicht besteht, muss sich aus der geänderten Satzungsbestimmung ergeben.[274] Zur rückwirkenden Begründung gelten die Ausführungen zur rückwirkenden Beitragserhöhung entsprechend (→ Rn. 131).

124 Nach Beschluss über die Satzungsänderung zur Einführung einer Beitragspflicht kann sogleich auch der **Ausführungsbeschluss über die Höhe des Mitgliedsbeitrags** gefasst werden. Der Ausführungsbeschluss des nach der neuen Satzungsbestimmung zuständigen Vereinsorgans steht dann unter der aufschiebenden Bedingung des Wirksamwerdens der Satzungsänderung durch Eintragung im Vereinsregister.[275]

125 **Formulierungsbeispiel: Beschlussniederschrift über eine Beitragsänderung**

In Ausführung der durch Beschluss der Mitgliederversammlung vom *** unter TOP *** durch Änderung des § *** der Satzung beschlossenen Beitragspflicht wird – unter der aufschiebenden Bedingung der Eintragung der beschlossenen Satzungsänderung in das Vereinsregister – der Mitgliedsbeitrag wie folgt festgelegt: ***.

126 **c) Bemessung der Beitragshöhe.** Bei der Bemessung der Beitragshöhe ist der Verein grundsätzlich frei. Insbesondere muss **keine Äquivalenz** zwischen der Höhe des Beitrags und dem Wert etwaiger vom Verein erbrachter Leistungen bestehen, denn die Beitragspflicht ist nicht Gegenleistung für die Vereinsleistungen, sondern Primärpflicht der Mitglieder zur Förderung des Vereinszwecks.[276] Auch Vereine, die ihren Mitgliedern keine Wertrechte vermitteln, können Beiträge erheben. Jedoch ist bei der Beitragsbemessung der Grundsatz der Gleichbehandlung aller Vereinsmitglieder zu wahren (→ Rn. 31). Dieser fordert jedoch nicht die ziffernmäßige **Gleichheit der Beitragshöhe.** Erforderlich ist

---

[271] OLG Hamm OLGZ 1980, 326 (328); *Reichert* Rn. 912 für den Fall einer erheblichen Beitragserhöhung; aA MHdB GesR V/*Schöpflin* § 35 Rn. 6.

[272] Sonderrecht für Ehrenmitglieder bejaht von *Stöber/Otto* Rn. 358.

[273] Ein solcher Beschluss kann nur dann wirksam gefasst werden, wenn die Satzung das Organ zur Festlegung der Beitragshöhe ermächtigt hat und darüber hinaus eine entsprechende Grundlage für die mit dem Beschluss einhergehende Ungleichbehandlung der Mitglieder enthält.

[274] *Stöber/Otto* Rn. 359.

[275] Vgl. OLG München NJW-RR 1998, 966; *Stöber/Otto* Rn. 359; zur Satzungsänderung → § 5 Rn. 180.

[276] *Segna/Lenz* ZStV 2018, 121 (122); aA *Morgenroth* ZStV 2018, 41.

vielmehr, dass sämtliche Mitglieder auf der gleichen Grundlage herangezogen werden.[277] Demnach ist es etwa zulässig die Beitragshöhe variabel nach Kriterien wie bspw. den finanziellen Verhältnissen der Mitglieder[278] oder dem Umsatz bzw. der Bilanzsumme der Mitgliedsunternehmen[279] zu bemessen. Wird einem **Vereinsorgan** die Festlegung der Beitragshöhe durch die Satzung überlassen, so kann dieses Organ sowohl die Entscheidung über eine variable Gestaltung des Beitragssatzes treffen als auch die konkreten Bemessungskriterien bestimmen; etwaige Vorgaben in der Satzung bedarf es insoweit nicht.[280] Anstatt eines einheitlichen Mitgliedsbeitrags können auch mehrere, nach unterschiedlichen Zwecken differenzierte Beitragsteile festgelegt werden.[281]

Aufgrund des Gleichbehandlungsgrundsatzes dürfen die Kriterien der Beitragsbemes- 126a
sung jedoch nicht willkürlich festgelegt werden, sondern bedürfen eines **sachlichen Grundes.**[282] Dieser kann sich insbesondere aus dem Vereinszweck ergeben. Auch eine Änderung der Bemessungsgrundlage darf nicht aus sachfremden Erwägungen erfolgen. Ferner kann der Gleichbehandlungsgrundsatz auch eine Anpassung der Bemessungsgrundlage gebieten.[283] Ein Verstoß gegen den Gleichbehandlungsgrundsatz kann sich bei einem nach variablen Kriterien bemessenem Beitragssatz schließlich daraus ergeben, dass eine Anpassung der Beitragshöhe an eine Veränderung dieser Kriterien nicht innerhalb eines für alle Mitglieder gleichen Zeitraums erfolgt.[284]

Von der variablen Bemessung der Beitragshöhe auf einer für alle Mitglieder gleichen 127
Grundlage ist eine nach Mitgliedern bzw. **Mitgliedergruppen differenzierende Beitragsbemessung** zu unterscheiden (bspw. reduzierte Beiträge für Jugendliche, außerordentliche Mitglieder oder Probemitglieder). Eine solche Differenzierung stellt eine Durchbrechung des Gleichbehandlungsgrundsatzes dar und bedarf daher einer entsprechenden Grundlage in der Satzung.[285] Ferner darf die Differenzierung nicht aufgrund sachfremder Erwägungen erfolgen; andernfalls wäre die Zustimmung sämtlicher benachteiligter Mitglieder erforderlich.

Aus § 273 Abs. 1 BGB sowie aus der Satzung können sich Sanktionen aufgrund der 128
Nichterfüllung der Beitragspflicht ergeben (→ Rn. 140).

d) Beitragsänderungen. Ist die Beitragshöhe in der Satzung bestimmt, bedarf es zu einer 129
Herabsetzung oder Erhöhung einer entsprechenden Satzungsänderung. Hat die Satzung ein Vereinsorgan zur Festsetzung der Beitragshöhe ermächtigt, entscheidet dieses – vorbehaltlich abweichender Bestimmungen in der Satzung – mit einfacher Mehrheit.

---

[277] BGH Urt. v. 24.3.1954 – II ZR 33/53, juris Rn. 7 = NJW 1953, 953 (Ls.).

[278] Ergibt sich der sachliche Grund für eine solche Differenzierung nicht unmittelbar aus dem Vereinszweck, kann er sich nach *Vieweg/Werner* LMK 2011, 313895 gleichwohl aus dem Solidargedanken, allen Mitgliedern die Teilhabe an den Vereinsleistungen in gebotener Qualität zu ermöglichen, ergeben. AA jurisPK-BGB/*Otto* BGB § 58 Rn. 4.1, wonach eine einkommensabhängige Beitragsstaffelung einer satzungsmäßigen Grundlage bedarf. Dem ist entgegenzuhalten, dass es sich bei der Festlegung der Bemessungskriterien weder um eine in die Satzung aufzunehmende Grundsatzentscheidung noch – bei für alle Mitglieder einheitlicher Bemessungsgrundlage – um eine nur auf satzungsmäßiger Grundlage zulässige unterschiedliche Ausgestaltung der Mitgliedschaftspflichten (→ Rn. 35) handelt. Maßgeblich ist daher allein, ob für eine Differenzierung der Beitragshöhe nach den finanziellen Verhältnissen der Mitglieder ein sachlicher Grund besteht. Ein solcher kann sich auch mittelbar aus dem Vereinszweck ergeben (so auch *Stöber/Otto* Rn. 338). Insbesondere wenn der Vereinszweck gerade dadurch gefördert wird, dass die Vereinsleistungen möglichst vielen Mitgliedern offen stehen (bspw. bei gemeinnützigen Zwecken). *Stöber/Otto* Rn. 360 ist jedoch dahingehend zuzustimmen, dass man dies angesichts der Vielzahl unterschiedlicher Vereinszwecke nicht pauschal wird sagen können.

[279] BGH NJW 2010, 3521.

[280] BGH NJW 2010, 3521 f.

[281] Vgl. BGH NZG 2013, 671 zur Aufteilung in einen den allgemeinen Vereinszwecken dienenden Beitragsteil und einen zur Unterhaltung einer Streikkasse bestimmten Beitragsteil.

[282] BGH Urt. v. 24.3.1954 – II ZR 33/53, juris Rn. 7 f. = NJW 1953, 953 (Ls.).

[283] BGH NJW 2010, 3521 (3522).

[284] OLG Stuttgart NZG 2012, 317 (319).

[285] → Rn. 35.

130 Eine **Herabsetzung** des Beitrags greift nicht in Mitgliederrechte ein und begegnet grundsätzlich keinen Bedenken.[286] Eine Grenze für die zulässige **Erhöhung** des Beitrags hingegen bildet das in § 707 BGB, § 53 Abs. 3 GmbHG, § 180 Abs. 1 AktG zum Ausdruck kommende Verbot einer unfreiwilligen Vermehrung der Beitragspflichten.[287] Eine Belastung der Vereinsmitglieder mit Pflichten, die für das einzelne Mitglied bei Eintritt in den Verein nicht vorhersehbar waren, ist demnach nur mit dessen Zustimmung zulässig. Unvorhersehbare Beitragserhöhungen bedürfen neben einer Satzungsänderung durch Mehrheitsbeschluss bzw. einer Entscheidung des ermächtigten Vereinsorgans, der Zustimmung sämtlicher betroffener Mitglieder. Vorhersehbar sind in der Regel durch Kaufkraftschwund bedingte Beitragserhöhungen oder solche Erhöhungen, die infolge der Instandhaltung bestehender Vereinseinrichtungen oder zur Verfolgung des Vereinszwecks erforderlich werden.[288] Teilweise wird zu Recht darauf hingewiesen, dass im Falle einer erheblichen Beitragserhöhung die Struktur des Vereins in besonders gelagerten Einzelfällen so grundlegend verändert werden kann, dass ein Beschluss der Mitgliederversammlung mit satzungsändernder Mehrheit erforderlich wird,[289] oder dass damit sogar zugleich eine Änderung des Vereinszwecks verbunden sein kann,[290] die eine Zustimmung sämtlicher Mitglieder nach § 33 Abs. 1 S. 2 BGB erfordert.

131 Eine **rückwirkende Beitragserhöhung** ist nur zulässig, wenn die Satzung eine solche ausdrücklich zulässt.[291] Die bloße Ermächtigung eines Vereinsorgans zur Festsetzung der Beitragshöhe genügt hierfür nicht.

132 Die zulässige Erhöhung des Beitrags berechtigt regelmäßig nicht zum **außerordentlichen Austritt.**[292] Teilweise wurde dies von der Rechtsprechung jedoch bei erheblichen Beitragserhöhungen bejaht (→ Rn. 289).

133 **e) Zahlungsweise, Haftung und Sanktionen.** Die Satzung regelt üblicherweise den **Beitragszeitraum** (bspw. Monats- oder Jahresbeitrag) sowie die **Fälligkeit** des Beitrags (bspw. zu Beginn des Beitragszeitraums im Voraus). Fehlen solche Bestimmungen, trifft diese das für die Festlegung der Beitragshöhe ermächtigte Vereinsorgan.[293] Gemäß § 58 Nr. 2 BGB sollte die Satzung jedoch zumindest vorgeben, ob es sich um einen periodischen oder einmaligen Beitrag handelt; im Zweifel ist (nur) von einem periodischen Beitrag auszugehen.[294] Hinsichtlich **Arbeitsleistungen** dürfte mangels anderweitiger Regelungen aus den Umständen (§ 271 Abs. 1 BGB) folgen, dass diese zu leisten sind, wenn sie das zuständige Vereinsorgan (regelmäßig der Vorstand) einfordert.[295]

134 Ein Anspruch des Vereins auf Erteilung einer **Einzugsermächtigung** zur Abbuchung der Beiträge im Lastschriftverfahren besteht grundsätzlich nicht, kann jedoch durch Satzung begründet werden.[296]

---

[286] MHdB GesR V/*Schöpflin* § 35 Rn. 4.

[287] *Beuthien* BB 1987, 6 (10ff.); MHdB GesR V/*Schöpflin* § 35 Rn. 4; *Reichert* Rn. 912.

[288] Vgl. *Reichert* Rn. 913: nicht vorhersehbar ist der Neubau eines kostspieleigen Vereinsheims anstelle des bisherigen bescheidenen Heims; vorhersehbar sind zur Erreichung eines bislang nicht verfolgten Teilzwecks erforderliche Mittel.

[289] *Sauter/Schweyer/Waldner* Eingetragener Verein Rn. 120 bei plötzlicher „Vervielfachung" des Mitgliedsbeitrags, die wirtschaftlich schwächere Mitglieder zum Austritt zwinge.

[290] OLG Hamm OLGZ 1980, 326 (328); *Reichert* Rn. 912; aA MHdB GesR V/*Schöpflin* § 35 Rn. 6.

[291] LG Hamburg NJW-RR 1999, 1708 (1709); *Reichert* Rn. 915, der auch eine Rückwirkung über das laufende Geschäftsjahr hinaus für zulässig hält; nach *Stöber/Otto* Rn. 357 genügt eine sich im Wege der Satzungsauslegung ergebende Ermächtigungsgrundlage.

[292] AG Essen DWW 1961, 119; LG Aurich Rpfleger 1987, 115f. betr. Umlagebeschluss; *Sauter/Schweyer/Waldner* Eingetragener Verein Rn. 87, 120; MHdB GesR V/*Schöpflin* § 35 Rn. 7.

[293] *Stöber/Otto* Rn. 362.

[294] → Rn. 117.

[295] *Stöber/Otto* Rn. 362.

[296] Vgl. OLG Hamburg NJW-RR 1998, 1163 sowie BayObLG NJW-RR 1999, 453; je zur Wohnungseigentümergemeinschaft; ausführlich *Stöber/Otto* Rn. 363.

Formulierungsbeispiel: Lastschriftverfahren (Satzungsbestandteil) 135

§ 3. Beitrag

[…] Jedes Mitglied ist verpflichtet, dem Verein ein SEPA-Lastschriftmandat zum Einzug des Mitgliedsbeitrags zu erteilen. Die Mitgliederversammlung kann mit der Mehrheit der abgegebenen Stimmen [*Alt.:* Der Vorstand kann] für den Fall, dass diese Verpflichtung nicht erfüllt wird, die Erhebung eines angemessenen Beitragszuschlages beschließen.

Eine angemessene Erhöhung des Beitrags für den Fall, dass ein Mitglied keine Einzugsermächtigung erteilt, kann das zur Festsetzung der Beitragshöhe ermächtigte Organ nach hier vertretener Ansicht auch dann bestimmen, wenn die Satzung dies nicht ausdrücklich vorsieht.[297] 136

Auf die Pflicht zur Beitragsleistung finden grundsätzlich die allgemeinen schuldrechtlichen Vorschriften des BGB Anwendung. Leistet ein Mitglied nicht, kommt es durch Mahnung oder bei deren Entbehrlichkeit gem. § 286 Abs. 2 BGB regelmäßig durch Zeitablauf in **Verzug.** Während des Verzugs ist der Beitrag gem. § 288 Abs. 1, Abs. 2 BGB zu verzinsen; ein höherer Zinssatz kann in der Satzung oder durch das ermächtigte Vereinsorgan festgelegt werden, § 286 Abs. 3 BGB.[298] Wegen des fehlenden Synallagmas zwischen den jeweiligen Beitragspflichten der Mitglieder, kann die Leistung des eigenen Beitrags nicht mit der Begründung **zurückbehalten** werden, dass auch andere Mitglieder ihre Pflicht nicht erfüllt hätten (§§ 320 ff. BGB).[299] Gleiches gilt für die Begründung, der Vorstand oder ein sonstiges Vereinsorgan habe seine Pflichten nicht erfüllt.[300] Die **Verjährungsfrist** beträgt gem. § 195 BGB drei Jahre und beginnt mit dem Schluss des Jahres in dem der Anspruch entstanden ist, § 199 Abs. 1 BGB. Zulässig ist die **Aufrechnung** mit der Geldforderung, die dem Mitglied gegen den Verein zusteht. Der Anspruch des Vereins gegen sein Mitglied auf Beitragszahlung ist ferner **abtretbar** und **pfändbar.**[301] 137

Für die Erfüllung der Mitgliedschaftspflichten **haftet** das Mitglied selbst. Insbesondere ist im Falle einer gesetzlichen Vertretung des Mitglieds – etwa bei beschränkt geschäftsfähigen oder juristischen Personen – allein das Mitglied Schuldner des Anspruchs auf Beitragsleistung. Für Dritte, die keine Mitglieder des Vereins sind, kann die Satzung weder Mitgliedschaftsrechte noch -pflichten begründen.[302] Die Satzung kann den Eintritt eines neuen Mitglieds jedoch davon abhängig machen, dass ein Dritter durch Bürgschaft oder Schuldbeitritt die Mithaftung für die Beiträge des übernimmt. Eine rechtsgeschäftliche Haftungsmitübernahme durch den gesetzlichen Vertreter setzt allerdings voraus, dass für diesen die doppelte Bedeutung seiner Erklärung (Beitrittserklärung im fremden Namen, Mithaftungserklärung im eigenen Namen) bei Abgabe der Beitrittserklärung hinreichend deutlich erkennbar war.[303] 138

[297] Das ermächtigte Vereinsorgan kann auch ohne ausdrückliche Satzungsbestimmung eine variable Beitragshöhe festlegen, sofern alle Mitglieder auf der gleichen Grundlage herangezogen werden und die Differenzierung nach sachgerechten Kriterien erfolgt → Rn. 37; aA *Sauter/Schweyer/Waldner* Eingetragener Verein Rn. 120 aE; *Stöber/Otto* Rn. 364 unter Hinweis auf BayObLG MDR 1996, 143 zur Wohnungseigentümergemeinschaft.

[298] *Reichert* Rn. 924.

[299] Vgl. zur GbR MüKoBGB/*Schäfer* BGB § 705 Rn. 166 ff.

[300] OLG Brandenburg Urt. v. 22.8.2019 – 3 U 151/17, BeckRS 2019, 22220 Rn. 46; Urt. v. 1.7.2011 – 3 U 147/09, BeckRS 2011, 19769 Rn. 21; *Reichert* Rn. 928.

[301] *Reichert* Rn. 930.

[302] OLG Hamm NJW-RR 2000, 42 (43); dies gilt jedenfalls dann, wenn für das Nichtmitglied nicht durch Eingliederung in eine Vereinseinrichtung ein quasimitgliedschaftlicher Status begründet ist. Vgl. auch MHdB GesR V/*Schöpflin* § 35 Rn. 12; *Stöber/Otto* Rn. 368; *Reichert* Rn. 922.

[303] OLG Hamm NJW-RR 2000, 42 (43).

139 **Formulierungsbeispiel: Mithaft bei Minderjährigen (Satzungsbestandteil)**

§ 3. Erwerb der Mitgliedschaft

[...] Ist der Antragsteller minderjährig, so setzt seine Aufnahme zudem voraus, dass seine gesetzlichen Vertreter die Haftung für anfallende Mitgliedsbeiträge und Umlagen mitübernehmen. Die Haftungsmitübernahme kann auf die bis zur Volljährigkeit des Antragstellers fällig werdenden Mitgliedsbeiträge und Umlagen begrenzt sein.

140 Nach dem Gesetz besteht zwischen der Erfüllung der Beitragspflicht und den Rechten des Mitglieds grundsätzlich keine rechtliche Beziehung.[304] Gleichwohl ist anerkannt, dass der Verein den Mitgliedern, die ihre fällige **Beitragspflicht nicht erfüllen,** den Zugang zu den Vereinsleistungen aufgrund des Zurückbehaltungsrechts nach § 273 Abs. 1 BGB verweigern kann.[305] Darüber hinaus kann die Satzung weitere Sanktionen anordnen, insbesondere das Ruhen des Stimmrechts oder die Streichung des Mitglieds aus der Mitgliederliste (→ Rn. 313).[306] Die bloße Ermächtigung eines Vereinsorgans zur Festsetzung der Beitragshöhe bildet hierfür jedoch noch keine hinreichende satzungsmäßige Grundlage.[307]

141 **Formulierungsbeispiel: Ruhen des Stimmrechts (Satzungsbestandteil)**

§ 3. Beitrag

(5) Das Stimmrecht eines Mitglieds ruht, solange es sich mit der Zahlung seines Mitgliedsbeitrags oder eines Teiles länger als *** Monate im Verzug befindet.

(6) Ein Mitglied kann durch Beschluss des Vorstands von der Mitgliederliste gestrichen werden, wenn es sich trotz zweimaliger schriftlicher Mahnung mit der Zahlung des Beitrags oder von Umlagen mit einem Betrag im Verzug befindet, welcher der Höhe von zwei Jahresmitgliedsbeiträgen entspricht. Die Streichung darf nur beschlossen werden, wenn sie dem Mitglied schriftlich angedroht wurde und mindestens drei Monate seit Absendung der Androhung vergangen sind; die Androhung kann mit der zweiten Mahnung zusammengefasst werden. Die Streichung ist dem Mitglied schriftlich mitzuteilen.

142 Die Beitragspflicht kann **gerichtlich** mittels Leistungsurteil erzwungen werden. Soweit diese in der Erbringung einer Dienstleistung besteht, ist § 888 Abs. 3 ZPO im Rahmen der Zwangsvollstreckung zu beachten.

143 **f) Beginn, Ende und Wiederaufleben der Beitragspflicht.** Die Beitragspflicht des Mitglieds **entsteht** mangels abweichender Satzungsregelungen im Zeitpunkt des Eintritts in den Verein bzw. – im Falle der Gründungsbeteiligung – im Zeitpunkt der Vereinsgründung, dh der Einigung aller Gründer den Verein zu errichten, die Satzung wirksam werden zu lassen und ihm als Mitglied anzugehören;[308] die Eintragung in das Vereinsregister ist für die Entstehung der Beitragspflicht nicht erforderlich.[309] Bestand bislang Beitragsfreiheit, so entsteht die Beitragspflicht mit Wirksamwerden der Satzungsänderung, dh mit Eintragung des satzungsändernden Beschlusses im Vereinsregister (§ 71 Abs. 1 S. 1 BGB,

[304] *Sauter/Schweyer/Waldner* Eingetragener Verein Rn. 122.
[305] OLG Brandenburg Urt. v. 22.8.2019 – 3 U 151/17, BeckRS 2019, 22220 Rn. 47; MüKoBGB/*Leuschner* BGB § 38 Rn. 32.
[306] *Sauter/Schweyer/Waldner* Eingetragener Verein Rn. 122. Zulässig ist sowohl eine unmittelbar eingreifende Sanktion als auch die Ermächtigung eines Vereinsorgans, den Ausschluss im Einzelfall als Vereinsstrafe für einen Beitragsrückstand zu verhängen, *Stöber/Otto* Rn. 367; zur Vereinsstrafe → § 11.
[307] Vgl. *Reichert* Rn. 902f.
[308] *Stöber/Otto* Rn. 21.
[309] *Stöber/Otto* Rn. 1514.

zur rückwirkenden Beitragserhöhung → Rn. 131). War eine bisherige Probemitgliedschaft beitragsfrei, entsteht die Beitragspflicht ohne weiteres mit Ablauf des Probezeitraums.[310]

Mit dem wirksamen **Ausscheiden** eines Mitglieds aus dem Verein **endet** dessen Beitragspflicht. Zur Zahlung von Beiträgen, die bis zum Ausscheiden fällig geworden sind, bleibt das ehemalige Mitglied bzw. dessen Erben auch weiterhin verpflichtet.[311] Bei fristgebundener Kündigung besteht die Beitragspflicht bis zum endgültigen Ausscheiden mit Fristablauf fort. Dies gilt auch für wirksame Beitragserhöhungen oder Umlagen, die vor dem Ausscheiden des Mitglieds fällig werden; auch dann, wenn sie erst während der laufenden Kündigungsfrist beschlossen wurden. Eine erhebliche Beitragserhöhung kann jedoch ein (fristloses) außerordentliches Austrittsrecht begründen (→ Rn. 289). Eine Pflicht zur Zahlung von Umlagen, die ausnahmsweise ohne satzungsmäßige Grundlage beschlossen werden durften, scheidet aus, wenn das Mitglied von seinem außerordentlichen Austrittsrecht Gebrauch macht (→ Rn. 149). Zur Zahlung von nach dem Ausscheiden fällig werdender Beiträge ist das Mitglied auch dann nicht verpflichtet, wenn diese vor dem Ausscheiden beschlossen wurden.[312] Scheidet das Mitglied während eines laufenden Beitragszeitraums aus, so ist der Beitrag, vorbehaltlich abweichender Regelung in der Satzung, anteilig geschuldet.[313] Wird der Ausschluss eines Mitglieds nach der Satzung erst nach Ablauf einer Rechtsmittelfrist wirksam, besteht die Beitragspflicht bis dahin fort und die vorstehenden Grundsätze gelten entsprechend.[314] 144

Die Beitragspflicht endet regelmäßig mit der **Auflösung** des Vereins. Die Liquidatoren können jedoch zur Begleichung der Vereinsschulden noch Beiträge erheben.[315] 145

Sofern die Satzung nichts Abweichendes bestimmt, endet die Beitragspflicht ferner mit **Eröffnung des Insolvenzverfahrens** über das Vermögen des Vereins;[316] dies gilt auch für den wirtschaftlichen Verein nach § 22 BGB.[317] Rückständige Beiträge sind sowohl im Falle der Auflösung als auch der Eröffnung des Insolvenzverfahrens als Forderungen des Vereins einzuziehen. Beschließt der Verein seine **Fortsetzung,** lebt die Beitragspflicht wieder auf. Gleiches gilt für das Ruhen der Mitgliedschaft (→ Rn. 303) nach Fristablauf.[318] 146

3. Umlagen

Im Gegensatz zu periodisch wiederkehrenden Beiträgen, welche die allgemeinen Kosten des Vereins abdecken, stellen **Umlagen** außerordentliche Beiträge zur Deckung eines einmaligen, in der Regel nicht vorhersehbaren Bedarfs dar, etwa für besondere Aufwendungen des Vereins oder zur Tilgung von Vereinsschulden. Umlagen können nur dann erhoben werden, wenn die Mittel zur Erfüllung des Vereinszwecks zugeführt werden sollen. 147

Beispiel:

Unzulässig ist eine Verpflichtung der Vereinsmitglieder zum Erwerb von Verzehrgutscheinen, die der Unterstützung des Pächters einer Vereinsgaststätte dienen soll.[319]

Die Festsetzung einer Umlage bedarf einer hinreichend bestimmten **Rechtsgrundlage in der Satzung.**[320] Im Gegensatz zu regelmäßigen Beiträgen, bei denen die Festsetzung 148

---

[310] *Reichert* Rn. 916f.
[311] AG Grevenbroich NJW 1991, 2646 (2647).
[312] BGH NJW 1967, 2303f.; dies gilt auch dann, wenn mit einer Sonderumlage in der Zeit der Mitgliedschaft entstandene Verbindlichkeiten gedeckt werden sollen, OLG Schleswig NJW-RR 2004, 609f.
[313] *Stöber/Otto* Rn. 369.
[314] *Sauter/Schweyer/Waldner* Eingetragener Verein Rn. 123.
[315] *Reichert* Rn. 920; *Sauter/Schweyer/Waldner* Eingetragener Verein Rn. 120; *Stöber/Otto* Rn. 370.
[316] BGH NJW 1986, 1604.
[317] BGH NJW-RR 2007, 1346.
[318] *Reichert* Rn. 921.
[319] OLG München NJW-RR 1998, 966.
[320] BGH NJW-RR 2008, 194 (195) und NJW-RR 2008, 1357 (1359); OLG München NJW-RR 1998, 966; die bloße satzungsmäßige Verpflichtung zur Leistung von „Beiträgen" genügt insoweit nicht.

einer Beitragshöchstgrenze in der Satzung aus Gründen der Praktikabilität nicht erforderlich ist,[321] muss das Mitglied zum Schutz vor einer schrankenlosen Pflichtenmehrung durch die Mehrheit erkennen können, in welchem Umfang es über die reguläre Beitragspflicht hinaus zu außerplanmäßigen Leistungen verpflichtet werden kann. Die Satzung muss daher sowohl die Voraussetzungen einer Umlageerhebung hinreichend deutlich regeln als auch deren Höchstumfang bestimmen oder objektiv bestimmbar festlegen (bspw. ein bestimmtes Vielfaches des Jahresbeitrags).[322] Genügt die Satzungsregelung diesen Anforderungen, kann zur Festlegung der Umlage auch ein Vereinsorgan, insbesondere die – mit einfacher Mehrheit beschließende – Mitgliederversammlung oder der Vorstand, ermächtigt werden.[323] Die erforderliche Rechtsgrundlage kann auch durch **nachträgliche Satzungsänderung** geschaffen werden.[324] Der Zustimmung sämtlicher betroffener Mitglieder bedarf es unter den in → Rn. 121 dargestellten Voraussetzungen nicht; insbesondere dürfen mit der Umlage keine vereinsfremden Zwecke verfolgt werden.

Hinweis:

Eine Satzung, die lediglich bestimmt, dass „Beiträge und Umlagen von der Mitgliederversammlung festgelegt werden" bietet regelmäßig keine ausreichende Grundlage für die Erhebung von Umlagen.

148a Spricht die Satzung fälschlicherweise von **„Sonderumlagen"**, obwohl die in → Rn. 147 dargestellten Voraussetzungen nicht vorliegen und in Wirklichkeit eine wiederkehrende Zahlungspflicht zur Deckung des regulären Bedarfs begründet soll, kann dies die Unwirksamkeit dieser Regelung aufgrund mangelnder Transparenz zur Folge haben, wenn hierdurch gegenüber dem einzelnen Mitglied verschleiert wird, dass die regulären Beiträge zur Deckung des regelmäßig wiederkehrenden Finanzbedarf des Vereins nicht ausreichen.[325]

149 Eine Umlage kann **ausnahmsweise ohne satzungsmäßig festgelegten Höchstumfang** festgesetzt werden, wenn sie für den Fortbestand des Vereins unabweisbar notwendig und dem einzelnen Mitglied unter Berücksichtigung seiner eigenen schutzwürdigen Belange zumutbar ist. Das Vereinsmitglied hat dann zur Vermeidung der Zahlungspflicht ein außerordentliches Austrittsrecht, das es in angemessener Zeit ausüben muss.[326]

Beispiel:

Erwerb eines nur mittels Umlage finanzierbaren Grundstücks, das für den Fortbestand des Vereinslebens zwingend erforderlich ist; eine Umlage in Höhe des sechsfachen Jahresbeitrags (insgesamt 1.500 EUR) kann hierfür noch zumutbar sein.[327]

150 **Gegenstand** der Umlage können neben Geldleistungen auch Sach- oder Dienstleistungen sein.[328] Zulässig kann auch eine Zahlung in einen Sonderfonds sein.[329] Aufgrund der

[321] → Rn. 118.
[322] BGH NJW-RR 2008, 194 (195) und NJW-RR 2008, 1357 (1359); OLG München NJW-RR 1998, 966.
[323] OLG München NJW-RR 1998, 966; *Stöber/Otto* Rn. 350; *Reichert* Rn. 933.
[324] Vgl. AG Hamburg-Blankenese Urt. v. 3.5.2017 – 531 C 132/16, BeckRS 2017, 145933, wonach auch nach Zahlung eines einmaligen Beitrags für eine lebenslange Mitgliedschaft das Mitglied nicht darauf vertrauen kann, dass in Zukunft keine Sonderbeiträge auf der Grundlage einer Satzungsänderung erhoben werden.
[325] OLG Stuttgart NZG 2012, 317 (318).
[326] BGH NJW-RR 2008, 194 (195ff.). Im entschiedenen Fall hätte der Austritt aufgrund einer am 1.3. beschlossenen Umlage spätestens zum Ende des Jahres erklärt werden müssen.
[327] BGH NJW-RR 2008, 194. Nach der Satzung des Vereins waren die Mitglieder allgemein zur „Entrichtung von Beiträgen und Umlagen für den Verein verpflichtet." Ob eine Umlage auch festgesetzt werden kann, wenn eine satzungsmäßige Regelung gänzlich fehlt, hat der BGH, soweit ersichtlich, bislang nicht entschieden. Hiervon scheinen *Stöber/Otto* Rn. 350 und MHdB GesR V/*Schöpflin* § 35 Rn. 9 ohne nähere Begründung auszugehen.
[328] *Müller* MDR 1992, 924.

Treuepflicht des Vereins gegenüber seinen Mitgliedern, dürfen diesen **keine unzumutbaren Belastungen** auferlegt werden.[330] Dies gebietet bei Umlagen in Form von Dienstleistungen regelmäßig einer Möglichkeit zur Ablösung durch Geldleistung.[331]

Von dem Sonderfall → Rn. 149 abgesehen, berechtigt die zulässige Erhebung einer Umlage regelmäßig nicht zum **außerordentlichen Austritt.**[332] Teilweise wurde dies von der Rechtsprechung jedoch bei erheblichen Belastungen bejaht.[333] Zur Leistung von Umlagen, die vor dem wirksamen Ausscheiden des Mitglieds fällig werden, bleibt das ehemalige Mitglied bzw. dessen Erben verpflichtet; Umlagen, die erst nach seinem Ausscheiden fällig werden, hat es nicht mehr zu erbringen (→ Rn. 144). 151

Formulierungsbeispiel: Umlage (Satzungsbestandteil) 152

§ 3. Beitrag

(5) Von den Mitgliedern können Umlagen erhoben werden, wenn sie der Erfüllung des Vereinszwecks dienen und im Einzelfall zur Deckung eines außerordentlichen Bedarfs des Vereins erforderlich sind. Die Höhe sämtlicher in einem Wirtschaftsjahr erhobenen Umlage darf den ***-fachen Jahresmitgliedsbeitrag des jeweiligen Mitglieds nicht überschreiten. Über die Erhebung einer Umlage und deren Höhe entscheidet die Mitgliederversammlung [*Alt.:* der Vorstand] mit der Mehrheit der abgegebenen Stimmen.

(6) Anstelle der Erhebung einer Umlage in Geld können die Mitglieder unter den in Abs. 5 bestimmen Voraussetzungen zur Erbringung von Dienstleistungen verpflichtet werden. Sämtliche in einem Wirtschaftsjahr zu erbringenden Dienstleistungen dürfen einen Umfang von 20 Arbeitsstunden nicht überschreiten. Eine solche Verpflichtung besteht nur insoweit, als die zu erbringende Dienstleistung dem jeweiligen Mitglied, insbesondere im Hinblick auf dessen körperliche und gesundheitliche Verfassung, zumutbar und möglich ist.

4. Weitere Leistungspflichten

Die Satzung kann zur Förderung des Vereinszwecks weitere Leistungspflichten der Mitglieder neben oder anstelle der oben dargestellten regulären wiederkehrenden Beiträge begründen (sog. Sonderbeiträge). Bestehen derartige Beitragspflichten zusätzlich zu den regulären Beiträgen, liegt ein Fall der sogenannten **„gespaltenen Beitragspflicht"** vor.[334] Neben den bereits dargestellten[335] Umlagen kommen Sonderbeiträge insbesondere in folgenden Fällen in Betracht: 153

- Anlässlich des Eintritts in den Verein kann die Satzung dem neuen Mitglied die Zahlung eines einmaligen Geldbetrages auferlegen (sog. **Eintrittsgeld** oder Aufnahmegebühr).
- Vereine können eine sog. **„lebenslange Mitgliedschaft"** (→ Rn. 49a) anbieten, bei der neben einem einmalig zu zahlendem Betrag (der meist einem Vielfachen des regulären Jahresbeitrags entspricht) keine weiteren regulären wiederkehrenden Mitgliedsbeiträge erhoben werden.[336] Gleichwohl können daneben – bei hinreichender Grundlage

[329] Vgl. OLG Hamburg BB 1980, 122.
[330] *Reichert* Rn. 934.
[331] MHdB GesR V/*Schöpflin* § 35 Rn. 8.
[332] LG Aurich Rpfleger 1987, 115 f.
[333] LG Aurich Rpfleger 1987, 115 f.: bei „nicht zuzumutender unerträglicher Belastung" für das Mitglied; LG Hamburg NJW-RR 1999, 1708 (1709): Beitragserhöhung um 300 %; zu weitgehend AG Nürnberg Rpfleger 1988, 109: Beitragserhöhung um 25 %; krit. *Stöber/Otto* Rn. 350.
[334] BGH NJW-RR 2008, 1357 (1358); OLG Stuttgart NZG 2012, 317 (318).
[335] → Rn. 147.
[336] *Segna/Lenz* ZStV 2018, 121. Krit. insoweit *Morgentroth* ZStV 2018, 41, jedenfalls für den Fall, dass sich der einmalige Mitgliedsbeitrag infolge frühen Versterbens nicht amortisiert. Dem ist jedoch entgegen-

in der Satzung – weitere Sonderbeiträge, wie etwa Umlagen zur Finanzierung eines einmaligen unvorhersehbaren Bedarfs, erhoben werden.[337]

- Die Mitglieder können verpflichtet werden, dem Verein ein **zinsvergünstigtes Darlehen** zu gewähren.[338] Der Charakter einer mitgliedschaftlichen Pflicht ändert sich nicht dadurch, dass zusätzlich der Abschluss eines Darlehensvertrages erforderlich ist oder dass das Mitglied verpflichtet ist, den Darlehensbetrag dem Verein auch noch einen gewissen Zeitraum nach dessen Austritt zu belassen.
- Einem Gewerkschaftsmitglied kann in der Satzung die Verpflichtung auferlegt werden, im Rahmen eines Aufsichtsratsmandates bezogene Vergütungen abzuführen.[339]
- Die Satzung kann die Mitglieder verpflichten, bestimmte laufende **Kosten zu erstatten.** Eine unmittelbare **Außenhaftung der Mitglieder** gegenüber Vereinsgläubigern kann die Satzung jedoch nicht begründen, da dies mit dem Wesen des Vereins als Körperschaft unvereinbar wäre.[340]

Beispiel:

Beteiligung an den Personalkosten eines Verbandes; die Beteiligung kann darauf beschränkt werden, dass die Verbandsmittel für die Erbringung der Kosten nicht ausreichen.[341]

154 Im Gegensatz zu den regulären Beiträgen, bei denen die Festsetzung einer Beitragshöchstgrenze in der Satzung aus Gründen der Praktikabilität nicht erforderlich ist,[342] bedarf die Festsetzung von Sonderbeiträgen einer hinreichend bestimmten **Rechtsgrundlage in der Satzung.** Aus dieser muss das Mitglied beim Eintritt in den Verein erkennen können, in welchem Umfang es über die regelmäßigen Beiträge hinaus in Anspruch genommen werden kann. Die Satzung muss daher sowohl die Voraussetzungen der Sonderbeitragspflicht regeln als auch deren Höchstumfang bestimmen oder objektiv bestimmbar festlegen. Verwendet die Satzung lediglich den allgemeinen Begriff „Beiträge", so werden hiervon in der Regel nur periodisch wiederkehrende Beiträge umfasst.[343]

155 Die Höhe eines Sonderbeitrags kann grundsätzlich nach **variablen Kriterien** bemessen werden, bspw. in Abhängigkeit von künftig erwarteten Erlössteigerungen der Mitgliedsunternehmen infolge von Gesetzesänderungen.[344] Dabei hat die Satzung neben den zur Berechnung der Höhe des Sonderbeitrags erforderlichen Kriterien auch festzulegen, ab welchem Zeitpunkt eine etwaige Veränderung dieser Kriterien zu einer Anpassung der Beitragshöhe führt und welches Organ für die Berechnung und Festsetzung des geänderten Sonderbeitrags zuständig ist.[345]

156 Für die Leistungen des Vereins kann den Mitgliedern die Zahlung von **Gebühren** als Gegenleistung auferlegt werden, die nur von den Mitgliedern zu erbringen sind, welche diese Leistungen tatsächlich in Anspruch nehmen.[346] Im Gegensatz zu den vorstehend dargestellten Sonderbeiträgen bedarf es für die Erhebung solcher Gebühren grundsätzlich keiner satzungsmäßigen Grundlage. Eine solche könnte jedoch wie folgt lauten:

---

zuhalten, dass die Überlegung wonach eine Äquivalenz zwischen der Höhe des Mitgliedsbeitrags sowie etwaiger vom Verein erbrachten Leistungen bestehe müsse, nicht zutrifft (→ Rn. 126).

[337] Vgl. AG Hamburg-Blankenese Urt. v. 3.5.2017 – 531 C 132/16, BeckRS 2017, 145933; *Segna/Lenz* ZStV 2018, 121 (123).

[338] BGH NJW-RR 2008, 1357 (1358).

[339] LG Frankfurt a. M. ZStV 2019, 59.

[340] *Sauter/Schweyer/Waldner* Eingetragener Verein Rn. 123; MHdB GesR V/*Schöpflin* § 35 Rn. 12; *Reichert* Rn. 939; *Stöber/Otto* Rn. 351.

[341] *Reichert* Rn. 938.

[342] → Rn. 118.

[343] *Stöber/Otto* Rn. 349.

[344] OLG Stuttgart NZG 2012, 317 (319), bspw. nach der Höhe der Einspeisevergütung bei einem Verband von Wasserkraftwerksbetreibern.

[345] OLG Stuttgart NZG 2012, 317 (319).

[346] → Rn. 106.

Formulierungsbeispiel: Erhebung von Gebühren (Satzungsbestandteil) 157

§ 9. Gebühren

(1) Von den Mitgliedern können Gebühren für die Nutzung der Einrichtungen des Vereins erhoben werden. Über die Erhebung von Gebühren sowie deren Höhe beschließt der Vorstand.

VI. Mitverwaltungspflichten

Die Mitglieder sind grundsätzlich nicht verpflichtet, aktiv am Vereinsleben teilzunehmen, insbesondere die Mitgliedsversammlung zu besuchen, das Stimmrecht auszuüben oder ein Vereinsamt zu übernehmen.[347] Eine solche Pflicht kann nur bei entsprechender Grundlage in der Satzung begründet werden, die sich ausnahmsweise aus dem Vereinszweck ergeben kann.[348] Ferner kann sich aus der Treuepflicht in Ausnahmefällen die Verpflichtung ergeben, zumutbaren Satzungsänderungen zuzustimmen.[349] Die Erfüllung der Pflichten muss dem Mitglied zumutbar und möglich sein, so dass sie etwa im Falle einer Krankheit nicht verlangt werden kann.[350] Fraglich erscheint ferner, ob ein Verstoß gegen derartige Mitverwaltungspflichten sinnvoll sanktioniert werden kann. 158

VII. Treuepflichten

1. Grundlagen

Durch die Mitgliedschaft schließen sich die einzelnen Mitglieder zur Förderung eines gemeinsamen Zwecks in der organisierten Gemeinschaft des Vereins zusammen. Mit deren Begründung erkennen die Mitglieder den satzungsmäßigen Vereinszweck an und verpflichten sich, diesen gerade durch den Verein zu fördern. Die Mitgliedschaft begründet damit eine **Treue-** oder **Förderpflicht,** welche über die sich aus den allgemeinen Grundsätzen von Treu und Glauben gem. § 242 BGB ergebenden Pflichten hinausgeht.[351] Sie ist nicht nur Obliegenheit, sondern ungeschriebene Rechtspflicht, welche sowohl die Mitglieder gegenüber dem Verein als auch den Verein gegenüber seinen Mitgliedern und die Mitglieder untereinander bindet.[352] 159

Abstrakt wird ihr **Inhalt** beschrieben als Verpflichtung des Mitglieds, sich gegenüber dem Verein loyal zu verhalten, den Vereinszweck aktiv zu fördern und alles zu unterlassen, was diesem schadet.[353] Umgekehrt hat der Verein auf schützenswerte Belange seiner Mitglieder Rücksicht zu nehmen. Auch untereinander sind nach teilweise vertretener Ansicht die Mitglieder zur Rücksichtnahme verpflichtet. 160

Aufgrund der generalklauselartigen Unbestimmtheit der Treuepflicht, lässt sich ihr konkreter Inhalt allein durch Fallgruppen erschließen. Jedoch ist ausgehend vom Vereinszweck im Einzelfall stets eine **Interessenabwägung** vorzunehmen. In diese ist auch die Realstruktur des Vereins miteinzubeziehen, insbesondere Mitgliederzahl, Intensität der Mitgliederbindung, Grad der Geschlossenheit, ggf. Art und Dauer der Mitgliedschaft sowie Grad 161

[347] *Reichert* Rn. 940; nach *Stöber/Otto* Rn. 347 kann eine solche Verpflichtung bei personennahmen Vereinen ggf. auch ohne satzungsmäßige Grundlage bestehen, um den Verein nicht handlungsunfähig werden zu lassen oder den Vereinszweck nicht zu gefährden.

[348] *Reichert* Rn. 941 mit Hinweis auf BAGE 27, 163 (170) = NJW 1976, 386 (Ls.), welches jedoch das Bestehen einer Beitragspflicht betrifft.

[349] → Rn. 165.

[350] MHdB GesR V/*Schöpflin* § 35 Rn. 13; nach *Reichert* Rn. 940 kann eine Pflicht zur Teilnahme an Mitgliederversammlungen nur für solche Versammlungen vorgesehen werden, bei denen über besonders wichtige Themen zu beschließen ist (bspw. umfangreiche Satzungsänderung, Auflösung des Vereins).

[351] BGHZ 110, 323 = NJW 1990, 2877 (2878 f.); *Lutter* AcP 180 (1980), 84 (103 f.); MHdB GesR V/*Schöpflin* § 35 Rn. 14; *Reichert* Rn. 961.

[352] Krit. zu den Treupflichten der Mitglieder untereinander MHdB GesR V/*Schöpflin* § 35 Rn. 26.

[353] *Reichert* Rn. 962; MHdB GesR V/*Schöpflin* § 35 Rn. 15.

der Abhängigkeit vom Verein.[354] Umstritten ist, ob es ferner auf die tatsächliche Möglichkeit des Mitglieds ankommt, auf die Geschicke des Vereins Einfluss zu nehmen.[355]

162 Der Treuepflicht kommt eine **Auffangfunktion** zu, so dass ein Rückgriff hierauf ausscheidet, wenn sich Rechtsfragen anhand Satzung, Gesetz oder speziellerer Rechtsgrundsätze lösen lassen.[356]

2. Treuepflicht der Mitglieder gegenüber dem Verein

163 Abhängig davon, ob die Art der geschuldeten Handlung in einem Tun oder in einem Unterlassen besteht, wird zwischen aktiven und passiven Förderpflichten unterschieden.

164 **a) Aktive Förderpflichten.** Die Verpflichtung der Mitglieder, den Vereinszweck durch die Leistung von **Beiträgen** zu fördern bedarf einer satzungsmäßigen Grundlage und kann daher regelmäßig nicht aus einer ungeschriebenen Treuepflicht hergeleitet werden.[357] In Ausnahmefällen hat die Rechtsprechung eine Verpflichtung zur Leistung einer Umlage ohne ausreichende satzungsmäßige Grundlage anerkannt.[358] Aus der Treuepflicht können ggf. Hilfsansprüche des Vereins hergeleitet werden.

Beispiele:

Verpflichtung zur Mitteilung von Adressänderungen oder – im Vereinsverband – zur Mitteilung bei Änderung wesentlicher Umstände, wie wesentliche Satzungsänderungen, Änderung der Vertretungsbefugnis oder Verlust der steuerlichen Gemeinnützigkeit.[359] Ferner Verpflichtung zur Mitteilung von Einkommensänderungen bei nach Einkommen gestaffelten Mitgliedsbeiträgen.[360]

165 Auch **Mitverwaltungspflichten** können ohne bestehende Grundlage in der Satzung regelmäßig nicht begründet werden.[361] Eine Pflicht, zumutbaren Satzungsänderungen zuzustimmen kann in Ausnahmefällen in Betracht kommen. Etwa wenn diese zur Verfolgung des Vereinszwecks dringend geboten sind oder wenn die Satzung an eine geänderte Gesetzeslage angepasst werden muss. Die Treuepflicht verbietet ferner eine einseitige Missachtung der Vereinsinteressen durch die Mitgliedermehrheit.

166 Die Rechtsprechung hat ferner eine Verpflichtung des Mitglieds anerkannt, **Streitigkeiten** mit dem Verein so auszutragen, dass dieser vor wirtschaftlichen Schäden bewahrt wird.[362] Ferner kann das Mitglied verpflichtet sein, erhebliche Verfehlungen von Vereinsangestellten dem Vorstand anzuzeigen.[363]

167 **b) Passive Förderpflichten.** Das Mitglied ist verpflichtet, sich loyal gegenüber dem Verein zu verhalten und alles zu unterlassen, was dem Verein bzw. der Erreichung des Vereinszwecks schädigt.

---

[354] MHdB GesR V/*Schöpflin* § 35 Rn. 15, wonach Treuepflichten in einem Massenverein wie dem ADAC schwächer ausgeprägt sein können wie in einem kleinen Gesangsverein.

[355] So *Lutter* AcP 180 (1980), 84 (109); aA mit überzeugenden Argumenten MüKoBGB/*Arnold,* 7. Aufl. 2017, BGB § 38 Rn. 40.

[356] MHdB GesR V/*Schöpflin* § 35 Rn. 14.

[357] MHdB GesR V/*Schöpflin* § 35 Rn. 16; weitergehende Pflichten nehmen *Lutter* AcP 180 (1980), 84 (109) und *Reichert* Rn. 968f. an. Zur satzungsmäßigen Grundlage von Beitragspflichten → Rn. 114.

[358] → Rn. 149.

[359] *Reichert* Rn. 968.

[360] MHdB GesR V/*Schöpflin* § 35 Rn. 17.

[361] → Rn. 158.

[362] BGH NJW 1990, 2877 (2878f.), wonach die Verpflichtung bestehen kann, sich unmittelbar gegen rechtswidrige Maßnahmen gerichtlich zu wehren, anstatt diese zu befolgen und den hierdurch entstandenen Schaden geltend zu machen (kein „Dulden und Liquidieren").

[363] *Reichert* Rn. 973.

Beispiele:

Ein Gewerkschaftsmitglied kann verpflichtet sein, nicht die Mitgliedschaft einer gewerkschaftsfeindlichen Partei zu erwerben.[364] Ein Verstoß gegen den Grundsatz der Wahrung des Vereinsfriedens kann gegeben sein, wenn zu lange bis zum Ergreifen eines Rechtsbehelfs gegen rechtswidrige Beschlüsse abgewartet wird.[365] In der Literatur wurden als Beispiele ferner das Mitglied eines Golf-Vereins genannt, welches Golf bei jeder Gelegenheit als kapitalistische Provokation bezeichnet sowie das Mitglied eines Vegetariervereins, das öffentlich Fleisch isst.[366]

Bei der Abwägung können auch **Größe des Vereins** und Intensität der Mitgliederbindung zu berücksichtigen sein. Je weniger der Verein von der Öffentlichkeit mit seinen Mitgliedern identifiziert wird, desto geringer sind die Anforderungen, welche die Treuepflicht an das Mitglied bei öffentlichen Äußerungen stellt. 168

Beispiel:

Ein Massenverein wie der ADAC muss regelmäßig auch öffentlich geäußerte Kritik seiner Mitglieder hinnehmen.[367]

Das Mitglied kann weiterhin verpflichtet sein, über vereinsinterne Streitigkeiten[368] oder sonstige Vereinsinterna **Stillschweigen** zu bewahren. Kritische vereinsinterne Äußerungen mit denen das Mitglied zur Willensbildung beiträgt, sind diesem hingegen nicht untersagt.[369] Aus der Treuepflicht kann sich ferner ein **Wettbewerbsverbot** ergeben. Ein solches kann sowohl beim Wirtschafts-[370] wie auch bei Idealverein bestehen. 169

Beispiel:

Unzulässig kann das Werben für Konkurrenzvereine oder das Abwerben von Mitgliedern sein.[371]

Die Treuepflicht kann eine Ausübung von **Sonderrechten** zum Schaden des Vereins verbieten.[372] 170

3. Treuepflicht des Vereins gegenüber den Mitgliedern

Der Verein hat auf schützenswerte Belange seiner Mitglieder Rücksicht zu nehmen und diese bei einem Eingriff in Mitgliederrechte gegen seine eigenen Interessen abzuwägen.[373] 171

Beispiele:

Der Verein hat die verbandsfreie Sphäre der Mitglieder zu achten und keine ins Privatleben reichenden Verhaltenspflichten aufzuerlegen.[374] Zulässige Verhaltensnormen dürfen nicht rückwirkend verschärft werden.[375] Wettkampftermine eines Sportverbandes müssen mit den teilenehmenden Vereinen abgestimmt werden.[376] Im Rahmen eines Vereinsausschlusses sind mildere Mittel zu prüfen.[377] Der Verein muss Mitglieder nicht ohne Anlass über

---

[364] BGH NJW 1973, 35 zur NPD; BGH NJW-RR 1991, 888 zur Marxistisch-Leninistischen Partei Deutschlands.
[365] *Reichert* Rn. 976.
[366] *Lutter* AcP 180 (1980), 84 (111ff.).
[367] MHdB GesR V/*Schöpflin* § 35 Rn. 19.
[368] *Lutter* AcP 180 (1980), 84 (111ff.).
[369] BGH NJW 1973, 53 (36); *Reichert* Rn. 979.
[370] *Reichert* Rn. 977.
[371] BGH MDR 1978, 29.
[372] MHdB GesR V/*Schöpflin* § 35 Rn. 21.
[373] MHdB GesR V/*Schöpflin* § 35 Rn. 22.
[374] *Reichert* Rn. 982.
[375] OLG Düsseldorf GewArch 1981, 392.
[376] *Reichert* Rn. 984.
[377] Vgl. BGH NJW 1955, 667 zum Ausschluss bei einer GmbH.

eine bestehende Unfallversicherung aufklären; etwas anderes kann nach einem konkreten Unfall gelten.[378]

172 Im Rahmen von besonderen **vertraglichen Beziehungen mit Mitgliedern** können etwaige Unklarheiten aufgrund der Treuepflicht zu Lasten des Vereins gehen.

Beispiel:

Beschädigt ein Mitglied eines Segelsportvereins ein dem Verein gehörendes Boot, so haftet es nur, wenn der Umfang der Haftung in dem Benutzungsvertrag eindeutig festgelegt ist.[379]

173 Die Verpflichtung der Organmitglieder sich (gegenseitig) nicht überhöhte Vergütungen oder Spesen zuzubilligen ergibt sich aus der gegenüber der mitgliedschaftlichen Treuepflicht gesteigerten organschaftlichen Treuepflicht.[380]

4. Treuepflicht der Mitglieder untereinander

174 Im Anschluss an die Rechtsprechung zum Aktienrecht[381] werden auch im Vereinsrecht Treuepflichten der Mitglieder untereinander diskutiert.[382] Demnach haben Mitglieder bei ihrer Einflussnahme auf den Verein, insbesondere im Rahmen der Stimmrechtsausübung, auf die mitgliedschaftsbezogenen Interessen der übrigen Mitglieder angemessen Rücksicht zu nehmen.

175 Kritischen Stimmen ist jedoch zuzugeben, dass bislang keine überzeugenden Beispiele für die Anwendung horizontaler Treuepflichten gefunden werden konnten.[383] Insbesondere ist zu berücksichtigen, dass der Verein mitunter auch dem Zusammenschluss von Mitgliedern mit offensichtlich konkurrierenden Interessen dient, wie bspw. der Organisation gegnerischer Sportvereine innerhalb eines Dachverbandes. Aufgrund horizontaler Treuepflichten kann diesen Mitgliedern keine besondere „Nahbereichsmoral“[384] abverlangt werden, für die gerade kein Ansatzpunkt vorhanden ist.

C. Erwerb der Mitgliedschaft durch Eintritt

I. Abgrenzung und Grundlagen

176 Neben dem im Folgenden darzustellenden Beitritt kann die Mitgliedschaft im Verein durch Beteiligung bei der **Gründung** (→ § 4 Rn. 2) erworben werden. Nach umstrittener Ansicht der Rechtsprechung kann die Satzung kirchlicher Vereine bestimmten kirchli-

[378] LG Münster VersR 1989, 155.

[379] KG MDR 1985, 230.

[380] MHdB GesR V/*Schöpflin* § 35 Rn. 24; aA *Reichert* Rn. 983.

[381] BGH NJW 1995, 1739.

[382] *Reichert* Rn. 721, 990; *Lutter* AcP 180 (1980), 84 (123 ff.); krit. MHdB GesR V/*Schöpflin* § 35 Rn. 26; abl. BGH NJW 1990, 2877 (2879); offen gelassen von BGH NJW-RR 2015, 1069 (1070).

[383] MHdB GesR V/*Schöpflin* § 35 Rn. 26 wendet sich zu Recht gegen die von *Reichert* Rn. 991 gebildeten Beispiele: Vereinbaren in einem Dachverband organisierte Sportvereine, dass eine neue Spielordnung bereits vor einer erforderlichen Satzungsänderung zu beachten sei, dann folgt eine solche Pflicht aus eben dieser Absprache. Wirbt ein Profisportverein einem anderen, dem gleichen Verband angehörigen Verein einen vertraglich gebundenen Spieler ab, so können sich etwaige Ansprüche aus Deliktsrecht, nicht jedoch aus mitgliedschaftlichen Treuepflichten ergeben. Eine Verletzung horizontaler Treuepflichten scheidet in den genannten Beispielen mE bereits deswegen aus, weil sich die geschilderten Verletzungshandlungen nicht als Einflussnahme auf den Verein darstellen. Kern des Treuepflichtgedankens ist jedoch, dass gerade eine solche Einflussnahme auf den Verein einem Mitglied die Möglichkeit eröffnet, mitgliedschaftsbezogene Interessen anderer Vereinsmitglieder zu beeinträchtigen (vgl. zur AG: BGH NJW 1995, 1739). Die Treuepflicht schützt daher vor einer Einflussnahme, die auf derartige Interessen keine angemessene Rücksicht nimmt, sie schützt jedoch nicht vor jeglichen vertragswidrigen oder deliktischen Handlungen der Mitglieder untereinander.

[384] MüKoBGB/*Reuter*, 6. Aufl. 2012, BGB § 38 Rn. 46.

chen Funktionsträgern eine **„geborene Mitgliedschaft"** verleihen, die ohne Zutun des Aufzunehmenden entsteht (→ Rn. 187).[385] Ist die Mitgliedschaft ausnahmsweise übertragbar oder vererblich (→ Rn. 12), besteht weiterhin die Möglichkeit eines **derivativen Erwerbs.** Die Mitgliedschaft kann ferner durch **Umwandlung** erworben werden, insbesondere durch Verschmelzung zur Aufnahme, § 20 Abs. 1 Nr. 3 UmwG (→ Rn. 19).

In demselben Verein kann für jede Person gleichwohl nur eine Mitgliedschaft begründet werden; eine **Mehrfachmitgliedschaft** ist ausgeschlossen.[386] Ist daher der Erbe bereits Mitglied des Vereins, erweitern sich die Rechte des Erben um etwaige Rechte des Erblassers.[387] Zulässig ist eine „Mehrfachmitgliedschaft" in einem Verein und zugleich in einem Verband, welchem der Verein ebenfalls angehört. 177

Eine **Eintragung im Vereinsregister** setzt voraus, dass dem Verein mindestens sieben Mitglieder angehören, § 56 BGB. Sinkt die Zahl der Vereinsmitglieder unter drei, droht gem. § 73 BGB der Entzug der Rechtsfähigkeit. 178

II. Abschluss des Aufnahmevertrages

1. Grundlagen

Der Eintritt in den Verein vollzieht sich durch Abschluss eines **Aufnahmevertrages** zwischen dem Bewerber und dem Verein,[388] der nach den allgemeinen Regeln der §§ 145 ff. BGB durch Angebot und Annahme zustande kommt. Das Angebot auf Abschluss des Beitrittsvertrages liegt regelmäßig in der Beitrittserklärung des Bewerbers. Es kann jedoch auch vom Verein ausgehen, bspw. im Rahmen einer Mitgliederwerbung oder bei Verleihung der Ehrenmitgliedschaft an ein Nichtmitglied. Nach den Auslegungsregelungen der §§ 133, 157 BGB kommt es auf die Bezeichnungen der Erklärung (bspw. als Beitritt oder Aufnahmegesuch) nicht an.[389] 179

Angebot und Annahme sind **empfangsbedürftige Willenserklärungen,** die zu ihrer Wirksamkeit den Zugang beim Erklärungsempfänger voraussetzen. Eine Annahme des Aufnahmeantrags ohne Erklärung an den Antragenden nach § 151 S. 1 BGB kommt den Umständen nach nicht in Betracht.[390] Jedoch kann die Satzung bestimmen, dass es einer Annahmeerklärung durch den Verein nicht bedarf, so dass die Mitgliedschaft bereits mit Zugang der **(einseitigen) Beitrittserklärung** des Bewerbers entsteht.[391] Eine solche Regelung ist meist nicht empfehlenswert, da der Verein hierdurch die Kontrolle über den Mitgliederzugang und die Zusammensetzung seiner Mitglieder verliert. Stets erforderlich ist hingegen die Beitrittserklärung des Bewerbers, so dass Satzungsbestimmungen, wonach bestimmte Personen auch ohne Beitrittserklärung als „geborene" Mitglieder gelten, grundsätzlich unwirksam sind (→ Rn. 187). 180

Nach überwiegender Ansicht ist es zulässig, den Beitritt unter einer **Bedingung** zu erklären.[392] Hierdurch kann insbesondere die Erfüllung bestimmter Aufnahmevoraussetzungen sichergestellt werden, wie bspw. die Zahlung des ersten Mitgliedsbeitrages oder eines Eintrittsgeldes, ferner der Abschluss zusätzlicher vertraglicher Rechtsbeziehung, wie etwa Arbeits-, Darlehens- oder Pachtverträgen. Teilweise wird gefordert, dass nur solche Bedingungen zulässig sind, deren Eintritt allein vom Willen des Erklärungsempfängers abhängt 181

---

[385] OLG Hamm NJW-RR 1995, 119 (120); OLG Köln NJW 1992, 1048 (1050); aA *Stöber/Otto* Rn. 233; Soergel/*Hadding* BGB § 38 Rn. 7a.
[386] *Reichert* Rn. 720.
[387] *Reichert* Rn. 736.
[388] BGH NJW 1987, 2503; KG OLG-NL 2004, 101 (104 f.).
[389] MHdB GesR V/*Schöpflin* § 32 Rn. 27.
[390] BGH NJW 1987, 2503; KG OLG-NL 2004, 101 (104 f.).
[391] BayObLG NJW 1972, 1323 f.; LG Münster MDR 1974, 309 f.; *Stöber/Otto* Rn. 227; aA Soergel/*Hadding* BGB § 38 Rn. 7a, wobei eine konkludente Aufnahmeerklärung in der widerspruchslosen Entgegennahme der Beitrittserklärung gesehen werden kann; → Rn. 207.
[392] RG JW 1938, 3229; *Reichert* Rn. 1014; *Sauter/Schweyer/Waldner* Eingetragener Verein Rn. 74.

(sog. Potestativbedingungen), wie etwa die Gewährung von Sonderrechten durch den Verein.[393] Zulässig ist es ferner, den Beitritt aufschiebend zu befristen, so dass dieser etwa erst zum nächsten Monatsersten wirksam wird.[394]

182 In **zeitlicher Hinsicht** kann der Aufnahmevertrag ab dem Zeitpunkt der Vereinsgründung, dh der Einigung aller Gründer den Verein zu errichten, die Satzung wirksam werden zu lassen und ihm als Mitglied anzugehören, abgeschlossen werden.[395] Eine Eintragung in das Vereinsregister ist nicht erforderlich.[396] Mit der Auflösung des Vereins beziehungsweise einer vollziehbaren Auflösungsverfügung der Verbotsbehörde kann eine neue Mitgliedschaft nicht mehr begründet werden; ein gleichwohl geschlossener Aufnahmevertrag wäre nichtig.[397] Gleiches gilt für die Eröffnung des Insolvenzverfahrens, sofern der Verein nicht fortgesetzt wird.[398] Wenngleich in dem Aufnahmevertrag der **rückwirkende Beginn der Mitgliedschaft** vereinbart werden kann,[399] mit der Folge, dass ab diesem Zeitpunkt insbesondere Beiträge zu zahlen sind, so setzt das tatsächliche Zustandekommen der Mitgliedschaft den Abschluss des Aufnahmevertrages voraus und kann daher nicht zurückverlegt werden.[400]

183 Der Aufnahmevertrag ist **kein gegenseitiger Vertrag** iSd §§ 320ff. BGB, aus dem synallagmatische Leistungspflichten entstehen, sondern ein auf die Begründung der Mitgliedschaft gerichtetes, organisationsrechtliches Geschäft.[401] Er stellt regelmäßig keinen entgeltlichen **Verbrauchervertrag** iSv § 312 Abs. 1 BGB dar – insbesondere wenn mit dem Beitritt keine relevanten Leistungen des Vereins verbunden sind, sondern die ideellen Vorteile der Mitgliedschaft im Vordergrund stehen – und begründet bei Vorliegen der Voraussetzungen eines Haustürgeschäfts iSv § 312b BGB oder bei Verwendung von Fernkommunikationsmitteln iSv § 312c BGB kein Widerrufsrecht.[402] Die Begründung der Mitgliedschaft ist jedoch ausnahmsweise einem entgeltlichen Verbrauchervertrag in diesem Sinne gleichzustellen, wenn sie im Wesentlichen dadurch geprägt wird, dass Leistungen vom Verein als Unternehmer gegen ein als Beitrag bezeichnetes Entgelt des Mitglieds als Verbraucher erbracht werden (vgl. auch § 312k Abs. 1 S. 2 BGB).[403] Unerheblich ist insoweit, ob ein Verein als Idealverein oder als wirtschaftlicher Verein organisiert ist oder ob er als gemeinnützig anerkannt ist.[404] Im Zweifelsfall kann eine Widerrufsbelehrung geboten sein, um nach Ablauf der Widerrufsfrist Rechtsklarheit zu erlangen.[405]

Hinweis:

Zur **Eintragung ins Vereinsregister** muss die Satzung gem. §§ 58 Nr. 1, 60 BGB regeln, wie sich der Eintritt der Mitglieder vollzieht, etwa durch Beitrittserklärung des Bewerbers und Annahme durch den Verein. Ist ein besonderes Aufnahmeverfahren einzuleiten, ist dieses festzulegen.[406] Es empfiehlt sich zumindest festzulegen, welches Organ für die

---

393 *Stöber/Otto* Rn. 231.
394 *Reichert* Rn. 1014.
395 *Stöber/Otto* Rn. 21.
396 *Stöber/Otto* Rn. 31, 1512.
397 BGH NJW-RR 2004, 900 (902) zur Genossenschaft; *Reichert* Rn. 1015.
398 *Stöber/Otto* Rn. 225.
399 BGH NJW-RR 2015, 1069 (1070).
400 BAG NZA 2001, 980 (981f.), wonach die Tarifgebundenheit iSv § 3 Abs. 1 TVG die tatsächliche Mitgliedschaft in einer der Tarifvertragsparteien voraussetzt. Dies setzt den „tatsächlichen Beitritt" voraus, der erst dann gegeben ist, wenn die Mitgliedschaft vertragsrechtlich zustande gekommen ist und nicht durch die Vereinbarung einer rückwirkenden Mitgliedschaft zurückverlegt werden kann.
401 BeckOK BGB/*Schöpflin* BGB § 38 Rn. 14; MüKoBGB/*Leuschner* BGB § 38 Rn. 41.
402 BGH NJW-RR 2005, 180f. zum Beitritt zu einer KG; OLG Karlsruhe NJW 1991, 433 (434); MüKoBGB/*Wendehorst* BGB § 312 Rn. 17; *Stöber/Otto* Rn. 223.
403 OLG München NJW 1996, 263 bei Beitritt zu einem als Verein organisierten Flugrettungsdienst; *Stöber/Otto* Rn. 223.
404 MüKoBGB/*Masuch* BGB § 312 Rn. 34.
405 *Stöber/Otto* Rn. 224.
406 LG Münster MDR 1974, 309.

Entscheidung über die Aufnahme intern zuständig ist (→ Rn. 200). Empfehlenswert ist ferner die Form des Aufnahmevertrages, insbesondere der Aufnahmeerklärung, festzulegen, um etwaige Zweifel über das Zustandekommen und den Beginn der Mitgliedschaft zu vermeiden; nach § 58 Nr. 1 BGB erforderlich ist dies nicht.[407] Es ist unzulässig, die Möglichkeit eines Eintritts gänzlich auszuschließen.[408]

2. Beitrittserklärung durch den Bewerber

Die Beitrittserklärung ist eine empfangsbedürftige Willenserklärung, die zu ihrer Wirksamkeit dem Verein zugehen muss. Sie bedarf grundsätzlich keiner besonderen **Form** und kann auch durch schlüssiges Handeln erfolgen, bspw. der Zahlung des Mitgliedsbeitrags oder der Inanspruchnahme der Leistungen des Vereins.[409] Die Satzung kann gleichwohl eine besondere Form voraussetzen, bspw. Schriftform oder die Verwendung eines bestimmten Formulars.[410] 184

Stellvertretung bei der Abgabe der Beitrittserklärung ist zulässig, sofern die Satzung nicht ausdrücklich die höchstpersönliche Abgabe der Beitrittserklärung verlangt.[411] Für die Stellvertretung gelten die allgemeinen Vorschriften der §§ 164ff. BGB, insbesondere muss der Wille im fremden Namen zu handeln erkennbar hervortreten (§ 164 Abs. 2 BGB). Die Vollmacht kann gegenüber dem Vertreter oder dem Verein erklärt werden (§ 167 Abs. 1 BGB) und bedarf, vorbehaltlich strengerer Regelungen in der Satzung, keiner Form (§ 167 Abs. 2 BGB). Da die Beitrittserklärung kein Geschäft zur angemessenen Deckung des Lebensbedarfs der Familie iSv § 1357 Abs. 1 BGB ist, kann ein Ehegatte den Beitritt des anderen Ehegatten nicht in Ausübung der sogenannten Schlüsselgewalt erklären.[412] 185

Formulierungsbeispiel: Beitrittserklärung 186

An den Vorstand des
*** Verein e.V.
*** *[Anschrift]*

Beitrittserklärung

Sehr geehrte Damen und Herren,

hiermit erkläre ich meinen Beitritt zum *** Verein e.V. als ordentliches Mitglied mit Wirkung ab sofort. [*Alt.:* als gemeinsam sorgeberechtigte Eltern unserer Tochter *** erklären wir hiermit im Namen unserer Tochter den Beitritt zum *** Verein e.V. als ordentliches Mitglied mit Wirkung ab sofort.]

Die **Erklärung des Beitrittswillens** durch das Mitglied ist im Hinblick auf die negative Vereinigungsfreiheit nach Art. 9 Abs. 1 GG stets Voraussetzung für die wirksame Begründung der Mitgliedschaft. Unwirksam sind daher Satzungsbestimmungen, die einem außenstehenden Dritten die Vereinsmitgliedschaft aufzwängen, indem sie etwa vorsehen, dass bestimmte Personen (bspw. in Anknüpfung an eine berufliche Stellung wie Betriebsratsmitglied, Bürgermeister oÄ) auch ohne Beitrittserklärung als „geborene" Mitglieder gelten[413] oder dass eine Spende an den Verein als Beitrittserklärung zu behandeln ist.[414] Ist 187

[407] BayObLG NJW 1972, 1323.
[408] *Reichert* Rn. 1018.
[409] BGH NJW 2014, 3239; NJW 1989, 1724 (1725); BayObLG NJW 1972, 1323 (1324).
[410] BayObLG NJW 1972, 1323; *Sauter/Schweyer/Waldner* Eingetragener Verein Rn. 73; *Stöber/Otto* Rn. 226; *Reichert* Rn. 1024.
[411] Staudinger/*Weick* BGB § 35 Rn. 26; *Stöber/Otto* Rn. 230.
[412] AG Münster MDR 1970, 142; AG Marl NJW-RR 1988, 197.
[413] BayObLG DB 1973, 2518.
[414] BayObLGSt 1982, 39 = NStZ 1982, 387. Vgl. auch *Reichert* Rn. 1007; *Stöber/Otto* Rn. 232.

ein Verein seinerseits Mitglied in einem Dachverband, so kann weder die Satzung des Vereins noch des Verbandes bestimmen, dass die Mitgliedschaft im Verein ohne weitere Beitrittserklärung auch zur Mitgliedschaft im Dachverband führt.[415]

187a Sieht eine Satzung gleichwohl bestimmte Personen als „geborene" Mitglieder vor, kann eine solche Regelung ggf. als **Eintrittsrecht** (→ Rn. 247) für diese Personen auszulegen sein,[416] wobei hinreichend deutlich zum Ausdruck kommen muss, dass eine solche Selbstbindung des Vereins tatsächlich gewollt ist. Liegen diese Voraussetzungen vor, kommt die Mitgliedschaft durch Zustimmungserklärung der berechtigten Person gegenüber dem Verein zustande.

188 Nach in der Rechtsprechung vertretener Ansicht gelten für der Kirche zugeordneter und **kirchliche Aufgaben wahrnehmender Vereine** aufgrund der in Art. 140 GG iVm Art. 137 Abs. 3 WRV verankerten Selbstordnungs- und Selbstverwaltungsgarantie Besonderheiten. Demnach ist es zulässig, bestimmte kirchliche Funktionsträger zu geborenen Mitgliedern solcher Vereine zu bestimmen.[417] Für die Aufnahme anderer, außenstehender Personen, die keine kirchlichen Funktionsträger sind, ist dieses Privileg abzulehnen.[418]

3. Aufnahmeentscheidung des Vereins

189 Regelmäßig stellt die Beitrittserklärung des Bewerbers den Antrag auf Abschluss eines Aufnahmevertrages dar. In einem ersten Schritt ist die vereinsinterne Aufnahmeentscheidung zu treffen, bevor dem Bewerber in einem zweiten Schritt die Annahme oder Ablehnung seines Antrags erklärt wird.

190 **a) Voraussetzungen der Aufnahme.** Die Satzung kann innerhalb der allgemein für die Rechtsausübung im Privatrecht geltenden Grenzen (§§ 134, 138, 242 BGB) die **Voraussetzungen der Aufnahme frei bestimmen** und so den Kreis möglicher Mitglieder einschränken; diese Autonomie ist Gegenstand grundrechtlichen Schutzes aus Art. 9 Abs. 1 GG.[419] Einer sachlichen Rechtfertigung für die Ausgrenzung bestimmter Personengruppen bedarf es daher auch dann nicht, wenn diese gegen ausdrückliche verfassungsrechtliche Diskriminierungsverbote (Art. 3 Abs. 2, Abs. 3 GG) verstößt.[420] Etwas anderes gilt bei Vereinen mit Aufnahmezwang, bei welchen der mit den Aufnahmevoraussetzungen verfolgte Zweck einer sachlichen Rechtfertigung bedarf und insoweit gerichtlicher Inhaltskontrolle unterliegt (→ Rn. 252). Die Beschränkung der Mitgliedsfähigkeit kann ferner eine Anerkennung der steuerlichen Gemeinnützigkeit nach § 52 AO gefährden.[421] (→ § 14 Rn. 12). Erfüllt ein Bewerber sämtliche Eignungsvoraussetzungen, begründet dies gleichwohl **keinen Aufnahmeanspruch,** sofern der Satzung nicht eindeutig die Einräumung eines Eintrittsrechts zu entnehmen ist.[422]

---

[415] BGH NJW 1989, 1724 (1725). Im entschiedenen Fall wurde jedoch eine konkludente Beitrittserklärung gegenüber dem Verband angenommen, da das Mitglied durch die fortlaufenden Beitragszahlungen sowie sein sonstiges Verhalten zu erkennen gegeben hat, dass es (auch) Mitglied des Verbandes sein wollte. Ebenso haben die Verbandsorgane unzweideutig zu verstehen gegeben, dass sie vom Zustandekommen der Mitgliedschaft ausgegangen sind. Auf das Vorliegen eines Erklärungswillens bei Zahlung der Beiträge kommt es nicht an.

[416] *Stöber/Otto* Rn. 232.

[417] OLG Hamm NJW-RR 1995, 119 (120); OLG Köln NJW 1992, 1048 (1050); aA *Stöber/Otto* Rn. 233; Soergel/*Hadding* BGB § 38 Rn. 7a.

[418] Nach BayObLGZ 1987, 161 (171) sind Religionsgemeinschaften den allgemeinen Gesetzen unterworfen, wenn sie aus dem innerreligionsgesellschaftlichen Bereich heraustreten.

[419] OLG Celle NJW-RR 1989, 313 (314); *Reichert* Rn. 1020ff.

[420] *Sauter/Schweyer/Waldner* Eingetragener Verein Rn. 70; aA OLG Frankfurt a. M. ZIP 1984, 61.

[421] BFH npoR 2018, 31; FG Bremen EFG 1983, 194.

[422] OLG Köln OLGZ 1966, 132; *Sauter/Schweyer/Waldner* Eingetragener Verein Rn. 74, 76; zum Eintrittsrecht vgl. auch RGZ 106, 120 (126); BGH WM 1980, 1286 = NJW 1980, 2708 (Ls.); BGH NJW 1987, 2503 (2504); MüKoBGB/*Arnold,* 7. Aufl. 2015, BGB § 25 Rn. 33 und § 38 Rn. 57.

Neben der Beschränkung auf bestimmte Rechtssubjekte, wie etwa natürliche oder juristische Personen, können Einschränkungen auch an bestimmte Eigenschaften der Bewerber anknüpfen. 191

Beispiele:

Eingrenzung des Mitgliederkreises anhand Geschlecht, Alter, Herkunft, Wohnsitz, bestimmter Kenntnisse und Fähigkeiten (bspw. Sprachen, Erreichen einer Leistungsstufe im Sport oder eines bestimmten Intelligenzquotienten) oder der Mitgliedschaft in anderen Vereinigungen.[423] Ausschluss solcher Rechtsformen, deren Existenz und Vertretungsbefugnis nicht anhand eines Registers festgestellt werden kann (insbesondere Gesellschaften bürgerlichen Rechts sowie nichtrechtsfähige Vereine).[424] Bei als gemeinnützig anerkannten Vereinsverbänden kann die Aufnahme weiterer Mitglieder davon abhängig gemacht werden, dass diese ihrerseits die Anerkennung der steuerlichen Gemeinnützigkeit nachweisen.[425]

Die Aufnahme kann ferner von außerhalb des Bewerbers liegen Umständen abhängig 192 gemacht werden, wie etwa von der Unterstützung des Beitrittsantrags durch eine bestimmte Zahl von Vereinsmitgliedern (auch aller) oder von der Fürsprache eines **„Bürgen"**, der nicht notwendig ein Vereinsmitglied sein muss. Durch eine solche auf die Untadeligkeit und persönliche Eignung des Bewerbers bezogene „Bürgschaftserklärung" kommt in der Regel kein Bürgschaftsvertrag nach §§ 765 ff. BGB zustande, so dass hierdurch keine Haftung für Zahlungsverpflichtungen oder sonstige Ansprüche des Vereins gegen das neue Mitglied begründet wird. Insbesondere die Aufnahme minderjähriger Mitglieder kann jedoch auch von der **Mithaftung** des gesetzlichen Vertreters für Beiträge abhängig gemacht werden. Da die Satzung keine Pflichten für Nichtmitglieder begründen kann, muss sich der gesetzliche Vertreter durch vertragliche Vereinbarung der Satzung insgesamt unterstellen oder seine Mithaft ausdrücklich erklären. Dies setzt voraus, dass der gesetzliche Vertreter überhaupt Kenntnis davon erhält, dass er mit der im Namen des Minderjährigen abgegebenen Beitrittserklärung auch eine entsprechende Erklärung im eigenen Namen abgibt.[426] Die Satzung kann ferner vorsehen, dass die **Zahl der Mitglieder begrenzt** ist, so dass bei deren Erreichen eine zeitweilige Aufnahmesperre eintritt.[427] Bei politischen Parteien verstößt eine solche befristete Aufnahmesperre gegen § 10 Abs. 1 S. 3 ParteiG. Für die **Wiederaufnahme** eines ausgeschiedenen Mitglieds kann die Satzung besondere Voraussetzungen festlegen oder diese auch gänzlich ausschließen.[428]

Formulierungsbeispiel: Wiederaufnahme (Satzungsbestandteil) 193

§ 3. Beitritt

[...] Ein nach § *** ausgeschlossenes Mitglied kann dem Verein nicht erneut beitreten. Im Übrigen ist der erneute Beitritt ausgeschiedener Mitglieder zulässig, wenn seit dem Ausscheiden des Mitglieds mindestens zwei Jahre vergangen sind und alle bislang entstandenen Ansprüche des Vereins gegen den Antragsteller erfüllt wurden. Ansprüche, die lediglich verjährt sind, gelten nicht als erfüllt.

Die Satzung kann eine **Probezeit** als Aufnahmevoraussetzung vorsehen. In Abgrenzung 194 zur Probemitgliedschaft (→ Rn. 46) handelt es sich hierbei nicht um eine Mitgliedschaft im Rechtssinn, so dass keine Mitgliedschaftsrechte oder -pflichten begründet werden.[429] Dem Bewerber wird vielmehr als Nichtmitglied die Teilnahme am Vereinsgeschehen, ins-

[423] *Stöber/Otto* Rn. 196.
[424] MHdB GesR V/*Schöpflin* § 32 Rn. 10.
[425] *Reichert* Rn. 1024.
[426] OLG Hamm NJW-RR 2000, 42 (43) hat das Vorliegen dieser Voraussetzung im entschiedenen Fall abgelehnt.
[427] *Sauter/Schweyer/Waldner* Eingetragener Verein Rn. 70; *Reichert* Rn. 1021.
[428] *Reichert* Rn. 1044.
[429] *Stöber/Otto* Rn. 208.

besondere der Zugang zu den Einrichtungen des Vereins und die Anwesenheit bei den Veranstaltungen, in jederzeit widerruflicher Weise gestattet um seine Eignung als Vereinsmitglied zu prüfen. Er kann sein Interesse an der Vereinsmitgliedschaft grundsätzlich jederzeit aufgeben.

195 **Formulierungsbeispiel: Probezeit (Satzungsbestandteil)**

§ 3. Erwerb der Mitgliedschaft

(1) Mitglied des Vereins kann jede volljährige Person werden, welche die Voraussetzungen der Mitgliedschaft nach § *** der Satzung erfüllt.
(2) Vor der Aufnahme hat der Bewerber eine Probezeit zu absolvieren. Über den schriftlichen Antrag des Bewerbers auf Durchführung der Probezeit sowie über deren Beendigung entscheidet der Vorstand. Während der Probezeit ist der Bewerber nicht Mitglied des Vereins. Ihm ist der Zugang zu den Einrichtungen des Vereins und die Anwesenheit bei Veranstaltungen des Vereins in jederzeit widerruflicher Weise gestattet. Der Bewerber hat für die Nutzung der Einrichtungen des Vereins die nach dieser Satzung festgelegten Gebühren zu zahlen; ein Beitrag wird während der Probezeit nicht erhoben.
(3) Über den schriftlichen Antrag des Bewerbers auf Aufnahme entscheidet die Mitgliederversammlung mit der Mehrheit der abgegebenen Stimmen. Ein Beschluss kann erst gefasst werden, nachdem der Bewerber eine mindestens sechsmonatige Probezeit nach Abs. 2 absolviert hat. Lehnt die Mitgliederversammlung den Antrag auf Aufnahme ab, ist die Probezeit beendet. Anstelle der Ablehnung kann die Mitgliederversammlung auch beschließen, über den Antrag zu einem späteren Zeitpunkt zu entscheiden.

196 Die Aufnahme kann schließlich von der Zahlung des ersten Mitgliedsbeitrages oder eines **Eintrittsgeldes** abhängig gemacht werden, oder von der Eingehung einer neben der Mitgliedschaft bestehenden vertraglichen Rechtsbeziehung, wie etwa einem Arbeits-, Darlehens- oder Pachtvertrag. In diesen Fällen bietet sich regelmäßig der aufschiebend bedingte Abschluss des Aufnahmevertrages an. Die Bedingung kann sich aus der Satzung ergeben.[430]

197 **Formulierungsbeispiel: Zahlung eines Eintrittsgelds (Satzungsbestandteil)**

§ 3. Erwerb der Mitgliedschaft

[…] Die Aufnahme des Antragstellers setzt voraus, dass dieser an den Verein ein Eintrittsgeld in Höhe von 10.000 EUR leistet. Ein zuvor mit dem Verein abgeschlossener Aufnahmevertrag steht unter der aufschiebenden Bedingung der vollständigen Zahlung des Eintrittsgelds.

198 Fraglich ist, ob die Aufnahme von der **Zustimmung eines außenstehenden Dritten** (bspw. eines Dachverbandes, einer bestimmten Stelle der Kirchenverwaltung, eines Unternehmens oder eines sonstigen Nichtmitglieds) abhängig gemacht werden kann. Mit dem Grundsatz der Selbständigkeit und Selbstverwaltung eines Vereins in jedem Fall unvereinbar ist eine Satzungsbestimmung, wonach die Vereinsmitglieder allein durch einen außenstehende Dritten gewählt oder bestimmt werden; dies gilt auch für Vereine, die kirchliche Aufgaben wahrnehmen.[431] Zumindest bei kirchlichen Vereinen kann jedoch die Zustimmung einer Stelle der kirchlichen Verwaltung als zusätzliche Voraussetzung neben der Aufnahmeentscheidung des zuständigen Vereinsorgans vorgesehen werden.[432]

---

430 *Stöber/Otto* Rn. 238; *Reichert* Rn. 1000.
431 OLG Köln NJW 1992, 1048 (1049); OLG Stuttgart NJW-RR 1986, 995 (996).
432 OLG Köln NJW 1992, 1048 (1049); *Stöber/Otto* Rn. 228; wohl noch weitergehend MHdB GesR V/ *Schöpflin* § 32 Rn. 29.

Eine **nachträgliche Beschränkung** der Aufnahmevoraussetzungen ist durch satzungsändernden Beschluss grundsätzlich zulässig und gilt ab dem Wirksamwerden für neu aufzunehmende Mitglieder. Zur rückwirkenden Geltung für bereits vorhandene Mitglieder mit der Folge der sofortigen Beendigung der Mitgliedschaft → Rn. 310. 199

b) Gestaltung des Aufnahmeverfahrens. Für die Entscheidung über die Aufnahme eines Bewerbers ist grundsätzlich die Mitgliederversammlung **zuständig.** Fehlt es an einer satzungsmäßigen Regelung, ist umstritten, ob diese Entscheidung jedenfalls bei größeren, auf Fluktuation angelegten Vereinen als Geschäftsführungsmaßnahme in die Zuständigkeit des Vorstands fällt. Zur Vermeidung derartiger Unsicherheiten empfiehlt es sich, eine ausdrückliche Zuständigkeitsregelung in die Satzung aufzunehmen. 200

Darüber hinaus können in der Satzung detaillierte Vorgaben zur **Gestaltung des Aufnahmeverfahrens** gemacht werden. Insbesondere können gestufte Entscheidungsverfahren sowie vereinsinterne Rechtsbehelfe (→ Rn. 210) vorgesehen werden und die Abstimmungsmodalitäten geregelt werden. 201

Beispiele:[433]

Abstimmung über die Aufnahme in geheimer Abstimmung oder durch Los; Vorstellung des Bewerbers in der Mitgliederversammlung; Zustimmungsfiktion zum Aufnahmegesuch, wenn nach Bekanntgabe des Aufnahmegesuchs von keinem Mitglied innerhalb einer bestimmten Frist Einspruch erhoben wird; im Falle der Ablehnung durch das in erster Linie zuständige Vereinsorgan (bspw. Vorstand) ist das Aufnahmegesuch der Mitgliederversammlung zur endgültigen Entscheidung vorzulegen.

Formulierungsbeispiel: Aufnahmeverfahren (Satzungsbestandteil) 202

§ 3. Erwerb der Mitgliedschaft

(1) Mitglied des Vereins kann jede volljährige Person werden, welche die Aufnahmevoraussetzungen nach § *** der Satzung erfüllt. Der Antrag auf Aufnahme ist schriftlich oder in Textform zu stellen und hat den Namen, das Geburtsdatum und die Anschrift des Antragstellers zu enthalten.

(2) Über den Antrag auf Aufnahme entscheidet der Vorstand. Lehnt der Vorstand den Antrag ab, so hat er ihn mit einer schriftlichen Stellungnahme zu versehen und der nächsten ordentlichen Mitgliederversammlung zur Entscheidung vorzulegen. Dem Antragsteller ist im Rahmen dieser Mitgliederversammlung Gelegenheit zur Vorstellung in angemessenem Umfang einzuräumen. Hierüber ist der Antragsteller rechtzeitig zu unterrichten. [*Alt.:* Über den Antrag auf Aufnahme entscheidet der Vorstand. Lehnt der Vorstand den Antrag ab, so hat er dies dem Antragsteller schriftlich mitzuteilen und mit Gründen zu versehen. Gegen den ablehnenden Bescheid kann der Antragsteller innerhalb eines Monats ab Zugang beim Vorstand schriftlich Beschwerde einlegen. Die Beschwerde soll begründet werden. Hilft der Vorstand der Beschwerde nicht ab, so hat er diese der nächsten ordentlichen Mitgliederversammlung zur Entscheidung vorzulegen. Die Mitgliederversammlung beschließt über den Antrag auf Aufnahme mit der Mehrheit der abgegebenen Stimmen.]

4. Aufnahme- und Ablehnungserklärung des Vereins

Nachdem vereinsintern über die Aufnahme des Bewerbers entschieden wurde, ist dem Bewerber in einem zweiten Schritt die Annahme oder Ablehnung seines Antrags auf Abschluss eines Aufnahmevertrages zu erklären. 203

[433] Vgl. *Stöber/Otto* Rn. 235, 241.

204 **a) Aufnahmeerklärung des Vereins.** Die Annahme der Beitrittserklärung erfolgt durch empfangsbedürftige Willenserklärung des Vereins, vertreten durch den Vorstand in vertretungsberechtigter Zahl, gegenüber dem Bewerber. Ist ein besonderer Vertreter gem. § 30 BGB bestimmt, so kann auch dieser die Erklärung abgeben. Die Aufnahmeerklärung bedarf grundsätzlich keiner besonderen **Form** und kann auch durch schlüssiges Handeln erfolgen.[434] Gleichwohl kann die Satzung eine bestimmte Form vorschreiben. Eine solche Regelung erscheint meist zweckmäßig, um etwaige Zweifel über das Zustandekommen und den Beginn der Mitgliedschaft zu vermeiden.

Beispiele:

Aufnahme erst mit Zugang einer schriftlichen Bestätigung über die Annahme der Beitrittserklärung, mit Aushändigung eines Mitgliedsausweises oder mit Übergabe des Satzungstextes.

205 Setzt die Satzung eine bestimmte Form der Aufnahmeerklärung voraus, so erwirbt der Bewerber auch dann weder die Mitgliedschaft noch einen Aufnahmeanspruch, wenn die Aufnahme vom zuständigen Vereinsorgan bereits ordnungsgemäß beschlossen wurde und dies dem Bewerber bekannt geworden ist.[435]

206 Formulierungsbeispiel: Form der Aufnahmeerklärung (Satzungsbestandteil)

[...] Die Aufnahmeerklärung des Vereins bedarf zu ihrer Wirksamkeit der Schriftform. [*Alt.:* Die Aufnahme erfolgt durch Aushändigung des Mitgliedsausweises an den Antragsteller.]

207 Eine Annahme des Aufnahmeantrags ohne Erklärung an den Antragenden nach § 151 S. 1 BGB kommt den Umständen nach nicht in Betracht.[436] Jedoch kann in der Satzung auf das Erfordernis einer Annahmeerklärung durch den Verein verzichtet werden, so dass die Mitgliedschaft bereits mit Zugang der **(einseitigen) Beitrittserklärung** des Bewerbers entsteht.[437] Da der Verein hierdurch die Kontrolle über den Mitgliederzugang sowie die Zusammensetzung seiner Mitglieder verliert, ist eine solche Regelung meist nicht empfehlenswert (→ Rn. 180).

208 Formulierungsbeispiel: Verzicht auf die Aufnahmeerklärung (Satzungsbestandteil)

§ 3. Erwerb der Mitgliedschaft

(1) Mitglied des Vereins kann jede volljährige Person werden, welche die Voraussetzungen der Mitgliedschaft nach § *** der Satzung erfüllt. Der Antrag auf Aufnahme ist schriftlich oder in Textform zu stellen und hat den Namen, das Geburtsdatum und die Anschrift des Antragstellers sowie ein SEPA-Lastschriftmandat zum Einzug des Mitgliedsbeitrags zu enthalten.

(2) Liegen die Voraussetzungen nach Abs. 1 vor, erwirbt der Antragsteller die Mitgliedschaft mit Wirkung ab dem nächsten, auf den Zugang seines Antrags beim Verein folgenden Monatsersten. Einer Aufnahmeerklärung durch den Verein bedarf es nicht.

209 **b) Ablehnung des Beitrittsgesuchs.** Die **Ablehnung des Beitrittsgesuchs bedarf keiner Begründung.** Wird von dem Bewerber ein Anspruch auf Aufnahme geltend gemacht, so ist das Vorliegen der Voraussetzungen nach allgemeinen prozessrechtlichen

[434] BGH NJW 2014, 3239; NJW 1989, 1724 (1725); BayObLG NJW 1972, 1323 (1324).

[435] BGH NJW 1987, 2503; AG Duisburg NZG 2002, 1072.

[436] BGH NJW 1987, 2503; KG OLG-NL 2004, 101 (104f.).

[437] BayObLG NJW 1972, 1323f.; LG Münster MDR 1974, 309f.; *Stöber/Otto* Rn. 227; aA Soergel/*Hadding* BGB § 38 Rn. 7a, wobei eine konkludente Aufnahmeerklärung in der widerspruchslosen Entgegennahme der Beitrittserklärung gesehen werden kann.

Grundsätzen aufgrund des Sachverhaltes zu beurteilen, der im Zeitpunkt der letzten mündlichen Verhandlung in den Tatsacheninstanzen festzustellen ist.[438] Kommt es wegen der Ablehnung zum Rechtstreit, kann eine Begründung der Ablehnungsentscheidung daher noch im Prozess nachgeholt oder ergänzt werden. Als nichtig wurde jedoch eine Satzungsformulierung angesehen, wonach ein Verein mit Monopolstellung (→ Rn. 250) Aufnahmegesuche ohne Angabe von Gründen ablehnen kann.[439]

Für den Fall der Ablehnung einer Beitrittserklärung kann die Satzung einen **vereinsinternen Rechtsbehelf** vorsehen. 210

Beispiele:[440]

Einspruchsmöglichkeit des Bewerbers, etwa bei der nächsten Mitgliederversammlung oder einem sonstigen Vereinsorgan (bspw. Ältestenrat).

In diesem Zusammenhang empfiehlt es sich insbesondere folgende Punkte zu regeln: 211

- Das für die erstinstanzliche Entscheidung zuständige Organ sowie das einzuhaltende Verfahren;
- die Form, in welcher die ablehnende Entscheidung dem Bewerber bekanntzugeben ist;
- die Frist, nach deren Ablauf im Falle der Untätigkeit des erstinstanzlich zuständigen Organs Beschwerde eingelegt werden kann;
- die Form und Frist der Beschwerdeeinlegung sowie einer etwaigen Begründung;
- das für die Beschwerdeentscheidung zuständige Organ sowie das einzuhaltende Verfahren.

Die Beschwerdeinstanz tritt in der Regel vollumfänglich an die Stelle der ersten Instanz und übt ihr eigenes Ermessen aus.[441] Die Zulässigkeit einer **Klage vor einem ordentlichen Gericht** setzt grundsätzlich voraus, dass vereinsintern eröffnete Rechtmittel vollumfänglich ausgeschöpft wurden.[442] Eine in der Satzung angeordnete **Schiedsklausel** kann vor der Aufnahme für den Bewerber jedoch keine Wirksamkeit entfalten, da er der Satzungsgewalt (noch) nicht unterliegt; erforderlich wäre daher der Abschluss einer individuellen Schiedsgerichtsvereinbarung zwischen Verein und Bewerber. 212

Formulierungsbeispiel: Rechtsmittel bei Ablehnung des Beitrittsgesuchs (Satzungsbestandteil) 213

§ 3. Erwerb der Mitgliedschaft

[...] Über den Antrag auf Aufnahme entscheidet der Vorstand. Lehnt der Vorstand den Antrag ab, so hat er dies dem Antragsteller schriftlich mitzuteilen und mit Gründen zu versehen. Gegen den ablehnenden Bescheid kann der Antragsteller innerhalb eines Monats ab Zugang schriftlich Beschwerde beim Vorstand einlegen; die Beschwerde soll begründet werden. Hat der Vorstand nach Ablauf von drei Monaten ab Zugang des Antrags auf Aufnahme über diesen nicht entschieden, kann der Antragsteller ebenfalls schriftlich Beschwerde beim Vorstand einlegen. Hilft der Vorstand der Beschwerde nicht ab, so hat er diese der nächsten ordentlichen Mitgliederversammlung zur Entscheidung vorzulegen. Die Mitgliederversammlung beschließt über den Antrag auf Aufnahme mit der Mehrheit der abgegebenen Stimmen.

---

438 BGH NJW 1985, 1214 (1215f.).
439 KG NJW 1962, 1917f.
440 Vgl. *Stöber/Otto* Rn. 235, 241.
441 *Reichert* Rn. 1034.
442 *Stöber/Otto* Rn. 241; *Reichert* Rn. 1035.

5. Rechtliche Wirkungen des Aufnahmevertrages

214 Mit wirksamem Abschluss des Aufnahmevertrages durch Angebot und Annahme entsteht die Mitgliedschaft. Ab diesem Zeitpunkt bestehen die mitgliedschaftlichen Rechte- und Pflichten zwischen Verein und Mitglied, die je nach zugehöriger Mitgliedergruppe unterschiedlich ausgestaltet sein können (→ Rn. 43). Im Aufnahmevertrag kann der rückwirkende Beginn der Mitgliedschaft vereinbart werden, mit der Folge, dass auch die Rechte und Pflichten ab diesem Zeitpunkt eingefordert werden können.[443] Tatsächlich zustande kommt das Mitgliedschaftsverhältnis als solches jedoch erst mit Abschluss des Aufnahmevertrages.[444]

215 Das im Verein bislang gesetzte Recht erstreckt sich auch auf das neue Mitglied ohne das es auf dessen Kenntnis ankommt;[445] es hat jedoch Anspruch auf Aushändigung der Satzung.[446]

III. Sonderfälle

1. Geschäftsunfähige

216 Geschäftsunfähige Personen, zu denen insbesondere Minderjährige vor Vollendung des siebten Lebensjahres zählen (§ 104 Nr. 1 BGB), können gem. § 105 Abs. 1 BGB keine wirksamen Willenserklärungen abgeben. Den Beitritt muss somit der gesetzliche Vertreter im Namen des Geschäftsunfähigen erklären, regelmäßig also die Eltern gemeinsam (§§ 1626 Abs. 1 S. 1, 1629 Abs. 1 S. 1, 2 BGB), der Vormund (§ 1793 Abs. 1 S. 1 BGB) oder der Betreuer (§ 1902 BGB, → Rn. 225).

217 Sind die gesetzlichen Vertreter ihrerseits Mitglieder des Vereins, liegt dennoch kein In-Sich-Geschäft iSv § 181 BGB vor, da der Aufnahmevertrag zwischen dem Verein und dem Bewerber zustande kommt; die Bestellung eines **Ergänzungspflegers** bedarf es daher nicht. Etwas anderes gilt dann, wenn sowohl der Geschäftsunfähige als auch der gesetzliche Vertreter zu den Gründern des Vereins zählen.[447] Eine **familiengerichtliche Genehmigung** kann nach § 1822 Nr. 3 Alt. 3 BGB (ggf. iVm § 1643 Abs. 1 BGB) in den seltenen Fällen erforderlich werden, in denen der Beitritt zu einem auf den Betrieb eines Erwerbsgeschäfts gerichteten wirtschaftlichen Verein erklärt wird.

218 Die Satzung kann die Aufnahme Geschäftsunfähiger von besonderen Voraussetzungen, wie bspw. von der **Mithaftung des gesetzlichen Vertreters** für die Mitgliedsbeiträge, abhängig machen (→ Rn. 192). Ferner kann sie die Mitgliedschaftsrechte Geschäftsunfähiger abweichend ausgestalten (→ Rn. 48).

2. Beschränkt Geschäftsfähige

219 Minderjährige, die das siebte Lebensjahr vollendet haben, sind gem. § 106ff. BGB in ihrer Geschäftsfähigkeit beschränkt. Für sie können die **gesetzlichen Vertreter** den Beitritt in ihrem Namen erklären; insoweit gilt das zu Geschäftsunfähigen Gesagte (→ Rn. 216).

220 Erklärt der Minderjährige den Beitritt im eignen Namen, ist dieser nur dann wirksam, wenn die gesetzlichen Vertreter vorher **einwilligen** (§§ 107, 182f. BGB) oder nachträglich genehmigen (§§ 108 Abs. 1, 182, 184 BGB). Bis zur Zustimmung ist der Aufnahmevertrag schwebend unwirksam. Die Zustimmung zum Vereinsbeitritt umfasst regelmäßig nicht auch die Zustimmung zur Übernahme von Vereinsämtern, die – wie bspw. das Amt

---

[443] BGH NJW-RR 2015, 1069 (1070).

[444] BAG NZA 2001, 980 (981f.), wonach die Tarifgebundenheit iSv § 3 Abs. 1 TVG die tatsächliche Mitgliedschaft in einer der Tarifvertragsparteien voraussetzt. Dies setzt den „tatsächlichen Beitritt" voraus, der erst dann gegeben ist, wenn die Mitgliedschaft vertragsrechtlich zustande gekommen ist und nicht durch die Vereinbarung einer rückwirkenden Mitgliedschaft zurückverlegt werden kann.

[445] *Reichert* Rn. 1042.

[446] LG Karlsruhe Rpfleger 1987, 164.

[447] MHdB GesR V/*Schöpflin* § 32 Rn. 39.

des Vorstands – mit erheblichen Pflichten verbunden sind.[448] Die Annahme einer solchen Wahl bedarf erneuter Zustimmung. Da mit der Vereinsmitgliedschaft mitgliedschaftliche Pflichten einhergehen, ist der Beitritt kein lediglich rechtlich vorteilhaftes Geschäft iSv § 107 BGB.[449]

Umstritten ist, inwiefern die Bestimmungen des **Taschengeldparagraphen** (§ 110 BGB) auf die Beitrittserklärung des Minderjährigen Anwendung finden. In der zweckgebundenen Überlassung der zur Beitragszahlung erforderlichen Mittel an den Minderjährigen könnte – ohne auf § 110 BGB zurückgreifen zu müssen – die konkludente Einwilligung in die Beitrittserklärung nach § 107 BGB zu sehen sein.[450] Zum Schutz des Minderjährigen erklärt § 110 BGB jedoch nur solche Verträge für wirksam, die der Minderjährige mit den ihn überlassenen Mitteln tatsächlich erfüllt („bewirkt") hat. Eine Einwilligung, die über das Tätigen von Bargeschäften hinausgeht und die wirksame Begründung von noch nicht erfüllten Verpflichtungen umfasst, kann daher nur dann angenommen werden, wenn zu der Überlassung der Mittel besondere Umstände hinzutreten, welche auf einen solchen Willen bei dem gesetzlichen Vertreter schließen lassen.[451] 221

Liegen diese besonderen Umstände nicht vor, kann sich nach der wohl herrschenden, mE zutreffenden Meinung die Wirksamkeit der Beitrittserklärung nicht aus § 110 BGB ergeben.[452] Dies ergibt sich zum einen daraus, dass die Beitragspflicht regelmäßig eine periodische Verpflichtung darstellt und § 110 BGB Verträge nur insoweit für wirksam erklärt, als dass die vertragsmäßige Leistung bewirkt wurde. Eine Anwendung von § 110 BGB würde daher eine zeitliche Teilung der Mitgliedschaft voraussetzen.[453] Gegen eine Anwendung von § 110 BGB spricht zudem, dass infolge des Beitritts auch mitgliedschaftliche Pflichten begründet werden, die über die bewirkte Beitragszahlung hinausgehen.[454] 222

Ist der Minderjährige gem. **§§ 112, 113 BGB** zum selbstständigen Betrieb eines Erwerbsgeschäftes oder zur Eingehung eines Dienst- oder Arbeitsverhältnisses ermächtigt, so kann er auch wirksam den Beitritt zu Vereinen erklären, die hiermit im Zusammenhang stehen.[455] 223

Beispiele:

Gewerkschaften,[456] Berufsverbände.

Die Satzung kann die Aufnahme Minderjähriger von besonderen Voraussetzungen, wie bspw. von der **Mithaftung des gesetzlichen Vertreters** für die Mitgliedsbeiträge, abhängig machen (→ Rn. 192). Ferner kann sie die Mitgliedschaftsrechte Minderjähriger abweichend ausgestalten (→ Rn. 48). 224

---

[448] MHdB GesR V/*Schöpflin* § 32 Rn. 38.

[449] *Reichert* Rn. 1011; MHdB GesR V/*Schöpflin* § 32 Rn. 32; *Stöber/Otto* Rn. 247.

[450] *Stöber/Otto* Rn. 247; nach MHdB GesR V/*Schöpflin* § 32 Rn. 34 handelt es sich um einen Anwendungsfall von § 110 Alt. 1 BGB mit der Folge, dass der Aufnahmevertrag in vollem Umfang wirksam wird, sobald der erste Mitgliedsbeitrag mit den zweckgebunden zur Verfügung gestellten Mitteln bewirkt wurde.

[451] MüKoBGB/*Schmitt* BGB § 110 Rn. 31 f.; *Harder* NJW 1990, 857 (858 f.).

[452] *Hofmann* Rpfleger 1986, 5; *Reichert* Rn. 1011; *Stöber/Otto* Rn. 247; Staudinger/*Weick* BGB § 35 Rn. 26; Palandt/*Ellenberger* BGB § 38 Rn. 4; *Sauter/Schweyer/Waldner* Eingetragener Verein Rn. 10; anders jedoch, wenn nur ein einmaliger Mitgliedsbeitrag geschuldet ist und dieser aus entsprechend zweckgebundenen oder zur freien Verfügbarkeit überlassenen Mitteln bewirkt werden kann; differenzierend MHdB GesR V/*Schöpflin* § 32 Rn. 34 ff.

[453] So MHdB GesR V/*Schöpflin* § 32 Rn. 35.

[454] AA für den Fall, dass dem minderjährigen Mitglied keine über die (bewirkte) Beitragspflicht hinausgehenden Pflichten durch die Satzung auferlegt werden: MHdB GesR V/*Schöpflin* § 32 Rn. 36.

[455] *Reichert* Rn. 1011; *Stöber/Otto* Rn. 247; *Sauter/Schweyer/Waldner* Eingetragener Verein Rn. 10; MHdB GesR V/*Schöpflin* § 32 Rn. 37.

[456] LG Frankfurt a. M. FamRZ 1967, 680.

3. Betreute

225 Ist der Betreute **geschäftsunfähig,** so kann nur der Betreuer im Namen des Betreuten die Beitrittserklärung abgeben. Dies setzt voraus, dass der Vereinsbeitritt zum Aufgabenbereich des Betreuers gehört (§ 1902 BGB). Ist dies – wie regelmäßig – nicht ausdrücklich der Fall, kann sich eine Vertretungsbefugnis ggf. als Annex zu einem anderen Aufgabenbereich ergeben.

Beispiel:

Beitritt zu einer Selbsthilfevereinigung für eine bestimmte Krankheit, um Beratungsleistungen in Anspruch zu nehmen, die anderweitig nicht (kostengünstig) bezogen werden können.[457]

226 Der **geschäftsfähige Betreute unter Einwilligungsvorbehalt,** gibt die Beitrittserklärung in eigenem Namen ab, bedarf zu deren Wirksamkeit jedoch der Zustimmung des Betreuers, sofern der Vereinsbeitritt in dessen Aufgabenbereich fällt (§ 1903 Abs. 1 BGB). Die Ausführungen zu beschränkt geschäftsfähigen Bewerbern gelten entsprechend (→ Rn. 219). Erstreckt sich der Einwilligungsvorbehalt auf die Vereinsmitgliedschaft, bedarf es der Zustimmung des Betreuers auch zu Ausübung des Stimmrechts sowie zur Annahme von Vereinsämtern.[458] Teilweise wird vertreten, dass auf einen Vereinsbeitritt, der im Vergleich zur Leistungsfähigkeit des Betreuten zu einer nur geringfügigen wirtschaftlichen Belastung führt, die Ausnahmeregelung des § 1903 Abs. 3 S. 2 BGB anwendbar ist.[459] Dies überzeugt indes nicht.

227 Der **geschäftsfähige Betreute, der nicht unter Einwilligungsvorbehalt steht,** kann eine wirksame Beitrittserklärung im eigenen Namen abgeben. Sofern der Aufgabenbereich des Betreuers auch den Vereinsbeitritt erfasst, kann dieser die Beitrittserklärung auch im Namen des Betreuten abgeben; die Vertretungsmacht des Betreuers besteht neben der Handlungsmacht des Betreuten.[460]

4. Juristische Personen und Personengesellschaften

228 Für juristische Personen des Privatrechts und Personengesellschaften handeln die jeweiligen **gesetzlichen Vertreter** in vertretungsberechtigter Zahl. Der nicht rechtsfähige Verein wird durch seinen Vorstand vertreten, die Gesellschaft bürgerlichen Rechts durch sämtliche Gesellschafter (§§ 714, 709 Abs. 1 BGB). Auch eine **rechtsgeschäftliche Stellvertretung** bei Abgabe der Beitrittserklärung ist vorbehaltlich anderslautender Satzungsbestimmungen grundsätzlich zulässig (→ Rn. 185). Die Beitrittserklärung kann daher auch wirksam von einem **Prokuristen** abgegeben werden.[461]

IV. Beitrittsmängel

1. Allgemeine Nichtigkeitstatbestände

229 Die Aufnahme in den Verein vollzieht sich durch Abschluss eines Aufnahmevertrages, auf den die **allgemeinen Nichtigkeitstatbestände** Anwendung finden. In Betracht kommen insbesondere erkannter geheimer Vorbehalt (§ 116 S. 2 BGB), Scheingeschäft (§ 117 BGB), Mangel der Ernstlichkeit (§ 118 BGB), Geschäftsunfähigkeit (§ 105 Abs. 1 BGB)

[457] *Wüstenberg* BtPrax 2005, 138 (141); MHdB GesR V/*Schöpflin* § 32 Rn. 40.

[458] *Wüstenberg* BtPrax 2005, 138 (140); *Reichert* Rn. 1444; MHdB GesR V/*Schöpflin* § 32 Rn. 44.

[459] MHdB GesR V/*Schöpflin* § 32 Rn. 43. Dies könnte angesichts der Gesetzesbegründung, wonach diese Vorschrift in erster Linie für „alltägliche Bargeschäfte über geringwertige Gegenstände" (BT-Drs. 11/4528 S. 139) gelte, fraglich sein. Zuzugeben ist jedoch, dass die Anwendung des § 1903 Abs. 3 S. 2 BGB – anders als § 110 BGB – nach der Gesetzesbegründung gerade nicht die Erfüllung der begründeten Verpflichtung voraussetzt.

[460] MHdB GesR V/*Schöpflin* § 32 Rn. 41.

[461] *Stöber/Otto* Rn. 250.

oder beschränkte Geschäftsfähigkeit ohne Mitwirkung des gesetzlichen Vertreters (§ 107 ff. BGB). Unwirksam ist ein Aufnahmevertrag, der gegen die guten Sitten (§ 138 BGB) oder ein gesetzliches Verbot verstößt, sofern sich aus dem Gesetz nichts anderes ergibt (§ 134 BGB).

Beispiel:

Aufnahme einer juristischen Person in eine politische Partei (Verstoß gegen § 2 Abs. 1 S. 2 ParteiG).[462]

Sowohl für den Bewerber als auch für den Verein können **Anfechtungsgründe** wegen Irrtums (§ 119 BGB), arglistiger Täuschung oder Drohung (§ 123 BGB) gegeben sein. 230

Beispiel:

Verschweigen der Insolvenzreife des Vereins.[463]

Ein Aufnahmevertrag kommt ferner dann nicht zustande, wenn die Aufnahmeerklärung des Vereins die satzungsmäßig bestimmte **Form** nicht erfüllt (→ Rn. 204). 231

Beispiele:

Aufnahme erst mit Zugang einer schriftlichen Bestätigung über die Annahme der Beitrittserklärung, mit Aushändigung eines Mitgliedsausweises oder mit Übergabe des Satzungstextes.

Verstößt die Beitrittserklärung des Mitglieds gegen die in der Satzung bestimmte Form und erklärt der Verein dem Mitglied gleichwohl die Aufnahme, wird man regelmäßig von einem wirksamen Beitritt ausgehen können, insbesondere wenn die vorgeschriebene Form in erster Linie der Beweissicherung, Klarstellung oder Verwaltungsvereinfachung (bspw. bei Verwendung eines bestimmten Formulars) dient. Von der Nichtigkeit des Aufnahmevertrags ist nach § 125 S. 2 BGB nur auszugehen, wenn sich aus der Satzung ergibt, dass die Einhaltung der für den Aufnahmeantrag festgelegten Form konstitutive Bedeutung haben soll.[464] Dies sollte, falls gewünscht, in der Satzung eindeutig zum Ausdruck kommen. 232

2. Satzungswidrige Aufnahmeerklärung

Stellt die Satzung bestimmte Anforderungen an die Aufnahme eines neuen Bewerbers, insbesondere an in seiner Person liegende Eigenschaften, ist fraglich, ob ein unter Missachtung dieser Voraussetzungen abgeschlossener Aufnahmevertrag gleichwohl wirksam ist. Dies wird von der **hM** mit dem Hinweis bejaht, dass § 134 BGB nur für den Gesetzes-, nicht jedoch für den Satzungsverstoß gilt.[465] Hat der Vorstand unzulässigerweise die Aufnahme erklärt, stellt dies lediglich eine Verletzung seiner Geschäftsführungspflichten dar. Dieser Trennung in rechtliches Können und rechtliches Dürfen ist zuzugeben, dass sie Unsicherheiten über das Zustandekommen einer wirksamen Mitgliedschaft nach Möglichkeit vermeidet indem sie die Unwirksamkeitsgründe auf die gesetzlichen Tatbestände beschränkt. 233

Gleichwohl ist anerkannt, dass die Satzung Anforderungen an das wirksame Zustandekommen eines Aufnahmevertrages stellen kann, bei deren Missachtung eine Mitgliedschaft nicht entsteht. Dies gilt insbesondere für Satzungsbestimmungen, die eine bestimmte Form der Aufnahmeerklärung voraussetzen (bspw. Aushändigung eines Mitgliedsausweises).[466] 234

---

462 *Stöber/Otto* Rn. 243.

463 *Reichert* Rn. 1036.

464 BGH NJW 2014, 3239 (3240 f.) zur Wirksamkeit einer konkludenten Aufnahmeerklärung trotz in der Satzung normierten Schriftform.

465 *Sauter/Schweyer/Waldner* Eingetragener Verein Rn. 70, 75; *Stöber/Otto* Rn. 195; MHdB GesR V/*Schöpflin* § 32 Rn. 11; Soergel/*Hadding* BGB § 38 Rn. 9.

466 BGH NJW 1987, 2503; AG Duisburg NZG 2002, 1072.

Auch wird vertreten, dass durch entsprechende Regelung in der Satzung der Erwerb der Mitgliedschaft unter eine aufschiebende Bedingungen (bspw. Zahlung der Aufnahmegebühr) gestellt werden kann.[467]

235 Weiterhin ist anerkannt, dass die Satzung an einen objektiven Beendigungstatbestand das „automatische Erlöschen" der Mitgliedschaft knüpfen kann, ohne dass es einer Mitwirkung des Vereins oder seiner Organe bedarf.[468] Dies gilt insbesondere dann, wenn der Erwerb der Mitgliedschaft von besonderen Voraussetzungen in der Person des Bewerbers abhängt und die Vereinssatzung diese Rechtsfolge bei Wegfall der Voraussetzungen ausdrücklich anordnet.[469] Die hM würde in diesen Fällen zu dem eigentümlichen Ergebnis führen, dass die Mitgliedschaft einer Person, bei der die Eignungsvoraussetzungen nach Aufnahme wegfallen, erlischt, wohingegen die Mitgliedschaft einer Person, bei der die Eignungsvoraussetzungen nie vorlagen, fortbesteht.

236 Richtigerweise wird man die **Fehlerfolge einer satzungswidrigen Aufnahmeerklärung ebenfalls anhand der Satzung zu bestimmen** haben. Die Satzung kann anordnen, dass eine Mitgliedschaft nur unter bestimmten, zwingend zu beachtenden Voraussetzungen zustande kommt. Dabei macht es keinen Unterschied, ob es sich um die Aushändigung des Mitgliedsausweises, die Zahlung der Aufnahmegebühr oder die Erfüllung bestimmter Eignungsvoraussetzungen handelt. Ist eine Satzungsbestimmung zulässig, die an den Wegfall bestimmter Eignungsvoraussetzungen das automatische Erlöschen der Mitgliedschaft knüpft, kann im Rahmen der Aufnahme nichts anderes gelten. Ordnet die Satzung ausdrücklich[470] an, dass die Mitgliedschaft mit dem Vorhandensein bestimmter Eignungsvoraussetzungen stehen und fallen soll, ist die Aufnahme eines Bewerbers, der die Eignungsvoraussetzungen nicht erfüllt, daher auch dann ausgeschlossen, wenn diesem die Aufnahme erklärt wurde. Ergeben sich infolgedessen Unsicherheiten über das Zustandekommen der Mitgliedschaft, ist diesen mit den Grundsätzen des fehlerhaften Beitritts zu begegnen (→ Rn. 239).

237 An die ausdrückliche Anordnung dieser Rechtsfolge sind strenge Anforderungen zu stellen. Im Zweifel ist davon auszugehen, dass eine satzungswidrige Aufnahmeerklärung wirksam ist. Dies gilt insbesondere, wenn gegen Regelungen zur Gestaltung des Aufnahmeverfahrens[471] oder bloße Ordnungsvorschriften (bspw. Aufnahme erst nach Ableistung einer Probezeit) verstoßen wurde.

238 **Formulierungsbeispiel: Folgen einer satzungswidrigen Aufnahme (Satzungsbestandteil)**

§ 3. Erwerb der Mitgliedschaft

[...] Mitglied des Vereins kann jede volljährige Person werden, welche die Voraussetzungen der Mitgliedschaft nach § *** erfüllt. Eine unter Verstoß gegen diese Aufnahmevoraussetzungen gleichwohl erklärte Aufnahme ist unwirksam.

3. Rechtsfolgen des fehlerhaften Beitritts

239 Auf den fehlerhaften Vereinsbeitritt finden die **Grundsätze über den fehlerhaften Beitritt** zu einer Gesellschaft entsprechende Anwendung.[472] Danach können Beitrittsmängel

---

[467] *Stöber/Otto* Rn. 238; *Reichert* Rn. 1000.
[468] → Rn. 307.
[469] BGH DNotZ 1978, 724; OLG Celle NJW-RR 1989, 313 (314); OLG Oldenburg OLGR 2009, 612; *Sauter/Schweyer/Waldner* Eingetragener Verein Rn. 114; *Stöber/Otto* Rn. 315.
[470] Vgl. LG Braunschweig MDR 1995, 754.
[471] Vgl. BGH NJW 2014, 3239 (3240) zur Wirksamkeit eines Aufnahmevertrags trotz in der Satzung vorgesehener, im entschiedenen Fall jedoch nicht vorliegenden Empfehlung des Bewerbers durch die Geschäftsführung.
[472] KG OLG-NL 2004, 101 (106); *Walter* NJW 1975, 1033; *Reichert* Rn. 1037; Staudinger/*Weick* BGB § 35 Rn. 26; *Stöber/Otto* Rn. 244; MHdB GesR V/*Schöpflin* § 32 Rn. 45 f.; *Sauter/Schweyer/Waldner* Eingetragener Verein Rn. 75; Palandt/*Ellenberger* BGB § 38 Rn. 4.

nicht rückwirkend, sondern nur mit Wirkung für die Zukunft durch Austritt bzw. Ausschluss ohne Fristbindung geltend gemacht werden. Auch eine Anfechtung wirkt entgegen § 142 Abs. 1 BGB nur *ex nunc.* Der Beitretende hat während seiner Vereinszugehörigkeit sämtliche mitgliedschaftlichen Rechte und Pflichten. Er ist insbesondere zur Zahlung von Mitgliedsbeiträgen verpflichtet, so dass eine Rückforderungen geleisteter Beiträge nach den Grundsätzen der §§ 812ff. BGB ausscheidet. Hat der Beitretende an Beschlüssen mitgewirkt, sind diese auch dann wirksam, wenn seine Stimme zum Erreichen eines bestimmten Quorums ausschlaggebend war. Ziel dieser Lehre ist es, Schwierigkeiten zu vermeiden, die mit einer vollständigen Rückabwicklung der Mitgliedschaftsrechte und -pflichten verbunden sind und zugleich die jederzeitige Beendigung der Mitgliedschaft für die Zukunft zu ermöglichen.

Die Anwendung der Grundsätze über den fehlerhaften Beitritt setzen voraus, dass dem 240
Beitritt ein – wenn auch fehlerhaftes – **rechtsgeschäftliches Handeln** sowohl auf Seiten des Bewerbers als auch auf Seiten des Vereins zugrunde liegt.[473] Fehlt es etwa an einer Erklärung des Bewerbers oder hat ein vollmachtloser Vertreter gehandelt, scheidet eine Anwendung dieser Grundsätze aus.[474] Gleiches gilt, wenn für den Verein nicht die zu seiner Vertretung erforderliche Zahl von Vorstandsmitgliedern mitgewirkt haben.[475] Etwas anderes kann dann gelten, wenn die handelnden Personen von einer wirksamen Vertretung des Vereins ausgingen, etwa weil sie eine entsprechende Bevollmächtigung der Vorstände annahmen.[476]

Weiterhin erforderlich ist der **Vollzug des Beitritts.**[477] Dies wird man im Falle des 241
Vereinsbeitritts dann annehmen können, wenn Mitgliedsbeiträge geleistet wurden oder der Beitretende an Beschlüssen mitgewirkt hat, da ab diesem Zeitpunkt Rückabwicklungsschwierigkeiten zu befürchten sind.

Der Aufnahmevertrag muss an **Mängeln** leiden, die zu einer – nicht nur teilweisen – 242
anfänglichen Nichtigkeit führen.[478] Eine solche kann sich aus den vorstehend beschriebenen allgemeinen Nichtigkeitstatbeständen ergeben (→ Rn. 229). Nimmt man mit der hier vertretenen Auffassung an, dass auch satzungswidrige Aufnahmeerklärungen bei entsprechender Anordnung unwirksam sind,[479] wird man auch in diesen Fällen die Grundsätze des fehlerhaften Beitritts anwenden.

Die Anwendung der Grundsätze des fehlerhaften Beitritts scheidet schließlich aus, wenn 243
eine solche mit dem **Schutzzweck des Nichtigkeitsgrundes** unvereinbar ist. Das ist der Fall, wenn der Aufnahmevertrag gegen ein gesetzliches Verbot verstößt (§ 134 BGB) oder sittenwidrig ist (§ 138 BGB) sowie zum Schutz Minderjähriger und Geschäftsunfähiger (§ 104ff. BGB). Im Falle arglistiger Täuschung oder Drohung bleiben die Grundsätze des fehlerhaften Beitritts anwendbar.[480]

---

[473] MüKoBGB/*Schäfer* BGB § 705 Rn. 338. Zur Anwendung dieser Grundsätze, wenn der Beitretende nach dem für ihn geltenden Recht, bspw. als Verein, Stiftung oder Körperschaft des öffentlichen Rechts, nicht beitreten darf vgl. BayObLG NJW-RR 1990, 476 (Beitritt einer kirchlichen Stiftung zu einer KG).

[474] MHdB GesR V/*Schöpflin* § 32 Rn. 46; *Reichert* Rn. 1038.

[475] KG OLG-NL 2004, 101 (106). Dies ergibt sich daraus, dass die Grundsätze über den fehlerhaften Beitritt zu einer Gesellschaft ein rechtsgeschäftliches Handeln aller Gesellschafter voraussetzen. In Übertragung auf den Verein, bei welchem der Beitritt nicht durch Vertrag mit den Gesellschaftern, sondern mit dem durch den Vorstand vertretenen Verein zustande kommt, dass der Verein die Aufnahme durch die Vorstandsmitglieder in vertretungsberechtigter Zahl erklären muss.

[476] BGH NJW 1988, 1321 (1323) zum fehlerhaften Beitritt zu einer KG. Weitergehend MüKoBGB/*Ulmer,* 7. Aufl. 2015, BGB § 705 Rn. 366 (Mitwirkung eines Gesellschafters ausreichend).

[477] Im Recht der Personengesellschaften wird die Leistung der Einlage oder die Mitwirkung an Geschäftsführungsmaßnahmen gefordert; str., vgl. MüKoBGB/*Ulmer,* 7. Aufl. 2015, BGB § 705 Rn. 367 mwN.

[478] BeckOK BGB/*Schöne* BGB § 705 Rn. 84.

[479] → Rn. 236.

[480] MüKoBGB/*Schäfer* BGB § 705 Rn. 351; BeckOK BGB/*Schöne* BGB § 705 Rn. 90; aA MHdB GesR V/*Schöpflin* § 32 Rn. 46; *Stöber/Otto* Rn. 244.

V. Anspruch auf Aufnahme

1. Grundsatz der Aufnahmefreiheit

244 Der Verein ist grundsätzlich frei, den Kreis seiner Mitglieder selbst zu bestimmen. Dieses sich aus der Privatautonomie ergebende Recht ist Gegenstand grundrechtlichen Schutzes nach Art. 9 Abs. 1 GG. Innerhalb der allgemeinen gesetzlichen Grenzen können die Aufnahmevoraussetzungen in der Satzung beschränkt werden, ohne dass es hierfür einer sachlichen Rechtfertigung bedarf.[481] Erfüllt ein Bewerber sämtliche Eignungsvoraussetzungen der Satzung, steht es dem Verein im Regelfall dennoch frei, das Aufnahmegesuch abzulehnen. Abweichend von diesem Grundsatz der Aufnahmefreiheit kann in den nachfolgend dargestellten Fällen ein Anspruch des Bewerbers auf Aufnahme bestehen.[482]

245 Bei **politischen Parteien** kommt ein Aufnahmeanspruch gem. § 10 Abs. 1 S. 1, S. 2 ParteiG nicht in Betracht. Zur Bedeutung der **Grundrechte** für die Beurteilung eines möglichen Aufnahmezwangs → § 19 Rn. 4f.

2. Anspruchsgrundlagen

246 **a) Selbstbindung des Vereins.** Ein klagbarer Aufnahmeanspruch kann sich für einen Bewerber aus einer Selbstbindung des Vereins ergeben. Der Verein kann sich **einzelvertraglich** – auch in Form eines Vertrages zugunsten eines Dritten, § 328 BGB – zur Aufnahme eines bestimmten Bewerbers verpflichten.

247 Auch in der **Satzung** kann außenstehenden Dritten ein Eintrittsrecht eingeräumt werden.[483] Eine solche Verpflichtung ist jedoch ungewöhnlich, so dass hinreichend deutlich zum Ausdruck kommen muss, dass eine solche Selbstbindung tatsächlich gewollt ist.[484]

Beispiel:

Eine Satzungsbestimmung, wonach der Vorstand über die Aufnahme eines neuen Mitglieds nach einer Probezeit von einem Jahr entscheidet, begründet keinen Anspruch auf Aufnahme als Probemitglied.[485] Sieht eine Satzung vor, dass bestimmte Personen (bspw. in Anknüpfung an deren berufliche Stellung wie Betriebsratsmitglied, Bürgermeister oÄ) als „geborene" Mitglieder des Vereins gelten, kann eine solche Regelung ggf. als Eintrittsrecht auszulegen sein.[486]

248 Ist die Mitgliedschaft mit bestimmten Eigenschaften der Vereinsmitglieder verbunden, wie etwa der Inhaberschaft eines bestimmten Gewerbebetriebs oder der Wahrnehmung bestimmter Funktionen,[487] kann der Beitritt künftiger Unternehmens- oder Funktionsnachfolgern durch ein entsprechendes Eintrittsrecht sichergestellt werden. Ebenso kann auf diese Weise Erben oder sonstigen Rechtsnachfolgern ein Aufnahmeanspruch eingeräumt werden. Es empfiehlt sich in der Satzung festzulegen, innerhalb welcher Frist und in welcher Form der Beitritt erfolgen kann.

---

481 → Rn. 165.

482 Vgl. auch *Birk* JZ 192, 343; *Grunewald* AcP 182 (1982), 181.

483 RGZ 106, 120 (126); BGH WM 1980, 1286 = NJW 1980, 2708 (Ls.); BGH NJW 1987, 2503 (2504); aA MüKoBGB/*Arnold*, 7. Aufl. 2015, BGB § 25 Rn. 33 und § 38 Rn. 57, demzufolge jedoch die Vertretungsmacht des Vereinsvorstands für den Abschluss des Beitrittsvertrages durch die satzungsmäßige Aufnahmevoraussetzung beschränkt sei; → Rn. 15.

484 *Reichert* Rn. 1049; *Stöber/Otto* Rn. 256.

485 LG Lübeck MDR 1993, 292.

486 → Rn. 187; eine Erklärung des Beitrittswillens durch das Mitglied ist im Hinblick auf die negative Vereinigungsfreiheit jedoch stets Voraussetzung für die Begründung der Mitgliedschaft. Besonderheiten gelten nach in der Rechtsprechung vertretener Ansicht für kirchliche Vereine (→ Rn. 188).

487 BGH WM 1980, 1286.

Formulierungsbeispiel: Einräumung eines Eintrittsrechts (Satzungsbestandteil) 249

§ 3. Erwerb der Mitgliedschaft

[...] Beim Tod eines Mitglieds hat dessen ältester leiblicher Abkömmling, bei mehreren gleichaltrigen Abkömmlingen ein jeder von ihnen, das Recht, dem Verein durch einseitige, schriftliche Erklärung als ordentliches Mitglied beizutreten. Die Mitgliedschaft entsteht mit Zugang der Beitrittserklärung beim Verein. Dieses Eintrittsrecht erlischt, wenn es nicht innerhalb einer Frist von einem Jahr seit dem Tod des verstorbenen Mitglieds wirksam ausgeübt wurde.

b) Vereine mit Monopol- oder monopolähnlicher Stellung. Die Rechtsprechung hat 250 in Ausnahmefällen einen Anspruch auf Aufnahme aus §§ 826, 249 BGB hergeleitet.[488] Voraussetzung hierfür ist zunächst, dass der Verein (1) eine Monopolstellung oder zumindest eine **überragende Machtstellung** im wirtschaftlichen oder sozialen Bereich innehat und (2) für den Bewerber ein wesentliches oder grundlegendes **Interesse an dem Erwerb der Mitgliedschaft** besteht.[489] Eine derartige Machtstellung kann auch im Hinblick auf eine örtlich begrenzte Region vorliegen; sie muss nicht das gesamte Gebiet eines Landes oder des Bundes erfassen.[490] Ein Aufnahmeanspruch kann sowohl gegenüber einem wirtschaftlichen Verein[491] als auch gegenüber einem Idealverein[492] bestehen. Nicht ausreichend ist die bloße Förderung der Geselligkeit der Mitglieder, auch wenn es sich um den örtlich oder sachlich einzig relevanten Verein handelt und die Mitgliedschaft ein gewisses Geltungsbedürfnis befriedigt.[493] Ist die Mitgliedschaft in einem Verband hingegen Voraussetzung für die Inanspruchnahme von Fördermitteln (wie etwa Mittel der Sportförderung oder Sporthilfe), für die Durchführung anerkannter (Trainer-/Schiedsrichter-) Ausbildungen oder für die Abhaltung anerkannter Prüfungen, kann dies ein entsprechendes wesentliches oder grundlegendes Interesse des Bewerbers begründen.[494] Bei politischen Parteien kommt eine Aufnahmepflicht jedoch nicht in Betracht (→ Rn. 245).[495]

Beispiele:

Die Voraussetzungen des Aufnahmeanspruchs wurden **bejaht** für die Gewerkschaft IG Metall,[496] für den Deutschen Sportbund,[497] für den bundesweiten Spitzenverband der Taekwondo-Landesverbände,[498] für einzelne Landessportverbände[499] sowie für einen örtlichen Sportförderverband, der innerhalb eines Stadtgebietes als einflussreicher und einziger Vertreter der Interessen seiner Mitglieder im Bereich des Sports gegenüber den zuständigen Behörden und Verbänden sowie der Öffentlichkeit und den maßgeblichen Persönlichkeiten auftritt.[500] Gleiches gilt für einen Stadtjugendring, der praktisch allein die Interessen der in der Jugendpflege tätigen Vereinigungen gegenüber der Öffentlichkeit, den Vertretungskörperschaften und Behörden sowie im Jugendwohlfahrtsausschuss vertritt und dementspre-

---

[488] In jüngerer Zeit hat der BGH die Rechtsgrundlage hierfür in einer mittelbaren Drittwirkung des Art. 9 Abs. 1 GG gesehen, vgl. NJW 1999, 1326. Mittlerweile findet sich für Berufsorganisationen eine gesetzliche Grundlage in § 18 Abs. 1 Nr. 2 Alt. 2 AGG, → Rn. 254.

[489] BGH NJW 1999, 1326 (örtlicher Sportförderverband); NJW-RR 1986, 583 (Landessportbund); NJW 1985, 1216 (IG Metall); NJW 1980, 186 (Hamburgischer Anwaltsverein); NJW 1975, 771 (Deutscher Sportbund); NJW 1969, 316 (Landessportbund); NJW 1959, 880 (Landesverband für sanitären Fachhandel).

[490] BGH NJW 1999, 1326 (1327).

[491] BGH NJW 1959, 880.

[492] BGH NJW 1969, 316.

[493] BGH NJW 1980, 186.

[494] OLG München ZStV 2019, 218.

[495] BGH NJW 1987, 2503.

[496] BGH NJW 1985, 1216.

[497] BGH NJW 1975, 771.

[498] OLG München ZStV 2019, 218.

[499] BGH NJW 1969, 316 f.; NJW-RR 1986, 583; OLG Frankfurt a. M. WRP 1983, 35.

[500] BGH NJW 1999, 1326 (1327).

chend von den Jugendwohlfahrtsbehörden maßgeblich bei der Verteilung öffentlicher Förderungsmittel und der Verwaltung von Räumlichkeiten für die Jugendarbeit herangezogen wird.[501]

Abgelehnt wurde die Voraussetzung bei einem örtlichen Anwaltsverein, obwohl es sich um den sachlich und örtliche einzig relevanten Verband handelte, weil die berufs- und standespolitischen Interessen auch über die zuständige Rechtsanwaltskammer verfolgt werden können und wirtschaftliche Vergünstigungen durch die Beitragspflicht aufgewogen werden oder nur geringfügig seien.[502] Ferner bei einem örtlichen Mietverein[503] sowie einer als Verein organisierten Landespressekonferenz.[504]

Dass eine bundesweit tätige berufsständische Organisation, der rund 60 % aller selbstständigen Bestattungsunternehmen in Deutschland angehören, die Voraussetzungen einer monopolähnlichen Stellung erfüllt, wurde als „äußert **zweifelhaft**" erachtet.[505]

Naheliegend erscheint es, die Voraussetzung bei Kleingartenvereinen zu bejahen, die Versorgungsanlagen betreiben, mit denen sie den Mitgliedern den Bezug von Strom und Wasser für ihre Gärten ermöglichen und eine anderweitige Versorgung praktisch nicht möglich ist.[506]

251 Liegen die vorstehenden Voraussetzungen vor, darf der Verein Bewerber im Einzelfall gleichwohl ablehnen. Die Ablehnung darf jedoch nicht zu einer **sachlich nicht gerechtfertigten** ungleichen Behandlung und unbilligen Benachteiligung des Bewerbers im Vergleich zu den bereits aufgenommenen Mitgliedern führen.[507] Letztlich sind die Interessen des Vereins an seiner Organisationsautonomie, insbesondere an dem Schutz seiner Funktionsfähigkeit, seines Bestandes, seines Zwecks und seiner grundlegenden politisch-gesellschaftlichen Ausrichtung, gegen die Interessen des Bewerbers abzuwägen.[508]

Beispiele:

Eine Beitrittserklärung kann abgelehnt werden, wenn von vorneherein feststeht, dass der Bewerber die Solidarität gegenüber der von der Mehrheit der Mitglieder getragenen inneren Vereinsordnung verweigert, was sich insbesondere daran zeigen kann, dass der Bewerber den Verein in der Vergangenheit ohne rechtfertigenden Grund massiv angegriffen und schwere Vorwürfe erhoben hat.[509] Ausreichend kann ferner die Zugehörigkeit zu einer Organisation sein, die den Zielen des Vereins eindeutig feindlich eingestellt ist.[510] Nicht ausreichend ist die Betriebsratskandidatur auf einer mit der Gewerkschaft konkurrierenden Liste, wenn sich der Bewerber über den Wettbewerb der Stimmen hinaus nicht gegen die Gewerkschaft richtet.[511]

252 Ein Aufnahmeanspruch kommt grundsätzlich nur dann in Betracht, wenn der Bewerber die **Aufnahmevoraussetzungen der Satzung erfüllt.** Die Gewährleistung eines wirksamen Aufnahmezwangs setzt jedoch voraus, dass derartige Aufnahmevoraussetzungen nur dann beachtlich sind, wenn der mit ihnen verfolgte Zweck sachlich gerechtfertigt ist.[512] Anders als bei Vereinen ohne Aufnahmezwang findet daher eine gerichtliche Inhaltskon-

---

[501] LG Heidelberg NJW 1991, 927.
[502] BGH NJW 1980, 186f. Seit Inkrafttreten des AGG kann sich eine Aufnahmepflicht in einem solchen Fall aus § 18 Abs. 1 Nr. 2, Abs. 2 AGG ergeben, → Rn. 254.
[503] LG Münster MDR 1974, 309.
[504] OLG Stuttgart NJW 1972, 877.
[505] LG Düsseldorf BeckRS 2015, 3788; iErg jedoch offen gelassen.
[506] *Kohlmeier* ZStV 2020, 187 (189f.).
[507] BGH NJW 1999, 1326; NJW-RR 1986, 583; NJW 1985, 1216.
[508] *Reichert* Rn. 1072ff.; *Stöber/Otto* Rn. 263; MHdB GesR V/*Schöpflin* § 32 Rn. 15.
[509] BGH NJW 1985, 1214 (1215).
[510] OLG Frankfurt a. M. ZIP 1984, 61.
[511] BGH NJW 1988, 552 (555).
[512] BGH NJW 1975, 771f.; NJW 1969, 316 (317); LG München NJW-RR 1993, 890; *Grunewald* AcP 182 (1982), 181 (210ff.).

trolle der satzungsmäßigen Aufnahmevoraussetzungen statt. Folgerichtig unterliegen etwaige Ausschlusstatbestände der gleichen gerichtlichen Inhaltskontrolle.[513] Eine sachliche Rechtfertigung für eine Beschränkung der Mitgliedsfähigkeit kann sich insbesondere aus dem Vereinszweck ergeben. Sie scheidet jedoch aus, wenn der verfolgte Zweck durch eine „mildere" Satzungsgestaltung verfolgt werden kann, welche die Mitgliedschaft ermöglicht.[514] Werden Aufnahmevoraussetzungen durch Satzungsänderung derart verschärft, dass sie auch von einer Mehrzahl der bereits aufgenommenen Mitglieder nicht mehr erfüllt werden, kann dies für eine sachlich nicht gerechtfertigte Diskriminierung sprechen.[515]

Beispiele:

Die Bayerische Bergwacht kann wegen ihrer Monopolstellung (sowie wegen des Bezugs staatlicher Subventionen) die Aufnahme von Frauen mit gegebener Eignung nicht deswegen verweigern, weil die Satzung ohne sachlich gerechtfertigten Grund nur männliche Mitglieder zulässt.[516] Die Aufnahme in einem Verband kann abgelehnt werden, wenn es dem bewerbenden Verein zugemutet werden kann, bspw. durch Satzungsänderung, die satzungsmäßigen Voraussetzungen der Aufnahme zu erfüllen.[517] Die Regelung eines sog. Ein-Platz-Prinzips bei Dachverbänden, wonach für den jeweiligen Bereich eines Landesverbandes lediglich ein Mitglied aufgenommen wird, kann sich diskriminierend auswirken, wenn hierdurch die Mitgliedschaft anderer Landesverbände auch für den Fall ausgeschlossen bleibt, dass sie den zufällig zuerst aufgenommenen Verband an Bedeutung überragen.[518]

c) Aufnahmeanspruch nach dem AGG. Das AGG richtet sich gegen Benachteiligun- 253
gen aus Gründen der Rasse, der ethnischen Herkunft, des Geschlechts, der Religion oder Weltanschauung, einer Behinderung, des Alters oder der sexuellen Identität, § 1 AGG. Nur wenn die Aufnahme in den Verein aus einem dieser Gründe abgelehnt wurde, kommt ein Aufnahmeanspruch nach den Vorschriften des AGG in Betracht. **Andere Aufnahmeansprüche** werden hierdurch nicht ausgeschlossen und können neben den Ansprüchen aus dem AGG bestehen, § 2 Abs. 3 AGG.

aa) Mitgliedschaft und Mitwirkung in Berufsorganisationen. Aus der Spezialrege- 254
lung des **§ 18 AGG** kann sich ein Anspruch auf Mitgliedschaft und Mitwirkung in Berufsorganisationen ergeben. Zu den Vereinigungen im Sinne dieser Vorschrift zählen gem. § 18 Abs. 1 Nr. 1 AGG die **Tarifvertragsparteien** iSv § 2 Abs. 1, Abs. 2 TVG, mithin Gewerkschaften, Arbeitgeberverbände sowie deren jeweilige Spitzenorganisationen. Weiterhin erfasst werden gem. § 18 Abs. 1 Nr. 2 AGG **berufsspezifische Vereinigungen,** wie etwa Zusammenschlüsse der Angehörigen freier Berufe. Neben von Arbeitgebern oder Arbeitnehmern freiwillig gebildeten Vereinigungen, fallen hierunter auch gemeinsame gebildete Verbände und obligatorische Zusammenschlüsse.[519] Von § 18 Abs. 1 Nr. 2 AGG sind ferner Vereinigungen erfasst, die eine **überragende Machtstellung** im wirtschaftlichen oder sozialen Bereich innehaben. Die Tatbestandsvoraussetzungen sind ersichtlich der bisherigen Rechtsprechung zu § 826 BGB, Art. 9 Abs. 1 GG entnommen, so dass auf die entsprechenden Erläuterungen verwiesen werden kann (→ Rn. 250). Zu beachten ist jedoch, dass der Anwendungsbereich des § 18 AGG durch die Vorschrift des § 2 AGG im allgemeinen Teil des Gesetzes beschränkt wird. Untersagt sind daher Benachteiligungen nur in Bezug auf die in § 2 Abs. 1 AGG genannten Fälle, insbesondere die Mitgliedschaft und Mitwirkung in einer Beschäftigten- oder Arbeitgebervereinigung oder einer Vereini-

---

513 OLG Celle NJW-RR 1989, 313 (314).
514 BGH NJW 1975, 771 f.
515 OLG München ZStV 2019, 218.
516 LG München NJW-RR 1993, 890.
517 BGH NJW 1969, 316 (317).
518 OLG München ZStV 2010, 28.
519 MüKoBGB/*Thüsing* AGG § 18 Rn. 4.

gung, deren Mitglieder einer bestimmten Berufsgruppe angehören (§ 2 Abs. 1 Nr. 4 AGG). Einen allgemeinen Aufnahmeanspruch, auch gegenüber nicht berufsbezogenen Vereinigungen, begründet § 18 AGG daher nicht.[520]

255 Untersagt ist gem. § 7 Abs. 1 AGG eine Benachteiligung aus einem der in § 1 AGG genannten Gründe. Verstößt die Ablehnung der Aufnahme hiergegen, besteht gem. § 18 Abs. 2 AGG ein verschuldensunabhängiger **Anspruch auf Aufnahme.** Andere Sanktionen, wie Schadensersatzansprüche, sind dadurch nicht ausgeschlossen.[521]

256 **bb) Zivilrechtliches Benachteiligungsverbot.** Ob aus dem zivilrechtlichen Benachteiligungsverbot der §§ 19ff. AGG ein Aufnahmeanspruch hergeleitet werden kann, erscheint fraglich.[522] Voraussetzung ist zunächst, dass der **allgemeine sachliche Anwendungsbereich** nach § 2 Abs. 1 Nr. 5–8 AGG eröffnet ist.[523] Dies kann mE nicht schon dann angenommen werden, wenn Leistungen im Sinne dieser Vorschrift Gegenstand mitgliedschaftlicher Wertrechte sind. Nur wenn die Mitgliedschaft im Wesentlichen durch das Erbringen von Leistungen iSv § 2 Abs. 1 Nr. 5–8 AGG geprägt ist und andere Gesichtspunkte dahinter zurücktreten, kann (schon) in der Verweigerung der Vereinsaufnahme, da sie notwendige Voraussetzung für die Inanspruchnahme der Vereinsleistungen ist, eine unzulässige Diskriminierung liegen. Da die Vereinsleistungen zur Anwendung der Vorschriften nach Abs. 1 Nr. 8 aber „der Öffentlichkeit zur Verfügung stehen" müssen, können nur Leistungen, die dem Publikumsverkehr gewidmet sind oder typischerweise ohne Ansehen der einzelnen Person erbracht werden, von dem Benachteiligungsverbot erfasst werden. Dies wird man allenfalls bei Massenvereinen annehmen können, bei denen nicht individuell über die Aufnahme der Mitglieder entschieden wird. Insofern überschneidet sich diese Voraussetzungen mit § 19 Abs. 1 Nr. 1 AGG.[524] Entgegen der Gesetzesbegründung[525] kann das bloße öffentliche Anbieten der Aufnahme – letztlich also die Mitgliederwerbung – dafür in keinem Fall ausreichen.

257 Das zivilrechtliche Benachteiligungsverbot setzt nach § 19 Abs. 1 Nr. 1 AGG weiterhin voraus, dass es sich bei der Aufnahme in den Verein um ein Schuldverhältnis handelt, bei denen das Ansehen der Person allenfalls nachrangige Bedeutung hat und das in einer Vielzahl von Fällen zu vergleichbaren Bedingungen abgeschlossen wird (insbesondere sog. **Massengeschäfte**); bei Benachteiligungen wegen der Rasse oder ethnischen Herkunft, ist dies jedoch nicht erforderlich, § 19 Abs. 2 AGG. Die Anwendung ist nach § 19 Abs. 5 S. 1 AGG gleichwohl ausgeschlossen, wenn ein **besonderes Nähe- oder Vertrauensverhältnis** der Parteien oder ihrer Angehörigen begründet wird. Die Voraussetzungen des § 19 AGG werden ebenfalls nur bei der beabsichtigten Aufnahme in einen Massenvereinen vorliegen, nicht hingegen bei kleineren Vereinen, bei welchen individuell über die Aufnahme jedes Mitglieds entschieden wird und bei welchen der Treuepflicht der Mitglieder besondere Bedeutung zukommt.[526]

258 Der Anwendungsbereich des zivilrechtlichen Benachteiligungsverbotes erscheint daher eng und allenfalls dann einschlägig, wenn die Aufnahme in einen Massenverein begehrt wird, bei welchem es nicht auf die Person des Mitglieds ankommt und bei welchem die Mitgliedschaft im Wesentlichen durch das Erbringen von Leistungen iSv § 2 Abs. 1 Nr. 5–8 AGG geprägt ist. Untersagt ist in diesen Fällen eine Benachteiligung aus einem der in § 19 Abs. 1 AGG genannten Gründe. Verstößt die Ablehnung der Aufnahme hier-

[520] So iErg auch MüKoBGB/*Thüsing* AGG § 18 Rn. 8; Palandt/*Grüneberg* AGG § 18 Rn. 1; zu weitgehend MüKoBGB/*Arnold,* 7. Aufl. 2015, BGB vor § 21 Rn. 112; BeckOK ArbR/*Roloff* AGG § 18 Rn. 2; *Bauer/Krieger* AGG § 18 Rn. 12f.

[521] MüKoBGB/*Thüsing* AGG § 18 Rn. 15.

[522] *Schroeder/Diller* NZG 2006, 728 (729) lehnen die Anwendbarkeit des zivilrechtlichen Benachteiligungsverbotes bei der Aufnahme als Gesellschafter generell ab.

[523] MüKoBGB/*Thüsing* AGG § 19 Rn. 4ff.

[524] MüKoBGB/*Thüsing* AGG § 2 Rn. 36f. und § 18 Rn. 63ff.

[525] BT-Drs. 16/1780, 32.

[526] MHdB GesR V/*Schöpflin* § 32 Rn. 22; *Stöber/Otto* Rn. 267.

gegen, besteht gem. § 21 Abs. 1 S. 1 AGG ein verschuldensunabhängiger **Anspruch auf Aufnahme.** Andere Sanktionen, wie Schadensersatzansprüche, sind dadurch nicht ausgeschlossen.

d) Kartellrechtlicher Aufnahmeanspruch. Aus § 20 Abs. 5 GWB kann sich ein Anspruch für Unternehmen auf Aufnahme in Wirtschafts- und Berufsvereinigungen sowie Gütezeichengemeinschaften ergeben, wenn die Ablehnung eine sachlich nicht gerechtfertigte ungleiche Behandlung darstellen und zu einer unbilligen Benachteiligung des Unternehmens im Wettbewerb führen würde.[527] 259

Geschützt sind **Unternehmen** iSd generellen Unternehmensbegriffs des GWB. Dieser umfasst jedwede Betätigung im geschäftlichen Verkehr mit Waren und gewerblichen Leistungen, die nicht hoheitlich geregelt oder auf private Tätigkeit beschränkt ist. 260

Beispiele:[528]

Privater Tierzuchtverein, der die Veräußerung und Aufzucht von Tieren aktiv unterstützt, insbesondere durch einheitliche Zuchtrichtlinien; private Hauseigentümer als Vermieter oder Verpächter.

Eine Aufnahmepflicht kann zum einen für **Wirtschafts- und Berufsvereinigungen** bestehen. Hierunter sind freiwillige, dh auf privatautonom geregelten Mitgliedschaftsverhältnissen gründende Verbindungen von Unternehmen zu verstehen, die eine Förderung der gemeinsamen wirtschaftlichen, berufsständischen und sozialen Interessen ihrer Mitglieder und ihre Vertretung nach außen zum Ziel haben. Ebenso unterliegen **Gütezeichengemeinschaften** dem Verbot des § 20 Abs. 5 GWB. Hierbei handelt es sich um freiwillige Vereinigungen von Unternehmen, die als Träger von Gütezeichen Gütebedingungen für Waren oder Dienstleistungen aufstellen, das Recht zur Führung des Gütezeichens gewähren und die Erfüllung der Gütebedingungen durch die Mitglieder überwachen. 261

Ein kartellrechtlicher Aufnahmeanspruch setzt eine **sachlich nicht gerechtfertigte ungleiche Behandlung** in Form der Nichtaufnahme des Unternehmens im Gegensatz zu anderen Unternehmen voraus. Für die Beurteilung der Rechtfertigung kommt es auf eine umfassende Abwägung zwischen den Interessen des Bewerbers an der Mitgliedschaft und den Interessen des Verbandes an der Nichtaufnahme an. Kumulativ muss eine **unbillige Benachteiligung des Unternehmens im Wettbewerb** hinzukommen. Hierdurch werden nicht-wettbewerbliche Interessen des Unternehmens aus der Interessenabwägung ausgeschlossen. 262

Der Anspruch aus § 20 Abs. 5 GWB kann **neben dem zivilrechtlichen Aufnahmeanspruch geltend gemacht werden.** Er ist einerseits enger, da er nur Unternehmen schützt, andererseits geht er insofern über den zivilrechtlichen Anspruch hinaus, als dass es nicht auf eine überragende wirtschaftliche oder gesellschaftliche Machtstellung des in Anspruch genommenen Verbandes ankommt.[529] 263

e) Weitere gesetzliche Aufnahmeverpflichtungen. In Einzelfällen sieht das Gesetz weitere Aufnahmeverpflichtungen vor.[530] So korrespondiert mit der Pflichtmitgliedschaft der Genossenschaften in einem Prüfungsverband nach **§ 54 GenG** eine entsprechende Aufnahmepflicht des Verbandes.[531] 264

[527] Vgl. hierzu ausf. Immenga/Mestmäcker/*Markert* GWB § 20 Rn. 328 ff.; Loewenheim/Meessen/Riesenkampff/*Dorß* GWB § 20 Rn. 167 ff.
[528] Immenga/Mestmäcker/*Markert* GWB § 20 Rn. 338.
[529] Immenga/Mestmäcker/*Markert* GWB § 20 Rn. 372.
[530] Vgl. *Reichert* Rn. 1051 ff.
[531] *Reichert* Rn. 1052.

265 Jeder Züchter, der zur Mitwirkung an einwandfreier züchterischer Arbeit bereit ist, hat im sachlichen und räumlichen Tätigkeitsbereich einer Züchtervereinigung gem. **§ 6 Abs. 1 S. 1 TierZG** das Recht auf Erwerb der Mitgliedschaft.

266 Besteht eine Kollektivmarke aus einer geographischen Herkunftsangabe, muss die Markensatzung des Verbandes, der Inhaber der Kollektivmarke ist, einen Aufnahmeanspruch für Personen vorsehen, deren Waren oder Dienstleistungen aus dem entsprechenden geographischen Gebiet stammen, **§ 102 Abs. 3 MarkenG.**

267 Eine Anerkennung nach dem Umwelt-Rechtsbehelfsgesetz setzt voraus, dass ein Umweltschutzverein jeder Person, welche die Ziele der Vereinigung unterstützt, den Eintritt als Mitglied ermöglicht, **§ 3 Abs. 1 S. 2 Nr. 5 UmwRG.**

3. Durchsetzung des Aufnahmeanspruchs

268 Steht dem Bewerber ein Anspruch auf Aufnahme zu, kann dieser durch Klage gegen den Verein durchgesetzt werden. Statthafte Klageart ist die **Leistungsklage;** sie ist gerichtet auf die Abgabe der Aufnahmeerklärung des Vereins. Mit Rechtskraft des stattgebenden Urteils gilt die Erklärung nach § 894 S. 1 ZPO als abgegeben. Gegen die Zulässigkeit einer **Feststellungsklage** bestehen keine Bedenken, wenn sie zur endgültigen Erledigung der Streitigkeit führt, etwa weil der beklagte Verein erklärt hat, dass er im Falle eines rechtskräftigen Urteils seiner Pflicht nachkommen werde.[532]

269 Ist ein **vereinsinterner Rechtsbehelf** gegeben, setzt die Zulässigkeit der Klage grundsätzlich voraus, dass dieser vollumfänglich ausgeschöpft wurde.[533] Zur Wirksamkeit einer **Schiedsklausel** bedarf es eine individuellen Schiedsgerichtsvereinbarung zwischen Verein und Bewerber; eine Anordnung in der Satzung genügt nicht, da diese für den Bewerber vor Aufnahme keine Wirkung entfaltet.

270 Für die Beurteilung der Begründetheit der Klage kommt es nach allgemeinen prozessrechtlichen Grundsätzen auf den Sachverhalt an, der im **Zeitpunkt der letzten mündlichen Verhandlung** in den Tatsacheninstanzen festzustellen ist.[534] Die Begründung der Ablehnungsentscheidung kann daher noch im Prozess nachgeholt oder ergänzt werden.

271 Bei hinreichendem Verfügungsgrund kann eine in der Satzung vorgesehene vorläufige Mitgliedschaft mittels **einstweiliger Verfügung** durchgesetzt werden.[535] Besteht ein kartellrechtlicher Aufnahmeanspruch nach § 20 Abs. 5 GWB, kann die **Kartellbehörde** den Verein zur Aufnahme verpflichten, § 32 Abs. 1, Abs. 2 GWB; den Vollzug der Aufnahme ersetzt dies jedoch nicht, so dass bei Weigerung des Vereins Klage erhoben werden muss.

D. Verlust der Mitgliedschaft

I. Austritt des Mitglieds

1. Recht zum Austritt

272 Der Austritt stellt die Kündigung des Mitgliedschaftsverhältnisses dar; mit dem Wirksamwerden des Austritts endet die Mitgliedschaft. Die Mitglieder sind gem. § 39 Abs. 1 BGB zum Austritt aus dem Verein berechtigt. Das **Austrittsrecht ist zwingend** (§ 40 BGB) und sichert, das von der Vereinigungsfreiheit nach Art. 9 Abs. 1 GG umfasste Recht, Vereinigungen fernzublieben bzw. diese zu verlassen.[536] Ein Ausschluss, eine Beschränkung

[532] BGH NJW 1999, 1326.
[533] *Stöber/Otto* Rn. 241; *Reichert* Rn. 1035.
[534] BGH NJW 1985, 1214 (1215f.).
[535] OLG Düsseldorf NJW-RR 1998, 328.
[536] BVerfG NJW 1959, 1675 (1676); NJW 1979, 699 (706).

oder eine Erschwerung dieses Rechts ist unwirksam, sowohl in der Satzung als auch durch Vertrag mit dem Mitglied.[537]

Beispiele:

Unwirksam sind Satzungsbestimmungen, die den Austritt abhängig machen von einer Begründung,[538] von einer Anerkennung durch ein Vereinsorgan[539] oder von einer Geldzahlung, wie etwa einem Austrittsgeld, einer Vertragsstrafe,[540] einer Vergeltung kostenlos gewährter Mitgliederleistungen[541] oder der Zahlung rückständiger Beiträge.[542] Die Wirksamkeit des Austritts kann nicht davon abhängig gemacht werden, dass er in der Mitgliederversammlung erklärt wird.[543] Unwirksam ist weiterhin die Auferlegung von Verpflichtungen, die über die Austrittsfrist hinausgehen, wie etwa Wettbewerbsbeschränkungen[544] oder eine Verpflichtung zur Leistung weiterer Beiträge.[545] Unzulässig ist das Verbot des Austritts während eines ehrgerichtlichen Verfahrens zur Verhinderung eines drohenden Ausschlusses.[546] Ebenso der Entzug der Mitgliedschaftsrechte ab Zugang der Kündigungserklärung bei bestehen bleibender Beitragspflicht.[547] Ein Austritt ist auch möglich, wenn die Mitgliedschaft auf Lebenszeit begründet worden ist (studentische Verbindung)[548] oder wenn die Mitgliedschaft mit dem Innehaben eines bestimmten Amtes verbunden ist.[549]

Keine unzulässige Austrittserschwerung sind Regelungen, wonach bereits gezahlte Mitgliedsbeiträge, Aufnahmegebühren, Eintrittsgelder oder „lebenslängliche Mitgliedsbeiträge" bei Austritt verfallen.[550] Ebenso zulässig ist der Wegfall von Vergünstigungen, die auf nichtmitgliedschaftlichen Rechtsverhältnissen beruhen, wie etwa dem Fällig werden eines vom Verein gewährten Darlehens.[551]

Ein Gestaltungsspielraum besteht nur in engen Grenzen. Zulässig ist ein zeitliches Hin- 273
ausschieben der Austrittsfolgen in dem in § 39 Abs. 2 BGB normierten Umfang. Gleichwohl besteht stets auch ein Recht zum sofortigen **Austritt aus wichtigem Grund;** auch wenn die Satzung dies nicht vorsieht.[552] Der Austritt kann auch nach **Auflösung** des Vereins erklärt werden, solange die Liquidation noch nicht beendet ist.[553]

[537] RGZ 71, 388 (390). Nach BGH BeckRS 2013, 21140 kann jedoch auch bei einem (entgegen §§ 55, 21 BGB) eingetragenen Verein ausnahmsweise die Anwendung des § 723 BGB anstelle der §§ 39, 40 BGB in Betracht kommen, wenn der Verein nicht nur körperschaftliche, sondern auch personalistische Elemente aufweist und es sich daher nicht um die „reine" Form eines Idealvereins handelt. Die Auslegung der Satzung kann in einem solchen Fall ergeben, dass ein ordentliches Kündigungsrecht der Mitglieder nicht besteht. In dem zugrunde liegenden Fall eines ausschließlich aus den Grundstückseigentümern einer Wohnsiedlung bestehenden Vereins, dessen Zweck die Pflege der zu dieser Wohnsiedlung gehörenden Gemeinschaftsflächen umfasst, spricht nach Ansicht des Gerichts „viel dafür", wenngleich die Frage offen gelassen wurde.

[538] *Reichert* Rn. 1107.

[539] KG LZ 1930, 994.

[540] RGZ 130, 209 (212) zur Genossenschaft.

[541] LG München I NJW 1987, 847 (848).

[542] *Reichert* Rn. 1108.

[543] *Sauter/Schweyer/Waldner* Eingetragener Verein Rn. 86.

[544] RGZ 71, 391 zur Genossenschaft.

[545] *Reichert* Rn. 1108.

[546] RGZ 108, 160.

[547] RG LZ 1927, 1531.

[548] RGZ 78, 134 (136).

[549] BayObLG DB 1973, 2518.

[550] OLG Brandenburg MDR 2005, 640 (641); *Sauter/Schweyer/Waldner* Eingetragener Verein Rn. 99; *Stöber/Otto* Rn. 284; MHdB GesR V/*Schöpflin* § 38 Rn. 17; MüKoBGB/*Leuschner* BGB § 39 Rn. 7; BeckOK BGB/*Schöpflin* BGB § 39 Rn. 5.

[551] RGZ 91, 335 zur Genossenschaft.

[552] OLG Oldenburg OLGR 2009, 612 = NZG 2009, 917 (Ls.).

[553] *Stöber/Otto* Rn. 270; *Reichert* Rn. 1089.

Hinweis:

Zur **Eintragung ins Vereinsregister** muss die Satzung gem. §§ 58 Nr. 1, 60 BGB regeln, wie sich der Austritt der Mitglieder vollzieht. Empfehlenswert ist es, die Form der Austrittserklärung und die Austrittsfrist festzulegen. Ist beides nicht vorgesehen, sollte dies in der Satzung zum Ausdruck kommen, um den Anforderungen des § 58 Nr. 1 BGB zu genügen.

274 **Formulierungsbeispiel: Verlust der Mitgliedschaft (Satzungsbestandteil)**

§ 6. Beendigung der Mitgliedschaft

(1) Die Mitgliedschaft endet
- mit dem Tod des Mitglieds,
- mit Austritt des Mitglieds,
- mit Streichung von der Mitgliederliste oder
- mit Ausschluss aus dem Verein.

(2) Der Austritt erfolgt durch schriftliche Erklärung gegenüber dem Verein. Er ist nur zum Ende eines Kalenderjahres unter Einhaltung einer Kündigungsfrist von drei Monaten zulässig. Ein fristloser Austritt aus wichtigem Grund bleibt unberührt.

2. Austrittserklärung

275 Die Austrittserklärung ist eine **einseitige, empfangsbedürftige Willenserklärung** des Mitglieds gegenüber dem Verein, welche auf die Beendigung der Mitgliedschaft gerichtet ist. Die abgegebene Erklärung wird wirksam, wenn sie dem zur Vertretung des Vereins berechtigten Vorstand zugeht (§§ 130 Abs. 1 S. 1, 164 Abs. 3, 26 Abs. 1 S. 2 BGB); es genügt der Zugang bei einem von mehreren vertretungsberechtigten Vorstandsmitgliedern (§ 26 Abs. 2 S. 2 BGB). Die Erklärung ist nach den allgemeinen Regelungen auslegungsfähig, so dass es auf den Wortlaut (bspw. „Austritt" oder „Kündigung") nicht ankommt. Das Gesetz sieht keine besondere **Form der Austrittserklärung** vor, so dass diese grundsätzlich auch mündlich oder konkludent erfolgen kann.

Beispiel:

Gemäß § 39 Abs. 2 BGB darf kein Vereinsmitglied länger als zwei Jahre gegen seinen Willen an einer Vereinsmitgliedschaft festgehalten werden. Dies kann nicht dadurch umgangen werden, dass kein zur Entgegennahme von Kündigungen erforderlicher Vorstand vorhanden ist. In einem solchen Fall ist daher in der Einstellung der Beitragszahlungen eine konkludente Austrittserklärung zu sehen.[554]

276 Die Satzung kann eine bestimmte Form als Wirksamkeitsvoraussetzung der Austrittserklärung vorschreiben, die gleichwohl nicht zu einer fühlbaren Erschwerung des Austritts führen darf. Als zulässig wird die überwiegend verlangte **Schriftform** erachtet.[555] Eine solche Satzungsbestimmung stellt eine gewillkürte Schriftform iSv § 127 Abs. 2 BGB dar,[556] so dass keine eigenhändige Unterschrift, aber die schriftliche Festlegung des Textes

---

[554] LG Berlin Rpfleger 2004, 359.

[555] BayObLGZ 1986, 528 (533).

[556] BGH NJW-RR 1996, 866 (867) zur Übermittlung per Telefax. In der Entscheidung hat sich der BGH nicht dazu geäußert, ob die Satzung die Erleichterung des § 127 Abs. 2 BGB ausschließen kann. Seine Argumentation deutet jedoch darauf hin, dass er dies vor dem Hintergrund der Wahrung der Austrittsfreiheit kritisch beurteilen würde: „Ein im Vergleich zu anderen rechtsgeschäftlichen Erklärungen, die nach heutiger Auffassung ohne weiteres unter Wahrung der vorgesehenen Schriftform auch per Telefax abgegeben werden können, erhöhtes Bedürfnis nach Authentizität der Unterschrift oder die Notwendigkeit der Wahrung eines Schutzzweckes, die der Benutzung dieser Übermittlungsform entgegenstehen könnten, ist […] nicht anzuerkennen."

erforderlich ist. Ausreichend ist daher auch Telefax, Computerfax, Telegramm oder (einfache) E-Mail; sprachliche Übermittlung der Erklärung ist nicht ausreichend.[557] Ob **öffentliche Beglaubigung** der Austrittserklärung verbindlich vorgeschrieben werden kann, wenn der Richtigkeitsgewähr besondere Bedeutung zukommt, ist umstritten.[558] Schreibt die Satzung eine bestimmte Art der Zustellung (etwa durch **Einschreiben**) vor, führt deren Nichteinhaltung nicht zur Unwirksamkeit der Erklärung. Da der Zweck solcher Vorschriften lediglich in dem Nachweis des Zugangs der Erklärung besteht, ist die Austrittserklärung auch dann wirksam, wenn sie den Verein tatsächlich in der vorgeschriebenen Form erreicht hat.[559]

Beispiel:

Auch wenn die Satzung den Austritt mittels „eingeschriebenem Brief" verlangt, kann die Wirksamkeit der Austrittserklärung nicht dadurch bestritten werden, dass diese nur mittels einfachem Brief[560] oder nur per Telefax[561] zugegangen ist. Ausreichend ist auch die persönliche Übergabe an ein Vorstandsmitglied[562] oder die Erklärung in einem Klageschriftsatz.[563]

Das Mitglied kann sich grundsätzlich bei der Abgabe der Austrittserklärung rechtsge- 277
schäftlich **vertreten** lassen.[564] In der Satzung kann die Möglichkeit zur Stellvertretung jedoch ausgeschlossen werden, so dass der Austritt persönlich (bzw. durch einen gesetzlichen Vertreter) erklärt werden muss.[565]

Die Austrittserklärung ist als Gestaltungsrecht grundsätzlich **bedingungsfeindlich.**[566] 278
Eine Bedingung ist ausnahmsweise dann zulässig, wenn sie für den Erklärungsgegner keine Ungewissheit über den neuen Rechtszustand schaffen. Dies ist namentlich bei Potestativbedingungen, deren Eintritt allein vom Willen des Erklärungsempfängers abhängt, sowie bei bloßen Rechtsbedingungen der Fall. Eine unzulässige Bedingung führt zur Unwirksamkeit der Austrittserklärung.

Beispiele:

Der fristgebundene Austritt kann unter der (Rechts-)Bedingung erklärt werden, dass ein sofortiger Austritt aus wichtigem Grund nicht wirksam ist, oder unter der (Potestativ-)Bedingung, dass die Mitgliederversammlung einen bestimmten Beschluss (nicht) fasst.

Die Austrittserklärung ist unwirksam, wenn dem Verein vor deren Zugang oder gleich- 279
zeitig mit deren Zugang ein **Widerruf** zugeht, § 130 Abs. 1 S. 2 BGB. Bis zum Wirksamwerden des Austritts mit Ablauf einer etwaigen Austrittsfrist kann die Erklärung einvernehmlich zurückgenommen werden. Danach kann nur eine neue Mitgliedschaft begründet werden.[567]

---

[557] BT-Drs. 14/4987, 21; Palandt/*Ellenberger* BGB § 127 Rn. 2; MüKoBGB/*Einsele* BGB § 127 Rn. 10; BeckOK BGB/*Wendtland* BGB § 127 Rn. 3 f.; ErfK/*Preis* BGB § 127 Rn. 44; zur E-Mail vgl. BAG NZA 2010, 401 (403).

[558] Dagegen *Reichert* Rn. 1106; *Sauter/Schweyer/Waldner* Eingetragener Verein Rn. 86; dafür, mit Ausnahme kleinster Vereine, bei denen sich Vorstand und Mitglieder persönlich kennen, *Stöber/Otto* Rn. 273 Fn. 5.

[559] BGH NJW-RR 1996, 866 (867); BAG NJW 1957, 358; *Sauter/Schweyer/Waldner* Eingetragener Verein Rn. 84; *Stöber/Otto* Rn. 273; MHdB GesR V/*Schöpflin* § 38 Rn. 9; aA *Reichert* Rn. 1092 unter Hinweis auf LAG Hamburg DB 1972, 980, welches die besondere Form des Einschreibens als Wirksamkeitsvoraussetzung im entschiedenen Fall jedoch abgelehnt hatte.

[560] BAG NJW 1957, 358.

[561] BGH NJW-RR 1996, 866 (867).

[562] RG JW 1914, 460.

[563] *Reichert* Rn. 1092; *Sauter/Schweyer/Waldner* Eingetragener Verein Rn. 84.

[564] MHdB GesR V/*Schöpflin* § 38 Rn. 6; *Reichert* Rn. 1087.

[565] BGH NJW 1993, 1329 (1330) unter Hinweis auf *Reichel,* Höchstpersönliche Rechtsgeschäfte, 1931, S. 88.

[566] MüKoBGB/*Westermann* BGB § 158 Rn. 27 ff.; BeckOK BGB/*Rövekamp* BGB § 158 Rn. 17 ff.; ErfK/*Müller-Glöge* BGB § 620 Rn. 22. Für eine zweiseitige vertragliche Aufhebungsvereinbarung gilt diese Einschränkung nicht.

[567] OLG Hamm NJW 2000, 523 (524).

3. Wirksamwerden des Austritts

280 Regelt die Satzung **keine Austrittsfrist** und keinen festen Austrittstermin oder erklärt das Mitglied (berechtigterweise) den Austritt aus wichtigem Grund, wird der Austritt sofort mit Zugang der Austrittserklärung wirksam. Zum Schutz der Planungssicherheit des Vereins besteht gem. § 39 Abs. 2 BGB die Möglichkeit, das Wirksamwerden des Austritts zeitlich zu verschieben. Das Recht zum sofortigen Austritt aus wichtigem Grund kann hingegen nicht beschränkt werden.

281 **a) Ablauf der satzungsmäßigen Austrittsfrist.** Die Satzung kann bestimmen, dass der Austritt erst zu einem bestimmten Zeitpunkt wirksam wird. Nach § 39 Abs. 2 Hs. 2 BGB darf die Austrittsfrist zwischen dem Zugang der Austrittserklärung und dem Wirksamwerden des Austritts **zwei Jahre** nicht überschreiten. Innerhalb dieses Zeitraums kann die Satzung den Wirksamkeitszeitpunkt grundsätzlich frei bestimmen. Insbesondere können die beiden Alternativen des § 39 Abs. 2 Hs. 1 BGB kombiniert werden,[568] so dass eine Kündigungsfrist mit einem festen Austrittstermin – der nicht notwendig das Geschäftsjahresende sein muss[569] – verbunden werden kann.

Beispiel:

Kündigungsfrist von sechs Monaten zum nächstfolgenden Quartalsende.

282 Maßgeblich für den **Anlauf der Kündigungsfrist** ist der Zeitpunkt des Zugangs der Austrittserklärung, nicht der Zeitpunkt der Abgabe. Der Beweis des Zugangs und des Zeitpunktes obliegt nach allgemeinen Grundsätzen dem Mitglied, wenn es sich auf ihm günstige Rechtfolgen berufen möchte (bspw. den Wegfall der Beitragspflicht). Erklärt ein Mitglied seinen Austritt zu einem bestimmten Termin und geht die Erklärung verspätet zu, kann sie regelmäßig in eine Austrittserklärung zum nächsten satzungsmäßigen Termin umgedeutet werden.[570] Regelt die Satzung **lediglich einen festen Austrittstermin,** wie bspw. das Geschäftsjahresende, wird dieser auch dann gewahrt, wenn die Austrittserklärung dem Vorstand am selben Tag zugeht.[571] Die Satzung kann den Austritt eines neuen Mitglieds für einen bestimmten Zeitraum ausschließen, wenn hierdurch die zweijährige Höchstfrist insgesamt nicht überschritten wird.

283 Eine Satzungsbestimmung, die generell oder im Einzelfall zu einer längeren Kündigungsfrist führt, ist jedoch einer **geltungserhaltenden Reduktion** zugänglich und daher auf das gesetzlich zulässige Höchstmaß von zwei Jahren zurückzuführen.[572]

284 Formulierungsbeispiel: Kündigungsfrist (Satzungsbestandteil)

§ 6. Beendigung der Mitgliedschaft

[…] Der Austritt ist nur zum Ende eines Kalenderjahres unter Einhaltung einer Kündigungsfrist von drei Monaten zulässig. [*Alt.:* Der Austritt ist nur zum übernächsten

568 RGZ 90, 306 (311).

569 BeckOK BGB/*Schöpflin* BGB § 39 Rn. 4.

570 *Reichert* Rn. 1102.

571 Entgegen *Reichert* Rn. 1096 und mit *Sauter/Schweyer/Waldner* Eingetragener Verein Rn. 82 ist § 193 BGB hierauf nicht anwendbar, so dass im Falle eines Sonntags, Samstags oder Feiertags keine Verschiebung auf den nächsten Werktag stattfindet. Erforderlich ist daher der Zugang der Austrittserklärung bis zum Stichtag, der gegeben ist, sobald eine Kenntniserlangung durch den Empfänger unter normalen Umständen und nach den Gepflogenheiten des Rechtsverkehrs erwartet werden kann. Dies wird an arbeitsfreien Tagen regelmäßig nicht der Fall sein. Erlangt der Vorstand gleichwohl die tatsächliche Kenntnis, ist der Zugang bewirkt.

572 BGH NJW 2014, 3239 (3242f.); RG JW 1937, 3236; *Palandt/Ellenberger* BGB § 39 Rn. 3; *Reichert* Rn. 1097; *Stöber/Otto* Rn. 277; nach *Sauter/Schweyer/Waldner* Eingetragener Verein Rn. 86 aE ist dies Auslegungsfrage; aA BeckOK BGB/*Schöpflin* BGB § 39 Rn. 4 mit der Folge, dass der Austritt sofort wirksam wird; MHdB GesR V/*Schöpflin,* § 38 Rn. 11.

Ende eines Kalenderjahresquartals zulässig, das auf den Zugang der Austrittserklärung beim Verein folgt.]

Eine **Änderung der satzungsmäßigen Austrittsfrist** wirkt nicht zulasten der Mitglieder, deren Austrittserklärung dem Vorstand vor Eintragung der Satzungsänderung in das Vereinsregister (§ 71 Abs. 1 S. 1 BGB) zugegangen ist.[573] Eine Verkürzung der Frist kann hingegen zugunsten des Mitglieds wirken. Es ist daher zu vergleichen, ob die bereits angelaufene (alte) Austrittsfrist oder die ab dem Tag der Eintragung des satzungsändernden Beschlusses anlaufende (neue) Austrittsfrist zu einem früheren Ausscheiden führen.[574] 285

In Sonderfällen kann eine zweijährige Austrittsfrist unzulässig sein. So ist bei **politischen Parteien** der sofortige Austritt jederzeit möglich, § 10 Abs. 2 S. 3 ParteiG. Bei **Gewerkschaften**[575] und **Arbeitgeberverbänden**[576] wird vor dem Hintergrund des Art. 9 Abs. 3 GG nur eine reduzierte Austrittsfrist von höchstens sechs Monaten anerkannt. 286

b) Fristloser Austritt aus wichtigem Grund. Entsprechend den allgemeinen Grundsätzen von Dauerschuldverhältnissen (vgl. § 314 BGB), ist das Mitglied bei Vorliegen eines wichtigen Grundes zum fristlosen Austritt aus dem Verein berechtigt.[577] Dieses Recht kann nicht ausgeschlossen werden und besteht auch dann, wenn die Satzung einen Austritt nur nach Fristablauf vorsieht. 287

Ein **wichtiger Grund** liegt vor, wenn dem Mitglied bei Berücksichtigung aller Umstände des Einzelfalls und unter Abwägung der beiderseitigen Interessen ein Verbleiben in dem Verein bis zum Ablauf der satzungsmäßigen Kündigungsfrist nicht zugemutet werden kann. Dies ist kann nur ausnahmsweise angenommen werden; im Allgemeinen ist das Mitglied an die satzungsmäßige Austrittsfrist gebunden.[578] Ohne Hinzutreten besonderer Umstände **regelmäßig nicht ausreichend** sind bloße Meinungsverschiedenheiten oder vereinsinterne Streitigkeiten sowie Umstände, die aus dem Risikobereich des Mitglieds stammen oder die von diesem wesentlich mitverschuldet wurden. 288

Beispiel:

Versucht ein Mitglied wiederholt, wegen starken Andrangs jedoch vergeblich, in das Büro des Mietvereins zu gelangen um sein Anliegen vorzutragen, stellt dies keinen wichtigen Grund dar.[579] Ein wichtiger Grund kann vorliegen, wenn in erheblicher Weise gegen satzungsmäßige Rechte eines Vereinsmitglieds verstoßen wird, etwa wenn Vereinsstrafen von unzuständigen, nicht satzungsgemäß bestellten Organen ausgesprochen werden.[580]

Eine ordnungsgemäß beschlossene **Beitragserhöhung** oder Erhebung einer Umlage stellt regelmäßig keinen wichtigen Grund dar, der einen sofortigen Austritt rechtfertigt.[581] Etwas anderes kann bei erheblichen Beitragserhöhungen gelten, wobei es nicht allein auf die relative Erhöhung, sondern auf sämtliche Umstände des Einzelfalls ankommt. 289

---

573 *Reichert* Rn. 1099; *Stöber/Otto* Rn. 278; *Sauter/Schweyer/Waldner* Eingetragener Verein Rn. 82.

574 Eine Verkürzung dürfte dann ausscheiden, wenn das Mitglied zu erkennen gegeben hat, dass es Wert auf das Ausscheiden zu einem bestimmten Zeitpunkt legt.

575 BGH MDR 1978, 29 (30); NJW 1981, 340 (341); AG Hamburg NJW 1987, 2380; ausf. MüKoBGB/*Arnold,* 7. Aufl. 2015, BGB § 39 Rn. 8 ff.

576 BGH NJW 2014, 3239 (3241 f.); offen gelassen von BAG NZA 2005, 645 (646).

577 RGZ 130, 375 (378); BGH LM Nr. 2 § 39 BGB = NJW 1954, 953 (Ls.); OLG Oldenburg OLGR 2009, 612 = NZG 2009, 917 (Ls.); LG Itzehoe NJW-RR 1989, 1531.

578 *Sauter/Schweyer/Waldner* Eingetragener Verein Rn. 87; *Stöber/Otto* Rn. 280.

579 AG Münster ZMR 1965, 43.

580 LG Ulm BeckRS 2013, 13080.

581 AG Essen DWW 1961, 119; LG Aurich Rpfleger 1987, 115 f. betr. Umlagebeschluss.

Beispiele:

Kein wichtiger Austrittsgrund aus einem Tennisverein bei einer einmaligen Umlage in Höhe von 40 % bis 83 % des Jahresbeitrages, wenn dies neben Ausrüstung, Bekleidung etc. nur einen Teil der anfallenden Kostenbelastung darstellt und Leistungen des Vereins von einigem Wert gegenüberstehen.[582] Anders hingegen bei der rückwirkenden Beitragserhöhung eines Wirtschaftsverbandes um 300 %, wenn dies vom Verein so rechtzeitig im Voraus hätte angekündigt werden können, dass das Mitglied unter Einhaltung der ordentlichen Frist hätte kündigen können.[583] Bejaht wurde ein wichtiger Grund bei einer Beitragserhöhung um 25 %, wenn die vom Vorstand gegebene Begründung nicht nachvollziehbar ist.[584] Ein zeitlich begrenztes außerordentliches Austrittsrecht besteht ferner, wenn eine Umlage ausnahmsweise ohne satzungsmäßig festgelegten Höchstumfang festgesetzt wird, weil sie für den Fortbestand des Vereins unabweisbar notwendig und dem einzelnen Mitglied unter Berücksichtigung seiner eigenen schutzwürdigen Belange zumutbar ist.[585]

290 Gründe, die in der **Sphäre des Mitglieds** liegen, können einen sofortigen Austritt in der Regel nicht rechtfertigen.

Beispiele:

Das Mitglied eines Sportvereins ist nicht zum sofortigen Austritt berechtigt, wenn es aufgrund plötzlicher Erkrankung oder Unfall dauerhaft nicht mehr am Spielbetrieb teilnehmen kann.[586] Dies wurde teilweise anders entschieden für den Fall des Austritts aus einem Mieterschutzverein, nachdem das Mitglied infolge des Erwerbs von Wohnungseigentum sein Mietverhältnis beendet hat und die Rechte der Mitgliedschaft nach der Vereinssatzung nur von Mietern in Anspruch genommen werden können.[587] Ein wichtiger Grund kann ggf. vorliegen, wenn dem Mitglied ohne eigenes Verschulden die Erfüllung seiner Mitgliedspflichten unmöglich gemacht oder in unbilliger Weise erschwert wird, etwa aufgrund von Pflichten in seiner Eigenschaft als Beamter.[588]

291 Liegt ein wichtiger Grund, der zum fristlosen Austritt aus dem Verein berechtigt, nicht vor, kann eine hierauf gestützte Austrittserklärung in der Regel in eine ordentliche Kündigung **umgedeutet** werden, wenn der Wille, die Mitgliedschaft in jedem Fall beenden zu wollen, erkennbar ist, § 140 BGB. Davon wird regelmäßig auszugehen sein.[589]

4. Rechtliche Wirkungen des Austritts

292 Wird der Austritt **nicht sofort mit Zugang der Austrittserklärung wirksam** (→ Rn. 280), bestehen bis zum Wirksamwerden des Austritts durch Ablauf der satzungsmäßigen Austrittsfrist oder des in der Satzung bestimmten Austrittstermins grundsätzlich sämtliche Mitgliedschaftsrechte und -pflichten unverändert fort. Insbesondere kann das Mitglied in dieser Zeit die Leistungen des Vereins in Anspruch nehmen und in der Mitgliederversammlung stimmen; es bleibt zur Zahlung von Beiträgen und Umlagen verpflichtet[590] und kann, etwa infolge eines Vereinsstrafverfahrens, ausgeschlossen werden.[591]

[582] LG Aurich Rpfleger 1987, 115 (116).
[583] LG Hamburg NJW-RR 1999, 1708 (1709); hierzu krit. *Stöber/Otto* Rn. 357.
[584] AG Nürnberg Rpfleger 1988, 109; wohl zu weitgehend.
[585] BGH NJW-RR 2008, 194 (195 ff.). Im entschiedenen Fall hätte der Austritt aufgrund einer am 1.3. beschlossenen Umlage spätestens zum Ende des Jahres erklärt werden müssen.
[586] *Stöber/Otto* Rn. 281.
[587] AG Wiesbaden NJW-RR 1999, 1242 (1243); aA AG Bochum Urt. v. 31.8.1995 – 38 C 334/95, juris Rn. 1 bei vierteljährlicher Kündigungsfrist zum Jahresende und einem monatlichen Beitrag von 7 DM; *Wenzel* NZM 1999, 981; *Stöber/Otto* Rn. 281.
[588] Staudinger/*Weick* BGB § 39 Rn. 4.
[589] MHdB GesR V/*Schöpflin* § 38 Rn. 15.
[590] → Rn. 144.
[591] *Reichert* Rn. 1104.

Eine Verlängerung der Austrittsfrist wirkt nicht mehr zulasten des Mitglieds.[592] Satzungsbestimmungen, welche die Rechte des Mitglieds nach Erklärung des Austritts einschränken sind als unzulässige Beschränkungen des Austrittsrechts unwirksam.[593]

Mit dem **Wirksamwerden des Austritts** endet die Mitgliedschaft im Verein (→ Rn. 324). 293

II. Ausschluss durch den Verein aus wichtigem Grund

1. Abgrenzung

Mit dem Ausschluss beendet der Verein einseitig die Mitgliedschaft des betroffenen Mitglieds. Rechtlich kann dies als Kündigung der Mitgliedschaft durch den Verein oder als Vereinsstrafe eingeordnet werden.[594] Die Rechtmäßigkeit des kündigungsweisen Ausschluss unterliegt der vollen Überprüfung durch die staatlichen Gerichte. Wird der Ausschluss hingegen als Ergebnis eines Vereinsstrafverfahrens beschlossen, ist diese Entscheidung nur eingeschränkt gerichtlich überprüfbar, setzt jedoch die Einhaltung bestimmter Verfahrensgrundsätze im Rahmen des vereinsrechtlichen Strafverfahrens voraus. Die **Abgrenzung** zwischen den beiden Formen ist umstritten. Die Rechtsprechung vertritt, dass ein kündigungsweiser Ausschluss aus wichtigem Grund nur in Betracht kommt, wenn die Satzung über den Ausschluss schweigt.[595] Teilweise wird der kündigungsweise Ausschluss als Auffangtatbestand begriffen, der zur Anwendung kommen kann, wenn der Verein von der Möglichkeit eines strafweisen Ausschlusses fehlerhaft Gebrauch macht.[596] Zum Ausschluss als Vereinsstrafe ausführlich → § 11 Rn. 47. 294

Nur **Mitglieder** können ausgeschlossen werden, so dass ein Ausschluss ausscheidet, wenn die Mitgliedschaft zuvor anderweitig beendet wurde, bspw. durch Austritt.[597] 295

2. Vorliegen eines wichtigen Grundes

Der Verein kann ein Mitglied ohne satzungsmäßige Regelung bei Vorliegen eines wichtigen Grundes fristlos ausschließen. Wie jedes Dauerschuldverhältnis kann auch die Mitgliedschaft einseitig beendet werden, wenn die weitere Fortsetzung des Rechtsverhältnisses nach Treu und Glauben unzumutbar ist, vgl. § 314 BGB.[598] Ein **wichtiger Grund** liegt vor, wenn dem Verein bei Berücksichtigung aller Umstände des Einzelfalls und unter Abwägung der beiderseitigen Interessen ein Verbleiben des Mitglieds in dem Verein nicht zugemutet werden kann. Ein **Verschulden** des Mitglieds ist nicht erforderlich.[599] Das Vorliegen eines wichtigen Grundes ist **gerichtlich voll nachprüfbar.** Er kann jedoch nur auf die im Ausschließungsverfahren festgestellten Gründe gestützt werden; ein Nachschieben von Ausschließungstatsachen im gerichtlichen Verfahren ist unzulässig.[600] 296

---

592 → Rn. 285.

593 RG JW 1927, 2996 (2997); Staudinger/*Weick* BGB § 39 Rn. 10; *Reichert* Rn. 1103; *Stöber/Otto* Rn. 282.

594 Ausf. zur Abgrenzung *Reuter* NJW 1987, 2401.

595 BayObLGZ 1986, 528 (535).

596 *Reuter* NJW 1987, 2401 (2404).

597 RGZ 51, 66; RGZ 122, 266; BGH NJW 1958, 1867.

598 BGH NJW 1971, 879 (880); NJW 1972, 1892 (1893); NJW 1990, 40 (41); OLG Frankfurt a. M. NJW-RR 1991, 1276; OLG Hamm NJW-RR 2001, 1480 (1481); BeckOK BGB/*Schöpflin* BGB § 25 Rn. 78.

599 BGH NJW 1959, 982 (983); NJW 1972, 1892 (1893). Zu den Grenzen des Ausschlusses aufgrund des Verhaltens Dritter, insbesondere naher Angehöriger, vgl. BGH NJW 1972, 1892; OLG Saarbrücken NJW-RR 1994, 251.

600 BGH NJW 1988, 552 (554); NJW 1990, 40 (41); OLG Frankfurt a. M. NJW-RR 1991, 1276; OLG Hamm NJW-RR 2001, 1480 (1481); BeckOK BGB/*Schöpflin* BGB § 25 Rn. 79; *Reuter* NJW 1987, 2401 (2404); *Stöber/Otto* Rn. 298.

Beispiele:

Beharrliches Nichtzahlen der Vereinsbeiträge; Bildung eines Konkurrenzvereins; Verleumdung von Organmitgliedern;[601] Verletzung wesentlicher Ziele des Vereins;[602] beharrliches Missachten einer (angemessenen) Kleiderordnung in den Trainingsräumen des Vereins.[603]

Nicht: Meinungsverschiedenheiten über die Rechtmäßigkeit des Einbehaltens eines vom Auftraggeber für Laboruntersuchungen gezahlten Honorars.[604]

297 Ein **freies Ausschließungsrecht** des Vereins, vergleichbar einem ordentlichen Kündigungsrecht, besteht nicht und kann durch entsprechende Satzungsregelung auch nicht begründet werden. Ein willkürlicher Ausschluss einzelner Mitglieder verstößt insbesondere gegen das Gleichbehandlungsgebot.[605]

3. Ausschließungsbeschluss

298 Der Ausschluss aus wichtigem Grund erfolgt durch Ausschließungsbeschluss. **Zuständig** ist mangels abweichender Satzungsregelung die Mitgliederversammlung (§ 32 Abs. 1 S. 1 BGB).[606] Die Satzung kann die Zuständigkeit auf ein anderes Vereinsorgan, wie bspw. den Vorstand, übertragen, sowie ferner auf einen Verband, dem der Verein angehört, sofern Vereins- und Verbandssatzung eine solche Übertragung vorsehen.[607] Die Mitgliederversammlung hat in diesem Fall kein Recht, die Entscheidung an sich zu ziehen.[608] Die allgemeine Übertragung der Zuständigkeit auf den Vorstand berechtigt jedoch nicht zum Ausschluss einzelner Vorstandsmitglieder; die Zuständigkeit verbleibt vielmehr bei der Mitgliederversammlung, wenn dieser die Bestellung und Abberufung des Vorstands obliegt[609] (im Einzelnen → § 8 Rn. 136). Umstritten ist, ob das auszuschließende Mitglied in der Mitgliederversammlung bzw. in dem Beschlussorgan, sofern es ihm angehört, stimmberechtigt ist,[610] so dass sich eine ausdrückliche Regelung in der Satzung empfiehlt.

299 **Formulierungsbeispiel: Ausschluss aus wichtigem Grund (Satzungsbestandteil)**

§ 18. Ausschluss

(1) Ein Mitglied kann aus dem Verein bei Vorliegen eines wichtigen Grundes ausgeschlossen werden. Ein wichtiger Grund liegt insbesondere vor, wenn ein Vereinsmitglied seine Mitgliedschaftspflichten grob verletzt und dem Verein unter Abwägung der beiderseitigen Interessen ein weiteres Verbleiben des Mitglieds im Verein nicht zugemutet werden kann.

---

[601] Vgl. BeckOK BGB/*Schöpflin* BGB § 25 Rn. 78.

[602] OLG Hamm NJW-RR 2001, 1480 (1481), Missachtung der Regeln des Budosports.

[603] LG Duisburg BeckRS 2015, 9250.

[604] OLG Frankfurt a. M. NJW-RR 1991, 1276.

[605] *Reuter* NJW 1987, 2401 (2405); *Sauter/Schweyer/Waldner* Eingetragener Verein Rn. 350a; *Stöber/Otto* Rn. 299; aA BeckOK BGB/*Schöpflin* BGB § 25 Rn. 75; *Reichert* Rn. 2944ff.; vgl. zur Problematik der „Hinauskündigung" auch grundlegend BGH NJW 1977, 1292; NJW 1981, 2565 (jeweils zur KG); NJW 1990, 2622 (zur GmbH); Baumbach/Hopt/*Hopt* HGB § 140 Rn. 30ff.

[606] BayObLGZ 1986, 528 (535); OLG München Urt. v. 26.7.2017 – 20 U 5009/16, BeckRS 2017, 120040 Rn. 4; *Sauter/Schweyer/Waldner* Eingetragener Verein Rn. 357; *Stöber/Otto* Rn. 287.

[607] BayObLGZ 1986, 528.

[608] BayObLGZ 1986, 528 (535); *Sauter/Schweyer/Waldner* Eingetragener Verein Rn. 357.

[609] BGH NJW 1984, 1884 (1885); OLG Celle OLGZ 1980, 359 (361); OLG Düsseldorf NJW-RR 1988, 1271 (1273); BayObLG NJW-RR 1994, 832; OLG Köln FGPrax 2009, 82 (83); aA *Stöber/Otto* Rn. 288ff. Nach den vorbezeichneten Entscheidungen des OLG Celle und des OLG Köln bedarf es zumindest der Zustimmung der Mitgliederversammlung. In der Rechtsprechung bislang – soweit ersichtlich – nicht entschieden ist die Frage, ob eine ausdrückliche Zuweisung der Zuständigkeit zum Ausschluss von Vorstandsmitgliedern in der Satzung zulässig ist; ablehnend LG Freiburg NJW-RR 1989, 1021, wenn „die Gefahr einer allzu subjektiven und unsachlichen Beurteilung naheliegt"; bejahend *Stöber/Otto* Rn. 289 Fn. 3.

[610] Dafür OLG Köln NJW 1968, 992; LG Itzehoe NJW-RR 1989, 1531 (1532); abl. *Reichert* Rn. 2977.

(2) Über den Ausschluss entscheidet der Vorstand. Dem betroffenen Mitglied ist vor der Beschlussfassung unter Setzung einer angemessenen Frist, die zwei Wochen nicht unterschreiten darf, Gelegenheit zur schriftlichen oder mündlichen Stellungnahme gegenüber dem Vorstand zu geben.
(3) Der Beschluss des Vorstands über den Ausschluss ist dem betroffenen Mitglied schriftlich mitzuteilen und mit Gründen zu versehen. Mit dem Beschluss ruht die Mitgliedschaft des betroffenen Mitglieds. Sofern hiergegen keine Beschwerde nach Abs. 4 eingelegt wird, wird der Beschluss mit Ablauf der Beschwerdefrist wirksam und die Mitgliedschaft beendet.
(4) Gegen den Ausschließungsbeschluss kann das betroffene Mitglied innerhalb eines Monats schriftlich Beschwerde beim Vorstand einlegen. Die Beschwerde soll begründet werden. Die Beschwerde hat aufschiebende Wirkung. Hilft der Vorstand der Beschwerde nicht ab, so hat er diese der nächsten ordentlichen Mitgliederversammlung zur Entscheidung vorzulegen. Dem betroffenen Mitglied ist im Rahmen dieser Mitgliederversammlung Gelegenheit zur Stellungnahme in angemessenen Umfang einzuräumen. Hierüber ist das betroffene Mitglied rechtzeitig zu unterrichten. Die Mitgliederversammlung beschließt über den Ausschluss des Mitglieds mit der Mehrheit der abgegebenen Stimmen. Mit dem Beschluss der Mitgliederversammlung über den Ausschluss ist die Mitgliedschaft beendet.
(5) Das betroffene Mitglied kann sich im Rahmen des Ausschließungsverfahrens von einem Beistand vertreten lassen. Der Beistand muss nicht Mitglied des Vereins sein.

Der Ausschließungsbeschluss ist so konkret zu **begründen,** dass dem Mitglied eine Ver- 300
teidigung ermöglicht wird, dass die zur Entscheidung aufgerufenen Mitglieder sich darüber im Klaren sind, über welche Vorwürfe sie abstimmen und dass die dem Ausschluss zugrunde gelegten Tatsachen für eine anschließende gerichtliche Überprüfung feststehen;[611] ein Nachschieben von Ausschließungstatsachen im gerichtlichen Verfahren ist nicht möglich.[612]

Teilweise wird ein **bedingter Ausschluss** für zulässig gehalten, sofern keine Zweifel 301
über den Eintritt der Bedingung aufkommen können.[613] Ein **gruppenweiser Ausschluss** dergestalt, dass mit einem Beschluss über den Ausschluss mehrerer Mitglieder abgestimmt wird, ist unzulässig und kann auch nicht durch eine entsprechende Satzungsregelung vorgesehen werden.[614]

Mit dem Wirksamwerden des Ausschließungsbeschlusses endet die Mitgliedschaft im 302
Verein (→ Rn. 324).

III. Ruhen der Mitgliedschaft

Das Ruhen beendet nicht die Mitgliedschaft, sondern suspendiert lediglich die Mitglied- 303
schaftsreche und -pflichten für einen bestimmten Zeitraum.[615] Gleiches gilt, wenn die Satzung den „Ausschluss" eines Mitglieds auf bestimmte Zeit vorsieht.[616]

Das Ruhen der Mitgliedschaft sanktioniert in der Regel ein vereinswidriges Verhalten 304
und bedarf einer **satzungsmäßigen Grundlage.**[617] Die Satzung kann die Ruhensanordnung einerseits als eine mögliche **Vereinsstrafe** vorsehen. Ist lediglich der Ausschluss als

[611] OLG Karlsruhe NJW-RR 1998, 684 (685).
[612] BGH NJW 1988, 552 (554); NJW 1990, 40 (41); OLG Frankfurt a. M. NJW-RR 1991, 1276; OLG Hamm NJW-RR 2001, 1480 (1481); BeckOK BGB/*Schöpflin* BGB § 25 Rn. 79; *Reuter* NJW 1987, 2401 (2404); *Stöber/Otto* Rn. 298.
[613] *Reichert* Rn. 2984; *Stöber/Otto* Rn. 295.
[614] OLG Köln NJW 1968, 992 (993); BayObLG DNotZ 1989, 311 (312).
[615] BayObLGZ 1979, 351 (357ff.); OLG Hamm OLGR 2008, 710; *Sauter/Schweyer/Waldner* Eingetragener Verein Rn. 352; *Reichert* Rn. 1158ff.; *Stöber/Otto* Rn. 302ff.
[616] *Sauter/Schweyer/Waldner* Eingetragener Verein Rn. 352; aA *Reichert* Rn. 1162.
[617] *Stöber/Otto* Rn. 302; *Reichert* Rn. 1158.

Ergebnis eines Vereinsstrafverfahrens geregelt, kann das Ruhen der Recht und Pflichten aus der Mitgliedschaft gleichwohl als milderes Mittel verhängt werden.[618] Das Ruhen der Mitgliedschaft kann andererseits an die Erfüllung eines hinreichend bestimmten Tatbestandes geknüpft werden, so dass die Rechtsfolgen **„automatisch"** mit dessen Erfüllung eintreten ohne dass es eines entsprechenden Beschlusses bedarf; auf ein Verschulden kommt es dabei nicht an.[619]

Beispiele:

Ruhen der Mitgliedschaft während eines Beitragsrückstandes;[620] Ruhen der Spielerlaubnis bei fehlendem Sozialversicherungsnachweis;[621] Ruhen der Mitgliedschaft „solange ein Mitglied gegen den Landesverband bzw. dessen Organe Klage führt oder das Schiedsgerichtsverfahren läuft".[622]

305 **Während des Ruhens der Mitgliedschaft** kann das Mitglied grundsätzlich weder seine Mitgliedschaftsrechte ausüben, noch kann von ihm die Erfüllung der Mitgliedschaftspflichten verlangt werden. Die Satzung kann von diesem Grundsatz abweichen und bestimmen, dass nur einzelne Mitgliedschaftsrechte suspendiert sind oder Mitgliedschaftspflichten bestehen bleiben.[623] Eine **abweichende Gestaltung** kann sich insbesondere dann empfehlen, wenn die Nichterfüllung von Mitgliedschaftspflichten, wie etwa der Beitragszahlung, sanktioniert werden soll. Regelmäßig soll die pflichtwidrige Nichtzahlung in der Vergangenheit nicht zu einem Fortfall der Beitragspflicht in der Zukunft führen; andernfalls könnte etwa eine Austrittsfrist leicht umgangen werden. Das Mitglied **bleibt während des Ruhens der Mitgliedschaft berechtigt,** aus dem Verein auszutreten sowie die Unwirksamkeit von Satzungsbestimmungen und Beschlüssen der Vereinsorgane gerichtlich geltend zu machen.[624]

306 Mit Ablauf der im Vereinsstrafverfahren festgelegten Frist oder mit **Wegfall** der satzungsmäßigen Voraussetzungen lebt die Mitgliedschaft wieder auf und das Mitglied erlangt alle Mitgliedschaftsrechte und -pflichten.

IV. Eintritt satzungsmäßig bestimmter Beendigungsgründe

307 Die Satzung kann bestimmen, dass die Mitgliedschaft bei Eintritt eines objektiven bestimmten Beendigungstatbestandes **„automatisch"** endet, ohne dass es eines Ausschlusses oder einer sonstigen Mitwirkung des Vereins oder seiner Organe bedarf.[625] Eine anschließende „Streichung" des Mitglieds von der Mitgliederliste zeichnet die bereits eingetretene Änderung im Mitgliederbestand lediglich nach. Die Satzung muss die Beendigungsvoraussetzungen festlegen und den damit verbundenen Verlust der Mitgliedschaft ausdrücklich anordnen.

308 Der Beendigungstatbestand muss in der Satzung **hinreichend bestimmt,** klar und verständlich festgelegt sein, so dass jedes Mitglied aus der Satzung ohne weiteres erkennen kann, unter welchen Voraussetzungen und zu welchem Zeitpunkt es die Mitgliedschaft verliert.[626]

---

[618] *Sauter/Schweyer/Waldner* Eingetragener Verein Rn. 352; offen gelassen in BayObLGZ 1979, 351 (358).
[619] BayObLGZ 1979, 351 (358 f.); OLG Hamm OLGR 2008, 710.
[620] → Rn. 140.
[621] OLG Hamm OLGR 2008, 710.
[622] BayObLGZ 1979, 351 (357 ff.), sofern die Grundsätze der Gleichbehandlung und Verhältnismäßigkeit nicht verletzt sind.
[623] BayObLGZ 1979, 351 (357); *Stöber/Otto* Rn. 306; *Sauter/Schweyer/Waldner* Eingetragener Verein Rn. 352.
[624] BayObLGZ 1979, 351 (359); LG Hamburg NJW 1992, 440.
[625] BGH DNotZ 1978, 724; BayObLGZ 1971, 178; OLG Celle NJW-RR 1989, 313 (314 f.); OLG Oldenburg OLGR 2009, 612; *Sauter/Schweyer/Waldner* Eingetragener Verein Rn. 114; *Stöber/Otto* Rn. 315.
[626] LG Braunschweig MDR 1995, 754: „auch für Nichtjuristen"; bei der Auslegung dürfen nur objektive Gesichtspunkte berücksichtigt werden, nicht aber subjektive Vorstellungen von Vereinsorganen; vgl. auch *Reichert* Rn. 1135; *Stöber/Otto* Rn. 313.

Beispiele:

Beendigung eines Arbeitsverhältnisses,[627] einer Vertragsbeziehung oder Verlust eines Amtes; Erreichen einer Altersgrenze; Ausscheiden aus einer Untergliederung eines Verbandes; Austritt aus einer Religionsgemeinschaft; Beibehaltung des Geburtsnamens eines weiblichen Mitglieds eines adeligen Vereins nach Eheschließung[628]; (Wohn-)Sitzverlegung; Nichtzahlung des Mitgliedsbeitrages trotz Mahnung und Ablauf einer Nachfrist; Verlust der Geschäftsfähigkeit; Verurteilung zu einer Freiheitsstrafe in bestimmter Höhe; Eröffnung des Insolvenzverfahrens über das Vermögen eines Mitglieds oder Ablehnung mangels Masse; Beschluss über die Auflösung eines korporativen Mitglieds; Verlust der steuerlichen Gemeinnützigkeit eines Mitgliedsvereins.[629]

Nicht hinreichend bestimmt ist die „Aufgabe eines der Grundsätze" des Vereins, ohne diese näher zu bestimmen.[630]

Formulierungsbeispiel: Beendigung der Mitgliedschaft (Satzungsbestandteil) 309

§ 18. Beendigung der Mitgliedschaft

(4) Ein Mitglied scheidet [*ggf.:* daneben] ohne weitere Voraussetzungen aus dem Verein mit Ablauf des Tages aus, an dem es die Voraussetzungen der Mitgliedschaft gem. § *** der Satzung nicht mehr erfüllt.

Fraglich ist, ob die nachträgliche Festlegung satzungsmäßiger Beendigungsgründe auch **rückwirkend** für bereits beigetretene Mitglieder gilt. Dies wurde von der Rechtsprechung in einem Fall bejaht, in welchem die Satzung bereits im Zeitpunkt des Beitritts des Mitglieds besondere Aufnahmevoraussetzungen enthielt und nachträglich insofern ergänzt wurde, als dass mit dem Wegfall dieser Aufnahmevoraussetzungen die Mitgliedschaft endet.[631] Da in diesem Fall kein gesicherter Bestandsschutz bestand, endete die Mitgliedschaft derjenigen Mitglieder, welche die Aufnahmevoraussetzungen mittlerweile nicht mehr erfüllen, mit dem Wirksamwerden der Satzungsänderung, ohne dass es deren Zustimmung bedurfte. Der BGH stellte im entschiedenen Fall gleichwohl klar, dass die schrankenlose Entziehung der Mitgliedschaft durch Satzungsänderung nicht zulässig ist und verwies insofern auf die Rechtsprechung zur Beschränkung von Mitgliedschaftsrechten (→ Rn. 70). 310

Bei der insoweit vorzunehmenden Interessenabwägung ist zu berücksichtigen, dass der Verlust der Mitgliedschaft die stärkste Form der Beeinträchtigung der Rechte des Mitglieds darstellt und daher nur in Ausnahmefällen eine Abwägung zugunsten des Vereins vorgenommen werden kann. Jedenfalls wenn die Satzungsänderung zu einer grundlegenden Veränderung des Mitgliederbestandes insgesamt führt, insbesondere zur **Auswechselung sämtlicher Vereinsmitglieder,** stellt dies einen schwerwiegenden Eingriff in die Rechte der betroffenen Mitglieder dar, da sich die Änderung wie ein Vereinsausschluss auswirkt, ohne dass dessen Voraussetzungen vorlägen. Ein Ausscheiden der betroffenen Mitglieder setzt daher dessen Zustimmung voraus.[632] 311

[627] BGH DNotZ 1978, 724 zur Beendigung der Mitgliedschaft in der Gewerkschaft der Postbediensteten bei Ausscheiden aus dem Postdienst; BayObLGZ 1971, 178 zur Beendigung der Mitgliedschaft in einem Firmen-Unterstützungsverein bei Ausscheiden aus dem entsprechenden Unternehmen.

[628] OLG Celle NJW-RR 1989, 313.

[629] Vgl. *Reichert* Rn. 1136f.; *Stöber/Otto* Rn. 313.

[630] LG Braunschweig MDR 1995, 754.

[631] BGH DNotZ 1978, 724; vgl. auch BGH NJW 1971, 879 (880f.) zur Änderung der Voraussetzungen für die Zugehörigkeit zu einer bestimmten Mitgliedergruppe; *Reichert* Rn. 1138f.; aA *Stöber/Otto* Rn. 315.

[632] BGH NJW 1980, 2707f.; OLG Frankfurt a. M. ZStV 2018, 103. Auf eine etwaige Zweckänderung des Vereins kommt es zu Begründung des Zustimmungserfordernisses hingegen nicht an; eine solche folgt auch nicht allein aus der beabsichtigten Auswechslung der Mitglieder.

312 Bei Vereinen mit **Aufnahmezwang** bedarf der mit dem Ausschluss verfolgte Zweck einer sachlichen Rechtfertigung (→ Rn. 252). Eine Beendigungsautomatik ist bei **politischen Parteien** nach § 10 Abs. 5 ParteiG eingeschränkt.[633]

V. Streichung von der Liste der Mitglieder

313 In der Satzung kann – als besondere Art des Ausschlusses – die „Streichung eines Mitglieds von der Liste der Mitglieder" vorgesehen werden.[634] Hierbei handelt es sich um ein vereinfachtes Ausschließungsverfahren, dass die Mitgliedschaft mit sofortiger Wirkung beendet. Anders als bei dem „automatischen" Erlöschen der Mitgliedschaft muss die Streichung durch das zuständige Vereinsorgan vollzogen werden. Insbesondere in Fällen in denen ein Interesse des Mitglieds am Verein aufgrund Zeitablaufs oder veränderter Umstände erloschen ist, ermöglicht die Streichung ein einfaches Verfahren zur Bereinigung der Mitgliederliste.[635]

Beispiele:

Nichtzahlung des Mitgliedsbeitrags über einen längeren Zeitraum trotz Mahnung; Nichterreichbarkeit des Mitglieds infolge Wegzugs ohne Mitteilung der neuen Kontaktdaten.[636]

314 Die **Voraussetzungen der Streichung** müssen, ebenso wie bei der dem „automatischen" Erlöschen der Mitgliedschaft (→ Rn. 307), in der Satzung hinreichend bestimmt, klar und verständlich festgelegt sein; ebenso das für die Streichung **zuständige Organ,** regelmäßig der Vorstand. Eine **Bekanntgabe** der Streichung an das betroffene Mitglied ist nicht erforderlich.

315 Fraglich ist, ob die Streichung eine vorherige **Anhörung** des Betroffenen erfordert. Dies wurde von der Rechtsprechung mit dem Argument bejaht, dass dem zuständigen Organ – anders als im Falle des „automatischen" Erlöschens der Mitgliedschaft – ein Ermessensspielraum verbleibt, wobei hierfür bereits der Versand eines entsprechenden Formblattes genüge.[637] In der Literatur wird eine Anhörung überwiegend für entbehrlich gehalten, da dies dem praktischen Zweck der Streichung widerspricht.[638] Die Voraussetzungen der Streichung müssen überdies hinreichend bestimmt in der Satzung festgelegt werden, so dass diese für jedes Mitglied vorhersehbar sind. Jedenfalls im Rahmen des vorstehend beschriebenen Anwendungsbereichs ist eine Anhörung daher entbehrlich. Zur Vermeidung von Streitigkeiten kann es sich empfehlen, ein „automatisches" Erlöschen in der Satzung vorzusehen, welches durch die anschließende Streichung von der Mitgliederliste lediglich nachvollzogen wird. Im Falle des Beitragsrückstands kann mit der letzten Mahnung auch ein entsprechender Hinweis auf die bevorstehende Streichung und die Möglichkeit einer Stellungnahme verbunden werden. Wird zur Vermeidung einer Anhörung die Möglichkeit des „Wideraufleben" der Mitgliedschaft bei Wegfall des Streichungsgrundes vorgesehen,[639] wird ein Schwebezustand geschaffen, der regelmäßig gerade nicht gewollt ist.

[633] BGH NJW 1979, 1402 (1403).
[634] OLG Hamm OLGR 2001, 389.
[635] *Stöber/Otto* Rn. 309.
[636] jurisPK-BGB/*Otto* BGB § 39 Rn. 25.
[637] LG Bonn MDR 1975, 139.
[638] *Stöber/Otto* Rn. 309. Nach *Reichert* Rn. 1130 ist eine Anhörung nur dann erforderlich, wenn sich der zur Streichung führende Tatbestand nicht eindeutig aus der Satzung ergibt. In diesem Fall dürfte jedoch die Zulässigkeit der Streichung fraglich sein, da diese eine hinreichend klare Bestimmung der Voraussetzungen in der Satzung erfordert.
[639] *Stöber/Otto* Rn. 310; jurisPK-BGB/*Otto* BGB § 39 Rn. 25.

Formulierungsbeispiel: Streichung von der Mitgliederliste (Satzungsbestandteil) 316

§ 17. Beendigung der Mitgliedschaft

[...] Ein Mitglied kann durch Beschluss des Vorstands von der Mitgliederliste gestrichen werden, wenn es sich trotz zweimaliger schriftlicher Mahnung mit der Zahlung des Beitrags oder von Umlagen mit einem Betrag im Verzug befindet, welcher der Höhe von zwei Jahresmitgliedsbeiträgen entspricht. Die Streichung darf nur beschlossen werden, wenn sie dem Mitglied schriftlich angedroht wurde und mindestens drei Monate seit Absendung der Androhung vergangen sind; die Androhung kann mit der zweiten Mahnung zusammengefasst werden. Die Streichung ist dem Mitglied schriftlich mitzuteilen.

Bei Vereinen mit **Aufnahmezwang** bedarf der mit dem Ausschluss verfolgte Zweck einer sachlichen Rechtfertigung (→ Rn. 252). Eine Streichung von der Mitgliederliste ist bei **politischen Parteien** nach § 10 Abs. 5 ParteiG eingeschränkt.[640] 317

VI. Tod, Vollbeendigung und Umwandlung eines Mitglieds

Mit dem **Tod eines Mitglieds** endet seine Mitgliedschaft im Verein. Soweit die Satzung nicht ausnahmsweise eine abweichende Regelung trifft, ist die Mitgliedschaft nicht vererblich (§ 38 S. 1 BGB).[641] Entsprechend dem Versterben natürlicher Personen, führt die Vollbeendigung von **juristischen Personen** und Personengesellschaften, die Mitglied in einem Verein sind, zur Beendigung der Mitgliedschaft. Die Satzung kann den Zeitpunkt der Beendigung vorverlagern, etwa auf die Eröffnung des Insolvenzverfahrens oder das Fassen des Auflösungsbeschlusses[642] oder die Mitgliedschaft übertragbar ausgestalten.[643] Die Mitgliedschaft geht nicht auf etwaige Funktions- oder Rechtsnachfolger einer Körperschaft des öffentlichen Rechts über, sofern keine von § 38 S. 1 BGB abweichende Regelung in der Satzung getroffen wurde.[644] 318

Formulierungsbeispiel: Beendigung der Mitgliedschaft (Satzungsbestandteil) 319

§ 6. Beendigung der Mitgliedschaft

(1) Die Mitgliedschaft endet mit dem Tod des Mitglieds.

Die nicht übertragbare Vereinsmitgliedschaft geht auch bei der **Umwandlung** eines Mitglieds nicht im Wege der Gesamtrechtsnachfolge auf den aufnehmenden oder neuzugründenden Rechtsträger über.[645] Mit dem Erlöschen des übertragenden Rechtsträgers im Falle der Verschmelzung (§ 20 Abs. 1 Nr. 2 S. 1 UmwG) oder der Aufspaltung (§ 131 Abs. 1 Nr. 2 S. 1 UmwG) erlischt daher dessen Mitgliedschaft im Verein, sofern die Satzung die Mitgliedschaft nicht übertragbar gestaltet. Zu den weiteren Fällen der Umwandlung eines Mitglieds → Rn. 19. 320

VII. Auflösung und Insolvenz

Die Auflösung des **Vereins** oder die Eröffnung des Insolvenzverfahrens über das Vereinsvermögen führen nicht zum Erlöschen der Mitgliedschaft. In beiden Fällen endet jedoch 321

[640] BGH NJW 1979, 1402 (1403).
[641] → Rn. 12.
[642] *Stöber/Otto* Rn. 318; *Reichert* Rn. 1141.
[643] → Rn. 13.
[644] OLG Hamm NJW-RR 2011, 472 (473).
[645] Widmann/Mayer/*Vossius* UmwG § 20 Rn. 171; Lutter/*Grunewald* UmwG § 20 Rn. 21; Semler/Stengel/*Kübler* UmwG § 20 Rn. 27.

regelmäßig die Beitragspflicht der Mitglieder.[646] Die Mitgliedschaft ist mit dem Erlöschen des Vereins infolge der Beendigung der Liquidation oder der vollständigen Vermögensverteilung im Insolvenzverfahren beendet.

322 Die Auflösung des **Mitglieds** sowie die Eröffnung des Insolvenzverfahrens über das Vermögen des Mitglieds kann in der Satzung als Ausscheidensgrund vorgesehen werden (→ Rn. 307).

VIII. Einvernehmliche Aufhebung der Mitgliedschaft

323 Die Mitgliedschaft kann schließlich einvernehmlich durch vertragliche Vereinbarung zwischen dem Mitglied und dem Verein, vertreten durch den Vorstand, beendet werden, sofern die Satzung diese Form der Beendigung nicht ausdrücklich ausschließt.[647] Eine Austrittserklärung kann ggf. in ein Angebot auf Abschluss eines Vertrages über die Aufhebung der Mitgliedschaft umgedeutet werden.[648]

IX. Rechtsfolgen der Beendigung der Mitgliedschaft

324 Mit der Beendigung der Mitgliedschaft **erlöschen sämtliche Mitgliedschaftsrechte und -pflichten,** einschließlich etwaigen Sonderrechten. Die Bindung an die Satzung und die Anordnungen der Vereinsorgane entfällt,[649] Vereinsstrafen sind nicht mehr möglich, laufende Vereinsstrafverfahren werden unzulässig.[650] Drittgläubigerrechte und gläubigerrechtsähnliche Wertrechte hingegen sind vom Fortbestand der Mitgliedschaft unabhängig und bleiben bestehen.[651]

325 Der Verein hat regelmäßig Anspruch auf Rückgabe etwaiger überlassener Gegenstände. Die Satzung kann ausgeschiedenen Mitgliedern eine Schweigepflicht auferlegen.[652]

326 Das ausgeschiedene Mitglied hat vorbehaltlich einer abweichenden Satzungsregelung keinen Anspruch auf Zahlung eines anteiligen Werts des Vereinsvermögens als **Abfindung.**[653] Einmalleistungen, wie bspw. Aufnahmegelder oder Umlagen, sind dem Mitglied nicht, auch nicht zeitanteilig, **zurückzuerstatten.**[654] Scheidet das Mitglied während eines laufenden Beitragszeitraums aus, so kann ein im Voraus geleisteter wiederkehrender Beitrag jedoch zeitanteilig zurückgefordert werden, sofern die Satzung dies nicht ausschließt.

327 **Formulierungsbeispiel: Erstattung des Beitrags (Satzungsbestandteil)**

§ 6. Beendigung der Mitgliedschaft

[…] Scheidet ein Mitglied aus dem Verein aus, so ist eine Erstattung geleisteter Eintrittsgelder ausgeschlossen. Scheidet ein Mitglied während des laufenden Wirtschaftsjahres aus, so ist eine Erstattung von Beiträgen, die für das laufende Wirtschaftsjahr im Voraus erbracht wurden, ebenfalls ausgeschlossen. [*Alt.:* Scheidet ein Mitglied während des laufenden Wirtschaftsjahres aus, so sind Beiträgen, die für das laufende Wirtschaftsjahr im Voraus erbracht wurden, zeitanteilig zu erstatten.]

---

646 → Rn. 144.

647 LAG Düsseldorf Urt. v. 17.3.2009 – 17 Sa 848/08, juris Rn. 75 f.; ein satzungsmäßiger Ausschluss ist nicht bereits darin zu sehen, dass die Satzung nur Regelungen zur Ausübung des Kündigungsrechts enthält und keine Aussage zu einer einvernehmlichen Aufhebung der Mitgliedschaft trifft; aA *Plander* NZA 2005, 897.

648 MüKoBGB/*Leuschner* BGB § 39 Rn. 11.

649 RGZ 88, 395 (398); RGZ 122, 266; RGZ 143, 1.

650 Staudinger/*Weick* BGB § 39 Rn. 9; *Reichert* Rn. 1143.

651 → Rn. 62, 64.

652 Staudinger/*Weick* BGB § 39 Rn. 8; *Reichert* Rn. 1156.

653 → Rn. 108.

654 OLG Brandenburg MDR 2005, 640.

Für streitig gewordene Ansprüche ist die im Zeitpunkt des Ausscheidens geltende Satzung weiterhin verbindlich, einschließlich einer etwaigen Schiedsgerichtsanordnung.[655] 328

Ist die Mitgliedschaft wirksam beendet, kann diese nicht nachträglich **wiederaufleben,** sondern lediglich erneut erworben werden, insbesondere durch Beitritt. Eine Wiederaufnahme kann im Einzelfall darin zu sehen sein, dass der Verein den Ausgetretenen mit dessen Einverständnis über längere Zeit als Mitglied behandelt.[656] Zur Mitgliedschaft während der **laufenden Austrittsfrist** → Rn. 292. Ein zusammenfassender Formulierungsvorschlag für die Bestimmungen zum Ausscheiden kann damit wie folgt lauten: 329

Formulierungsbeispiel: Beendigung der Mitgliedschaft (Satzungsbestandteil) 330

§ 6. Beendigung der Mitgliedschaft

(1) Die Mitgliedschaft endet
- mit dem Tod des Mitglieds,
- mit Austritt des Mitglieds (Abs. 2),
- mit Streichung von der Mitgliederliste (Abs. 3),
- mit Verlust der Voraussetzungen der Mitgliedschaft (Abs. 4) oder
- mit Ausschluss aus dem Verein (§ ***).

(2) Der Austritt erfolgt durch schriftliche Erklärung gegenüber dem Verein. Er ist nur zum Ende eines Kalenderjahres unter Einhaltung einer Kündigungsfrist von drei Monaten zulässig. Ein fristloser Austritt aus wichtigem Grund bleibt unberührt.

(3) Ein Mitglied kann durch Beschluss des Vorstands von der Mitgliederliste gestrichen werden, wenn es sich trotz zweimaliger schriftlicher Mahnung bei der Zahlung des Beitrags oder von Umlagen mit einem Betrag im Verzug befindet, welcher der Höhe von zwei Jahresmitgliedsbeiträgen entspricht. Die Streichung darf nur beschlossen werden, wenn die Streichung dem Mitglied mit der zweiten Mahnung schriftlich angedroht wurde und mindestens drei Monate seit Absendung der zweiten Mahnung vergangen sind. Die Streichung ist dem Mitglied schriftlich mitzuteilen.

(4) Ein Mitglied scheidet ohne weitere Voraussetzungen aus dem Verein mit Ablauf des Tages aus, an dem es die Voraussetzungen der Mitgliedschaft gem. § *** nicht mehr erfüllt.

(5) Scheidet ein Mitglied während des laufenden Wirtschaftsjahres aus, so ist eine Erstattung von Beiträgen, die für das laufende Wirtschaftsjahr im Voraus erbracht wurden, ausgeschlossen.

[655] RGZ 113, 321; Staudinger/*Weick* BGB § 39 Rn. 8; *Reichert* Rn. 1153.
[656] Vgl. OLG Hamm NJW 2000, 523 (524).

§ 11. Vereinsstrafen

Übersicht

Schrifttum:

Monographien: *Adolphsen,* Internationale Dopingstrafen, 2003; *Baecker,* Grenzen der Vereinsautonomie im deutschen Sportverbandswesen, 1985; *Bochner,* Vereinsstrafe und Verbandsgerichtsbarkeit, 1989; *Edenfeld,* Die Rechtsbeziehungen des bürgerlich-rechtlichen Vereins zu Nichtmitgliedern, 1996; *Flume,* Die juristische Person, 1983; *Grunewald,* Der Ausschluss aus Gesellschaft und Verein, 1987; *Krieger,* Vereinsstrafen im deutschen, englischen, französischen und schweizerischen Recht, 2003; *van Look,* Vereinsstrafen als Vertragsstrafen, 1990; *Meyer-Cording,* Die Vereinsstrafe, 1957 (Nachdruck 1996); *Orth,* Vereins- und Verbandsstrafen am Beispiel des Fußballsports, 2008; *Westermann, H.P.,* Die Verbandsstrafgewalt und das allgemeine Recht, 1972.

Aufsätze: *Benecke,* Der Ausschluß aus dem Verein – Zum Konflikt zwischen „Vereinsautonomie" und Individualinteresse, WM 2000, 1173; *Flume,* Die Vereinsstrafe, FS Bötticher 1969, 101; *Gehrlein,* Die BGH-Rechtsprechung zur Überprüfung von Vereins- und Parteiausschlüssen, ZIP 1994, 852; *ders.,* Gerichtlicher Prüfungsmaßstab für die Wirksamkeit von Vereinsausschlüssen, ZIP 1997, 1912; *Grunewald,* Die Abwälzung von Bußgeldern, Verbands- und Vertragsstrafen im Wege des Regresses, NZG 2016, 1121; *Hadding/van Look,* Zur Ausschließung aus Vereinen des bürgerlichen Rechts, ZGR 1988, 270; *Hadding,* Korporationsrechtliche oder rechtsgeschäftliche Grundlagen des Vereinsrechts?, FS R. Fischer 1979, 165; *Kirberger,* Die Vereinsstrafe gegenüber Mitgliedern aufgrund vereinswidrigen Verhaltens Dritter, NJW 1973, 1732; *Lukes,* Erstreckung der Vereinsgewalt auf Nichtmitglieder durch Rechtsgeschäft, FS H. Westermann 1974, 325; *Reuter,* Der Ausschluss aus dem Verein, NJW 1987, 2401; *Schlosser,* Grenzen der Verbandsstrafgewalt, ZGR 1980, 101; *Rieble,* Verbands- oder Vertragsstrafenregelungen bei der Ausgestaltung von Strafen in Verein, Gesellschaft oder Genossenschaft, Anm. zu BGH, Urt. v. 2.12.2002 – II ZR 1/02, LMK 2003, 60; *Säcker-Rancke,* Verbandsgewalt, Vereinsautonomie und richterliche Inhaltskontrolle, ArbuR 1981, 1; *Schulze,* Mitgliedsausschluß aus einem wirtschaftlichen Verein am Beispiel der GEMA, NJW 1991, 3264; *K. Schmidt,* Rechtsfortbildung im Unternehmens- und Gesellschaftsrecht durch die Rechtsprechung des BGH, NJW 2000, 2927; *Vieweg,* Doping und Verbandsrecht, NJW 1991, 1511; *Walker,* Verschuldensunabhängige Verbandssanktionen gegen Sportvereine für Zuschauerausschreitungen, NJW 2014, 119; *Weitnauer,* Vereinsstrafe, Vertragsstrafe und Betriebsstrafe, FS Reinhardt 1972, 179.

A. Satzungskompetenz; Durchsetzung und Kontrolle

I. Zur Bedeutung des Vereinsstrafrechts

1 Im Verein schließen sich Individuen zusammen, um die Verwirklichung eines gemeinsamen „Ideals" anzustreben; dies können zB kulturelle Anliegen, sportliche Freizeitaktivitäten oder weltanschauliche Themen sein. Den unterschiedlichsten Vereinsidealen ist gemein, dass die Vereinsmitglieder deren Verwirklichung einen höheren Rang beimessen, als es der Durchschnitt der Gesellschaft tut. Die Vereinsmitglieder teilen in Bezug auf ihr Vereinsideal eine andere Ethik als die Allgemeinheit.[1] Das erklärt das Bedürfnis nach einem eigenen Ordnungsrahmen innerhalb des Vereins zum Schutz des Vereinsideals.

2 Im täglichen Vereinsleben kommen die meisten Vereine ohne ein vereinseigenes „Strafrecht" aus, um ihre innere Ordnung aufrecht zu erhalten. In Vereinen mit überschaubaren Mitgliederzahlen können Differenzen persönlich diskutiert und ggf. auf Mitgliederversammlungen ausgestritten werden. Wenn im Einzelfall ein Streit nicht geschlichtet werden kann, wird er sich durch einen evtl. folgenden Austritt des betroffenen Mitglieds oder die vorzeitige Amtsniederlegung des kritisierten Organmitglieds oftmals mehr oder weniger von selbst lösen.

3 Folgerichtig fehlen in den „Mustersatzungen" für Idealvereine, die zB seitens der Justizministerien interessierten Vereinsgründern zur Verfügung gestellt werden,[2] meistens Formulierungsvorschläge zu einer Vereinsstrafenordnung. Lediglich der Ausschluss aus wichtigem Grund, dh bei vereinsschädigendem Verhalten, wird fast überall als zu regelnder Fall thematisiert. Erhebungen oder Schätzungen darüber, wie viele der in Deutschland registrierten eingetragenen Vereine Satzungsregelungen zu Vereinsstrafen und/oder zur Vereinsstrafgerichtsordnung haben, sind nicht bekannt.

4 Eine wichtige Ausnahme bilden Sportvereine, für die das Vereinsstrafrecht erhebliche Bedeutung haben kann. So enthalten die einschlägigen Mustersatzungen der Landessportverbände regelmäßig entsprechende Formulierungen.[3] Im Sport genießt die Vereinsstrafe auch die größte mediale Präsenz. Regelverstöße und Fehlverhalten von Sportlern oder Funktionären sind in und außerhalb von Wettkämpfen zu bewerten und ggf. zu ahnden. Das gilt für ad hoc zu treffende Schiedsrichterentscheidungen genauso zu wie für den Entzug von Spielberechtigungen und Dopingverstöße. Die notwendigen Regelungen werden über die nationalen und internationalen Sportverbände, deren Mitglieder die einzelnen Sportvereine sind, implementiert und entweder direkt über die Vereinssatzung oder durch privatrechtliche Vereinbarungen (vor allem im Profisport[4] und gegenüber an Wettkämpfen teilnehmenden (Nicht-) Mitgliedern) zur Geltung gebracht. Die praktische Bedeutung der Vereinsstrafen im Sport spiegelt sich auch in der Rechtsprechung – vor allem der unteren Instanzen[5] – wieder.

---

[1] *Reuter* spricht diesbezüglich von „Gruppenmoral": NJW 1984, 2401 (2403).

[2] Bspw. Justizportal Nordrhein-Westfalen, www.justiz.nrw.de; Bayerisches Staatsministerium der Justiz, www.justiz.bayern.de; Bundesjustizministerium, www.bmj.bund.de.

[3] Bspw. Bayerischer Landes-Sportverband, www.blsv.de und Württembergischer Landessportbund, www.wlsb.de oder Erläuterungshinweise beim Muster des Landessportbundes Brandenburg, www.lsb-brandenburg.de.

[4] Prominentes – und zugleich sehr komplexes – Beispiel einer Mischlösung aus vereins- und vertragsrechtlicher Implementierung von Ordnungsregeln ist die Fußball-Bundesliga. Die lizenzierten Vereine bzw. die Kapitalgesellschaften, in welche die Profiabteilungen der Vereine ausgegliedert wurden, sind Mitglied des DFL Deutsche Fußball Liga e.V., dessen operatives Geschäft wiederum die DFL Deutsche Fußball Liga GmbH führt. Die Spielordnung der DFL verweist auf die Spielordnungen des DFB, der UEFA und der FIFA und regelt einzelne Fälle speziell, wie zB die Rechtsfolgen eines Feldverweises oder eines Spielabbruchs. Das ist die vereinsrechtliche Ebene. Die Verhältnisse mit den Spielern werden vertragsrechtlich geregelt, indem der einzelne Spieler mit dem Verband einen Lizenzvertrag, der ua die DFB-Fußballregeln einbezieht, und einen Schiedsgerichtsvertrag, der die DFB-Gerichtsbarkeit für anwendbar erklärt, abschließt.

[5] Lesenswertes Beispiel eines jüngeren Instanzurteils: LG Freiburg Urt. v. 15.5.2012 – 14 O 46/12, BeckRS 2012, 10681 zur Aufhebung der sportgerichtlichen Bewertung von Punktspielen als verloren, weil der Verein einen Spieler eingesetzt hatte, dessen Spielerpass nicht von ihm unterschrieben war. Das Urteil wurde in

II. Grundsätzliches zur Vereinsstrafe

Das BGB benennt in den §§ 20ff. keine Strafen oder Ordnungsmaßnahmen des Vereins gegen seine Mitglieder; weder für den eingetragenen noch für den nicht rechtsfähigen Verein. Das BGB erwähnt auch nicht ausdrücklich die Möglichkeit solcher vereinsinternen Sanktionen durch die Satzung. Es stellt lediglich klar, dass bei Beschlussfassungen der Mitgliederversammlung zu Streitigkeiten zwischen dem Verein und einem Mitglied vor staatlichen Gerichten das Mitglied von der Abstimmung ausgeschlossen ist (§ 34). Gesetzlich ausdrücklich anerkannt, ja zum Teil sogar für die Lizenzierung als zwingender Satzungsbestandteil vorgesehen, ist die Vereinsstrafe im Bereich des sonst eher wenig bedeutsamen wirtschaftlichen Vereins (§ 22 BGB): Die §§ 15ff. BWaldG sehen das für die Anerkennung forstwirtschaftlicher Zusammenschlüsse, wie die Forstbetriebsgemeinschaften und Forstbetriebsverbände, ebenso vor wie § 3 Agrarmarktstrukturverordnung (AgrarMSV) für landwirtschaftliche Erzeugergemeinschaften.[6] Auch das Parteiengesetz verlangt die ausdrückliche Regelungen der Ordnungsmaßnahmen, einschließlich des Ausschlusses eines Parteimitgliedes, in der Satzung (§ 6 Abs. 2 Nr. 4 und Nr. 5 ParteiG). 5

Der Ausschluss eines Mitglieds aus dem Verein ist als *ultima ratio* des Vereinsstrafrechts in den §§ 20ff. BGB ebenfalls gesetzlich nicht geregelt. Das BGB garantiert lediglich in umgekehrter Richtung dem Mitglied das Recht zum Austritt aus dem Verein (§ 39 BGB). Allerdings verweist § 54 BGB für den nicht rechtsfähigen Verein auf die §§ 737, 723 BGB, welche den Ausschluss eines Gesellschafters bei Vorliegen eines wichtigen Grundes regeln.[7] Nicht zuletzt dieser Verweis öffnet den Weg in die Diskussion, ob Vereinsstrafen einen eigenen korporationsrechtlichen Charakter (Normentheorie) haben oder als Vertragsstrafe (§ 339ff. BGB) dem Schuldrecht unterliegen (Vertragstheorie).[8] Die ständige Rechtsprechung ordnet die Vereinsstrafe vereinsrechtlich ein, weil sie auf dem Mitgliedschaftsverhältnis beruhe, nicht auf einem zwischen Verein und Mitglied geschlossenen Vertrag.[9] Nach § 25 BGB sollen die Vereine demnach berechtigt sein, ihre Verhältnisse im Rahmen der Gesetze und der bei der Verleihung der Rechtsfähigkeit gesetzten Schranken selbständig zu regeln. Dazu gehöre auch die Regelung der Vereinsgewalt und der Maßnahmen, die die Organe des Vereins zur Aufrechterhaltung der Vereinsordnung und der Vereinsdisziplin treffen könnten.[10] Möglicherweise unterscheiden sich die Ergebnisse beider Theorien in der Praxis kaum.[11] Nach *Karsten Schmidt* sei in der Rechtsprechung des BGH über die Jahre zu beobachten, dass der „gerichtsfreie" Sanktionsrahmen im Sinne einer intensivierten Gerichtskontrolle zurück geschnitten worden sei.[12] 6

Keine zivilrechtliche Vereinsstrafe, sondern Ordnungsmaßnahme der Freiwilligen Gerichtsbarkeit im Verfahren nach §§ 388ff. FamFG ist die Zwangsgeldfestsetzung gegen 7

---

der Folgeinstanz durch das OLG Karlsruhe Urt. v. 8.11.2012 – 9 U 97/12, BeckRS 2012, 23836 im Wesentlichen bestätigt.

[6] Die Verordnung verwendet in § 3 Nr. 4 lit. b sublit. ee den Begriff der „Sanktion", da Erzeugergemeinschaften auch in der Rechtsform der Kapitalgesellschaft verfasst sein können.

[7] Dennoch bestehen keine Bedenken, bei einem Ausschluss aus einem nicht rechtsfähigen Verein die Grundsätze zur Anwendung zu bringen, die die Rechtsprechung für die sachliche Nachprüfung einer Ausschließung aus einem rechtsfähigen Verein durch die ordentlichen Gerichte entwickelt hat, so BGH NJW 1954, 833 (834).

[8] BGH NJW 1956, 1793; für Verbandsstrafen gegen Genossenschaftsmitglieder unter Bezugnahme auf die Rspr. bei Vereinen: BGH NZG 2003, 230, bestätigt durch BGH Beschl. v. 19.2.2013 – II ZR 116/11, BeckRS 2013, 14236; aA *Hadding/van Look* ZGR 1988, 270; *Hadding* FS R. Fischer 1979, 173 (194); *van Look* FS Hellner 1994, 46 (55); *Flume* FS Bötticher 1969, 101 (129); vermittelnd zur Einordnung des Vereinsausschlusses *Reuter* NJW 1987, 2401. Allgemein zum Streit zwischen der Normentheorie und der Vertragstheorie hinsichtlich der Rechtsnatur von Satzungsbestimmungen s. MüKoBGB/*Reuter,* 7. Aufl. 2015, BGB § 25 Rn. 16ff.

[9] Beispiele für jüngere Rspr.: BGH NZG 2003, 230; NZG 2016, 1315 (1317); NZG 2017, 1270 (1271).

[10] BGH NJW 1959, 982.

[11] So MüKoBGB/*Reuter,* 7. Aufl. 2015, BGB § 25 Rn. 178 aufgrund Rechtsvergleichung mit der Schweiz, wo die Theorie der Vertragsstrafe vorherrscht.

[12] *K. Schmidt* NJW 2000, 2927 (2935f.): Kampf um die Rechtskontrolle im inneren Verbandsrecht.

Vorstandsmitglieder durch das Amtsgericht bei Verstößen gegen registerrechtliche Pflichten (§ 78 BGB).

8 In Literatur und Rechtsprechung ist allgemein anerkannt, dass Vereine Pflichtverletzungen ihrer Mitglieder sanktionieren können, wenn sie sich dafür **in der Satzung eine Strafbefugnis** gegeben haben. Aus dem Recht, für Mitglieder vereinsinterne Pflichten in der Satzung vorzusehen, wird die Kompetenz abgeleitet, einen Ordnungsrahmen zur Sanktionierung von Pflichtverletzungen zu errichten.[13] Das Vereinsstrafrecht ist als Ausfluss der in §§ 25, 40 BGB angesiedelten **Vereinsautonomie** ein von Reichsgericht und Bundesgerichtshof[14] seit jeher den Vereinen zugestandenes Mittel der Selbstverwaltung. Die Grenzen der gesetzlichen Zulässigkeit des Vereinsstrafrechts liegen dort, wo sie den „Boden des Privatrechts verlassen und eine Anmaßung öffentlicher Strafgewalt darstellen".[15] Ein Verein kann aber seinen Mitgliedern auch die Einhaltung eines mit öffentlicher Strafe belegten Gesetzes zur Pflicht machen und die Verletzung dieser Vereinspflicht mit Geldstrafe bedrohen, ohne dadurch das Verbot doppelter Bestrafung zu berühren.[16] Auch die zum 19.4.2017 in das StGB aufgenommenen Straftatbestände des Sportwettbetruges und der Manipulation von berufssportlichen Wettbewerben (§§ 265c–265e StGB) können deshalb vereinsstrafrechtliche Folgen wie den Ausschluss nach sich ziehen.

9 Die Grundsätze des Vereinsstrafrechts gelten auch für den **nicht rechtsfähigen Verein.**[17] Unterschiede ergeben sich gegenüber dem rechtsfähigen Verein nur aus § 71 BGB; während beim nicht rechtsfähigen Verein Vereinsverfassungsrecht nicht nur auf Grund förmlicher Satzung, sondern auch als **Vereinsgewohnheitsrecht** (Observanz) entstehen kann, ist beim rechtsfähigen Verein nur das im Vereinsregister eingetragene Satzungsrecht gültig.[18]

10 Vereinsstrafen werden von der Mitgliederversammlung oder einem dafür in der Satzung vorgesehenen besonderen Organ (zB „Vereinsgericht" oder „Ehrengericht") verhängt. Die verfassungsrechtliche Zulässigkeit der **Vereinsgerichtsbarkeit** steht für den BGH nicht in Zweifel.[19] Das Recht zur Selbstverwaltung umfasst auch das Recht wegen der Verletzung von Mitgliedspflichten, Vereinsgerichte zur Verhängung von Vereinsstrafen einzusetzen.[20]

11 An Stelle des Begriffs der Vereinsstrafe wird häufig der Begriff der **Ordnungsmaßnahme** oder des **Ordnungsmittels** verwendet. In die moderne Satzungsgestaltung hat der Begriff der „Ordnungsmaßnahme" an Stelle der Strafe Einzug gehalten.[21] Grund dafür ist, dass einer vereinsrechtlichen Pflichtverletzung oftmals der ethische Unwertgehalt fehlt

---

[13] RGZ 169, 220 (338).

[14] Fortführung der Rspr. des RG, s. BGH NJW 1956, 1793.

[15] BGH NJW 1956, 1793 mwN: Die Grenze des Zulässigen soll jedenfalls überschritten sein, wenn die angedrohte Strafe eine diskriminierende Strafe ist, dh ein Unwerturteil, und nicht bloß ein wirtschaftlicher Nachteil, eine privatrechtliche Sanktion, sein soll. Zur Abgrenzung siehe auch BGH NJW 1959, 982 (983): Zulässigkeit eines „Urteils" gegen ein Mitgliedsunternehmen in einem Kaufmannsverband mit zeitlichem Ausschluss vom Ehrenamt und Geldstrafe, das durch Bekanntmachung auch negative Außenwirkung für den Ruf den Mitglieds entfalten kann. Ein Übergriff in die öffentliche Strafgewalt des Staates könne jedoch nur unter „außergewöhnlichen Umständen" angenommen werden.

[16] So einer der Leitsätze aus BGH NJW 1956, 1793.

[17] BGH NJW 1956, 1793 (1794).

[18] MüKoBGB/*Reuter,* 7. Aufl. 2015, BGB § 25 Rn. 2.

[19] BGH 1959, 982: „Eine Verletzung des Grundgesetzes scheidet ohne weiteres aus. Die Art. 92, 101 GG befassen sich nicht mit der Vereinsgerichtsbarkeit, sondern mit der rechtsprechenden Gewalt des Staates und mit staatlichen Gerichten. Art. 101 GG insbes. verbietet staatliche Ausnahmegerichte und bestimmt weiter, daß niemand seinem gesetzlichen Richter entzogen werden darf. Darum geht es bei der Einrichtung eines Vereinsgerichts nicht, das auf Grund der Vereinsgewalt bei Verletzung von Mitgliederpflichten Strafmaßnahmen gegen Mitglieder verhängen soll. Art. 103 Abs. 1 GG schützt nur das rechtliche Gehör vor staatlichen Gerichten. Daß dem Beschuldigten auch vor Vereinsgerichten rechtliches Gehör zu gewähren ist, ergibt sich aus der Pflicht zur ordnungsmäßigen Untersuchung und ist ein Gebot der natürlichen Gerechtigkeit."

[20] BGH NJW 1959, 982 (983).

[21] Beispiel → Fn. 3: Mustersatzung des BLSV für Sportvereine; anders noch § 44 der DFB-Satzung: „Strafgewalt des Verbandes und Strafarten", § 5 DHB-Satzung: „Strafen, Geldbußen und andere Entscheidungen".

bzw. viele Pflichtverletzungen ein ethisch neutrales Gewicht haben (zB Verzug mit der Zahlung von Mitgliedsbeiträgen, von Schiedsrichtern erteilte „Spiel-Strafen"). Manche Ordnungsmaßnahmen haben überhaupt keinen maßregelnden Charakter, sondern sind nur zwingende Folge eines eingetretenen Tatbestandes (zB Ausschluss aus einem Verband nach Abstieg aus der vom Verband betreuten Spielklasse). Zuzugeben ist auch, dass durch die Vermeidung des Begriffs der Vereinsstrafe mittelbar klargestellt wird, dass das Vereinsstrafrecht weder in den Bereich des staatlichen Gewaltmonopols übergreifen will, noch übergreifen darf.[22] Da der Begriff der **Vereinsstrafe** aber in Literatur und Rechtsprechung nach wie vor verwendet wird, bleibt es auch im Folgenden bei dieser Diktion.

III. Die Verankerung des Vereinsstrafrechts in der Satzung

Durch den Eintritt in den Verein unterwirft sich der Beitretende der Vereinsstrafgewalt.[23] 12
Das setzt freilich Transparenz voraus, dh der Aufgenommene muss von Beginn an erkennen können, dass eine Verletzung einer Verhaltenspflicht zu einer Sanktion führt.[24] Jedes Mitglied darf erwarten, dass die Vereinsstrafgewalt nach **Treu und Glauben** ausgeübt wird.[25] Die Vereinsstrafgewalt ist Ausfluss der den Vereinen zugestandenen Vereinsautonomie und dient der Aufrechterhaltung der Vereinsordnung. Daraus ist zu folgern, dass das Vereinsstrafrecht als Teil der Vereinsverfassung seine unmittelbare Grundlage in der Satzung finden muss. Grundsätzlich ist nur Satzungsrecht gültiges materielles Vereinsstrafrecht.[26]

1. Verortung in Satzung und Nebenordnungen

Vereinsordnungen ohne Satzungscharakter – auch „Nebenordnungen" genannt – können 13
für sich allein keine Grundlage für Vereinsstrafen bilden. Allerdings kann das Verfahren, das von dem satzungsmäßig zuständigen Vereinsorgan bei der Verhängung einer Vereinsstrafe einzuhalten ist, außerhalb der Satzung in einer eigenen Geschäftsordnung oder Verfahrensordnung (häufig auch als „Rechtsordnung" bezeichnet) geregelt werden.[27] Andernfalls würde die Satzung überfrachtet; es sollten aber die Grundzüge des Verfahrens in der Satzung beschrieben sein und Widersprüche zwischen Satzung und Geschäftsordnung tunlichst vermieden werden.[28] Die Abgrenzung zwischen materieller Strafe und bloßer Verfahrensbestimmung kann im Einzelfall aber schwierig sein.[29]

> **Hinweis:**
> In der Gestaltungspraxis finden sich daher auch Nebenordnungen mit Satzungscharakter, um derlei Abgrenzungsschwierigkeiten und infolgedessen Angriffsflächen für die Kontrolle durch staatliche Gerichte zu vermeiden.[30]

[22] BGH NJW 1956, 1793 (1794).
[23] Ständige Rspr.: BGH NJW 1984, 918 (919); NJW 1956, 1793; NJW 1954, 833 (835).
[24] BGH NZG 2016, 1315 Rn. 37 unter Verweis auf BGHZ 47, 172 (175).
[25] So schon BGH NJW 1984, 918 (919); OLG Düsseldorf NJW 2008, 1451 (1453) aE.
[26] So BGH NJW 1967, 1268 (1271).
[27] BGH NJW 1967, 1268.
[28] So die Empfehlung von *Stöber/Otto* Rn. 979; Zur Implementierung von Schiedsgerichtsordnungen und der Anwendbarkeit des § 1031 ZPO → § 18 Rn. 17f.
[29] Beispiele aus der BGH-Rspr.: Die Auferlegung der Verfahrenskosten und Bekanntmachung der strafenden Entscheidung in den Mitteilungsblättern müssen als empfindliche Nebenfolgen des Verfahrens in der Satzung selbst geregelt sein: NJW 1967, 1268; die Regelung der Voraussetzungen für die Eintragung und Löschung im Zuchtbuch habe in der Satzung des Pferdezuchtverbandes selbst zu erfolgen: Urt. v. 11.7. 1983 – II ZR 92/82, BeckRS 1983, 31071788.
[30] § 7 Abs. 1 der DEB-Satzung erklärt die Rechtsordnung ausdrücklich zum Satzungsbestandteil. Beim DFB und dem DHB fehlt zwar ein entsprechender ausdrücklicher Hinweis, die Rechtsordnungen werden in der Satzung aber als verbindlich erklärt und vom satzungsgebenden Organ beschlossen bzw. geändert. Möglich wäre aber auch, in der Satzung vorzusehen, dass die Rechtsordnung durch ein anderes Organ erlassen oder geändert werden kann: MüKoBGB/*Reuter,* 7. Aufl. 2015, BGB § 25 Rn. 6.

14 Das Vereinsstrafrecht kennt Ausnahmen vom Gebot der Verankerung in der Satzung: Zum einen gilt das für die Ausübung des **Haus- und Ordnungsrechts** durch den Versammlungsleiter in der Mitgliederversammlung. Versammlungsleitende Maßnahmen können auch Strafcharakter haben, wie zB der Entzug des Rederechts eines Mitgliedes in der Mitgliederversammlung und erst recht dessen Verweisung aus dem Versammlungssaal. Diese Kompetenzen stehen dem Versammlungsleiter unstreitig zu, wenn das Mitglied trotz Abmahnung die Redezeit überschreitet, nicht zur Sache spricht oder durch den Redebeitrag Strafgesetze verletzt, zB beleidigende Äußerungen macht, oder der ordnungsgemäße Ablauf der Versammlung die Aussperrung des störenden Mitglieds unabdingbar verlangt.[31]

15 Zum anderen ist auch ohne ausdrückliche Satzungsregelung der Ausschluss des Vereinsmitgliedes aus dem Verein aus wichtigem Grund möglich (→ Rn. 60 ff.).

2. Bestimmtheit des Tatbestandes

16 Für das Vereinsstrafrecht fordert die Rechtsprechung eine satzungsmäßige Bestimmtheit in Anlehnung an den Grundsatz des staatlichen Strafrechts *nullum crimen, nulla poena sine lege.* Verbandsrechtliche Sanktionsnormen sind nicht am **Bestimmtheitsgebot** des Art. 103 Abs. 2 GG zu messen.[32] Die Verwendung von Generalklauseln und wertausfüllungsbedürftigen Begriffen ist zulässig. Der zu erfüllende Tatbestand der Vereinsstrafe muss aber hinreichend erkennbar sein. Das sanktionierte Verhalten und die drohenden Sanktionen müssen zumindest in ihren groben Zügen aus der Satzung entnommen werden können.[33] Je weniger konkret der Tatbestand formuliert ist, umso eher ist der Tatbestandsrahmen durch Auslegung zu ermitteln. Das gibt einer intensiven richterlichen Kontrolle Raum (→ § 18 Rn. 51 ff.). Satzungsbestimmungen sind **objektivierte Regelungen,** dh sind müssen aus sich selbst heraus einheitlich und gleichmäßig unter Berücksichtigung von Zusammenhang und erkennbarem Zweck ausgelegt werden.[34] Umstände, die außerhalb der Satzung liegen, insbesondere die Vorstellungen der Gründer des Vereins, dürfen bei der Auslegung nicht berücksichtigt werden.[35]

17 **a) Grad der Konkretisierung.** Die Anforderungen des Vereinsstrafrechts an die Bestimmtheit des Tatbestandes sind nicht so hoch wie die des staatlichen Strafrechts. Zum Teil wird das damit begründet, dass echte Kriminalstrafen (insbesondere Freiheitsstrafen) ausgeschlossen sind.[36] Jedes Mitglied kann sich durch Austritt aus dem Verein der Bestrafung entziehen.

18 Es fällt auf, dass ausgerechnet in den Fällen des **Ausschlusses** aus dem Verein als der nach der Rechtsprechung schärfsten Strafe relativ geringe Anforderungen an den satzungsmäßigen Tatbestand gestellt werden. So können bereits Formulierungen wie „vereinsschädigendes Verhalten“, „gegen das Interesse des Vereins“, oder „aus wichtigem Grund“ genügen, um einen tatbestandlich ausreichend bestimmten Ausschlussgrund zu definieren. Hier nähert die Rechtsprechung in Anwendung der Normentheorie ihre Ergebnisse denen der Vertragstheorie an, indem sie letztlich an den Vereinsausschluss als Strafe keine höheren Anforderungen stellt als an eine Kündigung aus wichtigem Grund, wie man sie aus dem Gesellschaftsrecht kennt (§§ 723, 737 BGB). Diese ist auch dann möglich, wenn der Gesellschaftsvertrag, dh beim Verein die Satzung, gar keine Regelung enthält. Nach *Reuter* ist der Ausschluss aus wichtigem Grund im Zweifel alternativ als Kündigungsrecht des Vereins zu bewerten und als Auffangtatbestand auch zulässig.[37]

---

[31] MüKoBGB/*Leuschner* BGB § 32 Rn. 25 unter Verweis auf die aktienrechtliche Rechtsprechung: BGH NJW 1966, 43; Palandt/*Ellenberger* BGB § 32 Rn. 5; *Stöber/Otto* Rn. 727.
[32] *Haas/Adolphsen* NJW 1996, 2351 (Besprechung zu OLG München NJW 1996, 2382 (Ls.) – Katrin Krabbe).
[33] BeckOK BGB/*Schöpflin* BGB § 25 Rn. 49.
[34] BGH NJW 1997, 3368 (3370) – Kunstauktion.
[35] BGH NJW 1967, 1268 (1271) – Pudelzucht.
[36] MüKoBGB/*Reuter,* 7. Aufl. 2015, BGB § 25 Rn. 45; iErg auch *Stöber/Otto* Rn. 984.
[37] *Reuter* NJW 1987, 2401 (2406).

Das tatbestandliche Bestimmtheitserfordernis ist in solchen Fällen enger zu verstehen, in 19 denen das zu bewertende Verhalten nicht im allgemeinen Verhältnis zwischen Mitglied und Verein liegt, sondern es um Fragen der **Ahndung von konkreten Fehlleistungen** eines Mitglieds bei der Verwirklichung des Vereinszwecks geht. Das betrifft vor allem Sportvereine und ähnlich auf Wettbewerb oder Leistungsvergleich ausgerichtete Vereine. Die Zulassungsentscheidung zu Wettbewerben oder die Bewertung von Fehlleistungen vor oder während eines Wettbewerbes setzt detaillierte Regelwerke voraus. Nur so lassen sich vorhersehbare Entscheidungen frei von Willkür fällen, die den Grundsätzen der Gleichheit und des fairen Verfahrens gerecht werden.

Solche Regelwerke finden sich meist nicht in der Satzung, sondern in **Nebenordnungen,** 20 wie zB Lizenzordnungen, Wettkampfordnungen, Sportordnungen oder Dopingrichtlinien. Diese müssen eine Stütze in der Satzung haben. Denn es wird bezweifelt, ob die Definition der Tatbestände ohne eine „relativ" konkrete Satzungsbestimmung zulässig ist.[38] Es erfolgt eine Abwägung zwischen individueller Eingriffstiefe und Praktikabilität, um zu sachgerechten Ergebnissen zu gelangen. So hält es der BGH mit Blick auf das Interesse der Sportler an einem funktionierenden Wettkampfbetrieb für nicht erforderlich, Sportordnungen von Verbänden vollständig in die Satzungen der angeschlossenen Vereine zu inkorporieren.[39] Im Bereich des Dopings werden angesichts der einschneidenden Folgen von langen Sperren auf Sportlerkarrieren konkrete Satzungsbestimmungen gefordert.[40]

b) Verschulden. Immer noch der abschließenden Klärung harrt die Frage, inwieweit ein 21 **schuldhaftes Handeln oder Unterlassen** des Mitglieds Voraussetzung der Verhängung einer Vereinsstrafe ist.[41] Die Rechtsprechung des RG[42] und die älteren Entscheidungen des BGH gewährten dem Satzungsgeber viel Spielraum: Zur Verhängung einer Vereinsstrafe sei Verschulden keine unbedingte Voraussetzung. Die schon damals vertretene gegenteilige Auffassung[43] wurde vom BGH abgelehnt[44] oder zumindest für „kleinere Vereinsstrafen" relativiert.[45] Als Anwendungsfall von Treu und Glauben hat das Gericht auch akzeptiert, dass ein Sportverein in der Satzung den Ausschluss eines Mitgliedes unabhängig von einem Verschulden für den Fall vorsieht, dass es ihm und seinen Mitgliedern unzumutbar ist, mit diesem Mitglied die Sportkameradschaft aufrechtzuerhalten.[46] Noch in derselben Entscheidung ließ der BGH aber bewusst offen, „ob die Satzung […] auch nicht verschuldet eigene Handlungen oder Unterlassungen eines Mitglieds unter Strafe stellt und – wie hinzuzufügen ist – inwieweit eine Vereinssatzung derartiges überhaupt rechtswirksam bestimmen könnte."[47]

In der Literatur herrscht heute dem Grunde nach weitgehend Einigkeit, dass im Bereich 22 von Vereinsstrafen das Verschuldensprinzip gilt. Für die Vertreter der Vertragstheorie[48] ergibt sich das Erfordernis schon aus § 339 BGB,[49] Vertreter der Normentheorie[50] verweisen

[38] Für Wettkampfregeln offen gelassen zuletzt durch OLG Karlsruhe Urt. v. 8.11.2012 – 9 U 97/12, BeckRS 2012, 23836.

[39] Verbot der dynamischen Verweisung auf Fremdsatzungen: BGH NJW-RR 1995, 583 (584); offen gelassen: OLG Karlsruhe Urt. v. 8.11.2012 – 9 U 97/12, BeckRS 2012, 23836.

[40] Für Dopingrichtlinien fordern konkrete Satzungsgrundlage zB *Vieweg* NJW 1991, 1511 und *Rechtsausschuss des Deutschen Leichtathletik-Verbandes* NJW 1992, 2588.

[41] Ausf. dazu *Walker,* Verschuldensunabhängige Verbandssanktionen gegen Sportvereine für Zuschauerausschreitungen, NJW 2014, 119; befürwortend die überwiegende Literatur: Palandt/*Ellenberger* BGB § 25 Rn. 15; BeckOK BGB/*Schöpflin* BGB § 25 Rn. 47; MüKoBGB/*Reuter,* 7. Aufl. 2015, BGB § 25 Rn. 46.

[42] RG JW 1932, 1010.

[43] Vgl. etwa schon *Meyer-Cording* JZ 1957, 124.

[44] BGH NJW 1959, 982 (983) – Spediteure.

[45] BGH NJW 1972, 1892.

[46] BGH NJW 1972, 1892 (Ls.).

[47] BGH NJW 1972, 1892 (1893).

[48] → Rn. 6.

[49] Vgl. etwa MüKoBGB/*Leuschner* BGB § 25 Rn. 69.

[50] → Rn. 6.

demgegenüber eher auf das Schuldprinzip als Ausprägung des Rechtsstaatsprinzips, das auch im Bereich der Vereinsstrafen Geltung beanspruche.[51] Auch die – jüngere – Rechtsprechung der Oberlandesgerichte verlangt regelmäßig Verschulden als Voraussetzung sanktionierender Maßnahmen.[52] Die Grenzen dieses Grundsatzes sind indes noch nicht abschließend geklärt: So wird einerseits mit der dargestellten BGH-Rechtsprechung referiert, dass jedenfalls bei den zitierten kleineren Vereinsstrafen oder auch beim Ausschluss aus dem Verein (str., dazu sogleich → Rn. 23a) auf ein Verschulden verzichtet werden könne.[53] Zum anderen werden zuletzt insbesondere die Verbandsstrafen im Bereich des Sports, in denen Mitgliedsvereine verschuldensunabhängig für das Fehlverhalten von Zuschauern in Anspruch genommen werden, als Ausnahmefälle genannt.[54]

23 Das Vereinsstrafrecht ist vom staatlichen Strafrecht zu unterscheiden. Letzteres dient nicht nur dem Schutz individueller Rechtsgüter, sondern auch dem Schutz der staatlichen Gemeinschaft, ihres Rechtsfriedens und ihrer Grundwerte. Das Vereinsstrafrecht kann diese übergeordnete Funktion für sich nicht beanspruchen; der Verein ist kein Staat im Staate. Das Vereinsstrafrecht dient primär der Ordnung des Zusammenschlusses von Privaten. Folglich ist für die Frage des Verschuldens nach einer zivilrechtlichen, nicht nach einer strafrechtlichen Antwort zu suchen. Damit wird es dem Grunde nach auch denkbar, fremdes Verhalten zuzurechnen.[55] Vereinsstrafen setzen daher mE stets Verschulden, verstanden als ein objektiv pflichtwidriges Verhalten, das vorsätzlich oder fahrlässig begangen bzw. unterlassen wurde und dem Mitglied zurechenbar ist, voraus.[56] Dabei geht es bei der Frage des Verschuldens nicht (allein) um die ethische oder moralische Vorwerfbarkeit, dies zeigen schon bestimmte anerkannte Tatbestände des Vereinsstrafrechts, die „schicksalhaft" und unverschuldet verwirklicht werden können. Ob die schon angesprochenen verschuldensunabhängigen Verbandsstrafen im Bereich des Sports (für das Fehlverhalten von Zuschauern) trotzdem noch – im Wege praktischer Konkordanz zwischen den Grundsätzen der Vereinsautonomie und dem Verschuldensprinzip[57] – gerechtfertigt werden können, erscheint mir dagegen fraglich.[58]

23a Die Einschätzung, dass der Vereinssauschluss in vielen Fällen nicht als Vereinsstrafe, sondern als „Kündigung" der Mitgliedschaft zu würdigen sei,[59] weist in meinen Augen den Weg zum Verständnis der (vermeintlich) widersprüchlichen Ausführungen zum Verschuldenserfordernis. Sie ist mE auch der dargestellten grundlegenden Entscheidung des BGH zum Ausschluss ohne Verschulden[60] zu entnehmen, indem das Gericht dem zulässigen Ausschluss aus wichtigem Grunde die (wohl) nicht zulässige Sanktionierung für nicht verschuldensgetragenes Fehlverhalten gegenüberstellt. Ob zwar tatsächlich Tatbeständen, bei denen es in der Rechtsfolge um das Ausscheiden aus dem Verein geht, regelmäßig unabhängig von der Satzungsterminologie der Strafcharakter abgesprochen werden kann, da es sich bei ihnen nicht um Sanktionen, sondern um verschuldensunabhängige Kündigungsgründe handele,[61] ist mE nicht zweifelsfrei. Jedenfalls aber ist eine derartige Qualifizierung auf Grundlage hinreichend deutlicher Satzungsgestaltung möglich: Der Vereinsausschluss kann als Sanktion für schuldhaftes Fehlverhalten Vereinsstrafe sein, dann setzt er Verschulden im dargestellten Sinne voraus. Er kann aber auch Kündigung aus – in der Satzung definiertem – wichtigem Grunde sein. Manche Satzungsgestalter bringen diese Abgren-

---

[51] Vgl. etwa *Pfister* JZ 1995, 464.
[52] OLG Frankfurt a. M. NJW-RR 2000, 1117; OLG Hamm NJW-RR 2002, 389 (390); Urt. v. 1.4.2008 – 27 U 133/07, BeckRS 2008, 08264.
[53] So etwa MüKoBGB/*Leuschner* BGB § 25 Rn. 69.
[54] So etwa BeckOK BGB/*Schöpflin* BGB § 25 Rn. 48.
[55] Vgl. auch dazu die BGH-Entscheidungen → Rn. 21 (Fn. 44 und 45).
[56] Vgl. Palandt/*Grüneberg* BGB § 276 Rn. 5.
[57] *Walker* NJW 2014, 119.
[58] Vgl. zu diesen Fällen auch → Rn. 38c ff.
[59] Vgl. bei → Rn. 18, 22, 60.
[60] → Fn. 45.
[61] → Rn. 18 und → Rn. 22.

zung auch mittels des Instruments der **Streichung aus der Mitgliederliste** zum Ausdruck.

23b Für die Praxis empfehlenswert ist es in jedem Fall, die Tatbestände, die zum Ausschluss aus dem Verein führen sollen, zweifelsfrei zu formulieren, insbesondere falls diese verschuldensunabhängig greifen sollen. Denn wenn die Satzungs(straf)bestimmung zum Verschulden schweigt, muss davon ausgegangen werden, dass nur schuldhaftes Handeln geahndet werden darf.[62]

24 **Formulierungsbeispiel: Vereinsstrafe (Satzungsbestandteil)**

§ 18. Vereinsstrafen

(1) Wenn ein Mitglied schuldhaft gegen die in der Satzung oder den Ordnungen festgelegten Tatbestände verstößt, können ihm nachfolgend bestimmte Strafen auferlegt werden. Für schuldhaftes Handeln genügt Fahrlässigkeit, soweit es nicht anders bestimmt ist.

25 Die **Unkenntnis** der Satzungsbestimmung, die einen Tatbestand mit Strafe bewehrt, lässt das Verschulden nicht entfallen. Das Mitglied muss sich die Satzungsbestimmung grundsätzlich entgegenhalten lassen, auch wenn es versäumt hat, sich vom Inhalt der Satzung und jener Bestimmung zu unterrichten.[63]

26 **c) Zurechnung.** Sofern ein Verschulden erforderlich und festgestellt ist, muss es dem Mitglied zugerechnet werden können. Der BGH differenziert nach der Eigenart des jeweiligen Vereins. Steht die persönliche Ausübung der Mitgliedschaftsrechte im Vordergrund des Vereinslebens, wie das bei Sportvereinen typischer Weise der Fall ist, kommt die **Zurechnung** von vereinswidrigem Verhalten eines Vertreters oder sonstiger vom Vereinsmitglied eingesetzter Dritter allenfalls dann in Betracht, wenn die Satzung das zweifelsfrei bestimmt. Steht dagegen die persönliche Ausübung der Mitgliedschaftsrechte eher im Hintergrund, kann es sich aus dem Vereinszweck, dem Zusammenhang seiner Mitglieder und der Art der in Betracht kommenden Verstöße ergeben, dass der Verein in der Lage sein muss, seine Mitglieder auch für bestimmte vereinswidrige Verhaltensweisen Dritter zur Verantwortung zu ziehen.[64] Gerade in Berufs- und Gewerbeverbänden, deren Mitglieder selbst Personenvereinigungen sind, müsse das der Fall sein, um eine ungleiche Behandlung von natürlichen Personen und körperschaftlichen Mitgliedern zu vermeiden.[65]

27 **d) Rückwirkung.** Satzungsbestimmungen können grundsätzlich nicht rückwirkend geändert werden, beim eingetragenen Verein werden sie erst mit Eintragung in das Vereinsregister wirksam. Für Vereinsstrafen gilt ein strenges **Rückwirkungsverbot.**[66] Die Strafandrohung muss im Zeitpunkt des Verstoßes durch Tun oder Unterlassen schon bestehen. Satzungsänderungen, die neue Straftatbestände einführen oder bestehende verschärfen, können in ihrer Auswirkung nicht auf zurückliegende Sachverhalte erstreckt werden.[67] Der Vertrauensschutz des Mitglieds verbietet solche **echte Rückwirkungen.** Davon zu unterscheiden sind die Fälle der **unechten Rückwirkung.** Sie knüpfen an einen noch fortdauernden Zustand an und unterstellen die für die Vergangenheit nicht zu ahndende

[62] BGH NJW 1959, 982 (983) – Spediteure.
[63] BGH NJW 1967, 1268 (1269) – Pudelzucht.
[64] BGH NJW 1972, 1892 (1893) – Taubenzüchter.
[65] BGH NJW 1959, 982 (983): Der konkreten Kontrolle der Zurechenbarkeit hatte sich der BGH damals noch im Hinblick auf eine beschränkte Kompetenz der ordentlichen Gerichte zur Nachprüfung von Vereinsmaßnahmen enthalten. In derselben Entscheidung hat der BGH eingeräumt, dass ein Vereinsmitglied nicht ohne weiteres wegen irgendeines vereinswidrigen Verhaltens eines seiner Angestellten in Vereinsstrafe genommen werden könne.
[66] MüKoBGB/*Reuter*, 7. Aufl. 2015, BGB § 25 Rn. 14.
[67] BGH NJW 1971, 879 (881).

Handlungsweise künftig der Strafe. Die fortgesetzte Handlung ist nach vollzogener Satzungsänderung strafbar.[68]

3. Bestimmtheit der Strafandrohung

28 Die Satzung sollte den **Strafrahmen** für das zu ahndende Vergehen hinreichend erkennen lassen. Einzelfragen sind auch hier streitig. So soll nach einer Meinung die Satzungsbestimmung über die Art der Strafe und den Strafrahmen keinen Bestimmtheitsgrundsatz unterliegen.[69] Die Gegenmeinung[70] weist zurecht darauf hin, dass der BGH schon für die **Nebenfolgen** der Strafe, wie die Veröffentlichung des Urteilsspruchs über den Ausschluss des Mitglieds aus dem Verein und die Pflicht zur Tragung der Verfahrenskosten, eine klare Satzungsbestimmung fordert.[71] Das sollte für die Hauptstrafe erst recht gelten. Nicht einheitlich beurteilt wird auch die Frage, ob ein in der Satzung nicht vorgesehenes, vermeintlich **milderes Mittel** als Strafe ausgesprochen werden kann, wie zB das Ruhen der Mitgliedschaftsrechte[72] oder ein Ausschluss auf Zeit[73] an Stelle des Ausschlusses aus dem Verein.

29 Auch eine zweifelsfrei bestimmte Strafandrohung kann zum Teil unangemessen sein. Ihr „überschießender" Teil ist dann mangels rechtmäßiger Grundlage unwirksam, wenn sie derart zwingend ausgestaltet ist, dass keinerlei Raum für Ausnahmen vorgesehen ist und dem Sportgericht auch kein Ermessen eingeräumt wird, um eine dem Sinn und Zweck der Strafnorm gerecht werdende Auslegung vorzunehmen. Beispiele hierfür sind uneingeschränkte und zwingende Strafbestimmungen in einer Sportordnung, die eine fehlende Einsatzberechtigung auch für den Fall unter Strafe stellen, dass die materielle Spielberechtigung tatsächlich feststeht und deren unzureichender Nachweis bei der Kontrolle durch den Schiedsrichter vor Wettkampfbeginn nicht beanstandet wurde. Dann verfehlt die Strafe (hier: Punktabzug für den Verein) ihren präventiven Zweck der Sicherung der gleichen Wettbewerbschancen. Insoweit halten sie der Inhaltskontrolle nach § 242 BGB (Treu und Glauben) nicht stand.[74]

IV. Adressatenkreis

30 Grundsätzlich kann ein Verein nur eigene Mitglieder bestrafen. Diese Befugnis der Vereine beruht auf dem Recht der Selbstverwaltung und kann nur gegenüber Personen ausgeübt werden, die sich der Satzung durch Beitritt in den Verein unterworfen haben.[75] Nur dem Mitglied kann die Verletzung einer mitgliedschaftlichen Pflicht vorgeworfen werden.

1. Vereinsmitglieder

31 Da die Vereinsstrafe die Mitgliedschaft voraussetzt, kann sich das Mitglied durch vorherigen **Austritt** der Festsetzung einer Strafe entziehen; und ein bereits ausgeschlossenes oder

---

[68] RGZ 125, 338 (340).
[69] *Stöber/Otto* Rn. 991 unter Verweis auf BGH NJW 1956, 1793 (1794). In dieser Entscheidung wurde ein satzungsmäßig vorgesehenes Reuegeld trotz fehlender Obergrenze als zulässig erachtet, weil das Mitglied gegen eine missbräuchliche Ausnutzung der Unbegrenztheit des Reuegeldes und eine willkürlich hohe Straffestsetzung durch das ihm in jedem Fall verbleibende richterliche Nachprüfungsrecht geschützt sei.
[70] OLG Hamm NJW-RR 2002, 389 (391); MüKoBGB/*Reuter,* 7. Aufl. 2015, BGB § 25 Rn. 44; Palandt/*Ellenberger* BGB § 25 Rn. 14.
[71] BGH NJW 1967, 1267 (1268) -Pudelzucht.
[72] Das Ruhen der Mitgliedschaft ist wesensverschieden vom Ausschluss: RG JW 1929, 847 (848); *Stöber/Otto* Rn. 302.
[73] So bejahend OLG Frankfurt a. M. NJW 1974, 189.
[74] OLG Karlsruhe Urt. v. 8.11.2012 – 9 U 97/12, BeckRS 2012, 23836; Vorinstanz: LG Freiburg Urt. v. 15.5.2012 – 14 O 46/12, BeckRS 2012, 10681.
[75] Zum Ausschluss aus dem Verein: BGH MDR 1980, 737; NJW 1958, 1867 – Zierfisch; RGZ 122, 266; RGZ 51, 66.

gar verstorbenes Mitglied kann nicht mehr bestraft werden.[76] Ausnahme ist eine Vereinsstrafe, die schon mit dem Verstoß automatisch verwirkt ist und keiner Festsetzung mehr bedarf. Nicht nur natürliche Personen, sondern auch Personenverbände, wie eine Personenhandelsgesellschaft, ein Mitgliedsverein eines Verbandes oder eine juristische Person, können als Mitglied Subjekte einer Vereinsstrafe sein.[77]

2. Nichtmitglieder

Die Bestrafung einer Person, die nicht Mitglied des Vereins ist, ist unzulässig. Eine anders lautende Satzungsbestimmung ist nichtig.[78] Möglich ist aber die Bestrafung eines Personenverbandes als Mitglied, indem er dazu verurteilt wird, dass einer seiner Angehörigen, der selbst kein Vereinsmitglied ist, auf bestimmte Zeit kein Ehrenamt im Verein ausüben darf.[79] 32

a) Satzungsmäßige Unterwerfung unter die Strafgewalt des Hauptverbandes. Viele Vereine, insbesondere Sportvereine und Berufsverbände, sind ihrerseits als Mitglieder in einem übergeordneten Verein – der sich dann meist als „Verband" bezeichnet – organisiert. Um dessen Ordnungsregelwerk einheitlich nicht nur gegenüber den Verbandsvereinen, sondern auch gegen deren Einzelmitglieder durchzusetzen, ist die Technik der sog. **Doppelverankerung** entwickelt worden. Die Strafgewalt des Verbandes wird durch ausdrückliche Regelung in den Satzungen des Verbandes und des Vereins doppelt verankert. 33

Der BGH lehnt es ab, allein aufgrund der Mitgliedschaft eines Vereins in einem übergeordneten Verband dessen Strafgewalt auf die Vereinsmitglieder auszudehnen. Unmittelbar unterliegen diesen Regeln nur die Vereine als Verbandsmitglieder. Um sie auf die Vereinsmitglieder auszudehnen, müssen sie entweder über Aufnahme in die Satzung des nachgeordneten Vereins oder in sonstiger, zB individualvertraglicher, Weise als verbindlich von den Vereinsmitgliedern selbst anerkannt werden.[80] 33a

Bei mehrstufigen Dachverbänden („Verbandspyramide") muss für die Mitglieder des untersten Verbandes aus dessen Satzung erkennbar sein, welche Regelungen der oberen Dachverbände für sie Geltung beanspruchen. Es ist Sache des (unteren) Dachverbandes, seinen Mitgliedern in der Satzung zu verdeutlichen, welche Rechte und Pflichten er im Zusammenhang mit den Regeln seines (oberen) Dachverbandes und bei Verstößen gegen dieselben hat. Mangels ausreichender Satzungsbestimmungen können Sanktionen von oben nicht gegen die eigenen Mitglieder durchgesetzt werden.[81] 33b

Hinweis:

Es ist anerkannt, dass Verbandsrecht für die angeschlossenen Vereine und für deren Mitglieder verbindlich werden kann, wenn die folgenden Voraussetzungen gegeben sind:

- Die Verbandssatzung muss anordnen, dass und welches Verbandsrecht für die angeschlossenen Vereine und deren Mitglieder verbindlich ist;

[76] So der BGH zuletzt zur Genossenschaft unter Verweis auf die vereinsrechtliche Rechtsprechung des RG: BGH NZG 2003, 230; RG JW 1927, 2996; RGZ 122, 266; RGZ 143, 3; aA: *Schlosser,* Vereins- und Verbandsgerichtsbarkeit, S. 82.

[77] BGH NJW 1959, 982.

[78] *Stöber/Otto* Rn. 969.

[79] Bspw. einer oHG, deren Komplementär gegen die Satzung des Vereins verstoßen hat: BGH NJW 1959, 982.

[80] BGH NZG 2016, 1315 Rn. 41: Unwirksamkeit des Zwangsabstieges eines Fußballvereins.

[81] BGH NZG 2016, 1315 Rn. 46: Sanktionen der FIFA, deren Mitglied der DFB ist, wegen der Weigerung eines Fußballclubs, der nur Mitglied eines Landesverbandes, nicht aber des DFB ist, zur Zahlung einer Entschädigung an den Ausbildungsclub.

– der angeschlossene Verein muss dieses Verbandsrecht in seiner Satzung als für ihn und seine Mitglieder verbindlich anerkennen[82], indem er seine Ordnungsgewalt auf den Verband überträgt.

34 **Formulierungsbeispiel: In der Satzung des Verbands verankerte Vereinsstrafe**

§ 5. Ordnungen

(1) Der *** Verband und seine Verbandsvereine haben zur Erreichung ihres Zweckes und zur Durchführung ihrer Aufgaben folgende Ordnungen und Richtlinien erlassen:
a) Finanzordnung,
b) Rechtsordnung,
c) Wettkampfrichtlinien,
d) Anti-Doping-Richtlinien,
e) ***
Diese und diese ändernde oder ersetzende künftige Ordnungen und Richtlinien sowie die Entscheidungen der Verbandsorgane, die diese im Rahmen ihrer satzungsmäßigen Zuständigkeitsbereiche treffen, sind für die Verbandsvereine und deren Mitglieder unmittelbar verbindlich.

35 **Formulierungsbeispiel: In der Satzung des angeschlossenen Vereins verankerte Vereinsstrafe**

§ 5. Ordnungen

(1) Der Verein ist Mitglied im *** Verband. Der Verein erkennt die Satzung, die Ordnungen und die Richtlinien des *** Verbandes als verbindlich an. Die Mitglieder des Vereins unterwerfen sich durch ihren Beitritt zum Verein zugleich der Satzung, den Ordnungen und den Richtlinien des *** Verbandes. Soweit danach Verbandsrecht zwingend ist, überträgt der Verein seine Ordnungsgewalt auf den *** Verband.

36 Bei einer bloßen Verweisung auf das Satzungsrecht des Verbandes ist das Verbot der dynamischen Verweisung zu bedenken.[83] Das Modell der Verweisung stößt bei Regelwerken mit kurzen Änderungsintervallen und schwerfälligen Verbandsmitgliedern schnell an seine Grenzen; insbesondere im Sport wird es auch vom BGH als eher untauglich angesehen.[84]

37 Denkbar ist auch die (automatische) unmittelbare Mitgliedschaft des Einzelmitglieds im Verband, um direkte Disziplinargewalt insbesondere für die Durchsetzung von Wettkampfregeln über den einzelnen Sportler zu erlangen.[85] Im deutschen Sport hat dieses Modell aber keine praktische Bedeutung erlangt, da dessen Verbände nahezu ausnahmslos keine Einzelmitgliedschaften gewähren.[86]

38 **b) Vertragliche Unterwerfung unter die Vereinsstrafe.** Mit der Technik der Doppelverankerung lassen sich aber nicht diejenigen Fälle lösen, in denen der Verein das Vergehen einer Person ahnden will, die weder eigenes Mitglied noch Mitglied eines angeschlossenen Vereins ist. Das ist insbesondere bei sportlichen Wettkämpfen der Fall. Im Bereich des Dopings sind überdies auch Maßnahmen außerhalb von Wettkämpfen, wie Trainingskontrollen, erforderlich. Deshalb ist im Sport die vertragliche Unterwerfung unter die Dis-

[82] BayObLGZ 1986, 528 (534) – Freimauerloge.
[83] Grundsatz der statischen Verweisung: BGH NJW-RR 1989, 376 (378). Ausf. zum Problem der dynamischen Verweisung *Orth* S. 152 ff. Offen gelassen: BGH NZG 2016, 1315 Rn. 49. Vgl. hierzu die Ausführungen in → § 3 Rn. 29 ff.
[84] BGH NJW 1995, 583 (584) – Reitsport.
[85] BGH NJW 1958, 1867 – Zierfisch.
[86] BGH NJW 1995, 583 (585).

ziplinargewalt des Sportverbandes zunehmend Praxis geworden. Der BGH hat diese Technik insbesondere dann für zulässig erachtet, wenn Vereinseinrichtungen benutzt werden oder die Nicht-Mitglieder an einem im Organisations- und Verantwortungsbereich des Vereins nach dessen Regeln ausgeschriebenem Sportbetrieb teilnehmen.[87]

Spielregeln und Regelungen, die unmittelbar der Herstellung gleicher Sport- und Wett- 38a
kampfbedingungen bzw. der Sicherung eines geregelten Sport- und Wettkampfbetriebes dienen, beanspruchen gleichermaßen Geltung für alle Teilnehmer, ohne Rücksicht darauf, wie diese vereinsrechtlich gebunden sind. Die Unterwerfung unter das Regelwerk kann durch rechtsgeschäftlichen Einzelakt erfolgen. Dies geschieht ausdrücklich oder konkludent durch Anmeldung zu und Teilnahme an einem nach der Sport- oder Wettkampfordnung des betreffenden Verbandes ausgeschriebenen Wettbewerb oder durch Erwerb einer generellen Start- oder Spielerlaubnis des zuständigen Sportverbandes (Sportler- bzw. Spielerausweis, Lizenz). Der BGH lässt hierbei mit pragmatischem Ansatz die Anerkennung des Regelwerkes durch den Sportler zu. Solche Regeln können nur wirken und einen fairen Wettkampf gewährleisten, wenn sie für alle Teilnehmer unabhängig von deren Vereinsmitgliedschaft gelten. Die Wirksamkeit solcher Vereinbarungen wurde in Frage gestellt, aber durch den BGH geklärt.[88]

Von dem Regelwerk der Wettkampfstrafen zu unterscheiden sind Sanktionen überge- 38b
ordneter Verbände gegen Sportvereine, die sich nicht auf die unmittelbare Verletzung von Spielregeln stützen. Die Regelungen der FIFA über Ausbildungsentschädigungen und die damit zusammenhängenden Sanktionsbestimmungen wirken gegen den Verein nicht allein wegen seiner Teilnahme am Ligabetrieb.[89]

c) Mittelbare Bindung Dritter (hier: Zuschauer)? In den letzten Jahren haben Ent- 38c
scheidungen verstärkt für Aufmerksamkeit gesorgt, in denen gegen (Fußball-) Vereine verhängte Geldbußen an Stadionbesucher weitergegeben wurden: Ausgangspunkt zweier BGH-Entscheidungen war eine vom Deutschen Fußball Bund (DFB) verhängte Verbandsstrafe (Bußgeld) gegen den 1. FC Köln, nachdem ein Stadionbesucher während eines Ligaspiels einen Knallkörper auf die Tribüne geworfen hatte. Der Verein nahm den „Störer“ auf Schadensersatz in Anspruch. Der VII. Zivilsenat des BGH billigte in seiner ersten Entscheidung mit Urteil vom 22. 9. 2016[90] diese Inanspruchnahme und verwies das Verfahren an die Vorinstanz – das OLG Köln – zurück, das sich nur noch mit der Höhe des Schadensersatzanspruchs auseinandersetzen hatte. Die gegen das dazu ergangene Urteil,[91] das die Verbandsstrafe dem Grunde nach einbezogen hatte, eingelegte (zweite) Revision wies der VII. Zivilsenat des BGH zurück.[92] Damit ist vom BGH dem Grunde nach gebilligt, dass der in der Geldbuße liegende Vermögensschaden adäquat-kausale Folge der Tat und damit ersatzfähig sei.

Der BGH hat sich in seinen Entscheidungen leider nicht explizit mit der Frage ausein- 38d
andergesetzt, ob die Vertragsstrafen zulässig ergangen sind. Besonders pointiert hat *Martens* in seiner Besprechung der ersten Entscheidung Kritik an der Einbeziehung der vom DFB auf Grundlage seines „9-Punkte-Papier (Verfolgung und Ahndung Zuschauerfehlverhalten)“[93] verhängten Geldbußen in den Schadensersatz vorgebracht.[94] Anlass zur Befassung

[87] BGH NJW 1995, 583 mAnm *Friedrich* DStR 1996, 750 (751); OLG Düsseldorf NJOZ 2015, 858 Rn. 19 ff.
[88] Fall Pechstein: LG München I SchiedsVZ 2014, 100; dazu *Duvel/Rösch* SchiedsVZ 2014, 216; OLG München SchiedsVZ 2015, 40; BGH SchiedsVZ 2016, 218.
[89] BGH NZG 2016, 1315 Rn. 53 ff.
[90] NJW 2016, 3715.
[91] SpuRt 2017 158.
[92] NJW 2018, 394.
[93] Abrufbar unter https://www.dfb.de/fileadmin/_dfbdam/55113-9-Punkte-Plan.pdf, zuletzt abgerufen am 6. 9. 2021.
[94] NJW 2016, 3691; kritisch etwa auch *Kniepert/J. Prütting* ZfPW 2017, 458; *Mäsch* JuS 2017, 261.

mit dieser Kritik hätte mE bestanden:[95] Nach Punkt 2 des DFB-Papiers wird eine „täterorientierte Sanktionierung" durch „die Ermittlung der verantwortlichen Täter […] und deren Bestrafung […] durch die Vereine […]" als primäres Ziel herausgestellt. Nach dessen Punkt 7 solle die „Enttarnung" der Täter „zu gerechten, individuellen Sanktionen" führen, die „zivilrechtliche Ingreßnahme durch den Verein hat […] abschreckende (generalpräventive) Wirkung" durch die „gesamtschuldnerische[n] Inanspruchnahme eines überführten Täters […] ohne weiteres Zutun der Rechtsorgane".

38e Der Wunsch, den Sportbetrieb einerseits und die Gesundheit aller Stadionbesucher und der Sportler zu wahren, verdient uneingeschränkt jede Unterstützung. Der gewählte Weg scheint indes nicht frei von rechtlichen Zweifeln. Es ist in meinen Augen schon überlegenswert, ob derartige Entscheidungen nicht schon dem Grunde nach die Grenzen zulässiger Vereinsstrafen sprengen, indem sie „den Boden des Privatrechts verlassen und eine Anmaßung öffentlicher Strafgewalt darstellen".[96] Trotz grundsätzlicher Anerkennung verschuldensunabhängiger Vereinsstrafen bezweifelt etwa *Walker*[97] unter Abwägung der Vereinsautonomie mit dem Verschuldensprinzip die Zulässigkeit verschuldensunabhängiger Geldstrafen im Blick auf den Verein, da sie „nicht wettbewerbssichernd" seien und ihnen „keine weitergehende präventive Wirkung als gerichtliche[n] Geldstrafen" zukomme. „Als reine Strafen", so *Walker,*[98] „haben sie auf den Wettbewerb keine Auswirkung"; die Sicherung des Wettbewerbs sei indes letztlich der Rechtsfertigungsgrund des vereinsrechtlichen Sanktionierungssystems.

38f Mit Weitergabe an die Zuschauer kommt ein Weiteres hinzu: Es kommt mittelbar zur Sanktionierung dritter, nicht in das vereinsrechtliche Strafsystem eingebundener und ihm unterworfener, unabhängiger Rechtsträger. Die Argumente von *Martens,* der mit starken Worten feststellt, „das System der mittelbaren Verbandsstrafen stellt eine unzulässige Sportgerichtsbarkeit zu Lasten Dritter dar", wahre mangels Verfahrenseinbeziehung die „elementaren Verfahrensgrundrechte" der Betroffenen nicht und stelle unter Missachtung des staatliche Gewaltmonopols „einen Fall unzulässiger Selbstjustiz" dar, sind es mE wert, auch durch die Rechtsprechung gewürdigt zu werden.[99] Im Ergebnis wird mE wohl zutreffen, dass „der Zweck der Verbandsstrafe […] die Belastung des Vereins" gebietet.[100]

38g Abschließend ergeben sich mE Rechtsfragen aus der ungleichen Belastung der Zuschauer mit unterschiedlich hohen Strafen: Wie in Punkt 6 des 9-Punkte-Plans des DFB explizit ausführt, kommt es für die Strafbemessung gegenüber dem Verein (natürlich zurecht) auch darauf an, ob „ein Verein den ihn treffenden zentralen Pflichten zur Tataufklärung und Täterermittlung" nachkommt. Zu würdigen dürfte, so das Papier, auch sein, ob „ein Verein […] ohne eigenes Zutun und Verschulden mit Zuschauerfehlverhalten in seinen Fanbereichen konfrontiert"[101] wird. Diese Gesichtspunkte dürften indes für eine „tatbezogene Sanktionierung" des zum Täter gewordenen Zuschauers mittels der Bemessung der von ihm letztlich zu tragenden Geldbuße keine Relevanz haben.[102] Die Weitergabe solcher Bußen gefährdet daher zugleich mittels ungleicher Belastung der Stadionbesucher die vom BVerfG in seiner Entscheidung zum Stadionverbot[103] betonte Bedeutung des Gleichheitsgrundsatzes des Art. 3 GG in diesem Kontext.[104]

---

[95] Die fehlende Befassung konstatiert auch *Heermann* in seiner Urteilsanmerkung zur zweiten Entscheidung in NJW 2018, 396.
[96] BGH NJW 1956, 1793; → Rn. 8.
[97] NJW 2014, 119 (124).
[98] NJW 2014, 119 (124).
[99] Zum Thema vgl. auch *Räker* SpuRt 2013, 46.
[100] So, wenn auch mit anderer Zielrichtung: *Grunewald* NZG 2016, 1121 (1124).
[101] Punkt 3 des 9-Punkte Planes (→ Fn. 93).
[102] Auf diesen Aspekt weist *Grunewald* NZG 2016, 1121 (1123) in Hinblick auf die Entscheidung des OLG Rostock NJW 2006, 1819 hin.
[103] NJW 2018, 1667 Rn. 39 ff.
[104] Vgl. zur verfassungsrechtlichen Einordnung der Entscheidung *Jobst* NJW 2020, 11.

V. Vereinsstrafverfahren

Gemäß dem Grundsatz des § 32 BGB entscheidet die Mitgliederversammlung als oberstes Organ über das Verhängen einer Vereinsstrafe; es sei denn die Satzung weist diese Kompetenz einem anderen Vereinsorgan zu. Die Satzung kann auch für bestimmte Delikte oder Straffolgen differenzierte Zuständigkeiten vorsehen, zB die Entscheidung über den Ausschluss aus dem Verein grundsätzlich dem Vorstand, in besonderen Fällen aber der Mitgliederversammlung zuweisen, und/oder die Entscheidung der Mitgliederversammlung als internen Vereinsrechtsbehelf vorsehen. 39

Enthält die Satzung Zuweisungslücken, ist die Mitgliederversammlung subsidiär zuständig. Im umgekehrten Fall kann sich die Mitgliederversammlung jedoch nicht durch Einzelfallbeschluss über die Satzung hinwegsetzen, sich für selbst zuständig erklären und das Verfahren an sich ziehen. 40

Die Entscheidung über den **Ausschluss eines Vorstandsmitglieds** als Mitglied aus dem Verein liegt immer in der Kompetenz der Mitgliederversammlung, und zwar auch dann, wenn die Satzung die allgemeine Ausschlusskompetenz einem besonderen Organ zuweist. Das dem Vorstand durch Satzung zustehende Recht zur Ausschließung von Mitgliedern ist dahin zu reduzieren, dass er dies nicht darf, wenn es sich um ein Mitglied des eigenen Vorstands handelt.[105] Ist es der Mitgliederversammlung vorbehalten, den Vorstand zu bestellen und mangels gegenteiliger Bestimmung in der Satzung die Bestellung zu widerrufen, so steht der Mitgliederversammlung als dem höchsten Organ des Vereins auch regelmäßig die Befugnis zu, über den Ausschluss von Vorstandsmitgliedern zu befinden.[106] Auch der Ausschluss eines Mitglieds, das als juristische Person nicht selbst Mitglied des Vorstandes ist, das aber im Vorstand durch einen von ihm für die Wahl in den Vorstand benannten Repräsentanten vertreten ist, kann nicht durch Vorstandsbeschluss, sondern nur durch Beschluss der Mitgliederversammlung erfolgen.[107] 41

Die satzungsmäßige Ausgestaltung des Vereinsstrafverfahrens und der Vereinsgerichtsbarkeit überlässt die Rechtsprechung weitgehend der Satzungsautonomie des Vereins. Unterschiede zeigen sich bei der Kontrolle verhängter Vereinsstrafen durch staatliche Gerichte, deren Prüfungsintensität mit der sozialen Mächtigkeit des Vereins („Monopolverein") zunimmt (→ § 18 Rn. 56ff.). 42

1. Mitgliederversammlung als zuständiges Organ

Da die Mitgliederversammlung meist nur in größeren regelmäßigen Zeitabständen einzuberufen ist, ist eine Satzungsregelung, die die Zuständigkeit einem kurzfristig oder gar ständig verfügbaren Organ zuweist, auch für kleinere Vereine durchaus sinnvoll. Je nach Charakter der zu ahndenden Pflichtverletzung kann auch der **Persönlichkeitsschutz** des betroffenen Mitglieds eine solche Spezialzuständigkeit geboten erscheinen lassen. Die Vereinsöffentlichkeit muss dadurch nicht ausgeschlossen sein, aber das Verfahren sollte auch nicht in das Scheinwerferlicht einer Mitgliederversammlung gestellt werden, wenn es dadurch den Charakter eines „Schauprozesses" erhalten könnte. 43

Formulierungsbeispiel: Strafen durch den Vorstand (Satzungsbestandteil) 44

§ 18. Strafgewalt

(1) Die Anordnung von Verwarnungen, Verweisen, Sperren für den Sport-, Spiel- und Wettkampfbetrieb sowie von Platz- und Hausverboten erfolgt durch den Abteilungsleiter, dessen Abteilung das Mitglied angehört, oder durch den Vorstand.

[105] BGH NJW 1984, 1884; AG Düsseldorf NZG 2009, 795 – Jeder Jeck ist anders.
[106] BayObLGZ 1993, 348 (350).
[107] OLG Düsseldorf NJW-RR 1988, 1271.

(2) Über die Anordnung der Suspendierung von Vereinsämtern und Geldstrafen entscheidet ausschließlich der Vorstand.
(3) Über den Ausschluss eines Mitglieds aus dem Verein entscheidet der Vorstand.
(4) Vor der Entscheidung über eine der genannten Vereinsstrafen ist dem Mitglied Gelegenheit zur Stellungnahme zu geben. Die Entscheidung ist dem Mitglied bekannt zu geben. Die Entscheidung über den Ausschluss ist immer schriftlich zu begründen.
(5) Gegen die Entscheidung über den Ausschluss kann das Mitglied innerhalb eines Monats schriftlich Einspruch beim Vorstand einlegen. Über den Einspruch entscheidet die Mitgliederversammlung, die innerhalb von drei Monaten nach Eingang des Einspruchs als außerordentliche stattzufinden hat, falls innerhalb dieser Frist keine ordentliche Mitgliederversammlung stattfindet, die über den Einspruch entscheidet. In der Ladung ist der Tagesordnungspunkt anzugeben und darauf hinzuweisen, dass sowohl die Begründung des Ausschlusses als auch die Einspruchsbegründung des Mitgliedes auf der Geschäftsstelle zur Einsicht ausliegen und in der Mitgliederversammlung vor der Abstimmung verlesen werden. Der Ausschluss wird nur wirksam, wenn er von der Mitgliederversammlung innerhalb der Frist mit einer Mehrheit von 2/3 der abgegebenen Stimmen bestätigt wird. Versäumt das Mitglied die Einspruchsfrist, wird der Ausschluss mit deren Ablauf ohne weiteren Entscheid der Mitgliederversammlung wirksam. Über den Ausschluss eines Abteilungsleiters oder Vorstandsmitglieds entscheidet originär die Mitgliederversammlung mit einer Mehrheit von 2/3 der abgegebenen Stimmen. Auch gegen deren Entscheidung ist der Einspruch zur nochmaligen Entscheidung zulässig.

2. Einzelheiten

45 Das vom Strafverfahren selbst betroffene Vereinsmitglied ist von der Abstimmung ausgeschlossen, denn es kann nicht „Richter in eigener Sache“ sein. Dieser korporationsrechtliche Grundsatz (vgl. § 47 Abs. 4 GmbHG, § 136 Abs. 1 AktG, § 43 Abs. 6 GenG) gilt auch im Vereinsrecht; auch wenn § 34 BGB das nicht deutlich zum Ausdruck bringen mag. Der gesetzliche **Stimmrechtsausschluss** bezieht sich auch auf Beschlüsse über die (Miss-)Billigung des Verhaltens eines Mitglieds, also insbesondere über die Verhängung einer Vereinsstrafe. Wird das Verhalten mehrerer Mitglieder wegen einer gemeinsamen Verfehlung beurteilt, ist das Mitglied auch von der Abstimmung über die Beurteilung des Verhaltens der „Mittäter“ ausgeschlossen. Da der Meinungsstand hierzu streitig ist, empfiehlt sich eine ausdrückliche Regelung des Stimmrechtsausschlusses in der Satzung.

46 **Formulierungsbeispiel: Stimmrechtsausschluss (Satzungsbestandteil)**

§ 18. Strafgewalt

(6) In allen Fällen, in denen die Mitgliederversammlung entscheidet, hat das von der Entscheidung betroffene Mitglied kein Stimmrecht. Betroffenheit in diesem Sinn liegt auch dann vor, wenn über den Ausschluss eines anderen Mitglieds entschieden wird, dem dasselbe Fehlverhalten vorgeworfen wird.

46a Unabhängig von Inhalt und Regelungstiefe von etwaigen Verfahrensvorschriften der Satzung ist jedes entscheidungsberufene Organ im Verfahren über die Verhängung einer Vereinsstrafe an „gewisse allgemeingültige Verfahrensgrundsätze“ gebunden, „damit das Verfahren, das zum Ausspruch einer Vereinsstrafe führt, nicht zu einem Willkürakt wird und sich das betroffene Mitglied sachgerecht verteidigen kann“.[108] Vor dem Ausspruch einer Entscheidung ist daher dem betroffenen Mitglied rechtliches Gehör zu gewähren. Vereinsstrafen können zudem grundsätzlich „nur verhängt werden, wenn die ihr zugrunde

[108] BGH NJW 1967, 1657 (2658).

gelegten Tatsachen objektiv ermittelt und durch das zuständige Vereinsorgan konkret festgestellt worden sind".[109] Die Entscheidung bedarf schließlich der Begründung, die ihrerseits Grundlage für die Überprüfung der Sanktionsentscheidung durch die (staatliche) Gerichtsbarkeit ist.[110]

B. Einzelne Sanktionen, insbesondere der Ausschluss

Im Folgenden sollen einzelne Arten von Vereinsstrafen dargestellt werden. Da eine Viel- 47
zahl der hierzu ergangenen Entscheidungen bereits in → Rn. 12 ff. sowie → § 18 Rn. 17 ff. berücksichtigt werden, wird zur Vermeidung von Wiederholungen dahin verwiesen. Das gilt insbesondere für die vereinsgerichtlichen Rechtsbehelfe und die Kontrolle durch die staatlichen Gerichte beim **Ausschluss als Vereinsstrafe,** mit dem sich als *ultima ratio* des Vereinsstrafrechts ein großer Teil der Gerichtsentscheidungen befasst und die an dieser Stelle nicht nochmals wiederholt werden sollen.

Formulierungsbeispiel: Strafen durch das Vereinsgericht (Satzungsbestandteil) 48

§ 18. Vereinsstrafen

(1) Folgende Pflichtverletzungen unterliegen der Beurteilung durch das Vereinsgericht:
a) Verstoß gegen den Vereinszweck oder gegen das Vereinsinteresse,
b) Verstoß gegen die Vereinssatzung und/oder die Vereinsordnungen,
c) Verstoß gegen Beschlüsse und/oder Anordnungen der Vereinsorgane,
d) unehrenhaftes, insbesondere unsportliches Verhalten, sowohl innerhalb als auch außerhalb des Vereinslebens,
e) Verlust der Fähigkeit, öffentliche Ämter zu bekleiden oder Rechte aus öffentlichen Wahlen zu erlangen (§ 45 Strafgesetzbuch).

(2) Keiner Nachprüfung durch das Vereinsgericht unterliegen die Tatsachenentscheidungen der Schieds- und Wettkampfrichter. Tatsachenentscheidungen sind Entscheidungen des Schieds- und Wettkampfrichters, die dieser im Rahmen der Spiel- und Wettkampfregeln aufgrund seiner Wahrnehmungen und des ihm zustehenden Beurteilungs- und Ermessensspielraumes trifft.

(3) Das Vereinsgericht kann eine schuldhafte Pflichtverletzung mit einer der folgenden Vereinsstrafen ahnden:
a) Verweis,
b) Ordnungsgeld bis höchstens *** EUR,
c) Ausschluss für längstens ein Jahr an der Teilnahme an sportlichen und sonstigen Veranstaltungen des Vereins oder der Verbände, welchen der Verein angehört,
d) Betretungs- und Benutzungsverbot für längstens ein Jahr für alle vom Verein betriebenen Sportanlagen und Gebäude,
e) Aberkennung von Ehrenämtern,
f) Verlust eines Vereinsamtes,
g) Verlust des passiven Wahlrechts (einschließlich der Bekleidung eines Ehrenamtes) auf längstens zwei Jahre,
h) Ruhen der Mitgliedschaftsrechte auf längstens zwei Jahre,
i) Ausschluss aus dem Verein.

(4) Das Verhängen einer Vereinsstrafe setzt voraus, dass die Pflichtverletzung nicht unerheblich ist. Der Tatbestand Nr. 1 lit. e führt grundsätzlich zur Aberkennung von Ehrenämtern. Der Ausschluss aus dem Verein setzt eine grobe Pflichtverletzung voraus. Einer groben Pflichtverletzung stehen eine rechtskräftige Verurteilung nach §§ 265c, 265d oder 265e StGB, eine wiederholte oder mehrere erhebliche Pflicht-

[109] LG Detmold NJW-Spezial 2019, 241.
[110] Vgl. etwa BGH NJW 1990, 40 (41).

verletzungen gleich. Die Vereinsstrafen Nr. 3 lit. c–h können auch bei einer einzigen Pflichtverletzung in Kombination verhängt werden.

I. Wettkampfstrafen und Schiedsrichterentscheidungen

49 Wettkampfstrafen und Schiedsrichterentscheidungen können aufgrund Satzungsbestimmung oder vertraglicher vereinbarter Wettkampfordnungen der vereinsgerichtlichen Kontrolle entzogen werden, soweit diese keinen über das eigentliche Spiel- und Wettkampfgeschehen hinaus sanktionierenden Charakter haben.

Beispiel:

Schiedsrichter S beurteilt im Fußballspiel das Abwehrverhalten des V im Strafraum als Foul, das er mit Strafstoß und Feldverweis gegen V ahndet. Nach dem Spiel hat die zuständige Kommission darüber zu urteilen, ob der V infolge des Feldverweises auch für ein oder mehrere künftige Spiele zu sperren ist. Der gefoulte Angriffsspieler A sagt aus, dass er tatsächlich gar nicht gefoult worden sei, sondern nur gestolpert war. Schiedsrichter S bleibt bei seiner Beurteilung. Die Kommission sperrt V für ein Spiel. Die Spielstrafen des S (Elfmeter und Platzverweis) unterliegen als Tatsachenentscheidungen keiner nachträglichen Kontrolle; sie bleiben wirksam. Die Entscheidung über die Spielsperre, die die Kommission ausspricht, kann aber grundsätzlich einer Kontrolle unterliegen.

50 Dogmatisch ist streitig, ob solche Wettkampf- und Schiedsrichterstrafen überhaupt Vereinsstrafen im eigentlichen Sinne sind, soweit sie über das Ende bzw. den Ausgang des Wettkampfes bzw. Spiels hinaus keine Wirkung haben.[111] Mit dem Einzug technischer Hilfsmittel in den Wettkampfsport (Torkamera, Zeitlupe), aber auch infolge von Manipulationen aus dem Umfeld des Sportwettengewerbes gehen die allgemeine Akzeptanz von Schiedsrichterentscheidungen zurück und es wird vermehrt der Versuch unternommen, solche gerichtlich anzugreifen.[112] Die Schiedsgerichte der Sportverbände haben sich daher immer häufiger mit Tatsachenentscheidungen zu befassen und weichen auch selbst den Grundsatz der Unüberprüfbarkeit auf: Eine **sportgerichtliche Überprüfbarkeit von Tatsachenentscheidungen** ist zB im Bereich des Basketballsports ausnahmsweise dann eröffnet, wenn eine besonders schwerwiegende Fehlentscheidung vorliegt, diese spielentscheidende Auswirkung hat und sie so offenkundig und zweifelsfrei für alle Betrachter, auch ohne Zuhilfenahme anderer Hilfsmittel, ist, also ebenfalls nur auf Grund der unmittelbaren audiovisuellen Wahrnehmung des direkten Spielvorgangs, wie sie auch der Schiedsrichter erlebt.[113]

50a Von diesen unmittelbaren Wettkampfstrafen zu unterscheiden sind jedoch sportgerichtliche Entscheidungen, die zu Punktabzügen, Disqualifikation oder Zwangsabstieg führen. Diese sind als Vereinsstrafen zu behandeln und unterliegen den gesetzlichen und richterlichen Anforderungen und richterlichen Kontrollen.[114]

II. Einfache Vereinsstrafen

1. Rügen, Ermahnungen, Verwarnungen

51 Rügen, Ermahnungen oder Verwarnungen zeitigen keine unmittelbar spürbaren Rechtsfolgen für das Vereinsmitglied. Sie sind Maßregelungen mit einer rein internen Wirkung.

[111] Vgl. hierzu *van Look* S. 123; *Leipold* ZGR 1985, 113 (121). Eine Disqualifikation sei keine Vereinsstrafe, sondern eine Maßnahme zur Herstellung der Wettbewerbsgleichheit: LG Münster SpuRt 2003, 205.
[112] *Fritzweiler* NJW 2006, 960 (961).
[113] SchiedsG BBL SpuRt 2005, 122.
[114] Punktabzug: OLG Karlsruhe Urt. v. 18.11.2012 – 9 U 97/12, BeckRS 2012, 23836; Zwangsabstieg: BGH NZG 2016, 1315; Disqualifikation: LG Berlin NJOZ 2015, 889.

Dies mag zugleich die Erklärung dafür sein, dass Streitigkeiten über deren Rechtswirksamkeit in der veröffentlichten Rechtsprechung staatlicher Gerichte kaum eine Rolle spielen.

2. Geldbußen

Geldstrafen sind als Vereinsstrafen zulässig. Erst wenn die Vereinsstrafe den Boden des Privatrechts verlässt, insbesondere wenn sie über den wirtschaftlichen Nachteil hinaus diskriminierende Wirkung hat oder mit ihr ein Unwerturteil verbunden ist, ist das nicht mehr der Fall.[115] Da der BGH in der Vereinsstrafe **keine Vertragsstrafe** erkennt, sieht er auch keinen Raum für ein richterliches Ermäßigungsrecht nach § 343 BGB.[116] Die **maximale Höhe** einer Geldbuße sollte in der Satzung definiert sein, damit die Strafbestimmung für das einzelne Mitglied hinreichend transparent ist. 52

3. Zeitweiliger Entzug oder Einschränkung der Mitgliedschaftsrechte

Der Entzug von Mitgliedschaftsrechten kann als **milderes Mittel zum Ausschluss** aus dem Verein vorgesehen sein. Unzulässig kann es jedoch sein, an Stelle des Ausschlusses eine satzungsmäßig nicht vorgesehene Sanktion als milderes Mittel für den Einzelfall zu erfinden.[117] Der Entzug von Mitgliedschaftsrechten kann sich auf das passive Wahlrecht und/oder die Ehrenamtsfähigkeit beziehen.[118] Die Rechtsbeschränkung sollte immer **zeitlich begrenzt** sein, um einerseits eine klare Abgrenzung zum Ausschluss als Strafe aufrechtzuerhalten, und andererseits nicht den Kernbereich der Mitgliedschaftsrechte zu tangieren, in dem der Verein den Grundsatz der Gleichbehandlung beachten muss. Deshalb ist auch Vorsicht bei der Beschränkung des aktiven Wahlrechts geboten.[119] 53

Im gewerblichen Bereich der **Werbegemeinschaften** kann das Verbot, das Verbandsabzeichen im eigenen Werbeauftritt zu führen, eine einschneidende Maßnahme zur Beschränkung der Mitgliedschaftsrechte sein, die einem Ausschluss nahe kommt. Für einen vorläufigen Entzug kann schon die Eröffnung eines staatsanwaltschaftlichen Ermittlungsverfahrens, dessen strafrechtlicher Tatbestand sogleich eine Verletzung mitgliedschaftlicher Pflichten erfüllen würde, ausreichen.[120] Für einen endgültigen Entzug muss hingegen die schuldhafte Pflichtverletzung des Mitgliedes feststehen. 54

Eine wichtige Fallgruppe des Entzugs von Mitgliedschaftsrechten bilden die Fälle der **Wettkampfsperren** im Sport, vor allem im Bereich des Dopings. Hier ist regelmäßig die Frage des von den deutschen Obergerichten verlangten Verschuldens des Sportlers streitig, wenn der Tatbestand des Dopings nur objektiv feststeht. Eine positive A-Probe begründet in der Regel den Anscheinsbeweis für einen schuldhaften Dopingverstoß. Es liegt dann an dem Sportler, diesen Anscheinsbeweis nachhaltig zu erschüttern.[121] 55

4. Aberkennung von Ehrenämtern

Bei der Aberkennung von Ehrenämtern ist zu beachten, ob mit dem Ehrenamt zugleich eine satzungsmäßige **Organstellung** verbunden ist. Dann gilt – wie beim Ausschluss eines Vorstandsmitgliedes – der Grundsatz, dass das Amt nur von dem Organ entzogen werden kann, das für dessen Verleihung zuständig ist. 56

---

[115] BGH NJW 1959, 982 (983).
[116] BGH NJW 1956, 1793. Zum Streit der Einordnung als Vertragsstrafe → Rn. 6.
[117] Das Ruhen der Mitgliedschaft ist wesensverschieden vom Ausschluss: RG JW 1929, 847 (848). Andererseits bejahend für den Ausschluss auf Zeit: OLG Frankfurt a. M. NJW 1974, 189.
[118] BGH NJW 1959, 982.
[119] OLG Celle NJW-RR 1995, 1273.
[120] OLG Frankfurt a. M. NJW-RR 1986, 133 (135) – Deutsches Weinsiegel.
[121] OLG Frankfurt a. M. NJW-RR 2000, 1117 – Dieter Baumann.

57 **Formulierungsbeispiel: Aberkennung eines Ehrenamts (Satzungsbestandteil)**

§ 18. Strafgewalt

(6) Übt das Mitglied ein (Ehren-)Amt in einem Vereinsorgan aus, so entscheidet an Stelle des Vereinsgerichts das Organ über die Vereinsstrafe, das für die Bestellung der Mitglieder dieses Vereinsorgans zuständig ist.

58 Die Aberkennung eines Ehrenamtes setzt selbstverständlich auch voraus, dass das zu entziehende Ehrenamt überhaupt vom Verein verliehen worden ist. In dem Urteil des BGH vom 18. 9. 1958 hatte ein Verband tatsächlich ein Ehrenmitglied ausgeschlossen, das zwar in drei Verbandsvereinen die Ehrenmitgliedschaft besaß, nicht aber im Verband selbst.[122] Um jegliche Zweifelsfälle zu vermeiden, kann es empfehlenswert sein, in der Satzung nicht nur die Möglichkeit vorzusehen, Ehrenmitgliedschaften und Ehrenämter zu vergeben, sondern auch zu bestimmen, dass und durch wen diese wieder unter bestimmten Voraussetzungen entzogen werden können.

5. Ausschluss von der Nutzung der Vereinseinrichtungen

59 Dem Ausschluss auf Zeit ähnlich sind Maßnahmen, die dem Mitglied versagen, die Vereinseinrichtungen vorübergehend zu benutzen. Funktional entsprechen sie im Bereich des Hobby- und Laiensports den Wettkampfsperren des Leistungs- und Profisports.

III. Der Vereinsausschluss als Vereinsstrafe

60 Ob der Ausschluss aus dem Verein tatsächlich Vereinsstrafe ist oder nicht eher **Kündigung eines Dauerschuldverhältnisses,** ist, wie bereits dargestellt,[123] streitig. Nach vermittelnder Ansicht ist der Ausschluss weder schlechthin das eine noch das andere; nach hier vertretener Auffassung hängt die Einordnung von der zugrundeliegenden Satzungsgrundlage ab.[124] An dieser Stelle ist der Ausschluss ausschließlich unter dem **Gesichtspunkt der Vereinsstrafe** von Interesse. Der Ausschluss als Kündigung oder das Mittel der Streichung von der Mitgliederliste wird an anderer Stelle behandelt (→ § 5 Rn. 40 und → § 10 Rn. 313f.).

61 Der Ausschluss eines Mitglieds aus dem Verein ist gesetzlich nicht geregelt. An den satzungsmäßig definierten Tatbestand des Ausschlusses werden geringe Anforderungen gestellt. Letztlich werden an den Vereinsausschluss als Strafe keine höheren Anforderungen gestellt als an eine Kündigung aus wichtigem Grund. Auch wenn eine Vereinssatzung keinen Ausschlusstatbestand bestimmt, ist der Ausschluss möglich, wenn es dem Verein und seinen Mitgliedern unzumutbar ist, mit dem einzelnen Mitglied die Mitgliedschaft aufrechtzuerhalten.[125] Ob ein in der Satzung nicht vorgesehenes, vermeintlich milderes Mittel als Strafe ausgesprochen werden kann, wie zB das Ruhen der Mitgliedschaftsrechte[126] oder ein Ausschluss auf Zeit[127] ist streitig.

62 Für die Entscheidung über den **Ausschluss eines Organmitglieds** als Mitglied aus dem Verein können besondere Zuständigkeiten gelten (→ Rn. 41).

63 **Gruppenausschlüsse** sind unzulässig. Es kann immer nur über den Ausschluss eines einzelnen Mitgliedes abgestimmt werden. Etwas anderes mag nur gelten, wenn Gruppen korporativ durch eine eigene Organisation Mitglied eines Vereins sind.[128]

---

[122] BGH NJW 1958, 1867 (1868).

[123] → Rn. 23a.

[124] *Reuter* NJW 1987, 2401.

[125] BGH NJW 1972, 1892 (Ls.).

[126] Das Ruhen der Mitgliedschaft ist wesensverschieden vom Ausschluss: RG JW 1929, 847 (848); *Stöber/Otto* Rn. 302.

[127] So bejahend OLG Frankfurt a. M. NJW 1974, 189.

[128] OLG Köln NJW 1968, 992 (993); BayObLGZ 1988, 170.

§ 12. Haftung, Haftungsbegrenzung und Versicherungsfragen

Übersicht

Schrifttum:

Monographien: *Heerman,* Haftung im Sport, 2008; *Küpperfahrenberg,* Haftungsbeschränkungen für Verein und Vorstand unter besonderer Berücksichtigung von Sportvereinen, 2005.

Aufsätze: *Aden,* Wissenszurechnung in der Körperschaft, NJW 1999, 3098; *Bruschke,* Die Haftung des Vorstands im gemeinnützigen Verein, StB 2007, 296; *Burgard,* Das Gesetz zur Begrenzung der Haftung von ehrenamtlich tätigen Vorstandsmitgliedern, ZIP 2010, 358; *Cherkeh,* Compliance-Strategien des Vereinsvorstands zur Haftungsvermeidung, npoR 2014, 101; *Coing,* Die Vertretungsordnung juristischer Personen und deren Haftung nach § 31 BGB, FS R. Fischer 1979, 65; *Ehlers,* Die persönliche Haftung von ehrenamtlichen Vereinsvorständen, NJW 2011, 2689; *Gruber,* Haftung und Haftungsbegrenzung für Vereins- und Stiftungsvorstände, jurisPR-HaGesR 10/2009, Nr. 1; *Grunewald,* Die Haftung von Organmitgliedern nach Deliktsrecht, ZHR 157 (1993), 451; *Grunewald/Heinrichs,* Haftungsrisiken für Vorstandsmitglieder insolvenzgefährdeter Vereine, FS Hopt 2010, 83; *Heerman,* Haftung des Vereinsvorstands bei Ressortaufteilung sowie für unternehmerische Entscheidungen, NJW 2016, 1687; *Kreutz,* D&O-Versicherung und Informationsasymetrien im Verein, ZStV 2011, 46; *Landwehr,* Die Haftung der juristischen Person für körperschaftlichen Organisationsmangel, AcP 164 (1964), 482; *Lutter,* Die Haftung von Organmitgliedern nach Deliktsrecht, ZHR 157 (1993), 464; *Möllmann,* Haftungsfalle Ehrenamt, DStR 2009, 2125; *Orth,* Entlastung ehrenamtlicher Vereinsvorstände durch § 31a, SpuRt 2010, 2; *Piper,* Die Haftung für Organe nach § 31 BGB, JuS 2011, 490; *Reuter,* (Keine) Durchgriffshaftung der Vereinsmitglieder wegen Rechtsformverfehlung, NZG 2008, 650; *ders.,* Zur Vereinsrechtsform 2009, NZG 2009, 1368; *K. Schmidt,* Die Vereinsmitgliedschaft als Grundlage von Schadenersatzansprüchen, JZ 1991, 157; *Schöpflin,* Neuerungen im Vereinsrecht, Rpfleger 2010, 349; *Unger,* Neue Haftungsbegrenzungen für ehrenamtlich tätige Vereins- und Stiftungsvorstände, NJW 2009, 3269; *Wolff,* Zur Haftung des Mitglieds bei Verbindlichkeiten des Idealvereins, Jahrbuch Junge Zivilrechtswissenschaftler 2006, 349.

A. Überblick über das Haftungsregime

1 Der **eingetragene Verein** ist rechtsfähig. Er ist selbst Träger von Rechten und Pflichten. Als juristische Person ist er **Zuordnungsobjekt** für rechtsgeschäftliche (§§ 21, 22, 164 BGB) und deliktische (insbesondere § 31 BGB) Verbindlichkeiten. Allein der Verein wird berechtigt und verpflichtet; nur dieser haftet mit seinem Vermögen Gläubigern gegenüber. Die Vereinsmitglieder und die Organe trifft hingegen grundsätzlich keine persönliche Haftung (beachte aber → Rn. 29ff.).[1]

2 Auf den **nichtrechtsfähigen Verein** finden gem. § 54 S. 1 BGB vordergründig die Vorschriften über die Gesellschaft Anwendung. Anders als die Gesellschafter einer GbR haften jedoch die Mitglieder des nicht eingetragenen Vereins nicht akzessorisch für dessen Verbindlichkeiten.[2] Auch aus § 427 BGB ergibt sich keine Haftung. Die Vertretungsmacht des Vorstandes ist nämlich in der Regel darauf beschränkt, die Mitglieder nur hinsichtlich ihres Anteils am Vereinsvermögen zu verpflichten.[3] Dies ergibt sich entweder bereits aus der Satzung oder jedenfalls durch eine ergänzende Auslegung entsprechend der Verkehrssitte.[4] Im Bereich der **deliktischen Haftung** kommt **§ 31 BGB entsprechend** zur Anwendung. Begründet wird aber auch insoweit nur eine Haftung des Vereins und nicht auch seiner Mitglieder.[5] Etwas anderes gilt nur bei einer Haftung des Vereins aus § 831 BGB. Verfolgt hingegen der nicht eingetragene Verein wirtschaftliche Zwecke iSd § 22 BGB, haften neben dem Vereinsvermögen auch alle Mitglieder persönlich.[6] Nur beim nichtrechtsfähigen Idealverein ist somit die Haftung auf das Vereinsvermögen beschränkt.[7]

3 Die Anerkennung der Rechtsfigur der juristischen Person führt dazu, dass ihre Rechte und Pflichten nicht zugleich solche ihre Mitglieder sind **(Trennungsgrundsatz).**[8] Demgemäß gibt es grundsätzlich auch **keine Durchgriffshaftung,** so dass die Vereinsmitglieder nicht für die Verbindlichkeiten des Vereins haften.[9] Eine persönliche Haftung der Vereinsmitglieder für Schulden des Vereins setzt jeweils einen **besonderen Rechtsgrund,** also etwa eine vertragliche Übernahme der Haftung oder die Stellung einer Bürgschaft, voraus. Auch das Begehen einer unerlaubten Handlung, insbesondere nach § 826 BGB und § 823 Abs. 2 BGB iVm § 266 StGB, ist denkbar. Schließlich kann die Satzung des Vereins eine Haftung der Mitglieder Dritten unmittelbar gegenüber vorsehen.

4 Darüber hinaus erkennt die Rechtsprechung nur in sehr engen Ausnahmefällen eine **Durchgriffshaftung an,** nämlich dann, wenn ein Rechtsmissbrauch vorliegt. Gemeint sind Fälle, in denen die Berufung auf die rechtliche Selbstständigkeit der juristischen Person **gegen Treu und Glauben (§ 242 BGB) verstößt.** Es müssen jedoch ganz besondere Umstände vorliegen, die einen Zugriff auf das Vermögen der Vereinsmitglieder als zwingend erforderlich erscheinen lassen, um einen mit der vermögenslosen oder leistungsunfähigen juristischen Person in Rechtsbeziehung getretenen Dritten zu der ihm nach Treu und Glauben zukommenden Leistung zu verhelfen.[10] In der Regel muss hierzu die Schwelle des § 826 BGB (vorsätzliche sittenwidrige Schädigung) erreicht sein.

---

[1] Siehe zum Ganzen Palandt/*Ellenberger* BGB vor § 21 Rn. 10f.
[2] BGH NJW-RR 2003, 1265; *Reuter* NZG 2004, 217.
[3] BGH NJW 1979, 2304 (2306).
[4] Palandt/*Ellenberger* BGB § 54 Rn. 12.
[5] Soergel/*Hadding* BGB § 54 Rn. 24.
[6] BGHZ 22, 240; BGH NJW 2001, 748.
[7] OLG Hamm WM 1985, 644; Palandt/*Ellenberger* BGB § 54 Rn. 12.
[8] Palandt/*Ellenberger* BGB vor 21 Rn. 12.
[9] Instruktiv hierzu auch BGH WM 2008, 358 – Kolpingwerk.
[10] *Stöber/Otto* Rn. 591; s. auch BGHZ 54, 222 = NJW 1970, 2015.

Anerkannt sind folgende **Fallgruppen** einer Durchgriffshaftung: 5

- **Rechtsschein persönlicher Haftung;**[11]
- **unlauteres Verhalten,** wenn etwa der vermögenslose Verein das gepachtete Land durch seine Mitglieder nutzen lässt[12] oder die juristische Person vorgeschoben wird, um Schmiergelder zu erlangen;[13]
- **Vermögensvermischung.** Nach dem Trennungsgrundsatz (→ Rn. 3) muss gewährleistet sein, dass nur die Gläubiger des Vereins auf dessen Vermögen zugreifen können. Werden hingegen das Vermögen der juristischen Person und das Privatvermögen vermischt, kann eine Durchgriffshaftung bestehen.[14]

Die Grundsätze des **existenzvernichtenden Vermögensentzugs,** wie sie etwa für die GmbH entwickelt wurden, finden indes auf den eingetragenen Verein **keine Anwendung.**[15] 6

Auch aus einer so genannten **Rechtsformverfehlung** (ein in das Vereinsregister eingetragener Verein verfolgt kraft Satzung einen wirtschaftlichen Zweck, hätte demgemäß nicht in das Vereinsregister eingetragen werden dürfen und wird daher von Amts wegen aus dem Register gelöscht),[16] ergibt sich grundsätzlich keine Haftung der Mitglieder für Verbindlichkeiten des Vereins.[17] Demgemäß kommt eine Durchgriffshaftung im Idealverein auch dann nicht in Betracht, wenn die Mitglieder die Rechtsform des eingetragenen Vereins zu umfangreichen, durch das Nebenzweckprivileg nicht gedeckten wirtschaftlichen Tätigkeiten nutzen.[18] Die Löschung aus dem Vereinsregister stellt nach der Rechtsprechung des BGH insoweit die einzige Sanktion dar.[19] Führt jedoch der Verein nach seiner Löschung im Register seine Geschäfte fort, kann eine Haftung der Mitglieder/Gesellschafter nach gesellschaftsrechtlichen Grundsätzen auch für **Altverbindlichkeiten** in Betracht kommen.[20] Für **Neuverbindlichkeiten** haften ohnehin alle Mitglieder des dann nicht mehr eingetragenen Vereins persönlich.[21] 7

Allgemein kommt eine Haftung des Vereins nur in Betracht, wenn eine **haftungsbegründende Norm** (Gefährdungshaftung, zB § 7 StVG oder § 33 LuftVG; unerlaubte Handlungen, zB §§ 823ff. BGB; Vertragsverletzungen, § 280 BGB, Schadenersatzpflichten aus rechtmäßigem Handeln, §§ 228, 231, 904 BGB oder nachbarrechtliche Ausgleichsansprüche, § 906 BGB) erfüllt ist. Insbesondere ist § 31 BGB keine haftungsbegründende, sondern eine haftungszuweisende Norm.[22] Auch eine Haftung für Steuerschulden aus § 34 AO oder für Sozialversicherungsbeiträge aus § 823 Abs. 2 BGB iVm § 266a StGB kann den Verein treffen. 8

B. Die Haftung des Vereins

Die Haftung des Vereins kann sich aus **vertraglichen Beziehungen** oder außerhalb des vertraglichen Bereichs ergeben. Wird der Verein wirksam durch für ihn handelnde Personen verpflichtet, so haftet für die dadurch begründeten Verträge nur der Verein. Dies gilt für den Hauptanspruch (zB aus einem Kauf-, Miet- oder Pachtvertrag) ebenso wie für Se- 9

[11] BGHZ 22, 226.
[12] BGHZ 54, 222.
[13] RGZ DR 40, 518; BGHZ 68, 312.
[14] BGHZ 68, 312; BGHZ 125, 366; BGH NJW 2006, 1244.
[15] Palandt/*Ellenberger* BGB vor § 21 Rn. 13.
[16] Hierzu näher *Stöber/Otto* Rn. 185f.
[17] *Stöber/Otto* Rn. 185f.
[18] BGH WM 2008, 358 – Kolpingwerk; *Reuter* NZG 2008, 650.
[19] *Stöber/Otto* Rn. 1183.
[20] *Stöber/Otto* Rn. 186 unter Berufung ua auf *Seltmann* DStR 2008, 143 (1446) und *Brand/Sperling* JA 2010, 473 (478).
[21] Vgl. etwa BGHZ 146, 190 (201).
[22] Vgl. statt vieler Palandt/*Ellenberger* BGB § 31 Rn. 2 unter Berufung auf BGH NJW 1999, 298; NJW 2003, 2984.

kundäransprüche, etwa in Form eines Verzugsschadens oder bei mangelhafter Erfüllung für sonstige Schäden. Im vertraglichen Bereich haftet der Verein auch für Schäden, die die haupt- und ehrenamtlich Handelnden als Erfüllungsgehilfen (§ 278 Abs. 1 BGB) verursachen.

Beispiele:

Zahlt ein Sportverein einen bestellten Pokal nicht fristgerecht, entsteht ein Zinsschaden (§§ 247, 288 BGB). Verkauft der Verein mangelhafte Jubiläumsgläser, ist er den Käufern zum Ersatz verpflichtet. Wird der für die Mitgliederversammlung gemietete Beamer beschädigt zurückgegeben, kann der Vermieter vom Verein Ersatz der Reparaturkosten sowie gegebenenfalls des Mietausfallschadens fordern.

10 Praktisch häufiger sind jedoch die Fälle einer Haftung des Vereins außerhalb des vertraglichen Bereichs, namentlich im Zusammenhang mit unerlaubten Handlungen, also wenn unbeteiligte Dritte zu Schaden kommen. Gemäß **§ 31 BGB** ist der Verein für den Schaden verantwortlich, den der Vorstand, ein Mitglied des Vorstands oder ein anderer verfassungsmäßig berufener Vertreter durch eine in Ausführung der ihm zustehenden Verrichtungen begangene, zum Schadensersatz verpflichtende Handlung einem Dritten zufügt. Die Norm rechnet dem Verein somit das Handeln seiner verfassungsgemäß berufenen Vertreter als eigenes Handeln zu. **Rechtspolitisch** ergibt sich die Notwendigkeit einer solchen Regelung daraus, dass der Verein als juristische Person nicht selbst, sondern nur durch seine Organe handeln kann.[23] Der Verein soll demgemäß für das Handeln dieser Personen ebenso wie für eigenes Handeln verantwortlich sein. Diese umfassende Einstandspflicht des Vereins stellt sicher, dass dem Verein nicht nur die Vorteile dieses Handelns, sondern auch die daraus erwachsenden Nachteile treffen.[24]

I. Die Haftung gegenüber Dritten

11 Gemäß § 31 BGB wird die unerlaubte Handlung der juristischen Person **als Haftungsmasse zugerechnet.**[25] Der Verein haftet mit seinem gesamten Vermögen unmittelbar dem geschädigten Dritten. § 31 BGB ist durch Satzungsregelung nicht abdingbar. Auch eine Beschränkung ist unzulässig, wie sich einerseits aus dem Umkehrschluss zu § 40 BGB und andererseits aus dem Gedanken ergibt, dass eine Vorschrift, die allein dem Schutz eines Dritten dient, nicht zur Disposition des Verpflichteten stehen kann.[26] Hiervon unberührt bleibt die Möglichkeit, im Einzelfall **durch Vertrag** einen **Haftungsausschluss** zu vereinbaren. Dies kommt jedenfalls für fahrlässiges Handeln (§ 276 Abs. 3 BGB[27] nimmt vorsätzliches Verhalten aus) in Betracht.[28] Bei einem formularmäßigen Haftungsausschluss ist zudem die Grenze des § 309 Nr. 7 BGB zu beachten.[29] Gegenüber Vereinsmitgliedern gelten in gewissem Umfang Besonderheiten (→ Rn. 12, 28).

12 Soweit die Vereinssatzung eine Haftungsbeschränkung enthält, durch die die Haftung des Vereins nach § 31 BGB eingeschränkt werden soll, ist zu differenzieren: Gegenüber außenstehenden Dritten, also nicht Vereinsmitgliedern, ist eine Einschränkung der Haftung nicht möglich.[30] Gegenüber Vereinsmitgliedern wird hingegen – obwohl § 31 BGB nicht disponibel ist (§ 40 BGB) – eine Haftungsbeschränkung jedenfalls für Fälle einfacher Fahrlässigkeit für zulässig erachtet.[31] Vor dem Hintergrund der Nichtabdingbarkeit des § 31

[23] Zur Organtheorie: BGHZ 98, 148.
[24] Vgl. MüKoBGB/*Leuschner* BGB § 31 Rn. 2; Palandt/*Ellenberger* BGB § 31 Rn. 1 f.; *Pieper* JuS 2011, 490.
[25] Soergel/*Hadding* BGB § 31 Rn. 1.
[26] *Pieper* JuS 2011, 490.
[27] Nach BGHZ 13, 198 ist § 276 Abs. 3 BGB und nicht § 278 S. 2 BGB einschlägig.
[28] Zum Haftungsausschluss bei Fahrlässigkeit s. bereits RGZ 157, 232.
[29] MüKoBGB/*Leuschner* BGB § 31 Rn. 37.
[30] MüKoBGB/*Leuschner* BGB § 31 Rn. 37.
[31] Palandt/*Ellenberger* BGB § 31 Rn. 12 aE.

BGB und der Treuepflicht, die der Verein seinen Mitgliedern schuldet, erscheint dieses Ergebnis jedoch fraglich.[32]

Formulierungsbeispiel: Haftungsreduktion (Satzungsbestandteil) 13

§ 20. Haftung

(1) Der Verein haftet seinen Mitgliedern nicht für Schäden aus einem fahrlässigen Verhalten der Repräsentanten des Vereins.
(2) Dies gilt insbesondere für Schäden, die bei der Ausübung der Mitgliedschaftsrechte entstehen, für Schäden aus Unfällen und Diebstählen.
(3) Eine Haftung des Vereins besteht ferner nicht für fahrlässig verursachte Schäden, die Mitglieder bei der Benutzung der Anlagen, Einrichtungen und Geräte oder im Rahmen von Vereinsveranstaltungen erleiden. Die Haftungsbeschränkung gilt nicht, soweit Schäden durch Versicherungen gedeckt sind.

Auch bei **Anwendbarkeit der §§ 31a, 31b BGB** (→ Rn. 53ff.) ergeben sich keine 14 Besonderheiten, weil die Normen nicht im Verhältnis zu Dritten gelten, sondern jeweils in Abs. 2 insoweit allenfalls eine interne Haftungsfreistellung enthalten.

§ 31 BGB gilt für den **Vorverein,** also für den Rechtszustand vor Erlangung der 15 Rechtsfähigkeit, nur insoweit, als das Verhalten des dann eingetragenen Vereins im Anschluss an die Erlangung der Rechtsfähigkeit selbständig deliktsrechtlich zu bewerten ist.[33]

Anerkannt ist hingegen die entsprechende Anwendung des § 31 BGB auf den **nicht-** 16 **rechtsfähigen Verein,** auch wenn das Reichsgericht[34] sie stets abgelehnt hat und entsprechende höchstrichterliche Judikate – außer für den Bereich der Gewerkschaften[35] – bis heute fehlen.[36]

1. Anwendungsbereich des § 31 BGB

Die Haftung aus § 31 BGB trifft den Verein zunächst für das Handeln seines **Vorstands** 17 oder **dessen einzelne Mitglieder.** Wer Vorstand ist, kann der Eintragung im Vereinsregister entnommen werden. Auch bereits ausgeschiedene, aber noch im Vereinsregister eingetragene Vorstandsmitglieder sowie faktische Vorstände, also Personen, die das Vorstandsamt ausüben, ohne ordentlich dazu bestellt zu sein, fallen unter den Begriff des Vorstands iSd § 31 BGB. Besteht Gesamtvertretung, so genügt das Verschulden eines Vorstandsmitglieds. Dies gilt sowohl im deliktischen[37] als auch im rechtsgeschäftlichen[38] Bereich. § 31 BGB gilt auch dann, wenn ein Vorstandsmitglied seine Vertretungsmacht überschreitet und dabei zugleich eine unerlaubte Handlung, wie etwa einen Betrug gegenüber dem Vertragspartner, begeht.[39] Fälscht ein Vorstandsmitglied bei Gesamtvertretung die Unterschrift anderer Vorstandsmitglieder, so kommt nunmehr[40] ebenfalls § 31 BGB zur Anwendung.[41] Ist Arglist Haftungsvoraussetzung, ist die Zusammenrechnung des Wissens von Vorstandsmitgliedern nicht ausgeschlossen.[42]

Die Haftung aus § 31 BGB trifft den Verein aber auch für **„andere verfassungsmäßig** 18 **berufene Vertreter".** Darunter fallen jedenfalls alle nach § 30 BGB kraft Satzungsregelung bestellten „besonderen Vertreter" (hierzu ausführlich → § 9 Rn. 5ff.). Die Recht-

[32] Ebenso *Terner* ZNotP 2009, 222 (229) Fn. 153 aE.
[33] Siehe hierzu BAG 1979, 1294.
[34] Vgl. etwa RGZ 91, 72; RGZ 135, 242.
[35] Hierzu BGHZ 42, 210; BGHZ 50, 325.
[36] Soergel/*Hadding* BGB § 54 Rn. 24; MüKoBGB/*Leuschner* BGB § 31 Rn. 6.
[37] Vgl. etwa RGZ 57, 94; RGZ 74, 257 oder BGH NJW 1986, 2339 (2340); BGHZ 98, 148 (155ff.).
[38] RGZ 110, 145.
[39] KG JW 1938, 1253; BGH NJW 1986, 2939 (2940).
[40] Zur früheren Rechtslage RGZ 134, 375 und BGH BB 1967, 856.
[41] BGHZ 98, 148.
[42] Palandt/*Ellenberger* BGB § 31 Rn. 5.

sprechung hat indes den Anwendungsbereich des § 31 BGB im Bestreben, § 831 BGB zurückzudrängen, erheblich ausgedehnt.[43] Erforderlich und zugleich ausreichend ist, dass dem Handelnden durch Betriebsregelung und ständige Handhabung bedeutsame, wesensgleiche Funktionen der juristischen Person zur selbstständigen eigenverantwortlichen Erfüllung zugewiesen sind und er die juristische Person insoweit **repräsentiert.**[44] Hierzu ist es weder erforderlich, dass seine Tätigkeit in der Satzung vorgesehen ist, noch muss er rechtsgeschäftliche Vertretungsmacht besitzen.[45] Die Norm erstreckt sich damit zB auch auf den Material-, Noten- und Gerätewart sowie den Kassier oder den Jugendleiter. Im Ergebnis gilt: Der personelle Anwendungsbereich des § 31 BGB deckt sich in etwa mit dem Begriff des leitenden Angestellten, der aus arbeitsrechtlichen Bestimmungen wie etwa § 5 Abs. 3 BetrVG und § 3 Abs. 3 Nr. 2 MitbestG bekannt ist.[46] § 31 BGB ist schließlich entsprechend anzuwenden auf das Handeln anderer Organe. Hierzu zählt die Mitgliederversammlung, ein fakultativer Aufsichtsrat oder ein Disziplinarausschuss.[47]

19 Im Ergebnis ist es sogar unbeachtlich, ob die sonstigen Funktionsträger und Bediensteten den ihnen übertragenen Bereich selbstständig und eigenverantwortlich zu erledigen haben. Ist dies der Fall, werden sie für die Frage der Haftungszurechnung nach § 31 BGB dem Vorstand gleichgestellt. Andernfalls kann den Verein ein sog. Organisationsmangel vorgeworfen werden, etwa der Gestalt, dass die konkrete Person für die konkrete Handlung nicht hätte eingesetzt werden dürfen oder besser überwacht werden müssen.

2. Haftungsbegründende Handlung

20 Nach dem Wortlaut des § 31 BGB tritt eine Haftung des Vereins nur dann ein, wenn der Haftungsvertreter in Ausführung der ihm zustehenden Verrichtungen eine haftungsbegründende Handlung begangen hat. Das Organ, das den Schaden verursacht hat, muss somit bei seiner Handlung in gleichsam amtlicher Eigenschaft für den Verein tätig gewesen sein.[48] Hieran fehlt es, wenn das Verhalten nicht in Ausführung der Verrichtung, sondern bloß bei Gelegenheit derselben begangen worden ist. Erforderlich ist somit ein enger zeitlicher und örtlicher Zusammenhang zwischen dem Aufgabenkreis der handelnden Person und dem schädigendem Verhalten, der sachlich begründet ist und nicht bloß zufälliger Natur sein darf,[49] wie zB ein Schaden, der bei der privaten Nutzung eines Kraftfahrzeugs des Vereins verursacht worden ist.[50] Handelt somit der Vorstand in persönlichen Angelegenheiten, trifft den Verein keine Haftung.[51]

21 Da § 31 BGB lediglich eine haftungszurechnende und **keine haftungsbegründenden Norm** ist,[52] bedarf es einer solchen, um ein Einstehenmüssen des Vereins für das Handeln seiner verfassungsmäßigen Vertreter auszulösen.

22 Ist der Verein selbst Halter eines Kraft- oder eines Luftfahrzeugs, so bedarf es § 31 BGB bei der Haftung nach § 7 StVG oder § 33 LuftVG nicht, weil der Verein insoweit unmittelbar für den Betrieb der Gefahrenquelle einstehen muss.[53] Auf § 31 BGB kommt es hingegen bei der Beurteilung des Idealfahrers oder Luftfahrzeugführers an.

23 Haftungsbegründende Normen im Bereich des § 31 BGB sind klassischer Weise alle **Tatbestände aus unerlaubter Handlung,** namentlich § 823 BGB oder § 826 BGB. Aber auch rechtmäßige Handlungen (zB §§ 228, 904 BGB) der haftungsmäßigen Vertreter

[43] So Palandt/*Ellenberger* BGB § 31 Rn. 6.
[44] Grundlegend hierzu BGHZ 49, 19; NJW 1972, 334; NJW 1998, 1854 (1856).
[45] *Stöber/Otto* Rn. 597.
[46] MüKoBGB/*Arnold,* 7. Aufl. 2015, BGB § 31 Rn. 20.
[47] *Stöber/Otto* Rn. 597.
[48] BGH NJW 1980, 115.
[49] BGHZ 49, 19 (21) = NJW 1968, 391; Palandt/*Ellenberger* BGB § 31 Rn. 10.
[50] Staudinger/*Weick* BGB § 31 Rn. 40.
[51] *Stöber/Otto* Rn. 600.
[52] Hierzu bereits → Rn. 8.
[53] *Stöber/Otto* Rn. 603.

sind dem Verein gem. § 31 BGB zuzurechnen. Gleiches gilt bei Vertragsverletzungen (§ 280 BGB), *culpa in contrahendo* (§ 311 Abs. 2 und Abs. 3 BGB) sowie etwa der Anfechtung von Willenserklärung mit der Folge des § 122 BGB. Ein Unterlassen ist dem aktiven Tun gleichzustellen, wenn eine Rechtspflicht zum Handeln bestand.[54] Hierunter fallen insbesondere Fälle der Verletzung von Verkehrssicherungspflichten, die regelmäßig bei Sportvereinen zu erheblichen Haftungsrisiken führen können. Auf dem Vereinsgelände obliegt etwa dem Verein die Verkehrssicherungspflicht;[55] ihre Erfüllung ist als Maßnahme der Vereinsgeschäftsführung nach § 27 Abs. 3 BGB Sache des Vorstands.[56] Sie kann in engen Grenzen auf die Vereinsmitglieder übertragen werden, etwa im Rahmen einer Gartenordnung.[57] Auch die Verletzung von Aufsichtspflichten kann eine Haftung des Vereins begründen. Nichts anderes gilt für zur Haftung führende Organisationsmängel, die dann anzunehmen sind, wenn es das zuständige Vereinsorgan versäumt hat, den Betrieb ordnungsgemäß zu organisieren.[58]

Zusammenfassend gilt: Der Verein muss zur Aufgabenerfüllung geeignete Organe 24
auswählen. Die Organmitglieder, also insbesondere der Vorstand, sind verpflichtet, den Handelnden die erforderlichen Weisungen zur ordnungsgemäßen Aufgabenerfüllung zu erteilen, und zwar in der Weise, dass Schäden möglichst vermieden werden.

Beispiel:

Das Einstehenmüssen für Verkehrssicherungspflichten meint etwa eine Verantwortung für die Sicherheit von Sportstätten, so dass von ihnen keine vermeidbaren Gefahren für Benutzer und Zuschauer ausgehen: Es sind etwa Schutzwände zu errichten, so dass während eines Eishockeyspiels ein Puck nicht in die Zuschauerränge abirrt.[59] Spieler eines Fußballvereins dürfen durch Rasenkantensteine als Feldbegrenzung keiner erhöhten Gefahr ausgesetzt sein.[60] Der Zugang zum Vereinsheim ist im Winter zu räumen und zu streuen.

Nach § 70 Abs. 1 AO haftet der Verein neben dem Vorstand bei vorsätzlichen oder 25
fahrlässigen **Steuerverkürzungen** als Gesamtschuldner. Ist der Verein berechtigt, Spenden entgegenzunehmen und Spendenbescheinigungen auszustellen, so haftet er nach § 10b Abs. 4 EStG, wenn eines seiner Organe vorsätzlich oder grob fahrlässig eine unrichtige Bescheinigung ausstellt oder wenn die Zuwendung nicht zu den in der Bestätigung angegebenen steuerbegünstigten Zwecken verwendet wird.

Vertragliche Ansprüche von Verbandsmitgliedern Dritten gegenüber sind in der Praxis 26
nahezu ausgeschlossen, weil bei einem Vertragsschluss zwischen dem Dritten und dem Verein nur die juristische Person für die Primär- und Sekundäransprüche aus Vertrag haftet.

3. Haftung für Verrichtungsgehilfen nach § 831 BGB

Auch wenn § 31 BGB die zentrale Zurechnungsnorm für eine Haftung des Vereins ist, 27
kann eine Haftung auch für Verrichtungsgehilfen nach § 831 BGB in Betracht kommen. Verfassungsgemäße Vertreter, wie der Vorstand, sind zwar kein Verrichtungsgehilfe, wohl aber Arbeitnehmer des Vereins.[61] Insoweit haftet der Verein nach § 831 BGB für eigenes Verschulden, wenn und soweit er die Verrichtungsgehilfen nicht sorgfältig ausgewählt und/oder überwacht hat. Demgemäß kann sich der Verein nach § 831 Abs. 1 S. 2 BGB

[54] Staudinger/*Weick* BGB § 31 Rn. 39.
[55] BGH NJW-RR 1991, 281.
[56] BayObLG NJW-RR 1991, 668.
[57] OLG Schleswig ZStV 2010, 61.
[58] *Stöber/Otto* Rn. 604.
[59] BGH NJW 1984, 801.
[60] OLG Hamm SpuRt 1999, 245f.
[61] Hierzu Palandt/*Sprau* BGB § 831 Rn. 6.

entlasten, wenn er beweisen kann, dass ihn kein Auswahlverschulden trifft und er seine Leitungs- und Überwachungsaufgaben ordnungsgemäß wahrgenommen hat.

II. Die Haftung gegenüber den Vereinsmitgliedern

28 Zwar scheint der Wortlaut des § 31 BGB nahezulegen, dass eine Zurechnung der Haftung an den Verein nur im Verhältnis zu Dritten, also zu Nichtvereinsmitgliedern, erfolgt. Anspruchsberechtigt sind demgemäß in jedem Fall außerhalb des Vereins stehende natürliche oder juristische Personen sowie sonstige Personengesamtheiten. Es ist jedoch anerkannt, dass auch ein Vereinsmitglied und sogar ein in einem mehrgliedrigen Vorstand geschädigtes Vorstandsmitglied Ansprüche nach § 31 BGB herleiten kann, wenn es selbst nicht an der schädigenden Handlung mitgewirkt hat.[62] Weil das **Mitgliedschaftsrecht als sonstiges Recht iSd § 823 Abs. 1 BGB** gilt, kann ein Vereinsmitglied Schadenersatz verlangen, wenn der Verein ihm gegenüber eine sich aus der Satzung oder dem Mitgliedschaftsverhältnis ergebende Pflicht schuldhaft verletzt hat.[63] In Betracht kommt namentlich die ungerechtfertigte Verweigerung der Teilnahme an Vereinswettbewerben[64], ein rechtswidriger Vereinsausschluss[65] oder ein Beratungsfehler der Vereinsorgane[66]. Neben deliktischen Ansprüchen kann sich eine Haftung auch aus § 280 Abs. 1 BGB ergeben.

C. Die Haftung der Vereinsorgane

29 Die Haftungszurechnung an den Verein gem. § 31 BGB führt nicht dazu, dass die handelnde Person nicht (auch) selbst für ihr Tun oder Unterlassen einzustehen hat. Schon das Reichsgericht[67] hat demgemäß festgestellt, dass **die Haftung des Vereins neben die persönliche Haftung des Repräsentanten** tritt.[68] In Betracht kommt namentlich Dritten gegenüber eine deliktische Haftung (§§ 823 ff. BGB), während eine Haftung für Rechtsgeschäfte insoweit regelmäßig ausscheidet, und zwar auch dann, wenn der Vorstand seine satzungsmäßigen Befugnisse überschreitet.[69] Im Verhältnis des Vorstands zum Verein ist dieser dem Verein gegenüber grundsätzlich nach § 280 Abs. 1 BGB zum Ersatz des Schadens verpflichtet, den der Verein aus der nicht ordnungsgemäßen Führung der Vorstandsgeschäfte erleidet.

I. Die persönliche Haftung der Repräsentanten

1. Unerlaubte Handlungen

30 In jedem Fall hat der Handelnde für unerlaubte Handlungen (§§ 823 ff. BGB) persönlich neben dem Verein im Wege **der Außenhaftung** einem Dritten gegenüber einzustehen. Vorstand und Verein haften demgemäß Dritten gegenüber bei einer unerlaubten Handlung des Vorstands als Gesamtschuldner (§ 840 Abs. 1 BGB) mit der Folge, dass der Dritte entscheiden kann, von wem er den ihm einmal zustehenden Schadenersatz verlangt (vgl. §§ 421 ff. BGB). Zur Frage des Gesamtschuldnerausgleichs → Rn. 44. Die persönliche Haftung trifft nicht nur den Vorstand oder die verfassungsgemäßen Vertreter, sondern alle

[62] BGH NJW 1978, 2390; Palandt/*Ellenberger* BGB § 31 Rn. 12.
[63] BGHZ 90, 92; BGHZ 110, 323.
[64] BGHZ 110, 323 (325).
[65] Palandt/*Ellenberger* BGB § 31 Rn. 12.
[66] OLG Celle OLGR 1996, 229.
[67] RG JW 1924, 1155.
[68] Ganz hM, vgl. nur MüKoBGB/*Leuschner* BGB § 31 Rn. 35; *Stöber/Otto* Rn. 610.
[69] *Sauter/Schweyer/Waldner* Eingetragener Verein Rn. 292a mit dem Beispiel, dass der Vorstand einem Arbeitnehmer kündigt, obwohl nach der Satzung die Zustimmung der Mitgliederversammlung hierzu erforderlich ist.

Repräsentanten.[70] Persönlich haftet ein Vorstand auch für ein **Unterlassen,** wenn er etwa nicht einschreitet, obwohl er Kenntnis davon hat, dass aus dem Vereinsbereich Rechtsgüter Dritter verletzt werden.[71] Insoweit kommt ihm nämlich in der Regel (→ Rn. 33) eine **Garantenstellung** zu. Eine persönliche Haftung kann sich zudem daraus ergeben, dass die **Grenzen der Vertretungsmacht überschritten** worden sind. Dies ist vor allem dann anzunehmen, wenn die Satzung eine Beschränkung der Vertretungsmacht Dritten gegenüber vorsieht und diese Beschränkung auch in das Vereinsregister eingetragen ist.

Beispiele:

Im Zusammenhang mit der Verletzung von Verkehrssicherungspflichten sind Vorstandsmitglieder erheblichen Haftungsgefahren ausgesetzt, wie folgende Beispiele aus der Rechtsprechung zeigen: Verletzung eines Kindes beim Rasenmähen,[72] Sicherung von Radrennfahrern gegen querende Fußgänger,[73] Absicherungen bei einem Fußballplatz in Straßennähe,[74] Absicherungen bei einem Mountainbike-Rennen,[75] Verletzung eines Dritten durch einen Diskuswurf auf einem allgemein zugänglichen Sportplatz.[76]

Bei einem Fehlverhalten ist das Vorstandsmitglied nach §§ 280 Abs. 1, 27 Abs. 3 BGB 31
im Wege der **Innenhaftung** einem Regress des Vereins ausgesetzt. Vorstandsmitglieder haften dabei als treuhänderische Sachwalter über fremdes Vermögen für fehlerhaftes Tun oder Unterlassen. Von ihnen kann in entsprechender Anwendung der Grundsätze über die Managerhaftung – eine sorgfältige Ermittlung und Auswertung der verfügbaren Entscheidungsgrundlagen verlangt werden.[77] Weil sich damit auch ehrenamtliche Vorstandsmitglieder erheblichen Haftungsgefahren ausgesetzt sehen, war die Einführung einer Haftungserleichterung im Innenverhältnis nach § 31a BGB überfällig (→ Rn. 53).

2. Haftung für ordnungsgemäße Vereinsführung

Zwar ist streitig, ob eine persönliche Haftung auch bei **Organisationsverschulden** be- 32
steht.[78] In jedem Fall schulden jedoch Vorstandsmitglieder ihrem Verein die ordnungsgemäße Führung der ihnen übertragenen Vereinsgeschäfte. Der Vorstand ist nämlich das Leitungsorgan des Vereins. Er hat die Stellung eines gesetzlichen Vertreters (§ 26 BGB). Jedes Vorstandsmitglied hat das Recht und die Pflicht zur ordnungsgemäßen Führung der Vereinsgeschäfte. Er handelt hierbei im Auftrag des Vereins (§§ 664–670 BGB), soweit nicht vertraglich oder durch Satzung etwas anderes bestimmt ist.

Zunehmend sind auch von ehrenamtlichen Vereinsvorständen wirtschaftlich bedeuten- 32a
de, gleichsam **unternehmerische Entscheidungen** zu treffen. Man denke etwa an Vergabeentscheidungen bei Sportverbänden für den Bau von Sportstätten oder die Vergabe der Ausrichtung von Wettkämpfen. Richtigerweise ist insoweit § 93 Abs. 1 S. 2 AktG analog zu ihren Gunsten anzuwenden. Im Aktienrecht besagt diese sog. **„Business Judgement Rule",** dass eine Pflichtverletzung nicht vorliegt, wenn das Vorstandsmitglied bei einer unternehmerischen Entscheidung vernünftigerweise annehmen durfte, auf der Grundlage angemessener Information zum Wohle der Gesellschaft zu handeln. Richtigerweise müssen die hierzu entwickelten Grundsätze erst recht für ehrenamtliche Vereinsvorstände gelten.[79]

---

[70] *Sauter/Schweyer/Waldner* Eingetragener Verein Rn. 292a.
[71] BGH VersR 1960, 421 (423).
[72] BGH NJW-RR 1991, 668.
[73] OLG Stuttgart VersR 1984, 1098.
[74] BGH NJW 1990, 2560.
[75] LG Waldshut-Tiengen NJW 2002, 153.
[76] BGH VersR 1960, 421.
[77] *Ehlers* NJW 2011, 2689 unter Berufung auf BGH NZG 2007, 751.
[78] Hierzu *Stöber/Otto* Rn. 610 mwN.
[79] Ebenso und unter Darlegung weiterer Kriterien zum Beurteilungsspielraum *Heermann* NJW 2016, 1687 (1689).

33 Der BGH nimmt eine **Garantenstellung** und damit eine persönliche Haftung des Repräsentanten an, wenn die schädigende Handlung in den ihm übertragenen Aufgabenbereich fällt.[80] Der Vorstand hat die Vereinssatzung und alle gesetzlichen Vorschriften zu beachten. Er muss seine Entscheidungen unter Beachtung des Vereinszwecks treffen.[81] Namentlich[82] muss der Vorstand
- im Rahmen seiner Verkehrssicherungspflicht Gefahrenquellen beseitigen, Maschinen und elektrische Anlagen warten und reparieren, Bau- und Brandschutzbestimmungen beachten, notwendige Instandsetzungen vornehmen und bei Veranstaltungen alle Vorkehrungen treffen, um Teilnehmer vor Schäden zu bewahren;
- Übungsleiter sorgfältig aussuchen und überwachen;
- vor der Bezahlung von Rechnungen deren Ordnungsgemäßheit prüfen;
- das Vermögen ordnungsgemäß verwalten, insbesondere das Vereinsvermögen erhalten, Vereinsverbindlichkeiten rechtzeitig befriedigen sowie öffentliche Zuschüsse und Spenden zweckgemäß verwenden.

3. Haftung bei der Verletzung steuerlicher Pflichten

34 Nach § 34 iVm § 69 AO haften Vorstandsmitglieder als gesetzliche Vertreter eines Vereins, soweit Ansprüche aus dem Steuerschuldverhältnis (§ 37 AO) infolge vorsätzlicher oder grob fahrlässiger Verletzung der ihnen auferlegten Pflichten nicht oder nicht rechtzeitig festgesetzt oder erfüllt werden.[83] Ist der Tatbestand erfüllt, kann die Finanzverwaltung unmittelbar gegenüber jedem Vorstandsmitglied einen Haftungsbescheid nach § 191 AO erlassen, und zwar auch ohne zuvor den Verein als eigentlichen Steuerschuldner in Anspruch genommen zu haben.[84] Vor allem die Verletzung folgender Pflichten kommt in Betracht:[85]
- Aufzeichnungs- und Buchführungspflichten nach §§ 135 ff. AO;
- Auskunfts- und Vorlagepflichten nach §§ 93, 97 AO;
- Steuererklärungspflichten nach §§ 149 ff. AO;
- Zahlungspflichten und die Einbehaltungs- und Abführungspflichten bei Abzugssteuer;
- Pflicht zur Steuererklärungsberichtigung nach § 153 AO, und zwar sogar für Zeiträume vor der eigenen Bestellung zum Vorstand.[86]

35 Nach § 10b Abs. 4 S. 2 EStG haftet (persönlich), wer vorsätzlich oder grob fahrlässig eine **unrichtige Spendenbescheinigung** ausstellt oder wer veranlasst, dass Zuwendungen nicht zu den in der Bestätigung angegebenen steuerbegünstigten Zwecken verwendet werden.

36 Weil die Haftung bei der Verletzung steuerlichen Pflichten wenigstens grobe Fahrlässigkeit voraussetzt, diese aber in der Regel indiziert ist,[87] kommt ein Freistellungsanspruch nach § 31a Abs. 2 BGB nicht in Betracht (→ Rn. 53). Dies kann erhebliche finanzielle Folgen haben, wenn etwa die Gemeinnützigkeit nachträglich aberkannt wird. Der BFH[88] hat die Haftung des Vorstands für steuerliche Pflichten präzisiert. Danach habe der Vorstand nicht nur die Pflicht, alle vom Verein geforderten steuerlichen Erklärungen[89] rechtzeitig (§ 149 AO) und richtig abzugeben, sondern auch die „fortlaufende Pflicht, die Voraussetzungen der Gemeinnützigkeit zu überprüfen". Schließlich sind fällige Forderungen aus dem Steuerschuldverhältnis (§ 37 Abs. 1 AO) aus den verwalteten Mitteln zu begleichen (§ 34 Abs. 1 S. 2 AO).

---

[80] BGHZ 109, 297 = JZ 1990, 486.
[81] Hierzu *Ehlers* NJW 2011, 2689.
[82] Die Beispiele stammen aus *Ehlers* NJW 2011, 2689.
[83] Siehe hierzu auch BFH NZG 1998, 861.
[84] BFH DStR 1994, 1722.
[85] Nach *Ehlers* NJW 2011, 2689 (2691).
[86] Hierzu BFH/NV 1993, 143.
[87] BFH NJW-RR 2003, 1117.
[88] BeckRS 2018, 28232.
[89] Vgl. insbes. § 31 Abs. 1 KStG und § 18 Abs. 1 und Abs. 3 UStG.

Auch bei der **Haftung für steuerliche Pflichtverletzungen** gilt der Grundsatz der Gesamtverantwortung aller Vorstandsmitglieder. Etwas anderes gilt nach Auffassung des BFH nur, wenn eine vorweg getroffene, eindeutige sowie schriftliche oder satzungsmäßige Regelung besteht, welches Vorstandsmitglied für Steuerfragen zuständig ist. Diese Ausnahme entfällt jedoch dann wieder, wenn Anlass besteht an der exakten Erfüllung der steuerlichen Pflichten durch das betraute Vorstandsmitglied zu zweifeln.[90] Erkennbare finanzielle Probleme bilden regelmäßig einen solchen Anlass.[91] 37

Die Ressortverantwortlichkeit für Steuerfragen ist jedoch von der Finanzverwaltung bei der Frage, welchen Haftungsschuldner sie nach § 69 AO zunächst in Anspruch nimmt, zu beachten.[92] 38

4. Vorenthaltung von Sozialversicherungsbeiträgen

Beschäftigt der Verein Arbeitnehmer, haftet neben dem Verein jedes Vorstandsmitglied auch persönlich für die **Abführung der Sozialversicherungsbeiträge** nach § 823 Abs. 2 BGB iVm § 266a Abs. 1 StGB. Die Abführungspflicht selbst ergibt sich aus § 28e Abs. 1 S. 1 SGB IV. Für die Frage der Haftungsbegrenzung durch die Schaffung von Ressortverantwortlichkeiten gelten die Ausführungen in → Rn. 37f. entsprechend. Jedes Vorstandsmitglied hat aber auch bei einer Ressortverantwortlichkeit eines Vorstandsmitglieds sich selbst (wieder) um die Erfüllung der Pflichten nach § 28e Abs. 1 S. 1 SGB IV zu kümmern, wenn Anhaltspunkte dafür bestehen, dass die Erfüllung der dem Verein obliegenden Pflichten durch das zuständige Vorstandsmitglied nicht mehr gewährleistet ist.[93] 39

5. Haftung wegen Insolvenzverschleppung

Nach **§ 42 Abs. 2 S. 2 BGB** besteht eine **Insolvenzantragspflicht,** sobald der Verein zahlungsunfähig wird oder überschuldet ist. Die Norm ist *lex specialis* zu § 15a InsO,[94] der rechtsformübergreifend für juristische Personen die Antragspflicht innerhalb von drei Wochen ab Eintritt der Zahlungsunfähigkeit oder Überschuldung fordert (§ 15a Abs. 1 InsO) und zudem eine Strafbewährung enthält (§ 15a Abs. 4 InsO). Zwar legt der Wortlaut von § 15a InsO nahe, dass auch der (Ideal-)Verein erfasst wird. Gleichwohl wird zu Recht § 42 Abs. 2 S. 2 BGB als die speziellere Norm gesehen. Dies entspricht zum einen dem Willen des Gesetzgebers.[95] Zum anderen wäre sonst nicht erklärbar, warum mit Einführung des § 15a InsO zwar alle sämtlichen übrigen Spezialbestimmungen wie § 64 GmbHG oder § 92 AktG, nicht aber § 42 BGB mit Inkrafttreten des MoMiG weggefallen sind.[96] Zur Haftung → Rn. 42. 40

Die **Insolvenzantragspflicht trifft jedes Vorstandsmitglied,** dem spiegelbildlich ein eigenes Antragsrecht nach § 15 Abs. 1 InsO zusteht. Auf eine Ressortverteilung kann sich ein Vorstandsmitglied bei der Erfüllung dieser Pflicht nicht berufen.[97] Zahlungsunfähigkeit iSd § 17 InsO liegt vor, wenn die Liquiditätslücke bezogen auf die fälligen Gesamtschulden 10% überschreitet und/oder diese nicht innerhalb der nächsten drei Wochen beseitigt werden kann.[98] Überschuldung iSd § 19 Abs. 2 S. 1 InsO liegt vor, wenn das Vermögen des Vereins nicht mehr die bestehenden Verbindlichkeiten deckt. Der Vorstand muss hier- 41

[90] BFH NJW 1998, 3374.
[91] FG Münster FGReport 2005, 95.
[92] *Stöber/Otto* Rn. 627.
[93] BGH NJW 1997, 130 (132).
[94] In diesem Sinne *Brand/Reschke* NJW 2009, 2343; *Ehlers* NJW 2011, 2689 (2693).
[95] BT-Drs. 16/6140, 55 enthält: „Für den Verein wird die Sondervorschrift des § 42 II BGB beibehalten, die der allgemeinen Vorschrift in § 15a InsO vorgeht."
[96] Vgl. Braun/*Bußhard* InsO § 15a Rn. 3.
[97] BGH NZG 1994, 2149.
[98] BGH ZIP 2007, 1666.

zu die wirtschaftliche Situation des Vereins ständig überwachen und einen möglichen Insolvenzgrund prüfen.[99]

42 Auch wenn eine Insolvenzantragspflicht gem. § 42 Abs. 2 BGB besteht, ist die **Haftungsfrage** hiervon zu trennen: Der BGH hat nämlich mit Beschluss vom 8.2.2010 erfreulich klar entschieden, dass Vereinsvorstände nicht analog § 64 S. 1 GmbHG, § 93 Abs. 3 Nr. 6 AktG, § 99 Abs. 3 iVm § 34 Abs. 3 Nr. 4 GenG für masseschmälernde Zahlungen des Vereins nach Eintritt seiner Insolvenzreife haften. Es bestehe gerade keine planwidrige Regelungslücke.[100] Das Schrifttum stimmt dem ganz überwiegend zu.[101] Ob dies auch für Großvereine gilt, die – wie etwa der ADAC – gleichsam wie Kapitalgesellschaften am Wirtschaftsleben teilnehmen, hatte der BGH nicht zu entscheiden und damit ausdrücklich offen gelassen. Solange jedoch das Nebenzweckprivileg anerkannt ist, das es einem (Ideal-)verein gestattet, diejenigen Betätigungen aufzunehmen, die zur Erreichung des ideellen Zwecks erforderlich sind, ist die Frage der Geltung des § 15a InsO keine Frage des Umfangs der wirtschaftlichen Betätigung, sondern der Weite des vom BGH unter Billigung des Schrifttums entwickelten Nebenzweckprivilegs.[102]

43 Soweit in der Vorauflage noch eine Haftung des Vorstands dem Grunde nach wegen Insolvenzverschleppung bejaht wurde, wird diese Auffassung aufgegeben. Im Lichte des BGH-Beschlusses vom 8.2.2010 kann keine Pflicht des Vorstands zum Ersatz des Quotenverschlechterungsschadens, der in der Verringerung der Insolvenzmasse ab Eintritt der Insolvenzreife besteht, nach § 823 Abs. 2 BGB iVm § 15a Abs. 1 InsO bestehen.[103]

II. Gesamtschuldnerausgleich

44 Weil die Haftung gem. § 31 BGB eine nach allgemeinen Regeln begründete Haftung des Repräsentanten nicht ersetzt, sondern grundsätzlich neben diese tritt,[104] befinden sich Verein und persönlich haftende Organperson in einem **Gesamtschuldverhältnis.**[105] Hat das persönlich haftende Organmitglied eine unerlaubte Handlung (§§ 823 ff. BGB) begangen, so ergibt sich die Gesamtschuldnerschaft aus § 840 Abs. 1 BGB. Dies bedeutet, dass der Vertreter gem. § 840 Abs. 2 BGB alleine haftet und demgemäß bei einer Inanspruchnahme des Vereins aus § 31 BGB diesem im Innenverhältnis in der Regel vollständig erstattungspflichtig ist.[106] Weil sich aber auch ehrenamtliche Vorstandsmitglieder auf diese Weise erheblichen Haftungsrisiken ausgesetzt sehen, die – wegen der Grundsätze der beschränkten Arbeitnehmerhaftung – weit über die von unterhalb der Vorstandsebene angesiedelten Vereinsgeschäftsführern hinausgehen,[107] kennt das BGB nunmehr seit 2009 mit § 31a BGB für unentgeltlich tätige Vorstandsmitglieder und seit 2013 mit § 31b BGB für sonstige Vereinsmitglieder im Innenverhältnis eine Privilegierung (→ Rn. 53 ff.).

45 Im Verhältnis von persönlich haftendem Organmitglied und Verein kann die **Satzung** zur Frage der **Haftungsverteilung** eine Regelung treffen.[108] Denkbar sind auch individuelle schriftliche Vereinbarungen im Anstellungsvertrag des Organmitglieds.[109] Auch aus einer zu Gunsten des Vorstands abgeschlossenen Haftpflichtversicherung kann sich konklu-

---

[99] BGH NJW 2007, 2118.

[100] BGH NZG 2010, 711; ebenso bereits zuvor OLG Hamburg DStR 2009, 868; in diesem Sinne auch bereits OLG Karlsruhe ZIP 2009, 1716.

[101] Vgl. etwa *Roth* EWiR 2009, 331; *Klasen* NZG 2009, 1036; *Hangebrauck* EWiR 2009, 699; *Wagner* NZG 2015, 1377 (1385).

[102] BGHZ 85, 84 = NJW 1983, 569 – ADAC-Urteil; hierzu auch *Brand/Reschke* NJW 2009, 2343.

[103] So aber *Ehlers* NJW 2011, 2689 (2693).

[104] RG JW 1924, 1155.

[105] Vgl. statt vieler nur MüKoBGB/*Leuschner* BGB § 31 Rn. 35.

[106] RG JW 1924, 1155; MüKoBGB/*Leuschner* BGB § 31 Rn. 35.

[107] So *Ehlers* NJW 2011, 2689 (2690).

[108] *Stöber/Otto* Rn. 613.

[109] *Reichert* Rn. 3535.

dent eine Haftungsfreistellung des Organmitglieds ergeben.[110] Gleiches gilt schließlich für eine ständige Übung.[111] In jedem Fall hat der Verein, wenn er einen Ausgleichsanspruch gegen das Organmitglied geltend macht, pflichtwidriges und zu vertretendes Handeln sowie die Schadenshöhe zu beweisen.[112]

Die vorgenannten Grundsätze gelten uneingeschränkt im Verhältnis zu Dritten, aber nicht ohne weiteres **im Verhältnis zu Vereinsmitgliedern.** Macht sich ein Vorstandsmitglied bei Durchführung einer ihm übertragenen Aufgabe des Vereines einem Mitglied gegenüber ersatzpflichtig, kann er gegen den Verein einen Freistellungsanspruch nach § 670 BGB analog iVm § 27 Abs. 3 BGB haben.[113] Dies ergibt sich aus dem Gedanken der Risikozurechnung, wonach derjenige, der für einen anderen eine schadensgeneigte Aufgabe übernimmt, einen Freistellungsanspruch gegen diesen haben soll.[114] Ist dies der Fall, so kann ein Freistellungsanspruch sich auch bei einer Haftung des Vorstands im Verhältnis zu Dritten, also nicht Vereinsmitgliedern ergeben, weil es andernfalls unbillig wäre, dass der Verein seine Mitglieder zur Durchführung schadensträchtiger Aufgaben einsetzt und sich umgekehrt an der daraus erwachsenen Haftung nicht beteiligt.[115] 46

Diese **allgemeinen Grundsätze gelten auch nach Einführung des § 31a BGB weiter,** haben jedoch aufgrund dessen Existenz für die überwiegende Zahl der Fälle an Bedeutung verloren. Muss im Einzelfall – etwa weil es an der Ehrenamtlichkeit iSd § 31a BGB fehlt – auf diese allgemeinen Grundsätze zurückgegriffen werden, ist bei der Quotelung des Schadens zwischen Repräsentanten und Verein je nach Lage des Einzelfalls zwar der Verschuldensanteil des Handelnden, nicht aber seine Vermögenslage, eine freiwillig abgeschlossene Versicherung oder der Umstand, dass seine Erben aufgrund einer Beschränkung der Haftung auf den Nachlass den Geschädigten gegenüber nicht weiter haften, zu berücksichtigen.[116] Selbst wenn zu Gunsten des Vorstandsmitglieds eine Haftpflichtversicherung abgeschlossen ist, kann sich gleichwohl ein Freistellungsanspruch gegen den Verein ergeben, nämlich für Schäden, die die Versicherungssumme übersteigen. Unterhält hingegen das Vorstandsmitglied selbst eine Haftpflichtversicherung, so wird ein Freistellungsanspruch gegen den Verein dadurch nicht ausgeschlossen.[117] Die insoweit entschiedenen Fälle befassen sich jedoch sämtlich mit Gesundheits- und Sachschäden. Demgemäß kann die Haftungserleichterung aus gefahrgeneigter Tätigkeit nicht angenommen werden bei Schäden im Zusammenhang mit der Pflicht zur Betreuung des Vereinsvermögens und zu einer zweckgemäßen Verwendung der Finanzmittel. Insoweit handelt es sich nämlich um normale Vorstandspflichten.[118] 47

Vollumfänglich haftet der Verein, wenn das pflichtwidrige Verhalten des Vorstandsmitglieds durch eine (wirksame) **Weisung eines weisungsberechtigten Organs** oder der Mitgliederversammlung mitverursacht worden ist, soweit nicht der Handelnde die Mitgliederversammlung aufgrund unrichtiger oder unvollständiger Berichterstattung zu der Weisung veranlasst hat.[119] 48

III. Haftungsverteilung eines mehrgliedrigen Vorstands

Verursachen mehrere Vorstandsmitglieder gemeinschaftlich einen Schaden, sind sie dem Verein gegenüber als Gesamtschuldner zum Ersatz verpflichtet. Untereinander besteht grundsätzlich eine Haftung zu gleichen Teilen, § 426 BGB. Das Maß des jeweiligen Ver- 49

[110] LG Bonn NJW-RR 1995, 1435.
[111] *Reichert* Rn. 3535.
[112] Soergel/*Hadding* BGB § 31 Rn. 44.
[113] *Stöber/Otto* Rn. 615.
[114] Siehe hierzu instruktiv BGH JZ 1984, 619 mAnm *Löwisch* = NJW 1984, 789.
[115] *Stöber/Otto* Rn. 615.
[116] *Stöber/Otto* Rn. 615.
[117] OLG Schleswig NJW-RR 2010, 957.
[118] Hierzu *Stöber/Otto* Rn. 615.
[119] *Reichert* Rn. 3536, 3710; ferner *Stöber/Otto* Rn. 616.

schuldens kann zu einer unterschiedlichen Haftungsverteilung führen. Dies gilt jedoch nur im Verhältnis der Vorstandsmitglieder zueinander und nicht dem Verein gegenüber. Eine gesamtschuldnerische Haftung nach dem Grundsatz der **Gesamtverantwortung von Organen juristischer Personen**[120] besteht indes auch, wenn nur ein Vorstandsmitglied den Schaden verursacht. Die gesamtschuldnerische Haftung ergibt sich demgemäß aus der Amtsstellung der Vorstandsmitglieder, § 421 Abs. 2 S. 2 BGB.

50 Eine nur **faktische Ressortverteilung** kann einzelne Vorstandsmitglieder nicht von der Haftung freistellen, wohl aber eine ausdrücklich in der Satzung oder einer Vereinsordnung (zB einer Geschäftsordnung) geregelte Verteilung. Jedes Vorstandsmitglied darf indes darauf vertrauen, dass ein anderes Vorstandsmitglied, das jahrelang seine Aufgaben und Pflichten ordnungsgemäß erfüllt hat, dies auch weiterhin tut. Hinweise auf ein Fehlverhalten können indes Anlass sein, das Vertrauen zu zerstören. Dem Grunde nach kann somit die Haftung eines Vorstandsmitglieds durch eine klare Ressortverantwortlichkeit begrenzt werden.[121]

51 Das einzelne Vorstandsmitglied kann sich **nicht dadurch entlasten, dass**
- es den **Anforderungen** an das Amt **nicht gewachsen** ist, weil bereits die Übernahme eines Amts, dem man nicht gewachsen ist, ein grob fahrlässiges Verhalten darstellt;
- es seine Tätigkeit **ehrenamtlich** ausübt, weil einerseits haftungsrechtlich keine Sonderregelungen bestehen[122] und andererseits nunmehr § 31a BGB zwar Erleichterungen, wohl aber eine Haftung dem Grunde nach entnommen werden kann;
- es die **Aufgaben** auf einen hauptamtlichen Vereinsgeschäftsführer **delegiert** hat, weil jedenfalls eine Auswahl- und Überwachungsverantwortung bestehen bleibt.[123]

52 Siehe ferner bereits → Rn. 34ff. zur Haftung für die Erfüllung steuerlicher Pflichten.

IV. Freistellungsanspruch nach § 31a BGB für ehrenamtliche Organmitglieder und besondere Vertreter

1. Normzweck

53 Das BGB kennt seit dem 3.10.2009 infolge der Einfügung des § 31a BGB durch das Vereinsvorstandshaftungsbegrenzungsgesetz[124] eine Privilegierung für durch ehrenamtliche Vorstandsmitglieder verursachte Haftungsfälle. Die Norm soll das ehrenamtliche Engagement fördern und erhalten. Sie soll verhindern, dass derjenige in einem Verein, der sich stärker als andere engagiert, nicht unverhältnismäßig hohen Haftungsrisiken ausgesetzt ist.[125] § 31a Abs. 1 BGB führt im Ergebnis dazu, dass ein ehrenamtlich tätiges Vorstandsmitglied bei (einfacher) Fahrlässigkeit dem Verein gegenüber (Satz 1) oder den Vereinsmitgliedern gegenüber (Satz 2) nicht mehr haftet. Im Verhältnis zu Dritten bleibt die Haftung unberührt, allerdings sieht § 31a Abs. 2 BGB unter denselben Voraussetzungen wie Absatz 1 einen Freistellungsanspruch gegen den Verein vor.

54 Die Ausdehnung der Privilegierung auf die Haftung für die Abführung von Sozialversicherungsbeiträgen und Steuern hat der Rechtsausschuss gestrichen, weil bereits nach geltender Rechtslage für alle Vorstandsmitglieder ein hinreichend hohes Schutzniveau bestehe.[126] Dies ist rechtspolitisch hinzunehmen, weil eine derartige Haftung ohnehin zumindest stets bedingten Vorsatz voraussetzt, in dessen Bereich § 31a BGB ohnehin nicht zur Anwendung käme.[127]

---

[120] Hierzu *Ehlers* NJW 2011, 2689 (2690).
[121] In diesem Sinne *Heermann* NJW 2016, 1687.
[122] BGH BB 1964, 100.
[123] BGH GmbHR 1985, 143; s. auch BGHZ 133, 370 = NJW 1997, 130 zur Ressortverteilung.
[124] Gesetz v. 28.9.2009, BGBl. I 3161; hierzu ua *Terner* DNotZ 2010, 5; *Unger* NJW 2009, 3269 und *Ehlers* NJW 2011, 2689.
[125] BT-Drs. 16/10120, 7; Palandt/*Ellenberger* BGB § 31 Rn. 1.
[126] BT-Drs. 16/13537, 7.
[127] Hierzu auch Palandt/*Ellenberger* BGB § 31a Rn. 1.

2. Anwendungsbereich

§ 31a BGB gilt für jeden Verein, nicht nur für den gemeinnützigen, sondern selbst für den wirtschaftlichen Verein, wenn auch in diesem Fall in der Regel keine ehrenamtliche Vorstandstätigkeit vorliegen dürfte, die die Norm voraussetzt. Die Vorschrift gilt auch für den nicht eingetragenen Verein, auch wenn § 54 S. 1 BGB für diesen nicht auf die §§ 24–53 BGB, sondern weiterhin auf die Bestimmungen des Personengesellschaftsrechts verweist.[128] 55

Privilegiert ist nach dem Wortlaut in jedem Fall der (ehrenamtlich tätige) Vorstand. Ob über den Wortlaut hinaus die Norm auch für andere über den Vorstandsbegriff des § 26 BGB hinaus ehrenamtlich Tätige gilt, wird uneinheitlich beantwortet.[129] **Nach der Einführung des § 31b BGB** durch Art. 6 des Gesetzes vom 21.3.2013[130] ist die Frage indes ohne praktische Bedeutung, weil jedes ehrenamtlich tätige Vereinsmitglied nunmehr jedenfalls nach § 31b BGB haftungsmäßig privilegiert ist (→ Rn. 62ff.). 56

§ 31a BGB gilt demgemäß nicht für sämtliche ehrenamtlich tätigen Vereinsmitglieder, sondern nur für Vorstandsmitglieder und besondere Vertreter, also Personen, die als Vorstand oder jedenfalls wie ein Vorstand tätigt sind. Dem Gesetzgeber ging es nämlich um eine Haftungserleichterung für Personen, die Leitungsfunktionen übernehmen.[131] Sachgerecht ist es demgemäß, nicht auf die formale Position einer Mitgliedschaft im Vorstand, sondern auf die Wahrnehmung von Aufgaben, die üblicherweise einem Vorstandsmitglied, einem besonderen Vertreter (§ 30 BGB) oder anderen Mitgliedern fakultative Organe zugewiesen sind, abzustellen.[132] In den Genuss des § 31a BGB kommt demgemäß jedes Mitglied, das nach den organisationsrechtlichen Bestimmungen des Vereins zur eigenverantwortlichen Erledigung von Leitungsaufgaben berufen ist. Ein derart erweiterndes Verständnis der Vorschrift macht diese nicht konturlos, sondern orientiert sich zu Recht am Kreis derjenigen Personen, die auch von § 31 BGB erfasst sind.[133] Erforderlich für die Privilegierung ist jedoch, dass es sich um Schädigungen bei der Wahrnehmung spezifischer Leitungsaufgaben handelt. Eine Schädigung bloß bei Gelegenheit genügt nicht, so dass auch insoweit auf die Grundsätze zu § 31 BGB zurückgegriffen werden kann.[134] 57

Während dieses weite Verständnis vor Einführung des § 31b BGB noch von großer Bedeutung war, hat sich die Lage zu Gunsten „einfacher" Vereinsmitglieder unterhalb der Leitungsebene deutlich entspannt (→ Rn. 62ff.). 58

Begünstigt durch § 31a BGB ist aber nur, wer ehrenamtlich tätig ist. Dies ist in jedem Fall derjenige, der unentgeltlich für den Verein arbeitet. Ausgedehnt ist das Privileg allerdings auf diejenigen, die eine Vergütung von nicht über 720 EUR jährlich enthalten. Diese Vergütungsgrenze orientiert sich an § 3 Nr. 26a EStG.[135] Abzustellen ist jeweils auf das einzelne Vorstandsmitglied und nicht auf den Vorstand insgesamt.[136] Maßgeblich für die Betrachtung ist das Kalenderjahr, in dem die schädigende Handlung begangen wurde.[137] Ein nachträglich erklärter Vergütungsverzicht kann selbstredend nicht zur Anwendbarkeit des § 31a BGB führen.[138] Vergütung sind alle Geld- und Sachleistungen, und zwar auch die Gewährung geldwerter Vorteile. Wird etwa dem Vorstand ein Beitragsrabatt gewährt, um seine Vorstandsarbeit zu entlohnen, so ist dies als Vergütung anzusehen. Der Ersatz von Aufwendungen nach § 670 BGB stellt hingegen keine Vergütung da. Werden Aufwen- 59

---

[128] Hierzu MüKoBGB/*Leuschner* BGB § 31a Rn. 2; zuvor bereits *ders.* NZG 2014, 281 (287).
[129] Vgl. zum Meinungsstand ausführlich MüKoBGB/*Leuschner* BGB § 31a Rn. 4.
[130] BGBl. 2013 I 556.
[131] So die Beschlussempfehlung des zuständigen Bundestagsausschusses, vgl. BR-Drs. 16/13537, 1.
[132] So *Stöber/Otto* Rn. 619.
[133] Ebenso *Stöber/Otto* Rn. 619; Palandt/*Ellenberger* BGB § 31a Rn. 3: „derselbe Regelungsgehalt".
[134] So bereits *Stöber/Otto* Rn. 621 unter Berufung auf *Roth* npoR 2010, 1 (3).
[135] MüKoBGB/*Arnold,* 7. Aufl. 2015, BGB § 31a Rn. 5.
[136] *Terner* DNotZ 2010, 5 (22).
[137] *Stöber/Otto* Rn. 621.
[138] *Burghard* ZIP 2010, 46.

dungen aber pauschaliert abgegolten, so sind die steuerrechtlichen Bestimmungen zur Frage, ob eine Vergütung vorliegt, entsprechend heranzuziehen.[139]

3. Wirkungsweise des Haftungsprivilegs

60 Das Haftungsprivileg des Vorstands nach § 31a BGB wirkt nur gegenüber dem Verein und gegenüber seinen Mitgliedern, in letzterem Fall kann es abbedungen werden durch Satzungsbestimmung, arg e § 40 S. 1 BGB.[140] Dritten gegenüber gilt es bei einer Haftung des Repräsentanten (§§ 823 ff. BGB) und des Vereins (Zurechnung nach § 31 BGB) nicht. Insoweit besteht lediglich ein Freistellungsanspruch des betroffenen Vorstandsmitglieds oder Repräsentanten gegen den Verein nach § 31a Abs. 2 BGB. Ein solcher ist indes ausgeschlossen, wenn der Repräsentant vorsätzlich oder grob fahrlässig gehandelt hat. Für den Fall, dass der persönlichen in Anspruch genommene den Schaden des Dritten bereits beglichen hat, wandelt sich der Freistellungsanspruch gegenüber dem Verein in einen Aufwendungsersatzanspruch.[141]

61 Dem Verein gegenüber besteht bei lediglich leichter Fahrlässigkeit gem. § 31a Abs. 1 S. 1 BGB überhaupt keine Haftung. Dasselbe gilt gem. § 31a Abs. 1 S. 2 BGB bei der Schädigung anderer Vereinsmitglieder. Dies kann jedoch nur gelten, wenn die schädigende Verhaltensweise einen spezifischen Bezug zum Verein hat. Anders formuliert: Wäre das geschädigte Vereinsmitglied ebenso wie ein Nichtmitglied zu Schaden gekommen, behält es seinen Ersatzanspruch.[142] Weil jedoch § 31a Abs. 2 S. 2 BGB – anders als § 31a Abs. 1 S. 1 BGB – durch Satzungsbestimmung abbedungen werden kann, kann anderen Vereinsmitgliedern gegenüber ein schärferer Haftungsmaßstab als dem Verein gegenüber festgelegt werden. Dies mag sich aus Gründen der Gleichbehandlung sowie zur Vermeidung von Zufälligkeiten vor allem dann anbieten, wenn der Verein einzelnen Aktiven höhere Vergütungen gewährt und entsprechende Versicherungen abschließt.[143] Nur wenn nämlich dem Grunde nach eine Haftung besteht, greifen abgeschlossene Versicherungen ein. Demgemäß führen etwa Versicherungen unter den Voraussetzungen des § 31a Abs. 1 S. 1 BGB nunmehr ins Leere.

V. Freistellungsanspruch nach § 31b BGB für ehrenamtliche Vereinsmitglieder

62 Neben Mitgliedern von Vereinsorganen nehmen häufig auch **einfache Vereinsmitglieder** Aufgaben des Vereins war. Das Gesetz zur Stärkung des Ehrenamtes vom 20. 3. 2013[144] stellt durch § 31b BGB diese Vereinsmitglieder haftungsrechtlich den Organmitgliedern nach § 31a BGB gleich, wenn sie im Wesentlichen unentgeltlich für den Verein tätig sind. Gleiches gilt, wenn sie eine Vergütung erhalten, die 720 EUR jährlich nicht übersteigt. Insoweit kann zunächst – auch zur Frage der Abgrenzung vom Auslagenersatz – auf die Ausführungen in → Rn. 59 verwiesen werden.

63 Darüber hinaus gilt jedoch: Das Mitglied muss im Interesse des Vereins und nicht zu eigenen Erwerbsinteressen tätig werden. Wird ein Vereinsmitglied hingegen im Rahmen seiner gewerblichen oder beruflichen Tätigkeit aufgrund eines Vertrages zu einer im Wesentlichen marktüblichen Vergütung für den Verein tätig, nimmt es die Aufgaben nicht primär im Interesse des Vereins wahr, sondern vorrangig zu eigenen Erwerbsinteressen. In diesem Fall werden keine Aufgaben des Vereins, sondern eigene Aufgaben wahrgenommen, so dass im Ergebnis die Haftungsbeschränkung nach § 31b BGB nicht greift. Dasselbe gilt, wenn ein Vereinsmitglied eigene Mitgliedschaftsrechte und -pflichten innerhalb

[139] Vgl. LStR 13 zu § 3 Nr. 12 EStG.
[140] Zur Problemlage MüKoBGB/*Leuschner* BGB § 31a Rn. 10.
[141] Palandt/*Ellenberger* BGB § 31a Rn. 5.
[142] Ebenso *Stöber/Otto* Rn. 624.
[143] Hierzu *Stöber/Otto* Rn. 624.
[144] BGBl. 2013 I 556.

oder außerhalb der Mitgliederversammlung ausübt. Die Vereinsaufgaben müssen dem Mitglied nämlich vom Verein übertragen worden sein, dh, dass das Vereinsmitglied mit der Aufgabenwahrnehmung vom Verein beauftragt worden sein muss. Nur dann kann es nämlich gerechtfertigt sein, den Verein für etwaige Schäden, die das Vereinsmitglied verursacht hat, aufkommen zu lassen. Nimmt hingegen ein Vereinsmitglied Aufgaben ohne Wissen des Vereins wahr, und zwar unabhängig davon, ob es sich um Vereinsaufgaben handelt, greift § 31b BGB nicht.

Wenn die Vereinsmitglieder unentgeltlich für den Verein tätig sind und hierbei den Verein oder Dritte schädigen, haben die Gerichte schon bisher die Haftung gegenüber dem Verein nach den **Regeln über die beschränkte Arbeitnehmerhaftung** eingeschränkt und den Vereinsmitgliedern einen Anspruch auf Befreiung von der Haftung gegenüber dem Verein gewährt, wenn Dritte geschädigt wurden.[145] Da diese Haftungsbeschränkung jedoch bei mittlerer Fahrlässigkeit hinter der Haftungsbeschränkung für Vorstandsmitglieder etc. nach § 31a BGB zurückbleibt, sah sich der Gesetzgeber veranlasst, Vereinsmitglieder durch Einführung des neuen § 31b BGB den Vorstandsmitgliedern und sonstigen besonderen Vertretern, für die § 31a BGB gilt, gleichzustellen.[146] § 31b BGB kennt indes keine § 31a Abs. 1 S. 2 BGB vergleichbare Norm, so dass die Haftungsbeschränkung nur bei Schädigung des Vereins, nicht aber auch bei der Schädigung anderer Vereinsmitglieder gilt. Insoweit gilt dasselbe wie bei einer Schädigung Dritter. Dem handelnden Vereinsmitglied kommt nur unter den Voraussetzungen des § 31b Abs. 2 BGB, der inhaltlich § 31a Abs. 2 BGB entspricht, ein Freistellungsanspruch gegenüber dem Verein im Innenverhältnis zu. 64

Die **Haftungsbeschränkung und der Freistellungsanspruch** (§ 31b Abs. 2 BGB) können durch die Satzung nicht ausgeschlossen oder eingeschränkt werden. Deshalb ist die Vorschrift nicht in § 40 BGB aufgenommen worden.[147] 65

Die Haftungsbeschränkung sowie der Anspruch auf Befreiung von der Haftung bestehen schließlich nur, wenn ein Vereinsmitglied einen Schaden bei der Wahrnehmung von satzungsgemäßen Vereinsaufgaben verursacht hat, die ihm übertragen worden sind. Diese Aufgaben sind jedenfalls alle Verrichtungen, die dem Verein im Rahmen des Vereinszwecks obliegen.[148] Weitere Voraussetzung ist zudem, dass der Schaden nicht durch Vorsatz oder grobe Fahrlässigkeit verursacht wurde. Durch den Verweis in § 31b Abs. 1 S. 2 BGB auf § 31a Abs. 1 S. 3 BGB trägt der Verein hierfür die Beweislast. 66

VI. Ende der Haftung; Entlastung

Die Haftung des Vorstands endet für neue Verbindlichkeiten **mit Ende seiner Amtszeit,** jedenfalls aber mit Löschung aus dem Vereinsregister. Der ausgeschiedene Vorstand kann indes für die Vergangenheit noch in Anspruch genommen werden, vom Verein aber nur, soweit dem Vorstand keine **Entlastung** erteilt worden ist. Durch die Entlastung verzichtet der Verein nämlich auf die Geltendmachung von Schadenersatzansprüchen, jedenfalls soweit ihm der zugrundliege Sachverhalt bekannt war oder bei zumutbarer Prüfung hätte erkannt werden können. Mit anderen Worten: „Die Entlastung ist die Billigung der bisherigen Amtsführung und der Ausspruch des Vertrauens für die Zukunft. Mit der Entlastung verzichtet die Mitgliederversammlung für die Dauer der Entlastung auf alle Schadenersatzansprüche und etwaige konkurrierende Bereicherungsansprüche, soweit diese bei sorgfältiger Prüfung erkennbar gewesen sind.“[149] 67

Der Vorstand hat indes **keinen Anspruch auf Entlastung;** er ist bei Abstimmung über seine Entlastung **nicht stimmberechtigt,** weil andernfalls ein „Richten in eigener Sa- 67a

[145] Palandt/*Ellenberger* BGB § 27 Rn. 7.
[146] Palandt/*Ellenberger* BGB § 31 Rn. 1.
[147] BT-Drs. 17/11316, 16f.
[148] Palandt/*Ellenberger* BGB § 31b Rn. 2.
[149] *Reichert* Rn. 5186.

che" vorläge.[150] Von diesem Verbot kann auch die Satzung keine Ausnahme vorsehen.[151] Nur bei getrennter Abstimmung über die Entlastung einzelner Vorstandsmitglieder sind die übrigen stimmberechtigt, soweit keine Vorgänge betroffen sind, an denen sie beteiligt waren.

D. Die Haftung sonstiger Personen

68 Neben Vorstandsmitgliedern und sonstigen Repräsentanten (→ § 9) haften **Arbeitnehmer** eines Vereins, wie etwa der **Vereinsgeschäftsführer,** zwar Dritten gegenüber ebenfalls für einen Schaden, den sie diesen in Ausführungen ihrer Tätigkeit zuführen. Im Verhältnis zum Verein kommen indes die Grundsätze über die beschränkte Arbeitnehmerhaftung zum Tragen, so dass eine Haftung nur bei vorsätzlicher oder grob fahrlässiger Verletzung der arbeitsvertraglichen Pflichten in Betracht kommt. Ob dies der Fall ist, hat der Arbeitgeber zu beweisen.[152]

69 Ob sog. **Schirmherren,** also in der Regel Personen des öffentlichen Lebens wie Bürgermeister oder Minister, die ihren Namen für Vereinsveranstaltungen hergeben, bei Schädigungen Dritter im Rahmen dieser Veranstaltungen haftbar gemacht werden können, wurde bisher von der Rechtsprechung nicht entschieden. In der Literatur wird eine derartige Haftung unter Verweis auf Parallelen zur Rechtsprechung zur Prospekthaftung bei Kapitalanlagen, wonach nicht nur die Gründer, Initiatoren und Gestalter einer Kapitalanlagegesellschaft für die Richtigkeit und Vollständigkeit des Prospekts haften, sondern auch die hinter der Gesellschaft stehenden Personen, die mit ihrer Billigung oder Duldung als Referenz benannt werden.[153] Es erscheint indes zweifelhaft, ob der für den Bereich der Prospekthaftung entwickelte Gedanke des Vertrauensschutzes für Schirmherrschaften bei Vereinsveranstaltungen herangezogen werden kann. Mag auch der Schirmherr mit seinem Namen für die Veranstaltung und deren Seriosität werben. Dass das Publikum deswegen aber ohne weiteres annehmen kann, der Schirmherr übernehme quasi eine Gewähr für eine Erfüllung aller Verkehrssicherungspflichten durch den Verein, erscheint sehr zweifelhaft.[154]

E. Aufwendungsersatzanspruch nach § 670 BGB analog

70 Werden ein Vorstandsmitglied, sonstiger Repräsentant oder ein Vereinsmitglied bei der Erfüllung von Aufgaben für den Verein verletzt oder erleiden sie einen sonstigen Schaden an ihrem Eigentum oder ihrem Vermögen, stellt sich die Frage, ob sie einen Aufwendungsersatzanspruch gegen den Verein haben. Ein solcher kommt gem. **§ 670 BGB analog** in Betracht. Eine unmittelbare Anwendung der Norm scheidet aus, weil es sich bei den erlittenen Schäden um keine Aufwendungen, verstanden als freiwillige Vermögensopfer, handelt. Es ist jedoch anerkannt, die Norm jedenfalls auf **risikobedingte Zufallsschäden** entsprechend anzuwenden, ohne dass der Aufwendungsersatzanspruch zu einem echten Schadenersatzanspruch iSd §§ 249 ff. BGB mutieren würde.[155]

71 Die Frage stellt sich in der Praxis regelmäßig bei **Schäden am eigenen Kraftfahrzeug,** für die die Vollkaskoversicherung nicht aufkommt oder die jedenfalls zu einem Verlust oder einer Verschlechterung des Schadensfreiheitsrabatts führen. Denkbar ist es jedoch auch, dass ein Schiedsrichter bei einem Fußballspiel verletzt wird oder einen Schaden an

[150] *Wagner* NZG 2015, 1377 (1383).
[151] *Reichert* Rn. 2680 ff.
[152] *Ehlers* NJW 2011, 2689 (2690).
[153] So *Sauter/Schweyer/Waldner* Eingetragener Verein Rn. 292b; zur Prospekthaftung in diesem Fall BGH NJW 1992, 2148.
[154] Anders *Sauter/Schweyer/Waldner* Eingetragener Verein Rn. 292b.
[155] Soergel/*Martinek* BGB § 670 Rn. 4.

seiner Sportkleidung oder seiner Brille im Rahmen des Spiels erleidet. Das AG Bochum[156] hat jedenfalls im Falle einer Fußballtrainerin, die an ihrem Privatauto einen Schaden auf dem Weg zu einem Auswärtsspiel erlitt, entschieden, dass ein Aufwendungsersatzanspruch gegen den Verein besteht, wenn Privatvermögen zur Aufgabenerfüllung des Vereins eingesetzt wird. Der Verein dürfe Mitglieder, die er zur Durchführung schadensträchtiger Aufgaben einsetze und die dadurch in besonderem Maße ihrer **Treuepflicht** genügten, nicht mit den Folgen solcher Schäden belasten, die aus der besonderen, dem Verein selbst zuzuschreibenden Gefahr der übertragenen Aufgaben folgen. Dies gelte jedenfalls im ehrenamtlichen Bereich.

Eine Ersatzpflicht des Vereins nach § 670 BGB analog wird man indes verneinen müssen, wenn 72
- der Geschädigte den Schaden selbst grob fahrlässig oder vorsätzlich verursacht hat,
- ein Entgelt erhält, das derartige Schadensrisiken angemessen vergütet oder
- der Schaden nicht als Ausfluss des Tätigwerdens für den Verein, sondern gleichsam als allgemeines Lebensrisiko eingetreten ist.

In die letzte Kategorie könnten auch Schäden an privaten Kraftfahrzeugen fallen.[157] Die Anwendbarkeit des § 670 BGB analog setzt demgemäß voraus, dass sich eine „auftragsimmanente“, nicht notwendig auftragstypische Gefahr realisiert hat. 73

Auf der Rechtsfolgenseite stellt § 670 BGB analog keinen Schadenersatzanspruch mit dem Umfang der §§ 249 ff. BGB dar. Eine Totalreparation des entstandenen Schadens ist demgemäß weder geboten noch vom Telos der Norm gedeckt. Es kann somit im Einzelfall unbillig sein, dem Geschädigten vollen Ersatz des erlittenen Schadens zuzusprechen.[158] 74

Keinen Aufwendungsersatzanspruch haben Eltern, die ihre minderjährigen Kinder zu Sportveranstaltungen eines Amateursportvereins fahren. Es handelt sich insoweit um eine reine Gefälligkeit.[159] 74a

F. Möglichkeiten der Haftungsreduzierung

Ob der zahlreichen Haftungsrisiken, denen sich Verein und Handelnde ausgesetzt sehen, stellt sich die Frage, welche Möglichkeiten der Haftungsreduzierung bestehen. Einige sollen schlagwortartig benannt werden: 75
- Abschluss von Versicherungen (→ Rn. 76 ff.);
- regelmäßige Überprüfung und ggf. Anpassung der Vereinsorganisation an bestehende oder neu erkannte Risiken;
- Ausschluss der Haftung gegenüber Vereinsmitgliedern in der Satzung/den Ordnungen des Vereins, zB Übertragung der Streupflicht als Ausprägung der Verkehrssicherungspflicht auf die Vereinsmitglieder in einer „Gartenordnung“;[160]
- Zusammenarbeit mit sachkundigen Beratern, vor allem in Rechts- und Steuerfragen;[161]
- Auslagerung risikobehafteter Geschäftsbereiche auf Zweckbetriebe;
- Risikominimierung durch die satzungsgemäße Bildung von Vorstandsressorts;
- Eintragung in das Vereinsregister eines nicht eingetragenen Vereins.

---

156 NJW-RR 1989, 96.
157 Hierzu Soergel/*Martinek* BGB § 670 Rn. 25 f.
158 Hierzu Soergel/*Martinek* BGB § 670 Rn. 28.
159 BGH NJW 2015, 2282 mit krit. Anm. *Singbart/Zintl.*
160 Hierzu näher OLG Schleswig ZStV 2010, 61.
161 OLG Stuttgart NZG 2010, 141.

G. Versicherungsfragen

76 Neben der Möglichkeit, die Haftung des Vereins oder seiner Organe durch Vereinbarungen mit Dritten und/oder organisatorischen Maßnahmen zu begrenzen (→ Rn. 75), stellt sich die Frage, ob und in welchem Umfang Versicherungsschutz erlangt werden kann.

I. Pflichtversicherungen

77 Ist ein Verein **Halter eines Kraftfahrzeugs,** besteht eine Versicherungspflicht für eine Kfz-Haftpflichtversicherung nach § 1 PflVG. Der unterlassene Abschluss einer solchen Versicherung ist nach § 6 PflVG strafbewehrt. Für die Versicherungsgesellschaften besteht Kontrahierungszwang (§ 5 PflVG). Entsprechendes gilt, wenn der Verein **Halter eines Luftfahrzeugs** ist. Die Versicherungspflicht ergibt sich hierbei aus § 43 Abs. 2 LuftVG. Da nach § 1 Abs. 1 LuftVG unter anderem auch Segelflugzeuge, Motorsegler, Frei- und Fesselballone, Rettungsfallschirme, Flugmodelle und Luftsportgeräte zu den Luftfahrzeugen zählen, kommt vielfach bei entsprechenden Sportvereinen eine Haltereigenschaft mit Versicherungspflicht in Betracht.

78 Die **Beschäftigung von Arbeitnehmern** begründet eine Pflichtmitgliedschaft in der gesetzlichen Kranken-, Pflege-, Renten-, Unfall- und Arbeitslosenversicherung, soweit sich nicht aus den Bestimmungen über geringfügige Beschäftigungen Besonderheiten ergeben (vgl. zum Ganzen ausführlich → § 15 Rn. 191 ff.).

79 Von besonderer Bedeutung ist die Mitgliedschaft in der gesetzlichen Unfallversicherung. Sportvereine sind Unternehmer iSd gesetzlichen Unfallversicherung, § 136 Abs. 3 SGB VII. Pflichtversichert sind demgemäß nach § 2 Abs. 1 Nr. 1 SGB VII alle Beschäftigten eines Vereins. Hierzu zählen die Geschäftsführer, die Mitarbeiter der Geschäftsstelle sowie entgeltlich tätige Übungsleiter. Ob jemand Beschäftigter ist, ergibt sich für alle Zweige der Sozialversicherung aus § 7 SGB IV.

80 Auch für **beschäftigtenähnliche Personen** besteht nach § 2 Abs. 2 SGB VII Versicherungsschutz. Hierbei handelt es sich um Personen, die für den Verein Tätigkeiten verrichten, die über den laufenden Vereinsbetrieb hinausgehen. Sie können durchaus Mitglied des Vereins sein, müssen aber in einer Weise für diesen tätig werden, die über das laufende Mitgliedsverhältnis hinausgeht. Hieran fehlt es insbesondere, wenn die betroffene Person lediglich Pflichten erfüllt, die sich aus der Satzung ergeben, die durch einen Beschluss der Mitgliederversammlung oder des Vorstands festgelegt wurden oder die allgemeiner Vereinsübung entsprechen.

81 Der **Vorstand** eines Vereins ist Vertreter des „Unternehmens" Verein. Seine Mitglieder sind demgemäß weder Beschäftigte noch beschäftigtenähnlich tätig. Für sie besteht damit grundsätzlich kein Versicherungsschutz in der gesetzlichen Unfallversicherung. Hiervon gibt es folgende Ausnahme: Erleidet der Vorstand auf dem eigenen Vereinsgelände einen Unfall und steht dieser rechtlich wesentlich im Zusammenhang mit der Vorstandstätigkeit (zB Teilnahme an Vorstandssitzungen oder Mitgliederversammlungen), besteht insoweit Versicherungsschutz. Dieser beginnt jedoch erst mit dem Erreichen des Vereinsgeländes und erstreckt sich nicht auf Wege zu und vom Vereinsgelände.

82 Seit dem 1.1.2005 besteht zudem die Möglichkeit einer freiwilligen Ehrenamtsversicherung bei der **Verwaltungsberufsgenossenschaft (VBG)** als Trägerin der gesetzlichen Unfallversicherung nach § 6 Abs. 1 Nr. 3 SGB VII, wenn es sich um gewählte oder beauftragte Ehrenamtsträger in gemeinnützigen Einrichtungen, also auch in entsprechenden Vereinen, handelt. Diese freiwillige Versicherung kommt etwa für Vorstandsmitglieder, aber auch (unentgeltlich tätige) Übungsleiter oder Schiedsrichter in Betracht. Sportler eines Sportvereins sind nur versichert, wenn sie entgeltlich tätig sind. Bei Sportverletzungen

stellt sich zudem regelmäßig die Frage, ob überhaupt ein Unfall iSd § 178 Abs. 2 S. 1 VVG oder Nr. 1.3 AUB 2010 vorliegt.[162]

II. Freiwillige Versicherungen

Wegen der nicht unerheblichen Haftungsrisiken sowie der Unzulänglichkeiten gesetzlichen Versicherungsschutzes (→ Rn. 77 ff.) empfiehlt sich regelmäßig der Abschluss freiwilliger privater Versicherungen. Hierzu zählen insbesondere: 83

- Kfz-Zusatzhaftpflichtversicherungen;
- Haftpflichtversicherungen für Gebäude- und Sportstätten oder speziell für einzelne Veranstaltungen;
- Inhaltsversicherungen;
- Veranstalterhaftpflichtversicherungen;
- Rechtschutzversicherungen;
- Unfallversicherungen;
- Krankenzusatzversicherungen;
- Bauversicherungen;
- Vermögenschadenhaftpflichtversicherungen sowie
- Vertrauensschadenversicherungen.

Namentlich die Vermögenschadenhaftpflichtversicherung hat seit den 1990er Jahren an Bedeutung gewonnen. Sie ist bekannt geworden unter dem englischen Begriff der **D&O-Versicherung.**[163] Auch wenn sie für Unternehmensleiter und Aufsichtsräte die größere Bedeutung hat, spielt sie auch bei Vereinen eine zunehmende Rolle. Es handelt sich hierbei um eine durch den Verein abgeschlossene Haftpflichtversicherung für Vermögensschäden gegenüber Dritten nach §§ 110 ff. VVG in Gestalt der Versicherung für fremde Rechnung (§§ 43 ff. VVG).[164] Zweckmäßig ist ein Deckungsschutz sowohl im Falle der Außenhaftung (Inanspruchnahme eines Repräsentanten durch einen Dritten) als auch im Falle der Innenhaftung (Inanspruchnahme des Repräsentanten durch den Verein wegen einer Schädigung). Die Übernahme der Versicherungsprämien für eine derartige Versicherung durch den Verein führt wohl nicht zu steuerpflichtigen Einnahmen auf der Seite des Repräsentanten.[165] 84

Im Einzelfall mag auch eine **Vertrauensschadensversicherung** durch Vereine sinnvoll sein. Ersetzt werden insoweit Schäden, die dem Vermögen des Vereins durch Vertrauenspersonen, wie Vorstandsmitglieder infolge schuldhafter, auf Vorsatz beruhender, jedenfalls aber wissentlicher Pflichtverletzung zugefügt werden (zB Unterschlagung, Untreue, Diebstahl, Betrug). 85

Ob ein **Vorstandsmitglied eine private Haftpflichtversicherung** für den Fall unterhält, dass es vom Verein als Gesamtschuldner in Anspruch genommen wird, ist nach Lage des Einzelfalls zu entscheiden. In jedem Fall dürften die üblichen privaten Haftpflichtversicherungen Ausschlussklauseln für Gefahren aus einem Ehrenamt enthalten. Zudem ist darauf zu achten, dass eine grob fahrlässige Pflichtverletzung keinen Ausschluss begründet, weil die Versicherung andernfalls leer liefe, zumal bei einfacher Fahrlässigkeit schon nach § 31a Abs. 2 BGB ein Freistellungsanspruch gegenüber dem Verein besteht.[166] 86

---

[162] Hierzu eingehend *Heermann* NJW 2012, 3400.
[163] Directors and Officers Versicherung.
[164] *Graf von Westphalen* DB 2005, 431.
[165] Hierzu eingehend *Loritz/Wagner* DStR 2012, 2205.
[166] Hierzu *Ehlers* NJW 2011, 2689 (2691).

§ 13. Umwandlungen; Auflösung; sonstige Beendigungsgründe

Übersicht

Schrifttum:

Handbücher, Kommentare und Monographien: *Deutsches Notarinstitut,* Gutachten zum Umwandlungsrecht, 1996/97; *Bayer,* Die liquidationslose Fortsetzung rechtsfähiger Idealvereine, 1984; *Drobnig/Becker/Remien,* Verschmelzung und Koordinierung von Verbänden, 1991; *Fuhrmann,* Ausgliederung der Berufsfußballabteilungen auf eine AG, GmbH oder eG?, 1999; *Katschinski,* Die Verschmelzung von Vereinen, 1999; *Limmer* (Hrsg.), Handbuch der Unternehmensumwandlung, 6. Aufl. 2019; *Lutter* (Hrsg.), Kölner Umwandlungsrechtstage: Verschmelzung, Spaltung, Formwechsel, 1995; *Maulbetsch/Klumpp/Rose* (Hrsg.), Heidelberger Kommentar Umwandlungsgesetz, 2. Aufl. 2017 (zit.: HK-UmwG/*Bearbeiter*); *Sagasser/Bula/Brünger* (Hrsg.), Umwandlungen, 5. Aufl. 2017, *K. Schmidt,* Verbandszweck und Rechtsfähigkeit im Vereinsrecht, 1984; *Stolte,* Der Verzicht auf die Rechtsfähigkeit beim eingetragenen Verein, 1984; *Stoltenberg,* Bestand, Umwandlung und Verschmelzung konzessionierter Vereine, 1989; *Wesiack,* Europäisches Internationales Vereinsrecht, 2011.

Aufsätze: *Alte/Mailänder,* Vereinsrecht und Profisport: Kommt nach der Ausgliederungs- nun die Verschmelzungswelle?, npoR 2017, 244; *Arnold,* Grenzüberschreitende Satzungssitzverlegung von Vereinen? Anmerkung zu OLG Zweibrücken, Beschluss vom 27.9.2005, GPR 2007, 235; *Ballerstedt,* Mitgliedschaft und Vermögen beim rechtsfähigen Verein, FS Knur 1972, 1; *Behme,* Der grenzüberschreitende Formwechsel von Gesellschaften nach Cartesio und Vale, NZG 2012, 936; *Behrens,* Grenzüberschreitende Sitzverlegung eines Idealvereins in der EG, Anmerkung zu OLG Zweibrücken, Beschluss vom 27.9.2005, ZEuP 2007, 324; *Bettenburg/Hunnius,* Formwechselnde Umwandlung eines eingetragenen Vereins in eine GmbH, ZStV 2011, 230; *Böhringer,* Die Fusion von Vereinen aus rechtlicher Sicht, BWNotZ 1990, 5; *Böttcher,* Die Beendigung des rechtsfähigen Vereins, Rpfleger 1988, 169; *Ebenroth/Auer,* Sitzverlegung ins Ausland, Anmerkung zu BayObLG, Beschluss vom 7.5.1992, DNotZ 1993, 191; *Eichler,* Der eingetragene Verein – Praxisprobleme des Registerrechts, Rpfleger 2004, 196; *Forsthoff,* Die Bedeutung der Rechtsprechung des EuGH zur Mobilität von Gesellschaften über das Gesellschaftsrecht hinaus, EuZW 2015, 248; *Franz,* Grenzüberschreitende Sitzverlegung und Niederlassungsfreiheit – eine systematische Betrachtung offener und geklärter Fragen, EuZW 2016, 930; *Funnemann,* Ausgliederung von Zweckbetrieben, DStR 2002, 2013; *Grziwotz,* Die Liquidation von Kapitalgesellschaften, Genossenschaft und Vereinen, DStR 1992, 1404; *Habel/Strieder,* Ist die Kommanditgesellschaft auf Aktien eine geeignete Rechtsform für einen Börsengang von Vereinen der Fußball-Bundesliga?, NZG 1998, 929; *Hadding/Hennrichs,* Zur Verschmelzung unter Beteiligung rechtsfähiger Vereine nach dem neuen Umwandlungsgesetz, FS Boujong 1996, 209; *Hager,* Die Verschmelzung von eingetragenen Vereinen miteinander aus notarieller Sicht, RNotZ 2011, 565; *Heckschen/Strnad,* Gesellschaftsrecht – Aktuelle Entwicklungen, notar 2019, 406; *Heermann,* Die Ausgliederung von Vereinen auf Kapitalgesellschaften, ZIP 1998, 1249; *Heinze,* Umstrukturierungen bei gemeinnützigen Vereinen und Stiftungen, notar 2019, 399; *Herrler,* Ermöglichung grenzüberschreitender Verschmelzungen von Kapitalgesellschaften durch Änderung des Umwandlungsgesetzes, EuZW 2007, 295; *Hersch,* Verschmelzung von Versicherungsvereinen auf Gegenseitigkeit nach dem Umwandlungsgesetz, NZG 2016, 611; *Hofmeister,* Zivilrechtliche Sanktion bei unrechtmäßig eingetragenen Wirtschaftsvereinen – Durchgriffshaftung und/oder wettbewerbsrechtliche Abmahnung, ZIP 2009, 161; *Kolhosser,* Der Verzicht des rechtsfähigen Vereins auf seine Rechtsfähigkeit, ZIP 1984, 1434; *Lettl,* Der vermögensrechtliche Zuweisungsgehalt der Mitgliedschaft beim Ideal-Verein, AcP 203 (2003), 149; *ders.,* Wirtschaftliche Betätigung und Umstrukturierung von Idealvereinen, DB 2000, 1449; *Linke,* Gesetz zur Umsetzung der Digitalisierungsrichtlinie (DiRUG) Analyse des Regierungsentwurfs, NZG 2021, 309; *Lutz,* Formwechsel eines eingetragenen Vereins in eine GmbH, BWNotZ 2013, 106; *Mayer,* Die

Umstrukturierung von Bundesligavereinen zur Vorbereitung des Börsengangs, FS Widmann 2000, 67; *Nentwig,* Verschmelzungsfähigkeit eines eingetragenen gemeinnützigen Vereins, GWR 2019, 325; *Neumayer/Schulz,* Die Verschmelzung von rechtsfähigen Vereinen, DStR 1996, 872; *Oetker,* Der Wandel vom Ideal- zum Wirtschaftsverein, NJW 1991, 385; *v. Proff,* Grenzüberschreitende Gemeinnützigkeit nach dem Persche-Urteil des EuGH, IStR 2009, 371; *Punte,* Die Verschmelzung von (Fußball-) Vereinen, SpuRT 2018, 107; *Raupach/Böckstiegel,* Umwandlungen bei der Rechtsformwahl gemeinnütziger Organisationen, FS Widmann 2000, 459; *Reymann,* Die Vertretungsbefugnis der Liquidatoren bei der GmbH, GmbHR 2009, 176; *Schäfer,* Der Verzicht auf die Rechtsfähigkeit des eingetragenen Vereins, RNotZ 2008, 22; *Schiffer,* Aktuelles Beratungs-Know-how Gemeinnützigkeits- und Stiftungsrecht, DStR 2005, 508; *K. Schmidt,* Zur Amtslöschung unrechtmäßig eingetragener Wirtschaftsvereine – Plädoyer für eine Besinnung auf das Registerrecht, NJW 1993, 1225; *Schneider/May,* Wege des Zusammenschlusses von (Sport-) Vereinen – Verschmelzung, Spaltung oder Fusion, Teil 1, SpuRT 2013, 99 und Teil 2, SpuRT 2013, 149; *Schön,* Das System der gesellschaftsrechtlichen Niederlassungsfreiheit nach VALE, ZGR 2013, 333; *Schöpflin,* Neuerungen im Vereinsrecht, Rpfleger 2010, 349; *Schröder,* Ausgliederungen aus gemeinnützigen Organisationen auf gemeinnützige und steuerpflichtige Kapitalgesellschaften, DStR 2001, 1415; *Schulte,* Möglichkeiten der Umwandlung rechtsfähiger Vereine, ZStV 2018, 189; *Schwenn,* Praxisleitfaden zum Formwechsel eines eingetragenen Vereins in eine gemeinnützige GmbH, npoR 2017, 192; *Schwenn/Blacher,* Virtuelle Mitgliederversammlungen und Gremiensitzungen von Vereinen und Stiftungen – ein Praxisleitfaden, npoR 2020, 154; *Segna,* Bundesligavereine und Börse, ZIP 1997, 1901; *ders.,* Neuerungen für Vereine und Stiftungen durch das COVID-19-Pandemie-Gesetz 2020, npoR 2020, 148; *Seltmann,* Rechtsfolgen der wirtschaftlichen Betätigung von Idealvereinen, DStR 2008, 1443; *Singer,* Die Zusammenlegung eingetragener Vereine – ein Modell für die Zukunft?, NWB 2019, 3160; *Steinbeck/Menke,* Bundesliga an die Börse, NJW 1998, 2169; *Stobbe,* Die Ausgliederung von Tätigkeiten aus dem ideellen Bereich steuerbegünstigter Körperschaften, DStZ 1996, 298; *Terner,* Vereinsrecht in der notariellen Praxis, ZNotP 2009, 132 und ZNotP 2009, 222; *Thölke,* Die Umwandlung eines gemeinnützigen Vereins in eine Stiftung – Regelungsbedarf und Regelungsmöglichkeiten de lege ferenda, npoR 2017, 54; *Tönnes/Wewel,* Ausgliederung wirtschaftlicher Geschäftsbetriebe durch steuerbefreite Einrichtungen, DStR 1998, 274; *Voigt de Oliveira/Becker,* Können Vereine stiften gehen? Ein Beitrag zur Umstrukturierung eines eingetragenen Vereins in eine rechtsfähige Stiftung des bürgerlichen Rechts, DStR 2013, 2554; *Wachter,* Unerwartete Hindernisse bei der Verschmelzung von Vereinen, npoR 2020, 283; *Wälzholz,* Die Vertretung der GmbH im Liquidationsstadium, GmbHR 2002, 305; *Wagner,* Bundesliga Going Public: Traumpaß oder Eigentor, NZG 1999, 469; *Weber,* Die Mitgliederversammlung des Vereins in Zeiten der Pandemie Vereinsrechtliche Änderungen ab dem 28.2.2021, npoR 2021, 99; *Weidlich/Föppe,* Gestaltungs- und Kooperationsmodelle für Vereine und Stiftungen in der Praxis, npoR 2015, 186; *Weller/Rentsch,* Die Kombinationslehre beim grenzüberschreitenden Rechtsformwechsel – Neue Impulse durch das Europarecht, IPrax 2013, 530; *Wentzel,* Auswirkungen des Insolvenzverfahrens auf das Vereinsregister, Rpfleger 2004, 334; *Wiedemann/Thüsing,* Gewerkschaftsfusionen nach dem Umwandlungsgesetz, WM 1999, 2237 und WM 1999, 2277; *Wilms,* Glaubensgemeinschaften als Körperschaften des öffentlichen Rechts, NJW 2003, 1083; *Wolf,* Ausgliederung von Fußballlizenzspielerabteilungen in der Regionalliga, SpuRT 2020, 226; *Wolff,* „Kirchenaustritt" religiöser Vereine – Freiheit, Bindung und die Reichweite der Vereinsautonomie, NZG 2009, 1217.

A. Umwandlungen

I. Allgemeines

1 Ebenso wie für andere Rechtsträger kann sich auch für Vereine ein Bedürfnis nach Umstrukturierungen ergeben.[1] Der Gesetzgeber hat dieses Bedürfnis grundsätzlich anerkannt und ermöglicht es Vereinen, sich an Umwandlungen nach dem Umwandlungsgesetz zu beteiligen. Es stehen ihnen die Umwandlungsarten **Verschmelzung, Spaltung** und **Formwechsel** zur Verfügung. Allerdings bleiben die Umwandlungsmöglichkeiten für Vereine hinter denen zurück, die zB für Personen- und Kapitalgesellschaften bestehen (siehe §§ 3, 99, 272 UmwG). **Beschränkungen** gelten insbesondere für Umwandlungen zwischen **Idealvereinen** und Rechtsträgern, die typischerweise kommerziell tätig sind (zB Personen- und Kapitalgesellschaften; → Rn. 8). Der Gesetzgeber wollte hierdurch die ideelle Zweckbestimmung eingetragener Vereine (§ 21 BGB) vor „Verwässerung" schützen.[2] Die

[1] Bspw. die Verschmelzung mehrerer Einzelgewerkschaften zur Vereinten Dienstleistungsgewerkschaft ver.di e.V.; Verschmelzung der Partei Arbeit & soziale Gerechtigkeit – Die Wahlalternative e.V. (WASG) auf die Linkspartei e.V. jetzt: DIE LINKE e.V.; Ausgliederungen im Bereich der Fußballbundesligavereine, siehe hierzu *Wolf* SpuRT 2020, 226; zu weiteren Beispielen vgl. *Hager* RNotZ 2011, 565; zu Umwandlungen im Vereinsbereich siehe auch *Punte* SpuRT 2018, 107 sowie *Schulte* ZStV 2018, 189.

[2] Widmann/Mayer/*Vossius* UmwG § 99 Rn. 4, 42; Semler/Stengel/Leonard/*Katschinski* UmwG § 99 Rn. 31.

Umwandlungsbeschränkungen für **wirtschaftliche Vereine** (§ 22 BGB; → Rn. 13) hingegen beruhen darauf, dass diese vom Gesetzgeber aus rechtspolitischen Gründen nur ausnahmsweise als geeignete Unternehmensträger angesehen werden.[3] Ihnen soll es daher verwehrt bleiben, durch Umwandlungsmaßnahmen ihre wirtschaftliche Bedeutung zu stärken.[4] Das Umwandlungsgesetz bietet *de lege lata* keine Möglichkeit, einen Verein in eine Stiftung (§ 80 BGB) umzuwandeln.[5] Denn gem. §§ 124 Abs. 1, 161 ff. UmwG kann eine Stiftung nur als übertragender Rechtsträger ein von ihr betriebenes Unternehmen oder einen Unternehmensteil ausgliedern. Weitere Umwandlungsmöglichkeiten nach dem UmwG bestehen für Stiftungen nicht. Daher bleibt nur eine Umstrukturierung gemäß den allgemeinen Vorschriften (→ Rn. 229a).

2 Soweit Umwandlungsmöglichkeiten nach dem Umwandlungsgesetz bestehen, gelten neben den eher punktuellen vereinsspezifischen Regelungen (§§ 99–104a, 149, 272–290 UmwG) nach der sog. **Verweisungs- oder Baukastentechnik** des Umwandlungsgesetzes ergänzend die allgemeinen Regelungen zur jeweiligen Umwandlungsart (§§ 2 ff., 123 ff., 190 ff. UmwG) sowie ggf. die Gründungsvorschriften für den im Zuge der Umwandlung neu entstehenden Rechtsträger (§§ 36 Abs. 2, 135 Abs. 2, 197 UmwG).

3 Durch das Umwandlungsgesetz nicht ausgeschlossen werden **Umstrukturierungen** und Rechtsformänderungen nach den **allgemeinen Vorschriften** (→ Rn. 222 ff.). Stets sollten also bei einer geplanten Umstrukturierung auch die Möglichkeiten außerhalb des Umwandlungsgesetzes im Blick behalten werden.

II. Verschmelzung

1. Allgemeines

4 Durch eine **Verschmelzung** nach dem Umwandlungsgesetz kann das Vermögen eines Vereins im Wege der **Gesamtrechtsnachfolge** auf einen anderen Rechtsträger übertragen werden (§ 20 Abs. 1 Nr. 1 UmwG). Die Verschmelzung führt hierbei zur liquidationslosen Vollbeendigung (Erlöschen) des übertragenden Vereins (§ 20 Abs. 1 Nr. 2 UmwG). Die Vereinsmitglieder werden kraft Gesetzes zu Mitgliedern bzw. Anteilsinhabern des übernehmenden Rechtsträgers (§ 20 Abs. 1 Nr. 3 UmwG).

5 Für die **Verschmelzung von Vereinen** gelten die besonderen Regelungen gem. §§ 99–104a UmwG. Ergänzend hierzu bleiben die allgemeinen Verschmelzungsvorschriften (§§ 2–38 UmwG) anwendbar. Bei sog. **Mischverschmelzungen,** also Verschmelzungen, an denen sich neben dem Verein auch noch Rechtsträger anderer Rechtsform beteiligen, sind ferner deren jeweilige rechtsformspezifische Regelungen zu beachten (zB §§ 39 ff., 46 ff., 60 ff. UmwG).

2. Verschmelzungsfähigkeit von Vereinen

6 **a) Rechtsfähigkeit.** Verschmelzungsfähig sind nur **rechtsfähige Vereine** mit Sitz im Inland (§§ 1, 3, 99 UmwG). Der Begriff des rechtsfähigen Vereins im Umwandlungsrecht entspricht hierbei dem des bürgerlichen Rechts und ist als Oberbegriff **für eingetragene Vereine** iSd § 21 BGB (→ § 4 Rn. 2 ff.) und **wirtschaftliche Vereine** iSd § 22 BGB (→ § 3 Rn. 7 ff.; → § 4 Rn. 182 ff.) zu verstehen.[6] Nicht verschmelzungsfähig ist der nicht rechtsfähige Verein iSd § 54 BGB (→ Rn. 18).

[3] BR-Drs. 75/94, 81; Schmitt/Hörtnagl/*Hörtnagl/Ollech* UmwG § 99 Rn. 3.

[4] BR-Drs. 75/94, 81; Semler/Stengel/Leonard/*Katschinski* UmwG § 99 Rn. 37; Lutter/*Hennrichs* UmwG § 99 Rn. 20.

[5] Siehe hierzu sowie zu möglichen Umstrukturierungen außerhalb des Umwandlungsgesetzes: *Voigt de Oliveira/Becker* DStR 2013, 2554; *Bettenburg/Hunnius* ZStV 2011, 230; *Weidlich/Föppe* npoR 2015, 186; für die Schaffung einer solchen Möglichkeit de lege ferenda *Thölke* npoR 2017, 54 und auch *Heinze* notar 2019, 399.

[6] Semler/Stengel/Leonard/*Katschinski* UmwG § 99 Rn. 40; Widmann/Mayer/*Vossius* UmwG § 99 Rn. 9; Lutter/*Hennrichs* UmwG § 99 Rn. 3.

b) Eingetragene Vereine (§ 21 BGB). Gemäß § 3 Abs. 1 Nr. 4 UmwG kann sich ein **eingetragener Verein** (§ 21 BGB) an Verschmelzungen grundsätzlich als **übertragender, übernehmender** oder – bei Verschmelzungen zur Neugründung – auch als **neuer Rechtsträger** beteiligen. Keine Einschränkungen ergeben sich bei sog. **reinen (Ideal-) Vereinsverschmelzungen,** dh Verschmelzungen unter ausschließlicher Beteiligung eingetragener Vereine. Wollen also zwei eingetragene Vereine miteinander fusionieren, so kann dies auf zweierlei Weise geschehen. Entweder ein Verein wird zur Aufnahme auf den anderen Verein verschmolzen, oder die beiden Vereine verschmelzen miteinander zur Gründung eines neuen Vereins. Eine Verschmelzung der Vereine zur Neugründung *(merger of equals)* kann von den Beteiligten unter Umständen bevorzugt werden, um so den Eindruck zu vermeiden, ein Verein habe den anderen „übernommen".[7] 7

Beispiel:

Die Sportvereine A e.V. und B e.V. erwägen aufgrund rückläufiger Mitgliederzahlen und steigender Verwaltungskosten eine Zusammenlegung der Vereinsaktivitäten, und zwar in einem gemeinsamen Verein. In Betracht kommt sowohl die Verschmelzung eines Vereins auf den anderen zur Aufnahme (§§ 99 ff., 2 ff. UmwG) als auch die Verschmelzung der beiden Vereine zur Gründung eines neuen Vereins (§§ 99 ff., 36 ff., 2 ff. UmwG).

Mischverschmelzungen, also Verschmelzungsvorgänge, an denen sich außer dem eingetragenen Verein noch Rechtsträger anderer Rechtsform (zB GmbH, AG) beteiligen, sind hingegen **nicht unbeschränkt zulässig** (§ 99 Abs. 2 UmwG). Ein eingetragener Verein darf im Rahmen einer Verschmelzung Rechtsträger anderer Rechtsform nicht aufnehmen und darf durch eine Verschmelzung anderer Rechtsträger auch nicht neu gegründet werden. Der **verschmelzungsrechtliche Weg** aus anderen Rechtsträgern **in den eingetragenen Verein** ist also **ausgeschlossen.** Diese Verschmelzungsbeschränkung dient dem grundsätzlich billigenswerten Ziel, die ideelle Zweckbestimmung des eingetragenen Vereins nicht durch Übernahme gewerblich tätiger Rechtsträger zu gefährden.[8] Ausgeschlossen sind durch § 99 Abs. 2 UmwG jedoch auch solche Verschmelzungen, die die ideelle Zweckbindung des Vereins gar nicht tangieren. 8

Beispiel:

Ein gemeinnütziger Verein (e.V.) hatte als Alleingesellschafter eine ebenfalls gemeinnützige GmbH („gGmbH"[9]) gegründet. Zur Verwaltungsvereinfachung soll das Vermögen der GmbH mit allen Aktiva und Passiva in das Vereinsvermögen überführt werden. Eine Verschmelzung der GmbH auf den e.V. nach dem Umwandlungsgesetz scheidet aus, da insoweit § 99 Abs. 2 UmwG entgegensteht.

An § 99 Abs. 2 UmwG scheitern ferner Verschmelzungen, für die durchaus ein anerkennenswertes praktisches Bedürfnis bestehen kann. Hat der Idealverein etwa einen Teilbereich seines Vermögens, insbesondere einen wirtschaftlichen Geschäftsbetrieb, auf ein Tochterunternehmen in der Rechtsform einer Kapitalgesellschaft ausgegliedert, kann dieses nicht durch einen sog. *upstream merger* wieder in das Vereinsvermögen zurückgeführt werden. Es bleibt nur die Auflösung und Liquidation der Tochtergesellschaft nach den allgemeinen Vorschriften, dh in der Regel unter Einhaltung des Sperrjahres (§ 73 Abs. 1 GmbHG, § 272 Abs. 1 AktG). 9

[7] BeckOF-V/*Schervier* 7.13.3.4 Anm. 1.
[8] Semler/Stengel/Leonard/*Katschinski* UmwG § 99 Rn. 31; Widmann/Mayer/*Vossius* UmwG § 99 Rn. 42.
[9] Vgl. nunmehr § 4 S. 2 GmbHG; ablehnend zu dieser Firmierung nach früherer Rechtslage: OLG München DNotZ 2007, 148 (Verstoß gegen § 4 GmbHG aF); *Krafka* RegisterR-HdB Rn. 229.

Beispiel:

Ein Sportverein (e.V.) hatte seine Fußball-Lizenzspielerabteilung auf eine Tochter-AG ausgegliedert. Nach dauerhafter Erfolglosigkeit und Abstieg in die Regionalliga gibt es keine Lizenzspielerabteilung mehr. Daher soll die Aktiengesellschaft bzw. deren Vermögen unter Wegfall ihrer Eigenständigkeit wieder in den Verein integriert werden. Auf umwandlungsrechtlichem Wege kann die Ausgliederung nicht wieder „rückgängig" gemacht werden, da gem. § 99 Abs. 2 UmwG eine Verschmelzung der AG auf den e.V. nicht zulässig ist.[10]

10 Grundsätzlich möglich ist hingegen die Verschmelzung eines **eingetragenen Vereins** auf einen **anderen verschmelzungsfähigen Rechtsträger** iSd § 3 UmwG, insbesondere also auf Personenhandels- und Kapitalgesellschaften sowie eingetragene Genossenschaften (§ 3 Abs. 1 Nr. 1–3 UmwG).[11] Zu beachten sind hierbei jedoch die rechtsformspezifischen Verschmelzungsbeschränkungen der anderen Rechtsträger. Unzulässig ist daher die Verschmelzung eines eingetragenen Vereins auf einen wirtschaftlichen Verein (§ 22 BGB), da letzterer gem. § 3 Abs. 2 Nr. 1 UmwG nur übertragender, nicht jedoch übernehmender Rechtsträger sein kann. Weitere Einschränkungen ergeben sich zB gem. § 105 UmwG für genossenschaftliche Prüfungsverbände, auch wenn diese als eingetragene Vereine (§ 63b Abs. 1 GenG) organisiert sind, sowie für Versicherungsvereine auf Gegenseitigkeit (§ 109 UmwG).[12]

11 Der **eingetragene Verein** hat insbesondere folgende **Verschmelzungsmöglichkeiten:**

1. Verschmelzung zur Aufnahme
e.V. → e.V.
e.V. → oHG/KG
e.V. → GmbH/AG/KGaA/e.G.

2. Verschmelzung zur Neugründung
e.V. + e.V. → e.V.
e.V. + e.V. → oHG/KG/GmbH/AG/KGaA/e.G.
e.V. + oHG/KG/GmbH/AG/KGaA/e.G. → oHG/KG/GmbH/AG/KGaA/e.G.

12 Die Frage, ob ein Verein als Idealverein iSd § 21 BGB anzusehen ist, beurteilt sich im Rahmen des Umwandlungsrechts allein nach seiner **Eintragung im Vereinsregister.** Es ist also im Rahmen einer Verschmelzung insbesondere nicht inzident zu prüfen, ob der eingetragene Verein in Wahrheit einen wirtschaftlichen Zweck verfolgt bzw. die Grenzen des Nebenzweckprivilegs überschreitet (sog. **Rechtsformverfehlung;** → § 6 Rn. 16ff.; → § 4 Rn. 192ff.).[13]

13 **c) Wirtschaftliche Vereine (§ 22 BGB).** Für den **wirtschaftlichen Verein** iSd § 22 BGB (→ § 4 Rn. 182ff.) schränkt bereits die Generalklausel des § 3 Abs. 2 Nr. 1 UmwG die Verschmelzungsfähigkeit stark ein. Er kann bei einer Verschmelzung nur **übertragender Rechtsträger** sein. Eine Verschmelzung auf einen wirtschaftlichen Verein scheidet daher in jedem Fall aus. Bei der Verschmelzung eines wirtschaftlichen Vereins gelten im Übrigen Sondervorschriften hinsichtlich der **Bekanntmachung** und der Registereintra-

---

[10] Diese „Verschmelzungssperre" des § 99 Abs. 2 UmwG übersehen *Alte/Mailänder* npoR 2017, 244 bei ihren Betrachtungen.

[11] Sofern ausnahmsweise die Voraussetzungen des § 45a UmwG vorliegen, kommt auch eine Verschmelzung auf eine Partnerschaftsgesellschaft in Betracht.

[12] Beim VVaG handelt es sich nicht um einen Verein iSd §§ 21, 22 BGB, sondern um eine Rechtsform sui generis; zu den Besonderheiten, die für eine Verschmelzung von VVaG gelten, vgl. *Hersch* NZG 2016, 611.

[13] Arg.: § 395 FamFG als abschl. Sanktion der Rechtsformverfehlung; Semler/Stengel/Leonard/*Katschinski* UmwG § 99 Rn. 32; Schmitt/Hörtnagl//*Winter* UmwG § 3 Rn. 31; Lutter/*Hennrichs* UmwG § 99 Rn. 19; KK-UmwG/*Leuering* § 99 Rn. 3; *Hager* RNotZ 2011, 565 (567); *Singer* NWB 2019, 3160; aA noch *Katschinski* S. 36.

gung der Verschmelzung (§ 104 UmwG), sofern der Verein nicht gem. § 33 HGB im Handelsregister eingetragen ist.[14]

d) Sonstige Fragen. aa) Aufgelöste Vereine. Die Verschmelzung eines Vereins als **übertragender Rechtsträger** ist gem. § 3 Abs. 3 UmwG auch dann noch möglich, wenn er bereits **aufgelöst** wurde und sich im Liquidationsstadium befindet (zur Auflösung → Rn. 230 ff.). Voraussetzung ist jedoch, dass die Fortsetzung des Vereins noch beschlossen werden könnte, der Verein also noch **fortsetzungsfähig** ist (→ Rn. 326 ff.). Ausgeschlossen ist eine Verschmelzung daher jedenfalls, wenn bereits **Vollbeendigung** eingetreten und der Verein damit erloschen ist.[15] Unschädlich ist es hingegen, wenn im Rahmen des Liquidationsverfahrens bereits mit der Verteilung des Vereinsvermögens an die Anfallberechtigten (§§ 45 ff. BGB) begonnen wurde. Die für Kapitalgesellschaften (§ 274 Abs. 1 S. 1 AktG) und Genossenschaften (§ 79a Abs. 1 S. 1 GenG) geltenden Fortsetzungsbeschränkungen sind für den Verein nicht (analog) anwendbar.[16] 14

Beruht die Auflösung des Vereins auf einem **besonderen Grund,** so bedarf es dessen **Beseitigung.**[17] Während eines laufenden **Insolvenzverfahrens** (→ Rn. 346 ff.) besteht die Möglichkeit einer Verschmelzung nur, wenn im Insolvenzplan gem. § 225a Abs. 3 InsO die Fortsetzung des insolventen und damit aufgelösten (§ 42 Abs. 1 S. 1 BGB) Vereins geregelt ist.[18] Ist die Auflösung aufgrund einer entsprechenden **Satzungsklausel** eingetreten (→ Rn. 340 ff.), so bedarf es zunächst deren Änderung oder Aufhebung.[19] Hierbei ist jedoch ausreichend, dass die Satzungsänderung zusammen mit dem Verschmelzungsbeschluss beschlossen und zum Vereinsregister angemeldet wird. Es ist also nicht erforderlich, dass die Satzungsänderung bereits durch Registereintragung vollzogen wurde, bevor der Verschmelzungsvorgang eingeleitet wird (siehe auch → Rn. 26). 15

Bei **Verlust der Rechtsfähigkeit** (zB durch Löschung des e.V. aus dem Vereinsregister gem. § 395 FamFG) scheidet eine Verschmelzung aus, und zwar unabhängig von der Frage, ob der Verein dadurch gleichzeitig aufgelöst wird (→ Rn. 383). Denn in diesem Fall existiert kein rechtsfähiger Verein mehr und damit auch kein verschmelzungsfähiger Rechtsträger iSd §§ 3, 99 UmwG.[20] Gleiches gilt für den Fall, dass dem Verein gem. § 73 BGB die **Rechtsfähigkeit entzogen** wurde. 15a

Jedoch führt das **Absinken der Mitgliederzahl unter drei** *per se* noch nicht zum Verlust der Rechtsfähigkeit; diese tritt vielmehr erst mit dem konstitutiv wirkenden Beschluss gem. § 401 FamFG ein (→ Rn. 385 ff.). Ein e.V. bleibt also auch dann umwandlungsfähig, wenn nur noch zwei oder sogar nur noch ein Mitglied vorhanden sind.[21] Nach richtiger Auffassung scheidet ein Vorgehen des Registergerichts nach § 73 BGB aus, wenn ein Verein, der nur noch ein oder zwei Mitglieder hat, auf einen anderen Rechtsträger verschmolzen wird bzw. eine solche Verschmelzung in Kürze bevorsteht. Denn im Rahmen des § 73 BGB 15b

[14] Vgl. hierzu Semler/Stengel/Leonard/*Katschinski* UmwG § 104 Rn. 1 ff.; Lutter/*Hennrichs* UmwG § 104 Rn. 1 ff.

[15] Semler/Stengel/Leonard/*Katschinski* UmwG § 99 Rn. 45; Widmann/Mayer/*Vossius* UmwG § 99 Rn. 14.

[16] Semler/Stengel/Leonard/*Katschinski* UmwG § 99 Rn. 47; Widmann/Mayer/*Vossius* UmwG § 99 Rn. 16; Widmann/Mayer/*Fronhöfer* UmwG § 3 Rn. 49; *Hadding/Hennrichs* FS Boujong 1996, 203 (207 f.).

[17] Semler/Stengel/Leonard/*Katschinski* UmwG § 99 Rn. 46; Widmann/Mayer/*Vossius* UmwG § 99 Rn. 15.

[18] Semler/Stengel/Leonard/*Katschinski* UmwG § 99 Rn. 46; Widmann/Mayer/*Fronhöfer* UmwG § 3 Rn. 55 ff.

[19] Semler/Stengel/Leonard/*Katschinski* UmwG § 99 Rn. 46.

[20] Widmann/Mayer/*Vossius* UmwG § 99 Rn. 13, 18; Semler/Stengel/Leonard/*Katschinski* UmwG § 99 Rn. 52; *Stöber/Otto* Rn. 1064; KK-UmwG/*Leuering* UmwG § 99 Rn. 12; *Hager* RNotZ 2011, 565 (567).

[21] Zutreffend DNotI-Gutachten Nr. 129477; *Stöber/Otto* Rn. 1186, 1430; dies nehmen auch an: Lutter/*Bayer* UmwG § 274 Rn. 2; KK-UmwG/*Leuering* UmwG § 274 Rn. 6; Semler/Stengel/Leonard/*Katschinski* UmwG § 274 Rn. 4; Schmitt/Hörtnagl/*Hörtnagl/Rinke* UmwG § 274 Rn. 3; BeckOGK/*Reul* UmwG § 274 Rn. 4 – jeweils mit dem Hinweis, dass bei einem formwechselnden Verein mit nur einem Mitglied ein Formwechselbericht gem. § 192 Abs. 2 S. 1 UmwG entbehrlich sei; aA möglicherweise Widmann/Mayer/*Vossius* UmwG § 99 Rn. 14.

ist anerkannt, dass das Registergericht den Entzug der Rechtsfähigkeit unter Verhältnismäßigkeitsgesichtspunkten zurückstellen muss, wenn der Verein glaubhaft macht, dass die Voraussetzungen des § 73 BGB alsbald entfallen werden (zB infolge einer zu erwartenden Erhöhung der Mitgliederzahl; → Rn. 387). Da durch eine Verschmelzung des mitgliedsarmen Vereins auf einen anderen Rechtsträger der von § 73 BGB rechtlich missbilligte Zustand regelmäßig beendet wird, hat das Registergericht von einer Entziehung der Rechtsfähigkeit abzusehen und die Verschmelzung zu vollziehen und kann nicht etwa die Verschmelzung dadurch verhindern, dass es dem Verein zuvor noch die Rechtsfähigkeit entzieht.[22]

16 Bestehen keine besonderen Auflösungsgründe, was insbesondere dann der Fall ist, wenn die Auflösung auf einem **Auflösungsbeschluss** der Mitgliederversammlung beruht, so ist der Verein grundsätzlich fortsetzungs- und damit **verschmelzungsfähig.** Eines ausdrücklichen Beschlusses über die Fortsetzung bedarf es hierbei nicht.[23] Hierfür spricht bereits der Wortlaut des § 3 Abs. 3 UmwG. Im Übrigen enthält der Zustimmungsbeschluss gem. §§ 13, 103 UmwG jedenfalls konkludent auch den Beschluss über die Fortsetzung des Vereins zum Zwecke der Verschmelzung.[24]

17 Ob ein aufgelöster Verein als **übernehmender Rechtsträger** an einer Verschmelzung beteiligt sein kann, wird von § 3 Abs. 3 UmwG nicht geregelt. Die hM entnimmt der Vorschrift in einem Umkehrschluss, dass eine Verschmelzung auf einen aufgelösten Rechtsträger **nicht zulässig** ist, und zwar auch nicht, wenn er noch (abstrakt) fortsetzungsfähig ist.[25] Vor der Verschmelzung muss also erst ein entsprechender Fortsetzungsbeschluss gefasst werden (Reaktivierung).[26] Dieser sollte ausdrücklich gefasst werden.[27] Sofern im Anschluss an die Verschmelzung an der Auflösung des übernehmenden Vereins festgehalten werden soll, so ist hierfür ein (erneuter) Auflösungsbeschluss zu fassen. Veröffentlichungspflichten und Sperrjahr (§§ 50 ff. BGB) sind dann auch (erneut) einzuhalten.[28]

18 **bb) Nicht rechtsfähige Vereine (§ 54 BGB).** Der **nicht rechtsfähige Verein** iSd § 54 BGB ist **nicht verschmelzungsfähig.** Hieran ändert auch die dem nicht rechtsfähigen Verein weithin zuerkannte Rechtsfähigkeit (hierzu ausführlich → § 3 Rn. 14 ff.; → § 4 Rn. 209 ff.) nichts. Das Umwandlungsgesetz knüpft an die Terminologie des BGB an (siehe § 3 UmwG) und lässt nur Verschmelzungen von eingetragenen Vereinen und wirtschaftlichen Vereinen iSd §§ 21, 22 BGB zu.[29] Auch für Parteien und Gewerkschaften, die oftmals aus historischen Gründen als nicht rechtsfähige Vereine organisiert sind, ist hiervon keine Ausnahme zu machen.[30] Soll ein nicht rechtsfähiger Verein verschmolzen werden, so bedarf es zunächst seiner **Eintragung in das Vereinsregister.**[31] Nach Abschluss des Umwandlungsvorgangs kann sodann durch einen Verzicht auf die Rechtsfähigkeit eine identi-

---

[22] So auch DNotI-Gutachten Nr. 129477; anders stellt sich der Fall dar, wenn die Entscheidung über die Entziehung der Rechtsfähigkeit bereits vor Einleitung des Verschmelzungsvorgangs getroffen wurde.

[23] Semler/Stengel/Leonard/*Katschinski* UmwG § 99 Rn. 48; besteht ein Anspruch auf Liquidation, zB aufgrund eines Sonderrechts eines Mitglieds, so ist jedoch dessen Zustimmung erforderlich, vgl. Widmann/Mayer/*Vossius* UmwG § 99 Rn. 23.

[24] Semler/Stengel/Leonard/*Katschinski* UmwG § 99 Rn. 48; KK-UmwG/*Leuering* § 99 Rn. 4.

[25] OLG Naumburg NJW-RR 1998, 178 (für GmbH); Semler/Stengel/Leonard/*Katschinski* UmwG § 99 Rn. 49; Lutter/*Hennrichs* UmwG § 99 Rn. 14b; aA Schmitt/Hörtnagl/*Winter* UmwG § 3 Rn. 47.

[26] Semler/Stengel/Leonard/*Katschinski* UmwG § 99 Rn. 49; KK-UmwG/*Leuering* § 99 Rn. 8; *Stöber/Otto* Rn. 1064; *Hager* RNotZ 2011, 565 (567); *DNotI* Gutachten Umwandlungsrecht S. 10 ff.

[27] Zur Frage, ob im Verschmelzungsbeschluss ein konkludenter Fortsetzungsbeschluss liegt: DNotI-Report 2014, 11; Schmitt/Hörtnagl/*Winter* UmwG § 3 Rn. 48; Kallmeyer/*Marsch-Barner/Oppenhoff* UmwG § 3 Rn. 26.

[28] Siehe hierzu DNotI-Report 2014, 11.

[29] Semler/Stengel/Leonard/*Katschinski* UmwG § 99 Rn. 40; Lutter/*Hennrichs* UmwG § 99 Rn. 3.

[30] BeckOK BGB/*Schöpflin* BGB § 41 Rn. 24; Semler/Stengel/Leonard/*Katschinski* UmwG § 99 Rn. 41, 16, der *de lege ferenda* für eine Erweiterung plädiert.

[31] Semler/Stengel/Leonard/*Katschinski* UmwG § 99 Rn. 42; so zB geschehen bei der Verschmelzung der WASG e.V. auf die Linkspartei e.V.

tätswahrende Rückkehr in die Rechtsform des nicht eingetragenen Vereins erfolgen (→ Rn. 368 ff.).

cc) Vorvereine. Der **Vorverein,** also der noch im Gründungsstadium zwischen Satzungsfeststellung und Registereintragung befindliche Verein, ist nicht verschmelzungsfähig.[32] Der Vorverein ist ein **nicht rechtsfähiger Verein** iSd § 54 BGB (zum Gründungsverfahren ausführlich → § 4 Rn. 2 ff.; zum Vorverein → § 4 Rn. 217 ff.) und als solcher von Umwandlungen nach dem Umwandlungsgesetz ausgeschlossen.[33] Allerdings kann der Vorverein nach richtiger Auffassung bereits den Verschmelzungsvertrag abschließen, und seine Mitgliederversammlung bereits den Verschmelzungsbeschluss fassen. Entscheidend ist nur, dass im maßgeblichen Zeitpunkt der Eintragung der Verschmelzung in das Register des übernehmenden Rechtsträgers (§ 20 Abs. 1 UmwG) ein verschmelzungsfähiger Rechtsträger vorhanden ist. Die Eintragung der Verschmelzung setzt also die vorherige Eintragung des Vereins im Vereinsregister voraus.[34] 19

dd) Ausländische Vereine. Für **ausländische Vereine,** dh solche mit Sitz im Ausland, bestehen **keine Verschmelzungsmöglichkeiten** nach dem Umwandlungsgesetz. Sie sind mangels inländischem Sitz (§ 1 Abs. 1 UmwG) von sämtlichen Umwandlungsvorgängen nach dem Umwandlungsgesetz ausgeschlossen. Inwieweit dies auch für **Vereine mit Sitz innerhalb der EU** gilt, ist umstritten.[35] Nach hier vertretener Ansicht gelten die §§ 122a ff. UmwG nur für Kapitalgesellschaften und können auf Vereine nicht (analog) angewandt werden (siehe hierzu jedoch auch → Rn. 20a ff.).[36] Jedenfalls für **Idealvereine,** die **keinen Erwerbszweck** verfolgen, stellt dies auch keinen Verstoß gegen das europäische Primärrecht dar. Denn Art. 54 Abs. 2 AEUV nimmt juristische Personen des Privatrechts ohne wirtschaftlichen Erwerbszweck vom Anwendungsbereich der **Niederlassungsfreiheit** (Art. 49–55 AEUV) aus (vgl. jedoch auch → § 19 Rn. 53).[37] Daher bleiben ausländische Vereine mit ideeller Zwecksetzung, und zwar auch solche mit Sitz innerhalb der EU, von Umwandlungsvorgängen nach dem Umwandlungsgesetz generell ausgeschlossen (vgl. jedoch auch → § 19 Rn. 55).[38] Etwas anderes kann nur insofern gelten, als der fragliche Verein wirtschaftlich tätig ist (→ Rn. 364a). 20

Nach **anderer Ansicht** sollen **Vereinen aus dem EU-Ausland** bei grenzüberschreitenden Umwandlungsvorgängen und Sitzverlegungen im Ergebnis (annähernd) die gleichen **Grundfreiheiten zukommen** wie Kapitalgesellschaften. So wird zT eine generelle – oder jedenfalls weitreichende – unmittelbare Geltung der Niederlassungsfreiheit (Art. 49–55 AEUV) auch für Vereine angenommen[39] bzw. ihnen zugestanden, sich im 20a

[32] *Stöber/Otto* Rn. 1064; Semler/Stengel/Leonard/*Katschinski* UmwG § 99 Rn. 53.

[33] Widmann/Mayer/*Vossius* UmwG § 99 Rn. 19; iErg ebenso Semler/Stengel/Leonard/*Katschinski* UmwG § 99 Rn. 53; vgl. zum Vorverein als nicht rechtsfähigem Verein MüKoBGB/*Leuschner* BGB §§ 21, 22 Rn. 130, 131.

[34] Widmann/Mayer/*Vossius* UmwG § 99 Rn. 19; Semler/Stengel/Leonard/*Katschinski* UmwG § 99 Rn. 53, 54; für wirtschaftliche Vereine kommt es insoweit auf die Erteilung der Konzession an.

[35] Ausführlich zu dieser Frage *Wesiack* S. 197 ff., der jedoch von einer weitgehenden Zulässigkeit grenzüberschreitender Vereinsverschmelzungen ausgeht.

[36] So auch: Semler/Stengel/Leonard/*Katschinski* UmwG § 99 Rn. 57; Lutter/*Hennrichs* UmwG § 99 Rn. 3; *Hager* RNotZ 2011, 565 (567).

[37] OLG Zweibrücken NJW-RR 2006, 42; Widmann/Mayer/*Vossius* UmwG § 99 Rn. 10; KK-UmwG/*Leuering* UmwG § 99 Rn. 13; BeckOK BGB/*Schöpflin* BGB § 24 Rn. 9; *Hager* RNotZ 2011, 565 (567); zur Frage, inwieweit ein wirtschaftlicher Nebenzweck als Anknüpfungspunkt der Niederlassungsfreiheit gesehen werden kann, *Wesiack* S. 79 ff.

[38] KK-UmwG/*Leuering* UmwG § 99 Rn. 13; krit. Lutter/*Hennrichs* UmwG § 99 Rn. 3; weitergehend *Wesiack* S. 107 ff. mit Verweis auf das allgemeine Freizügigkeitsrecht (Art. 21 AEUV); für eine Anwendbarkeit der Niederlassungsfreiheit offenbar *Sauter/Schweyer/Waldner* Eingetragener Verein Rn. 31; zu den europarechtlichen Aspekten vgl. *Herrler* EuZW 2007, 205; OLG Zweibrücken NJW-RR 2006, 42.

[39] *Sauter/Schweyer/Waldner* Eingetragener Verein Rn. 31; MüKoBGB/*Leuschner* BGB vor § 21 Rn. 193, der nur rein unentgeltlich karitative, politisch oder kulturell tätige Vereine von der Niederlassungsfreiheit ausnehmen will.

Bereich der rein ideellen Tätigkeit auf die Freizügigkeit gem. Art. 21 AEUV zu berufen (→ § 19 Rn. 52).[40] Andere Stimmen entnehmen der SEVIC-Entscheidung des EuGH[41] ein über die Grundfreiheiten hinausgehendes und in Art. 18 AEUV wurzelndes Diskriminierungsverbot, das auch für Vereine ohne wirtschaftlichen Erwerbszweck gelten soll.[42] Folgt man diesen Ansätzen, so liegt eine unionsrechtswidrige Diskriminierung vor, wenn einem Verein aus einem Mitgliedstaat eine Umwandlung verweigert wird, die einem inländischen Verein offensteht (siehe auch → Rn. 364). Von diesem Standpunkt aus müssen die (begrenzten, → Rn. 7 ff., 11) Umwandlungsmöglichkeiten, die einem deutschen Verein zur Verfügung stehen, auch einem Verein aus dem EU-Ausland eröffnet werden.[43]

20b **Weitergehende Umwandlungsmöglichkeiten** als diejenigen, die das Umwandlungsgesetz deutschen Vereinen ermöglicht, bestehen jedoch auch für ausländische Vereine in keinem Fall. Denn nach dem **Konzept des EuGH** verlangt die Niederlassungsfreiheit nur einen **gleichen Zugang** zu den Umwandlungsmöglichkeiten des nationalen Rechts und nicht etwa privilegierende Erweiterungen für ausländische Rechtsträger.[44] Daher kommt wegen §§ 99 Abs. 1, 149 Abs. 2 UmwG eine Verschmelzung auf einen deutschen e.V. allenfalls dann in Betracht, wenn der ausländische Verein typologisch dem deutschen Idealverein gleichzustellen ist.[45]

20c Für den Fall des grenzüberschreitenden Formwechsels, hier verstanden als **grenzüberschreitende (Satzungs- und Verwaltungs-)Sitzverlegung,** also Umwandlung eines ausländischen Idealvereins in einen deutschen Idealverein (e.V.), stellt sich die Frage, wie eine „diskriminierungsfreie Anwendung" des deutschen Umwandlungsgesetzes aussehen soll. Nach überzeugender Auffassung scheidet ein solcher Formwechsel eines ausländischen Vereins in einen deutschen e.V. auf umwandlungsrechtlichem[46] Wege aus, da das UmwG den Formwechsel in einen e.V. auch auf rein nationaler Ebene generell ausschließt (§ 192 Abs. 2 UmwG).[47] Ein rechtsformkongruenter grenzüberschreitender Formwechsel muss, solange keine spezielle sekundärrechtliche Regelung auf EU-Ebene besteht, aufgrund der Niederlassungsfreiheit nur dann zugelassen werden, wenn das nationale Recht einen Formwechsel in die fragliche Zielrechtsform grundsätzlich vorsieht. Dies ist im deutschen UmwG für die Rechtsform des Vereins jedoch nicht der Fall. Daher bleibt nur die **außerhalb des Umwandlungsgesetzes** liegende Möglichkeit, die **Verlegung des Satzungs- und Verwaltungssitzes** des ausländischen Vereins zu beschließen bzw. zu vollziehen, wodurch jedenfalls ein Statutenwechsel zum deutschen Recht eintritt (→ Rn. 363) und der ausländische Verein zum nicht rechtsfähigen Verein iSd § 54 BGB wird.[48] Sodann muss der Verein unter Einhaltung der §§ 55 ff. BGB seine Eintragung in das Vereinsregister betreiben, womit er – identitätswahrend – zum e.V. wird.[49] Nach **anderer Ansicht** folgt das Fehlen einer positivrechtlichen „Formwechselmöglichkeit von Idealverein in Idealverein"

---

[40] *Wesiack* S. 107 ff.; zu Recht krit. BeckOGK/*Wolff* BGB § 24 Rn. 51.1.

[41] EuGH NJW 2006, 425.

[42] *Behrens* ZEuP 2007, 327 (339), zum Formwechsel eines ausländischen Vereins aus einem Mitgliedstaat der EU in einen deutschen e.V.; so auch MüKoBGB/*Reuter,* 7. Aufl. 2015, BGB vor § 21 Rn. 169b, wohl unter unmittelbarem Rekurs auf die Niederlassungsfreiheit.

[43] So MüKoBGB/*Leuschner* BGB vor § 21 Rn. 197c.

[44] EuGH NJW 2012, 2715 – VALE; MüKoBGB/*Leuschner* BGB vor § 21 Rn. 198; *Weller/Rentsch* IPrax 2013, 530 (534); *Behme* NZG 2012, 936 (938); *Forsthoff* EuZW 2015, 248 (251); MüKoBGB/*Kindler* IntGesR Rn. 841, 845; dogmatisch geht es also um eine Diskriminierungsprüfung, unter Anwendung des Äquivalenz- und Effektivitätsgrundsatzes, nicht um eine Beschränkungskontrolle; anders *Schön* ZGR 2013, 333 (340), der das Beschränkungsverbot als betroffen ansieht.

[45] MüKoBGB/*Leuschner* BGB vor § 21 Rn. 198.

[46] Also unter Anwendung der Vorschriften des Umwandlungsgesetzes.

[47] MüKoBGB/*Leuschner* BGB vor § 21 Rn. 198; *Sauter/Schweyer/Waldner* Eingetragener Verein Rn. 31; *Arnold* GPR 2007, 235 (237); KG NZG 2021, 429.

[48] MüKoBGB/*Leuschner* BGB vor § 21 Rn. 198; *Sauter/Schweyer/Waldner* Eingetragener Verein Rn. 31.

[49] MüKoBGB/*Leuschner* BGB vor § 21 Rn. 198; *Sauter/Schweyer/Waldner* Eingetragener Verein Rn. 31; nach KG NZG 2021, 429 muss hierbei auch nachgewiesen werden, dass (auch) das ausländische Recht einen solchen grenzüberschreitenden Formwechsel zulässt; aA möglicherweise BeckOK BGB/*Schöpflin* BGB § 24 Rn. 9: Ausländischer Verein muss neu gegründet werden.

im Umwandlungsgesetz aus der Natur der Sache, nämlich daraus, dass eine solche Regelung auf rein nationaler Ebene überflüssig bzw. sinnlos wäre.[50] Diese „Regelungslücke" soll dadurch gefüllt werden, dass dennoch auf die (sonstigen) Regelungen zum Formwechsel im nationalen Recht zurückzugreifen ist.[51]

3. Satzungsvorbehalt, entgegenstehendes Landesrecht

a) Satzungsvorbehalt. Gemäß § 99 Abs. 1 Alt. 1 UmwG ist die Verschmelzung eines Vereins nur möglich, wenn die Vereinssatzung keine entgegenstehenden Regelungen enthält. Vereinsverschmelzungen unterliegen also einem sog. **Satzungsvorbehalt.** 21

> Hinweis:
>
> Vor Einleitung jedes Verschmelzungsvorgangs sind die **Satzungen** der beteiligten Vereine auf etwaige **Verschmelzungshindernisse** zu untersuchen.

Zu beachten sind jedenfalls **ausdrückliche Verschmelzungsverbote,** dh Satzungsregelungen, die es ausdrücklich untersagen, dass sich der Verein an Umwandlungsvorgängen beteiligt. In der Praxis dürften derartige Regelungen freilich eher selten sein. 22

Von Bedeutung sind jedoch auch sog. **sinngemäße Verschmelzungsverbote,** also Satzungsbestimmungen, die ihrem Sinn und Zweck nach einer Verschmelzung (allgemein oder im konkreten Fall) entgegenstehen.[52] Ob eine Satzungsregelung ein solches Verschmelzungshindernis aufstellt, ist im Wege der (ergänzenden) Satzungsauslegung zu ermitteln.[53] Auf Grund der angezeigten objektivierten Auslegung müssen sich **konkrete Anhaltspunkte** in der Satzung finden, die darauf schließen lassen, dass sich die fragliche Satzungsbestimmung gegen eine Verschmelzung des Vereins richtet.[54] Ergeben sich solche nicht, ist davon auszugehen, dass die Satzung einer Verschmelzung nicht entgegensteht. 23

Praxisrelevant und gleichzeitig umstritten ist, ob auch **Satzungsbestimmungen zur Anfallberechtigung** (§ 45 BGB) verschmelzungsfeindlich sein können. Aufgrund der Vorgaben der §§ 55 Abs. 1 Nr. 4, 61 AO enthalten alle im steuerlichen Sinne gemeinnützigen, mildtätigen und kirchlichen Vereine (§ 5 Abs. 1 Nr. 9 KStG) Satzungsbestimmungen zur Anfallberechtigung bei der Vereinsauflösung, also darüber, wem das Vereinsvermögen bei Auflösung zufällt (dazu allgemein → § 14 Rn. 77 ff.). Insbesondere *Katschinski* vertritt die Auffassung, dass derartige Satzungsbestimmungen ein Verschmelzungshindernis beinhalten können, wenn der in der Satzung des übertragenden Vereins bestimmte Anfallberechtigte nicht mit dem aufnehmenden oder neu gegründeten Rechtsträger identisch ist.[55] Dies soll jedenfalls dann gelten, wenn der **übernehmende** Rechtsträger anders als der übertragende Verein **nicht steuerbegünstigt** iSd §§ 51 ff. AO ist, da ansonsten gegen die satzungsmäßig festgelegte gemeinnützige Vermögensbindung verstoßen würde.[56] Sind hingegen beide Rechtsträger steuerbegünstigt, soll eine Verschmelzung (nur) dann ausgeschlossen sein, wenn der Anfallberechtigte von den Satzungsgebern des übertragenden Vereins gezielt ausgewählt wurde und nicht lediglich, um die Steuerbe- 24

[50] So *Behrens* ZEuP 2007, 324 (340); siehe hierzu auch *Schön* ZGR 2013, 333 (345).

[51] *Behrens* ZEuP 2007, 324 (336), der damit allerdings eine vom nationalen Recht losgelöste, generelle Formwechselmöglichkeit postuliert, die von der Rechtsprechung des EuGH nicht gedeckt ist.

[52] Semler/Stengel/Leonard/*Katschinski* UmwG § 99 Rn. 20; Widmann/Mayer/*Vossius* UmwG § 99 Rn. 21.

[53] *Katschinski* S. 32; nach hM gilt für die Auslegung von Vereinssatzungen eine objektivierte Sicht (aA die Vertragstheorie), vgl. hierzu MüKoBGB/*Leuschner* BGB § 25 Rn. 38.

[54] Widmann/Mayer/*Vossius* UmwG § 99 Rn. 25; KK-UmwG/*Leuering* UmwG § 99 Rn. 15; Lutter/*Hennrichs* UmwG § 99 Rn. 11; *Hadding/Hennrichs* FS Boujong 1996, 203 (209).

[55] Semler/Stengel/Leonard/*Katschinski* UmwG § 99 Rn. 21; *Krafka* RegisterR-HdB Rn. 2215; so wohl auch KK-UmwG/*Leuering* UmwG § 99 Rn. 17.

[56] Semler/Stengel/Leonard/*Katschinski* UmwG § 99 Rn. 21; *Katschinski* S. 31.

günstigung iSd §§ 51 ff. AO zu erlangen.[57] Falls bei der hierzu erforderlichen Auslegung der Vereinssatzung kein eindeutiges Ergebnis zu erzielen ist, führt diese Auffassung dazu, dass es wohl in den meisten Fällen einer Satzungsänderung beim übertragenden Verein bedarf, durch die der übernehmende Rechtsträger zum Anfallberechtigten gemacht wird.[58] Bei einer Verschmelzung zur Neugründung scheidet dies allerdings aus, da der übernehmende Rechtsträger im Zuge der Verschmelzung erst entsteht. Nach der vorzugswürdigen Gegenauffassung liegt in den Satzungsbestimmungen zur steuerlichen Gemeinnützigkeit hingegen **keinesfalls ein Verschmelzungshindernis.**[59] Denn bei der verschmelzungsbedingten Gesamtrechtsnachfolge kommt es zum liquidationslosen Erlöschen des übertragenden Vereins und gerade nicht zu einem auflösungsbedingten Vermögensanfall iSd § 45 BGB.[60] Ob es steuerlich (rückwirkend) zum Wegfall der Gemeinnützigkeit kommt, spielt jedenfalls für die Frage, ob eine Verschmelzung gesellschaftsrechtlich zulässig ist, keine Rolle.[61] Aus Wertungsgesichtspunkten ist ferner festzustellen, dass mit der für den Verschmelzungsbeschluss erforderlichen Dreiviertelmehrheit (§ 103 S. 1 UmwG) regelmäßig auch die erforderliche Mehrheit für die Änderung der Satzungsklausel über die Anfallberechtigung erreicht wird (§ 33 Abs. 1 S. 1 BGB).[62]

24a Die Rechtsprechung hat für die Praxis noch keine Klärung herbeigeführt. Zwar war das OLG Düsseldorf jüngst mit einem einschlägigen Fall befasst, in dem zwei gemeinnützige eingetragene Vereine miteinander zur Aufnahme verschmolzen wurden.[63] Allerdings ließ sich dort offenbar anhand des Akteninhalts eindeutig feststellen, dass die Bestimmung des Anfallberechtigten in der Satzung des übertragenden Vereins allein dem Zweck diente, gegenüber dem Finanzamt die Gemeinnützigkeit nachweisen zu können. Demnach konnte das Gericht den Meinungsstreit dahinstehen lassen, da auch nach der – mE abzulehnenden – strengeren Auffassung keine verschmelzungshindernde „gezielte" Satzungsregelung zur Anfallberechtigung anzunehmen war.[64]

25 Im konkreten Einzelfall können auch **Satzungsregelungen** über **Beschränkungen des Mitgliederkreises** von Bedeutung sein. Müssen etwa nach der Satzung des übernehmenden Vereins die Mitglieder bestimmte Eigenschaften oder Qualifikationen haben (zB Beruf, Alter, Geschlecht, Konfession oder sonstige Gruppenzugehörigkeit; zur Zulässigkeit derartiger Beschränkungen → § 10 Rn. 26, 190 f.), so kann dies einer Verschmelzung entgegenstehen, wenn nicht alle Mitglieder des übertragenden Vereins diese Voraussetzungen ebenfalls erfüllen.[65]

Beispiel:

Der Frauenseniorenbund e.V., dem nach der Satzung nur Frauen beitreten können, soll auf den Männerseniorenbund e.V., dessen Mitgliederkreis auf Männer beschränkt ist, ver-

---

[57] Semler/Stengel/Leonard/*Katschinski* UmwG § 99 Rn. 22 nennt als Beispiel für eine gezielte Auswahl kirchliche Vereine, in deren Satzungen als Anfallberechtigte wiederum andere kirchliche Rechtsträger bestimmt sind.

[58] So Semler/Stengel/Leonard/*Katschinski* UmwG § 99 Rn. 23 und *Hager* RNotZ 2011, 565 (570); siehe auch *Schulte* ZStV 2018, 189 (192), der eine solche Vorgehensweise insbesondere aus steuerlicher Sicht zur Erhaltung des Gemeinnützigkeitsstatus empfiehlt.

[59] Widmann/Mayer/*Vossius* UmwG § 99 Rn. 26; Lutter/*Hennrichs* UmwG § 99 Rn. 11; *Stöber/Otto* Rn. 1066.

[60] *Hager* RNotZ 2011, 565 (570); *Stöber/Otto* Rn. 1066; *Singer* NWB 2019, 3126 empfiehlt, im Wege einer Satzungsänderung klarzustellen, dass die Regelungen zur Anfallberechtigung eine Verschmelzung nicht ausschließen sollen.

[61] *Stöber/Otto* Rn. 1066; KK-UmwG/*Leuering* UmwG § 99 Rn. 17; Widmann/Mayer/*Vossius* UmwG § 99 Rn. 26; BeckOGK/*Reul* UmwG § 99 Rn. 43, 44; zur steuerlichen Seite *Raupach/Böckstiegel* FS Widmann 2000, 459.

[62] Widmann/Mayer/*Vossius* UmwG § 99 Rn. 26; ähnlich auch BeckOF-V/*Schervier* 7.13.3.1. Anm. 3: Formelle Satzungsänderung wäre „überflüssige Förmelei".

[63] OLG Düsseldorf RNotZ 2019, 343; siehe hierzu auch *Nentwig* GWR 2019, 325 sowie *Heckschen/Strnad* notar 2019, 406 (425).

[64] OLG Düsseldorf RNotZ 2019, 343 (345).

[65] *Katschinski* S. 32; *Hager* RNotZ 2011, 565 (570); *Stöber/Otto* Rn. 1065; *Punte* SpuRT 2018, 107 (108).

schmolzen werden. Hier bedarf es im Zuge der Verschmelzung einer Änderung der Satzung des übernehmenden Vereins.

Beinhaltet die Vereinssatzung eine verschmelzungshindernde Regelung, ist diese im Wege einer **förmlichen Satzungsänderung** (§§ 33 Abs. 1 S. 1, 71 Abs. 1 S. 1 BGB) zu ändern bzw. zu beseitigen. Ein satzungsdurchbrechender Beschluss, dh ein Beschluss ohne förmliche Satzungsänderung und Registereintragung ist aufgrund der Dauerwirkung, die die Verschmelzung erzeugt, nicht statthaft.[66] Nach zutreffender Auffassung muss die Satzungsänderung nicht bereits im Vereinsregister eingetragen sein, bevor der Verschmelzungsvorgang eingeleitet wird. Ausreichend ist vielmehr, dass die **Satzungsänderung** zusammen **mit der Verschmelzung** zum Vereinsregister **angemeldet** und **eingetragen** wird.[67] Da gem. § 33 Abs. 1 S. 1 BGB für die Satzungsänderung ebenso eine Dreiviertelmehrheit erforderlich und ausreichend ist wie für den Verschmelzungsbeschluss gem. § 103 S. 1 BGB, werden sich in der Praxis insoweit meist keine Probleme ergeben. 26

Hinweis:

Etwaige verschmelzungshindernde Satzungsregelungen sind zu beseitigen. Die Satzungsänderung kann hierbei zum weiteren Tagesordnungspunkt der Mitgliederversammlung gemacht werden, die den Verschmelzungsbeschluss fasst.[68]

b) Entgegenstehendes Landesrecht. Nach § 99 Abs. 1 Alt. 2 UmwG ist eine Verschmelzung nur zulässig, wenn ihr landesrechtliche Vorschriften nicht entgegenstehen. Praktische Probleme bringt diese Regelung nicht mit sich, da derzeit **keine derartigen Vorschriften** bestehen.[69] Bedeutung könnte der Landesrechtsvorbehalt auch nur für wirtschaftliche Vereine (§ 22 BGB) erlangen, da nur insoweit gem. Art. 82 EGBGB eine Möglichkeit zum Erlass von Landesrecht besteht.[70] 27

4. Übersicht zur Verschmelzung

Bei der Verschmelzung eines eingetragenen Vereins spielen folgende **Verfahrensschritte** eine Rolle:[71] 28

Verfahrensschritte bei der Verschmelzung eines eingetragenen Vereins:
- **Verschmelzungsvertrag** bzw. Entwurfsaufstellung (§§ 4–6, 29 UmwG)
- ggf. **Betriebsratszuleitung** (§ 5 Abs. 3 UmwG)
- (gemeinsamer) **Verschmelzungsbericht** (§ 8 UmwG)
- ggf. **Verschmelzungsprüfung** (§§ 100, 9–12 UmwG)

---

66 Semler/Stengel/Leonard/*Katschinski* UmwG § 99 Rn. 26; *Katschinski* S. 32ff.; BeckOGK/*Reul* UmwG § 99 Rn. 46; aA jedenfalls hinsichtlich der Gemeinnützigkeitsregeln: BeckOF-V/*Schervier* 7.13.3.1. Anm. 4 und wohl auch Widmann/Mayer/*Vossius* UmwG § 99 Rn. 26.

67 Semler/Stengel/Leonard/*Katschinski* UmwG § 99 Rn. 25; Lutter/*Hennrichs* UmwG § 99 Rn. 10; *Krafka* RegisterR-HdB Rn. 2215; *Stöber/Otto* Rn. 1065; *Sauter/Schweyer/Waldner* Eingetragener Verein Rn. 397.

68 Abw. *Hager* RNotZ 2011, 565 (571), der empfiehlt, vorab in einer gesonderten Versammlung über die Satzungsänderung zu entscheiden.

69 Semler/Stengel/Leonard/*Katschinski* UmwG § 99 Rn. 18; Widmann/Mayer/*Vossius* UmwG § 99 Rn. 30.

70 Semler/Stengel/Leonard/*Katschinski* UmwG § 99 Rn. 19; Lutter/*Hennrichs* UmwG § 99 Rn. 13.

71 Vgl. hierzu auch *Limmer* Teil 2 Rn. 1305; zu Ablaufplänen mit Empfehlungen zur genauen zeitlichen Abfolge: *Hager* RNotZ 2011, 565 (569); BeckOF-V/*Schervier* 7.13.3.; zu Mustern für Verschmelzungsverträge: *Limmer* Teil 2 Rn. 1357, 1362 (Verschmelzung zur Aufnahme und zur Neugründung); BeckOF-V/*Schervier* 7.13.3. (Verschmelzung zur Neugründung); BeckFormB BHW/*Beckhaus* XI.15ff. (Verschmelzung zur Aufnahme); Widmann/Mayer/*Heckschen* Anh. 4 Mustersätze 11a, 11b (Verschmelzung zur Neugründung und zur Aufnahme).

- **Vorbereitung der Mitgliederversammlung** (§ 101 UmwG) (Einberufung, Auslegung von Unterlagen, ggf. Aufforderung zum Prüfungsverlangen)
- **Mitgliederversammlung (Verschmelzungsbeschluss)** (§§ 102, 103, 13 UmwG)
- **Anmeldung** (§§ 16, 17 UmwG)
- **Eintragung, Bekanntmachung** (§§ 19, 22 Abs. 1 S. 3 UmwG).

5. Verschmelzungsvertrag bzw. Entwurf

29 **a) Form und Abschlusskompetenz.** Hinsichtlich der **Form des Verschmelzungsvertrags** gelten bei der Beteiligung von Vereinen keine besonderen Vorschriften. Daher bedarf es gem. § 6 UmwG der **notariellen Beurkundung** (§§ 8 ff. BeurkG) des Verschmelzungsvertrags. Nach zutreffender Auffassung ist eine **Auslandsbeurkundung** nicht zulässig.[72] Sinn und Zweck der Beurkundung ist neben der Beweisfunktion auch die materielle Richtigkeitsgewähr. Diese kann grundsätzlich nur bei Beurkundung durch einen deutschen Notar geleistet werden.[73]

30 Vertragspartner des Verschmelzungsvertrags sind die beteiligten Rechtsträger, die durch ihre **vertretungsberechtigten Organe** vertreten werden. Bei eingetragenen Vereinen ist dies der Vorstand gem. § 26 BGB.[74] Vorbehaltlich einer anderweitigen Satzungsbestimmung gilt nach § 26 Abs. 2 S. 1 BGB das Prinzip der Mehrheitsvertretung. Etwaige **satzungsmäßige Beschränkungen der Vertretungsmacht** mit Drittwirkung gem. § 26 Abs. 1 S. 3 BGB (zB Zustimmungsvorbehalt zugunsten anderer Vereinsgremien wie Beirat oÄ) sind zu beachten (zu Fragen der Vertretungsmacht ausführlich → § 8 Rn. 206 ff.).[75] Bei Zustimmungsvorbehalten zugunsten der Mitgliederversammlung ergeben sich für Verschmelzungen keine Probleme, da die Mitgliederversammlung dem Verschmelzungsvertrag ohnehin nach §§ 103, 13 UmwG zustimmen muss. Für den Vertragsschluss ebenfalls zu berücksichtigen sind ggf. die Beschränkungen des § 181 BGB.[76]

31 Beim Abschluss des Verschmelzungsvertrags ist (vorbehaltlich abweichender Satzungsbestimmungen; → § 8 Rn. 232; → 9 Rn. 70 ff.) **rechtsgeschäftliche Vertretung** durch Vollmachtserteilung möglich. Die Vollmacht kann grundsätzlich formfrei erteilt werden (§ 167 Abs. 2 BGB), bedarf jedoch aufgrund der im Registerverfahren zu führenden Nachweise regelmäßig der Schriftform.[77] Notariell zu beglaubigen ist eine Vollmacht gem. § 36 Abs. 2 S. 1 UmwG, § 2 Abs. 2 GmbHG, § 23 Abs. 1 S. 2 AktG bei Verschmelzungen zur Neugründung von Kapitalgesellschaften (GmbH, AG/KGaA).[78]

32 Erscheint die Zustimmung der Mitgliederversammlung fraglich, kann von der Möglichkeit Gebrauch gemacht werden, den Verschmelzungsbeschluss auf Grundlage eines schriftlichen **Entwurfs des Verschmelzungsvertrags** (§ 4 Abs. 2 UmwG) zu fassen. Der Abschluss des Verschmelzungsvertrags in notariell beurkundeter Form erfolgt dann erst im Nachgang zu den Zustimmungsbeschlüssen. Die **Aufstellungskompetenz** für den Entwurf deckt sich mit der Abschlusskompetenz für den Verschmelzungsvertrag. Sie kommt also dem **Vereinsvorstand** zu. **Schriftform** bedeutet hierbei nicht, dass der Entwurf

---

[72] Semler/Stengel/Leonard/*Katschinski* UmwG § 103 Rn. 6; *Limmer* Teil 2 Rn. 66.

[73] So auch LG Augsburg NJW-RR 1997, 420; aA LG Kiel DB 1997, 1223; str. ist, ob die materielle Richtigkeitsgewähr bei funktionsäquivalenten ausländischen Amtsträgern erfüllt sein kann, vgl. hierzu Widmann/Mayer/*Heckschen* UmwG § 6 Rn. 56 ff. sowie BeckNotar-HdB/*Zimmermann* § 28 Rn. 299, 301.

[74] Sofern nicht die Bestellung eines besonderen Vertreters gem. § 30 BGB erfolgt, hierzu MHdB GesR V/*Pathe* § 54 Rn. 7.

[75] *Katschinski* S. 72.

[76] Widmann/Mayer/*Mayer* UmwG § 4 Rn. 36; zur möglichen *ad hoc* Befreiung auch ohne Satzungsgrundlage: Reichert/*Wagner* Kap. 2 Rn. 2448; KG GmbHR 2002, 327 (für GmbH); Baumbach/Hueck/*Zöllner*/*Noack* GmbHG § 35 Rn. 132; abl. *Stöber*/*Otto* Rn. 450.

[77] Semler/Stengel/Leonard/*Schröer*/*Greitemann* UmwG § 4 Rn. 9; Widmann/Mayer/*Mayer* UmwG § 4 Rn. 40.

[78] Nach wohl hM ist keine notarielle Beglaubigung erforderlich für die Genehmigung des Handelns eines Vertreters ohne Vertretungsmacht, vgl. hierzu Widmann/Mayer/*Mayer* UmwG § 4 Rn. 41.

vom Vorstand auch zwingend gem. § 126 BGB zu unterzeichnen ist.[79] Ein solches Vorgehen ist allerdings zu empfehlen, da so zum einen belegt ist, dass der Entwurf durch den Vorstand aufgestellt wurde.[80] Zum anderen kann so ohne weiteres die **inhaltliche Kongruenz** zwischen aufgestelltem Entwurf und beurkundetem Vertrag nachvollzogen werden.[81] Auf die Übereinstimmung ist strikt zu achten, da es anderenfalls ergänzender Zustimmungsbeschlüsse bedarf.[82] Im Übrigen empfiehlt sich eine **Datierung des Vertragsentwurfs,** um den Zeitpunkt der Entwurfsaufstellung dokumentieren zu können (→ Rn. 91). Der Entwurf muss **inhaltlich** bereits **vollständig** sein, dh insbesondere auch alle eventuellen Anlagen enthalten, die Bestandteil des Verschmelzungsvertrags sein sollen.[83]

b) Inhalt. aa) Allgemeines. Für den Inhalt des Verschmelzungsvertrags machen die **vereinsspezifischen Regelungen** (§§ 99–104a UmwG) **keine besonderen Vorgaben,** so dass insoweit die allgemeine Vorschrift des § 5 Abs. 1, Abs. 2 UmwG (ggf. iVm § 29 UmwG) gilt. Hinsichtlich der konkreten Formulierung der Vertragsbestimmungen können sich für Vereinsverschmelzungen allerdings Besonderheiten ergeben, da § 5 Abs. 1 UmwG primär auf unternehmerisch tätige Rechtsträger zugeschnitten ist.[84] 33

bb) Vertragsparteien und Vermögensübertragung (§ 5 Abs. 1 Nr. 1, Nr. 2 UmwG). Zwingend in den Verschmelzungsvertrag aufzunehmen sind gem. § 5 Abs. 1 Nr. 1 UmwG Angaben zu den an der Verschmelzung **beteiligten Rechtsträgern.** Hierzu gehören jedenfalls der Vereinsname sowie der Vereinssitz. Eine Angabe der Geschäftsanschrift und der Registernummer des Vereins erscheint sinnvoll, wird vom Gesetz allerdings nicht zwingend verlangt.[85] 34

Der Verschmelzungsvertrag muss klar und eindeutig zum Ausdruck bringen, dass es sich um eine **Verschmelzung iSd Umwandlungsgesetzes** handelt, also um eine Vermögensübertragung als Ganzes gegen Gewährung von Anteilen oder Mitgliedschaften an dem aufnehmenden bzw. neu entstehenden Rechtsträger. Eine wörtliche Wiedergabe des Gesetzestextes ist hierzu zwar nicht erforderlich. Dennoch empfiehlt sich, um Auslegungsprobleme zu vermeiden, die Angabe der Verschmelzungsart (durch Aufnahme oder durch Neugründung) und der einschlägigen Normen des Umwandlungsgesetzes (also zB Verschmelzung durch Aufnahme gem. §§ 2 ff., 99 ff. UmwG bzw. Verschmelzung durch Neugründung gem. §§ 2 ff., 36 ff., 99 ff. UmwG).[86] 35

cc) Umtauschverhältnis/Angaben zur Mitgliedschaft (§ 5 Abs. 1 Nr. 3 UmwG). (1) Allgemeines. Nach § 5 Abs. 1 Nr. 3 UmwG sind in den Verschmelzungsvertrag Angaben zum **Umtauschverhältnis** oder Angaben über die **Mitgliedschaft** im übernehmenden Rechtsträger aufzunehmen. Die Vorschrift steht in Zusammenhang mit § 5 Abs. 1 Nr. 2 UmwG und bringt die im Umwandlungsrecht grundsätzlich geltende Anteilsgewäh- 36

[79] Kallmeyer/*Marsch-Barner/Oppenhoff* UmwG § 4 Rn. 8.
[80] Widmann/Mayer/*Mayer* UmwG § 4 Rn. 13; KK-UmwG/*Simon* UmwG § 4 Rn. 8.
[81] Vgl. hierzu Widmann/Mayer/*Heckschen* UmwG § 6 Rn. 34; *Hager* RNotZ 2011, 565 (571, 584).
[82] *Limmer* Teil 2 Rn. 59; Widmann/Mayer/*Heckschen* UmwG § 13 Rn. 61 ff.
[83] Widmann/Mayer/*Mayer* UmwG § 4 Rn. 13; Semler/Stengel/Leonard/*Schröer/Greitemann* UmwG § 4 Rn. 18, 19; Kallmeyer/*Marsch-Barner/Oppenhoff* UmwG § 4 Rn. 8, 9.
[84] *Hager* RNotZ 2011, 565 (571); *Wiedemann/Thüsing* WM 1999, 2237 (2243); nach Reichert/*Schörnig* Kap. 2 Rn. 4399 sind die Bestimmungen des § 5 UmwG teilweise „obsolet".
[85] Semler/Stengel/Leonard/*Katschinski* UmwG § 99 Rn. 65; aA wohl Reichert/*Schörnig* Kap. 2 Rn. 4402: „Anschriften der Geschäftsstelle"; zutr. weist *Hager* (RNotZ 2011, 565) darauf hin, dass diese Angaben jedoch regelmäßig gem. § 10 BeurkG in den Verschmelzungsvertrag aufzunehmen sind.
[86] Semler/Stengel/Leonard/*Katschinski* UmwG § 99 Rn. 66; *Hager* RNotZ 2011, 565 (571); Reichert/*Schörnig* Kap. 2 Rn. 4401; vgl. zu Auslegungsproblemen KG Rpfleger 2004, 705.

rungspflicht zum Ausdruck.[87] Bei **Vereinsverschmelzungen** hängt der Vertragsinhalt insoweit davon ab, welche **Verschmelzungskonstellation** vorliegt.[88]

37 **(2) Reine Vereinsverschmelzungen.** Bei der **reinen (Ideal-) Vereinsverschmelzung,** dh der Verschmelzung eines eingetragenen Vereins auf einen anderen eingetragenen Verein zur Aufnahme oder mehrerer eingetragener Vereine auf einen dadurch neugegründeten Verein, sind im Verschmelzungsvertrag keine Angaben zum Umtauschverhältnis, sondern Angaben zur **Mitgliedschaft** zu machen.[89] Durch die Verschmelzung kommt es nämlich nicht zu einem Anteilstausch iSd § 5 Abs. 1 Nr. 3 Alt. 1 UmwG, sondern zu einer Mitgliedschaftsgewährung gem. § 5 Abs. 1 Nr. 3 Alt. 2 UmwG.[90] Jedes Mitglied des übertragenden Vereins wird durch die Verschmelzung schlicht Mitglied im übernehmenden (bestehenden oder neugegründeten) Verein.[91] Eine **namentliche Erwähnung** der Mitglieder des übertragenden Vereins, denen die Mitgliedschaft im übernehmenden Verein gewährt wird, ist hierbei **nicht erforderlich.**[92] Es genügt im Verschmelzungsvertrag insoweit die Regelung, dass die **Mitgliedschaft** im übernehmenden Verein sämtlichen Mitglieder des übertragenden Vereins gewährt wird.[93]

38 Mit den Angaben zur Mitgliedschaft im übernehmenden Verein sind keine Ausführungen zu den Rechten und Pflichten gemeint, die nach den gesetzlichen Bestimmungen ganz allgemein für Vereinsmitgliedschaften gelten.[94] Einzugehen ist vielmehr auf die **spezifischen Rechte und Pflichten,** die mit der neu gewährten Vereinsmitgliedschaft verbunden sind. Da die Mitgliedschaft im übernehmenden Verein in erster Linie durch dessen **Satzung** bestimmt wird, empfiehlt es sich, diese *in toto* zum Bestandteil des Verschmelzungsvertrags zu machen und im Verschmelzungsvertrag darauf hinzuweisen, dass für die eingeräumte Mitgliedschaft im übernehmenden Verein dessen Satzung gilt.[95] Zutreffend weist *Hager* in diesem Zusammenhang darauf hin, dass sich die Höhe der **Mitgliedsbeiträge** oft nicht aus dem Satzungstext selbst ergibt. Da es sich bei den Beitragszahlungen jedoch um die wirtschaftliche Hauptpflicht der Mitglieder handelt, ist es geboten, die geltenden Bestimmungen im Verschmelzungsvertrag konkret zu bezeichnen und zu beziffern.[96]

Hinweis:

Im Hinblick auf § 5 Abs. 1 Nr. 3 UmwG sollte die Satzung des übernehmenden Vereins zum Bestandteil des Verschmelzungsvertrags gemacht werden (zB durch Beifügen als Anlage gem. § 9 Abs. 1 S. 2 BeurkG). Soweit sich die geltenden Mitgliedsbeitragspflichten nicht unmittelbar aus der Satzung ergeben, ist deren Höhe gesondert zu erwähnen.

39 Auch wenn es bei reinen Vereinsverschmelzungen ein Umtauschverhältnis im eigentlichen Sinne nicht gibt, gilt dennoch, dass die im aufnehmenden Verein gewährte Mitglied-

[87] Vgl. hierzu allgemein Widmann/Mayer/*Mayer* UmwG § 5 Rn. 20ff.
[88] Vgl. hierzu ausf. *Katschinski* S. 82ff.
[89] Semler/Stengel/Leonard/*Katschinski* UmwG § 99 Rn. 68; MHdB GesR V/*Pathe* § 54 Rn. 11; Lutter/*Hennrichs* UmwG § 99 Rn. 23; Widmann/Mayer/*Vossius* UmwG § 99 Rn. 59; Reichert/*Schörnig* Kap. 2 Rn. 4402.
[90] Semler/Stengel/Leonard/*Katschinski* UmwG § 99 Rn. 67; *Hager* RNotZ 2011, 565 (572).
[91] Da nach allgemeinen Grundsätzen Mehrfachmitgliedschaften unzulässig sind, beträgt das „rechnerische Umtauschverhältnis" also stets 1:1.
[92] *Limmer* Teil 2 Rn. 1321; Widmann/Mayer/*Vossius* UmwG § 99 Rn. 59; Widmann/Mayer/*Heckschen* Anh. 4 Mustersatz 11a M 79.1 Anm. 7; BeckOGK/*Reul* UmwG § 99 Rn. 78.
[93] *Limmer* Teil 2 Rn. 1321; *Hager* RNotZ 2011, 565 (572); Widmann/Mayer/*Vossius* UmwG § 99 Rn. 59.
[94] *Wiedemann/Thüsing* WM 1999, 2237 (2243f.); *Hadding/Hennrichs* FS Boujong 1996, 203 (213).
[95] Semler/Stengel/Leonard/*Katschinski* UmwG § 99 Rn. 68; *Limmer* Teil 2 Rn. 1315; BeckOGK/*Reul* UmwG § 99 Rn. 78; *Schneider/May* SpuRT 2013, 99 (101).
[96] *Hager* RNotZ 2011, 565 (573); siehe auch Semler/Stengel/Leonard/*Katschinski* UmwG § 99 Rn. 68; Lutter/*Hennrichs* UmwG § 99 Rn. 23 sowie BeckOGK/*Reul* UmwG § 99 Rn. 79.

schaft einen **angemessenen Ausgleich** für die wegfallende Mitgliedschaft im übertragenden Verein darstellen muss.[97] Das Umwandlungsgesetz geht nämlich vom Prinzip der wertentsprechenden Anteils- bzw. Mitgliedschaftsgewährung aus (vgl. § 12 Abs. 2 S. 1 UmwG).[98] Dies darf freilich nicht dahingehend missverstanden werden, dass sich gar keine Veränderungen hinsichtlich der Mitgliedschaft ergeben dürfen.[99]

Die sog. allgemeinen **Verwaltungsrechte** (auch Mitverwaltungs- oder Organschafts- 40 rechte) und Pflichten (hierzu allg. → § 10 Rn. 94ff.) sind nicht vor Verschlechterungen oder Umgestaltungen geschützt. Denn der Verschmelzungsbeschluss wird mit einer Dreiviertelmehrheit (§ 103 S. 1 UmwG) gefasst, dh mit der Mehrheit, die gem. § 33 Abs. 1 S. 1 BGB auch für Satzungsänderungen gilt und damit auch ausreichen würde, um die bestehenden Rechtspositionen im übertragenden Verein zu modifizieren.[100] Im Verschmelzungsbeschluss liegt die Zustimmung dazu, dass sich die Mitgliedschaftsrechte künftig nach den Satzungsbestimmungen des übernehmenden Vereins richten.[101] Daher sind insbesondere **auch höhere Beitragspflichten** im übernehmenden Verein von den Mitgliedern des übertragenden Vereins hinzunehmen.[102]

Diese Grundsätze gelten auch für die sog. **Wert- oder Genussrechte** (hierzu allg. 41 → § 10 Rn. 105ff.) der Vereinsmitglieder.[103] Hierbei handelt es sich nicht um eine vermögensmäßige Beteiligung im engeren Sinne wie sie bei Anteilen an gewerblich tätigen (Handels-)Gesellschaften besteht. Vielmehr beschränken sich die Wertrechte nach dem Gesetz in erster Linie auf **Teilhaberechte,** insbesondere hinsichtlich der **Nutzung der Vereinseinrichtungen.** Insoweit gilt der Grundsatz der gleichen Teilhabe aller Vereinsmitglieder.[104] Durch die Verschmelzung zweier Vereine ändert sich an diesem Prinzip nichts. Daher ergeben sich auch insoweit **regelmäßig keine weiteren Konsequenzen** für die Ausgestaltung des Verschmelzungsvertrags. Nur **ausnahmsweise** kann dies anders sein, wenn sich das Vermögen der beteiligten Vereine in Relation zur jeweiligen Mitgliederzahl erheblich voneinander unterscheidet, also ein „reicherer" mit einem „ärmeren" Verein verschmilzt.[105] In diesem Fall kommt es in Folge der Verschmelzung dazu, dass sich für die Mitglieder der beteiligten Vereine relative Verbesserungen bzw. Verschlechterungen ergeben. Hierfür kann ein Ausgleich geschaffen werden, indem vorübergehend unterschiedlich hohe Mitgliedsbeiträge oder Sonderbeiträge erhoben werden bzw. indem Mitgliedschaften zeitweise beitragsfrei gestellt werden.[106] Zwingend erforderlich erscheint dies indes nicht. Denn die Teilhaberechte der Vereinsmitglieder sind nach den gesetzlichen Bestimmungen nur schwach ausgeprägt und regelmäßig auch nicht davor geschützt, dass sie durch den Beitritt weiterer Mitglieder „verwässert" werden. Dies gilt vor allem für **ge-**

[97] Semler/Stengel/Leonard/*Katschinski* UmwG § 99 Rn. 67; Widmann/Mayer/*Mayer* UmwG § 5 Rn. 95; *Hager* RNotZ 2011, 565 (571); HK-UmwG/*Maulbetsch* UmwG § 5 Rn. 33.

[98] Schmitt/Hörtnagl/*Winter* UmwG § 5 Rn. 7; *Limmer* Teil 2 Rn. 137; Widmann/Mayer/*Mayer* UmwG § 5 Rn. 95; eine Überprüfung des Umtauschverhältnisses erfolgt nur im Spruchverfahren (§§ 14 Abs. 2, 15 UmwG), nicht durch das Registergericht.

[99] Vgl. hierzu *Katschinski* S. 83ff.

[100] Semler/Stengel/Leonard/*Katschinski* UmwG § 99 Rn. 70; MüKoBGB/*Reuter,* 5. Aufl. 2009, BGB § 41 Rn. 23; *Hager* RNotZ 2011, 565 (572); *Schneider/May* SpuRT 2013, 99 (101).

[101] *Hager* RNotZ 2011, 565 (573); Semler/Stengel/Leonard/*Katschinski* UmwG § 99 Rn. 70; KK-UmwG/*Leuering* UmwG § 99 Rn. 35; MüKoBGB/*Reuter,* 5. Aufl. 2009, BGB § 41 Rn. 23.

[102] BeckOF-V/*Schervier* 7.13.3.1 Anm. 9; siehe auch BeckOGK/*Reul* UmwG § 99 Rn. 79; aA wohl Reichert/*Schörnig* Kap. 2 Rn. 4402.

[103] Hierzu allg. *Stöber/Otto* Rn. 343; Reichert/*Wagner* Kap. 2 Rn. 742ff.

[104] Semler/Stengel/Leonard/*Katschinski* UmwG § 99 Rn. 71; Reichert/*Wagner* Kap. 2 Rn. 777ff.; *Stöber/Otto* Rn. 336.

[105] Semler/Stengel/Leonard/*Katschinski* UmwG § 99 Rn. 71; Widmann/Mayer/*Vossius* UmwG § 99 Rn. 59; Lutter/*Hennrichs* UmwG § 99 Rn. 23; *Wiedemann/Thüsing* WM 1999, 2237 (2244); *Drobnig/Becker/Remien* S. 40.

[106] Widmann/Mayer/*Vossius* UmwG § 99 Rn. 59; Semler/Stengel/Leonard/*Katschinski* UmwG § 99 Rn. 71; BeckOGK/*Reul* UmwG § 99 Rn. 80; *Wiedemann/Thüsing* WM 1999, 2237 (2244); Lutter/*Hennrichs* UmwG § 99 Rn. 23; *Hager* RNotZ 2011, 565 (572); *Hadding/Hennrichs* FS Boujong 1996, 203 (213); *Drobnig/Becker/Remien* S. 40.

meinnützige Vereine, da bei diesen aufgrund der spezifischen Zweck- und Vermögensbindung (§§ 51 ff. AO) von einer besonders schwachen Ausprägung der Teilhaberechte auszugehen ist.

42 Besonderheiten können sich jedoch in **atypischen Fällen** ergeben, in denen die Mitgliedschaft im übertragenden Verein nicht dem gesetzlichen Leitbild entspricht, sondern in **vermögensrechtlicher Sicht angereichert** ist, indem den Mitgliedern etwa beim Ausscheiden aus dem Verein eine Abfindung gewährt wird.[107] Hierbei wird es sich jedoch um Ausnahmefälle handeln, da das Vereinsrecht eine vermögensmäßige Beteiligung der Mitglieder im Idealverein nur in engen Grenzen zulässt und insbesondere eine kapitalistische Ausgestaltung der Mitgliedschaft ausgeschlossen ist.[108] Bestehen im konkreten Fall derartige Rechte im übertragenden Verein, können entweder gleichartige Rechte auch im übernehmenden Verein eingeräumt oder aber Kompensationen über (reduzierte) Vereinsbeiträge oder Ausgleichszahlungen geschaffen werden (→ Rn. 41).[109] In Betracht kommen auch Abfindungen analog § 29 UmwG.[110] Nach richtiger Auffassung sind jedoch auch in diesen Fällen Angaben zum Umtauschverhältnis entbehrlich.[111]

43 Besonders diskutiert wird schließlich der Fall der **doppelten Mitgliedschaft,** also der Fall, dass Mitglieder des übertragenden Vereins bereits Mitglieder des übernehmenden Vereins sind. Im Zuge der Verschmelzung kommt es insoweit zwangsläufig zum **Wegfall einer Mitgliedschaft,** da das Vereinsrecht keine Doppelmitgliedschaften kennt.[112] Umstritten ist, ob bzw. unter welchen Voraussetzungen die betroffenen Mitglieder für den Mitgliedschaftsverlust zu entschädigen sind. Entspricht – wie in aller Regel – die Mitgliedschaft dem gesetzlichen Leitbild des Vereinsrechts, sind nach richtiger Auffassung keine weiteren Regelungen veranlasst, insbesondere keine Beitragsreduzierungen oder Abfindungszahlungen für die Doppelmitglieder. Denn durch die Verschmelzung kommt es zu einer Vereinigung der Vermögensmassen der beteiligten Vereine, wodurch die nunmehr verbleibende Mitgliedschaft des früheren Doppelmitglieds von selbst „an Wert gewinnt". Einer sonstigen Kompensation für den Mitgliedschaftsverlust bedarf es daher nicht.[113] Allein in den genannten atypischen Fällen der mit besonderen Wertrechten ausgestatteten Mitgliedschaft (→ Rn. 42) kann ein (weitergehender) Ausgleich für die wegfallende Doppelmitgliedschaft erforderlich sein. Insoweit kommt wiederum in Betracht, entsprechende besondere Wertrechte auch im übernehmenden Verein zu schaffen oder eine Kompensation durch Beitragsreduzierungen oder Entschädigungsleistungen (analog § 29 UmwG) zu schaffen.[114]

44 Bestehen für einzelne Mitglieder des übertragenden Vereins **Sonderrechte** iSd § 35 BGB (zB Mitgliedschaft im Vorstand, erhöhte Stimmrechte; hierzu allg. → § 10 Rn. 75 ff.), eröffnen sich zwei Möglichkeiten. Entweder die Sonderrechte werden im übernehmenden Verein nicht gleichermaßen gewährt und erlöschen daher im Zuge der Verschmelzung. In die-

---

[107] Semler/Stengel/Leonard/*Katschinski* UmwG § 99 Rn. 72; *Hager* RNotZ 2011, 565 (572); zu den Grenzen einer solchen vermögensmäßigen Anreicherung im Idealverein: *Ballerstedt* FS Knur 1972, 1 ff.; *Lettl* AcP 203 (2003), 149 ff.; großzügiger MüKoBGB/*Leuschner* BGB § 38 Rn. 14 und auch MHdB GesR V/*Schöpflin* § 38 Rn. 19.

[108] Semler/Stengel/Leonard/*Katschinski* UmwG § 99 Rn. 72; BeckOGK/*Könen* BGB § 38 Rn. 135, 136.

[109] Semler/Stengel/Leonard/*Katschinski* UmwG § 99 Rn. 72; *Hager* RNotZ 2011, 565 (572); Reichert/*Schörnig* Kap. 2 Rn. 4402.

[110] BeckOGK/*Reul* UmwG § 99 Rn. 81; Semler/Stengel/Leonard/*Katschinski* UmwG § 99 Rn. 73.

[111] Semler/Stengel/Leonard/*Katschinski* UmwG § 99 Rn. 72; aA KK-UmwG/*Leuering* UmwG § 99 Rn. 38; Lutter/*Hennrichs* UmwG § 99 Rn. 26, 27; *Hadding/Hennrichs* FS Boujong 1996, 203 (213).

[112] Semler/Stengel/Leonard/*Katschinski* UmwG § 99 Rn. 73; Reichert/*Wagner* Kap. 2 Rn. 660.

[113] So zutr. Lutter/*Hennrichs* UmwG § 99 Rn. 25; MHdB GesR V/*Pathe* § 54 Rn. 11; Semler/Stengel/Leonard/*Katschinski* UmwG § 99 Rn. 73; *Hager* RNotZ 2011, 565 (573); aA KK-UmwG/*Leuering* UmwG § 99 Rn. 41: Einzelfallbetrachtung.

[114] Semler/Stengel/Leonard/*Katschinski* UmwG § 99 Rn. 73; BeckOGK/*Reul* UmwG § 99 Rn. 84; MüKoBGB/*Reuter*, 5. Aufl. 2009, BGB § 41 Rn. 24; *Hager* RNotZ 2011, 565 (573).

sem Fall bedarf es der Zustimmung der betroffenen Sonderrechtsinhaber (→ Rn. 113).[115] Als Alternative können die Sonderrechte im aufnehmenden Verein ebenfalls eingeräumt werden. In diesem Fall bedarf es jedoch aufgrund des geltenden Gleichbehandlungsgebots der Zustimmung aller Mitglieder des aufnehmenden Vereins, denen die Sonderrechte nicht eingeräumt werden (→ § 10 Rn. 80f.).[116]

Formulierungsbeispiel: Regelung im Verschmelzungsvertrag zur Mitgliedschaftsgewährung bei Verschmelzung zweier Vereine zur Aufnahme 45

§ 3. Gegenleistung/Mitgliedschaft

Als Gegenleistung wird jedem Mitglied des übertragenden Vereins eine Mitgliedschaft im übernehmenden Verein gewährt. Die Rechte und Pflichten der Mitgliedschaft im übernehmenden Verein richten sich nach der als Anlage 1 beigefügten Vereinssatzung des übernehmenden Vereins. Aufgrund der Regelung in § 10 der Satzung werden von den Mitgliedern des übernehmenden Vereins Mitgliedsbeiträge erhoben, deren Höhe von der Mitgliederversammlung festgesetzt wird. Derzeit beträgt der Mitgliedsbeitrag für jedes volljährige Mitglied 100 EUR pro Kalenderjahr; Minderjährige leisten einen reduzierten jährlichen Beitrag von 50 EUR.

Soweit für die Rechtsposition von Vereinsmitgliedern im übernehmenden Verein die Dauer der Vereinszugehörigkeit maßgeblich ist, werden die Zeiten der Vereinszugehörigkeit im übertragenden Verein berücksichtigt.

Beim übertragenden Verein eingeräumte Ehrenmitgliedschaften werden auch beim übernehmenden Verein eingeräumt; die insoweit bestehenden Satzungsbestimmungen zu den Ehrenmitgliedschaften weichen nicht voneinander ab. Im Übrigen bestehen keine Sonderrechte für Mitglieder des übertragenden Vereins.

Die Mitgliedschaft der derzeitigen Mitglieder des übernehmenden Vereins bleibt unverändert bestehen.

Hinsichtlich etwaiger Doppelmitgliedschaften erhalten die Mitglieder für die kraft Gesetzes erlöschende Mitgliedschaft im übertragenden Verein keine Entschädigung.

[*ggf. zum Ausgleich bei erheblich unterschiedlichem Vereinsvermögen:*[117] In den drei auf die Verschmelzung folgenden Jahren entrichten die Mitglieder des übertragenden Vereins einen Jahresbeitrag, der um 50 EUR höher liegt als der von den Mitgliedern des übernehmenden Vereins jeweils zu leistende Beitrag (derzeit 100 EUR), und zwar aufgrund der Tatsache, dass der Wert des Vereinsvermögens bezogen auf die jeweilige Mitgliederzahl beim übernehmenden Verein um *** EUR höher liegt als beim übertragenden Verein. Ab dem vierten auf die Verschmelzung folgenden Jahr gilt für alle Mitglieder die gleiche Beitragspflicht.]

(3) Mischverschmelzungen. Bei einer Verschmelzung eines **Vereins** auf eine **Genossenschaft** kommt es wie bei einer reinen Vereinsverschmelzung zu einem Mitgliedschaftstausch. Im Verschmelzungsvertrag wird daher kein Umtauschverhältnis angegeben. Es sind vielmehr Ausführungen zur Mitgliedschaft in der Genossenschaft zu machen, insbesondere zu Anzahl und Betrag der gewährten Geschäftsanteile (§ 80 Abs. 1 UmwG).[118] 46

Wird ein Verein im Rahmen einer Mischverschmelzung hingegen auf eine **Kapital- oder Personengesellschaft** verschmolzen, kommt es zu einem **Anteilstausch** iSd § 5 47

[115] Semler/Stengel/Leonard/*Katschinski* UmwG § 103 Rn. 23; Widmann/Mayer/*Vossius* UmwG § 103 Rn. 11; Lutter/*Hennrichs* UmwG § 99 Rn. 12, 24 und § 103 Rn. 12; *Hager* RNotZ 2011, 565 (572).
[116] Semler/Stengel/Leonard/*Katschinski* UmwG § 103 Rn. 23; Lutter/*Hennrichs* UmwG § 99 Rn. 24; BeckOGK/*Reul* UmwG § 99 Rn. 87; *Hager* RNotZ 2011, 565 (572); *Stöber/Otto* Rn. 209; *Katschinski* S. 83, 154.
[117] Nach Widmann/Mayer/*Vossius* UmwG § 99 Rn. 59.
[118] Semler/Stengel/Leonard/*Katschinski* UmwG § 99 Rn. 78; *Katschinski* S. 94.

Abs. 1 Nr. 3 Alt. 1 UmwG, da die Mitgliedschaft im übertragenden Verein in einen oder mehrere Anteile am übernehmenden Rechtsträger (GmbH-Geschäftsanteil, Aktie, Gesellschaftsanteil) eingetauscht wird. Daher sind im Verschmelzungsvertrag Angaben zum **Umtauschverhältnis** zu machen.[119] Konkret ist anzugeben, wie viele Anteile am übernehmenden Rechtsträger in welcher nominalen Höhe den Vereinsmitgliedern für ihre Mitgliedschaft im übertragenden Verein gewährt werden (zB jedem Vereinsmitglied wird ein GmbH-Geschäftsanteil im Nennbetrag von 1.000 EUR gewährt; daher Umtauschverhältnis 1:1.000). Ferner sind etwaige bare Zuzahlungen anzugeben. Bei einer Verschmelzung auf eine GmbH bedarf es außerdem einer Zuordnung der Geschäftsanteile zu den einzelnen, namentlich zu erwähnenden Vereinsmitgliedern (§ 46 Abs. 1 UmwG).

48 Für die **Bemessung des Umtauschverhältnisses** kommt es auf die Relation zwischen dem Wert der Mitgliedschaft im übertragenden Verein und dem Wert der als Gegenleistung gewährten Anteile am übernehmenden Rechtsträger an. Daher bedarf es im ersten Schritt einer Bewertung der beteiligten Rechtsträger. Der so ermittelte Wert ist den Mitgliedern bzw. Anteilsinhabern dann anteilig zuzurechnen (sog. indirekte Methode), wobei im Idealverein regelmäßig eine gleichmäßige Verteilung auf alle Mitglieder nach dem Kopfprinzip erfolgt.[120] Da bei einem Idealverein meist keine nachhaltigen Erträge erzielt werden, ist bei der Bewertung des Vereinsvermögens regelmäßig nicht vom Ertragswert, sondern vom **Substanzwert** auszugehen.[121] Betreibt der Idealverein – etwa im Rahmen des sog. Nebenzweckprivilegs – einen wirtschaftlichen Geschäftsbetrieb, so wird man diesen hingegen nach den allgemeinen Grundsätzen der Unternehmensbewertung, dh regelmäßig nach dem Ertragswertverfahren zu bewerten haben.[122] Ist der übernehmende Rechtsträger einer Mischverschmelzung unternehmerisch tätig, so erfolgt dessen Bewertung grundsätzlich nach dem **Ertragswertverfahren.** Bei der Verschmelzung eines Idealvereins auf einen wirtschaftlich tätigen Rechtsträger kommen also grundsätzlich – anders als sonst üblich – verschiedene Bewertungsmethoden für die beteiligten Rechtsträger zur Anwendung.[123]

49 **dd) Anteilsverschaffung bzw. Mitgliedschaftserwerb (§ 5 Abs. 1 Nr. 4 UmwG).** Gemäß § 5 Abs. 1 Nr. 4 UmwG sind im Verschmelzungsvertrag Angaben über die Anteilsverschaffung oder den Mitgliedschaftserwerb zu machen. Im Falle der **reinen Vereinsverschmelzung** erübrigen sich diese freilich. Denn die Mitgliedschaft im übernehmenden Verein entsteht gem. § 20 Abs. 1 Nr. 3 UmwG kraft Gesetzes und ohne besonderes Aufnahmeverfahren.[124] Im Verschmelzungsvertrag genügt also der Hinweis darauf, dass die Mitgliedschaft im übernehmenden Rechtsträger kraft Gesetzes mit Wirksamwerden der Verschmelzung entsteht.

50 Bei **Mischverschmelzungen** ist zu differenzieren. Ebenfalls kein Regelungsbedarf besteht, wenn ein Verein auf eine eingetragene Genossenschaft oder eine Personenhandelsgesellschaft verschmolzen wird, da es auch hier zu einem Mitgliedschafts- bzw. Anteilserwerb

---

[119] Widmann/Mayer/*Vossius* UmwG § 99 Rn. 60; Lutter/*Hennrichs* UmwG § 99 Rn. 26 ff.; Semler/Stengel/Leonard/*Katschinski* UmwG § 99 Rn. 74; *Limmer* Teil 2 Rn. 1317; *Hadding/Hennrichs* FS Boujong 1996, 203 (213).

[120] Lutter/*Hennrichs* UmwG § 99 Rn. 28; *Limmer* Teil 2 Rn. 1317; HK-UmwG/*Ries/Konu* UmwG § 99 Rn. 12; vgl. auch Semler/Stengel/Leonard/*Katschinski* UmwG § 99 Rn. 75, der auch eine abw. Zurechnung analog § 276 Abs. 2 UmwG für möglich hält.

[121] Widmann/Mayer/*Vossius* UmwG § 99 Rn. 63, 64, mit dem zutr. Hinweis, dass in Fällen, in denen potenziell ertragbringende Vermögensteile im Vereinsvermögen vorhanden sind, eine fiktive Ertragswertmethode angewendet werden kann; *Hadding/Hennrichs* FS Boujong 1996, 203 (215); MüKoBGB/*Reuter,* 5. Aufl. 2009, BGB § 41 Rn. 25.

[122] Semler/Stengel/Leonard/*Katschinski* UmwG § 99 Rn. 74; Widmann/Mayer/*Vossius* UmwG § 99 Rn. 66; *Raupach/Böckstiegel* FS Widmann 2000, 459 (481).

[123] Lutter/*Hennrichs* UmwG § 99 Rn. 29; Semler/Stengel/Leonard/*Katschinski* UmwG § 99 Rn. 75; HK-UmwG/*Ries/Konu* UmwG § 99 Rn. 12; *Hadding/Hennrichs* FS Boujong 1996, 203 (216).

[124] Semler/Stengel/Leonard/*Katschinski* UmwG § 99 Rn. 80; Reichert/*Schörnig* Kap. 2 Rn. 4402; *Hager* RNotZ 2011, 565 (573).

ex lege, dh ohne besonderen Aufnahme- oder Verschaffungsvorgang kommt.[125] Demgegenüber sind bei einer Verschmelzung auf eine Kapitalgesellschaft im Verschmelzungsvertrag Regelungen darüber zu treffen, ob die zu gewährenden Anteile aus einer verschmelzungsbedingten Kapitalerhöhung oder zB aus vorhandenen eigenen Anteilen herrühren. Bei der Aktiengesellschaft sind ferner Regelungen dazu zu treffen, wer zum Treuhänder bestellt wird und wie dieser die Aktien auf die Mitglieder überträgt (§ 71 UmwG).[126]

ee) Gewinnbezugsrecht (§ 5 Abs. 1 Nr. 5 UmwG). Die Vorschrift des § 5 Abs. 1 Nr. 5 UmwG, nach der im Verschmelzungsvertrag der Zeitpunkt anzugeben ist, von dem an ein Anspruch auf den Bilanzgewinn gewährt wird, passt auf die **reine Vereinsverschmelzung** nicht.[127] Die Vereinsmitgliedschaft vermittelt kein derartiges Gewinnbezugsrecht. Überwiegend wird davon ausgegangen, dass insoweit der Zeitpunkt anzugeben ist, ab dem im übernehmenden Verein die mitgliedschaftlichen Wertrechte, dh insbesondere die Rechte auf Nutzung des Vereinsvermögens und der Vereinseinrichtungen, bestehen.[128] Frühestmöglicher Zeitpunkt kann das Wirksamwerden der Verschmelzung sein (§ 20 Abs. 1 UmwG). Entweder wird also im Verschmelzungsvertrag auf diesen Zeitpunkt abgestellt oder etwa auf den Monatsersten, der auf das Wirksamwerden der Verschmelzung folgt. 51

Formulierungsbeispiel: Regelung im Verschmelzungsvertrag zum Anspruch auf den „Bilanzgewinn" bei Verschmelzung zweier Vereine zur Aufnahme 52

Ein Gewinnbezugsrecht vermittelt die Vereinsmitgliedschaft im aufnehmenden Verein nicht; ebenso wenig sonstige vermögensrechtliche Ansprüche am Vereinsvermögen. Der Anspruch auf Nutzung der Vereinseinrichtungen besteht ab Wirksamwerden der Verschmelzung gem. § 20 Abs. 1 UmwG.

Bei **Mischverschmelzungen** hingegen ist entsprechend dem Wortlaut des § 5 Abs. 1 Nr. 4 UmwG der Beginn des **Gewinnbezugsrechts** anzugeben. 53

ff) Verschmelzungsstichtag (§ 5 Abs. 1 Nr. 6 UmwG). Auch bei Vereinsverschmelzungen bedarf es der Angabe des Verschmelzungsstichtags, also des Tags, ab dem die Handlungen des übertragenden Vereins als für Rechnung des übernehmenden Rechtsträgers vorgenommen gelten. Zu unterscheiden ist dieser Verschmelzungsstichtag vom Schlussbilanzstichtag. Letzterer ist im Verschmelzungsvertrag nur bei Verschmelzungen von Genossenschaften als übertragende Rechtsträger anzugeben (§ 80 Abs. 2 UmwG), nicht jedoch bei Vereinsverschmelzungen.[129] Bedeutung hat der Schlussbilanzstichtag zB für die Acht-Monatsfrist des § 17 Abs. 2 S. 4 UmwG;[130] hier ist zu beachten, dass gem. §§ 4, 7 Abs. 4 COVMG („Covid-19-Pandemie-Gesetz") für Anmeldungen im Jahr 2020 die Acht-Monatsfrist auf zwölf Monate verlängert wurde. Nach richtiger Auffassung folgt der Verschmelzungsstichtag unmittelbar auf den Schlussbilanzstichtag.[131] Wenn keine unterjäh- 54

---

125 Semler/Stengel/Leonard/*Katschinski* UmwG § 99 Rn. 80; MüKoBGB/*Reuter,* 5. Aufl. 2009, BGB § 41 Rn. 28; Reichert/*Schörnig* Kap. 2 Rn. 4402; BeckOGK/*Reul* UmwG § 99 Rn. 97, 98.

126 Semler/Stengel/Leonard/*Katschinski* UmwG § 99 Rn. 80; MüKoBGB/*Reuter,* 5. Aufl. 2009, BGB § 41 Rn. 28; BeckOGK/*Reul* UmwG § 99 Rn. 96.

127 Semler/Stengel/Leonard/*Katschinski* UmwG § 99 Rn. 81; *Hager* RNotZ 2011, 565 (573); *Katschinski* S. 97.

128 *Hager* RNotZ 2011, 565 (574); *Katschinski* S. 97; Lutter/*Hennrichs* UmwG § 99 Rn. 33; MüKoBGB/*Reuter,* 5. Aufl. 2009, BGB § 41 Rn. 29; BeckOGK/*Reul* UmwG § 99 Rn. 100; aA Reichert/*Schörnig* Kap. 2 Rn. 4402: § 5 Abs. 1 Nr. 5 UmwG bei der reinen Vereinsverschmelzung „ohne Bedeutung"; so auch *Wiedemann/Thüsing* WM 1999, 2237 (2244): § 5 Abs. 1 Nr. 5 „nicht anwendbar".

129 LG Frankenthal RNotZ 2007, 478 mAnm *Terner;* Semler/Stengel/Leonard/*Katschinski* UmwG § 99 Rn. 82; BeckOGK/*Reul* UmwG § 99 Rn. 102.

130 Ferner ist der steuerliche Übertragungszeitpunkt gem. § 2 Abs. 1 UmwStG identisch mit dem Schlussbilanzstichtag.

131 Semler/Stengel/Leonard/*Schröer/Greitemann* UmwG § 5 Rn. 54; Schmitt/Hörtnagl/*Winter* UmwG § 5 Rn. 75; Widmann/Mayer/*Mayer* UmwG § 5 Rn. 158; abw. *Hager* RNotZ 2011, 565 (573) und

rige Bilanzierung bzw. Rechnungslegung erfolgt, wird der Verschmelzungsstichtag oft der 1. 1. sein, also der Tag, der auf die zum 31. 12. aufgestellte Schlussbilanz bzw. Rechnungslegung folgt (→ Rn. 90, 120 ff.).[132]

55 **gg) Sonderrechte und -vorteile (§ 5 Abs. 1 Nr. 7 und Nr. 8 UmwG).** Nach seinem Wortlaut gilt § 5 Abs. 1 Nr. 7 UmwG nur in Bezug auf Anteilsinhaber und enthält anders als die übrigen Nummern des § 5 Abs. 1 UmwG nicht ausdrücklich auch den Begriff der Mitglieder. Gleichwohl besteht Einvernehmen darüber, dass die Vorschrift auch für reine Vereinsverschmelzungen gilt und daher etwaige Sonderrechtsgewährungen an einzelne Vereinsmitglieder in den Verschmelzungsvertrag aufzunehmen sind.[133] Hierbei kann es sich um **Sonderrechte** iSd § 35 BGB handeln, die einzelnen **Mitgliedern** – zB wegen des Bestehens entsprechender Rechte im übertragenden Verein – auch im übernehmenden eingeräumt werden sollen.[134] Als solche kommen etwa Mehrfachstimmrechte oder beitragsfreie bzw. als Sonderrecht ausgestaltete Ehrenmitgliedschaften in Betracht (zu Sonderrechten → § 10 Rn. 75 ff.).[135] Dem Wortlaut nach fallen unter die Norm auch stimmrechtslose Anteile. Solche können im Verein ebenfalls bestehen, nämlich in Gestalt sog. passiver Mitglieder oder Fördermitglieder, denen aufgrund einer entsprechenden Satzungsbestimmung kein Stimmrecht eingeräumt ist (zu verschiedenen Formen der Mitgliedschaft → § 10 Rn. 35 ff.). Auch insoweit sind also ggf. Angaben zu den gewährten Rechten oder zu den vorgesehenen Maßnahmen in den Verschmelzungsvertrag aufzunehmen. Werden einem **Organmitglied** oder einer anderen in § 5 Abs. 1 Nr. 8 UmwG genannten Person **besondere Vorteile** gewährt, sind auch diese im Verschmelzungsvertrag zu benennen. Hierbei kann es sich zB um auf Lebenszeit eingeräumte Mitgliedschaften im Vorstand oder Abfindungszahlungen für den Verlust eines Vorstandsamts handeln.[136]

56 **hh) Arbeitnehmer und deren Vertretungen (§ 5 Abs. 1 Nr. 9 UmwG).** Gemäß § 5 Abs. 1 Nr. 9 UmwG gehören zum obligatorischen Inhalt des Verschmelzungsvertrags auch Angaben zu den Arbeitnehmern und deren Vertretungen sowie den insoweit vorgesehenen Maßnahmen. In **individualarbeitsrechtlicher** Hinsicht gelten für Vereine grundsätzlich keine Besonderheiten (→ § 15 Rn. 1 ff.). Allerdings finden sich im Vereinsbereich oft ehrenamtlich Tätige. Bei rein Ehrenamtlichen handelt es sich in der Regel nicht um Arbeitnehmer, da es insoweit am Wesensmerkmal der Entgeltlichkeit der Arbeitsleistung fehlt (vgl. auch → § 15 Rn. 188 ff., 217 ff.).[137] Inwieweit im Verein beschäftigten Trainern und Sportlern Arbeitnehmereigenschaft zukommt, hängt vom konkreten Einzelfall ab (→ § 15 Rn. 6 ff.).[138] Vorsorglich sollten Angaben aufgenommen werden.[139] Hinsichtlich des **kol-**

KK-UmwG/*Leuering* UmwG § 99 Rn. 52: Verschmelzungsstichtag entspricht Schlussbilanzstichtag; vgl. hierzu auch *Limmer* Teil 2 Rn. 178 ff.

[132] Zur Möglichkeit, variable Verschmelzungsstichtage im Hinblick auf einen unerwartet langen Registervollzug zu vereinbaren, vgl. *Limmer* Teil 2 Rn. 187 und Widmann/Mayer/*Mayer* UmwG § 5 Rn. 146.

[133] Semler/Stengel/Leonard/*Katschinski* UmwG § 99 Rn. 83; BeckOGK/*Reul* UmwG § 99 Rn. 103 ff.; *Katschinski* S. 98; *Hager* RNotZ 2011, 565 (573); allerdings bedarf es nach richtiger Ansicht keiner ausdrücklichen Negativerklärungen, wenn keine besonderen Rechte und Vorteile eingeräumt werden, vgl. OLG Frankfurt a. M. NZG 2011, 1278.

[134] Semler/Stengel/Leonard/*Katschinski* UmwG § 99 Rn. 83; *Hager* RNotZ 2011, 565 (573); KK-UmwG/*Leuering* UmwG § 99 Rn. 53; Reichert/*Schörnig* Kap. 2 Rn. 4402.

[135] *Hager* RNotZ 2011, 565 (574); *Schneider/May* SpuRT 2013, 99 (101).

[136] *Hager* RNotZ 2011, 565 (575); Widmann/Mayer/*Vossius* UmwG § 99 Rn. 72, 73; Reichert/*Schörnig* Kap. 2 Rn. 4402; MüKoBGB/*Reuter*, 5. Aufl. 2009, BGB § 41 Rn. 31; werden keine derartigen Rechte und Vorteile gewährt, sind Negativerklärungen nach richtiger Auffassung nicht erforderlich, vgl. OLG Frankfurt a. M. NZG 2011, 1278.

[137] BAG v. 29.8.2012 – 10 AZR 499/11, BeckRS 2012, 72568; *Hager* RNotZ 2011, 565 (574); vgl. aber auch BAG NJW 2003, 161, wonach vereinsrechtlich begründete Arbeitspflichten zwingende arbeitsrechtliche Regelungen nicht unterlaufen dürfen.

[138] BAG NZA 1991, 308 – Vertragsamateure; LAG Nürnberg NZA-RR 1996, 1 – Eishockeyspieler; LAG Hamburg BeckRS 2008, 51177 – Übungsleiterin; Schaub/*Vogelsang* § 8 Rn. 14; *Hager* RNotZ 2011, 565 (575).

lektiven Arbeitsrechts besteht die Besonderheit, dass Vereine nach § 1 MitBestG, § 1 Abs. 2 MontanMitbestG, § 1 Abs. 1 DrittelbG von der Mitbestimmung auf Unternehmensebene ausgenommen sind.[140] Dies gilt allerdings nicht für die betriebliche Mitbestimmung nach dem BetrVG, so dass in Vereinen möglicherweise Betriebsräte zu bilden sind.[141] Eine Ausnahme von der betrieblichen Mitbestimmung gilt jedoch für Vereine, die als Tendenzbetriebe oder Religionsgemeinschaften iSd § 118 BetrVG einzuordnen sind.

ii) Barabfindungsangebot, Austrittsrechte. Unter gewissen Voraussetzungen muss im Verschmelzungsvertrag gem. § 29 UmwG ein **Barabfindungsangebot** gemacht werden. Als Teil des im Umwandlungsgesetz verankerten Minderheitenschutzes gewährt die Vorschrift in bestimmten Konstellationen das Recht, anlässlich der Verschmelzung gegen eine monetäre Abfindung als Mitglied bzw. Anteilsinhaber auszuscheiden.[142] 57

Bei **reinen Vereinsverschmelzungen** erlangt die Vorschrift jedoch **praktisch kaum Bedeutung.** Zwar verpflichtet § 29 Abs. 1 S. 2 UmwG seinem Wortlaut nach zum Abfindungsangebot, wenn die Mitgliedschaft im übernehmenden Verein Verfügungsbeschränkungen unterliegt, also insbesondere nicht abtretbar ist. Diese Voraussetzung wäre an sich bei nahezu jeder Verschmelzung auf einen Verein erfüllt, da die fehlende Übertragbarkeit der Mitgliedschaft der gesetzliche Regelfall ist (§ 38 S. 1 BGB). Allerdings ist § 29 Abs. 1 S. 2 UmwG nach richtiger Auffassung in solchen Fällen teleologisch zu reduzieren, in denen die Mitgliedschaft im übertragenden Verein ebenfalls gem. § 38 S. 1 BGB nicht übertragbar ausgestaltet ist.[143] Denn § 29 Abs. 1 S. 2 UmwG zielt darauf ab, verschmelzungsbedingte Beschneidungen der Verfügungsfreiheit auszugleichen. Bei identisch geltenden Verfügungsbeschränkungen in übertragendem und übernehmendem Verein erleiden die Mitglieder diesbezüglich jedoch keinerlei Schlechterstellung. Daher besteht kein Grund, ein Austrittsrecht gegen Barabfindung zu gewähren.[144] Ein Barabfindungsangebot ist also nur erforderlich, wenn die Mitgliedschaft im übertragenden Verein (ausnahmsweise) aufgrund einer entsprechenden Satzungsbestimmung übertragbar ist, während dies für Mitgliedschaft im aufnehmenden Verein nicht bzw. nicht in gleichem Maße gilt.[145] 58

Auf andere Beschränkungen oder Nachteile, die für die Vereinsmitgliedschaft im übernehmenden Verein gelten, insbesondere auf ein **erschwertes Austrittsrecht gem. § 39 BGB** (zB aufgrund längerer Kündigungsfristen als im übertragenden Verein) ist § 29 UmwG nach richtiger Auffassung nicht (analog) anzuwenden.[146] Denn bei der Barabfindung geht es allein darum, eine Kompensation für den Verlust eines vermögenswerten Gutes, nämlich der Veräußerbarkeit der Mitgliedschaft, zu schaffen.[147] 59

---

[139] So auch *Hager* RNotZ 2011, 565 (574); vgl. zu den teilweise sehr weitgehenden Anforderungen der Rechtsprechung: OLG Düsseldorf NJW-RR 1999, 188.

[140] Semler/Stengel/Leonard/*Katschinski* UmwG § 99 Rn. 85.

[141] Unzutr. insoweit KK-UmwG/*Leuering* UmwG § 99 Rn. 55; aA offenbar auch BeckOGK/*Reul* UmwG § 99 Rn. 113, der die Bildung von Betriebsräten unrichtigerweise für zwangsläufig ausgeschlossen hält; wie hier jedoch *Schneider/May* SpuRT 2013, 99 (101).

[142] Widmann/Mayer/*Wälzholz* UmwG § 29 Rn. 2; Semler/Stengel/Leonard/*Kalss* UmwG § 29 Rn. 1 ff.

[143] Semler/Stengel/Leonard/*Katschinski* UmwG § 99 Rn. 90; Lutter/*Hennrichs* UmwG § 99 Rn. 30; KK-UmwG/*Leuering* UmwG § 99 Rn. 65; *Hager* RNotZ 2011, 565 (575); so iErg auch *Limmer* Teil 2 Rn. 1320 und Widmann/Mayer/*Vossius* UmwG § 99 Rn. 78, 79, letzterer mit Verweis darauf, dass sich die Vinkulierung nicht aus der Satzung, sondern unmittelbar aus dem Gesetz ergibt (der aktuelle Wortlaut des § 29 Abs. 1 S. 2 UmwG differenziert insoweit – anders als die frühere Gesetzesfassung – allerdings nicht mehr).

[144] Lutter/*Hennrichs* UmwG § 99 Rn. 30; Semler/Stengel/Leonard/*Kalss* UmwG § 29 Rn. 12; *Hager* RNotZ 2011, 565 (575); aA Widmann/Mayer/*Wälzholz* UmwG § 29 Rn. 18, 27; Schmitt/Hörtnagl/*Winter* UmwG § 29 Rn. 4, 10: Barabfindung nach Treu und Glauben nur in Extremfällen ausgeschlossen, wenn keine irgendwie geartete Schlechterstellung eintritt.

[145] Semler/Stengel/Leonard/*Katschinski* UmwG § 99 Rn. 89; Widmann/Mayer/*Vossius* UmwG § 99 Rn. 79; *Hager* RNotZ 2011, 565 (575).

[146] Semler/Stengel/Leonard/*Katschinski* UmwG § 99 Rn. 91; Lutter/*Hennrichs* UmwG § 99 Rn. 30 aE; so auch *Grunewald* in: Kölner Umwandlungsrechtstage, S. 24.

[147] *Katschinski* S. 106; MüKoBGB/*Reuter*, 5. Aufl. 2009, BGB § 41 Rn. 35.

60 Für alle im steuerlichen Sinn **gemeinnützigen, mildtätigen und kirchlichen Vereine** (§ 5 Abs. 1 Nr. 9 KStG, §§ 51 ff. AO) gilt, dass ein Barabfindungsangebot **stets entbehrlich** ist. Denn § 104a UmwG schließt die Anwendung des § 29 UmwG ausdrücklich aus. Aus dem Wortlaut der Norm geht nicht eindeutig hervor, in welcher Rolle der gemeinnützige Verein an der Verschmelzung beteiligt sein muss. Ihrem Sinn und Zweck nach will die Vorschrift vermeiden, dass die gemeinnützige Vermögensbindung durch Abfindungszahlungen tangiert wird und sich die ausscheidenden Mitglieder auf Kosten des gemeinnützigen Vereins bereichern. Nach richtiger Auffassung findet § 104a UmwG daher nur Anwendung, wenn ein **steuerbegünstigter Verein** auf einen **anderen steuerbegünstigten Verein** oder auf einen anderen steuerbegünstigten Rechtsträger verschmolzen wird.[148]

> **Hinweis:**
> Um gegenüber dem Registergericht zu verdeutlichen, dass der Verschmelzungsvertrag zu Recht kein Barabfindungsangebot enthält, sollte im Verschmelzungsvertrag erwähnt werden, dass es sich um steuerprivilegierte gemeinnützige, mildtätige oder kirchliche Vereine handelt. Sofern das Registergericht hierzu weitere Nachweise verlangt, kann eine entsprechende Bestätigung des Finanzamts eingeholt werden.[149] Seit Einführung des § 60a AO durch das Ehrenamtsstärkungsgesetz mit Wirkung zum 29.3.2013 kann die Steuerprivilegierung nunmehr gesondert und verbindlich durch das zuständige Finanzamt festgestellt werden (hierzu → § 14 Rn. 72 ff.).[150] In der Vergangenheit bestand hingegen lediglich die Möglichkeit, eine vorläufige Bescheinigung für den laufenden Veranlagungszeitraum einzuholen.[151]

61 Bei **Mischverschmelzungen** ist gem. § 29 Abs. 1 S. 1 UmwG regelmäßig ein **Barabfindungsangebot** zu machen, es sei denn der übernehmende Rechtsträger ist ebenfalls gemeinnützig iSd § 104a UmwG (zB „gGmbH"[152]), oder sämtliche Mitglieder des übertragenden Vereins verzichten analog §§ 30 Abs. 2 S. 3, 8 Abs. 3, 12 Abs. 3 UmwG durch notariell beurkundete Erklärung auf die Barabfindung.

62 Sofern ein Barabfindungsangebot erforderlich ist, errechnet sich die **Höhe der Abfindungszahlung** grundsätzlich nach dem Wert des Vereinsvermögens des übertragenden Vereins, das den einzelnen Mitgliedern – vorbehaltlich anderweitiger Satzungsbestimmungen – nach Köpfen zuzurechnen ist.[153] Maßgebend ist hierbei grundsätzlich der Substanzwert, für wirtschaftliche Geschäftsbetriebe der Ertragswert (→ Rn. 48).[154] Die vorstehenden Grundsätze gelten auch für **gemeinnützige Vereine,** da der Aspekt der satzungsmäßigen Vermögensbindung bei einer **Mischverschmelzung** auf einen nicht gemeinnützigen Rechtsträger gerade entfällt, und die ideell geprägte Vereinsmitgliedschaft in eine vermögenswerte Beteiligung am anderen Rechtsträger eingetauscht wird.[155] Daher gebietet die Gleichbehandlung der ausscheidenden mit den verbleibenden Mitgliedern eine entsprechende Berücksichtigung bei der Barabfindung.[156] Im Fall der **reinen Vereinsverschmelzung** soll jedoch der Teil des

---

[148] Semler/Stengel/Leonard/*Katschinski* UmwG § 104a Rn. 3; *Hager* RNotZ 2011, 565 (575); so jetzt auch Widmann/Mayer/*Vossius* UmwG § 104a Rn. 1; BeckOGK/*Reul* UmwG § 104a Rn. 4.

[149] Widmann/Mayer/*Vossius* UmwG § 104a Rn. 16; *Hager* RNotZ 2011, 565 (575); BeckOGK/*Reul* UmwG § 104a Rn. 13.

[150] Lutter/*Hennrichs* UmwG § 104a Rn. 2.

[151] *Stöber/Otto* Rn. 1582.

[152] Jetzt zulässig gem. § 4 S. 2 GmbHG; gegen die Zulässigkeit dieser Firmierung nach alter Rechtslage OLG München DNotZ 2007, 148: Verstoß gegen § 4 GmbHG; *Krafka* RegisterR-HdB Rn. 229.

[153] Lutter/*Hennrichs* UmwG § 99 Rn. 31; *Hadding/Hennrichs* FS Boujong 1996, 203 (217).

[154] BeckOGK/*Reul* UmwG § 99 Rn. 126.

[155] So zutr. Semler/Stengel/Leonard/*Katschinski* UmwG § 99 Rn. 92; MüKoBGB/*Reuter,* 5. Aufl. 2009, BGB § 41 Rn. 36.

[156] Semler/Stengel/Leonard/*Katschinski* UmwG § 99 Rn. 92; *Katschinski* S. 108; MüKoBGB/*Reuter,* 5. Aufl. 2009, BGB § 41 Rn. 36.

Vereinsvermögens unberücksichtigt bleiben, der nicht aus den Mitgliedsbeiträgen, sondern nachweislich aus sonstigen Zuwendungen, insbesondere Spenden Dritter aufgebaut wurde.[157]

Neben den speziellen umwandlungsrechtlichen Ausscheidensregelungen gem. §§ 29 ff. 63
UmwG bleibt nach allgemeiner Meinung noch Raum für das **Austrittsrecht nach den allgemeinen Bestimmungen** (§ 39 BGB), da die speziellen Normen des Umwandlungsgesetzes insoweit **keine Sperrwirkung** entfalten.[158] Jedoch folgt – wie sich im Umkehrschluss aus § 108 UmwG ergibt – aus der Verschmelzung an sich kein fristloses Austrittsrecht aus wichtigem Grund.[159] Hierfür müssen vielmehr im Einzelfall Gründe vorliegen, die das Verbleiben im Verein bis zum Ablauf der ordentlichen Kündigungsfrist unzumutbar machen.[160] Liegen solche nicht vor, sind etwaige satzungsmäßige Kündigungsfristen für die Mitgliedschaft gem. § 39 Abs. 2 BGB also einzuhalten, wenn ein Mitglied anlässlich der Verschmelzung aus dem Verein ausscheiden will.

Eine Möglichkeit, auf die Mitgliedschaft im übernehmenden Verein **analog § 128** 64
UmwG zu verzichten, steht den Mitgliedern des übertragenden Vereins nach richtiger Auffassung nicht zu.[161] Dem steht der verschmelzungsrechtliche Identitätsgrundsatz entgegen, nach dem jedes Mitglied bzw. jeder Anteilsinhaber mit einer Mitgliedschaft bzw. Anteilen am übernehmenden Rechtsträger zu beteiligen ist und demnach im Zuge der Verschmelzung nicht ausscheiden darf.[162].

jj) Fakultative Inhalte. Abgesehen von den nach § 5 Abs. 1 UmwG obligatorischen Inhal- 65
ten ist es zulässig und üblich, weitere, **fakultative Regelungen** in den Verschmelzungsvertrag aufzunehmen.[163] Insbesondere kann ein **Rücktrittsrecht** für den Fall vereinbart werden, dass die Mitgliederversammlungen nicht bis zu einem bestimmten Zeitpunkt die Zustimmungsbeschlüsse zum Verschmelzungsvertrag gefasst haben, um so den eintretenden Schwebezustand endgültig beseitigen zu können.[164] Soll die Verschmelzung aus Sicht der Beteiligten davon abhängig gemacht werden, dass die Satzung des übernehmenden Vereins in bestimmten Punkten geändert wird, so kann die Satzungsänderung zur aufschiebenden Bedingung für das Wirksamwerden des Verschmelzungsvertrags gemacht werden.[165]

6. Betriebsratsbeteiligung

Bestehen **Betriebsräte** (→ Rn. 56), muss diesen der Verschmelzungsvertrag bzw. der Ent- 66
wurf gem. § 5 Abs. 3 UmwG spätestens einen Monat vor Fassung der Verschmelzungsbeschlüsse **zugeleitet** werden. Besonderheiten ergeben sich bei der Vereinsverschmelzung insoweit nicht.[166]

---

[157] Semler/Stengel/Leonard/*Katschinski* UmwG § 99 Rn. 93; KK-UmwG/*Leuering* UmwG § 99 Rn. 66; *Hager* RNotZ 2011, 565 (575); ausf. *Katschinski* S. 108.

[158] Lutter/*Hennrichs* UmwG § 104a Rn. 6; Widmann/Mayer/*Wälzholz* UmwG § 29 Rn. 9.

[159] Semler/Stengel/Leonard/*Katschinski* UmwG § 104a Rn. 10; Lutter/*Hennrichs* UmwG § 104a Rn. 6; *Hager* RNotZ 2011, 565 (575); aA *Sauter/Schweyer/Waldner* Eingetragener Verein Rn. 397a; *Drobnig/Becker/Remien* S. 42; vgl. auch *Wiedemann/Thüsing* WM 1999, 2277 (2278 ff.).

[160] Widmann/Mayer/*Vossius* UmwG § 104a Rn. 21; vgl. hierzu *Stöber/Otto* Rn. 279; Reichert/*Schörnig* Kap. 2 Rn. 4431; BeckOGK/*Reul* UmwG § 104a Rn. 16.

[161] AA Semler/Stengel/Leonard/*Katschinski* UmwG § 104a Rn. 11 sowie *Hager* RNotZ 2011, 565 (576).

[162] Widmann/Mayer/*Mayer* UmwG § 5 Rn. 20 ff.; Lutter/*Drygala* UmwG § 5 Rn. 17; ausf. hierzu *Weiß* FS D. Mayer 2020, 128 (140 ff.); aA jedoch Semler/Stengel/Leonard/*Schröer/Greitemann* UmwG § 5 Rn. 14 und BeckOGK/*Reul* UmwG § 104a Rn. 17.

[163] *Punte* SpuRT 2018, 107 (109) nennt als Beispiele etwa vertragliche Regelungen zu Vereinshymne, Vereinswappen, Vereinsfarben, Austragsorte von Wettkämpfen etc.

[164] Allgemein hierzu *Limmer* Teil 2 Rn. 74 ff., 242; Semler/Stengel/Leonard/*Schröer/Greitemann* UmwG § 5 Rn. 119.

[165] Als „Registerbedingung", die keine Rechtsunsicherheit begründet, ist dies für den Registervollzug unproblematisch; vgl. hierzu auch *Katschinski* S. 22; Semler/Stengel/Leonard/*Schröer/Greitemann* UmwG § 5 Rn. 112; *Hager* RNotZ 2011, 565 (576).

[166] Vgl. hierzu allgemein Schmitt/Hörtnagl/*Winter* UmwG § 5 Rn. 116 ff.

7. Verschmelzungsbericht

67 Auch bei Vereinsverschmelzungen ist nach der allgemeinen Regelung des § 8 UmwG ein **Verschmelzungsbericht** zu verfassen. Zwar ist eine Berichtserstellung nach § 8 Abs. 3 UmwG entbehrlich, wenn **alle Mitglieder** bzw. Anteilsinhaber der beteiligten Rechtsträger, also nicht nur die in der Versammlung anwesenden, in notariell beurkundeter Form hierauf **verzichten.**[167] Gerade bei Vereinen mit größerer Mitgliederzahl wird ein solcher Verzicht jedoch kaum von allen Mitgliedern abgegeben werden. Der Verschmelzungsbericht dürfte daher bei nahezu jeder Vereinsverschmelzung zum „Pflichtprogramm" gehören.[168] Inhaltlich ist im Verschmelzungsbericht die **Verschmelzung** sowie der **Verschmelzungsvertrag** rechtlich und wirtschaftlich **ausführlich zu erläutern** und **zu begründen** (§ 8 Abs. 1 UmwG). Bei der Erstellung des Berichts ist dessen Schutzzweck zu berücksichtigen. Er dient dem Informationsinteresse der Vereinsmitglieder.[169] Sie sollen über den Verschmelzungsvorgang informiert und so in die Lage versetzt werden, sich eine Meinung zum Für und Wider der Verschmelzung zu bilden und sich auf die Mitgliederversammlung sowie die Abstimmung zur Verschmelzung sachgerecht vorzubereiten. Daher sollten im Verschmelzungsbericht die **Motive, Ziele und Konsequenzen** der Verschmelzung und – sofern ersichtlich – ggf. auch **mögliche Alternativen** hierzu benannt werden.[170]

68 Bei **reinen Vereinsverschmelzungen** soll der Verschmelzungsbericht den Mitgliedern insbesondere die Beurteilung ermöglichen, ob die eingeräumte neue Mitgliedschaft im übernehmenden Verein einen angemessenen Ausgleich für die wegfallende Mitgliedschaft im übertragenden Verein darstellt. Daher müssen im Verschmelzungsbericht insbesondere **Angaben zur Mitgliedschaft** im aufnehmenden Verein gemacht werden, insbesondere zu den Rechten und Pflichten der Mitglieder.[171] Bestehen Sonderrechte für Mitglieder des übertragenden Vereins, so ist auf deren Schicksal einzugehen, insbesondere darauf, ob diese Sonderrechte im übernehmenden Verein ebenfalls eingeräumt werden.[172] Zu erläutern sind auch etwaige Unterschiede zwischen den Vereinssatzungen. Aus praktischer Sicht wird es sich daher empfehlen, die **Satzung** des übernehmenden Vereins und – ggf. synoptisch hierzu – auch die Satzung des übertragenden Vereins zum **Bestandteil des Verschmelzungsberichts** zu machen.[173] Die geltenden Regelungen zu Vereinsbeiträgen, deren Höhe und ggf. Festsetzungsmöglichkeiten durch die Mitgliederversammlung bzw. den Vorstand sollten angesichts ihrer Bedeutung auch im Verschmelzungsbericht enthalten sein.[174] Sieht der Verschmelzungsvertrag vor, dass vorübergehend unterschiedliche Beitragsstaffeln gelten oder Sonderbeiträge zu leisten sind, sind die hierfür maßgeblichen Gründe darzulegen (zB unterschiedliches Verhältnis zwischen Vereinsvermögen und Mitgliederzahl; → Rn. 41).[175] Da ein Barabfindungsangebot in vielen Fällen entbehrlich ist (→ Rn. 57 ff.), erübrigen sich Ausführungen hierzu oft auch im Verschmelzungsbericht.

69 Bei **Mischverschmelzungen** ist den Vereinsmitgliedern klar zu machen, welche rechtsformbedingten Unterschiede gelten, insbesondere wie sich ihre Stellung als Anteilsinhaber des anderen Rechtsträgers von der bisherigen Vereinsmitgliedschaft unterscheidet.

---

[167] OLG Bamberg NZG 2012, 1269.

[168] Fehlt der erforderliche Verschmelzungsbericht, so steht dies der Eintragung der Verschmelzung entgegen: OLG Bamberg NZG 2012, 1269.

[169] Schmitt/Hörtnagl/*Winter* UmwG § 8 Rn. 1; *Wiedemann/Thüsing* WM 1999, 2237 (2244).

[170] Semler/Stengel/Leonard/*Katschinski* UmwG § 99 Rn. 97; *Hager* RNotZ 2011, 565 (577); *Wiedemann/Thüsing* WM 1999, 2237 (2244); *Schneider/May* SpuRT 2013, 99 (102).

[171] *Hager* RNotZ 2011, 565 (577); Semler/Stengel/Leonard/*Katschinski* UmwG § 99 Rn. 98; Widmann/Mayer/*Vossius* UmwG § 99 Rn. 85; *Punte* SpuRT 2018, 107 (109).

[172] *Hager* RNotZ 2011, 565 (577); KK-UmwG/*Leuering* UmwG § 99 Rn. 69.

[173] Semler/Stengel/Leonard/*Katschinski* UmwG § 99 Rn. 98; Lutter/*Hennrichs* UmwG § 99 Rn. 34; *Wiedemann/Thüsing* WM 1999, 2237 (2246).

[174] *Hager* RNotZ 2011, 565 (577); Widmann/Mayer/*Vossius* UmwG § 99 Rn. 85.

[175] MHdB GesR V/*Pathe* § 54 Rn. 22; Lutter/*Hennrichs* UmwG § 99 Rn. 34; *Hager* RNotZ 2011, 565 (577); *Hadding/Hennrichs* FS Boujong 1996, 203 (218).

Ferner spielt in diesem Fall das **Umtauschverhältnis** auch im Verschmelzungsbericht eine zentrale Rolle. Der Verschmelzungsbericht hat hierbei auf die Bewertung der beteiligten Rechtsträger, namentlich das angewandte Bewertungsverfahren, das Umtauschverhältnis und die Berechnung der Barabfindung einzugehen (→ Rn. 48, 62).[176]

70 Eine **Beschränkung des Berichtsinhalts** sieht § 8 Abs. 2 UmwG für solche Tatsachen vor, die dem Geheimnisschutz unterliegen. Allerdings bedarf es insoweit einer Begründung der bei Offenlegung zu erwartenden Nachteile.

71 Der Bericht ist **schriftlich** zu verfassen und muss durch die Vereinsvorstände selbst **eigenhändig unterzeichnet** werden (§ 126 Abs. 1 BGB).[177] Stellvertretung ist – da es sich um eine persönliche Wissenserklärung handelt – nicht zulässig.[178] Berichtspflichtig ist der Vorstand in seiner Gesamtheit.[179] Nach Auffassung des BGH ist jedoch die Unterzeichnung des Berichts durch sämtliche Vereinsvorstände nicht erforderlich. Es soll vielmehr genügen, dass dies durch die jeweiligen Vorstandsmitglieder in **vertretungsberechtigter Anzahl** geschieht.[180] Da jedoch in der Literatur die Auffassung vertreten wird, der Bericht sei als Kundgabe des Wissens aller Organmitglieder auch von allen zu unterzeichnen, und die Äußerung des BGH *obiter dictum* erfolgte, empfiehlt es sich, vorsorglich die Unterschriften aller Organmitglieder einzuholen.[181]

72 Gemäß § 8 Abs. 1 S. 1 Hs. 2 UmwG kann ein **gemeinsamer Verschmelzungsbericht** erstattet werden.

> Hinweis:
>
> Um unnötigen Doppelaufwand zu vermeiden, kann von der Möglichkeit Gebrauch gemacht werden, für alle beteiligten Rechtsträger einen gemeinsamen Verschmelzungsbericht erstellen. Der Bericht sollte vorsorglich von sämtlichen Vorständen bzw. organschaftlichen Vertretern unterzeichnet werden.

8. Verschmelzungsprüfung

73 Ob eine Verschmelzungsprüfung gem. §§ 9ff. UmwG durchzuführen ist, beurteilt sich nach § 100 UmwG. Für **Idealvereine** (§ 21 BGB) erfolgt daher **grundsätzlich keine Verschmelzungsprüfung,** es sei denn 10% der Mitglieder verlangen schriftlich eine Verschmelzungsprüfung (§ 100 S. 2 UmwG).

74 Von großer praktischer Relevanz – und gleichzeitig leider nicht abschließend geklärt – sind die **zeitlichen Grenzen,** in denen das **Prüfungsverlangen** gestellt werden kann. Anders als §§ 44, 48 UmwG enthält § 100 S. 2 UmwG hierzu nämlich keine Frist. Insbesondere *Vossius* will die in §§ 44, 48 UmwG genannten Fristen daher analog heranziehen, da insoweit ein gesetzgeberisches Redaktionsversehen vorliege.[182] Hiergegen spricht, dass eine Ausdehnung der entsprechenden Regelungen auch auf Vereine im Laufe des Gesetzgebungsverfahrens zwar erwogen, jedoch letztlich nicht beschlossen wurde.[183] Daher wird

---

176 Lutter/*Hennrichs* UmwG § 99 Rn. 34; Widmann/Mayer/*Vossius* UmwG § 99 Rn. 85.

177 Widmann/Mayer/*Mayer* UmwG § 8 Rn. 15; *Limmer* Teil 2 Rn. 334; aA KG ZIP 2005, 167 (168): § 126 BGB nicht anwendbar, da es sich nicht um eine Willens-, sondern um eine Wissenserklärung handele.

178 Semler/Stengel/Leonard/*Katschinski* UmwG § 99 Rn. 97; Widmann/Mayer/*Mayer* UmwG § 8 Rn. 14; *Limmer* Teil 2 Rn. 385.

179 Widmann/Mayer/*Mayer* UmwG § 8 Rn. 14; Lutter/*Hennrichs* UmwG § 99 Rn. 34; *Limmer* Teil 2 Rn. 385.

180 BGH DNotZ 2008, 143; OLG Stuttgart NotBZ 2012, 98; *Hager* RNotZ 2011, 565 (575); *Limmer* Teil 2 Rn. 385.

181 Für eine Unterzeichnung in vertretungsberechtigter Zahl: MHdB GesR V/*Pathe* § 54 Rn. 27; *Hager* RNotZ 2011, 565 (577); und nunmehr auch Semler/Stengel/Leonard/*Katschinski* UmwG § 99 Rn. 97; für eine zwingende Unterzeichnung durch alle Vorstände jedoch: Reichert/*Schörnig* Kap. 2 Rn. 4405.

182 Widmann/Mayer/*Vossius* UmwG § 100 Rn. 22.

183 Semler/Stengel/Leonard/*Katschinski* UmwG § 100 Rn. 12; Lutter/*Hennrichs* UmwG § 100 Rn. 7; BeckOGK/*Reul* UmwG § 100 Rn. 31.

man die in §§ 44, 48 UmwG enthaltenen Fristen nicht analog auf Vereine anwenden können, auch wenn es hierfür gute rechtspolitische Gründe geben mag. Das **Prüfungsverlangen** kann daher nach hM **bis zur Beschlussfassung** über die Verschmelzung, also auch noch **in der Mitgliederversammlung** gestellt werden.[184] Nach Fassung des Verschmelzungsbeschlusses kann eine Verschmelzungsprüfung hingegen nicht mehr verlangt werden.[185] Dies ergibt sich aus dem Sinn und Zweck der Verschmelzungsprüfung, der darin liegt, den Vereinsmitgliedern eine (weitere) Entscheidungsgrundlage für ihr Abstimmungsverhalten zu liefern. Nach Versammlungsende kann dieser Zweck nicht mehr erreicht werden.[186] Nicht zu verkennen sind die **praktischen Schwierigkeiten,** die sich aus einem **späten Prüfungsverlangen** in der Mitgliederversammlung selbst oder kurz zuvor ergeben. Wird das Verlangen erst in der Mitgliederversammlung gestellt, so ist die Versammlung abzubrechen und eine neue Versammlung anzuberaumen.[187] Dies bringt naturgemäß erhebliche zeitliche Verzögerungen mit sich. In der Praxis dürfte die geschilderte Rechtslage oft dazu führen, dass sich der Vorstand im Hinblick auf ein eventuelles Prüfungsverlangen entschließt, eine **Verschmelzungsprüfung vorsorglich** in Auftrag zu geben.[188]

75 Ist dies nicht gewünscht und erscheint ein Prüfungsverlangen im konkreten Einzelfall auch nicht völlig ausgeschlossen, empfiehlt sich folgendes Verfahren der **Aufforderung mit Fristsetzung:**[189] Die Vereinsmitglieder werden im Vorfeld der Mitgliederversammlung, vorzugsweise noch vor deren Einberufung, auf ihr Recht, eine Verschmelzungsprüfung zu verlangen, hingewiesen und gleichzeitig aufgefordert, ein solches Verlangen innerhalb einer angemessenen Frist zu stellen. Läuft die Frist fruchtlos ab, so dürfte ein danach doch noch erhobenes Verlangen in der Regel gegen die mitgliedschaftliche Treuepflicht verstoßen und deshalb unbeachtlich sein, wenn sich nicht nach der Aufforderung neue Umstände ergeben haben, die ein Prüfungsverlangen rechtfertigen.[190] Voraussetzung hierfür ist allerdings, dass der Vorstand die Mitglieder hinreichend über ihr Recht, eine Verschmelzungsprüfung zu verlangen, belehrt und hierbei auch auf die Bedeutung und den Inhalt der Prüfung hinweist.[191] Auch ist den Mitgliedern Gelegenheit zu geben, sich vorab ausreichend über die Verschmelzung zu informieren. Daher ist in dem Schreiben an die Mitglieder ausdrücklich auf die gem. § 101 Abs. 1 S. 1 UmwG ausgelegten Unterlagen (→ Rn. 87) hinzuweisen.[192] Als **Frist,** die den Mitgliedern für das Prüfungsverlangen einzuräumen ist, erscheint in der Regel **ein Monat** als angemessen.[193]

---

[184] Semler/Stengel/Leonard/*Katschinski* UmwG § 100 Rn. 12; Lutter/*Hennrichs* UmwG § 100 Rn. 6; *Hager* RNotZ 2011, 565 (578); *Wiedemann/Thüsing* WM 1999, 2237 (2246).

[185] Semler/Stengel/Leonard/*Katschinski* UmwG § 100 Rn. 12; Lutter/*Hennrichs* UmwG § 100 Rn. 6; BeckOGK/*Reul* UmwG § 100 Rn. 40.

[186] Semler/Stengel/Leonard/*Katschinski* UmwG § 100 Rn. 12; Lutter/*Hennrichs* UmwG § 100 Rn. 6; *Hager* RNotZ 2011, 565 (579).

[187] Semler/Stengel/Leonard/*Katschinski* UmwG § 100 Rn. 13; Lutter/*Hennrichs* UmwG § 100 Rn. 6; Reichert/*Schörnig* Kap. 2 Rn. 4405; anderenfalls wäre der Verschmelzungsbeschluss anfechtbar.

[188] So auch *Punte* SpuRT 2018, 107 (110).

[189] Lutter/*Hennrichs* UmwG § 100 Rn. 8 ff.; Semler/Stengel/Leonard/*Katschinski* UmwG § 100 Rn. 15; zust. auch Widmann/Mayer/*Vossius* UmwG § 100 Rn. 25; *Wiedemann/Thüsing* WM 1999, 2237 (2246); gegen die Zulässigkeit eines solchen Vorgehens jedoch: Schmitt/Hörtnagl/*Hörtnagl/Ollech* UmwG § 44 Rn. 4; *Heckschen* DNotZ 2007, 444 (448); HK-UmwG/*Ries/Konu* UmwG § 100 Rn. 5.

[190] Semler/Stengel/Leonard/*Katschinski* UmwG § 100 Rn. 15; *Hager* RNotZ 2011, 565 (579); so auch Widmann/Mayer/*Vossius* UmwG § 100 Rn. 24 ff. und BeckOF-V/*Schervier* 7.13.3.4 Anm. 7, beide allerdings mit dem zutreffenden Hinweis, dass durch die Aufforderung keine echte Ausschlussfrist geschaffen werden kann.

[191] Semler/Stengel/Leonard/*Katschinski* UmwG § 100 Rn. 15; Widmann/Mayer/*Vossius* UmwG § 100 Rn. 26.

[192] Erfolgt die Aufforderung zum Prüfungsverlangen vor Einberufung der Mitgliederversammlung, sollten die in § 101 UmwG genannten Unterlagen also schon ab diesem Zeitpunkt bereitgehalten werden: Semler/Stengel/Leonard/*Katschinski* UmwG § 100 Rn. 15; KK-UmwG/*Leuering* UmwG § 100 Rn. 12; *Hadding/Hennrichs* FS Boujong 1996, 203 (221).

[193] So auch *Katschinski* S. 132 und BeckOF-V/*Schervier* 7.13.3.4 Anm. 7; anders BeckOGK/*Reul* UmwG § 100 Rn. 35: Anknüpfung an die Ladungsfrist für die Mitgliederversammlung.

> **Hinweis:**
> Ist dem Verein daran gelegen, keine Verschmelzungsprüfung durchzuführen, sollten die Mitglieder rechtzeitig vor der Mitgliederversammlung, vorzugsweise noch vor Einberufung der Mitgliederversammlung, über die Möglichkeit des Prüfungsverlangens unterrichtet und dazu aufgefordert werden, ein Prüfungsverlangen innerhalb einer angemessenen Frist (mindestens ein Monat) zu stellen.[194]

Bei **Mischverschmelzungen** sind ferner die rechtsformspezifischen Vorschriften des anderen Rechtsträgers zu beachten, nach denen eine Verschmelzungsprüfung erforderlich sein kann (zB §§ 44, 48, 60 UmwG). 76

Im Übrigen bleibt grundsätzlich die Möglichkeit eröffnet, auf die **Verschmelzungsprüfung** gem. § 9 Abs. 3 UmwG zu **verzichten.** Ist ein solcher Verzicht aller Mitglieder, etwa wegen eines nur begrenzten Mitgliederkreises des Vereins, erreichbar, so kann auf diesem Wege Klarheit für das weitere Verfahren geschaffen werden. 77

Bei der Verschmelzung eines **wirtschaftlichen Vereins** hat gem. § 100 S. 1 UmwG grundsätzlich eine Verschmelzungsprüfung zu erfolgen, soweit hierauf nicht nach § 9 Abs. 3 UmwG verzichtet wird. 78

Hinsichtlich des weiteren **Ablaufs einer Verschmelzungsprüfung** ergeben sich bei der Beteiligung von Vereinen keine Besonderheiten. Es gelten insoweit die allgemeinen Bestimmungen (§§ 10–12 UmwG). 79

9. Verschmelzungsbeschluss

a) Allgemeines. Der Verschmelzungsvertrag bedarf gem. §§ 103, 13 UmwG der **Zustimmung der Mitgliederversammlung** des Vereins. Für den Zustimmungsbeschluss besteht nach § 13 Abs. 1 S. 2 UmwG **Versammlungszwang.** Eine Beschlussfassung in anderer Form, also insbesondere im Umlaufverfahren, kommt also nicht in Betracht. § 32 Abs. 2 BGB wird durch § 13 UmwG als *lex specialis* verdrängt.[195] 80

Hierbei ist jedoch zu beachten, dass die Versammlung nach richtiger Auffassung nicht zwingend als (vollständige) **physische Präsenzversammlung** abgehalten werden muss.[196] Sofern es die Satzung erlaubt, kann also auch eine Teilnahme von Mitgliedern per Videoschalte/Online-Teilnahme oder in ähnlicher fernkommunikativer Weise erfolgen, jedoch unter der Voraussetzung, dass ein Austausch mit der Versammlungsleitung, den Vereinsorgangen und den anderen teilnehmenden Mitgliedern möglich ist („Zwei-Wege-Kommunikation“).[197] Um den Anforderungen des § 13 Abs. 1 S. 2, Abs. 3 S. 1 UmwG zu genügen muss allerdings ein Ort identifiziert werden können, an dem die Versammlung stattfindet (physischer Versammlungsort). Dies ist zum einen denkbar in der Weise, dass am Versammlungsort neben der Versammlungsleitung und dem Notar ein Teil der Mitglieder anwesend ist, während ein anderer Teil ohne körperliche Anwesenheit am Versammlungsort durch elektronische Kommunikation im vorstehenden Sinne zugeschaltet ist **(„Hybridversammlung“).**[198] Zum anderen dürfte es auch genügen, wenn zumindest der Versammlungsleiter und der Notar am physischen Versammlungsort präsent sind; die weiteren Versammlungsteilnehmer (ggf. auch sämtliche weiteren) können per Ton-/Bildübertragung 80a

---

[194] Mit BeckOF-V/*Schervier* Ziffer 7.13.3.4 (Ablaufplan) kann die Aufforderung zB drei Monate vor der geplanten Mitgliederversammlung erfolgen.

[195] Semler/Stengel/Leonard/*Katschinski* UmwG § 103 Rn. 3; MHdB GesR V/*Pathe* § 54 Rn. 54.

[196] AA wohl OLG Hamm NJW 2012, 940 *(obiter dictum)* und Reichert/*Wagner* Kap. 2 Rn. 1905 sowie auch Lutter/*Hoger* UmwG § 193 Rn. 3 (zum Formwechselbeschluss).

[197] BeckOGK/*Rieckers/Cloppenburg* UmwG § 13 Rn. 41; BeckOGK/*Reul* UmwG § 103 Rn. 17, 18; Semler/Stengel/Leonard/*Gehling* UmwG § 13 Rn. 14; Lutter/*Drygala* UmwG § 13 Rn. 10; in diese Richtung auch Henssler/Strohn/*Heidinger* UmwG § 13 Rn. 11.

[198] BeckOGK/*Notz* BGB § 32 Rn. 113, 199, 296; *Weber* npoR 2021, 99 (100); *Segna* npoR 2020, 148 (149f.); *Schwenn/Blacher* npoR 2020, 154 (155).

(wie vorstehend beschrieben) zugeschaltet werden.[199] Eine **rein virtuelle Versammlung** ohne physischen Versammlungsort, z.B Kommunikation in einem Chatroom oÄ, erfüllt die Voraussetzungen des § 13 UmwG allerdings nicht mehr.[200] Sofern man dies nicht bereits dem Versammlungsbegriff des § 13 Abs. 1 S. 2 UmwG entnehmen will[201], folgt dies jedenfalls daraus, dass nach derzeitigem Rechtsstand eine notarielle Beurkundung gem. § 13 Abs. 3 S. 1 UmwG nur in Form einer physischen Präsenz des Notars am Versammlungsort möglich ist (→ Rn. 109).[202]

80b Zu beachten ist, dass § 5 COVMG in seinem (beschränkten) zeitlichen Anwendungsbereich (§ 7 Abs. 5 COVMG) eine Versammlung mit virtueller Teilnahme auch ohne – sonst nötige – Satzungsgrundlage ermöglicht.[203] Auch hier gilt jedoch, dass es einen physischen Versammlungsort geben muss (siehe den Wortlaut des § 5 Abs. 2 COVMG).[204] Ein versammlungsloses Umlaufverfahren, wie es § 5 Abs. 3 COVMG regelt, kommt für den Verschmelzungsbeschluss wegen § 13 Abs. 1 S. 2 UmwG von vornherein nicht in Betracht. Unabhängig von den beurkundungsrechtlichen Fragen regelt § 5 Abs. 3 COVMG eine Abweichung von der allgemeinen Norm des § 32 Abs. 2 BGB und lässt die besondere Vorschrift des § 13 Abs. 1 S. 2 UmwG und den dort angeordneten Versammlungszwang unberührt.[205] Zu Fragen der virtuellen Mitgliederversammlung im Allgemeinen → § 7 Rn. 12 ff.

81 Zwingend (§ 1 Abs. 3 UmwG) ist § 103 iVm § 13 UmwG insoweit, als die **Mitgliederversammlung** zur Beschlussfassung über den Verschmelzungsvertrag berufen ist. Dies schließt jedoch nach hM nicht aus, dass anstelle der Mitgliederversammlung eine **Delegierten- oder Vertreterversammlung** entscheidet.[206] Bei der Delegiertenversammlung handelt es sich nämlich um kein anderes Vereinsorgan, sondern um eine spezielle Ausformung der Mitgliederversammlung. (allg. zur Delegiertenversammlung → § 7 Rn. 279 ff.)[207] Auch ist im Übrigen anerkannt, dass eine Delegiertenversammlung bei grundlegenden und auf die Verbandsstruktur einwirkenden Maßnahmen, insbesondere Satzungsänderungen und Auflösungsbeschlüssen an die Stelle der Mitgliederversammlung treten kann (→ Rn. 235).[208] Voraussetzung ist jedoch, dass die Vereinssatzung eine entsprechende Zuständigkeit der Delegiertenversammlung begründet.[209] Hierzu genügt es mE, dass die Satzung eine Generalklausel enthält, nach der die Delegiertenversammlung alle Kompetenzen hat, die nach dem Gesetz der Mitgliederversammlung zukommen. Handelt es sich hingegen um eine Satzungsbestimmung, die nur spezielle Zuständigkeiten auf die Delegiertenversammlung überträgt, ohne Umwandlungsvorgänge ausdrücklich zu erwähnen, so ist im Wege der Satzungsauslegung zu klären, ob auch der Fall der Verschmelzung erfasst ist.[210] Bezieht sich die fragliche

---

[199] BeckOGK/*Reul* UmwG § 103 Rn. 18.

[200] BeckOGK/*Reul* UmwG § 103 Rn. 18; so auch Reichert/*Wagner* Kap. 2 Rn. 1905; OLG Hamm NJW 2012, 940; *Schneider/May* SpuRT 2013, 99 (102).

[201] Für einen sehr weiten Versammlungsbegriff, der auch rein virtuelle Treffen umfasst etwa BeckOGK/*Notz* BGB § 32 Rn. 113, 199, 296.

[202] Siehe hierzu DNotI-Report 2020, 73; die Vorschriften zur Beurkundung mittels Videokommunikation, die zur Umsetzung der Richtlinie (EU) 2019/1151 („DigRL") durch das DiRUG geschaffen wurden (§§ 16a ff. BeurkG), erfassen im Wesentlichen die online-GmbH-Gründung, nicht jedoch die hier in Rede stehenden Verschmelzungsbeschlüsse gem. § 13 UmwG, siehe hierzu *Linke* NZG 2021, 309.

[203] Siehe hierzu *Weber* npoR 2021, 99; *Segna* npoR 2020, 148; *Schwenn/Blacher* npoR 2020, 154; OLG München NJW 2021, 558.

[204] DNotI-Report 2020, 73.

[205] DNotI-Report 2020, 73 (74).

[206] LG Frankenthal RNotZ 2007, 478 mAnm *Terner;* Semler/Stengel/Leonard/*Katschinski* UmwG § 103 Rn. 4; Widmann/Mayer/*Vossius* UmwG § 103 Rn. 7; Lutter/*Hennrichs* UmwG § 103 Rn. 5; *Limmer* Teil 2 Rn. 1235; *Hager* RNotZ 2011, 565 (579); Reichert/*Schörnig* Kap. 2 Rn. 4414; *DNotI* Gutachten Umwandlungsrecht S. 189 ff.; *Wiedemann/Thüsing* WM 1999, 2237 (2247).

[207] Semler/Stengel/Leonard/*Katschinski* UmwG § 103 Rn. 4; BeckOGK/*Reul* UmwG § 103 Rn. 6.

[208] Soergel/*Hadding* BGB § 32 Rn. 3; Staudinger/*Schwennicke* BGB § 32 Rn. 10 ff.; *Stöber/Otto* Rn. 766 ff.

[209] *Katschinski* S. 136; *Hager* RNotZ 2011, 565 (579).

[210] Semler/Stengel/Leonard/*Katschinski* UmwG § 103 Rn. 4; so jetzt auch Lutter/*Hennrichs* UmwG § 103 Rn. 5; nach *Terner* ZNotP 2009, 222 (230) muss eine „ausdrückliche" Satzungsgrundlage bestehen.

Satzungsklausel (auch) auf die Auflösung des Vereins, wird man in der Regel davon ausgehen dürfen, dass der Verschmelzungsbeschluss von der Delegiertenversammlung gefasst werden kann.[211]

Praktisch relevant ist die Frage, inwieweit eine **gemeinsame Mitglieder- oder Anteilsinhaberversammlung** der beteiligten Rechtsträger abgehalten werden kann. Nachdem es eines Verschmelzungsbeschlusses sämtlicher an der Verschmelzung beteiligter Rechtsträger bedarf (§ 13 Abs. 1 UmwG), können diese **rechtlich eigenständigen Beschlüsse** nicht durch einen „gemeinsamen" Beschluss ersetzt werden.[212] Es spricht jedoch nichts dagegen, dass die Versammlungen gleichzeitig oder unmittelbar hintereinander abgehalten werden. Allerdings ist hierbei darauf zu achten, dass jeweils sämtliche Form- und Fristvorschriften (Einberufung, Beschlussfähigkeit, Abstimmung) eingehalten werden und die Beschlussfassungen in der Weise auseinandergehalten werden, dass sie dem jeweiligen Rechtsträger eindeutig zugeordnet werden können.[213] Dies macht also eine getrennte Abstimmung mit getrennter Erfassung des Abstimmungsergebnisses und dessen Verkündung erforderlich.[214] Soweit diese Grundsätze beachtet werden, ist eine Beschlussfassung in einer „gemeinsamen", dh örtlich und zeitlich einheitlichen Veranstaltung zulässig.[215] Ein gesetzliches **Teilnahmerecht** an der Mitgliederversammlung des Vereins besteht für die Anteilsinhaber bzw. Mitglieder des anderen Rechtsträgers zwar nicht, jedoch können diese als Gäste zugelassen werden. Die Entscheidung hierüber liegt im Grundsatz bei der Mitgliederversammlung.[216] Wenn die Satzung jedoch keine speziellen Regelungen hierzu enthält, liegt es im pflichtgemäßen Ermessen des zur Einberufung zuständigen Vorstands, Gäste einzuladen und ihnen die Teilnahme an der Versammlung zu ermöglichen.[217] Die Herbeiführung eines förmlichen Beschlusses der Mitgliederversammlung dürfte daher nur erforderlich sein, wenn sich gegen die Zulassung der Gäste im Einzelfall Widerspruch erhebt oder wenn den Gästen auch ein Rede- und Diskussionsbeitragsrecht gewährt werden soll (→ § 7 Rn. 125).[218] 82

b) Vorbereitung der Mitgliederversammlung. aa) Einberufung der Versammlung. 83
Für die **Einberufung** der Mitgliederversammlung, die den Verschmelzungsbeschluss fasst, gelten die allgemeinen vereinsrechtlichen Grundsätze, also § 32 Abs. 1 S. 2 BGB sowie – vorrangig – die einschlägigen Satzungsbestimmungen (§ 58 Nr. 4 BGB; zur Einberufung ausführlich → § 7 Rn. 24 ff.). Zur Einberufung ist, soweit die Satzung keine abweichenden Regelungen trifft, der **Vorstand** iSd § 26 BGB in vertretungsberechtigter Anzahl zuständig (→ § 7 Rn. 55 f.).[219]

Auch **Form** und **Frist der Einberufung** richten sich in erster Linie nach der Satzung des Vereins (→ § 7 Rn. 65 ff.). Dies gilt insbesondere für die Ladungsfrist, für die es – anders als im Kapitalgesellschafts- und Genossenschaftsrecht (§ 51 Abs. 1 S. 2 GmbHG, § 123 Abs. 1 AktG, § 46 Abs. 1 S. 1 GenG) – keine gesetzliche Regelung gibt. Nur wenn die satzungsgemäße Ladungsfrist unangemessen kurz ist, muss eine nach allgemeinen Grundsätzen angemessene Ladungsfrist eingehalten werden. Dieser Ansicht ist auch das LG 84

---

211 In diese Richtung auch LG Frankenthal RNotZ 2007, 478 (479), allerdings war im dortigen Fall die spezielle Vorschrift des § 14 Abs. 1 S. 2 StBerG anwendbar (Lohnsteuerhilfeverein).

212 BeckOGK/*Reul* UmwG § 103 Rn. 9 ff.

213 *Hager* RNotZ 2011, 565 (579); *Limmer* Teil 2 Rn. 1333.

214 *Hager* RNotZ 2011, 565 (579); BeckFormB BHW/*Beckhaus* XI.16 Anm. 1.

215 *Hager* RNotZ 2011, 565 (579); *Limmer* Teil 2 Rn. 1333; BeckFormB BHW/*Beckhaus* XI.16 Anm. 1; wohl abl. *Stöber/Otto* Rn. 1071.

216 *Stöber/Otto* Rn. 719; *Hager* RNotZ 2011, 565 (579); *Limmer* Teil 2 Rn. 1333.

217 *Limmer* Teil 2 Rn. 1333; *Sauter/Schweyer/Waldner* Eingetragener Verein Rn. 196; *Hager* RNotZ 2011, 565 (579).

218 *Hager* RNotZ 2011, 565 (579); *Limmer* Teil 2 Rn. 1326; *Sauter/Schweyer/Waldner* Eingetragener Verein Rn. 196.

219 Palandt/*Ellenberger* BGB § 32 Rn. 2; BeckOK BGB/*Schöpflin* BGB § 32 Rn. 9; *Hager* RNotZ 2011, 565 (579).

Frankenthal gefolgt und hat die in der **Vereinssatzung** allgemein bestimmte **Ladungsfrist von zwei Wochen** auch für die Ladung zur Mitgliederversammlung über einen Verschmelzungsbeschluss als ausreichend und wirksam anerkannt.[220] Dies überzeugt, da es grundsätzlich im Rahmen der Vereinsautonomie liegt, die Ladungsfrist für die Mitgliederversammlung zu bestimmen.[221] Im Übrigen erscheint eine zweiwöchige Ladungsfrist auch nicht unangemessen, entspricht sie doch etwa der gesetzlichen Ladungsfrist im Genossenschaftsrecht (§ 46 Abs. 1 S. 1 GenG). Allerdings wird von Teilen der Literatur – ohne Rückgriff auf die Satzungsfrist – generell dafür plädiert, dass entsprechend § 123 Abs. 1 AktG eine Frist von 30 Tagen einzuhalten sei.[222]

85 Nicht abschließend geklärt ist, welche Frist gilt, wenn die **Satzung zur Ladungsfrist schweigt.** Einigkeit besteht dabei, dass eine Ladungsfrist einzuhalten ist, die den Vereinsmitgliedern eine angemessene Vorbereitung auf die Mitgliederversammlung ermöglicht (→ § 7 Rn. 61). Hierbei ist die Bedeutung der Verschmelzung als strukturändernde Maßnahme zu berücksichtigten.[223] Nach überwiegender Ansicht wird bei fehlender Satzungsregelung nicht auf die Regelungen in § 51 Abs. 1 S. 2 GmbHG bzw. § 46 Abs. 1 S. 1 GenG (ein- bzw. zweiwöchige Ladungsfrist) abgestellt, sondern die 30-Tagesfrist des § 123 Abs. 1 AktG analog herangezogen.[224] Eine Orientierung an § 123 Abs. 1 AktG erscheint auch für solche Fälle angezeigt, in denen die satzungsgemäße Ladungsfrist unangemessen kurz ist (zB unter einer Woche).[225]

Hinweis:

Bei der Einberufung zur Mitgliederversammlung ist eine angemessene Frist einzuhalten. Am sichersten ist es, eine Frist von 30 Tagen entsprechend § 123 Abs. 1 AktG auch dann einzuhalten, wenn die Satzung eine kürzere Einberufungsfrist vorsieht. Ist die satzungsgemäße Ladungsfrist länger als 30 Tage, ist die längere Frist einzuhalten.

86 Aus § 32 Abs. 1 S. 2 BGB ergibt sich die Pflicht zur **Bekanntmachung der Tagesordnung** bei der Einberufung der Mitgliederversammlung. Den Mitgliedern sollen so eine Entscheidung über die Teilnahme und eine sachgerechte Vorbereitung auf die Versammlung ermöglicht werden.[226] Daher bedarf es insbesondere einer ausdrücklichen Ankündigung der Beschlussfassung über den Verschmelzungsvertrag.[227] Bei einer Verschmelzung zur Neugründung eines Vereins ist auch anzukündigen, dass mit dem Verschmelzungsbeschluss gleichzeitig über die Satzung des neuen Vereins und ggf. dessen Vorstand abgestimmt wird (→ Rn. 128 f.).[228] Weitere Angaben zum Inhalt des Verschmelzungsvertrags muss die Einladung nicht zwingend enthalten.[229] Sollen anlässlich der Verschmelzung in der Mitgliederversammlung noch **weitere Beschlüsse** gefasst werden, sind diese in der Einberufung gesondert als weitere Tagesordnungspunkte bekannt zu machen. Hierzu können etwa Satzungsänderungen und Vorstandsbestellungen im übernehmenden Verein oder Entlastungsbeschlüsse für den Vorstand des übertragenden Vereins

---

220 LG Frankenthal RNotZ 2007, 478 mAnm *Terner;* zust. auch *Hager* RNotZ 2011, 565 (580); BeckOGK/*Reul* UmwG § 101 Rn. 7 ff.
221 *Terner* RNotZ 2007, 481 (483); BeckOK BGB/*Schöpflin* BGB § 32 Rn. 13.
222 Lutter/*Hennrichs* UmwG § 101 Rn. 2.
223 MHdB GesR V/*Pathe* § 54 Rn. 56.
224 MHdB GesR V/*Pathe* § 54 Rn. 56; *Hager* RNotZ 2011, 565 (580); jurisPK-BGB/*Otto* BGB § 41 Rn. 28.
225 So auch *Terner* RNotZ 2007, 481 (483); s. auch *Hager* RNotZ 2011, 565 (580), der eine Satzungsfrist von einer Woche als unangemessen kurz einstuft.
226 *Limmer* Teil 2 Rn. 1327; MüKoBGB/*Leuschner* BGB § 32 Rn. 17; *Hager* RNotZ 2011, 565 (580).
227 KK-UmwG/*Leuering* UmwG § 102 Rn. 2; BeckFormB BHW/*Beckhaus* XI.16 Anm. 1; anderenfalls droht die Nichtigkeit der Beschlussfassung: BGH NJW 2008, 69 (73).
228 Zutreffend *Hager* RNotZ 2011, 565 (580).
229 AA *Katschinski* S. 138, der vertritt, es seien die wesentlichen Eckdaten der Verschmelzung bereits in der Einladung mitzuteilen.

gehören.[230] Angesichts der Tragweite, die eine Verschmelzung für den Verein hat, ist es dringend zu empfehlen, den Verschmelzungsbeschluss auch dann als Tagesordnungspunkt gemäß den vorstehenden Grundsätzen bekannt zu machen, wenn die Satzung eine Tagesordnung für entbehrlich erklärt. Zwar ist § 32 Abs. 1 S. 2 BGB grundsätzlich dispositiv, sodass derartige Satzungsklauseln zulässig sind (→ § 7 Rn. 81). Jedoch gilt nach hM jedenfalls der Grundsatz, dass einschneidende Maßnahmen, wozu neben Satzungsänderungen nach richtiger Auffassung auch Auflösungs- und Verschmelzungsbeschlüsse zählen, den Mitgliedern so rechtzeitig vor der Versammlung mitzuteilen sind, dass ihnen eine sachgerechte Vorbereitung möglich ist (hierzu auch → § 7 Rn. 81).[231]

Ein Hinweis auf die gem. **§ 101 Abs. 1 S. 1 UmwG** ausgelegten **Unterlagen** und das Recht auf Erteilung von Abschriften (§ 101 Abs. 2 UmwG) kann in die Einladung aufgenommen werden, jedoch besteht hierzu keine gesetzliche Verpflichtung (vgl. aber → Rn. 75, 93).[232] 87

Formulierungsbeispiel: Ankündigung der Verschmelzung in der Einladung zur Mitgliederversammlung 88

TOP1: Erläuterung des Verschmelzungsvertrags durch den Vorstand

TOP2: Beschlussfassung über die Zustimmung zum Verschmelzungsvertrag [*Alt.:* zum Entwurf des Verschmelzungsvertrages] vom *** *[Datum]* zwischen dem A e.V. als übertragendem und dem B e.V. als übernehmendem Verein. [***Alt. bei Verschmelzung zur Neugründung:*** Beschlussfassung über die Zustimmung zum Verschmelzungsvertrag zwischen den Vereinen A e.V. und B e.V. als übertragende Vereine zur Neugründung des A–B e.V. einschließlich der Zustimmung zur Satzung des neugegründeten A–B e.V. sowie zur Bestellung des Vorstands des A–B e.V.]

TOP3: *[ggf.: weitere Tagesordnungspunkte: beim übernehmenden Verein zB Vorstandswahlen, Namensänderung; beim übertragenden Verein zB Entlastung des Vorstands]*

bb) Auslegungspflichten. Im Vorfeld der Mitgliederversammlung sind die verschmelzungsspezifischen **Auslegungspflichten** (§§ 101 Abs. 1, 63 Abs. 1 UmwG) zu beachten. **Ab der Einberufung der Mitgliederversammlung** sind demnach die in §§ 101 Abs. 1, 63 Abs. 1 Nr. 1–4 UmwG genannten Unterlagen in den Geschäftsräumen des Vereins auszulegen. Im Einzelnen handelt es sich um 89
- den **Verschmelzungsvertrag** bzw. dessen Entwurf;
- den **Verschmelzungsbericht;**
- die **Jahresabschlüsse und Lageberichte** der an der Verschmelzung beteiligten Rechtsträger für die letzten drei Geschäftsjahre, ggf. **Zwischenbilanzen** sowie
- den **Verschmelzungsprüfungsbericht** (sofern gem. § 100 UmwG erforderlich; → Rn. 73 ff.).

Praktische Probleme bringt die Auslegungspflicht hinsichtlich der in § 63 Abs. 1 Nr. 2 UmwG genannten **Jahresabschlüsse** und **Lageberichte** dann mit sich, wenn diese Unterlagen mangels gesetzlicher Bilanzierungspflichten beim Verein **nicht vorhanden** sind. Diese Situation wird sich insbesondere bei Idealvereinen ergeben, da diese typischerweise 90

[230] *Hager* RNotZ 2011, 565 (581); *Schneider/May* SpuRT 2013, 99 (102); zum Problem der Entlastung des Vorstands des übertragenden Vereins nach Wirksamwerden der Verschmelzung: OLG München NZG 2001, 616; Widmann/Mayer/*Vossius* UmwG § 20 Rn. 330; Schmitt/Hörtnagl/*Winter* UmwG § 20 Rn. 8.

[231] BGH NJW 1987, 1811 (1822) in Bezug auf Satzungsänderungen; BeckOK BGB/*Schöpflin* BGB § 32 Rn. 17, 13; *Stöber/Otto* Rn. 699 (beide für Satzungsänderungen); für gänzliche Dispositivität hingegen *Sauter/Schweyer/Waldner* Eingetragener Verein Rn. 178b.

[232] KK-UmwG/*Ries* UmwG § 101 Rn. 5 aE; BeckOGK/*Reul* UmwG § 101 Rn. 13 ff.; *Hager* RNotZ 2011, 565 (581); so wohl auch *Wiedemann/Thüsing* WM 1999, 2237 (2248).

weder aus steuerlichen (§ 141 AO) noch aus handelsrechtlichen (§§ 242, 264 HGB) Vorschriften heraus zur Erstellung von Bilanzen und Jahresabschlüssen verpflichtet sind und oft auch nicht freiwillig bilanzieren.[233] Bei § 63 UmwG, auf den § 101 Abs. 1 UmwG verweist, handelt es sich um eine originär für Aktiengesellschaften geltende Vorschrift, bei denen die auszulegenden Unterlagen ohnehin aufgrund entsprechender gesetzlicher Pflichten erstellt werden. Für Idealvereine passt die Verweisung des § 101 Abs. 1 UmwG auf § 63 Abs. 1 Nr. 2 UmwG jedoch nur in Ausnahmefällen.[234] Nach (wohl) herrschender und überzeugender Auffassung ist die Problematik dahingehend zu lösen, dass die beim Verein **tatsächlich vorhandenen buchhalterischen Unterlagen auszulegen** sind. Hierbei kann es sich um eine Einnahmeüberschussrechnung iSd § 8 Abs. 1 S. 1 KStG, § 4 Abs. 3 EStG samt Vermögensaufstellungen bzw. Inventarverzeichnisse oder den Rechenschaftsbericht des Vorstands (§ 27 Abs. 3 iVm §§ 666, 259 BGB) handeln.[235] Auch durch diese Dokumente kann dem Informationsinteresse der Vereinsmitglieder, das die Regelungen in §§ 101 Abs. 1, 63 Abs. 1 UmwG im Blick haben, genügt werden. Eine eigenständige Bilanzierungspflicht wird durch die Auslegungspflichten nach richtiger Auffassung nicht begründet.[236] Aus der systematischen Stellung des § 63 UmwG folgt vielmehr, dass eine solche vorausgesetzt wird.[237]

91 Liegen zwischen dem Stichtag der Bilanz bzw. der Rechnungslegung und dem Abschluss des Verschmelzungsvertrags bzw. der Entwurfsaufstellung mehr als sechs Monate, so ist gem. §§ 101 Abs. 1 S. 2, 63 Abs. 1 Nr. 3, Abs. 2 S. 1–4 UmwG eine **Zwischenbilanz aufzustellen** bzw. die **Rechnungslegung** des nicht bilanzierenden Vereins **unterjährig zu aktualisieren.**[238]

> **Hinweis:**
> Erstellt der Verein seine Bilanz/Rechnungslegung zum Jahresende (31.12.), ist darauf zu achten, dass der Verschmelzungsvertrag bis spätestens 30.6. abgeschlossen bzw. der Entwurf bis zu diesem Zeitpunkt aufgestellt ist, ansonsten müssen die Unterlagen gem. § 63 Abs. 1 Nr. 3 UmwG aktualisiert werden. Vor diesem Hintergrund empfehlen sich jedenfalls eine rechtzeitige Entwurfsaufstellung und Unterzeichnung des Entwurfs mit Datumsangabe, um den Aufstellungszeitpunkt belegen zu können.

92 Verfügt ein Verein nicht über **Geschäftsräume** im technischen Sinne, sind die Unterlagen dort auszulegen, wo die Geschäfte des Vereins tatsächlich geführt werden, also zB in einem Vereinsheim oder auch in der Privatwohnung eines Vorstandsmitglieds.[239] Die Auslegungspflicht beginnt mit der **Einberufung der Mitgliederversammlung** bzw. mit Aufforderung zur Stellung des Prüfungsverlangens (→ Rn. 75) und endet mit der Mitgliederversammlung, in der der Verschmelzungsbeschluss gefasst wird.[240] Innerhalb dieses Zeit-

---

[233] *Hager* RNotZ 2011, 565 (581); Semler/Stengel/Leonard/*Katschinski* UmwG § 102 Rn. 5; etwas anderes kann sich bei einem als Nebenzweck geführten wirtschaftlichen Geschäftsbetrieb ergeben.

[234] *Limmer* Teil 2 Rn. 1329; *Hadding/Hennrichs* FS Boujong 1996, 203 (222); BeckFormB BHW/*Beckhaus* XI.16 Anm. 1.

[235] Semler/Stengel/Leonard/*Katschinski* UmwG § 102 Rn. 6; Lutter/*Hennrichs* UmwG § 102 Rn. 5; Reichert/*Schörnig* Kap. 2 Rn. 4415; *Stöber/Otto* Rn. 1072; *Limmer* Teil 2 Rn. 1329, 1331; MHdB GesR V/*Pathe* § 54 Rn. 58; *Hager* RNotZ 2011, 565 (581); *Neumayer/Schulz* DStR 1996, 872 (874); *Wiedemann/Thüsing* WM 1999, 2237 (2248).

[236] Semler/Stengel/Leonard/*Katschinski* UmwG § 102 Rn. 5; Lutter/*Hennrichs* UmwG § 101 Rn. 4; KK-UmwG/*Leuering* UmwG §§ 101, 102 Rn. 4; *Limmer* Teil 2 Rn. 1329, 1331; Widmann/Mayer/*Heckschen* UmwG § 13 Rn. 34.1; *Stöber/Otto* Rn. 1072a; *Wachter* npoR 2020, 283 (284); BeckOGK/*Reul* UmwG § 101 Rn. 16.

[237] *Hager* RNotZ 2011, 565 (582); aA Widmann/Mayer/*Vossius* UmwG § 101 Rn. 18 und § 99 Rn. 118 ff.

[238] MHdB GesR V/*Pathe* § 54 Rn. 60; Lutter/*Hennrichs* UmwG § 101 Rn. 4, 5.

[239] Nach Widmann/Mayer/*Vossius* UmwG § 101 Rn. 13 und *Hager* RNotZ 2011, 565 (581) genügt auch eine Auslegung in den Amtsräumen des Notars, wenn diese sich am Ort des Vereinssitzes befinden; siehe zum Ganzen auch BeckOGK/*Reul* UmwG § 101 Rn. 28 ff.

[240] MHdB GesR V/*Pathe* § 54 Rn. 63; *Hager* RNotZ 2011, 565 (581).

raums müssen die Unterlagen während der üblichen Geschäftszeiten bereit liegen, wobei es insoweit auf die Praxis des betroffenen Vereins ankommt, nicht auf „allgemein übliche Geschäftszeiten".[241] Die abweichende hM, die auf allgemeine Üblichkeit abstellt, wird den vereinsspezifischen Besonderheiten nicht ausreichend gerecht. Richtig erscheint es jedoch, dass ein Verein, der nur über sehr eingeschränkte Geschäftszeiten verfügt, hierauf in der Einladung gesondert hinweisen muss.[242] Das Gesetz geht davon aus, dass die Unterlagen physisch in Papierform vorzuhalten sind. Auf § 63 Abs. 4 UmwG wird in § 101 UmwG nicht verwiesen, weshalb eine bloße Veröffentlichung auf der Internetseite des Vereins nicht ausreichend sein dürfte.[243]

Gemäß § 101 Abs. 2 UmwG muss jedem Vereinsmitglied auf Verlangen unverzüglich 93
und kostenlos eine **Abschrift** der genannten **Unterlagen erteilt** werden. Einer ungefragten Übersendung bedarf es also nicht, insbesondere nicht als Teil oder Anlage des Einladungsschreibens. Dies folgt aus dem Wortlaut des § 101 Abs. 2 UmwG und aus einem Umkehrschluss zu den Regelungen in § 42 UmwG sowie § 47 UmwG. Ein Hinweis im Einladungsschreiben auf die ausliegenden Unterlagen erscheint sinnvoll, um eine umfassende Information der Mitglieder im Vorfeld der Mitgliederversammlung zu gewährleisten, gesetzlich erforderlich ist dies indes nicht.[244] Sollen die Vereinsmitglieder allerdings dazu aufgefordert werden, sich hinsichtlich der Verschmelzungsprüfung binnen einer vom Vorstand gesetzten, angemessenen Frist zu erklären, so wird man eine entsprechende Hinweispflicht annehmen müssen (→ Rn. 75).[245]

c) Durchführung der Mitgliederversammlung. aa) Allgemeines, Auslegungs- und 94
Erläuterungspflichten. Zur Durchführung der Mitgliederversammlung verweist § 102 UmwG auf einzelne Bestimmungen zur Hauptversammlung bei der Verschmelzung von Aktiengesellschaften. Im Übrigen gelten ergänzend die allgemeinen satzungsmäßigen und gesetzlichen Vorschriften über die Mitgliederversammlung des Vereins (dazu ausführlich → § 7 Rn. 103ff.). Die **Versammlungsleitung** obliegt daher der in der Satzung bestimmten Person. Regelt die Satzung hierzu nichts Abweichendes, ist – vorbehaltlich einer anders lautenden Entscheidung der Mitgliederversammlung – der Vorstandsvorsitzende des Vereins zuständig (→ § 7 Rn. 107).[246]

Die nach §§ 101 Abs. 1, 63 Abs. 1 Nr. 1–4 UmwG im Vorfeld der Mitgliederversamm- 95
lung auszulegenden Unterlagen (→ Rn. 89ff.) sowie ein ggf. gem. § 100 UmwG zu erstellender Prüfungsbericht (→ Rn. 73ff.) sind gem. § 102 S. 1 UmwG auch **in der Mitgliederversammlung auszulegen.** Die Vorschrift dient wiederum dem Informationsinteresse der Vereinsmitglieder, insbesondere soweit diese im Vorfeld keine Kenntnis von den Verschmelzungsunterlagen genommen haben. Die Dokumente sind bei der Versammlung in körperlicher Form bereit zu halten, und zwar in ausreichender Anzahl, so dass für jedes erschienene Mitglied ein Exemplar zur Verfügung steht.[247] Da bestritten wird, inwieweit

---

[241] AA die hM: Semler/Stengel/Leonard/*Katschinski* UmwG § 102 Rn. 11; Lutter/*Hennrichs* UmwG § 101 Rn. 6 (8 bis 20 Uhr); Widmann/Mayer/*Vossius* UmwG § 101 Rn. 15 (übliche Geschäftszeiten gewerblicher Unternehmen); Semler/Stengel/Leonard/*Diekmann* UmwG § 63 Rn. 8 (für Aktiengesellschaften).

[242] So auch Semler/Stengel/Leonard/*Diekmann* UmwG § 63 Rn. 8 (für Aktiengesellschaften).

[243] AA BeckOGK/*Reul* UmwG § 101 Rn. 34.

[244] So wohl auch *Lutz* BWNotZ 2013, 106 (108): „In der Einberufung zur Mitgliederversammlung sollte ein Hinweis hierauf enthalten sein" (zum Umwandlungsbericht beim Formwechsel §§ 230 Abs. 2 S. 1 und S. 2 iVm § 274 Abs. 1 bzw. § 283 Abs. 1 UmwG); übereinstimmend auch BeckOGK/*Reul* UmwG § 101 Rn. 13.

[245] Vgl. hierzu auch *Wiedemann/Thüsing* WM 1999, 2237 (2248), die bei einer Gewerkschaftsverschmelzung für eine unaufgeforderte Zusendung der Unterlagen in Kurzfassung plädieren.

[246] *Limmer* Teil 2 Rn. 1340.

[247] MHdB GesR V/*Pathe* § 54 Rn. 64; *Hager* RNotZ 2011, 565 (583); aA BeckOGK/*Reul* UmwG § 102 Rn. 8, der auch hier ein Zugänglichmachen im Internet „über Monitore oder kostenfreie WLAN-Zugänge" für ausreichend hält.

eine Auslegung in einem Vorraum ausreicht, sollte darauf geachtet werden, dass die Unterlagen im Versammlungsraum selbst aufliegen.[248]

96 Aus §§ 102 S. 2, 64 Abs. 1 S. 2 UmwG ergibt sich ferner eine **Erläuterungspflicht** des Vorstands in Bezug auf den Verschmelzungsvertrag. Ein reines Verlesen des Vertragstextes genügt dieser Erläuterungspflicht nicht.[249] Erforderlich ist eine Darstellung und Kommentierung des Vertragsinhalts, wobei Grundlage der Ausführungen regelmäßig der Verschmelzungsbericht (→ Rn. 67 ff.) sein wird. Erläutern muss den Bericht der Vorstand. Allerdings kann er sich dabei der Hilfe Dritter, insbesondere sachverständiger Personen (zB des beurkundenden Notars oder sonstiger Berater) bedienen, solange er sich deren Ausführungen erkennbar zu eigen macht.[250]

97 Die Erläuterungspflicht des Vorstands lässt (ergänzende) **Auskunfts- und Fragerechte** der Mitglieder in der Versammlung unberührt. Hinsichtlich des eigenen Vereins ergibt sich dies bereits aus den allgemeinen Grundlagen der Mitgliedschaft (§ 38 BGB; → § 7 Rn. 135). Darüber hinaus gewährt § 102 iVm § 64 Abs. 2 UmwG ein Auskunftsrecht auch in Bezug auf die anderen an der Verschmelzung beteiligten Rechtsträger. Hierzu trifft den Vorstand eine Vorbereitungspflicht im Hinblick auf etwaige Fragen.[251]

> Hinweis:
> Werden die Verschmelzungsbeschlüsse nicht ohnehin in einer „gemeinsamen" Versammlung (→ Rn. 82) abgehalten, ist es empfehlenswert, ein Vorstands- bzw. Organmitglied der anderen beteiligten Rechtsträger in die Mitgliederversammlung einzuladen, um so dem Frage- und Auskunftsrecht der Vereinsmitglieder genügen zu können.[252]

98 **bb) Beschlussfassung, Mehrheitserfordernisse.** Das Umwandlungsgesetz trifft keine Regelungen zur **Beschlussfähigkeit** der Mitgliederversammlung, insbesondere keine Regelungen zur **Mindestpräsenz.** Insoweit gelten die jeweiligen Satzungsbestimmungen des Vereins sowie die allgemeinen vereinsrechtlichen Grundsätze. Gleiches gilt für die **Stimmrechte** und die **Abstimmungsart.**[253] Ausreichend kann demnach auch eine Versammlung sein, in der nur ein Vereinsmitglied erscheint und zustimmt (zum Ganzen → § 7 Rn. 61 ff.).

99 Nach § 103 S. 1 UmwG bedarf der Verschmelzungsbeschluss einer **Mehrheit von drei Vierteln** der **abgegebenen** Stimmen. Hierbei kommt es auf das Verhältnis der gültigen abgegebenen Ja-Stimmen zu den gültigen abgegebenen Nein-Stimmen an. Ungültige Stimmabgaben und auch Stimmenthaltungen werden, soweit die Satzung nichts anderes bestimmt, nicht berücksichtigt; in der Versammlung nicht erschienene Mitglieder müssen nicht zustimmen.[254]

100 Zu beachten sind gem. § 103 S. 2 UmwG **Satzungsregelungen,** die **größere Mehrheiten** und **weitergehende Anforderungen** vorsehen. Satzungsmäßige Erleichterungen, die hinter den Anforderungen des Umwandlungsgesetzes zurückbleiben (zB einfache

[248] Widmann/Mayer/*Vossius* UmwG § 102 Rn. 8; Semler/Stengel/Leonard/*Katschinski* UmwG § 102 Rn. 13; *Hager* RNotZ 2011, 565 (583); Reichert/*Schörnig* Kap. 2 Rn. 4416.

[249] Semler/Stengel/Leonard/*Katschinski* UmwG § 102 Rn. 14; Widmann/Mayer/*Vossius* UmwG § 102 Rn. 10; Lutter/*Hennrichs* UmwG § 102 Rn. 3; *Hager* RNotZ 2011, 565 (584).

[250] Semler/Stengel/Leonard/*Katschinski* UmwG § 102 Rn. 14; Widmann/Mayer/*Vossius* UmwG § 102 Rn. 11; Lutter/*Hennrichs* UmwG § 102 Rn. 3; *Hager* RNotZ 2011, 565 (583); *Punte* SpuRT 2018, 107 (110).

[251] Widmann/Mayer/*Rieger* UmwG § 64 Rn. 50; Lutter/*Hennrichs* UmwG § 102 Rn. 4; BeckOGK/*Habersack* UmwG § 64 Rn. 17; BeckOGK/*Reul* UmwG § 102 Rn. 17.

[252] *Hager* RNotZ 2011, 565 (583); KK-UmwG/*Leuering* UmwG § 102 Rn. 19; MHdB GesR V/*Pathe* § 54 Rn. 69.

[253] Vgl. hierzu BeckOK BGB/*Schöpflin* BGB § 32 Rn. 22, 25; *Stöber/Otto* Rn. 794 ff.

[254] Semler/Stengel/Leonard/*Katschinski* UmwG § 103 Rn. 8; Widmann/Mayer/*Vossius* UmwG § 103 Rn. 9, 14.

Mehrheitsklausel für Beschlüsse), sind hingegen aufgrund des zwingenden Charakters der umwandlungsrechtlichen Vorschriften (§ 1 Abs. 3 UmwG) unbeachtlich.

> **Hinweis:**
> Bei jeder Vereinsverschmelzung bedarf es einer Überprüfung der Vereinssatzung auf etwaige verschärfende Bestimmungen für die Beschlussfassung iSd § 103 S. 2 UmwG. Als solche kommen insbesondere in Betracht:
> - Erhöhung des Beschlussquorums bis hin zur Einstimmigkeit,
> - Regelungen zur Beschlussfähigkeit (zB Mindestpräsenz),
> - Regelung zur Mehrheitsberechnung (zB Dreiviertelmehrheit nicht anhand der abgegebenen Stimmen, sondern aller stimmberechtigten Vereinsmitglieder),[255]
> - zusätzliche Zustimmung einzelner sonderberechtigter Mitglieder (§ 35 BGB) oder weiterer Organe des Vereins (zB Beirat),[256]
> - bestätigende Beschlussfassung in einer zweiten Mitgliederversammlung.

Zu beachten sind jedoch nur solche Satzungsklauseln, die **ausdrücklich** oder ihrem 101
Sinn und Zweck nach für den Fall einer Verschmelzung gelten.[257] Wird die Verschmelzung nicht ausdrücklich benannt, muss durch Auslegung ermittelt werden, ob die fragliche Satzungsregelung auch insoweit Geltung beansprucht.[258] Praktisch relevant wird diese Frage insbesondere für Satzungsklauseln, die sich auf **Satzungsänderungen** und auf die **Auflösung des Vereins** beziehen.

Bei Regelungen zu **Satzungsänderungen** erscheint hierbei folgende Differenzierung 102
richtig:[259]
- Enthält die Vereinssatzung für **alle Arten** von Satzungsänderungen qualifizierte Anforderungen, die über diejenigen des § 103 S. 1 UmwG hinausgehen, so sind diese in aller Regel auch für eine Verschmelzung zu beachten.[260] Denn derartige Klauseln bringen zum Ausdruck, dass für strukturändernde Maßnahmen nicht nur die gesetzlich vorgesehene Dreiviertelmehrheit gem. § 33 Abs. 1 S. 1 BGB, sondern weitergehende Voraussetzungen eingehalten werden müssen. Eine Verschmelzung führt sowohl für den **übertragenden** als auch für den **übernehmenden Verein** zu einschneidenden Rechtsfolgen für die Vereinsstruktur. Dies gebietet eine Einhaltung der einschlägigen Regelungen im Rahmen des Verschmelzungsbeschlusses.
- Unterliegen hingegen nur **einzelne Arten** von Satzungsänderungen erhöhten Anforderungen, so ist durch Auslegung zu ermitteln, ob die genannten Fälle einer Verschmelzung qualitativ vergleichbar sind.[261] Im Zweifel empfiehlt es sich, die weitergehenden Anforderungen einzuhalten oder die betreffenden Regelungen durch Satzungsänderung zu beseitigen.[262]

Enthält die Satzung des **übertragenden Vereins** qualifizierte Anforderungen für die 103
Vereinsauflösung, sind diese nach hM für den Verschmelzungsbeschluss grundsätzlich ebenfalls zu erfüllen, soweit eine Auslegung der Satzung im konkreten Fall nichts anderes

---

[255] So in der Entscheidung des OLG Stuttgart NotBZ 2012, 98.
[256] *Schneider/May* SpuRT 2013, 99 (102).
[257] Semler/Stengel/Leonard/*Katschinski* UmwG § 103 Rn. 12; BeckOGK/*Reul* UmwG § 103 Rn. 27.
[258] MHdB GesR V/*Pathe* § 54 Rn. 75; Lutter/*Hennrichs* UmwG § 103 Rn. 9.
[259] Semler/Stengel/Leonard/*Katschinski* UmwG § 103 Rn. 14; *Hager* RNotZ 2011, 565 (583).
[260] Semler/Stengel/Leonard/*Katschinski* UmwG § 103 Rn. 14; Lutter/*Hennrichs* UmwG § 103 Rn. 9; MHdB GesR V/*Pathe* § 54 Rn. 75; KK-UmwG/*Leuering* UmwG § 103 Rn. 5; *Hager* RNotZ 2011, 565 (583); aA *Sauter/Schweyer/Waldner* Eingetragener Verein Rn. 397a.
[261] Semler/Stengel/Leonard/*Katschinski* UmwG § 103 Rn. 14; MHdB GesR V/*Pathe* § 54 Rn. 75; Lutter/*Hennrichs* UmwG § 103 Rn. 9; *Hager* RNotZ 2011, 565 (584).
[262] Nach hM kann eine Bestimmung, die Erschwerungen für Satzungsänderungen vorsieht, allerdings nur unter Einhaltung der erschwerten Form geändert werden, vgl. *Stöber/Otto* Rn. 909 sowie OLG München NZG 2011, 994 zu einer Satzungsklausel über die Zweckänderung.

ergibt.[263] Denn die Verschmelzung führt zum liquidationslosen Erlöschen des übertragenden Vereins, also insoweit zum gleichen Ergebnis wie eine Auflösung.[264]

Hinweis:

Satzungsklauseln, die für Satzungsänderungen erhöhte Anforderungen stellen, sind beim Verschmelzungsbeschluss regelmäßig zu beachten. Gleiches gilt für Satzungsklauseln des übertragenden Vereins über die Vereinsauflösung.

104 Besondere Fragen stellen sich, wenn der **Satzungszweck** des übernehmenden Vereins vom Satzungszweck des übertragenden Vereins abweicht.

Beispiel:

Der Biertrinker e.V. verfolgt satzungsgemäß den Schutz und die Wahrung der bayerischen Braukultur, der befreundete Weintrinker e.V. hingegen den Schutz des bayerischen Winzertums. Angesichts der schwindenden (Mittrinker- und) Mitgliederzahlen erscheint eine Zusammenführung der Aktivitäten in einem gemeinsamen Verein sinnvoll, und zwar durch Verschmelzung eines der beiden Vereine auf den anderen. Nachdem der Vorstandsvorsitzende des Biertrinker e.V. im entscheidenden Wetttrinken mit seinem Kollegen des Weintrinker e.V. in den *Play-offs* nach dem *best of five*-Modus unterliegt, soll dies in der Weise erfolgen, dass der Biertrinker e.V. auf den Weintrinker e.V. verschmolzen wird.

105 Nach der allgemeinen Vorschrift des § 33 Abs. 1 S. 2 BGB ist für eine Änderung des Vereinszwecks die Zustimmung **aller Mitglieder** erforderlich, also nicht nur derjenigen, die in der Versammlung erschienen sind. Eine entsprechende Regelung enthält das Umwandlungsgesetz in § 275 Abs. 1 UmwG, der ausdrücklich auf § 33 Abs. 1 S. 2 BGB Bezug nimmt, indes nur für den **Formwechsel,** nicht jedoch für die **Verschmelzung.** Daher ist umstritten, ob das Einstimmigkeitserfordernis auch dann einzuhalten ist, wenn ein Verein auf einen anderen Verein mit abweichender Zwecksetzung verschmolzen wird. Nach *Vossius* ist § 33 Abs. 1 S. 2 BGB nicht neben § 103 S. 1 UmwG zu berücksichtigen, auch wenn die Verschmelzung aus Sicht des übertragenden Vereins eine Zweckänderung mit sich bringt.[265] Hierfür spricht einerseits ein Umkehrschluss aus § 275 Abs. 1 UmwG, der eine entsprechende Regelung nur für den Formwechsel trifft und für Verschmelzung und Spaltung gerade nicht gilt.[266] Im Übrigen ist die Verschmelzung aus Sicht des übertragenden Vereins dem Fall der Auflösung vergleichbar. Für die Auflösung gilt jedoch nach § 41 S. 2 BGB ebenfalls eine Dreiviertelmehrheit.[267] Die (wohl) überwiegende Gegenauffassung hingegen wendet in den genannten Fällen § 275 Abs. 1 UmwG, § 33 Abs. 1 S. 2 BGB analog an.[268] Das Fehlen einer dem § 275 Abs. 1 UmwG entsprechenden Vorschrift im Verschmelzungsrecht sei als planwidrige Regelungslücke aufzufassen. Die überzeugenderen Argumente sprechen für die verschmelzungsfreundliche Auffassung von *Vossius,* der sich nun auch das OLG Hamm ange-

[263] OLG Stuttgart NotBZ 2012, 98; Semler/Stengel/Leonard/*Katschinski* UmwG § 103 Rn. 13; Widmann/Mayer/*Vossius* UmwG § 103 Rn. 20; MHdB GesR V/*Pathe* § 54 Rn. 75; KK-UmwG/*Leuering* UmwG § 103 Rn. 5; *Sauter/Schweyer/Waldner* Eingetragener Verein Rn. 397a; aA *Stöber/Otto* Rn. 1078a ff.

[264] MHdB GesR V/*Pathe* § 54 Rn. 75; Widmann/Mayer/*Vossius* UmwG § 103 Rn. 20, der insoweit die Verschmelzung als „Auflösungssurrogat" bezeichnet.

[265] Widmann/Mayer/*Vossius* UmwG § 99 Rn. 92 ff.; so auch Lutter/*Hennrichs* UmwG § 103 Rn. 15 und HK-UmwG/*Ries/Konu* UmwG § 103 Rn. 2; so nun auch OLG Hamm NZG 2013, 388 (389) und BeckOGK/*Reul* UmwG § 103 Rn. 41.

[266] OLG Hamm NZG 2013, 388 (389).

[267] Widmann/Mayer/*Vossius* UmwG § 99 Rn. 95; so auch: *Raupach/Böckstiegel* FS Widmann 2000, 459 (482); HK-UmwG/*Ries/Konu* UmwG § 103 Rn. 2.

[268] Semler/Stengel/Leonard/*Katschinski* UmwG § 103 Rn. 17; *Katschinski* S. 145 ff.; *DNotI* Gutachten Umwandlungsrecht S. 194 ff.; KK-UmwG/*Leuering* UmwG § 99 Rn. 13; *Stöber/Otto* Rn. 1078c, 1078d; *Sauter/Schweyer/Waldner* Eingetragener Verein Rn. 397a; Reichert/*Schörnig* Kap. 2 Rn. 4422; *Neumayer/Schulz* DStR 1996, 872 (874).

schlossen hat.[269] Danach bleibt es in den genannten Fällen bei der Anwendung des § 103 S. 1 UmwG und der dort vorgesehenen **Dreiviertelmehrheit.**

Hervorzuheben ist, dass sich der Meinungsstreit nur auswirkt, wenn die in Rede stehende **Zweckänderung** wirklich unter § 33 Abs. 1 S. 2 BGB fällt. Dies ist nach hM nur dann der Fall wenn der oberste Leitsatz der Vereinstätigkeit, also die große Leitlinie, um derentwillen sich die Mitglieder zusammengeschlossen haben, ausgetauscht oder wesentlich verändert wird und sich dadurch der Charakter des Vereins (grundlegend) ändert.[270] Daher sind geringfügige Abweichungen der Vereinszwecke, die sich als bloße Ergänzungen oder Beschränkungen verstehen lassen, unschädlich, solange nur die übergeordneten satzungsmäßigen Ziele der an der Verschmelzung beteiligten Vereine übereinstimmen.[271] 106

Unstreitig ist der Fall, dass der **übernehmende Verein** anlässlich der Verschmelzung **seinen Zweck ändert.** 107

Beispiel:

Verein A e.V. verschmilzt auf Verein B e.V. Bei der Mitgliederversammlung wird neben dem Verschmelzungsbeschluss in einem weiteren Tagesordnungspunkt der Vereinszweck des übernehmenden Vereins B e.V. (in grundlegender Weise) geändert, um so den neuen Verhältnissen Rechnung zu tragen.

In diesem Fall handelt es sich nicht um eine verschmelzungsbedingte Zweckänderung im engeren Sinne. Auch wenn die Verschmelzung und die Satzungsänderung rechtlich voneinander abhängig sein sollen, handelt es sich doch um zwei Beschlussgegenstände, für die die jeweiligen gesetzlichen Bestimmungen, dh §§ 103, 13 UmwG einerseits und § 33 Abs. 1 S. 2 BGB andererseits, einzuhalten sind.[272] 108

cc) Notarielle Beurkundung, Versammlungsprotokoll. Der Verschmelzungsbeschluss ist gem. § 13 Abs. 3 S. 1 UmwG notariell zu beurkunden. Hierzu wird – insbesondere bei größeren Vereinen – in der Regel ein **Tatsachenprotokoll** (§§ 36, 37 BeurkG) aufgenommen. Die Beurkundung kann jedoch auch gem. §§ 8 ff. BeurkG erfolgen, also nach den Vorschriften über die **Beurkundung von Willenserklärungen.** Nach § 13 Abs. 3 S. 2 UmwG ist der Verschmelzungsvertrag oder dessen Entwurf dem Verschmelzungsbeschluss als Anlage beizufügen. Unabhängig von der gewählten Beurkundungsform handelt es sich insoweit jedenfalls nicht um eine verlesungspflichtige Anlage iSd § 9 Abs. 1 S. 2 BeurkG.[273] Die Beifügung soll lediglich dem Registergericht im Rahmen seiner Prüfungspflicht ersichtlich machen, dass sich die Zustimmung der Mitgliederversammlung auf den geschlossenen Verschmelzungsvertrag bzw. den aufgestellten Entwurf bezieht.[274] 109

Zu beachten ist, dass für eventuelle **Verzichts-** und **gesonderte Zustimmungserklärungen** gem. §§ 8 Abs. 3, 9 Abs. 3, 16 Abs. 2 S. 2 sowie § 13 Abs. 2 UmwG, § 35 BGB (→ Rn. 113) allein die Vorschriften über die Beurkundung von Willenserklärungen gem. §§ 8 ff. BeurkG gelten. Daher sind diese Erklärungen gesondert zu beurkunden, wenn über die Mitgliederversammlung ein notarielles Tatsachenprotokoll erstellt wird.[275] 110

---

[269] OLG Hamm RNotZ 2013, 186: Keine analoge Anwendung des § 275 UmwG auf Verschmelzungen, da es an einer planwidrigen Regelungslücke fehlt; so auch BeckOGK/*Reul* UmwG § 103 Rn. 41; offenlassend: *Limmer* Teil 2 Rn. 1342.

[270] BGH NJW 1986, 1033; OLG Hamm RNotZ 2013, 186; FGPrax 2012, 36; OLG Nürnberg Beschl. v. 17.11.2015 – 12 W 2249/15, BeckRS 2015, 19357; Palandt/*Ellenberger* BGB § 33 Rn. 2; BeckOK BGB/*Schöpflin* BGB § 33 Rn. 8.

[271] Schmitt/Hörtnagl/*Hörtnagl/Rinke* UmwG § 275 Rn. 2; BeckOK BGB/*Schöpflin* BGB § 33 Rn. 7; BeckOGK/*Reul* UmwG § 103 Rn. 37 ff.

[272] Semler/Stengel/Leonard/*Katschinski* UmwG § 103 Rn. 18; Lutter/*Hennrichs* UmwG § 103 Rn. 16; KK-UmwG/*Leuering* UmwG § 103 Rn. 11; *Hager* RNotZ 2011, 565 (585).

[273] *Hager* RNotZ 2011, 565 (586); *Limmer* Teil 2 Rn. 506.

[274] MHdB GesR V/*Pathe* § 54 Rn. 78.

[275] Semler/Stengel/Leonard/*Katschinski* UmwG § 103 Rn. 6; *Hager* RNotZ 2011, 565 (585); zur Frage, ob in einer einheitlichen Niederschrift eine kombinierte Beurkundung (sowohl als Tatsachenprotokoll gem.

111 **Satzungsbestimmungen** (§ 58 Nr. 4 BGB), nach denen die Versammlungsprotokolle durch Vorstand oder Versammlungsleiter zu unterzeichnen sind, werden nach richtiger Auffassung durch § 13 Abs. 3 UmwG als *lex specialis* verdrängt. Die bezweckte Beweisfunktion wird durch die notarielle Beurkundung (über-)erfüllt, so dass es genügt, wenn die Versammlungsniederschrift gem. §§ 37 Abs. 3, 13 Abs. 3 BeurkG allein durch den Notar unterschrieben wird.[276]

112 Zum genauen **Inhalt der Versammlungsniederschrift** gibt es im Vereinsrecht keine gesetzlichen Vorgaben. Sofern die Satzung zum Protokollinhalt Vorgaben macht, sollten diese auch für den Verschmelzungsbeschluss beachtet werden, soweit sie sich mit den beurkundungsrechtlichen Vorgaben in Einklang bringen lassen. In das Versammlungsprotokoll über den Verschmelzungsbeschluss können zB folgende Punkte aufgenommen werden:[277]
- **Angaben zum Verein** (Name, Sitz, Geschäftsanschrift, Registernummer);
- **Ort, Tag, Uhrzeit der Versammlung;**
- **Feststellung zur Präsenz** (Person des Versammlungsleiters, Zahl der erschienenen Mitglieder, ggf. – jedoch nicht zwingend – eine namentliche Anwesenheitsliste[278]);
- **Feststellung über die ordnungsgemäße Einberufung der Versammlung** (ggf. – jedoch nicht zwingend – unter Beifügung entsprechender Nachweise);[279]
- **Feststellung zur Beschlussfähigkeit der Versammlung;**
- **Tagesordnung** (samt Feststellung über die ordnungsgemäße Mitteilung der Tagesordnung bei der Einberufung der Mitgliederversammlung);
- **Feststellung über die Einhaltung der verschmelzungsspezifischen Formalien** (Auslegungs- und Erläuterungspflichten gem. §§ 101, 102, 63, 64 UmwG);[280]
- **Feststellung zur Verschmelzungsprüfung** (ggf. zu deren Entbehrlichkeit gem. § 100 S. 2 UmwG);
- **gestellte Anträge;**
- **Art und Weise der Abstimmung;**
- **Feststellung des Abstimmungsergebnisses** (Ja-Stimmen, Nein-Stimmen, Enthaltungen);
- **etwaige Widersprüche zu Protokoll;**
- **Ende der Versammlung.**

10. Weitere Zustimmungserfordernisse

113 In bestimmten Fällen bedarf es weiterer **Zustimmungserklärungen.** Dies gilt insbesondere, wenn einzelne Vereinsmitglieder im übertragenden Verein **Sonderrechte** iSd § 35 BGB innehaben und diese im Zuge der Verschmelzung beeinträchtigt werden oder erlöschen, weil sie im übernehmenden Verein nicht gleichermaßen eingeräumt werden (zu Sonderrechten → Rn. 55; 110).[281] In diesem Fall ist die Zustimmung der betroffenen Sonderrechtsinhaber erforderlich. Eine besondere Zustimmung kann ferner nach § 13 Abs. 2 UmwG erforderlich sein, wenn die Mitgliedschaft im übertragenden Verein nicht gem. § 38 S. 1 BGB unübertragbar, sondern in der Weise vinkuliert ist, dass die Zustim-

---

§§ 36ff. BeurkG als auch als Niederschrift gem. §§ 8ff. BeurkG) erfolgen kann, siehe BeckOGK/*Reul* UmwG § 103 Rn. 22, 23 (im Ergebnis dort verneint).

[276] Semler/Stengel/Leonard/*Katschinski* UmwG § 103 Rn. 6a.

[277] Muster für Versammlungsprotokolle finden sich bei *Limmer* Teil 2 Rn. 1358; Widmann/Mayer/*Heckschen* Anh. 4 Mustersatz 11a M 79.2; BeckFormB BHW/*Beckhaus* XI.16; BeckOF-V/*Schervier* 7.13.3.2.

[278] BeckFormB BHW/*Beckhaus* XI.16 Anm. 4; *Katschinski* S. 160; *Limmer* Rn. 1339.

[279] Widmann/Mayer/*Heckschen* Anh. 4 Mustersatz 11a M 79.2 Anm. 3.

[280] Nach *Krafka* RegisterR-HdB Rn. 2220 soll im rügelosen Verschmelzungsbeschluss jedenfalls ein Verzicht auf die Einhaltung der Auslegungspflichten liegen, so dass das Registergericht von sich aus keine eigene Prüfung hinsichtlich der Auslegungspflichten vornimmt; so auch Widmann/Mayer/*Vossius* UmwG § 101 Rn. 27.

[281] Semler/Stengel/Leonard/*Katschinski* UmwG § 103 Rn. 23; Widmann/Mayer/*Vossius* UmwG § 99 Rn. 22, 23; Lutter/*Hennrichs* UmwG § 103 Rn. 12; *Stöber/Otto* Rn. 1075; Reichert/*Schörnig* Kap. 2 Rn. 4422; *Hager* RNotZ 2011, 565 (585); anders Semler/Stengel/Leonard/*Gehling* UmwG § 13 Rn. 46.

mung bestimmter Vereinsmitglieder (gleich ob funktional oder personal bestimmt) eingeholt werden muss. In diesem – praktisch seltenen Fall – müssen diese privilegierten Vereinsmitglieder ihre Zustimmung zur Verschmelzung erklären. Weitere Zustimmungspflichten können sich bei Mischverschmelzungen ergeben (zB §§ 40 Abs. 2 S. 2, 43 Abs. 1 Hs. 2, 51 Abs. 1 S. 1 UmwG). Soweit hiernach die Zustimmung einzelner Vereinsmitglieder erforderlich ist, bedarf die entsprechende Erklärung der **notariellen Beurkundung** gem. §§ 8 ff. BeurkG, da es sich hierbei um Zustimmungserfordernisse handelt, die nach dem Umwandlungsgesetz erforderlich sind (§ 13 Abs. 3 S. 1 UmwG).[282]

11. Registeranmeldung

Die Anmeldung der Verschmelzung ist in den §§ 99 ff. UmwG nicht speziell geregelt. Es 114
gelten also die allgemeinen Vorschriften der §§ 16, 17 UmwG. Die **Verschmelzung** ist gem. § 16 Abs. 1 S. 1 UmwG zum jeweils **zuständigen Register** anzumelden. Bei reinen (Ideal-) Vereinsverschmelzungen ist dies jedenfalls das Vereinsregister. Soweit der Verein im Handelsregister eingetragen ist, was sowohl bei wirtschaftlichen Vereinen iSd § 22 BGB als auch bei Idealvereinen im Rahmen des sog. Nebenzweckprivilegs der Fall sein kann, ist (zusätzlich) eine Anmeldung zum Handelsregister erforderlich.[283] Bei Mischverschmelzungen ist die Verschmelzung auch zum Register des anderen Rechtsträgers anzumelden (zB Handels- oder Genossenschaftsregister).

Anmeldepflichtig ist das jeweilige Vertretungsorgan, dh auf Seiten des beteiligten Ver- 115
eins dessen Vorstand. Bei einem mehrgliedrigen Vorstand ist ein Handeln in vertretungsberechtigter Zahl ausreichend.[284] Bei der Verschmelzung zur Aufnahme kann das Vertretungsorgan des übernehmenden Rechtsträgers auch die Anmeldung zum Vereinsregister des übertragenden Vereins vornehmen (§ 16 Abs. 1 S. 2 UmwG).

Inhalt der Anmeldung ist die Verschmelzung an sich, also die Tatsache, dass zB Ver- 116
ein A auf Verein B zur Aufnahme verschmolzen wurde. Sofern im Zusammenhang mit der Verschmelzung weitere anmeldepflichtige Tatsachen beschlossen wurden, insbesondere Satzungsänderungen, sind diese zusätzlich anzumelden. Weitere Anmeldepflichten können sich bei Mischverschmelzungen ergeben, zB wenn verschmelzungsbedingte Kapitalerhöhungen stattfinden (§§ 53 ff., 66 ff. UmwG).[285]

Gemäß § 16 Abs. 2 S. 1 UmwG haben die Vertretungsorgane bei der Anmeldung eine 117
Negativerklärung zu etwaigen Klagen gegen den Verschmelzungsbeschluss abzugeben, wobei wiederum ein Handeln in vertretungsberechtigter Zahl genügt. Entbehrlich ist diese Erklärung nur, wenn ein notariell beurkundeter Klageverzicht gem. § 16 Abs. 2 S. 2 UmwG vorliegt oder ein Fall des § 16 Abs. 3 UmwG gegeben ist. Die Anmeldung der Verschmelzung braucht nicht zwingend bis zum Ablauf der Klagefristen zurückgehalten werden, sondern kann bereits vorher erfolgen, mit der Maßgabe, dass die Negativerklärung nachzureichen ist.[286] Ein solches Vorgehen kann insbesondere wegen der Acht-Monatsfrist des § 17 Abs. 2 S. 4 UmwG erforderlich sein.[287] Eintragungsfähig ist die Verschmelzung freilich erst nach Vorliegen der Negativerklärung, bis dahin hat das Registergericht die Anmeldung zurückzustellen.[288]

Die Anmeldung zum Vereinsregister ist öffentlich zu beglaubigen (§ 77 BGB). Gleiches 118
gilt gem. § 12 Abs. 1 HGB, § 157 GenG für die Anmeldung zu den anderen Registern.

---

[282] Widmann/Mayer/*Vossius* UmwG § 103 Rn. 12 und § 99 Rn. 106; Reichert/*Schörnig* Kap. 2 Rn. 4422; aA für Sonderrechte gem. § 35 BGB: KK-UmwG/*Leuering* UmwG § 99 Rn. 37 (Schriftform ausreichend).
[283] Semler/Stengel/Leonard/*Katschinski* UmwG § 99 Rn. 105; *Limmer* Teil 2 Rn. 1351.
[284] Semler/Stengel/Leonard/*Katschinski* UmwG § 99 Rn. 107; Widmann/Mayer/*Vossius* UmwG § 99 Rn. 113.
[285] Semler/Stengel/Leonard/*Katschinski* UmwG § 99 Rn. 107; MHdB GesR V/*Pathe* § 54 Rn. 87.
[286] Widmann/Mayer/*Fronhöfer* UmwG § 16 Rn. 95; Semler/Stengel/Leonard/*Schwanna* UmwG § 16 Rn. 16.
[287] Widmann/Mayer/*Fronhöfer* UmwG § 16 Rn. 95.
[288] MHdB GesR V/*Pathe* § 54 Rn. 88; Semler/Stengel/Leonard/*Katschinski* UmwG § 99 Rn. 108.

Auch die (nachgereichte) Negativerklärung gem. § 16 Abs. 2 S. 1 UmwG bedarf der öffentlichen Beglaubigung.[289]

119 Der Anmeldung sind die in § 17 Abs. 1 UmwG bezeichneten **Anlagen** beizufügen. Dies sind
- der **Verschmelzungsvertrag,**
- die Niederschriften der **Verschmelzungsbeschlüsse,**
- ggf. sonstige **Zustimmungserklärungen** (→ Rn. 113),
- der **Verschmelzungsbericht** (→ Rn. 67 ff.),
- ggf. der **Verschmelzungsprüfungsbericht** (→ Rn. 73 ff.),
- ggf. **Zuleitungsnachweise** an den **Betriebsrat** (→ Rn. 66).

120 Der Anmeldung zum Vereinsregister des übertragenden Vereins ist nach dem Wortlaut des § 17 Abs. 2 UmwG ferner dessen **Schlussbilanz** beizufügen, die auf einen höchstens acht Monate vor der Anmeldung liegenden Stichtag lauten darf.

121 Jedenfalls soweit der übertragende Verein **freiwillig** oder aufgrund **gesetzlicher Verpflichtung bilanziert,** spricht nichts dagegen, die Vorschrift wörtlich zu nehmen.[290]

122 Ist dies hingegen nicht der Fall, so stellt sich die Frage, ob aus § 17 Abs. 2 UmwG dennoch eine **Pflicht zur Einreichung** und damit **erstmaligen Aufstellung** einer **Bilanz** folgt. In der Tat sprechen Wortlaut und systematische Stellung im allgemeinen Teil des Umwandlungsgesetzes dafür, die Vorschrift auch auf Vereine uneingeschränkt anzuwenden. Insbesondere *Vossius* vertritt daher die Auffassung, es bedürfe in jedem Fall der Einreichung einer Schlussbilanz, und zwar unabhängig davon, ob der übertragende Verein bislang bilanziert oder nicht.[291] Dieser Auffassung hat sich nun (bedauerlicherweise) auch das OLG Köln angeschlossen.[292] Demgegenüber kann nach anderer, vorzugswürdiger Ansicht jedenfalls dann von der Einreichung einer Schlussbilanz abgesehen werden, wenn **weder der übertragende Verein noch der übernehmende Verein/Rechtsträger** aufgrund gesetzlicher Verpflichtung oder freiwillig bilanziert.[293] Zur Begründung wird zutreffend darauf verwiesen, dass sich aus § 17 Abs. 2 UmwG keine selbständige Bilanzierungspflicht ergibt.[294] Jedenfalls ist § 17 Abs. 2 UmwG für die genannten Fälle teleologisch zu reduzieren. Weder Gläubigerschutzgesichtspunkte noch der Grundsatz der Bilanzkontinuität gebieten insoweit die Aufstellung einer Bilanz.[295] Für die Entscheidung der Gläubiger bezüglich ihres Anspruchs auf Sicherheitengewährung nach § 22 UmwG ist die Bilanz des übertragenden Rechtsträgers ohnehin wenig ergiebig. Den Verein allein deshalb zur Aufstellung einer Bilanz zu verpflichten, erscheint daher nicht überzeugend. Bilanziert auch der übernehmende Rechtsträger nicht, so spielt mangels bilanzieller Fortführung der Grundsatz der Bilanzkontinuität (§ 24 UmwG) keine Rolle und rechtfertigt eine Bilanzierungspflicht ebenfalls nicht. Anstelle der Bilanz sind dem Vereinsregister die **tatsächlich geführten Buchhaltungsunterlagen,** zB eine Einnahmeüberschussrechnung iSd § 8 Abs. 1 S. 1 KStG, § 4 Abs. 3 EStG samt Vermögensauf-

---

[289] *Stöber/Otto* Rn. 1391; aA Widmann/Mayer/*Fronhöfer* UmwG § 16 Rn. 42.

[290] Widmann/Mayer/*Vossius* UmwG § 99 Rn. 117; Semler/Stengel/Leonard/*Katschinski* UmwG § 99 Rn. 115; KK-UmwG/*Leuering* UmwG § 99 Rn. 81; *Hager* RNotZ 2011, 565 (582).

[291] Widmann/Mayer/*Vossius* UmwG § 99 Rn. 118 ff.; HK-UmwG/*Ries/Konu* UmwG § 99 Rn. 18; vgl. auch BT-Drs. 12/6699, 90 („für alle Rechtsformen zwingend").

[292] OLG Köln FGPrax 2020, 72, abl. hierzu *Wachter* npoR 2020, 283.

[293] Semler/Stengel/Leonard/*Katschinski* UmwG § 99 Rn. 111 ff.; Lutter/*Hennrichs* UmwG § 99 Rn. 41; KK-UmwG/*Leuering* UmwG § 99 Rn. 84; Reichert/*Schörnig* Kap. 2 Rn. 4443; *Wiedemann/Thüsing* WM 1999, 2237 (2248); BeckOGK/*Reul* UmwG § 99 Rn. 164 ff.

[294] Semler/Stengel/Leonard/*Katschinski* UmwG § 99 Rn. 115; Schmitt/Hörtnagl/*Hörtnagl* UmwG § 17 Rn. 17; Sagasser/Bula/Brünger Umwandlungen/*Bula/Thees* § 10 Rn. 5; BeckOGK/*Reul* UmwG § 99 Rn. 164 ff.; Neumayer/*Schulz* DStR 1996, 872 (875).

[295] Semler/Stengel/Leonard/*Katschinski* UmwG § 99 Rn. 117; Lutter/*Hennrichs* UmwG § 99 Rn. 41; *Hager* RNotZ 2011, 565 (582); *Wachter* npoR 2020, 283 (285).

stellung oder der Rechenschaftsbericht des Vorstands (§ 27 Abs. 3 iVm §§ 666, 259 BGB) einzureichen (→ Rn. 90).[296]

Bilanziert **nur der übertragende Verein nicht, der aufnehmende Verein/Rechtsträger hingegen** schon (zB bei einer Mischverschmelzung eines e.V. auf eine GmbH), so wird unter Verweis auf den Grundsatz der Bilanzkontinuität gem. § 24 UmwG überwiegend die Aufstellung und Einreichung einer Bilanz verlangt.[297] Überzeugender erscheint es, den übertragenden Verein auch in diesen Fällen nicht zur (erstmaligen) Bilanzierung zu zwingen. Zur Begründung lässt sich wiederum darauf verweisen, dass aus § 17 Abs. 2 UmwG keine selbständige Bilanzierungspflicht folgt. Ein Verein, der (zulässigerweise) nicht bilanziert, wird hierzu auch nicht durch das Umwandlungsrecht gezwungen.[298] 123

Hinweis:

Der Beschluss des OLG Köln zur zwingenden Vorlage einer (Schluss-) Bilanz im Rahmen des § 17 Abs. 2 S. 1 UmwG bedeutet eine erhebliche Erschwerung für Vereinsverschmelzungen; er vermag weder im Ergebnis noch in der Begründung zu überzeugen.[299] In der Praxis sollte gleichwohl frühzeitig eine Abstimmung mit dem zuständigen Vereinsregister darüber erfolgen, ob im konkreten Fall eine Bilanz verlangt wird, um ggf. eine solche rechtzeitig aufstellen zu lassen.

12. Registereintragung und Bekanntmachung

Für die **Eintragung der Verschmelzung** ergeben sich keine vereinsspezifischen Besonderheiten. Es gilt also § 19 Abs. 1 UmwG, der vorschreibt, dass die Verschmelzung zunächst in das Register des bzw. der übertragenden Vereine und danach in das Register des übernehmenden Rechtsträgers einzutragen ist. Die Verschmelzung samt Gläubigeraufruf ist durch die registerführenden Gerichte nach §§ 19 Abs. 3, 22 Abs. 1 S. 2 UmwG iVm § 10 HGB von Amts wegen im gemeinsamen Registerportal der Länder (www.handelsregister.de) bekannt zu machen.[300] 124

Mit Eintragung der Verschmelzung in das Register des übernehmenden Rechtsträgers wird die **Verschmelzung wirksam** und entfaltet ihre spezifischen Rechtsfolgen (§§ 20ff. UmwG). Der **übertragende Verein erlischt** und mit ihm die Organstellung des Vereinsvorstands.[301] Die Vereinsmitglieder werden mit Wirksamwerden der Verschmelzung zu Mitgliedern bzw. Anteilsinhabern des übernehmenden Rechtsträgers. Etwaige formelle und materielle Mängel des Verschmelzungsvertrags werden gem. § 20 Abs. 1 Nr. 4, Abs. 2 UmwG geheilt. Es kommt zu einer (rechtsgeschäftlichen) Gesamtrechtsnachfolge, im Zuge derer der übernehmende Rechtsträger umfassend in die Rechte und Pflichten des übertragenden Vereins eintritt. Hierbei gehen auch solche Gegenstände über, die im Wege der Einzelrechtsnachfolge nicht übertragen werden können.[302] Soweit der übertragende Verein selbst Mitglied in einem anderen Verein ist, ist allerdings umstritten, ob die Mitgliedschaft auf den übernehmenden Rechtsträger übergeht. Nach richtiger Auffassung ist der Grund- 125

[296] Semler/Stengel/Leonard/*Katschinski* UmwG § 99 Rn. 115; Lutter/*Hennrichs* UmwG § 99 Rn. 42; *Krafka* RegisterR-HdB Rn. 2217, 2225; Reichert/*Schörnig* Kap. 2 Rn. 4443; *Hager* RNotZ 2011, 565 (582); *Neumayer/Schulz* DStR 1996, 872 (875) *Wachter* npoR 2020, 283 (285).

[297] Lutter/*Hennrichs* UmwG § 99 Rn. 40a; Semler/Stengel/Leonard/*Katschinski* UmwG § 99 Rn. 119; allerdings nur, wenn sich der übernehmende Rechtsträger auch wirklich für die Buchwertfortführung entscheidet.

[298] Zustimmend *Wachter* npoR 2020, 283 (286, 287).

[299] So auch *Wachter* npoR 2020, 283 (287), der für eine gesetzgeberische Korrektur der Entscheidung durch Änderung des § 17 Abs. 2 UmwG plädiert.

[300] *Krafka* RegisterR-HdB Rn. 2228; *Hager* RNotZ 2011, 565 (587); der Verweis des § 19 Abs. 3 UmwG auf § 10 HGB passt auf Vereine eigentlich nicht, allerdings ergäbe sich aus § 66 BGB eine inhaltsgleiche Bekanntmachungspflicht.

[301] MHdB GesR V/*Pathe* § 54 Rn. 107; Semler/Stengel/Leonard/*Katschinski* UmwG § 99 Rn. 121.

[302] MHdB GesR V/*Pathe* § 54 Rn. 105.

satz der **Höchstpersönlichkeit der Vereinsmitgliedschaft** (§ 38 S. 1 BGB) auch im Umwandlungsrecht zu beachten.[303] Zu einem Übergang der Mitgliedschaft durch die Verschmelzung kommt es also nur, wenn die Vereinssatzung, abweichend von § 38 S. 1 BGB, deren Übertragung zumindest im Wege der Gesamtrechtsnachfolge zulässt.[304] Ist dies nicht der Fall, erlischt mit dem verschmelzungsbedingten Wegfall des übertragenden Vereins auch dessen Vereinsmitgliedschaft.[305]

13. Besonderheiten bei der Verschmelzung zur Neugründung eines Vereins

126 **a) Allgemeines.** Eine Verschmelzung zur Neugründung eines eingetragenen Vereins ist gem. § 99 Abs. 2 UmwG nur im Wege einer **reinen (Ideal-)Vereinsverschmelzung** möglich, dh sämtliche übertragenden Rechtsträger müssen ebenfalls eingetragene Vereine sein.

Beispiel:

Die Vereine A e.V., B e.V. und C e.V. wollen in der Weise miteinander fusionieren, dass sie zur Neugründung des A-B-C e.V. miteinander verschmelzen.

127 Für die Verschmelzung zur Neugründung eines Vereins gelten neben den speziellen Regelungen in §§ 36–38 UmwG weitgehend die gleichen Grundsätze wie bei der Verschmelzung zweier Vereine zur Aufnahme (§ 36 Abs. 1 UmwG). Im Übrigen sind gem. § 36 Abs. 2 UmwG die **Gründungsvorschriften** für eingetragene Vereine (§§ 55–66 BGB) einzuhalten. Allerdings gilt dies gem. § 36 Abs. 2 S. 3 UmwG nicht für solche Vorschriften, die eine **Mindestzahl von Gründern** vorschreiben. Da nach § 36 Abs. 2 S. 2 UmwG die übertragenden Vereine als Gründer auftreten, bedeutet dies, dass es insoweit nicht auf die Mindestzahl von sieben Gründern (§ 56 BGB) ankommt.[306] Eine Verschmelzung zur Neugründung kann daher durch mindestens zwei übertragende Vereine erfolgen. Zu beachten ist jedoch die begrenzte Reichweite des § 36 Abs. 2 S. 3 UmwG. Die Norm betrifft nämlich allein den Gründungsvorgang, nicht jedoch den weiteren Fortbestand des neuen Vereins. Sollte dessen **Mitgliederzahl nach der Verschmelzung** unter drei sinken, so droht nach allgemeinen Grundsätzen die Entziehung der Rechtsfähigkeit gem. § 73 BGB (→ Rn. 385 ff.).[307]

128 **b) Verschmelzungsvertrag und -beschlüsse.** Bei der Verschmelzung zur Neugründung eines eingetragenen Vereins ist gem. § 37 UmwG die **Satzung des neuen Vereins** in den Verschmelzungsvertrag aufzunehmen und daher **mitzubeurkunden.** Inhaltlich hat die Satzung den **allgemeinen gesetzlichen Anforderungen** (§§ 57, 58 BGB) zu genügen. Damit der Verschmelzungsvorgang reibungslos vollzogen werden kann, ist das Augenmerk also insbesondere auch auf eine korrekte Gestaltung der Vereinssatzung des neuen Vereins zu richten.[308] Nicht erforderlich ist aufgrund der Regelung des § 36 Abs. 2 S. 3 UmwG in formeller Hinsicht die Unterzeichnung des Satzungstextes durch sieben Mitglieder gem. § 59 Abs. 3 BGB.[309]

---

[303] Semler/Stengel/Leonard/*Katschinski* UmwG § 99 Rn. 123; Semler/Stengel/Leonard/*Leonard* UmwG § 20 Rn. 27; MHdB GesR V/*Pathe* § 54 Rn. 105; KK-UmwG/*Leuering* UmwG § 99 Rn. 93; aA Lutter/*Hennrichs* UmwG § 99 Rn. 44; *Hadding/Hennrichs* FS Boujong 1996, 203 (230); *Raupach/Böckstiegel* FS Widmann 2001, 459 (483).

[304] KK-UmwG/*Leuering* UmwG § 99 Rn. 93; BeckOK BGB/*Schöpflin* BGB § 41 Rn. 25.

[305] AG Kaiserslautern NZG 2005, 285; Semler/Stengel/Leonard/*Katschinski* UmwG § 99 Rn. 123.

[306] Widmann/Mayer/*Vossius* UmwG § 99 Rn. 108.

[307] Semler/Stengel/Leonard/*Katschinski* UmwG § 99 Rn. 125; Schmitt/Hörtnagl/*Winter* UmwG § 36 Rn. 36.

[308] Zutreffend weist *Hager* RNotZ 2011, 565 (576) darauf hin, dass das Registergericht im Rahmen der Prüfung der Verschmelzung auch die Satzung des neuen Vereins zu prüfen hat.

[309] Semler/Stengel/Leonard/*Katschinski* UmwG § 99 Rn. 126; *Hager* RNotZ 2011, 565 (576).

Es empfiehlt sich ferner, die **Bestellung des Vorstands** im Verschmelzungsvertrag zu regeln.[310] Die übertragenden Vereine gelten nach § 36 Abs. 2 S. 2 UmwG als Gründer des neuen Vereins. Nach allgemeinen vereinsrechtlichen Grundsätzen ist hingegen die Mitgliederversammlung für die Vorstandsbestellung zuständig. Daraus folgert die hM, dass die Bestellung des Vorstands zwar durch die **übertragenden Vereine als Gründer** erfolgt und damit in den Verschmelzungsvertrag oder in die im Verschmelzungsvertrag enthaltene Vereinssatzung aufgenommen werden kann. Da die Gründer jedoch nicht mit den Vereinsmitgliedern des neuen Vereins identisch sind, bedarf es eines zustimmenden **Beschlusses der Mitgliederversammlungen** der übertragenden Vereine. Dies folgt aus einer analogen Anwendung der für andere Rechtsträger geltenden Vorschriften (§§ 59 S. 2, 76 Abs. 2 S. 2, 98 S. 2, 116 Abs. 1 S. 1 UmwG).[311] Ist die Vorstandsbestellung im Verschmelzungsvertrag oder in der Vereinssatzung enthalten, so wird durch den Verschmelzungsbeschluss gleichzeitig auch die Ernennung des Vorstands im Sinne einer Wahl bestätigt.[312] Da der Beschluss über die Vorstandsbestellung hierbei nicht vom Zustimmungsbeschluss zum Verschmelzungsvertrag zu trennen ist, kann die Vorstandswahl in diesem Fall also nur mit einer **Dreiviertelmehrheit** gem. § 103 S. 1 UmwG erfolgen.[313] Weist die Satzung des neuen Vereins in Ausschöpfung des gem. §§ 40, 27 Abs. 1 BGB bestehenden Dispositionsspielraums die Bestellung des Vorstands einem **anderen Gremium** als der Mitgliederversammlung zu (zB Kuratorium, Beirat etc., → § 8 Rn. 56ff.), so erfolgt die Vorstandsbestellung hingegen nicht gemäß den vorstehenden Grundsätzen.[314] Vielmehr ist insoweit bereits das *qua* Satzung berufene Organ zuständig. Obliegt der Mitgliederversammlung nach der Satzung zumindest die Wahl der Mitglieder des zuständigen Gremiums, so können die Gremienmitglieder im Verschmelzungsvertrag bestellt werden. Diese Bestellung ist sodann im Rahmen der Verschmelzungsversammlung durch den Verschmelzungsbeschluss zu bestätigen. Im Anschluss daran kann das Gremium sich konstituieren und die Vorstandsernennung durchführen. 129

Ob auch im **Gründungsstadium** des neuen Vereins, dh nach Abschluss des Verschmelzungsvertrags und Fassung der Verschmelzungsbeschlüsse, aber noch vor der Eintragung des neuen Vereins eine Wahl der Vorstände durch die Mitglieder der übertragenden Vereine nach allgemeinen Grundsätzen, also mit einfacher Mehrheit erfolgen kann, ist umstritten.[315] Zum Teil wird dies verneint, da bei einer Verschmelzung zur Neugründung – anders als sonst im Gründungsstadium – kein Vorverein entstehe und daher keine Mitgliederversammlung des Vorvereins abgehalten werden könne.[316] 130

c) Anmeldung, Eintragung. Für die **Anmeldung** der Verschmelzung zur Neugründung gilt § 38 UmwG, der § 16 Abs. 1 UmwG verdrängt. Danach meldet der Vereinsvorstand jedes übertragenden Vereins die Verschmelzung zum Vereinsregister seines Vereins an (§ 38 Abs. 1 UmwG). Bei einem mehrgliedrigen Vorstand ist ein Handeln in vertretungsberechtigter Anzahl ausreichend. Die Anmeldung des neuen Rechtsträgers erfolgt gem. § 38 Abs. 2 UmwG durch die **Vorstände aller übertragenden Vereine,** wobei wiederum jeweils ein Handeln in vertretungsberechtigter Zahl genügt. Hierbei ist der im Wege 131

310 *Hager* RNotZ 2011, 565 (577); *Limmer* Teil 2 Rn. 1349.

311 Semler/Stengel/Leonard/*Katschinski* UmwG § 99 Rn. 127; MHdB GesR V/*Pathe* § 54 Rn. 117; *Limmer* Teil 2 Rn. 1350, 1354; *Hager* RNotZ 2011, 565 (576).

312 *Stöber/Otto* Rn. 1087; so iErg auch BeckOGK/*Reul* UmwG § 99 Rn. 184.

313 Semler/Stengel/Leonard/*Katschinski* UmwG § 99 Rn. 127; *Limmer* Teil 2 Rn. 1354.

314 Semler/Stengel/Leonard/*Scholderer* UmwG § 98 Rn. 8 und § 97 Rn. 21 (zur Genossenschaft); Schmitt/Hörtnagl/*Hörtnagl/Ollech* UmwG § 98 Rn. 2 und § 97 Rn. 2 (zur Genossenschaft).

315 Dafür: Widmann/Mayer/*Vossius* UmwG § 99 Rn. 110; Widmann/Mayer/*Heckschen* Anh. 4 Mustersatz 11a M 79.1 Anm. 15; *Limmer* Teil 2 Rn. 1350, 1354; dagegen: Semler/Stengel/Leonard/*Katschinski* UmwG § 99 Rn. 129; MüKoBGB/*Reuter,* 5. Aufl. 2009, BGB § 41 Rn. 56.

316 *Hager* RNotZ 2011, 565 (576); MüKoBGB/*Reuter,* 5. Aufl. 2009, BGB § 41 Rn. 56; Semler/Stengel/Leonard/*Katschinski* UmwG § 99 Rn. 129; BeckOGK/*Reul* UmwG § 99 Rn. 185; zur Vorgesellschaft bei Umwandlungen allg. vgl. *Limmer* Teil 2 Rn. 250ff.

der Verschmelzung neugegründete Verein samt Vorstand anzumelden.[317] Die Vorstände der übertragenden Vereine haben auch die Negativerklärung gem. § 16 Abs. 2 S. 1 UmwG abzugeben.[318] Die Vorstände des neuen Vereins sind hierfür ebenso wenig zuständig wie für die Anmeldung des neuen Vereins selbst.[319] Im Übrigen gelten für die **Anmeldung, Eintragung** und **Bekanntmachung** der Verschmelzung gem. der Verweisung des § 36 Abs. 1 S. 1 UmwG die allgemeinen Bestimmungen der §§ 17, 19, 22 Abs. 1 S. 2 UmwG (→ Rn. 114ff., 124). Auch die Verschmelzung zur Neugründung wird mit Eintragung im Register des **übernehmenden Rechtsträgers wirksam.** Hierbei kommt es gleichzeitig zum **Entstehen des neugegründeten Vereins** (§ 21 BGB).[320]

III. Spaltung

1. Allgemeines, Bedeutung für Vereine

132 Vereine können sich auch an Spaltungsvorgängen nach dem Umwandlungsgesetz (**Aufspaltung, Abspaltung** und **Ausgliederung**) beteiligen. Einzige vereinsspezifische Spaltungsvorschrift ist § 149 UmwG. Im Übrigen kommen die allgemeinen Spaltungsvorschriften (§§ 123ff. UmwG) zur Anwendung, die ihrerseits wiederum ergänzend auf die Regelungen zur Verschmelzung verweisen (§§ 125 S. 1, 99–104a, 2ff. UmwG). Bei Mischspaltungen sind ferner die jeweiligen rechtsformspezifischen Regelungen des anderen Rechtsträgers zu beachten (zB §§ 125 S. 1, 46ff., 60ff. UmwG).

133 Charakteristikum aller Spaltungen ist die sog. **partielle Gesamtrechtsnachfolge.** Wie bei der Verschmelzung kommt es hierbei zu einer Rechtsnachfolge ohne gesonderte Übertragungsakte und ohne Zustimmung von Gläubigern.[321] Allerdings bezieht sich diese – jedenfalls aus Sicht des übernehmenden Rechtsträgers – nicht auf das gesamte, sondern nur auf einen **Teil des Vermögens** des übertragenden Rechtsträgers.[322] Zu einem Erlöschen des übertragenden Rechtsträgers kommt es nur bei der Aufspaltung (§ 131 Abs. 1 Nr. 2 UmwG), nicht hingegen bei Abspaltung und Ausgliederung. Die Anteils- bzw. Mitgliedschaftsgewährung erfolgt bei Auf- und Abspaltung an die Anteilsinhaber bzw. Mitglieder des übertragenden Rechtsträgers, bei der Ausgliederung hingegen an den übertragenden Rechtsträger selbst.

134 Durch **Ausgliederungen** aus dem Vereinsvermögen entstehen „Vereinstöchter" (zB Tochter-GmbH). Im Vereinsrecht haben Ausgliederungen etwa im Bereich der Fußballbundesligavereine Bedeutung erlangt, deren Lizenzspielerabteilungen auf Tochterunternehmen in der Rechtsform von Kapitalgesellschaften ausgegliedert wurden.[323] Darüber hinaus kann eine Ausgliederung ganz allgemein dazu dienen, wirtschaftliche Geschäftsbetriebe aus dem Vereinsvermögen herauszulösen und auf andere Rechtsträger zu übertragen.[324]

135 Die **Abspaltung** aus einem Verein zur Neugründung führt hingegen zur Bildung eines „Schwestervereins" mit grundsätzlich identischem Mitgliederkreis. Allerdings ist nach

---

317 *Hager* RNotZ 2011, 565 (586); Widmann/Mayer/*Heckschen* Anh. 4 Mustersatz 11a M 79.5 Anm. 4; *Limmer* Teil 2 Rn. 1355; *Katschinski* S. 188.

318 Semler/Stengel/Leonard/*Katschinski* UmwG § 99 Rn. 130; *Limmer* Teil 2 Rn. 1355.

319 *Hager* RNotZ 2011, 565 (586); KK-UmwG/*Leuering* UmwG § 99 Rn. 98; BeckOGK/*Reul* UmwG § 99 Rn. 186.

320 MHdB GesR V/*Pathe* § 54 Rn. 122; *Hager* RNotZ 2011, 565 (588); Reichert/*Schörnig* Kap. 2 Rn. 4470.

321 Semler/Stengel/Leonard/*Schwanna* UmwG § 123 Rn. 2ff.; Schmitt/Hörtnagl/*Hörtnagl* UmwG § 123 Rn. 5; *Limmer* Teil 3 Rn. 83.

322 Zum Sonderfall der sog. Totalausgliederung Widmann/Mayer/*Weiler* UmwG § 123 Rn. 41 und Widmann/Mayer/*Mayer* UmwG § 126 Rn. 55; Semler/Stengel/Leonard/*Schröer/Greitemann* UmwG § 126 Rn. 28.

323 Semler/Stengel/Leonard/*Katschinski* UmwG § 149 Rn. 1; vgl. hierzu auch *Mayer* FS Widmann 2000, 67; *Heermann* ZIP 1998, 1249; *Wagner* NZG 1999, 469; *Segna* ZIP 1997, 1901; *Steinbeck/Menke* NJW 1998, 2169; *Habel/Strieder* NZG 1998, 929.

324 Semler/Stengel/Leonard/*Katschinski* UmwG § 149 Rn. 2; *Schröder* DStR 2001, 1415; zur steuerlichen Seite vgl. *Stobbe* DStZ 1996, 298; *Funnemann* DStR 2002, 2013; *Tönnes/Wewel* DStR 1998, 274.

§ 128 UmwG auch eine nicht verhältniswahrende Auf- bzw. Abspaltung möglich, bei der nicht alle Mitglieder des übertragenden Rechtsträgers am übernehmenden Rechtsträger beteiligt werden.[325] Diese spezielle Form der Spaltung kann im Vereinsbereich zur sog. **Spartentrennung** eingesetzt werden, also dazu, verschiedene Abteilungen eines Vereins zu trennen und in verschiedenen Vereinen zu verselbständigen (→ Rn. 145).[326]

2. Spaltungsmöglichkeiten für Vereine

Wie die Verschmelzung steht auch die Spaltung gem. §§ 124 Abs. 1, 3 Abs. 1, 149 Abs. 1 UmwG nur **rechtsfähigen Vereinen** (§§ 21, 22 BGB) offen (→ Rn. 6ff.). 136

Ein **eingetragener Verein** (§ 21 BGB) kann als übertragender Rechtsträger Vermö- 137
gensteile im Wege der Spaltung sowohl auf Vereine **(reine Vereinsspaltung)** als auch auf andere Rechtsträger **(Mischspaltung)** übertragen (§§ 124 Abs. 1, 3 Abs. 1 Nr. 4 UmwG). Eine Spaltung auf einen eingetragenen Verein als **übernehmenden Rechtsträger** ist demgegenüber nur rechtsformintern möglich, dh wenn der **übertragende Rechtsträger** ebenfalls ein **eingetragener Verein** ist.[327] Dies folgt aus § 149 Abs. 2 UmwG, der spaltungsrechtlichen Parallelvorschrift zu § 99 Abs. 2 UmwG (→ Rn. 8). Der **eingetragene Verein** hat also insbesondere folgende Spaltungsmöglichkeiten (**Aufspaltung**[328]**/Abspaltung/Ausgliederung**[329] **je zur Aufnahme oder Neugründung**):

e.V. → e.V.
e.V. → oHG/KG
e.V. → GmbH/AG/KGaA/e.G.

Wirtschaftliche Vereine (§ 22 BGB) können an allen Formen der Spaltung **nur als übertragende,** nicht jedoch als aufnehmende Rechtsträger beteiligt sein (§ 124 Abs. 1 UmwG). 138

Die Spaltung eines Vereins ist gem. § 149 Abs. 1 UmwG nur zulässig, wenn dem weder 139
die **Vereinssatzung** noch **landesrechtliche Vorschriften entgegenstehen** (→ Rn. 21ff.). Nach richtiger Auffassung handelt es sich bei den Satzungsbestimmungen zur Anfallberechtigung, insbesondere bei solchen zur Vermögensbindung bei steuerbegünstigten gemeinnützigen, mildtätigen und kirchlichen Vereinen (§§ 55 Abs. 1 Nr. 4, 61 AO) nicht um spaltungsfeindliche Vorschriften.[330] Etwaige nachteilige steuerliche Konsequenzen begründen keine gesellschaftsrechtlichen Umwandlungshindernisse (→ Rn. 24).

3. Übersicht zur Spaltung

Bei der Spaltung eines eingetragenen Vereins spielen folgende **Verfahrensschritte** eine 140
Rolle:[331]

[325] Vgl. hierzu Widmann/Mayer/*Mayer* UmwG § 126 Rn. 275; Schmitt/Hörtnagl/*Hörtnagl* UmwG § 128 Rn. 4ff.
[326] Lutter/*Hennrichs* UmwG § 149 Rn. 7; Semler/Stengel/Leonard/*Katschinski* UmwG § 149 Rn. 12.
[327] Semler/Stengel/Leonard/*Katschinski* UmwG § 149 Rn. 6; Lutter/*Hennrichs* UmwG § 149 Rn. 12.
[328] Bei der Aufspaltung sind mindestens zwei aufnehmende (bestehende oder neugegründete) Rechtsträger erforderlich.
[329] Eine Ausgliederung zur Neugründung einer Personenhandelsgesellschaft scheidet mangels eines weiteren Gesellschafters jedoch aus: HK-UmwG/*Ries/Konu* UmwG § 149 Rn. 3, 4.
[330] Lutter/*Hennrichs* UmwG § 149 Rn. 9 und § 99 Rn. 11f.; BeckOGK/*Reul* UmwG § 149 Rn. 33; aA insbesondere Semler/Stengel/Leonard/*Katschinski* UmwG § 149 Rn. 9.
[331] Muster für Vereinsspaltungen finden sich bei *Limmer* Teil 3 Rn. 648 (Abspaltung zur Aufnahme) und bei Widmann/Mayer/*Mayer* Anh. 4 Mustersatz 16 (Abspaltung zur Neugründung).

Verfahrensschritte bei der Spaltung eines eingetragenen Vereins:
- **Spaltungsvertrag/-plan** bzw. Entwurfsaufstellung (§§ 136, 126, 125, 4 Abs. 2 UmwG)
- ggf. **Betriebsratszuleitung** (§ 126 Abs. 3 UmwG)
- (gemeinsamer) **Spaltungsbericht** (§§ 127, 8 UmwG)
- ggf. **Spaltungsprüfung** (§§ 125, 100, 9–12 UmwG)
- **Vorbereitung der Mitgliederversammlung** (§§ 125, 101 UmwG) (Einberufung, Auslegung von Unterlagen, ggf. Aufforderung zum Prüfungsverlangen)
- **Mitgliederversammlung (Spaltungsbeschluss)** (§§ 125, 102, 103, 13 UmwG)
- **Anmeldung** (§§ 129, 137 Abs. 1, Abs. 2, 125, 16, 17 UmwG)
- **Eintragung, Bekanntmachung** (§§ 130, 137 Abs. 3, 125, 19, 20 UmwG)

4. Spaltung zur Aufnahme

141 **a) Allgemeines.** Bei der **Spaltung zur Aufnahme** wird zwischen dem beteiligten übertragenden Verein und dem übernehmenden Rechtsträger ein **Spaltungs- und Übernahmevertrag** abgeschlossen. Dieser entspricht funktionell dem Verschmelzungsvertrag und enthält die materiellen Regelungen zum Spaltungsvorgang (§ 126 Abs. 1, Abs. 2 UmwG). Wie bei der Verschmelzung kann auch bei der Spaltung zunächst ein Entwurf des Spaltungsvertrags aufgestellt werden, zu dem die Zustimmungsbeschlüsse eingeholt werden (§§ 125 S. 1, 4 Abs. 2 UmwG). Der Abschluss des Spaltungsvertrags folgt dann der Beschlussfassung nach. Hinsichtlich der **Abschlusskompetenz** und **Beurkundungspflicht** (§§ 125 S. 1, 6 UmwG) ergeben sich gegenüber dem Verschmelzungsvertrag keine Abweichungen (→ Rn. 29 ff.). Das zu beachtende Konkretisierungsgebot (→ Rn. 143) hinsichtlich der übertragenen Vermögensgegenstände führt im Beurkundungsverfahren jedoch dazu, dass dem Spaltungsvertrag typischerweise Aufstellungen und Listen als Anlagen beizufügen sind, die beurkundungsrechtlich uU nach § 14 BeurkG behandelt werden können.[332]

142 **b) Inhalt des Spaltungsvertrags. aa) Allgemeine Angaben.** Für den Inhalt des Spaltungsvertrags gilt § 126 UmwG, die Parallelvorschrift zu dem im Verschmelzungsrecht geltenden § 5 UmwG. Auch im Spaltungsvertrag sind gem. § 126 Abs. 1 Nr. 1 UmwG die an der Spaltung **beteiligten Rechtsträger** eindeutig unter Nennung von Namen bzw. Firma sowie Sitz zu bezeichnen. Unterschiede zur Verschmelzung ergeben sich nicht (→ Rn. 34). Nach § 126 Abs. 1 Nr. 2 UmwG muss sich aus dem Spaltungsvertrag ferner die **spaltungstypische Vereinbarung** darüber ergeben, dass Vermögensteile des übertragenden Vereins an den bzw. die übernehmenden Rechtsträger übertragen werden, und zwar als Gesamtheit gegen Gewährung von Anteilen oder Mitgliedschaften. Es empfiehlt sich eine Bezugnahme auf die einschlägigen gesetzlichen Bestimmungen des Umwandlungsgesetzes (zB §§ 149, 123 Abs. 2 Nr. 1 UmwG).

143 **bb) Bezeichnung des spaltungsgegenständlichen Vermögens.** Besondere Bedeutung erlangt bei jeder Spaltung die Regelung in § 126 Abs. 1 Nr. 9 iVm Abs. 2 UmwG, die eine **genaue Bezeichnung** und Aufteilung des **übertragenen Aktiv- und Passivvermögens** verlangt. Bei der Verschmelzung sind derartige Ausführungen entbehrlich, da eine (rechtsgeschäftliche) Universalsukzession eintritt, bei der es einer Einzelaufführung der übergehenden Vermögensgegenstände nicht bedarf. Bei Spaltungsvorgängen hingegen muss hinsichtlich des übertragenen Vermögens grundsätzlich das **sachenrechtliche Be-**

[332] Semler/Stengel/Leonard/*Schröer/Greitemann* UmwG § 126 Rn. 11; Schmitt/Hörtnagl/*Hörtnagl* UmwG § 126 Rn. 12; MHdB GesR V/*Pathe* § 56 Rn. 6.

stimmtheitsgebot gewahrt werden (vgl. § 126 Abs. 2 S. 1, S. 2 UmwG).[333] Insbesondere ist für Grundstücke die Vorschrift des § 28 GBO zu beachten.[334] Allerdings erlaubt § 126 Abs. 2 S. 3 UmwG eine **Bezugnahme auf Bilanzen und Inventare,** die dem Spaltungs- und Übernahmevertrag beizufügen sind. Welche Vermögensgegenstände übertragen werden, liegt in der Entscheidungsmacht der Beteiligten. Es bestehen insoweit keine umwandlungsrechtlichen Vorgaben („Parteiautonomie im Spaltungsrecht").[335] Auch nach Aufhebung des früheren § 132 UmwG („Spaltungsbremse") gibt es jedoch gewisse Schranken.[336] So können etwa **Vereinsmitgliedschaften,** die gem. § 38 S. 1 BGB nicht abtretbar sind, auch nicht im Wege der Spaltung übertragen werden (→ Rn. 125).

cc) Anteilsgewährungspflicht. Aus §§ 123 Abs. 1, Abs. 2, 126 Abs. 1 Nr. 2 UmwG er- 144
gibt sich die Anteils- bzw. Mitgliedschaftsgewährungspflicht, nach der den **Vereinsmitgliedern** bei **Auf- und Abspaltungen** als Gegenleistung Mitgliedschaften bzw. Anteile zu gewähren sind, und zwar grundsätzlich an allen übernehmenden Rechtsträgern.

Jedoch eröffnet das Gesetz gem. §§ 128, 126 Abs. 1 Nr. 10 UmwG die Möglichkeit der 145
nicht verhältniswahrenden Spaltung, insbesondere auch einer sog. **Spaltung zu Null.**[337] Hierunter versteht man Auf- und Abspaltungen, bei denen in völliger Abkehr vom Grundsatz der Anteilsgewährung bestimmte Mitglieder des übertragenden Vereins gar keine Beteiligung am übernehmenden Rechtsträger erhalten. Dies kann im Vereinsbereich zur sog. **Spartentrennung** eingesetzt werden. Eine „normale", dh verhältniswahrende Spaltung ist hierzu nicht geeignet.

Beispiel:

Ein Sportverein (e.V.) unterhält neben einer Schwimm- auch eine Leichtathletikabteilung. Die beiden Sparten sollen voneinander getrennt und verselbständigt werden. Um dieses Ziel zu erreichen, kann die Schwimmabteilung vom Sportverein auf einen dadurch neugegründeten Schwimmverein (e.V.) abgespalten werden. Der Sportverein bleibt weiterhin bestehen, jedoch ohne Schwimmabteilung. In diesem Fall kommt es grundsätzlich dazu, dass sämtliche Mitglieder des Sportvereins nach der Spaltung Mitglieder in beiden Vereinen sind. Sollen die Sparten nicht nur in getrennten Vereinen organisiert, sondern auch die Mitglieder voneinander getrennt werden, kommt nur eine sog. Abspaltung zu Null in Betracht, bei der bestimmt wird, dass nur die Mitglieder, die der Schwimmabteilung zugehörig sind, Mitglieder des neugegründeten Schwimmvereins werden, und zwar bei gleichzeitigem Verlust ihrer Mitgliedschaft im übertragenden Sportverein. Der Mitgliederkreis des Sportvereins setzt sich nach der Spaltung also ausschließlich aus den Angehörigen der Leichtathletikabteilung zusammen.

Eine derartige Spaltung setzt gem. § 128 UmwG die **Zustimmung aller Mitglieder** 146
des übertragenden Vereins voraus. Die in der Mitgliederversammlung nicht erschienenen Mitglieder müssen ihre Zustimmungserklärung in notariell beurkundeter Form abgeben (§§ 128, 13 Abs. 3 S. 1 UmwG).[338] Allerdings vertritt *Mayer* mit Verweis auf die Gesetzesbegründung, die die Spartentrennung ausdrücklich als möglichen Anwendungsfall für Vereinsspaltungen nennt, die Auffassung, dass vom Einstimmigkeitserfordernis des § 128 UmwG im Wege einer teleologischen Reduktion abgesehen werden könne und eine Be-

---

[333] MHdB GesR V/*Pathe* § 56 Rn. 17; Semler/Stengel/Leonard/*Schröer/Greitemann* UmwG § 126 Rn. 55; Widmann/Mayer/*Mayer* UmwG § 126 Rn. 202ff.

[334] Vgl. hierzu BGH DNotZ 2008, 468 mAnm *Limmer.*

[335] *Limmer* Teil 3 Rn. 53; Semler/Stengel/Leonard/*Schröer/Greitemann* UmwG § 126 Rn. 28; MHdB GesR V/*Pathe* § 56 Rn. 10; Widmann/Mayer/*Mayer* UmwG § 126 Rn. 175ff.

[336] Vgl. hierzu Widmann/Mayer/*Mayer* UmwG § 126 Rn. 176ff.; Semler/Stengel/Leonard/*Schröer/Greitemann* UmwG § 131 Rn. 12ff.; Schmitt/Hörtnagl/*Hörtnagl* UmwG § 131 Rn. 11.

[337] Vgl. hierzu Widmann/Mayer/*Mayer* UmwG § 128 Rn. 29ff.; Semler/Stengel/Leonard/*Schröer/Greitemann* UmwG § 126 Rn. 29.

[338] Widmann/Mayer/*Mayer* UmwG § 128 Rn. 49; Schmitt/Hörtnagl/*Hörtnagl* UmwG § 128 Rn. 29.

schlussfassung mit Dreiviertelmehrheit (§§ 125 S. 1, 103 S. 1 UmwG) ausreiche, wenn die Mitgliedschaften im übertragenden Verein **unverändert bestehen** bleiben.[339]

Beispiel:

Die vorstehende Abspaltung erfolgt in der Weise, dass Mitglieder des neugegründeten Schwimmvereins ausschließlich die der Schwimmabteilung zugehörigen Mitglieder werden. Diese Mitglieder behalten allerdings unverändert ihre Mitgliedschaft im übertragenden Sportverein, dessen Mitgliederkreis sich also durch die Spaltung nicht verändert.

147 Für eine solche teleologische Reduktion spricht in der Tat, dass eine Spartentrennung entgegen der gesetzgeberischen Intention bei größeren Vereinen kaum je durchführbar sein wird, wenn man strikt am Einstimmigkeitsprinzip des § 128 UmwG festhält.[340] Gleichwohl verlangt die überwiegende Meinung (zu Recht) die Zustimmung aller Mitglieder.[341]

148 Bei **Ausgliederungen** aus dem Vereinsvermögen erfolgt die Anteils- bzw. Mitgliedschaftsgewährung an den **übertragenden Verein** selbst, also **nicht an die Vereinsmitglieder** (§ 123 Abs. 3 UmwG).

Beispiel:

Ein Sportverein (e.V.) betreibt eine Profisportabteilung mit Lizenzspielern und möchte diese auf eine Aktiengesellschaft übertragen, deren alleiniger Aktionär der Verein bereits ist.[342] Die Übertragung kann im Wege einer Ausgliederung zur Aufnahme erfolgen. Zur Durchführung wird das Grundkapital erhöht, und die hierbei ausgegebenen neuen Aktien dem Sportverein gewährt.

149 **dd) Weitere Angaben (§§ 126 Abs. 1 Nr. 3–8, Nr. 11, 29 UmwG).** Wie bei der Verschmelzung sind im Spaltungsvertrag gem. § 126 Abs. 1 Nr. 3 UmwG Angaben zum Umtauschverhältnis bzw. zur Mitgliedschaft im übernehmenden Rechtsträger zu machen. Bei Auf- und Abspaltung eines **eingetragenen Vereins** auf einen **anderen eingetragenen Verein** gibt es kein Umtauschverhältnis (→ Rn. 37). Vielmehr ist die zweite Alternative des § 126 Abs. 1 Nr. 3 UmwG einschlägig, nach der in den Spaltungsvertrag **Angaben zur Mitgliedschaft** im übernehmenden Verein aufzunehmen sind (→ Rn. 37 ff.). Für den Sonderfall der nicht verhältniswahrenden Auf- oder Abspaltung (**Spartentrennung;** → Rn. 145) ist zu beachten, dass gem. § 126 Abs. 1 Nr. 10 UmwG die Vereinsmitglieder des übertragenden Vereins im Verschmelzungsvertrag **einzeln und namentlich** zu benennen und dem jeweiligen Spartenverein zuzuordnen sind.[343]

150 Bei **Mischspaltungen** hingegen sind Angaben zu **Umtauschverhältnis** und etwaigen baren Zuzahlungen zu machen (→ Rn. 46 ff.).

151 Die Angaben zum **Gewinnbezugsrecht** (§ 126 Abs. 1 Nr. 5 UmwG) erfolgen bei der Spaltung auf einen eingetragenen Verein in der Weise, dass der Zeitpunkt genannt wird, ab dem den Vereinsmitgliedern die Nutzung der Einrichtungen des aufnehmenden Vereins ermöglicht wird (→ Rn. 51).

152 Hinsichtlich des **weiteren Inhalts des Spaltungsvertrags** (§§ 126 Abs. 1 Nr. 4, Nr. 6–8, Nr. 11 UmwG) kann auf die Ausführungen zum Verschmelzungsvertrag verwiesen werden (→ Rn. 49, 50, 54 ff.). Ein **Barabfindungsangebot** ist bei der Spaltung eines Vereins in der Praxis oftmals entbehrlich (→ Rn. 57 ff.).

---

339 Widmann/Mayer/*Mayer* UmwG § 128 Rn. 47 ff. und Anh. 4 Mustersatz 16 M 96 (Muster für Spaltungsplan), mit der Einschränkung, dass es sich – wie bei Idealvereinen typischerweise – um Mitgliedschaften ohne vermögensmäßige Beteiligung handelt.

340 Widmann/Mayer/*Mayer* UmwG § 128 Rn. 51.

341 MHdB GesR V/*Pathe* § 56 Rn. 52; BeckOGK/*Reul* UmwG § 149 Rn. 51.

342 Es soll unterstellt werden, dass kein Nachgründungsfall iSd § 67 UmwG vorliegt.

343 MHdB GesR V/*Pathe* § 56 Rn. 19; Semler/Stengel/Leonard/*Schröer*/*Greitemann* UmwG § 126 Rn. 82.

ee) Besonderheiten bei Mischspaltungen. Bei der Spaltung eines eingetragenen Vereins auf eine Kapitalgesellschaft zur Aufnahme muss in der Regel eine Kapitalerhöhung durchgeführt werden (§§ 125 S. 1, 53 ff. UmwG bzw. §§ 125 S. 1, 142, 66 ff. UmwG, § 183 Abs. 3 AktG). Entbehrlich (zB aufgrund eines Verzichts gem. §§ 54, 68 UmwG) kann eine solche nur bei einer Auf- und Abspaltung, nicht jedoch bei einer Ausgliederung sein (§§ 123 Abs. 3, 125 Abs. 1 S. 2 UmwG).[344] 153

Beispiel:

Im vorstehenden Beispiel → Rn. 148 der Ausgliederung der Lizenzspielerabteilung hat eine Kapitalerhöhung bei der aufnehmenden Aktiengesellschaft stattzufinden. Nach den Grundsätzen der Kapitalaufbringung ist es hierbei erforderlich, dass der ausgegliederte Lizenzspielerbereich den Wert der Grundkapitalerhöhung erreicht.[345] Aufgrund §§ 142 Abs. 1, 69 UmwG hat ferner eine Sacheinlageprüfung gem. § 183 Abs. 3 AktG stattzufinden.

c) Betriebsratsbeteiligung. Wenn bei den beteiligten Rechtsträgern Betriebsräte bestehen, muss diesen gem. § 126 Abs. 3 UmwG der Spaltungsvertrag bzw. dessen Entwurf einen Monat vor Fassung der Spaltungsbeschlüsse zugeleitet werden. Besonderheiten ergeben sich bei der Vereinsspaltung insoweit nicht (→ Rn. 66, 56). 154

d) Spaltungsbericht und Spaltungsprüfung. Bei jeder Vereinsspaltung ist gem. §§ 127, 8 UmwG grundsätzlich ein (ggf. gemeinsamer) **Spaltungsbericht** zu erstellen (→ Rn. 67 ff.). Berichtspflichtig ist der Vereinsvorstand. Im Interesse des sichersten Wegs sollte der Bericht von sämtlichen Vorstandsmitglieder unterzeichnet werden, auch wenn nach Auffassung des BGH ein Handeln in vertretungsberechtigter Anzahl ausreicht (→ Rn. 71). Entbehrlich ist ein Spaltungsbericht nur bei einer entsprechenden allseitigen, notariell beurkundeten **Verzichtserklärung** (§§ 127, 8 Abs. 3 UmwG). 155

Bei **Auf- und Abspaltungen** gelten für die **Spaltungsprüfung** gem. §§ 125 S. 1, 100 UmwG die gleichen Grundsätze wie bei der Vereinsverschmelzung: Während für die Spaltung wirtschaftlicher Vereine (§ 22 BGB) vorbehaltlich eines Verzichts gem. §§ 9 Abs. 3, 12 Abs. 3 UmwG also stets eine Spaltungsprüfung durchzuführen ist, gilt dies für eingetragene Vereine (§ 21 BGB) nur, wenn mindestens 10% der Mitglieder eine Prüfung verlangen (→ Rn. 73 ff.). Bei einer **Ausgliederung** hingegen findet nach § 125 S. 2 UmwG **keine Spaltungsprüfung** statt. 156

e) Spaltungsbeschluss, Zustimmungserklärungen. Für die Vorbereitung und Durchführung der Mitgliederversammlung, die den Spaltungsbeschluss fasst, gelten gem. § 125 S. 1 UmwG die verschmelzungsrechtlichen Regelungen (§§ 101–103, 13 UmwG; → Rn. 80 ff.). Danach hat die Mitgliederversammlung des Vereins dem Spaltungs- und Übernahmevertrag bzw. dem Vertragsentwurf gem. § 103 S. 1 UmwG mit einer **Dreiviertelmehrheit** der abgegebenen Stimmen in notariell beurkundeter Form zuzustimmen. Etwaige weitergehende Vorgaben der Vereinssatzung sind nach §§ 125 S. 1, 103 S. 2 UmwG zu beachten (→ Rn. 100 ff.). Weicht der **Zweck** des übernehmenden Vereins vom Zweck des übertragenden Vereins ab (dies kann insbesondere bei der Spartentrennung der Fall sein), ist auch bei der Spaltung streitig, ob hierzu in Analogie zu § 275 Abs. 1 UmwG, § 33 Abs. 1 S. 2 BGB die Zustimmung aller Vereinsmitglieder erforderlich ist oder es bei der von § 103 S. 1 UmwG verlangten Dreiviertelmehrheit verbleibt 157

---

344 MHdB GesR V/*Pathe* § 56 Rn. 13; Widmann/Mayer/*Mayer* UmwG § 126 Rn. 67.1, 94 ff.

345 Hierzu *Mayer* FS Widmann 2000, 67 (80); *Heermann* ZIP 1998, 1249 (1251); *Fuhrmann* S. 151 ff.; zur Frage, inwieweit es sich bei der Spielerlaubnis um ein aktivierungsfähiges Wirtschaftsgut handelt: BFH NJW 1993, 222.

(→ Rn. 104).[346] Wie bei der Verschmelzung können auch bei Auf- und Abspaltung uU gesonderte Zustimmungserklärungen einzelner Mitglieder erforderlich sein (→ Rn. 110, 113).

158 **f) Registeranmeldung.** Gemäß §§ 125 S. 1, 16 UmwG ist die Spaltung zur Eintragung in die zuständigen Register **anzumelden.** Die Anmeldung hat durch die Vertretungsorgane des jeweiligen Rechtsträgers zu erfolgen, und zwar in vertretungsberechtigter Anzahl.[347] Die Anmeldung zum **Vereinsregister** erfolgt daher durch den **Vereinsvorstand.** Aus § 129 UmwG ergibt sich jedoch auch eine Anmeldebefugnis jedes übernehmenden Rechtsträgers hinsichtlich der Anmeldung der Spaltung zum Vereinsregister des übertragenden Vereins.

159 **Inhalt** der Anmeldung ist die **Spaltung,** wobei die Spaltungsart (Auf-, Abspaltung, Ausgliederung) ebenfalls angegeben werden sollte.[348] Sofern bei einer Mischspaltung mit dem Spaltungsvorgang eine Kapitalerhöhung beim übernehmenden Rechtsträger (zB §§ 53 ff., 66 ff. UmwG) verbunden ist, ist diese mit der Spaltung ebenfalls anzumelden, bei der Aktiengesellschaft unter Mitwirkung des Aufsichtsratsvorsitzenden (§ 188 Abs. 1 AktG), bei der GmbH unter Mitwirkung aller Geschäftsführer (§ 78 GmbHG).[349] Neben der Anmeldung ist auch bei Spaltungsvorgängen die **Negativerklärung** zu Klagen gegen den Spaltungsbeschluss gem. §§ 125 S. 1, 16 Abs. 2 S. 1 UmwG abzugeben (→ Rn. 117), wenn kein allseitiger notariell beurkundeter Klageverzicht erklärt wurde (§ 16 Abs. 2 S. 2 UmwG) oder ein Fall des § 16 Abs. 3 UmwG gegeben ist.

160 Die Anmeldungen haben in öffentlich beglaubigter Form zu erfolgen (§ 77 BGB, § 12 Abs. 1 HGB, § 157 GenG).

161 Der Anmeldung der Spaltung sind gem. §§ 125 S. 1, 17 UmwG folgende Unterlagen beizufügen:
- **Spaltungs- und Übernahmevertrag,**
- Niederschriften der **Spaltungsbeschlüsse,**
- ggf. sonstige **Zustimmungserklärungen** (→ Rn. 157),
- **Spaltungsbericht** (→ Rn. 155),
- ggf. **Spaltungsprüfungsbericht** (→ Rn. 156),
- ggf. **Zuleitungsnachweise** an den **Betriebsrat** (→ Rn. 154),
- **Schlussbilanz bzw. Buchführungsunterlagen** (nur bei der Anmeldung des übertragenden Vereins, → Rn. 120 ff.).

162 **g) Registereintragung und Bekanntmachung.** Für die **Registereintragung** des Spaltungsvorgangs gilt § 130 UmwG. Anders als bei der Verschmelzung (§ 19 Abs. 1, Abs. 2 UmwG) erfolgt zunächst die Eintragung in den Registern aller übernehmenden Rechtsträger. Erst anschließend erfolgt die Eintragung in das Register des übertragenden Rechtsträgers, bei Spaltung eines eingetragenen Vereins also in das Vereinsregister. Die Bekanntmachung der Spaltung erfolgt gem. §§ 125 S. 1, 19 Abs. 3, 22 Abs. 1 S. 2 UmwG iVm § 10 HGB im gemeinsamen Registerportal der Länder (www.handelsregister.de).

163 Mit **Wirksamwerden der Spaltung** durch Eintragung im **Register des übertragenden Vereins** (§ 131 Abs. 1 UmwG) kommt es zum Übergang der übertragenen Aktiva und Passiva im Wege der (partiellen) Gesamtrechtsnachfolge. Die Vereinsmitglieder – bzw. bei der Ausgliederung der übertragende Verein selbst – werden Mitglieder bzw. Anteilsinhaber des übernehmenden Rechtsträgers. Die Aufspaltung eines Vereins führt ferner zu

---

[346] Lutter/*Hennrichs* UmwG § 149 Rn. 18; gegen eine (analoge) Anwendung der § 275 Abs. 1 UmwG, § 33 Abs. 1 S. 2 BGB für Spaltungsfälle: *Mayer* FS Widmann 2000, 67 (81); *Heermann* ZIP 1998, 1249 (1252); siehe hierzu auch BeckOGK/*Reul* UmwG § 149 Rn. 43 f.

[347] MHdB GesR V/*Pathe* § 56 Rn. 56; Semler/Stengel/Leonard/*Schwanna* UmwG § 129 Rn. 2 und § 16 Rn. 7.

[348] MHdB GesR V/*Pathe* § 56 Rn. 57; Semler/Stengel/Leonard/*Schwanna* UmwG § 129 Rn. 7.

[349] MHdB GesR V/*Pathe* § 56 Rn. 57; Semler/Stengel/Leonard/*Schwanna* UmwG § 129 Rn. 8.

dessen liquidationslosem Erlöschen und damit auch zur Beendigung aller Organstellungen innerhalb des Vereins.[350]

5. Spaltung zur Neugründung

a) Allgemeines, Beachtung der Gründungsvorschriften. Für die **Spaltung zur Neugründung** gelten gem. § 135 Abs. 1 UmwG weitgehend die Vorschriften über die Spaltung zur Aufnahme, soweit sich aus §§ 135–137 UmwG nichts anderes ergibt. 164

An die Stelle des Spaltungs- und Übernahmevertrags tritt der ebenfalls notariell zu beurkundende Spaltungsplan (§§ 136, 126, 125 S. 1, 6 UmwG). Wie bei der Verschmelzung zur Neugründung ist die **Satzung bzw. der Gesellschaftsvertrag** des neuen Rechtsträgers gem. §§ 125 S. 1, 37 UmwG als Teil des Spaltungsplans **mitzubeurkunden.** Ebenfalls zu beachten sind gem. § 135 Abs. 2 S. 1 UmwG die **Gründungsvorschriften des neuen Rechtsträgers,** wobei § 135 Abs. 2 S. 3 UmwG insoweit von der Einhaltung derjenigen Vorschriften befreit, die eine Mindestzahl von Gründern vorschreiben. Systematisch handelt es sich bei einer Spaltung zur Neugründung um eine Sachgründung, daher gelten ggf. die jeweiligen Regelungen zur Sachgründung bei Kapitalgesellschaften (§ 5 Abs. 4 GmbHG, § 27 AktG). Das Grund- oder Stammkapital muss also vom Wert des im Wege der Spaltung übertragenen Vereinsvermögens gedeckt sein. Bei der Spaltung zur Neugründung bedarf es naturgemäß nur der Zustimmung der Mitgliederversammlung des übertragenden Vereins, da der neue Rechtsträger erst mit Wirksamwerden der Spaltung entsteht. 165

b) Anmeldung, Eintragung, Bekanntmachung. Für **Registeranmeldung** und **-eintragung** gilt bei der Spaltung zur Neugründung vorrangig die Sondervorschrift des § 137 UmwG, die der Besonderheit Rechnung trägt, dass der neue Rechtsträger erst mit Wirksamwerden der Spaltung entsteht. Der Vorstand des übertragenden Vereins meldet die Spaltung gem. § 137 Abs. 2 UmwG zum Register seines Vereins an. Auch der neue Rechtsträger ist nach § 137 Abs. 1 UmwG durch den Vereinsvorstand des übertragenden Vereins anzumelden. Bei einem mehrgliedrigen Vorstand ist jeweils ein Handeln in vertretungsberechtigter Zahl ausreichend. 166

Zum **Vereinsregister** des übertragenden Vereins ist gem. § 137 Abs. 2 UmwG die Spaltung als solche anzumelden. Ferner erfolgt gem. § 137 Abs. 1 UmwG die **Anmeldung des neuen Rechtsträgers** zum zuständigen (Vereins-, Handels-, Genossenschafts-) Register. Bei der Gründung von Kapitalgesellschaften sind die insoweit geltenden Vorschriften, insbesondere § 37 AktG, § 8 GmbH zu beachten. Die hierbei abzugebenden Versicherungen haben durch die **Organmitglieder des neuen Rechtsträgers** zu erfolgen, der Vorstand des übertragenden Vereins ist hierzu im Rahmen seiner Anmeldebefugnis gem. § 137 Abs. 1 UmwG also nicht befugt.[351] 167

Im Übrigen gelten für die Anmeldung, Eintragung und Bekanntmachung die §§ 137 Abs. 3, 135 Abs. 1 S. 1, 125 S. 1, 16 Abs. 2 und Abs. 3, 17, 19 Abs. 3 UmwG (vgl. auch → Rn. 158 ff.). 168

Mit **Wirksamwerden der Spaltung,** also deren Eintragung in das Register des übertragenden Vereins (§§ 135, 131 UmwG), entsteht der neue Rechtsträger.[352] 169

---

[350] MHdB GesR V/*Pathe* § 56 Rn. 66; Schmitt/Hörtnagl/*Langner* UmwG vor §§ 322–325 Rn. 101; BeckOGK/*Wiersch/Breuer* UmwG § 131 Rn. 87.
[351] Schmitt/Hörtnagl/*Hörtnagl* UmwG § 137 Rn. 2; Semler/Stengel/Leonard/*Schwanna* UmwG § 137 Rn. 2.
[352] Semler/Stengel/Leonard/*Schwanna* UmwG § 137 Rn. 19.

IV. Formwechsel

1. Allgemeines, Formwechselmöglichkeiten für den Verein

170 Als dritte Umwandlungsart neben Verschmelzung und Spaltung können Vereine auch einen **Formwechsel** nach dem Umwandlungsgesetz beschließen.[353] Beim Formwechsel kommt es – anders als bei Verschmelzung und Spaltung nicht zu einem Vermögensübergang – sondern zu einem sog. **identitätswahrenden Rechtskleidwechsel.**[354] Für den Formwechsel von Vereinen gelten nach dem allgemeinen Aufbau des Umwandlungsgesetzes in erster Linie die vereinsspezifischen Regelungen in §§ 272–290 UmwG und ergänzend hierzu die allgemeinen Vorschriften (§§ 190–213 UmwG).

171 **Formwechselfähig** ist nur der rechtsfähige Verein (§§ 21, 22 BGB; → Rn. 6 ff.). Er kann **nur Ausgangsrechtsträger** (§ 191 Abs. 1 Nr. 4 UmwG), nicht jedoch Zielrechtsträger eines Formwechsels sein. Ein Formwechsel in den Verein ist nach § 191 Abs. 2 UmwG unzulässig.

172 Als **Zielrechtsträger** kommen gem. §§ 272 Abs. 1, 191 Abs. 2 Nr. 3, Nr. 4 UmwG **nur Kapitalgesellschaften** (GmbH, AG, KGaA) und die **eingetragene Genossenschaft** in Betracht. Ausgeschlossen ist daher insbesondere ein Formwechsel in eine Personenhandelsgesellschaft. Der Gesetzgeber sah hierfür kein praktisches Bedürfnis.[355] Daher bleibt insoweit nur die Möglichkeit des Rechtsformwechsels außerhalb des Umwandlungsgesetzes, also nach den allgemeinen Grundsätzen (→ Rn. 226).[356]

173 Für den **eingetragenen Verein** bestehen folgende **Formwechselmöglichkeiten:**[357]
e.V. → GmbH/AG/KGaA
e.V. → e.G.

174 Ein Formwechsel des Vereins ist nach § 272 Abs. 2 UmwG nur möglich, wenn dem weder die **Vereinssatzung** noch **Landesrecht** entgegenstehen. Insoweit gelten also für den Formwechsel die gleichen Beschränkungen wie gem. § 99 Abs. 1 UmwG für die Verschmelzung und gem. § 149 Abs. 1 UmwG für die Spaltung von Vereinen (→ Rn. 139, 21 ff.).[358]

2. Übersicht zum Formwechsel

175 Beim Formwechsel eines eingetragenen Vereins spielen folgende **Verfahrensschritte** eine Rolle:

Verfahrensschritte beim Formwechsel eines eingetragenen Vereins:
- **Umwandlungsbericht** (mit Entwurf des **Formwechselbeschlusses**) (§§ 192, 8, 194 Abs. 1, 276, 285 UmwG)
- ggf. **Betriebsratszuleitung** (§ 194 Abs. 2 UmwG)
- **Vorbereitung der Mitgliederversammlung** (§§ 274 Abs. 1 bzw. 283 Abs. 1, 230 Abs. 2 S. 1 und S. 2, 231 S. 1, 260 Abs. 1 UmwG)
- **Abhaltung der Mitgliederversammlung (Formwechselbeschluss)** (§§ 274 Abs. 2 bzw. 283 Abs. 2, 239 Abs. 1 S. 1, Abs. 2, 193, 194 sowie §§ 275, 276 bzw. §§ 284, 285 UmwG)
- ggf. **Barabfindung** samt Prüfung (§§ 282 bzw. 290, 207, 208, 29 Abs. 2, 30 UmwG)

---

[353] Vgl. hierzu auch *Lutz* BWNotZ 2013, 106 sowie *Heinze* notar 2019, 399.
[354] Schmitt/Hörtnagl/*Winter* UmwG vor §§ 190–213 Rn. 1 ff.; MHdB GesR V/*Pathe* vor § 57 Rn. 1; der Formwechsel führt weder zivil- noch (schenkung-)steuerlich zu Auflösung: BFH ZEV 2007, 396.
[355] Schmitt/Hörtnagl/*Hörtnagl/Rinke* UmwG § 272 Rn. 1; Semler/Stengel/Leonard/*Katschinski* UmwG § 272 Rn. 13.
[356] Widmann/Mayer/*Vossius* UmwG § 272 Rn. 5; MHdB GesR V/*Pathe* vor § 57 Rn. 2.
[357] Gleiches gilt auch für den wirtschaftlichen Verein gem. § 22 BGB.
[358] Semler/Stengel/Leonard/*Katschinski* UmwG § 272 Rn. 15 ff.; *Limmer* Teil 4 Rn. 763.

- **Anmeldung** (§§ 278 iVm 222 bzw. 286 iVm 254, 278 Abs. 2, 198, 199 UmwG)
- **Eintragung, Bekanntmachung** (§§ 198, 201 UmwG)
- **Benachrichtigung** der Anteilsinhaber bzw. Mitglieder (§§ 281 Abs. 1 bzw. 289 Abs. 2 UmwG)

3. Formwechsel in eine Kapitalgesellschaft

a) Voraussetzungen (Mindestbeteiligung, Reinvermögensdeckung). Für den Form- 176
wechsel eines Vereins in eine Kapitalgesellschaft gelten die speziellen Regelungen in §§ 273–282 UmwG sowie ergänzend die allgemeinen Vorschriften (§§ 190ff. UmwG).[359]

Soll ein Verein in eine Kapitalgesellschaft umgewandelt werden, ist § 273 UmwG zu 177
beachten. Die Vorschrift gewährleistet, dass **jedes Vereinsmitglied** an der entstehenden Kapitalgesellschaft beteiligt wird.[360] Auf jedes Vereinsmitglied muss beim Formwechsel in die GmbH mindestens ein auf volle Euro lautender Geschäftsanteil bzw. beim Formwechsel in die AG/KGaA mindestens eine volle Aktie (§ 8 Abs. 2, Abs. 3 S. 3 AktG) entfallen, anderenfalls scheidet ein Formwechsel aus. Im Übrigen gilt gem. §§ 277, 264 UmwG das Prinzip der **Reinvermögensdeckung.** Daher muss das Nettovermögen des Vereins zur Deckung des Stamm- bzw. Grundkapitals der neuen Kapitalgesellschaft ausreichen. Erreicht das Vereinsvermögen nach Abzug der Schulden also nicht das gesetzliche Mindeststamm- bzw. Mindestgrundkapital (§ 5 GmbHG, § 7 AktG), ist ein Formwechsel in die Kapitalgesellschaft nicht möglich.[361] Gemäß § 197 S. 1 UmwG kommen ferner die Gründungsvorschriften für GmbH und AG/KGaA zur Anwendung. Soll ein gemeinnütziger Verein zB in eine gemeinnützige GmbH formgewechselt werden, so ist aus **steuerlicher Sicht** zu beachten, dass die Stammkapitalbindung dem Zwang zur **zeitnahen Mittelverwendung gem. § 55 Abs. 1 Nr. 5 AO** entgegenstehen kann.[362] Lässt sich allerdings eine Aufbringung des Stammkapitals aus Überschüssen der Vermögensverwaltung, aus Gewinnen eines wirtschaftlichen Geschäftsbetriebs und/oder aus höchstens 15% der zeitnah zu verwendenden Mittel darstellen, so bleibt dies gem. § 58 Nr. 3 AO steuerunschädlich.[363]

Beispiel[364]:

Ein gemeinnütziger Verein will unter Beibehaltung seines gemeinnützigen Zwecks in die Rechtsform einer GmbH („gGmbH"[365]) wechseln. Hierzu muss das Reinvermögen des Vereins (ggf. unter Auflösung stiller Reserven oder Erbringung einer ergänzenden Einlage) also mindestens 25.000 EUR[366] betragen und gleichzeitig, in Euro ausgedrückt, mindestens so hoch sein wie die Mitgliederzahl. Bei einem Reinvermögen von nur 25.000 EUR dürfen also nicht mehr als 25.000 Mitglieder vorhanden sein. Im Übrigen ist § 5 Abs. 2 S. 1 GmbHG (vgl. auch §§ 276 Abs. 1, 243 Abs. 3 S. 2 UmwG) zur Mindeststückelung der Geschäftsanteile (1 EUR) zu beachten.

b) Umwandlungsbericht, Prüfungspflichten, Betriebsratsbeteiligung. Am Anfang 178
des Formwechselverfahrens steht die Erstellung des **schriftlichen Umwandlungsberichts** durch den Vereinsvorstand gem. §§ 192, 8 UmwG. Herzstück des Umwandlungs-

[359] Zum Formwechsel eines e.V. in eine gGmbH siehe *Schwenn* npoR 2017, 192.
[360] Semler/Stengel/Leonard/*Katschinski* UmwG § 273 Rn. 2; Schmitt/Hörtnagl/*Hörtnagl/Rinke* UmwG § 273 Rn. 1; Lutter/*Bayer* UmwG § 273 Rn. 1.
[361] MHdB GesR V/*Pathe* § 57 Rn. 8; Semler/Stengel/Leonard/*Katschinski* UmwG § 277 Rn. 3; siehe hierzu auch *Schwenn* npoR 2017, 192 (194).
[362] Siehe hierzu *Heinze* notar 2019, 399 (401).
[363] *Heinze* notar 2019, 399 (401).
[364] Vgl. auch Widmann/Mayer/*Vossius* UmwG § 273 Rn. 4ff. mit weiteren Zahlenbeispielen.
[365] Vgl. jetzt § 4 S. 2 GmbHG; gegen die Zulässigkeit der Firmierung „gGmbH" nach alter Rechtslage: OLG München DNotZ 2007, 148.
[366] Ein Formwechsel in die UG scheitert an § 5a Abs. 2 S. 2 GmbH, da der Formwechsel als Sachgründung einzustufen ist, vgl. Semler/Stengel/Leonard/*Schlitt* UmwG § 214 Rn. 17.

berichts ist der **Entwurf des Formwechselbeschlusses** (→ Rn. 181 ff.). Dieser enthält die für den Umwandlungsvorgang maßgebenden Bestimmungen und entspricht insoweit funktionell dem Verschmelzungsvertrag. Im Übrigen hat der Umwandlungsbericht den Formwechsel und die künftige Beteiligung der Vereinsmitglieder an der neuen Gesellschaft sowie ein etwaiges Barabfindungsangebot rechtlich und wirtschaftlich **ausführlich zu erläutern** und zu **begründen.** Erstellt wird der Umwandlungsbericht durch den Vereinsvorstand. Im Interesse des sichersten Wegs empfiehlt sich auch hier eine **Unterzeichnung durch alle Vorstandsmitglieder,** auch wenn nach Auffassung des BGH ein Handeln in vertretungsberechtigter Zahl ausreicht (→ Rn. 71). Entbehrlich ist ein Formwechselbericht nur bei einer notariell beurkundeten Verzichtserklärung aller Vereinsmitglieder (§ 192 Abs. 2 UmwG).[367]

179 Eine **Umwandlungsprüfung** ist für den Formwechsel nicht vorgesehen. Etwas anderes gilt nur hinsichtlich der Prüfung eines etwaigen Barabfindungsangebots gem. §§ 207, 208, 30 Abs. 2 UmwG (→ Rn. 189).[368] **Prüfungspflichten** ergeben sich jedoch bei einem Formwechsel in die AG/KGaA aus dem **allgemeinen Gründungsrecht** (§ 197 S. 1 UmwG, §§ 33 ff., 278 Abs. 3 AktG).[369] In diesem Fall ist also daran zu denken, den Antrag auf Bestellung eines Gründungsprüfers zu stellen (§ 197 S. 1 UmwG, § 33 Abs. 3 S. 2 AktG). Dies kann bereits vor Beurkundung des Formwechselbeschlusses erfolgen.

180 Sofern beim Verein ein **Betriebsrat** besteht (→ Rn. 56), ist der Entwurf des Umwandlungsbeschlusses diesem spätestens einen Monat vor der Mitgliederversammlung **zuzuleiten** (§ 194 Abs. 2 UmwG). Die Zuleitungspflicht erstreckt sich nur auf den Beschlussentwurf, nicht jedoch auf den sonstigen Inhalt des Umwandlungsberichts.[370]

181 **c) Inhalt des Formwechselbeschlusses.** Für den Inhalt des Formwechselbeschlusses bzw. dessen in den Umwandlungsbericht aufzunehmenden Entwurfs gilt neben § 194 UmwG die spezielle Regelung in § 276 UmwG, die wiederum auf Regelungen zum Formwechsel von Personenhandelsgesellschaften (§ 218 UmwG), von Kapitalgesellschaften in andere Kapitalgesellschaften (§ 243 Abs. 3, 244 Abs. 2 UmwG) sowie auf Vorschriften zum Formwechsel von Genossenschaften (§ 263 UmwG) verweist.

182 **aa) Zielrechtsform, Firma.** Gemäß § 194 Abs. 1 Nr. 1, Nr. 2 UmwG sind im Formwechselbeschluss **Rechtsform** (GmbH/AG/KGaA) und **Firma** der neuen **Kapitalgesellschaft** anzugeben.

183 **bb) Beteiligung der Vereinsmitglieder an der neuen Gesellschaft.** In den Formwechselbeschluss sind ferner nach §§ 194 Abs. 1 Nr. 3, Nr. 4 UmwG Angaben über die künftige Beteiligung der Vereinsmitglieder an der neuen Kapitalgesellschaft aufzunehmen. Hierbei gilt der **Identitätsgrundsatz,** nach dem alle Mitglieder bzw. Anteilsinhaber des formwechselnden Rechtsträgers in identischer Weise am Zielrechtsträger zu beteiligen sind.[371] Für den Formwechsel des Vereins wird dieser Grundsatz durch die **spezielle Norm des § 276 Abs. 2 UmwG** ergänzt. Auch § 276 Abs. 2 UmwG trifft hierbei grundsätzlich die Wertung, dass **alle Vereinsmitglieder mit gleich hohen Anteilen** an der neuen Kapitalgesellschaft zu beteiligen sind. Dies entspricht dem im Idealverein typischerweise geltenden Prinzip der gleichen Teilhabe aller Mitglieder am Vereinsvermögen

[367] § 192 Abs. 3 Alt. 1 UmwG (Ein-Personen-Verein) dürfte keine praktische Relevanz haben, da bei Absinken der Mitgliederzahl unter drei der Entzug der Rechtsfähigkeit droht (§ 73 BGB).

[368] Widmann/Mayer/*Vossius* UmwG § 272 Rn. 18, 19; Semler/Stengel/Leonard/*Zeidler* UmwG § 208 Rn. 2.

[369] Widmann/Mayer/*Vossius* UmwG § 272 Rn. 18; Lutter/*Bayer* UmwG § 277 Rn. 4.

[370] Lutter/*Hoger* UmwG § 194 Rn. 43; BeckOGK/*Simons* UmwG § 194 Rn. 74.

[371] Semler/Stengel/Leonard/*Leonard* UmwG § 202 Rn. 23; Widmann/Mayer/*Weiler* UmwG § 194 Rn. 17 ff.; umstr. ist, inwieweit der Identitätsgrundsatz zwingend ist, vgl. hierzu ausf. *Weiß* FS D. Mayer 2020, 127 sowie BeckOGK/*Simons* UmwG § 202 Rn. 42 ff. und Widmann/Mayer/*Weiler* UmwG § 194 Rn. 17 ff.

(„Kopfprinzip").[372] Allerdings besteht nach § 276 Abs. 2 Nr. 1–6 UmwG die Möglichkeit, **vom Gleichbehandlungsgrundsatz abzuweichen** und einen der dort abschließend genannten Maßstäbe für eine Zuweisung der Anteile an der neuen Kapitalgesellschaft zu wählen. Möglich ist zB eine differenzierte Beteiligung der Vereinsmitglieder nach der Höhe der Mitgliedsbeiträge im Verein (§ 276 Abs. 2 Nr. 2 UmwG) oder nach der Dauer der Vereinsmitgliedschaft (§ 276 Abs. 2 Nr. 6 UmwG).[373] Auf diese Weise kann dem Umstand Rechnung getragen werden, dass das Vereinsvermögen oftmals aus Mitgliedsbeiträgen gebildet wird und die Mitglieder daher in unterschiedlichem Maße zur Vermögensbildung des Vereins beitragen bzw. beigetragen haben. Zulässig ist auch eine **Kombination** mehrerer der in § 276 Abs. 2 UmwG genannten Maßstäbe, nicht jedoch die Anwendung sonstiger, dh in § 276 Abs. 2 UmwG nicht ausdrücklich erwähnter Verteilungsgrundsätze.[374] Die Entscheidung darüber, **welcher Maßstab** iSd § 276 Abs. 2 UmwG für die Beteiligung gewählt wird, liegt grundsätzlich im **freien Ermessen der Mitgliederversammlung,** die hierüber im Rahmen des Umwandlungsbeschlusses entscheidet.[375] Grenzen für diese Auswahl können sich allenfalls aus Treu und Glauben ergeben, wenn jeglicher sachliche Grund für die getroffene Wahl fehlt und die Festsetzung daher willkürlich erscheint.[376]

Abgesehen von § 276 Abs. 2 UmwG kann eine unterschiedliche Beteiligung der Vereinsmitglieder nur im Wege eines sog. **quotenabweichenden Formwechsels** beschlossen werden. Ein solcher ist nach hM zulässig.[377] Er bedarf jedoch der Zustimmung aller, nach aA nur der (nachteilig) betroffenen Vereinsmitglieder.[378] 184

cc) Aufnahme der Satzung in den Formwechselbeschluss. Im Formwechselbeschluss ist gem. §§ 276 Abs. 1, 218 Abs. 1 S. 1 UmwG die **Satzung** der GmbH bzw. der AG/KGaA mit ihrem gesamten Wortlaut festzustellen. Gemäß § 197 S. 1 UmwG gelten für den Satzungsinhalt die allgemeinen Bestimmungen (§ 3 GmbHG bzw. § 23 Abs. 3 AktG). Einer Unterzeichnung der Satzung durch die Vereinsmitglieder bedarf es nicht (§§ 276 Abs. 1, 244 Abs. 2 UmwG).[379] Als Teil der Satzung sind im Formwechselbeschluss auch die **Höhe des Nennkapitals und dessen Aufteilung,** dh die Nennbeträge der Geschäftsanteile und Aktien bzw. bei Stückaktien deren Zahl festzulegen. Hierfür gelten die speziellen Regelungen in §§ 243 Abs. 3, 263 Abs. 2 S. 2, Abs. 3 UmwG, die die Mindeststückelung der Beteiligung (Mindestnennwerte) und die Mindestbeteiligung an der neuen Gesellschaft (Vermeidung sog. Teilrechte) betreffen.[380] Da der Formwechsel wie eine **Sachgründung** zu behandeln ist, müssen in die Satzung gem. § 197 S. 1 UmwG, § 5 185

[372] Semler/Stengel/Leonard/*Katschinski* UmwG § 276 Rn. 12; Widmann/Mayer/*Vossius* UmwG § 276 Rn. 17.

[373] Die weiteren Alternativen des § 276 Abs. 2 UmwG, insbesondere § 276 Abs. 2 Nr. 1 und Nr. 3–5 UmwG dürften für einen Idealverein keine oder kaum eine Rolle spielen, vgl. hierzu Semler/Stengel/Leonard/*Katschinski* UmwG § 276 Rn. 12ff.

[374] Widmann/Mayer/*Vossius* UmwG § 276 Rn. 19; Schmitt/Hörtnagl/*Hörtnagl/Rinke* UmwG § 276 Rn. 5, 6.

[375] Widmann/Mayer/*Vossius* UmwG § 276 Rn. 30; Lutter/*Bayer* UmwG § 276 Rn. 10.

[376] Semler/Stengel/Leonard/*Katschinski* UmwG § 276 Rn. 14; Widmann/Mayer/*Vossius* UmwG § 276 Rn. 31, 32.

[377] Schmitt/Hörtnagl/*Winter* UmwG § 202 Rn. 7; Widmann/Mayer/*Weiler* UmwG § 194 Rn. 55ff.; *Lutz* BWNotZ 2013, 106; *Schwenn* npoR 2017, 192 (194); umstr. ist, ob auch ein „Formwechsel zu Null" zulässig ist; dafür: Semler/Stengel/Leonard/*Bärwaldt* UmwG § 194 Rn. 8; dagegen: Widmann/Mayer/*Weiler* UmwG § 194 Rn. 35, 55; BeckOGK/*Simons* UmwG § 202 Rn. 43.

[378] Vgl. hierzu Semler/Stengel/Leonard/*Bärwaldt* UmwG § 194 Rn. 18; Schmitt/Hörtnagl/*Winter* UmwG § 202 Rn. 7; Widmann/Mayer/*Weiler* UmwG § 194 Rn. 59ff.; HK-UmwG/*Ries/Konu* UmwG § 276 Rn. 3.

[379] Und zwar auch („erst recht") nicht für den Formwechsel in die AG, auch wenn § 244 Abs. 2 UmwG nur für die GmbH gilt: Widmann/Mayer/*Vossius* UmwG § 276 Rn. 6; MHdB GesR V/*Pathe* § 57 Rn. 27; HK-UmwG/*Ries/Konu* UmwG § 276 Rn. 2.

[380] Vgl. hierzu Lutter/*Bayer* UmwG § 276 Rn. 4ff.; Semler/Stengel/Leonard/*Katschinski* UmwG § 276 Rn. 6ff.; keine Bedeutung erlangt idR die Verweisung auf § 243 Abs. 3 S. 1 UmwG, vgl. Widmann/Mayer/*Vossius* UmwG § 276 Rn. 8.

Abs. 4 S. 1 GmbHG, § 27 AktG Festsetzungen zu den Sacheinlagen aufgenommen werden. Gleiches gilt gem. § 26 AktG (für GmbH analog), wenn der Gründungsaufwand durch die Gesellschaft getragen werden soll.

Hinweis:

Zu beachten ist, dass bei einem gemeinnützigen e.V., der sich – ohne Verlust der Steuervergünstigungen – in eine gemeinnützige GmbH umwandeln will, auch die GmbH-Satzung den Anforderungen der §§ 55 ff. AO (insbesondere hinsichtlich der „Anfallklausel") genügen muss.[381]

186 **Formulierungsbeispiel: Formwechsel in die GmbH[382] (Satzungsbestandteil)**

§ 3. Stammkapital

(1) Das Stammkapital beträgt 100.000 EUR.

(2) Hiervon haben übernommen: *** *[Geschäftsanteile und Vereinsmitglieder gem. § 3 Abs. 1 Nr. 4 GmbHG].*

(3) Das Stammkapital der Gesellschaft wird in voller Höhe durch den Formwechsel (§§ 282 ff., 194 ff. UmwG) des A e.V. mit dem Sitz in B erbracht.

§ 15. Gründungsaufwand

Den mit der Gründung der Gesellschaft (Formwechsel) verbundenen Gründungsaufwand (Notar-, Gerichts-, Steuerberatungskosten) trägt bis zu einem Betrag von *** EUR die Gesellschaft.

187 Bei der Umwandlung des **Vereins in eine KGaA** bedarf es zusätzlich der Bestimmung des **persönlich haftenden Gesellschafters.** Dies kann entweder ein Vereinsmitglied oder – in gesetzlicher Durchbrechung des Identitätsgrundsatzes – ein hinzutretender Dritter sein (§§ 276 Abs. 2, 218 Abs. 2 UmwG).

188 **dd) Sonstiger Inhalt.** Im Umwandlungsbeschluss sind gem. § 194 Abs. 1 Nr. 5, Nr. 7 UmwG gewährte **Sonderrechte** zu benennen und Angaben zu den Folgen des Formwechsels für die **Arbeitnehmer** und deren **Vertretungen** bzw. zu den insoweit vorgesehenen Maßnahmen zu machen (→ Rn. 55 f.).

189 Grundsätzlich bedarf es beim Formwechsel des Vereins eines **Barabfindungsangebots** (§§ 282 Abs. 1, 270 Abs. 1, 207 Abs. 1 S. 1 UmwG), das nach § 194 Abs. 1 Nr. 6 UmwG in den Formwechselbeschluss aufzunehmen ist, sofern hierauf nicht in notariell beurkundeter Form verzichtet wird.[383] Ist der formwechselnde Verein jedoch **gemeinnützig, mildtätig oder kirchlich im steuerlichen Sinne** (§ 5 Abs. 1 Nr. 9 KStG), so ist gem. § 282 Abs. 2 UmwG – zum Schutz der Zweckbindung des Vereinsvermögens – ebenso wie bei der Verschmelzung (§ 104a UmwG; → Rn. 60) **kein Barabfindungsangebot erforderlich.** Nach richtiger Auffassung gilt die Privilegierung des § 282 Abs. 2 UmwG jedoch nur, wenn der neue Rechtsträger die Voraussetzungen des § 5 Abs. 1 Nr. 9 KStG – jedenfalls bis zum Ablauf der Frist des § 209 UmwG – ebenfalls erfüllt.[384]

190 Beim Formwechsel in die AG/KGaA ist gem. § 197 S. 1 UmwG iVm § 30 AktG im Formwechselbeschluss der **Abschlussprüfer** zu bestellen. Die Vorschriften über die Bildung und Zusammensetzung des ersten **Aufsichtsrats** gelten allerdings gem. § 197 S. 2 UmwG nicht. Die Bestellung des ersten Aufsichtsrates muss daher nicht zwingend in den

[381] *Schwenn* npoR 2017, 192.

[382] Vollständige Mustersätze für den Formwechsel eines e.V. in eine GmbH finden sich bei *Limmer* Teil 4 Rn. 807 und Widmann/Mayer/*Vossius* Anh. 4 Mustersatz 27.

[383] Nach hM kann analog §§ 8 Abs. 3, 12 Abs. 3, 30 Abs. 2 S. 3 UmwG auf das Barabfindungsangebot verzichtet werden, auch wenn dies gesetzlich nicht ausdrücklich geregelt ist: *Limmer* Teil 2 Rn. 605.

[384] Semler/Stengel/Leonard/*Katschinski* UmwG § 282 Rn. 5, 7.

Formwechselbeschluss aufgenommen werden. Gleichwohl erscheint dies in der Regel sinnvoll. Zu beachten ist, dass gem. § 197 S. 3 UmwG die Vorschrift des § 31 AktG Anwendung findet.

d) Vorbereitung der Mitgliederversammlung. Für die **Vorbereitung der Mitgliederversammlung,** die den Formwechselbeschluss fasst, gelten die §§ 274 Abs. 1, 230 Abs. 2 S. 1, S. 2, 231 S. 1, 260 Abs. 1 UmwG.[385] Daher sind bei der Einladung qualifizierte Anforderungen einzuhalten. Der Vereinsvorstand hat allen Mitgliedern spätestens mit der Einberufung der Mitgliederversammlung den Formwechsel als Beschlussgegenstand in Textform (§ 126b BGB) in hinreichend bestimmter Weise anzukündigen.[386] Ferner ist in der Einladung auf die **erforderliche Beschlussmehrheit** (§ 275 UmwG; → Rn. 197 ff.) hinzuweisen sowie auf die **Möglichkeit des Widerspruchs gegen den Formwechsel** (§§ 207 Abs. 1 S. 1, 275 Abs. 2 S. 2 UmwG) und die sich daraus ergebenden Rechtsfolgen, dh ggf. auf die Möglichkeit der Barabfindung (§§ 282 Abs. 1, 270 Abs. 1 UmwG) sowie die aufgrund des Widerspruchs uU erhöhte Beschlussmehrheit gem. § 275 Abs. 2 S. 2 UmwG (90 % der abgegebenen Stimmen).[387] Ein etwaiges Barabfindungsangebot ist gem. §§ 274 Abs. 1, 231 S. 1 UmwG zu übersenden. Die Hinweis- und Übersendungspflichten hinsichtlich des Barabfindungsangebots entfallen jedoch zT beim **Formwechsel des gemeinnützigen Vereins,** da ein Barabfindungsangebot hier uU entbehrlich ist (§ 282 Abs. 2 UmwG, → Rn. 189).[388] 191

Im Übrigen gelten für die **Einberufung** die allgemeinen vereinsrechtlichen Regelungen, insbesondere die einschlägigen **Satzungsbestimmungen** (§ 58 Nr. 4 BGB), die also unabhängig von den umwandlungsrechtlichen Vorgaben (→ Rn. 192) einzuhalten sind. Dies gilt auch für eine in der Satzung bestimmte **Ladungsfrist** (zu beidem → § 7 Rn. 24 ff., 59 ff.). Trifft die Satzung hierzu keine Regelung oder erscheint die satzungsmäßige Frist unangemessen kurz, so hat die Ladung jedenfalls mit angemessener Frist zu erfolgen. Vorsorglich sollte in Anlehnung an § 123 Abs. 1 AktG eine 30-tägige Ladungsfrist eingehalten werden (→ Rn. 85 ff.).[389] 192

Der **Umwandlungsbericht** ist gem. §§ 274 Abs. 1, 230 Abs. 2 S. 1 UmwG ab der Einberufung der Mitgliederversammlung in den Geschäftsräumen des Vereins zur Einsicht **auszulegen.**[390] Jedem Vereinsmitglied ist auf Verlangen unverzüglich und kostenlos eine vollständige Abschrift hiervon (samt Entwurf des Formwechselbeschlusses und Satzung des Zielrechtsträgers; → Rn. 178, 181 ff.) zu erteilen (§ 230 Abs. 2 S. 2 UmwG).[391] Hinsichtlich der genauen Modalitäten, insbesondere hinsichtlich Ort und Zeit der Auslegung gelten die gleichen Grundsätze wie gem. § 101 UmwG bei der Verschmelzung (→ Rn. 92).[392] Ein Verzicht auf den Umwandlungsbericht ist zwar möglich, jedoch muss er von allen Vereinsmitgliedern erklärt und notariell beurkundet werden (§ 192 Abs. 2 BGB).[393] Eine hierzu erteilte Vollmacht bedarf jedoch gem. § 167 Abs. 2 BGB ihrerseits nicht der notariellen Beurkundung.[394] 193

---

[385] Der im Wortlaut des § 274 UmwG noch enthaltene Verweis auf § 229 UmwG (Vermögensaufstellung) geht nach dessen Aufhebung ins Leere.

[386] *Lutz* BWNotZ 2013, 106 (107).

[387] Widmann/Mayer/*Vossius* UmwG § 274 Rn. 18 (mit Formulierungsvorschlag); *Lutz* BWNotZ 2013, 106 (108).

[388] Nach Semler/Stengel/Leonard/*Katschinski* UmwG § 274 Rn. 5 soll insoweit der Hinweis erforderlich sein, dass Widerspruchsrecht und Barabfindung (ausnahmsweise) ausgeschlossen sind; ähnlich Lutter/*Bayer* UmwG § 274 Rn. 7 und KK-UmwG/*Leuering* UmwG § 274 Rn. 14: Hinweis sinnvoll bzw. zu empfehlen.

[389] Semler/Stengel/Leonard/*Katschinski* UmwG § 274 Rn. 5; MHdB GesR V/*Pathe* § 57 Rn. 15; *Lutz* BWNotZ 2013, 106 (107); *Schwenn* npoR 2017, 192 (195).

[390] *Lutz* BWNotZ 2013, 106 (108); *Schwenn* npoR 2017, 192 (195).

[391] *Lutz* BWNotZ 2013, 106 (108).

[392] Semler/Stengel/Leonard/*Katschinski* UmwG § 274 Rn. 8; MHdB GesR V/*Pathe* § 57 Rn. 17.

[393] BeckOGK/*Simons* UmwG § 192 Rn. 69; Widmann/Mayer/*Mayer* UmwG § 192 Rn. 15.

[394] BeckOGK/*Simons* UmwG § 192 Rn. 69; unzutreffend *Schwenn* npoR 2017, 192 (195).

194 **e) Durchführung der Mitgliederversammlung.** Für die **Durchführung der Mitgliederversammlung** gilt § 274 Abs. 2 iVm § 239 Abs. 1 S. 1, Abs. 2 UmwG. Danach ist der Umwandlungsbericht in der Mitgliederversammlung auszulegen und vom Vereinsvorstand mündlich zu erläutern (→ Rn. 96).[395]

195 Im Übrigen gelten für den Ablauf der Versammlung, insbesondere für die Versammlungsleitung und die Art der Beschlussfassung, **keine umwandlungsrechtlichen Besonderheiten.** Insoweit verbleibt es also bei den allgemeinen Grundsätzen des Vereinsrechts.[396] Zu beachten ist allerdings der gem. § 193 Abs. 1 S. 2 UmwG herrschende **Versammlungszwang,** der eine Beschlussfassung im schriftlichen (Umlauf-) Verfahren ausschließt.[397]

196 Der Formwechselbeschluss bedarf gem. § 193 Abs. 3 S. 1 UmwG der **notariellen Beurkundung.** Hierbei kommt eine Beurkundung entweder nach den Vorschriften über Willenserklärungen (§§ 8 ff. BeurkG) oder – insbesondere bei größeren Vereinen – als Tatsachenprotokoll (§§ 36, 37 BeurkG) in Betracht. Die Beurkundung gem. § 36 BeurkG ist auch im Hinblick auf die mitzubeurkundende Satzung der neuen Kapitalgesellschaft ausreichend. Diese ist Teil des Formwechselbeschlusses und daher bei der Errichtung eines Tatsachenprotokolls nicht gem. § 9 Abs. 1 S. 2 BeurkG zu verlesen.[398]

197 Die **Mehrheitserfordernisse** für den Formwechselbeschluss ergeben sich aus § 275 UmwG. Danach sind **mindestens drei Viertel** der abgegebenen Stimmen erforderlich. Hat eine qualifizierte Minderheit gem. § 275 Abs. 2 S. 2 UmwG vorab formgerecht **Widerspruch** eingelegt, bedarf es sogar einer **Mehrheit von 90 %** der abgegebenen Stimmen. Der Widerspruch muss von mindestens hundert Mitgliedern, bei Vereinen mit weniger als tausend Mitgliedern von mindestens 10% der Mitglieder erhoben werden, und zwar durch eingeschriebenen Brief bis spätestens zum Ablauf des dritten Tages vor der Mitgliederversammlung. Für die **Berechnung der Beschlussmehrheiten** kommt es auf das Verhältnis zwischen den abgegebenen gültigen Ja-Stimmen und den abgegebenen gültigen Nein-Stimmen an. Nicht anwesende Mitglieder werden also ebenso wenig berücksichtigt wie Stimmenthaltungen und ungültige Stimmen (zu den Beschlussmehrheiten grundsätzlich → § 7 Rn. 164 ff.).[399]

198 Geht mit dem Formwechsel eine **Zweckänderung** des Vereins einher (→ Rn. 104), ist nach § 275 Abs. 1 UmwG, § 33 Abs. 1 S. 2 BGB sogar **Allstimmigkeit** erforderlich, dh es bedarf der Zustimmung aller erschienenen und nicht erschienenen Vereinsmitglieder, und zwar hinsichtlich der Letzteren in notariell beurkundeter Form (§ 193 Abs. 3 S. 1 UmwG). Richtigerweise können hierbei auch solche Mitglieder nachträglich ihre Zustimmung erklären, die zunächst in der Mitgliederversammlung ihre Zustimmung verweigert haben.[400] Wenn der Formwechsel dazu dient, den bislang **ideellen Zweck** eines Idealvereins **aufzugeben,** um künftig ein Handelsgewerbe zu betreiben, liegt eine Zweckänderung iSd § 33 Abs. 1 S. 2 BGB auf der Hand.[401] Dies muss jedoch keineswegs bei jedem Formwechsel in eine Kapitalgesellschaft der Fall sein. Unternehmensgegenstand einer Kapitalgesellschaft ist nicht zwingend ein Handelsgewerbe gem. § 1 HGB. Vielmehr kann eine Kapitalgesellschaft auch einen gemeinnützigen Unternehmensgegenstand haben. Liegt eine Zweckänderung vor, so gilt das Allstimmigkeitsprinzip auch dann, wenn die Vereins-

[395] Semler/Stengel/Leonard/*Katschinski* UmwG § 274 Rn. 9; MHdB GesR V/*Pathe* § 57 Rn. 19.
[396] KK-UmwG/*Leuering* UmwG § 274 Rn. 23.
[397] MHdB GesR V/*Pathe* § 57 Rn. 15; KK-UmwG/*Leuering* UmwG § 274 Rn. 23 Fn. 17; *Limmer* Teil 4 Rn. 102.
[398] *Limmer* Teil 4 Rn. 221 ff.; Widmann/Mayer/*Weiler* UmwG § 193 Rn. 100.
[399] Semler/Stengel/Leonard/*Katschinski* UmwG § 275 Rn. 8; MHdB GesR V/*Pathe* § 57 Rn. 22.
[400] BeckOGK/*Reul* UmwG § 275 Rn. 6; *Sauter/Schweyer/Waldner* Eingetragener Verein Rn. 12; *Stöber/Otto* Rn. 924; aA Reichert/*Wagner* Kap. 2 Rn. 563.
[401] MHdB GesR V/*Pathe* § 57 Rn. 21; Semler/Stengel/Leonard/*Katschinski* UmwG § 275 Rn. 5; *Limmer* Teil 4 Rn. 778.

satzung gem. § 40 BGB zulässigerweise von der Regelung des § 33 Abs. 1 S. 2 BGB abweicht, da § 275 Abs. 1 UmwG zwingenden Charakter hat (§ 1 Abs. 3 S. 1 UmwG).[402]

Gemäß § 275 Abs. 2 S. 3 UmwG sind im Übrigen **Satzungsbestimmungen** zu beachten, die für den Formwechsel eine größere Mehrheit vorsehen oder weitere Erfordernisse aufstellen (→ Rn. 100 ff.).[403] 199

Für den **Formwechsel in die KGaA** bedarf es gem. §§ 275 Abs. 3, 240 Abs. 2, 221 UmwG ferner der Zustimmung des künftigen persönlich haftenden Gesellschafters, die ebenfalls notariell zu beurkunden ist (§ 193 Abs. 3 S. 1 UmwG).[404] 200

f) Sonstiges. Durch den Formwechsel wird der Vereinsvorstand nicht automatisch zum Geschäftsführer bzw. zum Vorstand der neuen Kapitalgesellschaft.[405] Es bedarf vielmehr einer Bestellung der Vertretungsorgane. Für die Geschäftsführerbestellung beim **Formwechsel in die GmbH** gilt § 6 Abs. 3 S. 2 GmbHG. Die Geschäftsführerbestellung kann daher im Rahmen eines weiteren Tagesordnungspunkts in der Mitgliederversammlung beschlossen werden (§ 46 Nr. 5 GmbHG) oder im Gesellschaftsvertrag erfolgen. Beim **Formwechsel in die AG** hat der Aufsichtsrat den ersten Vorstand zu bestellen (§ 197 S. 1 UmwG, § 30 Abs. 4 AktG). 201

Ein **Sachgründungsbericht** ist für den Formwechsel in die GmbH nicht erforderlich, da § 277 iVm § 264 Abs. 2 UmwG hiervon befreit und die allgemeine Vorschrift in § 5 Abs. 4 S. 2 GmbH verdrängt. Gleichermaßen ist beim Formwechsel in die AG/KGaA ein Gründungsbericht durch die Mitglieder des Vereins nicht erforderlich (§§ 277, 264 Abs. 3 S. 2 UmwG). Allerdings hat gem. § 197 S. 1 UmwG iVm §§ 33 ff., 278 Abs. 3 AktG eine Gründungsprüfung durch Vorstand, Aufsichtsrat und einen externen Gründungsprüfer zu erfolgen. 202

g) Anmeldung, Eintragung und Bekanntmachung. Gemäß §§ 278 Abs. 1, 198 Abs. 2 S. 1, S. 2 Alt. 1 UmwG ist die neu entstehende Kapitalgesellschaft zum zuständigen **Handelsregister** anzumelden. Zusätzlich bedarf es beim eingetragenen Verein gem. § 198 Abs. 2 S. 3 UmwG der Anmeldung zum **Vereinsregister.**[406] 203

Die Anmeldung der neuen Kapitalgesellschaft zum Handelsregister erfolgt gem. §§ 278 Abs. 1, 222 Abs. 1 UmwG durch **alle Mitglieder des künftigen Vertretungsorgans,** dh durch sämtliche Geschäftsführer der GmbH bzw. durch alle Vorstandsmitglieder der AG oder alle persönlich haftenden Gesellschafter der KGaA. Bei AG sowie KGaA müssen ferner alle Aufsichtsratsmitglieder die Anmeldung unterzeichnen (§§ 278 Abs. 1, 222 Abs. 1 S. 1 UmwG).[407] Die Anmeldebefugnis der Organe der neu entstehenden Kapitalgesellschaft umfasst auch die Anmeldung des Formwechsels zum Vereinsregister des formwechselnden Vereins. Diese kann jedoch auch durch den Vereinsvorstand in vertretungsberechtigter Zahl erfolgen (§§ 278 Abs. 1, 222 Abs. 3 UmwG). 204

Inhaltlich ist zum Vereinsregister gem. § 198 Abs. 2 S. 3 UmwG die Umwandlung anzumelden, dh der **Formwechsel** des Vereins. Zum Handelsregister ist die neue Gesellschaft einschließlich Firma, Sitz, Geschäftsanschrift und Vertretungsorganen samt deren 205

---

[402] Semler/Stengel/Leonard/*Katschinski* UmwG § 275 Rn. 4; MHdB GesR V/*Pathe* § 57 Rn. 20; zur Vermeidung des Einstimmigkeitserfordernisses wird empfohlen, zunächst den Formwechsel zu beschließen und anschließend die Änderung des Unternehmensgegenstandes: Widmann/Mayer/*Vossius* UmwG § 275 Rn. 11 ff.; HK-UmwG/*Ries/Konu* UmwG § 275 Rn. 3; krit. hierzu: Semler/Stengel/Leonard/*Katschinski* UmwG § 275 Rn. 7.

[403] Siehe hierzu auch *Schwenn* npoR 2017, 192 (196).

[404] Semler/Stengel/Leonard/*Katschinski* UmwG § 275 Rn. 13; Lutter/*Bayer* UmwG § 275 Rn. 9.

[405] *Limmer* Teil 4 Rn. 800; Semler/Stengel/Leonard/*Leonard* UmwG § 202 Rn. 10, 14.

[406] Soweit eine Eintragung gem. § 33 HGB im Handelsregister besteht, ist auch dort anzumelden.

[407] Schmitt/Hörtnagl/*Hörtnagl/Rinke* UmwG § 278 Rn. 1; bei der GmbH ist eine Beteiligung der Aufsichtsratsmitglieder nur beim zwingenden, zB aus mitbestimmungsrechtlichen Gründen zu bildenden Aufsichtsrat, nicht bei einem fakultativen Aufsichtsrat erforderlich (dies ergibt sich aus dem Wortlaut des § 222 Abs. 1 S. 1 UmwG).

Vertretungsbefugnis anzumelden (§§ 278 Abs. 1, 198 Abs. 2 S. 2, 222 Abs. 1 S. 2, 197 S. 1 UmwG, § 8 Abs. 4 GmbHG, § 37 Abs. 3 AktG). Gemäß §§ 198 Abs. 3, 16 Abs. 2 S. 1 UmwG ist hierbei eine **Negativerklärung** zu etwaigen Klagen gegen den Umwandlungsbeschluss abzugeben, wenn nicht allseits in notariell beurkundeter Form auf eine Klage gegen den Umwandlungsbeschluss verzichtet wurde oder ein Fall des § 16 Abs. 3 UmwG gegeben ist. Im Übrigen gelten die jeweiligen Bestimmungen zur Erstanmeldung einer GmbH bzw. einer AG/KGaA, insbesondere sind also die Versicherungen bzw. Erklärungen gem. § 8 Abs. 2, Abs. 3 GmbHG, § 37 Abs. 1, Abs. 2 AktG (je iVm § 197 S. 1 UmwG) abzugeben.[408]

206 Die Anmeldungen haben in **öffentlich beglaubigter Form** zu erfolgen (§ 77 BGB, § 12 HGB), und zwar unter Beifügung der in § 199 UmwG genannten **Anlagen** sowie der gem. § 197 S. 1 UmwG iVm § 8 Abs. 1 GmbHG bzw. § 37 Abs. 4 AktG erforderlichen weiteren Unterlagen.

207 Zunächst erfolgt gem. § 198 Abs. 2 S. 3, S. 4 UmwG die **Eintragung** des Formwechsels in das Vereinsregister. Danach wird gem. § 198 Abs. 2 S. 5 UmwG die neue Kapitalgesellschaft in das Handelsregister eingetragen und der Formwechsel im gemeinsamen Registerportal der Länder (www.handelsregister.de) **bekanntgemacht** (§ 201 UmwG, § 10 HGB).[409]

208 **Wirksam** wird der Formwechsel gem. § 202 Abs. 1 UmwG mit der **Eintragung der Kapitalgesellschaft** in das Handelsregister. Die Vereinsmitglieder werden in diesem Moment gem. §§ 202 Abs. 1 Nr. 2, 280 UmwG Gesellschafter bzw. Aktionäre der neuen Kapitalgesellschaft.

209 Schließlich haben die Vertretungsorgane der neuen Kapitalgesellschaft die Gesellschafter bzw. Aktionäre über die Eintragung des Formwechsels und über die Beteiligung an der neuen Kapitalgesellschaft zu **benachrichtigen** (§§ 281 Abs. 1, 267, 268 UmwG).

4. Formwechsel in eine eingetragene Genossenschaft

210 **a) Allgemeines.** Für den Formwechsel eines Vereins in eine **eingetragene Genossenschaft** gelten die speziellen Regelungen in §§ 283–290 UmwG sowie ergänzend die allgemeinen Vorschriften (§§ 190ff. UmwG). Hinsichtlich der Erstellung des **Umwandlungsberichts** und einer etwaigen **Betriebsratsbeteiligung** ergeben sich gegenüber dem Formwechsel des Vereins in eine Kapitalgesellschaft keine Besonderheiten (→ Rn. 178ff.).

211 **b) Inhalt des Formwechselbeschlusses.** Für den Formwechselbeschluss gilt neben § 194 UmwG die Sondervorschrift des § 285 UmwG. Die **Satzung** der Genossenschaft ist daher im Formwechselbeschluss **festzustellen** (§§ 285 Abs. 1, 253 Abs. 1 UmwG). Zu beachten ist ferner, dass gem. §§ 285 Abs. 1, 253 Abs. 2 S. 1 UmwG jedes Vereinsmitglied mit mindestens einem Geschäftsanteil an der Genossenschaft beteiligt werden muss.[410] Als genossenschaftliches Geschäftsguthaben kann höchstens der Nennbetrag der gewährten Geschäftsanteile gutgeschrieben werden (§ 289 Abs. 1 UmwG).[411] Im Übrigen gelten für den **Satzungsinhalt** die genossenschaftlichen Regelungen (§§ 7, 7a GenG iVm § 197 S. 1 UmwG). In formeller Hinsicht wird das Schriftformerfordernis des § 5 GenG durch die

---

[408] Mit guten Gründen wird freilich bestritten, dass die Versicherungen bzw. Erklärungen gem. § 8 Abs. 2 GmbHG bzw. § 37 Abs. 1 AktG erforderlich sind: Semler/Stengel/Leonard/*Schwanna* UmwG § 198 Rn. 7f.

[409] Zu den Besonderheiten für nicht im Handelsregister eingetragene wirtschaftliche Vereine (§ 278 Abs. 2 UmwG): Widmann/Mayer/*Vossius* UmwG § 278 Rn. 9ff.; Schmitt/Hörtnagl/*Hörtnagl/Rinke* UmwG § 278 Rn. 2.

[410] Schmitt/Hörtnagl/*Hörtnagl/Rinke* UmwG § 285 Rn. 2; Widmann/Mayer/*Graf Wolffskeel v. Reichenberg* UmwG § 285 Rn. 4, letzterer auch zum Unterschied zwischen Geschäftsanteil und Geschäftsguthaben.

[411] Zur Frage, inwieweit der Betrag des Geschäftsguthabens hinter dem Nennbetrag und dem Betrag der Pflichtzahlung gem. § 7 Nr. 1 GenG zurückbleiben darf: Semler/Stengel/Leonard/*Katschinski* UmwG § 289 Rn. 5; Schmitt/Hörtnagl/*Hörtnagl/Rinke* UmwG § 289 Rn. 1.

notarielle Beurkundung gem. § 193 Abs. 3 UmwG verdrängt.[412] Eine Unterzeichnung der Genossenschaftssatzung durch die Mitglieder ist nach §§ 285 Abs. 1, 253 Abs. 1 S. 2 UmwG nicht erforderlich. Auch beim Formwechsel in die Genossenschaft gilt im Grundsatz, dass **alle Vereinsmitglieder identisch** an der neuen Genossenschaft beteiligt werden (§§ 194 Abs. 1 Nr. 3, Nr. 4, 285 Abs. 2 UmwG). Abweichungen hiervon sind wie beim Formwechsel in die Kapitalgesellschaft nur gem. §§ 285 Abs. 2, 276 Abs. 2 UmwG zulässig (→ Rn. 183). Für das **Barabfindungsangebot** gilt das Gleiche wie beim Formwechsel in die Kapitalgesellschaft (§§ 290, 270 Abs. 1, 207 Abs. 1 S. 2, 282 Abs. 2 UmwG; → Rn. 189).

c) Vorbereitung und Durchführung der Mitgliederversammlung. Für die Vorbereitung und Durchführung der **Mitgliederversammlung** gilt beim Formwechsel in die Genossenschaft § 283 UmwG. Da die Vorschrift inhaltlich identisch mit § 274 UmwG ist, ergeben sich gegenüber dem Formwechsel in die Kapitalgesellschaft keine Abweichungen (→ Rn. 191 ff.). 212

Auch die für den Formwechselbeschluss erforderlichen **Mehrheiten** entsprechen weitgehend denen beim Formwechsel in die Kapitalgesellschaft. Nach §§ 284 S. 2, 275 Abs. 2 S. 1 UmwG bedarf es grundsätzlich einer Mehrheit von **drei Vierteln** der abgegebenen Stimmen; beim Widerspruch einer qualifizierten Mitgliederzahl sogar einer Mehrheit von **90 %** der abgegebenen Stimmen (§§ 284 S. 2, 275 Abs. 2 S. 2 UmwG; → Rn. 197). Bei Zweckänderungen gilt nach §§ 284 S. 1 UmwG die **Zustimmungspflicht aller Mitglieder,** also Einstimmigkeit bei der Beschlussfassung sowie Zustimmungspflicht der nicht erschienenen Mitglieder in notarieller Form (→ Rn. 198). Das Allstimmigkeitserfordernis gilt ferner auch für den Fall, dass die Satzung der neuen Genossenschaft eine (unbeschränkte oder auch nur beschränkte) **Nachschusspflicht** vorsieht (§ 284 S. 1 UmwG).[413] Im Übrigen sind in der **Vereinssatzung** vorgesehene weitergehende Anforderungen ggf. zu beachten (§§ 284 S. 2, 275 Abs. 2 S. 3 UmwG; → Rn. 199, 100 ff.). 213

d) Sonstiges. Eine **Umwandlungsprüfung** erfolgt auch beim Formwechsel in die Genossenschaft nicht. Etwas anderes gilt nur hinsichtlich eines etwaigen Barabfindungsangebots (§§ 207, 208, 30 Abs. 2 UmwG; → Rn. 179, 189). **Prüfungspflichten** ergeben sich jedoch aus den anzuwendenden **Gründungsvorschriften** des Genossenschaftsrechts (§ 197 S. 1 UmwG, § 11 Abs. 2 Nr. 3 GenG). 214

Die **Gründungsvorschriften** gelten ebenfalls hinsichtlich der Bestellung der Organe der Genossenschaft (Aufsichtsrat und Vorstand: §§ 24 Abs. 2, 36 Abs. 1 GenG iVm § 197 S. 1 UmwG), die in der Versammlung zum Formwechselbeschluss im Rahmen eines weiteren Tagesordnungspunkts bestellt werden können, soweit nicht die Vorstandsbestellung gemäß der Satzung der neuen Genossenschaft durch den Aufsichtsrat erfolgt (§ 24 Abs. 2 S. 2 GenG). 215

e) Anmeldung, Eintragung. Der Formwechsel in die Genossenschaft ist gem. §§ 286, 198 Abs. 2 S. 2 UmwG zum **Genossenschaftsregister** und gem. § 198 Abs. 2 S. 3 UmwG zum **Vereinsregister** anzumelden. 216

Anmeldepflichtig ist – anders als beim Formwechsel in die Kapitalgesellschaft – gem. §§ 286, 254 Abs. 1 UmwG der Vorstand des formwechselnden Vereins, wobei ein Handeln in vertretungsberechtigter Zahl ausreicht.[414] 217

---

412 Widmann/Mayer/*Graf Wolffskeel v. Reichenberg* UmwG § 285 Rn. 2; BeckOGK/*Bloehs* UmwG § 285 Rn. 3.

413 Widmann/Mayer/*Graf Wolffskeel v. Reichenberg* UmwG § 284 Rn. 1; BeckOGK/*Bloehs* UmwG § 284 Rn. 6 ff.; zur Nachschusspflicht vgl. §§ 105, 6 Nr. 3 GenG.

414 Widmann/Mayer/*Graf Wolffskeel v. Reichenberg* UmwG § 286 Rn. 2; Schmitt/Hörtnagl/*Hörtnagl/Rinke* UmwG § 286 Rn. 1; Semler/Stengel/Leonard/*Katschinski* UmwG § 286 Rn. 2.

218 **Inhaltlich** ist zum Vereinsregister der **Formwechsel** und zum Genossenschaftsregister die **neu entstehende Genossenschaft** einschließlich Firma und Sitz anzumelden. Nach §§ 286, 254 UmwG sind ferner die Satzung der Genossenschaft sowie die Mitglieder des Genossenschaftsvorstands anzumelden. Der Vereinsvorstand hat ferner gem. § 198 Abs. 3 iVm § 16 Abs. 2 S. 1 UmwG eine **Negativerklärung** zu Klagen gegen den Umwandlungsbeschluss abzugeben, wenn insoweit kein notariell beurkundeter Klageverzicht erklärt wurde (§ 16 Abs. 2 S. 2 UmwG) oder ein Fall des § 16 Abs. 3 UmwG gegeben ist. Im Übrigen gelten die Vorschriften des Genossenschaftsrechts zur Neuanmeldung (§ 197 S. 1 UmwG, § 11 GenG).[415]

219 In formeller Hinsicht ist die Anmeldung **öffentlich zu beglaubigen** (§ 77 BGB, § 157 GenG); ihr sind die **Anlagen** gem. § 199 UmwG und § 197 S. 1 UmwG iVm § 11 GenG beizufügen.

220 Die **Wirkungen des Formwechsels** treten ein mit **Eintragung** der Genossenschaft in das Genossenschaftsregister (§ 202 UmwG). In diesem Moment erhält also jedes Vereinsmitglied die Rechtsstellung eines Mitglieds der Genossenschaft, und zwar nach näherer Maßgabe der Genossenschaftssatzung (§§ 288 Abs. 1 S. 1, 202 Abs. 1 Nr. 2 S. 1 UmwG). Der Formwechsel ist gem. § 201 UmwG, § 10 HGB **bekannt zu machen** (→ Rn. 207).

221 Der Vorstand der neuen Genossenschaft hat die Mitglieder über die Beteiligung an der neuen Genossenschaft zu **benachrichtigen** (§§ 289 Abs. 2, 256 Abs. 3 UmwG).

V. Umwandlungen außerhalb des Umwandlungsgesetzes

222 Abgesehen von Umwandlungsmaßnahmen nach dem Umwandlungsgesetz kann der Verein Umstrukturierungen auch nach den allgemeinen zivilrechtlichen Bestimmungen vornehmen. Das Umwandlungsgesetz entfaltet insoweit **keine Sperrwirkung.**[416]

1. „Unechte" Fusion, Anwachsungsmodell

223 Eine Fusion von Vereinen kann außerhalb des Umwandlungsgesetzes nur **im Wege der Einzelrechtsnachfolge,** dh ohne die verschmelzungstypische Gesamtrechtsnachfolge, durchgeführt werden.[417] Soll **ein Verein** als „übertragender" mit einem anderen als „übernehmendem" **Verein fusioniert** werden, so sind hierbei grundsätzlich **zwei Wege** denkbar:[418]

- Die Übertragung des **Vereinsvermögens** kann **im Rahmen der Liquidation** als Vermögensauskehr gem. § 49 Abs. 1 BGB erfolgen. In diesem Fall ist die Vereinssatzung des übertragenden Vereins in der Weise zu ändern, dass der übernehmende Verein zum Anfallberechtigten iSd § 45 BGB gemacht wird.[419] Nachdem die Mitgliederversammlung sodann gem. § 41 BGB die Auflösung beschlossen hat, die Liquidation durchgeführt und das Sperrjahr (§ 51 BGB) abgelaufen ist, erfolgt – in Erfüllung eines entsprechenden schuldrechtlichen Anspruchs – die Übertragung des (restlichen) Vereinsvermögens an den übernehmenden Verein im Wege der Einzelrechtsnachfolge.[420]
- In Betracht kommt aus zivilrechtlicher[421] Sicht ferner, die **Übertragung sämtlicher gegenwärtiger Vermögensgegenstände** noch im werbenden Zustand des übertra-

---

[415] Widmann/Mayer/*Graf Wolffskeel v. Reichenberg* UmwG § 286 Rn. 11.
[416] Semler/Stengel/Leonard/*Stengel* UmwG § 1 Rn. 59; Semler/Stengler/*Stengel* UmwG Einl. A Rn. 58 ff.; Semler/Stengel/Leonard/*Katschinski* UmwG § 99 Rn. 36.
[417] Vgl. hierzu *Böhringer* BWNotZ 1990, 5; Reichert/*Schörnig* Kap. 2 Rn. 4485 ff.; *Drobnig/Becker/Remien* S. 45 ff.; *Stöber/Otto* Rn. 1112 ff.
[418] NK-BGB/*D. Eckardt* BGB § 41 Rn. 26; vgl. zum Ganzen auch Reichert/*Schörnig* Kap. 2 Rn. 4487 ff.
[419] *Stöber/Otto* Rn. 1113; *Hager* RNotZ 2011, 565 (568); *Singer* NWB 2019, 3126.
[420] *Hager* RNotZ 2011, 565 (568); *Neumayer/Schulz* DStR 1996, 872; BeckOK BGB/*Schöpflin* BGB § 45 Rn. 3; eine Gesamtrechtsnachfolge mit sofortiger Vollbeendigung findet nur statt, sofern der Fiskus Anfallberechtigter ist (→ Rn. 267).
[421] Jedoch uU mit „unerwünschten steuerlichen Nebenwirkungen".

genden Vereins im Wege eines nach § 311b Abs. 3 BGB notariell zu beurkundenden Vertrags zu vereinbaren.[422] Zu beachten ist, dass ein Vertrag über das gesamte künftige Vermögen des übertragenden Vereins gem. § 311b Abs. 2 BGB nichtig ist und daher die Vereinbarung eines künftigen „Verschmelzungsstichtags" insoweit ausscheidet.[423] Nach Vollzug der dinglichen Übertragungsakte hinsichtlich aller Aktiva und Passiva im Wege der Einzelrechtsübertragung nach den jeweils einschlägigen Bestimmungen (§§ 398ff., 929ff., 873, 925 BGB) und Einholung der erforderlichen Gläubigerzustimmungen wird der „übertragende" Verein aufgelöst und liquidiert.[424]

In beiden Konstellationen kommt es jedoch – anders als bei einer Verschmelzung nach dem Umwandlungsgesetz – **nicht zu einem automatischen Erwerb** der Vereinsmitgliedschaft im übernehmenden Verein. Die Mitglieder des übertragenden Vereins sind vielmehr nach den allgemeinen Grundsätzen als Neumitglieder in den übernehmenden Verein aufzunehmen.[425] In aller Regel wird daher die Verschmelzung nach dem Umwandlungsgesetz vorzugswürdig sein. Zwingend ist ein Rückgriff auf das allgemeine Zivilrecht jedoch in Konstellationen, in denen das Umwandlungsgesetz die angestrebte Verschmelzung nicht erlaubt (→ Rn. 8). 223a

Beispiel:

Ein eingetragener Verein möchte eine Tochter-GmbH bzw. deren Vermögen wieder in den Verein aufnehmen. Eine Verschmelzung der Tochter-GmbH auf den Verein scheidet nach § 99 Abs. 2 UmwG aus. Die Vermögensübertragung kann also nur im Wege der Einzelrechtsnachfolge stattfinden.

Soll das Vermögen einer **Personengesellschaft** auf einen **Verein** übertragen werden, so besteht neben der Einzelrechtsübertragung auch die Möglichkeit, einen Vermögensübergang nach dem sog. **Anwachsungsmodell** herbeizuführen, indem der Verein sich an der Gesellschaft als Gesellschafter beteiligt und sodann alle weiteren Gesellschafter außer dem Verein aus der Gesellschaft ausscheiden.[426] Infolgedessen kommt es zu einer Gesamtrechtsnachfolge des Vereins hinsichtlich des Gesellschaftsvermögens der erlöschenden Personengesellschaft. 224

2. Ausgliederung durch Einzelübertragung

Will der Verein **einzelne Vermögensgegenstände** zB auf eine Tochter-GmbH übertragen und hierbei nicht den Weg einer Spaltung nach dem Umwandlungsgesetz beschreiten, bleibt auch insoweit die **Übertragung nach den allgemeinen Vorschriften** eröffnet (zB im Wege einer Sachgründung, wenn die Tochter-GmbH neu geschaffen wird). Allerdings kommen dann die Vorteile der (partiellen) Gesamtrechtsnachfolge nicht zur Geltung. Vielmehr ist zur Überleitung von Verträgen und Verbindlichkeiten nach allgemeinen Grundsätzen die Zustimmung der Vertragspartner und Gläubiger einzuholen. Nach richtiger Auffassung sind die **Spaltungsregelungen des Umwandlungsgesetzes,** insbesondere § 103 UmwG zur Beschlussfassung der Mitgliederversammlung, insoweit **nicht analog** anzuwenden, auch nicht im Interesse des Mitglieder- bzw. 225

---

[422] *Schneider/May* SpuRT 2013, 149 (151).

[423] DNotI-Gutachten Nr. 127266; *Schneider/May* SpuRT 2013, 149; (151); anders ist dies bei einer Verschmelzung nach dem UmwG, vgl. Widmann/Mayer/*Mayer* UmwG § 5 Rn. 163; Semler/Stengel/Leonard/*Schröer/Greitemann* UmwG § 5 Rn. 53.

[424] Widmann/Mayer/*Vossius* UmwG § 99 Rn. 49; *Schneider/May* SpuRT 2013, 149 (151); zur Frage, ob eine Liquidation durch Vereinbarung mit den Gläubigern vermieden werden kann: Reichert/*Schörnig* Kap. 2 Rn. 4489.

[425] *Stöber/Otto* Rn. 1115; Reichert/*Schörnig* Kap. 2 Rn. 4510; *Hager* RNotZ 2011, 565 (568); *Punte* SpuRT 2018, 107 (108).

[426] Widmann/Mayer/*Vossius* UmwG § 99 Rn. 53.1; Semler/Stengel/Leonard/*Katschinski* UmwG § 99 Rn. 36.

Gläubigerschutzes.[427] Es fehlt insoweit an einer planwidrigen Regelungslücke.[428] Allerdings wird unter Heranziehung der sog. Holzmüller-Doktrin[429] bei der Übertragung wesentlicher Teile des Vereinsvermögens die **Zustimmung der Mitgliederversammlung** für erforderlich gehalten.[430] Gegen diese Auffassung spricht, dass im Idealverein – anders als in der Kapitalgesellschaft – ein Eingriff in Vermögensinteressen der Vereinsmitglieder in der Regel ausscheidet, da die Vereinsmitgliedschaft keine Beteiligung am Vereinsvermögen vermittelt.[431] Gerade dieser Gesichtspunkt war jedoch im Holzmüller-Fall entscheidend. Daher ist nach richtiger Auffassung ein Beschluss der Mitgliederversammlung nur erforderlich, wenn durch die Vermögensübertragung in sonstiger Weise in die Mitgliedschaftsrechte eingegriffen wird und es dadurch zu einer qualifizierten Verschlechterung für die Mitglieder kommt.[432] Gleichwohl dürfte es sich empfehlen, bei der Übertragung bedeutender Teile des Vereinsvermögens vorsorglich die Zustimmung der Mitgliederversammlung einzuholen.[433]

3. Formwechsel in die Personenhandelsgesellschaft

226 Ein Formwechsel eines Vereins in eine Personengesellschaft nach dem Umwandlungsgesetz ist nach § 272 Abs. 1 UmwG nicht zulässig. Insoweit ist auf „Ausweichlösungen" zurückzugreifen.

Beispiel:

Eine Gruppe aus sieben Personen hatte einen eingetragenen Verein gegründet, dessen (ideeller) Zweck die Förderung des freien Internethandels war. Mit der Zeit hat sich die Vereinstätigkeit mehr und mehr auf Gewinnerzielung ausgerichtet. Daher wollen die Vereinsmitglieder ihre Tätigkeit als oHG fortsetzen.

227 Nach dem Umwandlungsgesetz kann der Rechtsformwechsel nicht (unmittelbar) erreicht werden. Möglich ist nur ein Formwechsel des Vereins in eine GmbH mit anschließendem Formwechsel in die oHG. Im Übrigen können die Vereinsmitglieder den **Verzicht auf die Rechtsfähigkeit** als e.V. mit einhergehender Löschung aus dem Vereinsregister und unter gleichzeitiger Fortsetzung des Vereins als nicht rechtsfähigem Verein gem. § 54 BGB beschließen.[434] Nach zutreffender Meinung führt dieses Vorgehen nicht zur Auflösung und Liquidation des Vereins, sondern zu dessen identitätswahrendem Fortbestand (→ Rn. 376f.). Wenn der Geschäftsbetrieb als Handelsgewerbe einzustufen ist, entsteht durch den Verzicht auf die Rechtsfähigkeit als e.V. bei entsprechendem Mitgliederwillen ohne weiteres eine oHG (§§ 105, 1 HGB). Liegt hingegen nur ein Kleingewerbe vor, besteht (zunächst) eine GbR, die jedoch durch eine konstitutiv wirkende Eintragung in das Handelsregister in eine oHG umgewandelt werden kann (§§ 105 Abs. 2, 1 Abs. 2 HGB).[435] Erforderlich ist für dieses Vorgehen die Zustimmung sämtlicher Vereinsmitglieder. Zum einen liegt in der nunmehr angestrebten gewerblichen Tätigkeit eine **Änderung des Vereinszwecks** gem. § 33 Abs. 1 S. 2 BGB. Außerdem wird man zum Schutz der Vereinsmitglieder angesichts der eintretenden persönlichen Haftung (§ 128

[427] LG Hamburg DB 1997, 516; Semler/Stengel/Leonard/*Schwanna* UmwG § 123 Rn. 4; Schmitt/Hörtnagl/*Hörtnagl* UmwG § 123 Rn. 24; aA LG Karlsruhe EWiR 1997, 147.
[428] MHdB GesR V/*Pathe* § 55 Rn. 7; Schmitt/Hörtnagl/*Hörtnagl* UmwG § 123 Rn. 24.
[429] BGH NJW 1982, 1703 – Holzmüller, fortgeführt in den Entscheidungen BGH NZG 2004, 571 – Gelatine I und BGH NZG 2004, 575 – Gelatine II.
[430] *Segna* ZIP 1998, 1901 (1909); *Wagner* NZG 1999, 469 (475); *Steinbeck/Menke* NJW 1998, 2169 (2170); *Lettl* DB 2000, 1449 (1453).
[431] *Mayer* FS Widmann 2000, 67 (83); *Heermann* ZIP 1998, 1249 (1253).
[432] So zutr. *Mayer* FS Widmann 2000, 83, der als Beispiele höhere Mitgliedsbeiträge, Nachteile bzgl. Informations- und Auskunftsrechten oder eine Änderung der Mitgliedschaftsbedingungen nennt.
[433] *Mayer* FS Widmann 2000, 67 (83).
[434] Semler/Stengel/Leonard/*Katschinski* UmwG § 272 Rn. 14.
[435] Semler/Stengel/Leonard/*Katschinski* UmwG § 272 Rn. 14; Widmann/Mayer/*Vossius* UmwG § 272 Rn. 5.

HGB) einen **einstimmigen Mitgliederbeschluss** aller vorhandenen Mitglieder verlangen müssen (→ Rn. 384).[436]

4. Vereinsrechtlicher Formwechsel

228 Unter dem sog. „vereinsrechtlichen Formwechsel" versteht man den Wechsel vom wirtschaftlichen Verein (§ 22 BGB) in einen eingetragenen Verein (§ 21 BGB) und umgekehrt **(Vereinsklassenwechsel).**[437] Ein solcher Wechsel wird allgemein für zulässig erachtet. Um einen „nahtlosen" Übergang zu ermöglichen, lässt es die hM zu, dass der Verein für einen Übergangszeitraum sowohl im Vereinsregister eingetragen als auch durch staatlichen Verleihungsakt konzessioniert ist. Die Rechtsfähigkeit ruht hierbei temporär auf zwei Säulen (sog. „Zwei-Quellen-Theorie").[438] Ein wechselwilliger eingetragener Verein veranlasst also nach der erlangten Konzession gem. § 22 BGB seine Löschung aus dem Vereinsregister, während ein wechselwilliger wirtschaftlicher Verein sich zunächst im Vereinsregister eintragen lässt und anschließend seine Konzession zurückgibt.[439] Für den vereinsrechtlichen Formwechsel bedarf es jedenfalls der Zustimmung aller Mitglieder. Denn mit dem Vereinsklassenwechsel geht eine Änderung des Vereinszwecks gem. § 33 Abs. 1 S. 2 BGB einher.[440] Beim wirtschaftlichen Verein, der die Rechtsform eines eingetragenen Vereins annehmen will, ist zur Zweckänderung ferner die behördliche Genehmigung gem. § 33 Abs. 2 BGB erforderlich.[441] Der Vereinsklassenwechsel vollzieht sich identitätswahrend, also ohne Auflösung und Liquidation.[442]

5. Wechsel zwischen eingetragenem und nicht eingetragenem Verein

229 Anerkannt ist auch die Möglichkeit eines eingetragenen Vereins, auf seine Rechtsfähigkeit zu verzichten und sich so identitätswahrend in einen nicht rechtsfähigen Verein umzuwandeln, und zwar ohne dass es hierbei zu einer Liquidation kommt (→ Rn. 368; zur verfahrensrechtlichen Seite → § 17 Rn. 104 ff.).[443] Umgekehrt steht es einem bislang nicht rechtsfähigen Verein iSd § 54 BGB mit ideeller Zweckbestimmung offen, die Eintragung ins Vereinsregister nach den allgemeinen Regelungen (§§ 55 ff. BGB) herbeizuführen.[444] Nach der Eintragung besteht der frühere, nicht rechtsfähige Verein identitätswahrend als eingetragener Verein fort.[445]

6. Umwandlung eines e.V. in eine Stiftung

229a Ein Formwechsel eines e.V. in eine rechtsfähige Stiftung des Privatrechts (§§ 80 ff. BGB) ist nach dem derzeitigen Stand des Umwandlungsgesetzes nicht möglich (→ Rn. 1). Da in der Praxis gleichwohl ein Bedürfnis festzustellen ist, eingetragene Vereine in Stiftungen als weitere klassische Rechtsträger des Nonprofit-Bereichs umzuwandeln, bleibt hierfür nur eine Umstrukturierung nach den allgemeinen zivilrechtlichen Vorschriften. Ein gangbarer Weg besteht darin, dass der e.V. durch Stiftungsgeschäft unter Lebenden eine gemeinnützi-

---

[436] AA MüKoBGB/*Leuschner* BGB §§ 21, 22 Rn. 105, 106: kein Fortsetzungsbeschluss nötig; *K. Schmidt,* Verbandszweck und Rechtsfähigkeit im Vereinsrecht, S. 307, der im Interesse des Mitgliederschutzes für ein Austrittsrecht plädiert; in diese Richtung auch jurisPK-BGB/*Otto* BGB § 41 Rn. 46.

[437] Semler/Stengel/Leonard/*Katschinski* UmwG § 272 Rn. 5; Reichert/*Schörnig* Kap. 2 Rn. 4478 ff.; *Stöber/Otto* Rn. 187.

[438] BayObLGZ 1959, 152 (158); Reichert *Schörnig* Kap. 2 Rn. 4479; *Oetker* NJW 1991, 385 (391).

[439] Semler/Stengel/Leonard/*Katschinski* UmwG § 272 Rn. 5.

[440] *Stöber/Otto* Rn. 187; Reichert/*Schörnig* Kap. 2 Rn. 4480; MüKoBGB/*Leuschner* BGB §§ 21, 22 BGB Rn. 117.

[441] Reichert/*Schörnig* Kap. 2 Rn. 4481.

[442] Reichert/*Schörnig* Kap. 2 Rn. 4483; *Stöber/Otto* Rn. 188, 191.

[443] Semler/Stengel/Leonard/*Katschinski* UmwG § 272 Rn. 6; *Stöber/Otto* Rn. 177 aE.

[444] Semler/Stengel/Leonard/*Katschinski* UmwG § 272 Rn. 6; ausf. hierzu: *Wiedemann/Thüsing* WM 1999, 2237 am Beispiel von Gewerkschaften.

[445] Semler/Stengel/Leonard/*Katschinski* UmwG § 272 Rn. 6; *Wiedemann/Thüsing* WM 1999, 2237 (2240).

ge Stiftung gründet und diese durch Satzungsänderung zur anfallberechtigten Körperschaft macht (§ 45 BGB, §§ 55 Abs. 1 Nr. 4, 61 AO). Anschließend wird das Vereinsvermögen durch rechtsgeschäftliche Übertragungsakte (im Wege der Einzelrechtsübertragung) auf die Stiftung übertragen (wie in → Rn. 223 beschrieben).[446]

7. Eingliederung eines kirchlichen Verein in eine Religionsgemeinschaft

229b Besonderheiten können sich ergeben für eingetragene Vereine, die einer Religionsgemeinschaft zugehören, die den Status einer Körperschaft des öffentlichen Rechts hat. Mit einem solchen Fall war der BGH befasst.[447] Unter Rekurs auf die verfassungsrechtliche Garantie des kirchlichen Selbstbestimmungsrechts (Art. 140 GG iVm Art. 137 Abs. 3 S. 1 und Abs. 5 WRV) hat der BGH entschieden, dass ein zur Kirchengemeinschaft gehörender e.V. durch Kirchengesetz in die Körperschaft des öffentlichen Rechts eingegliedert werden kann und auf diese Weise seine eigenständige rechtliche Existenz verliert. Allerdings muss das hierfür von der Körperschaft des öffentlichen Rechts zu erlassende Kirchengesetz, das im Amtsblatt der Religionsgemeinschaft zu veröffentlichen ist, hinsichtlich seiner Rechtsfolgen eindeutig sein und insbesondere die angestrebte Gesamtrechtsnachfolge in sachlicher und zeitlicher Hinsicht klar zum Ausdruck bringen.[448] Ist dies der Fall, so kommt es zu einer Vollbeendigung des e.V. und einer Universalsukzession zugunsten der Körperschaft des öffentlichen Rechts.[449] Aufgrund der Parallelen zu einer Umwandlung nach dem UmwG hat der BGH insoweit angenommen, die Beendigung des e.V. sei in analoger Anwendung der §§ 278 Abs. 1, 198 Abs. 2 S. 3 UmwG zum Vereinsregister anzumelden und dort entsprechend einzutragen.[450]

B. Auflösung

I. Überblick

230 Bei der Beendigung des Vereins ist, wie bei anderen Körperschaften auch, grundsätzlich zwischen **Auflösung** und **Erlöschen** zu unterscheiden.[451]

231 Durch die **Auflösung** tritt der Verein zunächst in das Liquidationsstadium ein. Der Verein verliert seinen werbenden Charakter, besteht jedoch identitätswahrend als Liquidationsverein fort.[452] Vereinszweck ist nunmehr die Abwicklung des Vereinsvermögens im **Liquidationsverfahren** gem. §§ 48–53 BGB (→ Rn. 259ff.).[453] Verdrängt wird das vereinsrechtliche Liquidationsverfahren bei der insolvenzbedingten Auflösung (§ 42 BGB). In diesem Fall gelten die speziellen Abwicklungsregelungen der Insolvenzordnung (→ Rn. 346ff.; zur registerrechtlichen Behandlung der Auflösung → § 17 Rn. 164).[454]

232 Das endgültige **Erlöschen** des Vereins tritt grundsätzlich erst nach Beendigung der Liquidation ein (→ Rn. 313ff.). In diesem Moment findet der Verein als Rechtssubjekt

---

[446] Siehe hierzu sowie auch zu weiteren in Betracht kommenden Gestaltungen *Heinze* notar 2019, 399 (401ff.); *Voigt de Oliveira/Becker* DStR 2013, 2554; *Bettenburg/Hunnius* ZStV 2011, 230; *Weidlich/Föppe* npoR 2015, 186.

[447] BGH ZStV 2013, 182 mAnm *Germann* (Zeugen Jehovas); zu den Voraussetzungen der Verleihung des Körperschaftsstatus an eine Religionsgemeinschaft: BVerfG NJW 2001, 429; *Wilms* NJW 2003, 1083.

[448] BGH Urt. v. 15.3.2013 – 5 ZR 156/12, BeckRS 2013, 07255; BeckOK BGB/*Schöpflin* BGB § 41 Rn. 27a.

[449] BGH Urt. v. 15.3.2013 – 5 ZR 156/12, BeckRS 2013, 07255.

[450] BGH Urt. v. 15.3.2013 – 5 ZR 156/12, BeckRS 2013, 07255.

[451] Palandt/*Ellenberger* BGB § 41 Rn. 1ff.; BeckOK BGB/*Schöpflin* BGB § 41 Rn. 1; MHdB GesR V/*Korte* § 61 Rn. 1ff.

[452] *Stöber/Otto* Rn. 1116; MüKoBGB/*Arnold,* 7. Aufl. 2015, BGB § 41 Rn. 24; BeckOK BGB/*Schöpflin* BGB § 41 Rn. 1.

[453] BeckOK BGB/*Schöpflin* BGB § 41 Rn. 1; *Stöber/Otto* Rn. 1116.

[454] BeckOK BGB/*Schöpflin* BGB § 41 Rn. 2.

sein Ende und erlischt (Vollbeendigung).[455] Ausnahmsweise kommt es zu einem **liquidationslosen Erlöschen,** also zu einem zeitlichen Zusammenfallen von Auflösung und Vollbeendigung ohne selbständiges Liquidationsstadium. Ein solch unmittelbares Erlöschen tritt ein, wenn das Vereinsvermögen nach der Auflösung gem. §§ 45, 46 BGB dem Fiskus anfällt (→ Rn. 267), wenn der Verein durch staatlichen Hoheitsakt aufgelöst wird (→ Rn. 357 ff.) oder – jedenfalls nach hM – wenn sämtliche Vereinsmitglieder wegfallen (→ Rn. 365 ff.).[456] Weitere Fälle der unmittelbaren, also liquidationslosen Vollbeendigung sind Verschmelzung und Aufspaltung des Vereins (→ Rn. 4, 133).

Abzugrenzen von Auflösung und Vollbeendigung ist der **Verlust der Rechtsfähigkeit.** 233
Dieser führt dazu, dass der Verein seine Eigenschaft als juristische Person iSd §§ 21, 22 BGB einbüßt.[457] Inwieweit der Verlust der Rechtsfähigkeit gleichzeitig auch (zwingend) zur Auflösung führt, ist umstritten.[458] Nach richtiger Auffassung kommt es darauf an, ob die Rechtsfähigkeit dem Verein entgegen seinem Willen entzogen wurde oder ob der Verein freiwillig auf die Rechtsfähigkeit verzichtet hat. Nur der (zwangsweise) Entzug der Rechtsfähigkeit hat die Auflösung zur Folge (→ Rn. 383, 390). Der freiwillige Verzicht des Vereins auf die Rechtsfähigkeit hingegen führt nicht zur Auflösung und lässt den Verein ohne Abwicklung als nicht rechtsfähigen Verein (§ 54 BGB) mit werbendem Verbandszweck fortbestehen (→ Rn. 377).[459]

II. Auflösung durch Beschluss der Mitgliederversammlung

1. Zuständigkeit der Mitgliederversammlung

Die Vereinsgründung beruht auf einem autonomen Akt der Gründungsmitglieder. Spie- 234
gelbildlich hierzu kommt der **Mitgliederversammlung** nach § 41 BGB das Recht zu, den Verein durch Beschluss wieder aufzulösen. Dieses einfachgesetzlich geregelte Auflösungsrecht ist zugleich Teil der verfassungsrechtlich garantierten Vereinigungsfreiheit gem. Art. 9 Abs. 1 GG.[460] Da § 41 BGB nicht zu den in § 40 BGB genannten satzungsdispositiven Vorschriften gehört, kann der Mitgliederversammlung das Auflösungsrecht nicht durch Satzungsregelung entzogen werden.[461]

Es besteht jedoch weitgehend Einigkeit darüber, dass das Auflösungsrecht durch eine 235
entsprechende Satzungsregelung auf eine **Vertreter- oder Delegiertenversammlung** des Vereins übertragen werden kann.[462] Ausschlaggebend hierfür ist, dass es sich bei der Delegiertenversammlung um kein anderes Vereinsorgan, sondern um eine besondere Ausprägung der Mitgliederversammlung handelt.

Auch eine Satzungsbestimmung, die einen **Zustimmungsvorbehalt** zugunsten **ein-** 236
zelner sonderberechtigter Mitglieder (§ 35 BGB) begründet und die Vereinsauflösung von deren Zustimmung abhängig macht, ist zulässig.[463] Durch ein solches Sonderrecht wird an der Zuständigkeit der Mitglieder für die Vereinsauflösung nichts verändert. Das

[455] Palandt/*Ellenberger* BGB § 41 Rn. 3; BeckOK BGB/*Schöpflin* BGB § 41 Rn. 1; MHdB GesR V/*Korte* § 61 Rn. 2.
[456] Palandt/*Ellenberger* BGB § 41 Rn. 3; BeckOK BGB/*Schöpflin* BGB § 41 Rn. 15.
[457] BeckOK BGB/*Schöpflin* BGB § 41 Rn. 1; MüKoBGB/*Leuschner* BGB §§ 21, 22 Rn. 105.
[458] Zum Meinungsstand vgl. jurisPK-BGB/*Otto* BGB § 41 Rn. 41.
[459] So auch jurisPK-BGB/*Otto* BGB § 41 Rn. 42; Erman/*H.P. Westermann* BGB § 41 Rn. 8; Soergel/*Hadding* BGB vor § 41 Rn. 8; und nun auch *Sauter/Schweyer/Waldner* Eingetragener Verein Rn. 401 (aA noch bis zur 19. Aufl. 2010).
[460] *Jarass/Pieroth* GG Art. 9 Rn. 8; Reichert/*Schörnig* Kap. 2 Rn. 3951; jurisPK-BGB/*Otto* BGB § 41 Rn. 1.
[461] MüKoBGB/*Leuschner* BGB § 41 Rn. 2; *Sauter/Schweyer/Waldner* Eingetragener Verein Rn. 387; Reichert/*Schörnig* Kap. 2 Rn. 3951; MHdB GesR V/*Korte* § 61 Rn. 4; aA möglicherweise BeckOK BGB/*Schöpflin* BGB § 41 Rn. 30: „grds. dispositiv"; in diese Richtung auch Palandt/*Ellenberger* BGB § 41 Rn. 5.
[462] MHdB GesR V/*Korte* § 61 Rn. 5; Reichert/*Schörnig* Kap. 2 Rn. 3953; *Stöber/Otto* Rn. 1119; BeckOK BGB/*Schöpflin* BGB § 41 Rn. 31; MüKoBGB/*Leuschner* BGB § 41 Rn. 3; aA jedoch BeckOGK/*Stöber* BGB § 41 Rn. 7.
[463] Palandt/*Ellenberger* BGB § 41 Rn. 5; Soergel/*Hadding* BGB § 41 Rn. 3; MHdB GesR V/*Korte* § 61 Rn. 14; Staudinger/*Schwennicke* BGB § 41 Rn. 10; MüKoBGB/*Leuschner* BGB § 41 Rn. 2.

Sonderrecht des Einzelmitglieds lässt sich vielmehr als abweichendes Quorum iSd § 41 Abs. 1 S. 2 BGB verstehen.[464]

237 Nicht abschließend geklärt ist, inwieweit die Vereinssatzung Mitwirkungsrechte **vereinsfremder Dritter an der Auflösung** vorsehen kann.[465] Einigkeit besteht nur darüber, dass dem Dritteinfluss Grenzen zu ziehen sind. Diese sind nach einhelliger Auffassung jedenfalls dann überschritten, wenn der Verein – ggf. unter Berücksichtigung des übrigen Satzungsinhalts – unter übergroßen Fremdeinfluss gerät und zu einer bloßen Verwaltungsstelle eines Dritten herabsinkt.[466] Wie weit der Gestaltungsspielraum für die Vereinssatzung jedoch konkret reicht, ist umstritten. Als zulässig wird man einen **Zustimmungsvorbehalt** ansehen können, nach dem ein Außenstehender der Vereinsauflösung **kumulativ** zur Mitgliederversammlung **zustimmen** muss.[467] Demgemäß kann die Vereinssatzung regeln, dass zur Auflösung des Vereins ein übergeordneter Dachverband oder, bei kirchlich geprägten Vereinen, eine übergeordnete kirchliche Stelle zustimmen muss.[468] Derartige Bestimmungen lassen den Kernbereich des Auflösungsrechts der Mitgliederversammlung unberührt und können daher als andere Bestimmung iSd § 41 S. 2 BGB eingestuft werden.[469] Entscheidend ist, dass die Auflösungsinitiative bei den Mitgliedern verbleibt, da der Verein ohne deren Zustimmung nicht aufgelöst werden kann. Im Übrigen bleibt die Mitgliederversammlung auch in der Lage, den Zustimmungsvorbehalt durch Satzungsänderung zu beseitigen und sich so die volle Auflösungsmacht zurückzuholen.[470] Kritischer sind hingegen **alternative Auflösungskompetenzen** zu sehen, nach denen Dritten ein **Auflösungsrecht an der Mitgliederversammlung vorbei** zusteht.[471] Soweit es sich um eine das Auflösungsrecht der Mitgliederversammlung verdrängende Befugnis handelt, folgt deren Unzulässigkeit nach zutreffender Auffassung bereits aus dem Wortlaut der §§ 40, 41 BGB, nach denen das Auflösungsrecht des § 41 S. 1 BGB zwingend, also nicht satzungsdispositiv, ist.[472] Gleiches gilt im Ergebnis jedoch auch für ein konkurrierendes Auflösungsrecht eines vereinsfremden Dritten, das neben das Auflösungsrecht der Mitgliederversammlung tritt. Eine solche Auflösungsbefugnis greift in unzulässiger Weise in den Kernbereich des Selbstauflösungsrechts der Mitgliederversammlung ein.[473] Zwar bleibt die Mitgliederversammlung auch in diesem Fall in der Lage, das Auflösungsrecht des Dritten durch Satzungsänderung aufzuheben, allerdings kann das Auflösungsrecht des Dritten buchstäblich vollendete Tatsachen schaffen.[474] Ist der Fiskus hinsichtlich des Vereinsvermögens anfallberechtigt (§§ 45, 46 BGB), so kommt es durch die Vereinsauflösung des Dritten zu einer unmittelbaren Vollbeendigung des Vereins. Die Mitgliederversammlung hat also unter Umständen keine Möglichkeit, die eingetretene Auflösung durch einen Fortsetzungsbeschluss wieder rückgängig zu machen.[475] Ein solches Auflösungsrecht ist daher

[464] jurisPK-BGB/*Otto* BGB § 41 Rn. 14.
[465] Vgl. hierzu *Sauter/Schweyer/Waldner* Eingetragener Verein Rn. 391f.
[466] OLG Köln NJW 1992, 1048; BayObLG NJW 1980, 1756 (1757); *Sauter/Schweyer/Waldner* Eingetragener Verein Rn. 392; BeckOGK/*Stöber* BGB § 41 Rn. 7; Reichert/*Schörnig* Kap. 2 Rn. 3956.
[467] jurisPK-BGB/*Otto* BGB § 41 Rn. 15; NK-BGB/*D. Eckardt* BGB § 41 Rn. 29; *Krafka* RegisterR-HdB Rn. 2197; aA: Staudinger/*Schwennicke* BGB § 41 Rn. 12ff.; Soergel/*Hadding* BGB § 41 Rn. 3.
[468] BayObLG NJW 1980, 1756 (Zustimmung des Diözesan-Bischofs zur Auflösung eines Caritas-Vereins); jurisPK-BGB/*Otto* BGB § 41 Rn. 16; NK-BGB/*D. Eckardt* BGB § 41 Rn. 29.
[469] *Sauter/Schweyer/Waldner* Eingetragener Verein Rn. 391.
[470] jurisPK-BGB/*Otto* BGB § 41 Rn. 15; MHdB GesR V/*Korte* § 61 Rn. 14; zur Frage, inwieweit hierzu die Zustimmung des Dritten erforderlich ist, wenn auch Satzungsänderungen einem Zustimmungsvorbehalt unterliegen vgl. OLG Düsseldorf NZG 2009, 1227 (religiöser Verein); *Wolff* NZG 2009, 1217; Staudinger/*Schwennicke* BGB § 33 Rn. 20ff.
[471] jurisPK-BGB/*Otto* BGB § 41 Rn. 16; NK-BGB/*D. Eckardt* BGB § 41 Rn. 29; BeckOGK/*Stöber* BGB § 41 Rn. 7; BeckOK BGB/*Schöpflin* BGB § 41 Rn. 31.
[472] MHdB GesR V/*Korte* § 61 Rn. 12 BeckOGK/*Stöber* BGB § 41 Rn. 7; aA MüKoBGB/*Leuschner* BGB § 41 Rn. 4.
[473] jurisPK-BGB/*Otto* Rn. 14; MHdB GesR V/*Korte* § 61 Rn. 13; BeckOGK/*Stöber* BGB § 41 Rn. 7; aA *Sauter/Schweyer/Waldner* Eingetragener Verein Rn. 392 und auch MüKoBGB/*Leuschner* BGB § 41 Rn. 4.
[474] MHdB GesR V/*Korte* § 61 Rn. 13; NK-BGB/*D. Eckardt* BGB § 41 Rn. 29.
[475] MHdB GesR V/*Korte* § 61 Rn. 13.

grundsätzlich unzulässig. Für **religiöse Vereine** hat das BVerfG allerdings unter dem Gesichtspunkt der religiösen Vereinigungsfreiheit (Art. 4 GG, Art. 140 WRV) eine Satzungsregelung für zulässig erachtet, nach der einer hierarchisch übergeordneten Glaubensinstitution („Geistiger Rat") ein Auflösungsrecht eingeräumt wurde.[476] Für das allgemeine Vereinsrecht sollte hieraus jedoch nicht der Schluss gezogen werden, Auflösungsrechte Dritter seien generell zulässig.[477]

Die vorstehenden Grundsätze sind auch anzuwenden, wenn es um die Frage geht, inwieweit **anderen Vereinsorganen** ein Auflösungsrecht eingeräumt werden kann. Ein Zustimmungsvorbehalt für die Vereinsauflösung zB zugunsten des Vorstands ist daher zulässig, nicht jedoch ein autonomes Auflösungsrecht ohne Beteiligung der Mitgliederversammlung.[478] 238

2. Auflösungsbeschluss

Für die Einberufung der Mitgliederversammlung, die über die Vereinsauflösung entscheiden soll, ergeben sich keine Besonderheiten. Zur Versammlung muss demnach entsprechend den Satzungsbestimmungen und gesetzlichen Regelungen **ordnungsgemäß geladen** und die **Vereinsauflösung** gem. § 32 Abs. 1 S. 2 BGB als Beschlussgegenstand der Versammlung **angekündigt** werden.[479] 239

Nach richtiger Auffassung besteht für den Auflösungsbeschluss **kein Versammlungszwang,** dh die Auflösung des Vereins kann, vorbehaltlich einer anderweitigen Satzungsbestimmung, gem. § 32 Abs. 2 BGB auch im schriftlichen Verfahren beschlossen werden.[480] 240

Der Auflösungsbeschluss bedarf nach § 41 S. 2 BGB einer **Mehrheit von drei Vierteln der abgegebenen Stimmen,** soweit die Satzung nichts anderes bestimmt. Die erforderliche Mehrheit errechnet sich hierbei aus dem Verhältnis der abgegebenen gültigen Ja-Stimmen zu den abgegebenen gültigen Nein-Stimmen. Stimmenthaltungen und ungültige Stimmen bleiben also außer Betracht, ebenso abwesende Mitglieder.[481] Eine **Mindestpräsenz** ist gesetzlich **nicht erforderlich.** Es genügt also bei ordnungsgemäßer Ladung auch die Anwesenheit nur eines Mitglieds. 241

Durch die Satzung kann gem. § 41 S. 2 BGB von der gesetzlich vorgesehenen Dreiviertelmehrheit abgewichen werden. Es sind sowohl **Erleichterungen** als auch **Erschwerungen** möglich. So kann insbesondere bestimmt werden, dass die einfache Beschlussmehrheit ausreicht. Angesichts der Bedeutung der Vereinsauflösung bedarf es insoweit jedoch einer ausdrücklichen Regelung in der Satzung. Eine **allgemeine Mehrheitsklausel,** nach der die Beschlüsse der Mitgliederversammlung mit einfacher Stimmenmehrheit gefasst werden, gilt für Auflösungsbeschlüsse in der Regel nicht.[482] **Erschwerend** kann die Vereinssatzung vorsehen, dass für die Beschlussfähigkeit der Versammlung eine gewisse **Mindestmitgliederpräsenz** erforderlich ist oder eine **verschärfte Abstimmungsmehrheit** bis hin zur Einstimmigkeit eingehalten werden muss. Denkbar ist auch, dass die Auflösung von einem in einer zweiten Versammlung zu fassenden, bestätigenden Beschluss abhängig gemacht 242

---

[476] BVerfG NJW 1991, 2623; vgl. hierzu auch Reichert/*Schörnig* Kap. 2 Rn. 3969 ff.; MHdB GesR V/*Korte* § 61 Rn. 14.

[477] Siehe hierzu auch Staudinger/*Schwennicke* BGB § 41 Rn. 17; MHdB GesR V/*Korte* § 61 Rn. 13; aA *Sauter/Schweyer/Waldner* Eingetragener Verein Rn. 392.

[478] jurisPK-BGB/*Otto* BGB § 41 Rn. 16; NK-BGB/*D. Eckardt* BGB § 41 Rn. 29; abw. Reichert/*Schörnig* Kap. 2 Rn. 3954, 3955, der einen Zustimmungsvorbehalt nur für sonderberechtigte Mitglieder, nicht für andere Vereinsorgane für zulässig hält; aA *Sauter/Schweyer/Waldner* Eingetragener Verein Rn. 388, der originäre Auflösungsrechte für andere Vereinsorgane für grundsätzlich zulässig erachtet.

[479] jurisPK-BGB/*Otto* BGB § 41 Rn. 7; NK-BGB/*D. Eckardt* BGB § 41 Rn. 30.

[480] *Sauter/Schweyer/Waldner* Eingetragener Verein Rn. 390; *Stöber/Otto* Rn. 1118; MüKoBGB/*Leuschner* BGB § 41 Rn. 6; aA Reichert/*Schörnig* Kap. 2 Rn. 3952.

[481] jurisPK-BGB/*Otto* BGB § 41 Rn. 9 sowie Gesetzesbegründung BT-Drs. 16/12813, 11.

[482] *Stöber/Otto* Rn. 1118; *Sauter/Schweyer/Waldner* Eingetragener Verein Rn. 389; BeckOK BGB/*Schöpflin* BGB § 41 Rn. 30; in diese Richtung auch OLG Hamm NJW-RR 1990, 532 (534).

wird.[483] Enthält ein Verein eine sog. Ewigkeitsklausel, in der er sich als „unauflöslich" bezeichnet, kann er gleichwohl ohne formelle Satzungsänderung aufgelöst werden. Allerdings ist dann eine Zustimmung aller Mitglieder erforderlich.[484]

243 **Formulierungsbeispiel: Auflösung des Vereins (Satzungsbestandteil)**

§ 15. Auflösung

Die Auflösung des Vereins erfolgt durch Beschluss der Mitgliederversammlung. Die Versammlung ist beschlussfähig, wenn mindestens zwei Drittel der stimmberechtigten Vereinsmitglieder anwesend sind. Der Auflösungsbeschluss bedarf einer Mehrheit von vier Fünfteln der abgegebenen Stimmen. Herrscht in der Versammlung mangels ausreichender Mitgliederpräsenz keine Beschlussfähigkeit, so ist binnen einer Frist von vier Wochen eine weitere Mitgliederversammlung mit gleicher Tagesordnung einzuberufen, die ohne Rücksicht auf die Zahl der anwesenden Mitglieder beschlussfähig ist, wenn hierauf in der Einladung hingewiesen wurde. Der Beschluss über die Auflösung bedarf auch in der weiteren Versammlung der Zustimmung von vier Fünfteln der abgegebenen Stimmen.

[*Alt. 1:* Die Auflösung des Vereins erfolgt durch Beschluss der Mitgliederversammlung. Der Beschluss bedarf einer Mehrheit von drei Vierteln der in der Versammlung abgegebenen Stimmen und einer Mehrheit von zwei Dritteln aller stimmberechtigten Vereinsmitglieder.]

[*Alt. 2:* Die Auflösung des Vereins erfolgt durch Beschluss der Mitgliederversammlung. Der Beschluss bedarf einer Mehrheit von drei Vierteln der abgegebenen Stimmen. Dieser Beschluss ist in einer zweiten Mitgliederversammlung, die frühestens nach Ablauf von vier Wochen und spätestens nach Ablauf von sechs Monaten ab der ersten Mitgliederversammlung stattfinden darf, zu bestätigen, und zwar mit einer Mehrheit von wiederum drei Vierteln der abgegebenen Stimmen.]

244 Eine **Satzungsänderung** liegt in der Auflösung nicht und ist grundsätzlich auch **nicht erforderlich.** Anders ist dies nur dann, wenn die Dauer des Vereins nach der Satzung **befristet** ist (→ Rn. 340) und der Verein bereits vor Ablauf dieser Frist aufgelöst werden soll.[485] Enthält die Vereinssatzung eine **auflösende Bedingung,** bei der es ohne weiteres zur Auflösung des Vereins kommt (→ Rn. 340), bleibt ein Auflösungsbeschluss im Übrigen ohne Satzungsänderung möglich, es sei denn, die Auslegung der Vereinssatzung ergibt ausnahmsweise, dass die satzungsmäßig genannten Auflösungsgründe abschließenden Charakter haben und eine Auflösung aus anderen Gründen – jedenfalls ohne Satzungsänderung – daher nicht zulässig ist. Bedarf es danach zur Auflösung (ausnahmsweise) einer **Satzungsänderung,** so sind hierzu die satzungsmäßigen bzw. gesetzlichen Vorgaben (§ 33 Abs. 1 S. 1 BGB) einzuhalten. Besteht ein Sonderrecht eines Vereinsmitglieds (§ 35 BGB) auf Einhaltung der Satzungsregelung, bedarf es zusätzlich dessen Zustimmung, um die Satzungsregelung zu ändern.[486]

245 **Inhaltlich** muss sich der Auflösungsbeschluss darauf beziehen, dass der Verein seine werbende Tätigkeit einstellt und liquidiert werden soll. Dies muss mit hinreichender Deutlichkeit aus dem Beschluss hervorgehen.[487] Formulierungsbeispiel für einen Auflösungsbeschluss → Rn. 286.

---

[483] *Stöber/Otto* Rn. 1118; Reichert/*Schörnig* Kap. 2 Rn. 3957, 3963.

[484] Reichert/*Schörnig* Kap. 2 Rn. 3964; Baumbach/Hueck/*Haas* GmbHG § 60 Rn. 17, 18 aE (zur GmbH).

[485] Reichert/*Schörnig* Kap. 2 Rn. 3986; MHdB GesR V/*Korte* § 61 Rn. 6; jurisPK-BGB/*Otto* BGB § 41 Rn. 10.

[486] *Sauter/Schweyer/Waldner* Eingetragener Verein Rn. 393.

[487] MHdB GesR V/*Korte* § 61 Rn. 7; Reichert/*Schörnig* Kap. 2 Rn. 3958; Soergel/*Hadding* BGB vor § 41 Rn. 5.

Grundsätzlich tritt die Auflösung des Vereins mit der Beschlussfassung, also **mit sofortiger Wirkung** ein. Die Eintragung in das Vereinsregister ist **deklaratorisch.**[488] Der Auflösungsbeschluss kann jedoch so gefasst werden, dass die Auflösung nicht mit sofortiger Wirkung, sondern erst später eintreten soll. Nach allgemeinen Grundsätzen ist der Auflösungsbeschluss jedoch bedingungsfeindlich. Ein bedingter Auflösungsbeschluss ist unwirksam.[489] Ist für die Auflösung ausnahmsweise eine Satzungsänderung erforderlich (→ Rn. 244), wird die Auflösung erst mit Eintragung in das Vereinsregister wirksam (§ 71 S. 1 BGB).[490] 246

3. Wirkung des Auflösungsbeschlusses

Der Auflösungsbeschluss führt dazu, dass der **Vereinszweck** nunmehr auf **Abwicklung** der Vereinsangelegenheiten, insbesondere auf Abwicklung des Vereinsvermögens gerichtet ist. Der Verein wird mit der Auflösung zum sog. **Liquidationsverein.**[491] Dieser mit der Auflösung verbundene Wandel des Vereinszwecks ist freilich keine Zweckänderung iSd § 33 Abs. 1 S. 2 BGB. 247

Die **Vollbeendigung** des Vereins tritt durch den Auflösungsbeschluss nur ein, wenn Anfallberechtigter des Vereinsvermögens der Fiskus ist (§§ 45, 46 BGB). Handelt es sich bei dem Anfallberechtigten hingegen um eine andere Person, findet ein Liquidationsverfahren statt. Der Verein tritt mit Wirksamwerden des Auflösungsbeschlusses in die Abwicklungsphase ein, an deren Ende erst das Erlöschen des Vereins steht (→ Rn. 313 ff.). 248

Gemäß § 49 Abs. 2 BGB „gilt" der aufgelöste Verein bis zur Beendigung der Liquidation als fortbestehend, soweit der Zweck der Liquidation es erfordert. Die Bedeutung der Vorschrift ist umstritten. Ein Teil der Literatur und die Rechtsprechung schließen aus dem Wortlaut, dass dem Liquidationsverein nur noch eine **beschränkte Rechtsfähigkeit** innerhalb des Abwicklungszwecks zukommt.[492] Überzeugender erscheint es demgegenüber, mit der hM in der Literatur von einer **unbeschränkten Rechtsfähigkeit** des Liquidationsvereins auszugehen und § 49 Abs. 2 BGB nur als Ausdruck des nunmehr auf Abwicklung gerichteten Vereinszwecks zu verstehen.[493] Hierfür spricht entscheidend der Verkehrsschutz. Geht man nämlich davon aus, dass der Liquidationsverein nur eingeschränkt rechtsfähig ist, wären Rechtsgeschäfte, die außerhalb des Liquidationszwecks liegen, schlicht unwirksam. Dies kann im Interesse der Rechtssicherheit nicht hingenommen werden.[494] In dogmatischer Sicht lässt sich ferner einwenden, dass die Figur eines nur partiell rechtsfähigen Vereins eine Rezeption der dem deutschen Recht fremden *ultra vires*-Lehre bedeutet.[495] Hervorzuheben ist jedoch, dass nach beiden Ansichten die **Rechtsfähigkeit** des Vereins in Bezug auf das **bestehende Vereinsvermögen** und dessen Abwicklung erhalten bleibt und der Meinungsstreit insoweit keine Auswirkungen hat.[496] Vom Ansatzpunkt unterschiedlich behandelt wird also nur die Begründung neuer Rechte und Pflichten, wobei diejenigen, die von einer nur partiellen Rechtsfähigkeit 249

---

[488] MüKoBGB/*Leuschner* BGB § 41 Rn. 7; MHdB GesR V/*Korte* § 61 Rn. 6; Reichert/*Schörnig* Kap. 2 Rn. 3966.

[489] *Stöber/Otto* Rn. 1121; Reichert/*Schörnig* Kap. 2 Rn. 3959; jurisPK-BGB/*Otto* BGB § 41 Rn. 21.

[490] MHdB GesR V/*Korte* § 61 Rn. 6; MüKoBGB/*Leuschner* BGB § 74 Rn. 8.

[491] *Stöber/Otto* Rn. 1116; Reichert/*Schörnig* Kap. 2 Rn. 4088; MHdB GesR V/*Korte* § 61 Rn. 2; Soergel/*Hadding* BGB vor § 41 Rn. 3.

[492] Palandt/*Ellenberger* BGB § 49 Rn. 2; Erman/*H.P. Westermann* BGB § 49 Rn. 5; *Stöber/Otto* Rn. 1132; BGHZ 96, 253; in diese Richtung auch BGH NJW-RR 2001, 1552 (in Bezug auf den Erwerb neuer Rechte); zur Fortgeltung des Tarifvertrags auch nach Auflösung: BAG NZA 2008, 771.

[493] *Sauter/Schweyer/Waldner* Eingetragener Verein Rn. 406; MüKoBGB/*Leuschner* BGB § 49 Rn. 17; BeckOK BGB/*Schöpflin* BGB § 49 Rn. 5; jurisPK-BGB/*Otto* BGB § 49 Rn. 13; Reichert/*Schörnig* Kap. 2 Rn. 4092; MHdB GesR V/*Korte* § 65 Rn. 55.

[494] Soergel/*Hadding* BGB § 49 Rn. 11; MHdB GesR V/*Korte* § 65 Rn. 54.

[495] MHdB GesR V/*Korte* § 65 Rn. 53 ff.; MüKoBGB/*Leuschner* BGB § 49 Rn. 17; Soergel/*Hadding* BGB § 49 Rn. 11; Reichert/*Schörnig* Kap. 2 Rn. 4092.

[496] Palandt/*Ellenberger* BGB § 49 Rn. 2.

ausgehen, aus Verkehrsschutzgründen den Kreis der vom Liquidationszweck noch erfassten Rechtsgeschäfte sehr weit ziehen. Im Ergebnis nähern sich die beiden Meinungen daher an.[497]

250 Der Eintritt in das Liquidationsstadium führt dazu, dass die **Leitungsfunktion** nicht mehr durch den Vorstand, sondern durch die **Liquidatoren** wahrgenommen wird (→ Rn. 270 ff.). Im Übrigen bleibt die **Organisationsstruktur** des Vereins jedoch **unverändert.**[498] Die **Mitgliedschaften** im Verein bestehen ebenso fort wie die sonstigen **Vereinsorgane.** Auch im Liquidationsstadium können noch **Mitgliederversammlungen** abgehalten werden, für deren Einberufung die Liquidatoren zuständig sind.[499] Allerdings gelten **Beschränkungen** für Beschlüsse, die dem Wesen und dem Zweck der Liquidation widersprechen.[500] So scheiden insbesondere Satzungsänderungen aus, die eine Erweiterung des aktiven Vereinszwecks beinhalten. Ist dies gewollt, so hat die Mitgliederversammlung zunächst das Liquidationsstadium zu beenden, indem sie die Fortsetzung des Vereins beschließt (→ Rn. 326 ff.). Im Übrigen kann die Vereinssatzung jedoch auch im Liquidationsstadium geändert werden. Dies gilt insbesondere für die Regelungen zur Anfallberechtigung (→ Rn. 261 ff.)[501]

251 Eine Pflicht zur Zahlung von **Mitgliedsbeiträgen** an den Liquidationsverein besteht vorbehaltlich einer anders lautenden Satzungsbestimmung grundsätzlich nicht, da der Zweck des Vereins, dessen Förderung die Mitgliedsbeiträge zu dienen bestimmt sind, im Auflösungsstadium nicht mehr aktiv verfolgt wird.[502] Etwas anderes gilt jedoch, wenn die Mitgliedsbeiträge zur Erfüllung der Liquidationsaufgaben erhoben werden, wozu auch die Deckung der Vereinsschulden gehört.[503]

252 Eine **Neuaufnahme von Mitgliedern** widerspricht dem Zweck der Auflösung und ist daher im Liquidationsstadium nicht zulässig.[504] Demgegenüber werden die satzungsrechtlichen bzw. gesetzlichen Möglichkeiten der Mitglieder, aus dem Verein **auszutreten** (§ 39 BGB) durch die Auflösung nicht tangiert.[505]

253 Unberührt von der Liquidation bleibt der **Vereinsname.** Es besteht insbesondere keine Pflicht, dem Vereinsnamen einen auf die Liquidation hinweisenden Zusatz hinzuzufügen („Verein i. L.").[506] Dennoch ist dies in der Praxis nicht unüblich, um so offenzulegen, dass sich der Verein in Abwicklung befindet.

4. Anmeldung und Eintragung im Vereinsregister, Anzeige an das Finanzamt

254 Gemäß §§ 74 Abs. 2, 76 Abs. 2 BGB sind die Auflösung des Vereins sowie die Liquidatoren und deren Vertretungsmacht (→ Rn. 293) zum **Vereinsregister anzumelden** (zum Registerverfahren → § 17 Rn. 78 ff.). Eine Anmeldung der Liquidatoren ist nur dann entbehrlich, wenn es mit der Auflösung gleichzeitig zur Vollbeendigung kommt, etwa wegen Vermögensanfalls an den Fiskus.[507]

255 Nach dem Wortlaut der §§ 74 Abs. 2 S. 1, 76 Abs. 2 S. 1 BGB ist für die **Anmeldung** der Auflösung der **Vereinsvorstand** zuständig. Allerdings ist umstritten, ob dies auch

[497] So zutr. BeckOK BGB/*Schöpflin* BGB § 49 Rn. 5.
[498] NK-BGB/*D. Eckardt* BGB § 47 Rn. 14; *Grziwotz* DStR 1992, 1404.
[499] *Sauter/Schweyer/Waldner* Eingetragener Verein Rn. 409.
[500] *Sauter/Schweyer/Waldner* Eingetragener Verein Rn. 412; Reichert/*Schörnig* Kap. 2 Rn. 4106; BeckOK BGB/*Schöpflin* BGB § 49 Rn. 3.
[501] *Stöber/Otto* Rn. 1131; Staudinger/*Schwennicke* BGB § 49 Rn. 33.
[502] BGHZ 96, 253; BeckOK BGB/*Schöpflin* BGB § 49 Rn. 3; *Grziwotz* DStR 1992, 1404; Reichert/*Schörnig* Kap. 2 Rn. 4101.
[503] *Stöber/Otto* Rn. 370; *Sauter/Schweyer/Waldner* Eingetragener Verein Rn. 120; *Grziwotz* DStR 1992, 1404.
[504] *Sauter/Schweyer/Waldner* Eingetragener Verein Rn. 412; BeckOK BGB/*Schöpflin* BGB § 49 Rn. 3; *Stöber/Otto* Rn. 1132; Reichert/*Schörnig* Kap. 2 Rn. 4102.
[505] *Sauter/Schweyer/Waldner* Eingetragener Verein Rn. 412; BeckOK BGB/*Schöpflin* BGB § 49 Rn. 3; NK-BGB/*D. Eckardt* BGB § 47 Rn. 14; *Grziwotz* DStR 1992, 1404.
[506] Reichert/*Schörnig* Kap. 2 Rn. 4098.
[507] Reichert/*Schörnig* Kap. 2 Rn. 4151.

dann gilt, wenn abweichend vom gesetzlichen Regelfall des § 48 Abs. 1 S. 1 BGB **andere Personen** als der bisherige Vereinsvorstand zu **Liquidatoren** bestellt werden (§ 48 Abs. 1 S. 2 BGB). Die wohl überwiegende Meinung geht auch für diesen Fall von einer Anmeldezuständigkeit des Vorstands aus.[508] Trotz der erloschenen Vertretungsmacht des Vorstands sei von einer nachwirkenden Anmeldepflicht auszugehen, für die §§ 74 Abs. 2 S. 1, 76 Abs. 2 S. 1 BGB auch die entsprechende Vertretungsmacht verliehen. Nach anderer Auffassung hat die Anmeldung bereits durch die **neu bestellten Liquidatoren** zu erfolgen.[509] Letzterer Auffassung ist zuzustimmen, da es allgemeinen registerrechtlichen Grundsätzen entspricht, dass Registeranmeldungen durch die aktuell vertretungsberechtigten gesetzlichen Vertreter erfolgen. Der Wortlaut der §§ 74 Abs. 2 S. 1, 76 Abs. 2 S. 1 BGB ist ersichtlich auf den gesetzlichen Regelfall der Liquidation durch den Vorstand zugeschnitten und steht dieser Auslegung nicht (entscheidend) entgegen.[510] Im Übrigen entspricht dies auch der ganz hM im GmbH-Recht, die für die dortige Parallelvorschrift des § 67 Abs. 1 GmbHG von einer Anmeldezuständigkeit der neu bestellten Liquidatoren ausgeht.[511] Etwas anderes gilt nur für den Fall, dass es für die Auflösung (ausnahmsweise) einer **Satzungsänderung** bedarf, die erst mit Registereintragung wirksam wird (→ Rn. 244).[512] In diesem Fall hat die Anmeldung also auch bei einer Bestellung von vorstandsfremden Liquidatoren noch der Vereinsvorstand vorzunehmen, da die Bestellung der Liquidatoren nicht vor Wirksamwerden der Auflösung in Kraft tritt.

Die **Anmeldung** hat gem. § 77 BGB in öffentlich beglaubigter Form zu erfolgen, und 256
zwar durch die Liquidatoren in vertretungsberechtigter Zahl (aA die wohl hM: durch die Vorstände; → Rn. 255). Ihr ist eine **Abschrift des Auflösungsbeschlusses** beizufügen (§ 74 Abs. 2 S. 2 BGB). Wurden durch die Mitgliederversammlung Liquidatoren bestellt oder wurde durch den Beschluss eine vom Gesetz abweichende Vertretungsregelung beschlossen (→ Rn. 282), so ist der Anmeldung zum Nachweis auch diesbezüglich eine **Beschlussabschrift** beizufügen (§ 76 Abs. 2 S. 4 BGB; Formulierungsbeispiel für einen **Auflösungsbeschluss** → Rn. 286; Formulierungsbeispiel für die **Anmeldung der Auflösung** → § 17 Rn. 96).

Die Auflösung des Vereins ist gem. § 74 Abs. 1 BGB in das **Vereinsregister einzutragen.** 257
Konstitutiv ist diese Eintragung in aller Regel nicht, da die Auflösung grundsätzlich unmittelbar mit der Beschlussfassung eintritt. Anders ist es nur in den Fällen, in denen zur Auflösung eine formelle Satzungsänderung erforderlich ist (→ Rn. 244).[513]

Neben der Anmeldung zum Vereinsregister besteht eine Pflicht, die **Auflösung** des 258
Vereins dem zuständigen **Finanzamt** und ggf. den für die Erhebung der Realsteuern zuständigen **Gemeinden** binnen eines Monats mitzuteilen (§ 137 AO).

III. Liquidation des Vereins

1. Allgemeines

Die Auflösung des Vereins führt in aller Regel dazu, dass gem. §§ 47 ff. BGB ein **Liquidationsverfahren** stattfindet. Dies gilt grundsätzlich nicht nur für die Auflösung aufgrund 259
eines Beschlusses der Mitgliederversammlung, sondern auch für alle sonstigen Auflösungs-

---

[508] OLG Hamm NJW-RR 1990, 532; OLG Düsseldorf NZG 2013, 1185 *(obiter dictum);* MüKoBGB/*Leuschner* BGB § 76 Rn. 6; MHdB GesR V/*Korte* § 61 Rn. 61 ff.; *Sauter/Schweyer/Waldner* Eingetragener Verein Rn. 410, 433; Reichert/*Schörnig* Kap. 2 Rn. 4152; *Stöber/Otto* Rn. 1137; so auch → § 17 Rn. 90; ausf. zum Meinungsstand DNotI-Report 2012, 181.

[509] *Krafka* RegisterR-HdB Rn. 2206; *Terner* ZNotP 2009, 222 (233); *Eichler* Rpfleger 2004, 196 (198); nach BeckOK BGB/*Schöpflin* BGB § 76 Rn. 3 kann die Anmeldung jedenfalls auch durch den Liquidator erfolgen.

[510] AA MHdB GesR V/*Korte* § 61 Rn. 62; MüKoBGB/*Leuschner* BGB § 76 Rn. 6.

[511] Baumbach/Hueck/*Schulze-Osterloh/Noack* GmbHG § 67 Rn. 4.

[512] *Krafka* RegisterR-HdB Rn. 2206.

[513] MHdB GesR V/*Korte* § 61 Rn. 6; BeckOK BGB/*Schöpflin* BGB § 74 Rn. 4.

gründe (→ Rn. 340ff.). Eine **Ausnahme** hiervon gilt für den Fall, dass über das Vereinsvermögen das **Insolvenzverfahren** eröffnet wird (§§ 42, 47 BGB). Die Abwicklung erfolgt dann nach den speziellen Vorschriften der Insolvenzordnung. Allenfalls hinsichtlich eines nach Abschluss des Insolvenzverfahrens verbleibenden Überschusses oder in den Fällen der §§ 207 Abs. 1, 211 InsO bedarf es einer vereinsrechtlichen (Anschluss-) Liquidation (→ Rn. 350).[514] Grundsätzlich durchzuführen ist ein Liquidationsverfahren auch dann, wenn **keine Verbindlichkeiten** des Vereins mehr vorhanden sind.[515] Etwas anderes gilt nur, wenn bei Auflösung keinerlei Vereinsvermögen mehr existiert.[516] **Ausgeschlossen** ist eine **Liquidation,** wenn ausnahmsweise ein **liquidationsloses Erlöschen** des Vereins eintritt (→ Rn. 232).

260 Das Liquidationsverfahren dient dem Zweck, das **Vereinsvermögen** in geordneter Weise **aufzulösen.** Im Einzelnen gilt es, die laufenden Geschäfte zu beenden, Forderungen einzuziehen, das Vereinsvermögen in Geld umzusetzen sowie die Gläubiger zu befriedigen und den Liquidationsüberschuss anschließend an die Anfallberechtigten auszukehren (§ 49 Abs. 1 BGB; → Rn. 309ff.). Ziel ist es also, den Verein zum **vermögenslosen Rechtssubjekt** zu machen. Das Liquidationsverfahren dient neben dem Schutz der Anfallberechtigten in erster Linie dem **Gläubigerinteresse.**[517] Daher besteht ein sog. **Liquidationszwang** dahingehend, dass die Vermögensauskehr an die Anfallberechtigten nur im Wege des gesetzlich geregelten Liquidationsverfahrens stattfinden kann.[518] Die **Liquidationsvorschriften** stehen also **nicht zur Disposition** der Vereinsmitglieder.[519] Insbesondere haben diese nicht die Möglichkeit, von einem Liquidationsverfahren abzusehen oder es – wie im Bereich der Personengesellschaften – anderweitig zu gestalten. Der Grund hierfür liegt darin, dass der Verein mit Vollbeendigung endgültig erlischt und mit ihm die gegen ihn gerichteten Forderungen.[520] Diese Rechtsfolge erscheint den Gläubigern nur zumutbar, wenn das formalisierte Liquidationsverfahren eingehalten wurde. Im Übrigen steht das Liquidationsgebot der §§ 45 Abs. 1, 47 Abs. 1 BGB jedoch einer Fortsetzung des aufgelösten Vereins nicht entgegen (→ Rn. 326).[521]

2. Vermögensanfall nach Auflösung

261 **a) Die Anfallberechtigten.** Gemäß § 45 BGB kommt es mit der Auflösung des Vereins zum **Anfall des Vereinsvermögens** an die **Anfallberechtigten.** Die Vorschrift regelt also, wer das Vereinsvermögen nach Beendigung des Vereins erhält. Maßgebend ist in erster Linie die **Vereinssatzung.** Diese kann den Anfallberechtigten entweder unmittelbar im Satzungswortlaut benennen (§ 45 Abs. 1 BGB) oder die Entscheidung hierüber der Mitgliederversammlung oder einem anderen Vereinsorgan zuweisen (§ 45 Abs. 2 S. 1 BGB). Zivilrechtlich bestehen hinsichtlich der Auswahl der Anfallberechtigten keine Vorgaben oder Einschränkungen, sie können also frei bestimmt werden.[522] Allerdings ist es zur Erlangung der **Gemeinnützigkeit im steuerlichen Sinne** erforderlich, in die Satzung eine Bestimmung zur Anfallberechtigung aufzunehmen, die eine Zweckbindung hinsichtlich der gemeinnützigen Mittelverwendung sicherstellt (§§ 55 Abs. 1 Nr. 4, 61 AO). Daher enthalten die Satzungen aller gemeinnützigen Vereine entsprechende Bestimmungen zur Anfallberechtigung.

---

[514] *Stöber/Otto* Rn. 1161; aA MHdB GesR V/*Korte* § 65 Rn. 1.
[515] *Grziwotz* DStR 1992, 1404; *Sauter/Schweyer/Waldner* Eingetragener Verein Rn. 408; jurisPK-BGB/*Otto* BGB § 47 Rn. 6.
[516] OLG Düsseldorf NZG 2013, 1185; NZG 2005, 363 (364); *Stöber/Otto* Rn. 1129; *Krafka* RegisterR-HdB Rn. 2204; Reichert/*Schörnig* Kap. 2 Rn. 4086, 4086; jurisPK-BGB/*Otto* BGB § 47 Rn. 7.
[517] BeckOK BGB/*Schöpflin* BGB § 47 Rn. 1; Soergel/*Hadding* BGB vor § 41 Rn. 3.
[518] BeckOK BGB/*Schöpflin* BGB § 47 Rn. 1; Soergel/*Hadding* BGB vor § 41 Rn. 4.
[519] *Grziwotz* DStR 1992, 1404; *Sauter/Schweyer/Waldner* Eingetragener Verein Rn. 408.
[520] BeckOK BGB/*Schöpflin* BGB § 53 Rn. 4; *Grziwotz* DStR 1992, 1404.
[521] Staudinger/*Schwennicke* BGB § 47 Rn. 12; BeckOK BGB/*Schöpflin* BGB § 47 Rn. 1 lehnt daher den Begriff des Liquidationszwangs ab.
[522] MHdB GesR V/*Korte* § 65 Rn. 8; Soergel/*Hadding* BGB § 45 Rn. 5.

Formulierungsbeispiel: Anfallberechtigung bei gemeinnützigem Verein (Satzungsbestandteil) 262

§ 20. Anfallberechtigung[523]

Bei Auflösung des Vereins oder bei Wegfall der steuerbegünstigten Zwecke fällt das Vereinsvermögen an die Gemeinde ***, die das Vermögen unmittelbar und ausschließlich für gemeinnützige, mildtätige oder kirchliche Zwecke zu verwenden hat. [*Alt.:* Bei Auflösung des Vereins oder bei Wegfall der steuerbegünstigten Zwecke fällt das Vereinsvermögen an den (ebenfalls gemeinnützigen) *** e.V., und zwar mit der Maßgabe, es ausschließlich zu verwenden zur Förderung der Erziehung, Volks- und Berufsbildung.]

Den **Anfallberechtigten** kommt bis zum Vermögensanfall **kein Anspruch** oder sonstige unentziehbare Rechtsposition hinsichtlich des Vereinsvermögens zu. Es handelt sich um eine **bloße Erwerbsaussicht** *(nuda spes)*. Die Satzungsbestimmungen zur Anfallberechtigung können daher bis zur Beendigung der Liquidation jederzeit ohne Mitwirkung oder Zustimmung des Benannten geändert werden, und zwar auch noch während des laufenden Liquidationsverfahrens.[524] Anders ist dies nur, wenn es sich bei der Anfallberechtigung ausnahmsweise um ein satzungsmäßiges Sonderrecht eines Vereinsmitglieds iSd § 35 BGB handelt.[525] Zu beachten sind jedoch die **steuerlichen Nachteile,** wenn die Anfallberechtigung eines gemeinnützigen Vereins in einer Weise geändert wird, welche die Steuerbegünstigung entfallen lässt. Hier droht gem. §§ 61 Abs. 3, 55 Abs. 1 Nr. 4 AO eine rückwirkende Nachbesteuerung. 263

Trifft die **Satzung keine Regelung zur Anfallberechtigung** iSd § 45 Abs. 1, Abs. 2 S. 1 BGB, so gilt für **Idealvereine** (§ 21 BGB) die spezielle Regelung des § 45 Abs. 2 S. 2 BGB. Die **Mitgliederversammlung** kann also den Vermögensanfall an eine öffentliche Stiftung oder Anstalt beschließen, und zwar – vorbehaltlich einer abweichenden Satzungsbestimmung – mit einfacher Stimmenmehrheit (§ 32 Abs. 1 S. 3 BGB). Dem Fehlen einer ausdrücklichen Satzungsbestimmung stellt die hM den Fall gleich, dass der satzungsmäßig Benannte nicht mehr existiert oder den Vermögenserwerb ablehnt.[526] Der Begriff der öffentlichen Stiftung oder Anstalt iSd § 45 Abs. 2 S. 2 BGB ist nach hM weit zu verstehen und umfasst – über den zu engen Wortlaut hinaus – auch Körperschaften des öffentlichen Rechts, insbesondere Gebietskörperschaften.[527] 264

Fehlt eine Satzungsbestimmung und fasst auch die Mitgliederversammlung im Rahmen des § 45 Abs. 2 BGB keinen Beschluss hierzu, trifft § 45 Abs. 3 BGB eine **subsidiäre Regelung** zur Anfallberechtigung. Hierbei ist zwischen eigen- und fremdnützigen Vereinen zu unterscheiden. Beim **eigennützigen Verein,** der ausschließlich die Interessen seiner Mitglieder verfolgt, fällt das Vereinsvermögen gem. § 45 Abs. 3 Alt. 1 BGB an die vorhandenen Mitglieder. Ist der Verein hingegen **fremdnützig,** so gebührt das Vereinsvermögen gem. § 45 Abs. 3 Alt. 2 BGB dem **Landesfiskus** des Bundeslandes, in dem der Sitz des Vereins liegt. 265

b) Art und Weise des Vermögensanfalls. Die **Art und Weise** des **Vermögensanfalls** hängt davon ab, ob Anfallberechtigter der Fiskus oder ein sonstiger Dritter ist. 266

---

523 Vgl. hierzu Anlage 1 zu § 60 AO sowie den Anwendungserlass des BMF zur Abgabenordnung (AEAO); eine wörtliche Wiedergabe der Mustersatzung ist nicht erforderlich, so zutr. *Ullrich* DStR 2009, 2471.

524 Palandt/*Ellenberger* BGB § 45 Rn. 3; MHdB GesR V/*Korte* § 65 Rn. 11; Soergel/*Hadding* BGB § 45 Rn. 9.

525 MHdB GesR V/*Korte* § 65 Rn. 11; Soergel/*Hadding* BGB § 45 Rn. 10.

526 BeckOK BGB/*Schöpflin* BGB § 45 Rn. 7; BeckOGK/*Könen* BGB § 45 Rn. 14.

527 Palandt/*Ellenberger* BGB § 45 Rn. 2; BeckOK BGB/*Schöpflin* BGB § 45 Rn. 7; BeckOGK/*Könen* BGB § 45 Rn. 14; krit. MüKoBGB/*Leuschner* BGB § 45 Rn. 11; weitergehend *Stöber/Otto* Rn. 1124 und Soergel/*Hadding* BGB § 45 Rn. 6: Auch juristische Personen des Privatrechts, soweit sie öffentliche Aufgaben erfüllen.

267 Ist der **Fiskus** Anfallberechtigter, so vollzieht sich der Vermögensanfall durch **Gesamtrechtsnachfolge** entsprechend den Vorschriften über eine dem Fiskus als gesetzlichem Erben anfallende Erbschaft (§§ 46 S. 1, 1936, 1922, 1967 BGB). Hierbei ist es unerheblich, ob die Anfallberechtigung des Fiskus auf der Satzungs- bzw. Beschlussautonomie der Vereinsmitglieder beruht (§ 45 Abs. 1, Abs. 2 BGB) oder ob dieser subsidiärer gesetzlicher Anfallberechtigter gem. § 45 Abs. 3 BGB ist. Unter den Begriff des Fiskus fallen nur der **Bundesfiskus** sowie der **Landesfiskus.** Soweit also gem. § 45 Abs. 2 S. 2 BGB andere juristische Personen des öffentlichen Rechts durch die Mitgliederversammlung zu Anfallberechtigten bestimmt werden (→ Rn. 264), erhalten diese das Vereinsvermögen nicht im Wege der Gesamtrechtsnachfolge, sondern erst nach Durchführung der Liquidation.[528] Die Bedeutung des § 46 BGB liegt darin, dass es durch die Universalsukzession zu einer **unmittelbaren Vollbeendigung** des Vereins kommt und kein Liquidationsverfahren stattfindet. Der Fiskus hat kein Ausschlagungsrecht (§§ 46 Abs. 1 S. 1, 1942 Abs. 2 BGB) und haftet grundsätzlich unbeschränkt, allerdings mit der Maßgabe, dass er seine Haftung für die Vereinsverbindlichkeiten nach §§ 1975 ff. BGB auf das angefallene Vereinsvermögen beschränken kann. Das insoweit zuständige **Nachlassgericht** stellt den Vermögensanfall fest (§§ 1964, 1966 BGB). Erst danach können Ansprüche gegenüber dem Fiskus geltend gemacht werden. Zum Nachweis des Vermögenserwerbs durch den Fiskus, insbesondere für Grundbuchzwecke, ist ein **Erbschein** erforderlich.[529]

268 Den Fiskus trifft gem. § 46 S. 2 BGB die Pflicht, das angefallene Vermögen „tunlichst in einer den Zwecken des Vereins entsprechenden Weise zu verwenden". Diese **Verwendungspflicht** ist nach richtiger Auffassung zu wenig konkretisiert, um dem möglicherweise Begünstigten einen gerichtlich durchsetzbaren Anspruch zu verschaffen.[530] Sie ist daher lediglich von den jeweiligen Aufsichtsbehörden zu überwachen.[531]

269 **Andere Anfallberechtigte** als der Fiskus erwerben das Vereinsvermögen **nicht** im Wege der **Gesamtrechtsnachfolge.** Vermögensanfall bedeutet hier also die Auskehr des nach der Liquidation verbleibenden Vermögens, und zwar im Wege von Einzelübertragungen nach den allgemeinen Vorschriften.[532] Es besteht ein **rein schuldrechtlicher Anspruch** des Anfallberechtigten gegen den Liquidationsverein auf den nach Befriedigung der Gläubiger verbleibenden Liquidationsüberschuss, der erst mit Beendigung der Liquidation entsteht.[533] Zuvor handelt es sich um eine reine Erwerbsaussicht, die dem Anfallberechtigten also durch das nach § 45 BGB zuständige Vereinsorgan wieder entzogen werden kann (→ Rn. 263).[534] Eine Verpflichtung der Anfallberechtigten, das Vereinsvermögen anzunehmen, besteht nicht.[535] Die Anfallberechtigten können den Vermögenserwerb also ablehnen.

3. Liquidatoren

270 **a) Allgemeines, Bestellung.** Die Durchführung der Liquidation erfolgt gem. §§ 48, 49 BGB durch die **Liquidatoren.** Sie sind im Liquidationsstadium das **geschäftsführungs- und vertretungsberechtigte Organ** des Vereins.

---

[528] BeckOK BGB/*Schöpflin* BGB § 46 Rn. 2; MHdB GesR V/*Korte* § 65 Rn. 18; Soergel/*Hadding* BGB § 46 Rn. 1; Reichert/*Schörnig* Kap. 2 Rn. 4067.

[529] Palandt/*Ellenberger* BGB § 46 Rn. 1; *Sauter/Schweyer/Waldner* Eingetragener Verein Rn. 407; MHdB GesR V/*Korte* § 65 Rn. 20; Reichert/*Schörnig* Kap. 2 Rn. 4077; Soergel/*Hadding* BGB § 46 Rn. 2.

[530] Palandt/*Ellenberger* BGB § 46 Rn. 1; BeckOK BGB/*Schöpflin* BGB § 46 Rn. 4; Reichert/*Schörnig* Kap. 2 Rn. 4080; Soergel/*Hadding* BGB § 46 Rn. 3.

[531] *Sauter/Schweyer/Waldner* Eingetragener Verein Rn. 407; aA MHdB GesR V/*Korte* § 65 Rn. 21: (Verwaltungsgerichtlich einklagbarer) Anspruch der potenziell Begünstigten auf fehlerfreie Ermessensausübung.

[532] jurisPK-BGB/*Otto* BGB § 45 Rn. 12.

[533] *Sauter/Schweyer/Waldner* Eingetragener Verein Rn. 406; MHdB GesR V/*Korte* § 65 Rn. 6; BeckOK BGB/*Schöpflin* BGB § 45 Rn. 11; jurisPK-BGB/*Otto* BGB § 45 Rn. 14.

[534] BeckOK BGB/*Schöpflin* BGB § 45 Rn. 11; jurisPK-BGB/*Otto* BGB § 45 Rn. 14; MHdB GesR V/*Korte* § 65 Rn. 6.

[535] jurisPK-BGB/*Otto* BGB § 45 Rn. 14.

Gemäß § 48 Abs. 1 S. 1 BGB übernimmt die Liquidation grundsätzlich der **Vereinsvorstand.** Mit der Auflösung des Vereins werden die Vereinsvorstände zu Liquidatoren, ein besonderer Bestellungsakt ist hierfür nicht erforderlich. Die Vorstandsmitglieder sind also die „geborenen" Liquidatoren. Nach dem Grundsatz der **Amtskontinuität** bleibt das organschaftliche Verhältnis zwischen dem früheren Vorstand und dem Verein trotz der Vereinsauflösung bestehen und ändert sich nur hinsichtlich seines Inhalts.[536] Unberührt von der Auflösung des Vereins bleibt auch ein etwaiges Anstellungsverhältnis (Dienstvertrag oder Auftrag). Allein die Tatsache der Auflösung und Liquidation begründet diesbezüglich auch kein Kündigungsrecht aus wichtigem Grund.[537] Aus § 48 Abs. 1 S. 1 BGB wird teilweise eine **korporationsrechtliche Pflicht** des Vorstands zur Übernahme des Liquidatorenamtes entnommen, wenn nicht andere Personen zu Liquidatoren bestellt werden.[538] Dies ist indes abzulehnen. Eine Verpflichtung zur Amtsübernahme kann sich nur aus dem zugrundeliegenden Anstellungsverhältnis ergeben. Daher besteht auch für die geborenen Liquidatoren jedenfalls die Möglichkeit, das Amt des Liquidators niederzulegen (→ Rn. 290).[539] 271

Gemäß § 48 Abs. 1 S. 2 BGB können auch **andere Personen** als der Vereinsvorstand zu Liquidatoren bestimmt werden („gekorene" Liquidatoren). Besondere gesetzliche Anforderungen müssen die gekorenen Liquidatoren nicht erfüllen. Es gelten vielmehr die gleichen Grundsätze wie bei der Bestellung des Vereinsvorstands. Demnach kann grundsätzlich **jede unbeschränkt geschäftsfähige Person** zum Liquidator bestellt werden.[540] Es können auch Personen berufen werden, die nicht Mitglieder des Vereins sind, insbesondere ist auch die Bestellung von juristischen Personen oder von Personenhandelsgesellschaften (zB Treuhandgesellschaften) zulässig.[541] Anders kann dies jedoch sein, wenn die **Satzung besondere Anforderungen** an die Liquidatoren stellt, also zB nur Vereinsmitglieder als Liquidatoren zulässt.[542] Fraglich ist, ob Satzungsregelungen zur Vorstandsfähigkeit (zB Vereinsmitgliedschaft, Dauer der Mitgliedschaft, Alter etc.) auch für die Liquidatoren gelten. Zwar verweist § 48 Abs. 1 S. 2 Hs. 2 BGB hinsichtlich der Bestellung der Liquidatoren ausdrücklich auf die Regelungen zur Vorstandsbestellung. Damit ist jedoch die gesetzliche Regelung des § 27 BGB gemeint. Aus § 48 Abs. 1 S. 2 Hs. 2 BGB kann also nicht gefolgert werden, dass alle Regelungen in der Satzung zur Vorstandsbestellung ohne weiteres auch im Liquidationsstadium gelten. Ein solches Verständnis der Vorschrift würde den Grundsätzen der Satzungsautonomie widersprechen. Es ist vielmehr, wie auch im Übrigen, davon auszugehen, dass Satzungsregelungen zum Vorstand grundsätzlich nicht auch in Bezug auf die Liquidatoren anzuwenden sind, wenn dies von der Satzung nicht ausdrücklich angeordnet wird (→ Rn. 273, 274, 281).[543] Der Grund hierfür liegt darin, dass sich die Verhältnisse im Abwicklungsstadium fundamental von denen des werbenden Vereins unterscheiden. 272

Nach richtiger Auffassung gilt eine Satzungsbestimmung zur **(Mindest-)Anzahl** von Vorstandsmitgliedern nicht ohne weiteres auch für die Anzahl der **Liquidatoren,** wenn die entsprechende Klausel sich nicht auch auf das Liquidationsstadium bezieht (zur Vertre- 273

---

[536] BeckOK BGB/*Schöpflin* BGB § 48 Rn. 2; MHdB GesR V/*Korte* § 65 Rn. 24; Soergel/*Hadding* BGB § 48 Rn. 1.

[537] MHdB GesR V/*Korte* § 65 Rn. 45.

[538] *Sauter/Schweyer/Waldner* Eingetragener Verein Rn. 408; NK-BGB/*D. Eckardt* BGB § 48 Rn. 2; abl. MHdB GesR V/*Korte* § 65 Rn. 26.

[539] MHdB GesR V/*Korte* § 65 Rn. 26, 43; NK-BGB/*D. Eckardt* BGB § 48 Rn. 11; Reichert/*Schörnig* Kap. 2 Rn. 4118.

[540] MHdB GesR V/*Korte* § 65 Rn. 23; Reichert/*Schörnig* Kap. 2 Rn. 4119.

[541] MHdB GesR V/*Korte* § 65 Rn. 23; MüKoBGB/*Leuschner* BGB § 48 Rn. 4; *Krafka* RegisterR-HdB Rn. 2205; *Stöber/Otto* Rn. 1133; umstr. ist dies mangels Registerpublizität für die GbR, vgl. hierzu MüKoBGB/*Leuschner* BGB § 48 Rn. 4.

[542] MüKoBGB/*Leuschner* BGB § 48 Rn. 2, 4; zu den Auswirkungen bei Fehlen der statuarischen Voraussetzungen → § 8 Rn. 31 sowie DNotI-Gutachten Nr. 128512.

[543] So auch Reichert/*Schörnig* Kap. 2 Rn. 4119 (zu Satzungsvorschriften über die Amtsfähigkeit des Vorstands); vgl. auch BGH NJW-RR 2009, 333 (zur Vertretungsregelung bei der GmbH).

tungsmacht → Rn. 281). Regelt die Satzung also die Anzahl der Liquidatoren nicht, braucht die satzungsmäßige Vorgabe zur Anzahl der Vorstandsmitglieder für die Liquidatoren nicht berücksichtigt zu werden.[544]

274 Für die **Bestellung der Liquidatoren** gelten nach § 48 Abs. 1 S. 2 Hs. 2 BGB die Bestimmungen über die Bestellung des Vorstands (§ 27 Abs. 1, Abs. 2 BGB). Die Bestellung der **gekorenen Liquidatoren** erfolgt also durch die **Mitgliederversammlung,** die mit einfacher Mehrheit beschließt, wenn die Satzung insoweit keine abweichenden Regelungen beinhaltet.[545] Durch Satzungsbestimmung kann nach hM die Bestellungskompetenz zwar einem **anderen Vereinsorgan** oder sogar außenstehenden Dritten zugewiesen werden.[546] Allerdings bedarf es hierzu einer entsprechenden **ausdrücklichen Regelung** in der Satzung. Satzungsregelungen, die die Vorstandsbestellung anderen Vereinsorganen als der Mitgliederversammlung zuweisen, gelten also nicht ohne weiteres auch für die Liquidatoren (→ Rn. 272, 273, 281).[547] Der Beschluss wird nach allgemeinen Grundsätzen mit Erklärung gegenüber dem Betroffenen und Annahme des Amtes wirksam.[548]

275 Enthält bereits die **Satzung** eine Regelung, durch die der Liquidator bestimmt oder zumindest bestimmbar bezeichnet wird (zB der im Zeitpunkt der Auflösung bestellte „erste Vorstand"), bedarf es **keines weiteren Bestellungsaktes.**[549] Die satzungsmäßig benannte Person wird also ohne weiteres mit der Auflösung zum Liquidator, vorausgesetzt, sie hat Kenntnis von der Bestellung und nimmt diese (ausdrücklich oder konkludent) an.[550]

276 Liegen die Voraussetzung des § 29 iVm § 48 Abs. 1 S. 2 Hs. 2 BGB vor, kann durch das Amtsgericht ein sog. **Notliquidator** bestellt werden (vgl. § 76 Abs. 3 BGB; zum Verfahren zur Bestellung eines Notliquidators ausführlich → § 17 Rn. 119 ff.). Die Mitgliederversammlung bleibt in diesem Fall berechtigt, jederzeit durch Beschlussfassung andere Liquidatoren zu bestellen. In diesem Fall endet das Amt des Notliquidators ohne weiteres, dh ohne Entlassungsverfügung durch das Gericht oder ausdrückliche Abberufung durch die Mitgliederversammlung.[551]

277 **b) Vertretungsmacht der Liquidatoren.** Gemäß § 48 Abs. 2 BGB haben die Liquidatoren die rechtliche Stellung des Vorstands und damit die Stellung eines umfassenden **gesetzlichen Vertreters** inne, allerdings mit der Einschränkung, dass dies nur gilt, „soweit sich aus dem Zweck der Liquidation nichts anderes ergibt". Umstritten ist, ob aus dieser Bezugnahme des § 48 Abs. 2 BGB auf den Liquidationszweck eine Beschränkung der gesetzlichen Vertretungsmacht der Liquidatoren folgt. Ausgehend vom Wortlaut des § 48 Abs. 2 BGB und unter Verweis auf den eingeschränkten Aufgabenbereich der Liquidatoren (→ Rn. 297) vertritt die wohl hM hierzu, die **Vertretungsmacht** der Liquidatoren sei **auf die Liquidationsaufgabe beschränkt.**[552] Allerdings wird im Interesse des Verkehrsschutzes der Kreis der Geschäfte, die noch vom Liquidationszweck erfasst sind, sehr weit gezogen. Außerhalb der Vertretungsmacht der Liquidatoren liegt ein Rechtsgeschäft demnach nur dann, wenn auch der redliche Geschäftspartner den liquidationsfremden Charak-

---

[544] Reichert/*Schörnig* Kap. 2 Rn. 4123; in diese Richtung auch MHdB GesR V/*Korte* § 65 Rn. 25.

[545] MHdB GesR V/*Korte* § 65 Rn. 32; *Sauter/Schweyer/Waldner* Eingetragener Verein Rn. 408.

[546] Str., wie hier MHdB GesR V/*Korte* § 65 Rn. 31; BeckOK BGB/*Schöpflin* BGB § 48 Rn. 2; Staudinger/*Schwennicke* BGB § 48 Rn. 6,7; abl. in Bezug auf außenstehende Dritte: Reichert/*Schörnig* Kap. 2 Rn. 4121.

[547] AA *Sauter/Schweyer/Waldner* Eingetragener Verein Rn. 408; Staudinger/*Schwennicke* BGB § 48 Rn. 6; Soergel/*Hadding* BGB § 48 Rn. 3.

[548] MHdB GesR V/*Korte* § 65 Rn. 33; Soergel/*Hadding* BGB § 48 Rn. 3.

[549] MHdB GesR V/*Korte* § 65 Rn. 28; BeckOK BGB/*Schöpflin* BGB § 48 Rn. 2; Soergel/*Hadding* BGB § 8 Rn. 2.

[550] MHdB GesR V/*Korte* § 65 Rn. 29; Reichert/*Schörnig* Kap. 2 Rn. 4121, 4122.

[551] MHdB GesR V/*Korte* § 65 Rn. 34; Palandt/*Ellenberger* BGB § 29 Rn. 8; MüKoBGB/*Leuschner* BGB § 29 Rn. 19.

[552] Palandt/*Ellenberger* BGB § 48 Rn. 2; Erman/*H.P. Westermann* BGB § 48 Rn. 2 und § 49 Rn. 2, 5; *Stöber/Otto* Rn. 1134.

ter des Liquidatorenhandelns kannte oder zumindest kennen musste.[553] Überzeugender erscheint es indes, mit der Gegenauffassung von einer **unbeschränkten Vertretungsmacht** der Liquidatoren auszugehen.[554] Die aus dem Liquidationszweck folgenden Beschränkungen sind allein für die Geschäftsführungsbefugnis, also das Innenverhältnis zwischen Liquidator und Verein, von Bedeutung. Dies entspricht dem allgemeinen verbandsrechtlichen Prinzip (vgl. § 269 Abs. 5 AktG), nach dem die gesetzliche Vertretungsmacht der Organe nach außen hin nicht beschränkt und – abgesehen von § 26 Abs. 1 S. 3 BGB – auch nicht beschränkbar ist.[555] Fälle, in denen das Handeln des Liquidators sich **evident** und für den Vertragspartner erkennbar außerhalb des Liquidationszwecks bewegt, sind nach den allgemeinen Grundsätzen zum **Missbrauch der Vertretungsmacht** zu lösen.[556] Dahingehend für den Vereinsvorstand auch → § 8 Rn. 210 ff.

Auch die Vertretungsmacht der Liquidatoren kann grundsätzlich gem. §§ 48 Abs. 1, 26 Abs. 1 S. 3 BGB durch **Satzungsbestimmung beschränkt** werden.[557] Zum Teil wird davon ausgegangen, dass Beschränkungen, die sich auf die Vertretungsmacht des Vorstands beziehen, ohne weiteres auch im Liquidationsstadium für den Liquidator fortgelten.[558] Die besseren Argumente sprechen indes dafür, dass solche Beschränkungen ebenso wie sonstige Bestimmungen zur Vertretungsmacht des Vorstands für die Liquidatoren grundsätzlich nicht anwendbar sind (→ Rn. 281). Jedenfalls **unbeachtlich** sind solche satzungsmäßigen Einschränkungen, die einer **ordnungsgemäßen Liquidation entgegenstehen.**[559] Dies folgt aus dem Grundsatz, dass die Liquidatoren ihre Aufgaben im Rahmen des Liquidationszwecks grundsätzlich eigenverantwortlich und weisungsfrei wahrnehmen, und daraus, dass das Liquidationsverfahren (auch) im Gläubigerinteresse erfolgt. 278

Beispiel:

Enthält die Vereinssatzung eine Bestimmung, nach der die Veräußerung von Gegenständen des Vereinsvermögens im Wert von über 500 EUR der Zustimmung der Mitgliederversammlung bedarf, so ist diese Bestimmung vom Liquidator im Liquidationsstadium nicht zu beachten, da sonst eine ordnungsgemäße Abwicklung nicht mehr möglich erscheint.

Für die Vertretungsmacht der Liquidatoren gilt gem. § 48 Abs. 3 BGB das Prinzip der **Gesamtvertretung.** Sind also mehrere Liquidatoren bestellt, so sind sie nur gemeinschaftlich zur Vertretung berechtigt. Damit weicht das Gesetz für die Liquidatoren von der Regelung in § 26 Abs. 2 S. 1 BGB ab, nach der für den Vorstand das Mehrheitsprinzip gilt. Allerdings ist die gesetzliche Vertretungsregelung nachgiebig, wie sich aus dem Wortlaut des § 48 Abs. 3 BGB ergibt. Die Gesamtvertretung gilt also nur, wenn nichts anderes bestimmt ist. 279

Als derartige **abweichende Bestimmungen** kommen zum einen **Satzungsregelungen** in Betracht. Trifft die Vereinssatzung eine Bestimmung zur Vertretung im Liquidationsstadium, so gilt diese also vorrangig vor der gesetzlichen Regelung. Eindeutig ist dies für solche Satzungsbestimmungen, die sich **ausdrücklich** (auch) auf die **Liquidatoren** beziehen. 280

---

[553] RGZ 146, 376; BeckOK BGB/*Schöpflin* BGB § 49 Rn. 11; *Stöber/Otto* Rn. 1134.

[554] MHdB GesR V/*Korte* § 65 Rn. 59; BeckOK BGB/*Schöpflin* BGB § 49 Rn. 12; Soergel/*Hadding* BGB § 48 Rn. 5; MüKoBGB/*Leuschner* BGB § 49 Rn. 12.

[555] MHdB GesR V/*Korte* § 65 Rn. 59; so auch Staudinger/*Schwennicke* BGB § 49 Rn. 30.

[556] BeckOK BGB/*Schöpflin* BGB § 49 Rn. 12; MHdB GesR V/*Korte* § 65 Rn. 58, 59; Reichert/*Schörnig* Kap. 2 Rn. 4147.

[557] Soergel/*Hadding* BGB § 48 Rn. 5; Staudinger/*Weick* (2005) BGB § 48 Rn. 5; MüKoBGB/*Leuschner* BGB § 49 Rn. 13; allerdings setzt dies – ebenso wie für den Vorstand – voraus, dass die Satzungsbestimmung klar und zweifelsfrei die Vertretungsmacht nach außen betrifft und nicht nur das Innenverhältnis: OLG Nürnberg DStR 2015, 1698 (zum Vorstand).

[558] NK-BGB/*D. Eckardt* BGB § 48 Rn. 8; Reichert/*Schörnig* Kap. 2 Rn. 4162.

[559] Soergel/*Hadding* BGB § 48 Rn. 5; Staudinger/*Weick* (2005) BGB § 48 Rn. 5; zust. auch MüKoBGB/*Leuschner* BGB § 48 Rn. 12.

281 Schwierigkeiten ergeben sich, wenn die **Satzungsbestimmung** zur Vertretungsregelung (zB Einzelvertretungsmacht für jedes Vorstandsmitglied) ihrem Wortlaut nach **nur für den Vorstand,** nicht jedoch auch für die Liquidatoren gilt. Teilweise wird vertreten, dass Bestimmungen zur Vertretungsmacht des Vorstands allgemein auch für die Liquidatoren gelten.[560] Nach anderer Auffassung soll dies nur für den Vereinsvorstand als „geborenen" Liquidator, nicht jedoch für gem. § 48 Abs. 1 S. 2 BGB zu Liquidatoren „gekorene" Dritte gelten.[561] In der Praxis wird man sich an der Rechtsprechung des BGH zur GmbH zu orientieren haben. Danach gilt, dass sich eine satzungsmäßige Vertretungsregelung **ausdrücklich** auf die Liquidatoren beziehen muss, um auch im Liquidationsstadium Wirkung zu entfalten.[562] Grund hierfür ist, dass sich die Verhältnisse im Verein durch die Auflösung grundsätzlich verändert haben. Daher soll eine für das werbende Stadium des Vereins getroffene Vertretungsregelung nach Auflösung nicht fortgelten.[563] Trifft die **Satzung** also **keine ausdrückliche Regelung** zur Vertretungsmacht der Liquidatoren, so gilt nicht die satzungsmäßige Vertretungsregelung für den Vorstand. Es verbleibt vielmehr bei der gesetzlichen Regelung **(Gesamtvertretung),** und zwar unabhängig davon, ob zwischen dem Vorstand und den Liquidatoren Personenidentität besteht.[564]

282 Eine von § 48 Abs. 3 BGB **abweichende Vertretungsregelung** kann jedoch auch durch einen mit **einfacher Mehrheit** gefassten Beschluss der Mitgliederversammlung getroffen werden, und zwar auch dann, wenn hierfür keine satzungsmäßige Grundlage besteht.[565] Hierfür spricht zum einen der Wortlaut des § 48 Abs. 3 BGB, der allgemein davon spricht, dass „etwas anderes bestimmt" werden kann.[566] Ferner bestimmt § 76 Abs. 2 S. 4 BGB, dass bei einer vom Gesetz abweichenden Regelung der Vertretungsmacht die entsprechende Urkunde der Vereinsregisteranmeldung beizufügen ist. Zutreffend wird darauf hingewiesen, dass dies auch ein einfaches Beschlussprotokoll sein kann und nicht notwendigerweise die Satzung.[567] Schließlich entspricht diese Auffassung auch der wohl überwiegenden Meinung zu § 68 Abs. 1 S. 2 GmbHG für den gleichgelagerten Fall.[568]

283 Die vorstehenden Grundsätze gelten auch für den Fall, dass der Vereinsvorstand von den **Beschränkungen des § 181 BGB** befreit war. Diese Befreiung wirkt also im Liquidationsstadium **nicht ohne weiteres fort,** und zwar auch dann nicht, wenn Personenidentität zwischen Vorstand und Liquidator besteht.[569] Eine **generelle Befreiung** des Liquidators von den Beschränkungen des § 181 BGB kann allerdings durch einen einfachen, dh nicht satzungsändernden Beschluss der Mitgliederversammlung nur erteilt werden, wenn es hierfür eine entsprechende **Öffnungsklausel** in der Vereinssatzung gibt, die eine Befreiung durch Beschluss der Mitgliederversammlung erlaubt.[570] Wenigstens insoweit wird man jedoch davon ausgehen können, dass eine auf den Vorstand bezogene Befreiungsmöglichkeit in der Satzung ausreicht, um auch den Liquidator von den Beschränkungen des Selbstkontrahierungsverbots zu befreien.[571] Nach zutreffender, wenn auch bestrittener Ansicht, ist es

[560] In diese Richtung jurisPK-BGB/*Otto* BGB § 48 Rn. 7.
[561] So Reichert/*Schörnig* Kap. 2 Rn. 4143.
[562] BGH NJW-RR 2009, 333; BeckOK BGB/*Schöpflin* BGB § 48 Rn. 4; Soergel/*Hadding* BGB § 48 Rn. 5.
[563] BGH NJW-RR 2009, 333; vgl. auch BayObLG DNotZ 1998, 843 (ebenfalls zur GmbH).
[564] BGH NJW-RR 2009, 333.
[565] MHdB GesR V/*Korte* § 65 Rn. 63; MüKoBGB/*Leuschner* BGB § 48 Rn. 14.
[566] So zutr. *Stöber/Otto* Rn. 1136; jurisPK-BGB/*Otto* BGB § 48 Rn. 8.
[567] *Stöber/Otto* Rn. 1136.
[568] Baumbach/Hueck/*Haas* GmbHG § 68 Rn. 5.
[569] OLG Hamm RNotZ 2010, 544; BayObLGZ 1985, 189 (beide zur GmbH); Soergel/*Hadding* BGB § 48 Rn. 5; MüKoBGB/*Leuschner* BGB § 49 Rn. 13; Reichert/*Schörnig* Kap. 2 Rn. 4163, 2450.
[570] BayObLGZ 1985, 189 (zur GmbH); MHdB GesR V/*Waldner* § 28 Rn. 18 (zum Vorstand).
[571] So auch OLG Zweibrücken BeckRS 2011, 23822 (zur GmbH); BayObLG NJW-RR 1996, 611; Reichert/*Schörnig* Kap. 2 Rn. 2450; *Wälzholz* GmbHR 2002, 305 (309) (zur GmbH); *Reymann* GmbHR 2009, 176 (181) (zur GmbH); **aA** nunmehr jedoch OLG Düsseldorf NZG 2016, 1424 (zur GmbH) sowie explizit OLG Köln NZG 2016, 1314 (zur GmbH).

jedenfalls möglich, eine Befreiung für den Einzelfall *(ad hoc)* auch ohne satzungsmäßige Grundlage zu beschließen (für den Vorstand ebenso → § 8 Rn. 234).[572]

Für die **Passivvertretung** des Vereins gilt § 48 Abs. 2 iVm § 26 Abs. 2 S. 2 BGB. Daher genügt die Abgabe von Willenserklärungen gegenüber einem Liquidator auch dann, wenn für die Aktivvertretung nur Gesamtvertretungsmacht besteht. 284

Formulierungsbeispiel: Liquidation (Satzungsbestandteil) 285

§ 20. Liquidation

Die Liquidation erfolgt durch die Vorstände. Die Vertretungsregelung für den Vorstand (§ 4 der Satzung) gilt für die Liquidatoren entsprechend. [*Alt.:* Die Liquidation erfolgt, soweit die Mitgliederversammlung nichts anderes beschließt, durch den im Zeitpunkt der Auflösung amtierenden 1. Vorsitzenden und seinen Stellvertreter (§ 4 der Satzung) als Liquidatoren, die jeweils einzelvertretungsberechtigt sind.]

Formulierungsbeispiel: Auflösungsbeschluss, Liquidatorenbestellung 286

(1) Der Verein wird mit Wirkung zum Ablauf des 31.12.2021 aufgelöst.
(2) Die Liquidation erfolgt durch die bisherigen Vorstandsmitglieder A, B, C und D, die also solche abberufen und zu Liquidatoren bestellt werden. Je zwei Liquidatoren vertreten gemeinsam. [*Alt.:* Jeder Liquidator vertritt stets einzeln.]

c) Abberufung der Liquidatoren, Amtsniederlegung. Ebenso wie die Bestellung der Liquidatoren obliegt der **Mitgliederversammlung** grundsätzlich auch deren **Abberufung** (§§ 48 Abs. 1 S. 2 Hs. 2, Abs. 2, 27 Abs. 2 BGB). Auch die Abberufung der Liquidatoren kann jedoch durch eine entsprechende (ausdrückliche) Satzungsregelung einem anderen **Vereinsorgan** oder sogar außenstehenden Dritten zugewiesen werden (zur Bestellung → Rn. 274). Beinhaltet die Satzung eine entsprechende Klausel zur Bestellung der Liquidatoren, so wird hiervon grundsätzlich auch die Abberufung der Liquidatoren als *actus contrarius* erfasst.[573] Allerdings wird mit guten Gründen vertreten, dass der Mitgliederversammlung im Liquidationsstadium auch bei satzungsmäßiger Zuständigkeit eines anderen Organs jedenfalls das Rechts zusteht, die Liquidatoren bei Vorliegen eines wichtigen Grundes abzuberufen, und zwar auch ohne vorherige (formelle) Satzungsänderung.[574] 287

Ist, wie regelmäßig, die Mitgliederversammlung zuständig, bedarf es für die Abberufung nach allgemeinen Regeln eines Beschlusses mit **einfacher Mehrheit** der abgegebenen Stimmen, soweit die Satzung nichts anderes bestimmt (§ 32 Abs. 1 S. 3 BGB). Dies gilt auch für den Fall, dass die Liquidatorenernennung in der Satzung erfolgt ist, es sei denn, es handelt sich ausnahmsweise um ein Sonderrecht eines Vereinsmitglieds iSd § 35 BGB.[575] Eine Satzungsregelung, die für die Vorstandsbestellung ein besonderes Mehrheitserfordernis für die Beschlussfassung der Mitgliederversammlung aufstellt, wird man aufgrund der Unterschiede zwischen werbendem und aufgelöstem Verein grundsätzlich nicht in Bezug auf die Bestellung der Liquidatoren anwenden können (→ Rn. 272 ff., 283).[576] Eines (wichtigen) Grundes bedarf die Abberufung nicht, und zwar nach hM auch dann nicht, wenn der Vorstand das Liquidatorenamt nach § 48 Abs. 1 S. 1 BGB als geborener Liquidator übernommen hat und die Abberufung als Vorstand in der Satzung gem. § 27 Abs. 2 S. 2 288

[572] MHdB GesR V/*Waldner* § 28 Rn. 18; Reichert/*Wagner* Kap. 2 Rn. 2448; aA *Stöber/Otto* Rn. 450 (jeweils bzgl. des Vereinsvorstands); KG GmbHR 2002, 327 (zum GmbH-Geschäftsführer).

[573] So zutr. MHdB GesR V/*Korte* § 65 Rn. 40; nach hier vertretener Auffassung ist eine Satzungsklausel zu Vorstandsbestellung bzw. -abberufung nicht auf die Liquidatoren anzuwenden, → Rn. 272 ff., 283.

[574] MHdB GesR V/*Korte* § 65 Rn. 40 (Arg.: Reibungslose und zügige Liquidationsabwicklung).

[575] MHdB GesR V/*Korte* § 65 Rn. 39, 41; Soergel/*Hadding* BGB § 48 Rn. 3.

[576] AA Baumbach/Hueck/*Haas* GmbHG § 66 Rn. 14 (zur GmbH); OLG Frankfurt a. M. NZG 1999, 833 (zur GmbH, allerdings aufgrund einer im konkreten Fall angestellten ergänzenden Vertragsauslegung).

BGB nur bei wichtigem Grund möglich gewesen wäre.[577] Dies rechtfertigt sich dadurch, dass der Zweck des Liquidationsverfahrens, der auf eine reibungslose Abwicklung des aufgelösten Vereins gerichtet ist, nicht mit Streitigkeiten über das Vorliegen eines wichtigen Grundes belastet werden soll.[578]

289 **Formulierungsbeispiel: Beschluss Liquidatorenwechsel**

A wird als Liquidator mit sofortiger Wirkung abberufen. B wird zum neuen Liquidator bestellt; er vertritt den Verein gemeinsam mit einem weiteren Liquidator.

290 Auch der Liquidator hat es in der Hand, durch eine **Amtsniederlegung** seine Rechtsstellung als Liquidator zu beenden. Hierzu bedarf es nach richtiger Auffassung grundsätzlich keiner Frist und keines wichtigen Grundes.[579] Auch wenn das zugrundeliegende Auftrags- oder Dienstverhältnis eine Amtsniederlegung nicht oder nicht ohne weiteres zulässt, führt dies nicht dazu, dass die Amtsniederlegung unwirksam ist. Ob sich aus einer etwaigen Vertragswidrigkeit der Niederlegung, insbesondere bei einer sog. „Amtsniederlegung zur Unzeit"[580] Schadensersatzpflichten des Liquidators ergeben, ist für die Wirksamkeit der Amtsniederlegung unerheblich.[581] Nur in engen Ausnahmefällen kann die Unwirksamkeit der Amtsniederlegung daraus folgen, dass sie aus unredlichen Gründen oder unter Verstoß gegen Treu und Glauben erfolgt (zur Situation beim Vereinsvorstand → § 8 Rn. 141 ff.).[582] Die Amtsniederlegung kann entweder gegenüber dem Bestellungsorgan, dh regelmäßig in der Mitgliederversammlung, oder außerhalb einer Mitgliederversammlung gegenüber einem anderen Liquidator erklärt werden.[583] Für die Entgegennahme der Niederlegungserklärung ist jeder der (übrigen) Liquidatoren zwingend einzeln zur Passivvertretung berechtigt (§§ 48 Abs. 2, 26 Abs. 2 S. 2, 40 BGB).

291 **Formulierungsbeispiel: Amtsniederlegung Liquidator**

An den *** e.V.
vertreten durch den Liquidator B

Hiermit lege ich mein Amt als Liquidator des Vereins *** e.V. mit sofortiger Wirkung nieder.

gez. A, Liquidator

292 Mit der Abberufung oder Amtsniederlegung endet die **Organstellung** des Liquidators. Davon zu unterscheiden ist das zugrunde liegende schuldrechtliche Verhältnis, bei dem es sich bei Ehrenamtlichkeit um ein Auftragsverhältnis und bei Entgeltlichkeit um ein dienstvertragliches Rechtsverhältnis handelt. Das Schicksal dieses Rechtsverhältnisses ist also gesondert zu betrachten, insbesondere hinsichtlich der Frage, ob in der Abberufung oder Amtsniederlegung eine Kündigung oder sonstige Beendigung des Rechtsverhältnisses liegt und ob eine solche überhaupt möglich ist.[584]

---

[577] MHdB GesR V/*Korte* § 65 Rn. 39, 41; BeckOK BGB/*Schöpflin* BGB § 48 Rn. 2; MüKoBGB/*Leuschner* BGB § 48 Rn. 9.
[578] MHdB GesR V/*Korte* § 65 Rn. 41; Reichert/*Schörnig* Kap. 2 Rn. 4137.
[579] MHdB GesR V/*Korte* § 65 Rn. 43; MüKoBGB/*Leuschner* BGB § 48 Rn. 10.
[580] Vgl. hierzu *Sauter/Schweyer/Waldner* Eingetragener Verein Rn. 274; *Stöber/Otto* Rn. 437 (zum Vorstand).
[581] MHdB GesR V/*Korte* § 65 Rn. 43; MüKoBGB/*Leuschner* BGB § 48 Rn. 10.
[582] BGH NJW-RR 2007 185; OLG München DNotZ 2011, 148; *Sauter/Schweyer/Waldner* Eingetragener Verein Rn. 274; *Stöber/Otto* Rn. 437 (alle zum Vorstand).
[583] MHdB GesR V/*Korte* § 65 Rn. 43; *Stöber/Otto* Rn. 435; zur Sonderkonstellation, dass kein weiterer Liquidator ist: MHdB GesR V/*Korte* § 65 Rn. 43; Reichert/*Schörnig* Kap. 2 Rn. 4140 sowie *Stöber/Otto* Rn. 436 (zum Vorstand).
[584] Vgl. hierzu MHdB GesR V/*Korte* § 65 Rn. 44 ff.

d) Anmeldung und Eintragung der Liquidatoren im Vereinsregister. Die Liquidatoren und ihre Vertretungsmacht sind gem. § 76 Abs. 1 S. 1, Abs. 2 BGB zum Vereinsregister **anzumelden** und dort **einzutragen** (zum Anmeldeverfahren → § 17 Rn. 87 ff.). Die Anmeldezuständigkeit liegt für die Erstanmeldung nach hier vertretener Ansicht bei den Liquidatoren, nach aA ist hierfür der Vorstand zuständig (→ Rn. 255). Auswirkungen haben die unterschiedlichen Meinungen nur, wenn es sich bei den ersten Liquidatoren um vorstandsverschiedene Personen handelt (→ Rn. 255). Aus § 76 Abs. 2 S. 2 BGB ergibt sich, dass die **Vertretungsmacht** der Liquidatoren auch dann zum Vereinsregister anzumelden ist, wenn sie nicht von der gesetzlichen Gesamtvertretungsmacht gem. § 48 Abs. 3 BGB abweicht.[585] Wurden die Liquidatoren durch Beschluss der Mitgliederversammlung bestellt, so ist der Anmeldung gem. § 76 Abs. 2 S. 4 BGB eine Abschrift des **Bestellungsbeschlusses** beizufügen; gleiches gilt, wenn eine vom Gesetz **abweichende Vertretungsregelung** beschlossen wurde. 293

Auch spätere **Änderungen** hinsichtlich der Liquidatoren, insbesondere also Abberufung und Neubestellung sowie Änderungen der Vertretungsmacht der Liquidatoren sind gem. § 76 Abs. 2 S. 3 BGB anzumelden und im Vereinsregister einzutragen. Die Anmeldung erfolgt in diesem Fall durch die amtierenden, dh ggf. die **neu bestellten Liquidatoren.** 294

Die Anmeldung hat in **öffentlich beglaubigter** Form ggf. unter Beifügung der in § 76 Abs. 2 S. 4 BGB genannten Anlagen zu erfolgen, und zwar durch die Liquidatoren (bzw. Vorstände) in vertretungsberechtigter Zahl (§ 77 BGB). Formulierungsbeispiel für die Anmeldung → § 17 Rn. 96. 295

Wurde der Liquidator gem. § 29 BGB von Amts wegen bestellt, erfolgt die Eintragung im Vereinsregister **von Amts wegen** (§ 76 Abs. 3 BGB). 296

4. Durchführung der Liquidation

a) Allgemeines. Den Aufgabenkreis der Liquidatoren definiert § 49 Abs. 1 BGB, der gleichzeitig den Sinn und Zweck der Liquidation selbst beschreibt. Danach haben die Liquidatoren die **laufenden Geschäfte** zu **beenden,** die **Forderungen einzuziehen,** das übrige **Vermögen in Geld umzusetzen,** die **Gläubiger zu befriedigen** und den **Überschuss an die Anfallberechtigten** auszukehren. Der Aufgabenbereich der Liquidatoren bestimmt gleichzeitig ihre Geschäftsführungsbefugnis im Innenverhältnis zum Verein. Diese ist also durch den Zweck der Liquidation beschränkt (zur Vertretungsmacht → Rn. 277).[586] Andererseits führen die Liquidatoren ihre Geschäfte eigenverantwortlich. Die Geschäftsführung kann ihnen durch Beschlüsse der Mitgliederversammlung nicht entzogen werden.[587] Insoweit bleibt nur die Abberufung und Bestellung eines anderen Liquidators. Jedenfalls kann der durch § 49 Abs. 1 BGB bestimmte **Aufgabenkreis** durch Beschlüsse der Mitgliederversammlung **nicht eingeschränkt** oder geändert werden.[588] Gleichermaßen ausgeschlossen und damit für den Liquidator unbeachtlich sind Weisungen der Mitgliederversammlung, die mit dem Zweck der Liquidation nicht zu vereinbaren sind (zB Weisung, das Vereinsvermögen nicht zu veräußern).[589] 297

Sind mehrere Liquidatoren bestellt, so gilt gem. § 48 Abs. 3 BGB hinsichtlich der **Geschäftsführung** im Innenverhältnis, ebenso wie für die Vertretung nach außen, das **Einstimmigkeitsprinzip.** Durch die Vereinssatzung kann jedoch etwas Abweichendes geregelt sein, wobei auch insoweit davon auszugehen ist, dass Satzungsregelungen, die den Vorstand betreffen, grundsätzlich nicht für die Liquidatoren gelten (→ Rn. 272 ff., 281). Das zuständige Bestellungsorgan (idR ist dies die Mitgliederversammlung) kann anstelle 298

[585] *Sauter/Schweyer/Waldner* Eingetragener Verein Rn. 411; *Krafka* RegisterR-HdB Rn. 2206; BeckOK BGB/*Schöpflin* BGB § 76 Rn. 2.
[586] Soergel/*Hadding* BGB § 48 Rn. 5; Staudinger/*Weick* (2005) BGB § 48 Rn. 4.
[587] *Sauter/Schweyer/Waldner* Eingetragener Verein Rn. 409; BeckOK BGB/*Schöpflin* BGB § 48 Rn. 3; Soergel/*Hadding* BGB § 49 Rn. 1.
[588] *Sauter/Schweyer/Waldner* Eingetragener Verein Rn. 413; Staudinger/*Weick* (2005) BGB § 49 Rn. 2.
[589] BeckOK BGB/*Schöpflin* BGB § 48 Rn. 3; *Sauter/Schweyer/Waldner* Eingetragener Verein Rn. 409.

der Einstimmigkeit auch das Mehrheitsprinzip oder Einzelgeschäftsführungsbefugnis beschließen, und zwar auch dann, wenn die Satzung insoweit keine (ausdrückliche) Grundlage enthält. Eine Satzungsänderung oder eine Beschlussfassung mit satzungsändernder Mehrheit ist für Beschlüsse zur Geschäftsführungsbefugnis also ebenso wenig erforderlich wie im Bereich der Vertretungsmacht (→ Rn. 282).

299 **b) Bekanntmachungspflichten.** Unter dem Gesichtspunkt des Gläubigerschutzes bestehen für die Liquidatoren neben der Anmeldepflicht zum Vereinsregister (→ Rn. 255, 293) die Bekanntmachungspflichten gem. §§ 50, 50a BGB.

300 Die Auflösung des Vereins ist im **satzungsmäßig bestimmten Veröffentlichungsblatt** bekannt zu machen (§ 50 Abs. 1 S. 3 BGB). Hierbei sind die Gläubiger zur Anmeldung ihrer Ansprüche aufzufordern. Sieht die Satzung kein Medium für Bekanntmachungen vor, oder hat das in der Satzung bezeichnete Blatt sein Erscheinen eingestellt, so ist in dem **Bekanntmachungsblatt des Amtsgerichts** zu veröffentlichen, in dem der Verein seinen Sitz hat (§ 50a BGB). Besteht eine Sammelzuständigkeit eines Amtsgerichts für das Vereinsregister mehrerer Amtsgerichtsbezirke, so ist dennoch im Amtsblatt am Vereinssitz (§ 24 BGB) und nicht im Amtsblatt des registerführenden Gerichts zu veröffentlichen.[590] Hierfür spricht neben dem Wortlaut des Gesetzes auch, dass aufgrund der Ortsnähe eher damit zu rechnen ist, dass die Gläubiger von der Veröffentlichung Kenntnis nehmen.[591] Die **Bekanntmachung** muss Name und Sitz (samt Anschrift) des Vereins, die Tatsache der Auflösung (nicht jedoch den Auflösungsgrund) sowie die Aufforderung beinhalten, dass die Vereinsgläubiger ihre Ansprüche beim Verein anmelden mögen.[592] Eine Gläubigeraufforderung ist auch dann erforderlich, wenn dem Verein (vermeintlich) **alle Gläubiger bekannt** sind.[593] Es genügt die **einmalige Bekanntmachung.** Wird mehrmals bekannt gemacht, ist für die Berechnung des Sperrjahres (§ 51 BGB) die erste Bekanntmachung maßgebend, die mit dem Ablauf des zweiten Tages nach der Veröffentlichung („Einrückung") als bewirkt gilt (§ 50 Abs. 1 S. 4 BGB).

301 Eine **gesetzliche Frist** für die **Bekanntmachung** gibt es nicht. Dennoch gebietet es der Gläubigerschutz, dass die Liquidatoren die Bekanntmachung unverzüglich nach der Auflösung bewirken.[594] Bei einer Verletzung der Bekanntmachungspflichten drohen den Liquidatoren Schadensersatzansprüche gem. § 53 BGB.[595] Eine Verzögerung des Gläubigeraufrufs führt im Übrigen zu einer Verlängerung der Liquidation, da das Sperrjahr erst mit der Bekanntmachung zu laufen beginnt (§ 51 BGB).

302 Die Liquidatoren können auf die Bekanntmachung nur verzichten, wenn **überhaupt kein verwertbares Vermögen** vorhanden ist.[596] Denn der bezweckte Gläubigerschutz kann in diesem Fall nicht erreicht werden. Allerdings ist diese Auffassung nicht unbestritten.[597] Daher sollte angesichts des geringen Aufwands **vorsorglich** eine **Bekanntmachung** auch im Fall der Vermögenslosigkeit erfolgen.

303 **Formulierungsbeispiel: Gläubigeraufruf nach Vereinsauflösung**

Der *** e.V. mit Sitz in ***, Geschäftsanschrift ***, ist aufgelöst. Die Gläubiger werden aufgefordert, ihre Ansprüche beim Liquidator ***, Anschrift ***, anzumelden.

---

590 BeckOK BGB/*Schöpflin* BGB § 50a Rn. 2; *Stöber/Otto* Rn. 1148; *Sauter/Schweyer/Waldner* Eingetragener Verein Rn. 413.

591 *Sauter/Schweyer/Waldner* Eingetragener Verein Rn. 413; Soergel/*Hadding* BGB § 50 Rn. 2.

592 BeckOK BGB/*Schöpflin* BGB § 50 Rn. 2; Soergel/*Hadding* BGB § 50 Rn. 1.

593 *Stöber/Otto* Rn. 1148; *Grziwotz* DStR 1992, 1405; Reichert/*Schörnig* Kap. 2 Rn. 4176.

594 MHdB GesR V/*Korte* § 65 Rn. 73; Soergel/*Hadding* BGB § 50 Rn. 1.

595 MüKoBGB/*Leuschner* BGB § 50 Rn. 3; MHdB GesR V/*Korte* § 65 Rn. 74.

596 *Sauter/Schweyer/Waldner* Eingetragener Verein Rn. 413; BeckOK BGB/*Schöpflin* BGB § 50 Rn. 1; Reichert/*Schörnig* Kap. 2 Rn. 4177.

597 Gegen eine Entbehrlichkeit: Palandt/*Ellenberger* BGB § 50 Rn. 1; MüKoBGB/*Leuschner* BGB § 50 Rn. 2; MHdB GesR V/*Korte* § 65 Rn. 72; offenlassend Staudinger/*Schwennicke* BGB § 50 Rn. 7.

Eine **individuelle Aufforderung** hat nach § 50 Abs. 2 BGB gegenüber den bekannten Gläubigern zu erfolgen. Ein gesetzliches Formerfordernis gibt es hierfür zwar nicht, im Hinblick auf die den Liquidatoren drohende Schadensersatzpflicht nach § 53 BGB, sollte jedoch darauf geachtet werden, die Aufforderung in nachweisbarer Form (zB Schriftform, Textform) vorzunehmen.[598] 304

c) Beendigung der laufenden Geschäfte. Die Pflicht der Liquidatoren, die **laufenden Geschäfte** zu **beenden** (§ 49 Abs. 1 BGB), darf nicht so verstanden werden, dass unverzüglich alle Vertragsbeziehungen und sonstigen Aktivitäten eingestellt werden müssen. Vielmehr kann eine geordnete und ertragbringende Vermögensverwertung es erfordern, gewisse Vorgänge (zB begonnene Bauprojekte) abzuschließen.[599] Wenn ein Verein einen wirtschaftlichen Geschäftsbetrieb unterhält, so kann dessen zeitweise Fortführung durchaus den Zwecken der Liquidation entsprechen.[600] Wie sich bereits aus dem Wortlaut des § 49 Abs. 1 S. 2 BGB ergibt, ist auch das Eingehen neuer Geschäfte unter gewissen Voraussetzungen („zur Beendigung schwebender Geschäfte") zulässig. Nach richtiger Auffassung können auch darüber hinaus **neue Geschäfte** vorgenommen werden, wenn diese objektiv dem Abwicklungszweck dienen und subjektiv mit dieser Absicht getätigt werden.[601] Stets muss also das Ziel verfolgt werden, die Geschäftstätigkeit des Vereins endgültig zu beenden. Eine Rückkehr zum werbenden Zweck des Vereins ist ohne entsprechenden Mitgliederbeschluss jedenfalls ausgeschlossen. 305

d) Einziehung von Forderungen und Umsetzung des Vereinsvermögens in Geld. Die Liquidatoren haben gem. § 49 Abs. 1 BGB die Pflicht, **sämtliche Ansprüche** des Vereins gegen Dritte sowie gegen Vereinsmitglieder – dazu gehören insbesondere rückständige Vereinsbeiträge (zu künftigen Vereinsbeiträgen → Rn. 251) – **geltend zu machen,** ggf. auch gerichtlich.[602] Hinsichtlich des Vereinsvermögens besteht grundsätzlich eine Verpflichtung zur Umsetzung in Geld, die in der Regel durch Verkauf zu erfolgen hat. Die Art und Weise (freihändiger Verkauf oder Versteigerung) liegt im pflichtgemäßen Ermessen der Liquidatoren.[603] Nur ausnahmsweise kann die Forderungseinziehung und die „Versilberung" des Vereinsvermögens gem. § 49 Abs. 1 S. 3 BGB unterbleiben, wenn dies zur Gläubigerbefriedigung nicht erforderlich ist und auch die Verteilung des Vereinsvermögens an die Anfallberechtigten dies nicht gebietet. Dies kann etwa der Fall sein, wenn die liquiden Mittel zur Gläubigerbefriedigung ausreichen und die Anfallberechtigten erklären, einzelne Vermögensgegenstände *in natura* zu übernehmen.[604] 306

e) Befriedigung der Gläubiger. Die Liquidatoren haben ferner gem. § 49 Abs. 1 BGB die **Gläubiger zu befriedigen,** dh alle Vereinsverbindlichkeiten zu tilgen, gleich ob diese auf Geld oder eine sonstige Leistung gerichtet sind. Hierbei handelt es sich um das eigentliche **Ziel der Liquidation.**[605] Denn der Verein soll frei von Verbindlichkeiten sein oder solche gem. § 52 BGB sichergestellt haben, bevor der Überschuss an die Anfallberechtigten ausgekehrt wird. Die Erfüllungspflicht besteht dabei nicht nur gegenüber solchen Gläubigern, die sich nach dem Gläubigeraufruf gemeldet haben.[606] Wenn sich bekannte Gläubiger also nicht melden, sind ihre Forderungen dennoch zu erfüllen, ggf. durch Hinterlegung (§§ 52 Abs. 1, 372ff. BGB). Für streitige und zurzeit nicht erfüllbare Verbind- 307

[598] MHdB GesR V/*Korte* § 65 Rn. 71.
[599] BeckOK BGB/*Schöpflin* BGB § 49 Rn. 7.
[600] MHdB GesR V/*Korte* § 65 Rn. 77; MüKoBGB/*Leuschner* BGB § 49 Rn. 4.
[601] MHdB GesR V/*Korte* § 65 Rn. 77.
[602] MüKoBGB/*Leuschner* BGB § 49 Rn. 6; BeckOK BGB/*Schöpflin* BGB § 49 Rn. 8.
[603] MHdB GesR V/*Korte* § 65 Rn. 80.
[604] BeckOK BGB/*Schöpflin* BGB § 49 Rn. 8; MHdB GesR V/*Korte* § 65 Rn. 81.
[605] Reichert/*Schörnig* Kap. 2 Rn. 4210.
[606] MHdB GesR V/*Korte* § 65 Rn. 83; *Sauter/Schweyer/Waldner* Eingetragener Verein Rn. 416.

lichkeiten ist vor der Auskehr des Liquidationsüberschusses an die Anfallberechtigten Sicherheit zu leisten (§§ 52 Abs. 2, 232ff. BGB). Die Einhaltung dieser Bestimmungen liegt auch im Eigeninteresse der Liquidatoren, da sie sich bei Pflichtverletzungen unter Umständen gem. § 53 BGB schadensersatzpflichtig machen.

308 Eine bestimmte **Reihenfolge der Gläubigerbefriedigung** geben die vereinsrechtlichen Liquidationsvorschriften nicht vor. Zeigt sich jedoch im Laufe der Liquidation, dass nicht alle Gläubiger befriedigt werden können oder der Verein zahlungsunfähig ist, so trifft die Liquidatoren gem. §§ 53, 42 Abs. 2 BGB die **Insolvenzantragspflicht.**[607] Wird diese Pflicht schuldhaft verletzt, so drohen den Liquidatoren Schadensersatzansprüche (§ 53 BGB).

309 **f) Auskehr des Liquidationsüberschusses, Sperrjahr.** Am **Ende** der Liquidation steht die **Vermögensauskehr an die Anfallberechtigten** (zur Anfallberechtigung → Rn. 261 ff.). Sind also alle Gläubiger befriedigt bzw. ist deren Befriedigung durch Hinterlegung oder Sicherheitsleistung sichergestellt und das Sperrjahr des § 51 BGB abgelaufen, haben die Liquidatoren den verbleibenden Überschuss an die Anfallberechtigten herauszugeben, dh Geldmittel auszuzahlen und andere Gegenstände zu übereignen bzw. abzutreten. Sollten die Anfallberechtigten ausnahmsweise nicht zu ermitteln sein, etwa weil die anfallberechtigten Vereinsmitglieder den Vereinsakten nicht mehr zu entnehmen sind, besteht für die Liquidatoren die Möglichkeit, diese im Rahmen einer Bekanntmachung analog §§ 50, 50a BGB dazu aufzufordern, sich zu melden.[608]

310 Das **Sperrjahr** (§ 51 BGB), das zwischen Gläubigeraufruf und Vermögensauskehr liegen muss, soll sicherstellen, dass noch unbekannte Gläubiger ausreichend Zeit haben, ihre Ansprüche anzumelden. Eine **Auskehr des Liquidationsüberschusses** an die Anfallberechtigten darf daher erst **nach Ablauf des Sperrjahrs** erfolgen. Aufgrund des zwingenden Charakters kann diese Frist auch nicht durch Vereinbarung mit den (bekannten) Gläubigern verkürzt oder anderweitig abbedungen werden.[609] Die Jahresfrist des § 51 BGB ist **keine Ausschlussfrist.** Meldet sich ein Gläubiger also nach Ablauf des Sperrjahres, so ist er mit seiner Forderung nicht ausgeschlossen. Läuft das Liquidationsverfahren noch, so ist er im Rahmen der Gläubigerbefriedigung zu berücksichtigen.[610] Eine Auskehr des Vermögens an die Anfallberechtigten kann in diesem Fall also noch nicht stattfinden.

311 Wurde das Vermögen **nach Ablauf des Sperrjahres** und Beachtung der gesetzlichen Vorschriften über die Liquidation bereits an die Anfallberechtigten übertragen, so können die Gläubiger jedoch **keine Befriedigung** mehr erreichen. Der Verein ist mit Abschluss der ordnungsgemäß durchgeführten Liquidation beendet und damit als Rechtspersönlichkeit weggefallen (→ Rn. 232, 313ff.). Mit diesem Wegfall des Schuldners erlöschen auch die gegen ihn gerichteten Ansprüche.[611] Die Anfallberechtigten sind in diesem Fall auch nicht zur Herausgabe des an sie ausgekehrten Liquidationsüberschusses verpflichtet, insbesondere nicht aus ungerechtfertigter Bereicherung, da bei ordnungsgemäßer Abwicklung der Liquidation in den §§ 50–52 BGB der Rechtsgrund iSd § 812 BGB für das erlangte Vermögen liegt.[612]

312 Etwas anderes gilt allerdings, wenn das Vermögen unter **Verletzung der Liquidationsvorschriften,** also insbesondere vor Ablauf des Sperrjahres an die Anfallberechtigten

---

[607] MHdB GesR V/*Korte* § 65 Rn. 85; *Sauter/Schweyer/Waldner* Eingetragener Verein Rn. 415.

[608] *Sauter/Schweyer/Waldner* Eingetragener Verein Rn. 406, 414; Palandt/*Ellenberger* BGB § 50 Rn. 1; Soergel/*Hadding* BGB § 50 Rn. 1; *Grziwotz* DStR 1992, 1405.

[609] *Grziwotz* DStR 1992, 1405; MHdB GesR V/*Korte* § 65 Rn. 92; *Sauter/Schweyer/Waldner* Eingetragener Verein Rn. 418.

[610] MHdB GesR V/*Korte* § 65 Rn. 94; BeckOK BGB/*Schöpflin* BGB § 51 Rn. 4; Palandt/*Ellenberger* BGB § 53 Rn. 2; MüKoBGB/*Leuschner* BGB § 51 Rn. 8.

[611] MHdB GesR V/*Korte* § 65 Rn. 94; BeckOK BGB/*Schöpflin* BGB § 50 Rn. 3 und § 53 Rn. 4; Soergel/*Hadding* BGB § 51 Rn. 4.

[612] BeckOK BGB/*Schöpflin* BGB § 53 Rn. 4; MHdB GesR V/*Korte* § 65 Rn. 12; MüKoBGB/*Leuschner* BGB § 51 Rn. 7.

ausgekehrt wurde. In diesem Fall steht dem Verein ein **bereicherungsrechtlicher Anspruch** gegen die Anfallberechtigten zu, da diese das Vereinsvermögen unter Verstoß gegen die Liquidationsvorschriften und daher ohne rechtlichen Grund erhalten haben. Ein **unmittelbarer Kondiktionsanspruch** der **Gläubiger** gegenüber den Anfallberechtigten besteht allerdings **nicht.** Es handelt sich vielmehr um einen Anspruch des Vereins gegenüber den Anfallberechtigten, den die Gläubiger pfänden und sich überweisen lassen müssen.[613]

5. Ende der Liquidation

a) Allgemeines, Vollbeendigung. Die **Liquidation endet,** wenn **kein verwertbares Aktivvermögen** des Vereins mehr vorhanden ist.[614] Dies kann der Fall sein, wenn das **Vermögen** im Rahmen der Gläubigerbefriedigung **erschöpft ist** (zu einer etwaigen Insolvenzantragspflicht → Rn. 308). Im Übrigen findet das Liquidationsverfahren seinen Abschluss mit der **Schlussverteilung,** dh der Auskehr des Vermögens an die Anfallberechtigten. Dies gilt allerdings nur, wenn das Liquidationsverfahren ordnungsgemäß durchgeführt und dabei insbesondere die gläubigerschützenden Vorschriften der §§ 50 bis 52 BGB beachtet wurden. Eine rein faktische Auskehr des Vereinsvermögens an die Anfallberechtigten vor Ablauf des Sperrjahres führt also nicht zur Beendigung der Liquidation.[615] Das Gleiche gilt, wenn nach Ablauf des Sperrjahrs das noch vorhandene Vermögen unter Übergehung bekannter Gläubiger an die Anfallberechtigten ausgekehrt wird.[616] Dem Verein steht in diesen Fällen nämlich ein bereicherungsrechtlicher Anspruch gem. § 812 BGB gegen die Anfallberechtigten zu (→ Rn. 311 f.). Bei diesem Bereicherungsanspruch handelt es sich um Aktivvermögen des Vereins, der aufgrund fehlender Vermögenslosigkeit also noch nicht erloschen ist.[617] 313

Ist der in Liquidation befindliche Verein **Partei eines Rechtsstreits,** so differenziert die hM wie folgt: Während eines Aktivprozesses bleibt es bei der Rechts- und Parteifähigkeit, da sich der Verein eines Anspruchs berühmt, der als Vereinsvermögen zu betrachten ist und daher der Beendigung der Liquidation entgegensteht.[618] Beendet der Verein hingegen während eines Passivprozesses die Liquidation, so führt dies zum Erlöschen des Vereins, die Klage ist daher als unzulässig abzuweisen, wobei etwaige Kostenerstattungsansprüche des Vereins die Vermögenslosigkeit und damit das Erlöschen ausschließen können.[619] Anders soll dies jedoch nach der Rechtsprechung des BAG dann sein, wenn gegen den Verein als Beklagten ein Rechtsstreit geführt wird, der einen nicht vermögensrechtlichen Gegenstand hat, zB eine Kündigungsschutzklage.[620] 314

Kein verwertbares Vermögen iSd Liquidation sind die nach Abschluss der Liquidation weiter zu verwahrenden **Bücher und Schriften,** so dass ihr Vorhandensein der Beendigung der Abwicklung nicht entgegensteht.[621] 315

Sofern die Liquidation ordnungsgemäß erfolgt ist, findet mit der Beendigung des Liquidationsverfahrens auch der Verein sein Ende (hierzu auch → Rn. 318). Eine Fortsetzung 316

---

613 *Sauter/Schweyer/Waldner* Eingetragener Verein Rn. 418; BeckOK BGB/*Schöpflin* BGB § 53 Rn. 4; MHdB GesR V/*Korte* § 65 Rn. 105; Soergel/*Hadding* BGB § 51 Rn. 3; Staudinger/*Schwennicke* BGB § 51 Rn. 11; aA noch Staudinger/*Weick* (2005) BGB § 51 Rn. 2: unmittelbarer Anspruch gegen die Anfallberechtigten analog § 822 BGB.

614 OLG Saarbrücken FGPrax 2019, 125.

615 OLG Düsseldorf Rpfleger 2004, 293; BeckOK BGB/*Schöpflin* BGB § 49 Rn. 13; Staudinger/*Schwennicke* BGB § 51 Rn. 11.

616 Staudinger/*Schwennicke* BGB § 51 Rn. 13.

617 OLG Düsseldorf Rpfleger 2004, 293; MHdB GesR V/*Korte* § 65 Rn. 12.

618 BGHZ 28, 355; BeckOK BGB/*Schöpflin* BGB § 49 Rn. 15; MüKoBGB/*Leuschner* BGB vor § 41 Rn. 39.

619 BGH NJW 1979, 1592; BeckOK BGB/*Schöpflin* BGB § 49 Rn. 15; abw. Soergel/*Hadding* BGB § 49 Rn. 14, nach dem auch ein vermögensrechtlicher Passivprozess der Liquidationsbeendigung entgegensteht.

620 BAG NJW 1982, 1831; BeckOK BGB/*Schöpflin* BGB § 49 Rn. 15; Palandt/*Ellenberger* BGB § 49 Rn. 3.

621 *Stöber/Otto* Rn. 1117; Soergel/*Hadding* BGB § 49 Rn. 14.

des Vereins ist ab diesem Moment nicht mehr möglich.[622] Mit Beendigung der Liquidation **endet** auch das **Amt des Liquidators.** Die Verteilung des Liquidationsvermögens unter mehreren Anfallberechtigten gehört nicht mehr zu den Aufgaben des Liquidators.[623] Für die Liquidatoren besteht nach der Vermögensauskehr noch die Pflicht der Schlussrechnungslegung gem. §§ 48 Abs. 2, 27 Abs. 3, 666 BGB.[624] Ihnen steht ein Recht auf Entlastung zu.[625]

317 **b) Anmeldung der Liquidationsbeendigung und Löschung des Vereins.** Die **Beendigung der Liquidation** ist gem. § 76 Abs. 1 S. 2, Abs. 2 S. 3 BGB von den Liquidatoren **anzumelden** und im Vereinsregister **einzutragen** (zum Anmeldeverfahren samt Formulierungsbeispiel → § 17 Rn. 86 ff., 97). Dies ist nach der Neufassung der Vorschrift durch die Vereinsrechtsreform 2009[626] nunmehr klargestellt. Die Anmeldepflicht kann gem. § 78 Abs. 2 BGB durch Zwangsgeld durchgesetzt werden.

318 Nach **traditioneller Auffassung** ist die Eintragung der Liquidationsbeendigung **deklaratorisch.**[627] Die Vollbeendigung des Vereins soll allein dadurch eintreten, dass der Verein vermögenslos geworden ist, sei es weil das Vermögen im Rahmen der Liquidation erschöpft wurde oder weil der Liquidationsüberschuss an die Anfallberechtigten ausgekehrt ist.[628] Die im Kapitalgesellschaftsrecht geltende Lehre vom **Doppeltatbestand,** nach der zur Vollbeendigung neben der Vermögenslosigkeit auch die **konstitutive Löschungseintragung** im Register erforderlich ist, soll für Vereine nicht gelten. Dem wird zu Recht entgegengehalten, dass die Vermögenslosigkeit allein ein unscharfes Kriterium darstellt. Daher sollte im Interesse der Rechtsklarheit auch im Vereinsrecht der Lehre vom Doppeltatbestand gefolgt werden.[629] Hierfür spricht auch, dass seit der Vereinsrechtsreform 2009 die Anmeldung der Liquidationsbeendigung durch den Liquidator ebenso wie deren Registereintragung ausdrücklich gesetzlich geregelt ist (§ 76 Abs. 2 S. 3, Abs. 1 S. 2 BGB). Die Lehre vom Doppeltatbestand kann jedenfalls nach neuer Rechtslage nicht mehr mit dem Argument abgelehnt werden, im Vereinsrecht fehle es an einer ausdrücklichen gesetzlichen Anmeldepflicht hinsichtlich der Liquidationsbeendigung.[630]

319 Umstritten ist, ob die Liquidationsbeendigung und damit das Erlöschen des Vereins bereits **vor Ablauf des Sperrjahres** in das Vereinsregister eingetragen werden darf.[631] Nach richtiger Auffassung ist dies **nicht grundsätzlich ausgeschlossen.**[632] Denn die Liquidation kann sich im konkreten Fall bereits vor Ablauf des Sperrjahres erledigen, zB weil gar kein verteilbares Vermögen mehr vorhanden ist oder das Vereinsvermögen im Zuge der Liquidation erschöpft wurde und daher keine Vermögensauskehr an die Anfallberechtigten mehr erfolgen kann.[633] In diesem Fall ist eine entsprechende Eintragung im Vereinsregister

[622] BeckOK BGB/*Schöpflin* BGB § 49 Rn. 13; NK-BGB/*D. Eckardt* BGB § 47 Rn. 21.
[623] *Sauter/Schweyer/Waldner* Eingetragener Verein Rn. 418; *Stöber/Otto* Rn. 1153; jurisPK-BGB/*Otto* BGB § 49 Rn. 12.
[624] MHdB GesR V/*Korte* § 65 Rn. 98; Reichert/*Schörnig* Kap. 2 Rn. 4272.
[625] *Sauter/Schweyer/Waldner* Eingetragener Verein Rn. 418; MHdB GesR V/*Korte* § 65 Rn. 101.
[626] Gesetz zur Erleichterung elektronischer Anmeldungen zum Vereinsregister und anderer vereinsrechtlicher Änderungen, BGBl. 2009 I 3145 ff.
[627] BeckOK BGB/*Schöpflin* BGB § 76 Rn. 4; jurisPK-BGB/*Otto* BGB § 41 Rn. 2; Reichert/*Schörnig* Kap. 2 Rn. 4304, 4320.
[628] *Stöber/Otto* Rn. 1129, 1153; Reichert/*Schörnig* Kap. 2 Rn. 4086 f.; so auch OLG Düsseldorf NZG 2013, 1185, das (zu Unrecht) annimmt, der Verein erlösche unmittelbar, wenn im Zeitpunkt des Auflösungsbeschlusses kein verteilungsfähiges Vermögen mehr vorhanden ist.
[629] BeckOK BGB/*Schöpflin* BGB § 49 Rn. 13; MHdB GesR V/*Korte* § 65 Rn. 108; NK-BGB/*D. Eckardt* BGB § 47 Rn. 20; MüKoBGB/*Leuschner* BGB vor § 41 Rn. 33, 34.
[630] Zutr. MüKoBGB/*Leuschner* BGB vor § 41 Rn. 34; zur früheren Rechtslage *Reichert,* 10. Aufl., Rn. 4044.
[631] Vgl. hierzu MHdB GesR V/*Korte* § 65 Rn. 96.
[632] *Sauter/Schweyer/Waldner* Eingetragener Verein Rn. 421; *Stöber/Otto* Rn. 1409; NK-BGB/*D. Eckardt* BGB § 51 Rn. 5; *Grziwotz* DStR 1994, 1404 (1405); aA wohl BeckOK BGB/*Schöpflin* BGB § 51 Rn. 4.
[633] Nach richtiger Auffassung führt dies jedoch nicht bereits zur Vollbeendigung des Vereins (Erlöschen), da hierzu auch die Registereintragung erforderlich ist (Lehre vom Doppeltatbestand; → Rn. 318); aA OLG Düsseldorf NZG 2005, 1185.

materiell richtig und muss aufgrund der Akzessorietät des Verfahrensrechts auch zulässig sein. Dies entspricht im Übrigen auch der im GmbH-Recht überwiegend vertretenen Meinung und einer insoweit verbreiteten Registerpraxis.[634] Zu Recht wird jedoch insoweit darauf hingewiesen, dass es die Prüfungspflicht des Registergerichts regelmäßig erfordern wird, die Voraussetzung für eine Liquidationsbeendigung vor Ablauf des Sperrjahres zu prüfen, indem bei der Anmeldung eine **Erklärung der Liquidatoren** darüber verlangt wird, dass **kein Vereinsvermögen** mehr vorhanden ist, eine **Verteilung an die Anfallberechtigten** nicht erfolgt ist und **keine (Aktiv-)Prozesse anhängig** sind.[635] Wird das Erlöschen des Vereins ohne Einhaltung des Sperrjahres gleichzeitig mit der Auflösung angemeldet, bedarf es nach hM dennoch einer **Anmeldung der Liquidatoren** und deren Vertretungsmacht sowie einer entsprechenden Eintragung in das Vereinsregister, um so die für die Liquidation (oder deren Unterbleiben) verantwortlichen Personen zu verlautbaren.[636]

Unterbleibt eine Anmeldung der Liquidationsbeendigung, so besteht die Möglichkeit, 320
das Registerblatt **von Amts** wegen gem. § 4 Abs. 2 S. 3 VRV **zu schließen.**[637]

6. Nachtragsliquidation

Ergibt sich nach Beendigung des Liquidationsverfahrens und Löschung des Vereins im Ver- 321
einsregister, dass noch Vereinsvermögen vorhanden ist, bedarf es einer **Nachtragsliquidation.** Ein Bedürfnis hierfür kann sich auch dann ergeben, wenn dem Verein materiell zwar kein Recht mehr zusteht, aber noch eine formale Rechtsposition besteht, zu deren Beseitigung eine Mitwirkung des Vereins erforderlich ist.[638]

Beispiel:

Der Verein ist noch Buchgläubiger eines im Grundbuch eingetragenen, aber bereits erloschenen Vorkaufsrechts für den ersten Verkaufsfall.

In den genannten Fällen stellt sich rückwirkend heraus, dass die angenommene **Vollbe-** 322
endigung mangels Vermögenslosigkeit noch **nicht eingetreten** ist.[639] Die Abwicklung ist also noch nicht beendet, daher bedarf es einer Wiederaufnahme der Liquidationstätigkeit.[640]

Das (unerkannte) Fortbestehen des Liquidationsstadiums ändert jedoch nach hM nichts 323
daran, dass die Liquidation zumindest faktisch abgeschlossen und das **Amt** der ursprünglich **bestellten Liquidatoren** damit **erloschen** ist.[641] Mit der Nachtragsliquidation lebt die beendete Liquidatorenstellung der früheren Liquidatoren nicht wieder auf.[642] Es bedarf daher einer **Neubestellung der Nachtragsliquidatoren** durch das Registergericht gem. § 29 BGB.[643] Eine solche findet auf Antrag eines Beteiligten iSd § 29 BGB statt. Nach richtiger Auffassung setzt der Beteiligtenbegriff des § 29 BGB und damit die Antragsberechtigung ein rechtliches Interesse voraus.[644] Ein solches wird neben den ehemaligen Liquidatoren und den Anfallberechtigten (§ 45 BGB) auch solchen Gläubigern zugestanden,

---

634 OLG Köln DNotZ 2005, 314; OLG Naumburg RNotZ 2002, 462; BayObLG Rpfleger 1982, 429; *Krafka* RegisterR-HdB Rn. 1150.

635 *Sauter/Schweyer/Waldner* Eingetragener Verein Rn. 421; jurisPK-BGB/*Otto* BGB § 51 Rn. 4.

636 OLG Düsseldorf NZG 2013, 1185; BayObLG Rpfleger 1982, 429; BeckOK BGB/*Schöpflin* BGB § 73 Rn. 3; MHdB GesR V/*Korte* § 65 Rn. 51; anders ist dies beim liquidationslosen Erlöschen, → Rn. 254.

637 *Krafka* RegisterR-HdB Rn. 2208; Reichert/*Schörnig* Kap. 2 Rn. 4321.

638 NK-BGB/*D. Eckardt* BGB § 47 Rn. 22.

639 OLG Saarbrücken FGPrax 2019, 125.

640 MHdB GesR V/*Korte* Rn. 101, 106 ff.

641 BGH NJW 1970, 1044 (zur GmbH); MHdB GesR V/*Korte* § 65 Rn. 109; jurisPK-BGB/*Otto* BGB § 51 Rn. 13; Soergel/*Hadding* BGB § 49 Rn. 15: In der Anmeldung der Liquidationsbeendigung liegt die Amtsniederlegung der Liquidatoren.

642 *Stöber/Otto* Rn. 1155; BeckOK BGB/*Schöpflin* BGB § 49 Rn. 16.

643 MHdB GesR V/*Korte* § 65 Rn. 35, 109.

644 OLG Saarbrücken NJW-RR 2019, 233.

die behaupten, im Verteilungsverfahren übergangen worden zu sein.[645] Auch sonstige Dritte, zu deren Gunsten noch Abwicklungsmaßnahmen erforderlich sind, können das erforderliche rechtliche Interesse geltend machen. Nicht ausreichend ist es jedoch, wenn ein Dritter vorträgt, ein allgemeines Erwerbsinteresse hinsichtlich des noch vorhandenen Vereinsvermögens zu haben, ohne in einer sonstigen Rechtsbeziehung zum Verein zu stehen.[646] Im **gerichtlichen Beschluss** wird der Nachtragsliquidator bestellt und auch gleichzeitig sein Wirkungskreis festgelegt. In diesem Fall entspricht es der hM, dass durch den genannten Aufgabenkreis auch gleichzeitig die **Vertretungsmacht** nach außen hin **beschränkt ist.**[647] Das überzeugt, da aufgrund der besonderen Situation der Nachtragsliquidation kein Bedürfnis für eine weitergehende Vertretungsmacht aus Verkehrsschutzgründen besteht.

324 Die Nachtragsliquidatoren sind grundsätzlich in das **Vereinsregister einzutragen.**[648] Bedarf es hingegen wie in oben genanntem Beispiel (→ Rn. 321) nur einer Verfahrenshandlung, nämlich der Abgabe einer Löschungsbewilligung in grundbuchtauglicher Form, so genügt zum entsprechenden Nachweis gegenüber dem Grundbuchamt die Ausfertigung des Beschlusses über die Bestellung des Nachtragsliquidators.[649] Eine Eintragung in das Vereinsregister erscheint in diesem Fall verzichtbar.

325 **Formulierungsbeispiel: Antrag auf Nachtragsliquidation**

An das Amtsgericht ***
– Vereinsregister –

*** e.V. (VR ***)

Antrag auf Bestellung eines Nachtragsliquidators

Der im Betreff genannte Verein ist im Vereinsregister gelöscht worden.

Nunmehr hat sich herausgestellt, dass dem Verein noch ein Anspruch auf Erstattung von Umsatzsteuer für das Jahr 2020 gegenüber der Staatskasse, vertreten durch das Finanzamt ***, zusteht.

Hinsichtlich dieses Umsatzsteuerguthabens bedarf es also noch weiterer Abwicklungsmaßnahmen. Es wird beantragt, den Unterzeichnenden als früheren Liquidator des Vereins nunmehr zum Nachtragsliquidator zu bestellen, mit der Aufgabe gegenüber dem Finanzamt *** die Auszahlung des vorgenannten Steuerguthabens zu bewirken, insbesondere dessen Auszahlung zu beantragen und entgegenzunehmen.

Die allgemeine Vertretungsregelung für die Liquidatoren lautet: Jeder Liquidator vertritt einzeln.

Es wird angeregt, von der Wiedereintragung des Vereins in das Vereinsregister abzusehen, da die Nachtragsliquidation nur zur Vornahme der oben genannten Handlungen nötig ist, und der Nachtragsliquidator sich deshalb durch die Bestellungsurkunde des Gerichts ausreichend legitimieren kann.

gez. ***, ehemaliger Liquidator des *** e.V.

IV. Fortsetzung des aufgelösten Vereins

1. Allgemeines

326 Eine ausdrückliche Regelung zur Fortsetzung des Vereins nach dessen Auflösung trifft das Gesetz nur in § 42 Abs. 1 S. 2 BGB für den Fall der insolvenzbedingten Auflösung. Auch

[645] *Stöber/Otto* Rn. 1155; Reichert/*Schörnig* Kap. 2 Rn. 4324; jurisPK-BGB/*Otto* BGB § 51 Rn. 13.
[646] OLG Saarbrücken NJW-RR 2019, 233.
[647] *Stöber/Otto* Rn. 1155; Reichert/*Schörnig* Kap. 2 Rn. 4329.
[648] *Stöber/Otto* Rn. 1156; Reichert/*Schörnig* Kap. 2 Rn. 4334.
[649] *Krafka* RegisterR-HdB Rn. 2209; Reichert/*Schörnig* Kap. 2 Rn. 4329, 4333.

im Übrigen ist es jedoch anerkannt, dass eine **Fortsetzung des Vereins** nach eingetretener Auflösung **grundsätzlich möglich ist** (vgl. auch § 3 S. 3 Nr. 4 lit. b sublit. dd VRV).[650] Entgegen einer insbesondere früher vertretenen Ansicht ergibt sich aus § 47 Abs. 1 BGB **kein gesetzliches Gebot,** den einmal aufgelösten Verein **zwingend abzuwickeln** und bei gewollter Fortsetzung neu zu gründen. Einen **Liquidationszwang** beinhaltet § 47 Abs. 1 BGB nur insoweit, als eine Abwicklung und Vermögensverteilung nicht außerhalb des Liquidationsverfahrens zulässig ist. Daher kann der Verein – wie andere Körperschaften auch (vgl. § 274 Abs. 1 AktG, § 79a Abs. 1 GenG) – das Liquidationsstadium grundsätzlich wieder abbrechen und in den werbenden Zustand zurückkehren.[651]

2. Keine Fortsetzung bei Vollbeendigung

Die **Fortsetzung** des Vereins **scheidet aus,** wenn bereits **Vollbeendigung** eingetreten ist.[652] In allen Fällen des liquidationslosen Erlöschens des Vereins (→ Rn. 232) ist eine Fortsetzung also nicht möglich. Gleiches gilt, wenn der Verein nach Abschluss des Liquidationsverfahrens erloschen ist (→ Rn. 317 f.). 327

Unschädlich ist es hingegen, wenn im Rahmen der Abwicklung zwar mit der **Vermögensverteilung an die Anfallberechtigten begonnen** wurde, diese jedoch noch nicht beendet ist. Die für Kapitalgesellschaften (§ 274 Abs. 1 S. 1 AktG) und Genossenschaften (§ 79a Abs. 1 S. 1 GenG) geltenden Einschränkungen sind für den Verein nicht (analog) anwendbar.[653] Der den genannten Vorschriften zugrundeliegende Gedanke des Gläubigerschutzes durch Kapitalerhaltung bzw. durch Verbot der Einlagenrückgewähr findet im Vereinsrecht keine Parallele.[654] 328

Ausgeschlossen ist eine Fortsetzung des Vereins aus der **Nachtragsliquidation** heraus.[655] 329

3. Beseitigung des Auflösungsgrundes und Fortsetzungsbeschluss

a) Beseitigung des Auflösungsgrundes. Liegt ein besonderer **Auflösungsgrund** vor (zB Insolvenz, Vereinsverbot, Entzug der Rechtsfähigkeit), so muss dieser zunächst beseitigt werden, bevor der Verein durch einen Mitgliederbeschluss wieder in einen aktiven, werbenden Zustand zurückversetzt werden kann (→ Rn. 352 ff., 359, 390).[656] Ist dies nicht möglich, bleibt allenfalls die Möglichkeit, den Verein als nicht rechtsfähigen Verein (§ 54 BGB) fortzusetzen (→ Rn. 355, 383 ff., 390).[657] Beruht die Vereinsauflösung auf einer **Satzungsbestimmung** (zB Befristung), so bedarf es zur Fortsetzung einer entsprechenden Satzungsänderung. 330

b) Fortsetzungsbeschluss. Liegt **kein besonderer Auflösungsgrund** vor, was insbesondere dann der Fall ist, wenn die Auflösung auf einem Auflösungsbeschluss der Mitgliederversammlung, also auf deren autonomer Entscheidung beruht, so genügt für die Wiederaufnahme der werbenden Vereinstätigkeit ein **Fortsetzungsbeschluss** der Mitglie- 331

[650] Vgl. nur MüKoBGB/*Leuschner* BGB vor § 41 Rn. 17 ff.; *Krafka* RegisterR-HdB Rn. 2210; *K. Schmidt* GesR § 24 VII 3 b bb.
[651] Reichert/*Schörnig* Kap. 2 Rn. 4346; BeckOK BGB/*Schöpflin* BGB § 41 Rn. 4, 18; Soergel/*Hadding* BGB vor § 41 Rn. 4 und § 47 Rn. 1; für einen Liquidationszwang beim wirtschaftlichen Verein (§ 22 BGB): BeckOK BGB/*Schöpflin* BGB § 41 Rn. 4.
[652] MHdB GesR V/*Korte* § 62 Rn. 1; Soergel/*Hadding* BGB vor § 41 Rn. 23.
[653] MHdB GesR V/*Korte* § 62 Rn. 3; Widmann/Mayer/*Vossius* UmwG § 99 Rn. 16; Widmann/Mayer/*Fronhöfer* UmwG § 3 Rn. 49.
[654] MüKoBGB/*Leuschner* BGB vor § 41 Rn. 18; *Hager* RNotZ 2011, 565 (567).
[655] MHdB GesR V/*Korte* § 62 Rn. 18.
[656] *Stöber/Otto* Rn. 1122; LG Frankenthal Rpfleger 1955, 106; Soergel/*Hadding* BGB vor § 41 Rn. 23.
[657] jurisPK-BGB/*Otto* BGB § 41 Rn. 45.

derversammlung, die, vorbehaltlich einer anders lautenden Satzungsbestimmung, von den Liquidatoren einberufen wird.[658]

332 Umstritten ist, welche **Mehrheitserfordernisse** für den Fortsetzungsbeschluss gelten. Das Meinungsspektrum reicht hierbei vom Erfordernis der einfachen Mehrheit über die qualifizierte Dreiviertelmehrheit bis hin zur Einstimmigkeit.[659] Richtigerweise ist wie folgt nach dem Auflösungsgrund zu differenzieren. Ist die Auflösung aufgrund einer **Satzungsklausel** eingetreten (→ Rn. 340 ff.), so ist die Aufhebung oder Änderung der fraglichen Satzungsbestimmung und damit ein Beschluss mit satzungsändernder Mehrheit gem. § 33 Abs. 1 S. 1 BGB erforderlich. Beruht die Auflösung auf einem **Beschluss der Mitgliederversammlung,** so bedarf es für den Fortsetzungsbeschluss als *actus contrarius* ebenfalls der **Dreiviertelmehrheit** gem. § 41 S. 2 BGB.[660] Gleiches sollte – entsprechend der ganz hM im Kapitalgesellschaftsrecht – auch gelten, wenn die Auflösung auf einem **sonstigen Auflösungsgrund** (zB Insolvenz) beruht. Nach der wohl hM hingegen soll bei unfreiwillig eingetretener Auflösung des Vereins, insbesondere bei einer insolvenzbedingten Auflösung, die einfache Stimmenmehrheit ausreichen (→ Rn. 353).[661] **Einstimmigkeit** ist hingegen nur erforderlich, wenn mit dem Fortsetzungsbeschluss zugleich eine **Zweckänderung** iSd § 33 Abs. 1 S. 2 BGB beschlossen wird.[662] Die Zweckänderung vom Liquidationsverein hin zum (erneut) werbenden Verein, die durch den Fortsetzungsbeschluss eintritt, ist freilich ebenso wenig eine solche Zweckänderung wie der Beschluss über die Auflösung, die den Verein in die Abwicklungsphase versetzt (→ Rn. 247).[663] Besonderheiten ergeben sich, wenn einem Vereinsmitglied **kraft Sonderrechts** gem. § 35 BGB ein **Anspruch auf den Liquidationserlös** zusteht. In diesem Fall bedarf es für die Fortsetzung auch der Zustimmung des Sonderrechtsinhabers.[664]

333 **Inhaltlich** muss aus dem gefassten Beschluss der objektiv erkennbare Wille hervorgehen, den in Liquidation befindlichen Verein unter Wahrung der Identität und Kontinuität in einen **werbenden Verein zurückzuverwandeln.**[665]

334 **Formulierungsbeispiel: Fortsetzungsbeschluss nach Auflösung des Vereins**

(1) Die Vereinsauflösung wird aufgehoben und der in Liquidation befindliche Verein fortgesetzt, und zwar als künftig wieder werbender eingetragener Verein unter Aufrechterhaltung des bisherigen Satzungszwecks.
(2) A und B sind nicht mehr Liquidatoren.
(3) Zum Vorstand werden C, D und E bestellt. Sie vertreten gemäß der allgemeinen Vertretungsregelung in der Satzung jeweils stets einzeln.

335 Der **Fortsetzungsbeschluss** führt dazu, dass der Verein seine **werbende Funktion** zurückerhält. Der Verein verlässt *ex nunc* das Liquidationsstadium und wird identitätswahrend reaktiviert.[666] Soweit kein abweichender Fortsetzungszeitpunkt beschlossen wird, entfaltet der Fortsetzungsbeschluss **sofortige Wirkung.** Die **Eintragung** der Fortsetzung im

---

[658] Palandt/*Ellenberger* BGB § 49 Rn. 4; *Stöber/Otto* Rn. 1122; *Krafka* RegisterR-HdB Rn. 2212; MHdB GesR V/*Korte* § 62 Rn. 2.
[659] Für Einstimmigkeit: RGZ 118, 337 (für GmbH); für einfache Mehrheit: LG Frankenthal Rpfleger 1955, 106; *Stöber/Otto* Rn. 1122; *Krafka* RegisterR-HdB Rn. 2210.
[660] Palandt/*Ellenberger* BGB § 41 Rn. 7; BeckOK BGB/*Schöpflin* BGB § 41 Rn. 20; MüKoBGB/*Leuschner* BGB vor § 41 Rn. 21; MHdB GesR V/*Korte* § 62 Rn. 20; Soergel/*Hadding* BGB vor § 41 Rn. 23; Reichert/*Schörnig* Kap. 2 Rn. 4355.
[661] MüKoBGB/*Leuschner* BGB vor § 41 Rn. 22; MHdB GesR V/*Korte* § 62 Rn. 20; jurisPK-BGB/*Otto* BGB § 41 Rn. 43.
[662] Soergel/*Hadding* BGB vor § 41 Rn. 23.
[663] MHdB GesR V/*Korte* § 62 Rn. 20.
[664] MHdB GesR V/*Korte* § 62 Rn. 22; Reichert/*Schörnig* Kap. 2 Rn. 4349.
[665] Zur Abgrenzung zwischen identitätswahrender Fortsetzung und Neugründung eines anderen Vereins: BGH NZM 2005, 475.
[666] Soergel/*Hadding* BGB vor § 41 Rn. 24; BeckOK BGB/*Schöpflin* BGB § 41 Rn. 21.

Vereinsregister (→ Rn. 339) ist **deklaratorisch.**[667] Etwas anderes gilt nur, wenn zur Fortsetzung eine Satzungsänderung erforderlich ist. In diesem Fall wird der Fortsetzungsbeschluss erst mit Eintragung wirksam (§ 71 Abs. 1 S. 1 BGB).

c) Sonstiges. Soll der Verein fortgesetzt werden, so bedarf es einer **Bestellung des Vorstands** durch die Mitgliederversammlung, da die Liquidatoren, deren Amt mit dem Fortsetzungsbeschluss erlischt, nicht ohne weiteres zum Vorstand des nunmehr wieder werbenden Vereins werden.[668] Im Übrigen hat die Fortsetzung jedoch keinen Einfluss auf die Organisation des Vereins oder die Stellung der Mitglieder. Ein außerordentliches Austrittsrecht der Vereinsmitglieder, die nicht mit der Fortsetzung einverstanden sind, besteht nicht *per se,* sondern nur, wenn besondere Umstände dies rechtfertigen.[669] 336

4. Registeranmeldung, Eintragung

Die Fortsetzung des Vereins ist zum Vereinsregister **anzumelden** und dort **einzutragen** (zum Verfahren → § 17 Rn. 98 ff.). Eine ausdrückliche gesetzliche Regelung hierzu findet sich zwar nur in § 75 Abs. 2 BGB zur Fortsetzung nach insolvenzbedingter Auflösung (§ 42 Abs. 1 S. 2 BGB). Nach einhelliger Auffassung gilt die Anmelde- und Eintragungspflicht jedoch auch dann, wenn die Fortsetzung beschlossen wird, nachdem zuvor die Mitgliederversammlung den Verein aufgelöst hatte. Zur Begründung wurde in der Vergangenheit § 74 Abs. 2 BGB analog herangezogen.[670] Nach Einführung von § 75 Abs. 2 BGB durch die Vereinsrechtsreform 2009 liegt jetzt dessen analoge Anwendung auf der Hand.[671] Neben der Fortsetzung des Vereins ist auch der **Vorstand anzumelden** (vgl. §§ 67 Abs. 1, 59 BGB). Die Anmeldung hat durch die (neu bestellten) **Vorstände** in vertretungsberechtigter Zahl zu erfolgen, und zwar gem. § 77 BGB in öffentlich beglaubigter Form. Die Liquidatoren sind für die Anmeldung nur in Sonderfällen zuständig, nämlich wenn die Fortsetzungswirkung und damit die Vorstandsbestellung ausnahmsweise nicht mit sofortiger Wirkung eintritt (→ Rn. 335). Beizufügen ist der Anmeldung eine Abschrift der Beschlussniederschrift über die Fortsetzung und Vorstandsbestellung. 337

Formulierungsbeispiel: Registeranmeldung Vereinsfortsetzung nach Auflösung 338

(1) Die Mitgliederversammlung vom *** hat die Fortsetzung des Vereins beschlossen.
(2) Das Amt der Liquidatoren A und B ist erloschen.
(3) Zum Vorstand wurden C, D und E bestellt. Jedes Vorstandsmitglied vertritt einzeln.

Nach § 3 S. 3 Nr. 4 lit. b sublit. dd VRV ist die Fortsetzung in das Vereinsregister **einzutragen.** 339

V. Sonstige Auflösungsgründe

1. Satzungsbestimmung

Vereine werden meist auf unbestimmte Dauer gegründet. Dies gilt auch, wenn die Satzung keine ausdrückliche Regelung zur Vereinsdauer enthält. Die Satzung kann jedoch im Sinne einer **Befristung** vorsehen, dass der Verein nur auf eine bestimmte Dauer, zB eine 340

---

667 MüKoBGB/*Leuschner* BGB vor § 41 Rn. 23; MHdB GesR V/*Korte* § 62 Rn. 24.
668 MHdB GesR V/*Korte* § 62 Rn. 23; Reichert/*Schörnig* Kap. 2 Rn. 4357; *Böttcher* Rpfleger 1988, 169 (174).
669 MHdB GesR V/*Korte* § 62 Rn. 21; **aA** BeckOK BGB/*Schöpflin* BGB § 41 Rn. 21; Reichert/*Schörnig* Kap. 2 Rn. 4358; Soergel/*Hadding* BGB vor § 41 Rn. 23.
670 Für eine analoge Anwendung des § 74 Abs. 2 BGB auch nach neuer Rechtslage: *Krafka* RegisterR-HdB Rn. 2212.
671 Für (analoge) Anwendung des § 75 Abs. 2 BGB auch jurisPK-BGB/*Otto* BGB § 41 Rn. 48.

kalendermäßig festgesetzte Zeit bestehen soll (vgl. § 74 Abs. 2 BGB).[672] Nach Ablauf dieser Frist ist der Verein **ohne weiteres** aufgelöst. Ein gesonderter Auflösungsbeschluss muss nicht mehr gefasst werden. Denkbar ist es auch, dass die Satzung im Sinne einer auflösenden **Bedingung** Gründe nennt, bei deren Eintritt der Verein aufgelöst ist, ohne dass es einer weiteren Beschlussfassung bedarf.[673]

Beispiel:

In der Vereinssatzung ist bestimmt, dass der Verein aufgelöst ist, sobald die Mitgliedschaft des Vereins in einem Dachverband endet.

341 Aus Gründen der Rechtssicherheit ist es jedoch erforderlich, dass die Befristung oder Bedingung in der Satzung **hinreichend bestimmt** ist.[674] Anderenfalls ist ein gesonderter Auflösungsbeschluss herbeizuführen (→ Rn. 239 ff.).

342 Für die **Vereinsregisteranmeldung** ergeben sich gegenüber der Auflösung durch Beschluss der Mitgliederversammlung keine Besonderheiten. Die Vereinsauflösung ist also gem. § 74 Abs. 2 BGB zum Vereinsregister anzumelden (zum Verfahren → § 17 Rn. 89 ff.). Hierbei kann hinsichtlich des Auflösungsgrundes auf die Satzung verwiesen werden, ggf. sind bei einer **auflösenden Bedingung** entsprechende **Nachweise** beizufügen.[675] Im Übrigen gelten für den weiteren Verlauf der Liquidation gegenüber der Auflösung durch Beschluss der Mitgliederversammlung keine Besonderheiten (→ Rn. 247 ff., 259 ff.).

343 Ist der Verein aufgrund einer satzungsmäßigen Befristung oder Bedingung einmal aufgelöst, so bedarf es zur **Fortsetzung** in der Regel – anders als im Übrigen – einer **Satzungsänderung** (→ Rn. 332, 335).[676]

344 Abzugrenzen von einer satzungsmäßigen Auflösungsbedingung sind die Fälle der **Zweckerreichung** sowie des **Unmöglichwerdens** bzw. des **objektiven Wegfalls des Vereinszwecks.**[677]

Beispiele:

Die als A e.V. gegründete Bürgerinitiative verfolgt den satzungsmäßigen Zweck, den Bau einer bestimmten Autobahntrasse zu verhindern; vergeblich, denn die Autobahn wird gebaut. Erfolgreicher ist die Bürgerinitiative B e.V., sie erreicht ihren Zweck und verhindert den Bau einer weiteren Startbahn für einen Flughafen.

345 Folge der Zweckerreichung bzw. der Unmöglichkeit der Zweckerreichung ist **nicht die Auflösung** des Vereins. Vielmehr schrumpft der Vereinszweck zusammen und beschränkt sich ggf. auf das bloße Verwalten des Vereinsvermögens.[678] Wollen die Mitglieder die Auflösung des Vereins herbeiführen, so bedarf es eines entsprechenden (ausdrücklichen) **Auflösungsbeschlusses.**[679]

2. Insolvenz

346 **a) Allgemeines.** Die Eröffnung des **Insolvenzverfahrens** über das Vereinsvermögen und die **Ablehnung** der Eröffnung **mangels Masse** führen gem. § 42 Abs. 1 S. 1 BGB eben-

---

[672] Soergel/*Haddding* BGB vor § 41 Rn. 9; Reichert/*Schörnig* Kap. 2 Rn. 3982.

[673] LG Bremen Rpfleger 1996, 72; *Sauter/Schweyer/Waldner* Eingetragener Verein Rn. 393; so auch MüKoBGB/*Leuschner* BGB vor § 41 Rn. 7; Reichert/*Schörnig* Kap. 2 Rn. 3989, 3990, der einen ausdrücklichen Feststellungsbeschluss jedoch für zweckmäßig hält.

[674] Soergel/*Hadding* BGB vor § 41 Rn. 9; MHdB GesR V/*Korte* § 61 Rn. 17; Reichert/*Schörnig* Kap. 2 Rn. 3982.

[675] Reichert/*Schörnig* Kap. 2 Rn. 3987.

[676] MHdB GesR V/*Korte* § 62 Rn. 8; Reichert/*Schörnig* Kap. 2 Rn. 3985.

[677] MHdB GesR V/*Korte* § 61 Rn. 18, 58; *Sauter/Schweyer/Waldner* Eingetragener Verein Rn. 393; Reichert/*Schörnig* Kap. 2 Rn. 4003.

[678] BGH NJW 1968, 545; MHdB GesR V/*Korte* § 61 Rn. 18, 62; Soergel/*Hadding* BGB § 41 Rn. 21.

[679] MHdB GesR V/*Korte* § 61 Rn. 18, 58; *Krafka* RegisterR-HdB Rn. 2198; Reichert/*Schörnig* Kap. 2 Rn. 4004, Staudinger/*Weick* BGB § 41 Rn. 30.

falls zur **Auflösung des Vereins.** Für den Verein gelten die **allgemeinen Insolvenzgründe,** also Zahlungsunfähigkeit (§ 17 InsO), drohende Zahlungsunfähigkeit (§ 18 InsO) und Überschuldung (§ 19 InsO). Die **Antragspflicht** gem. § 42 Abs. 2 S. 1 BGB trifft den Vereinsvorstand oder, wenn der Verein bereits anderweitig aufgelöst ist, die Liquidatoren. Die Auflösung des Vereins tritt ein **mit dem Beschluss** über die Eröffnung des Insolvenzverfahrens bzw. mit rechtskräftiger Ablehnung der Verfahrenseröffnung mangels Masse. Die Anordnung vorläufiger Sicherungsmaßnahmen iSd §§ 21 ff. InsO führt also noch nicht zur Auflösung.[680] Wird gegen den Eröffnungsbeschluss erfolgreich sofortige Beschwerde gem. § 34 Abs. 2 InsO eingelegt, so gilt die Auflösung nicht als erfolgt. Zum Insolvenzverfahren und dessen Eröffnung auch → § 18 Rn. 8 ff.

Einer **Anmeldung der Auflösung** zum Vereinsregister **bedarf es nicht,** vielmehr 347
wird die Auflösung des Vereins ebenso wie die Eröffnung des Insolvenzverfahrens bzw. die Ablehnung der Verfahrenseröffnung mangels Masse gem. § 75 Abs. 1 S. 1 BGB **von Amts wegen** in das Vereinsregister **eingetragen** (zum Registerverfahren → § 17 Rn. 164 ff.).

b) Folgen für den Verein. Mit der **Auflösung** wird der Verein in das **Liquidationssta-** 348
dium versetzt. Anstelle des vereinsrechtlichen Liquidationsverfahrens tritt jedoch das **Insolvenzverfahren** mit seinen speziellen Regelungen. Etwas anderes gilt, wenn die Eröffnung des Insolvenzverfahrens mangels Masse abgelehnt wird. In diesem Fall erfolgt eine Liquidation nach den vereinsrechtlichen Grundsätzen (→ Rn. 259 ff.).

Auf die **Organstruktur** des Vereins hat die insolvenzbedingte Auflösung keine Auswir- 349
kung.[681] Insbesondere bleiben Vereinsvorstand bzw. Liquidatoren im Amt. Da jedoch mit Eröffnung des Insolvenzverfahrens die **Verwaltungs- und Verfügungsbefugnis** über das Vereinsvermögen gem. § 80 Abs. 1 InsO auf den **Insolvenzverwalter** übergeht, erfährt deren Rechtsstellung weitgehende Einschränkungen.[682] Die Abwicklung des Vereinsvermögens wird durch den Insolvenzverwalter durchgeführt. Der Vorstand bzw. die Liquidatoren vertreten den Verein jedoch im Insolvenzverfahren als Insolvenzschuldner. Die **Mitgliedschaften** im Verein bleiben von der Insolvenz grundsätzlich **unberührt.** Nach hM **endet** jedoch mit Eröffnung des Insolvenzverfahrens die **Beitragszahlungspflicht** *ex nunc,* wenn in der Satzung nichts anderes bestimmt ist.[683] Für das **Austrittsrecht** der Vereinsmitglieder gelten die satzungsmäßigen Regelungen. Allein im Insolvenzverfahren liegt **kein wichtiger Grund** für ein außerordentliches Austrittsrecht.[684] Eine **Neubegründung** von **Mitgliedschaften** scheidet in der Insolvenz aus (→ Rn. 252). Die Mitgliederversammlung bleibt in der Lage, Beschlüsse einschließlich Satzungsänderungen (zB hinsichtlich der Person der Anfallberechtigten) zu fassen, und kann auch einen Vorstands- bzw. Liquidatorenwechsel beschließen. Die entsprechenden Vereinsregisteranmeldungen obliegen weiterhin dem Vorstand bzw. dem Liquidator und nicht dem Insolvenzverwalter.[685] Grenzen für die Beschlusskompetenzen der Mitgliederversammlung ergeben sich jedoch für solche Maßnahmen, die dem Insolvenzverwalter im Rahmen seiner Befugnisse obliegen.[686]

c) Erlöschen. Das **Erlöschen des Vereins** (Vollbeendigung) setzt voraus, dass die Ver- 350
mögensverteilung beendet ist. Dies kann zum einen der Fall sein, wenn das Insolvenzverfahren nach der Schlussverteilung aufgehoben worden ist (§ 200 InsO). Selbst wenn nach der Schlussverteilung noch Vereinsvermögen vorhanden sein sollte, folgt auf das Insolvenzverfahren keine vereinsrechtliche Anschlussliquidation, da die Verteilung des Restvermö-

---

680 NK-BGB/*D. Eckardt* BGB § 42 Rn. 11.
681 *Sauter/Schweyer/Waldner* Eingetragener Verein Rn. 400; *Krafka* RegisterR-HdB Rn. 2202.
682 NK-BGB/*D. Eckardt* BGB § 42 Rn. 21; Staudinger/*Schwennicke* BGB § 42 Rn. 12 ff.
683 BGHZ 96, 253; *Stöber/Otto* Rn. 370; NK-BGB/*D. Eckardt* BGB § 42 Rn. 15.
684 NK-BGB/*D. Eckardt* BGB § 42 Rn. 26.
685 *Sauter/Schweyer/Waldner* Eingetragener Verein Rn. 400.
686 NK-BGB/*D. Eckardt* BGB § 42 Rn. 24.

gens an die Anfallberechtigten gem. § 199 S. 2 InsO durch den Insolvenzverwalter erfolgt (siehe auch den Wortlaut des § 47 Hs. 2 BGB).[687] Wird das **Insolvenzverfahren eingestellt,** insbesondere mangels Masse gem. § 207 InsO oder aufgrund Masseunzulänglichkeit gem. § 211 InsO, so führt dies, wenn überhaupt kein Vermögen (mehr) vorhanden ist, ebenfalls zur Beendigung des Vereins.[688] Anderenfalls führt die Einstellung gem. § 215 Abs. 2 InsO dazu, dass die Verfügungsbefugnis wieder auf den Verein als Insolvenzschuldner zurückfällt. Bei **Existenz liquidierbaren Vermögens** hat dann die **Abwicklung** nach den vereinsrechtlichen Grundsätzen **durch die Liquidatoren** zu erfolgen.[689] Gleiches gilt, wenn die Verfahrenseröffnung **mangels Masse abgelehnt** wurde.[690]

351 Insbesondere aus Sicht der Doppeltatbestandslehre (→ Rn. 318) stellt sich die Frage, wie sich die **Registerlöschung des Vereins** vollzieht.[691] Eine Löschung von Amts wegen gem. § 394 FamFG wegen Vermögenslosigkeit kann jedenfalls nicht erfolgen, da eine solche nur bei Gesellschaften und Genossenschaften, nicht jedoch für eingetragene Vereine vorgesehen ist.[692] In den Fällen, in denen es zur **vereinsrechtlichen Liquidation** kommt, also insbesondere im Fall der Ablehnung des Insolvenzverfahrens mangels Masse, ist das Erlöschen des Vereins nach allgemeinen Grundsätzen vom **Liquidator anzumelden** und im Vereinsregister einzutragen.[693] Erfolgt diese Anmeldung nicht oder wird das Vereinsvermögen im Rahmen des Insolvenzverfahrens unter Ausschluss einer vereinsrechtlichen (Anschluss-) Liquidation vollständig abgewickelt, so kann von der Möglichkeit Gebrauch gemacht werden, das **Registerblatt** gem. § 4 Abs. 2 VRV **zu schließen.**[694] Hält man an der Doppeltatbestandslehre konsequent auch für die Insolvenz fest, so tritt die Vollbeendigung mit der Schließung des Registerblattes ein.

352 **d) Fortsetzungsmöglichkeiten. aa) Fortsetzung als eingetragener Verein.** Eine **Fortsetzung** des **eingetragenen Vereins** durch entsprechenden Beschluss der Mitgliederversammlung ist gesetzlich nur zulässig, wenn das Insolvenzverfahren **auf Antrag des Vereins** nach § 212 oder § 213 InsO **eingestellt** oder nach **Bestätigung** eines den Fortbestand des Vereins **beinhaltenden Insolvenzplans** gem. § 258 InsO aufgehoben wird (§ 42 Abs. 1 S. 2 BGB). In anderen Fällen der Einstellung (§§ 207, 211 InsO) oder bei Aufhebung des Insolvenzverfahrens nach Schlussverteilung (§ 200 InsO) gibt es daher **keine Fortsetzungsmöglichkeit** in der Rechtsform des eingetragenen Vereins, ebenso wenig bei einer Abweisung des Insolvenzantrages mangels Masse.[695]

353 Für den zu fassenden Fortsetzungsbeschluss ist hierbei – entgegen der hM, die eine einfache Mehrheit genügen lässt, – eine **Dreiviertelmehrheit** analog § 41 Abs. 1 S. 2 BGB erforderlich.[696] Dies entspricht der ganz hM im Kapitalgesellschaftsrecht und sollte auch für

---

[687] MüKoBGB/*Leuschner* BGB § 42 Rn. 15; NK-BGB/*D. Eckardt* BGB § 42 Rn. 27; Reichert/*Schörnig* Kap. 2 Rn. 4368; anders kann dies sein, wenn es der Insolvenzverwalter unterlässt, die Schlussverteilung vorzunehmen; keine Schlussverteilung nach § 199 S. 2 InsO erfolgt jedoch, wenn der Verein aufgrund einer entsprechenden Satzungsklausel als nicht rechtsfähiger Verein fortgesetzt wird, worauf MüKoBGB/*Leuschner* BGB § 42 Rn. 15, 17 ff. zutreffend hinweist.

[688] *Stöber/Otto* Rn. 1159.

[689] MHdB GesR V/*Leuschner* § 60 Rn. 114; Reichert/*Dauernheim/Schörnig* Kap. 2 Rn. 3938.

[690] *Stöber/Otto* Rn. 1161; anders *Sauter/Schweyer/Waldner* Eingetragener Verein Rn. 400, der im Hinblick auf insolvenzfreies Vermögen ein Liquidationsverfahren für erforderlich hält.

[691] MHdB GesR V/*Leuschner* § 60 Rn. 114.

[692] *Sauter/Schweyer/Waldner* Eingetragener Verein Rn. 400.

[693] *Sauter/Schweyer/Waldner* Eingetragener Verein Rn. 400.

[694] Zutr. *Stöber/Otto* Rn. 1440; abw. *Wentzel* Rpfleger 2001, 334 (336), der für eine gesonderte amtswegige Eintragung des Erlöschens des Vereins plädiert; nach *Sauter/Schweyer/Waldner* Eingetragener Verein Rn. 400 hat hingegen stets eine Anmeldung zu erfolgen, also auch wenn das Insolvenzverfahren gem. § 200 InsO nach Schlussverteilung aufgehoben wird.

[695] NK-BGB/*D. Eckardt* BGB § 42 Rn. 28, 37.

[696] MHdB GesR V/*Leuschner* § 60 Rn. 120; aA die hM: Palandt/*Ellenberger* BGB § 42 Rn. 2; BeckOK BGB/*Schöpflin* BGB § 42 Rn. 5; *Stöber/Otto* Rn. 1169; NK-BGB/*D. Eckardt* BGB § 42 Rn. 38; Soergel/*Hadding* BGB § 42 Rn. 10b; Reichert/*Schörnig* Kap. 2 Rn. 4359; zum Ganzen → Rn. 324.

Vereine gelten.[697] Der Fortsetzungsbeschluss kann erst mit Wirksamwerden des Beschlusses über die Einstellung bzw. Aufhebung des Insolvenzverfahrens gefasst werden (§§ 214 Abs. 2, 258 Abs. 1 InsO).[698]

Die **Fortsetzung des Vereins** ist nach § 75 Abs. 2 InsO durch den Vorstand zum Vereinsregister **anzumelden** und dort **einzutragen** (§ 3 S. 3 Nr. 4 lit. b sublit. dd VRV; → § 17 Rn. 165, 165a). 354

bb) Fortsetzung als nicht eingetragener Verein. Eine **Sonderregelung** zur Fortsetzung bei Insolvenz trifft § 42 Abs. 1 S. 3 BGB. Danach kann durch Satzungsbestimmung geregelt werden, dass der Verein im Falle der Eröffnung des Insolvenzverfahrens als **nicht rechtsfähiger Verein** fortbesteht. Der Fortbestand als nicht rechtsfähiger Verein ist also nicht von den qualifizierten Voraussetzungen abhängig, die für die Fortsetzung als eingetragener Verein gelten (→ Rn. 352). Existiert eine entsprechende Satzungsklausel, so beginnt die (werbende) Fortsetzung als nicht rechtsfähiger Verein jedoch **nicht** bereits mit der Eröffnung des Insolvenzverfahrens, sondern erst **mit dessen Beendigung** sowie der Löschung des e.V. im Vereinsregister.[699] Zwischen dem aufgelösten insolventen Verein und dem fortgesetzten nicht rechtsfähigen Verein besteht Identität.[700] 355

Motiv für die gesetzliche Regelung war, dem Verein trotz der Insolvenz die **Fortsetzung der Vereinstradition** als nicht rechtsfähiger Verein zu ermöglichen. Dennoch ist davon abzuraten, entsprechende Regelungen in die Vereinssatzung aufzunehmen.[701] Die **Nachteile** einer solchen Regelung liegen darin, dass sich die im Insolvenzverfahren nicht befriedigten Gläubiger nach Abschluss des Insolvenzverfahrens an den nicht rechtsfähigen Verein halten können.[702] Sofern im Rahmen des Insolvenzverfahrens nicht alle Gläubiger befriedigt wurden, liegt Überschuldung regelmäßig auch hinsichtlich des nicht rechtsfähigen Vereins vor, so dass insoweit (erneut) ein Insolvenzverfahren zu beantragen ist.[703] 356

3. Vereinsverbot

Zu einer Auflösung des Vereins kommt es auch, wenn dieser aufgrund öffentlichen Vereinsrechts gem. §§ 3ff. VereinsG **verboten** wird (zum Vereinsverbot nach den Bestimmungen des Vereinsgesetzes ausführlich → § 20 Rn. 11ff.). Das Vereinsgesetz definiert das Vereinsverbot in § 3 VereinsG wörtlich als Verfügung, in der die **Auflösung** des Vereins anzuordnen ist. Das Verbot wird also durch **Verwaltungsakt** verhängt, mit dessen **Wirksamwerden** der Verein aufgelöst ist.[704] **Zuständig** für das Vereinsverbot sind die Landesbehörden (§ 3 Abs. 2 S. 1 Nr. 1 VereinsG), wenn sich die Vereinstätigkeit auf das Gebiet eines Bundeslandes beschränkt, im Übrigen der Bundesinnenminister (§ 3 Abs. 2 S. 1 Nr. 2 VereinsG). Verfahrensrechtlich gelten die Vorschriften des einschlägigen Verwaltungsverfahrensgesetzes. 357

Voraussetzung des Verbots ist, dass der Vereinszweck oder die Vereinstätigkeit den Strafgesetzen zuwiderläuft oder sich der Verein gegen die verfassungsmäßige Ordnung oder den Gedanken der Völkerverständigung richtet (§ 3 Abs. 1 S. 1 VereinsG).[705] 358

Das Verbot führt typischerweise **nicht nur zur Auflösung,** sondern zum unmittelbaren **Erlöschen des Vereins,** da nach § 3 Abs. 1 S. 2 VereinsG mit dem Verbot in der 359

[697] Zutr. MHdB GesR V/*Leuschner* § 60 Rn. 120.
[698] *Stöber/Otto* Rn. 1169; MHdB GesR V/*Leuschner* § 60 Rn. 120; *Wentzel* Rpfleger 2004, 334 (336).
[699] NK-BGB/*D. Eckardt* BGB § 42 Rn. 39; MüKoBGB/*Leuschner* BGB § 42 Rn. 23.
[700] BeckOK BGB/*Schöpflin* BGB § 42 Rn. 6; NK-BGB/*D. Eckardt* BGB § 42 Rn. 40.
[701] *Sauter/Schweyer/Waldner* Eingetragener Verein Rn. 400; MüKoBGB/*Leuschner* BGB § 42 Rn. 24.
[702] MüKoBGB/*Leuschner* BGB vor § 42 Rn. 24; *Sauter/Schweyer/Waldner* Eingetragener Verein Rn. 400; Staudinger/*Schwennicke* BGB § 42 Rn. 28.
[703] MüKoBGB/*Leuschner* BGB vor § 42 Rn. 24; NK-BGB/*D. Eckardt* BGB § 42 Rn. 41; Reichert/*Schörnig* Kap. 2 Rn. 4365.
[704] Endgültig mit Bestandskraft der Verbotsverfügung; zur Anordnung der sofortigen Vollziehung vgl. HessVGH BeckRS 2013, 48800.
[705] Vgl. hierzu MHdB GesR V/*Korte* § 61 Rn. 24ff. und § 65 Rn. 112.

Regel die Beschlagnahme und Einziehung des Vereinsvermögens anzuordnen ist. Die Rechtsverhältnisse des Vereins sind also im Rahmen des Einziehungsverfahrens abzuwickeln. Das **Vereinsvermögen** geht als besondere Vermögensmasse auf die einziehungsbegünstigte Körperschaft (je nach Verbotszuständigkeit Bund oder Land) über (§ 11 Abs. 2 S. 1 VereinsG). Ein **Liquidationsverfahren** nach vereinsrechtlichen Grundsätzen (§§ 45ff. BGB) **findet** also **nicht statt.** Dementsprechend regelt § 7 VereinsG, dass bei einer Eintragung des Vereins in öffentliche **Register** auf Anzeige der Verbotsbehörde die **Auflösung** und das **Erlöschen einzutragen** sind. Etwas anderes gilt nur, wenn die Verbotsbehörde gem. § 11 Abs. 4 VereinsG von der Einziehung absieht. In diesem Fall ist das Vereinsvermögen zu liquidieren, wobei die Verbotsbehörde gem. § 11 Abs. 3 VereinsG den Liquidator bestellen kann.[706] Auch wenn es mangels Vermögenseinziehung nicht zum unmittelbaren Erlöschen, sondern zur Liquidation kommt, kann der Verein ohne Aufhebung der Verbotsentscheidung **nicht fortgesetzt** werden, weder als rechtsfähiger noch als nicht rechtsfähiger Verein, da das Vereinsverbot als **zwingender Auflösungsgrund** der Fortsetzung entgegensteht.

360 **Keine Anwendung** findet das Vereinsgesetz für **politische Parteien,** die aufgrund ihrer demokratischen Bedeutung gem. Art. 21 GG einem Sonderstatus unterliegen. Ein Parteienverbot fällt nach Art. 21 Abs. 2 S. 2 GG in die ausschließliche Zuständigkeit des BVerfG (§§ 13 Nr. 2, 43ff. BVerfGG). Dementsprechend nimmt das VereinsG politische Parteien von seinem Anwendungsbereich aus (§ 2 Abs. 2 Nr. 1 VereinsG).

4. Sitzverlegung ins Ausland

361 Auch die **Verlegung des Vereinssitzes ins Ausland** wird traditionell als Auflösungsgrund betrachtet.[707] Eine formelle gesetzliche Regelung hierüber existiert zwar nicht. Jedoch sieht § 6 Abs. 3 VRV vor, dass eine Verlegung des Vereinssitzes ins Ausland als Auflösung des Vereins in das Vereinsregister einzutragen ist. Gleichwohl ist umstritten, inwieweit eine Sitzverlegung zwingend zur Auflösung des Vereins führt.[708] In der Tat muss danach differenziert werden, ob es sich um eine **Verlegung des Satzungs- und/oder des Verwaltungssitzes** handelt. Die Vorschrift des § 6 Abs. 3 VRV betrifft hierbei nach richtiger Auffassung die Verlegung des Satzungssitzes in das Ausland.[709] Das ergibt sich daraus, dass die Vereinsregisterverordnung nur den Inhalt des Vereinsregisters betrifft und daher nur der im Vereinsregister einzutragende Satzungssitz gemeint sein kann.

362 Will nun ein Verein den **Satzungssitz** ins Ausland verlegen, ist dies im deutschen Vereinsregister mangels Zuständigkeit der deutschen Gerichte jedenfalls nicht eintragungsfähig.[710] Der Verein kann nicht länger eingetragen bleiben und ist aus dem Vereinsregister zu löschen.[711] Damit verliert der Verein jedenfalls seine Rechtsfähigkeit (nach deutschem Recht). Dies führt indes nicht zwingend zur Auflösung und Liquidation.[712] Vielmehr kann bei Fortgeltung des deutschen Sachrechts, zB aufgrund eines beibehaltenen Verwaltungssitzes im Inland (→ Rn. 363), der Verein als nicht rechtsfähiger Verein liquidationslos fortbestehen.[713] Im Vereinsrecht geht mit dem Verlust der Rechtsfähigkeit nämlich nicht

---

[706] MHdB GesR V/*Korte* § 61 Rn. 35.

[707] MHdB GesR V/*Korte* § 61 Rn. 45ff.; Soergel/*Hadding* BGB vor § 41 Rn. 6.

[708] *Stöber/Otto* Rn. 161; *Sauter/Schweyer/Waldner* Eingetragener Verein Rn. 399.

[709] MHdB GesR V/*Knof* § 17 Rn. 32; *Krafka* RegisterR-HdB Rn. 2196.

[710] BayObLG NJW-RR 1994, 836; OLG München NZG 2007, 915; BayObLG NJW-RR 1993, 43 (alle zur GmbH); *Stöber/Otto* Rn. 161; MHdB GesR V/*Knof* § 17 Rn. 32.

[711] *Stöber/Otto* Rn. 161.

[712] AA BeckOK BGB/*Schöpflin* BGB § 24 Rn. 9; MHdB GesR V/*Korte* § 61 Rn. 50, 51; MHdB GesR V/*Knof* § 17 Rn. 32.

[713] Im Kapitalgesellschaftsrecht wird die Satzungssitzverlegung entweder als Auflösung behandelt oder der entsprechende Gesellschafterbeschluss als nichtig eingestuft, hierzu BayObLG NJW-RR 2004, 836; MüKoAktG/*J. Koch* AktG § 262 Rn. 38, 39 und MüKoBGB/*Kindler* IntGesR Rn. 838f. Im Vereinsrecht besteht jedoch die Möglichkeit, auf die Rechtsfähigkeit zu verzichten und so eine Registerlöschung zu

zwingend die Auflösung einher (→ Rn. 377). Vor diesem Hintergrund plädieren *Sauter/Schweyer/Waldner* und *Stöber/Otto* dafür, im Register nicht die Auflösung des Vereins einzutragen, sondern unter Schließung des Registerblattes zu vermerken, dass die Zuständigkeit der deutschen Gerichte nicht mehr besteht.[714]

Abzugrenzen vom Fall der Satzungssitzverlegung ist der Fall der **Verwaltungssitzverlegung** ins Ausland. Registerrechtlich erlangt dieser zunächst keine Bedeutung. Mit der Verlegung des Verwaltungssitzes ändert sich aus Sicht des deutschen internationalen Privatrechts (IPR) jedoch der kollisionsrechtliche Anknüpfungspunkt für das Vereinsstatut.[715] Zu einem Verlust der Rechtsfähigkeit kommt es in diesem Fall nicht zwingend. **Verweist** das aus Sicht des deutschen IPR berufene ausländische Recht (Art. 4 Abs. 1 EGBGB) **auf das deutsche Recht zurück** *(renvoi),* weil es zB seinerseits der sog. Gründungstheorie folgt, bleibt es im Ergebnis bei der Anwendbarkeit deutschen Sachrechts (Art. 4 Abs. 1 S. 2 EGBGB).[716] In diesem Fall stellt sich auf Ebene des Sachrechts die Frage, ob das weiterhin anwendbare deutsche (Vereins-) Recht für den eingetragenen Verein neben einem inländischen Satzungssitz (§ 55 BGB) zwingend auch einen inländischen Verwaltungssitz verlangt.[717] Überträgt man die Wertungen des Kapitalgesellschaftsrechts (§ 4a GmbHG, § 5 AktG) auf das Vereinsrecht und lässt einen ausländischen Verwaltungssitz zu, so besteht der Verein unverändert als e.V. fort.[718] Hält man hingegen am Erfordernis eines inländischen Verwaltungssitzes auf Ebene des deutschen Sachrechts fest, so kommt es zum Verlust der Rechtsfähigkeit als eingetragener Verein. Eine Auflösung und Liquidation ist mit dem Rechtsfähigkeitsverlust jedoch nicht zwingend verbunden (→ Rn. 377). **Nimmt das ausländische Recht** hingegen die (Gesamt-) Verweisung des deutschen IPR an, weil es zB ebenfalls der Sitztheorie folgt, so kommt es zu einem **Statutenwechsel.** Der Verein unterliegt nunmehr ausländischem Sachrecht. In diesem Fall kommt es zum **Verlust der Rechtsfähigkeit** nach deutschem Recht, ohne dass hiermit zwingend die Auflösung und Liquidation verbunden sein muss.[719] Gleiches (Statutenwechsel) gilt, wenn **sowohl Satzungs- als auch Verwaltungssitz** ins Ausland verlegt werden. Denn selbst wenn der neue Sitzstaat der Gründungstheorie folgt, fehlt für eine Rückverweisung des ausländischen Rechts jeglicher Anknüpfungspunkt zum deutschen Recht.[720] Ob es bei eingetrete- 363

erreichen. Diesen neben der Liquidation „zweiten" Weg aus dem Register gibt es im Kapitalgesellschaftsrecht nicht.

714 *Sauter/Schweyer/Waldner* Eingetragener Verein Rn. 399; *Stöber/Otto* Rn. 1188, 1388, 1389.

715 Die hM folgt der Sitztheorie: BGH DStR 2010, 1196; BeckOK BGB/*Mäsch* EGBGB Art. 12 Rn. 20; MüKoBGB/*Kindler* IntGesR Rn. 672; aA in Bezug auf EU-interne Zuzugsfälle (ausländischer Verein verlegt seinen Verwaltungssitz nach Deutschland) MüKoBGB/*Reuter* BGB vor § 21 Rn. 168: Gründungstheorie; so wohl auch *Sauter/Schweyer/Waldner* Eingetragener Verein Rn. 399; für die Anwendung der Gründungstheorie wohl auch OLG Zweibrücken NJW-RR 2006, 42; ausdrücklich gegen die Anwendung der Gründungstheorie für Vereine, auch soweit auf diese die Grundfreiheiten anwendbar sind: MüKoBGB/*Kindler* IntGesR Rn. 672.

716 *Sauter/Schweyer/Waldner* Eingetragener Verein Rn. 399; BeckOK BGB/*Mäsch* EGBGB Art. 12 Rn. 70; gleiches gilt, wenn man aus deutscher Sicht unmittelbar die Gründungs- anstelle der Sitztheorie anwendet, vgl. BeckOK BGB/*Mäsch* EGBGB Art. 12 Rn. 64.

717 S. hierzu *Wesiack* S. 183ff.

718 Für die Zulässigkeit eines ausländischen Verwaltungssitzes auch im Vereinsrecht insbesondere *Wesiack* S. 187ff. und auch MüKoBGB/*Leuschner* BGB vor § 21 Rn. 192; BeckOGK/*Wolff* BGB § 14 Rn. 61; so auch bereits *Arnold* GPR 2007, 235 (238).

719 Im Kapitalgesellschaftsrecht ist von einer Auflösung auszugehen, weil eine Löschung aus dem Handelsregister nicht unter identitätswahrender Fortsetzung in anderer Rechtsform zulässig ist; dies ist im Vereinsrecht anders, da hier die Möglichkeit besteht, durch einen Verzicht auf die Rechtsfähigkeit den e.V. als nicht rechtsfähigen Verein identitätswahrend fortzusetzen (→ Rn. 376), ähnlich wie beim Wechsel von der kleingewerblichen oder vermögensverwaltenden oHG zur GbR gemäß § 105 Abs. 2 S. 2 iVm § 2 S. 3 HGB.

720 *Stöber/Otto* Rn. 162; iÜ folgt der Statutenwechsel auch daraus, dass bei einer Verlegung von Satzungs- und Verwaltungssitz iSe grenzüberschreitenden Formwechsels eine Unterstellung unter die Rechtsordnung des Destinationsstaates eintritt und dadurch eine „Änderung des Gründungsstaates" vorliegt, und zwar auch dann, wenn es materiell-rechtlich zu einem identitätswahrenden Rechtsübergang kommt; so auch *Ebenroth/Auer* DNotZ 1993, 191 (193); *Behrens* ZEuP 2007, 327 (330); s. hierzu auch MüKoBGB/

nem Statutenwechsel und damit einhergehendem Verlust der Rechtsfähigkeit nach deutschem Recht zu einer identitätswahrenden Fortsetzung als ausländischer Rechtsträger kommen kann oder ob der Verein im Ausland neu zu gründen ist, entscheidet sich nach dem nunmehr anwendbaren ausländischen Sachrecht.[721]

364 Für (Ideal-)Vereine mit rein ideeller Tätigkeit schreibt das **Europarecht** regelmäßig **keine weitergehenden Möglichkeiten** für eine Verlegung des Verwaltungs- oder Satzungssitzes ins Ausland vor.[722] Denn die Niederlassungsfreiheit gilt gem. Art. 49, 54 AEUV nur für Gesellschaften, die einen Erwerbszweck verfolgen. Bei Idealvereinen ist dies im Bereich ihrer **ideellen Tätigkeit** nicht der Fall (vgl. jedoch → § 19 Rn. 53).[723]

364a Etwas anderes kann jedoch im Hinblick auf **wirtschaftliche Betätigungen** des Vereins gelten, wobei es insoweit entscheidend darauf ankommt, wie man den Begriff der „Erwerbstätigkeit" bzw. des „Erwerbszwecks" iSd Art. 49 Abs. 2, 54 Abs. 2 AEUV auslegt (hierzu → § 19 Rn. 53).[724] Soweit ein Verein hiernach in den persönlichen Schutzbereich der Niederlassungsfreiheit fällt, stellt sich die Frage, inwieweit eine Sitzverlegung ins Ausland sachlich von der Niederlassungsfreiheit geschützt ist. Hierbei ist wie folgt zu differenzieren:

- Eine **Verlegung nur des Verwaltungssitzes ins Ausland unter Wahrung der bisherigen Rechtsform** unterfällt nach den EuGH-Urteilen *Centros, Überseering* und *Inspire Art*[725] der Niederlassungsfreiheit nur insoweit, als der Zuzugsstaat dem Rechtsträger nicht die Anerkennung als juristische Person verweigern darf, sofern der Gründungsstaat diese Verlagerung akzeptiert. Allerdings schützt die Niederlassungsfreiheit eben nicht gegen Wegzugsbeschränkungen des Gründungsstaates im Zusammenhang mit der (isolierten) Verlegung des Verwaltungssitzes,[726] so dass der Gründungsstaat an eine Verlegung des Verwaltungssitzes insbesondere die Rechtsfolge der Auflösung knüpfen kann (EuGH-Urteile *Daily Mail* und *Cartesio*[727]); nach hier vertretener Meinung folgt aus dem deutschen Sachrecht indes nicht die Auflösung des wegziehenden Vereins (→ Rn. 362, 363).[728]
- Eine isolierte **Verlegung des Satzungssitzes ohne Verwaltungssitzverlegung** wurde in der Vergangenheit verbreitet als von der Niederlassungsfreiheit nicht geschützt angesehen.[729] In der Rechtssache *Polbud* hat der EuGH jedoch auch einen solchen Vorgang der Niederlassungsfreiheit zugeordnet, sofern die Voraussetzungen des Rechts des Zuzugsstaats eingehalten sind und dieser den Rechtsträger „übernimmt".[730] Eine tatsächliche Ausübung einer irgendwie gearteten Geschäftstätigkeit ist also nach dem EuGH nicht zwingende Voraussetzung für den Schutz der Art. 49 Abs. 2, 54 Abs. 2 AEUV.[731] Daher ist ein grenzüberschreitender Rechtsformwechsel unter Verlegung (nur) des Satzungssitzes also auch dann zulässig und von der Niederlassungsfreiheit erfasst, wenn sich der Verwaltungssitz und die Geschäftstätigkeit weiterhin im Wegzugsstaat befinden (es

---

Kindler IntGesR Rn. 824, 842; zur Verlegung von Satzungs- und Verwaltungssitz einer deutschen GmbH: OLG Hamm NJW 2001, 2183; BayObLG DNotZ 1993, 187.

[721] MüKoBGB/*Kindler* IntGesR Rn. 826 zum Fall der reinen Verwaltungssitzverlegung.

[722] jurisPK-BGB/*Otto* BGB § 24 Rn. 5.

[723] OLG Zweibrücken NJW-RR 2006, 42; jurisPK-BGB/*Otto* BGB § 24 Rn. 4; BeckOK BGB/*Schöpflin* BGB § 24 Rn. 9.

[724] S. hierzu: MHdB GesR V/*Korte* § 61 Rn. 54; MHdB GesR V/*Knof* § 17 Rn. 27 f.; *Wesiack* S. 82 ff.; *Arnold* GPR 2007, 235 (238); v. *Proff* IStR 2009, 269 (270); für eine restriktive Auslegung: *Schiffer* DStR 2005, 508 (509).

[725] EuGH NJW 1999, 2027 – Centros; EuGH NJW 2002, 3614 – Überseering; EuGH NJW 2003, 3331 – Inspire Art.

[726] MüKoBGB/*Kindler* IntGesR Rn. 825: „Wegzug als Vorgang außerhalb der Niederlassungsfreiheit".

[727] EuGH NJW 1989, 2186 – Daily Mail; EuGH NJW 2009, 569 Rn. 10 – Cartesio.

[728] Vgl. auch OLG Zweibrücken NJW-RR 1996, 42 und MüKoBGB/*Leuschner* BGB vor § 41 Rn. 12.

[729] OLG Zweibrücken NJW-RR 2006, 42; OLG München NZG 2001, 915; MüKoBGB/*Kindler* IntGesR Rn. 836; *Schön* ZGR 2013, 333 (356); *Arnold* GPR 2007, 235 (236).

[730] EuGH NZG 2017, 1308.

[731] Kritisch bzw. ablehnend hierzu BeckOK BGB/*Mäsch* EGBGB Art. 12 Rn. 65; MüKoBGB/*Kindler* IntGesR Rn. 836, 837.

gilt insofern nach dem EuGH also das Gleiche wie für die Verlegung von Verwaltungs- und Satzungssitz, siehe hierzu nachstehend). Dies kann allerdings nur gelten, wenn es wirklich darum geht, dass ein Rechtsträger auch eine Rechtsform des neuen Satzungssitzes annimmt („Verlegung des Satzungssitzes mit Rechtsformwechsel"). Weiterhin nicht erfasst dürften demgegenüber Fälle sein, in denen ein Rechtsträger unter Aufrechterhaltung der bisherigen Rechtsform des Gründungsstaates seinen Satzungssitz in ein anderes Land verlegen möchte („statutenwahrende Umregistrierung" oder „Verlegung des Satzungssitzes ohne Formwechsel").[732] Hier bleibt es bei den in → Rn. 362 dargestellten Grundsätzen.

- Eine gemeinschaftsinterne gleichzeitige **Verlegung von Verwaltungs- und Satzungssitz** (sog. grenzüberschreitender Formwechsel) **unter Wechsel in die Rechtsform eines Mitgliedstaates** unterfällt nach den EuGH-Entscheidungen *VALE* und *Cartesio* grundsätzlich der Niederlassungsfreiheit.[733] Der Zugzugsstaat muss dem betroffenen Rechtsträger zumindest insoweit eine Möglichkeit zum identitätswahrenden Formwechsel gewähren, als er einen solchen nach seinem nationalen Recht für inländische Rechtssubjekte vorsieht (Recht auf gleichen Zugang zu den Umwandlungsmöglichkeiten; → Rn. 20a).[734] Der Wegzugsstaat darf in diesem Fall eine identitätswahrende Umwandlung in eine Rechtsform des Zugzugsstaats nicht verhindern.[735] Dies folgt daraus, dass der betroffene Rechtsträger sein bisheriges „Rechtskleid ablegt" und daher nicht länger der Herrschaft des Wegzugsstaats hinsichtlich Gründung und Fortexistenz unterliegt.[736]

Allerdings stehen und fallen die vorstehenden Ausführungen – wie bereits gesagt – mit 364b der Frage, inwieweit sich der deutsche e.V. überhaupt auf die Niederlassungsfreiheit berufen kann.[737] Hinzuweisen ist darauf, dass sich die Fragen zur Niederlassungsfreiheit für Vereine auch durch die Art. 86a ff. der Richtlinie (EU) 2019/2121 bzw. deren Umsetzung ins nationale Recht nicht ändern werden, da diese Richtlinie nur Kapitalgesellschaften erfasst. Daher bleiben für Vereine die Fragen um den primärrechtlichen Schutzgehalt der Niederlassungsfreiheit auch nach Umsetzung der Richtlinie (EU) 2019/2121 weiterhin relevant.

5. Wegfall aller Mitglieder und Aufgabe des Vereinszwecks

Zur **Auflösung** des Vereins führt auch der **Wegfall sämtlicher Vereinsmitglieder.** Büßt 365 der Verein durch Austritt, Tod oder aus sonstigen Gründen seine Mitglieder vollständig ein, kann er nicht weiterbestehen. Das folgt daraus, dass der Verein eine körperschaftlich strukturierte Personenvereinigung ist und daher nicht mitgliederlos sein kann.[738] Dem Verlust sämtlicher Mitglieder wird nach hM die **vollständige Preisgabe des Vereinszwecks** gleichgestellt.[739] Eine solche wird angenommen, wenn über einen **längeren Zeitraum keinerlei Vereinstätigkeit** mehr besteht. Diese Untätigkeit muss dabei Ausdruck des

---

[732] So auch *Franz* EuZW 2016, 930 (935); siehe hierzu BeckOK BGB/*Mäsch* EGBGB Art. 12 Rn. 65, der jedoch abweichend von der hier vertretenen Meinung annimmt, nach der EuGH-Linie sei auch dieser Fall von der Niederlassungsfreiheit geschützt.

[733] EuGH NJW 2012, 2715 – VALE; EuGH NJW 2009, 569 Rn. 111 ff. – Cartesio; BeckOK BGB/*Mäsch* EGBGB Art. 12 Rn. 65; MüKoBGB/*Kindler* IntGesR Rn. 841.

[734] EuGH NJW 2012, 2715 Rn. 54 – VALE; MüKoBGB/*Kindler* IntGesR Rn. 841; *Weller/Rentsch* IPRax 2013, 530 (532); *Schön* ZGR 2013, 333 (357).

[735] EuGH NJW 2009, 569 Rn. 112 – Cartesio; *Schön* ZGR 2013, 333 (357).

[736] BeckOGK/*Wolff* BGB § 24 Rn. 73, 51; EuGH NJW 2009, 569 Rn. 111 – Cartesio.

[737] Weitergehend *Behrens* ZEuP 2007, 327 (339), der aus Art. 18 AEUV ein ebensolches Diskriminierungsverbot auch für Idealvereine ableitet, auf die die Niederlassungsfreiheit nicht anwendbar ist; weitergehend auch → § 19 Rn. 53 mit der These, im Bereich der ideellen Tätigkeit könnte lückenfüllend auf das allgemeine Freizügigkeitsrecht des Art. 21 AEUV zurückgegriffen werden.

[738] Palandt/*Ellenberger* BGB § 41 Rn. 3; *Böttcher* Rpfleger 1990, 172; verbleibt demgegenüber noch mindestens ein Mitglied bleibt der Verein bestehen, allerdings kann ihm die Rechtsfähigkeit gem. § 73 BGB entzogen werden, *Stöber/Otto* Rn. 1186, 1430.

[739] BeckOK BGB/*Schöpflin* BGB § 41 Rn. 16; Palandt/*Ellenberger* BGB § 41 Rn. 3; MüKoBGB/*Leuschner* BGB vor § 41 Rn. 8.

Mitgliederwillens sein, die werbende Vereinstätigkeit endgültig einzustellen.[740] Solange sich einzelne Mitglieder noch erkennbar um das Vereinsleben bemühen, fehlt es an diesem Merkmal.[741]

366 Umstritten ist, ob der Wegfall aller Mitglieder sowie die Preisgabe des Vereinszwecks gleichzeitig zum sofortigen, dh **liquidationslosen Erlöschen** des Vereins und damit zu seiner Vollbeendigung führen. Eindeutig ist dieses Ergebnis für den Fall, dass der Fiskus Anfallberechtigter ist (→ Rn. 267).[742] **Rechtsprechung und hM** gehen jedoch davon aus, dass das **liquidationslose Erlöschen** in allen Fällen des Totalverlusts von Mitgliedern bzw. der Preisgabe des Vereinszwecks eintritt (vgl. auch § 4 Abs. 2 S. 2 Nr. 1 VRV).[743] Begründet wird dies damit, dass der mitgliederlose Verein keine Beschlüsse mehr fassen und auch keine Organe, insbesondere keine Liquidatoren mehr bestellen könne.[744] Eine **Ausnahme** von diesem Grundsatz macht die hM jedoch für den Fall, dass der **Verein** sich bereits **in Liquidation befindet.**[745] In diesem Fall wird also das Liquidationsverfahren trotz des vollständigen Mitgliederverlusts weiter abgewickelt. Der Verein erlischt erst mit Abschluss der Liquidation. Die **hM** erscheint **wenig überzeugend,** da es durchaus denkbar ist, dass der Verein zum Zeitpunkt des Mitgliederwegfalls noch einen Vorstand hat, der die Liquidation übernehmen kann. Mit der Gegenauffassung ist daher davon auszugehen, dass es mit dem Verlust des letzten Mitglieds nicht zwangsläufig zur Vollbeendigung kommt. Jedenfalls wenn noch Vereinsvermögen vorhanden ist, kann der mitgliederlose Verein ordentlich liquidiert werden.[746] Diese Auffassung entspricht auch der hM zur GmbH, die zwar nicht dauerhaft ohne Gesellschafter sein kann (Ausschluss der sog. „Keinmann-GmbH") und daher als aufgelöst zu betrachten ist, ohne dass es jedoch zum unmittelbaren und liquidationslosen Erlöschen der Gesellschaft kommt.[747] Unklar bleibt vom Standpunkt der hM zudem, wer Rechtsträger eines etwa noch vorhandenen Vereinsvermögens wird. Schließlich wird zu Recht darauf hingewiesen, dass sich insolvenzreife Vereine dem Insolvenzverfahren durch kollektiven Austritt entziehen könnten.[748] Nimmt man der hM folgend an, dass es zum sofortigen Erlöschen ohne Liquidation kommt, stellt sich die Frage, wie mit etwaigem noch vorhandenem Vereinsvermögen umzugehen ist. Gelöst wird das Problem dadurch, dass **analog § 1913 BGB** ein **Pfleger** bestellt wird, der sich wie ein Liquidator um die Abwicklung des Vereinsvermögens kümmert.[749] Geht man indes davon aus, dass der Mitgliederwegfall nur zur Auflösung führt, ergibt sich ohne weiteres, dass ein **vereinsrechtliches Liquidationsverfahren** durchzuführen ist. Wenn bei Verlust des letzten Mitglieds noch ein Vorstand im Amt war, obliegt diesem die Liquidation gem. § 48 Abs. 1 S. 1 BGB. Fehlt es an einem Vorstand, so kommt die gerichtliche **Bestellung eines Notliquidators gem. § 29 BGB** in Betracht.[750]

367 Geht man mit der hM von einer liquidationslosen Vollbeendigung aus, so hat das Amtsgericht den eingetragenen Verein gem. **§ 395 FamFG** aus dem Vereinsregister zu lö-

---

[740] MHdB GesR V/*Korte* § 65 Rn. 116.
[741] MHdB GesR V/*Korte* § 65 Rn. 117.
[742] KG Rpfleger 2004, 497 (498).
[743] BGH NJW 1956, 138; OLG Köln NJW 1996, 989; *Sauter/Schweyer/Waldner* Eingetragener Verein Rn. 398; Soergel/*Hadding* BGB vor § 41 Rn. 11; Palandt/*Ellenberger* BGB § 41 Rn. 3; iErg offen gelassen von KG Rpfleger 2004, 497.
[744] MHdB GesR V/*Korte* § 65 Rn. 119; KG Rpfleger 2004, 497 (498); BeckOK BGB/*Schöpflin* BGB § 41 Rn. 15; Soergel/*Hadding* BGB vor § 41 Rn. 11.
[745] KG Rpfleger 2004, 497 (498); Palandt/*Ellenberger* BGB § 49 Rn. 4.
[746] MHdB GesR V/*Korte* § 65 Rn. 120; Reichert/*Schörnig* Kap. 2 Rn. 3995.
[747] MHdB GesR V/*Korte* § 65 Rn. 121; MüKoBGB/*Leuschner* BGB vor § 41 Rn. 32; Baumbach/Hueck/*Hueck/Fastrich* GmbHG § 33 Rn. 19.
[748] *Sauter/Schweyer/Waldner* Eingetragener Verein Rn. 398; MüKoBGB/*Leuschner* BGB vor § 41 Rn. 32.
[749] BGH NJW 1954, 138; OLG Köln NJW-RR 1996, 989; BeckOK BGB/*Schöpflin* BGB § 41 Rn. 15; Palandt/*Ellenberger* BGB § 41 Rn. 3.
[750] MHdB GesR V/*Korte* § 65 Rn. 125; MüKoBGB/*Leuschner* BGB vor § 41 Rn. 32; Reichert/*Schörnig* Kap. 2 Rn. 3995; Staudinger/*Schwennicke* BGB § 41 Rn. 44.

schen.[751] Ein solches Vorgehen kommt jedoch nur in Betracht, wenn das Registergericht die Mitgliederlosigkeit mit der erforderlichen Sicherheit feststellen kann.[752] Das Registerblatt des Vereins ist nach § 4 Abs. 2 S. 2 Nr. 1 VRV zu schließen. Stellt sich im Nachhinein heraus, dass die Löschung zu Unrecht erfolgt ist, kann der Amtslöschungsvermerk seinerseits nach § 395 FamFG gelöscht werden.[753]

C. Sonstige Beendigungsgründe (Verlust der Rechtsfähigkeit)

I. Verzicht auf die Rechtsfähigkeit

1. Allgemeines

Eine Möglichkeit des Vereins, auf die erlangte Rechtsfähigkeit durch autonome Entscheidung zu verzichten, ist gesetzlich nicht normiert. Der Verlust der Rechtsfähigkeit wird vom Gesetz ausdrücklich nur im Zusammenhang mit deren zwangsweiser Entziehung erwähnt (§§ 43, 45 Abs. 1 BGB). Gleichwohl ist es allgemein anerkannt, dass der eingetragene Verein als **Minus zur Auflösung** auch freiwillig auf seine **Rechtsfähigkeit verzichten** kann.[754] Ziel eines solchen Vorgehens ist es dabei nicht, die Vereinstätigkeit zu beenden, sondern sie in der Form eines nicht rechtsfähigen Vereins iSd § 54 BGB fortzusetzen. Motiv hierfür kann sein, der registerrechtlichen Formenstrenge (Registeranmeldungen für Vorstands- und Satzungsänderungen), zB aufgrund einer nur mehr geringen Mitgliederzahl, zu entgehen. Aber auch historische bzw. politische Gründe können dafür sprechen, die Rechtsform eines nicht rechtsfähigen Vereins zu wählen und so einer staatlichen Registerkontrolle zu entgehen. 368

Beispiel:

Zwei Gewerkschaften sind in der Rechtsform nicht eingetragener Vereine organisiert. Um eine geplante Verschmelzung nach dem Umwandlungsgesetz (§§ 99 ff., 2 ff. UmwG) durchzuführen, lassen sich beide Vereine im Vereinsregister eintragen. Anschließend will der übernehmende Verein wieder in die Rechtsform des nicht eingetragenen Vereins zurückkehren.

Allerdings sollte nicht verkannt werden, dass mit dem Verzicht auf die Rechtsfähigkeit auch die **Vorteile der Registerpublizität wegfallen.**[755] Insbesondere hinsichtlich der Bestellung und Vertretungsberechtigung des Vorstands kann der nicht eingetragene Verein keinen Nachweis über das Vereinsregister erbringen, so dass ein Handeln im Rechtsverkehr, insbesondere im Grundbuchverfahren, erschwert ist. 369

2. Beschluss der Mitgliederversammlung

Anerkannt ist, dass der Rechtsfähigkeitsverzicht durch die **Mitgliederversammlung beschlossen** werden muss. Dies folgt daraus, dass der Mitgliederversammlung als oberstes Organ des Vereins eine Auffangzuständigkeit für alle Angelegenheiten zukommt, die nicht anderen Vereinsorganen zugewiesen sind. Beim Verzicht auf die Rechtsfähigkeit handelt es sich ferner um eine einschneidende und strukturrelevante Maßnahme, die nicht allein in der Macht des Vorstands liegen kann. 370

Uneinigkeit besteht hingegen darüber, ob der Beschluss hinsichtlich der einzuhaltenden Voraussetzungen entsprechend den Regeln zur **Satzungsänderung** oder – so die hM – 371

[751] *Böttcher* Rpfleger 1990, 169 (172); vgl. auch Reichert/*Schörnig* Kap. 2 Rn. 3996.
[752] OLG Frankfurt a. M. Rpfleger 1992, 28; *Sauter/Schweyer/Waldner* Eingetragener Verein Rn. 398.
[753] *Sauter/Schweyer/Waldner* Eingetragener Verein Rn. 398; *Krafka* RegisterR-HdB Rn. 2261.
[754] BeckOK BGB/*Schöpflin* BGB § 41 Rn. 13; Reichert/*Schörnig* Kap. 2 Rn. 4051; *Krafka* RegisterR-HdB Rn. 2213; MHdB GesR V/*Korte* § 64 Rn. 1 ff.; zum hier nicht näher beleuchteten Verzicht des wirtschaftlichen Vereins auf die Rechtsfähigkeit vgl. *Stoltenberg* S. 92 ff.
[755] *Stöber/Otto* Rn. 178; vgl. hierzu auch *Terner* ZNotP 2009, 132 (137).

entsprechend den Regeln zum **Auflösungsbeschluss** zu behandeln ist.[756] Hinsichtlich der erforderlichen Beschlussmehrheit ist die Frage im Ergebnis freilich meist ohne Belang. Denn sowohl für die Satzungsänderung (§ 33 Abs. 1 S. 1 BGB) als auch für die Auflösung (§ 41 S. 2 BGB) ist gesetzlich eine **Mehrheit von drei Vierteln der abgegebenen Stimmen** erforderlich. Praktische Konsequenzen haben die unterschiedlichen Auffassungen also nur, soweit die Satzung gem. § 40 BGB bzw. § 41 S. 2 BGB von den gesetzlichen Mehrheitserfordernissen abweicht und zB für die Auflösung höhere Anforderungen stellt als für Satzungsänderungen. Richtig erscheint es, den Beschluss als **Satzungsänderung** einzuordnen und den hierfür geltenden gesetzlichen und satzungsrechtlichen Regelungen zu unterwerfen.[757] Ausschlaggebend hierfür ist, dass es inhaltlich nicht um eine Auflösung des Vereins geht. Der von der Mitgliederversammlung geäußerte Wille ist nicht darauf gerichtet, die Auflösung und Abwicklung herbeizuführen, sondern die Vereinsstruktur, wenn auch unter anderem rechtlichen Regime, aufrechtzuerhalten.[758] Hinzukommt, dass der Verzicht auf die Rechtsfähigkeit auch eine Änderung der Satzung erforderlich macht. Denn die nach § 57 Abs. 1 BGB geführte Bestimmung über die Eintragung des Vereins („eingetragener Verein" oder „e.V.") ist aus dem Satzungstext zu streichen.[759]

372 Notwendiger **Mindestinhalt des Beschlusses** ist der ausdrückliche **Verzicht auf die Rechtsfähigkeit.**[760] Um keine Zweifel daran entstehen zu lassen, dass keine Auflösung unter Abwicklung, sondern der Fortbestand des Vereins bezweckt wird, sollte der Beschlussinhalt jedoch zum Ausdruck bringen, dass dies unter Fortsetzung des Vereins als nicht rechtsfähiger Verein gem. § 54 BGB erfolgt.[761] Im Übrigen sollte auch die Anpassung des Satzungstextes ausdrücklich mitbeschlossen werden. Allerdings ist es unschädlich, wenn eine entsprechende Korrektur des Satzungswortlauts nicht (ausdrücklich) erfolgt, solange der Beschluss hinsichtlich des Verzichts auf die Rechtsfähigkeit eindeutig ist.[762]

373 **Formulierungsbeispiel: Verzicht auf die Rechtsfähigkeit**[763]

(1) Es wird beschlossen, auf die Eintragung im Vereinsregister und damit auf die Rechtsfähigkeit als eingetragener Verein zu verzichten; der Verein wird als nicht rechtsfähiger Verein iSd § 54 BGB fortgeführt.
(2) Die Satzungsbestimmung über die Eintragung in das Vereinsregister (§ 3) wird aufgehoben und der Zusatz „e.V." aus dem Vereinsnamen (§ 2) gestrichen.

374 **Wirksam** wird der Verzicht erst mit seiner **Eintragung im Register.** Dies folgt daraus, dass es sich bei dem Verzicht auf die Rechtsfähigkeit und der Löschung aus dem Vereinsregister um den *actus contrarius* zur Eintragung handelt, die ebenfalls konstitutiv ist.[764]

---

[756] Für Auflösung: Palandt/*Ellenberger* BGB § 42 Rn. 2; BeckOK BGB/*Schöpflin* BGB § 41 Rn. 13; NK-BGB/*D. Eckardt* BGB § 41 Rn. 15; Soergel/*Hadding* BGB vor § 41 Rn. 8; *Kolhosser* ZIP 1984, 1435; für Satzungsänderung: *Stöber/Otto* Rn. 181; *Sauter/Schweyer/Waldner* Eingetragener Verein Rn. 401; *Krafka* RegisterR-HdB Rn. 2213; *Böttcher* Rpfleger 1988, 169 (171); BeckOGK/*Geißler* BGB § 74 Rn. 7; jetzt auch (in Abkehr von der 13. Aufl.) Reichert/*Schörnig* Kap. 2 Rn. 4052 und wohl auch MüKoBGB/*Leuschner* BGB § 74 Rn. 6.

[757] *Krafka* RegisterR-HdB Rn. 2213; *Stöber/Otto* Rn. 181.

[758] *Sauter/Schweyer/Waldner* Eingetragener Verein Rn. 401.

[759] *Stöber/Otto* Rn. 181; *Schäfer* RNotZ 2008, 22; Reichert/*Schörnig* Kap. 2 Rn. 4052.

[760] Wird bei einer Satzungsneufassung eine Regelung über die Registereintragung weggelassen, so liegt hierin in der Regel nicht ein konkludenter Verzicht auf die Rechtsfähigkeit, siehe hierzu OLG Düsseldorf NZG 2020, 199.

[761] Reichert/*Schörnig* Kap. 2 Rn. 4053; MHdB GesR V/*Korte* § 64 Rn. 7; zwingend ist dies allerdings nicht, wenn der Beschlussinhalt im Übrigen eindeutig dahingehend ist, dass (lediglich) der Verzicht auf die Rechtsfähigkeit und nicht die Auflösung gewollt ist: *Kolhosser* ZIP 1984, 1434 (1435).

[762] *Schäfer* RNotZ 2008, 22; *Stöber/Otto* Rn. 181.

[763] Vgl. auch *Stöber/Otto* Rn. 181.

[764] So iErg auch *Stöber/Otto* Rn. 178, 182, der auf die satzungsändernde Qualität des Beschlusses verweist; BeckOGK/*Geißler* BGB § 74 Rn. 7 und wohl auch MüKoBGB/*Leuschner* BGB § 74 Rn. 6.

3. Anmeldung, Eintragung

Auch **registerrechtlich** ist der Verzicht auf die Rechtsfähigkeit **wie eine Satzungsänderung** zu behandeln.[765] Es bedarf also einer **Anmeldung** zum Vereinsregister durch den Vorstand gem. §§ 71 Abs. 1, 77 BGB in öffentlich beglaubigter Form, und zwar unter Vorlage des Protokolls über die Mitgliederversammlung (§ 71 Abs. 1 S. 3 BGB).[766] Die **Eintragung** durch das Registergericht erfolgt gem. § 3 S. 3 Nr. 4 lit. b sublit. bb VRV. Sodann ist das **Registerblatt** nach § 4 Abs. 2 S. 2 Nr. 2 VRV zu **schließen.**[767] Hinweise zum Registerverfahren und ein Formulierungsbeispiel für die Anmeldung finden sich in → § 17 Rn. 104 ff. 375

4. Rechtsfolgen

Beschließt ein Idealverein den Verzicht auf die Rechtsfähigkeit, so führt dies mit Wirksamwerden des Verzichts zum **Verlust des Status als eingetragener Verein** und damit zum Verlust der Eigenschaft als juristische Person. Es kommt zu einer **identitätswahrenden Fortsetzung** des Vereins in der Rechtsform des **nicht rechtsfähigen Vereins** (§ 54 BGB).[768] Trotz des Verweises in § 54 S. 1 BGB auf die Vorschriften zur Gesellschaft (§§ 705 ff. BGB) besteht seit langem Einigkeit darüber, dass auf den nicht rechtsfähigen Verein wegen seiner körperschaftlich geprägten Struktur weitgehend die Vorschriften über den eingetragenen Verein zur Anwendung gelangen (dazu ausführlich → § 4 Rn. 209 ff.).[769] Auch wenn nach hM der nicht rechtsfähige Verein im Ergebnis jedenfalls weitgehend rechtsfähig ist, wird der Wechsel von der Rechtsform des § 21 BGB in die des § 54 BGB immer noch unter dem Stichwort „Verzicht auf die Rechtsfähigkeit" behandelt.[770] 376

In der Vergangenheit war umstritten, ob der Verzicht auf die Rechtsfähigkeit auch zwingend zur **Auflösung des Vereins** und damit zur Liquidation des Vereinsvermögens führt. Früher wurde verbreitet davon ausgegangen, dass der Verein mit dem Verlust der Rechtsfähigkeit gleichzeitig aufgelöst sei.[771] Zur Begründung wurde auf §§ 45 Abs. 1, 47 Abs. 1 BGB verwiesen, aus denen sich ein **sog. Liquidationszwang** ergebe. Dies überzeugt nicht. Mit der inzwischen absolut hM ist vielmehr eine **liquidationslose Umwandlung des Vereins** in einen nicht rechtsfähigen Verein anzunehmen.[772] Der Wortlaut des § 45 Abs. 1 BGB steht dem nicht entgegen, da hier nur von einer Entziehung der Rechtsfähigkeit, also von deren zwangsweisem Verlust die Rede ist. Die Liquidationsfolgen entsprechen ferner nicht dem Gehalt des Rechtsfähigkeitsverzichts. Die Vereinsmitglieder streben gerade **nicht die Auflösung des Vereins** an. Vielmehr soll von der Möglichkeit des vereinsrechtlichen Formwechsels Gebrauch gemacht und der Verein in anderer Rechtsform, aber weiterhin mit werbendem Zweck fortgesetzt werden.[773] Auch der 377

---

765 *Krafka* RegisterR-HdB Rn. 2213; *Stöber/Otto* Rn. 182.

766 *Stöber/Otto* Rn. 182; *Schäfer* RNotZ 2008, 22 (24).

767 *Krafka* RegisterR-HdB Rn. 2213 mit Vorschlag für den Eintragungstext.

768 MüKoBGB/*Leuschner* BGB § 41 Rn. 3 und § 74 Rn. 6; *Sauter/Schweyer/Waldner* Eingetragener Verein Rn. 401; *Stöber/Otto* Rn. 178; *Schäfer* RNotZ 2008, 22; aA die früher herrschenden Nichtidentitäts- und Teilidentitätstheorien, vgl. hierzu *Stolte* S. 33 ff.

769 MHdB GesR V/*Korte* § 64 Rn. 4; BeckOK BGB/*Schöpflin* BGB § 54 Rn. 15; Palandt/*Ellenberger* BGB § 54 Rn. 1.

770 Auch der Gesetzgeber hat im Rahmen der Vereinsrechtsreform 2009 die Terminologie „nicht rechtsfähiger" Verein beibehalten; zum Teil wird jedoch vorgeschlagen, vom „nicht eingetragenen" Verein zu sprechen, vgl. etwa: *Stöber/Otto* Rn. 177; *Terner* ZNotP 2009, 132 (137).

771 So bis zur 19. Aufl. 2010 etwa *Sauter/Schweyer/Waldner* Eingetragener Verein Rn. 401 sowie auch Staudinger/*Weick* (2005) BGB § 41 Rn. 19.

772 MüKoBGB/*Leuschner* BGB § 41 Rn. 3; Soergel/*Hadding* BGB vor § 41 Rn. 4, 8; jurisPK-BGB/*Otto* BGB § 41 Rn. 42; Staudinger/*Schwennicke* BGB § 41 Rn. 59; so nun auch *Sauter/Schweyer/Waldner* Eingetragener Verein Rn. 401.

773 MHdB GesR V/*Korte* § 64 Rn. 4; *Kolhosser* ZIP 1984, 1434 (1438); *Krafka* RegisterR-HdB Rn. 2213; BeckOK BGB/*Schöpflin* BGB § 41 Rn. 13; Reichert/*Schörnig* Kap. 2 Rn. 4054; *Stolte* S. 86 ff.

Gläubigerschutz gebietet keine andere Betrachtung. Denn der Verein soll nicht beendet und das Vereinsvermögen an die Anfallberechtigten ausgekehrt werden. Trotz des Rechtsformwechsels bleibt der Verein bestehen, und zwar auch mit Wirkung gegenüber seinen Gläubigern.[774] Es kommt daher ebenso wie im umgekehrten Fall, in dem ein nicht rechtsfähiger Verein seine Eintragung im Vereinsregister bewirkt, zu einer identitätswahrenden und liquidationsfreien Fortführung des Vereins, bei der alle Aktiva und Passiva ohne Rechtsträgerwechsel auf den nicht rechtsfähigen Verein übergehen, ähnlich dem Wechsel von der GbR in die oHG gem. § 105 Abs. 2 HGB und umgekehrt. Ein **Vermögensanfall** iSd §§ 45 ff. BGB ist damit **nicht verbunden,** eine **Liquidation** gem. §§ 47 ff. BGB **findet nicht statt.**[775]

II. Entziehung der Rechtsfähigkeit

1. Amtslöschung gem. § 395 FamFG

378 **a) Allgemeines.** Unter bestimmten Voraussetzungen kann es gem. § 395 FamFG zu einer **Löschung** des eingetragenen Vereins **aus dem Vereinsregister** kommen. Bei der Norm handelt es sich um eine registerrechtliche Generalklausel, die auf sämtliche im FamFG geregelte Verfahren Anwendung findet und die das Registergericht dazu ermächtigt, Eintragungen, die aufgrund eines wesentlichen Mangels unzulässig sind, aus dem Register zu entfernen. Hierbei kann es sich sowohl um einen verfahrensrechtlichen als auch um einen materiell-rechtlichen Mangel handeln, der entweder bereits anfänglich bestanden oder sich erst später eingestellt hat.[776]

379 Ein solcher wesentlicher Mangel, der die Existenz des Vereins betrifft, kann insbesondere bei einer sog. **Rechtsformverfehlung** gegeben sein.[777] Eine solche liegt vor, wenn der eingetragene Verein in Wirklichkeit keinen ideellen Zweck iSd § 21 BGB, sondern einen wirtschaftlichen Zweck iSd § 22 BGB verfolgt. Im Fall der **offenen Rechtsformverfehlung** ist hierbei der satzungsmäßige Zweck ein wirtschaftlicher, während bei der **verdeckten Rechtsformverfehlung** der tatsächliche verfolgte Vereinszweck entgegen der Satzung auf einen wirtschaftlichen Geschäftsbetrieb gerichtet ist.[778] Ein Fall der verdeckten Rechtsformverfehlung kann insbesondere dann vorliegen, wenn die **Grenzen des Nebenzweckprivilegs** überschritten werden.[779] Nach Aufhebung des § 43 Abs. 2 BGB im Zuge der Vereinsrechtsreform 2009 hat sich die frühere Streitfrage erledigt, ob bzw. unter welchen Voraussetzungen neben dem dort vorgesehenen Entzug der Rechtsfähigkeit durch die Verwaltungsbehörde auch die Registerlöschung durch das Registergericht (früher: § 142 FGG, jetzt: § 395 FamFG) zulässig war.[780] Nach neuer Rechtslage ist nur noch das Registergericht zuständig.

380 **b) Verfahren und Entscheidung.** Liegen die tatbestandlichen Voraussetzungen des § 395 FamFG vor, so entscheidet das Amtsgericht nach **pflichtgemäßem Ermessen.**[781] Betrifft der wesentliche Mangel die Eintragung des Vereins als solches (§§ 21, 55 BGB), so wird der Verein aus dem Register gelöscht.[782] Vor Vollzug der Löschung ist der Verein nach § 395 Abs. 2 S. 1 FamFG über die beabsichtigte Löschung zu benachrichtigen und eine

[774] So auch *Stöber/Otto* Rn. 180; *Kolhosser* ZIP 1984, 1434 (1438).
[775] MHdB GesR V/*Korte* § 64 Rn. 10; Reichert/*Schörnig* Kap. 2 Rn. 4054; *Stöber/Otto* Rn. 180.
[776] *Stöber/Otto* Rn. 1419; *Böttcher* Rpfleger 1988, 169 (170).
[777] *Stöber/Otto* Rn. 1421; zu weiteren Fällen *Böttcher* Rpfleger 1988, 169 (170) sowie Keidel/*Heinemann* FamFG § 395 Rn. 21.
[778] Keidel/*Heinemann* FamFG § 395 Rn. 21; BeckOK BGB/*Schöpflin* BGB § 43 Rn. 5.
[779] Vgl. hierzu BGH NJW 1983, 569; BVerwG NJW 1998, 166; *Stöber/Otto* Rn. 69 ff.; OLG Frankfurt a. M. SpuRT 2011, 125 mAnm *Feiler.*
[780] *Stöber/Otto* Rn. 1179; BeckOK BGB/*Schöpflin* BGB § 43 Rn. 5; *Schöpflin* Rpfleger 2010, 349 (350).
[781] *Krafka* RegisterR-HdB Rn. 2260; *Stöber/Otto* Rn. 1422; Keidel/*Heinemann* FamFG § 395 Rn. 23; aA *Böttcher* Rpfleger 1988, 169 (170), der von einer gebundenen Entscheidung ausgeht.
[782] *Stöber/Otto* Rn. 1420.

angemessene Frist zur Geltendmachung eines Widerspruchs zu bestimmen.[783] Die Löschung erfolgt nur, wenn kein Widerspruch erhoben wurde oder ein eingelegter Widerspruch durch Beschluss rechtskräftig zurückgewiesen wurde (§§ 395 Abs. 3, 393 Abs. 3, Abs. 5, 45 FamFG; zum Registerverfahren auch → § 17 Rn. 167 ff.).[784]

Die Löschung selbst erfolgt durch Eintragung eines entsprechenden **Löschungsvermerks** (§ 395 Abs. 1 S. 2 FamFG, § 11 Abs. 3 VRV). 381

c) Rechtsfolgen, Fortsetzungsmöglichkeiten. Wird ein eingetragener Verein wegen Rechtsformverfehlung aus dem Vereinsregister gelöscht, bewirkt dies als *actus contrarius* zur konstitutiven Registereintragung den **Verlust des Status als eingetragener Verein** und damit den **Verlust der Rechtsfähigkeit.**[785] Der eingetragene Verein wird also mit der Löschung aus dem Vereinsregister *ex nunc* zu einem nicht rechtsfähigen Verein.[786] 382

Fraglich ist jedoch, ob darüber hinaus mit dem **Verlust der Rechtsfähigkeit** gleichzeitig auch die **Auflösung des Vereins** verbunden ist. Hierfür spricht zunächst der **Wortlaut des § 45 BGB** („Entziehung der Rechtsfähigkeit"). Zum Teil wird jedoch ein zwingender Zusammenhang zwischen Verlust der Rechtsfähigkeit und Auflösung des Vereins mit dem Argument abgelehnt, auch im Falle der Entziehung der Rechtsfähigkeit müsse es dem Verein möglich sein, unter dem Regime des § 54 BGB liquidationslos und rechtssubjekterhaltend fortzubestehen.[787] Danach soll der Verein im Fall der Registerlöschung ohne weiteres zum werbenden nicht rechtsfähigen Verein werden.[788] Dem ist nicht zu folgen. Vielmehr hat die **Registerlöschung zugleich die Auflösung des Vereins** zur Folge.[789] Denn nach dem in der Satzung verankerten Mitgliederwillen ist der Verein auf die Eintragung im Vereinsregister und damit die Existenz als eingetragener Verein ausgerichtet. Die Fortsetzung als nicht rechtsfähiger Dauerverein bedeutet einen vom Mitgliederwillen nicht gedeckten Strukturwandel.[790] Daher muss die **Fortsetzung des Vereins** von der **Mitgliederversammlung** aktiv **beschlossen werden.**[791] Etwas anderes kann nur dann gelten, wenn in der Satzung für den Fall des Verlusts der Rechtsfähigkeit bereits die Fortsetzung als nicht rechtsfähiger Verein angeordnet ist. 383

Nicht abschließend geklärt ist die für den **Fortsetzungsbeschluss** erforderliche **Mehrheit.** Vielfach wird für den Fall der unfreiwilligen Auflösung in Anlehnung an die Rechtslage zur insolvenzbedingten Auflösung die Meinung vertreten, es müsse die einfache Mehrheit genügen. Nach hier vertretener Auffassung bedarf es demgegenüber für den Fortsetzungsbeschluss analog § 41 S. 2 BGB grundsätzlich einer **Dreiviertelmehrheit** (→ Rn. 332). Allerdings wird man für den **speziellen Fall** der Fortsetzung nach **Registerlöschung wegen Verfolgung eines wirtschaftlichen Zwecks** besondere Anforderungen zu stellen haben. Der ehemals eingetragene Verein wird aufgrund der wirtschaftli- 384

---

783 *Krafka* RegisterR-HdB Rn. 447; Keidel/*Heinemann* FamFG § 395 Rn. 32 ff.

784 *Krafka* RegisterR-HdB Rn. 428; gegen die Zurückweisung des Widerspruchs kann gem. §§ 395 Abs. 3, 393 Abs. 3 S. 2, 58 FamFG Beschwerde und ggf. Rechtsbeschwerde gem. § 30 FamFG eingelegt werden, vgl. *Krafka* RegisterR-HdB Rn. 430; Keidel/*Heinemann* FamFG § 395 Rn. 43.

785 BGH DNotZ 2008, 542 (544); Soergel/*Hadding* BGB vor § 41 Rn. 14.

786 Vgl. hierzu BGH DNotZ 2008, 542.

787 *Oetker* NJW 1991, 385 (390); jurisPK-BGB/*Otto* BGB § 41 Rn. 41.

788 MüKoBGB/*Leuschner* BGB §§ 21, 22 Rn. 105 und vor § 41 Rn. 3; Soergel/*Hadding* BGB vor § 41 Rn. 14; Reichert/*Schörnig* Kap. 2 Rn. 4047, 4048; *Bayer* S. 207.

789 BeckOK BGB/*Schöpflin* BGB § 41 Rn. 6; Palandt/*Ellenberger* BGB vor §§ 55, 55a Rn. 2; MHdB GesR V/*Korte* § 63 Rn. 22; Staudinger/*Schwennicke* BGB § 60 Rn. 31; *Krafka* RegisterR-HdB Rn. 2261; *K. Schmidt* NJW 1993, 1225 (1227); BeckOGK/*Könen* BGB § 47 Rn. 24 und § 43 Rn. 29; Reichert/*Schörnig* Kap. 2 Rn. 4736.

790 *Stöber/Otto* Rn. 1180; BeckOK BGB/*Schöpflin* BGB § 41 Rn. 6; *K. Schmidt* GesR § 24 VII 2b; *K. Schmidt*, Verbandszweck und Rechtsfähigkeit im Vereinsrecht, S. 301.

791 BeckOK BGB/*Schöpflin* BGB § 41 Rn. 6; MHdB GesR V/*Korte* § 63 Rn. 22; *Krafka* RegisterR-HdB Rn. 2261; *K. Schmidt* GesR § 24 VII 2 b; *K. Schmidt* NJW 1993 1225 (1227); *K. Schmidt*, Verbandszweck und Rechtsfähigkeit im Vereinsrecht, S. 303 ff.; abw. Reichert/*Schörnig* Kap. 2 Rn. 4047, 4048; vgl. aber auch Reichert/*Schörnig* Kap. 2 Rn. 4008; aA MüKoBGB/*Leuschner* BGB §§ 21, 22 Rn. 105 und wohl auch *Sauter/Schweyer/Waldner* Eingetragener Verein Rn. 450.

chen Zwecksetzung bei Fortsetzung nämlich zur Personengesellschaft (oHG bzw. GbR) oder muss sich jedenfalls so behandeln lassen (§ 54 S. 1 BGB). Dies führt insbesondere zur **persönlichen Haftung** der Mitglieder (§ 128 HGB).[792] Aufgrund dieser Haftungsgefahren ist im Interesse des Mitgliederschutzes zur Fortsetzung ein **einstimmiger Beschluss** aller vorhandenen Mitglieder erforderlich.[793] Bei der verdeckten Rechtsformverfehlung ergibt sich dies ferner daraus, dass für die nunmehr offen verfolgte wirtschaftliche Betätigung eine Zweckänderung gem. § 33 Abs. 1 S. 2 BGB erforderlich ist.

2. Entziehung der Rechtsfähigkeit des eingetragenen Vereins gem. § 73 BGB

385 **a) Allgemeines.** Eine **Entziehung der Rechtsfähigkeit** des eingetragenen Vereins ist in § 73 BGB für den Fall vorgesehen, dass seine **Mitgliederzahl unter drei** absinkt. Während für die Gründung des eingetragenen Vereins sieben Mitglieder erforderlich sind, ist die Mitgliederzahl für den weiteren Fortbestand also zunächst nicht von Bedeutung, solange nicht sämtliche Mitglieder wegfallen (→ Rn. 365 ff.). Allerdings besteht für **Kleinstvereine kein Eintragungsbedürfnis,** so dass diesen die Rechtsfähigkeit entzogen werden kann.[794]

386 **b) Verfahren und Entscheidung.** Die Entziehung der Rechtsfähigkeit setzt grundsätzlich einen entsprechenden **Antrag des Vorstands** voraus, wobei sich aus § 73 BGB eine entsprechende Antragspflicht des Vereinsvorstands ergibt, sobald die Mitgliederzahl unter drei fällt. Allerdings kann das **Registergericht** die Entziehung der Rechtsfähigkeit nach Anhörung des Vorstands **von Amts wegen** aussprechen, wenn der Antrag des Vorstands ausbleibt (§ 73 BGB). Den Vorstand trifft gegenüber dem Registergericht gem. § 72 BGB eine spezielle, ggf. durch Zwangsgeld (§ 78 Abs. 1 BGB) erzwingbare **Auskunftspflicht** hinsichtlich der Mitgliederzahl. Besonderheiten ergeben sich, wenn der Verein gar keinen Vorstand mehr hat. In diesem Fall bestellt das Amtsgericht zunächst gem. § 29 BGB einen **Notvorstand,** um diesen im Rahmen des Entziehungsverfahrens anzuhören und ihm die Entscheidung zuzustellen.[795]

387 Nach dem Wortlaut des § 73 BGB handelt es sich um eine **gebundene Entscheidung.** Unter Verhältnismäßigkeitsgesichtspunkten hat das Gericht die Entscheidung jedoch vorübergehend zurückzustellen, wenn glaubhaft gemacht wird, dass demnächst wieder mit Mitgliedsbeitritten zu rechnen ist.[796] Das Amtsgericht entscheidet über die Entziehung der Rechtsfähigkeit durch **Beschluss,** der mit Rechtskraft wirksam wird (§ 401 FamFG). Der Beschluss wirkt konstitutiv für den Verlust der Rechtsfähigkeit, allein das Absinken der Mitgliederzahl unter drei hat also auf die Rechtsfähigkeit des e.V. keinen Einfluss. Der Beschluss des Amtsgerichts ist gem. § 41 Abs. 1 S. 2 FamFG zuzustellen, es sei denn die Vorstandsmitglieder signalisieren ihr Einverständnis mit der Entscheidung, was insbesondere dann zutreffen wird, wenn der Antrag durch den Vorstand gestellt wurde.[797] In diesem Fall genügt einfache Bekanntgabe (§ 41 Abs. 1 FamFG). Der Beschluss ist **konstitutiv** für den Verlust der Rechtsfähigkeit. Rechtsmittel gegen den Beschluss ist die Beschwerde zum

---

[792] BGH NJW 2001, 748; eine solche entsteht nur *ex nunc,* eine persönliche Durchgriffshaftung besteht bis zur Registerlöschung also nicht: BGH DNotZ 2008, 542 – Kolping; *Hofmeister* ZIP 2009, 161; *Seltmann* DStR 2008, 1443; *Stöber/Otto* Rn. 186.

[793] So auch MüKoBGB/*Reuter,* 5. Aufl. 2009, BGB § 41 Rn. 4 für den wirtschaftlichen Verein iSd § 22 BGB; aA MüKoBGB/*Arnold,* 7. Aufl. 2015, BGB § 41 Rn. 4, 22: keine Möglichkeit der identitätswahrenden Fortsetzung; aA BeckOGK/*Könen* BGB § 43 Rn. 51: Dreiviertelmehrheit mit Austrittsrecht für überstimmte Mitglieder; so auch *K. Schmidt,* Verbandszweck und Rechtsfähigkeit im Vereinsrecht, S. 307: Austrittsrecht für dissentierende Mitglieder.

[794] *Stöber/Otto* Rn. 1430; BeckOK BGB/*Schöpflin* BGB § 73 Rn. 1.

[795] Palandt/*Ellenberger* BGB § 73 Rn. 1; BeckOGK/*Geißler* BGB § 73 Rn. 14; aA BeckOK BGB/*Schöpflin* BGB § 73 Rn. 3 und MüKoBGB/*Leuschner* BGB § 73 Rn. 6: Anhörung der Mitglieder.

[796] BeckOK BGB/*Schöpflin* BGB § 73 Rn. 2; MüKoBGB/*Leuschner* BGB § 73 Rn. 4; *Krafka* RegisterR-HdB Rn. 2278; *Böttcher* Rpfleger 1988, 169.

[797] *Krafka* RegisterR-HdB Rn. 2279; *Stöber/Otto* Rn. 1432.

Landgericht (§§ 58, 63 Abs. 1 FamFG). Beschwerdebefugt ist hierbei der Verein, vertreten durch den Vorstand, nicht hingegen das einzelne Mitglied.[798]

Die Entziehung der Rechtsfähigkeit ist gem. § 74 S. 1 BGB in das Vereinsregister **einzutragen** (§ 3 S. 3 Nr. 4 lit. b sublit. bb VRV), und das Registerblatt zu **schließen** (§ 4 Abs. 2 S. 1 VRV). 388

c) Rechtsfolgen, Fortsetzungsmöglichkeiten. Unmittelbare Folge der Entziehung der Rechtsfähigkeit ist der **Verlust** des Status als eingetragener Verein und damit der **Eigenschaft als juristische Person.**[799] 389

Nach zutreffender Auffassung führt die **Entziehung der Rechtsfähigkeit** (jedenfalls zunächst) gleichzeitig auch zur **Auflösung des Vereins** (→ Rn. 383).[800] Gleichwohl ist eine identitätswahrende Fortsetzung des bislang eingetragenen Vereins als nicht eingetragener Verein gem. § 54 BGB bei entsprechendem Mitgliederwillen (theoretisch) möglich (→ Rn. 383), wenn auch angesichts der Mitgliederzahl von nur mehr ein oder zwei wohl wenig praxisrelevant.[801] Will der ehemals eingetragene Verein nach der Entziehung der Rechtsfähigkeit dagegen erneut ins Vereinsregister eingetragen werden, um als eingetragener Verein fortzubestehen, so hat er hierfür die **allgemeinen Voraussetzungen** einzuhalten, insbesondere ist dann wiederum eine **Mitgliederzahl von sieben** erforderlich (§ 56 BGB). 390

3. Entziehung der Rechtsfähigkeit gem. § 43 BGB

Nach der Neufassung des § 43 BGB im Zuge der Vereinsrechtsreform 2009 bezieht sich die Vorschrift nur noch auf die **Entziehung der Rechtsfähigkeit für wirtschaftliche Vereine** iSd § 22 BGB. Damit ist nun klargestellt, dass für alle Fälle der Rechtsformverfehlung (offene und verdeckte) des eingetragenen Vereins allein das Registergericht im Rahmen des § 395 FamFG zuständig ist (→ Rn. 379). 391

Die Entziehung der Rechtsfähigkeit gem. § 43 BGB kommt in Betracht, wenn der wirtschaftliche Verein einen anderen als den in der Satzung bestimmten **Zweck** verfolgt. Hintergrund ist, dass die Verleihung der Rechtsfähigkeit gem. § 22 BGB sich immer nur auf den konkreten Satzungszweck bezieht. Demgemäß bestimmt § 33 Abs. 2 BGB, dass für Satzungsänderungen eine Genehmigung der zuständigen Behörde erforderlich ist. § 43 BGB lässt sich insoweit also als Sanktion für die Missachtung der Genehmigungspflicht verstehen.[802] Neben einer förmlichen **Satzungsänderung** kann jedoch auch eine **rein faktische Tätigkeitsänderung** zum Entzug der Rechtsfähigkeit führen.[803] Für Zuständigkeit und Verfahren verweist § 44 BGB auf das jeweilige Landesrecht am Vereinssitz. Die hiernach zuständigen Landesbehörden[804] entscheiden auf Grundlage des jeweiligen Verwaltungsverfahrensgesetzes, dh durch **Verwaltungsakt.** Streitig ist, ob bei Vorliegen der Tatbestandsvoraussetzungen die Entziehung im pflichtgemäßen Ermessen der Behörde steht oder ob es sich um eine gebundene Entscheidung handelt. Nach hM besteht zwar grundsätzlich ein Ermessensspielraum iSd §§ 22, 40 VwVfG, wobei überwiegend davon ausge- 392

[798] *Krafka* RegisterR-HdB Rn. 2279; *Stöber/Otto* Rn. 1432.
[799] Soergel/*Hadding* BGB vor § 41 Rn. 1; MüKoBGB/*Leuschner* BGB vor § 41 Rn. 3 und § 73 Rn. 7.
[800] Palandt/*Ellenberger* BGB § 73 Rn. 1; BeckOK BGB/*Schöpflin* BGB § 73 Rn. 4; OLG Jena BeckRS 2016, 19873; aA MüKoBGB/*Leuschner* BGB § 73 Rn. 7: Verein wird identitätswahrend und ohne Liquidation zum nicht eingetragenen Verein.
[801] Zwar wird für die Gründung eines nicht rechtsfähigen Vereins verbreitet eine Mitgliederzahl von drei gefordert, so zB Reichert/*Wagner* Kap. 2 Rn. 5045, gleichwohl wird man dies für eine (identitätswahrende) Fortsetzung nicht verlangen können, da es sich nicht um eine Neugründung handelt, aA Reichert/*Schörnig* Kap. 2 Rn. 4348, 4372, der auch für die Fortsetzung mindestens drei Mitglieder verlangt.
[802] Reichert/*Schörnig* Kap. 2 Rn. 4013.
[803] Reichert/*Schörnig* Kap. 2 Rn. 4013; Soergel/*Hadding* BGB § 43 Rn. 5; Staudinger/*Schwennicke* BGB § 43 Rn. 7.
[804] Vgl. Übersichten bei Reichert/*Schörnig* Kap. 2 Rn. 4014 und MüKoBGB/*Leuschner* BGB § 44 Rn. 2 Fn. 1.

gangen wird, dass bei Vorliegen der tatbestandlichen Voraussetzungen in der Regel die Entziehung der Rechtsfähigkeit zu erfolgen hat und Ermessenserwägungen daher nur in atypischen Fällen dazu führen können, hiervon abzusehen.[805]

393 Mit **Wirksamwerden** des Verwaltungsakts entfällt *ex nunc* die auf § 22 BGB beruhenden Eigenschaft als juristische Person.[806] Ferner führt die Entziehung der Rechtsfähigkeit zur **Auflösung,** dh wenn nicht sofortiges Erlöschen gem. § 46 BGB eintritt, zur Liquidation.[807] Eine Fortsetzung als nicht rechtsfähiger Verein kommt zwar grundsätzlich in Betracht. Regelmäßig dürfte der wirtschaftliche Verein jedoch aufgrund der Verweisung des § 54 S. 1 BGB jedenfalls hinsichtlich der unbeschränkten und persönlichen Haftung wie eine Personengesellschaft zu behandeln sein.[808] Daher bedarf es nach zutreffender Auffassung für die Fortsetzung eines **einstimmigen,** von **allen vorhandenen Mitgliedern** gefassten Beschlusses (→ Rn. 384).[809]

[805] BVerwG NJW 1998, 1166; NK-BGB/*D. Eckardt* BGB § 43 Rn. 5; BeckOK BGB/*Schöpflin* BGB § 43 Rn. 3; abw. mit überzeugenden Gründen MüKoBGB/*Leuschner* BGB § 43 Rn. 2: andere Entscheidung als Entziehung der Rechtsfähigkeit kaum denkbar; für Ermessensspielraum Staudinger/*Schwennicke* BGB § 43 Rn. 11.

[806] Endgültig mit Bestandskraft: Soergel/*Hadding* BGB § 43 Rn. 7; NK-BGB/*D. Eckardt* BGB § 43 Rn. 6.

[807] BeckOGK/*Könen* BGB § 43 Rn. 29; MüKoBGB/*Arnold,* 7. Aufl. 2015, BGB § 44 Rn. 4; NK-BGB/*D. Eckardt* BGB § 43 Rn. 6; Reichert/*Schörnig* Kap. 2 Rn. 4028; Soergel/*Hadding* BGB § 43 Rn. 7; so iErg auch BeckOK BGB/*Schöpflin* BGB § 43 Rn. 6; aA *Bayer* S. 211 ff.: automatisches Fortbestehen als nicht rechtsfähiger Verein; ebenso MüKoBGB/*Leuschner* BGB § 43 Rn. 3, vor § 41 Rn. 3 und §§ 21, 22 Rn. 112: liquidationsloses Fortbestehen als nicht eingetragener Verein gem. § 54 BGB.

[808] BeckOGK/*Könen* BGB § 43 Rn. 27, 52; jurisPK-BGB/*Otto* BGB § 41 Rn. 43.

[809] MüKoBGB/*Arnold,* 7. Aufl. 2015, BGB § 41 Rn. 4 und § 44 Rn. 4; aA *K. Schmidt,* Verbandszweck und Rechtsfähigkeit im Vereinsrecht, S. 307: Austrittsrecht für dissentierende Mitglieder; aA auch BeckOGK/*Könen* BGB § 43 Rn. 51: Dreiviertelmehrheit mit Austrittsrecht für überstimmte Mitglieder.

Kapitel 3. Der Verein im Steuer-, Arbeits- und Strafrecht

§ 14. Der Verein im Steuerrecht

Übersicht

Schrifttum:

Kommentare, Handbücher und Monographien: *Buchna/Leichinger/Seeger/Brox,* Gemeinnützigkeit im Steuerrecht, 11. Aufl. 2015; *Fuhrmann/Kraeusel/Schiffers,* EStG, 360°eKommentar (Stand: 1/2021); *Götz/Meßbacher-Hönsch,* ErbStG, 360°eKommentar (Stand: 1/2021); *Hübschmann/Hepp/Spitaler,* Abgabenordnung, Loseblatt-Kommentar, 262. EL (Stand: 5/2021); *Hüttemann,* Gemeinnützigkeits- und Spendenrecht, 4. Aufl. 2018; *Klaßmann,* Steuerrecht in Pflegeeinrichtungen, 4. Aufl. 2010; *Klaßmann/Notz/Schmidbauer,* Die Besteuerung der Krankenhäuser und anderer humanmedizinischer Leistungserbringer, 5. Aufl. 2017; *Klein,* Abgabenordnung, 15. Aufl. 2020; *Schauhoff,* Handbuch der Gemeinnützigkeit, 3. Aufl. 2010; *Schleder,* Steuerrecht der Vereine, 12. Aufl. 2019; *Tipke/Kruse,* Abgabenordnung, Loseblatt-Kommentar, 166. EL (Stand: 6/2021); *Wallenhorst/Halaczinsky,* Die Besteuerung gemeinnütziger Vereine, Stiftungen und der juristischen Personen des öffentlichen Rechts, 7. Aufl. 2017.

Aufsätze: *Emser,* Erleichterungen für gemeinnützige Körperschaften und ehrenamtlich Tätige im Bereich des Steuerrechts, NWB 13/2013, 908; *Fritz,* Immer noch keine Klarheit beim Sponsoring!, Stiftung & Sponsoring 5/2014, 32; *Hanke/Tybussek,* Gemeinnützigkeitsrecht im Wandel, NWB 9/2012, 718; *Hüttemann,* Das Gesetz zur Stärkung des Ehrenamtes, DB 2013, 774; *ders.,* Der geänderte Anwendungserlass zur Gemeinnützigkeit, DB 2014, 442; *ders.,* Der neue Anwendungserlass zum Abschnitt „Steuerbegünstigte Zwecke", DB 2012, 250; *IDW-Arbeitskreis,* „Besteuerung von Non-Profit-Organisationen", Auswirkungen des Jahressteuergesetzes 2009 und des Steuerbürokratieabbaugesetzes auf steuerbegünstigte Körperschaften iSd §§ 51 ff. AO, WPg 2009, 733; *Kerssenbrock/Kirch,* Sachlicher Anwendungsbereich der E-Bilanz, Stbg 12/2015, 486; *Kirchhain,* Im zweiten Anlauf durch die Hintertür: Umfassende Änderungen für gemeinnützige Organisationen und deren Förderer durch das JStG 2020, DStR 2021, 129; *Klaßmann/Ritter,* Das „Gesetz zur Stärkung des Ehrenamtes" und seine Auswirkungen für steuerbegünstigte Stiftungen, Stiftung & Sponsoring, Rote Seiten 1/2013; *Kraus,* Ab 2019 Kapitalertragsteuerabzug auch für gemeinnützige Organisationen, npoR 2019, 111; *Lay,* E-Bilanz – Handlungsbedarf gemeinnütziger Körperschaften, npoR 2013, 47; *Ritter,* Venture Philantrophy, Social Entrepreneurship, Social Business – Eine Betrachtung aus Sicht des Gemeinnützigkeitsrechts, Stiftung & Sponsoring, Rote Seiten 2/2012; *Schick,* Die Beteiligung einer steuerbegünstigten Körperschaft an Personen- und Kapitalgesellschaften, DB 1999, 1187; *Thiel/Eversberg,* Zur Reichweite des Gebots der zeitnahen Mittelverwendung im Gemeinnützigkeitsrecht, DB 2007, 191; *von Maydell,* Steuerliche Einordnung des Sponsorings beim gemeinnützigen Empfänger, npoR 2019, 250; *Wallenfels,* Die Körperschaftsteuererklärung 2017 – Neue Herausforderungen für steuerbegünstigte Körperschaften, ZStV 2019, 75; *Weitemeyer/Klene,* Notwendige Weiterentwicklung des Gemeinnützigkeitsrechts, DStR 2016, 937.

A. Vorbemerkung

Vereine sind überwiegend als steuerbegünstigte Vereine anerkannt, weil sie gemeinnützige, mildtätige oder kirchliche Zwecke iSd Abschnitts „Steuerbegünstigte Zwecke“ der AO verfolgen. Dies bedeutet jedoch nicht, dass für sie die steuerrechtlichen Vorschriften ohne Beachtung bleiben können oder besondere steuerrechtliche Vorschriften gelten. Vielmehr sind die allgemeinen Regelungen der einzelnen Steuergesetze maßgebend. In diesen sind zum Teil Steuerbefreiungsvorschriften enthalten, die für steuerbegünstigte Vereine relevant sind. 1

Sofern ein Verein nicht als steuerbegünstigte Körperschaft anerkannt wird bzw. keine steuerbegünstigten Zwecke verfolgt, können Steuerbefreiungen oder Steuervergünstigungen nicht in Anspruch genommen werden. Diese Vereine unterliegen vielmehr der vollen Steuerpflicht. Insbesondere sind alle wirtschaftlichen Tätigkeiten körperschaft- und gewerbesteuerpflichtig und sie können keine Spenden entgegennehmen, die beim Spender im Rahmen der Einkommensteuererklärung abzugsfähig sind. Da Vereine jedoch zumeist auf Spenden angewiesen sind, streben sie überwiegend die Anerkennung als steuerbegünstigte Körperschaft an, sodass in den folgenden Ausführungen die Besonderheiten bei der Besteuerung von steuerbegünstigten Vereinen dargestellt werden. 2

Für die Besteuerung ist bei Vereinen grundsätzlich ohne Bedeutung, ob diese in das Vereinsregister eingetragen sind oder nicht. Auch **nichtrechtsfähige Vereine** können als steuerbegünstigte Körperschaft anerkannt werden, da sie eine Körperschaft iSd § 51 AO sind. 3

Die Vielzahl von steuerrechtlichen Vorschriften ist für steuerbegünstigte Vereine von Bedeutung, insbesondere vor dem Hintergrund, dass aus der Nichtbeachtung steuerliche Nachteile für den Verein entstehen oder weitergehende Konsequenzen wie bspw. die Aberkennung der Gemeinnützigkeit oder die Haftung (des Vereinsvorstands) für Steuerschulden eintreten können. 4

Dabei ist das Steuerrecht durch ständige Veränderung geprägt. Dies zeigt bspw. das „Gesetz zur Stärkung des Ehrenamtes“ (Ehrenamtsstärkungsgesetz, BGBl. vom 28.3.2013 Nr. 15), durch welches Verbesserungen im Gemeinnützigkeitsrecht vorgenommen wurden. Weitere wesentliche steuerliche Änderungen für steuerbegünstigte Vereine ergaben sich durch das Jahressteuergesetz 2020, welches am 28.12.2020 im Bundesgesetzblatt verkündet wurde und dessen Regelungen größtenteils am darauffolgenden Tag in Kraft getreten sind.[1] Ganz grundsätzlich ist vorab auf folgende Änderungen im Zusammenhang mit dem JStG 2020 hinzuweisen: 5

- Erhöhung des sog. **Übungsleiter-Freibetrags** von jährlich 2.400 EUR auf jährlich 3.000 EUR und der sog. **Ehrenamtspauschale** von jährlich 720 EUR auf jährlich 840 EUR (§ 3 Nr. 26 und Nr. 26a EStG) zum 1.1.2021,[2]
- Erhöhung des sog. **vereinfachten Spendennachweises** bei Zuwendungen von bisher 200 EUR auf 300 EUR (§ 50 Abs. 4 EStDV) zum 1.1.2021; sie gilt damit für Zuwendungen, die dem Zuwendungsempfänger nach dem 31.12.2019 zugeflossen sind (vgl. § 84 Abs. 2c EStDV), was den vereinfachten Spendennachweis auch für Spendenzuflüsse im Jahr 2020 ermöglicht.

Darüber hinaus wurden verschiedene Vorschriften das Gemeinnützigkeitsrecht betreffend in der Abgabenordnung (§§ 51–68 AO) geändert; hierauf wird nachfolgend näher eingegangen, soweit sie für (steuerbegünstigte) Vereine bedeutsam sind oder sein können. 5a

---

[1] Jahressteuergesetz 2020 (JStG 2020), BGBl. 2020 I 3096; vgl. zum Jahressteuergesetz auch *Kirchhain* DStR 2021, 129ff.

[2] Nicht angepasst wurden – vermutlich versehentlich – die Haftungsregelungen des § 31a BGB und des § 31b BGB. Danach haften Vereinsmitglieder und Organmitglieder des Vereins (zB Vorstandsmitglieder) nur bei Vorliegen von Vorsatz und grober Fahrlässigkeit, wenn sie unentgeltlich tätig sind oder für ihre Tätigkeit eine Vergütung von nicht mehr als 720 EUR jährlich erhalten. Es wird allerdings mit einer zeitnahen Anpassung dieses Betrages im BGB gerechnet.

6 Die folgenden Ausführungen dieses Paragraphen bieten daher einen Überblick über die steuerrechtlichen Vorschriften, die von steuerbegünstigten Vereinen und deren Vertreter zu beachten sind.

B. Gemeinnützigkeit

I. Voraussetzung der Gemeinnützigkeit

1. Allgemeines

7 Die **Gewährung der Steuerbegünstigung** für einen Verein ist nach dem Gesetz dann gegeben, wenn der Verein entsprechend § 51 Abs. 1 AO ausschließlich (§ 56 AO) und unmittelbar (§ 57 AO) gemeinnützige (§ 52 AO), mildtätige (§ 53 AO) oder kirchliche (§ 54 AO) Zwecke verfolgt. Gemäß §§ 59, 63 AO müssen die Satzung und die tatsächliche Geschäftsführung den Voraussetzungen der §§ 51 ff. AO entsprechen.

8 Zu beachten ist insbesondere der Anwendungserlass zur Abgabenordnung (AEAO) zu den §§ 51–68 AO, der – nur – für die Finanzbehörden bindend ist.[3]

9 Zur Verwirklichung der steuerbegünstigten Zwecke im **Ausland** siehe § 51 Abs. 2 AO.

2. Gemeinnützige Zwecke (§ 52 AO)

10 **a) Förderung der Allgemeinheit.** Der **Begriff „gemeinnützige Zwecke"** wird in **§ 52 Abs. 1 AO** erläutert. Ein Verein dient gemeinnützigen Zwecken, wenn er die **Allgemeinheit** auf **materiellem, geistigem und sittlichem Gebiet selbstlos fördert.** Es genügt, wenn sich die Förderung auf eines der vorgenannten gleichrangigen Gebiete beschränkt.[4]

11 Die **Tätigkeit des Vereins muss „darauf gerichtet sein"**, die Allgemeinheit zu fördern. Der BFH hat dazu die Auffassung vertreten, dass eine Vollendung der Förderung nicht erforderlich ist.[5] Es genügen uU vielmehr schon vorbereitende Handlungen. Denn Fördern bedeutet, dass etwas vorangebracht, vervollkommnet oder verbessert werden soll.[6]

12 Die **Förderung der Allgemeinheit iSd § 52 Abs. 1 S. 2 AO** bedeutet einerseits, dass die Tätigkeit des Vereins dem Wohl der Allgemeinheit dient und andererseits, dass der Verein für die Allgemeinheit geöffnet ist. Die Tätigkeit des Vereins muss der Allgemeinheit zugutekommen. Diese Förderung ist nicht erfüllt, wenn der Kreis der Personen, denen die Förderung zugutekommt, fest abgeschlossen oder dauernd nur klein ist. Eine sachlich gebotene unschädliche Begrenzung ist jedoch dann anzunehmen, wenn sich die Kriterien für die Auswahl der Personen an dem jeweils verfolgten Zweck bzw. den angestrebten Zielen orientieren. So darf bspw. der Beitritt zu einem Verein für weite Bevölkerungskreise nicht dadurch ausgeschlossen sein, dass zB hohe Eintrittsgelder bzw. hohe Mitgliederbeiträge erhoben werden.

13 Bei einem Verein, dessen Tätigkeit in erster Linie seinen Mitgliedern zugutekommt, ist eine Förderung der Allgemeinheit iSd § 52 Abs. 1 AO anzunehmen, wenn die **Mitgliedsbeiträge und Mitgliedsumlagen** zusammen im Durchschnitt jährlich 1.023 EUR je Mitglied und die Aufnahmegebühr für die im Jahr aufgenommenen Mitglieder im Durchschnitt 1.534 EUR nicht übersteigen.[7] Sollte daneben noch eine **Investitionsumlage** erhoben werden, darf diese höchstens 5.113 EUR innerhalb von zehn Jahren je Mitglied betragen.[8] Stellt ein Mitglied im Zusammenhang mit seiner Aufnahme dem Verein ein **Darlehen** zur Verfügung, ist dieses Darlehen nicht als zusätzliche Aufnahmegebühr zu er-

[3] BMF 31.1.2014, BStBl. I 290, zuletzt geändert am 26.1.2016, BStBl. I 155.
[4] BMF 20.9.2005, DStR 2005, 1732.
[5] BFH BStBl. II 1979, 482 (484).
[6] BFH/NV 2004, 110 (111).
[7] AEAO Nr. 1.1 zu § 52 AO.
[8] AEAO Nr. 1.2 zu § 52 AO.

fassen. Wird das Darlehen zinslos oder zinsgünstig gewährt, ist der jährliche Zinsverzicht als Mitgliedsbeitrag zu berücksichtigen. Dabei kann typisierend ein üblicher Zinssatz von 5,5 vH angenommen werden.[9]

14 **b) Gesetzliche Zwecke.** Zur Erleichterung der Beurteilung, ob eine Tätigkeit gemeinnützig ist, nennt **§ 52 Abs. 2 AO** eine Reihe von Förderzwecken, die unter den Voraussetzungen des § 52 Abs. 1 AO – selbstlose Förderung der Allgemeinheit – den gesetzlichen Anforderungen entsprechen.

Beispiele:

Förderung von Wissenschaft und Forschung, öffentliches Gesundheitswesen und öffentliche Gesundheitspflege, Jugend- und Altenhilfe, Kunst und Kultur, Tierschutz, Sport etc.[10]

15 Die Aufzählung ist grundsätzlich **abschließend.** Auch ähnliche Zwecke sind unter den Voraussetzungen des § 52 Abs. 1 AO nicht mehr begünstigt.[11] Allerdings enthält § 52 Abs. 2 S. 2 AO eine Öffnung, nach der mit Zustimmung der Finanzbehörde ein nicht unter den Katalog des § 52 Abs. 2 S. 1 AO fallender Zweck für gemeinnützig erklärt werden kann. Jedoch müssen in diesen Fällen dennoch die Voraussetzungen des § 52 Abs. 1 AO vorliegen.

16 Die Gemeinnützigkeit ist ferner nicht gegeben, wenn ein Verein auf die **Förderung von Geselligkeit** ausgerichtet ist und nur nebenher einen der in § 52 Abs. 2 AO genannten Zwecke verfolgt. Die Förderung der Geselligkeit ist nur unschädlich, wenn sie im Vergleich zu der steuerbegünstigten Tätigkeit von untergeordneter Bedeutung ist (vgl. § 58 Nr. 7 AO).

17 Durch den Verweis auf § 52 AO in § 10b Abs. 1 EStG wird erreicht, dass **Spenden** für alle gemeinnützigen Zwecke steuerlich abziehbar sind (→ Rn. 243 ff.).[12] Durch den abgeschlossenen Katalog der gemeinnützigen und zugleich spendenberechtigten Zwecke darf die Betätigung zu einem der genannten Zwecke nicht nur ähnlich sein. Sie muss mit den in § 52 Abs. 2 AO genannten Zwecken identisch sein oder von der Finanzbehörde für gemeinnützig erklärt worden sein.

3. Mildtätige Zwecke (§ 53 AO)

18 Mildtätiges Handeln iSv § 53 AO zielt darauf ab, im Interesse des Gemeinwohls Personen, die sich in einer Notlage befinden, mit der Absicht zu helfen und zu unterstützen, die eingetretene Notlage zu beseitigen oder zu lindern. § 53 AO unterscheidet bei den Notlagen zwischen einer **Hilfsbedürftigkeit wegen des körperlichen, geistigen und seelischen Zustandes** (§ 53 Nr. 1 AO) und der **Hilfsbedürftigkeit wegen der wirtschaftlichen Lage** (§ 53 Nr. 2 AO).

19 Bei der Verfolgung von mildtätigen Zwecken kommt es – im Vergleich zu den gemeinnützigen Zwecken – nicht auf die Förderung der Allgemeinheit an, sondern auf die Förderung der in § 53 AO genannten zwei Personengruppen.[13] Die Förderung muss jedoch ebenfalls selbstlos iSd § 55 AO erfolgen.

20 Der Begriff Mildtätigkeit ist enger gefasst als die **Wohlfahrtspflege** (§ 66 AO) bzw. der gemeinnützige Zweck der Förderung des Wohlfahrtswesens, da sich die mildtätigen Akti-

[9] BFH BStBl. II 1998, 711 (713); AEAO Nr. 1.3.1.5 zu § 52 AO.

[10] Mit dem JStG 2020 sind noch weitere gemeinnützige Zwecke in den Katalog des § 52 Abs. 2 AO aufgenommen worden, zB die Förderung des Klimaschutzes (Nr. 8), die Förderung der Hilfe für Menschen, die aufgrund ihrer geschlechtlichen Identität oder ihrer geschlechtlichen Orientierung diskriminiert werden (Nr. 10), die Förderung der Ortsverschönerung (Nr. 22) oder die Förderung des Freifunks (Nr. 23).

[11] Umfassende Kommentierung § 52 Abs. 2 AO: *Hüttemann* Kap. 3 Rn. 3.79 ff.; *Buchna/Leichinger/Seeger/Brox* S. 69–104; *Schleder* Rn. 176–424.

[12] Mitgliedsbeiträge an steuerbegünstigte Körperschaften sind gem. § 10b Abs. 1 S. 8 EStG nur teilweise abziehbar; nicht abziehbar zB für Sportvereine.

[13] *Hüttemann* Kap. 3 Rn. 3.159.

vitäten „nur“ auf bereits hilfsbedürftige Personen beschränken. Die Wohlfahrtspflege bzw. das Wohlfahrtswesen betrifft hingegen auch gefährdete Menschen, die noch nicht hilfsbedürftig sind.[14]

21 Hilfen nach § 53 Nr. 1 AO dürfen ohne Rücksicht auf die wirtschaftliche Unterstützungsbedürftigkeit gewährt werden, wobei finanzielle Zuwendungen grundsätzlich ausgeschlossen sind.[15] Bei der Beurteilung der Bedürftigkeit iSd § 53 Nr. 1 AO kommt es nicht darauf an, dass die Hilfsbedürftigkeit dauernd oder für längere Zeit besteht. Hilfeleistungen wie bspw. Essen auf Rädern können daher steuerbegünstigt durchgeführt werden.

22 Ein mildtätiger Verein muss sich, wenn er Leistungen entsprechend § 53 Nr. 2 AO erbringt, von der wirtschaftlichen Hilfsbedürftigkeit der zu unterstützenden Personen – durch entsprechende schriftliche Nachweise – überzeugen. Nach § 53 Nr. 2 AO ist bei der Prüfung der wirtschaftlichen Hilfsbedürftigkeit nicht nur das Einkommen, sondern auch das Vermögen der unterstützten Person zu berücksichtigen. Nach AEAO reicht ein Vermögen mit einem gemeinen Wert von mehr als 15.500 EUR „zur nachhaltigen Verbesserung für den Unterhalt“ aus; dessen „Verwendung für den Unterhalt“ kann zugemutet werden. Bestimmte Vermögensgegenstände bleiben hierbei aber außer Ansatz.[16]

23 Seit dem 1.1.2013 ist der Nachweis der wirtschaftlichen Hilfsbedürftigkeit durch das Ehrenamtsstärkungsgesetz aufgrund der neu eingefügten Sätze 5–8 des § 53 Nr. 2 AO vereinfacht. Danach ist die wirtschaftliche Notlage bei Personen, die ALG II- und Sozialhilfeleistungen, Leistungen nach dem Wohngeldgesetz und nach § 27a Bundesversorgungsgesetz (BVG) sowie Kindergeld nach § 6a Bundeskindergeldgesetz (BKGG) erhalten, als nachgewiesen anzusehen. Der Nachweis kann mit Hilfe des Leistungsbescheids oder mit Hilfe der Bestätigung des Sozialleistungsträgers geführt werden; zusätzliche Prüfungen hierzu muss die mildtätige Körperschaft nicht durchführen. Unterlagen oder Aufzeichnungen über eine entsprechende Überprüfung bzw. die Kopie des Bescheides oder der Bestätigung des Sozialleistungsträgers sind vom Verein im Hinblick auf § 63 AO **aufzubewahren.**[17] Nach § 53 Nr. 2 S. 8 AO kann nun im Einzelfall (dh ausnahmsweise) auf Antrag (bei der Finanzbehörde) auf einen Nachweis der wirtschaftlichen Bedürftigkeit verzichtet werden, wenn aufgrund der sozialrechtlichen Lage typischerweise von wirtschaftlicher Hilfsbedürftigkeit auszugehen ist. Der Verein muss dann nachweisen, dass aufgrund der besonderen Art der gewährten Unterstützungsleistung sichergestellt ist, dass nur wirtschaftlich hilfebedürftige Personen unterstützt werden. Auf diese Nachweisführung kann verzichtet werden, wenn typischerweise aufgrund der Art der Leistung davon ausgegangen werden kann, dass nur bedürftige Menschen unterstützt werden; im AEAO werden hierzu konkrete Beispiele genannt.[18] Bei Hilfeleistungen wegen körperlicher Hilfsbedürftigkeit (§ 53 Nr. 1 AO) sind als Nachweise der entsprechende Behindertenausweis des Versorgungsamtes, die Einstufung durch die Pflegeversicherung, ärztliche Einzelgutachten usw geeignet.

Beispiele für mildtätiges Handeln:

Mahlzeitendienste, Krankenpflege, Blindenfürsorge, Altenheime, Obdachlosenheime, Frauenhäuser, Drogenberatungsstellen, Erholungsheime, Behindertenbetreuung, Hilfe in Katastrophenfällen, Vermietung von Wohnungen an Bedürftige iSd § 53 Nr. 1 oder Nr. 2 AO, Telefonseelsorge.[19]

[14] *Schauhoff* § 6 Rn. 82.
[15] *Hüttemann* Kap. 3 Rn. 3.166.
[16] AEAO Nr. 9 zu § 53 AO.
[17] AEAO Nr. 11 zu § 53 AO.
[18] AEAO Nr. 12 zu § 53 AO, zB „Suppenküchen“ oder Kleiderkammern.
[19] Umfassend: *Buchna/Leichinger/Seeger/Brox* S. 114.

4. Kirchliche Zwecke (§ 54 AO)

Ein Verein verfolgt dann kirchliche Zwecke iSd § 54 Abs. 1 AO, wenn er eine Religionsgemeinschaft, die Körperschaft des öffentlichen Rechts ist, selbstlos fördert. Religionsgemeinschaften in der Rechtsform der Körperschaft des öffentlichen Rechts sind die katholische und evangelische Kirche in ihren Erscheinungsformen als Bistum, Landeskirche oder Pfarrgemeinde, die jüdischen Kultusgemeinden (Synagogengemeinden) und andere als Körperschaften des öffentlichen Rechts anerkannte Religionsgemeinschaften.[20] 24

§ 54 Abs. 2 AO führt nur Beispiele für kirchliche Zwecke an, so dass auch ähnliche Zwecke begünstigt sein können. 25

II. Selbstlosigkeit

§ 55 AO ist die zentrale Vorschrift für die tägliche Arbeit des steuerbegünstigten Vereins. Die gemeinnützigen, mildtätigen und kirchlichen Zwecke müssen vom Verein selbstlos verwirklicht werden. **Selbstloses Handeln** nach § 55 Abs. 1 AO liegt immer dann vor, wenn der Verein **nicht in erster Linie eigenwirtschaftliche Zwecke** verfolgt. 26

Diese Regelung besagt demnach, dass ein gewisses Maß eigenwirtschaftlicher Interessen zulässig ist, sofern diese nicht „in erster Linie" verfolgt werden. Vorteile für die Mitglieder führen daher als Nebenprodukt des steuerbegünstigten Satzungszwecks nicht zwingend zur Versagung der Selbstlosigkeit. Ein selbstloses Handeln des Vereins kann jedoch nicht mehr angenommen werden, wenn die ihm eigene Opferwilligkeit zugunsten anderer wegfällt oder in den Hintergrund gedrängt wird und an deren Stelle in erster Linie Eigennutz tritt, bspw. weil die Tätigkeit zu Erwerbszwecken verfolgt wird.[21] Schädliche eigenwirtschaftliche Interessen in diesem Sinne verfolgt ein Verein, wenn er mit seiner Tätigkeit eigenen wirtschaftlichen Interessen nachgeht. Die Verfolgung eigener wirtschaftlicher Interessen liegt immer dann vor, wenn die Tätigkeit des Vereins darauf abzielt, eigenes Einkommen zu erwirtschaften und das eigene Vermögen zu mehren. Ebenfalls ist es grundsätzlich schädlich, wenn der Verein die Förderung der wirtschaftlichen Interessen der Mitglieder betreibt.[22] Hierunter ist zu verstehen, dass durch den Verein gemeinnützigkeitsfremde Interessen zugunsten der Mitglieder verfolgt werden, bspw. durch Verschaffung von wirtschaftlichen Vorteilen. 27

§ 55 Abs. 1 Nr. 1 AO verlangt, dass der steuerbegünstigte Verein seine **Mittel nur für satzungsmäßige Zwecke** verwendet. Dazu zählen neben laufendem Aufwand auch Investitionen für die Erfüllung satzungsmäßiger Zwecke (§ 55 Abs. 1 Nr. 5 S. 2 AO) und die Tilgung satzungsgemäßer Verbindlichkeiten. Soweit satzungsmäßige Investitionen durchgeführt werden sollen, können diese durch Auflösung von zweckgebundenen steuerlichen Rücklagen und/oder durch Verwendung des laufenden Cash-Flows finanziert werden. 28

Es ist grundsätzlich **nicht zulässig,** Mittel des ideellen Bereichs (insbesondere (echte) Mitgliedsbeiträge, Spenden, Zuschüsse, Rücklagen), Gewinne aus Zweckbetrieben, Erträge aus der Vermögensverwaltung und das entsprechende Vermögen für einen steuerpflichtigen wirtschaftlichen Geschäftsbetrieb zu verwenden im Sinne eines Verbrauches (zB zum Ausgleich von Verlusten des steuerlichen wirtschaftlichen Geschäftsbetriebs).[23] 29

Steuerbegünstigte Vereine müssen ihre liquiden, noch nicht abgeflossenen **Mittel** im Rahmen der Vermögensverwaltung **ertragbringend anlegen.** Es entspricht dem gemeinnützigen Auftrag, Chancen zum Erwerb zusätzlicher Mittel zu nutzen, solange damit kein besonderes Risiko verbunden ist. Das bedeutet, dass bei **Darlehensvergabe** bzgl. Sicherheit und Verzinsung bankmäßige Grundsätze anzulegen sind. 30

---

[20] *Buchna/Leichinger/Seeger/Brox* S. 114ff.
[21] BFH BStBl. II 1979, 482 (487); *Klaßmann/Notz/Schmidbauer* S. 72.
[22] BFH BStBl. II 1989, 670 (672); BStBl. II 1979, 482 (485).
[23] BFH/NV 2009, 1837; AEAO Nr. 3 zu § 55 Abs. 1 Nr. 1 AO; Sonderfälle siehe AEAO Nr. 4–7 zu § 55 Abs. 1 Nr. 1 AO, die der BFH bestätigt.

31 Die **Vergabe von Darlehen** aus Mitteln, die zeitnah für steuerbegünstigte Zwecke zu verwenden sind, ist unschädlich für die Gemeinnützigkeit, wenn der Verein damit selbst unmittelbar seine steuerbegünstigten satzungsmäßigen Zwecke verwirklicht. Darlehensgewährungen (auch verbilligte) sind auch zulässig, wenn sie der Förderung und Unterstützung anderer steuerbegünstigter Körperschaften bei deren Erfüllung steuerbegünstigter Zwecke dienen, zB über § 58 Nr. 1 AO. Der (steuerbegünstigte) Empfänger hat die als Darlehen weitergereichten Mittel dann aber wiederum innerhalb der für eine zeitnahe Mittelverwendung vorgeschriebenen Frist für steuerbegünstigte Zwecke zu verwenden.[24]

32 Nach § 55 Abs. 1 Nr. 1 S. 2 AO dürfen Mitglieder des Vereins **keine Gewinnanteile** erhalten. Es dürfen ihnen auch **keine Zuwendungen iSv wirtschaftlichen Vorteilen aller Art** (auch ersparte Aufwendungen) zufließen. Dies betrifft hauptsächlich unentgeltliche oder verbilligte Lieferungen von Gegenständen oder sonstigen Leistungen.[25] Allerdings erlaubt § 58 Nr. 1 AO Zuwendungen an andere steuerbegünstigte Körperschaften – unabhängig davon, ob es sich bei diesen um Mitglieder handelt oder nicht. Das Verbot des § 55 Abs. 1 Nr. 1 S. 2 AO wird nicht verletzt, wenn angemessene Gehälter oder Vergütungen an Mitglieder für geleistete Arbeit (zB für Beiräte) oder eine Raumüberlassung bezahlt werden.[26] Die Vergütung muss jedoch einem Fremdvergleich standhalten, dh Leistung und Gegenleistung müssen angemessen, dh marktüblich sein. Die Vereinbarung dazu muss vorab zivilrechtlich wirksam geschlossen sein.

33 § 55 Abs. 1 Nr. 3 AO betrifft **Zuwendungen und Vergütungen an Dritte und Mitglieder.** Durch diese Vorschrift ist jede Zuwendung von Vermögensvorteilen grundsätzlich verboten, sofern sie satzungsfremd ist und ohne entsprechenden Gegenwert erfolgt. Bei **pauschalen Aufwandsentschädigungen oder sonstigen Vergütungen an Vereinsvorstände** muss eine **Vergütungsregelung** in die **Satzung** aufgenommen sein (→ Rn. 79, 232ff.). Durch das Ehrenamtsstärkungsgesetz wurde – unabhängig von den zuvor genannten gemeinnützigkeitsrechtlichen Aspekten – mit Wirkung ab dem 1.1.2015 geregelt, dass der Vorstand eines Vereins unentgeltlich tätig ist; soll etwas anderes gelten, muss dies in die Satzung aufgenommen werden (→ § 15 Rn. 220).

34 Durch § 55 Abs. 1 Nr. 4 AO soll sichergestellt werden, dass auch im Fall der **Auflösung oder Aufhebung der Körperschaft oder bei Wegfall der steuerbegünstigten Zwecke** das steuerbefreite Vermögen nur zu steuerbegünstigten Zwecken verwendet wird **(Grundsatz der Vermögensbindung).** Es ist dann auf eine steuerbegünstigte Körperschaft oder eine Körperschaft des öffentlichen Rechts für steuerbegünstigte Zwecke zu übertragen.

35 Die Vermögensbindung muss nach § 61 AO in der **Satzung** geregelt sein, da ohne sie die Steuerbegünstigung nicht gewährt wird. Da ein Verein jedoch zivilrechtlich nicht aufgehoben werden kann, genügt eine Satzungsregelung den Anforderungen des § 55 Abs. 1 Nr. 4 AO, wenn diese für die Fälle der Auflösung und des Wegfalls der steuerbegünstigten Zwecke die Verwendung des Vermögens bestimmt.[27]

36 Sofern die satzungsmäßige Vermögensbindung nachträglich so geändert wird, dass sie den Anforderungen des § 55 Abs. 1 Nr. 4 AO nicht mehr entspricht, gilt sie von Anfang an als steuerlich nicht ausreichend. In diesem Fall wird die Steuer über die letzten zehn Jahre auf Basis von § 175 AO nacherhoben; § 61 Abs. 3 AO.

---

[24] AEAO Nr. 16 zu § 55 Abs. 1 Nr. 1 AO.

[25] BFH BStBl. II 1992, 62 (63); *Buchna/Leichinger/Seeger/Brox* S. 155f.; zu Aufmerksamkeiten und üblichen Zuwendungen an Arbeitnehmer aus lohnsteuerlicher Sicht s. LStR 19.5 Abs. 4 und 19.6 sowie BMF 14.10.2015, BStBl. I 832 (Sachzuwendungen bis zu einem Wert von 60 EUR).

[26] *Buchna/Leichinger/Seeger/Brox* S. 155, 158ff.

[27] BFH/NV 2011, 1111 (1112); vgl. AEAO Nr. 2 lit. d zu § 60 AO.

III. Die zeitnahe Mittelverwendung

1. Zeitnahe Mittelverwendung

Nach § 55 Abs. 1 Nr. 5 AO muss ein steuerbegünstigter Verein seine Mittel grundsätzlich zeitnah für seine steuerbegünstigten satzungsmäßigen Zwecke verwenden. Verwendung in diesem Sinne ist auch die Verwendung der Mittel für die Anschaffung oder Herstellung von Vermögensgegenständen, die satzungsmäßigen Zwecken dienen. Eine zeitnahe Mittelverwendung ist gegeben, wenn die Mittel spätestens in den auf den Zufluss folgenden zwei Kalender- oder Wirtschaftsjahren für die steuerbegünstigten satzungsmäßigen Zwecke verwendet werden. 37

Diese zeitnahe Mittelverwendungspflicht wird durch § 62 Abs. 1 Nr. 1–3 AO teilweise eingeschränkt. Nach **§ 62 Abs. 1 Nr. 1 AO (zweckgebundene Rücklage)** darf eine steuerbegünstigte Körperschaft ihre Mittel ganz oder teilweise einer Rücklage zuführen, soweit dies erforderlich ist, um ihre steuerbegünstigten satzungsmäßigen Zwecke nachhaltig erfüllen zu können. Daneben darf die Körperschaft gem. **§ 62 Abs. 1 Nr. 3 AO (freie Rücklage)** höchstens ein Drittel des Überschusses der Einnahmen über die Kosten aus der Vermögensverwaltung und darüber hinaus höchstens zehn Prozent ihrer sonstigen nach § 55 Abs. 1 Nr. 5 AO zeitnah zu verwendenden Mittel einer freien Rücklage zuführen. 38

Wenn der Höchstbetrag für die Bildung der freien Rücklage in einem Jahr nicht ausgeschöpft ist, kann diese unterbliebene Zuführung in den folgenden zwei Jahren nachgeholt werden. 39

Zudem kann auch eine Rücklage für Wiederbeschaffung gebildet werden. Sie bemisst sich nach der Höhe der regulären Absetzungen für Abnutzung des zu ersetzenden Wirtschaftsgutes. Höhere Zuführungen sind gegen Nachweis möglich (§ 62 Abs. 1 Nr. 2 AO). 40

Die zeitnahe Mittelverwendung muss sich aus dem Rechnungswesen oder der Rechnungslegung bzw. aus einer – zumeist durch die Finanzverwaltung geforderten – speziellen Nebenrechnung für die steuerlichen Zwecke ergeben **(Mittelverwendungsrechnung).**[28] Diese ist jährlich zu erstellen. 41

Im Rahmen des JStG 2020 wurde die in § 55 Abs. 1 Nr. 5 AO vorgesehene Verpflichtung zur zeitnahen satzungsmäßigen Mittelverwendung für steuerbegünstigte Vereine mit jährlichen Einnahmen von nicht mehr als 45.000 EUR zum 1.1.2021 abgeschafft, um die betroffenen Vereine und die für die Überwachung zuständigen Finanzämter im Bereich der Bürokratie zu entlasten (§ 55 Abs. 1 Nr. 5 S. 4 AO).[29] 41a

2. Mittelfehlverwendung

Die Mitglieder eines steuerbegünstigten Vereins dürfen im Gegensatz zu Mitgliedern oder Gesellschaftern steuerpflichtiger Körperschaften **keine Gewinnanteile oder sonstigen Zuwendungen** aus Mitteln des Vereins erhalten (§ 55 Abs. 1 Nr. 1 S. 2 AO). 42

Keine schädliche Mittelverwendung an Mitglieder liegt vor, wenn die Zuwendungen **im Rahmen der üblichen Vereinstätigkeit** erbracht werden (zB kostenlose Vereinszeitung[30], unentgeltliche Teilnahme am Training eines Sportvereins). Erbringt der steuerbegünstigte Verein abgrenzbare Leistungen gegenüber seinen Mitgliedern, so muss er für diese Leistungen ein angemessenes Entgelt erhalten. 43

Beispiele:

Vermietung von vereinseigenen Wohnungen an Mitglieder oder Angestellte; Überlassung von Fahrzeugen zu Wochenend- oder Transportfahrten; Darlehen; Dienstreisen, die privaten Charakter haben etc.

---

[28] AEAO Nr. 28 zu § 55 Abs. 1 Nr. 5 AO.
[29] Vgl. hierzu auch *Kirchhain* DStR 2021, 131.
[30] FG München EFG 2002, 641.

44 Zuwendungen an Mitglieder sind dann möglich, wenn es sich um sog. Annehmlichkeiten zur Betreuung dieser Mitglieder handelt. Als Obergrenze wird in der Literatur pro Kalenderjahr auch die Lohnsteuergrenze einer Annehmlichkeit angegeben, dh pro Jahr 60 EUR.[31] Einen Festbetrag diesbezüglich hat die Finanzverwaltung nicht verlautbart. Gibt es während des Jahres mehrere Annehmlichkeiten, sind diese zusammenzufassen.

45 Nach § 55 Abs. 1 Nr. 3 AO darf ein steuerbegünstigter Verein auch keine Personen durch Ausgaben, die dem Zweck der Körperschaft fremd sind oder durch unverhältnismäßig hohe Vergütungen begünstigen.

Beispiele:

Unverhältnismäßig hohe Aufwandsentschädigungen, Vergütungen, Sitzungsgelder, Reisekosten an Vorstands-, Aufsichtsrats- oder Beiratsmitglieder eines Vereins, Zinszahlungen für nicht benötigte Darlehen[32], zu geringe Verkaufspreise für Güter oder Dienstleistungen.

46 Es ist darauf hinzuweisen, dass derartige Zuwendungen auch nicht aus einem steuerpflichtigen wirtschaftlichen Geschäftsbetrieb geleistet werden können, da dieser, nach entsprechender notwendiger Rücklagenbildung und Versteuerung, seine Überschüsse ebenso dem steuerbegünstigten Bereich zuzuführen hat.

47 Erfolgt eine Zuwendung an Mitglieder, die ebenfalls steuerbegünstigte Körperschaften sind, sind diese Zuwendungen unter den Voraussetzungen des § 58 Nr. 1 AO nicht zu beanstanden.[33]

47a In Bezug auf die **Angemessenheit von Geschäftsführervergütungen** hat der BFH in einem Urteil vom 12.3.2020[34] ausführlich Stellung genommen und hierbei wichtige Grundsätze aufgestellt, die insbesondere für den Bereich des Gebots der Selbstlosigkeit über den entschiedenen Einzelfall hinaus von besonderer Bedeutung sind. So hat der BFH beispielsweise darauf hingewiesen, dass zur Feststellung von Mittelfehlverwendungen iSv § 55 Abs. 1 Nr. 3 AO durch überhöhte Vergütungen an den Geschäftsführer einer gemeinnützigen Körperschaft die Grundsätze der verdeckten Gewinnausschüttung (vGA) zu berücksichtigen sind. Maßstab für den hierbei vorzunehmenden externen Fremdvergleich sind die für vergleichbare Tätigkeiten auch von (gewerblichen) Wirtschaftsunternehmen gewährten Vergütungen (die zB auf Grundlage von Gehaltsstudien ermittelt werden können). Darüber hinaus hat der BFH deutlich gemacht, dass kleinere bzw. einmalige Verstöße gegen gemeinnützigkeitsrechtliche Vorschriften einen Entzug der Gemeinnützigkeit nicht rechtfertigen können. Allerdings hat der BFH auch klargestellt, dass bei einer Mittelfehlverwendung von 10.000 EUR ein Verstoß nicht mehr „geringfügig" sei, was zwingend mit der Aberkennung des steuerbegünstigten Status verbunden sein müsse.

48 Nach § 63 Abs. 2 AO gilt für die Verletzung der Vorschriften über die **Vermögensbindung** (§ 55 Abs. 1 Nr. 4 AO) § 61 Abs. 3 AO. Das bedeutet, dass bei nachträglicher Änderung der Bestimmung über die Vermögensbindung (Satzungsänderung über den späteren Vermögensanfall oder Verletzung der Vermögensbindung im Rahmen der tatsächlichen Geschäftsführung), die satzungsmäßige Vermögensbindung den Anforderungen des § 55 Abs. 1 Nr. 4 AO nicht mehr entspricht.[35] Sie gilt dann von Anfang an als steuerlich nicht ausreichend.

49 § 175 Abs. 1 S. 1 Nr. 2 AO wird hier mit der Maßgabe angewandt, dass Steuerbescheide erlassen, aufgehoben oder geändert werden können, soweit sie Steuern betreffen, die innerhalb der letzten zehn Kalenderjahre vor der Änderung der Bestimmung über die Vermögensbindung entstanden sind. In diesem Fall wird so verfahren, als sei die Körperschaft von

---

[31] LStR 19.6. Nr. 1; *Buchna/Leichinger/Seeger/Brox* S. 155f.
[32] BFH/NV 2005, 1233 (1234).
[33] Die Vorschrift des § 58 Nr. 2 AO aF ist iRd JStG 2020 aufgehoben worden.
[34] DStR 2020, 1837; vgl. hierzu auch die Urteilsanmerkung von *Kirchhain/Kampermann* npoR 2020, 310ff.
[35] BFH BStBl. II 2001, 518 (519).

Anfang an unbeschränkt steuerpflichtig gewesen. § 13 Abs. 3 S. 1 KStG ist insoweit nicht anwendbar. Praktisch bedeutet dies eine rückwirkende Steuererhebung über zehn Jahre.

In **Ausgliederungsfällen** kann § 63 Abs. 2 iVm § 61 Abs. 3 AO (= Nachversteuerung) dann Anwendung finden, wenn eine steuerbefreite Organisation bei einer steuerpflichtigen Tochtergesellschaft Verluste deckt oder ihr gesamtes Vermögen für steuerpflichtige Aktivitäten fehlverwendet (zur Ausgliederung → § 13 Rn. 132ff.). 50

Ebenso greift § 61 Abs. 3 AO bei **Auflösung oder Aufgabe** des steuerbegünstigten Satzungszwecks, wenn ihr Vermögen für nicht begünstigte Zwecke verwendet oder an nicht begünstigte Personen ausgekehrt wird. 51

3. Fristsetzung bei unzulässiger Mittelthesaurierung

Werden verwendungspflichtige Mittel in unzulässiger Weise thesauriert, kann dies zum Verlust der Steuervergünstigung führen. Allerdings kann das Finanzamt nach pflichtgemäßem Ermessen eine **angemessene Frist** für die Verwendung von unzulässig angesammelten Mitteln setzen (§ 63 Abs. 4 AO). Verwendet der Verein die Mittel innerhalb der gesetzten Frist für steuerbegünstigte Zwecke, wird gem. § 63 Abs. 4 S. 2 AO der Verstoß gegen das Gebot der zeitnahen Mittelverwendung geheilt und die tatsächliche Geschäftsführung gilt als ordnungsgemäß. Die Dauer der Frist wird nach den Umständen des Einzelfalls bemessen. Durch das Ehrenamtsstärkungsgesetz wurde die Mittelansammlungsproblematik teilweise entschärft, da mit Wirkung zum 1.1.2013 die Frist für die zeitnahe Mittelverwendung nach § 55 Abs. 1 Nr. 5 AO auf zwei Kalender- oder Wirtschaftsjahre ausgedehnt wurde und nach § 62 Abs. 2 S. 1 AO die Bildung der Rücklagen innerhalb dieser Frist zu erfolgen hat. Werden wiederholt Mittel rechtswidrig angesammelt, kann die Gemeinnützigkeit entzogen werden.[36] 52

IV. Ausschließlichkeit (§ 56 AO)

Voraussetzung für die Gewährung der Steuerbegünstigung ist neben der Selbstlosigkeit und der Unmittelbarkeit zudem, dass der Verein die steuerbegünstigten Zwecke ausschließlich verfolgt. Eine ausschließliche Zweckverfolgung nach § 56 AO liegt vor, wenn der Verein nur seine steuerbegünstigten satzungsmäßigen Zwecke verfolgt. Alle Tätigkeiten müssen auf die Erreichung des steuerbegünstigten Zwecks ausgerichtet sein. Eine Aufteilung der Zwecke in steuerbegünstigte und in steuerpflichtige Tätigkeiten ist unzulässig.[37] 53

Demnach besagt das Ausschließlichkeitsgebot, dass ein Verein nicht steuerbegünstigt ist, wenn er neben seiner steuerbegünstigten Zielsetzung weitere Zwecke verfolgt, die jedoch nicht steuerbegünstigt sind. In diesem Zusammenhang ist auch die Unterhaltung von steuerpflichtigen wirtschaftlichen Geschäftsbetrieben zu betrachten. Nach der von der Finanzverwaltung angewandten **Geprägetheorie** sollte ein Verein dann nicht mehr selbstlos handeln, wenn die wirtschaftliche Tätigkeit diesem das Gepräge gab, dh wenn seine gesamte oder überwiegende Tätigkeit in erster Linie auf die Erzielung und Steigerung seiner Einkünfte gerichtet war. Die **Geprägetheorie** wurde von der Finanzverwaltung mit dem überarbeiteten AEAO aus dem Jahre 2012 aufgegeben.[38] Auch die Finanzverwaltung beurteilt nun – wie der BFH in seiner Entscheidung vom 4.4.2007[39] – die Vereinbarkeit einer wirtschaftlichen Tätigkeit nur noch am Maßstab der Ausschließlichkeit. Die Vermögensverwaltung sowie die Unterhaltung von Nicht-Zweckbetrieben (steuerpflichtigen wirtschaftlichen Geschäftsbetrieben) sind aus Sicht des Gemeinnützigkeitsrechts nur dann unschädlich, wenn sie um des steuerbegünstigten Zwecks willen erfolgen, indem sie zB der Beschaffung 54

[36] *Tipke/Kruse* AO § 63 Rn. 15.
[37] BFH BStBl. II 1979, 495 (496).
[38] BMF 17.1.2012, BStBl. I 83. Ob durch das Urteil des BFH v. 4.3.2020 – I B 57/18 möglicherweise ein „Wiederaufleben" der Geprägetheorie ansteht, bleibt abzuwarten.
[39] BFH BStBl. II 2007, 631.

von Mitteln zur Erfüllung der steuerbegünstigten Aufgaben dienen.[40] Das heißt, dass die Vermögensverwaltung und die steuerpflichtigen wirtschaftlichen Geschäftsbetriebe dem steuerbegünstigten Zweck untergeordnet sein müssen und in der Gesamtschau nicht zum Selbstzweck werden dürfen. Die durch die Tätigkeit der Vermögensverwaltung und der steuerpflichtigen wirtschaftlichen Geschäftsbetriebe generierten Mittel müssen zeitnah für die steuerbegünstigten satzungsmäßigen Zwecke verwendet werden. Eine erfolgreiche Mittelbeschaffung durch einen steuerpflichtigen wirtschaftlichen Geschäftsbetrieb für den steuerbegünstigten Zweck ist somit nicht schädlich.[41] Die „zwecklosen" und dauerdefizitären Aktivitäten eines Vereins sind mit § 56 AO jedoch unvereinbar und werden deshalb wohl zukünftig verstärkt unter Beobachtung der Finanzverwaltung stehen.[42]

55 Der Grundsatz der Ausschließlichkeit wird nicht verletzt, wenn **mehrere steuerbegünstigte Zwecke nebeneinander** verfolgt werden. Jedoch müssen alle Zwecke satzungsmäßig festgelegt sein. In der Satzung muss deutlich zum Ausdruck gebracht werden, dass alle Tätigkeiten des Vereins ausschließlich auf die Verwirklichung steuerbegünstigter Zwecke auszurichten sind.

56 In § 58 AO sind bestimmte Ausnahmen vom Grundsatz der Ausschließlichkeit aufgeführt.[43]

V. Unmittelbarkeit (§ 57 AO)

1. Allgemeines

57 § 57 Abs. 1 AO fordert, dass der Verein die steuerbegünstigten satzungsmäßigen Zwecke auch **selbst verwirklichen** muss.

58 Diese „Verwirklichung" betrifft lediglich die Förderung des steuerbegünstigten Zwecks, dh die gezielte Hilfe zur Zweckverwirklichung. Nach dem Willen des Gesetzgebers wird nur der Verein steuerbegünstigt, der „selbst" die Zwecke iSd §§ 52–54 AO fördert.[44] Eine lediglich mittelbare Förderung, zB durch die bloße finanzielle, sachliche oder organisatorische Unterstützung des Wirkens einer anderen steuerbegünstigten Körperschaft (außer §§ 57 Abs. 2, 58 Nr. 1 AO), ist kein unmittelbares Handeln iSd § 57 AO und somit keine steuerbegünstigte Zweckverfolgung.[45] Die Frage, ob **das „eigene Wirken"** des Vereins als unmittelbare Verfolgung eines Gemeinwohlzweckes anzusehen ist, ist nicht an § 57 AO zu messen, sondern daran, ob das **„eigene Wirken" unter §§ 52–54 AO fällt.**[46] Das Unmittelbarkeitsgebot betrifft nur die satzungsmäßig zu verfolgenden Zwecke, die zur Verfolgung von Gemeinwohlzwecken iSd §§ 52–54 AO führen müssen. Es betrifft nicht die einzelnen Aktionen zur Verwirklichung der satzungsmäßigen Zwecke. Denn diese dürfen auch mittelbar dem Satzungszweck dienen und deren Verwirklichung vorbereiten.[47] Sie müssen nur auf die Verwirklichung des steuerbegünstigten Zwecks selbst gerichtet sein.

Beispiele:

Der BFH hat die Unmittelbarkeit verneint bei Gehaltsabrechnungsstellen für gemeinnützige Körperschaften, beim Zentraleinkauf durch einen Dachverband, bei der kaufmännischen Verwaltung für gemeinnützige Einrichtungen und bei der DRG-Entwicklung für Krankenhäuser.[48]

[40] AEAO Nr. 1 zu § 56 AO.
[41] BFH BStBl. II 2007, 631 (633).
[42] Vgl. *Ritter* Stiftung & Sponsoring Rote Seiten 2/2012, 5. Dies gilt jedenfalls, soweit ein Defizit im einheitlichen steuerpflichtigen Geschäftsbetrieb nach § 64 Abs. 2 AO gegeben ist.
[43] AEAO zu § 58 AO; *Buchna/Leichinger/Seeger/Brox* S. 195–223; *Schauhoff* § 9 Rn. 53–63.
[44] *Hüttemann* Kap. 4 Rn. 4.35.
[45] OFD Frankfurt 5.9.2008, DStR 2008, 2267.
[46] *Hüttemann* Kap. 4 Rn. 4.35.
[47] *Hüttemann* Kap. 4 Rn. 4.36; Hübschmann/Hepp/Spitaler/*Leisner-Egensperger* zu § 57 AO.
[48] BFH BStBl. II 2007, 628 (630); DStRE 1997, 1014 (1015); DB 1997, 859 (860); BStBl. II 1991, 268 (270); FG Baden-Württemberg EFG 1993, 619 (620).

2. Hilfsperson

Die Verwirklichung der steuerbegünstigten Zwecke kann auch durch **Hilfspersonen** geschehen (§ 57 Abs. 1 S. 2 AO), wenn die Rechtsbeziehungen so gestaltet sind, dass das Wirken der Hilfsperson **wie eigenes Wirken der Körperschaft** anzusehen ist, dh die Hilfsperson nach den Weisungen der Körperschaft einen konkreten Auftrag ausführt.[49] Der Verein hat durch Vorlage entsprechender Vereinbarungen nachzuweisen, dass er den Inhalt und den Umfang der Tätigkeit der Hilfsperson im Innenverhältnis bestimmen konnte. 59

Hilfspersonen können hierbei **natürliche und juristische Personen** sein. Die Tätigkeit der Hilfsperson muss den Satzungsbestimmungen des auftraggebenden Vereins entsprechen. So kann zB ein Bildungsverein einen (steuerpflichtigen) Seminaranbieter mit der Durchführung seiner Bildungsmaßnahmen beauftragen; eine eigene Tätigkeit übt der Bildungsverein jedoch nicht aus. Der steuerpflichtige Seminaranbieter vermittelt dem Bildungsverein – bei entsprechend geschlossenen Vereinbarungen und tatsächlicher Durchführung – die Gemeinnützigkeit.[50] 60

Der Verein muss auch **nachweisen,** dass die Tätigkeit der Hilfsperson vertragsgemäß erfolgt. Dazu ist es erforderlich, dass die Hilfsperson regelmäßig **überwacht** wird und Bericht erstattet.[51] *Hüttemann* weist darauf hin, dass die Zurechnung nach § 57 Abs. 1 AO nicht an eine Weisungsabhängigkeit anknüpft, sondern nur allgemein von den „rechtlichen und tatsächlichen Beziehungen" spricht.[52] Danach sei der Zurechnungsgrund nicht die „Beherrschung", sondern die willentliche Einschaltung eines Dritten in die Verwirklichung der eigenen Zwecke. Vermutlich will die Finanzverwaltung in AEAO Nr. 2 zu § 57 AO mit dem Verlangen nach Weisungsrechten, Verträgen und Überwachung nur die Frage des Nachweises der ordnungsgemäßen Hilfspersonentätigkeit und deren Überprüfbarkeit regeln. Es geht somit nur um Fragen der Steuerverwaltung und nicht um den von *Hüttemann*[53] geforderten „eindeutigen teleologischen Ausgangspunkt", zu dem auch der BFH bisher nicht Stellung genommen hat. 61

Ein Handeln als Hilfsperson nach § 57 Abs. 1 S. 2 AO begründet für diese keine eigene steuerbegünstigte Tätigkeit. Die Steuerbegünstigung einer Hilfsperson ist jedoch nicht ausgeschlossen, wenn die Körperschaft mit ihrer Hilfspersonentätigkeit nicht nur die steuerbegünstigte Tätigkeit einer anderen Körperschaft unterstützt, sondern zugleich selbstständig und eigenverantwortlich (eigene) steuerbegünstigte Satzungszwecke verfolgt und dadurch ein Zweckbetrieb begründet wird.[54] 62

3. Dachorganisation

Nach § 57 Abs. 2 AO können Zusammenschlüsse von steuerbegünstigten Körperschaften zu **Dachorganisationen oder Spitzenverbänden** steuerbegünstigt erfolgen, da diese Vorschrift dieser Organisation die unmittelbare steuerbegünstigte Zweckverfolgung zubilligt. 63

Ein Zusammenschluss iSd § 57 Abs. 2 AO ist gegeben, wenn die Einrichtung ausschließlich allgemeine, aus der Tätigkeit und Aufgabenstellung der Mitgliederkörperschaften erwachsene Interessen wahrnimmt. Nach Abs. 2 wird eine Körperschaft, in der steuerbegünstigte Körperschaften zusammengefasst sind, einer Körperschaft gleichgestellt, die unmittelbar steuerbegünstigte Zwecke verfolgt. Voraussetzung ist, dass jede der zusammengefassten Körperschaften sämtliche Voraussetzungen für die Steuerbegünstigung erfüllt. Verfolgt eine solche Körperschaft (im Sinne eines Dachverbandes) selbst unmittelbar steu- 64

[49] AEAO Nr. 2 zu § 57 AO.
[50] *Buchna/Leichinger/Seeger/Brox* S. 193 f.
[51] AEAO Nr. 2 zu § 57 AO; OFD Frankfurt 2.7.1997, DB 1997, 1745 (1746).
[52] *Hüttemann* Kap. 4 Rn. 4.48.
[53] *Hüttemann* Kap. 4 Rn. 4.48.
[54] BFH DStRE 2010, 755; AEAO Nr. 2 zu § 57 AO, vgl. auch *Hüttemann* DB 2012, 250; *Hanke/Tybussek* NWB 9/2012, 718.

erbegünstigte Zwecke, ist die bloße Mitgliedschaft einer nicht steuerbegünstigten Organisation für die Steuerbegünstigung unschädlich. Die Körperschaft darf die nicht steuerbegünstigte Organisation aber nicht mit Rat und Tat (ohne angemessene Vergütung) fördern (zB Zuweisung von Mitteln, Rechtsberatung).[55]

65 Es sei aber darauf hingewiesen, dass bei Ausgliederung bestimmter isolierter Aufgaben auf eine eigens gegründete Körperschaft die Begriffsmerkmale der Dachorganisation iSd § 57 Abs. 2 AO beim ausgliedernden Rechtsträger nicht erfüllt sind.

4. Förderverein

66 Ein Verein kann auch als sog. Förderverein tätig werden. Ein Förderverein beschafft Mittel für andere Körperschaften und leitet sie an diese weiter, sodass er nach der eigenen Zwecksetzung die steuerbegünstigten Tätigkeiten anderer finanziell unterstützt. Die Mittelbeschaffung bzw. die Mittelzuwendung nach § 58 Nr. 1 AO (die Unterstützung anderer steuerbegünstigter Organisationen oder Körperschaften des öffentlichen Rechts zur Verwirklichung deren steuerbegünstigter Zwecke) kann ein steuerbegünstigter Hauptzweck sein.[56] Insofern ist hier eine Ausnahme von dem Gebot der Unmittelbarkeit gegeben, welches – wie ausgeführt – besagt, dass der Verein die steuerbegünstigten Zwecke selber verwirklichen muss.

67 Die Beschaffung bzw. Zuwendung von Mitteln muss nach der Neuregelung des § 58 Nr. 1 AO im Rahmen des JStG 2020 bei einem Förderverein (nur) dann ausdrücklich in der Satzung als Satzungszweck festgelegt werden, wenn die Zuwendung von Mitteln die einzige Art der Zweckverwirklichung des Vereins darstellt, wenn der Verein also – neben der Mittelzuwendung – keine weiteren operativen Aktivitäten entfaltet. Dessen ungeachtet empfiehlt es sich insbesondere aus vereinsrechtlichen Gründen, die Zuwendung von Mitteln in jedem Fall in die Satzung aufzunehmen. Ebenfalls muss in der Satzung angegeben werden, für welche steuerbegünstigten Zwecke die Mittel beschafft werden. Dagegen ist nicht erforderlich, eine konkrete Körperschaft zu benennen, für die die Mittel beschafft werden.

67a In § 58a AO ist durch das JStG 2020 eine Regelung neu in die Abgabenordnung aufgenommen worden, wonach der Zuwendende unter bestimmten Voraussetzungen sowohl hinsichtlich des steuerbegünstigten Status als auch in Bezug auf die korrekte Verwendung der zugewendeten Mittel Vertrauensschutz genießt.[57]

5. Neuregelung des § 57 Abs. 3 und Abs. 4 AO

68 Eine weitere zentrale Änderung im Rahmen des JStG 2020 erfolgte mit der Einfügung zweier neuer Absätze in § 57 AO.

- § 57 Abs. 3 AO nF sieht vor, dass eine steuerbegünstigte Körperschaft ihre steuerbegünstigten Zwecke auch dann unmittelbar verfolgt, wenn sie „satzungsgemäß durch planmäßiges Zusammenwirken“ mit einer weiteren steuerbegünstigten Körperschaft einen steuerbegünstigten Zweck verwirklicht. Aufgrund dieser Neuregelung werden bisherige reine Servicegesellschaften insoweit „unmittelbar gemeinnützig“ agieren, soweit sie mit anderen steuerbegünstigten Körperschaften planmäßig zusammenwirken, also insbesondere Dienst- bzw. Unterstützungsleistungen für deren steuerbegünstigte Tätigkeiten erbringen. Ertragsteuerliche Folgen dürften sich in diesem Fall dann richtigerweise nicht mehr ergeben.[58]
- Nach § 57 Abs. 4 AO nF verfolgt eine Körperschaft ihre steuerbegünstigten Zwecke auch dann unmittelbar, wenn „sie ausschließlich Anteile an steuerbegünstigten Kapital-

[55] AEAO Nr. 3 zu § 57 AO.
[56] AEAO Nr. 1 zu § 58 Nr. 1 AO.
[57] Vgl. zu den weiteren Voraussetzungen des § 58a AO auch *Kirchhain* DStR 2021, 132.
[58] So auch *Kirchhain* DStR 2021, 134.

gesellschaften hält und verwaltet". Diese Neuregelungen sind also insbesondere für solche Vereine relevant, die ihrerseits Anteile an Beteiligungsgesellschaften halten.[59]

Die Ergänzungen des § 57 AO sind für die Praxis überaus erfreulich, weil sie gemeinnützigkeitsrechtliche Restriktionen bei der Errichtung bzw. Durchführung von gemeinnützigen Verbünden beseitigen bzw. in ihrer Bedeutung minimieren. Zahlreiche Anwendungsprobleme bei betroffenen Verbünden mit den Finanzbehörden, die derzeit (noch) die steuerlichen Außenprüfungen dominieren, werden damit vermutlich ihr Ende finden. 69

Für die praktische Umsetzung dieser Regelungen ergeben sich allerdings zahlreiche neue Anwendungsprobleme, zB in Bezug auf die Ausgestaltung der Satzung. Für die Praxis wären zeitnahe Anwendungs- und Umsetzungshinweise für die Regelungen des § 57 Abs. 3 und Abs. 4 AO überaus hilfreich. Für das Jahr 2020, in welchem die Neufassung des § 57 AO schon gelten soll, sollte im Übrigen eine vereinfachte Übergangsregelung gefunden werden, die es betroffenen Vereinen ermöglicht, die Lockerungen des Grundsatzes der Unmittelbarkeit auch dann in Anspruch zu nehmen, wenn formale, derzeit noch nicht bekannte Anforderungen, zB an die Satzung, noch nicht umgesetzt sind. 70

VI. Voraussetzung für die Steuervergünstigung

1. Satzung und Zweck

§ 59 AO bestimmt unter anderem, dass die Steuervergünstigung nur gewährt wird, wenn wortdeutlich der **steuerbegünstigte Zweck** (§§ 52–54 AO), die Selbstlosigkeit (§ 55 AO) und die ausschließliche und unmittelbare **Zweckverfolgung** (§§ 56, 57 AO) durch den Verein aus der **Satzung** präzise hervorgeht. Bei Mittelzuwendungskörperschaften (§ 58 Nr. 1 AO) kann in der Satzung auf das Gebot der Unmittelbarkeit verzichtet werden.[60] Ist eine Tätigkeit als Satzungszweck aufgenommen, die nicht gem. §§ 52–54 AO steuerbegünstigt ist, kann dem Verein insgesamt die Gemeinnützigkeit nicht zuerkannt werden. Das Unterhalten wirtschaftlicher Geschäftsbetriebe, die nicht Zweckbetriebe sind, und die Vermögensverwaltung dürfen nicht Satzungszweck sein. Da Satzungen jedoch auch und oft sogar vorrangig dazu dienen, die Organisation der Vereine und die Befugnisse ihrer Organe festzulegen, können die Erlaubnis zur Unterhaltung eines Nichtzweckbetriebs und die Vermögensverwaltung in der Satzung zulässig sein.[61] 71

2. Anerkennungsverfahren und Steuerveranlagung

Gemäß § 60a Abs. 1 AO, der durch das Ehrenamtsstärkungsgesetz eingefügt wurde und seit dem 29.3.2013 gilt, wird die Einhaltung der satzungsmäßigen Voraussetzungen nach den §§ 51, 59, 60, 61 AO gesondert festgestellt. 72

Die Feststellung der Satzungsmäßigkeit ist für die Besteuerung sowohl der Körperschaft als auch der Steuerpflichtigen, die Zuwendungen in Form von Spenden und Mitgliedsbeiträgen an die Körperschaft erbringen, bindend. Die Feststellung der Satzungsmäßigkeit erfolgt idR auf Antrag der Körperschaft; sie wird ausnahmsweise von Amts wegen bei der Veranlagung zur Körperschaftsteuer vorgenommen, wenn bisher noch keine Feststellung erfolgt ist.[62] Hinsichtlich des Zeitpunkts der Feststellung führt der AEAO aus, dass die Feststellung der satzungsmäßigen Voraussetzungen bereits vor einer Registereintragung erfolgen kann, sofern zu diesem Zeitpunkt bereits eine Körperschaftsteuerpflicht besteht. Sie darf aber erst nach einem wirksamen Organbeschluss (bspw. der Mitgliederversammlung), zB über die Satzung, erfolgen.[63] 73

---

[59] Das „planmäßige Zusammenwirken" des § 57 Abs. 3 AO setzt uE allerdings nicht zwingend eine gesellschaftsrechtliche Beteiligung voraus.
[60] AEAO Nr. 1 S. 5 zu § 59 AO.
[61] AEAO Nr. 1 S. 4 zu § 59 AO.
[62] *Hüttemann* DB 2013, 774; AEAO Nr. 5 zu § 60a Abs. 2 AO.
[63] AEAO Nr. 4 zu § 60a Abs. 1 AO; *Hüttemann* DB 2014, 442 (446).

74 Ergänzend dazu regelt § 63 Abs. 5 AO, dass Zuwendungsbestätigungen nur ausgestellt werden dürfen, wenn das Datum der Anlage zum Körperschaftsteuerbescheid oder des Feststellungsbescheids nicht länger als fünf Jahre oder die Feststellung der Satzungsmäßigkeit nach § 60a Abs. 1 AO nicht länger als drei Kalenderjahre zurückliegt.[64]

75 Gemäß § 60a Abs. 6 AO, der durch das JStG 2020 in die Abgabenordnung neu aufgenommen wurde, ist die Feststellung der satzungsmäßigen Voraussetzungen abzulehnen, wenn bis zum Zeitpunkt des Erlasses des erstmaligen Körperschaftsteuerbescheids oder Freistellungsbescheids Erkenntnisse vorliegen, dass die tatsächliche Geschäftsführung gegen die satzungsmäßigen Voraussetzungen verstößt.

> **Hinweis:**
> Sofern (noch) keine Anerkennung der Steuerbegünstigung vorliegt, darf für Mitgliedsbeiträge und erhaltene Spenden keine Zuwendungsbestätigung ausgestellt werden.

3. Satzungskonforme Geschäftsführung

76 Neben den Anforderungen an die Satzung ist in § 59 AO auch festgelegt, dass die **tatsächliche Geschäftsführung** den Satzungsbestimmungen entsprechen muss. Die tatsächliche Geschäftsführung muss also im Rahmen der satzungsmäßig festgelegten Zwecke durchgeführt werden. Es reicht nicht aus, dass durch die tatsächliche Geschäftsführung unter anderem auch steuerbegünstigte Zwecke verwirklicht werden. Die tatsächliche Betätigung muss den in der Satzung besonders herausgestellten Zwecken exakt entsprechen. Ein Verein, der in tatsächlicher Hinsicht über den Satzungszweck hinaus im steuerbegünstigten Bereich tätig wird, läuft Gefahr, für diese Tätigkeiten die Steuervergünstigung zu verlieren. Um das zu vermeiden, ist eine entsprechende Satzungsergänzung erforderlich, die zu Beginn des Veranlagungsjahres gilt, in dem der neue Satzungszweck verwirklicht wird (§ 60 Abs. 2 AO).[65]

4. Anforderungen an die Satzung

77 Die Satzung „muss" die in Anlage 1 zu § 60 AO **(Mustersatzung)** bezeichneten „Festlegungen" enthalten. Das FG Hessen[66] hat hierzu (rechtskräftig) festgestellt, dass die Mustersatzung allerdings nicht „Wort für Wort" übernommen werden müsse; es genüge vielmehr, so das Gericht, wenn die Satzung unabhängig vom Aufbau und vom genauen Wortlaut der Mustersatzung die bezeichneten Festlegungen, nämlich die Verpflichtung zur ausschließlichen und unmittelbaren Verfolgung förderungswürdiger Zwecke sowie die Verwendung des Begriffs „selbstlos" enthält. In einem weiteren Urteil vom 26.2.2020[67] hat das FG Hessen ergänzend entschieden, dass eine wörtliche Wiedergabe der in § 52 Abs. 2 AO enthaltenen Zwecke in der Satzung nicht erforderlich sei.

78 Insgesamt muss die **Satzung** so **präzise** gefasst sein, dass aus ihr unmittelbar entnommen werden kann, ob die Voraussetzungen der Steuerbegünstigung vorliegen. Es müssen der Zweck und die Art der Zweckverwirklichung genau bestimmt sein. Die bloße Bezugnahme auf Satzungen oder andere Regelungen Dritter genügt nicht.

79 Falls **Vorstandsmitglieder eines Vereins entgeltlich tätig** sein sollen (Gehalt, laufende Vergütung, Aufwandspauschale gem. § 3 Nr. 26a EStG), muss eine entsprechende Satzungsgrundlage bestehen. Dies gilt aus gemeinnützigkeitsrechtlicher Sicht nicht erst mit der Neuregelung des § 27 Abs. 3 BGB, die mit Wirkung zum 1.1.2015 eingeführt wurde

[64] *Emser* NWB 13/2013, 908.
[65] BFH BStBl. II 2003, 384 (385); BStBl. II 1999, 331 (332); BB 1998, 33 (34); BStBl. II 1979, 481 (482).
[66] Urt. v. 28.6.2017 – 4 K 917/16, BeckRS 2017, 126701.
[67] Urt. v. 26.2.2020 – 4 K 594/18, DStRE 2020, 1432 (nicht rechtskräftig; Revision beim BFH: V R 11/20).

und nach der Vorstände unentgeltlich tätig sind, sondern bereits schon vorher (→ Rn. 33, 232ff.).

Formulierungsbeispiel: Entgeltliche Vorstandstätigkeit 80

Die Vorstandsmitglieder sind hauptamtlich und gegen Entgelt beim Verein beschäftigt. Die Vergütung bestimmt sich nach der mit dem jeweiligen Vorstandsmitglied geschlossenen Vereinbarung. Für den Abschluss der Vereinbarung sowie dessen Beendigung ist *** *[zuständiges Organ im Verein, zB Mitgliederversammlung oder Beirat]* zuständig.

[*Alt. 1:* Vorstandsmitglieder können entgeltlich auf der Grundlage eines Dienstvertrages oder gegen Zahlung einer Aufwandsentschädigung nach § 3 Nr. 26a EStG tätig werden. Die Entscheidung hierüber trifft *** *[zuständiges Organ im Verein]*; dies gilt auch für den Abschluss des Vertrages sowie dessen Beendigung.]

[*Alt. 2:* Die Vorstandsmitglieder erhalten für ihre Tätigkeit eine angemessene Vergütung. Das Nähere regelt *** *[zuständiges Organ im Verein].*]

Fördervereine (→ Rn. 66ff.) brauchen die Körperschaften, denen sie Mittel zuwenden, nicht namentlich in der Satzung benennen. Die Angabe des Zwecks, für dessen Verwirklichung die Mittel beschafft werden, reicht aus. Wenn die unterstützte Körperschaft in der Satzung angegeben ist, darf der Förderverein seine Mittel erst nach einer entsprechenden Satzungsänderung an eine andere oder weitere Körperschaft weitergeben. 81

Die Satzung muss den entsprechenden Erfordernissen bei der Körperschaftsteuer und bei der Gewerbesteuer während des **ganzen Veranlagungs- oder Bemessungszeitraums,** bei den anderen Steuern im Zeitpunkt der Entstehung der Steuer entsprechen. Erfolgt eine **Änderung der gemeinnützigkeitsrechtlich relevanten Regelungen in der Satzung** innerhalb des Veranlagungszeitraums, können die Steuervergünstigungen erst ab Beginn des folgenden Veranlagungszeitraums gelten.[68] 82

C. Die vier Sphären des steuerbegünstigten Vereins

I. Allgemeines

Das nachfolgende Schaubild zeigt die **vier Sphären** eines steuerbegünstigten Vereins im **Körperschaftsteuerrecht.** Die Sphären sind allerdings nicht explizit im Gesetz genannt. 83

Ideeller Bereich (steuerbegünstigt)	Vermögensverwaltung (steuerbegünstigt)
Zweckbetrieb (steuerbegünstigt)	wirtschaftlicher Geschäftsbetrieb (steuerpflichtig)

II. Der ideelle Bereich

Im **ideellen Bereich** werden keine Leistungen infolge der von Dritten erbrachten Gegenleistung erbracht. Hier sind also nur die Leistungen erfasst, denen keinerlei Gegenleistung zugrunde liegen. Typisches Merkmal ist hier die fehlende Einnahmeerzielungsabsicht und das Fehlen wirtschaftlicher Vorteile aus dem Leistungsaustauschverhältnis. 84

Die Einnahmen im ideellen Bereich sind von allen Steuerarten befreit. Zu diesen Einnahmen zählen insbesondere die echten Mitgliedsbeiträge (Beiträge, denen keine Gegenleistung gegenübersteht, → Rn. 275), Zuschüsse (ohne Gegenleistungen), Spenden, Schenkungen, Erbschaften und Vermächtnisse. 85

[68] BFH BStBl. II 2001, 518 (519); BMF 17.11.2004, BStBl. I 1059; weiteres: AEAO Nr. 7 zu § 60 AO.

III. Die Vermögensverwaltung

86 Die (steuerbegünstigte) vermögensverwaltende Tätigkeit eines Vereins iSd § 14 S. 3 AO ist durch die Nutzung des Vereinsvermögens durch Dritte gegen Entgelt gekennzeichnet (zB Anlage von Kapitalvermögen gegen Zins, Vermietung und Verpachtung). Zu den Einnahmen der Vermögensverwaltung gehören alle Einnahmen (§ 8 Abs. 1 EStG), die durch die vermögensverwaltende Tätigkeit veranlasst sind.[69] Zu beachten ist, dass die Vermögensverwaltung nicht Selbstzweck ist und nicht einen Rahmen annimmt, der einer gewerblichen Betätigung gleichzusetzen ist.

87 Hauptkriterium für die in § 14 AO getroffene Abgrenzung **zwischen dem wirtschaftlichen Geschäftsbetrieb** und der **Vermögensverwaltung** ist der Wettbewerbsgedanke.[70] Der Gesetzgeber wollte vermeiden, dass sich steuerbefreite Vereine unter Nutzung ihres Steuervorteils am wirtschaftlichen Verkehr beteiligen und ihnen dadurch ein Wettbewerbsvorteil gewährt wird. Dagegen konnte die Vermögensverwaltung als passive Tätigkeit steuerfrei gelassen werden. Die Abgrenzung zwischen erwerbswirtschaftlicher und vermögensverwaltender Tätigkeit wird im Rahmen des § 14 AO idR wie im Einkommensteuerrecht für die Abgrenzung der Einkünfte aus Kapitalvermögen oder Vermietung und Verpachtung gegenüber den Einkünften aus Gewerbebetrieb vorgenommen.[71]

88 Ein verpachteter wirtschaftlicher Geschäftsbetrieb, der vorher selbst betrieben wurde, unterliegt solange mit seinen Pachteinnahmen der Körperschaft- und Gewerbesteuer, bis die Betriebsaufgabe erklärt wird.[72]

89 Unerheblich ist der Umfang des verwalteten Vermögens, auch wenn ein umfangreiches Vermögen erhebliche Verwaltungstätigkeiten erfordert.

90 Nur wenn sich der vermögende steuerbegünstigte Verein am Markt wie ein Händler betätigt, indem Fremdkapital aufgenommen wird, um in größerem Maße zu spekulieren, wird idR ein steuerpflichtiger wirtschaftlicher Geschäftsbetrieb begründet.[73] Die Abgrenzung zwischen der Vermögensverwaltung und einer Erwerbstätigkeit orientiert sich daran, ob der Verein mit seiner Tätigkeit **am wirtschaftlichen Verkehr** teilnimmt. Zu unterscheiden ist dabei zwischen den Erträgen, die das vorhandene Vermögen erbringt und Aktivitäten, für die das Vermögen lediglich die Basis für Spekulationen und sonstige ertragbringende Transaktionen ist.[74]

Beispiele für vermögensverwaltende Tätigkeiten:

Einnahmen aus der Verpachtung (Dauervermietung) einer Vereinsgaststätte an einen Dritten (abhängig vom Umfang der Überlassung, ggf. auch steuerpflichtiger wirtschaftlicher Geschäftsbetrieb); entgeltliche Übertragung des Rechts zur Nutzung von Werbeflächen in Vereinsanlagen an einen Dritten;[75] Beteiligung an einer Kapitalgesellschaft (aber: bei Personalunion zwischen Vorstand des Vereins und Geschäftsführer einer gewerblichen Kapitalgesellschaft liegt ein steuerpflichtiger wirtschaftlicher Geschäftsbetrieb vor).[76]

IV. Der Zweckbetrieb

91 Der **(steuerbegünstigte) Zweckbetrieb** ist ein wirtschaftlicher Geschäftsbetrieb iSd § 14 AO. Dieser setzt eine selbständige nachhaltige Tätigkeit voraus, durch die Einnahmen oder andere wirtschaftliche Vorteile erzielt werden und die über den Rahmen einer Vermö-

[69] *Hüttemann* Kap. 5 Rn. 5.124.
[70] BFH BStBl. II 1992, 693 (694).
[71] *Buchna/Leichinger/Seeger/Brox* S. 284–291.
[72] BFH DStRE 2007, 1021; AEAO Nr. 2 zu § 64 AO.
[73] BFH BStBl. II 2004, 408 (410); BFH/NV 1994, 80 (82); BStBl. II 1991, 630 (631); BStBl. II 1991, 66 (68); BStBl. III 1964, 364 (366).
[74] BFH BStBl. III 1967, 373 (374); *Schauhoff* § 7 Rn. 61.
[75] AEAO Nr. 9 zu § 67a AO.
[76] *Schauhoff* § 7 Rn. 68.

gensverwaltung hinausgeht (zu den einzelnen Voraussetzungen → Rn. 86 ff.). Besonders von Bedeutung ist hierbei, dass eine Gewinnerzielungsabsicht nicht erforderlich ist. Der Zweckbetrieb ist jedoch vom Gesetzgeber aufgrund seiner besonderen (gemeinwohlorientierten) Zweckausrichtung von der Ertragbesteuerung ausgenommen; die Voraussetzungen des § 65 AO müssen vollständig erfüllt sein. Im Bereich der Umsatzsteuer gilt idR der ermäßigte Steuersatz (§ 12 Abs. 2 Nr. 8a UStG, → Rn. 188 ff.).

§ 65 AO ist die **allgemeine Bestimmung** des Zweckbetriebs. Im Gegensatz dazu 92 nennen die §§ 66–68 AO Sonderfälle von Zweckbetrieben. Sie gehen als *lex specialis* § 65 AO vor.

Beispiele:

Krankenhäuser, Kindergärten, kulturelle oder sportliche Veranstaltungen oÄ.

Die Prüfung, ob ein Zweckbetrieb vorliegt, sollte mit den §§ 66–68 AO beginnen. 93 Denn die besonderen Zweckbetriebe unterliegen nach hM keinem Vergleich zu Steuerpflichtigen (Wettbewerbsgedanke). Erst danach ist die Annahme eines Zweckbetriebs nach § 65 AO zu prüfen.[77]

1. Voraussetzungen für die Annahme eines Zweckbetriebs

Für die Annahme eines Zweckbetriebs nach § 65 AO müssen folgende Voraussetzungen 94 kumulativ erfüllt sein:
- Ein Zweckbetrieb muss in seiner Gesamtausrichtung tatsächlich und unmittelbar satzungsmäßige Zwecke des Vereins verwirklichen, der ihn betreibt (zB Bildungsreise, die von einem Bildungsverein durchgeführt wird). Es genügt nicht, wenn er begünstigte Zwecke verfolgt, die nicht satzungsmäßige Zwecke des Vereins sind. Ebenso wenig genügt es, wenn er der Verwirklichung begünstigter Zwecke nur mittelbar dient, zB durch Abführung seiner Erträge.[78]
- Für die Verwirklichung der satzungsmäßigen Zwecke muss der wirtschaftliche Geschäftsbetrieb unbedingt und unmittelbar benötigt werden.[79] Dies ist zB nicht der Fall bei dem Betrieb eines Cafés in einem Jugendzentrum.
- Der wirtschaftliche Geschäftsbetrieb darf zu vergleichbaren, nicht begünstigten Betrieben, nicht in größerem Umfang in Wettbewerb treten, als es für die Erfüllung der begünstigten Zwecke unvermeidbar ist (Wettbewerbsklausel). Ein Wettbewerb im Verhältnis zu anderen Zweckbetrieben, die die gleichen steuerbegünstigten Zwecke verfolgen, ist unschädlich.[80]

2. Zweckbetrieb und Wettbewerb

Entscheidend ist, dass die steuerbegünstigten Zwecke ohne diese wirtschaftliche Betätigung 95 nicht erreichbar wären und deshalb der potentielle steuerpflichtige Konkurrent dies aus übergeordneten Gesichtspunkten hinzunehmen hat.[81] Ein **Wettbewerb** liegt dann vor, wenn im Einzugsbereich des Betriebs ein steuerpflichtiger Unternehmer den Kunden die gleichen Leistungen wie der in Frage stehende Betrieb anbietet oder anbieten könnte. In § 65 AO ist nach herrschender Finanzverwaltungsauffassung bereits der potentielle Wettbewerber geschützt, da der steuerbegünstigte Betrieb auch eine Markteintrittsbarriere sein kann.[82] Zentraler und prinzipieller Grundsatz für die Beurteilung aller wirtschaftlichen Geschäftsbetriebe steuerbegünstigter Organisationen ist, dass der wirtschaftliche Wettbe-

[77] BFH BStBl. II 2004, 660 (662); *Buchna/Leichinger/Seeger/Brox* S. 321.
[78] BFH BStBl. II 1995, 767 (768); BStBl. II 1986, 88 (90).
[79] BFH DStRE 1997, 1014 (1016); BStBl. II 1986, 831 (832).
[80] BFH DStRE 1997, 1014 (1016); BStBl. II 1995, 767 (769); DStR 2010, 599.
[81] BFH BStBl. II 1989, 391 (393).
[82] BFH BStBl. II 2000, 705 (708).

werb derartiger Betriebe mit anderen Unternehmen nur in einem als unvermeidbar betrachteten Umfang für zulässig erachtet wird. Unvermeidbar ist der Wettbewerb, wenn der steuerbegünstigte Zweck nur durch die ausgeführte Tätigkeit erreicht werden kann.

96 AEAO Nr. 4 zu § 65 AO weist ausdrücklich darauf hin, dass ein Zweckbetrieb entgegen der Entscheidung des BFH[83] bereits dann nicht gegeben ist, wenn ein Wettbewerb mit steuerpflichtigen Unternehmen lediglich möglich wäre, ohne dass es auf die tatsächliche Wettbewerbssituation vor Ort ankommt. Allerdings soll der potentielle Wettbewerb dann nicht vorliegen, wenn der Markt kein Angebot an bestimmte Marktteilnehmer machen würde, weil sich dieses Angebot für gewinnorientierte Unternehmen nicht lohnt.[84]

97 Zwischenzeitlich lässt es der BFH zu, dass steuerpflichtige Wettbewerber eines gemeinnützigen Vereins von den Finanzgerichten überprüfen lassen können, ob der steuerbefreite Zweckbetrieb zu Recht besteht. Allerdings muss der steuerpflichtige Kläger substantiiert geltend machen, dass der Wettbewerb zu seinen Lasten durch den steuerbefreiten Betrieb gestört ist.[85] Ein Wettbewerb unter steuerbefreiten Körperschaften ist zulässig, so dass hier keine Störung des Wettbewerbs vorliegt.

Beispiele für Zweckbetriebe:

Beschäftigungsgesellschaften zur Wiedereingliederung von Langzeitarbeitslosen in den normalen Arbeitsprozess;[86] Jugendreisen; Pflegeleistungen im Rahmen der Pflegeversicherung; Pilgerreisen unter bestimmten Voraussetzungen; Verkauf von Wohlfahrtsbriefmarken (= Billigkeitsmaßnahme); Verkauf einer Vereinszeitschrift, wenn sie ausschließlich über die Aktivitäten des Vereins berichtet; Schülerbetreuung.

V. Der steuerpflichtige wirtschaftliche Geschäftsbetrieb

98 Ein **steuerpflichtiger wirtschaftlicher Geschäftsbetrieb** ist – ebenfalls wie der Zweckbetrieb – ein wirtschaftlicher Geschäftsbetrieb iSd § 14 AO. Im Gegensatz zum Zweckbetrieb erfüllt dieser jedoch nicht die Voraussetzungen des § 65 AO und wird auch nicht im Zweckbetriebskatalog der §§ 66ff. AO ausdrücklich benannt.

99 Für die Annahme eines steuerpflichtigen wirtschaftlichen Geschäftsbetriebs müssen sämtliche der in § 14 AO aufgeführten Erfordernisse erfüllt sein:
- Selbständigkeit,
- Nachhaltigkeit,
- Teilnahme am wirtschaftlichen Verkehr,
- Einnahmeerzielung.

1. Selbständigkeit

100 Selbständigkeit iSd § 14 AO ist **nicht** als **persönliche Selbständigkeit** einer juristischen Person, sondern als die **sachliche Selbständigkeit** der Betätigung iSd Abgrenzung zum steuerbegünstigten Wirkungsbereich zu verstehen.

101 Erfüllt ist dieses Erfordernis, wenn sich die Betätigung von der Gesamtbetätigung des Vereins wirtschaftlich abhebt und nicht mit dieser eine Einheit bildet, ihre Ausübung also auch ohne die anderen Betätigungen möglich ist.[87]

[83] BFH BStBl. II 2000, 705.
[84] BFH DStRE 2010, 755; *Schauhoff* § 7 Rn. 88; Hübschmann/Hepp/Spitaler/*Fischer* AO § 65 Rn. 112.
[85] BFH BStBl. II 1998, 63 (65).
[86] Vgl. hierzu auch BFH v. 13.6.2012 – I R 71/11, BFH/NV 2013, 89; vgl. auch Klein/*Gersch* AO § 65 Rn. 5.
[87] BFH BStBl. III 1963, 532 (533).

2. Nachhaltigkeit

Das Erfordernis der Nachhaltigkeit ist dann erfüllt, wenn eine Tätigkeit auf **Wiederholung** angelegt ist, dh wenn die Tätigkeiten von dem Entschluss getragen sind, sie zu wiederholen, um daraus Erwerbsquellen zu machen, die dann auch tatsächlich wiederholt werden.[88] 102

Anhaltspunkte für eine Wiederholungsabsicht sind zB Werbung durch den Verein oder die Existenz einer leistungsbereiten Betriebsorganisation. Der BFH[89] hat entschieden, dass wiederholte Tätigkeiten auch dann vorliegen, wenn der Grund zum Tätigwerden auf einem einmaligen Entschluss beruht, die Erledigung aber mehrere (Einzel-) Tätigkeiten erfordert.[90] 103

Schließlich ist Nachhaltigkeit auch dann anzunehmen, wenn die Tätigkeit von vornherein nur für eine abgegrenzte Zeit beabsichtigt ist. So nimmt der BFH zB für die Bewirtung bei einem Tag der offenen Tür oder einem Sommerfest eine nachhaltige Tätigkeit an, da das Verwirklichen dieses Entschlusses eine Vielzahl von Einzeltätigkeiten erfordert, die in ihrer tatsächlichen und rechtlichen Vielfalt und Verschiedenartigkeit überwiegend in den wirtschaftlich gewerblichen Bereich einzuordnen sind.[91] 104

3. Teilnahme am wirtschaftlichen Verkehr

Eine weitere Voraussetzung des § 14 AO ist nach der Rechtsprechung des BFH, dass der Verein mit seiner Tätigkeit am **wirtschaftlichen Verkehr** teilnehmen muss. Allerdings ist eine Teilnahme am **allgemeinen wirtschaftlichen Verkehr nicht zwingend** erforderlich.[92] 105

Bei der Beurteilung, ob eine Beteiligung am wirtschaftlichen Verkehr vorliegt, wird darauf abgestellt, ob die Betätigung zu Steuerpflichtigen, die ihre Tätigkeit zum Zweck der Gewinnerzielung ausüben, in **Konkurrenz** tritt und ob die Tätigkeit auf einen **Leistungs- oder Güteraustausch** gerichtet ist. Das gilt auch dann, wenn sich die Betätigung nur auf den Kreis der Mitglieder beschränkt oder wenn der Verein nur kostendeckende Einnahmen anstrebt (zB Gärtnerei, Wäscherei, Vereinsgaststätte etc.).[93] 106

Allgemein gilt: Wenn bereits eine erwerbswirtschaftliche Betätigung vorliegt, wird ein steuerpflichtiger wirtschaftlicher Geschäftsbetrieb angenommen, es sei denn, dass die Tätigkeit als Vermögensverwaltung eingeordnet werden kann.[94] 107

4. Einnahmeerzielung

Als viertes Kriterium fordert § 14 AO, dass der Verein **Einnahmen** oder **sonstige wirtschaftliche Vorteile erzielen** muss; es bedarf **keiner Gewinnerzielungsabsicht.** 108

Nach *Hüttemann*[95] kommt es allerdings darauf an, ob nach den besonderen Vorschriften des KStG oder UStG eine sachliche Steuerpflicht begründet wird. Das bedeutet, dass gem. § 8 Abs. 1 KStG iVm § 2 Abs. 1 EStG Einkünfte erzielt werden oder nach § 1 Abs. 1 UStG ein umsatzsteuerpflichtiger Leistungsaustausch gegen Entgelt vorliegt. 109

Auch **unentgeltliche Zuwendungen** (zB Kleiderspenden aus Sammlungen) können zu Einnahmen eines steuerpflichtigen wirtschaftlichen Geschäftsbetriebs führen, da Altmaterial- und Altkleidersammlungen eine erwerbswirtschaftliche Betätigung darstellen.[96] 110

---

88 AEAO Nr. 2 zu § 64 Abs. 1 AO.
89 BFH BStBl. II 1991, 66.
90 BFH BStBl. II 1986, 88 (90).
91 OFD Frankfurt 6.8.2003, DB 2003, 1932.
92 BFH BStBl. II 2001, 449 (450); BStBl. II 1990, 1012; BFH/NV 1990, 798.
93 BFH BStBl. II 1996, 28 (29); BStBl. II 1994, 573 (575).
94 BFH BStBl. II 1990, 470.
95 *Hüttemann* Kap. 6 Rn. 6.107.
96 BFH/NV 1995, 568; BFH BStBl. II 1992, 693 (694).

111 Auch bei **Zuschüssen** ist zu prüfen, ob sie Entgelt für eine wirtschaftliche Tätigkeit darstellen (zB Auftragsforschung) oder ob die gemeinnützige Tätigkeit subventioniert werden soll.[97]

112 **Keine wirtschaftlichen Vorteile** in diesem Sinne sind zB **Spenden** im Sinne bedingungsloser und auflagenfreier Zuwendungen oder auch Erbschaften. **Mitgliedsbeiträge** sind dann Einnahmen eines wirtschaftlichen Geschäftsbetriebs, wenn dies eine pauschalierte Gegenleistung für die wirtschaftliche Förderung der Mitglieder ist (zB Werbegemeinschaft, Einkaufsorganisation, Verschaffung verbilligter Eintrittskarten; → Rn. 274 ff.).[98] Nur wirtschaftliche Vorteile des einzelnen Mitglieds ohne Gegenleistungscharakter führen nicht zu einem wirtschaftlichen Geschäftsbetrieb.[99]

5. Beispiele für steuerpflichtige wirtschaftliche Geschäftsbetriebe

113 Folgende Beispiele sollen eine Übersicht über mögliche steuerpflichtige wirtschaftliche Geschäftsbetriebe eines Vereins geben:[100]
- Altmaterial- und Altkleidersammlungen;[101]
- Annoncengeschäft, wenn es selbst betrieben wird;
- Ansichtskartenverkauf;[102]
- Behindertenwerkstatt – bei Zukauf von Waren für die Verkaufsstelle ist dieser Bereich ein steuerpflichtiger wirtschaftlicher Geschäftsbetrieb;[103]
- Beteiligung an einer Personengesellschaft[104] (→ Rn. 117 ff.);
- Betrieb eines Zigaretten- oder Getränkeautomaten;[105]
- Durchführung von Basaren, Tagen der offenen Tür, Flohmärkten oder Straßenfesten und Benefizveranstaltungen;[106]
- Entgeltliche Überlassung von Arbeitskräften und Arbeitsmitteln;[107]
- Kantine, falls selbst bewirtschaftet;
- Pfennigbasar[108] („Flohmarkt");
- Unterhaltung eines Erholungsheims (vgl. aber § 68 Nr. 1 lit. a iVm § 53 AO);
- Unterkunft und Verpflegung im Zusammenhang mit (Fort-) Bildungsmaßnahmen (ggf. aber Zweckbetrieb nach § 68 Nr. 8 AO);[109]
- Überlassung eines Heißluftballons mit Werbeaufschrift;[110]
- Verkauf von Speisen und Getränken;
- Vermietung einer Tennishalle an häufig wechselnde Interessenten;[111]
- Verwaltungsdienstleistungen für Mitgliedervereine kein Zweckbetrieb gem. § 68 Nr. 2 lit. b AO, sondern wirtschaftlicher Geschäftsbetrieb;[112]
- Werbemaßnahmen, Sponsoring: wenn der Verein an den Werbemaßnahmen aktiv mitwirkt[113] (→ Rn. 116, 289 ff.), Werbemobile (→ Rn. 300 ff.);

[97] BMF 15.8.2006, DB 2006, 1814; Bay. LSt 21.8.2006, DB 2006, 1982.
[98] Vgl. wegen USt: BFH/NV 2009, 324.
[99] KStR R 8.11 ff.; vgl. hierzu jedoch auch BFH DStR 2021, 662 für den Bereich der Umsatzsteuer.
[100] Weitere Beispiele: *Buchna/Leichinger/Seeger/Brox* S. 303 ff.; *Hüttemann* Kap. 6 Rn. 6.111.
[101] BFH/NV 1995, 568; BFH/NV 1992, 839 (840); BStBl. II 1992, 693.
[102] FinMin Brandenburg 17.8.1994, DB 1994, 1902.
[103] AEAO Nr. 5 zu § 68 Nr. 3 AO.
[104] BFH BStBl. II 2001, 449 (450); AEAO Nr. 3 zu § 64 Abs. 1 AO.
[105] OFD Hannover 21.10.1998, UR 1999, 340 (341).
[106] *Buchna/Leichinger/Seeger/Brox* S. 304.
[107] OFD Frankfurt 18.7.1997, DB 1997, 2055.
[108] BFH DStRE 2009, 748.
[109] *Buchna/Leichinger/Seeger/Brox* S. 309.
[110] BFH BStBl. II 2003, 438.
[111] BFH BStBl. II 1992, 684; BStBl. II 1990, 1012.
[112] BFH DStR 2009, 690.
[113] BMF 18.2.1998, BStBl. I 212; OFD Frankfurt 7.5.2003, DStR 2003, 1206.

– Zentrale Gehaltsabrechnungsstelle, Buchstellen;[114]
– Zentraleinkauf.[115]

Umsätze im steuerpflichtigen wirtschaftlichen Geschäftsbetrieb sind, sofern keine Umsatzsteuerbefreiung gem. § 4 UStG greift, mit dem Regelsteuersatz (von derzeit 19 %) zu belasten. Der Verkauf von Gegenständen aus Zweckbetrieben und sonstigen steuerbegünstigten Aktivitäten ist gem. § 12 Abs. 2 Nr. 8 lit. a UStG grundsätzlich mit dem ermäßigten Umsatzsteuersatz (derzeit 7 %) (→ Rn. 188 ff.) zu besteuern. Der BFH wendet die vorgenannte Vorschrift des § 12 Abs. 2 Nr. 8 lit. a UStG jedoch vor dem Hintergrund der restriktiveren EU-Regelung in der MwStSystRL (vgl. Anhang III zu Art. 98 Abs. 2 MwStSystRL) nur eingeschränkt an.[116] 114

6. Sonderfälle steuerpflichtiger wirtschaftlicher Geschäftsbetriebe

Wirtschaftliche Geschäftsbetriebe können in vielfältiger Form entstehen. Einige Sonderformen sollen im Folgenden kurz dargestellt werden: 115

a) Sponsoring. Mit Sponsoring kann ein steuerpflichtiger wirtschaftlicher Geschäftsbetrieb begründet werden. Wegen der Abgrenzungsproblematik zwischen Spenden, Mitgliedsbeiträgen und Sponsoring wird diese Thematik gesondert behandelt (→ Rn. 289 ff.). 116

b) Beteiligung an Personengesellschaften. Als wirtschaftlicher Geschäftsbetrieb ist stets die Beteiligung an einer **gewerblich tätigen Personengesellschaft** anzusehen, wenn der steuerbegünstigte Verein Mitunternehmer dieser Personengesellschaft ist, dh Mitunternehmerinitiative und -risiko trägt[117], da er im Wettbewerb zu anderen steuerpflichtigen Personengesellschaften und deren Mitunternehmer steht. 117

Ob ein an einer Personengesellschaft oder Gemeinschaft beteiligter steuerbegünstigter Verein gewerbliche Einkünfte bezieht und damit einen wirtschaftlichen Geschäftsbetrieb unterhält, wird im gesonderten und einheitlichen Gewinnfeststellungsbescheid der Personengesellschaft bindend festgestellt.[118] Auf Ebene des steuerbegünstigten Vereins ist zu entscheiden, ob insoweit ein Zweckbetrieb iSd §§ 65 ff. AO oder ein steuerpflichtiger wirtschaftlicher Geschäftsbetrieb vorliegt.[119] 118

Schließen sich zB mehrere steuerbegünstigte Körperschaften zu einer GbR zusammen, um gemeinsam steuerbegünstigte Zwecke zu verwirklichen (zB gemeinsame Durchführung von Bildungsveranstaltungen), wird in der Regel insoweit ein Zweckbetrieb anzunehmen sein. 119

Wird die Personengesellschaft ausschließlich im vermögensverwaltenden Bereich tätig (werden zB nur Einkünfte aus Kapitalvermögen oder Vermietung und Verpachtung erzielt), ist der Anteil an der Personengesellschaft bei dem steuerbegünstigten Verein der Vermögensverwaltung zuzuordnen.[120] 120

c) Beteiligung an Kapitalgesellschaften. Die Beteiligung an einer Kapitalgesellschaft, zB GmbH oder AG, ist grundsätzlich der **Vermögensverwaltung** zuzuordnen;[121] das gilt auch dann, wenn Anteile bei wesentlicher Beteiligung veräußert werden. 121

Die Beteiligung stellt jedoch einen **steuerpflichtigen wirtschaftlichen Geschäftsbetrieb** dar, wenn der Verein in tatsächlicher Hinsicht einen entscheidenden Einfluss auf die 122

[114] OFD Frankfurt 12.8.1992, DB 1992, 2064.
[115] BFH DStRE 1997, 1014 (1015); BStBl. II 1991, 157.
[116] Vgl. BFH DStR 2019, 2476, der die nationale Regelung des § 12 Abs. 2 Nr. 8 lit. a UStG für teilweise EU-rechtswidrig hält.
[117] BFH BStBl. II 2001, 449 (450); BStBl. II 1989, 134; BStBl. II 1984, 751.
[118] AEAO Nr. 3 zu § 64 Abs. 1 AO.
[119] *Buchna/Leichinger/Seeger/Brox* S. 290 f.
[120] Vgl. FG Düsseldorf EFG 1985, 83 (84); *Hüttemann* Kap. 6 Rn. 6.127; *Schauhoff* § 7 Rn. 68.
[121] AEAO Nr. 3 zu § 64 Abs. 1 AO.

laufende Geschäftsführung der Kapitalgesellschaft nimmt und damit über die Kapitalgesellschaft am allgemeinen wirtschaftlichen Geschäftsverkehr teilnimmt.[122]

123 Nach *Hüttemann*[123] ist die **wesentliche Einflussnahme** für sich genommen noch kein Grund für die Zuordnung der Beteiligung zum wirtschaftlichen Geschäftsbetrieb. Entscheidend sollte sein, ob eine Weitergabe des Steuervorteils an die Kapitalgesellschaft erfolgt. Deshalb ist hier zu prüfen, ob der Steuervorteil tatsächlich weitergegeben wurde, zB durch Verzicht auf marktübliche Ausschüttungen, wie sie unter steuerpflichtigen Kapitalgesellschaften üblich sind.

124 Eine Einflussnahme auf die Kapitalgesellschaft „lediglich" im Rahmen der gesetzlich zustehenden Gesellschafterrechte und -pflichten kann die Annahme eines steuerpflichtigen wirtschaftlichen Geschäftsbetriebs jedoch nicht rechtfertigen. Somit liegt in vielen Fällen eine Zuordnung zur Vermögensverwaltung vor, es sei denn, die „Einflussnahme" erfolgt bei einer nicht steuerbegünstigten Beteiligungsgesellschaft im Rahmen einer Betriebsaufspaltung und/oder im Zusammenhang mit einer umsatzsteuerlichen Organschaft (vgl. auch → Rn. 127).[124]

125 Ein entscheidender Einfluss auf die laufende Geschäftsführung ist stets anzunehmen, wenn hinsichtlich der Geschäftsführung in der Beteiligungsgesellschaft und dem steuerbegünstigten Verein **Personalunion** besteht.[125]

126 Besteht die Beteiligung an einer **Kapitalgesellschaft,** die selbst ausschließlich der **Vermögensverwaltung** dient, so liegt auch bei Einflussnahme auf die Geschäftsführung bei der gemeinnützigen Muttergesellschaft kein wirtschaftlicher Geschäftsbetrieb vor.[126]

127 Handelt es sich bei der **Kapitalgesellschaft,** an der die Anteile gehalten werden, selbst um eine **steuerbegünstigte Körperschaft** iSd §§ 51 ff. AO, ist grundsätzlich die Einflussnahme auf die laufende Geschäftsführung unschädlich. Die Grundsätze der Betriebsaufspaltung gelten hier nicht.[127]

128 [Einstweilen frei.]

7. Zulässigkeit von Rücklagen im wirtschaftlichen Geschäftsbetrieb

129 Die Gewinne des steuerpflichtigen wirtschaftlichen Geschäftsbetriebs gehören zu den Mitteln des steuerbegünstigten Vereins, die grundsätzlich zeitnah für die satzungsmäßigen Zwecke zu verwenden sind. Dies schließt jedoch die Bildung von Rücklagen im steuerpflichtigen wirtschaftlichen Geschäftsbetrieb nicht aus.

130 Es ist grundsätzlich unschädlich für die Gemeinnützigkeit eines Vereins, wenn er einen Teil des Gewinns des steuerpflichtigen wirtschaftlicher Geschäftsbetrieb einer Rücklage im wirtschaftlichen Geschäftsbetrieb zuführt. Die Rücklage muss bei vernünftiger kaufmännischer Beurteilung wirtschaftlich notwendig sein und stets begründet werden.[128]

131 Eine fast vollständige Zuführung des Gewinns zu einer Rücklage im wirtschaftlichen Geschäftsbetrieb ist entsprechend den Ausführungen des BFH im Urteil vom 15. 7. 1998[129] nur dann unschädlich für die Gemeinnützigkeit, wenn der Verein nachweist, dass die betriebliche Mittelverwendung zur Sicherung seiner Existenz geboten war.[130]

---

122 Vgl. *Schauhoff* § 7 Rn. 68.
123 *Hüttemann* Kap. 6 Rn. 6.133 ff.
124 Vgl. *Buchna/Leichinger/Seeger/Brox* S. 286–290; *Hüttemann* Kap. 6 Rn. 6.130 ff.
125 BFH BStBl. II 1971, 753 (754).
126 AEAO Nr. 3 zu § 64 Abs. 1 AO.
127 Vgl. AEAO Nr. 3 zu § 64 Abs. 1 AO; OFD Frankfurt 22. 2. 1999, DStR 1999, 1111; OFD Hannover 16. 2. 1995, FR 1995, 293.
128 BFH DStR 1998, 1710 (1711); AEAO Nr. 1 zu § 62 AO; BMF 15. 2. 2002, BStBl. I 267.
129 BFH DStR 1998, 1710; vgl. AEAO Nr. 1 zu § 62 AO.
130 So auch AEAO Nr. 1 zu § 62.

8. Steuerpflicht bei Vorliegen eines wirtschaftlichen Geschäftsbetriebs

Wird ein wirtschaftlicher Geschäftsbetrieb gem. § 14 AO unterhalten und liegt kein Zweckbetrieb vor, so verliert der Verein die Steuervergünstigung für die dem Geschäftsbetrieb zuzuordnenden Besteuerungsgrundlagen (Einkünfte, Umsätze, Vermögen) gem. § 64 Abs. 1 AO. Das heißt der Verein verliert nur für diesen Bereich die Steuervergünstigungen. Im Übrigen bleiben die steuerlichen Vergünstigungen erhalten. 132

Allerdings steht die den steuerbegünstigten Vereinen mit § 64 AO ausdrücklich zugestandene Möglichkeit, steuerpflichtige Geschäftsbetriebe zu unterhalten, in einem Spannungsverhältnis zu den Geboten der Selbstlosigkeit (§ 55 AO) und Ausschließlichkeit (§ 56 AO). 133

Um die Gemeinnützigkeit für den gesamten Verein nicht zu gefährden, ist unbedingt darauf zu achten, dass ein steuerpflichtiger Geschäftsbetrieb iSd § 64 AO nicht zum Satzungszweck erhoben wird[131] (hinsichtlich der Aufgabe der Geprägetheorie durch die Finanzverwaltung → Rn. 54). 134

Über die Steuerpflicht oder Steuerfreiheit der wirtschaftlichen Tätigkeiten wird bezüglich jeder Steuerart im Rahmen des betreffenden Veranlagungsverfahrens mittels Freistellungsbescheid entschieden. 135

Unterhält ein steuerbegünstigter Verein **mehrere steuerpflichtige wirtschaftliche Geschäftsbetriebe,** werden diese gem. § 64 Abs. 2 AO als ein steuerpflichtiger wirtschaftlicher Geschäftsbetrieb **(einheitlicher steuerpflichtiger wirtschaftlicher Geschäftsbetrieb)** behandelt. Dies hat zur Folge, dass hier **Verluste und Gewinne** aller steuerpflichtigen wirtschaftlichen Geschäftsbetriebe eines Vereins zusammengefasst werden. Es erfolgt somit ein völliger Ergebnisausgleich aller steuerpflichtigen wirtschaftlichen Geschäftsbetriebe, sofern nicht die pauschale Gewinnermittlung iSd § 64 Abs. 6 AO angewandt wird. Hier beläuft sich der steuerpflichtige Gewinn auf 15% der Einnahmen (→ Rn. 142). 136

Wird durch einen wirtschaftlichen Geschäftsbetrieb die Steuerpflicht ausgelöst, kommt es erst dann zu einer Körperschafts- und Gewerbesteuerbelastung, wenn die **Besteuerungsgrenze des § 64 Abs. 3 AO iHv 45.000 EUR/Jahr** überschritten wird (→ Rn. 158).[132] Diese Freigrenze gilt für alle steuerpflichtigen wirtschaftlichen Geschäftsbetriebe eines Vereins **kumulativ.** Das heißt übersteigt die Summe des zuvor genannten **einheitlichen steuerpflichtigen Geschäftsbetrieb** (Einnahmen einschließlich Umsatzsteuer, zB die Summe der Einnahmen aus den Vereinsfesten, dem Verkauf von Speisen und Getränken, den steuerpflichtigen sportlichen Veranstaltungen, der steuerpflichtigen Werbung etc.) im Kalenderjahr nicht den Betrag von 45.000 EUR, wird weder Körperschaft- noch Gewerbesteuer erhoben (→ Rn. 156 ff.).[133] 137

Übersteigen die Einnahmen einschließlich Umsatzsteuer die **Freigrenze des § 64 Abs. 3 AO** von 45.000 EUR/Jahr, ist der gesamte Überschuss oder Gewinn der Körperschaft- und Gewerbesteuer zu unterwerfen, soweit die **Freibeträge des § 24 KStG und § 11 Abs. 1 GewStG** (jeweils 5.000 EUR) überschritten sind. 138

Eine **Aufteilung des Vereins** in mehrere selbständige Körperschaften zum Zweck der mehrfachen Inanspruchnahme der Freigrenze von 45.000 EUR nach § 64 Abs. 3 AO gilt als Gestaltungsmissbrauch iSd § 42 AO **(Zellteilungsverbot).** 139

Wird ein Verein im Laufe eines Veranlagungszeitraums gegründet, erfolgt keine zeitanteilige Umrechnung der Freigrenze. 140

Bei **Beteiligungen an Personengesellschaften** sind die anteiligen Einnahmen (nicht der anteilige Gewinn) maßgebend.[134] 141

---

[131] BFH BStBl. II 2007, 631 (632).

[132] Die Besteuerungsgrenze des § 64 Abs. 3 AO ist iRd JStG 2020 von 35.000 EUR auf 45.000 EUR angehoben worden, und zwar rückwirkend zum 1. 1. 2020.

[133] AEAO Nr. 18–27 zu § 64 Abs. 3 AO.

[134] BFH BStBl. II 2001, 449; AEAO Nr. 18 zu § 64 Abs. 3 AO.

142 § 64 Abs. 6 AO gestattet (= Wahlrecht) in bestimmten Fällen (spezielle Werbung, Totalisatorenbetriebe und zweite Fraktionierungsstufe der Blutspendedienste) eine **Gewinnpauschalierung** (pauschale Gewinnermittlung). Dabei werden 15% der Einnahmen als Gewinn dieses wirtschaftlichen Geschäftsbetriebs zugrunde gelegt. Der steuerbegünstigte Verein wird von dieser Gewinnpauschalierung immer dann Gebrauch machen, wenn die mit der Werbung zusammenhängenden Betriebsausgaben – was die Regel sein dürfte – weniger als 85 vH der Einnahmen ausmachen. Bei der begünstigten Werbung muss es sich um „Werbung für Unternehmen, die im Zusammenhang mit der steuerbegünstigten Tätigkeit einschließlich Zweckbetrieben stattfindet" handeln.

143 Voraussetzung ist also, dass die Werbung für „Unternehmen" durchgeführt wird und die **Werbung im Zusammenhang mit der steuerbegünstigten Tätigkeit oder dem Zweckbetrieb** stehen muss (Werbung bei Veranstaltungen, die zum ideellen Bereich oder zu den Zweckbetrieben gehören).[135] Werbemaßnahmen von gemeinnützigen Organisationen im Zusammenhang mit öffentlichen Festivitäten mit Bewirtungsbetrieben (= wirtschaftlicher Geschäftsbetrieb) sind nicht begünstigt.[136] Die Abgrenzung der Werbeeinnahmen mit anderen wirtschaftlichen Geschäftsbetrieben dürfte in der Praxis schwierig sein.

144 Die Regelung, dass bei steuerbegünstigten Vereinen mehrere steuerpflichtige wirtschaftliche Geschäftsbetriebe als ein Betrieb zu behandeln sind, gilt auch für die Beurteilung der Buchführungspflicht nach § 141 AO. Für die Frage, ob die Grenzen für die Buchführungspflicht überschritten sind, kommt es also auf die Werte (Einnahmen, Überschuss, Vermögen) des Gesamtbetriebs an.

9. Ausstattung eines steuerpflichtigen wirtschaftlichen Geschäftsbetriebs mit (zusätzlichem) Kapital

145 Die (erstmalige) Ausstattung eines steuerpflichtigen wirtschaftlichen Geschäftsbetriebs mit Mitteln iSd § 55 AO, die der zeitnahen Verwendungspflicht unterliegen, führt zur **Gefährdung der Gemeinnützigkeit.** Der steuerbegünstigte Verein kann allenfalls die Mittel, die bei ihm im Zeitpunkt der Investition (noch) nicht der Verpflichtung zur (zeitnahen) Verwendung für die steuerbegünstigten Zwecke unterliegen, im eigenen Betrieb investieren (Wahlrecht zwischen Kapitalanlage bei Dritten oder Anlage im eigenen Betrieb).

146 Die Mittel, die nach § 62 Abs. 1 Nr. 3 AO (freie Rücklage) angesammelt werden, können grundsätzlich unbefristet im eigenen Betrieb geparkt werden, da sie nicht zeitnah zu verwenden sind.[137] Freie Rücklagen können für die Errichtung eines wirtschaftlichen Geschäftsbetriebs eingesetzt werden, sofern dieser, *ex ante* betrachtet, eine Rendite für die steuerbegünstigte Tätigkeit erbringt.

10. Gefährdung der Gemeinnützigkeit bei Verlusten aus steuerpflichtigen wirtschaftlichen Geschäftsbetrieben

147 Mit Urteil vom 1.7.2009[138] hat der BFH entschieden, dass selbst beim **Ausgleich von geringfügigen Verlusten im steuerpflichtigen wirtschaftlichen Geschäftsbetrieb** aus Mitteln des Ideal- oder Zweckbetriebsbereichs oder der Vermögensverwaltung es zum Entzug der Gemeinnützigkeit kommt. Im dortigen Fall handelte es sich um einen eingetragenen Verein zur Förderung des Sports. Dieser betrieb eine Vereinsgaststätte, bei der Verluste in Höhe von einigen tausend Mark entstanden waren. Der BFH führt hierbei aus,

[135] Vgl. hierzu auch BFH Urt. v. 26.6.2019 – V R 70/17, BeckRS 2019, 17602, wonach Werbung iSv § 64 Abs. 6 Nr. 1 AO auch durch die Vermietung von Standflächen bei Kongressen möglich ist.
[136] AEAO Nr. 32–35 zu § 64 Abs. 6 AO.
[137] Vgl. hierzu insgesamt FinMin Brandenburg 22.12.2004, DStR 2005, 290; OFD Frankfurt 8.12.2004, DStR 2005, 600; 9.9.2003, DStR 2003, 2071 (2072); OFD Rostock 12.7.2002, DStR 2002, 1484; OFD Frankfurt 20.2.2012, DStR 2012, 1229.
[138] BFH/NV 2009, 1837.

dass der steuerbegünstigte Verein nur für satzungsmäßige Zwecke seine Mittel verwenden darf. In seinem Urteil vom 13.11.1996[139] hatte der BFH noch in geringem Umfang Ausweichlösungen zugelassen, die nach wie vor durch die Finanzverwaltung im AEAO Nr. 3–7 zu § 55 Abs. 1 Nr. 1 AO unter Verweis auf das Urteil genannt werden.

Unschädlich für die Gemeinnützigkeit sollen Verluste dann sein, wenn sie auf einer **Fehlkalkulation** beruhen und im folgenden Wirtschaftsjahr wieder durch die wirtschaftliche Tätigkeit ausgeglichen werden. Im Übrigen dürfen **Verluste** eines Wirtschaftsbetriebs **mit den Gewinnen anderer Wirtschaftsbetriebe** im gleichen Wirtschaftsjahr **ausgeglichen** werden. Verbleibt danach noch ein Verlust, ist die Verwendung von Mitteln des Idealbereichs unschädlich, wenn dem ideellen Bereich in den sechs vorangegangenen Jahren Gewinne des einheitlichen steuerpflichtigen wirtschaftlichen Geschäftsbetriebs mindestens in gleicher Höhe zugeführt worden sind.[140] Der BFH sieht hier eine Rückgabe von Gewinnen zum Verlustausgleich im wirtschaftlichen Geschäftsbetrieb. 148

Bei **Aufbau** eines neuen steuerpflichtigen wirtschaftlichen Geschäftsbetriebs, bei dem sogar vorhersehbare Anlaufverluste entstehen, muss der Verein aber spätestens innerhalb von **drei Jahren** nach dem Ende des Entstehungsjahrs des Verlusts dem ideellen Bereich wieder Mittel aus dem steuerpflichtigen wirtschaftlichen Geschäftsbetrieb zuleiten. Die **Investition** in einen solchen steuerpflichtigen wirtschaftlichen Geschäftsbetrieb muss *ex ante* wirtschaftlich **vernünftig** sein, damit das Mittelverwendungsgebot nicht verletzt wird. Die Hinweise der Kläger, dass wirtschaftliches Handeln stets mit Risiken verbunden ist und in einer Marktwirtschaft keine eindeutige Gewinnchance besteht, ließ der BFH nicht gelten. Er folgert vielmehr, dass jedenfalls ab dem Zeitpunkt, ab dem absehbar ist, dass durch den steuerpflichtigen wirtschaftlichen Geschäftsbetrieb zeitnah keine Überschüsse erzielt würden, der Betrieb eingestellt werden muss. Allerdings gibt der BFH zu diesem Fall keine Erklärung darüber ab, wie nun diese Verluste ausgeglichen werden dürfen.[141] 149

Bezüglich der Aufwendungen zur Ingangsetzung einer wirtschaftlichen Tätigkeit (zB Erwerb des Umlauf- und Anlagevermögens) hat der BFH in dem oben genannten Urteil zudem festgestellt, dass diese Aufwendungen nur aus nicht zeitnah zu verwendenden Mitteln, zB den freien Rücklagen, finanziert werden dürfen. Zeitnah zu verwendende Mittel dürfen demnach grundsätzlich nur im steuerbegünstigten Bereich eingesetzt werden. Allerdings dürfen **Vereinsmitglieder** durch eine diesbezügliche **Umlage,** die keine Spende ist (dh keine Zuwendungsbestätigung iSv § 10b EStG), den Verlust im wirtschaftlichen Geschäftsbetrieb ausgleichen. 150

Das **Unterschreiten der Freigrenze des § 64 Abs. 3 AO** iHv 45.000 EUR des Bruttoumsatzes beim steuerpflichtigen wirtschaftlichen Geschäftsbetrieb führt nicht dazu, dass unterhalb dieser Einnahmengrenze kein steuerpflichtiger wirtschaftlicher Geschäftsbetrieb vorliegt. Das bedeutet, dass auch derartige Kleinbetriebe bezüglich der Körperschaftsteuer und Gewerbesteuer wirtschaftliche Geschäftsbetriebe sind, mit der Folge, dass auch hier kein Verlustausgleich mit Mitteln des Idealbereiches, der Vermögensverwaltung oder der Zweckbetriebe stattfinden darf. 151

Ein **Ausgleich von Verlusten des steuerpflichtigen wirtschaftlichen Geschäftsbetriebs mittels Aufnahme von Darlehen** ist nur sehr eingeschränkt möglich.[142] Eine für die Gemeinnützigkeit schädliche Verwendung von Mitteln, die im ideellen Bereich gebunden sind, liegt dann nicht vor, wenn dem Betrieb die erforderlichen Mittel durch die Aufnahme eines betrieblichen Darlehens zugeführt werden, oder bereits in dem Betrieb verwendete ideelle Mittel mittels eines Darlehens, das dem Betrieb zugeordnet wird, innerhalb der Frist von zwölf Monaten nach dem Ende des Verlustentstehungsjahres an den ideellen Bereich des Vereins zurückgegeben werden. Voraussetzung für die Unschädlich- 152

[139] BFH BStBl. II 1998, 711 (713).
[140] *Buchna/Leichinger/Seeger/Brox* S. 135 f.
[141] Vgl. auch AEAO Nr. 3–7 zu § 55 Abs. 1 Nr. 1 AO.
[142] AEAO Nr. 7 zu § 55 Abs. 1 Nr. 1 AO; OFD Hannover 12.7.2000, DStR 2000, 1564.

keit ist, dass Tilgung und Zinsen für das (externe) Darlehen ausschließlich aus Mitteln des steuerpflichtigen wirtschaftlichen Geschäftsbetriebs geleistet werden.

153 Als Ausnahme sind Verlustbetriebe zu sehen, die im Ergebnis nur der **Kapazitätsauslastung** einer steuerbegünstigten Tätigkeit dienen.[143]

Beispiel:

Die Seminarräume einer Bildungseinrichtung werden am Wochenende anderen Organisationen gegen Entgelt überlassen.

D. Die einzelnen Steuerarten

154 Bei steuerbegünstigten Vereinen können sämtliche Steuerarten relevant sein, eine generelle Befreiung besteht nicht. Insbesondere müssen steuerbegünstigte Vereine zwischen ggf. bestehenden Befreiungsvorschriften in den einzelnen Steuergesetzen unterscheiden. Es kann nicht von der Steuerbefreiung in der einen Steuerart auf eine Steuerbefreiung in einer anderen Steuerart geschlossen werden. Vielmehr sind alle Steuerarten für sich genommen auf Steuerpflicht bzw. Steuerbefreiung zu überprüfen.

155 Im Folgenden werden daher die wichtigsten Steuerarten für Vereine dargestellt. Diese Darstellung kann jedoch nur einen Überblick über diese und deren jeweilige Aspekte bieten.[144]

I. Körperschaftsteuer

156 Vereine mit Geschäftsleitung oder Sitz in Deutschland sind nach § 1 Abs. 1 Nr. 4 und Nr. 5 KStG unbeschränkt körperschaftsteuerpflichtig. Allerdings sind diejenigen Vereine, die als gemeinnützig, mildtätig oder kirchlich nach den §§ 51 ff. AO anerkannt sind, gem. § 5 Abs. 1 Nr. 9 KStG von der Körperschaftsteuer befreit.

157 Die **Steuerfreiheit** erstreckt sich nur auf die Einnahmen aus ideeller, vermögensverwaltender oder zweckbetrieblicher Tätigkeit, nicht jedoch aus steuerpflichtigen wirtschaftlichen Geschäftsbetrieben. Insoweit besteht eine **partielle Körperschaftsteuerpflicht,** wenn solche unterhalten werden. Grund hierfür ist, dass die Vereine, die durch außerhalb der gemeinnützigen Tätigkeit liegenden Maßnahmen Einnahmen erzielen, im Hinblick auf den **Wettbewerbsgedanken** ebenfalls mit diesen Gewinnen der Körperschaftsteuer unterliegen sollen.[145]

158 Zu beachten ist jedoch die **Besteuerungsgrenze** des § 64 Abs. 3 AO. Danach braucht ein steuerbegünstigter Verein keine Körperschaftsteuer zu zahlen, wenn die Einnahmen aus den steuerpflichtigen wirtschaftlichen Geschäftsbetrieben einschließlich Umsatzsteuer insgesamt **45.000 EUR/Jahr** (Erhöhung im Rahmen des Jahressteuergesetzes 2020, in Kraft getreten am 29.12.2020; zuvor: 35.000 EUR/Jahr) nicht übersteigen. Wird diese Grenze jedoch überschritten, unterliegen alle Gewinne aus den steuerpflichtigen wirtschaftlichen Geschäftsbetrieben der Körperschaftsteuer und nicht nur der die Besteuerungsgrenze überschreitende Betrag (→ Rn. 137 ff.). Aufgrund dessen ist bei Vereinen eine Abgrenzung und Zuordnung der Einnahmen zu den einzelnen Sphären von entscheidender Bedeutung.

Beispiel:

Die Einnahmen aus den steuerpflichtigen wirtschaftlichen Geschäftsbetrieben betragen einschließlich Umsatzsteuer 44.500 EUR, der Verein hat keine Körperschaftsteuer zu zahlen.

---

[143] *Buchna/Leichinger/Seeger/Brox* S. 134.

[144] Ausführlich: *Wallenhorst/Halaczinsky* I-P; *Buchna/Leichinger/Seeger/Brox* S. 481–724.

[145] *Buchna/Leichinger/Seeger/Brox* S. 482.

Wenn jedoch die Einnahmen mehr als 45.500 EUR betragen, unterliegen diese insgesamt der Körperschaftsteuer.

Der **Bemessungszeitraum** ist dabei das Kalenderjahr, es sei denn, dass ein abweichendes Wirtschaftsjahr festgelegt wurde. Der maßgebliche **Steuersatz** beträgt derzeit gem. § 23 Abs. 1 KStG 15%. Bei der Berechnung der Körperschaftsteuer wird vom Einkommen ein Freibetrag iHv 5.000 EUR abgezogen, § 24 S. 1 KStG. Neben der Körperschaftsteuer ist auch der Solidaritätszuschlag iHv 5,5% der festgesetzten Körperschaftsteuer zu zahlen. Ein Wegfall oder eine Milderung im Hinblick auf den Solidaritätszuschlag ist bei der Körperschaftsteuer – anders als bei der Einkommensteuer ab 2021 – nicht vorgesehen. 159

Steuerbegünstigte Vereine **mit steuerpflichtigen wirtschaftlichen Geschäftsbetrieben** sind verpflichtet, eine **Körperschaftsteuererklärung** bei dem für sie zuständigen Finanzamt abzugeben, idR bis zum 31.7. des jeweils auf den Veranlagungszeitraum folgenden Jahres. Auf Grundlage dieser Erklärung wird durch das Finanzamt ein Körperschaftsteuerbescheid erlassen. Im Rahmen der Veranlagung wird auch überprüft, ob die Voraussetzungen für die Gemeinnützigkeit vorliegen. Ist dies der Fall, wird dem Körperschaftsteuerbescheid eine Anlage beigefügt, in welcher bescheinigt wird, dass der Verein im Übrigen wegen Verfolgung von steuerbegünstigten Zwecken von der Körperschaftsteuer befreit ist. 160

Steuerbegünstigte Vereine **ohne steuerpflichtige wirtschaftliche Geschäftsbetriebe** bzw. deren Einnahmen einschließlich Umsatzsteuer die Besteuerungsgrenze von bislang 35.000 EUR/Jahr nicht überstiegen haben, mussten bis einschließlich Veranlagungszeitraum 2016 grundsätzlich **keine Körperschaftsteuererklärung** abgeben. In diesem Fall wurde jedoch durch die Finanzverwaltung idR in einem Abstand von drei Jahren überprüft, ob die Voraussetzungen für die Gemeinnützigkeit vorliegen (Abgabe der sog. Gemeinnützigkeitserklärung). Wenn dies der Fall war, wurde ein Freistellungsbescheid erlassen. 161

Zum Veranlagungszeitraum 2017 wurde jedoch die vorgenannte eigenständige Erklärung für gemeinnützige Körperschaften abgeschafft und durch eine Anlage zur Körperschaftsteuer ersetzt (sog. Anlage Gem zur Körperschaftsteuererklärung – Steuerbefreiung von Körperschaften, die gemeinnützigen, mildtätigen oder kirchlichen Zwecken dienen; § 5 Abs. 1 Nr. 9 KStG, § 3 Nr. 6 GewStG und §§ 51–68 AO). Dies führt dazu, dass alle steuerbegünstigten Körperschaften ab dem Veranlagungszeitraum 2017 eine Körperschaftsteuererklärung nebst der genannten Anlage abgeben müssen. Sofern die Freigrenze von nunmehr 45.000 EUR bzw. zuvor 35.000 EUR (→ Rn. 158) nicht überschritten wurde, ist ein Betrag von 0 EUR einzutragen.[146] 161a

II. Gewerbesteuer

Auch im GewStG besteht für steuerbegünstigte Vereine eine **Steuerbefreiung.** Nach § 3 Nr. 6 GewStG unterliegen – wie bei der Körperschaftsteuer – lediglich die Gewinne aus den steuerpflichtigen wirtschaftlichen Geschäftsbetrieben der Besteuerung. Ebenfalls gilt die **Besteuerungsgrenze** iHv 45.000 EUR/Jahr nach § 64 Abs. 3 AO, sodass die Gewinne nur dann gewerbesteuerpflichtig sind, wenn die Einnahmen einschließlich Umsatzsteuer die genannte Grenze übersteigen. 162

Bei mehreren steuerpflichtigen wirtschaftlichen Geschäftsbetrieben gelten diese nach § 8 GewStDV als ein Gewerbebetrieb, für den das Ergebnis einheitlich zu ermitteln ist. 163

Anzumerken ist, dass für eine Vielzahl von Einrichtungen eine **spezielle Gewerbesteuerbefreiungsvorschrift** besteht, zB für Krankenhäuser[147] und bestimmte Pflegeeinrichtungen[148] (§ 3 Nr. 20 GewStG) oder Bildungseinrichtungen (§ 3 Nr. 13 GewStG). 164

[146] *Wallenfels* ZStV 2019, 75.
[147] *Klaßmann/Notz/Schmidbauer* S. 218 ff.
[148] *Klaßmann* S. 190 ff.

Diese Vorschriften stellen, anders als § 3 Nr. 6 GewStG, nicht auf die Anerkennung als steuerbegünstigter Verein ab. Daher fehlt es in diesen Vorschriften an einer Einschränkung der Steuerbefreiung für steuerpflichtige wirtschaftliche Geschäftsbetriebe. Solche Einrichtungen können jedoch auch durch steuerbegünstigte Vereine unterhalten werden. Insoweit stellt sich die Frage, ob die **Gewinne der steuerpflichtigen wirtschaftlichen Geschäftsbetriebe** nach diesen Vorschriften **gewerbesteuerfrei** sein können. Dies ist jedoch zu verneinen, da von diesen nicht die Überschüsse aus Tätigkeiten erfasst sind, die bei einer von der Körperschaftsteuer befreiten Körperschaft als steuerpflichtige wirtschaftliche Geschäftsbetriebe zu behandeln sind.[149]

165 Die Gewerbesteuer wird durch die Gemeinden erhoben. Dabei wird durch jede Gemeinde der **Hebesatz** festgelegt, mit dem der sog. **Steuermessbetrag** multipliziert wird. Der Steuermessbetrag ergibt sich wiederum aus dem Gewerbeertrag (§ 7 GewStG) multipliziert mit der Steuermesszahl iHv derzeit 3,5% (§ 11 Abs. 2 GewStG). Dabei wird bei Vereinen der Gewerbeertrag auf volle 100 EUR nach unten abgerundet und nach § 11 Abs. 1 GewStG zunächst um einen Freibetrag iHv derzeit 5.000 EUR gekürzt.

166 Der Steuermessbetrag wird durch das zuständige Finanzamt auf Grundlage der eingereichten **Steuererklärungen** und dem ermittelten Gewerbeertrag in dem sog. **Gewerbesteuermessbescheid** festgestellt. Dieser Bescheid ist für die Gemeinden bei der Erhebung der Gewerbesteuer verbindlich.

167 Die Gewerbesteuer wird im Allgemeinen im Voraus entrichtet, und zwar in vier gleichen Raten. Grundlage für die Höhe der **Vorauszahlungen** sind die in der Vergangenheit festgestellten Gewerbeerträge. Die vorausgezahlten Beträge werden im Rahmen der Veranlagung mit der tatsächlichen Höhe der festgesetzten Gewerbesteuer verrechnet. Sollte sich im laufenden Veranlagungszeitraum der Gewerbeertrag vermindern, kann eine Herabsetzung der Vorauszahlungen bei der Gemeinde beantragt werden.

168 Die Gewerbesteuer war in der Vergangenheit als **Betriebsausgabe** abziehbar, seit dem Veranlagungszeitraum 2008 gilt dies jedoch nicht mehr.

III. Kapitalertragsteuer/Abgeltungsteuer

169 Den steuerbegünstigten Vereinen fließen oftmals **Kapitalerträge** zu, zB Guthabenzinsen, Dividenden, Ausschüttungen oder Gewinne aus der Veräußerung von Kapitalanlagen. Diese Kapitalerträge unterliegen grundsätzlich der Kapitalertrag- bzw. Abgeltungsteuer iHv 25% bzw. 15%, § 43a EStG. Der Steuersatz ist abhängig von der Art der Kapitalerträge. Die Steuer wird von den Kreditinstituten oder der ausschüttenden Körperschaft als auszahlende Stelle einbehalten und an das Finanzamt abgeführt.

170 Steuerbegünstigte Vereine können sich jedoch bei Vorliegen bestimmter Voraussetzungen von der Abgeltungsteuer freistellen lassen, sodass diese nicht einbehalten und abgeführt wird **(sog. Abstandnahmeverfahren).** Dies ist zumindest dann möglich, wenn die Kapitalanlage nicht im steuerpflichtigen wirtschaftlichen Geschäftsbetrieb gehalten wird, § 44a Abs. 4 S. 5, Abs. 7 S. 3 EStG;[150] jedoch gibt es auch gesetzlich geregelte Ausnahmen von der Möglichkeit der Abstandnahme.

171 Für die Inanspruchnahme des Abstandnahmeverfahrens muss der Verein rechtzeitig einen **Nachweis** darüber vorlegen, dass er steuerbegünstigte Zwecke verfolgt (§ 44a Abs. 4 EStG). Grundsätzlich ist dabei die Vorlage einer **Nichtveranlagungsbescheinigung (NV-Bescheinigung)** erforderlich. Seitens der Finanzverwaltung wird jedoch nicht beanstandet, wenn der entsprechenden Stelle eine amtlich beglaubigte Kopie des zuletzt erteilten **Freistellungsbescheides** vorgelegt wird. Der Freistellungbescheid darf jedoch nicht

[149] BFH DStR 2011, 1657.
[150] BMF 18.1.2016, BStBl. I 85 (128).

in einem älter als fünf Jahre zurückliegenden Veranlagungszeitraum vor dem Veranlagungszeitraum des Zuflusses der Kapitalerträge erteilt worden sein.[151]

Eine Abstandnahme ist auch möglich, wenn eine amtlich beglaubigte Kopie des Fest- 171a
stellungsbescheides nach § 60a AO des Finanzamts überlassen wird.[152] Dies gilt allerdings mit der grundsätzlichen Maßgabe, dass bei sammelverwahrten Aktien oder Genussscheinen die Abstandnahme vom Steuerabzug auf maximal 20.000 EUR begrenzt wird.[153] Übersteigen die Dividendeneinkünfte aus sammelverwahrten Aktien die Grenze von 20.000 EUR oder ist eine Beschränkung der Abstandnahme des Kapitalertragsteuerabzugs banktechnisch nicht möglich, muss die Bank Kapitalertragsteuer auch bei steuerbegünstigten Vereinen einbehalten und abführen. Betroffen von der vorgenannten Maßgabe waren im Ergebnis aber nur neu gegründete steuerbegünstigte Vereine, die zur Dividendensaison 2018 noch nicht über eine NV-Bescheinigung verfügten; eine nachträgliche Erstattung war jedoch unter Beachtung von Form- und Fristerfordernissen möglich.[154]

Hinweis:

Die NV-Bescheinigung kann dem steuerbegünstigten Verein auf Antrag durch das zuständige Finanzamt ausgestellt werden. Diese hat regelmäßig eine Gültigkeit von drei Jahren. Der Vordruck für den Antrag kann beim zuständigen Finanzamt angefordert werden.

In der Vergangenheit galt grundsätzlich die oben dargestellte Möglichkeit der Abstand- 172
nahme für steuerbegünstigte Vereine. Allerdings gab es in den letzten Jahren einige gesetzliche Änderungen, sodass die Abstandnahme nicht mehr in allen Fällen uneingeschränkt möglich ist. Beispielsweise können durch die Einführung der Regelungen in § 36a EStG seit 2016 Dividendenerträge aus sammelverwahrten Aktien, die rund um den Dividendenstichtag gehandelt werden, nicht mehr steuerfrei vereinnahmt werden. Der Empfänger der Kapitalerträge muss nach dieser Regelung während einer Mindesthaltedauer von 45 Tagen vor und 45 Tagen nach der Fälligkeit der Kapitalerträge durchgängig der wirtschaftliche Eigentümer der Aktien gewesen sein, während des vorgenannten Zeitraums ein bestimmtes Mindestwertänderungsrisiko in Bezug auf die gehaltenen Aktien getragen haben und darf keiner Verpflichtung unterlegen haben, die Dividende anderen Personen zu vergüten. Durch diese Regelung sollen sog. cum/cum-Geschäfte unattraktiv gemacht werden. Der steuerbegünstigte Verein muss nach § 36a Abs. 3 EStG proaktiv prüfen, ob die genannten Voraussetzungen eingehalten werden. Sofern eine der Voraussetzungen nicht erfüllt ist und kein Ausnahmetatbestand greifen kann, ist der steuerbegünstigte Verein mit der Kapitalertragsteuer belastet und hat diesbezüglich Anzeigepflichten gegenüber dem Finanzamt.[155] Ein Ausnahmetatbestand ist beispielsweise erfüllt, wenn der steuerbegünstigte Verein bei Zufluss der Kapitalerträge seit mindestens einem Jahr ununterbrochen wirtschaftlicher Eigentümer ist (vgl. § 36a Abs. 4 EStG).

Eine weitere Einschränkung besteht bei Investmentfonds. Welche Pflichten einen steu- 173
erbegünstigten Verein als Anleger eines Investmentfonds treffen, hängt von der Art des Investmentfonds ab. Beim Publikumsfonds wird seit 2018 grundsätzlich 15% Kapitalertragsteuer mit abgeltender Wirkung einbehalten; allerdings kann der Fond im Hinblick auf gemeinnützige Anleger eine partielle oder auch generelle Steuerfreiheit erhalten. Den steuerbegünstigten Verein als Anleger trifft hier allerdings keine Prüf- oder Anzeigepflicht nach § 36a Abs. 4 EStG. Ist der steuerbegünstigte Verein dagegen an einem Spezial-Investmentfonds beteiligt, bei dem die Transparenzoption gewählt wurde, kommt es für die Ka-

[151] BMF 18.1.2016, BStBl. I 85 (128).
[152] BMF 18.1.2016, BStBl. I 85 (128).
[153] BMF 19.12.2017, DStR 2017, 2811.
[154] *Kraus* npoR 2019, 111 (114).
[155] Ausführlich *Kraus* npoR 2019, 111 (112).

pitalertragsteuer grundsätzlich auf die Ebene der gemeinnützigen Körperschaft an (§ 31 Abs. 1 S. 1 InvStG). Für die Frage, ob die Kriterien des § 36a Abs. 1–3 EStG erfüllt sind, ist jedoch gleichwohl die Fondsebene maßgeblich (§ 31 Abs. 3 S. 1 InvStG). Erfüllt der Fonds die Voraussetzungen nicht, trifft die Pflicht, dies beim Finanzamt anzuzeigen und Kapitalertragsteuer nachzuzahlen, allerdings den steuerbegünstigten Verein (§ 31 Abs. 3 S. 2 InvStG). Damit dieser seiner Anzeige- und Nachzahlungspflicht nachkommen kann, ist eine enge Zusammenarbeit mit dem Fonds erforderlich.[156]

174 Grundsätzlich besteht für alle steuerbegünstigten Vereine, die Dividendeneinkünfte aus inländischen sammelverwahrten Aktien oder Genussscheinen beziehen, eine Systemumstellung bei der Abstandnahme. Hintergrund ist eine Gesetzesänderung, die seit dem 1.1. 2019 gilt. Seitdem müssen Banken deshalb auch bei steuerbegünstigten Vereinen grundsätzlich erst einmal 15% Kaitalertragsteuer einbehalten und an das Finanzamt abführen (§ 44a Abs. 10 S. 1 Nr. 3 EStG). Dies gilt auch dann, wenn der Verein keine Geschäfte um den Dividendenstichtag betreibt und seine Dividendeneinkünfte daher steuerfrei sein sollten, sowie, wenn der Bank eine NV-Bescheinigung vorgelegen hat. Die Steuerfreiheit kann dann nur noch nachträglich erreicht werden und nur dann, wenn der betroffene steuerbegünstigte Verein einen entsprechenden Erstattungsantrag stellt (§ 44b Abs. 2 EStG), dh der steuerbegünstigte Verein muss selbst aktiv werden. Eine Abstandnahme vom Kapitalertragsteuerabzug bei sammelverwahrten Aktien oder Genussscheinen ist ab 2019 bei steuerbegünstigten Vereinen nur noch in zwei Ausnahmefällen möglich:

– sofern die Aktien, aus denen die Dividenden stammen, von der gemeinnützigen Körperschaft bereits seit mindestens einem Jahr gehalten wurden (§ 44a Abs. 10 S. 1 Nr. 3 EStG), oder
– wenn die Dividenden maximal 20.000 EUR (Freibetrag) betragen; dh, dass die depotführende Bank bei den ersten 20.000 EUR weiter vom Kapitalertragsteuerabzug Abstand nehmen darf und erst darüber hinaus 15% Kapitalertragsteuer einbehalten muss.[157]

175 Die Kapitalerträge, die dem **steuerpflichtigen wirtschaftlichen Geschäftsbetrieb** zuzuordnen sind, erhöhen den Gewinn in diesem und unterliegen deshalb der Körperschaftsteuer. Jedoch werden die bereits gezahlten Steuern auf diese angerechnet, § 36 Abs. 2 Nr. 2 EStG.

IV. Umsatzsteuer

1. Vereine als Unternehmer

176 Vereine sind Unternehmer iSd UStG, wenn sie eine **nachhaltige Tätigkeit,** dh eine auf Wiederholung angelegte Tätigkeit zur Ausführung von mehr als einem (Brutto) Umsatz im Vorjahr unter 22.000 EUR und im laufenden Jahr voraussichtlich nicht mehr als 50.000 EUR (bei Berufung auf die sog. Kleinunternehmer-Regelung nach § 19 UStG), ausüben. Für die Beurteilung der Nachhaltigkeit ist das Gesamtbild der Verhältnisse des Unternehmers maßgebend.[158] Beispielsweise besteht schon dann Nachhaltigkeit, wenn der Verein nur einmal jährlich ein Fest durchführt, da in diesem Fall ein planmäßiges Handeln mit Wiederholungsabsicht vorliegt.[159] Eine **Gewinnerzielungsabsicht** muss für die Unternehmereigenschaft hingegen nicht vorliegen.

177 Die Umsatzbesteuerung von steuerbegünstigten Vereinen erfolgt nach den allgemeinen Grundsätzen des Umsatzsteuerrechts. Eine generelle Steuerbefreiung sieht das UStG nicht vor, sodass jede Leistung einzeln und unabhängig von einer ggf. bestehenden Körperschaft- oder Gewerbesteuerpflicht bzw. -befreiung zu überprüfen ist. Denn eine **Umsatz-**

[156] *Kraus* npoR 2019, 111 (112).
[157] *Kraus* npoR 2019, 111 (114ff.).
[158] BFH BStBl. II 1996, 109 (110).
[159] FinMin NRW 57.

steuerpflicht kann nicht nur bei einem steuerpflichtigen wirtschaftlichen Geschäftsbetrieb vorliegen, sondern auch in der Sphäre des Zweckbetriebs und der Vermögensverwaltung.

Beispiele:

Umsatzsteuerbar sind Eintrittsgelder für Veranstaltungen; Erlöse aus dem Verkauf von Werbeartikeln, Zeitschriften, Sportartikeln oder Anlagegütern; Einnahmen aus Kursen, Vorträgen oder Lehrgängen; Vermietung von Werbeflächen; Werbung für Dritte; Buchführung und Gehaltsabrechnungen für Dritte; hotelartige Vermietung von Wohnräumen; Verkauf von Erzeugnissen einer Behindertenwerkstatt; Nutzung von Photovoltaikanlagen etc.; ggf. kann jedoch eine Umsatzsteuerbefreiung in Anspruch genommen werden.

Der Umsatzsteuer unterfällt grundsätzlich der **unternehmerische Bereich** eines Vereins, nicht hingegen der nichtunternehmerische Bereich. Letzterer betrifft bspw. das Halten einer Beteiligung, die Einbringung eines Unternehmens in eine andere Gesellschaft oder der ideelle Bereich eines steuerbegünstigten Vereins. 178

Beispiele:

In den nichtunternehmerischen Bereich fallen die Vereinnahmung von echten Mitgliedsbeiträgen (→ Rn. 275), die Zuwendungen in Form von Spenden (→ Rn. 243 ff.) und Erbschaften, aber auch die gelegentliche Veräußerung von Gegenständen des nichtunternehmerischen Vermögens.

a) Umsatzsteuerliche Organschaft. Als Sonderfall des Umsatzsteuerrechts besteht die **umsatzsteuerliche Organschaft,** die auch für Vereine relevant ist. Nach § 2 Abs. 2 Nr. 2 UStG wird die gewerbliche oder berufliche Tätigkeit **nicht selbständig** ausgeübt, wenn eine juristische Person nach dem Gesamtbild der tatsächlichen Verhältnisse **finanziell, wirtschaftlich und organisatorisch** in das Unternehmen des Organträgers eingegliedert ist (Organschaft). Im Gegensatz zur ertragsteuerlichen Organschaft geht es nicht um die Abführung von Gewinnen bzw. den Ausgleich von Verlusten und dem damit verbundenen Abschluss eines Ergebnisabführungsvertrages, sondern um die Fragestellung, wer als Unternehmer iSd Umsatzsteuergesetzes und den damit verbundenen steuerlichen Verpflichtungen anzusehen ist. 179

Liegt eine umsatzsteuerliche Organschaft vor, sind die untergeordneten juristischen Personen (Organgesellschaften) umsatzsteuerlich als unselbstständig anzusehen. Unternehmer ist nur der **Organträger.** Die Umsätze innerhalb des Organkreises sind als Innenumsätze nicht steuerbar, dh diese Umsätze unterliegen nicht der Umsatzsteuer. Die **Umsatzsteuererklärung** hat nur der Organträger abzugeben. 180

Vereine kommen aufgrund der Voraussetzung der finanziellen Eingliederung zumeist nur als Organträger in Betracht. 181

In der Vergangenheit sind insbesondere die Voraussetzungen der organisatorischen und der wirtschaftlichen Eingliederung diskutiert worden, veranlasst durch eine restriktiver werdende Rechtsprechung des BFH und Auffassung der Finanzverwaltung.[160] Die Ausführungen zur organisatorischen Eingliederung im UStAE sind in den vergangenen Jahren infolgedessen mehrmals umfangreich überarbeitet worden.[161] 182

Zudem hat der BFH aktuell Zweifel angemeldet in Bezug auf die richtlinienkonforme nationale Umsetzung im Rahmen des § 2 Abs. 2 Nr. 2 UStG. Insoweit stellt der BFH – vereinfacht gesagt – in Frage, ob die nationale Regelung zur umsatzsteuerlichen Organschaft den zutreffenden Steuerpflichtigen (Organträger) bezeichnet. Der V. und insbesondere der XI. Senat des BFH haben in zwei Vorlageverfahren vom 11.12.2019 (XI R 16/18) sowie vom 7.5.2020 (V R 40/19) den EuGH unter anderem um Beantwortung der Frage 182a

[160] BFH DStR 2011, 2044; BStBl. II 2010, 863 und BStBl. II 2010, 310; BStBl. II 2008, 905 und BStBl. II 2008, 451; BStBl. II 2004, 434; UStAE 2.8.

[161] UStAE 2.8. Abs. 7–11.

gebeten, ob Art. 11 MwStSystRL möglicherweise zu entnehmen ist, dass als zutreffender Steuerpflichtiger ggf. eine „Mehrwertsteuergruppe“ in Betracht kommt; falls ja, wäre die nationale Regelung des § 2 Abs. 2 Nr. 2 UStG ggf. nicht richtlinienkonform umgesetzt, was die weitere Frage aufwirft, ob sich ein deutscher Steuerpflichtiger unmittelbar auf Art. 11 MWStSystRL berufen kann. Zu diesen Vorlagefragen wird der EuGH unter anderem Stellung beziehen. Es bleibt abzuwarten, in welche Richtung der EuGH hier tendieren wird.[162]

183 **b) Kleinunternehmerregelung.** Für Vereine kann eine Berufung auf die sog. Kleinunternehmerregelung nach § 19 UStG in Betracht kommen. Nach der Kleinunternehmerregelung muss der Verein dann keine Umsatzsteuer zahlen, wenn folgende **Grenzen** eingehalten werden:

- Der Umsatz zzgl. der darauf entfallenden Steuer übersteigt im vorangegangenen Kalenderjahr nicht 22.000 EUR und
- im laufenden Kalenderjahr wird der Umsatz voraussichtlich nicht 50.000 EUR übersteigen.

184 Bei der **Ermittlung des relevanten Umsatzes** bleiben bestimmte, insbesondere steuerfrei erbrachte Umsätze (→ Rn. 187 ff.) jedoch unberücksichtigt (§ 19 Abs. 3 UStG). Deshalb entspricht bei Vereinen der Umsatz zumeist dem steuerpflichtig erbrachten Umsatz.

185 Die Berufung auf die Kleinunternehmerregelung stellt für den Verein jedoch keinen Zwang dar, vielmehr kann er darauf verzichten. Hierfür ist ein **Antrag** beim zuständigen Finanzamt notwendig. Sofern die Option genutzt wird, ist diese nach § 19 Abs. 2 UStG für die **Dauer von fünf Jahren** bindend.

186 Zu beachten ist auch, dass der als Kleinunternehmer begünstigte Verein in seinen **Rechnungen** keine Umsatzsteuer gesondert ausweisen darf. Ebenfalls darf die Umsatzsteuer-Identifikationsnummer nicht angegeben werden. Eine Vorsteuerabzugsberechtigung steht einem Kleinunternehmer insoweit nicht zu (→ Rn. 195 ff.).

> **Hinweis:**
> Da der Verein optieren kann und die Kleinunternehmerregelung nicht zwingend zur Anwendung kommt, ist eine Abwägung zu treffen, ob die Kleinunternehmerregelung Vorteile für den Verein bietet, insbesondere vor dem Hintergrund der fehlenden Vorsteuerabzugsberechtigung.

2. Steuerbefreiungen

187 Im UStG bestehen zahlreiche Tatbestände, bei denen es sich zwar um steuerbare Umsätze handelt, die jedoch von der Steuer befreit werden. Für steuerbegünstigte Vereine kommt oftmals die Anwendung einer Befreiungsvorschrift in Betracht. Zu nennen sind insbesondere folgende Sachverhalte:

- Erwerb/Veräußerung von **Grundstücken** (§ 4 Nr. 9 lit. a UStG; zu beachten ist jedoch die Besteuerung nach den Regelungen des GrEStG, → Rn. 211 ff.);
- Umsätze aus **Lotterien oder Rennwetten** (§ 4 Nr. 9 lit. b UStG; zu beachten ist jedoch die Besteuerung nach dem RennwLottG, → Rn. 224 ff.; sofern hiernach eine Befreiung vorliegt, entfällt die Umsatzsteuerbefreiung);

[162] Zum Thema „Gruppenbesteuerung“ liegt auch ein Eckpunktepapier einer Bund-Länder-Arbeitsgruppe v. 14. 3. 2019 vor („Eckpunkte einer Gruppenbesteuerung in Anlehnung an Art. 11 MwStSystRL: Identifizierung notwendiger Regelungsbereiche und mögliche Lösungen“).

- die **Vermietung** und die **Verpachtung** von Grundstücken (§ 4 Nr. 12 lit. a UStG; jedoch keine Steuerbefreiung für die Vermietung von Betriebsvorrichtungen, auch wenn diese wesentliche Bestandteile eines Grundstücks sind[163]);
- Umsätze aus **Krankenhausbehandlungen** und anderen medizinischen Heilbehandlungen (§ 4 Nr. 14 UStG[164]);
- Umsätze aus **Pflegeleistungen** (§ 4 Nr. 16 UStG[165] bei Personalgestellungen durch einen als „Schwesternschaft" bezeichneten Verein an andere Einrichtungen kommt eine Umsatzsteuerbefreiung nach § 4 Nr. 27 lit. a UStG in Betracht, wonach die Gestellung von Personal durch religiöse und weltanschauliche Einrichtungen für bestimmte Tätigkeiten und für Zwecke geistlichen Beistands befreit sind[166]);
- **Organlieferungen und Krankentransporte** (§ 4 Nr. 17 UStG);
- **eng mit der Sozialfürsorge und der sozialen Sicherheit verbundene Leistungen,** wenn diese Leistungen von Einrichtungen des öffentlichen Rechts oder anderen Einrichtungen, die keine systematische Gewinnerzielung anstreben, erbracht werden. Etwaige Gewinne, die trotzdem anfallen, dürfen nicht verteilt, sondern müssen zur Erhaltung oder Verbesserung der durch die Einrichtung erbrachten Leistungen verwendet werden (§ 4 Nr. 18 UStG; Neufassung durch das „Gesetz zur weiteren steuerlichen Förderung der Elektromobilität und zur Änderung weiterer steuerlicher Vorschriften" mit Wirkung zum 1. 1. 2020);
- die Leistungen privater Schulen und anderer allgemeinbildender oder berufsbildender Einrichtungen, die unmittelbar dem **Schul- und Bildungszweck** dienen (§ 4 Nr. 21 UStG);
- **Vorträge, Kurse und andere Veranstaltungen** wissenschaftlicher oder belehrender Art von steuerbegünstigen Vereinen, soweit das Entgelt überwiegend zur Deckung der Kosten verwendet wird (§ 4 Nr. 22 lit. a UStG; die Verpflegung von Seminarteilnehmern kann nach dieser Vorschrift nur bei geringfügigen Verpflegungsleistungen steuerfrei behandelt werden;[167] ggf. aber Befreiung nach § 4 Nr. 23 UStG möglich), sowie andere **kulturelle und sportliche Veranstaltungen,** soweit das Entgelt in Teilnehmergebühren besteht (§ 4 Nr. 22 lit. b UStG);
- die **Versorgung von Jugendlichen** zu Erziehungs- und Ausbildungszwecken (§ 4 Nr. 23 UStG; nach dieser Vorschrift kann sich auch die steuerliche Behandlung der Verpflegung von Schülern richten;[168] Neufassung der Regelung mit Wirkung zum 1. 1. 2020);
- Entgelt für **ehrenamtliche Tätigkeit,** wenn dieses nur in Auslagenersatz und einer angemessenen Entschädigung für das Zeitversäumnis besteht (§ 4 Nr. 26 lit. b UStG; die Finanzverwaltung hält eine Vergütung dann für angemessen, wenn die Entschädigung den Betrag iHv 50 EUR je Tätigkeitsstunde und die Vergütung für die gesamten ehrenamtlichen Tätigkeiten insgesamt den Betrag von 17.500 EUR im Jahr nicht übersteigt – vorbehaltlich jedoch einer Einzelfallprüfung[169]).

3. Steuersatz und Bemessungsgrundlage

Das UStG enthält zwei anzuwendende Steuersätze – den **Regelsteuersatz** und den **ermäßigten Steuersatz.** Abhängig von der Art des jeweiligen Umsatzes können für steuerbegünstigte Vereine sowohl der Regel- als auch der ermäßigte Steuersatz zur Anwendung kommen, soweit nicht im Einzelfall eine Steuerbefreiung vorliegt. 188

[163] Zur Abgrenzung bei Sportanlagen vgl. UStAE 4.12.11.
[164] Ausführlich *Klaßmann/Notz/Schmidbauer* S. 272 ff.
[165] Ausführlich *Klaßmann* S. 236 ff.
[166] UStAE 4.27.1. Abs. 1.
[167] BFH BStBl. II 2011, 303.
[168] OFD Rheinland 7. 1. 2011, StEd 2011, 188.
[169] UStAE 4.26.1 Abs. 4.

189 Bei einem steuerbegünstigten Verein werden grundsätzlich nach § 12 Abs. 2 Nr. 8 lit. a UStG die steuerpflichtigen Umsätze der **Zweckbetriebe** mit dem ermäßigten Steuersatz von derzeit 7% versteuert. Dies galt auch grundsätzlich für die Umsätze in der Vermögensverwaltung. Der BFH hat jedoch in seinem Urteil vom 20.3.2014[170] entschieden, dass steuerbegünstigte Körperschaften ihre Leistungen im Bereich der Vermögensverwaltung nicht dem ermäßigten Steuersatz unterwerfen dürfen. Dabei hat der BFH den Begriff der Vermögensverwaltung nunmehr für die Umsatzsteuer einschränkend dahingehend ausgelegt, dass es sich um nichtunternehmerische (nichtwirtschaftliche) Tätigkeiten handeln muss. Die Leistungen der Vermögensverwaltung dürften demnach nicht mehr uneingeschränkt dem ermäßigten Steuersatz zu unterwerfen sein; nach Auffassung der Finanzverwaltung wird die Steuerermäßigung jedoch nicht ausgeschlossen, sofern Vermögensverwaltung vorliegt.[171]

190 Die Anwendung des ermäßigten Steuersatzes gilt bei den Leistungen eines Zweckbetriebs jedoch nur, wenn der Zweckbetrieb nicht in erster Linie der Erzielung zusätzlicher Einnahmen durch die Ausführung von Umsätzen dient, die in unmittelbarem Wettbewerb mit dem allgemeinen Steuersatz unterliegenden Leistungen anderer Unternehmer ausgeführt werden, oder wenn der Verein mit diesen Zweckbetriebsleistungen seine steuerbegünstigten satzungsgemäßen Zwecke selbst verwirklicht.

191 Der Zweckbetrieb muss demnach ein notwendiges Hilfsmittel sein, ohne die die begünstigten Zwecke nicht verwirklicht werden könnten. Grundsätzlich kann der Verein sich diesbezüglich auf die zur Körperschaftsteuer getroffene Entscheidung bei der Einordnung berufen. Allerdings wird in Zusammenhang mit dem ermäßigten Steuersatz nach § 12 Abs. 2 Nr. 8 lit. a UStG vermehrt die EU-Konformität in Frage gestellt.

191a So hat der BFH 2016 mit zwei Urteilen die Umsatzsteuerermäßigung für Zweckbetriebe in Frage gestellt.[172] In den zu entscheidenden Sachverhalten ging es zum einen um Leistungen von Jugendherbergen und zum anderen um Pferdepensionsleistungen. In 2019 hat der BFH erneut für bestimmte Tätigkeiten bzw. Leistungen die Anwendung des ermäßigten Umsatzsteuersatzes teilweise abgelehnt, obwohl ertragsteuerlich ein Zweckbetrieb vorlag.[173] Im konkreten Fall hatte ein gemeinnütziger Verein zur Förderung des Wohlfahrtswesens eine anerkannte Werkstatt für behinderte Menschen betrieben, die nicht auf dem allgemeinen Arbeitsmarkt tätig sein konnten. In dem Zusammenhang unterhielt er unter anderem auch ein Bistro und eine öffentliche Toilette; diese Einrichtungen waren nicht Teil der Behindertenwerkstatt und der BFH versagte insoweit die Anwendung des ermäßigten Umsatzsteuersatzes. Gegen das Urteil des BFH aus 2019 ist, soweit ersichtlich, Verfassungsbeschwerde eingelegt worden. Es bleibt demnach abzuwarten, inwieweit sich zukünftig Veränderungen ergeben.

191b Im Zusammenhang mit der Corona-Pandemie ist noch auf folgende Besonderheit hinzuweisen: Gemäß § 12 Abs. 2 Nr. 15 UStG gilt der ermäßigte Umsatzsteuersatz auch für die nach dem 30.6.2020 und vor dem 1.1.2023 erbrachten Restaurant- und Verpflegungsleistungen, mit Ausnahme der Abgabe von Getränken. Diese (befristete) Regelung war zur Stärkung der Gastronomie-Branche in das Umsatzsteuergesetz aufgenommen worden.

192 Die Umsätze der **steuerpflichtigen wirtschaftlichen Geschäftsbetriebe** werden hingegen mit dem Regelsteuersatz von derzeit 19% versteuert, sofern nicht ausnahmsweise aufgrund der Eigenart des Umsatzes der ermäßigte Steuersatz nach einer anderen Vorschrift des § 12 Abs. 2 UStG zur Anwendung kommt.

193 **Bemessungsgrundlage** für die Umsatzsteuer ist nach § 10 Abs. 1 UStG das **Entgelt,** dh alles, was der Leistungsempfänger für den Erhalt der Leistung aufwendet, jedoch ohne

---

170 BFH MwStR 2014, 579.
171 UStAE 12.9 Abs. 3 S. 6.
172 BFH MwStR 2017, 132 und MwStR 2017, 29.
173 BFH MwStR 2020, 81.

die Umsatzsteuer. Sofern die Umsatzsteuer in dem Preis enthalten ist, muss diese herausgerechnet werden, um die Bemessungsgrundlage zu ermitteln.

Ein tatsächlicher Zahlungsfluss muss nicht immer erfolgen, denn auch der **Tausch** oder der **tauschähnliche Umsatz** unterliegt der Besteuerung. In diesen Fällen gilt der Wert jeden Umsatzes als Entgelt für den anderen Umsatz (§ 10 Abs. 2 UStG). 194

4. Vorsteuer

Unter den Voraussetzungen des § 15 UStG darf der Verein die auf den **unternehmerischen Bereich** entfallenden gesetzlich geschuldeten **Vorsteuerbeträge** von der errechneten und abzuführenden Umsatzsteuer abziehen. 195

Ausgeschlossen vom Vorsteuerabzug sind jedoch solche Leistungen, die **zur Ausführung steuerfreier Leistungen** verwendet oder in Anspruch genommen werden (§ 15 Abs. 2 UStG). Aufgrund der bereits dargestellten Vielzahl von Steuerbefreiungen, die für Vereine in Betracht kommen, bleibt deshalb in vielen Fällen der Abzug der Vorsteuer verwehrt. Ebenfalls entfällt der Vorsteuerabzug auch dann, wenn der Verein unter die **Kleinunternehmerregelung** nach § 19 UStG fällt. 196

Sofern dennoch ein Vorsteuerabzug grundsätzlich in Betracht kommt, ist weitere Voraussetzung nach § 15 Abs. 1 UStG, dass dem Verein als Unternehmer eine Rechnung des anderen, leistenden Unternehmers vorliegt. Diese Rechnung muss bestimmte Mindestanforderungen und -inhalte aufweisen, die in § 14 UStG genannt werden und unter anderem die auf die empfangene Leistung entfallende Umsatzsteuer gesondert ausweisen (Ausnahme: Kleinbetragsrechnungen bis 250 EUR, vgl. § 33 UStDV). 197

Bei Verwendung einer Leistung im unternehmerischen und nichtunternehmerischen Bereich ist eine **Aufteilung** in einen abziehbaren und nicht abziehbaren Teil möglich (vgl. § 15 Abs. 4 UStG). Dies kann auch ggf. im Wege einer Schätzung erfolgen.[174] 198

Für steuerbegünstigte Vereine, die nicht verpflichtet sind, Bücher zu führen und aufgrund jährlicher Bestandsaufnahmen regelmäßig Abschlüsse zu machen, besteht eine **Vereinfachungsregelung** nach § 23a UStG. Danach können sie einen **Durchschnittssatz von 7 % des steuerpflichtigen Umsatzes** zur Berechnung der abziehbaren Vorsteuerbeträge ansetzen. Dies gilt jedoch nicht für Vereine, deren steuerpflichtiger Umsatz im Vorjahr über der Grenze von 35.000 EUR lag. 199

Hinweis:

Mit dem Jahressteuergesetz 2010 wurde der Vorsteuerabzug für Grundstücke in § 15 Abs. 1b UStG neu geregelt. Dies gilt für Grundstücke, die steuerbegünstigte Vereine sowohl im unternehmerischen als auch im nichtunternehmerischen Bereich nutzen. Bislang konnte der Verein die Vorsteuern aus der Anschaffung oder Herstellung von Grundstücken dann in voller Höhe ansetzen, wenn das Grundstück zu mehr als 10 % zur Ausführung von umsatzsteuerpflichtigen Umsätzen genutzt wurde. Nun ist der Vorsteuerabzug ausgeschlossen, soweit die Steuer auf die Verwendung des Grundstücks im nichtunternehmerischen Bereich entfällt. In diesem Zusammenhang ist insbesondere das Urteil des BFH zur Zuordnungsentscheidung zum unternehmerischen Bereich zu beachten.[175]

5. Umsatzsteuererklärungen und Voranmeldungen

Die **Umsätze** des Vereins sind grundsätzlich beim zuständigen Finanzamt unterjährig **anzumelden,** und zwar innerhalb von **zehn Tagen** nach Ablauf des Kalendervierteljahres 200

[174] Vgl. zur Vorsteueraufteilung in Fällen der umsatzsteuerlichen Organschaft auch FG Berlin-Brandenburg 15.3.2018 – 5 K 6050/17.

[175] BFH DStR 2011, 1949.

(§ 18 Abs. 1 und Abs. 2 UStG). Sofern jedoch die Steuer für das vorangegangene Kalenderjahr mehr als 7.500 EUR beträgt oder der Verein seine Tätigkeit gerade erst aufnimmt, muss die Voranmeldung innerhalb von zehn Tagen nach Ablauf des Kalendermonats abgegeben werden. Bei Steuern von weniger als 1.000 EUR kann das Finanzamt den Verein von der Verpflichtung zur Abgabe der Voranmeldungen befreien.

201 Die Voranmeldung hat nach amtlich vorgeschriebenem Vordruck auf elektronischem Weg zu erfolgen. Die selbst ermittelte Umsatzsteuer muss als **Vorauszahlung** auch bis zu diesem Tag an das Finanzamt gezahlt werden.

202 Nach Ablauf des Kalenderjahres hat der Verein beim Finanzamt eine **Umsatzsteuererklärung** abzugeben. Frist für die Abgabe der Steuererklärung ist grundsätzlich der 31.7. des Folgejahres. In dieser hat er die zu entrichtende Steuer bzw. einen Überschuss selbst zu ermitteln. Sofern die Beträge in der Umsatzsteuererklärung von denen der (insgesamt abgegebenen) Voranmeldungen abweicht und sich daraus ergibt, dass der Verein noch Umsatzsteuer an das Finanzamt zu entrichten hat, so muss diese Zahlung innerhalb von einem Monat nach Abgabe der Erklärung erfolgen (§ 18 Abs. 4 UStG). Ein sich ggf. ergebender Betrag zugunsten des Vereins wird durch das Finanzamt erstattet.

203 Ein **Umsatzsteuerbescheid** wird nicht immer durch das Finanzamt erlassen, sondern zumeist nur, wenn die Steuer abweichend von der eingereichten Erklärung festgesetzt wird.

V. Vermögensteuer

204 Die Vermögensteuer ist eine auf das (Gesamt-)Vermögen erhobene Steuer. Das Vermögensteuergesetz enthält in § 3 Abs. 1 Nr. 12 VStG eine Befreiung für steuerbegünstigte Körperschaften; ausgenommen hiervon sind die steuerpflichtigen wirtschaftlichen Geschäftsbetriebe.

205 Das VStG gilt zwar weiterhin, aufgrund eines Beschlusses des BVerfG wegen der teilweisen Verfassungswidrigkeit darf es jedoch derzeit nicht angewendet werden.[176]

VI. Grundsteuer

206 Für den inländischen Grundbesitz von Vereinen ist grundsätzlich Grundsteuer zu zahlen. Allerdings sieht das GrStG verschiedene **Steuerbefreiungen** vor, die ein steuerbegünstigter Verein in Anspruch nehmen kann.

207 Steuerbefreit ist der Grundbesitz eines steuerbegünstigten Vereins, sofern dieser **für die steuerbegünstigten Zwecke einschließlich der Zweckbetriebe** benutzt wird (§ 3 Abs. 1 Nr. 3 lit. b GrStG). Wird jedoch ein steuerpflichtiger wirtschaftlicher Geschäftsbetrieb auf dem Grundbesitz ausgeübt, kann nicht für den gesamten Grundbesitz die Steuerbefreiung in Anspruch genommen werden. In diesem Fall hat eine **flächenmäßige Aufteilung** zu erfolgen; der für den steuerpflichtigen wirtschaftlichen Geschäftsbetrieb genutzte Teil ist grundsteuerpflichtig. Steuerfrei bleibt jedoch der Teil, der für die **Verwaltungstätigkeit** benötigt wird, sofern diese nicht für einen steuerpflichtigen wirtschaftlichen Geschäftsbetrieb erfolgt.[177]

Beispiel:

Der Verein unterhält einen einzigen steuerpflichtigen wirtschaftlichen Geschäftsbetrieb, dessen Tätigkeit auf dem Grundbesitz ausgeübt wird. Für die von dem steuerpflichtigen wirtschaftlichen Geschäftsbetrieb genutzte Fläche kann keine Steuerbefreiung erfolgen, insoweit ist anteilig der genutzten Fläche Grundsteuer zu zahlen.

---

[176] BVerfG BStBl. II 1995, 655.
[177] GrStR Abschn. 12 Abs. 5.

Dient der Grundbesitz sowohl begünstigten als auch nicht begünstigten Zwecken, kommt es für die Steuerbefreiung darauf an, welche Nutzung überwiegt. Zeiten der Nichtnutzung werden bei der Ermittlung nicht berücksichtigt. 208

Beispiel:

Nutzung einer Sporthalle für sportliche Zwecke und für Festveranstaltungen.

Ebenfalls ist der Grundbesitz steuerpflichtig, der Wohnzwecken dient oder der einem Dritten überlassen wird, der kein begünstigter Rechtsträger ist. 209

Beispiel:

Wohnungen, die der Verein an Arbeitnehmer überlässt und in denen selbständig ein Haushalt geführt werden kann, können grundsätzlich nicht steuerfrei behandelt werden.

Für steuerbegünstigte **Sportvereine** gilt zudem, dass der Grundbesitz steuerfrei bleibt, der sportlichen Zwecken dient. Außer den sportlichen Anlagen gelten auch die Unterrichts- und Ausbildungsräume, Umkleide-, Bade- und ähnliche Räume sowie Unterkunfts- und Schutzhütten von Bergsteiger-, Ski- und Wandervereinen als zu sportlichen Zwecken genutzt und sind somit steuerfrei zu behandeln. Die Räume, die der Erholung oder der Geselligkeit dienen, fallen jedoch nicht hierunter.[178] 210

VII. Grunderwerbsteuer

Die Grunderwerbsteuer fällt grundsätzlich bei dem **Erwerb von (inländischen) Grundstücken** an. Der Begriff des Grundstücks richtet sich nach dem BGB, jedoch zählen Maschinen und sonstige Vorrichtungen aller Art, die zu einer Betriebsanlage gehören, nicht dazu (§ 2 Abs. 1 GrEStG). Den Grundstücken stehen gleich Erbbaurechte, Gebäude auf fremdem Boden, das Wohnungseigentum und die dinglich gesicherten Sondernutzungsrechte. 211

Das GrEStG enthält **keine generelle Befreiung** für steuerbegünstigte Vereine. Eine solche war in der Vergangenheit bis zum Jahr 1983 für den Erwerb solcher Grundstücke enthalten, die unmittelbar gemeinnützigen oder mildtätigen Zwecken dienten. Diese oder eine ähnliche Befreiungsvorschrift ist jedoch seit dem Wegfall der genannten Vorschrift nicht mehr im GrEStG enthalten. 212

Bei der Grunderwerbsteuer kommt es daher auf einzelne Tatbestände an, die von der Besteuerung ausgenommen werden – unabhängig davon, ob der Verein als steuerbegünstigt anerkannt ist oder nicht. Für steuerbegünstigte Vereine ist diesbezüglich insbesondere § 3 Nr. 2 GrEStG von Bedeutung. Nach dieser Vorschrift wird der Grundstückserwerb von Todes wegen und Grundstücksschenkungen unter Lebenden iSd ErbStG von der Besteuerung ausgenommen. Schenkungen unter Auflage unterliegen jedoch der Besteuerung hinsichtlich des Werts solcher Auflagen, die bei der Schenkungsteuer abziehbar sind. 213

Der Steuersatz in der Grunderwerbsteuer beträgt 3,5% gem. § 11 GrEStG. Zu beachten ist jedoch, dass die Bundesländer ermächtigt sind, den Steuersatz abweichend festzusetzen. Aufgrund dessen bestehen je nach Bundesland verschiedenen Steuersätze – derzeit zwischen 3,5% und 6,5%. Besteuerungsgrundlage ist üblicherweise der Wert der Gegenleistung (§ 8 GrEStG). 214

VIII. Erbschaft- und Schenkungsteuer

Bei Vereinen kommt die Frage, ob Erbschafts- und Schenkungsteuer anfällt, häufig auf, insbesondere im Zusammenhang mit der Erhebung von Mitgliedsbeiträgen und dem Erhalt von Bar- und Sachvermögen von Vereinsmitgliedern oder Dritten. 215

[178] GrStR Abschn. 13 Abs. 2.

216 Für die **Mitgliedsbeiträge** gilt nach § 18 ErbStG, dass diese steuerfrei sind, soweit der von einem Mitglied je Kalenderjahr geleistete Mitgliedsbeitrag 300 EUR nicht übersteigt. Zu beachten ist, dass der Gesetzgeber bei diesem Freibetrag davon ausgeht, dass es sich um eine **freigebige Zuwendung** handelt, dh dieser Beitrag nicht lediglich die Förderung der Mitglieder zum Zweck hat. Oftmals wird aber bereits schon deshalb keine Freigebigkeit vorliegen, weil die **Satzung** entsprechende Zahlungen vorsieht und das Mitglied somit zur Zahlung verpflichtet ist bzw. der Mitgliedsbeitrag für die Erbringung von Leistungen durch den Verein erhoben wird. Ist dies der Fall, werden die Mitgliedsbeiträge auch dann nicht nach den Regelungen des ErbStG besteuert, wenn sie über dem Freibetrag von 300 EUR liegen. Der Sachverhalt fällt insoweit nicht unter das ErbStG, da eine Gegenleistung vorliegt.

217 **Zuwendungen** an einen (inländischen) steuerbegünstigten Verein sind nach § 13 Abs. 1 Nr. 16 lit. b ErbStG **von der Steuer befreit.** Der Verein muss bereits im Zeitpunkt der Zuwendung die Voraussetzungen der §§ 51 ff. AO erfüllen, wobei es für die Steuerbefreiung unschädlich ist, wenn auch steuerpflichtige wirtschaftliche Geschäftsbetriebe unterhalten werden. Die Steuerbefreiung ist jedoch **ausgeschlossen,** wenn die Zuwendung dem **steuerpflichtigen wirtschaftlichen Geschäftsbetrieb** dienen soll. Steuerbegünstigt kann hingegen die Zuwendung eines steuerpflichtigen wirtschaftlichen Geschäftsbetriebs sein, soweit bei Fortführung des Betriebs die Verpflichtung besteht, dass die Überschüsse aus diesem an den ideellen Bereich des Vereins abgegeben werden und dies auch tatsächlich erfolgt.[179] Bei Zuwendungen, die zum einen Teil an den steuerbegünstigten Bereich und zum anderen Teil an einen wirtschaftlichen Geschäftsbetrieb fließen, können diese in einen steuerfreien und -pflichtigen Teil entsprechend den Verhältnissen aufgeteilt werden.[180]

218 Sofern dem Verein die **Gemeinnützigkeit aberkannt** werden sollte, das betreffende Vermögen, dh die relevante Zuwendung nicht begünstigten Zwecken zugeführt wird und der Zeitpunkt der Zuwendung weniger als zehn Jahre zurückliegt, bestimmt § 13 Abs. 1 Nr. 16 lit. b ErbStG, dass die Befreiung mit Wirkung für die Vergangenheit entfällt. Für die Ermittlung der Steuer wird auf den Zeitpunkt der Zuwendung abgestellt. In diesem Zusammenhang ist jedoch auf § 13 Abs. 1 Nr. 17 ErbStG hinzuweisen, wonach – unabhängig von einer Anerkennung als steuerbegünstigter Verein – Zuwendungen dann steuerbefreit sind, wenn sie ausschließlich kirchlichen, gemeinnützigen oder mildtätigen Zwecken gewidmet sind, und die Verwendung zu dem bestimmten Zweck gesichert ist. Daher muss es insbesondere bei einer vorübergehenden Aberkennung der Gemeinnützigkeit nicht unbedingt zu einer Nachversteuerung kommen, da das ErbStG zudem keine zeitnahe Verwendung der Zuwendung für steuerbegünstigte Zwecke verlangt, sondern lediglich die Verwendung für steuerbegünstigte Zwecke gesichert werden soll.[181]

IX. Kraftfahrzeugsteuer

219 Sofern durch einen Verein ein Kfz (Kfz und Kfz-Anhänger) gehalten wird, ist für dieses Kraftfahrzeugsteuer zu entrichten. Für steuerbegünstigte Vereine bestehen diesbezüglich **keine gesonderten Befreiungsvorschriften,** sodass nur die **allgemeinen Befreiungen** greifen können.

220 So ist bspw. nach § 3 Nr. 5 KraftStG das Halten von Fahrzeugen von der Steuer befreit, solange diese ausschließlich im Feuerwehrdienst, im Katastrophenschutz, für Zwecke des zivilen Luftschutzes, bei Unglücksfällen, im Rettungsdienst oder zur Krankenbeförderung verwendet werden. Voraussetzung ist, dass die Fahrzeuge äußerlich als für diese Zwecke

[179] ErbStR R E 13.8 Abs. 2.
[180] Götz/Meßbacher-Hönsch/*Jochum* ErbStG § 13 Rn. 155.
[181] *Buchna/Leichinger/Seeger/Brox* S. 721.

bestimmt erkennbar sind und sie nach ihrer Bauart und Einrichtung den bezeichneten Verwendungszwecken angepasst sind.

Für steuerbegünstigte Vereine, die mit den Fahrzeugen **humanitäre Hilfsgütertransporte** unternehmen, ist § 3 Nr. 5a KraftStG von Bedeutung. Denn nach dieser Vorschrift werden Fahrzeuge von gemeinnützigen oder mildtätigen Organisationen für die Zeit, in der sie ausschließlich für humanitäre Hilfsgütertransporte in das Ausland oder für zeitlich damit zusammenhängende Vorbereitungsfahrten verwendet werden, von der Kraftfahrzeugsteuer befreit. Eine Beschränkung auf bestimmte Fahrzeugarten, bestimmte Hilfsgüter oder bestimmte Regionen ist mit der Befreiung nicht verbunden. Auch ist eine Beladung des Fahrzeugs nicht unbedingt notwendig. Unter Vorbereitungsfahrten sind zum einen die Fahrten zum Einsammeln der Hilfsgüter, zum anderen aber auch Fahrten zu verstehen, die in die betroffenen Gebiete bspw. zu deren Erkundung unternommen werden. Allerdings sind die Voraussetzungen für die Inanspruchnahme der Steuerbefreiung nachzuweisen und glaubhaft zu machen.[182] 221

Die Steuerbefreiungen sind unter Angabe von Gründen schriftlich geltend zu machen. Für die **Inanspruchnahme der Befreiung** für die Hilfsgütertransporte kann der Verein bereits im Voraus anzeigen, dass er das Fahrzeug ausschließlich für begünstigte Hilfsgütertransporte verwenden wird. Bei Verwendung für andere Zwecke wird die Steuer für die entsprechend darauf entfallende Zeit nacherhoben. Steht im Voraus bereits fest, dass das Fahrzeug gemischt genutzt wird, wird die Steuer im Nachhinein für die entsprechende Zeit der begünstigten Hilfsgütertransporte erstattet.[183] 222

Sofern sich der Verein auf die Steuerbefreiung beruft, ist gem. § 7 Abs. 1 KraftStDV ein schriftlicher Antrag unter Angabe der Gründe beim zuständigen Hauptzollamt zu stellen. 223

X. Lotteriesteuer

Für Vereine kann auch die Lotteriesteuer von Bedeutung sein, da sie bei Veranstaltungen häufig **Tombolas** oÄ durchführen. Grundsätzlich unterliegen diese der Lotteriesteuer, da es sich hierbei um Ausspielungen handelt, die neben den reinen Lotterien ebenfalls unter das RennwLottG fallen. Aufgrund dessen muss für diese vor Beginn der Veranstaltung grundsätzlich bei der Gemeinde eine **Genehmigung** eingeholt und beim zuständigen Finanzamt angemeldet werden. 224

Allerdings werden nach § 28 Nr. 1 RennwLottG Ausspielungen befreit, bei denen der Gesamtpreis der Lose einer Ausspielung den Wert von 1.000 EUR nicht übersteigt und keine Bargewinne ausgeschüttet werden. § 28 Nr. 2 RennwLottG befreit die von den zuständigen Behörden genehmigten Lotterien und Ausspielungen, die ausschließlich **zu gemeinnützigen, mildtätigen oder kirchlichen Zwecken veranstaltet** werden und bei denen der Gesamtpreis der Lose einer Lotterie oder Ausspielung den Wert von 40.000 EUR nicht übersteigt. 225

Dabei können die durch die Ausspielung selbst entstandenen Kosten durch die Einnahmen gedeckt werden. Die Befreiung kann aber nur dann in Anspruch genommen werden, wenn mindestens 25% der Einsatzsumme für die begünstigten Zwecke verwendet werden.[184] 226

Hinweis:

Das Umsatzsteuergesetz befreit nach § 4 Nr. 9 lit. b UStG die Lotterien von der Umsatzsteuer, wenn diese der Lotteriesteuer unterliegen. Unterliegen die Einnahmen nicht der Lotteriesteuer, besteht die Umsatzsteuerbefreiung nicht. Die Einnahmen sind somit umsatzsteuerpflichtig. Der anzuwendende Steuersatz kann davon abhängig sein, ob mit

182 *Schleder* Rn. 1370.
183 *Schleder* Rn. 1371.
184 BFH BStBl. III 1954, 244.

der Lotterie ein Zweckbetrieb (vgl. § 68 Nr. 6 AO) oder ein steuerpflichtiger wirtschaftlicher Geschäftsbetrieb begründet wird, § 12 Abs. 2 Nr. 8 lit. a UStG.

XI. Vergnügungsteuer

227 Die Vergnügungsteuer kann auf Grundlage von **Landesgesetzen** (Vergnügungsteuergesetzen) durch die Gemeinden für veranstaltete Vergnügungen erhoben werden.

Beispiele:

Sportveranstaltungen, Konzerte, Theatervorführungen, Vorträge, Tanzveranstaltungen, Filmvorführungen.

228 Für Veranstaltungen, die von steuerbegünstigten Vereinen durchgeführt werden, wird jedoch in vielen Fällen eine **Steuerbefreiungsvorschrift** greifen. Denn diese Veranstaltungen dienen oftmals der Kulturpflege, der Förderung des Sports oder stehen in einem anderen öffentlichen Interessen. Eine pauschale Aussage über die Steuerbefreiung kann aufgrund der Verschiedenheit der Vorschriften in den einzelnen Ländern jedoch nicht getroffen werden. Vielmehr ist Grundlage für die Beurteilung der Steuerpflicht das jeweilige Landesgesetz, die Verwaltungen vor Ort können zumeist über die Steuerpflicht informieren.

XII. Lohnsteuer/Ehrenamtspauschale

229 Sofern der Verein Arbeitnehmer gegen Entgelt beschäftigt, zB Trainer oder Platzwarte, hat er wie jeder Arbeitgeber den lohnsteuerlichen und sozialversicherungsrechtlichen Verpflichtungen und Bestimmungen Beachtung zu schenken. Insofern hat der Verein die Pflicht, den lohnsteuerlichen Abzug nach den allgemeinen Vorschriften (unter Berücksichtigung der individuellen Lohnsteuerabzugsmerkmale wie Steuerklasse und Freibeträge) vorzunehmen und die einbehaltenen Steuern an das Finanzamt abzuführen. Hierfür gelten die allgemeinen Grundsätze, sodass die Lohnsteuer gem. § 41a Abs. 2 EStG grundsätzlich monatlich anzumelden ist. Sofern die abzuführende Lohnsteuer für das vorangegangene Kalenderjahr mehr als 1.080 EUR, aber nicht mehr als 5.000 EUR betragen hat, muss die Anmeldung nur vierteljährlich erfolgen; bei einem Betrag von weniger als 1.080 EUR ist nur jährlich anzumelden. Die Anmeldung hat durch amtlich vorgeschriebenen Datensatz auf elektronischem Weg nach Maßgabe der Steuerdaten-Übermittlungsverordnung zu erfolgen (vgl. § 41a Abs. 1 S. 2 EStG).

230 Steuerfrei bleiben jedoch bspw. Tätigkeitsvergütungen von Übungsleitern bis zu einer Höhe von 3.000 EUR im Jahr (vgl. § 3 Nr. 26 EStG). Dieser Betrag wurde durch das Jahressteuergesetz 2020 zum 1.1.2021 angehoben; zuvor betrug der Übungsleiterfreibetrag 2.400 EUR.

231 Das unentgeltliche Tätigwerden im Rahmen eines Ehrenamtes begründet jedoch grundsätzlich kein Arbeitsverhältnis im steuerlichen Sinn, sodass auch grundsätzlich keine Lohnsteuer anfallen würde. Dies gilt auch dann, wenn dem ehrenamtlich Tätigen die tatsächlich entstandenen Auslagen, wie bspw. Fahrtkosten, Porto- und Telefongebühren, ersetzt werden. Diesbezüglich sollten die Auslagen jedoch immer durch einen Beleg nachvollzogen werden.

232 In diesem Zusammenhang ist die sog. Ehrenamtspauschale nach § 3 Nr. 26a EStG zu beachten. Danach sind Einnahmen aus nebenberuflichen Tätigkeiten im Dienst oder Auftrag eines als steuerbegünstigt anerkannten Vereins bis zur Höhe von insgesamt 840 EUR im Jahr steuerfrei. Die Erhöhung auf 840 EUR erfolgte ebenfalls durch das Jahressteuergesetz 2020, zuvor war ein Betrag von 720 EUR im Jahr steuerfrei. Den Freibetrag können alle Personen in Anspruch nehmen, die sich nebenberuflich für die genannten Zwecke

betätigen. Für Tätigkeiten, die in einem steuerpflichtigen wirtschaftlichen Geschäftsbetrieb erfolgen, gilt dies mangels Förderung von steuerbegünstigten Zwecken nicht.

Beispiele:

Begünstigt sind zB Tätigkeiten der Vorstandsmitglieder, des Kassierers, der Bürokräfte, des Reinigungspersonals, des Platzwartes, des Aufsichtspersonals, der Betreuer und Assistenzbetreuer iSd Betreuungsrechts.[185]

Die Inanspruchnahme der steuerfreien Ehrenamtspauschale ist jedoch ausgeschlossen, wenn für die Einnahmen aus der Tätigkeit ganz oder teilweise der zuvor genannte Übungsleiterfreibetrag gewährt wurde. 233

In vielen Fällen sind steuerbegünstigte Vereine nach Einführung der Ehrenamtspauschale dazu übergegangen, **pauschale Tätigkeitsvergütungen an ihre Organmitglieder** zu zahlen. Die Zahlung von Vergütungen an Organmitglieder ist zwar grundsätzlich möglich, jedoch aus gemeinnützigkeitsrechtlicher Sicht für Vereine nicht in allen Fällen zulässig. Vielmehr bedarf es für Vergütungszahlungen an Organmitglieder einer **satzungsmäßigen Grundlage,** da die Vereinsvorstände nach seinerzeitiger Auffassung der Finanzverwaltung aufgrund des Verweises in § 27 Abs. 3 BGB auf die Regelungen des Auftrags (§§ 27 Abs. 3, 664 ff. BGB) grundsätzlich nur Anspruch auf Auslagenersatz hatten und ansonsten unentgeltlich tätig waren.[186] In der Literatur hat dies zu zahlreichen Diskussionen geführt, daher hat der Gesetzgeber mit Wirkung zum 1.1.2015 § 27 Abs. 3 BGB dahingehend ergänzt, dass der Vorstand unentgeltlich tätig ist. Die Möglichkeit der Abweichung durch entsprechende Satzungsregelung besteht. 234

Sofern die Satzung eines Vereins vorschreibt, dass Organmitglieder ehrenamtlich oder unentgeltlich tätig sind, bzw. die Satzung keine Regelung zur Vergütung trifft, sind Zahlungen von Vergütungen an die Organmitglieder für den erbrachten Zeit- bzw. Arbeitsaufwand aus gemeinnützigkeitsrechtlicher Sicht und aufgrund der Neuregelung auch aus zivilrechtlicher Sicht unzulässig. In diesem Fall können seitens des Vereins lediglich die tatsächlich entstandenen Aufwendungen ersetzt werden. 235

Der AEAO führt in Nr. 25 zu § 55 Abs. 1 Nr. 3 AO weiterhin aus, dass Tätigkeitsvergütungen bei Vorstandsmitgliedern von Vereinen gemeinnützigkeitsrechtlich nur zulässig sind, wenn eine entsprechende Satzungsregelung besteht. Im Weiteren wird auf das BMF Schreiben vom 21.11.2014[187] verwiesen.[188] 236

Hinweis: 237

Die vom BMF genannte Übergangsfrist ist längst abgelaufen. Zahlungen an Vereinsvorstände sollten wegen der gemeinnützigkeitsrechtlichen Konsequenzen und auch aufgrund der mit Wirkung zum 1.1.2015 bestehenden zivilrechtlichen Vorgaben nur vorgenommen werden, wenn eine entsprechende Satzungsregelung besteht. Ist dies nicht der Fall und soll die Vereinssatzung dahingehend geändert werden, ist zwingend die Mustersatzung zu beachten (→ Rn. 77 ff.).

E. Haftung für Steuerschulden

Im Rahmen der gerichtlichen und außergerichtlichen Vertretung des Vereins hat der Vorstand (→ § 8 Rn. 197 ff.) auch dafür Sorge zu tragen, dass die **steuerlichen Verpflichtungen** erfüllt werden, die dem Verein obliegen (§ 34 AO). 238

[185] BMF 25.11.2008, BStBl. I 985.
[186] BMF 14.10.2009, BStBl. I 1318.
[187] BMF 21.11.2014, BStBl. I 1581.
[188] AEAO Nr. 25 zu § 55 Abs. 1 Nr. 3 AO.

Beispiele:

Abgabe von Steuererklärungen, rechtzeitige und vollständige Zahlung von Steuern, Anzeige von bestimmten Umständen und Meldungen gegenüber dem Finanzamt etc.

239 Sofern diese Verpflichtungen nicht eingehalten werden, kann bei Vorliegen bestimmter Umstände neben dem Verein auch der Vereinsvorstand als gesetzlicher Vertreter **persönlich** in Haftung genommen werden, dh er muss persönlich aus seinem Privatvermögen die steuerlichen Verbindlichkeiten wie zB Lohnsteuer oder Umsatzsteuer zahlen. Der Vorstand muss hierfür jedoch **vorsätzlich oder grob fahrlässig** gehandelt haben (§ 69 AO). Ein Nicht-Kennen von steuerlichen Verpflichtungen befreit grundsätzlich nicht von der Haftung, da der Vereinsvorstand in diesen Fällen verpflichtet ist, sich fachkundige Hilfe zu suchen.[189]

240 Eine Unterscheidung, ob es sich um einen ehrenamtlichen und unentgeltlich tätigen Vorstand bzw. um einen hauptamtlich und entgeltlich tätigen Vorstand handelt, trifft die AO nicht. Aufgrund dessen kann auch ein ehrenamtlich tätiger Vorstand in die Haftung genommen werden. Besteht der Vorstand aus mehreren Mitgliedern, haften diese – anders als zivilrechtlich im Fall des § 31a BGB – gemeinschaftlich.

241 Zu beachten ist auch, dass ggf. neben die Haftung für die steuerlichen Verbindlichkeiten auch das **Steuerstrafrecht** treten kann. Eine strafrechtlich relevante **Steuerhinterziehung** liegt nach § 370 Abs. 1 AO vor, wenn über steuerlich erhebliche Tatsachen unrichtige oder unvollständige Angaben gemacht werden oder die Finanzbehörden pflichtwidrig über steuerlich erhebliche Tatsachen in Unkenntnis gelassen werden und hierdurch Steuern verkürzt oder für sich oder einen anderen ein nicht gerechtfertigter Steuervorteil erlangt wird. Die Steuerhinterziehung wird mit bis zu fünf Jahren Freiheitsstrafe oder mit einer Geldstrafe bestraft, in besonders schweren Fällen mit einer Freiheitsstrafe von sechs Monaten bis zu zehn Jahren (§ 370 Abs. 3 AO). Bei **leichtfertiger Steuerverkürzung** liegt eine **Ordnungswidrigkeit** nach § 378 AO vor, die mit einer Geldbuße bis zu 50.000 EUR geahndet werden kann.

Hinweis:

Aufgrund dieser empfindsamen Strafen sollte auf eine genaue Abgrenzung der Einnahmen in den einzelnen Sphären geachtet werden und insbesondere eine Gewinnermittlung in den steuerpflichtigen wirtschaftlichen Geschäftsbetrieben erfolgen. Ebenfalls sollte immer eine Beurteilung erfolgen, ob Umsätze steuerpflichtig bzw. steuerfrei sind.

F. Spenden, Mitgliedsbeiträge und Sponsoring im Steuerrecht

242 Der steuerbegünstigte Verein finanziert seine Tätigkeit zu einem wesentlichen Teil aus den ihm zugewendeten Spenden sowie den Mitgliedsbeiträgen. In den vergangenen Jahren ist zudem die Thematik des Sponsorings immer wichtiger geworden. Die Abgrenzung, wann eine Spende, ein (echter) Mitgliedsbeitrag oder Sponsoring vorliegt, ist in der Praxis oftmals schwierig. Da diese Sachverhalte steuerrechtlich jedoch unterschiedlich behandelt werden, ist für Vereinsvorstände bzw. diejenigen Personen, die bei dem Verein mit diesen Thematiken betraut sind, wichtig, eine Abgrenzung vornehmen zu können. Aufgrund dessen werden in den nachfolgenden Ausführungen die wesentlichen Punkte dieser Themen beleuchtet.[190]

---

[189] Klein/*Rüsken* AO § 69 Rn. 150.

[190] Ausführlich: Wallenhorst/Halaczinsky/*Wallenhorst* E; *Buchna/Leichinger/Seeger/Brox* S. 407 ff.; *Schauhoff* § 11.

I. Spenden im Steuerrecht

Der Gesetzgeber hat im Einkommen-, Körperschaft- und Gewerbesteuergesetz die Möglichkeit geregelt, dass sich bestimmte freiwillige Zuwendungen **steuermindernd** auswirken können. Dies soll einen Anreiz für ein uneigennütziges Handeln geben. 243

Das Spendenrecht ist mit Inkrafttreten der Änderung durch das Gesetz zur weiteren Stärkung des bürgerschaftlichen Engagements weitreichend geändert worden. Die Änderungen sind rückwirkend zum 1.1.2007 in Kraft getreten. Das Spendenrecht ist zudem durch das Ehrenamtsstärkungsgesetz mit Wirkung zum 1.1.2013 sowie das Jahressteuergesetz 2020 in kleinerem Umfang geändert worden. 244

Der **Spendenabzug** ist in § 10b EStG geregelt. Danach können Zuwendungen (Spenden und Mitgliedsbeiträge) zur **Förderung steuerbegünstigter Zwecke** iSd §§ 52–54 AO bis zu einer bestimmten Höhe beim Spender als Sonderausgaben abgezogen werden. Der nach § 5 Abs. 1 Nr. 9 KStG als steuerbegünstigt anerkannte Verein ist zur Entgegennahme steuerbegünstigter Spenden berechtigt. 245

Zwar betrifft diese Vorschrift zunächst nur die Spender, da diese die Spende im Rahmen ihrer privaten Einkommensteuererklärung steuermindernd berücksichtigen können. Dennoch sollten steuerbegünstigte Vereine bzw. deren Vertreter insbesondere im Hinblick auf die **Ausstellung von Zuwendungsbestätigungen** oder die Gewinnung von neuen Spendern über die Möglichkeit des Abzugs informiert sein. 246

1. Anforderungen an eine Spende

Der Begriff der Spende wird im Gesetz nicht definiert. Die Rechtsprechung hat jedoch zum Begriff der Spende ausgeführt, dass diese eine **freiwillige und unentgeltliche Wertabgabe,** dh Geld- oder Sachzuwendung darstellt, die den Spender endgültig wirtschaftlich belastet.[191] Für den steuerbegünstigten Verein muss dabei erkennbar sein, dass der Spender die Geld- oder Sachzuwendung für die begünstigten Zwecke hingegeben hat.[192] **Nutzungen und Leistungen** sind durch das Gesetz ausdrücklich vom Abzug als Spende ausgeschlossen. 247

Der Spender leistet die Spende dann **freiwillig,** wenn er weder aus rechtlichen noch aus anderen Gründen zu dieser verpflichtet ist. Freiwilligkeit liegt nicht vor, wenn als „Spenden" bezeichnete Zahlungen im Zusammenhang mit der Aufnahme als Mitglied in einen Verein stehen und die Aufnahme somit von der Leistung dieser Zahlung abhängt.[193] 248

Beispiel:

Es mangelt an der Freiwilligkeit, wenn eine „Spende" an einen Golfclub geleistet wird, zu denen sich das Mitglied bei Eintritt in den Verein verpflichtet hat und die Voraussetzung für die Aufnahme als Vereinsmitglied ist.

Jedoch ist es für den Spendenabzug unschädlich, wenn der Spender sich moralisch unter Druck gesetzt fühlt, die Spende aus Prestigegründen oder aus anderen eigennützigen Motiven leistet.[194] 249

Des Weiteren muss die Spende **unentgeltlich** geleistet werden, dh ihr darf keine Gegenleistung des steuerbegünstigten Vereins gegenüberstehen. Dabei darf jedoch keine enge Auslegung der Begriffe Leistung und Gegenleistung erfolgen, vielmehr ist ein Spendenabzug auch dann ausgeschlossen, wenn die Zuwendung mit einem gewährten Vorteil mittelbar und ursächlich zusammenhängt.[195] Die Gegenleistung kann auch in einem nicht geldwerten Vorteil bestehen. 250

---

[191] BFH BStBl. II 1991, 690 (691).
[192] *Buchna/Leichinger/Seeger/Brox* S. 420.
[193] AEAO Nr. 1.3.1.7 zu § 52.
[194] Wallenhorst/Halaczinsky/*Wallenhorst* E Rn. 11a.
[195] *Buchna/Leichinger/Seeger/Brox* S. 421.

Beispiel:

Ein steuerbegünstigter Verein veranstaltet ein Fest, auf welchem Mittel für die steuerbegünstigte Tätigkeit generiert werden sollen. Hierfür werden Eintrittskarten verkauft. Die Bewirtung auf dem Fest ist inbegriffen. Das Geld, welches für die Eintrittskarten gezahlt wird, kann nicht als Spende abgezogen werden, da – zumindest teilweise – diesem eine Gegenleistung gegenübersteht.

251 Grundsätzlich darf keine Aufteilung in einen entgeltlichen (nicht abzugsfähigen) und einen unentgeltlichen (abzugsfähigen) Teil erfolgen.[196] Vielmehr ist in den Fällen, in denen die Zuwendung teilweise Entgeltcharakter hat, der Spendenabzug vollständig zu verneinen.

252 Der Begriff der Spende setzt zudem ein **Vermögensopfer,** dh eine endgültige Vermögensminderung beim Spender voraus. Der Spender muss durch die Geld- oder Sachleistung an den steuerbegünstigten Verein dauerhaft wirtschaftlich belastet sein.

2. Arten von Spenden

253 In den wohl überwiegenden Fällen wird es sich um **Geldzahlungen** handeln, die seitens des Spenders an den steuerbegünstigten Verein fließen. Diese Spenden sind aufgrund des geltenden Abflussprinzips (§ 11 Abs. 2 EStG) dann geleistet, wenn sie in die Verfügungsmacht des steuerbegünstigten Vereins gelangt sind.

254 Eine Besonderheit bei der Geldspende liegt vor, wenn auf die **Erstattung von Aufwendungen verzichtet** wird, dh der Spender würde von dem steuerbegünstigten Verein aufgrund eines Rechtsanspruchs eine Zahlung erhalten, anstelle einer Rückzahlung dieses Betrages verzichtet er jedoch auf die Auszahlung und kürzt somit den Zahlungsfluss ab.

255 Der steuermindernde Abzug ist jedoch nach § 10b Abs. 3 S. 5 EStG nur dann möglich, wenn durch den steuerbegünstigten Verein dem Spender ein **Anspruch** auf die Erstattung der Aufwendungen **durch Vertrag oder Satzung** eingeräumt wurde und seitens des Spenders auf die Erstattung verzichtet worden ist. Der Anspruch darf nicht unter der Bedingung des Verzichts eingeräumt worden sein.

Beispiel:

Die Vorstandsmitglieder haben nach einer aufgrund einer Satzungsermächtigung erlassenen Reisekostenordnung einen Anspruch auf Ersatz der entstandenen Reisekosten. Wenn sie auf die Auszahlung des Erstattungsanspruchs verzichten, stellt dies eine Spende dar.

256 Des Weiteren muss der Anspruch ernsthaft bestehen und auch werthaltig sein. Der steuerbegünstigte Verein muss demnach in der Lage sein, den Anspruch auch erfüllen zu können.[197] Die vereinbarten Vergütungen bzw. Ersatzansprüche müssen dabei **angemessen** sein, da unangemessen hohe Vergütungs- oder Ersatzansprüche aufgrund von § 55 Abs. 1 Nr. 3 AO gemeinnützigkeitsschädlich sind.

257 In der Zuwendungsbestätigung ist anzugeben, dass es sich um den Verzicht auf Erstattung von Aufwendungen handelt.

Hinweis:

Bei dem Verzicht auf Erstattung von Aufwendungen sollte detailliert dokumentiert werden, dass der Anspruch tatsächlich entstanden ist, dh die Leistungen, die mit dem Anspruch in Verbindung stehen, tatsächlich erbracht worden sind, und auf diesen verzichtet wurde. Es sollten hierbei klare vertragliche Regelungen bestehen. Der Verzicht kann jedoch nicht im Voraus erklärt werden. Die Einnahmen sind ggf. im Rahmen der priva-

[196] Wallenhorst/Halaczinsky/*Wallenhorst* E Rn. 15 f.
[197] *Buchna/Leichinger/Seeger/Brox* S. 425 f.

ten Steuererklärung anzugeben, auch wenn demgegenüber kein Zahlungsfluss besteht. Denn auf diesen ist gerade verzichtet worden.

Eine Spende kann aber auch mit der Hingabe einer **Sache** geleistet werden. Als Sachspenden gelten alle Spenden, die nicht als Geldzahlung oder als Verzicht auf Erstattung der Aufwendungen erfolgen. Voraussetzung für den Spendenabzug ist jedoch, dass die Sache unmittelbar für steuerbegünstigte Zwecke zu verwenden/zu nutzen ist, dh unmittelbar für die satzungsmäßigen Zwecke des Vereins iSd §§ 52–54 AO; eine Verwendung in der Vermögensverwaltung oder dem steuerpflichtigen wirtschaftlichen Geschäftsbetrieb erfolgt nicht unmittelbar für steuerbegünstigte Zwecke. 258

Beispiel:

Es handelt sich deshalb nicht um abzugsfähige Sachspenden, wenn diese im Rahmen eines Basars oder einer Veranstaltung verwertet werden sollen. Sofern jedoch mit einer Tombola, bei der die Sache verwendet wird, ein Zweckbetrieb iSd § 68 Nr. 6 AO begründet wird, weil diese genehmigt wurde und der Reinertrag unmittelbar und ausschließlich zur Förderung mildtätiger, kirchlicher oder gemeinnütziger Zwecke verwendet wird, liegt eine abzugsfähige Sachspende vor.

Bei Sachspenden stellt sich immer die Frage nach dem **Wert der Sache,** da dieser in der Zuwendungsbestätigung anzugeben ist. Dabei ist grundsätzlich der gemeine Wert maßgeblich. Nach § 9 BewG wird der gemeine Wert durch den Preis bestimmt, der im gewöhnlichen Geschäftsverkehr nach der Beschaffenheit der Sache bei einer Veräußerung zu erzielen wäre. 259

Allerdings ist diesbezüglich die Einschränkung des § 10b Abs. 3 S. 3 und S. 4 EStG zu beachten, wonach der gemeine Wert nur anzusetzen ist, wenn die Veräußerung des Wirtschaftsgutes im Zeitpunkt der Zuwendung keinen Besteuerungstatbestand erfüllen würde. Sollte dies der Fall sein, dürfen bei der Ermittlung der Zuwendungshöhe die fortgeführten Anschaffungs- oder Herstellungskosten nur überschritten werden, soweit eine Gewinnrealisierung stattgefunden hat. 260

Hinweis:

Bei der Veräußerung von Wirtschaftsgütern aus dem Privatvermögen des Spenders besteht oftmals keine Steuerpflicht, sodass in diesen Fällen der gemeine Wert anzusetzen ist.

Bei Sachspenden aus dem **Betriebsvermögen** können diese zunächst aus dem Betriebsvermögen entnommen werden und unmittelbar danach von dem Spender privat gespendet werden. Hinsichtlich der Bewertung gilt in diesem Fall § 10b Abs. 3 S. 2 EStG. Danach darf bei der Ermittlung der Zuwendungshöhe der bei der Entnahme angesetzte Wert nicht überschritten werden, wenn die Sache unmittelbar vor der Zuwendung an den steuerbegünstigten Verein aus dem Betriebsvermögen des Spenders entnommen wird. Die bei der Entnahme angefallene Umsatzsteuer stellt auch eine Spende dar, dies wurde im Rahmen des Ehrenamtsstärkungsgesetzes in § 10b Abs. 3 S. 2 EStG ergänzt. In der Zuwendungsbestätigung ist anzukreuzen, ob es sich um eine Spende aus dem Privat- oder Betriebsvermögen handelt. 261

Hinweis:

Aufgrund der Haftungstatbestände (→ Rn. 268 ff.) sollte bei der Bewertung einer Sachspende äußert sorgfältig vorgegangen werden und es sollten Aufzeichnungen hierüber geführt werden.

3. Zuwendungsbestätigung

262 Der Abzug von Zuwendungen ist gem. § 50 EStDV nur möglich, wenn sie durch eine **Zuwendungsbestätigung** nachgewiesen werden. Diese muss der steuerbegünstigte Verein als Empfänger der Spende nach amtlich vorgeschriebenem Vordruck ausstellen. Der Verein darf eine Zuwendungsbestätigung nur ausstellen, wenn er auch als steuerbegünstigt anerkannt wurde (→ Rn. 70 ff.).

263 Durch das Ehrenamtsstärkungsgesetz wurde § 50 EStDV dahingehend ergänzt, dass nun auf die in § 63 Abs. 5 AO (→ Rn. 74) genannte Regelung Bezug genommen wird. Zuwendungen dürfen bei der Einkommensteuer nur abgezogen werden, wenn sie durch eine Zuwendungsbestätigung nachgewiesen werden, die der Empfänger unter Berücksichtigung des § 63 Abs. 5 AO nach amtlich vorgeschriebenem Vordruck ausgestellt hat, § 50 Abs. 1 S. 1 EStDV.

264 Im Jahr 2013 sind durch die Finanzverwaltung neue Muster und Hinweis zur Verwendung der Muster erlassen worden, die grundsätzlich ab dem 1. 1. 2014 anzuwenden sind.[198] Diese entsprechen den gesetzlichen Anforderungen und sind durch den steuerbegünstigten Verein zu verwenden.

265 Die Zuwendungsbestätigung ist vom vertretungsberechtigten Vertreter zu unterschreiben, sofern nicht dem Finanzamt die Verwendung einer maschinell erstellten Zuwendungsbestätigung, bei der die eigenhändige Unterschrift einer zeichnungsberechtigten Person fehlen kann, angezeigt wurde; die Erfüllung der Voraussetzungen für die Erstellung von maschinell erstellten Zuwendungsbestätigungen ist gegenüber dem Finanzamt zu bestätigen.[199]

266 Nach § 50 Abs. 7 EStDV muss der steuerbegünstigte Verein die Vereinnahmung der Zuwendung und ihre zweckentsprechende Verwendung ordnungsgemäß aufzeichnen und ein Doppel der Zuwendungsbestätigung aufbewahren. Bei Sachzuwendungen und beim Verzicht auf die Erstattung von Aufwand müssen sich aus den Aufzeichnungen auch die Grundlagen für den vom steuerbegünstigten Verein bestätigten Wert der Zuwendung ergeben.

267 Für bestimmte nachfolgend aufgeführte Fälle reicht ein Bareinzahlungsbeleg oder die Buchungsbestätigung eines Kreditinstituts als Nachweis, sodass **keine Zuwendungsbestätigung** ausgestellt werden muss (§ 50 Abs. 4 EStDV):

1. die **Zuwendung zur Hilfe in Katastrophenfällen** innerhalb eines Zeitraums, den die obersten Finanzbehörden der Länder im Benehmen mit dem BMF bestimmen, wenn auf ein für den Katastrophenfall eingerichtetes Sonderkonto eines inländischen amtlich anerkannten Verbandes der freien Wohlfahrtspflege einschließlich seiner Mitgliedsorganisationen eingezahlt worden ist oder bis zur Einrichtung des Sonderkontos auf ein anderes Konto des Zuwendungsempfängers geleistet wird. Wird die Zuwendung über ein als Treuhandkonto geführtes Konto eines Dritten auf eines der genannten Sonderkonten geleistet, genügt als Nachweis der Bareinzahlungsbeleg oder die Buchungsbestätigung des Kreditinstituts des Zuwendenden zusammen mit einer Kopie des Barzahlungsbelegs oder der Buchungsbestätigung des Kreditinstituts des Dritten;
2. die **Zuwendung, die 300 EUR nicht übersteigt,** wenn der steuerbegünstigte Zweck, für den die Zuwendung verwendet wird, und die Angaben über die Freistellung des Empfängers von der Körperschaftsteuer auf einem von ihm hergestellten Beleg aufgedruckt sind und darauf angegeben ist, ob es sich bei der Zuwendung um eine Spende oder einen Mitgliedsbeitrag handelt.

---

[198] BMF 7. 11. 2013, BStBl. I 1333; eine Übergangsfrist, in der noch die vorigen Muster verwendet werden konnten, galt nur bis zum 31. 12. 2014, vgl. BMF 26. 3. 2014, BStBl. I 791.
[199] EStR 10b.1 Abs. 4.

4. Spendenhaftung

Der Spender kann bei Vorliegen einer ordnungsgemäß ausgestellten Zuwendungsbestätigung den **Spendenabzug beanspruchen,** auch wenn der steuerbegünstigte Verein als Empfänger der Spende diese ggf. **fehlverwendet** hat oder die **Anerkennung der Gemeinnützigkeit widerrufen** wurde und insoweit die Voraussetzungen für den Spendenabzug eigentlich nicht vorliegen würden. Der Spender genießt nach § 10b Abs. 4 EStG – zumindest bei Gutgläubigkeit[200] – Vertrauensschutz.[201] 268

Als Ausgleich wird jedoch der steuerbegünstigte Verein in die **Haftung** für die entgangene Steuer genommen. Dabei wird nach der sog. Ausstellerhaftung und der sog. Veranlasserhaftung differenziert. 269

Die **Ausstellerhaftung** betrifft die Sachverhalte, bei denen vorsätzlich oder grob fahrlässig eine unrichtige Bestätigung ausgestellt wurde. Im Rahmen der Ausstellerhaftung haftet grundsätzlich nur der steuerbegünstigte Verein als derjenige, der nach außen in Erscheinung tritt, hingegen nicht die für ihn handelnden (natürlichen) Personen. Demnach ist nicht für die Haftung maßgebend, wer tatsächlich die Zuwendungsbestätigung ausgestellt hat. Eine natürliche Person könnte aber beispielsweise dann als Haftungsschuldner für die Ausstellerhaftung in Betracht kommen, wenn diese Person vorgibt, für eine vermeintlich spendenbegünstigte Zuwendungsempfängerin zu handeln oder sie außerhalb des ihr zugewiesenen Wirkungskreises gehandelt hat.[202] 270

Die **Veranlasserhaftung** kommt hingegen dann zum Tragen, wenn die Zuwendung nicht zu den angegebenen Zwecken verwendet wird, zB für den Ausgleich von Verlusten im steuerpflichtigen wirtschaftlichen Geschäftsbetrieb oder der Vermögensverwaltung. Unter Umständen liegt jedoch auch dann eine Fehlverwendung vor, wenn die Kosten für die Verwaltung oder für Werbung unangemessen hoch sind, hierin eine Mittelfehlverwendung zu sehen ist und die Zuwendungen für diese Ausgaben verwendet werden. Von diesem Haftungstatbestand werden demnach Mittelfehlverwendungen hinsichtlich der erhaltenen Zuwendungen erfasst.[203] Bei der Veranlasserhaftung ist nach dem Gesetzeswortlaut vorrangig der steuerbegünstigte Verein als Zuwendungsempfänger in Anspruch zu nehmen. Das Verhalten derjenigen Person, die die Verwendung veranlasst hat, wird dabei dem Verein zugerechnet. Allerdings können auch die natürlichen Personen nach der gesetzlichen Formulierung zumindest nachrangig in die Haftung genommen werden, § 10b Abs. 4 S. 4 EStG. Durch das Ehrenamtsstärkungsgesetz wurde die Regelung zur Veranlasserhaftung mit Wirkung zum 1.1.2013 neu formuliert. Nun heißt es dort, wer vorsätzlich oder grob fahrlässig eine unrichtige Bestätigung ausstellt oder veranlasst, dass Zuwendungen nicht zu den in der Bestätigung angegebenen steuerbegünstigten Zwecken verwendet werden, haftet für die entgangene Steuer. Materiell hat diese Änderung zur Folge, dass nur noch derjenige haftet, der eine solche zweckfremde Verwendung vorsätzlich oder grob fahrlässig veranlasst hat. 271

Die **Haftungssumme** ist gesetzlich geregelt und beträgt sowohl bei der Aussteller- als auch bei der Veranlasserhaftung pauschal **30 % des zugewendeten Betrags.** Soweit die Spende aus einem Gewerbebetrieb geleistet wurde, wird zudem nach § 9 Nr. 5 S. 16 GewStG ein Haftungsbetrag iHv 15 % des zugewendeten Betrags geschuldet. Bei der Ausstellerhaftung ist die Bemessungsgrundlage für die Festsetzung des Haftungsbetrages der Umfang der Zuwendungen, für die eine unrichtige Zuwendungsbestätigung ausgestellt wurde. Bei der Veranlasserhaftung wird der Haftungsbetrag nach den fehlverwendeten Zuwendungen bemessen.[204] 272

---

[200] Wallenhorst/Halaczinsky/*Wallenhorst* E Rn. 135.

[201] Hinsichtlich Zuwendungen von steuerbegünstigten Körperschaften untereinander vgl. auch § 58a AO, der iRd Jahressteuergesetzes 2020 neu in die Abgabenordnung aufgenommen wurde.

[202] Fuhrmann/Kraeusel/Schiffers/*Feldgen/Kiehl* EStG § 10b Rn. 89.

[203] Fuhrmann/Kraeusel/Schiffers/*Feldgen/Kiehl* EStG § 10b Rn. 85.

[204] Fuhrmann/Kraeusel/Schiffers/*Feldgen/Kiehl* EStG § 10b Rn. 88.

273 Sofern ein solcher Haftungstatbestand eintritt, wird der Haftungsbescheid von dem zuständigen Finanzamt des steuerbegünstigten Vereins erlassen. Die Prüfung der Haftungsfrage erfolgt, sobald dem Finanzamt Tatsachen bekannt werden, die für eine Haftung sprechen.

II. Mitgliedsbeiträge im Steuerrecht

1. Steuerfreie Einnahmen

274 Mitgliedsbeiträge sind die Beiträge, die von Vereinsmitgliedern aufgrund der Satzung lediglich in ihrer Eigenschaft als Mitglieder erhoben werden (zur zivilrechtlichen Beurteilung → § 5 Rn. 126 ff.; → § 10 Rn. 112 ff.). Bei der Ermittlung des zu versteuernden Einkommens im Rahmen der Körperschaftsteuer bleiben diese Einnahmen nach § 8 Abs. 5 KStG unberücksichtigt. Insoweit besteht eine **sachliche Befreiung** für Mitgliedsbeiträge. Bei steuerbegünstigten Vereinen ist diese sachliche Befreiung jedoch nicht von Bedeutung, da sie nur mit dem Einkommen aus den steuerpflichtigen wirtschaftlichen Geschäftsbetrieben der Körperschaftsteuer unterliegen.

Hinweis:

Aufgrund dessen ist bei steuerbegünstigten Vereinen für die Körperschaftsteuer die Unterscheidung zwischen **echten und unechten Mitgliedsbeiträgen** zumindest im Rahmen der Steuererklärung von geringerer Bedeutung als für nicht steuerbegünstigte Vereine.

275 **Echte Mitgliedsbeiträge** dürfen einem Verein nicht für die Wahrnehmung besonderer geschäftlicher Interessen oder für Leistungen zugunsten seiner Mitglieder dienen. Sie dienen vielmehr dazu, den Verein in die Lage zu versetzen, aufgrund seiner Satzung die allgemeinen Vereinszwecke zu erfüllen. Daher steht es einem echten Mitgliedsbeitrag entgegen, wenn die Höhe des Beitrags von der Inanspruchnahme von Leistungen durch die Vereinsmitglieder abhängig gemacht wird.[205]

276 Sofern ein Verein auch der wirtschaftlichen Förderung seiner Mitglieder dient und ihnen Vorteile vermittelt, sind diese Beiträge an den Verein keine echten Mitgliedsbeiträge. Vielmehr stellen sie **pauschalierte Gegenleistungen** für die Förderung durch den Verein dar. Dies gilt auch dann, wenn der Verein keinen wirtschaftlichen Geschäftsbetrieb unterhält. In diesem Fall sind die Beiträge durch Schätzung in einen steuerfreien Teil, der den echten Mitgliedsbeitrag darstellt, und einen steuerpflichtigen Teil für die Gegenleistung aufzuteilen.[206]

2. Umsatzsteuer

277 Sofern es sich um **echte Mitgliedsbeiträge** handelt, fehlt es nach Auffassung der Finanzverwaltung an einem Leistungsaustausch zwischen dem Verein und dem jeweiligen Mitglied. Danach liegt vielmehr eine **uneigennützige Förderung** des Vereins durch das Mitglied vor; aufgrund dessen handelt es sich um nicht steuerbare Leistungen, sodass sie nicht der Umsatzsteuer unterliegen.[207] Anders ist dies jedoch für die **unechten Mitgliedsbeiträge** zu beurteilen.

278 Der BFH hat in seinem Urteil vom 20.3.2014 jedoch ausgeführt, dass diese Verwaltungsauffassung mit der Rechtsprechung nicht vereinbar sei. Nach der Rechtsprechung des EuGH, der sich der BFH angeschlossen hat, erbringt ein Verein, der seinen Mitgliedern dauerhaft Sportanlagen und damit verbundene Vorteile zur Verfügung stellt, entgeltli-

[205] KStR R 8.11 Abs. 1.
[206] KStR R 8.11 Abs. 3.
[207] UStAE 1.4.

che Leistungen, die die Mitglieder zB durch ihre Jahresbeiträge vergüten, ohne dass es für die Steuerbarkeit dieses Leistungsaustausches darauf ankommt, ob der Verein „auf Verlangen seiner Mitglieder gezielte Leistungen erbringt“.[208] Das heißt nach der Rechtsprechung können Mitgliedsbeiträge an Sportvereine ein Leistungsentgelt für die vom Sportverein erbrachten Dienstleistungen (zB Überlassung des Sportplatzes oder von Sportgeräten) darstellen, auch wenn einige Mitglieder zwar ihren Mitgliedsbeitrag entrichten, die Einrichtungen des Vereins jedoch nicht oder nicht regelmäßig nutzen. Die von der Finanzverwaltung vertretene Auffassung führt hingegen oftmals dazu, dass ein nicht steuerbarer Mitgliedsbeitrag vorliegt. Diese Thematik und deren Entwicklung dürfte daher weiterhin zu beobachten sein.

Werden Mitgliedsbeiträge erhoben, die auch eine **Gegenleistung oder eine entsprechende Sonderzahlung** darstellen, sind diese auch für die Umsatzsteuer aufzuspalten. Der für die Gegenleistung ermittelte Anteil stellt die Bemessungsgrundlage für die Berechnung der Umsatzsteuer dar.[209] 279

Für das Vorliegen echter Mitgliedsbeiträge wird seitens der Finanzverwaltung vorausgesetzt, dass die Beiträge gleich hoch sind oder nach einem für sämtliche Mitglieder verbindlichen Bemessungsmaßstab gleichmäßig errechnet werden. Allein aus der Gleichheit oder aus einem gleichen Bemessungsmaßstab kann jedoch noch nicht auf die Eigenschaft der Zahlungen als echte Mitgliedsbeiträge geschlossen werden.[210] 280

Aufnahmegebühren sind idR wie Mitgliedsbeiträge zu behandeln, da sie wirtschaftlich betrachtet häufig als vorweggenommene Beitragszahlungen anzusehen sind. Sie können daher auch im Fall einer dann enthaltenen Gegenleistung umsatzsteuerpflichtig sein. 281

Hinweis:

Informationsschriften und Mitteilungsblätter, die im Wesentlichen Informationen und Neuigkeiten aus dem Vereinsleben wiedergeben und kostenlos an Mitglieder abgegeben werden, stellen keine steuerbare Leistung des Vereins dar, da kein Leistungsaustausch vorliegt. Dagegen handelt es sich um steuerbare und steuerpflichtige Sonderleistungen, wenn es sich bei den abgegebenen Schriften um Fachzeitschriften (Fachbücher) handelt, die sonst im freien Handel bezogen werden müssten.[211]

Sind die Mitgliedsbeiträge umsatzsteuerbar, so muss beurteilt werden, ob ggf. eine **Steuerbefreiung** in Anspruch genommen werden kann (→ Rn. 187). 282

Bei einer umsatzsteuerpflichtigen Leistung des Vereins steht diesem grundsätzlich der Vorsteuerabzug zu (→ Rn. 195 ff.). 283

3. Zuwendungsbestätigung für Mitgliedsbeiträge

Eine Zuwendungsbestätigung kann nicht nur für Spenden (→ Rn. 262 ff.) ausgestellt werden, sondern grundsätzlich auch für Mitgliedsbeiträge. Dies gilt jedoch nur dann, wenn es sich um einen echten Mitgliedsbeitrag handelt (→ Rn. 275 ff.) Das heißt für Mitgliedsbeiträge, die für die Wahrnehmung besonderer geschäftlicher Interessen der Mitglieder oder für Leistungen entrichtet werden, dürfen keine Zuwendungsbestätigungen ausgestellt werden. 284

Allerdings besteht eine Einschränkung nach dem Zweck, den der Verein verfolgt. Nicht abzugsfähig sind nach § 10b Abs. 1 S. 8 EStG Mitgliedsbeiträge an Vereine, die 285
- den Sport (§ 52 Abs. 2 S. 1 Nr. 21 AO),
- kulturelle Betätigungen, die in erster Linie der Freizeitgestaltung dienen,

[208] BFH MwStR 2014, 579.
[209] UStAE 1.4. Abs. 7.
[210] UStAE 1.4. Abs. 2.
[211] UStAE 1.4 Abs. 6.

– die Heimatpflege und Heimatkunde (§ 52 Abs. 2 S. 1 Nr. 22 AO) oder
– Zwecke iSd § 52 Abs. 2 S. 1 Nr. 23 AO

fördern. In diesen Fällen darf der Verein keine Zuwendungsbestätigungen für Mitgliedsbeiträge ausstellen. Grund hierfür ist, dass bei diesen Zwecken der Gesetzgeber typisierend davon ausgeht, dass mit der Zahlung des Mitgliedschaftsbeitrags nicht die Förderung des (jeweiligen) steuerbegünstigten Zwecks im Vordergrund steht, sondern dem Mitglied der wirtschaftliche Vorteil der Nutzung vereinseigener Anlagen und Einrichtungen eingeräumt wird.[212]

286 Diese Eingrenzung gilt sowohl für den Fall, dass der Verein ausschließlich einen der zuvor genannten Zwecke verfolgt, als auch für den Fall, dass er neben anderen steuerbegünstigten Zwecken auch einen dieser Zwecke verfolgt.[213]

Beispiel:

Der Verein fördert nach seiner Satzung den Sport. In diesem Fall darf er keine Zuwendungsbestätigungen für Mitgliedsbeiträge ausstellen. Sofern er neben dem Sport auch noch die Jugendhilfe fördert, welche in § 52 Abs. 2 Nr. 4 AO genannt ist, darf er ebenfalls keine Zuwendungsbestätigungen für Mitgliedsbeiträge ausstellen, da er auch den Sport fördert.

287 Hinsichtlich der Förderung kultureller Zwecke ist Folgendes zu beachten: Die Förderung von Kunst und Kultur ist nach § 52 Abs. 2 S. 1 Nr. 5 AO als steuerbegünstigter Zweck anerkannt; nach § 10b Abs. 1 S. 8 Nr. 2 EStG darf für Mitgliedsbeiträge für kulturelle Betätigungen, die in erster Linie der Freizeitgestaltung dienen, jedoch keine Zuwendungsbestätigung ausgestellt werden. Ein Verweis auf die Regelung in der AO findet sich dort nicht. Insofern dürfen Zuwendungsbestätigungen für Mitgliedsbeiträge ausgestellt werden, wenn kulturelle Zwecke gefördert werden, die nicht der Freizeitgestaltung dienen.

Beispiel:

Gesangsvereine, Theaterspielvereine und Theaterbesuchsorganisationen fördern eine kulturelle Betätigung, die in erster Linie der Freizeitgestaltung dient. Diese Vereine dürfen keine Zuwendungsbestätigungen für Mitgliedsbeiträge ausstellen. Für Spenden können jedoch Zuwendungsbestätigungen ausgestellt werden.

288 Sofern seitens des Vereins Umlagen und Aufnahmegebühren erhoben werden, werden diese wie Mitgliedsbeiträge behandelt. Dies gilt jedoch nicht für Umlagen zum Ausgleich von Verlusten eines steuerpflichtigen wirtschaftlichen Geschäftsbetriebes.

III. Sponsoring

289 Unter Sponsoring wird üblicherweise die Gewährung von Geld oder geldwerten Vorteilen durch Unternehmen zur Förderung von Personen, Gruppen und/oder Organisationen in sportlichen, kulturellen, kirchlichen, wissenschaftlichen, sozialen, ökologischen oder ähnlich bedeutsamen gesellschaftspolitischen Bereichen verstanden, mit der regelmäßig auch eigene unternehmensbezogene Ziele der Werbung oder Öffentlichkeitsarbeit verfolgt werden. Leistungen eines Sponsors beruhen häufig auf einer vertraglichen Vereinbarung zwischen dem Sponsor und dem Empfänger der Leistungen (Sponsoring-Vertrag), in dem Art und Umfang der Leistungen des Sponsors und des Empfängers geregelt sind.[214]

---

[212] Fuhrmann/Kraeusel/Schiffers/*Feldgen/Kiehl* EStG § 10b Rn. 29.1.
[213] EStR R 10b.1 Abs. 1.
[214] AEAO Nr. 8 zu § 64 Abs. 1 AO; ausführlich zum Sponsoring: *Buchna/Leichinger/Seeger/Brox* S. 291 ff.; *Schauhoff* § 7 Rn. 52–55; *von Maybell* npoR 2019, 250.

1. Ertragsteuerliche Betrachtung

Die im Zusammenhang mit dem Sponsoring erhaltenen Leistungen können bei einem steuerbegünstigten Verein steuerfreie **Einnahmen im ideellen Bereich oder der Vermögensverwaltung, aber auch Einnahmen eines steuerpflichtigen wirtschaftlichen Geschäftsbetriebs** sein. Dies ist abhängig von der konkreten Ausgestaltung des Einzelfalls. 290

Die steuerliche Behandlung beim Verein als Empfänger der Leistungen hängt grundsätzlich nicht davon ab, wie die entsprechenden Aufwendungen beim leistenden Unternehmen behandelt werden, auch wenn diese ggf. ein Indiz darstellen kann.[215] Für die Abgrenzung gelten vielmehr die allgemeinen Grundsätze. 291

Da beim Sponsoring grundsätzlich eine **Gegenleistung** erbracht wird, scheidet zumeist die Einordnung in den ideellen Bereich und somit als Spende aus; denn Voraussetzung für das Vorliegen einer Spende ist, dass diese ohne Gegenleistung erfolgt. Vielmehr wird es grundsätzlich um die Abgrenzung gehen, ob es sich um eine bloße **Duldungsleistung** handelt, bei der keine (Zusatz-)Leistungen vonseiten des Vereins erbracht werden, oder ob der steuerbegünstigte Verein bereits **aktiv** an der Leistung mitwirkt. Bei einer Duldungsleistung liegt grundsätzlich Vermögensverwaltung vor, anderweitig wird ein **steuerpflichtiger wirtschaftlicher Geschäftsbetrieb begründet.** Allerdings liegt nach Auffassung der Finanzverwaltung dann keine Gegenleistung vor, wenn der Empfänger der Leistung zB auf Plakaten, Veranstaltungshinweisen, in Ausstellungskatalogen oder in anderer Weise auf die Unterstützung durch einen Sponsor lediglich hinweist. Dieser Hinweis kann unter Verwendung des Namens, des Emblems oder Logos des Sponsors, jedoch ohne besondere Hervorhebung, erfolgen. Entsprechende Sponsoringeinnahmen sind nach Auffassung der Finanzverwaltung nicht als Einnahmen eines steuerpflichtigen wirtschaftlichen Geschäftsbetriebes oder der Vermögensverwaltung anzusehen.[216] Dies stellt insofern eine Billigkeitsregelung der Finanzverwaltung dar. Eine Abgrenzung, in welchen Fällen die vorgenannte Grenze der Hervorhebung überschritten ist, ist oftmals schwierig. 292

Beispiel:

Es liegt kein wirtschaftlicher Geschäftsbetrieb vor, wenn der steuerbegünstigte Verein dem Sponsor nur die Nutzung seines Namens zu Werbezwecken oder zur Imagepflege gestattet, dh der Sponsor weist lediglich auf seine Leistungen an den Verein hin.

Ein wirtschaftlicher Geschäftsbetrieb liegt auch dann nicht vor, wenn der Verein auf die Unterstützung durch einen Sponsor lediglich hinweist. Dieser Hinweis kann unter Verwendung des Namens, des Emblems oder des Logos des Sponsors erfolgen, jedoch ohne diese besonders hervorzuheben.[217] 293

Beispiel:

Der Verein weist auf Plakaten, Veranstaltungshinweisen, in Ausstellungskatalogen oder in anderer Weise darauf hin, dass der Sponsor ihn unterstützt hat. Dabei kann jedoch die Einordnung durchaus davon abhängen, in welcher Form oder Größe der Hinweis gestaltet ist und ob hierdurch möglicherweise schon das Kriterium „ohne besondere Hervorhebung" überschritten wird. So kann ein kleiner Hinweis auf Plakaten anders gewertet werden als ein Hinweis, der einen wesentlichen Raum auf dem Plakat einnimmt.[218]

Ein steuerpflichtiger wirtschaftlicher Geschäftsbetrieb liegt dagegen vor, wenn der Verein an den Werbemaßnahmen aktiv mitwirkt. 294

---

[215] Wallenhorst/Halaczinsky/*Wallenhorst* F Rn. 68; AEAO Nr. 9 zu § 64 Abs. 1 AO; OFD Frankfurt 7.5. 2003, DStR 2003, 1206.
[216] AEAO Nr. 10 zu § 64 Abs. 1 AO.
[217] Wallenhorst/Halaczinsky/*Wallenhorst* F Rn. 70; AEAO Nr. 10 zu § 64 Abs. 1 AO.
[218] *Von Maybell* npoR 2019, 250 (252).

Beispiele:

Der steuerbegünstige Verein schließt selbst die Verträge mit den Werbepartnern (Sponsoren) ab und erbringt die Werbeleistung unmittelbar selbst.[219] Grundsätzlich wird auch dann ein steuerpflichtiger wirtschaftlicher Geschäftsbetrieb begründet, wenn ein Unternehmer einem Sportverein Trikots mit Werbeaufdruck zur Verfügung stellt und der Sportverein diese Trikots im Rahmen von Spielen, Veranstaltungen oÄ trägt. Gleiches gilt beispielsweise auch für den Fall, dass ein Sponsor einem Sportverein einen Zuschuss für ein Turnfest hingibt, verbunden mit der Verpflichtung, neben dem Hinweis auf den Sponsor in der Ankündigung/auf dem Plakat noch einen Werbeslogan abzudrucken; auch in diesem Fall wird ein steuerpflichtiger wirtschaftlicher Geschäftsbetrieb begründet.[220]

295 Dagegen ist keine aktive Werbeleistung anzunehmen, wenn das Anzeigengeschäft oder die sonstigen Werberechte im Ganzen oder in abgrenzbaren Teilen an Werbeagenturen verpachtet werden[221] oder auf der Homepage des steuerbegünstigten Vereins zwar der Name, das Logo etc. des Sponsors aufgenommen wurde, aber keine Verlinkung zum Sponsor oder anderweitige Hervorhebung erfolgt.

296 Die Abgrenzung „aktiv/passiv" ist fließend; es bedarf für jeden Einzelfall einer gesonderten Prüfung.

2. Umsatzsteuerliche Betrachtung

297 Hinsichtlich der Umsatzsteuer wird grundsätzlich auf die ertragsteuerliche Einordnung abgestellt, dh dass im Fall einer der Vermögensverwaltung zuzuordnenden **Duldungsleistung** grundsätzlich der **ermäßigte Steuersatz** gem. § 12 Abs. 2 Nr. 8 lit. a UStG zur Anwendung kommen kann. Aufgrund der neueren Rechtsprechung des BFH zum Umsatzsteuersatz für die Vermögensverwaltung wird die Anwendung des ermäßigten Steuersatzes jedoch nicht mehr uneingeschränkt möglich sein; die Anwendung des Urteils durch die Finanzverwaltung bleibt derzeit noch abzuwarten[222] (→ Rn. 189 ff.). Bei einem aktiven Tun des steuerbegünstigten Vereins (zB bei Banden- oder Trikotwerbung, Anzeigen, Vorhalten von Werbedrucken, Lautsprecherdurchsagen, Überlassung von Eintrittskarten oÄ) wird regelmäßig ein **steuerpflichtiger wirtschaftlicher Geschäftsbetrieb** begründet, sodass diese Leistungen in jedem Fall der Besteuerung mit dem **Regelsteuersatz** von derzeit 19% unterliegen.[223]

298 Nach den Ausführungen im UStAE gilt, dass, sofern der Empfänger von Zuwendungen aus einem Sponsoringvertrag auf Plakaten, in Veranstaltungshinweisen, in Ausstellungskatalogen, auf seiner Internetseite oder in anderer Weise auf die Unterstützung durch den Sponsor lediglich hinweist, er insoweit keine Leistung im Rahmen eines Leistungsaustausches erbringt. Dieser Hinweis kann unter Verwendung des Namens, Emblems oder Logos des Sponsors, jedoch ohne besondere Hervorhebung oder Verlinkung zu dessen Internetseiten, erfolgen.[224]

299 Die **Bemessungsgrundlage** ist bei einer Geldleistung das Entgelt, bei einer Sachleistung ist dies der gemeine Wert der Sachleistung des Sponsors (§ 10 Abs. 2 UStG). Der Sponsor und der steuerbegünstigte Verein sind berechtigt, für ihre jeweils erbrachten Leistungen eine Rechnung zu erteilen, in der auch die Umsatzsteuer gesondert ausgewiesen wird. Die Zulässigkeit des Vorsteuerabzugs bemisst sich dann nach den allgemeinen Regelungen (→ Rn. 195 ff.).

300 Eine Besonderheit im Bereich des Sponsorings betrifft die kostenlose Überlassung von Werbemobilen des Sponsors an den steuerbegünstigten Verein mit der Verpflichtung, die-

[219] BFH BStBl. II 2008, 949.
[220] OFD Karlsruhe 29.2.2016, BeckVerw 325159.
[221] BFH BStBl. II 2008, 949 (950).
[222] *Fritz* Stiftung & Sponsoring Rote Seiten 5/2014, 32; eine Veröffentlichung im BStBl. erfolgte bislang nicht.
[223] OFD Karlsruhe 29.2.2016, BeckVerw 325159.
[224] UStAE 1.1. Abs. 23.

ses werbewirksam einzusetzen. Der steuerbegünstigte Verein trägt dabei die laufenden Kosten des Fahrzeugs.

Die Fahrzeugüberlassung ist als tauschähnlicher Umsatz nach § 3 Abs. 12 UStG umsatzsteuerpflichtig.[225] Die Überlassung des Kfz an den Verein stellt eine Lieferung seitens des Sponsors dar. Die Bemessungsgrundlage für die Berechnung der Umsatzsteuer für die Leistungen des Sponsors sind die Anschaffungskosten des Kfz. Hierbei bleiben jedoch die Aufwendungen für die Anbringung der Werbung am Kfz unberücksichtigt.[226] Die Umsatzsteuer entsteht nach § 13 Abs. 1 Nr. 1 lit. a S. 4 UStG in dem Voranmeldungszeitraum, in dem das Fahrzeug an den steuerbegünstigten Verein übergeben wurde.[227] 301

Der Verein hat für seine erbrachten Leistungen (Werbeleistung aufgrund des Fahrens mit dem überlassenen Kfz) wiederum eine Rechnung an den Sponsor zu stellen. Bemessungsgrundlage für diese (Werbe-)Leistung ist der Wert der Fahrzeuglieferung, dh der Einkaufspreis des Fahrzeugs. Die Leistung unterliegt der Besteuerung mit dem Regelsteuersatz von derzeit 19%. Aufgrund dieser Vorgehensweise liegt der tauschähnliche Umsatz vor. Soweit keine Anhaltspunkte für eine abweichende Beurteilung ersichtlich sind, ist davon auszugehen, dass sich Leistung und Gegenleistung gleichwertig gegenüberstehen.[228] 302

Hinsichtlich des Werbemobils ist noch Folgendes zu beachten: Die Gegenleistung des Vereins führt zur ertragsteuerlichen Begründung eines wirtschaftlichen Geschäftsbetriebes, wenn dieser aktiv an der Werbemaßnahme mitwirkt. Dies ist dann der Fall, wenn der Verein vertraglich verpflichtet ist, das Fahrzeug über den zu eigenen Zwecken notwendigen Umfang hinaus einzusetzen oder es werbewirksam abzustellen, Pressekonferenzen zu veranstalten und Kontakte zwischen potentiellen Werbeträgern und dem Werbeunternehmer herzustellen.[229] 303

Der Vorsteuerabzug ist grundsätzlich im Rahmen des § 15 UStG gegeben.[230] 304

G. E-Bilanz für steuerbegünstigte Vereine

Der Gesetzgeber hat Ende des Jahres 2008 unter dem Motto **„Elektronik statt Papier“** Neuerungen eingeführt, die die Kommunikation zwischen Fiskus und Steuerbürger auf ganz neue Grundlagen stellen. Danach müssen bilanzierende Unternehmen ihre **Bilanz,** ihre **Gewinn- und Verlustrechnung** und ggf. eine **Überleitungsrechnung** elektronisch übermitteln (sog. E-Bilanz, § 5b EStG). Die bisher vorgeschriebene Übermittlung in Papierform entfällt. 305

Von dieser Regelung sind auch steuerbegünstigte Vereine betroffen, wenn bei ihnen die gesetzlichen Voraussetzungen vorliegen. Insbesondere enthält oftmals die Vereinssatzung eine Regelung, wonach der Verein zu bilanzieren hat. 306

Die Inhalte der Bilanz sowie der Gewinn- und Verlustrechnung sind in diesen Fällen in Form eines von der Finanzverwaltung vorgeschriebenen Datensatzes nach dem sog. **XBRL-Standard,** einem Standard für den elektronischen Datenaustausch, zu übermitteln. Die Struktur, aus der ein XBRL-Informationspaket besteht, wird mittels einer sog. **Taxonomie** genau bestimmt. Die Datensätze müssen also der steuerlichen XBRL-Taxonomie entsprechen. 307

Die Taxonomie definiert die verschiedenartigen Elemente, wie die einzelnen Positionen von Bilanz und Gewinn- und Verlustrechnung, als auch ihre Beziehungen zueinander. Im Wesentlichen ist darunter ein erweiterter Kontenrahmen zu verstehen, den die Finanzver- 308

[225] BFH DStR 2008, 1277 (1279).
[226] BFH DStR 2008, 1277 (1280).
[227] LfSt Bayern 11.8.2020, BeckVerw 482973.
[228] LfSt Bayern 11.8.2020, BeckVerw 482973.
[229] LfSt Bayern 11.8.2020, BeckVerw 482973.
[230] LfSt Bayern 11.8.2020, BeckVerw 482973; OFD Karlsruhe 19.2.2015, BeckVerw 296049.

waltung als Mindeststandard definiert. Diese Taxonomie wird auch die Gliederungstiefe innerhalb der Gewinn- und Verlustrechnung vorgeben.

309 Für steuerbegünstigte Vereine stellte sich die Frage, ob sie lediglich einen Datensatz für ihre steuerpflichtigen wirtschaftlichen Geschäftsbetriebe oder ob sie einen Datensatz für den Verein mit seinen sämtlichen Aktivitäten übermitteln müssen.

310 Die Finanzverwaltung hatte sich hierzu längere Zeit nicht abschließend geäußert. In dem Schreiben vom 28. 9. 2011[231] hieß es diesbezüglich, dass, wenn bei einer von der Körperschaftsteuer oder Gewerbesteuer befreiten Körperschaft sich die Befreiung nur auf einen Teil der Einkünfte der Körperschaft erstreckt, zB nach § 5 Abs. 1 Nr. 9 KStG, und von der Körperschaft eine Bilanz sowie eine Gewinn- und Verlustrechnung aufzustellen ist, **dieser Datensatz** durch Datenfernübertragung zu übermitteln ist. Es war jedoch grundsätzlich interpretationsfähig, auf was sich „dieser Datensatz" bezieht.[232]

311 Die Finanzverwaltung hat in dem Schreiben vom 19. 12. 2013[233] Stellung genommen, in welchen Fällen und für welche Bereiche eine steuerbegünstigte Körperschaft überhaupt eine E-Bilanz erstellen muss. Im Ergebnis ergibt sich hieraus, dass die E-Bilanz nicht aufgestellt und übermittelt werden muss, wenn der steuerbegünstigte Verein neben den ideellen Tätigkeiten keine der Körperschaft- und Gewerbesteuer unterliegenden wirtschaftlichen Geschäftsbetriebe unterhält (dh Zweckbetriebe oder steuerpflichtige Geschäftsbetriebe, deren Einnahmen iSd § 64 Abs. 3 AO 45.000 EUR nicht übersteigen) und der seinen Gewinn durch Einnahmenüberschussrechnung iSd § 4 Abs. 3 EStG ermittelt. Sofern jedoch steuerpflichtige wirtschaftliche Geschäftsbetriebe über die Grenze von 45.000 EUR unterhalten werden und entweder eine Bilanzierungspflicht besteht oder freiwillig eine Bilanzierung erfolgt oder die Grenzen des § 141 AO überschritten sind, muss der steuerbegünstigte Verein eine E-Bilanz übermitteln. Der zu übermittelnde Datensatz bezieht sich jedoch nur auf den steuerpflichtigen Teilbereich.

312 Die Finanzverwaltung hat in ihrem Schreiben vom 13. 6. 2014[234] ausgeführt, dass steuerbegünstigte Körperschaften folgende Berichtsteile übermitteln können:

- Zusätzlich zu den originären Berichtsteilen für die Gesamtkörperschaft kann im Berichtsbestandteil „Steuerliche Gewinnermittlung für besondere Fälle" die Datenstruktur der Berichtsteile „Bilanz" und „G + V" für den steuerrelevanten Geschäftsbereich genutzt werden.
- Soll lediglich eine Bilanz ausschließlich für den partiell steuerpflichtigen Teilbereich übermittelt werden, so ist für die Datenübermittlung nur der Berichtsbestandteil „Steuerliche Gewinnermittlung für besondere Fälle" zu verwenden (Übermittlung ausschließlich steuerlicher Werte). Hierbei besteht die Option, sowohl Bilanz und G + V als auch nur G + V für den partiell steuerpflichtigen Teilbereich nach amtlich vorgeschriebenem Datensatz zu übermitteln.
- Sollte die Gesamtkörperschaft nur eine Gesamtbilanz sowie eine Gesamt-G + V aufgestellt und den Gewinn des partiell steuerpflichtigen Teilbereichs in einer (außerbilanziellen) Nebenrechnung ermittelt haben, ist das Ergebnis der Nebenrechnung im Berichtsteil „Steuerliche Gewinnermittlung für besondere Fälle" zu übermitteln. In der dazugehörigen Erläuterungsposition (Fußnote) ist die Nebenrechnung darzustellen.

313 In der Folgezeit sind regelmäßig weitere BMF-Anwendungsschreiben veröffentlicht worden, in denen insbesondere auf Anpassungen und Neuerungen im Rahmen der jeweiligen Taxonomien hingewiesen wurde.[235]

---

[231] BMF 28. 9. 2011, BStBl. I 855.

[232] So auch *Lay* npoR 2013, 47 (52).

[233] BMF 19. 12. 2013, DStR 2014, 100.

[234] BMF 13. 6. 2014, BStBl. I 886; s. auch *Kressenbrock/Kirch* Stbg 12/2015, 486 (493 ff.); *Weitemeyer/Klene* DStR 2016, 937 (942).

[235] Vgl. zB BMF 25. 6. 2015 – IV C 6 – S 2133-b/11/10016:006; 24. 5. 2016 – IV C 6 – S 2133-b/16/10001:001; 16. 5. 2017 – IV C 6 – S 2133-b/17/10003; 6. 6. 2018 – IV C 6 – S 2133-b/18/10001; 2. 7. 2019 – IV C 6-S 2133-b/19/10001 sowie 23. 7. 2020 – IV C 6 – S 2133-b/20/10002:003.

Mit BMF-Schreiben vom 6.6.2018[236] ist mit der Taxonomie-Version 6.2 beispielweise ein neuer Berichtsteil „steuerlicher Betriebsvermögensvergleich" eingefügt worden, der Taxonomie-Positionen zur Ermittlung und Übermittlung des Gewinns durch Betriebsvermögensvergleich iSd § 4 Abs. 1 S. 1 EStG vorsieht (die Taxonomie-Version 6.2 ist grundsätzlich für die Bilanzen der Wirtschaftsjahre zu verwenden, die nach dem 31.12.2018 beginnen). Die (werthaltige) Übermittlung des Berichtsteils mit der Taxonomie-Version 6.2 war zunächst freiwillig, ist jedoch ab der Taxonomie-Version 6.4 – die grundsätzlich für die Bilanzen der Wirtschaftsjahre zu verwenden sind, die nach dem 31.12.2020 beginnen – für den Steuerpflichtigen verpflichtend, und zwar für alle Taxonomiearten.[237] 314

Mit der Veröffentlichung der Taxonomie-Version 6.4 (mit BMF-Schreiben vom 23.7.2020) wurde zudem – erstmals – eine Vorschau auf die (kommende) Taxonomie-Version 6.5 bereitgestellt, die insbesondere Hinweise enthält betreffend eine optimierte Abbildung für Sachverhalte mit einer stillen Beteiligung.[238] 315

Hinweis:

Die E-Bilanz ist für Geschäftsjahre abzugeben, die nach dem 31.12.2011 enden, wobei es durch die Finanzverwaltung nicht beanstandet wurde, wenn für das Wirtschaftsjahr 2012 noch keine elektronische Übermittlung erfolgte. Für steuerbegünstigte Körperschaften bestand eine weitere Übergangsregelung, nach der die E-Bilanz erstmals für Wirtschaftsjahre, die nach dem 31.12.2014 beginnen, durch Datenfernübertragung zu übermitteln ist.[239] Aufgrund des Ablaufs der in der Übergangsregelung genannten Frist müssen steuerbegünstigte Vereine ebenfalls eine E-Bilanz abgeben.

[236] IV C 6 – S 2133-b/18/10001.
[237] BMF-Schreiben vom 23.7.2020 – IV C 6 – S 2133-b/20/10002:003.
[238] Vgl. zur Übermittlungspflicht in Fällen atypisch stiller Gesellschaften auch das BMF-Schreiben vom 24.11.2017 – IV C 6 – S 2133-b/17/10004.
[239] BMF 28.9.2011, BStBl. I 855; 19.12.2013, DStR 2014, 100.

§ 15. Der Verein als Arbeitgeber

Übersicht

Schrifttum:

Ascheid/Preis/Schmidt, Kündigungsrecht, 6. Aufl. 2021; *Bauer/Lingemann/Diller/Haußmann,* Anwalts-Formularbuch Arbeitsrecht, 7. Aufl. 2020; *Küttner,* Personalbuch 2021, 28. Aufl. 2021; *Lunk,* AnwaltFormulare Arbeitsrecht, 4. Aufl. 2021.

A. Einführung

1 Oftmals ist es in der Vereinsarbeit notwendig, Arbeitnehmer[1] zu beschäftigen, um die unterschiedlichen Aufgaben, die innerhalb eines Vereins anfallen, erledigen zu können. Arbeitgeber ist dann der Verein. Die dabei bestehenden Rechte und Pflichten des Vereins als Arbeitgeber sind ebenso vielschichtig und umfangreich wie die Rechte und Pflichten der Arbeitnehmer.

2 Letztlich gelten auch hinsichtlich der in einem Verein angestellten Mitarbeiter die allgemeinen zivilrechtlichen Vorschriften nebst den arbeitsrechtlichen Spezialgesetzen. Häufig jedoch sind die mit dem Abschluss von Arbeits- und Übungsleiterverträgen befassten Mitarbeiter oder Vorstände eines Vereins mit der rechtlichen Ausgestaltung der unterschiedlichen Arbeitsverhältnisse überfordert. Gerade die Behandlung der lohn- und sozialversicherungsrechtlichen Aspekte erfordert erhebliches Hintergrundwissen.

3 Auch aufgrund der sich ständig ändernden Rechtsprechung im Bereich des Arbeitsrechts und der oftmals in Vereinen vorherrschenden sozialversicherungsfreien Beschäftigungsverhältnisse besteht zudem die Gefahr, dass es bei einer Überprüfung durch die Deutsche Rentenversicherung Bund oder das Finanzamt im Nachhinein zu einem bösen Erwachen und zu erheblichen Nachforderungen im Bereich der Sozialversicherung und Lohnsteuer kommen kann, die sowohl Arbeitnehmer als auch Arbeitgeber betreffen können.

4 Neben den sozialversicherungs- und lohnsteuerrechtlichen Aspekten sind in im Zuge der Globalisierung und Digitalisierung zudem Kenntnisse im Bereich des allgemeinen Gleichbehandlungsgesetzes und des Bundesdatenschutzgesetzes erforderlich, um eine reibungslose Abwicklung von Arbeitsverhältnissen oder sonstigen Beschäftigungsformen gewährleisten zu können.

5 Die nachfolgenden Ausführungen sollen einen Überblick über die wesentlichen arbeitsrechtlichen Problemfelder geben, um die genannten Gefahren zu erkennen und – wenn möglich – zu bewältigen.

[1] Der einfachen Lesbarkeit halber wird das Maskulinum verwendet. Gemeint ist selbstverständlich jeweils sowohl die weibliche als auch die männliche Form.

B. Arbeitsrecht einschließlich lohn- und sozialversicherungsrechtlicher Fragestellungen

I. Beschäftigungsmöglichkeiten – Abgrenzung Arbeitnehmer/Selbständige/arbeitnehmerähnliche Personen

Dem Grundsatz der allgemeinen Vertragsfreiheit folgend, können verschiedenste vertragliche Gestaltungen bei der Beschäftigung von Mitarbeitern im Verein möglich sein. Entscheidend hierbei ist in erster Linie die Abgrenzung zwischen **Arbeitnehmern** und **freien Mitarbeitern,** die gerade im Bereich der Vereinsarbeit ebenso häufig eingesetzt werden. 6

Durch das **Merkmal der selbständigen (unternehmerischen) Tätigkeit** unterscheidet sich der freie Mitarbeiter grundlegend von dem in persönlicher Abhängigkeit stehenden Arbeitnehmer, der seine Arbeitsleistung im Rahmen einer von Dritten bestimmten Arbeitsorganisation erbringt.[2] Arbeitnehmer leisten **fremdbestimmte Arbeit,** sie unterscheiden sich von freien Mitarbeitern durch ihre **Weisungsgebundenheit.** Selbständiger – und damit freier Mitarbeiter – ist, wer im Wesentlichen frei seine Tätigkeit gestalten und seine Arbeitszeit bestimmen kann. Unselbständig und deshalb persönlich abhängig ist dagegen der Mitarbeiter, dem dies nicht möglich ist. Maßgeblich für ein Arbeitsverhältnis ist insbesondere, dass der Arbeitgeber innerhalb eines bestimmten zeitlichen Rahmens über die Arbeitsleistung des Mitarbeiters verfügen kann.[3] Für die rechtliche Einordnung ist die von den Parteien getroffene Bezeichnung nicht entscheidend, abzustellen ist vielmehr auf die **praktische Durchführung des Vertrages.** Widersprechen sich Vertragsbezeichnung und Vertragsdurchführung, so ist in die tatsächliche Durchführung des Vertrages maßgeblich. Zur Würdigung eben dieser bedarf es einer wertenden Gesamtbetrachtung aller für die rechtliche Einordnung der Vertragsbeziehung wesentlichen Umstände. Diese Einordnung ist für die weitere Vertragsdurchführung von entscheidender Bedeutung, zieht doch die Qualifizierung eines Beschäftigungsverhältnisses als Arbeitsverhältnis erhebliche Rechtsfolgen nach sich. Zudem kann eine falsche Einstufung als freies Dienstverhältnis zu umfangreichen Nachforderungen durch Sozialversicherungsträger führen und vielfältige Nachfolgeprobleme aufwerfen. Eine, durch eine solche Fehleinschätzung nachfolgende Haftung kann sich nicht nur auf den Verein selbst, sondern unter bestimmten Umständen auch auf den Vorstand oder den mit der Erstellung von Arbeitsverträgen Beauftragten persönlich erstrecken. 7

Neben diesen zwei sich ausschließenden Beschäftigungsformen existiert zudem die Rechtsfigur des sog. arbeitnehmerähnlichen Selbständigen, für den teilweise Arbeitnehmerschutzvorschriften gelten. Diese Form stellt quasi eine Mischform der beiden Alternativen dar. Zur Abgrenzung zwischen Vereinsrecht und Arbeitsrecht → Rn. 220. 8

1. Arbeitnehmer

Ausgangspunkt für die Anwendbarkeit der diversen arbeitsrechtlichen Regelungen ist der Begriff des Arbeitnehmers, der gleichwohl nicht gesetzlich definiert ist. 9

Die Rechtsprechung konkretisiert den Arbeitnehmerbegriff dahingehend, dass **Arbeitnehmer ist,** wer aufgrund eines **privatrechtlichen Vertrages** im Dienste eines anderen zur Leistung **weisungsgebundener, fremdbestimmter Arbeit** mit **persönlicher Abhängigkeit** verpflichtet ist.[4] Maßgeblich für die Abgrenzung zu anderen Beschäftigten und Rechtsverhältnissen sind damit die vertragliche Verpflichtung zur Dienstleistung und die persönliche Abhängigkeit als Ausfluss der Weisungsgebundenheit des Arbeitnehmers. 10

[2] Ständige Rspr. des BAG, vgl. AP BGB § 611 Abhängigkeit Nr. 26.
[3] BAG 26.5.1999 – 5 AZR 469/66.
[4] BAG 20.1.2012 – 5 AZR 99/09.

11 Der Arbeitnehmer erbringt seine vertraglich geschuldete Arbeitsleistung im Rahmen einer von Dritten bestimmten Arbeitsorganisation. Die Eingliederung in die fremde Arbeitsorganisation zeigt sich insbesondere daran, dass der Beschäftigte einem Weisungsrecht seines Vertragspartners (Arbeitgeber) unterliegt. Das Weisungsrecht erstreckt sich auf Inhalt, Durchführung, Zeit, Ort, Dauer der Tätigkeit. Arbeitnehmer ist deshalb derjenige Mitarbeiter, der nicht im Wesentlichen frei seine Tätigkeit gestalten und seine Arbeitszeit bestimmen kann.[5] Konsequenz der **Einordnung** eines Beschäftigungsverhältnisses als **Arbeitsverhältnis ist die Anwendbarkeit sämtlicher arbeitsrechtlicher Vorschriften.**

12 Es kommt jedoch nicht darauf an, wie die Parteien das Vertragsverhältnis definieren oder bezeichnen. Der Status eines Beschäftigten – ob nun Arbeitnehmer, Selbständiger oder freier Mitarbeiter – richtet sich danach, wie das Vertragsverhältnis zwischen den Vertragsparteien objektiv eingeordnet werden kann. Dies ist darauf zurückzuführen, dass die tatsächliche Bewertung einer Rechtsbeziehung als Arbeitsverhältnis durch vertragliche Vereinbarungen nicht abbedungen und der Geltungsbereich der Arbeitnehmerschutzrechte nicht eingeschränkt werden kann.[6] Letztlich ist die Abgrenzung fließend, es muss jeweils konkret der Einzelfall betrachtet und bewertet werden. Eine statische Abgrenzung ist faktisch nicht möglich und verbietet sich deshalb in diesem Bereich. Auch ein Amateursportler in einer Vereinsmannschaft kann Arbeitnehmer sein, wenn die für den Trainings- und Spieleinsatz gezahlten Vergütungen nach dem Gesamtbild der Verhältnisse als Arbeitslohn zu beurteilen sind. Hintergrund ist, dass die Ausübung von Sport grundsätzlich Gegenstand eines Arbeitsverhältnisses sein kann, wobei im Amateurbereich der Sport aber nicht das Entgeltwillens, sondern zur Freizeitgestaltung und zur Stärkung der allgemeinen Leistungsfähigkeit ausgeübt wird. Bei Mannschaftssportarten kann eher von einer Eingliederung und Weisungsgebundenheit der Sportler ausgegangen werden als bei Einzelsportlern, weshalb auch im Bereich von geringbezahlten Amateursportlern das Risiko besteht, dass ein Arbeitsverhältnis angenommen wird. Es sollte hier auf jeden Fall im Rahmen einer entsprechenden Vereinbarung klargestellt werden, dass es sich bei den Zahlungen um Aufwendungsersatz und gerade nicht um Arbeitslohn handelt.

2. Freie Mitarbeiter/Selbständige

13 Der Begriff des freien Mitarbeiters ist in § 84 Abs. 1 S. 2 HGB legal definiert. Danach ist **selbständig,** wer **im Wesentlichen frei seine Tätigkeit gestalten** und seine **Arbeitszeit** bestimmen kann.[7] Auch im Falle von § 84 Abs. 1 S. 2 HGB sind alle Umstände des Falls in Betracht zu ziehen und schließlich in ihrer Gesamtheit zu würdigen. Die heranzuziehenden Anknüpfungspunkte müssen sich den gesetzlichen Unterscheidungsmerkmalen zuordnen lassen. Der objektive Geschäftsinhalt ist den ausdrücklich getroffenen Vereinbarungen und der praktischen Durchführung des Vertrags zu entnehmen. Wiedersprechen sich Vereinbarung und tatsächliche Durchführung, ist letztere – wie bereits oben ausgeführt – maßgebend.

14 Dies bedeutet aber nicht, dass die Vertragstypenwahl der Parteien gänzlich bedeutungslos ist. Kann die vertraglich vereinbarte Tätigkeit typologisch sowohl in einem Arbeitsverhältnis als auch selbständig erbracht werden, ist die Entscheidung der Vertragsparteien für einen bestimmten Vertragstypus im Rahmen der bei jeder Statusbeurteilung erforderlichen Gesamtabwägung aller Umstände des Einzelfalls zu berücksichtigen.[8]

15 Typisch für einen freien Mitarbeiter bzw. selbständig Tätigen ist, dass der freie Mitarbeiter das **sog. eigene Unternehmerrisiko** trägt.[9] Faktisch bedeutet dies, dass regelmäßig dann von freier Mitarbeit gesprochen werden kann, wenn der freie Mitarbeiter gleichzeitig

[5] BAG 9.7.2003 – 5 AZR 95/02.
[6] Küttner Personalbuch 2021/*Röller* Nr. 26 Rn. 3.
[7] Ständige Rspr., BAG 9.6.2010 – 5 AZR 332/09.
[8] BSG BB 1981, 1581.
[9] BSG NZA 1991, 907.

für mehrere Unternehmen tätig ist oder jedenfalls die Möglichkeit hat, für verschiedene Unternehmen tätig sein zu können, ohne dass irgendwelche Wettbewerbsbeschränkungen bestehen.

Rein rechtlich ist zwischen Arbeitgeber und freiem Mitarbeiter ein **Dienstvertrag** abzuschließen, der selbstverständlich die üblichen Regelungen wie Vergütung und Kündigungsfristen beinhaltet. Schuldner der Einkommensteuer und der Sozialversicherungsbeiträge ist der freie Mitarbeiter, der diese auch abzuführen hat. 16

Im Unterschied zum abhängig beschäftigten Arbeitnehmer genießt ein freier Mitarbeiter **nicht den Kündigungsschutz** nach dem Kündigungsschutzgesetz. Gleiches gilt für etwaige Sonderkündigungsschutzvorschriften nach den §§ 168ff. SGB IX, § 9 MuSchG und ähnlichen. 17

Beendet werden kann ein Dienstvertrag mit einem freien Mitarbeiter nach den allgemeinen Vorschriften innerhalb der vertraglich vereinbarten Kündigungsfrist. 18

Gemäß § 7a SGB IV können die Beteiligten – dh sowohl der freie Mitarbeiter als auch der Verein als Auftraggeber – den sozialversicherungsrechtlichen Status bei der sog. **Clearing-Stelle** feststellen lassen. 19

Oftmals empfiehlt sich diese Maßnahme, da ein fälschlich als freie Mitarbeit angeordnetes Arbeitsverhältnis erhebliche rechtliche Folgen – sowohl für Arbeitgeber als auch Arbeitnehmer – nach sich ziehen kann. Kommt man zu dem Ergebnis, dass keine freie Mitarbeit sondern ein Arbeitsverhältnis vorgelegen hat, erlangt der freie Mitarbeiter die Stellung eines Arbeitnehmers mit sämtlichen Rechten und Pflichten. Dies kann zur Folge haben, dass der bisher als freie Mitarbeiter bezeichnete Beschäftigte nur noch Anspruch auf die meist geringere Vergütung vergleichbarer Arbeitnehmer haben kann und deshalb **Rückzahlungsansprüche des Vereins** als Arbeitgeber entstehen. Dieser Rückzahlungsanspruch kann die Differenz zwischen sämtlichen, bereits geleisteten Honorarzahlungen und der in diesem Zeitraum potentiell zu leistenden Vergütung im Rahmen eines Arbeitsverhältnisses umfassen. Die Rückforderung dieser Ansprüche, ebenso wie etwaige Ansprüche des freien Mitarbeiters auf höhere Vergütung, wenn sein Beschäftigungsverhältnis fälschlicherweise als Arbeitsverhältnis eingeordnet wurde, sind begrenzt durch die regelmäßige Verjährung gem. den §§ 195, 199 BGB sowie ggf. durch vertragliche oder tarifvertragliche Ausschlussfristen. 20

Neben der Problematik der Vergütungszahlung zieht eine solch falsche Einordnung auch sozialversicherungsrechtlich erhebliche Konsequenzen nach sich. **Sozialversicherungsbeiträge** sind in einem solchen Fall für das laufende Jahr und die vorangegangenen **vier Jahre gem.** §§ 25, 28e SGB IV vom Arbeitgeber nachzuzahlen. Diese Nachzahlung umfasst die Arbeitgeber- und Arbeitnehmerbeiträge, wobei die Rückforderung der Arbeitnehmerbeiträge insoweit begrenzt ist, soweit sie nicht bei den nächsten drei Gehaltsabrechnungen nachgeholt werden können. Der Hauptanteil des Gesamtsozialversicherungsbeitrages ist im Ergebnis vom Arbeitgeber zu tragen. Es ist also evident, dass das Risiko der falschen Qualifizierung einer Beschäftigung sozialversicherungsrechtlich hauptsächlich den Arbeitgeber trifft. 21

Hinsichtlich der **nicht abgeführten Lohnsteuer haftet der Arbeitgeber ebenfalls** nach § 42d Abs. 1 Nr. 1 iVm § 38 Abs. 3 EStG und kann deshalb neben dem Beschäftigten durch Haftungsbescheid in Anspruch genommen werden. Auch hier können erhebliche Nachforderungen entstehen, die faktische ebenso hauptsächlich vom Verein zu tragen sind. 22

3. Arbeitnehmerähnliche Selbständige

Arbeitnehmerähnliche Personen sind dem Grundsatz nach **Selbständige.** Im Gegensatz zu einem Arbeitnehmer fehlt es bei ihnen an der persönlichen Abhängigkeit. An deren Stelle tritt die **wirtschaftliche Abhängigkeit,** die dann gegeben ist, wenn der Betroffene auf die Verwertung seiner Arbeitskraft und die Einkünfte aus der Dienstleistung zur Sicherung 23 seiner Existenzgrundlage angewiesen ist. Die Rechtsprechung[10] setzt zudem eine gewisse Dauerbeziehung voraus, innerhalb derer der Beschäftigte in seiner gesamten sozialen Stellung nach einem Arbeitnehmer vergleichbar Schutzbedürftig sein muss. Dies ist regelmäßig dann der Fall, wenn das Maß der Abhängigkeit nach der Verkehrsanschauung einen solchen Grad erreicht, der im Allgemeinen nur in einem Arbeitsverhältnis vorkommt und die geleisteten Dienste nach jeder soziologischen Typik mit denen eines Arbeitnehmers vergleichbar sind.[11]

24 **Wirtschaftliche Abhängigkeit iSd Rechtsprechung** liegt dann vor, wenn der Beschäftigte auf die Verwertung seiner Arbeitskraft und die Einkünfte aus der Tätigkeit zur **Sicherung** seiner **Existenzgrundlage** angewiesen ist. Die Schutzbedürftigkeit folgt aus der Höhe der Vergütung, die bloße Gewährung von Verdienstmöglichkeiten nach einer für den selbständig Tätigen geltenden Vergütungsordnung reicht hingegen nicht.

25 Die herrschende Meinung[12] geht davon aus, dass eine wirtschaftliche Abhängigkeit dann zu bejahen ist, wenn die arbeitnehmerähnliche Person überwiegend für einen Arbeitgeber tätig wird oder mit einem Auftraggeber im Durchschnitt mehr als die Hälfte ihres Einkommens aus ihrer gesamten Erwerbstätigkeit erzielt.

26 Als arbeitnehmerähnliche Person hat die Rechtsprechung unter anderem EDV-Fachkräfte, Lehrer und Dozenten, Redakteure, Trainer oder Wirtschaftsberater angesehen. Nicht als arbeitnehmerähnliche Personen werden angesehen Beleghebammen, Rote Kreuz Schwestern, einmalig tätige Künstler oder Golftrainer. Auch hier gilt allerdings, dass eine abschließende Benennung bzw. Abgrenzung nicht möglich ist. Es kommt letztlich – wie so oft – auf den jeweiligen Einzelfall an. Selbstverständlich kommt es hierbei auch auf die jeweilige vertragliche Ausgestaltung an. Diese arbeitnehmerähnlichen Personen können auch als echte Arbeitnehmer bei dem Verein angestellt sein.

27 Die Einordnung als arbeitnehmerähnliche Personen hat die **Zuständigkeit des Arbeitsgerichts** für etwaige Rechtsstreitigkeiten zur Folge, wobei die arbeitsrechtlichen Vorschriften grundsätzlich nicht anwendbar sind, soweit nicht eine spezielle gesetzliche Regelung deren Geltung anordnet.

28 Hierunter fallen insbesondere das Teilzeit- und Befristungsgesetz, das Nachweisgesetz, die Sonderkündigungsschutzbestimmungen sowie das Maßregelungsverbot.

29 Obwohl Arbeitnehmerähnliche als Selbständige zu qualifizieren sind, erstrecken sich einige arbeitsschutzrechtliche Bestimmungen kraft Gesetztes ausdrücklich auch auf diesen Personenkreis. So steht nach § 2 S. 2 BUrlG auch arbeitnehmerähnlichen Personen ein bezahlter Erholungsurlaub von mindestens 24 Werktagen zu, der bei einer Beendigung des Arbeitsverhältnisses abzugelten ist.

30 Darüber hinaus finden zum Teil die Bundesurlaubsgesetze der Länder, das Pflegezeitgesetz, das Betriebsrentengesetz, das Arbeitsschutzgesetz sowie selbstverständlich das Allgemeine Gleichbehandlungsgesetz Anwendung.

31 Die Frage, wie ein Vertragsverhältnis zu einer arbeitnehmerähnlichen Person beendet werden kann richtet sich zunächst danach, ob ein Werk- oder Dienstvertrag vorliegt. Handelt es sich um einen Dienstvertrag, der befristet ist, endet er in jedem Fall mit Ablauf der Zeit, für das das Dienstverhältnis eingegangen worden ist. Handelt es sich um einen unbefristeten Dienstvertrag gelten die allgemeinen Anforderungen des § 621 BGB.

32 Ist der Vertrag als Werkvertrag zu qualifizieren gelten entsprechend die Vorschriften des § 631 BGB, wobei dann, soweit eine Dauerbeziehung vorliegt, eine Ankündigungsfrist von zwei Wochen notwendig sein soll, wenn der Auftraggeber keine weiteren Leistungen mehr abrufen will.

---

[10] BAG NZA 1999, 1175.
[11] BAG 17.1.2006 – 9 AZR 61/05.
[12] *Schubert* RdA 2006, 254.

II. Rechte und Pflichten aus dem Arbeitsverhältnis

Ein Arbeitsvertrag ist ein **Unterfall des Dienstvertrags gem. § 611 BGB.** Es handelt sich hierbei um einen privatrechtlichen Vertrag, durch den sich der Arbeitnehmer zur Leistung von Arbeit unter Leitung und Weisung des Arbeitgebers einerseits und der Arbeitgeber zur Zahlung der vereinbarten Vergütung andererseits verpflichtet. Durch Abschluss des Arbeitsvertrags wird ein Arbeitsverhältnis zwischen Arbeitnehmer und Arbeitgeber begründet. Die **Hauptleistungspflichten stehen in einem synallagmatischen Verhältnis,** das jedoch unter bestimmten Umständen Unterbrechungen erfahren kann. 33

1. Abschluss und Inhalt des Arbeitsvertrags

Ein Arbeitsverhältnis wird nach dem Grundsatz der Vertragsfreiheit begründet. Die Vertragsparteien, hier Arbeitgeber und Arbeitnehmer, sind frei, ob und mit wem sie in welcher Art und Weise ein Vertragsverhältnis eingehen wollen. 34

Für den Abschluss des Arbeitsvertrags gelten die Regelungen des BGB Allgemeiner Teil. 35 Ein **Arbeitsvertrag wird nach Maßgabe der §§ 145 ff. BGB durch Antrag und Annahme geschlossen,** wobei bei Vertragsschluss Einvernehmen hinsichtlich der Vertragsparteien, der Art und des Beginns der vom Arbeitnehmer geschuldeten Arbeitsleistung bestehen soll. Eine Einigung über weitere Inhalte ist nicht erforderlich.

Parteien des Arbeitsvertrags sind auf der einen Seite der **Arbeitnehmer** und auf der 36 anderen Seite der **Arbeitgeber.** Auf Arbeitnehmerseite kann nur eine natürliche Person stehen, wohingegen auf der Arbeitgeberseite Partei des Arbeitsvertrags jede natürliche oder auch juristische Person des öffentlichen und privaten Rechts sowie jede Personengesellschaft sein kann, dies gilt auch für den eingetragenen Verein. Gemäß § 54 BGB wird ein nicht eingetragener Verein wie eine Gesellschaft bürgerlichen Rechts behandelt, kann also auch Arbeitgeber im Rahmen eines Arbeitsverhältnisses sein. Seit dem Grundsatzurteil des Bundesgerichtshofs zur BGB-Gesellschaft vom 29.1.2001 ist mithin klar, dass auch der nichteingetragene Verein zumindest teilrechtsfähig und parteifähig ist.[13] Bei Abschluss des Arbeitsvertrags sind unbedingt die Vertretungsregeln in der Satzung zu beachten. Die Satzung regelt insbesondere auch, ob der Vorstand bzw. das Vorstandsmitglied zum Abschluss des Arbeitsvertrages der Zustimmung der Mitgliederversammlung oder eines anderen Gremiums des Vereins bedarf.

Grundsätzlich besteht für den Abschluss des Arbeitsvertrags **Formfreiheit,** dh, Arbeits- 37 verträge können wirksam mündlich, schriftlich, ausdrücklich oder durch schlüssiges Verhalten abgeschlossen werden. Nur für **befristete Arbeitsverhältnisse** gilt die Ausnahme insoweit, als die darin enthaltene **Befristungsabrede der Schriftform bedarf, § 14 Abs. 4 TzBfG.** § 2 Abs. 1 NachwG sieht allerdings vor, dass die wesentlichen Vertragsbedingungen spätestens einen Monat nach dem vereinbarten Beginn des Arbeitsverhältnisses schriftlich niederzulegen, die Niederschrift zu unterzeichnen und dem Arbeitnehmer auszuhändigen ist. Der zwingende Inhalt der Niederschrift ist durch § 2 Abs. 1 Nr. 1–10 NachwG geregelt. Die Niederschrift muss zumindest

- **Name und Anschrift der Vertragsparteien;**
- Zeitpunkt des **Beginns des Arbeitsverhältnisses;**
- bei befristeten Arbeitsverhältnissen die vorhersehbare **Dauer des Arbeitsverhältnisses;**
- den **Arbeitsort;**
- eine Charakterisierung oder Beschreibung der vom Arbeitnehmer zu leistenden **Tätigkeit;**
- die Zusammensetzung und die Höhe des **Arbeitsentgelts** einschließlich der Zuschläge, Zulagen, Prämien und Sonderzahlungen sowie andere Bestandteile des Arbeitsentgelts und deren **Fälligkeit;**
- die vereinbarte **Arbeitszeit;**

[13] BGH NJW 2001, 1056.

- die Dauer des jährlichen **Erholungsurlaubs;**
- die **Fristen für die Kündigung** des Arbeitsverhältnisses und
- einen in allgemeiner Form gehaltenen **Hinweis auf die Tarifverträge, Betriebs- und Dienstvereinbarungen,** die auf das Arbeitsverhältnis anzuwenden sind,

enthalten.

38 **Verletzt** der Arbeitgeber diese **Nachweispflicht, berührt dies die Wirksamkeit** des Arbeitsvertrages im Übrigen **nicht.**[14] Welche Rechtsfolge eine Verletzung gegen die Vorgaben des Nachweisgesetzes auslöst, regelt das Gesetz selbst nicht. Aus den allgemeinen Regelungen ergibt sich, dass jedenfalls ein Erfüllungsanspruch auf Niederlegung, Unterzeichnung und Aushändigung der Niederschrift durch den Arbeitnehmer geltend gemacht werden kann. Selbstverständlich handelt es sich bei der Verletzung der Nachweispflicht auch um eine **Vertragsverletzung,** die **Schadensansprüche** des Arbeitnehmers gem. §§ 280, 286 BGB auslösen kann, die allerdings im Regelfall schwer darzustellen und zu substantiieren ist. Darüber hinaus kann eine Verletzung der Nachweispflicht zu Beweiserleichterungen zu Gunsten des Arbeitnehmers führen.[15]

39 Der Inhalt des Arbeitsvertrags selbst kann von den Vertragsparteien grundsätzlich frei gestaltet werden. Im Arbeitsrecht wird die Vertragsgestaltung jedoch durch zahlreiche zwingende gesetzliche Bestimmungen und Kollektivverträge eingeschränkt.

40 In der tatsächlichen Praxis wird überwiegend ein vom Arbeitgeber **vorformulierter Arbeitsvertrag** verwendet werden. Bei diesem ist die **Inhaltskontrolle** nach Maßgabe der §§ 305 ff. BGB vorzunehmen. Dies bedeutet insbesondere, dass diese Arbeitsverträge, gem. § 305c Abs. 1 BGB **keine überraschenden Klauseln** enthalten dürfen. Überraschend ist eine Klausel, wenn sie objektiv ungewöhnlich ist und der Vertragspartner mit ihr nicht rechnet oder diese von seinen Vorstellungen deutlich abweicht.[16] Dabei sind der Grad der Abweichung vom dispositiven Gesetzesrecht und die für den Geschäftskreis übliche Gestaltung einerseits, der Gang und der Inhalt der Vertragsverhandlungen sowie der äußere Zuschnitt des Vertrags andererseits in die rechtliche Bewertung einzubeziehen.[17]

41 Das BAG sieht als überraschende Klauseln bspw. versteckte, drucktechnisch nicht eindeutig hervorgehobene Ausschlussfristen oder Befristungsabreden.[18]

42 Zu beachten ist zudem, dass einseitig vorgegebene Arbeitsvertragsbedingungen in bestimmten Umfang der **Inhaltskontrolle nach den §§ 307–309 BGB** unterliegen.

43 Dies gilt nach § 307 Abs. 3 S. 1 BGB nur dann uneingeschränkt, wenn durch die arbeitsvertraglichen Bestimmungen von Rechtsvorschriften abgewichen wird. Passagen in Arbeitsverträgen, die lediglich einen Gesetzeswortlaut wiederholen, unterliegen deshalb nicht der Inhaltskontrolle, weil ohne ihre Aufnahme in den Arbeitsvertrag schlicht die gesetzliche Regelung gelten würde. Nicht der Inhaltskontrolle unterliegen zudem Klauseln, die den Umfang der geschuldeten Vertragsleistung festlegen, wie bspw. Arbeitsleistung und Arbeitsentgelt. Dieser Ausschluss liegt darin begründet, dass es nicht Aufgabe der Arbeitsgerichte sein kann, dieses Verhältnis zu beurteilen, sondern nur zu ermitteln, ob betreffende Klauseln den Arbeitnehmer unangemessen benachteiligen.

44 Gemäß § 307 Abs. 2 S. 1 BGB ist eine **unangemessene Benachteiligung im Zweifel dann anzunehmen,** wenn eine Bestimmung **mit dem wesentlichen Grundgedanken** der gesetzlichen Regelung, von der **abgewichen wird,** nicht zu vereinbaren ist. Von entscheidender Bedeutung dabei ist, ob die geltende Regelung nicht nur auf Zweckmäßigkeitserwägungen beruht, sondern eine Ausprägung des Gerechtigkeitsgebots darstellt.[19] Die Frage, ob eine gegen Treu und Glauben verstoßende unangemessene Benachteiligung des Vertragspartners des Verwenders vorliegt, ist auf Grundlage einer Abwägung der berechtig-

---

[14] LAG Berlin 6.12.2002 – 2 Sa 994/02, nicht veröffentlicht.
[15] *Bauer/Lingemann/Diller/Haußmann* Kap. 2 Rn. 148.
[16] ErfK/*Preis* BGB §§ 305–310 Rn. 29.
[17] BAG 16.4.2008 – 7 AZR 132/07.
[18] BAG AP BGB § 242 Nr. 13.
[19] ErfK/*Preis* BGB §§ 305–310 Rn. 43 ff.

ten Interessen der Beteiligten zu beantworten. Das Interesse des Verwenders an der Aufrechterhaltung der Klausel ist mit dem Interesse des Vertragspartners an der Ersetzung der Klausel durch das Gesetz abzuwägen.

Eine unangemessene Benachteiligung kann sich zB auch daraus ergeben, dass eine Vertragsbestimmung nicht klar und verständlich ist.[20] Das sog. **Transparenzgebot** ist Bestandteil der Angemessenheitskontrolle und gilt gem. § 307 Abs. 3 S. 2 BGB auch für vorformulierte, einzelvertragliche Vergütungsregelungen. 45

Sind allgemeine Arbeitsvertragsbedingungen ganz oder teilweise unwirksam, bleibt der Arbeitsvertrag im Übrigen wirksam. Die Teilbarkeit einer Klausel ist mittels einer Streichung des unwirksamen Teils durch den sog. *blue-pencil-test*[21] zu ermitteln. Kann die unwirksame Regelung herausgestrichen werden, ohne dass die rechtliche Regelung unverständlich wird, so bleibt diese wirksam. 46

Ist eine **arbeitsvertragliche Bestimmung** gemäß diesen Vorgaben **unwirksam,** tritt zunächst die **gesetzliche Regelung** an ihre Stelle. Ist der entscheidende Passus nicht gesetzlich geregelt muss beurteilt werden, ob ein ersatzloser Wegfall der unwirksamen Regelung eine sachgerechte Lösung darstellt. Scheiden beide Möglichkeiten aus, ist nach den Grundsätzen der ergänzenden Vertragsauslegung zu prüfen, ob eine Ersatzregelung gefunden werden kann. 47

Die Rechtsprechung des BAG zur Frage von unwirksamen Arbeitsvertragsklauseln ist umfangreich und befindet sich ständig im Wandel. Nachfolgend sollen deshalb lediglich zum Zwecke des groben Überblicks und nicht abschließend einige Hinweise zu durchaus wichtigen Arbeitsvertragsklauseln aufgezählt werden: 48

- **Arbeitsleistung:** Bei einer Vereinbarung über Arbeit auf Abruf kann die einseitig vom Arbeitgeber abrufbare Arbeit des Arbeitnehmers bis zu 25% der vereinbarten wöchentlichen Mindestarbeitszeit ausmachen. Eine darüber hinaus gehende Klausel ist gem. § 307 Abs. 1 S. 1 BGB unwirksam.[22] Eine Versetzungsklausel verstößt nicht gegen § 308 Nr. 4 BGB, da die Arbeitsleistung die dem Verwender geschuldete Gegenleistung betrifft. Eine formularmäßige Klausel, die materiell § 106 GewO nachgebildet ist, stellt auch keine unangemessene Benachteiligung des Arbeitnehmers dar. 49

Formulierungsbeispiel: Versetzungsklausel 50

Der Arbeitnehmer wird als Trainer der B-Jugend eingestellt. Der Arbeitgeber ist berechtigt, dem Arbeitnehmer eine gleichwertige und gleichbezahlte Tätigkeit zuzuweisen.

- **Ausschlussfristen:** Die Vereinbarung von sog. Ausschlussfristen in einem Formulararbeitsvertrag ist grundsätzlich zulässig. In Anbetracht der Tatsache, dass eine solche Klausel jedoch der Inhaltskontrolle nach den §§ 307–309 BGB unterfällt, muss eine Frist für die erstmalige Geltendmachung von Ansprüchen mehr als mindestens drei Monate betragen.[23] Auch **zweistufige Ausschlussklauseln** können wirksam vereinbart werden, wobei eine **Mindestfrist von drei Monaten** erforderlich ist.[24] Einseitige Ausschlussfristen, die nur zu einem Anspruchsverlust des Arbeitnehmers führen, sind hingegen nach § 307 Abs. 1 S. 1 BGB rechtsunwirksam.[25] 51
- Zu beachten ist hier insoweit auch § 309 Nr. 13 BGB in der seit 1.10.2016 geltenden Fassung. Nach der alten Fassung waren Klauseln unwirksam, die für eine **Anzeige oder Erklärung des Verbrauchers** eine strengere Form als die Schriftform (vgl. § 126 BGB) vorsahen. Nunmehr darf keine strengere Form als die **Textform** iSv § 126b BGB

[20] BAG 18.3.2008 – 9 AZR 186/07 – Rückzahlungsklauseln.
[21] BAG 13.4.2010 – 9 AZR 36/09.
[22] BAG 7.12.2005 – 5 AZR 535/04.
[23] *Preis/Rohloff* RdA 2005, 144 (157ff.).
[24] BAG NZA 2005, 1111.
[25] BAG NZA 2006, 1273.

vereinbart werden. Der Textform genügt unter anderem eine E-Mail oder ein (Computer-)Fax.

52 **Formulierungsbeispiel: Ausschlussfrist**

Alle Ansprüche, die sich aus dem Arbeitsverhältnis ergeben, erlöschen, wenn sie nicht binnen einer Frist von drei Monaten nach ihrer Fälligkeit in Textform gegenüber der anderen Vertragspartei geltend gemacht werden. Lehnt die andere Vertragspartei die Erfüllung des Anspruchs in Textform ab oder erklärt sie sich hierzu nicht innerhalb zweier Wochen nach Zugang der Geltendmachung des Anspruchs gemäß dem vorstehenden Satz, erlischt der Anspruch auch dann, wenn er nicht binnen Frist von weiteren drei Monaten nach Ablehnung oder Fristablauf gerichtlich geltend gemacht wird.

Die vorstehenden Regelungen gelten nicht bei einer Haftung wegen Vorsatz und bei Verletzung von Leben, Körper oder Gesundheit sowie bei grobem Verschulden. Ferner gelten sie nicht in Bezug auf unverzichtbare Ansprüche, wie solche auf Mindestentgelt nach dem Mindestlohngesetz oder solche im Geltungsbereich des Arbeitnehmerentsendegesetzes.

53 – **Überstundenabgeltung:** Eine Arbeitsvertragsklausel, die mit der gesamten Bruttovergütung sämtliche Überstunden des Arbeitnehmers abgelten will, ist mangels näherer Bestimmung des Umfangs der geschuldeten Arbeitsleistung intransparent und damit unwirksam.[26] Nur bei Führungskräften mit ausreichend hoher Vergütung kann eine solche Klausel ausnahmsweise zulässig sein, da diese im Hinblick auf die Höhe der vereinbarten Vergütung dem Arbeitgeber grundsätzlich ihre gesamte Arbeitskraft zur Verfügung zu stellen haben.[27] In allen anderen Fällen ist eine Abgeltungsklausel nur dann angemessen, wenn sie das arbeitsvertragliche Gegenleistungsverhältnis nicht unangemessen verschiebt. Bei Vollzeitbeschäftigten dürfte insoweit eine Abgeltung von drei bis vier Überstunden wöchentlich noch angemessen sein, wobei diese Anzahl der Überstunden dann in der arbeitsvertraglichen Klausel aufzunehmen ist.[28]

54 **Formulierungsbeispiel: Überstundenabgeltung**

Mit der vertragsgemäßen Vergütung sind monatlich bis zu acht Überstunden abgegolten. Darüber hinaus gehende Überstunden werden in Freizeit ausgeglichen.

55 – **Rückzahlungsklausel:** Nach ständiger Rechtsprechung ist es grundsätzlich zulässig, in vorformulierten Arbeitsvertragsbedingungen die Rückzahlung von Ausbildungs- oder Fortbildungskosten zu vereinbaren.[29] Gleichwohl hält die Rechtsprechung solche Klauseln dann für unwirksam, wenn die Rückzahlungspflicht ohne Rücksicht auf den Beendigungsgrund gelten soll. Solche Klauseln benachteiligen den Arbeitnehmer unangemessen, wenn der Grund für die Beendigung des Arbeitsverhältnisses allein in der Verantwortung des Arbeitgebers liegt. Darüber hinaus sind bei der Gestaltung einer solchen Klausel zum einen die Bindungsfrist des Arbeitnehmers und zum anderen eine möglicherweise quotal geregelte Rückzahlung zu beachten.[30]

56 – **Freiwilligkeitsvorbehalt:** Sogenannte Freiwilligkeitsvorbehalte sind weiterhin zulässig soweit sie sich auf Sonderzahlungen beziehen.[31] Bei der Formulierung eines solchen Freiwilligkeitsvorbehalts ist jedoch unbedingt darauf zu achten, dass dieser Vorbehalt dem **Transparenzgebot** nach § 307 Abs. 1 S. 2 BGB genügt. Daran fehlt es regelmäßig

[26] BAG 1.9.2010 – 5 AZR 517/09.
[27] BAG 17.8.2011 – 5 AZR 406/10, hierzu allerdings relativierend.
[28] ErfK/*Preis* BGB §§ 305–310 Rn. 92: 10–25 % der Arbeitszeit.
[29] BAG NZA 2008, 1004.
[30] BAG NZA 2008, 1004.
[31] BAG NZA 2009, 310 (311).

dann, wenn einerseits eine Sonderzahlung zugesagt, andererseits bestimmt wird, dass der Arbeitnehmer keinen Rechtsanspruch darauf hat.[32] Entsprechend sollte die Kombination von Anspruch einerseits und Freiwilligkeit andererseits vermieden werden. Eine solche Formulierung kann zur Unwirksamkeit des Freiwilligkeitsvorbehalts führen.

Formulierungsbeispiel: Freiwilligkeitsvorbehalt 57

Die Gewährung sonstiger Leistungen wie Weihnachts- und Urlaubsgeld durch den Arbeitgeber erfolgt freiwillig und mit der Maßgabe, dass auch mit einer wiederholten Zahlung kein Rechtsanspruch für die Zukunft begründet wird. Der Arbeitgeber behält sich vielmehr vor, jedes Jahr neu zu entscheiden, ob und in welcher Höhe er sonstige Leistungen gewährt.[33]

- **Haftung des Arbeitnehmers, Haftungsverschärfung:** Die Grundsätze der Arbeitnehmerhaftung sind einseitig zwingendes Arbeitnehmerschutzrecht, von dem nicht zu Lasten des Arbeitnehmers abgewichen werden kann.[34] Gleichwohl ist seit in Kraft treten des Schuldrechtsmodernisierungsgesetzes davon auszugehen, dass Haftungsverschärfungen zu Ungunsten des Arbeitnehmer in allgemeinen Arbeitsvertragsbedingungen grundsätzlich zulässig sind, soweit diese das vom BAG bestimmte Schutzniveau nicht unterschreiten.[35] Die Vereinbarung einer Haftungsverschärfung ist daher zulässig, wenn sie durch bestimmte Prämien ausgeglichen wird.[36] 58
- **Nebentätigkeit:** Das absolute Verbot einer Nebentätigkeit ist wegen der grundgesetzlich in Art. 12 Abs. 1 GG normierten Berufsfreiheit unzulässig. Die Aufnahme einer Nebentätigkeit kann jedoch unter einem sog. Erlaubnisvorbehalt gestellt werden, wobei der Arbeitgeber die Erteilung der Genehmigung nur dann versagen kann, wenn eine Beeinträchtigung betrieblicher Interessen des Arbeitgebers zu befürchten ist. 59

Formulierungsbeispiel: Nebentätigkeit 60

Die Aufnahme einer anderweitigen entgeltlichen Tätigkeit ist dem Arbeitgeber nur nach vorheriger schriftlicher Zustimmung durch den Arbeitgeber gestattet. Der Arbeitnehmer hat dem Arbeitgeber schriftlich die beabsichtigte Tätigkeit unter Art, Ort und Dauer anzuzeigen. Soweit keine sachlichen Gründe der Aufnahme der Nebentätigkeit entgegenstehen, hat der Arbeitgeber der Aufnahme derselben zuzustimmen. Er kann seine Zustimmung befristen oder unter einem Widerrufsvorbehalt stellen.

- **Probezeit:** Eine Probezeit von bis zu sechs Monaten kann grundsätzlich vereinbart werden, da sie nicht von der gesetzlichen Regelung abweicht. 61

Formulierungsbeispiel: Probezeit 62

Die ersten sechs Monate des Arbeitsverhältnisses gelten als Probezeit. Während dieses Zeitraums kann das Anstellungsverhältnis von beiden Seiten mit einer Frist von zwei Wochen zum Monatsende gekündigt werden.

2. Rechte und Pflichten des Arbeitgebers

Die Stellung des Vereins als Arbeitgeber bürdet diesem erhebliche Pflichten auf, die sich insbesondere auf **lohnsteuer- und sozialversicherungsrechtliche Aspekte** erstrecken. 63

Arbeitgeber nach dem arbeitsrechtlichen Verständnis ist der Vertragsarbeitgeber, also der Verein selbst, der die mit dem Arbeitnehmer den Arbeitsvertrag geschlossen hat. Arbeitge- 64

[32] BAG 30.7.2008 – 10 AZR 606/07.
[33] BAG NZA 2009, 310 (311).
[34] BAG NZA 1999, 151.
[35] *Bauer/Lingemann/Diller/Haußmann* Kap. 2 Rn. 108.
[36] *Bauer/Lingemann/Diller/Haußmann* Kap. 2 Rn. 108.

ber in tatsächlicher Hinsicht ist zudem, wer das **Direktionsrecht** im Arbeitsverhältnis ausübt[37], im Verein regelmäßig die Vorstandsmitglieder – evtl. auch innerhalb ihres Zuständigkeitsbereichs – besondere Vertreter des Vereins.

65 Arbeitgeber kann sowohl eine natürlich als auch eine juristische Person des privaten oder des öffentlichen Rechts sein. Die rechtliche Organisationsform des juristischen Arbeitgebers ist ohne Belang, sodass auch ein eingetragener Verein Arbeitgeber im Rechtssinne sein kann.

66 Als Arbeitgeber trifft den Verein zunächst die sog. **Arbeitgeberfürsorgepflicht,** die als Gegenstück zur Treuepflicht des Arbeitnehmers die wichtigste vertragliche Nebenpflicht des Arbeitgebers darstellt. Die Fürsorgepflicht ist umfassend und vielschichtig. Sie beginnt bereits mit Begründung des Arbeitsverhältnisses und wirkt teilweise über das beendete Arbeitsverhältnis hinaus. Letztlich ist der Arbeitgeber aufgrund dieser Fürsorgepflicht verpflichtet, die Interessen des Arbeitnehmers unter Berücksichtigung von § 242 BGB zu wahren.

67 Ebenso trifft den Arbeitgeber die Pflicht, den Arbeitnehmer vertragsgemäß zu beschäftigen und entsprechend zu vergüten.

68 Nach herrschender Ansicht obliegt dem Arbeitgeber aus einem Arbeitsverhältnis seinem Vertragspartner gegenüber eine **Beschäftigungspflicht,**[38] die sich auf die tatsächliche Beschäftigung des Arbeitnehmers während des Arbeitsverhältnisses erstreckt. Neben dieser sog. **allgemeinen Beschäftigungspflicht** haben sich durch die Rechtsprechung weitere **besondere Beschäftigungspflichten** entwickelt, wie bspw. der sog. Weiterbeschäftigungsanspruch[39] des gekündigten Arbeitnehmers während eines Kündigungsschutzprozesses. Eine wichtige Rolle spielt die allgemeine Beschäftigungspflicht insbesondere dann, wenn der Arbeitgeber den Arbeitnehmer von der Verpflichtung zur Erbringung seiner Arbeitsleistung einseitig freistellen will. Eine solche einseitige Freistellung ist zwar grundsätzlich möglich und denkbar, jedoch nur unter engen Voraussetzungen. Eine derartige Suspendierung kann zulässig sein, wenn unter Berücksichtigung der Interessen des Arbeitnehmers für den Arbeitgeber Gründe vorliegen, die einer Weiterbeschäftigung entgegenstehen bzw. eine solche unzumutbar und unmöglich machen.[40]

69 Die **Vergütungspflicht als Hauptleistungspflicht** des Arbeitgebers folgt unmittelbar aus § 611 Abs. 1 BGB. Danach ist der Arbeitgeber zur Gewährung der vereinbarten Vergütung verpflichtet, wobei diese Hauptleistungspflicht im Synallagma zur Arbeitspflicht als Hauptleistungspflicht des Arbeitnehmers zu qualifizieren ist. Grundlage der Vergütungspflicht ist der zwischen den Parteien abgeschlossene Arbeitsvertrag, der regelmäßig die Formen der Vergütung, die Höhe sowie die Modalitäten der Auszahlung regelt, soweit keine anderen kollektivrechtlichen Vereinbarungen bestehen.

70 Für Zeiten krankheitsbedingter **Arbeitsunfähigkeit** besteht zudem eine Verpflichtung des Arbeitgebers zur **Fortzahlung des Arbeitsentgelts.** Diese Verpflichtung ist geregelt im Entgeltfortzahlungsgesetz, wobei auf die gesetzlichen Ansprüche gem. § 12 EFZG im Voraus nicht verzichtet werden kann. Zulässig ist nur die vertragliche Verbesserung der Rechtstellung des Arbeitnehmers, etwa durch die Verlängerung der Anspruchsdauer oder durch die Gewährung eines Krankengeldzuschusses. Nachteilige Abweichungen zu Lasten des Arbeitnehmers sind einzelvertraglich unzulässig und deshalb unwirksam. Gemäß § 3 Abs. 1 EFZG hat ein Arbeitnehmer im Falle krankheitsbedingter Arbeitsunfähigkeit Anspruch auf Entgeltfortzahlung für die Dauer von sechs Wochen. Dieser Anspruch auf Entgeltfortzahlung entsteht gem. § 3 Abs. 3 EFZG erstmals nach vierwöchiger ununterbrochener Betriebszugehörigkeit.

---

[37] LAG Mecklenburg-Vorpommern 5.2.2008 – 1 Sa 87/07.
[38] BAG AP BGB § 611 Beschäftigungspflicht Nr. 2.
[39] BAG AP BGB § 611 Beschäftigungspflicht Nr. 14.
[40] LAG München 7.5.2003 – 5 Sa 334/03.

Die **lohnsteuerrechtliche Bedeutung** der Arbeitgebereigenschaft zeig sich darin, dass der Arbeitgeber im Rahmen des sog. Lohnsteuerabzugsverfahrens eine Reihe von steuerlichen Pflichten zu erfüllen hat, die auch zu einer nachträglichen Inanspruchnahme führen können, soweit die Pflicht nicht ordnungsgemäß erfüllt wurde. Der Arbeitgeber ist verpflichtet, die Lohnsteuerkarte bzw. einen Ausdruck der elektronischen Lohnsteuerbescheinigung einzubehalten. Liegen diesbezüglich keine Unterlagen vor, muss eine Versteuerung des Lohns in Steuerklasse IV erfolgen. Der Arbeitgeber ist zudem verpflichtet, auf Basis der Eintragungen in der Lohnsteuerkarte oder Bescheinigung entsprechende Beträge an Finanzamt und Krankenkasse abzuführen, wobei die Lohnsteuer spätestens am zehnten Tag des Folgemonats abzuführen ist. Gemäß § 4 LStDV sind diese Beträge im Lohnkonto ebenso festzuhalten wie der Lohnzahlungszeitraum, der Bruttolohn, Renten- und Sozialversicherungsbeiträge und sonstige pauschalisierte Leistungen. 71

Im Sozialversicherungsrecht wird der Arbeitgeber im Rahmen eines öffentlich sozialversicherungsrechtlichen Pflichtverhältnisses zur Beitragsberechnung und -abführung herangezogen. Die **Sozialversicherungspflicht** schreibt dem Arbeitgeber die Anmeldung des jeweiligen Arbeitnehmers bei der betreffenden Krankenkasse innerhalb von zwei Wochen nach Beginn der Beschäftigung vor. Geringfügig Beschäftigte sind bei der jeweiligen Knappschaft zu melden, sowohl zu Beginn der Beschäftigung als auch bei einer Änderung des Status. 72

Im Recht der **Arbeitslosenversicherung** treffen den Arbeitgeber zudem weitere Pflichten, wie bspw. das Erteilen einer Arbeitsbescheinigung oder die Beachtung von Erstattungsansprüchen der Bundesagentur für Arbeit. 73

In der **gesetzlichen Unfallversicherung** ist der Arbeitgeber zudem Mitglied der sachlich und örtlich zuständigen Berufsgenossenschaft. 74

Den Arbeitgeber treffen unter anderem die **Meldepflichten** gegenüber den Einzugsstellen der Sozialversicherung (§ 28a SGB IV) sowie die **Zahlungspflichten** hinsichtlich des Gesamtsozialversicherungsbeitrages (§ 28e SGB IV). Die vorgenannten Pflichten sind unbedingt ordnungsgemäß zu erfüllen, besteht doch eine erhebliches Haftungsrisiko für den Arbeitgeber, der Lohnsteuer und Sozialversicherung nicht oder in zu geringer Höhe abführt. Gerade bei fehlerhaften Abführung der Lohnsteuer, die vor allem dann in Betracht kommt, wenn ein Arbeitnehmer als freier Mitarbeiter behandelt wird, steht nicht nur eine Haftung des Vereins in Mitten, sondern auch eine persönliche Haftung des Vorstands oder der jeweils bevollmächtigten Person, § 42d EStG. Bei der Sozialversicherung ist der Verein Haftungsschuldner; ein Einbehalt der fälschlicherweise nicht abgeführten Beträge vom Lohn des Arbeitnehmers ist nur für den letzten Abrechnungszeitraum und nur innerhalb der nächsten drei Lohnzahlungen möglich, soweit diesen kein Verschulden trifft. Bei einem ausgeschiedenen Mitarbeiter besteht kein Rückforderungsanspruch, es sei denn der Arbeitnehmer hat vorsätzlich falsche Angaben im Rahmen seiner Anmeldung der Krankenkasse getätigt. 75

Neben diesen umfangreichen Pflichten stehen dem Arbeitgeber aufgrund des synallagmatischen Charakters eines Arbeitsverhältnisses auch Rechte zu, die dieser aufgrund seiner Arbeitgeberstellung ausüben kann. Gemäß **§ 106 GewO** hat der Arbeitgeber das Recht, die im Arbeitsvertrag nur rahmenmäßig umschriebene Leistungspflicht des Arbeitnehmers einseitig durch Weisungen zu konkretisieren. Dieses sog. Direktionsrecht des Arbeitgebers umfasst das Recht, die Arbeitspflicht näher auszugestalten. Dies betrifft Zeit, Ordnung und Inhalt sowie Art und Weise der zu leistenden Arbeit. Gleichwohl unterliegt auch dieses Direktionsrecht Einschränkungen. Bei der Ausübung desselben muss höherrangiges Recht wie der Arbeitsvertrag, Tarifvertrag, Gesetz und Verfassung beachtet werden. 76

Mit Hilfe des **Direktionsrechts** ist es dem Arbeitgeber möglich, die Arbeitspflicht inhaltlich näher festzulegen. Dies umfasst sowohl die einzelnen Tätigkeiten als auch die Begleitumstände, unter denen die Arbeit zu verrichten ist. So kann bspw. kraft Ausübung des Direktionsrechts unter bestimmten Voraussetzungen der Arbeitnehmer angewiesen werden, bei der Arbeit spezielle Kleidung – bspw. Vereinskleidung – zu tragen. 77

78 **Formulierungsbeispiel: Kleidervorschrift**

Der Sportler ist verpflichtet, bei allen Auftritten in der Öffentlichkeit, insbesondere im Fernsehen und bei Presseveranstaltungen, Ehrungen, Autogrammstunden etc., die vom Arbeitgeber oder über diesen gestellte Kleidung (Sportanzüge, Reisekleidung, Fußballbekleidung) entsprechend der jeweiligen Weisung des Arbeitgebers zu tragen. Der Arbeitgeber behält sich vor, die von ihm gestellte Kleidung mit Werbung zu versehen.

79 Zu beachten ist jedoch, dass das Tragen eines islamischen Kopftuchs – ein in der Presse oft diskutierter Fall – nicht ohne weiteres kraft Weisungsrecht untersagt werden kann.[41] Hier bedarf es immer einer Abwägung im Einzelfall.

80 In Bezug auf die Zeitkomponente ermöglicht das Direktionsrecht die Arbeitszeit näher auszugestalten, was Arbeitsbeginn und -ende genauso betrifft wie die Festlegung von Pausen.

81 Schlussendlich umfasst das Direktionsrecht des Arbeitgebers auch die Weisung, den Arbeitsort festzulegen. Bei dieser Weisung sind jedoch immer die konkreten Interessen des Arbeitnehmers zu berücksichtigen, insbesondere dann, wenn arbeitsvertraglich ein feststehender Arbeitsort festgelegt ist.

3. Rechte und Pflichten des Arbeitnehmers

82 Der Arbeitnehmer ist durch den Vertrag hauptsächlich zur Erbringung der vereinbarten Leistung verpflichtet, § 611 Abs. 1 BGB. Der Arbeitnehmer ist dazu verpflichtet, die versprochenen Dienste zu verrichten. Er hat hierbei die arbeitsvertraglich geschuldete Leistung höchstpersönlich zu verrichten. Eine Vertretung ist – anders als bei einer möglichen freien Mitarbeit – nicht möglich.[42]

83 Diese **synallagmatische Hauptleistungspflicht** des Arbeitnehmers wird unterfüttert durch die Pflicht des Arbeitnehmers, den Weisungen des Arbeitgebers gem. § 106 GewO bei der Erfüllung der Arbeitspflicht nachzukommen.[43]

84 Neben diesen synallagmatischen Hauptleistungspflichten trifft den Arbeitnehmer auch eine Vielzahl von arbeitsvertraglichen Nebenpflichten, die ebenso zu erfüllen und zu beachten sind. Selbstverständlich ist es Pflicht des Arbeitnehmers, das sog. Integritätsinteresse des Arbeitgebers hinsichtlich seines Eigentums zu schützen und zu beachten. Im Zuge dessen bestehen weiter Anzeige -, Auskunfts- und Aufklärungspflichten, Pflichten im Zusammenhang mit Nebentätigkeiten, hinsichtlich der Annahme von Schmiergeldzahlungen, Verschwiegenheitsverpflichtungen sowie sog. innervertragliche Wettbewerbsverbote.

85 Im Gegenzug zu den vertraglichen Haupt- und Nebenpflichten des Arbeitnehmers stehen diesem umfangreiche Rechte zu.

86 So hat der Arbeitnehmer das Recht auf **vertragsgemäße Beschäftigung,** ein Recht auf **vertragsgemäße Vergütung** sowie das Recht auf **Gewährung von Erholungsurlaub,** der sich im Mindestmaß an den Vorgaben des **Bundesurlaubsgesetzes** zu orientieren hat.

87 Hiernach beträgt der **gesetzliche Mindesturlaub** bei einer sechs-Tage-Woche 24 Werktage (§ 3 Abs. 1 BUrlG), der gesetzliche Urlaubsanspruch bei einer, in aller Regel üblichen, **Fünf-Tage-Woche** beträgt demnach **20 Werktage.** Schwerbehinderte Menschen haben Anspruch auf einen zusätzlichen Urlaub von fünf Arbeitstagen, § 208 Abs. 1 SGB IX.

88 Voraussetzung des **Entstehens eines Urlaubsanspruches** ist zum einen das Vorliegen eines Arbeitsverhältnisses an sich und zum anderen, dass dieses Arbeitsverhältnis mehr als sechs Monate besteht. Denn der Urlaubsanspruch entsteht erstmalig nach Ablauf der **War-**

[41] BAG 10.10.2002 – 2 AZR 472/01.
[42] BAG 19.11.1997 – 5 AZR 653/96.
[43] BeckOK ArbR/*Joussen* BGB § 611a Rn. 10f.

tezeit von **sechs Monaten** (§ 4 BUrlG). Anspruch auf ein Zwölftel des Jahresurlaubs für jeden vollen Monat des Bestehens des Arbeitsverhältnisses hat der Arbeitnehmer

1. für Zeiten eines Kalenderjahres, für die er wegen Nichterfüllung der Wartezeit in diesem Kalenderjahr kein vollen Urlaubsanspruch erwirbt;
2. wenn er vor erfüllter Wartezeit aus dem Arbeitsverhältnis ausscheidet oder
3. wenn er nach erfüllter Wartezeit in der ersten Hälfte eines Kalenderjahres aus dem Arbeitsverhältnis ausscheidet.

Der Urlaub ist gem. § 7 Abs. 3 BUrlG im **laufenden Kalenderjahr** zu gewähren und 89 **zu nehmen.** Eine **Übertragung** ist nur statthaft, wenn dringende betriebliche oder in der Person des Arbeitnehmers liegende Gründe dies rechtfertigen. In diesem Fall musste Urlaub den ersten drei Monaten des folgenden Kalenderjahres gewährt und genommen werden.

Anders ist dies aufgrund der zwischenzeitlich ergangenen Rechtsprechung des europäi- 89a schen Gerichtshofs[44] dann, wenn der Arbeitnehmer aufgrund einer **fortdauernden Arbeitsunfähigkeit** daran gehindert war, den Urlaub im laufenden Kalenderjahr oder im Übertragungszeitraum zu nehmen. In diesem Fall ist davon auszugehen, dass Urlaubsansprüche nach **Ablauf von 15 Kalendermonaten** nach Ende des jeweiligen Urlaubsjahres auch im Falle der Arbeitsunfähigkeit eines Arbeitnehmers verfallen.[45] Obwohl auf Basis der vorzitierten EuGH Entscheidung mehrere Landesarbeitsgerichtliche Entscheidungen dahingehend ergangen sind, dass § 7 Abs. 3 BUrlG nunmehr so zu lesen sei, dass für den Fall der Übertragung aus Gründen der Arbeitsunfähigkeit „drei Monate" durch „15 Monate" zu ersetzen sei, sollte aus Gründen der Rechtssicherheit im Arbeitsvertrag eine entsprechende Formulierung aufgenommen werden, um den Anforderungen des EuGH nachzukommen.

Als synallagmatischen Gegensatz zur Entgeltfortzahlungspflicht des Arbeitgebers hat der 90 Arbeitnehmer zudem Anspruch auf Entgeltfortzahlung gemäß dem Entgeltfortzahlungsgesetz. Unter dem Begriff Entgeltfortzahlung sind die Vergütungsfortzahlung im Krankheitsfall und die Entgeltfortzahlung an Feiertagen für alle Arbeitnehmer zu verstehen. Diese Ansprüche sind nicht dispositiv und stehen deshalb allen Arbeitnehmern, sogar geringfügig Beschäftigten, zu.

Voraussetzung der **Vergütungsfortzahlung im Krankheitsfall** ist nach § 3 Abs. 1 91 EFZG, dass der Arbeitnehmer **infolge einer Krankheit arbeitsunfähig** ist. Durch die Verwendung des Begriffs Krankheit stellt der Gesetzgeber klar, dass Entgeltfortzahlung nur im Falle einer vorübergehenden Arbeitsunfähigkeit zu zahlen ist und nicht etwa dann, wenn ein Arbeitnehmer dauerhaft nicht in der Lage ist seine Arbeitsleistung zu erbringen. Der Anspruch besteht überdies nur dann, wenn die Arbeitsunfähigkeit **unverschuldet** eingetreten ist. Dies ist regelmäßig dann nicht der Fall, wenn der Arbeitnehmer durch grob fahrlässiges Verhalten seine Arbeitsunfähigkeit herbeigeführt hat. Eine solche grobe Fahrlässigkeit kann insbesondere dann vorliegen, wenn ein Verkehrsunfall auf alkoholbedingte Fahruntüchtigkeit zurückzuführen ist. Gleiches gilt für Geschwindigkeitsüberschreitungen oder Rotlichtverstöße.

Der Entgeltfortzahlungsanspruch entsteht nach § 3 Abs. 3 EFZG nach vierwöchiger un- 92 unterbrochener Dauer des Arbeitsverhältnisses und wird für die Dauer der Erkrankung vom ersten Krankheitstag an, **maximal für sechs Wochen** geleistet. Treten nacheinander neue Erkrankungen auf, liegen wiederholte Erkrankungen vor, mit der Folge, dass der Entgeltfortzahlungszeitraum von maximal sechs Wochen für jede Erkrankung neu beginnt. Nach § 3 Abs. 1 Nr. 1 und Nr. 2 EFZG besteht für eine sog. Fortsetzungserkrankung, das heißt eine Erkrankung, die auf demselben Grundleiden beruht, nur dann ein Anspruch für weitere sechs Wochen, wenn der Arbeitnehmer vor der erneuten Arbeitsunfähigkeit min-

[44] EuGH NJW 2009, 495 – Schultz-Hoff; EuGH NJW 2012, 290ff. – KHS.
[45] EuGH NZA 2011, 1333.

destens sechs Monate nicht wegen derselben Krankheit arbeitsunfähig war oder seit Beginn der Arbeitsunfähigkeit zwölf Monate abgelaufen sind[46].

93 Ist der Arbeitnehmer arbeitsunfähig erkrankt, hat er dies dem Arbeitgeber **unverzüglich mitzuteilen** und durch eine ärztliche Arbeitsunfähigkeitsbescheinigung **nachzuweisen,** § 5 EFZG. Der Verstoß gegen die sog. Anzeige- und Nachweispflicht stellt eine arbeitsvertragliche Nebenpflicht dar, deren Verletzung durch Abmahnung oder Kündigung sanktioniert werden kann.

94 § 4 Abs. 1 EFZG sieht vor, dass der Arbeitnehmer das ihm bei der für ihn maßgebenden regelmäßigen Arbeitszeit zustehende Arbeitsentgelt weiter zu beziehen hat. Unberücksichtigt bleiben allerdings etwaige Überstunden, die während der Arbeitszeit angefallene wären; dasselbe gilt für etwaige Zuschläge.

95 Im Rahmen der arbeitsvertraglichen Nebenpflicht hat sich der Arbeitnehmer zudem während seiner Arbeitsunfähigkeit nicht genesungswidrig zu verhalten. Verstößt er gegen diese Pflicht besteht der Entgeltfortzahlungsanspruches nur für die Zeit, die die Krankheit bei pflichtgemäßem Verhalten gedauert hätte. Ein Verstoß gegen das Verbot des genesungswidrigen Verhaltens kann zudem als Pflichtenverstoß durch Abmahnung oder Kündigung geahndet werden.

III. Beendigung des Arbeitsverhältnisses

96 Arbeitsverhältnisse können auf verschiedenste Weise beendet werden. Hauptsächlich werden Arbeitsverhältnisse durch Kündigung beendet oder enden in Folge des Ablaufs einer Befristung. Immer häufiger werden zudem Arbeitsverhältnisse einvernehmlich durch Abschluss eines Aufhebungsvertrages aufgelöst.

1. Beendigung durch Kündigung

97 **a) Begrifflichkeit, Form und Auslegung.** Die Kündigung ist eine **einseitige, empfangsbedürftige,** rechtsgestaltende, bedingungsfeindliche **Willenserklärung,** durch die das Arbeitsverhältnis für die Zukunft sofort mit Zugang (außerordentliche bzw. fristlose Kündigung) oder nach Ablauf der maßgebenden Kündigungsfrist (ordentliche bzw. fristgerechte Kündigung) beendet wird. Auf die Kündigung finden die Regeln des allgemeinen Teils des BGB über Rechtsgeschäfte (§§ 104 ff. BGB) und Willenserklärung (§§ 116 ff. BGB) Anwendung.

98 Voraussetzung für eine Kündigung ist nicht, dass der Begriff der Kündigung selbst gebraucht wird. Der Erklärende muss allerdings eine Äußerung abgeben, die auf die Beendigung des Arbeitsverhältnisses abzielt. Eine **Kündigung** muss deshalb **deutlich** und **klar** auf diesen **Beendigungswillen** schließen lassen.[47]

99 Gegebenenfalls muss die vom Arbeitnehmer oder Arbeitgeber schriftlich formulierte Äußerung gem. den §§ 133, 157 BGB **ausgelegt** werden. Bei der Frage, ob eine rechtsgeschäftliche schriftliche Erklärung einer Partei eine Kündigung des Arbeitsverhältnisses darstellt, ist darauf abzustellen, wie der Erklärungsempfänger nach der allgemeinen Verkehrssitte und unter Berücksichtigung von Treu und Glaube die ihm zugegangene Erklärung auffassen muss.[48] Bei der Auslegung ist nicht nur auf den Wortlaut abzustellen, sondern es sind alle Begleitumstände zu würdigen, die für die Frage, welchen Willen der Erklärende bei Abgabe einer Erklärung gehabt hat, von Bedeutung sein können und dem Erklärungsempfänger bekannt waren.[49] Dem steht die nach § 623 Hs. 2 BGB notwendige Schriftform der Kündigungen nicht entgegen. Auch bei formbedürftigen Erklärungen sind Umstände außerhalb der Urkunde mit zu berücksichtigen, soweit sie unstreitig bzw. be-

[46] BAG 14.3.2007 – 5 AZR 514/06, DB 2007, 1360 ff.
[47] BAG 20.9.2006 – 6 AZR 82/06.
[48] BAG AP BGB § 620 Kündigungserklärung Nr. 1.
[49] BAG 20.9.2006 – 6 AZR 82/06.

weisbar sind und der daraus abgeleitete Wille in der Urkunde einen Ausdruck gefunden hat.

Die Erklärung einer **außerordentlichen Kündigung** aus wichtigem Grund muss für den Kündigungsempfänger zweifelsfrei den **Willen erkennen lassen,** von der **besonderen Kündigungsbefugnis** des § 626 Abs. 1 BGB Gebrauch machen zu wollen. Dieser Wille kann sich neben der ausdrücklichen Bezeichnung als fristlose Kündigung auch aus den Umständen der Erklärung selbst ergeben.[50] 100

Bei einer ordentlichen Kündigung soll ein Endtermin unbedingt genannt sein. Es reicht aber auch eine Kündigung „zum nächstzulässigen Termin" aus.[51] Bei Unsicherheiten über die Kündigungsfrist bei einer ordentlichen Kündigung sollte dieser Zusatz in jedem Fall beigefügt werden. 101

Die Kündigungserklärung bedarf, um Rechtswirkung zu erzeugen, **keiner Einverständniserklärung des Empfängers.** Die aus freien Stücken abgegebene, nicht vom Arbeitgeber vorformulierte Erklärung des Arbeitnehmers, eine vom Arbeitgeber ausgesprochene Kündigung zu akzeptieren, kann auszulegen sein als Erklärung, eine eventuelle Unwirksamkeit der Kündigung nicht geltend machen zu wollen.[52] 102

Die Kündigung ist eine rechtsgestaltende Willenserklärung. Das bedeutet, sie beendet das Arbeitsverhältnis mit dem Zugang für die Zukunft. Eine rückwirkende Kündigung, weil der Arbeitnehmer bspw. unentschuldigt in der Vergangenheit gefehlt hat, ist ausgeschlossen. 103

Eine Kündigung ist grundsätzlich **bedingungsfeindlich.** Hieraus folgt, dass sie nicht unter einer Bedingung ausgesprochen werden kann, auf deren Eintritt der Kündigungsempfänger keinen Einfluss hat. Es sind deshalb bspw. Erklärungen dergestalt unwirksam, eine Kündigung wäre wirksam, wenn der Arbeitnehmer sein Verhalten nicht ändere oder ähnliches.[53] 104

Wirksam dagegen ist eine Kündigung, wenn der Eintritt der Bedingung ausschließlich vom Willen des Kündigungsempfängers abhängt, er sich also zum Zeitpunkt der Kündigung sofort entschließen kann, ob er die Bedingung erfüllen will oder nicht. Wichtigster Anwendungsfall einer solchen Kündigung ist die sog. Änderungskündigung.[54] 105

Seit dem 1.5.2000 bedarf jede Kündigung, die zu einer Beendigung des Arbeitsverhältnisses führen kann, nach § 623 BGB der **Schriftform.** Diesem Formerfordernis ist auch Genüge getan, wenn aus der schriftlichen Kündigungserklärung nicht hervorgeht, ob es sich um eine ordentliche oder um eine außerordentliche Kündigung handelt. 106

Um dem **Schriftformerfordernis des § 623 Hs. 1 BGB** zu genügen, muss das Kündigungsschreiben nach § 126 Abs. 1 BGB vom Aussteller eigenhändig durch Namensunterschrift oder mittels notariell beglaubigten Handzeichens **unterzeichnet** sein. Eine bloße Paraphierung mit einem Namenskürzel oder einem Unterschriftsstempel genügen nicht. Nach dem äußeren Erscheinungsbild muss erkennbar sein, dass der Unterzeichner einen **vollen Namen** und nicht nur eine Abkürzung hat niederschreiben wollen.[55] 107

Die **Unterschrift** muss die voranstehende Kündigungserklärung, die selbstverständlich nicht eigenhändig geschrieben sein muss, **räumlich abschließen** und sollte deshalb unterhalb des Textes stehen.[56] Die Namensunterschrift soll die Person des Ausstellers erkennbar machen, wobei es auf die Lesbarkeit nicht ankommt. Die Unterschrift muss – wie bereits geschildert – eigenhändig erfolgen, dh die Verwendung von Stempeln, Schreibmaschinen, Faksimile, Signatur oder ähnlichen mechanischen Hilfsmitteln sind unzulässig. 108

[50] BAG AP BGB § 620 Kündigungserklärung Nr. 2.
[51] Ascheid/Preis/Schmidt/*Linck* BGB § 622 Rn. 66.
[52] BAG 19.4.2007 – 2 AZR 208/06.
[53] BAG AP BGB § 626 Bedingung Nr. 1.
[54] Ascheid/Preis/Schmidt/*Preis* KSchG § 2 Rn. 17.
[55] BeckOK ArbR/*Gotthardt* BGB § 623 Rn. 21.
[56] BAG 20.9.2006 – 6 AZR 82/86.

109 Nachdem die Kündigung als empfangsbedürftige Willenserklärung in der Form zugehen muss, die für jede Abgabe erforderlich ist, genügt weder ein Telegramm noch ein Telefax oder eine E-Mail.[57]

110 Kündigt der Verein, muss das Handeln des Vertreters, in der Regel des Vorstandes, für den Verein in der Urkunde durch ein in das **Vertretungsverhältnis** anzeigenden Zusatz hinreichend deutlich zum Ausdruck kommen. Für die Einhaltung der Schriftform ist erforderlich, dass alle Erklärenden die schriftliche Willenserklärung unterzeichnen.

111 Wird das Kündigungsschreiben von einem Vorstand, der den Verein nur gemeinsam mit einem weiteren Vorstand vertreten kann, allein unterzeichnet, so kann dies zu **Formunwirksamkeit der Kündigung** nach § 623 Hs. 1 BGB führen, die als Rechtsfolge die Nichtigkeit gem. § 125 S. 1 BGB zur Folge hat. Die Schriftform ist jedenfalls dann nicht gewahrt, wenn ein Vorstand über der Unterschriftszeile „Vereinsvorstand" unterzeichnet und kein Vertretungsvermerk erfolgt. Die im Falle eines gesetzlichen Schriftformerfordernisses nach § 126 Abs. 1 BGB notwendigen Namensunterschrift hat Klarstellungs- und Beweisfunktion. Durch die eigenhändige Unterschrift soll die Gegenseite die Möglichkeit erhalten, unter anderem zu prüfen, wer die Erklärung abgegeben hat. Es ist daher grundsätzlich erforderlich, dass alle Vertragsparteien die Urkunde unterzeichnen. Setzt sich eine Vertragspartei aus mehreren Personen zusammen, so genügt es nicht, wenn nur eine Person unterzeichnet. Dies kann nur dann anders beurteilt werden, wenn ein Vertreter der Personengesamtheit die Urkunde unterzeichnet. Nach der Rechtsprechung des Bundesgerichtshofs[58] muss aber in diesem Fall der Vertreter durch ein in der Urkunde mit einem entsprechenden, dass Vertretungsverhältnis anzeigenden Zusatz hinreichend deutlich zum Ausdruck bringen, dass er auch für die weiteren Personen der Partei unterschreibt. Unterzeichnet daher bei einer Personenmehrheit nur ein Mitglied ohne Vertretungszusatz, so ist regelmäßig nicht auszuschließen, dass vorgesehen gewesen ist, dass auch die anderen Mitglieder die Urkunde hätten unterschreiben sollen und deren Unterschrift daher fehlt.

Hinweis:

Wird die Schriftform entgegen § 623 Hs. 1 BGB nicht eingehalten, hat dies die Nichtigkeit der Kündigung gem. § 125 S. 1 BGB zur Folge.

112 Dies muss der Arbeitnehmer nicht innerhalb der dreiwöchigen Klagefrist des § 4 S. 1 KSchG geltend machen, da hiervon nur schriftliche Kündigungen erfasst werden.

113 **b) Vertretung.** Grundsätzlich muss die Kündigung von einer Partei des Arbeitsvertrages der anderen gegenüber abgegeben werden. Für den Verein ist die Kündigung von seinen gesetzlichen Vertretern, grundsätzlich also der Vorstand bzw. einem (vertretungsberechtigten) Vertreter, zu erklären bzw. muss diesen zugehen. Es ist jedoch rechtlich auch möglich, eine Kündigung durch einen Vertreter mit Vertretungsmacht gem. § 164 Abs. 1 S. 1 BGB auszusprechen. Wird die Kündigung durch einen Vertreter unterschrieben, muss dies in der Kündigung durch einen das **Vertretungsverhältnis anzeigenden Zusatz hinreichend deutlich** zum Ausdruck kommen. Dies ist zB der Fall, wenn ein Angestellter des Arbeitgebers auf einem Briefbogen mit dessen Briefkopf eine Kündigung mit dem Zusatz „i. V." vor der Unterschrift kennzeichnet. Hiervon kann aber nach entsprechender Auslegung der Kündigungserklärung gem. §§ 133, 157 BGB auch ausgegangen werden, wenn der Angestellte mit dem Zusatz „i. A." unterschreibt.[59]

114 Da die Kündigung eine einseitige Erklärung ist, darf sie zu keiner Rechtsunsicherheit führen. Eine Kündigung, die ohne das Bestehen einer Vertretungsmacht für den Arbeitgeber ausgesprochen wird, ist deshalb gem. § 180 S. 1 BGB unwirksam. Hat allerdings der

---

[57] *Gotthardt/Beck* NZA 2002, 876.
[58] Vgl. BGH 5.11.2003 – XII ZR 134/02, MDR 2004, 325.
[59] BAG 13.12.2007 – 6 AZR 145/07.

Arbeitnehmer die von dem Vertreter behauptete Vertretungsmacht bei Entgegennahme der Kündigung nicht beanstandet – die Rüge fehlender Vollmacht muss analog § 174 Abs. 1 BGB unverzüglich erhoben werden[60] – kann sie nachträglich vom Arbeitgeber gem. § 177 Abs. 1 iVm § 180 S. 2 BGB noch genehmigt werden.

> **Hinweis:**
> Eine Kündigung kraft Vollmacht ist nach § 174 S. 1 BGB unwirksam, wenn der Bevollmächtigte – nicht der gesetzliche Vertreter oder die organschaftliche Vertretung – keine Vollmachtsurkunde im Original vorlegt und der Arbeitnehmer die Kündigung aus diesem Grund, dh gerade wegen der fehlenden Vorlage der Vollmachtsurkunde, unverzüglich zurückweist. Eine Heilung oder Genehmigung nach § 177 Abs. 1 BGB scheidet aus.

c) Ort und Zeit. Die Kündigung kann zu **jeder Zeit** und an **jedem Ort** erfolgen. Demnach kann sie auch sonntags oder an einem gesetzlichen Feiertag erklärt werden. Dasselbe gilt für den Fall einer **Krankheit des Arbeitnehmers** zum Zeitpunkt des Ausspruchs der Kündigung oder dessen sonstiger **Ortsabwesenheit.** 115

Fallen Vertragsschluss und Arbeitsantritt zeitlich auseinander, kann das Arbeitsverhältnis auch schon vor Dienstantritt gekündigt werden, es sei denn, die Parteien haben diese Kündigungsmöglichkeit ausdrücklich oder konkludent ausgeschlossen. Haben die Parteien für den Fall einer vor Vertragsbeginn ausgesprochenen, ordentlichen Kündigung keine Vereinbarung über den Beginn der Kündigungsfrist getroffen, liegt eine Vertragslücke vor, die im Wege der ergänzenden Vertragsauslegung zu schließen ist. Dabei wird die Kündigung vor Dienstantritt, sofern sich aus dem Vertrag keine Anhaltspunkte für einen abweichenden Parteiwillen ergeben, genauso behandelt, wie eine Kündigung nach Dienstantritt. Bei dieser läuft die Kündigungsfrist ebenfalls ab Zugang der Kündigung. 116

d) Zugang der Kündigung. Die Kündigung ist eine Willenserklärung und muss deshalb, soweit sie Rechtswirkung entfalten will, dem **Empfänger zugehen.** 117

Wird die Kündigung **gegenüber** einem **Anwesenden** abgegeben, geht sie diesem in aller Regel **sofort zu** und wird damit wirksam. Beim Verein genügt – entsprechend den allgemeinen Vertretungsregeln – auch bei einem mehrgliedrigen Vorstand der Zugang bei einem Vorstandsmitglied, → § 8 Rn. 226. Ob und wann der Empfänger das Kündigungsschreiben tatsächlich liest, ist dabei ohne Bedeutung. 118

Schwieriger gestaltet sich die Frage des Zugangs der Kündigung, wenn diese – was der Regelfall sein dürfte – gegenüber **Abwesenden** ausgesprochen werden soll. Hier trägt das **Risiko der Übermittlung** und Ankunft der Kündigende. Die unter Abwesenden abgegebene Erklärung gilt dann als zugegangen, sobald sich der Empfänger bei normaler Gestaltung seiner Verhältnisse Kenntnis von der Erklärung verschaffen kann und die Kenntnisnahme nach den Gepflogenheiten des Verkehrs von ihm erwartet werden muss.[61] Entscheidend ist, wann der **Empfänger** von der Kündigung **Kenntnis nehmen konnte** und nicht, wann er Kenntnis genommen hat.[62] Der Einwurf des Kündigungsschreibens in den Briefkasten führt den Zugang herbei, wenn und sobald mit dessen Leerung zu rechnen ist. Daran ändert auch die Abwesenheit des Arbeitnehmers von seiner Zustellanschrift (bspw. wegen Urlaubs oder während eines Krankenhausaufenthalts) nichts.[63] Ein zeitlich nach der üblichen Postzustellzeit in den Briefkasten eingeworfenes Schreiben geht in der Regel erst am nächsten Tag zu. Bei Angabe einer postlagernden Anschrift oder eines Post- 119

[60] BAG 11.12.1997 – 8 AZR 699/96.
[61] BAG 9.6.2011 – 6 AZR 687/09.
[62] BAG BB 1984, 855.
[63] BAG NZA 2004, 1330.

faches ist der Zugang bewirkt, sobald die Post sie zur Abholung bereit hält oder in das Postfach einlegt und üblicherweise noch mit der Abholung gerechnet werden kann.[64]

120 Bei Einschreiben ist zwischen **Übergabe-Einschreiben** und **Einwurf-Einschreiben** zu differenzieren. Ein Übergabe-Einschreiben geht erst in dem Zeitpunkt zu, in dem das Einschreiben dem Empfänger übergeben bzw. von diesem oder einer empfangsbevollmächtigten Person auf der Post abgeholt und der Auslieferungsbeleg unterschrieben wird. Es geht nicht bereits dann zu, wenn der Briefträger den Benachrichtigungsschein an den Empfänger hinterlässt.[65] Dem gegenüber dokumentiert der Postzusteller beim Einwurf-Einschreiben lediglich den Einwurf der Sendung in den Briefkasten des Empfängers, und zwar auf einem Auslieferungsbeleg mit Datum und Unterschrift, der dem Absender nur auf Anforderung als schriftlicher Datenauszug zur Verfügung gestellt wird. Unabhängig davon, ob dieser in einem Kündigungsschutzprozess als Privaturkunde dienen kann, kommt ihm aber keine Beweiskraft zu, die dem bei einem Übergabe-Einschreiben erstellten Belegen gleichkommt.[66] Denn der Auslieferungsbeleg dokumentiert gerade nicht die persönliche Übergabe an den Empfänger sondern lediglich die Möglichkeit der Kenntnisnahme in Folge des Einwurfs in den Briefkasten.

121 Empfehlenswert und der sicherste Weg für die Zustellung eines Kündigungsschreibens ist die **Übermittlung durch einen Boten.**[67] Hierbei darf es sich ohne weiteres um einen Mitarbeiter oder einem Mitglied des Vereins handeln. Zum Nachweis des Zugangs empfiehlt sich in diesem Fall die Kuvertierung des Kündigungsschreibens in Anwesenheit des Boten und dessen sorgfältige Anweisung zur Übermittlungsart und zum entsprechenden Ausfüllen eines sog. Überbringerprotokolls.

122 **Formulierungsbeispiel: Übergabeprotokoll**

Ich, Frau/Herr ***, geboren am ***, wohnhaft in ***, habe heute am *** um *** Uhr das im Original durch Herrn *** unterzeichnete Kündigungsschreiben für Frau/Herrn ***, datiert auf den *** um *** Uhr in einen Briefumschlag gegeben und diesen verschlossen.

Das von mir in diesen Briefumschlag gelegte Kündigungsschreiben habe ich am *** um *** Uhr in den Hausbriefkasten von Frau/Herrn *** unter der Adresse *** eingeworfen.

Das Kündigungsschreiben ist in seinem Wortlaut diesem Protokoll beigefügt.

123 **e) Ordentliche Kündigung.** Durch die ordentliche Kündigung wird das auf unbestimmte Zeit begründete Arbeitsverhältnis erst nach Ablauf einer bestimmten – vertraglichen, gesetzlichen oder tariflichen – Kündigungsfrist beendet.

124 Der Arbeitnehmer ist bei der fristgerechten Kündigung von gesetzlichen oder tariflichen Beschränkungen befreit. Er braucht keinen Kündigungsgrund, um das Arbeitsverhältnis fristgemäß zu beenden.

125 Anders ist dies selbstverständlich für den Arbeitgeber, der unter den **Anwendungsbereich des Kündigungsschutzgesetzes** fällt (KSchG). Für diesen sind die Möglichkeiten, das Arbeitsverhältnis einseitig zu beenden, erheblich eingeschränkt. Im Geltungsbereich des KSchG ist eine Kündigung nur wirksam, wenn sie gem. § 1 Abs. 2 KSchG sozial gerechtfertigt ist (→ Rn. 144).

---

[64] BAG AP BGB § 130 Nr. 12.
[65] BAG NZA 2003, 719.
[66] *Reichert* NJW 2001, 2523.
[67] *Bauer/Lingemann/Diller/Haußmann* Kap. 22 Rn. 16.

Formulierungsbeispiel: Ordentliche Kündigungserklärung 126

Sehr geehrte Frau/Herr ***,

Hiermit kündigen wir das zwischen uns bestehende Arbeitsverhältnis ordentlich zum ***, höchst hilfsweise zum nächstmöglichen Zeitpunkt.

Gemäß § 38 Abs. 1 SGB III sind Sie verpflichtet, sich innerhalb von drei Tagen nach Zugang dieses Kündigungsschreibens (Kenntnis des Beendigungszeitpunkts des Arbeitsverhältnisses) persönlich arbeitssuchend bei der Agentur für Arbeit zu melden. Zur Wahrung dieser Frist reicht eine Anzeige unter Angabe der persönlichen Daten und des Beendigungszeitpunkts nur dann aus, wenn die persönliche Meldung nach terminlicher Vereinbarung nachgeholt wird.

Die Pflicht zur Meldung besteht unabhängig davon, ob der Fortbestand des Arbeitsverhältnisses gerichtlich geltend gemacht wird. Im Verstoßensfalle werden eventuell bestehende Arbeitslosengeldansprüche gemindert.

f) Außerordentliche oder fristlose Kündigung. Eine **außerordentliche Kündigung** 127
nach § 626 Abs. 1 BGB kann von beiden Parteien des Arbeitsverhältnisses nur ausgesprochen werden, wenn Tatsachen vorliegen, aufgrund derer dem Kündigenden unter Berücksichtigung aller Umstände des Einzelfalls und unter Abwägung der Interessen beider Vertragsteile die **Fortsetzung des Arbeitsverhältnisses bis zum Ablauf der Kündigungsfrist** oder bis zum Zeitpunkt seiner vereinbarten Beendigung **nicht zugemutet** werden kann.[68] Der Ausspruch einer außerordentlichen Kündigung beendet das Arbeitsverhältnis zunächst unmittelbar mit Ausspruch der Kündigungserklärung.

Formulierungsbeispiel: Außerordentliche, hilfsweise ordentliche Kündigung 128

Sehr geehrte Frau/Herr ***,

hiermit kündigen wir das zwischen uns bestehende Arbeitsverhältnis fristlos und mit sofortiger Wirkung, hilfsweise ordentlich zum nächstmöglichen Zeitpunkt.

Hauptanwendungsfall der außerordentlichen – auch fristlosen Kündigung genannt – ist 129
der der verhaltensbedingten Kündigung.

Gemäß § 626 Abs. 2 BGB kann die **außerordentliche Kündigung nur innerhalb** 130
einer Frist von zwei Wochen erfolgen, wobei die Frist mit dem Zeitpunkt beginnt, indem der Kündigungsberechtigte von dem für die Kündigung maßgeblichen Tatsachen Kenntnis erlangt. Es ist hierbei grundsätzlich auf die Kenntnis des sog. Kündigungsberechtigten abzustellen, wobei maßgeblich für den Fristbeginn die sichere und möglichst umfassende positive Kenntnis der Tatsachen erforderlich ist, auf die die Kündigung gestützt werden soll. Bei sog. **Dauertatbeständen** beginnt die Ausschlussfrist des § 626 BGB mit dem **letzten Vorfall,** der das Glied in der Kette von Ereignissen bildet, die zum Anlass für die außerordentliche Kündigung genommen wird.

Sonderfall der außerordentlichen Kündigung ist die sog. **Verdachtskündigung,** bei der 131
allein der dringende Tatverdacht den Kündigungsgrund darstellt. Anders als bei der sog. Tatkündigung ist der Arbeitgeber bei der Verdachtskündigung verpflichtet, den Arbeitnehmer vor Ausspruch der Kündigung zu den ihn gegenüber bestehenden Verdachtsmomenten anzuhören. Dem Arbeitnehmer muss zudem Gelegenheit gegeben werden, sich zu dem Verdacht zu äußern oder diesen zu entkräften. Sinnvollerweise sollte eine solche **Verdachtsanhörung** schriftlich erfolgen und dem Arbeitnehmer eine **Einlassungsfrist** von einer Woche gewährt werden.

[68] ErfK/*Niemann* BGB § 626 Rn. 1.

132 **g) Anwendbarkeit des Kündigungsschutzgesetzes.** Der allgemeine Kündigungsschutz ist in § 1 KSchG geregelt. Nach § 1 KSchG ist eine ordentliche Kündigung **rechtsunwirksam,** wenn sie **sozial ungerechtfertigt** ist. Dies ist gem. § 1 Abs. 2 S. 1 KSchG der Fall, wenn sie nicht durch Gründe, die in der **Person** oder in dem **Verhalten des Arbeitnehmers** liegen oder durch dringende **betriebliche Erfordernisse,** die eine Weiterbeschäftigung des Arbeitnehmers in diesem Betrieb entgegenstehen, bedingt ist.

133 Voraussetzung für die **Anwendbarkeit des Kündigungsschutzgesetzes** ist zunächst, dass das Arbeitsverhältnis eines Arbeitnehmers rechtlich ununterbrochen über **sechs Monate in demselben Betrieb** oder Unternehmen besteht, § 1 Abs. 1 KSchG. Ein Berufsausbildungsverhältnis nach den §§ 10 ff. BBiG ist auch bei der Berechnung der Wartezeit nach § 1 Abs. 1 KSchG einem Arbeitsverhältnis zumindest gleichzustellen, etwas anderes gilt nur bei einem betrieblichen Praktikum.

134 Auf die sechsmonatige Wartezeit sind Zeiten eines früheren Arbeitsverhältnisses anzurechnen, wenn das Arbeitsverhältnis in einem engen sachlichen Zusammenhang mit dem früheren Arbeitsverhältnis steht. Maßgeblich dafür sind Anlass und Dauer der Unterbrechung und die Art der Weiterbeschäftigung.

135 Der Kündigungsschutz setzt zudem die Beschäftigung in einem Betrieb voraus. Nach dem in Rechtsprechung und -lehre entwickelten Betriebsbegriff ist ein **Betrieb** die organisatorische Einheit, innerhalb derer der Arbeitgeber mit seinen Arbeitnehmern durch Einsatz technischer und immaterieller Mittel bestimmte arbeitstechnische Zwecke fortgesetzt verfolgt, die sich nicht in der Befriedigung von Eigenbedarf erschöpfen.[69] Für den Verein bedeutet dies nicht zwangsläufig, dass grundsätzlich nur ein Betrieb iSd Kündigungsschutzgesetzes vorliegt. Nachdem § 23 KSchG seinem Wortlaut nach auf den Betrieb und nicht auf das Unternehmen – also den Rechtsträger, hier den Verein – abstellt, können unter Umständen hierzu auch mehrere Betriebe gehören. So wäre bei einem Verein, der mehrere eigenständige Abteilungen, die ggf. auch örtlich voneinander entfernt sind, unterhält, denkbar, dass die jeweiligen Abteilungen eigenständige Betriebe iSd KSchG sind. Da mit einem Betrieb allerdings auch mehrere Betriebszwecke verfolgt werden können, ist für die Abgrenzungsfrage entscheidend, ob eine einheitliche Organisation vorliegt. Erforderlich ist ein Leitungsapparat, der wesentliche Entscheidungen in den personellen und sozialen Angelegenheiten selbstständig trifft.[70] Entscheidend ist also insoweit, ob einheitlich über Arbeitsbedingungen und Organisationsfragen entschieden wird und wie Einstellungen und Entlassungen vorgenommen werden. Sind diese Entscheidungen in einem Verein ausschließlich durch den Vorstand zu treffen, dürfte regelmäßig ein Betrieb iSd KSchG vorliegen. Sieht allerdings die Satzung des Vereins eine Aufspaltung des personellen Leitungsapparats bspw. dergestalt vor, dass bestimmte Abteilungsleiter oder gar sportliche Leiter für einzelne Abteilungen autarke, vom Gesamtverein unabhängige Personalentscheidungen treffen können, können unterschiedliche Betriebe iSd § 23 KSchG vorliegen. Soweit allerdings unterschiedliche Abteilungen ohne eigenen Leitungsapparat vorliegen, handelt es sich nicht um einzelne Betriebe, sondern um sog. Betriebsteile.

136 Das Kündigungsschutzgesetz setzt zudem eine bestimmte **Mindestbeschäftigtenanzahl** (§ 23 Abs. 1 S. 2 und S. 3 KSchG) voraus. Der **sog. Schwellenwert** für das Eingreifen des Kündigungsschutzgesetzes in § 23 Abs. 1 S. 2 KSchG ist in der Vergangenheit mehrfach geändert worden. Seit 1. 1. 2004 unterfallen nur solche Kleinunternehmen **nicht dem Kündigungsschutzgesetz,** in denen **zehn oder weniger Arbeitnehmer** ausschließlich der zu ihrer Berufsbildung Beschäftigten beschäftigt werden. Zur Berufsbildung Beschäftigte sind insbesondere Auszubildende, Lehrlinge, Praktikanten und Volontäre, aber auch Umschüler. Durch die quotale Berücksichtigung der Teilzeit-Beschäftigten wird der rechnerische Schwellenwert erreicht, wenn im Betrieb regelmäßig mindestens 10,25 Arbeitnehmer beschäftigt werden.

---

[69] Ständige Rspr., vgl. nur BAG NZA 2001, 831.
[70] Ständige Rspr., vgl. nur BAG NZA 2001, 831.

Bei der Feststellung der Zahl der beschäftigten Arbeitnehmer sind **Teilzeitbeschäftigte je nach Umfang ihrer Beschäftigung** zu berücksichtigen. Arbeitnehmer mit einer regelmäßigen wöchentlichen Arbeitszeit von nicht mehr als 20 Stunden mit dem Faktor 0,5 und von nicht mehr als 30 Stunden mit dem Faktor 0,75 werden gezählt. Bei der Ermittlung des Schwellenwerts ist auf die vereinbarte regelmäßige wöchentliche Arbeitszeit, nicht aber auf die tatsächlich geleistete Arbeitszeit abzustellen.[71] Allerdings ist bei einer regelmäßigen Überschreitung der vertraglich vereinbarten Arbeitszeit auf die tatsächlich geleistete regelmäßige Arbeitszeit abzustellen. Nur kurzfristige Schwankungen der Arbeitszeit bleiben außer Betracht. 137

Relativ kompliziert und intransparent ist die in § 23 Abs. 1 S. 2 und S. 3 KSchG normierte **Übergangsregelung** für die Arbeitnehmer, die bereits vor dem 1. 1. 2004 in einem Arbeitsverhältnis gestanden haben. Zu diesem Zeitpunkt griff das Kündigungsschutzgesetz bereits bei einem Unternehmen, dass mehr als fünf Arbeitnehmer beschäftigt hatte. Für diese sog. Alt-Arbeitnehmer gilt – abweichend von den Arbeitnehmern, die seit 1. 1. 2004 beschäftigt sind – Folgendes: 138

Der **Alt-Schwellenwert von fünf Mitarbeitern** gilt ausschließlich für die zu diesem Zeitpunkt beschäftigten Arbeitnehmer. Er kann auch nur von ihnen überschritten werden. Der von diesen Arbeitnehmern dann bewirkte **Bestandsschutz** gilt für diese unbefristet, wenn das Arbeitsverhältnis im Verein bereits am 31. 12. 2003 bestanden hat. 139

Beispiel 1:

Sind in einem Unternehmen in der Regel acht Arbeitnehmer beschäftigt unterfällt dieses Unternehmen grundsätzlich nicht dem Geltungsbereich des KSchG. Sind diese Beschäftigten jedoch bereits vor dem 31.12.2003 bei dem Unternehmen beschäftigt gewesen, genießen dieselben Beschäftigten auch weiterhin Kündigungsschutz nach dem KSchG.

Beispiel 2:

Stellt das oben geschilderte Unternehmen nunmehr nach dem 1.1.2004 weitere Arbeitnehmer ein haben diese bis zu einer Gesamtzahl von mehr als zehn Arbeitnehmern keinen Kündigungsschutz. Die alte Belegschaft hingegen verliert bei dieser Situation ihren Kündigungsschutz erst dann, wenn dieser alte Teil die alte Schwelle von fünf Arbeitnehmern unterschreitet.

Fallen Betriebe bzw. Vereine nicht unter den Anwendungsbereich des KSchG, bedarf es keines in § 1 KSchG genannten Grundes, um ein Arbeitsverhältnis durch Kündigung zu beenden. Selbstverständlich muss – bei Ausspruch einer ordentlichen Arbeitgeberkündigung – die entsprechende Kündigungsfrist eingehalten werden. Die Kündigung darf darüber hinaus nicht sittenwidrig sein, gegen den Grundsatz von Treu und Glauben verstoßen oder auf diskriminierenden Aspekten beruhen. Eine solche Kündigung wäre auch außerhalb des Anwendungsbereiches des KSchG unwirksam (sog. Kündigungsschutz „light“). 140

h) Personenbedingte Kündigung nach § 1 Abs. 2 KSchG. Nach § 1 Abs. 2 KSchG kann eine Kündigung sozial gerechtfertigt sein, wenn diese durch Gründe bedingt ist, die in der Person des Arbeitnehmers liegen. Eine personenbedingte Kündigung stellt **keine Sanktion für vergangene Vertragsstörungen** dar. Sie ist zukunftsbezogen und gibt dem Arbeitgeber die Möglichkeit, zu erwartenden betrieblichen Beeinträchtigungen zuvor zukommen.[72] 141

Mit der personenbedingten Kündigung soll dem Arbeitgeber die Möglichkeit offen stehen, ein Arbeitsverhältnis zu beenden, wenn ein Arbeitnehmer die **persönliche Eignung oder Fähigkeit nicht oder nicht mehr besitzt,** um die **vertraglich geschuldete Ar-** 142

[71] ErfK/*Kiel* KSchG § 23 Rn. 17.
[72] BAG 12.4.2002 – 2 AZR 148/01.

beitsleistung zu erbringen.[73] Auf ein Verschulden kommt es hierbei nicht an, weshalb es bei Ausspruch einer personenbedingten Kündigung – anders als bei der verhaltensbedingten Kündigung – nicht des Ausspruchs einer vorangegangenen Abmahnung bedarf.

143 **Hauptgründe von personenbedingten Kündigungen** sind die Kündigung wegen Krankheit, rechtlichen Hindernissen (fehlende Arbeitserlaubnis oder ähnliches) und mangelnde körperliche und geistige Eignung zur geforderten Tätigkeit.

144 Gerade bei Ausspruch einer personenbedingten Kündigung muss der sog. **Verhältnismäßigkeitsgrundsatz** eingehalten werden. Der Arbeitgeber ist in Ausübung dessen verpflichtet, jede mögliche zumutbare und geeignete Maßnahme zu ergreifen, um die Kündigung zu vermeiden.[74] Vor Ausspruch der Kündigung muss also deshalb jedes denkbar **mildere Mittel,** wie bspw. Beschäftigung auf einem anderen gleichwertigen freien Arbeitsplatz des Vereins, Durchführung von zumutbaren Umschulungs- oder Weiterbildungsmaßnahmen oder Ausspruch einer Änderungskündigung geprüft werden, bevor als *ultima ratio* eine personenbedingte Kündigung ausgesprochen werden kann.

145 Hauptanwendungsfall der personenbedingten Kündigung ist die Kündigung aus **krankheitsbedingten Gründen.** Hier muss unterschieden werden, ob es sich um eine Kündigung wegen einer lang andauernden Krankheit oder wegen häufiger Kurzzeiterkrankungen handelt. Unter **Krankheit** ist ein **regelwidriger körperlicher oder geistiger Zustand** zu verstehen, **der eine Heilbehandlung notwendig macht.**[75] Die richterliche Prüfung einer krankheitsbedingten Kündigung erfolgt sodann in drei Stufen.[76] Die Kündigung ist im Fall langanhaltender Krankheit sozial gerechtfertigt,

1. wenn eine negative Prognose hinsichtlich der voraussichtlichen Dauer der Arbeitsunfähigkeit vorliegt,
2. eine darauf beruhende erhebliche Beeinträchtigung betrieblicher Interessen festzustellen ist und
3. eine Interessenabwägung ergibt, dass die betrieblichen Beeinträchtigungen zu einer billigerweise nicht mehr hinzunehmenden Belastung des Arbeitgebers führen.

145a Auch in diesem Bereich ist die Rechtsprechung ständig im Wandel, zudem ist vor Ausspruch jeder Kündigung eine umfassende Interessenabwägung im Einzelfall vorzunehmen. Zwar gibt es keine absoluten Grenzen, nach welcher Anzahl an Krankheitstagen eine Kündigung gerechtfertigt sein kann, gleichwohl hat sich sowohl in Literatur und Rechtsprechung eine gewisse Tendenz entwickelt, die als grobe Richtlinie dienen kann.

146 Bei einer Kündigung wegen **häufiger Kurzzeiterkrankungen** müssen im Zeitpunkt des Ausspruchs der Kündigung objektive Tatsachen vorliegen, die geeignet sind, auch für die Zukunft negative Auswirkungen in Bezug auf weitere Krankheitszeiten zu indizieren. Hier muss eine Rückschau über einen Zeitraum von mindestens drei Jahren vorgenommen werden, um die Krankheitszeiten in einem Prozess dezidiert darlegen zu können. Zu diesen Fehlzeiten müssen – wie oben geschildert – betriebliche Auswirkungen hinzutreten, die der Verein nicht mehr weiter hinnehmen kann.

147 Bei Kündigungen wegen sog. **Langzeiterkrankungen** muss der Arbeitnehmer – anders als bei den Kurzzeiterkrankungen – zum Zeitpunkt des Ausspruchs der Kündigung erkrankt sein. Zudem muss zu diesem Zeitpunkt damit zu rechnen sein, dass dieser Zustand auch noch längere Zeit anhalten wird. Das BAG hat solche Fälle angenommen, wenn der Arbeitnehmer länger als 18 Monate erkrankt war und ein Ende der Krankheit zum Zeitpunkt des Ausspruchs der Kündigung nicht absehbar war.[77] Denkbar sei dies auch für den Fall, dass der Arbeitnehmer zum Zeitpunkt des Zugangs der Kündigung bereits

---

[73] BAG AP KSchG 1969 § 1 personenbedingte Kündigung Nr. 26.
[74] ErfK/*Oetker* KSchG § 1 Rn. 98.
[75] BAG 5.4.1976 – 5 AZR 397/75.
[76] BAG 19.4.2007 – 2 AZR 239/06.
[77] BAG AP KSchG 1969 § 1 Krankheit Nr. 30.

acht Monate erkrankt war und mit einer Wiedergesundung innerhalb der nächsten zwei Jahre nicht zu rechnen ist.[78]

Nachdem für beide Fälle der krankheitsbedingten Kündigung die **Zukunftsprognose** 148 ausschlaggebend ist, empfiehlt es sich dringend – vor Ausspruch einer Kündigung – mit dem betroffenen Mitarbeiter ein Gespräch über seine Fehlzeiten zu führen.

§ 167 Abs. 2 SGB IX schreibt dem Arbeitgeber zudem vor, dass bei einer länger als 149 sechs Wochen andauernden ununterbrochenen oder wiederholten Arbeitsunfähigkeit eines Arbeitnehmers ein sog. **betriebliches Eingliederungsmanagement** durchzuführen ist. Hierbei soll es auf die Ursachen der Arbeitsunfähigkeit nicht ankommen. Der Gesetzgeber hat hier kein formalistisches Verfahren vorgeschrieben, sondern es vielmehr in die Hände der am betrieblichen Eingliederungsmanagement beteiligten Personen – Arbeitnehmer, Arbeitgeber, Schwerbehindertenvertretung, Betriebsrat – gelegt, im Rahmen einer ergebnisoffenen Suche nach Möglichkeiten zur Überwindung der Arbeitsunfähigkeit und Vermeidung künftiger Arbeitsunfähigkeiten zu fahnden. Hier sollen nach dem Willen des Gesetzgebers alle denkbaren Mittel in Betracht gezogen werden, sei es Versetzung, Veränderung des Arbeitsplatzes oder Zurverfügungstellung technischer Hilfsmittel. Erst dann, wenn dieses betriebliche Eingliederungsmanagement (BEM) erfolglos geblieben ist, kann eine krankheitsbedingte Kündigung ausgesprochen werden. Zwar führt die Nichtdurchführung eines betrieblichen Eingliederungsmanagements nicht *prima facie* zu einer Unwirksamkeit einer Kündigung, allerdings zieht diese Nichtdurchführung eine Beweislastumkehr in einem Kündigungsschutzprozess nach sich, die für den Arbeitgeber zu nahezu unüberwindbaren Schwierigkeiten führen kann. Es wird daher – unabhängig von den gesetzlichen Vorgaben und der tatsächlichen Sinnhaftigkeit der Maßnahme – dringend geraten, vor Ausspruch einer Kündigung ein Gespräch mit dem Arbeitnehmer zu führen, das sich dem Inhalt nach an den Voraussetzungen des § 167 Abs. 2 SGB IX orientiert. Zu Beweiszwecken ist zudem zu empfehlen, dieses Gespräch unter Hinzuziehung von potentiellen Zeugen zu führen und den Inhalt schriftlich zu dokumentieren.

i) Betriebsbedingte Kündigung nach § 1 Abs. 2 KSchG. Nach § 1 Abs. 2 KSchG 150 kann eine Kündigung sozial gerechtfertigt sein, wenn sie durch dringende **betriebliche Erfordernisse** bedingt ist, die einer Weiterbeschäftigung des Arbeitnehmers in diesem Betrieb entgegenstehen.

Hintergrund einer betriebsbedingten Kündigung ist regelmäßig, dass der Arbeitgeber 151 dem Arbeitnehmer seinen bisher inne gehabten **Arbeitsplatz nicht mehr zur Verfügung stellen kann,** weil er seinen Geschäftsbetrieb nicht mehr so fortführen kann oder will, wie er dies bisher getan hat.[79] Eine betriebsbedingte Kündigung kann deshalb zu einem Verlust des Arbeitsplatzes führen, obwohl der Arbeitnehmer selbst keinerlei durch sein Verhalten oder in seiner Person liegende Gründe gesetzt hat, die den Arbeitgeber zu einer Kündigung des Arbeitsverhältnisses berechtigen würden.

Für die soziale Rechtfertigung einer betriebsbedingten Kündigung spielt der Begriff der 152 unternehmerischen Entscheidung und seiner Abgrenzung zu dem Begriff der dringenden betrieblichen Gründe eine zentrale Rolle.

Der Wegfall von Arbeitsplätzen aus inner- oder außerbetrieblichen Gründen geschieht 153 nicht von selbst. Diesen geht immer unmittelbar eine unternehmerische Entscheidung voraus, die der Arbeitgeber trifft. Diese **unternehmerische Entscheidung** begründet konkret ein **dringendes betriebliches Erfordernis** iSd § 1 Abs. 2 KSchG, wenn sie sich konkret auf die Einsatzmöglichkeit des gekündigten Arbeitnehmers auswirkt.[80] Eine Kündigung aus betriebsbedingten Gründen kann also deshalb wirksam sein, weil sich der Arbeitgeber im Unternehmensbereich zu einer organisatorischen Maßnahme entschließt, bei

[78] BAG AP KSchG 1969 § 1 Krankheit Nr. 36.
[79] *Kaiser* NZA Beil. 1/2005, 31.
[80] BAG 18.10.2006 – 2 AZR 676/05.

deren innerbetrieblichen Umsetzung das Bedürfnis zur Weiterbeschäftigung eines oder mehrerer Arbeitnehmer entfallen ist.

154 Die getroffene **Unternehmerentscheidung** kann in einem Arbeitsgerichtsprozess durch das Arbeitsgericht nicht auf ihre Notwendigkeit oder Zweckmäßigkeit hin überprüft werden. Sie unterliegt allein einer Missbrauchskontrolle dahingehend, ob sie offensichtlich unsachlich oder willkürlich ist.[81] Diese Kontrolle zielt weder darauf ab, dem Arbeitgeber organisatorische Vorgaben zu machen, noch darf sie dazu dienen, die Stichhaltigkeit der Erwägungen zu prüfen, die den Arbeitgeber gerade zu dem von ihm gewählten Konzept geführt haben.

155 Die verschiedensten unternehmerischen Konzepte, die eine betriebsbedingte Kündigung rechtfertigen können, sind deshalb äußerst vielschichtig. So kann bspw. die Vergabe von bisher im Betrieb durchgeführten Arbeiten an ein anderes Unternehmen (Outsourcing)[82] oder die Entscheidung, bestimmte Aufgaben zukünftig durch freie Mitarbeiter[83] anstelle von Angestellten durchführen zu lassen als eine die Arbeitsgerichte bindende Organisationsentscheidung des Arbeitgebers qualifiziert werden, die in der Konsequenz zum Wegfall von Arbeitsplätzen führen und ein dringendes betriebliches Erfordernis für die betriebsbedingte Kündigung darstellen. Selbstverständlich kann ein solches betriebliches Erfordernis auch für einen Verein, selbst für den nicht wirtschaftlichen, bestehen. Auch ein nicht wirtschaftlicher Verein kann sich außerhalb des steuerbegünstigten Zwecks wirtschaftlich betätigen. Gerade dann, wenn der nicht wirtschaftliche Verein gleichwohl Arbeitnehmer beschäftigt – was nicht automatisch zu einer Wirtschaftlichkeit führt – bestehen verschiedenste denkbare Konzepte, die zu einem betrieblichen Erfordernis für eine betriebsbedingte Kündigung führen, insbesondere dann, wenn eben diese Tätigkeiten aufgegeben werden.

156 **j) Verhaltensbedingte Kündigung nach § 1 Abs. 2 S. 1 KSchG.** Gemäß § 1 Abs. 2 S. 1 KSchG ist eine Kündigung auch dann sozialungerechtfertigt, wenn sie nicht durch Gründe, die in dem **Verhalten des Arbeitnehmers** liegen, bedingt ist. Ausschlaggebend für die verhaltensbedingte Kündigung ist deshalb ein **vertragswidriges Verhalten** des Arbeitnehmers. Verletzt ein Arbeitnehmer vorwerfbar Pflichten aus dem Arbeitsverhältnis, kommt eine verhaltensbedingte Kündigung in Betracht. Handelt es sich bei dem Fehlverhalten nicht um eine **vorwerfbare Pflichtverletzung,** kann einzig eine personenbedingte Kündigung aus Gründen im Verhalten des Arbeitnehmers iSv § 1 Abs. 2 KSchG sozialgerechtfertigt sein, wenn der Arbeitnehmer mit dem ihm vorgeworfenen Verhalten eine Vertragspflicht erheblich – in der Regel schuldhaft – verletzt, das Arbeitsverhältnis konkret beeinträchtigt wird, eine zumutbare Möglichkeit einer anderen Beschäftigung nicht besteht und die Lösung des Arbeitsverhältnisses in Abwägung der Interessen beider Vertragsteile billigenswert und angemessen erscheint.[84]

157 Eine verhaltensbedingte Kündigung kann sowohl als ordentliche als auch als außerordentliche Kündigung ausgesprochen werden. Bei einer ordentlichen verhaltensbedingten Kündigung sind in der Regel die verhaltensbedingte Gründe nicht so gravierend, dass sie dem Arbeitgeber die Fortsetzung des Arbeitsverhältnisses bis zum Ablauf der ordentlichen Kündigungsfrist unzumutbar machen. Ist dies nicht der Fall – dh eine Fortführung des Arbeitsverhältnisses auch nur bis zum Ende der hypothetisch ordentlichen Kündigungsfrist ist nicht möglich – kann eine außerordentliche, verhaltensbedingte Kündigung gerechtfertigt sein.

158 Für eine verhaltensbedingte Kündigung gilt dabei das **Prognoseprinzip.**[85] Der Zweck der Kündigung ist nicht die Sanktion für eine begangene Vertragspflichtverletzung, son-

---

[81] BAG AP KSchG 1969 § 1 betriebsbedingte Kündigung Nr. 133.
[82] BAG 27.6.2002 – 2 AZR 489/01.
[83] BAG 9.5.1996 – 2 AZR 438/95 – Weight-Watchers.
[84] BAG 31.5.2007 – 2 AZR 200/06.
[85] Ascheid/Preis/Schmidt/*Dörner/Vossen* KSchG § 1 Rn. 73.

dern die Vermeidung des Risikos weiterer erheblicher Pflichtverletzungen. Die begangene Pflichtverletzung muss sich deshalb noch in der Zukunft belastend auswirken. Eine negative Prognose liegt vor, wenn aus der konkreten Vertragspflichtverletzung und der daraus resultierenden Vertragsstörung geschlossen werden kann, der Arbeitnehmer werde zukünftig den Arbeitsvertrag auch nach einer Kündigungsandrohung erneut in gleicher oder ähnlicher Weise verletzen.[86]

Deshalb setzt eine Kündigung wegen einer Vertragspflichtverletzung regelmäßig eine 159
Abmahnung voraus. Diese dient der Objektivierung der negativen Prognose. Grundsätzlich kann eine Kündigung nur auf eine Pflichtverletzung gestützt werden, wenn der Arbeitnehmer nach einem ersten Verstoß ordnungsgemäß abgemahnt wurde und trotz dieser Abmahnung erneut eine vergleichbare Pflichtverletzung begangen hat, mit der dann die Kündigung begründet werden kann.

Eine **Abmahnung kann** jedoch **entbehrlich sein,** wenn eine Abwägung der beider- 160
seitigen Interessen die sofortige Kündigung rechtfertigt oder der Arbeitnehmer nicht gewillt ist, sich vertragsgemäß zu verhalten. Nach der ständigen Rechtsprechung des BAG ist eine Abmahnung entbehrlich, wenn der Arbeitnehmer die Pflichtwidrigkeit seines Handelns ohne weiteres erkannt hat und eine Hinnahme dieses Verhaltens durch den Arbeitgeber von vornherein offensichtlich ausgeschlossen war.[87] In Einzelfällen kann eine Abmahnung auch dann entbehrlich sein, wenn im Hinblick auf Einsicht- oder Handlungsfähigkeit des Arbeitnehmers eine Abmahnung sich als wenig erfolgsversprechend zeigen würde.[88] Selbst bei Pflichtverletzungen im sog. Vertrauensbereich verlangt die Rechtsprechung eine Abmahnung dann, wenn der Arbeitnehmer annehmen durfte, sein Verhalten sei nicht vertragswidrig bzw. der Arbeitgeber wird es zumindest nicht als ein erhebliches, den Bestand des Arbeitsverhältnisses gefährdetes Verhalten ansehen.[89] Entscheidend ist letztendlich immer die Prognose, ob zukünftig eine weitere Zusammenarbeit zwischen Arbeitgeber und Arbeitnehmer erwartet werden kann.

Liegt eine ordnungsgemäße Abmahnung vor und verletzt der Arbeitnehmer erneut sei- 161
ne vertraglichen Pflichten, kann regelmäßig davon ausgegangen werden, es werde auch zukünftig zu weiteren Vertragsstörungen kommen. Die Abmahnung ist insoweit notwendiger Bestandteil bei der Anwendung des Prognoseprinzips.

Typische **Fallgruppen** der fristlosen, verhaltensbedingten Kündigung sind die beharrli- 162
che Arbeitsverweigerung.[90] Aber auch die grobe Beleidigung des Arbeitgebers bzw. Vorgesetzten,[91] die unerlaubte Konkurrenz/Nebentätigkeit, die Begehung von Straftaten,[92] eine eigenmächtige Urlaubsinanspruchnahme[93] oder der Missbrauch von Kontrolleinrichtungen[94] bzw. auch die nicht erlaubte intensive Nutzung des Internets zu privaten Zwecken[95] können eine fristlose verhaltensbedingte Kündigung rechtfertigen.

Bei Ausspruch einer verhaltensbedingten Kündigung ist gleichwohl – wie bei jeder 163
Kündigung – eine **abschließende Interessenabwägung** vorzunehmen. Wohl bekanntester Fall in diesem Zusammenhang war die Entscheidung des BAG vom 10.6.2010 – der Öffentlichkeit auch als **Fall Emmely** bekannt.

In diesem Fall hatte die Kassiererin eines Einzelhandelsgeschäft, die dort 31 Jahre beschäftigt war, zwei ihr nicht gehörende Pfandbons im Wert von 48 Cent und 82 Cent eingelöst, wobei sie zudem noch im Prozess bestritten hat, die Bons an sich genommen zu haben. Der Arbeitgeber

[86] BAG 31.5.2007 – 2 AZR 200/06.
[87] BAG DB 1999, 1121.
[88] BAG 19.4.2007 – 2 AZR 180/06.
[89] BAG NZA 1997, 1281.
[90] BAG 22.11.1996 – 2 AZR 357/95.
[91] BAG 15.12.1977 – 3 AZR 184/76.
[92] BAG 1.2.2007 – 2 AZR 333/06.
[93] BAG AP BetrVG 1972 § 102 Nr. 114 nach Missbrauch von Kontrolleinrichtungen.
[94] BAG AP SGB IX § 91 Nr. 1.
[95] BAG 27.4.2006 – 2 AZR 386/05.

kündigte daraufhin das Arbeitsverhältnis wegen des dringenden Tatverdachts fristlos, hilfsweise ordentlich. Anders als die beiden Vorinstanzen, aber auch in Korrektur bzw. Änderung seiner früheren Rechtsprechung, gab das BAG der entsprechenden Kündigungsschutzklage statt. So könne ein vorsätzlicher Verstoß des Arbeitnehmers gegen seine Vertragspflichten eine fristlose Kündigung auch dann rechtfertigen, wenn der damit einhergehende Schaden gering sei. Umgekehrt sei jedoch nicht jede unmittelbar gegen die Vermögensinteressen des Arbeitgebers gerichtete Pflichtverletzung ohne Weiteres ein Kündigungsgrund. Ob ein wichtiger Grund iSd § 626 Abs. 1 BGB vorliege, müsse vielmehr unter Berücksichtigung aller Umstände des Einzelfalls und unter Abwägung der Interessen beider Vertragsteile beurteilt werden. Hierbei seien alle für das jeweilige Vertragsverhältnis in Betracht kommenden Gesichtspunkte zu bewerten. Dazu gehörten das gegebene Maß der Beschädigung des Vertrauens, das Interesse an der korrekten Handhabung der Geschäftsanweisungen, das vom Arbeitnehmer in der Zeit seiner unbeanstandeten Beschäftigung erworbene „Vertrauenskapital" ebenso wie die wirtschaftlichen Folgen des Vertragsverstoßes. Diese Aufzählung ist nach der Rechtsprechung des BAG jedoch nicht abschließend. Insgesamt müsse sich die sofortige Auflösung des Arbeitsverhältnisses als angemessene Reaktion auf die eingetretene Vertragsstörung erweisen. Unter Umständen könne eine Abmahnung als milderes Mittel zur Wiederherstellung des für die Fortsetzung des Vertrages notwendigen Vertrauens in die Redlichkeit des Arbeitnehmers ausreichen. Das BAG hat zwar ausdrücklich betont, dass der Vertragsschluss im vorliegenden Fall den Kernbereich der Arbeitsaufgabe als Kassiererin berühre und damit trotz des geringen Wertes der Pfandbons das Vertrauensverhältnis der Parteien objektiv belastet sei. Letztlich überwiegten angesichts der mit der Kündigung verbundenen schwerwiegenden Einbußen die zu Gunsten der Klägerin in die Abwägung einzustellenden Gesichtspunkte. Dazu gehöre insbesondere die über Jahrzehnte ohne rechtliche relevante Störung verlaufene Beschäftigung, durch die sich die Klägerin ein hohes Maß an Vertrauen erworben hatte. Dieses Vertrauen habe durch den in vieler Hinsicht atypischen und einmaligen Kündigungssachverhalt nicht vollständig zerstört werden können. Im Rahmen der Abwägung sei auch auf eine vergleichsweise geringfügige, wirtschaftliche Schädigung der Beklagten Bedacht zu nehmen gewesen, sodass eine Abmahnung als milderes Mittel gegenüber einer Kündigung angemessen und ausreichend gewesen wäre, einen künftig wieder störungsfreien Verlauf des Arbeitsverhältnisses zu bewirken.[96]

164 Faktisch hat diese Entscheidung die grundsätzliche Rechtswirksamkeit von sog. **Bagatellkündigungen** in Frage gestellt. Es zeichnet sich gerade bei erstinstanzlichen Entscheidungen ein Trend der Arbeitsgerichte dahingehend, Pflichtverletzungen des Arbeitnehmers grundsätzlich mit dem Verweis auf den erworbenen Vertrauensvorschuss nicht als Kündigungsgrund zuzulassen. Gerade vor dem Hintergrund der Tatsache, dass Abmahnungen grundsätzlich nach einem Zeitraum von zwei Jahren aus der Personalakte zu entfernen sind, stellt sich in der Konsequenz die Frage, inwieweit ein Arbeitgeber nachweisen kann, dass es sich eben gerade nicht um ein völlig unbelastetes Arbeitsverhältnis gehandelt hat. Es bleibt abzuwarten, wie sich die Rechtsprechung diesbezüglich entwickeln wird.

165 **k) Besonderer Kündigungsschutz einzelner Personengruppen.** Neben dem allgemeinen Kündigungsschutz durch das Kündigungsschutzgesetz normiert der Gesetzgeber **weitere Sonderkündigungstatbestände,** die teilweise unabhängig von der Frage der Geltung des Kündigungsschutzgesetzes auf Arbeitsverhältnisse Anwendung finden. Diese zahlreichen gesetzlichen und tariflichen Kündigungsschutzregelungen vermitteln einzelnen Gruppen von Arbeitnehmern einen besonderen Schutz vor dem Verlust ihres Arbeitsplatzes durch Kündigungen des Arbeitgebers.

166 Die jeweilige Ausgestaltung des Sonderkündigungsschutzes kann in verschiedenster Art und Weise vorgenommen werden. **Regelfall** ist der **Ausschluss der ordentlichen Kündigung** gegenüber Arbeitnehmer einer bestimmten Gruppe oder die durch eine Behörde zu erteilende **Zustimmung,** bevor eine Kündigung ausgesprochen werden kann.

[96] BAG NZA 2010, 1227.

Die Bedeutung der unterschiedlichsten Sonderkündigungsschutzvorschriften nimmt in den vergangenen Jahren deutlich zu. Neben den allgemein bekannten Sonderkündigungsschutzvorschriften für schwerbehinderte Menschen, Schwangere oder Betriebsratsmitglieder hat der Gesetzgeber nun auch Sonderkündigungsschutzvorschriften für Datenschutzbeauftragte und Arbeitnehmer, die pflegebedürftige nahe Angehörige betreuen, eingeführt. 167

Die wichtigsten Sonderkündigungstatbestände, die für Arbeitsverhältnisse in einem Verein von Bedeutung sein könnten, sind: 168

- **Mutterschutz (§ 9 MuSchG):** Gemäß § 9 Abs. 1 S. 1 MuSchG ist die Kündigung eines Arbeitsverhältnisses gegenüber einer Frau während der Schwangerschaft und bis zum Ablauf von vier Monaten nach der Entbindung unzulässig, wenn dem Arbeitgeber zur Zeit der Kündigung die Schwangerschaft oder Entbindung bekannt war oder innerhalb zwei Wochen nach Zugang der Kündigung mitgeteilt worden ist, wobei das Überschreiten der Zwei-Wochen-Frist unschädlich ist, wenn es auf einen von der Frau nicht zu vertretenden Grund beruht und die Mitteilung unverzüglich nachgeholt wird. Nach § 9 Abs. 3 S. 1 MuSchG kann die für den Arbeitsschutz zuständige Landesbehörde in besonderen Fällen, die nicht mit dem Zustand einer Frau während der Schwangerschaft oder ihrer Lage bis zum Ablauf von vier Monaten nach der Entbindung in Zusammenhang stehen, ausnahmsweise die Kündigung – vor ihrem Ausspruch – für zulässig erklären. Eine ohne diese vorherige Zustimmung erteilte Kündigung ist nach § 134 BGB nichtig. Andere Beendigungstatbestände, wie Befristungsende oder Aufhebungsvertrag, werden von dem gesetzlichen Verbot nicht umfasst. § 9 Abs. 3 S. 2 MuSchG regelt zudem, dass die Angabe des zulässigen Grundes im Kündigungsschreiben Wirksamkeitsvoraussetzung der Kündigung selbst ist.
- **Elternzeit (§ 18 BEEG):** Auch für Elternzeitberechtigte besteht gem. § 18 BEEG ein Sonderkündigungsschutz. In Anlehnung an die Vorschriften zum Mutterschutz darf der Arbeitgeber das Arbeitsverhältnis ab dem Zeitpunkt, von dem an Elternzeit verlangt wird, höchstens jedoch acht Wochen vor Beginn der Elternzeit sowie während der Elternzeit nicht kündigen. Eine Kündigung wäre – ebenso wie während des Mutterschutzes – gem. § 134 BGB unwirksam. Wie auch im Mutterschutzrecht kann auch während der Elternzeit eine Kündigung ausnahmsweise – vor Ausspruch der Kündigung – durch die zuständige Behörde für zulässig erklärt werden. Ebenfalls dem Sonderkündigungsschutz im Mutterschutzrecht nachgebildet ist die Tatsache, dass jegliche Art der Kündigung vom Sonderkündigungsschutzrecht umfasst ist, nicht jedoch andere Beendigungstatbestände.
- **Schwerbehinderte und ihnen Gleichgestellte (§§ 168ff. SGB IX):** Nach § 168 SGB IX bedarf jede Kündigung eines schwerbehinderten Menschen durch den Arbeitgeber der vorherigen Zustimmung des Integrationsamts. Der gesetzliche Sonderkündigungsschutz für schwerbehinderte Menschen ist ebenfalls als Kündigungsverbot mit verwirklichtem Erlaubnisvorbehalt ausgestaltet, wobei bei Nichtzustimmung durch das Integrationsamt eine ausgesprochene Kündigung wegen des Verstoßes gegen ein gesetzliches Verbot gem. § 134 BGB nichtig ist. Auf andere Beendigungstatbestände finden die §§ 168ff. SGB IX keine Anwendung. Der Sonderkündigungsschutz tritt gem. § 273 Abs. 1 Nr. 1 SGB IX erst nach einer Wartezeit von sechs Monaten ein, wobei ein Grad der Behinderung von mindestens 50 weitere Voraussetzung ist. Entscheidend ist nicht der Feststellungsbescheid, sondern die objektive Lage. Gemäß § 151 SGB IX erstreckt sich der Sonderkündigungsschutz der §§ 168ff. SGB IX auch auf die den Schwerbehinderten gleichgestellten Menschen. Eine solche Gleichstellung kommt in Betracht, wenn zumindest ein Grad der Behinderung von 30 sowie ein von der Agentur für Arbeit ausgestellter Gleichstellungsbescheid vorliegen.
- **Datenschutzbeauftragter und andere betrieblich Beauftragte:** Verschiedenste rechtliche Regelungen schreiben Unternehmen und somit teilweise auch Vereinen vor, Beauftragte zu bestellen. Diese sollen in bestimmten Bereichen die Einhaltung öffentlich

rechtlicher Vorschriften überwachen. Diese Beauftragten können sowohl durch eigene fachkundige Arbeitnehmer als auch durch externe Personen bestimmt werden. Werden diese Aufgaben durch Arbeitnehmer ausgeführt, bestehen gesetzlich geregelte Benachteiligungsverbote für die Beauftragten. In einigen bestimmten Fällen hat der Gesetzgeber zudem einen zusätzlichen Sonderkündigungsschutz etabliert. Dies gilt bspw. für den Gewässerschutzbeauftragten (§ 66 WHG iVm § 58 Abs. 2 BImschG), den Beauftragten für Abfall (§ 60 KrW-/AbfG iVm § 58 BImSchG) sowie für den Immissionsschutzbeauftragten (§ 58 Abs. 2 BImSchG). Wichtigster Anwendungsfall des zusätzlichen Sonderkündigungsschutzes ist der des betrieblichen Datenschutzbeauftragten gem. § 6 Abs. 4 BDSG. Die entsprechenden Sonderkündigungsschutztatbestände sind unterschiedlich ausgestaltet und gewähren – wie beim Datenschutzbeauftragten oder beim Immissionsschutzbeauftragten – über das Verbot der ordentlichen Kündigung hinaus einen einjährigen Nachwirkungszeitraum.

169 Eine außerordentliche Kündigung aus wichtigem Grund bleibt gleichwohl ohne jede Einschränkung möglich.

170 Auf den Sonderkündigungsschutz von **Betriebsratsmitgliedern** soll vorliegend nicht eingegangen werden. Es ist davon auszugehen, dass ein Verein in der Regel keinen Betriebsrat unterhält, sodass die diesbezüglichen Vorschriften für den Arbeitgeber als Verein nur am Rande relevant sind.

2. Beendigung durch Befristung

171 Unabhängig von der Kündigung eines Arbeitsverhältnisses kann ein solches auch durch **Zeitablauf oder Zweckerreichung** enden.

172 Voraussetzung einer solchen Beendigung durch Befristung ist zunächst, dass ein befristetes Arbeitsverhältnis nach den Vorschriften des Teilzeit- und Befristungsgesetzes (TzBfG) vorliegt und der vereinbarte Vertragszweck erreicht oder der vereinbarte Befristungszeitraum ausgelaufen ist.

173 **a) Befristung ohne Sachgrund nach § 14 Abs. 2 TzBfG.** Gemäß § 14 TzBfG bedarf die **kalendermäßige Befristung** eines Arbeitsverhältnisses **keines sachlichen Grundes,** wenn der befristete Arbeitsvertrag oder seine höchstens dreimalige Verlängerung nicht die Gesamtdauer von zwei Jahren überschreitet.

174 Voraussetzung einer sachgrundlosen Befristung ist darüber hinaus, dass mit dem Arbeitnehmer **zuvor kein Arbeitsverhältnis** bestanden hat, dessen Ende weniger als drei Jahre zurückliegt.[97] Das frühere Arbeitsverhältnis muss dabei ein tatsächliches sein, deshalb wird die Befristung nach § 14 Abs. 2 TzBfG mit einem früheren Auszubildenden oder ehemaligen selbständigen Mitarbeiter aufgrund eines Dienst- oder Werkvertrages regelmäßig möglich sein.

> **Hinweis:**
> Entscheidend bei der sachgrundlosen Befristung gem. § 14 Abs. 2 TzBfG ist, dass die Befristung **vor Arbeitsbeginn schriftlich vereinbart** worden ist. Ist dies nicht der Fall, führt dies dazu, dass ein unbefristetes Arbeitsverhältnis entsteht.

175 Die Dauer der Befristung kann **insgesamt zwei Jahre** betragen, wobei der Rahmen nicht ausgeschöpft werden muss. Selbstverständlich ist auch der Abschluss von Arbeitsverträgen mit kürzerer Laufzeit möglich; das Arbeitsverhältnis endet dann, ohne dass es einer Kündigung bedarf mit Ablauf des im Arbeitsvertrag vereinbarten Zeitpunkts.

[97] BAG 6.4.2011 – 7 AZR 716/09.

Formulierungsbeispiel: Befristetes Arbeitsverhältnis nach § 14 Abs. 1 TzBfG 176

§ 1. Befristung

Herr/Frau *** wird vom e.V. in der Zeit vom *** bis *** als *** *[ausgeübte Tätigkeit]* eingestellt. Das Arbeitsverhältnis endet mit Ablauf dieses Zeitraums, ohne dass es einer Kündigung bedarf.

§ 2. Kündigung

Auch während der Laufzeit dieses Vertrags kann das Arbeitsverhältnis von beiden Seiten mit einer Frist von *** Wochen [*Alt.:* Monaten] zum *** gekündigt werden.

§ 3. Neueinstellung

Herr/Frau *** versichert ausdrücklich, dass er/sie innerhalb der letzten drei Monate nicht in einem Arbeitsverhältnis zum Verein gestanden hat. Frau/Herr *** ist darüber informiert, dass eine unrichtige Angabe diesbezüglich den Arbeitgeber zur möglicherweisen Anfechtung des Arbeitsvertrages nach § 123 BGB berechtigen kann.

Hinweis:

Eine Verlängerung des befristeten Arbeitsverhältnisses ohne Sachgrund ist bis zu dreimal innerhalb von zwei Jahren möglich. Wichtig hierbei ist, dass keine Änderung – dh auch keine Änderung der Arbeitszeit und des Gehalts – vorgenommen werden. Andernfalls besteht die Gefahr, dass aus dem befristeten Arbeitsverhältnis ein unbefristetes Arbeitsverhältnis wird.

b) Befristung mit Sachgrund nach § 14 Abs. 1 TzBfG. Gemäß § 14 Abs. 1 TzBfG ist 177 die Befristung eines Arbeitsverhältnisses zudem möglich, wenn diese durch einen **sachlichen Grund gerechtfertigt** ist. § 14 Abs. 1 TzBfG sieht hinsichtlich des unbestimmten Rechtsbegriffs „sachlicher Grund" insgesamt acht Fälle vor, die die Befristung des Arbeitsverhältnisses rechtfertigen können. Liegt ein solcher, im Gesetz genannter Grund vor, bedarf es keiner weiteren Prüfung anhand allgemeiner Merkmale mehr.[98] Das Gesetz spricht gleichwohl lediglich davon, dass insbesondere diese Gründe die Befristung eines Arbeitsverhältnisses rechtfertigen können, sodass durchaus die Möglichkeit besteht, dass weitere sachliche Gründe bestehen, die ein tauglicher sachlicher Grund iSd § 14 Abs. 1 TzBfG sind.[99] Letztlich ist jedoch davon auszugehen, dass aufgrund der Konkretisierung der sachlichen Gründe in § 14 Abs. 1 S. 2 TzBfG nur Gründe anzuerkennen sind, die ihrem Gewicht nach den ausdrücklich Benannten gleichwertig sind.[100]

Anerkannte Sachgründe, die eine Befristung des Arbeitsverhältnisses gem. § 14 Abs. 1 178 TzBfG rechtfertigen können, sind:
- vorübergehender Arbeitskräftebedarf,
- Erstanstellung,
- Vertretung,
- Eigenart der Arbeitsleistung,
- Erprobung,
- Gründe in der Person des Arbeitnehmers,
- Zweckbindung von Haushaltsmitteln,
- gerichtlicher Vergleich.

[98] BeckOK ArbR/*Bayreuther* TzBfG § 14 Rn. 20.
[99] BAG 16.3.2005 – 7 AZR 241/05.
[100] BAG NZA 2010, 495.

179 **Formulierungsbeispiel: Zweckbefristeter Arbeitsvertrag aus sachlichen Gründen**

§ 1. Befristung

Frau/Herr *** wird vom Verein für die Dauer *** *[zB: Erkrankung des Mitarbeiters XY, Elternzeit des Mitarbeiters XY]* als *** *[ausgeübte Tätigkeit]* eingestellt. Das Arbeitsverhältnis endet mit Erreichen dieses Zwecks, ohne dass es einer Kündigung bedarf, frühestens jedoch zwei Wochen nach Zugang der schriftlichen Unterrichtung des Arbeitnehmers durch den Verein über den Zeitpunkt der Zweckerreichung.

§ 2. Kündigung

Auch während der Laufzeit dieses Vertrags kann das Arbeitsverhältnis von beiden Seiten mit einer Frist von *** Wochen [*Alt.:* Monaten] zum *** gekündigt werden.

180 Ein so befristetes Arbeitsverhältnis endet regelmäßig mit der Erreichung des vereinbarten Zwecks.

181 **Formulierungsbeispiel: Mitteilung der Zweckerreichung nach § 15 Abs. 2 TzBfG**

Sehr geehrte/r Frau/Herr,

mit Arbeitsvertrag vom *** hatten wir Sie für die Dauer der *** *[zB: Erkrankung des Mitarbeiters XY, Elternzeit des Mitarbeiters XY]* eingestellt. Dieser Zweck ist nunmehr erreicht, da der von Ihnen vertretene Mitarbeiter seine Tätigkeit wieder angetreten hat. Aufgrund der Zweckerreichung endet ihr Arbeitsverhältnis bei uns daher mit Ablauf des ***. Einer Fortsetzung des Arbeitsverhältnisses widersprechen wir höchst vorsorglich.

Gemäß § 38 Abs. 1 SGB III sind Sie verpflichtet, sich innerhalb von drei Tagen nach Zugang dieses Kündigungsschreibens (Kenntnis des Beendigungszeitpunkts des Arbeitsverhältnisses) persönlich arbeitssuchend bei der Agentur für Arbeit zu melden. Zur Wahrung dieser Frist reicht eine Anzeige unter Angabe der persönlichen Daten und des Beendigungszeitpunkts nur dann aus, wenn die persönliche Meldung nach terminlicher Vereinbarung nachgeholt wird.

Die Pflicht zur Meldung besteht unabhängig davon, ob der Fortbestand des Arbeitsverhältnisses gerichtlich geltend gemacht wird. Im Verstoßensfalle werden eventuell bestehende Arbeitslosengeldansprüche gemindert.

Wir danken für Ihren Einsatz und wünschen Ihnen für Ihren weiteren Lebensweg alles Gute.

Mit freundlichen Grüßen

3. Beendigung durch Aufhebungsvertrag

182 Letztendlich kann ein Arbeitsverhältnis auch – aus welchem Grund auch immer – wie jeder andere Vertrag auch **einvernehmlich beendet** werden. **Ein Aufhebungsvertrag,** dh die Einigung der Arbeitsvertragsparteien hinsichtlich der Beendigung des Arbeitsverhältnisses, kommt wie jeder Vertrag durch Angebot und Annahme zustande. Der Aufhebungsvertrag ist allerdings von der nachträglichen Befristung des Arbeitsverhältnisses abzugrenzen, die in der Regel zu ihrer Wirksamkeit eines sachlichen Grundes bedarf.[101] Entscheidend hierbei ist, dass der Aufhebungsvertrag für einen solchen typische Elemente, wie bspw. Abfindung oder Freistellung, enthält und nicht nur eine Beendigung des Arbeitsverhältnisses in der Zukunft – ohne weitere Regelungen – statuiert.

183 Für den Abschluss eines Aufhebungsvertrages sieht das Gesetz gem. § 623 BGB zwingend die Einhaltung **der Schriftform** vor, wobei sich diese vom Erfordernis auf den Aufhebungsvertrag in seiner Gesamtheit erstreckt. Der Aufhebungsvertrag muss von beiden

[101] BAG 15.2.2007 – 6 AZR 286/06.

Vertragsparteien auf derselben Urkunde unterzeichnet sein. Unterzeichnet ein Vertreter den Aufhebungsvertrag, muss dies durch einen Zusatz deutlich zum Ausdruck kommen. Wird ein Aufhebungsvertrag nicht schriftlich abgeschlossen, ist er gem. § 125 S. 1 BGB **nichtig.** Das Arbeitsverhältnis besteht dann ungekündigt fort, wobei für den Arbeitgeber die Gefahr besteht, dass er in Annahmeverzug gerät.

Aufhebungsverträge sind grundsätzlich ohne besondere Voraussetzungen für beide Seiten verbindlich. Kündigungsfristen brauchen dabei nicht eingehalten zu werden; sie können sich jedoch bei Nichteinhaltung, insbesondere für den Arbeitnehmer, in sozialversicherungsrechtlicher Hinsicht auswirken. 184

Zu beachten gilt zudem, dass Minderjährige Aufhebungsverträge – wie Arbeitsverträge auch – nur mit Einwilligung bzw. Genehmigung ihrer gesetzlichen Vertreter abschließen können. Nichtig sind darüber hinaus Aufhebungsverträge, wie die von Geschäftsunfähigen sowie von Personen, die im Zustand der Bewusstlosigkeit oder vorübergehende Störung der Geistestätigkeit handeln, abgeschlossen werden. Sehr häufig besteht zudem das Risiko, dass Aufhebungsverträge durch Arbeitnehmer angefochten werden. Dies kann bspw. dann erfolgreich der Fall sein, wenn dem Arbeitnehmer – nachweisbar – für den Fall der Nichtannahme des Aufhebungsvertrags mit dem Ausspruch einer – offensichtlich unbegründeten – Kündigung gedroht worden ist. 185

Zu unterscheiden von einem Aufhebungsvertrag ist zudem die sog. **Abwicklungsvereinbarung,** die dem Grundsatz nach dieselben Regelungen wie ein Aufhebungsvertrag enthält, allerdings nicht das Arbeitsverhältnis selbst beendet. Einer Abwicklungsvereinbarung geht immer der Ausspruch einer **Kündigung** voraus, die das **Arbeitsverhältnis beendet.** In der Abwicklungsvereinbarung selbst werden lediglich die Regelungen bis zur Beendigung des Arbeitsverhältnisses geregelt. Selbstverständlich können auch hier Abfindungszahlungen oder Freistellungszeiten vereinbart werden. Der Abschluss einer Abwicklungsvereinbarung gleicht daher einem dem Arbeitsgericht geschlossenen Vergleich, ohne dass sich die beiden Parteien bereits in einem gerichtlichen Verfahren befinden. 186

Formulierungsbeispiel: Einvernehmliche Beendigung des Arbeitsvertrages 187

§ 1. Beendigung des Arbeitsvertrages

Zwischen den Parteien besteht Einigkeit, dass das zwischen ihnen bestehende Arbeitsverhältnis mit Ablauf des *** enden wird.

§ 2. Vergütungsfortzahlung, Abwicklung des Arbeitsverhältnisses

Bis zum Beendigungszeitpunkt wird das Arbeitsverhältnis unter Fortzahlung der vertraglich vereinbarten Vergütung ordnungsgemäß abgewickelt.

§ 3. Freistellung/Urlaub

Bis zum unter § 1 vereinbarten Beendigungsdatum wird der Arbeitnehmer unter Fortzahlung der vertraglichen Vergütung unter Anrechnung sämtlicher Urlaubsansprüche oder sonstige Ansprüche aus Zeitguthaben unwiderruflich von der Erbringung zur Arbeitsleistung freigestellt.

IV. Besondere sozialversicherungsrechtliche Beschäftigungsformen

Grundsätzlich löst **jede Beschäftigung,** die gegen Entgelt ausgeübt wird, zunächst einmal eine **Steuer- und Sozialversicherungspflicht** aus. Zum Entgelt gehören daher alle Geld- und Sachleistungen sowie alle geldwerten Vorteile. Gleichwohl sieht der Gesetzgeber auch diesbezüglich je nach Status des Arbeitnehmers Ausnahmen vor, die entweder zu einer Sozialversicherungsfreiheit oder zumindest zu einer pauschalisierten Abgabe führen. 188

Im Bereich der **ehrenamtlichen Tätigkeit** sieht das Einkommensteuergesetz zudem bestimmte Freibeträge und steuerfreie Beschäftigungen vor. 189

Hinweis:
Auch bei Zahlungen von dritter Seite, also bspw. durch Sponsoren oder sonstige Unterstützer an einen Arbeitnehmer, die unmittelbar mit der Tätigkeit im Verein in Zusammenhang stehen, müssen Zahlung von Lohnsteuer und Sozialabgaben berücksichtigt werden.

190 Abgesehen von Personen, die unbefristet in einem Arbeitsverhältnis zu dem jeweiligen Verein stehen, gibt es zudem mehrere Formen der Beschäftigung von Arbeitnehmern, um eine flexiblere Ausgestaltung und kurzfristige Reaktion auf Beschäftigungsbedarf zu ermöglichen. Zum einen können Arbeitnehmer im Rahmen einer geringfügigen Beschäftigung angestellt werden (→ Rn. 191 ff.), zum anderen in Form eines befristeten Arbeitsverhältnisses (→ Rn. 198 ff.).

1. Geringfügige Beschäftigung

191 Geringfügige und damit versicherungsfreie Beschäftigungen existieren in zwei Erscheinungsformen, nämlich als regelmäßige Tätigkeiten gegen geringes Entgelt (§ 8 Abs. 1 Nr. 1 SGB IV: **Entgeltgeringfügigkeit,** → Rn. 192 ff.) und als kurzfristige Tätigkeiten (§ 8 Abs. 1 Nr. 2 SGB IV: **Zeitgeringfügigkeit; Kurzfristbeschäftigung,** → Rn. 195 ff.). Häufig werden diese geringfügig Beschäftigten als Aushilfen, dh nur über einen begrenzten Zeitraum, beschäftigt.

192 **a) 450 EUR-Kraft, Entgeltgeringfügigkeit.** Entgeltgeringfügigkeit iSd § 8 Abs. 1 Nr. 1 SGB IV kann nur hinsichtlich solcher Arbeitnehmer in Betracht kommen, die einer **berufsmäßigen** und damit regelmäßigen Tätigkeit nachgehen.[102] Regelmäßigkeit setzt allerdings nicht zwingend ein Dauerarbeitsverhältnis voraus; ausreichend ist vielmehr eine Beschäftigung, die von vornherein auf Wiederholung gerichtet ist und über mehrere Jahre ausgeübt werden soll. Dies kann bspw. dann der Fall sein, wenn ein Rahmenarbeitsvertrag geschlossen wird, der bspw. die Maximalanzahl von Arbeitseinsätzen innerhalb eines Kalenderjahres vorsieht.

193 Das regelmäßige Arbeitsentgelt darf dabei **450 EUR** im Monat **nicht übersteigen,** wobei gelegentliche Überschreitungen unschädlich sind. Zum Arbeitsentgelt zählen alle laufenden einmaligen Einnahmen, gleichgültig, ob ein Rechtsanspruch auf sie besteht oder nicht.

194 **Formulierungsbeispiel: Arbeitsvertrag mit geringfügiger Beschäftigung (Minijob)**

§ 1. Tätigkeit

Frau/Herr *** wird ab dem *** als geringfügig Beschäftigte/r bei dem *** e.V. angestellt. Der *** e.V. behält sich vor, Frau/Herrn *** unter Berücksichtigung ihrer/seiner Interessen auch eine andere angemessene gleichwertige Tätigkeit zuzuweisen.

§ 2. Arbeitszeit

Die Arbeitszeit beträgt *** Stunden wöchentlich

§ 3. Vergütung

Frau/Herr *** erhält eine monatliche Vergütung in Höhe von *** EUR, die jeweils am Monatsende fällig ist und auf das vom Mitarbeiter noch anzugebende Konto überwiesen wird.

[102] BSG NZA 1993, 550.

§ 4. Lohnsteuer und Sozialversicherung

(1) Bei dem Arbeitsverhältnis handelt es sich um eine sog. geringfügige Beschäftigung. Die Lohnsteuer wird deshalb pauschalisiert durch den Arbeitgeber übernommen.

(2) Der Arbeitnehmer wurde darauf hingewiesen, dass er auf Antrag von der Rentenversicherungspflicht befreit werden kann. Der schriftliche Befreiungsantrag ist dem Arbeitgeber zu übergeben (§ 6 Abs. 1b SGB VI). Dem Arbeitnehmer ist bekannt, dass ein entsprechender Verzicht nur mit Wirkung für die Zukunft und bei Ausübung von mehreren geringfügigen Beschäftigungsverhältnissen nur einheitlich erklärt werden kann und diese Erklärung den Arbeitnehmer für die Dauer der Beschäftigung bindet.

(3) Frau/Herr *** erklärt, dass sie/er keine weiteren Beschäftigungsverhältnisse hat. [*Alt.:* Frau/Herr *** erklärt, dass sie/er folgende weitere Beschäftigungsverhältnisse hat: ***. Bei Zusammenrechnung sämtlicher geringfügiger Beschäftigungen beträgt das Arbeitsentgelt nicht mehr als 450 EUR netto/Monat.]

b) Zeitlich geringfügige und kurzfristige Beschäftigungen. Ohne Rücksicht auf das erzielte Einkommen liegt eine geringfügige Beschäftigung nach § 8 Abs. 1 Nr. 2 SGB IV dann vor, wenn **innerhalb eines Kalenderjahres seit** Beginn des Arbeitsverhältnisses eine **Begrenzung der Tätigkeit auf drei Monate oder 70 Arbeitstage** vorliegt. Überdies verlangt die Rechtsprechung, dass der Arbeitnehmer die Beschäftigung nur **gelegentlich** ausübt. 195

Welche beiden Grenzen der gesetzlich festgelegten Kurfristigkeit anzuwenden sind, ist nach den betriebsüblichen Arbeitszeiten zu entscheiden. Wird ein Arbeitnehmer täglich beschäftigt, ist allein die Drei-Monats-Grenze zu beachten, selbst wenn innerhalb dieses Zeitraums 70 Arbeitstage nicht erreicht oder mehr als 70 Arbeitstage abgeleistet werden. Die 70-Tages-Grenze hingegen findet dann Anwendung, wenn das Beschäftigungsverhältnis auf einen Teil der betriebs- oder berufsüblichen wöchentlichen Arbeitstage beschränkt ist. So gilt bspw. eine Nachtschicht, die sich über zwei Kalendertage erstreckt, als ein Arbeitstag. 196

Unabhängig von den Fragen der Sozialversicherung kann gem. § 40a Abs. 1 EStG eine Lohnsteuerpauschalierung – kurzfristig Beschäftigte sind stets steuerpflichtig – vorgenommen werden, soweit die kurzfristige Beschäftigung nur gelegentlich und nicht regelmäßig wiederkehrend ausgeübt wird. Die Dauer von 18 zusammenhängenden Tagen darf nicht überschritten werden, der Arbeitslohn darf durchschnittlich 120 EUR pro Tag nicht überschreiten. Liegen diese Voraussetzungen nicht vor, muss die Versteuerung anhand der Lohnsteuermerkmale erfolgen, die dem zuständigen Finanzamt vorliegen. Auch die Pauschalsteuer in Höhe von 25% ist eben nicht an die Minijobzentrale, sondern stets an das Betriebsstätten-Finanzamt abzuführen. 197

2. Befristung von Arbeitsverträgen, insbesondere bei Sporttrainern

Selbstverständlich kann auch ein Anstellungsverhältnis in einem Verein gemäß den Vorschriften des Teilzeit- und Befristungsgesetzes (TzBfG) befristet werden. § 14 TzBfG regelt die Zulässigkeit von befristeten Arbeitsverhältnissen. Befristet beschäftigt ist ein Arbeitnehmer nach § 3 Abs. 1 S. 1 TzBfG mit einem auf bestimmte Zeit geschlossenen Arbeitsvertrag, wobei die Dauer nach § 3 Abs. 1 S. 2 TzBfG kalendermäßig bestimmt sein kann oder sich aus Art, Zweck oder Beschaffenheit der Arbeitsleistung ergibt. Anders als bei einem unbefristeten Arbeitsvertrag endet der befristete Arbeitsvertrag gem. § 15 Abs. 1 TzBfG, ohne dass es einer Kündigung bedarf, mit dem vereinbarten Beendigungsdatum oder mit Erreichung des Zwecks, für den er eingegangen wurde (→ Rn. 128ff.). Unabhängig von diesen gesetzlich normierten Befristungsmöglichkeiten bestehen bei der Beschäftigung von Arbeitnehmern, insbesondere in einem Sportverein, allerdings weiterge- 198 hende Besonderheiten, die zwar grundsätzlich unter das TzBfG zu subsumieren, gleichwohl anders zu beurteilen sind als bei anderen Arbeitsverhältnissen.

199 Bis zum Grundsatzurteil des BAG vom 29.10.1998,[103] das durch die Ablehnung des ungeschriebenen Sachgrundes des Verschleißes der Befristung von Arbeitsverträgen mit Sporttrainern die Grundlage entzogen hat, war eine – auch mehrfache – Befristung von Arbeitsverträgen für Sporttrainern der Regelfall. Begründet wurde dies dadurch, dass eine **Gefahr des Verschleißens** in der Beziehung zwischen dem Trainer und den zu betreuenden Sportlern besteht. Rechtstechnisch gestützt wurde diese Befristung des Arbeitsvertrages auf § 14 Abs. 1 Nr. 4 TzBfG (Eigenart der Arbeitsleistung). Nach der vorgenannten Entscheidung des BAG ist Voraussetzung für das Vorliegen eines **Verschleißtatbestandes** mindestens, dass die vereinbarte Befristung überhaupt geeignet ist, der Gefahr eines Verschleißes in der Beziehung zwischen dem Trainer und den zu betreuenden Sportlern wirksam vorzubeugen. Diese Voraussetzung ist letztlich kaum zu erfüllen bzw. in einem möglicherweise führenden Entfristungsprozess darzulegen.

200 Diese stringente Haltung des BAG liegt darin begründet, dass nicht nur Sporttrainer andere Personen motivieren sollen, sondern solche **Motivationstätigkeiten** auch im normalen Berufsleben immer häufiger vorkommen. Motivationstrainer, Coaches und nicht zuletzt Lehrer sind von der Interessenlage her vergleichbar mit Sporttrainern. Auch bei diesem Personenkreis ist jedoch bei der Befristung von Arbeitsverhältnissen auf die im § 14 TzBfG normierten Rechtfertigungstatbestände zurückzugreifen; das BAG sieht hier keine spezielle Voraussetzung, die Vorgaben des § 14 TzBfG auszuhöhlen.

200a Etwas anderes gilt tatsächlich nur hinsichtlich der **Befristung von Spielerverträge in der ersten Bundesliga,** die durch den Sachgrund Eigenart der Arbeitsleistung gerechtfertigt ist. Diese Rechtsprechung des Bundesarbeitsgerichts wurde zuletzt im Jahre 2018[104] bestätigt. Ausgangspunkt dieser Entscheidung war eine Entscheidung des Arbeitsgerichts Mainz im März 2015, das die Befristung des Arbeitsvertrages mit dem Torhüter des 1. FSV Mainz 05, Heinz Müller, als nicht gerechtfertigt einstufte. Nachdem das Arbeitsgericht Mainz[105] dem Befristungskontrollantrag stattgab, korrigierte das LAG Rheinland-Pfalz und dann letztinstanzlich auch das BAG diese Entscheidung.

201 Im Ergebnis bleibt es deshalb dabei, dass selbstverständlich auch Arbeitsverträge mit **Sporttrainern befristet** werden können. Dies allerdings nur nach den **Voraussetzungen,** die **§ 14 TzBfG** vorsieht. Soll gleichwohl die Praxis fortgeführt werden, Arbeitsverträge mit Trainern zu befristen und als Rechtfertigungsgrund auf den sog. Verschleißtatbestand zurückzugreifen, empfiehlt es sich, den entsprechenden Trainer im Falle der Nichtverlängerung hierauf frühzeitig hinzuweisen und höchstvorsorglich eine ordentliche Kündigung des Arbeitsverhältnisses auszusprechen.[106] Sodann sollte eine einvernehmliche Lösung der Angelegenheit angestrebt werden, um nicht in einem arbeitsgerichtlichen Verfahren ein entsprechendes Urteil zu erhalten, das eine unbefristete Beschäftigung des Trainers statuiert. Es ist davon auszugehen, dass Angestellte im Profisportbereich noch eher unter den Verschleißtatbestand subsumiert werden können, wie Trainer im Amateurbereich. Wie die Realität zeigt, wird diese Problematik im Bereich nur sehr selten thematisiert. Nur in Ausnahmefällen sind Sporttrainer gegen „ausgelaufene Verträge“ vorgegangen.

3. Besondere Beschäftigungsgruppen

202 Gerade im Bereich der Vereinsarbeit wird häufig aus Kostengründen und zur Stärkung der Vereinsgemeinschaft auf die Beschäftigung von Schülerinnen und Studentinnen sowie Rentnerinnen zurückgegriffen. Diese Personengruppen genießen lohnsteuer- und sozial-

[103] BAG 28.10.1998 – 7 AZR 436/97, BB 1999, 1118; s. zuletzt ArbG Mainz 19.3.2015 – 3 Ca 1197/14.
[104] BAG NZA 2018, 703.
[105] ArbG Mainz NZA 2015, 684.
[106] *Bruns* NZA 2008, 1269.

versicherungsrechtlich einen besonderen Status, weshalb sich auch aus diesem Aspekt heraus eine Beschäftigung eben dieser Personengruppen anbietet.

a) Studenten. Studenten unterliegen unter bestimmten Vorrausetzungen in der Kranken- und Pflegeversicherung einer **speziell für Studenten** angeordneten Pflichtversicherung. Auf Grund ihres Status als Student sind in der Unfallversicherung, nicht jedoch in der gesetzlichen Rentenversicherung pflichtversichert. Dann, wenn Studenten neben ihrem Studium einer Beschäftigung nachgehen ist jeweils im Einzelfall zu prüfen, ob aufgrund dieser Beschäftigung eine Versicherungs- und Beitragspflicht entsteht. 203

Der gesetzlichen Kranken- und Pflegeversicherung unterliegen Studenten bereits mit Beginn des jeweiligen Semesters aufgrund ihres Status als Studenten. Diese Pflichtversicherung dauert – von einigen Ausnahmen abgesehen – bis zum 14. Fachsemester, längstens jedoch bis zur Vollendung des 30. Lebensjahres (vgl. § 5 Abs. 1 Nr. 9 SGB V, § 20 Abs. 1 S. 2 Nr. 9 SGB XI).[107] Nach den grundsätzlichen Regelungen des Sozialversicherungsrechts führt jede Arbeit, die in abhängiger Beschäftigung gegen die Zahlung von Entgelt ausgeübt wird, zur Versicherungs- und damit im Grundsatz auch zur **Beitragspflicht.** Dies gilt selbstverständlich auch für jede Beschäftigung für Studenten, gleich ob diese während des Studiums oder der vorlesungsfreien Zeit arbeiten. Allerdings sieht das Gesetz bestimmte Tatbestände der Versicherungsfreiheit vor. Neben den – unabhängig vom Studentenstatus bestehenden – Geringfügigkeitstatbeständen – kann die sog. **Werkstudentenregelung** Anwendung finden, die eine Versicherungsfreiheit in der Kranken-, Pflege- und Arbeitslosenversicherung zur Folge hat (vgl. § 6 Abs. 1 Nr. 3 SGB V, § 27 Abs. 4 S. 1 Nr. 2 SGB III). Bei der Beschäftigung von an einer Hochschule eingeschriebenen Studentenbesteht eine Rentenversicherungspflicht nur dann, wenn die Obergrenzen der sog. geringfügigen Beschäftigung überschritten werden. 204

Versicherungsfreiheit in der Kranken-, Arbeitslosen- und Pflegeversicherung besteht, wenn 205

- die Beschäftigung 20 Stunden während der Woche nicht überschreitet – sofern die Arbeit den Anforderungen des Studiums angepasst ist, können 20 Stunden pro Woche auch überschritten werden – oder
- die Beschäftigung während der Semesterferien ausgeübt wird. Hier gibt es weder Einkommens- noch Arbeitszeitgrenzen.

Wird die 20 Stundengrenze überschritten, muss der Student im Zweifel beweisen, dass die von ihm ausgeübte Beschäftigung mit den Anforderungen eines ordnungsgemäßen Studiums vereinbar und das Studium im Verhältnis zur Erwerbstätigkeit die Hauptsache geblieben ist.[108] 206

Hinweis:

Zu beachten gilt hier allerdings, dass dann, wenn der studentisch Beschäftigte im Kalenderjahr an **mehr als 26 Wochen** Tätigkeit mit einer Arbeitszeit von **mehr als 20 Stunden pro Woche** ausübt, der Status als Student im Bereich der Sozialversicherung verloren geht.

Ist unklar, ob die verrichtete Beschäftigung nach Dauer und Lage der Arbeitszeit mit den objektiven Anforderungen eines Studiums zu vereinbaren und das Studium im Verhältnis zur Erwerbstätigkeit die Hauptsache geblieben ist, sollte der Student der Einzugsstelle als Arbeitnehmer gemeldet werden, mit der Folge, dass bis auf Weiteres Beiträge abzuführen sind. Die entsprechende Stelle hat dann auf Antrag oder bei entsprechenden Anhaltspunkten auch von sich aus eine nähere Bestimmung des Einzelfalls vorzunehmen 207

[107] Küttner Personalbuch 2021/*Schlegel* Nr. 393 Rn. 24.
[108] Küttner Personalbuch 2021/*Schlegel* Nr. 393 Rn. 48.

und zu entscheiden, ob eine Versicherungs- und Beitragsfreiheit besteht.[109] Hat der Student sein Studium hingegen beendet und wird danach als Praktikant für den Verein tätig, besteht vollumfänglich eine Sozialversicherungspflicht – unabhängig davon, ob das Praktikum entgeltlich abgeleistet wird oder nicht.

208 Leistet ein Student vor Aufnahme des Studiums ein Praktikum im Verein, besteht grundsätzlich die volle Sozialversicherungspflicht (vgl. § 1 S. 1 Nr. 1 iVm § 5 Abs. 2 S. 3 SGB VI). Erhält der Student kein Entgelt, besteht nur eine Versicherungspflicht in der Renten- und Arbeitslosenversicherung. In diesem Fall ist dann von einem fiktiven Entgelt von 1% der Bezugsgröße bezüglich der Bemessungsgrundlage der Renten- und Arbeitslosenversicherung auszugehen (vgl. § 162 Nr. 1 SGB VI).

209 **b) Schüler.** Die Beschäftigung von **Schülern,** die eine **Mittel- bzw. Realschule** oder ein **Gymnasium** besuchen, unterliegt nach § 8 SGB IV iVm § 7 SGB V **nicht der Sozialversicherungspflicht,** wenn die Schüler

- nur in den großen Ferien oder
- weniger als 15 Stunden pro Woche arbeiten und hierbei eine Vergütung von 450 EUR pro Monat nicht überschreiten.

210 Unabhängig von der Frage der Sozialversicherungspflicht sind Schüler, die eine solche Beschäftigung ausüben, verpflichtet, sich innerhalb einer Woche nach Aufnahme der Beschäftigung bei ihrer Krankenkasse an- und nach Beendigung der Tätigkeit wieder abzumelden sowie dem Verein einen entsprechenden Sozialversicherungsausweis vorzulegen.

211 Neben der grundsätzlichen Möglichkeit der Beschäftigung von Schülern gilt es jedoch, das grundsätzliche Verbot der Kinderarbeit zu beachten. Kind im Sinne dieses Verbots ist, wer noch nicht 15 Jahre alt ist. Jugendliche im Sinne dieser Vorschrift sind alle Personen, die 15 bis 18 Jahre alt sind. Für Jugendliche, die der Vollzeitschulpflicht unterliegen, gelten die Vorschriften für Kinder.

212 Nach § 5 Abs. 3 Jugendarbeitsschutzgesetz (JArbSchG) dürfen Kinder über 13 Jahren

- in der Landwirtschaft bis zu drei Stunden täglich;
- mit Einwilligung der Sorgeberechtigten bei der Ernte bis zu drei Stunden werktäglich;
- mit dem Austragen von Zeitungen und Zeitschriften bis zu zwei Stunden werktäglich;
- mit Handreichungen beim Sport bis zu zwei Stunden täglich,

soweit die Beschäftigung leicht ist, beschäftigt werden, nicht jedoch zwischen 18 und 8 Uhr, vor dem Schulunterricht oder während des Schulunterrichts.

213 **c) Auszubildende.** Selbstverständlich können Vereine auch **Auszubildende** beschäftigen. Nach § 28 BBiG darf Auszubildende nur einstellen, wer persönlich dazu geeignet ist. Bei juristischen Personen ist die persönliche Eignung der diese vertretenden natürlichen Person maßgeblich.[110] Die Anforderungen an die persönliche Eignung sind in § 29 BBiG geregelt. Hiernach ist persönlich nicht geeignet, wer Kinder und Jugendliche nicht beschäftigen darf oder wiederholt oder schwer gegen das BBiG oder die aufgrund des BBiG erlassenen Vorschriften und Bestimmungen verstoßen hat. Gleichwohl kann sich auch aus anderen Gründen die persönliche Ungeeignetheit ergeben. Hierzu gehören insbesondere die Beschäftigung von in sittlicher Hinsicht auffällig gewordenen Personen, der Versuch weltanschaulicher Beeinflussung – Scientology[111] –, die Nichtabführung von Sozialversicherungsbeiträgen und die sexuelle Belästigung der Auszubildenden.

214 Unabhängig von der Frage der persönlichen Eignung muss selbstverständlich auch die **Ausbildungsstelle** nach Art und Einrichtung für die Berufsausbildung gem. § 27 BBiG **geeignet** sein.

---

[109] BSG 23.2.1988 – 12 RK 36/87.
[110] VGH Baden-Württemberg 22.12.1988, EzB BBiG §§ 20, 21 Nr. 22.
[111] OVG Nordrhein-Westfalen 10.10.1994, EzB BBiG §§ 22, 23 Nr. 11.

Soweit die Anforderungen diesbezüglich erfüllt sind, kann auch der Verein Auszubildende beschäftigen. Zur Begründung des Ausbildungsverhältnisses ist nach § 10 BBiG ein Berufsausbildungsvertrag in schriftlicher Art und Weise abzuschließen, wobei bei minderjährigen Auszubildenden wiederum zu beachten ist, dass dieser entsprechend von den gesetzlichen Vertretern zu unterzeichnen ist. 215

Selbstverständlich unterfallen Ausbildungsverhältnisse vollständig der Sozialversicherungspflicht. 216

4. Nebentätigkeiten im gemeinnützigen Bereich, Übungsleiter- und Ehrenamtspauschale

Sind Mitarbeiter selbständig für einen Verein tätig, hat es für diesen keine Auswirkung, ob die Bezüge der Mitarbeiter steuerfrei sind. Handelt es sich jedoch um abhängig beschäftigte Arbeitnehmer, so muss der Verein im Rahmen des Lohnsteuerabzugs vom Arbeitslohn die steuerfreien Beträge absetzen. Arbeitslohn kann aus den verschiedensten Gründen als steuerfrei zu behandeln sein. Steuerfreie Aufwandsentschädigungen und die in § 3 Nr. 26 und Nr. 26a EStG genannten steuerfreien Einnahmen gelten auch in der Sozialversicherung nicht als Arbeitsentgelt. 217

Steuerfrei sind zB Einnahmen der Arbeitnehmer aus nebenberuflichen Tätigkeiten als **Übungsleiter,** Ausbilder, Erzieher, Betreuer oder vergleichbaren nebenberuflichen Tätigkeiten, aus nebenberuflichen künstlerischen Tätigkeiten oder der nebenberuflichen Pflege alter, kranker oder behinderter Menschen bis zur **Höhe von insgesamt 3.000 EUR im Jahr,** wenn diese Tätigkeiten im **Dienst eines Vereins** erbracht werden, der gemeinnützige, mildtätige oder kirchliche Zwecke verfolgt, § 3 Nr. 26 EStG (sog. Übungsleiterpauschale). 218

Nebenberuflich wird diese Tätigkeit ausgeübt, wenn sie – bezogen auf das Kalenderjahr – nicht mehr als 1/3 der Arbeitszeit eines vergleichbaren Vollzeiterwerbs in Anspruch nimmt. Weil es nicht darauf ankommt, in welchem Umfang die Tätigkeit zum Lebensunterhalt beiträgt, können zB auch Hausfrauen, Rentner oder Studenten nebenberuflich in diesem Sinne tätig sein. Gemein ist all diesen Tätigkeiten eine pädagogische Ausrichtung, weshalb bspw. Tätigkeiten als Vereinsvorstand, Kassenwart oder Gerätewart nicht unter die Befreiung fallen. 219

Diese Personen können jedoch seit 2007 die **sog. Ehrenamtspauschale,** § 3 Nr. 26a EStG, in Anspruch nehmen. Voraussetzung hierfür ist ebenfalls eine nebenamtliche **Tätigkeit für einen bestimmten Träger,** bspw. einen gemeinnützigen Verein; es fehlt jedoch an der pädagogischen Komponente. Gerade bei der Vergütung eines Vorstandsmitgliedes eines gemeinnützigen Vereins gilt jedoch zu bedenken, dass dieser nach der gesetzlichen Grundvorstellung unentgeltlich tätig ist. Sieht die Satzung des Vereins eine Vergütung des Vorstandsmitgliedes nicht ausdrücklich vor, so verstößt der Verein gegen seine Satzung und gefährdet zugleich seine Anerkennung als steuerbegünstigt iSd §§ 51 ff. AO. Um diese Gefährdung zu vermeiden, muss der Verein, bevor einem **Vorstandsmitglied** eine **Vergütung** für seine Tätigkeit gezahlt wird, seine **Satzung anpassen.** Die Ehrenamtspauschale nach § 3 Nr. 26a EStG ist ein persönlicher Steuerfreibetrag in Höhe von 840 EUR pro Jahr, der den vorbenannten nebenberuflichen ehrenamtlichen Tätigkeiten zu Gute kommt, sofern er ihnen aufgrund eines Beschlusses (Vorstand/Mitgliederversammlung) oder einer Satzungsregelung sowie ggf. einer entsprechenden Vereinbarung konkret zusteht. Entscheidend ist hierbei, dass den Freibetrag von 840 EUR nur steuerfrei erhalten kann, wer tatsächlich auch einen Anspruch darauf hat. Seit 1. 1. 2015 ist § 27 Abs. 3 BGB um folgenden Satz ergänzt worden: „Die Mitglieder des Vorstandes sind unentgeltlich tätig." Vorliegend handelt es sich lediglich um eine Klarstellung des Gesetzgebers, dass sich die Unentgeltlichkeit der Vorstandstätigkeit bereits aus der Verweisung in die Regelungen der §§ 670 ff. BGB ergibt. 220

220a Problematisch kann die Frage der Vergütung für Vereinsvorstände insbesondere dann werden, wenn sie über Repräsentationsfunktionen hinaus dem allgemeinen Erwerbsleben zugängliche Verwaltungsaufgaben wahrnehmen und hierfür eine den tatsächlichen Aufwand übersteigende pauschale Aufwandsentschädigung erhalten.[112] Entgegengewirkt werden kann dieser sozialversicherungsrechtlichen Problematik dadurch, dass die Satzung des Vereines entsprechend ausgestaltet wird. So kann beispielsweise das operative Geschäft durch einen hauptamtlichen Geschäftsführer, der selbstverständlich sozialversicherungspflichtig beschäftigt ist, ausgeführt werden, sämtliche Tätigkeiten der Vereinsvorstände darüber hinaus ließen sich dann unter dem Begriff „Ehrenamt" subsumieren.

221 Sowohl die Übungsleiter- als auch die Ehrenamtspauschale kann mit einer geringfügigen Beschäftigung kombiniert werden. Allerdings sollte hier sauber getrennt werden, welche Beträge als Pauschale und welche als Lohn im Rahmen des Mini-Jobs gewährt werden. Eine Kombination von Ehrenamtspauschale (§ 3 Nr. 26a EStG) und Übungsleiterfreibetrag (§ 3 Nr. 26 EStG) ist bei gleichartigen Tätigkeiten allerdings nicht möglich.

222 Die Tätigkeiten für Vereine, die nicht nach § 5 Abs. 1 Nr. 9 KStG befreit sind, sind weder nach § 3 Nr. 26 EStG, noch nach § 3 Nr. 26a EStG begünstigt.

Hinweis:

Jeder Arbeitnehmer kann die vorgenannte Befreiung nur einmal in Anspruch nehmen. Es wird deshalb dringend empfohlen, vom Arbeitnehmer eine Bestätigung einzuholen, dass der Freibetrag nicht bereits bei einer anderen nebenberuflichen Tätigkeit berücksichtigt worden ist. Diese Bestätigung sollte als Beleg zum Lohnkonto und zur Personalakte genommen werden.

5. Weitere steuerfreie Zahlungen

223 Der Verein kann Auslagen oder sonstige Gelder steuerfrei ersetzen, die der Arbeitnehmer für den Verein ausgegebenen hat, § 3 Nr. 50 EStG. Es genügt in der Regel, wenn der berufliche Anteil regelmäßiger Auslagen für einen repräsentativen Zeitraum von drei Monaten nachgewiesen wird oder bei Telefonkosten 20 %, maximal jedoch 20 EUR der privaten Telefonrechnung erstattet werden.

224 In gewissem Rahmen sind auch Reisekosten steuerfrei erstattungsfähig, § 3 Nr. 16 EStG. Teilweise können die tatsächlich nachgewiesenen Kosten steuerfrei ersetzt werden, wie bspw. bei öffentlichen Verkehrsmitteln, Übernachtungskosten oder ähnlichen Kosten. Ebenso sind zum Teil auch Pauschalbeträge steuerfrei ersetzbar, bspw. für die Nutzung eines eigenen Kfz des Arbeitnehmers (zurzeit 0,30 EUR/km), für Verpflegungsmehraufwendungen bei einer Abwesenheit von mindestens acht Stunden 6 EUR, mindestens 14 Stunden 12 EUR und 24 Stunden 24 EUR, für jede Übernachtung pauschal 20 EUR.

225 Daneben sind unter weiteren Voraussetzungen auch weitere steuerfreie Zahlungen möglich, wie etwa Trinkgelder (§ 3 Nr. 51 EStG), bestimmte Zukunftssicherungsleistungen (§ 3 Nr. 62 EStG), Sachbezüge bis zu 44 EUR im Monat (§ 8 Abs. 2 S. 11 EStG) und vergleichbare Zahlungen.

226 Hier ist grundsätzlich ohne Belang, ob der Arbeitnehmer im Rahmen einer geringfügigen Beschäftigung, als Teilzeit-Beschäftigter oder als Vollzeit Arbeitnehmer tätig ist. Gerade im Bereich der Vereinsarbeit kann die Kombination aus mehreren steuerfreien oder -vergünstigten Vergütungen sinnvoll eingesetzt werden. Ob die jeweils gewünschte Kombination arbeits- und steuerrechtlich möglich und zulässig ist, muss jedoch im Einzelfall geprüft werden.

[112] *Plagemann/Hesse* NJW 2015, 439 (442).

6. Mindestlohn

Seit dem 1.1.2015 gilt in Deutschland ein allgemeingesetzlicher Mindestlohn. Nach dem Mindestlohngesetz (MiLoG) hat in Deutschland jeder Arbeitnehmer einen Anspruch auf ein Mindestentgelt von derzeit 9,50 EUR brutto je Arbeitsstunde. Abreden, die den Mindestlohn unterschreiten, sind nach § 3 S. 1 MiLoG unwirksam. Solche mindestlohnwidrigen Vergütungsvereinbarungen werden nicht etwa geltungserhaltend auf den Mindestlohn angehoben, vielmehr tritt an deren Stelle die Vergütungsregelung des § 612 BGB. Der Arbeitgeber schuldet damit nicht mehr alleine den Mindestlohn, sondern vielmehr die Vergütung, die im Wirtschaftsgebiet üblicherweise für eine vergleichbare Tätigkeit bezahlt wird. Nach § 1 Abs. 2 MiLoG ist der gesetzliche Mindestlohn von 9,50 EUR je Zeitstunde zu zahlen. Der im Kalendermonat bezahlte Bruttoarbeitslohn muss also jeweils die Anzahl der in diesem Monat geleisteten Bruttoarbeitsstunden multipliziert mit 9,50 EUR erreichen. 227

Nach § 3 S. 3 MiLoG ist die Verwirkung des Mindestlohnanspruchs ausgeschlossen und nach § 3 S. 2 MiLoG kann der Arbeitnehmer auf ihn nur durch gerichtlichen Vergleich verzichten. Der Mindestlohnanspruch kann weder beschränkt noch ausgeschlossen werden. Konkret bedeutet dies, dass Ausschlussfristen in Arbeitsverträgen in Bezug auf den Mindestlohn unwirksam sind. 228

Die Regelungen des Mindestlohngesetzes gelten für alle Arbeitnehmer in Deutschland, also auch für Arbeitnehmer eines Vereins. Dies kann insbesondere Auswirkungen bei geringfügig Beschäftigten, Aushilfskräften oder Ferienjobbern haben. 229

Auch Praktikanten haben grundsätzlich Anspruch auf den gesetzlichen Mindestlohn, § 22 Abs. 1 S. 2 MiLoG. Hier normiert das Gesetz allerdings zahlreiche Ausnahmen. So sind von der Mindestlohnpflicht befreit Praktika aufgrund einer schulrechtlichen Bestimmung sowie Praktika von bis zu drei Monaten, die zur Orientierung für eine Berufsausbildung oder die Aufnahme eines Studiums dienen. Gleiches gilt für Praktika, die begleitend zur Berufs- und Hochschulausbildung abgeleistet werden und einen inhaltlichen Bezug zur jeweiligen Ausbildung aufweisen sowie für die Teilnahme an einer Einstiegsqualifizierung gem. § 54a SGB III oder einer Berufsausbildung nach den §§ 68–70 BBiG. 230

Das MiLoG findet ferner keine Anwendung auf Kinder und Jugendliche unter 18 Jahren ohne eine abgeschlossene Berufsausbildung. Sinn der Regelung ist, junge Menschen nachhaltig in den Arbeitsmarkt zu integrieren. Besondere Brisanz hat diese Regelung allerdings bei ferienjobbenden Schülern, soweit sie nicht mehr Minderjährig sind. Auch hier fällt dann der gesetzliche Mindestlohn an. 231

Keinen Einfluss hat das Mindestlohngesetz auf die Übungsleiter- und Ehrenamtspauschalen, da es sich hier ja gerade um Aufwendungsersatz handelt und nicht um Arbeitslohn. 232

V. Arbeitsrecht oder Vereinsrecht

Werden – wie häufig – Vereinsmitglieder oder gar Vorstände auf Basis eines Anstellungsvertrages für den Verein tätig, so unterliegt diese Tätigkeit unzweifelhaft sowohl dem Vereins- als auch dem Arbeitsrecht. Es stellt sich dann die Frage, ob ein **genereller Vorrang der einen oder anderen Materie** besteht. 233

Es ist allgemein anerkannt, dass als Beitragsgegenstand eines Vereinsmitglieds auch Dienstleistungen in Betracht kommen.[113] Es ist also grundsätzlich möglich, dass das Mitglied oder der Vorstand seine Tätigkeit für den Verein auf vereinsrechtlicher Basis erbringt. Gleichwohl treten regelmäßig dann Probleme auf, wenn die praktische Durchführung der Tätigkeit identisch mit einem Arbeitsverhältnis ist. 234

[113] BAG NJW 1976, 386; NZA 1995, 823; *Sauer/Schweyer/Waldner* Eingetragener Verein Rn. 117, 347.

Beispiel:

Das Mitglied des A e.V. ist gegen ein Entgelt als Hausmeister bei diesem Verein beschäftigt.

235 Letztlich ergeben sich die Rechte und Pflichten von Vereinsmitgliedern aus der Vereinssatzung. Es wäre durchaus möglich, die Ausgestaltung der Arbeitsverpflichtung als Mitgliedsbeitrag zu gestalten, um die Vorschriften des Arbeitsrechts zu umgehen. Dies wäre dann der Fall, wenn ein Verein seinen Mitgliedern, die in erheblichem Umfang zur Arbeit in persönlicher Abhängigkeit verpflichtet sind, keine angemessene Vergütung zahlt.[114]

236 Darüber hinaus sind viele Konstellationen denkbar, in denen Arbeitsrecht und Vereinsrecht aufeinander treffen. Dies gilt bspw. auch dann, wenn die Vereinssatzung bestimmte Strafen vorsieht, die arbeitsrechtlich als Vertragsstrafe zu qualifizieren und nach diesen Vorschriften nur in eng gesteckten Grenzen zulässig sind.[115]

237 Nachdem Vereinsrecht und Arbeitsrecht materiell rechtlich auf gleicher Stufe stehen, gibt es **keinen gesetzlich normierten Vorrang** der einen oder anderen Rechtsmaterie, so dass für keine der beiden Materien ein absoluter Vorrang anzunehmen sein wird. Demnach ist davon auszugehen, dass jeweils die Rechtsordnung gilt, deren Norm die auftretenden Konflikte besser und sachgerechte lösen kann.

238 Selbstverständlich kann neben der Mitgliedschaft im Verein auch ausdrücklich ein arbeitsrechtliches Dienstverhältnis begründet werden. Ist diese Konstellation gewählt muss das Arbeitsverhältnis unzweifelhaft nach den Vorschriften des Arbeitsrechts zu beurteilen sein.

239 Problematisch ist die Ausgestaltung nur dann, wenn etwaige **Arbeitsverpflichtungen** von Mitgliedern nicht auf Basis des Arbeitsvertrages, sondern einzig und **allein aufgrund** der **Vereinssatzung** erbracht werden sollen. Letztlich kann jedoch auch durch eine solche Gestaltung die Anwendbarkeit der arbeitsrechtlichen Vorschriften nicht ausgeschlossen werden. Immer dann, wenn es sich dem tatsächlichen Erscheinungsbild nach um ein Arbeitsverhältnis handelt, müssen auch die Vorschriften des Arbeitsrechts Anwendung finden. Andernfalls wäre allein durch die Ausgestaltung der Rechtsform des Arbeitgebers die Möglichkeit der Umgehung der arbeitsschutzrechtlichen Vorschriften gegeben, was nicht Intension des Gesetzgebers war.

240 In solchen Fällen gilt deshalb, einen Ausgleich im Wege einer **praktischen Konkordanz** herbeizuführen. Letztlich ist danach zu unterscheiden, welche der beiden Rechtsmaterien die streitgegenständliche Problematik besser löst. Es ist davon auszugehen, dass auch bei Arbeitsverpflichtungen, die aufgrund einer Bestimmung in der Vereinssatzung erbracht werden, sämtliche Arbeitnehmerschutzvorschriften Anwendung finden. Andererseits erscheint es denkbar, dass in einer Vereinssatzung bspw. ein sog. Strafenkatalog aufgenommen wird, der – wie in Sportvereinen vielfach – auf die Mitglieder Anwendung findet und eben nicht arbeitsrechtlichen Vorschriften – insbesondere der Transparenz- und Inhaltskontrolle – unterliegt. Sehr häufig finden sich deshalb – insbesondere im Profisport – gesellschaftsrechtliche Konstruktionen, nach denen die Beschäftigten nicht bei dem Verein selbst, sondern bei ausgelagerten Gesellschaften angestellt sind, im Rahmen dieses Anstellungsverhältnisses jedoch quasi verpflichtet sind, Vereinsmitglieds zu werden.

241 In dieser Konstellation wird deutlich, dass auf das Arbeitsverhältnis arbeitsrechtliche Vorschriften anzuwenden sind, ohne dass es hier einer praktischen Konkordanz bedarf.

VI. Personalakten und Datenschutz

242 Der Verein als Arbeitgeber ist – anders als im öffentlichen Dienst – **nicht verpflichtet,** Personalakten anzulegen. Eine Pflicht besteht lediglich insoweit, als der Arbeitgeber die Lohnsteuerkarte und die Sozialversicherungsunterlagen eines Arbeitnehmers aufbewahren

[114] BAG NZA 1995, 823.
[115] So sehr häufig im Bereich des Profifußballs (Strafenkatalog).

muss. Ebenso besteht keine Verpflichtung, die Personalakten des Arbeitnehmers nach Beendigung des Arbeitsverhältnisses vollständig aufzubewahren. Es besteht allerdings eine besondere Aufbewahrungspflicht hinsichtlich einzelner Vorgänge, wie bspw. § 41 Abs. 1 S. 9 EStG oder § 257 HGB.

Erhebt, verarbeitet oder nutzt der Verein personenbezogene Daten seiner Mitglieder 243
oder sonstiger Personen unter Einsatz automatisierter Datenverarbeitung, so ist auch in diesem Fall der Anwendungsbereich des Bundesdatenschutzgesetz (BDSG) eröffnet. Ein Verein darf – wie jede andere natürliche oder juristische Person, die unter den Anwendungsbereich des BDSG fällt – gem. Art. 6 DS-GVO, § 4 Abs. 1 BDSG **personenbezogene Daten nur erheben,** verarbeiten oder nutzen, wenn dies durch eine **Vorschrift** des **BDSG erlaubt** ist oder der Betroffene **ausdrücklich zugestimmt** hat.

Personenbezogene Daten iSd BDSG sind nicht nur die zur Identifizierung einer natürli- 244
chen Person erforderlichen Angaben wie Name, Anschrift und Geburtsdatum, sondern darüber hinaus sämtliche Informationen, die etwas über die persönlichen und betroffenen Verhältnisse einer bestimmten oder bestimmbaren natürlichen Person aussagen, Art. 4 DS-GVO, § 3 Abs. 1 BDSG. Hierzu gehören Familienstand, Beruf, Telefonnummer, E-Mail-Adresse, persönliche Interessen, Datum des Vereinsbeitritts, spezielle Leistungen, Platzierungen bei einem Wettbewerb oder Ähnliches.

Unter Erheben iSd § 3 Abs. 3 BDSG ist das Beschaffen von Daten über den Betroffe- 245
nen etwa mit Hilfe eines Aufnahmeformulars oder eines Teilnahmeformulars an einem Wettbewerb oder einer vergleichbaren Vereinsveranstaltung zu verstehen. Verarbeiten ist das Speicher, das Verändern, das Übermitteln, das Sperren und das Löschen von personenbezogenen Daten, § 3 Abs. 4 BDSG. Art. 4 DS-GVO definiert nachgehende Begrifflichkeiten.

Ein Verein darf gem. § 28 Abs. 1 Nr. 1 BDSG respektive Art. 6 DS-GVO beim Ver- 246
einseintritt (Aufnahmeantrag oder Beitrittserklärung) und während der Vereinsmitgliedschaft nur solche Daten von Mitgliedern erheben, die für die Begründung und Durchführung des zwischen Mitglied und Verein bestehenden Schuldverhältnisses erforderlich sind. Es dürfen deshalb alle Daten erhoben werden, die zur Verfolgung der Vereinsziele und für die Betreuung und Verwaltung der Mitglieder (bspw. Name, Anschrift, Geburtsdatum) nötig sind. Die Angabe von Telefonnummer oder E-Mail-Adresse hingegen sollte dem Mitglied freigestellt werden. Es ist deshalb bereits bei Erstellung der Aufnahmeformulare zwingend darauf zu achten, dass – soweit mehr als die zum Zwecke der Durchführung des Vertragsverhältnisses erforderlichen Daten erhoben werden – **spezielle Einwilligungserklärungen** der neuen Mitglieder aufgenommen worden sind.

Die Erhebung, Verarbeitung und Nutzung personenbezogener Daten von Beschäftigten 247
für Zwecke des Beschäftigungsverhältnisses ist in § 32 BDSG explizit geregelt. Nach dieser Vorschrift ist die Erhebung von Daten im Rahmen eines Beschäftigungsverhältnisses zulässig, wenn dies für die Entscheidung über die Begründung eines Beschäftigungsverhältnisses oder nach Begründung des Beschäftigungsverhältnisses für dessen Durchführung oder Beendigung erforderlich ist. Auch hier gilt also, dass nur die notwendigen Daten erhoben, verarbeitet oder genutzt werden dürfen, die zur allgemeinen Abwicklung des Arbeitsverhältnisses notwendig sind. Hierzu zählt neben den allgemein üblichen Daten wie Name, Anschrift, Geburtsdatum und ähnliche nach absolut herrschender Meinung auch eine Angabe zur Krankenversicherung sowie die Kontodaten, um der Pflicht zur Vergütungszahlung nachkommen zu können. Zu beachten in diesem Bereich sind auch etwaige Angaben in sozialen Netzwerken. Aus diesen Netzwerken dürfen Daten nur gemäß den Vorschriften der §§ 32ff. BDSG erhoben und weiterverarbeitet werden. Dies gilt insbesondere dann, wenn auf Webseiten des Vereins – gleich ob soziale Netzwerke oder Homepage – die einzelnen Mitarbeiter bzw. Vereinsmitglieder abgebildet werden sollen. Dies ist regelmäßig ohne die Einwilligung der Mitarbeiter nicht möglich und stellt einen Verstoß gegen die Vorschriften des Bundesdatenschutzgesetzes dar.

248 Nach § 34 BDSG kann der Arbeitnehmer Auskunft über die in Dateien zu seiner Person gespeicherten Daten verlangen. Der Arbeitgeber hat hingegen über den Inhalt der Personalakte Stillschweigen zu bewahren und darf Dritten gegenüber nur aufgrund einer gesetzlichen Bestimmung oder mit Einwilligung des Arbeitnehmers Einsicht gewähren. Auch innerhalb des Vereins ist der Kreis der mit dem Inhalt der Personalakten Vertrauten möglichst klein zu halten.[116] Weitere Ausführungen hierzu würden den hier darzustellenden Rahmen sprengen, weshalb insoweit auf eben solche verzichtet wird.

C. Allgemeines Gleichbehandlungsgesetz

249 Am 14.8.2006 ist in Umsetzung von vier Europäischen Richtlinien aus den Jahren 2000 bis 2004 das allgemeine Gleichbehandlungsgesetz (AGG) in Kraft getreten, das die Benachteiligung aus Gründen der Rasse, der ethnischen Herkunft, des Geschlechts, der Religion oder Weltanschauung, einer Behinderung, des Alters oder sexuellen Identität verhindern oder beseitigen soll.

250 Das Allgemeine Gleichbehandlungsgesetz **gilt gem. §§ 6ff. AGG für alle Beschäftigten,** dh für Arbeitnehmerinnen und Arbeitnehmer, Auszubildende, arbeitnehmerähnliche Personen und für Bewerber (Legaldefinition). Darüber hinaus gilt der Diskriminierungsschutz auch für bestimmte Bereiche des privaten Vertragsrechts.

251 Der **gegenständliche Anwendungsbereich** des § 2 AGG umfasst
- individual und kollektivrechtliche Vereinbarungen,
- sämtliche Betriebe,
- sämtliche Maßnahmen (bspw. Stellenausschreibungen und Bewerbungen),
- Arbeitsbedingungen, Entgelt, Bildung, soziale Vergünstigungen bis zur Beendigung des Beschäftigungsverhältnisses,
- etwaige nachwirkende Maßnahmen (BetrAVG).

252 Hinsichtlich der verpflichteten Personen gibt es dagegen keine ausdrückliche Regelung im Gesetz. Arbeitgeber iSd § 6 Abs. 2 AGG sind
- jene, „die Personen nach § 6 Abs. 1 AGG beschäftigen",
- nicht nur Partner des Arbeitsvertrages, sondern auch Auftraggeber einer arbeitnehmerähnlichen Person.

Dies gilt unabhängig davon, ob es sich um einen eingetragenen oder einen nicht eingetragenen Verein handelt.

253 Verpflichtete Personen iSd AGG sind darüber hinaus sämtliche Kollegen und Vorgesetzte und möglicherweise auch Vereinsmitglieder, soweit diese in einem Über-/Unterordnungsverhältnis handeln.

I. Grundstruktur der Benachteiligung im AGG

254 Die Grundstruktur des AGG besteht aus dem klassischen **Regel-Ausnahme-Prinzip,** was ein generelles Verbot der Benachteiligung wegen der gesetzlich genannten Gründe bedeutet. Eine Benachteiligung kann nur ausnahmsweise gerechtfertigt sein, §§ 8, 9, 10 und 20 AGG.

II. Die einzelnen Diskriminierungstatbestände

1. Verbot der Benachteiligung wegen der Rasse oder der ethnischen Herkunft

255 Personen dürfen nicht wegen ihrer Rasse oder der ethnischen Herkunft benachteiligt werden. Problematisch ist hierbei, dass der Begriff der Rasse nicht eindeutig definiert ist. Intention dieses Diskriminierungstatbestandes ist die **Verhinderung von Rassismus** in den

[116] BAG AP BGB § 611 Persönlichkeitsrecht Nr. 21.

unterschiedlichsten Formen, weshalb auf den Rassenbegriff des Art. 3 Abs. 3 GG zurückgegriffen werden kann, nachdem der Begriff der Rasse gruppenspezifisch tatsächlich sowie auch nur behauptete biologisch vererbbare Merkmale umschreibt.[117] Das Merkmal der **ethnischen Herkunft** bezieht sich auf die **Zugehörigkeit einer Menschengruppe,** die kulturell, sozial, historisch und genetisch eine Einheit bilden.

Beispiel 1:

Der Geschäftsführer des X e.V. ist Mitglied der Ortsgruppe einer fremdenfeindlichen Partei. Er verkündet, keine Dunkelhäutigen oder Juden einzustellen.

Beispiel 2:

Er verkündet ferner, er werde keine Islamisten einstellen.

Darüber hinaus stellt eine Anknüpfung an **Sprachfähigkeiten** eine mittelbare Benach- 256
teiligung aufgrund der ethischen Herkunft dar.

Beispiel:

Für eine zu besetzende Stelle wird Deutsch als Muttersprache vorausgesetzt.

2. Verbot der Benachteiligung aufgrund der Religion oder Weltanschauung

Mangels irgendeiner gesetzlichen Legaldefinition ist von einem weiten Religionsbegriff 257
auszugehen. Dieser nimmt Bezug auf die grundrechtliche Gewährleistung der **Glaubensfreiheit gem. Art. 4 GG.** Als Weltanschauung wird ein fundamentales Konzept über die Natur und das Wesen des Menschen betrachtet.

Beispiel 1:

Es werden keine Protestanten eingestellt.

Beispiel 2:

Die Frage nach der Zugehörigkeit zu Scientology (im Ausland teilweise Religion oder zumindest Weltanschauung).

3. Verbot der Benachteiligung aufgrund einer Behinderung

Ferner ist eine Benachteiligung aufgrund einer Behinderung verboten. Der **Begriff der** 258
Behinderung entspricht der **gesetzlichen Definition** in § 2 Abs. 1 S. 1 SGB IX:

„Menschen mit Behinderungen sind Menschen, die körperliche, seelische, geistige oder Sinnesbeeinträchtigungen haben, die sie in Wechselwirkung mit einstellungs- und umweltbedingten Barrieren an der gleichberechtigten Teilhabe an der Gesellschaft mit hoher Wahrscheinlichkeit länger als sechs Monate hindern können. Eine Beeinträchtigung nach Satz 1 liegt vor, wenn der Körper- und Gesundheitszustand von dem für das Lebensalter typischen Zustand abweicht."

Das Diskriminierungsverbot des AGG hinsichtlich einer Behinderung geht allerdings 259
über den Anwendungsbereich der §§ 81 ff. SGB IX hinaus, da vom Diskriminierungsverbot im allgemeinen Gleichbehandlungsgesetz nicht nur die Schwerbehinderung erfasst ist.[118]

4. Verbot der Benachteiligung aufgrund des Alters

Das Differenzierungsmerkmal des Alters – gemeint ist das biologische Alter bzw. das Le- 260
bensalter – dient nicht **ausschließlich zum Schutz älterer Menschen,** sondern soll auch jüngere Arbeitnehmer vor Benachteiligung schützen. Das Verbot der Altersdiskrimi-

[117] *Bauer/Krieger* AGG § 1 Rn. 14 ff.
[118] *Bauer/Krieger* AGG § 1 Rn. 38 ff.

nierung hat weitreichende Auswirkungen im Bereich des Arbeitsrechts erfahren, insbesondere hinsichtlich Kündigungsbedingungen, Entgeltsystemen und ähnlichen.

Beispiel 1:

Wir suchen Filialleiter zwischen 30 und 40 Jahren.

Beispiel 2:

Für unser junges dynamisches Team.

Beispiel 3:

Zusatzurlaub für ältere Mitarbeiter.

5. Verbot der Benachteiligung aufgrund der sexuellen Identität

261 Im allgemeinen Gleichbehandlungsgesetz verbietet zudem eine Diskriminierung, die an die sexuelle Identität des Beschäftigten anknüpft. Hintergrund dieses Diskriminierungstatbestandes ist die **Umsetzung einer EG-Richtlinie,** die homosexuelle Männer und Frauen ebenso wie bisexuelle, transsexuelle und zwischengeschlechtliche Menschen umfasst. Aus dem Schutzbereich herausgenommen sind jedoch solche sexuelle Ausrichtungen (bspw. Pädophilie), die im nationalen Recht strafbewehrt sind.[119]

Beispiel:

Nichtberücksichtigung im Bewerbungsverfahren wegen Homosexualität.

III. Form der Benachteiligung

1. Begriff der Benachteiligung

262 § 7 AGG bestimmt, dass Beschäftigte nicht wegen eines in § 1 AGG genannten Grundes benachteiligt werden dürfen. Dies hat zur Folge, dass individual- oder kollektivrechtliche Vereinbarung oder Maßnahmen Beschäftigte nicht wegen ihrer Rasse, ethnischen Herkunft, Religion, Weltanschauung, Behinderung, sexuellen Identität, ihren Alters oder Geschlechts benachteiligen dürfen. Entscheidend ist hierbei, dass eine Benachteiligung nach dem AGG nicht gleichzusetzen ist mit Mobbing. Es handelt sich angesichts einer **Diskriminierung nach dem AGG** um eine Zurücksetzung, die sich auf ein **verpöntes Merkmal** bezieht.

263 Die Rechtsfolge für den Bereich des Arbeitsrechts ist definiert in § 7 AGG, für den Bereich des allgemeinen Zivilrechts in § 19 AGG.

2. Unmittelbare Benachteiligung

264 Eine **unmittelbare Benachteiligung** nach § 3 AGG liegt dann vor, wenn „eine Person eine weniger günstige Behandlung erfährt als eine anderer Person in vergleichbarer Lage erfährt, erfahren hat oder erfahren würde und dabei offen oder versteckt an ein verpöntes Merkmal angeknüpft wird."

3. Mittelbare Benachteiligung

265 Eine **mittelbare Benachteiligung** gem. § 3 Abs. 2 AGG liegt dann vor, wenn dem Anschein nach neutrale Angaben wegen ihres Hintergrundes auch benachteiligend wirken. Es ist dabei ein Rückgriff auf statistische Erhebungen zu machen sowie die konkrete Betroffenheit zu beurteilen.

---

[119] *Bauer/Krieger* AGG § 1 Rn. 52.

Beispiel 1:

Verein zahlt an Vollzeitkräfte ein zusätzliches Urlaubsgeld. Hieraus folgt eine mittelbare Benachteiligung von Frauen.

Beispiel 2:

Verein zahlt eine Heiratsprämie. Hieraus folgt eine mittelbare Benachteiligung für Homosexuelle.

4. Belästigung

Die in § 3 Abs. 3 AGG geregelte Form der Benachteiligung als Belästigung umfasst zwei kommutative Merkmale. Eine Belästigung, also eine **unerwünschte Verhaltensweise,** liegt vor, wenn diese bewirkt oder bezweckt, dass die **Würde des Menschen** verletzt wird **und** die Folge, dass durch die Belästigung ein von Einschüchterungen, Anfeindungen, Erniedrigungen, Entwürdigungen oder Beleidigungen gekennzeichnetes Umfeld geschaffen wird, zu bejahen ist. Ein subjektives Element ist hier ebenfalls nicht erforderlich. 266

Beispiel:

Der Vereinsvorstand legt dem aus Afrika stammenden Mitarbeiter Ananas und Bananen auf den Schreibtisch.

5. Sexuelle Belästigung

Auch die Benachteiligung in Form der sexuellen Belästigung gem. § 3 Abs. 4 AGG umfasst die zwei unter → Rn. 266 genannten kommutativen Merkmale, wobei die Belästigung hier aus sexuellen Motiven heraus erfolgt. 267

Beispiel 1:

Klaps auf das Gesäß.

Beispiel 2:

Aufhängen von pornografischen Werken.

6. Anweisung zur Benachteiligung

Eine nach § 3 Abs. 5 AGG verbotene Anweisung zur Benachteiligung liegt insbesondere dann vor, wenn der Arbeitgeber **einen anderen** dazu **bestimmt,** Benachteiligungen vorzunehmen. Es kommt nicht darauf an, ob die Benachteiligung tatsächlich ausgeführt wird. 268

Beispiel 1:

Vereinsvorstand weist den Vereinsgastronom an, nur Schweinefleisch zu kochen, obwohl viele Arbeitnehmer Moslem sind.

Beispiel 2:

Vereinsvorstand weist den Personalleiter an, bei dem Einstellungsverfahren nur Männer über 35 zu berücksichtigen.

IV. Rechtfertigung

Teilweise können **Diskriminierungen** nach dem AGG **gerechtfertigt** sein. Das AGG hat von den in den Richtlinien normierten Ausnahmetatbeständen Gebrauch gemacht und die **zulässige Ungleichbehandlung** in den §§ 5, 8, 9, 10 AGG festgelegt. Rechtfertigungstatbestände, die über diese gesetzlich festgelegten hinausgehen, gibt es nicht. 269

1. Zulässige unterschiedliche Behandlung wegen der Religion und der Weltanschauung, § 9 AGG

270 § 9 AGG enthält einen speziellen Rechtfertigungsgrund für eine Ungleichbehandlung wegen der Religion oder Weltanschauung, der ausschließlich für **Religionsgemeinschaften** und ihnen **zugeordnete Einrichtungen** gilt.[120] Die Regelegung schützt damit tatsächlich ein in Art. 140 GG iVm Art. 136ff. WRV gewährleistetes Selbstverwaltungsrecht der Kirchen und sonstigen Religionsgemeinschaften.[121] Dieser Rechtfertigungsgrund gilt für die den Religionsgemeinschaften zugeordneten Einrichtungen **ohne Rücksicht auf deren Rechtsform.** Unter den Begriff der Einrichtungen fallen organisatorisch oder institutionell mit Religionsgemeinschaften verbundene Vereinigungen wie Orden, sowie andere selbstständige oder unselbstständige Vereinigungen, wenn und soweit ihr Zweck die Pflege oder die Förderung eines religiösen Bekenntnisses oder die Verkündung des Glaubens ihrer Mitglieder ist. Maßstab für die Beurteilung, ob die Einrichtung einer Religionsgemeinschaft zugeordnet ist, sind das Ausmaß der institutionellen Verbindung mit einer Religionsgemeinschaft und die Art der mit der Vereinigung verfolgten Ziele. Konkret kann der besondere Rechtfertigungsgrund des § 9 Abs. 1 AGG also auch für einen religiösen Verein gelten, soweit er einer Religionsgemeinschaft entsprechend zugeordnet ist.

271 Eine Ungleichbehandlung kann gem. § 9 AGG gerechtfertigt sein, wenn eine bestimmte Religion oder Weltanschauung eine gerechtfertigte berufliche Anforderung darstellt. Ob eine solche Anforderung vorliegt und deshalb eine Ungleichbehandlung gerechtfertigt ist, muss im Rahmen einer umfassenden Interessenabwägung bestimmt werden. Je näher der Kernbereich der Religionsgemeinschaft betroffen ist, umso intensiver ist der Schutz derselben ausgestaltet. Es ist deshalb ohne weiteres zulässig, dass eine Religionsgemeinschaft zur Verkündung ihrer Botschaft lediglich solche Personen beschäftigt, die Angehörige der Gemeinschaft sind und ihre religiösen Überzeugungen teilt.[122]

272 Nicht gerechtfertigt hingegen sind Ungleichbehandlungen von Personen, die im Rahmen ihrer Tätigkeit keinerlei Berührungspunkte mit der Verkündung der Botschaft der Religionsgemeinschaft haben.

Beispiel:

Die Bewerbung eines Moslems um die Stelle eines Hausmeisters an einer evangelischen Schule kann nicht mit der Begründung zurückgewiesen werden, Voraussetzung für die Tätigkeit sei die Zugehörigkeit sämtlicher Arbeitnehmer zur Glaubensgemeinschaft.

273 Selbstverständlich lässt sich oftmals nicht stringent trennen, ob es sich um den sog. **verkündungsnahen** oder den sog. **verkündungsfernen** Bereich handelt. Letztlich kann auch die Beschäftigung von Personen im verkündungsnahen Tätigkeitsbereich von der Zugehörigkeit zur Glaubensgemeinschaft abhängig gemacht werden. Hier muss – wie bereits geschildert – jedoch immer eine umfassende Interessensabwägung stattfinden.

Beispiel:

Erzieher in einem Kindergarten, soweit dieser neben der Beaufsichtigung der Kinder auch Aufgaben im Zusammenhang mit der Glaubenserziehung wahrnimmt.[123]

2. Zulässige unterschiedliche Behandlung wegen des Alters, § 10 AGG

274 § 10 AGG lässt eine unterschiedliche Behandlung wegen des Alters dann zu, wenn die Ungleichbehandlung **objektiv angemessen** und durch ein **legitimes Ziel** gerechtfertigt ist. Bei diesem Rechtfertigungstatbestand handelt es sich um eine äußert komplexe Be-

120 *Bauer/Krieger* AGG § 9 Rn. 3.
121 *Bauer/Krieger* AGG § 9 Rn. 1.
122 *Bauer/Krieger* AGG § 9 Rn. 14.
123 *Bauer/Krieger* AGG § 9 Rn. 15a.

stimmung, die in § 10 S. 3 AGG Regelbeispiele für eine zulässige unterschiedliche Behandlung wegen des Alters enthält.

a) Zugangs-, Entlohnungs- und Beendigungsbedingungen. Gemäß § 10 S. 3 Nr. 1 AGG kann die Festlegung besonderer Bedingung für den Zugang zur Beschäftigung und zur beruflichen Bildung sowie besonderer Beschäftigungs- und Arbeitsbedingungen, einschließlich der Bedingungen für Entlohnung und Beendigung des Beschäftigungsverhältnisses, um die berufliche Eingliederung von Jugendlichen, älteren Beschäftigten und Personen mit Fürsorgepflichten zu fördern oder ihren Schutz sicherzustellen, eine unterschiedliche Behandlung wegen des Alters rechtfertigen. 275

Beispiel eines Stellenanzeigentextes:

Bewerber, die das 50. Lebensjahr vollendet haben, werden bevorzugt eingestellt.

b) Mindestanforderungen an das Alter. Gemäß § 10 S. 3 Nr. 2 AGG kann eine unterschiedliche Behandlung wegen des Alters gerechtfertigt sein, wenn die Festlegung von Mindestanforderungen an das Alter, die Berufserfahrung oder das Dienstalter für den Zugang zur Beschäftigung oder für bestimmte, mit der Beschäftigung verbundenen Vorteile angezeigt ist. § 10 S. 3 Nr. 3 AGG rechtfertigt eine unterschiedliche Behandlung wegen des Alters dann, wenn eine Festsetzung eines Höchstalters für die Einstellung aufgrund der spezifischen Ausbildungsanforderung eines bestimmten Arbeitsplatzes oder aufgrund der Notwendigkeit einer angemessenen Beschäftigungszeit vor dem Ruhestand angezeigt ist. 276

Beispiel:

Der Nürnberger Luftfahrt e.V. sucht Piloten, deren Ausbildungsbeginn zwischen 19 und 27 Jahren liegen soll.

c) Höchstalter für die Einstellung, Altersgrenzen. Gemäß dem Rechtfertigungstatbestand von § 10 S. 3 Nr. 4 AGG kann eine unterschiedliche Behandlung zulässig sein, wenn die Festsetzung von Altersgrenzen bei den betrieblichen Systemen der sozialen Sicherheit als Voraussetzung für die Mitgliedschaft oder für den Bezug der Altersrente oder von Leistungen bei Invalidität einschließlich der Festsetzung unterschiedlicher Altersgrenzen im Rahmen dieses Systems für bestimmte Beschäftigte oder Gruppen von Beschäftigten und die Verwendung von Alterskriterien im Rahmen dieser Systeme für versicherungsmathematische Berechnungen notwendig sind. 277

Beispiel:

Eine betriebliche Altersversorgungsordnung sieht Leistungen für Angestellte ab dem 65. Lebensjahr, für alle gewerblichen ab dem 63. Lebensjahr vor.

Gemäß § 10 S. 3 Nr. 5 AGG ist eine unterschiedliche Behandlung zudem zulässig, wenn eine Vereinbarung vorliegt, die die Beendigung des Beschäftigungsverhältnisses ohne Kündigung zu einem Zeitpunkt vorsieht, zudem die oder der Beschäftigte eine Rente wegen des Alters beantragen kann. 278

Formulierungsbeispiel: Automatische Beendigung des Arbeitsverhältnisses bei Erreichen der gesetzlichen Altersgrenze 278a

Das Arbeitsverhältnis endet automatisch, ohne dass es einer Kündigung bedarf, mit Ablauf des Monats, in dem der Arbeitnehmer die gesetzliche Altersgrenze zum Bezug von Altersrente erreicht hat.

d) Differenzierung von Leistungen in Sozialplänen. Gemäß § 10 S. 3 Nr. 8 AGG ist eine Differenzierung von Leistungen in Sozialplänen iSd Betriebsverfassungsgesetzes, wenn 279 die Parteien eine nach Alter oder Betriebszugehörigkeit gestaffelte Abfindungsregelung geschaffen haben, in der die wesentlich vom Alter abhängigen Chancen auf dem Arbeitsmarkt durch eine verhaltensmäßig starke Betonung des Lebensalters erkennbar berücksichtigt worden sind, oder Beschäftigte von der Leistung des Sozialplans ausgeschlossen haben, die wirtschaftlich abgesichert sind, weil sie ggf. nach Bezug von ALG I rentenberechtigt sind.

Beispiel:

Ein Sozialplan sieht eine Regelung vor, nach der die Leistung in Abhängigkeit vom Lebensalter/Betriebszugehörigkeit gestaffelt ist. Mitarbeiter, die dem Rentenalter nahe sind, erhalten reduzierte Leistungen.

3. Rechtfertigung wegen beruflicher Anforderung im Allgemeinen, § 8 AGG

280 § 8 AGG enthält einen Rechtfertigungstatbestand dahingehend, dass eine Ungleichbehandlung wegen eines in § 1 AGG genannten Grundes ausnahmsweise durch berufliche Anforderungen gerechtfertigt sein kann.

Beispiel 1:

Ein Thai-Restaurant stellt nur Asiaten als Bedienung ein. Ein türkischer Ober bewirbt sich, wird aber mit Begründung abgelehnt, aufgrund der besonderen asiatischen Atmosphäre des Lokals würde nur asiatisches Personal eingestellt.

Beispiel 2:

Eine Person mit Lese- und Schreibschwäche wird als Lektor eines Verlages abgelehnt.

V. Rechte der Betroffenen

281 § 13 Abs. 1 AGG gibt den Beschäftigten das Recht, sich bei den **zuständigen Stellen** des Betriebes, des Unternehmens oder der Dienststelle zu beschweren, wenn sie sich im Zusammenhang mit dem Beschäftigungsverhältnis vom Arbeitgeber, vom Vorgesetzten, von anderen Beschäftigten oder von Dritten wegen eines verpönten Merkmales benachteiligt fühlen.[124]

282 § 14 AGG enthält zudem ein **Leistungsverweigerungsrecht** der benachteiligten Arbeitnehmer, dh, sie können ihre Tätigkeit ohne den Verlust des Arbeitsentgelts einstellen, wenn der Arbeitgeber keine geeigneten und erforderlichen Maßnahmen zur Unterbindung einer Belästigung oder sexuellen Belästigung ergriffen hat und die Einstellung der Tätigkeit zum Schutz des Beschäftigen erforderlich ist. Das Risiko der Fehleinschätzung trägt der Arbeitnehmer.[125] Mit Recht betont das BAG in diesem Zusammenhang, dass der Arbeitnehmer sich durch diese Entscheidung einem erheblichen Risiko eben dieser Fehleinschätzung aussetzt.[126]

283 Darüber hinaus regelt das AGG weitere **Schadensersatz- und Entschädigungsansprüche** der Betroffenen.

1. Darlegungs- und Beweislast

284 Gemäß § 22 AGG besteht eine **sog. abgestufte Beweislastverteilung.**

1. In der ersten Stufe weist der Arbeitnehmer im Streitfall Tatsachen nach, die eine Benachteiligung wegen eines verpönten Grundes vermuten lassen **(Diskriminierungsvermutung).**

[124] ErfK/*Schlachter* AGG § 13 Rn. 1.
[125] Küttner Personalbuch 2021/*Kania* Nr. 145 Rn. 112.
[126] *Gehlhaar* NZA 2009, 825 (826).

2. In der zweiten Stufe muss der Arbeitgeber darlegen und beweisen, dass sein Handeln rechtlich zulässig ist **(Rechtfertigung).**

Beispiel:

Ein homosexueller Bewerber glaubt, seine mangelnde Einstellung beruhe auf seiner sexuellen Identität. Es gibt jedoch keinen Erfahrungssatz, nach dem homosexuelle Bewerber grundsätzlich nicht eingestellt werden.

Damit die Beweislastumkehr eintritt, müssen weitere Umstände hinzutreten, etwa dass 285 der Bewerber besser qualifiziert ist als der Eingestellte und dies auch nachweisen kann. Gleichwohl gewährt die abgestufte Darlegungs- und Beweislast dem Arbeitnehmer eine Beweiserleichterung hinsichtlich der Kausalität zwischen Arbeitgeberverhalten und Benachteiligung bzw. Benachteiligungstendenzen. Der Arbeitnehmer muss lediglich bestimmte Indizien, die nach allgemeiner Lebenserfahrung den Schluss auf eine Diskriminierung zulassen, vortragen und ggf. beweisen, wobei eine überwiegende Wahrscheinlichkeit genügt.[127]

Beispiel:

Macht ein Arbeitnehmer geltend, sein Vorgesetzter habe ihn aus fremdenfeindlichen Motiven zum Parkplatzkehren geschickt, muss der Betroffene sowohl die Existenz seiner entsprechenden Weisung als auch den Umstand beweisen, dass er damit anders als Arbeitsnehmer anderer Nationalitäten behandelt wird.

2. Benachteiligung als Vertragsverletzung, § 7 Abs. 3 AGG

Die Benachteiligung bei Begründung, Durchführung oder Beendigung des Beschäfti- 286 gungsverhältnisses stellt eine **vertragliche Pflichtverletzung** dar. Eine solche verpflichtet deshalb bereits im Anbahnungsverhältnis zum Schadensersatz. Nach der Rechtsprechung kann eine Pflichtverletzung unter Umständen des Arbeitgebers sogar dann vorliegen, wenn er sich bei der Stellenausschreibung eines Dritten (bspw. der Agentur für Arbeit oder eines Headhunters) bedient.

Neben der Verpflichtung zum Schadensersatz besteht zudem die Möglichkeit, den Ver- 287 letzenden abzumahnen und auf Unterlassung in Anspruch zu nehmen.

3. Schadensersatzanspruch, § 15 AGG

Gemäß § 15 Abs. 1 AGG ist der Schaden zu ersetzen, der durch den Verstoß gegen das 288 Benachteiligungsverbot entstanden ist. Der Arbeitgeber haftet grundsätzlich **verschuldensunabhängig,** die Darlegungs- und Beweislastumkehr ist hierbei zu beachten. Der Arbeitgeber muss deshalb ggf. nachweisen, dass er den Verstoß nicht zu vertreten hat, wobei das Verschulden des Erfüllungsgehilfen gem. § 15 Abs. 1 AGG dem Arbeitgeber zugerechnet wird.

Ersatzfähig ist regelmäßig der **materielle Schaden:** 289

Beispiel:

Eine Bewerberin wird eine Stelle als Vertriebsleiterin angeboten. Als Bedingung stellt der Arbeitgeber jedoch die Absolvierung eines Kurses zur Mitarbeiterführung. Nach Abschluss des Kurses erhält die Bewerberin eine Absage mit der Begründung, man habe sich aufgrund der hohen Belastung für einen Mann entschieden. Ersatzfähig sind die Kosten des Kurses sowie sämtliche Bewerbungskosten.

Für den Bestqualifizierten ist auch entgangenes Einkommen bis zur Kündigungsfrist 290 während der Probezeit ersatzfähig. Gemäß § 15 Abs. 6 AGG kann jedoch keine Naturalre-

[127] BAG NZA 2004, 540; NZA 2008, 1557.

stitution, also nicht die Begründung eines Arbeitsverhältnisses oder ein beruflicher Aufstieg, verlangt werden.

4. Entschädigungsanspruch

291 Gemäß § 15 Abs. 2 AGG ist im Rahmen des Entschädigungsanspruchs der Schaden zu ersetzen, der **nicht Vermögensschaden** ist. Der Entschädigungsanspruch ist **verschuldensunabhängig,** eine Beeinträchtigung nicht nötig. Die Höhe der Entschädigung muss angemessen, grundsätzlich der Höhe nach aber unbegrenzt, sein. Eine Begrenzung auf drei Monatsgehälter besteht nur dann, wenn es zu einer Einstellung des Bewerbers nicht gekommen wäre.

292 Voraussetzung des Entschädigungsanspruchs ist zudem, dass es sich um eine ernsthafte Bewerbung handelt.

5. Frist

293 Die Geltendmachung von Schadensersatzansprüchen aus dem AGG unterliegt **Ausschlussfristen:**

- Gemäß § 15 Abs. 4 AGG muss eine schriftliche Geltendmachung innerhalb von **zwei Monaten** seit Kenntnis erfolgen, die im Falle einer Nichtberücksichtigung im Bewerbungsverfahren mit Zugang der Absage vorliegt.
- Gemäß § 61b ArbGG muss die **Klage auf Entschädigung** innerhalb von **drei Monaten,** nachdem der Anspruch schriftlich geltend gemacht worden ist, erhoben werden.

294 Darüber hinaus sind selbstverständlich **Ausschlussfristen** im Arbeitsvertrag, Betriebsvereinbarung oder Tarifvertrag zu beachten.

VI. Verhältnis zum Kündigungsschutzgesetz

295 Wenn das Kündigungsschutzgesetz grundsätzlich anwendbar ist, bedarf es eines personen-, verhaltens- oder betriebsbedingten Grundes, der die Kündigung rechtfertigt. Das Verhältnis des allgemeinen Gleichbehandlungsgesetzes zum Kündigungsschutzgesetz ist noch immer umstritten, regelt doch § 2 Abs. 4 AGG, dass für Kündigungen ausschließlich die Bestimmungen zum allgemeinen und besonderen Kündigungsschutz gelten.[128] Unproblematisch ist dieser Widerspruch dann, wenn Kündigungen ausschließlich auf einem diskriminierenden Motiv beruhen und im Anwendungsbereich des Kündigungsschutzgesetzes stattfinden.

Beispiel:

Kündigung aufgrund Homosexualität. Eine solche Kündigung wäre auch außerhalb des Kündigungsschutzgesetzes wegen des Verstoßes gegen **Treu und Glauben** unwirksam.[129] Innerhalb des Anwendungsbereiches des Kündigungsschutzgesetzes ist die Kündigung ohnehin sozial nicht gerechtfertigt.

296 Anders ist dies bei einer Kündigung sowohl aus diskriminierenden als auch sonstigen Gründen. Eine solche Kündigung kann nach kündigungsschutzrechtlichen Regeln wirksam sein, der Arbeitnehmer jedoch persönlich zurückgesetzt werden. Dies hat zur Folge, dass ein **immaterieller Schaden** und mithin ein Entschädigungsanspruch nach § 15 Abs. 2 AGG entstehen kann, unabhängig davon, ob ein materieller Schaden vorliegt oder nicht.

297 § 2 Abs. 4 AGG sperrt nicht die Anwendbarkeit des § 15 Abs. 2 AGG in Fällen einer objektiv gerechtfertigten Kündigung, die gegen das Benachteiligungsverbot verstößt. Die

[128] *Hein* NZA 2008, 1033.
[129] BAG NZA 1999, 1080.

Vorschriften des AGG finden vielmehr insoweit Anwendung, als es um die Sanktionierung des diskriminierenden Motivs durch Ersatz des immateriellen Schadens geht.

VII. Strukturelle und organisatorische Maßnahmen

Das allgemeine Gleichbehandlungsgesetz schreibt dem Arbeitgeber in § 12 AGG spezifische Handlungspflichten vor.[130] 298

Zunächst sind gem. § 12 Abs. 5 AGG die Mitarbeiter entsprechend zu informieren. Im 299 Zuge dessen ist sowohl auf die **Existenz des allgemeinen Gleichbehandlungsgesetzes** als auch auf **§ 61b ArbGG** (Klagefrist) entsprechend hinzuweisen. Ein Aushang am **schwarzen** Brett, eine für jedermann zugängliche Veröffentlichung im Internet oder auch ein altherkömmliches Rundschreiben entspricht dabei den Anforderungen, die § 12 Abs. 5 AGG hinsichtlich der Bekanntmachung stellt. Bei der Bekanntmachung durch ein Rundschreiben gilt jedoch zu bedenken, dass Mitarbeiter, die nach Verteilung dieses Rundschreibens eingestellt werden, auf geeignete Art und Weise über die zuständigen Vorschriften informiert werden müssen. Denkbar ist, eine solche Bekanntmachung als Anlage zum Arbeitsvertrag hinzuzufügen.

Weiter müssen die **Personal- und Führungsverantwortlichen** hinsichtlich der 300 Pflichten gegenüber Beschäftigten und Bewerbern entsprechend **geschult** werden.

Nach § 13 AGG ist zudem eine sog. **Beschwerdestelle** einzurichten. Es empfiehlt sich 301 ferner, die bisherigen Stellenausschreibungen und das Einstellungsverfahren gemäß den Vorschriften des AGG zu präzisieren.

1. Innerbetriebliche Beschwerdestellen nach § 13 AGG

Der Begriff der Beschwerdestelle ist umfassend zu verstehen. Es ist nicht erforderlich, eine 302 öffentliche Stelle neu zu schaffen. Es genügt vielmehr, wenn die vorhandenen Vorgesetzten oder die Personalabteilung (HR) als Beschwerdestelle iSd Gesetzes fungieren.[131] Es obliegt zudem der **Entscheidungskompetenz** des Arbeitgebers, ob eine zentrale oder eine dezentrale Beschwerdestelle eingerichtet werden soll. Ist eine solche Beschwerdestelle eingerichtet worden, sind die Arbeitnehmer hierüber analog § 12 Abs. 5 AGG zu informieren.

2. Beschwerdeverfahren

Das Recht der Beschäftigten, sich wegen der nach dem AGG bestehenden Benachteili- 303 gung bei den zuständigen Stellen des Betriebes oder bei der Arbeitnehmervertretung zu beschweren, ist im AGG geregelt. Einen **vorgeschriebenen Verfahrensablauf** gibt es nicht, einzig ist die persönliche Betroffenheit Voraussetzung eines entsprechenden Beschwerdeverfahrens.[132]

Empfohlen wird gleichwohl folgender Ablauf: 304
- schriftliche Fixierung der Beschwerden,
- umfassende Überprüfung der Vorwürfe unter Beteiligung sämtlicher Betroffenen,
- bei Zurückweisung einer Beschwerde sind dem Betroffenen alle erkennbaren und denkbaren Gründe schriftlich mitzuteilen.

Hintergrund dieses überobligatorischen Beschwerdeverfahrens ist, dass so das Risiko, das 305 von dem Arbeitsgericht in einem möglicherweise nachfolgenden Verfahren Rechtfertigungsgründe ignoriert werden, weil diese angeblich nicht mitgeteilt worden sind, eingedämmt werden können.

[130] BeckOK ArbR/*Fuchs* AGG § 12 Rn. 2.
[131] BAG NZA 2009, 1049.
[132] ErfK/*Schlachter* AGG § 13 Rn. 2.

3. Überprüfung von Stellenausschreibungen und Bewerbungsverfahren

306 Bei **Stellenausschreibungen** ist insbesondere darauf zu achten, dass die Ausschreibung in jeder Form **neutral** formuliert ist.

307 **Formulierungsbeispiel: Stellenausschreibung**

Typischer Mitarbeiter einer Personalabteilung (m/w/d). Wir wollen unser Team um eine/n Mitarbeiter/in ergänzen.

Bitte richten Sie ihre schriftliche Bewerbung an: ***.

308 Im Vorstellungsgespräch dürfen keinerlei diskriminierende Fragen gestellt werden. Es wird empfohlen, die Bewerbungsunterlagen aufzubewahren und schriftliche Notizen – insbesondere Ablehnungsgründe – zu erstellen und aufzubewahren. Telefonische Auskünfte, weshalb ein Bewerber nicht für die Stelle angestellt worden ist, sollten unbedingt vermieden werden.

309 **Formulierungsbeispiel: Ablehnungsschreiben nach Vorstellungsgespräch**

Sehr geehrte/r Frau/Herr ***,

wir möchten uns nochmals für Ihre Bewerbung und das interessante Gespräch bedanken. Zu unserem Bedauern müssen wir Ihnen jedoch mitteilen, dass wir Ihre Bewerbung nicht berücksichtigen konnten.

Ihre eingereichten Bewerbungsunterlagen erhalten Sie zu unserer Entlastung im Original zurück. Wir danken für Ihre Bewerbung und wünschen Ihnen für Ihren weiteren persönlichen beruflichen Lebensweg alles Gute und viel Erfolg.

4. Verhinderung von Benachteiligungen

310 Ziel des allgemeinen Gleichbehandlungsgesetzes ist neben der Sanktionierung von bereits erfolgten Benachteiligungen die Verhinderung eben solcher. Hier empfehlen sich bspw. die Einführung eines Verhaltenskodex, der Anlage zum Arbeitsvertrag sein kann, sowie die Einführung eines sog. Frühwarnsystems und transparenten Beschwerdemanagements.

Hinweis:

Auch in einem Verein sind die Vorschriften des AGG zwingend zu beachten. Es empfiehlt sich daher, entweder im Rahmen einer Mitgliederversammlung, eines Rundbriefes oder zumindest mit einem Aushang am Schwarzen Brett auf die Existenz des AGG, auf eine innerbetriebliche Beschwerdestelle sowie auf das durchzuführende Beschwerdeverfahren hinzuweisen, um sich nicht bereits durch dieses Unterlassen Schadensersatzansprüchen auszusetzen.

D. Arbeitsrecht im Verein unter COVID-19-Gesichtspunkten

311 Die Jahre 2020 und 2021 sind in erheblicher Weise durch die Ausbreitung des Coronavirus (SARS-CoV-2/COVID-19) weltweit geprägt. Zwangsläufig wirkt sich diese Pandemie auch auf Sportvereine und deren Angestellte aus. Die Einschränkungen reichen von einer vollständigen Einstellung des Vereinslebens bis hin zu mindestens erheblichen Veränderungen innerhalb der Organisationsstruktur eines Vereins. Nachfolgend soll deshalb kurz – ohne Anspruch auf Vollständigkeit – auf die arbeitsrechtlichen Auswirkungen der derzeit vorherrschenden COVID-19-Pandemie eingegangen werden. Die im Folgenden darzu-

stellenden grundsätzlichen Regelungen können in Teilen auch für vergleichbare, weniger einschneidende Einschränkungen des Wirtschafts- und Vereinslebens angewandt werden.

I. Arbeitspflicht der Arbeitnehmer

1. Erkrankung des Arbeitnehmers

Erkrankt ein Arbeitnehmer am Coronavirus, wird er nach § 275 Abs. 1 oder Abs. 2 BGB 312 von der Arbeitspflicht freigestellt und hat deshalb nach Maßgabe des EFZG Anspruch auf Entgeltfortzahlung. Der Anspruch auf Entgeltfortzahlung wäre nur dann ausgeschlossen, wenn er die Erkrankung iSd § 3 EFZG verschuldet hat, weil er grob gegen innerbetriebliche Schutzmaßnahmen verstoßen oder sich die Infektion leichtfertig in einem sog. Gefahrengebiet zugezogen hat.[133]

Die kassenärztliche Bundesvereinigung und der GKV-Spitzenverband hatten darüber 313 hinaus übergangsweise eine Sonderregelung vereinbart, nach der bei einer leichten Erkrankung der oberen Atemwege nach telefonischer Anamnese eine Arbeitsunfähigkeit für die Dauer von bis zu 14 Tagen bescheinigt werden kann. Diese Sonderregelung gilt bis 31.12. 2021. Anderweitige Besonderheiten im Vergleich zu sonstigen Umständen einer Arbeitsunfähigkeit bestehen nicht.

2. Quarantäne und sonstige Tätigkeitsverbote

Wird ein Arbeitnehmer wegen eines Verdachts einer COVID-19-Erkrankung durch das 314 Gesundheitsamt unter Quarantäne gestellt, kann er regelmäßig seine Arbeitsleistung nicht mehr erbringen. Sind die behördlichen Maßnahmen für eine „nicht erhebliche Zeit" angeordnet, wird in Teilen der Literatur[134] vertreten, dass dann der Entgeltanspruch nach § 616 BGB aufrechterhalten bleibt. Nach herrschender Ansicht allerdings sind die Regelungen des § 616 BGB auf die Fälle der angeordneten Quarantäne nicht anwendbar.[135] Dies führt dazu, dass dann ein Entschädigungsanspruch nach § 16 Infektionsschutzgesetzt (IfSG) besteht. Diese Entschädigung wird in den ersten sechs Wochen vom Arbeitgeber ausbezahlt, der dann wiederrum von der zuständigen Behörde Erstattung und einen Vorschuss gemäß § 56 Abs. 4, Abs. 7 IfSG verlangen kann.

3. Betreuung von Kindern

In der durch die Pandemie geprägten Situation sind häufig Schulen und Kindertagesstätten 315 teilweise oder gar vollständig geschlossen. Ist dies der Fall oder erkrankt ein betreuungsbedürftiges Kind (§ 45 Abs. 1 S. 1, Abs. 4 S. 1 SGB V), ist der Arbeitnehmer berechtigt, die Arbeitsleistung zu verweigern.

Üblicherweise zahlt die Krankenkasse das sog. Kinder-Krankengeld dann, wenn Eltern 316 wegen der Pflege des kranken Kindes (jünger als zwölf Jahre) nicht arbeiten gehen können. Es beträgt 90% des Nettoverdienstes. Nach der gesetzlichen Neuregelung besteht Anspruch auf Krankengeld, wenn Schulen und Kitas geschlossen sind, der Zugang eingeschränkt wurde oder Eltern lediglich gebeten wurden, ihre Kinder nicht in die Einrichtung zu bringen. Die Zahl der Krankentage pro Elternteil wurde darüber hinaus von zehn auf 20 verdoppelt, Alleinerziehende erhalten 40 statt 20 Tage.[136]

Alternativ kann staatliche Entschädigung beantragt werden, wenn Arbeitnehmer wegen 317 pandemiebedingten Einschränkungen an Schulen und Kitas nicht zur Arbeit können. In diesem Fall zahlt der Staat dann über den Arbeitgeber 67% Lohnersatz, maximal jedoch 2016 EUR pro Monat. Diese Regelungen gelten zunächst bis 31.12.2021.

---

[133] *Fuhlrott/Fischer* NZA 2020, 345.
[134] *Stöß/Putzer* NJW 2020, 1465ff.
[135] *Pries/Mazurek/Schmid* NZA 2020, 1137ff.
[136] BGBl. 2020 I 2; BGBl. 2020 I 802.

II. Vorübergehende Betriebsschließung

318 Zu vorübergehenden Betriebsschließungen ist es während der Pandemiezeit relativ häufig gekommen. Dies gilt insbesondere für den Bereich von Sportvereinen, die nahezu seit Beginn der Pandemie geschlossen sind. Dies wirft in der Konsequenz die Frage auf, wie sich dies einerseits auf die Arbeitszeit und andererseits auf die Frage der Vergütung der Arbeitnehmer auswirkt.

1. Sog. Wirtschaftsrisiko

319 Der Verein kann aus wirtschaftlichen Gründen gezwungen sein, seinen Betrieb kurzfristig vorübergehend zu schließen, weil er ihn wirtschaftlich nicht mehr fortführen kann. Auch in diesem Fall verwirklicht sich das sog. Wirtschaftsrisiko, das nicht vom Arbeitgeber auf den Arbeitnehmer abgewälzt werden kann. Dies hat zur Folge, dass zunächst grundsätzlich die vereinbarte Vergütung nach § 615 S. 1 BGB geschuldet ist, unabhängig davon, ob der Arbeitnehmer seine Arbeitsleistung erbringt.

2. Schließung kraft behördlicher Anordnung

320 Auch dann, wenn durch behördliche Anweisung ein Betrieb zu Zwecken des Gesundheitsschutzes geschlossen wird, trägt der Arbeitgeber das sog. Betriebsrisiko, wenn die Schließung durch die besondere Eigenart des Betriebs bedingt ist. Die im Zuge der COVID-19-Pandemie erlassenen Regelungen ordnen hingegen die generelle Schließung sämtlicher Betriebe an, darunter eine Vielzahl von Einzelhandelsgeschäften oder Freizeiteinrichtungen. Dieses Risiko ist gerade nicht in der besonderen Eigenart der Betriebe – hier der Vereine – angelegt. Die Verbote basieren vielmehr auf einem Schutz gegen das Infektionsrisiko.

321 Es ist wohl davon auszugehen, dass die Rechtsprechung dies nicht als sog. Betriebsrisiko ansieht. Regelmäßig wird eine solche Betriebsschließung – auch im Bereich von Vereinen – durch die Anordnung von Kurzarbeit reguliert werden können. Diese kann eingeführt werden, wenn ein Arbeitsausfall durch eine behördliche Maßnahme verursacht wurde, die der Arbeitgeber nicht zu vertreten hat; vgl. § 96 Abs. 3 S. 2 SGB III.

3. Kurzarbeit

322 Entscheidendes Mittel in der Pandemie war die schon fast vergessen geglaubte Einführung von Kurzarbeit. Die Bundesregierung hat durch das Gesetz zur befristeten krisenbedingten Verbesserung der Regelung für das Kurzarbeitergeld für den Fall außergewöhnlicher Verhältnisse auf dem Arbeitsmarkt die Voraussetzungen für den Bezug von Kurzarbeitergeld erleichtert. Die Verordnung über Erleichterungen der Kurzarbeit (KugV) ist rückwirkend zum 1.3.2020 in Kraft getreten und war zunächst befristet bis 31.12.2020. Zwischenzeitlich wurde die Geltung der Verordnung verlängert bis 31.12.2021.[137]

323 Nach dieser Verordnung liegt ein erheblicher Arbeitsausfall in Abweichung zu § 96 Abs. 1 Nr. 4 SGB III bereits dann vor, wenn im jeweiligen Kalendermonat weniger als ein Drittel, jedoch mindestens 10% der im Betrieb beschäftigten Arbeitnehmer von einem Entgeltausfall betroffen sind. In einem etwaigen Antrag auf Kurzarbeit ist dieser Arbeitsausfall gleichwohl glaubhaft zu machen, das Stichwort „Corona“ genügt insoweit nicht.

324 Dass der Arbeitsausfall unvermeidbar sein muss, um die Voraussetzungen für den Bezug von Kurzarbeitergeld zu erfüllen, wird durch die Verordnung allerdings nur teilweise erleichtert. So bleibt es dabei, dass im bestimmten Maße aufgebaute Arbeitszeitguthaben abzubauen sind. Dies gilt auch für die vorrangige Gewährung von Erholungsurlaub, jedenfalls soweit dieser bereits entstanden ist.

---

[137] BGBl. 2021 I 4388.

In individualrechtlicher Hinsicht notwendig ist allerdings auch, dass die Anordnung 325
von Kurzarbeit durch den Arbeitgeber rechtmäßig ist. Dies kann entweder durch einzelvertragliche Vereinbarung, kollektivrechtliche Vereinbarungen oder tarifvertragliche Regelungen geschehen. Arbeitsrechtlich erfolgt dann eine Verkürzung der individuellen Arbeitszeit.

Formulierungsbeispiel: Kurzarbeitsklausel 326

Der Arbeitnehmer verpflichtet sich und erklärt sich bereit, auf entsprechende Anordnung des Arbeitgebers hin auch Kurzarbeit zu leisten für den Fall, dass die Voraussetzungen für die Gewährung von Kurzarbeitergeld erfüllt sind; bei der Anordnung von Kurzarbeit hat der Arbeitgeber gegenüber dem Arbeitnehmer eine Ankündigungsfrist von vier Wochen einzuhalten. Die Kurzarbeit kann nur für die Dauer von bis zu zwölf Monaten angeordnet werden und nur dann, wenn entweder der ganze Betrieb oder zumindest die Betriebsabteilung des Arbeitnehmers betroffen ist und die in Satz 1 genannten Voraussetzungen erfüllt sind.

§ 2 Abs. 1 KugV sieht zudem vor, dass die Sozialversicherungsbeiträge, die der Arbeit- 327
geber alleine zu tragen hat, von der Bundesagentur für Arbeit pauschaliert in voller Höhe erstattet werden. Auch dies gilt zunächst bis 31. 12. 2021.

4. Urlaubsanspruch in der Kurzarbeit

Ob und inwieweit während der Kurzarbeit, insbesondere bei Kurzarbeit „Null", Urlaubs- 328
ansprüche entstehen bzw. der Arbeitgeber berechtigt ist, die vertraglich vereinbarten Urlaubsansprüche zu kürzen, war lange Zeit umstritten. Zwischenzeitlich hat unter anderem das Landesarbeitsgericht Düsseldorf entschieden, dass für jeden vollen Monat der Kurzarbeit der dem Arbeitnehmer zustehende Urlaub um ein Zwölftel zu kürzen ist. Dies entspricht wohl auch der Rechtsprechung des europäischen Gerichtshofs, der festgestellt hat, dass während der Kurzarbeit „Null" der europäische Mindesturlaubsanspruch aus Art. 7 Abs. 1 der Richtlinie 2003/88/EG nicht entsteht. Das deutsche Recht enthalte dazu keine günstigere Regelung. Weder existiere diesbezüglich eine spezielle Regelung für Kurzarbeit noch ergebe sich etwas anderes aus den Vorschriften des Bundesurlaubsgesetzes. An alldem habe der Umstand, dass Kurzarbeit durch die Corona-Pandemie verursacht wurde, nichts geändert.[138] Inwieweit sich dies allerdings dann auch auf Urlaubsansprüche auswirkt, wenn Mitarbeiter nicht vollständig in Kurzarbeit waren, ist derzeit noch offen.

III. Ausblick weitergehende Maßnahmen

In Anbetracht der sich ständig verändernden Rahmenbedingungen und immer wieder 329
neuer, politischer „Ideen" fällt es schwer, einen fundierten Ausblick auf zukünftige arbeitsrechtliche Maßnahmen zu geben. Zum Stand des Redaktionsschlusses ist weder eine Home Office Pflicht noch eine Testpflicht für Unternehmen verankert. Die diesbezüglichen gesetzlichen Regelungen hinsichtlich der Durchführung von Tests sehen lediglich vor, dass die Arbeitgeber den Arbeitnehmern regelmäßig zwischen ein und zwei Tests pro Woche anbieten müssen. Die Verpflichtung zur Durchführung existiert allerdings nicht. Analog wirkt die Gesetzgebung auch beim Home Office. Auch hier gibt es keine gesetzlich normierte Pflicht, Arbeitnehmer ausschließlich im Homeoffice zu beschäftigen. Normiert ist lediglich die Pflicht, eine solche Tätigkeit anzubieten, wenn dem nicht begründete betriebliche Belange entgegenstehen.

Durch die ständig steigenden Impfzahlen ist wohl damit zu rechnen, dass die arbeits- 330
rechtlich relevanten Einschränkungen durch die Pandemie spätestens zum Ende des Jahres

[138] LAG Düsseldorf Urt. v. 12.3.2021 – 6Sa 84220.

2021 nahezu erledigt sind. Ob und inwieweit die im Rahmen der COVID-19-Pandemie entwickelten Grundsätze auch auf andere unvorhersehbare Ereignisse angewendet werden können, bleibt offen.

§ 16. Strafrechtliche Verantwortung von Organen und Mitgliedern

Übersicht

Schrifttum:

Kommentare und Monographien: *Erdmann,* Die Krisenbegriffe der Insolvenzstraftatbestände, 2007; *Fischer,* Strafgesetzbuch, 68. Aufl. 2021; *Graf/Jäger/Wittig,* Wirtschafts- und Steuerstrafrecht, 2. Aufl. 2017; *Jäger,* Insolvenzordnung, 2007 ff.; *Lackner/Kühl,* Strafgesetzbuch, 29. Aufl. 2018; Leipziger Kommentar StGB, 12. Aufl. 2014 (zit.: LK/*Bearbeiter*); *Reschke,* Untreue, Bankrott und Insolvenzverschleppung im eingetragenen Verein, 2015; *Schönke/Schröder,* Strafgesetzbuch, 30. Aufl. 2019.

Aufsätze: *Brand/Sperling,* Untreue zum Nachteil von Idealvereinen – einige Überlegungen aus Anlass des „Kolping“-Urteils (BGHZ 175, 12), JR 2010, 473; *Reschke,* Vereinsvorstände im Visier der Strafverfolgungsbehörden, ZStV 2015, 190; *Schockenhoff,* Compliance im Verein, NZG 2019, 281.

A. Einführung

Vereine bewegen sich auch strafrechtlich keineswegs in einem rechtsfreien oder unkontrollierten Raum. Vielmehr sind selbstverständlich auch die Handlungen von Vereinen und deren Organen und Mitgliedern an den Vorgaben des allgemeinen Strafrechts zu messen. 1

2 Da das Strafrecht in den letzten Jahren und Jahrzehnten zunehmend an Regelungsdichte gewonnen und zudem die Strafverfolgung auch in früher unangetasteten Lebensbereichen massiv zugenommen hat und weiter zunimmt, steigt für Vereinsmitglieder, vor allem aber für Vereinsorgane, das Risiko, sich bei der Führung der Vereinsgeschäfte in strafrechtlich relevanter Weise zu verhalten. Dabei geht es weniger um die stets zu unterlassende Schädigung Dritter, als vielmehr um Straftaten, die sich gegen den eigenen Verein richten oder Sozialversicherungsträger, den Fiskus und im Falle einer wirtschaftlichen Krise auch die Gläubigergesamtheit betreffen. Hier lauern zahlreiche strafrechtliche Fallstricke, die insbesondere der juristisch nicht Versierte häufig schon deshalb nicht erkennt, weil er vermeintlich im Interesse des vertretenen Vereins agiert und gar nicht wahrnimmt, dass die strafrechtliche Bewertung anders ausfällt.

3 Der hier gegebene Rahmen erlaubt es nicht, sämtliche dieser Fallstricke im Einzelnen darzustellen. Es soll aber immerhin versucht werden, einen Überblick über die aktuellen Brennpunkte möglichen strafrechtswidrigen Verhaltens bei der Führung der Vereinsgeschäfte zu geben.

B. Strafrechtliche Verantwortung der Organe und Mitglieder des Vereins

I. Vorbemerkung

4 Die im Zusammenhang mit der Führung der Vereinsgeschäfte denkbaren Straftaten können häufig schon nach dem Wortlaut der einschlägigen Tatbestände nicht von jedermann, sondern nur von bestimmten Personen begangen werden. So sprechen bspw. die §§ 283 ff. StGB nur vom Schuldner als möglichen Täter, § 266a StGB nennt insoweit den Arbeitgeber. Naturgemäß handelt es sich bei derjenigen Organisation, die diese Eigenschaften aufweist, um den Verein selbst und nicht um dessen Mitglieder oder Organe. Da aber dem deutschem Strafrecht jedenfalls derzeit (und wohl auch bis auf weiteres; der Entwurf des sog. Verbandssanktionengesetzes, mit dem umfangreiche Möglichkeiten der unmittelbaren Sanktionierung juristischer Personen geschaffen werden sollten, ist vor dem Ende der 19. Legislaturperiode nicht mehr abschließend beraten worden) die Strafbarkeit einer Organisation als solcher unbekannt ist, muss die strafrechtliche Verantwortlichkeit in diesen Fällen konkreten natürlichen Personen zugerechnet werden. Hierfür gibt es im Wesentlichen folgende Wege:

II. Zurechnung der strafrechtlichen Verantwortlichkeit gem. § 14 StGB

5 Gemäß § 14 Abs. 1 Nr. 1 StGB wird demjenigen, der als vertretungsberechtigtes Organ einer juristischen Person handelt, eine besondere persönliche Eigenschaft, welche die Strafbarkeit begründet, persönlich zugerechnet. Über diese Zurechnungsnorm stehen damit jedenfalls die formellen Vereinsorgane, also sämtliche **Vorstandsmitglieder** (iSd § 26 BGB), unmittelbar in der strafrechtlichen Verantwortung.

6 Gleiches gilt gem. § 14 Abs. 2 StGB auch für **Beauftragte,** die vom Inhaber eines Betriebes bestellt sind, den Betrieb ganz oder zum Teil zu leiten (§ 14 Abs. 2 Nr. 1 StGB) oder in eigener Verantwortung Aufgaben wahrzunehmen, die dem Inhaber des Betriebes obliegen (§ 14 Abs. 2 Nr. 2 StGB). Über diese Zurechnungsnormen können auch **einfache Vereinsmitglieder,** die eine entsprechende Beauftragtenstellung innehaben, in die strafrechtliche Verantwortung gelangen. Schließlich erfolgt eine Zurechnung im strafrechtlichen Sinne gem. § 14 Abs. 3 StGB auch dann, wenn die Rechtshandlung, welche die Vertretungsbefugnis oder das Auftragsverhältnis begründen sollte, unwirksam ist. Gemeint sind hiermit zunächst formal unrichtig bestellte Organe oder Beauftragte, die in strafrechtlicher Hinsicht den korrekt Bestellten gleichgestellt werden. Davon zu unterscheiden ist die Haftung der sog. faktischen Organe.

III. Faktische Organschaft

Trotz zahlreicher Streitigkeiten im Detail[1] ist jedenfalls von der Rechtsprechung im Grundsatz anerkannt, dass nicht nur korrekt oder lediglich formal falsch bestellte Organe strafrechtliche Verantwortung für das Verhalten der von ihnen vertretenen Organisation zu übernehmen haben, sondern auch solche Organe, die zwar nicht bestellt sind, faktisch aber die Organrolle ausfüllen.[2] Dies wird im Vereinsleben zwar selten der Fall sein, ist jedoch durchaus denkbar. 7

Eine faktische Vorstandstätigkeit kann insbesondere dann in Betracht kommen, wenn die Vereinsgeschäfte durch den formell bestellten Vorstand überhaupt nicht wahrgenommen werden und auch nicht wahrgenommen werden sollen, weil dieser von vorneherein nur als Strohmann/Strohfrau gedacht war. Daneben ist aber auch die Konstellation vorstellbar, dass der bestellte Vorstand zwar in bestimmten Geschäftsbereichen agiert, andere Bereiche aber einem nicht Bestellten überlässt, etwa weil ihm dort die notwendige Sachkompetenz fehlt. Auch dann ist eine strafrechtliche Zurechnung auf den faktisch tätigen Organträger grundsätzlich möglich, allerdings müssen dann in seiner Person bestimmte inhaltliche Kriterien erfüllt sein, um die Zurechnung zu bewerkstelligen. Hierzu werden insbesondere in der Literatur zahlreiche Varianten angeboten, von denen die sog. **„Sechs-von-Acht-Theorie"** die größte Akzeptanz erfahren haben dürfte. 8

Danach kommt als faktisches Organ neben einem tatsächlich aktiven formellen Organ in Frage, wer sechs der folgenden acht Kriterien erfüllt:[3] 9

- Bestimmung der Vereinspolitik;
- Bestimmung der Detailorganisation des Vereins;
- ggf. Einstellungen und Entlassungen von Mitarbeitern sowie das Ausstellen von Zeugnissen für diese;
- maßgebliche Gestaltung der Geschäftsbeziehungen zu Vertragspartnern des Vereins einschließlich der Vereinbarung von Vertrags- und Zahlungsmodalitäten;
- Entscheidung in Steuerangelegenheiten des Vereins;
- ggf. Verhandlungsführung mit Kreditgebern;
- soweit vorhanden: Steuerung der Buchhaltung und Bilanzierung;
- soweit eine Vergütung erfolgt: eigenständige Bestimmung über die eigene Vergütung.

Die faktische Organstellung wird naturgemäß meist von einfachen Vereinsmitgliedern eingenommen, kann aber selbstverständlich auch von völlig Außenstehenden wahrgenommen werden. 10

IV. Strafrechtliche Verantwortlichkeit bei Gremienentscheidungen

Da Vereinsvorstände häufig aus mehreren Personen bestehen, stellt sich strafrechtlich auch die Frage, wie die Verantwortlichkeiten verteilt sind, wenn eine rechtswidrige Mehrheitsentscheidung getroffen und umgesetzt wird. 11

Klar ist dabei zunächst, dass all diejenigen strafrechtlich verantwortlich sind, die für die Vornahme einer rechtswidrigen Handlung oder das Unterlassen rechtskonformen Verhaltens gestimmt haben. Diejenigen Gremienmitglieder, die sich bei einer entsprechenden Abstimmung enthalten oder gegen die Mehrheit gestimmt haben, müssen sich aber das Abstimmungsergebnis ebenfalls entgegenhalten lassen, wenn sie daran mitwirken, die von ihnen zunächst abgelehnte Mehrheitsentscheidung in die Praxis umzusetzen.[4] Daneben haften sie strafrechtlich aber auch dann, wenn sie sich schlicht einer Abstimmung enthalten oder mit der Mehrheit stimmen, weil sie der – möglicherweise sogar korrekten – Auffas- 12

[1] S. dazu den Überblick bei Graf/Jäger/Wittig/*Merz* StGB § 14 Rn. 53.
[2] S. dazu zB BGHSt 21, 101; BGHSt 31, 118; BGHSt 46, 62; NJW 2015, 712; NStZ 2000, 34 (36); wistra 1990, 60 (61).
[3] *Dierlamm* NStZ 1996, 153.
[4] *Fischer* StGB § 25 Rn. 43.

sung sind, ohnehin überstimmt zu werden. In diesen Fällen zählt allein ihr tatsächlich an den Tag gelegtes Verhalten, nicht der zu erwartende hypothetische Verlauf einer abweichenden Verhaltensweise.[5] Faktisch läuft dies darauf hinaus, dass jedes Gremienmitglied alles in seiner Macht Stehende tun muss, um das Zustandekommen eines strafrechtswidrigen Mehrheitsbeschlusses zu verhindern. Gelingt ihm dies nicht, darf es sich keinesfalls an der Umsetzung des rechtswidrigen Beschlusses beteiligen und muss ggf. sein Amt zur Verfügung stellen.

C. Vereinsspezifische Organisationsdelikte

I. Straftaten gem. § 20 VereinsG

13 § 20 Abs. 1 Nr. 1–5 VereinsG enthält verschiedene Organisationsdelikte, deren höchste Strafdrohung Freiheitsstrafe von bis zu einem Jahr darstellt, sofern nicht die schwereren Staatsschutzdelikte der §§ 84, 85 und 86a StGB bzw. die Organisationsdelikte der §§ 129–129b StGB eingreifen.

14 In § 20 Abs. 1 VereinsG sind im Wesentlichen rein formale Organisationsverstöße unter Strafe gestellt, wie etwa die Aufrechterhaltung des organisatorischen Zusammenhalts eines Vereins entgegen einem vollziehbaren Verbot oder der vollziehbaren Feststellung, dass er Ersatzorganisation eines verbotenen Vereins ist (§ 20 Abs. 1 Nr. 1 VereinsG), die Betätigung als Mitglied in einem solchen Verein (§ 20 Abs. 1 Nr. 2 VereinsG), die organisatorische Unterstützung eines solchen Vereins (§ 20 Abs. 1 Nr. 3 VereinsG) oder die Verwendung oder Verbreitung von Kennzeichen eines solchen Vereins (§ 20 Abs. 1 Nr. 5 VereinsG). Daneben erfasst § 20 Abs. 1 Nr. 4 VereinsG die Missachtung vollziehbarer Verbote gegen Ausländervereine gem. § 14 VereinsG (ggf. iVm § 18 VereinsG).

II. Organisations- und Vereinigungsdelikte des StGB

15 Nur der Vollständigkeit halber sei an dieser Stelle darauf hingewiesen, dass das StGB verschiedene Organisations- und Vereinigungsdelikte unter Strafe stellt, die im Zusammenhang mit der Führung bzw. Fortführung krimineller, terroristischer oder verfassungswidriger Vereine begangen werden können.

16 Hervorzuheben ist in diesem Zusammenhang insbesondere die Strafbarkeit:

- der Fortführung einer für verfassungswidrig erklärten Partei durch einen Rädelsführer oder Hintermann gem. § 84 StGB;
- von Rädelsführern und Hintermännern wegen Verstoßes gegen ein Vereinigungsverbot, indem sie den organisatorischen Zusammenhalt einer verbotenen Partei oder von deren Ersatzorganisationen aufrecht erhalten, gem. § 85 StGB;
- der Verwendung und Verbreitung von Kennzeichen verfassungswidriger Organisationen gem. § 86a StGB;
- der Gründung, Beteiligung an oder Unterstützung von kriminellen bzw. terroristischen Vereinigungen, bei Letzteren auch, soweit es sich um ausländische Vereinigungen handelt, gem. §§ 129–129b StGB.

D. Straftaten beim Führen der Vereinsgeschäfte

I. Vorbemerkung

17 Beim Führen der laufenden Vereinsgeschäfte können zahlreiche Straftaten verschiedener Art begangen werden. Neben der gesondert zu behandelnden Steuerhinterziehung (dazu ausführlich → Rn. 68 ff.) handelt es sich dabei zunächst um Delikte, bei denen außenste-

[5] BGHSt 48, 77 (94 f.).

hende Dritte geschädigt, insbesondere betrogen werden. Auf diese Delikte soll hier nicht näher eingegangen werden, da nicht zu unterstellen ist, dass Vereinsverantwortliche ihr Amt dazu missbrauchen, Dritte zu übervorteilen. Näher einzugehen ist daher im Folgenden nur auf die Untreue gem. § 266 StGB, durch die der vertretene Verein selbst geschädigt wird, sowie auf das Vorenthalten und Veruntreuen von Arbeitsentgelt gem. § 266a StGB, das für Vereine insbesondere dann relevant wird, wenn sie Scheinselbständige beschäftigen.

II. Untreue gem. § 266 StGB

1. Struktur des Untreuetatbestands

18 Der Untreuetatbestand des § 266 StGB enthält – wie sich bereits aus seinem Wortlaut ergibt – zwei Teiltatbestände, nämlich den sog. **Missbrauchtatbestand**

„Wer die ihm durch Gesetz, behördlichen Auftrag oder Rechtsgeschäft eingeräumte Befugnis, über fremdes Vermögen zu verfügen oder einen anderen zu verpflichten, missbraucht [...]"

sowie den sog. **Treuebruchtatbestand**

„[...] oder die ihm kraft Gesetzes, behördlichen Auftrags, Rechtsgeschäfts oder eines Treueverhältnisses obliegende Pflicht, fremde Vermögensinteressen wahrzunehmen, verletzt [...]".

19 Zwar ist das Verhältnis dieser beiden Teiltatbestände zueinander im Einzelnen umstritten, jedoch geht die herrschende Meinung davon aus, dass es sich bei dem Missbrauchtatbestand letztlich nur um einen ausgestanzten Spezialfall des umfassenderen Treuebruchtatbestandes handelt.[6] Dementsprechend wird für beide Teiltatbestände das Vorliegen einer besonderen Pflicht des Täters, fremde Vermögensinteressen wahrzunehmen, vorausgesetzt.

20 Die notwendige **qualifizierte Vermögensbetreuungspflicht** iSd § 266 Abs. 1 StGB besteht nach einhelliger Meinung für Vereinsvorstände und Liquidatoren (vgl. § 48 Abs. 2 BGB) im Verhältnis zu ihrem eigenen Verein,[7] kann aber auch andere Vereinsmitglieder dann treffen, wenn sie entweder als besondere Vertreter iSd § 30 BGB zur Wahrnehmung der Vermögensinteressen des Vereins bestellt sind oder für das Vereinsvermögen in herausgehobener Weise zuständig sind (wie insbesondere Kassenwarte[8]). Einfache Vereinsmitglieder haben diese Pflicht hingegen nicht und kommen daher im Regelfall nicht als Täter des § 266 StGB, sondern allenfalls als Gehilfen oder Anstifter gem. §§ 26 und 27 StGB in Betracht.

2. Missbrauchtatbestand des § 266 Alt. 1 StGB

21 Den Missbrauchtatbestand des § 266 Alt. 1 StGB verwirklicht, wer im Außenverhältnis wirksame Geschäfte tätigt, die ihm im Innenverhältnis verboten sind (Überschreiten des rechtlichen Dürfens im Inneren durch rechtliches Können nach Außen),[9] und dadurch das betreute Vermögen vorsätzlich schädigt.

22 Für Vereinsvorstände ist dies insbesondere dann denkbar, wenn sie einer satzungsmäßigen Pflicht nicht nachkommen, bei bestimmten Geschäften die vorherige Zustimmung der Mitglieder einzuholen, oder Beschlüsse der Mitgliederversammlung zu den zulässigen Modalitäten konkreter Vertragsabschlüsse missachten. Schädigt oder gefährdet (dazu sogleich → Rn. 23) solches Handeln das Vermögen des Vereins, ist der objektive Tatbestand der Untreue bereits erfüllt.

---

[6] St. Rspr. seit BGHSt 24, 386; für die Lit. s. zB *Lackner/Kühl* StGB § 266 Rn. 4, 8.
[7] BGHR § 266 I Vermögensbetreuungspflicht Nr. 18.
[8] So für den Kassierer mit Verwaltungs- und Buchführungspflicht und dem Recht zur Erteilung von Quittungen: BGH wistra 1989, 60.
[9] S. dazu *Fischer* StGB § 266 Rn. 24–28.

23 Trotz neuerer Restriktionsbemühungen insbesondere des BVerfG[10] ist an dieser Stelle darauf hinzuweisen, dass für die Strafbarkeit gem. § 266 StGB grundsätzlich auch bereits ein sog. **Gefährdungsschaden** ausreicht.[11] Werden also etwa riskante Geschäfte durch den Vorstand des Vereins abgeschlossen, ist regelmäßig schon durch den Abschluss dieser Geschäfte dann ein Schaden zu bejahen, wenn eine bilanzielle Betrachtungsweise ergeben würde, dass Rückstellungen oder Wertberichtigungen hinsichtlich dieser Geschäfte erforderlich sind.[12]

> **Hinweis:**
> Angesichts dieser Rechtslage kann Vereinsvorständen nur geraten werden, riskante oder gar spekulative Geschäfte im Namen und auf Rechnung des Vereins entweder gänzlich zu unterlassen oder allenfalls nach ausdrücklicher vorheriger Billigung durch die Mitgliederversammlung abzuschließen.

3. Treuebruchtatbestand des § 266 Alt. 2 StGB

24 Die Tathandlung des Treuebruchtatbestands in § 266 Alt. 2 StGB wird durch das Gesetz nur rudimentär konturiert.[13] Tatbestandlich kann daher jedes Verhalten sein, dass für den Verein **vermögensrelevant** ist und durch das der Handelnde die ihm obliegende Vermögensbetreuungspflicht verletzt. Neben dem klassischen „Griff in die Vereinskasse" (der zB auch in der eigenmächtigen Entnahme einer Aufwandsentschädigung durch einen ehrenamtlichen Vorstand bestehen kann[14]), kommen damit auch Handlungen im vermeintlichen Interesse des Vereins als strafbare Pflichtverletzungen in Betracht, sofern sie diesem Interesse bei objektiver Betrachtung gerade zuwiderlaufen.

25 Praktisch bedeutet dies, dass der Vereinsvorstand im Umgang mit dem Vereinsvermögen die **Sorgfalt eines gewissenhaften Geschäftsleiters** an den Tag zu legen hat, die auch im kaufmännischen Bereich zu erwarte wäre,[15] wobei jedenfalls für die Vorstände unternehmerisch tätiger Vereine auch die sog. *Business Judgement Rule* des § 93 Abs. 1 S. 2 AktG gelten soll.[16] Unternehmerische Entscheidungen, die für den Verein getroffen werden, sind daher nur dann pflichtgemäß, wenn der Vorstand auf der Basis angemessener Informationen vernünftigerweise annehmen durfte, zum Wohle des Vereins zu handeln. Im Übrigen dürfen riskante Geschäfte nur dann vorgenommen werden, wenn sie aus der Sicht eines sorgfältig kalkulierenden Kaufmanns vertretbar erscheinen, andernfalls sind sie zu unterlassen;[17] Gewinnchancen für den Verein hat der Vorstand wahrzunehmen,[18] erfolgversprechende Ansprüche des Vereins gegen Dritte geltend zu machen[19] und mit Vereinsgeldern generell sparsam und schonend umzugehen.[20] Aus anderen Gründen verbotene oder gar strafbare Zahlungen, insbesondere korruptiver Art, stellen gleichzeitig auch Untreue gem.

---

[10] S. insbesondere BVerfGE 126, 170 (210f.) mit der Betonung des sog. „Verschleifungsverbots" zwischen Schaden und Pflichtverletzung.

[11] BVerfGE 126, 170 (210f.); zum ganzen auch *Fischer* StGB § 266 Rn. 161.

[12] Grundlegend BGH NJW 2008, 2451; bekräftigt in BGHSt 53, 199; ebenso BGH StV 2010, 78; NStZ 2010, 329.

[13] S. *Fischer* StGB § 266 Rn. 50: „beliebige vermögensrelevante Handlung". An dieser Konturenlosigkeit entzünden sich auch die gegen § 266 StGB geäußerten verfassungsrechtlichen Bedenken; s. hierzu Graf/Jäger/Wittig/*Waßmer* StGB § 266 Rn. 16f.

[14] S. LG Lübeck wistra 2014, 455.

[15] S. dazu für unterschiedliche Fallgruppen BGH wistra 1982, 148 (150); wistra 1985, 190f.; NStZ 1990, 437; StV 2004, 424; OLG Karlsruhe NJW 2006, 1682.

[16] Ausf. zur Anwendbarkeit der *Business Judgement Rule* auf das Handeln von Vereinsvorständen *Reschke,* Untreue, Bankrott und Insolvenzverschleppung im eingetragenen Verein, S. 144ff., 152ff.

[17] *Fischer* StGB § 266 Rn. 66.

[18] Vgl. BGHSt 44, 380; NJW 1983, 1920; wistra 1989, 225.

[19] Vgl. OLG Koblenz NStZ 1995, 50.

[20] Schönke/Schröder/*Perron* StGB § 266 Rn. 35a.

§ 266 StGB dar; regelmäßig gilt Gleiches auch schon für die Einrichtung und das Führen sog. „schwarzer Kassen" zu solchen Zwecken.[21]

> **Hinweis:**
> Es versteht sich angesichts der Vielgestaltigkeit der möglichen Tathandlungen von selbst, dass hier ein nicht unerhebliches Risiko für Vereinsvorstände verborgen ist. Im Zweifel ist den Vorständen daher anzuraten, entweder vor einem beabsichtigten Vorgehen strafrechtlichen Rat einzuholen oder aber die Mitglieder des Vereins um Zustimmung zu dem geplanten Vorgehen zu bitten.

4. Die Einwilligung des Vermögensträgers

Die Strafbarkeit gem. § 266 StGB ist ausgeschlossen,[22] wenn der Vermögensträger, im Falle eines Vereins also – vorbehaltlich einer abweichenden Satzungsbestimmung – die Mehrheit der in der Mitgliederversammlung anwesenden Vereinsmitglieder (s. § 32 Abs. 1 BGB),[23] in das geplante Vorgehen eingewilligt hat. 26

Zu beachten ist dabei, dass eine strafrechtlich **wirksame Einwilligung** nur dann vorliegen kann, wenn sie: 27
- ihrerseits im Einklang mit der Vereinssatzung steht, was insbesondere bei gemeinnützigen Vereinen im Einzelfall sorgfältig zu prüfen sein wird;[24]
- ohne Willensmängel erfolgt, dh die Einwilligenden vollständig über das geplante Vorgehen und dessen Risiken aufgeklärt sind;[25]
- die Einwilligung vorab eingeholt wird und im Handlungszeitpunkt fortbesteht; nachträgliche Genehmigungen sind – anders als im Zivilrecht – im Strafrecht unbeachtlich;[26]
- tatsächlich eine (stillschweigende, besser noch eine ausdrückliche) Einwilligung vorliegt; die Berufung darauf, die Vereinsmitglieder hätten sicherlich eingewilligt, wenn man sie gefragt hätte (sog. mutmaßlich Einwilligung) ist regelmäßig deswegen unbeachtlich, weil die Möglichkeit zu fragen auch genutzt werden muss.[27]

> **Hinweis:**
> Untreue zu Lasten des Vereins ist häufig auch dann anzunehmen, wenn der Vereinsvorstand zum vermeintlichen Vorteil des Vereins gehandelt hat (etwa weil er eine zwar riskante, aber besonders lukrativ erscheinende Anlage der Vereinsgelder gewählt hat; dazu auch → Rn. 24). Das Vorbringen, man habe nur das Beste gewollt, beseitigt die Strafbarkeit gem. § 266 StGB aber regelmäßig nicht. Vielmehr reicht es für den notwendigen Schädigungsvorsatz aus, dass die Risiken erkannt und gleichwohl billigend in Kauf genommen wurden.

---

[21] S. hierzu die Leitentscheidung BGHSt 52, 323; speziell für schwarze Kassen von Vereinen (*in concreto:* politischen Parteien und deren Untergliederungen) s. BGHSt 51, 100; BGHSt 56, 203 sowie die Entscheidungsnachweise bei *Fischer* StGB § 266 Rn. 76 (den Hintergrund sämtlicher Entscheidungen bilden jeweils dubiose Parteispenden).

[22] Innerhalb der Strafrechtsdogmatik ist umstritten, ob die Einwilligung bereits die objektive Pflichtwidrigkeit und damit den Tatbestand des § 266 StGB oder erst die Rechtswidrigkeit der Untreue entfallen lässt; die mittlerweile wohl hM nimmt ersteres an, ergebnisrelevant ist der Streit aber in der Praxis kaum; für Nachweise zum Meinungsstand s. Graf/Jäger/Wittig/*Waßmer* StGB § 266 Rn. 144.

[23] Zu der Frage, welches Organ oder Gremium innerhalb eines Vereins die rechtfertigende Einwilligung erteilen kann bzw. muss, gibt es soweit ersichtlich weder eine gesicherte Rechtsprechung noch eine überwiegende Literaturmeinung; für die hier vertretene Auffassung sprechen aber die allgemeinen zivilrechtlichen Grundsätze der Vereinsverfassung.

[24] S. OLG Hamm wistra 1999, 350 (353).

[25] Graf/Jäger/Wittig/*Dannecker* StGB vor §§ 32ff. Rn. 48.

[26] BGHSt 7, 295; BGHSt 17, 360.

[27] BGHSt 35, 246 (249).

III. Vorenthalten und Veruntreuen von Arbeitsentgelt gem. § 266a StGB

28 § 266a StGB wendet sich ausdrücklich und ausschließlich an Arbeitgeber, wird also nur für solche Vereine relevant, die Beschäftigte haben. Diese aber waren bis vor kurzem einer verstärkten strafrechtlichen Verfolgungstätigkeit zur Bekämpfung echter oder vermeintlicher **Scheinselbständigkeit** ausgesetzt; erst mehrere Rechtsprechungsänderungen zur rechtlichen Einordnung möglicher Irrtümer und zum Verjährungsbeginn[28] haben insoweit eine spürbare Entspannung gebracht. Handhabe für die Aufnahme von Ermittlungen bietet § 266a Abs. 1 StGB, der das Nichtabführen von Arbeitnehmeranteilen zur Sozialversicherung unter Strafe stellt. Naturgemäß führt der Auftraggeber beim Einsatz von vermeintlich freien Mitarbeitern eben keine Sozialversicherungsbeiträge ab, was ihm durchaus auch bewusst ist. Erweist sich im Nachhinein, dass der vermeintlich freie Mitarbeiter in Wahrheit die Kriterien eines Arbeitnehmers erfüllt, ist auch der objektive Tatbestand des § 266a StGB gegeben. Das dann noch verbleibende Verteidigungsargument, man sei von einer echten freien Mitarbeiterschaft ausgegangen und habe daher nicht vorsätzlich gehandelt, verfängt auch auf der Basis der neuesten Rechtsprechung des BGH keineswegs immer.[29] Insbesondere dann, wenn trotz vorhandener Zweifel kein sozialversicherungsrechtliches Statusfeststellungsverfahren nach § 7a SGB IV für die betroffenen Personen durchgeführt wurde, wird vielmehr meist angenommen, man habe die Situation sehr wohl richtig eingeschätzt und sich bewusst für die Umgehung eines eigentlich erforderlichen Arbeitsvertrages entschieden.

29 Zur Abgrenzung ausführlich → § 15 Rn. 13 ff.

> **Hinweis:**
> Gerade für Vereine stellt die Beschäftigung freier Mitarbeiter eine häufig wesentlich kostengünstigere Alternative zur Anstellung von Arbeitnehmern dar. In solchen Fällen ist sorgfältig zu prüfen, ob der eingesetzte freie Mitarbeiter tatsächlich selbständig ist. Im Zweifel ist nicht nur Rechtsrat einzuholen, sondern vorsorglich auch ein sog. Statusfeststellungsverfahren gem. § 7a SGB IV durchzuführen (dazu → § 15 Rn. 19 f.).

E. Straftaten in der wirtschaftlichen Krise des Vereins

I. Vorbemerkung

30 Die wirtschaftliche Krise des Vereins ist nicht nur zivil- und insolvenzrechtlich, sondern insbesondere auch strafrechtlich bedrohlich. Viele Verhaltensweisen, die außerhalb der Krise entweder ohne weiteres erlaubt oder sogar im Geschäftsleben üblich sind, werden nun bei Strafe untersagt. Dies ist den handelnden Entscheidungsträgern häufig nicht nur unbekannt (was aber bekanntlich nicht vor Strafe schützt), sondern erscheint ihnen sogar abwegig. Gerade die Krise eines Vereins, dem man womöglich seit vielen Jahren eng verbunden ist und in den man viel ehrenamtliches Engagement investiert hat, führt oftmals zu dem psychologisch nachvollziehbaren, strafrechtlich aber unzulässigen Schluss, man müsse nun wenigstens „retten, was zu retten ist" und dabei etwa die letzten Vermögensgegenstände des Vereins vor den Gläubigern in Sicherheit bringen oder aber umgekehrt besonders lästige Gläubiger durch besondere „Wohltaten" ruhigstellen. Wer so denkt, steht bereits mit einem Bein im Strafgerichtssaal. Gleiches gilt für denjenigen, der schlicht die Augen vor der Krise verschließt und nach außen so agiert, als gäbe es keine Probleme. Im Einzelnen können dabei folgende Tatbestände relevant werden:

---

[28] BGH NStZ 2020, 159.

[29] Zu den nun maßgebenden Voraussetzungen für einen vorsatzausschließenden Tatbestandsirrtum bei § 266a StGB s. die Leitentscheidung BGH NJW 2019, 3532.

II. Keine Strafbarkeit wegen Insolvenzverfahrensverschleppung

Ist der Verein zahlungsunfähig oder überschuldet, müssen gem. § 42 Abs. 2 S. 1 BGB die Vorstände oder die Liquidatoren (die gem. § 48 Abs. 2 BGB die Rechtsstellung von Vorständen innehaben) Insolvenzantrag stellen, sofern nicht die – zeitlich begrenzten – Ausnahmeregelungen des § 1 COVInsAG eingreifen. Wird die Antragstellung verzögert oder ganz unterlassen, sind Vorstände gem. § 42 Abs. 2 S. 2 BGB und Liquidatoren gem. § 53 BGB zum Schadensersatz verpflichtet. Strafbar wegen Insolvenzverfahrensverschleppung machen sie sich dadurch aber nicht, da der entsprechende Tatbestand des § 15a Abs. 4 oder Abs. 5 InsO nicht für Vereine gilt, deren Vorstände der rein zivilrechtlichen Sonderregelung des § 42 Abs. 2 BGB unterliegen. Dies entspricht dem ursprünglichen Willen des Gesetzgebers der InsO[30] und wird zudem durch § 15a Abs. 6 InsO ausdrücklich klargestellt. Die Vereinsverantwortlichen sind damit zwar gegenüber den Organen anderer juristischer Personen strafrechtlich privilegiert, keineswegs aber schon von sämtlichen Strafbarkeitsrisiken befreit. Denn auch jenseits des § 15a InsO kann ihr Handeln in der wirtschaftlichen Krise ihres Vereins durchaus strafrechtlich relevant werden. 31

III. Die Insolvenzdelikte der §§ 283 ff. StGB

1. Allgemeines

Die Tatbestände der §§ 283–283d StGB enthalten mit Ausnahme des § 283d StGB **Sonderdelikte,**[31] die nur von Schuldnern verwirklicht werden können. Als Schuldner kommen dabei aber ohne weiteres auch rechtsfähige Vereine in Betracht, die sich in eigenem Namen wirksam zu einer Leistung verpflichten können.[32] 32

Gemäß § 14 Abs. 1 Nr. 1 StGB wird die Schuldnerstellung des Vereins den Mitgliedern seines Vertretungsorgans, also den einzelnen Vorständen (s. § 26 Abs. 1 S. 2 Hs. 2 BGB) **zugerechnet.** Für Liquidatoren des Vereins, die gem. § 48 Abs. 2 iVm § 26 Abs. 1 S. 2 Hs. 2 BGB dessen gesetzliche Vertreter sind, ergibt sich gleiches zumindest aus § 14 Abs. 1 Nr. 3 StGB.[33] Unterhält der Verein einen geschäftlichen Betrieb, wird seine Schuldnerstellung gem. § 14 Abs. 2 StGB auch den mit der Leitung dieses Betriebs oder mit einzelnen Aufgaben des Betriebsinhabers beauftragten Personen zugerechnet. Grundlage dafür ist in diesen Fällen die Führungsposition im Betrieb, nicht diejenige im Verein selbst, weshalb die strafrechtliche Verantwortung nicht nur Vereinsvorstände, sondern auch einfache Vereinsmitglieder oder sogar Außenstehende treffen kann. 33

Gemäß § 14 Abs. 3 StGB erfolgt die strafrechtliche Zurechnung im Rahmen von § 14 Abs. 1 und Abs. 2 StGB auch dann, wenn der **Bestellungsakt** für die betroffenen Organe oder Beauftragten **zivilrechtlich unwirksam** ist. 34

Zu den Fällen der sog. **faktischen Organschaft,** in denen es einen Bestellungsakt überhaupt nicht gibt, → Rn. 7 ff. 35

Abgesehen von § 283 Abs. 2 StGB (der unter bestimmten Voraussetzungen das Herbeiführen einer Krise pönalisiert) und von § 283b StGB setzen die Insolvenzdelikte der §§ 283 ff. StGB ein **Handeln in der wirtschaftlichen Krise** voraus, die in der drohenden oder akuten Zahlungsunfähigkeit sowie in der Überschuldung des Vereins bestehen kann. 36

Zahlungsunfähigkeit liegt nach der Legaldefinition des § 17 Abs. 2 S. 1 InsO, die auch für die strafrechtliche Prüfung maßgeblich ist, dann vor, wenn der Schuldner „nicht in der Lage ist, die fälligen Zahlungspflichten zu erfüllen". Zwar fallen unter diesen Gesetzeswortlaut auch kurzfristige und geringfügige Zahlungsschwierigkeiten, jedoch besteht – 37

---

[30] BT-Drs. 16/6140, 55.
[31] Wohl einhellige Meinung; s. statt aller *Fischer* StGB vor § 283 Rn. 18.
[32] Graf/Jäger/Wittig/*Reinhart* StGB vor § 283 Rn. 11.
[33] Graf/Jäger/Wittig/*Merz* StGB § 14 Rn. 31.

bei zahlreichen Unterschieden im Detail – in Literatur und Rechtsprechung weitgehende Einigkeit darüber, dass die Definition des § 17 Abs. 2 S. 1 InsO sowohl in zeitlicher wie auch in inhaltlicher Hinsicht einer Einschränkung bedarf. Die Strafverfolgungspraxis orientiert sich dabei an der Zivilrechtsprechung, wonach Zahlungsunfähigkeit dann vorliegt, wenn der Schuldner länger als drei Wochen nicht in der Lage ist, mehr als 90% seiner fälligen Verbindlichkeiten zu bedienen.[34]

38 Die **Zahlungsunfähigkeit droht,** wenn der Verein voraussichtlich nicht in der Lage sein wird, seine bestehenden Zahlungspflichten im Zeitpunkt der Fälligkeit zu erfüllen (vgl. § 18 Abs. 2 InsO). Um dies festzustellen, sind für den Prognosezeitraum eines Kalenderjahres,[35] beginnend mit dem Tag der Prognoseerstellung, die schon vorhandenen und voraussichtlich entstehenden Verbindlichkeiten mit den Verdienst- und Kreditschöpfungsmöglichkeiten des Vereins zu vergleichen. Ergibt sich dabei die Gefahr eines Eintritts der Zahlungsunfähigkeit im oben definierten Sinn, liegt schon im Prognosezeitpunkt drohende Zahlungsunfähigkeit vor.[36]

Hinweis:

In der Strafverfolgungspraxis wird die drohende oder akute Zahlungsunfähigkeit häufig nicht anhand eines gutachterlich erstellten Liquiditätsstatus, sondern mittels sog. „wirtschaftskriminalistischer Beweisanzeichen" festgestellt, wie zB dem Ignorieren von Rechnungen und Mahnungen, (gescheiterten) Vollstreckungsversuchen, Lastschriftrückgaben, Wechsel- oder Scheckprotesten, dem Offenbleiben von Verbindlichkeiten, deren Erfüllung für den Verein existenziell ist, oder auch der ausdrücklichen Erklärung des Vorstands, derzeit nicht zahlen zu können.[37] Die Vereinsverantwortlichen sollten daher spätestens beim Auftreten erster solcher Anzeichen unbedingt insolvenz- und strafrechtlichen Rat einholen.

39 Der Verein ist überschuldet, wenn sein Vermögen die bestehenden Verbindlichkeiten nicht mehr deckt, es sei denn, die Fortführung der von ihm betriebenen Geschäfte ist nach den Umständen überwiegend wahrscheinlich (s. dazu die Legaldefinition in § 19 Abs. 2 S. 1 InsO). Ob **Überschuldung** vorliegt oder nicht, ist demnach wie folgt zu ermitteln:

1. Zunächst ist eine Fortführungsprognose zu erstellen; fällt diese positiv aus, ist Überschuldung ausgeschlossen.
2. Bei negativer Fortführungsprognose ist in einem zweiten Schritt ein besonderer Überschuldungsstatus zu erstellen, der nicht mit der Handels- oder Steuerbilanz identisch ist und in dem die Aktiva nur mit Zerschlagungswerten angesetzt werden dürfen, die im Regelfall unter den Bilanzwerten liegen und insbesondere keinen immanenten Unternehmenswert (hier eigentlich: „Vereinswert") erfassen.

Hinweis:

Obwohl gem. § 42 Abs. 2 BGB nur bei akuter Zahlungsunfähigkeit oder Überschuldung das Insolvenzverfahren für den Verein zu beantragen ist, hat der Vorstand zur Vermeidung strafrechtlicher Risiken auch die drohende Zahlungsunfähigkeit stets in den Blick zu nehmen. Liegt diese vor, bedarf es zwar keines Insolvenzantrags, gleichwohl sind dann aber bestimmte vermögensrelevante Handlungen nicht mehr zulässig.

---

[34] BGHZ 163, 134.

[35] HM; s. zB *Bittmann* wistra 1998, 321 (325); Graf/Jäger/Wittig/*Reinhart* StGB vor § 283 Rn. 39; andere Ansätze legen der Prognose zwei Kalenderjahre (so Jaeger/*Müller* InsO § 18 Rn. 7), des Ende des nächsten vollen Geschäftsjahres (so LK/*Tiedemann* StGB vor § 283 Rn. 139) oder einen nicht näher definierten „betriebswirtschaftlich überschaubaren" Zeitraum (so *Erdmann,* Die Krisenbegriffe der Insolvenzstraftatbestände, S. 141 ff.) zugrunde.

[36] S. zum Ganzen Graf/Jäger/Wittig/*Reinhart* StGB vor § 283 ff. Rn. 38–40.

[37] Näher hierzu Graf/Jäger/Wittig/*Reinhart* InsO § 15a Rn. 68.

Sämtliche Insolvenzstraftatbestände der §§ 283–283d StGB stehen unter den in § 283 Abs. 6 StGB genannten objektiven Strafbarkeitsbedingungen der Zahlungseinstellung, Eröffnung des Insolvenzverfahrens oder Abweisung des Eröffnungsantrags mangels Masse (s. dazu § 26 InsO). Von diesen Bedingungen, die alternativ vorliegen müssen, verstehen sich die beiden letztgenannten von selbst. Die erstgenannte Bedingung der **Zahlungseinstellung** tritt ein, wenn der Verein trotz ernsthaften Erfüllungsverlangens seiner Gläubiger generell damit aufhört, seine fälligen Geldschulden zu begleichen.[38] Erforderlich ist dabei, dass mehr als die rechnerische Hälfte der fälligen und eingeforderten Verbindlichkeiten dauerhaft offen bleibt,[39] nicht hingegen, dass der Verein zugleich auch zahlungsunfähig ist; es genügt vielmehr insoweit auch bloße Zahlungsunwilligkeit.[40] 40

Wie die Bezeichnung als **„objektive Strafbarkeitsbedingung"** schon andeutet, entscheidet allein deren tatsächlicher Eintritt über die Strafbarkeit des Handelnden, während es auf sein Wissen um die Bedingung nicht ankommt. Mit anderen Worten: Strafbar ist auch, wem zB unbekannt ist, dass ein Insolvenzverfahren eröffnet ist. Umgekehrt begeht derjenige nicht einmal einen strafbaren Versuch eines Insolvenzdelikts, der lediglich irrig annimmt, ein Insolvenzverfahren sei anhängig. 41

> **Hinweis:**
>
> Faktisch vertrauen viele auf den schlichten Nichteintritt der Strafbarkeitsbedingung, was für Vereinsvorstände sogar verstärkt gelten mag, da diese keine strafbewehrte Insolvenzantragspflicht trifft (→ Rn. 31) und sie daher glauben mögen, sie hätten den Bedingungseintritt in der eigenen Hand. Vor einem solchen Glauben kann nur dringend gewarnt werden: Selbstverständlich kann auch jeder Gläubiger des Vereins einen Insolvenzantrag stellen und damit eine Strafbarkeitsbedingung des § 283 Abs. 6 StGB eintreten lassen.

2. Bankrott gem. § 283 StGB

In § 283 Abs. 1 Nr. 1–8 StGB findet sich ein **abschließender Katalog** von Handlungen bzw. Unterlassungen, die in der wirtschaftlichen Krise des Vereins als sog. Bankrott unter Strafe stehen. Dieser Katalog kann hier schon aus Raumgründen nicht umfassend erläutert werden.[41] Dementsprechend beschränken sich die folgenden Ausführungen auf einen knappen Überblick über die praktisch häufigsten Katalogtaten. 42

§ 283 Abs. 1 Nr. 1 StGB verbietet es, Vermögensbestandteile des Vereins, die im Falle der Eröffnung des Insolvenzverfahrens zur Insolvenzmasse gehören würden, beiseite zu schaffen, zu verheimlichen oder in einer den Anforderungen einer ordnungsgemäßen Wirtschaft widersprechenden Weise zu zerstören, zu beschädigen oder unbrauchbar zu machen. Ein Beiseiteschaffen iSd Tatbestandes kann dabei nicht nur in der physischen Verbringung einer Sache an einen anderen Ort, sondern auch in der Veränderung der Rechtsverhältnisse an einem Gegenstand bestehen. Strafbar ist daher auch die Übertragung von Sachwerten des Vereins auf einzelne Mitglieder oder andere Vertrauenspersonen des Täters,[42] die „Umleitung" eingehender Zahlungen auf vereinsfremde Privat- oder Geschäftskonten[43] sowie die Verschiebung vorhandener Guthaben auf rechtlich selbständige Dritte.[44] Sofern dabei gegen die Grundsätze ordnungsgemäßen Wirtschaftens verstoßen 43

[38] Wohl einhellige Meinung; s. schon RGSt 41, 309 (312).
[39] HM; s. zB Graf/Jäger/Wittig/*Reinhart* StGB vor § 283 ff. Rn. 28.
[40] HM in Lit. und Rspr.; s. RGSt 14, 221; *Fischer* StGB vor § 283 Rn. 13.
[41] Eine ausf. Kommentierung findet sich zB bei Graf/Jäger/Wittig/*Reinhart* StGB § 283 Rn. 1–81.
[42] Vgl. LK/*Tiedemann* StGB § 283 Rn. 34.
[43] Vgl. BGHSt 34, 309 ff.
[44] Vgl. OLG Frankfurt a. M. NStZ 1997, 551.

wird,[45] ist selbst die Einziehung einer Forderung des Vereins gegen einen Dritten eine strafbare Vermögensbeseitigung gem. § 283 Abs. 1 Nr. 1 StGB, soweit sie gleichzeitig weitergehende Ansprüche des Vereins beseitigt oder gefährdet.

Beispiel:

Der A-Verein ist zahlungsunfähig. Vereinsmitglied M ist mit seinem Jahresbeitrag iHv 100 EUR im Rückstand. Obwohl er den gesamten Betrag ohne weiteres zahlen könnte, bietet er dem Vereinsvorstand V, der weiß, dass M solvent ist, nur 50 EUR an. V vereinnahmt die 50 EUR und erlässt dem M den Rest. Verhandlungen führt er mit M nicht. Sowohl die Teileinziehung wie auch der Teilerlass stellen dabei Bankrotthandlungen des V iSd § 283 Abs. 1 Nr. 1 StGB dar.

44 **§ 283 Abs. 1 Nr. 2 StGB** stellt verschiedene Risikogeschäfte unter Strafe, daneben aber auch den Verbrauch übermäßiger Beträge durch unwirtschaftliche Ausgaben in der Krise. Unwirtschaftlich iSd Vorschrift sind Ausgaben schon dann, wenn sie das Maß des Notwendigen und Üblichen übersteigen und zur wirtschaftlichen Gesamtsituation des Vereins nicht mehr in einem angemessenen Verhältnis stehen,[46] wie etwa überzogene Betriebs- oder Marketingkosten,[47] unnötige Geschäftsreisen oder aussichtslose Investitionen.[48]

Hinweis:

Im Ergebnis belegt § 283 Abs. 1 Nr. 2 StGB den Vereinsvorstand mit der strafbewehrten Pflicht, die gesamte Ausgabenpraxis des Vereins an die Bedingungen der eingetretenen Krise anzupassen, im Regelfall also auf Einsparpotentiale zu überprüfen und diese Potentiale auch wahrzunehmen, soweit dies rechtlich möglich ist.[49]

45 **§ 283 Abs. 1 Nr. 5 StGB** wird für den Verein nur dann relevant, wenn dieser ein Handelsgewerbe betreibt, damit Kaufmann iSd § 1 Abs. 1 HGB und deshalb zur Führung von Handelsbüchern verpflichtet ist (s. §§ 238 ff. HGB). In diesem Fall stellt es eine Straftat dar, wenn die Bücher in der wirtschaftlichen Krise entweder gar nicht oder aber so geführt werden, dass die Übersicht über den Vermögensstand des Vereins erschwert wird.

46 Anders liegt es bei **§ 283 Abs. 1 Nr. 6 StGB,** dessen Formulierung klarstellt, dass dort auch von Nichtkaufleuten freiwillig geführte Handelsbücher und aufbewahrungspflichtige Unterlagen erfasst sind. In Vereinen, die solche Bücher führen, ist daher darauf zu achten, dass diese nicht vor Ablauf der für Kaufleute geltenden Aufbewahrungsfristen beiseite geschafft, verheimlicht, zerstört oder beschädigt werden. Denn sämtliche dieser Handlungen sind in der wirtschaftlichen Krise des Vereins dann strafbar, wenn sie die Übersicht über den Vermögensstand des Vereins erschweren.

47 Die Strafbarkeit gem. **§ 283 Abs. 1 Nr. 7a und Nr. 7b StGB** wegen falscher, verspäteter oder gänzlich unterbliebener Bilanzierung kann nur Verantwortliche solcher Vereine treffen, die als Vollkaufleute gesetzlich zur Bilanzerstellung verpflichtet sind.

48 **§ 283 Abs. 1 Nr. 8 StGB** schließlich enthält einen **Auffangtatbestand,** mit dem sonstige grob wirtschaftswidrige Verringerungen oder Verschleierungen des Vermögensstands unter Strafe gestellt werden, die nicht schon von einem spezielleren Tatbestand des § 283 Abs. 1 Nr. 1–7 StGB erfasst sind. Zu nennen ist hierbei insbesondere die Verschleuderung von nicht auf Kredit erworbenen oder selbst hergestellten Waren und Ausstat-

[45] Entgegen der Satzstellung in § 283 Abs. 1 Nr. 1 StGB wird das Korrektiv des Verstoßes gegen die Grundsätze ordnungsgemäßen Wirtschaftens von der hM zu Recht auch auf die Tatalternativen des Beiseiteschaffens und Verheimlichens angewandt; s. dazu Graf/Jäger/Wittig/*Reinhart* StGB § 283 Rn. 23.

[46] Wohl einhellige Meinung; s. zB BGH NJW 1953, 1481; *Fischer* StGB § 283 Rn. 11.

[47] Vgl. RGSt 73, 230.

[48] Vgl. BGH GA 1954, 311.

[49] Graf/Jäger/Wittig/*Reinhart* StGB § 283 Rn. 32.

tungsgegenständen unter Wert sowie die Vergabe ungesicherter Kredite, etwa an Vereinsmitglieder.[50]

Während § 283 Abs. 1 StGB bestimmte Verhaltensweisen in der bereits vorliegenden 49
Krise erfasst, bestraft **§ 283 Abs. 2 StGB** die Herbeiführung der Überschuldung oder akuten – nicht hingegen der nur drohenden – Zahlungsunfähigkeit durch eine Kataloghandlung des § 283 Abs. 1 StGB. Sowohl § 283 Abs. 1 wie auch Abs. 2 StGB erfordern grundsätzlich **Vorsatz** des Täters bzgl. sämtlicher Tatbestandsmerkmale. Dabei genügt sog. bedingter Vorsatz,[51] dh billigendes Inkaufnehmen der Tatbestandsverwirklichung. Allerdings reicht es gem. § 283 Abs. 4 Nr. 1 StGB auch aus, wenn der Täter in den Fällen des § 283 Abs. 1 StGB vorsätzlich handelt und dabei die eingetretene Krise nur fahrlässig nicht kennt. Gleiches gilt gem. § 283 Abs. 4 Nr. 2 StGB dann, wenn der Täter in den Fällen des § 283 Abs. 2 StGB zwar vorsätzlich handelt, die Überschuldung oder Zahlungsunfähigkeit durch seine Handlung aber nur leichtfertig verursacht. Schließlich stellt § 283 Abs. 5 Nr. 1 StGB für die Bankrotthandlungen des § 283 Abs. 1 Nr. 2, Nr. 5 und Nr. 7 StGB auch einfache Fahrlässigkeit unter Strafe; § 283 Abs. 5 Nr. 2 StGB lässt für diese Handlungen ebenfalls einfache **Fahrlässigkeit** genügen, wenn sie mindestens leichtfertig die Überschuldung oder Zahlungsunfähigkeit gem. § 283 Abs. 2 StGB verursachen.

Hinweis:

Die Vorsatz-Fahrlässigkeits-Kombinationen gem. § 283 Abs. 4 StGB erhöhen das Strafbarkeitsrisiko für die Vereinsverantwortlichen beträchtlich, da die Unkenntnis einer bereits eingetretenen Krise des Vereins regelmäßig auf Fahrlässigkeit beruht. Es gehört zu den Pflichten eines sorgfältigen Vereinsvorstandes, jederzeit ein möglichst präzises Bild von der wirtschaftlichen Situation des von ihm geführten Vereins zu haben. Genügt er dieser Pflicht nicht, verhält er sich (mindestens) fahrlässig.

Strafbar ist gem. § 283 Abs. 3 StGB auch der **Versuch** des Bankrotts gem. § 283 Abs. 1 50
und Abs. 2 StGB. § 283a StGB erhöht die Strafdrohung für besonders schwere Fälle auf Freiheitsstrafe bis zu zehn Jahren, während die Höchststrafe bei einfachem vorsätzlichem Bankrott fünf Jahre und bei fahrlässigem oder teilweise fahrlässigem Bankrott (§ 283 Abs. 4 und Abs. 5 StGB) zwei Jahre beträgt.

3. Verletzung der Buchführungspflicht gem. § 283b StGB

Die Strafdrohung des § 283b StGB trifft von vornherein nur die Verantwortlichen solcher 51
Vereine, die nach dem Handelsrecht zur Buchführung oder Bilanzierung verpflichtet sind. Vereine, die freiwillig Handelsbücher führen, sind hingegen im Unterschied zu § 283 Abs. 1 Nr. 6 StGB nicht Normadressaten des § 283b StGB.

Der Unterschied zwischen § 283b Abs. 1 StGB und § 283 Abs. 1 Nr. 5 und Nr. 7 StGB 52
besteht allein darin, dass Ersterer die unterlassene, unvollständige oder unübersichtliche Buchführung bzw. Bilanzierung auch außerhalb der wirtschaftlichen Krise des Vereins unter Strafe stellt, sofern nur später eine objektive Strafbarkeitsbedingung gem. § 283b Abs. 3 iVm § 283 Abs. 6 StGB (also Zahlungseinstellung, Insolvenzverfahrenseröffnung oder Abweisung des Eröffnungsantrags mangels Masse) eintritt. Um ein Ausufern der Strafbarkeit zu vermeiden, muss dabei aber ein wenigstens äußerer Zusammenhang zwischen der Tathandlung und der Strafbarkeitsbedingung bestehen,[52] etwa indem der Verstoß gegen die Buchführungspflichten bei Insolvenzeröffnung noch andauert[53] oder ursprünglich bewirkt

[50] S. zu diesen und weiteren Beispielen Graf/Jäger/Wittig/*Reinhart* StGB § 283 Rn. 62.
[51] Wohl einhellige Meinung; s. zB *Fischer* StGB § 283 Rn. 32.
[52] Ausführlich dazu Graf/Jäger/Wittig/*Reinhart* StGB § 283b Rn. 7.
[53] BGHSt 28, 232.

hat, dass der bevorstehende Eintritt einer Krise des Vereins nicht rechtzeitig erkannt wurde.[54]

4. Gläubigerbegünstigung gem. § 283c StGB

53 Sofern der Verein aktuell zahlungsunfähig ist und die Mitglieder der Vereinsführung dies positiv wissen, machen sie sich gem. § 283c StGB wegen Gläubigerbegünstigung strafbar, wenn sie einem Gläubiger Sicherheiten oder Befriedigungen gewähren, die er nicht, nicht in der gewährten Art oder nicht zu der jeweiligen Zeit zu beanspruchen hat, und ihn dadurch absichtlich oder wissentlich vor den übrigen Gläubigern begünstigen. Da die letztgenannte Voraussetzung in den meisten Fallkonstellationen gegeben ist,[55] bedeutet dies faktisch ein strafbewehrtes Verbot jeglicher Gewährung einer sog. **inkongruenten Deckung,** dem zu genügen schwerfällt, weil einerseits gerade bei krisenbefangenen Schuldnern oft die Neigung besteht, denjenigen Gläubigern entgegenzukommen, die entweder besonders wichtig oder besonders lästig erscheinen, und weil andererseits die unzulässige Inkongruenz schon dann gegeben ist, wenn zB anstatt vereinbarter Barzahlung eine Sachleistung erfolgt,[56] der Schuldner sich nicht auf eingetretene Verjährung beruft[57] oder auch nur einen Tag vor der vereinbarten Fälligkeit geleistet wird.

54 Das sehr weitreichende Strafbarkeitsrisiko aus § 283c StGB wird lediglich dadurch etwas eingeschränkt, dass dieser Tatbestand ausschließlich in der Krisenform der aktuellen Zahlungsunfähigkeit eingreifen kann, nach seinem eindeutigen Wortlaut aber **nicht** bei nur drohender Zahlungsunfähigkeit oder Überschuldung des Vereins. Hingegen wird der Handelnde nicht deshalb straflos, weil die Initiative für die Gläubigerbegünstigung nicht von ihm, sondern von dem begünstigten Gläubiger ausgeht. Allenfalls mag eine bestehende Drucksituation bei ihm strafmildernd berücksichtigt werden, rechtfertigend oder entschuldigend wirkt auch sie aber praktisch nie. Der drängende Gläubiger freilich macht sich dann regelmäßig als Anstifter strafbar[58] und wird gem. § 26 StGB wie der Täter selbst bestraft.

> **Hinweis:**
> Der Tatbestand des § 283c StGB stellt bei Zahlungsunfähigkeit des Vereins ein oftmals unterschätztes Risiko dar. Zu seiner Erkennung und Vermeidung bedarf es einerseits frühzeitig kompetenter Beratung, andererseits eines erhöhtes Standhaltevermögens gegenüber drängenden Gläubigern, die erfahrungsgemäß dazu neigen, den Hinweis auf die Strafbarkeit der Gläubigerbegünstigung als bloße Panikmache abzutun.

5. Schuldnerbegünstigung gem. § 283d StGB

55 Lediglich der Vollständigkeit halber sei an dieser Stelle auf den Straftatbestand der Schuldnerbegünstigung gem. § 283d StGB hingewiesen: Diesen Tatbestand erfüllt, wer als außenstehender Dritter bei drohender oder akuter[59] Zahlungsunfähigkeit des Schuldners zu dessen Gunsten oder mit dessen Einverständnis Handlungen vornimmt, die unter § 283 Abs. 1 Nr. 1 StGB fallen würden, wenn sie vom Schuldner selbst vorgenommen werden würden. Hier kommen Verantwortliche des krisenbefangenen Vereins von vornherein nicht als Täter, sondern allenfalls als Anstifter oder Gehilfen des Dritten in Betracht.

---

[54] OLG Hamburg NJW 1987, 1343.
[55] Zum Tatbestandsmerkmal der Begünstigung eines Gläubigers ieS und zum Bsp. seines Fehlens s. Graf/Jäger/Wittig/*Reinhart* StGB § 283c Rn. 13.
[56] Schönke/Schröder/*Heine/Schuster* StGB § 283c Rn. 10.
[57] Wohl einhellige Meinung; s. statt aller *Fischer* StGB § 283c Rn. 6.
[58] St. Rspr. seit RGSt 48, 21.
[59] Ganz hM; s. zB *Fischer* StGB § 283d Rn. 5.

IV. Häufige „Begleitdelikte" zu den Insolvenzdelikten

56 Wird in der wirtschaftlichen Krise des Vereins weiterhin nach dem Motto des *„business as usual"* und/oder in der Hoffnung agiert, es werde am Ende schon alles gut gehen, besteht für die Vereinsverantwortlichen die akute Gefahr, nicht nur die oben geschilderten Insolvenzdelikte, sondern daneben auch weitere Tatbestände zu verwirklichen, die in der Strafverfolgungspraxis häufig sogar ernstere Konsequenzen zeitigen können als die §§ 283ff. StGB. Zu nennen sind dabei insbesondere das Vorenthalten und Veruntreuen von Arbeitsentgelt gem. § 266a Abs. 1 StGB und der (Eingehungs-)Betrug gem. § 263 StGB.

1. Vorenthalten und Veruntreuen von Arbeitsentgelt gem. § 266a StGB

57 Obwohl die Strafvorschrift des § 266a StGB zu Recht nicht zu den Insolvenzdelikten gezählt wird, da sie selbstredend auch außerhalb einer wirtschaftlichen Krise des Arbeitgebers – insbesondere durch die Beschäftigung von Scheinselbständigen (→ Rn. 28) – verwirklicht werden kann, gewinnt sie häufig erst in der Krise ihre eigentliche Brisanz. Denn das Vorenthalten von Arbeitsentgelt iSd § 266a StGB ist nichts anderes als die **unterlassene Abführung der nach § 23 Abs. 1 SGB IV fälligen Arbeitnehmeranteile** am Gesamtsozialversicherungsbeitrag an die nach §§ 28h und 28i SGB IV zuständige Einzugsstelle.[60]

58 Mit der Anknüpfung der Tat an die **Fälligkeit** der Beiträge, die im Regelfall am drittletzten Bankarbeitstag des betreffenden Monats der beitragspflichtigen Beschäftigung eintritt (§ 23 Abs. 1 S. 2 SGB IV), ist klargestellt, dass nicht nur das dauernde Schuldigbleiben der Beiträge, sondern bereits jede Zahlungsverspätung – und sei es auch nur um einen einzigen Tag – den objektiven Tatbestand des § 266a StGB erfüllt. Gerade der krisenbefangene Arbeitgeber, der häufig am Fälligkeitstag nicht über ausreichende liquide Mittel zur (vollständigen) Zahlung der Beiträge verfügt, läuft damit in eine Strafbarkeitsfalle, aus der ihn auch der Hinweis nicht befreit, er habe mit dem zuständigen Sozialversicherungsträger über die Möglichkeit späterer Zahlung verhandelt[61] oder der Sozialversicherungsträger habe die Verspätung stillschweigend geduldet.[62] Ebenfalls nicht ausreichend ist regelmäßig die Berufung des Arbeitgebers auf den Umstand, dass er bei Fälligkeit schlicht nicht habe zahlen können und/oder sich dafür entschieden habe, andere fällige Forderungen zu begleichen, deren Offenbleiben seine wirtschaftliche Existenz gefährdet hätte. Denn die Rechtsprechung verlangt von ihm, jeweils eine auf den Fälligkeitszeitpunkt bezogene Liquiditätsprognose zu erstellen und bei sich abzeichnenden Zahlungsschwierigkeiten rechtzeitig Rücklagen für die Begleichung der Arbeitnehmerbeiträge zu bilden.[63] Im Übrigen schließt sie allein aus der Existenz der Strafnorm des § 266a StGB, dass die Pflicht zur Abführung der Arbeitnehmeranteile zur Sozialversicherung den anderen Verbindlichkeiten des Arbeitgebers vorgehe, weshalb die Erfüllung der letzteren nicht zu einer strafausschließenden Unmöglichkeit bzgl. der Bezahlung der ersteren führe.[64]

59 Einen **Ausweg** für den Arbeitgeber bietet daher nur **§ 266a Abs. 6 StGB,** nach dem das Gericht von einer Bestrafung absehen kann, wenn der Arbeitgeber die zuständige Einzugsstelle spätestens im Zeitpunkt der Beitragsfälligkeit oder unverzüglich danach schriftlich über die Höhe der vorenthaltenen Beiträge informiert und dabei darlegt, warum die fristgemäße Zahlung nicht möglich ist, obwohl er sich darum ernsthaft bemüht hat. Auch hier ist aber zu beachten, dass schon allein der Verstoß gegen das Schriftformerfordernis die Möglichkeit eines Absehens von Strafe beseitigt.

---

60 Graf/Jäger/Wittig/*Wiedner* StGB § 266a Rn. 30 mwN aus der ständigen Rspr.
61 Vgl. BGH NJW 1992, 177.
62 Graf/Jäger/Wittig/*Wiedner* StGB § 266a Rn. 33.
63 S. BGHSt 47, 318 (323).
64 S. BGHSt 48, 307 (307); insoweit anders die wohl hM in der Lit. (s. zB *Fischer* StGB § 266a Rn. 16f.), die aber angesichts der anderslautenden Rspr. für den Rechtsunterworfenen nicht handlungsleitend sein sollte.

Hinweis:

Verstöße gegen § 266a Abs. 1 StGB werden von den Strafverfolgungsbehörden mit außerordentlicher Konsequenz und Härte verfolgt. Es muss daher bei Vereinen, die Arbeitnehmer beschäftigen, unbedingt darauf geachtet werden, dass die Zahlung der Arbeitnehmerbeiträge auch in der wirtschaftlichen Krise stets pünktlich erfolgt oder bei Unmöglichkeit pünktlicher Zahlung jedenfalls die Erfordernisse des § 266a Abs. 6 StGB vollständig erfüllt werden. Bei einmal eingetretener Unmöglichkeit sollte zudem umgehend Insolvenz angemeldet werden.

2. (Eingehungs-)Betrug gem. § 263 StGB

60 Gemäß § 263 Abs. 1 StGB wird wegen Betruges bestraft, wer in der Absicht, sich oder einem Dritten einen rechtswidrigen Vermögensvorteil zu verschaffen, das Vermögen eines anderen dadurch beschädigt, dass er durch Vorspiegelung falscher oder durch Entstellung oder Unterdrückung wahrer Tatsachen einen Irrtum erregt oder unterhält. Diese kompliziert formulierte Vorschrift erfasst in der Rechtspraxis auch folgende, meist denkbar einfach gelagerte Konstellationen:

61 Wer am **Geschäftsleben teilnimmt,** indem er etwa Waren oder Dienstleistungen einkauft, erklärt nach wohl einhelliger Meinung in Rechtsprechung und Literatur beim Vertragsabschluss **stillschweigend,** dass er die vereinbarte Gegenleistung bei Fälligkeit auch erbringen wolle und könne. Fehlt es in Wahrheit entweder an seiner Zahlungswilligkeit oder seiner Zahlungsfähigkeit, insbesondere weil sich der von ihm vertretene Verein bereits in einer wirtschaftlichen Krise befindet, täuscht er seinen Geschäftspartner damit über Tatsachen iSd § 263 Abs. 1 StGB und erregt bei diesem in aller Regel auch einen korrespondierenden Irrtum.[65] Dem Geschäftspartner entsteht dadurch schon beim Vertragsabschluss auch ein tatbestandlicher Schaden, da bei objektiver Betrachtung seine eigene Leistung einen höheren Wert aufweist als die unsichere oder unwahrscheinliche Gegenleistung. Saldiert[66] man seinen Zahlungsanspruch, der von vornherein als gefährdet anzusehen ist, mit seiner Leistungsverpflichtung, überwiegt die Letztere. Sein Vermögen ist damit zumindest **konkret gefährdet,** was bereits für die Strafbarkeit des Bestellers wegen vollendeten Betruges ausreicht.[67] Fällt der Lieferant mit seinem Zahlungsanspruch am Ende ganz oder teilweise aus, verstärkt sich dieser Gefährdungsschaden sogar zu einem aktuell eingetretenen Schaden.

62 Die übrigen Voraussetzungen dieses sog. Eingehungsbetruges liegen bei Vertragsabschlüssen in der Krise unproblematisch vor: Da es einen Anspruch auf Vertragsabschluss im Normalfall nicht gibt, ist der Leistungsanspruch des Täuschenden **rechtswidrig** erlangt. Bereichert ist dadurch der vertretene Verein, der tauglicher Dritter iSd § 263 Abs. 1 StGB ist. **Subjektiv** geht es dem Handelnden auch darum, das Geschäft für den Verein abzuschließen, diesem also den entsprechenden Leistungsanspruch zu verschaffen.

63 Einzig fraglich kann daher der **Vorsatz** bezüglich der Zahlungsunfähigkeit des Vereins im Fälligkeitszeitpunkt sein. Hier wird zwar der Beschuldigte in der Praxis häufig vorbringen, er habe darauf gehofft, der Verein werde zur rechten Zeit wieder liquide sein, jedoch darf er für dieses Argument nur dann auf Gehör bei den Ermittlungsbehörden hoffen, wenn es ausreichende objektive Anhaltspunkte dafür gibt, dass diese Hoffnung berechtigt war (zB aufgrund bereits begründeter Forderungen, ausschöpfbarer Kreditlinien, verspro-

---

[65] S. zB BGHSt 15, 24; NStZ-RR 1998, 247; *Fischer* StGB § 263 Rn. 33 spricht insoweit mit einiger Berechtigung vom „praktisch häufigsten Fall konkludenter Täuschung".

[66] Allgemein zum Erfordernis der Vorher-Nachher-Saldierung bei der Feststellung des Betrugsschadens BGHSt 3, 102; weitere Nachweise zur Rspr. bei *Fischer* StGB § 263 Rn. 111.

[67] Ausführlich hierzu Graf/Jäger/Wittig/*Dannecker* StGB § 263 Rn. 92–95.

chener Finanzspritzen Dritter uÄ). Fehlt es daran, muss er mit einer Bestrafung wegen Eingehungsbetruges rechnen.

Das **Strafbarkeitsrisiko** wegen Eingehungsbetrugs durch Vertragsabschlüsse in der wirtschaftlichen Krise des Vereins trifft zwar faktisch primär die Vereinsvorstände, da sie in der Regel die Vertretungsmacht für den Verein innehaben. Es ist jedoch keineswegs auf sie beschränkt: Da die Strafbarkeit gem. § 263 Abs. 1 StGB nicht an eine herausgehobene Pflichtenstellung gegenüber dem eigenen Verein, sondern allein an ein unredliches Verhalten gegenüber Dritten anknüpft, kann sie jeden treffen, der dieses Verhalten an den Tag legt. Dementsprechend kann auch ein einfaches Vereinsmitglied Betrug begehen, wenn es Verträge mit Dritten schließt und dabei eine eventuelle Zahlungsunfähigkeit des Vereins verschweigt. 64

F. Steuerstraftaten zugunsten des Vereins

I. Vereinsvorstände als Verantwortliche für die Erfüllung der steuerlichen Pflichten des Vereins

Gemäß § 34 Abs. 1 S. 1 AO sind die gesetzlichen Vertreter juristischer Personen dafür verantwortlich, deren steuerliche Pflichten zu erfüllen (dazu → § 8 Rn. 208 und → § 14 Rn. 238). Dies trifft auch den Vorstand des Vereins, der gem. § 26 BGB gerade die Stellung eines gesetzlichen Vertreters des Vereins innehat. 65

Primär sind in § 34 Abs. 1 S. 1 AO die formellen Vorstände von Vereinen gemeint. Wie regelmäßig im Strafrecht bzw. den diesem vorgelagerten Normen ist aber auch hier grundsätzlich die Erstreckung auf sog. faktische Vorstände zu beachten: Wer zwar nicht formell zum Vorstand des Vereins bestellt ist, sich aber innerhalb des Vereins wie ein Vorstand geriert, wird von den Steuerbehörden, aber auch von den Strafverfolgungsbehörden, regelmäßig jedenfalls dann in die Pflicht genommen, wenn es entweder – vorübergehend – keinen (formellen) Vorstand gibt oder dieser lediglich eine Strohmannfunktion erfüllt. Ausführlich zur Problematik des faktischen Organs → Rn. 7 ff. 66

Nur soweit ein nicht eingetragener Verein führungslos ist, geraten gem. § 34 Abs. 2 AO auch dessen einfache Mitglieder in die steuerliche Pflicht. In diesem Falle hat jedes einzelne Vereinsmitglied die steuerlichen Pflichten des Vereins in eigener (Mit-)Verantwortung zu erfüllen. In der Praxis dürfte diese Variante allerdings keine nennenswerte Rolle spielen. 67

II. Steuerhinterziehung gem. § 370 AO

Gemäß § 370 AO wird bestraft, wer entweder den Finanzbehörden oder anderen Behörden über steuerlich erhebliche Tatsachen unrichtige oder unvollständige Angaben macht (§ 370 Abs. 1 Nr. 1 AO) oder die Finanzbehörden pflichtwidrig über steuerlich erhebliche Tatsachen in Unkenntnis lässt (§ 370 Abs. 1 Nr. 2 AO) oder pflichtwidrig die Verwendung von Steuerzeichen oder Steuerstemplern unterlässt (§ 370 Abs. 1 Nr. 3 AO) und durch eine solche Handlung entweder Steuern verkürzt oder für sich oder einen anderen nicht gerechtfertigte Steuervorteile erlangt. 68

Der Straftatbestand des § 370 AO, der von der herrschenden Meinung als sog. Blanketttatbestand[68] verstanden wird, unterwirft damit jeden vorsätzlichen Verstoß gegen bestehende steuerliche Verpflichtungen einer Strafdrohung, die den jeweils konkret Steuerpflichtigen trifft. Es versteht sich von selbst, dass hier nicht im Detail dargelegt werden kann, welche steuerlichen Pflichten im Einzelnen für den Verein zu erfüllen sind und wie strafrechtlich relevante Verstöße gegen diese Pflichten konkret aussehen können. Vielmehr 69

[68] So BVerfG NJW 1992, 35; BGHSt 34, 272; BFHE 193, 63; weitere Nachweise zur ständigen Rspr. der verschiedenen Fachgerichte bei Graf/Jäger/Wittig/*Allgayer* AO § 369 Rn. 21.

muss es bei allgemeinen Hinweisen zur Struktur des Delikts der Steuerhinterziehung bleiben:

70 Von erheblicher praktischer Bedeutung ist zunächst das steuerstrafrechtlich geltende sog. **Kompensationsverbot** des § 370 Abs. 4 S. 3 AO. Dieses besagt im Ergebnis, dass eine Steuerverkürzung iSd § 370 AO schon dann vorliegt, wenn für eine bestimmte Steuerart in einem bestimmten Veranlagungszeitraum (oder Abführungszeitraum) zu wenig entrichtet ist. Das häufig vorgebrachte Verteidigungsargument, man habe doch letztlich den Fiskus nicht geschädigt, weil man aus anderen Jahren und/oder anderen Steuerarten Erstattungen zu erwarten hatte oder Verlustvorträge geltend machen konnte, ist steuerstrafrechtlich unbeachtlich. Es ist daher schon aus diesem Grunde peinlich genau darauf zu achten, dass für jedes einzelne Jahr und für jede einzelne Steuerart tatsächlich korrekte Erklärungen abgegeben werden.

71 Insbesondere bei **Anmeldungssteuern** ist allein die Verspätung möglicherweise strafrechtlich relevant, da § 370 Abs. 1 Nr. 2 AO eben auch das bloße Unterlassen unter Strafe stellt. Aus diesem Grund ist nicht nur auf inhaltliche Richtigkeit von Steuererklärungen bzw. -anmeldungen zu achten, sondern auch auf deren pünktliche Abgabe.

72 Eine gerade für Vereinsvorstände häufig relevant werdende Sonderkonstellation ergibt sich aus der **Nacherklärungspflicht** gem. § 153 AO: Nach dieser Vorschrift muss ein Steuerpflichtiger, der positiv weiß, dass steuerliche Erklärungen in der Vergangenheit unrichtig oder unvollständig abgegeben wurden und es dadurch zu einer Verkürzung der Steuern kommen kann oder bereits gekommen ist, die Unrichtigkeit unverzüglich anzeigen und die erforderliche Richtigstellung vornehmen. Tut er dies nicht oder nicht unverzüglich, begeht er nach ständiger Rechtsprechung eine (neue oder wiederholte) Steuerhinterziehung gem. § 370 AO.[69] Es liegt auf der Hand, dass **neue Vereinsvorstände** mit dieser Vorschrift in Konflikt geraten können, wenn sie nach ihrem Amtsantritt feststellen, dass ihre Vorgänger in der Handhabung der steuerlichen Pflichten des Vereins möglicherweise nicht korrekt agiert haben. Sie sind zwar nicht zur vollständigen Erforschung der Vorgänge in der Vergangenheit verpflichtet, müssen jedoch rechtzeitig handeln, sobald sie hiervon – aus welchen Gründen auch immer – positive Kenntnis erlangen. Die erforderliche Berichtigungserklärung gem. § 153 AO darf auch nicht aus falsch verstandener Solidarität mit dem alten Vereinsvorstand unterbleiben. Zwar mag es in der Praxis vorkommen, dass die Nachmeldung zu Ermittlungen gegen die früheren Vorstände führt, jedoch hat dies der neue Vorstand schon aus Gründen des Eigenschutzes (und auch aus Gründen des Vereinsschutzes, da auf den Verein erhebliche Zinsbelastungen zukommen können, wenn frühere Steuerverfehlungen erst spät entdeckt werden) zu ignorieren. Im Übrigen besteht nach geltendem Recht gem. § 371 Abs. 4 AO die Möglichkeit einer sog. **strafbefreienden Fremdanzeige,** bei der durch die rechtzeitige Meldung gem. § 153 AO auch die ursprünglich Handelnden strafrechtlich entlastet werden.

> **Hinweis:**
> Wer das Amt eines Vereinsvorstandes übernimmt, sollte sich angesichts der zahlreichen steuerlichen Risiken und der Kompliziertheit des deutschen Steuerrechts jedenfalls zu Beginn seiner Tätigkeit mit Hilfe eines kompetenten fachlichen Beraters einen möglichst umfassenden Überblick über die steuerliche Situation des Vereins verschaffen. Sollten dabei Unstimmigkeiten aus der Vergangenheit entdeckt werden, ist dringend anzuraten, die Möglichkeiten einer strafbefreienden Selbst- oder Fremdanzeige (§ 371 AO) zu prüfen.

73 Die Strafverfolgungspraxis zeigt, dass im Bereich der Steuerhinterziehung das Argument, man habe vorsatzlos gehandelt, meist nicht gehört wird. Es ist daher äußerst risikoreich,

[69] Umfassend hierzu Graf/Jäger/Wittig/*Rolletschke* AO § 370 Rn. 292–310.

sich allein hiermit verteidigen zu wollen oder gar zu müssen. Um diese missliche Situation von vornherein zu vermeiden, ist daher erneut anzuraten, bereits bei der Erfüllung der steuerlichen Pflichten möglichst sorgfältig zu handeln. Insbesondere sollte möglichst ein kompetenter Steuerberater hinzugezogen werden, was zwar gerade für kleinere Vereine finanziell schmerzlich sein mag, sich jedoch aus Gründen der Risikovermeidung lohnt.

III. Leichtfertige Steuerverkürzung gem. § 378 AO

Gelingt es im Einzelfall ausnahmsweise, die Ermittlungsbehörden vom fehlenden Vorsatz 74 des Vereinsvorstandes hinsichtlich der Steuerverkürzung zu überzeugen, steht immer noch die Ordnungswidrigkeit des § 378 AO im Raum. Danach handelt ordnungswidrig, wer als Steuerpflichtiger leichtfertig eine der im § 370 Abs. 1 AO bezeichneten Taten begeht. Einziger Unterschied zwischen der Straftat der Steuerhinterziehung und der Ordnungswidrigkeit der leichtfertigen Steuerverkürzung ist daher die **subjektive Haltung des Handelnden** gegenüber einer möglichen Steuerverkürzung. Dabei wird Leichtfertigkeit, die als grobe Fahrlässigkeit zu verstehen ist,[70] jedenfalls dann angenommen, wenn ein nicht ausreichend steuerlich Versierter eine steuerliche Angelegenheit handhabt, die die Hinzuziehung eines Fachmannes erfordern würde.[71] Ebenfalls für leichtfertig gehalten wird regelmäßig ein Agieren in unübersichtlichen Organisationsstrukturen, in denen es dem Vereinsvorstand schlicht aufgrund der Unübersichtlichkeit der Dokumentation oder ähnlicher Organisationsmängel nicht gelingt, einen ausreichenden Überblick über die steuerlichen Verhältnisse des Vereins zu erlangen.

IV. Haftung für die hinterzogenen Steuern

Die Abgabenordnung kennt nicht nur den Straftatbestand der Steuerhinterziehung und 75 den Ordnungswidrigkeitentatbestand der leichtfertigen Steuerverkürzung, sondern enthält in § 71 AO auch eine steuerliche Haftungsvorschrift für den Steuerhinterzieher. Danach haftet derjenige persönlich für die verkürzten Steuern, der eine Steuerhinterziehung – sei es zu eigenen oder zu fremden Gunsten – begeht (zur Haftung → § 14 Rn. 239ff.). Daneben haftet gem. § 69 AO auch der gesetzliche Vertreter für die Steuerschulden des Vertretenen, sofern er die für Letzteren bestehenden und von ihm wahrzunehmenden steuerlichen Pflichten vorsätzlich oder grob fahrlässig verletzt hat. Für Vereinsvorstände kann dies unter Umständen zum privaten wirtschaftlichen Ruin führen. Sie sind daher auch aus diesem Grunde gut beraten, die steuerlichen Verpflichtungen des Vereins korrekt zu handhaben.

G. Criminal Compliance im Verein

Angesichts der vorstehend insbesondere unter → Rn. 17ff. und → Rn. 65ff. geschilderten 76 zahlreichen Strafbarkeitsrisiken sollte zumindest in größeren Vereinen eine funktionierende Compliance-Struktur etabliert werden.[72] Zwar ist es nachvollziehbar, dass Vereinsverantwortliche den damit verbundenen organisatorischen und finanziellen Aufwand scheuen, jedoch kann eine auf die Bedürfnisse des jeweiligen Vereins zugeschnittene schlanke Compliance-Organisation, bestehend aus Schulungen und Richtlinien, viele Strafbarkeitsrisiken vermeiden. Sie sollte daher dringend erwogen werden.

---

[70] Graf/Jäger/Wittig/*Sahan* AO § 378 Rn. 21.
[71] Graf/Jäger/Wittig/*Sahan* AO § 378 Rn. 32 mwN.
[72] Ausführlich hierzu sowie zu einer sachgerechten Delegation von Compliance-Aufgaben im Verein *Schockenhoff* NZG 2019, 284ff.

Kapitel 4. Verfahrensfragen; Kosten

§ 17. Registerpraktische Fragestellungen und Kosten

Übersicht

A. Registerverfahren

Das Amtsgericht (Registergericht) wird bei eingetragenen Vereinen in einer Vielzahl von Verfahren tätig. Hauptaufgabe ist die Bearbeitung von Anmeldungen zum Vereinsregister (→ Rn. 2 ff.). Daneben unterstützt das Amtsgericht in weiteren Antragsverfahren Vereine bei ihrer Arbeit, insbesondere in Verfahren zur Bestellung eines Notvorstands (→ Rn. 118 ff.) oder in solchen auf Ermächtigung zur Einberufung einer Mitgliederversammlung 1

(→ Rn. 147 ff.). Verfahren dieser Art können eingetragene, aber auch nicht eingetragene Vereine betreffen. Des Weiteren bearbeitet das Registergericht Verfahren und Eintragungen, die von Amts wegen einzuleiten bzw. vorzunehmen sind (→ Rn. 164 ff.). Die wesentlichen Elemente dieser Verfahren sollen – neben der Möglichkeit des Gerichts zur Erzwingung von Registeranmeldungen (→ Rn. 180 ff.) – im Folgenden dargestellt werden. Muster für Eintragungen in das Vereinsregister finden sich entweder direkt bei den entsprechenden Themen oder am Ende dieses Beitrags (→ Rn. 211).

I. Anmeldungen zur Eintragung in das Vereinsregister

1. Allgemeines

2 Neben der Gründung und dem Erlöschen als Anfangs- und Endpunkt im „Leben" eines eingetragenen Vereins sind zahlreiche Vorgänge und Veränderungen zur Eintragung in das Vereinsregister anzumelden. Vor der Behandlung der einzelnen anmeldepflichtigen Tatsachen in den folgenden Abschnitten werden zunächst die Vorgaben und Grundlagen zusammenfassend dargestellt, die alle Anmeldungen gemeinsam haben.

3 **a) Zuständigkeit.** Jede Anmeldung ist an das örtlich zuständige Amtsgericht (Registergericht, § 55 BGB) zu richten, dessen **sachliche Zuständigkeit** auch § 23a Abs. 1 S. 1 Nr. 2, Abs. 2 Nr. 3 GVG iVm § 374 Nr. 4 FamFG bestätigt.

4 **Örtlich zuständig** ist nach § 55 BGB iVm § 377 FamFG ausschließlich das Amtsgericht, in dessen Bezirk der Verein seinen Sitz (§ 24 BGB) hat. Bei einer Sitzverlegung ist die Anmeldung noch an das Gericht des bisherigen Sitzes zu richten (→ Rn. 63). Nach § 23d GVG können die Landesregierungen jedoch durch Rechtsverordnung einem Amtsgericht für die Bezirke mehrerer Amtsgerichte die Angelegenheiten der freiwilligen Gerichtsbarkeit, zu denen nach § 23a Abs. 2 Nr. 3 GVG iVm § 374 Nr. 4 FamFG auch die Vereinsregistersachen gehören, **zuweisen.** Diese Ermächtigungen können auch auf die Landesjustizverwaltungen übertragen werden.

> **Hinweis:**
>
> Praktisch hilfreich ist die Möglichkeit, die konkrete Zuständigkeit – bundesweit – über eine Postleitzahlensuche nach dem Sitz des Vereins unter www.justizadressen.nrw.de zu ermitteln.

5 **Funktionell** ist der Rechtspfleger für die Bearbeitung sämtlicher Vereinssachen iSd §§ 29, 37, 55–79 BGB zuständig (§ 3 Nr. 1 lit. a RPflG). Während § 2 Abs. 3 FamFG ausdrücklich regelt, dass eine vom örtlich unzuständigen Gericht vorgenommene Eintragung wirksam ist, ist die **Fehlerfolge** eines Verstoßes gegen die sachliche Zuständigkeit umstritten. Meines Erachtens sprechen die besseren Gründe dafür, bei der Eintragung eines sachlich unzuständigen Gerichts Unwirksamkeit anzunehmen.[1] Ein Verstoß gegen die funktionelle Zuständigkeit führt nach § 8 Abs. 1 RPflG dann nicht zur Unwirksamkeit der Eintragung, wenn anstelle des an sich funktionell zuständigen Rechtspflegers der Richter tätig geworden ist.[2]

6 **b) Form und Inhalt der Anmeldung.** Die Anmeldung muss nach § 77 BGB in Form einer **öffentlich beglaubigten Erklärung** (§ 129 BGB, §§ 39, 40 BeurkG) dem Registergericht in **Schriftform** vorgelegt werden. Die Unterschrift des/der Erklärenden muss durch einen Notar beglaubigt sein.

---

[1] So auch BeckOK BGB/*Schöpflin* BGB § 55 Rn. 9; MüKoBGB/*Leuschner* BGB § 55 Rn. 3 f.
[2] Vgl. MüKoBGB/*Leuschner* BGB § 55 Rn. 5.

Die Vorlage der Anmeldung in **elektronischer Form** ist nach § 14 Abs. 4 FamFG zulässig, soweit dies das Landesrecht erlaubt, und hat dann unter Beachtung von § 39a BeurkG zu erfolgen. Die mit der Anmeldung etwa einzureichenden **Dokumente** können nach § 59 Abs. 2 BGB **als einfache Abschrift** übermittelt werden, da die Vorlage von Urschriften nicht mehr vorgesehen ist. Bei Einreichung in elektronischer Form genügt wie bei § 12 Abs. 2 S. 2 Hs. 1 HGB die „einfache Aufzeichnung". Der Beglaubigung bedürfen Anlagen grundsätzlich nicht. 7

Die Anmeldung anmeldepflichtiger Tatsachen nach §§ 67 Abs. 1, 71 Abs. 1, 74 Abs. 2, 75 Abs. 2 und 76 BGB kann das Gericht nach § 78 BGB mit Hilfe der Festsetzung von **Zwangsgeld** durchsetzen (→ Rn. 180ff.). 8

Der Inhalt der Anmeldung richtet sich nach der anzumeldenden Tatsache. Grundsätzlich hat sie den Erfordernissen der beantragten Eintragung zu entsprechen. Sie hat also stets mindestens die Angaben zu enthalten, die zur **Identifizierung des Vereins** erforderlich und zur Eintragung vorgesehen sind. Immer anzugeben sind etwa Name und Sitz des Vereins. 9

c) Anmeldende Personen. Die Anmeldung hat, auch bei Erstanmeldung eines neu gegründeten Vereins, durch den **Vorstand in vertretungsberechtigter Zahl** zu erfolgen. Die Vertretungsverhältnisse des Vereins ergeben sich aus der Satzung. Anmeldeberechtigt und -verpflichtet ist nur der vertretungsberechtigte Vorstand iSd § 26 BGB (dazu ausführlich → § 8 Rn. 206ff.). Ist in einer Satzung bestimmt, dass jedes Vorstandsmitglied einzeln vertreten kann, so ist die Mitwirkung weiterer Vorstandsmitglieder bei keiner Anmeldung erforderlich. Fehlt dagegen bei einem mehrgliedrigen Vorstand die Mitwirkung auch nur eines nach den Satzungsbestimmungen zur Vertretung nötigen Vorstandsmitglieds, etwa weil das Amt nicht (mehr) besetzt ist, kann die Anmeldung nicht vollzogen werden. Findet während des Anmeldeverfahrens ein **Vorstandswechsel** bei den anmeldenden Vorstandsmitgliedern statt, ist die Anmeldung auch noch von den infolgedessen zur ordnungsgemäßen Vertretung fehlenden Vorstandmitgliedern zu unterzeichnen.[3] 10

Die Anmeldung kann auch durch einen oder mehrere **Bevollmächtigte** erfolgen (vgl. auch § 378 Abs. 1 BGB), wobei die Vollmacht analog § 12 Abs. 2 S. 1 HGB öffentlich beglaubigt (§§ 77, 129 BGB) sein muss. Der Notar, der die Anmeldung beglaubigt oder beurkundet hat, bedarf für die Annahme seiner Bevollmächtigung zur Antragstellung nach § 378 Abs. 2 FamFG keines weiteren Nachweises. 11

d) Bedingungen und Befristungen. Hinsichtlich der Eintragung von bedingten oder befristeten Beschlüssen ist die Rechtslage umstritten. Richtigerweise kommt weder die Eintragung vor dem Eintritt der Bedingung noch vor Fristbeginn in Betracht. Zum Beispiel kann eine Sitzverlegung oder das Erlöschen des Vereins, die erst zum 1.1. des Folgejahres wirksam werden sollen, nicht vorher eingetragen werden. Bei Beschlüssen dieser Art muss mit der Anmeldung nachgewiesen werden, dass die Bedingung eingetreten oder der Anfangstermin der Frist erreicht ist. Die Anmeldung vor Eintritt der Bedingung bzw. vor Fristbeginn kann durch das Registergericht zurückgewiesen werden, weil die beantragte Eintragung nicht eintragungsfähig ist. Steht der Eintritt des Ereignisses oder des Termins kurz bevor, kann das Registergericht aus Kulanz die Eintragung bis dahin hinauszögern und von einer Zurückweisung absehen.[4] 12

e) Bearbeitung der Anmeldung durch das Gericht. Die Anmeldung wird durch das Registergericht darauf geprüft, ob die örtliche Zuständigkeit des Gerichts begründet ist, ob die Formvorschriften erfüllt sind und ob sie den gesetzlichen Erfordernissen entspricht. 13

[3] Vgl. *Krafka* RegisterR-HdB Rn. 2149.
[4] Vgl. *Krafka* RegisterR-HdB Rn. 78; ausf. *Sauter/Schweyer/Waldner* Eingetragener Verein Rn. 139a.

14 Zu prüfen ist damit bei jeder Anmeldung zunächst, ob der Verein vom Vorstand ordnungsgemäß vertreten ist und der Anmeldung die erforderlichen Dokumente beigefügt sind.

15 **Inhaltlich** beschränkt sich die Prüfung grundsätzlich nur auf die Gesichtspunkte, die sich aus den vorgelegten Dokumenten ergeben. Hat das Gericht jedoch begründete Zweifel an der Richtigkeit der sich aus den Urkunden ergebenden Tatsachen, die sich auch aus Umständen außerhalb der eingereichten Dokumente ergeben können, hat es nach § 26 FamFG in eine weitergehende Nachprüfung einzutreten. Ergeben sich keine Beanstandungen, werden – bei Neugründung – der Verein, im Übrigen die sonstigen angemeldeten Tatsachen in das Vereinsregister eingetragen. Hierüber sind die Beteiligten durch Bekanntmachung nach § 383 Abs. 1 FamFG zu informieren.

16 **f) Mangelhafte Anmeldungen. aa) Behebbare Mängel.** Ist eine Vereinsregisteranmeldung **unvollständig** oder steht der beantragten Eintragung ein anderes durch den Antragsteller **behebbares Hindernis** entgegen, kann das Registergericht formlos auf Mängel hinweisen.[5] In der Regel wird es aber nach § 382 Abs. 4 S. 1 FamFG dem Antragsteller eine angemessene Frist zur Beseitigung des Hindernisses bestimmen. Nur in Ausnahmefällen kommt auch die Aussetzung des Verfahrens nach §§ 21, 381 FamFG in Betracht.

17 Die Fristsetzung erfolgt durch sog. **Zwischenverfügung,** eine nicht in Beschlussform ergehende Zwischenentscheidung mit dem Ziel, Vollzugsreife herbeizuführen. Die Frist zur Beseitigung kann nachträglich verlängert werden. Wegen ihrer Vorläufigkeit und des Ziels, die Eintragung zu ermöglichen, kann und darf sie nicht ergehen, wenn das Gericht nicht behebbare Mängel feststellt. Gegenstand einer Zwischenverfügung kann daher auch nicht sein, den Antragsteller zur Rücknahme seiner Anmeldung zu bewegen.[6] Die Zwischenverfügung soll möglichst **alle ersichtlichen Mängel und Beseitigungsmöglichkeiten** aufzeigen. Die Beseitigung der in einer ersten Zwischenverfügung aufgezeigten Mängel hindert jedoch nicht den Erlass einer weiteren Zwischenverfügung.[7] Wegen des vorläufigen Charakters der Zwischenverfügung kann das Gericht von einer in ihr geäußerten Mängelrüge auch ohne förmliche Entscheidung wieder abrücken. Eine **Beschwerde** gegen die Zwischenverfügung ist nach § 384 Abs. 4 S. 2 FamFG möglich (→ Rn. 20).

18 Nach Mangelbehebung ist eine förmliche Anmeldung durch den Verein in öffentlich beglaubigter Form nicht mehr notwendig. Es genügt, wenn der Vorstand die Nachweise zur Mängelbeseitigung bei dem Registergericht einreicht.

19 **bb) Nicht behebbare Mängel.** Liegen nicht behebbare Mängel vor oder werden die aufgezeigten Mängel auch nach Zwischenverfügung des Gerichts nicht behoben, weist der zuständige Rechtspfleger am Registergericht die Anmeldung durch Beschluss nach § 382 Abs. 3 FamFG zurück. Der **Zurückweisungsbeschluss** ist dem Anmeldenden oder seinem Bevollmächtigten (regelmäßig der Notar, der die Anmeldung für die Beteiligten als Vertreter vorlegt) nach § 41 Abs. 1 S. 2 FamFG zuzustellen.

20 Gegen die Zwischenverfügung und den Zurückweisungsbeschluss steht dem Verein das **Rechtsmittel** der Beschwerde zu (§§ 382 Abs. 3, 58 FamFG bzw. § 382 Abs. 4 S. 2 FamFG iVm § 11 Abs. 1 RPflG). Die **Beschwerdefrist** beträgt nach § 63 FamFG einen Monat. **Beschwerdeberechtigt** sind im Bereich der Pflichten des § 78 BGB nach hM auch die anmeldenden Vorstandsmitglieder persönlich.[8]

21 Reicht der Verein nach Ablauf der Rechtsmittelfrist oder nach erfolgloser Einlegung eines Rechtsmittels erneut eine **inhaltsgleiche Anmeldung** ein, ist diese idR wegen fehlenden Rechtsschutzbedürfnisses als unzulässig zurückzuweisen, wenn die gleichen Unter-

---

[5] Vgl. *Krafka* RegisterR-HdB Rn. 169.
[6] OLG Zweibrücken Rpfleger 2014, 209 ff.; *Krafka* RegisterR-HdB Rn. 166a.
[7] Vgl. ausf. dazu und zum Inhalt einer Zwischenverfügung *Krafka* RegisterR-HdB Rn. 166a f.
[8] Vgl. BeckOK BGB/*Schöpflin* BGB § 71 Rn. 8 mwN.

lagen vorgelegt werden wie bei der zurückgewiesenen Anmeldung und keine neue Sach- oder Rechtslage vorliegt bzw. auch nur geltend gemacht wird.[9]

22 **g) Rücknahme.** Vor Vollzug kann eine Anmeldung zurückgenommen werden. Dies gilt nach hM auch bei anmeldepflichtigen Tatsachen. Die beantragte Eintragung hat dann zu unterbleiben. Dem Gericht bleibt jedoch die Möglichkeit, die neuerliche Anmeldung nach § 78 BGB zu erzwingen.

2. Neugründung

23 **a) Zuständigkeit.** Zuständig ist nach den allgemeinen Vorschriften das Amtsgericht (Registergericht), in dessen Bezirk der Verein seinen Sitz haben wird (→ Rn. 3 ff.).

24 **b) Form und Inhalt der Anmeldung.** Für die Form der Anmeldung gelten die allgemeinen Bestimmungen des § 77 BGB (→ Rn. 6 ff.), die Anmeldung ist also mittels öffentlich beglaubigter Erklärung zu bewirken. Sie kann auch in elektronischer Form (§ 14 Abs. 4 FamFG) erfolgen.

25 Bei **Anmeldungen zur Ersteintragung** sind nach den Bestimmungen der §§ 59, 64 BGB folgende Angaben zu machen:
- Name und Sitz des Vereins;
- Tag der Errichtung der Satzung;
- Namen und Geburtsdaten sowie Wohnort der Vorstandsmitglieder (die Anschrift kann, muss aber nicht angegeben werden);
- Vertretungsverhältnisse des Vereins laut Satzung („allgemeine Vertretungsregelung");
- etwaige von der allgemeinen Vertretungsregelung abweichende Bestimmungen für einzelne Vorstandsmitglieder („besondere Vertretungsregelung");[10]
- Anschrift des Vereins.[11]

26 Als **Anlagen** sind der Anmeldung eine **Abschrift** (Kopie) **der Satzung und des Gründungsprotokolls** beizufügen. Wenn sich die Bestellung der Vorstandsmitglieder nicht aus dem Gründungsprotokoll ergibt, ist auch die Urkunde über die Bestellung des Vorstands vorzulegen (§ 59 Abs. 2 BGB).

27 Die Satzung muss von mindestens sieben Vereinsmitgliedern unterzeichnet sein und das Datum der Errichtung enthalten (§ 59 Abs. 3 BGB). Sie ist in deutscher Sprache abzufassen. Ausländische Sprachen sind nur zulässig, wenn eine entsprechende deutsche Übersetzung beigefügt wird.[12] Vgl. zur Anmeldung der Neugründung auch → § 4 Rn. 119 ff.

28 **Formulierungsbeispiel: Anmeldung der Neueintragung eines Vereins**[13]

Die unterzeichnenden vertretungsberechtigten Vorstandsmitglieder des unter dem Namen

*** *[Name des Vereins]*

mit dem Sitz in *** *[Ort]*

gegründeten Vereins überreichen zu den Vereinsregisterakten:
a) die von den Gründungmitgliedern unterzeichnete Satzung in Abschrift,
b) das Protokoll über die Gründungsversammlung vom *** *[Datum]*, das auch die Wahl der Vorstandsmitglieder enthält.

---

[9] Zu einem möglichen Ausnahmefall vgl. BeckOK BGB/*Schöpflin* BGB § 60 Rn. 4.
[10] Vgl. § 3 S. 3 Nr. 3 VRV; → Rn. 40 f.
[11] Vgl. § 15 VRV.
[12] *Krafka* RegisterR-HdB Rn. 2130; *Sauter/Schweyer/Waldner* Eingetragener Verein Rn. 35; *Stöber/Otto* Rn. 1307.
[13] Alternativer Formulierungsvorschlag → § 22 Rn. 1.

Wir melden als Vorstand zur Eintragung in das Vereinsregister an:
1. den neu gegründeten Verein,
2. dessen Vorstand.

Zum Vorstand iSv § 26 BGB wurden gewählt:
- Vorsitzender: *** *[Name, Geburtsdatum, Wohnort]*
- Stellvertretender Vorsitzender: *** *[Name, Geburtsdatum, Wohnort]*
- *[ggf.: weitere Vorstandsmitglieder iSv § 26 BGB gemäß der Satzung]*

Die Vorstandsmitglieder vertreten den Verein wie folgt:

Nach der Satzung ist jedes Vorstandsmitglied einzelvertretungsberechtigt. *[satzungsgemäße Regelung der Vertretungsbefugnis, andernfalls Vertretungsregelung gemäß der gesetzlichen Regelung des § 26 BGB – Mehrheitsprinzip]*

Es wird versichert, dass die gefassten Beschlüsse ordnungsgemäß und mit der erforderlichen Stimmenmehrheit zustande gekommen sind und dass die gewählten Vorstandsmitglieder die Wahl angenommen haben.

29 Soweit die Vertretungsmacht des Vorstands durch die Satzung beschränkt ist (→ § 8 Rn. 215 ff.), könnte hinsichtlich der Vertretungsverhältnisse des Vereins wie folgt angemeldet werden:

30 **Formulierungsbeispiel: Beschränkte allgemeine Vertretungsregelung**

Die allgemeine Vertretungsregelung lautet wie folgt:

Der Verein wird durch jeweils zwei Vorstandsmitglieder gemeinsam vertreten.

Die Vertretungsmacht des Vorstands ist mit Wirkung gegen Dritte in der Weise beschränkt, dass zu Rechtsgeschäften mit einem Wert von jeweils über 5.000 EUR die Zustimmung der Mitgliederversammlung erforderlich ist.

31 **c) Anmeldende Personen.** Die Anmeldung erfolgt durch den neu gewählten **Vereinsvorstand** in vertretungsberechtigter Zahl (§ 59 BGB).

32 **d) Bearbeitung durch das Registergericht.** Das Registergericht prüft insbesondere:
- die formell ordnungsgemäße Unterzeichnung der Anmeldung durch den Vereinsvorstand in vertretungsberechtigter Zahl samt Unterschriftsbeglaubigung (§§ 59 Abs. 1, 77 BGB);
- die Beifügung der erforderlichen Dokumente (§ 59 Abs. 2 BGB);
- den im Satzungstext niedergelegten Vereinszweck daraufhin, ob er auf einen nichtwirtschaftlichen Geschäftsbetrieb gerichtet ist (§ 21 BGB);
- die Satzung auf Einhaltung der Erfordernisse der §§ 56, 57, 58 und 59 Abs. 3 BGB (→ § 4 Rn. 32 ff.) und auf die Regelung aller Rechtsverhältnisse des Vereins ohne Verstöße gegen das öffentliche Vereinsrecht (§ 134 BGB);
- die Bestellung der nötigen Vorstandsmitglieder iSv § 26 BGB (→ § 4 Rn. 104).

33 Eine **weitergehende Inhaltskontrolle** der Satzungsbestimmungen über die Pflichtregelungen des BGB und etwaige sonstige Gesetzesverstöße, zB gegen die guten Sitten (§ 242 BGB), hinaus hat nicht zu erfolgen. Daher kommt eine Zurückweisung der Anmeldung durch das Registergericht nicht in Betracht, wenn die Satzung keine zwingenden Vorschriften verletzt, sondern neben den erforderlichen Vorschriften lediglich unzweckmäßige, widersprüchliche, nicht eindeutige oder unklare Regelungen enthält.

34 **e) Mangelhafte Anmeldung.** Weisen Anmeldung, Protokoll oder Satzung **behebbare** Mängel auf, ist zu deren Behebung nach allgemeinen Grundsätzen durch das Registergericht eine Zwischenverfügung zu erlassen, die die Mängel aufzuzeigen hat (→ Rn. 16 ff.).

Bei Satzungsmängeln dieser Art ist grundsätzlich ein Beschluss der Mitgliederversammlung zur **Änderung der beanstandeten Satzungsbestimmungen** herbeizuführen. Soweit jedoch die Satzung oder ein Beschluss der Gründungsversammlung den Vorstand oder einzelne Vorstandsmitglieder **ermächtigt,** bei Beanstandungen durch das Registergericht oder das Finanzamt die Satzung anzupassen, genügt es, wenn das ermächtigte Organ die Satzungsänderung beschließt. Hierbei ist zu beachten, dass die **Ermächtigung** nur dann auch für weitere Anmeldungen gilt, wenn sie in der Satzung geregelt ist. Eine Ermächtigung durch Beschluss der Gründungsversammlung gilt nur im Gründungsverfahren bis zur Eintragung des Vereins. Im Übrigen sind Ermächtigungsbeschlüsse in Protokollen über Mitgliederversammlungen in registergerichtlichen Verfahren nicht verwertbar, weil die Abweichung von der gesetzlichen Regelung des § 32 Abs. 1 S. 1 BGB nur durch die Satzung erlaubt werden kann (§ 40 S. 1 BGB). 35

Formulierungsbeispiel: Ermächtigung zu Satzungsänderungen 35a

Der Vorstand ist unter Befreiung von den Beschränkungen des § 181 BGB zu redaktionellen Änderungen der Satzung und zu Änderungen oder Ergänzungen, die zur Behebung gerichtlicher oder behördlicher Beanstandungen erforderlich oder zweckdienlich sind, ermächtigt.

Nach Mängelbeseitigung ist die geänderte vollständige Satzung mit einer Abschrift des Protokolls der Mitgliederversammlung bzw. des Beschlusses des zur Änderung ermächtigten Gremiums bei Gericht einzureichen. Einer neuerlichen förmlichen Anmeldung bedarf es nicht. 36

Entspricht die Satzung nicht den Eintragungserfordernissen und wird sie nicht auf Zwischenverfügung des Gerichts berichtigt, weist das Registergericht die Anmeldung des Vereins zurück. 37

f) Eintragung; öffentliche Bekanntmachung. Bei Eintragungsfähigkeit erfolgt die Eintragung im Vereinsregister. Die Eintragung wird in dem durch Landesrecht bestimmten elektronischen Veröffentlichungsmedium bekanntgemacht. Wenn es sich bei dem neu eingetragenen Verein um einen Ausländerverein oder eine Einrichtung eines ausländischen Vereins gem. §§ 14, 15 VereinsG handelt oder handeln könnte, hat das Registergericht die Eintragung nach § 400 FamFG der zuständigen Verwaltungsbehörde mitzuteilen. Von der Eintragung ist der Vorstand zu benachrichtigen (§ 383 FamFG). Bei Antragstellung durch den Notar erhält dieser die Eintragungsbekanntmachung. 38

Mit der Eintragung in das Vereinsregister erlangt der Verein **Rechtsfähigkeit** als juristische Person (§ 21 BGB). Der Name des Vereins erhält nach § 65 BGB den als Namensbestandteil mit einzutragenden Zusatz „eingetragener Verein", der von ihm auch zu führen ist. Bei entsprechender Satzungsregelung kann der Zusatz auch abgekürzt als „e. V." geführt werden.[14] 39

Das Amtsgericht hat die Anmeldung sowie die weiteren eingereichten Dokumente nach § 66 Abs. 2 BGB aufzubewahren. Die Eintragung im Vereinsregister[15] veröffentlicht nach § 64 BGB: 40

- **Name und Sitz**[16] des Vereins;
- **Tag der Errichtung der Satzung;**
- **Mitglieder des vertretungsberechtigten Vorstands** iSd § 26 BGB jeweils mit Familienname, Vorname, Geburtsdatum und Wohnort und ggf. deren Funktionsbezeichnung, zB Vorsitzender, Kassenwart, Schriftführer;

[14] Gemäß § 57 Abs. 1 BGB muss sich die Eintragungsabsicht des Vereins aus der Satzung ergeben.
[15] Eintragungsmuster → Rn. 211.
[16] Sitz des Vereins kann jeder bestimmbare Ort sein: → § 4 Rn. 40 ff.; *Stöber/Otto* Rn. 150.

- **Vertretungsmacht der Vorstandsmitglieder** (auch wenn sie der gesetzlichen Regelung entspricht). Dazu gehört auch ggf.:
  - Beschränkungen der Vertretungsmacht mit Außenwirkung gegen Dritte (§ 26 Abs. 1 S. 2 BGB, → Rn. 40a),
  - Befreiung des Vorstands oder einzelner Mitglieder von den Beschränkungen des § 181 BGB,[17]
  - besondere Vertretungsbefugnisse iSv § 3 S. 3 Nr. 3 VRV, zB Befugnisse eines besonderen Vertreters nach § 30 BGB.[18]

40a Die Vertretungsmacht des Vorstands ist grundsätzlich unbeschränkt (→ § 8 Rn. 206 ff.). Nach § 26 Abs. 1 S. 2 BGB kann ihr Umfang aber durch die Satzung mit Wirkung gegen Dritte beschränkt werden. Derartige Beschränkungen sind von solchen Satzungsregelungen zu unterscheiden, die nur das Innenverhältnis des Vereins betreffen. Soll eine Beschränkung Außenwirkung entfalten, muss sich das klar aus der Satzung ergeben.[19] Unzweifelhaft kann eine **Beschränkung der Vertretungsmacht** darin liegen, dass die Satzung bestimmte Geschäfte von der Zustimmung anderer Organe abhängig macht oder bestimmte Aufgaben, die nach dispositivem Gesetzesrecht in den Aufgabenkreis des Vorstands fallen, anderen Organen zuweist. Umstritten ist, ob die Satzung die Vertretungsmacht des Vorstands für bestimmte Geschäfte oder bestimmte Arten von Geschäften generell ausschließen kann, zB für Grundstückskäufe. Nach richtiger Ansicht ist dies zu bejahen, weil damit kein vollständiger Entzug der Vertretungsmacht einhergeht.[20] Sollte der Abschluss solcher Geschäfte nötig werden, kann die Mitgliederversammlung zB durch Satzungsänderung die Vertretungsbefugnis des Vorstands erweitern.

41 Eine inländische Anschrift wird **nicht** im Vereinsregister eingetragen.

3. Anmeldung einer Vorstandsänderung

42 a) **Anmeldefälle.** Nach § 67 Abs. 1 BGB ist jede Änderung des Vorstands nach § 26 Abs. 1 BGB (ausführlich → § 8 Rn. 8 ff.) aufgrund entsprechender Anmeldung in das Vereinsregister einzutragen.[21] Anzumelden sind daher neben etwaigen Änderungen der **besonderen Vertretungsbefugnis** (→ Rn. 25, 40 f.) das **Ausscheiden** und die **Neubestellung von Vorstandsmitgliedern.** Ändern sich bei Vorstandsmitgliedern die Funktionen im Vorstand (zB der Kassenwart wird zum Vorsitzenden gewählt), sind diese Änderungen nur dann anzumelden, wenn sie für die Vertretung des Vereins aufgrund der in der Satzung getroffenen und im Vereinsregister eingetragenen Vertretungsregelung von Bedeutung sind (→ Rn. 40).[22] Bei Wiederbestellung eines bereits eingetragenen Vorstandsmitglieds ohne Änderung der Funktion ist eine Anmeldung und Eintragung nicht erforderlich.[23] Unerheblich für die Anmeldepflicht ist, worauf die Vorstandsänderung beruht, so dass auch der Rücktritt eines Vorstandsmitglieds zur Eintragung in das Vereinsregister anzumelden ist.

43 Die Anmeldepflicht nach § 67 BGB besteht nach hM in gleicher Weise für die Anmeldung des **besonderen Vertreters** iSd § 30 BGB,[24] nicht aber für den bloßen Haftungsvertreter entsprechend § 30 BGB (ausführlich zum Ganzen → § 9 Rn. 8 ff., 40).

---

[17] → § 8 Rn. 233 ff.

[18] → § 9 Rn. 5 ff.; *Stöber/Otto* Rn. 568 ff., vgl. *Krafka* RegisterR-HdB Rn. 2164 mit Beispielen für die Eintragung.

[19] Vgl. im Einzelnen → § 8 Rn. 215 ff.

[20] Ebenso *Reichert* Rn. 2440; BeckOK BGB/*Schöpflin* BGB § 26 Rn. 14; OLG Nürnberg FGPrax 2015, 212; aA *Stöber/Otto* Rn. 456a; *Sauter/Schweyer/Waldner* Eingetragener Verein Rn. 234.

[21] Eintragungsmuster → Rn. 211.

[22] So auch *Krafka* RegisterR-HdB Rn. 2164.

[23] So auch *Krafka* RegisterR-HdB Rn. 2181; MüKoBGB/*Leuschner* BGB § 67 Rn. 2.

[24] So OLG Zweibrücken NZG 2013, 907; BayObLGZ 1981, 71; BeckOK BGB/*Schöpflin* BGB § 30 Rn. 11, 14; Palandt/*Ellenberger* BGB § 30 Rn. 6; aA Soergel/*Hadding* BGB § 30 Rn. 14.

Anzumelden und in das Vereinsregister einzutragen ist wegen des Vertrauensschutzes 44
(negative Publizität) des Vereinsregisters auch das **Ausscheiden** bisher nicht eingetragener Vorstandsmitglieder. Nach zutreffender Meinung nicht einzutragen ist jedoch die Bestellung dieser bereits wieder ausgeschiedenen, aber nicht eingetragenen Vorstandsmitglieder.[25] Hat es ein Verein versäumt, zwischenzeitliche Änderungen in der Zusammensetzung des Vorstands zur Eintragung zu bringen, ist das Ausscheiden, nicht aber der Eintritt einmal bestellter, schon wieder ausgeschiedener Vorstandsmitglieder einzutragen.

Die Anmeldung der Vorstandsänderung kann vom Registergericht gem. § 78 Abs. 1 45
BGB durch die Festsetzung von Zwangsgeld erzwungen werden (→ Rn. 180 ff.).

Die Eintragung wirkt **deklaratorisch.** 46

b) Form und Inhalt der Anmeldung. Die Anmeldung hat für jedes neu angemeldete 47
Vorstandsmitglied die **einzutragenden Angaben** (Name, Geburtsdatum und Wohnort, → Rn. 25), die besondere Vorstandsfunktion, wenn diese Bedeutung für die Vertretungsregelung hat (→ Rn. 40), sowie etwaige besondere Vertretungsregelungen anzugeben (→ Rn. 40 f.). Wird das Ausscheiden eines eingetragenen Vorstandsmitglieds angemeldet, sind grundsätzlich die zur Identifikation des Ausgeschiedenen nötigen Angaben ausreichend. Der Anmeldung ist eine Abschrift der **Urkunde über die Vorstandsänderung** beizufügen (§ 67 Abs. 1 S. 2 BGB), in der Regel eine Abschrift des Protokolls der Mitgliederversammlung. Wird der Vorstand durch ein besonderes Vereinsorgan gewählt (zB Aufsichtsrat), so ist auch die Urkunde über dessen Bestellung der Anmeldung beizufügen.[26]

Nachzuweisen ist auch die **Annahme** der Vorstandsbestellung, die im Protokoll der 48
Mitgliederversammlung enthalten sein, aber auch in der Unterzeichnung der Vereinsregisteranmeldung durch ein neubestelltes Vorstandsmitglied gesehen werden kann.

Bei der **Amtsniederlegung** (ausführlich → § 8 Rn. 137 ff.) ist grundsätzlich der Nach- 49
weis der Erklärung und ihres Zugangs beim Verein zu erbringen. Letzterer wird aber bei Unterzeichnung der Anmeldung durch andere Vorstandsmitglieder als nachgewiesen zu gelten haben.[27] Erfolgte die Amtsniederlegung durch mündliche Erklärung, ist dem Registergericht dies schriftlich nachzuweisen.[28]

Formulierungsbeispiel: Anmeldung einer Vorstandsänderung[29] 50

Zur Eintragung in das Vereinsregister **wird angemeldet:**

1. In der Mitgliederversammlung des Vereins vom *** [*Alt. 1:* Durch Beschluss des Beirats vom ***] [*Alt. 2:* Durch *** *[sonstiges Bestellungsverfahren]*] wurden gewählt [*Alt.:* in den Vorstand berufen]:
   – *** *[Name, Vorname, Geburtsdatum, Wohnort]* als *** *[Vorstandsamt]*
   – *** *[Name, Vorname, Geburtsdatum, Wohnort]* als *** *[Vorstandsamt]*
2. Als Vorstandsmitglieder ausgeschieden sind:
   – *** *[Name, Vorname]* als (bisheriger) *** *[Vorstandsamt]*
   – *** *[Name, Vorname]* als (bisheriger) *** *[Vorstandsamt]*

Im Übrigen ist der Vorstand unverändert.

Es wird versichert, dass die genannte Mitgliederversammlung form- und fristgerecht unter Angabe der Tagesordnung einberufen wurde und beschlussfähig war, die gefassten Beschlüsse ordnungsgemäß und mit der erforderlichen Stimmenmehrheit zustande kamen und alle Gewählten die Wahl annahmen.

---

[25] So *Krafka* RegisterR-HdB Rn. 2181; MüKoBGB/*Leuschner* BGB § 67 Rn. 3; aA Soergel/*Hadding* BGB § 67 Rn. 4.
[26] BayObLGZ 1984, 1.
[27] Vgl. etwa *Krafka* RegisterR-HdB Rn. 2181a.
[28] OLG Frankfurt a. M. NJW-RR 2016, 360.
[29] Vollständiges Anmeldungsmuster → § 22 Rn. 2.

Als Anlagen sind beigefügt:
- eine Abschrift des Protokolls über die Mitgliederversammlung, aus dem die Vorstandsänderungen ersichtlich sind
- eine Abschrift der Rücktrittserklärung des Vorstandsmitglieds ***
- eine Abschrift der Urkunde des *** über die Ernennung von *** zum *** *[Dokument zum Nachweis der Amtsstellung eines Vorstandsmitglieds qua Amtes]*
- *** *[sonstige Dokumente über die Vorstandsberufung bzw. über das Ausscheiden von Vorstandsmitgliedern nach den Vorgaben der Satzung]*

Um Eintragungsnachricht an den Verein und an den die Unterschrift beglaubigenden Notar wird gebeten.

51 **c) Anmeldende Personen.** Die Eintragung erfolgt aufgrund der Anmeldung durch den **Vorstand in vertretungsberechtigter Zahl** (§ 77 BGB).[30] Bei der Anmeldung können weder ausgeschiedene Vorstandsmitglieder noch neu bestellte Vorstandsmitglieder, deren Amt zB mangels einer nicht eingetragenen Satzungsänderung noch nicht begonnen hat, mitwirken.[31]

52 Vorstandsmitglieder, die ihr Amt niedergelegt haben, können ihr Ausscheiden nur anmelden, wenn der Zeitpunkt, zu dem die Niederlegung erfolgt ist, noch nicht verstrichen, die Niederlegung also noch nicht wirksam geworden ist. Dies gilt etwa bei der Niederlegung „zum Zeitpunkt der Eintragung in das Vereinsregister". Bei Unterzeichnung der Anmeldung nur durch den Niederlegenden ist jedoch der Zugang seiner Niederlegungserklärung beim Verein gesondert zu prüfen.

53 **d) Bearbeitung durch das Gericht.** Das Registergericht prüft die materielle Wirksamkeit der Bestellung grundsätzlich nicht, stets ist aber zu prüfen, ob die Neubestellung durch ein angemeldetes Vorstandsmitglied **angenommen** wurde.

54 Weitere Ermittlungen hat das Gericht dagegen anzustellen, wenn sich aus den eingereichten Unterlagen **Zweifel an der Wirksamkeit** der angemeldeten Änderung des Vorstands ergeben. Diese können auf schwerwiegenden Verstößen gegen Gesetz oder Satzung, die die Nichtigkeit des Bestellungs- bzw. Änderungsaktes zur Folge hätten, beruhen.[32] Das kann der Fall sein, wenn die eingereichten Unterlagen belegen, dass ein unzuständiges Organ die Bestellung vorgenommen hat oder dass das Bestellungsgremium nicht beschlussfähig war oder dass das gewählte Wahlverfahren unzulässig war oder die nötige Mehrheit nicht erreicht wurde oder dass das vorgelegte Protokoll nicht ordnungsgemäß unterzeichnet ist. Sollten Eintragungshindernisse nicht behebbar sein bzw. trotz Zwischenverfügung nicht behoben werden, ist die Anmeldung zurückzuweisen.

55 Eine Veröffentlichung der Eintragung erfolgt nicht.

4. Anmeldung einer Satzungsänderung

56 **a) Anmeldefälle.** Bei der Vereinsgründung muss sich der Verein zwingend eine Satzung geben (§ 25 BGB), die von den Gründungsmitgliedern als Akt der „Vereinsautonomie" unter Beachtung der zwingenden gesetzlichen Vorschriften des Vereinsrechts (§ 40 BGB), im Übrigen aber frei bestimmt wird. Wird die Satzung geändert, ist dies nach §§ 71 Abs. 1 S. 1, 33 BGB in das Vereinsregister einzutragen. Keine Eintragungsmöglichkeit und -notwendigkeit besteht bei Erlass, Änderung oder Aufhebung von Vereinsordnungen, die nicht Bestandteil der Satzung sind.

---

[30] BGHZ 96, 245 (247 f.).

[31] Zum Zusammentreffen einer Änderung der Satzungsbestimmungen über die Zusammensetzung des Vorstandes mit der Neubesetzung des Vorstandes → Rn. 65.

[32] Vgl. dazu *Krafka* RegisterR-HdB Rn. 2182 f. (mit Beispielen).

Satzungsänderung ist **jede Änderung des Inhalts oder des Wortlauts,** auch wenn 57
dies nur eine sog. „redaktionelle“ (sprachliche) Änderung betrifft. Auch die vollständige Satzungsneufassung ist „Satzungsänderung“.

Die Eintragung in das Vereinsregister hat nach der nicht abdingbaren Bestimmung des 58
§ 71 Abs. 1 BGB **konstitutive Wirkung,** ist also Voraussetzung für die Wirksamkeit der Satzungsänderung.[33] Vor Eintragung ist die Satzungsänderung weder im Außen- noch im Innenverhältnis (dh für die Vereinsmitglieder und Vereinsorgane) verbindlich. Maßnahmen, die in Ausführung der geänderten Satzung vor deren Eintragung vorgenommen werden, sind grundsätzlich unwirksam.[34]

Die Anmeldung einer bereits beschlossenen Satzungsänderung kann durch das Register- 59
gericht durch die Festsetzung von Zwangsgeld erzwungen werden (→ Rn. 180 ff.),[35] nicht aber die Vornahme vom Gericht für sinnvoll oder notwendig gehaltener Satzungsänderungen.

b) Form und Inhalt der Anmeldung. Für die Form der Anmeldung gelten grundsätz- 60
lich die allgemeinen Bestimmungen des § 77 BGB (→ Rn. 6 ff.). Sie erfolgt öffentlich beglaubigt. Die Einreichung kann auch in elektronischer Form (§ 14 Abs. 4 FamFG) erfolgen.

In der Anmeldung sind die **geänderten Bestimmungen** der Satzung zu bezeichnen. 61
Soweit Satzungsvorschriften betroffen sind, die in § 64 BGB genannte Inhalte (Name und Sitz des Vereins, Vertretungsregelung) behandeln, ist auch deren Gegenstand schlagwortartig hervorzuheben.[36] Dies gilt auch bei einer vollständigen Neufassung der Satzung.

Der Anmeldung sind eine Abschrift des die Änderung enthaltenden **Beschlusses** und 62
der aktuelle **Satzungswortlaut** (→ Rn. 62a) beizufügen.[37] Dabei muss nicht das komplette Protokoll des satzungsändernden Organs vorgelegt werden. Es genügt eine auszugsweise Niederschrift, die neben den allgemeinen Protokollinhalten (Ort und Tag der Versammlung, Versammlungsleiter, Zahl der erschienenen Mitglieder, Feststellung über die satzungsgemäße Einberufung der Versammlung und die Beschlussfähigkeit, die Tagesordnung und die nach der Satzung vorgeschriebenen Protokollunterschriften) den Beschluss, die Art der Abstimmung und das Abstimmungsergebnis enthält. Nachzuweisen sind ggf. auch besondere in der Satzung verankerte Wirksamkeitserfordernisse, zB Zustimmungen Dritter oder die Vorlage einer staatlichen Genehmigung.

Der einzureichende **Satzungswortlaut** bedarf nach § 71 Abs. 1 S. 3 BGB weder notarieller Mitwirkung, noch muss er vom Vorstand oder einer bestimmten Zahl von Mitgliedern unterschrieben sein.[38]

Es genügt, wenn der **aktuelle Satzungswortlaut** in einfacher Abschrift beigefügt wird. 62a
Zu beachten ist, dass die geänderten Bestimmungen mit dem Beschluss über die Satzungsänderung wörtlich übereinstimmen, wenn die Vorschrift im Beschluss formuliert wurde. Die übrigen Bestimmungen haben dem zuletzt eingereichten Satzungswortlaut vollständig wörtlich zu entsprechen. Befindet sich noch keine solche Satzung bei den Registerakten, muss der Wortlaut mit den im Register eingetragenen Satzungsänderungen übereinstimmen, dh erstmals nach der Vereinsgründung den Gesamtwortlaut der Satzung zutreffend zusammenfassen (§ 71 Abs. 1 S. 4 BGB).[39]

---

[33] BGHZ 23, 122.

[34] Zum Zusammentreffen von Satzungsänderungen, die die Zusammensetzung des Vorstands betreffen, und Neuwahlen → Rn. 65.

[35] Vgl. *Krafka* RegisterR-HdB Rn. 2293; *Stöber/Otto* Rn. 1433.

[36] HM, wie hier OLG Nürnberg MDR 2014, 1400; *Krafka* RegisterR-HdB Rn. 2187; BeckOK BGB/*Schöpflin* BGB § 71 Rn. 4; *Sauter/Schweyer/Waldner* Eingetragener Verein Rn. 140; *Stöber/Otto* Rn. 1360 ff.; mit teilweise aA MüKoBGB/*Leuschner* BGB § 71 Rn. 9.

[37] *Krafka* RegisterR-HdB Rn. 2187.

[38] OLG Düsseldorf RNotZ 2010, 477; BeckOK BGB/*Schöpflin* BGB § 71 Rn. 8; *Krafka* RegisterR-HdB Rn. 2187.

[39] *Stöber/Otto* Rn. 1366 ff.; *Krafka* RegisterR-HdB Rn. 2187.

63 Bei **Sitzverlegung** (innerhalb des Inlands)[40] ist die Anmeldung auch dann an das Gericht des bisherigen Sitzes zu richten, wenn sich die Zuständigkeit in Folge der Sitzverlegung ändert. Das **bisher zuständige Registergericht** hat lediglich die **formelle Ordnungsmäßigkeit** der Anmeldung zu prüfen: Haben die zur Anmeldung verpflichteten Personen in notarieller Form unter Vorlage der erforderlichen Urkunden angemeldet?[41] Es hat auch Beanstandungen in diesem Bereich zu treffen und Abhilfe zu veranlassen oder, wenn ein Mangel nicht ausgeräumt wird, die Anmeldung zurückzuweisen.[42] Nach formell ordnungsgemäßer Anmeldung hat das Amtsgericht des bisherigen Sitzes von Amts wegen die Verlegung dem Amtsgericht des neuen Sitzes mitzuteilen. Der Mitteilung sind die Anmeldung, die Eintragungen für den bisherigen Sitz (amtlicher Ausdruck bzw. beglaubigte Vereinsregisterblattabschrift) sowie die aufbewahrten Urkunden (Vereinsregisterakten) beizufügen.

63a Das **Amtsgericht des neuen Sitzes** prüft, ob der Sitz ordnungsgemäß verlegt ist, insbesondere, ob der Beschluss der Mitgliederversammlung über die Änderung der Satzung rechtswirksam gefasst ist, und stellt fest, ob keine Namensgleichheit nach § 57 Abs. 2 BGB besteht. Falls keine Eintragungshindernisse vorliegen, hat das Amtsgericht des neuen Sitzes die Sitzverlegung einzutragen. Es hat dabei die ihm mitgeteilten Rechtsverhältnisse ohne weitere Nachprüfung in sein Vereinsregister zu übernehmen. Die Eintragung ist zu veröffentlichen (§ 66 Abs. 1 BGB) und dem Gericht des bisherigen Sitzes mitzuteilen. Dieses hat die Sitzverlegung von Amts wegen in sein Vereinsregister einzutragen und das bisherige Registerblatt zu schließen. (Durch das bisher zuständige Registergericht wird keine Veröffentlichung mehr veranlasst.)

63b Wenn zusammen mit der Sitzverlegung weitere eintragungsbedürftige Vorgänge zur Eintragung in das Vereinsregister angemeldet werden, sind diese auch vom Registergericht des neuen Sitzes zu bearbeiten.

63c Trägt das bisher zuständige Registergericht die Sitzverlegung ein, ist dies dennoch wirksam (§ 2 Abs. 3 FamFG).[43]

64 **c) Anmeldende Personen.** Die Anmeldung erfolgt nach den allgemeinen Bestimmungen durch die **Vorstandsmitglieder** (im Liquidationsstadium durch die Liquidatoren) **in vertretungsberechtigter Zahl.**

65 Besonderheiten ergeben sich, wenn Änderungen von Satzungsbestimmungen, die die Bildung des Vorstands oder seine Vertretungsregelung betreffen, angemeldet werden. Zulässig ist es, einen Beschluss zur **Änderung der Bestimmungen über die Bildung des Vorstands** mit Neuwahlen zur Besetzung der geänderten oder neugeschaffenen Vorstandsämter zu verbinden.[44] Da die Satzungsänderung erst mit Eintragung wirksam wird und deshalb auch der aufgrund der geänderten Satzung berufene Vorstand erst mit Eintragung der Satzungsänderung im Amt ist, kann die Anmeldung nach hM nur durch den alten Vorstand vorgenommen werden.[45] Das würde allerdings auch bedeuten: Wenn das Amt des alten Vorstands bereits erloschen ist, muss für die Anmeldung ein Notvorstand nach § 29 BGB bestellt werden (so auch die hM).[46] Im Regelfall wird man dieses unglückliche Ergebnis dadurch vermeiden können, dass man für die Anmeldung die Fortdauer des Amtes des alten Vorstands annimmt.[47] Entweder wird dies durch Auslegung der (noch geltenden) Satzungsbestimmungen über den Fortbestand des (bisherigen) Vorstands-

---

[40] Zum Verfahrensgang vgl. § 6 Abs. 1, Abs. 2 VRV. Zur Sitzverlegung ins Ausland → Rn. 81.
[41] → Rn. 6, 10.
[42] → Rn. 16ff.
[43] Vgl. *Stöber/Otto* Rn. 1385ff.; *Sauter/Schweyer/Waldner* Eingetragener Verein Rn. 68.
[44] So – implizit – OLG Bremen NJW 1955, 1925; BeckOK BGB/*Schöpflin* BGB § 71 Rn. 5.
[45] So etwa OLG Bremen NJW 1955, 1925; BeckOK BGB/*Schöpflin* BGB § 71 Rn. 5 mwN (auch zur Gegenansicht); Soergel/*Hadding* BGB § 71 Rn. 3; etwas offener MüKoBGB/*Leuschner* BGB § 71 Rn. 7.
[46] BeckOK BGB/*Schöpflin* BGB § 71 Rn. 8.
[47] MüKoBGB/*Leuschner* BGB § 71 Rn. 8.

amtes in der Weise möglich sein, dass der alte Vorstand bis zur Wirksamkeit der neuen Vorstandsbestellung im Amt bleibt oder dass der Beschluss über die neue Vorstandsbestellung quasi stillschweigend den Beschluss über die Fortdauer des Amtes des bisherigen Vorstands bis zum Wirksamwerden der Neubesetzung enthält. Wird die Vertretungsregelung der Satzung geändert, ist mE die Anmeldung noch durch Vorstandsmitglieder in nach alter Satzung vertretungsberechtigter Zahl vorzunehmen, da die neue Vertretungsbefugnis erst mit Eintragung der Satzungsänderung wirksam wird.

d) Bearbeitung durch das Gericht. Das Registergericht prüft: 66
- die **formelle Ordnungsmäßigkeit** der Anmeldung einschließlich der Frage, ob die der Anmeldung beigefügten Unterlagen die angemeldete Satzungsänderung belegen;
- die **Wirksamkeit des Änderungsbeschlusses;**
- die **inhaltliche Zulässigkeit** der angemeldeten Änderung (insbesondere anhand der §§ 57, 58 BGB oder auf Verstöße gegen ein gesetzliches Verbot, § 134 BGB).[48]

Die Einhaltung bloßer **Ordnungsvorschriften** der Satzung (zB Einhaltung der Form 67 zur Einberufung der Mitgliederversammlung) ist nur dann Gegenstand des Prüfungsverfahrens, wenn im Einzelfall aufgrund der eingereichten Unterlagen Zweifel am wirksamen Zustandekommen des Änderungsbeschlusses bestehen.

Bei **Satzungsänderungen** muss das Gericht die Übereinstimmung der nicht von Än- 67a derungen betroffenen Teile des vorgelegten Satzungswortlauts mit der bisherigen Satzung überprüfen, denn die eingereichte Satzung stellt nicht nur für das Registergericht, sondern auch für Dritte eine verlässliche Grundlage dar.[49] Außerdem hat es festzustellen, ob der unverändert gebliebene Teil der Satzung infolge der Änderung weiterhin rechtswirksam ist; eine erneute Kontrolle der gesamten Satzung ist im Übrigen nicht erforderlich.[50]

Die bloße **Zweckmäßigkeit** von Satzungsbestimmungen ist im Hinblick auf die Wah- 68 rung der Vereinsautonomie ebenso wenig zu prüfen wie die Eindeutigkeit nur im Innenverhältnis bedeutsamer Bestimmungen.

Bei einer **Neufassung der Satzung** hat das Gericht nicht nur die geänderten Bestim- 69 mungen zu überprüfen, sondern den gesamten Wortlaut der neuen Satzung, auch soweit alte und neue Satzung übereinstimmen.[51]

Bei der Anmeldung der **Änderung des Vereinszwecks** ist vom Gericht auch die Ein- 70 haltung des § 33 Abs. 1 BGB zu prüfen, wonach eine Änderung des Vereinszweckes nur möglich ist, wenn sämtliche Mitglieder zugestimmt haben oder aber die Satzung des Vereins ausdrücklich eine Abweichung von § 33 Abs. 1 BGB erlaubt. Dabei ist nicht jede Änderung der Bestimmungen zum Vereinszweck „Zweckänderung" iSd § 33 BGB. Unerheblich sind bloße redaktionelle Anpassungen oder Ergänzungen/Präzisierungen des Vereinszweckes, die nicht das Wesen, die Identität des Vereins ändern (zB wenn die Bestimmungen an neue steuerliche Vorgaben angepasst werden oder wenn bei einem Sportverein eine eigene Abteilung für eine bestimmte Sportart neu geschaffen wird). Eine Zweckänderung iSd § 33 BGB liegt insbesondere dann nicht vor, wenn die vormaligen Ziele nunmehr lediglich mit aktualisierten Mitteln verfolgt werden sollen,[52] während sie bei einer Änderung der Grundausrichtung des Vereins zu bejahen ist.[53]

Bei vollzugsfähiger Anmeldung trägt das Gericht die Satzungsänderung ein.[54] Eine Ver- 71 öffentlichung findet nicht statt, die Eintragung wird aber den Anmeldenden nach § 383

[48] BayObLGZ 1969, 33; *Sauter/Schweyer/Waldner* Eingetragener Verein Rn. 141.
[49] Für eine Prüfungspflicht: BeckOK BGB/*Schöpflin* BGB § 71 Rn. 7; MüKoBGB/*Leuschner* BGB § 71 Rn. 11; aA: *Krafka* RegisterR-HdB Rn. 2189.
[50] BeckOK BGB/*Schöpflin* BGB § 71 Rn. 7; anders bei Satzungsneufassung, → Rn. 69.
[51] Vgl. nur BayObLGZ 1984, 293 (295); Eintragungsmuster → Rn. 211.
[52] *Krafka* RegisterR-HdB Rn. 2186a.
[53] → § 6 Rn. 42ff.
[54] Eintragungsmuster → Rn. 211.

FamFG bekanntgemacht. Die Anmeldung, der eingereichte satzungsändernde Beschluss und der Satzungswortlaut werden aufbewahrt (§§ 71 Abs. 2, 66 Abs. 2 BGB).

72 **e) Mangelhafte Anmeldungen.** Eine fehlerhafte Anmeldung ist bei behebbaren Mängeln nur nach erfolgloser Zwischenverfügung gem. § 382 Abs. 4 FamFG (→ Rn. 16 ff.), bei nicht behebbaren Mängeln gem. § 60 BGB, § 382 Abs. 3 FamFG zurückzuweisen.

73 Bei Eintragung unter Verstoß gegen eine wesentliche Verfahrensvorschrift kommt eine **Amtslöschung** gem. §§ 372 Nr. 4, 395 FamFG in Betracht (→ Rn. 167 ff.).

74 Gegen die Zurückweisung der Anmeldung kann der Verein **Beschwerde** einlegen. Antragsberechtigt sind auch die anmeldenden Vorstandsmitglieder (→ Rn. 20). Die Anmeldung einer Satzungsänderung kann wie folgt aussehen:

75 **Formulierungsbeispiel: Anmeldung einer Satzungsänderung**[55]

Zur Eintragung in das Vereinsregister **wird angemeldet:**

Die Satzung des Vereins wurde in § *** Abs. *** geändert.

Eine Abschrift des Protokolls über die Mitgliederversammlung, aus dem die Beschlussfassung über die Satzungsänderung ersichtlich ist, sowie der Wortlaut der Satzung sind beigefügt.

Es wird versichert, dass die Mitgliederversammlung satzungsgemäß einberufen wurde und beschlussfähig war und dass die gefassten Beschlüsse ordnungsgemäß zustande kamen.

[*ggf. bei Änderungen des Vereinszwecks:* Im Hinblick auf die Änderung des Vereinszwecks gem. § *** der Satzung sind die Zustimmungserklärungen der nicht erschienenen Mitglieder beigefügt.[56] Im Übrigen wurde der Beschluss einstimmig ohne Enthaltungen gefasst.]

Um Eintragungsnachricht an den Verein und an den die Unterschrift beglaubigenden Notar wird gebeten.

75a **Formulierungsbeispiel: Anmeldung einer Satzungsneufassung**[57]

Zur Eintragung in das Vereinsregister **wird angemeldet:**

Die Satzung des Vereins wurde durch Beschluss der Mitgliederversammlung vom *** neu gefasst.

Geändert wurden insbesondere folgende Bestimmungen: ***.[58]

Es wird versichert, dass die Mitgliederversammlung satzungsgemäß einberufen wurde und beschlussfähig war und dass die gefassten Beschlüsse ordnungsgemäß zustande kamen.

Eine Abschrift des Protokolls über die Mitgliederversammlung, aus dem die Beschlussfassung über die Satzungsneufassung ersichtlich ist sowie der Wortlaut der Satzung sind beigefügt.

[ggf. bei Änderungen des Vereinszwecks: wie → Rn. 75]

[55] Vollständiges Anmeldungsmuster → § 22 Rn. 3.

[56] Ob die schriftlichen Zustimmungserklärungen dem Registergericht vorgelegt werden müssen oder ob eine entsprechende Versicherung des vertretungsberechtigten Vorstands (ggf. unter Übersendung einer Mitgliederliste, in der der Eingang der Zustimmungserklärungen vermerkt ist) ausreicht, ist im Schrifttum nicht geklärt. Insoweit ist § 71 Abs. 1 S. 2 iVm § 33 Abs. 1 S. 2 BGB nicht eindeutig.

[57] Vollständiges Anmeldungsmuster → § 22 Rn. 4.

[58] → Rn. 61. Wurden Satzungsbestimmungen geändert, die nach § 64 BGB unmittelbar im Register einzutragen sind (Name, Sitz, Zusammensetzung des Vorstands, Vertretungsregelung), ist dies explizit anzugeben.

Um Eintragungsnachricht an den Verein und an den die Unterschrift beglaubigenden Notar wird gebeten.

Bei der gemeinschaftlichen Anmeldung von Satzungsänderung bzw. -neufassung und Vorstandsänderung sind die Angaben zu den beiden Vorgängen zu kombinieren. 76

Formulierungsbeispiel: Gleichzeitige Anmeldung von Satzungs- und Vorstandsänderung[59] 77

Zur Eintragung in das Vereinsregister **wird angemeldet:**

1. **Satzungsänderung**
   Die Satzung des Vereins wurde in § *** Abs. *** geändert.
2. **Änderung der Vorstandschaft**
   In der Mitgliederversammlung des Vereins vom *** [*Alt. 1:* Durch Beschluss des ***] [*Alt. 2:* Durch *** *[sonstiges Verfahren]*] wurden [*ggf.:* unter der Bedingung der Eintragung der vorstehend angemeldeten Satzungsänderung] gewählt:
   – *** *[Name, Vorname, Geburtsdatum, Wohnort]* als *** *[Vorstandsamt]*
   – *** *[Name, Vorname, Geburtsdatum, Wohnort]* als *** *[Vorstandsamt]*
   Als Vorstandsmitglieder ausgeschieden sind:
   – *** *[Name, Vorname]* als (bisheriger) *** *[Vorstandsamt]*
   – *** *[Name, Vorname]* als (bisheriger) *** *[Vorstandsamt]*

Im Übrigen ist der Vorstand unverändert.

Es wird versichert, dass die genannte Mitgliederversammlung form- und fristgerecht unter Angabe der Tagesordnung einberufen wurde und beschlussfähig war, die gefassten Beschlüsse ordnungsgemäß und mit der erforderlichen Stimmenmehrheit zustande kamen und alle Gewählten die Wahl annahmen.

Eine Abschrift des Protokolls über die Mitgliederversammlung, aus dem die Vorstands- und Satzungsänderungen ersichtlich sind, sowie der Wortlaut der Satzung sind beigefügt.

Um Eintragungsnachricht an den Verein und an den die Unterschrift beglaubigenden Notar wird gebeten.

5. Auflösung des Vereins, Liquidation und Erlöschen

Die Abwicklung eines Vereins erfolgt grundsätzlich in **drei Schritten.** Der Auflösung folgt typischerweise die Liquidation, nach deren Abschluss schließlich das Erlöschen des Vereins zum Vereinsregister angemeldet werden kann. Die Anmeldung ist durch das Registergericht erzwingbar (§ 78 BGB). 78

a) Anmeldefälle. aa) Auflösung. Nach § 74 Abs. 1 BGB ist die Auflösung des Vereins unabhängig vom Auflösungsgrund im Vereinsregister **einzutragen.** Allerdings ist nicht jede Art der Auflösung eines Vereins anmeldepflichtig. 79

Anmeldepflicht besteht nach § 74 Abs. 2 BGB zum einen für die **Auflösung infolge Beschlusses der Mitgliederversammlung.** Dieser Beschluss bedarf nach § 41 S. 2 BGB der Mehrheit von drei Vierteln der abgegebenen Stimmen, wenn die Satzung nichts anderes bestimmt hat. Die Satzung könnte zB ein bestimmtes Anwesenheitsquorum oder Einstimmigkeit fordern.[60] Ob die Auflösung zusätzlich von der Beschlussfassung eines anderen (ggf. auch mit der Mitgliederversammlung konkurrierenden) Vereinsorgans oder von der Zustimmung eines Dritten abhängig gemacht werden kann, ist umstritten. Der Wortlaut von § 41 BGB widerspricht dem nicht. Auch der Grundsatz der Satzungsautonomie er- 80

[59] Vollständiges Anmeldungsmuster → § 22 Rn. 5.
[60] Ausf. zum Ganzen → § 13 Rn. 234ff.

laubt, dass die Mitgliederversammlung in der Satzung einem anderen Vereinsorgan oder einem Dritten ein Zustimmungsrecht einräumt.[61] Zum anderen ist die **Auflösung wegen Zeitablaufs oder Eintritts einer auflösenden Bedingung** zur Eintragung anzumelden. Praktische Bedeutung für die Registergerichte hat die **Auflösung durch Beschluss,** während die Auflösung wegen Zeitablaufs oder Bedingungseintritts in der Praxis keine große Rolle spielt.[62]

81 Ob die **Verlegung des Satzungssitzes eines Vereins in das Ausland** zur Auflösung des Vereins führt, ist umstritten. Nach § 6 Abs. 3 VRV ist sie jedoch als Auflösung einzutragen. Die deutschen Gerichte verlieren mit der Sitzverlegung ins Ausland ihre Zuständigkeit. Der Verein ist nach deutschem Recht auch nicht mehr rechtsfähig. Er könnte folglich als nicht rechtsfähiger Verein fortbestehen, zB wenn sein Verwaltungssitz in Deutschland verbleibt. Auflösung und Liquidation des Vereins finden nicht statt. Ob der zuständige Rechtspfleger am Registergericht die Auflösung des Vereins gem. § 6 Abs. 3 VRV einträgt oder die Sitzverlegung ins Ausland vermerkt und das Registerblatt schließt, hat letztlich die gleiche Folge. Der Verein existiert nicht mehr als rechtsfähiger Verein. Die Eintragung erfolgt in den Spalten 2 und 4b) des Vereinsregisters.[63]

81a **Eintragungsmuster: Verlegung des Vereinssitzes in das Ausland gem. § 6 Abs. 3 VRV in Spalte 4b) des Vereinsregisters**

Der Verein hat mit Beschluss der Mitgliederversammlung vom *** seinen Sitz nach *** (*** *[Land]*) verlegt. Die Amtsgerichte der Bundesrepublik Deutschland sind nicht mehr zuständig. Der Verein wird infolge der grenzüberschreitenden Sitzverlegung in das Hoheitsgebiet des Staates *** hier gelöscht.

82 Eine Anmeldung der Auflösung ist **entbehrlich** bei folgenden Auflösungsgründen:

- Auflösung des Vereins durch **Entscheidung der zuständigen Verwaltungsbehörde** gem. Art. 9 Abs. 2 GG, § 3 Abs. 1 VereinsG (wenn seine Zwecke oder seine Tätigkeit sich gegen die freiheitlich demokratische Grundordnung oder den Gedanken der Völkerverständigung richten oder den Strafgesetzen zuwiderlaufen);[64] die Eintragung erfolgt von Amts wegen auf Grund einer Anzeige der zuständigen Behörde (§ 7 Abs. 2 VereinsG);
- Auflösung wegen **Wegfalls aller Mitglieder** durch Tod, Austritt oder auf sonstige Weise; mit der Auflösung tritt nach überwiegender Meinung zugleich das Erlöschen des Vereins ein,[65] das gem. § 395 FamFG von Amts wegen eingetragen wird;[66]
- **Amtslöschung** von Vereinen, deren satzungsgemäßer Zweck von Beginn an oder nachträglich[67] auf einen wirtschaftlichen Geschäftsbetrieb gerichtet war;[68]
- Auflösung durch **Eröffnung des Insolvenzverfahrens** oder mit Rechtskraft des Beschlusses über die Ablehnung der Eröffnung des Insolvenzverfahrens mangels Masse (§ 42 Abs. 1 S. 1 BGB); die Eintragung erfolgt aufgrund Mitteilung des Insolvenzgerichts nach § 31 InsO. Durch Eröffnung des Insolvenzverfahrens werden die internen Vereinsstrukturen grundsätzlich nicht verändert. Auch bleiben die Vorstandsmitglieder als solche weiter im Amt. Bei Aufhebung des Insolvenzverfahrens bleibt der Verein jedoch aufgelöst bis ggf. abweichende Beschlüsse gefasst werden;[69]

---

[61] → § 13 Rn. 237f.; wie hier MüKoBGB/*Leuschner* BGB § 41 Rn. 2, 4f. mwN; aA BeckOK BGB/*Schöpflin* BGB § 41 Rn. 29 mwN.
[62] Zur Auflösung durch Beschluss → § 13 Rn. 234ff.; zu sonstigen Auflösungsgründen → § 13 Rn. 340ff.
[63] → § 13 Rn. 361ff. mwN; BeckOK BGB/*Schöpflin* BGB § 24 Rn. 9; *Sauter/Schweyer/Waldner* Eingetragener Verein Rn. 399 mwN; *Krafka* RegisterR-HdB Rn. 2196; *Stöber/Otto* Rn. 1388f.
[64] → § 13 Rn. 357ff.; → § 20 Rn. 11ff.; *Sauter/Schweyer/Waldner* Eingetragener Verein Rn. 395.
[65] → § 13 Rn. 365ff.; *Sauter/Schweyer/Waldner* Eingetragener Verein Rn. 398.
[66] Eintragungsmuster → Rn. 97b.
[67] BeckOK BGB/*Schöpflin* BGB § 43 Rn. 5.
[68] → § 13 Rn. 378f.; vgl. auch → Rn. 170; BeckOK BGB/*Schöpflin* BGB § 43 Rn. 5.
[69] → Rn. 164ff.

- **Entziehung der Rechtsfähigkeit nach § 73 BGB,** wenn die Zahl der Mitglieder unter drei herabsinkt; dies führt zur Auflösung und zum Erlöschen des Vereins. Macht der Vorstand glaubhaft, dass sich die Mitgliederzahl bald erhöhen wird, kann die Rechtsfähigkeit einstweilen nicht entzogen werden;[70]
- **Entziehung der Rechtsfähigkeit nach § 43 BGB,** die auf **Verleihung** durch die zuständige Behörde beruht (§ 22 BGB), führt zum Erlöschen, wenn die Mitglieder nicht die Fortführung als nichtrechtsfähiger Verein beschließen. Die Eintragung erfolgt nach § 395 FamFG von Amts wegen.

Verzichtet ein eingetragener Verein auf seine Eintragung, zieht dies nicht die Auflösung des Vereins nach sich. Der Verein besteht dann als nicht eingetragener Verein fort. Hierzu bedarf es eines Beschlusses der Mitgliederversammlung über diese **Satzungsänderung** und deren Eintragung in das Vereinsregister aufgrund Anmeldung durch den vertretungsberechtigten Vorstand. Auflösung und Liquidation des Vereins finden nicht statt.[71] 83

bb) Liquidation. Fällt nach Vereinsauflösung das Vermögen eines Vereins satzungsgemäß nicht an den Fiskus, sondern steht einem Dritten ein Anspruch auf Anfall des Vereinsvermögens zu, tritt der Verein grundsätzlich nach § 47 BGB mit Auflösung in Liquidation.[72] 84

Keine Liquidation findet statt
- bei Auflösung durch Eröffnung des Insolvenzverfahrens über das Vermögen des Vereins;
- bei Wegfall aller Mitglieder vor Einleitung des Liquidationsverfahrens;
- wenn schon bei Vereinsauflösung kein Vereinsvermögen mehr vorhanden war oder das vorhandene Vermögen ausschließlich zur Befriedigung der Gläubiger verwendet wurde.[73]

Bei der Liquidation des Vereins sind die Vereinsauflösung und die **Liquidatoren** samt ihrer Vertretungsmacht nach §§ 74 Abs. 2, 76 Abs. 2 BGB zur Eintragung in das Vereinsregister[74] anzumelden. Das gleiche gilt für spätere Liquidatorenwechsel oder Änderungen der Vertretungsbefugnis. Die Liquidatoren sind die gesetzlichen Vertreter des in Liquidation befindlichen Vereins. Die Vorstände scheiden aus ihrem Amt aus.[75] 85

cc) Erlöschen. Soweit der Zweck der Liquidation es erfordert, gilt der aufgelöste Verein nach § 49 Abs. 2 BGB bis zur Beendigung der Liquidation als fortbestehend. Sein endgültiges Ende findet er daher erst mit **Beendigung der Liquidation.**[76] Dieses Erlöschen ist nach § 76 Abs. 1 BGB ebenfalls aufgrund entsprechender Anmeldung der Liquidatoren im Vereinsregister einzutragen.[77] Bei der Anmeldung ist der Ablauf des Sperrjahres für die Vermögensverteilung nach § 51 BGB zu beachten.[78] 86

b) Form und Inhalt der Anmeldung. Für die Form der Anmeldung gelten grundsätzlich die allgemeinen Bestimmungen des § 77 BGB (→ Rn. 6ff.). Sie hat in öffentlich beglaubigter Form zu erfolgen; die Vorlage in elektronischer Form ist möglich (§ 14 Abs. 4 FamFG). 87

[70] Vgl. BeckOK BGB/*Schöpflin* BGB § 73 Rn. 2f.; → Rn. 130, 177ff.
[71] → Rn. 104ff.; → § 13 Rn. 368ff.; *Sauter/Schweyer/Waldner* Eingetragener Verein Rn. 401.
[72] Dazu ausf. → § 13 Rn. 259ff.
[73] → § 13 Rn. 259.
[74] Eintragungsmuster → Rn. 211.
[75] Zur Liquidatorenbestellung → § 13 Rn. 270ff.
[76] Dazu ausf. → § 13 Rn. 313ff.
[77] Vgl. nur *Krafka* RegisterR-HdB Rn. 2208.
[78] → § 13 Rn. 309f.; zur Anmeldung des Erlöschens des Vereins vor Ablauf des Sperrjahres → § 13 Rn. 319; Formulierungsvorschlag für Gläubigeraufruf → § 23 Rn. 11.

88 Inhaltlich sind anzumelden:
- die Tatsache der **Auflösung;**
- die **Liquidatoren** und deren **Vertretungsbefugnis;** sind nicht alle bisherigen Vorstandsmitglieder geborene Liquidatoren, ist auch der Beschluss über deren Bestellung und deren Vertretungsmacht mit beizufügen (§ 76 Abs. 2 S. 4 BGB);
- ggf. **Änderungen** der Liquidatoren oder ihrer Vertretungsmacht;
- die **Beendigung** der Liquidation;
- das **Erlöschen** des Vereins; ist kein verteilungsfähiges Vermögen vorhanden, kann die Anmeldung der Vereinsauflösung mit der Anmeldung des Erlöschens verbunden werden.[79]

89 Bei Auflösung des Vereins durch Beschluss der Mitgliederversammlung ist nach § 74 Abs. 2 S. 2 BGB eine Abschrift des **Auflösungsbeschlusses** beizufügen. Bei Auflösung durch Zeitablauf sind regelmäßig keine weiteren Unterlagen beizufügen, während bei Eintritt der auflösenden Bedingung die Beifügung eines geeigneten Nachweises zur Glaubhaftmachung des Eintritts der Bedingung nötig ist.

90 **c) Anmeldende Personen.** Für die Anmeldung der Auflösung und der Liquidatoren ist umstritten, ob der bisherige Vorstand oder die bestellten Liquidatoren zuständig sind. Der Wortlaut der §§ 74 Abs. 2 S. 1 und 76 Abs. 2 S. 1 BGB scheint die Anmeldepflicht dem bisherigen Vorstand in vertretungsberechtigter Zahl aufzuerlegen. Das würde jedoch bedeuten, dass Personen anmeldepflichtig wären, die zur Vertretung des Vereins nicht (mehr) befugt sind. Denn ab Wirksamwerden der Auflösung sind die Liquidatoren die gesetzlichen Vertreter des Vereins. Ein Vorstand existiert nicht mehr. Eine Handlungsverpflichtung für abgelöste Vorstandsmitglieder aber kann kaum vom Gesetzgeber gewollt sein, so dass die Anmeldung durch die bisherigen Vorstandsmitglieder als Liquidatoren oder durch die neu bestellten Liquidatoren, jeweils in vertretungsberechtigter Zahl, zu erfolgen hat (§ 77 S. 1 BGB).[80] Wird die Auflösung durch die Eintragung einer Satzungsänderung wirksam, so ist diese allerdings stets von den bisherigen Vorstandsmitgliedern anzumelden (§ 71 Abs. 1 S. 2 BGB). Nach allgemeiner Meinung ist der Liquidator zur Anmeldung berechtigt, wenn der Vorstand vor Wirksamwerden des Auflösungsbeschlusses aus dem Amt geschieden und bereits ein Liquidator bestellt ist.[81] Nach erfolgter Auflösung eventuell noch beschlossene Satzungsänderungen sind durch die Liquidatoren anzumelden.

91 Spätere Anmeldungen während der Liquidation haben die **Liquidatoren** vorzunehmen (§ 77 BGB).

92 **d) Bearbeitung durch das Gericht.** Das Gericht prüft bei der anmeldepflichtigen Auflösung nach allgemeinen Regeln die formelle Ordnungsmäßigkeit der Anmeldung sowie inhaltlich Vorliegen und Nachweis des geltend gemachten **Auflösungsgrundes.** Bei Beschlüssen ist also deren Wirksamkeit grundsätzlich nach denselben Gesichtspunkten wie bei Satzungsänderungen zu prüfen (→ Rn. 66 f.).

93 Bei ordnungsgemäßer Anmeldung erfolgt die **Eintragung** der Auflösung und der Liquidatoren samt ihrer Vertretungsmacht bzw. des Erlöschens des Vereins.[82] Nach Eintragung des Erlöschens ist das Registerblatt zu schließen (§ 4 Abs. 2 Nr. 2 VRV).

94 Ohne entsprechende Anmeldung ist die **Schließung des Registerblattes** eines aufgelösten Vereins von Amts wegen nach § 4 Abs. 2 S. 3 und § 10 Abs. 4 S. 3 VRV möglich,

---

[79] OLG Düsseldorf Rpfleger 2014, 25 (26); *Sauter/Schweyer/Waldner* Eingetragener Verein Rn. 408; *Stöber/Otto* Rn. 1409; vgl. auch → § 13 Rn. 254.

[80] *Krafka* RegisterR-HdB Rn. 2206; *Stöber/Otto* Rn. 1219 je mwN; Lutter/Hommelhoff/*Kleindiek* GmbHG § 67 Rn. 2 (für GmbH); aA: BeckOK BGB/*Schöpflin* BGB § 76 Rn. 3; *Sauter/Schweyer/Waldner* Eingetragener Verein Rn. 433.

[81] OLG Hamm OLGZ 1990, 257 (258 f.); OLG Düsseldorf Rpfleger 1990, 369; *Sauter/Schweyer/Waldner* Eingetragener Verein Rn. 433.

[82] Eintragungsmuster → Rn. 211.

wenn seit mindestens einem Jahr von der Eintragung der Auflösung an keine weitere Eintragung erfolgt und eine schriftliche Anfrage des Registergerichts beim Verein unbeantwortet geblieben ist.

Eintragungsmuster: Schließung des Registerblatts gem. § 4 Abs. 2 VRV in Spalten 4b) und 5b) des Vereinsregisters 94a

Spalte 4b): Das Registerblatt ist geschlossen gem. § 4 Abs. 2 S. 3 VRV.

Spalte 5b): Von Amts wegen eingetragen.

Bei Änderungen in den Personen oder der Vertretungsmacht der Liquidatoren während der Liquidationsphase gelten für die Bearbeitung durch das Gericht die Bestimmungen über den Vorstand entsprechend. 95

e) Formulierungsbeispiele

Formulierungsbeispiel: Anmeldung einer Vereinsauflösung samt Liquidation[83] 96

Zur Eintragung in das Vereinsregister melden wir namens des *** e.V. unter Vorlage einer Abschrift des Protokolls der Mitgliederversammlung vom *** an:

Die Mitgliederversammlung vom *** hat die Auflösung des Vereins beschlossen.

Die bisherigen Vorstandsmitglieder *** und *** wurden zu Liquidatoren gewählt.

Die Liquidatoren vertreten den Verein jeweils einzeln.

Die Vorstandsmitglieder *** und *** sind ausgeschieden.

Es wird versichert, dass die Mitgliederversammlung form- und fristgemäß unter Angabe der Tagesordnung einberufen wurde und beschlussfähig war, die gefassten Beschlüsse ordnungsgemäß und mit der erforderlichen Stimmenmehrheit zustande gekommen sind und die gewählten Liquidatoren ihr Amt angenommen haben.

Eine Abschrift des Protokolls der Mitgliederversammlung vom *** ist beigefügt.

Formulierungsbeispiel: Anmeldung des Erlöschens des Vereins[84] 97

Zur Eintragung in das Vereinsregister wird angemeldet:

Die Liquidation des Vereins ist beendet.

Der Verein ist erloschen.

Die Ämter der Liquidatoren wurden niedergelegt.

[*ggf., wenn die Anmeldung vor Beendigung des Sperrjahrs vorgenommen wird:* Es ist kein Vermögen mehr vorhanden, eine Verteilung von Vermögen an die Anfallberechtigten ist nicht erfolgt. Rechtsstreitigkeiten sind nicht anhängig.]

Die Bücher und Schriften des Vereins werden von ***, geb. ***, wohnhaft ***, verwahrt.

Formulierungsbeispiel: Anmeldung der Auflösung und (bei Entbehrlichkeit der Liquidation) des Erlöschens des Vereins[85] 97a

Zur Eintragung in das Vereinsregister wird angemeldet:

1. Der Verein ist durch [*Alt.:* infolge] *** aufgelöst.
   Zu Liquidatoren wurden gewählt [*Alt.:* Liquidatoren sind gemäß § *** der Satzung die bisherigen Vorstandsmitglieder]:

---

[83] Vollständiges Anmeldungsmuster → § 22 Rn. 6.
[84] Vollständiges Anmeldungsmuster → § 22 Rn. 7.
[85] Vollständiges Anmeldungsmuster → § 22 Rn. 8.

- *** *[Name, Vorname, Geburtsdatum, Wohnort]*
- *** *[Name, Vorname, Geburtsdatum, Wohnort]*

Die Liquidatoren vertreten den Verein wie folgt: *** [Angabe der für die Liquidatoren geltenden allgemeinen und ggf. besonderen Vertretungsregelung].

2. Eine Liquidation findet nicht statt, nachdem sie entbehrlich ist. Es wird versichert, dass
   - Vereinsvermögen nicht (mehr) vorhanden ist,
   - keine Außenstände und Verbindlichkeiten bestehen,
   - die steuerlichen Angelegenheiten erledigt sind,
   - keine Rechtsstreitigkeiten anhängig sind,
   - kein Vereinsvermögen an den Anfallberechtigten verteilt wurde.
3. Der Verein ist erloschen.

Die Bücher und Schriften des Vereins werden von ***, geb. ***, wohnhaft ***, verwahrt.

[*ggf.:* Eine Abschrift des Protokolls der Mitgliederversammlung vom *** ist beigefügt. Es wird versichert, dass die Mitgliederversammlung form- und fristgemäß unter Angabe der Tagesordnung einberufen wurde und beschlussfähig war, die gefassten Beschlüsse ordnungsgemäß und mit der erforderlichen Stimmenmehrheit zustande gekommen sind und die gewählten Liquidatoren ihr Amt angenommen haben.]

97b **Eintragungsmuster: Schließung des Registerblatts gem. § 4 Abs. 2 VRV in Spalte 4b) des Vereinsregisters**[86]

Der Verein ist infolge Wegfalls sämtlicher Mitglieder erloschen. Von Amts wegen eingetragen.

6. Fortsetzung des Vereins

98 **a) Anmeldefall.** Vor Beendigung der Liquidation kann grundsätzlich durch Beschluss der Mitgliederversammlung die Fortsetzung eines Vereins beschlossen werden. Dies gilt immer dann, wenn kein gesetzlich zwingender Auflösungsgrund besteht. Nach ausdrücklicher gesetzlicher Bestimmung des § 42 Abs. 1 S. 2 BGB gilt dies auch, wenn das Insolvenzverfahren auf Antrag des Schuldners eingestellt oder nach der Bestätigung eines Insolvenzplans, der den Fortbestand des Vereins vorsieht, aufgehoben wird.[87]

99 Umstritten ist, welche Mehrheitsverhältnisse für den **Fortsetzungsbeschluss** gelten. Richtig ist, hier nach dem Auflösungsgrund zu differenzieren, vgl. ausführlich → § 13 Rn. 332 ff.

100 **b) Form und Inhalt der Anmeldung.** Für die Form der Anmeldung gelten die allgemeinen Bestimmungen des § 77 BGB (→ Rn. 5 ff.), die Anmeldung ist also mittels öffentlich beglaubigter Erklärung zu bewirken. Sie kann auch in elektronischer Form (§ 14 Abs. 4 FamFG) eingereicht werden.

101 Anzumelden sind entsprechend § 74 Abs. 2 BGB die **Fortsetzung** des Vereins und der **Vorstand** (vgl. §§ 67 Abs. 1, 59 Abs. 1 BGB). Für den Vorstand gelten die allgemeinen Bestimmungen entsprechend (→ Rn. 47 ff.). Der Anmeldung ist eine Abschrift der Urkunde über die Änderung beizufügen (§ 67 Abs. 1 S. 2 BGB), idR das Protokoll der Mitgliederversammlung (Formulierungsbeispiel → § 22 Rn. 9).

102 **c) Anmeldende Personen.** Die Anmeldung erfolgt durch den neu gewählten Vorstand in vertretungsberechtigter Zahl. Die Liquidatoren sind für die Anmeldung nur in Sonderfäl-

---

[86] → Rn. 82, 84.
[87] Vgl. *Krafka* RegisterR-HdB Rn. 2210 ff.; → § 13 Rn. 326 ff.

len zuständig, nämlich wenn die Fortsetzungswirkung und damit die Vorstandsbestellung ausnahmsweise nicht sofort eintritt (→ § 13 Rn. 337, 335).

103 **d) Bearbeitung durch das Gericht.** Das Gericht prüft nach den allgemeinen Regeln die **formelle Ordnungsmäßigkeit** der Anmeldung (→ Rn. 5 ff.) und die **Wirksamkeit der Beschlüsse** über die Fortsetzung des Vereins, die ggf. eine Satzungsänderung erfordert, und über die Bestellung des Vorstands (→ Rn. 53 f.). Bei ordnungsgemäßer Anmeldung erfolgt die beantragte Eintragung gem. § 3 S. 3 Nr. 4 lit. b sublit. dd VRV.[88] Anmeldungen, die Mängel beinhalten, werden durch Zwischenverfügung bzw. Zurückweisung erledigt (→ Rn. 16 ff.).

7. Verzicht auf die Eintragung[89]

104 Wie ein nicht eingetragener Verein auch nach Gründung noch seine Eintragung im Vereinsregister herbeiführen und damit in die Rechtsform des eingetragenen Vereins wechseln kann,[90] ist auch der umgekehrte Weg denkbar, dass aus dem eingetragenen ein nicht eingetragener Verein wird durch Verzicht auf die Eintragung. Beides erfordert eine Änderung der Vereinssatzung. Der Verzicht auf die Eintragung führt nicht zur Auflösung des Vereins, sondern zum **Rechtsformwechsel;** der Verein besteht als nicht rechtsfähiger Verein fort.[91] Auflösung und Liquidation des Vereins finden nicht statt.

105 Der Verzicht bedarf eines Beschlusses der Mitgliederversammlung. Diese **Satzungsänderung** ist wie üblich zum Vereinsregister anzumelden.[92] Mit der Eintragung des Verzichts ist zugleich das Registerblatt zu schließen, §§ 3 S. 3 Nr. 4 lit. b sublit. bb, 4 Abs. 2 VRV.

105a **Eintragungsmuster: Verzicht auf die Eintragung gem. § 4 Abs. 2 VRV in Spalte 4b) des Vereinsregisters[93]**

Der Verein hat mit Beschluss der Mitgliederversammlung vom *** auf die Eintragung verzichtet.

106 **Formulierungsbeispiel: Verzicht auf die Eintragung[94]**

Zur Eintragung in das Vereinsregister **wird angemeldet:**

1. Der Verein hat durch Beschluss der Mitgliederversammlung vom *** auf die Eintragung [*Alt.:* Rechtsfähigkeit] verzichtet. Die Satzung ist dementsprechend in § 1 (Name und Sitz) geändert.
2. Der Verein besteht als nicht eingetragener Verein fort, eine Liquidation findet nicht statt.

Es wird versichert, dass die genannte Mitgliederversammlung form- und fristgerecht unter Angabe der Tagesordnung einberufen wurde und beschlussfähig war und die gefassten Beschlüsse ordnungsgemäß und mit der erforderlichen Stimmenmehrheit zustande kamen.

Eine Abschrift des Protokolls der Mitgliederversammlung vom *** sowie der Wortlaut der neuen Satzung sind beigefügt.

---

[88] Eintragungsmuster → Rn. 211.
[89] Der frühere Begriff „Verzicht auf die Rechtsfähigkeit" ist überholt, nachdem auch der nicht eingetragene Verein rechtsfähig ist: → Rn. 83 mwN; *Stöber/Otto* Rn. 180–182; *Sauter/Schweyer/Waldner* Eingetragener Verein Rn. 401.
[90] Dazu → § 13 Rn. 312.
[91] → § 13 Rn. 229, 368 ff.; vgl. *Krafka* RegisterR-HdB Rn. 2213.
[92] → Rn. 56 ff.
[93] → Rn. 82, 84.
[94] Vollständiges Anmeldungsmuster → § 22 Rn. 12.

8. Umwandlungsvorgänge

107 Wie andere Rechtsträger haben auch im Vereinsregister eingetragene Vereine die Möglichkeit, sich an Umwandlungen nach dem Umwandlungsgesetz (UmwG) zu beteiligen. Möglich sind folgende Verfahren:
- **Verschmelzung** (§§ 2–122 UmwG); der Verein kann übertragender oder übernehmender Rechtsträger oder bei Verschmelzung zur Neugründung auch neuer Rechtsträger sein (→ § 13 Rn. 6ff.);
- **Spaltung** (§§ 123–173 UmwG); Vereine können an **Aufspaltungen, Abspaltungen** und **Ausgliederungen** beteiligt sein (→ § 13 Rn. 132ff.);
- **Formwechsel** (§§ 190–304 UmwG); der Verein kann seine Rechtsform umwandeln in eine Kapitalgesellschaft oder in eine eingetragene Genossenschaft (→ § 13 Rn. 170ff.).

107a Für den Fall der am häufigsten vorkommenden **Verschmelzung zur Aufnahme** sind im folgenden Prüfungsgegenstand und Verfahren des Gerichts erläutert:

108 **a) Adressat der Anmeldung.** Die Verschmelzung ist gem. § 16 Abs. 1 S. 1 UmwG bei den für die beteiligten Vereine **zuständigen Registergerichten** (→ Rn. 3ff.) anzumelden.

109 **b) Form und Inhalt der Anmeldung.** Die Anmeldung zum Vereinsregister ist öffentlich zu beglaubigen (§ 77 BGB; → Rn. 6ff.). Gleiches gilt gem. § 12 Abs. 1 HGB bzw. § 157 GenG für die Anmeldung zu den anderen Registern. Anzumelden ist die **Verschmelzung** an sich, dh die Tatsache, dass zB der Verein A auf den Verein B zur Aufnahme verschmolzen wurde. Wurden im Zusammenhang mit der Verschmelzung weitere anmeldepflichtige Tatsachen beschlossen, insbesondere Satzungsänderungen, sind diese zusätzlich anzumelden. Der Anmeldung sind die in § 17 Abs. 1 UmwG bezeichneten **Unterlagen** beizufügen:
- der **Verschmelzungsvertrag,** der mindestens die in § 5 Abs. 1 UmwG genannten Angaben enthalten und nach § 6 UmwG notariell beurkundet sein muss;
- die Niederschriften der **Verschmelzungsbeschlüsse** (→ § 13 Rn. 80ff.), die ebenfalls der notariellen Beurkundung bedürfen (§ 13 Abs. 3 S. 1 UmwG; → § 13 Rn. 109);
- ggf. sonstige **Zustimmungserklärungen** in notariell beurkundeter Form (§ 13 Abs. 3 S. 1 UmwG; → § 13 Rn. 113);
- der **Verschmelzungsbericht** (§ 8 Abs. 1 UmwG; → § 13 Rn. 67ff.), der auch von den beteiligten Rechtsträgern gemeinsam erstattet werden kann (§ 8 Abs. 1 S. 1 Hs. 2 UmwG), oder die Verzichtserklärung nach § 8 Abs. 3 UmwG;
- ggf. der Bericht über die **Verschmelzungsprüfung** (§ 100 UmwG; → § 13 Rn. 73ff.);
- ggf. die **Zuleitungsnachweise** an den Betriebsrat (→ § 13 Rn. 66);
- gem. § 17 Abs. 2 S. 1 UmwG an die Registergerichte der übertragenden Rechtsträger die **Schlussbilanz,** die auf einen höchstens acht Monate vor der Anmeldung liegenden Stichtag aufgestellt worden sein darf (§ 17 Abs. 2 S. 4 UmwG). Sollte der übertragende Verein weder freiwillig noch aufgrund gesetzlicher Vorschrift bilanzieren (so die Regel), sind dem Registergericht die tatsächlich geführten **Buchhaltungsunterlagen,** zB eine Einnahmen-Überschussrechnung samt Vermögensaufstellung oder der Rechenschaftsbericht des Vorstands (§ 27 Abs. 3 iVm §§ 666, 259 BGB) einzureichen (→ § 13 Rn. 120ff. mwN), um den finanziellen Stand des übertragenden Vereins darzulegen.

110 **c) Anmeldende Personen. Anmeldepflichtig** ist das jeweilige Vertretungsorgan, dh auf Seiten des Vereins dessen Vorstand. Bei einem mehrgliedrigen Vorstand ist ein Handeln in vertretungsberechtigter Zahl ausreichend. Bei der Verschmelzung zur Aufnahme kann das

Vertretungsorgan des übernehmenden Rechtsträgers auch die Anmeldung zum Vereinsregister jedes der übertragenden Vereine vornehmen (§ 16 Abs. 1 S. 2 UmwG).

d) Bearbeitung durch das Gericht. Das Registergericht prüft zunächst, ob die Anmeldung der Verschmelzung **formgerecht** und mit den erforderlichen **Unterlagen** bei Gericht eingereicht wurde. Die **Satzung** des Vereins oder Vorschriften des Landesrechts dürfen der Verschmelzung nicht entgegenstehen (§ 99 Abs. 1 UmwG). Festzustellen ist auch, dass die Verschmelzungsbeschlüsse nicht angefochten wurden: Die Vertretungsorgane in vertretungsberechtigter Zahl haben bei oder nach der Anmeldung eine **Negativerklärung** zu etwaigen Klagen gegen den Verschmelzungsbeschluss abzugeben (§ 16 Abs. 2 S. 1 UmwG), wenn nicht notariell beurkundete Verzichtserklärungen auf Klagen gegen die Verschmelzungsbeschlüsse gem. § 16 Abs. 2 S. 2 UmwG vorgelegt werden (→ § 13 Rn. 117). Außerdem ist zu prüfen, ob die **Verschmelzungsbeschlüsse** jeweils als Anlage den Verschmelzungsvertrag oder dessen Entwurf enthalten (§ 13 Abs. 3 S. 2 UmwG). 111

Darüber hinaus prüft das Gericht die Form und den Inhalt des **Verschmelzungsvertrags,** das Vorliegen der in → Rn. 109 genannten **Unterlagen** und das ordnungsgemäße Zustandekommen der **Beschlüsse** der Mitgliederversammlungen und deren Inhalt. 112

Stehen der Eintragung keine Hindernisse entgegen, trägt das Registergericht die Verschmelzung zunächst in das **Vereinsregister des übertragenden Vereins** mit dem Vorbehalt der Wirksamkeit der Verschmelzung durch Eintragung beim übernehmenden Verein ein (§§ 19 Abs. 1, 20 UmwG iVm § 3 S. 3 Nr. 4 lit. b sublit. aa VRV). Die Eintragung ist dem Verein, dem einreichenden Notar und dem für den übernehmenden Rechtsträger zuständigen Registergericht mitzuteilen. Außerdem erfolgt Bekanntmachung gem. § 19 Abs. 3 UmwG iVm § 10 HGB (im gemeinsamen Registerportal der Länder, www.handels registerbekanntmachungen.de) zusammen mit dem Gläubigeraufruf.[95] 113

Dem folgt die Eintragung im **Vereinsregister beim übernehmenden Verein,** die die Wirksamkeit der Verschmelzung herbeiführt (§ 20 UmwG). Diese Eintragung ist den beteiligten Vereinen, dem einreichenden Notar und den Registergerichten der übertragenden Rechtsträger mitzuteilen, da letztgenannte eine Schlusseintragung vorzunehmen haben. Auch hier erfolgt Bekanntmachung gem. § 19 Abs. 3 UmwG iVm § 10 HGB (im gemeinsamen Registerportal der Länder) zusammen mit dem Gläubigeraufruf.[96] 113a

Bei taggleicher Eintragung in die Register der übertragenden und übernehmenden Vereine erübrigt sich die Eintragung eines Wirksamkeitsvorbehalts. Die Register der übertragenden Vereine sind zu schließen (§§ 6 Abs. 4 S. 2, 4 Abs. 1, 29 VRV).[97] Der Gläubigeraufruf, der sowohl mit der Bekanntmachung beim übertragenden als auch mit der beim übernehmenden Verein erscheint, kann wie folgt lauten: 113b

Formulierungsbeispiel: Gläubigeraufruf[98] 113c

Den Gläubigern der an der Verschmelzung beteiligten Rechtsträger ist, wenn sie innerhalb von sechs Monaten nach dem Tag, an dem die Eintragung der Verschmelzung in das Register desjenigen Rechtsträgers, dessen Gläubiger sie sind, nach § 19 Abs. 3 UmwG bekannt gemacht worden ist, ihren Anspruch nach Grund und Höhe schriftlich anmelden, Sicherheit zu leisten, soweit sie nicht Befriedigung verlangen können. Dieses Recht steht ihnen jedoch nur zu, wenn sie glaubhaft machen, dass durch die Verschmelzung die Erfüllung ihrer Forderung gefährdet wird.

[95] Vgl. *Krafka* RegisterR-HdB Rn. 2226 f.
[96] Vgl. *Krafka* RegisterR-HdB Rn. 2228.
[97] Vgl. *Krafka* RegisterR-HdB Rn. 2229.
[98] Der Gläubigeraufruf erscheint mit der Veröffentlichung des Eintragungstextes, ist aber selbst **nicht eingetragen.**

114 Eine fehlerhafte Anmeldung ist bei behebbaren Mängeln nur nach erfolgloser Zwischenverfügung gem. § 382 Abs. 4 FamFG (→ Rn. 16ff.), bei nicht behebbaren Mängeln gem. § 60 BGB, § 382 Abs. 3 FamFG zurückzuweisen.

115 Formulierungsbeispiele für Registeranmeldungen des übernehmenden wie des übertragenden Vereins finden sich in → § 25 Rn. 3f.

115a **Eintragungsmuster: Verschmelzung zur Aufnahme (Register des übertragenden Vereins)**

Eintragung in Spalte 4b): Der Verein ist aufgrund des Verschmelzungsvertrags vom *** sowie des Beschlusses seiner Mitgliederversammlung vom *** und des Beschlusses der Mitgliederversammlung des übernehmenden Vereins vom *** mit dem *** *[Name des übernehmenden Vereins]* e.V. mit dem Sitz in *** (Amtsgericht *** VR ***) verschmolzen. Die Verschmelzung wird erst wirksam mit der Eintragung der Verschmelzung in das Register des übernehmenden Vereins.[99]

Eintragung in Spalte 5b): Verschmelzungsvertrag Bl. *** SB; Beschluss Bl. *** SB.

115b **Eintragungsmuster: Verschmelzung zur Aufnahme (Register des übernehmenden Vereins)**

Eintragung in Spalte 4b): Der *** *[Name des übertragenden Vereins]* e.V. mit dem Sitz in *** (Amtsgericht *** VR ***) ist aufgrund des Verschmelzungsvertrags vom *** sowie des Beschlusses der Mitgliederversammlung vom *** und des Beschlusses der Mitgliederversammlung des übertragenden Vereins vom *** mit dem Verein als übernehmendem Rechtsträger verschmolzen.

Eintragung in Spalte 5b): Verschmelzungsvertrag Bl. *** SB; Beschlüsse Bl. ***, *** SB.

116 **e) Besonderheiten bei Anmeldung der Verschmelzung zur Neugründung eines Vereins.** Für die Anmeldung dieser Art der Verschmelzung[100] gilt § 38 UmwG, der § 16 Abs. 1 UmwG verdrängt. Danach melden die Vereinsvorstände der übertragenden Vereine, jeweils in vertretungsberechtigter Anzahl, die Verschmelzung am jeweils zuständigen Registergericht der übertragenden Vereine und den neuen Verein samt Vorstand am für den neuen Verein zuständigen Registergericht an.

II. Weitere Tätigkeiten des Amtsgerichts und Eintragungen von Amts wegen in das Vereinsregister

117 Neben die den Kern der Registerverfahren bildenden Anmeldeverfahren treten weitere Tätigkeiten, die **auf Antrag** oder **von Amts wegen** vorzunehmen sind.

1. Antragsverfahren
- Bestellung und Abberufung gerichtlich bestellter Vorstandsmitglieder bzw. Liquidatoren nach § 29 BGB (→ Rn. 118ff.),
- Ermächtigung zur Einberufung einer Mitgliederversammlung (→ Rn. 147ff.).

2. Von Amts wegen vorzunehmende Tätigkeiten
- Eintragungen insolvenzrechtlicher Vorgänge (→ Rn. 164ff.),
- Löschungen von Amts wegen (→ Rn. 167ff.),
- Entziehung der Rechtsfähigkeit nach § 73 BGB (→ Rn. 177ff.).

---

[99] Der letzte Satz (Wirksamkeitsvorbehalt) entfällt bei taggleicher Eintragung, wenn die Register der beteiligten Vereine beim selben Amtsgericht geführt werden.

[100] Hierzu im Einzelnen → § 13 Rn. 126ff.

1. Gerichtliche Bestellung von Vorstandsmitgliedern (Notvorstand)

a) Überblick. Der Vorstand ist ein zwingend notwendiges Vereinsorgan (§ 26 Abs. 1 BGB), dem immer Vorstandsmitglieder in der zur gesetzlichen Vertretung erforderlichen Anzahl angehören müssen. Ohne sein Vertretungsorgan Vorstand kann der sonst handlungsunfähige Verein im Rechtsverkehr nicht auftreten. § 29 BGB will sicherstellen, dass ein Verein *handlungsfähig* bleibt. Notfalls soll das Amtsgericht auf Antrag eines Beteiligten berechtigt sein, einen Notvorstand zu bestellen. Diese Möglichkeit besteht von Gesetzes wegen unmittelbar für den **eingetragenen** (nichtwirtschaftlichen) und den konzessionierten wirtschaftlichen Verein. Nach zutreffender hM ist die Bestimmung auf den **nicht eingetragenen Verein** analog anzuwenden.[101] Umstritten, mE aber zu bejahen, ist auch die Anwendbarkeit auf politische Parteien in der Rechtsform des Vereins.[102] Besondere Bedeutung erlangt § 29 BGB über das Vereinsrecht hinaus durch seine entsprechende Anwendbarkeit auf alle juristischen Personen des Privatrechts, soweit keine speziellen Vorschriften bestehen.[103] 118

Befindet sich ein Verein in Liquidation, findet § 29 BGB entsprechende Anwendung, so dass auch die Bestellung eines **Notliquidators** in Betracht kommt, wenn die zur Vertretung des Vereins nötigen Liquidatoren fehlen. Die nachfolgenden Ausführungen gelten für den Notliquidator entsprechend. 119

b) Materielle Voraussetzungen. Das Gericht greift unter folgenden Voraussetzungen ein: 120
1. Erforderliche Vorstandsmitglieder fehlen (→ Rn. 121 ff.).
2. Es liegt ein dringender Fall vor (→ Rn. 127 ff.).

aa) Fehlen erforderlicher Vorstandsmitglieder. § 29 BGB setzt zunächst voraus, dass mindestens ein nach der Satzung für die Beschlussfassung (§ 28 BGB) oder Vertretung (§ 26 BGB) erforderliches Vorstandsmitglied im Vorstand fehlt. 121

Es ist folglich nicht erforderlich, dass alle Vorstandsämter bei Beschlussfassung besetzt sind, wenn die Satzung keine dahingehenden Bestimmungen enthält.[104] 122

Das **Fehlen** eines erforderlichen Vorstandsmitglieds kann sich aus rechtlichen oder tatsächlichen Gründen ergeben.[105] Dabei muss der **Grund** des Fehlens nicht dauerhaft vorliegen, sondern kann vorübergehenden Charakter haben oder nur für einen einzigen Vorgang gegeben sein.[106] 123

Gründe **tatsächlicher Art** können Tod, Amtsniederlegung, Ablauf der Amtszeit, Widerruf der Vorstandsbestellung, Abberufung des Vorstands,[107] Geschäftsunfähigkeit, Nichtigkeit der Vorstandswahl bei wirksamer Amtsbeendigung des bisherigen Vorstands,[108] lange Krankheit und Abwesenheit[109] sein.[110] 124

Eine **rechtliche Verhinderung** kann sich zB für die Beschlussfähigkeit des Vorstands aus dem Stimmverbot des § 34 BGB oder für die Vertretung aus dem Verbot des Insichgeschäfts nach § 181 BGB (Selbstkontrahieren bzw. Doppelvertretung) ergeben.[111] 125

---

[101] Palandt/*Ellenberger* BGB § 29 Rn. 1; MüKoBGB/*Leuschner* BGB § 29 Rn. 2 f.
[102] Vgl. statt vieler BeckOK BGB/*Schöpflin* BGB § 29 Rn. 2 mwN auch zur Gegenansicht.
[103] Ein Überblick hierzu findet sich bei BeckOK BGB/*Schöpflin* BGB § 29 Rn. 2.
[104] Ausf. → § 8 Rn. 175 ff.; BeckOK BGB/*Schöpflin* BGB § 28 Rn. 3 und § 29 Rn. 3; *Sauter/Schweyer/Waldner* Eingetragener Verein Rn. 245a; zur Abgrenzung zu weiteren „Vorstandsorganen" → § 9 Rn. 45 ff.
[105] MüKoBGB/*Leuschner* BGB § 29 Rn. 8; BeckOK BGB/*Schöpflin* BGB § 29 Rn. 4.
[106] Vgl. nur BeckOK BGB/*Schöpflin* BGB § 29 Rn. 4.
[107] BGHZ 86, 177 (183).
[108] BayObLG NJW-RR 2000, 254; LG Düsseldorf Rpfleger 1987, 72.
[109] Palandt/*Ellenberger* BGB § 29 Rn. 2.
[110] Weitere Beispiele für tatsächliche oder rechtliche Verhinderung finden sich in BeckOK BGB/*Schöpflin* BGB § 29 Rn. 4 mwN.
[111] BeckOK BGB/*Schöpflin* BGB § 29 Rn. 4; BayObLGZ 1989, 298 (306); *Krafka* RegisterR-HdB Rn. 2265; *Sauter/Schweyer/Waldner* Eingetragener Verein Rn. 293.

126 Abgrenzungsprobleme können sich etwa bei grundlegenden Streitigkeiten innerhalb des Vorstands bzw. des Vereins ergeben. Zwar ist deren Beilegung oder gar Entscheidung grundsätzlich nicht Aufgabe des Amtsgerichts, doch kann die Bestellung eines Notvorstands in Betracht kommen, wenn im Verein aufgrund massiver Differenzen überhaupt kein handlungsfähiger Vorstand mehr besteht[112] oder weil sich die vorhandenen Vorstandsmitglieder gegenseitig komplett blockieren (str.)[113] oder die Feststellung der Handlungsberechtigten rechtlich völlig unklar erscheint.[114] Die Verweigerung der Vornahme einer bestimmten Handlung führt idR nicht zum „Fehlen" des Vorstands. Anders ist dies aber bei der grundsätzlichen Verweigerung der Ausübung des Vorstandsamts.[115]

127 **bb) Dringender Fall.** Weitere Voraussetzung für das Tätigwerden des Gerichts ist es, dass ein dringender Fall vorliegt. Dies ist gegeben, wenn **sofortiges Handeln erforderlich** ist, um Schaden für den Verein oder andere Beteiligte zu vermeiden und das fehlende Vorstandsmitglied nicht oder nicht schnell genug im satzungsgemäßen Verfahren bestellt werden kann.[116] Unter Schaden ist dabei jede Beeinträchtigung von Rechtspositionen zu verstehen; ein Vermögensschaden muss nicht drohen.[117] Die Fallgestaltungen, die sofortiges Handeln erfordern können, sind vielfältig;[118] stets erforderlich ist aber neben der Dringlichkeit die **Unmöglichkeit rechtzeitiger Eigenbesetzung.**[119]

128 Ein dringender Fall liegt folglich insbesondere dann **nicht** vor, wenn der Verein selbst durch die Einberufung einer Mitgliederversammlung rechtzeitig die entsprechenden Vorstandsämter durch Wahlen neu besetzen könnte.[120] Ein Streit der Mitglieder des Bestellungsorgans ändert daran nichts,[121] jedenfalls soweit das Bestellungsgremium nicht aufgrund von Differenzen bis zur Handlungsunfähigkeit blockiert ist. Wird aber überzeugend dargelegt, dass sich keine zur Übernahme des Vorstandsamts bereite Person findet, die bestellt werden könnte, ist Dringlichkeit zu bejahen.[122]

129 Regelmäßig **entbehrlich** ist die Bestellung eines Notvorstands zur Einberufung einer Mitgliederversammlung, wenn noch ein eingetragenes Vorstandsmitglied vorhanden ist, weil dieses Mitglied zur Einberufung befugt ist.[123] Die Möglichkeit der Bestellung eines Prozesspflegers gem. § 57 ZPO schließt die Bestellung des Notvorstands nicht aus (und umgekehrt). Sobald einer der beiden Vertreter bestellt ist, fehlt es jedoch an der Dringlichkeit, soweit nicht eine Handlungslücke verbleibt.[124]

130 **c) Antragstellung.** Die gerichtliche Bestellung eines Vorstandsmitglieds erfolgt grundsätzlich nur auf **Antrag eines Beteiligten.** Eine Bestellung ohne Antrag kommt nur in Ausnahmefällen in Betracht, etwa damit einem Verein, der keinen Vorstand mehr hat, die Rechtsfähigkeit entzogen werden kann (§ 73 BGB, → Rn. 82, 177 ff.) oder zur Löschung eines seit langem ausgeschiedenen, aber noch eingetragenen alten Vorstands bei Fehlen

---

[112] BeckOK BGB/*Schöpflin* BGB § 29 Rn. 4 unter Verweis auf OLG Schleswig FGPrax 2013, 127 (128).
[113] Vgl. BeckOK BGB/*Schöpflin* BGB § 29 Rn. 4 mwN.
[114] *Sauter/Schweyer/Waldner* Eingetragener Verein Rn. 293.
[115] Vgl. MüKoBGB/*Leuschner* BGB § 29 Rn. 9, 11; Staudinger/*Schwennicke* BGB § 29 Rn. 6; *Krafka* RegisterR-HdB Rn. 2265; *Sauter/Schweyer/Waldner* Eingetragener Verein Rn. 293.
[116] Vgl. OLG Schleswig FGPrax 2013, 127 (128); *Krafka* RegisterR-HdB Rn. 2265; MüKoBGB/*Leuschner* BGB § 29 Rn. 10; Palandt/*Ellenberger* BGB § 29 Rn. 3; *Sauter/Schweyer/Waldner* Eingetragener Verein Rn. 293a; Soergel/*Hadding* BGB § 29 Rn. 8; Staudinger/*Schwennicke* BGB § 29 Rn. 12 ff.
[117] Vgl. *Sauter/Schweyer/Waldner* Eingetragener Verein Rn. 293a; Staudinger/*Schwennicke* BGB § 29 Rn. 13.
[118] Zahlreiche Beispiele aus der Rspr. finden sich bei BeckOK BGB/*Schöpflin* BGB § 29 Rn. 6; Staudinger/*Schwennicke* BGB § 29 Rn. 5.
[119] *Sauter/Schweyer/Waldner* Eingetragener Verein Rn. 293a; *Stöber/Otto* Rn. 527.
[120] BayObLG DB 1995, 2364; OLG Frankfurt a. M. Rpfleger 2001, 241.
[121] BeckOK BGB/*Schöpflin* BGB § 29 Rn. 6; MüKoBGB/*Leuschner* BGB § 29 Rn. 12.
[122] Vgl. *Sauter/Schweyer/Waldner* Eingetragener Verein Rn. 293a; *Stöber/Otto* Rn. 527.
[123] *Sauter/Schweyer/Waldner* Eingetragener Verein Rn. 157, 266.
[124] Vgl. BeckOK BGB/*Schöpflin* BGB § 29 Rn. 6; *Sauter/Schweyer/Waldner* Eingetragener Verein Rn. 293a.

eines neuen.[125] Legt ein Notvorstand sein Amt nieder, kann das Registergericht nach zutreffender Ansicht bei Fortdauer der Notsituation einen weiteren Notvorstand bestellen.[126]

131 **aa) Antragsberechtigung.** Antragsberechtigt ist jeder **Beteiligte,** der ein **berechtigtes Interesse** an der Vorstandsbestellung hat. Antragsberechtigt sind daher neben Vereinsmitgliedern, Vorstandsmitgliedern und Mitgliedern sonstiger Vereinsorgane auch Gläubiger des Vereins, Verfahrensgegner in Klageverfahren, Verbände, denen der Verein angehört, sowie generell alle sonstigen Personen, denen ohne Notbestellung ein Nachteil droht.[127] Die Beteiligteneigenschaft und damit die Antragsbefugnis muss bis zum Ende des Bestellungsverfahrens bestehen.[128]

132 **bb) Form und Inhalt des Antrags.** Der Antrag bedarf keiner besonderen Form. Er kann **schriftlich oder zu Protokoll** der Geschäftsstelle des Amtsgerichts (Registergerichts) gestellt werden. Die Voraussetzungen für die Notwendigkeit der Bestellung sind glaubhaft zu machen, etwa fehlende Tatsachen sind nach § 26 FamFG von Amts wegen zu ermitteln. Der Antragsteller kann – muss aber nicht – bestimmte Personen als Notvorstand vorschlagen.[129] Tut er dies, ist es zweckmäßig, Erklärungen dieser Personen beizufügen, aus denen sich ergibt, dass sie zur Amtsübernahme bereit sind. Das Gericht ist allerdings nicht an die Vorschläge gebunden.

133 **d) Zuständigkeit, Verfahren und Entscheidung des Gerichts.** Das Verfahren richtet sich nach den Bestimmungen der §§ 1–110 FamFG. Zuständig ist nach § 29 BGB das **Amtsgericht,** das das Vereinsregister für den Bezirk führt, in dem der Verein seinen Sitz hat. Funktionell zuständig ist der Rechtspfleger (§ 3 Nr. 1 lit. a RPflG). Das Amtsgericht wird als Abteilung der Freiwilligen Gerichtsbarkeit und nicht in seiner Eigenschaft als Registergericht iSd § 374 Nr. 4 FamFG tätig.[130]

134 Das Amtsgericht hat gem. § 26 FamFG von Amts wegen zu prüfen, ob die Voraussetzungen für eine Notvorstandsbestellung gegeben bzw. ob die erforderlichen Vorstandsmitglieder noch vorhanden sind.[131] Erforderlich und ausreichend ist, dass die Bestellungsvoraussetzungen **glaubhaft gemacht** wurden und Bestellungshindernisse nicht ersichtlich sind.[132]

135 Das Gericht hat die zu bestellende Person nach pflichtgemäßem Ermessen auszuwählen. Wurden Personen vorgeschlagen, kann das Gericht unter diesen wählen, ist aber an die Vorschläge nicht gebunden.[133] Sieht die Satzung des Vereins für den Vorstand eine bestimmte Qualifikation vor, soll das Gericht dies berücksichtigen, eine Abweichung hiervon ist möglich, dann aber zu begründen.[134] Das Gericht hat vor der Bestellung zu klären, dass die ausgewählte Person zur Übernahme des Vorstandsamtes bereit ist.

---

[125] Vgl. MüKoBGB/*Leuschner* BGB § 29 Rn. 14; *Sauter/Schweyer/Waldner* Eingetragener Verein Rn. 294; teilweise aA BeckOK BGB/*Schöpflin* BGB § 29 Rn. 8; vgl. auch BeckOGK/*Geißler* BGB § 73 Rn. 11ff.

[126] Ebenso: BeckOK BGB/*Schöpflin* BGB § 29 Rn. 14; *Krafka* RegisterR-HdB Rn. 2270; *Sauter/Schweyer/Waldner* Eingetragener Verein Rn. 305; Soergel/*Hadding* BGB § 29 Rn. 15; *Stöber/Otto* Rn. 542; aA: MüKoBGB/*Leuschner* BGB § 29 Rn. 19 Fn. 65; *Reichert* Rn. 2215; dazu auch → Rn. 142.

[127] Vgl. BeckOK BGB/*Schöpflin* BGB § 29 Rn. 7; MüKoBGB/*Leuschner* BGB § 29 Rn. 13; Staudinger/*Schwennicke* BGB § 29 Rn. 22ff.

[128] Vgl. BeckOK BGB/*Schöpflin* BGB § 29 Rn. 7.

[129] Vgl. *Krafka* RegisterR-HdB Rn. 2266.

[130] BeckOK BGB/*Schöpflin* BGB § 29 Rn. 9; *Krafka* RegisterR-HdB Rn. 2264.

[131] Vgl. BeckOK BGB/*Schöpflin* BGB § 29 Rn. 9.

[132] BeckOK BGB/*Schöpflin* BGB § 29 Rn. 9; Soergel/*Hadding* BGB § 29 Rn. 10.

[133] Vgl. BeckOK BGB/*Schöpflin* BGB § 29 Rn. 9; Staudinger/*Schwennicke* BGB § 29 Rn. 10.

[134] BayObLGZ 1980, 306 (313); BayObLG Rpfleger 1992, 114; KG FGPrax 2012, 207 (208); BeckOK BGB/*Schöpflin* BGB § 29 Rn. 9; Soergel/*Hadding* BGB § 29 Rn. 10; Staudinger/*Schwennicke* BGB § 29 Rn. 29.

135a Bei einer vom Antrag abweichenden Entscheidung ist dem Antragsteller **rechtliches Gehör** zu gewähren.[135] Ein Bestellungsantrag ist abzulehnen, wenn das Gericht keine geeignete und zur Übernahme des Vorstandsamtes bereite Person ermitteln kann.[136]

136 Da durch die Bestellungsentscheidung nicht stärker in die Vereinsautonomie eingegriffen werden darf, als dies zur Beseitigung der Notsituation erforderlich ist, darf das Gericht nur die nach Art und Dringlichkeit des Anlasses erforderlichen Vorstandsmitglieder bestellen.[137] Auch bei satzungsgemäß erforderlicher Gesamtvertretung kann daher im Einzelfall die Bestellung nur eines Vorstandsmitglieds ausreichend und zulässig sein.[138] Das gerichtlich bestellte Vorstandsmitglied erhält grundsätzlich die satzungsmäßigen Rechte, jedoch können der Umfang der Vertretungsmacht oder der Geschäftsführungsbefugnis im Bestellungsbeschluss eingeschränkt oder nötigenfalls im Rahmen der Satzung erweitert werden.[139] Möglich ist auch die Befristung der Bestellung (→ Rn. 140).

136a Die Entscheidung ergeht durch **zu begründenden Beschluss** (§ 38 Abs. 1–4 FamFG). Dies gilt insbesondere dann, wenn das Gericht Vorschlägen einzelner Beteiligter nicht folgt.[140]

137 **e) Wirkung der Entscheidung.** Der **Bestellungsbeschluss** hat konstitutive **rechtsgestaltende Wirkung.**[141] Er wird, selbst wenn die Bestellungsvoraussetzungen nicht vollständig erfüllt waren, mit der Bekanntmachung an den Bestellten wirksam.[142] Der Beschluss ist auch dem Antragsteller und etwa noch vorhandenen Vorstandsmitgliedern des betroffenen Vereins bekanntzumachen. Die **Berufung** in das Vorstandsamt selbst wird jedoch – nach allgemeinen Grundsätzen über die Vorstandsbestellung[143] – nicht vor **Annahme des Amtes** durch den Bestellten wirksam.[144] Die Annahme ist dem bestellenden Gericht gegenüber zu erklären.[145] Die Befugnisse des bestellten Vorstandsmitglieds richten sich nach der Satzung, soweit nicht der Bestellungsbeschluss anderes bestimmt.[146]

138 Die Bestellung der Vorstandsmitglieder sowie ggf. Beschränkungen oder Erweiterungen der Vertretungsmacht, nicht aber Befristungen der Bestellung[147], sind gem. §§ 67 Abs. 2, 64 BGB von Amts wegen im Vereinsregister einzutragen.[148] Die **Eintragung** hat nur deklaratorische Wirkung. Die Eintragung des Ausscheidens der evtl. noch eingetragenen Vorstandsmitglieder erfolgt erst aufgrund Anmeldung.[149]

---

[135] BayObLGZ 1980, 306 (309); BeckOK BGB/*Schöpflin* BGB § 29 Rn. 9; Soergel/*Hadding* BGB § 29 Rn. 10.

[136] BeckOK BGB/*Schöpflin* BGB § 29 Rn. 9.

[137] Vgl. BeckOK BGB/*Schöpflin* BGB § 29 Rn. 10; *Krafka* RegisterR-HdB Rn. 2267; Staudinger/*Schwennicke* BGB § 29 Rn. 20.

[138] So auch BeckOK BGB/*Schöpflin* BGB § 29 Rn. 12 mwN; *Stöber/Otto* Rn. 526; *Krafka* RegisterR-HdB Rn. 2267; Palandt/*Ellenberger* BGB § 29 Rn. 7; aA *Sauter/Schweyer/Waldner* Eingetragener Verein Rn. 299; OLG Schleswig Rpfleger 2013, 272.

[139] BayObLGZ 1980, 306; BeckOK BGB/*Schöpflin* BGB § 29 Rn. 10f.; MüKoBGB/*Leuschner* BGB § 29 Rn. 15.

[140] Vgl. MüKoBGB/*Leuschner* BGB § 29 Rn. 15.

[141] Er bindet damit etwa auch ein Prozessgericht, das nur die sachliche Zuständigkeit des bestellenden Gerichts nachprüfen kann; vgl. BGHZ 24, 47 (51); BeckOK BGB/*Schöpflin* BGB § 29 Rn. 10; *Krafka* RegisterR-HdB Rn. 2267; Soergel/*Hadding* BGB § 29 Rn. 11; Staudinger/*Schwennicke* BGB § 29 Rn. 33.

[142] So auch MüKoBGB/*Leuschner* BGB § 29 Rn. 17; Bekanntgabe auch an den Antragsteller fordern etwa Staudinger/*Schwennicke* BGB § 29 Rn. 33; BeckOK BGB/*Schöpflin* BGB § 29 Rn. 11.

[143] → § 8 Rn. 47ff.

[144] BeckOK BGB/*Schöpflin* BGB § 29 Rn. 11; *Krafka* RegisterR-HdB Rn. 2267; MüKoBGB/*Leuschner* BGB § 29 Rn. 18; Staudinger/*Schwennicke* BGB § 29 Rn. 34.

[145] So auch MüKoBGB/*Leuschner* BGB § 29 Rn. 17; weiter: *Reichert* Rn. 2200 (Annahme auch gegenüber etwaigen sonst vorhandenen Vorstandsmitgliedern möglich); ebenso BeckOK BGB/*Schöpflin* BGB § 29 Rn. 11.

[146] → Rn. 136; BeckOK BGB/*Schöpflin* BGB § 29 Rn. 11f.

[147] → § 8 Rn. 98; so auch *Krafka* RegisterR-HdB Rn. 2271.

[148] Vgl. nur *Krafka* RegisterR-HdB Rn. 2271.

[149] Vgl. BeckOK BGB/*Schöpflin* BGB § 29 Rn. 12.

f) Vergütung der Notvorstandsmitglieder. Auch bei einem Notvorstandsmitglied ist zwischen Bestellungsverhältnis (Organstellung) und Anstellungsverhältnis zu unterscheiden. Mit der Annahme des Vorstandsamtes kommt konkludent ein Anstellungsverhältnis (entgeltliches oder unentgeltliches Geschäftsbesorgungsverhältnis) mit dem Verein zustande. Ist nach den Umständen (ggf. auch nach der Satzung) ein Tätigwerden nur gegen Vergütung zu erwarten, steht dem Notvorstandsmitglied ein Vergütungsanspruch gegen den Verein zu, sonst ist es auf Aufwendungsersatzansprüche beschränkt.[150] Eine Person, die aufgrund ihres Berufes (zB Rechtsanwalt oder Steuerberater), zum Notvorstand bestellt wird, hat regelmäßig Anspruch auf eine Vergütung. Sie wird zudem die Bereitschaft zur Amtsübernahme von der Vereinbarung einer Vergütung abhängig machen.[151] Der Vergütungsanspruch richtet sich nicht gegen den Staat oder den Antragsteller, sondern nach § 612 BGB gegen den Verein.[152] Streitigkeiten über den Vergütungsanspruch fallen in den Zuständigkeitsbereich des Prozessgerichts, nicht des Registergerichts.[153] 139

g) Ende des Notvorstandsamtes. Die Bestellung endet, wenn sie befristet war, spätestens mit Ablauf der bestimmten Zeit. Außerdem endet sie, wenn der **Mangel behoben** wurde, zB wenn die Mitgliederversammlung oder ein anderes zuständiges Organ wirksam einen neuen Vorstand bestellt hat oder soweit die Notsituation bereinigt ist. Bei Bestellung für eine bestimmte Aufgabe endet das Amt des Notvorstands mit deren Erledigung.[154] Eine formelle Entlassungsverfügung ist nicht erforderlich; sie hätte nur klarstellende Bedeutung.[155] Im Übrigen bleibt die wirksame Vorstandsbestellung bis zur Aufhebung des Beschlusses in Kraft, selbst wenn die gesetzlichen Voraussetzungen für die Bestellung nicht gegeben waren.[156] 140

Ein Notvorstandsmitglied kann sein Amt wie ein reguläres Vorstandsmitglied **niederlegen** (→ § 8 Rn. 137ff.). 141

Während der Verein einen Notvorstand nicht abberufen kann, steht diese Möglichkeit, insbesondere die **Abberufung aus wichtigem Grunde,** dem bestellenden Amtsgericht zu.[157] Dazu ist kein Antrag von Vorstands- oder Vereinsmitgliedern nötig.[158] Dritte haben kein Antragsrecht.[159] Nach zutreffender Ansicht kann das Registergericht – wie bei Amtsniederlegung – auch nach Abberufung eines Notvorstands bei Fortdauer der Notsituation einen weiteren Notvorstand bestellen.[160] 142

Das Erlöschen des Amtes eines Notvorstands ist von Amts wegen im Vereinsregister einzutragen.[161] Es ist keine Anmeldung erforderlich. Die Eintragung im Vereinsregister erfolgt durch Rötung, ggf. mit dem Vermerk „Ausgeschieden" (§ 11 Abs. 1 S. 1, S. 2, S. 4 VRV). 143

h) Rechtsmittel. Gegen die Entscheidung des Gerichts ist das Rechtsmittel der **Beschwerde** nach §§ 58ff. FamFG möglich. Dies gilt sowohl wenn der Antrag auf Bestellung eines Notvorstands abgelehnt als auch wenn ein Notvorstand durch das Gericht bestellt wurde. Mit dem gleichen Rechtsmittel angreifbar ist auch der Beschluss über die 144

---

[150] BeckOK BGB/*Schöpflin* BGB § 29 Rn. 13.
[151] *Sauter/Schweyer/Waldner* Eingetragener Verein Rn. 301.
[152] BeckOK BGB/*Schöpflin* BGB § 29 Rn. 13; *Sauter/Schweyer/Waldner* Eingetragener Verein Rn. 301.
[153] So auch MüKoBGB/*Leuschner* BGB § 29 Rn. 19; *Reichert* Rn. 2205; BayObLG NJW-RR 1988, 1500; aA BeckOK BGB/*Schöpflin* BGB § 29 Rn. 13; *Sauter/Schweyer/Waldner* Eingetragener Verein Rn. 301.
[154] Vgl. BeckOK BGB/*Schöpflin* BGB § 29 Rn. 14; *Krafka* RegisterR-HdB Rn. 2269; MüKoBGB/*Leuschner* BGB § 29 Rn. 20; BayObLG MittBayNot 2005, 56.
[155] BeckOK BGB/*Schöpflin* BGB § 29 Rn. 14 mwN; MüKoBGB/*Leuschner* BGB § 29 Rn. 19.
[156] Vgl. *Krafka* RegisterR-HdB Rn. 2267; OLG Schleswig NJW 1960, 1862.
[157] Vgl. BeckOK BGB/*Schöpflin* BGB § 29 Rn. 14 mwN.
[158] So BeckOK BGB/*Schöpflin* BGB § 29 Rn. 14; *Krafka* RegisterR-HdB Rn. 2270; *Sauter/Schweyer/Waldner* Eingetragener Verein Rn. 306; aA MüKoBGB/*Leuschner* BGB § 29 Rn. 19.
[159] Vgl. nur BayObLGZ 1978, 243.
[160] → Rn. 130 mwN.
[161] BayObLGZ 1988, 170 (177).

Abberufung.[162] Das Rechtsmittel kann sich auch nur auf einzelne Teile des Beschlusses, zB die Beschränkung oder Erweiterung der Vertretungsmacht, beziehen. **Beschwerdeberechtigt** sind die Verfahrensbeteiligten, also neben dem Verein ggf. verbliebene Vorstandsmitglieder, Dritte, die ein dringendes rechtliches Interesse an der Bestellung eines Vorstandsmitglieds nach § 29 BGB haben, und sonstige Vereinsmitglieder, weil sie auch einen entsprechenden Bestellungsantrag hätten stellen können.[163] Die Beschwerde ist binnen Monatsfrist beim Amtsgericht schriftlich oder zur Niederschrift der Geschäftsstelle einzulegen.

i) Formulierungsbeispiele

145 **Formulierungsbeispiel: Antrag auf Notvorstandsbestellung (Grundmuster)**[164]

Sehr geehrte Damen und Herren,

Ich bin Mitglied [*Alt. 1:* Vorstandsmitglied] [*Alt. 2:* Gläubiger] des Vereins *** e.V. mit Sitz in ***. *** *[bei Nichtmitgliedern Schilderung des Sachverhalts, aus dem sich die Antragsberechtigung ergibt].*

Der Verein ist derzeit ohne Vorstand [*Alt.:* hat derzeit keine Vorstandsmitglieder in vertretungsberechtigter Zahl]. Dies ergibt sich aus folgendem Sachverhalt: *** *[Schilderung des Sachverhalts, aus dem sich das Fehlen der erforderlichen Vorstandsmitglieder ergibt].*

Das Eingreifen des Amtsgerichts ist dringend erforderlich. Es ist unmittelbares Handeln geboten, dem Verein droht ein Schaden. Dies ergibt sich aus folgendem Sachverhalt: *** *[Schilderung des Sachverhalts, aus dem sich die Dringlichkeit der Notvorstandsbestellung ergibt].*

Ich schlage mich als Notvorstandsmitglied vor.

[*Alt. 1:* Ich schlage folgende Person/en als Notvorstand vor: ***. Eine Erklärung, dass die vorgeschlagenen Personen zur Übernahme bereit sind, übersende ich in der Anlage.]

[*Alt. 2:* Vorschläge für geeignete Personen kann ich leider nicht machen.]

Ich **beantrage** daher gem. § 29 BGB, mich [*Alt. 1:* Herrn/Frau ***] [*Alt. 2:* eine geeignete Person] zum Notvorstand des Vereins zu bestellen.

146 **Formulierungsbeispiel: Antrag auf Notvorstandsbestellung wegen Rücktritts des gesamten Vorstands**[165]

Sehr geehrte Damen und Herren,

ich bin Mitglied des Vereins *** e.V. mit Sitz in ***. Am *** fand eine Mitgliederversammlung des Vereins statt. Im Verlauf dieser Mitgliederversammlung ist der gesamte Vorstand des Vereins zurückgetreten. Eine Neuwahl des Vorstands hat nicht stattgefunden. Der Verein hat daher zurzeit keinen gesetzlichen Vertreter.

Die noch im Vereinsregister eingetragenen Vorstandsmitglieder sind nicht bereit, eine außerordentliche Mitgliederversammlung zum Zwecke der Wahl eines neuen Vorstands einzuberufen Zum Nachweis füge ich Kopien meines diesbezüglichen Schreibens vom *** an die eingetragenen Vorstandsmitglieder und das Antwortschreiben des bisherigen Vorstands vom *** bei.

---

[162] Dazu BeckOK BGB/*Schöpflin* BGB § 29 Rn. 15; Soergel/*Hadding* BGB § 29 Rn. 16.

[163] Vgl. BeckOK BGB/*Schöpflin* BGB § 29 Rn. 15; *Krafka* RegisterR-HdB Rn. 2268; zur Antragsberechtigung einzelner Vereinsmitglieder KG FGPrax 2012, 207.

[164] Vollständiger Antrag → § 22 Rn. 10.

[165] Briefkopf, Betreff und Unterschriften wie im vollständigen Anmeldungsmuster → § 22 Rn. 10.

Das Eingreifen des Amtsgerichts ist dringend erforderlich. Es ist unmittelbares Handeln geboten, dem Verein droht ein Schaden. Dies ergibt sich aus folgendem Sachverhalt: *** *[Schilderung des Sachverhalts, aus dem sich die Dringlichkeit der Notvorstandsbestellung ergibt].*

Ich schlage mich als Notvorstandsmitglied vor.

[*Alt. 1:* Ich schlage folgende Person/en als Notvorstand vor: ***. Eine Erklärung, dass die vorgeschlagenen Personen zur Übernahme bereit sind, übersende ich in der Anlage.]

[*Alt. 2:* Vorschläge für geeignete Personen kann ich leider nicht machen.]

Ich **beantrage** daher gem. § 29 BGB, mich [*Alt. 1:* Herrn/Frau ***] [*Alt. 2:* eine geeignete Person] zum Notvorstand des Vereins zu bestellen.

Formulierungsbeispiel: Beschluss Notvorstandsbestellung 146a

Beschluss:

Zum **Notvorstand** wird

Herr/Frau *** *[Name, Anschrift]* bestellt.

Der Notvorstand ist alleine zur Vertretung des Vereins berechtigt.

Der Geschäftswert wird auf 5.000,00 EUR festgesetzt.[166]

Gründe:

Der Verein ist seit dem Rücktritt der im Vereinsregister eingetragenen Vorstandsmitglieder ohne Vorstand. Auf Antrag des Vereinsmitglieds *** vom ***, begründet mit Schreiben vom ***, war dem Verein gerichtlich gem. § 29 BGB ein Notvorstand zu bestellen. Es sind dringende Bankgeschäfte zu erledigen und eine Mitgliederversammlung zur satzungsgemäßen Neuwahl eines Vorstands einzuberufen und abzuhalten. Der eingetragene Vorstand ist nicht bereit, noch eine Mitgliederversammlung einzuberufen.

Herr/Frau *** erklärte sich mit Schreiben vom *** bereit, das Amt des Notvorstands zu übernehmen. Er/Sie ist seit längerem Vereinsmitglied und auch aufgrund seiner/ihrer beruflichen Qualifikation als *** geeignet, das Amt zu führen.

Eintragungsmuster: Eintragung des Notvorstands in Spalte 3b) des Vereinsregisters 146b

Von Amts wegen gem. § 67 Abs. 2 BGB eingetragen:

Notvorstand (§ 29 BGB): *** *[Name, Vorname, Wohnort, Geburtsdatum]*

Der Notvorstand vertritt den Verein alleine.

2. Antrag auf Ermächtigung zur Einberufung einer Mitgliederversammlung

a) Anwendungsbereich. Das Gesetz gibt in § 37 BGB einer Minderheit von Vereinsmitgliedern das Recht, die Einberufung einer Mitgliederversammlung zu verlangen und sie auch gegen den Willen des Einberufungsorgans, in der Regel also den des Vorstands, zu erzwingen (ausführlich zum Ganzen schon → § 7 Rn. 30ff.). Dieses Recht kann durch die Satzung auch nicht ausgeschlossen werden (§ 40 BGB), allerdings ist es möglich, in der Satzung das **Minderheitenquorum** abweichend von den gesetzlichen Bestimmungen festzusetzen.[167] Nach herrschender Ansicht kann die Satzung auch einen höheren Prozentsatz als die in § 37 BGB genannten 10 % erlauben. Das zur Einberufung berechtigte Quorum kann danach auch 20 oder 25 % betragen. Allerdings soll bei Vereinen mit sehr großer 147

[166] Zur Höhe des Geschäftswerts gem. § 67 Abs. 1 Nr. 3 GNotKG → Rn. 200, 203a.
[167] Dazu → § 7 Rn. 30.

Mitgliederzahl nur eine Abweichung nach unten möglich sein.[168] Nach § 37 Abs. 1 BGB ist

„die Mitgliederversammlung [...] zu berufen, wenn der durch die Satzung bestimmte Teil oder in Ermangelung einer Bestimmung der zehnte Teil der Mitglieder die Berufung schriftlich unter Angabe des Zweckes und der Gründe verlangt."

148 Wird dem ordnungsgemäß gestellten Verlangen nicht in angemessener Frist entsprochen, können die Mitglieder, die das Verlangen gestellt haben, beim Amtsgericht Antrag auf Ermächtigung zur Einberufung durch sie selbst stellen (§ 37 Abs. 2 BGB).

149 Sind nach der Satzung Aufgaben der Mitgliederversammlung ganz oder teilweise auf eine **Delegierten- oder Vertreterversammlung** oÄ übergegangen, ist § 37 BGB für die Einberufung entsprechend anwendbar.[169] Strittig ist diesbezüglich, ob auch die Minderheit der Delegierten einberufungsberechtigt ist. Dies ist zu bejahen.[170]

150 § 37 BGB ist auch auf **Vereine in Liquidation** anwendbar.[171] Das gleiche gilt für nicht eingetragene Vereine.[172]

151 **b) Antragsberechtigung, Form, Inhalt.** Antragsberechtigt sind die Mitglieder, die erfolglos einen zulässigen Antrag auf Einberufung einer Mitgliederversammlung gem. § 37 Abs. 1 BGB an das Einberufungsorgan[173] gerichtet haben. Der Antrag kann gem. § 25 Abs. 1 FamFG **schriftlich oder zur Niederschrift** der Geschäftsstelle des Amtsgerichts gestellt werden. Vertretung ist zulässig (→ § 7 Rn. 34). Er muss auf Ermächtigung zur Einberufung einer Mitgliederversammlung oder auf Ergänzung der Tagesordnung einer bereits einberufenen Versammlung gerichtet sein.

152 Inhalt des Antrags nach § 37 BGB:
- **Gründe** der Minderheit für das Verlangen zur Einberufung einer Mitgliederversammlung;
- **Zweck** der Mitgliederversammlung, also die Angabe, welche Beschlüsse gefasst werden sollen; es empfiehlt sich, den Zweck in Tagesordnungspunkte oder Beschlussgegenstände zu fassen.
- In dem Antrag ist auch darzulegen, dass die Voraussetzungen des § 37 Abs. 2 S. 1 BGB erfüllt sind und dass das Einberufungsorgan dem ordnungsgemäß gestellten Einberufungsantrag nicht (in angemessener Frist) entsprochen hat.[174]
- Angabe der Person des Versammlungsleiters, da das Gericht auch darüber entscheiden kann (§ 37 Abs. 2 S. 1 Hs. 2 BGB).

152a Entsprechendes gilt für den Antrag auf **Ergänzung der Tagesordnung** über Beratungs- und Beschlussgegenstände einer an sich ordnungsgemäß einberufenen Mitgliederversammlung.

153 **c) Zuständigkeit.** Örtlich zuständig ist nach § 37 Abs. 2 S. 2 BGB das Amtsgericht, das für den Bezirk, in dem der Verein seinen Sitz hat, das Vereinsregister führt. Funktionell zuständig ist der Rechtspfleger gem. § 3 Abs. 1 lit. a RPflG.

---

[168] *Sauter/Schweyer/Waldner* Eingetragener Verein Rn. 159; BeckOK BGB/*Schöpflin* BGB § 37 Rn. 4 mwN auch zur aA: MüKoBGB/*Leuschner* BGB § 37 Rn. 14.

[169] OLG Frankfurt a. M. Rpfleger 1973, 54; BeckOK BGB/*Schöpflin* BGB § 37 Rn. 2; MüKoBGB/*Leuschner* BGB § 37 Rn. 12; Palandt/*Ellenberger* BGB § 37 Rn. 2.

[170] → § 7 Rn. 39; so auch MüKoBGB/*Leuschner* BGB § 37 Rn. 12; *Sauter/Schweyer/Waldner* Eingetragener Verein Rn. 170; aA *Stöber/Otto* Rn. 770.

[171] Vgl. nur *Krafka* RegisterR-HdB Rn. 2283.

[172] MüKoBGB/*Leuschner* BGB § 37 Rn. 18; BeckOK BGB/*Schöpflin* BGB § 37 Rn. 2; Soergel/*Hadding* BGB § 37 Rn. 3.

[173] → § 7 Rn. 31–38, 41; zur Problematik, wer „Einberufungsorgan" ist, → § 7 Rn. 32; BeckOK BGB/*Schöpflin* BGB § 37 Rn. 6; MüKoBGB/*Leuschner* BGB § 37 Rn. 3.

[174] BeckOK BGB/*Schöpflin* BGB § 37 Rn. 5; *Krafka* RegisterR-HdB Rn. 2283; → Rn. 155 ff.

d) Verfahren. Das Verfahren richtet sich nach den Bestimmungen des FamFG.[175] Dem Vorstand oder anderen Einberufungsorgan ist **rechtliches Gehör** zu gewähren (§ 103 Abs. 1 GG). Die Anhörung soll auch dann erfolgen, wenn der Rechtspfleger beabsichtigt, den Antrag der Minderheit abzulehnen.[176] Sie darf nur unterbleiben, wenn sie aus Gründen, die das Einberufungsorgan selbst zu vertreten hat oder die in seiner Person liegen, nicht möglich ist. 154

Beispiel:

Der gesamte Vorstand ist nicht erreichbar, weil er sich mit unbekanntem Ziel im Urlaub befindet.

e) Bearbeitung durch das Gericht. Das Gericht prüft von Amts wegen (§ 26 FamFG) das Vorliegen der Voraussetzungen des § 37 BGB. Zu prüfen sind die formelle Zulässigkeit des Antrags und seine materielle Begründetheit. Dazu gehört die Prüfung, ob die Mitgliederversammlung für den betreffenden Gegenstand zuständig und das Verlangen von einem schutzwürdigen Interesse getragen ist oder ob es offensichtlich rechtsmissbräuchlich erfolgt.[177] Außerdem ist festzustellen, ob der an das Amtsgericht gerichtete Antrag von einer ausreichenden Zahl Mitglieder (→ Rn. 156) getragen wird und ob diese bereits fruchtlos einen zulässigen Antrag an das Einberufungsorgan (→ Rn. 157) gestellt haben. 155

aa) Antrag der Minderheit. Der Berechnung der Zahl der Mitglieder, die das Minderheitenrecht ausüben müssen, ist der Mitgliederstand zu dem Zeitpunkt, in dem das Verlangen beim Vorstand eingeht, zugrunde zu legen. Mitglieder sind alle die Personen, die das Recht haben, an einer (außerordentlichen) Mitgliederversammlung teilzunehmen (zB auch Fördermitglieder). Es kommt nicht auf das Stimmrecht an.[178] Das Amtsgericht kann vom Vorstand jederzeit eine schriftliche **Bescheinigung über die Zahl der Vereinsmitglieder** verlangen (§ 72 BGB). Nachweispflichtig ist nicht die beantragende Minderheit. Der Vorstand kann zur Vorlage dieser Bescheinigung ggf. durch Zwangsgeld (§ 78 Abs. 1 BGB; → Rn. 180 ff.) angehalten werden. Die Minderheit berechnet sich gem. § 37 Abs. 1 BGB (10% der Mitglieder), wenn nicht in der Satzung ein anderer Anteil festgelegt wurde. 156

Sowohl das vereinsinterne Einberufungsverlangen als auch der Ermächtigungsantrag an das Amtsgericht müssen vom nötigen Minderheitenquorum gestellt werden. Dabei genügt es, wenn die Minderheit durch eine oder mehrere Personen vertreten wird. Zur Vereinfachung des weiteren Verfahrens ist es sicher ratsam, im vereinsinternen Einberufungsverlangen eine Person für das weitere Verfahren schriftlich zu bevollmächtigen.[179] 156a

bb) Fruchtloses vereinsinternes Einberufungsverlangen. Das an das vereinsintern zuständige Einberufungsorgan gerichtete Verlangen auf Einberufung einer Mitgliederversammlung muss **schriftlich** gestellt worden sein (§ 126 BGB); daneben ist elektronische Form gem. § 126a BGB möglich. Wichtig ist, dass alle Angehörigen der Minderheit den Antrag unterschreiben oder identische Schriftsätze übersenden.[180] Der Antrag muss zugegangen sein; bei Zuständigkeit des Vorstands genügt nach § 26 Abs. 2 S. 2 BGB der Zugang an ein Vorstandsmitglied.[181] Es ist sinnvoll, dem Einberufungsorgan eine angemessene Frist zur Entscheidung über das Verlangen zu setzen, nach deren fruchtlosem Ablauf der Ermächtigungsantrag beim Gericht gestellt wird. 157

175 *Krafka* RegisterR-HdB Rn. 2284.
176 Vgl. *Krafka* RegisterR-HdB Rn. 2284.
177 Vgl. *Stöber/Otto* Rn. 663; *Krafka* RegisterR-HdB Rn. 2284.
178 → § 7 Rn. 31.
179 → § 7 Rn. 43; BayObLG NJW-RR 1986, 1499; *Reichert* Rn. 1292; *Krafka* RegisterR-HdB Rn. 2284; aA *Sauter/Schweyer/Waldner* Eingetragener Verein Rn. 164; *Stöber/Otto* Rn. 661; missverständlich KG NJW-RR 1999, 1488.
180 → § 7 Rn. 33 f.
181 → § 7 Rn. 34.

158 Ohne schriftliche Ablehnung gilt der vereinsinterne Antrag auch als **abgelehnt,** wenn das Einberufungsorgan die Versammlung auf einen unzumutbaren Zeitpunkt oder an einem nicht zumutbaren Ort anberaumt.[182]

159 **f) Entscheidung.** Die Entscheidung des Amtsgerichts ergeht durch Beschluss. Ermächtigt werden können alle Antragsteller oder deren Vertreter. Die Entscheidung hat den Zweck der Versammlung in Form der Tagesordnung zu bezeichnen. In der Ermächtigung können auch Anordnungen über den Vorsitz in der Versammlung getroffen werden (§ 37 Abs. 2 S. 1 Hs. 2 BGB). Mit dem Vorsitz braucht nicht ein Mitglied des Vorstands oder der Minderheit beauftragt zu werden; er kann auch einem anderen Vereinsmitglied oder einem Dritten, soweit dies nach der Satzung zulässig ist, übertragen werden. Auch Zeit und Ort der Versammlung können festgelegt oder zeitliche Grenzen gesetzt werden.[183] Trotz einer Ermächtigung kann dennoch das vereinsinterne Einberufungsorgan zu einer Mitgliederversammlung einladen.[184]

160 Die Entscheidung wird nach § 40 Abs. 1 FamFG mit **Bekanntgabe** an die Antragsteller wirksam. Förmliche Zustellung ist kein Wirksamkeitserfordernis,[185] auch nicht Eintritt der Rechtskraft. Der Beschluss wird überflüssig, wenn bis zur Entscheidung alle Antragsteller den Verein verlassen haben oder eine im Beschluss genannte Einberufungsfrist nicht beachtet wird. Der Beschluss kann mit dem Rechtsmittel der Beschwerde gem. § 11 RPflG, §§ 58, 63 FamFG angegriffen werden. Beschwerdeberechtigt sind der Verein, vertreten durch den Vorstand, oder die antragstellende Minderheit, soweit ihrem Antrag nicht entsprochen wurde.[186] Das Beschwerdegericht kann mittels einstweiliger Anordnung das Wirksamwerden der Ermächtigung verhindern.[187] Der Beschluss ist mit einer Rechtsbehelfsbelehrung zu versehen.

161 Für die Einberufung der Mitgliederversammlung aufgrund der Ermächtigung gelten die entsprechenden Bestimmungen der Satzung. Allerdings sind die Beschlussvorgaben hinsichtlich der Tagesordnung, der Frist etc. zu berücksichtigen. Die ermächtigten Mitglieder haben auf die Ermächtigung Bezug zu nehmen (§ 37 Abs. 2 S. 3 BGB). Beschlüsse, die nicht vom Rahmen der Ermächtigung umfasst waren, sind unwirksam. Wurde die Mitgliederversammlung von der Minderheit fehlerhaft einberufen, so erstreckt sich die gerichtliche Ermächtigung auch auf die ordnungsgemäße Einberufung einer weiteren Versammlung, solange eine eventuell festgelegte Frist noch nicht abgelaufen ist.[188]

162 Die erteilte Ermächtigung nach § 37 Abs. 2 BGB ist auch dann wirksam, wenn die Voraussetzungen nicht oder nicht alle erfüllt waren. Die auf ihrer Grundlage einberufene Versammlung kann wirksame Beschlüsse fassen.[189]

163 **g) Formulierungsbeispiele.** Ein Muster eines Antrags auf Ermächtigung zur Einberufung einer Mitgliederversammlung findet sich in → § 22 Rn. 11.

---

[182] Vgl. BayObLGZ 2004, 177.
[183] Vgl. *Stöber/Otto* Rn. 665; *Krafka* RegisterR-HdB Rn. 2285.
[184] OLG Stuttgart NJW-RR 2004, 249; BayObLGZ 2004, 177; *Krafka* RegisterR-HdB Rn. 2283; BeckOK BGB/*Schöpflin* BGB § 37 Rn. 10.
[185] → § 7 Rn. 48; *Stöber/Otto* Rn. 667; aA *Krafka* RegisterR-HdB Rn. 2285, 2287; MüKoBGB/*Leuschner* BGB § 37 Rn. 8.
[186] → § 7 Rn. 39; BeckOK BGB/*Schöpflin* BGB § 37 Rn. 11; *Krafka* RegisterR-HdB Rn. 2288.
[187] Vgl. MüKoBGB/*Leuschner* BGB § 37 Rn. 9.
[188] *Stöber/Otto* Rn. 671.
[189] Vgl. MüKoBGB/*Leuschner* BGB § 37 Rn. 11.

Formulierungsbeispiel: Ermächtigungsbeschluss zur Einberufung einer Mitgliederversammlung 163a

Beschluss:

Auf Antrag der durch *** *[Name, Anschrift]* vertretenen *** Mitglieder des *** *[Vereinsname]* werden die folgenden Antragsteller *** *[alle Namen der an der Minderheit Beteiligten]* gem. § 37 Abs. 2 BGB [*ggf.:* iVm § *** der Vereinssatzung] **ermächtigt,** eine Mitgliederversammlung einzuberufen mit der Tagesordnung *** [*zB:* Neuwahl des Vorstands].

Die Mitgliederversammlung ist bis *** *[Datum]* in ein von den ermächtigten Antragstellern zu bestimmendes Versammlungslokal am Ort des Vereinssitzes einzuberufen.

Den Vorsitz in dieser Mitgliederversammlung führt das Vereinsmitglied *** *[Name, Anschrift].*

Der Geschäftswert wird auf 5.000,00 EUR festgesetzt.[190]

Gründe:

Auf den Antrag des *** vom *** wird Bezug genommen. Der Antrag ist gem. § 37 Abs. 2 BGB iVm § *** der Vereinssatzung ordnungsgemäß gestellt.

Der Antrag ist auch sachlich begründet. Die Neuwahl des Vorstands obliegt der Mitgliederversammlung. Der Vorstand hat daher einem entsprechenden Verlangen auf Einberufung der Mitgliederversammlung nachzukommen (§ 37 Abs. 1 BGB). Dieses Verlangen ist im vorliegenden Fall von der erforderlichen Anzahl von Vereinsmitgliedern gestellt worden (§ *** der Vereinssatzung). Da der Vorstand diesem Verlangen nicht entsprochen hat, waren die Antragsteller gem. § 37 Abs. 2 BGB zur Berufung einer Mitgliederversammlung zu ermächtigen. Die Tagesordnung war entsprechend festzulegen.

Um weitere Konflikte im Verlauf der Mitgliederversammlung zu vermeiden, erschien es angebracht, die Führung des Vorsitzes in dieser Mitgliederversammlung [*ggf.:* antragsgemäß] Herrn/Frau *** zu übertragen (§ 37 Abs. 2 BGB).

3. Eintragungen im Zusammenhang mit Insolvenzverfahren

Im Zusammenhang mit Insolvenzverfahren hat das Gericht nach § 75 BGB von Amts wegen einzutragen:[191] **164**

a) die **Eröffnung des Insolvenzverfahrens** und die damit nach § 42 Abs. 1 BGB verbundene Auflösung des Vereins (§ 75 Abs. 1 S. 1 BGB);
b) die **rechtskräftige Abweisung** der Eröffnung des Insolvenzverfahrens mangels Masse und die damit nach § 42 Abs. 1 BGB verbundene Auflösung des Vereins (§ 75 Abs. 1 S. 1 BGB);
c) die **Aufhebung des Eröffnungsbeschlusses** (§ 75 Abs. 1 S. 2 Nr. 1 BGB);
d) die Bestellung eines **vorläufigen Insolvenzverwalters,** wenn zusätzlich dem Schuldner (Verein) ein allgemeines Verfügungsverbot auferlegt oder angeordnet wird, dass Verfügungen des Schuldners nur mit Zustimmung des vorläufigen Insolvenzverwalters wirksam sind, und die Aufhebung einer derartigen Sicherungsmaßnahme (§ 75 Abs. 1 S. 2 Nr. 2 BGB);
e) die Anordnung der **Eigenverwaltung** durch den Schuldner und deren Aufhebung sowie die Anordnung der Zustimmungsbedürftigkeit bestimmter Rechtsgeschäfte des Schuldners (§ 75 Abs. 1 S. 2 Nr. 3 BGB);
f) die **Einstellung und die Aufhebung des Verfahrens** (§ 75 Abs. 1 S. 2 Nr. 4 BGB) und

[190] Zur Höhe des Geschäftswerts → Rn. 203a.

[191] Nach § 10 Abs. 4 VRV haben die Eintragungsvermerke gem. § 75 BGB nicht den Hinweis auf die gesetzliche Grundlage und den Vermerk „Von Amts wegen eingetragen." zu enthalten.

g) die Überwachung der Erfüllung eines **Insolvenzplans** und die Aufhebung der Überwachung (§ 75 Abs. 1 S. 2 Nr. 5 BGB).

164a **Eintragungsmuster: Eintragungen bei Insolvenz des Vereins in Spalte 4b) des Vereinsregisters**

Zu → Rn. 164 lit. a: Über das Vermögen des Vereins ist durch Beschluss des Amtsgerichts *** vom *** (Az.: ***) das Insolvenzverfahren eröffnet worden. Der Verein ist dadurch aufgelöst.

Zu → Rn. 164 lit. b: Die Eröffnung des Insolvenzverfahren über das Vermögen des Vereins ist durch rechtskräftigen Beschluss des Amtsgerichts *** vom *** (Az.: ***) mangels Masse abgelehnt worden. Der Verein ist aufgelöst.

Zu → Rn. 164 lit. c: Der Beschluss des Amtsgerichts *** vom *** (Az.: ***) über die Eröffnung des Insolvenzverfahrens ist aufgehoben.

Zu → Rn. 164 lit. d: Durch Beschluss des Amtsgerichts *** vom *** (Az.: ***) wurde ein vorläufiger Insolvenzverwalter bestellt und dem Schuldner ein allgemeines Verfügungsverbot auferlegt und angeordnet, dass Verfügungen des Schuldners nur mit Zustimmung des vorläufigen Insolvenzverwalters wirksam sind.

Zu → Rn. 164 lit. e: Durch Beschluss des Amtsgerichts *** vom *** (Az.: ***) wurde die Anordnung der Eigenverwaltung aufgehoben.

Zu → Rn. 164 lit. f: Das Insolvenzverfahren ist durch Beschluss des Amtsgerichts *** vom *** (Az.: ***) aufgehoben worden.

Zu → Rn. 164 lit. g: Das Insolvenzverfahren ist durch Beschluss des Amtsgerichts *** vom *** (Az.: ***) nach Bestätigung des Insolvenzplans aufgehoben. Die Erfüllung des Insolvenzplans wird überwacht.

164b Wird nach Eintragung der Bestellung des vorläufigen Insolvenzverwalters samt Verfügungsbeschränkung bzw. -verbot für den Schuldner das Insolvenzverfahren eröffnet, so erfolgt die Eintragung des Sachverhalts iSv → Rn. 164 lit. a. Gleichzeitig wird die vorhergehende Eintragung (→ Rn. 164 lit. d) gem. § 11 Abs. 1 VRV gerötet.

165 Beschließt die Mitgliederversammlung nach § 42 Abs. 1 S. 2 BGB die Fortsetzung des Vereins, nachdem das Insolvenzverfahren auf Antrag des Schuldners eingestellt wurde oder nachdem es nach der Bestätigung eines Insolvenzplans, der den Fortbestand des Vereins vorsieht, aufgehoben wurde, hat der Vorstand die Fortsetzung des Vereins zur Eintragung anzumelden (§ 75 Abs. 2 BGB). Diese Eintragung erfolgt **nicht** von Amts wegen.[192] Dieser Eintragung geht jedoch die Eintragung der Aufhebung des Insolvenzverfahrens (→ Rn. 164a lit. g) und die Rötung der der Vereinsauflösung zugrunde liegenden Eintragungen (§ 11 Abs. 1 VRV) voraus.

165a **Eintragungsmuster: Eintragung der Fortsetzung des Vereins bei Insolvenz in Spalte 4b) des Vereinsregisters**

Die Mitgliederversammlung vom *** hat die Fortsetzung des durch die Eröffnung des Insolvenzverfahrens aufgelösten Vereins beschlossen.

166 Zum Verein in der Insolvenz ausführlich → § 13 Rn. 346ff. und → § 18 Rn. 8ff.

4. Amtslöschung

167 a) **Grundlagen.** Nach § 395 FamFG kann das Registergericht Eintragungen, die wegen des Mangels einer wesentlichen Voraussetzung unzulässig sind, von Amts wegen löschen. Funktionell zuständig ist der Rechtspfleger (§ 3 Abs. 1 lit. a RPflG). Das Verfahren setzt die anfängliche oder nachträgliche **Unzulässigkeit der Eintragung** voraus, die auf den

192 → Rn. 98.

Mangel einer wesentlichen Eintragungsvoraussetzung zurückzuführen ist. Registereintragung iSd § 395 FamFG ist auch die Löschung einer Eintragung.[193] Dabei kommt es darauf an, dass die **Unrichtigkeit noch zum Zeitpunkt der Löschung** besteht.[194]

168 **b) Prüfungsgegenstand.** Voraussetzung einer Amtslöschung ist, dass die Unzulässigkeit der betreffenden Eintragung nach Überprüfung aller hierfür maßgeblichen Umstände zu bejahen ist. Das Gericht hat nach pflichtgemäßem Ermessen zu prüfen, ob eine Eintragung trotz Fehlens einer wesentlichen Voraussetzung erfolgte. Es muss sich um einen **wesentlichen Mangel** handeln und das Fortbestehen der Eintragung muss Schädigungen Berechtigter zur Folge haben oder dem öffentlichen Interesse widersprechen.[195]

169 Der Mangel einer wesentlichen Voraussetzung kann materiell-rechtlicher oder verfahrensrechtlicher Art sein. Der Mangel kann schon **zum Zeitpunkt der Eintragung** vorgelegen haben, oder die Eintragung ist **nachträglich unrichtig** geworden.[196] Bei deklaratorischen Eintragungen (zB Vorstandswechsel) können sich beachtliche wesentliche Mängel regelmäßig nicht aus Fehlern im Anmeldeverfahren ergeben, wenn der der Eintragung zugrundeliegende Beschluss rechtsfehlerfrei zustande gekommen ist. Demgegenüber können Mängel konstitutiver Eintragungen (zB Satzungsänderungen) sich auch aus Verfahrensfehlern ergeben.[197] Stets unbeachtlich sind Verstöße gegen Sollvorschriften oder die Form der Anmeldung (§ 77 BGB).[198]

Beispiele:

Wesentliche Mängel, die zur **Löschung des Vereins** führen können: Wesentliche Mängel der Satzung, Verfolgung eines unzulässigen Zwecks (zB wirtschaftlicher Geschäftsbetrieb), Unwirksamkeit der Gründung.

Wesentliche Mängel, die zur **Löschung eines Vorstandsmitglieds** führen können: Unwirksamkeit der Wahl, Eintragung nach Ablauf der Amtszeit.

Wesentliche Mängel, die zur **Löschung von Satzungsänderungen** führen können: Unwirksamkeit der Beschlussfassung (zB bei fehlerhafter Einberufung der Mitgliederversammlung ohne Heilung des Ladungsmangels), keine oder Anmeldung durch das falsche Organ, Verstoß der Satzungsänderung gegen gesetzliche Vorschriften (§ 134 BGB).

169a Wurde eine Verschmelzung trotz Mängel in das Vereinsregister des übernehmenden Rechtsträgers eingetragen, bleibt sie dennoch wirksam (§§ 20 Abs. 1 Nr. 4, Abs. 2, 36 UmwG). Amtslöschung der Eintragung der Verschmelzung kommt nicht in Betracht.[199] Entsprechendes gilt für Spaltung (§ 125 iVm § 20 UmwG) und Formwechsel (§ 202 UmwG).

170 Die Löschung von Vereinen, deren satzungsmäßiger Zweck unzulässig ist, kommt sowohl in Betracht, wenn der Zweck von Anfang an auf einen wirtschaftlichen Geschäftsbetrieb gerichtet war, als auch, wenn sich der Verein erst nachträglich vom Ideal- zum Wirtschaftsverein entwickelt hat. Maßgeblich ist die tatsächliche Betätigung des Vereins nach dem „vom Vereinswillen getragenen Gesamtgebaren".[200] § 395 FamFG erfasst sowohl die offene als auch die verdeckte **Rechtsformverfehlung.**

171 **c) Entscheidung des Gerichts.** Das Amtslöschungsverfahren kann von jedermann **angeregt werden** (§ 24 Abs. 1 FamFG). Auch die Einleitung von Amts wegen ist möglich.

[193] BeckOK FamFG/*Otto* FamFG § 395 Rn. 15.
[194] MüKoFamFG/*Krafka* FamFG § 395 Rn. 7; BeckOK FamFG/*Otto* FamFG § 395 Rn. 19.
[195] OLG Köln FGPrax 2009, 82 (83); so auch BeckOK BGB/*Schöpflin* BGB § 55 Rn. 6f.; *Krafka* RegisterR-HdB Rn. 2260; *Sauter/Schweyer/Waldner* Eingetragener Verein Rn. 448f.
[196] Vgl. *Krafka* RegisterR-HdB Rn. 2253.
[197] Vgl. *Krafka* RegisterR-HdB Rn. 2255.
[198] Vgl. BayObLGZ 1971, 266 (269); *Krafka* RegisterR-HdB Rn. 2259.
[199] → Rn. 113a.
[200] BVerwG NJW 1998, 1166 (1167) bzgl. Scientology-Kirche Stuttgart.

Folgt das Gericht einer Anregung nicht, hat es nach § 24 Abs. 2 FamFG denjenigen, der die Einleitung angeregt hat, darüber zu unterrichten, soweit ein berechtigtes Interesse an der Unterrichtung ersichtlich ist.

172 Leitet das Gericht ein Verfahren ein, kommt es aber zu dem Ergebnis, dass die Eintragung nicht zweifelsfrei unzulässig ist, unterbleibt die Löschung. Der die Löschung Anregende ist zur Klärung vorhandener Zweifelsfragen auf den Prozessweg zu verweisen.[201] Bei **unklarer Rechtslage** hat ebenfalls keine Löschung zu erfolgen; dies gilt auch bei Streitigkeiten über die Rechts- und Sachlage. Das Gericht hat keine umfassende Beweisaufnahme durchzuführen.[202]

173 Sieht das Gericht die Löschungsvoraussetzungen als gegeben an, ist es zur Löschung berechtigt, aber nicht verpflichtet. Eine Löschung ist vor allem dann veranlasst, wenn das Fortbestehen der Eintragung Schädigungen Berechtigter zur Folge hätte oder dem öffentlichen Interesse widerspräche.[203]

174 Beabsichtigt das Gericht eine Löschung, ist dies dem Verein, vertreten durch den Vorstand, nach § 395 Abs. 2 FamFG unter Setzung einer angemessenen Frist zur Geltendmachung eines Widerspruchs **anzudrohen.** Ist die Löschung eines Vereinsorgans beabsichtigt, ist auch das betroffene Organ zu benachrichtigen. Diese Benachrichtigung ist zuzustellen. Das Gericht kann einen erhobenen Widerspruch durch Beschluss (unter Entscheidung über die Kosten des Widerspruchverfahrens, § 395 Abs. 3 iVm § 393 Abs. 4 FamFG) zurückweisen; der Beschluss ist mit der Beschwerde anfechtbar (§ 395 Abs. 3 iVm § 393 Abs. 3 FamFG). Die Löschung darf in diesem Fall nach § 395 Abs. 3 iVm § 393 Abs. 5 FamFG nur erfolgen, wenn der den Widerspruch zurückweisende Beschluss rechtskräftig geworden ist.

175 Wird Widerspruch nicht erhoben oder der Widerspruch **rechtskräftig zurückgewiesen,** kann das Gericht die Löschung vornehmen (§ 395 Abs. 3 iVm § 393 Abs. 5 FamFG). Die Eintragung der Löschung ist dem Verein nach § 383 FamFG bekannt zu machen, einer Zustellung bedarf es nicht. Die Eintragung ist nicht anfechtbar (§ 383 Abs. 3 FamFG), jedoch kann nach § 24 FamFG angeregt werden, den vorgenommenen Löschungsvermerk wieder von Amts wegen zu löschen.[204]

176 Bei Löschung der Eintragung eines Vereins verliert dieser die Rechtsfähigkeit. Bei Löschung sonstiger konstitutiver Eintragungen wird der frühere Rechtszustand (zB Geltung der alten Satzungsfassung) wiederhergestellt. Bei Löschung deklaratorischer Eintragungen ändert sich die Rechtslage durch die Löschung nicht.

5. Entziehung der Rechtsfähigkeit

177 Das Amtsgericht hat einem Verein, dessen **Mitgliederzahl unter drei** herabsinkt, nach § 73 BGB die Rechtsfähigkeit zu entziehen.[205] Dies erfolgt auf Antrag des Vorstands. Wird der Antrag nicht innerhalb von drei Monaten gestellt, erfolgt die Löschung von Amts wegen nach Anhörung des Vorstands. Funktionell zuständig für das Verfahren ist nach § 3 Nr. 1 lit. a RPflG der Rechtspfleger. Zur Feststellung der Mitgliederzahl kann das Gericht nach § 72 BGB vom Vorstand die Einreichung einer schriftlichen Bescheinigung über die Zahl der Vereinsmitglieder verlangen (→ Rn. 156) und die Erfüllung der Verpflichtung ggf. durch Zwangsmittel durchsetzen (→ Rn. 180 ff.).

178 Erlässt das Gericht einen Beschluss über die Entziehung der Rechtsfähigkeit, ist er allen Vorstandsmitgliedern **zuzustellen.** Existiert kein Vorstand, kann für die Zustellung ein

---

[201] OLG Köln FGPrax 2009, 82 (83); *Sauter/Schweyer/Waldner* Eingetragener Verein Rn. 449.
[202] Vgl. *Krafka* RegisterR-HdB Rn. 2260; *Stöber/Otto* Rn. 1423; BGH FGPrax 2012, 169 (171).
[203] OLG Köln FGPrax 2009, 82 (83); *Stöber/Otto* Rn. 1422.
[204] BeckOK FamFG/*Otto* FamFG § 395 Rn. 65.
[205] *Krafka* RegisterR-HdB Rn. 2278 weist darauf hin, dass das Verfahren durch das Gericht einstweilig zurückgestellt werden kann, wenn vom Vorstand glaubhaft gemacht wird, dass die Zahl der Mitglieder sich alsbald wieder auf mindestens drei erhöhen wird.

Notvorstand nach § 29 BGB[206] bestellt werden.[207] Der Beschluss wird nach § 401 FamFG mit Rechtskraft wirksam. Er kann mit der Beschwerde angegriffen werden (§ 58 BGB). Beschwerdeberechtigt ist nur der Verein.

Nach Rechtskraft des Beschlusses ist die Entziehung der Rechtsfähigkeit nach § 74 Abs. 1 BGB, § 3 S. 3 Nr. 4 lit. b VRV in das Vereinsregister **einzutragen,** das **Registerblatt ist zu schließen** (§ 4 Abs. 1, Abs. 2 VRV). Stellt sich nachträglich heraus, dass der Verein doch noch besteht, kann der Löschungsvermerk gem. § 395 Abs. 1 FamFG von Amts wegen aufgehoben und die alte Eintragung wieder hergestellt werden. 179

Eintragungsmuster: Eintragung der Entziehung der Rechtsfähigkeit in Spalte 4b) des Vereinsregisters 179a

Dem Verein ist durch Beschluss des Amtsgerichts *** vom *** die Rechtsfähigkeit entzogen.

Von Amts wegen gemäß § 74 Abs. 1 BGB eingetragen.

III. Zwangsmittel des Registergerichts

Zweck des Vereinsregisters ist, die tatsächlichen und rechtlichen Verhältnisse des Vereins für die Öffentlichkeit darzustellen. Der Verein und dessen Organe haben das Registergericht bei der Bewältigung dieser Aufgabe zu unterstützen und dabei die Pflichten gegenüber dem Amtsgericht zu erfüllen (§ 78 BGB). Kommen die **Vorstandsmitglieder** oder **Liquidatoren** diesen Pflichten nicht nach, kann das Registergericht sie durch die Festsetzung von Zwangsgeldern dazu anhalten. 180

1. Anwendungsbereich

Gemäß § 78 BGB kann das Amtsgericht die Vorstandsmitglieder bzw. die Liquidatoren durch Zwangsgeldfestsetzung zu Erfüllung folgender Pflichten anhalten: 181
- Anmeldung von **Vorstandsänderungen** unter Vorlage einer Abschrift der Urkunde über die Änderung (§ 67 Abs. 1 BGB);
- Anmeldung von **Satzungsänderungen** unter Vorlage von Abschriften des die Änderung enthaltenden Beschlusses und der geänderten Satzung (§ 71 Abs. 1 BGB);
- Einreichung einer **Bescheinigung über die Zahl der Vereinsmitglieder** (§ 72 BGB);
- Anmeldung der **Vereinsauflösung,** ggf. unter Vorlage einer Abschrift des Auflösungsbeschlusses (§ 74 Abs. 2 BGB);
- Anmeldung der **Fortsetzung des Vereins im Insolvenzverfahren** unter Beifügung einer Abschrift des Fortsetzungsbeschlusses (§ 75 Abs. 2 iVm § 42 Abs. 1 S. 2 BGB);
- Anmeldung der **ersten Liquidatoren** und des Umfangs ihrer Vertretungsmacht, ggf. unter Beifügung einer Abschrift des Bestellungsbeschlusses (§ 76 Abs. 1 und Abs. 2 BGB);
- Anmeldung von **Liquidatorenänderungen** und ggf. Änderungen der Vertretungsmacht, jeweils unter Beifügung einer Abschrift des entsprechenden Beschlusses (§ 76 Abs. 2 BGB);
- Anmeldung der **Beendigung des Vereins** (§ 76 Abs. 2 BGB).

Nicht erzwungen werden kann die **Anmeldung des Vereins** zur Eintragung in das Vereinsregister, selbst wenn die Satzung die Eintragung vorsieht. 181a

2. Verfahrensgrundsätze

Das Zwangsgeldverfahren des Amtsgerichts ist in §§ 388–391 FamFG geregelt. Zuständig ist gem. § 3 Nr. 1 lit. a RPflG der Rechtspfleger. Es richtet sich nur gegen die **Vor-** 182

[206] Dazu → Rn. 118ff., 130.
[207] *Krafka* RegisterR-HdB Rn. 2279.

standsmitglieder oder die Liquidatoren, nicht gegen den Vorstand als Vereinsorgan und nicht gegen den Verein selbst, die folglich auch nicht Verfahrensbeteiligte sind. Besteht der Vorstand aus mehreren Personen, ist das Zwangsgeldverfahren gegen sämtliche Vorstandsmitglieder zu betreiben, da alle die Erfüllung der gesetzlichen Pflicht „schulden". Die Anmeldepflichtigen in vertretungsberechtigter Zahl können aber noch im laufenden Zwangsgeldverfahren ihrer Pflicht nachkommen. Melden nur Einzelne an, wird das Zwangsgeldverfahren gegen die übrigen säumigen Anmeldepflichtigen betrieben. Schuldner des Zwangsgeldes und der Verfahrenskosten (→ Rn. 203) sind ebenfalls ausschließlich die betroffenen Vorstandsmitglieder bzw. Liquidatoren des Vereins.

183 Das Zwangsgeld beträgt **für jede einzelne Maßnahme** mindestens fünf und höchstens 1.000 EUR (Art. 6 Abs. 1 EGStGB). Eine Höchstgrenze für die **Summe** der einzelnen Zwangsgelder gibt es nicht.

3. Verfahrensablauf

183a Das Zwangsgeldverfahren ist von Amts wegen einzuleiten, sobald das Gericht von einem Sachverhalt Kenntnis erhält, der sein Einschreiten rechtfertigt und erfordert (§ 388 FamFG). Das Gericht hat dann von Amts wegen (§ 26 FamFG) zu ermitteln, ob anmeldepflichtige Tatsachen vorliegen. Für die Einleitung des Zwangsgeldverfahrens ist volle Aufklärung nicht erforderlich; glaubhafte Kenntnis des Registergerichts vom Sachverhalt genügt. Die endgültige Klärung des wirklichen Sachverhalts ist dem weiteren Verfahren, insbesondere dem Einspruchsverfahren, vorbehalten. Rechtsfragen, von denen die zu treffende Verfügung abhängt (zB Wirksamkeit des Beschlusses einer Satzungsänderung), hat das Registergericht selbst zu prüfen und zu entscheiden.[208]

183b Leitet das Registergericht das Verfahren zur Verhängung von Zwangsgeld ein, so gibt es jedem anmeldepflichtigen Beteiligten unter **Androhung eines Zwangsgeldes** auf, innerhalb einer bestimmten Frist seiner gesetzlichen Verpflichtung nachzukommen oder die Unterlassung mittels Einspruchs gegen die Verfügung zu rechtfertigen (§ 388 FamFG). Die Frist muss angemessen sein; sie kann auf Antrag oder von Amts wegen verlängert werden (§ 16 Abs. 2 FamFG). In der Verfügung muss das Zwangsgeld ziffernmäßig angedroht werden. Es genügt die Angabe eines Höchstbetrags („bis zu …"), wenn das Gericht die Festsetzung des Höchstbetrags in Betracht zieht.[209] Was von dem Betroffenen verlangt wird, ist möglichst genau zu bezeichnen. Die Androhungsverfügung ist dem jeweiligen Empfänger **bekanntzugeben** (§ 15 Abs. 1 FamFG). Förmliche Zustellung ist nicht erforderlich (§ 15 Abs. 2 FamFG).

183c Gegen die Verfügung kann **Einspruch** schriftlich oder mündlich zu Protokoll der Geschäftsstelle eingelegt werden. Der Einspruch muss nicht begründet werden; die Angabe von Gründen ist jedoch empfehlenswert. Wird gegen die Verfügung Einspruch eingelegt, der sich als begründet erweist, ist die Verfügung aufzuheben. Ist der Einspruch nicht ohne weiteres begründet, setzt das Gericht einen Termin zur Verhandlung über den Einspruch mit den Beteiligten an. Erscheint der Beteiligte zu diesem Erörterungstermin nicht, kann nach Lage der Sache entschieden werden (§ 390 Abs. 2 FamFG). Erweist sich der Einspruch als unbegründet, ist er zu verwerfen und das Zwangsgeld festzusetzen. Mit der Festsetzung ist zugleich eine neue Androhungsverfügung zu erlassen. Der Lauf der Frist in dieser Verfügung beginnt mit Rechtskraft der Einspruchsverwerfung. Gegen diesen Beschluss ist Beschwerde zulässig (§ 391 Abs. 1 FamFG). Wird die nach der Verfügung notwendige Anmeldung (oder Mitgliederbescheinigung) vor Zwangsgeldfestsetzung eingereicht, so ist das Verfahren erledigt. Eine Zwangsgeldfestsetzung unterbleibt dann, weil sie nur Zwangsmittel, nicht aber Strafe ist. Die Verfügung braucht auch nicht ausdrücklich aufgehoben zu werden.

---

[208] Vgl. *Stöber/Otto* Rn. 1449 mit weiteren Beispielen.

[209] BeckOK FamFG/*Schlögel* FamFG § 388 Rn. 30; *Krafka* RegisterR-HdB Rn. 2295; aA *Sauter/Schweyer/Waldner* Eingetragener Verein Rn. 437.

Gemäß § 389 FamFG erfolgt die **Festsetzung des angedrohten Zwangsgelds,** wenn innerhalb der bestimmten Frist (bis zur Zwangsgeldfestsetzung) weder der gesetzlichen Verpflichtung genügt noch Einspruch erhoben wird. Zugleich wird die frühere Verfügung unter Androhung eines erneuten Zwangsgeldes wiederholt. In der erneuten Verfügung kann ein anderes, auch ein höheres Zwangsgeld angedroht werden. Mit der Festsetzung sind dem Beteiligten die Kosten des Verfahrens (→ Rn. 203) aufzuerlegen (§ 389 Abs. 2 FamFG). 183d

Gegen den Beschluss, durch welchen das Zwangsgeld festgesetzt oder der Einspruch verworfen wird, findet die **Beschwerde** statt (§ 391 FamFG). Gegen die erneute Aufforderung und Zwangsgeldandrohung kann wiederum nur Einspruch eingelegt werden. Bei Fristversäumnis ist Wiedereinsetzung in den vorigen Stand unter den Voraussetzungen der §§ 17–19 FamFG möglich. 183e

Formulierungsbeispiel: Verfügung Zwangsgeldandrohung 183f

Sehr geehrte/r Herr/Frau *** *[Name des Verpflichteten]*,

trotz gerichtlicher Aufforderung und Fristsetzung sind Sie Ihrer gesetzlichen Verpflichtung zur Anmeldung der Vorstandsänderung nach Ausscheiden des stellvertretenden Vorsitzenden bisher nicht nachgekommen.

Es wird Ihnen deshalb aufgegeben, innerhalb einer Frist von vier Wochen ab Zustellung dieser Verfügung die Anmeldung mittels öffentlich beglaubigter Erklärung (§ 77 BGB) unter Vorlage einer Abschrift der Urkunde über die Änderung einzureichen oder die Unterlassung mittels Einspruch gegen diese Verfügung zu rechtfertigen.

Andernfalls wird ein

Zwangsgeld in Höhe von *** EUR

gegen Sie festgesetzt, § 78 BGB, §§ 388 Abs. 2, 389 FamFG. Die Zwangsgeldfestsetzung kann mehrfach erfolgen.

Ein eventueller Einspruch kann schriftlich oder zur Niederschrift der Geschäftsstelle des Registergerichts erhoben werden.

Formulierungsbeispiel: Zwangsgeldfestsetzungsbeschluss 183g

Beschluss:

Gegen die Beteiligte

Herr/Frau *** *[Vorname, Name, Anschrift]* **als Vorstand**

wird ein

Zwangsgeld in Höhe von *** EUR

festgesetzt, § 78 BGB, §§ 388 Abs. 2, 389 FamFG.

Gründe:

Durch gerichtliche Verfügung vom ***, zugestellt am ***, wurde dem Beteiligten wegen der fehlenden Anmeldung des Ausscheidens des stellvertretenden Vorsitzenden die Zwangsgeldfestsetzung angedroht.

Innerhalb der gerichtlich bestimmten Frist wurde weder die Anmeldung eingereicht noch Einspruch gegen die Zwangsgeldandrohung eingelegt.

Der Beteiligte hat die Kosten des Verfahrens zu tragen.

Rechtsbehelfsbelehrung:

Gegen diese Entscheidung ist der Rechtsbehelf der **Beschwerde** statthaft. Die Beschwerde ist binnen einer **Frist von einem Monat** ab Zustellung dieser Entscheidung unter Angabe des Geschäftszeichens beim Amtsgericht ***, *** *[Ort, Anschrift]* schriftlich oder zur Niederschrift der Geschäftsstelle einzulegen.

Verfügung:

Unter Androhung eines weiteren

Zwangsgeldes in Höhe von *** EUR

wird dem Beteiligten aufgegeben, innerhalb einer Frist von vier Wochen ab Zustellung dieser Verfügung die Anmeldung des Ausscheidens des stellvertretenden Vorsitzenden mittels öffentlich beglaubigter Erklärung (§ 77 BGB) unter Vorlage einer Abschrift der Urkunde über die Änderung einzureichen oder die Unterlassung mittels Einspruch gegen diese Verfügung zu rechtfertigen.

B. Notar- und Gerichtskosten

184 **Kosten** (Gebühren und Auslagen) entstehen für die Vereine beim Notar und bei Gericht. Der **Notar** ist in erster Linie im Bereich der **Anmeldungen** zum Vereinsregister tätig. Daneben können Beratungstätigkeiten treten. Bei **Gericht** fallen Kosten für die einzelnen **Registereintragungen** an. Daneben sind Auslagen für Vereinsregisterauszüge und Kopien aus der Registerakte zu erheben. Sowohl die Notar- als auch die Gerichtskosten bestimmen sich nach dem **Gerichts- und Notarkostengesetz (GNotKG).** Neben einem Paragraphenteil, der die weitgehend alleinige Beurkundungszuständigkeit der Notare berücksichtigt, soll vor allem ein aus dem GKG und dem RVG bekanntes **Kostenverzeichnis** die Regelungen für Rechtsanwender und Kostenschuldner einfacher und transparenter machen. Dabei gilt für den Notar die Tabelle B (Anhang zu § 34 GNotKG) und für die Gerichtsgebühren Tabelle A. Allerdings sind für letztere häufig Festbeträge angeordnet.

I. Notarkosten

1. Geschäftswert

185 Die Notargebühren sind Wertgebühren. In Vereinsangelegenheiten ist die Mitwirkung des Notars nur bei **Anmeldungen zum Vereinsregister** zwingend vorgeschrieben. Nach § 77 BGB sind die Anmeldungen mittels öffentlich beglaubigter Erklärung abzugeben. Der Geschäftswert für die Beglaubigung von Unterschriften oder Handzeichen bestimmt sich nach § 121 GNotKG, der sich auf die allgemeinen Vorschriften der §§ 35 ff. und §§ 95 ff. GNotKG bezieht. Für die übrigen in Vereinsangelegenheiten anfallenden Gebührentatbestände gilt mangels spezieller Regelungen die allgemeine Geschäftswertvorschrift des § 36 GNotKG.

186 Ob es sich bei Vereinsangelegenheiten um **vermögensrechtliche oder nicht vermögensrechtliche Angelegenheiten** handelt, ist umstritten.

- Die überwiegende Meinung[210] nimmt wohl ersteres an, so dass die Geschäftswertbestimmung nach § 36 Abs. 1 GNotKG zu erfolgen hat. Die Feststellung erfolgt nach **billigem Ermessen.** Bedeutung, Zweck und Größe des Vereins, seine Vermögenslage, insbesondere unter Berücksichtigung der Höhe der Mitgliedsbeiträge, und die Bedeutung der Eintragung spielen hierbei eine Rolle.
- Nimmt man eine nicht vermögensrechtliche Angelegenheit an, kommt § 36 Abs. 2 GNotKG zur Anwendung. Der Geschäftswert ist unter Berücksichtigung aller Umstände des Einzelfalls, insbesondere des Umfangs und der Bedeutung der Angelegenheit sowie der Vermögenslage des Vereins nach billigem Ermessen zu schätzen.

[210] *Stöber/Otto* Rn. 1471 mwN; Korintenberg/*Bormann* GNotKG § 36 Rn. 89, 102a; Bormann/Diehn/Sommerfeldt/*Diehn* GNotKG § 36 Rn. 46.

In beiden Fällen gilt, wenn wenigstens eine annäherungsweise Schätzung nicht möglich ist, der Auffangwert von 5.000 EUR nach § 36 Abs. 3 GNotKG. Dieser Hilfswert soll aber nur im Ausnahmefall greifen und keinen Regelsatz darstellen.[211] Außerdem gilt in jedem Fall für Registeranmeldungen der Höchstwert von 1.000.000 EUR gem. § 106 GNotKG. 187

Bei **Anmeldung mehrerer Tatsachen oder Veränderungen** stellt jede Anmeldung einen besonderen Gegenstand dar, § 111 Nr. 3 GNotKG. Die einzeln festzustellenden Werte dieser Gegenstände sind zu addieren (§ 35 GNotKG). Dies gilt allerdings nicht für die **Anmeldung der Neueintragung** eines Vereins. Anmeldung von Verein und Vorstand stellen in diesem Fall einen einheitlichen Gegenstand dar. Nur **eine Anmeldung** in diesem Sinne bilden auch die Anmeldung der Vereinsauflösung und der ersten Liquidatoren, die Anmeldung von mehreren Satzungsänderungen oder die Anmeldung eines Vorstandsmitglieds und dessen Vertretungsmacht.[212] 188

2. Gebühr

Die für die Tätigkeit des Notars anzusetzende Gebühr hängt davon ab, ob er die Registeranmeldung entworfen hat oder lediglich die Unterschriften der anmeldenden Personen beglaubigt. 189

Fertigt der Notar auftragsgemäß den **Entwurf der Registeranmeldung,** fällt gem. Nr. 24102 KV GNotKG eine 0,5-Gebühr an, da für die Beurkundung der Anmeldung eine 0,5-Gebühr nach Nr. 21201 Nr. 5 KV GNotKG zu erheben wäre. Zwar handelt es sich bei Nr. 24102 KV GNotKG um eine Rahmengebühr (0,3- bis 0,5-Gebühr). Wenn der Notar jedoch den vollständigen Entwurf der Registeranmeldung fertigt, ist gem. § 92 Abs. 2 GNotKG die Höchstgebühr zur erheben. Andernfalls hat er gem. § 92 Abs. 1 GNotKG die Gebühr im Einzelfall unter Berücksichtigung des Umfangs der erbrachten Leistung nach billigem Ermessen zu bestimmen. In jedem Fall beträgt die Mindestgebühr nach Nr. 24102 KV GNotKG 30,00 EUR. Für die Unterschriftsbeglaubigung unter dem vom Notar gefertigten oder überarbeiteten Entwurf fällt keine gesonderte Beglaubigungsgebühr mehr an (Vorbem. 2.4.1 Abs. 2 und Nr. 25100 Abs. 1 KV GNotKG). 190

Beschränkt sich die Tätigkeit des Notars darauf, die **Unterschrift** einer Person **unter einem mitgebrachten Entwurf** zu **beglaubigen,** fällt lediglich eine 0,2-Gebühr gem. Nr. 25100 KV GNotKG an. Die Mindestgebühr beträgt 20,00 EUR, die Höchstgebühr 70,00 EUR. Nach Nr. 25100 Abs. 2 KV GNotKG ist mit der Gebühr die Beglaubigung mehrerer Unterschriften oder Handzeichen abgegolten, wenn diese in einem einzigen Vermerk erfolgt. Erscheinen also die anmeldepflichtigen Personen gemeinsam oder am selben Tag, fällt die Gebühr nur einmal an. 191

Wird ausnahmsweise die **Beurkundung der Satzung** eines Vereins gewünscht, entsteht eine 2,0-Gebühr nach Nr. 21100 KV GNotKG. Der Geschäftswert ist nach denselben Grundsätzen wie bei Vereinsregisteranmeldungen zu bestimmen (→ Rn. 185 ff.). Entsprechendes gilt, wenn der Notar den Entwurf der Satzung auftragsgemäß vollständig erstellt, Nr. 24100 iVm Nr. 21100 KV GNotKG oder das Gründungsprotokoll entworfen oder beurkundet werden soll. Die Mindestgebühr beträgt in beiden Fällen 120,00 EUR. 192

3. Beratungsgebühren

Das GNotKG kennt mit Nr. 24200 ff. KV nunmehr[213] Beratungsgebühren. Diese Gebühren entstehen, wenn sich die Beratung nicht auf den Gegenstand eines anderen gebührenpflichtigen Verfahrens oder Geschäfts erstreckt. Kostenpflichtig ist also die von einer Beurkundung oder Entwurfsfertigung losgelöste Beratung. Wenn der Notar einen Verein berät 193

---

211 Korintenberg/*Bormann* GNotKG § 36 Rn. 22; BeckOK KostR/*Soutier* GNotKG § 36 Rn. 34.
212 Vgl. *Stöber/Otto* Rn. 1479, 1481.
213 Im Geltungsbereich der Kostenordnung (KostO) kam allenfalls eine Gebühr nach § 147 Abs. 2 in Frage.

und dann die Unterschriften der Vorstandsmitglieder auf einer vorbereiteten Registeranmeldung beglaubigt, fallen die Gebühren nach Nr. 25100 KV GNotKG für die Unterschriftsbeglaubigung und nach Nr. 24200 KV GNotKG für die Beratung an. Für den **Geschäftswert** gilt für Nr. 24200 ff. KV GNotKG die allgemeine Regelung des § 36 GNotKG, wonach der Notar den Wert nach billigem Ermessen zu bestimmen hat.[214]

Beispiel:

Erscheinen die Beteiligten mit dem Entwurf einer Registeranmeldung beim Notar, der einen Vorstandswechsel zum Gegenstand hat, und erbitten sie Auskünfte zur Änderung der Satzung wegen einer Anpassung an die sog. Ehrenamtspauschale (§ 3 Nr. 26a EStG), kann der Notar folgende Kosten ansetzen:
- Beglaubigungsgebühr nach Nr. 25100 KV GNotKG iHv 20,00 EUR (Mindestgebühr; Geschäftswert hier angenommen mit 5.000 EUR nach § 36 Abs. 2, Abs. 3 GNotKG);
- Beratungsgebühr nach Nr. 24201 KV GNotKG: 22,50 EUR (Geschäftswert: 5.000 EUR nach § 36 Abs. 2, Abs. 3 GNotKG);
- Auslagen nach Nr. 32000 ff. KV GNotKG.

4. Auslagen

194 Für die Auslagen der Notare gelten die Nr. 32000–32015 KV GNotKG. Neben der **Dokumentenpauschale** (Nr. 32000–32002 KV GNotKG) fallen bei Tätigkeiten des Notars auf dem Gebiet des Vereinsrechts vor allem **Auslagen für Post- und Telekommunikation** (Nr. 32004, Nr. 32005 KV GNotKG) an. Auch die Kosten für die Einsichtnahme in das Vereinsregister sind nach Nr. 32011 KV GNotKG anzusetzen. Schließlich hat der Notar gem. § 151a UStG bzw. Nr. 32014 KV GNotKG **Umsatzsteuer** auf seine Kosten zu erheben.

5. Gebührenermäßigungen

195 Vereinen, die ausschließlich und unmittelbar **mildtätige** (§ 53 AO) oder **kirchliche** (§ 54 AO) Zwecke iSd Abgabenordnung verfolgen, ist eine Gebührenermäßigung nach § 91 Abs. 2 GNotKG zu gewähren. Dazu müssen die Voraussetzungen durch einen Freistellungs- oder Körperschaftsteuerbescheid oder eine vorläufige Bescheinigung des Finanzamts nachgewiesen und dargelegt werden, dass die Angelegenheit nicht einen steuerpflichtigen wirtschaftlichen Geschäftsbetrieb betrifft. Bei Vorliegen der Voraussetzungen ist die Gebühr nach der Tabelle des § 91 Abs. 1 GNotKG zu ermäßigen. Die Ermäßigung beträgt zB bei einem Geschäftswert bis 110.000 EUR 30 %.

196 **Gemeinnützige** Vereine iSv § 52 AO erhalten dagegen keine Gebührenermäßigung. Allerdings ist die Einordnung oft nicht ganz eindeutig.[215]

II. Gerichtskosten

197 Mit Einführung des GNotKG hat der Gesetzgeber **Festgebühren** für Vereinsregistersachen eingeführt, so dass nur in Ausnahmefällen (→ Rn. 200, 203a) Wertgebühren festgesetzt werden. Die Höhe der Wertgebühren sind dem Kostenverzeichnis Tabelle A zu § 34 GNotKG entnehmen. Die Festgebühren in Vereinsregistersachen sind geregelt in den Nr. 13100 und Nr. 13101 KV GNotKG. Die Höhe der Wertgebühren, die in Vereinsregistersachen anfallen können, ergeben sich aus Nr. 13500, Nr. 13504 KV GNotKG. Im Vergleich zur Höhe der Gerichtskosten vor Einführung des GNotKG haben sich diese durch die Festgebühren zum Teil erhöht (insbesondere für die Ersteintragung). Allerdings sind auch zahlreiche Eintragungsverfahren kostenfrei gestellt worden (→ Rn. 202).

---

[214] BeckOK KostR/*Berger* GNotKG KV 24200 Rn. 38.
[215] Vgl. *Stöber/Otto* Rn. 1467 f.; *Sauter/Schweyer/Waldner* Eingetragener Verein Rn. 617.

1. Ersteintragung

Für das Verfahren über die Ersteintragung in das Vereinsregister bestimmt Nr. 13100 KV GNotKG eine feste Gebühr von 75,00 EUR. Hierbei handelt es sich um eine sog. **Verfahrensgebühr,** so dass die Gebühr bereits mit Eingang des Eintragungsantrags bei Gericht und unabhängig vom Ausgang des Verfahrens, also auch bei Zurücknahme oder Zurückweisung des Antrags, anfällt.[216] Auch den Erlass möglicher Zwischenverfügungen gilt sie mit ab. Fällig wird die Gebühr nach § 9 Abs. 1 Nr. 5 GNotKG nach Verfahrensbeendigung. Neben der Gebühr sind eventuell Auslagen nach Nr. 31000ff. KV GNotKG zu erheben. 198

2. Spätere Eintragungen

Für jede spätere Eintragung in das Vereinsregister beträgt die Verfahrensgebühr (→ Rn. 198) nach Nr. 13101 KV GNotKG 50,00 EUR. Hinsichtlich einer **Sitzverlegung** gilt dabei nach Nr. 13101 KV Abs. 1 GNotKG, dass die Gebühr durch das Gericht, in dessen Bezirk der Sitz verlegt worden ist, zu erheben ist. Gehen **mehrere Anmeldungen** eines Vereins bei dem Gericht **am selben Tag** ein, wird die Gebühr gem. Nr. 13101 Abs. 2 KV GNotKG nur einmal erhoben. 199

Die Eintragungsgebühr nach Nr. 13101 KV GNotKG fällt auch an, wenn Vorstandsmitglieder oder Liquidatoren nach **Notbestellung durch das Gericht** gem. §§ 29, 67 Abs. 2, 76 Abs. 3 BGB eingetragen werden.[217] Daneben entsteht noch eine Gebühr für das Verfahren über die Ernennung des Notvorstands bzw. Liquidators nach § 67 Abs. 1 Nr. 3 GNotKG (→ Rn. 203a). 200

Auch für die Vorgänge nach dem **UmwG** (zB Verschmelzung, Aufspaltung, Abspaltung oder formwechselnde Umwandlung in eine andere Rechtsform), an denen der bereits eingetragene Verein beteiligt ist, fallen Gebühren nach Nr. 13101 KV GNotKG an. Dabei ist zu unterscheiden: 201

1. **Verschmelzung durch Aufnahme** erfordert
   - Anmeldung und Eintragung in das Register des übernehmenden Vereins,
   - Anmeldung und Eintragung in das Register des übertragenden Vereins.

   Es handelt sich um zwei selbständige Registerangelegenheiten, die jeweils spätere Eintragungen iSd Kostenrechts auslösen. Die Eintragung des Tages der Verschmelzung in das Register des übertragenden Vereins erfolgt von Amts wegen (§ 19 Abs. 2 UmwG); für dieses Nebengeschäft ist keine gesonderte Gebühr vorgesehen.
2. **Verschmelzung durch Neugründung** erfordert
   - Anmeldung und Eintragung des neuen Vereins,
   - Anmeldung und Eintragung der Verschmelzung in das Register des übertragenden Vereins.

   Es handelt sich um zwei selbständige Registerangelegenheiten Die Neueintragung ist Ersteintragung, für die die Gebühr nach Nr. 13100 KV GNotKG anfällt. Die Eintragung in das Register des übertragenden Vereins ist spätere Eintragung nach Nr. 13101 KV GNotKG. Für die Eintragung des Tages der Verschmelzung in das Register des übertragenden Vereins gilt das unter Ziff. 1 Gesagte.

Außerdem sieht das GNotKG für verschiedene Eintragungen **Gebührenfreiheit** nach Nr. 13101 Abs. 3 KV GNotKG vor. **Keine Gebühr** fällt für folgende Eintragungen an: 202

- Erlöschen des Vereins;
- Beendigung der Liquidation des Vereins;
- Fortführung als nichtrechtsfähiger Verein;

[216] Bormann/Diehn/Sommerfeldt/*Sommerfeldt* GNotKG KV 13100, 13101 Rn. 3f.; Korintenberg/*Klüsener* GNotKG KV 13100, 13101 Rn. 3.

[217] Bormann/Diehn/Sommerfeldt/*Sommerfeldt* GNotKG KV 13100, 13101 Rn. 30; Korintenberg/*Klüsener* GNotKG KV 13100, 13101 Rn. 31f.; aA BeckOK KostR/*Lauktien* GNotKG KV 13101 Rn. 14; *Sauter/Schweyer/Waldner* Eingetragener Verein Rn. 606.

- Verzicht auf die Rechtsfähigkeit;
- Entziehung der Rechtsfähigkeit;
- Schließung des Registerblatts;
- Löschung von Eintragungen, die wegen Mangels einer wesentlichen Voraussetzung unzulässig waren (§ 395 FamFG) gem. Vorbem. 1.3 Abs. 2 Nr. 2 KV GNotKG;
- Eintragungen aus Anlass eines Insolvenzverfahrens gem. Vorbem. 1.3 Abs. 2 Nr. 1 KV GNotKG;
- Eintragungen nach § 7 Abs. 2 VereinsG (Auflösung und Erlöschen des Vereins, nachdem ein behördliches Verbot unanfechtbar geworden ist).

203 Grundsätzlich unerheblich ist, ob eine Eintragung in das Vereinsregister auf einer Anmeldung beruht oder von Amts wegen erfolgt.

3. Andere Verfahren des Registergerichts

203a In einigen Verfahren entstehen statt der in → Rn. 198ff. beschriebenen Festgebühren Wertgebühren. Für diese Verfahren gilt jeweils die Kostentabelle A des GNotKG unabhängig vom Verfahrensausgang. Die Geschäftswertfestsetzung erfolgt gebührenfrei im Beschluss (§ 79 GNotKG).

1. **Notbestellung von Vorstandsmitgliedern oder Liquidatoren** gem. § 29 BGB (→ Rn. 200)
   - **Geschäftswert:** 5000 EUR (§ 67 Abs. 1 Nr. 3 GNotKG). Ein höherer oder ermäßigter Geschäftswertansatz ist im Einzelfall aus Billigkeitsgründen möglich (§ 67 Abs. 3 GNotKG).[218]
   - **Gebühr:** 2,0 gem. Vorbem. 1.3.5 Abs. 4 lit. a iVm Nr. 13500 KV GNotKG; bei Verfahrensbeendigung ohne Endentscheidung bzw. durch vorherige Antragsrücknahme: 0,5 gem. Vorbem. 1.3.5 Abs. 4 lit. a iVm Nr. 13504 KV GNotKG.
   - **Kostenschuldner:** Antragsteller (§ 22 Abs. 1 GNotKG).
2. **Ermächtigung zur Berufung der Mitgliederversammlung** gem. § 37 Abs. 2 BGB
   - **Geschäftswert:** Festsetzung nach billigem Ermessen gem. § 36 Abs. 1 GNotKG; ggf. 5.000 EUR gem. § 67 Abs. 1 Nr. 3 GNotKG, wenn gleichzeitig Anordnungen über die Führung des Vorsitzes getroffen werden.
   - **Gebühr:** 2,0 gem. Vorbem. 1.3.5 Abs. 4 lit. b iVm Nr. 13500 KV GNotKG; bei Verfahrensbeendigung ohne Endentscheidung bzw. durch vorherige Antragsrücknahme: 0,5 gem. Vorbem. 1.3.5 Abs. 4 lit. a iVm Nr. 13504 KV GNotKG.
   - **Kostenschuldner:** Antragsteller (§ 22 Abs. 1 GNotKG).
3. **Entziehung der Rechtsfähigkeit** des Vereins, der keine drei Mitglieder mehr hat gem. § 73 BGB, § 401 FamFG
   - **Geschäftswert:** Festsetzung nach billigem Ermessen gem. § 36 Abs. 1 GNotKG, hilfsweise 5.000 EUR gem. § 36 Abs. 3 GNotKG.
   - **Gebühr:** 1,0 gem. Nr. 13400 Nr. 3 KV GNotKG.
   - **Kostenschuldner:** Verein (§ 23 Nr. 7 GNotKG).
4. **Widerspruch gegen eine angedrohte Löschung von Amts wegen** gem. § 395 Abs. 2 FamFG
   - **Geschäftswert:** Festsetzung nach billigem Ermessen gem. § 36 Abs. 1 GNotKG, hilfsweise 5.000 EUR gem. § 36 Abs. 3 GNotKG.
   - **Gebühr:** 1,0 gem. Nr. 13400 Nr. 1 KV GNotKG.
   - **Kostenschuldner:** Widerspruchsführer (§ 22 Abs. 1 GNotKG) oder nach Entscheidung des Gerichts (§ 27 Nr. 1 GNotKG).
5. **Zwangsgeldverfahren**
   - Für jede Festsetzung eines Zwangsgeldes wird ein **Festbetrag** von 100 EUR erhoben gem. Nr. 13310 KV GNotKG, unabhängig von der Höhe des festgesetzten

---

[218] Korintenberg/*Klüsener* GNotKG § 67 Rn. 11, 14ff.; BeckOK KostR/*Lauktien* GNotKG § 67 Rn. 6ff.

Zwangsgelds. Der gleiche Betrag fällt bei der Verwerfung des Einspruchs gegen die Zwangsgeldfestsetzung an (Nr. 13311 KV GNotKG). Folglich fallen beide Gebühren an, wenn ein Einspruch verworfen und ein Zwangsgeld festgesetzt wurde.

- Wenn nach Festsetzung von Zwangsgeld das Verfahren zur Verhängung von Zwangsgeld wiederholt wird, entstehen jeweils neue Gebühren. Ebenso in einem weiteren Rechtszug.
- Keine Gebühr wird erhoben für die Androhung von Zwangsgeld oder wenn das festgesetzte Zwangsgeld vom Beschwerdegericht wieder aufgehoben wird.
- **Kostenschuldner** ist der Adressat der Zwangsgeldfestsetzung persönlich (§ 389 Abs. 2 FamFG), dh die Vorstandsmitglieder oder Liquidatoren, nicht der Verein.

4. Auskünfte und Registerauszüge

Die **Einsicht** in das Vereinsregister im Gericht ist kostenfrei. Es besteht jedoch kein Anspruch auf kostenfreie Auskunft über den Registerinhalt. Der Abruf aus dem Vereinsregister über das Internet löst eine Verwaltungsgebühr in Höhe von 4,50 EUR je Abruf aus.[219] Für die **Erteilung** eines Registerausdrucks oder einer Kopie aus dem Register fällt nach Nr. 17000 KV GNotKG eine Gebühr von 10,00 EUR für einen **unbeglaubigten Ausdruck** an. Für einen **beglaubigten Ausdruck** werden gem. Nr. 17001 KV GNotKG 20,00 EUR erhoben. Eine Dokumentenpauschale entsteht daneben nicht. Für die Übermittlung elektronischer Daten gelten Nr. 17002f. KV GNotKG. Hat das Gericht eine Bescheinigung aus dem Vereinsregister zu erteilen (zB, dass der Vereinsvorstand aus den im Register eingetragenen Personen besteht), fällt nach Nr. 17004 Nr. 2 KV GNotKG[220] ein Betrag in Höhe von 20,00 EUR an. 204

III. Kostenschuldner

In Verfahren, die nur auf Antrag eingeleitet werden, schuldet nach § 22 Abs. 1 GNotKG für die Gerichtskosten bzw. nach § 29 Nr. 1 GNotKG für die Notarkosten der die Kosten, der das Verfahren beantragt hat. Das heißt, die Kosten für die Anmeldungen und den daraus folgenden Eintragungen im Vereinsregister schuldet jeweils der **Verein.** Im Verfahren über die **Ersteintragung** eines Vereins schuldet der Vorverein oder der nicht rechtsfähige Verein die Kosten. In letzterem Fall können auch die Mitglieder des nicht rechtsfähigen Vereins nach § 27 Nr. 3 iVm § 54 S. 1 BGB, § 128 S. 1 HGB gesamtschuldnerisch in Anspruch genommen werden. Die Vorstandsmitglieder oder Liquidatoren kommen als Kostenschuldner nicht in Betracht, es sei denn, sie hätten ohne hinreichende Vertretungsmacht gehandelt. Vgl. aber auch → Rn. 203a. 205

IV. Beispiele

1. Erstanmeldung eines Vereins

Angemeldet werden soll die Neueintragung eines Idealvereins. Die Beteiligten erscheinen beim Notar, bringen das Gründungsprotokoll und die Satzung mit und bitten ihn, die Registeranmeldung zu entwerfen und die Unterschriften der anmeldepflichtigen Personen zu beglaubigen. Anschließend soll der Notar alle Unterlagen an das Vereinsregister übermitteln. 206

[219] Nr. 1140 KV JVKostG.

[220] Vgl. Korintenberg/*Klüsener* GNotKG KV 17004 Rn. 6ff.

207 **Alternative 1: Notar fertigt Entwurf der Registeranmeldung**

Notarkosten:

Wertbestimmung nach § 36 GNotKG, hier angenommen mit 5.000 EUR
0,5-Gebühr nach Nr. 24102, 21201 Nr. 5 KV GNotKG, § 92 Abs. 2 GNotKG
= 22,50 EUR

aber Mindestgebühr	30,00 EUR
19 % USt. (§ 151a UStG, Nr. 32014 KV GNotKG)	5,70 EUR

Auslagen für Abschriften, Porto, Telefon gem. Nr. 32000 ff. KV GNotKG zzgl. USt.

Gerichtskosten:

Nr. 13100 KV GNotKG, Festgebühr iHv	75,00 EUR

208 **Alternative 2: Notar beglaubigt lediglich die Unterschriften**

Notarkosten:

Wertbestimmung nach §§ 121, 36 GNotKG, hier angenommen mit 5.000 EUR

0,2-Gebühr nach Nr. 25100 KV GNotKG, Mindestgebühr	30,00 EUR
19 % USt. (§ 151a UStG, Nr. 32014 KV GNotKG)	3,80 EUR

Auslagen für Abschriften, Porto, Telefon gem. Nr. 32000 ff. KV GNotKG zzgl. USt.

Gerichtskosten:

Wie in Alternative 1 → Rn. 207.

2. Anmeldung einer Satzungs- und Vorstandsänderung

209 **Notar fertigt Entwurf der Anmeldung und beglaubigt die Unterschriften**

Notarkosten:

Wertannahme hier 5.000 EUR (§ 36 GNotKG); Zusammenrechnung der Werte, weil es sich um mehrere Anmeldungen handelt (§§ 35 Abs. 1, 111 Nr. 3 GNotKG)
Geschäftswert: 10.000 EUR

0,5-Gebühr nach Nr. 24102, 21201 KV GNotKG, § 92 Abs. 2 GNotKG	37,50 EUR

Dazu kommen Umsatzsteuer und Auslagen wie in Alternative 1 → Rn. 207.

Gerichtskosten:

Nr. 13101 KV GNotKG, Festgebühr iHv	50,00 EUR

3. Anmelden des Ausscheidens von drei Vorstandsmitgliedern

210 **Notar beglaubigt die Unterschriften unter einem mitgebrachten Text**

Notarkosten:

Wertannahme hier 5.000 EUR (§§ 121, 36 GNotKG); Zusammenrechnung der Werte, weil es sich um mehrere Anmeldungen handelt (§§ 35 Abs. 1, 111 Nr. 3 GNotKG)
Geschäftswert: 15.000 EUR

0,2-Gebühr nach Nr. 25100 KV GNotKG	20,00 EUR

Dazu kommen Umsatzsteuer und Auslagen wie in Alternative 1 → Rn. 207.

Gerichtskosten:

Nr. 13101 Abs. 2 KV GNotKG, Festgebühr iHv	50,00 EUR

211 **Eintragungsmuster: Ausgewählte Eintragungen in das Vereinsregister**[221]

Siehe nächste Seite.

---

[221] Nach § 11 Abs. 1 VRV ist eine Eintragung, die durch eine spätere Eintragung ihre Bedeutung verloren hat, rot zu unterstreichen. Mit der Eintragung selbst ist auch der Vermerk über ihre Löschung rot zu unterstreichen. Diese Rötungen sind hier nicht eingetragen.

Nummer der Eintragung[222]	a) Name b) Sitz	a) Allgemeine Vertretungsregelung b) Vertretungsberechtigte und besondere Vertretungsbefugnis	a) Satzung b) Sonstige Rechtsverhältnisse	a) Tag der Eintragung b) Bemerkungen
40	a) Schnitzelverein Sauce Hollandaise e.V. b) Würzburg	a) Jedes Vorstandsmitglied vertritt alleine. b) Vorstandsmitglied: Frankmann, Axel, Würzburg, geb. 9.5.1958 Vorstandsmitglied: Gleiner, Johann, Würzburg, geb. 11.9.1956	a) Eingetragener Verein Die Satzung ist errichtet am 1.4.2011.	a) 11.11.2011 *Unterschrift* b) Satzung Bl. 7 SB
69		a) Vorsitzender und stellvertretender Vorsitzender vertreten jeweils alleine, Schriftführer und Kassenwart vertreten gemeinsam. Zum Erwerb, zur Veräußerung und zur Belastung von Grundstücken ist die Zustimmung der Mitgliederversammlung erforderlich. b) Geändert nun: Vorsitzender: Frankmann, Axel, Würzburg, geb. 9.5.1958 Geändert nun: Stellvertretender Vorsitzender: Gleiner, Johann, Würzburg, geb. 11.9.1956 Gewählt: Kassenwart: Schmucker, Frieder, Würzburg, geb. 12.8.1960	a) Die Mitgliederversammlung vom 11.11.2011 hat die Neufassung der Satzung beschlossen. Dabei wurden unter anderem geändert: §§ 8 (Vorstand), 9 (Vertretungsmacht des Vorstands).	a) 1.4.2012 *Unterschrift* b) Beschluss Bl. 20 SB, neue Satzung Bl. 24 SB.

Nummer der Eintragung[222]	a) Name b) Sitz	a) Allgemeine Vertretungsregelung b) Vertretungsberechtigte und besondere Vertretungsbefugnis	a) Satzung b) Sonstige Rechtsverhältnisse	a) Tag der Eintragung b) Bemerkungen
		Gewählt: Schriftführerin: Gleiner, Gitte, Würzburg, geb. 5.9.1959		
42		b) Ausgeschieden: Kassenwart: Schmucker, Frieder, Würzburg, geb. 12.8.1960 Gewählt: Kassenwart: Pförtner, Oliver, Würzburg, geb. 7.3.1959 Bestellt: Besonderer Vertreter (Geschäftsführer): Hansen, Paul, Veitshöchheim, geb. 5.4.1977 Mit der Befugnis, den Verein bei den laufenden Geschäften und den damit verbundenen Rechtsgeschäften zu vertreten.		a) 11.11.2012 *Unterschrift*
71	b) Höchberg		a) Die Mitgliederversammlung vom 1.4.2013 hat die Änderung der §§ 1 (Name und Sitz), 2 (Zweck des Vereins) beschlossen. Der Sitz des Vereins ist geändert.	a) 29.5.2013 *Unterschrift* b) Beschluss Bl. 27 SB, Satzung Bl. 30 SB.

Nummer der Eintragung[222]	a) Name b) Sitz	a) Allgemeine Vertretungsregelung b) Vertretungsberechtigte und besondere Vertretungsbefugnis	a) Satzung b) Sonstige Rechtsverhältnisse	a) Tag der Eintragung b) Bemerkungen
85		a) Je zwei Liquidatoren vertreten gemeinsam. b) Geändert nun: Liquidator: Frankmann, Axel, Würzburg, geb. 9.5.1958 Geändert nun: Liquidator: Gleiner, Johann, Würzburg, geb. 11.9.1956 Ausgeschieden: Schriftführerin: Gleiner, Gitte, Würzburg, geb. 5.9.1959 Ausgeschieden: Kassenwart: Pförtner, Oliver, Würzburg, geb. 7.3.1959 Ausgeschieden: Besonderer Vertreter (Geschäftsführer): Hansen, Paul, Veitshöchheim, geb. 5.4.1977 Mit der Befugnis, den Verein bei den laufenden Geschäften und den damit verbundenen Rechtsgeschäften zu vertreten. Gewählt: Liquidator: Martin, Henning, Würzburg, geb. 6.2.1958	b) Der Verein ist durch Beschluss der Mitgliederversammlung vom 31.12.2013 aufgelöst.	a) 13.1.2014 *Unterschrift* b) Beschluss Bl. 40 SB

Nummer der Eintragung[222]	a) Name b) Sitz	a) Allgemeine Vertretungsregelung b) Vertretungsberechtigte und besondere Vertretungsbefugnis	a) Satzung b) Sonstige Rechtsverhältnisse	a) Tag der Eintragung b) Bemerkungen
103		a) Jedes Vorstandsmitglied vertritt alleine. b) Gewählt: Vorsitzender: *Name, Vorname, Wohnort, Geburtsdatum* ***	b) Die Auflösung des Vereins ist durch Beschluss der Mitgliederversammlung vom 1. 8. 2014 rückgängig gemacht worden.	
93[223]			b) Die Liquidation ist beendet. Der Verein ist erloschen.	a) 15. 4. 2015 *Unterschrift*

[222] Im Vereinsregister sind die Eintragungsnummern fortlaufend. Hier bezieht sich die Nummer der Eintragung auf die jeweilige Randnummer in diesem Beitrag (§ 17).

[223] Die Eintragung bezieht sich als Folgeeintragung auf laufende Eintragung Nr. 85. Sie ist so nicht als Folgeeintragung auf laufende Nr. 103 möglich!

C. Transparenzregister

Auch eingetragene Vereine unterliegen – anders als nicht eingetragene Vereine, für die keine derartigen Pflichten bestehen – als juristische Personen des Privatrechts nach § 20 Abs. 1 GwG grundsätzlich der Pflicht zur Einholung, Aufbewahrung sowie ggf. Aktualisierung und Mitteilung der wirtschaftlich Berechtigten zu dem in Deutschland am 27.6. 2017 zur Umsetzung der Vierten EU-Geldwäsche-Richtlinie[222] eingeführten Transparenzregister. Die **Mitteilungspflicht** umfasst auch konzessionierte (wirtschaftliche) Vereine; sie gilt auch bei Gemeinnützigkeit, die für die Frage der Meldepflichten irrelevant ist. 212

Mitzuteilen sind – wie bei allen anderen mitteilungspflichtigen Rechtseinheiten – die **wirtschaftlich Berechtigten iSd § 3 GwG.** Dies sind nach § 3 GwG stets die natürlichen Personen, in deren Eigentum oder unter deren Kontrolle die betreffende Vereinigung letztendlich steht. Bei juristischen Personen des Privatrechts gelten nach § 3 Abs. 2 GwG natürliche Person als wirtschaftlich Berechtigte, die unmittelbar oder mittelbar Eigentümer von mehr als 25% des Kapitals sind, mehr als 25% der Stimmrechte kontrollieren oder auf vergleichbare Weise Kontrolle ausüben: 213

- **Mittelbare Kontrolle** liegt insbesondere vor, wenn entsprechende Anteile von einer oder mehreren Vereinigungen nach § 20 Abs. 1 GwG gehalten werden, die von einer natürlichen Person kontrolliert werden (§ 3 Abs. 2 S. 2 GwG).
- **Kontrolle** liegt insbesondere vor, wenn die natürliche Person unmittelbar oder mittelbar einen beherrschenden Einfluss auf die Vereinigung nach § 20 Abs. 1 GwG ausüben kann (§ 3 Abs. 2 S. 3 GwG).

Wirtschaftlich Berechtigter iSd GwG kann somit nie eine juristische Person, Gesellschaft oder (sonstige) Personenmehrheit sein; wirtschaftlich Berechtigte iSd Gesetzes ist/sind vielmehr stets (die „am Ende der Berechtigungskette" stehenden) natürliche(n) Person(en). 214

Kann eine wirtschaftlich berechtigte natürliche Person nicht ermittelt werden – dies wird bei den weitaus meisten Vereinen der Fall sein – gilt nach § 3 Abs. 2 S. 5 GwG als (fiktiv) wirtschaftlich Berechtigter für den eingetragenen Verein als juristische Person des Privatrechts der gesetzliche Vertreter nach § 26 Abs. 1 S. 2 BGB, also der Vorstand. Zu melden sind dabei alle Vorstandsmitglieder, also alle (vertretungsberechtigten) Mitglieder des Vorstands iSd § 26 BGB, nicht hingegen Mitglieder eines anderen, nicht zur Vertretung befugten Gremiums, mag es auch durch die Satzung als „Vorstand" bezeichnet sein. Der besondere Vertreter ist – auch nach der hier vertretenen Einstufung als Außenorgan – kein gesetzlicher Vertreter des Vereins[223] und damit kein wirtschaftlich Berechtigter iSd § 3 Abs. 2 S. 5 GwG. 215

Nach § 19 Abs. 1 GwG sind folgende **Angaben** der wirtschaftlich Berechtigten zu erheben und mitzuteilen: 216

- Vor- und Nachname,
- Geburtsdatum,
- Wohnort,
- Art und Umfang des wirtschaftlichen Interesses,
- alle Staatsangehörigkeiten.

Mit dem zum 1.1.2021 in Kraft getretenen **Transparenzregister- und Finanzinformationsgesetz**[224] wird das bisher als Auffangregister geführte Transparenzregister zu einem sog. Vollregister umgewandelt. Während bisher eine Mitteilung nach §§ 20, 21 GwG an das Transparenzregister nur dann notwendig war, wenn sich die Angaben zum wirt- 217

[222] EU-Richtlinie 2015/849 v. 20.5.2015.

[223] → § 9 Rn. 38c.

[224] Gesetz zur europäischen Vernetzung der Transparenzregister und zur Umsetzung der Richtlinie 2019/1153 des Europäischen Parlaments und des Rates v. 20.6.2019 zur Nutzung von Finanzinformationen für die Bekämpfung von Geldwäsche, Terrorismusfinanzierung und sonstigen schweren Straftaten, BGBl. 2021 I 2083.

schaftlich Berechtigten nicht aus bestehenden elektronisch abrufbaren Eintragungen in anderen Registern – wie zB dem Vereinsregister – ergaben, hat nun grundsätzlich in jedem Fall eine Mitteilung zu erfolgen. Die Mitteilungsfiktion des § 20 Abs. 2 GwG aF ist entfallen. Während dies für andere transparenzpflichtige Organisationen unmittelbare Handlungspflichten nach sich zieht,[225] ist die neue rechtliche Situation für den eingetragenen Verein durch den noch kurz vor Abschluss des Gesetzgebungsverfahrens eingefügten § 20a GwG deutlich entschärft:

218 Für ihn erstellt die registerführende Stelle – die Bundesanzeiger Verlag GmbH – anhand der im Vereinsregister eingetragenen Daten selbst eine **automatisierte Eintragung** in das Transparenzregister, ohne dass es hierfür einer Mitteilung nach § 20 Abs. 1 S. 1 GwG durch den Verein bedarf. Im Rahmen dieser Eintragung werden alle Mitglieder des Vorstands mit den im Vereinsregister eingetragenen Daten als (fiktive) wirtschaftlich Berechtigte übernommen und eingetragen. Soweit im Vereinsregister nicht anders angegeben, wird als Wohnsitzland Deutschland und als (einzige) Staatsangehörigkeit die deutsche Staatsangehörigkeit angenommen. Nach § 20a Abs. 3 GwG erfolgt eine solche („automatische") Eintragung erstmals spätestens zum 1. 1. 2023, danach anlassbezogen.

219 Die automatisierte Eintragung unterbleibt für einen Verein (nur) dann, wenn er der registerführenden Stelle selbst bereits eine Mitteilung zu den wirtschaftlich Berechtigten gemacht hat. Teilt ein Verein in der Folge (gem. § 20a Abs. 3 S. 4 GwG zwingend elektronisch über die Webseite des Transparenzregisters) mit, dass seine Mitteilung nicht mehr gelten soll, nimmt er wieder an dem automatisierten Verfahren teil.

220 Damit trifft den Verein nach der nunmehrigen Rechtslage eine Pflicht zur **aktiven, eigenständigen Mitteilung** der nötigen Angaben zu den wirtschaftlich Berechtigten nur in folgenden, in § 20a Abs. 2 GwG aufgeführten Fällen:
- eine Änderung des Vorstands ist nicht (unverzüglich) zur Eintragung in das Vereinsregister angemeldet worden;
- es ist mindestens ein tatsächlicher wirtschaftlich Berechtigter nach § 3 Abs. 2 S. 1–4 GwG vorhanden;
- ein oder mehrere Vorstandsmitglieder haben nicht ausschließlich die deutsche Staatsangehörigkeit oder haben ihren Wohnsitz außerhalb Deutschlands.

221 Nach § 24 Abs. 1 GwG erhebt die Bundesanzeiger Verlag GmbH für die Führung des Transparenzregisters grundsätzlich von allen eintragungspflichtigen Organisationen **Gebühren.** Diese sind in der sog. „Besondere[n] Gebührenverordnung des Bundesministeriums der Finanzen zum Transparenzregister (Transparenzregistergebührenverordnung – TrGebV)" geregelt. Nach Nr. 1 des Gebührenverzeichnisses zur TrGebV in ihrer derzeit gültigen Fassung beträgt die Gebühr seit dem Jahr 2020 jährlich 4,80 EUR (bis 2019 waren es 2,50 EUR).

222 Für gemeinnützige Vereine besteht nach § 4 TrGebV eine **Gebührenbefreiung,** die jedoch (derzeit) nur auf Antrag gewährt wird. Sie gilt grundsätzlich erst ab dem Jahr der Antragstellung, so dass der Antrag damit zwar für das bei Antragstellung laufende Kalenderjahr zurückwirkt, grundsätzlich jedoch nicht auf frühere Kalenderjahre. Die Antragstellung konnte bisher nur per E-Mail (nach Registrierung des Vereins) erfolgen; die Verfolgung steuerbegünstigter Zwecke iSd §§ 52–54 AO war grundsätzlich mittels einer Bescheinigung des zuständigen Finanzamtes, die Vertretungsberechtigung und Identität des Antragstellers durch Vereinsregisterauszug und Ausweiskopie nachzuweisen.

223 Durch die Neufassung von § 4 TrGebV zum 1. 8. 2021 durch Art. 12 Transparenzregister- und Finanzinformationsgesetz wurde das **Verfahren** für gemeinnützige Vereinigungen spürbar erleichtert: Die Bundesanzeiger GmbH hat bis spätestens 31. 3. 2022 ein gesondertes Antragsformular zur Verfügung zu stellen, mit dem schriftlich oder elektronisch eine Befreiung von den Gebühren für die Zeit vom 1. 1. 2021 bis zur Errichtung des Zuwendungsempfängerregisters nach § 60b AO beantragt werden kann. Dabei kann die Identifi-

---

[225] *Goette* DStR 2021, 1551 ff.

zierung des Antragstellers durch das Formular erfolgen und die Befreiung für das gesamte Gebührenjahr 2021 bis zum 30. 6. 2022 beantragt werden. Ein Nachweis der Verfolgung steuerbegünstigter Zwecke ist nach § 24 Abs. 1 S. 3 GwG nicht (mehr) erforderlich, wenn im Antrag die Verfolgung dieser Zwecke versichert und das Einverständnis dazu erklärt wird, dass die registerführende Stelle beim zuständigen Finanzamt eine entsprechende Bestätigung einholen darf.

Ab **1. 1. 2024** werden für gemeinnützige Vereine gem. § 24 Abs. 1 S. 4 GwG – auch 224
ohne Antrag – keine Gebühren mehr erhoben, wenn sich die Verfolgung steuerbegünstigter Zwecke unmittelbar aus dem ab diesem Zeitpunkt zu errichtenden Zuwendungsempfängerregister nach § 60b AO ergibt.

§ 18. Rechtsschutz

Übersicht

Schrifttum:

Monographien: *Bochner,* Vereinsstrafe und Verbandsgerichtsbarkeit, 1989; *Schlosser,* Vereins- und Verbandsgerichtsbarkeit, 1972.

Aufsätze: *Baecker,* Zur Nachprüfbarkeit von Vereinsstrafen, NJW 1984, 906; *Beuthien,* Die richterliche Kontrolle von Vereinsstrafen und Vertragsstrafen, BB 1968, Beilage 12; *Brand/Reschke,* Insolvenzverschleppung künftig auch im eingetragenen Verein strafbar?, NJW 2009, 2343; *Duve/Rösch,* Der Fall Pechstein: Kein Sta<rtschuss für die Neugestaltung der Sportschiedsgerichtsbarkeit, SchiedsVZ 2014, 216; *Gehrlein,* Die BGH-Rechtsprechung zur Überprüfung von Vereins- und Parteiausschlüssen, ZIP 1994, 852; *ders.,* Gerichtlicher Prüfungsmaßstab für die Wirksamkeit von Vereinsausschlüssen, ZIP 1997, 1912; *Haas/Adolphsen,* Sanktionen der Sportverbände vor ordentlichen Gerichten, NJW 1996, 2351; *Herfs,* Gerichtliche Kontrolle vereinsrechtlicher Disziplinarmaßnahmen, Anm. zu BGH Urteil v. 9.6.1997 – II ZR 303/95, NZG 1998, 180; *Kreuz,* Der Idealverein in der Insolvenz – zur Auswirkung von § 31a im Vereinsinsolvenzrecht, DZWIR 2013, 497; *Leipold,* Richterliche Kontrolle vereinsrechtlicher Disziplinarmaßnahmen, ZGR 1985, 113; *Reinicke,* Die Zulassung von Rechtsanwälten im vereinsgerichtlichen Ausschlußverfahren, NJW 1975, 2048; *Säcker-Rancke,* Verbandsgewalt, Vereinsautonomie und richterliche Inhaltskontrolle, ArbuR 1981, 1; *Schrader,* Gewerkschaften und Gerichtsstand, MDR 1976, 725; *H.P. Westermann,* Zur Legitimität der Verbandsgerichtsbarkeit, JZ 1972, 537.

A. Der Verein im Prozess

Für den Zivilprozess gilt: Der rechtsfähige Verein ist **parteifähig** (§ 51 Abs. 1 ZPO). Er 1
kann Kläger oder Beklagter in gerichtlichen Verfahren sein. Er kann wirksam Prozesshandlungen vornehmen und bei Bedarf einen Prozessbevollmächtigten (§§ 78 ff. ZPO) bestellen. Der Verein kann aber nicht selbst die Aufgabe eines Prozessbevollmächtigten übernehmen, weil es sich insoweit um eine Rechtsstellung handelt, die auf persönliche Verantwortung ausgerichtet ist.[1]

Der Verein hat unter den Voraussetzungen des § 116 Abs. 1 Nr. 2 ZPO Anspruch auf 1a
Prozess- und Verfahrenskostenhilfe. Maßgeblich ist regelmäßig, dass die Kosten weder vom Verein selbst noch von den Mitgliedern aufgebracht werden können[2] und dass die Rechtsverfolgung oder Rechtsverteidigung nicht allgemeinen Interessen zuwider läuft. Die Gemeinnützigkeit eines Vereins führt für sich genommen noch nicht zu einem Anspruch

[1] Palandt/*Ellenberger* BGB Einf. vor § 21 Rn. 9.

[2] Näher Zöller/*Geimer* ZPO § 116 Rn. 21–29; s. auch BGH NJW 1986, 2058; nur ausnahmsweise kommt es bei einem Verein, der gemeinnützig Jugendarbeit leistet, auf die Vermögensverhältnisse seiner Mitglieder nicht an, OLG Hamburg NJW-RR 1987, 894.

auf Prozess- oder Verfahrenskostenhilfe.[3] Die Vermögensverhältnisse der Mitglieder des Vereins sollen jedenfalls dann bei der Entscheidung über die Hilfegewährung berücksichtigt werden, wenn ein mittelbares Eigeninteresse von ihnen am Ausgang des Prozesses nicht ausgeschlossen werden kann.[4]

2 Ergeht ein Urteil gegen den Verein, wirkt es unmittelbar für oder gegen ihn. Gemäß § 51 ZPO, § 26 BGB wird der Verein in gerichtlichen Verfahren durch den Vorstand in vertretungsberechtigter Zahl vertreten. Der **nicht rechtsfähige Verein** ist, obwohl ihn § 50 Abs. 2 ZPO früher nur für passiv parteifähig hielt, **aktiv und passiv parteifähig.** Diese zutreffende Auffassung des BGH[5] wurde durch das 2. VereinsrechtsänderungsG[6] auch in § 50 Abs. 2 ZPO klargestellt. Insoweit ergeben sich keine Besonderheiten gegenüber dem rechtsfähigen Verein (vgl. ausführlich zum nicht eingetragenen Verein → § 4 Rn. 202ff.).

3 **Allgemeiner Gerichtsstand** für Klagen gegen den Verein ist der Sitz des Vereins, § 17 Abs. 1 ZPO. Dies gilt sowohl für Klagen Dritter gegen den Verein als auch für Klagen seiner Mitglieder, die sich aus der Mitgliedschaft ergeben. Schließlich gilt nichts anderes für Klagen des Vereins gegen seine Mitglieder (zB auf Leistung des Beitrags) oder der Mitglieder untereinander (§ 22 ZPO).[7] Auch bei überregionalen Vereinen, zB einer Industriegewerkschaft[8], kommt es auf den im Vereinsregister eingetragenen oder – bei nicht rechtsfähigen Vereinen – auf den tatsächlichen Sitz an.

4 Die **Verfahrenskosten** hat nach dem sog. **Veranlasserprinzip** zu tragen, wer in einem Prozess als Vorstand aufgetreten ist, wenn er nicht oder nicht wirksam bestellt worden ist oder nicht mehr im Amt war. Kannte der falsche Vorstand den Mangel seiner Vertretungsmacht, so haftet er persönlich für die Verfahrenskosten.[9]

B. Der Verein in der Zwangsvollstreckung

5 Da der Verein selbst Träger von Rechten und Pflichten ist, ist er auch Schuldner in der Zwangsvollstreckung. Ihm ist der Titel zuzustellen, wobei im Rahmen dieser Passivvertretung die Zustellung an ein Vorstandsmitglied genügt.[10] Im Übrigen wird der Verein durch den Vorstand in vertretungsberechtigter Zahl vertreten. Die Zwangsvollstreckung erfolgt stets in das Vereinsvermögen. Gegen Vereinsmitglieder und gegen Mitglieder des Vorstands kann mit einem Titel gegen den Verein nicht vollstreckt werden.

6 Weil auch der nicht rechtsfähige Verein nunmehr umfassende Parteifähigkeit durch Änderung des § 50 Abs. 2 ZPO erlangt hat (→ Rn. 2), ist der durch das VereinsrechtsänderungsG unverändert gebliebene **§ 735 ZPO** berichtigend auszulegen: „Ein gegen den Verein ergangenes Urteil ‚genügt' nicht, sondern ist erforderlich, wenn in das Vereinsvermögen vollstreckt werden soll."[11]

7 Hat der Verein gem. §§ 807, 899ff. ZPO eine **Versicherung an Eides Statt** abzugeben, so hat dies durch den Vorstand in vertretungsberechtigter Anzahl zu erfolgen. Zwar trifft bei einem mehrgliedrigen Vorstand die entsprechende Pflicht zur Vorlage des Vermögensverzeichnisses und zur Abgabe der eidesstattlichen Versicherung jedes einzelne Vorstandsmitglied.[12] Diese Pflicht ist jedoch erfüllt, wenn so viele Vorstandsmitglieder die Versicherung abgegeben haben, wie zur gesetzlichen Vertretung erforderlich sind. Die Abgabe

---

[3] BGH MDR 1987, 1012.
[4] OVG Bautzen Beschl. v. 2.2.2015 – 5 D 20/14, BeckRS 2016, 40233.
[5] NJW 2008, 69.
[6] V. 24.9.2009, BGBl. I 3145.
[7] *Stöber/Otto* Rn. 1033.
[8] BGH NJW 1980, 343.
[9] Zum Veranlasserprinzip BGHZ 121, 397 (400); zum Ganzen *Stöber/Otto* Rn. 1036.
[10] LG Hagen Urt. v. 3.9.2014 – 8 O 75/14, BeckRS 2015, 04096.
[11] MüKoBGB/*Leuschner* BGB § 54 Rn. 21.
[12] LG Köln Rpfleger 1970, 406.

der Versicherung kann durch die einzelnen Vorstandsmitglieder dabei auch in verschiedenen Terminen nacheinander erfolgen.[13] Ändert sich der Vorstand zwischen Antragsstellung und Abgabe der Versicherung, ist der neue Vorstand zur Abgabe verpflichtet.[14]

C. Der Verein in der Insolvenz

Der rechtsfähige Verein ist **insolvenzfähig,** § 11 Abs. 1 S. 1 InsO. Gleiches gilt für den nicht rechtsfähigen Verein, weil § 11 Abs. 1 S. 2 InsO dies ausdrücklich anordnet. Im Insolvenzverfahren unterscheiden sich daher rechtsfähiger und nicht rechtsfähiger Verein nicht voneinander. Auch der nicht rechtsfähige Verein, dessen Zweck auf einen wirtschaftlichen Geschäftsbetrieb gerichtet ist (§ 22 BGB) ist insolvenzfähig.[15] Der aufgelöste Verein ist so lange insolvenzfähig, bis das Vereinsvermögen vollständig verteilt worden ist.[16] 8

Das Insolvenzverfahren über das Vereinsvermögen findet entweder bei **Zahlungsunfähigkeit** oder bei **Überschuldung** statt (§§ 17, 19 InsO). Der Verein ist zahlungsunfähig, wenn er nicht mehr in der Lage ist, die fälligen Zahlungsverpflichtungen zu erfüllen, § 17 Abs. 2 S. 1 InsO. Das ist in der Regel anzunehmen, wenn der Verein seine Zahlungen einstellt, § 17 Abs. 2 S. 2 InsO. Stellt der Verein selbst den Antrag – vertreten durch Vorstand oder Liquidatoren – ist bereits die drohende Zahlungsunfähigkeit Eröffnungsgrund, § 18 InsO. Überschuldung liegt vor, wenn das Vermögen des Vereins die bestehenden Verbindlichkeiten nicht mehr deckt, § 19 Abs. 2 S. 1 InsO (rechnerische Überschuldung) und die Finanzkraft des Vereins nach überwiegender Wahrscheinlichkeit mittelfristig zur Fortführung des Vereins nicht ausreicht, § 19 Abs. 2 S. 2 InsO (Überlebens- oder Fortführungsprognose). Nichts anderes gilt beim nicht eingetragenen Verein.[17] 9

Das Insolvenzverfahren wird **auf Antrag** eines Gläubigers, des Vorstands oder der Liquidatoren des Vereins eröffnet, § 15 Abs. 1 InsO. Ein Vereinsmitglied ist hingegen zur Antragsstellung nicht befugt. Die Vorstandsmitglieder sind jedoch auch einzeln antragsberechtigt und verpflichtet, § 15 Abs. 2 InsO. Stellen indes nicht alle Organmitglieder den Antrag, ist der Insolvenzgrund glaubhaft zu machen, § 19 Abs. 2 S. 1 InsO. Die übrigen Vorstandsmitglieder werden hierzu gehört, § 15 Abs. 2 S. 2 InsO. Stellt der Vorstand den Antrag auf Insolvenzeröffnung, genügt als Eröffnungsgrund die drohende Zahlungsunfähigkeit, § 18 Abs. 3 InsO. 10

Der Vorstand oder die Liquidatoren sind nach Maßgabe des § 42 BGB zur Antragsstellung im Falle der Zahlungsunfähigkeit oder Überschuldung verpflichtet, § 42 Abs. 2 S. 1 BGB. Die **Insolvenzantragspflicht trifft jedes Vorstandsmitglied,** so dass spiegelbildlich auch jedem Vorstandsmitglied nach Maßgabe von → Rn. 10 ein Antragsrecht zukommt. 11

Zur Frage der persönlichen Haftung der Vorstandsmitglieder wegen Insolvenzverschleppung bereits ausführlich → § 12 Rn. 40 ff.; zur strafrechtlichen Seite → § 16 Rn. 32 ff. 12

Durch die Eröffnung des Insolvenzverfahrens oder Rechtskraft des Beschlusses, der die Eröffnung mangels Masse ablehnt, wird der Verein aufgelöst, § 42 Abs. 1 S. 1 BGB. Zur Rechtsstellung des Vereins in der Insolvenz und zu Fortsetzungsmöglichkeiten ausführlich → § 13 Rn. 338 ff. 13

D. Klagen der Mitglieder gegen den Verein

Der **Rechtsweg** zu den **ordentlichen Gerichten** ist eröffnet für Klagen von Mitgliedern gegen den Verein. In Betracht kommt die Verletzung mitgliedschaftlicher Rechte, die 14

[13] *Sauter/Schweyer/Waldner* Eingetragener Verein Rn. 243.
[14] LG Köln Rpfleger 1970, 406.
[15] Nerlich/Römermann/*Mönning* InsO § 11 Rn. 63.
[16] *Stöber/Otto* Rn. 1038.
[17] *Rugulis* DZWIR 2008, 404.

durch Gesetz oder Satzung gewährt werden, durch Vereinsorgane oder die Klage auf Feststellung (§ 256 ZPO), dass ein Beschluss oder eine Wahl nicht wirksam sind. Die ordentlichen Gerichte sind schließlich auch zuständig für die Überprüfung von verhängten Vereinsstrafen, ggf. nach Ausschöpfung des vereinsinternen Rechtswegs (→ Rn. 17 ff.).

15 Der ordentliche Rechtsweg kann **durch die Satzung nicht ausgeschlossen** werden,[18] wenn nicht ausnahmsweise ein echtes Schiedsverfahren bestimmt wird. Damit ist jedoch nicht der vereinsinterne „Rechtsweg" gemeint, weil es sich hierbei um keine Schiedsgerichte iSd §§ 1025 ff. ZPO handelt (hierzu ausführlich → Rn. 17 ff.). Demnach ist auch eine Satzungsbestimmung nichtig, die als Klagevoraussetzung beim ordentlichen Gericht die Zustimmung eines besonderen Vereinsorgans im Wege der „Sondergenehmigung" verlangt.[19]

16 Vorrangig zuständig sind jedoch die vereinsinternen Rechtsorgane für **Streitigkeiten im Vorfeld,** etwa zwischen zwei Vorstandsmitgliedern über Ordnungsgemäßheit der Willensbildung im Vorstand.[20] Der Umfang der Nachprüfung durch die ordentlichen Gerichte ist in diesem Fall zudem beschränkt (hierzu näher → Rn. 50 ff.).

E. Vereinsgerichtsbarkeit

I. Vereinsgerichtsbarkeit und echte Schiedsgerichtsbarkeit

17 Der ordentliche Rechtsweg kann durch die Satzung (nur) dann ausgeschlossen werden, wenn ein **echtes Schiedsverfahren** nach §§ 1066, 1025 ZPO vorgesehen ist. Gleichwohl ist auch in diesem Fall einstweiliger Rechtsschutz durch die ordentlichen Gerichte nicht ausgeschlossen, §§ 1033, 1066, 1041 ZPO. Voraussetzung ist, dass es sich um ein echtes Schiedsgericht und nicht nur um ein Vereinsorgan handelt, das disziplinarrechtliche oder quasi gerichtliche Befugnisse hat. Wenn und soweit einem „Vereinsgericht" auch Verwaltungskompetenzen zugewiesen sind, spricht dies gegen das Vorliegen eines echtes Schiedsgerichts. Dies ist etwa dann der Fall, wenn das Organ auch Streit zwischen Vereinsorganen schlichtet. Im Zweifel geht der BGH nicht von einem echten Schiedsgericht aus.[21]

18 Für die Praxis der Vereinsgerichtbarkeit gilt indes: Es gibt keine einheitliche Bezeichnung für das Organ, dem das Vereinsstrafverfahren zugewiesen wird. Die Organe werden zB „Ehrengericht" oder „Ehrenausschuss", „Ältestenrat" oder „Vereinsgericht" genannt. Problematisch ist der Gebrauch des Begriffs **„Schiedsgericht",** der gesetzlich durch das Schiedsrichterliche Verfahren der §§ 1025 ff. ZPO belegt ist. Die Bezeichnung der streitentscheidenden Instanz als „Schiedsgericht" ist für die Abgrenzung zwischen Vereinsgerichtsbarkeit und echter Schiedsgerichtsbarkeit ohne Bedeutung.[22] Zwar können auf das Mitgliedschaftsverhältnis bezogene Streitigkeiten zwischen einem Vereinsmitglied und dem Verein oder zwischen Vereinsmitgliedern durch die Vereinssatzung auch einem echten Schiedsgericht – also unter Ausschluss des staatlichen Rechtsweges – zugewiesen werden. Aber das satzungsmäßig berufene Organ kann nur als echtes Schiedsgericht Anerkennung erfahren, wenn die Entscheidungen einer unabhängigen und unparteilichen Instanz unterworfen werden, auf deren Zusammensetzung insbesondere beide Streitparteien paritätisch Einfluss haben.[23] Dabei müsse dem weitestgehenden Ausschluss der staatlichen Gerichtsbarkeit als Kontrollinstanz in der Satzung eindeutig Ausdruck verliehen werden.[24] Schieds-

[18] OLG Celle WM 1988, 495 mAnm *Grunewald.*
[19] OLG Celle WM 1988, 495 mAnm *Grunewald.*
[20] BGHZ 49, 396 = NJW 1968, 1131.
[21] BGH NJW 2004, 2226; OLG Bremen SchiedsVZ 2015, 149 (153) (mangelnde paritätische Besetzung des Verbandsgerichts eines Fußballverbandes).
[22] OLG München NJOZ 2015, 1104 (1105).
[23] Zur Abgrenzung des Vereinsgerichts vom Schiedsgericht: BGH NJW 2004, 2226 sowie OLG Köln Beschl. v. 16.11.2012 – 19 Sch 24/12, BeckRS 2013, 03938 (im Fall wird das als „Vereinsgericht" benannte Gericht als echtes Schiedsgericht eingestuft).
[24] OLG München NJOZ 2015, 1104 (1105).

gerichtsbarkeit ist Rechtsprechung im weiteren Sinne und verlangt daher, dass satzungsgemäß eine unparteilich organisierte Stelle entscheidet. Fehlt es hieran und liegt begrifflich im Gegenteil ein **Organhandeln** des Vereins vor, kann nicht von einem Schiedsgericht gesprochen werden.[25] Im Vereinsstrafrecht ist das regelmäßig der Fall, so dass Vereinsgerichte in aller Regel keine echten Schiedsgerichte, sondern Vereinsorgane iSd §§ 31, 32 Abs. 1 S. 1 BGB sind.[26] Verhängt ein in der Satzung gar nicht vorgesehenes Organ als Vereinsgericht eine Vereinsstrafe, so stellt das einen erheblichen Verstoß gegen Satzungsrechte des Vereinsmitglieds dar, der dessen Kündigung aus wichtigem Grund rechtfertigen kann.[27]

Insbesondere im Bereich der **Bekämpfung des Dopings im internationalen Leistungssport** gewinnt die echte Schiedsgerichtsbarkeit an Bedeutung. Hier entsteht zugleich ein grundrechtlich relevantes Spannungsfeld zwischen den Athleten in ihrer Berufsausübung und den Sportverbänden als Monopolisten.[28] 18a

Formulierungsbeispiel: Vereinsgericht (Satzungsbestandteil) 19

§ 15. Vereinsgericht

(1) Zuständig für die Entscheidung über eine Vereinsstrafe iSd Satzung ist das Vereinsgericht. Das Vereinsgericht ist kein Schiedsgericht iSd ZPO, sondern Vereinsorgan.

(2) Das Vereinsgericht besteht aus mindestens drei und höchstens sieben gewählten Vereinsrichtern. Diese werden auf die Dauer von zwei Jahren von der Mitgliederversammlung gewählt. Der 1. Vorsitzende und der Schatzmeister sind weitere geborene Vereinsrichter. Das Vereinsgericht bestimmt durch Wahl einen seiner Angehörigen zum Vorsitzenden Richter und für den Fall seiner Verhinderung einen Stellvertreter. Entscheidungen des Vereinsgerichts werden mit einfacher Mehrheit gefasst, bei Stimmengleichheit entscheidet die Stimme des Vorsitzenden Richters bzw. dessen Stellvertreters. Die Vereinsrichter sind in dieser Funktion ehrenamtlich tätig und erhalten keine Vergütung. Sie haben im Rahmen des § 31a Abs. 2 BGB Anspruch auf Freistellung von Schadensersatzansprüchen.

(3) Das vereinsgerichtliche Verfahren ist auf Antrag eines Vorstandsmitglieds, eines Abteilungsleiters oder Beschluss der Mitgliederversammlung mit 10 vH der abgegebenen Stimmen einzuleiten. Der Antrag ist schriftlich beim Vorsitzenden Richter zu stellen und hat die vorgeworfene Vereinspflichtverletzung, etwaige Beweismittel und Zeugen und die vorgeschlagene Art der Strafe unter Angabe der Gründe zu benennen. Jedes Einzelmitglied ist befugt, die Einleitung eines Verfahrens anzuregen oder Antrag zur Beschlussfassung der Mitgliederversammlung zu stellen.

(4) Der Vorsitzende Richter bestimmt nach Antragseingang für das Verfahren einen Schriftführer aus dem Kreis der gewählten Vereinsrichter. Das Vereinsgericht entscheidet unter Mitwirkung von mindestens drei Vereinsrichtern, darunter der Schriftführer und der Vorsitzende Richter oder dessen Stellvertreter. Bei mündlicher Verhandlung wird die Entscheidung ausschließlich von den in der Verhandlung präsenten Vereinsrichtern gefällt. Der Vorsitzende Richter kann sich oder andere Vereinsrichter, insbesondere auf deren eigenen Antrag, für befangen erklären, so dass diese von der Entscheidung ausgeschlossen sind. Bei Beschlussunfähigkeit des Vereinsgerichts entscheidet die Mitgliederversammlung als Vereinsgericht.

(5) Das Verfahren kann nach Ermessen des Vereinsgerichts schriftlich und/oder mündlich durchgeführt werden. Der Ausschluss erfordert mindestens eine mündliche Verhandlung. Dem Mitglied ist Gelegenheit zur schriftlichen oder bei mündlicher Verhandlung nach seiner Wahl zur schriftlichen oder mündlichen Stellungnahme zu geben; hierzu ist das Mitglied durch das Vereinsgericht schriftlich unter Setzung ei-

[25] OLG Braunschweig SchiedsVZ 2005, 262 (263): Zugleich Beispielsfall für ein echtes Vereinsschiedsgericht.
[26] Vgl. BGH NJW 1995, 583 (587 f.).
[27] LG Ulm Urt. v. 24.4.2013 – 1 S 161/12, BeckRS 2013, 13080.
[28] → Rn. 57a, 57b.

ner angemessenen Frist und Mitteilung des verfahrenseinleitenden Antrages aufzufordern. Das Mitglied darf auf eigene Kosten ein von ihm benanntes Vereinsmitglied oder einen Rechtsanwalt als Verfahrensvertreter hinzuziehen.

(6) Jeder Abteilungsleiter des Vereins, dessen Abteilung das Mitglied angehört, soll vor der Entscheidung angehört werden. Der über die Strafe entscheidende Beschluss ist schriftlich zu begründen, soweit das Mitglied nicht auf eine Begründung verzichtet hat. Die Entscheidung ist dem Mitglied durch eingeschriebenen Brief oder persönliche Übergabe/Verlesung bekannt zu geben.

(7) Gegen Entscheidungen des Vereinsgerichts kann das Mitglied schriftlich gegenüber dem Vereinsgericht oder zu dessen Protokoll Einspruch einlegen. Der Einspruch hat aufschiebende Wirkung. *[ggf.: ergänzen wie im Formulierungsbeispiel → Rn. 36]* Über den Einspruch entscheidet die Mitgliederversammlung, die innerhalb von drei Monaten nach Eingang des Einspruchs als außerordentliche stattzufinden hat, falls innerhalb dieser Frist keine ordentliche Mitgliederversammlung stattfindet, die über den Einspruch entscheidet. In der Ladung ist der Tagesordnungspunkt anzugeben und darauf hinzuweisen, dass sowohl die Begründung der Vereinsstrafe als auch die Einspruchsbegründung des Mitgliedes auf der Geschäftsstelle zur Einsicht ausliegen und in der Mitgliederversammlung vor der Abstimmung verlesen werden. Die Vereinsstrafe wird nur wirksam, wenn sie von der Mitgliederversammlung innerhalb der Frist mit einer Mehrheit von 2/3 der abgegebenen Stimmen bestätigt wird. *[ggf.: ergänzen wie im Formulierungsbeispiel → Rn. 47]*

(8) Für das Verfahren werden keine Kosten erhoben.

II. Verfahrensordnung

20 Das Verfahren über die Verhängung einer Vereinsstrafe wird in der Praxis häufig in einer besonderen Vereinsordnung oder **Rechtsordnung** (hier im Folgenden: Verfahrensordnung) geregelt. Eine Verfahrensordnung kann Satzungsqualität besitzen oder als satzungsnachrangiges Vereinsrecht errichtet werden. Grundsätzlich kann das Vereinsstrafenverfahren in einer Verfahrensordnung ohne Satzungsqualität ausgestaltet werden (→ § 11 Rn. 13). Eine solche Ordnung gehört nicht zu den das Vereinsleben bestimmenden Grundentscheidungen, die als „Verfassung" des Vereins in die Satzung aufgenommen werden muss.[29] Die zu Verfahrensordnungen ergangene Rechtsprechung befasst sich regelmäßig mit Verfahrensordnungen ohne Satzungsqualität und den Abgrenzungsfragen, welche Elemente des Vereinsstrafrechts außerhalb der Satzung geregelt werden können und welche Elemente von solcher Bedeutung sind, dass sie nur innerhalb der Satzung (oder in einer Verfahrensordnung mit Satzungsqualität) geregelt werden dürfen.

21 Als **grundlegendes Abgrenzungskriterium** kann nach wie vor ein Leitgedanke des Reichsgerichts herangezogen werden: Eine Verfahrensordnung darf den Mitgliedern außerhalb der Satzung keine neuen Pflichten auferlegen, sondern nur das näher ausführen, was bereits in der Satzung als Pflicht oder als erforderliches Verhalten vorgegeben ist.[30]

Beispiele für Regelungen mit Satzungszwang:

Auferlegung der Verfahrenskosten und Bekanntmachung der strafenden Entscheidung in den Mitteilungsblättern müssen als empfindliche Nebenfolgen des Vereinsstrafverfahrens in der Satzung selbst geregelt sein.[31] Implementierung eines echten Schiedsgerichts ein-

[29] So LG Freiburg Urt. v. 15.5.2012 – 14 O 46/12, BeckRS 2012, 10681 unter Hinweis auf BGH NJW 1967, 1268. Krit. zu dieser Abgrenzung aber bereits *Reichert/Dannecker,* Handbuch Vereins- und Verbandsrecht, 9. Aufl., Rn. 1656, da eine Verfahrensordnung in der Regel immer auch „Grundentscheidungen des Vereinslebens" beinhalte, indem sie nicht nur Verfahrensabläufe regle, sondern auch konkrete, später nicht mehr behebbare Rechtsnachteile anordne, wenn zB Antragsfristen oder -formen nicht beachtet würden.

[30] RG Recht 1915 Nr. 2420.

[31] BGH NJW 1967, 1268.

schließlich des Auswahlverfahrens der Schiedsrichter.[32] Regelung, dass das Verstreichenlassen der Ausschlussfrist des vereinsinternen Rechtsmittels gegen das Ausschlussurteil automatisch selbst zum Ausschluss aus dem Verein führt.[33]

Beispiele für Inhalte ohne Satzungszwang:

Zusammensetzung des Vereinsgerichts; Verfahrenseinleitung; Verfahrensfristen; Ausgestaltung des Verfahrens (zB vorbereitende Maßnahmen, Ladung, Zeugenanhörung, Akteneinsicht).

Eine Verfahrensordnung, die unzulässige Bestandteile enthält, die nur wirksam als Satzungsbestandteil erlassen werden können, ist nicht im Ganzen unwirksam, sondern nur **teilnichtig.** § 139 BGB ist weder auf die Satzung selbst noch auf eine Verfahrensordnung anwendbar.[34] 22

Formulierungsbeispiel: Verweis auf eine einfache Vereinsordnung (Satzungsbestandteil) 23

§ 15. Vereinsgericht

(1) Zuständig für die Entscheidung über eine Vereinsstrafe iSd Satzung ist das Vereinsgericht. Das Vereinsgericht ist kein Schiedsgericht iSd ZPO.
(2) Der Vorstand bestimmt in einer Verfahrensordnung die Zusammensetzung des Vereinsgerichts und dessen Verfahren, soweit in dieser Satzung nichts anders bestimmt ist.
(3) *[es folgen Festlegungen der Satzung wie Verfahrenskosten, Nebenfolgen der Strafen, Rechtsmittelfristen etc.]*

Formulierungsbeispiel: Verweis auf eine Vereinsordnung mit Satzungsqualität (Satzungsbestandteil) 24

§ 15. Vereinsgericht

(1) Zuständig für die Entscheidung über eine Vereinsstrafe iSd Satzung ist das Vereinsgericht. Das Vereinsgericht ist kein Schiedsgericht iSd ZPO.
(2) Das Nähere bestimmt die von der Mitgliederversammlung zu beschließende Verfahrensordnung, die Bestandteil dieser Satzung ist.

III. Verfahrensgrundsätze, insbesondere Gleichbehandlung und rechtliches Gehör

Das vereinsgerichtliche Strafverfahren muss nicht dem staatlichen Strafverfahren angepasst sein; seine Ausgestaltung obliegt im Wesentlichen der Satzungsautonomie des Vereins. Dies gilt insbesondere für die Prinzipien der **Unabhängigkeit** und **Unparteilichkeit** des Organs und seiner Mitglieder. Das Vereinsgericht muss jedoch allgemeingültige Verfahrensgrundsätze beachten, damit das Verfahren fair bleibt und nicht zu einem Willkürakt wird, gegen den keine sachgerechte Verteidigung möglich ist.[35] 25

So ist der Grundsatz des staatlichen Strafverfahrens, niemand könne zugleich Ankläger und Richter sein, nicht auf das Vereinsstrafverfahren übertragbar. Der Vorstand kann verfahrenseinleitendes und zugleich urteilendes Organ sein.[36] Anderes gilt bei **Befangenheit** eines Mitgliedes des entscheidenden Organes. Dieser Grundsatz des staatlichen Verfahrens wird von den Gerichten als so elementarer rechtsstaatlicher Verfahrensgrundsatz angese- 26

[32] BGH NJW 1984, 1355.
[33] BGH NJW 1967, 1268 (1270).
[34] BGH NJW 1967, 1268 (1271).
[35] BGH NJW 1981, 744; LG Bonn Urt. v. 8.1.2013 – 18 O 63/12, BeckRS 2013, 05886.
[36] BGH NJW 1967, 1657 (1658).

hen, dass das Mitglied oder Organ, das durch ein Vereinsmitglied verletzt wurde, an dem Vereinsstrafverfahren nicht mitwirken darf.[37] In diesem Falle liegt nach Ansicht des BGH die Gefahr einer allzu subjektiven und daher unsachlichen Beurteilung so nahe, dass es dem Mitglied nicht zugemutet werden könne, sich einem solchen Verfahren zu unterwerfen. Ein Organmitglied kann sich selbst für befangen erklären.[38] Anstelle des satzungsgemäß zuständigen Organs muss subsidiär die Mitgliederversammlung entscheiden, wenn alle Organmitglieder befangen sind.[39] Bloße **Vorbefassung** führt dagegen nicht zur Befangenheit.[40]

Beispiel:

Das Vereinsgericht in Person der Vereinsrichter A, B und C hat den Ausschluss des M aus dem Verein beschlossen. M hat gegen diese Entscheidung Einspruch eingelegt, über den nach der Satzung die Mitgliederversammlung beschließt. A, B und C sind als Vereinsmitglieder nicht von dieser Beschlussfassung ausgeschlossen.

27 Die **Beschlussfähigkeit** des Vereinsgerichts kann auch dann gewahrt sein, wenn die Verhandlung nicht bei Präsenz aller Organmitglieder stattfindet bzw. die Entscheidung nicht unter Mitwirkung aller Organmitglieder gefällt wird, es sei denn die Satzung gibt ausdrücklich andere Erfordernisse vor oder ist entsprechend auszulegen.[41]

28 Aus der mitgliedschaftsrechtlichen **Treuepflicht**[42] des Vereins gegenüber dem Einzelmitglied leitet die Rechtsprechung unter anderem das Gebot der **Gleichbehandlung** der Einzelmitglieder ab.[43] Die Bestrafung eines Mitglieds kann (grob) unbillig und infolgedessen unwirksam sein, wenn andere Mitglieder ohne sachlichen Grund geringer oder gar nicht bestraft werden, obwohl ihnen der gleiche Verstoß zur Last zu legen ist.[44] Soweit dem entscheidenden Organ ein Ermessensspielraum bei der Strafzumessung durch die Satzung zugestanden wird[45], muss es diesen gleichmäßig anwenden und dabei nach dem Grundsatz von Treu und Glauben beim Einzelmitglied auch Umstände berücksichtigen, die für die Wahl eines milderen Mittels sprechen. Der Strafanspruch des Vereins kann auch **verwirkt** sein, weil zwischen dem Bekanntwerden des Pflichtverstoßes und der Einleitung eines Strafverfahrens so viel Zeit verstrichen ist, dass die nunmehrige Bestrafung willkürlich erscheint.[46] Die Bestrafung ist selbstverständlich auch dann ausgeschlossen, wenn die Strafvorschrift selbst eine Befristung der Verfolgung vorsieht.

29 Ebenfalls Ausfluss der vereinsrechtlichen Treuepflicht ist die **Gewährung rechtlichen Gehörs.** Nach Ansicht der Rechtsprechung bildet nicht Art. 103 Abs. 1 GG die Rechtsgrundlage, da dieser unmittelbar nur vor den staatlichen Gerichten schütze.[47] Der Anspruch auf rechtliches Gehör vor dem Vereinsgericht ergebe sich aus der Pflicht zur ordnungsmäßigen Untersuchung.[48] Der Anspruch umfasst nicht grundsätzlich die unmit-

---

[37] BGH NJW 1981, 744 (745); OLG Köln NJW-RR 1993, 891 (Ls.) = BeckRS 1993, 02407 (wegen Beleidigung); OLG Karlsruhe NJW-RR 1996, 1503; aA noch RG Urt. v. 9.1.1913, RG Warn 1913 Nr. 182 (zit. bei BGH NJW 1981, 744).

[38] OLG München MDR 1973, 405.

[39] BGH NJW 1981, 744 (Beleidigung des gesamten Vorstands); OLG Hamm BB 1976, 1191.

[40] RGZ 129, 45.

[41] Bei einem vielköpfigen Organ kann die Auslegung ergeben, dass die Satzung nicht dessen Vollständigkeit verlangt: BGH NJW 1967, 1657 (1658).

[42] Hierzu → § 5; BGH NJW 1990, 2877 (2878).

[43] BGH NJW 1967, 1657. Ein Ausschluss aus dem Verein kann grob unbillig sein, wenn ihn der Verein auf vereinswidrige Behauptungen stützt, die das Mitglied in einem Rechtsstreit mit dem Verein zu seiner Rechtsverteidigung vorgebracht hatte.

[44] So die Entscheidung des BGH zum Ausschluss eines Mitglieds.

[45] Vgl. zB das im Formulierungsbeispiel → Rn. 36 vorgesehene zeitweilige Ruhen der Mitgliedschaft.

[46] OLG Köln Urt. v. 23.3.1993 – 19 W 59/92, BeckRS 1993, 02407 und bereits zur Genossenschaft: RGZ 129, 45.

[47] MüKoBGB/*Reuter*, 7. Aufl. 2015, BGB § 25 Rn. 48: Dies ist Ausfluss des *ordre-public*-Vorbehaltes, der in Art. 103 Abs. 1 GG seinen Niederschlag findet.

[48] BGH NJW 1959, 982.

telbare persönliche Anhörung; ausreichend kann auch ein schriftliches Verfahren sein, das Gelegenheit zur Stellungnahme zu allen Vorwürfen gewährt.[49] Das gilt naturgemäß in den Fällen, in denen das vereinsinterne Verfahren gar keine mündliche Verhandlung vorsieht. Das betroffene Mitglied muss umfassende Einsicht in das Belastungsmaterial und Gelegenheit zur Verteidigung gegen alle Vorwürfe erhalten.[50] Der Anspruch auf rechtliches Gehör umfasst nicht nur die Gelegenheit zur Abgabe eigener Stellungnahmen, sondern verpflichtet das Vereinsgericht auch zu deren tatsächlicher Kenntnisnahme.[51] Eine Vereinsstrafe kann somit nur verhängt werden, wenn die ihr zugrunde gelegten Tatsachen objektiv ermittelt und durch das Vereinsgericht konkret festgestellt worden sind.[52]

Auf die Beiziehung eines (anwaltlichen) **Verfahrensbeistandes** oder Verteidigers hat 30
das Mitglied keinen grundsätzlichen Rechtsanspruch, wenn es die Satzung oder Verfahrensordnung nicht ausdrücklich erlaubt. Im Allgemeinen könne – so der BGH – vorausgesetzt werden, dass sich das betroffene Vereinsmitglied in vereinsinternen Konfliktfällen selbst mit den übrigen Mitgliedern auseinandersetze. Anderes gilt aber zur Herstellung einer „Waffengleichheit" in den Fällen, in denen sich der Verein selbst eines Beistandes bedient.[53] Offen gelassen wurde der Fall, in dem das Mitglied selbst rechtskundig ist.[54]

Die **Kosten seiner anwaltlichen Vertretung** hat das Mitglied grundsätzlich selbst zu 31
tragen. Denkbar ist aber ein Ersatzanspruch des Mitglieds gegen den Verein aus § 31 BGB wegen der **Verletzung von Mitgliedschaftsrechten,** wenn solche durch die Aktivitäten des Vereinsgerichts verletzt wurden und dem Mitglied infolgedessen Aufwand entstanden ist.[55] Neben dem Verein können auch die Mitglieder des Vereinsgerichts persönlich haften gem. §§ 823, 840 BGB. Der Verein hat diese jedoch von der Haftung freizustellen, sofern er den Vereinsrichtern nicht Vorsatz oder grobe Fahrlässigkeit nachweisen kann oder – bei leichter Fahrlässigkeit – diese oberhalb der gesetzlichen Entschädigungsgrenze vergütet werden (§ 31a BGB).[56]

Details können in einer **Verfahrensordnung** geregelt sein (→ Rn. 20ff.). Atypisch 31a
hohe, dh deutlich über den Gebühren der staatlichen Gerichtsbarkeit liegende Verfahrenskosten, die neben der Vereinsstrafe selbst einen eigenen belastenden Charakter haben, müssen in der Satzung selbst oder in einer Verfahrensordnung, die Satzungsbestandteil ist, geregelt werden.[57]

Die **Kosten des vereinsgerichtlichen Verfahrens** (zB Reisekosten und sonstige Aus- 32
lagen der Vereinsrichter, Aufwendungen für eine Beweisaufnahme und sonstige Verwaltungskosten, wie Saalmiete) können dem verurteilten Mitglied nur auferlegt werden, wenn und soweit dies die Satzung vorsieht.[58]

[49] BGH NJW 1959, 982; NJW 1980, 443 (444) – Parteiausschlussverfahren; BGH NJW 1967, 1657 (1659): Berücksichtigung neuer Tatsachen in der vereinsinternen Rechtsbehelfsinstanz sind im Interesse der Verfahrenseffizienz grundsätzlich zulässig, wenn nur dem Mitglied Gelegenheit gegeben worden ist, sich auf die Verteidigung gegen den neuen Vorwurf ausreichend einzurichten.

[50] LG Gießen NJW-RR 1995, 828.

[51] OLG Köln Urt. v. 23.3.1993 – 19 W 59/92, BeckRS 1993, 02407.

[52] LG Detmold NZG 2019, 548; siehe ferner AG Duisburg BeckRS 2019, 9890.

[53] BGH NJW 1971, 879 (882); NJW 1984, 1884.

[54] BGH NJW 1984, 1884.

[55] Das Mitglied ist insoweit „Dritter" iSd Gesetzesformulierung. In der Entscheidung des BGH NJW 1984, 1884 (1985) wurde der Anspruch dadurch verwirklicht, dass der Vorstand trotz fehlender Zuständigkeit ein anderes Vorstandsmitglied aus dem Verein ausgeschlossen hatte.

[56] Durch das „Gesetz zur Stärkung des Ehrenamtes (Ehrenamtsstärkungsgesetz – EhrAmtStG)" v. 21.3.2013, BGBl. I 556 wurde in § 31a BGB klargestellt, dass nicht nur die Vorstandsmitglieder, sondern auch andere Organmitglieder, also hier Mitglieder des Vereinsgerichts, Anspruch auf Freistellung von Schadensersatzansprüchen von Dritten oder Mitgliedern haben können, wenn sie diese lediglich fahrlässig verursacht haben.

[57] AG Heidelberg Urt. v. 14.12.2015 – 29 C 230/15, BeckRS 2016, 18474.

[58] BGH NJW 1967, 1268.

IV. Anordnung des Ruhens der Mitgliedschaft

33 Die Satzung kann anordnen, dass während eines laufenden vereinsgerichtlichen Verfahrens die Rechte und Pflichten des Mitgliedes ganz oder teilweise ruhen. Einer solchen Bestimmung darf im Eintragungsverfahren durch das Registergericht nicht von Amts wegen die Eintragung versagt werden.[59] Das Ruhen der Mitgliedschaft wird dabei vom **zeitweiligen Ausschluss aus dem Verein** unterschieden.[60] Während letzterer eine Sanktion darstellt, deren zeitgleich mit der Verfahrenseröffnung verbundene Anwendung einer unzulässigen Vorverurteilung gleich käme, knüpft das Ruhen der Mitgliedschaftsrechte an die Verwirklichung eines objektiven Tatbestandes[61] an (allgemein zum Ruhen der Mitgliedschaft → § 10 Rn. 304).

34 Die Rechtfertigung für das Ruhen der Mitgliedschaft kann darin liegen, das normale Vereinsleben von den zwischenmenschlichen Störungen und Belastungen, die mit den im vereinsgerichtlichen Verfahren zu prüfenden Vorwürfen verbunden sein können, frei zu halten. Eine solche Satzungsregelung trägt aber das Risiko in sich, im Einzelfall unverhältnismäßig in die Rechte des betroffenen Mitglieds einzugreifen und damit gegen das Gebot von Treu und Glauben zu verstoßen.

Beispiel:

M ist Mitglied im Tierzuchtverein, der jährlich im September eine Leistungsschau durchführt, deren Teilnahme wiederum Voraussetzung für die Qualifikation an anderen überregionalen Leistungsschauen ist. M wird vorgeworfen, den Schatzmeister des Vereins S beleidigt zu haben. Das Vereinsgericht, das in 1. Instanz zuständig ist, hat eine Anhörung von M und S angesetzt und Termin zur mündlichen Verhandlung auf den 1. Oktober bestimmt. Da die Vereinssatzung vorsieht, dass von der Eröffnung bis zum Abschluss eines vereinsgerichtlichen Verfahrens die Mitgliedschaftsrechte ruhen, hat dies zur Folge, dass M nicht an der Leistungsschau des Vereins und infolgedessen auch nicht an den anschließenden überregionalen Veranstaltungen teilnehmen kann.

35 Eine Satzungsbestimmung, die **pauschal** das Ruhen der Mitgliedschaft anordnet, führt faktisch zu einem Abschneiden der Verteidigungsmöglichkeiten gegen eine Vereinsstrafe. Das Mitglied kann sich zur Vermeidung größerer Nachteile sogar dazu gezwungen sehen, ein an sich ungerechtfertigtes Vereinsstrafverfahren durch Selbstanzeige oder Geständnis beschleunigt zum Abschluss zu bringen. Daher ist es für den Satzungsgestalter ratsam, das Ruhen der Mitgliedschaft allenfalls für eng begrenzte Sachverhalte, wie zB den in 1. Instanz ausgesprochenen Ausschluss aus dem Verein vorzusehen:

36 **Formulierungsbeispiel: Ruhen der Mitgliedschaftsrechte (Satzungsbestandteil)**

[anknüpfend an das Formulierungsbeispiel → Rn. 19]

(7) Der Einspruch gegen eine Vereinsstrafe hat aufschiebende Wirkung. Hat das Vereinsgericht den – auch nur zeitweiligen – Ausschluss des Mitglieds aus dem Verein beschlossen, ruhen jedoch dessen Mitgliedschaftsrechte bis zur Entscheidung über den Einspruch.

---

[59] BayObLGZ 1979, 351.

[60] Das Ruhen der Mitgliedschaft sei von dem Ausschluss aus dem Verein sowohl in den Voraussetzungen als auch in den Auswirkungen wesensverschieden (RG JW 1929, 847 (848 f.), zit. nach BayObLGZ 1979, 351).

[61] Für die automatische Verhängung eines Spielverbotes, wenn innerhalb einer bestimmten Frist kein Sozialversicherungsnachweis für einen Spieler vorgelegt wird: OLG Hamm Urt. v. 1.4.2008 – 27 U 133/07, BeckRS 2008, 08264.

V. Verfahrensabschließende Entscheidung

37 Am Ende des vereinsgerichtlichen Verfahrens steht die Entscheidung über die Verhängung der Vereinsstrafe durch das Vereinsgericht. Dabei hat das entscheidende Organ die in der Satzung und ggf. der Verfahrensordnung vorgesehenen Regeln zu beachten. Zum Beispiel kann ein besonderes Mehrheitserfordernis satzungsmäßige Voraussetzung einer strafenden Entscheidung sein (zB 2/3-Mehrheit bei Ausschluss aus dem Verein); anderenfalls gelten die sonst für die Entscheidungen dieses Organs vorgesehenen Mehrheitserfordernisse. Laufen **Parallelverfahren** gegen mehrere Mitglieder, ist über die Pflichtverletzung jedes Einzelmitgliedes gesondert zu beschließen[62]. Ein Vereinsmitglied kann nicht durch die Mitgliederversammlung aus dem Verein ausgeschlossen werden, wenn die Einladung zu der Versammlung diesen **Tagesordnungspunkt** nicht ausdrücklich bezeichnet hat.[63]

38 Die strafende Entscheidung ist auch dann mit einer **Begründung** zu versehen, wenn dies in der Satzung nicht vorgesehen sein sollte. Die Rechtsprechung hat dieses Erfordernis jedenfalls für Ausschlussentscheidungen aufgestellt.[64] Die **Begründung ist Wirksamkeitserfordernis** für den Ausschluss.[65] Nur die begründete Entscheidung eröffnet dem Mitglied die Möglichkeit zur Prüfung der Entscheidung sowie zur Abwägung der Erfolgsaussichten eines vereinsinternen Rechtsbehelfs oder der Anrufung eines staatlichen Gerichts. Die Begründung soll dem Mitglied effektive Verteidigung ermöglichen und ist damit Ausfluss des Gebotes von Treu und Glauben. Daher gilt dieses Erfordernis grundsätzlich für **jede Art der Vereinsstrafe** und nicht nur für den Ausschluss als *ultima ratio.*[66] Ausnahmen ergeben sich aus der Natur der Sache; so kann die Tatsachenentscheidung eines Schiedsrichters schwerlich einem generellen Begründungszwang unterliegen; und ein solcher wäre auch sinnlos, wenn gegen die konkret ausgesprochene Schiedsrichterentscheidung eine Kontrollentscheidung gar nicht vorgesehen ist, weil sie über den eigentlichen Wettkampf hinaus keinerlei Wirkung entfaltet. Das Mitglied soll auch selbst auf eine Begründung verzichten können.[67]

39 Das Begründungserfordernis gilt auch in den Fällen, in denen die Ausschlussentscheidung auf dem allgemeinen Ausschlussgrund der **Unzumutbarkeit einer Fortsetzung des Mitgliedschaftsverhältnisses** beruht. Auch die Entscheidung über den Ausschluss wegen Vertrauensverlustes muss sich auf bestimmte, im Einzelnen festgestellte Tatsachen stützen, die vom Gericht überprüft werden.[68] Die Umstände, aus denen sich die Unzumutbarkeit im konkreten Einzelfall ergibt, müssen im Ausschließungsbeschluss bezeichnet und in gerichtlich nachprüfbarer Weise festgestellt werden.[69] Es kann genügen, wenn sich die Begründung klar und eindeutig aus dem der Ausschlussentscheidung zugrunde liegenden Antragsschriftsatz ergibt.[70]

40 Die den Ausschlussgrund, der Gegenstand des Verfahrens gewesen ist, tragenden Feststellungen müssen dargelegt werden, um bei späterer gerichtlicher Kontrolle gegen den Einwand gewappnet zu sein, in unzulässiger Weise eine neuen Ausschlussgrund nachzuschieben. Die nachträgliche Klärung des Sachverhalts im Zivilprozess mit dem Ziel des Beweises von Ausschlusstatsachen, die im Ausschlussverfahren nicht festgestellt worden sind, ist unzulässig, da die zuvor getroffene Ausschlussentscheidung denknotwendig nicht auf diesen **nachgeschobenen Gründen** beruhen kann.[71] Ein solcher neuer Ausschlussgrund müsste zunächst einmal Gegenstand eines neuen vereinsinternen Ausschlussverfah-

---

[62] BayObLGZ 1988, 170.
[63] OLG Zweibrücken Beschl. v. 19.12.2001 – 3 W 272/01, BeckRS 2001 30228675.
[64] BGH NJW 1966, 1751; NJW 1967, 1657; NJW 1988, 552; NJW 1990, 40.
[65] BGH NJW 1990, 40 (42 aE).
[66] Vgl. *Reuter* NJW 1987, 2401 (2402).
[67] *Reichert/Dannecker,* Handbuch Vereins- und Verbandsrecht, 9. Aufl., Rn. 1692.
[68] BGH NJW 1972, 1892 (1893); NJW 1990, 40 (42).
[69] BGH NJW 1990, 40 (41) unter Hinweis auf RGZ 147, 11 (13).
[70] BGH NJW 1990, 40 (41) – im entschiedenen Fall war das gerade nicht so.
[71] BGH NJW 1988, 552 (554).

rens sein. Davon zu unterscheiden ist das zulässige **Nachschieben von Tatsachen** durch beide Parteien, die im Verfahren vor dem staatlichen Gericht, den Nachweis dienen, dass die Ausschlussentscheidung offenbar unbillig bzw. nicht unbillig gewesen ist.[72]

41 Sieht die Satzung vor, dass Vereinsstrafen zur **Bewährung** ausgesetzt werden können, so muss sich aus der Entscheidungsbegründung auch ergeben, dass sich das Vereinsgericht mit der Frage der Strafaussetzung tatsächlich und hinreichend befasst hat.[73]

42 Eine Pflichtverletzung, deren Ahndung einmal abgelehnt worden ist, kann nicht erneut zum Gegenstand eines Vereinsstrafverfahrens gemacht werden. Jedenfalls insoweit gilt vereinsintern der Grundsatz des *ne bis in idem* (vgl. aber → § 11 Rn. 8).[74]

43 Das Wirksamwerden der Vereinsstrafe setzt die **Bekanntgabe** der begründeten Entscheidung gegenüber dem betroffenen Mitglied voraus. Der Zugang der Bekanntgabe sollte deshalb beweissicher gestaltet werden. Ergeht die Entscheidung nach mündlicher Verhandlung als „Stuhlurteil" in Anwesenheit des betroffenen Mitgliedes, ist dies in das Protokoll aufzunehmen.

VI. Vereinsinternes Rechtsmittel

44 Das Verfahren der vereinsinternen Rechtsmittelinstanz kann in der Satzung abweichend von der 1. Instanz geregelt werden. Die allgemeinen Verfahrensgrundsätze gelten aber auch hier. Sofern die Satzung/Verfahrensordnung nichts Gegenteiliges regelt, können in der Rechtsmittelinstanz auch **neue Tatsachen** vorgetragen und berücksichtigt werden;[75] ein „Nachschieben von Gründen" ist – im Gegensatz zum Verfahren vor dem staatlichen Gericht – also erlaubt. Dem Mitglied ist erneut rechtliches Gehör zu gewähren. Die nachträgliche **Gewährung des rechtlichen Gehörs** durch eine vereinsinterne Rechtsmittelinstanz heilt den Verfahrensfehler der Vorinstanz, wenn die Rechtsmittelinstanz zur uneingeschränkten Nachprüfung befugt ist.[76]

45 Ein vereinsinternes Rechtsmittel gegen den Vereinsausschluss hat **aufschiebende Wirkung,** es sei denn, die Satzung versagt diese Wirkung ausdrücklich.[77] Ist ein vereinsinternes Rechtsmittel vorgesehen, so drückt sich darin aus, dass bis zur Entscheidung der Rechtsmittelinstanz noch nicht rechtswirksam gemäß der Satzung beschlossen worden ist.[78] Nach Auffassung des OLG Köln widerspricht es allgemeinen rechtsstaatlichen Verfahrensgrundsätzen, wenn in der Satzung eines Vereins für Rechtsmittel gegen eine Vereinsstrafe keine aufschiebende Wirkung vorgesehen bzw. der sofortige Vollzug nicht auf solche Fälle beschränkt wird, in denen besondere Umstände dies rechtfertigen.[79] Vgl. hierzu das **Formulierungsbeispiel** → Rn. 36.

46 Versäumt das Mitglied die Einlegung eines vereinsinternen Rechtsmittels, zum Beispiel durch Fristablauf oder Nichtbeachtung formeller Vorschriften, beendet das den vereinsinternen Instanzenzug. Die Anrufung der staatlichen Gerichte ist damit aber nicht notwendig ausgeschlossen. Der staatliche Rechtsschutz ist nur dann materiell ausgeschlossen, wenn dem Mitglied die Rechtsfolge der Fristversäumung klar erkennbar gewesen ist. Das ist nicht der Fall, wenn die Satzungsformulierung lediglich Formen und Fristen des Rechtsmittels vorsieht, darüber hinaus aber keine besondere Rechtsfolge an deren Nichtbeachtung knüpft.[80]

---

[72] BGH NJW 1967, 1657 (1660); krit. zu dieser Abgrenzung NK-BGB/*Heidel-Lochner* BGB § 25 Rn. 49.
[73] LG Köln SpuRt 2003, 162.
[74] RGZ 51, 89 (91); vgl. hierzu auch den Fall des OLG Köln NJW-RR 1993, 891 (Ls.) = BeckRS 1993, 02407, das allerdings nur allgemein von „grober Unbilligkeit" spricht.
[75] BGH NJW 1967, 1657 (1658).
[76] LG Gießen NJW-RR 1995, 828 (829) unter Hinweis auf RG Warn 1913 Nr. 182; RG Recht 1929 Nr. 2.
[77] BayObLGZ 1988, 170 (171).
[78] So RGZ 85, 355 (356).
[79] OLG Köln NJW-RR 1993, 891 (Ls.) = BeckRS 1993, 02407.
[80] BGH NJW 1967, 1268; OLG Düsseldorf NJW-RR 1988, 1271 (1272).

Soll einem Mitglied nicht nur die Ausschöpfung der eigenen Verbandsgerichtsbarkeit, sondern auch die Anrufung **verbandsübergeordneter Gerichtsbarkeiten** auferlegt werden, muss das in der Satzung eindeutig zum Ausdruck gebracht werden.[81] 46a

Formulierungsbeispiel: Wirkung des Versäumens vereinsinterner Rechtsbehelfe (Satzungsbestandteil) 47

[anknüpfend an das Formulierungsbeispiel → Rn. 19]

(7) Wurde auf Ausschluss des Mitgliedes aus dem Verein entschieden und versäumt das Mitglied die Einspruchsfrist, ist das Mitglied mit Wirkung des Ablaufs der Einspruchsfrist aus dem Verein ausgeschieden, ohne dass es einer weiteren Entscheidung der Mitgliederversammlung bedarf.

Sieht die Satzung ein vereinsinternes Rechtsmittel gegen die Entscheidung über eine Vereinsstrafe vor, so ist dieser **interne Instanzenzug auszuschöpfen.** Die Anrufung der staatlichen Gerichte ist grundsätzlich erst dann zulässig, wenn der vereinsinterne Rechtsbehelf eingelegt und darüber entschieden ist.[82] Wenn die innerhalb ihrer satzungsmäßigen Befugnis tätig gewordene Rechtsmittelinstanz eine von dem in der Satzung vorgesehenen Entscheidungsorgan gegen ein Vereinsmitglied verhängte Vereinsstrafe aufhebt, schließt das erst den Willensbildungsprozess des Vereins ab. Damit steht für den Verein im Verhältnis zum Mitglied bindend fest, dass die Maßnahme entfallen ist.[83] Erst dann hat der vereinsinterne, satzungsmäßige Willensbildungsprozess zum Abschluss gefunden, den das Mitglied durch Vereinsbeitritt akzeptiert hat. Die **staatlichen Gerichte** dürfen aber **ausnahmsweise sofort** angerufen werden, wenn dem betroffenen Mitglied ein Zuwarten nicht zuzumuten ist. Als Beispiele können hierzu die zum Genossenschaftsrecht entwickelten Fallgruppen dienen, nämlich wenn die Entscheidung des Rechtsmittelorgans böswillig verhindert oder ungebührlich verzögert wird, wenn das zuständige Vereinsorgan längere Zeit untätig bleibt oder eine Entscheidung ablehnt, oder wenn das Ergebnis des satzungsmäßigen Rechtsmittels von vornherein feststeht und daher nur eine leere Formalität bedeuten würde.[84] 48

Enthält die Satzung keine **Rechtsmittelfrist,** so kann sie nach Auffassung des Bayerischen Obersten Landesgerichts ergänzend nur dahin ausgelegt werden, dass die nächste Mitgliederversammlung angerufen werden muss, sofern dies zeitlich zumutbar ist; ansonsten ist die dann folgende Mitgliederversammlung anzurufen. Eine weitergehende Satzungsauslegung sei weder zulässig noch erforderlich.[85] 49

F. Kontrolle durch staatliche Gerichte

Die Satzung kann das Recht des Mitglieds, eine strafende Entscheidung durch ein staatliches Gericht überprüfen zu lassen, nicht per se ausschließen. Zulässige Alternative wäre nur ein echtes Schiedsgericht iSd §§ 1025 ff. ZPO. Eine Satzungsformulierung, nach welcher eine Entscheidung des Vereinsgerichts „endgültig“ sei, ist unwirksam, wenn sie dahingehend auszulegen ist, dass der Rechtsweg damit ausgeschlossen werden soll.[86] Vereinsrechtliche Disziplinarmaßnahmen können also der Kontrolle der staatlichen Gerichte unterliegen. Auch die Entscheidungen der Sportgerichte sind hiervon nicht ausgenom- 50

[81] Anrufung der FIFA-Gerichtsbarkeit durch einen Fußballclub im Rechtstreit gegen seinen Landesverband: OLG Bremen SchiedsVZ 2015, 149 (153).
[82] RGZ 85, 356; BGH NJW 1967, 1268; NJW 1968, 1131; OLG Düsseldorf NJW-RR 1988, 1271 (1272).
[83] BGH NZG 2013, 713.
[84] Zit. in BGH NJW 1960, 2143 (2144); OLG Bremen SchiedsVZ 2015, 149 (153).
[85] BayObLGZ 1988, 170 (176).
[86] BGH NJW 1959, 982; ebenso BGH NZG 2013, 713.

men, soweit es nicht um die Einhaltung der Spielregeln im engeren Sinne geht.[87] Allerdings nehmen sich die staatlichen Gerichte nach wie vor mit **Rücksichtnahme auf die Vereinsautonomie** in ihrer Kontrolldichte zurück. Zwingend ist diese auf die Rechtsprechung des Reichsgerichts zurückgehende Entwicklung nicht.[88] Das Reichgericht hatte aus der Grundentscheidung des BGB-Gesetzgebers, auf eine staatliche Vereinsaufsicht zu verzichten, eine staatsfreie Autonomie zur internen Rechtssetzung abgeleitet.[89] Das Mitglied unterwerfe sich durch den Eintritt in den Verein freiwillig der Vereinsgewalt und daher sei es gerechtfertigt, dass die Vereinsgewalt insoweit eine autonome Wirksamkeit entfalte.[90] Die Rechtsprechung des BGH hat sich trotz einiger Relativierungen und Fortentwicklungen nicht von dieser Grundentscheidung gelöst.

I. Allgemeiner Prüfungsrahmen

51 Die staatlichen Gerichte können nach der ständigen Rechtsprechung des BGH nachprüfen,

- ob die verhängte Maßnahme eine **Stütze im Gesetz oder in der Satzung** hat,

  Beispiel:

  Das Mitglied M wird wegen Beleidigung des Vorstandes mit einer Geldbuße belegt. Die Satzung kennt jedoch keine Geldbuße, sondern nur Verwarnung, Ausschluss von der Nutzung von Vereinsanlagen auf Zeit und den Ausschluss aus dem Verein.

- ob das satzungsmäßig vorgeschriebene **Verfahren** beachtet ist,

  Beispiel:

  In der Mitgliederversammlung wird über den Ausschluss von Mitglied M diskutiert. Nach der Satzung ist das Vereinsgericht zuständig. Die Mitgliederversammlung kann nicht beschließen, das Verfahren an sich zu ziehen.

- ob sonst keine **Gesetzes- oder Satzungsverstöße** vorgekommenen sind,

  Beispiel:

  Der Vorstand ist nach der Satzung für die Bestrafung von Mitgliedern zuständig. Der Vorstand beschließt, das Vorstandsmitglied V mit einer Geldbuße zu bestrafen, weil dieser seine Amtspflichten als Vorstand nicht ausreichend wahrnimmt. Zuständig wäre hier aber nach dem Gesetz die Mitgliederversammlung.

- ob die Maßnahme nicht grob unbillig oder willkürlich ist.[91]

Beispiel:

Der Vorstand als Vereinsgericht hatte beschlossen, ein ungebührliches Verhalten von Mitglied M im Rahmen der Mitgliederversammlung nicht zum Gegenstand eines Vereinsstrafverfahrens zu machen. Nachdem der M nun zu anderen Sachverhalten „querulatorische" Fragen stellt, beschließt der Vorstand nach Ablauf doch die Eröffnung eines Verfahrens.

52 Seit der Entscheidung des BGH vom 30.5.1983[92] haben die Gerichte auch darüber zu befinden, ob die Tatsachen, die einer Vereinsstrafe zugrunde gelegt wurden, bei objektiver und an rechtsstaatlichen Grundsätzen ausgerichteter **Tatsachenermittlung** zutreffend

---

[87] BGH NJW 1995, 583 (587).
[88] Siehe zB *Flume* BGB AT Bd. 1/1 § 9; *Hadding/van Look* ZGR 1988, 270; *Reuter* ZGR 1980, 101.
[89] RGZ 49, 150 (155).
[90] BGH NJW 1983, 918 (919).
[91] BGH NJW 1959, 982; NJW 1967, 1657; NJW 1997, 3368.
[92] BGH NJW 1983, 918; krit. zur beibehaltenen Einschränkung bzgl. der Subsumtionsprüfung *Baecker* NJW 1984, 906.

festgestellt worden sind.[93] Durch die Nachprüfung dieser Ermittlungen werde die Vereinsautonomie nicht beeinträchtigt; den Vereinen werde lediglich die Möglichkeit genommen, einen nicht feststellbaren Sachverhalt zu Grunde zu legen.

Beispiel:

Das Vereinsgericht stellt in seiner begründeten Entscheidung einen Sachverhalt fest, wonach das Mitglied M Tatsachen vorgetäuscht habe, die tatsächlich nicht wahr sind. Dieser Sachverhalt wird als vereinsschädigendes Verhalten bewertet und auf ihm fußt die Vereinsstrafe. Im Verfahren vor dem staatlichen Gericht kann der M unter Beweis stellen, dass dieser Sachverhalt falsch ist, dh dass er diese Täuschungen nicht begangen hatte.

Die **Subsumtion** des festgestellten Sachverhalts unter den Tatbestand der die Vereins- 53
strafe regelnden Vorschrift nimmt der Verein eigenverantwortlich vor.[94] Auch diesbezüglich prüft das staatliche Gericht nur, ob die Tatsachen, die der Entscheidung zu Grunde gelegt wurden, bei objektiver und an rechtsstaatlichen Grundsätzen ausgerichteter Tatsachenermittlung zutreffend festgestellt worden sind.[95] Die Subsumtion wird über den vorgenannten Rahmen hinausgehend nur dann durch das staatliche Gericht nachgeprüft, wenn es sich um einen Verein mit Aufnahmezwang („Monopolverein") handelt (→ Rn. 56). Die dem Verein eigenen Wertmaßstäbe sind zu akzeptieren;[96] hierzu gehört insbesondere die Bewertung, welches Verhalten eines Mitglieds als vereinsschädigend oder gegen die Ziele des Vereins gerichtet anzusehen ist.[97] Da ein nicht sozialmächtiger Verein die Voraussetzungen für die Aufnahme eines Mitgliedes eigenverantwortlich bestimmen kann, wird ihm im Umkehrschluss das Privileg zugestanden, die Voraussetzungen ohne inhaltliche richterliche Kontrolle selbst bestimmen zu können, unter denen jemand nicht Mitglied bleiben kann.[98]

In der Entscheidung des BGH vom 9.6.1997[99] wird erkennbar, wie schwierig im Ein- 54
zelfall die **Abgrenzung zwischen Feststellung des Sachverhaltes und dessen Subsumtion** unter die Strafvorschrift unter Beachtung der Wertvorstellungen des Vereins sein kann. Der BGH ließ im entschiedenen Fall dahingestellt, ob die Ausschlussentscheidung grob unbillig oder willkürlich war, weil er nach ausführlicher Auseinandersetzung mit dem Sachverhalt schon auf der Ebene des Instanzgerichts die ausreichende Feststellung des Sachverhaltes vermisste, der die Annahme eines Satzungsverstoßes rechtfertigte. Der BGH verwies den Fall zurück mit der Aufgabe, das Berufungsgericht habe festzustellen, ob der Verein ein sozialmächtiger Verband („Monopolverein") sei, bei dem die Prüfungsdichte größer sei, dh schon die bloße Unbilligkeit der verhängten Strafe zu deren Unwirksamkeit führe. Die schon in früheren Entscheidungen gebrauchte Formulierung, dass ein Ausschluss umso eher unbillig sei, je wichtiger für den Betroffenen die Mitgliedschaft sei und daher dem Beurteilungs- oder Ermessensspielraum des Vereins enge Grenzen gesetzt wären, deutet in diesem Zusammenhang auf eine Relativierung und Aufweichung des Begriffs des Monopolvereins und damit der selbstgesetzten Prüfungsschranken hin. In die gleiche Richtung deutet die Entscheidung des OLG Frankfurt a. M. vom 27.6.1985 (Weinsiegel), wonach eine grobe Unbilligkeit eher zu bejahen ist, wenn das Mitglied durch die Vereinsstrafe in seiner wirtschaftlichen Entfaltungsmöglichkeit betroffen wird.[100]

---

[93] Siehe hierzu auch jüngst LG Detmold NZG 2019, 548 und AG Duisburg BeckRS 2019, 9890.

[94] BGH NJW 1966, 1751; LG Bremen NJW-RR 2013, 1125 zum Vereinsausschluss eines NPD-Mitglieds aus einem Sportverein, dessen Vereinsziele den Sport als verbindendes Element zwischen Nationalitäten, Kulturen, Religionen und sozialen Schichten sehen.

[95] Zum Verfahren der Dopingkontrolle bei Rennpferden OLG Hamm NJW-RR 2002, 389 (390).

[96] BGH NJW 1988, 552 (555).

[97] OLG Düsseldorf NJW-RR 1988, 1271 unter Hinweis auf BGH NJW 1980, 443.

[98] BGH NJW 1988, 552 (555).

[99] BGH NJW 1997, 3368 (3370).

[100] OLG Frankfurt a. M. NJW-RR 1986, 133.

Klarer wäre es, die Unterscheidung zwischen einfachem Verein und Monopolverein grundsätzlich aufzugeben.

55 Das Ergebnis der Kontrolle des staatlichen Gerichts kann nicht die Abänderung oder Aufhebung der vereinsgerichtlichen Entscheidung sein, sondern ausschließlich die **Feststellung ihrer Unwirksamkeit.**[101] Die gerichtliche Aufhebung der Vereinsstrafe scheidet aus, weil das staatliche Gericht keine Rechtsmittelinstanz zum Vereinsgericht ist. Die Abänderung scheidet auch wegen der Nichtanwendbarkeit des § 343 BGB aus. Anfechtungs-, Gestaltungs- und Leistungsklagen gegen Vereinsstrafen sind unzulässig. Stellt das Gericht fest, dass die vom Vereinsgericht zu Grunde gelegte Strafnorm die Strafe – zum Beispiel mangels Bestimmtheit – nicht trägt, aber auf der Basis des vom Vereinsgericht beanstandungsfrei festgestellten Tatbestandes eine andere Strafnorm greift, kann das staatliche Gericht keine Unwirksamkeit feststellen. Für diesen Fall kann eine vereinsrechtliche Sanktion aufrechterhalten bleiben, soweit sie nach einer anderen Satzungsbestimmung zu Recht ergangen ist.[102]

II. Monopolverein

56 Ein Monopolverein ist eine Vereinigung mit einer überragenden Machtstellung im wirtschaftlichen oder sozialen Bereich, bei denen die Mitgliedschaft für den Einzelnen aus beruflichen, wirtschaftlichen oder sozialen Gründen von erheblicher Bedeutung ist, so dass diese Vereinigungen einem Aufnahmezwang unterliegen und ihre Mitglieder nicht mehr frei auswählen können. Ebenso wird die Entscheidungsfreiheit des Vereins beim Ausschluss eines Mitgliedes oder ähnlich schwerwiegender Vereinsstrafen beschränkt. Der Rechtsanspruch auf Aufnahme in den Verein würde versagen, wenn der Verein das ungeliebte Mitglied ohne gleichwertige geschützte Rechtskontrolle wieder ausschließen könnte.[103] Das Ausschließungsermessen kann nicht umfassender sein als das Aufnahmeermessen.

57 Von diesen Überlegungen ausgehend, überprüft die Rechtsprechung, ob die Vereinsstrafe durch sachliche Gründe gerechtfertigt ist oder, wenn sie das nicht ist, **unbillig** und damit unwirksam ist. Die **Prüfungsdichte** ist nicht auf die Feststellung grober Unbilligkeit und auch nicht auf den Ausschluss als besonderen Typus als Vereinsstrafe beschränkt, sondern bezieht sich grundsätzlich auf jede Art der Vereinsstrafe. Denn auch solchen Vereinsstrafen kann sich das Mitglied eines Monopolvereins faktisch nicht durch den Austritt aus dem Verein entziehen. Und neben den korporativ gebundenen Vereinsmitgliedern bedarf es im Interesse des Schutzes der nur vertragsrechtlich durch Teilnahme an Wettkämpfen der Verbandsgerichtsbarkeit unterliegenden Sportler auch einer inhaltlichen Angemessenheitskontrolle nach den Grundsätzen von Treu und Glauben.[104] Insbesondere bei Sportverbänden steht es der Annahme eines Monopolvereins in diesem Sinne nicht entgegen, wenn deren Stellung lediglich lokal begrenzt, aber vor Ort so stark ist, dass außerhalb des Verbandes das Betreiben der Sportart als Wettkampfsport nicht möglich ist.[105]

57a Typische monopolistische Strukturen haben sich im Bereich des **professionell betriebenen Leistungssports,** insbesondere bei den olympischen Sportarten, herausgebildet. Will der Sportler seinen berufsmäßig betriebenen Sport durch Teilnahme an internationalen Wettbewerben ausüben, ist er gezwungen, die Teilnahmebedingungen des jeweils veranstaltenden Verbandes anzuerkennen. Zu diesen gehören häufig die Anerkennung von Schiedsvereinbarungen unter weitestgehendem Ausschluss der staatlichen Gerichtsbarkeit

---

[101] OLG Karlsruhe Urt. v. 8.11.2012 – 9 U 97/12, BeckRS 2012, 23836; die insoweit aufgehobene Entscheidung der Vorinstanz LG Freiburg Urt. v. 15.5.2012 – 14 O 46/12 ist abgedruckt in SpuRt 2012, 212. Anders auch OLG Celle BB 1973, 1190, wonach ein grob unbilliger Ausschließungsbeschluss aufzuheben ist.

[102] OLG Hamm NJW RR 2002, 389 (391).

[103] BGH NJW 1988, 552 (555).

[104] BGH NJW 1995, 583 (585).

[105] BGH NJW 1995, 583, LG Freiburg SpuRt 2012, 212.

als Kontrollinstanz. Hier treffen einerseits die grundrechtlich geschützten Interessen der Athleten auf Berufsausübung und effektiven Rechtsschutz und andererseits das Interesse der Verbände an einem organisierten Sportbetrieb, dessen Regelwerke, insbesondere die Anti-Doping-Regelungen, flächendeckend nach einheitlichen Maßstäben durchgesetzt werden müssen.

Solche **Schiedsgerichtsvereinbarungen** müssen einer **kartellrechtlichen Prüfung** 57b standhalten. Der Abschluss solcher Schiedsgerichtsvereinbarungen erfolgt zwar freiwillig, also ohne Ausübung physischen oder psychischen Zwangs, aber dennoch fremdbestimmt, da der Verband ein so starkes Übergewicht hat, dass er diese Regelung faktisch immer durchsetzen kann. Wenn der Sportler die Regelung nicht anerkennt, ist er von der Teilnahme am Wettbewerb ausgeschlossen. Der BGH würdigt diese Monopolsituation unter Heranziehung der zivilrechtlichen Generalklauseln (§§ 138, 242, 307, 315 BGB und auch des GWB) und unter Berücksichtigung der kollidierenden Grundrechtspositionen. Dabei ist er im Fall der Eisschnellläuferin Claudia Pechstein zu dem Ergebnis gekommen, dass die Verweisung der Sportlerin auf die Schiedsgerichtsbarkeit des Court of Arbitration for Sports (CAS) in Lausanne durch Schiedsgerichtsvereinbarung keinen Missbrauch von Marktmacht darstelle, zumal die Entscheidungen des CAS der Kontrolle durch das schweizerische Bundesgericht unterliegen.[106] Das OLG München als Vorinstanz hatte dem CAS noch die Anerkennung als Schiedsgericht iSd §§ 1025 Abs. 2, 1032 Abs. 1 ZPO wegen nicht paritätischer Besetzung versagt,[107] was der BGH in ausführlicher Begründung verworfen hat.

Auch zu Gunsten des monopolistischen Vereins wird seitens der Rechtsprechung aner- 58 kannt, dass ihm ein **Beurteilungsspielraum** in Anerkennung seiner Wert- und Zielsetzungen zuzubilligen sei. Da ein Ausschluss aber umso eher unbillig sein wird, je wichtiger für den Betroffenen die Mitgliedschaft ist, sind diesem Beurteilungs- und Ermessensspielraum **enge Grenzen** gesetzt.[108]

III. Vorläufiger Rechtsschutz

Während der Dauer des vereinsinternen Verfahrens kann das Mitglied vorläufigen Rechts- 59 schutz durch staatliche Gerichte im Wege der einstweiligen Verfügung erhalten, insbesondere mit dem Ziel, dass die Mitgliedschaftsrechte bis zur Entscheidung über die Rechtmäßigkeit der Vereinsstrafe in der Hauptsache uneingeschränkt bleiben.[109] Erreicht werden kann die **Aussetzung der Wirkung einer Vereinsstrafe.**[110] Auch die durch eine streitige Sanktion (Punktabzug) verwehrte Zulassung zur höheren Spielklasse (Aufstieg), kann durch Leistungsanordnung im Wege der einstweiligen Verfügung begehrt werden.[111]

[106] BGH SchiedsVZ 2016, 218.
[107] OLG München SchiedsVZ 2015, 40.
[108] BGH NJW 1997, 3368 (3370).
[109] OLG Düsseldorf NJW-RR 1988, 1271 (1272); LG Wiesbaden SpuRt 1994, 244.
[110] OLG Celle BB 1973, 1190.
[111] OLG Hamm Urt. v. 1.4.2008 – 27 U 133/07, BeckRS 2008, 08264.

Kapitel 5. Der Verein im Verfassungs- und Verwaltungsrecht

§ 19. Verfassungs-, unions- und völkerrechtlicher Rahmen

Übersicht

Schrifttum:

Handbücher und Monographien: *Blanke,* Kommunikative und politische Rechte, in: HGR VI/1, 2010, § 142; *Britz/Volkmann,* Tarifautonomie in Deutschland und Europa, 2003; *Bröhmer,* Versammlungs- und Vereinigungsfreiheit, in: Dörr/Grote/Marauhn (Hrsg.), EMRK/GG I, 2. Aufl. 2013, Kap. 19; *von Campenhausen,* Religionsfreiheit, in: HStR VII, 3. Aufl. 2009, § 157; *Dietlein,* Die arbeits- und wirtschaftsrechtliche Vereinigungsfreiheit, in: Stern (Hrsg.), Das Staatsrecht der Bundesrepublik Deutschland IV/1, 2006, § 112; *Engels,* Verfassung und Arbeitskampfrecht, 2008; *Farthmann/Coen,* Tarifautonomie, Unternehmensverfassung und Mitbestimmung, in: HVerfR, 2. Aufl. 1994, § 19; *Grimm,* Politische Parteien, in: HVerfR, 2. Aufl. 1994, § 14; *ders.,* Verbände, in: HVerfR, 2. Aufl. 1994, § 15; *Hammer/Wiedemann,* Das Grundrecht auf Versammlungsfreiheit, in: Becker/Lange (Hrsg.), Linien der Rechtsprechung des Bundesverfassungsgerichts III, 2014, S. 219; *Heinrich,* Vereinigungsfreiheit und Vereinigungsverbot – Dogmatik und Praxis des Art. 9 Abs. 2 GG, 2005; *Hoffmann-Riem,* Versammlungsfreiheit, in: HGR IV, 2011, § 106; *Hong,* Die Versammlungsfreiheit in der Rechtsprechung des Bundesverfassungsgerichts, in: Rensen/Brink (Hrsg.), Linien der Rechtsprechung des Bundesverfassungsgerichts I, 2009, S. 155; *Horn,* Verbände, in: HStR III, 3. Aufl. 2005, § 41; *Kemper,* Die Bestimmung des Schutzbereichs der Koalitionsfreiheit, 1989; *Kloepfer,* Versammlungsfreiheit, in: HStR VII, 3. Aufl. 2009, § 164; *Kniesel/Poscher,* Versammlungsrecht, in: Lisken/Denninger, Handbuch des Polizeirechts, 6. Aufl. 2018, Abschn. K; *Kunig,* Parteien, in: HStR III, 3. Aufl. 2005, § 40; *Lerche,* Verfassungsrechtliche Zentralfragen des Arbeitskampfes, 1968; *Leibholz,* Strukturprobleme der modernen Demokratie, 3. Aufl. 1967; *Marauhn,* Kommunikationsgrundrechte, in: Ehlers (Hrsg.), Europäische Grundrechte und Grundfreiheiten, 4. Aufl. 2015, § 4; *Merten,* Vereinsfreiheit, in: HStR VII, 3. Aufl. 2009, § 165; *Pünder,* Kommunikationsgrundrechte, in: Ehlers (Hrsg.), Europäische Grundrechte und Grundfreiheiten, 4. Aufl. 2015, § 17; *Rieble,* Koalitionsfreiheit als Grundrecht der Arbeitsverfassung, in: Kiel/Lunk/Oetker (Hrsg.), Münchener Handbuch zum Arbeitsrecht III, 4. Aufl. 2019, §§ 217–221; *Sachs,* Die Freiheit der Versammlung und der Vereinigung, in: Stern (Hrsg.), Das Staatsrecht der Bundesrepublik Deutschland IV/1, 2006, § 107; *Säcker/Oetker,* Grundlagen und Grenzen der Tarifautonomie, 1992; *Sailer/Marx,* Öffentliches Vereinsrecht, in: Lisken/Denninger, Handbuch des Polizeirechts, 6. Aufl. 2018, Abschn. J Teil VII; *Schmidt,* Die Freiheit verfassungswidriger Parteien und Vereinigungen, 1983; *Scholz,* Die Koalitionsfreiheit als Verfassungsproblem, 1971; *ders.,* Koalitionsfreiheit, in: HStR VIII, 3. Aufl. 2010, § 175; *Shirvani,* Das Parteienrecht und der Strukturwandel im Parteiensystem, 2010; *Szczekalla,* Versammlungsfreiheit, in: Heselhaus/Nowak (Hrsg.), Handbuch der Europäischen Grundrechte, 2. Aufl. 2020, § 31; *ders.,* Vereinigungsfreiheit, in: Heselhaus/Nowak (Hrsg.), Handbuch der Europäischen Grundrechte, 2. Aufl. 2020, § 32; *Ullrich,* Das Demonstrationsrecht, 2015; *Ziekow,* Vereinigungsfreiheit, in: HGR IV, 2011, § 107.

Aufsätze: *Hesse,* Die verfassungsrechtliche Stellung der Parteien im modernen Staat, VVDStRL 17 (1959), 11; *Huber,* Parteien in der Demokratie, FS 50 Jahre BVerfG II, 2001, 609; *Laubinger/Repkewitz,* Die Versammlung in der verfassungs- und verwaltungsgerichtlichen Rechtsprechung, VerwArch 92 (2001), 585 und VerwArch 93 (2002), 149; *Papier,* Das Versammlungsrecht in der Rechtsprechung des Bundesverfassungsgerichts, BayVBl. 2010, 225; *Pieroth,* Koalitionsfreiheit, Tarifautonomie und Mitbestimmung, FS 50 Jahre BVerfG II, 2001, 293; *Seiter,* Die Rechtsprechung des Bundesverfassungsgerichts zu Art. 9 Abs. 3 GG, AöR 109 (1984), 88; *Stolleis,* Parteienstaatlichkeit – Krisensymptome des demokratischen Verfassungsstaats?, VVDStRL 44 (1986), 7.

A. Der Verein im Grundgesetz

I. Grundrechtlicher Schutz des Vereins

1 **Bildung** und **Betätigung** von Vereinen sind unter dem Grundgesetz grundrechtlich geschützt, zum einen durch **allgemeine und besondere Vereinigungsfreiheiten** (Art. 9 Abs. 1–3 GG, Art. 140 GG iVm Art. 137 Abs. 2 WRV und Art. 21 Abs. 1 GG, → Rn. 2 ff. und → Rn. 24 ff.), zum anderen durch **tätigkeitsbezogene Freiheitsrechte** (insbesondere: Art. 4 Abs. 1 und Abs. 2, Art. 12 Abs. 1 und Art. 8 GG, → Rn. 37 ff.).

1. Allgemeine Vereinigungsfreiheit (Art. 9 Abs. 1 und Abs. 2 GG)

2 **a) Geschichte, Dimensionen und Bedeutung. aa) Vereinigungsfreiheit als „spätes" Freiheitsrecht.** Die Vereinigungsfreiheit ist **kein klassisches Freiheitsrecht.**[1] In Grundrechtskatalogen taucht sie erst im 19. Jahrhundert auf.[2] So räumt § 162 der gescheiterten Verfassung des Deutschen Reiches vom 28. 3. 1849[3] in Satz 1 erstmals allen „Deutschen [...] das Recht [ein], Vereine zu bilden". „Dieses Recht soll", so Satz 2 der Vorschrift, „durch keine vorbeugende Maaßregel beschränkt werden".[4] In der Folge gewährleistete dann – einmal abgesehen von den einzelstaatlichen Verfassungen der nachfolgenden Reaktionszeit, die die Vereinigungsfreiheit freilich offen zur Disposition des einfachen Gesetzgebers stellten,[5] und der einfachgesetzlichen Gewährleistung der Vereinsfreiheit durch das Reichsvereinsgesetz vom 19. 8. 1908[6] – erst wieder die Verfassung des Deutschen Reiches vom 11. 8. 1919[7] in Art. 124 Abs. 1 S. 1 allen Deutschen „das Recht, zu Zwecken, die den Strafgesetzen nicht zuwiderlaufen, Vereine oder Gesellschaften zu bilden". Dieses Recht galt gem. Art. 124 Abs. 1 S. 3 und Art. 130 Abs. 2 WRV auch für religiöse Vereinigungen und für Beamte.

3 **bb) Funktionale Dimensionen der Vereinigungsfreiheit.** Das Grundgesetz knüpft in Art. 9 Abs. 1 an diese historischen Gewährleistungen an.[8] Die dort garantierte und wie in den Vorgängerregelungen als Bürgerrecht ausgestaltete[9] allgemeine Vereinigungsfreiheit (zu

---

[1] Dreier/*Bauer* GG Art. 9 Rn. 1.
[2] Ausführlich zur Entstehungsgeschichte Dreier/*Bauer* GG Art. 9 Rn. 1 ff.
[3] RGBl. 101.
[4] Folgerichtig Friauf/Höfling/*Kluth* GG Art. 9 Rn. 30: „Die Paulskirchenverfassung gewährte die Vereinigungsfreiheit in Art. VIII § 162 vorbehaltlos".
[5] Exemplarisch Art. 30 der Verfassungsurkunde für den Preußischen Staat vom 31. 1. 1850:
„(1) Alle Preußen haben das Recht, sich zu solchen Zwecken, welche den Strafgesetzen nicht zuwiderlaufen, in Gesellschaften zu vereinigen.
(2) Das Gesetz regelt, insbesondere zur Aufrechthaltung der öffentlichen Sicherheit, die Ausübung des in diesem und in dem vorstehenden Artikel 29 gewährleisteten Rechts.
(3) Politische Vereine können Beschränkungen und vorübergehenden Verboten im Wege der Gesetzgebung unterworfen werden."
[6] RGBl. 151.
[7] RGBl. 1383.
[8] Während des Nationalsozialismus war die Vereinigungsfreiheit durch § 1 der Verordnung des Reichspräsidenten zum Schutz von Staat und Volk vom 28. 2. 1933 (RGBl. I 83) außer Kraft gesetzt.
[9] Anders noch der „Entwurf eines Grundgesetzes für einen Bund Deutscher Länder" des Verfassungskonvents auf Herrenchiemsee; zur dortigen Ausgestaltung der allgemeinen Vereinigungsfreiheit als Menschen- und nicht als Bürgerrecht Friauf/Höfling/*Kluth* GG Art. 9 Rn. 31.

den vorrangigen besonderen Vereinigungsfreiheiten → Rn. 24ff.) ist in erster Linie ein **subjektives Abwehrrecht** gegenüber Maßnahmen eines Grundrechtsadressaten iSd Art. 1 Abs. 3 GG, die die freie Bildung und Betätigung von Vereinigungen einschränken.[10] Einen Anspruch auf staatliche Leistungen begründet sie nicht.[11] Inwieweit die Vereinigungsfreiheit als **objektives „Prinzip freier sozialer Gruppenbildung"** über ihre abwehrrechtliche Dimension hinaus auch „ein konstituierendes Prinzip der demokratischen und rechtsstaatlichen Ordnung des Grundgesetzes" ist,[12] ist umstritten.[13] Bedeutung gewinnt dies vor allem bei der Beurteilung einfachgesetzlicher Regelungen am Maßstab der Vereinigungsfreiheit:[14] Wer die Vereinigungsfreiheit weitgehend auf die Funktion eines subjektiven Abwehrrechts beschränkt, wird den Gesetzgeber stets strengen Rechtfertigungsanforderungen unterwerfen. Wer ihr zugleich eine objektiv-rechtliche Dimension zuerkennt, wird ihn umgekehrt für berechtigt und verpflichtet halten, „eine hinreichende Vielfalt von Rechtsformen zur Verfügung zu stellen, die den verschiedenen Typen von Vereinigungen angemessen und deren Wahl deshalb zumutbar ist",[15] ferner Regelungen zu treffen, „die die freien Zusammenschlüsse und deren Wirken in die allgemeine Rechtsordnung einfügen, die Sicherheit des Rechtsverkehrs gewährleisten, Rechte der Mitglieder sichern und den schutzbedürftigen Belangen Dritter oder auch öffentlichen Interessen Rechnung tragen",[16] ohne diese Maßnahmen zur Ausgestaltung der Vereinigungsfreiheit als rechtfertigungsbedürftige Eingriffe in die Vereinigungsfreiheit zu begreifen (vertiefend → Rn. 19f.).[17]

Anerkannt ist immerhin, dass die Vereinigungsfreiheit als Teil einer durch die Grund- 4
rechte errichteten „objektiven Wertordnung"[18] **Direktiven für die Anwendung und Auslegung des Privatrechts** enthält, so dass im privaten Vereinsrecht wurzelnde Konflikte auch grundrechtlich geprägt sind. In der Folge bewegen sich die zunächst autonomen Entscheidungen einer Vereinigung über die Aufnahme neuer Mitglieder und ihren Ausschluss[19] ebenso im Kraftfeld der individuellen und kollektiven Vereinigungsfreiheit wie eine satzungsmäßige Beschränkung der Austrittsfreiheit und die Satzungsvorgaben für die vereinigungsinterne Willensbildung.[20] Folgerichtig hält der Bundesgerichtshof Verbände mit einer überragenden Machtstellung im wirtschaftlichen oder sozialen Bereich für verpflichtet, Beitrittswillige aufzunehmen. Das häufig nicht nur durch die individuelle Vereinigungsfreiheit, sondern auch durch ein spezielles Freiheitsrecht gestützte Interesse am Erwerb der Mitgliedschaft überwiegt hier das aus der kollektiven Vereinigungsfreiheit re-

[10] BVerfGE 50, 290 (354) – Mitbestimmung; Jarass/Pieroth/*Jarass* GG Art. 9 Rn. 1; im Wesentlichen Beschränkung auf diese Dimension bei Sachs/*Höfling* GG Art. 9 Rn. 28ff.

[11] Jarass/Pieroth/*Jarass* GG Art. 9 Rn. 15, der aber zutreffend darauf hinweist, dass immerhin ein Anspruch auf gleichmäßige Berücksichtigung bei tatsächlicher staatlicher Förderung besteht.

[12] So BVerfGE 50, 290 (353) – Mitbestimmung; ähnlich BVerfGE 80, 244 (252f.) – Vereinsverbot; zustimmend Jarass/Pieroth/*Jarass* GG Art. 9 Rn. 1.

[13] Ausführlich zur grundrechtsdogmatischen Einordnung HStR VII/*Merten* § 165 Rn. 1ff.

[14] Ähnlich Friauf/Höfling/*Kluth* GG Art. 9 Rn. 8.

[15] So BVerfGE 50, 290 (355) – Mitbestimmung.

[16] So BVerfGE 84, 372 (378) – Lohnsteuerhilfeverein; ganz ähnlich schon BVerfGE 50, 290 (354) – Mitbestimmung.

[17] BVerfGE 50, 290 (354f.) – Mitbestimmung; zum „Sonderfall der Ausgestaltung" mit berechtigter Warnung vor „versteckten Grundrechtseingriffe[n]" Jarass/Pieroth/*Jarass* GG vor Art. 1 Rn. 34.

[18] Grundlegend BVerfGE 7, 198 (204ff.) – Lüth.

[19] Dazu BVerfGE 123, 186 (237) – Basistarif I; BVerfGE 124, 25 (34) – Basistarif II.

[20] S. dazu BVerfGK NJW-RR 1989, 636 (636): „Die [...] Grundsätze über die Voraussetzungen, unter denen ein monopolartiger Verband zur Aufnahme eines Bewerbers verpflichtet ist, [...] tragen in zutreffender Weise dem Umstand Rechnung, daß sich sowohl der aufnahmewillige Verband als auch der Bewerber auf das Grundrecht des Art. 9 I GG berufen können, so daß eine Abwägung zwischen beiden Grundrechtspositionen erforderlich wird." Entsprechendes gilt für die Koalitionsfreiheit als besondere Vereinigungsfreiheit, die freilich im angesprochenen Zusammenhang wegen der besonderen Bedeutung der Koalitionen für die Ordnung des Arbeitslebens und die Durchsetzung der Interessen der Arbeitnehmer und Arbeitgeber noch größere Wirkkraft als die allgemeine Vereinigungsfreiheit haben dürfte; entfaltet bei *Oetker* RdA 1999, 96 (100ff.), der ebenda, 100, darauf hinweist, dass die hier angesprochenen Entscheidungen und Regelungsstrukturen „privat- bzw. satzungsautonomer Willkür entzogen [sind] und [...] sich in einer grundrechtlichen Gemengelage [bewegen]".

sultierende Recht der Vereinigung auf autonome Ausgestaltung ihres Innenlebens, so dass diese nicht mehr frei darüber entscheiden kann, ob sie einen Beitrittswilligen aufnehmen will oder nicht (zum Aufnahmezwang aus zivilrechtlicher Sicht ergänzend → § 10 Rn. 245 ff.).[21]

5 **cc) Inhaltliche Dimensionen der Vereinigungsfreiheit.** Inhaltlich ist die allgemeine Vereinigungsfreiheit erstens Prototyp der **„Autonomiegrundrechte“,** also jener Grundrechte, die die Bildung und Betätigung von Organisationen schützen.[22] Sie gehört ferner zweitens mit Meinungs-, Presse- und Rundfunk- sowie Versammlungsfreiheit zu den **„Kommunikationsgrundrechten“.**[23] Insoweit hat sie zugleich eine konstituierende Bedeutung für die freiheitliche Demokratie.[24] Schließlich ist die Vereinigungsfreiheit drittens **„Garantie privater Selbstorganisation und korporativer Interessenvertretung“:** Weil sie eine „(Selbst-)Organisation der Gesellschaft von der Basis aus“ gewährleistet, bildet sie „die Grundlage des gesellschaftlichen Verbandswesens, also der Einflussnahme von Verbänden auf Politik und Gesellschaft, sowie der Selbststeuerung der Gesellschaft, insbesondere der Wirtschaft“.[25] Art. 9 Abs. 1 GG ist aus dieser dritten Perspektive so etwas wie die **„Magna Charta der Zivilgesellschaft“.** Unter Druck steht die Vereinigungsfreiheit – gerade unter diesem dritten Gesichtspunkt – seit jeher durch Vorbehalte gegenüber einer „Herrschaft der Verbände“, die die „Widerstandskraft [des Staates] gegen die Pression partikularer Interessen“[26] zu zersetzen droht.[27] Weil die widerstreitenden organisierten Interessen nämlich keineswegs, wie unter dem Eindruck der Pluralismuseuphorie der 1960er-Jahre noch vielfach unterstellt, alle gleich stark sind,[28] droht eine Relativierung demokratischer Gleichheit, wenn sie im kooperativen Staat Einfluss auf die staatliche Willensbildung gewinnen.[29] Diesen Vorbehalten gegenüber steht die Erkenntnis, dass ein lebendiges Verbands- und Vereinswesen sowohl freiheits- und rechtsstaatssichernde als auch sozialstaatliche Funktionen erfüllt.[30] Beide Positionen wirken bis heute nach: einerseits in der Rede vom „Bürgerengagement als Entdeckungsverfahren“,[31] andererseits in der Sorge, die steuerliche Förderung bürgerschaftlichen Engagements (→ § 14) verschaffe wohlhabenden Bevölkerungsgruppen mittelbar übermäßigen Einfluss auf die Verwendung staatlicher Mittel.[32] Aktuell stehen sie sich gegenüber im Streit über Zulässigkeit und Grenzen einer politischen Betätigung steuerbegünstigter zivilgesellschaftlicher Organisationen. Kritiker sehen hier eine Gefahr für das demokratische Recht auf gleiche Teilhabe an der politischen Willensbildung, der freilich zugunsten einer politischen Zivilgesellschaft insbesondere durch Transparenzanforderungen begegnet werden kann.[33]

---

[21] BGHZ 93, 151 (152 ff.) – Anspruch auf Aufnahme; BGHZ 140, 74 (76 ff.) – Aufnahmezwang; zum Ganzen *Grunewald* AcP 182 (1982), 181, die einen Aufnahmezwang auf politisch und wirtschaftlich tätige Vereine beschränkt und insbesondere Vereine mit rein gesellschaftlichem Wirkungsfeld ausnimmt.

[22] Friauf/Höfling/*Kluth* GG Art. 9 Rn. 1 unter Hinweis auf HGR II/*Engel* § 33 Rn. 76.

[23] Zum „Zusammenhang mit strukturell vergleichbaren Grundrechten, insbesondere der Meinungs- und Pressefreiheit aus Art. 5 Abs. 1 GG sowie der Versammlungsfreiheit nach Art. 8 GG“, Friauf/Höfling/*Kluth* GG Art. 9 Rn. 2.

[24] BVerfGE 50, 290 (353) – Mitbestimmung; kritisch zu dieser „funktional-demokratischen Grundrechtsdeutung“ *Unger,* Das Verfassungsprinzip der Demokratie, 2008, S. 27 ff.

[25] Friauf/Höfling/*Kluth* GG Art. 9 Rn. 3.

[26] Formulierung bei HVerfR/*Grimm* § 15 Rn. 3; zur partikularen Interessenvertretung als Merkmal von Verbänden (und Vereinen) HStR III/*Horn* § 41 Rn. 8.

[27] Klassisch *Eschenburg,* Herrschaft der Verbände?, 1955.

[28] Zutreffend HVerfR/*Grimm* § 15 Rn. 6.

[29] HStR III/*Horn* § 41 Rn. 47 ff.

[30] Überblick bei HStR III/*Horn* § 41 Rn. 39 ff.

[31] *Paqué* Non Profit Law Yearbook 2007, 1 (12 ff.).

[32] Zu diesem Aspekt *The Economist* v. 9. 6. 2012, 26.

[33] Dazu mwN insbesondere aus der Rechtsprechung des Bundesfinanzhofs *Unger,* Politische Betätigung gemeinnütziger Organisationen, Rechtsgutachten im Auftrag der Gesellschaft für Freiheitsrechte e.V., 2020, abrufbar unter https://freiheitsrechte.org/home/wp-content/uploads/2020/05/GFF-Rechtsgutachten-Gemeinnu%CC%88tzigkeit_Prof-Unger_Mai2020.pdf (letzter Abruf am 30. 6. 2021).

dd) Vergleichbare nationale und internationale Regelungen. Der allgemeinen Vereinigungsfreiheit in Art. 9 Abs. 1 GG vergleichbare Regelungen finden sich – zum Teil in Form einer Verweisung auf Art. 9 Abs. 1 GG – in nahezu allen **Landesverfassungen,** ferner in zahlreichen **ausländischen Verfassungen.**[34] Auch auf **unions- und völkerrechtlicher Ebene** ist die Vereinigungsfreiheit mehrfach subjektivrechtlich abgesichert (im Einzelnen → Rn. 52 ff., 56 ff. und 59 ff.). Im Grundgesetz selbst finden sich neben der allgemeinen Vereinigungsfreiheit in Art. 9 Abs. 1 **besondere Vereinigungsfreiheiten** (→ Rn. 24 ff.). Sie gehen der allgemeinen Vereinigungsfreiheit als *leges speciales* vor.[35] Auch ist die allgemeine Vereinigungsfreiheit von tätigkeitsbezogenen Freiheitsrechten abzugrenzen (→ Rn. 37 ff.). 6

b) „Vereinigungen" als Bezugspunkt. Art. 9 Abs. 1 GG gewährleistet das Recht jedes Deutschen, Vereine und Gesellschaften zu bilden. Bezugspunkt der Vereinigungsfreiheit sind damit, wie es in Art. 9 Abs. 2 GG zusammenfassend heißt, „Vereinigungen". Angesprochen ist damit jede „Vereinigung, bei der sich eine Mehrheit natürlicher oder juristischer Personen oder Personenvereinigungen für längere Zeit zur Verfolgung eines gemeinsamen Zwecks auf freiwilliger Basis zusammenschließt und einer einheitlichen Willensbildung unterwirft".[36] Der **verfassungsrechtliche Vereinigungsbegriff** entspricht damit dem einfachrechtlichen Vereinsbegriff in § 2 Abs. 1 VereinsG. Die Anforderungen sind gering: 7

aa) Größe des Zusammenschlusses. Mangels Anhaltspunkt für eine höhere Mindestmitgliederzahl genügt bereits ein Zusammenschluss von **zwei Personen.**[37] In Betracht kommen sowohl natürliche Personen als auch juristische Personen und sonstige Personenvereinigungen.[38] 8

bb) Dauer des Zusammenschlusses. Auch an die Dauer des Zusammenschlusses werden keine hohen Anforderungen gestellt. Das Kriterium eines Zusammenschlusses **„für längere Zeit"** dient vor allem der Abgrenzung der Vereinigung von der Versammlung als einer bloßen „Augenblicksvereinigung" (und damit zugleich: der Vereinigungsfreiheit von der Versammlungsfreiheit).[39] Eine Vereinigung liegt vor diesem Hintergrund immer dann vor, wenn mit Blick auf die Willensbildung eine über die Interaktion im Moment des Zusammenschlusses hinausreichende Organisation für erforderlich gehalten wird.[40] Eine absolute Mindestdauer des Zusammenschlusses gibt es nicht; insbesondere muss der Zusammenschluss nicht auf Dauer angelegt sein.[41] 9

cc) Rechtsform des Zusammenschlusses. Die Rechtsform des Zusammenschlusses ist ohne Bedeutung. Verlangt wird lediglich, dass der Zusammenschluss **freiwillig** erfolgt,[42] so dass weder staatlich erzwungene private noch durch hoheitlichen Rechtsakt errichtete öffentlich-rechtliche Zusammenschlüsse von der allgemeinen Vereinigungsfreiheit umfasst 10

---

[34] Überblick bei Friauf/Höfling/*Kluth* GG Art. 9 Rn. 32 ff., 36 ff. Allgemein zur geringen Bedeutung der Landesgrundrechte Sachs/*Huber* GG Art. 142 Rn. 6 f. Der dortige Befund gilt zumal für das auf Grundlage konkurrierender Gesetzgebungskompetenzen (nämlich: Art. 74 Abs. 1 Nr. 1 und Nr. 3 GG) abschließend durch Bundesrecht geregelte private und öffentliche Vereinsrecht.

[35] Dreier/*Bauer* GG Art. 9 Rn. 103.

[36] BVerwGE 106, 177 (181) – Republikaner-Stiftung.

[37] Stellvertretend für die hM Friauf/Höfling/*Kluth* GG Art. 9 Rn. 51 f.; nach aA (etwa HStR VII/*Merten* § 165 Rn. 37) sind drei Personen erforderlich.

[38] Selbst eine juristische Person des öffentlichen Rechts kann Mitglied einer durch Art. 9 Abs. 1 GG geschützten Vereinigung sein, wenn sie diese nicht beherrscht; auf die Vereinigungsfreiheit kann sie selbst sich aber (anders als die anderen Mitglieder der Vereinigung) nicht berufen.

[39] Dazu Dreier/*Schulze-Fielitz* GG Art. 8 Rn. 131; Dreier/*Bauer* GG Art. 9 Rn. 103.

[40] Ähnlich Friauf/Höfling/*Kluth* GG Art. 9 Rn. 55; MKS/*Kemper* GG Art. 9 Rn. 26.

[41] Etwa Jarass/Pieroth/*Jarass* GG Art. 9 Rn. 3: Zusammenschluss „auf Dauer oder auf Zeit".

[42] BVerfGE 85, 360 (370) – Akademie-Auflösung.

sind.[43] Infolge dieser begrifflichen Weite weist der grundgesetzliche (wie auch der einfachrechtliche) Vereinigungsbegriff über den privatrechtlichen Vereinsbegriff weit hinaus und erfasst insbesondere auch Personengesellschaften. Keine Vereinigungen sind allerdings Stiftungen (als bloße Zweckvermögen) und Ein-Mann-Gesellschaften.[44]

11 **dd) Zweck des Zusammenschlusses.** Der Vereinigungsbegriff ist **zweckoffen,**[45] so dass sich sowohl Vereinigungen mit einem wirtschaftlichen Zweck (und damit insbesondere: Kapitalgesellschaften)[46] als auch – wie sich mittelbar aus Art. 9 Abs. 2 GG ergibt – „Vereinigungen, deren Zwecke oder deren Tätigkeit den Strafgesetzen zuwiderlaufen oder die sich gegen die verfassungsmäßige Ordnung oder gegen den Gedanken der Völkerverständigung richten", zunächst auf Art. 9 Abs. 1 GG berufen können.[47]

12 **ee) Organisierte Willensbildung und innere Ordnung.** Eine **organisierte Willensbildung** hat eine Vereinigung nicht erst dann, wenn die Mitglieder der Willensbildung rechtlich unterworfen sind. Es genügt, wenn sie in einem bestimmten Verfahren einen über ihren individuellen Willen hinausgehenden Kollektivwillen bilden können und die Vereinigung damit ein „Eigenleben" führt.[48] Anders als bei politischen Parteien, die als Vereinigungen zwischen Gesellschaft und Staat eine besondere Nähe zur legitimationsbedürftigen Ausübung politischer Herrschaft aufweisen (→ Rn. 33), muss bei Vereinigungen iSd Art. 9 Abs. 1 GG die innere Ordnung aber nicht demokratischen Grundsätzen entsprechen. Sie ist vielmehr **grundsätzlich frei** (zu Einschränkungen → Rn. 4). Will der Staat hier Vorgaben machen, sind diese rechtfertigungsbedürftig.

13 **c) Schutz der „Bildung" einer Vereinigung. aa) Gründung und Beitritt.** Art. 9 Abs. 1 GG schützt die „Bildung" von Vereinigungen. Positiv ist damit über den Wortlaut der Vorschrift hinaus sowohl als sogenannte **Gründungsfreiheit** das Recht gewährleistet, sich zu einer noch nicht existierenden Vereinigung zusammenzuschließen,[49] als auch als sogenannte **Beitrittsfreiheit** das Recht, einer bereits existierenden Vereinigung beizutreten. Die Gründungsfreiheit umfasst das Recht, den Zeitpunkt der Gründung einer Vereinigung, ihren Zweck, ihre Rechtsform, ihren Namen,[50] ihren Sitz und ihre organisatorischen Strukturen festzulegen.[51]

14 **bb) Interne und externe Betätigung.** Im Einzelnen umstritten ist, ob und inwieweit darüber hinaus auch die **Betätigung einer gebildeten Vereinigung** durch Art. 9 Abs. 1 GG geschützt wird. Teilweise werden Verhaltensweisen vor und nach Gründung einer Vereinigung noch der Gründungsfreiheit zugeschlagen, wenn sie (wie etwa die Werbung von Mitgliedern und die Selbstdarstellung nach außen)[52] die Existenz und die Funktionsfähigkeit der Vereinigung erst ermöglichen oder aufrechterhalten.[53] Andere sprechen inso-

---

[43] Sachs/*Höfling* GG Art. 9 Rn. 14.
[44] Überblick auch bei Jarass/Pieroth/*Jarass* GG Art. 9 Rn. 5.
[45] Im Ausgangspunkt allgemeine Meinung, s. nur Friauf/Höfling/*Kluth* GG Art. 9 Rn. 56.
[46] Friauf/Höfling/*Kluth* GG Art. 9 Rn. 57f.; offen gelassen von BVerfGE 50, 290 (355f.) – Mitbestimmung; 124, 25 (34f.) – Basistarif II.
[47] Friauf/Höfling/*Kluth* GG Art. 9 Rn. 59f.; eingehend *Michael* JZ 2002, 482 (483).
[48] Friauf/Höfling/*Kluth* GG Art. 9 Rn. 66f.
[49] BVerfGE 30, 174 (175) – Demokratischer Frauenbund Deutschlands; BVerfGE 80, 244 (253) – Vereinsverbot; BVerfGE 153, 182 (304) – Suizidhilfe: „Recht auf Entstehen".
[50] Speziell zum Namensschutz BVerfGE 30, 227 (241f.) – Vereinsname.
[51] Friauf/Höfling/*Kluth* GG Art. 9 Rn. 71.
[52] Dazu mit Blick auf die Koalitionsfreiheit BVerfGE 28, 295 (304f.) – Mitgliederwerbung I; BVerfGE 93, 352 (357f.) – Mitgliederwerbung II.
[53] Etwa Friauf/Höfling/*Kluth* GG Art. 9 Rn. 72f.; in diese Richtung auch *Michael* JZ 2002, 482 (482f.); ähnlich BVerfGE 30, 227 (241) – Vereinsname: Schutz von „Existenz und Funktionsfähigkeit des Vereins"; BVerfGE 84, 372 (378) – Lohnsteuerhilfeverein: „Art. 9 Abs. 1 GG gewährleistet […] das Recht auf Sicherung ihres Bestehens".

weit von der **internen Betätigungsfreiheit.**[54] Das Bundesverfassungsgericht hat „zwecks Gewährleistung eines effektiven Grundrechtsschutzes auch ein Recht auf Betätigung im Sinne eines Kernbereichs der Vereinstätigkeit" und insoweit als „fortwährende Organisationsautonomie" jedenfalls die „freie Teilnahme der Mitglieder an der Selbstbestimmung über die eigene Organisation, das Verfahren ihrer Willensbildung und die Führung der Geschäfte" als durch die Vereinigungsfreiheit gewährleistet angesehen.[55] Im Schrifttum wird darüber hinaus mitunter auch die **externe Betätigungsfreiheit** als geschützt angesehen.[56] Von der internen unterscheidet sich die externe Betätigungsfreiheit durch ihren Bezug zum Vereinszweck (eingehend zum Vereinszweck → § 6). Anders als die letztlich zweckneutrale interne Betätigung einer Vereinigung dient ihre externe Betätigung der inhaltlichen Verwirklichung des Vereinszwecks. Sie bewegt sich daher regelmäßig im Schutzbereich eines speziellen Freiheitsrechts wie etwa der Kunstfreiheit (bei einem Kunstverein), der Religionsfreiheit (bei einem religiösen Verein) oder der Berufsfreiheit (bei einem wirtschaftlich tätigen Verein, → § 4 Rn. 182ff.). Ob ein spezielles Freiheitsrecht kollektive Handlungen schützt, hängt gem. Art. 19 Abs. 3 GG davon ab, ob es „[seinem] Wesen nach" auf die jeweilige Personenvereinigung anwendbar ist. Wie weit der sachliche Schutz eines speziellen Freiheitsrechts sodann im Einzelnen reicht, ist von seinen verfassungsgesetzlichen Schranken abhängig. Beide Einschränkungen des Grundrechtsschutzes würden durch einen uneingeschränkten (und sei es auch nur ergänzenden) Rückgriff auf die weitgehend vorbehaltlos gewährleistete allgemeine Vereinigungsfreiheit überspielt.[57] Vorzugswürdig ist daher eine Engführung der Vereinigungsfreiheit: Geschützt ist lediglich die zweckneutrale interne Vereinsbetätigung einschließlich der Sicherung des Bestands und der Funktionsfähigkeit der Vereinigung. Soweit eine Vereinigung zur inhaltlichen Verwirklichung ihres Vereinszwecks tätig wird, ist sie hingegen ausschließlich durch das jeweils einschlägige spezielle Freiheitsrecht geschützt, soweit dieses gem. Art. 19 Abs. 3 GG auf Personenvereinigungen Anwendung findet. Subsidiär ist die allgemeine Handlungsfreiheit nach Art. 2 Abs. 1 GG anwendbar. Dementsprechend hat auch das Bundesverfassungsgericht in jüngeren Entscheidungen den Schutzbereich des Art. 9 Abs. 1 GG auf eine „spezifische Organisationsgarantie [beschränkt], die Freiheitsschutz nur für Organisationsakte, nicht hingegen eine allgemeine Handlungs- oder Zweckverfolgungsfreiheit gewährt".[58]

cc) Fernbleiben und Austritt. Unabhängig von diesem Streit über die Reichweite der 15
positiven Vereinigungsfreiheit schützt Art. 9 Abs. 1 GG als **negative Vereinigungsfreiheit** das Recht, einer privaten Vereinigung fernzubleiben oder aus einer solchen Vereinigung auszutreten.[59] Nach wie vor sehr umstritten ist, ob das auch für durch Hoheitsakt errichtete öffentlich-rechtliche Vereinigungen gilt.[60] Bedeutung gewinnt dies vor allem bei berufsständischen Korporationen, die eine Zwangsmitgliedschaft der örtlichen Berufsträger vor-

---

[54] Etwa Sachs/*Höfling* GG Art. 9 Rn. 17.

[55] So zuletzt noch einmal BVerfGE 153, 182 (304) – Suizidhilfe; ähnlich bereits BVerfGE 50, 290 (354) – Mitbestimmung; BVerfGE 123, 186 (230) – Basistarif I; BVerfGE 124, 25 (34) – Basistarif II; BVerfGE 149, 160 (192) – Vereinsverbot.

[56] Maunz/Dürig/*Scholz* GG Art. 9 Rn. 86, der aber ebenda, Rn. 87, relativierend klarstellt, dass der Schutz der externen Betätigung einer Vereinigung durch die Vereinigungsfreiheit nicht über den Schutz durch das thematisch einschlägige spezielle Freiheitsrecht hinausgeht. Zu Recht weist daher Friauf/Höfling/*Kluth* GG Art. 9 Rn. 77 auf die geringen praktischen Konsequenzen des Streits hin.

[57] Ähnlich Friauf/Höfling/*Kluth* GG Art. 9 Rn. 76.

[58] So BVerfGE 153, 182 (304) – Suizidhilfe: kein Schutz „bloße[r] vereinszweckrealisierende[r] Tätigkeiten jenseits von Handlungen zur Entstehung und zur Erhaltung des Bestands einer Vereinigung"; ebenso bereits BVerfGE 149, 160 (192f.) – Vereinsverbot; ansatzweise schon BVerfGE 70, 1 (25) – Orthopädietechniker-Innungen; noch offen gelassen von BVerfGE 30, 227 (241) – Vereinsname.

[59] BVerfGE 10, 89 (102) – Erftverband; BVerfGE 38, 281 (297) – Arbeitnehmerkammern; BVerfGE 50, 290 (354) – Mitbestimmung.

[60] Dazu eingehend *Schöbener* VerwArch 91 (2000), 374.

sehen.[61] Nach herrschender Meinung bezieht sich Art. 9 Abs. 1 GG nicht auf öffentlich-rechtliche Vereinigungen (→ Rn. 10) und ist daher insoweit weder als positive noch als negative Freiheitsgewährleistung einschlägig.[62] Diese logisch keineswegs zwingende Engführung der Vereinigungsfreiheit ist ohne Frage ihrer weitgehenden Schrankenlosigkeit geschuldet, die öffentlich-rechtlichen Zwangskorporationen deutlich engere Grenzen zöge als die sonst einschlägigen Grundrechte der allgemeinen Handlungsfreiheit (Art. 2 Abs. 1 GG) oder – thematisch naheliegender – der Berufsfreiheit (Art. 12 Abs. 1 GG).[63] Immerhin entspricht sie der zivilgesellschaftlichen Stoßrichtung der Vereinigungsfreiheit.

16 **d) Grundrechtsberechtigung. aa) Vereinigungsfreiheit als „doppeltes" Bürgerrecht?** Weil Art. 9 Abs. 1 GG nach überwiegender Auffassung nicht nur die Gründung einer Vereinigung und den Beitritt zu ihr, sondern auch Aspekte ihrer internen Betätigung schützt (→ Rn. 14),[64] stellt sich die Frage der Grundrechtsberechtigung unter zwei Gesichtspunkten: Einerseits geht es um die **Träger der Gründungs- und Beitrittsfreiheit.** Dies sind mit Blick auf die Fassung des Art. 9 Abs. 1 GG als Bürgerrecht zunächst alle[65] natürlichen Personen, die Deutsche iSv Art. 116 Abs. 1 GG sind[66] und ihre Vereinigungsfreiheit nicht gem. Art. 18 S. 1 GG verwirkt haben.[67] Darüber hinaus schützt Art. 9 Abs. 1 GG im Zusammenspiel mit Art. 19 Abs. 3 GG auch inländische Personenvereinigungen, soweit sie eine Vereinigung gründen oder einer bestehenden Vereinigung beitreten. Andererseits geht es um die Frage nach dem **Träger der internen Betätigungsfreiheit.** Insoweit liest das Bundesverfassungsgericht Art. 9 Abs. 1 GG ähnlich wie Art. 4 Abs. 1 und Abs. 2 GG als Doppelgrundrecht, das einerseits als Individualgrundrecht die einzelnen Mitglieder einer Vereinigung und andererseits als Kollektivgrundrecht die gebildete Vereinigung selbst schützt.[68] Gegen diese „Verdoppelung" des persönlichen Gewährleistungsge-

---

[61] Exemplarisch § 90 Abs. 2 HwO: „Zur Handwerkskammer gehören die Inhaber eines Betriebs eines Handwerks und eines handwerksähnlichen Gewerbes des Handwerkskammerbezirks sowie die Gesellen, andere Arbeitnehmer mit einer abgeschlossenen Berufsausbildung und die Lehrlinge dieser Gewerbetreibenden." Zum Verständnis als Zwangsmitgliedschaft *Detterbeck,* Handwerksordnung, 3. Online-Aufl. 2016, § 90 Rn. 1; Honig/Knörr/Thiel/*Günther,* Handwerksordnung, 5. Aufl. 2017, § 90 Rn. 49, der allerdings von einer „Pflichtmitgliedschaft" spricht. Zur Frage, ob insoweit (ganz unabhängig von der umstrittenen Antwort auf die Frage, ob dessen Schutzbereich eröffnet ist) überhaupt ein Eingriff in das Grundrecht der Vereinigungsfreiheit vorläge, Friauf/Höfling/*Kluth* GG Art. 9 Rn. 82.

[62] Zum Ganzen BVerfGE 10, 89 (102) – Erftverband; BVerfGE 38, 281 (297 f.) – Arbeitnehmerkammern; BVerfGK NVwZ 2002, 335 (336) – Industrie- und Handelskammer; zuletzt noch einmal BVerfGE 146, 164 (193 ff.) – Pflichtmitglieder in Industrie- und Handelskammer; s. ferner etwa BVerwGE 32, 308 (311) – Studentische Krankenversorgung; BVerwGE 39, 100 (102) – Landesärztekammer Schleswig-Holstein; BVerwGE 39, 110 (115) – Landeszahnärztekammer Niedersachsen; BVerwGE 59, 231 (233 ff.) – Studentenschaft I; BVerwGE 59, 242 (245) – Studentenschaft II; BVerwGE 107, 169 (172 f.) – Industrie- und Handelskammer; aA etwa Sachs/*Höfling* GG Art. 9 Rn. 23 f.; Maunz/Dürig/*Scholz* GG Art. 9 Rn. 90. BVerfGE 38, 281 (303 f.) – Arbeitnehmerkammern, hält es vor dem Hintergrund der Vereinigungsfreiheit immerhin für verfassungswidrig, „wenn eine durch staatlichen Hoheitsakt gegründete Körperschaft [einem] freien Verband eine Tätigkeit, die er im Rahmen seiner Zielsetzung legitimerweise ausübt, *faktisch* unmöglich machte". Die Verletzung liegt hier freilich nicht in der Zwangsmitgliedschaft als solcher, sondern in ihren Folgen für eine bestehende private Vereinigung mit einem ähnlichen Aufgabengebiet, Jarass/Pieroth/*Jarass* GG Art. 9 Rn. 45.

[63] BeckOK GG/*Cornils* GG Art. 9 Rn. 32; Sachs/*Höfling* GG Art. 9 Rn. 23 f.

[64] Friauf/Höfling/*Kluth* GG Art. 9 Rn. 71 spricht von „Teilgarantien".

[65] Zur Grundrechtsberechtigung Minderjähriger Friauf/Höfling/*Kluth* GG Art. 9 Rn. 88.

[66] Einfachgesetzlich genießen gem. § 1 Abs. 1 VereinsG auch ausländische Staatsangehörige Vereinigungsfreiheit. Damit trägt jedenfalls das einfache Vereinsrecht einerseits unionsrechtlichen Diskriminierungsverboten (dazu → Rn. 17) und andererseits Art. 11 Abs. 1 EMRK Rechnung, der als Menschenrecht (anders als Art. 9 Abs. 1 GG) auch ausländische Staatsangehörige in den Schutzbereich der Vereinigungsfreiheit einbezieht. S. zum Ganzen Friauf/Höfling/*Kluth* GG Art. 9 Rn. 84.

[67] Die Verwirkung und ihr Ausmaß werden gem. Art. 18 S. 2 GG durch das Bundesverfassungsgericht ausgesprochen. Das Verfahren regeln die §§ 36 ff. BVerfGG. Zur geringen praktischen Relevanz von Art. 18 GG BeckOK GG/*Butzer* GG Art. 18 Rn. 3 f.

[68] BVerfGE 13, 174 (175) – Demokratischer Frauenbund Deutschlands; BVerfGE 30, 227 (241) – Vereinsname; BVerfGE 50, 290 (354) – Mitbestimmung; BVerfGE 62, 354 (373) – Heilfürsorgeansprüche der Soldaten; BVerfGE 80, 244 (253) – Vereinsverbot; BVerfGE 84, 372 (378) – Lohnsteuerhilfeverein; BVerfGE

halts der Vereinigungsfreiheit spricht vor allem, dass das Grundgesetz die Grundrechtsberechtigung von Vereinigungen in Art. 19 Abs. 3 GG von besonderen Voraussetzungen abhängig macht.[69] Richtigerweise können sich daher gebildete Vereinigungen selbst nur in den Grenzen des Art. 19 Abs. 3 GG auf Art. 9 Abs. 1 GG berufen. Das für die Bestimmung inländischer Vereinigungen maßgebliche Sitzkriterium[70] bedarf dabei wegen der Ausgestaltung des Art. 9 Abs. 1 GG als Bürgerrecht einer teleologischen Reduktion in dem Sinne, dass sich nur Vereinigungen mit Sitz im Inland auf Art. 9 Abs. 1 GG berufen können, die entweder nur inländische Mitglieder haben oder jedenfalls nicht durch ausländische Mitglieder beherrscht werden.[71]

bb) Insbesondere: Vereinigungsfreiheit und Ausländer. Ausländische Staatsangehörige, die eine noch nicht existierende Vereinigung gründen oder einer bereits existierenden Vereinigung beitreten, können sich grundsätzlich nicht auf die Vereinigungsfreiheit berufen. Sie sind nur durch die allgemeine Handlungsfreiheit nach Art. 2 Abs. 1 GG geschützt.[72] Eine Ausnahme besteht für **Unionsbürger.** Bewegen sie sich (wie insbesondere bei der Gründung eines wirtschaftlich tätigen Vereins)[73] im Anwendungsbereich der allgemeinen und besonderen unionsrechtlichen Diskriminierungsverbote (Art. 18 Abs. 1 AEUV als allgemeines und die Grundfreiheiten als besondere Diskriminierungsverbote), gebieten diese ihre Gleichstellung gegenüber Inländern. Technisch erfolgt die Inländergleichbehandlung entweder durch eine Erstreckung des Art. 9 Abs. 1 GG auf Unionsbürger über den Wortlaut der Vorschrift hinaus oder – wegen des eindeutigen Wortlauts des Art. 9 Abs. 1 GG methodologisch vorzugswürdig – durch eine entsprechende inhaltliche Aufwertung der relativ schwach geschützten allgemeinen Handlungsfreiheit im Lichte der stärker geschützten Vereinigungsfreiheit.[74] Im Übrigen – und also: bei Angehörigen eines Drittstaats – erfährt der dann alleine anwendbare Art. 2 Abs. 1 GG immerhin eine gewisse Verstärkung durch Art. 11 EMRK (→ Rn. 59). Niederschlag findet das unterschiedliche Schutzniveau in § 14 und § 15 VereinsG. Hier werden die Verbotsgründe des Art. 9 Abs. 2 GG für Ausländervereine und ausländische Vereine um weitere Verbotsgründe erweitert. Bezeichnenderweise enthalten beide Vorschriften Rückausnahmen für Vereine, deren Mitglieder und Leiter sämtlich oder überwiegend ausländische Unionsbürger sind (im Einzelnen → § 20 Rn. 22). 17

Berufen sich **Vereinigungen mit Sitz in einem anderen Mitgliedstaat der Europäischen Union** oder Vereinigungen, die zwar einen inländischen Sitz haben, aber durch Staatsangehörige eines anderen Mitgliedstaats beherrscht werden, im Anwendungsbereich der unionsrechtlichen Diskriminierungsverbote auf die Vereinigungsfreiheit, bedarf es einer „Anwendungserweiterung des Art. 19 Abs. 3 GG", die den Schutz der Vereinigungsfreiheit auch auf diese Vereinigungen erstreckt.[75] Bei Vereinigungen mit Sitz in einem Drittstaat scheidet hingegen selbst eine Berufung auf die allgemeine Handlungsfreiheit nach Art. 2 Abs. 1 GG aus, weil Art. 19 Abs. 3 GG auch hier eine „inländische" Vereinigung 18

123, 186 (237) – Basistarif I; BVerfGE 124, 25 (34) – Basistarif II; BVerfGE 149, 160 (189) – Vereinsverbot; BVerfGE 153, 182 (303) – Suizidhilfe.

[69] Ähnlich Sachs/*Höfling* GG Art. 9 Rn. 26 f.; Friauf/Höfling/*Kluth* GG Art. 9 Rn. 10; allgemeine Kritik an der Lehre von den Doppelgrundrechten MKS/*Huber* GG Art. 19 Rn. 228 ff.

[70] BVerfGK NVwZ 2008, 670 (671).

[71] Allgemein MKS/*Huber* GG Art. 19 Rn. 300; für Art. 9 Abs. 1 GG präzisierend Friauf/Höfling/*Kluth* GG Art. 9 Rn. 85: entscheidend nicht ausschließlich das Zahlenverhältnis der Mitglieder, sondern „eine Gesamtschau der internen Willensbildung".

[72] Friauf/Höfling/*Kluth* GG Art. 9 Rn. 86; aA Maunz/Dürig/*Scholz* GG Art. 9 Rn. 47: keinerlei grundrechtlicher Schutz. Allgemein zum Schutz von Ausländern im Anwendungsbereich der Bürgergrundrechte SHH/*Müller-Franken* GG vor Art. 1 Rn. 34 f.

[73] Zum Schutz gemeinnütziger Vereine durch die Grundfreiheiten → Rn. 53.

[74] Zum Ganzen allgemein HGR II/*Huber* § 49 Rn. 46 ff.

[75] Vgl. BVerfGE 129, 78 (94 ff.) – Cassina; allgemein MKS/*Huber* GG Art. 19 Rn. 304 ff.

verlangt. Es bleibt der Grundrechtsschutz der einzelnen Mitglieder, sei es über Art. 9 Abs. 1 GG oder über Art. 2 Abs. 1 GG (→ Rn. 17).

19 **e) Beeinträchtigung und Ausgestaltung. aa) Typologie staatlicher Maßnahmen im Schutzbereich der Vereinigungsfreiheit.** Schrifttum und Rechtsprechung unterscheiden mit Blick auf vereinigungsbezogene hoheitliche Maßnahmen (zu Direktiven der Vereinigungsfreiheit für die Anwendung und Auslegung des Privatrechts → Rn. 4) überwiegend zwischen der Beeinträchtigung und der Ausgestaltung der Vereinigungsfreiheit. Während **Beeinträchtigungen der Vereinigungsfreiheit,** die von bloßen Verkürzungen der Gründungs-, der Beitritts- und der (internen) Betätigungsfreiheit bis zum Verbot einer Vereinigung reichen,[76] stets Grundrechtseingriffe und daher rechtfertigungsbedürftig seien, fehle es bei der **Ausgestaltung der Vereinigungsfreiheit** schon an einem Grundrechtseingriff.[77] Hinter der Unterscheidung steht die Überzeugung, dass die Vereinigungsfreiheit „in mehr oder minder großem Umfang auf Regelungen angewiesen [ist], welche die freien Zusammenschlüsse und ihr Leben in die allgemeine Rechtsordnung einfügen, die Sicherheit des Rechtsverkehrs gewährleisten, Rechte der Mitglieder sichern und den schutzbedürftigen Belangen Dritter oder auch öffentlichen Interessen Rechnung tragen".[78] In der Folge bedürfe die Vereinigungsfreiheit einer gesetzlichen Ausgestaltung, ohne die sie keine praktische Wirksamkeit erlangen könne. Diese Angewiesenheit auf eine einfachgesetzliche Ausgestaltung gehöre von vornherein zum Inhalt des Art. 9 Abs. 1 GG und unterliege daher nicht den üblichen Rechtfertigungsanforderungen. Der ausgestaltende Gesetzgeber habe sich lediglich am Schutzgut des Art. 9 Abs. 1 GG zu orientieren und müsse auf einen Ausgleich zielen, der geeignet sei, die freie Assoziation und die Selbstbestimmung der Vereinigung unter Berücksichtigung der Notwendigkeiten eines geordneten Vereinslebens und schutzbedürftiger sonstiger Belange zu ermöglichen und zu erhalten. Er habe dabei eine hinreichende Vielfalt von Rechtsformen zur Verfügung zu stellen und die Grundlagen für das Leben in diesen Rechtsformen so zu gestalten, dass die Funktionsfähigkeit der Vereinigungen und ihrer Organe gewährleistet sei. Was darüber hinaus einer ausgestaltenden (und also nicht den üblichen Rechtfertigungsanforderungen unterliegenden) gesetzlichen Regelung zugänglich sei, lasse sich nicht abschließend und generell festlegen.[79]

20 **bb) Problem: Unterscheidung zwischen Beeinträchtigung und Ausgestaltung.** Damit liegt das Problem offen: Weil eine trennscharfe **Unterscheidung zwischen beeinträchtigenden und ausgestaltenden Maßnahmen** nicht möglich ist,[80] droht die Privilegierung letzterer das Grundrecht zu entwerten. So ist vollkommen unklar, wie sich die grundsätzlich rechtfertigungsfreie „Ausgestaltung […] unter Berücksichtigung […] der schutzbedürftigen sonstigen Belange"[81] von der rechtfertigungsbedürftigen Beeinträchtigung der Vereinigungsfreiheit zur Förderung eines bestimmten sonstigen Zwecks unterscheidet. An einem konkreten Beispiel illustriert: Warum die Pflichtmitgliedschaft einer Genossenschaft in einem genossenschaftlichen Prüfungsverband keine Beeinträchtigung, sondern eine bloße „aus sachlichen Gründen erforderliche Ausgestaltung der Vereinigungsfreiheit [ist], die einen sachgerechten Ausgleich zwischen dem Recht auf freie Asso-

[76] Beispiele bei Jarass/Pieroth/*Jarass* GG Art. 9 Rn. 12.
[77] Zusammenfassend Jarass/Pieroth/*Jarass* GG Art. 9 Rn. 13; aus dem Schrifttum exemplarisch etwa Stern/*Dietlein* S. 1949 (1962 f.); Sachs/*Höfling* GG Art. 9 Rn. 35 ff.; Stern/*Sachs* S. 1170 (1333 ff.); aus der Rechtsprechung etwa BVerfGK NJW 2001, 2617 (2617 f.) – Genossenschaftlicher Prüfungsverband; BVerfG NVwZ 2003, 855 (855) – Schießsportverband.
[78] BVerfGE 50, 290 (354) – Mitbestimmung; BVerfGE 84, 372 (378) – Lohnsteuerhilfeverein.
[79] Zum Ganzen BVerfGE 50, 290 (354 f.) – Mitbestimmung.
[80] Das räumt stellvertretend für die überwiegende Auffassung Sachs/*Höfling* GG Art. 9 Rn. 35 ein: „Abgrenzung […] noch immer mit erheblichen dogmatischen Unklarheiten behaftet".
[81] Zu dieser Kategorie BVerfGE 50, 290 (355) – Mitbestimmung.

ziation und den schutzbedürftigen Rechten Dritter schafft“,[82] leuchtet unter keinem denkbaren Gesichtspunkt ein.[83] Entschärft wird die Gesamtproblematik immerhin dadurch, dass die herrschende Meinung innerhalb der Klasse der grundrechtsausgestaltenden Maßnahmen noch einmal (mehr oder weniger offen) zwischen der rechtfertigungsfreien und der rechtfertigungsbedürftigen Ausgestaltung der Vereinigungsfreiheit unterscheidet.[84] Erneut ist die Trennlinie freilich alles andere als klar. Vorzugswürdig erscheint vor diesem Hintergrund eine **einheitliche Beurteilung aller freiheitsverkürzenden Maßnahmen** im Anwendungsbereich der Vereinigungsfreiheit als rechtfertigungsbedürftige Beeinträchtigungen.[85] Anders als überwiegend angenommen[86] hat die auf faktische Zusammenschlüsse mehrerer Personen für längere Zeit und zu einem gemeinsamen Zweck zielende Vereinigungsfreiheit durchaus einen natürlichen Freiheitsgehalt und ist daher (anders als etwa die Eigentumsfreiheit) keineswegs denknotwendig auf eine vorangehende Ausgestaltung durch den Gesetzgeber angewiesen, so förderlich diese für ihre Realisierung auch sein mag. Grundrechtstheoretisch hängt die dogmatische Konzeption der Vereinigungsfreiheit letztlich davon ab, ob man diese eher sozialstaatlich oder eher liberal interpretiert.[87] Während ein **sozialstaatliches Verständnis** die Vereinigungsfreiheit zwar auch als Abwehrrecht gegen den Staat liest, ihr aber zugleich durch Annahme einer mehr oder weniger umfassenden Ausgestaltungsermächtigung eine objektiv-rechtliche Verpflichtung des Gesetzgebers entnimmt, durch organisationsrechtliche Regelungen überhaupt erst die Voraussetzungen für ihre praktische Realisierung zu schaffen, erkennt ein **liberales Verständnis** in der Vereinigungsfreiheit ein vorstaatliches (und vom Tätigwerden des Gesetzgebers zunächst unabhängiges) Recht, das durch jede staatliche Regulierungsmaßnahme eingeschränkt wird.[88]

f) Rechtfertigung von Beeinträchtigungen. Soweit eine hoheitliche Maßnahme die Vereinigungsfreiheit beeinträchtigt (zur Frage nach der Einbeziehung auch ausgestaltender Maßnahmen → Rn. 19f.),[89] bedarf sie der Rechtfertigung. Diese gelingt, wenn die Maß- 21

[82] So BVerfGK NJW 2001, 2617 (2618) – Genossenschaftlicher Prüfungsverband; s. auch BVerfGK NVwZ 2003, 855 (855f.) – Schießsportverband: Genehmigung einer Schießsportordnung als Voraussetzung für Anerkennung als Schießsportverband Ausgestaltung der Vereinigungsfreiheit.

[83] Auch die in BVerfGK NJW 2001, 2617 (2617) – Genossenschaftlicher Prüfungsverband, erwogene Annahme, „der Zugang zur Rechtsform der eingetragenen Genossenschaft und deren Mitgliedschaft im Prüfungsverband“ bildeten „eine funktionale Einheit“ iSe wohl als Ausgestaltung der Vereinigungsfreiheit verstandenen „Rechtsformvoraussetzung“, so dass sich die Genossenschaft „hinsichtlich dieser Mitgliedschaft nicht auf Art. 9 I GG berufen [könnte]“, ist nur die künstliche Reformulierung eines klassischen Grundrechtseingriffs als Grundrechtsausgestaltung; positiver Stern/*Sachs* S. 1170 (1335 mit Fn. 848); wie hier kritisch wohl auch Sachs/*Höfling* GG Art. 9 Rn. 35.

[84] S. etwa Stern/*Dietlein* S. 1949 (1986ff.); Stern/*Sachs* S. 1170 (1336); auch BVerfGK NJW 2001, 2617 (2618f.) – Genossenschaftlicher Prüfungsverband, geht zwar von einer „Ausgestaltung der Vereinigungsfreiheit“ aus, unterzieht diese aber einer vollen Verhältnismäßigkeitsprüfung; ebenso BVerfGK NVwZ 2003, 855 (855f.) – Schießsportverband. Nach Jarass/Pieroth/*Jarass* GG Art. 9 Rn. 13 soll die Ausgestaltungsermächtigung darüber hinaus „nur die Entfaltung der Vereinigungsfreiheit decken, also Maßnahmen, die das Schutzgut des Grundrechts fördern“.

[85] Ebenso Dreier/*Bauer* GG Art. 9 Rn. 52; jedenfalls im Ergebnis ähnlich BeckOK GG/*Cornils* GG Art. 9 Rn. 21: „Der allen Gewährleistungen der Handlungsfreiheit und eben auch der Vereinigungsfreiheit gemeinsame Kerngehalt des Schutzes von Autonomie und Selbstbestimmung wird daher grundrechtsdogmatisch schärfer erfasst, wenn Regelungen, welche die Vereinigungsfreiheit ausgestalten, *zugleich als Eingriffe aufgefasst* werden, insoweit sie Entscheidungsspielräume der Grundrechtsberechtigten im Schutzbereich des Grundrechts beschränken.“

[86] Etwa BeckOK GG/*Cornils* GG Art. 9 Rn. 18: „teilweise normgeprägte Freiheit“; Sachs/*Höfling* GG Art. 9 Rn. 35: „auf normative Ausgestaltung angewiesen“.

[87] Zu dieser grundrechtstheoretischen Unterscheidung nur *Böckenförde* NJW 1974, 1529 (1530ff. und 1535f.): „liberale (bürgerlich-rechtsstaatliche)“ und „sozialstaatliche Grundrechtstheorie“.

[88] In diese Richtung Maunz/Dürig/*Scholz* GG Art. 9 Rn. 26ff.

[89] Zu erinnern ist daran, dass staatliche Maßnahmen, die sich gegen Tätigkeiten zur Verwirklichung des Vereinszwecks richten, mangels Schutzbereichseröffnung (→ Rn. 14) keine Beschränkungen der allgemeinen Vereinigungsfreiheit, sondern Beschränkungen des einschlägigen speziellen Freiheitsrechts darstellen und in der Folge den dortigen Rechtfertigungsanforderungen unterliegen, HStR VII/*Merten* § 165 Rn. 79.

nahme durch ein parlamentarisches Gesetz erfolgt oder gedeckt ist, das eine Schranke der Vereinigungsfreiheit in verfassungsmäßiger (und das heißt vor allem: verhältnismäßiger) Weise konkretisiert. Im Mittelpunkt des Schrankenregimes der allgemeinen Vereinigungsfreiheit steht dabei **Art. 9 Abs. 2 GG,** der überwiegend als qualifizierter Gesetzesvorbehalt gelesen wird.[90] Als solcher bestimmt die Regelung auf Grundlage eines entsprechenden Gesetzes (zur Aktualisierung durch das Gesetz zur Regelung des öffentlichen Vereinsrechts vom 5.8. 1964 → § 20 Rn. 4) zwingend das behördliche **Verbot von Vereinigungen,**[91] „deren Zwecke oder deren Tätigkeit den Strafgesetzen zuwiderlaufen oder die sich gegen die verfassungsmäßige Ordnung oder gegen den Gedanken der Völkerverständigung richten".[92] Art. 9 Abs. 2 GG ist dabei nach Auffassung des Bundesverfassungsgerichts eng auszulegen und auf unbedingt erforderliche Verbote zu beschränken.[93] Knüpft ein Verbot überdies an Handlungen an, die durch andere Grundrechte geschützt werden, sollen auch diese Grundrechte zu beachten sein, so dass ein Vereinigungsverbot ausscheidet, wenn es allein auf eine durch Art. 5 Abs. 1 GG geschützte Meinungsäußerung gestützt ist oder entgegen Art. 3 Abs. 3 S. 1 GG eine bestimmte politische Anschauung sanktioniert.[94] Durch Art. 9 Abs. 2 GG gedeckt sind als „Minus-Maßnahmen" auch Verkürzungen der Vereinigungsfreiheit, die sich (wie insbesondere bloße Betätigungsverbote)[95] zwar unterhalb der Verbotsschwelle bewegen, aber ebenfalls ein in Art. 9 Abs. 2 GG angesprochenes Schutzgut verteidigen.[96] Sie gehen einem Vereinigungsverbot unter dem Gesichtspunkt der Verhältnismäßigkeit vor, so dass der Tatbestand des Art. 9 Abs. 2 GG in diesem Fall nicht vorliegt und also ein sonst zwingendes Verbot ausscheidet.[97]

22 Auf andere Schutzgüter (wie etwa die durch ein Fusionsverbot verteidigte Wettbewerbsfreiheit oder das durch die Anordnung eines Aufnahmezwangs für Krankenversicherungsvereine auf Gegenseitigkeit verwirklichte Sozialstaatsprinzip) gerichtete Verkürzungen der Vereinigungsfreiheit sind nur zum **Schutz kollidierenden Verfassungsrechts** (und auch insoweit nur durch ein parlamentarisches Gesetz oder aufgrund eines solchen Gesetzes)[98] zulässig.[99] Zu beachten ist dabei, dass aus Art. 9 Abs. 2 GG ein dem „Parteienprivileg" aus Art. 21 Abs. 2 GG (→ Rn. 34) vergleichbares verfassungskräftiges **„Vereinigungsprivileg"** resultiert,[100] wonach, wie es in § 3 Abs. 1 S. 1 VereinsG heißt, „[e]in Verein [...] erst dann als verboten [...] behandelt werden [darf], wenn durch Verfügung

[90] S. nur Sachs/*Höfling* GG Art. 9 Rn. 40; aA aber wohl BVerfGE 80, 244 (253) – Vereinsverbot: Vereinigungsfreiheit „lediglich mit der sich aus Abs. 2 ergebenden Einschränkung gewährleistet"; ausdrücklich wie hier BVerfGE 149, 160 (193) – Vereinsverbot.

[91] Einen Ermessensspielraum eröffnet die Regelung nicht, BVerfGE 149, 160 (194) – Vereinsverbot. Folgerichtig besteht auch nach § 3 Abs. 1 S. 1 VereinsG kein Ermessen (→ § 20 Rn. 29).

[92] Um die Vereinigungsfreiheit nicht zur Disposition des einfachen Gesetzgebers zu stellen, kommen dabei als Strafgesetze nach BVerfGE 153, 182 (305) – Suizidhilfe, nur allgemeine Strafgesetze in Betracht, „die ein Handeln [...] generell, das heißt nicht ausschließlich oder in besonderer Form für den Fall vereinsmäßiger Begehung, unter Strafe stellen". Keine Strafgesetze iSv Art. 9 Abs. 2 GG sind mithin Sonderstrafgesetze, die sich gegen Vereinigungen als solche richten. Entsprechend bereits BVerfGE 149, 160 (196) – Vereinsverbot.

[93] BVerfGE 149, 160 (195 f.) – Vereinsverbot.

[94] BVerfGE 149, 160 (200 f.) – Vereinsverbot. Zur Grenze des Anknüpfungsverbots in Art. 3 Abs. 3 S. 1 GG Dreier/*Heun* GG Art. 3 Rn. 134: Äußerungen politischer Anschauung dürfen zum Anknüpfungspunkt von Rechtsfolgen genommen werden, wenn sie „in kämpferischer Weise und Absicht gegen die freiheitlich-demokratische Grundordnung gerichtet [sind]; dazu auch BVerfGE 13, 46 (49) – Bundesentschädigungsgesetz.

[95] BVerfGE 149, 160 (195) – Vereinsverbot, nennt ferner Veranstaltungsverbote, orts- und veranstaltungsbezogene Äußerungsverbote, Einschränkungen und Verbote von Versammlungen sowie waffenrechtliche Anordnungen.

[96] BVerwGE 61, 218 (220 f.) – Wehrsportgruppe Hoffmann; BeckOK GG/*Cornils* GG Art. 9 Rn. 22.

[97] BVerfGE 149, 160 (194 f.) – Vereinsverbot; dazu instruktiv *Schiffbauer* JZ 2019, 130 (133).

[98] Allgemein für die Aktualisierung verfassungsimmanenter Schranken SHH/*Müller-Franken* GG vor Art. 1 Rn. 51, 57; speziell für Art. 9 Abs. 1 GG Sachs/*Höfling* GG Art. 9 Rn. 42; Dreier/*Bauer* GG Art. 9 Rn. 59.

[99] BVerfGE 124, 25 (36 f.) – Basistarif II; BeckOK GG/*Cornils* GG Art. 9 Rn. 22 und 31 f.

[100] *Schmidt* S. 208 ff. spricht von einer „Sperrwirkung des Art. 9 Abs. 2 GG".

der Verbotsbehörde festgestellt ist, daß seine Zwecke oder seine Tätigkeit den Strafgesetzen zuwiderlaufen oder daß er sich gegen die verfassungsmäßige Ordnung oder den Gedanken der Völkerverständigung richtet". In der Folge dürfen Verkürzungen der Vereinigungsfreiheit zu ihrer Rechtfertigung nicht auf kollidierendes Verfassungsrecht verweisen, das wie Art. 26 Abs. 1 GG dem gleichen Schutzzweck wie Art. 9 Abs. 2 GG dient. Insoweit enthält vielmehr Art. 9 Abs. 2 GG, der eine behördliche Feststellung der Verfassungswidrigkeit auf Grundlage einer einfachgesetzlichen Konkretisierung dieser Schranke verlangt, eine abschließende Regelung.[101] Endlich ist zu beachten, dass sowohl Beschränkungen der Vereinigungsfreiheit auf Grundlage von Art. 9 Abs. 2 GG (ergänzend → Rn. 21) als auch Verkürzungen der Vereinigungsfreiheit zur Aktualisierung verfassungsimmanenter Schranken den **Anforderungen des Verhältnismäßigkeitsgrundsatzes** unterliegen.[102]

g) Gerichtliche Durchsetzung. Gerichtlich geltend gemacht werden können Verletzungen der Vereinigungsfreiheit durch die öffentliche Gewalt mit der **Verfassungsbeschwerde** nach Art. 93 Abs. 1 Nr. 4a GG.[103] Zulässigkeitsvoraussetzung ist freilich gem. Art. 94 Abs. 2 S. 2 GG iVm § 90 Abs. 2 S. 1 BVerfGG die Erschöpfung des Rechtswegs. Primär wird daher gegen Verletzungen der Vereinigungsfreiheit **Rechtsschutz durch Fachgerichte** gewährt. Angesprochen sind vor allem die Gerichte der allgemeinen Verwaltungsgerichtsbarkeit, die insbesondere für Klagen gegen behördliche Vereinsverbote nach Art. 9 Abs. 2 GG iVm §§ 3 ff. VereinsG zuständig sind (→ § 20 Rn. 62). Darüber hinaus kann auch den Gerichten anderer Gerichtsbarkeiten eine grundrechtsschützende Funktion zukommen. So ist etwa bei unzureichender Berücksichtigung der Vereinigungsfreiheit bei Anwendung und Auslegung des Privatrechts durch ein Zivilgericht (→ Rn. 4) vor Erhebung einer Verfassungsbeschwerde zunächst der Zivilrechtsweg auszuschöpfen. Entsprechendes gilt für die unzureichende Berücksichtigung der Vereinigungsfreiheit im Vereinsstrafrecht durch ein Strafgericht. 23

2. Besondere Vereinigungsfreiheiten

Das Grundgesetz kennt neben der allgemeinen Vereinigungsfreiheit in Art. 9 Abs. 1 GG drei besondere Vereinigungsfreiheiten: die **Koalitionsfreiheit** in Art. 9 Abs. 3 GG, die **religiöse Vereinigungsfreiheit** nach Art. 140 GG iVm Art. 137 Abs. 2 S. 1 WRV und die **Parteienfreiheit** in Art. 21 GG. Sie alle gehen der allgemeinen Vereinigungsfreiheit als *leges speciales* vor.[104] 24

a) Koalitionsfreiheit (Art. 9 Abs. 3 GG). aa) „Koalitionen" als Bezugspunkt. Art. 9 Abs. 3 S. 1 GG schützt als *lex specialis* zu Art. 9 Abs. 1 GG „Vereinigungen […] zur Wahrung und Förderung der Arbeits- und Wirtschaftsbedingungen".[105] Als **„Koalitionen"** bezeichnete Vereinigungen in diesem Sinne sind die Arbeitnehmer- und Arbeitgeberverbände sowie deren Dachorganisationen,[106] sofern sie erstens die allgemeinen grundgesetzlichen Anforderungen an Vereinigungen (→ Rn. 7 ff.) erfüllen, zweitens „gegnerfrei" sind, also entweder nur aus Arbeitnehmern oder nur aus Arbeitgebern bestehen, drittens „ihrer Struktur nach unabhängig genug sind, um die Interessen ihrer Mitglieder auf arbeits- oder 25

---

[101] Ähnlich BeckOK GG/*Cornils* GG Art. 9 Rn. 31.

[102] Sachs/*Höfling* GG Art. 9 Rn. 49.

[103] Im Einzelnen Sachs/*Detterbeck* GG Art. 93 Rn. 77 ff.

[104] Dreier/*Bauer* GG Art. 9 Rn. 103; HStR VII/*Merten* § 165 Rn. 68.

[105] Zur (relativ kurzen) Geschichte der Koalitionsfreiheit, die sich als „Vereinigungsfreiheit zur Wahrung und Förderung der Arbeits- und Wirtschaftsbedingungen" ausdrücklich erstmals in Art. 159 S. 1 WRV findet, Friauf/Höfling/*Kluth* GG Art. 9 Rn. 121 ff.; s. auch BVerfGE 50, 290 (366 f.) – Mitbestimmung: „Koalitionsfreiheit erst […] unter den Bedingungen moderner Industriearbeit entstanden"; zum Verhältnis zu anderen Verfassungsnormen Jarass/Pieroth/*Jarass* GG Art. 9 Rn. 32.

[106] Zu dieser Beschränkung, die aus dem Erfordernis einer Verfolgung von „Ziele[n] aus dem Bereich der Arbeitsbedingungen" resultiert, Jarass/Pieroth/*Jarass* GG Art. 9 Rn. 34.

sozialrechtlichem Gebiet nachhaltig zu vertreten", und viertens „auf überbetrieblicher Grundlage organisiert" sind.[107]

26 **bb) Schutz der „Bildung" einer Koalition.** Inhaltlich schützt Art. 9 Abs. 3 GG ähnlich wie Art. 9 Abs. 1 GG (→ Rn. 13) zunächst die Freiheit einzelner natürlicher Personen und Personenvereinigungen,[108] eine Koalition zu **gründen** oder einer Koalition **beizutreten,**[109] sowie in Verbindung mit Art. 19 Abs. 3 GG[110] die **interne Betätigung** (zum Begriff → Rn. 14) der gegründeten Koalition selbst.[111] Darüber hinaus schützt die Koalitionsfreiheit anders als die zweckneutrale allgemeine Vereinigungsfreiheit (→ Rn. 11 und → Rn. 14) aber auch die **externe Betätigung** von Koalitionen, soweit sie auf die Verfolgung der in Art. 9 Abs. 3 S. 1 GG genannten Zwecke „durch spezifisch koalitionsmäßige Betätigung" zielt,[112] sowie die Teilnahme Einzelner an dieser Betätigung.[113] Vom Schutz umfasst sind dabei insbesondere das Aushandeln und der Abschluss sowie sodann der Bestand und die Anwendung von Tarifverträgen,[114] ferner der auf den Abschluss von Tarifverträgen zielende Streik[115] und die Abwehraussperrung als Gegenmittel der Arbeitgeberseite.[116] Nicht spezifisch koalitionsmäßige Betätigungen sind hingegen ebenso wie die externe Betätigung von Vereinigungen im Schutzbereich der allgemeinen Vereinigungsfreiheit (→ Rn. 14) in den Grenzen ihrer Schranken ausschließlich durch die einschlägigen speziellen Freiheitsrechte geschützt, soweit diese gem. Art. 19 Abs. 3 GG auf Personenvereinigungen Anwendung finden.[117]

---

[107] Zum Ganzen BVerfGE 4, 96 (106ff.) – Hutfabrikant; BVerfGE 50, 290 (367f.) – Mitbestimmung; BVerfGE 58, 233 (247) – Deutscher Arbeitnehmerverband; BVerfGE 100, 214 (223) – Gewerkschaftsausschluss.

[108] Näher Jarass/Pieroth/*Jarass* GG Art. 9 Rn. 43: Träger der individuellen Koalitionsfreiheit unabhängig vom Beruf oder Gewerbe jeder inländische und ausländische Arbeitgeber und Arbeitnehmer, auf Arbeitgeberseite auch juristische Personen des Privatrechts und sonstige Personenvereinigungen.

[109] Näher BVerfGE 50, 290 (367) – Mitbestimmung; BVerfGE 55, 7 (21) – Allgemeinverbindlicherklärung II; BVerfGE 64, 208 (213) – Dynamische Verweisung; BVerfGE 84, 212 (224) – Aussperrung; BVerfGE 93, 352 (357) – Mitgliederwerbung II; BVerfGE 116, 202 (217f.) – Tariftreueerklärung; BVerfGE 146, 71 (114) – Tarifeinheitsgesetz. Geschützt ist nach diesen Entscheidungen als negative Koalitionsfreiheit auch die Freiheit, einer Koalition fernzubleiben oder aus ihr auszutreten.

[110] Wie hier Sachs/*Höfling* GG Art. 9 Rn. 120; ähnlich Friauf/Höfling/*Kluth* GG Art. 9 Rn. 119; anders BVerfGE 100, 214 (221) – Gewerkschaftsausschluss, das die Grundrechtsberechtigung der Koalitionen iSd Lehre vom Doppelgrundrecht (→ Rn. 16) unmittelbar Art. 9 Abs. 3 S. 1 GG entnimmt; s. auch BVerfGE 4, 96 (101f.) – Hutfabrikant; BVerfGE 84, 212 (224) – Aussperrung; BVerfGE 94, 268 (282f.) – Wissenschaftliches Personal; BVerfGE 116, 202 (219) – Tariftreueerklärung.

[111] Näher BVerfGE 28, 295 (304) – Mitgliederwerbung I; BVerfGE 50, 290 (373f.) – Mitbestimmung; BVerfGE 55, 7 (21) – Allgemeinverbindlicherklärung II; BVerfGE 84, 212 (224) – Aussperrung; BVerfGE 93, 352 (357) – Mitgliederwerbung II; BVerfGE 100, 214 (221) – Gewerkschaftsausschluss; speziell zu einer damit einhergehenden Bestandsgarantie und ihrer Reichweite BVerfGE 146, 71 (115f.) – Tarifeinheitsgesetz.

[112] BVerfGE 28, 295 (304) – Mitgliederwerbung I; BVerfGE 50, 290 (367) – Mitbestimmung; BVerfGE 84, 212 (224) – Aussperrung; BVerfGE 100, 214 (221) – Gewerkschaftsausschluss; BVerfGE 100, 271 (282) – Lohnabstandsklausel; BVerfGE 103, 293 (304) – Urlaubsanrechnung; BVerfGE 116, 202 (219) – Tariftreueerklärung; BVerfGE 146, 71 (114) – Tarifeinheitsgesetz; BVerfGE 148, 296 (343f.) – Streikverbot für Beamte; schlagwortartig spricht Dreier/*Bauer* GG Art. 9 Rn. 81f. von einem „Recht auf koalitionsgemäße Betätigung".

[113] BVerfGE 19, 303 (312) – Dortmunder Hauptbahnhof; BVerfGE 28, 295 (304) – Mitgliederwerbung I; BVerfGE 50, 290 (367) – Mitbestimmung; BVerfGE 51, 77 (87f.) – Personalrat; zur Erstreckung des persönlichen Schutzbereichs auf Beamte BVerfGE 148, 296 (343) – Streikverbot für Beamte.

[114] BVerfGE 84, 212 (224) – Aussperrung; BVerfGE 92, 26 (38) – Zweitregister; BVerfGE 94, 268 (283) – Wissenschaftliches Personal; BVerfGE 146, 71 (115) – Tarifeinheitsgesetz; schlagwortartig geht es um „Tarifautonomie", Dreier/*Bauer* GG Art. 9 Rn. 83.

[115] BVerfGE 92, 365 (393f.) – Kurzarbeitsgeld; BVerfGE 146, 71 (114) – Tarifeinheitsgesetz, das allerdings einschränkend davon ausgeht, dass Art. 9 Abs. 3 GG „kein Recht auf absolute tarifpolitische Verwertbarkeit von Schlüsselpositionen und Blockademacht zum eigenen Nutzen" umfasst; BVerfGE 148, 296 (344) – Streikverbot für Beamte.

[116] BVerfGE 84, 212 (225) – Aussperrung.

[117] Jarass/Pieroth/*Jarass* GG Art. 9 Rn. 42.

cc) Beeinträchtigung und Ausgestaltung. Mit Blick auf hoheitliche Verkürzungen der Koalitionsfreiheit wird wie bei der allgemeinen Vereinigungsfreiheit (→ Rn. 19f.) zwischen ihrer rechtfertigungsbedürftigen **Beeinträchtigung**[118] und ihrer grundsätzlich rechtfertigungsfreien **Ausgestaltung** unterschieden. Anders als bei der allgemeinen Vereinigungsfreiheit (→ Rn. 20) leuchtet es bei der Koalitionsfreiheit aber immerhin ansatzweise ein,[119] dass sie wegen des aus ihr resultierenden Konflikts zwischen den Freiheitssphären der sich gegenüberstehenden Tarifvertragsparteien auf die „Schaffung der Rechtsinstitute und Normenkomplexe [angewiesen ist], die erforderlich sind, um die grundrechtlich garantierten Freiheiten ausüben zu können".[120] Nur folgerichtig anerkennt das Bundesverfassungsgericht „eine Ausgestaltungsbefugnis des Gesetzgebers" zur Schaffung von Regelungen, „die erst die Voraussetzungen für eine Wahrnehmung des Freiheitsrechts bilden […] insbesondere dort, wo es um die Regelung der Beziehung zwischen Trägern widerstreitender Interessen geht".[121] Grundrechtstheoretisch gewendet: Weil die Koalitionsfreiheit in ihrer Stoßrichtung – nämlich: der grundrechtlichen Absicherung einer gleichberechtigten Gestaltung der Arbeits- und Wirtschaftsbedingungen durch Arbeitgeber und Arbeitnehmer[122] – sozialstaatlich fundiert ist, wird ihr ein Verständnis als Abwehrrecht gegen den Staat auf der einen und objektiv-rechtliche Ausgestaltungsermächtigung und -verpflichtung des Gesetzgebers auf der anderen Seite durchaus gerecht. Dabei ist auch der ausgestaltende Gesetzgeber nicht frei von Bindungen. So verlangt das Bundesverfassungsgericht jedenfalls eine Orientierung „am Normziel von Art. 9 Abs. 3 GG",[123] mitunter – und das insbesondere in seiner jüngeren Rechtsprechung – auch die Verhältnismäßigkeit der Ausgestaltung.[124] Die Grenze zwischen rechtfertigungsbedürftiger Beeinträchtigung und grundsätzlich rechtfertigungsfreier Ausgestaltung verschwimmt damit. So erkennt das Bundesverfassungsgericht im Tarifeinheitsgesetz zwar im Ausgangspunkt eine Ausgestaltung der Koalitionsfreiheit zur Herstellung und Sicherung der Funktionsfähigkeit des Systems der Tarifautonomie und gewährt dem Gesetzgeber daher einen weiten Handlungsspielraum. Es folgt dann aber eine von den Schranken der Koalitionsfreiheit ausgehende Rechtfertigungsprüfung, die sich mit der Annahme einer Ausgestaltung der Koalitionsfreiheit kaum verträgt.[125] 27

dd) Rechtfertigung von Beeinträchtigungen. Unabhängig davon bedürfen jedenfalls Beeinträchtigungen der Koalitionsfreiheit stets einer Rechtfertigung. Diese setzt grundsätzlich[126] voraus, dass die beeinträchtigende Maßnahme durch ein parlamentarisches Gesetz 28

[118] Beispiele bei Dreier/*Bauer* GG Art. 9 Rn. 90; Jarass/Pieroth/*Jarass* GG Art. 9 Rn. 45f.

[119] Ähnlich BeckOK GG/*Cornils* GG Art. 9 Rn. 73; gleichwohl auch mit Blick auf die Koalitionsfreiheit insgesamt skeptisch Dreier/*Bauer* GG Art. 9 Rn. 91f.

[120] So die vielzitierte Passage in BVerfGE 50, 290 (368) – Mitbestimmung.

[121] BVerfGE 92, 26 (41) – Zweitregister; ähnlich BVerfGE 94, 268 (284) – Wissenschaftliches Personal; BVerfGE 146, 71 (119f.) – Tarifeinheitsgesetz.

[122] S. dazu auch BVerfGE 84, 212 (229) – Aussperrung: „Tarifautonomie ist darauf angelegt, die strukturelle Unterlegenheit der einzelnen Arbeitnehmer beim Abschluß von Arbeitsverträgen durch kollektives Handeln auszugleichen und damit ein annähernd gleichgewichtiges Aushandeln der Löhne und Arbeitsbedingungen zu ermöglichen."

[123] BVerfGE 92, 26 (41) – Zweitregister; präzisierend BVerfGE 92, 365 (394) – Kurzarbeitsgeld: „Gestaltungsspielraum des Gesetzgebers findet seine Grenzen am objektiven Gehalt des Art. 9 Abs. 3 GG". Die in früheren Entscheidungen anzutreffende Rede von einem absolut geschützten „Kernbereich" der Koalitionsfreiheit hat das Bundesverfassungsgericht zwischenzeitlich aufgegeben; dazu retrospektiv BVerfGE 93, 352 (358ff.) – Mitgliederwerbung II.

[124] S. insbesondere BVerfGE 146, 71 (121f. und 122ff.) – Tarifeinheitsgesetz, das zwar auf den „weiten Handlungsspielraum" des Gesetzgebers hinweist, dann aber das streitgegenständliche Tarifeinheitsgesetz einer voll ausgebauten Verhältnismäßigkeitsprüfung unterwirft. Zur wenig konsistenten Rechtsprechung des Bundesverfassungsgerichts, die zwischen der Annahme eines weiten Ausgestaltungsspielraums und einer mehr oder weniger strengen Verhältnismäßigkeitsprüfung schwankt, Dreier/*Bauer* GG Art. 9 Rn. 91f.

[125] S. BVerfGE 146, 71 (118ff.) – Tarifeinheitsgesetz; dazu instruktiv *Hromadka* NZA 2018, 961: „Eingriff in die Koalitionsfreiheit oder Ausgestaltung der Betätigungsfreiheit?".

[126] Einschränkungen bestehen nach BVerfGE 88, 103 (115) – Streikeinsatz von Beamten, mit Blick auf das im gesetzlich defizitär geregelten Arbeitskampfrecht so dominante Richterrecht insofern, als die „Ausformung nicht zwingend durch *gesetzliche* Regelungen erfolgen [muss,] […] [s]oweit es um das Verhältnis der

erfolgt oder gedeckt ist, das seinerseits eine Schranke der Koalitionsfreiheit in verhältnismäßiger Weise konkretisiert. Nach der im Schrifttum überwiegenden Auffassung findet die Koalitionsfreiheit dabei als *lex specialis* zur allgemeinen Vereinigungsfreiheit in **Art. 9 Abs. 2 GG** eine geschriebene Schranke.[127] Einfachgesetzlichen Widerhall findet diese Auffassung in § 16 VereinsG, der von der Möglichkeit eines durch Art. 9 Abs. 2 GG gedeckten **Verbots von Koalitionen** ausgeht. Das Bundesverfassungsgericht erkennt demgegenüber in einer neueren Entscheidung in der Koalitionsfreiheit keinen Spezialfall der allgemeinen Vereinigungsfreiheit. Art. 9 Abs. 2 GG findet dann aus systematischen Gründen keine Anwendung.[128] Folgt man dem, unterliegt die Koalitionsfreiheit nur **verfassungsimmanenten Schranken.**[129] Hervorhebung verdienen hier die hergebrachten Grundsätze des Berufsbeamtentums nach Art. 33 Abs. 5 GG, die nach der Rechtsprechung des Bundesverfassungsgerichts insbesondere einen Ausschluss des Streikrechts von Beamten rechtfertigen.[130] Einen Konflikt mit Art. 11 EMRK[131] erkennt das Bundesverfassungsgerichts in dieser Position nicht.[132]

29 **ee) Insbesondere: Bindung Privater an Art. 9 Abs. 3 GG.** Hinzuweisen ist schließlich auf Art. 9 Abs. 3 S. 2 GG, der als singuläre Erscheinung im Grundgesetz eine **unmittelbare Grundrechtsbindung Privater** vorsieht.[133] Deutlich wird auch hier die sozialstaatliche Dimension der Koalitionsfreiheit. In der Folge sind private Abreden, die gegen Art. 9 Abs. 3 S. 1 GG verstoßen, nichtig und einseitige private Maßnahmen, die die Koalitionsfreiheit verletzen, rechtswidrig.[134] Und auch darüber hinaus enthält Art. 9 Abs. 3 S. 1 GG Direktiven für die Anwendung und Auslegung des Privatrechts,[135] die im Lichte des Art. 9 Abs. 3 S. 2 GG über die Vorgaben der allgemeinen Vereinigungsfreiheit (→ Rn. 4) hinausgehen.[136]

30 **b) Religiöse Vereinigungsfreiheit (Art. 140 GG iVm Art. 137 Abs. 2 WRV). aa) Schutz von Vereinigung und Betätigung.** Die in Art. 140 GG iVm Art. 137 Abs. 2 S. 1 WRV geregelte religiöse Vereinigungsfreiheit gewährleistet als Bestandteil der Religionsfreiheit nach Art. 4 Abs. 1 und Abs. 2 GG[137] „[d]ie **Freiheit der Vereinigung zu Re-**

Kampfparteien als gleichgeordneter Grundrechtsträger geht". Maßgeblich ist dann nach BVerfGE 84, 212 (228f.) – Aussperrung, „ob auch der Gesetzgeber solche Rechtssätze nicht ohne Verletzung von Grundrechten hätte erlassen können". Zu Recht kritisch gegenüber dieser „Sonderdogmatik" des Bundesverfassungsgerichts Dreier/*Bauer* GG Art. 9 Rn. 95.

[127] Exemplarisch Dreier/*Bauer* GG Art. 9 Rn. 93, der aber auch auf die geringe praktische Bedeutung dieser Schranke hinweist; aA etwa Sachs/*Höfling* GG Art. 9 Rn. 136f.

[128] BVerfGE 146, 71 (118) – Tarifeinheitsgesetz. Konsequenterweise ist dann die Verfassungsmäßigkeit des primär auf Vereinsverbote zielenden Vereinsgesetzes zweifelhaft, soweit es auf Koalitionen Anwendung findet; dazu mwN *Groh* VereinsG § 16 Rn. 2.

[129] Überblick bei Dreier/*Bauer* GG Art. 9 Rn. 94.

[130] Etwa BVerfGE 44, 249 (264) – Alimentationsprinzip; BVerfGE 148, 296 (360ff.) – Streikverbot für Beamte.

[131] Zu Zulässigkeit und Grenzen eines Streikverbots für Angehörige des öffentlichen Dienstes nach Art. 11 EMRK insbesondere EGMR NZA 2010, 1423 (1424f.) – Enerji Yapi-Yol Sen/Türkei.

[132] BVerfGE 148, 296 (373ff.) – Streikverbot für Beamte.

[133] Zu diesem herrschenden Verständnis des Art. 9 Abs. 3 S. 2 GG BVerfGE 57, 220 (245) – Bethel; aus dem Schrifttum etwa Dreier/*Bauer* GG Art. 9 Rn. 88f.

[134] Jarass/Pieroth/*Jarass* GG Art. 9 Rn. 49.

[135] Etwa BVerfGE 73, 261 (269f.) – Sozialplan; BVerfGE 93, 352 (360) – Mitgliederwerbung II; BVerfGE 100, 214 (222) – Gewerkschaftsausschluss.

[136] Jarass/Pieroth/*Jarass* GG Art. 9 Rn. 51.

[137] Zum systematischen Zusammenhang mit Art. 4 Abs. 1 und Abs. 2 GG HStR VII/*von Campenhausen* § 157 Rn. 98: „formal von Art. 4 GG abgesprengt", aber „ebenfalls ein weiterer integrierender Bestandteil des Gesamtgrundrechts der Religionsfreiheit"; s. auch BVerfGE 83, 341 (355) – Bahá'í: religiöse Vereinigungsfreiheit gem. Art. 4 Abs. 1 und Abs. 2 iVm Art. 140 GG und Art. 137 Abs. 2 WRV die Freiheit, sich „aus gemeinsamem Glauben […] zu einer Religionsgesellschaft zusammenzuschließen und zu organisieren"; *Pieroth/Kingreen* NVwZ 2001, 841 (842); *Würtenberger* ZevKR 18 (1973), 67 (71); aA Sachs/*Ehlers* WRV

ligionsgesellschaften". Sie unterliegt gem. Art. 140 GG iVm Art. 137 Abs. 2 S. 2 WRV „keinen Beschränkungen" und ist folglich grundsätzlich vorbehaltlos gewährleistet (zur Zulässigkeit eines Verbots von Religionsgesellschaften → Rn. 32). Überdies gilt sie anders als die allgemeine Vereinigungsfreiheit auch für Ausländer.[138] Anspruch auf eine bestimmte Rechtsform besteht nicht. Die **Betätigungsfreiheit einer Religionsgesellschaft** wird nicht durch Art. 140 GG iVm Art. 137 Abs. 2 WRV, sondern durch Art. 140 GG iVm Art. 137 Abs. 3 WRV gewährleistet.[139] Nach Art. 137 Abs. 3 S. 1 WRV ordnen und verwalten Religionsgesellschaften ihre Angelegenheiten „selbständig innerhalb der Schranken des für alle geltenden Gesetzes".[140] Gemäß Art. 137 Abs. 3 S. 2 WRV verleihen sie „ihre Ämter ohne Mitwirkung des Staates oder der bürgerlichen Gemeinde".

bb) „Religionsgesellschaften" als Bezugspunkt. Begrifflich unterscheiden sich **Religionsgesellschaften** (synonym: Religionsgemeinschaften) von anderen religiösen Vereinigungen dadurch, dass sie die allseitige und nicht nur partielle Erfüllung der durch ein gemeinsames religiöses Bekenntnis gestellten Aufgaben zum Ziel haben.[141] Sie erwerben die Rechtsfähigkeit gem. Art. 140 GG iVm Art. 137 Abs. 4 WRV „nach den allgemeinen Vorschriften des bürgerlichen Rechtes". Waren sie nicht schon bisher Körperschaften des öffentlichen Rechts, sind ihnen gem. Art. 140 GG iVm Art. 137 Abs. 5 S. 2 WRV „auf ihren Antrag gleiche Rechte zu gewähren, wenn sie durch ihre Verfassung und die Zahl ihrer Mitglieder die Gewähr der Dauer bieten". Interessant ist der Status einer Körperschaft des öffentlichen Rechts vor allem wegen des Besteuerungsrechts nach Art. 140 GG iVm Art. 137 Abs. 6 WRV.[142] **Weltanschauungsgemeinschaften** sind gem. Art. 140 GG iVm Art. 137 Abs. 7 WRV Religionsgesellschaften gleichgestellt.[143] Vereinigungen, die nur auf die partielle Erfüllung der durch ein gemeinsames religiöses Bekenntnis gestellten Aufgaben zielen – Art. 140 GG iVm Art. 138 Abs. 2 WRV spricht von **„religiösen Vereine[n]"** –, sind keine Religionsgesellschaften.[144] Sie können sich bei ihrer Bildung nur auf die allgemeine Vereinigungsfreiheit in Art. 9 Abs. 1 GG,[145] bei ihrer externen Betätigung nur auf Art. 4 Abs. 1 und Abs. 2 GG berufen.[146] 31

cc) Insbesondere: Verbot von Religionsgesellschaften.[147] Auch wenn Art. 140 GG iVm Art. 137 Abs. 2 WRV die Freiheit der Vereinigung zu Religionsgesellschaften vor- 32

Art. 137 Rn. 3: Art. 140 GG iVm Art. 137 Abs. 2 WRV *lex specialis* zu Art. 9 Abs. 1 und Art. 4 Abs. 1 und Abs. 2 GG.

[138] *Michael* JZ 2002, 482 (483f.).

[139] Die Regelung geht Art. 4 Abs. 1 und Abs. 2 GG als speziellere Norm vor, BVerfGE 137, 273 (304) – Katholischer Chefarzt.

[140] Soweit Gesetze auf dieser Grundlage die Betätigungsfreiheit einer Religionsgesellschaft beschränken, ist beim Ausgleich der gegenläufigen Interessen dem Umstand Rechnung zu tragen, dass Art. 4 Abs. 1 und Abs. 2 GG die korporative Religionsfreiheit vorbehaltlos gewährleistet. Dem Selbstbestimmungsrecht der Religionsgesellschaften ist daher besonderes Gewicht zuzumessen, BVerfGE 137, 273 (304) – Katholischer Chefarzt.

[141] BVerwGE 99, 1 (3) – Schächten I; BVerwGE 123, 49 (54) – Religionsunterricht; BVerwG Gerichtsbescheid v. 8.8.2005 – 6 A 1/04, BeckRS 2005, 29687 Rn. 21 – Hizb ut-Tahrir; BVerwG NVwZ 2006, 694 (694); HStR VII/*von Campenhausen* § 157 Rn. 98; Sachs/*Ehlers* GG Art. 140 Rn. 6; *Pieroth/Kingreen* NVwZ 2001, 841 (843): „Gesamtzuständigkeit für die religiösen Maßstäbe".

[142] Zu steuerrechtlichen (und hier insbesondere: gemeinnützigkeitsrechtlichen) Vorteilen Beermann/Gosch/*Jachmann/Unger* AO § 54 Rn. 2ff.; s. auch *Axer* AfkKR 156 (1987), 460; *Weides* FS Rechtswissenschaftliche Fakultät der Universität zu Köln 1988, 885.

[143] Zum Begriff BVerwG Gerichtsbescheid v. 8.8.2005 – 6 A 1/04, BeckRS 2005, 29687 Rn. 23 – Hizb ut-Tahrir.

[144] BVerfGE 24, 236 (246f.) – Aktion Rumpelkammer; BVerwGE 123, 49 (56) – Religionsunterricht; BVerwG NVwZ 2006, 694 (695); Sachs/*Ehlers* WRV Art. 137 Rn. 3; zu Abgrenzungsschwierigkeiten *Poscher* KritV 2002, 298 (308f.).

[145] Anders als bei Religionsgesellschaften (→ Rn. 32) ist in der Folge bei religiösen Vereinen ein Verbot nach § 3 Abs. 1 S. 1 VereinsG iVm Art. 9 Abs. 2 GG ohne weiteres zulässig.

[146] Sachs/*Ehlers* WRV Art. 137 Rn. 3; *Michael* JZ 2007, 146 (148); *Pieroth/Kingreen* NVwZ 2001, 841 (843).

[147] Gleiches gilt für Weltanschauungsgemeinschaften, Art. 140 GG iVm Art. 137 Abs. 7 WRV.

behaltlos gewährleistet (→ Rn. 30), ist ihr **Verbot** nach allgemeiner Auffassung nicht ausgeschlossen. Umstritten sind lediglich die dogmatische Konstruktion sowie – damit zusammenhängend – zum einen die inhaltlichen Anforderungen an ein Verbot und zum anderen die Existenz einer einfachgesetzlichen Rechtsgrundlage für ein Verbot im geltenden Vereinsrecht. Die Rechtsprechung wendet **Art. 9 Abs. 2 GG** überwiegend auch auf Religionsgesellschaften unmittelbar an,[148] Teile des Schrifttums ziehen diese Regelung über die Gesetzesvorbehalte in Art. 140 GG iVm Art. 136 Abs. 1 und Art. 137 Abs. 3 S. 1 WRV oder die Figur kollidierenden Verfassungsrechts als Schranke auch der religiösen Vereinigungsfreiheit heran.[149] Eine einfachgesetzliche Aktualisierung des Verbotstatbestands in Art. 9 Abs. 2 GG als Rechtsgrundlage für ein behördliches Verbot, die nach beiden Auffassungen aus allgemeinen grundrechtsdogmatischen Erwägungen erforderlich ist,[150] liefert seit der Streichung des „Religionsprivilegs" mit § 3 Abs. 1 VereinsG iVm Art. 9 Abs. 2 GG für inländische und den §§ 14 und 15 VereinsG für ausländische Religionsgesellschaften das Vereinsgesetz, das insoweit freilich im Lichte der religiösen Vereinigungsfreiheit eng auszulegen ist (→ § 20 Rn. 7). Eine **Gegenauffassung** im Schrifttum lehnt demgegenüber die Anwendung des Art. 9 Abs. 2 GG auf Religionsgesellschaften insgesamt ab, auch als verfassungsimmanente Schranke. Eine unmittelbare Anwendung sei mit der bewussten Unterscheidung zwischen einer allgemeinen und einer religiösen Vereinigungsfreiheit nicht vereinbar. Eine Heranziehung über die Gesetzesvorbehalte in Art. 140 GG iVm Art. 136 Abs. 1 und Art. 137 Abs. 3 S. 1 WRV scheide aus, weil diese sich nicht auf die religiöse Vereinigungsfreiheit bezögen.[151] Folgt man dieser Auffassung, und dafür sprechen gute Gründe,[152] kommt ein Verbot inländischer und ausländischer Religionsgesellschaften nur innerhalb der verfassungsimmanenten Schranken der religiösen Vereinigungsfreiheit in Betracht, zu denen Art. 9 Abs. 2 GG nicht gehört.[153] Unabhängig davon, dass die mit dieser Beschränkung auf verfassungsimmanente Schranken verbundene Verbotsschwelle ohnehin nur selten erreicht sein dürfte,[154] hält das geltende Vereinsrecht mit § 3 Abs. 1 VereinsG iVm Art. 9 Abs. 2 GG und den §§ 14 und 15 VereinsG keine auf diese Schranken zugeschnittenen Rechtsgrundlagen bereit, so dass ein behördliches Verbot von Religionsgesellschaften nach dieser Auffassung gegenwärtig ausscheidet.[155] Soweit man immerhin

---

[148] So BVerwGE 37, 344 (363 ff.) – Bund für Gotterkenntnis; BVerwGE 105, 117 (121) – Zeugen Jehovas; s. auch BVerwG NVwZ 2006, 694 (694 f.) mit Hinweisen zur dogmatischen Konstruktion: entweder Art. 9 Abs. 2 GG als allgemeines Gesetz iSv Art. 140 GG iVm Art. 137 Abs. 3 S. 1 WRV oder Art. 9 Abs. 2 GG als selbständiger Verbotstatbestand für Vereinigungen aller Art; noch offen gelassen von BVerwG NVwZ 2003, 986 (987 f.); ebenso wie das Bundesverwaltungsgericht wohl auch BVerfGE 102, 370 (389 ff.) – Körperschaftsstatus der Zeugen Jehovas.

[149] Nachweise bei Sachs/*Ehlers* WRV Art. 137 Rn. 20 mit Fn. 156 ff.

[150] Dazu eingehend *Schmieder* VBlBW 2002, 146 (150).

[151] Im Einzelnen *Michael* JZ 2002, 482 (484); *Pieroth/Kingreen* NVwZ 2001, 841 (845); *Poscher* KritV 2002, 298 (299 ff.); *Radtke* ZevKR 50 (2005), 95 (107 f.).

[152] Mit Blick auf eine Anwendung des Art. 9 Abs. 2 GG als verfassungsimmanente Schranke der religiösen und weltanschaulichen Vereinigungsfreiheit ist ergänzend darauf hinzuweisen, dass eine Heranziehung der geschriebenen Schranken eines Grundrechts als verfassungsimmanente Schranken eines anderen Grundrechts die vorbehaltlos gewährleisteten Grundrechte entwertete, ein ersichtlich mit der Idee eines ausdifferenzierten Grundrechtskatalogs nicht zu vereinbarendes Ergebnis.

[153] Zu den Schranken im Einzelnen *Michael* JZ 2002, 482 (485 ff.), der ebenda (487) zusammenfassend die freiheitliche demokratische Grundordnung und die grundrechtlichen Schutzpflichten nennt.

[154] *Poscher* KritV 2002, 298 (302 f.); *Radtke* ZevKR 50 (2005), 95 (109).

[155] *Michael* JZ 2002, 482 (488), der das Verbot einer verfassungskonformen Reduktion des § 3 Abs. 1 VereinsG damit begründet, dass die Regelung „ein reines Ausführungsgesetz zu Art. 9 Abs. 2 GG [ist]"; ähnlich *Radtke* ZevKR 50 (2005), 95 (110 f.). Mit anderer Begründung im Ergebnis ebenso *Schiller* ZevKR 48 (2003), 257, der insoweit schon eine Gesetzgebungskompetenz des Bundes verneint; anders vor allem BVerwG NVwZ 2003, 986 (987) – Kalifatstaat; BVerwG NVwZ 2006, 694 (695), ohne dass ganz klar ist, ob das Bundesverwaltungsgericht § 3 Abs. 1 VereinsG iVm Art. 9 Abs. 2 GG im Lichte der verfassungsimmanenten Schranken der religiösen Vereinigungsfreiheit verfassungskonform reduziert oder die Vorschrift auch darüber hinaus heranzieht.

eine verfassungskonforme Reduktion der §§ 14 und 15 VereinsG für möglich hält,[156] scheitert diese jedenfalls daran, dass auf diese Weise ausländische gegenüber inländischen Religionsgemeinschaften, für die die §§ 14 und 15 VereinsG auf keinen Fall gelten, schlechter gestellt würden.[157]

c) Parteienfreiheit (Art. 21 GG). aa) Schutz von Gründung und Betätigung. Eine besondere Vereinigungsfreiheit für politische Parteien[158] enthält Art. 21 GG. Gemäß Art. 21 Abs. 1 S. 2 GG ist die **Gründung** politischer Parteien frei. Von der Gründungsfreiheit umfasst sind das Recht auf Beitritt zu und Verbleib in, ferner negativ das Recht auf Fernbleiben von und Austritt aus einer Partei.[159] Geschützt sind darüber hinaus die parteipolitische **Betätigung** einzelner Personen sowie die interne und externe Betätigung der Partei selbst, soweit diese nicht in den Schutzbereich eines speziellen Freiheitsrechts fällt.[160] Weil politische Parteien gem. Art. 21 Abs. 1 S. 1 GG an der politischen Willensbildung mitwirken, unterwirft Art. 21 Abs. 1 S. 3 GG ihre **innere Ordnung** demokratischen Grundsätzen.[161] Er überträgt damit das für die Legitimation politischer Herrschaft reservierte demokratische Legitimationsmodell auf die Parteien.[162] Aus ähnlichen Erwägungen verlangt Art. 21 Abs. 1 S. 4 GG, dass die Parteien „über die Herkunft und Verwendung ihrer Mittel sowie über ihr Vermögen öffentlich Rechenschaft geben".[163] Folge der herausgehobenen Bedeutung der Parteien für die politische Willensbildung ist schließlich ein aus der Gründungsfreiheit abgeleiteter (und gegenüber dem allgemeinen Gleichheitssatz vorrangiger) Anspruch der Parteien auf **formale Gleichbehandlung durch den Staat.**[164] In dessen Mittelpunkt steht ein an den Staat gerichtetes Neutralitätsgebot, das eine staatliche Verfälschung der „vorgefundene[n] Wettbewerbslage" verbietet.[165] 33

[156] So *Michael* JZ 2002, 482 (488f.), der dies damit begründet, dass Art. 9 Abs. 2 GG für Ausländervereine und ausländische Vereine nicht ohne weiteres unmittelbar gilt, sondern „§ 14 Abs. 1 VereinsG [...] die ‚in Art. 9 Abs. 2 GG genannten Gründe' [inkorporiert] und [...] damit einfachrechtlich dessen entsprechende Anwendung [begründet]". Gegen eine „geltungserhaltende Reduktion" spricht hier wie stets, dass sie dem Gesetzgeber die Möglichkeit einräumt, ohne Risiko die Grenzen des verfassungsrechtlich Zulässigen zu überschreiten. Ähnlich wie im Recht der allgemeinen Geschäftsbedingungen, wo eine geltungserhaltende Reduktion unzulässig ist – dazu BGHZ 84, 109 (114ff.) –, erfüllen höherrechtliche Bindungen ihren Zweck nur, wenn der Adressat bei ihrer Missachtung die Verwirklichung des gesamten Regelungsziels riskiert.

[157] *Michael* JZ 2002, 482 (490).

[158] Eine zwar nicht formal, aber doch in der Sache auch für das Verfassungsrecht maßgebliche Begriffsbestimmung findet sich in § 2 Abs. 1 S. 1 ParteiG; s. dazu nur BVerfGE 91, 276 (284ff.) – Parteienbegriff II; aus jüngerer Zeit ferner BVerfGE 134, 124 (128ff.); BVerfGE 134, 131 (132ff.). Kommunale Wählervereinigungen sind nach der Rechtsprechung des Bundesverfassungsgerichts keine politischen Parteien und können sich daher nicht auf Art. 21 GG berufen. Einschlägig ist vielmehr Art. 9 Abs. 1 GG, BVerfGE 78, 350 (358) – § 10b EStG.

[159] Jarass/Pieroth/*Jarass* GG Art. 21 Rn. 18.

[160] BVerwGE 110, 126 (131f.); s. auch BVerfGE 144, 20 (194) – Nationaldemokratische Partei Deutschlands II; ferner Jarass/Pieroth/*Jarass* GG Art. 21 Rn. 19, der mit Nachweisen aus Rechtsprechung und Schrifttum als Beispiele die freie Wahl der Rechtsform, der inneren Organisation und der Zielsetzung (einschließlich Name, Satzung und Programm), die Teilnahme an Wahlen, die Verfügung über Einnahmen und Vermögen, die Entscheidung über Aufnahme und Ausschluss von Mitgliedern sowie die Vereinigung mit anderen Parteien nennt.

[161] Im Einzelnen Jarass/Pieroth/*Jarass* GG Art. 21 Rn. 30ff., der als drei große Blöcke erstens das Erfordernis innerparteilicher Wahlen sowie zweitens und drittens Anforderungen an innerparteiliche Freiheit und Gleichheit sowie innerparteiliche Organisation und innerparteiliches Verfahren unterscheidet.

[162] Folge ist, dass sich politische Parteien entgegen der hM nicht auf Grundrechte berufen können, MKS/*Huber* GG Art. 19 Rn. 242; *Unger*, Das Verfassungsprinzip der Demokratie, 2008, S. 294; stellvertretend für die hM BVerfGE 121, 30 (56) – Hessisches Privatrundfunkgesetz.

[163] BVerfGE 52, 63 (86f.) – 2. Parteispenden-Urteil; BVerfGE 85, 264 (319) – Parteienfinanzierung II; BVerfGE 111, 54 (83) – Rechenschaftsbericht.

[164] BVerfGE 69, 257 (268) – Politische Parteien; BVerfGE 82, 322 (337) – Gesamtdeutsche Wahl; BVerfGE 104, 14 (20) – Wahlkreiseinteilung Krefeld.

[165] BVerfGE 85, 264 (297) – Parteienfinanzierung II; BVerfGE 104, 287 (300) – Ehrenamtliche Parteileistungen; BVerfGE 111, 382 (398) – Drei-Länder-Quorum.

34 **bb) Parteiverbot und sonstige Beschränkungen.** Mit Blick auf Einschränkungen der Parteienfreiheit ist zu differenzieren: Unmittelbar angeordnet ist in **Art. 21 Abs. 2 GG** die üblicherweise als **„Parteiverbot"** bezeichnete Verfassungswidrigkeit von Parteien, die sich gegen die freiheitliche demokratische Grundordnung oder den Bestand der Bundesrepublik Deutschland richten. Über die Verfassungswidrigkeit entscheidet gem. Art. 21 Abs. 4 GG das Bundesverfassungsgericht (im Einzelnen → § 20 Rn. 102 ff.). Folge dieser Monopolisierung der Entscheidung über die Verfassungswidrigkeit einer Partei beim Bundesverfassungsgericht ist ein häufig als **„Parteienprivileg"**[166] bezeichnetes „Anknüpfungsverbot für alle rechtlichen Folgen der behaupteten Verfassungswidrigkeit":[167] „Art. 21 GG stattet die politischen Parteien wegen ihrer Sonderstellung im Verfassungsleben mit einer erhöhten Schutz- und Bestandsgarantie [...] aus. Diese findet ihren Ausdruck vor allem darin, dass die politischen Parteien im Gegensatz zu anderen politischen Vereinigungen nur durch das Bundesverfassungsgericht für verfassungswidrig erklärt werden können [...]. Daraus folgt, dass bis zur Entscheidung des Bundesverfassungsgerichts niemand die Verfassungswidrigkeit einer Partei rechtlich geltend machen kann [...] Das Entscheidungsmonopol des Bundesverfassungsgerichts schließt ein administratives Einschreiten gegen den Bestand einer politischen Partei schlechthin aus, mag sie sich gegenüber der freiheitlichen demokratischen Grundordnung noch so feindlich verhalten [...] Die Partei kann zwar politisch bekämpft werden, sie soll aber in ihrer politischen Aktivität von jeder Behinderung frei sein".[168] Dieses „Anknüpfungsverbot" wird durch **Art. 21 Abs. 3 GG** nicht in Frage gestellt. Zwar ordnet die durch das Gesetz zur Änderung des Grundgesetzes vom 13.7. 2017[169] eingefügte Regelung für den Fall, dass Parteien zwar nicht iSv Art. 21 Abs. 2 GG „darauf ausgehen", aber immerhin „nach ihren Zielen oder dem Verhalten ihrer Anhänger darauf ausgerichtet sind, die freiheitliche demokratische Grundordnung zu beeinträchtigen oder zu beseitigen oder den Bestand der Bundesrepublik Deutschland zu",[170] unmittelbar den **Ausschluss von staatlicher Finanzierung** (einschließlich steuerlicher Begünstigungen) an. Auch über diesen Ausschluss, der sich unterhalb der Schwelle des Verbots bewegt, entscheidet aber gem. Art. 21 Abs. 4 GG das Bundesverfassungsgericht (im Einzelnen → § 20 Rn. 105a).[171] Es bleibt mithin bei der Monopolisierung der Entscheidung über die Verfassungswidrigkeit einer Partei beim Bundesverfassungsgericht.

35 **Beschränkungen** der Parteienfreiheit **unterhalb der Eingriffsschwelle des Art. 21 Abs. 2 und Abs. 3 GG** sind dadurch freilich nicht ausgeschlossen, sofern sie nur nicht an die angebliche Verfassungswidrigkeit der Partei anknüpfen. Da die Parteienfreiheit über Art. 21 Abs. 2 und Abs. 3 GG hinaus keinen Einschränkungsvorbehalt enthält, bedürfen sie einer **verfassungsimmanenten Schranke** und deren Konkretisierung durch ein ein-

---

[166] BVerfGE 107, 339 (362) – Nationaldemokratische Partei Deutschlands I; kritisch Dreier/*Morlok* GG Art. 21 Rn. 157.

[167] So Dreier/*Morlok* GG Art. 21 Rn. 157; ähnlich Maunz/Dürig/*Klein* GG Art. 21 Rn. 571 unter Hinweis auf *Schmidt* S. 187 ff.: „Sperrwirkung" des Art. 21 Abs. 2 GG hinsichtlich Bestand und Betätigung.

[168] BVerfGE 107, 339 (362) – Nationaldemokratische Partei Deutschlands I; ähnlich BVerfGE 144, 20 (201) – Nationaldemokratische Partei Deutschlands II.

[169] BGBl. I 2346.

[170] Zu den hohen Anforderungen an ein „Ausgehen" auf die Beeinträchtigung oder Beseitigung der freiheitlichen demokratischen Grundordnung BVerfGE 144, 20 (219 ff.) – Nationaldemokratische Partei Deutschlands II: „Überschreiten der Schwelle zur Bekämpfung der freiheitlichen demokratischen Grundordnung", wonach es zwar keiner konkreten Gefahr für die durch Art. 21 Abs. 2 GG geschützten Rechtsgüter bedarf, wohl aber „konkreter Anhaltspunkte von Gewicht, die einen Erfolg des gegen die freiheitliche demokratische Grundordnung oder den Bestand der Bundesrepublik Deutschland gerichteten Handelns zumindest möglich erscheinen lassen"; näher zum Unterschied zwischen einem „Ausgehen" und einem bloßen „Ausgerichtetsein" BT-Drs. 18/12357, 6; ferner etwa BeckOK GG/*Kluth* GG Art. 21 Rn. 212a.

[171] Die Grundgesetzänderung geht zurück auf BVerfGE 144, 20 (202 und 242) – Nationaldemokratische Partei Deutschlands II, und die dort thematisierte „Schaffung von Möglichkeiten gesonderter Sanktionierung im Fall der Erfüllung einzelner Tatbestandsmerkmale des Art. 21 Abs. 2 GG unterhalb der Schwelle des Parteiverbots" wie „etwa [der] Kürzung oder Streichung staatlicher Finanzmittel" durch den verfassungsändernden Gesetzgeber; s. zu diesem Ausgangspunkt der Grundgesetzänderung BT-Drs. 18/12357, 4.

faches verhältnismäßiges Parlamentsgesetz.[172] So sieht das Bundesverfassungsgericht mit Blick auf Extremisten im öffentlichen Dienst in der in Art. 33 Abs. 5 GG (als ein Grundsatz des Berufsbeamtentums) enthaltenen politischen Treuepflicht der Beamten eine verfassungsimmanente Schranke der Parteienfreiheit.[173] Darüber hinaus wird ähnlich wie bei der allgemeinen Vereinigungsfreiheit (→ Rn. 19f.) zwischen der rechtfertigungsbedürftigen Beeinträchtigung und der bloßen **Ausgestaltung der Parteienfreiheit** unterschieden.[174] Anders als bei der allgemeinen Vereinigungsfreiheit (→ Rn. 20) hat die Unterscheidung wegen der besonderen Stellung der politischen Parteien zwischen Gesellschaft und Staat und mit Blick auf den „Ausgestaltungsauftrag" in Art. 21 Abs. 5 GG[175] bei der Parteienfreiheit durchaus eine gewisse Berechtigung. Schließlich sind Durchbrechungen des Gleichbehandlungsgebots aus zwingenden Gründen zulässig.[176]

cc) Gerichtliche Durchsetzung. Gerichtlich geltend gemacht werden kann die Parteienfreiheit zunächst vor den **Fachgerichten.**[177] Bedeutung gewinnt dies vor allem bei der verwaltungsgerichtlichen Verteidigung des Anspruchs auf gleichmäßige Behandlung bei der Einräumung von Rundfunksendezeiten für Wahlwerbung, der Zulassung zu öffentlichen Einrichtungen oder der Vergabe von Stellplätzen für Wahlwerbung im Straßenraum.[178] Ein neuerer Fall ist die Einstufung als „Prüffall" durch das Bundesamt für Verfassungsschutz.[179] Hinsichtlich der Geltendmachung der Parteienfreiheit vor dem **Bundesverfassungsgericht** ist zu unterscheiden: Verteidigen die politischen Parteien ihren verfassungsrechtlichen Status als Partei gegenüber einem obersten Verfassungsorgan, steht ihnen nach Auffassung des Bundesverfassungsgerichts das Organstreitverfahren nach Art. 93 Abs. 1 Nr. 1 GG zur Verfügung.[180] Verteidigen sie diesen Status gegenüber anderen staatlichen Organen, ist der Weg zum Bundesverfassungsgericht hingegen auf den ersten Blick versperrt. Das Organstreitverfahren gilt gem. Art. 93 Abs. 1 Nr. 1 GG nur für „Streitigkeiten über den Umfang der Rechte und Pflichten eines obersten Bundesorgans oder anderer Beteiligter, die durch dieses Grundgesetz oder in der Geschäftsordnung eines obersten Bundesorgans mit eigenen Rechten ausgestattet sind". Die Verfassungsbeschwerde nach Art. 93 Abs. 1 Nr. 4a GG, die bei Annahme einer Grundrechtsfähigkeit politischer Parteien (zur Kritik → Rn. 33 mit Fn. 162) auch nach der Rechtsprechung des Bundesverfassungsgerichts die verfassungsgerichtliche Geltendmachung ihrer Grundrechte oder grundrechtsgleichen Rechte ermöglicht,[181] hilft ebenfalls nicht weiter, weil Art. 21 GG kein Grundrecht und auch darüber hinaus nicht in Art. 93 Abs. 1 Nr. 4a GG erwähnt ist.[182] Das Bundesverfassungsgericht und die herrschende Meinung lösen das Problem durch eine Verbindung der Parteienfreiheit mit den im Verfahren der Verfassungsbeschwerde rügefähigen Grundrechten.[183] 36

[172] BeckOK GG/*Kluth* GG Art. 21 Rn. 184; Dreier/*Morlok* GG Art. 21 Rn. 66.

[173] BVerfGE 39, 334 (357ff.) – Extremistenbeschluss; stellvertretend für die Kritik im Schrifttum MKS/*Streinz* GG Art. 21 Rn. 105, 216ff.; Sachs/*Ipsen* GG Art. 21 Rn. 206f. Auch die Einstufung als „Prüffall" durch das Bundesamt für Verfassungsschutz ist ein rechtfertigungsbedürftiger Eingriff; dazu VG Köln NVwZ 2019, 1060 (1061f.): keine Ermächtigungsgrundlage in Sicht; kritisch *Gärditz* GSR 2019, 86.

[174] BeckOK GG/*Kluth* GG Art. 21 Rn. 182ff.

[175] So die Bezeichnung bei Dreier/*Morlok* GG Art. 21 Rn. 161ff.

[176] Im Einzelnen Jarass/Pieroth/*Jarass* GG Art. 21 Rn. 25.

[177] Im Einzelnen *Lenski,* Parteiengesetz, 2011, ParteiG § 3 Rn. 14.

[178] *Morlok/Michael,* Staatsorganisationsrecht, 5. Aufl. 2021, Rn. 285.

[179] Dazu VG Köln NVwZ 2019, 1060.

[180] Etwa BVerfGE 85, 264 (284) – Parteienfinanzierung II; zur praktisch einhelligen Kritik im Schrifttum, die auch insoweit die Verfassungsbeschwerde für den statthaften Rechtsbehelf hält, mwN Sachs/*Ipsen* GG Art. 21 Rn. 50ff.; MKS/*Streinz* GG Art. 21 Rn. 147.

[181] BVerfGE 84, 290 (299) – Treuhandanstalt I.

[182] *Lenski,* Parteiengesetz, 2011, ParteiG § 3 Rn. 14.

[183] Dazu Kersten/Rixen/*Kersten,* Parteiengesetz und europäisches Parteienrecht, 2009, ParteiG § 1 Rn. 130: Verfassungsbeschwerde steht offen bei der Geltendmachung einer Verletzung im „Recht auf Parteienfreiheit (Art. 9 Abs. 1 iVm Art. 21 Abs. 1 S. 2 GG) oder in ihrem Anspruch auf Chancengleichheit (Art. 21

3. Weitere vereinsrelevante Grundrechte

37 Neben der allgemeinen Vereinigungsfreiheit und den besonderen Vereinigungsfreiheiten, die im Wesentlichen nur die Bildung und die interne Betätigung schützen, können im Zusammenhang mit der externen Betätigung von Vereinigungen[184] auch andere Freiheitsgrundrechte Bedeutung gewinnen (→ Rn. 1, 6, 14, 26 und 33).[185] Mit Blick auf den Vereinszweck verdienen vor allem die **Religionsfreiheit** (für religiöse Vereinigungen) und die **Berufsfreiheit** (für wirtschaftliche Vereinigungen) Beachtung.[186] Quer dazu steht die zweckunabhängig relevante **Versammlungsfreiheit:** Sie ist in ihrem persönlichen Schutzbereich zwar keineswegs auf Vereinigungen beschränkt. Häufig werden Versammlungen aber von Vereinigungen veranstaltet.[187]

38 **a) Religionsfreiheit (Art. 4 Abs. 1 und Abs. 2 GG).** Art. 4 Abs. 1 und Abs. 2 GG schützt als einheitliches Grundrecht[188] neben der **inneren Freiheit,** eine religiöse oder weltanschauliche[189] Überzeugung zu bilden und zu haben, auch die **äußere Freiheit,** diese Überzeugung öffentlich zu bekennen und zu verbreiten.[190] Umfasst ist ferner die Ausrichtung des gesamten eigenen Verhaltens an der religiösen oder weltanschaulichen Überzeugung.[191] Ob ein Verhalten tatsächlich durch die religiöse oder weltanschauliche Überzeugung veranlasst ist, ist insbesondere bei glaubensneutralen (wie etwa wirtschaftlichen) Tätigkeiten nicht immer leicht zu entscheiden. Maßgeblich ist dann in erster Linie das **Selbstverständnis** der betroffenen Religions- oder Weltanschauungsgemeinschaft.[192] Den mutmaßlichen Grundrechtsträger trifft aber eine Darlegungslast.[193] Auf die Religions- und Weltanschauungsfreiheit können sich in den Grenzen des Art. 19 Abs. 3 GG[194] neben natürlichen Personen auch Personenvereinigungen berufen.[195] Bei dieser **kollektiven Glaubensfreiheit**[196] ist zu unterscheiden zwischen Vereinigungen, die auf die allseitige Erfüllung der durch ein gemeinsames religiöses oder weltanschauliches Bekenntnis gestellten Aufgaben zielen, und solchen, die nur ihre partielle Erfüllung zum Ziel haben. Nur für letztere – Art. 140 GG iVm Art. 138 Abs. 2 WRV spricht von „religiösen [und wegen Art. 140 GG iVm Art. 137 Abs. 7 WRV auch: weltanschaulichen] Vereine[n]“ – gilt Art. 4 Abs. 1 und Abs. 2 GG (→ Rn. 31). Die Betätigungsfreiheit ersterer – Art. 140 GG iVm

---

Abs. 1 S. 2 GG iVm Art. 3 Abs. 1 oder Art. 38 Abs. 1 S. 1 GG)“; aus der Rechtsprechung etwa BVerfGE 47, 198 (225) – Wahlwerbesendungen: „Art. 3 Abs. 1 und 3 in Verbindung mit Art. 21 GG“.

[184] Bildung und interne Betätigung sind durch Art. 9 Abs. 1 GG geschützt (→ Rn. 13f.).

[185] Dreier/*Bauer* GG Art. 9 Rn. 103.

[186] Daneben können mit Blick auf die externe Betätigung von Vereinigungen aber auch alle anderen Freiheitsrechte Bedeutung gewinnen, so etwa für Kunstvereine die Kunstfreiheit aus Art. 5 Abs. 3 GG, die auch die Vermittlung von Kunst gegenüber Dritten (etwa in Form von Ausstellungen und Verkaufsveranstaltungen) schützt, oder für Vereinigungen, die Filmkunst fördern, die Filmfreiheit aus Art. 5 Abs. 1 S. 2 Var. 3 GG, die auch das Abspielen von Filmen schützt.

[187] Instruktiv Dreier/*Schulze-Fielitz* GG Art. 8 Rn. 131.

[188] BVerfGE 83, 341 (354) – Bahá'í; BVerfGE 108, 282 (297) – Kopftuch.

[189] Zur über den Wortlaut des Art. 4 Abs. 1 und Abs. 2 GG hinausreichenden umfassenden Gleichstellung weltanschaulicher Überzeugungen nur Jarass/Pieroth/*Jarass* GG Art. 4 Rn. 7; ebenda, Rn. 8f., auch vertiefende Hinweise zu den Begriffen der Religion und der Weltanschauung.

[190] BVerfGE 32, 98 (106f.) – Gesundbeter; BVerfGE 69, 1 (33f.) – Kriegsdienstverweigerung II. Umfasst ist ferner (als negative Religions- oder Weltanschauungsfreiheit) die Freiheit, eine religiöse oder weltanschauliche Überzeugung nicht zu bilden, zu haben, zu bekennen oder zu verbreiten, BVerfGE 41, 29 (49) – Simultanschule; BVerfGE 108, 282 (301) – Kopftuch.

[191] BVerfGE 41, 29 (49) – Simultanschule; BVerfGE 108, 282 (297) – Kopftuch.

[192] BVerfGE 24, 236 (247f.) – Aktion Rumpelkammer; BVerfGE 108, 282 (298f.) – Kopftuch; zur Berücksichtigung kleinerer Teilgruppen einer Religions- oder Weltanschauungsgemeinschaft BVerfGE 104, 337 (353ff.) – Schächten; zum Ganzen Jarass/Pieroth/*Jarass* GG Art. 4 Rn. 12f.

[193] BVerwGE 94, 82 (87) – Koedukativer Sportunterricht.

[194] Ausländische Personenvereinigungen können sich danach grundsätzlich nicht auf die Religions- und Weltanschauungsfreiheit berufen, BVerfGK NVwZ 2008, 670 (670f.).

[195] BVerfGE 105, 279 (293) – Osho.

[196] Zum Begriff BVerfGE 42, 312 (332) – Inkompatibilität/Kirchliches Amt.

Art. 137 Abs. 3 WRV spricht von „Religionsgesellschaft[en]“[197] – ist durch Art. 140 GG iVm Art. 137 Abs. 3 WRV geschützt (→ Rn. 30).

39 Einschränkungen der in Art. 4 Abs. 1 und Abs. 2 GG vorbehaltlos gewährleisteten[198] Religions- und Weltanschauungsfreiheit sind nur zulässig, soweit sie „bereits in der Verfassung angelegt sind“.[199] Entsprechende **verfassungsimmanente Schranken** bedürfen der Konkretisierung durch ein einfaches verhältnismäßiges Parlamentsgesetz.[200]

40 **b) Berufsfreiheit (Art. 12 Abs. 1 GG).** Wirtschaftlich tätige Vereinigungen können sich hinsichtlich ihrer externen Betätigung (zum Begriff → Rn. 14) auf das einheitliche Grundrecht der Berufsfreiheit aus Art. 12 Abs. 1 GG berufen. Angesprochen ist dabei weniger die Berufswahl- als vielmehr die **Berufsausübungsfreiheit.**[201] Letztere schützt die Form, die Mittel, den Umfang und die Ausgestaltung jeder Betätigung, die auf die Schaffung und Erhaltung einer Lebensgrundlage zielt.[202] Geschützt sind neben natürlichen Personen, die deutsche Staatsangehörige sind, in den Grenzen des Art. 19 Abs. 3 GG auch Personenvereinigungen.[203] Ihr Schutz bezieht sich weniger auf die Schaffung und Erhaltung einer Lebensgrundlage als vielmehr auf eine „Erwerbszwecken dienende Tätigkeit“.[204] Angesprochen sind in erster Linie klassische Wirtschaftsvereinigungen wie insbesondere Aktiengesellschaften. Darüber hinaus können sich aber auch gemeinnützige Vereinigungen jedenfalls insoweit auf die Berufsfreiheit berufen, als sie einen wirtschaftlichen Geschäftsbetrieb oder einen Zweckbetrieb unterhalten.[205]

41 Einschränkungen der Berufsfreiheit sind, wie sich aus **Art. 12 Abs. 1 S. 2 GG** ergibt, grundsätzlich durch parlamentarisches Gesetz oder auf Grund eines solchen Gesetzes zulässig, müssen aber die für die Berufsfreiheit durch die „Dreistufenlehre“ des Bundesverfassungsgerichts[206] näher konturierten Vorgaben des Verhältnismäßigkeitsgrundsatzes wahren. Für **Beschränkungen der Berufsausübung** genügen nach diesen bereits vernünftige Erwägungen des Gemeinwohls.[207]

42 **c) Versammlungsfreiheit (Art. 8 GG). aa) „Versammlung“ als Bezugspunkt.** Gemäß Art. 8 Abs. 1 GG haben alle Deutschen[208] das Recht, sich ohne Anmeldung oder

[197] Gleichgestellt sind Weltanschauungsgemeinschaften, Art. 140 GG iVm Art. 137 Abs. 7 WRV.

[198] So BVerfGE 52, 223 (246) – Schulgebet; BVerfGE 93, 1 (21) – Kruzifix. Eine im Schrifttum vertretene Auffassung leitet hingegen aus Art. 140 GG iVm Art. 136 Abs. 1 WRV einen Vorbehalt des allgemeinen Gesetzes ab, Jarass/Pieroth/*Jarass* GG Art. 4 Rn. 32 mwN; ebenso BVerwGE 112, 227 (232) – Schächten II.

[199] BVerfGE 93, 1 (21) – Kruzifix; s. auch BVerfGE 52, 223 (246) – Schulgebet.

[200] Zum Ganzen Jarass/Pieroth/*Jarass* GG Art. 4 Rn. 28 ff.

[201] Zur Unterscheidung Jarass/Pieroth/*Jarass* GG Art. 12 Rn. 9 ff.

[202] Zum Berufsbegriff BVerfGE 102, 197 (212) – Spielbankengesetz Baden-Württemberg; BVerfGE 111, 10 (28) – Ladenschlussgesetz III; zur Berufsausübung als geschützter Tätigkeit mit Beispielen Jarass/Pieroth/*Jarass* GG Art. 12 Rn. 10 f.

[203] Zur Grundrechtsberechtigung von Unionsbürgern und Personenvereinigungen mit Sitz in einem anderen Mitgliedstaat der Europäischen Union Sachs/*Mann* GG Art. 12 Rn. 34 f. und 38.

[204] BVerfGE 105, 252 (265) – Glykol; BVerfGE 106, 275 (298) – Arzneimittelfestbeträge; BVerfGE 114, 196 (244) – Beitragssicherungsgesetz.

[205] BVerfGK NJW 2002, 2091 (2091) – Betreuungsvereine.

[206] Klassisch BVerfGE 7, 377 (397 ff.) – Apotheken-Urteil; näher zu dieser „Lehre“, ihrem Verhältnis zum Verhältnismäßigkeitsgrundsatz sowie zu Kritik BeckOK GG/*Ruffert* GG Art. 12 Rn. 93 ff., 101 und 102 ff.

[207] Etwa BVerfGE 103, 1 (10) – Singularzulassung zum OLG; BVerfGE 123, 186 (238 f.) – Basistarif I.

[208] Ausländische Staatsangehörige können sich nach überwiegender Auffassung auf Art. 2 Abs. 1 GG berufen, Unionsbürger haben einen Anspruch auf Inländergleichbehandlung, sei es durch Erstreckung des Art. 8 Abs. 1 GG auf Unionsbürger über den Wortlaut der Vorschrift hinaus oder durch entsprechende inhaltliche Aufwertung der allgemeinen Handlungsfreiheit im Lichte der Versammlungsfreiheit. Auch Personenvereinigungen können sich grundsätzlich gem. Art. 19 Abs. 3 GG auf Art. 8 Abs. 1 GG berufen. S. zum Ganzen Sachs/*Höfling* GG Art. 8 Rn. 50 ff. Hinzuweisen ist ferner auf Einschränkungen der Grundrechtsberechtigung durch Art. 17a Abs. 1 und Art. 18 GG.

Erlaubnis friedlich und ohne Waffen zu versammeln.[209] Als **Versammlung** geschützt ist dabei jede „Zusammenkunft von mindestens zwei Personen zur gemeinschaftlichen, überwiegend auf die Teilhabe an der öffentlichen Meinungsbildung gerichteten Erörterung oder Kundgebung",[210] die keinen gewalttätigen und aufrührerischen Verlauf nimmt[211] und auf Waffen im technischen Sinne sowie waffenähnliche gefährliche Werkzeuge verzichtet.[212] Das im Merkmal der Gemeinschaftlichkeit zum Ausdruck kommende Erfordernis einer inneren Verbindung der Teilnehmer trifft weitgehend auf Zustimmung. Es setzt keine Uniformität voraus,[213] so dass die Teilnahme an einer Versammlung insbesondere „nicht die Billigung der mit der Versammlung verfolgten Ziele oder der auf ihr vertretenen Meinung voraus[setzt]. Der Grundrechtsschutz kommt vielmehr auch denjenigen zugute, die den in der Versammlung verkündeten Meinungen kritisch oder ablehnend gegenüberstehen und dies in der Versammlung mit kommunikativen Mitteln zum Ausdruck bringen wollen."[214]

43 Nach wie vor sehr umstritten ist, ob der Versammlungszweck einen bestimmten Inhalt haben muss. Während das Bundesverfassungsgericht einen engen Versammlungsbegriff zugrunde legt und die **Teilhabe an der öffentlichen Meinungsbildung** verlangt,[215] fasst das Schrifttum den Versammlungsbegriff weiter und verzichtet überwiegend auf das Erfordernis eines bestimmten Versammlungszwecks.[216] Bedeutung erlangt dieser Streit vor allem im Zusammenhang mit Eventveranstaltungen wie der „Loveparade" und der „Fuckparade", bei denen die Teilnehmer immerhin im weitesten Sinne als Akteure (und nicht – wie etwa bei einem Konzert, wo der Versammlungscharakter der Veranstaltung schon mangels innerer Verbindung der Teilnehmer zu verneinen ist[217] – lediglich als Konsumenten) auftreten. Hier verneint das Bundesverfassungsgericht die Versammlungseigenschaft auch dann, wenn bei Gelegenheit der Veranstaltung Meinungskundgaben mit Öffentlichkeitsbezug erfolgen, diese aber zugunsten von Spaß und Unterhaltung nicht das „Gesamtgepräge"[218] der Veranstaltung ausmachen.[219]

---

[209] Zur „Kodifikationsgeschichte" Sachs/*Höfling* GG Art. 8 Rn. 1 ff.; zur Bedeutung grundlegend BVerfGE 69, 315 (343 ff.) – Brokdorf; kritisch zur dortigen funktional-demokratischen Deutung der Versammlungsfreiheit *Unger*, Das Verfassungsprinzip der Demokratie, 2008, S. 27 f.; ähnlich Sachs/*Höfling* GG Art. 8 Rn. 9 ff.: Gefahr einer „Verstaatlichung" der Versammlungsfreiheit. Überblicksartig zur Rechtsprechung des Bundesverfassungsgerichts *Hammer/Wiedemann* in: Becker/Lange, Linien der Rechtsprechung des Bundesverfassungsgerichts III, 2014, S. 219; *Hong* in: Rensen/Brink, Linien der Rechtsprechung des Bundesverfassungsgerichts I, 2009, S. 155; *Laubinger/Repkewitz* VerwArch 92 (2001), 585; *Laubinger/Repkewitz* VerwArch 93 (2002), 149; *Papier* BayVBl. 2010, 225.

[210] So Art. 2 Abs. 1 BayVersG in weitgehender Übernahme der Rechtsprechung des Bundesverfassungsgerichts; s. aus dieser nur BVerfGE 104, 92 (104) – Sitzblockaden III, das freilich für die Annahme einer Versammlung „mehrere Personen" und also (wohl) mindestens drei voraussetzt.

[211] So zum Tatbestandsmerkmal der Friedlichkeit Jarass/Pieroth/*Jarass* GG Art. 8 Rn. 8; aus der Rechtsprechung BVerfGE 73, 206 (248 f.) – Sitzblockaden I; BVerfGE 87, 399 (406) – Versammlungsauflösung; BVerfGE 104, 92 (106) – Sitzblockaden III. Wichtig ist danach vor allem, dass noch nicht jeder Rechtsverstoß zur Unfriedlichkeit einer Versammlung führt. In der Folge sind auch Sitzblockaden friedlich, sofern sie sich auf passiven Widerstand beschränken. Eingehend dazu Sachs/*Höfling* GG Art. 8 Rn. 31 ff.

[212] Schwierigkeiten bereiten Fälle, in denen sich nur einzelne Teilnehmer unfriedlich verhalten oder nur einzelne Teilnehmer Waffen mitführen. Hier müssen sich behördliche Maßnahmen primär gegen die Störer richten und dürfen nur unter den besonderen Voraussetzungen des polizeilichen Notstands die Versammlung als solche adressieren, BVerfGE 69, 315 (360 f.) – Brokdorf. Entsprechendes gilt für das Verbot einer Versammlung wegen einer drohenden gewalttätigen Gegendemonstration, BVerfGK NVwZ-RR 2007, 641 (642); BVerfGK NVwZ-RR 2010, 625 (626 f.). S. zur differenzierenden Behandlung der „Teilnehmer" an einer Versammlung auch BVerfGE 84, 203 (209 f.) – Republikaner: Personen, die die Versammlung eigentlich verhindern wollen, sind nicht geschützt.

[213] BeckOK GG/*Schneider* GG Art. 8 Rn. 6.

[214] BVerfGE 92, 191 (202 f.) – Personalienangabe.

[215] Etwa BVerfGE 143, 161 (210).

[216] Exemplarisch Sachs/*Höfling* GG Art. 8 Rn. 15 ff.

[217] S. dazu OVG Bremen NVwZ-RR 2012, 143.

[218] Zur Ermittlung des „Gesamtgepräges" präzisierend BVerfGE 143, 161 (211 f.): „Gesamtschau aller relevanten tatsächlichen Umstände vorzunehmen", bei der „zunächst alle diejenigen Modalitäten der geplanten Veranstaltung zu erfassen [sind], die auf die Teilhabe an der öffentlichen Meinungsbildung zielen.

Zeitlich reicht der Grundrechtsschutz von der Vorbereitungsphase (samt Anreise) über die eigentliche Versammlung selbst bis zum Zeitraum nach Ende der Versammlung (samt Abzug/Abreise der Teilnehmer).[220] **Inhaltlich** sind sowohl die Versammlungsteilnahme als auch die Versammlungsveranstaltung und -leitung umfasst.[221] Auch die **negative Versammlungsfreiheit** ist gewährleistet.[222] 44

bb) Dimensionen der Versammlungsfreiheit. Art. 8 Abs. 1 GG unterwirft als klassisches **Abwehrrecht** jede hoheitliche Behinderung der Grundrechtsausübung einem Rechtfertigungszwang. Darüber hinaus verpflichtet er den Staat zum **Schutz der Grundrechtsausübung** vor Störungen durch Dritte[223] und strahlt als Teil einer durch die Grundrechte errichteten **objektiven Wertordnung**[224] auf die gesamte Rechtsordnung aus.[225] 45

cc) Beschränkungen der Versammlungsfreiheit. Verkürzen hoheitliche Maßnahmen die Ausübung der Versammlungsfreiheit, darf dies nur durch parlamentarisches Gesetz oder auf Grund eines solchen Gesetzes erfolgen. Das Gesetz muss überdies durch eine verfassungsgesetzliche Schranke der Versammlungsfreiheit gedeckt sein und deren Grenzen (insbesondere: aus dem Grundsatz der Verhältnismäßigkeit) wahren.[226] Weichenstellend ist insoweit, wie sich aus **Art. 8 Abs. 2 GG** ergibt, die Unterscheidung zwischen Versammlungen in geschlossenen Räumen und Versammlungen unter freiem Himmel.[227] Während **Versammlungen unter freiem Himmel** gem. Art. 8 Abs. 2 GG einem einfachen Gesetzesvorbehalt unterliegen, sind **Versammlungen in geschlossenen Räumen** vorbehaltlos gewährleistet und dürfen nur zum Schutz kollidierenden Verfassungsrechts (und selbstverständlich auch insoweit nur durch parlamentarisches Gesetz oder aufgrund eines solchen Gesetzes)[228] eingeschränkt werden.[229] Dahinter steht die Erwägung, dass Versammlungen in 46

Sodann sind die nicht auf die Meinungsbildung zielenden Modalitäten, wie etwa Tanz, Musik und Unterhaltung, zu würdigen und zu gewichten und die unterschiedlichen Elemente zueinander in Beziehung zu setzen. Ist ein Übergewicht des einen oder des anderen Bereichs nicht zweifelsfrei festzustellen, ist die Veranstaltung wie eine Versammlung zu behandeln … Auf das Niveau der Veranstaltung und des Beitrags zur Meinungsbildung kommt es dabei nicht an".

[219] BVerfGK NJW 2001, 2459 (2460f.) – Loveparade; anders für die „Fuckparade" infolge abweichender Würdigung ihres „Gesamtgepräges" hingegen BVerwG NVwZ 2007, 1431 (1432f.) – Fuckparade; ebenso für einen Faschingsumzug VGH München Beschl. v. 21.2.2009 – 10 CS 09.439, BeckRS 2009, 43042; für eine gegen die Beschränkungen im Feiertagsgesetz gerichtete Tanzveranstaltung am Karfreitag BVerfGE 143, 161 (214): „Ablehnung der Karfreitagsruhe" soll gerade „auch durch Tanz und Musik versinnbildlicht werden"; anders noch VGH München BayVBl. 2009, 629 (630). Eingehend zum Versammlungsbegriff unter Auswertung der verfassungs- und verwaltungsgerichtlichen Rechtsprechung mit besonderem Schwerpunkt auf dem Streit um den Versammlungscharakter der „Loveparade" und vergleichbarer Veranstaltungen *Laubinger/Repkewitz* VerwArch 92 (2001), 585.

[220] Zutreffend Sachs/*Höfling* GG Art. 8 Rn. 25f. Zusammenfassend BVerfGE 84, 203 (209) – Republikaner: „Schutz […] umfaßt […] den gesamtem Vorgang des Sich-Versammelns".

[221] Sachs/*Höfling* GG Art. 8 Rn. 27. Zu Veranstaltung einer Versammlung gehört auch die Festlegung der nicht selten konfliktreichen Modalitäten einer Versammlung wie insbesondere die Wahl von Ort und Zeitpunkt; dazu im Einzelnen Dreier/*Schulze-Fielitz* GG Art. 8 Rn. 31ff.

[222] Sachs/*Höfling* GG Art. 8 Rn. 28.

[223] BVerfGE 69, 315 (355) – Brokdorf. Zum grundrechtstheoretischen Hintergrund Sachs/*Höfling* GG Art. 8 Rn. 45: „schutzrechtliche Dimension".

[224] Grundlegend BVerfGE 7, 198 (204f.) – Lüth.

[225] Exemplarisch BGHZ 89, 383 (395): „Eine Ausdehnung der zivilrechtlichen Haftung für die bei einer Großdemonstration angerichteten Schäden auf ‚passiv' bleibende Sympathisanten wäre verfassungswidrig, weil sie die Ausübung des Demonstrationsrechtes mit einem unkalkulierbaren und untragbaren Risiko verbinden und so das Recht auf öffentliche Kundgebung der Meinung unzulässig beschränken würde." Allgemein BVerfGE 69, 315 (343) – Brokdorf; *Wendt* NVwZ 2012, 606 (606f.).

[226] Allgemein SHH/*Müller-Franken* GG vor Art. 1 Rn. 47ff.

[227] Ob eine Versammlung öffentlich oder nichtöffentlich ist, spielt hingegen verfassungsrechtlich keine Rolle. Bedeutung gewinnt dies erst im einfachen Versammlungsrecht (→ § 20 Rn. 72ff.).

[228] Zutreffend SHH/*Müller-Franken* GG vor Art. 1 Rn. 51 und 57.

[229] Allgemein SHH/*Müller-Franken* GG vor Art. 1 Rn. 47f. und 56ff.

geschlossenen Räumen wegen ihrer reduzierten Berührungsflächen mit der Umwelt ein geringeres „Kollisionspotential" aufweisen und daher als weniger gefährliche Versammlungen nur in engeren Grenzen einer Beschränkung bedürfen.[230] Dies schlägt auf die inhaltliche Konzeption der Unterscheidung durch: Maßgeblich ist nicht, ob die Versammlung unter einem Dach stattfindet, sondern vielmehr, ob der Versammlungsort zu allen Seiten hin umschlossen oder umgekehrt unkontrolliert zugänglich ist. In der Folge findet eine Versammlung in einem Stadion jedenfalls dann, wenn die Zugänge kontrollierbar sind, in einem geschlossenen Raum statt, eine Versammlung unter einem Zeltdach ohne seitliche Begrenzungen hingegen unter freiem Himmel. In einer neueren Entscheidung hat das Bundesverfassungsgericht selbst eine Versammlung in der Abflughalle eines Flughafens als Versammlung unter freiem Himmel behandelt: „Versammlungen an Orten allgemeinen kommunikativen Verkehrs sind Versammlungen unter freiem Himmel im Sinne des Art. 8 Abs. 2 GG und unterliegen dem Gesetzesvorbehalt. Dies gilt unabhängig davon, ob die der Allgemeinheit geöffneten Orte als solche in der freien Natur oder in geschlossenen Gebäuden liegen. Maßgeblich ist, dass Versammlungen an solchen Orten ihrerseits in einem öffentlichen Raum, das heißt inmitten eines allgemeinen Publikumsverkehrs stattfinden und von diesem nicht räumlich getrennt sind."[231]

47 Soweit die Versammlungsfreiheit einer (bei Versammlungen unter freiem Himmel geschriebenen und im Übrigen ungeschriebenen) Schranke unterliegt, können zunächst **Bundes- und Landesgesetzgeber** sie unter Beachtung des Grundsatzes der Verhältnismäßigkeit durch parlamentarisches Gesetz beschränken.[232] Angesprochen sind insoweit primär die Versammlungsgesetze des Bundes und der Länder (dazu im Einzelnen → § 20 Rn. 69 ff.), darüber hinaus weitere versammlungsspezifische Gesetze wie etwa die Bannmeilen- und Feiertagsgesetze der Länder sowie schließlich das nicht speziell auf Versammlungen bezogene, diese aber gleichwohl beschränkende Polizei- und Sicherheits-, Straßenverkehrs- und Straßen- und Wegerecht.[233] Darüber hinaus müssen auch **Exekutive** und **Judikative** bei Anwendung und Auslegung gesetzlicher Regelungen (mithin: bei einer Verkürzung der Versammlungsfreiheit „auf Grund eines Gesetzes" und also insbesondere bei dem Verbot oder der Beschränkung einer Versammlung im Einzelfall) die Versammlungsfreiheit beachten.[234] Angesprochen ist insbesondere der Verhältnismäßigkeitsgrundsatz.[235]

48 **dd) Insbesondere: Bezüge zur Meinungsfreiheit.** Hinzuweisen ist schließlich darauf, dass versammlungsbeschränkende Maßnahmen häufig zugleich den Schutzbereich der **Meinungsfreiheit** nach Art. 5 Abs. 1 S. 1 GG berühren. In solchen Fällen ist schon mit Blick auf die unterschiedlichen Schrankenregelungen eine Auflösung der Grundrechtskonkurrenz geboten. Ein Beispiel ist § 130 Abs. 4 StGB. Danach wird mit Freiheitsstrafe bis zu drei Jahren oder mit Geldstrafe bestraft, wer „in einer Versammlung den öffentlichen Frieden in einer die Würde der Opfer verletzenden Weise dadurch stört, dass er die nationalsozialistische Gewalt- und Willkürherrschaft billigt, verherrlicht oder rechtfertigt". Das Bundesverfassungsgericht hält hier wie in entsprechenden Fällen letztlich[236] Art. 5 Abs. 1

---

[230] Sachs/*Höfling* GG Art. 8 Rn. 61.
[231] BVerfGE 128, 226 (255) – Fraport.
[232] Allgemein SHH/*Müller-Franken* GG vor Art. 1 Rn. 52 ff.
[233] Detaillierter Überblick bei *Kniesel/Poscher* in Lisken/Denninger PolR-HdB K Rn. 105 ff.
[234] Relevant geworden ist das etwa bei der behördlichen Handhabung der Anmeldungspflicht in § 14 VersammlG im Zusammenhang mit Spontan- und Eilversammlungen: BVerfGE 69, 315 (350 f.) – Brokdorf; BVerfGE 85, 69 (72 ff.) – Eilversammlungen; entsprechend für den behördlichen Erlass von Versammlungsverboten und -beschränkungen auf Grundlage von § 15 VersammlG BVerfGE 69, 315 (352 ff.) – Brokdorf.
[235] Allgemein SHH/*Müller-Franken* GG vor Art. 1 Rn. 55.
[236] Die Konstruktion ist nicht ganz klar. BVerfGE 124, 300 (319) – Wunsiedel, spricht davon, dass sich „die Reichweite der Versammlungsfreiheit [...] nach dem Umfang des von Art. 5 Abs. 1 und 2 GG gewährten

S. 1 und Abs. 2 GG für maßgeblich, wenn die versammlungsbeschränkende Maßnahme an den **Inhalt** einer im Rahmen der Versammlung zu erwartenden Meinungsäußerung anknüpft, Art. 8 GG hingegen, wenn sie sich lediglich auf die **Modalitäten** der Versammlung (und also: Ort, Zeit und Art) bezieht.[237] Soweit danach wie bei § 130 Abs. 4 StGB, der über das Schutzgut der öffentlichen Sicherheit auch Bedeutung für Versammlungsverbote nach § 15 Abs. 1 VersammlG erlangt (→ § 20 Rn. 85 mit Fn. 378), die Meinungsfreiheit einschlägig ist, hält das Bundesverfassungsgericht in seinem vieldiskutierten Wunsiedel-Beschluss auch ein gegen die Billigung, Verherrlichung und Rechtfertigung der nationalsozialistischen Gewalt- und Willkürherrschaft gerichtetes Gesetz für verfassungsmäßig. Art. 5 Abs. 1 S. 1 und Abs. 2 GG sei „[a]ngesichts des sich allgemeinen Kategorien entziehenden Unrechts und des Schreckens, die die nationalsozialistische Herrschaft über Europa und weite Teile der Welt gebracht hat, und der als Gegenentwurf hierzu verstandenen Entstehung der Bundesrepublik Deutschland […] für Bestimmungen, die der propagandistischen Gutheißung des nationalsozialistischen Regimes […] Grenzen setzen, eine Ausnahme vom Verbot des Sonderrechts für meinungsbezogene Gesetze immanent".[238] Näher gelegen hätte hier eine Aktivierung des in Art. 5 Abs. 2 GG ausdrücklich als Schranke genannten und in § 130 Abs. 4 StGB über das Tatbestandsmerkmal „Würde der Opfer" deutlich in Bezug genommenen „Recht[s] der persönlichen Ehre", das (entgegen der Auffassung des Bundesverfassungsgerichts)[239] mit Blick auf die deutliche Absetzung von der Schranke der „Vorschriften der allgemeinen Gesetze" ebenso wie die „Bestimmungen zum Schutze der Jugend" gerade nicht meinungsneutral sein muss.[240]

II. Gesetzgebungskompetenzen

Gemäß Art. 74 Abs. 1 Nr. 3 GG hat der Bund die konkurrierende Gesetzgebungskompetenz für das **öffentliche Vereinsrecht.** Gegenstand des öffentlichen Vereinsrechts ist die staatliche Aufsicht über private Vereinigungen iSd Art. 9 Abs. 1 GG.[241] Öffentlich-rechtliche Vereinigungen sind nicht Gegenstand des öffentlichen Vereinsrechts.[242] Der Bund hat von der Gesetzgebungskompetenz für das öffentliche Vereinsrecht durch Erlass des Gesetzes zur Regelung des öffentlichen Vereinsrechts (Vereinsgesetz) vom 5. 8. 1964[243] (im Einzelnen → § 20 Rn. 4) abschließend Gebrauch gemacht. Das **private Vereinsrecht** ist als Teil des bürgerlichen Rechts von der konkurrierenden Gesetzgebungskompetenz des Bundes aus Art. 74 Abs. 1 Nr. 1 GG umfasst.[244] Der Bund hat von dieser in den §§ 21–79 BGB (im Einzelnen → §§ 4 ff.) abschließend Gebrauch gemacht. Für das **Recht der poli-** 49

Schutzes [richtet]", prüft dann aber ebenda (320 ff.) ohne weitere Erwähnung von Art. 8 GG die Vereinbarkeit des § 130 Abs. 4 StGB mit Art. 5 Abs. 1 S. 1 und Abs. 2 GG.

[237] BVerfGE 90, 241 (246) – Auschwitzlüge; BVerfGE 124, 300 (319) – Wunsiedel; prägnant zusammenfassend BVerfGE 111, 147 (154 f.) – NPD-Kundgebung: „Staatliche Beschränkungen des Inhalts und der Form einer Meinungsäußerung betreffen den Schutzbereich des Art. 5 Abs. 1 GG. Ihre Rechtfertigung finden sie, auch wenn die Äußerung in einer oder durch eine Versammlung erfolgt, in den Schranken des Art. 5 Abs. 2 GG".

[238] BVerfGE 124, 300 (327 f.) – Wunsiedel.

[239] BVerfGE 124, 300 (326 f.) – Wunsiedel; zu Recht kritisch *Martini* JöR 59 (2011), 279 (286 ff.); *Schaefer* DÖV 2010, 379 (385 f.); s. auch *Rusteberg* StudZR 2010, 159 (162), der einen „unvermittelten Bruch mit der herkömmlichen Lehrbuchdogmatik" konstatiert.

[240] Ähnlich *Michael* ZJS 2010, 155 (157 f., 161 f. und 164); s. auch schon *Poscher* NJW 2005, 1316 (1318); ablehnend allerdings *Enders* JZ 2008, 1092 (1096): „Dem Ehrenschutz, der nach der Schrankenregelung des Art. 5 Abs. 2 GG auch Meinungsinhaltsverbote rechtfertigt […], dient […] das Verbot der Volksverhetzung in § 130 Abs. 4 StGB nicht, auch nicht etwa dem Schutz einer postmortalen personalen Würde der Opfer des NS-Regimes"; s. zur Kritik am Wunsiedel-Beschluss des Bundesverfassungsgerichts ferner etwa *Holzner* DVBl. 2010, 48; *Hong* DVBl. 2010, 1267; *Volkmann* NJW 2010, 417.

[241] Sachs/*Degenhart* GG Art. 74 Rn. 30.

[242] Sachs/*Degenhart* GG Art. 74 Rn. 30.

[243] BGBl. I 593, zuletzt geändert durch Art. 5 des Sechzigsten Gesetzes zur Änderung des Strafgesetzbuches v. 30. 11. 2020 (BGBl. I 2600).

[244] MKS/*Oeter* GG Art. 74 Rn. 40.

tischen Parteien hat der Bund auch insoweit, als diese Vereine sind, gem. Art. 21 Abs. 5 GG die ausschließliche Gesetzgebungskompetenz.[245] Die Regelung enthält – anders als Art. 74 Abs. 1 Nr. 3 GG und Art. 74 Abs. 1 Nr. 1 GG – zugleich einen Gesetzgebungsauftrag.[246] Der Bund hat diesen durch Erlass des Gesetzes über die politischen Parteien (Parteiengesetz) vom 24.7.1967[247] (im Einzelnen → § 20 Rn. 101) erfüllt. Soweit Vereine einen **speziellen Zweck** verfolgen, können speziell auf diesen Zweck und seine Verfolgung bezogene Regelungen als nicht im engeren Sinne vereinsrechtliche Regelungen nicht auf Art. 74 Abs. 1 Nr. 3 GG gestützt werden. Maßgeblich ist dann vielmehr der jeweilige Vereinszweck.[248] So ist die „Wahrung und Förderung der Arbeits- und Wirtschaftsbedingungen" als Zweck von Koalitionen (zum Begriff → Rn. 26) Gegenstand der konkurrierenden Gesetzgebungszuständigkeit des Bundes für das Arbeits- und Sozialversicherungsrecht in Art. 74 Abs. 1 Nr. 12 GG.[249] Das **Versammlungswesen** ist im Zuge der Föderalismusreform I[250] in Art. 74 Abs. 1 Nr. 3 GG gestrichen und damit in die ausschließliche Gesetzgebungszuständigkeit der Länder überführt worden.[251] Das Versammlungsgesetz des Bundes vom 24.7.1953[252] (im Einzelnen → § 20 Rn. 69) gilt gem. Art. 125a Abs. 1 S. 1 GG zwar als Bundesrecht fort, kann aber gem. Art. 125a Abs. 1 S. 2 GG durch Landesrecht ersetzt werden. Dies ist in mehreren Ländern geschehen (im Einzelnen → § 20 Rn. 69ff.). Für das **Sammlungsrecht** als besonderes Gefahrenabwehrrecht (im Einzelnen → § 20 Rn. 106) liegt die Gesetzgebungszuständigkeit seit jeher bei den Ländern.[253]

III. Verwaltungskompetenzen

50 Für die Ausführung des **Vereinsgesetzes** sind gem. Art. 30 und Art. 83 GG die Länder zuständig. Auch das **Versammlungsgesetz** des Bundes wird von den Ländern als eigene Angelegenheit ausgeführt.[254] Soweit das Versammlungsrecht bereits Landesrecht ist (→ § 20 Rn. 69ff.), sind ohnehin die Länder für den Vollzug zuständig. Entsprechendes gilt für den Vollzug des **Sammlungsrechts** der Länder.

B. Der Verein im Unionsrecht

I. „Dialog mit repräsentativen Verbänden und der Zivilgesellschaft"

51 Gemäß Art. 11 Abs. 2 EUV pflegen die Organe der Europäischen Union „einen offenen, transparenten und regelmäßigen Dialog mit den repräsentativen Verbänden und der Zivilgesellschaft". Mit dieser durch den Vertrag von Lissabon[255] in das Unionsrecht eingeführten Regelung wird das primär politik- und sozialwissenschaftliche **Konzept der Zivilge-**

---

[245] Zur Einordnung BVerfGE 24, 300 (354) – Wahlkampfkostenpauschale.

[246] Sachs/*Ipsen* GG Art. 21 Rn. 225; ebenso für Art. 9 Abs. 2 GG Sachs/*Höfling* GG Art. 9 Rn. 40.

[247] BGBl. I 773; s. nunmehr Gesetz über die politischen Parteien (Parteiengesetz) in der Fassung der Bekanntmachung v. 31.1.1994 (BGBl. I 149), zuletzt geändert durch Art. 13 der Elften Zuständigkeitsanpassungsverordnung v. 19.6.2020 (BGBl. I 1328).

[248] Ähnlich Sachs/*Degenhart* GG Art. 74 Rn. 30.

[249] Zur Abgrenzung Sachs/*Degenhart* GG Art. 74 Rn. 30.

[250] Stufe 1 der Föderalismusreform betraf die Kompetenzverteilung, Stufe 2 die Staatsfinanzen.

[251] Art. 1 Nr. 7 des Gesetzes zur Änderung des Grundgesetzes v. 28.8.2008 (BGBl. I 2034). Unberührt bleibt das auf einer Kompetenz kraft Natur der Sache beruhende Gesetz über befriedete Bezirke für Verfassungsorgane des Bundes, BT-Drs. 16/812, 12. Zur rechtspolitischen Kritik an der Verfassungsänderung *Heidebach/Unger* DVBl. 2009, 283 (283).

[252] BGBl. I 684; s. nunmehr Gesetz über Versammlungen und Aufzüge (Versammlungsgesetz) in der Fassung der Bekanntmachung v. 15.11.1978 (BGBl. I 1789), zuletzt geändert durch Art. 6 des Sechzigsten Gesetzes zur Änderung des Strafgesetzbuches v. 30.11.2020 (BGBl. I 2600).

[253] BVerwGE 10, 199 (199f.) – Sammlungsgesetz.

[254] *Kniesel/Poscher* in Lisken/Denninger PolR-HdB K Rn. 43.

[255] ABl. 2007 C 306, 1.

sellschaft[256] jenseits einer vereinzelten konkreten Ausprägung[257] erstmals als allgemeines Prinzip verfassungsrechtlich rezipiert.[258] Als objektiv-rechtliche Verstärkung der Vereinigungsfreiheit[259] birgt die Vorschrift enormes Potential, das bislang noch nicht einmal ansatzweise abgerufen worden ist und nach wie vor durch eine grundfreiheitlich geprägte ökonomische Perspektive auf private Vereinigungen in der Europäischen Union überlagert wird.[260] Zwar lassen sich Art. 11 Abs. 2 EUV nur schwer konkrete Inhalte entnehmen.[261] Gerade dies macht die Vorschrift aber offen für eine Effektuierung als allgemeines Optimierungsgebot.

II. Grundfreiheitlicher Schutz des Vereins

1. Niederlassungsfreiheit und Dienstleistungsfreiheit

Anders als das nationale Verfassungsrecht gewährleistet das Unionsrecht die Bildung und Betätigung von Vereinigungen nicht nur durch Grundrechte (→ Rn. 56 ff.), sondern auch – dem ursprünglichen Primärziel der Errichtung eines Binnenmarkts entsprechend – durch marktbezogene Grundfreiheiten. Einschlägig sind vor allem[262] die **Niederlassungsfreiheit** (Art. 49–55 AEUV) und die **Dienstleistungsfreiheit** (Art. 56–62 AEUV). Während die Niederlassungsfreiheit, wie sich insbesondere aus Art. 57 Abs. 3 AEUV ergibt, nur die einigermaßen stabile und dauerhafte Beteiligung am Wirtschaftsleben eines Mitgliedstaats gewährleistet, schützt die Dienstleistungsfreiheit als Auffanggrundfreiheit gem. Art. 57 Abs. 1 AEUV alle „Leistungen, die in der Regel gegen Entgelt erbracht werden, soweit sie nicht den Vorschriften über den freien Waren- und Kapitalverkehr und über die Freizügigkeit der Personen unterliegen". Beide Grundfreiheiten gelten gem. Art. 54 Abs. 1 und Art. 62 AEUV auch für „die nach den Rechtsvorschriften eines Mitgliedstaats gegründeten Gesellschaften, die ihren satzungsmäßigen Sitz, ihre Hauptverwaltung oder ihre Hauptniederlassung innerhalb der Union haben". Überdies stellt Art. 49 Abs. 2 AEUV ausdrücklich klar, dass die Niederlassungsfreiheit auch die „Gründung und Leitung von Unternehmen, insbesondere von Gesellschaften im Sinne des Artikels 54 Absatz 2, nach den Bestimmungen des Aufnahmestaats für seine eigenen Angehörigen" umfasst. Als Gesellschaften gelten gem. Art. 54 Abs. 2 AEUV „die Gesellschaften des bürgerlichen Rechts und des Handelsrechts einschließlich der Genossenschaften und die sonstigen juristischen Personen des öffentlichen und privaten Rechts". 52

2. Insbesondere: Schutz von Vereinigungen ohne Erwerbszweck

Zwar nimmt Art. 54 Abs. 2 AEUV Vereinigungen, „die keinen Erwerbszweck verfolgen", 53
ausdrücklich von den grundfreiheitlichen Gewährleistungen aus. Das heißt aber keineswegs, dass sich nichtwirtschaftliche Vereinigungen und also **vor allem gemeinnützige**

---

256 Dazu etwa *Adloff,* Zivilgesellschaft, 2005; *Strachwitz/Priller/Triebe,* Handbuch Zivilgesellschaft, 2020; aus steuerrechtlicher Sicht *Liebl,* Gemeinnützigkeit in der zivilgesellschaftlichen Perspektive, 2011, S. 37 ff.; zum freilich noch unscharfen unionsrechtlichen Begriff Grabitz/Hilf/Nettesheim/*Nettesheim* EUV Art. 11 Rn. 15.

257 S. Art. 257 UAbs. 2 EG (heute: Art. 300 Abs. 2 AEUV).

258 Bereichsspezifische Konkretisierungen der „Generalklausel" in Art. 11 Abs. 2 EUV enthalten Art. 15 Abs. 1, Art. 300 Abs. 2 und Art. 302 Abs. 2 AEUV.

259 Einen Zusammenhang sieht auch Calliess/Ruffert/*Ruffert* EUV Art. 11 Rn. 10.

260 Dazu im Kontext von EuGH ECLI:EU:C:2020:476 – Kommission/Ungarn *Lautsch/Unger* npoR 2021, 173.

261 Calliess/Ruffert/*Ruffert* EUV Art. 11 Rn. 9: Rezeption eines „schillernden [...] Begriffs".

262 Ergänzend kann, gerade mit Blick auf das besonders diskriminierungsaffine Steuerrecht, auch die Kapitalverkehrsfreiheit (Art. 63–66 AEUV) Bedeutung erlangen; s. dazu im Zusammenhang mit grenzüberschreitenden Spenden an gemeinnützige Körperschaften *Unger* DStZ 2010, 154 (160); ferner mit Blick auf Transparenzanforderungen an auslandsfinanzierte Vereinigungen *Lautsch/Unger* npoR 2021, 173 (174 ff.).

Vereine insgesamt nicht auf die Grundfreiheiten berufen können:[263] Das deutsche Steuerrecht unterscheidet mit der ideellen Tätigkeit, der Vermögensverwaltung, dem steuerbegünstigten Zweckbetrieb und dem steuerpflichtigen wirtschaftlichen Geschäftsbetrieb vier Sphären gemeinnütziger Körperschaften. Schlösse man die Körperschaften insgesamt von Niederlassungs- und Dienstleistungsfreiheit aus, führte ihre beihilfenrechtlich gebotene partielle Steuerpflicht nach § 64 Abs. 1 AO zu einer Benachteiligung: Die gemeinnützigen Körperschaften wären zwar mit ihren wirtschaftlichen Geschäftsbetrieben ebenso wie nicht steuerbegünstigte Körperschaften steuerpflichtig, könnten sich aber im Gegensatz zu diesen nicht auf Dienstleistungs- und Niederlassungsfreiheit berufen.[264] Im Beihilfenrecht behandelt der Europäische Gerichtshof Vereinigungen, die karitative und wirtschaftliche Tätigkeiten nebeneinander ausüben, aus Gründen des Wettbewerbsschutzes einheitlich als „Unternehmen" iSd Art. 107 Abs. 1 AEUV.[265] Umgekehrt müssen sich entsprechende Vereinigungen dann aber auch wie andere wirtschaftliche Unternehmen auf die Grundfreiheiten berufen können. Freilich darf der Schutz gemeinnütziger Körperschaften nicht über das gebotene Maß hinausschießen: Einen „Erwerbszweck" verfolgen sie nur, soweit sie eine **Vermögensverwaltung,** einen **wirtschaftlichen Geschäftsbetrieb** oder einen **Zweckbetrieb** unterhalten.[266] Nur insoweit geht es dann auch sachlich um „Erwerbstätigkeiten" (Art. 49 Abs. 2 AEUV)[267] und „Leistungen, die in der Regel gegen Entgelt erbracht werden" (Art. 57 Abs. 1 AEUV)[268]. Problematisch bleibt die **ideelle Tätigkeit:** Hier scheidet eine Berufung auf Niederlassungs- und Dienstleistungsfreiheit aus, soweit keine Leistungen gegen Entgelt erbracht werden. Geltend gemacht werden kann aber das allgemeine Freizügigkeitsrecht in Art. 21 AEUV, das auch für Vereinigungen gilt[269] und Freizügigkeit im Zusammenhang mit nichtwirtschaftlichen Betätigungen gewährleistet.[270]

3. Grundfreiheitlicher Gewährleistungsgehalt

54 Inhaltlich adressieren die Grundfreiheiten bei Differenzen im Detail[271] **Sachverhalte mit grenzüberschreitendem Bezug** und untersagen insoweit insbesondere den Mitgliedstaaten[272] ungerechtfertigte (offene und verdeckte) **Diskriminierungen** und **Beschränkungen.**[273] Während Diskriminierungen nur gerechtfertigt sind, wenn sie auf eine geschriebene Schranke der einschlägigen Grundfreiheit (für Niederlassungs- und Dienstleistungsfreiheit: Art. 52 Abs. 1 und Art. 62 AEUV) gestützt werden können und überdies verhältnismäßig sind, anerkennt der Europäische Gerichtshof bei bloßen Beschränkungen der Grundfreiheiten auch ungeschriebene Rechtfertigungsgründe. Beschränkungen müssen dabei vier Voraussetzungen erfüllen: „Sie müssen in nichtdiskriminierender Weise an-

---

[263] Eingehend zum Folgenden *Unger* DStZ 2010, 154 (158ff.).

[264] Im Ergebnis ebenso *Reimer* SWI 2006, 197 (198f.); *Tiedtke/Möllmann* DStZ 2008, 69 (77).

[265] EuGH ECLI:EU:C:2006:8 Rn. 119ff. – Cassa di Risparmio di Firenze.

[266] Entsprechende funktionale Differenzierung im europarechtlichen Schrifttum bei SBHS/*Jung* AEUV Art. 54 Rn. 7; Streinz/*Müller-Graff* AEUV Art. 54 Rn. 3; im gemeinnützigkeitsrechtlichen Schrifttum entspricht eine funktionale Differenzierung der ganz überwiegenden Auffassung, s. nur *Tiedtke/Möllmann* DStZ 2008, 69 (77); restriktiver aber wohl *Drüen/Liedtke* FR 2008, 1 (6).

[267] Zum funktionalen Gleichlauf von Art. 49 Abs. 2 und Art. 54 Abs. 2 AEUV etwa SBHS/*Jung* AEUV Art. 54 Rn. 7; aA Grabitz/Hilf/Nettesheim/*Forsthoff* AEUV Art. 54 Rn. 7ff.

[268] Es genügt, wenn eine Tätigkeit nicht ohne Gegenleistung erbracht wird. Gewinnerzielungsabsicht oder auch nur ein kostendeckendes Entgelt sind nicht erforderlich, so dass selbst „quasi ehrenamtlich[e]" Tätigkeiten Art. 57 Abs. 1 AEUV unterfallen, EuGH ECLI:EU:C:2007:816 Rn. 33f. – Jundt.

[269] *Wollenschläger,* Grundfreiheit ohne Markt, 2007, S. 147f.

[270] *Wollenschläger,* Grundfreiheit ohne Markt, 2007, S. 148.

[271] Zur Entwicklung von „[a]llgemeinen Lehren der Grundfreiheiten" Calliess/Ruffert/*Kingreen* AEUV Art. 34–36 Rn. 1; Entfaltung dieser Lehren dann ebenda, Rn. 2ff.

[272] Zur umstrittenen Bindung auch der Europäischen Union und zur ebenfalls umstrittenen Bindung Privater an die Grundfreiheiten Calliess/Ruffert/*Kingreen* AEUV Art. 34–36 Rn. 109f. und 111ff.

[273] Zum weiten Beschränkungsbegriff nur EuGH ECLI:EU:C:1995:411 Rn. 37 – Gebhard: „Maßnahmen, die die Ausübung der durch den Vertrag garantierten grundlegenden Freiheiten behindern oder weniger attraktiv machen können".

gewandt werden, sie müssen aus zwingenden Gründen des Allgemeininteresses gerechtfertigt sein, sie müssen geeignet sein, die Verwirklichung des mit ihnen verfolgten Zieles zu gewährleisten, und sie dürfen nicht über das hinausgehen, was zur Erreichung dieses Zieles erforderlich ist".[274]

Mit Blick auf das **Vereins- und Gesellschaftsrecht** hat dabei insbesondere die Niederlassungsfreiheit erhebliche Bedeutung erlangt und die Mitgliedstaaten zu Anpassungen des nationalen Rechts gezwungen, insbesondere im Zusammenhang mit grenzüberschreitenden Verlegungen des tatsächlichen und des Satzungssitzes von Unternehmen sowie Unternehmenszusammenschlüssen und -umwandlungen. Zwischenzeitlich sind diese in Teilen sekundärrechtlich geregelt.[275] 55

III. Grundrechtlicher Schutz des Vereins

1. Die Vereinigungsfreiheit im Unionsrecht

Über die Grundfreiheiten hinaus ist die Vereinigungsfreiheit auf Unionsebene auch grundrechtlich abgesichert, zunächst gem. Art. 6 Abs. 3 EUV als **allgemeiner Grundsatz des Unionsrechts** auf Grundlage der Gewährleistungen der Europäischen Menschenrechtskonvention und der gemeinsamen Verfassungsüberlieferungen der Mitgliedstaaten,[276] seit dem Vertrag von Lissabon auch als geschriebenes Grundrecht durch „inkorporierenden Verweis"[277] des Primärrechts auf die **Charta der Grundrechte** der Europäischen Union vom 7.12.2000[278] in Art. 6 Abs. 1 UAbs. 1 EUV.[279] 56

Die Charta der Grundrechte fasst in Art. 12 **Versammlungs- und Vereinigungsfreiheit in einer Bestimmung** zusammen. Sie orientiert sich damit an der Europäischen Menschenrechtskonvention, die in Art. 11 ebenfalls beide Freiheitsrechte in einer Bestimmung zusammenfasst (→ Rn. 59). Gemäß Art. 12 Abs. 1 GRC hat jede Person das „Recht, sich insbesondere im politischen, gewerkschaftlichen und zivilgesellschaftlichen Bereich auf allen Ebenen frei und friedlich mit anderen zu versammeln und frei mit anderen zusammenzuschließen". Ausdrücklich umfasst ist davon das „Recht jeder Person […], zum Schutz ihrer Interessen **Gewerkschaften** zu gründen und Gewerkschaften beizutreten". Art. 12 Abs. 2 GRC erkennt zudem an, dass die **politischen Parteien** auch auf Ebene der Union dazu beitragen, „den politischen Willen der Unionsbürgerinnen und Unionsbürger zum Ausdruck zu bringen". Adressat der in Art. 12 GRC enthaltenen Rechte sind gem. Art. 51 Abs. 1 S. 1 GRC primär die Organe, Einrichtungen und sonstigen Stellen der Union. Die Mitgliedstaaten sind nach dieser Vorschrift an die Grundrechte der Charta „ausschließlich bei der Durchführung des Rechts der Union" gebunden, ohne dass abschließend geklärt wäre, welche Konstellationen davon im Einzelnen umfasst sind.[280] 57

---

[274] EuGH ECLI:EU:C:1995:411 Rn. 37 – Gebhard.

[275] Eingehend und mwN MüKoAktG/*Ego* Europäische Niederlassungsfreiheit Rn. 1 ff. und hier vor allem Rn. 61 ff.; ferner etwa *Wesiack,* Europäisches Internationales Vereinsrecht, 2012, S. 123 ff. und 197 ff.

[276] EuGH ECLI:EU:C:1995:463 Rn. 79 – Bosman.

[277] Grabitz/Hilf/Nettesheim/*Schorkopf* EUV Art. 6 Rn. 28: „neue Kategorie von Primärrecht".

[278] ABl. 2000 C 364, 1.

[279] Zu den gemeineuropäischen Grundrechtslehren knapp GKK/*Kotzur* GR-Charta Einf. Rn. 10 ff.

[280] Zum Problem im Einzelnen *Huber* NJW 2011, 2385 (2385 ff.); *Jarass* NVwZ 2012, 457; Calliess/Ruffert/*Kingreen* EU-GRCharta Art. 51 Rn. 8 ff.; *Ohler* NVwZ 2013, 1433. Sehr weitgehend EuGH ECLI:EU:C:2013:105 Rn. 16 ff. – Åkerberg Fransson; zum Verständnis dieser Entscheidung restriktiv BVerfGE 133, 277 (316) – Antiterrordatei: „Entscheidung [darf] nicht in einer Weise verstanden und angewendet werden, nach der für eine Bindung der Mitgliedstaaten durch die in der Grundrechtecharta niedergelegten Grundrechte der Europäischen Union jeder sachliche Bezug einer Regelung zum bloß abstrakten Anwendungsbereich des Unionsrechts oder rein tatsächliche Auswirkungen auf dieses ausreiche"; in der Tendenz tatsächlich vorsichtiger dann auch EuGH ECLI:EU:C:2014:126 Rn. 20 ff. – Siragusa; EuGH ECLI:EU:C:2014:2055 Rn. 32 ff. – Julian Hernández ua. Allgemein zu den Konsequenzen einer zu weitgehenden Grundrechtsbindung der Mitgliedstaaten durch die Unionsgrundrechte *Huber* EuR 2008, 189: Gefahr einer „Unitarisierung durch Gemeinschaftsgrundrechte". Exemplarisch zur Anwen-

2. Beschränkungen und gerichtliche Durchsetzung

58 Einschränkungen der Versammlungs- und Vereinigungsfreiheit sind auf Grundlage und innerhalb der Grenzen des für alle Grundrechte der Charta geltenden **Gesetzesvorbehalts in Art. 52 Abs. 1 GRC** zulässig. Insbesondere ist gem. Art. 52 Abs. 1 S. 2 GRC der Grundsatz der Verhältnismäßigkeit zu wahren. Eine der deutschen Verfassungsbeschwerde vergleichbare allgemeine Grundrechtsbeschwerde kennt das Unionsrecht nicht. Unmittelbar geltend gemacht werden können die Grundrechte der Charta durch natürliche oder juristische Personen daher auf unionsrechtlicher Ebene[281] nur im Rahmen der **Nichtigkeitsklage** nach Art. 263 UAbs. 4 AEUV. Darüber hinaus berücksichtigt der Europäische Gerichtshof aber auch bei allen anderen Verfahrensarten die Grundrechte der Charta. Aus mitgliedstaatlicher Perspektive interessant ist insoweit vor allem die den mitgliedstaatlichen Gerichten in Art. 267 Abs. 1 und Abs. 2 AEUV eingeräumte Möglichkeit,[282] dem Europäischen Gerichtshof Fragen über die Auslegung der Verträge und über die Gültigkeit und die Auslegung der Handlungen der Organe, Einrichtungen oder sonstigen Stellen der Union zur **Vorabentscheidung** vorzulegen. Sie macht die Gerichte der Mitgliedstaaten zu mittelbaren „Hütern der Unionsgrundrechte".[283] Die Parteien des Ausgangsverfahrens sind nur insoweit beteiligt, als sie ein Vorabentscheidungsverfahren anregen können. Erzwingen können sie es nicht.[284]

C. Der Verein im Völkerrecht

I. Die Vereinigungsfreiheit im Völkerrecht

59 Auch in Art. 11 EMRK sind **Versammlungs- und Vereinigungsfreiheit in einer Bestimmung** zusammengefasst.[285] In Parallele zur nachgebildeten Bestimmung in Art. 12 Abs. 1 GRC gewährleistet Art. 11 Abs. 1 EMRK jeder Person[286] „das Recht, sich frei und friedlich mit anderen zu versammeln und sich frei mit anderen zusammenzuschließen; dazu gehört auch das Recht, zum Schutz seiner Interessen **Gewerkschaften** zu gründen

---

dung des Art. 12 Abs. 1 GRC auf mitgliedstaatliche Beschränkungen der Vereinigungsfreiheit EuGH ECLI:EU:C:2020:476 Rn. 101 ff. und 110 ff. – Kommission/Ungarn; dazu erläuternd *Lautsch/Unger* npoR 2021, 173 (174).

[281] Zur Geltendmachung der Unionsgrundrechte vor dem Bundesverfassungsgericht grundlegend BVerfGE 152, 216 (236 ff.) – Recht auf Vergessen II: „Soweit die Grundrechte des Grundgesetzes durch den Anwendungsvorrang des Unionsrechts verdrängt werden, kontrolliert das Bundesverfassungsgericht dessen Anwendung durch deutsche Stellen am Maßstab der Unionsgrundrechte".

[282] Gemäß Art. 267 Abs. 3 AEUV verdichtet sich diese Möglichkeit zu einer Verpflichtung, wenn die Entscheidung des Gerichts selbst im konkreten Fall nicht mehr mit Rechtsmitteln des innerstaatlichen Rechts angefochten werden kann.

[283] GKK/*Kotzur* GR-Charta Einf. Rn. 26.

[284] Calliess/Ruffert/*Wegener* AEUV Art. 267 Rn. 22.

[285] S. ferner Art. 20 AEMR (Versammlungs- und Vereinigungsfreiheit in Nr. 1 und ausdrückliche Verankerung der negativen Vereinigungsfreiheit in Nr. 2) und Art. 23 Nr. 4 AEMR (Koalitionsfreiheit) sowie Art. 21 und 22 IPBPR (Versammlungs- sowie Vereinigungs- und Koalitionsfreiheit); zur geringen praktischen Bedeutung – der Internationale Pakt über bürgerliche und politische Rechte steht als völkerrechtlicher Vertrag im Rang einfachen Bundesrechts, die Allgemeine Erklärung der Menschenrechte hat als bloße Resolution der UN-Vollversammlung jedenfalls keine unmittelbare rechtsverbindliche Wirkung – Friauf/Höfling/*Kluth* GG Art. 9 Rn. 48. Zur grundlegenden Bedeutung der Versammlungs- und Vereinigungsfreiheit nach Art. 11 EMRK für die demokratische Gesellschaft Meyer-Ladewig/Nettesheim/von Raumer/*Daiber* EMRK Art. 11 Rn. 1. Sichtbar wird hier ein Gleichlauf mit der funktional-demokratischen Deutung der Versammlungs- und Vereinigungsfreiheit durch das Bundesverfassungsgericht (→ Rn. 5 und → Rn. 42 mit Fn. 209); einführend zu Art. 11 EMRK HGR VI/1/*Blanke* § 142 Rn. 34 ff.

[286] Dazu mit vergleichendem Blick auf Art. 9 Abs. 1 GG, der nur Deutschen das Recht einräumt, Vereine und Gesellschaften zu bilden, Dörr/Grote/Marauhn/*Bröhmer* Kap. 19 Rn. 18: wegen der weiterreichenden einfachgesetzlichen Vereinsfreiheit nach § 1 VereinsG unproblematisch; s. dazu auch BVerwG NVwZ 1995, 587 (590) – Feyka: Vereinsfreiheit von Ausländervereinen durch § 1 Abs. 1 VereinsG und Art. 11 Abs. 1 EMRK gewährleistet.

und Gewerkschaften beizutreten".[287] In den Schutzbereich der Vereinigungsfreiheit[288] einbezogen sind auch wirtschaftliche Vereinigungen, nicht hingegen öffentlich-rechtliche Vereinigungen.[289] Die Bildung von Religions- und Weltanschauungsgemeinschaften ist primär durch Art. 9 EMRK geschützt. Der Europäische Gerichtshof für Menschenrechte prüft Art. 9 EMRK aber insoweit in Verbindung mit Art. 11 EMRK.[290] **Politische Parteien** werden zwar weder in Art. 11 EMRK noch in einer anderen Bestimmung der Europäischen Menschenrechtskonvention erwähnt, fallen aber nach allgemeiner Auffassung ebenfalls unter Art. 11 EMRK.[291] Funktional gewährleistet Art. 11 EMRK sowohl die positive als auch die negative Vereinigungsfreiheit.[292] Vor der Zwangsmitgliedschaft in einer öffentlich-rechtlichen Vereinigung schützt Art. 11 EMRK aber wie Art. 9 GG (→ Rn. 15) nicht.

II. Beschränkungen der Vereinigungsfreiheit

Gemäß **Art. 11 Abs. 2 S. 1 EMRK** darf die Ausübung der Versammlungs- und Vereini- 60
gungsfreiheit „nur Einschränkungen unterworfen werden, die gesetzlich vorgesehen und in einer demokratischen Gesellschaft notwendig sind für die nationale oder öffentliche Sicherheit, zur Aufrechterhaltung der Ordnung oder zur Verhütung von Straftaten, zum Schutz der Gesundheit oder der Moral oder zum Schutz der Rechte und Freiheiten anderer".[293] Zulässig können danach zwar auch Versammlungs- und Vereinigungsverbote sein.[294] Insbesondere **Verbote politischer Parteien** unterliegen aber strengen Kautelen. Nach diesen kann der Staat gegen eine Partei, die zu Gewalt aufruft oder ein politisches Konzept vertritt, das die Demokratie und die in ihr anerkannten Rechte und Freiheiten nicht achtet, zwar nicht erst dann vorgehen, wenn sie an die Macht gekommen ist und konkrete Maßnahmen ergreift. Eine Gefahr für die Demokratie muss aber „hinreichend nachgewiesen und unmittelbar" sein.[295] Ob diese Anforderungen über die grundgesetzlichen Anforderungen an Parteiverbote (→ Rn. 34 und → § 20 Rn. 103) hinausgehen, war im Vorfeld der Entscheidung des Bundesverfassungsgerichts über den neuerlichen Antrag des Bundesrates auf Feststellung der Verfassungswidrigkeit der Nationaldemokratischen

---

287 Zur hier nicht näher behandelten Koalitionsfreiheit Meyer-Ladewig/Nettesheim/von Raumer/*Daiber* EMRK Art. 11 Rn. 9ff.

288 Zur hier nicht näher behandelten Versammlungsfreiheit Meyer-Ladewig/Nettesheim/von Raumer/*Daiber* EMRK Art. 11 Rn. 3ff. Interessant ist, dass der vom Bundesverfassungsgericht vertretene enge Versammlungsbegriff in der Rechtsprechung des Europäischen Gerichtshofs für Menschenrechte, die freilich insoweit wenig ergiebig ist, keine Entsprechung findet, EGMR EuGRZ 1989, 522 (523f.) – Plattform „Ärzte für das Leben"/Österreich.

289 Dazu Meyer-Ladewig/Nettesheim/von Raumer/*Daiber* EMRK Art. 11 Rn. 12.

290 EGMR NJW 2008, 495 (495) – Scientology Kirche Moskau/Russland; EGMR NVwZ 2009, 509 (510) – Religionsgemeinschaft der Zeugen Jehovas in Österreich/Österreich; EGMR NVwZ 2015, 499 (501ff.) – Magyar Keresztény Mennonita Egyhaz ua/Ungarn.

291 EGMR NVwZ 2003, 1489 (1490) – Refah Partisi/Türkei; EGMR NVwZ-RR 2017, 473 (474) – Partei für eine demokratische Gesellschaft ua/Türkei.

292 Zum Ganzen Meyer-Ladewig/Nettesheim/von Raumer/*Daiber* EMRK Art. 11 Rn. 7f.

293 Weitergehende Einschränkungsmöglichkeiten bestehen gem. Art. 11 Abs. 2 S. 2 EMRK für Angehörige der Streitkräfte, der Polizei und der Staatsverwaltung; insbesondere der Begriff der Staatsverwaltung wird eng ausgelegt, EGMR NJW 2002, 3087 (3089) – Volkmer/Deutschland.

294 S. für ein Vereinsverbot nach § 3 Abs. 1 S. 1 VereinsG BVerwG NVwZ-RR 2000, 70 (75) – Wiking-Jugend: „Verbotsverfügung mit der in Art. 11 […] EMRK […] garantierten Vereinigungsfreiheit vereinbar, denn die mit der angefochtenen Verfügung konkretisierte Beschränkung dieses Rechts ist vom Gesetz vorgesehen und in einer demokratischen Gesellschaft zur Aufrechterhaltung der Ordnung, nämlich der verfassungsmäßigen Ordnung i.S. des Grundgesetzes, notwendig"; ähnlich für das Verbot einer Religionsgesellschaft BVerwG NVwZ 2003, 986 (988) – Kalifatstaat.

295 EGMR NVwZ 2003, 1489 (1493) – Refah Partisi/Türkei, der das annimmt, wenn eine Partei „zur Zeit ihrer Auflösung eine echte Chance [hatte], die politische Macht zu ergreifen". Näher zu den Anforderungen der Europäischen Menschenrechtskonvention an Parteiverbote BVerfGE 144, 20 (234ff.) – Nationaldemokratische Partei Deutschlands II; ferner etwa Meyer-Ladewig/Nettesheim/von Raumer/*Daiber* EMRK Art. 11 Rn. 48ff.; *Wolter* EuGRZ 2016, 92 (95ff.).

Partei Deutschlands (→ § 20 Rn. 105) umstritten.[296] Nach dieser Entscheidung verlangt Art. 21 Abs. 2 GG für ein Pateiverbot zwar keine konkrete Gefahr für die dort geschützten Rechtsgüter. Es bedarf aber „konkreter Anhaltspunkte von Gewicht, die einen Erfolg des gegen die freiheitliche demokratische Grundordnung oder den Bestand der Bundesrepublik Deutschland gerichteten Handelns zumindest möglich erscheinen lassen".[297] In dieser restriktiven Auslegung, die das Gericht jedenfalls vordergründig[298] ganz unabhängig von den Vorgaben der Europäischen Menschenrechtskonvention als einer „Auslegungshilfe" für geboten hält,[299] bleiben die grundgesetzlichen Vorgaben tatsächlich nicht hinter den „durch den EGMR aus Art. 11 Abs. 2 EMRK abgeleiteten Vorgaben für ein Parteiverbot [...] zurück".[300]

III. Gerichtliche Durchsetzung

61 Durchgesetzt werden können die Rechte aus Art. 11 EMRK (wie andere Konventionsrechte auch) vor dem Europäischen Gerichtshof für Menschenrechte in Straßburg im Wege der **Staatenbeschwerde** nach Art. 33 EMRK und der **Individualbeschwerde** nach Art. 34 EMRK.[301] Zulässigkeitsvoraussetzung ist gem. Art. 35 EMRK stets die vorherige Erschöpfung aller innerstaatlichen Rechtsbehelfe. Vor dem Bundesverfassungsgericht können die Rechte aus Art. 11 EMRK (wie andere Konventionsrechte auch) mit der **Verfassungsbeschwerde** zwar nicht unmittelbar geltend gemacht werden, weil es sich bei den Konventionsrechten weder um Grundrechte noch um grundrechtsgleiche Rechte handelt[302] und die Europäische Menschenrechtskonvention in Deutschland lediglich im Rang eines einfachen Bundesgesetzes steht.[303] Mittelbar gewinnen sie aber auch im Rahmen der Verfassungsbeschwerde Bedeutung, weil die Bestimmungen des Grundgesetzes nach Auffassung des Bundesverfassungsgerichts völkerrechtsfreundlich auszulegen sind. Der Text der Europäischen Menschenrechtskonvention und die Rechtsprechung des Europäischen Gerichtshofs für Menschenrechte dienen dabei als Auslegungshilfen für die Bestimmung von Inhalt und Reichweite der Grundrechte. Eine schematische Parallelführung der Aussagen des Grundgesetzes und der Europäischen Menschenrechtskonvention ist zwar ebenso wenig geboten wie eine Harmonisierung ihrer Aussagen. Auch darf die Berücksichtigung der Europäischen Menschenrechtskonvention nicht dazu führen, dass der Grundrechtsschutz nach dem Grundgesetz eingeschränkt wird. Das Bundesverfassungsgericht will aber vor dem Hintergrund der zumindest faktischen Präzedenzwirkung der Entscheidungen internationaler Gerichte Konflikte zwischen den völkerrechtlichen

---

[296] In diese Richtung *Ingold,* Das Recht der Oppositionen, 2015, S. 502ff.; *Kloepfer* NJW 2016, 3003 (3006); *Morlok* Jura 2013, 317 (322f. und 324); *Shirvani* JZ 2014, 1074 (1079ff.); anders Sachs/*Ipsen* GG Art. 21 Rn. 210: „Auch unter Berücksichtigung der neueren Rechtsprechung des EGMR dürfte Art. 21 II den Voraussetzungen des Art. 11 II 1 EMRK [...] entsprechen und keine zusätzliche Prüfung am Maßstab des Übermaßverbots erfordern"; *Koch* DVBl. 2002, 1388 (1391ff.), der ebenda (1393) schlussfolgert: „Ein Parteiverbot, das von Art. 21 Abs. 2 GG gedeckt ist, wird auch vor Art. 11 EMRK Bestand haben können." S. zum Ganzen auch BVerwG NVwZ 2013, 870 (876) – Hilfsorganisation für nationale Gefangene.

[297] BVerfGE 144, 20 (219ff.) – Nationaldemokratische Partei Deutschlands II.

[298] Zur hintergründigen Orientierung an der Europäischen Menschenrechtskonvention und ihren Vorgaben für Parteiverbote *Gusy* NJW 2017, 601 (602).

[299] Dazu BVerfGE 144, 20 (200) – Nationaldemokratische Partei Deutschlands II: „Ein Parteiverbot stellt [...] einen schwerwiegenden Eingriff in die Freiheit der politischen Willensbildung und die Parteienfreiheit des Art. 21 Abs. 1 GG dar, der nur unter besonderen Voraussetzungen gerechtfertigt sein kann [...]. Aus diesem Grund bedarf es einer restriktiven Auslegung der einzelnen Tatbestandsmerkmale der Norm, die dem Regel-Ausnahme-Verhältnis zwischen der Parteienfreiheit des Art. 21 Abs. 1 GG und dem Parteiverbot des Art. 21 Abs. 2 GG Rechnung trägt."

[300] So BVerfGE 144, 20 (237ff.) – Nationaldemokratische Partei Deutschlands II.

[301] Überblick bei *Grabenwarter/Pabel,* Europäische Menschenrechtskonvention, 7. Aufl. 2021, §§ 9f.

[302] BVerfGE 10, 271 (274) – Untersuchungshaft; BVerfGE 64, 135 (157) – Verfahrenssprache. Auch BVerfGE 128, 326 (369) – Sicherungsverwahrung, stellt klar, dass Art. 1 Abs. 2 GG „kein Einfallstor für einen unmittelbaren Verfassungsrang der Europäischen Menschenrechtskonvention" ist.

[303] BVerfGE 128, 326 (367) – Sicherungsverwahrung.

Verpflichtungen der Bundesrepublik Deutschland und dem nationalen Recht nach Möglichkeit vermeiden.[304] Mit Blick auf die Vereinigungsfreiheit wurde im Vorfeld der Entscheidung des Bundesverfassungsgerichts über den neuerlichen Antrag des Bundesrates auf Feststellung der Verfassungswidrigkeit der Nationaldemokratischen Partei Deutschlands (→ § 20 Rn. 105) diskutiert, ob dies zu erhöhten Anforderungen an Parteiverbote führt (→ Rn. 60).[305] Darüber hinaus gewinnt Art. 11 EMRK Bedeutung bei ausländischen Staatsangehörigen, die sich – wenn sie nicht Angehörige eines Mitgliedstaats der Europäischen Union sind – nur auf Art. 2 Abs. 1 GG berufen können (→ Rn. 17). Hier ist Art. 2 Abs. 1 GG „im Lichte des Art. 11 EMRK" jedenfalls im Kern „als Grundrecht der ‚Vereinigungsfreiheit für Ausländer' auszulegen".[306]

[304] Zum Ganzen insbesondere BVerfGE 128, 326 (366 ff.) – Sicherungsverwahrung; ferner etwa BVerfGE 137, 273 (320 f.) – Katholischer Chefarzt; BVerfGE 148, 296 (350 ff.) – Streikverbot für Beamte.

[305] Zu weiteren Unterschieden, die zukünftig bei Auslegung und Anwendung der grundgesetzlichen Vereinigungsfreiheit Bedeutung gewinnen könnten, Dörr/Grote/Marauhn/*Bröhmer* Kap. 19. Abgleich von grundgesetzlichen und konventionsrechtlichen Vorgaben für Vereinsverbote auch in BVerwG NVwZ 2013, 870 (875 f.) – Hilfsorganisation für nationale Gefangene.

[306] So *Michael* JZ 2007, 146 (146 f.).

§ 20. Der Verein im Verwaltungsrecht

Übersicht

Schrifttum:

Kommentare, Handbücher und Monographien zum öffentlichen Vereinsrecht: *Albrecht/Roggenkamp* (Hrsg.), Vereinsgesetz, 2014; *Feldmann,* Vereinigungsfreiheit und Vereinigungsverbot, 1972; *Groh,* Selbstschutz der Verfassung gegen Religionsgemeinschaften, 2004; *dies.,* Vereinsgesetz, 2012 (nur über beck-online); *Grundmann,* Das fast vergessene öffentliche Vereinsrecht, 1999; *J. Heinrich,* Vereinigungsfreiheit und Vereinigungsverbot – Dogmatik und Praxis des Art. 9 Abs. 2 GG, 2005; *B. Heinrich,* Gesetz zur Regelung des öffentlichen Vereinsrechts (Vereinsgesetz), in: MüKoStGB, Band 6, 3. Aufl. 2017, S. 2279; *Piepenstock,* Politische Vereinigungen unter dem Grundgesetz, 1971; *Planker,* Das Vereinsverbot gem. Art. 9 Abs. 2 GG/§§ 3 ff. VereinsG, Diss. Bonn 1994; *Reichert/Schimke/Dauernheim* (Hrsg.), Handbuch Vereins- und Verbandsrecht, 14. Aufl. 2018; *Roth,* Gesetz zur Regelung des öffentlichen Vereinsrechts (Vereinsgesetz), in: Schenke/Graulich/Ruthig (Hrsg.), Sicherheitsrecht des Bundes, 2. Aufl. 2019, Kap. J; *Rudroff,* Das Vereinigungsverbot nach Art. 9 Abs. 2 GG und dessen verwaltungsrechtliche Auswirkungen, Diss. Köln 1995; *Sailer/Marx,* Öffentliches Vereinsrecht, in: Lisken/Denninger, Handbuch des Polizeirechts, 6. Aufl. 2018, Abschn. J Teil VII; *Schmidt,* Die Freiheit verfassungswidriger Parteien und Vereinigungen, 1983; *Schnorr,* Öffentliches Vereinsrecht, 1965; *Wache,* Gesetz zur Regelung des öffentlichen Vereinsrechts (Vereinsgesetz), in: Erbs/Kohlhaas (Hrsg.), Strafrechtliche Nebengesetze, Loseblatt, V52 und V52a.

Aufsätze: *Baudewin,* Das Vereinsverbot, NVwZ 2013, 1049; *Deres,* Die Praxis des Vereinsverbotes, VR 1992, 421; *Michael,* Verbote von Religionsgemeinschaften, JZ 2002, 482; *Planker,* Das Vereinsverbot in der verwaltungsgerichtlichen Rechtsprechung, NVwZ 1998, 113; *Poscher,* Vereinsverbote gegen Religionsgemeinschaften?, KritV 2002, 298; *Richter,* Möglichkeiten und Grenzen des Vereinsverbots im rechtsextremistischen Bereich, RdJB 2002, 172; *Scheidler,* Gerichtszuständigkeiten für Klagen gegen Vereinsverbote, NVwZ 2011, 1497; *Schiffbauer,* Über Freiheit und Verbote von Vereinigungen, JZ 2019, 130.

Kommentare, Handbücher und Monographien zum Versammlungsrecht: *Arbeitskreis Versammlungsrecht,* Musterentwurf eines Versammlungsgesetzes, 2011; *Brenneisen/Wilksen* (Hrsg.), Versammlungsrecht, 5. Aufl. 2020; *Brenneisen/Wilksen/Staack/Martins,* Versammlungsfreiheitsgesetz für das Land Schleswig-Holstein, 2016; *Dietel/Gintzel/Kniesel,* Versammlungsgesetze, 18. Aufl. 2019; *Dürig-Friedl/Enders,* Versammlungsrecht, 2016; *Elzermann/Schwier,* Sächsisches Versammlungsgesetz, 2. Aufl. 2019; *Hettich,* Versammlungsrecht in der Praxis, 2. Aufl. 2018; *Kniesel/Poscher,* Versammlungsrecht, in: Lisken/Denninger, Handbuch des Polizeirechts, 6. Aufl. 2018, Abschn. K; *Ott/Wächtler/Heinhold,* Gesetz über Versammlungen und Aufzüge, 7. Aufl. 2010; *Peters/Janz* (Hrsg.), Handbuch Versammlungsrecht, 2015; *Rauer,* Rechtliche Maßnahmen gegen rechtsextremistische Versammlungen, 2010; *Ridder/Breitbach/Deiseroth* (Hrsg.), Versammlungsrecht des Bundes und der Länder, 2. Aufl. 2020; *Scheidler,* Bayerisches Versammlungsgesetz, 2. Aufl. 2010; *Stein,* Versammlungsrecht, 2. Aufl. 2019; *Tölle,* Gesetz über Versammlungen und Aufzüge (Versammlungsgesetz), in: MüKoStGB, Band 6, 3. Aufl. 2017, S. 2353; *Ullrich,* Niedersächsisches Versammlungsgesetz, 2. Aufl. 2018; *ders.,* Das Demonstrationsrecht, 2015; *Wächtler/Heinhold/Merk,* Bayerisches Versammlungsgesetz, 2011; *Weber,* Grundzüge des Versammlungsrechts unter Beachtung der Föderalismusreform, 2010; *Wefelmeier/Miller,* Niedersächsisches Versammlungsgesetz, 2. Aufl. 2020; *Welsch/Bayer,* Bayerisches Versammlungsgesetz, 2012; *Zeitler,* Grundriss des Versammlungsrechts, 2015.

Aufsätze: *Höfling/Augsberg,* Versammlungsfreiheit, Versammlungsrechtsprechung und Versammlungsgesetzgebung, ZG 2006, 151; *Laubinger/Repkewitz,* Die Versammlung in der verfassungs- und verwaltungsgerichtlichen Rechtsprechung, VerwArch 92 (2001), 585 und VerwArch 93 (2002), 149; *Peters/Janz,* Treckerdemos und Klimastreik: Aktuelle Fragen des Versammlungsrechts, GSZ 2020, 19; *Trurnit,* Rechtsprechungsentwicklung zum Versammlungsrecht in den Jahren 2014/2015, NVwZ 2016, 873.

Kommentare, Handbücher und Monographien zum Parteienrecht: *Ipsen,* Parteiengesetz, 2. Aufl. 2018; *Kersten/Rixen* (Hrsg.), Parteiengesetz und europäisches Parteienrecht, 2009; *Lenski,* Parteiengesetz, 2011; *Morlok,* Parteiengesetz, 2. Aufl. 2013 (nur über beck-online); *Shirvani,* Das Parteienrecht und der Strukturwandel im Parteiensystem, 2010; *Schmidt,* Die Freiheit verfassungswidriger Parteien und Vereinigungen, 1983.

Aufsätze: *Alter,* Das Parteiverbot: Weltanschauungsvorsorge oder Gefahrenabwehr?, AöR 140 (2015), 571; *Morlok,* Das Parteiverbot, Jura 2013, 317; *Schirvani,* Parteiverbot und Verhältnismäßigkeitsgrundsatz, JZ 2014, 1074; *ders.,* Parteiverbot und Parteienfinanzierungsausschluss, Jura 2020, 448; *Walter/Herrmann,* Der Ausschluss verfassungsfeindlicher Parteien von der Parteienfinanzierung, ZG 2017, 306.

Aufsätze zum Sammlungsrecht: *Arndt,* Zeitgemäße Neubelebung der Sammlungsgesetze der Länder, npoR 2011, 41; *Beckmann/Wübbenhorst,* Rechtliche Rahmenbedingungen für gewerbliche und gemeinnützige Sammlungen nach dem neuen KrWG, DVBl. 2012, 1403; *Kreutz,* Das Aus für Landessammlungsgesetze durch die Richtlinie 2006/123/EG, GewArch 2010, 241 und GewArch 2010, 285; *Söldner,* Zur Rechtslage nach Aufhebung des Bayerischen Sammlungsgesetzes, KommunalPraxis BY 2008, 340; *Wasielewski,* Die gewerbliche und die gemeinnützige Sammlung im behördlichen Vollzug, NuR 2015, 173.

Aufsätze zu Verbandsklagerechten: *Gellermann,* Verbandsklagen im Umweltrecht, DVBl. 2013, 1341; *Pernice,* Umweltvölker- und europarechtliche Vorgaben zum Verbandsklagerecht und das System des deutschen Verwaltungsrechtsschutzes, JZ 2015, 967; *Seibert,* Verbandsklagen im Umweltrecht, NVwZ 2013, 1040.

A. Überblick

1 Im Mittelpunkt des öffentlichen Vereinsrechts steht die an Art. 9 Abs. 2 GG anknüpfende Beschränkung der Vereinigungsfreiheit durch das Verbot von Vereinen (→ Rn. 2ff.). Weitgehend abschließend geregelt ist sie im **Gesetz zur Regelung des öffentlichen Vereinsrechts.** Das allgemeine Polizei- und Sicherheitsrecht findet insoweit keine Anwendung. Gefahrenabwehrrechtliche Maßnahmen, die nicht auf das Verbot eines Vereins zielen, sondern seine Betätigung betreffen, können hingegen auf das allgemeine Polizei- und Sicherheitsrecht gestützt werden, soweit nicht auch insoweit speziellere Befugnisnormen an seine Stelle treten. Angesprochen ist damit insbesondere das seit dem Gesetz zur Änderung des Grundgesetzes vom 28.8.2006[1] (sogenannte Föderalismusreform I) zum Teil landesrechtlich und zum Teil nach wie vor bundesrechtlich geregelte **Versammlungsrecht** (→ Rn. 68ff.). Das Versammlungsrecht ist in seinem persönlichen Anwendungsbereich zwar nicht auf Vereine beschränkt. Häufig werden Versammlungen aber von Vereinen veranstaltet.[2] Darüber hinaus rechnen zum öffentlichen Vereinsrecht in einem weiteren Sinne das Recht der politischen Parteien, die in der Regel nicht rechtsfähige Vereine iSv § 54 BGB, jedenfalls aber Vereinigungen iSd Art. 9 Abs. 1 GG und Vereine iSd § 2 Abs. 1 VereinsG sind, auch wenn das Vereinsgesetz gem. § 2 Abs. 2 Nr. 1 VereinsG auf sie im Ergebnis keine Anwendung findet. Geregelt ist das Recht der politischen Parteien im **Gesetz über die politischen Parteien** (→ Rn. 101ff.). Von verwaltungsrechtlichem Interesse für Vereine sind schließlich neben dem Steuerrecht (→ § 14) das **Sammlungsrecht** der Länder, das zwar wie das Versammlungsrecht in seinem persönlichen Anwendungsbereich nicht auf Vereine beschränkt ist, aber häufig Vereine betrifft (→ Rn. 106ff.), und **Verbandsklagerechte,** die im Zuge der Europäisierung des Verwaltungsrechts zunehmend Eingang in das traditionell dem Grundsatz des Individualrechtsschutzes verpflichtete deutsche Verwaltungsprozessrecht finden (→ Rn. 112ff.).

B. Öffentliches Vereinsrecht

I. Gegenstand

2 Gegenstand des öffentlichen Vereinsrechts in einem engeren Sinne sind gem. § 1 Abs. 2 VereinsG **Maßnahmen gegen „Vereine, die die Vereinsfreiheit mißbrauchen,** […] zur Wahrung der öffentlichen Sicherheit oder Ordnung". Öffentliches Vereinsrecht ist damit besonderes Gefahrenabwehrrecht.[3] Missbrauchen Vereine die Vereinsfreiheit,[4] kann gegen sie gem. § 1 Abs. 2 VereinsG „nur" nach Maßgabe des Vereinsgesetzes eingeschritten werden. Ein Rückgriff auf das allgemeine Gefahrenabwehrrecht (mithin vor allem: das allgemeine Polizei- und Sicherheitsrecht der Länder) ist insoweit ausgeschlossen. Die Grenzen dieser **„Polizeifestigkeit"** steckt wie beim Versammlungsrecht (→ Rn. 73) das „Entscheidungsprogramm" des Vereinsrechts ab. Dieses umfasst, wie die Gesetzesbegründung

[1] BGBl. I 2034.

[2] Eine Nähe des Versammlungsrechts zur Betätigung der Vereine legen neben einem tatsächlichen Zusammenhang auch die Zusammenfassungen der Vereinigungs- und der Versammlungsfreiheit in Art. 12 GRC und Art. 11 EMRK nahe. Auch Art. 74 Abs. 1 Nr. 3 GG fasste „Vereins- und Versammlungsrecht" bis zur Föderalismusreform I in einer Zuständigkeit zusammen.

[3] *Groh* VereinsG Einl. Rn. 3.

[4] Angesprochen sind damit die Verbotstatbestände in Art. 9 Abs. 2 GG und (daran anknüpfend) § 3 Abs. 1 S. 1 Hs. 1 VereinsG, *Groh* VereinsG § 1 Rn. 7; Albrecht/Roggenkamp/*Roggenkamp* VereinsG § 1 Rn. 21; SGR/*Roth* VereinsG § 1 Rn. 18; Erbs/Kohlhaas/*Wache* VereinsG § 1 Rn. 10.

klarstellt, „Eingriffe in die Vereinsfreiheit“.[5] Angesprochen sind damit, wie sich aus Art. 9 Abs. 2 GG ergibt,[6] nur **Eingriffe in den Bestand eines Vereins.**[7] Deutlicher als § 1 Abs. 2 VereinsG regelte dies noch § 2 des von der Bundesregierung im Mai 1962 vorgelegten ersten Entwurfs eines Vereinsgesetzes. Nach dessen Absatz 1 durfte „[z]ur Wahrung der öffentlichen Sicherheit oder Ordnung [...] in die Vereinsfreiheit nur nach Maßgabe dieses Gesetzes eingegriffen werden“. Die „Betätigung der Vereine, ihrer Mitglieder und Beauftragten“ unterlag hingegen nach Absatz 2 „den allgemeinen, für jedermann verbindlichen Gesetzen“.[8] An diesem Zuschnitt des Entscheidungsprogramms hat sich, wie sich aus der Gesetzesbegründung ergibt,[9] durch die schließlich in § 1 Abs. 2 VereinsG gewählte Formulierung nichts geändert. „Polizeifest“ und also nicht von den Befugnisnormen des allgemeinen Gefahrenabwehrrechts gedeckt sind in der Folge nur Eingriffe in den Bestand von Vereinen, mithin vor allem Vereinsverbote iSv § 3 Abs. 1 S. 1 sowie §§ 14 und 15 VereinsG sowie funktional an ihre Stelle tretende Verfügungen nach § 8 Abs. 2 S. 1 VereinsG, aber auch „allgemeine Tätigkeitsverbote“, die in ihrer Wirkung einem Vereinsverbot gleichkommen.[10] Zulässig bleibt ein Rückgriff auf das allgemeine Gefahrenabwehrrecht hingegen gegenüber der **Betätigung von Vereinen.**[11]

3 Von diesen allgemeinen Vorgaben für die Abgrenzung zwischen besonderem und allgemeinem Gefahrenabwehrrecht weicht das Vereinsgesetz in zwei Fällen ab. Erstens bleiben gem. **§ 30 Abs. 2 VereinsG** die dort genannten besonderen Verfahren zur Auflösung von Vereinigungen unberührt. Sie sind parallel anwendbar. Hervorzuheben sind die Anordnung der Auflösung juristischer Personen durch das Bundesverfassungsgericht gem. § 39 Abs. 2 BVerfGG bei Verwirkung bestimmter Grundrechte gem. Art. 18 S. 1 GG (§ 30 Abs. 2 Nr. 1 VereinsG), die Entziehung der (verliehenen) Rechtsfähigkeit eines Vereins bei Zweckverfehlung gem. §§ 43 und 44 BGB (§ 30 Abs. 2 Nr. 2 VereinsG) sowie verschiedene spezialgesetzlich geregelte Verfahren zur Auflösung von Wirtschaftsvereinen wie etwa das Verfahren zur Auflösung einer das Gemeinwohl gefährdenden Gesellschaft mit beschränkter Haftung gem. § 62 GmbHG (§ 30 Abs. 2 Nr. 3 VereinsG). Politische Parteien, für deren Auflösung die §§ 43–47 BVerfGG auf Grundlage von Art. 21 Abs. 4 GG ein besonderes Verfahren vorsehen (→ Rn. 104 f.), sind ohnehin durch § 2 Abs. 2 Nr. 1 VereinsG vom Anwendungsbereich des Vereinsgesetzes ausgenommen (→ Rn. 6). Zweitens ermächtigt **§ 14 Abs. 3 S. 1 VereinsG** die Verbotsbehörde gegenüber Ausländervereinen und (iVm § 15 Abs. 1 S. 1 VereinsG) ausländischen Vereinen „[a]nstelle des Vereinsverbots“ zu „Betätigungsverbote[n] [...], die sie auch auf bestimmte Handlungen oder bestimmte Personen beschränken kann“ (im Einzelnen → Rn. 24). Von dieser punktuellen Erweiterung des Entscheidungsprogramms des Vereinsgesetzes um Maßnahmen, die nicht in den Bestand eines Vereins eingreifen, bleiben gem. **§ 14 Abs. 3 S. 2 VereinsG** „die gesetzlichen Vorschriften zur Wahrung der öffentlichen Sicherheit oder Ordnung unberührt“. Der Rückgriff auf das allgemeine Gefahrenabwehrrecht bleibt daher zulässig (im Einzelnen → Rn. 66).[12] Nichts anderes gilt für die **Ermächtigung zu Auskunftsverlangen** durch § 19 Nr. 4 VereinsG iVm §§ 20 und 21 VereinsG-DVO (→ Rn. 67): Sie lässt Auskunftspflichten nach allgemeinem Polizei- und Sicherheitsrecht unberührt.

[5] BT-Drs. IV/2145 (neu), 2.

[6] Folgerichtig daher BT-Drs. IV/430, 8: „Vereinsgesetz [...] Ausführungsgesetz zu Artikel 9 Abs. 2 GG“; ebenso *Groh* VereinsG Einl. Rn. 2.

[7] So auch *Groh* VereinsG § 1 Rn. 6: „Einschreiten gegen den Bestand eines Vereins“.

[8] BT-Drs. IV/430, 2.

[9] BT-Drs. IV/2145 (neu), 2: „§ 1 Abs. 2 stellt klar heraus, daß Eingriffe in die Vereinsfreiheit nur nach Maßgabe des Vereinsgesetzes, nicht etwa aufgrund der ‚polizeilichen Generalklauseln‘ zulässig sein sollen.“

[10] BT-Drs. IV/430, 12; *Groh* VereinsG § 1 Rn. 6; Erbs/Kohlhaas/*Wache* VereinsG § 1 Rn. 9.

[11] Deutlicher als § 1 Abs. 2 VereinsG, wie gesehen, noch § 2 Abs. 2 des ersten Entwurfs eines Vereinsgesetzes, abgedruckt in BT-Drs. IV/430, 2: „Die Betätigung der Vereine [...] unterliegt den allgemeinen, für jedermann verbindlichen Gesetzen.“ S. auch *Schmieder* VBlBW 2002, 146 (149): „polizeirechtliche Verfügungen unterhalb der Schwelle eines Verbots erlaubt“.

[12] BT-Drs. IV/430, 23.

II. Rechtsgrundlagen

Während Art. 9 Abs. 2 GG unabhängig davon, dass die Regelung nach herrschender Meinung als qualifizierter Gesetzesvorbehalt auf einfachgesetzliche Konkretisierung angewiesen ist (→ § 19 Rn. 21), die materiellen Verbotsvoraussetzungen bereits selbst bestimmt,[13] bedürfen Zuständigkeit und Verfahren einer einfachgesetzlichen Regelung.[14] Diese findet sich im **Gesetz zur Regelung des öffentlichen Vereinsrechts** (Vereinsgesetz) vom 5.8.1964,[15] das in formeller Hinsicht auf Grundlage der konkurrierenden Gesetzgebungszuständigkeit des Bundes aus Art. 74 Abs. 1 Nr. 3 GG (→ § 19 Rn. 49) den qualifizierten Gesetzesvorbehalt in Art. 9 Abs. 2 GG aktualisiert.[16] Anwendung findet das Vereinsgesetz entgegen seinem Namen nicht nur auf Vereine im bürgerlich-rechtlichen Sinne, sondern auf jede Vereinigung, zu der sich eine Mehrheit natürlicher oder juristischer Personen für längere Zeit zu einem gemeinsamen Zweck freiwillig zusammengeschlossen und einer organisierten Willensbildung unterworfen hat (im Einzelnen → Rn. 5ff.). Ergänzt werden die Regelungen des Vereinsgesetzes zunächst durch die auf Grundlage von § 19 VereinsG erlassene **Verordnung zur Durchführung des Gesetzes zur Regelung des öffentlichen Vereinsrechts** (Vereinsgesetz) vom 28.7.1966.[17] Darüber hinaus finden die allgemeinen verwaltungsverfahrensrechtlichen Vorschriften Anwendung, soweit das Vereinsgesetz keine eigenen (und dann vorrangigen) Regelungen enthält. Wird als Verbotsbehörde gem. § 3 Abs. 2 S. 1 Nr. 2 VereinsG der Bundesminister des Innern tätig, gelten das **Verwaltungsverfahrens-**, das **Verwaltungszustellungs-** und das **Verwaltungsvollstreckungsgesetz des Bundes.** Ist gem. § 3 Abs. 2 S. 1 Nr. 1 VereinsG eine Landesbehörde zuständig, regeln gem. Art. 84 Abs. 1 GG die Länder das Verwaltungsverfahren und die Einrichtung der Behörden samt Aufgaben- und Befugniszuweisung.[18] Einschlägig sind dann die **Verwaltungsverfahrens-, Verwaltungszustellungs-** und **Verwaltungsvollstreckungsgesetze der Länder.** Darüber hinaus enthält das Landesrecht durchweg Ausführungsregelungen zum Vereinsgesetz. Diese regeln die Zuständigkeit für die einzelnen Aufgaben und Befugnisse.[19] 4

III. Anwendungsbereich

1. Beschränkung des Anwendungsbereichs auf „Vereine"

Wie sich vor allem aus § 1 Abs. 2 VereinsG ergibt, gilt das Vereinsgesetz nur für „Vereine". 5
Maßgeblich ist insoweit nicht der bürgerlich-rechtliche Vereinsbegriff, sondern der **Ver-**

[13] Erweiterte Verbotsmöglichkeiten sieht § 14 Abs. 2 VereinsG vor; dazu → Rn. 22.

[14] *Groh* VereinsG Einl. Rn. 2.

[15] BGBl. I 593, zuletzt geändert durch Art. 5 des Sechzigsten Gesetzes zur Änderung des Strafgesetzbuches v. 30.11.2020 (BGBl. I 2600). Zur Erstfassung des Vereinsgesetzes *Dannbeck* BayVBl. 1965, 253; *Fröhlich* DVBl. 1964, 799; *Schmidt* NJW 1965, 424. Zur vorherigen Rechtslage *Groh* VereinsG Einl. Rn. 1: „undurchsichtige Rechtslage unter der bis dato fragmentarischen Weitergeltung des Reichsvereinsgesetzes vom 19.4.1908" (RGBl. 151), das auch eine Rechtsgrundlage für Auflösungsverfügungen enthielt; s. dazu ferner *Seifert* DÖV 1954, 353; zur Fortgeltung des Reichsvereinsgesetzes BVerwGE 4, 188 (189f.); BVerwGE 37, 344 (350) – Verlag Hohe Warte. Anders als das Vereinsgesetz galt das Reichsvereinsgesetz auch für politische Parteien. Durch § 30 Abs. 1 Nr. 1 VereinsG ist es aufgehoben worden.

[16] BT-Drs. IV/430, 8: „Vereinsgesetz […] Ausführungsgesetz zu Art. 9 Abs. 2 GG".

[17] BGBl. I 457, zuletzt geändert durch Art. 6 Abs. 1 des Vierunddreißigsten Strafrechtsänderungsgesetzes v. 22.8.2002 (BGBl. I 3390).

[18] MKS/*Trute* GG Art. 84 Rn. 9.

[19] Exemplarisch für Bayern: Gesetz zur Ausführung des Vereinsgesetzes v. 15.12.1965 (GVBl. 346), zuletzt geändert durch § 1 Abs. 175 der Verordnung zur Anpassung des Landesrechts an die geltende Geschäftsverteilung v. 26.3.2019 (GVBl. 98), sowie § 2 der Zuständigkeitsverordnung v. 16.6.2015 (GVBl. 184), zuletzt geändert durch § 1 der Verordnung zur Änderung der Zuständigkeitsverordnung v. 4.5.2021 (GVBl. 281); für Nordrhein-Westfalen: Verordnung über die Regelungen von Zuständigkeiten nach dem öffentlichen Vereinsrecht v. 15.9.2009 (GV. NRW. 501), zuletzt geändert durch Art. 5 der Verordnung zur Änderung der Befristung von Rechtsvorschriften mit Beteiligung des Landtags im Geschäftsbereich des Ministeriums für Inneres und Kommunales v. 9.9.2014 (GV. NRW. 500).

einsbegriff des Vereinsgesetzes. Verein iSd Vereinsgesetzes ist gem. § 2 Abs. 1 VereinsG „ohne Rücksicht auf die Rechtsform jede Vereinigung, zu der sich eine Mehrheit natürlicher oder juristischer Personen für längere Zeit zu einem gemeinsamen Zweck freiwillig zusammengeschlossen und einer organisierten Willensbildung unterworfen hat". Der einfachgesetzliche Vereinsbegriff entspricht damit dem verfassungsrechtlichen Vereinigungsbegriff (im Einzelnen → § 19 Rn. 7ff.). Er weist über den bürgerlich-rechtlichen Vereinsbegriff weit hinaus.[20] Die Weite des Vereinsbegriffs dient dabei nicht nur einer effektiven Gefahrenabwehr, sondern auch dem Schutz von Vereinigungen, die als Vereine nur unter den engen Voraussetzungen des Art. 9 Abs. 2 GG und § 3 Abs. 1 S. 1 Hs. 1 VereinsG verboten werden dürfen.[21] Wie sich aus den §§ 14–17 VereinsG ergibt, die insoweit eine in mehrfacher Hinsicht modifizierte Anwendung des Vereinsgesetzes vorsehen (im Einzelnen → Rn. 22ff.), umfasst der einfachgesetzliche Vereinsbegriff auch Vereine, deren Mitglieder oder Leiter sämtlich oder überwiegend Ausländer sind (§ 14 Abs. 1 S. 1 VereinsG: „Ausländervereine"), Vereine mit Sitz im Ausland (§ 15 Abs. 1 S. 1 VereinsG: „ausländische Vereine"), Arbeitnehmer- und Arbeitgebervereinigungen (§ 16 Abs. 1 S. 1 VereinsG: „Vereinigungen, die den Schutz des Übereinkommens Nr. 87 der Internationalen Arbeitsorganisation vom 9. Juli 1948 über die Vereinigungsfreiheit und den Schutz des Vereinigungsrechts[22] [...] genießen") sowie bestimmte Wirtschaftsvereinigungen (§ 17 VereinsG: „Aktiengesellschaften, Kommanditgesellschaften auf Aktien, Gesellschaften mit beschränkter Haftung, konzessionierte Wirtschaftsvereine nach § 22 des Bürgerlichen Gesetzbuches, Europäische Gesellschaften, Genossenschaften, Europäische Genossenschaften und Versicherungsvereine auf Gegenseitigkeit").[23]

2. Grenzen des einfachrechtlichen Vereinsbegriffs

6 Keine Vereine iSd Vereinsgesetzes sind (mit der Folge, dass sie sich außerhalb seines Anwendungsbereichs bewegen) gem. § 2 Abs. 2 Nr. 1 VereinsG **politische Parteien iSv Art. 21 GG.** Ihre Verfassungswidrigkeit (und damit zugleich: ihr Verbot) wird vielmehr auf Grundlage von Art. 21 Abs. 2 und Abs. 4 GG iVm §§ 43ff. BVerfGG durch das Bundesverfassungsgericht festgestellt (im Einzelnen → Rn. 102ff.).[24] Zur Begriffsbestimmung kann auf § 2 Abs. 1 S. 1 ParteiG zurückgegriffen werden. Parteien sind danach „Vereinigungen von Bürgern, die dauernd oder für längere Zeit für den Bereich des Bundes oder eines Landes auf die politische Willensbildung Einfluß nehmen und an der Vertretung des Volkes im Deutschen Bundestag oder einem Landtag mitwirken wollen, wenn sie nach dem Gesamtbild der tatsächlichen Verhältnisse, insbesondere nach Umfang und Festigkeit

---

[20] Exemplarisch VGH Mannheim NVwZ-RR 1993, 25 (25); zusammenfassend jüngst BVerwG NVwZ-RR 2019, 512 (514) – Hells Angels Motorcycle Club Bonn: „Auch bei einer extensiven Interpretation des Vereinsbegriffs kann ein Zusammenschluss von Personen nur angenommen werden, wenn sich diese durch einen konstitutiven Akt verbunden haben. Dabei dürfen an die Qualität dieses Aktes keine hohen Anforderungen gestellt werden; eine stillschweigende Übereinkunft reicht aus. Auch hinsichtlich des gemeinsamen Zwecks genügt eine faktische Übereinstimmung über die wesentlichen Ziele des Zusammenschlusses. Die von dem Willen der einzelnen Mitglieder losgelöste und organisierte Gesamtwillensbildung, der sich die Mitglieder kraft der Verbandsdisziplin prinzipiell unterordnen müssen bzw. die sie kraft eigenen Entschlusses als prinzipiell beachtlich werten, erfordert weder eine Satzung noch spezifische Vereinsorgane. Ausreichend ist eine Organisationsstruktur, die faktisch auf eine organisierte Willensbildung schließen lässt"; ergänzend BVerwG NVwZ-RR 2020, 738 (742) – linksunten.indymedia: hohe Mitgliederfluktuation und anonyme Mitgliedschaft unschädlich.

[21] BVerfGK NVwZ 2020, 224 (224) – Gremium MC Germany; BVerwGE 154, 22 (29) – Gremium MC Germany; BVerwG NVwZ 2014, 1573 (1575) – DawaFFM; BVerwG NVwZ-RR 2020, 738 (741f.) – linksunten.indymedia.

[22] BGBl. 1956 II 2072.

[23] Zum Verhältnis zwischen dem Vereinsverbotsverfahren und den in § 30 Abs. 2 Nr. 3 VereinsG im Einzelnen aufgezählten gesellschaftsrechtlichen Auflösungsverfahren *Groh* VereinsG § 17 Rn. 1; Erbs/Kohlhaas/*Wache* VereinsG § 17 Rn. 2: Vorrang des Vereinsverbotsverfahrens, wenn einer der in § 17 Nr. 1 und Nr. 2 VereinsG genannten Verbotsgründe (→ Rn. 25) vorliegt.

[24] Eine Aufhebung des vereinsrechtlichen Parteienprivilegs scheidet angesichts dieser Regelung aus verfassungsrechtlichen Gründen aus, *Poscher* KritV 2002, 298 (298).

ihrer Organisation, nach der Zahl ihrer Mitglieder und nach ihrem Hervortreten in der Öffentlichkeit eine ausreichende Gewähr für die Ernsthaftigkeit dieser Zielsetzung bieten". Die bloße Erklärung einer Vereinigung, Partei sein und an Wahlen teilnehmen zu wollen, genügt nicht; die Ernsthaftigkeit muss sich vielmehr (unter angemessener Berücksichtigung einer erst kurzen Existenzdauer bei Vereinigungen in der Gründungsphase) durch Tatsachen (und hier insbesondere: solche, die den in § 2 Abs. 1 S. 1 ParteiG genannten Kriterien zugeordnet werden können) belegen lassen. Sie fehlt bei Vereinigungen, die nach ihrem Organisationsgrad und ihren Aktivitäten offensichtlich nicht imstande sind, auf die politische Willensbildung des Volkes Einfluss zu nehmen und bei denen infolgedessen die Verfolgung dieser Zielsetzung erkennbar unrealistisch und aussichtslos ist.[25] Ebenfalls keine politische Partei ist eine Vereinigung, der das erforderliche Mindestmaß an eigenständiger Willensbildung und organisatorischer Selbständigkeit fehlt. Bedeutung hatte dies in der Vergangenheit insbesondere bei Teilorganisationen verbotener Vereine iSd § 3 Abs. 3 S. 1 VereinsG, die geltend machten, sie seien politische Parteien, so dass das Vereinsgesetz auf sie gem. § 2 Abs. 2 Nr. 1 VereinsG keine Anwendung finde.[26] Keine Vereine iSd Vereinsgesetzes sind gem. § 2 Abs. 2 Nr. 2 VereinsG auch **Fraktionen des Deutschen Bundestages und der Landesparlamente.**

Umstritten ist, ob über § 2 Abs. 2 VereinsG hinaus bestimmte Vereine vom Anwen- 6a
dungsbereich des Vereinsgesetzes ausgenommen sind. Für Religions- und Weltanschauungsgemeinschaften ist das nach Aufhebung des vereinsrechtlichen Religionsprivilegs zu verneinen (ausführlich → Rn. 7); für Vereine, deren Zweck in der **Verbreitung von Nachrichten und Meinungsbeiträgen** besteht, wird es gegenwärtig kontrovers diskutiert. Das Bundesverwaltungsgericht hält das Vereinsgesetz zu Recht auch insoweit für anwendbar. Dafür spricht vor allem, dass das Vereinsverbot kein Betätigungs-, sondern ein Organisationsverbot ist. Der Meinungs- und der Pressefreiheit nach Art. 5 Abs. 1 S. 1 und S. 2 GG ist richtigerweise dadurch Rechnung zu tragen, dass erstens das Vereinsverbot nicht ausschließlich auf bestimmte Inhalte gestützt wird und zweitens der Meinungs- und der Pressefreiheit im Rahmen der Verhältnismäßigkeitsprüfung (→ Rn. 29) hinreichend Rechnung getragen wird.[27]

3. Insbesondere: Religions- und Weltanschauungsgemeinschaften

Bis 2001 fanden das Vereinsgesetz und die Verordnung zur Durchführung des Vereinsge- 7
setzes[28] nach § 2 Abs. 2 Nr. 3 VereinsG auch keine Anwendung auf „Religionsgemeinschaften und Vereinigungen, die sich die gemeinschaftliche Pflege einer Weltanschauung zur Aufgabe machen".[29] Durch das Erste Gesetz zur Änderung des Vereinsgesetzes vom 4.12.2001[30] ist dieses **vereinsrechtliche Religionsprivileg aufgehoben** worden. Die

[25] Zum Ganzen BVerwGE 74, 176 (178ff.) – Aktion Ausländerrückführung; BVerwG Buchholz 402.45 VereinsG Nr. 8 – Volkssozialistische Bewegung Deutschlands; BVerwG NJW 1993, 2313 (2313f.) – Nationalistische Front; BVerwG NVwZ 1997, 66 (66) – Deutsche Alternative; VGH München NVwZ-RR 1995, 200 (201) – Nationaler Block; umfassend zum Parteienbegriff etwa Sachs/*Ipsen* GG Art. 21 Rn. 15ff.; *Lenski* ParteiG § 2 Rn. 3ff.

[26] BVerwGE 74, 176 (180f.) – Aktion Ausländerrückführung: „Die Begriffsmerkmale der politischen Partei sind […] nicht gegeben, wenn eine Vereinigung als bloßes Werkzeug einer Nichtpartei organisiert ist mit der Folge, daß es nicht nur an einer demokratischen Binnenstruktur fehlt und nicht nur die Willensbildung der Vereinigung von außen beeinflußt wird, sondern daß ein politisch erheblicher Willensbildungsprozeß innerhalb der Vereinigung gar nicht stattfinden kann."

[27] Zum Ganzen BVerwG NVwZ-RR 2020, 738 (741f.) – linksunten.indymedia, das insoweit auch keine Überschreitung der Gesetzgebungskompetenz des Bundes nach Art. 74 Abs. 1 Nr. 3 GG für das Vereinsrecht erkennt; dazu differenzierend und insgesamt kritisch *Werdermann* NVwZ 2019, 1005; speziell zur Berücksichtigung anderer Grundrechte als der Vereinigungsfreiheit BVerfGE 149, 160 (200f.) – Vereinsverbot.

[28] Speziell zu dieser VGH München Beschl. v. 8.4.2005 – 4 CS 04.3266, juris Rn. 12f.

[29] Nicht ausgenommen vom Anwendungsbereich waren religiöse (oder weltanschauliche) Vereine, *Groh* VereinsG § 2 Rn. 15; zur Unterscheidung → § 19 Rn. 31.

[30] BGBl. I 3319. Zur Begründung BT-Drs. 14/7026, 6.

überwiegende Auffassung hält das für verfassungsrechtlich unbedenklich und in der Folge ein Verbot von Religions- und Weltanschauungsgemeinschaften auf Grundlage von § 3 Abs. 1 S. 1 VereinsG iVm Art. 9 Abs. 2 GG sowie §§ 14 und 15 VereinsG für zulässig, sofern bei Anwendung des Vereinsgesetzes im Einzelfall nur **Religions- und Weltanschauungsfreiheit hinreichend berücksichtigt** werden.[31] So hat das Bundesverwaltungsgericht das Verbot einer Religionsgemeinschaft jedenfalls dann für zulässig gehalten, wenn diese sich gegen den Grundsatz der Menschenwürde und den davon umfassten Kernbereich der Einzelgrundrechte oder die Prinzipien von Rechtsstaat und Demokratie richtet.[32] Inwieweit damit eine Verengung der Verbotstatbestände in § 3 Abs. 1 S. 1 VereinsG iVm Art. 9 Abs. 2 GG sowie §§ 14 und 15 VereinsG auf die verfassungsimmanenten Schranken der religiösen Vereinigungsfreiheit verbunden ist,[33] ist unklar. In der angesprochenen Entscheidung hat das Bundesverwaltungsgericht offen gelassen, „[u]nter welchen Voraussetzungen darüber hinaus Religionsgemeinschaften verboten werden können“.[34] In einer jüngeren Entscheidung hat es indes den „Gedanken der Völkerverständigung“ als Grundlage für das Verbot einer Religionsgemeinschaft anerkannt.[35] Die verfassungsimmanenten Schranken der religiösen Vereinigungsfreiheit dürften damit zugunsten einer Anwendung jedenfalls des Art. 9 Abs. 2 GG in seiner gesamten Breite überschritten sein.[36] Die vorzugswürdige **Gegenauffassung** hegt zwar ebenfalls keine verfassungsrechtlichen Bedenken gegen die Aufhebung des vereinsrechtlichen Religionsprivilegs, sieht in ihr aber „unbewußte **symbolische Gesetzgebung**“,[37] weil ein Verbot von Religions- und Weltanschauungsgemeinschaften auf Grundlage von § 3 Abs. 1 S. 1 VereinsG iVm Art. 9 Abs. 2 GG sowie §§ 14 und 15 VereinsG auch nach Aufhebung des Religionsprivilegs angesichts der vorbehaltlos gewährleisteten religiösen Vereinigungsfreiheit nach Art. 140 GG iVm Art. 137 Abs. 2 WRV aus verfassungsrechtlichen Gründen ausscheide (zur Begründung im Einzelnen → § 19 Rn. 32).

8 Besonderheiten sind darüber hinaus bei Religionsgemeinschaften zu beachten, die **Körperschaften des öffentlichen Rechts** sind. Bei **„geborenen“ Religionskörperschaften,** also Religionsgemeinschaften, die (wie die katholische und die evangelische Kirche) schon bei Inkrafttreten der Weimarer Reichsverfassung am 11.8.1919 Körperschaften des öffentlichen Rechts waren, ist ein Verbot auch nach Aufhebung des Religionsprivilegs ausgeschlossen. Ihnen wird der Körperschaftsstatus durch die Verfassung selbst zugesprochen, so dass ein Verbot nach überwiegender Auffassung ausscheidet.[38] Bei **„gekorenen“**

---

[31] Dies anmahnend schon BT-Drs. 14/7026, 6: „in die Abwägung einbeziehen“.

[32] BVerwG NVwZ 2003, 986 (987) – Kalifatstaat.

[33] So *Michael* JZ 2007, 146 (147), der die Rechtsprechung des Bundesverwaltungsgerichts als Versuch deutet, eine „Schnittmenge“ aus den verfassungsimmanenten Schranken der religiösen Vereinigungsfreiheit und Art. 9 Abs. 2 GG zu bilden, und daher in ihr eine „kumulative, sich gegenseitig begrenzende Anwendung beider Schranken“ sieht. In Richtung eines solchen Erfordernisses ganz allgemein BVerfGE 149, 160 (200f.) – Vereinsverbot: „Soweit ein Vereinigungsverbot nach Art. 9 Abs. 2 GG auf grundrechtlich geschützte Handlungen gestützt wird oder auf andere Weise sonstige Grundrechte beeinträchtigt, müssen diese Grundrechte im Rahmen der Rechtfertigung des Eingriffs in Art. 9 Abs. 1 GG beachtet werden. Ein Vereinigungsverbot darf nicht bewirken, dass auf diesem Wege untersagt wird, was die Freiheitsrechte sonst erlauben.“

[34] BVerwG NVwZ 2003, 986 (987) – Kalifatstaat; billigend BVerfGK NJW 2004, 47 (47f.); ähnlich VGH München Beschl. v. 8.4.2005 – 4 CS 04.3266, juris Rn. 13. Zum Ganzen auch *Schmieder* VBlBW 2002, 146 (150f.); *Stuhlfauth* DVBl. 2009, 416 (417); *Walter* DVBl. 2008, 1073 (1076).

[35] BVerwG NVwZ 2006, 694 (695).

[36] Anders wohl *Michael* JZ 2007, 146 (147f.). Die dort besprochene Entscheidung des Bundesverwaltungsgerichts lässt indes für das Verbot einer Religionsgemeinschaft auch eine Berufung auf den „Gedanken der Völkerverständigung“ zu, der, wie *Michael* JZ 2002, 482 (486f.), zu Recht feststellt, keine verfassungsimmanente Schranke der religiösen Vereinigungsfreiheit ist. Sie verlässt damit die „Schnittmenge“ aus den verfassungsimmanenten Schranken und Art. 9 Abs. 2 GG; deutlich in diese Richtung auch BVerwG NVwZ 2014, 1573 (1576) – DawaFFM.

[37] So *Poscher* KritV 2002, 298 (309); dem folgend Albrecht/Roggenkamp/*Roggenkamp* VereinsG § 2 Rn. 39.

[38] Etwa *Jean d'Heur/Korioth,* Grundzüge des Staatskirchenrechts, 2000, Rn. 239; aA *Walter* DVBl. 2008, 1073 (1077); s. dazu auch BT-Drs. 14/7026, 6.

Religionskörperschaften, also Religionsgemeinschaften, denen der Körperschaftsstatus gem. Art. 140 GG iVm Art. 137 Abs. 5 S. 2 WRV verliehen worden ist, kommt zunächst nur dessen Entziehung in Betracht. Erst wenn der Körperschaftsstatus entzogen ist, kann jedenfalls dann, wenn man mit der überwiegenden Auffassung ein Verbot von Religionsgemeinschaften nach Aufhebung des vereinsrechtlichen Religionsprivilegs für zulässig hält (→ Rn. 7), die nun nicht mehr korporierte Religionsgemeinschaft verboten werden. Dabei unterliegt der Entzug des Körperschaftsstatus freilich ähnlichen Voraussetzungen wie das Verbot der Religionsgemeinschaft nach § 3 Abs. 1 S. 1 VereinsG iVm Art. 9 Abs. 2 GG,[39] so dass beide Maßnahmen regelmäßig miteinander einhergehen dürften.

IV. Vereinsfreiheit

1. Grundsatz der Genehmigungs- und Anzeigefreiheit

Ausgangspunkt des Vereinsgesetzes ist gem. § 1 Abs. 1 VereinsG die dort als „Vereinsfreiheit" bezeichnete **Freiheit der Vereinsbildung.** Aus ihr folgt in Übereinstimmung mit der insoweit vorbehaltlos gewährleisteten grundgesetzlichen Vereinigungsfreiheit (→ § 19 Rn. 22), dass eine Vereinsgründung grundsätzlich (zu Ausnahmen → Rn. 10) weder einer Genehmigung noch einer Anzeige bedarf. 9

2. Anmeldung von Ausländer- und ausländischen Vereinen

Lediglich **Ausländervereine** (zum Begriff → Rn. 22), die nicht durch die allgemeine Vereinigungsfreiheit nach Art. 9 Abs. 1 GG, sondern nur durch die allgemeine Handlungsfreiheit nach Art. 2 Abs. 1 GG geschützt werden (→ § 19 Rn. 17f.), sind gem. § 19 Nr. 4 VereinsG iVm **§ 19 Abs. 1 S. 1 und S. 2 VereinsG-DVO** innerhalb von zwei Wochen nach ihrer Gründung durch den Vorstand oder die zur Vertretung berechtigten Mitglieder bei der für ihren Sitz zuständigen Behörde (→ Rn. 31) anzumelden, wenn sie ihren Sitz im Geltungsbereich des Vereinsgesetzes haben. Entsprechendes gilt für **ausländische Vereine** (zum Begriff → Rn. 22), die im Geltungsbereich des Vereinsgesetzes organisatorische Einrichtungen gründen oder unterhalten **(§ 21 Abs. 1 S. 1 VereinsG-DVO).**[40] Die Anmeldepflicht trifft hier auch die Personen, die die Einrichtungen leiten (§ 21 Abs. 1 S. 2 VereinsG-DVO). Ausgenommen von der Anmeldepflicht sind gem. § 19 Abs. 3 VereinsG-DVO lediglich Ausländervereine und ausländische Vereine, deren Zweck auf einen wirtschaftlichen Geschäftsbetrieb gerichtet ist.[41] Sie sind zu einer Anmeldung nur verpflichtet, wenn sie von der nach § 19 Abs. 1 S. 1 VereinsG-DVO zuständigen Behörde dazu aufgefordert werden. Die Privilegierung wirtschaftlicher Vereinigungen (zu § 17 VereinsG → Rn. 25) setzt sich hier fort. Die Anmeldung muss die Satzung des Vereins oder, wenn der Verein keine Satzung hat, Angaben über Name, Sitz und Zweck des Vereins, die Namen und Anschriften der Vorstandsmitglieder oder der zur Vertretung berechtigten Personen sowie Angaben darüber, in welchen Ländern der Verein Teilorganisationen hat, enthalten (§ 19 Abs. 2 S. 1 und Abs. 4 S. 1 VereinsG-DVO). Änderungen sind gem. § 19 Abs. 2 S. 2 VereinsG-DVO ebenso wie die Auflösung des Vereins der zuständigen Behörde innerhalb von zwei Wochen mitzuteilen. Anmeldungen und Mitteilungen müssen gem. § 19 Abs. 4 S. 1 VereinsG-DVO auf Deutsch erfolgen. Die Behörde erteilt nach § 19 Abs. 4 S. 1 VereinsG-DVO jeweils eine Bescheini- 10

[39] *Walter* DVBl. 2008, 1073 (1076f.) unter Hinweis auf BVerfGE 102, 370 (392) – Körperschaftsstatus der Zeugen Jehovas, wo es freilich um die Verleihungsvoraussetzungen ging.

[40] Die Zuständigkeit regelt § 21 Abs. 1 S. 3 und S. 4 VereinsG.

[41] Ein wirtschaftlicher Geschäftsbetrieb ist gem. § 14 S. 1 und S. 2 AO eine selbständige nachhaltige Tätigkeit, durch die Einnahmen oder andere wirtschaftliche Vorteile erzielt werden und die über den Rahmen einer Vermögensverwaltung hinausgeht, ohne dass es einer Gewinnerzielungsabsicht bedarf. Eine Vermögensverwaltung liegt nach § 14 S. 3 AO in der Regel vor, wenn Vermögen genutzt wird. Zu Einzelheiten Gosch/*Jachmann/Unger* AO § 64 Rn. 22ff.

gung, für die keine Gebühren und Auslagen erhoben werden. Die Anmeldepflicht ist schließlich gem. § 23 VereinsG-DVO bußgeldbewehrt.

V. Vereinsverbot

1. Allgemeines

11 Obwohl Art. 9 Abs. 2 GG dem Wortlaut nach „Vereinigungen, deren Zwecke oder deren Tätigkeit den Strafgesetzen zuwiderlaufen oder die sich gegen die verfassungsmäßige Ordnung oder gegen den Gedanken der Völkerverständigung richten", unmittelbar verbietet, bedarf es nach allgemeiner Auffassung einer dieses Verbot aktualisierenden **Verbotsverfügung.**[42] Zur Begründung verweist das Bundesverwaltungsgericht auf den „mit der Gewährleistung eines Grundrechts verbunden[en] [...] Gedanke[n] der Rechtssicherheit" und das Gebot wirksamen Rechtsschutzes, „der nach Art. 19 Abs. 4 GG jedem, auch der betroffenen Vereinigung, gegenüber obrigkeitlichen Eingriffen zusteht".[43] § 3 Abs. 1 S. 1 VereinsG liefert insoweit mit Art. 9 Abs. 2 GG[44] die für eine einzelfallbezogene Verbotsverfügung aus allgemeinen grundrechtsdogmatischen Erwägungen[45] erforderliche **einfachgesetzliche Rechtsgrundlage.** Ergänzt wird sie für ausländische Vereine und Ausländervereine durch §§ 14 und 15 VereinsG (zur umstrittenen Anwendbarkeit der Vorschriften auf Religionsgemeinschaften → § 19 Rn. 32). Nach § 3 Abs. 1 S. 1 VereinsG iVm Art. 9 Abs. 2 GG stellt die Verbotsbehörde durch Verfügung fest, dass die Zwecke oder die Tätigkeit des Vereins den Strafgesetzen zuwiderlaufen oder dass der Verein sich gegen die verfassungsmäßige Ordnung oder den Gedanken der Völkerverständigung richtet. Zugleich ordnet sie die Auflösung des Vereins an. § 3 Abs. 1 S. 1 Hs. 1 VereinsG stellt zugunsten des Vereins klar, dass er erst dann als verboten behandelt werden darf, wenn ihm gegenüber eine bestandskräftige oder sofort vollziehbare Verbotsverfügung nach § 3 Abs. 1 S. 1 VereinsG ergangen ist.[46] Infolge dieses **„Vereinigungsprivilegs"**[47] kann beispielsweise eine Universität die Überlassung eines Raums an einen nicht verbotenen Studentenverband nicht mit der Begründung verweigern, dessen Tätigkeit richte sich gegen die verfassungsmäßige Ordnung.[48]

2. Materielle Voraussetzungen

12 Materiell setzt das Verbot eines Vereins gem. § 3 Abs. 1 S. 1 VereinsG iVm Art. 9 Abs. 2 GG voraus, „daß seine Zwecke oder seine Tätigkeit den Strafgesetzen zuwiderlaufen oder daß er sich gegen die verfassungsmäßige Ordnung oder den Gedanken der Völkerverständigung richtet". Die **Aufzählung der Verbotsgründe ist grundsätzlich abschließend.**[49] Nur bei Ausländervereinen und ausländischen Vereinen wird der Katalog in §§ 14 und 15 VereinsG um weitere Verbotsgründe erweitert (→ Rn. 22). Mit Blick auf die in Art. 9 Abs. 2

---

[42] BVerwGE 4, 188 (188 f.); BVerwGE 55, 175 (177 f.) – Kroatischer Nationaler Widerstand.

[43] BVerwGE 4, 188 (189).

[44] Zum Zusammenhang beider Vorschriften im Einzelnen *Michael* JZ 2002, 482 (484).

[45] Allgemein SHH/*Müller-Franken* GG vor Art. 1 Rn. 50 f.; mit Blick auf das Verbot von Vereinen *Michael* JZ 2007, 146 (147); *Pieroth/Kingreen* NVwZ 2001, 841 (845 f.).

[46] Dazu BVerwGE 61, 218 (219) – Wehrsportgruppe Hoffmann; aus jüngerer Zeit BVerwG NVwZ-RR 2011, 14 (14) – Heimattreue Deutsche Jugend; BVerwG NVwZ-RR 2012, 648 (648) – Internationale Humanitäre Hilfsorganisation; *Michael* JZ 2002, 482 (488); *Wiese* ZRP 1976, 54 (57); s. aber auch BVerwGE 75, 86 (97 f.): Ablehnung einer Einbürgerung wegen Mitgliedschaft in einer nicht verbotenen Vereinigung zulässig. Vor diesem Hintergrund zur Verfassungsmäßigkeit des § 20 Abs. 1 Nr. 1 VereinsG, der auch Zuwiderhandlungen gegen vollziehbare, aber noch nicht bestandskräftige Vereinsverbote pönalisiert, BVerfGE 80, 244 (252 ff.) – Vereinsverbot.

[47] Zu diesem an die Rechtslage bei den politischen Parteien (→ § 19 Rn. 34) angelehnten Begriff Dreier/*Bauer* GG Art. 9 Rn. 54; Gosch/*Jachmann/Unger* AO § 51 Rn. 96.

[48] BVerwG NJW 1980, 1863 (1864) – Kommunistischer Studentenverband.

[49] Für Art. 9 Abs. 2 GG BVerfGE 80, 244 (253) – Vereinsverbot; BVerfGE 149, 160 (195 f.) – Vereinsverbot. Für § 3 Abs. 1 S. 1 VereinsG gilt (zumal im Lichte der verfassungsrechtlichen Vorgabe in Art. 9 Abs. 2 GG) nichts anderes.

GG und § 3 Abs. 1 S. 1 VereinsG aufgeführten Rechtsgüter ist es einerseits nicht ausreichend, andererseits aber auch nicht erforderlich, dass diese bereits durch unmittelbar bevorstehende Handlungen des Vereins iSd allgemeinen Gefahrenabwehrrechts konkret gefährdet sind.[50] Das Vereinsverbot ist ein **Organisationsverbot** und kein Betätigungsverbot. Zweck ist die Ausschaltung einer „situationsunabhängigen, generell und permanent gefährlichen Zielsetzung und Organisation".[51] Das Erfordernis einer im Einzelfall bestehenden Sachlage oder eines im Einzelfall zu beobachtenden Verhaltens, das „bei ungehindertem Ablauf des objektiv zu erwartenden Geschehens mit Wahrscheinlichkeit ein polizeilich geschütztes Rechtsgut schädigen wird",[52] würde dem nicht gerecht: Erstens wäre ihm durch ein milderes konkretes Ge- oder Verbot beizukommen und zweitens besteht die Besonderheit der von einer Organisation, ihren Strukturen und ihren Zielsetzungen ausgehenden Gefahr gerade darin, dass sie anlassunabhängig und dauerhaft besteht und sich noch nicht zu einer konkreten Gefahr verdichtet hat.[53] Allgemein zu beachten ist, dass eine Verbotsverfügung nur in Betracht kommt, wenn der **Verein im Zeitpunkt des Erlasses der Verbotsverfügung noch existiert.**[54] Es besteht daher stets die Möglichkeit, dass sich ein Verein durch seine rechtzeitige Selbstauflösung einem Verbot entzieht.[55] Die Anforderungen an eine entsprechende Selbstauflösung sind indes hoch. Erforderlich ist nicht nur die endgültige und dauerhafte Einstellung aller Aktivitäten des Vereins, die ein Verbot rechtfertigen. Die Selbstauflösung muss sich auch auf alle Vermögenswerte des Vereins erstrecken und insoweit im Zeitpunkt der Verbotsverfügung vollständig abgeschlossen sein.[56] Ist die Liquidation des Vereins in vermögensrechtlicher Hinsicht hingegen noch nicht vollständig abgeschlossen, kann er nach Auffassung des Bundesverwaltungsgerichts selbst bei einem nur noch geringwertigen verbleibenden Vereinsvermögen weiterhin verboten werden, auch wenn er als Verein in Liquidation gegenwärtig keine materiellen Verbotsgründe mehr verwirklicht.[57]

a) Tatsächliche Verbotsgrundlage. Tatsächliche Grundlage für das Verbot ist der **Gesamtauftritt des Vereins in der Öffentlichkeit.** Häufig sind die wahren Ziele eines 13
Vereins dabei noch nicht der Satzung und dem Programm, sondern erst dem tatsächlichen Auftreten in der Öffentlichkeit, etwa in Form von Publikationen oder Äußerungen seiner Funktionsträger, zu entnehmen.[58] Maßgeblich ist stets das Gesamtbild.[59] Bei Äußerungen kommt es darauf an, wie sie aus Sicht eines objektiven inländischen Empfängers zu verste-

---

[50] BVerwGE 55, 175 (182 f.) – Kroatischer Nationaler Widerstand.

[51] BVerwGE 55, 175 (182) – Kroatischer Nationaler Widerstand.

[52] So die allgemeine Definition von „Gefahr" in BVerwGE 45, 51 (57).

[53] Ähnlich BVerwGE 55, 175 (182 f.) – Kroatischer Nationaler Widerstand; s. auch BVerwG NVwZ 2006, 694 (695): Verbot scheidet nicht schon deshalb aus, „weil nicht ersichtlich ist, dass der [Verein] seine Äußerungen […] in entsprechende Handlungen umgesetzt hat".

[54] BVerwG NVwZ-RR 2019, 512 (514) – Hells Angels Motorcycle Club Bonn.

[55] Dazu instruktiv BVerwG NVwZ-RR 2019, 512 (514) – Hells Angels Motorcycle Club Bonn: „kein Selbsterhaltungsgebot eines materiell verbotsfähigen Vereins, um als Gegenstand eines behördlichen Vereinsverbots bestehen zu bleiben".

[56] BVerwG NVwZ-RR 2019, 512 (514) – Hells Angels Motorcycle Club Bonn.

[57] So BVerwG NVwZ-RR 2019, 512 (514 f.) – Hells Angels Motorcycle Club Bonn, das darauf hinweist, dass „die Widmung fortbestehenden Vereinsvermögens zu diesen Zwecken [fort]besteht" und das verbleibende Vereinsvermögen „ohne Weiteres für eine Wiederaufnahme entsprechender Tätigkeiten – und sei es in einer ohne Vereinsverbot statthaften Ersatzorganisation – genutzt werden [kann]".

[58] Zum Ganzen BVerwGE 134, 275 (290 f. und 293) – Collegium Humanum; BVerwG Buchholz 402.45 VereinsG Nr. 24 – FAP; BVerwG NJW 1995, 2505 (2505) – Wiking-Jugend; BVerwG NVwZ-RR 2000, 70 (71) – Wiking-Jugend; BVerwG Gerichtsbescheid v. 8.8.2005 – 6 A 1/04, juris Rn. 26 – Hizb ut-Tahrir; BVerwG NVwZ-RR 2009, 803 (804) – Heimattreue Deutsche Jugend; BVerwG NVwZ-RR 2011, 14 (15) – Heimattreue Deutsche Jugend; BVerwG NVwZ 2013, 870 (871 f.) – Hilfsorganisation für nationale Gefangene; exemplarisch BVerwGE 55, 175 (184 f.) – Kroatischer Nationaler Widerstand: „Verlautbarungen des Klägers oder seiner Funktionäre sowie […] Äußerungen von Mitgliedern, in denen die Ergebnisse der Einwirkung des Klägers auf seine Mitglieder in Erscheinung treten".

[59] BVerwGE 134, 275 (293) – Collegium Humanum; BVerwG Gerichtsbescheid v. 8.8.2005 – 6 A 1/04, juris Rn. 26 – Hizb ut-Tahrir; BVerwG NVwZ-RR 2009, 803 (804) – Heimattreue Deutsche Jugend; BVerwG NVwZ-RR 2011, 14 (15) – Heimattreue Deutsche Jugend.

hen sind.[60] Die Berufung auf einen abweichenden soziokulturellen Hintergrund wird nicht berücksichtigt.[61]

14 Um prüfen zu können, ob eine ausreichende tatsächliche Grundlage für ein Vereinsverbot vorliegt, ist die Verbotsbehörde auf adäquate Aufklärungsinstrumente angewiesen. **§ 4 VereinsG** erweitert daher das allgemeine Aufklärungsinstrumentarium des Verwaltungsverfahrensgesetzes[62] um **besondere Ermittlungsbefugnisse,** die denen der Staatsanwaltschaft ähnlich sind.[63] Der Gesetzgeber begründete dies bereits 1962 mit „der heutigen Tarnungstechnik verfassungsfeindlicher Organisationen".[64] Im Mittelpunkt des § 4 VereinsG stehen die Möglichkeit, eine richterliche Vernehmung von Zeugen zu erwirken, und die Befugnis zur Beschlagnahme von Beweismitteln, erforderlichenfalls unter Durchsuchung der Räume des Vereins und der Räume, der Sachen und der Person eines Mitglieds oder Hintermanns des Vereins. Grundsätzlich bedürfen Ermittlungsmaßnahmen nach § 4 VereinsG einer **richterlichen Anordnung** durch das gem. § 4 Abs. 2 S. 1 VereinsG zuständige Verwaltungsgericht.[65] Nur bei Gefahr im Verzug kommt gem. § 4 Abs. 5 VereinsG eine Anordnung durch die Verbotsbehörde selbst in Betracht.[66] Stets setzt die Anordnung von Ermittlungsmaßnahmen voraus, dass immerhin ein Anfangsverdacht für die Verwirklichung eines Verbotstatbestands besteht.[67] Eine vorherige Anhörung des Betroffenen ist jedenfalls dann entbehrlich, wenn damit zu rechnen ist, dass bei einer Anhörung Beweismittel beiseitegeschafft oder vernichtet werden und dadurch der Zweck der Ermittlungsmaßnahmen gefährdet würde.[68] Die einzelnen Ermittlungsmaßnahmen regelt § 4 Abs. 4 und Abs. 5 VereinsG, der auf die Verwaltungsgerichtsordnung und die Strafprozessordnung verweist.[69] Umstritten ist, ob Ermittlungen nach § 4 VereinsG, die darauf zielen, Beweismittel für einen etwaigen Anfechtungsrechtsstreit zu gewinnen, auch noch nach Erlass eines Vereinsverbots zulässig sind. Das Bundesverwaltungsgericht bejaht dies. Aus seiner Sicht wäre es mit der gesetzlichen Zielsetzung einer effektiven Bekämpfung verbotener Vereinigungen unvereinbar, wenn die Verbotsbehörden Hinweisen auf zusätzliches und eventuell gewichtiges Beweismaterial nur nachgehen könnten, um unter Aufhebung der bereits ergangenen eine neue Verbotsverfügung zu erlassen.[70] Gegen diese Auffassung bestehen keine Bedenken, sofern der Erlass der Verbotsverfügung maßgeblicher Zeitpunkt für die Beurteilung der Sach- und Rechtslage bleibt (→ Rn. 62).

15 **b) Vorliegen eines Verbotsgrunds.** Im Rahmen des § 3 Abs. 1 S. 1 VereinsG iVm Art. 9 Abs. 2 GG ist zwischen **drei Verbotsgründen** zu unterscheiden: Erstens können die

---

[60] BVerwG Gerichtsbescheid v. 8.8.2005 – 6 A 1/04, juris Rn. 26 – Hizb ut-Tahrir.

[61] S. etwa BVerwGE 55, 175 (185) – Kroatischer Nationaler Widerstand: „Der Kläger kann […] nicht geltend machen, bei hinreichender Berücksichtigung der ‚direkten' Sprache der Balkanvölker dürften seine Verlautbarungen […] nicht ernstgenommen werden."

[62] S. insbesondere § 26 VwVfG und dazu *Groh* VereinsG § 4 Rn. 1.

[63] BVerwG NJW 2001, 1663 (1663).

[64] BT-Drs. IV/430, 16; zur Vertiefung *Groh* VereinsG § 4 Rn. 1.

[65] Zum Rechtsschutz gegen die gerichtliche Anordnung (insbesondere auch noch nach Vollzug einer angeordneten Durchsuchung und nach Rückgabe der beschlagnahmten Gegenstände) sowie zu den Anforderungen an ihre Bestimmtheit VGH Mannheim NVwZ 2003, 368 (368f.); VGH Mannheim NVwZ-RR 2012, 198 (198ff.); OVG Lüneburg NVwZ-RR 2009, 475 (475f.).

[66] Zum Rechtsschutz gegen die behördliche Anordnung sowie zur (vom Gericht für den Regelfall verneinten) Frage, ob eine behördliche Beschlagnahmeanordnung wegen Gefahr im Verzug zu einem bei der nachfolgenden gerichtlichen Beschlagnahmeentscheidung zu berücksichtigenden Beweisverwertungsverbot führt, wenn Gefahr im Verzug nicht vorlag, OVG Lüneburg NVwZ-RR 2009, 517 (517f.).

[67] VGH Kassel NJW 1993, 2826 (2827); OVG Lüneburg NVwZ-RR 2009, 473 (473f.); OVG Bremen NVwZ-RR 2012, 64 (64ff.); VGH Mannheim NVwZ-RR 2012, 198 (199f.); OVG Berlin-Brandenburg NVwZ-RR 2013, 410 (410ff.); OVG Bremen NVwZ-RR 2016, 227 (227).

[68] VGH Kassel NJW 1993, 2826 (2826).

[69] Im Einzelnen Albrecht/Roggenkamp/*Albrecht* VereinsG § 4 Rn. 35ff., 44ff. und 68ff.; Hinweise zum Rechtsschutz bei *Groh* VereinsG § 4 Rn. 15.

[70] BVerwG NJW 2001, 1663 (1663); dem folgend OVG Bautzen NVwZ-RR 2017, 729 (730) – Nationale Sozialisten Chemnitz; zustimmend SGR/*Roth* VereinsG § 4 Rn. 19; skeptisch *Groh* VereinsG § 4 Rn. 4.

Zwecke oder die Tätigkeit der Vereinigung den Strafgesetzen zuwiderlaufen. Zweitens kann sich die Vereinigung gegen die verfassungsmäßige Ordnung richten. Drittens schließlich kann sie sich gegen den Gedanken der Völkerverständigung richten. Es genügt, wenn einer der drei Verbotsgründe vorliegt. Alle drei Verbotsgründe sind unter Verhältnismäßigkeitsgesichtspunkten eng auszulegen und dürfen daher nicht schon dann zu einem Vereinsverbot führen, wenn „nur in der Vergangenheit und nur vereinzelt gegen die Schutzgüter […] gerichtete Handlungen vorgekommen sind".[71] Die Vereinigung muss vielmehr als solche und also gerade auch „mit dem organisatorischen Gefüge der Vereinigung als zweckgerichtetem Zusammenschluss mehrerer Personen" dauerhaft die Schutzgüter bedrohen, so dass ein Organisationsverbot zur Gefahrenabwehr unumgänglich ist.[72] Das Bundesverfassungsgericht verlangt insoweit ganz allgemein eine **Prägung der Vereinigung durch verbotstatbestandsmäßige Handlungen;** die Vereinigung muss sie kennen, sie billigen und sich mit ihnen identifizieren.[73] Das entspricht in der Sache der verwaltungsgerichtlichen Auslegung der Verbotstatbestände.

aa) Strafgesetzwidrigkeit. Gemäß Art. 9 Abs. 2 GG ist ein Verein zunächst verboten, wenn seine Zwecke oder seine Tätigkeit den Strafgesetzen zuwiderlaufen. Angesprochen ist grundsätzlich die **Gesamtheit aller strafrechtlichen Vorschriften.** Ausgenommen ist nach ganz überwiegender Auffassung nur vereinsspezifisches Sonderstrafrecht.[74] Auch Ordnungswidrigkeiten sind nicht umfasst.[75] Da nach deutschem Strafrecht Vereinigungen als solche nicht straffähig sind, ergibt sich die Strafgesetzwidrigkeit eines Vereins erst aus den Absichten und Verhaltensweisen seiner Mitglieder und Organe. Durch Organe kann der Verein einen vom einzelnen Mitglied losgelösten Gruppenwillen bilden, eine eigene Zweckrichtung festlegen und selbständig handeln. Ergibt sich hieraus eine Strafgesetzwidrigkeit, ist der Verbotstatbestand erfüllt. Dabei muss die Strafgesetzwidrigkeit nicht den Hauptzweck oder die Haupttätigkeit des Vereins ausmachen. Auch muss sie nicht dauerhaft sein. Voraussetzung ist aber die **Zurechenbarkeit der Absichten und Verhaltensweisen** der Mitglieder und Organe eines Vereins.[76] Diese ist bei Organhandeln stets zu bejahen.[77] Für die Zurechnung von Mitgliederhandeln gilt § 3 Abs. 5 VereinsG (→ Rn. 28). Letztlich kommt es darauf an, ob die Vereinigung Straftaten bewusst hervorruft, bestärkt, ermöglicht oder erleichtert oder auch nur nachträglich billigt und fördert.[78] Ob diese dann letztlich von Organen, Mitgliedern oder Anhängern der Vereinigung begangen werden, ist unerheblich.[79] Ob vor diesem Hintergrund die Zwecke oder die Tätigkeit eines Vereins den Strafgesetzen zuwiderlaufen, beurteilt die Verbotsbehörde in eigener Zuständigkeit.[80] Der vorherigen Einleitung eines Strafverfahrens gegen Mitglieder oder Funktionäre des Vereins oder gar einer vorherigen strafgerichtlichen Verurteilung wegen Bildung einer kriminellen Vereinigung nach § 129 Abs. 1 StGB oder Verwirklichung eines anderen Straftatbestands bedarf es nicht. Selbst ein Freispruch bindet die Behörden nicht. Umgekehrt sind auch bei einer vorherigen strafgerichtlichen Verurteilung 16

[71] So – vor die Klammer aller drei Verbotsgründe gezogen – BVerfGE 149, 160 (196) – Vereinsverbot.
[72] Formulierung in BVerfGE 149, 160 (196) – Vereinsverbot.
[73] So BVerfGE 149, 160 (195) – Vereinsverbot.
[74] *Groh* VereinsG § 3 Rn. 8; Dreier/*Bauer* GG Art. 9 Rn. 56; zusammenfassend Jarass/Pieroth/*Jarass* GG Art. 9 Rn. 18: „Damit sind nur *allgemeine* Strafgesetze gemeint, die ein Verhalten pönalisieren, unabhängig davon, ob es vereinsmäßig begangen wird oder nicht"; entsprechend BVerfGE 149, 160 (196) – Vereinsverbot.
[75] BVerfGE 149, 160 (196) – Vereinsverbot; *Groh* VereinsG § 3 Rn. 8.
[76] Zum Ganzen BVerwGE 80, 299 (306ff.) – Hells Angels Motor-Club Hamburg; BVerwGE 134, 275 (279) – Collegium Humanum; BVerwGE 154, 22 (38ff.) – Gremium MC Germany.
[77] BVerwGE 134, 275 (291) – Collegium Humanum.
[78] BVerfGE 149, 160 (196f.) – Vereinsverbot; dazu näher *Schiffbauer* JZ 2019, 130 (133f.); ferner BVerfGK NVwZ 2020, 224 (225) – Gremium MC Germany, das eine Zurechnung bejaht, wenn Vereinsmitglieder wegen einer Tatbeteiligung belohnt oder wegen fehlender Mitwirkung sanktioniert werden.
[79] BVerwG NVwZ 2013, 870 (874) – Hilfsorganisation für nationale Gefangene.
[80] Exemplarisch für § 130 Abs. 3 StGB BVerwGE 134, 275 (281ff.) – Collegium Humanum.

von Mitgliedern oder Funktionären des Vereins weder die Verbotsbehörde noch ein etwa angerufenes Verwaltungsgericht formell oder materiell durch das Urteil gebunden.[81]

16a Unter Verhältnismäßigkeitsgesichtspunkten ist zu beachten, dass ein Verbot nur in Betracht kommt, „wenn das Vorgehen gegen einzelne Straftaten nicht ausreicht, weil strafwürdige Handlungen gerade aus der Organisation heraus geplant oder begangen werden [...], also die Verletzung der Strafgesetze gerade mit der Organisation prägend verknüpft ist".[82] Dementsprechend verlangt das Bundesverwaltungsgericht in ständiger Rechtsprechung, dass die dem Verein zurechenbaren strafgesetzwidrigen Zwecke oder Tätigkeiten den **Charakter des Vereins prägen.**[83]

17 **bb) Verfassungswidrigkeit.** Die verfassungsmäßige Ordnung iSv Art. 9 Abs. 2 GG und § 3 Abs. 1 S. 1 VereinsG entspricht inhaltlich weitgehend der **freiheitlichen demokratischen Grundordnung.**[84] Bestandteile sind mithin insbesondere die Achtung vor den im Grundgesetz konkretisierten Menschenrechten, das demokratische Prinzip mit der Verantwortlichkeit der Regierung, das Mehrparteienprinzip und das Recht auf verfassungsmäßige Bildung und Ausübung einer Opposition.[85] Ergänzend kann auf die Rechtsprechung des Bundesverfassungsgerichts zum Begriff der freiheitlichen demokratischen Grundordnung in Art. 21 Abs. 2 GG zurückgegriffen werden.[86]

18 Der Verein muss sich gem. Art. 9 Abs. 2 GG und § 3 Abs. 1 S. 1 VereinsG **gegen die verfassungsmäßige Ordnung „richten".** Das ist nach der Rechtsprechung des Bundesverwaltungsgerichts – erneut: unter Verhältnismäßigkeitsgesichtspunkten – nur der Fall, wenn der Verein den Willen hat, seine mündlich oder schriftlich verbreiteten verfassungsfeindlichen Ziele in die Tat umzusetzen und dabei eine kämpferisch-aggressive Haltung gegenüber der verfassungsmäßigen Ordnung der Bundesrepublik einnimmt, die seinen Charakter prägt. Es müssen daher im Zeitpunkt der Verbots- und Auflösungsverfügung Tatsachen vorliegen, die auf eine Tätigkeit der Vereinigung mit dem Ziel der Verwirklichung ihrer verfassungsfeindlichen Absichten schließen lassen. Dabei ist es unschädlich,

---

[81] Zum Ganzen BVerwGE 80, 299 (305 f.) – Hells Angels Motor-Club Hamburg; BVerwGE 134, 275 (280 f.) – Collegium Humanum; VGH Kassel DVBl. 2013, 933 (934 f.); s. auch BVerfGE 149, 160 (197) – Vereinsverbot; BVerfGK NVwZ 2020, 224 (225) – Gremium MC Germany.

[82] So BVerfGE 149, 160 (197) – Vereinsverbot.

[83] BVerwGE 134, 275 (291 f.) – Collegium Humanum; BVerwG EuGH-Vorlage v. 24.2.2010 – 6 A 7/08, juris Rn. 38 ff. – Roj TV; Albrecht/Roggenkamp/*Albrecht* VereinsG § 3 Rn. 36 f.; SGR/*Roth* VereinsG § 3 Rn. 38 ff. Präzisierend weist BVerwGE 154, 22 (39 f.) – Gremium MC Germany, darauf hin, dass dabei „auch schon eine einzelne Straftat für sich genommen einen hinreichend schweren Anlass für ein Vereinsverbot begründen [kann], etwa wenn sich aus ihr die durch ein Vereinsverbot zu begrenzende Gefahr einer weiteren, Rechtsgüter verletzenden Selbstbehauptung gegenüber konkurrierenden Vereinigungen ergibt"; dem folgend BVerfGK NVwZ 2020, 224 (225 f.) – Gremium MC Germany.

[84] Dreier/*Bauer* GG Art. 9 Rn. 57; ähnlich BVerwG Urt. v. 2.12.1980 – 1 A 3/80, juris Rn. 61 – Wehrsportgruppe Hoffmann (insoweit in BVerwGE 61, 218 nicht abgedruckt): „Jedenfalls gehören aber (mindestens) die elementaren Verfassungsgrundsätze, die nach dem SRP-Urteil des Bundesverfassungsgerichts [...] den Begriff der freiheitlich-demokratischen Grundordnung im Sinne von Art. 21 Abs. 2 GG bilden, auch zur verfassungsmäßigen Ordnung im Sinne von Art. 9 Abs. 2 GG"; in diese Richtung auch BVerfGE 149, 160 (197) – Vereinsverbot; anders BVerfGE 144, 20 (202 ff.) – Nationaldemokratische Partei Deutschlands II: freiheitliche demokratische Grundordnung und verfassungsmäßige Ordnung insofern zu unterscheiden, als der Begriff der freiheitlichen demokratischen Grundordnung „eine Konzentration auf wenige, zentrale Grundprinzipien [...] erfordert"; dazu näher *Schiffbauer* JZ 2019, 130 (134).

[85] BVerwGE 134, 275 (292) – Collegium Humanum; BVerwG Urt. v. 2.12.1980 – 1 A 3/80, juris Rn. 61 – Wehrsportgruppe Hoffmann (insoweit in BVerwGE 61, 218 nicht abgedruckt); BVerwG Buchholz 402.45 VereinsG Nr. 8 – Volkssozialistische Bewegung Deutschlands; BVerwG NJW 1993, 2313 (2315) – Nationalistische Front; BVerwG NJW 1995, 2505 (2505) – Wiking-Jugend; BVerwG NVwZ 1997, 66 (67) – Deutsche Alternative; BVerwG NVwZ-RR 2000, 70 (71) – Wiking-Jugend; BVerwG NVwZ-RR 2009, 803 (804) – Heimattreue Deutsche Jugend; BVerwG NVwZ-RR 2011, 14 (14 f.) – Heimattreue Deutsche Jugend; BVerwG NVwZ 2013, 870 (871) – Hilfsorganisation für nationale Gefangene; BVerwG NVwZ 2014, 1573 (1576) – DawaFFM; s. auch BVerfGE 149, 160 (197) – Vereinsverbot.

[86] Eingehend BVerfGE 144, 20 (202 ff.) – Nationaldemokratische Partei Deutschlands II; aus der älteren Rechtsprechung insbesondere BVerfGE 2, 1 – Sozialistische Reichspartei; BVerfGE 5, 85 – Kommunistische Partei Deutschlands.

wenn im Zeitpunkt der Verbots- und Auflösungsverfügung nicht ernsthaft damit zu rechnen ist, dass der Verein seine Ziele in absehbarer Zukunft verwirklichen wird. Es genügt, wenn gegenwärtig eine Absicht des Vereins zu erkennen ist, die verfassungsmäßige Ordnung der Bundesrepublik Deutschland zu untergraben. Der Zeitpunkt, in dem dieses Ziel objektiv oder nach den Vorstellungen des Vereins verwirklicht werden kann oder soll, ist dann ohne rechtliche Bedeutung.[87] Dementsprechend sieht auch das Bundesverfassungsgericht zwar einerseits in der bloßen „Verbreitung verfassungsfeindlicher Ideen oder bestimmter politischer Auffassungen" noch keinen Verbotsgrund, verlangt aber andererseits auch keine „konkrete Gefahr für die freiheitliche demokratische Grundordnung".[88] Anders als bei politischen Parteien, die nach Art. 21 Abs. 2 GG „darauf ausgehen" müssen, die freiheitliche demokratische Grundordnung zu beeinträchtigen oder zu beseitigen, genügt es bei Art. 9 Abs. 2 GG und § 3 Abs. 1 S. 1 Hs. 1 VereinsG, dass ein Verein sich gegen die verfassungsmäßige Ordnung „richtet". „Potentialität im Sinne konkreter Anhaltspunkte von Gewicht […], die es möglich erscheinen lassen, dass [sein] Handeln erfolgreich sein kann", ist daher nicht erforderlich.[89]

Beispiele aus der Rechtsprechung sind: „aggressive antisemitische Meinungsäuße- 19
rungen" einer Vereinigung;[90] eine „paramilitärische Vereinigung" mit dem Ziel, „die Regierung nicht mehr aus allgemeinen, gleichen und freien Wahlen hervorgehen zu lassen, sondern durch ein ‚nach den Grundsätzen des Leistungsprinzips und des Leistungsnachweises' durchgeführtes ‚Selektionsverfahren' zu bilden und als ‚oberste Führung' mit ‚anonymen' Mitgliedern bei periodischer Auswechselung je eines Teils zu besetzen";[91] eine Vereinigung, die sich zu Hitler und zur NSDAP bekennt und dabei die demokratische Staatsform verächtlich macht, eine mit dem Diskriminierungsverbot des Art. 3 Abs. 3 GG unvereinbare Rassenlehre propagiert und eine entsprechende „Revolution" anstrebt;[92] eine Vereinigung, die die Legitimität der verfassungsmäßigen Ordnung bestreitet und an ihre Stelle einen „Kalifatstaat" setzen will, der sich für legitimiert hält, gegenüber Mitgliedern und Abweichlern und im Konfliktfall auch gegenüber deutschen Staatsorganen Gewalt auszuüben;[93] eine Vereinigung, die auf der Scharia beruhende, im Widerspruch zur Verfas-

[87] Zum Ganzen BVerwGE 37, 344 (358ff.) – Verlag Hohe Warte; BVerwGE 61, 218 (220f. und 222) – Wehrsportgruppe Hoffmann; BVerwGE 134, 275 (292) – Collegium Humanum; BVerwG Buchholz 402.45 VereinsG Nr. 8 – Volkssozialistische Bewegung Deutschlands; BVerwG NJW 1995, 2505 (2505) – Wiking-Jugend; BVerwG NVwZ-RR 2000, 70 (71) – Wiking-Jugend; BVerwG NVwZ-RR 2009, 803 (804) – Heimattreue Deutsche Jugend; BVerwG NVwZ-RR 2011, 14 (15) – Heimattreue Deutsche Jugend; BVerwG NVwZ 2013, 870 (871) – Hilfsorganisation für nationale Gefangene; BVerwG NVwZ 2014, 1573 (1576f.) – DawaFFM.

[88] BVerfGE 149, 160 (198) – Vereinsverbot.

[89] BVerfGE 149, 160 (199) – Vereinsverbot.

[90] BVerwGE 37, 344 (359) – Verlag Hohe Warte.

[91] BVerwG Urt. v. 2.12.1980 – 1 A 3/80, juris Rn. 82 – Wehrsportgruppe Hoffmann (insoweit in BVerwGE 61, 218 nicht abgedruckt).

[92] BVerwGE 134, 275 (292f.) – Collegium Humanum; BVerwG Buchholz 402.45 VereinsG Nr. 8 – Volkssozialistische Bewegung Deutschlands; BVerwG NJW 1993, 2313 (2315) – Nationalistische Front; BVerwG Buchholz 402.45 VereinsG Nr. 24 – FAP; BVerwG NJW 1995, 2505 (2505) – Wiking-Jugend; BVerwG NVwZ 1997, 66 (67) – Deutsche Alternative; BVerwG NVwZ-RR 2000, 70 (71) – Wiking-Jugend; BVerwG NVwZ-RR 2009, 803 (804) – Heimattreue Deutsche Jugend; BVerwG NVwZ-RR 2011, 14 (15) – Heimattreue Deutsche Jugend; BVerwG NVwZ 2013, 870 (871) – Hilfsorganisation für nationale Gefangene; s. auch VGH Mannheim NVwZ-RR 1995, 198 (198) – Heimattreue Vereinigung Deutschlands: Vereinigung „weist […] Wesensverwandtschaft mit dem Nationalsozialismus auf, denn sie orientiert sich in ihren äußeren Formen und in ihrem Sprachgebrauch am Nationalsozialismus […], bekennt sich zu maßgeblichen Repräsentanten des Nationalsozialismus […], propagiert einen rassisch begründeten Fremdenhaß mit antisemitischem Einschlag […], redet dem Revisionismus das Wort […], und führende Funktionsträger besitzen eine dem Nationalsozialismus gegenüber positive Grundeinstellung"; vertiefend zu Möglichkeiten und Grenzen der Anknüpfung eines Vereinsverbots an eine „Wesensverwandtschaft mit dem Nationalsozialismus" *Richter* RdJB 2002, 172 (180ff.).

[93] BVerwG NVwZ 2003, 986 (988f.) – Kalifatstaat.

sungsordnung des Grundgesetzes stehende Lehren als Glaubensinhalt vertritt, für sie wirbt und auf ihre Umsetzung in Deutschland hinwirkt.[94]

20 **cc) Völkerverständigungswidrigkeit.** Ein Verbotsgrund liegt schließlich vor, wenn sich der Verein gegen den Gedanken der Völkerverständigung richtet. Angesprochen sind **Konflikte zwischen Staaten, interne Konflikte zwischen Bevölkerungsteilen und Bedrohungen durch Terrororganisationen.** Propagiert oder fördert eine Vereinigung insoweit Gewalt oder vergleichbar schwerwiegende völkerrechtswidrige Handlungen, verhält sie sich völkerverständigungswidrig.[95] Unvereinbar mit dem Gedanken der Völkerverständigung ist darüber hinaus jede Verletzung der elementaren und für das friedliche Zusammenleben der Völker unverzichtbaren **Regeln des Völkerrechts.** Zu ihnen zählt das Recht der Staaten auf Selbsterhaltung, Unabhängigkeit und Gleichheit. Verletzt wird es, wenn die Minderwertigkeit einzelner Völker behauptet wird oder das Existenzrecht eines Staates bestritten wird. Gegen den Gedanken der Völkerverständigung verstoßen auch Vereine, die sich gegen die friedliche Überwindung von Interessengegensätzen zwischen Völkern oder allgemein gegen die Unterhaltung zwischenstaatlicher Beziehungen richten und damit Gewalt in das Verhältnis zwischen den Völkern hineintragen. Geschützt sind sowohl die friedlichen Beziehungen der Bundesrepublik Deutschland zu fremden Völkern als auch die friedlichen Beziehungen zwischen fremden Völkern. **Punktuelle Kritik** an einzelnen Staaten oder der Unterhaltung zwischenstaatlicher Beziehungen läuft dem Gedanken der Völkerverständigung aber nicht zuwider. Dass die Vereine selbst Gewalt ausüben, ist nicht erforderlich. Es genügt, dass sie eine Gruppierung (häufig: finanziell) unterstützen, die ihrerseits durch Ausübung von Gewalt das friedliche Miteinander der Völker beeinträchtigt. Die Unterstützung des sozialen Flügels einer Gruppierung ist ausreichend, wenn dieser vom militärischen und politischen Bereich nicht getrennt werden kann.[96]

21 Der Verein muss sich nach dem Wortlaut von Art. 9 Abs. 2 GG und § 3 Abs. 1 S. 1 Hs. 1 VereinsG **gegen den Gedanken der Völkerverständigung „richten".** Das Schrifttum verlangt insoweit in Übereinstimmung mit dem herrschenden Verständnis des insoweit identisch formulierten Verbotsgrundes der Verfassungswidrigkeit ganz überwiegend eine aggressiv-kämpferische Haltung.[97] Das Bundesverwaltungsgericht fordert zwar unter Verhältnismäßigkeitsgesichtspunkten, dass der Zweck oder die Tätigkeit des Vereins dazu geeignet ist, „den Gedanken der Völkerverständigung schwerwiegend, ernst und nachhaltig zu beeinträchtigen". Dazu bedürfe es aber keiner aggressiv-kämpferischen Vorgehensweise. Erforderlich sei freilich wie bei der Strafgesetzwidrigkeit, dass die Völkerverständigungswidrigkeit **den Charakter des Vereins prägt.**[98] Ob beide Auffassungen im Einzelfall zu unterschiedlichen Ergebnissen führen, erscheint immerhin zweifelhaft.[99] In jedem Fall muss ein objektiv gegen den Gedanken der Völkerverständigung gerichtetes Ver-

---

[94] BVerwG NVwZ 2014, 1573 (1576 ff.) – DawaFFM.

[95] BVerfGE 149, 160 (199 f.) – Vereinsverbot.

[96] Zum Ganzen BVerwGE 153, 211 (216) – Waisenkinderprojekt Libanon; dem folgend BVerfGK NVwZ 2020, 226 (227) – Waisenkinderprojekt Libanon; s. ferner BVerfGE 149, 160 (200) – Vereinsverbot; BVerwG NVwZ 2005, 1435 (1436) – Al-Aqsa; BVerwG Gerichtsbescheid v. 8.8.2005 – 6 A 1/04, juris Rn. 26 – Hizb ut-Tahrir; BVerwG NVwZ 2006, 694 (695); BVerwG NVwZ 2010, 459 (462) – Mesopotamia Broadcast; BVerwG EuGH-Vorlage v. 24.2.2010 – 6 A 7/08, juris Rn. 44 – Roj TV; BVerwG NVwZ-RR 2012, 648 (649) – Internationale Humanitäre Hilfsorganisation; BVerwG NVwZ 2014, 1573 (1579 f.) – DawaFFM; VGH München NVwZ-RR 2000, 496 (499) – Skinheads Allgäu; für § 51 Abs. 3 S. 1 AO Gosch/*Jachmann/Unger* AO § 51 Rn. 94.

[97] S. etwa Sachs/*Höfling* GG Art. 9 Rn. 48; BeckOK GG/*Cornils* GG Art. 9 Rn. 28; Erbs/Kohlhaas/*Wache* VereinsG § 3 Rn. 17.

[98] BVerwGE 153, 211 (216) – Waisenkinderprojekt Libanon; dem folgend BVerfGK NVwZ 2020, 226 (227) – Waisenkinderprojekt Libanon; ähnlich bereits BVerwG NVwZ 2005, 1435 (1436) – Al-Aqsa; BVerwG Gerichtsbescheid v. 8.8.2005 – 6 A 1/04, juris Rn. 26 – Hizb ut-Tahrir; BVerwG NVwZ 2010, 459 (462) – Mesopotamia Broadcast; BVerwG NVwZ 2014, 1573 (1579) – DawaFFM; s. auch BVerfGE 149, 160 (200) – Vereinsverbot; ferner *Groh* VereinsG § 3 Rn. 20.

[99] Ähnlich *Schiffbauer* JZ 2019, 130 (135).

halten auch **subjektiv** von einem entsprechenden Willen des Vereins getragen sein.[100] Ein Vereinsverbot setzt daher voraus, dass der Verein das völkerverständigungswidrige Verhalten seiner Organe, seiner Mitglieder oder ausnahmsweise auch Dritter kennt und zumindest billigt.[101]

22 **c) Modifikationen bei besonderen Vereinen. aa) Ausländervereine und ausländische Vereine.** Für Ausländervereine und ausländische Vereine gilt gem. §§ 14 und 15 VereinsG ein erweiterter Katalog von Verbotsgründen. Hintergrund ist ihr geringerer grundrechtlicher Schutz (→ § 19 Rn. 17 f.). **Ausländervereine** sind gem. § 14 Abs. 1 S. 1 VereinsG „Vereine, deren Mitglieder oder Leiter sämtlich oder überwiegend Ausländer sind". Auch ein Dachverband, dem überwiegend Vereine angehören, die ihrerseits Ausländervereine sind, ist ein Ausländerverein.[102] Bei Vereinen, denen Ausländer und Deutsche angehören, ist nicht allein auf die formale Stellung oder eine rein zahlenmäßige Gegenüberstellung der ausländischen und deutschen Vereinsmitglieder, sondern auf die tatsächliche Verteilung der Funktionen und Entscheidungsbefugnisse zwischen ihnen innerhalb des Vereins abzustellen.[103] Handelt es sich bei den Mitgliedern oder Leitern eines Vereins „sämtlich oder überwiegend" um Angehörige eines anderen Mitgliedstaats der Europäischen Union, gilt der Verein gem. § 14 Abs. 1 S. 2 VereinsG nicht als Ausländerverein.[104] Damit wird dem unionsrechtlichen Diskriminierungsverbot Rechnung getragen. **Ausländische Vereine** sind gem. § 15 Abs. 1 S. 1 VereinsG „Vereine mit Sitz im Ausland […], deren Organisation oder Tätigkeit sich auf den räumlichen Geltungsbereich dieses Gesetzes erstreckt". Erneut gebietet das unionsrechtliche Diskriminierungsverbot eine Gleichstellung mit inländischen Vereinen, wenn der Sitz in einem anderen Mitgliedstaat der Europäischen Union liegt. Ausdrücklich geregelt ist überdies der Fall, dass die Mitglieder und Leiter eines ausländischen Vereins „sämtlich oder überwiegend Deutsche oder ausländische Unionsbürger sind". In diesem Fall kann der Verein gem. § 15 Abs. 2 VereinsG nur aus den in Art. 9 Abs. 2 GG genannten Gründen verboten oder in ein Verbot einbezogen werden. Im Übrigen sieht § 14 Abs. 2 VereinsG für Ausländervereine und – § 15 Abs. 1 S. 1 VereinsG verweist auf § 14 VereinsG – ausländische Vereine über Art. 9 Abs. 2 GG und § 3 Abs. 1 S. 1 VereinsG hinaus **fünf weitere einfachgesetzliche Verbotsgründe** vor.[105] Der wichtigste dieser Verbotsgründe dürfte § 14 Abs. 2 Nr. 1 VereinsG sein. Er umfasst die Verlagerung gewalttätiger Auseinandersetzungen zwischen verfeindeten Volksgruppen in die Bundesrepublik Deutschland. Die Anwendung von Gewalt in Deutschland (insbesondere: in Form terroristischer Anschläge) und ihre Propagierung unterfallen (unabhängig von den mit der Gewaltanwendung oder -propagierung verfolgten Zielen) nunmehr (auch) § 14 Abs. 2 Nr. 4 VereinsG.[106]

23 **Rechtsgrundlage für das Verbot** bleibt auch dann, wenn ausschließlich einer der in § 14 Abs. 2 VereinsG genannten Verbotsgründe vorliegt, § 3 Abs. 1 S. 1 VereinsG,[107] so-

[100] BVerwG NVwZ 2005, 1435 (1439) – Al-Aqsa; BVerwG Gerichtsbescheid v. 8.8.2005 – 6 A 1/04, juris Rn. 55 f. – Hizb ut-Tahrir; BVerwG NVwZ 2006, 694 (695 f.); BVerwG NVwZ-RR 2012, 648 (649) – Internationale Humanitäre Hilfsorganisation; BVerwG NVwZ 2014, 1573 (1579 f.) – DawaFFM.

[101] BVerfGK NVwZ 2020, 226 (227) – Waisenkinderprojekt Libanon, das mit Blick auf Drittverhalten wie insbesondere das Verhalten einer finanziell unterstützten Gruppierung darüber hinaus fordert, dass sich der Verein mit diesem Verhalten identifiziert; s. dazu auch schon BVerfGE 149, 160 (200) – Vereinsverbot.

[102] BVerwG NVwZ 1995, 587 (587) – Feyka.

[103] BVerwG NVwZ 1997, 68 (69) – Kurdistan Informationsbüro.

[104] Zum Verständnis der Vorschrift BVerwG NVwZ 2005, 1435 (1440) – Al-Aqsa.

[105] Bestehen Unklarheiten darüber, ob ein Verein ein Ausländerverein oder ein ausländischer Verein ist, kann die Verbotsverfügung (vorsorglich) sowohl auf § 14 als auch auf § 15 VereinsG gestützt werden, BVerwGE 55, 175 (176) – Kroatischer Nationaler Widerstand.

[106] BVerwG NVwZ 1995, 587 (587) – Feyka, behandelte beide Konstellationen noch als Gefährdungen der inneren Sicherheit der Bundesrepublik Deutschland iSv § 14 Abs. 1 S. 1 VereinsG aF. Heute ist dieser Verbotsgrund in § 14 Abs. 2 VereinsG in fünf Gründe aufgefächert.

[107] Etwa BVerwG Gerichtsbescheid v. 8.8.2005 – 6 A 1/04, juris Rn. 18 – Hizb ut-Tahrir; BVerwG NVwZ 2003, 986 (987) – Kalifatstaat. Auch § 3 Abs. 3 VereinsG findet daher Anwendung, BVerwG NVwZ

weit §§ 14 und 15 VereinsG keine Abweichungen vorsehen.[108] Auch die §§ 4–9 und 10–13 VereinsG finden Anwendung (zur nicht einheitlich beantworteten Frage, ob sich § 8 Abs. 1 VereinsG dabei auch auf die Verbotsgründe in § 14 Abs. 2 VereinsG bezieht, ausführlich → Rn. 55). In der Folge unterscheidet sich das Verbotsverfahren bei einem Verbotsgrund iSd § 14 Abs. 2 VereinsG nicht vom üblichen Verbotsverfahren. Lediglich die ausdrückliche **Feststellung des Verbotsgrunds** in der Verbotsverfügung ist **entbehrlich.**[109] Empfehlens- und wünschenswert ist sie dennoch, zumal der Verbotsgrund in der Begründung der Verfügung ohnehin genannt werden muss.[110] Inhaltlich ist beim Verbot von Ausländervereinen und ausländischen Vereinen zu beachten, dass ein Verein, dessen Organisation und Tätigkeit sich über den Geltungsbereich des Vereinsgesetzes hinaus erstrecken, wegen der auf das Hoheitsgebiet der Bundesrepublik Deutschland beschränkten Aufsichts- und Regelungsbefugnis der Verbotsbehörde nicht vollständig, sondern nur mit seinen inländischen Teilorganisationen verboten werden kann.[111]

24 Schließlich ist bei Ausländervereinen und ausländischen Vereinen zu beachten, dass § 14 Abs. 3 S. 1 VereinsG als „Minusmaßnahme" zum Vereinsverbot ein **bloßes Betätigungsverbot** zulässt, das sich auch auf bestimmte Handlungen oder bestimmte Personen beschränken kann.[112] Unter Verhältnismäßigkeitsgesichtspunkten ist es stets das mildere Mittel gegenüber einem Vereinsverbot. Ein Vereinsverbot kommt daher nur in Betracht, wenn ein Betätigungsverbot zum Schutz der in § 14 Abs. 2 VereinsG genannten Rechtsgüter nicht ausreicht, weil diese nicht durch das Verhalten einzelner Funktionäre oder Mitglieder, sondern durch die überindividuelle Zielsetzung und Organisation des betroffenen Vereins gefährdet werden.[113] Freilich darf § 14 Abs. 3 S. 1 VereinsG nicht zu einer Privilegierung von Ausländervereinen und ausländischen Verein gegenüber Inländervereinen führen: Ist ein Ausländerverein oder ein ausländischer Verein bereits gem. Art. 9 Abs. 2 GG verboten, scheidet daher ein bloßes Betätigungsverbot aus Gründen der Gleichbehandlung gegenüber den grundrechtlich stärker geschützten Inländervereinen aus; § 14 Abs. 3 S. 1 VereinsG ist teleologisch entsprechend zu reduzieren. Eine Gegenauffassung will den **Wertungskonflikt** dadurch auflösen, dass sie unter Verhältnismäßigkeitsgesichtspunkten auch gegenüber Inländervereinen ein bloßes Betätigungsverbot als „Minusmaßnahme" gegenüber einem Vereinsverbot zulässt.[114] Der eindeutige Wortlaut von § 3 Abs. 1 S. 1 VereinsG und Art. 9 Abs. 2 GG lässt dafür ebenso wenig Raum wie die Gesetzesbegründung, nach der § 14 Abs. 3 S. 1 VereinsG eindeutig auf die Sondersituation von Ausländervereinen und ausländischen Vereinen bezogen ist, wenn er lediglich „eine Regelungslücke zwischen Vereinsverbot und individuellem ausländerrechtlichem Betätigungsverbot [schließt], da es sich in der Vergangenheit gezeigt hat, daß es unter Umständen

---

2003, 990 (990) – Kalifatstaat. § 14 Abs. 1 S. 3 VereinsG bestimmt darüber hinaus noch einmal ausdrücklich, dass der erweiterte Katalog der Verbotsgründe in § 14 Abs. 2 VereinsG auch für § 3 Abs. 1 S. 2 und § 12 Abs. 1 und Abs. 2 VereinsG gilt. Das ist erforderlich, weil § 3 Abs. 1 S. 2 Nr. 3 und § 12 Abs. 1 S. 1 Nr. 1 und Abs. 2 VereinsG den auf die Verbotsgründe in Art. 9 Abs. 2 GG bezogenen Begriff „verfassungswidrige Bestrebungen" verwenden; s. dazu BT-Drs. 12/6853, 46.

[108] § 14 Abs. 3 VereinsG sieht ergänzend die Möglichkeit eines Betätigungsverbots vor, § 15 Abs. 1 S. 2 VereinsG enthält eine von § 3 Abs. 2 VereinsG abweichende eigene Zuständigkeitsregelung.

[109] BVerwGE 55, 175 (180) – Kroatischer Nationaler Widerstand; *Groh* VereinsG § 14 Rn. 1; Albrecht/Roggenkamp/*Ullrich* VereinsG § 14 Rn. 54; Erbs/Kohlhaas/*Wache* VereinsG § 14 Rn. 16. Wird das Verbot (auch) auf einen Verbotsgrund iSd § 3 Abs. 1 S. 1 VereinsG gestützt, muss dieser natürlich auch bei Ausländervereinen und ausländischen Vereinen in der Verfügung festgestellt werden.

[110] *Groh* VereinsG § 3 Rn. 39.

[111] BVerwGE 55, 175 (176) – Kroatischer Nationaler Widerstand.

[112] Das allgemeine Polizei- und Sicherheitsrecht bleibt gem. § 14 Abs. 3 S. 2 VereinsG parallel anwendbar; die „Polizeifestigkeit" des Vereinsrechts stößt hier an ihre Grenzen (→ Rn. 3). Darüber hinaus führt § 14 Abs. 3 S. 2 VereinsG dazu, dass sich Ausländervereine und ausländische Vereine nicht auf das Vereinigungsprivileg des § 3 Abs. 1 S. 1 Hs. 1 VereinsG (→ Rn. 11) berufen können, *Michael* JZ 2002, 482 (489); andernfalls wäre ein bloßes Betätigungsverbot rechtlich ausgeschlossen.

[113] BVerwGE 55, 175 (181) – Kroatischer Nationaler Widerstand; BVerwG NVwZ 1995, 587 (590) – Feyka; BVerwG NVwZ 2005, 1435 (1440) – Al-Aqsa.

[114] So *Sailer/Marx* in Lisken/Denninger PolR-HdB J VII Rn. 12; wie hier *Michael* JZ 2002, 482 (489).

zweckmäßiger sein kann, Ausländervereinen, von denen Gefahren für die innere oder äußere Sicherheit der Bundesrepublik Deutschland ausgehen, einzelne Tätigkeiten oder jede politische Betätigung […] zu verbieten, bevor ein umfassendes, die Auflösung nach sich ziehendes Verbot ausgesprochen wird“.[115]

bb) Wirtschaftsvereinigungen und Koalitionen. Umgekehrt eine **Privilegierung** gegenüber normalen Vereinen erfahren Arbeitnehmer- und Arbeitgebervereinigungen iSd § 16 Abs. 1 S. 1 VereinsG und die in § 17 VereinsG im Einzelnen aufgezählten Wirtschaftsvereinigungen. **Wirtschaftsvereinigungen** iSd § 17 VereinsG dürfen, wie sich aus § 17 Nr. 1 und Nr. 2 VereinsG ergibt, nur verboten werden, wenn sie sich gegen die verfassungsmäßige Ordnung oder gegen den Gedanken der Völkerverständigung richten oder wenn ihre Zwecke oder ihre Tätigkeit den in § 74a Abs. 1 oder § 120 Abs. 1 und Abs. 2 GVG genannten Strafgesetzen oder § 130 StGB zuwiderlaufen. Unzulässig ist mithin ein Verbot wegen eines Verstoßes gegen andere Strafgesetze.[116] Die Privilegierung setzt sich fort, wenn eine in § 17 VereinsG genannte Wirtschaftsvereinigung Teil- oder Ersatzorganisation eines verbotenen Vereins ist. In diesem Fall finden § 3 Abs. 3 und § 8 VereinsG gem. § 17 Nr. 3 und Nr. 4 VereinsG nur Anwendung, wenn der Verein aus einem Grund verboten wurde, aus dem eine Wirtschaftsvereinigung hätte verboten werden können.[117] Ob diese Grundsätze auch für **ausländische Wirtschaftsvereinigungen** gelten, ist ungeklärt.[118] Mit Blick auf Niederlassungs- und Dienstleistungsfreiheit (→ § 19 Rn. 52ff.) sind jedenfalls Wirtschaftsvereinigungen aus einem anderen Mitgliedstaat der Europäischen Union den in § 17 VereinsG genannten Wirtschaftsvereinigungen gleichzustellen. 25

Arbeitnehmer- und Arbeitgebervereinigungen[119] werden nicht wie Wirtschaftsvereinigungen materiell, sondern formell privilegiert.[120] Gemäß § 16 Abs. 1 S. 1 VereinsG werden ihnen gegenüber Verbote nach § 3 Abs. 1 S. 1 VereinsG und funktional an ihre Stelle tretende Verfügungen nach § 8 Abs. 2 S. 1 VereinsG (→ Rn. 57) „erst wirksam, wenn das Gericht ihre Rechtmäßigkeit bestätigt hat“.[121] Die Verbotsbehörde legt dazu gem. § 16 Abs. 2 S. 1 VereinsG dem nach § 48 Abs. 2 und § 50 Abs. 1 Nr. 2 VwGO zuständigen Gericht ihre Entscheidung vor.[122] Inhaltlich ist zu beachten, dass ein Verbot von Arbeitnehmer- und Arbeitgebervereinigungen stets nur auf die Verbotsgründe in Art. 9 Abs. 2 GG und § 3 Abs. 1 S. 1 VereinsG gestützt werden kann. **§ 14 Abs. 2 VereinsG findet keine Anwendung,** weil Art. 9 Abs. 3 GG kein Deutschengrundrecht ist und da- 26

---

[115] BT-Drs. 12/6853, 46.

[116] Insoweit sieht aber das Gesellschaftsrecht spezielle Auflösungsverfahren vor, die gem. § 30 Abs. 2 Nr. 3 VereinsG unberührt bleiben (→ Rn. 3); im Einzelnen *Groh* VereinsG § 17 Rn. 4.

[117] Speziell zu § 17 Nr. 3 VereinsG BVerwG NVwZ 1998, 174 (174f.) – Berxwedan-Verlags-GmbH: Weil eine Teilorganisation grundsätzlich nur geltend machen kann, keine Teilorganisation des verbotenen Vereins zu sein, und sich nicht gegen das Verbot wenden kann, das sich auf sie erstreckt, „kommt es […] nur darauf an, aus welchen Gründen das Verbot, von dem die Teilorganisation erfaßt wird, ‚erlassen wurde‘, nicht aber auch darauf, ob diese Gründe vorliegen und das Verbot rechtfertigen“; s. auch schon BVerwG NVwZ 1995, 595 (595f.).

[118] Offen gelassen von BVerwG NVwZ 1998, 174 (174) – Berxwedan-Verlags-GmbH; BVerwG NVwZ-RR 2010, 562 (563) – Viko; BVerwG EuGH-Vorlage v. 24.2.2010 – 6 A 7/08, juris Rn. 20 – Roj TV. Inländische Wirtschaftsvereinigungen von Ausländern sind durch § 17 VereinsG unzweifelhaft privilegiert.

[119] Das Gesetz spricht von „Vereinigungen, die den Schutz des Übereinkommens Nr. 87 der Internationalen Arbeitsorganisation vom 9. Juli 1948 über die Vereinigungsfreiheit und den Schutz des Vereinigungsrechts […] genießen“. Gemäß Art. 10 ILO-Übereinkommen Nr. 87 zählt dazu „jede Organisation von Arbeitnehmern oder Arbeitgebern, welche die Förderung und den Schutz der Interessen der Arbeitnehmer oder der Arbeitgeber zum Ziele hat“. Privilegiert sind mithin jedenfalls alle „Vereinigungen […] zur Wahrung und Förderung der Arbeits- und Wirtschaftsbedingungen“ iSv Art. 9 Abs. 3 GG (→ § 19 Rn. 25), *Groh* VereinsG § 16 Rn. 1.

[120] Der Gesetzgeber trägt damit Art. 4 ILO-Übereinkommen Nr. 87 Rechnung, wonach „[d]ie Organisationen der Arbeitnehmer und der Arbeitgeber […] im Verwaltungswege weder aufgelöst noch zeitweilig eingestellt werden [dürfen]“; s. dazu BT-Drs. IV/430, 24; *Groh* VereinsG § 16 Rn. 2.

[121] Zur verfassungsrechtlichen Zulässigkeit eines Verbots von Koalitionen → § 19 Rn. 28.

[122] Die Entscheidung ist zu diesem Zeitpunkt nach BT-Drs. IV/2145 (neu), 4, noch „ein reines Verwaltungsinternum ohne Außenwirkung“, gegen das kein Rechtsschutz gegeben ist.

her auch Vereinigungen ausländischer Arbeitnehmer oder Arbeitgeber nur aus den in Art. 9 Abs. 2 GG genannten Gründen verboten werden können.[123] Formell entspricht das zur behördlichen Entscheidung führende Verwaltungsverfahren dem allgemein anzuwendenden Verfahren; lediglich § 3 Abs. 4 VereinsG findet gem. § 16 Abs. 1 S. 2 VereinsG keine Anwendung.[124]

27 Legt die Behörde eine Entscheidung vor, stellt das Gericht sie der Vereinigung und ihren in der Entscheidung benannten nichtgebietlichen Teilorganisationen mit eigener Rechtspersönlichkeit zu. Es eröffnet damit ein **verwaltungsgerichtliches Verfahren,** an dem gem. § 16 Abs. 2 S. 2 VereinsG die Verbotsbehörde, die Vereinigung und ihre in der Entscheidung benannten Teilorganisationen sowie die in § 63 Nr. 3 und Nr. 4 VwGO Genannten beteiligt sind. Stellt das Gericht in diesem Verfahren die **Rechtmäßigkeit der behördlichen Entscheidung** fest,[125] bestätigt es sie in seinem Urteil. Die behördliche Entscheidung wird dann mit der Verkündung oder Zustellung des Urteils gem. § 16 Abs. 1 S. 1 VwGO wirksam. Zusammen mit der gerichtlichen Bestätigung ist sie entsprechend § 3 Abs. 4 S. 2 VereinsG bekanntzumachen.[126] Vollzogen wird sie nach den allgemeinen Vorschriften durch die Verbotsbehörde, nicht durch das Gericht.[127] Zulässig ist ein Vollzug allerdings erst, wenn das gerichtliche Urteil nicht mehr anfechtbar ist.[128] Zwischenzeitlich kann das Gericht gem. § 16 Abs. 4 VereinsG auf Antrag der Verbotsbehörde erforderliche einstweilige Anordnungen treffen, insbesondere die Beschlagnahme des Vereinsvermögens verfügen. Stellt das Gericht die **Rechtswidrigkeit der behördlichen Entscheidung** fest, versagt es die Bestätigung und hebt zugleich gem. § 16 Abs. 3 VereinsG das Verbot nach § 3 Abs. 1 S. 1 VereinsG oder die Verfügung nach § 8 Abs. 2 S. 1 VereinsG „im Interesse der Klarheit und Rechtssicherheit" auf, obwohl sie mangels Bestätigung gar nicht wirksam geworden sind.[129] Ist für die Entscheidung nach § 16 Abs. 1 S. 1 VereinsG gem. § 50 Abs. 1 Nr. 2 VwGO das Bundesverwaltungsgericht zuständig, ist das Urteil stets unanfechtbar; gegen die behördliche Entscheidung ist dann, abgesehen von der Verfassungsbeschwerde, kein weiterer Rechtsschutz gegeben. Ist für die Entscheidung nach § 16 Abs. 1 S. 1 VereinsG gem. § 48 Abs. 2 VwGO ein Oberverwaltungsgericht oder ein Verwaltungsgerichtshof zuständig, ist gegen das Urteil gem. § 132 Abs. 1 VwGO die Revision statthaft, soweit das Oberverwaltungsgericht oder der Verwaltungsgerichtshof sie zugelassen hat; andernfalls kann gem. § 133 Abs. 1 VwGO eine Nichtzulassungsbeschwerde eingelegt werden.

28 **d) Zurechnung von Mitgliederhandeln.** Besondere Probleme bereiten Fälle, in denen nicht der Verein selbst (durch seine Satzung[130] oder das tatsächliche Verhalten seiner Organe[131]) einen Verbotstatbestand verwirklicht, sondern das Verbot auf **Handlungen der Mitglieder des Vereins** gestützt wird. Letzteres ist gem. § 3 Abs. 5 VereinsG nur zulässig, wenn erstens ein Zusammenhang der Handlungen mit der Tätigkeit im Verein oder seiner Zielsetzung besteht, die Handlungen zweitens auf einer organisierten Willensbildung (und also nicht auf einem individuellen Entschluss einzelner Mitglieder) beruhen und drittens

---

[123] BT-Drs. IV/430, 23; *Groh* VereinsG § 16 Rn. 2.
[124] *Groh* VereinsG § 16 Rn. 3.
[125] Die Zweckmäßigkeit wird nicht geprüft, *Groh* VereinsG § 16 Rn. 4.
[126] Erbs/Kohlhaas/*Wache* VereinsG § 16 Rn. 6; ähnlich *Groh* VereinsG § 16 Rn. 4.
[127] *Groh* VereinsG § 16 Rn. 4.
[128] Erbs/Kohlhaas/*Wache* VereinsG § 16 Rn. 6.
[129] So BT-Drs. IV/2145 (neu), 4.
[130] S. dazu aber auch BVerwGE 80, 299 (308) – Hells Angels Motor-Club Hamburg: „Der in der Satzung niedergelegte Zweck [...] deutet [...] nicht einmal ansatzweise auf eine strafgesetzwidrige Zielrichtung [...] hin. Dem ist aber keine Bedeutung beizumessen, da strafgesetzwidrige Zwecke nicht in einer Satzungsbestimmung offengelegt zu werden pflegen."
[131] Zur Zurechnung von Organhandeln VGH Mannheim NVwZ-RR 1996, 331 (332); s. auch BVerwG NJW 1995, 2505 (2505) – Wiking-Jugend: „Publikation im Auftrag der Vereinsleitung" einem Verein zurechenbar, sofern nicht ersichtlich individuelle Meinungsäußerung, die die Vereinigung missbilligt oder von der sie sich jedenfalls distanziert.

nach den Umständen anzunehmen ist, dass die Handlungen vom Verein geduldet werden.[132] Der Sache nach handelt es sich um **Zurechnungskriterien.**[133]

e) Ermessen und Verhältnismäßigkeit. Liegen die Voraussetzungen für ein Vereinsverbot vor, ist der Verein zu verbieten. Es besteht **kein Entschließungsermessen.**[134] Dies folgt schon aus Art. 9 Abs. 2 GG, der unter den dortigen Voraussetzungen Vereine definitiv für verboten erklärt. Die Verbotsbehörde stellt dies gem. § 3 Abs. 1 S. 1 VereinsG lediglich fest.[135] Nur die das eigentliche Verbot flankierende Beschlagnahme und Einziehung des Vermögens steht, wie sich aus § 3 Abs. 1 S. 2 VereinsG ergibt, im (intendierten) Ermessen der Verbotsbehörde.[136] Auch ein **Auswahlermessen besteht nicht.**[137] Selbst für allgemeine, der Rechtsfolge eines Vereinsverbots etwa entgegenstehende Verhältnismäßigkeitserwägungen ist kein Raum. Zwar gilt auch für Vereinsverbote der **Grundsatz der Verhältnismäßigkeit.** Verhältnismäßigkeitserwägungen sind aber nach zutreffender Auffassung nicht auf der Rechtsfolgenseite, sondern durch eine entsprechende – und zwar: enge – Auslegung der Verbotstatbestände einzuspielen.[138] Auch das Bundesverfassungsge- 29

---

[132] Ähnlich vor Einführung des § 3 Abs. 5 VereinsG bereits BVerwGE 80, 299 (306ff.) – Hells Angels Motor-Club Hamburg; dem folgend VGH München NJW 1990, 62 (63); im Einzelnen zu den Voraussetzungen Albrecht/Roggenkamp/*Albrecht* VereinsG § 3 Rn. 104ff. Ganz ähnlich zu den Voraussetzungen, unter denen einer politischen Partei das „Verhalten ihrer Anhänger" iSv Art. 21 Abs. 2 GG zugerechnet werden kann, BVerfGE 144, 20 (214ff.) – Nationaldemokratische Partei Deutschlands II, das zwischen dem Verhalten der Organe, dem Verhalten einfacher Mitglieder und dem Verhalten bloßer Anhänger unterscheidet.

[133] Zur Vertiefung *Schiffbauer* in Reichert/Schimke/Dauernheim Vereins- und VerbandsR-HdB Kap. 3 Rn. 103ff.

[134] Anders ist dies, wie sich aus § 14 Abs. 1 S. 1 VereinsG ergibt, bei Ausländervereinen und ausländischen Vereinen, soweit ausschließlich ein Verbotsgrund iSd § 14 Abs. 2 VereinsG erfüllt ist. Liegt jedenfalls auch ein Verbotsgrund iSd § 3 Abs. 1 S. 1 VereinsG vor, besteht auch bei Ausländervereinen und ausländischen Vereinen kein Ermessen.

[135] Deutlich BVerwG NVwZ 2013, 521 (525) – Hells Angels; BVerwG NVwZ 2013, 870 (875) – Hilfsorganisation für nationale Gefangene: „Die Verbotsverfügung hat nicht die Funktion zu erfüllen, der Verbotsbehörde auf Rechtsfolgenseite der Norm die Ausübung von Ermessen [...] zu ermöglichen"; wie hier aus verfassungsrechtlicher Perspektive BVerfGE 149, 160 (194) – Vereinsverbot; s. ferner *Groh* VereinsG § 3 Rn. 4; anders Maunz/Dürig/*Scholz* GG Art. 9 Rn. 134; *Wiese* ZRP 1976, 54 (57): Opportunitätsprinzip; ebenso *Baudewin* NVwZ 2013, 1049 (1049); *Deres* VR 1992, 421 (429); SGR/*Roth* VereinsG § 3 Rn. 169ff.; unklar BVerwG NVwZ 2005, 1435 (1440) – Al-Aqsa: „Verbot und [...] Auflösung [...] ermessensfehlerfrei". BVerwGE 134, 275 (307f.) – Collegium Humanum, lässt offen, ob die Verbotsbehörde im Einzelfall „immerhin über ein Ermessen dahin verfügt, dass sie aus besonderen Gründen [...] [oder] [...] aus Gründen der politischen Opportunität [...] vom Erlass einer Verbotsverfügung abzusehen berechtigt ist"; dem folgend, aber im Ergebnis doch recht deutlich gegen die Einräumung von Ermessen durch § 3 Abs. 1 S. 1 VereinsG BVerwG NVwZ-RR 2012, 648 (656) – Internationale Humanitäre Hilfsorganisation.

[136] S. dazu BT-Drs. IV/430, 20f. Vor dem Hintergrund des § 11 Abs. 4 VereinsG kann von Beschlagnahme und Einziehung nur abgesehen werden, wenn keine Gefahr besteht, dass Vermögenswerte neuerlich zur Förderung von Bestrebungen iSd Art. 9 Abs. 2 GG verwendet werden oder die Vermögensauseinandersetzung missbraucht wird, um den organisatorischen Zusammenhalt des Vereins aufrechtzuerhalten, ferner bei Gegenständen von unerheblichem Wert. Sieht die Behörde von der Anordnung der Einziehung des Vereinsvermögens ab, findet keine Abwicklung nach § 13 VereinsG, sondern eine zivilrechtliche Liquidation statt, *Groh* VereinsG § 11 Rn. 6. § 11 Abs. 4 S. 2 und S. 3 VereinsG enthält für diese ergänzende Vorschriften. Weil nur entweder eine Abwicklung nach § 13 VereinsG oder eine zivilrechtliche Liquidation möglich ist, kann von der Einziehung nicht teilweise abgesehen werden, *Schiffbauer* in Reichert/Schimke/Dauernheim Vereins- und VerbandsR-HdB Kap. 3 Rn. 319.

[137] Tendenziell ebenso *Groh* VereinsG § 3 Rn. 5.

[138] Zutreffend BVerwGE 61, 218 (222) – Wehrsportgruppe Hoffmann: „Richtet sich eine Vereinigung gegen die verfassungsmäßige Ordnung und ist sie deswegen gem. Art. 9 Abs. 2 GG verboten, so ergibt sich unmittelbar aus der Verfassung, daß die dahin gehende Feststellung der Verbotsbehörde und die mit dieser nach § 3 VereinsG verknüpften weiteren Entscheidungen nicht unverhältnismäßig sind"; dem folgend BVerwGE 134, 275 (306f.) – Collegium Humanum, das aber offen lässt, ob immerhin „im Einzelfall ausnahmsweise auf der Rechtsfolgenseite Erwägungen zur Verhältnismäßigkeit anzustellen sind"; BVerwG NVwZ 1998, 174 (177f.) – Berxwedan-Verlags-GmbH; BVerwG NVwZ-RR 2000, 70 (74f.) – Wiking-Jugend; BVerwG Gerichtsbescheid v. 8.8.2005 – 6 A 1/04, juris Rn. 58 – Hizb ut-Tahrir; BVerwG NVwZ 2006, 694 (696); BVerwG NVwZ-RR 2012, 648 (656) – Internationale Humanitäre Hilfsorgani-

richt geht ganz allgemein davon aus, dass eine „Vereinigung [...] nicht allein aufgrund vereinzelter Handlungen einzelner Mitglieder verboten werden [kann]; diese müssen einer Vereinigung vielmehr prägend zuzurechnen sein".[139] Das entspricht der verwaltungsrechtlichen Auslegung der einzelnen Verbotsgründe (→ Rn. 16a, 18 und 21). Im Rahmen entsprechender Verhältnismäßigkeitserwägungen sind auch Grundrechte wie insbesondere die Freiheit des religiösen und weltanschaulichen Bekenntnisses aus Art. 4 Abs. 1 und Abs. 2 GG hinreichend zu würdigen.[140] Abzulehnen ist vor diesem Hintergrund die Auffassung, die **Anordnung eines bloßen Betätigungsverbots** sei „als ‚Minus' in der Regelung des Vereinsverbots mitenthalten".[141] Aus der Gesetzesbegründung zu § 14 Abs. 3 S. 1 VereinsG geht eindeutig hervor, dass der Gesetzgeber die Möglichkeit eines Betätigungsverbots auf Ausländervereine und ausländische Vereine beschränkt wissen will (→ Rn. 24). § 14 Abs. 3 S. 1 VereinsG ist daher auch nicht analogiefähig. Selbst die Einführung einer entsprechenden Vorschrift für Inländervereine durch den Gesetzgeber begegnete mit Blick auf Art. 9 Abs. 2 GG, der Vereine bei Vorliegen eines dort genannten Verbotsgrunds eindeutig für „verboten" erklärt, Bedenken. Dieses Ergebnis darf auch nicht dadurch umgangen werden, dass ein bloßes Betätigungsverbot auf das allgemeine Gefahrenabwehrrecht gestützt wird: Liegt einer der Verbotsgründe des Art. 9 Abs. 2 GG vor, enthält § 3 Abs. 1 S. 1 VereinsG eine abschließende Regelung; das Vereinsgesetz ist auch insoweit „polizeifest".

3. Formelle Voraussetzungen

30 In formeller Hinsicht gilt das **allgemeine Verwaltungsverfahrensrecht** (→ Rn. 4). Modifizierende und ergänzende Vorschriften enthält das Vereinsgesetz vor allem mit Blick auf die Zuständigkeit, aber auch für das Verfahren sowie die Form und den Inhalt der Verbotsverfügung.

31 **a) Zuständigkeit.** Beschränken sich die erkennbare Organisation und Tätigkeit[142] eines Vereins oder eines Teilvereins auf das Gebiet eines Landes, ist Verbotsbehörde gem. § 3 Abs. 2 S. 1 Nr. 1 VereinsG die **oberste Landesbehörde** oder die **nach Landesrecht[143] zuständige Behörde.** Erstrecken sich Organisation und Tätigkeit eines Vereins oder Teilvereins hingegen über das Gebiet eines Landes hinaus,[144] ist Verbotsbehörde gem. § 3

sation; BVerwG NVwZ 2013, 521 (525) – Hells Angels; BVerwG NVwZ 2013, 870 (875) – Hilfsorganisation für nationale Gefangene; BVerwG NVwZ 2014, 1573 (1581) – DawaFFM; offen gelassen von BVerwG NVwZ 2005, 1435 (1440) – Al-Aqsa; wie hier stellvertretend für die ganz überwiegende Auffassung im Schrifttum auch *Schiffbauer* in Reichert/Schimke/Dauernheim Vereins- und VerbandsR-HdB Kap. 3 Rn. 110ff. und 216f.

[139] BVerfGE 149, 160 (194f.) – Vereinsverbot; s. ferner BVerfGK NVwZ 2020, 224 (226) – Gremium MC Germany; BVerfGK NVwZ 2020, 226 (227) – Waisenkinderprojekt Libanon.

[140] Entsprechend noch vor Erlass des Vereinsgesetzes BVerwGE 37, 344 (361f.) – Verlag Hohe Warte; ähnlich aus jüngerer Zeit BVerwG NVwZ 2003, 986 (990) – Kalifatstaat; BVerwG Gerichtsbescheid v. 8.8.2005 – 6 A 1/04, juris Rn. 58 – Hizb ut-Tahrir; BVerwG NVwZ 2014, 1573 (1576) – DawaFFM. Mit Blick auf die Grundfreiheiten ist hinzuzufügen, dass Vereinsverbote durch sie, wie ein Blick auf Art. 52 Abs. 1 und Art. 62 AEUV zeigt, selbst dann nicht absolut ausgeschlossen werden, wenn sie die Ausübung der Grundfreiheiten behindern oder weniger attraktiv machen (zur Dienstleistungsfreiheit ergänzend → Rn. 45).

[141] So *Sailer/Marx* in Lisken/Denninger PolR-HdB J VII Rn. 12; wie hier *Michael* JZ 2002, 482 (489).

[142] Infolge der gesetzlichen Anknüpfung an die erkennbare Organisation und Tätigkeit des Vereins oder des Teilvereins scheidet der Sitz eines Vereins als Anknüpfungspunkt für die Beurteilung der Verbotszuständigkeit aus, VGH Mannheim NVwZ-RR 1996, 331 (332) – Weiße Rose.

[143] Maßgeblich sind insoweit die Ausführungsgesetze der Länder (→ Rn. 4).

[144] Dass gerade die über das Gebiet eines Landes hinausgehende und die Zuständigkeit des Bundesministers des Innern begründende Tätigkeit den einschlägigen Verbotstatbestand erfüllt, ist nicht erforderlich, BVerwGE 80, 299 (301f.) – Hells Angels Motor-Club Hamburg; BVerwGE 134, 275 (277) – Collegium Humanum; bestätigt durch BVerfGK Beschl. v. 31.7.1998 – 1 BvR 1558/88, juris Rn. 3; instruktiv zur Ermittlung einer Tätigkeit, die sich über das Gebiet eines Landes hinaus erstreckt, BVerwG NVwZ 2014, 1573 (1574f.) – DawaFFM.

Abs. 2 S. 1 Nr. 2 VereinsG der **Bundesminister des Innern.**[145] Das Merkmal der „Erkennbarkeit“ in § 3 Abs. 2 S. 1 Nr. 1 VereinsG soll „im Hinblick auf die besondere Gefahrenlage ein rasches Einschreiten auf Grund klarer – negative oder positive Kompetenzkonflikte von vornherein ausschließender – Zuständigkeiten gewährleiste[n] […] und zudem verhinder[n], dass ein von einer obersten Landesbehörde ausgesprochenes Vereinsverbot wegen Unzuständigkeit der Verbotsbehörde aufgehoben wird, wenn der Verein für die Verbotsbehörde nicht erkennbar auch in einem anderen Land organisiert oder tätig war, da im Einzelfall oftmals schwer zu erkennen ist, ob sich Organisation oder Tätigkeit eines Vereins über das Gebiet eines Landes hinaus erstrecken“.[146] Aus ähnlichen Erwägungen soll es bei der Zuständigkeit der Landesbehörden bleiben, wenn ein Verein oder ein Teilverein über das Gebiet eines Landes hinaus lediglich durch „ganz unbedeutende Tätigkeiten“ in Erscheinung tritt.[147] Durch diese zu vernachlässigenden Tätigkeiten werde der regionale Schwerpunkt der Vereinstätigkeit nicht verlagert.[148]

Durch die **Aufspaltung der Zuständigkeiten** in § 3 Abs. 2 S. 1 VereinsG kann es 32
dazu kommen, dass die zuständige Landesbehörde einen Teilverein verbietet, ohne dass der bundesweit tätige Gesamtverein verboten wird. Umgekehrt kann der Bundesminister des Innern einen Verein verbieten, dessen Teilvereine gem. § 3 Abs. 2 S. 1 Nr. 1 VereinsG nur durch die zuständigen Landesbehörden hätten verboten werden können.[149] Im erstgenannten Fall hat die Entscheidung der Landesbehörde gem. § 3 Abs. 2 S. 2 VereinsG „im Benehmen“ mit dem Bundesminister des Innern, im zweitgenannten Fall die Entscheidung des Bundesministers des Innern gem. § 3 Abs. 2 S. 3 VereinsG „im Benehmen“ mit den zuständigen Landesbehörden zu ergehen.[150] Erforderlich ist danach jedenfalls, dass die aktive Behörde die passive Behörde informiert und ihr **Gelegenheit zur Stellungnahme** gibt. Einer „Willensübereinstimmung“ im Sinne eines Einverständnisses bedarf es nicht. Ausreichend ist „die (gutachtliche) Anhörung der anderen Behörde, die dadurch Gelegenheit erhält, ihre Vorstellungen in das Verfahren einzubringen“.[151] Wird entgegen § 3 Abs. 2 S. 2 und S. 3 VereinsG nicht „im Benehmen“ entschieden, soll das Vereinsverbot rechtswidrig sein. Der Fehler kann aber gem. § 45 Abs. 1 Nr. 5 und Abs. 2 VwVfG bis zum Abschluss der letzten verwaltungsgerichtlichen Tatsacheninstanz (und daher, wie sich aus § 137 Abs. 2 VwGO ergibt, nicht mehr in der Revisionsinstanz) durch Nachholung geheilt werden.[152]

---

[145] Zur Verfassungsmäßigkeit vor dem Hintergrund der Art. 30 und 83ff. GG BVerfGK Beschl. v. 31.7.1998 – 1 BvR 1558/88, juris Rn. 2: „Verwaltungszuständigkeit des Bundes […] aus dem Gesichtspunkt der Natur der Sache“; dazu allgemein Sachs/*Dittmann/Winkler* GG Art. 83 Rn. 16f.; s. auch BVerwGE 80, 299 (302f.) – Hells Angels Motor-Club Hamburg.

[146] OVG Berlin-Brandenburg NVwZ-RR 2010, 886 (886f.), unter Hinweis insbesondere auf die Gesetzesbegründung in BT-Drs. IV/2145, 2. Kritisch zur Leistungsfähigkeit des Merkmals der „erkennbare[n] Organisation und Tätigkeit“ BR-Drs. 416/16 (B), 2, unter Hinweis auf OVG Koblenz NVwZ-RR 2017, 33 (34ff.), sowie unter Hinweis darauf, „dass die einschlägigen Gruppierungen ihre Organisation und Tätigkeit so steuern, dass für die potentiellen Verbotsbehörden Zuständigkeitsprobleme entstehen“; anders BT-Drs. 18/9947, 1: „Im Hinblick auf die Zuständigkeitsverteilung […] liegt keine uneinheitliche Rechtslage vor, die ein Handeln dringend erforderlich machen würde. Die Zuständigkeit der Landesbehörden und des Bundesministeriums des Innern ist in mehreren Entscheidungen des Bundesverwaltungsgerichts […] hinreichend konkretisiert worden.“

[147] VGH Mannheim NVwZ-RR 1996, 331 (332) – Weiße Rose; OVG Berlin-Brandenburg NVwZ-RR 2010, 886 (887); ähnlich VGH München NVwZ-RR 2000, 496 (496) – Skinheads Allgäu: ausreichend, wenn sich Tätigkeit „im Wesentlichen auf das Gebiet des Freistaates Bayern beschränkte“; OVG Lüneburg NVwZ-RR 2016, 822 (823) – Hells Angels MC Charter Göttingen: unschädlich, wenn „einzelne, zeitlich begrenzte Handlungen, die verbotsbegründend sind, einen überregionalen Bezug aufweisen“.

[148] So OVG Lüneburg NVwZ-RR 2016, 822 (823) – Hells Angels MC Charter Göttingen.

[149] Wird der bundesweit tätige Gesamtverein verboten, ist für ein Verbot seiner Teilvereine durch die zuständigen Landesbehörden, wie sich aus § 3 Abs. 3 S. 1 VereinsG ergibt, kein Raum mehr.

[150] Exemplarisch BVerwG NJW 1989, 996 (996f.) – HALK DER (Volksvereine).

[151] So OVG Lüneburg NVwZ-RR 2016, 822 (823) – Hells Angels MC Charter Göttingen; ebenso *Groh* VereinsG § 3 Rn. 28.

[152] *Groh* VereinsG § 3 Rn. 28.

33 **b) Verfahren.** Das Verbotsverfahren ist in § 3 VereinsG nicht geregelt. Maßgeblich ist das allgemeine Verwaltungsverfahrensrecht (→ Rn. 4). Die auf dessen Grundlage gem. § 28 Abs. 1 VwVfG grundsätzlich gebotene **Anhörung**[153] des betroffenen Vereins ist vielfach gem. § 28 Abs. 2 Nr. 1 VwVfG entbehrlich.[154] Das Bundesverwaltungsgericht lässt es insoweit ausreichen, dass die Verbotsbehörde bei Erlass der Verfügung damit rechnen musste, dass der Verein durch eine Anhörung veranlasst wird, sich dem Vereinsverbot und den mit diesem verbundenen Anordnungen – insbesondere der Beschlagnahme des Vereinsvermögens – im Rahmen seiner Möglichkeiten zu entziehen, und deshalb eine sofortige Entscheidung für notwendig halten durfte, um der Verbotsverfügung größtmögliche Wirksamkeit zu verleihen.[155] Soweit § 3 Abs. 2 S. 2 und S. 3 VereinsG die **Mitwirkung einer anderen Behörde** vorsieht, findet § 45 Abs. 1 Nr. 5 und Abs. 2 VwVfG Anwendung (→ Rn. 32).

34 **c) Form.** Gemäß § 3 Abs. 4 S. 1 VereinsG ist das Verbot eines Vereins schriftlich oder elektronisch mit einer dauerhaft überprüfbaren Signatur nach § 37 Abs. 4 VwVfG abzufassen, zu begründen und dem Verein sowie – nämlich im Falle der ausdrücklichen Nennung nichtgebietlicher Teilorganisationen mit eigener Rechtspersönlichkeit in der Verbotsverfügung gem. § 3 Abs. 3 S. 2 VereinsG[156] – seinen Teilorganisationen zuzustellen.[157] Die **Begründungspflicht** bezieht sich jedenfalls insoweit auch auf das Vorliegen einer Teilorganisation iSd § 3 Abs. 3 VereinsG, als die Behörde in der Verfügung bestimmte Organisationen als vom Vereinsverbot umfasst behandelt (zu den materiellen Anforderungen → Rn. 43).[158] Zur Konkretisierung der Begründungspflicht ist auf § 39 Abs. 1 VwVfG zurückzugreifen.[159]

35 Die **Zustellung** richtet sich nach dem Verwaltungszustellungsgesetz des Bundes, wenn Verbotsbehörde der Bundesminister des Innern ist. Ist Verbotsbehörde eine Landesbehörde, gelten die Verwaltungszustellungsgesetze der Länder. Der verfügende Teil des Verbots (mithin: der Tenor der Feststellung des Verbotsgrunds, der Auflösung des Vereins und, soweit gem. § 3 Abs. 1 S. 2 VereinsG mit diesen beiden Verfügungen verbunden, der Beschlagnahme- und Einziehungsanordnung)[160] ist gem. § 3 Abs. 4 S. 2 Hs. 1 VereinsG im

---

[153] Diese ist zu unterscheiden von einer dem Vereinsverbot häufig vorausgehenden „öffentliche[n] Erörterung", BVerwG NVwZ 2003, 986 (986) – Kalifatstaat.

[154] Ein über § 28 VwVfG hinausreichendes verfassungsrechtliches Anhörungsgebot besteht nicht, BVerwG Beschl. v. 3.4.1985 – 1 ER 323/84, juris Rn. 13 – H Motor-Club. Ist zu erwarten, dass bei einer Anhörung keine tatsächlichen oder rechtlichen Gesichtspunkte geltend gemacht werden, die der Behörde nicht ohnehin schon bekannt sind, darf eine Anhörung ebenfalls unterbleiben, BVerwG Buchholz 402.45 VereinsG Nr. 24 – FAP.

[155] Zum Ganzen BVerwGE 80, 299 (303 ff.) – Hells Angels Motor-Club Hamburg; BVerwGE 134, 275 (278) – Collegium Humanum; BVerwG Beschl. v. 3.4.1985 – 1 ER 323/84, juris Rn. 13 – H Motor-Club; BVerwG NVwZ 1995, 587 (587) – Feyka; BVerwG NVwZ-RR 2000, 70 (71) – Wiking-Jugend; BVerwG NVwZ 2003, 986 (986) – Kalifatstaat; BVerwG NVwZ 2005, 1435 (1435) – Al-Aqsa; BVerwG Gerichtsbescheid v. 8.8.2005 – 6 A 1/04, juris Rn. 15 – Hizb ut-Tahrir; BVerwG NVwZ 2010, 455 (456) – Bauernhilfe; BVerwG NVwZ-RR 2009, 803 (803 f.) – Heimattreue Deutsche Jugend; BVerwG NVwZ-RR 2010, 562 (564) – Viko; BVerwG NVwZ-RR 2011, 14 (14) – Heimattreue Deutsche Jugend; BVerwG NVwZ-RR 2012, 648 (648 f.) – Internationale Humanitäre Hilfsorganisation; BVerwG NVwZ 2013, 521 (524 f.) – Hells Angels; BVerwG NVwZ 2014, 1573 (1575) – DawaFFM; diese Rechtsprechung billigend BVerfGE 149, 160 (219) – Vereinsverbot; s. zum Ganzen auch *Planker* NVwZ 1998, 113 (114).

[156] Zur Frage, ob eine Zustellung auch an in der Verfügung ausdrücklich benannte mitverbotene gebietliche Teilorganisationen jedenfalls empfehlenswert ist, *Groh* VereinsG § 3 Rn. 42. § 1 Abs. 1 VereinsG-DVO sieht jedenfalls vor, dass die für den Verbotsvollzug zuständigen Landesbehörden das Verbot sämtlichen im Bereich des Landes bestehenden Teilorganisationen des verbotenen Vereins formlos bekanntgeben; zum Inhalt der Bekanntgabe § 1 Abs. 2 VereinsG-DVO.

[157] Die Zustellung erfolgt gem. § 6 Abs. 2 S. 1 VwZG (und entsprechenden landesrechtlichen Vorschriften) grundsätzlich an den Vorstand als gesetzlichen Vertreter des Vereins.

[158] BVerwG NVwZ 1995, 590 (591).

[159] BVerwG NVwZ 1995, 590 (591).

[160] *Groh* VereinsG § 3 Rn. 43.

Bundesanzeiger und danach im amtlichen Mitteilungsblatt des Landes **bekanntzumachen,** in dem der Verein oder, sofern sich das Verbot hierauf beschränkt, der Teilverein seinen Sitz hat. Verbote ausländischer Vereine iSd § 15 Abs. 1 S. 1 VereinsG sind gem. § 3 Abs. 4 S. 2 Hs. 2 VereinsG nur im Bundesanzeiger bekanntzumachen. Ist das Verbot unanfechtbar geworden, ist der verfügende Teil gem. § 7 Abs. 1 VereinsG erneut – und dieses Mal unter Hinweis auf die Unanfechtbarkeit – im Bundesanzeiger und im einschlägigen Landesmitteilungsblatt zu veröffentlichen.

Das Vereinsverbot wird gem. § 3 Abs. 4 S. 3 VereinsG grundsätzlich mit der Zustellung 36
an den Verein und – nämlich im Falle des § 3 Abs. 3 S. 2 VereinsG – die Teilorganisation **wirksam iSd § 43 Abs. 1 VwVfG.** Scheitert eine Zustellung oder erfolgt sie erst mit Verzögerung, wird das Verbot spätestens mit der Bekanntmachung im Bundesanzeiger wirksam.[161] Es handelt sich bei dieser Bekanntmachung um einen besonderen Fall der **öffentlichen Bekanntgabe** iSd § 41 Abs. 3 S. 1 VwVfG, die gegenüber Dritten, die nicht Adressaten der Verbotsverfügung sind, die Rechtsbehelfsfrist in Lauf setzt.[162] Abweichend von § 41 Abs. 4 S. 3 und entsprechend § 41 Abs. 4 S. 4 VwVfG wird das Verbot bereits am auf die Bekanntmachung folgenden Tag wirksam.

4. Verbotsinhalt

a) Feststellung eines Verbotsgrunds. Mit Blick auf den Inhalt der Verbotsverfügung ist 37
zunächst gem. **§ 3 Abs. 1 S. 1 Hs. 1 VereinsG** festzustellen, dass die Zwecke des Vereins oder seine Tätigkeit den Strafgesetzen zuwiderlaufen oder dass er sich gegen die verfassungsmäßige Ordnung oder den Gedanken der Völkerverständigung richtet (zu den inhaltlichen Anforderungen → Rn. 15 ff.). Der oder die einschlägigen Verbotsgründe iSd Art. 9 Abs. 2 GG und § 3 Abs. 1 S. 1 VereinsG sind (mit Blick auf ihre unterschiedlichen strafrechtlichen Folgen)[163] in der Verfügung zu bezeichnen (zu Ausnahmen bei Ausländervereinen und ausländischen Vereinen → Rn. 23).[164] Ist ein Verbotsgrund nicht bezeichnet, kann die Verbotsverfügung auf diesen Grund nicht gestützt werden und ist, sofern kein anderer und in der Verfügung bezeichneter Verbotsgrund vorliegt, rechtswidrig.[165] Einen Verbotsausspruch im eigentlichen Sinne enthält das Vereinsverbot mit Blick auf Art. 9 Abs. 2 GG, der Vereine unmittelbar für „verboten" erklärt, wenn ein Verbotsgrund vorliegt, nicht.[166]

b) Auflösung des Vereins. Über die Feststellung des Verbotsgrunds hinaus ist in der Ver- 38
fügung gem. **§ 3 Abs. 1 S. 1 Hs. 2 VereinsG** die Auflösung des Vereins anzuordnen. Wie sich aus dem dortigen Klammerzusatz ergibt, besteht das „Verbot" eines Vereins aus der Feststellung des Verbotsgrunds (→ Rn. 37) und der Auflösungsanordnung. Der Gesetzgeber wollte damit klarstellen, „daß jede Verbotsverfügung notwendig aus mindestens zwei Teilen bestehen muß: aus der Feststellung, daß der Verein verboten ist, und aus der Anordnung seiner Auflösung".[167] In der Feststellung des Verbotsgrunds und vor allem der Auflösungsanordnung ist die betroffene Vereinigung so bestimmt zu bezeichnen, dass ihre personelle Zusammensetzung in einer die Vollziehung ermöglichenden Weise gekennzeichnet

[161] Zur ergänzenden Anordnung der „Vollziehbarkeit" ausführlich → Rn. 48.
[162] BVerwG NVwZ 2018, 1485 (1488 f.) – Hells Angels Motorcycle Club, das zutreffend darauf hinweist, dass mangels bekannt gemachter Rechtsbehelfsbelehrung gemäß § 58 Abs. 2 S. 1 VwGO die Jahresfrist gilt; s. auch *Groh* VereinsG § 3 Rn. 41.
[163] S. nur § 85 Abs. 1 S. 1 Nr. 2 und § 86 Abs. 1 Nr. 2 StGB.
[164] BVerwGE 55, 175 (177 ff.) – Kroatischer Nationaler Widerstand.
[165] BVerwGE 55, 175 (177) – Kroatischer Nationaler Widerstand.
[166] So auch BVerwG NVwZ 2003, 986 (987) – Kalifatstaat: „Das Verbot besteht aus der Feststellung und der Auflösungsanordnung, enthält aber selbst keinen Verbotsausspruch."
[167] BT-Drs. IV/2145 (neu), 2.

und folglich die Vollziehung von Verbotsfolgen gegen nicht betroffene Personen ausgeschlossen ist.[168]

39 **c) Vermögensbeschlagnahme und -einziehung.** Mit Feststellungs- und Auflösungsverfügung sind gem. **§ 3 Abs. 1 S. 2 VereinsG** „in der Regel" die Beschlagnahme und Einziehung des Vereinsvermögens sowie – unter bestimmten Voraussetzungen[169] – der Forderungen und Sachen Dritter zu verbinden.[170] Im Gegensatz zur Verbindung von Verbotsfeststellung und Auflösungsanordnung ist diese Verbindung aber nicht obligatorisch;[171] die Anordnung von Vermögensbeschlagnahme und -einziehung kann auch unterbleiben oder in einem getrennten Bescheid erfolgen.[172] Das Vereinsgesetz trägt mit den Vorschriften über Vermögensbeschlagnahme und -einziehung dem Umstand Rechnung, dass die in einem Verein organisierten Kräfte unabhängig von seiner rechtlichen Auflösung häufig versuchen werden, den Verein faktisch fortzusetzen oder sich neu zu gruppieren.[173] Die Vorschriften des bürgerlichen Rechts über die Abwicklung aufgelöster Vereine können dies nicht verhindern: Einerseits besteht der Verein für Zwecke der Abwicklung zunächst fort, andererseits fließen die Vermögenswerte des Vereins bei seiner Abwicklung weitgehend in die Hände von Personen, die ihm angehört oder ihn unterstützt haben.[174] § 3 Abs. 1 S. 2 und §§ 10–12 VereinsG ermächtigen daher dazu, das Vermögen des Vereins und Dritter zu beschlagnahmen und einzuziehen.

40 Beschlagnahme- und Einziehungsanordnung sind Verwaltungsakte.[175] Zuständig für ihren Erlass ist, wie sich auch aus § 3 Abs. 1 S. 2 VereinsG ergibt, die Verbotsbehörde.[176] Als Sicherungsmaßnahmen zielen Beschlagnahme und Einziehung des Vereinsvermögens und bestimmter Gegenstände Dritter darauf, den verfassungsfeindlichen Kräften die materiellen Mittel möglichst rasch und wirksam zu entziehen.[177] Die **Beschlagnahmeanordnung**[178] hat gem. § 10 Abs. 1 S. 1 VereinsG die Wirkung eines absoluten gesetzlichen Veräußerungsverbots. Sie führt gem. § 10 Abs. 1 S. 2 VereinsG regelmäßig dazu, dass Rechtsgeschäfte, die gegen das Veräußerungsverbot verstoßen, nichtig sind, und ermächtigt die Verbotsbehörde gem. § 10 Abs. 2 S. 1 VereinsG dazu, das Vereinsvermögen in Besitz zu nehmen.[179] Kehrseite ist eine Verpflichtung zur Vermögenssorge.[180] Die Beschlagnahme soll sicherstellen, dass das Vermögen dem Zugriff des Staates bis zum Wirksamwerden der Einziehung nach § 11 Abs. 2 S. 1 und § 12 Abs. 4 VereinsG nicht entzogen wird.[181] Die

---

[168] BVerwGE 37, 344 (Ls. 1 und 347) – Verlag Hohe Warte.

[169] Im Einzelnen § 3 Abs. 1 S. 2 Nr. 2 und Nr. 3 und § 12 Abs. 1–3 VereinsG; zur Vertiefung *Schiffbauer* in Reichert/Schimke/Dauernheim Vereins- und VerbandsR-HdB Kap. 3 Rn. 324ff.

[170] BVerwG NVwZ 2005, 1435 (1440) – Al-Aqsa, spricht von „Nebenentscheidungen".

[171] BT-Drs. IV/2145 (neu), 2.

[172] In jedem Fall ist die Anordnung der Einziehung von Gegenständen Dritter in einer besonderen Einziehungsverfügung dem Dritten gegenüber gesondert bekanntzugeben, BT-Drs. IV/430, 21; *Schiffbauer* in Reichert/Schimke/Dauernheim Vereins- und VerbandsR-HdB Kap. 3 Rn. 340. Gemäß § 14 VereinsG-DVO ist diese gesonderte Einziehungsverfügung schriftlich abzufassen und dem Inhaber des eingezogenen Gegenstands zuzustellen. Sie muss den Gegenstand der Einziehung und dessen Inhaber bezeichnen. In der schriftlichen Begründung ist schließlich auf das Vereinsverbot und den Grund der Einziehung hinzuweisen.

[173] BT-Drs. IV/430, 18.

[174] BT-Drs. IV/430, 18f.

[175] Für die Einziehung ausdrücklich BT-Drs. IV/430, 20f.; *Groh* VereinsG § 11 Rn. 2.

[176] Gemäß § 11 Abs. 3 S. 1 VereinsG kann der Bundesminister des Innern als Verbotsbehörde nur die Durchführung der Einziehung und die Abwicklung nach § 13 VereinsG auf das Bundesverwaltungsamt oder eine andere Bundesbehörde als „Einziehungsbehörde" übertragen.

[177] BT-Drs. IV/430, 19.

[178] Vertiefend zur Vermögensbeschlagnahme *Schiffbauer* in Reichert/Schimke/Dauernheim Vereins- und VerbandsR-HdB Kap. 3 Rn. 285ff.

[179] Zum diesbezüglichen Rechtsschutz *Groh* VereinsG § 10 Rn. 11.

[180] Zum Ganzen BT-Drs. IV/430, 19; zu den Einzelheiten § 10 Abs. 1–4 VereinsG.

[181] *Groh* VereinsG § 10 Rn. 1; zum Begriff des Vereinsvermögens VGH Mannheim NVwZ-RR 1995, 274 (274f.): Begriff weit auszulegen, so dass er auch Postsendungen und Briefe umfasst, die dem verbotenen Verein oder seinen Funktionären nach Erlass des Vereinsverbots zugehen.

Einziehungsanordnung[182] bewirkt dann den endgültigen und entschädigungslosen Vermögensverlust.[183] Gemäß § 11 Abs. 2 S. 1 VereinsG erwirbt der Einziehungsbegünstigte – im Falle des § 3 Abs. 2 Nr. 1 VereinsG das jeweilige Land, im Falle des § 3 Abs. 2 Nr. 2 VereinsG der Bund – mit Eintritt der Unanfechtbarkeit[184] des Verbots und der Einziehungsanordnung das Vereinsvermögen und die nach § 11 Abs. 1 S. 2 eingezogenen Gegenstände als besondere Vermögensmasse. Entsprechendes gilt gem. § 12 Abs. 4 für die nach § 12 Abs. 1–3 VereinsG eingezogenen Gegenstände.

d) Sofortvollzugsanordnung. Anders als bei der Feststellung einer Ersatzorganisation 41
nach § 8 Abs. 2 S. 1 VereinsG, gegen die gem. § 80 Abs. 2 S. 1 Nr. 3 VwGO iVm § 8 Abs. 2 S. 3 VereinsG Widerspruch und Anfechtungsklage keine aufschiebende Wirkung haben (→ Rn. 65), fehlt bei der **Feststellung des Verbotsgrunds** und der **Auflösung des Vereins** eine gesetzliche Anordnung der sofortigen Vollziehbarkeit. Die Verbotsbehörde ordnet daher in aller Regel gem. **§ 80 Abs. 2 S. 1 Nr. 4 VwGO** die sofortige Vollziehung an.[185] Der Verein ist in der Folge auch dann, wenn er verwaltungsgerichtlich gegen die Verbotsverfügung vorgeht, vorläufig gehindert, seinen Satzungszweck zu verfolgen.[186] Bei den Anforderungen an das für eine behördliche Sofortvollzugsanordnung erforderliche besondere Dringlichkeitsinteresse ist das Bundesverwaltungsgericht großzügig.[187] Auch die **Beschlagnahmeanordnung** sollte entgegen der Verwaltungspraxis (→ Rn. 42) für sofort vollziehbar erklärt werden.[188] Nur dann wird sie ihrer Funktion, das Vereinsvermögen vor Wirksamwerden der Einziehung nach § 11 Abs. 2 S. 1 und § 12 Abs. 4 VereinsG zu sichern, gerecht. Einer Anordnung der sofortigen Vollziehung der **Einziehungsanordnung** bedarf es hingegen nicht, da die Einziehung gem. § 11 Abs. 2 S. 1 und § 12 Abs. 4 VereinsG ohnehin erst wirkt, wenn ihre Anordnung und das Vereinsverbot unanfechtbar geworden sind (→ Rn. 40).

e) Anhang: Formulierungsbeispiel.[189]

Formulierungsbeispiel: Verbot eines Vereins 42

Verfügung:

1. Die Vereinigung *** einschließlich ihrer Teilorganisationen *** richtet sich gegen die verfassungsmäßige Ordnung und den Gedanken der Völkerverständigung und läuft nach Zweck und Tätigkeit den Strafgesetzen zuwider.[190]

---

[182] Vertiefend zur Vermögenseinziehung *Schiffbauer* in Reichert/Schimke/Dauernheim Vereins- und VerbandsR-HdB Kap. 3 Rn. 306 ff.

[183] *Groh* VereinsG § 11 Rn. 1. Zur Vereinbarkeit mit Art. 14 GG BVerwG NVwZ 2005, 1435 (1440 f.) – Al-Aqsa: Vermögenseinziehung weder Enteignung noch Aufopferung, sondern Konkretisierung einer gesetzlichen Inhalts- und Schrankenbestimmung iSv Art. 14 Abs. 1 S. 2 GG; dem Verhältnismäßigkeitsgrundsatz wird dadurch Rechnung getragen, dass unter den Voraussetzungen von § 11 Abs. 4 S. 1 VereinsG von der Einziehung abgesehen werden kann.

[184] Die sofortige Vollziehbarkeit genügt nicht, so dass ihre Anordnung nach § 80 Abs. 2 S. 1 Nr. 4 VwGO jedenfalls keinen Sinn macht; für Unzulässigkeit gar *Groh* VereinsG § 3 Rn. 2.

[185] Zu den formellen und materiellen Anforderungen statt vieler Schoch/Schneider/*Schoch* VwGO § 80 Rn. 196 ff. Zu nachsichtig hinsichtlich der Anforderungen an die Begründung nach § 80 Abs. 3 S. 1 VwGO BVerwG Beschl. v. 25.8.2008 – 6 VR 1/08, juris Rn. 6; zu Recht kritisch *Groh* VereinsG § 3 Rn. 44.

[186] BVerwG Beschl. v. 3.4.1985 – 1 ER 323/84, juris Rn. 15 – H Motor-Club.

[187] S. nur BVerwG Beschl. v. 3.4.1985 – 1 ER 323/84, juris Rn. 15 – H Motor-Club.

[188] Da es sich bei der Beschlagnahme noch nicht um eine „Maßnahme zum Vollzug des Verbots" handelt, gilt § 6 Abs. 2 VereinsG hier nicht, *Groh* VereinsG § 3 Rn. 2.

[189] Angelehnt an BMI Bek. v. 25.2.2013 – ÖS II 3–619314/102, BAnz AT 13.3.2013 B3 – DawaTeam Islamische Audios; BMI Bek. v. 28.5.2013 – ÖS I 2 50004/111, BAnz AT 3.7.2013 B1 – Regionalverband Gremium MC Sachsen; BMI Bek. v. 29.5.2013 – ÖS II 3–619314–6/0, BAnz AT 14.6.2012 B1 – Millatu Ibrahim; s. auch *Richter* RdJB 2002, 172 (175 f.).

[190] Zur Nennung der Teilorganisationen → Rn. 43.

2. Die Vereinigung *** ist verboten und wird aufgelöst.
3. Es ist verboten, Ersatzorganisationen für die Vereinigung *** und ihre Teilorganisationen *** zu bilden oder bestehende Organisationen als Ersatzorganisationen fortzuführen.[191]
4. Es ist verboten, Kennzeichen der Vereinigung *** und ihrer Teilorganisationen *** für die Dauer der Vollziehbarkeit des Verbots öffentlich, in einer Versammlung oder in Schriften, Ton- und Bildträgern, Abbildungen oder Darstellungen, die verbreitet oder zur Verbreitung bestimmt sind, zu verwenden.[192]
5. Das Vermögen der Vereinigung *** und ihrer Teilorganisationen *** wird beschlagnahmt und eingezogen.
6. Forderungen Dritter gegen die Vereinigung *** und ihre Teilorganisationen *** werden beschlagnahmt und eingezogen, soweit sie sich nach Art, Umfang oder Zweck als eine vorsätzliche Förderung der verfassungswidrigen Bestrebungen der Vereinigung *** und ihrer Teilorganisationen *** darstellen oder soweit sie begründet wurden, um Vermögenswerte der Vereinigung *** und ihrer Teilorganisationen *** dem behördlichen Zugriff zu entziehen oder den Wert des Vermögens der Organisation zu mindern. Hat ein Gläubiger eine solche Forderung durch Abtretung erworben, wird sie eingezogen, soweit der Gläubiger ihre Eigenschaft als Kollaborations- oder Umgehungsforderung im Zeitpunkt ihres Erwerbs kannte.
7. Sachen Dritter werden beschlagnahmt und eingezogen, soweit der Berechtigte durch Überlassung der Sachen an die Vereinigung *** und ihre Teilorganisationen *** deren verfassungswidrige Bestrebungen vorsätzlich gefördert hat oder die Sachen zur Förderung dieser Bestrebungen bestimmt sind.
8. Die sofortige Vollziehung der Verfügungen in den Ziffern 1 bis 4 wird angeordnet.[193]

Gründe:[194]

[Darstellung des Sachverhalts, soweit dieser für die rechtliche Begründung von Bedeutung ist; im Anschluss rechtliche Würdigung des Sachverhalts unter Erörterung der wesentlichen formell- und materiell-rechtlichen Fragen]

Rechtsbehelfsbelehrung:[195]

[Zu beachten ist, dass für den Fall, dass (wie regelmäßig) das Vorverfahren gem. § 68 Abs. 1 S. 2 Nr. 1 VwGO entfällt (→ Rn. 62), darauf hinzuweisen ist, dass unmittelbar Klage erhoben werden kann; ferner ist das zuständige Gericht zu nennen (→ Rn. 62)]

5. Verbotsreichweite

43 **a) Erstreckung auf Teilorganisationen.** Primäre Rechtsfolge des Vereinsverbots nach § 3 Abs. 1 S. 1 VereinsG iVm Art. 9 Abs. 2 GG ist die **Auflösung des Vereins.** Sie erstreckt sich gem. § 3 Abs. 3 S. 1 VereinsG grundsätzlich „auf alle Organisationen, die dem Verein derart eingegliedert sind, daß sie nach dem Gesamtbild der tatsächlichen Verhältnisse als Gliederung dieses Vereins erscheinen“. Das Gesetz spricht insoweit von **„Teilorganisationen“**[196] und meint damit, wie sich aus § 3 Abs. 3 S. 2 VereinsG ergibt, grundsätz-

[191] Zur Entbehrlichkeit dieser Verfügung → Rn. 54.

[192] Zur Entbehrlichkeit dieser Verfügung → Rn. 59. Ergänzend werden häufig Vereinskennzeichen beschrieben und abgedruckt; s. exemplarisch BMI Bek. v. 25.2.2013 – ÖS II 3–619314/102, BAnz AT 13.3. 2013 B3, Ziffer 4 – DawaTeam Islamische Audios: „Dies gilt insbesondere für das auf grau/weißem bzw. schwarzem Untergrund mit weißer Schrift und in rot stilisierten Audioamplituden gehaltene Vereinskennzeichen [es folgt der Abdruck zweier Vereinskennzeichen]“.

[193] Dazu näher → Rn. 41.

[194] Dazu näher → Rn. 34.

[195] Allgemeines Muster in BMI Rundschreiben v. 23.5.1997 – V II 1–132 120/6, GMBl. 1997, 282.

[196] Gegenbegriff ist die „Nebenorganisation“. Ihr gegenüber muss die Verbotsbehörde, sofern sie einen Verbotstatbestand erfüllt, ein selbständiges Verbot erlassen, BVerwG NVwZ 1995, 590 (591); BVerwG NVwZ 1995, 595 (596); BVerwG NVwZ 1998, 174 (175 f.) – Berxwedan-Verlags-GmbH.

lich sowohl **gebietliche** als auch **nichtgebietliche Teilorganisationen.**[197] Lediglich nichtgebietliche Teilorganisationen mit eigener Rechtspersönlichkeit sind mit Blick auf die Sicherheit des Rechtsverkehrs[198] gem. § 3 Abs. 3 S. 2 VereinsG vom Vereinsverbot nur umfasst, wenn sie in der Verbotsverfügung ausdrücklich benannt sind. Sinnvollerweise geschieht dies, indem sie unter Anordnung ihrer Auflösung ausdrücklich als verboten benannt werden.[199] Indizien für das **Vorliegen einer Teilorganisation** können sich aus der personellen Zusammensetzung, der Geschichte, dem Selbstverständnis, den Zielen, der Tätigkeit und der Finanzierung von Untergliederung und Gesamtverein ergeben, ferner aus Verflechtungen bei der Willensbildung, satzungsmäßigen Verflechtungen sowie der Weisungsgebundenheit einer Untergliederung gegenüber dem Gesamtverein oder jedenfalls ihrer Überwachung und Lenkung durch ihn. Die Untergliederung muss dabei tatsächlich in die Gesamtorganisation eingebunden sein und im Wesentlichen von ihr beherrscht werden. Eine bloße politische Abhängigkeit genügt ebenso wenig wie eine bloße politische Zusammenarbeit oder eine bloße Solidarisierung. Selbst die Mitgliedschaft in einem Dachverband begründet für sich allein noch keine organisatorische Eingliederung. Umgekehrt bedarf es aber auch keiner totalen organisatorischen Eingliederung, so dass selbst Meinungsverschiedenheiten zwischen Untergliederung und Gesamtverein unschädlich sind. Auch setzt die Erstreckung des Vereinsverbots nach § 3 Abs. 3 S. 1 VereinsG weder voraus, dass ausschließlich Mitglieder oder Sympathisanten des Gesamtvereins der Untergliederung angehören, noch, dass die Untergliederung ihrerseits einen Verbotstatbestand erfüllt. Sie ist schließlich unabhängig davon, ob die Untergliederung in ihrer Organisation oder Tätigkeit über das Gebiet eines Landes hinausgeht oder nicht.[200] Eine **Beschränkung des Vereinsverbots,** die bestimmte Teilorganisationen vom Vereinsverbot ausnimmt, ist gem. § 3 Abs. 3 S. 1 VereinsG zulässig.[201]

b) Reichweite bei ausländischen Vereinen. Bei ausländischen Vereinen (→ Rn. 22) erstreckt sich das Vereinsverbot gem. § 18 S. 1 VereinsG nur auf ihre **inländischen Teilor-** 44

[197] Zur Unterscheidung *Groh* VereinsG § 3 Rn. 35.

[198] *Groh* VereinsG § 3 Rn. 35.

[199] Exemplarisch BVerwG NVwZ 1998, 174 (175) – Berxwedan-Verlags-GmbH. In der Folge unterliegt dann auch die „Benennung" iSv § 3 Abs. 3 S. 2 VereinsG den allgemeinen formellen Verbotsanforderungen, BVerwG NVwZ-RR 2010, 562 (564) – Viko.

[200] Zum Ganzen BVerwGE 74, 176 (188f.) – Aktion Ausländerrückführung; BVerwGE 154, 22 (37) – Gremium MC Germany; BVerwG NJW 1989, 996 (997) – HALK DER (Volksvereine); BVerwG NVwZ 1995, 590 (591); BVerwG NVwZ 1995, 595 (596); BVerwG NVwZ 1998, 174 (175) – Berxwedan-Verlags-GmbH; BVerwG NVwZ 2010, 455 (456f.) – Bauernhilfe; BVerwG NVwZ-RR 2010, 562 (563f.) – Viko; BVerwG NVwZ 2014, 1573 (1581f.) – DawaFFM. Die dargelegten Grundsätze gelten grundsätzlich auch für die Ermittlung von Teilorganisationen einer verbotenen Religionsgemeinschaft, BVerwG NVwZ 2003, 990 (990f.) – Kalifatsstaat; BVerwG Buchholz 402.45 VereinsG Nr. 39 – Kalifatstaat. Exemplarische Anwendung auf die Jugendbewegung einer verbotenen Vereinigung in BVerwG Buchholz 402.45 VereinsG Nr. 8 – Volkssozialistische Bewegung Deutschlands: politische Ziele identisch, Angehörige der Jugendorganisation ganz überwiegend zugleich Mitglieder der verbotenen Vereinigung, ihr Leiter zugleich Vorsitzender eines Kreisverbandes der verbotenen Vereinigung, gemeinsames Postscheckkonto; für die Supporter-Organisation des verbotenen Vereins „Regionalverband Gremium Motorcycle Club (MC) Sachsen" BVerwG Buchholz 402.45 VereinsG Nr. 69 – Härte Plauen: zwar „im tatsächlichen Vereinsleben untereinander keine Weisungsverhältnisse", Organisation „hat sich jedoch unmittelbar in den Regionalverband eingegliedert und in den wesentlichen Fragen der Entscheidungsgewalt des Präsidenten des Chapters Dresden und gleichzeitigen Regionalsprechers unterworfen".

[201] Zum Verständnis BVerwGE 37, 344 (355) – Verlag Hohe Warte, das unter ergänzendem Hinweis auf §§ 15 und 18 VereinsG zutreffend von der Zulässigkeit territorial beschränkter partieller Verbotsverfügungen ausgeht; s. dazu auch *Groh* VereinsG § 3 Rn. 29. Umstände, die zur Beschränkung des Vereinsverbots verpflichten, sind kaum denkbar; exemplarisch BVerwG NVwZ 1995, 595 (597f.): „Eine solche Verpflichtung ergibt sich insbesondere nicht aus den Grundrechten der Meinungs- und Pressefreiheit […] Wie sich aus den […] Schranken der Meinungs- und Pressefreiheit […] ergibt, haben Meinungs- und Pressefreiheit dort zurückzutreten, wo sie ausschließlich der Verwirklichung verbotswidriger Vereinszwecke dienen."

ganisationen iSd § 3 Abs. 3 S. 1 VereinsG (→ Rn. 43).[202] Ihnen gegenüber können alle Verfügungen nach § 3 Abs. 1 VereinsG getroffen werden, auch wenn sie keine Vereine iSd § 2 Abs. 1 VereinsG sind.[203] Existieren keine inländischen Teilorganisationen des ausländischen Vereins, richtet sich das Vereinsverbot gem. § 18 S. 2 VereinsG als bloßes Betätigungsverbot gegen die **inländische Tätigkeit** des Vereins.[204] Rechnung getragen wird damit dem grundsätzlich[205] und so auch bei Vereinsverboten auf das Staatsgebiet der Bundesrepublik Deutschland beschränkten räumlichen Geltungsbereich von Verwaltungsakten deutscher Behörden.[206]

45 Probleme bereitet § 18 S. 2 VereinsG mit Blick auf die **Grundfreiheiten** (insbesondere: die Dienstleistungsfreiheit) und ihre sekundärrechtlichen Konkretisierungen, wenn eine in einem anderen Mitgliedstaat der Europäischen Union niedergelassene und nach dortigem Recht organisierte Vereinigung in Deutschland tätig wird. So scheidet nach Auffassung des Europäischen Gerichtshofs ein auf § 3 Abs. 1 S. 1 und § 18 S. 2 VereinsG gestütztes Verbot der Ausstrahlung eines Fernsehprogramms in Deutschland durch einen dänischen Fernsehveranstalter von Dänemark aus selbst dann aus, wenn es sich gegen den Gedanken der Völkerverständigung richtet, weil gem. **Art. 22a RL 89/552/EWG** (heute ähnlich: **Art. 6 Abs. 1 Buchst. a RL 2010/13/EU**) allein der Mitgliedstaat, dessen Rechtshoheit der Fernsehveranstalter unterliegt, „dafür Sorge [trägt], daß die Sendungen nicht zu Haß aufgrund von Rasse, Geschlecht, Religion oder Nationalität aufstacheln".[207] Ziel dieser Regelung ist es, „keine zweite Kontrolle der Fernsehsendungen zusätzlich zu der vom Sendestaat durchzuführenden Kontrolle [einzuführen]".[208] Zulässig bleibt danach nur das Verbot von Tätigkeiten, die nicht die Weiterverbreitung von Fernsehsendungen im engeren Sinne betreffen. So können die Produktion von Sendungen und die Organisation von Veranstaltungen in Deutschland durch den dänischen Fernsehveranstalter auf Grundlage des Vereinsgesetzes verboten werden.[209] Dies harmoniert mit dem allgemeinen Dienstleistungsrecht der Europäischen Union, das dem Bestimmungsstaat in **Art. 16 Abs. 3 RL 2006/123/EG** die Möglichkeit belässt, „Anforderungen in Bezug auf die Erbringung von Dienstleistungen zu stellen, die aus Gründen der öffentlichen Ordnung, der öffentlichen Sicherheit, der öffentlichen Gesundheit oder des Schutzes der Umwelt gerechtfertigt sind", sofern diese nur nichtdiskriminierend, erforderlich und verhältnismäßig sind. Davon sind sowohl die Verbotsgründe in § 3 Abs. 1 S. 1 VereinsG als auch die Verbotsgründe in § 14 Abs. 2 VereinsG unproblematisch gedeckt.

6. Verbotsvollzug

46 Vom Vereinsverbot selbst zu unterscheiden ist der **„Vollzug des Verbots"**, wie es in der Überschrift zu § 5 VereinsG und in § 6 Abs. 1 VereinsG heißt. Vollzugsbedürftig sind die **Auflösung des Vereins** und die **Anordnung der Beschlagnahme und Einziehung** des Vermögens des Vereins und bestimmter Gegenstände Dritter, nicht hingegen die Fest-

---

[202] *Groh* VereinsG § 18 Rn. 2, die zusammenfassend von inländischen „Organisationsstrukturen" spricht. Beispiele nennt BVerwGE 55, 175 (176f.) – Kroatischer Nationaler Widerstand.

[203] *Groh* VereinsG § 18 Rn. 2.

[204] Zulässig ist ein entsprechendes Betätigungsverbot über den Wortlaut hinaus ferner dann, wenn ein ausländischer Verein zwar über eine inländische Teilorganisation verfügt, sich aber auch darüber hinaus selbst (und also nicht nur durch die Teilorganisation) im Inland betätigt, BVerwG EuGH-Vorlage v. 24.2.2010 – 6 A 7/08, juris Rn. 19 – Roj TV. Sowohl bei § 18 S. 1 VereinsG als auch bei § 18 S. 2 VereinsG handelt es sich um ein Verbot iSd § 3 Abs. 1 S. 1 VereinsG, das sich gem. § 3 Abs. 3 VereinsG insbesondere auch auf Ersatzorganisationen erstreckt, BVerwG NVwZ 1998, 174 (175) – Berxwedan-Verlags-GmbH.

[205] Zu „transnationalen Verwaltungsakten" *Kopp/Ramsauer* VwVfG § 35 Rn. 34ff.

[206] S. dazu auch BVerwGE 55, 175 (176) – Kroatischer Nationaler Widerstand.

[207] EuGH ECLI:EU:C:2011:607 Rn. 54 – Mesopotamia Broadcast und Roj TV Rn. 54.

[208] EuGH ECLI:EU:C:2011:607 Rn. 48 – Mesopotamia Broadcast und Roj TV Rn. 48.

[209] EuGH ECLI:EU:C:2011:607 Rn. 52f. – Mesopotamia Broadcast und Roj TV Rn. 52f.

stellung, dass ein bestimmter Verbotsgrund vorliegt.[210] Der „Vollzug des Verbots" in diesem Sinne ist von der Durchsetzung von Verwaltungsakten nach den Vorschriften des allgemeinen Verwaltungsvollstreckungsrechts (für Verwaltungsakte von Bundesbehörden: §§ 6ff. VwVG) zu unterscheiden.[211]

a) Vollzugsmaßnahmen. Vereinsrechtliche Vollzugsmaßnahmen sind zunächst die Re- 47
gistereintragungen nach § 7 Abs. 2 VereinsG, in einem weiteren Sinne auch die nochmalige Veröffentlichung des verfügenden Teils des Verbots unter Hinweis auf die Unanfechtbarkeit nach § 7 Abs. 1 VereinsG, ferner Maßnahmen zum Vollzug der Beschlagnahme- und der Einziehungsanordnung. Die **Registereintragungen** nach § 7 Abs. 2 VereinsG betreffen die Beschlagnahme des Vereinsvermögens und ihre Aufhebung, die Bestellung und Abberufung von Verwaltern nach § 10 Abs. 3 VereinsG, die Auflösung des Vereins, nachdem das Verbot unanfechtbar geworden ist, und das Erlöschen des Vereins. Ergänzend sieht § 2 VereinsG-DVO – teilweise abweichend von der Grundbuchordnung – die Eintragung der Beschlagnahme im Grundbuch, im Schiffsregister und im Schiffsbauregister vor.[212] Mit Blick auf den Vollzug der **Beschlagnahmeanordnung** geht es vor allem um die Geltendmachung der Auskunftspflicht der Vorstandsmitglieder, die Sicherstellung von Sachen im Gewahrsam des Vereins und Dritter, die Beschlagnahme von Rechten und die Verwaltung des beschlagnahmten Vermögens. Einzelheiten regeln § 10 Abs. 2–5 VereinsG und die §§ 3–12 VereinsG-DVO. Der Vollzug der **Einziehungsanordnung** beginnt mit der Mitteilung des Rechtsübergangs nach § 11 Abs. 2 S. 1 VereinsG und dem Ersuchen um Berichtigung des Grundbuchs, des Schiffsregisters und des Schiffsbauregisters, soweit erforderlich. Einzelheiten regeln §§ 13 und 18 VereinsG-DVO. Seinen Abschluss findet das Einziehungsverfahren in der endgültigen Abwicklung der Vermögensverhältnisse des aufgelösten Vereins nach § 13 VereinsG.[213] Die Abwicklung nach den Vorschriften des Vereinsrechts tritt dabei als besonderes vereinsgesetzliches Abwicklungsverfahren an die Stelle der Liquidation nach den Vorschriften des Bürgerlichen Gesetzbuchs (→ § 13 Rn. 259ff.).[214] Kern der Abwicklung ist die Befriedigung der Gläubiger des Vereins, die ihre Forderungen gegen den Verein nicht durch Einziehung nach § 12 Abs. 1 und Abs. 4 VereinsG verloren haben. Einzelheiten regeln die §§ 15–17 VereinsG-DVO. Reicht das Vermögen nicht zur Befriedigung aller Ansprüche aus, so findet gem. § 13 Abs. 3 S. 1 VereinsG auf Antrag der Verbotsbehörde oder der Einziehungsbehörde ein Insolvenzverfahren über die besondere Vermögensmasse statt. Verbleibt umgekehrt nach Befriedigung aller Ansprüche ein Vermögen, ist dieses wie die nach § 12 VereinsG eingezogenen Gegenstände gem. § 13 Abs. 4 VereinsG vom Einziehungsbegünstigten für gemeinnützige Zwecke zu verwenden.

b) Vollzugsvoraussetzungen. Die **Vollzugsvoraussetzungen** regelt das Vereinsrecht 48
abweichend vom allgemeinen Verwaltungsvollstreckungsrecht selbst. Während ein Verwal-

---

[210] *Sailer/Marx* in Lisken/Denninger PolR-HdB J VII Rn. 48; *Schiffbauer* in Reichert/Schimke/Dauernheim Vereins- und VerbandsR-HdB Kap. 3 Rn. 267.

[211] Das allgemeine Verwaltungsvollstreckungsrecht ist zwar parallel anwendbar, seine Zwangsmittel (für Verwaltungsakte von Bundesbehörden unterscheidet § 9 Abs. 1 VwVG Ersatzvornahme, Zwangsgeld und unmittelbaren Zwang) sind aber in aller Regel für die Durchsetzung der Verfügungen eines Vereinsverbots nicht geeignet, weil weder die Auflösung des Vereins noch die Beschlagnahme und Einziehung seines Vermögens Verwaltungsakte sind, die auf die Herausgabe einer Sache oder auf die Vornahme einer Handlung oder auf Duldung oder Unterlassung gerichtet sind, wie es § 6 Abs. 1 VwVG für die Anwendung von Verwaltungszwang voraussetzt. Es ist daher nur konsequent, dass das Vereinsgesetz ein eigenes „Vollstreckungsrecht" zur Verfügung stellt.

[212] Einzelheiten bei *Schiffbauer* in Reichert/Schimke/Dauernheim Vereins- und VerbandsR-HdB Kap. 3 Rn. 282ff.

[213] Zur Vertiefung *Schiffbauer* in Reichert/Schimke/Dauernheim Vereins- und VerbandsR-HdB Kap. 3 Rn. 343ff.

[214] Anders ist dies nur dann, wenn die Verbotsbehörde gem. § 11 Abs. 4 S. 1 VereinsG von der Einziehung abgesehen hat, wie sich aus § 11 Abs. 4 S. 2 und S. 3 VereinsG ergibt.

tungsakt nach allgemeinem Verwaltungsvollstreckungsrecht erst durchgesetzt werden kann, „wenn er unanfechtbar ist oder wenn sein sofortiger Vollzug angeordnet oder wenn dem Rechtsmittel keine aufschiebende Wirkung beigelegt ist" (so für Verwaltungsakte von Bundesbehörden § 6 Abs. 1 VwVG), sind Vereinsverbote, soweit überhaupt vollzugsbedürftig (→ Rn. 46), gem. § 3 Abs. 4 S. 3 Hs. 1 VereinsG grundsätzlich bereits **„mit der Zustellung, spätestens mit der Bekanntmachung im Bundesanzeiger** [...] vollziehbar".[215] Bestätigt wird dies durch § 5 Abs. 2 und § 6 Abs. 1 VereinsG, die von der Vollziehbarkeit eines noch anfechtbaren Vereinsverbots ausgehen. Freilich stellt § 3 Abs. 4 S. 3 Hs. 2 VereinsG klar, dass § 80 VwGO unberührt bleibt. Der Vollzug eines Vereinsverbots scheidet daher aus, soweit das Vereinsverbot infolge der Erhebung eines Rechtsbehelfs, in der Regel einer Anfechtungsklage (→ Rn. 62), gem. § 80 Abs. 1 S. 1 VwGO suspendiert ist und daher vorerst keine auf seine Umsetzung gerichteten Maßnahmen getroffen werden dürfen.[216] Gleiches gilt, wenn die aufschiebende Wirkung des Rechtsbehelfs nach § 80 Abs. 1 S. 1 VwGO zwar wegen Anordnung der sofortigen Vollziehung durch die Verbotsbehörde gem. § 80 Abs. 2 S. 1 Nr. 4 VwGO entfällt, das Gericht sie aber gem. § 80 Abs. 5 S. 1 Alt. 2 VwGO wiederhergestellt hat (dazu → Rn. 64).[217]

49 Abweichend davon sieht das Vereinsgesetz für einige Vollzugsmaßnahmen **modifizierte Vollzugsvoraussetzungen** vor: So verlangt § 7 Abs. 1 VereinsG die Unanfechtbarkeit des Vereinsverbots. Gleiches gilt für die Eintragung der Auflösung und des Erlöschens des Vereins nach § 7 Abs. 2 VereinsG. Schließlich ist auch der Vollzug einer Einziehungsanordnung, wie sich aus § 11 Abs. 2 S. 1 und § 12 Abs. 4 S. 1 VereinsG ergibt, erst zulässig, wenn das Vereinsverbot unanfechtbar geworden ist.

50 **c) Vollzugszuständigkeit.** Die Zuständigkeit für den Vollzug regelt § 5 Abs. 1 VereinsG. Die **Verbotsbehörde** (→ Rn. 31) ist danach für den Vollzug nur zuständig, soweit das Vereinsgesetz dies ausdrücklich vorsieht. Das ist insbesondere der Fall bei der nochmaligen Veröffentlichung des verfügenden Teils des Verbots gem. § 7 Abs. 1 VereinsG, bei der Anzeige der nach § 7 Abs. 2 VereinsG erforderlichen Registereintragungen sowie bei den Maßnahmen zum Vollzug einer Beschlagnahmeanordnung nach § 10 Abs. 3 S. 1 und Abs. 4 S. 2 und S. 3 VereinsG.[218] Darüber hinaus kann die Verbotsbehörde gem. § 10 Abs. 3 S. 1 VereinsG einen **Verwalter** für das beschlagnahmte Vermögen bestellen[219] und, sofern Verbotsbehörde der Bundesminister des Innern ist,[220] gem. § 11 Abs. 3 S. 1 VereinsG mit der Durchführung der Einziehung und mit der Abwicklung nach § 13 VereinsG das Bundesverwaltungsamt oder eine andere Bundesbehörde als **„Einziehungsbehörde"** beauftragen.[221] Im Übrigen wird das Vereinsverbot gem. § 5 Abs. 1 VereinsG von den von

---

[215] Anders Erbs/Kohlhaas/*Wache* VereinsG § 3 Rn. 33: Verbotsverfügung stets „erst nach Ablauf der Monatsfrist für die Anfechtungsklage [...] vollziehbar"; wie hier *Groh* VereinsG § 3 Rn. 44.

[216] Allgemein zu Inhalt und Folgen der aufschiebenden Wirkung Schoch/Schneider/*Schoch* VwGO § 80 Rn. 88 ff., der ebenda, Rn. 101, unter Hinweis auf OVG Frankfurt (Oder) NVwZ 2000, 577 (577), und OVG Münster NVwZ-RR 2003, 124 (125), treffend von einem *„umfassende[n] Verwirklichungs- und Ausnutzungsverbot"* spricht; ebenso mit Blick auf das Vereinsrecht *Groh* VereinsG § 3 Rn. 44.

[217] S. dazu sowie zur Wirkung der gerichtlichen Entscheidung OVG Bremen NVwZ-RR 2006, 692 (Ls.): „Die Wiederherstellung der aufschiebenden Wirkung der Klage gegen das Verbot eines Vereins und die Beschlagnahme seines Vermögens [...] wirkt ex tunc. Die einem Dritten gegenüber ergangene richterliche Anordnung [...] über die Durchsuchung und die Sicherstellung von in seinem Gewahrsam befindlichen Vereinsvermögen nach § 10 Abs. 2 VereinsG wird deshalb auch dann nachträglich rechtswidrig, wenn der Beschluss über die Wiederherstellung der aufschiebenden Wirkung erst nach Abschluss der angeordneten Vollzugsmaßnahmen ergeht."

[218] Vollständiger Überblick bei *Schiffbauer* in Reichert/Schimke/Dauernheim Vereins- und VerbandsR-HdB Kap. 3 Rn. 270.

[219] Zu Bestellung, Abberufung und Rechtsstellung des Verwalters §§ 8–11 VereinsG-DVO.

[220] Für Landesverbotsbehörden soll dies entsprechend gelten, *Groh* VereinsG § 11 Rn. 5.

[221] Letzteres ist durch BMI Bek. v. 25.7.1979, mit allgemeiner Wirkung geschehen. Die Einziehungsbehörde kann gem. § 11 Abs. 3 S. 2 VereinsG ihrerseits einen Verwalter bestellen. Die Einzelheiten regeln § 10 Abs. 3 VereinsG und § 11 VereinsG-DVO.

der Landesregierung bestimmten[222] **„Vollzugsbehörden"** (zum Begriff: § 1 Abs. 1 VereinsG-DVO) vollzogen. Diese sind insoweit weisungsunabhängig, auch bei einem Verbot des Bundesministers des Innern.[223]

d) Vollzug des Verbots eines Teilvereins. Besonderheiten sind beim **Vollzug des Verbots eines Teilvereins** zu beachten. Wird dieses durch ein den Teilverein einschließendes Verbot des Gesamtvereins „überholt", bevor es bestandskräftig geworden ist, ist gem. § 5 Abs. 2 VereinsG nur noch das Verbot des Gesamtvereins zu vollziehen. Die Konsequenzen für ein bereits laufendes Verfahren über eine Klage des Teilvereins regelt § 51 VwGO.[224] 51

e) Rechtsschutz. Für den **Rechtsschutz gegen Maßnahmen zum Vollzug eines Vereinsverbots** (zu diesen → Rn. 47) gelten die allgemeinen Vorschriften der Verwaltungsgerichtsordnung.[225] Lediglich Veröffentlichungen nach § 7 Abs. 1 VereinsG sowie Registereintragungen nach § 7 Abs. 2 VereinsG und § 2 VereinsG-DVO sind nicht angreifbar.[226] Mit Blick auf den vorläufigen Rechtsschutz sieht § 6 Abs. 2 VereinsG als Regelung iSd § 80 Abs. 2 S. 1 Nr. 3 VwGO vor, dass Widerspruch und Anfechtungsklage gegen Maßnahmen zum Vollzug des Verbots keine aufschiebende Wirkung haben. Schwierigkeiten kann die **gerichtliche Zuständigkeit** bereiten. § 48 Abs. 2 und § 50 Abs. 1 Nr. 2 VwGO finden im Hinblick auf den Vollzug keine Anwendung, so dass das Verfahren über das Vereinsverbot und das Verfahren über seinen Vollzug vor unterschiedlichen Gerichten stattfinden.[227] Hängt dabei die Entscheidung über eine Vollzugsmaßnahme davon ab, ob das Verbot rechtmäßig ist, muss das für die Entscheidung über die Vollzugsmaßnahme zuständige Verwaltungsgericht gem. § 6 Abs. 1 VereinsG jedenfalls dann, wenn es selbst die Rechtmäßigkeit des Verbots bezweifelt (oder von seiner Rechtswidrigkeit überzeugt ist), das **Verfahren aussetzen,** bis das für die Entscheidung über das Verbot zuständige Gericht unanfechtbar entschieden hat, und dessen Entscheidung sodann zwingend seiner Entscheidung zugrunde legen. 52

7. Verbotssicherung

Unabhängig von ihrem Vollzug im engeren Sinne sind Vereinsverbote gegen Verstöße und Umgehungen gesichert, zum einen durch unmittelbar an sie anknüpfende **Folgeverbote,** zum anderen durch die **Straf- und Bußgeldbewehrung** bestimmter Verstöße gegen Vereinsverbote und andere Maßnahmen nach dem Vereinsgesetz. 53

a) Verbot von Ersatzorganisationen. Wird ein Verein verboten, droht stets eine Umgehung des Verbots durch Bildung einer neuen Vereinigung, die an Stelle des verbotenen Vereins dessen verfassungswidrige Bestrebungen weiterverfolgt. Das Vereinsgesetz spricht in § 8 Abs. 1 VereinsG von einer „Ersatzorganisation" und untersagt sowohl ihre **Bildung** als auch die **Fortführung einer bestehenden Organisation als Ersatzorganisation.** Beide Verbote gelten unmittelbar kraft Gesetzes, sobald ein Vereinsverbot gem. § 3 Abs. 4 S. 3 VereinsG wirksam wird. Einer eigenständigen Verfügung bedarf es daher trotz der Verwaltungspraxis, die die Verbotsverfügung iSd § 3 Abs. 1 S. 1 VereinsG 54

[222] Exemplarisch für Bayern: § 2 Zuständigkeitsverordnung; für Nordrhein-Westfalen: § 1 Verordnung über die Regelungen von Zuständigkeiten nach dem öffentlichen Vereinsrecht.
[223] *Groh* VereinsG § 5 Rn. 1.
[224] Dazu *Scheidler* NVwZ 2011, 1497 (1499 f.).
[225] Zum vorläufigen Rechtsschutz gegen einen Sicherstellungsbescheid nach § 10 Abs. 2 S. 1 VereinsG iVm § 4 S. 1 VereinsG-DVO OVG Berlin-Brandenburg NVwZ-RR 2013, 630.
[226] *Groh* VereinsG § 7 Rn. 1 f. Für Eintragungen nach § 7 Abs. 2 VereinsG folgt dies aus § 383 Abs. 3 FamFG und § 71 Abs. 2 S. 1 GBO; dazu BeckOK FamFG/*Otto* FamFG § 383 Rn. 28. Für Eintragungen nach § 7 Abs. 1 VereinsG fehlt es an einer über das (seinerseits ohne Weiteres mit der Anfechtungsklage angreifbare) Vereinsverbot hinausgehenden Beschwer.
[227] S. dazu BVerwG Buchholz 402.45 VereinsG Nr. 20.

in aller Regel mit einer Verfügung verbindet, in der dem Verein die Bildung einer Ersatzorganisation und die Fortführung einer bestehenden Organisation als Ersatzorganisation untersagt wird (→ Rn. 42),[228] nicht.[229] Eine Konkretisierung des abstrakt-generellen Verbots in § 8 Abs. 1 VereinsG im Verfügungsteil des Vereinsverbots schadet zwar nicht, ist aber rein deklaratorisch und daher ohne rechtliche Bedeutung.

55 Mit dem Begriff **„verfassungswidrige Bestrebungen"** bezieht sich § 8 Abs. 1 VereinsG auf alle drei in Art. 9 Abs. 2 GG und § 3 Abs. 1 S. 1 VereinsG genannten Verbotsgründe, so dass das Umgehungsverbot keineswegs auf Vereinsverbote beschränkt ist, die ergehen, weil der Verein sich gegen die verfassungsmäßige Ordnung richtet.[230] Lediglich bei **Wirtschaftsvereinigungen iSd § 17 VereinsG** ist zu beachten, dass ihre Privilegierung (→ Rn. 25) auf § 8 Abs. 1 VereinsG durchschlägt, der gem. § 17 Nr. 4 VereinsG nur auf Ersatzorganisationen einer Wirtschaftsvereinigung Anwendung findet, die aus einem der in § 17 Nr. 1 oder Nr. 2 VereinsG genannten Gründe verboten wurden. Umstritten ist, ob das Verbot in § 8 Abs. 1 VereinsG auch für Verbote von Ausländervereinen und ausländischen Vereinen nach §§ 14 und 15 VereinsG gilt, die ausschließlich auf einen **Verbotsgrund nach § 14 Abs. 2 VereinsG** gestützt sind. Das Bundesverwaltungsgericht hatte dies für § 14 VereinsG aF angenommen. Zur Begründung verwies es auf den in § 14 Abs. 1 S. 1 VereinsG aF enthaltenen Hinweis, Ausländervereine könnten „nach den Vorschriften dieses Gesetzes" verboten werden, und die heute in § 14 Abs. 1 S. 3 VereinsG vorgesehene modifizierte Anwendung von § 3 Abs. 1 S. 2 und § 12 Abs. 1 und Abs. 2 VereinsG.[231] Die herrschende Meinung hält an dieser Auffassung bis heute fest.[232] Tatsächlich hat die Begründung des Bundesverwaltungsgerichts nicht nur durch die Neufassung des § 14 Abs. 1 S. 1 VereinsG, die keinen Hinweis mehr auf die „Vorschriften dieses Gesetzes" enthält, an Überzeugungskraft verloren. Auch folgt aus § 14 Abs. 1 S. 3 VereinsG, der mit Blick auf § 3 Abs. 1 S. 2 und § 12 Abs. 1 und Abs. 2 VereinsG anordnet, dass die dort genannten Vollzugsmaßnahmen nicht nur bei der Förderung verfassungswidriger Bestrebungen des verbotenen Vereins, sondern auch bei der Förderung der in § 14 Abs. 2 VereinsG genannten Zwecke und Tätigkeiten ergriffen werden können, im Umkehrschluss, dass ein derart weites Verständnis des Begriffs „verfassungswidrige Bestrebungen" bei § 8 Abs. 1 VereinsG ausscheidet. Damit ist keineswegs eine Besserstellung von Ausländervereinen und ausländischen Vereinen verbunden:[233] Wird ein Ausländerverein oder ein ausländischer Verein wegen verfassungswidriger Bestrebungen iSv Art. 9 Abs. 2 GG und § 3 Abs. 1 S. 1 VereinsG verboten, findet § 8 Abs. 1 VereinsG ebenso wie bei Normalvereinen Anwendung. Lediglich mit Blick auf die für Normalvereine irrelevanten weiteren Verbotsgründe des § 14 Abs. 2 VereinsG scheidet eine Anwendung des § 8 Abs. 1 VereinsG aus. Das mag rechtspolitisch misslich sein. Auch mag es ein Versehen des Gesetzgebers sein, § 8 Abs. 1 VereinsG in § 14 Abs. 1 S. 3 VereinsG unerwähnt zu lassen. Durch

[228] Exemplarisch BMI Bek. v. 28.5.2013 – ÖS I 2 50004/111, BAnz AT 3.7.2013 B1, Ziffer 3 – Regionalverband Gremium MC Sachsen: „Es ist verboten, Ersatzorganisationen zu bilden oder bestehende Organisationen als Ersatzorganisationen fortzuführen."

[229] S. dazu BT-Drs. IV/430, 17, wonach § 8 Abs. 1 VereinsG „allgemein aus[spricht], daß es verboten ist, Ersatzorganisationen für aufgelöste Vereine zu bilden"; *Richter* RdJB 2002, 172 (176).

[230] BVerwG NVwZ 1997, 68 (69) – Kurdistan Informationsbüro, unter Hinweis auf BT-Drs. IV/430, 18; Albrecht/Roggenkamp/*Albrecht* VereinsG § 8 Rn. 10; *Groh* VereinsG § 8 Rn. 2; Erbs/Kohlhaas/*Wache* VereinsG § 8 Rn. 3.

[231] BVerwG NVwZ 1997, 68 (69) – Kurdistan Informationsbüro, mit Einschränkung zugunsten von Ersatzorganisationen, bei denen es sich um einen Inländer- und keinen Ausländerverein handelt.

[232] *Groh* VereinsG § 8 Rn. 2; SGR/*Roth* VereinsG § 8 Rn. 6; Erbs/Kohlhaas/*Wache* VereinsG § 8 Rn. 3.

[233] So aber *Groh* VereinsG § 8 Rn. 2. Auch der dortige Hinweis, eine Anwendung des § 8 Abs. 1 VereinsG auf die Verbotsgründe des § 14 Abs. 2 VereinsG stelle „zu ihrem Schutz" sicher, „dass gegen die entsprechenden Ersatzorganisationen nicht ohne besonderes Feststellungsverfahren vorgegangen werden darf", überzeugt nicht: Findet das Umgehungsverbot des § 8 Abs. 1 VereinsG keine Anwendung, muss die Ersatzorganisation nach § 3 Abs. 1 S. 1 VereinsG oder §§ 14 und 15 VereinsG in einem eigenen Verbotsverfahren verboten werden. Damit ist sie hinreichend geschützt.

eine teleologische Erweiterung des § 8 Abs. 1 VereinsG lässt sich diese Lücke aber angesichts der strengen Vorgaben des grundrechtlichen Vorbehalts des Gesetzes nicht schließen.

Eine **Ersatzorganisation** iSd § 8 Abs. 1 VereinsG ist nach der Rechtsprechung des Bundesverwaltungsgerichts dadurch gekennzeichnet, dass sie „funktionell" dasselbe will wie die verbotene Organisation. Kriterien hierfür sind die in der Organisation wirksamen Kräfte, die Art ihrer Betätigung, die von ihr verfolgten Ziele, der Kreis der von ihr Angesprochenen und die zeitliche Abfolge des Geschehens zwischen dem Verbot einer Vereinigung und der Bildung einer neuen Organisation.[234] Abzugrenzen ist der Fall, dass eine nur scheinbar neue Organisation in Wirklichkeit mit dem verbotenen Verein identisch ist.[235] Davon ist auszugehen, wenn, wie es § 20 Abs. 1 Nr. 1–3 VereinsG formuliert, der „organisatorische Zusammenhalt eines Vereins […] aufrechterh[a]lt[en] [wird]". Das ist nicht schon dann zu verneinen, wenn der verbotene Verein einen neuen Namen annimmt.[236] Liegt eine entsprechende Organisationsidentität vor, ist die **„Nachfolgeorganisation"**[237] ohne Weiteres vom Vereinsverbot umfasst;[238] einer erneuten Verbotsverfügung nach § 3 Abs. 1 S. 1 VereinsG oder einer Feststellung nach § 8 Abs. 2 S. 1 VereinsG bedarf es nicht. 56

Ist hingegen eine Ersatzorganisation gebildet worden oder wird eine bestehende Organisation als Ersatzorganisation fortgeführt, die Verein iSd Vereinsgesetzes ist, kann gegen sie gem. § 8 Abs. 2 S. 1 VereinsG „zur verwaltungsmäßigen Durchführung" des in § 8 Abs. 1 VereinsG enthaltenen Verbots (gemeint ist der Vollzug des dortigen Organisationsverbots insbesondere nach § 8 Abs. 2 S. 2 iVm § 7 und §§ 10–13 VereinsG) nur auf Grundlage einer **Verfügung** vorgegangen werden, in der festgestellt wird, dass es sich um eine Ersatzorganisation des verbotenen Vereins handelt.[239] Ein Ermessensspielraum besteht nicht.[240] Für die funktional an die Stelle des Vereinsverbots tretende Verfügung nach § 8 Abs. 2 S. 1 VereinsG gelten gem. § 8 Abs. 2 S. 2 VereinsG die §§ 3–7 und 10–13 VereinsG entsprechend. Bei Gefahr im Verzug schließlich können gem. § 8 Abs. 2 S. 4 VereinsG die allgemeinen Polizei- und Sicherheitsbehörden schon vor der feststellenden Verfügung nach § 8 Abs. 2 S. 1 VereinsG **vorläufige Maßnahmen** treffen.[241] Rechtsgrundlage für solche Maßnahmen ist § 8 Abs. 2 S. 4 VereinsG, nicht das allgemeine Polizei- und Sicherheitsrecht.[242] Ergänzend können aber dessen Vorschriften herangezogen werden. Inhaltlich müssen Maßnahmen nach § 8 Abs. 2 S. 4 VereinsG vorläufigen Charakter haben. Sie dürfen sich daher 57

---

[234] BVerwG NVwZ 1997, 68 (70) – Kurdistan Informationsbüro.

[235] Ausführlich Erbs/Kohlhaas/*Wache* VereinsG § 8 Rn. 4ff.

[236] Zum Ganzen BGH NStZ-RR 1998, 217 (217) – DHKP-C: Bei Aufspaltung der Devrimci Sol (Revolutionäre Linke) in einen „Yagan-" und einen „Karatas-Flügel" kann ein Flügel mit dem verbotenen Ursprungsverein identisch sein. Das setzt Feststellungen zur personellen und organisatorischen Identität und zur Kontinuität der Sachelemente voraus. Die Aufspaltung kann sich aber auch in der Gestalt von Neugründungen vollziehen. In einem solchen Fall erstreckt sich das Vereinsverbot formal nicht auf den Flügel. Seine Unterstützung ist dann nur unter der Voraussetzung mit Strafe bedroht, dass die Verbotsbehörde gem. § 8 Abs. 2 S. 1 VereinsG vollziehbar festgestellt hat, dass es sich um eine Ersatzorganisation handelt.

[237] So *Groh* VereinsG § 8 Rn. 4; SGR/*Roth* VereinsG § 8 Rn. 14ff.; ähnlich Erbs/Kohlhaas/*Wache* VereinsG § 8 Rn. 6: keine Ersatzorganisation, sondern „Fortsetzung der verbotenen Vereinigung".

[238] Albrecht/Roggenkamp/*Albrecht* VereinsG § 8 Rn. 7.

[239] Zur Begründung kann entsprechend BVerwGE 4, 188 (189), auf den „mit der Gewährleistung eines Grundrechts verbunden[en] […] Gedanke[n] der Rechtssicherheit" und das Gebot wirksamen Rechtsschutzes, „der nach Art. 19 Abs. 4 GG jedem, auch der betroffenen Vereinigung, gegenüber obrigkeitlichen Eingriffen zusteht", verwiesen werden (→ Rn. 11); ähnlich aus strafrechtlicher Perspektive BGH NStZ-RR 1998, 217 (217) – DHKP-C: „Um der Gefahr zu begegnen, daß das den vereinsrechtlichen Strafbestimmungen […] zugrundeliegende Verbots- und Feststellungsprinzip durch vorschnelle Annahme von Identität oder Teilidentität ausgehöhlt wird, bedarf es im Einzelfall genauer Abgrenzung zwischen einer mit der verbotenen Organisation (teil)identischen Vereinigung und einer zwar inhaltlich und sachlich gleichgerichteten, formal aber nicht identischen Ersatzorganisation".

[240] Offen gelassen von BVerwG Buchholz 402.45 VereinsG Nr. 31 – DHKP-C; anders SGR/*Roth* VereinsG § 8 Rn. 26; tendenziell wie hier *Groh* VereinsG § 8 Rn. 8.

[241] Keine Anwendung findet die Regelung allerdings gem. § 16 Abs. 1 S. 2 VereinsG auf Arbeitnehmer- und Arbeitgebervereinigungen, weil diese gem. Art. 4 ILO-Übereinkommen Nr. 87 „im Verwaltungswege weder aufgelöst noch zeitweilig eingestellt werden [dürfen]".

[242] Anders wohl *Groh* VereinsG § 8 Rn. 10.

grundsätzlich nur gegen die Tätigkeit, nicht gegen die Organisation als solche richten.[243] Andernfalls würde die feststellende Verfügung nach § 8 Abs. 2 S. 1 VereinsG vorweggenommen. Unterstrichen wird der vorläufige Charakter durch die gesetzliche Befristung in § 8 Abs. 2 S. 4 VereinsG. Danach treten die Maßnahmen außer Kraft, wenn die Verbotsbehörde nicht innerhalb von zwei Wochen nach ihrer Vornahme in einer Verfügung nach § 8 Abs. 2 S. 1 VereinsG feststellt, dass die betroffene Vereinigung eine Ersatzorganisation ist. Der Rechtsschutz gegen Maßnahmen der allgemeinen Polizei- und Sicherheitsbehörden nach § 8 Abs. 2 S. 4 VereinsG richtet sich nach den allgemeinen Vorschriften. § 48 Abs. 2 und § 50 Abs. 1 Nr. 2 VwGO finden auf diese Maßnahmen keine Anwendung.

58 **b) Verbot der Kennzeichenverwendung.** Um einem verbotenen Verein über die rechtlichen Folgen seines Verbots hinaus auch faktisch die Grundlage zu entziehen, verbietet § 9 Abs. 1 VereinsG die **Verwendung von Kennzeichen des Vereins** für die Dauer der Vollziehbarkeit des Verbots, wenn diese nicht „im Rahmen der staatsbürgerlichen Aufklärung, der Abwehr verfassungswidriger Bestrebungen und ähnlicher Zwecke" erfolgt.[244] Entsprechendes gilt gem. § 9 Abs. 4 VereinsG für die **Verwendung von Kennzeichen einer Ersatzorganisation** für die Dauer der Vollziehbarkeit einer Verfügung nach § 8 Abs. 2 S. 1 VereinsG.[245] Zwar ist die Verwendung von Kennzeichen eines verbotenen Vereins oder der Ersatzorganisation eines verbotenen Vereins bereits gem. **§ 20 Abs. 1 Nr. 5 VereinsG** und **§ 86a Abs. 1 Nr. 1 StGB** mit Strafe bedroht. § 9 Abs. 1 VereinsG geht über diese Vorschriften aber hinaus. Von § 20 Abs. 1 Nr. 5 VereinsG unterscheidet sich § 9 Abs. 1 VereinsG jedenfalls insofern, als er auch die Verwendung von Kenneichen in einem Inhalt iSv § 11 Abs. 3 StGB untersagt, der verbreitet wird oder zur Verbreitung bestimmt ist. Über § 86a Abs. 1 Nr. 1 StGB geht § 9 Abs. 1 VereinsG schon deshalb hinaus, weil er anders als diese Vorschrift[246] nicht die Unanfechtbarkeit des Vereinsverbots oder der Verfügung nach § 8 Abs. 2 S. 1 VereinsG verlangt, sondern ihre Vollziehbarkeit genügen lässt.[247] Ziel des § 9 Abs. 1 VereinsG ist es vor diesem Hintergrund, den allgemeinen Sicherheitsbehörden schon zu einem sehr frühen Zeitpunkt umfassend und **„ohne weiteres das Recht zum Eingreifen"** gegen die Verwendung von Kennzeichen verbotener Vereine oder der Ersatzorganisationen verbotener Vereine einzuräumen.[248] Grundlage für Maßnahmen, die auf die Unterbindung eines Verstoßes gegen § 9 Abs. 1 VereinsG zielen, sind dabei die Befugnisnormen des allgemeinen Polizei- und Sicherheitsrechts.[249] Auch im Übrigen finden dessen Grundsätze Anwendung.

59 Das **Verbot in § 9 Abs. 1 VereinsG gilt unmittelbar kraft Gesetzes,** sobald und solange das Vereinsverbot gem. § 3 Abs. 4 S. 3 VereinsG wirksam und vollziehbar ist (dazu im Einzelnen → Rn. 36 und 48). Einer eigenständigen Verfügung bedarf es trotz der Verwaltungspraxis, die die Verbotsverfügung iSd § 3 Abs. 1 S. 1 VereinsG in aller Regel mit einer Verfügung verbindet, in der dem Verein die Verwendung seiner Kennzeichen unter-

---

[243] *Groh* VereinsG § 8 Rn. 10.

[244] Zu dieser der entsprechenden Regelung in § 86 Abs. 3 StGB nachgebildeten „Sozialadäquanzklausel" im Einzelnen Albrecht/Roggenkamp/*Albrecht* VereinsG § 9 Rn. 11 ff.; *Groh* VereinsG § 9 Rn. 5.

[245] Vollziehbar ist eine Verfügung nach § 8 Abs. 2 S. 1 VereinsG gem. § 8 Abs. 2 S. 2 iVm § 3 Abs. 4 S. 3 VereinsG mit ihrer Zustellung, spätestens mit ihrer Bekanntmachung im Bundesanzeiger. Weil die aufschiebende Wirkung gem. § 80 Abs. 2 S. 1 Nr. 3 VwGO iVm § 8 Abs. 2 S. 3 VereinsG entfällt, gilt das selbst dann, wenn gegen die Verfügung ein Rechtsbehelf eingelegt worden ist, sofern nicht entweder die Verbotsbehörde gem. § 80 Abs. 4 S. 1 VwGO die Vollziehung ausgesetzt oder das Gericht der Hauptsache gem. § 80 Abs. 5 S. 1 Alt. 1 VwGO die aufschiebende Wirkung des erhobenen Rechtsbehelfs angeordnet hat (zum Ganzen → Rn. 65).

[246] Nämlich über die Verweisung auf § 86 Abs. 1 Nr. 1 und Nr. 2 StGB.

[247] Zu weiteren Unterschieden Erbs/Kohlhaas/*Wache* VereinsG § 9 Rn. 2.

[248] BT-Drs. IV/430, 18.

[249] *Groh* VereinsG § 9 Rn. 1; Erbs/Kohlhaas/*Wache* VereinsG § 9 Rn. 24.

sagt wird (→ Rn. 42),[250] nicht.[251] Eine Konkretisierung des abstrakt-generellen Kennzeichenverbots im Verfügungsteil des Vereinsverbots schadet aber auch nicht. **Sachlich** ist es gem. § 9 Abs. 1 S. 1 VereinsG verboten, Kennzeichen des verbotenen Vereins öffentlich, in einer Versammlung oder in einem „Inhalt" iSv § 11 Abs. 3 StGB, der verbreitet wird oder zur Verbreitung bestimmt ist, zu verwenden.[252] **Kennzeichen** sind gem. § 9 Abs. 2 S. 1 VereinsG insbesondere Fahnen, Abzeichen, Uniformstücke, Parolen und Grußformen.[253] Ihnen stehen gem. § 9 Abs. 2 S. 2 VereinsG solche Kennzeichen gleich, die ihnen zum Verwechseln ähnlich sind.

§ 9 Abs. 3 S. 1 VereinsG erstreckt das Verwendungsverbot auf „Kennzeichen eines 60 verbotenen Vereins, die in im Wesentlichen gleicher Form von anderen nicht verbotenen Teilorganisationen oder von selbständigen Vereinen verwendet werden" (zur daraus resultierenden Rechtsschutzproblematik → Rn. 63). Ein Kennzeichen wird dabei gem. § 9 Abs. 3 S. 2 VereinsG „insbesondere dann in im Wesentlichen gleicher Form verwendet, wenn bei ähnlichem äußerem Gesamterscheinungsbild das Kennzeichen des verbotenen Vereins oder Teile desselben mit einer anderen Orts- oder Regionalbezeichnung versehen wird". Die bei Einführung der Regelung 2002 noch vorgesehene Beschränkung des Verwendungsverbots auf solche selbständigen Vereine, die die Zielrichtung des verbotenen Vereins teilen, ist durch das Zweite Gesetz zur Änderung des Vereinsrechts vom 10.3. 2017[254] gestrichen worden. Sichergestellt werden soll dadurch angesichts gegenläufiger Rechtsprechung, dass der im Wesentlichen gleiche Auftritt eines nicht verbotenen Schwestervereins unter Beifügung einer anderen Orts- oder Regionalbezeichnung auch dann unter das Kennzeichenverbot fällt, wenn dieser selbst keine Ziele des verbotenen Vereins teilt, die zu dessen Verbot geführt haben, und daher selbst nicht verboten werden kann.[255] Nur so kann aus Sicht des Gesetzgebers das Ziel der Regelung, „die Kennzeichen verbotener Vereine effektiv aus der Öffentlichkeit zu verbannen", erreicht werden.[256] Das Verbot in § 9 Abs. 3 VereinsG soll allerdings für Drittvereine erst wirksam werden, wenn die Verbotsverfügung gegen den Ausgangsverein bestands- oder rechtskräftig geworden ist.[257]

c) Straf- und Bußgeldvorschriften. § 20 Abs. 1 S. 1 VereinsG bedroht bestimmte Zu- 61 widerhandlungen gegen Verbote und Feststellungen nach § 3 Abs. 1 S. 1, § 8 Abs. 2 S. 1, § 9 Abs. 1, Abs. 3 und Abs. 4, § 14 Abs. 3 S. 1, § 18 S. 2 VereinsG und § 33 Abs. 3 Par-

[250] Exemplarisch BMI Bek. v. 28.5.2013 – ÖS I 2 50004/111, BAnz AT 3.7.2013 B1, Ziffer 3 – Regionalverband Gremium MC Sachsen: „Seine Kennzeichen dürfen weder verbreitet noch veröffentlicht oder in einer Versammlung verwendet werden."

[251] S. dazu BT-Drs. IV/430, 18, wonach es Zweck des § 9 Abs. 1 VereinsG ist, „das Kennzeichenverbot schon mit dem Erlaß der Vereinsverbotsverfügung eintreten zu lassen"; ebenso wie hier wohl auch *Groh* VereinsG § 3 Rn. 2; Erbs/Kohlhaas/*Wache* VereinsG § 9 Rn. 2.

[252] Näher *Groh* VereinsG § 9 Rn. 2ff.; Erbs/Kohlhaas/*Wache* VereinsG § 9 Rn. 4ff. Nicht vom Verbot umfasst sind Tätowierungen mit verbotenen Kennzeichen, die privat und abgedeckt getragen werden, so dass kein Eingriff in Art. 2 Abs. 2 S. 1 GG vorliegt, BVerfGK NVwZ 2020, 1424 (1425). Ursprünglich bezog sich § 9 Abs. 1 S. 1 Nr. 2 VereinsG auf eine Verwendung in „Schriften, Ton- oder Bildträgern, Abbildungen oder Darstellungen, die verbreitet werden oder zur Verbreitung bestimmt sind". Die heutige Anknüpfung an § 11 Abs. 3 StGB, der unter „Inhalten" solche versteht, „die in Schriften, auf Ton- oder Bildträgern, in Datenspeichern, Abbildungen oder anderen Verkörperungen enthalten sind oder auch unabhängig von einer Speicherung mittels Informations- oder Kommunikationstechnik übertragen werden", soll den Gleichlauf zu § 86a Abs. 1 Nr. 1 StGB herstellen und den technisch überholten und überdies unvollständigen Schriftenbegriff durch den modernen und umfassenden Inhaltsbegriff ersetzen; zum Ganzen BT-Drs. 19/19859, 71f.

[253] BT-Drs. IV/430, 18, nennt ergänzend Lieder und Symbole.

[254] BGBl. I 419.

[255] BT-Drs. 18/9758, 7f.

[256] BT-Drs. 18/9758, 7. Zur Vereinbarkeit der Regelung mit Vereinigungs- und Meinungsfreiheit BVerfGK NVwZ 2020, 1424 (1425ff.); ebenso *Schiffbauer* in Reichert/Schimke/Dauernheim Vereins- und VerbandsR Kap. 3 Rn. 230; für Verfassungswidrigkeit hingegen *Albrecht* VerwArch 2019, 506 (525ff.).

[257] BT-Drs. 14/7386, 49; offen gelassen von BVerwG NVwZ 2018, 1485 (1488) – Hells Angels Motorcycle Club.

teiG iVm § 8 Abs. 2 S. 1 VereinsG mit Strafe. Die Vorschrift enthält gegenüber den vereinigungsbezogenen Straftatbeständen des Strafgesetzbuchs – insbesondere: der Fortführung einer für verfassungswidrig erklärten Partei (§ 84 StGB), dem Verstoß gegen ein Vereinigungsverbot (§ 85 StGB), dem Verbreiten von Propagandamitteln verfassungswidriger Organisationen (§ 86 StGB), dem Verwenden von Kennzeichen verfassungswidriger Organisationen (§ 86a StGB) und der Bildung krimineller und terroristischer Vereinigungen (§§ 129–129b StGB)[258] – den „unbedeutendere[n] Teil des Vereinigungsstrafrechts".[259] Sie ist zudem gem. § 20 Abs. 1 S. 1 VereinsG **gegenüber den Vorschriften des Strafgesetzbuchs subsidiär.** Nur soweit eine Tat danach nicht mit Strafe bedroht ist, kommt eine Bestrafung nach § 20 Abs. 1 S. 1 VereinsG in Betracht. Das ist vor allem dann der Fall, wenn ein Verbot noch nicht bestandskräftig ist. Anders als die vereinigungsbezogenen Straftatbestände des Strafgesetzbuchs setzt § 20 Abs. 1 S. 1 VereinsG nicht voraus, dass der Verein „unanfechtbar verboten ist". Es genügt vielmehr, wenn das Verbot oder die Feststellung „vollziehbar" ist (zu Begriff und Anforderungen → Rn. 48).[260] Hinsichtlich der einzelnen Straftatbestände sei auf die Kommentierungen des § 20 VereinsG und des Strafgesetzbuchs verwiesen.[261] Gemäß **§ 21 VereinsG iVm § 23 VereinsG-DVO** können Zuwiderhandlungen gegen die Anmelde- und Auskunftspflichten in den §§ 19–21 VereinsG-DVO (→ Rn. 10 und 67) mit einer Geldbuße zwischen 5 EUR (§ 17 Abs. 1 OWiG) und 1.022 EUR[262] geahndet werden. Bei fahrlässiger Begehung beträgt der Höchstbetrag 511 EUR (§ 17 Abs. 2 OWiG).

8. Rechtsschutz

62 **a) Vereinsverbote nach § 3 Abs. 1 S. 1 VereinsG.** Gegen Vereinsverbote[263] ist zunächst[264] die **Anfechtungsklage** nach § 42 Abs. 1 Alt. 1 VwGO statthaft.[265] Anfechtungsgegenstände sind die Feststellung eines Verbotsgrunds und die Auflösungsverfügung, ferner, soweit mit diesen in einem Bescheid verbunden, die Anordnung der Beschlagnahme und Einziehung.[266] Der vorherigen Durchführung eines Widerspruchsverfahrens bedarf es vor dem Hintergrund von § 3 Abs. 2 VereinsG gem. § 68 Abs. 1 S. 2 Nr. 1 VwGO in der Regel nicht. Anders ist dies nur, wenn das Landesrecht gem. § 3 Abs. 2 S. 1 Nr. 1 Ver-

---

[258] Erbs/Kohlhaas/*Wache* VereinsG § 20 Rn. 1, unterscheidet insoweit Organisationstatbestände (§§ 129–129b StGB), die kein ausdrückliches Vereinigungsverbot voraussetzen, und Ungehorsamstatbestände (§§ 84–86a StGB), die an ein solches Verbot anknüpfen.

[259] So Erbs/Kohlhaas/*Wache* VereinsG § 20 Rn. 1.

[260] Dazu BT-Drs. IV/430, 26: „Es kann […] nicht davon abgesehen werden, den Ungehorsam gegen ein Vereinsverbot in gewissem Umfange schon vor Eintritt der Unanfechtbarkeit mit einer Kriminalstrafe zu bedrohen." Zur Verfassungsmäßigkeit BVerfGE 80, 244 (252ff.) – Vereinsverbot; anders das vorlegende LG Hamburg NStZ 1987, 418: Pönalisierung von Zuwiderhandlungen gegen noch nicht unanfechtbare Vereinsverbote Verstoß gegen Art. 9 Abs. 2 und Art. 19 Abs. 4 GG.

[261] Zu § 20 VereinsG etwa MüKoStGB/*Heinrich* VereinsG § 20; Albrecht/Roggenkamp/*Seidl* VereinsG § 20; SGR/*Roth* VereinsG § 20; Erbs/Kohlhaas/*Wache* VereinsG § 20; zu §§ 84–86a und 129–129b StGB etwa Albrecht/Roggenkamp/*Albrecht* StGB § 129; Albrecht/Roggenkamp/*Braun* StGB § 85; MüKoStGB/*Steinmetz* StGB §§ 84–86a; MüKoStGB/*Schäfer* StGB §§ 129–129b.

[262] Der Betrag ist noch nicht auf Euro umgestellt, MüKoStGB/*Heinrich* VereinsG § 21 Rn. 7.

[263] Entsprechendes gilt für Betätigungsverbote nach § 14 Abs. 3 S. 1 und § 18 S. 2 VereinsG, die an die Stelle eines Vereinsverbots treten bzw. schlicht „das Verbot" sind.

[264] Subsidiär kommt bei inländischen Vereinen nach Erschöpfung des Rechtswegs zu den Verwaltungsgerichten eine Verfassungsbeschwerde nach Art. 93 Abs. 1 Nr. 4a GG iVm §§ 90ff. BVerfGG in Betracht, *Groh* VereinsG § 3 Rn. 50. Ausländischen Vereinen fehlt im Verfahren der Verfassungsbeschwerde die Beschwerdebefugnis, BVerfGK NVwZ 2008, 670 (670f.) – Hizb ut-Tahrir.

[265] Dass mit dem Verbot eines Vereins, wie sich aus § 3 Abs. 1 S. 1 Hs. 2 VereinsG ergibt, stets seine Auflösung verbunden ist, lässt das Rechtsschutzbedürfnis nicht entfallen und führt auch nicht zur Erledigung des Rechtsstreits in der Hauptsache, BVerwG NVwZ-RR 2010, 562 (563) – Viko.

[266] Die nach den Vorgaben des § 14 VereinsG-DVO dem oder den betroffenen Dritten gegenüber gesondert bekanntzugebende Anordnung der Einziehung von Gegenständen Dritter nach § 3 Abs. 1 S. 2 Nr. 2 und Nr. 3 und § 12 Abs. 1–3 VereinsG kann als Verwaltungsakt auch von dem oder den Dritten nach den allgemeinen Vorschriften angefochten werden, BT-Drs. IV/430, 21.

einsG eine andere als die oberste Landesbehörde für zuständig erklärt (→ Rn. 31).[267] **Erstinstanzlich zuständig** für die Entscheidung über die Anfechtungsklage ist bei Verboten einer obersten Landesbehörde (§ 3 Abs. 2 S. 1 Nr. 1 VereinsG) gem. § 48 Abs. 2 VwGO das Oberverwaltungsgericht (oder, soweit dieses gem. § 184 VwGO die bisherige Bezeichnung weiterführt, der Verwaltungsgerichtshof) des jeweiligen Landes, bei Verboten des Bundesministers des Innern (§ 3 Abs. 2 S. 1 Nr. 2 VereinsG) gem. § 50 Abs. 1 Nr. 2 VwGO das Bundesverwaltungsgericht.[268] Maßgeblicher **Zeitpunkt für die Beurteilung der Sach- und Rechtslage** ist der Erlass der Verbots- und Auflösungsverfügung.[269] Folgerichtig können einem Verein zwar zurechenbare, aber erst nach Erlass des Vereinsverbots begangene Straftaten ein Vereinsverbot nicht mehr rechtfertigen. Sie haben allenfalls „indizielle Aussagekraft [...] für die Richtigkeit der behördlichen Verfügung".[270] Umgekehrt finden Maßnahmen eines Vereins nach Erlass des Vereinsverbots, durch die dem Verbot die tatsächliche Grundlage entzogen werden soll, keine Berücksichtigung mehr.[271] Versuche, als maßgeblichen Beurteilungszeitpunkt (wie bei Dauerverwaltungsakten) die letzte mündliche Verhandlung der letzten gerichtlichen Tatsacheninstanz zu etablieren,[272] können zwar auf Art. 9 Abs. 2 GG verweisen, der Vereine unter den dortigen Voraussetzungen für verboten erklärt, lassen sich aber mit dem Erfordernis einer positiven behördlichen Feststellung des Vereinsverbots im Einzelfall (→ Rn. 11) nicht vereinbaren.

aa) Insbesondere: Klagebefugnis. Gemäß § 42 Abs. 2 VwGO klagebefugt ist zunächst 63
der verbotene **Verein** selbst. Er kann das Vereinsverbot sowohl mit der Begründung angreifen, er sei kein Verein iSd § 2 Abs. 1 VereinsG, als auch geltend machen, dass Vereinsverbot sei im Übrigen (insbesondere: weil kein Verbotsgrund vorliege) rechtswidrig.[273] Ist er als juristische Person organisiert, folgt seine Beteiligungsfähigkeit aus § 61 Nr. 1 Alt. 2 VwGO; vertreten wird er gem. § 62 Abs. 3 VwGO durch seine vertretungsberechtigten Organe, mithin gem. § 26 Abs. 1 S. 2 BGB durch seinen Vorstand.[274] Ist er nicht als juristische Person organisiert, resultiert seine Beteiligungsfähigkeit aus § 61 Nr. 2 VwGO. Vertreten wird er in diesem Fall „durch die natürlichen Personen [...], die nach dem Selbstverständnis der Organisation und den tatsächlichen Verhältnissen befugt sind, für die Vereinigung zu handeln".[275] Entsprechendes gilt für eine nach keiner staatlichen Rechtsordnung verfasste ausländische Gruppierung.[276] Umstritten ist, ob sich neben dem Verein selbst auch nach § 61 Nr. 1 Alt. 1 VwGO beteiligungs- und nach § 62 Abs. 1 VwGO pro-

[267] Auch dann ist die vorherige Durchführung eines Widerspruchsverfahrens regelmäßig aufgrund besonderer landesgesetzlicher Anordnung gem. § 68 Abs. 1 S. 2 VwGO entbehrlich.

[268] Dazu *Scheidler* NVwZ 2011, 1497 (1498 f.); zu den Grenzen BVerwG NVwZ-RR 2016, 579 (580): „erstinstanzliche Zuständigkeit des Bundesverwaltungsgerichts [...] erstreckt sich auf Vereins- und ihnen gleichzustellende Betätigungsverbote durch das Bundesministerium des Innern, nicht jedoch auf Verfügungen, die lediglich den Vollzug eines bereits ausgesprochenen Organisationsverbots betreffen".

[269] BVerwGE 37, 344 (359) – Verlag Hohe Warte; BVerwG NVwZ 2003, 986 (988) – Kalifatstaat; BVerwG NVwZ 2005, 1435 (1435) – Al-Aqsa; BVerwG Gerichtsbescheid v. 8.8.2005 – 6 A 1/04, juris Rn. 17 – Hizb ut-Tahrir; VGH München NJW 1990, 62 (63 f.); VGH Kassel DVBl. 2013, 933 (935); OVG Bautzen NVwZ-RR 2017, 729 (730) – Nationale Sozialisten Chemnitz; s. dazu ergänzend BVerwG NVwZ-RR 2019, 512 (513 f.) – Hells Angels Motorcycle Club Bonn: maßgeblich auch dann der Zeitpunkt des Erlasses der Verbotsverfügung, wenn zunächst eine unzuständige Behörde eine Verbotsverfügung erlässt und erst nach deren Anfechtung die zuständige Behörde noch während des anhängigen Klageverfahrens, aber nach einer Selbstauflösung des Vereins das Vereinsverbot erneut ausspricht.

[270] VGH München NJW 1990, 62 (63 f.).

[271] VGH Kassel DVBl. 2013, 933 (935).

[272] In diese Richtung VGH München NVwZ 1993, 1213 (1213), das das Vereinsverbot ausdrücklich als Dauerverwaltungsakt bezeichnet, die Frage letztlich aber offenlässt.

[273] BVerwG NVwZ 2014, 1573 (1574) – DawaFFM.

[274] BVerwG Buchholz 402.45 VereinsG Nr. 34 – Blood & Honour Division Deutschland; BVerwG DVBl. 2004, 713 (714) – Hizb ut-Tahrir. Instruktiv zum Erfordernis gemeinschaftlicher Vertretung VGH München NVwZ-RR 1995, 200 (200 f.) – Nationaler Block.

[275] BVerwG NVwZ 2004, 887 (888); s. auch BVerwG NVwZ 2014, 1573 (1574) – DawaFFM.

[276] BVerwG NVwZ 2004, 887 (887 f.).

zessfähige **Vereinsmitglieder** gegen ein Vereinsverbot zur Wehr setzen können. Dies ist, zumal angesichts der an ein Vereinsverbot anknüpfenden und an die einzelnen Vereinsmitglieder adressierten Verbote und Strafvorschriften sowie mit Blick auf ihre individuelle Gründungs-, Beitritts- und (interne) Betätigungsfreiheit (→ § 19 Rn. 13ff. und 16) zu bejahen, auch bei Ausländervereinen, deren Mitglieder sich jedenfalls auf Art. 2 Abs. 1 GG berufen können (→ § 19 Rn. 17).[277] Die Rechtsprechung geht demgegenüber davon aus, dass die individuelle Rechtsstellung der einzelnen Vereinsmitglieder durch ein Vereinsverbot nicht betroffen ist. Warum sie dann freilich, sofern die Verbotsverfügung (auch) zu ihren Händen ergangen ist,[278] immerhin gerichtlich geltend machen können sollen, sie bildeten keinen Verein iSd § 2 Abs. 1 VereinsG, so dass das Vereinsgesetz keine Anwendung findet,[279] erschließt sich nicht. Wird eine **Teilorganisation** verboten, ist sowohl diese selbst als auch der mittelbar betroffene Gesamtverein klagebefugt.[280] Wird ein Gesamtverein verboten, können Teilorganisationen, auf die sich das Verbot gem. § 3 Abs. 3 S. 1 oder S. 2 VereinsG erstreckt, mit der Anfechtungsklage gem. § 42 Abs. 1 Alt. 1 VwGO geltend machen, sie seien keine Teilorganisationen des verbotenen Vereins. Ferner können sie vorbringen, sie seien keine Vereine, sondern politische Parteien, so dass das Vereinsgesetz auf sie gem. § 2 Abs. 2 Nr. 1 VereinsG keine Anwendung finde. Hinsichtlich des Vereinsverbots selbst sind sie nicht klagebefugt, ohne dass dies gegen Art. 19 Abs. 4 GG verstößt.[281] Entsprechendes gilt für nichtgebietliche Teilorganisationen; die Verpflichtung der Verbotsbehörde aus § 3 Abs. 3 S. 2 VereinsG zu ihrer ausdrücklichen Benennung dient lediglich Klarstellungszwecken, räumt den nichtgebietlichen Teilorganisationen aber keine klagefähige Rechtsposition gegenüber dem Verbot selbst ein.[282] Neben der Teilorganisation sind nach der hier vertretenen Ansicht im gleichen Umfang wie diese selbst stets auch die einzelnen Mitglieder der Teilorganisation klagebefugt.[283] **Drittbetroffene** sind nicht klagebefugt. Das gilt auch für selbständige Vereine, die durch ein nicht an sie adressiertes Vereinsverbot mittelbar betroffen sind, weil sie gem. § 9 Abs. 3 S. 1 VereinsG bestimmte Kennzeichen nicht mehr verwenden dürfen. Ein etwaiger Eingriff in die Vereinigungsfreiheit des drittbetroffenen Vereins resultiert hier nach Auffassung des Bundesverwaltungsge-

---

[277] Albrecht/Roggenkamp/*Albrecht* VereinsG § 3 Rn. 124; *Groh* VereinsG § 3 Rn. 46; *Schiffbauer* in Reichert/Schimke/Dauernheim Vereins- und VerbandsR-HdB Kap. 3 Rn. 374; ebenso für den Fall, dass auch der verbotene Verein selbst die Verbotsverfügung angefochten hat, VGH Mannheim NJW 1990, 61 (61) – MC Gremium.

[278] Dazu präzisierend BVerwG NVwZ-RR 2020, 738 (739) – linksunten.indymedia: „Die Verbotsbehörde hat es nicht in der Hand, durch die Zuschreibung einer Mitgliedschaft in der Verbotsverfügung ein Klagerecht zu verleihen. Vielmehr müssen auch solche Personen, die in der Verbotsverfügung als Mitglied aufgeführt werden oder denen sie ausgehändigt wird, sich auf eine Verletzung in eigenen Rechten berufen können. Diese Voraussetzungen erachtet der Senat nur dann als gegeben, wenn eine Person geltend macht, dem als Verein verbotenen Personenzusammenschluss anzugehören und durch das Verbot gehindert zu werden, ihre bisherige Betätigung im Rahmen des vom Verbot aufgelösten Zusammenschlusses auch in Zukunft fortsetzen zu können." Berührt ist insoweit nach Auffassung des Bundesverwaltungsgerichts nicht die individuelle Vereinigungsfreiheit der betroffenen Personen, sondern ihre allgemeine Handlungsfreiheit nach Art. 2 Abs. 1 GG.

[279] BVerwG Buchholz 402.45 VereinsG Nr. 39 – Kalifatstaat; BVerwG NVwZ 2006, 214 (216); BVerwG NVwZ 2011, 372 (374); BVerwG NVwZ 2014, 1573 (1574) – DawaFFM; BVerwG Buchholz 402.45 VereinsG Nr. 71 – Satudarah Maluku MC; BVerwG NVwZ-RR 2019, 512 (513) – Hells Angels Motorcycle Club Bonn; BVerwG NVwZ-RR 2020, 738 (739) – linksunten.indymedia; OVG Lüneburg DVBl. 2013, 1406 (1407f.); für einen Ausländerverein BVerwG DÖV 1984, 940 (940) – Devrimci Sol (Revolutionäre Linke); offen gelassen von VGH Mannheim JZ 1971, 457 (458); ebenso SGR/*Roth* VereinsG § 3 Rn. 270ff.

[280] *Groh* VereinsG § 3 Rn. 47.

[281] Zum Ganzen BVerwGE 74, 176 (178) – Aktion Ausländerrückführung; BVerwG Buchholz 402.45 VereinsG Nr. 1; BVerwG NVwZ 1995, 590 (590); BVerwG NVwZ 1995, 595 (595); BVerwG NVwZ 1998, 174 (174) – Berxwedan-Verlags-GmbH; BVerwG NVwZ 2010, 455 (457) – Bauernhilfe; BVerwG NVwZ-RR 2010, 562 (563) – Viko; BVerwG Buchholz 402.45 VereinsG Nr. 72 – Satudarah MC Tigatanah; *Groh* VereinsG § 3 Rn. 47.

[282] BVerwG NVwZ 1998, 174 (175) – Berxwedan-Verlags-GmbH.

[283] Ausdrücklich anders BVerwG Buchholz 402.45 VereinsG Nr. 39 – Kalifatstaat.

richts nicht aus der Verbotsverfügung, sondern unmittelbar aus § 9 Abs. 3 S. 1 VereinsG.[284] Drittbetroffene sind daher darauf verwiesen, Maßnahmen zur Durchsetzung des Kennzeichenverbots abzuwarten und sodann gegen diese vorzugehen oder im Wege einer negativen Feststellungsklage um vorbeugenden Rechtsschutz nachzusuchen.[285]

bb) Insbesondere: Eilrechtsschutz. Grundsätzlich hat die Anfechtungsklage gegen ein Vereinsverbot gem. § 80 Abs. 1 S. 1 VwGO **aufschiebende Wirkung.** § 3 Abs. 4 S. 3 Hs. 1 VereinsG, der Verbote „mit der Zustellung, spätestens mit der Bekanntmachung im Bundesanzeiger" für „wirksam und vollziehbar" erklärt, ist insoweit missverständlich formuliert. Wie § 3 Abs. 4 S. 3 Hs. 2 VereinsG klarstellt, lässt die Regelung § 80 VwGO unberührt, so dass sie nicht als eine die aufschiebende Wirkung ausschließende Regelung iSd § 80 Abs. 2 S. 1 Nr. 3 VwGO gelesen werden kann. Folge der aufschiebenden Wirkung ist die auf den Erlasszeitpunkt zurückwirkende Hemmung der Wirksamkeit, jedenfalls aber der Vollziehbarkeit des Verbots bis zum rechtskräftigen Abschluss des Hauptsacheverfahrens. Sie bedeutet ein *„umfassendes **Verwirklichungs- und Ausnutzungsverbot**",*[286] so dass der Verein zunächst nicht als verboten behandelt werden darf und Maßnahmen zum Vollzug des Vereinsverbots vorerst ausscheiden (→ Rn. 11, 48).[287] Anders ist dies nur, wenn die Verbotsbehörde wie im Regelfall gem. § 80 Abs. 2 S. 1 Nr. 4 und Abs. 3 VwGO die **sofortige Vollziehung des Verbots** anordnet (→ Rn. 41).[288] Die Anfechtungsklage allein vermittelt in diesem Fall entgegen der Grundregel des § 80 Abs. 1 S. 1 VwGO noch keinen vorläufigen Rechtsschutz. Erforderlich ist darüber hinaus vielmehr ein Antrag an die Behörde auf **Aussetzung der Vollziehung** nach § 80 Abs. 4 S. 1 VwGO, der freilich in aller Regel keine Aussicht auf Erfolg hat,[289] oder ein Antrag an das Gericht der Hauptsache (→ Rn. 62) auf **Wiederherstellung der aufschiebenden Wirkung** der Anfechtungsklage nach § 80 Abs. 5 S. 1 Alt. 2 VwGO. Ordnet das Gericht der Hauptsache die Wiederherstellung der aufschiebenden Wirkung an – maßgeblich ist insoweit entsprechend § 80 Abs. 4 S. 3 VwGO in erster Linie, ob sich das im Hauptsacheverfahren angefochtene Vereinsverbot bei summarischer Prüfung als rechtswidrig erweist[290] –, kann es diese gem. § 80 Abs. 5 S. 4 VwGO von Auflagen abhängig machen. Ist das Vereinsverbot bereits ganz oder teilweise vollzogen (→ Rn. 46ff.), kann das Gericht der Hauptsache gem. § 80 Abs. 5 S. 3 VwGO ergänzend die Aufhebung der bereits erfolgten Vollzugsmaßnahmen anordnen. Setzt sich schließlich die Verbots- oder Vollzugsbehörde durch **„faktische Vollziehung"** des Verbots versehentlich oder absichtlich über die aufschiebende Wirkung einer Anfechtungsklage hinweg,[291] kann entsprechend § 80 Abs. 5 S. 1 VwGO die Feststellung der aufschiebenden Wirkung der Anfechtungsklage und erforderlichenfalls ent- 64

---

[284] BVerwG NVwZ 2018, 1485 (1486ff.) – Hells Angels Motorcycle Club; entsprechend für andere gesetzliche und faktische Folgen eines Vereinsverbots wie etwa die Abschaltung einer durch den Verein geschaffenen Internetplattform, die fortan nicht mehr genutzt werden kann, BVerwG NVwZ-RR 2020, 738 (740f.) – linksunten.indymedia.

[285] BVerwG NVwZ 2018, 1485 (1489f.) – Hells Angels Motorcycle Club.

[286] *Groh* VereinsG § 3 Rn. 44; allgemein Schoch/Schneider/*Schoch* VwGO § 80 Rn. 101.

[287] BVerwG NVwZ 1995, 590 (595).

[288] Die Beschlagnahmeanordnung wird von dieser Sofortvollzugsanordnung regelmäßig ausgenommen. Entsprechendes gilt für die Einziehungsanordnung, wo eine Sofortvollzugsanordnung freilich anders als bei der Beschlagnahmeanordnung auch wenig Sinn macht (→ Rn. 41).

[289] Grund ist, dass die Behörde selbst die sofortige Vollziehung des Verbots angeordnet hat.

[290] Ist das der Fall, besteht in aller Regel schon aus diesem Grund kein öffentliches Interesse an der sofortigen Vollziehung; ist es nicht der Fall, scheidet die Wiederherstellung der aufschiebenden Wirkung mit Blick auf § 80 Abs. 2 S. 1 Nr. 4 VwGO gleichwohl nur aus, wenn über das allgemeine öffentliche Interesse an der Vollziehung eines rechtmäßigen Verwaltungsakts hinaus ein besonderes öffentliches Dringlichkeitsinteresse besteht. Allgemein zum Ganzen Schoch/Schneider/*Schoch* VwGO § 80 Rn. 386f.

[291] Dazu genügt schon, dass eine Behörde einen Verein – und sei es nur in Äußerungen – als verboten behandelt, obwohl die Verbotsverfügung weder bestandskräftig noch sofort vollziehbar ist.

sprechend § 80 Abs. 5 S. 3 VwGO die Anordnung der Aufhebung einer bereits erfolgten Vollziehung beantragt werden.[292]

65 **b) Verfügungen nach § 8 Abs. 2 S. 1 VereinsG.** Ist eine Ersatzorganisation gebildet worden oder wird eine bestehende Organisation als Ersatzorganisation fortgeführt, tritt funktional an die Stelle des Vereinsverbots die Verfügung nach § 8 Abs. 2 S. 1 VereinsG. Auch gegen diese ist die **Anfechtungsklage** nach § 42 Abs. 1 Alt. 1 VwGO statthaft. Das Vorverfahren entfällt in aller Regel (zur Erläuterung → Rn. 62). Klagebefugt sind wie beim Vereinsverbot nach § 3 Abs. 1 S. 1 VereinsG sowohl die Ersatzorganisation selbst als auch ihre Mitglieder (im Einzelnen → Rn. 63). Die Zuständigkeit richtet sich auch hier nach § 48 Abs. 2 und § 50 Abs. 1 Nr. 2 VwGO. Anders als beim Vereinsverbot nach § 3 Abs. 1 S. 1 VereinsG hat die Anfechtungsklage aber gem. § 80 Abs. 2 S. 1 Nr. 3 VwGO iVm § 8 Abs. 2 S. 3 VereinsG keine aufschiebende Wirkung. **Vorläufiger Rechtsschutz** setzt daher stets einen erfolgreichen Antrag an die Behörde auf Aussetzung der Vollziehung nach § 80 Abs. 4 S. 1 VwGO oder einen erfolgreichen Antrag an das Gericht der Hauptsache auf Anordnung der aufschiebenden Wirkung der Anfechtungsklage nach § 80 Abs. 5 S. 1 Alt. 1 VwGO voraus (im Einzelnen → Rn. 64).

VI. Sonstige Befugnisse

66 Neben der Befugnis zum Verbot von Vereinen in § 3 Abs. 1 S. 1 und §§ 14 und 15 VereinsG sowie der funktional vergleichbaren Befugnis zur Feststellung einer Ersatzorganisation in § 8 Abs. 2 S. 1 VereinsG enthält das Vereinsgesetz vereinzelt **nicht gegen den Bestand eines Vereins gerichtete Befugnisse.** Sie nehmen an der „Polizeifestigkeit" des Vereinsrechts (→ Rn. 2) nicht teil. So stellt § 14 Abs. 3 S. 2 VereinsG mit Blick auf die Ermächtigung zum Erlass von nicht auf die Auflösung von Vereinen gerichteten Betätigungsverboten in **§ 14 Abs. 3 S. 1 VereinsG** (→ Rn. 24) klar, dass diese „die gesetzlichen Vorschriften zur Wahrung der öffentlichen Sicherheit oder Ordnung unberührt" lässt. Gleiches gilt für die Befugnisse zum Erlass von Betätigungsverboten in **§ 18 S. 2 VereinsG** (→ Rn. 44) und vorläufigen Maßnahmen gegenüber Ersatzorganisationen in **§ 8 Abs. 2 S. 4 VereinsG** (→ Rn. 57).

67 Beachtung verdient darüber hinaus die **Auskunftspflicht von Ausländervereinen** (→ Rn. 22) mit Sitz im Geltungsbereich des Vereinsgesetzes **und ausländischen Vereinen** (→ Rn. 22), die im Geltungsbereich des Vereinsgesetzes organisatorische Einrichtungen gründen oder unterhalten. Gemäß § 19 Nr. 4 VereinsG iVm **§ 20 Abs. 1 Nr. 1 und § 21 Abs. 1 S. 1 VereinsG-DVO** können die zuständigen Vereinsbehörden (ergänzend zur Bestimmung der zuständigen Behörden nach § 20 Abs. 1 iVm § 19 Abs. 1 S. 1 VereinsG-DVO und § 21 Abs. 1 S. 3 und S. 4 VereinsG-DVO → Rn. 31) von ihnen über ihre Tätigkeit Auskunft verlangen.[293] Betätigt sich der Verein politisch, kann gem. § 19 Nr. 4 VereinsG iVm **§ 20 Abs. 1 Nr. 2 und § 21 Abs. 1 S. 1 VereinsG-DVO** auch Auskunft über Namen und Anschriften der Mitglieder sowie über Herkunft und Verwendung der Mittel verlangt werden. Das Auskunftsverlangen darf sich auch auf deutsche Vereinsmitglieder erstrecken.[294] Adressaten der Auskunftspflicht (und damit auch eines behördlichen Auskunftsverlangens) sind bei Ausländervereinen der Vorstand oder die zur Vertretung be-

[292] Andeutend BVerwG NVwZ 1995, 590 (595); allgemein Schoch/Schneider/*Schoch* VwGO § 80 Rn. 352ff.

[293] Umstritten ist, ob dies im Lichte von § 16 VereinsG und Art. 9 Abs. 3 GG auch für sämtlich oder überwiegend aus Ausländern bestehende Arbeitnehmer- und Arbeitgebervereinigungen gilt; dafür mit Blick auf den klaren Wortlaut von § 20 Abs. 1 und § 21 Abs. 1 S. 1 VereinsG-DVO zutreffend BVerwG Buchholz 402.45 VereinsG Nr. 10, das die sich anschließende „weitere Frage, ob Art. 9 Abs. 3 GG für Vereinigungen i. S. dieser Verfassungsnorm eine Ausnahme von § 20 DVVereinsG gebietet", aber mangels Entscheidungserheblichkeit offen lässt.

[294] BVerwG Buchholz 402.45 VereinsG Nr. 10.

rechtigten Mitglieder (§ 20 Abs. 2 iVm § 19 Abs. 1 S. 2 VereinsG-DVO), bei ausländischen Vereinen die Personen, die die organisatorischen Einrichtungen im Geltungsbereich des Vereinsgesetzes leiten. Das Auskunftsverlangen setzt (ähnlich wie bei den auf Auskunft gerichteten Standardbefugnissen des allgemeinen Gefahrenabwehrrechts, die parallel anwendbar sind)[295] keine konkrete Gefahr voraus, sondern zielt gerade auf die Ermittlung bestehender Gefahren.[296] Es steht im pflichtgemäßen Ermessen der Behörde.[297] Insoweit sind insbesondere die Grundrechte zu beachten,[298] zumal bei religiösen Vereinen.[299] Die Behörde hat insoweit zu prüfen, ob das Auskunftsverlangen zur Erreichung eines legitimen Zwecks geeignet und erforderlich ist und die mit ihm für den Verein und seine Mitglieder verbundenen Nachteile nicht außer Verhältnis zu dem bezweckten Erfolg stehen.[300] Das Auskunftsverlangen ist ein Verwaltungsakt, der in der Regel mangels Erforderlichkeit eines Vorverfahrens nur mit der **Anfechtungsklage** angegriffen werden kann (zur Erläuterung → Rn. 62). Die Anfechtungsklage hat gem. § 80 Abs. 1 S. 1 VwGO aufschiebende Wirkung. In Betracht kommt aber bei einem besonderen öffentlichen Dringlichkeitsinteresse eine behördliche Sofortvollzugsanordnung nach § 80 Abs. 2 S. 1 Nr. 4 VwGO.[301] **Vorläufiger Rechtsschutz** wird in diesem Fall über § 80 Abs. 4 S. 1 und § 80 Abs. 5 S. 1 Alt. 2 VwGO gewährt. Vollzogen wird das auf eine unvertretbare Handlung gerichtete Auskunftsverlangen nach §§ 6 ff. VwVG (oder, soweit eine Landesbehörde zuständig ist, nach den entsprechenden landesrechtlichen Vorschriften) durch Zwangsgeld und erforderlichenfalls Ersatzzwangshaft.

C. Versammlungsrecht

I. Gegenstand

Gegenstand des Versammlungsrechts ist die Ausübung der Versammlungsfreiheit. Das Versammlungsrecht regelt insoweit neben einzelnen gesetzlichen Verboten insbesondere die behördliche Beschränkung der Versammlungsfreiheit zur **Abwehr von Gefahren für die öffentliche Sicherheit und Ordnung** durch versammlungsbezogene Anordnungen im Einzelfall (→ Rn. 83 ff.). Es ist damit im Kern ebenso wie das öffentliche Vereinsrecht besonderes Gefahrenabwehrrecht.[302] Darüber hinaus enthält es aber auch Regelungen, die unabhängig von einer Gefahr für die öffentliche Sicherheit und Ordnung die **geordnete Durchführung** von Versammlungen gewährleisten und damit weniger der Abwehr von Gefahren, die von Versammlungen ausgehen, als vielmehr der Verwirklichung der Versammlungsfreiheit als eines zwangsläufig mit Konflikten verbundenen Instruments zur Teilnahme an der politischen Willensbildung dienen (→ Rn. 81 f.).[303] So verpflichten die neueren Landesversammlungsgesetze unter dem Titel „Versammlungsfreiheitsgesetze" die Verwaltung ausdrücklich dazu, „friedliche Versammlungen zu schützen und die Ausübung der Versammlungsfreiheit zu gewährleisten", wie es in § 3 Abs. 1 VersFG BE exemplarisch heißt. 68

[295] Exemplarisch Art. 12 S. 1 und S. 2 BayPAG.

[296] BVerwG Buchholz 402.45 VereinsG Nr. 10; VGH München Beschl. v. 8.4.2005 – 4 CS 04.3266, juris Rn. 5; tendenziell zu eng daher OVG Berlin Beschl. v. 10.9.1980 – 5 S 1.80, juris Rn. 5: Auskunftsverlangen komme nur in Betracht, „wenn eine künftige Gefährdung der in § 14 Abs. 1 VereinsG genannten Rechtsgüter durch das Verhalten einzelner Mitglieder oder durch die Zielsetzung und Organisation der betreffenden Vereinigung als solcher nicht auszuschließen ist".

[297] VGH München Beschl. v. 8.4.2005 – 4 CS 04.3266, juris Rn. 5.

[298] S. BVerwG Buchholz 402.45 VereinsG Nr. 10: Recht auf informationelle Selbstbestimmung.

[299] VGH München Beschl. v. 8.4.2005 – 4 CS 04.3266, juris Rn. 15 ff.

[300] VGH München Beschl. v. 8.4.2005 – 4 CS 04.3266, juris Rn. 18.

[301] Exemplarisch OVG Berlin Beschl. v. 10.9.1980 – 5 S 1.80, juris Rn. 3.

[302] S. dazu auch *Kniesel/Poscher* in Lisken/Denninger PolR-HdB K Rn. 199.

[303] Auch *Kniesel/Poscher* in Lisken/Denninger PolR-HdB K Rn. 202 konstatieren eine „verfassungsrechtliche Überhöhung" des Versammlungsrechts „von einer ursprünglich klassischen Polizeirechtsmaterie zu einem Kernstück demokratischen Lebens und sozialer Konfliktbewältigung".

II. Rechtsgrundlagen

1. Nebeneinander von Bundes- und Landesrecht

69 Seit der Föderalismusreform I ist das Versammlungsrecht durch das (konzeptionell vorübergehende) **Nebeneinander von Bundes- und Landesrecht** geprägt: Das **Versammlungsgesetz des Bundes**[304] gilt trotz Überführung des Versammlungswesens in die ausschließliche Gesetzgebungszuständigkeit der Länder gem. Art. 125a Abs. 1 S. 1 GG als Bundesrecht fort, bis es gem. Art. 125a Abs. 1 S. 2 GG durch Landesrecht ersetzt wird.[305] Bislang haben lediglich **Bayern,**[306] **Berlin,**[307] **Niedersachsen,**[308] **Sachsen,**[309] **Sachsen-Anhalt**[310] **und Schleswig-Holstein**[311] ein vollwertiges eigenes Versammlungsgesetz erlassen. In **Nordrhein-Westfalen** hat die Landesregierung im Januar 2021 den Entwurf eines „Gesetzes zur Einführung eines nordrhein-westfälischen Versammlungsgesetzes" vorgelegt.[312] Zuständigkeiten, Bannmeilen und Erinnerungsorte sind zum Teil in diesem Gesetz, zum Teil auch in selbständigen Gesetzen geregelt.[313] **In den übrigen Ländern** enthält das Landesrecht nach wie vor nur Zuständigkeitsregelungen sowie Bestimmungen über die befriedeten Bannkreise für die Gesetzgebungsorgane der Länder (auf Grundlage von § 16 Abs. 2 und Abs. 3 VersammlG) sowie über „Ort[e] […], [die] als Gedenkstätte von historisch herausragender, überregionaler Bedeutung an die Opfer der menschenunwürdigen

---

[304] Gesetz über Versammlungen und Aufzüge (Versammlungsgesetz) in der Fassung der Bekanntmachung v. 15.11.1978 (BGBl. I 1789), zuletzt geändert durch Art. 6 des Sechzigsten Gesetzes zur Änderung des Strafgesetzbuches v. 30.11.2020 (BGBl. I 2600); s. ergänzend Gesetz über befriedete Bezirke für Verfassungsorgane des Bundes v. 8.12.2008 (BGBl. I 2366), zuletzt geändert durch Art. 151 der Elften Zuständigkeitsanpassungsverordnung v. 19.6.2020 (BGBl. I 1328). Ein Bannmeilengesetz existiert auf Bundesebene nicht mehr.

[305] Zur begrenzten Zulässigkeit einer Fortschreibung fortgeltenden Bundesrechts für die Art. 125a Abs. 1 S. 1 GG entsprechende Regelung in § 125a Abs. 2 S. 1 GG BVerfGE 111, 10 (28 f.) – Ladenschlussgesetz III; ferner für trotz der Einfügung des Art. 84 Abs. 1 S. 7 GG fortgeltendes Bundesrecht BVerfGE 155, 310 (345 ff.) – Kommunales Bildungspaket.

[306] Bayerisches Versammlungsgesetz v. 22.7.2008 (GVBl. 421), zuletzt geändert durch § 1 Abs. 176 der Verordnung zur Anpassung des Landesrechts an die geltende Geschäftsverteilung v. 26.3.2019 (GVBl. 98); dazu *Arzt* DÖV 2009, 381; *Hanschmann* DÖV 2009, 389; *Heidebach/Unger* DVBl. 2009, 283; *Holzner* BayVBl. 2009, 485; *Kutscha* NVwZ 2008, 1210; *Scheidler* BayVBl. 2009, 33. BVerfGE 122, 342 – Bayerisches Versammlungsgesetz, hatte im Verfahren der einstweiligen Anordnung nach § 32 BVerfGG Teile des Bayerischen Versammlungsgesetzes außer Kraft gesetzt und Vorgaben für die Anfertigung von Übersichtsaufnahmen und -aufzeichnungen und ihre Löschung oder Vernichtung aufgestellt. Zwischenzeitlich sind die angegriffenen Vorschriften novelliert worden.

[307] Gesetz über die Versammlungsfreiheit im Land Berlin (Versammlungsfreiheitsgesetz Berlin) v. 23.2.2021 (GVBl. 180).

[308] Niedersächsisches Versammlungsgesetz v. 7.10.2010 (GVBl. 465, ber. 532), zuletzt geändert durch Art. 2 des Gesetzes zur Änderung des Niedersächsischen Gesetzes über die öffentliche Sicherheit und Ordnung und anderer Gesetze v. 20.5.2019 (GVBl. 88); dazu *Ullrich* NdsVBl. 2011, 183.

[309] Gesetz über Versammlungen und Aufzüge im Freistaat Sachsen (Sächsisches Versammlungsgesetz) v. 25.1.2012 (GVBl. 54), zuletzt geändert durch Art. 7 des Gesetzes zur Neustrukturierung des Polizeirechtes des Freistaates Sachsen v. 11.5.2019 (GVBl. 358). Die zwischenzeitliche Übernahme des Versammlungsgesetzes des Bundes „mit seinem Wortlaut als Landesrecht" durch das Gesetz über die landesrechtliche Geltung des Gesetzes über Versammlungen und Aufzüge v. 20.1.2010 (GVBl. 2) wurde durch VerfGH Sachsen NVwZ 2011, 936, aufgehoben, weil die Gesetzesvorlage den Wortlaut des zu verabschiedenden Gesetzes nicht authentisch wiedergab; s. dazu *Poscher/Rusteberg* SächsVBl. 2011, 173; *Scheidler* NVwZ 2011, 924. Zur grundsätzlichen Zulässigkeit einer bloßen Übernahme des fortgeltenden Bundesrechts als Landesrecht BVerfGE 111, 10 (30) – Ladenschlussgesetz III.

[310] Gesetz des Landes Sachsen-Anhalt über Versammlungen und Aufzüge (Landesversammlungsgesetz) v. 3.12.2009 (GVBl. 558); dazu *Bücken-Thielmeyer* LKV 2010, 107.

[311] Versammlungsfreiheitsgesetz für das Land Schleswig-Holstein v. 18.6.2015 (GVOBl. 135), zuletzt geändert durch Art. 18 der Landesverordnung zur Anpassung von Rechtsvorschriften an geänderte Zuständigkeiten der obersten Landesbehörden und geänderte Ressortbezeichnungen v. 16.1.2019 (GVOBl. 30); dazu *Ullrich* NVwZ 2016, 501.

[312] LT-Drs. 17/12423.

[313] Detaillierte Dokumentation etwa bei *Dietel/Gintzel/Kniesel* VersammlG Teil V; *Dürig-Friedl/Enders* VersammlG Anh. 1 und Anh. 2.

Behandlung unter der nationalsozialistischen Gewalt- und Willkürherrschaft erinner[n]"[314] (auf Grundlage von § 15 Abs. 2 S. 4 iVm § 15 Abs. 2 S. 1 Nr. 1 VersammlG).[315] Diese Vorschriften ergänzen das im Übrigen fortgeltende Versammlungsgesetz des Bundes. Im Folgenden konzentriert sich die Darstellung der Grundzüge des Versammlungsrechts auf das Versammlungsgesetz des Bundes. Die Landesversammlungsgesetze finden punktuell Erwähnung.

2. Insbesondere: Rechtslage in Brandenburg

Einen **Sonderweg** beschreitet das Land Brandenburg. Das dortige Gesetz über Versamm- 70
lungen und Aufzüge an und auf Gräberstätten (Gräberstätten-Versammlungsgesetz) vom 26. 10. 2006[316] ersetzt das fortgeltende Versammlungsgesetz des Bundes nicht vollständig, sondern nur teilweise. Das ist nach Art. 125a Abs. 1 S. 2 GG zulässig,[317] sofern keine Mischlage aus Bundes- und Landesrecht für ein- und denselben Regelungsgegenstand im selben Anwendungsbereich entsteht, die im bestehenden System der Gesetzgebung ein Fremdkörper wäre.[318] Der Landesgesetzgeber muss folglich eine Materie entweder insgesamt oder jedenfalls einen „abgegrenzten Teilbereich" in eigener Verantwortung regeln.[319] Das brandenburgische Gräberstätten-Versammlungsgesetz begegnet vor diesem Hintergrund verfassungsrechtlichen Bedenken. Es enthält zwar gem. § 2 GräbVersammlG formal eine auf § 16 VersammlG beschränkte Ersetzung des Versammlungsgesetzes des Bundes. In der Sache indes ergänzt es das Versammlungsgesetz des Bundes um ein auf Versammlungen unter freiem Himmel und Aufzüge an und auf Gräberstätten bezogenes gesetzliches Versammlungsverbot mit Erlaubnisvorbehalt. Dies führt zu einer **unzulässigen Mischlage aus Bundes- und Landesrecht:** Das primär gegen rechtsextremistische Versammlungen an und auf Gräberstätten gerichtete gesetzliche Versammlungsverbot ist zwar konstruktiv an das gesetzliche Verbot von Bannkreisversammlungen in § 16 VersammlG angelehnt, erweitert aber in der Sache die Befugnisse für die behördliche Beschränkung von Versammlungen unter freiem Himmel und Aufzügen in § 15 Abs. 1 und Abs. 2 VersammlG, wenn es in § 1 Abs. 2 GräbVersammlG die Versagung einer Ausnahme vom gesetzlichen Verbot nur für den Fall vorsieht, dass eine näher spezifizierte Gefahr für die öffentliche Sicherheit und Ordnung besteht. Vor allem § 1 Abs. 2 Nr. 1 und Nr. 3 GräbVersammlG, der eine Versagung der Ausnahme verlangt, wenn „der äußere Ablauf oder der Gegenstand der Versammlung oder des Aufzugs [...] besorgen [lässt], dass an Formen oder Inhalte nationalsozialistischen Heldengedenkens oder von Verlautbarungen des Oberkommandos der Wehrmacht oder an bestimmte kennzeichnende Gebräuche und Gepflogenheiten nationalsozialistischer Organisationen angeknüpft wird [...] [oder] die verantwortliche oder auch nur tatsächliche Mitwirkung [...] an der Aufrechterhaltung der nationalsozialistischen Gewalt- und Willkürherrschaft, auch nur in Ansehung soldatischer Leistungen, als ehrenhaft oder sonst vorbildlich dargestellt wird", macht deutlich, dass hier entgegen den bundesverfassungsgerichtlichen Vorgaben „ein- und de[r]selbe Regelungsgegenstand" – nämlich die behördliche Beschränkung rechtsextremistisch geprägter Versammlungen im Einzelfall – erst durch eine „Mischlage aus Bundes- und Landesrecht" – nämlich § 15

[314] Exemplarisch für Brandenburg Gesetz zu § 15 Abs. 2 Satz 1 Nr. 1 des Versammlungsgesetzes v. 23. 5. 2005 (GVBl. I 174) sowie für Hamburg Gesetz zum Schutz der KZ-Gedenkstätte Neuengamme v. 21. 9. 2005 (GVBl. 398).

[315] Detaillierte Dokumentation etwa bei *Dietel/Gintzel/Kniesel* VersammlG Teil V; *Dürig-Friedl/Enders* VersammlG Anh. 1 und Anh. 2.

[316] GVBl. I 114; dazu etwa *Scheffczyk/Wolff* LKV 2007, 481.

[317] Statt aller *Schwarz* in: Starck, Föderalismusreform, 2007, Rn. 119.

[318] Für die Art. 125a Abs. 1 S. 2 GG entsprechende Regelung in Art. 125a Abs. 2 S. 2 GG BVerfGE 111, 10 (29) – Ladenschlussgesetz III. Dieses Verständnis der Ersetzungskompetenz wird durch die Entstehungsgeschichte gestützt, s. nur Maunz/Dürig/*Uhle* GG Art. 125a Rn. 27, 30; kritisch aber VerfGH Berlin NVwZ-RR 2014, 577 (579).

[319] BVerfGE 111, 10 (30) – Ladenschlussgesetz III.

Abs. 2 VersammlG einerseits und § 1 Abs. 2 GräbVersammlG andererseits – abschließend geregelt wird.[320]

3. Konvergenz und Vereinheitlichungstendenzen

71 Inhaltlich unterscheiden sich das Versammlungsgesetz des Bundes und die bereits vorliegenden Landesversammlungsgesetze (→ Rn. 69) nur wenig. Dies liegt vor allem daran, dass das **einfache Versammlungsrecht weitgehend vorgegeben** ist durch die Rechtsprechung des Bundesverfassungsgerichts zu Art. 5 und Art. 8 GG[321] und daher nur geringe Gestaltungsspielräume für die Landesgesetzgeber bestehen.[322] Einen Vorstoß in Richtung einer (rechtspolitisch sicher wünschenswerten)[323] weiteren Vereinheitlichung des Versammlungsrechts unternimmt der vom Arbeitskreis Versammlungsrecht (nach dem Vorbild des Musterentwurfs eines einheitlichen Polizeigesetzes aus dem Jahre 1977) vorgelegte **Musterentwurf eines Versammlungsgesetzes.**[324] Seine Systematik entspricht zwar mit der Unterscheidung eines allgemeinen Teils, eines Teils für Versammlungen unter freiem Himmel, eines Teils für Versammlungen in geschlossenen Räumen sowie schließlich ergänzender Vorschriften über Straftaten, Ordnungswidrigkeiten, Einziehung, Kosten, Entschädigung und Schadensersatz im Ausgangspunkt weitgehend der des Versammlungsgesetzes des Bundes. Anders als dieses sieht er aber in § 2 Abs. 3 ME VersG eine Geltung „dieses Gesetz[es] sowohl für öffentliche als auch für nichtöffentliche Versammlungen“ vor. In der Folge sind die aus dem beschränkten Anwendungsbereich des Versammlungsgesetzes des Bundes resultierenden Probleme bei der Bestimmung des Verhältnisses zwischen Versammlungs- und Polizeirecht (→ Rn. 73 ff.) entschärft, zumal § 9 ME VersG die „Anwendbarkeit des Polizeirechts“ ausdrücklich regelt.[325] Auch darüber hinaus regelt der Musterentwurf zahlreiche Fragen, deren Beantwortung auf Grundlage des Versammlungsgesetzes des Bundes den Gerichten überlassen bleibt. Beispiele sind der behördliche Umgang mit Gegenversammlungen (§ 13 Abs. 3 ME VersG) und die (grundsätzlich zulässige) Nutzung von öffentlichen Verkehrsflächen in Privateigentum (§ 21 ME VersG).[326]

71a Insbesondere die jüngeren Landesversammlungsgesetze orientieren sich erkennbar am Musterentwurf.[327] So gelten, um hier nur eine strukturelle Parallele hervorzuheben, das

[320] Zum Ganzen schon *Heidebach/Unger* DVBl. 2009, 283 (286 f. mit Fn. 43); aA *Scheffczyk/Wolff* LKV 2007, 481 (484), die aber im Folgenden ebenda, 485 ff., unter grundrechtlichen Gesichtspunkten verfassungsrechtliche Bedenken gegen das Gesetz anmelden.

[321] Eingehend etwa *Waechter* VerwArch 99 (2008), 73.

[322] Vor diesem Hintergrund haben sich dann auch Befürchtungen, dem Versammlungsrecht drohe durch die Föderalismusreform I eine Rechtszersplitterung – Nachweise bei *Heidebach/Unger* DVBl. 2009, 283 (283) –, bislang als unbegründet erwiesen.

[323] Dazu etwa Dürig-Friedl/Enders/*Dürig-Friedl* VersammlG Einl. Rn. 16; Dietel/Gintzel/Kniesel/*Kniesel* VersammlG Teil I Rn. 13.

[324] *Enders/Hoffmann-Riem/Poscher/Kniesel/Schulze-Fielitz,* Musterentwurf eines Versammlungsgesetzes, 2011. Der Entwurf enthält auch eine ausführliche Begründung; dazu insgesamt positiv *Gusy* JZ 2011, 563; *Höfling* Die Verwaltung 45 (2012), 539.

[325] Vertiefend *Höfling* Die Verwaltung 45 (2012), 539 (542 f.).

[326] Vertiefend *Höfling* Die Verwaltung 45 (2012), 539 (543 f.); *Wendt* NVwZ 2012, 606 (609 f.). Wenn nach der Vorschrift öffentliche Versammlungen „[a]uf Verkehrsflächen von Grundstücken in Privateigentum, die dem allgemeinen Publikum geöffnet sind, […] auch ohne die Zustimmung der Eigentümerin oder des Eigentümers durchgeführt werden [können]“, trägt das der mittelbaren Drittwirkung der Versammlungsfreiheit Rechnung. Auf ihrer Grundlage können nach BVerfGK NJW 2015, 2485 (2486) – Bierdosen-Flashmob, Private „unbeschadet ihrer eigenen Grundrechte auch ähnlich oder auch genauso weit wie der Staat durch die Grundrechte in Pflicht genommen werden, insbesondere, wenn sie in tatsächlicher Hinsicht in eine vergleichbare Pflichten- oder Garantenstellung hineinwachsen wie traditionell der Staat“. Letzteres kommt im Schutzbereich der Versammlungsfreiheit insbesondere in Betracht, wenn Private Orte für den Publikumsverkehr öffnen und dabei „einen Raum des Flanierens, des Verweilens und der Begegnung [schaffen], der dem Leitbild des öffentlichen Forums entspricht“; kritisch dazu *Frau* RW 7 (2016), 625 (633 f. und 634 ff.).

[327] S. darüber hinaus und ungeachtet punktueller Abweichungen für Nordrhein-Westfalen LT-Drs. 17/12423, 43 f.: „Der Musterentwurf des Arbeitskreises Versammlungsrecht […] vermag in rechtsförmlicher Hinsicht zu überzeugen, weshalb er insoweit als Grundlage des vorliegenden Gesetzentwurfs ausgewählt wurde.“

schleswig-holsteinische Versammlungsfreiheitsgesetz von 2015 und – ihm folgend[328] – das Berliner Versammlungsfreiheitsgesetz von 2021 gem. § 2 Abs. 3 VersFG SH und § 2 Abs. 3 VersFG BE (anders als die etwas älteren Landesversammlungsgesetze in Bayern, Sachsen und Sachsen-Anhalt)[329] sowohl für öffentliche als auch für nichtöffentliche Versammlungen. In diesem Zusammenhang thematisieren dann auch beide Landesgesetze entsprechend § 9 ME VersG in § 10 VersFG BE und § 9 VersFG SH das Verhältnis zum allgemeinen Gefahrenabwehrrecht. Bemerkenswert ist darüber hinaus, dass sich diese Gesetze ihrem Titel nach als **„Versammlungsfreiheitsgesetze"** begreifen. Betont werden soll damit „die Zielstellung eines freiheitlichen Versammlungsrechts".[330]

III. Anwendungsbereich

1. Grundsatz: Beschränkung auf öffentliche Versammlungen

Anders als die Landesversammlungsgesetze in Berlin, Niedersachsen und Schleswig-Holstein (→ Rn. 71a) und ebenso wie Landesversammlungsgesetze in Bayern, Sachsen und Sachsen-Anhalt gilt das Versammlungsgesetz des Bundes, wie sich sowohl aus § 1 Abs. 1 VersammlG als auch aus den Abschnittsüberschriften vor § 5 VersammlG und vor § 14 VersammlG ergibt, **nur für öffentliche Versammlungen und Aufzüge.**[331] Insoweit regelt es die behördliche Beschränkung der Versammlungsfreiheit zur Abwehr von Gefahren für die öffentliche Sicherheit und Ordnung durch versammlungsbezogene Anordnungen im Einzelfall abschließend (im Einzelnen → Rn. 83ff.). 72

2. Insbesondere: „Polizeifestigkeit" des Versammlungsrechts

Folge ist die vielzitierte „Polizeifestigkeit" des Versammlungsrechts: Soweit das Versammlungsgesetz des Bundes behördliche Eingriffe in die Versammlungsfreiheit zum Zwecke der Gefahrenabwehr abschließend regelt, sperrt es den **Rückgriff auf die Befugnisnormen des allgemeinen Polizei- und Sicherheitsrechts.** Bis zur Föderalismusreform I ließ sich dies bereits mit der insoweit durch den Erlass des Versammlungsgesetzes iSv Art. 72 Abs. 1 GG ausgeschöpften konkurrierenden Gesetzgebungskompetenz des Bundes für das Versammlungswesen begründen, seither immerhin noch mit seiner Spezialität.[332] Überdies schließen auch die polizei- und sicherheitsrechtlichen Generalklauseln selbst ihre Anwendung zum Teil[333] ausdrücklich aus, soweit zur Erfüllung einer bestimmten Aufgabe die Befugnisse der Polizei- und Sicherheitsbehörden andernorts geregelt sind. Dabei kommt es nicht darauf an, ob die im Versammlungsgesetz des Bundes spezialgesetzlich geregelten Befugnisnormen die in Rede stehende Maßnahme im Ergebnis tragen. Entscheidend ist alleine, ob sie vom **„Entscheidungsprogramm"** dieser Befugnisnormen umfasst 73

[328] Dazu AH-Drs. 18/2764, 20: „Der Aufbau des Gesetzes orientiert sich stark am Versammlungsfreiheitsgesetz des Landes Schleswig-Holstein […] als eine[m] der fortschrittlicheren Versammlungsgesetze in der Bundesrepublik, sowie dem Musterentwurf des Arbeitskreises Versammlungsrecht aus dem Jahr 2010."

[329] Das niedersächsische Versammlungsgesetz von 2010 enthält zwar keine § 2 Abs. 3 ME VersG entsprechende ausdrücklich Regelung, ist aber ebenfalls auf öffentliche und nichtöffentliche Versammlungen anwendbar. In Nordrhein-Westfalen bestimmt der vorliegende Gesetzesentwurf ebenfalls eine Geltung des Versammlungsgesetzes sowohl für öffentliche als auch für nichtöffentliche Versammlungen.

[330] So für Berlin AH-Drs. 18/2764, 20.

[331] Als „sich fortbewegende Versammlungen unter freiem Himmel" sind Aufzüge zwar bereits vom Versammlungsbegriff umfasst, Ott/Wächtler/Heinhold/*Heinhold* VersammlG § 1 Rn. 49; das Versammlungsgesetz des Bundes enthält aber in § 19 VersammlG besondere Vorschriften, die nur für Aufzüge gelten.

[332] *Kniesel/Poscher* in Lisken/Denninger PolR-HdB K Rn. 24.

[333] Exemplarisch für Bayern Art. 7 Abs. 2 LStVG: „Soweit eine […] gesetzliche Ermächtigung nicht in Vorschriften dieses Gesetzes oder in anderen Rechtsvorschriften enthalten ist, können die Sicherheitsbehörden zur Erfüllung ihrer Aufgaben für den Einzelfall Anordnungen […] treffen"; Art. 11 Abs. 4 PAG: „Zur Erfüllung der Aufgaben, die der Polizei durch andere Rechtsvorschriften zugewiesen sind […], hat sie die dort vorgesehenen Befugnisse. Soweit solche Rechtsvorschriften Befugnisse der Polizei nicht regeln, hat sie die Befugnisse, die ihr nach diesem Gesetz zustehen."

ist.[334] Ist das der Fall, kann die Maßnahme nur auf das Versammlungsgesetz des Bundes gestützt werden, selbst (und vor allem auch) dann, wenn dieses engere Grenzen zieht als das allgemeine Gefahrenabwehrrecht. In der Folge ist im Anwendungsbereich des Versammlungsgesetzes des Bundes (also: bei öffentlichen Versammlungen) der Rückgriff auf das Polizei- und Sicherheitsrecht nur insoweit gesperrt, als die Maßnahmen zum Entscheidungsprogramm des Versammlungsgesetzes gehören.[335]

74 Das ist ohne Weiteres der Fall bei **versammlungstypischen Maßnahmen** wie der Beschränkung, dem Verbot oder der Auflösung einer Versammlung,[336] nicht hingegen bei der „Verhütung von Gefahren [im zugrunde liegenden Fall: der Auflösung eines unter dem Schutz der Versammlungsfreiheit stehenden Skinheadkonzerts zur Bekämpfung einer nicht versammlungsspezifischen Brandgefahr] [...], die allein aus der Ansammlung einer Vielzahl von Menschen an einem dafür ungeeigneten Ort entstehen, unabhängig davon, ob es sich bei dieser Ansammlung um eine Versammlung im Sinne des Versammlungsrechts handelt".[337] Ein Rückgriff auf das allgemeine Gefahrenabwehrrecht ist folglich stets zulässig bei nicht versammlungsspezifischen Gefahren. Ausgenommen von der Sperrwirkung sind darüber hinaus **Vorfeldmaßnahmen** gegen einzelne Versammlungsteilnehmer, für die das Versammlungsgesetz des Bundes keine abschließende Regelung enthält[338] und die daher grundsätzlich auf das allgemeine Polizei- und Sicherheitsrecht gestützt werden können,[339] sowie umgekehrt alle **Maßnahmen nach Auflösung einer Versammlung.**[340]

75 Von vornherein nicht von der „Polizeifestigkeit" des insoweit schon mangels Eröffnung seines Anwendungsbereichs nicht einschlägigen Versammlungsgesetzes des Bundes umfasst sind **nichtöffentliche Versammlungen;** für sie enthält das Versammlungsgesetz jedenfalls keine abschließende Regelung.[341] Fraglich ist hier alleine, ob die Befugnisnormen des Versammlungsgesetzes (nämlich: §§ 5, 13 und § 15 VersammlG) analoge Anwendung finden[342] oder auf das allgemeine Polizei- und Sicherheitsrecht zurückzugreifen ist.[343] Für die

---

[334] S. dazu in anderem Zusammenhang VGH München BayVBl. 2006, 635 (636): „Als Rechtsgrundlage für die angefochtene präventive Maßnahme [...] kann grundsätzlich auf die allgemeine sicherheitsrechtliche Befugnisnorm [...] zurückgegriffen werden. Diese Befugnisnorm stellt zwar einen Auffangtatbestand dar, der nur dann Anwendung findet, wenn eine Ermächtigung zu Einzelanordnungen im Sinne dieser Bestimmung nicht in ‚anderen Rechtsvorschriften' enthalten ist [...] Die speziellen [...] Eingriffsermächtigungen [...] stehen dem jedoch nicht entgegen, weil jedenfalls präventive Maßnahmen [...] nicht zu deren Entscheidungsprogramm gehören."

[335] Ausdrücklich geregelt ist die Anwendbarkeit des allgemeinen Polizei- und Sicherheitsrechts neben dem Versammlungsrecht nach dem Vorbild von § 9 ME VersG in § 9 VersFG SH und § 10 VersFG BE. Die Rechtslage unterscheidet sich hier auch insofern von der in den meisten anderen Ländern, als das Versammlungsrecht sowohl für öffentliche als auch für nichtöffentliche Versammlungen gilt (→ Rn. 71a).

[336] Das gilt nach zutreffender Auffassung selbst dann, wenn das allgemeine Polizei- und Sicherheitsrecht eine mildere „Minusmaßnahme" ermöglichte, *Kniesel/Poscher* in Lisken/Denninger PolR-HdB K Rn. 31 ff.

[337] BVerwG Beschl. v. 16.11.2010 – 6 B 58/10, juris Rn. 6.

[338] Vorgesehen sind Vorfeldmaßnahmen nur in § 17a Abs. 4 VersammlG (→ Rn. 81) und in § 12a Abs. 1 und § 19a VersammlG (→ Rn. 97 mit Fn. 417); Überblick bei *Trurnit* NVwZ 2012, 1079 (1080).

[339] Exemplarisch VGH München NJW 2011, 793 (793): Anordnung, Abbildungen des Papstes und eine Papstpuppe von einem Lkw zu entfernen, auf dem diese mit dem Attribut der Homosexualität in Verbindung gebracht werden, bevor der Wagen an einer Versammlung teilnehmen darf, kann grundsätzlich als Vorfeldmaßnahme auf die Befugnisnormen des allgemeinen Polizei- und Sicherheitsrechts gestützt werden; allgemein *Kniesel/Poscher* in Lisken/Denninger PolR-HdB K Rn. 41 f., die ebenda, 40, zutreffend darauf hinweisen, dass das Versammlungsgesetz des Bundes für Maßnahmen gegenüber der „Gesamtveranstaltung" durchaus eine abschließende Regelung enthält; differenzierend *Trurnit* NVwZ 2012, 1079 (1080 ff.), der eine Anwendung des allgemeinen Polizei- und Sicherheitsrechts unter zutreffendem Hinweis auf das Zitiergebot nach Art. 19 Abs. 1 S. 2 GG gegenwärtig für weitgehend unzulässig hält und rechtspolitisch auf die Lösung in § 9 Abs. 2 und Abs. 3 ME VersG hinweist.

[340] *Kniesel/Poscher* in Lisken/Denninger PolR-HdB K Rn. 30.

[341] Zutreffend *Kniesel/Poscher* in Lisken/Denninger PolR-HdB K Rn. 26.

[342] So *Kingreen/Poscher* PolR § 19 Rn. 16; *Peters/Janz* GSZ 2020, 19 (20).

[343] So BVerwG NVwZ 1999, 991 (992). Probleme bereitet hier das Zitiergebot in Art. 19 Abs. 1 S. 2 GG, soweit das Polizei- und Sicherheitsrecht der Länder die Versammlungsfreiheit nicht ausdrücklich als eingeschränktes Grundrecht aufführt. Bei Versammlungen in geschlossenen Räumen ist das unproblematisch, weil Art. 8 GG die Versammlungsfreiheit insoweit vorbehaltlos gewährleistet und also Art. 19 Abs. 1 S. 2

zweite Lösung spricht das grundsätzliche Verbot einer analogen Anwendung von Eingriffsbefugnissen.[344] Rechnung zu tragen ist freilich dem Gebot der Widerspruchsfreiheit der Rechtsordnung, so dass nichtöffentliche Versammlungen nicht unter geringeren Anforderungen als aus Sicht des Gesetzgebers eigentlich gefährlichere öffentliche Versammlungen verboten werden können dürfen. Dies legt eine inhaltliche Orientierung an den Vorgaben der §§ 5, 13 und 15 VersammlG bei der Beschränkung nichtöffentlicher Versammlungen nach allgemeinem Polizei- und Sicherheitsrecht nahe.[345] Rechtstechnisch handelt es sich um eine teleologische Reduktion der Vorschriften des allgemeinen Polizei- und Sicherheitsrechts. Stehen schließlich bloße **Ansammlungen** in Rede, ist mangels Versammlung von vornherein nicht das Versammlungsgesetz des Bundes, sondern ausschließlich das allgemeine Polizei- und Sicherheitsrecht einschlägig.[346]

3. Begriff der „öffentlichen Versammlung"

Der danach für die Abgrenzung des Anwendungsbereichs des Versammlungsgesetzes des 76
Bundes maßgebliche Begriff der „öffentlichen Versammlung" ist dort nicht definiert. Zurückgegriffen wird auf den **verfassungsrechtlichen Versammlungsbegriff** (im Einzelnen → § 19 Rn. 42 ff.). Instruktiv ist darüber hinaus ein Blick in die Landesversammlungsgesetze, die in weitgehender Übernahme der bundesverfassungsgerichtlichen Rechtsprechung zur Versammlungsfreiheit zum Teil eine ausdrückliche Begriffsbestimmung und über diese vermittelt eine Festlegung ihres Anwendungsbereichs enthalten. So definiert Art. 2 Abs. 1 BayVersG eine **Versammlung** als „eine Zusammenkunft von mindestens zwei Personen zur gemeinschaftlichen, überwiegend auf die Teilhabe an der öffentlichen Meinungsbildung gerichteten Erörterung oder Kundgebung".[347] **Öffentlich** ist eine Versammlung in diesem Sinne gem. Art. 2 Abs. 2 BayVersG, „wenn die Teilnahme nicht auf einen individuell feststehenden Personenkreis beschränkt ist".[348] Die Unterscheidung zwischen **Versammlungen in geschlossenen Räumen und solchen unter freiem Himmel** schließlich, für die ebenfalls auf die verfassungsrechtlichen Begriffe (→ § 19 Rn. 46) zurückgegriffen wird, hat für die Anwendbarkeit des Versammlungsgesetzes des Bundes insgesamt keine Bedeutung, wohl aber für die Ermittlung der im Einzelfall neben den allgemeinen Vorschriften in den §§ 1–3 VersammlG einschlägigen Normen des Versammlungsgesetzes. So gelten die §§ 5–13 VersammlG nur für öffentliche Versammlungen in geschlossenen Räumen, die §§ 14–20 VersammlG nur für öffentliche Versammlungen unter freiem Himmel.

GG keine Anwendung findet, Maunz/Dürig/*Depenheuer* GG Art. 8 Rn. 152. Es bleiben Versammlungen unter freiem Himmel, auf die das Polizei- und Sicherheitsrecht der Länder nicht anwendbar ist, soweit es Art. 8 GG nicht zitiert. Für die Praxis spielt das kaum eine Rolle, weil nichtöffentliche Versammlungen unter freiem Himmel – und nur insoweit lässt die „Polizeifestigkeit" des Versammlungsrechts eine Anwendung des allgemeinen Polizei- und Sicherheitsrechts neben dem Versammlungsgesetz des Bundes überhaupt zu – kaum denkbar sind.

[344] *Kniesel/Poscher* in Lisken/Denninger PolR-HdB K Rn. 27; ähnlich Dürig-Friedl/Enders/*Enders* VersammlG § 1 Rn. 15; allgemein zum Problem BVerfGK NJW 1996, 3146 (3146); *Beaucamp* AöR 134 (2009), 83 (86 ff.).

[345] *Wehr,* Examens-Repetitorium Polizeirecht, 4. Aufl. 2019, Rn. 271.

[346] *Wehr,* Examens-Repetitorium Polizeirecht, 4. Aufl. 2019, Rn. 259.

[347] Ähnlich § 2 NVersG; s. auch § 2 Abs. 1 S. 1 ME VersG sowie – dem folgend – § 2 Abs. 1 S. 1 VersFG BE und § 2 Abs. 1 S. 1 VersFG SH.

[348] Ähnlich § 2 Abs. 2 ME VersG sowie – dem folgend – § 2 Abs. 2 VersFG BE und § 2 Abs. 2 VersFG SH. Speziell zur Öffentlichkeit einer Versammlung Dürig-Friedl/Enders/*Enders* VersammlG § 1 Rn. 14; Dietel/Gintzel/Kniesel/*Kniesel* VersammlG Teil I Rn. 423 f. Wie sich aus § 6 Abs. 1 VersammlG ergibt, ist es für die Öffentlichkeit einer Versammlung unschädlich, wenn einzelne Personen oder Personenkreise in der Einladung von der Teilnahme an einer Versammlung ausgeschlossen werden. Pressevertreter können nicht ausgeschlossen werden, § 6 Abs. 2 VersammlG. Sie haben sich durch ihren Presseausweis ordnungsgemäß auszuweisen.

IV. Verwirklichung der Versammlungsfreiheit

1. Versammlungsfreiheit

77 Ausgangspunkt des Versammlungsgesetzes ist die verfassungsrechtlich durch **Art. 8 Abs. 1 GG** und einfachgesetzlich durch **§ 1 VersammlG** und entsprechende Vorschriften der Landesversammlungsgesetze gewährleistete Versammlungsfreiheit. Das einfache Recht geht dabei über das Verfassungsrecht hinaus, wenn es in Übereinstimmung mit Art. 11 Abs. 1 EMRK auch ausländische Staatsangehörige und ausländische Vereinigungen in den Schutzbereich der Versammlungsfreiheit einbezieht.[349] Die neueren Landesversammlungsgesetze begreifen sich vor diesem Hintergrund zum Teil ausdrücklich als „Versammlungsfreiheitsgesetze" (→ Rn. 68) und betonen vor diesem Hintergrund die Aufgabe der öffentlichen Verwaltung, „friedliche Versammlungen zu schützen und die Versammlungsfreiheit zu wahren", und dazu „die Durchführung einer […] Versammlung zu unterstützen" und „ihre Durchführung vor Störungen zu schützen", wie es in § 3 Abs. 1 und Abs. 2 Nr. 1 und Nr. 2 VersFG SH exemplarisch heißt.[350]

2. Versammlungsanmeldung

78 Wie sich aus Art. 8 Abs. 1 GG ausdrücklich ergibt, folgt aus der Versammlungsfreiheit, dass Versammlungen weder einer Erlaubnis noch einer Anmeldung bedürfen.[351] Vor diesem Hintergrund ist es nicht unproblematisch, wenn § 14 Abs. 1 VersammlG den Veranstalter einer öffentlichen Versammlung unter freiem Himmel dazu verpflichtet, seine Absicht spätestens 48 Stunden vor der Bekanntgabe bei der zuständigen Behörde unter Angabe des Gegenstands der Versammlung anzumelden.[352] Ganz überwiegend wird die **Anmeldepflicht** dennoch für **verfassungsmäßig** gehalten, weil mit ihr ein „Verfahrenselement" geschaffen werde, das die zuständige Behörde in den Stand setzt, „die Versammlung zu ermöglichen und zwangsläufige Auswirkungen auf Dritte und die Allgemeinheit durch Herstellung praktischer Konkordanz mittels einer beschränkenden Verfügung auf ein für alle Beteiligten hinnehmbares Maß zu reduzieren".[353] In Gang gesetzt wird durch die Anmeldung eine Art Verwaltungsverfahren, das durch die verfassungsrechtlich gebotene[354] Kooperation zwischen dem Veranstalter und den Behörden geprägt ist.[355]

79 Freilich darf die Anmeldepflicht nach der Rechtsprechung des Bundesverfassungsgerichts die Versammlungsfreiheit nicht „für bestimmte Typen von Veranstaltungen außer Geltung setzen". In der Folge kann die Versammlungsfreiheit unter bestimmten Vorausset-

---

349 Dietel/Gintzel/Kniesel/*Kniesel* VersammlG Teil I Rn. 218 ff. und Teil II § 1 Rn. 2 ff.

350 Ähnlich § 3 Abs. 1 und Abs. 2 VersFG BE. Vorbild ist § 3 Abs. 1 ME VersG.

351 Nur folgerichtig sind für eine öffentliche Versammlung unter freiem Himmel auch „keine Erlaubnisse erforderlich, die sich auf die Benutzung der öffentlichen Verkehrsflächen beziehen", wie § 11 ME VersG (in Konkretisierung der verfassungsrechtlichen Vorgaben) ausdrücklich festhält. In § 21 ME VersG findet sich darüber hinaus eine Vorschrift über die (grundsätzlich zulässige) Nutzung von Verkehrsflächen in Privateigentum, die dem allgemeinen Publikum geöffnet sind. Ob und inwieweit es zulässig ist, dass Landesregierungen angesichts einer weltweiten Pandemie (im konkreten Fall ging es um das SARS-CoV-2-Virus) im Wege einer Rechtsverordnung aufgrund des Infektionsschutzrechts Versammlungen (wenn auch nur vorübergehend) einem präventiven Verbot mit (im behördlichen Ermessen liegendem) Erlaubnisvorbehalt unterstellen, ist noch nicht abschließend geklärt, tendenziell wohl eher skeptisch BVerfGK NVwZ 2020, 711 (712).

352 Inhaltlich ist in der Anmeldung gem. § 14 Abs. 2 VersammlG anzugeben, welche Person für die Leitung der Versammlung oder des Aufzugs verantwortlich sein soll. Gemäß § 17 VersammlG gilt das Anmeldeerfordernis „nicht für Gottesdienste unter freiem Himmel, kirchliche Prozessionen, Bittgänge und Wallfahrten, gewöhnliche Leichenbegängnisse, Züge von Hochzeitsgesellschaften und hergebrachte Volksfeste".

353 So Dietel/Gintzel/Kniesel/*Kniesel* VersammlG Teil II § 14 Rn. 4; ähnlich Dürig-Friedl/Enders/*Dürig-Friedl* VersammlG § 14 Rn. 5; s. auch BVerfGE 69, 315 (350 f.) – Brokdorf, das als Grundlage einer Anmeldepflicht Art. 8 Abs. 2 GG nennt.

354 BVerfGE 69, 315 (355 ff.) – Brokdorf.

355 Eingehend *Kniesel/Poscher* in Lisken/Denninger PolR-HdB K Rn. 249 ff., 267 ff.; ausdrücklich zum Angebot eines Kooperationsgesprächs und dessen Inhalt § 3 Abs. 2 und Abs. 3 ME VersG sowie – dem folgend – § 4 VersFG BE und § 3 Abs. 3 und Abs. 4 VersFG SH; s. auch schon § 14 Abs. 5 SächsVersG.

zungen „von der Anmeldepflicht befreien".[356] Letzteres ist der Fall bei **Eil- und Spontanversammlungen.**[357] Auch hier ist ein Blick auf die Versammlungsgesetze der Länder instruktiv, die die in der Rechtsprechung entwickelten Vorgaben umsetzen, wenn sie wie etwa in Art. 13 Abs. 3 und Abs. 4 BayVersG für Eilversammlungen, bei denen „der Anlass für eine geplante Versammlung kurzfristig [entsteht]", bestimmen, dass „die Versammlung spätestens mit der Bekanntgabe [...] bei der zuständigen Behörde oder bei der Polizei anzuzeigen [ist]", und für Spontanversammlungen, bei denen „sich die Versammlung aus einem unmittelbaren Anlass ungeplant und ohne Veranstalter entwickelt", vorsehen, dass „[d]ie Anzeigepflicht entfällt".[358]

3. Versammlungsdurchführung

Über die Anmeldepflicht hinaus enthält das Versammlungsgesetz des Bundes auch Bestim- 80
mungen über die Durchführung von Versammlungen. Zu beachten sind zunächst **Vorschriften über die Vorbereitung.** So muss der Veranstalter einer Versammlung – § 2 Abs. 1 VersammlG spricht von der Person, die „zu einer öffentlichen Versammlung oder zu einem Aufzug öffentlich einlädt"[359] – in der Einladung seinen Namen angeben. Ferner dürfen gem. § 2 Abs. 3 S. 2 VersammlG auf dem Weg zu einer öffentlichen Versammlung keine Waffen oder waffenähnlichen Gegenstände mitgeführt werden.

Hinsichtlich der eigentlichen Versammlungsdurchführung enthalten zunächst die §§ 2f. 81
VersammlG Verbotsvorschriften, die auf alle Versammlungen Anwendung finden. Das **allgemeine Störungsverbot** in § 2 Abs. 2 VersammlG verlangt, dass jedermann Störungen unterlässt, die bezwecken, die ordnungsgemäße Durchführung einer öffentlichen Versammlung oder eines Aufzugs zu verhindern. Ergänzt wird es in § 2 Abs. 3 und § 3 Abs. 1 VersammlG durch das **Verbot des Waffentragens** und das **Uniformierungsverbot.** Letzteres untersagt es den Teilnehmern einer Versammlung, in der Versammlung „Uniformen, Uniformteile oder gleichartige Kleidungsstücke als Ausdruck einer gemeinsamen politischen Gesinnung zu tragen".[360] Ergänzt werden diese Verbote bei stehenden Versammlungen unter freiem Himmel und Aufzügen[361] durch das **Verbot der Passivbewaffnung** und das **Vermummungsverbot** in § 17a Abs. 1 und Abs. 2 VersammlG.[362] Beide Verbote können gem. § 17a Abs. 4 VersammlG mit polizeilichen Anordnungen im Einzelfall (insbesondere: einem Ausschluss von der Versammlung) durchgesetzt werden.[363] Weil die in § 17a Abs. 1 und Abs. 2 VersammlG bezeichneten Verbote ausdrücklich auch für den „Weg" zu stehenden Versammlungen unter freiem Himmel und Aufzügen gelten, ermächtigt § 17a Abs. 4 VersammlG dabei auch zu Vorfeldmaßnahmen.[364]

Flankiert werden diese allgemein geltenden Verbote durch **Vorschriften über die or-** 82
ganisatorische Durchführung von Versammlungen und Aufzügen. Die unmittelbar nur für öffentliche Versammlungen in geschlossenen Räumen geltenden Vorschriften in den §§ 7–12 VersammlG finden gem. § 18 Abs. 1 VersammlG (durch die Vorschriften in § 18 Abs. 2 und Abs. 3 VersammlG ergänzt) auf stehende öffentliche Versammlungen unter freiem Himmel weitgehend entsprechende Anwendung. Für Aufzüge (zum Begriff → Rn. 72

---

[356] BVerfGE 69, 315 (350f.) – Brokdorf.

[357] Zu dieser verfassungskonformen Auslegung von § 14 Abs. 1 VersammlG Sachs/*Höfling* GG Art. 8 Rn. 22f.

[358] Ähnlich etwa § 12 Abs. 6 und Abs. 7 VersFG BE und § 11 Abs. 5 und Abs. 6 VersFG SH.

[359] Zum Veranstalter als Versammlungsbeteiligtem eingehend *Kniesel/Poscher* in Lisken/Denninger PolR-HdB K Rn. 212ff., ebenda, 216ff. und 223ff., auch zum Versammlungsleiter und den Versammlungsteilnehmern als den weiteren für das Versammlungsrecht wichtigen Versammlungsbeteiligten.

[360] Gemäß § 3 Abs. 2 VersammlG besteht die Möglichkeit einer Ausnahmegenehmigung für Mitglieder von Jugendverbänden, die sich vorwiegend der Jugendpflege widmen.

[361] Darüber hinaus gelten die Verbote in § 17a Abs. 1 und Abs. 2 VersammlG auch für „sonstige öffentliche Veranstaltungen unter freiem Himmel" und also solche, die keine Versammlungen sind.

[362] Ausnahmen regelt § 17a Abs. 3 VersammlG.

[363] Dazu Dietel/Gintzel/Kniesel/*Kniesel* VersammlG Teil II § 17a Rn. 41, 49f.

[364] *Trurnit* NVwZ 2012, 1079 (1080).

mit Fn. 331) enthält demgegenüber § 19 VersammlG eigene Regelungen. Gemäß § 7 Abs. 1 VersammlG (für Aufzüge: § 19 Abs. 1 S. 1 VersammlG) muss jede Versammlung einen Leiter haben. Leiter einer Versammlung ist gem. § 7 Abs. 2 S. 1 VersammlG grundsätzlich ihr Veranstalter (zum Begriff → Rn. 80). Dieser kann die Leitung aber gem. § 7 Abs. 3 VersammlG einer anderen Person übertragen. Gemäß § 8 VersammlG bestimmt der **Versammlungsleiter** den Ablauf der Versammlung, hat während der Versammlung für Ordnung zu sorgen, kann die Versammlung jederzeit unterbrechen oder schließen und bestimmt darüber, wann eine unterbrochene Versammlung fortgesetzt wird (ähnlich für Aufzüge: § 19 Abs. 1 S. 1 VersammlG). Bei Versammlungen in geschlossenen Räumen übt er überdies gem. § 7 Abs. 4 VersammlG das Hausrecht aus. Die **Versammlungsteilnehmer** sind gem. § 10 VersammlG (für Aufzüge: § 19 Abs. 2 VersammlG) verpflichtet, die zur Aufrechterhaltung der Ordnung getroffenen Anweisungen des Leiters oder der von ihm gem. § 9 und § 18 Abs. 2 VersammlG (für Aufzüge verweist § 19 Abs. 1 S. 2 VersammlG auf diese Vorschriften) bestellten Ordner[365] zu befolgen. Stören Teilnehmer einer Versammlung die Ordnung gröblich, ist zu differenzieren: Bei Versammlungen in geschlossenen Räumen kann gem. § 11 Abs. 1 VersammlG der Leiter selbst störende Teilnehmer von der Versammlung ausschließen. Bei stehenden Versammlungen unter freiem Himmel und Aufzügen ist gem. § 18 Abs. 3 und § 19 Abs. 4 VersammlG ausschließlich[366] die Polizei berechtigt, störende Teilnehmer von der Versammlung auszuschließen (→ Rn. 90); der Leiter muss gem. § 19 Abs. 3 VersammlG den Aufzug insgesamt für beendet erklären, wenn er sich gegenüber den Teilnehmern nicht durchzusetzen vermag. Bei stehenden Versammlungen müssen ausgeschlossene Teilnehmer gem. § 11 Abs. 2 und § 18 Abs. 1 VersammlG die Versammlung sofort verlassen. Für Aufzüge fehlt eine entsprechende Regelung in § 19 VersammlG. Die Annahme einer von § 29 Abs. 1 Nr. 5 VersammlG vorausgesetzten ungeschriebenen Entfernungspflicht ist problematisch;[367] näher liegt eine behördliche Verpflichtung, mit dem Ausschluss von der Versammlung auch die Entfernung von der Versammlung zu verfügen.[368]

V. Befugnisse zur Gefahrenabwehr

1. Allgemeines

83 Im Mittelpunkt des Versammlungsrechts stehen Befugnisse für Beschränkungen der Versammlungsfreiheit zur **Gefahrenabwehr im Einzelfall.** Das Versammlungsgesetz des Bundes unterscheidet dabei – ebenso wie die bereits vorliegenden Landesversammlungsgesetze – zwischen öffentlichen Versammlungen in geschlossenen Räumen und öffentlichen Versammlungen unter freiem Himmel und folgt damit der nach Art. 8 GG unterschiedlich weiten verfassungsrechtlichen Beschränkbarkeit (zur Unterscheidung → § 19 Rn. 46).[369] Die Zuständigkeiten[370] und das Verwaltungsverfahren regelt das Landesrecht.

[365] Anforderungen an die Ordner enthält § 9 Abs. 1 VersammlG.

[366] Ebenso wohl Dietel/Gintzel/Kniesel/*Kniesel* VersammlG Teil II § 18 Rn. 41. Im Ausgangspunkt auch Dürig-Friedl/Enders/*Dürig-Friedl* VersammlG § 18 Rn. 15, die aber wegen des verfassungskräftigen Rechts „auf eine selbstbestimmte Durchführung der Versammlung" eine verfassungskonforme Auslegung der Vorschrift für geboten hält, nach der auch der Versammlungsleiter Teilnehmer zum Verlassen auffordern kann. Rechtspolitisch überzeugt diese Stärkung des Selbstbestimmungsrechts des Grundrechtsträgers. Dementsprechend berechtigen auch § 6 Abs. 4 S. 1 ME VersG sowie – dem folgend – § 7 Abs. 4 S. 1 VersFG BE und § 6 Abs. 4 S. 1 VersFG SH die Versammlungsleitung umfassend dazu, Personen, welche die Ordnung der Versammlung erheblich stören, aus der Versammlung ausschließen.

[367] So aber Ott/Wächtler/Heinhold/*Wächtler* VersammlG § 19 Rn. 10. Entsprechendes gilt für eine von Dürig-Friedl/Enders/*Dürig-Friedl* VersammlG § 19 Rn. 12 erwogene Analogie zu § 11 Abs. 2 VersammlG.

[368] So Dietel/Gintzel/Kniesel/*Kniesel* VersammlG Teil II § 19 Rn. 23 f.: Begründung der „Entfernungspflicht erst durch Verfügen eines Platzverweises".

[369] Zur Systematik ausführlich *Kniesel/Poscher* in Lisken/Denninger PolR-HdB K Rn. 338 ff. Nichtöffentliche Versammlungen sind vom Anwendungsbereich jedenfalls des Versammlungsgesetzes des Bundes ausgenommen; ihre Beschränkung im Einzelfall richtet sich nach allgemeinem Polizei- und Sicherheitsrecht (→ Rn. 72 und 75).

2. Versammlungsbeschränkung und -verbot

a) Überblick: § 5 und § 15 VersammlG. Ermächtigungen zur Beschränkung und zum Verbot öffentlicher Versammlungen vor Beginn der Versammlung[371] enthalten **§ 5 VersammlG** (für Versammlungen in geschlossenen Räumen) und **§ 15 Abs. 1 und Abs. 2 VersammlG** (für Versammlungen unter freiem Himmel).[372] Dabei ist zweierlei zu beachten: Zum einen lässt § 5 VersammlG unter Verhältnismäßigkeitsgesichtspunkten als „Minusmaßnahmen" zu einem Verbot auch bloße Beschränkungen einer Versammlung unterhalb der Verbotsschwelle zu.[373] Zum anderen ermächtigt § 15 Abs. 1 und Abs. 2 VersammlG, obwohl dort missverständlich davon die Rede ist, eine Versammlung könne „von bestimmten Auflagen" abhängig gemacht werden, nicht etwa zum Erlass von Nebenbestimmungen iSv § 36 Abs. 2 Nr. 4 VwVfG,[374] sondern zu Beschränkungen von Versammlungen unterhalb der Verbotsschwelle.[375] Gemeint sind damit „Teilverbote [...], mit denen das Vorhaben des Veranstalters modifiziert wird, um so Rechte Dritter zu wahren".[376] Inhaltlich fixiert § 5 VersammlG lediglich die verfassungsimmanenten Schranken der in Art. 8 GG vorbehaltlos gewährleisteten Versammlungen in geschlossenen Räumen (→ § 19 Rn. 46) und liefert insoweit eine Rechtsgrundlage für ihre behördliche Konkretisierung im Einzelfall durch Versammlungsverbote und -beschränkungen. Für Versammlungen unter freiem Himmel, die gem. Art. 8 Abs. 2 GG unter einfachem Gesetzesvorbehalt stehen, sieht § 15 Abs. 1 und Abs. 2 VersammlG hingegen deutlich weitere Einschränkungsmöglichkeiten vor. 84

b) Insbesondere: § 15 Abs. 1 VersammlG. Gemäß § 15 Abs. 1 VersammlG kann die zuständige Behörde „die Versammlung oder den Aufzug verbieten oder von bestimmten Auflagen abhängig machen [das heißt: beschränken (→ Rn. 84)], wenn nach den zur Zeit 85

370 Überblick bei *Kniesel/Poscher* in Lisken/Denninger PolR-HdB K Rn. 331 ff.

371 Dietel/Gintzel/Kniesel/*Kniesel* VersammlG Teil II § 15 Rn. 1: „bis zum Beginn der Versammlung, also auch noch in der Phase des Zusammenkommens, bei Aufzügen noch in der Aufstellungsphase zulässig". Nach Beginn der Versammlung kommt nur noch eine Auflösung der Versammlung in Betracht (→ Rn. 92).

372 Ergänzend hinzuweisen ist darauf, dass § 16 VersammlG ein gesetzliches Verbot von öffentlichen Versammlungen unter freiem Himmel und Aufzügen innerhalb des befriedeten Bannkreises der Gesetzgebungsorgane der Länder enthält. Dieses gilt nur, soweit die Länder das Verbot auf Grundlage von § 16 Abs. 2 und Abs. 3 VersammlG durch ein Bannkreisgesetz konkretisiert haben; dazu Überblick bei Dietel/Gintzel/Kniesel/*Kniesel* VersammlG Teil II § 16 Rn. 2. Soweit die Länder Bannkreisgesetze erlassen haben, sehen diese durchweg die durch § 16 Abs. 3 VersammlG gedeckte Möglichkeit einer behördlichen Ausnahmebewilligung vor; zu den Einzelheiten Dietel/Gintzel/Kniesel/*Kniesel* VersammlG Teil II § 16 Rn. 12 ff. Für die Verfassungsorgane des Bundes ist ein entsprechendes gesetzliches Versammlungsverbot (mit Erlaubnisvorbehalt) im Gesetz über befriedete Bezirke für Verfassungsorgane des Bundes geregelt. Wichtig ist ferner, dass §§ 15 und 16 VersammlG gem. § 17 VersammlG „nicht für Gottesdienste unter freiem Himmel, kirchliche Prozessionen, Bittgänge und Wallfahrten, gewöhnliche Leichenbegängnisse, Züge von Hochzeitsgesellschaften und hergebrachte Volksfeste" gelten.

373 Dürig-Friedl/Enders/*Enders* VersammlG § 5 Rn. 25 ff.; Dietel/Gintzel/Kniesel/*Kniesel* VersammlG Teil II § 5 Rn. 34 ff.; kritisch aber *Kniesel/Poscher* in Lisken/Denninger PolR-HdB K Rn. 381: bewusste Engführung der Befugnisse. Die Landesversammlungsgesetze erwähnen dementsprechend zum Teil ausdrücklich die Möglichkeit von Beschränkungen unterhalb der Verbotsschwelle, s. exemplarisch Art. 12 Abs. 1 BayVersG und § 22 Abs. 1 VersFG BE; anders aber § 4 VersammlG LSA und § 4 SächsVersG.

374 Für eine Nebenbestimmung bedürfte es eines Hauptverwaltungsaktes, der im Versammlungsrecht aufgrund der Erlaubnisfreiheit von Versammlungen entbehrlich ist.

375 Dürig-Friedl/Enders/*Dürig-Friedl* VersammlG § 15 Rn. 75; Dietel/Gintzel/Kniesel/*Kniesel* VersammlG Teil II § 15 Rn. 7 ff. Die Landesversammlungsgesetze sprechen dementsprechend präziser von Verboten und Beschränkungen, s. exemplarisch für Versammlungen unter freiem Himmel Art. 15 Abs. 1 BayVersG und § 14 Abs. 1 VersFG BE; unklar freilich § 15 Abs. 1 SächsVersG und § 13 Abs. 1 VersammlG LSA: „Die zuständige Behörde kann die Versammlung oder den Aufzug verbieten oder von bestimmten Beschränkungen abhängig machen".

376 So *Kniesel/Poscher* in Lisken/Denninger PolR-HdB K Rn. 359; instruktiv zur Bandbreite denkbarer „Auflagen" mit umfangreichen Rechtsprechungsnachweisen *Peters/Janz* GSZ 2020, 19 (23 ff.): Vorgaben für die Wegstrecke, zum Schutz bestimmter Orte oder Personen sowie für die Ordner, Untersagung der Verwendung bestimmter Symbole oder des Skandierens bestimmter Parolen, Alkoholverbot.

des Erlasses der Verfügung erkennbaren Umständen die öffentliche Sicherheit oder Ordnung bei Durchführung der Versammlung oder des Aufzuges unmittelbar gefährdet ist". Eine **Gefährdung der öffentlichen Sicherheit** liegt nach allgemeinen gefahrenabwehrrechtlichen Grundsätzen vor, wenn durch die Versammlung subjektive Rechte oder Rechtsgüter Einzelner, der Bestand und das Funktionieren des Staates oder der Einrichtungen und Veranstaltungen des Staates oder sonstiger Träger von Hoheitsgewalt oder die Rechtsordnung[377] (insbesondere: durch einen Verstoß gegen Strafgesetze)[378] verletzt zu werden drohen.[379]

86 Deutlich schwieriger ist die Konturierung des **Schutzguts der öffentlichen Ordnung.**[380] Dementsprechend verzichten die neueren Landesversammlungsgesetze in Berlin und Schleswig-Holstein nach dem Vorbild des Musterentwurfs auf ein nicht näher spezifiziertes allgemeines Schutzgut der öffentlichen Ordnung und überführen stattdessen „bestimmte Schutzgüter, die bisher im Rahmen der öffentlichen Ordnung erfasst wurden, durch Normierung in den Rang eines Schutzguts der öffentlichen Sicherheit".[381] Die übrigen Landesversammlungsgesetze halten demgegenüber dem bundesrechtlichen Vorbild folgend am Schutzgut der öffentlichen Ordnung fest. Es umfasst nach allgemeinen gefahrenabwehrrechtlichen Grundsätzen jene Regeln, deren Befolgung nach den jeweils herrschenden sozialen und ethischen Anschauungen als unentbehrliche Voraussetzung für ein geordnetes staatsbürgerliches Zusammenleben anzusehen ist.[382]

86a Die Verwaltungsbehörden haben mit Unterstützung einzelner Verwaltungsgerichte angesichts dieser sehr weiten Definition vielfach versucht, Beschränkungen und Verbote inhaltlich anstößiger, aber unterhalb der Strafbarkeitsschwelle stattfindender (insbesondere: rechtsextremistischer) Versammlungen über das Schutzgut der öffentlichen Ordnung laufen zu lassen.[383] Das Bundesverfassungsgericht schiebt dem in ständiger Rechtsprechung einen Riegel vor: Entsprechende Versammlungsbeschränkungen und -verbote berühren neben der Versammlungsfreiheit auch die Meinungsfreiheit. Da sie primär an den **Inhalt der zu erwartenden Meinungsäußerungen** anknüpfen, ist nach den allgemeinen Abgrenzungskriterien (→ § 19 Rn. 48) allein die Meinungsfreiheit maßgeblich. Diese findet ihre Schranken gem. Art. 5 Abs. 2 GG in den Vorschriften der allgemeinen Gesetze, den gesetzlichen Bestimmungen zum Schutz der Jugend und dem Recht der persönlichen Ehre. Soll § 15 Abs. 1 VersammlG als Rechtsgrundlage für Eingriffe in die Meinungsfreiheit herangezogen werden, muss die Regelung sich grundsätzlich als Aktualisierung einer dieser Schranken darstellen. Da sich § 15 Abs. 1 VersammlG nicht auf den Jugend- und Ehrenschutz beschränkt, bleibt an sich nur die Schranke der allgemeinen Gesetze. Diese gebietet nicht nur, dass sich das beschränkende Gesetz als solches weder gegen die Meinungsfreiheit an sich noch gegen bestimmte Meinungen richtet, sondern darüber hinaus, dass sich seine

---

[377] Zum Verbot einer Versammlung am durch das Landesfeiertagsgesetz besonders geschützten Volkstrauertag OVG Koblenz NVwZ-RR 2014, 641 (641 f.).

[378] Im Zusammenhang mit rechtsextremistischen Versammlungen von herausgehobener Bedeutung ist § 130 Abs. 4 StGB. Zwar knüpft dieser Straftatbestand an eine bestimmte Meinung an. Die Regelung kann aber wegen des auf den Ehrenschutz bezogenen Tatbestandsmerkmals „in einer die Würde der Opfer verletzenden Weise" als verhältnismäßige Beschränkung der Meinungsfreiheit über die Ehrenschutzschranke in Art. 5 Abs. 2 GG gerechtfertigt werden (→ § 19 Rn. 48).

[379] Zum Begriff der öffentlichen Sicherheit *Schenke* PolR Rn. 53 ff.

[380] S. nur *Kingreen/Poscher* PolR § 7 Rn. 42 ff.

[381] So *Enders/Hoffmann-Riem/Poscher/Kniesel/Schulze-Fielitz,* Musterentwurf eines Versammlungsgesetzes, 2011, 8, wo insbesondere auf das Vermummungs-, das Schutzausrüstungs- und das Militanzverbot hingewiesen wird; ähnlich AH-Drs. 18/2764, 21: „Das Versammlungsfreiheitsgesetz verzichtet durchgehend auf das umstrittene Schutzgut der öffentlichen Ordnung und vertypt die wichtigsten Anwendungsfälle […] in normenklarer Form." Ansatzweise verfolgt auch das Versammlungsgesetz des Bundes diesen Weg, wenn es in § 15 Abs. 2 VersammlG den Umgang mit rechtsextremistischen Versammlungen an problematischen Orten besonders regelt (→ Rn. 87).

[382] Zum Begriff der öffentlichen Ordnung *Schenke* PolR Rn. 62 ff.

[383] S. insbesondere OVG Münster NJW 2001, 2111; OVG Münster NJW 2001, 2113; OVG Münster NJW 2001, 2114; dazu *Battis/Grigoleit* NJW 2001, 2051.

Anwendung im Einzelfall nicht in diese Richtung auswirkt.[384] Dies verbietet eine Auslegung des § 15 Abs. 1 VersammlG, die die Beschränkung oder das Verbot eines bestimmten Verhaltens gerade wegen des Inhalts der damit zum Ausdruck gebrachten Meinung ermöglicht. Dementsprechend können eine Versammlungsbeschränkung und ein Versammlungsverbot nicht allein mit der Gefährdung der öffentlichen Ordnung durch den Inhalt einer zu erwartenden Meinungsäußerung begründet werden.[385] Erst wenn dieser Inhalt die Grenze zur Strafbarkeit überschreitet und also die öffentliche Sicherheit gefährdet, kann die Versammlung beschränkt oder verboten werden.[386] Eine Versammlungsbeschränkung und ein Versammlungsverbot zugunsten des Schutzguts der öffentlichen Ordnung sind danach nur (ausnahmsweise)[387] zulässig, wenn sie sich nicht auf den Inhalt, sondern auf die **Art und Weise der Meinungsäußerung** beziehen, mithin der Verhinderung provokativer, aggressiver und einschüchternder Versammlungen gelten, durch die ein Klima der Gewaltbereitschaft erzeugt werden soll.[388] In Betracht kommen eine Versammlungsbeschränkung und ein Versammlungsverbot zugunsten des Schutzguts der öffentlichen Ordnung danach insbesondere, wenn Rechtsextremisten einen Aufzug an einem speziell der Erinnerung an das Unrecht des Nationalsozialismus und den Holocaust dienenden Feiertag so durchführen, dass von seiner Art und Weise Provokationen ausgehen, die das sittliche Empfinden der Bürgerinnen und Bürger erheblich beeinträchtigen, oder wenn ein Aufzug sich durch sein Gesamtgepräge mit den Riten und Symbolen der nationalsozialistischen Gewaltherrschaft identifiziert und durch Wachrufen der Schrecken des vergangenen totalitären und unmenschlichen Regimes andere Bürger einschüchtert.[389]

c) Insbesondere: § 15 Abs. 2 VersammlG. Mit Blick auf den bis dahin nicht besonders 87
geregelten und unter § 15 Abs. 1 VersammlG schwierigen (→ Rn. 86) Umgang mit **rechtsextremistischen Versammlungen** wird § 15 Abs. 1 VersammlG seit 2005 durch § 15 Abs. 2 VersammlG ergänzt. Nach Satz 1 dieser Vorschrift kann „[e]ine Versammlung oder ein Aufzug […] insbesondere verboten oder von bestimmten Auflagen abhängig gemacht [das heißt: beschränkt (→ Rn. 84)] werden, wenn […] die Versammlung oder der Aufzug an einem Ort stattfindet, der als Gedenkstätte von historisch herausragender, überregionaler Bedeutung an die Opfer der menschenunwürdigen Behandlung unter der nationalsozialistischen Gewalt- und Willkürherrschaft erinnert, und […] nach den zur Zeit des Erlasses der Verfügung konkret feststellbaren Umständen zu besorgen ist, dass durch die Versammlung oder den Aufzug die Würde der Opfer beeinträchtigt wird“. § 15 Abs. 2 S. 2 VersammlG nennt als einen entsprechenden Ort das Denkmal für die ermordeten Juden Europas in Berlin. Weitere Orte können gem. § 15 Abs. 2 S. 4 VersammlG durch Landesgesetz bestimmt werden (→ Rn. 69). **Weitergehende Befugnisse** zur Beschrän-

---

[384] BVerfGE 111, 147 (155) – NPD-Kundgebung.

[385] BVerfGE 111, 147 (154 ff.) – NPD-Kundgebung.

[386] BVerfGE 111, 147 (156) – NPD-Kundgebung. An Art. 5 Abs. 1 S. 1 und Abs. 2 GG zu messen ist dann das gegen eine bestimmte Meinung gerichtete Strafgesetz.

[387] BVerfGE 69, 315 (353) – Brokdorf.

[388] BVerfGE 111, 147 (157) – NPD-Kundgebung; dem folgend BVerwG NVwZ 2014, 883 (884). Ob das Bundesverfassungsgericht im Lichte seines Wunsiedel-Beschlusses an dieser (an sich gefestigten) Rechtsprechung festhalten wird, ist offen: Anerkennt man nämlich mit BVerfGE 124, 300 (327 ff.) – Wunsiedel, vom Erfordernis der Allgemeinheit meinungsbeschränkender Gesetze eine Ausnahme zugunsten von Bestimmungen, die der Gutheißung der nationalsozialistischen Gewalt- und Willkürherrschaft Grenzen setzen, schlägt dies auch auf die Auslegung und Anwendung des § 15 Abs. 1 VersammlG durch, der dann das Verbot eines bestimmten Verhaltens auch trägt, wenn es ausschließlich mit der inhaltlichen Affirmation der nationalsozialistischen Gewalt- und Willkürherrschaft begründet wird; anders aber OVG Saarlouis Beschl. v. 18.6.2015 – 1 A 330/14, BeckRS 2015, 47532.

[389] Die Rechtsprechung zusammenfassend BVerfGK NVwZ 2008, 671 (673 f.); restriktiv BVerwG NVwZ 2014, 883 (884 ff.): Es genügt nicht, dass die Durchführung einer Versammlung am Holocaust-Gedenktag in einem beliebigen Sinne als dem Gedenken zuwiderlaufend zu beurteilen ist. Erforderlich ist vielmehr die Feststellung, dass von der konkreten Art und Weise der Versammlung Provokationen ausgehen, die das sittliche Empfinden der Bürger erheblich beeinträchtigen.

kung rechtsextremistischer Versammlungen sieht das Versammlungsgesetz des Bundes nicht vor. Der Ball liegt insoweit seit der Föderalismusreform I im Feld der Länder, die bislang erst teilweise tätig geworden sind. Tatsächlich enthalten die vorliegenden Landesversammlungsgesetze überwiegend spezielle Vorschriften für die Beschränkung rechtsextremistischer Versammlungen, die über das Versammlungsgesetz des Bundes hinausgehen und dabei insbesondere auf den Schutz auch symbolkräftiger Tage zielen.[390]

88 **d) Ermessen, Verhältnismäßigkeit, Adressat.** Besteht nach Maßgabe der §§ 5 und 15 VersammlG eine Grundlage für die Beschränkung oder das Verbot einer Versammlung, muss diese **ermessensfehlerfrei** angewendet werden. Anwendung finden die allgemeinen verwaltungsrechtlichen Grundsätze. Entsprechendes gilt für den **Grundsatz der Verhältnismäßigkeit.** Dabei ist zweierlei zu beachten: Zum einen muss die Bedeutung der betroffenen Grundrechte – stets die Versammlungsfreiheit, häufig auch die Meinungsfreiheit – bei Auslegung und Anwendung der Befugnisnormen iSd Wechselwirkungslehre[391] hinreichend gewürdigt werden.[392] Zum anderen muss stets die mildeste Maßnahme zur Zweckerreichung getroffen werden, so dass gegenüber einem Verbot eine weniger einschneidende bloße Beschränkung der Versammlung (etwa: ihre zeitliche oder örtliche Verlegung) Vorrang verdient, wenn sie in gleichem Maße geeignet ist, um den von der Versammlung ausgehenden Gefahren zu begegnen. **Adressat** von Versammlungsbeschränkungen und -verboten schließlich ist der Verursacher der Gefahr, mithin der „Störer" im allgemeinen gefahrenabwehrrechtlichen Sinne. In der Regel wird dies der Veranstalter der Versammlung sein (zum Begriff → Rn. 80).

89 **e) Insbesondere: Gegenversammlungen.** Besondere Probleme bereiten Fälle, in denen die Gefahr nicht von der Versammlung, sondern erst von einer Gegenversammlung ausgeht. Grundsätzlich sind beschränkende Verfügungen hier gegen die störende Gegenversammlung zu richten. Auch über die **Figur des „Zweckveranlassers"**, auf deren Grundlage unter bestimmten Voraussetzungen Personen als Störer behandelt werden können, die nicht unmittelbar selbst stören, sondern durch ihr Verhalten Dritte zu Störungen veranlassen, darf eine friedliche Versammlung nach der Rechtsprechung des Bundesverfassungsgerichts nur in Anspruch genommen werden, wenn besondere, über die inhaltliche Ausrichtung der Veranstaltung hinausgehende provokative Begleitumstände vorliegen.[393] Andernfalls ließe sich die Versammlungsfreiheit leicht außer Kraft setzen. Auch eine **Inanspruchnahme als Nichtstörer** kommt daher (entsprechend allgemeinen gefahrenabwehrrechtlichen Grundsätzen) nur in Betracht, wenn die Gefahr nicht auf andere Weise –

[390] S. exemplarisch Art. 15 Abs. 2 BayVersG: „Die zuständige Behörde kann eine Versammlung insbesondere dann beschränken oder verbieten, wenn nach den zur Zeit des Erlasses der Verfügung erkennbaren Umständen […] durch die Versammlung die nationalsozialistische Gewalt- und Willkürherrschaft gebilligt, verherrlicht, gerechtfertigt oder verharmlost wird, auch durch das Gedenken an führende Repräsentanten des Nationalsozialismus, und dadurch die unmittelbare Gefahr einer Beeinträchtigung der Würde der Opfer besteht"; ferner etwa § 14 Abs. 2 VersFG BE und § 8 Abs. 4 NVersG. Nur auf symbolkräftige Tage – nämlich den 27.1. und den 9.11. – bezieht sich § 13 Abs. 4 VersFG SH.

[391] Die Wechselwirkungslehre ist im Zusammenhang mit der Schranke der allgemeinen Gesetze in Art. 5 Abs. 2 GG entwickelt worden, Sachs/*Bethge* GG Art. 5 Rn. 145, der Sache nach aber nichts anderes als eine Ausprägung des Verhältnismäßigkeitsgrundsatzes. Sie findet dementsprechend bei der Anwendung grundrechtsbeschränkender Gesetze universal Anwendung, Sachs/*Bethge* GG Art. 5 Rn. 146; s. auch BVerfGE 114, 339 (349f.) – Mehrdeutige Meinungsäußerungen; zur Übertragung auf Art. 8 GG etwa BVerfGK EuGRZ 2008, 769 (771).

[392] Dazu für § 130 Abs. 4 StGB *Schoch* JK 4/09, GG Art. 5 I 1/40: „Werden Deutungen einer Meinungsäußerung vorgenommen, die zur Strafbarkeit führen, müssen zuvor andere Deutungsmöglichkeiten der Äußerung ausgeschlossen worden sein"; s. allgemein BVerfGE 114, 339 (349f.) – Mehrdeutige Meinungsäußerungen; exemplarisch für das Verbot einer Versammlung unter dem Motto „Fremdarbeitsinvasion stoppen" VGH Mannheim NVwZ-RR 2011, 602 (602f.).

[393] BVerfGK NVwZ 2000, 1406 (1407), mit grundsätzlicher Skepsis gegenüber der Anwendung der Figur des „Zweckveranlassers" in einer Situation der versammlungsrechtlichen Konfrontation von Versammlung und Gegenversammlung; s. zum Problem auch *Schoch* Jura 2009, 360 (362).

insbesondere: durch eine Verfügung gegenüber dem Veranstalter der störenden Gegenversammlung – abgewehrt werden kann.[394] Die Schwelle ist sehr hoch, so dass insbesondere der Hinweis, bei den Teilnehmern der friedlichen Versammlung könne eher mit der Beachtung einer Versammlungsbeschränkung als bei den Teilnehmern der störenden Gegenversammlung gerechnet werden, als bloße Zweckmäßigkeitserwägung unbeachtlich ist.[395] Eine Beschränkung der nicht störenden Versammlung kommt danach erst in Betracht, wenn mit hinreichender Wahrscheinlichkeit feststeht, dass die Behörden auch bei Heranziehung aller verfügbaren – erforderlichenfalls auch: externer – Polizeikräfte zur Gewährleistung der öffentlichen Sicherheit nicht in der Lage sind.[396] Die pauschale Behauptung eines entsprechenden Notstands genügt aber nicht.[397]

f) Insbesondere: Störende Teilnehmer. Geht die Gefährdung der öffentlichen Sicherheit oder Ordnung nicht vom Veranstalter oder seinem Anhang, sondern von einzelnen Teilnehmern oder einer als Minderheit auftretenden Teilnehmergruppe aus, scheidet ein gegen den Veranstalter gerichtetes Versammlungsverbot regelmäßig aus, könnten doch andernfalls Minderheiten jede Versammlung verhindern und die Versammlungsfreiheit faktisch außer Kraft setzen.[398] Statthaft sind vielmehr zunächst, wie in § 18 Abs. 3 und § 19 Abs. 4 VersammlG vorgesehen, nur **Maßnahmen gegen die einzelnen Störer** zum Schutz der Versammlung und ihrer Teilnehmer (ergänzend sowie zur Rechtslage bei öffentlichen Versammlungen in geschlossenen Räumen → Rn. 82). Nur in Ausnahmefällen kann unter den Voraussetzungen der Nichtstörerhaftung (→ Rn. 89) gegen die Versammlung insgesamt vorgegangen werden.[399] 90

g) Rechtsschutz. Angegriffen werden können Versammlungsbeschränkungen und -verbote als Verwaltungsakte iSd § 35 S. 1 VwVfG mit **Widerspruch und Anfechtungsklage.**[400] Diese haben grundsätzlich gem. § 80 Abs. 1 S. 1 VwGO aufschiebende Wirkung. In der Regel ordnet die Behörde allerdings gem. § 80 Abs. 2 S. 1 Nr. 4 VwGO die sofortige Vollziehung der Beschränkung oder des Verbots an.[401] In der Folge entfällt die aufschiebende Wirkung von Widerspruch und Anfechtungsklage. Zur vorläufigen Suspendierung der versammlungsbeschränkenden Verfügung ist dann ergänzend zum Hauptsacherechtsbehelf ein **Antrag auf Wiederherstellung der aufschiebenden Wirkung** nach § 80 91

---

394 BVerfGK NVwZ-RR 2007, 641 (642); BVerfGK NVwZ-RR 2010, 625 (626 f.); BVerfGK DVBl. 2013, 367 (369).

395 BVerfGK NVwZ-RR 2007, 641 (642).

396 Zu einem solchen Fall OVG Berlin-Brandenburg Urt. v. 20.11.2008 – 1 B 5.06, juris Rn. 36: Beseitigung der die öffentliche Sicherheit gefährdenden Blockade einer ihrerseits friedlichen Versammlung ohne extreme Gewalt „undurchführbar"; s. auch BVerfGK NVwZ-RR 2010, 625 (626 f.); BVerfGK DVBl. 2013, 367 (369); allgemein zum Problem *van der Schoot* Jura 2009, 382 (386 f.). Eine ausdrückliche Regelung der Problematik enthält § 13 Abs. 3 VersFG SH: „Geht eine unmittelbare Gefahr für die öffentliche Sicherheit von Dritten aus, sind Maßnahmen der Gefahrenabwehr gegen diese zu richten. Kann dadurch die Gefahr auch unter Heranziehung von landes- oder bundesweit verfügbaren Polizeikräften nicht abgewehrt werden, dürfen Maßnahmen […] auch zulasten der Versammlung ergriffen werden, von der die Gefahr nicht ausgeht. Ein Verbot oder die Auflösung dieser Versammlung setzt Gefahren für Leben oder Gesundheit von Personen oder für Sachgüter von erheblichem Wert voraus." Ähnlich § 20 Abs. 3 VersFG SH sowie § 14 Abs. 4 und § 22 Abs. 3 VersFG BE.

397 BVerfGK NVwZ 2006, 1049 (1050); s. auch BVerfGK NVwZ-RR 2007, 641 (642); DVBl. 2013, 367 (369). Zu den Begründungsanforderungen im Einzelnen *Beckermann* DVBl. 2019, 407.

398 BVerfGE 69, 315 (361 f.) – Brokdorf.

399 *Kniesel/Poscher* in Lisken/Denninger PolR-HdB K Rn. 350.

400 Hierzu und zum Folgenden überblicksartig auch Dürig-Friedl/Enders/*Dürig-Friedl* VersammlG Einl. Rn. 110 ff.

401 Dürig-Friedl/Enders/*Dürig-Friedl* VersammlG Einl. Rn. 113. In Bayern haben Klagen gem. § 80 Abs. 2 S. 1 Nr. 3 VwGO iVm Art. 25 BayVersG *per se* keine aufschiebende Wirkung; hier bedarf es folglich stets eines Antrags auf Anordnung der aufschiebenden Wirkung nach § 80 Abs. 5 S. 1 Alt. 1 VwGO. Entsprechendes gilt in Schleswig-Holstein gem. § 80 Abs. 2 S. 1 Nr. 3 VwGO iVm § 13 Abs. 6 S. 1 und § 20 Abs. 4 S. 3 VersFG SH für Rechtsbehelfe gegen nach Versammlungsbeginn erfolgende Versammlungsbeschränkungen und -auflösungen.

Abs. 5 S. 1 Alt. 2 VwGO im Verfahren des Eilrechtsschutzes zu stellen. Versammlungsrechtsprechung findet vor diesem Hintergrund vor allem im Eilverfahren statt.[402] Das erklärt auch, warum es vergleichsweise wenige Entscheidungen des für Beschwerden gegen erstinstanzliche Beschlüsse im Verfahren des vorläufigen Rechtsschutzes nicht zuständigen Bundesverwaltungsgerichts zum grundsätzlich revisiblen Versammlungsgesetz des Bundes gibt.

3. Versammlungsauflösung

92 Rechtsgrundlagen für die Auflösung einer bereits laufenden öffentlichen Versammlung[403] enthalten **§ 13 Abs. 1 VersammlG** (für Versammlungen in geschlossenen Räumen) und **§ 15 Abs. 3 und Abs. 4 VersammlG** (für Versammlungen unter freiem Himmel). Erneut trägt das Gesetz den unterschiedlichen verfassungsrechtlichen Vorgaben Rechnung. Für in Art. 8 GG vorbehaltlos gewährleistete öffentliche Versammlungen in geschlossenen Räumen fixiert es in § 13 Abs. 1 S. 1 VersammlG lediglich die verfassungsimmanenten Schranken (→ § 19 Rn. 46) und liefert insoweit eine Rechtsgrundlage für ihre behördliche Konkretisierung im Einzelfall durch eine Versammlungsauflösung. Öffentliche Versammlungen und Aufzüge unter freiem Himmel können gem. § 15 Abs. 3 VersammlG zunächst aufgelöst werden, „wenn sie nicht angemeldet sind, wenn von den Angaben der Anmeldung abgewichen oder den Auflagen zuwidergehandelt wird oder wenn die Voraussetzungen zu einem Verbot nach Absatz 1 oder 2 gegeben sind". Darüber hinaus ist gem. § 15 Abs. 4 VersammlG eine (behördlich oder gesetzlich) verbotene öffentliche Versammlung unter freiem Himmel aufzulösen.[404] Ein Ermessensspielraum besteht hier nicht. Keine klare Aussage trifft das Gesetz über die Möglichkeit einer **bloßen Beschränkung laufender öffentlicher Versammlungen.** Lediglich für öffentliche Versammlungen in geschlossenen Räumen findet sich in § 13 Abs. 1 S. 2 VersammlG der Hinweis, dass „[i]n den Fällen der Nummern 2 bis 4 [...] die Auflösung nur zulässig [ist], wenn andere polizeiliche Maßnahmen, insbesondere eine Unterbrechung, nicht ausreichen". Auch darüber hinaus ist aber kein Grund ersichtlich, warum vor Beginn einer Versammlung als Minusmaßnahme zum Verbot auch eine Beschränkung (→ Rn. 84), während der Versammlung aber nur eine Auflösung zulässig sein soll. Folgerichtig hält die ganz überwiegende Auffassung auch bei öffentlichen Versammlungen unter freiem Himmel neben ihrer Auflösung auch eine bloße Beschränkung für zulässig.[405] Jede Auflösungsverfügung muss, soweit der Behörde ein Ermessensspielraum eingeräumt ist, **ermessensfehlerfrei** und **verhältnismäßig** sein. Für die **Maßnahmerichtung** und den **Rechtsschutz** gelten die Ausführungen zu Versammlungsbeschränkung und Versammlungsverbot (→ Rn. 88 und 91) entsprechend.

---

[402] Zu den daraus resultierenden Anforderungen an die gerichtliche Entscheidung im Eilverfahren BVerfGK NVwZ 2011, 570 (572): „Insbesondere im Bereich des Versammlungsrechts muss das verwaltungsgerichtliche Eilverfahren angesichts der Zeitgebundenheit von Versammlungen zum Teil Schutzfunktionen übernehmen, die sonst das Hauptsacheverfahren erfüllt [...] Daher müssen die Verwaltungsgerichte zum Schutz von Versammlungen, die auf einen einmaligen Anlass bezogen sind, schon im Eilverfahren durch eine intensivere Prüfung dem Umstand Rechnung tragen, dass der Sofortvollzug der umstrittenen Maßnahme in der Regel zur endgültigen Verhinderung der Versammlung in der beabsichtigten Form führt. Soweit möglich, ist als Grundlage der gebotenen Interessenabwägung die Rechtmäßigkeit der Maßnahme in rechtlicher und tatsächlicher Hinsicht nicht nur summarisch zu prüfen [...] Sofern dies nicht möglich ist, haben die Fachgerichte jedenfalls eine sorgfältige Folgenabwägung vorzunehmen und diese hinreichend substanziiert zu begründen".

[403] Bis zum Beginn der Versammlung kommen lediglich eine Beschränkung und ein Verbot nach § 5 und § 15 Abs. 1 und Abs. 2 VersammlG in Betracht (→ Rn. 84).

[404] Für öffentliche Versammlungen in geschlossenen Räumen fehlt eine entsprechende Regelung.

[405] S. dazu Dürig-Friedl/Enders/*Dürig-Friedl* VersammlG § 15 Rn. 157 ff.; Dietel/Gintzel/Kniesel/*Kniesel* VersammlG Teil I Rn. 407 und Teil II § 15 Rn. 208 f. Die Landesversammlungsgesetze ermächtigen zum Teil ausdrücklich zu Beschränkungen unterhalb der Auflösungsschwelle, s. exemplarisch Art. 12 Abs. 2 S. 1 und Art. 15 Abs. 4 BayVersG und § 14 Abs. 1 und Abs. 2 und § 22 Abs. 1 VersFG BE.

Ist eine öffentliche Versammlung in geschlossenen Räumen aufgelöst, **müssen sich alle Teilnehmer** gem. § 13 Abs. 2 VersammlG sofort **entfernen.** Entsprechendes gilt gem. § 18 Abs. 1 VersammlG für stehende öffentliche Versammlungen unter freiem Himmel. Für Aufzüge fehlt eine entsprechende Regelung in § 19 VersammlG. Mit ihrer Auflösung entfällt aber der Schutz des Art. 8 GG und mit ihm die Sperrwirkung des Versammlungsrechts. In der Folge kann die Polizei mit Blick auf § 29 Abs. 1 Nr. 2 VersammlG, der auch für Aufzüge gilt, auf Grundlage des allgemeinen Polizeirechts einen Platzverweis aussprechen.[406] Entsprechendes empfiehlt sich unabhängig von § 13 Abs. 2 VersammlG auch für öffentliche Versammlungen in geschlossenen Räumen, weil erst der polizeiliche Platzverweis mit Mitteln des Verwaltungszwangs durchgesetzt werden kann.[407] 93

4. Anwesenheit von Polizeibeamten

Umstritten ist, ob die Anwesenheit von Polizeibeamten in einer öffentlichen Versammlung, so sie überhaupt einer gesetzlichen Grundlage bedarf, auf § 12 VersammlG gestützt werden kann, der unmittelbar nur für öffentliche Versammlungen in geschlossenen Räumen gilt, auf öffentliche Versammlungen unter freiem Himmel aber gem. § 18 Abs. 1 VersammlG entsprechende Anwendung findet. Nach der Rechtsprechung des Bundesverfassungsgerichts liegt ein **Eingriff in Art. 8 Abs. 1 GG** bereits dann vor, wenn eine Maßnahme Personen von der Teilnahme an einer Versammlung abzuschrecken geeignet ist.[408] Folgerichtig sieht der Bayerische Verwaltungsgerichtshof bereits in der bloßen Anwesenheit von Polizeibeamten in einer Versammlung stets und selbst dann einen rechtfertigungsbedürftigen Grundrechtseingriff, wenn die Anwesenheit dem Schutz der Versammlung dient.[409] Erforderlich ist folglich immer eine **hinreichend bestimmte gesetzliche Grundlage.** § 12 VersammlG sieht ein Anwesenheitsrecht nicht ausdrücklich vor. Er regelt nur die Rechte und Pflichten des Versammlungsleiters bei Anwesenheit von Polizeibeamten in der Versammlung, nicht aber die Voraussetzungen für ihre Entsendung und Anwesenheit, wie es bei einer Befugnisnorm zu erwarten wäre. Dies entspricht der Systematik des Versammlungsgesetzes des Bundes, das mit Blick auf öffentliche Versammlungen in geschlossenen Räumen in den §§ 7–12 VersammlG Rechte und Pflichten des Versammlungsleiters regelt und Eingriffsbefugnisse nur in §§ 5, 12a und 13 VersammlG einräumt. Zwar setzt § 12 VersammlG ebenso wie die an diese Bestimmung anknüpfende Bußgeldvorschrift in § 29 Abs. 1 Nr. 8 VersammlG ein Anwesenheitsrecht voraus; ohne gesetzliche Fixierung kann dieses aber die Anwesenheit von Polizeibeamten in einer Versammlung nicht tragen, schon gar nicht als voraussetzungsloses Anwesenheitsrecht.[410] Das gilt nicht nur für vorbehaltlos gewährleistete öffentliche Versammlungen in geschlossenen Räumen, bei denen ein Anwesenheitsrecht ohnehin allenfalls in den Grenzen der verfassungsimmanenten Schranken der Versammlungsfreiheit zulässig wäre, sondern auch für öffentliche Versammlungen unter freiem Himmel und Aufzüge, bei denen Art. 8 Abs. 2 GG jedenfalls eine Beschränkung „durch Gesetz oder auf Grund eines Gesetzes" verlangt.[411] Folgerichtig ist davon auszugehen, dass **§ 12 VersammlG lediglich Modalitäten für die** 94

[406] Dietel/Gintzel/Kniesel/*Kniesel* VersammlG Teil II § 19 Rn. 22; Dürig-Friedl/Enders/*Dürig-Friedl* VersammlG § 19 Rn. 8.

[407] So auch Dietel/Gintzel/Kniesel/*Kniesel* VersammlG Teil II § 13 Rn. 35; Dürig-Friedl/Enders/*Enders* VersammlG § 13 Rn. 8. Zur Zulässigkeit eines Rückgriffs auf die allgemeinen Vorschriften des Landesrechts bei der Vollstreckung einer auf Grundlage des Versammlungsgesetzes des Bundes ergangenen versammlungsrechtlichen Verfügung s. BVerwG NVwZ 2019, 1281 (1281f.).

[408] Andeutungsweise BVerfGE 65, 1 (43) – Volkszählung; entsprechend für den Tiefflug eines Tornado-Kampfflugzeugs der Bundeswehr über einem Protestcamp im Vorfeld des G8-Gipfels in Heiligendamm BVerwG NJW 2018, 716 (719ff.).

[409] VGH München BayVBl. 2009, 16 (17f.).

[410] Differenzierend *Kniesel/Poscher* in Lisken/Denninger PolR-HdB K Rn. 405ff.

[411] Insoweit anders Ott/Wächtler/Heinhold/*Heinhold* VersammlG § 12 Rn. 12: „§ 18 Abs. 1 VersG iVm § 12 VersG […] hinreichende Rechtsgrundlage".

Wahrnehmung bestehender Anwesenheitsrechte regelt,[412] der Polizei aber selbst kein Anwesenheitsrecht einräumt.[413]

95 Das Bayerische Versammlungsgesetz enthält aus diesem Grund seit 2010 in **Art. 4 Abs. 3 S. 1 BayVersG** eine **ausdrückliche Rechtsgrundlage** für die Anwesenheit von Polizeibeamten in einer Versammlung. Danach haben Polizeibeamte entsprechend der differenzierenden Schrankenregelung in Art. 8 GG (→ § 19 Rn. 46) ein Recht auf Zugang und auf einen angemessenen Platz bei öffentlichen Versammlungen unter freiem Himmel bereits, wenn dies zur polizeilichen Aufgabenerfüllung erforderlich ist, bei öffentlichen Versammlungen in geschlossenen Räumen hingegen erst, wenn tatsächliche Anhaltspunkte für die Begehung von Straftaten vorliegen oder eine erhebliche Gefahr für die öffentliche Sicherheit zu besorgen ist. Ähnliche Regelungen finden sich in **§ 11 S. 1 und § 16 S. 1 NVersG,** in **§ 10 S. 1 VersFG SH,** in **§ 11 S. 1 VersFG BE** sowie in **§ 11 Abs. 1 SächsVersG,** der aber für die Entsendung von Polizeibeamten sowohl bei öffentlichen Versammlungen in geschlossenen Räumen als auch, nämlich über § 18 Abs. 1 SächsVersG, bei öffentlichen Versammlungen unter freiem Himmel verlangt, dass „eine Gefahr für die öffentliche Sicherheit besteht oder eine solche Gefahr zu befürchten ist".[414]

5. Bild- und Tonaufnahmen

96 Das Versammlungsgesetz regelt Bild- und Tonaufnahmen in **§ 12a VersammlG** im Zusammenhang mit öffentlichen Versammlungen in geschlossenen Räumen. Für öffentliche Versammlungen unter freiem Himmel und Aufzüge verweist es in **§ 19a VersammlG** lediglich auf diese Vorschrift. Zulässig sind „Bild- und Tonaufnahmen von Teilnehmern bei oder im Zusammenhang mit öffentlichen Versammlungen" nach § 12a Abs. 1 S. 1 VersammlG, „wenn tatsächliche Anhaltspunkte die Annahme rechtfertigen, daß von ihnen erhebliche Gefahren für die öffentliche Sicherheit oder Ordnung ausgehen". Diese Regelung stößt auf verfassungsrechtliche Bedenken, weil öffentliche Versammlungen in geschlossenen Räumen in Art. 8 GG vorbehaltlos gewährleistet sind und folglich nur verfassungsimmanenten Schranken unterliegen (→ § 19 Rn. 46). Bild- und Tonaufnahmen kommen daher insoweit nur in Betracht, wenn sie durch diese Schranken gedeckt sind. Dass von einer öffentlichen Versammlung in einem geschlossenen Raum „erhebliche Gefahren für die öffentliche Sicherheit oder Ordnung ausgehen", genügt folglich für die Verkürzung der Versammlungsfreiheit durch Bild- und Tonaufnahmen[415] entgegen § 12a Abs. 1 S. 1 VersammlG noch nicht, wie ein vergleichender Blick auf die deutlich engeren Voraussetzungen für die Beschränkung, das Verbot und die Auflösung öffentlicher Versammlungen in geschlossenen Räumen in § 5 und § 13 Abs. 1 VersammlG zeigt. Der unmittelbare **Anwendungsbereich** des § 12a VersammlG ist folglich **verfassungskonform zu reduzieren,** so dass die Befugnisnorm im Ergebnis – und zwar: über § 19a VersammlG – nur für öffentliche Versammlungen unter freiem Himmel und Aufzüge von praktischer Bedeutung ist.[416]

97 „[B]ei oder im Zusammenhang mit"[417] öffentlichen Versammlungen unter freiem Himmel darf die Polizei gem. § 12a Abs. 1 S. 1 VersammlG **offene und verdeckte**[418] **Bild-**

[412] Die daraus (mangels bestehender Anwesenheitsrechte) resultierende Funktionslosigkeit der Vorschrift lässt sich mit der Entstehungsgeschichte erklären, VGH München BayVBl. 2009, 16 (17).

[413] VGH München BayVBl. 2009, 16 (17f.); ebenso Ott/Wächtler/Heinhold/*Heinhold* VersammlG § 12 Rn. 10ff.; *Brenneisen/Merk* DVBl. 2014, 901 (906).

[414] Zu den landesrechtlichen Regelungen *Brenneisen/Merk* DVBl. 2014, 901 (902ff.).

[415] Zur Eingriffsqualität, die unabhängig davon zu bejahen ist, ob Bild und Ton (nach dem sogenannten Kamera-Monitor-Prinzip) nur übertragen oder auch aufgezeichnet werden, BVerfGE 122, 342 (368f.) – Bayerisches Versammlungsgesetz; *Siegel* NVwZ 2012, 738 (739); offen BVerwGE 141, 329 (333f.), das die Eingriffsqualität nur bei einer Aufzeichnung abschließend bejaht.

[416] Zum Ganzen *Kniesel/Poscher* in Lisken/Denninger PolR-HdB K Rn. 384: „Regelungsgehalt […] unmittelbar nur für […] Versammlungen unter freiem Himmel relevant".

[417] Dazu *Kniesel/Poscher* in Lisken/Denninger PolR-HdB K Rn. 392f. § 12a Abs. 1 und § 19a VersammlG ermächtigen also auch zu Vorfeldmaßnahmen, *Trurnit* NVwZ 2012, 1079 (1080).

[418] *Kniesel/Poscher* in Lisken/Denninger PolR-HdB K Rn. 386.

und Tonaufnahmen von Teilnehmern anfertigen, „wenn tatsächliche Anhaltspunkte die Annahme rechtfertigen, daß von ihnen erhebliche Gefahren für die öffentliche Sicherheit oder Ordnung ausgehen".[419] Gemäß § 12a Abs. 1 S. 2 VersammlG ist es dabei unschädlich, wenn durch die Maßnahmen „Dritte unvermeidbar betroffen werden". Mit Blick auf den **Umgang mit angefertigten Unterlagen** sieht § 12a Abs. 2 S. 1 Nr. 1 VersammlG vor, dass diese nach dem Ende der Versammlung zu vernichten sind, soweit sie nicht für die Verfolgung von Straftaten von Versammlungsteilnehmern benötigt werden. Darüber hinaus dürfen die Unterlagen gem. § 12a Abs. 2 S. 1 Nr. 2 VersammlG zur Gefahrenabwehr aufbewahrt werden, wenn „die betroffene Person verdächtigt ist, Straftaten bei oder im Zusammenhang mit der öffentlichen Versammlung vorbereitet oder begangen zu haben, und deshalb zu besorgen ist, daß von ihr erhebliche Gefahren für künftige öffentliche Versammlungen oder Aufzüge ausgehen". In diesem Fall sind die Unterlagen gem. § 12a Abs. 2 S. 2 VersammlG spätestens nach Ablauf von drei Jahren zu vernichten, wenn sie nicht inzwischen zu dem in § 12a Abs. 2 S. 1 Nr. 1 VersammlG genannten Zweck verwendet worden sind.

Die Befugnisse zur Erhebung personenbezogener Informationen nach Maßgabe der 98
Strafprozessordnung und des **Gesetzes über Ordnungswidrigkeiten** bleiben gem. § 12a Abs. 3 VersammlG unberührt. Verdrängt werden hingegen die Befugnisse für eine Datenerhebung bei öffentlichen Veranstaltungen und Ansammlungen sowie an besonders gefährdeten Objekten in den **Polizeigesetzen der Länder;**[420] auch insoweit ist das Versammlungsrecht in seinem Anwendungsbereich „polizeifest".[421]

6. Sonstige Befugnisse

Gemäß **§ 18 Abs. 3** und **§ 19 Abs. 4 VersammlG** ist die Polizei befugt, Teilnehmer, 99
welche die Ordnung gröblich stören, von einer öffentlichen Versammlung unter freiem Himmel oder einem Aufzug auszuschließen (→ Rn. 82 und 90; ebenda auch zur Rechtslage bei öffentlichen Versammlungen in geschlossenen Räumen). Hinzuweisen ist ferner auf **§ 18 Abs. 2 S. 1 VersammlG,** der die Verwendung von Ordnern von einer polizeilichen Genehmigung abhängig macht. Anforderungen an Ordner enthält § 9 Abs. 1 VersammlG, auf den § 18 Abs. 1 und § 19 Abs. 1 VersammlG für öffentliche Versammlungen unter freiem Himmel und Aufzüge verweisen.

VI. Straf- und Bußgeldvorschriften

Die **Strafvorschriften** in den **§§ 21–28 VersammlG** schützen einerseits die Durchfüh- 100
rung nicht verbotener Versammlungen (insbesondere: §§ 21 und 22 VersammlG) und bedrohen andererseits Zuwiderhandlungen gegen Versammlungsverbote, -beschränkungen und -auflösungen (insbesondere: §§ 23, 25 und 26 VersammlG) sowie die Verletzung bestimmter bei Durchführung nicht verbotener Versammlungen bestehender gesetzlicher Verbote wie des Uniformverbots in § 3 VersammlG und des Schutzwaffen- und Vermummungsverbots in § 17a VersammlG (insbesondere: §§ 24, 27 und 28 VersammlG) mit Strafe. **§§ 29 und 29a VersammlG** enthalten ergänzende **Bußgeldvorschriften,** § 30 VersammlG eine Befugnis zur Einziehung von Gegenständen, auf die sich eine Straftat

[419] Angezeigt ist dabei mit Blick auf die abschreckende Wirkung von Bild- und Tonaufnahmen eine strenge Verhältnismäßigkeitsprüfung, BVerfGE 69, 315 (349) – Brokdorf; im Einzelnen *Siegel* NVwZ 2012, 738 (740 ff.); zu den verfassungsrechtlichen Anforderungen an (nach heutigem Stand der Technik personenbezogenen Bildaufnahmen gleichstehende) Übersichtsaufnahmen und ihre Aufzeichnung BVerfGE 122, 342 (368 ff.) – Bayerisches Versammlungsgesetz; insbesondere zum Erfordernis einer gesetzlichen Grundlage OVG Koblenz NVwZ-RR 2015, 570 (572 f.); OVG Lüneburg NVwZ-RR 2016, 98 (99 f.); s. zum Ganzen auch *Neskovic/Uhlig* NVwZ 2014, 335 (336 ff.). Zum Rechtsschutz gegen Bild- und Tonaufnahmen Ott/Wächtler/Heinhold/*Heinhold* VersammlG § 12a Rn. 23.

[420] Exemplarisch für Bayern Art. 32 PAG.

[421] *Kingreen/Poscher* PolR § 13 Rn. 97.

nach § 27 oder § 28 VersammlG oder eine Ordnungswidrigkeit nach § 29 Abs. 1 Nr. 1a oder Nr. 3 VersammlG bezieht.

D. Sonstige Vorschriften

I. Parteienrecht

1. Gesetz über die politischen Parteien

101 Das Recht der politischen Parteien, die ihrer Rechtsnatur nach (ganz überwiegend nicht eingetragene und daher nicht rechtsfähige) Vereine bürgerlichen Rechts sind,[422] ist im Wesentlichen im Gesetz über die politischen Parteien (Parteiengesetz) vom 24.7.1967 geregelt.[423] Grundlage ist Art. 21 Abs. 5 GG, der neben einer ausschließlichen Gesetzgebungskompetenz des Bundes einen entsprechenden Gesetzgebungsauftrag enthält (→ § 19 Rn. 49). Das Parteiengesetz ist kein „Vereinsgesetz für die politischen Parteien". Anders als das Vereinsgesetz regelt es nicht die Beschränkung der Parteienfreiheit durch Parteiverbote (dazu → Rn. 102 ff.),[424] sondern stellt vielmehr einen **einfachgesetzlichen Rahmen für die Realisierung der Parteienfreiheit** in der Parteiendemokratie zur Verfügung und entspricht damit seinem Zweck nach eher dem privaten Vereinsrecht.[425] So enthält es neben Bestimmungen über die verfassungsrechtliche Stellung und die verfassungsrechtlichen Aufgaben (§ 1 ParteiG),[426] die Aktiv- und Passivlegitimation (§ 3 ParteiG) und den Namen der politischen Parteien (§ 4 ParteiG) einen einfachgesetzlichen Anspruch auf Gleichbehandlung gegenüber Trägern öffentlicher Gewalt (§ 5 ParteiG), Vorschriften über die innere Ordnung der Parteien (§§ 6–16 ParteiG),[427] ihre staatliche Finanzierung (§§ 18–22 ParteiG),[428] die Aufstellung von Wahlbewerbern (§ 17 ParteiG) und die Rechenschaftslegung (§§ 23–31 ParteiG). Ergänzende Regelungen enthalten das private Vereinsrecht, das Wahlrecht, das Parlamentsrecht, das Steuerrecht und das Prozessrecht.[429]

101a Auch auf europäischer Ebene tragen die politischen Parteien gem. Art. 10 Abs. 4 EUV „zur Herausbildung eines europäischen politischen Bewusstseins und zum Ausdruck des

---

[422] *Morlok/Michael,* Staatsorganisationsrecht, 5. Aufl. 2021, Rn. 251, 254.

[423] In der Fassung der Bekanntmachung v. 31.1.1994 (BGBl. I 149), zuletzt geändert durch Art. 13 der Elften Zuständigkeitsanpassungsverordnung v. 19.6.2020 (BGBl. I 1328); zu Entstehung, Gesetzgebungsgeschichte und Änderungen Kersten/Rixen/*Rixen* PartG Einl. Rn. 41 f. und 43 ff.

[424] Zu diesem beschränkten Regelungsgehalt des Vereinsgesetzes BT-Drs. IV/430, 8.

[425] S. auch *Morlok/Michael,* Staatsorganisationsrecht, 5. Aufl. 2021, Rn. 254 f.: Überlagerung der §§ 21 ff. BGB, die grundsätzlich anwendbar sind, durch das Parteiengesetz, das daher „besonderes [präzisierend zu ergänzen ist: privates] Vereinsrecht" enthält.

[426] Vertiefend *Morlok/Michael,* Staatsorganisationsrecht, 5. Aufl. 2021, Rn. 251 ff.

[427] Zum Parteiausschluss nach § 10 Abs. 4 ParteiG KG Berlin DVBl. 2014, 259; zu dieser Entscheidung sowie allgemein zum Parteiausschluss *Ullrich* JZ 2014, 1084.

[428] Vertiefend zur staatlichen Parteienfinanzierung, die erfolgsabhängig erfolgt und Obergrenzen unterliegt, *Morlok/Michael,* Staatsorganisationsrecht, 5. Aufl. 2021, Rn. 275 ff. Die private Parteienfinanzierung durch Mitgliedsbeiträge und Spenden ist demgegenüber grundsätzlich unbegrenzt. Das Parteienrecht setzt – abgesehen von punktuellen Spendenannahmeverboten in § 25 Abs. 2 ParteiG – vielmehr auf Regulierung durch Transparenz, wenn es in § 25 Abs. 3 S. 1 ParteiG verlangt, dass „Spenden, Mitgliedsbeiträge und Mandatsträgerbeiträge an eine Partei oder einen oder mehrere ihrer Gebietsverbände, deren Gesamtwert in einem Kalenderjahr […] 10.000 Euro übersteigt, […] unter Angabe des Namens und der Anschrift des Zuwenders sowie der Gesamthöhe der Zuwendung im Rechenschaftsbericht zu verzeichnen [sind]", und in § 25 Abs. 3 S. 2 ParteiG für „Spenden, die im Einzelfall die Höhe von 50.000 Euro übersteigen", verlangt, dass sie dem Präsidenten des Deutschen Bundestages, der die Zuwendung sodann gem. § 25 Abs. 3 S. 3 ParteiG unter Angabe des Zuwenders zeitnah als Bundestagsdrucksache veröffentlicht, unverzüglich angezeigt werden. Verstöße gegen diese Transparenzpflichten führen (wie auch Verstöße gegen die Spendenannahmeverbote in § 25 Abs. 2 ParteiG) nach § 31c S. 1 und S. 2 ParteiG zu erheblichen Strafzahlungen. Der Präsident des Deutschen Bundestages stellt die Verpflichtung der Partei zur Zahlung gem. § 31c S. 3 ParteiG durch Verwaltungsakt fest.

[429] Überblick bei *Morlok* Einleitung Rn. 2.

Willens der Bürgerinnen und Bürger der Union bei".[430] Die **sekundärrechtliche „Konstituierung"**[431] **der politischen Parteien auf europäischer Ebene** erfolgt auf Grundlage von Art. 224 AEUV durch die Verordnung (EU, Euratom) Nr. 1141/2014 des Europäischen Parlaments und des Rates vom 22.10.2014 über das Statut und die Finanzierung europäischer politischer Parteien und europäischer politischer Stiftungen.[432] Die Verordnung, die mit Inkrafttreten am 1.1.2017 an die Stelle der bis dahin geltenden Verordnung (EG) Nr. 2004/2003 des Europäischen Parlaments und des Rates vom 4.11.2003 über die Regelungen für die politischen Parteien auf europäischer Ebene und ihre Finanzierung[433] getreten ist, regelt nunmehr in Art. 10 auch die Möglichkeit einer Löschung politischer Parteien aus dem Register europäischer politischer Parteien und europäischer politischer Stiftungen und enthält damit „nichts weniger als ein […] europäisches Parteiverbotsverfahren".[434] Voraussetzung ist, wie sich aus Art. 10 Abs. 3 UAbs. 5 S. 1 iVm Art. 3 Abs. 1 Buchst. c VO (EU, Euratom) Nr. 1141/2014 ergibt, ein offensichtlicher und schwerwiegender Verstoß des Programms oder der Tätigkeit der politischen Partei gegen die Werte, auf die sich die Europäische Union gem. Art. 2 EUV gründet.

2. Insbesondere: Parteiverbote

a) Feststellung eines verfassungsunmittelbaren Verbots. Art. 21 Abs. 2 GG, der 102
„Parteien, die nach ihren Zielen oder nach dem Verhalten ihrer Anhänger darauf ausgehen, die freiheitliche demokratische Grundordnung zu beeinträchtigen oder zu beseitigen oder den Bestand der Bundesrepublik Deutschland zu gefährden", für verfassungswidrig erklärt, wird anders als Art. 9 Abs. 2 GG (→ Rn. 11 und → § 19 Rn. 21) nicht als Gesetzesvorbehalt, sondern als **verfassungsunmittelbares Verbot bestimmter politischer Parteien**[435] gelesen.[436] Folgerichtig bedarf ein Parteiverbot auch keiner behördlichen Verbotsverfügung in einem Verwaltungsverfahren. Vielmehr stellt gem. Art. 21 Abs. 4 GG iVm § 46 Abs. 1 BVerfGG das Bundesverfassungsgericht fest, dass die politische Partei gem. Art. 21 Abs. 2 GG verfassungswidrig ist.[437] Nicht zulässig ist hingegen mangels eines entsprechenden verfassungsgerichtlichen Verfahrens der Antrag einer politischen Partei auf Feststellung ihrer Verfassungskonformität durch das Bundesverfassungsgericht, ohne dass dies zu einer verfassungsrechtlich nicht hinnehmbaren Rechtsschutzlücke führt.[438]

---

[430] Im Einzelnen Kersten/Rixen/*Kersten* EGV Art. 191 Rn. 44ff.; Calliess/Ruffert/*Kluth* AEUV Art. 224 Rn. 2ff.; Calliess/Ruffert/*Ruffert* EUV Art. 10 Rn. 14ff.; s. zum europäischen Parteienrecht ferner etwa *Damm* ZParl 1999, 395; *Huber* EuR 1999, 579; *Shirvani* S. 486ff.

[431] Zum Begriff Kersten/Rixen/*Kersten* EGV Art. 191 Rn. 44.

[432] ABl. 2014 L 317, 1, zuletzt geändert durch Verordnung (EU, Euratom) Nr. 2019/493 des Europäischen Parlaments und des Rates v. 25.3.2019 zur Änderung der Verordnung (EU, Euratom) Nr. 1141/2014 im Hinblick auf ein Überprüfungsverfahren für im Zusammenhang mit Wahlen zum Europäischen Parlament begangene Verstöße gegen Vorschriften zum Schutz personenbezogener Daten (ABl. 2019 L 85 I 7).

[433] ABl. 2003 L 297, 1, geändert durch Verordnung (EG) Nr. 1524/2007 des Europäischen Parlaments und des Rates v. 18.12.2007 zur Änderung der Verordnung (EG) Nr. 2004/2003 über die Regelungen für die politischen Parteien auf europäischer Ebene und ihre Finanzierung (ABl. 2007 L 343, 5).

[434] So zutreffend *Schorkopf* EuR 2016, 147 (154).

[435] Auch wenn der Begriff des „Verbots" in Art. 21 Abs. 2 GG aus historischen Gründen vermieden wird, handelt es sich der Sache nach doch um ein solches. Folgerichtig wird auch das Verfahren nach Art. 21 Abs. 4 GG iVm §§ 43–47 BVerfGG zutreffend als „Verbotsverfahren" bezeichnet, Sachs/*Ipsen* GG Art. 21 Rn. 173.

[436] Sachs/*Ipsen* GG Art. 21 Rn. 169.

[437] Kehrseite der verfassungs- wie einfachgesetzlich vorgesehenen Feststellungsbedürftigkeit der Verfassungswidrigkeit einer Partei ist das bis zu diesem Zeitpunkt bestehende „Parteienprivileg" (→ § 19 Rn. 34). Allgemein zum Parteiverbotsverfahren und dessen „Dilemmata" *Volkmann* DÖV 2007, 577; *ders.* JZ 2010, 209 (210f.); monographisch *Gelberg*, Das Parteiverbotsverfahren nach Art. 21 Abs. 2 GG am Beispiel des NPD-Verbotsverfahrens, 2009; zu den europarechtlichen Direktiven für nationale Parteiverbote *Hatje* DVBl. 2005, 261 (268), der schlussfolgert, dass die Mitgliedstaaten für Parteiverbote zuständig sind, dabei aber den Grundsatz der Loyalität zu beachten haben.

[438] BVerfGE 133, 100 (106ff.); ebenso schon *Hufen/Kumpf* DVBl. 2013, 417; *Windoffer* DÖV 2013, 151.

103 **b) Tatbestand und Rechtsfolge des Parteiverbots.** Inhaltlich maßgeblich für die Feststellung der **Verfassungswidrigkeit einer politischen Partei** ist gem. Art. 21 Abs. 2 GG, ob diese „nach ihren Zielen oder nach dem Verhalten ihrer Anhänger darauf ausgeh[t], die freiheitliche demokratische Grundordnung zu beeinträchtigen oder zu beseitigen oder den Bestand der Bundesrepublik Deutschland zu gefährden".[439] Umstritten ist insoweit, ob selbst für den Fall, dass eine Partei diese Voraussetzungen des Verbotstatbestands erfüllt, der Eintritt der Rechtsfolge „Verfassungswidrigkeit" unter einer Art **„Verhältnismäßigkeitsvorbehalt"** steht.[440] Die überwiegende Auffassung lehnt das mit Blick auf den eindeutigen Wortlaut des Art. 21 Abs. 2 GG ab. Auch das Bundesverfassungsgericht hat einer gesonderten Anwendung des Verhältnismäßigkeitsgrundsatzes im Parteiverbotsverfahren eine Absage erteilt.[441] Geboten sei aber eine restriktive Auslegung der einzelnen Verbotsvoraussetzungen, „die dem Regel-Ausnahme-Verhältnis zwischen der Parteienfreiheit des Art. 21 Abs. 1 GG und dem Parteiverbot des Art. 21 Abs. 2 GG Rechnung trägt".[442] Ausdruck findet das vor allem bei der Verbotsvoraussetzung des „Ausgehens" auf eine Beeinträchtigung oder Beseitigung der freiheitlichen demokratischen Grundordnung. Das Bundesverfassungsgericht verlangt insoweit zwar keine konkrete Gefahr für die durch Art. 21 Abs. 2 GG geschützten Rechtsgüter. Weil Art. 21 Abs. 2 GG kein Gesinnungs- oder Weltanschauungs-, sondern ein Organisationsverbot beinhalte, bedürfe es aber doch immerhin „konkreter Anhaltspunkte von Gewicht, die einen Erfolg des gegen die freiheitliche demokratische Grundordnung oder den Bestand der Bundesrepublik Deutschland gerichteten Handelns zumindest möglich erscheinen lassen".[443] In dieser Auslegung ist der Verbotstatbestand des Art. 21 Abs. 2 GG auch mit den Vorgaben der Europäischen Menschenrechtskonvention für Verbote politischer Parteien vereinbar (→ § 19 Rn. 60 und 61).

104 **c) Bundesverfassungsgerichtliches Verbotsverfahren.** Das Verbotsverfahren, in dem die Verfassungswidrigkeit einer Partei durch das Bundesverfassungsgericht festgestellt wird, regeln die **§§ 43–47 BVerfGG.** Antragsberechtigt sind gem. § 43 Abs. 1 S. 1 BVerfGG der Bundestag, der Bundesrat und die Bundesregierung.[444] Gemäß § 43 Abs. 2 BVerfGG kann ferner eine Landesregierung einen Antrag auf Entscheidung über die Verfassungswidrigkeit einer Partei stellen, wenn sich deren Organisation auf das Gebiet ihres Landes beschränkt. Mit Blick auf das Verfahren sind das **„Vorverfahren"** und die **„Verhandlung"** zu unterscheiden. Im Vorverfahren nach § 45 BVerfGG hört das Bundesverfassungsgericht die Vertretungsberechtigten der Partei an und beschließt dann, ob der Antrag als unzulässig oder als nicht hinreichend begründet zurückzuweisen oder ob eine Verhandlung iSd §§ 25 ff. BVerfGG durchzuführen ist. Kommt das Bundesverfassungsgericht in dieser Verhandlung zu der Überzeugung, dass die politische Partei iSv Art. 21 Abs. 2 GG verfassungswidrig ist, stellt es in seiner **Entscheidung** gem. § 46 Abs. 1 BVerfGG die Verfassungswidrigkeit der Partei fest. Die Feststellung kann gem. § 46 Abs. 2 BVerfGG auf einen rechtlich oder organisatorisch selbständigen Teil der Partei beschränkt werden. Nebenentscheidungen zur Feststellung der Verfassungswidrigkeit sind ähnlich wie beim behördli-

---

[439] Ausführlich zu den einzelnen Voraussetzungen BVerfGE 144, 20 (202 ff.) – Nationaldemokratische Partei Deutschlands II.

[440] In diese Richtung insbesondere *Maurer* AöR 96 (1971), 203 (229); aus jüngerer Zeit *Alter* AöR 140 (2015), 571 (591 ff.); *Kloepfer* NJW 2016, 3003 (3006 f.); *Shirvani* JZ 2014, 1074 (1079 ff.).

[441] BVerfGE 144, 20 (230 ff.) – Nationaldemokratische Partei Deutschlands II.

[442] BVerfGE 144, 20 (200) – Nationaldemokratische Partei Deutschlands II.

[443] BVerfGE 144, 20 (219 und 224 ff.) – Nationaldemokratische Partei Deutschlands II.

[444] Umstritten ist, ob (und inwieweit) den antragsberechtigten Organen ein Ermessen zusteht oder ob sie bei Vorliegen der Voraussetzungen des Art. 21 Abs. 2 GG zur Antragstellung verpflichtet sind; s. dazu Sachs/*Ipsen* GG Art. 21 Rn. 175 ff. Gerade mit Blick auf das gescheiterte NPD-Verbotsverfahren und dessen politische Folgen muss den antragsberechtigten Organen auch bei Vorliegen der Voraussetzungen des Art. 21 Abs. 2 GG jedenfalls ein gewisser politischer Beurteilungsspielraum zur Verfügung stehen; ebenso *Volkmann* JZ 2010, 209 (210); *Ingold,* Das Recht der Oppositionen, 2015, S. 500 f.; ebenso wohl auch BVerfGE 133, 100 (110). Zur Frage einer unionsrechtlich induzierten Ermessensreduzierung auf Null *Hatje* DVBl. 2005, 261 (266 f.).

chen Vereinsverbot (→ Rn. 38 und 54) die Auflösung der Partei (oder eines selbständigen Teils der Partei) sowie das Verbot, eine Ersatzorganisation zu schaffen (§ 46 Abs. 3 S. 1 BVerfGG). Das Bundesverfassungsgericht kann auch die Einziehung des Vermögens der Partei oder eines selbständigen Teils der Partei zugunsten des Bundes oder des Landes zu gemeinnützigen Zwecken aussprechen (§ 46 Abs. 3 S. 2 BVerfGG). Anders als bei den meisten Entscheidungen des Bundesverfassungsgerichts bedürfen „dem Antragsgegner nachteilige Entscheidung[en]" im Parteiverbotsverfahren gem. § 15 Abs. 4 S. 1 BVerfGG einer Mehrheit von zwei Dritteln der Mitglieder des zuständigen Senats. Kommt diese Mehrheit nicht zustande, ist der Antrag auf Feststellung der Verfassungswidrigkeit einer politischen Partei abzulehnen. Wiederholt werden kann er in diesem Fall gem. § 47 iVm § 41 BVerfGG nur, wenn er auf neue Tatsachen gestützt wird. Ist der Verbotsantrag erfolgreich, richtet sich der **Vollzug** der Entscheidung nach den **§§ 32 f. ParteiG.**[445] Beachtung verdient hier vor allem § 33 ParteiG. Nach § 33 Abs. 1 ParteiG ist es verboten, Ersatzorganisationen zu bilden, die verfassungswidrige Bestrebungen einer verbotenen Partei an deren Stelle weiter verfolgen, oder bestehende Organisationen als Ersatzorganisationen fortzuführen. Ob eine Ersatzorganisation vorliegt, entscheidet bei einer Partei, die bereits vor dem Verbot der ursprünglichen Partei bestanden hat oder im Bundestag oder in einem Landtag vertreten ist, gem. § 33 Abs. 2 ParteiG das Bundesverfassungsgericht, im Übrigen gem. § 33 Abs. 3 ParteiG iVm § 8 Abs. 2 S. 1 VereinsG die nach § 3 Abs. 2 S. 1 VereinsG zuständige Verbotsbehörde. Bereits während eines laufenden Verbotsverfahrens kann einer Partei durch eine **einstweilige Anordnung** nach § 32 BVerfGG jegliche politische Betätigung untersagt werden.[446]

Bislang hat das Bundesverfassungsgericht erst in zwei Fällen die Verfassungswidrigkeit 105
einer politischen Partei festgestellt.[447] In zwei weiteren Verfahren verneinte es bereits den Status einer politischen Partei.[448] Beide Vereinigungen wurden daraufhin auf Grundlage des Vereinsgesetzes verboten. Ein erstes Verfahren über Anträge der Bundesregierung, des Bundestages und des Bundesrates auf **Feststellung der Verfassungswidrigkeit der Nationaldemokratischen Partei Deutschlands** wurde eingestellt, weil drei der acht Richter des zuständigen Zweiten Senats in der unmittelbar vor oder während eines Parteiverbotsverfahrens stattfindenden Beobachtung einer politischen Partei durch V-Leute staatlicher Behörden, die als Mitglieder des Bundesvorstands oder eines Landesvorstands fungieren, ein nicht behebbares Verfahrenshindernis sahen.[449] Der Antrag der Nationaldemokratischen Partei Deutschlands auf Einstellung des Verfahrens konnte daher nicht mit der im Parteiverbotsverfahren erforderlichen Mehrheit von zwei Dritteln der Mitglieder des Senats abgelehnt werden.[450] Auch ein zweites Verfahren über einen Antrag des Bundesrates auf Feststellung der Verfassungswidrigkeit der Nationaldemokratischen Partei Deutschlands blieb – trotz zwischenzeitlicher Abstellung des Verfahrenshindernisses[451] – ohne Erfolg: Zwar strebe die Partei nach ihren Zielen und dem Verhalten ihrer Anhänger die Beseitigung der freiheitlichen demokratischen Grundordnung an und arbeite planvoll und qualifiziert auf die Erreichung dieses Ziels hin. Es seien jedoch keine konkreten Anhaltspunkte von Gewicht ersichtlich, die es – wie für ein „Ausgehen" auf die Beeinträchtigung oder Beseitigung der freiheitlichen demokratischen Grundordnung iSv Art. 21

[445] S. ferner § 46 Abs. 4 S. 1 BWahlG, wonach beim Verbot einer Partei oder der Teilorganisation einer Partei Abgeordnete ihre Mitgliedschaft im Deutschen Bundestag und Listennachfolger ihre Anwartschaft verlieren, wenn sie der Partei oder der Teilorganisation in der Zeit zwischen der Antragstellung und der Verkündung der Verbotsentscheidung angehört haben. Ähnliche Regelungen enthält das Wahlrecht der Länder, s. exemplarisch für Bayern Art. 59 LWG.

[446] So BVerfGE 1, 349, im SRP-Verbotsverfahren nach Abschluss der mündlichen Verhandlung.

[447] BVerfGE 2, 1 – Sozialistische Reichspartei; BVerfGE 5, 85 – Kommunistische Partei Deutschlands.

[448] BVerfGE 91, 262 – Nationale Liste, BVerfGE 91, 276 – Freiheitliche Deutsche Arbeiterpartei.

[449] Im Einzelnen BVerfGE 107, 339 (360 ff.) – Nationaldemokratische Partei Deutschlands I.

[450] BVerfGE 107, 339 (357 ff.) – Nationaldemokratische Partei Deutschlands I; näher zu diesem ersten NPD-Verbotsverfahren etwa *Ipsen* JZ 2003, 485; *Volkmann* DVBl. 2003, 605.

[451] BVerfGE 144, 20 (167 ff.) – Nationaldemokratische Partei Deutschlands II.

Abs. 2 GG erforderlich (→ Rn. 103) – zumindest möglich erscheinen lassen, dass dieses Handeln zum Erfolg führt.[452]

3. Insbesondere: Ausschluss von staatlicher Finanzierung

105a Neu hinzugekommen ist **Art. 21 Abs. 3 GG.** Die im Anschluss an das zweite Verfahren über die Verfassungswidrigkeit der Nationaldemokratischen Partei Deutschlands durch das Gesetz zur Änderung des Grundgesetzes vom 13. 7. 2017[453] eingefügte Regelung (zur Entstehungsgeschichte → § 19 Rn. 34 mit Fn. 171) bestimmt für den Fall, dass Parteien „nach ihren Zielen oder dem Verhalten ihrer Anhänger" zwar nicht iSv Art. 21 Abs. 2 GG „darauf ausgehen" (zu den hohen Anforderungen → Rn. 103), aber immerhin „darauf ausgerichtet sind, die freiheitliche demokratische Grundordnung zu beeinträchtigen oder zu beseitigen oder den Bestand der Bundesrepublik Deutschland zu gefährden", den **verfassungsunmittelbaren Ausschluss von staatlicher Finanzierung** einschließlich unmittelbarer und mittelbarer steuerlicher Begünstigungen.[454] Wie das Parteiverbot bedarf auch der Ausschluss von staatlicher Finanzierung gem. Art. 21 Abs. 4 GG einer Feststellung durch das Bundesverfassungsgericht. Anwendung finden auch hier die §§ 43–47 BVerfGG (im Einzelnen → Rn. 104). Liegen die Voraussetzungen des Art. 21 Abs. 3 S. 1 GG vor, stellt das Bundesverfassungsgericht gem. § 46a Abs. 1 S. 1 BVerfGG fest, dass die Partei für sechs Jahre von der staatlichen Finanzierung nach § 18 ParteiG ausgeschlossen ist.[455] Der Ausschluss kann gem. § 46a Abs. 2 BVerfGG auf Antrag beliebig oft um jeweils weitere sechs Jahre verlängert werden, sofern die Voraussetzungen des Art. 21 Abs. 3 S. 1 GG weiterhin vorliegen. Rechtsfolge ist zunächst das in § 18 Abs. 7 S. 2 BVerfGG einfachgesetzlich angeordnete Ausscheiden aus der staatlichen Teilfinanzierung nach den §§ 18–22 ParteiG. Darüber hinaus entfällt auch die steuerliche Begünstigung der Partei selbst (Art. 21 Abs. 3 S. 2 GG insbesondere iVm § 5 Abs. 1 Nr. 7 S. 1 KStG und § 13 Abs. 1 Nr. 18 Buchst. a ErbStG) sowie von Zuwendungen Dritter an die Partei (Art. 21 Abs. 3 S. 2 GG insbesondere iVm § 10b Abs. 2 S. 1 EStG und § 34 g S. 1 Nr. 1 EStG).

II. Sammlungsrecht

1. Landesrechtliche Grundlagen

106 Das Sammlungsrecht unterstellt Straßen- und Haussammlungen von Geld- und Sachspenden sowie geldwerten Leistungen einem Verbot mit Erlaubnisvorbehalt.[456] Für andere Sammlungsformen sieht es eine staatliche Überwachung vor. Die Gesetzgebungszuständigkeit liegt bei den Ländern (→ § 19 Rn. 49). Ursprünglich existierten in allen Ländern Sammlungsgesetze, die im Wesentlichen auf einem Musterentwurf aus den 1960er-Jahren beruhten und sich daher inhaltlich weitgehend entsprachen. Die Sammlungsgesetze zielten darauf ab, „die spendenbereite Bevölkerung vor Betrügereien und unseriösen Sammlungsveranstaltern und -praktiken zu schützen. Die Spendenbereitschaft der Bürger sollte nicht zu unlauteren Zwecken missbraucht werden."[457] Derzeit gibt es Sammlungsgesetze nur noch in **Rheinland-Pfalz,** im **Saarland** und in **Thüringen.**[458] Alle anderen Länder ha-

---

[452] Zusammenfassend BVerfGE 144, 20 (Ls. 9) – Nationaldemokratische Partei Deutschlands II; näher zu diesem zweiten Verbotsverfahren etwa *Gusy* NJW 2017, 601; *Kingreen* Jura 2017, 499; *Krüper* ZJS 2017, 365; *Shirvani* DÖV 2017, 477.

[453] BGBl. I 2346.

[454] Dazu sowie zum Folgenden mit zum Teil kritischer Würdigung *Drossel* GSZ 2018, 97; *Ipsen* JZ 2017, 933; *Kluth* ZParl 2017, 676; *Müller* DVBl. 2018, 1035; *Shirvani* DÖV 2018, 921; *Walter/Herrmann* ZG 2017, 306.

[455] Zur zwingenden Erstreckung auf Ersatzparteien § 46a Abs. 1 S. 2–4 BVerfGG.

[456] Zur Regelungstechnik OVG Schleswig Beschl. v. 4. 11. 1996 – 4 M 92/96, juris Rn. 5.

[457] So retrospektiv für Baden-Württemberg LT-Drs. 15/2384, 5.

[458] Sammlungsgesetz für Rheinland-Pfalz v. 5. 3. 1970 (GVBl. 93), zuletzt geändert durch Art. 9 des Zweiten Landesgesetzes zur Umsetzung der Richtlinie 2006/123/EG des Europäischen Parlaments und des Rates

ben ihre Sammlungsgesetze aus Entbürokratisierungs-, Deregulierungs- und Subsidiaritätserwägungen aufgehoben.[459] In jüngerer Zeit wird dieser Trend durch aufkommende Zweifel an der Vereinbarkeit der Sammlungsgesetze mit der Richtlinie 2006/123/EG des Europäischen Parlaments und des Rates vom 12.12.2006 über Dienstleistungen im Binnenmarkt[460] unterstützt.[461] Soweit kein spezifisches Sammlungsrecht mehr besteht, finden die allgemeinen öffentlich-rechtlichen Vorschriften Anwendung. Hinzuweisen ist insofern einerseits auf das **Straßen- und Wegerecht,** das in bestimmten Fällen die Einholung einer Sondernutzungserlaubnis verlangt,[462] und das **allgemeine Polizei- und Sicherheitsrecht,** das Maßnahmen zur Abwehr einer im Zusammenhang mit Sammlungen bestehenden konkreten Gefahr für die öffentliche Sicherheit und Ordnung ermöglicht.[463] Ergänzend gewinnt das **Abfallrecht** immer größere Bedeutung (→ Rn. 108 ff.).

2. Sammlungsrechtliche Regelungen

Die verbliebenen Sammlungsgesetze der Länder unterscheiden zwischen erlaubnisbedürftigen und nicht erlaubnisbedürftigen Sammlungen. **Nicht erlaubnisbedürftige Sammlungen** unterliegen gem. **§ 9 SammlG**[464] lediglich staatlicher Überwachung. Insoweit kann die zuständige Behörde insbesondere gem. § 9 Abs. 3 Nr. 1 SammlG die Durchführung der Sammlung oder ihre Fortsetzung verbieten, wenn eine Gefahr für die öffentliche Sicherheit oder Ordnung besteht. Ferner überwacht sie gem. § 9 Abs. 5 SammlG die Verwendung des Sammlungsertrags. Vorgaben für **erlaubnisbedürftige Sammlungen** enthalten die **§§ 1–8 SammlG.**[465] Erlaubnisbedürftig sind gem. § 1 Abs. 1 SammlG grund- 107

vom 12. Dezember 2006 über Dienstleistungen im Binnenbereich v. 27.10.2009 (GVBl. 358); Saarländisches Sammlungsgesetz v. 3.7.1968 (Amtsbl. 506), zuletzt geändert durch Art. 5 Abs. 48 des Verwaltungsstrukturreformgesetzes v. 21.11.2007 (Amtsbl. 2393); Thüringer Sammlungsgesetz v. 8.6.1995 (GVBl. 197), zuletzt geändert durch Art. 3 des RL 2006/123/EG-Umsetzungsgesetzes v. 8.7.2009 (GVBl. 592).

459 Baden-Württemberg zum 1.1.2013, Bayern zum 1.1.2008, Berlin zum 1.1.2004, Bremen zum 1.4.2005, Brandenburg zum 1.8.2006, Hamburg zum 14.9.2005, Hessen zum 1.1.2010, Mecklenburg-Vorpommern zum 13.11.2010, Niedersachsen zum 1.1.2007, Nordrhein-Westfalen zum 1.1.1998, Sachsen zum 28.12.2009, Sachsen-Anhalt zum 1.8.1999 und Schleswig-Holstein zum 1.1.2009. Überblick auch bei *Arndt* npoR 2011, 41 (41).

460 ABl. 2006 L 376, 36.

461 Insgesamt zu den Abschaffungsgründen *Arndt* npoR 2011, 41 (41 ff.); zuletzt und exemplarisch die Begründung zum baden-württembergischen Gesetz zur Aufhebung des Sammlungsgesetzes v. 13.11.2012 (GBl. 572), LT-Drs. 15/2384, 5 f. Speziell zur Vereinbarkeit des Sammlungsrechts mit der Dienstleistungsrichtlinie ablehnend *Kreutz* GewArch 2010, 241 (Teil 1) und 285 (Teil 2); ebenso für Sachsen wohl LT-Drs. 4/14875, 57: „Im Spannungsverhältnis zur Richtlinie 2006/123/EG kommt aktuell nur die Aufhebung des Gesetzes in Betracht"; aA *Arndt* npoR 2011, 41 (45 ff.): Zum einen sei der Anwendungsbereich der Dienstleistungsrichtlinie nicht eröffnet, zum anderen sei das in den Sammlungsgesetzen vorgesehene Verbot mit Erlaubnisvorbehalt durch Art. 9 Abs. 1 der Richtlinie gedeckt. Rheinland-Pfalz und Thüringen hielten immerhin eine Anpassung ihrer Sammlungsgesetze an die Vorgaben der Dienstleistungsrichtlinie für erforderlich (Nachweise → Fn. 458). Zu den verfassungsrechtlichen Anforderungen an eine gesetzliche Regelung des Spenden- und Sammlungswesens insbesondere BVerfGE 20, 150 (161 f.) – Sammlungsgesetz.

462 Speziell zu Altkleidercontainern *Naumann* BayVBl. 2010, 102; allgemein und insbesondere zu den Folgen eines Verstoßes gegen Straßen- und Wegerecht *Queitsch* UPR 2013, 222 (224 ff.); aus der Rechtsprechung etwa OVG Münster NVwZ-RR 2015, 830.

463 S. dazu und zu weiteren einschlägigen (insbesondere: straf- und steuerrechtlichen) Regelungen *Arndt* npoR 2011, 41 (43 f.), der ebenda, 44 f., die Abschaffung der Sammlungsgesetze vor diesem Hintergrund kritisch bewertet; aus baden-württembergischer Perspektive LT-Drs. 15/2384, 6.

464 Die Darstellung orientiert sich hier wie im Folgenden am Sammlungsgesetz für Rheinland Pfalz; das Saarländische und das Thüringer Sammlungsgesetz enthalten aber weitgehend wortlautidentische Regelungen. Kurzer Überblick auch bei *Kreutz* GewArch 2010, 241 (241 f.).

465 Wird eine erlaubnisbedürftige Sammlung ohne Erlaubnis durchgeführt, liegt eine Gefahr für die öffentliche Sicherheit und Ordnung vor, die ihre Untersagung auf Grundlage des allgemeinen Polizei- und Sicherheitsrechts erlaubt. Ein Rückgriff auf § 9 Abs. 3 Nr. 1 SammlG ist weder erforderlich noch zulässig, VGH Mannheim NJW-RR 1987, 374 (374).

sätzlich[466] alle „Straßensammlungen" (zum Begriff § 1 Abs. 1 Nr. 1 SammlG) und „Haussammlungen" (zum Begriff § 1 Abs. 1 Nr. 2 SammlG) von Geld- oder Sachspenden oder Spenden geldwerter Leistungen durch unmittelbares Einwirken von Person zu Person.[467] Eine Erlaubnis ist hier gem. § 2 Abs. 1 SammlG zu erteilen, wenn erstens keine Gefahr besteht, dass durch die Sammlung oder durch die Verwendung des Sammlungsertrags die öffentliche Sicherheit oder Ordnung gestört wird, zweitens eine genügende Gewähr für die ordnungsmäßige Durchführung der Sammlung und für die zweckentsprechende, einwandfreie Verwendung des Sammlungsertrags gegeben ist und drittens nicht zu befürchten ist, dass die Unkosten der Sammlung in einem offensichtlichen Missverhältnis zu dem Reinertrag der Sammlung stehen werden. § 3 und § 4 SammlG enthalten besondere Bestimmungen über Form und Inhalt sowie Rücknahme, Widerruf und Einschränkung der Erlaubnis. Sie gehen den allgemeinen verwaltungsverfahrensrechtlichen Regelungen vor. § 5 und § 8 SammlG regeln Pflichten des Veranstalters[468] während und nach der Sammlung sowie die nur eingeschränkt zulässige Mitwirkung von Kindern und Jugendlichen an der Sammlung. § 6 und § 7 SammlG schließlich regeln Umfang und Verwendung des Sammlungsertrags. Hervorzuheben sind § 6 Abs. 3 und § 7 SammlG: Nach § 6 Abs. 3 SammlG ist der Sammlungsertrag unter Berücksichtigung des mutmaßlichen Willens der Spender einem von der Erlaubnisbehörde bestimmten Zweck zuzuführen, wenn sich nachträglich herausstellt, dass der vorgesehene Sammlungszweck nicht zu verwirklichen ist, und der Veranstalter keinen anderen Sammlungszweck vorschlägt. Nach § 7 Abs. 1 SammlG kann die Erlaubnisbehörde einen Treuhänder für die Verwaltung des Sammlungsertrags bestellen, wenn die Erlaubnis gem. § 4 SammlG nach Beginn der Sammlung aufgehoben wird oder sich bei Durchführung oder Abwicklung einer Sammlung erhebliche Missstände zeigen, die eine zweckentsprechende, einwandfreie Verwendung des Sammlungsertrags gefährden und sich nicht auf andere Weise beseitigen lassen. Rechte und Pflichten des Treuhänders regelt § 7 Abs. 2 SammlG. § 11 SammlG schließlich enthält Bußgeldvorschriften für erlaubnisfreie und erlaubnisbedürftige Sammlungen.

3. Ergänzend: Abfallrechtliche Regelungen

108 Ergänzend zu sammlungs-, straßen- und wege- und allgemeinen polizei- und sicherheitsrechtlichen Vorgaben verdient im Zusammenhang mit der **Sammlung von Wertstoffen** das Abfallrecht Beachtung. Wichtigster Anwendungsfall ist aus Sicht von Vereinen die Sammlung von Alttextilien. Bei ihnen handelt es sich um Abfälle iSv § 3 Abs. 1 S. 2 Hs. 1 KrWG,[469] die gem. § 17 Abs. 1 S. 1 KrWG, soweit sie aus privaten Haushaltungen stammen,[470] grundsätzlich den nach Landesrecht zur Entsorgung verpflichteten juristischen Personen – das Gesetz bezeichnet diese ebenda als „öffentlich-rechtliche Entsorgungsträger"[471] – zu überlassen sind.[472] Ausgenommen von dieser **Überlassungspflicht** sind gem. § 17 Abs. 2 S. 1 Nr. 3 KrWG Abfälle, die „durch gemeinnützige Sammlung einer ordnungsgemäßen und schadlosen Verwertung zugeführt werden", sofern nicht die Rückausnahme in

---

[466] Ausnahmen von der Erlaubnisbedürftigkeit regelt § 1 Abs. 2 SammlG; insoweit gilt dann § 9 SammlG. Auf Sammlungen der Kirchen, Religions- und Weltanschauungsgemeinschaften sowie auf Sammlungen, die von religiösen Orden und Kongregationen durchgeführt werden, ist das Sammlungsgesetz gem. § 12 SammlG insgesamt weitgehend nicht anzuwenden.

[467] Erlaubnisbedürftig ist auch die Werbung von Fördermitgliedern, VGH München NVwZ 1990, 1095 (1095 f.); VGH München GewArch 1990, 190 (190 ff.); BayObLG BayVBl. 1991, 731 (731). Darin liegt kein Verfassungsverstoß, BVerfGK NJW 1993, 1253 (1254); BVerwGE 88, 9 (10 ff.).

[468] Zum Begriff des Veranstalters OVG Koblenz NVwZ-RR 2003, 351 (351): „weit auszulegen".

[469] Allgemein zum Abfallbegriff *Beckmann/Wübbenhorst* DVBl. 2012, 1403 (1404 f.); Landmann/Rohmer/*Beckmann* KrWG § 3 Rn. 7 ff.

[470] Zu dieser Einschränkung *Beckmann/Wübbenhorst* DVBl. 2012, 1403 (1406). Ausgenommen von der Überlassungspflicht sind damit etwa Abfälle aus Hotels, Gaststätten und Büroräumen.

[471] Überwiegend verpflichtet das Landesrecht die Landkreise und die kreisfreien Gemeinden zur Entsorgung; s. exemplarisch für Bayern Art. 3 Abs. 1 S. 1 BayAbfG.

[472] Politisch und rechtlich ist dies umstritten, *Petersen/Doumet/Stöhr* NVwZ 2012, 521 (525).

§ 17 Abs. 2 S. 2 KrWG eingreift.[473] Anders als gewerblichen Sammlungen nach § 17 Abs. 2 S. 1 Nr. 4 KrWG können gemeinnützigen Sammlungen dabei keine überwiegenden öffentlichen Interessen entgegengehalten werden; werden die Abfälle nur einer ordnungsgemäßen und schadlosen Verwertung zugeführt, sind sie von der Überlassungspflicht ausgenommen.[474] Eine **gemeinnützige Sammlung** ist gem. § 3 Abs. 17 S. 1 KrWG eine Sammlung (zu diesem Begriff: § 3 Abs. 15 KrWG)[475], die durch eine nach § 5 Abs. 1 Nr. 9 KStG steuerbefreite Körperschaft, Personenvereinigung oder Vermögensmasse getragen wird und der Beschaffung von Mitteln zur Verwirklichung ihrer gemeinnützigen, mildtätigen oder kirchlichen Zwecke iSd §§ 52–54 AO dient (zu diesen steuerrechtlichen Voraussetzungen im Einzelnen → § 14 Rn. 7ff.).[476] Dabei ist es gem. § 3 Abs. 17 S. 2 KrWG unschädlich, wenn die steuerbegünstigte Körperschaft, Personenvereinigung oder Vermögensmasse einen gewerblichen Sammler mit der Sammlung beauftragt und dieser den Veräußerungserlös nach Abzug seiner Kosten und eines angemessenen Gewinns[477] vollständig an sie auskehrt.[478]

Verfahrensrechtlich sind gemeinnützige Sammlungen[479] gem. § 18 Abs. 1 KrWG spätestens drei Monate vor ihrer beabsichtigten Aufnahme gegenüber der nach Landesrecht zuständigen Behörde[480] **anzuzeigen.**[481] Davon unberührt bleibt die Verpflichtung jedes Sammlers von Abfällen (zum Begriff: § 3 Abs. 10 KrWG) aus § 53 Abs. 1 S. 1 KrWG, die Tätigkeit seines Betriebs vor Aufnahme der Tätigkeit der zuständigen Behörde anzuzeigen, 109

[473] Darüber hinaus nimmt § 17 Abs. 2 S. 1 Nr. 4 KrWG Abfälle von der Überlassungspflicht aus, „die durch gewerbliche Sammlung [iSv § 3 Abs. 18 KrWG] einer ordnungsgemäßen und schadlosen Verwertung zugeführt werden, soweit überwiegende öffentliche Interessen dieser Sammlung nicht entgegenstehen". Unter welchen Voraussetzungen überwiegende öffentliche Interessen einer gewerblichen Sammlung entgegenstehen, bestimmt § 17 Abs. 3 KrWG. Die Regelung war im Gesetzgebungsverfahren sehr umstritten und führt im Vergleich zur Vorgängerregelung in § 13 KrW-/AbfG, die die Bestimmung der überwiegenden öffentlichen Interessen der Rechtsprechung überließ, zu einer nochmaligen Stärkung der Position der öffentlichen Entsorgungsträger gegenüber den privaten Entsorgern. Ziel der Gesamtregelung ist es, den öffentlichen Entsorgungsträgern eine kostengünstige Abfallentsorgung zu ermöglichen, indem man ihnen den Zugang zum gesamten häuslichen Abfallaufkommen und damit auch zu besonders werthaltigen Abfällen sichert. Die privaten Entsorger, die ein unternehmerisches Interesse gerade an diesen Abfällen haben – fast schon sprichwörtlich ist der „Kampf ums Altpapier" – sehen hierin die Einrichtung eines unionsrechtswidrigen Monopols der öffentlich-rechtlichen Entsorgungsträger. Zum Ganzen mwN BeckOK UmweltR/*Giesberts* KrWG § 17 vor Rn. 1, der ebenda, Rn. 60ff., auch ausführlich die Vereinbarkeit mit dem Unionsrecht thematisiert; diese bejahend mit Hinweisen zur unionsrechtskonformen Auslegung und Anwendung insbesondere BVerwGE 155, 336 (350ff.); VGH Mannheim DVBl. 2013, 1537 (1539f.); VGH Mannheim GewArch 2014, 245 (247ff.); insgesamt zu § 17 Abs. 2 S. 1 Nr. 4 und Abs. 3 KrWG *Beckmann/Wübbenhorst* DVBl. 2012, 1403 (1407ff.); *Mann* KommJur 2014, 321 (324ff.); *Petersen/Doumet/Stöhr* NVwZ 2012, 521 (526f.).

[474] *Beckmann/Wübbenhorst* DVBl. 2012, 1403 (1406).

[475] Ergänzend *Beckmann/Wübbenhorst* DVBl. 2012, 1403 (1405f.).

[476] Gemeinnützigkeitsrechtlich handelt es sich bei der Sammlung und späteren Veräußerung von Altmaterial um einen steuerpflichtigen wirtschaftlichen Geschäftsbetrieb iSv § 64 Abs. 1 iVm § 14 AO. Dessen Gewinne dürfen unabhängig von § 3 Abs. 17 S. 1 KrWG auch gem. § 55 Abs. 1 Nr. 1 S. 1 AO nur für die satzungsmäßigen steuerbegünstigten Zwecke der Körperschaft verwendet werden, wenn diese ihre Steuerbegünstigung nicht verlieren will. S. zum Ganzen Gosch/*Jachmann/Unger* AO § 55 Rn. 49ff. und § 64 Rn. 1 und 69.

[477] Zu dessen Bestimmung mwN BeckOK UmweltR/*Giesberts* KrWG § 17 Rn. 39; *Beckmann/Wübbenhorst* DVBl. 2012, 1403 (1406f.).

[478] Näher *Beckmann/Wübbenhorst* DVBl. 2012, 1403 (1406f.).

[479] Entsprechendes gilt für gewerbliche Sammlungen iSv § 17 Abs. 2 S. 1 Nr. 4 KrWG. Die Anforderungen an den Inhalt der Anzeige sind hier aber gem. § 18 Abs. 2 KrWG höher. Begründet wird dies vor allem mit der höheren Sammlungsintensität, BT-Drs. 17/6052, 88f.

[480] Zur Regelung der zuständigen Behörde durch Landesrecht unter Beachtung einer sogenannten Neutralitätspflicht BeckOK UmweltR/*Giesberts* KrWG § 18 Rn. 8; skeptisch gegenüber einer Neutralitätspflicht VGH Mannheim DVBl. 2013, 1537 (1540ff.); VGH Mannheim GewArch 2014, 245 (246); zum Ganzen auch *Mann* KommJur 2014, 321 (322f.).

[481] Das Kreislaufwirtschafts- und Abfallgesetz verzichtete auf eine solche Anzeigepflicht noch. Eingehend zur Anzeige und zum sich anschließenden Verfahren *Wenzel* AbfallR 2012, 231; s. auch *Mann* KommJur 2014, 321 (323).

wenn er nicht über eine Erlaubnis nach § 54 Abs. 1 KrWG verfügt.[482] Formale Vorgaben für die gem. § 69 Abs. 2 Nr. 1 KrWG bußgeldbewehrte Anzeigepflicht aus § 18 Abs. 1 KrWG enthält § 18 Abs. 3 KrWG.

110 Ist eine Sammlung angezeigt, kann die Behörde sie gem. § 18 Abs. 5 S. 1 KrWG[483] **von Bedingungen abhängig machen, befristen oder Auflagen vorsehen,** soweit dies erforderlich ist, um die Erfüllung der Voraussetzungen in § 17 Abs. 2 S. 1 Nr. 3 oder Nr. 4 KrWG sicherzustellen.[484] Weil die Sammlung keiner Genehmigung bedarf, handelt es sich ähnlich wie bei der Beschränkung von Versammlungen (→ Rn. 84) nicht um Nebenbestimmungen iSv § 36 VwVfG, sondern um selbständige Verwaltungsakte.[485] Gemäß § 18 Abs. 5 S. 2 KrWG hat die Behörde ferner[486] die Durchführung einer angezeigten Sammlung zu **untersagen,** „wenn Tatsachen bekannt sind, aus denen sich Bedenken gegen die Zuverlässigkeit des Anzeigenden oder der für die Leitung und Beaufsichtigung der Sammlung verantwortlichen Personen ergeben, oder die Einhaltung der in § 17 Absatz 2 Satz 1 Nummer 3 oder Nummer 4 KrWG genannten Voraussetzungen anders nicht zu gewährleisten ist".[487] Bedenken gegen die Zuverlässigkeit sollen dabei regelmäßig schon dann vorliegen, wenn eine nach § 18 Abs. 1 KrWG erforderliche Anzeige unvollständig ist.[488] Über den Wortlaut des § 18 Abs. 5 S. 2 KrWG hinaus soll eine Untersagung ferner auch (schon) dann möglich sein, wenn eine Sammlung entgegen § 18 Abs. 1 S. 1 KrWG (noch) nicht angezeigt worden ist.[489]

111 **Rechtsschutz** gegen Verfügungen nach § 18 Abs. 5 KrWG erfolgt, soweit der Widerspruch nicht auf Grundlage von § 68 Abs. 1 S. 2 VwGO landesrechtlich ausgeschlossen ist, über Widerspruch und Anfechtungsklage.[490] Hat die zuständige Behörde gem. § 80 Abs. 2 S. 1 Nr. 4 VwGO den Sofortvollzug angeordnet, wird vorläufiger Rechtsschutz über § 80 Abs. 4 S. 1 VwGO durch die Behörde und über § 80 Abs. 5 S. 1 Alt. 2 VwGO durch das Gericht der Hauptsache gewährt.[491]

---

[482] *Queitsch* UPR 2013, 222 (223).

[483] Die allgemeine abfallrechtliche Ermächtigungsnorm in § 62 KrWG wird durch § 18 Abs. 5 KrWG verdrängt, VGH Mannheim DVBl. 2013, 1537 (1538).

[484] Bei gewerblichen Sammlungen kann die Behörde gem. § 18 Abs. 6 S. 1 KrWG ferner bestimmen, dass sie für einen Mindestzeitraum (von höchstens drei Jahren) durchzuführen sind.

[485] Ebenso Landmann/Rohmer/*Beckmann* KrWG § 18 Rn. 51; BeckOK UmweltR/*Giesberts* KrWG § 18 Rn. 21.

[486] Zum Verhältnis zwischen § 18 Abs. 5 S. 1 und § 18 Abs. 5 S. 2 KrWG VGH Mannheim GewArch 2014, 245 (250f.): Bedingungen, Befristungen und Auflagen nach § 18 Abs. 5 S. 1 KrWG als milderes Mittel gegenüber Untersagung nach § 18 Abs. 5 S. 2 KrWG als *ultima ratio.*

[487] Wichtigster Anwendungsfall ist die Untersagung einer gewerblichen Sammlung wegen entgegenstehender überwiegender öffentlicher Interessen, *Beckmann/Wübbenhorst* DVBl. 2012, 1403 (1410); dazu etwa VGH Mannheim DVBl. 2013, 1537 (1542f.); VGH Mannheim GewArch 2014, 245 (247ff.); OVG Koblenz NVwZ-RR 2014, 135 (136); ergänzend *Mann* KommJur 2014, 321 (324ff.). Bei gemeinnützigen Sammlungen scheidet eine Untersagung aus diesem Grund aus; ihnen können, wie ein Vergleich von § 17 Abs. 2 S. 1 Nr. 3 KrWG und § 17 Abs. 2 S. 1 Nr. 4 KrWG verdeutlicht, keine überwiegenden öffentlichen Interessen entgegengehalten werden. Zu weiteren Anwendungsfällen VGH München NVwZ-RR 2014, 341; VGH München NVwZ-RR 2014, 804: nicht hinreichende Darlegung einer ordnungsgemäßen und schadlosen Verwertung nach § 17 Abs. 2 S. 1 Nr. 4 KrWG; VGH Mannheim NVwZ 2014, 1253: Unzuverlässigkeit eines Sammlers; dazu auch BeckOK UmweltR/*Giesberts* KrWG § 18 Rn. 15; *Mann* KommJur 2014, 321 (323f.).

[488] VG Bremen Beschl. v. 25.6.2013 – 5 V 2112/12, juris Rn. 23; offen gelassen von OVG Bremen NVwZ-RR 2014, 841 (843); skeptisch BeckOK UmweltR/*Giesberts* KrWG § 18 Rn. 15.

[489] VGH München Beschl v. 24.7.2012 – 20 CS 12.841, juris Rn. 27; anders VGH Mannheim DVBl. 2013, 1537 (1538): Rückgriff auf § 62 KrWG; dem folgend OVG Bremen NVwZ-RR 2014, 841 (842).

[490] BeckOK UmweltR/*Giesberts* KrWG § 18 Rn. 21.

[491] Dazu instruktiv OVG Münster GewArch 2013, 487; s. ferner, vor allem zu den Erfolgsaussichten bei einem *non liquet, Beckmann/Wübbenhorst* DVBl. 2012, 1403 (1412).

III. Verbandsklagerechte

Verbandsklagerechte, also Möglichkeiten eines qualifizierten Teils der interessierten Öffentlichkeit, als klagende Partei und Antagonist der staatlichen Verwaltung deren Entscheidungen anzugreifen,[492] gewinnen im öffentlichen Recht immer größere Bedeutung.[493] Das deutsche Verwaltungsprozessrecht steht ihnen traditionell skeptisch gegenüber. **§ 42 Abs. 2 VwGO**[494] verlangt grundsätzlich, dass der Kläger eine Verletzung in eigenen Rechten geltend macht. Ausnahmen von diesem **Grundsatz des Individualrechtsschutzes** sind zwar zulässig, bedürfen aber gem. § 42 Abs. 2 VwGO einer gesetzlichen Regelung und gelten nach wie vor als atypische **Durchbrechungen.**[495] Wichtigstes Referenzgebiet ist das Umweltrecht.[496] Eine Regelung, die anerkannten Naturschutzvereinigungen ein Klagerecht gegen bestimmte Entscheidungen der Verwaltung einräumt, ohne dass diese eine Verletzung in eigenen materiellen Rechten dartun müssen, sieht hier auf Bundesebene bereits seit 2002 das Gesetz über Naturschutz und Landschaftspflege (Bundesnaturschutzgesetz) vom 29.7.2009 vor.[497] Seit 2006 räumt darüber hinaus das Gesetz über ergänzende Vorschriften zu Rechtsbehelfen in Umweltangelegenheiten nach der EG-Richtlinie 2003/35/EG (Umwelt-Rechtsbehelfsgesetz) in der Fassung der Bekanntmachung vom 23.8.2017[498] anerkannten Vereinigungen ein altruistisches Verbandsklagerecht ein. Umgesetzt wird damit eine auf völkerrechtliche Vorgaben zurückgehende Richtlinie der Europäischen Union.[499] 112

1. Umwelt-Rechtsbehelfsgesetz

Gemäß **§ 2 Abs. 1 S. 1 UmwRG** kann eine nach § 3 UmwRG anerkannte Vereinigung, 113
ohne eine Verletzung in eigenen Rechten dartun zu müssen, Rechtsbehelfe gegen eine Entscheidung nach § 1 Abs. 1 S. 1 UmwRG[500] oder deren Unterlassen einlegen, wenn sie geltend macht, dass die Entscheidung oder deren Unterlassen erstens Rechtsvorschriften

---

[492] So die Begriffsbestimmung bei *Gärditz* Die Verwaltung 46 (2013), 257 (259).

[493] Zum Privatrecht knapp Gärditz/*Schlacke* VwGO nach § 42 Rn. 20ff.

[494] Ebenso § 40 Abs. 2 FGO. Scheinbar abschwächend § 54 Abs. 1 S. 2 und Abs. 2 S. 1 SGG: „Beschwer", die vorliegt, wenn der Verwaltungsakt, seine Ablehnung oder Unterlassung rechtswidrig ist; tatsächlich wird die Vorschrift im Lichte des § 42 Abs. 2 VwGO so ausgelegt, dass sie die Geltendmachung einer Verletzung eigener Rechte verlangt, Gärditz/*Gärditz* VwGO § 42 Rn. 123.

[495] Ergänzend bedarf es stets einer Sonderregelung zu § 113 Abs. 1 S. 1 und Abs. 5 VwGO, der bekanntlich mit Blick auf die gerichtliche Entscheidung als Gegenstück zu § 42 Abs. 2 VwGO die Aufhebung eines Verwaltungsakts und den Ausspruch der Verpflichtung der Verwaltungsbehörde, die beantragte Amtshandlung vorzunehmen (oder den Kläger unter Beachtung der Rechtsauffassung des Gerichts zu bescheiden), davon abhängig macht, dass der Verwaltungsakt oder seine Ablehnung oder Unterlassung rechtswidrig ist und der Kläger dadurch in seinen Rechten verletzt ist. S. dazu mit Blick auf § 2 Abs. 4 UmwRG Landmann/Rohmer/*Fellenberg/Schiller* UmwRG § 2 Rn. 56.

[496] *Gärditz* Die Verwaltung 46 (2013), 257 (259ff.).

[497] BGBl. I 2542, zuletzt geändert durch Art. 5 des Gesetzes zur Änderung des Umweltschadensgesetzes, des Umweltinformationsgesetzes und weiterer umweltrechtlicher Vorschriften v. 25.2.2021 (BGBl. I 306); ergänzend zu Verbandsklagemöglichkeiten im Landesnaturschutzrecht Landmann/Rohmer/*Gellermann* BNatSchG § 64 Rn. 3.

[498] BGBl. I 3290, zuletzt geändert durch Art. 8 des Gesetzes zur Änderung des Umweltschadensgesetzes, des Umweltinformationsgesetzes und weiterer umweltrechtlicher Vorschriften v. 25.2.2021 (BGBl. I 306).

[499] Richtlinie 2003/35/EG des Europäischen Parlaments und des Rates v. 26.5.2003 über die Beteiligung der Öffentlichkeit bei der Ausarbeitung bestimmter umweltbezogener Pläne und Programme und zur Änderung der Richtlinien 85/337/EWG und 96/61/EG des Rates in Bezug auf die Öffentlichkeitsbeteiligung und den Zugang zu Gerichten (ABl. 2003 L 156, 17), zuletzt geändert durch Richtlinie (EU) 2016/2284 des Europäischen Parlaments und des Rates v. 14.12.2016 über die Reduktion der nationalen Emissionen bestimmter Luftschadstoffe, zur Änderung der Richtlinie 2003/35/EG und zur Aufhebung der Richtlinie 2001/81/EG (ABl. 2016 L 344, 1); zum völkerrechtlichen Hintergrund der dortigen Regelungen, die der Anpassung des Unionsrechts an das UNECE-Übereinkommen über den Zugang zu Informationen, die Öffentlichkeitsbeteiligung an Entscheidungsverfahren und den Zugang zu Gerichten in Umweltangelegenheiten (Aarhus-Konvention) v. 25.6.1998 dienen, *Seibert* NVwZ 2013, 1040 (1041).

[500] Genannt sind dort Entscheidungen mit erheblichen umweltschutzrechtlichen Bezügen.

widerspricht, die für die Entscheidung von Bedeutung sein können,[501] und zweitens die Vereinigung in ihrem satzungsgemäßen Aufgabenbereich der Förderung der Ziele des Umweltschutzes berührt.[502] Dass die Vereinigung zur Beteiligung am Verwaltungsverfahren berechtigt war und sich im Verfahren in der Sache gemäß den geltenden Rechtsvorschriften geäußert hat oder ihr entgegen diesen Rechtsvorschriften keine Gelegenheit zur Äußerung gegeben worden ist, wird nach § 2 Abs. 1 S. 1 Nr. 3 UmwRG nur zum Teil verlangt. Die **Anerkennung zur Einlegung von Rechtsbehelfen** nach § 3 UmwRG setzt formell einen Antrag voraus.[503] Materiell muss es sich zunächst um eine (in- oder ausländische) Vereinigung handeln. Der **Vereinigungsbegriff** des § 3 Abs. 1 S. 1 UmwRG ist denkbar weit und enthält keine Vorgaben für die Organisationsform. Erforderlich ist mit Blick auf § 3 Abs. 1 S. 2 Nr. 1 und Nr. 5 UmwRG lediglich eine Satzung und eine mitgliedschaftliche Verfasstheit.[504] Damit sind jedenfalls alle Vereine iSd § 2 Abs. 1 VereinsG (→ Rn. 5 ff.) anerkennungsfähig. Ihre Anerkennung zur Einlegung von Rechtsbehelfen setzt voraus, dass sie die **Anerkennungsvoraussetzungen** in § 3 Abs. 1 S. 2 UmwRG erfüllen. Dazu muss die Vereinigung erstens nach ihrer Satzung ideell und nicht nur vorübergehend vorwiegend die Ziele des Umweltschutzes fördern. Zweitens muss sie im Zeitpunkt der Anerkennung mindestens drei Jahre bestehen und in diesem Zeitraum im Bereich der Förderung des Umweltschutzes tätig gewesen sein. Drittens muss sie die Gewähr für eine sachgerechte Aufgabenerfüllung bieten,[505] viertens gemeinnützige Zwecke iSv § 52 AO verfolgen (→ § 14 Rn. 10 ff.). Fünftens schließlich muss die Vereinigung jeder Person, die ihre Ziele unterstützt, den Eintritt als Mitglied ermöglichen.[506] Erfüllt die Vereinigung diese Voraussetzungen, besteht ein gebundener Anspruch auf Anerkennung,[507] der vor den Verwaltungsgerichten mit der Verpflichtungsklage geltend gemacht werden kann.[508] Weil gem. § 3 Abs. 1 S. 3 UmwRG in der Anerkennung „der satzungsgemäße Aufgabenbereich, für den die Anerkennung gilt, zu bezeichnen [ist]", empfiehlt die **Beratungspraxis** Umweltschutzvereinen oder -verbänden, den Aufgabenbereich in der Satzung nicht zu eng zu umschreiben und neben einem besonderen Aspekt des Umweltschutzes stets auch allgemein den Umweltschutz und umstrittene Randbereiche als

---

[501] Eine Vorgängerregelung, die ergänzend verlangte, dass die Rechtsvorschriften „Rechte Einzelner begründen", war mit den unionsrechtlichen Vorgaben unvereinbar, weil sie, wie der Europäische Gerichtshof in seiner Trianel-Entscheidung befand, „einer Nichtregierungsorganisation […], die sich für den Umweltschutz einsetzt, nicht die Möglichkeit zuerkenn[t], im Rahmen eines Rechtsbehelfs gegen eine Entscheidung, mit der Projekte, die […] ‚möglicherweise erhebliche Auswirkungen auf die Umwelt haben', genehmigt werden, vor Gericht die Verletzung einer Vorschrift geltend zu machen, die aus dem Unionsrecht hervorgegangen ist und den Umweltschutz bezweckt, weil diese Vorschrift nur die Interessen der Allgemeinheit und nicht die Rechtsgüter Einzelner schützt", EuGH ECLI:EU:C:2011:289 Ls. 1 – Bund für Umwelt und Naturschutz Deutschland; s. dazu und zu den Folgen statt vieler *Gärditz* Die Verwaltung 46 (2013), 257 (260 f.). Zur daraufhin erfolgten Novellierung des Umwelt-Rechtsbehelfsgesetzes und ihrer Unionsrechtskonformität etwa *Schlacke* ZUR 2013, 195.

[502] Eine Sonderregelung zu § 113 Abs. 1 S. 1 und Abs. 5 VwGO enthält § 2 Abs. 4 UmwRG.

[503] Zuständig für die Anerkennung ist gem. § 3 Abs. 2 S. 1 UmwRG das Umweltbundesamt, wenn es sich um eine ausländische Vereinigung oder eine Vereinigung mit einem Tätigkeitsbereich handelt, der über das Gebiet eines Landes hinausgeht. Im Übrigen wird die Anerkennung gem. § 3 Abs. 3 UmwRG durch die zuständige Behörde des Landes ausgesprochen. Gebühren und Auslagen werden für die Anerkennung gem. § 3 Abs. 2 S. 3 UmwRG nicht erhoben.

[504] Zum Ganzen Landmann/Rohmer/*Fellenberg/Schiller* UmwRG § 3 Rn. 9 ff.

[505] Zu berücksichtigen sind gem. § 3 Abs. 1 Nr. 3 UmwRG Art und Umfang der bisherigen Tätigkeit, der Mitgliederkreis sowie die Leistungsfähigkeit der Vereinigung.

[506] § 3 Abs. 1 Nr. 5 Hs. 2 UmwRG bestimmt, was unter einem vollwertigen „Mitglied" zu verstehen ist, § 3 Abs. 1 Nr. 5 Hs. 3 UmwRG enthält eine Sonderregelung für Dachverbände. Instruktiv zur häufig als „Prinzip der Binnendemokratie" adressierten Anerkennungsvoraussetzung in § 3 Abs. 1 S. 2 Nr. 5 UmwRG, die als Antwort auf die durch Verbandsklagerechte eingeräumten Einflussnahmemöglichkeiten gelesen werden kann, *Spieth/Hellermann* NVwZ 2019, 745 (747 ff.).

[507] *Balensiefen*, Umwelt-Rechtsbehelfsgesetz, 2013, § 3 Rn. 3.

[508] Ausführlich zum Rechtsschutz Landmann/Rohmer/*Fellenberg/Schiller* UmwRG § 3 Rn. 58 ff.

Aufgabenbereiche in die Satzung aufzunehmen.[509] Nur so ist vor dem Hintergrund von § 2 Abs. 1 Nr. 2 UmwRG, der einen Zusammenhang zwischen dem satzungsgemäßen Aufgabenbereich des Vereins und der mit der Verbandsklage angegriffenen Entscheidung verlangt,[510] ein umfassendes Verbandsklagerecht gesichert.

2. Bundesnaturschutzgesetz

§ 64 Abs. 1 BNatSchG enthält eine § 2 Abs. 1 UmwRG weitgehend entsprechende 114
Vorschrift für die Anfechtung bestimmter Entscheidungen nach dem Bundesnaturschutzgesetz durch eine anerkannte Naturschutzvereinigung.[511] Eine „anerkannte Naturschutzvereinigung" ist, wie sich aus § 63 Abs. 1 BNatSchG ergibt, eine „nach § 3 des Umwelt-Rechtsbehelfsgesetzes [...] anerkannte Vereinigung, die nach ihrem satzungsgemäßen Aufgabenbereich im Schwerpunkt die Ziele des Naturschutzes und der Landschaftspflege fördert". Ob sie vom Bund oder von einem Land anerkannt worden ist, ist für das Verbandsklagerecht nach § 64 Abs. 1 BNatSchG ohne Bedeutung.

[509] *Balensiefen,* Umwelt-Rechtsbehelfsgesetz, 2013, § 2 Rn. 7 und § 3 Rn. 4, der exemplarisch den Hochwasserschutz und den Schutz von Kulturgütern nennt. Ergänzend bietet sich mit Blick auf § 63 Abs. 1 BNatSchG eine Aufnahme des Naturschutzes und der Landschaftspflege in die Satzung an.

[510] Dazu *Balensiefen,* Umwelt-Rechtsbehelfsgesetz, 2013, § 2 Rn. 7.

[511] Rechtsbehelfe nach § 64 BNatSchG und Rechtsbehelfe nach § 2 UmwRG können nebeneinander geltend gemacht werden, Landmann/Rohmer/*Gellermann* § 64 BNatSchG Rn. 2.

Kapitel 6. Formulare

§ 21. Satzungen und Ordnungen

Übersicht

A. Satzung eines mittelgroßen Idealvereins

Vereinssatzung 1

§ 1. Name, Sitz, Geschäftsjahr

(1) Der Verein führt den Namen ***.[1]

(2) Er soll in das Vereinsregister eingetragen werden. Mit Eintragung führt er den Namenszusatz „e.V.".

(3) Sitz des Vereins ist ***.[2]

(4) Geschäftsjahr ist das Kalenderjahr.

§ 2. Zweck des Vereins

(1) Zweck des Vereins ist ***.[3]

(2) Der Zweck des Vereins wird verwirklicht insbesondere durch ***.

(3) Der Verein verfolgt ausschließlich und unmittelbar gemeinnützige/mildtätige/kirchliche Zwecke im Sinne des Abschnitts „Steuerbegünstigte Zwecke" der Abgabenordnung.
Der Verein ist selbstlos tätig, er verfolgt nicht in erster Linie eigenwirtschaftliche Zwecke.
Mittel des Vereins dürfen nur für die satzungsmäßigen Zwecke verwendet werden. Die Mitglieder erhalten keine Zuwendungen aus den Mitteln des Vereins. Es darf

[1] Zum Namen des Vereins → § 5 Rn. 6 ff.
[2] Zum Sitz des Vereins → § 5 Rn. 32 ff.
[3] Zum Zweck des Vereins → § 6 Rn. 1 ff.

keine Person durch Ausgaben, die dem Zweck des Vereins fremd sind oder durch unverhältnismäßig hohe Vergütungen begünstigt werden.[4]

(4) Der Vorstand ist grundsätzlich ehrenamtlich tätig. Die Mitgliederversammlung kann eine jährliche, angemessene pauschale Tätigkeitsvergütung für Vorstandsmitglieder beschließen.[5]

§ 3. Mitgliedschaft

(1) Mitglied des Vereins kann jede natürliche und juristische Person werden.[6]

(2) Der Antrag auf Aufnahme in den Verein ist an den Vorstand zu richten. Der Vorstand entscheidet über die Aufnahme.[7]

(3) Die Mitgliedschaft endet[8] durch Tod,[9] bei juristischen Personen deren Erlöschen,[10] Austritt oder Ausschluss.

(4) Der Austritt ist schriftlich gegenüber dem Vorstand zu erklären.[11] Er ist nur mit einer Frist von zwei Monaten zum Ende eines Kalenderjahres zulässig.[12]

(5) Ein Mitglied kann aus dem Verein ausgeschlossen werden, wenn es in grober Weise gegen die Vereinsinteressen verstoßen hat oder wenn es mit mindestens einem Jahresbeitrag mit mehr als sechs Monaten in Verzug ist. Über einen Ausschluss entscheidet der Vorstand. Der Ausschluss wegen Zahlungsverzuges ist mit einer Frist von drei Monaten schriftlich anzudrohen, im Übrigen ist dem Auszuschließenden vor der Beschlussfassung Gelegenheit zur Stellungnahme zu geben.[13]

(6) Gegen die Ablehnung der Aufnahme und gegen den Ausschluss aus dem Verein kann die betroffene Person binnen eines Monats nach Zugang der Entscheidung Beschwerde einlegen. Über die Beschwerde entscheidet die nächste Mitgliederversammlung. Die Beschwerde gegen den Ausschluss hat aufschiebende Wirkung.[14]

(7) Die Mitgliederversammlung kann jede natürliche und juristische Person, die sich besonders um den Verein verdient gemacht hat, zum Ehrenmitglied ernennen.[15]

(8) Personen, die *** *[Umschreibung bestimmter Voraussetzungen, bei deren Vorliegen die Gastmitgliedschaft eröffnet wird]* können Gastmitglied des Vereins werden. Gastmitglieder haben dieselben Rechte und Pflichten wie ordentliche Mitglieder. Jedoch endet ihre Mitgliedschaft ohne weitere Voraussetzungen mit Ablauf von *** Jahren ab Wirksamwerden ihres Eintritts. Im Übrigen gelten für Eintritt und Austritt die Bestimmungen für ordentliche Mitglieder entsprechend. Eine mehrmalige Gastmitgliedschaft ist ausgeschlossen.[16]

§ 4. Mitgliedsbeiträge

(1) Von den Mitgliedern werden Jahresbeiträge erhoben. Die Höhe des Mitgliedsbeitrags sowie die Fälligkeit werden von der Mitgliederversammlung beschlossen.[17]

---

[4] Zu den Voraussetzungen der Gemeinnützigkeit → § 14 Rn. 7 ff.
[5] Zu Anforderungen an die Satzungsgestaltung bei der Vergütung für Vorstandsmitglieder → § 14 Rn. 77 ff.
[6] Zur Person der Gründer → § 4 Rn. 8 ff.; ausf. zur Mitgliedsfähigkeit → § 10 Rn. 20 ff.
[7] Zum Aufnahmeverfahren → § 5 Rn. 49 ff. und → § 10 Rn. 176 ff.
[8] Zum Erlöschen der Mitgliedschaft → § 5 Rn. 58 ff. und → § 10 Rn. 272 ff.
[9] Zum Erlöschen der Mitgliedschaft durch Tod → § 10 Rn. 318.
[10] Zum Erlöschen der Mitgliedschaft bei Vollbeendigung und Umwandlung → § 10 Rn. 319 ff.
[11] Zur Austrittserklärung ausf. → § 10 Rn. 275 ff.
[12] Zur Austrittsfrist ausf. → § 10 Rn. 280 ff.
[13] Zum Vereinsausschluss (und dem Streichen von der Mitgliederliste) → § 5 Rn. 63 ff. und → § 10 Rn. 294 ff., 313 ff.; zu sonstigen Erlöschensgründen → § 5 Rn. 83 ff. und → § 10 Rn. 308 ff.; zum „Ruhen der Mitgliedschaft" als Vereinsstrafe → § 10 Rn. 303 ff.; zum Vereinsausschluss als Vereinsstrafe → § 11 Rn. 60 ff.; zum Vereinsausschluss von Vorstandsmitgliedern → § 8 Rn. 134 ff.
[14] Zum vereinsinternen Rechtsbehelf → § 5 Rn. 71 f. (Ausschluss) bzw. → § 10 Rn. 210 f. (Beitritt); allg. → § 18 Rn. 43 ff.
[15] Zur Ehrenmitgliedschaft (und sonstigen Ehrungen) → § 10 Rn. 91 ff.; zu Sonderrechten im Verein → § 10 Rn. 75 ff.; zu Mitgliedergruppen → § 10 Rn. 43 ff.
[16] Vgl. allg. zu besonderen Mitgliedschaftsgruppen → § 10 Rn. 43 ff.
[17] Zur Beitragspflicht → § 5 Rn. 91 ff. und → § 10 Rn. 112 ff.

Scheidet ein Mitglied während des laufenden Wirtschaftsjahres aus, so ist eine Erstattung von Beiträgen, die für das laufende Wirtschaftsjahr im Voraus erbracht wurden, ausgeschlossen.[18]

(2) Jedes Mitglied ist verpflichtet, dem Verein ein SEPA-Lastschriftmandat zum Einzug des Mitgliedsbeitrags zu erteilen. Die Mitgliederversammlung kann mit der Mehrheit der abgegebenen Stimmen für den Fall, dass diese Verpflichtung nicht erfüllt wird, die Erhebung eines angemessenen Beitragszuschlages beschließen.

(3) Die Mitgliederversammlung kann mit der Mehrheit der abgegebenen Stimmen die Erhebung von Aufnahmegebühren beschließen und deren Höhe festlegen.

(4) Das Stimmrecht eines Mitglieds ruht, solange es sich mit der Zahlung seines Mitgliedsbeitrags oder eines Teiles länger als sechs Monate im Verzug befindet.[19]

(5) Von den Mitgliedern können Umlagen erhoben werden, wenn sie der Erfüllung des Vereinszwecks dienen und im Einzelfall zur Deckung eines außerordentlichen Bedarfs des Vereins erforderlich sind. Die Höhe sämtlicher in einem Wirtschaftsjahr erhobenen Umlagen darf den zweifachen Jahresmitgliedsbeitrag des jeweiligen Mitglieds nicht überschreiten. Über die Erhebung einer Umlage und deren Höhe entscheidet die Mitgliederversammlung.[20]

(6) Ehrenmitglieder sind von der Verpflichtung zur Leistung von Beiträgen und Umlagen befreit.[21]

§ 5. Organe des Vereins

Organe des Vereins sind der Vorstand und die Mitgliederversammlung.

§ 6. Vereinsvorstand

(1) Der Vorstand des Vereins besteht aus vier bis sechs Personen, nämlich dem 1. und dem 2. Vorsitzenden, dem Schatzmeister, dem Schriftführer und bis zu zwei Beisitzern.[22]

(2) Der Verein wird gerichtlich und außergerichtlich durch zwei Mitglieder des Vorstands gemeinsam vertreten. Durch Beschluss der Mitgliederversammlung können die Vorstandsmitglieder oder einzelne von ihnen von den Beschränkungen des § 181 BGB ganz oder teilweise befreit werden.[23]

(3) Der Vorstand wird von der Mitgliederversammlung auf *** [*zB:* zwei *oder* drei] Jahre[24] gewählt.[25] Die Vorstandsmitglieder bleiben auch nach dem Ablauf ihrer Amtszeit bis zur erfolgreichen Neuwahl des Vorstands im Amt.[26] Scheidet ein Mitglied des Vorstands während der Amtsdauer aus,[27] kann der Vorstand für die restliche Amtsdauer des Ausgeschiedenen ein Ersatzmitglied bestellen.[28]

(4) Dem Vorstand können nur Vereinsmitglieder angehören.[29] Die Vereinigung mehrerer Vorstandsämter in einer Person ist [*ggf.:* nicht] zulässig.[30]

---

[18] Zu den Rechtsfolgen der Beendigung der Mitgliedschaft → § 10 Rn. 324ff.
[19] Zur Sanktionierung von Beitragsrückständen → § 10 Rn. 140ff.
[20] Zu Umlagen → § 10 Rn. 147ff.
[21] Zur späteren Einfügung einer derartigen Bestimmung → § 5 Rn. 97.
[22] Zur Bildung des Vorstands → § 5 Rn. 111ff. und → § 8 Rn. 6ff.
[23] Zur allg. Vertretungsregelung → § 8 Rn. 226ff.
[24] Zur Amtsdauer → § 8 Rn. 93ff.
[25] Zu möglichen Bestellungsverfahren → § 8 Rn. 47ff.; zur Vorstandsbestellung durch Wahl der Mitgliederversammlung → § 8 Rn. 52ff.
[26] Zur Fortdauer des Amtes nach Ablauf der vorgesehenen Amtsdauer → § 8 Rn. 106ff.
[27] Allg. zur Beendigung des Vorstandsamtes → § 8 Rn. 100ff.
[28] Zur Kooptation → § 8 Rn. 65ff.
[29] Zur Vorstandsfähigkeit → § 4 Rn. 101f. und → § 8 Rn. 22ff.
[30] Zur Personalunion → § 8 Rn. 19.

§ 7. Zuständigkeit des Vorstandes

Der Vorstand ist für alle Angelegenheiten des Vereins zuständig, die nicht durch gegenwärtige Satzung einem anderen Vereinsorgan zugewiesen sind.[31] Er hat insbesondere folgende Aufgaben:
(a) Vorbereitung der Mitgliederversammlung und Aufstellung der Tagesordnung,
(b) Einberufung der Mitgliederversammlung,
(c) Ausführung der Beschlüsse der Mitgliederversammlung,
(d) Verwaltung des Vereinsvermögens und Buchführung,
(e) Erstellung der Jahreshaushaltspläne und der Jahresberichte,
(f) Beschlussfassung über Aufnahme und Ausschluss von Mitgliedern.

§ 8. Beschlussfassung des Vorstandes

(1) Der Vorstand fasst seine Beschlüsse[32] in Vorstandssitzungen oder auf schriftlichem Wege.[33]
(2) Vorstandssitzungen sind vom 1. Vorsitzenden, bei dessen Verhinderung vom 2. Vorsitzenden in Textform oder (fern-)mündlich unter Einhaltung einer Einberufungsfrist von einer Woche einzuberufen.[34] Der Mitteilung einer Tagesordnung bedarf es nicht. Sitzungsleiter ist der 1. Vorsitzende, bei dessen Verhinderung der 2. Vorsitzende. Im Übrigen wird der Sitzungsleiter aus der Mitte der anwesenden Vorstandsmitglieder gewählt.[35]
(3) Der Vorstand ist beschlussfähig, wenn mindestens zwei Mitglieder anwesend sind.[36] Er entscheidet mit einfacher Mehrheit der abgegebenen gültigen Stimmen. Bei Stimmengleichheit entscheidet die Stimme des Sitzungsleiters.[37] Die Beschlussfähigkeit des Vorstandes setzt nicht voraus, dass sämtliche Vorstandsämter besetzt sind.[38]
(4) Über die Vorstandssitzungen ist ein Protokoll zu führen, das Ort und Zeit der Sitzung, Namen der Teilnehmer, gefasste Beschlüsse und Abstimmungsergebnis enthalten soll. Das Protokoll dient Beweiszwecken.
(5) Vorstandssitzungen können auch in der Weise stattfinden, dass
- alle Vorstandsmitglieder zu einer rein virtuellen Sitzung zusammentreten („Online-Sitzung") oder
- einzelne Vorstandsmitglieder an der Sitzung ohne Anwesenheit an einem Sitzungsort teilnehmen und ihre Rechte, insbesondere ihr Stimmrecht im Wege der elektronischen Kommunikation ausüben („Hybrid-Sitzung").

Es kann auch gestattet werden, dass einzelne Vorstandsmitglieder ohne Teilnahme an einer Sitzung ihre Stimme spätestens bei Beschlussfassung in Textform abgeben („Fernabstimmung"). Für Beschlüsse, bei denen sie ihre Stimme abgegeben haben, gelten sie als anwesend. Die Art der Sitzung und die Möglichkeiten der Sitzungsteilnahme sowie die Einzelheiten des Verfahrens sind spätestens bei der Ladung zur Sitzung mitzuteilen.[39]
(6) Außerhalb von Versammlungen können Vorstandsbeschlüsse gefasst werden, wenn alle Vorstandsmitglieder an der Beschlussfassung beteiligt wurden und bis zu einem bei Aufforderung zur Stimmabgabe zu setzenden Termin mindestens die Hälfte der Vorstandsmitglieder ihre Stimmen in Textform abgegeben hat. Für die erforderlichen Mehrheiten gelten die Bestimmungen für Beschlussfassungen in Sitzungen.

[31] Zur Geschäftsführung durch den Vorstand → § 8 Rn. 196ff.
[32] Zur Meinungsbildung im Vorstand → § 8 Rn. 164ff.
[33] Zur Meinungsbildung des Vorstands → § 8 Rn. 164ff.
[34] Zur Einberufung von Vorstandssitzungen → § 8 Rn. 167ff.
[35] Zur Sitzungsleitung → § 8 Rn. 184ff.
[36] Zur Beschlussfähigkeit → § 8 Rn. 177ff.
[37] Zu Mehrheitserfordernissen → § 8 Rn. 185ff.
[38] Zur (streitigen) Notwendigkeit der vollständigen Besetzung des Vorstands → § 8 Rn. 178ff.
[39] Zur virtuellen Beschlussfassung im Vorstand → § 8 Rn. 161a ff.

(7) Über die Entlastung des Vorstandes ist auf dessen Antrag in der Mitgliederversammlung Beschluss zu fassen.[40]

§ 9. Mitgliederversammlung

(1) Die Mitgliederversammlung ist für folgende Angelegenheiten zuständig:[41]
   (a) Wahl und Abberufung der Vorstandsmitglieder und der Kassenprüfer,[42]
   (b) Beschlussfassung über Änderungen der Satzung,[43]
   (c) Beschlussfassung über die Auflösung des Vereins,[44]
   (d) Festsetzung der Höhe und der Fälligkeit des Jahresbeitrages,[45]
   (e) Erhebung und ggf. Fälligkeit und Höhe etwaiger Beitragszuschläge, Aufnahmegebühren und Umlagen gemäß § 3 der Satzung,
   (f) Beschlussfassung über Beschwerden gegen die Ablehnung eines Aufnahmeantrags und gegen einen Ausschließungsbeschluss des Vorstands,[46]
   (g) Ernennung von Ehrenmitgliedern,[47]
   (h) Genehmigung des Haushaltsplanes und Entgegennahme des Jahresberichts und sonstiger Berichte des Vorstands,
   (i) Entlastung des Vorstands.[48]

(2) Einmal jährlich, möglichst im ersten Quartal eines Jahres, findet die ordentliche Mitgliederversammlung des Vereins statt.[49] Weitere (außerordentliche) Mitgliederversammlungen sind einzuberufen, wenn es das Interesse des Vereins erfordert oder wenn die Einberufung von einem Zehntel der Mitglieder unter Angabe des Zwecks und der Gründe schriftlich vom Vorstand verlangt wird.[50]

(3) Über die Beschlüsse der Mitgliederversammlung ist ein Protokoll aufzunehmen, das von Versammlungsleiter und Protokollführer zu unterzeichnen ist. Protokollführer ist der Schriftführer, bei dessen Verhinderung bestimmt die Versammlung den Protokollführer. Das Protokoll soll Ort und Zeit der Versammlung, die Zahl der erschienenen Mitglieder, die Person von Versammlungsleiter und Protokollführer, die Tagesordnung sowie die gefassten Beschlüsse samt Art der Abstimmung und Abstimmungsergebnissen enthalten.[51]

(4) Die Mitgliederversammlung kann jeweils entweder real (als reine Präsenzversammlung), und – sofern keine zwingenden Gesetzbestimmungen entgegenstehen – virtuell (ausschließlich unter Einsatz technischer Kommunikationsmittel) oder in hybrider Form als Online-Präsenzversammlung (Präsenzversammlung an der nicht physisch anwesende Mitglieder elektronisch teilnehmen können) erfolgen.[52] Der Vorstand entscheidet hierüber nach seinem Ermessen und teilt dies den Mitgliedern in der Einladung mit. Die Vorschrift des § 32 Abs. 2 BGB bleibt hiervon unberührt.

(5) Virtuelle Mitgliederversammlungen finden in einem nur für Mitglieder zugänglichen Chatroom statt. Mitglieder müssen sich hierbei mit ihren Daten sowie einem gesonderten Passwort anmelden Das Passwort ist jeweils nur für eine virtuelle Mitgliederversammlung gültig. Mitglieder, die ihre E-Mail-Adresse beim Verein registriert haben, erhalten das Passwort durch eine gesonderte E-Mail, die übrigen Mitglieder

---

[40] Vgl. nachstehend § 9 Abs. 1 Buchst. h der Satzung.
[41] Zu Funktion und Befugnissen der Mitgliederversammlung → § 7 Rn. 1 ff.
[42] Zur Wahl der Vorstandsmitglieder → § 8 Rn. 52 ff.; zu Wahlen und Abstimmungen allg. → § 7 Rn. 160 ff.
[43] Zur Satzungsänderung allg. → § 5 Rn. 152 ff.
[44] → § 13 Rn. 234 ff.
[45] Zur Beitragspflicht → § 5 Rn. 91 ff. und → § 10 Rn. 112 ff.
[46] § 3 Abs. 6 der Satzung.
[47] § 3 Abs. 7 der Satzung.
[48] Zur Entlastung des Vorstands → § 8 Rn. 156 ff.
[49] → § 7 Rn. 5 f.
[50] Zu Einberufungsgründen → § 7 Rn. 26 ff.; zum Minderheitenrecht → § 7 Rn. 30 ff.
[51] Zur „Beurkundung" der Mitgliederversammlung → § 5 Rn. 139 ff. und → § 7 Rn. 222 ff.
[52] Zu virtuellen Mitgliederversammlungen → § 7 Rn. 11 ff.

erhalten das Passwort per Brief. Ausreichend ist eine Versendung des Passworts zwei Tage vor der Mitgliederversammlung an die dem Verein zuletzt bekannt gegebene (E-Mail-) Adresse bzw. eine Woche vor Versammlung an die dem Verein zuletzt bekanntgegebene Postadresse. Die Mitglieder sind verpflichtet, das Passwort geheim zu halten. Eine Weitergabe an dritte Personen ist nicht zulässig.

(6) Im Fall einer Online-Präsenzversammlung entscheidet der Vorstand über die Modalitäten der Fernabstimmung, die allen Mitgliedern die Teilnahme im Wege elektronischer Kommunikation ermöglicht.

(7) Der Vorstand kann auch entscheiden, dass jedes Mitglied, das es wünscht, seine Stimme – auch ohne an der Versammlung teilzunehmen – im Wege elektronischer Kommunikation abgeben darf. In diesem Fall muss dem Verein die Stimme bis zum Ablauf des Tages vor dem Versammlungstag zugegangen sein.

(8) Die Mitgliederversammlungen finden stets unter Ausschluss der Öffentlichkeit statt. Über die Zulassung von Gästen hat der Versammlungsleiter zu entscheiden. Gäste dürfen sich nicht an der Diskussion beteiligen, soweit die Mitgliederversammlung hierüber nicht mit der einfachen Mehrheit der abgegebenen Stimmen anderweitig beschließt.[53]

§ 10. Einberufung der Mitgliederversammlung

(1) Die Mitgliederversammlung ist vom Vorstand[54] unter Einhaltung einer Frist von zwei Wochen[55] einzuberufen. Die Einberufung erfolgt schriftlich an die letzte vom Mitglied schriftlich bekanntgegebene Adresse unter Angabe der Tagesordnung. Mitglieder, die dem Verein eine E-Mail-Adresse mitgeteilt haben, können auch elektronisch durch Übermittlung einer E-Mail an die zuletzt in Textform mitgeteilte E-Mail-Adresse geladen werden, wenn das Mitglied nicht in Textform anderes mitgeteilt hat.[56] Die Ladungsfrist beginnt mit dem auf die Absendung der Einladung folgenden Tag.

(2) Jedes Mitglied kann beantragen, dass weitere Angelegenheiten nachträglich auf die Tagesordnung gesetzt werden. Geht ein solcher Antrag spätestens eine Woche vor dem Tag der Mitgliederversammlung schriftlich beim Vorstand ein, ist die Tagesordnung zu Beginn der Mitgliederversammlung entsprechend zu ergänzen. Geht er später ein oder wird er erst in der Mitgliederversammlung gestellt, beschließt die Mitgliederversammlung über die Zulassung.[57]

§ 11. Beschlussfassung der Mitgliederversammlung

(1) Die Mitgliederversammlung ist beschlussfähig, wenn mindestens ein Viertel aller Vereinsmitglieder anwesend ist.[58] Bei Beschlussunfähigkeit hat der Vorstand innerhalb eines Monats eine zweite Mitgliederversammlung mit der gleichen Tagesordnung einzuberufen. Diese zweite Mitgliederversammlung ist ohne Rücksicht auf die Zahl der erschienenen Vereinsmitglieder beschlussfähig, wenn hierauf in der Einladung hingewiesen wurde. Für deren Ladung gelten im Übrigen die allgemeinen Ladungsbestimmungen.[59]

(2) Die Mitgliederversammlung wird vom 1. Vorsitzenden, bei dessen Verhinderung vom 2. Vorsitzenden geleitet. Ist auch der 2. Vorsitzende verhindert, bestimmt die Versammlung den Versammlungsleiter aus dem Kreis der Vereinsmitglieder. Bei Wahlen kann die Versammlungsleitung für die Dauer des Wahlgangs und der vor-

---

[53] Zur Zulassung von Gästen → § 7 Rn. 121 ff.
[54] Zur Einberufungszuständigkeit → § 7 Rn. 55 ff.
[55] Zur Einberufungsfrist → § 7 Rn. 59 ff.
[56] Zur Form der Einberufung → § 7 Rn. 65 ff.
[57] Zur Zulässigkeit späterer Anträge → § 7 Rn. 81, 140 f.
[58] Zur Beschlussfähigkeit → § 7 Rn. 161 ff.
[59] Zur Wiederholungsversammlung → § 7 Rn. 99 ff.

hergehenden Aussprache einem anderen Vereinsmitglied oder einem Wahlausschuss übertragen werden.[60]

(3) In der Mitgliederversammlung hat jedes (Ehren-)Mitglied eine Stimme.[61] Die Art der Abstimmung bestimmt der Versammlungsleiter.[62] Die Abstimmung muss jedoch schriftlich durchgeführt werden, wenn mindestens ein Viertel der bei der Abstimmung anwesenden stimmberechtigten Mitglieder dies verlangt.[63]

(4) Soweit in gegenwärtiger Satzung nicht ausdrücklich anders bestimmt, fasst die Mitgliederversammlung Beschlüsse mit der einfachen Mehrheit der abgegebenen Stimmen.[64] Eine Mehrheit von drei Vierteln der abgegebenen Stimmen ist jedoch erforderlich für:
 (a) die Änderung der Satzung,
 (b) die Auflösung des Vereins,
 (c) die Zulassung von nachträglichen Anträgen auf Ergänzung der Tagesordnung.

(5) Stimmenthaltungen werden bei der Feststellung der Mehrheit nicht mitgezählt. Ungültige Stimmen werden ebenfalls nicht mitgezählt; sie gelten als nicht abgegeben. Eine Enthaltung liegt vor, wenn bei offener Abstimmung die Stimme als Enthaltung abgegeben wird, bei schriftlicher Abstimmung, wenn der Stimmzettel unverändert abgegeben oder als Enthaltung gekennzeichnet wird.

(6) Das Stimmrecht kann entweder persönlich oder durch einen Bevollmächtigten ausgeübt werden. Bevollmächtigt werden können nur andere Vereinsmitglieder. Die Bevollmächtigung kann nicht allgemein, sondern nur beschränkt auf die jeweilige Mitgliederversammlung erteilt werden. Die Bevollmächtigung ist schriftlich nachzuweisen. Untervollmacht kann nicht erteilt werden. Mitglieder dürfen nicht mehr als zwei Vollmachtgeber gleichzeitig vertreten.[65]

(7) Mitglieder, die das 18. Lebensjahr noch nicht vollendet haben, dürfen ihr Stimmrecht nicht persönlich ausüben; für sie handelt der gesetzliche Vertreter.[66]

(8) Für Wahlen gelten die Bestimmungen über die Beschlussfassung entsprechend. Der Versammlungsleiter kann dabei bestimmen, dass über mehrere zu wählende Ämter in einem Wahlgang abgestimmt wird.[67] Erreicht im ersten Wahlgang kein Kandidat die absolute Mehrheit, ist die Wahl zu wiederholen. Erreicht auch im zweiten Wahlgang kein Kandidat die absolute Mehrheit, genügt im dritten und in weiteren Wahlgängen die einfache Mehrheit. Erreicht auch nach mindestens drei Wahlgängen kein Kandidat eine Mehrheit, kann der Versammlungsleiter bestimmen, dass das Los entscheidet.

§ 12. Kassenführung

(1) Der Schatzmeister hat über die Kassengeschäfte Buch zu führen und eine Jahresrechnung zu erstellen.

(2) Die Jahresrechnung wird von zwei Kassenprüfern geprüft, die von der Mitgliederversammlung gewählt werden. Für deren Wahl, Wählbarkeit und Amtsdauer gelten die Bestimmungen für Vorstandsmitglieder entsprechend. Die geprüfte Jahresrechnung ist der Mitgliederversammlung zur Beschlussfassung vorzulegen.

§ 13. Vereinsstrafen

(1) Folgende Pflichtverletzungen können mit einer Vereinsstrafe belegt werden:[68]

---

[60] Zur Versammlungsleitung → § 7 Rn. 103 ff.
[61] Zum Stimmrecht → § 7 Rn. 189 ff.
[62] Zur Art der Abstimmung → § 7 Rn. 176 ff.
[63] Zur geheimen Wahl → § 7 Rn. 177 f.
[64] Zur Stimmenmehrheit → § 5 Rn. 172 ff. und → § 7 Rn. 164 ff.
[65] Zur Vertretung bei Mitgliederversammlungen → § 7 Rn. 196 ff. und → § 10 Rn. 6 ff.
[66] Zur Stimmabgabe durch Minderjährige, Betreute etc. → § 7 Rn. 203 ff. und → § 10 Rn. 48.
[67] Zu „Block-" und „Listenwahlen" → § 7 Rn. 180 ff.
[68] Grds. zu Vereinsstrafen → § 11 Rn. 1 ff.

(a) Verstoß gegen den Vereinszweck oder gegen das Vereinsinteresse,
(b) Verstoß gegen die Vereinssatzung und/oder die Vereinsordnungen,
(c) Verstoß gegen Beschlüsse und/oder Anordnungen der Vereinsorgane,
(d) unehrenhaftes Verhalten, sowohl innerhalb als auch außerhalb des Vereinslebens,
(e) Verlust der Fähigkeit, öffentliche Ämter zu bekleiden oder Rechte aus öffentlichen Wahlen zu erlangen (§ 45 Strafgesetzbuch).

(2) Eine schuldhafte, mindestens fahrlässig begangene Pflichtverletzung kann mit einer der folgenden Vereinsstrafen geahndet werden:
(a) Verwarnung,
(b) Verweis,
(c) Betretungs- und Benutzungsverbot für längstens drei Monate für alle vom Verein betriebenen Anlagen und Gebäude,
(d) Suspendierung von Vereinsämtern,
(e) Geldstrafen bis zu 2.000,00 EUR,
(f) Ausschluss aus dem Verein.

(3) Das Verhängen einer Vereinsstrafe setzt voraus, dass die Pflichtverletzung nicht unerheblich ist. Der Ausschluss aus dem Verein setzt eine grobe Pflichtverletzung voraus. Einer groben Pflichtverletzung stehen eine wiederholte oder mehrere erhebliche Pflichtverletzungen gleich. Die Vereinsstrafen Nr. 3 lit. c–e können auch bei einer einzigen Pflichtverletzung in Kombination verhängt werden.

(4) Über die Verhängung einer Vereinsstrafe entscheidet der Vorstand.

(5) Vor der Entscheidung über eine der genannten Vereinsstrafen ist dem Mitglied Gelegenheit zur Stellungnahme zu geben. Die Entscheidung ist dem Mitglied bekannt zu geben. Die Entscheidung über den Ausschluss ist immer schriftlich zu begründen.

(6) Gegen die Entscheidung über den Ausschluss kann das Mitglied innerhalb eines Monats schriftlich Einspruch beim Vorstand einlegen. Über den Einspruch entscheidet die Mitgliederversammlung, die innerhalb von drei Monaten nach Eingang des Einspruchs als außerordentliche stattzufinden hat, falls innerhalb dieser Frist keine ordentliche Mitgliederversammlung stattfindet, die über den Einspruch entscheidet. In der Ladung ist der Tagesordnungspunkt anzugeben und darauf hinzuweisen, dass sowohl die Begründung des Ausschlusses als auch die Einspruchsbegründung des Mitgliedes auf der Geschäftsstelle zur Einsicht ausliegen und in der Mitgliederversammlung vor der Abstimmung verlesen werden. Der Ausschluss wird nur wirksam, wenn er von der Mitgliederversammlung innerhalb der Frist mit einer Mehrheit von zwei Dritteln der abgegebenen Stimmen bestätigt wird. Versäumt das Mitglied die Einspruchsfrist, wird der Ausschluss mit deren Ablauf ohne weiteren Entscheid der Mitgliederversammlung wirksam. Über den Ausschluss eines Vorstandsmitglieds entscheidet originär die Mitgliederversammlung mit einer Mehrheit von zwei Dritteln der abgegebenen Stimmen. Auch gegen deren Entscheidung ist der Einspruch zur nochmaligen Entscheidung zulässig.

§ 14. Auflösung des Vereins

(1) Die Auflösung des Vereins erfolgt durch Beschluss der Mitgliederversammlung. Die Versammlung ist beschlussfähig, wenn mindestens zwei Drittel der stimmberechtigten Vereinsmitglieder anwesend sind. Der Auflösungsbeschluss bedarf einer Mehrheit von vier Fünfteln der abgegebenen Stimmen. Herrscht in der Versammlung mangels ausreichender Mitgliederpräsenz keine Beschlussfähigkeit, so ist binnen einer Frist von vier Wochen eine weitere Mitgliederversammlung mit gleicher Tagesordnung einzuberufen, die ohne Rücksicht auf die Zahl der anwesenden Mitglieder beschlussfähig ist, wenn hierauf in der Einladung hingewiesen wurde. Der Beschluss

über die Auflösung bedarf auch in der weiteren Versammlung der Zustimmung von vier Fünfteln der abgegebenen Stimmen.[69]

(2) Bei Auflösung des Vereins oder bei Wegfall steuerbegünstigter Zwecke fällt das Vermögen des Vereins an *** *[steuerbegünstigte/gemeinnützige Körperschaft oder juristische Person des öffentlichen Rechts]*, der/die es unmittelbar und ausschließlich für gemeinnützige Zwecke zu verwenden hat. [*Alt.:* Bei Auflösung des Vereins oder bei Wegfall steuerbegünstigter Zwecke fällt das Vermögen des Vereins an eine juristische Person des öffentlichen Rechts oder eine andere steuerbegünstigte Körperschaft zwecks Verwendung für *** *[steuerbegünstigter/gemeinnütziger Zweck].*][70]

(3) Liquidatoren sind der 1. und 2. Vorsitzende als je einzelvertretungsberechtigte Liquidatoren, soweit die Versammlung nichts anderes beschließt.[71]

B. Satzung eines (Einsparten-)Sportvereins

I. Satzung eines (Einsparten-)Sportvereins mit Verbandsmitgliedschaft

Vereinssatzung 2

§ 1. Name, Sitz, Geschäftsjahr, Verbandsmitgliedschaft

(1) Der Verein führt den Namen ***.[72]

(2) Er soll in das Vereinsregister eingetragen werden. Mit Eintragung führt er den Namenszusatz „e.V.".

(3) Sitz des Vereins ist ***.[73]

(4) Geschäftsjahr ist das Kalenderjahr.

(5) Der Verein ist Mitglied des *** e.V. *[Landes-Sportverband].* Durch die Mitgliedschaft von Einzelpersonen zum Verein wird die Zugehörigkeit der Einzelpersonen zum *** e.V. vermittelt. Der Verein erkennt die Satzung, die Ordnungen und die Richtlinien des *** Verbandes als verbindlich an. Die Mitglieder des Vereins unterwerfen sich durch ihren Beitritt zum Verein zugleich der Satzung, den Ordnungen und den Richtlinien des *** Verbandes. Soweit danach Verbandsrecht zwingend ist, überträgt der Verein seine Ordnungsgewalt auf den *** Verband.

§ 2. Zweck des Vereins

(1) Zweck des Vereins ist die Pflege und Förderung des Sports.[74]

(2) Der Zweck des Vereins wird verwirklicht durch die Ausübung der Sportart ***.

(3) Der Verein verfolgt ausschließlich und unmittelbar gemeinnützige Zwecke im Sinne des Abschnitts „Steuerbegünstigte Zwecke" der Abgabenordnung. Der Verein ist selbstlos tätig, er verfolgt nicht in erster Linie eigenwirtschaftliche Zwecke. Mittel des Vereins dürfen nur für die satzungsmäßigen Zwecke verwendet werden. Die Mitglieder erhalten keine Zuwendungen aus den Mitteln des Vereins. Es darf keine Person durch Ausgaben, die dem Zweck des Vereins fremd sind oder durch unverhältnismäßig hohe Vergütungen begünstigt werden.[75]

(4) Eine Änderung im Status der Gemeinnützigkeit zeigt der Verein unverzüglich dem *** e.V. *[Landes-Sportverband]*, den betroffenen Sportfachverbänden sowie dem zuständigen Finanzamt für Körperschaften an.

---

[69] Zur Auflösung → § 13 Rn. 234 ff.
[70] Zur Bedeutung der Satzungsbestimmungen für die Gemeinnützigkeit → § 14 Rn. 77 ff.
[71] Zu den Liquidatoren → § 13 Rn. 268 ff.; zur Vertretungsmacht → § 13 Rn. 275 ff.
[72] Zum Namen des Vereins → § 5 Rn. 6 ff.
[73] Zum Sitz des Vereins → § 5 Rn. 32 ff.
[74] Zum Zweck des Vereins → § 6 Rn. 1 ff.
[75] Zu den Voraussetzungen der Gemeinnützigkeit → § 14 Rn. 7 ff.

§ 3. Vergütungen für die Vereinstätigkeit[76]

(1) Vereinsämter werden grundsätzlich ehrenamtlich ausgeübt, soweit nicht diese Satzung etwas anderes bestimmt.
(2) Bei Bedarf können Vereinsämter aufgrund Beschluss des Vorstandes im Rahmen der finanziellen, steuerlichen und rechtlichen Möglichkeiten entgeltlich auf der Grundlage eines Dienstvertrages oder gegen Zahlung einer angemessenen – auch pauschalierten – Aufwandsentschädigung ausgeübt werden.
(3) In dem in Abs. 2 genannten Rahmen ist der Vorstand auch ermächtigt, Tätigkeiten für den Verein gegen Zahlung einer angemessenen Vergütung oder Aufwandsentschädigung zu beauftragen und/oder zur Erledigung der Geschäftsführungsaufgaben und zur Führung der Geschäftsstelle hauptamtlich Beschäftigte anzustellen. Im Übrigen haben Mitglieder und Mitarbeiter des Vereins einen Aufwendungsersatzanspruch nach § 670 BGB für solche Aufwendungen, die ihnen durch die Tätigkeit für den Verein entstanden sind; der Anspruch auf Aufwendungsersatz kann nur innerhalb einer Frist von sechs Monaten nach seiner Entstehung unter Nachweis mittels prüffähiger Belege und Aufstellungen geltend gemacht werden.
(4) Weitere Einzelheiten regelt die Finanzordnung des Vereins, die von der Mitgliederversammlung erlassen und geändert wird.

§ 4. Mitgliedschaft

(1) Mitglied des Vereins kann jede natürliche und juristische Person werden.[77]
(2) Der Antrag auf Aufnahme in den Verein ist an den Vorstand zu richten. Der Vorstand entscheidet über die Aufnahme.[78]
(3) Die Mitgliedschaft endet[79] durch Tod,[80] bei juristischen Personen deren Erlöschen,[81] Austritt oder Ausschluss.
(4) Der Austritt ist schriftlich gegenüber dem Vorstand zu erklären.[82] Er ist nur mit einer Frist von zwei Monaten zum Ende eines Kalenderjahres zulässig.[83]
(5) Ein Mitglied kann aus dem Verein ausgeschlossen werden, wenn es in grober Weise gegen die Vereinsinteressen verstoßen hat oder wenn es mit mindestens einem Jahresbeitrag mit mehr als sechs Monaten in Verzug ist. Über einen Ausschluss entscheidet der Vorstand. Der Ausschluss wegen Zahlungsverzuges ist mit einer Frist von drei Monaten schriftlich anzudrohen, im Übrigen ist dem Auszuschließenden vor der Beschlussfassung Gelegenheit zur Stellungnahme zu geben.[84]
(6) Gegen die Ablehnung der Aufnahme und gegen den Ausschluss aus dem Verein kann die betroffene Person binnen eines Monats nach Zugang der Entscheidung Beschwerde einlegen. Über die Beschwerde entscheidet die nächste Mitgliederversammlung. Die Beschwerde gegen den Ausschluss hat aufschiebende Wirkung.[85]
(7) Die Mitgliederversammlung kann jede natürliche und juristische Person, die sich besonders um den Verein verdient gemacht hat, zum Ehrenmitglied ernennen.[86]

---

[76] Zu Anforderungen an die Satzungsgestaltung bei der Vergütung für Vorstandsmitglieder → § 14 Rn. 77 ff.
[77] Zur Person der Gründer → § 4 Rn. 8 ff.; ausf. zur Mitgliedsfähigkeit → § 10 Rn. 20 ff.
[78] Zum Aufnahmeverfahren → § 5 Rn. 49 ff. und → § 10 Rn. 176 ff.
[79] Zum Erlöschen der Mitgliedschaft → § 5 Rn. 58 ff. und → § 10 Rn. 272 ff.
[80] Zum Erlöschen der Mitgliedschaft durch Tod → § 10 Rn. 318.
[81] Zum Erlöschen der Mitgliedschaft bei Vollbeendigung und Umwandlung → § 10 Rn. 319 ff.
[82] Zur Austrittserklärung ausf. → § 10 Rn. 275 ff.
[83] Zur Austrittsfrist ausf. → § 10 Rn. 280 ff.
[84] Zum Vereinsausschluss (und dem Streichen von der Mitgliederliste) → § 5 Rn. 63 ff. und → § 10 Rn. 294 ff., 313 ff.; zu sonstigen Erlöschensgründen → § 5 Rn. 83 ff. und → § 10 Rn. 308 ff.; zum „Ruhen der Mitgliedschaft" als Vereinsstrafe → § 10 Rn. 303 ff.; zum Vereinsausschluss als Vereinsstrafe → § 11 Rn. 60 ff.; zum Vereinsausschluss von Vorstandsmitgliedern → § 8 Rn. 134 ff.
[85] Zum vereinsinternen Rechtsbehelf → § 5 Rn. 71 f. (Ausschluss) bzw. → § 10 Rn. 210 f. (Beitritt); allg. → § 18 Rn. 43 ff.
[86] Zur Ehrenmitgliedschaft (und sonstigen Ehrungen) → § 10 Rn. 91 ff.; zu Sonderrechten im Verein → § 10 Rn. 75 ff.; zu Mitgliedergruppen → § 10 Rn. 43 ff.

§ 5. Beiträge

(1) Von den Mitgliedern werden Jahresbeiträge erhoben. Die Höhe des Mitgliedsbeitrags sowie die Fälligkeit werden von der Mitgliederversammlung beschlossen.[87] Scheidet ein Mitglied während des laufenden Wirtschaftsjahres aus, so ist eine Erstattung von Beiträgen, die für das laufende Wirtschaftsjahr im Voraus erbracht wurden, ausgeschlossen.[88]
(2) Jedes Mitglied ist verpflichtet, dem Verein ein SEPA-Lastschriftmandat zum Einzug des Mitgliedsbeitrags zu erteilen. Die Mitgliederversammlung kann mit der Mehrheit der abgegebenen Stimmen für den Fall, dass diese Verpflichtung nicht erfüllt wird, die Erhebung eines angemessenen Beitragszuschlages beschließen.
(3) Die Mitgliederversammlung kann mit der Mehrheit der abgegebenen Stimmen die Erhebung von Aufnahmegebühren beschließen und deren Höhe festlegen.
(4) Das Stimmrecht eines Mitglieds ruht, solange es sich mit der Zahlung seines Mitgliedsbeitrags oder eines Teiles länger als sechs Monate im Verzug befindet.[89]
(5) Von den Mitgliedern können Umlagen erhoben werden, wenn sie der Erfüllung des Vereinszwecks dienen und im Einzelfall zur Deckung eines außerordentlichen Bedarfs des Vereins erforderlich sind. Die Höhe sämtlicher in einem Wirtschaftsjahr erhobenen Umlage darf den zweifachen Jahresmitgliedsbeitrag des jeweiligen Mitglieds nicht überschreiten. Über die Erhebung einer Umlage und deren Höhe entscheidet die Mitgliederversammlung.[90]
(6) Ehrenmitglieder sind von der Verpflichtung zur Leistung von Beiträgen und Umlagen befreit.[91]

§ 6. Organe des Vereines

Organe des Vereines sind:
- der Vorstand,
- der Vereinsausschuss,
- die Mitgliederversammlung.

§ 7. Vorstand

(1) Der Vorstand des Vereins besteht aus vier bis sechs Personen, nämlich dem 1. und dem 2. Vorsitzenden, dem Schatzmeister, dem Schriftführer und bis zu zwei Beisitzern.[92]
(2) Der Verein wird gerichtlich und außergerichtlich durch zwei Mitglieder des Vorstands gemeinsam vertreten. Durch Beschluss der Mitgliederversammlung können die Vorstandsmitglieder oder einzelne von ihnen von den Beschränkungen des § 181 BGB ganz oder teilweise befreit werden.[93]
(3) Der Vorstand wird von der Mitgliederversammlung auf *** [*zB:* zwei *oder* drei] Jahre[94] gewählt.[95] Die Vorstandsmitglieder bleiben auch nach dem Ablauf ihrer Amtszeit bis zur erfolgreichen Neuwahl des Vorstands im Amt.[96] Scheidet ein Mitglied des Vorstands während der Amtsdauer aus,[97] kann der Vorstand für die restliche Amtsdauer des Ausgeschiedenen ein Ersatzmitglied bestellen.[98]

---

87 Zur Beitragspflicht → § 5 Rn. 91 ff. und → § 10 Rn. 112 ff.
88 Zu den Rechtsfolgen der Beendigung der Mitgliedschaft → § 10 Rn. 324 ff.
89 Zur Sanktionierung von Beitragsrückständen → § 10 Rn. 140 ff.
90 Zu Umlagen → § 10 Rn. 147 ff.
91 Zur späteren Einfügung einer derartigen Bestimmung → § 5 Rn. 97.
92 Zur Bildung des Vorstands → § 5 Rn. 111 ff. und → § 8 Rn. 6 ff.
93 Zur allg. Vertretungsregelung → § 8 Rn. 226 ff.
94 Zur Amtsdauer → § 8 Rn. 93 ff.
95 Zu möglichen Bestellungsverfahren → § 8 Rn. 47 ff.; zur Vorstandsbestellung durch Wahl der Mitgliederversammlung → § 8 Rn. 52 ff.
96 Zur Fortdauer des Amtes nach Ablauf der vorgesehenen Amtsdauer → § 8 Rn. 106 ff.
97 Allg. zur Beendigung des Vorstandsamtes → § 8 Rn. 100 ff.

(4) Dem Vorstand können nur Vereinsmitglieder angehören.[99] Die Vereinigung mehrerer Vorstandsämter in einer Person ist [*ggf.:* nicht] zulässig.[100]

(5) [*ggf.:* Im Innenverhältnis bedarf der Vorstand zum Abschluss von Rechtsgeschäften mit einem Geschäftswert von mehr als *** EUR der vorherigen Zustimmung durch die Mitgliederversammlung.]

§ 8. Zuständigkeit des Vorstandes

Der Vorstand ist für alle Angelegenheiten des Vereins zuständig, die nicht durch gegenwärtige Satzung einem anderen Vereinsorgan zugewiesen sind.[101] Er hat insbesondere folgende Aufgaben:

(a) Vorbereitung der Mitgliederversammlung und Aufstellung der Tagesordnung,
(b) Einberufung der Mitgliederversammlung,
(c) Ausführung der Beschlüsse der Mitgliederversammlung,
(d) Verwaltung des Vereinsvermögens und Buchführung,
(e) Erstellung der Jahreshaushaltspläne und der Jahresberichte,
(f) Beschlussfassung über Aufnahme und Ausschluss von Mitgliedern.

§ 9. Beschlussfassung des Vorstandes

(1) Der Vorstand fasst seine Beschlüsse in Vorstandssitzungen oder auf schriftlichem Wege.[102]

(2) Vorstandssitzungen sind vom 1. Vorsitzenden, bei dessen Verhinderung vom 2. Vorsitzenden in Textform oder (fern-)mündlich unter Einhaltung einer Einberufungsfrist von einer Woche einzuberufen.[103] Der Mitteilung einer Tagesordnung bedarf es nicht. Sitzungsleiter ist der 1. Vorsitzende, bei dessen Verhinderung der 2. Vorsitzende. Im Übrigen wird der Sitzungsleiter aus der Mitte der anwesenden Vorstandsmitglieder gewählt.[104]

(3) Der Vorstand ist beschlussfähig, wenn mindestens zwei Mitglieder anwesend sind.[105] Er entscheidet mit einfacher Mehrheit der abgegebenen gültigen Stimmen. Bei Stimmengleichheit entscheidet die Stimme des Sitzungsleiters.[106] Die Beschlussfähigkeit des Vorstandes setzt nicht voraus, dass sämtliche Vorstandsämter besetzt sind.[107]

(4) Über die Vorstandssitzungen ist ein Protokoll zu führen, das Ort und Zeit der Sitzung, Namen der Teilnehmer, gefasste Beschlüsse und Abstimmungsergebnis enthalten soll. Das Protokoll dient Beweiszwecken.

(5) Ein Vorstandsbeschluss kann außerhalb einer Sitzung, mündlich, schriftlich, per E-Mail oder auf anderem Wege der elektronischen Kommunikation gefasst werden, wenn alle Vorstandsmitglieder ihre Zustimmung zu der Beschlussfassung erklären.[108]

§ 10. Vereinsausschuss

(1) Der Vereinsausschuss setzt sich zusammen aus den Mitgliedern des Vorstandes und *** bis *** weiteren von der Mitgliederversammlung gewählten Mitgliedern. Für deren Wahl, Wählbarkeit und Amtsdauer gelten die Bestimmungen für die Vorstandsmitglieder entsprechend.

---

[98] Zur Kooptation → § 8 Rn. 65 ff.
[99] Zur Vorstandsfähigkeit → § 4 Rn. 101 f. und → § 8 Rn. 22 ff.
[100] Zur Personalunion → § 8 Rn. 19.
[101] Zur Geschäftsführung durch den Vorstand → § 8 Rn. 196 ff.
[102] Zur Meinungsbildung des Vorstands → § 8 Rn. 164 ff.
[103] Zur Einberufung von Vorstandssitzungen → § 8 Rn. 167 ff.
[104] Zur Sitzungsleitung → § 8 Rn. 184 ff.
[105] Zur Beschlussfähigkeit → § 8 Rn. 177 ff.
[106] Zu Mehrheitserfordernissen → § 8 Rn. 185 ff.
[107] Zur (streitigen) Notwendigkeit der vollständigen Besetzung des Vorstands → § 8 Rn. 178 ff.
[108] Zur Meinungsbildung im Vorstand → § 8 Rn. 164 ff.; eine alternative Formulierung, die virtuelle Sitzungen weitergehend ermöglicht, findet sich unter → Rn. 1.

(2) Der Vereinsausschuss tritt mindestens zweimal im Jahr zusammen, ansonsten nach Bedarf oder wenn ein Drittel seiner Mitglieder dies beantragt. Die Sitzungen werden durch den Vorsitzenden, im Falle dessen Verhinderung durch ein anderes Vorstandsmitglied einberufen und geleitet.
(3) Der Vereinsausschuss berät den Vorstand. Weitere Aufgaben ergeben sich aus der Satzung. Durch Beschluss kann die Mitgliederversammlung weitergehende Einzelaufgaben übertragen.

§ 11. Mitgliederversammlung

(1) Die Mitgliederversammlung ist für folgende Angelegenheiten zuständig:[109]
(a) Wahl und Abberufung der Vorstandsmitglieder und der Kassenprüfer,[110]
(b) Beschlussfassung über Änderungen der Satzung,[111]
(c) Beschlussfassung über die Auflösung des Vereins,[112]
(d) Festsetzung der Höhe und der Fälligkeit des Jahresbeitrages[113] sowie Erhebung und ggf. Fälligkeit und Höhe etwaiger Beitragszuschläge, Aufnahmegebühren und Umlagen gemäß § 5 der Satzung,
(e) Beschlussfassung über Beschwerden gegen die Ablehnung eines Aufnahmeantrags und gegen einen Ausschließungsbeschluss des Vorstands,[114]
(f) Ernennung von Ehrenmitgliedern,[115]
(g) Genehmigung des Haushaltsplanes und Entgegennahme des Jahresberichts und sonstiger Berichte des Vorstands,
(h) Entlastung des Vorstands.[116]
(2) Einmal jährlich, möglichst im ersten Quartal eines Jahres, findet die ordentliche Mitgliederversammlung des Vereins statt.[117] Weitere (außerordentliche) Mitgliederversammlungen sind einzuberufen, wenn es das Interesse des Vereins erfordert oder wenn die Einberufung von einem Zehntel der Mitglieder unter Angabe des Zwecks und der Gründe schriftlich vom Vorstand verlangt wird.[118]
(3) Über die Beschlüsse der Mitgliederversammlung ist ein Protokoll aufzunehmen, das von Versammlungsleiter und Protokollführer zu unterzeichnen ist. Protokollführer ist der Schriftführer, bei dessen Verhinderung bestimmt die Versammlung den Protokollführer. Das Protokoll soll Ort und Zeit der Versammlung, die Zahl der erschienenen Mitglieder, die Person von Versammlungsleiter und Protokollführer, die Tagesordnung sowie die gefassten Beschlüsse samt Art der Abstimmung und Abstimmungsergebnissen enthalten.[119]
(4) Die Mitgliederversammlung kann jeweils entweder real (als reine Präsenzversammlung), und – sofern keine zwingenden Gesetzbestimmungen entgegenstehen – virtuell (ausschließlich unter Einsatz technischer Kommunikationsmittel) oder in hybrider Form als Online-Präsenzversammlung (Präsenzversammlung an der nicht physisch anwesende Mitglieder elektronisch teilnehmen können) erfolgen.[120] Der Vorstand entscheidet hierüber nach seinem Ermessen und teilt dies den Mitgliedern in der Einladung mit. Die Vorschrift des § 32 Abs. 2 BGB bleibt hiervon unberührt.

---

[109] Zu Funktion und Befugnissen der Mitgliederversammlung → § 7 Rn. 1 ff.
[110] Zur Wahl der Vorstandsmitglieder → § 8 Rn. 52 ff.; zu Wahlen und Abstimmungen allg. → § 7 Rn. 160 ff.
[111] Zur Satzungsänderung allg. → § 5 Rn. 152 ff.
[112] → § 13 Rn. 234 ff.
[113] Zur Beitragspflicht → § 5 Rn. 91 ff. und → § 10 Rn. 112 ff.
[114] § 3 Abs. 6 der Satzung.
[115] § 3 Abs. 7 der Satzung.
[116] Zur Entlastung des Vorstands → § 8 Rn. 156 ff.
[117] → § 7 Rn. 5 f.
[118] Zu Einberufungsgründen → § 7 Rn. 26 ff.; zum Minderheitenrecht → § 7 Rn. 30 ff.
[119] Zur „Beurkundung" der Mitgliederversammlung → § 5 Rn. 139 ff. und → § 7 Rn. 222 ff.
[120] Zu virtuellen Mitgliederversammlungen → § 7 Rn. 11 ff.

(5) Virtuelle Mitgliederversammlungen finden in einem nur für Mitglieder zugänglichen Chatroom statt. Mitglieder müssen sich hierbei mit ihren Daten sowie einem gesonderten Passwort anmelden Das Passwort ist jeweils nur für eine virtuelle Mitgliederversammlung gültig. Mitglieder, die ihre E-Mail-Adresse beim Verein registriert haben, erhalten das Passwort durch eine gesonderte E-Mail, die übrigen Mitglieder erhalten das Passwort per Brief. Ausreichend ist eine Versendung des Passworts zwei Tage vor der Mitgliederversammlung an die dem Verein zuletzt bekannt gegebene (E-Mail-)Adresse bzw. eine Woche vor Versammlung an die dem Verein zuletzt bekannte Postadresse. Die Mitglieder sind verpflichtet, das Passwort geheim zu halten. Eine Weitergabe an dritte Personen ist nicht zulässig.

(6) Im Fall einer Online-Präsenzversammlung entscheidet der Vorstand über die Modalitäten der Fernabstimmung, die allen Mitgliedern die Teilnahme im Wege elektronischer Kommunikation ermöglicht.

(7) Der Vorstand kann auch entscheiden, dass jedes Mitglied, das es wünscht, seine Stimme – auch ohne an der Versammlung teilzunehmen – im Wege elektronischer Kommunikation abgeben darf. In diesem Fall muss dem Verein die Stimme bis zum Ablauf des Tages vor dem Versammlungstag zugegangen sein.

(8) Die Mitgliederversammlungen finden stets unter Ausschluss der Öffentlichkeit statt. Über die Zulassung von Gästen hat der Versammlungsleiter zu entscheiden. Gäste dürfen sich nicht an der Diskussion beteiligen, soweit die Mitgliederversammlung hierüber nicht mit der einfachen Mehrheit der abgegebenen Stimmen anderweitig beschließt.[121]

§ 12. Einberufung der Mitgliederversammlung

(1) Die Mitgliederversammlung ist vom Vorstand[122] unter Einhaltung einer Frist von zwei Wochen[123] einzuberufen. Die Einberufung erfolgt schriftlich an die letzte vom Mitglied schriftlich bekanntgegebene Adresse unter Angabe der Tagesordnung. Mitglieder, die dem Verein eine E-Mail-Adresse mitgeteilt haben, können auch elektronisch durch Übermittlung einer E-Mail an die zuletzt in Textform mitgeteilte E-Mail-Adresse geladen werden, wenn das Mitglied nicht in Textform anderes mitgeteilt hat.[124] Die Ladungsfrist beginnt mit dem auf die Absendung der Einladung folgenden Tag.

(2) Jedes Mitglied kann beantragen, dass weitere Angelegenheiten nachträglich auf die Tagesordnung gesetzt werden. Geht ein solcher Antrag spätestens eine Woche vor dem Tag der Mitgliederversammlung schriftlich beim Vorstand ein, ist die Tagesordnung zu Beginn der Mitgliederversammlung entsprechend zu ergänzen. Geht er später ein oder wird er erst in der Mitgliederversammlung gestellt, beschließt die Mitgliederversammlung über die Zulassung.[125]

§ 13. Beschlussfassung der Mitgliederversammlung

(1) Die Mitgliederversammlung ist beschlussfähig, wenn mindestens ein Viertel aller Vereinsmitglieder anwesend ist.[126] Bei Beschlussunfähigkeit hat der Vorstand innerhalb eines Monats eine zweite Mitgliederversammlung mit der gleichen Tagesordnung einzuberufen. Diese zweite Mitgliederversammlung ist ohne Rücksicht auf die Zahl der erschienenen Vereinsmitglieder beschlussfähig, wenn hierauf in der Einladung hingewiesen wurde. Für deren Ladung gelten im Übrigen die allgemeinen Ladungsbestimmungen.[127]

[121] Zur Zulassung von Gästen → § 7 Rn. 121 ff.
[122] Zur Einberufungszuständigkeit → § 7 Rn. 55 ff.
[123] Zur Einberufungsfrist → § 7 Rn. 59 ff.
[124] Zur Form der Einberufung → § 7 Rn. 65 ff.
[125] Zur Zulässigkeit späterer Anträge → § 7 Rn. 81, 140 f.
[126] Zur Beschlussfähigkeit → § 7 Rn. 161 ff.
[127] Zur Wiederholungsversammlung → § 7 Rn. 99 ff.

(2) Die Mitgliederversammlung wird vom 1. Vorsitzenden, bei dessen Verhinderung vom 2. Vorsitzenden geleitet. Ist auch der 2. Vorsitzende verhindert, bestimmt die Versammlung den Versammlungsleiter aus dem Kreis der Vereinsmitglieder. Bei Wahlen kann die Versammlungsleitung für die Dauer des Wahlgangs und der vorhergehenden Aussprache einem anderen Vereinsmitglied oder einem Wahlausschuss übertragen werden.[128]

(3) In der Mitgliederversammlung hat jedes (Ehren-)Mitglied eine Stimme.[129] Die Art der Abstimmung bestimmt der Versammlungsleiter.[130] Die Abstimmung muss jedoch schriftlich durchgeführt werden, wenn mindestens ein Viertel der bei der Abstimmung anwesenden stimmberechtigten Mitglieder dies verlangt.[131]

(4) Soweit in gegenwärtiger Satzung nicht ausdrücklich anders bestimmt, fasst die Mitgliederversammlung Beschlüsse mit der einfachen Mehrheit der abgegebenen Stimmen.[132] Eine Mehrheit von drei Vierteln der abgegebenen Stimmen ist jedoch erforderlich für:
(a) die Änderung der Satzung,
(b) die Auflösung des Vereins,
(c) die Zulassung von nachträglichen Anträgen auf Ergänzung der Tagesordnung.

(5) Stimmenthaltungen werden bei der Feststellung der Mehrheit nicht mitgezählt. Ungültige Stimmen werden ebenfalls nicht mitgezählt; sie gelten als nicht abgegeben. Eine Enthaltung liegt vor, wenn bei offener Abstimmung die Stimme als Enthaltung abgegeben wird, bei schriftlicher Abstimmung, wenn der Stimmzettel unverändert abgegeben oder als Enthaltung gekennzeichnet wird.

(6) Das Stimmrecht kann entweder persönlich oder durch einen Bevollmächtigten ausgeübt werden. Bevollmächtigt werden können nur andere Vereinsmitglieder. Die Bevollmächtigung kann nicht allgemein, sondern nur beschränkt auf die jeweilige Mitgliederversammlung erteilt werden. Die Bevollmächtigung ist schriftlich nachzuweisen. Untervollmacht kann nicht erteilt werden. Mitglieder dürfen nicht mehr als zwei Vollmachtgeber gleichzeitig vertreten.[133]

(7) Mitglieder, die das 18. Lebensjahr noch nicht vollendet haben, dürfen ihr Stimmrecht nicht persönlich ausüben; für sie handelt der gesetzliche Vertreter.[134]

(8) Für Wahlen gelten die Bestimmungen über die Beschlussfassung entsprechend. Der Versammlungsleiter kann dabei bestimmen, dass über mehrere zu wählende Ämter in einem Wahlgang abgestimmt wird.[135] Erreicht im ersten Wahlgang kein Kandidat die absolute Mehrheit, ist die Wahl zu wiederholen. Erreicht auch im zweiten Wahlgang kein Kandidat die absolute Mehrheit, genügt im dritten und in weiteren Wahlgängen die einfache Mehrheit. Erreicht auch nach mindestens drei Wahlgängen kein Kandidat eine Mehrheit, kann der Versammlungsleiter bestimmen, dass das Los entscheidet.

§ 14. Kassenführung

(1) Der Schatzmeister hat über die Kassengeschäfte Buch zu führen und eine Jahresrechnung zu erstellen.

(2) Die Jahresrechnung wird von zwei Kassenprüfern geprüft, die von der Mitgliederversammlung gewählt werden. Für deren Wahl, Wählbarkeit und Amtsdauer gelten die

---

128 Zur Versammlungsleitung → § 7 Rn. 103ff.
129 Zum Stimmrecht → § 7 Rn. 189ff.
130 Zur Art der Abstimmung → § 7 Rn. 176ff.
131 Zur geheimen Wahl → § 7 Rn. 177f.
132 Zur Stimmenmehrheit → § 5 Rn. 172ff. und → § 7 Rn. 164ff.
133 Zur Vertretung bei Mitgliederversammlungen → § 7 Rn. 196ff. und → § 10 Rn. 6ff.
134 Zur Stimmabgabe durch Minderjährige, Betreute etc. → § 7 Rn. 203ff. und → § 10 Rn. 48.
135 Zu „Block-" und „Listenwahlen" → § 7 Rn. 180ff.

Bestimmungen für Vorstandsmitglieder entsprechend. Die geprüfte Jahresrechnung ist der Mitgliederversammlung zur Beschlussfassung vorzulegen.

§ 15. Haftung

(1) Ehrenamtlich Tätige und Amtsträger, deren Vergütung 840,00 EUR im Jahr nicht übersteigt, haften für Schäden gegenüber Mitgliedern und gegenüber dem Verein, die sie in Erfüllung ihrer ehrenamtlichen Tätigkeit verursachen, nur für Vorsatz und grobe Fahrlässigkeit.

(2) Der Verein haftet seinen Mitgliedern nicht für Schäden aus einem fahrlässigen Verhalten der Repräsentanten des Vereins. Dies gilt insbesondere für Schäden, die bei der Ausübung der Mitgliedschaftsrechte entstehen, für Schäden aus Unfällen und Diebstählen.

(3) Eine Haftung des Vereins besteht ferner nicht für fahrlässig verursachte Schäden, die Mitglieder bei der Benutzung der Anlagen, Einrichtungen und Geräte oder im Rahmen von Vereinsveranstaltungen erleiden. Die Haftungsbeschränkung gilt nicht, soweit Schäden durch Versicherungen gedeckt sind.

§ 16. Datenschutz

(1) Zur Erfüllung der satzungsgemäßen Aufgaben des Vereines und der Verpflichtungen, die sich aus der Mitgliedschaft im *** e.V. *[Landes-Sportverband]* und aus der Mitgliedschaft in dessen zuständigem Sportfachverband ergeben, werden im Verein unter Beachtung der gesetzlichen Vorgaben des Bundesdatenschutzgesetzes (BDSG) und der Datenschutz-Grundverordnung (DS-GVO) folgende personenbezogene Daten von Vereinsmitgliedern digital gespeichert: Name, Adresse, Telefonnummer, E-Mailadresse, Geburtsdatum, Bankverbindung etc. Die Zustimmung zur digitalen Erfassung der Daten erfolgt durch die Mitglieder mit Unterzeichnung der Beitrittserklärung, in der auf diese Zustimmung gesondert hinzuweisen ist.

(2) Den Organen des Vereins, allen Mitarbeitern oder sonst für den Verein Tätigen ist es untersagt, personenbezogene Daten unbefugt zu anderen als dem zur jeweiligen Aufgabenerfüllung gehörenden Zweck zu verarbeiten, bekannt zu geben, Dritten zugänglich zu machen oder sonst zu nutzen. Diese Pflicht besteht auch nach dem Ausscheiden des Mitglieds aus dem Verein fort.

(3) Als Mitglied des *** e.V. *[Landes-Sportverband]* ist der Verein verpflichtet, im Rahmen der Bestandsmeldung folgende Daten seiner Mitglieder an den *** e.V. zu melden: Name, Vorname, Geburtsdatum, Geschlecht, Sportartenzugehörigkeit. Die Meldung dient zu Verwaltungs- und Organisationszwecken des *** e.V. Dem zuständigen Sportfachverband, werden die für dessen Verwaltungs- und Organisationszwecke bzw. zur Durchführung des Wettkampfbetriebes erforderlichen Daten betroffener Vereinsmitglieder zur Verfügung gestellt.

(4) Zur Wahrnehmung satzungsgemäßer Mitgliederrechte kann der Vorstand Mitgliedern auf deren Verlangen unter Darlegung eines berechtigten Interesses Einsicht in das Mitgliederverzeichnis gewähren, wenn diese schriftlich versichern, dass die Adressen nicht zu anderen Zwecken verwendet werden.

(5) Bei Beendigung der Mitgliedschaft werden personenbezogene Daten, soweit sie die Kassengeschäfte betreffen, entsprechend der steuerrechtlich bestimmten Fristen aufbewahrt.

§ 17. Auflösung des Vereins

(1) Die Auflösung des Vereins kann nur in einer zu diesem Zweck einberufenen Mitgliederversammlung beschlossen werden.[136]

(2) Bei Auflösung des Vereins oder bei Wegfall steuerbegünstigter Zwecke fällt das Vermögen des Vereins an *** *[steuerbegünstigte/gemeinnützige Körperschaft oder ju-*

[136] Zur Auflösung → § 13 Rn. 234 ff.

ristische Person des öffentlichen Rechts], der/die es unmittelbar und ausschließlich für gemeinnützige Zwecke zu verwenden hat. [*Alt.:* Bei Auflösung des Vereins oder bei Wegfall steuerbegünstigter Zwecke fällt das Vermögen des Vereins an eine juristische Person des öffentlichen Rechts oder eine andere steuerbegünstigte Körperschaft zwecks Verwendung für *** *[steuerbegünstigter/gemeinnütziger Zweck].*][137]

(3) Liquidatoren sind der 1. und 2. Vorsitzende als je einzelvertretungsberechtigte Liquidatoren, soweit die Versammlung nichts anderes beschließt.[138]

II. Satzungen eines Fußballvereins mit in eine Kapitalgesellschaft ausgelagertem Profi-Spielbetrieb[139]

1. Satzung des Fußballvereins

Vereinssatzung 2a

§ 1. Name, Sitz, Geschäftsjahr, Verbandsmitgliedschaft

(1) Der Verein führt den Namen ***.

(2) Er soll in das Vereinsregister eingetragen werden. Mit Eintragung führt er den Namenszusatz „e.V.".

(3) Sitz des Vereins ist ***.

(4) Geschäftsjahr ist das Kalenderjahr.

(5) Der Verein und seine Abteilungen sind Mitglieder des Bayerischen Landessportverbandes und dessen verschiedener Fachverbände. Die von den Organen dieser Verbände im Rahmen ihrer Befugnisse erlassenen Beschlüsse werden anerkannt und befolgt. Die von Fachverbänden, insbesondere dem Deutschen Fußball Bund (DFB), der Deutschen Fußball Liga GmbH (DFL), dem Ligaverband, dem Süddeutschen Fußballverband (SFV), dem Bayerischen Fußballverband (BFV) im Rahmen ihrer Zuständigkeit erlassenen Satzungsbestimmungen, Statuten, Ordnungen und Durchführungsbestimmungen sind für den Verein im Rahmen seiner Mitgliedschaft in diesen Fachverbänden verbindlich. Der Verein unterwirft sich den Entscheidungen der Organe der vorgenannten Fachverbände im Rahmen ihrer Zuständigkeit. Die Vereinsmitglieder und die aktiven Sportler der betreffenden Abteilungen des Vereins, insbesondere die Spieler der Abteilung Fußball unterwerfen sich der Schiedsgerichts-

---

[137] Zur Bedeutung der Satzungsbestimmungen für die Gemeinnützigkeit → § 14 Rn. 77ff.

[138] Zu den Liquidatoren → § 13 Rn. 268ff.; zur Vertretungsmacht → §13 Rn. 275ff.

[139] Die beiden folgenden Formulare berücksichtigen die Planungen eines bisherigen bayerischen Amateurclubs, der seine 1. Herren-Mannschaft in eine Kapitalgesellschaft in der Rechtsform einer Aktiengesellschaft ausgliedert, um ein Profi-Team zu etablieren. Sportliches Ziel ist der Aufstieg aus der Regionalliga des Landesverbandes in die 3. Bundesliga des Deutschen Fußballbundes (DFB). Die Satzungsergänzungen berücksichtigen darüber hinaus weitgehend bereits die Anforderungen der 2. und 1. Bundesligen, die anders als die 3. Liga nicht mehr unmittelbar dem DFB unterstehen, sondern über den Ligaverband (DFL Deutsche Fußballliga e.V.") der Deutschen Fußball Liga GmbH (DFL). Der Ligaverband ist der Zusammenschluss der lizenzierten Vereine und Kapitalgesellschaften der deutschen Fußball-Lizenzligen. Zur Aufgaben- und Zweckerfüllung hat der Ligaverband die DFL Deutsche Fußball Liga GmbH gegründet. Die für die Satzungsgestaltung zu beachtenden Vorgaben der Verbände können laufend Veränderungen unterliegen. Die jeweils aktuelle Fassung der zu beachtenden Vorgaben findet sich auf der Homepage des DFB unter Verbandsservice/Verbandsrecht/Satzungen und Ordnungen sowie bei den jeweiligen Landes- und Regionalverbänden für die Regionalligen. Das Statut der 3. Liga enthält Voraussetzungen an die Gestaltung der Satzung von Mitgliedsvereinen in Teil C I Nr. 1. Die Lizenzordnung der DFL (LO) verweist in § 4 Nr. 9 auf die Anlage III der LO, deren Anforderungen an die Satzungsgestaltung eingehalten werden „sollen". Diese Anlage ist indes in der zuletzt veröffentlichten Fassung der LO vom 5.3.2021, die über den Internetauftritt der DFL abgerufen werden kann (www.dfl.de/de/ueber-uns/statuten/) – zuletzt abgerufen am 27.9.2021 – aufgehoben. In der (nicht datierten) Fassung der LO, die über das Internetportal des DFB abgerufen werden kann (www.dfb.de/verbandsservice/verbandsrecht/satzung-und-ordnungen), ist die Anlage III – am selben Abrufdatum – noch aufgeführt. Die Anlage III wird in der Folge vorsorglich noch in Bezug genommen.

barkeit der vorgenannten Fachverbände im Rahmen ihrer Zuständigkeit auch als Einzelmitglieder.

§ 2. Zweck des Vereins

(1) Zweck des Vereins ist die Pflege und Förderung des Sports.

(2) Der Zweck des Vereins wird verwirklicht durch die Ausübung der Sportart Fußball.

(3) Der Verein verfolgt ausschließlich und unmittelbar gemeinnützige Zwecke im Sinne des Abschnitts „Steuerbegünstigte Zwecke" der Abgabenordnung. Der Verein ist selbstlos tätig, er verfolgt nicht in erster Linie eigenwirtschaftliche Zwecke. Mittel des Vereins dürfen nur für die satzungsmäßigen Zwecke verwendet werden. Die Mitglieder erhalten keine Zuwendungen aus den Mitteln des Vereins. Es darf keine Person durch Ausgaben, die dem Zweck des Vereins fremd sind oder durch unverhältnismäßig hohe Vergütungen begünstigt werden.

(4) Eine Änderung im Status der Gemeinnützigkeit zeigt der Verein unverzüglich dem BFV, den betroffenen Sportfachverbänden sowie dem zuständigen Finanzamt für Körperschaften an.

(5) Der Verein kann einzelne Teile der Fußballabteilung in einer rechtlich selbständigen juristischen Person betreiben; insbesondere den Fußball-Profisport in einer Kapitalgesellschaft (*** Fußball-AG). Solche Maßnahmen bedürfen der Zustimmung der Mitgliederversammlung mit einer Mehrheit der abgegebenen Stimmen von 75 %.[140]

§ 3. Tätigkeiten für den Verein und deren Vergütung

(1) Vereinsämter werden grundsätzlich ehrenamtlich ausgeübt, soweit nicht diese Satzung etwas anderes bestimmt.

(2) Bei Bedarf können Vereinsämter aufgrund Beschluss des Vorstandes im Rahmen der finanziellen, steuerlichen und rechtlichen Möglichkeiten entgeltlich auf der Grundlage eines Dienstvertrages oder gegen Zahlung einer angemessenen – auch pauschalierten – Aufwandsentschädigung ausgeübt werden.

(3) In dem in Abs. 2 genannten Rahmen ist der Vorstand auch ermächtigt, Tätigkeiten für den Verein gegen Zahlung einer angemessenen Vergütung oder Aufwandsentschädigung zu beauftragen und/oder zur Erledigung der Geschäftsführungsaufgaben und zur Führung der Geschäftsstelle hauptamtlich Beschäftigte anzustellen. Im Übrigen haben Mitglieder und Mitarbeiter des Vereins einen Aufwendungsersatzanspruch nach § 670 BGB für solche Aufwendungen, die ihnen durch die Tätigkeit für den Verein entstanden sind; der Anspruch auf Aufwendungsersatz kann nur innerhalb einer Frist von sechs Monaten nach seiner Entstehung unter Nachweis mittels prüffähiger Belege und Aufstellungen geltend gemacht werden.

(4) Weitere Einzelheiten regelt die Finanzordnung des Vereins, die von der Mitgliederversammlung erlassen und geändert wird.

(5) Mitarbeiter oder Mitglieder von Organen von Vereinen, juristischen Personen, Personengesellschaften oder Einzelunternehmen, die mit dem Verein in sportlichem Wettbewerb stehen, insbesondere zu anderen Lizenznehmern des Ligaverbandes oder deren Muttervereinen oder mit diesen vertraglich verbundenen Unternehmen in wirtschaftlich erheblichem Umfang in vertraglichen Beziehungen im Bereich der Vermarktung, einschließlich des Sponsorings, oder des Spielbetriebs stehen, und/oder an ihnen beteiligt sind sowie Mitarbeiter oder Mitglieder von Geschäftsführungs- oder Kontrollorganen eines anderen Lizenznehmers des Ligaverbandes oder deren Muttervereins können kein Vereinsamt ausüben.[141]

---

[140] Das Verfahren der Ausgliederung der Profi-Abteilung ist nicht Gegenstand der Satzungsformulierungen. Denkbar sind sowohl Maßnahmen nach dem Umwandlungsgesetz als auch durch Einzelrechtsübertragungen außerhalb des Umwandlungsrechts *(asset-deal)*.

[141] Vgl. § 4 Nr. 4 Lizenzierungsordnung des Ligaverbandes (LO).

§ 4. Mitgliedschaft

(1) Mitglied des Vereins kann jede natürliche und juristische Person werden.
(2) Der Antrag auf Aufnahme in den Verein ist an den Vorstand zu richten. Der Vorstand entscheidet über die Aufnahme.
(3) Die Mitgliedschaft endet durch Tod, bei juristischen Personen deren Erlöschen, Austritt oder Ausschluss.
(4) Der Austritt ist schriftlich gegenüber dem Vorstand zu erklären. Er ist nur mit einer Frist von zwei Monaten zum Ende eines Kalenderjahres zulässig.
(5) Ein Mitglied kann aus dem Verein ausgeschlossen werden, wenn es in grober Weise gegen die Vereinsinteressen verstoßen hat oder wenn es mit mindestens einem Jahresbeitrag mit mehr als sechs Monaten in Verzug ist. Über einen Ausschluss entscheidet der Vorstand. Der Ausschluss wegen Zahlungsverzuges ist mit einer Frist von drei Monaten schriftlich anzudrohen, im Übrigen ist dem Auszuschließenden vor der Beschlussfassung Gelegenheit zur Stellungnahme zu geben.
(6) Gegen die Ablehnung der Aufnahme und gegen den Ausschluss aus dem Verein kann die betroffene Person binnen eines Monats nach Zugang der Entscheidung Beschwerde einlegen. Über die Beschwerde entscheidet die nächste Mitgliederversammlung. Die Beschwerde gegen den Ausschluss hat aufschiebende Wirkung.
(7) Die Mitgliederversammlung kann jede natürliche und juristische Person, die sich besonders um den Verein verdient gemacht hat, zum Ehrenmitglied ernennen.

§ 5. Beiträge

(1) Von den Mitgliedern wird ein Geldbetrag als regelmäßiger Jahresbeitrag erhoben. Über dessen Höhe und Fälligkeit bestimmt die Mitgliederversammlung.
(2) Ehrenmitglieder haben keine Beiträge zu leisten.

§ 6. Organe des Vereines

Organe des Vereines sind:
- der Vorstand,
- der Vereinsausschuss,
- der Wahlausschuss,[142]
- die Mitgliederversammlung.

§ 7. Vorstand

(1) Der Vorstand des Vereins besteht aus fünf Personen, nämlich dem 1. und dem 2. Vorsitzenden, dem Schatzmeister, dem Schriftführer und einem Beisitzer.[143]
(2) Der Verein wird gerichtlich und außergerichtlich durch zwei Mitglieder des Vorstands gemeinsam vertreten. Durch Beschluss der Mitgliederversammlung können die Vorstandsmitglieder oder einzelne von ihnen von den Beschränkungen des § 181 BGB ganz oder teilweise befreit werden.
(3) Der Wahlausschuss schlägt der Mitgliederversammlung gemäß § 10a Abs. 3 die Kandidaten des Vorstandsvorsitzenden und der übrigen Vorstandsmitglieder für die Wahl vor. Der Vorstand wird von der Mitgliederversammlung auf *** [***nach den Vorgaben der LO:*** drei *bis* fünf] Jahre gewählt. Er kann nur von der Mitgliederversammlung und nur aus wichtigem Grund abberufen werden. Die Vorstandsmitglieder bleiben auch nach dem Ablauf ihrer Amtszeit bis zur erfolgreichen Neuwahl des Vorstands im Amt. Scheidet ein Mitglied des Vorstands während der Amtsdauer aus,

---

142 Nach den Rahmenbedingungen des DFB für die Satzung eines Lizenzvereins gilt: Der Wahlausschuss besteht aus mindestens drei Mitgliedern des Vereins, der von der Mitgliederversammlung gewählt wird. Seine Aufgabe besteht darin, der Mitgliederversammlung Vorschläge zur Wahl des Aufsichtsrates/Verwaltungsrates zu machen. Sämtliche Mitglieder des Wahlausschusses müssen langjährige Vereinsmitglieder sein. Ein Ehrenrat kann die Aufgaben des Wahlausschusses übernehmen, sofern die vorstehenden Grundsätze beachtet werden.

143 Der Vorstand muss aus mindestens 3 und darf aus nicht mehr als 5 Mitgliedern bestehen (Anlage III. LO).

kann der Verwaltungsrat für die restliche Amtsdauer des Ausgeschiedenen ein Ersatzmitglied bestellen.[144]

(4) Dem Vorstand können nur Vereinsmitglieder angehören. Die Vereinigung mehrerer Vorstandsämter in einer Person ist [*ggf.:* nicht] zulässig.

(5) [*ggf.:* Im Innenverhältnis bedarf der Vorstand zum Abschluss von Rechtsgeschäften mit einem Geschäftswert von mehr als *** EUR der vorherigen Zustimmung durch die Mitgliederversammlung.]

(6) [*ggf.:* Im Innenverhältnis bedarf der Vorstand bei besonders wichtigen Fragen der Zustimmung des Verwaltungsrates, hierzu gehören insbesondere die Veräußerung oder Belastung von Gesellschaftsbeteiligungen an der *** Fußball-AG.]

(7) Der Vorstand hat dem Verwaltungsrat mindestens vierteljährlich zu berichten, dies gilt insbesondere bei drohenden Verlusten, Überschuldung, Zahlungsunfähigkeit und Verstößen gegen Auflagen des Ligaverbandes. Außerdem erstellt der Vorstand den jährlichen Finanzplan, den Jahresabschluss und den Bericht über die wirtschaftliche Lage des Vereins.

§ 8. Zuständigkeit des Vorstandes

Der Vorstand leitet den Verein eigenverantwortlich. Er ist für alle Angelegenheiten des Vereins zuständig, die nicht durch gegenwärtige Satzung einem anderen Vereinsorgan zugewiesen sind. Er hat insbesondere folgende Aufgaben:

(a) Vorbereitung der Mitgliederversammlung und Aufstellung der Tagesordnung,
(b) Einberufung der Mitgliederversammlung,
(c) Ausführung der Beschlüsse der Mitgliederversammlung,
(d) Verwaltung des Vereinsvermögens und Buchführung,
(e) Erstellung der Jahreshaushaltspläne und der Jahresberichte,
(f) Beschlussfassung über Aufnahme und Ausschluss von Mitgliedern.

§ 9. Beschlussfassung des Vorstandes

(1) Der Vorstand fasst seine Beschlüsse in Vorstandssitzungen oder auf schriftlichem Wege.

(2) Vorstandssitzungen sind vom 1. Vorsitzenden, bei dessen Verhinderung vom 2. Vorsitzenden in Textform oder (fern-)mündlich unter Einhaltung einer Einberufungsfrist von einer Woche einzuberufen. Der Mitteilung einer Tagesordnung bedarf es nicht. Sitzungsleiter ist der 1. Vorsitzende, bei dessen Verhinderung der 2. Vorsitzende. Im Übrigen wird der Sitzungsleiter aus der Mitte der anwesenden Vorstandsmitglieder gewählt.

(3) Der Vorstand ist beschlussfähig, wenn mindestens zwei Mitglieder anwesend sind. Er entscheidet mit einfacher Mehrheit der abgegebenen gültigen Stimmen. Bei Stimmengleichheit entscheidet die Stimme des Sitzungsleiters. Die Beschlussfähigkeit des Vorstandes setzt nicht voraus, dass sämtliche Vorstandsämter besetzt sind.

(4) Über die Vorstandssitzungen ist ein Protokoll zu führen, das Ort und Zeit der Sitzung, Namen der Teilnehmer, gefasste Beschlüsse und Abstimmungsergebnis enthalten soll. Das Protokoll dient Beweiszwecken.

(5) Ein Vorstandsbeschluss kann außerhalb einer Sitzung, mündlich, schriftlich, per E-Mail oder auf anderem Wege der elektronischen Kommunikation gefasst werden, wenn alle Vorstandsmitglieder ihre Zustimmung zu der Beschlussfassung erklären.[145]

---

[144] Der Verwaltungsrat/Aufsichtsrat kann den Vorsitzenden auch aus dem Kreis der gewählten Mitglieder ernennen (Anlage III. LO).

[145] Vgl. alternative Formulierungen zur Beschlussfassung im Vorstand in → Rn. 1, dort § 8.

§ 10. Verwaltungsrat[146]

(1) Der Wahlausschuss schlägt der Mitgliederversammlung gemäß § 10a Abs. 3 die Kandidaten für die Wahl des Verwaltungsrates vor. Der Verwaltungsrat besteht aus mindestens drei, maximal fünf von der Mitgliederversammlung gewählten Mitgliedern. Diese bestimmen untereinander einen Vorsitzenden. Die Mitglieder bleiben bis zur Neuwahl in der nächstfolgenden ordentlichen Mitgliederversammlung im Amt. Scheiden Verwaltungsratsmitglieder aufgrund von Tod oder Amtsniederlegung aus dem Amt aus und sinkt in Folge dessen die Zahl der Verwaltungsratsmitglieder unter drei, ist eine außerordentliche Mitgliederversammlung zur Neuwahl einzuberufen. Mitglieder des Vorstands können nicht zugleich Mitglied des Verwaltungsrates sein. Mitglieder des Verwaltungsrates können nicht zugleich Mitglied eines Organs einer Tochtergesellschaft sein, insbesondere der *** Fußball-AG.

(2) Der Verwaltungsrat tritt mindestens viermal im Jahr zusammen, ansonsten nach Bedarf oder wenn ein Drittel seiner Mitglieder dies beantragt. Die Sitzungen werden durch den Vorsitzenden, im Falle dessen Verhinderung durch das an Lebensjahren älteste Mitglied einberufen und geleitet.

(3) Der Verwaltungsrat nimmt die in dieser Satzung zugewiesenen Aufgaben wahr. Durch Beschluss kann die Mitgliederversammlung weitergehende Einzelaufgaben übertragen. Er ist in seinen ordnungsgemäßen Sitzungen beschlussfähig, wenn mindestens drei Mitglieder teilnehmen und beschließt mit einfacher Mehrheit. Bei Stimmengleichheit entscheidet die Stimme des Vorsitzenden.
Der Verwaltungsrat ist das oberste Kontrollorgan des Vereins und nimmt Einsicht in die Bücher und verlangt Auskunft von der Vorstandschaft. Der Verwaltungsrat schlägt der Mitgliederversammlung die Entlastung des Vorstands oder einzelner Mitglieder der Vorstandschaft vor. Der Verwaltungsrat ist von der Vorstandschaft zur Entscheidung besonders wichtiger Fragen im Sinne des § 7 Abs. 6 im Bedarfsfall einzuberufen. Dem Verwaltungsrat obliegt insbesondere die Beschlussfassung über den Haushaltsplan und über einen erforderlichen Nachtrag.

(4) Der Verwaltungsrat berät den Vorstand. Weitere Aufgaben ergeben sich aus der Satzung. Durch Beschluss kann die Mitgliederversammlung weitergehende Einzelaufgaben übertragen (zB Ehrungen).

§ 10a. Wahlausschuss[147]

(1) Der Wahlausschuss besteht aus fünf Personen, die langjährige Vereinsmitglieder sein sollen. Dem Wahlausschuss kann nicht angehören, wer Mitglied des Vorstands, des Verwaltungsrates oder des Vereinsschiedsgerichts[148] ist. Die Mitglieder des Wahlausschusses werden von der Mitgliederversammlung gewählt. Die Amtszeit des Wahlausschusses beträgt vier Jahre. Im Übrigen gelten Abs. 1 und Abs. 2 des § 10 entsprechend.

(2) Für die Wahl der Mitglieder des Wahlausschusses können jedes Vereinsmitglied, der Verwaltungsrat und der Vorstand Vorschläge beim Vorsitzenden des Verwaltungsrats einreichen. Vorschläge und Bewerbungen müssen bis spätestens zwei Wochen vor der Mitgliederversammlung schriftlich eingereicht werden. Später eingehende Vorschläge können nicht berücksichtigt werden. Vorgeschlagene Kandidaten, die ihre

---

146 Gemäß den Rahmenbedingungen für die Satzung eines Lizenzvereins (Anlage III. LO) muss die Vereinssatzung einen Verwaltungsrat oder Aufsichtsrat vorsehen, der von der Mitgliederversammlung gewählt wird.

147 Der Wahlausschuss besteht aus mindestens drei Mitgliedern des Vereins, der von der Mitgliederversammlung gewählt wird. Seine Aufgabe besteht darin, der Mitgliederversammlung Vorschläge zur Wahl des Aufsichtsrates/Verwaltungsrates zu machen. Sämtliche Mitglieder des Wahlausschusses müssen langjährige Vereinsmitglieder sein. Ein Ehrenrat kann die Aufgaben des Wahlausschusses übernehmen, sofern die vorstehenden Grundsätze beachtet werden.

148 **Beachte:** In dieser Satzung ist (noch) kein Vereinsschiedsgericht vorgesehen.

Bereitschaft bis eine Woche vor der Kandidatur nicht schriftlich erklärt haben, können von der Mitgliederversammlung nicht gewählt werden.

(3) Der Wahlausschuss unterbreitet der Mitgliederversammlung Wahlvorschläge für die Wahl zum Vorstand gemäß § 7 Abs. 3 und zum Verwaltungsrat und stellt die Wahlvorschläge der Mitgliederversammlung vor. Vorschläge und Bewerbungen müssen spätestens zwei Wochen vor der Mitgliederversammlung schriftlich beim Wahlausschuss eingereicht werden. Später eingehende Vorschläge können nicht berücksichtigt werden. Jedes Vereinsmitglied kann Vorschläge beim Wahlausschuss einreichen. Liegt nicht für jedes zu besetzende Amt mindestens ein Wahlvorschlag vor, hat der Wahlausschuss sich selbst um Vorschläge zu bemühen. Er ist dabei nicht an Fristen gebunden. Der Wahlausschuss kann auch bei vorhandenen Wahlvorschlägen mit Zustimmung der betroffenen Kandidaten Abänderungen vornehmen oder aus vorhandenen Wahlvorschlägen einen eigenen Wahlvorschlag erarbeiten. Hierbei ist er ebenfalls nicht an Fristen gebunden. Der Wahlausschuss ist berechtigt, einen Wahlvorschlag bzw. den betroffenen Kandidaten zurückzuweisen, wenn der vorgeschlagene Kandidat aus einem in seiner Person liegenden wichtigen Grund nicht als zur Übernahme des vorgeschlagenen Amtes geeignet und/oder die Zurückweisung zur Wahrung der Interessen des Vereins geboten erscheint. Der Wahlausschuss hat dabei nach pflichtgemäßem Ermessen zu entscheiden.

§ 11. Mitgliederversammlung

(1) Die Mitgliederversammlung ist für folgende Angelegenheiten zuständig:
   (a) Wahl und Abberufung der Vorstandsmitglieder und der Kassenprüfer,
   (b) Beschlussfassung über Änderungen der Satzung,
   (c) Beschlussfassung über die Auflösung des Vereins,
   (d) Festsetzung der Höhe und der Fälligkeit des Jahresbeitrages,
   (e) Beschlussfassung über Beschwerden gegen die Ablehnung eines Aufnahmeantrags und gegen einen Ausschließungsbeschluss des Vorstands,
   (f) Ernennung von Ehrenmitgliedern,
   (g) Genehmigung des Haushaltsplanes und Entgegennahme des Jahresberichts und sonstiger Berichte des Vorstands,
   (h) Entlastung des Vorstands,
   (i) Beschlussfassung über die Ausgliederung und den Betrieb einzelner Tätigkeitsbereiche, Abteilungen oder Sondereinrichtungen in rechtlich selbstständigen Rechtsformen.[149]

(2) Einmal jährlich, möglichst im ersten Quartal eines Jahres, findet die ordentliche Mitgliederversammlung des Vereins statt. Weitere (außerordentliche) Mitgliederversammlungen sind einzuberufen, wenn es das Interesse des Vereins erfordert oder wenn die Einberufung von einem Zehntel der Mitglieder unter Angabe des Zwecks und der Gründe schriftlich vom Vorstand verlangt wird.

(3) Über die Beschlüsse der Mitgliederversammlung ist ein Protokoll aufzunehmen, das von Versammlungsleiter und Protokollführer zu unterzeichnen ist. Protokollführer ist der Schriftführer, bei dessen Verhinderung bestimmt die Versammlung den Protokollführer. Das Protokoll soll Ort und Zeit der Versammlung, die Zahl der erschienenen Mitglieder, die Person von Versammlungsleiter und Protokollführer, die Tagesordnung sowie die gefassten Beschlüsse samt Art der Abstimmung und Abstimmungsergebnissen enthalten.

§ 12. Einberufung der Mitgliederversammlung

(1) Die Mitgliederversammlung ist vom Vorstand unter Einhaltung einer Frist von zwei Wochen einzuberufen. Die Einberufung erfolgt schriftlich an die letzte vom Mitglied

[149] Ergänzung zur Satzung → Rn. 2.

schriftlich bekanntgegebene Adresse unter Angabe der Tagesordnung. Mitglieder, die dem Verein eine E-Mail-Adresse mitgeteilt haben, können auch elektronisch durch Übermittlung einer E-Mail an die zuletzt in Textform mitgeteilte E-Mail-Adresse geladen werden, wenn das Mitglied nicht in Textform anderes mitgeteilt hat. Die Ladungsfrist beginnt mit dem auf die Absendung der Einladung folgenden Tag.

(2) Jedes Mitglied kann beantragen, dass weitere Angelegenheiten nachträglich auf die Tagesordnung gesetzt werden. Geht ein solcher Antrag spätestens eine Woche vor dem Tag der Mitgliederversammlung schriftlich beim Vorstand ein, ist die Tagesordnung zu Beginn der Mitgliederversammlung entsprechend zu ergänzen. Geht er später ein oder wird er erst in der Mitgliederversammlung gestellt, beschließt die Mitgliederversammlung über die Zulassung.

§ 13. Beschlussfassung der Mitgliederversammlung[150]

(1) Die Mitgliederversammlung ist beschlussfähig, wenn mindestens ein Viertel aller Vereinsmitglieder anwesend ist. Bei Beschlussunfähigkeit hat der Vorstand innerhalb eines Monats eine zweite Mitgliederversammlung mit der gleichen Tagesordnung einzuberufen. Diese zweite Mitgliederversammlung ist ohne Rücksicht auf die Zahl der erschienenen Vereinsmitglieder beschlussfähig, wenn hierauf in der Einladung hingewiesen wurde. Für deren Ladung gelten im Übrigen die allgemeinen Ladungsbestimmungen.

(2) Die Mitgliederversammlung wird vom 1. Vorsitzenden, bei dessen Verhinderung vom 2. Vorsitzenden geleitet. Ist auch der 2. Vorsitzende verhindert, bestimmt die Versammlung den Versammlungsleiter aus dem Kreis der Vereinsmitglieder. Bei Wahlen kann die Versammlungsleitung für die Dauer des Wahlgangs und der vorhergehenden Aussprache einem anderen Vereinsmitglied oder einem Wahlausschuss übertragen werden.

(3) In der Mitgliederversammlung hat jedes (Ehren-)Mitglied eine Stimme. Die Art der Abstimmung bestimmt der Versammlungsleiter. Die Abstimmung muss jedoch schriftlich durchgeführt werden, wenn mindestens ein Viertel der bei der Abstimmung anwesenden stimmberechtigten Mitglieder dies verlangt.

(4) Soweit in gegenwärtiger Satzung nicht ausdrücklich anders bestimmt, fasst die Mitgliederversammlung Beschlüsse mit der einfachen Mehrheit der abgegebenen Stimmen. Stimmenthaltungen gelten als nicht abgegebene Stimmen. Eine Mehrheit von drei Vierteln der abgegebenen Stimmen ist jedoch erforderlich für:
(a) die Änderung der Satzung,
(b) die Auflösung des Vereins,
(c) die Zulassung von nachträglichen Anträgen auf Ergänzung der Tagesordnung.

(5) Für Wahlen gelten die Bestimmungen über die Beschlussfassung entsprechend. Der Versammlungsleiter kann dabei bestimmen, dass über mehrere zu wählende Ämter in einem Wahlgang abgestimmt wird. Erreicht jedoch im ersten Wahlgang kein Kandidat die absolute Mehrheit, ist die Wahl zu wiederholen. Erreicht auch im zweiten Wahlgang kein Kandidat die absolute Mehrheit, genügt im dritten und in weiteren Wahlgängen die einfache Mehrheit. Erreicht auch nach mindestens drei Wahlgängen kein Kandidat eine Mehrheit, kann der Versammlungsleiter bestimmen, dass das Los entscheidet.

§ 14. Kassenführung

(1) Der Schatzmeister hat über die Kassengeschäfte Buch zu führen und eine Jahresrechnung zu erstellen.

(2) Die Jahresrechnung wird von zwei Kassenprüfern geprüft, die von der Mitgliederversammlung gewählt werden. Für deren Wahl, Wählbarkeit und Amtsdauer gelten die

---

[150] Vgl. alternative Bestimmungen zur Beschlussfassung in der Mitgliederversammlung in → Rn. 2, dort §§ 11, 12, 13.

Bestimmungen für Vorstandsmitglieder entsprechend. Die geprüfte Jahresrechnung ist der Mitgliederversammlung zur Beschlussfassung vorzulegen.

(3) Soweit aufgrund eines Lizenzierungsverfahrens der Jahresbericht und der Bericht über die wirtschaftliche Lage des Vereins der Prüfung durch einen Wirtschaftsprüfer bedürfen, beauftragt der Verwaltungsrat hierzu einen unabhängigen Wirtschaftsprüfer. Über das Prüfergebnis des Wirtschaftsprüfers hat der Vorstand in der Mitgliederversammlung zu berichten.[151]

§ 15. Haftung

(1) Ehrenamtlich Tätige und Amtsträger, deren Vergütung 840,00 EUR im Jahr nicht übersteigt, haften für Schäden gegenüber Mitgliedern und gegenüber dem Verein, die sie in Erfüllung ihrer ehrenamtlichen Tätigkeit verursachen, nur für Vorsatz und grobe Fahrlässigkeit.

(2) Der Verein haftet gegenüber den Mitgliedern im Innenverhältnis nicht für fahrlässig verursachte Schäden, die Mitglieder bei der Ausübung des Sports, aus der Teilnahme bei Vereinsveranstaltungen oder durch die Benutzung von Anlagen oder Einrichtungen des Vereins erleiden, soweit solche Schäden nicht durch Versicherungen des Vereins abgedeckt sind.

§ 16. Datenschutz

(1) Zur Erfüllung der satzungsgemäßen Aufgaben des Vereines und der Verpflichtungen, die sich aus der Mitgliedschaft im *** e.V. *[Landes-Sportverband]* und aus der Mitgliedschaft in dessen zuständigem Sportfachverband ergeben, werden im Verein unter Beachtung der gesetzlichen Vorgaben des Bundesdatenschutzgesetzes (BDSG) und der Datenschutz-Grundverordnung (DS-GVO) folgende personenbezogene Daten von Vereinsmitgliedern digital gespeichert: Name, Adresse, Telefonnummer, E-Mailadresse, Geburtsdatum, Bankverbindung etc. Die Zustimmung zur digitalen Erfassung der Daten erfolgt durch die Mitglieder mit Unterzeichnung der Beitrittserklärung, in der auf diese Zustimmung gesondert hinzuweisen ist.

(2) Den Organen des Vereins, allen Mitarbeitern oder sonst für den Verein Tätigen ist es untersagt, personenbezogene Daten unbefugt zu anderen als dem zur jeweiligen Aufgabenerfüllung gehörenden Zweck zu verarbeiten, bekannt zu geben, Dritten zugänglich zu machen oder sonst zu nutzen. Diese Pflicht besteht auch nach dem Ausscheiden des Mitglieds aus dem Verein fort.

(3) Als Mitglied des *** e.V. *[Landes-Sportverband]* ist der Verein verpflichtet, im Rahmen der Bestandsmeldung folgende Daten seiner Mitglieder an den *** e.V. zu melden: Name, Vorname, Geburtsdatum, Geschlecht, Sportartenzugehörigkeit. Die Meldung dient zu Verwaltungs- und Organisationszwecken des *** e.V. Dem zuständigen Sportfachverband, werden die für dessen Verwaltungs- und Organisationszwecke bzw. zur Durchführung des Wettkampfbetriebes erforderlichen Daten betroffener Vereinsmitglieder zur Verfügung gestellt.

(4) Zur Wahrnehmung satzungsgemäßer Mitgliederrechte kann der Vorstand Mitgliedern auf deren Verlangen unter Darlegung eines berechtigten Interesses Einsicht in das Mitgliederverzeichnis gewähren, wenn diese schriftlich versichern, dass die Adressen nicht zu anderen Zwecken verwendet werden.

(5) Bei Beendigung der Mitgliedschaft werden personenbezogene Daten, soweit sie die Kassengeschäfte betreffen, entsprechend der steuerrechtlich bestimmten Fristen aufbewahrt.

§ 17. Auflösung des Vereins

(6) Die Auflösung des Vereins kann nur in einer zu diesem Zweck einberufenen Mitgliederversammlung beschlossen werden.

---

[151] Ergänzung zur Satzung → Rn. 2.

(7) Bei Auflösung des Vereins oder bei Wegfall steuerbegünstigter Zwecke fällt das Vermögen des Vereins an *** *[steuerbegünstigte/gemeinnützige Körperschaft oder juristische Person des öffentlichen Rechts]*, der/die es unmittelbar und ausschließlich für gemeinnützige Zwecke zu verwenden hat. [*Alt.:* Bei Auflösung des Vereins oder bei Wegfall steuerbegünstigter Zwecke fällt das Vermögen des Vereins an eine juristische Person des öffentlichen Rechts oder eine andere steuerbegünstigte Körperschaft zwecks Verwendung für *** *[steuerbegünstigter/gemeinnütziger Zweck]*.]

(8) Liquidatoren sind der 1. und 2. Vorsitzende als je einzelvertretungsberechtigte Liquidatoren, soweit die Versammlung nichts anderes beschließt.

2. Satzung der Fußball-AG

Satzung der 2b
***** Fußball-AG**

I.
Allgemeine Bestimmungen

§ 1. Firma, Sitz, Dauer

(1) Die Firma der Aktiengesellschaft lautet

*** Fußball-AG,

– nachfolgend kurz **„Gesellschaft"** –.

(2) Die Gesellschaft hat ihren Sitz in ***.

(3) Die Gesellschaft ist auf unbestimmte Zeit errichtet.

§ 2. Geschäftsjahr[152]

Das Geschäftsjahr der Gesellschaft beginnt am 1. Juli eines Jahres und endet am 30. Juni des darauf folgenden Kalenderjahres.

§ 3. Gegenstand des Unternehmens

(1) Gegenstand des Unternehmens ist der umfassende Betrieb des Leistungssports im Bereich Fußball in den der Gesellschaft übertragenen Spielklassen unter der Bezeichnung „***" und die Nutzung aller davon abgeleiteten gegenwärtigen und zukünftigen Geschäftsbereiche und Rechte.

(2) Gegenstand des Unternehmens ist insbesondere der Betrieb des bezahlten Fußballsports innerhalb und außerhalb der Lizenzligen des Deutschen Fußball-Bundes (DFB), des Bayerischen Fußballverbandes (BFV), des Süddeutschen Fußballverbandes (SFV) und des Liga-Fußballverbandes (Ligaverband) unter Fortführung des wirtschaftlichen Geschäftsbetriebes des *** Fußball-Club e.V. mit dem Sitz in *** nach dessen Ausgliederung auf die Gesellschaft.

(3) Die Gesellschaft ist zu allen Maßnahmen und Geschäften berechtigt, die geeignet sind, den Gesellschaftszweck zu fördern, einschließlich des Erwerbs und der Verwaltung eigener Grundstücke und Grundstücksrechte.

(4) Die Gesellschaft kann Unternehmen erwerben und Beteiligungen eingehen sowie Tätigkeiten in verbundenen Unternehmen ausüben und Unternehmens- und Kooperationsverträge mit anderen Gesellschaften abschließen, soweit dies dem Gesellschaftszweck förderlich ist. Der Erwerb von Beteiligungen an anderen vom Ligaverband lizenzierten Fußballgesellschaften ist ausgeschlossen.

---

152 Wegen des sportlichen Saisonbetriebs kann ein vom Kalenderjahr abweichendes Wirtschaftsjahr sinnvoll sein.

§ 4. Zulassung zum Spielbetrieb einer Liga

(1) Die Gesellschaft ist Tochtergesellschaft des Gründungsgesellschafters *** Fußball-Club e.V. mit dem Sitz in ***, der Mutterverein im Sinne der Statuten des DFB/BFV ist und insbesondere mehrheitlich mit einem Stimmenanteil von 50 % zuzüglich mindestens eines weiteren Stimmanteils in der Hauptversammlung zu verfügen hat.

(2) Die Gesellschaft strebt die Zulassung zum Spielbetrieb der Regionalliga Bayern des Bayerischen Fußballverbandes e.V. (BFV) an, die bisher der *** Fußball-Club e.V. (Mutterverein) innehat, und im Falle des Aufstiegs die Zulassung zum Spielbetrieb der 3. Liga des Deutschen Fußball Bundes e.V. (DFB) („Lizenz"). Die Gesellschaft erwirbt mit der Lizenz für die Teilnahme am Spielbetrieb der 1. Bundesliga oder 2. Bundesliga die ordentliche Mitgliedschaft im Ligaverband des DFB. Die Satzungen und die Ligastatuten des BFV, DFB bzw. Ligaverbandes (nachfolgend „Verband"), insbesondere die Ordnungen, Richtlinien und sonstige Durchführungsbestimmungen in ihrer jeweiligen Fassung sowie die Entscheidungen und Beschlüsse der zuständigen Organe und Beauftragten des jeweiligen Verbandes sind für die Gesellschaft, ihre Organe und Mitarbeiter verbindlich.

(3) Die Gesellschaft sowie ihre Organe, deren Mitglieder, und die Mitarbeiter der Gesellschaft sind dem Regelwerk des jeweiligen Verbandes, insbesondere der Strafgewalt des Verbandes, unterworfen. Regelungen des zwischen dem Ligaverband und dem Deutschen Fußball-Bund geschlossenen Grundlagenvertrags sind für die Gesellschaft verbindlich, sofern sie die entsprechende Lizenz erwirbt. Dies gilt für alle Ligen und Lizenzen hinsichtlich aller Satzungen und Ordnungen des DFB (zB DFB-Satzung, DFB-Spielordnung, DFB-Rechts- und Verfahrensordnung, DFB-Schiedsrichterordnung, DFB-Jugendordnung, DFB-Trainerordnung und die Anti-Doping-Richtlinien mit den dazu erlassenen sonstigen Aus- und Durchführungsbestimmungen) in der jeweiligen Fassung; in der Regionalliga Bayern gemäß § 45 Abs. 1 BFV-Satzung. Die Verbindlichkeit erstreckt sich auch auf Entscheidungen und Beschlüsse der zuständigen Organe und Beauftragten des Verbandes, insbesondere auf eventuelle Vereinssanktionen gemäß des Regelwerks des DFB bzw. BFV.

(4) Aus einer künftigen Mitgliedschaft der Gesellschaft im Ligaverband, der seinerseits Mitglied des DFB ist, und den in den Satzungen des Ligaverbandes enthaltenen Bestimmungen über die Maßgeblichkeit von DFB-Satzung und DFB-Ordnungen folgt ebenfalls die Verbindlichkeit dieser Bestimmungen des DFB in ihrer jeweiligen Fassung für die Gesellschaft, ihre Gesellschafter sowie ihre Organe und Mitarbeiter.

(5) Mitarbeiter oder Mitglieder von Organen von Vereinen, juristischen Personen, Personengesellschaften oder Einzelunternehmen, die zu mehreren Vereinen oder Fußballkapitalgesellschaften der Lizenzligen, 3. Liga oder Regionalliga oder deren Muttervereinen oder mit diesen verbundenen Unternehmen in wirtschaftlich erheblichem Umfang in vertraglichen Beziehungen im Bereich der Vermarktung, einschließlich des Sponsorings, oder des Spielbetriebs stehen und/oder an ihnen bedeutend beteiligt sind, wobei Konzerne und die ihnen angehörigen Unternehmen als ein Unternehmen gelten, sowie Mitarbeiter oder Mitglieder von Geschäftsführungs- oder Kontrollorganen anderer Vereine oder Fußballkapitalgesellschaften der Lizenzligen, 3. Liga oder Regionalliga oder deren Muttervereinen oder mit diesen verbundenen Unternehmen können nicht Mitglied eines Organs der Gesellschaft sein. Ebenso dürfen Mitglieder von Geschäftsführungs- oder Kontrollorganen eines anderen Lizenznehmers keine Funktionen in Organen der Gesellschaft übernehmen. Für die Mitgliedschaft in Kontrollorganen der Gesellschaft kann der DFB auf Antrag eine Ausnahmegenehmigung erteilen. Der Antrag ist zu begründen.

§ 5. Bekanntmachungen

Die Gesellschaft veröffentlicht ihre Bekanntmachungen nur im elektronischen Bundesanzeiger.

II. Grundkapital und Aktien

§ 6. Grundkapital

(1) Das Grundkapital der Gesellschaft beträgt[153]

*** EUR

– in Worten: *** Euro –.

(2) Es ist eingeteilt in *** – in Worten: *** – Stückaktien (Aktien ohne Nennbetrag). Sämtliche Aktien sind Namensaktien.

(3) Die Namensaktien sind nur mit Zustimmung der Gesellschaft übertragbar. Über die Zustimmung entscheidet nicht der Vorstand, sondern der Aufsichtsrat. Die Zustimmung ist zu verweigern, wenn infolge geänderter Mehrheitsverhältnisse zum Mutterverein der Unternehmenszweck, insbesondere die Zulassung zum Spielbetrieb einer Liga, gefährdet wird.

(4) Der Anspruch des Aktionärs auf Verbriefung seines Anteils ist ausgeschlossen. Die Gesellschaft gibt keine Gewinnanteils- und Erneuerungsscheine aus.

(5) Das Grundkapital der Gesellschaft wird in Höhe von *** EUR durch Ausgliederung des Geschäftsbereichs 1. Herren-Fußballmannschaft mit den dazugehörigen Aktiva und Passiva und weiterer Vermögensgegenstände erbracht.

III. Vorstand

§ 7. Zusammensetzung des Vorstands

(1) Der Vorstand besteht aus einer oder mehreren Personen. Die Anzahl der Mitglieder des Vorstands bestimmt der Aufsichtsrat.

(2) Das oder die Vorstandsmitglieder bestellt der Aufsichtsrat durch Beschluss auf höchstens *** [*zB:* fünf][154] Jahre; wiederholte Bestellung ist möglich. Der Aufsichtsrat kann auch ein Vorstandsmitglied zum Vorstandsvorsitzenden oder stellvertretenden Vorstandsvorsitzenden ernennen.

§ 8. Geschäftsführung, Vertretung der Gesellschaft

(1) Der Aufsichtsrat legt durch eine Geschäftsordnung für den Vorstand fest, welche Arten von Maßnahmen und Geschäften nur mit seiner Zustimmung durch den Vorstand vorgenommen werden dürfen.

(2) Der Vorstand fasst seine Beschlüsse mit Stimmenmehrheit. Bei Stimmengleichheit gibt die Stimme des Vorstandsvorsitzenden, im Falle seiner Verhinderung diejenige seines Vertreters den Ausschlag.

(3) Ist nur ein Vorstandsmitglied bestellt, so vertritt dieses die Gesellschaft allein. Sind mehrere Vorstandsmitglieder bestellt, so wird die Gesellschaft durch zwei Vorstandsmitglieder gemeinsam oder durch ein Vorstandsmitglied in Gemeinschaft mit einem Prokuristen gesetzlich vertreten. Der Aufsichtsrat kann bestimmen, dass einzelne oder alle Vorstandsmitglieder einzelvertretungsbefugt sind. Der Aufsichtsrat kann weiter allgemein oder für den Einzelfall bestimmen, dass einzelne oder alle Vorstandsmitglieder berechtigt sind, die Gesellschaft bei Rechtsgeschäften mit sich als Vertreter eines Dritten zu vertreten (Befreiung von den Beschränkungen des § 181 Alt. 2 BGB). § 112 AktG bleibt unberührt.

---

[153] Für die Regionalliga ist noch kein über das gesetzliche Mindestkapital hinausgehendes Stammkapital erforderlich. In der 3. Liga ist ein Mindestkapital von 1.000.000 EUR erforderlich.

[154] 5 Jahre sind die gesetzliche Grenze.

IV.
Aufsichtsrat

§ 9. Zusammensetzung, Amtszeit

(1) Der Aufsichtsrat besteht aus *** [*zB:* drei *oder* sechs][155] Mitgliedern, die von der Hauptversammlung gewählt werden.

(2) Soweit die Hauptversammlung nicht bei der Wahl für einzelne der von ihr zu wählenden Aufsichtsratsmitglieder oder für den Gesamt-Aufsichtsrat einen kürzeren Zeitraum beschließt, werden die Aufsichtsratsmitglieder längstens für die Zeit bis zur Beendigung der Hauptversammlung gewählt, die über die Entlastung für das vierte Geschäftsjahr nach der Wahl beschließt. Hierbei wird das Geschäftsjahr, in dem die Amtszeit beginnt, nicht mitgerechnet. Eine Wiederwahl ist möglich.

(3) Die Wahl des Nachfolgers eines vor Ablauf seiner Amtszeit ausgeschiedenen Mitglieds erfolgt nur für den Rest der Amtszeit des ausgeschiedenen Mitglieds.

(4) Bei der Wahl von Aufsichtsratsmitgliedern kann die Hauptversammlung für die gleiche Zeit ebenso viele Ersatzmitglieder wählen und die Reihenfolge bestimmen, in der sie an die Stelle der während ihrer Amtszeit ausscheidenden Aufsichtsratsmitglieder für die restliche Amtsdauer treten.

§ 10. Vorsitzender und Stellvertreter

Der Aufsichtsrat wählt aus seiner Mitte einen Vorsitzenden und einen stellvertretenden Vorsitzenden.

§ 11. Einberufung und Beschlussfassung

(1) In jedem Kalenderhalbjahr muss der Aufsichtsrat zwei Sitzungen abhalten, sofern der Aufsichtsrat nicht beschließt, dass nur eine Sitzung im Kalenderhalbjahr abzuhalten ist.

(2) Die Sitzungen des Aufsichtsrats werden durch den Vorsitzenden, im Falle seiner Verhinderung durch seinen Stellvertreter mündlich, fernmündlich, schriftlich, per Telefax, telegrafisch oder per E-Mail unter Angabe der Tagesordnung einberufen.

(3) Der Aufsichtsrat ist beschlussfähig, wenn mindestens drei seiner Mitglieder an der Beschlussfassung teilnehmen. Ein Mitglied nimmt auch dann an der Beschlussfassung teil, wenn es sich der Stimme enthält. Abwesende Aufsichtsratsmitglieder können an Beschlussfassungen des Aufsichtsrats teilnehmen, indem sie durch andere Aufsichtsratsmitglieder schriftliche Stimmabgaben überreichen lassen. Beschlüsse bedürfen der Mehrheit der Mitglieder des Aufsichtsrats. Bei Stimmengleichheit gibt die Stimme des Aufsichtsratsvorsitzenden, im Falle seiner Verhinderung diejenige seines Vertreters den Ausschlag.

(4) Beschlüsse des Aufsichtsrats werden grundsätzlich in Präsenzsitzungen gefasst. Der Aufsichtsrat kann auf Anordnung des Vorsitzenden auch ohne Einberufung einer Sitzung schriftlich, telegrafisch, fernmündlich, per Telefax, Videokonferenz oder per E-Mail abstimmen, wenn kein Aufsichtsratsmitglied diesem Verfahren innerhalb einer vom Vorsitzenden bestimmten angemessenen Frist widerspricht; ein Widerspruchsrecht besteht nicht, wenn die Beschlussfassung in der Weise durchgeführt wird, dass die daran teilnehmenden Mitglieder des Aufsichtsrats im Wege der Telekommunikation im Sinne allseitigen und gleichzeitigen Sehens und Hörens miteinander in Verbindung stehen und den Beschlussgegenstand erörtern können. Der Vorsitzende des Aufsichtsrats teilt die Form der Beschlussfassung in der Einberufung mit.

(5) Über die Sitzungen des Aufsichtsrates ist eine Niederschrift anzufertigen, die von dem Vorsitzenden der Sitzung zu unterzeichnen ist. Bei Beschlussfassungen außer-

[155] Mindestens 3, durch 3 teilbare Zahl, mehr als 9 Mitglieder erfordern mehr als 1.500.000 EUR Grundkapital.

halb von Sitzungen ist die Niederschrift vom Vorsitzenden des Aufsichtsrats zu unterzeichnen und unverzüglich allen Mitgliedern zuzuleiten.

(6) Der Vorsitzende ist ermächtigt, im Namen des Aufsichtsrats die zur Durchführung der Beschlüsse erforderlichen Willenserklärungen abzugeben und an den Aufsichtsrat gerichtete Erklärungen in Empfang zu nehmen.

§ 12. Geschäftsordnung und Änderung der Satzungsfassung

(1) Der Aufsichtsrat kann sich im Rahmen der gesetzlichen Vorschriften und der Bestimmungen dieser Satzung eine Geschäftsordnung geben.

(2) Der Aufsichtsrat ist befugt, Änderungen der Satzung, die nur deren redaktionelle Fassung betreffen, zu beschließen.

§ 13. Vergütung

(1) Den Aufsichtsratsmitgliedern kann für ihre Tätigkeit von der Hauptversammlung eine Vergütung bewilligt werden. Ferner kann die Hauptversammlung beschließen, dass die Gesellschaft zugunsten der Aufsichtsratsmitglieder eine Haftpflichtversicherung (D & O-Versicherung) zu marktüblichen und angemessenen Konditionen abschließen darf, welche die gesetzliche Haftpflicht aus der Aufsichtsratstätigkeit abdeckt.

(2) Die Aufsichtsratsmitglieder erhalten Ersatz aller Auslagen sowie Ersatz der etwa auf eine ihnen bewilligte Vergütung und Auslagen zu entrichtende Umsatzsteuer.

V.
Hauptversammlung

§ 14. Ort und Einberufung

(1) Die Hauptversammlung findet am Sitz der Gesellschaft statt.

(2) Die Hauptversammlung wird durch den Vorstand oder in den gesetzlich vorgeschriebenen Fällen durch den Aufsichtsrat bzw. Abwickler einberufen.

(3) Die Hauptversammlung kann Beschlüsse ohne Einhaltung der Bestimmungen der §§ 121–128 AktG fassen, wenn alle Aktionäre erschienen oder vertreten sind und kein Aktionär der Beschlussfassung widerspricht.

§ 15. Vorsitz in der Hauptversammlung, Teilnahme der Aufsichtsratsmitglieder

(1) Die Hauptversammlung leitet der Vorsitzende des Aufsichtsrats, bei dessen Verhinderung sein Stellvertreter und bei dessen Verhinderung das älteste anwesende Mitglied des Aufsichtsrats. Ist keiner von diesen erschienen oder zur Leitung der Versammlung bereit, so eröffnet der an Lebensjahren älteste anwesende Aktionär die Versammlung und lässt von dieser einen Versammlungsleiter wählen.

(2) Der Versammlungsleiter bestimmt die Reihenfolge der Gegenstände der Tagesordnung sowie die Art der Abstimmung.

(3) Die Teilnahme von Mitgliedern des Aufsichtsrats an der Hauptversammlung darf im Wege der Bild- und Tonübertragung erfolgen, wenn die persönliche Teilnahme am Ort der Hauptversammlung nicht möglich ist, weil sich das Aufsichtsratsmitglied aus wichtigem Grund im Ausland aufhält.

§ 16. Beschlussfähigkeit und Beschlussfassung, Niederschrift

(1) Die Hauptversammlung ist beschlussfähig, wenn mehr als 50 % des gesamten stimmberechtigten Grundkapitals vertreten sind. Erweist sich eine Hauptversammlung als nicht beschlussfähig, so ist eine neu einberufene Hauptversammlung, die innerhalb der nächsten sechs Wochen stattfindet, hinsichtlich der Gegenstände, die auf der Tagesordnung der beschlussunfähigen Hauptversammlung standen, ohne Rücksicht auf die Höhe des dann vertretenen Grundkapitals beschlussfähig, wenn in der Einberufung hierauf hingewiesen wurde.

(2) Die Beschlüsse der Hauptversammlung werden mit einfacher Mehrheit der abgegebenen Stimmen gefasst, soweit nicht das Gesetz oder diese Satzung zwingend eine größere Mehrheit vorschreiben.
(3) Jede Stückaktie gewährt eine Stimme. Das Stimmrecht beginnt mit der vollständigen Leistung der Einlage.
(4) Wird bei Wahlen im ersten Wahlgang eine einfache Stimmenmehrheit nicht erreicht, findet eine Wahl unter den Personen statt, denen die beiden höchsten Stimmenzahlen zugefallen sind. Bei der engeren Wahl entscheidet die höchste Stimmenzahl, bei Stimmengleichheit das durch den Vorsitzenden der Hauptversammlung zu ziehende Los.
(5) Das Stimmrecht kann durch Bevollmächtigte ausgeübt werden. Die Vollmacht ist schriftlich oder auf anderem Wege, insbesondere per Fax oder per E-Mail, zu erteilen. Die Einzelheiten bestimmt die Gesellschaft. Sie werden mit der Einberufung der Hauptversammlung bekannt gemacht.
(6) Über die Verhandlung ist eine Niederschrift zu fertigen, die vom Vorsitzenden des Aufsichtsrats zu unterzeichnen ist, soweit nicht nach den gesetzlichen Vorschriften eine notarielle Niederschrift zu erfolgen hat.

VI.
Jahresabschluss

§ 17. Jahresabschluss, Lagebericht

(1) Der Vorstand hat gemäß den gesetzlichen Vorschriften und innerhalb der gesetzlichen Fristen den Jahresabschluss und – soweit erforderlich – den Lagebericht aufzustellen.
(2) Der Vorstand hat den Jahresabschluss und einen etwaigen Lagebericht unverzüglich nach ihrer Aufstellung mit seinem Vorschlag, den er der Hauptversammlung für die Verwendung des Bilanzgewinns machen will, dem Aufsichtsrat vorzulegen. Ist der Jahresabschluss und ein etwaiger Lagebericht durch einen Abschlussprüfer zu prüfen, so hat der Aufsichtsrat dem Abschlussprüfer unverzüglich den Prüfungsauftrag zu erteilen. Der Abschlussprüfer hat seinen Prüfungsbericht dem Aufsichtsrat vorzulegen, nachdem er dem Vorstand Gelegenheit zur Stellungnahme gegeben hat.
(3) Der Aufsichtsrat hat den Jahresabschluss, den etwaigen Lagebericht des Vorstands und den Vorschlag für die Verwendung des Bilanzgewinns zu prüfen und über das Ergebnis der Prüfung schriftlich an die Hauptversammlung zu berichten und dabei auch zu dem Ergebnis der etwaigen Prüfung des Jahresabschlusses durch den Abschlussprüfer Stellung zu nehmen. Er hat seinen Bericht innerhalb eines Monats nach Zugang der Vorlagen dem Vorstand zuzuleiten. Billigt der Aufsichtsrat nach Prüfung den Jahresabschluss, so ist dieser festgestellt, sofern nicht Vorstand und Aufsichtsrat beschließen, die Feststellung des Jahresabschlusses der Hauptversammlung zu überlassen.

VII.
Schlussbestimmung

§ 18. Gründungsaufwand

Die Gesellschaft trägt den mit der Gründung verbundenen Kostenaufwand (insbesondere Notarkosten, Kosten der anwaltlichen und steuerlichen Beratung, Kosten der Gründungsprüfung, Kosten der Handelsregistereintragung und Bekanntmachung) bis zu einem Gesamtbetrag in Höhe von *** [*zB:* 5.000] EUR.

C. Satzung eines großen Sportvereins mit mehreren Abteilungen

Vereinssatzung 3

§ 1. Name, Sitz, Geschäftsjahr, Verbandsmitgliedschaft

(1) Der Verein führt den Namen ***.[156]
(2) Er soll in das Vereinsregister eingetragen werden. Mit Eintragung führt er den Namenszusatz „e.V.".
(3) Sitz des Vereins ist ***.[157]
(4) Geschäftsjahr ist das Kalenderjahr.
(5) Der Verein ist Mitglied des *** e.V. *[Landes-Sportverband]*. Durch die Mitgliedschaft von Einzelpersonen zum Verein wird die Zugehörigkeit der Einzelpersonen zum *** e.V. vermittelt. Der Verein erkennt die Satzung, die Ordnungen und die Richtlinien des *** Verbandes als verbindlich an. Die Mitglieder des Vereins unterwerfen sich durch ihren Beitritt zum Verein zugleich der Satzung, den Ordnungen und den Richtlinien des *** Verbandes. Soweit danach Verbandsrecht zwingend ist, überträgt der Verein seine Ordnungsgewalt auf den *** Verband.

§ 2. Zweck des Vereins

(1) Zweck des Vereins ist die Pflege und Förderung des Sports.[158]
(2) Der Zweck des Vereins wird verwirklicht durch die Ausübung der Sportart ***.
(3) Der Verein verfolgt ausschließlich und unmittelbar gemeinnützige Zwecke im Sinne des Abschnitts „Steuerbegünstigte Zwecke" der Abgabenordnung. Der Verein ist selbstlos tätig, er verfolgt nicht in erster Linie eigenwirtschaftliche Zwecke. Mittel des Vereins dürfen nur für die satzungsmäßigen Zwecke verwendet werden. Die Mitglieder erhalten keine Zuwendungen aus den Mitteln des Vereins. Es darf keine Person durch Ausgaben, die dem Zweck des Vereins fremd sind oder durch unverhältnismäßig hohe Vergütungen begünstigt werden.[159]
(4) Eine Änderung im Status der Gemeinnützigkeit zeigt der Verein unverzüglich dem *** e.V. *[Landes-Sportverband]*, den betroffenen Sportfachverbänden sowie dem zuständigen Finanzamt für Körperschaften an.

§ 3. Vergütungen für die Vereinstätigkeit[160]

(1) Vereinsämter werden grundsätzlich ehrenamtlich ausgeübt, soweit nicht diese Satzung etwas anderes bestimmt.
(2) Bei Bedarf können Vereinsämter aufgrund Beschluss des Vorstandes im Rahmen der finanziellen, steuerlichen und rechtlichen Möglichkeiten entgeltlich auf der Grundlage eines Dienstvertrages oder gegen Zahlung einer angemessenen – auch pauschalierten – Aufwandsentschädigung ausgeübt werden.
(3) In dem in Abs. 2 genannten Rahmen ist der Vorstand auch ermächtigt, Tätigkeiten für den Verein gegen Zahlung einer angemessenen Vergütung oder Aufwandsentschädigung zu beauftragen und/oder zur Erledigung der Geschäftsführungsaufgaben und zur Führung der Geschäftsstelle hauptamtlich Beschäftigte anzustellen. Im Übrigen haben Mitglieder und Mitarbeiter des Vereins einen Aufwendungsersatzanspruch nach § 670 BGB für solche Aufwendungen, die ihnen durch die Tätigkeit für den Verein entstanden sind; der Anspruch auf Aufwendungsersatz kann nur innerhalb einer Frist von sechs Monaten nach seiner Entstehung unter Nachweis mittels prüffähiger Belege und Aufstellungen geltend gemacht werden.

---

[156] Zum Namen des Vereins → § 5 Rn. 6 ff.
[157] Zum Sitz des Vereins → § 5 Rn. 32 ff.
[158] Zum Zweck des Vereins → § 6 Rn. 1 ff.
[159] Zu den Voraussetzungen der Gemeinnützigkeit → § 14 Rn. 7 ff.
[160] Zu Anforderungen an die Satzungsgestaltung bei der Vergütung für Vorstandsmitglieder → § 14 Rn. 77 ff.

(4) Weitere Einzelheiten regelt die Finanzordnung des Vereins, die von der Mitgliederversammlung erlassen und geändert wird.

§ 4. Mitgliedschaft

(1) Mitglied des Vereins kann jede natürliche und juristische Person werden.[161]
(2) Der Antrag auf Aufnahme in den Verein ist an den Vorstand zu richten. Der Vorstand entscheidet über die Aufnahme.[162]
(3) Die Mitgliedschaft endet[163] durch Tod,[164] bei juristischen Personen deren Erlöschen,[165] Austritt oder Ausschluss.
(4) Der Austritt ist schriftlich gegenüber dem Vorstand zu erklären.[166] Er ist nur mit einer Frist von zwei Monaten zum Ende eines Kalenderjahres zulässig.[167]
(5) Ein Mitglied kann aus dem Verein ausgeschlossen werden, wenn es in grober Weise gegen die Vereinsinteressen verstoßen hat oder wenn es mit mindestens einem Jahresbeitrag mit mehr als sechs Monaten in Verzug ist. Über einen Ausschluss entscheidet der Vorstand. Der Ausschluss wegen Zahlungsverzuges ist mit einer Frist von drei Monaten schriftlich anzudrohen, im Übrigen ist dem Auszuschließenden vor der Beschlussfassung Gelegenheit zur Stellungnahme zu geben.[168]
(6) Gegen die Ablehnung der Aufnahme und gegen den Ausschluss aus dem Verein kann die betroffene Person binnen eines Monats nach Zugang der Entscheidung Beschwerde einlegen. Über die Beschwerde entscheidet die nächste Mitgliederversammlung. Die Beschwerde gegen den Ausschluss hat aufschiebende Wirkung.[169]
(7) Die Mitgliederversammlung kann jede natürliche und juristische Person, die sich besonders um den Verein verdient gemacht hat, zum Ehrenmitglied ernennen.[170]

§ 5. Beiträge

(1) Von den Mitgliedern wird ein Geldbetrag als regelmäßiger Jahresbeitrag erhoben. Über dessen Höhe und Fälligkeit bestimmt die Mitgliederversammlung.[171]
(2) Ehrenmitglieder haben keine Beiträge zu leisten.[172]

§ 6. Organe des Vereines

Organe des Vereines sind:
- der Vorstand,
- der Vereinsausschuss,
- die Mitgliederversammlung.

§ 7. Vorstand

(1) Der Vorstand des Vereins besteht aus vier bis sechs Personen, nämlich dem 1. und dem 2. Vorsitzenden, dem Schatzmeister, dem Schriftführer und bis zu zwei Beisitzern.[173]

---

161 Zur Person der Gründer → § 4 Rn. 8ff.; ausf. zur Mitgliedsfähigkeit → § 10 Rn. 20ff.
162 Zum Aufnahmeverfahren → § 5 Rn. 49ff. und → § 10 Rn. 176ff.
163 Zum Erlöschen der Mitgliedschaft → § 5 Rn. 58ff. und → § 10 Rn. 272ff.
164 Zum Erlöschen der Mitgliedschaft durch Tod → § 10 Rn. 318.
165 Zum Erlöschen der Mitgliedschaft bei Vollbeendigung und Umwandlung → § 10 Rn. 319ff.
166 Zur Austrittserklärung ausf. → § 10 Rn. 275ff.
167 Zur Austrittsfrist ausf. → § 10 Rn. 280ff.
168 Zum Vereinsausschluss (und dem Streichen von der Mitgliederliste) → § 5 Rn. 63ff. und → § 10 Rn. 294ff., 313ff.; zu sonstigen Erlöschensgründen → § 5 Rn. 83ff. und → § 10 Rn. 308ff.; zum „Ruhen der Mitgliedschaft" als Vereinsstrafe → § 10 Rn. 303ff.; zum Vereinsausschluss als Vereinsstrafe → § 11 Rn. 60ff.; zum Vereinsausschluss von Vorstandsmitgliedern → § 8 Rn. 134ff.
169 Zum vereinsinternen Rechtsbehelf → § 5 Rn. 71f. (Ausschluss) bzw. → § 10 Rn. 210f. (Beitritt); allg. → § 18 Rn. 43ff.
170 Zur Ehrenmitgliedschaft (und sonstigen Ehrungen) → § 10 Rn. 91ff.; zu Sonderrechten im Verein → § 10 Rn. 75ff.; zu Mitgliedergruppen → § 10 Rn. 43ff.
171 Zur Beitragspflicht → § 5 Rn. 91ff. und → § 10 Rn. 112ff.
172 Zur späteren Einfügung einer derartigen Bestimmung → § 5 Rn. 97.
173 Zur Bildung des Vorstands → § 5 Rn. 111ff. und → § 8 Rn. 6ff.

(2) Der Verein wird gerichtlich und außergerichtlich durch zwei Mitglieder des Vorstands gemeinsam vertreten. Durch Beschluss der Mitgliederversammlung können die Vorstandsmitglieder oder einzelne von ihnen von den Beschränkungen des § 181 BGB ganz oder teilweise befreit werden.[174]

(3) Der Vorstand wird von der Mitgliederversammlung auf *** [*zB:* zwei *oder* drei] Jahre[175] gewählt.[176] Die Vorstandsmitglieder bleiben auch nach dem Ablauf ihrer Amtszeit bis zur erfolgreichen Neuwahl des Vorstands im Amt.[177] Scheidet ein Mitglied des Vorstands während der Amtsdauer aus,[178] kann der Vorstand für die restliche Amtsdauer des Ausgeschiedenen ein Ersatzmitglied bestellen.[179]

(4) Dem Vorstand können nur Vereinsmitglieder angehören.[180] Die Vereinigung mehrerer Vorstandsämter in einer Person ist [*ggf.:* nicht] zulässig.[181]

(5) [*ggf.:* Im Innenverhältnis bedarf der Vorstand zum Abschluss von Rechtsgeschäften mit einem Geschäftswert von mehr als *** EUR der vorherigen Zustimmung durch die Mitgliederversammlung.]

§ 8. Zuständigkeit des Vorstandes

Der Vorstand ist für alle Angelegenheiten des Vereins zuständig, die nicht durch gegenwärtige Satzung einem anderen Vereinsorgan zugewiesen sind.[182] Er hat insbesondere folgende Aufgaben:

(a) Vorbereitung der Mitgliederversammlung und Aufstellung der Tagesordnung,
(b) Einberufung der Mitgliederversammlung,
(c) Ausführung der Beschlüsse der Mitgliederversammlung,
(d) Verwaltung des Vereinsvermögens und Buchführung,
(e) Erstellung der Jahreshaushaltspläne und der Jahresberichte,
(f) Beschlussfassung über Aufnahme und Ausschluss von Mitgliedern.

§ 9. Beschlussfassung des Vorstandes[183]

(1) Der Vorstand fasst seine Beschlüsse in Vorstandssitzungen oder auf schriftlichem Wege.[184]

(2) Vorstandssitzungen sind vom 1. Vorsitzenden, bei dessen Verhinderung vom 2. Vorsitzenden in Textform oder (fern-)mündlich unter Einhaltung einer Einberufungsfrist von einer Woche einzuberufen.[185] Der Mitteilung einer Tagesordnung bedarf es nicht. Sitzungsleiter ist der 1. Vorsitzende, bei dessen Verhinderung der 2. Vorsitzende. Im Übrigen wird der Sitzungsleiter aus der Mitte der anwesenden Vorstandsmitglieder gewählt.[186]

(3) Der Vorstand ist beschlussfähig, wenn mindestens zwei Mitglieder anwesend sind.[187] Er entscheidet mit einfacher Mehrheit der abgegebenen gültigen Stimmen. Bei Stimmengleichheit entscheidet die Stimme des Sitzungsleiters.[188] Die Beschlussfähigkeit des Vorstandes setzt nicht voraus, dass sämtliche Vorstandsämter besetzt sind.[189]

---

[174] Zur allg. Vertretungsregelung → § 8 Rn. 226 ff.
[175] Zur Amtsdauer → § 8 Rn. 93 ff.
[176] Zu möglichen Bestellungsverfahren → § 8 Rn. 47 ff.; zur Vorstandsbestellung durch Wahl der Mitgliederversammlung → § 8 Rn. 52 ff.
[177] Zur Fortdauer des Amtes nach Ablauf der vorgesehenen Amtsdauer → § 8 Rn. 106 ff.
[178] Allg. zur Beendigung des Vorstandsamtes → § 8 Rn. 100 ff.
[179] Zur Kooptation → § 8 Rn. 65 ff.
[180] Zur Vorstandsfähigkeit → § 4 Rn. 101 f. und → § 8 Rn. 22 ff.
[181] Zur Personalunion → § 8 Rn. 19.
[182] Zur Geschäftsführung durch den Vorstand → § 8 Rn. 196 ff.
[183] Für alternative Gestaltungen zur Beschlussfassung im Vorstand → Rn. 1, dort § 8.
[184] Zur Meinungsbildung des Vorstands → § 8 Rn. 164 ff.
[185] Zur Einberufung von Vorstandssitzungen → § 8 Rn. 167 ff.
[186] Zur Sitzungsleitung → § 8 Rn. 184 ff.
[187] Zur Beschlussfähigkeit → § 8 Rn. 177 ff.
[188] Zu Mehrheitserfordernissen → § 8 Rn. 185 ff.
[189] Zur (streitigen) Notwendigkeit der vollständigen Besetzung des Vorstands → § 8 Rn. 178 ff.

(4) Über die Vorstandssitzungen ist ein Protokoll zu führen, das Ort und Zeit der Sitzung, Namen der Teilnehmer, gefasste Beschlüsse und Abstimmungsergebnis enthalten soll. Das Protokoll dient Beweiszwecken.
(5) Ein Vorstandsbeschluss kann außerhalb einer Sitzung, mündlich, schriftlich, per E-Mail oder auf anderem Wege der elektronischen Kommunikation gefasst werden, wenn alle Vorstandsmitglieder ihre Zustimmung zu der Beschlussfassung erklären.[190]

§ 10. Vereinsausschuss

(1) Der Vereinsausschuss setzt sich zusammen aus den Mitgliedern des Vorstandes und *** bis *** weiteren von der Mitgliederversammlung gewählten Mitgliedern. Für deren Wahl, Wählbarkeit und Amtsdauer gelten die Bestimmungen für die Vorstandsmitglieder entsprechend.
(2) Der Vereinsausschuss tritt mindestens zweimal im Jahr zusammen, ansonsten nach Bedarf oder wenn ein Drittel seiner Mitglieder dies beantragt. Die Sitzungen werden durch den Vorsitzenden, im Falle dessen Verhinderung durch ein anderes Vorstandsmitglied einberufen und geleitet.
(3) Der Vereinsausschuss berät den Vorstand. Weitere Aufgaben ergeben sich aus der Satzung. Durch Beschluss kann die Mitgliederversammlung weitergehende Einzelaufgaben übertragen.

§ 11. Mitgliederversammlung

(1) Die Mitgliederversammlung ist für folgende Angelegenheiten zuständig:[191]
   (a) Wahl und Abberufung der Vorstandsmitglieder und der Kassenprüfer,[192]
   (b) Beschlussfassung über Änderungen der Satzung,[193]
   (c) Beschlussfassung über die Auflösung des Vereins,[194]
   (d) Festsetzung der Höhe und der Fälligkeit des Jahresbeitrages,[195]
   (e) Beschlussfassung über Beschwerden gegen die Ablehnung eines Aufnahmeantrags und gegen einen Ausschließungsbeschluss des Vorstands,[196]
   (f) Ernennung von Ehrenmitgliedern,[197]
   (g) Genehmigung des Haushaltsplanes und Entgegennahme des Jahresberichts und sonstiger Berichte des Vorstands,
   (h) Entlastung des Vorstands.[198]
(2) Einmal jährlich, möglichst im ersten Quartal eines Jahres, findet die ordentliche Mitgliederversammlung des Vereins statt.[199] Weitere (außerordentliche) Mitgliederversammlungen sind einzuberufen, wenn es das Interesse des Vereins erfordert oder wenn die Einberufung von einem Zehntel der Mitglieder unter Angabe des Zwecks und der Gründe schriftlich vom Vorstand verlangt wird.[200]
(3) Über die Beschlüsse der Mitgliederversammlung ist ein Protokoll aufzunehmen, das von Versammlungsleiter und Protokollführer zu unterzeichnen ist. Protokollführer ist der Schriftführer, bei dessen Verhinderung bestimmt die Versammlung den Protokollführer. Das Protokoll soll Ort und Zeit der Versammlung, die Zahl der erschienenen Mitglieder, die Person von Versammlungsleiter und Protokollführer, die Tages-

---

[190] Zur Meinungsbildung im Vorstand → § 8 Rn. 164ff.
[191] Zu Funktion und Befugnissen der Mitgliederversammlung → § 7 Rn. 1ff.
[192] Zur Wahl der Vorstandsmitglieder → § 8 Rn. 52ff.; zu Wahlen und Abstimmungen allg. → § 7 Rn. 160ff.
[193] Zur Satzungsänderung allg. → § 5 Rn. 152ff.
[194] → § 13 Rn. 234ff.
[195] Zur Beitragspflicht → § 5 Rn. 91ff. und → § 10 Rn. 112ff.
[196] § 3 Abs. 6 der Satzung.
[197] § 3 Abs. 7 der Satzung.
[198] Zur Entlastung des Vorstands → § 8 Rn. 156ff.
[199] → § 7 Rn. 5f.
[200] Zu Einberufungsgründen → § 7 Rn. 26ff.; zum Minderheitenrecht → § 7 Rn. 30ff.

ordnung sowie die gefassten Beschlüsse samt Art der Abstimmung und Abstimmungsergebnissen enthalten.[201]

§ 12. Einberufung der Mitgliederversammlung

(1) Die Mitgliederversammlung ist vom Vorstand[202] unter Einhaltung einer Frist von zwei Wochen[203] einzuberufen. Die Einberufung erfolgt schriftlich an die letzte vom Mitglied schriftlich bekanntgegebene Adresse unter Angabe der Tagesordnung. Mitglieder, die dem Verein eine E-Mail-Adresse mitgeteilt haben, können auch elektronisch durch Übermittlung einer E-Mail an die zuletzt in Textform mitgeteilte E-Mail-Adresse geladen werden, wenn das Mitglied nicht in Textform anderes mitgeteilt hat.[204] Die Ladungsfrist beginnt mit dem auf die Absendung der Einladung folgenden Tag.

(2) Jedes Mitglied kann beantragen, dass weitere Angelegenheiten nachträglich auf die Tagesordnung gesetzt werden. Geht ein solcher Antrag spätestens eine Woche vor dem Tag der Mitgliederversammlung schriftlich beim Vorstand ein, ist die Tagesordnung zu Beginn der Mitgliederversammlung entsprechend zu ergänzen. Geht er später ein oder wird er erst in der Mitgliederversammlung gestellt, beschließt die Mitgliederversammlung über die Zulassung.[205]

§ 13. Beschlussfassung der Mitgliederversammlung[206]

(1) Die Mitgliederversammlung ist beschlussfähig, wenn mindestens ein Viertel aller Vereinsmitglieder anwesend ist.[207] Bei Beschlussunfähigkeit hat der Vorstand innerhalb eines Monats eine zweite Mitgliederversammlung mit der gleichen Tagesordnung einzuberufen. Diese zweite Mitgliederversammlung ist ohne Rücksicht auf die Zahl der erschienenen Vereinsmitglieder beschlussfähig, wenn hierauf in der Einladung hingewiesen wurde. Für deren Ladung gelten im Übrigen die allgemeinen Ladungsbestimmungen.[208]

(2) Die Mitgliederversammlung wird vom 1. Vorsitzenden, bei dessen Verhinderung vom 2. Vorsitzenden geleitet. Ist auch der 2. Vorsitzende verhindert, bestimmt die Versammlung den Versammlungsleiter aus dem Kreis der Vereinsmitglieder. Bei Wahlen kann die Versammlungsleitung für die Dauer des Wahlgangs und der vorhergehenden Aussprache einem anderen Vereinsmitglied oder einem Wahlausschuss übertragen werden.[209]

(3) In der Mitgliederversammlung hat jedes (Ehren-)Mitglied eine Stimme.[210] Die Art der Abstimmung bestimmt der Versammlungsleiter.[211] Die Abstimmung muss jedoch schriftlich durchgeführt werden, wenn mindestens ein Viertel der bei der Abstimmung anwesenden stimmberechtigten Mitglieder dies verlangt.[212]

(4) Soweit in gegenwärtiger Satzung nicht ausdrücklich anders bestimmt, fasst die Mitgliederversammlung Beschlüsse mit der einfachen Mehrheit der abgegebenen Stimmen. Stimmenthaltungen gelten als nicht abgegebene Stimmen.[213] Eine Mehrheit von drei Vierteln der abgegebenen Stimmen ist jedoch erforderlich für:

---

[201] Zur „Beurkundung" der Mitgliederversammlung → § 5 Rn. 139ff.; → § 7 Rn. 222ff.
[202] Zur Einberufungszuständigkeit → § 7 Rn. 55ff.
[203] Zur Einberufungsfrist → § 7 Rn. 59ff.
[204] Zur Form der Einberufung → § 7 Rn. 65ff.
[205] Zur Zulässigkeit späterer Anträge → § 7 Rn. 81, 140f.
[206] Für alternative Gestaltungen zur Beschlussfassung in der Mitgliederversammlung → Rn. 2, dort §§ 11, 12, 13.
[207] Zur Beschlussfähigkeit → § 7 Rn. 161ff.
[208] Zur Wiederholungsversammlung → § 7 Rn. 99ff.
[209] Zur Versammlungsleitung → § 7 Rn. 103ff.
[210] Zum Stimmrecht → § 7 Rn. 189ff.
[211] Zur Art der Abstimmung → § 7 Rn. 176ff.
[212] Zur geheimen Wahl → § 7 Rn. 177f.
[213] Zur Stimmenmehrheit → § 5 Rn. 172ff. und → § 7 Rn. 164ff.

(a) die Änderung der Satzung,
(b) die Auflösung des Vereins,
(c) die Zulassung von nachträglichen Anträgen auf Ergänzung der Tagesordnung.

(5) Für Wahlen gelten die Bestimmungen über die Beschlussfassung entsprechend. Der Versammlungsleiter kann dabei bestimmen, dass über mehrere zu wählende Ämter in einem Wahlgang abgestimmt wird.[214] Erreicht jedoch im ersten Wahlgang kein Kandidat die absolute Mehrheit, ist die Wahl zu wiederholen. Erreicht auch im zweiten Wahlgang kein Kandidat die absolute Mehrheit, genügt im dritten und in weiteren Wahlgängen die einfache Mehrheit. Erreicht auch nach mindestens drei Wahlgängen kein Kandidat eine Mehrheit, kann der Versammlungsleiter bestimmen, dass das Los entscheidet.

§ 14. Abteilungen

(1) Für die im Verein betriebenen Sportarten können vom Vorstand mit Genehmigung des Vereinsausschusses rechtlich unselbstständige Abteilungen gebildet werden. Den Abteilungen steht nach Maßgabe der Beschlüsse des Vereinsausschusses das Recht zu, in ihrem eigenen sportlichen Bereich tätig zu sein.

(2) Die Abteilungsversammlungen wählen ihre Abteilungsleitung auf die Dauer von *** Jahren.
Das Nähere regelt die Abteilungsordnung, die sich im Rahmen des satzungsmäßigen Vereinszweckes halten muss. Soweit in der Abteilungsordnung nichts anderes geregelt ist, gilt die Satzung des Vereins für die Abteilungen entsprechend.

(3) Die Abteilungen können kein eigenes Vermögen bilden.

§ 15. Vereinsjugend

(1) Die Jugend des Vereines führt und verwaltet sich selbstständig und entscheidet über ihre durch den Haushalt des Vereines zufließenden Mittel im Rahmen der Finanzordnung.

(2) Das Nähere regelt die Jugendordnung.

§ 16. Kassenführung

(1) Der Schatzmeister hat über die Kassengeschäfte Buch zu führen und eine Jahresrechnung zu erstellen.

(2) Die Jahresrechnung wird von zwei Kassenprüfern geprüft, die von der Mitgliederversammlung gewählt werden. Für deren Wahl, Wählbarkeit und Amtsdauer gelten die Bestimmungen für Vorstandsmitglieder entsprechend. Die geprüfte Jahresrechnung ist der Mitgliederversammlung zur Beschlussfassung vorzulegen.

§ 17. Haftung

(1) Ehrenamtlich Tätige und Amtsträger, deren Vergütung 840,00 EUR im Jahr nicht übersteigt, haften für Schäden gegenüber Mitgliedern und gegenüber dem Verein, die sie in Erfüllung ihrer ehrenamtlichen Tätigkeit verursachen, nur für Vorsatz und grobe Fahrlässigkeit.

(2) Der Verein haftet gegenüber den Mitgliedern im Innenverhältnis nicht für fahrlässig verursachte Schäden, die Mitglieder bei der Ausübung des Sports, aus der Teilnahme bei Vereinsveranstaltungen oder durch die Benutzung von Anlagen oder Einrichtungen des Vereins erleiden, soweit solche Schäden nicht durch Versicherungen des Vereins abgedeckt sind.

§ 18. Datenschutz

(1) Zur Erfüllung der satzungsgemäßen Aufgaben des Vereines und der Verpflichtungen, die sich aus der Mitgliedschaft im *** e.V. *[Landes-Sportverband]* und aus der Mitgliedschaft in dessen zuständigem Sportfachverband ergeben, werden im Verein

[214] Zu „Block-" und „Listenwahlen" → § 7 Rn. 180 ff.

unter Beachtung der gesetzlichen Vorgaben des Bundesdatenschutzgesetzes (BDSG) und der Datenschutz-Grundverordnung (DS-GVO) folgende personenbezogene Daten von Vereinsmitgliedern digital gespeichert: Name, Adresse, Telefonnummer, E-Mailadresse, Geburtsdatum, Bankverbindung etc. Die Zustimmung zur digitalen Erfassung der Daten erfolgt durch die Mitglieder mit Unterzeichnung der Beitrittserklärung, in der auf diese Zustimmung gesondert hinzuweisen ist.

(2) Den Organen des Vereins, allen Mitarbeitern oder sonst für den Verein Tätigen ist es untersagt, personenbezogene Daten unbefugt zu anderen als dem zur jeweiligen Aufgabenerfüllung gehörenden Zweck zu verarbeiten, bekannt zu geben, Dritten zugänglich zu machen oder sonst zu nutzen. Diese Pflicht besteht auch nach dem Ausscheiden des Mitglieds aus dem Verein fort.

(3) Als Mitglied des *** e.V. *[Landes-Sportverband]* ist der Verein verpflichtet, im Rahmen der Bestandsmeldung folgende Daten seiner Mitglieder an den *** e.V. zu melden: Name, Vorname, Geburtsdatum, Geschlecht, Sportartenzugehörigkeit. Die Meldung dient zu Verwaltungs- und Organisationszwecken des *** e.V. Dem zuständigen Sportfachverband, werden die für dessen Verwaltungs- und Organisationszwecke bzw. zur Durchführung des Wettkampfbetriebes erforderlichen Daten betroffener Vereinsmitglieder zur Verfügung gestellt.

(4) Zur Wahrnehmung satzungsgemäßer Mitgliederrechte kann der Vorstand Mitgliedern auf deren Verlangen unter Darlegung eines berechtigten Interesses Einsicht in das Mitgliederverzeichnis gewähren, wenn diese schriftlich versichern, dass die Adressen nicht zu anderen Zwecken verwendet werden.

(5) Bei Beendigung der Mitgliedschaft werden personenbezogene Daten, soweit sie die Kassengeschäfte betreffen, entsprechend der steuerrechtlich bestimmten Fristen aufbewahrt.

§ 19. Auflösung des Vereins

(1) Die Auflösung des Vereins kann nur in einer zu diesem Zweck einberufenen Mitgliederversammlung beschlossen werden.[215]

(2) Bei Auflösung des Vereins oder bei Wegfall steuerbegünstigter Zwecke fällt das Vermögen des Vereins an *** *[steuerbegünstigte/gemeinnützige Körperschaft oder juristische Person des öffentlichen Rechts]*, der/die es unmittelbar und ausschließlich für gemeinnützige Zwecke zu verwenden hat. [*Alt.:* Bei Auflösung des Vereins oder bei Wegfall steuerbegünstigter Zwecke fällt das Vermögen des Vereins an eine juristische Person des öffentlichen Rechts oder eine andere steuerbegünstigte Körperschaft zwecks Verwendung für *** *[steuerbegünstigter/gemeinnütziger Zweck]*.][216]

(3) Liquidatoren sind der 1. und 2. Vorsitzende als je einzelvertretungsberechtigte Liquidatoren, soweit die Versammlung nichts anderes beschließt.[217]

D. Satzung eines kirchennahen Fördervereins

Vereinssatzung 4

§ 1. Name, Sitz, Geschäftsjahr

(1) Der Verein führt den Namen ***.

(2) Er soll in das Vereinsregister eingetragen werden. Mit Eintragung führt er den Namenszusatz „e.V.".

(3) Sitz des Vereins ist ***.

---

[215] Zur Auflösung → § 13 Rn. 234ff.

[216] Zur Bedeutung der Satzungsbestimmungen für die Gemeinnützigkeit → § 14 Rn. 77ff.

[217] Zu den Liquidatoren → § 13 Rn. 268ff.; zur Vertretungsmacht → §13 Rn. 275ff.

(4) Geschäftsjahr ist das Kalenderjahr.

§ 2. Zweck des Vereins, Gemeinnützigkeit

(1) Zweck des Vereins ist die Förderung kirchlicher Zwecke durch die Unterstützung der Kirchengemeinde *** insbesondere *** [*zB:* die Förderung des Neubaus einer Orgel in der Kirche *** der Kirchengemeinde].
(2) Der Satzungszweck wird verwirklicht durch die Beschaffung von Mitteln für die Kirchengemeinde *** zur Verwirklichung der in Abs. 1 genannten steuerbegünstigten Zwecke [*ggf.:* mittels der Erhebung von Beiträgen seiner Mitglieder, dem Sammeln von Spenden sowie auf andere geeignete Weise].
(3) Der Verein verfolgt ausschließlich kirchliche Zwecke im Sinne des Abschnitts „Steuerbegünstigte Zwecke" der Abgabenordnung. Der Verein ist selbstlos tätig, er verfolgt nicht in erster Linie eigenwirtschaftliche Zwecke. Mittel des Vereins dürfen nur für die satzungsmäßigen Zwecke verwendet werden. Die Mitglieder erhalten keine Zuwendungen aus den Mitteln des Vereins. Es darf keine Person durch Ausgaben, die dem Zweck des Vereins fremd sind oder durch unverhältnismäßig hohe Vergütungen begünstigt werden.
(4) Der Vorstand ist grundsätzlich ehrenamtlich tätig. Die Mitgliederversammlung kann eine jährliche, angemessene pauschale Tätigkeitsvergütung für Vorstandsmitglieder beschließen.

§ 3. Mitgliedschaft

(1) Mitglied des Vereins kann jede natürliche und juristische Person werden.
(2) Der Antrag auf Aufnahme in den Verein ist an den Vorstand zu richten. Der Vorstand entscheidet über die Aufnahme.
(3) Die Mitgliedschaft endet durch Tod, bei juristischen Personen deren Erlöschen, Austritt oder Ausschluss.
(4) Der Austritt ist schriftlich gegenüber dem Vorstand zu erklären. Er ist nur mit einer Frist von zwei Monaten zum Ende eines Kalenderjahres zulässig.
(5) Ein Mitglied kann aus dem Verein ausgeschlossen werden, wenn es in grober Weise gegen die Vereinsinteressen verstoßen hat oder wenn es mit mindestens einem Jahresbeitrag mit mehr als sechs Monaten in Verzug ist. Über einen Ausschluss entscheidet der Vorstand. Dem Auszuschließenden ist vor der Beschlussfassung Gelegenheit zur Stellungnahme zu geben; der Ausschluss wegen Zahlungsverzuges ist mit einer Frist von drei Monaten schriftlich anzudrohen.
(6) Gegen die Ablehnung der Aufnahme und gegen den Ausschluss aus dem Verein kann die betroffene Person binnen eines Monats nach Zugang der Entscheidung Beschwerde einlegen. Über die Beschwerde entscheidet die nächste Mitgliederversammlung. Die Beschwerde gegen den Ausschluss hat aufschiebende Wirkung.

§ 4. Mitgliedsbeiträge

Von den Mitgliedern wird ein Geldbetrag als regelmäßiger Jahresbeitrag erhoben. Über dessen Höhe und Fälligkeit bestimmt die Mitgliederversammlung.

§ 5. Organe des Vereins

Organe des Vereins sind der Vorstand, der Beirat und die Mitgliederversammlung.

§ 6. Vereinsvorstand

(1) Der Vorstand des Vereins besteht aus dem 1. und 2. Vorsitzenden und dem Schatzmeister.
(2) Jedes Vorstandsmitglied ist einzeln zur Vertretung des Vereins berechtigt. Durch Beschluss der Mitgliederversammlung können alle oder einzelne Vorstandsmitglieder ganz oder teilweise von den Beschränkungen des § 181 BGB befreit werden.

(3) Zweiter Vorsitzender qua Amtes ist der/die jeweilige erste Pfarrer/in der Kirchengemeinde ***, solange er/sie diese Position innehat, unabhängig von der Wahlperiode des gewählten Vorstandes.
(4) Der 1. Vorstand und der Schatzmeister werden von der Mitgliederversammlung auf die Dauer von *** [*zB:* zwei *oder* drei] Jahren gewählt. Sie bleiben auch nach dem Ablauf ihrer Amtszeit bis zur erfolgreichen Neuwahl des Vorstands im Amt. Scheidet eines der gewählten Mitglieder des Vorstands während der Amtsdauer aus, kann der Beirat für die restliche Amtsdauer des Ausgeschiedenen ein Ersatzmitglied bestellen.
(5) Nur Vereinsmitglieder können Vorstand und Schatzmeister sein.
(6) Der Vorstand ist auch beschlussfähig, wenn nicht alle Vorstandsämter besetzt sind. Die Vereinigung mehrerer Vorstandsämter in einer Person ist nicht zulässig.

§ 7. Zuständigkeit des Vorstandes

(1) Satzung einem anderen Vereinsorgan zugewiesen sind. Er hat insbesondere folgende Aufgaben:
  (a) Vorbereitung der Mitgliederversammlung und Aufstellung der Tagesordnung,
  (b) Einberufung der Mitgliederversammlung,
  (c) Ausführung der Beschlüsse der Mitgliederversammlung,
  (d) Verwaltung des Vereinsvermögens und Buchführung,
  (e) Erstellung der Jahreshaushaltspläne und der Jahresberichte,
  (f) Beschlussfassung über Aufnahme und Ausschluss von Mitgliedern.
(2) Der Vorstand entscheidet mit Zustimmung des Beirats über die Verwendung der Mittel des Vereins gemäß § 2 Abs. 2 der Satzung.

§ 8. Beschlussfassung des Vorstandes

(1) Der Vorstand fasst seine Beschlüsse in Vorstandssitzungen oder auf schriftlichem Wege.
(2) Vorstandssitzungen sind vom 1. Vorsitzenden, bei dessen Verhinderung vom 2. Vorsitzenden in Textform oder (fern-) mündlich unter Einhaltung einer Einberufungsfrist von einer Woche einzuberufen. Der Mitteilung einer Tagesordnung bedarf es nicht. Sitzungsleiter ist der 1. Vorsitzende, bei dessen Verhinderung der 2. Vorsitzende.
(3) Der Vorstand ist beschlussfähig, wenn mindestens zwei Mitglieder anwesend sind. Er entscheidet mit einfacher Mehrheit der abgegebenen gültigen Stimmen. Bei Stimmengleichheit entscheidet die Stimme des Sitzungsleiters. Die Beschlussfähigkeit des Vorstandes setzt nicht voraus, dass sämtliche Vorstandsämter besetzt sind.
(4) Über die Vorstandssitzungen ist ein Protokoll zu führen, das Ort und Zeit der Sitzung, Namen der Teilnehmer, gefasste Beschlüsse und Abstimmungsergebnis enthalten soll. Das Protokoll dient Beweiszwecken.
(5) Ein Vorstandsbeschluss kann außerhalb einer Sitzung, mündlich, schriftlich, per E-Mail oder auf anderem Wege der elektronischen Kommunikation gefasst werden, wenn alle Vorstandsmitglieder ihre Zustimmung zu der Beschlussfassung erklären.

§ 9. Beirat

(1) Der Verein hat einen Beirat. Dessen Aufgabe ist die Beratung des Vorstandes in allen Angelegenheiten des Vereins. Er ist insbesondere für die Zustimmung zur Mittelverwendung gemäß § 7 Abs. 2 dieser Satzung und für die Ersatzbestellung von Vorstandsmitgliedern gemäß § 6 dieser Satzung zuständig.
(2) Dem Beirat gehören *** bis *** *[Anzahl]* von der Mitgliederversammlung auf die Dauer von *** Jahren ab dem Tag der Wahl gewählte Mitglieder an; diese bleiben auch nach Ablauf ihrer Amtszeit bis zur erfolgreichen Neuwahl des Beirats im Amt. In den Beirat können nur Vereinsmitglieder gewählt werden; Vorstandsmitglieder können nicht zugleich Beiratsmitglieder sein. Wiederwahl ist zulässig. Bei Ausscheiden eines Beiratsmitgliedes wählt der Beirat aus dem Kreis der Mitglieder ein Ersatz-

mitglied für die restliche Amtszeit des Ausgeschiedenen. Der Beirat wählt aus seiner Mitte einen Beiratsvorsitzenden und einen stellvertretenden Beiratsvorsitzenden.

(3) Der Beirat beschließt in Sitzungen. Diese sollen mindestens einmal pro Halbjahr stattfinden. Für Ladung, Sitzungsleitung und Beschlussfassung gelten die Bestimmungen dieser Satzung für Vorstandssitzungen entsprechend, soweit nachstehend nicht ausdrücklich anders geregelt.

(4) Die Sitzungen werden vom Beiratsvorsitzenden, bei dessen Verhinderung vom stellvertretenden Beiratsvorsitzenden geleitet. Im Übrigen wird der Sitzungsleiter aus der Mitte der anwesenden Beiratsmitglieder gewählt Der Beirat fasst seine Beschlüsse mit der Mehrheit der abgegeben gültigen Stimmen, Stimmenhaltungen gelten als nicht abgegebene Stimmen. Bei Stimmengleichheit entscheidet die Stimme des Vorsitzenden.

(5) Beschlüsse des Beirats sollen protokolliert werden. Protokollführer ist der stellvertretende Beiratsvorsitzende, bei dessen Verhinderung wird er in der Sitzung gewählt. Das Protokoll ist vom Protokollführer zu unterzeichnen.

§ 10. Mitgliederversammlung

(1) Die Mitgliederversammlung ist für folgende Angelegenheiten zuständig:
   (a) Wahl und Abberufung der Vorstandsmitglieder und der Kassenprüfer,
   (b) Beschlussfassung über Änderungen der Satzung,
   (c) Beschlussfassung über die Auflösung des Vereins,
   (d) Festsetzung der Höhe und der Fälligkeit des Jahresbeitrages,
   (e) Beschlussfassung über Beschwerden gegen die Ablehnung eines Aufnahmeantrags und gegen einen Ausschließungsbeschluss des Vorstands,
   (f) Genehmigung des Haushaltsplanes und Entgegennahme des Jahresberichts und sonstiger Berichte des Vorstands,
   (g) Entlastung des Vorstands.

(2) Einmal jährlich, möglichst im ersten Quartal eines Jahres, findet die ordentliche Mitgliederversammlung des Vereins statt. Weitere (außerordentliche) Mitgliederversammlungen sind einzuberufen, wenn es das Interesse des Vereins erfordert oder wenn die Einberufung von *** [*zB:* einem Fünftel] der Mitglieder unter Angabe des Zwecks und der Gründe schriftlich vom Vorstand verlangt wird.

(3) Über die Beschlüsse der Mitgliederversammlung ist ein Protokoll aufzunehmen, das von Versammlungsleiter und Protokollführer zu unterzeichnen ist. Protokollführer ist der Schriftführer, bei dessen Verhinderung bestimmt die Versammlung den Protokollführer. Das Protokoll soll Ort und Zeit der Versammlung, die Zahl der erschienenen Mitglieder, die Person von Versammlungsleiter und Protokollführer, die Tagesordnung, die gefassten Beschlüsse samt Art der Abstimmung und Abstimmungsergebnissen enthalten.

§ 11. Einberufung der Mitgliederversammlung

(1) Die Mitgliederversammlung ist vom Vorstand unter Einhaltung einer Frist von zwei Wochen einzuberufen. Die Einberufung erfolgt schriftlich an die letzte vom Mitglied schriftlich bekanntgegebene Adresse unter Angabe der Tagesordnung. Mitgliedern, die dem Verein eine E-Mail-Adresse mitgeteilt haben, können auch elektronisch durch Übermittlung einer E-Mail an die zuletzt in Textform mitgeteilte E-Mail-Adresse geladen werden, wenn das Mitglied nicht in Textform anderes mitgeteilt hat. Die Ladungsfrist beginnt mit dem auf die Absendung der Einladung folgenden Tag.

(2) Jedes Mitglied kann beantragen, dass weitere Angelegenheiten nachträglich auf die Tagesordnung gesetzt werden. Geht ein solcher Antrag spätestens eine Woche vor dem Tag der Mitgliederversammlung schriftlich beim Vorstand ein, ist die Tagesordnung zu Beginn der Mitgliederversammlung entsprechend zu ergänzen. Geht er

später ein oder wird er erst in der Mitgliederversammlung gestellt, beschließt die Mitgliederversammlung über die Zulassung.

§ 12. Beschlussfassung der Mitgliederversammlung[218]

(1) Die Mitgliederversammlung ist beschlussfähig, wenn mindestens ein Viertel aller Vereinsmitglieder anwesend ist. Bei Beschlussunfähigkeit hat der Vorstand innerhalb eines Monats eine zweite Mitgliederversammlung mit der gleichen Tagesordnung einzuberufen. Diese zweite Mitgliederversammlung ist ohne Rücksicht auf die Zahl der erschienenen Vereinsmitglieder beschlussfähig, wenn hierauf in der Einladung hingewiesen wurde. Für deren Ladung gelten im Übrigen die allgemeinen Ladungsbestimmungen.

(2) Die Mitgliederversammlung wird vom 1. Vorsitzenden, bei dessen Verhinderung vom 2. Vorsitzenden geleitet. Ist auch der 2. Vorsitzende verhindert, bestimmt die Versammlung den Versammlungsleiter. Bei Wahlen kann die Versammlungsleitung für die Dauer des Wahlgangs und der vorhergehenden Aussprache einem anderen Vereinsmitglied oder einem Wahlausschuss übertragen werden.

(3) In der Mitgliederversammlung hat jedes (Ehren-)Mitglied eine Stimme. Die Art der Abstimmung bestimmt der Versammlungsleiter. Die Abstimmung muss jedoch schriftlich durchgeführt werden, wenn mindestens ein Viertel der bei der Abstimmung anwesenden stimmberechtigten Mitglieder dies verlangt.

(4) Soweit in gegenwärtiger Satzung nicht ausdrücklich anders bestimmt, fasst die Mitgliederversammlung Beschlüsse mit der einfachen Mehrheit der abgegebenen Stimmen. Stimmenthaltungen gelten als nicht abgegebene Stimmen. Eine Mehrheit von drei Vierteln der abgegebenen Stimmen ist jedoch erforderlich für:
(a) die Änderung der Satzung,
(b) die Auflösung des Vereins,
(c) die Zulassung von nachträglichen Anträgen auf Ergänzung der Tagesordnung.

(5) Für Wahlen gelten die Bestimmungen über die Beschlussfassung entsprechend. Der Versammlungsleiter kann dabei bestimmen, dass über mehrere zu wählende Ämter in einem Wahlgang abgestimmt wird. Erreicht jedoch im ersten Wahlgang kein Kandidat die absolute Mehrheit, ist die Wahl zu wiederholen. Erreicht auch im zweiten Wahlgang kein Kandidat die absolute Mehrheit, genügt im dritten und in weiteren Wahlgängen die einfache Mehrheit. Erreicht auch nach mindestens drei Wahlgängen kein Kandidat eine Mehrheit, kann der Versammlungsleiter bestimmen, dass das Los entscheidet.

§ 13. Kassenführung

(1) Der Schatzmeister hat über die Kassengeschäfte Buch zu führen und eine Jahresrechnung zu erstellen.

(2) Die Jahresrechnung wird von zwei Kassenprüfern geprüft, die von der Mitgliederversammlung gewählt werden. Für deren Wahl, Wählbarkeit und Amtsdauer gelten die Bestimmungen für Vorstandsmitglieder entsprechend. Die geprüfte Jahresrechnung ist der Mitgliederversammlung zur Beschlussfassung vorzulegen.

§ 14. Auflösung des Vereins

(1) Die Auflösung des Vereins kann nur in einer zu diesem Zweck einberufenen Mitgliederversammlung beschlossen werden.

(2) Bei Auflösung des Vereins oder bei Wegfall steuerbegünstigter Zwecke fällt das Vermögen des Vereins an die *** Kirchengemeinde, die es unmittelbar und ausschließlich für gemeinnützige Zwecke zu verwenden hat.

---

[218] Für alternative Gestaltungen zur Beschlussfassung in der Mitgliederversammlung → Rn. 2, dort §§ 11, 12, 13.

(3) Liquidator ist der 1. Vorsitzende als einzelvertretungsberechtigter und von den Beschränkungen des § 181 BGB befreiter Liquidator, soweit die Versammlung nichts anderes beschließt.

E. Satzung eines kleineren Vereins/Einspartenvereins

5 **Vereinssatzung**

§ 1. Name, Sitz, Geschäftsjahr

(1) Der Verein führt den Namen ***, nach der Eintragung in das Vereinsregister mit dem Zusatz „e.V.".
(2) Der Verein hat seinen Sitz in ***.
(3) Das Geschäftsjahr ist das Kalenderjahr.
(4) Der Verein ist Mitglied des *** *[Dachverband].* Durch die Mitgliedschaft von Einzelpersonen zum Verein wird die Zugehörigkeit der Einzelpersonen zum *** *[Dachverband]* vermittelt.

§ 2. Vereinszweck und Gemeinnützigkeit

(1) Vereinszweck ist die Pflege und Förderung des Sports.
(2) Der Verein verfolgt ausschließlich und unmittelbar gemeinnützige Zwecke im Sinne des Abschnitts „Steuerbegünstigte Zwecke" der Abgabenordnung.
Der Verein ist selbstlos tätig; er verfolgt nicht in erster Linie eigenwirtschaftliche Zwecke.
Mittel des Vereins dürfen nur für die satzungsgemäßen Zwecke verwendet werden. Die Mitglieder erhalten keine Zuwendungen aus Mitteln des Vereins. Der Verein darf keine Person durch Ausgaben, die dem Zweck des Vereins fremd sind, oder durch unverhältnismäßig hohe Vergütungen begünstigen.
Ausgeschiedene oder ausgeschlossene Mitglieder haben keinen Anspruch auf das Vereinsvermögen.
Eine Änderung im Status der Gemeinnützigkeit zeigt der Verein unverzüglich dem Bayerischen Landes-Sportverband e.V., den betroffenen Sportfachverbänden sowie dem zuständigen Finanzamt für Körperschaften an.

§ 3. Vereinstätigkeit

(1) Die Verwirklichung des Vereinszwecks erfolgt durch Ausübung der Sportart *** *[konkrete/n Sportart/en].*
(2) Der Verein ist politisch und konfessionell neutral.
(3) Die Verwirklichung der satzungsgemäßen Zwecke erfolgt unter Berücksichtigung der Belange des Umwelt- und Naturschutzes, soweit dies ohne Beeinträchtigung eines effizienten Sportbetriebes möglich ist

§ 4. Vergütungen für die Vereinstätigkeit

(1) Die Vereins- und Organämter werden grundsätzlich ehrenamtlich ausgeübt, soweit nicht diese Satzung etwas anderes bestimmt.
(2) Bei Bedarf können Vereinsämter im Rahmen der haushaltsrechtlichen Möglichkeiten entgeltlich auf der Grundlage eines Dienstvertrages oder gegen Zahlung einer angemessenen – auch pauschalierten – Aufwandsentschädigung ausgeübt werden.
(3) Die Entscheidung über eine entgeltliche Vereinstätigkeit nach Abs. 2 trifft *** *[zuständiges Organ].* Gleiches gilt für die Vertragsinhalte und die Vertragsbeendigung.
(4) Der *** *[zuständiges Organ]* ist ermächtigt, Tätigkeiten für den Verein gegen Zahlung einer angemessenen Vergütung oder Aufwandsentschädigung zu beauftragen. Maßgebend ist die Haushaltslage des Vereins.

(5) Zur Erledigung der Geschäftsführungsaufgaben und zur Führung der Geschäftsstelle ist *** *[zuständiges Organ]* ermächtigt, im Rahmen der haushaltsrechtlichen Möglichkeiten, hauptamtlich Beschäftigte anzustellen.
(6) Im Übrigen haben die Mitglieder und Mitarbeiter des Vereins einen Aufwendungsersatzanspruch nach § 670 BGB für solche Aufwendungen, die ihnen durch die Tätigkeit für den Verein entstanden sind.
(7) Der Anspruch auf Aufwendungsersatz kann nur innerhalb einer Frist von *** nach seiner Entstehung geltend gemacht werden. Erstattungen werden nur gewährt, wenn die Aufwendungen mit Belegen und Aufstellungen, die prüffähig sein müssen, nachgewiesen werden.
(8) Vom *** *[zuständiges Organ]* kann beschlossen werden, die Aufwandsentschädigung nach Abs. 2 und den Aufwendungsersatz nach Abs. 6 im Rahmen der steuerrechtlichen Möglichkeiten auf Pauschalbeträge und Pauschalsätze zu begrenzen.
(9) Weitere Einzelheiten regelt die Finanzordnung des Vereins, die vom *** *[zuständiges Organ]* erlassen und geändert wird.

§ 5. Mitgliedschaft

(1) Mitglied des Vereins kann jede natürliche Person werden.
(2) Über den schriftlichen Aufnahmeantrag entscheidet der Vorstand. Mit Beschlussfassung beginnt die Mitgliedschaft. Der Aufnahmeantrag Minderjähriger bedarf der Unterschrift der/des gesetzlichen Vertreter/s.
(3) Wird der Aufnahmeantrag abgelehnt, kann schriftlich Widerspruch eingelegt werden. Über den Widerspruch entscheidet der *** [*zuständiges Organ, zB:* Vereinsausschuss].
(4) Die Übertragung des Stimmrechtes ist nicht möglich.
(5) Mitglieder haben erst mit Vollendung des 18. Lebensjahres passives Wahlrecht. Abweichend besteht für Wahlen zur Vereinsjugendleitung passives Wahlrecht mit Vollendung des 16. Lebensjahres. Die Bestellung eines Minderjährigen wird erst mit der Einwilligung der/des gesetzlichen Vertreter/s wirksam.
(6) Stimmberechtigt sind Vereinsmitglieder ab dem vollendeten 14. Lebensjahr.

§ 6. Beendigung der Mitgliedschaft und Ordnungsmaßnahmen

(1) Die Mitgliedschaft endet durch Austritt, Ausschluss oder Tod. Mit der Beendigung der Mitgliedschaft enden automatisch von dem Betroffenen ausgeübte Vereinsämter.
(2) Der dem Vorstand gegenüber schriftlich zu erklärende Austritt ist jederzeit zum Ende des Geschäftsjahres unter Einhaltung einer Frist von einem Monat möglich.
(3) Ein Mitglied kann aus dem Verein auf Antrag eines anderen Mitglieds oder eines Organs ausgeschlossen werden,
   (a) wenn das Mitglied trotz schriftlicher Mahnung seiner Beitragspflicht nicht nachgekommen ist,
   (b) wenn das Mitglied in erheblicher Weise gegen den Vereinszweck verstößt,
   (c) wenn das Mitglied wiederholt in grober Weise gegen die Vereinssatzung und/oder Ordnungen bzw. gegen die Interessen des Vereins oder gegen Beschlüsse und/oder Anordnungen der Vereinsorgane verstößt,
   (d) wenn es sich unehrenhaft verhält, sowohl innerhalb als auch außerhalb des Vereinslebens,
   (e) wenn das Mitglied die Amtsfähigkeit (§ 45 StGB) verliert.
(4) Über den Ausschluss entscheidet die Mitgliederversammlung mit Zweidrittelmehrheit der abgegebenen gültigen Stimmen. Dem Mitglied ist vorher Gelegenheit zur Äußerung zu geben.
Der Betreffende kann den Ausschlussbeschluss binnen eines Monats gerichtlich anfechten. Die Anfechtung hat keine aufschiebende Wirkung.

Ficht das Mitglied den Ausschlussbeschluss nicht binnen eines Monats nach Beschlussfassung durch die Mitgliederversammlung gerichtlich an, so wird der Beschluss wirksam. Eine gerichtliche Anfechtung ist dann nicht mehr möglich. Die Frist beginnt jeweils mit Zustellung des Ausschlussbeschlusses.

(5) Wenn es die Interessen des Vereins gebieten, kann der Vereinsausschuss seinen Beschluss für vorläufig vollziehbar erklären.

(6) Ein Mitglied kann nach vorheriger Anhörung vom Vereinsausschuss bei Vorliegen einer der in Abs. 3 für den Vereinsausschluss genannten Voraussetzungen mit folgenden Ordnungsmaßnahmen belegt werden:
   (a) Verweis,
   (b) Ordnungsgeld in angemessener Höhe. Die Obergrenze liegt bei *** EUR,
   (c) Ausschluss für längstens ein Jahr an der Teilnahme an sportlichen und sonstigen Veranstaltungen des Vereins oder der Verbände, welchen der Verein angehört,
   (d) Betretungs- und Benutzungsverbot für längstens ein Jahr für alle vom Verein betriebenen Sportanlagen und Gebäude.

(7) Alle Beschlüsse sind dem betroffenen Vereinsmitglied mittels eingeschriebenen Briefes oder per Boten zuzustellen; die Wirkung des Ausschlussbeschlusses tritt jedoch bereits mit der Beschlussfassung ein

(8) Bei Beendigung der Mitgliedschaft erlöschen alle Ansprüche aus dem Mitgliedschaftsverhältnis. Noch ausstehende Verpflichtungen aus dem Mitgliedschaftsverhältnis, insbesondere ausstehende Beitragspflichten, bleiben hiervon jedoch unberührt.

§ 7. Beiträge

(1) Jedes Mitglied hat eine Aufnahmegebühr und einen Jahresbeitrag [*Alt.:* Monatsbeitrag] (Geldbeitrag) zu leisten. Dieser ist im Voraus am *** eines Jahres [*Alt.:* Monats] zu entrichten. Die Fälligkeit tritt ohne Mahnung ein.

(2) Die Geldbeiträge werden von der Mitgliederversammlung festgesetzt; sie dürfen nicht so hoch sein, dass die Allgemeinheit von der Mitgliedschaft ausgeschlossen wäre. Einem Mitglied, das unverschuldet in eine finanzielle Notlage geraten ist, kann der Betrag gestundet oder für die Zeit der Notlage ganz oder teilweise erlassen werden. Über ein Stundungs- oder Erlassgesuch entscheidet der Vorstand.

(3) Bei einem begründeten Finanzbedarf des Vereines kann die Erhebung einer zusätzlichen Umlage in Form einer Geldleistung beschlossen werden. Diese darf das fünffache eines Jahresbeitrages nicht überschreiten. Eine Staffelung entsprechend der Beitragsordnung ist möglich.

(4) Jedes Mitglied ist verpflichtet, dem Verein Änderungen der Bankverbindung und der Anschrift mitzuteilen.

(5) Mitglieder, die nicht am Lastschriftverfahren teilnehmen, tragen den erhöhten Verwaltungsaufwand des Vereins durch eine Bearbeitungsgebühr, die der Vorstand durch Beschluss festsetzt.

(6) Bei unterjährigem Eintritt wird der Beitrag quartalsmäßig berechnet.

§ 8. Organe des Vereines

Organe des Vereines sind:
- der Vorstand
- die Mitgliederversammlung

§ 9. Vorstand

(1) Der Vorstand besteht aus dem
   - 1. Vorsitzenden
   - 2. Vorsitzender
   - Schatzmeister

- Schriftführer
- *** [*weitere, zB:* Vertreterin der Frauen]
- *** [*weitere, zB:* Jugendvertreter]

(2) Der Verein wird gerichtlich und außergerichtlich durch den 1. Vorsitzenden allein oder durch den 2. Vorsitzenden, den Schatzmeister und Schriftführer jeweils zu zweit vertreten (Vorstand im Sinne des § 26 BGB).

(3) Der Vorstand wird durch den Beschluss der Mitgliederversammlung auf die Dauer von *** Jahren gewählt. Er bleibt jedoch bis zur satzungsgemäßen Neuwahl des Vorstandes im Amt. Vorstandsmitglieder können ihr Amt jederzeit niederlegen, sofern dies nicht zur Unzeit erfolgt. Scheidet ein Mitglied des Vorstandes vor Ablauf der Amtsperiode aus, so ist vom Vereinsausschuss für den Rest der Amtszeit ein neues Vorstandsmitglied hinzu zu wählen.

(4) Wiederwahl ist möglich.

(5) Verschiedene Vorstandsämter können von einer Person nur dann wahrgenommen werden, wenn ein Vorstandsmitglied frühzeitig ausscheidet und dieses Amt durch eine Nachwahl nicht besetzt werden kann. Das gilt jedoch nur bis zur nächsten Mitgliederversammlung. Insbesondere können jedoch Vorstandsmitglieder kein weiteres Amt in einem Aufsichtsorgan des Vereines wahrnehmen.

(6) Der Vorstand führt die Geschäfte des Vereins. Im Innenverhältnis gilt, dass der Vorstand zum Abschluss von Rechtsgeschäften jeglicher Art mit einem Geschäftswert von mehr als 5.000,00 EUR für den Einzelfall bzw. bei Dauerschuldverhältnissen im Jahresgeschäftswert von mehr als 5.000,00 EUR der vorherigen Zustimmung durch die Mitgliederversammlung bedarf. Im Übrigen gibt sich der Vorstand eine Geschäftsordnung mit Geschäftsverteilung.

(7) Der Vorstand ist beschlussfähig, wenn mindestens *** Mitglieder anwesend sind.[219]

(8) Die Abgeltung des Aufwendungsersatzes ist in der Finanzordnung des Vereines geregelt.

(9) Vorstandsmitglieder nach Abs. 1 können nur Vereinsmitglieder werden.

§ 10. Mitgliederversammlung[220]

(1) Die ordentliche Mitgliederversammlung findet einmal im Kalenderjahr statt. Eine außerordentliche Mitgliederversammlung muss stattfinden, wenn dies von einem Fünftel der Vereinsmitglieder schriftlich und unter Angabe der Gründe und des Zwecks beim Vorstand beantragt wird.

(2) Die Einberufung zu allen Mitgliederversammlungen erfolgt vier Wochen vor dem Versammlungstermin durch den Vorstand. Mit der schriftlichen Einberufung ist gleichzeitig die Tagesordnung bekannt zu geben, in der die zur Abstimmung gestellten Anträge ihrem wesentlichen Inhalt nach zu bezeichnen sind. Das Einladungsschreiben gilt als zugegangen, wenn es an die letzte vom Vereinsmitglied bekannt gegebene Adresse gerichtet ist. Als schriftliche Einladung gilt auch die elektronische Post per E-Mail.
Soweit die Satzung nichts anderes bestimmt, ist die Mitgliederversammlung ohne Rücksicht auf die Zahl der erschienenen Mitglieder beschlussfähig.

(3) Die Mitgliederversammlung entscheidet bei Beschlüssen und Wahlen mit einfacher Mehrheit der abgegebenen gültigen Stimmen, soweit die Satzung nichts anderes bestimmt. Stimmenthaltung wird als ungültige Stimme gezählt. Beschlüsse über die Änderung der Satzung bedürfen der Dreiviertelmehrheit der abgegebenen gültigen Stimmen. Eine Änderung des Vereinszwecks erfordert die Zustimmung von neun Zehnteln der abgegebenen gültigen Stimmen.

---

[219] Für ausführliche Gestaltungen zur Beschlussfassung im Vorstand → Rn. 1, dort § 8, und → Rn. 2, dort § 9.

[220] Für alternative Gestaltungen in der Mitgliederversammlung → Rn. 2, dort §§ 11, 12, 13.

(4) Die Mitgliederversammlung wird vom 1. Vorsitzenden, bei dessen Verhinderung vom stellvertretenden Vorsitzenden, bei dessen Verhinderung von einem anderen Mitglied des Vorstands geleitet. Ist kein Vorstandsmitglied anwesend, bestimmt die Versammlung den Leiter.
(5) Die Art der Abstimmung wird durch den Versammlungsleiter festgelegt. Eine geheime Abstimmung ist erforderlich, wenn ein Drittel der erschienenen stimmberechtigten Mitglieder dies beantragt.
(6) Die Mitgliederversammlung ist insbesondere für folgende Angelegenheiten zuständig:
(a) Wahl, Abberufung und Entlastung des Vorstandes,
(b) Wahl und Abberufung der zwei Kassenprüfer und Entgegennahme des Kassenberichtes,
(c) Beschlussfassung über Änderung der Satzung, über Vereinsauflösung und über Vereinsordnungen,
(d) Beschlussfassung über das Beitragswesen,
(e) Beschlussfassung über die Rücklagenbildung,
(f) Beschlussfassung über die Auflösung von Abteilungen,
(g) Beschlussfassung über die Ernennung von Ehrenmitgliedern/Ehrenvorsitzenden auf Vorschlag des Vorstandes,
(h) weitere Aufgaben, soweit sich diese aus der Satzung oder nach Gesetz ergeben bzw. Gegenstand der Tagesordnung sind.
(7) Über die Mitgliederversammlung ist eine Niederschrift aufzunehmen. Diese ist vom Sitzungsleiter und vom Protokollführer zu unterzeichnen.

§ 11. Kassenprüfung

(1) Die von der Mitgliederversammlung für die Dauer von *** Jahren gewählten zwei Prüfer überprüfen die Kassengeschäfte des gesamten Vereines in rechnerischer und sachlicher Hinsicht. Den Kassenprüfern sind sämtliche relevanten Unterlagen und Informationen zur Verfügung zu stellen. Über das Ergebnis ist jährlich in der Mitgliederversammlung zu berichten.
(2) Sonderprüfungen sind möglich.
(3) Art und Umfang der Kassenprüfung sowie die Veranlassung von Sonderprüfungen sind in der Finanzordnung geregelt.

§ 12. Vereinsjugend

(1) Die Jugend des Vereines führt und verwaltet sich selbstständig und entscheidet über ihre durch den Haushalt des Vereines zufließenden Mittel im Rahmen der Finanzordnung.
(2) Das Nähere regelt die Jugendordnung.

§ 13. Haftung

(1) Ehrenamtlich Tätige und Organ- oder Amtsträger, deren Vergütung 840,00 EUR im Jahr nicht übersteigt, haften für Schäden gegenüber Mitgliedern und gegenüber dem Verein, die sie in Erfüllung ihrer ehrenamtlichen Tätigkeit verursachen, nur für Vorsatz und grobe Fahrlässigkeit.
(2) Der Verein haftet gegenüber den Mitgliedern im Innenverhältnis nicht für fahrlässig verursachte Schäden, die Mitglieder bei der Ausübung des Sports, aus der Teilnahme bei Vereinsveranstaltungen oder durch die Benutzung von Anlagen oder Einrichtungen des Vereins erleiden, soweit solche Schäden nicht durch Versicherungen des Vereins abgedeckt sind.

§ 14. Datenschutz

(1) Zur Erfüllung der satzungsgemäßen Aufgaben des Vereines und der Verpflichtungen, die sich aus der Mitgliedschaft im Bayerischen Landes-Sportverband (BLSV)

und aus der Mitgliedschaft in dessen zuständigen Sportfachverbänden ergeben, werden im Verein unter Beachtung der gesetzlichen Vorgaben des Bundesdatenschutzgesetzes (BDSG) und der Datenschutz-Grundverordnung (DS-GVO) folgende personenbezogene Daten von Vereinsmitgliedern digital gespeichert: Name, Adresse, Telefonnummer, E-Mailadresse, Geburtsdatum, Bankverbindung, Abteilungszugehörigkeit etc.
Die digitale Erfassung der Daten erfolgt unter der Maßgabe, dass die Mitglieder mit der Beitrittserklärung zustimmen.

(2) Den Organen des Vereins, allen Mitarbeitern oder sonst für den Verein Tätigen ist es untersagt, personenbezogene Daten unbefugt zu anderen als dem zur jeweiligen Aufgabenerfüllung gehörenden Zweck zu verarbeiten, bekannt zu geben, Dritten zugänglich zu machen oder sonst zu nutzen. Diese Pflicht besteht auch nach dem Ausscheiden des Mitglieds aus dem Verein fort.

(3) Als Mitglied des Bayerischen Landes-Sportverbandes ist der Verein verpflichtet, im Rahmen der Bestandsmeldung folgende Daten seiner Mitglieder an den BLSV zu melden: Name, Vorname, Geburtsdatum, Geschlecht, Sportartenzugehörigkeit. Die Meldung dient zu Verwaltungs- und Organisationszwecken des BLSV. Soweit sich aus dem Betreiben bestimmter Sportarten im Verein eine Zuordnung zu bestimmten Sportfachverbänden ergibt, werden diesen für deren Verwaltungs- und Organisationszwecke bzw. zur Durchführung des Wettkampfbetriebes die erforderlichen Daten betroffener Vereinsmitglieder zur Verfügung gestellt.

(4) Zur Wahrnehmung satzungsgemäßer Mitgliederrechte kann bei Verlangen der Vorstand gegen die schriftliche Versicherung, dass die Adressen nicht zu anderen Zwecken verwendet werden, Mitgliedern bei Darlegung eines berechtigten Interesses Einsicht in das Mitgliederverzeichnis gewähren.

(5) Bei Beendigung der Mitgliedschaft werden personenbezogene Daten, soweit sie die Kassengeschäfte betreffen, entsprechend der steuerrechtlich bestimmten Fristen aufbewahrt.

§ 15. Auflösung des Vereines

(1) Die Auflösung des Vereins kann nur in einer eigens zu diesem Zweck und unter Einhaltung einer vierwöchigen Frist einberufenen Mitgliederversammlung beschlossen werden. In dieser Versammlung müssen vier Fünftel der stimmberechtigten Vereinsmitglieder anwesend sein. Zur Beschlussfassung ist eine Dreiviertelmehrheit der abgegebenen gültigen Stimmen notwendig. Kommt eine Beschlussfassung nicht zustande, so ist innerhalb von vier Wochen eine weitere Mitgliederversammlung einzuberufen, die ohne Rücksicht auf die Zahl der anwesenden Mitglieder beschlussfähig ist. Darauf ist bei der Einberufung hinzuweisen.
In der Auflösungsversammlung bestellen die Mitglieder die Liquidatoren, die dann die laufenden Geschäfte abzuwickeln haben.

(2) Das nach Auflösung oder Aufhebung des Vereins oder bei Wegfall steuerbegünstigter Zwecke verbleibende Vermögen fällt mit der Maßgabe, es wiederum unmittelbar und ausschließlich für gemeinnützige Zwecke im Sinne dieser Satzung zu verwenden an *** oder für den Fall dessen Ablehnung an die Gemeinde *** *[genaue Bezeichnung der jeweils begünstigten Körperschaft]*.

§ 16. Sprachregelung

Wenn im Text der Satzung oder Ordnungen des Vereines bei Funktionsbezeichnungen die weibliche oder männliche Sprachform verwendet wird, so können unabhängig davon alle Ämter von Frauen und Männern besetzt werden.

§ 17. Inkrafttreten

Die Satzung wurde bei der Gründungsversammlung am *** in *** beschlossen und tritt mit Eintragung in das Vereinsregister in Kraft.

F. Satzung eines nicht gemeinnützigen Kleinstvereins

6

Vereinssatzung

§ 1. Name, Sitz

Der Verein führt den Namen ***. Er soll in das Vereinsregister eingetragen werden; mit Eintragung führt er den Namenszusatz „e.V.". Er hat seinen Sitz in ***.

§ 2. Zweck

Zweck des Vereins ist ***.

§ 3. Eintritt von Mitgliedern

Mitglied des Vereins kann jede volljährige natürliche Person werden. Über die Aufnahme, die schriftlich zu beantragen ist, entscheidet der Vorstand.

§ 4. Ausscheiden von Mitgliedern

Ein Mitglied scheidet aus:
(1) durch Tod,
(2) durch schriftliche Austrittserklärung gegenüber dem Vorstand,
(3) durch Ausschluss. Über den Ausschluss entscheidet die Mitgliederversammlung. Er ist nur zulässig, wenn das Mitglied schuldhaft in grober Weise die Interessen des Vereins verletzt.

§ 5. Mitgliedsbeitrag

Der Verein erhebt einen Mitgliedsbeitrag, dessen Höhe von der Mitgliederversammlung festgesetzt wird.

§ 6. Vorstand

Der Vorstand besteht aus 1. und 2. Vorsitzenden. Er wird von der Mitgliederversammlung gewählt. Jedes Mitglied des Vorstands ist einzeln zur Vertretung des Vereins berechtigt.

§ 7. Mitgliederversammlungen

(1) Mitgliederversammlungen werden vom 1. Vorsitzenden, bei dessen Verhinderung vom 2. Vorsitzenden durch einfachen Brief unter Mitteilung der Tagesordnung mit einer Frist von zwei Wochen zwischen Versand der Einladung und Tag der Mitgliederversammlung einberufen. Durch Beschluss der Mitgliederversammlung kann die Tagesordnung geändert und ergänzt werden.
(2) Die Mitgliederversammlung wird vom 1. Vorsitzenden, bei dessen Verhinderung vom 2. Vorsitzenden geleitet; ist auch dieser verhindert, bestimmt die Mitgliederversammlung einen Versammlungsleiter. Der Versammlungsleiter bestimmt einen Protokollführer. Er bestimmt auch die Art der Abstimmung.
(3) Beschlüsse sind in ein Protokoll aufzunehmen, das Ort und Zeit der Versammlung und das Abstimmungsergebnis enthalten soll. Es ist von Protokollführer und Versammlungsleiter zu unterzeichnen.

G. Satzung eines Verbands[221]

Verbandssatzung 7

§ 1. Name, Sitz und Zweck

(1) [1]Der ***[222] Verband e.V. hat seinen Sitz in ***.[223] [2]Er ist im Vereinsregister des Amtsgerichts *** eingetragen.

(2) Seine Farben sind ***.

(3) Der *** Verband ist die Vereinigung aller *** Sportvereine, die den *** Sport betreiben.[224]

§ 2. Neutralität, Gemeinnützigkeit

(1) [1]Der *** führt seine Aufgaben in parteipolitischer, konfessioneller und rassischer Neutralität durch. [2]Er tritt für religiöse und weltanschauliche Toleranz ein und bekennt sich zur freiheitlich demokratischen Grundordnung.

(2) Der Verein verfolgt ausschließlich und unmittelbar gemeinnützige/mildtätige/kirchliche Zwecke im Sinne des Abschnitts „Steuerbegünstigte Zwecke" der Abgabenordnung.
Der Verein ist selbstlos tätig, er verfolgt nicht in erster Linie eigenwirtschaftliche Zwecke.
Mittel des Vereins dürfen nur für die satzungsmäßigen Zwecke verwendet werden. Die Mitglieder erhalten keine Zuwendungen aus den Mitteln des Vereins. Es darf keine Person durch Ausgaben, die dem Zweck des Vereins fremd sind oder durch unverhältnismäßig hohe Vergütungen begünstigt werden.[225]

§ 3. Vergütungen für die Verbandstätigkeit[226]

(1) Die Ämter im *** werden grundsätzlich ehrenamtlich ausgeübt, soweit nicht diese Satzung etwas anderes bestimmt.

(2) [1]Bei Bedarf können Verbandsämter im Rahmen der haushaltsrechtlichen Möglichkeiten entgeltlich auf der Grundlage eines Dienstvertrages oder gegen Zahlung einer angemessenen – auch pauschalierten – Aufwandsentschädigung ausgeübt werden. [2]Insbesondere können zur Erledigung von Geschäftsführungsaufgaben hauptamtliche Beschäftigte angestellt werden.

(3) Die Entscheidung über eine entgeltliche Verbandstätigkeit nach Abs. 2 trifft das Präsidium. Gleiches gilt für die Vertragsinhalte und die Vertragsbeendigung.

(4) [1]Im Übrigen haben die Mitarbeiter des Verbandes einen Aufwendungsersatzanspruch nach § 670 BGB für solche Aufwendungen, die ihnen durch die Tätigkeit für den Verband entstanden sind. [2]Das Nähere regelt die Finanzordnung.

(5) [1]Der Anspruch auf Aufwendungsersatz kann nur innerhalb einer Frist von sechs Monaten nach seiner Entstehung geltend gemacht werden. [2]Erstattungen werden nur gewährt, wenn die Aufwendungen mit Belegen und Aufstellungen, die prüffähig sein müssen, nachgewiesen werden.

(6) Vom Präsidium kann beschlossen werden, die Aufwandsentschädigung nach Abs. 2 und den Aufwendungsersatz nach Abs. 5 im Rahmen der steuerrechtlichen Möglichkeiten auf Pauschalbeträge und Pauschalsätze zu begrenzen.

---

[221] Dieses Formular orientiert sich an der Satzung des Bayerischen Handball-Verbands e.V. (www.bhv-online.de).
[222] Zum Namen des Vereins → § 5 Rn. 6ff.
[223] Zum Sitz des Vereins → § 5 Rn. 32ff.
[224] Zum Zweck des Vereins → § 6 Rn. 1ff.
[225] Zu den Voraussetzungen der Gemeinnützigkeit → § 14 Rn. 7ff.
[226] Zu Anforderungen an die Satzungsgestaltung bei der Vergütung für Vorstandsmitglieder → § 14 Rn. 77ff.

§ 4. Aufgaben

(1) [1]Der *** fördert, verbreitet und pflegt den *** *[Handballsport]* für alle Altersklassen; dabei ist die Jugendarbeit unter Beachtung der sportlichen und kulturellen Belange besonders zu pflegen. [2]Innerhalb der Jugendarbeit ist dem Schulsport besondere Aufmerksamkeit zuzuwenden.
(2) Er vertritt die Interessen der ihm angeschlossenen Vereine gegenüber Dritten, insbesondere sportlichen und öffentlichen Stellen.
(3) Innerhalb seines Verbandsgebietes regelt er die Organisation und die Durchführung des Spielbetriebes.
(4) Er übt die planmäßige Lehrtätigkeit auf sportlichem und verwaltungstechnischem Gebiet aus.
(5) Er erlässt die notwendigen Ordnungen und sonstigen Bestimmungen und überwacht deren Einhaltung.
(6) Er ahndet Verstöße gegen Satzung, Ordnungen und Bestimmungen und erledigt sonstige Streitfälle, sofern sie in seine Entscheidungsbefugnis fallen.

§ 5. Unselbständige Untergliederungen[227]

(1) [1]Der ***gliedert sich in acht Bezirke (Nummern 1 bis 8). [2]Deren weitere Bezeichnung und die Zuordnung der Vereine zu diesen Bezirken ergibt sich aus der Ordnung über die Bezirke.
(2) Die Zuordnung der Vereine zu den Bezirken kann durch den Verbandstag oder das Erweiterte Präsidium (EP) zum Beginn eines Spieljahres geändert werden.
(3) [1]Neu oder wieder aufgenommene Vereine werden vom Präsidium vorläufig bis zur nächsten Sitzung des EP einem Bezirk zugeordnet. [2]Derartige Beschlüsse sind zur endgültigen Entscheidung auf die Tagesordnung der nächsten EP-Sitzung zu setzen.
(4) [1]Auf Antrag kann das Präsidium nach Anhörung der Spielleitung des betroffenen Bezirks einem Verein genehmigen, am Spielbetrieb eines anderen Landesverbandes teilzunehmen. [2]Diese Vereine werden in allen verwaltungstechnischen Angelegenheiten ihrem Stammbezirk zugerechnet.

§ 6. Mitglieder des Verbandes[228]

(1) [1]Jeder Verein, der Mitglied des *** werden will, muss Mitglied des *** sein. [2]Dies gilt auch für alle Vereine, die eine Spielgemeinschaft bilden. [3]Einzelpersonen können die Mitgliedschaft im ***nicht erwerben.
(2) [1]Gegenüber dem *** ist der Verein zur Meldung aller seiner Mitglieder verpflichtet, also aller aktiven und passiven Jugendlichen und Erwachsenen. [2]Neuzugänge und Abgänge sind sofort namentlich zu melden.
(3) [1]Nach Aufnahme in den *** *[Dachverband]* ist ein schriftlicher Antrag auf Zulassung zum Spielbetrieb an die Geschäftsstelle des *** zu richten. [2]Der Antrag muss die Erklärung beinhalten, dass die Satzungen und Ordnungen des *** anerkannt werden. [3]Dem Antrag sind zwei Exemplare der zurzeit der Antragstellung geltenden Satzung des Vereins und eine Bestätigung des zuständigen Finanzamts über die Gemeinnützigkeit beizufügen. [4]Im Falle der Gefährdung des Vereinszwecks des *** durch Aufnahme des Antragstellers kann der Antrag abgelehnt werden. [5]Der *** bestätigt die Aufnahme des Vereins durch eine Veröffentlichung im amtlichen Organ des *** *[Dachverband]*.

§ 7. Einzelpersonen

(1) [1]Einzelpersonen, die am Spielbetrieb des *** teilnehmen wollen, müssen Mitglied eines Vereins sein, der seinerseits Mitglied des *** ist. [2]Ausnahmen gelten für Spie-

---

[227] Hierzu näher → § 3 Rn. 20.
[228] Zu den Besonderheiten der Mitgliedschaft im Verband → § 3 Rn. 29ff.

ler, die sich vertraglich an einen Verein gebunden haben, um dort den *** Sport auszuüben (Vertragsspieler).

(2) [1]Die Teilnahme am Spielbetrieb ist nur zulässig, wenn sich die Einzelperson der Satzung und den Ordnungen des *** *[Dachverband]*, insbesondere deren Strafgewalt, unterwirft. [2]Dies hat schriftlich sowohl bei der Beantragung als auch bei der Erteilung einer Spielberechtigung zu erfolgen.

(3) [1]Die Spielberechtigung kann im Regelfall nur für einen Verein erteilt werden, soweit die Spielordnung (SpO) keine Ausnahmen zulässt. [2]Dagegen ist die Mitgliedschaft gleichzeitig in mehreren Vereinen zulässig.

§ 8. Ende der Mitgliedschaft[229]

(1) Die Mitgliedschaft endet durch:
   (a) satzungsgemäße Auflösung eines Vereins, die durch Protokoll nachgewiesen wurde,
   (b) schriftliche Austrittserklärung,
   (c) Ausschluss aus dem *** *[Dachverband]*,
   (d) Ausschluss aufgrund eines Beschlusses des Präsidiums, wenn der Verein
      aa) seine Pflichten als Mitglied gröblich verletzt und die Verletzung trotz Mahnung fortsetzt,
      bb) seinen dem *** gegenüber eingegangenen Verbindlichkeiten trotz wiederholter Aufforderung nicht nachkommt.
      cc) sich verbandsschädigend verhält oder in sonst grober Weise das Ansehen des *** mindert,
      dd) seine Gemeinnützigkeit verliert,
   (e) behördliche Verfügung nach § 73 BGB.

(2) [1]Gegen einen Beschluss des Präsidiums nach Abs. 1 Buchst. d) kann innerhalb einer Frist von vier Wochen das Verbandsgericht angerufen werden, das in der Besetzung von einem Vorsitzenden und vier Beisitzern entscheidet. [2]Der Vollzug ist bis zur Entscheidung des Verbandsgerichts ausgesetzt. [3]Die Entscheidung des Verbandsgerichts ist sportgerichtlich nicht anfechtbar.

§ 9. Wiederaufnahme

(1) Die Wiederaufnahme eines rechtskräftig aus dem *** ausgeschlossenen Vereins ist zulässig.

(2) [1]Über die Wiederaufnahme in den *** entscheidet nach Anhörung des Antragstellers und des Präsidiums das Verbandsgericht. [2]Dessen Entscheidung ist sportgerichtlich nicht anfechtbar.

§ 10. Ehrenpräsidenten und Ehrenmitglieder[230]

(1) Der Verbandstag kann Personen, die sich um den *** Sport besonders verdient gemacht haben, zu Ehrenpräsidenten oder zu Ehrenmitgliedern ernennen.

(2) Die Bezirkstage können Personen, die sich um den *** Sport im Bezirk besonders verdient gemacht haben, zu Ehrenvorsitzenden oder zu Ehrenmitgliedern des Bezirks ernennen.

(3) Ehrenpräsidenten und Ehrenvorsitzende haben beratende Stimme am Verbandstag oder Bezirkstag.

(4) Die Ehrenvorsitzenden der bisherigen Bezirke und Kreise haben beratende Stimme am Bezirkstag des Bezirks, zu dem ihr Verein gehört.

---

229 Zum Erlöschen der Mitgliedschaft → § 5 Rn. 78 ff. und → § 10 Rn. 272 ff.

230 Zur Ehrenmitgliedschaft (und sonstigen Ehrungen) → § 10 Rn. 91 ff.; zu Sonderrechten im Verein → § 10 Rn. 75 ff.; zu Mitgliedergruppen → § 10 Rn. 43 ff.

§ 11. Aktives Wahlrecht

[1]Aktives Wahlrecht haben alle Personen, die das 16. Lebensjahr vollendet haben, bei Bezirksjugendtagen alle Personen, die das 14. Lebensjahr vollendet haben.[2]Eine Ausnahme hiervon gilt für die Wahl der Verbands- und Bezirksjugendsprecher. [3]Bei der Wahl der Verbandsjugendsprecher sind nur die Bezirksjugendsprecher wahlberechtigt, bei der Wahl der Bezirksjugendsprecher nur die jugendlichen Vereinsvertreter.

§ 12. Passives Wahlrecht

(1) [1]Passives Wahlrecht haben alle Personen, die volljährig sind. [2]Bei der Wahl zu Jugendsprechern auf allen Ebenen gilt als untere Altersgrenze die Vollendung des 14., als obere die des 23. Lebensjahres.
(2) Berufssportler sind nicht wählbar.
(3) Wiederwahl ist ohne Begrenzung möglich mit Ausnahme der Kassenprüfer auf Verbands- und Bezirksebene, deren Wiederwahl nur einmal zulässig ist.
(4) Als Kassenprüfer dürfen nur Personen gewählt werden, die kein Amt innerhalb der gleichen Verwaltungsebene ausüben oder die Angestellte des ***sind.

§ 13. Rechte der Vereine

(1) Die Vereine sind nach den Bestimmungen dieser Satzung sitz-, stimm- und antragsberechtigt bei den Tagungen des Verbandes.
(2) Zur Ausübung ihrer *** sportlichen Tätigkeit haben sie unter Berücksichtigung ihrer sportlichen Qualifikation Anspruch darauf, vom *** innerhalb seines Spielbetriebs berücksichtigt zu werden.
(3) Bei den vom *** angeordneten Veranstaltungen, an denen sie beteiligt sind, steht ihnen das Recht auf den festgesetzten Anteil an den Einnahmen zu.
(4) In allen Verbandsangelegenheiten haben sie das Recht zur Kritik innerhalb der Grenzen der Sachlichkeit und der Wahrung der Verbandsinteressen, auch soweit sie selbst daran beteiligt sind.
(5) Vereine können auf Antrag durch das Präsidium des *** *[Dachverband]* Rechtsschutz erhalten, sofern sie durch ihren Sportbetrieb in grundsätzlichen Fragen des Sportes in ein Rechtsverfahren verwickelt werden.

§ 14. Pflichten der Vereine

(1) Die Vereine sind verpflichtet, zum Wohle der *** spielenden und der Vereine ständig konstruktiv mit dem ***, seinen Organen und seinen Mitarbeitern zusammenzuarbeiten.
(2) Sie haben alle Anordnungen der Organe und Mitarbeiter des Verbandes zu befolgen, die im Interesse des *** Sports und einer geordneten Verwaltung erlassen werden.
(3) Sie haben die festgesetzten Abgaben, Umlagen, Gebühren, Spielbeiträge, Spielabgaben, Auslagen, Geldstrafen, Geldbußen und Bekanntmachungskosten sowie sonstige in der Satzung und in den Ordnungen festgelegten Beiträge, Abgaben, Auslagen und Gebühren innerhalb der festgesetzten Fristen zu entrichten.[231]
(4) Sie müssen genaue und rechtsverbindliche Angaben über alle aktiven und passiven Mitglieder in der vom *** *[Dachverband]* angeordneten Bestandserhebung in der Spalte „***" machen.
(5) [1]Sie müssen ordnungsgemäße Bücher zum Zwecke des Nachweises der Gemeinnützigkeit führen und diese bei der Anforderung durch den ***befristet zum Nachweis der Einhaltung der Gemeinnützigkeit vorlegen. [2]Eine Änderung des Status der Gemeinnützigkeit bei seinen Mitgliedern ist von diesen dem *** und dem *** *[Dachverband]* sofort anzuzeigen.

[231] Zur Beitragspflicht → § 5 Rn. 126ff. und → § 10 Rn. 112ff.

(6) Sie sind verpflichtet, eine für die Aufrechterhaltung eines ordnungsgemäßen Spielbetriebes ausreichende Zahl von Schiedsrichtern, Zeitnehmern und Sekretären zu stellen.

(7) [1]Sie haben sicherzustellen, dass keine Nichtmitglieder am Spielbetrieb des *** teilnehmen. [2]Sie müssen weiter ihre Mitglieder über die beim *** *[Dachverband]* bestehende Sportunfall- und Haftpflichtversicherung aufklären und auftretende Versicherungsfälle termingerecht melden und bearbeiten. [3]Ausnahmen gelten für Vertragsspieler.

(8) [1]Die Vereine haften gegenüber dem *** für alle sich aus der Zusammenarbeit und der Teilnahme am Spielbetrieb ergebenden Forderungen. [2]Sie haften voll neben ihren Mitgliedern, ohne dass zuerst die Mitglieder in Anspruch genommen werden müssen (gesamtschuldnerische Haftung ohne Einrede der Vorausklage), für alle Forderungen, die der *** gegen die Mitglieder der Vereine aus der Teilnahme am Spielbetrieb, gleichgültig ob als Spieler, Trainer, Schiedsrichter, Offizieller, Zuschauer oder Teilnehmer in sonstiger Funktion hat.

(9) Der Verein haftet für alle Personen, die für ihn handeln.

(10) [1]Bei der Verschmelzung von Vereinen durch Aufnahme oder Neugründung haftet der aufnehmende bzw. neue Verein für die Verpflichtungen der alten Vereine. [2]Bei Verschmelzung nach Abspaltung haftet der aufnehmende bzw. neu gegründete Verein für die Verpflichtungen, die vor der Abspaltung gegenüber dem *** bestanden haben. [3]Dies gilt unabhängig davon, ob eine Spielklassenübertragung stattfindet oder nicht.

(11) [1]Die Vereine sind zur Nutzung und Teilnahme am Zahlungsverkehr sowie an der elektronischen Kommunikation mit dem *** verpflichtet. [2]Sie sind insbesondere verpflichtet, auf Verlangen des Präsidiums am Lastschriftverfahren teilzunehmen und einen Telefaxzugang sowie eine E-Mail-Adresse einzurichten, an einem zentralen E-Mail-System teilzunehmen oder zentral erstellte E-Mails von ihrem elektronischen Postfach oder E-Mail-Account abzuholen.

§ 15. Mitgliedschaften des Verbandes[232]

[1]Der *** ist Mitglied des *** *[Dachverband]*, [2]Er regelt seine Angelegenheiten im Rahmen seiner Satzung und Ordnungen selbst, soweit diese den Satzungen des *** *[Dachverband]*, sowie den für verbindlich erklärten Ordnungen des *** *[Dachverband]* nicht entgegenstehen.

§ 16. Maßgebende Bestimmungen

(1) [1]Die Satzung und die Ordnungen sowie die Entscheidungen, die der *** im Rahmen seiner Zuständigkeit erlässt, sind für seine Organe, seine Verwaltung, die Vereine und deren Vereinsmitglieder bindend.

(2) Rechtsgrundlagen sind aus dem Bereich des ***:
  (a) die Satzung,
  (b) die Zusatzbestimmungen zur Spielordnung, Rechtsordnung und Trainerordnung des *** *[Dachverband]*,
  (c) die Jugendordnung,[233]
  (d) die Schiedsrichterordnung,
  (e) die Finanzordnung,[234]
  (f) die Ehrenordnung,[235]

[232] Hierzu näher → § 3 Rn. 19.
[233] → Rn. 11.
[234] → Rn. 8.
[235] → Rn. 10.

(g) die Geschäftsordnung,[236]
(h) die Ordnung über die Bezirke.

(3) Rechtsgrundlagen sind aus dem Bereich des *** (Dachverband) die in seiner Satzung für verbindlich erklärten Ordnungen, Richtlinien und Reglements.

(4) Soweit erforderlich, können weitere Ordnungen vom Verbandstag oder vom Erweiterten Präsidium bis zum folgenden Verbandstag beschlossen oder bestehende geändert werden.

§ 17. Straf-, Ordnungs- und sonstige Maßnahmen, Rechtsbehelfe und Rechtsmittel, Vollstreckung[237]

(1) [1]Die Vereine als Mitglieder des ***, die Mitglieder der Vereine, insbesondere soweit sie sich aktiv oder passiv am Spielbetrieb beteiligen, die Mitglieder der verschiedenen Organe, Personen, die sonstige Aufgaben für den *** und seine Bezirke wahrnehmen, sowie andere Personen, insbesondere Zuschauer, soweit sie Mitglied eines dem *** angehörenden Vereines sind, unterliegen der Ordnungs- und Strafgewalt des *** und des *** *[Dachverband]*. [2]Geahndet werden können dabei Verstöße gegen vom *** *[Dachverband]* übernommenes Recht und gegen die Satzung, die aufgrund dieser Satzung erlassenen Ordnungen, die aufgrund dieser Normen erlassenen weiteren Ordnungswidrigkeitstatbestände und andere Anordnungen.

(2) Die Ahndung nach Abs. 1 erfolgt durch Verwaltungsinstanzen, insbesondere die spielleitenden Stellen und die Schiedsrichterwarte, das Präsidium und die Rechtsorgane des ***.

(3) Zur Ahndung von Verstößen können die oben Genannten im Rahmen ihrer Zuständigkeit insbesondere folgende Entscheidungen treffen bzw. Sanktionen verhängen:
(a) Strafen:
aa) Verweis,
bb) persönliche Sperre bis zu 48 Monaten, bei Dopingvergehen im Wiederholungsfall bis auf Lebenszeit,
cc) Mannschaftssperre bis zu 30 Monaten,
dd) Abteilungssperre bis zu 30 Monaten,
ee) Platz- und Hallensperre bis zu 30 Monaten,
ff) Geldstrafe von 25,00 EUR bis 20.000,00 EUR,
gg) Spielverlust,
hh) Aberkennung von bis zu acht Punkten vor und während der Saison,
ii) Ausschluss vom Spielbetrieb für den Rest des Spieljahres,
jj) Nichtzulassung zum Spielbetrieb,
kk) Entbindung von der Amtstätigkeit,
ll) Amtsenthebung unter gleichzeitiger Aberkennung der Fähigkeit zur Bekleidung eines Amtes im Bereich des *** für die Dauer von bis zu 5 Jahren,
mm) Aberkennung der Fähigkeit zur Bekleidung eines Amtes oder zur Wahrnehmung einer Funktion im Bereich des *** für die Dauer von bis zu 5 Jahren,
nn) Entziehung der Spielervermittlerlizenz oder befristetes Verbot zur Ausübung der Lizenz (Sperre) für die Dauer von bis zu 2 Jahren,
oo) Entziehung der Trainer- und/oder Übungsleiterlizenz oder befristetes Verbot zur Ausübung der Trainer und/oder Übungsleitertätigkeit (Sperre) für die Dauer von bis zu zwei Jahren.

(b) Geldbußen:
Wegen Ordnungswidrigkeiten können Geldbußen bis 20.000,00 EUR verhängt werden.

---

[236] → Rn. 9.

[237] Zum Verhältnis der Mitgliedschaft im Verein zum Verband → § 3 Rn. 34 ff., insbesondere → § 3 Rn. 36 zu Disziplinarverfahren.

(c) Als Maßnahmen können angeordnet werden:
   aa) Spielaufsicht,
   bb) Aufsicht durch einen Technischen Delegierten,
   cc) Spielwiederholung.

(d) Sonstige Geldleistungen:
   Verpflichtung zur Zahlung von Auslagen, Gebühren und Bekanntmachungskosten.

(e) Bei Rechtsstreiten vor der verbandsinternen Gerichtsbarkeit dürfen für Verfahrensauslagen und Gebühren Vorschüsse verlangt werden.

(4) [1]Die Entscheidungen der Verwaltungsinstanzen, die mit einer Rechtsbehelfsbelehrung versehen sein sollen, unterliegen der Kontrolle durch die Rechtsorgane. [2]Der von einer Entscheidung unmittelbar Betroffene kann gegen diese Entscheidung, unter Einhaltung der in der Rechtsordnung näher festgelegten Zulässigkeitsvoraussetzungen, insbesondere den Frist- und Formvorschriften, schriftlich Einspruch einlegen. [3]Der Einspruch ist bei dem zuständigen Rechtsorgan oder bei der Geschäftsstelle einzulegen. [4]Das Vorstehende gilt im Falle der Stellung von Anträgen entsprechend.

(5) [1]Die Entscheidungen der Gerichte unterliegen der Nachprüfung durch übergeordnete Gerichte. [2]In der Regel umfasst der Rechtsweg drei Instanzen. [3]Eine Entscheidung eines Gerichtes (Urteil oder Beschluss) kann mit der Beschwerde, der Berufung oder der Revision angefochten werden. [4]Die Art, Frist und Form des Rechtsmittels und das Gericht, bei dem es einzulegen ist, ergeben sich aus der der Entscheidung beigefügten Rechtsbehelfsbelehrung.

(6) Wird eine Verwaltungs- oder eine Gerichtsentscheidung nicht angefochten oder unanfechtbar, kann gegen den Betroffenen durch die in der Satzung und den Ordnungen Vorgesehenen vollstreckt werden.

§ 18. Verwaltungsorgane des Verbandes

(1) der Verbandstag **(VT)**,
(2) der Verbandsjugendtag **(VJT)**,
(3) das Erweiterte Präsidium **(EP)**,
(4) das Präsidium.

§ 19. Verwaltungsorgane der Bezirke

(1) der Bezirkstag **(BT)**,
(2) der Bezirksjugendtag **(BJT)**,
(3) die Bezirksspielleitung **(BSL)**

§ 20. Rechte und Pflichten der Organe und ihrer Mitglieder

(1) Jede Mitarbeit innerhalb aller Organe setzt die Mitgliedschaft bei einem dem *** angehörenden Verein voraus.

(2) Alle gewählten und berufenen Mitglieder üben ihr Amt ehrenamtlich aus.

(3) [1]Sämtliche Organe sind zu unparteiischer Amts- bzw. Geschäftsführung nach bestem Wissen und Gewissen verpflichtet. [2]Gegenüber Außenstehenden haben sie über alle Vorkommnisse Stillschweigen zu bewahren. [3]Verbindliche Auskünfte an Dritte dürfen sie nur erteilen, wenn ein entsprechender Beschluss vorliegt.

(4) [1]Verbandsmitarbeiter dürfen an Beratungen und Entscheidungen über eigene oder ihren Verein betreffende Angelegenheiten nicht teilnehmen. [2]Es ist ihnen jedoch gestattet, ihren Verein bei Verhandlungen aller Art vor übergeordneten Instanzen zu vertreten.

(5) [1]Alle Organe sind berechtigt, in Fällen, für die die Satzung und die Ordnungen keine Vorschriften enthalten, Anordnungen zu erlassen. [2]Sie haben das Recht, das Befolgen ihrer Anordnungen durch Geldbußen zu erzwingen.

§ 21. Termin, Wahlperiode des Verbandstags[238]

[1]Der ordentliche Verbandstag als höchstes Verwaltungsorgan des *** findet alle drei Jahre statt. [2]Der Termin ist sechs Monate vorher vom Präsidium schriftlich den Bezirksspielleitungen bekannt zu geben.

§ 22. Einberufung[239]

[1]Der Verbandstag wird vom Präsidium einberufen. [2]Die Einberufung muss sechs Wochen vor dem Verbandstag unter gleichzeitiger Bekanntgabe des Ortes, der Zeit und der Tagesordnung im amtlichen Organ des *** *[Dachverband]* oder einem sonst dem Pflichtbezug der Vereine unterliegenden Druckwerk veröffentlicht werden und den Delegierten spätestens drei Wochen vor dem Verbandstag schriftlich zugehen. [3]Die Behandlung von Anträgen auf Satzungsänderung muss mit deren Inhalt in der Tagesordnung enthalten sein.

§ 23. Zusammensetzung

Der Verbandstag setzt sich zusammen aus
(1) den gewählten Delegierten der Vereine,
(2) den Mitgliedern des EP,
(3) den Ehrenpräsidenten und Ehrenmitgliedern,
(4) den Kassenprüfern.

§ 24. Berechnung der Zahl der Delegierten der Vereine und deren Wahl

(1) Die Gesamtzahl der von den Vereinen zu wählenden Delegierten ist dreimal so hoch wie die Anzahl der stimmberechtigten Mitglieder des EP.

(2) [1]Die jedem Bezirk zustehende Anzahl an Delegierten errechnet sich aufgrund der Mannschaften ab D-Jugend des Bezirks, die zum Stichtag 1.10. des Spieljahres, in dem der Verbandstag stattfindet, am Spielbetrieb eines Verbandes teilnehmen. [2]Wechselt ein Verein den Bezirk, wird er für die Berechnung dem Bezirk zugeordnet, für den er zum vorgenannten Stichtag die Bestandsmeldung an den *** *[Dachverband]* abgegeben hat. [3]Alle Mannschaften von Vereinen, die nicht im Zuständigkeitsbereich des *** spielen, sind bei der Berechnung der Delegiertenzahl ihrem Stammbezirk zuzurechnen. [4]Soweit die Berechnung zu Bruchteilen von Delegiertenplätzen führt, erfolgt die Verteilung der Delegiertenplätze in der Reihenfolge der Höhe des einzelnen Bruchteils. [5]Entfällt bei der Verteilung des letzten Delegiertenplatzes auf zwei oder mehrere Bezirke der gleiche Bruchteil, wird dieser durch das Präsidium im Losverfahren zugewiesen.

(3) Die Delegierten der Vereine werden bei den Bezirkstagen gewählt.

(4) [1]Eine der Delegiertenzahl im Bezirk entsprechende Zahl an Ersatzdelegierten ist zu wählen, deren Reihenfolge sich aus der Wahl ergeben muss. [2]Sollte die Zahl der Ersatzdelegierten nicht ausreichen, bestimmt die Bezirksspielleitung die erforderlichen Ersatzdelegierten.

(5) Die Delegierten, gegebenenfalls die in Frage kommenden Ersatzdelegierten, sind zur Teilnahme am Verbandstag verpflichtet.

§ 25. Leitung des Verbandstages[240]

[1]Der Verbandstag wird vom Präsidenten geleitet. [2]Der Verbandstag kann auf Vorschlag des Präsidenten aus seiner Mitte einen Versammlungsleiter wählen.

---

[238] Zu Funktion und Befugnissen der Mitgliederversammlung → § 7 Rn. 1 ff.
[239] Zu Einberufungsgründen → § 7 Rn. 26 ff.; zum Minderheitenrecht → § 7 Rn. 30 ff.
[240] Zur Versammlungsleitung → § 7 Rn. 103 ff.

§ 26. Stimmrecht

Stimmberechtigt sind
(1) die gewählten Delegierten der Vereine,
(2) die Bezirksvorsitzenden,
(3) die Mitglieder des Präsidiums; bei Entlastung und Neuwahlen jedoch nur, wenn sie gleichzeitig gewählte Delegierte sind.
(4) Die übrigen der in § 23 genannten Mitglieder des Verbandstages haben nur beratende Stimme.

§ 27. Beschlussfähigkeit[241]

Der Verbandstag ist ohne Rücksicht auf die Anzahl der erschienenen Stimmberechtigten beschlussfähig.

§ 28. Abstimmungen

(1) [1]Der Verbandstag entscheidet bei Wahlen und Anträgen mit einfacher Mehrheit der abgegebenen gültigen Stimmen. [2]Stimmengleichheit gilt als Ablehnung.
(2) Eine Änderung der Satzung bedarf einer Mehrheit von zwei Dritteln der erschienenen stimmberechtigten Mitglieder des Verbandstages.
(3) Zur Änderung des Verbandszwecks ist eine Mehrheit von drei Vierteln der erschienenen stimmberechtigten Mitglieder des Verbandstages erforderlich.
(4) Für die Durchführung der Wahlen und Abstimmungen gelten im Übrigen die Bestimmungen der Geschäftsordnung.

§ 29. Aufgaben

Der Verbandstag hat folgende Aufgaben:
(1) Befassung mit den Grundsatzfragen des *** Sports und Festlegung von Richtlinien für die Erreichung des Vereinszwecks,
(2) Befassung mit allen verwaltungsmäßigen und technischen Belangen des Verbandes,
(3) Bildung und Beauftragung von Ausschüssen mit der Durchführung bestimmter Aufgaben,
(4) Entgegennahme der Berichte des EP und der Kassenprüfer;
(5) Beratung und Abstimmung über Satzungsänderungs- und sonstige Anträge,
(6) Entlastung des Präsidiums,
(7) Durchführung von Neuwahlen.

§ 30. Wahlen

[1]Es sind zu wählen:
(1) das Präsidium,
(2) die beiden Kassenprüfer einschließlich der beiden Ersatzleute,
(3) der Vorsitzende des Verbandsgerichts und der Vorsitzende des Verbandssportgerichts,
(4) die Beisitzer des Verbandsgerichts und des Verbandssportgerichts. [2]Für beide Rechtsinstanzen wird aus jedem Bezirk nach den Vorschlägen der Bezirksspielleitungen je ein Beisitzer gewählt.
(5) die Delegierten und die Ersatzdelegierten zum Verbandstag des *** *[Dachverband]*,
(6) Für den Fall, dass auf dem Verbandstag Funktionen nicht durch Wahl besetzt werden können, ist das Erweiterte Präsidium berechtigt, Ersatzleute bis zum nächsten Verbandstag zu berufen.

[241] Zur Beschlussfähigkeit → § 7 Rn. 161 ff.

§ 31. Anträge

[1]Anträge können gestellt werden von
(1) dem Präsidium,
(2) dem Erweiterten Präsidium,
(3) dem Verbandsjugendtag,
(4) den Bezirkstagen,
(5) der Satzungskommission im Rahmen des § 62.

[2]Die Formvorschriften einschließlich der Fristen für die Antragstellung ergeben sich aus der Geschäftsordnung.

§ 32. Öffentlichkeit

[1]Der Verbandstag ist grundsätzlich öffentlich. [2]Die Öffentlichkeit kann jedoch durch Beschluss mit einfacher Mehrheit ausgeschlossen werden.

§ 33. Einberufung

(1) Ein außerordentlicher Verbandstag muss einberufen werden
   (a) auf schriftlichen Antrag von mindestens einem Drittel der dem *** angehörenden Vereine,
   (b) auf Beschluss des Präsidiums,
   (c) im Falle des Ausscheidens von mehr als drei Mitgliedern des Präsidiums.

(2) [1]Das Präsidium beruft unter Festlegung von Ort, Zeit und Tagesordnung den außerordentlichen Verbandstag ein. [2]Die Einberufung hat schriftlich zu erfolgen. [3]Außerdem ist diese spätestens zwei Wochen vor Durchführung des außerordentlichen Verbandstages im amtlichen Organ des *** *[Dachverband]* oder einem sonstigen dem Pflichtbezug der Vereine unterliegenden Druckwerk zu veröffentlichen. [4]Die Behandlung von Anträgen auf Satzungsänderung muss mit ihrem Inhalt in der Tagesordnung enthalten sein. [5]Der außerordentliche Verbandstag ist spätestens innerhalb von zwei Monaten nach Vorliegen der Einberufungsvoraussetzungen durchzuführen.

§ 34. Delegierte zum außerordentlicher Verbandstag

Für einen außerordentlichen Verbandstag gilt die Wahl der Delegierten vom vorausgegangenen ordentlichen Verbandstag.

§ 35. Bestimmungen

Soweit erforderlich gelten die Bestimmungen des ordentlichen Verbandstages sinngemäß.

§ 36. Misstrauensanträge

[1]Der außerordentliche Verbandstag hat Misstrauensanträge gegen Mitglieder des Präsidiums, des Erweiterten Präsidiums, ohne Bezirksvorsitzende, und der Verbandsfachausschüsse zu behandeln und darüber abzustimmen. [2]Ein Misstrauensantrag ist nur bei Geltendmachung eines wichtigen Grundes zulässig; über die Zulässigkeit entscheidet der außerordentliche Verbandstag.

§ 37. Das Erweiterte Präsidium (EP)

Das Erweiterte Präsidium ist das zweithöchste Verwaltungsorgan des ***.

§ 38. Einberufung

[1]Das Erweiterte Präsidium tritt mindestens einmal im Jahr zusammen. [2]Es wird vom Präsidium unter Festlegung von Ort, Zeit und Tagesordnung einberufen. [3]Das Erweiterte Präsidium muss auf Antrag von mehr als der Hälfte seiner stimmberechtigten Mitglieder vom Präsidium innerhalb von drei Wochen einberufen werden.

§ 39. Zusammensetzung

(1) Das Erweiterte Präsidium besteht aus:
 (a) dem Präsidium,
 (b) den Bezirksvorsitzenden oder deren Vertretern gemäß § 87,
 (c) den Vorsitzenden des Verbandsgerichts und des Verbandssportgerichts als nicht stimmberechtigte Mitglieder.

(2) Im Erweiterten Präsidium ist die Ausübung mehrerer Funktionen nicht zulässig.

§ 40. Aufgaben

(1) Das Erweiterte Präsidium hat folgende Aufgaben:
 (a) Entgegennahme von Berichten,
 (b) Beratung von Satzungsänderungen zur Vorlage am Verbandstag,
 (c) Beratung und Genehmigung des Haushaltsplans,
 (d) [1]Festsetzung der Spielbeiträge, Kosten (Gebühren und Auslagen) und Abgaben. [2]Die Festsetzung von Rahmenbeträgen, die dann von den Bezirken für den jeweils von ihnen geleiteten Spielverkehr ausgefüllt werden können, ist zulässig,
 (e) Zuordnung eines Vereins zu einem Bezirk.

(2) [1]Das Erweiterte Präsidium hat das Recht, notwendige Änderungen der Ordnungen nach Feststellung der Dringlichkeit mit Drei-Viertel-Mehrheit der stimmberechtigten Anwesenden oder bei schriftlicher Abstimmung mit Drei-Viertel-Mehrheit seiner stimmberechtigten Mitglieder rechtswirksam bis zum nächsten Verbandstag zu beschließen.

(3) Für den Fall, dass auf dem Verbandstag Funktionen nicht durch Wahl besetzt werden können, ist das Erweiterte Präsidium berechtigt, Ersatzleute bis zum nächsten Verbandstag zu berufen.

§ 41. Beschlussfähigkeit

Das Erweiterte Präsidium ist bei Anwesenheit von mindestens zwei Dritteln seiner stimmberechtigten Mitglieder beschlussfähig.

§ 42. Anträge

[1]Anträge können gestellt werden von:
(1) dem Präsidium,
(2) dem Spielausschuss,
(3) den Bezirksspielleitungen,
(4) der Satzungskommission im Rahmen des § 62.

[2]Die Formvorschriften einschließlich der Frist für die Antragstellung ergeben sich aus der Geschäftsordnung.

§ 43. Teilnahmerecht

[1]Die stimmberechtigten Mitglieder des Erweiterten Präsidiums, ohne BV, sind berechtigt, an allen Sitzungen der Spielleitungen und Fachausschüsse der Bezirke teilzunehmen. [2]Ein Stimmrecht steht ihnen nicht zu.

§ 44. Zusammensetzung des Präsidiums[242]

(1) Das Präsidium setzt sich zusammen aus:
 (a) dem Präsidenten,
 (b) dem Vizepräsidenten Finanzen,
 (c) dem Vizepräsidenten Jugend,
 (d) dem Vizepräsidenten Talentförderung,
 (e) dem Vizepräsidenten Bildung,
 (f) dem Vizepräsidenten Recht,

[242] Das Präsidium bildet den Vorstand.

(g) dem Vizepräsidenten Spielbetrieb,
(h) dem Vizepräsidenten Frauen.

(2) Angestellte von Sportverbänden können dem Präsidium nicht angehören.

(3) Die Ausübung mehrerer Funktionen innerhalb des Präsidiums ist unzulässig.

§ 45. Aufgaben

Das Präsidium hat folgende Aufgaben:

(1) [1]Führung der Geschäfte des Verbandes, soweit nicht ausdrücklich die Zuständigkeit eines anderen Organs oder eines anderen Gremiums oder Funktionsträgers begründet ist. [2]Festlegung der Zuständigkeit eines Präsidiumsmitgliedes für die Leitung der Verwaltung des *** und die Beratung der Bezirke und Vereine in Verwaltungs- und Organisationsfragen, soweit nicht die Verantwortlichkeit eines anderen Ressortleiters begründet ist.

(2) Befassung mit den Grundsatzfragen des *** Sports.

(3) Erlass von Richtlinien zur Ausübung des *** Sports.

(4) [1]Aufsicht über die Bezirke, Ausschüsse, Mitarbeiter und Mitglieder des Verbandes. [2]Zu diesem Zweck können Weisungen erlassen werden. [3]Bei den Rechtsorganen beschränkt sich die Aufsicht auf die Prüfung, ob die jeweiligen Aufgaben und Pflichten rechtzeitig und formal ordnungsgemäß erfüllt wurden. [4]Eine Aufsicht bezüglich der sachlichen Behandlung von laufenden Verfahren ist ausgeschlossen. [5]Stellt das Präsidium fest, dass ein Mitglied einer Rechtsinstanz in hohem Maße pflichtwidrig gehandelt hat, kann es eine Amtsenthebungsklage beim Verbandsgericht einlegen. [6]Dazu bedarf es einer Zweidrittelmehrheit der Präsidiumsmitglieder. [7]Das Verbandsgericht entscheidet in der Besetzung von einem Vorsitzenden und zwei Beisitzern. [8]Diese Entscheidung ist sportgerichtlich nicht anfechtbar.

(5) [1]Amtsenthebung von Mitarbeitern des Verbandes in allen Funktionen, ausgenommen Mitglieder der Rechtsorgane, bei wiederholter grober Pflichtverletzung, Amtsanmaßung oder erheblicher Kompetenzüberschreitung nach Gewährung rechtlichen Gehörs. [2]Dazu bedarf es einer Zweidrittelmehrheit der Präsidiumsmitglieder. [3]Ein derartiger Beschluss kann von dem Betroffenen vor dem Verbandsgericht angefochten werden. [4]Dieses entscheidet in der Besetzung von einem Vorsitzenden und zwei Beisitzern. [5]Diese Entscheidung ist sportgerichtlich nicht anfechtbar.

(6) [1]Amtsenthebung von Mitarbeitern auf Verbands- und Bezirksebene wegen grober Ansehensschädigung des Verbandes. [2]Abs. 5 S. 2–5 gelten entsprechend.

(7) Berufung von Ersatzleuten für vorzeitig ausgeschiedene Mitglieder des EP, mit Ausnahme der BV, und der Fachausschüsse auf Verbandsebene bis zum nächsten VT,

(8) Beschlussfassung über den Haushaltsplan,

(9) Einberufung des ordentlichen und außerordentlichen VT und der EP-Tagungen unter Bestimmung des Ortes, der Zeit und der Tagesordnung und unter Beachtung der sonstigen Vorschriften dieser Satzung und der Geschäftsordnung,

(10) [1]Entsendung von Delegierten in die Gremien fachlicher und überfachlicher Organisationen. [2]Stimmenübertragung ist möglich, sofern die Satzungen dieser Organisationen dies zulassen,

(11) Genehmigung von Spielabschlüssen der Auswahlmannschaften des ***,

(12) Vorläufige Zuordnung von neu oder wieder aufgenommenen Vereinen zu einem Bezirk,

(13) Ausübung des Gnadenrechts,

(14) Zuordnung weiterer Aufgaben auf die einzelnen Ressorts,

(15) [1]Berufung von einzelnen Mitarbeitern und Mitgliedern in Ausschüsse, Kommissionen oder Arbeitskreise, sofern keine anderweitige Zuständigkeit besteht.

§ 46. Beschlussfähigkeit

Das Präsidium ist bei Anwesenheit von mindestens der Hälfte seiner Mitglieder beschlussfähig.

§ 47. Der Verbandspräsident

(1) [1]Der *** wird gerichtlich und außergerichtlich durch den Präsidenten oder durch jeweils zwei Vizepräsidenten gemeinsam vertreten. [2]Im Innenverhältnis gilt, dass nur im Falle der Verhinderung des Präsidenten jeweils zwei Vizepräsidenten zu seiner Vertretung berechtigt sind.

(2) [1]Der Verbandspräsident führt den ***. [2]Er bestimmt die Richtlinien der Verbandsarbeit im Rahmen der Satzung und Ordnungen und der Beschlüsse des VT und EP. [3]Er hat in allen Ausschüssen und bei Tagungen des ***Sitz und Stimme mit Ausnahme der Rechtsinstanzen. [4]Er führt den Vorsitz beim VT, EP und im Präsidium. [5]Er beruft das Präsidium unter Festlegung von Ort, Zeit und Tagesordnung ein. [6]Im Falle des vorzeitigen Ausscheidens eines Präsidiumsmitgliedes beruft er einen Vertreter im Einvernehmen mit dem EP; im Falle des Ausscheidens des Vizepräsidenten Jugend erfolgt die Berufung zusätzlich im Benehmen mit dem Verbandsjugendausschuss. [7]Er genehmigt Dienstreisen der Mitglieder des EP. [8]Er darf einzelne Aufgaben oder Aufgabengebiete auf Dritte delegieren, ohne dass dadurch die eigene Verantwortlichkeit berührt wird.

§ 48. Vizepräsidenten

(1) Die Vizepräsidenten leiten ihre Ressorts grundsätzlich eigenverantwortlich im Rahmen der vorgegebenen Richtlinien.

(2) Sie sind berechtigt, zur Erfüllung ihrer Aufgaben ehrenamtliche Mitarbeiter zu berufen.

(3) [1]In allen nachgeordneten Gremien haben sie Teilnahme- und Rederecht. [2]Ein Stimmrecht steht ihnen, soweit keine anderweitige Regelung besteht, nicht zu. [3]Diese Einschränkung gilt nicht für Gremien, die ihrem Ressort nachgeordnet sind.

(4) Sie regeln ihre Vertretung in den von ihnen geleiteten Ausschüssen, soweit keine anderweitige Regelung besteht, für die Dauer der Wahlperiode selbst.

§ 49. Vizepräsident Finanzen

(1) [1]Er verwaltet die Finanzen des *** auf Verbandsebene im Rahmen des genehmigten Haushaltsplans nach den Grundsätzen einer ordnungsgemäßen Haushaltsführung. [2]Er erstellt den Haushaltsplanentwurf. [3]Er beaufsichtigt die Verwaltung der Finanzen durch die nachgeordneten Gliederungen des ***.

(2) Er führt den Vorsitz im Finanzausschuss und beruft dessen Sitzungen unter Festlegung von Ort, Zeit und Tagesordnung ein.

§ 50. Vizepräsident Jugend

(1) [1]Der Vizepräsident Jugend ist zuständig für Grundsatzfragen der Jugendarbeit sowie für die Förderung der Betreuung und Ausbildung von Jugendlichen durch die Vereine und den ***. [2]Er vertritt die Interessen der Jugendlichen innerhalb und außerhalb des Verbandes und bringt sich insbesondere an der Schnittstelle zwischen den Ressorts der Vizepräsidenten Talentförderung, Spielbetrieb und Bildung ein.

(2) [1]Der Vizepräsident Jugend ist Vorsitzender des Verbandsjugendausschusses und führt den Vorsitz beim Verbandsjugendtag. [2] Das Nähere regelt die Jugendordnung.

§ 51. Vizepräsident Talentförderung

(1) Er hat folgende Aufgaben:
   (a) Verantwortung für alle fachlichen Belange im Bereich Talentsichtung und Talentförderung,

(b) Entwicklung durchgängiger und allgemeingültiger Konzepte in den Bereichen:
aa) Spiel- und Trainingsauffassung,
bb) Talentförderungssystem,
cc) Rahmentrainingspläne,
dd) Leistungskonzept des Verbandes.
(c) Entwicklung fachlicher Konzepte, Aspekte des Wettkampfwesens, der Talentsichtung und der Talentförderung,
(d) Festlegung von Sichtungs- und Förderungsmaßnahmen für Spieler in Absprache mit den Vizepräsidenten.
(2) Er führt den Vorsitz im Ausschuss für Talentförderung und beruft ihn regelmäßig zu Sitzungen unter Festlegung von Ort, Zeit und Tagesordnung ein.

§ 52. Vizepräsident Bildung

(1) Er hat folgende Aufgaben:
(a) Verantwortung für alle fachlichen Belange der Aus- und Weiterbildung von Mitarbeitern,
(b) Entwicklung durchgängiger und allgemeingültiger Konzepte der Aus- und Weiterbildung,
(c) Erarbeitung von Lehrmaterialien für alle Bereiche des Ressorts,
(d) Festlegen von Lehrgängen, Prüfungen und Maßnahmen für den Bereich Bildung,
(e) Unterstützung und Zusammenarbeit mit den Organen und Mitgliedern der Bezirke und Vereine,
(f) Genehmigung von Aus- und Weiterbildungsangeboten der Bezirke,
(g) Verantwortung für Personalplanung und Personaleinsatz im Leistungssport, insbesondere ***.
(2) Er führt den Vorsitz im Bildungsausschuss und beruft ihn regelmäßig zu Sitzungen unter Festlegung von Ort, Zeit und Tagesordnung ein.

§ 53. Vizepräsident Recht

(1) [1]Er berät die Organe, Ausschüsse, die Verwaltungsinstanzen, insbesondere die Spielleitenden Stellen, die Mitglieder des *** und die am Spielbetrieb Teilnehmenden in Rechtsangelegenheiten, die in unmittelbarem Zusammenhang mit der Ausübung des *** Sports im *** stehen und erledigt Rechtsangelegenheiten, soweit nicht die Rechtsorgane zuständig sind. [2]Er vertritt den *** vor den Rechtsorganen. [3]Er ist zuständig für die Überprüfung und Fortentwicklung der Satzung und der Ordnungen. [4]Er gewährleistet die Aus- und Fortbildung der Mitarbeiter des Verbandes, insbesondere der Mitglieder der Rechtsorgane, im Bereich der Anwendung der Satzung und der Ordnungen. [5]Er weist Streitigkeiten Rechtsinstanzen zu, soweit keine anderweitige Regelung besteht.
(2) [1]Er leitet den Rechtsausschuss und die Satzungskommission. [2]Er beruft diese Gremien unter Festlegung von Ort, Zeit und Tagesordnung je nach Bedarf ein.

§ 54. Vizepräsident Spielbetrieb

(1) [1]Er ist zuständig für Grundsatzfragen der Planung und Weiterentwicklung des Spielbetriebs aller Spiel- und Altersklassen im Bereich des ***. [2]Er führt die Aufsicht über den gesamten Spielbetrieb und die Spielleitenden Stellen. [3]Er wirkt bei der Genehmigung von Auswahlspielen der Bezirke mit.
(2) Er führt den Vorsitz im Spielausschuss und beruft diesen zu Sitzungen unter Festlegung von Ort, Zeit und Tagesordnung mindestens zweimal im Jahr ein.

§ 55. Vizepräsident Frauen

(1) Der Vizepräsident Frauen ist zuständig für Grundsatzfragen der Frauenarbeit sowie für die Förderung der Betreuung und Ausbildung von Frauen durch die Vereine und

den ***. Er vertritt die Interessen der Frauen innerhalb und außerhalb des Verbandes und bringt sich insbesondere an der Schnittstelle zwischen den Ressorts der Vizepräsidenten Talentförderung, Spielbetrieb und Bildung ein.

(2) Der Vizepräsident Frauen führt den Vorsitz im Frauenausschuss. Das Nähere regelt § 65.

§ 56. Stabsstellen beim Präsidium

(1) Zur Unterstützung der Arbeit beim Präsidium können zeitlich befristet, jedoch längstens für die Dauer einer Wahlperiode im Sinne des § 21 Referenten berufen werden, insbesondere für Entwicklung, Breitensport, Kinder ***, Schulsport, Öffentlichkeitsarbeit, Marketing und Informationstechnik.

(2) [1]Das Präsidium ordnet die Referate einzelnen Ressorts zu. [2]Es unterliegt bei der Gestaltung der Zuständigkeit einzelner Referenten keinen Einschränkungen und kann insbesondere die Berufung von Referenten auch aufheben.

§ 57. Finanzausschuss

(1) Dem Finanzausschuss gehören neben dem Vizepräsidenten Finanzen als Vorsitzenden mindestens zwei weitere Mitglieder an.

(2) Die Mitglieder werden vom Präsidium im Benehmen mit dem Ressortleiter berufen.

(3) [1]Die Ausschussmitglieder unterstützen den Vorsitzenden bei seiner Arbeit. [2]Ihnen können einzelne Aufgaben oder gesamte Aufgabenbereiche zur eigenständigen Erledigung übertragen werden. [3]Die Verantwortlichkeit des Vorsitzenden wird dadurch nicht berührt.

(4) [1]Zu den Sitzungen, die je nach Bedarf stattfinden, lädt der Vorsitzende unter Festlegung von Ort, Zeit und Tagesordnung ein. [2]Der Ausschuss ist beschlussfähig, wenn mindestens die Hälfte seiner Mitglieder anwesend ist.

§ 58. Verbandsjugendausschuss

Das Nähere regelt die Jugendordnung.

§ 59. Ausschuss für Talentförderung

(1) Der Ausschuss für Talentförderung setzt sich zusammen aus:
  (a) dem Vizepräsidenten für Talentförderung als Vorsitzenden,
  (b) dem Vizepräsidenten Bildung,
  (c) den stellvertretenden BV Talentförderung,
  (d) dem hauptamtlichen Trainer,
  (e) dem Koordinator Jugend, Talentförderung, Bildung und Spielbetrieb.

(2) Die Mitglieder werden vom Präsidium auf Vorschlag des Vizepräsidenten Talentförderung berufen.

(3) Der Ausschuss hat folgende Aufgaben:
  (a) Erarbeitung von Konzepten zur Talentsichtung und Talentförderung,
  (b) Erarbeitung von durchgängigen Konzepten für den Leistungssport,
  (c) Festlegung von Sichtungsterminen und Maßnahmen,
  (d) Festlegung von Kriterien zur Sichtung und Talentförderung,
  (e) Planung des Personaleinsatzes bei Sichtungen und Maßnahmen der Talentförderung,
  (f) Entsendung eines Mitarbeiters in den Spielausschuss.

(4) [1]Der Vorsitzende lädt zu Sitzungen, mindestens zweimal jährlich und nach Bedarf, unter Festlegung von Ort, Zeit und Tagesordnung ein. [2]Der Ausschuss ist beschlussfähig, wenn mehr als die Hälfte seiner Mitglieder anwesend ist.

§ 60. Bildungsausschuss

(1) Der Bildungsausschuss setzt sich zusammen aus:
  (a) dem Vizepräsidenten Bildung als Vorsitzenden,
  (b) dem Vizepräsidenten Talentförderung,
  (c) dem hauptamtlichen Trainer,
  (d) den ***-Trainern im Bereich Bildung,
  (e) dem Referenten für Schul-***,
  (f) dem Referenten für Kinder-***,
  (g) dem Referenten für das Schiedsrichterlehrwesen,
  (h) dem Referenten für die Übungsleiterausbildung,
  (i) dem Referenten für die B-Trainerausbildung.

(2) Die Mitglieder werden vom Präsidium auf Vorschlag des Vizepräsidenten Bildung berufen.

(3) Der Ausschuss hat folgende Aufgaben:
  (a) Erarbeitung von Konzepten zur Aus- und Weiterbildung von Mitarbeitern auf allen Ebenen und allen Bereichen,
  (b) Planung und Durchführung im Bereich Aus- und Weiterbildung,
  (c) Zusammenarbeit mit den Gremien des Schulsports,
  (d) Entwicklung von Ausbildungskonzepten insbesondere:
    aa) Schulsport,
    bb) Kinder-***,
    cc) Breitensport,
    dd) Vereinsmitarbeiter.

(4) [1]Der Vorsitzende lädt zu Sitzungen, die je nach Bedarf stattfinden, unter Festlegung von Ort, Zeit und Tagesordnung ein. [2]Der Ausschuss ist beschlussfähig, wenn mindestens die Hälfte seiner Mitglieder anwesend ist.

§ 61. Rechtsausschuss

(1) Der Ausschuss besteht aus dem Vizepräsidenten Recht als Vorsitzenden und mindestens zwei weiteren Mitgliedern.

(2) Die Mitglieder werden vom Präsidium im Benehmen mit dem Ressortleiter berufen.

(3) [1]Die Ausschussmitglieder unterstützen den Vorsitzenden bei seiner Arbeit. [2]Ihnen können einzelne Aufgaben oder gesamte Aufgabenbereiche zur eigenständigen Erledigung übertragen werden. [3]Die Verantwortlichkeit des Vorsitzenden wird dadurch nicht berührt.

(4) [1]Der Vorsitzende lädt, unter Festlegung von Ort, Zeit und Tagesordnung, zu den je nach Bedarf stattfindenden Sitzungen ein. [2]Der Ausschuss ist beschlussfähig, wenn mindestens die Hälfte seiner Mitglieder anwesend ist.

§ 62. Satzungskommission

(1) Die Satzungskommission besteht neben dem Vizepräsidenten Recht aus den Vorsitzenden des Verbands- und des Verbandssportgerichts.

(2) [1]Sie hat die Aufgabe, Vorschläge an das Präsidium zur Fortentwicklung von Satzung, Ordnungen und Zusatzbestimmungen zu Ordnungen auszuarbeiten und Stellungnahmen zu eingebrachten Vorschlägen für die Änderung von Satzung, Ordnungen und Zusatzbestimmungen zu Ordnungen zu erarbeiten. [2]Sie darf in diesem Zusammenhang mit der Erarbeitung von Stellungnahmen zu Anträgen diese zusammenfassen und in dieser Form dem Entscheidungsgremium vorschlagen sowie Ergänzungen zu Anträgen einbringen. [3]Darüber hinaus hat sie kein eigenes Antragsrecht.

(3) [1]Sie tritt bei Bedarf zusammen. [2]Hierzu wird sie vom Vizepräsidenten Recht unter Angabe von Ort, Zeit und Tagesordnung einberufen.

§ 63. Ausschuss für Entwicklung

(1) [1]Zur Unterstützung des Referenten Entwicklung wird ein Ausschuss für Entwicklung gebildet, der neben dem Referenten aus zwei Mitgliedern besteht, die vom Präsidium im Benehmen mit dem Referenten für Entwicklung berufen werden.
(2) Der Ausschuss hat nach Zielvorgabe durch den Präsidenten oder das Präsidium die Entwicklung des *** Sports zu prüfen, Tendenzen festzustellen und Lösungsvorschläge für dessen Weiterentwicklung vorzulegen.
(3) [1]Die Aufgaben innerhalb des Ausschusses werden vom Referenten bzw. dem Präsidenten zugeteilt. [2]Der Ausschuss tritt nach Bedarf aufgrund von Einberufung durch den Präsidenten oder dem Referenten zusammen.

§ 64. Spielausschuss

(1) Der Spielausschuss besteht aus
  (a) dem Vizepräsidenten Spielbetrieb als Vorsitzenden,
  (b) dem Vizepräsidenten Talentförderung,
  (c) dem Verbandsmännerspielwart,
  (d) dem Verbandsfrauenspielwart,
  (e) dem Verbandsschiedsrichterwart,
  (f) dem Verbandsjugendspielwart männliche Jugend,
  (g) dem Verbandsjugendspielwart weibliche Jugend.
(2) [1]Die Mitglieder des Spielausschusses werden, soweit sie nicht von anderen Organen oder Gremien gewählt werden, vom Präsidium im Benehmen mit dem Ressortleiter berufen.
(3) Er hat folgende Aufgaben
  (a) Forschung, Planung und Förderung der Belange des Spielbetriebs,
  (b) Durchführung der Beschlüsse des Verbandstags, des Erweiterten Präsidiums und des Präsidiums für den Bereich Spielbetrieb,
  (c) Festlegung des Spielbetriebs für die Ligen auf Verbandsebene, der Meisterschaften der Jugend sowie Festlegen des Spielbetriebs im Bereich Breitensport auf Verbandsebene,
  (d) Überwachung des gesamten Spielbetriebs,
  (e) Anordnung von Spielverboten in bestimmten Gebieten bei besonderen Anlässen,
  (f) Genehmigung von Freundschaftsspielen gegen Vereine, die nicht einem Landesverband angeschlossen sind,
  (g) Festlegung von Pokalwettbewerben,
  (h) Entscheidung bei notwendigen Sonderregelungen über den Auf- und Abstieg bei den Ligen auf Verbandsebene,
  (i) Durchführung des Meisterschaftsspielbetriebs, einschließlich der Bestimmung der Spielleitenden Stellen, soweit sie nicht schon durch das Präsidium oder die Bezirksspielleitung festgelegt worden sind,
  (j) Durchführung der jeweiligen Meisterschaften,
  (k) Durchführung der Pokalspiele,
  (l) Genehmigung von Doppelspielen.
(4) Die Spielwarte übernehmen die in Abs. 3 Buchst. i) bis l) genannten Aufgaben, soweit keine Ausschüsse berufen worden sind.
(5) [1]Soweit bei der Aufgabenerfüllung Belange der Jugend betroffen sind, hat eine Entscheidung oder eine Maßnahme im Benehmen mit dem Verbandsjugendausschuss zu erfolgen. [2]Der Verbandsjugendausschuss kann dabei eigene Vorschläge unterbreiten.
(6) [1]Die Mitglieder erfüllen ihre Aufgaben grundsätzlich eigenständig im Rahmen der Satzung und Ordnungen. [2]Die Verantwortlichkeit des Vorsitzenden wird dadurch nicht berührt.

(7) [1]Der Vorsitzende lädt, unter Festlegung von Ort, Zeit und Tagesordnung, mindestens zweimal im Jahr zu einer Sitzung ein. [2]Der Ausschuss ist bei einer Anwesenheit von mindestens vier Mitgliedern beschlussfähig.

§ 65. Frauenausschuss

(1) [1]Dem Frauenausschuss gehören neben dem Vizepräsident Frauen als Vorsitzendem mindestens zwei weitere Mitglieder an. [2]Sie werden vom Präsidium auf Vorschlag des Vizepräsidenten Frauen berufen.

(2) [1]Die Ausschussmitglieder unterstützen den Vorsitzenden bei seiner Arbeit. [2]Ihnen können einzelne Aufgaben oder gesamte Aufgabenbereiche zur eigenständigen Erledigung übertragen werden. [3]Die Verantwortlichkeit des Vorsitzenden wird dadurch nicht berührt.

(3) [1]Zu den Sitzungen, die nach Bedarf stattfinden, lädt der Vorsitzende unter Festlegung von Ort, Zeit und Tagesordnung ein. [2]Der Ausschuss ist beschlussfähig, wenn mindestens die Hälfte seiner Mitglieder anwesend ist.

§ 66. Vertretung der Jugend im ***

(1) Zur Förderung der Jugendarbeit und zur Vertretung der Jugend auf allen Ebenen gibt sich der *** eine Jugendordnung (JO).

(2) [1]Beim *** und den Bezirken gibt es folgende Gliederungen:
  (a) Verbandsjugendtag (VJT),
  (b) Verbandsjugendausschuss (VJA),
  (c) Bezirksjugendtag (BJT),
  (d) Bezirksjugendausschuss (BJA).

(3) [2]Das Nähere regelt die Jugendordnung.

§ 67. Rechtsorgane

(1) Innerhalb der Verbandsgerichtsbarkeit gibt es folgende Rechtsorgane:
  (a) das Verbandsgericht (VG),
  (b) das Verbandssportgericht (VSG),
  (c) acht Bezirkssportgerichte (BSG).

(2) Die Verbandsgerichtsbarkeit umfasst demnach drei Instanzen, vom Bezirkssportgericht als der untersten bis zum Verbandsgericht als der obersten.

§ 68. Verfahrensregelungen

(1) Die Gerichte des Verbandes entscheiden eigenverantwortlich und unabhängig unter besonderer Berücksichtigung sportlicher Gesichtspunkte. [2]Sie sind an Empfehlungen und Weisungen nicht gebunden.

(2) [1]Der Einzelne (Verein oder dessen Mitglied) soll vor den Gerichten schriftlich oder mündlich gehört werden. [2]Rechtsschutz ist stets so zu gewähren, dass er sportlichen Gesichtspunkten gerecht wird, insbesondere zügig und umfassend. [3]Der Instanzenzug ist innerhalb des *** oder einschließlich der Gerichtsbarkeit des *** *[Dachverband]* dreizügig. [4]Eine Ausnahme vom mehrzügigen Instanzenweg gilt für die Fälle, in denen das Verbandsgericht in Streitfällen zwischen Verband und Vereinen in Fragen der Verwaltungsorganisation (wie zB Ausschluss eines Vereins, Wiederaufnahme eines Vereins, Versagen der Zustimmung zur Bildung einer Spielgemeinschaft) als erste und letzte Instanz entscheidet.

(3) [1]Das Nähere regeln die Rechtsordnung des *** *[Dachverband]* und die Zusatzbestimmungen des *** zur Rechtsordnung. [2]Diese Regelungen sind in den Fällen, in denen das Verbandsgericht allein zuständig ist, sinngemäß anzuwenden.

§ 69. Der Bezirkstag

Der Bezirkstag ist das höchste Verwaltungsorgan des Bezirks.

§ 70. Termin – Wahlperiode

Der Bezirkstag findet alle drei Jahre statt. [2]Er ist zwingend spätestens acht Wochen vor dem Verbandstag durchzuführen.

§ 71. Einberufung

Die Bezirksspielleitung beruft ihn unter gleichzeitiger Bekanntgabe von Ort, Zeit und Tagesordnung spätestens sechs Wochen vorher ein.

§ 72. Teilnahmepflicht

Die Teilnahme mindestens eines Vertreters pro Verein am Bezirkstag ist Pflicht.

§ 73. Zusammensetzung

(1) Der Bezirkstag setzt sich zusammen aus:
  (a) den Delegierten der Vereine,
  (b) der Bezirksspielleitung,
  (c) den Ehrenvorsitzenden und Ehrenmitgliedern des Bezirkes,
  (d) den Kassenprüfern

(2) [1]Jeder Verein, der Mitglied des *** ist (mit Ausnahme der Vereine, die mit sämtlichen Mannschaften eine Spielgemeinschaft bilden) und alle Spielgemeinschaften des Bezirkes (außer der Spielgemeinschaften gemäß § 4 (2) der Spielordnung) haben am Bezirkstag mindestens eine Grundstimme, die ausschließlich durch einen Vertreter des Vereins bzw. der Spielgemeinschaft wahrgenommen werden kann. [2]Für jeweils drei Mannschaften erhalten die Vereine bzw. die Spielgemeinschaften einen Zusatzdelegierten. [3]Zur Berechnung der Zahl der Zusatzdelegierten werden alle Mannschaften ab der D-Jugend berücksichtigt, die am Stichtag 1. 10. des Spieljahres in dem der Bezirkstag stattfindet, am Spielbetrieb eines Verbandes in der Halle teilnehmen. [4]Die Mannschaften(en) einer Spielgemeinschaft gemäß § 4 (2) SpO werden dem federführenden Verein (Anhang I zur SpO, Abschnitt IV, Nr. 3) zugerechnet. [4]Überschießende Bruchteile fallen weg. [5]Steht einem Verein mehr als eine Stimme zu, kann er diese nur durch Entsendung einer entsprechenden Zahl weiterer Delegierter wahrnehmen. [6]Die Delegierten eines Vereins müssen nicht einheitlich abstimmen.

(3) Soweit Vereine in einem anderen Bezirk des *** als ihrem angestammten Bezirk überwiegend am Spielbetrieb teilnehmen, haben sie nur im Gastbezirk Stimmrecht.

(4) [1]Vereine, die in einem anderen Landesverband ganz oder teilweise am Spielbetrieb teilnehmen, üben ihr Stimmrecht in ihrem Stammbezirk aus. [2]Für die Berechnung der Delegiertenzahl gilt Abs. 2.

(5) Für Spielgemeinschaften gelten dieselben Bestimmungen wie für Vereine.

§ 74. Stimmberechtigte

Stimmberechtigt sind:

(1) die Delegierten der Vereine,

(2) die Mitglieder der Bezirksspielleitung; bei Entlastung und Neuwahlen jedoch nur, wenn sie gleichzeitig stimmberechtigte Delegierte der Vereine sind,

(3) der Verbandspräsident bzw. dessen Vertreter beim BT,

(4) Die übrigen in § 73 Abs. 1 genannten Mitglieder des Bezirkstages haben nur mit beratende Stimme.

§ 75. Beschlussfassung

Für die Beschlussfassung gelten die Bestimmungen für den Verbandstag entsprechend.

§ 76. Aufgaben

Der Bezirkstag hat folgende Aufgaben:
(1) Befassung mit Grundsatzfragen des *** Sports auf Bezirksebene und Erlass von Richtlinien,
(2) Befassung mit verwaltungsmäßigen und technischen Belangen des Bezirks,
(3) Festlegung des Spielbetriebs und Durchführung von Veranstaltungen im Rahmen der Satzung und der Ordnungen,
(4) Beratung und Beschlussfassung über Anträge,
(5) Entgegennahme und Beratung der Berichte der Bezirksspielleitung,
(6) Entgegennahme der Rechnungslegung des stellvertretenden Bezirksvorsitzenden für Finanzen,
(7) Entlastung der Bezirksspielleitung,
(8) Umsetzung der Beschlüsse übergeordneter Organe des ***,
(9) Durchführung von Neuwahlen.

§ 77. Antragsberechtigte

[1]Anträge können gestellt werden von:
(1) dem Präsidium,
(2) der Bezirksspielleitung,
(3) dem Bezirksjugendtag,
(4) den Vereinen.

[2]Die Formvorschriften einschließlich der Frist für die Antragstellung ergeben sich aus der Geschäftsordnung.

§ 78. Wahlen

[1]Es sind zu wählen:
(1) die Bezirksspielleitung mit Ausnahme des nicht stimmberechtigten Mitglieds der Bezirksspielleitung, das von dieser berufen wird,
(2) der Vorsitzende und sechs Beisitzer für das Bezirkssportgericht,
(3) die beiden Kassenprüfer und ein Ersatzmann,
(4) die Delegierten und die Ersatzdelegierten zum Verbandstag nach dem vom Verband mitgeteilten Verteilungsschlüssel.

[2]Außerdem ist für den Fall, dass auf dem Bezirksjugendtag eine Funktion nicht durch Wahl besetzt werden kann, die Ersatzwahl vorzunehmen.

§ 79. Öffentlichkeit

[1]Der Bezirkstag ist grundsätzlich öffentlich. [2]Die Öffentlichkeit kann jedoch durch Beschluss mit einfacher Mehrheit ausgeschlossen werden.

§ 80. Einberufung des außerordentlichen Bezirkstags

(1) Ein außerordentlicher Bezirkstag ist einzuberufen:
  (a) wenn ein Drittel der Vereine des Bezirks die Einberufung schriftlich beantragt,
  (b) auf Beschluss der Bezirksspielleitung,
  (c) auf Beschluss des Präsidiums, wenn ansonsten die Funktionsfähigkeit der Bezirksspielleitung nicht mehr gewährleistet ist.
(2) Die Bezirksspielleitung bestimmt die Form der Einberufung, den Ort, die Zeit und die Tagesordnung.

§ 81. Termin

Der außerordentliche Bezirkstag ist spätestens innerhalb eines Monats nach Vorliegen der unter § 80 Abs. 1 Buchst. a) bis c) genannten Voraussetzungen durchzuführen.

§ 82. Zusammensetzung

Die Stimmenzahl eines Vereins entspricht der beim letzten Bezirkstag.

§ 83. Misstrauensanträge

Der außerordentliche Bezirkstag hat gegebenenfalls Misstrauensanträge gegen Mitglieder der Bezirksspielleitung und der Fachausschüsse auf Bezirksebene zu behandeln und darüber abzustimmen.

§ 84. Geltende Vorschriften

Es gelten die Vorschriften über den ordentlichen Bezirkstag entsprechend.

§ 85. Zusammensetzung der Bezirksspielleitung

[1]Die Bezirksspielleitung setzt sich zusammen aus:
(1) dem Bezirksvorsitzenden,
(2) dem Stellvertretenden Bezirksvorsitzenden für Finanzen,
(3) dem Stellvertretenden Bezirksvorsitzenden für den Spielbetrieb,
(4) dem Stellvertretenden Bezirksvorsitzenden Talentförderung,
(5) dem Stellvertretenden Bezirksvorsitzenden Bildung,
(6) dem Stellvertretenden Bezirksvorsitzenden Jugend,
als stimmberechtigte Mitglieder. [2]Als nicht stimmberechtigtes Mitglied gehört ihr ein Referent für Öffentlichkeitsarbeit an.

§ 86. Einberufung

Der Vorsitzende lädt in regelmäßigen Abständen, mindestens dreimal im Jahr, unter Festlegung von Ort, Zeit und Tagesordnung zu Sitzungen der Bezirksspielleitung ein.

§ 87. Wahl der Stellvertreter des Bezirksvorsitzenden – Vertretungsrecht

[1]Die Bezirksspielleitung wählt aus den stellvertretenden Vorsitzenden den ersten und den zweiten Stellvertreter, die bei Verhinderung des Bezirksvorsitzenden den Bezirk in der genannten Reihenfolge jeweils allein vertreten. [2]Sind sowohl der Vorsitzende als auch die beiden Vertreter verhindert, so erfolgt die Vertretung in der Reihenfolge der Nennung in § 90.

§ 88. Berufung von Referenten

[1]Die Bezirksspielleitung beruft Referenten für Schulsport, Schiedsrichter und Kinder-***. [2]Die Berufung weiterer Referenten (zB Referent für Breitensport und Marketing, Referent für Kommunikation und Organisation, Referent für Frauenfragen) bzw. die Zusammenlegung oder Trennung von Referaten ist aufgrund eines Beschlusses der Bezirksspielleitung möglich.

§ 89. Berufung von Ersatzleuten

Für den Fall, dass auf dem Bezirkstag eine Funktion nicht durch Wahl besetzt werden kann oder dass ein Mitglied vorzeitig ausscheidet, ist die Bezirksspielleitung berechtigt, Ersatzleute bis zum nächsten Bezirkstag zu berufen.

§ 90. Doppelfunktionen

Die Ausübung von Doppelfunktionen ist zulässig, soweit es sich nicht um Kassenprüfer handelt.

§ 91. Leitung des Bezirkes und Aufgaben der Bezirksspielleitung

(1) Die Leitung des Bezirks obliegt der Bezirksspielleitung.
(2) Sie hat folgende Aufgaben:
   (a) Durchführung der Beschlüsse des Bezirkstages und der Anordnungen übergeordneter Organe und Mitarbeiter des ***,
   (b) Beratung und Genehmigung des Haushaltsplanes,
   (c) Durchführung des Spielbetriebs und sämtlicher Bezirksveranstaltungen im Rahmen der Satzung und Ordnungen,
   (d) Festlegung von notwendigen Sonderregelungen über den Auf- und Abstieg von Mannschaften der Ligen des Bezirks,

(e) Durchführung von Auswahl- und Pokalspielen sowie von Lehrgängen,
(f) [1]Aufsicht über die Ausschüsse, Mitarbeiter und Mitglieder des Verbandes auf Bezirksebene, ausgenommen jedoch die Rechtsorgane. [2]Zu diesem Zweck können Weisungen erlassen werden.
(g) [1]Amtsenthebung von Mitarbeitern auf Bezirksebene in allen Funktionen, ausgenommen Mitglieder der Rechtsorgane, bei wiederholter grober Pflichtverletzung, Amtsanmaßung oder erheblicher Kompetenzüberschreitung nach Gewährung rechtlichen Gehörs. [2]Dazu bedarf es einer Zweidrittelmehrheit in der Bezirksspielleitung. [3]Ein derartiger Beschluss kann von dem Betroffenen vor dem Bezirkssportgericht angefochten werden,
(h) Berufung von einzelnen Mitarbeitern und Mitgliedern in Ausschüsse, Kommissionen oder Arbeitskreise, sofern keine anderweitige Zuständigkeit besteht,
(i) Festlegung von Spielbeiträgen, Gebühren und Auslagen und sonstiger Beiträge innerhalb des vom EP festgesetzten Rahmens,
(j) Durchführung von Lehrgängen zur Qualifizierung,
(k) Vorschlagsrecht für Mitarbeiter im Bereich Talentförderung auf Bezirksebene an den Vizepräsidenten Talentförderung.

(3) Die Aufgaben der stellvertretenden Vorsitzenden entsprechen, soweit zutreffend, grundsätzlich denen der Vizepräsidenten mit gleicher Funktionsbezeichnung.

§ 92. Beschlussfähigkeit

Die Bezirksspielleitung ist beschlussfähig, wenn mindestens die Hälfte der stimmberechtigten Mitglieder anwesend ist.

§ 93. Bezirksvorsitzender

(1) Der Bezirksvorsitzende vertritt den Bezirk im Rahmen seiner Zuständigkeit gegenüber Dritten und gegenüber den Organen und Mitarbeitern des ***.

(2) [1]Er führt den Bezirk. [2]Er bestimmt die Richtlinien der Arbeit im Bezirk im Rahmen der Satzung und der Ordnungen, der Beschlüsse des Bezirkstages und übergeordneter Organe. [3]Beim Bezirkstag und bei den Sitzungen der Bezirksspielleitung führt er den Vorsitz. [4]Er ist zuständig für die Festlegung von Spielverboten für den Bezirk oder Teile desselben, soweit dies bei besonderen Anlässen erforderlich ist. [5]Er genehmigt Dienstreisen der Mitglieder der Bezirksspielleitung und der anderen Mitarbeiter des Bezirks.

(3) Er hat in allen Ausschüssen und bei Tagungen im Bezirk Sitz und Stimme mit Ausnahme der für den Bezirk zuständigen Rechtsinstanzen.

§ 94. Zuziehung anderer Mitarbeiter und Dritter

(1) Alle Organe, Ausschüsse, Arbeitskreise und Mitarbeiter des Verbandes dürfen zur Erfüllung ihrer Aufgaben bei Bedarf andere Mitarbeiter oder sachverständige Dritte zuziehen.

(2) Zuständig hierfür ist bei Organen und Ausschüssen der Vorsitzende.

(3) Die Grundsätze sparsamer Haushaltsführung sind dabei zu beachten.

(4) Die Kosten dafür fallen dem Etat des Einladenden zu.

§ 95. Dauer der Amtszeit

(1) [1]Die Amtszeit gewählter Mitarbeiter dauert in der Regel bis zum nächsten Verbandstag bzw. Bezirkstag. [2]Sie endet mit der satzungsgemäßen Neubestellung des Nachfolgers im Amt. [3]Das Amt eines gewählten Mitgliedes endet außerdem, wenn es abberufen wird, sein Amt niederlegt oder nicht mehr Mitglied eines Vereins ist, der dem *** angehört.

(2) [1]Die Amtszeit von SR endet mit deren Verzicht auf das Amt. [2]Schiedsrichter können von der Schiedsrichterliste gestrichen werden.

(3) Die Amtszeit berufener Mitarbeiter endet mit Ablauf der Wahlperiode (ordentlicher Verbands-, Bezirkstag) bzw. mit der Abberufung durch das berufende Gremium.
(4) Gegen eine Amtsenthebung nach Abs. 1 und die Streichung von der SR-Liste nach Abs. 2 ist der Einspruch bei der zuständigen Rechtsinstanz möglich.
(5) Gegen eine Abberufung nach Abs. 3 ist kein Einspruch möglich.

§ 96. Allgemeine Grundsätze der Finanzwirtschaft

(1) Die Finanzwirtschaft des *** ist so zu planen und zu führen, dass die Erfüllung der Verbandsaufgaben gesichert ist.
(2) Alle im Haushaltsplan vorgesehenen Mittel und etwaige Überschüsse dürfen nur für satzungsmäßige Zwecke verwendet werden.

§ 97. Haushaltsplan und Nachtragshaushalt

(1) Der Vizepräsident Finanzen legt dem Präsidium für jedes Geschäftsjahr einen Haushaltsplan vor, der in Einnahmen und Ausgaben ausgeglichen sein soll.
(2) Soweit Mehreinnahmen und Mehrausgaben die Ausgleichsmöglichkeiten innerhalb des gesamten Haushaltsplanes übersteigen, legt der Vizepräsident Finanzen dem Präsidium einen Nachtragshaushalt vor.
(3) [1]Das Präsidium beschließt den Haushaltsplan und den Nachtragshaushalt. [2]Beide bedürfen anschließend der Genehmigung des Erweiterten Präsidiums.

§ 98. Jahresabschlüsse

(1) Das Geschäftsjahr ist das Kalenderjahr.
(2) Für jedes Geschäftsjahr werden durch den Vizepräsidenten Finanzen eine Gewinn- und Verlustrechnung und eine Bilanz erstellt.
(3) Die Jahresabschlüsse bedürfen der Genehmigung durch das Erweiterte Präsidium.

§ 99. Buch- und Kassenprüfung

Mindestens einmal jährlich erfolgt durch zwei Kassenprüfer eine Buch- und Kassenprüfung.

§ 100. Verbandsvermögen

(1) Über die Anlagepolitik des Verbandes entscheidet das Präsidium.
(2) Erwerb, Veräußerung und Beleihung von verbandseigenen Immobilien und die Durchführung von Bauvorhaben unterliegen der Genehmigung des Erweiterten Präsidiums.

§ 101. Finanzordnung

Für die Finanzwirtschaft des Verbandes gelten im Übrigen die Regelungen der Finanzordnung.

§ 102. Datenschutzordnung

(1) [1]Zur Erfüllung und im Rahmen der Verbandsaufgaben gemäß § 3, insbesondere der Organisation und Durchführung des Spielbetriebs sowie anderer Bereiche des ***-Sports, erfasst der Verband die hierfür erforderlichen Daten, einschließlich personenbezogener Daten von Mitgliedern der ihm angehörenden Vereine. [2]Die Nutzung dieser Daten ist nur mit Zustimmung des Präsidiums gestattet. [3]Der Verband kann diese Daten in zentrale Informationssysteme des *** *[Dachverband]* einstellen.
(2) Das Präsidium beruft einen Datenschutzbeauftragten und veröffentlicht dessen Namen und Erreichbarkeit im amtlichen Organ des *** *[Dachverband]* oder in einem sonst dem Pflichtbezug der Vereine unterliegendem Druckwerk.
(3) Das EP erlässt eine Datenschutzordnung, in der die Zulässigkeit der Erhebung, Verarbeitung und Nutzung personenbezogener Daten sowie weitere Einzelheiten zum Datenschutz zu regeln sind.

§ 103. Haftung des Verbandes

Für Schäden, gleich welcher Art, die einem Mitglied, einem am Spielbetrieb Teilnehmenden, gleichgültig ob als Spieler, Schiedsrichter, Zeitnehmer, Sekretär, Trainer, Offizieller, Zuschauer oder in einer sonstigen Funktion oder einem Dritten aus der Teilnahme an den Verbandsveranstaltungen oder durch die Benutzung von Verbandseinrichtungen entstanden sind, haftet der Verband nur, wenn einem Organmitglied oder einer sonstigen Person, für die der Verband nach den Vorschriften des BGB einzutreten hat, Vorsatz oder grobe Fahrlässigkeit zur Last gelegt werden kann.

§ 104. Auflösung des Verbandes

(1) [1]Die Auflösung des *** ist nur durch Beschluss eines Verbandstages möglich. [2]Der Antrag auf Auflösung muss auf der Tagesordnung stehen.

(2) Die Auflösung muss mit einer Mehrheit von drei Vierteln der anwesenden Stimmberechtigten beschlossen werden.

(3) Im Falle der Auflösung oder Aufhebung des Verbandes oder bei Wegfall seines bisherigen Zwecks fällt das vorhandene Vermögen an den *** *[Dachverband]*, der es unmittelbar und ausschließlich für gemeinnützige Zwecke des *** Sports zu verwenden hat.

§ 105. Satzungsstreitigkeiten

(1) [1]Bei Streitfällen, die sich aus der Auslegung der Satzung ergeben, ist das Verbandsgericht in erster und letzter Instanz zuständig. [2]Es kann von Verbandsorganen, Mitarbeitern des Verbands und Vereinen, soweit sie durch eine Entscheidung eines Organs oder eines Mitarbeiters des *** beschwert sind, angerufen werden.

(2) Das Verbandsgericht entscheidet in diesen Fällen in der Besetzung mit einem Vorsitzenden und vier Beisitzern.

(3) Für das Verfahren und die Kostentragung sind die Vorschriften der Rechtsordnung sinngemäß anzuwenden.

§ 106. Amtliche Bekanntmachungen

(1) [1]Amtliche Bekanntmachungen werden in dem regelmäßig erscheinenden amtlichen Organ des *** *[Dachverband]* veröffentlicht. [2]Sie können auch durch Rundschreiben oder im Internet auf der Homepage des Verbandes sowie per E-Mail bekannt gegeben werden.

(2) Die Bezirke sind berechtigt, für ihren Bereich eigene Mitteilungsblätter herauszugeben.

§ 107. Inkrafttreten

(1) Im Innenverhältnis werden Satzungsänderungen mit dem Beschluss wirksam, im Außenverhältnis mit dem Eintrag ins Vereinsregister.

(2) [1]Satzungsänderungen sind, soweit nichts anderes beschlossen wird, unverzüglich zur Eintragung bei dem zuständigen Registergericht anzumelden. [2]Die Eintragung im Vereinsregister hat das Präsidium innerhalb eines Monats den Organen des Verbandes bekannt zu geben.

(3) Alle anderen Beschlüsse treten zum Zeitpunkt der Beschlussfassung in Kraft, sofern nicht ein anderer Termin ausdrücklich bestimmt wird.

H. Finanzordnung[243]

Finanzordnung 8

I.
Grundsätze der Finanzverwaltung

§ 1. Organisatorischer Aufbau des Kassenwesens

(1) Für den *** werden folgende Kassen geführt:
  (a) die Hauptkasse bei der Geschäftsstelle
  (b) die Bezirkskassen bei den Bezirken.
(2) Die Errichtung weiterer Kassen ist unzulässig.
(3) Die Kassen der Bezirke sind Unterkassen der Hauptkasse.
(4) Alle Konten müssen unter der Bezeichnung „*** Verband e.V.", gegebenenfalls mit einem Zusatz für die Bezeichnung des Bezirks, geführt werden.

§ 2. Haushaltsplan

Grundlage zur Durchführung aller finanziellen Maßnahmen des *** ist ein Haushaltsplan.

II.
Grundsätze für den Haushalt

§ 3. Gesamthaushalt, Teilhaushalte

Für den *** wird ein Gesamthaushalt für jedes Rechnungsjahr gebildet. Er setzt sich zusammen aus den Teilhaushalten für den Verband und die Bezirke.

§ 4. Haushaltsplan

(1) Der Vizepräsident Finanzen für den *** und die Stellvertretenden Vorsitzenden Finanzen für die Bezirke stellen für ihre im § 3 genannten Bereiche für jedes Rechnungsjahr den Entwurf des Haushaltsplanes auf.
(2) Die Haushaltspläne der Bezirke werden von den Bezirksspielleitungen vorläufig genehmigt. Sie sind dem Vizepräsidenten Finanzen bis zum 15.8. des Vorjahres vorzulegen.
(3) Auf deren Grundlage erstellt der Vizepräsident Finanzen den Gesamthaushaltsplan des Verbandes, der dem EP im Regelfall bis zum 15.9. des Vorjahres zur Verabschiedung vorzulegen ist.

§ 5. Haushaltsführung

(1) Die im Haushaltsplan ausgewiesenen Gesamtausgaben dürfen nicht überschritten werden. Ausnahmen sind nur im Verfahren nach Abs. 3 zulässig.
(2) Überschreitung einzelner Ausgabeposten im Haushalt ist zulässig, wenn innerhalb des Gesamthaushalts ein Ausgleich möglich ist. Entsprechende Beschlüsse fasst das Präsidium bzw. die Bezirksspielleitung; letztere unterrichtet hiervon unverzüglich den Vizepräsidenten Finanzen.
(3) Ist ein Ausgleich durch Verschiebung innerhalb des Gesamthaushalts nicht möglich, muss ein Nachtragshaushalt beschlossen werden. Dieser kann vom Präsidium bzw. den Bezirksspielleitungen nur mit einer Mehrheit von zwei Dritteln der Mitglieder des Gremiums beschlossen werden. Von entsprechenden Beschlüssen in den Bezirken ist der Vizepräsident Finanzen unverzüglich zu unterrichten.
(4) Ergibt sich ein Einnahmeüberschuss von 10 von Hundert, ist der Vizepräsident Finanzen unverzüglich zu unterrichten. Er kann Weisung erteilen, wie diese Mehreinnahmen verwendet werden sollen.

[243] Dieses Formular orientiert sich an der Finanzordnung des Bayerischen Handball-Verbands e.V. (www.bhv-online.de).

(5) Der Vizepräsident Finanzen ist ermächtigt, zur Führung der laufenden Geschäfte und zur Durchführung von Maßnahmen bis zur Verabschiedung des Haushalts Mittel in Höhe von bis zu 30 von Hundert des entsprechenden Etatansatzes freizugeben. Entsprechendes gilt für die Bezirke.

(6) Nicht verbrauchte Haushaltsreste verfallen.

§ 6. Haushaltsüberwachung

(1) Präsidium und Bezirksspielleitungen legen fest, welcher gewählte oder berufene Mitarbeiter die Verantwortung für die Ausgabetitel trägt (Ressortleiter). Diese haben laufend die Entwicklung der Ausgaben ihres Ressorts zu überwachen. Sie haben rechtzeitig das Präsidium oder die Bezirksspielleitung zu unterrichten, wenn zu erwarten ist, dass der Haushaltsansatz zur Deckung der Ausgaben nicht ausreicht.

(2) Der Vizepräsident Finanzen hat innerhalb von zwei Wochen nach Abschluss eines jeden Vierteljahres, ausgenommen des letzten, den übrigen Mitgliedern des Präsidiums die aktuellen Verkehrszahlen mitzuteilen. Die Stellvertretenden Bezirksvorsitzenden Finanzen haben zu den denselben Terminen die Verkehrszahlen des Bezirkes den übrigen Mitgliedern der Bezirksspielleitung mitzuteilen.

§ 7. Jahresabschluss

(1) Der Vizepräsident Finanzen hat den Abschluss, die Bilanz nebst Gewinn- u. Verlustrechnung und den Etatvergleich eines Geschäftsjahres so zu erstellen, dass die Prüfung durch die Kassenprüfer und die Beratung im Erweiterten Präsidium möglichst bei der EP-Sitzung im Frühjahr des dem Abschluss folgenden Jahres durchgeführt werden kann.

(2) Für einen außerordentlichen VT gilt diese Regelung sinngemäß, wenn durch diesen das Ressort Finanzen betroffen ist.

(3) Die Bezirke haben den Kassenbericht, eine Vermögensaufstellung sowie die Inventarliste für den Zeitraum 1.1. bis 31.12. jedes Jahres bis spätestens 15.2. des Folgejahres unaufgefordert, versehen mit dem Prüfvermerk der Kassenprüfer, an die Geschäftsstelle des *** zu übersenden.

(4) Die Bezirke übersenden spätestens 18 Monate nach Ende eines Haushaltsjahres alle Bücher und die Originalbelege, die Grundlage für Einnahmen oder Ausgaben bilden, an die Geschäftsstelle des Verbands.

III.
Rechnungswesen

§ 8. Rechte und Pflichten der Ressortverantwortlichen für das Rechnungswesen

(1) Der Vizepräsident Finanzen leitet das Rechnungswesen. Er ist für den Zahlungsverkehr, die ordnungsgemäße Verwaltung der Finanzen und die sorgfältige, den gesetzlichen Vorschriften entsprechende Führung der Unterlagen verantwortlich. Anordnungen des Vizepräsidenten Finanzen im Rahmen der Satzung und der FO sind für alle nachgeordneten Stellen verbindlich.

(2) Der Vizepräsident Finanzen ist ermächtigt, innerhalb der genehmigten Haushaltsansätze Zahlungen ohne Mitzeichnung anzuweisen. Das Präsidium kann hierzu einschränkende Beschlüsse fassen.

(3) Der Vizepräsident Finanzen hat Einspruch zu erheben gegen Beschlüsse
   (a) für die keine Deckung vorhanden ist;
   (b) die nicht im Haushalt vorgesehen sind;
   (c) durch die der genehmigte Haushaltsplan überschritten wird;
   (d) durch die eine ordnungsgemäße Erfüllung anderer Aufgaben gefährdet wird.
   Der Einspruch hat bis zu einem weiteren Beschluss des Präsidiums aufschiebende Wirkung.

(4) Im Falle der fortdauernden Verhinderung des Vizepräsidenten Finanzen wird vom Präsidium ein Vertreter mit der Wahrnehmung der Geschäfte beauftragt.
(5) Das Präsidium kann Angestellte der Geschäftsstelle ermächtigen, in Einzelfällen über Zahlungsmittel zu verfügen. Hierzu erforderliche Regelungen erlässt das Präsidium.
(6) Entsprechendes gilt für die Kassenführung der Bezirke. Die Bezirksspielleitungen sind ermächtigt, eine dem Abs. 5 entsprechende Regelungen zu beschließen. Solche Beschlüsse sind dem Präsidium unverzüglich mitzuteilen.

§ 9. Kontenplan

Der Vizepräsident Finanzen legt den Kontenplan fest. Nach diesem ist von allen Kassen des Verbandes zu buchen.

§ 10. Belegführung und Rechnungslegung

(1) Für jede Einnahme und Ausgabe muss ein Originalbeleg vorhanden sein, aus dem die notwendigen Einzelheiten über die Geldbewegung ersichtlich sind. Belege und Abrechnungen müssen vom Vizepräsident Finanzen auf ihre Richtigkeit überprüft und abgezeichnet sein. Das Präsidium kann hiermit einen Angestellten der Geschäftsstelle beauftragen. Entsprechendes gilt für die Bezirke.
(2) Die Belege sind laufend zu buchen.
(3) Die Finanzhoheit liegt beim Verband.

§ 11. Zahlungsverkehr

(1) Zahlungen dürfen nur von den zuständigen Verwaltungsinstanzen oder von den Gerichten des Verbandes angeordnet werden.
(2) Zahlungen dürfen nur von den Geschäftsstellen, vom Vizepräsidenten Finanzen bzw. den Stellvertretenden Vorsitzenden Finanzen der Bezirke oder von vom Vizepräsidenten Finanzen/den Stellvertretenden Vorsitzenden Finanzen beauftragten Personen entgegen genommen werden.
(3) Bei allen Zahlungen ist von der die Anweisung vorbereitenden Stelle zu prüfen, ob Deckung vorhanden ist. Ist dies nicht der Fall, entscheidet der Vizepräsident Finanzen/der Stellvertretende Vorsitzende Finanzen.

IV.
Kassenrevision

§ 12. Regelmäßige Kassenrevision

(1) Das Rechnungswesen des *** ist umfassend durch eingehende Revisionen zu überwachen. Einer Anmeldung dieser Prüfungen bedarf es nicht.
(2) Den Kassenprüfern, die in Wirtschafts- und Buchführungsfragen erfahren sein sollten, ist Einblick in die Unterlagen des Rechnungswesens (Belege, Abrechnungen, Verträge etc.) einschließlich der maschinellen Verarbeitung zu gewähren. Die Kassenprüfer sind verpflichtet, mindestens einmal jährlich die Prüfung durchzuführen. Das Ergebnis der Prüfung ist dem Präsidium innerhalb von 14 Tagen schriftlich mitzuteilen.
(3) Nach Ablauf des Geschäftsjahres ist im 1. Quartal des folgenden Jahres der Jahresabschluss zu prüfen und das Ergebnis in einem Prüfungsbericht festzuhalten. Die Prüfung des Rechnungswesens und des Jahresabschlusses können gleichzeitig stattfinden. Aufgrund des Berichtes der Kassenprüfer zur EP-Sitzung wird über die ordnungsgemäße Finanzverwaltung durch den Vizepräsidenten Finanzen durch Entlastung oder deren Verweigerung entschieden.
(4) Die vorstehenden Bestimmungen gelten sinngemäß auch für die Kassen der Bezirke.

§ 13. Außerordentliche Kassenrevisionen

(1) Das Präsidium kann außerordentliche Prüfungen des Rechnungswesens und des Abschlusses veranlassen und auch amtlich bestellte Prüfer beauftragen.

(2) Der Vizepräsident Finanzen ist berechtigt, die Kassen der Bezirke zu prüfen oder mit Zustimmung des Präsidiums damit die Kassenprüfer des Verbandes zu beauftragen.

V.
Kostenregelung

§ 14. Kostenträger

(1) Der Verband trägt die Kosten:
- (a) des Verbandstages,
- (b) der Tagungen des EP,
- (c) des Verbandsjugendtages,
- (d) der Tagungen der Fachausschüsse auf Verbandsebene,
- (e) des Verbandsgerichtes und des Verbandssportgerichtes, soweit nicht durch Urteil oder Beschluss ein anderer Kostenträger bestimmt wird,
- (f) der Sitzungen des Präsidiums,
- (g) für Abordnungen von Mitgliedern des EP, sofern kein anderer Kostenträger bestimmt worden ist,
- (h) der Lehrgänge des Verbands, sofern das Präsidium nicht Ausnahmen hiervon beschlossen hat oder Teilnehmergebühren festgelegt worden sind,
- (i) der von ihm veranstalteten Auswahlspiele,
- (j) der Geschäftsstelle des Verbandes,
- (k) des Verwaltungsaufwands der EP-Mitglieder (ohne Bezirksvorsitzende), der Ressortleiter und sonstiger Mitarbeiter, die dem Präsidium zuzuordnen sind,
- (l) für sonstige Ausgaben im Rahmen der Satzung und der gegebenen Vollmachten.

(2) Die Bezirke tragen die Kosten:
- (a) der Sitzungen der Bezirksspielleitung (BSL) und der Fachausschüsse des Bezirks,
- (b) des Bezirkssportgerichtes, sofern nicht durch Urteil oder Beschluss ein anderer Kostenträger bestimmt worden ist,
- (c) für Abordnungen von Mitgliedern der BSL, sofern die Kosten nicht von anderen übernommen werden,
- (d) die Bezirkslehrgänge, sofern nicht die BSL Ausnahmen beschlossen hat oder Teilnehmergebühren festgelegt worden sind,
- (e) der von ihnen veranstalteten Auswahlspiele,
- (f) ihrer Geschäftsstellen,
- (g) des Verwaltungsaufwands der Mitglieder der BSL,
- (h) für sonstige Ausgaben, im Rahmen der Satzung und der gegebenen Vollmachten,
- (i) des Bezirkstages und des Bezirksjugendtages, ausgenommen die der Vereinsvertreter.

§ 15. Zulässige Kostenerstattung

(1) Die nach Satzung zuständigen Organe genehmigen die Durchführung von Tagungen und Lehrgängen. Die Genehmigung kann von der Vorlage eines Kostenvoranschlages abhängig gemacht werden. Sitzungen der Rechtsinstanzen in Rechtsfällen bedürfen keiner Genehmigung.

(2) Alle nachgewiesenen notwendigen Auslagen der Mitarbeiter von Verwaltungs- und Rechtsorganen und von Fachausschüssen durch Teilnahme an Spielen, Sitzungen, Tagungen und sonstigen Veranstaltungen sind zu erstatten.

(3) An Reisekosten sind zu vergüten:
- (a) Tagesspesen einschließlich Aufwandsentschädigungen am Ort;
- (b) Übernachtungsspesen;
- (c) Fahrtkosten sowie Nebenkosten.

(4) Zu erstatten sind auch Auslagen für Porto, Telefon, Telefax, Bürobedarf uam. Analog gilt dies auch für Spieler, SR und andere mit besonderem Auftrag für den Verband oder Bezirk tätige Personen.

(5) Für Reisekostenabrechnungen mit dem Verband oder Bezirk dürfen nur die *** – Staatsmittelabrechnungen verwendet werden. Dies gilt nicht für Abrechnungen, die von den Arbeitnehmern des Verbandes abgegeben werden.

§ 16. Berechnung der Tages- und Übernachtungsspesen

(1) Die Tages- und Übernachtungsspesen werden durch Pauschalbeträge abgegolten.

(2) Für die Dauer von Veranstaltungen, Tagungen und Sitzungen oder Spielen am Wohnort gilt die Zeit von Beginn bis Ende der Veranstaltung zuzüglich einer Stunde.

(3) Die Dauer der Abwesenheit vom Wohnort richtet sich nach der Abreise und der Ankunft an der Wohnung.

(4) Dauert eine Dienstreise nur 24 Stunden oder weniger, ist für die Berechnung der Tagesspesen nur der zwischen Antritt und Ende der Dienstreise liegende Zeitraum maßgebend. Dies gilt nicht, wenn eine Übernachtung stattfindet. In diesem Fall ist unabhängig von der Gesamtdauer der Dienstreise von einer mehrtägigen Dienstreise mit getrennter Berechnung der für Tagesspesen maßgebenden Dauer auszugehen. Endet eine mehrtägige Dienstreise, ohne dass am letzten Tag eine Übernachtung stattfindet, nach 24.00 Uhr, fallen für den letzten Tag nur dann Tagesspesen an, wenn der Wohnort erst nach 06.00 Uhr erreicht wird.

(5) Wird bei Übernachtungen der pauschale Satz für Übernachtungsspesen überschritten, so werden die tatsächlichen Kosten gegen Vorlage von Originalbelegen und nach Zustimmung des Vorsitzenden des zuständigen Verwaltungs- oder Rechtsorgans voll erstattet.

§ 17. Spesensätze

Die Sätze für Aufwandsentschädigungen, Tagesspesen und pauschalen Übernachtungsspesen legt das Präsidium für ehrenamtliche Mitarbeiter fest (Anhang). Für Arbeitnehmer des Verbandes gelten die jeweils steuerlich zulässigen Höchstsätze.

§ 18. Fahrtkosten

(1) Fahrten sind grundsätzlich mit öffentlichen Verkehrsmitteln durchzuführen. Vergütet wird grundsätzlich nur der Fahrpreis für die öffentlichen Verkehrsmittel. Über Ausnahmen entscheidet im Einzel- bzw. allgemeinen Fall das Präsidium bzw. die BSL für Mitglieder dieser Gremien, sonst der zuständige Ressortleiter. Bei Benutzung der Bahn werden der Fahrpreis der 2. Klasse zzgl. erforderlicher Zuschläge und die Zubringerkosten erstattet. Zumutbare Verbilligungen sind in Anspruch zu nehmen.

(2) Fahrtkosten für die 1. Klasse und in Ausnahmefällen für das Flugzeug werden nur mit vorheriger Genehmigung des Präsidenten vergütet.

(3) Die Benutzung eines PKW ist nur gestattet,
  (a) wenn dadurch die Reisekosten, die bei Inanspruchnahme öffentlicher Verkehrsmittel entstehen, nicht überschritten werden;
  (b) wenn in einem bestimmten Bereich durch die Benutzung öffentlicher Verkehrsmittel nachweislich ein unzumutbarer Zeitverlust entsteht;
  (c) wenn mehrere Reiseziele angefahren werden müssen;
  (d) wenn der Ort der Veranstaltung nicht mit der Bahn zu erreichen ist;
  (e) wenn sonstige triftige Gründe vorliegen.

(4) Die Kosten für die PKW-Benutzung werden durch km-Pauschalen ersetzt. Diese legt das Präsidium fest, wobei die steuerlich zulässigen pauschalen Höchstbeträge nicht überschritten werden dürfen. Auf den Anhang wird verwiesen. Wird eine Dienstreise ohne Genehmigung mit dem PKW vorgenommen, werden nur die nach Abs. 1 zulässigen Kosten erstattet.

(5) Alle Fahrten, die nicht mit öffentlichen Verkehrsmitteln durchgeführt werden und nicht durch Abs. 3 Buchst. a) bis e) begründet sind, gehen zudem auf eigenes persönliches Risiko.

§ 19. Abrechnungsfristen

(1) Dienstreisen müssen spätestens sechs Monate nach deren Abschluss abgerechnet werden. Dies gilt nicht für Dienstreisen, die im Dezember vorgenommen werden; diese sind spätestens bis Ende Januar des folgenden Jahres abzurechnen. Werden diese Fristen versäumt, werden die Reisekosten vom Verband nicht mehr übernommen.

(2) Die gleichen Fristen gelten für die Abrechnung von Vorschüssen, welche zur Abwicklung von Maßnahmen eingereicht worden sind.

VI.
Spielbeiträge – Abgaben – Geldstrafen – Geldbußen – Kosten

§ 20. Allgemeines

(1) Spielbeiträge, Gebühren, Abgaben, Geldstrafen, Geldbußen und Kosten werden von der zuständigen Verwaltungsinstanz oder dem Gericht festgesetzt. Sie werden über die Quartalsabrechnung in Rechnung gestellt. Die zutreffenden Sätze ergeben sich aus Anhang.

(2) Der Gesamtbetrag der Quartalsabrechnung wird mittels Bankeinzug vorgenommen. Vereinen, die nicht am Bankeinzugsverfahren des Verbandes oder der Bezirke teilnehmen, wird für den Mehraufwand eine Bearbeitungsgebühr in Rechnung gestellt.

(3) Alle Zahlungen sind unter Angabe des Absenders, der Vereinsnummer und des Verwendungszweckes innerhalb von vier Wochen nach ihrer Bekanntgabe zu leisten.

VII.
Mahngebühren – Vollstreckung

§ 21. Mahngebühren

Mahngebühren einschließlich deren Höhe legen die zuständigen Verwaltungsorgane fest. Die zutreffenden Sätze ergeben sich aus Anhang.

§ 22. Vollstreckung

Für die Vollstreckung der Gebühren, Spielbeiträge, Abgaben, Kosten etc. gelten die entsprechenden Regelungen in der Rechtsordnung sinngemäß.

VIII.
Schlussbestimmungen

§ 23. Mitteilungspflicht, Ergänzende Bestimmungen

(1) Die Beschlüsse der Organe sind dem Vizepräsident Finanzen zur Kenntnis zu bringen. In allen Finanzangelegenheiten, die in der Satzung oder in den Ordnungen nicht festgelegt sind, entscheidet das Präsidium.

(2) Ergänzende Bestimmungen zu dieser Finanzordnung, die der verwaltungstechnischen Umsetzung dienen, kann der Vizepräsident Finanzen nach Zustimmung des Präsidiums erlassen.

I. Geschäftsordnung[244]

Geschäftsordnung 9

I.
Allgemeines

§ 1. Einberufung und Leitung

Der Präsident bzw. der Bezirksvorsitzende, bei seiner Verhinderung ein Stellvertreter, beruft die angesetzten Tagungen ein und leitet sie. Ist weder der Präsident bzw. der Bezirksvorsitzende noch ein Stellvertreter anwesend, so bestimmt die Versammlung den Versammlungsleiter und dessen Stellvertreter. Bei Angelegenheiten, die den Versammlungsleiter persönlich oder seinen Verein betreffen, hat er die Leitung seinem Stellvertreter zu übertragen. Das Recht des Verbandstages aus seiner Mitte auf Vorschlag des Präsidenten einen Versammlungsleiter zu wählen, bleibt unberührt.

§ 2. Niederschriften, Geschäftsverkehr, Unterzeichnung

(1) Über alle Tagungen ist eine Niederschrift zu erstellen. Gefasste Beschlüsse sind wörtlich in die Niederschrift aufzunehmen.
(2) Im sonstigen Geschäftsverkehr ist von allen herausgegebenen verbindlichen Schriftstücken eine beweiskräftige Abschrift zurückzubehalten.
(3) Niederschriften bzw. verbindliche Schriftstücke sind vom jeweiligen Versammlungsleiter bzw. einem Mitglied des Präsidiums bzw. der Bezirksspielleitung gegenzuzeichnen.
(4) Niederschriften sind innerhalb von 14 Tagen nach dem Ende einer Tagung zu fertigen und allen Teilnehmern zu übermitteln. Sie gelten als genehmigt, wenn nicht innerhalb von 14 Tagen nach Zugang Widerspruch erhoben und dargelegt wird, inwieweit die Niederschrift unrichtig sein soll.

§ 3. Teilnahmepflicht, Stimmenübertragung

(1) Alle Mitglieder von Organen oder Gremien des Verbands oder der Bezirke haben an angeordneten Tagungen teilzunehmen.
(2) Jedes anwesende Mitglied eines Organs oder eines Gremiums hat bei einer Mehrfachfunktion nur eine Stimme. Stimmenübertragung ist unzulässig.

§ 4. Beschlussfähigkeit

Alle ordnungsgemäß einberufenen Tagungen und Sitzungen sind ohne Rücksicht auf die Zahl der erschienenen Mitglieder beschlussfähig, soweit die Satzung nichts anderes vorsieht.

§ 5. Feststellung der Anwesenheit, Ladung, Tagesordnung

(1) Der Versammlungsleiter eröffnet die Tagung mit der Feststellung der anwesenden Stimmberechtigten, der Feststellung der ordnungsgemäßen Ladung und der Bekanntgabe der Tagesordnung.
(2) Die Tagesordnung ist in der vorgesehenen Reihenfolge zu erledigen, wenn kein Einspruch erhoben wird oder im Verlauf der Tagung ein Antrag auf Änderung keine Zustimmung findet.

§ 6. Anträge, Fristen

(1) Anträge sind an Fristen gebunden. Diese sind in den Ausschreibungen bekannt zu geben.

[244] Dieses Formular orientiert sich an der Geschäftsordnung des Bayerischen Handball-Verbands e.V. (www.bhv-online.de).

(2) Anträge zum Verbandstag müssen spätestens sechs Wochen vor dem Verbandstag bei der Geschäftsstelle des *** oder beim Präsidenten vorliegen. Handelt es sich um einen Antrag auf Änderung der Satzung, beträgt die Frist acht Wochen.
(3) Anträge zum Verbandsjugendtag sind spätestens vier Wochen vor dem Verbandsjugendtag, Anträge an das Erweiterte Präsidium spätestens sechs Wochen vor dem Tagungs- oder Sitzungstermin bei der Geschäftsstelle des *** oder beim Vorsitzenden des Verwaltungsorgans einzureichen.
(4) Anträge können ohne Fristwahrung jederzeit eingebracht werden:
(a) vom Erweiterten Präsidium (EP) und vom Präsidium zum Verbandstag und Verbandsjugendtag,
(b) vom Präsidium zur EP-Tagung,
(c) von der Bezirksspielleitung zum Bezirkstag und Bezirksjugendtag.
(5) In den Fällen der Abs. 2 und 3 sind sie außerdem mindestens drei Wochen vor dem Termin der Tagung oder der Sitzung den Delegierten oder EP-Mitgliedern bekannt zu geben.
(6) Anträge an den Bezirkstag sind spätestens zwei Wochen vor dem Termin des Bezirkstages bei der Geschäftsstelle des Bezirks oder beim Bezirksvorsitzenden einzureichen. Sie sind den Vereinen eine Woche vor dem Sitzungstermin zuzuleiten.
(7) Anträge zu anderen Tagungen und Sitzungen können in der Ausschreibung ebenfalls an Fristen gebunden werden.
(8) Anträge sind nach Beschlussfassung in den einzelnen Organen schriftlich und vom jeweiligen Vorsitzenden unterschrieben einzureichen.
(9) Sind in der Ausschreibung für das Einreichen von Anträgen keine Fristen gesetzt, so können Anträge im Laufe der Tagungen und Sitzungen eingebracht werden.
(10) Einzelmitglieder von Vereinen sind nicht antragsberechtigt.

§ 7. Dringlichkeitsanträge

(1) An Fristen gebundene, nicht rechtzeitig eingereichte Anträge können nur als Dringlichkeitsanträge eingebracht werden. Sie bedürfen zu ihrer Behandlung einer Zwei-Drittel-Mehrheit der abgegebenen gültigen Stimmen zur Anerkennung der Dringlichkeit.
(2) Die Frage der Dringlichkeit ist ohne vorherige Aussprache zu entscheiden, jedoch ist dem Antragsteller auf Wunsch zur Begründung der Dringlichkeit das Wort zu erteilen.
(3) Dringlichkeitsanträge auf Satzungsänderung oder Auflösung des Verbandes sind unzulässig.

§ 8. Änderungs- und Gegenanträge

Verbesserungsvorschläge und Gegenanträge zu den auf der Tagesordnung stehenden Beratungsgegenständen sowie Anträge auf Schluss der Aussprache können jederzeit eingebracht werden.

§ 9. Form der Abstimmung über Anträge

Der Versammlungsleiter hat über Anträge des gleichen Beratungsgegenstandes so abstimmen zu lassen, dass mit dem weitestgehenden Antrag begonnen wird.

§ 10. Anträge zur Geschäftsordnung und auf Schluss der Aussprache

Über Anträge zur Geschäftsordnung und auf Schluss der Aussprache ist, nachdem ggf. ein Redner dafür und einer dagegen gesprochen hat, sofort abzustimmen. Redner, die zur Sache gesprochen haben, können nicht Antrag auf Schluss der Aussprache stellen. Anträge auf Schluss der Rednerliste sind zulässig. Diese ist vor der Abstimmung bekannt zu geben.

§ 11. Nochmalige Behandlung erledigter Anträge

Erledigte Anträge können nochmals behandelt werden, wenn dies mindestens zwei Drittel der anwesenden Stimmberechtigten verlangen.

II.
Redeordnung

§ 12. Worterteilung, Rednerliste, Rechte des Versammlungsleiters

Sitzungen, Tagungen oder Versammlungen sind nach demokratischen Grundsätzen zu leiten. Jeder stimmberechtigte Teilnehmer und die Mitglieder oder Beisitzer von Fach- und Sonderausschüssen können sich an der Aussprache beteiligen. Das Wort hierzu erteilt der Versammlungsleiter. In der Rednerliste, die zu führen ist, sind die Redner in der Reihenfolge ihrer Meldung einzutragen. Der Versammlungsleiter hat in dieser Reihenfolge das Wort zu erteilen. Er selbst darf in jedem Fall außer der Reihe das Wort ergreifen. Persönliche Bemerkungen sind nur am Schluss der Aussprache oder nach durchgeführter Abstimmung zulässig. Das Wort zur Geschäftsordnung oder zur sachlichen Berichtigung ist sofort zu erteilen.

§ 13. Worterteilung an Antragsteller

Der Antragsteller erhält zuerst das Wort zur Begründung seines Antrages. Nach Beendigung der Aussprache kann er nochmals das Wort zu seinem Antrag nehmen.

§ 14. Redezeit

Die Redezeit kann durch Beschluss eingeschränkt werden.

§ 15. Pflichten des Versammlungsleiters

Spricht ein Redner nicht zur Sache, so hat ihn der Versammlungsleiter zur Sache zu rufen. Verletzt ein Redner den parlamentarischen Anstand, so hat ihn der Versammlungsleiter zur Ordnung zu rufen.

§ 16. Ausschluss von Teilnehmern, Unterbrechung der Versammlung

(1) Versammlungsteilnehmer und Gäste, die den Verlauf einer Versammlung stören, sich den Anordnungen des Versammlungsleiters widersetzen, andere Versammlungsteilnehmer persönlich beleidigen oder die Abwicklung der Tagesordnung unmöglich machen, können vom Versammlungsleiter ausgeschlossen werden. Bei Einspruch des Ausgeschlossenen entscheidet die Versammlung endgültig.

(2) Ist die Ordnung nicht mehr aufrechtzuerhalten, so kann der Versammlungsleiter die Versammlung unterbrechen. Ist auch nach Wiedereröffnung eine geregelte Fortsetzung nicht möglich, so kann der Versammlungsleiter die Versammlung mit Zustimmung der Versammlungsteilnehmer schließen.

III.
Abstimmungen

§ 17. Einfache Mehrheit, Stimmengleichheit, Form der Abstimmung

(1) Während einer Abstimmung sind keine Wortmeldungen zulässig.

(2) Bei allen Abstimmungen entscheidet die einfache Mehrheit der abgegebenen gültigen Stimmen, soweit Satzung oder Geschäftsordnung nichts anderes bestimmen.

(3) Unter einfacher Mehrheit der abgegebenen gültigen Stimmen ist die Mehrheit zu verstehen, die mehr beträgt als die Hälfte der abgegebenen gültigen Stimmen. Als abgegebene gültige Stimmen zählen nur die Ja- und Neinstimmen. Enthaltungen werden nicht als abgegebene gültige Stimmen gewertet und bleiben ebenso wie ungültige Stimmen bei der Berechnung dieser Mehrheit außer Betracht.

(4) Abstimmungen werden durch Handaufheben vorgenommen, wenn nicht geheime Abstimmung beantragt wird. Ein solcher Antrag bedarf zur Annahme der einfachen Mehrheit.

(5) Stimmengleichheit gilt als Ablehnung.

(6) Hat ein stimmberechtigter Versammlungsteilnehmer Zweifel am Abstimmungsergebnis, so kann er sich nach Durchführung der Abstimmung dazu zu Wort melden. Auf Verlangen der Mehrheit der anwesenden Stimmberechtigten müssen danach offene Abstimmungen wiederholt und bei geheimer Abstimmung die Stimmergebnisse nachgezählt werden.

IV.
Wahlen

§ 18. Wahlbedingungen

Wahlen dürfen nur durchgeführt werden, wenn sie nach der Tagesordnung vorgesehen und in der Einberufung bekannt gemacht worden sind.

§ 19. Wahlberechtigung, Wählbarkeit

Eine Kandidatur wird begründet durch einen Vorschlag aus der Versammlung und die Zustimmung des Vorgeschlagenen, dass er sich zu Wahl stellt. Die Zustimmung kann, wenn der Vorgeschlagene nicht an der Versammlung teilnimmt, durch seine schriftliche Erklärung ersetzt werden, dass er kandidiere und eine Wahl annehmen werde. Diese Erklärung muss dem Wahlleiter bei der Abstimmung vorliegen.

§ 20. Durchführung der Wahlen

(1) Vor jeder Wahl ist ein Wahlausschuss zu wählen, der sich aus fünf Versammlungsteilnehmern zusammensetzt. Er wählt aus seiner Mitte einen Vorsitzenden, der das Amt des Versammlungsleiters bis nach Abschluss des gesamten Wahlganges ausübt.

(2) Der Wahlausschuss hat die Wahlen durchzuführen und das Wahlergebnis festzustellen. Die Gültigkeit der Wahlen ist dem Protokollführer für die Niederschrift zu bestätigen.

(3) Die Wahlen können, soweit keine besonderen Regelungen gelten, offen oder geheim erfolgen. Liegt nur ein Wahlvorschlag vor, kann durch Handaufheben gewählt werden. § 19 Abs. 4 gilt entsprechend.

(4) Im Einzelnen gilt:

(a) Jedes Mitglied des EP (ohne BV) und der BSL ist immer in Einzelwahlgängen zu wählen. Gewählt ist der Kandidat, der die einfache Mehrheit der abgegebenen gültigen Stimmen erhalten hat. Kandidieren bei einem Wahlgang mehrere Personen für ein Amt und erreicht keiner der Kandidaten die einfache Mehrheit der abgegebenen gültigen Stimmen, erfolgen weitere Wahlgänge. Dabei scheidet jeweils der Kandidat mit den wenigsten Stimmen vor dem folgenden Wahlgang aus. Erreicht ein Kandidat in diesen Wahlgängen die einfache Mehrheit der abgegebenen gültigen Stimmen, ist er gewählt. Haben Kandidaten mit den wenigsten Stimmen die gleiche Stimmenzahl erreicht, entscheidet das Los über das Ausscheiden für den nächsten Wahlgang. Bei gleicher Stimmenzahl der beiden letzten verbleibenden Kandidaten ist eine Stichwahl erforderlich, die so lange, jedoch höchstens zweimal, zu wiederholen ist, bis einer der Kandidaten die Mehrheit der abgegebenen gültigen Stimmen erreicht hat. Danach entscheidet das Los. Steht nur ein Kandidat zur Wahl, gelten nur die Stimmen mit „ja" oder dem Namen des Kandidaten oder aber mit „nein" als abgegebene gültige Stimmen.

Stehen mehrere Kandidaten für ein Amt zur Verfügung, gelten nur Stimmen mit dem Namen eines der vorgeschlagenen Kandidaten als abgegebene gültige Stimmen.

(b) Sind mehrere Personen in Fachausschüsse auf Verbands- oder Bezirksebene, Beisitzer der Rechtsorgane, Delegierte zum VT usw. (außer vorstehend a) zu wählen, erfolgt ein gemeinsamer Wahlgang. Gewählt ist jeweils die Anzahl der zu wählenden Kandidaten, die die meisten abgegebenen gültigen Stimmen erreicht haben. Sofern erforderlich, sind Stichwahlen nach vorstehend a) durchzuführen. Es gelten nur Stimmzettel als gültig, die die Namen der vorgeschlagenen und nicht mehr als die Zahl der zu wählenden Kandidaten enthalten.

(5) Unter einfacher Mehrheit ist mehr als die Hälfte der abgegebenen Stimmen zu verstehen.

(6) § 19 Abs. 6 findet auf die Wahlen entsprechende Anwendung.

(7) Nach Feststellung des jeweils gültigen Wahlergebnisses durch den Wahlausschuss hat der Wahlleiter das Wahlergebnis bekannt zu geben und den bzw. die Gewählten zu fragen, ob die Wahl angenommen wird.

J. Ehrenordnung[245]

Ehrenordnung 10

§ 1. Allgemeines

(1) Der *** Verband kann Personen, Organisationen, Vereine und Institutionen für besondere Verdienste um die Entwicklung des *** und des *** Verbandes auszeichnen.

(2) Die Art der Auszeichnung, die Verleihungsmodalitäten sowie die Kosten dafür beschließt der EP auf Vorschlag des Präsidiums.

§ 2. Ehrungen

Der *** kann folgende Ehrungen vornehmen:

(1) Verleihung
   (a) der Meisterschaftsehrenzeichen, der Meisterschaftswimpel und Urkunden;
   (b) des Verbandsehrenzeichens in Bronze, Silber und Gold;
   (c) des Verbandsehrenzeichens jeweils mit Kranz in Bronze, Silber;
   (d) der Verdienstnadel in Bronze, Silber und Gold und Gold mit Jahreszahl;
   (e) der Verbandsehrennadel in Bronze, Silber und Gold;
   (f) der großen Verbandsehrennadel in Silber mit Lorbeerblatt und Gold;
   (g) des Ehrenschildes des *** in Bronze, Silber und Gold.

(2) Ernennung
   (a) zum Ehrenmitglied;
   (b) zum Ehrenpräsidenten.

(3) Auszeichnungen für Teilnahme an Spielen in den Vereinen.

(4) Die Bezirke können Mitarbeitern in den Vereinen und im Bezirk für besondere Verdienste um den *** Sport im Bezirk Ehrenurkunden, Ehrenteller und Ähnliches verleihen. Die Bezirke erlassen dazu eigene Bestimmungen, diese sind dem Präsidium zur Genehmigung vorzulegen.

§ 3. Meisterschaftsehrenzeichen

(1) Meisterschaftsehrenzeichen (Jugendmeister), Meisterschaftswimpel und Urkunden werden für Meisterschaften auf Verbandsebene (Bayerische Meister) der Männer, Frauen und der Jugend vergeben. Je Mannschaft werden 16 Personen ausgezeichnet, der Verein erhält den Meisterschaftswimpel und die Urkunde je einmal.

(2) Die Auszeichnungen sind von der zuständigen Spielleitenden Stelle bei der Geschäftsstelle anzufordern.

(3) Die Kosten dafür trägt der ***.

---

[245] Dieses Formular orientiert sich an der Ehrenordnung des Bayerischen Handball-Verbands e.V. (www.bhv-online.de).

§ 3a. Ehrungsbeauftragte

Der *** und seine Bezirke ernennen einen Ehrungsbeauftragten, der die von den Vereinen und dem Bezirk beantragten Ehrungen überprüft und an die Geschäftsstelle weiterleitet.

§ 4. Verbandsehrenzeichen

(1) Das Verbandsehrenzeichen können Vereinsmitarbeiter, aktive Spieler und andere Personen erhalten.
(2) Das Verbandsehrenzeichen in Bronze wird verliehen bei mindestens 5jähriger Mitarbeit in der ***-abteilung eines Vereins oder bei mindestens 5jähriger aktiver Teilnahme als Spieler.
(3) Das Verbandsehrenzeichen in Silber wird verliehen bei mindestens 10jähriger Mitarbeit in der ***-abteilung eines Vereins oder bei mindestens 10jähriger aktiver Teilnahme als Spieler.
(4) Das Verbandsehrenzeichen in Gold wird verliehen bei mindestens 15jähriger Mitarbeit in der ***-abteilung eines Vereins oder bei mindestens 15jähriger aktiver Teilnahme als Spieler.
(5) Das Verbandsehrenzeichen in Bronze mit Kranz und Jahreszahl 20 wird verliehen bei mindestens 20jähriger Mitarbeit in der ***-abteilung eines Vereins oder bei mindestens 20jähriger aktiver Teilnahme als Spieler.
(6) Das Verbandsehrenzeichen in Bronze mit Kranz und Jahreszahl 25 wird verliehen bei mindestens 25jähriger Mitarbeit in der ***-abteilung eines Vereins oder bei mindestens 25jähriger aktiver Teilnahme als Spieler.
(7) Das Verbandsehrenzeichen in Bronze mit Kranz und Jahreszahl 30 wird verliehen bei mindestens 30jähriger Mitarbeit in der ***-abteilung eines Vereins oder bei mindestens 30jähriger aktiver Teilnahme als Spieler.
(8) Das Verbandsehrenzeichen in Silber mit Kranz und Jahreszahl 40 wird verliehen bei mindestens 40jähriger Mitarbeit in der ***-abteilung eines Vereins oder bei mindestens 40jähriger aktiver Teilnahme als Spieler.
(9) Das Verbandsehrenzeichen in Gold mit Kranz und Jahreszahl 50 wird verliehen bei mindestens 50jähriger Mitarbeit in der ***-abteilung eines Vereins oder bei mindestens 50jähriger aktiver Teilnahme als Spieler.
(10) Weitere Auszeichnungen im 5er Schritt sind auf Antrag möglich.
(11) Als Mitarbeit im Sinne dieser Bestimmung gilt die aktive Vereinsmitarbeit in einem Wahlamt der ***-abteilung.
(12) Anträge auf Verbandsehrenzeichen sind auf vorgeschriebenen Formularen von den Vereinen vier Wochen vor dem Verleihtag an die Geschäftsstelle zu richten.
(13) Die Kosten für das Verbandsehrenzeichen trägt der Antragsteller.

§ 5. Verdienstnadel (***-Logo mit Halbkranz)

(1) Die Verdienstnadel wird für langjährige verdienstvolle Tätigkeit an berufene Mitarbeiter und Schiedsrichter verliehen.
(2) Verleihungsstufen:
   (a) Verdienstnadel in Bronze für mindestens 5jährige Tätigkeit,
   (b) Verdienstnadel in Silber für mindestens 10jährige Tätigkeit,
   (c) Verdienstnadel in Gold für mindestens 15jährige Tätigkeit.
   (d) Verdienstnadel in Gold mit Jahreszahl im Kranz beginnend mit „20" und Weiterführung in Fünferschritten für mindestens 20jährige Tätigkeit.
(3) Anträge auf Verleihung der Verdienstnadel sind auf vorgeschriebenen Formularen von den Bezirksspielleitungen bzw. dem Präsidium vier Wochen vor dem Verleihtermin an die Geschäftsstelle zu richten.
(4) Über die Verleihung der Verdienstnadel entscheidet das Präsidium oder ein vom Präsidium Beauftragter.

(5) Die Kosten für die Verdienstnadel trägt der Antragsteller.

§ 6. Verbandsehrennadel (*-Logo mit Vollkranz)**

(1) Die Verbandsehrennadel kann nur an gewählte Verbandsmitarbeiter oder Personen mit außerordentlichen Verdiensten um den *** und den ***-sport in Bayern verliehen werden. Für die Verleihung an Mitarbeiter ist eine langjährige hervorragende Tätigkeit nachzuweisen, die routinemäßige Erledigung festgelegter Aufgaben alleine rechtfertigt keine Verleihung.

(2) Verleihungsstufen
   (a) Verbandehrennadel in Bronze,
   (b) Verbandehrennadel in Silber,
   (c) Verbandehrennadel in Gold.

(3) Die Verbandsehrennadel in Bronze kann nach mindestens 5jähriger Tätigkeit verliehen werden.

(4) Die Verbandsehrennadel in Silber kann nach mindestens 10jähriger Tätigkeit verliehen werden.

(5) Die Verbandsehrennadel in Gold kann nach mindestens 15jähriger Tätigkeit verliehen werden.

(6) Anträge auf Verleihung der Verbandsehrennadel sind auf vorgeschriebenen Formularen von den Bezirksspielleitungen mit einer ausführlichen Begründung vier Wochen vor dem Verleihtermin an die Geschäftsstelle zu richten.

(7) Über die Verleihung der Verbandsehrennadel entscheidet das Präsidium.

(8) Die Kosten für die Verbandsehrennadeln trägt der Antragsteller.

§ 7. Große Verbandsehrennadel (*-Logo mit Lorbeerblatt)**

(1) Die große Verbandsehrennadel wird nur in besonderen Fällen an Mitarbeiter für hervorragende Tätigkeit im Erweiterten Präsidium oder in den Bezirksspielleitungen bzw. an Personen mit außerordentlichen Verdiensten um den *** und den ***-sport in Bayern verliehen.

(2) Verleihungsstufen
   (a) große Verbandsehrennadel in Silber mit Lorbeerblatt,
   (b) große Verbandsehrennadel in Gold mit Lorbeerblatt.

(3) Für die Verleihung der großen Verbandsehrennadel in Silber an Mitarbeiter ist eine mindestens 20jährige Tätigkeit im Erweiterten Präsidium oder in der Bezirksspielleitung nachzuweisen.

(4) Für die Verleihung der großen Verbandsehrennadel in Gold an Mitarbeiter ist eine mindestens 25jährige Tätigkeit im Erweiterten Präsidium oder in der Bezirksspielleitung nachzuweisen.

(5) Anträge auf die Verleihung der großen Verbandsehrennadel können vom Präsidium und von den Bezirksspielleitungen gestellt werden. Diese Anträge sind ausführlich zu begründen und auf den vorgeschriebenen Formularen acht Wochen vor dem Verleihtermin über die Geschäftsstelle an das Präsidium zu richten.

(6) Über die Verleihung der großen Verbandsehrennadel entscheidet das Präsidium.

(7) Die Kosten für die großen Verbandsehrennadeln trägt der ***.

§ 8. Ehrenschild des ***

(1) Der Ehrenschild des *** wird verliehen:
   (a) Ehrenschild in Bronze;
   (b) Ehrenschild in Silber;
   (c) Ehrenschild in Gold.

(2) In Anerkennung und Würdigung hervorragender Verdienste um die Entwicklung des ***-sports und des Bayerischen ***-sport verleiht der *** an gewählte oder berufene Verbandsmitarbeiter den Ehrenschild des ***.

(3) Anträge auf Verleihung des Ehrenschildes sind auf vorgeschriebenen Formularen von den Bezirksspielleitungen acht Wochen vor dem Tag der Verleihung an die Geschäftsstelle zu richten.
(4) Das Präsidium des *** entscheidet über die Verleihung des Ehrenschildes.
(5) Der Ehrenschild des *** wird auf den Verbandstagen, in den Jahren zwischen den Verbandstages bei der Tagung des EV verliehen.
(6) Die Kosten trägt der Antragsteller.

§ 9. Ehrenmitglieder, Ehrenpräsidenten

(1) Zum Ehrenmitglied kann ernannt werden, wer sich in der Verbandsarbeit besondere Verdienste erworben hat.
(2) Zum Ehrenpräsidenten kann ernannt werden, wer das Amt des Verbandspräsidenten mehrere Jahre besonders verdienstvoll geführt hat.
(3) Ehrenmitglieder und Ehrenpräsidenten werden auf Vorschlag des Präsidiums oder des EP vom Verbandstag ernannt.
(4) Gemäß § 9 Satzung haben die genannten Personen beratende Stimme am Verbandstag.

§ 10. Antragstellung durch Präsidium und EP

Die Verleihung sämtlicher Auszeichnungen können neben den Genannten auch vom Präsidium und dem EP des *** beantragt werden.

§ 11. Urkunden

Sämtliche Ehrungen und Auszeichnungen werden durch eine Urkunde bestätigt.

§ 12. Entzug der Ehrungen

(1) Ehrungen können wegen eines schweren Vergehens, welches das Ansehen des *** oder des ***-sports beschädigt, vom Präsidium entzogen werden.
(2) Eine Ehrenmitgliedschaft erlischt automatisch mit dem Ausschluss aus dem ***.

§ 13. Ersatzbeschaffung

(1) Verlorengegangene oder beschädigte Ehrenzeichen/-nadeln sowie Urkunden werden auf Antrag durch die Geschäftsstelle ersetzt.
(2) Die Kosten trägt der Antragsteller.
(3) Für die Ersatzbeschaffung werden die Kosten der Originalbeschaffung, die Versandkosten sowie eine Verwaltungskostenpauschale von der Geschäftsstelle bei der Auslieferung berechnet.

K. Jugendordnung[246]

11 **Jugendordnung**

§ 1. Begriffsbestimmung

Die Jugend im ***-Verband e.V. (***-Jugend) ist die Gemeinschaft der Jugendlichen aller Mitgliedsvereine des *** sowie dessen gewählter und berufener Mitarbeiter im Jugendbereich.

§ 2. Aufgaben der Jugendarbeit

Ziel der fachlichen und überfachlichen Jugendarbeit ist die geistige und körperliche Förderung der Jugendlichen. Die gesellschaftlichen Werte des Sports werden den Jugendlichen beim sportlichen Training, beim Wettkampf, durch Jugendbegegnungen und Ju-

[246] Dieses Formular orientiert sich an der Jugendordnung des Bayerischen Handball-Verbands e.V. (www.bhv-online.de).

genderholungen auf nationaler und internationaler Ebene sowie durch jugendpolitische Bildung vermittelt.

§ 3. Verwaltung

(1) Die ***-Jugend führt und verwaltet sich, finanziell nach den Vorgaben des Haushaltsplans, grundsätzlich selbständig.
(2) Sie ist an die Satzung, die Ordnungen und andere Richtlinien des *** gebunden, wobei für den Spielbetrieb in der Spielordnung und deren Zusatzbestimmungen besondere Bestimmungen erlassen werden können.

§ 4. Jugendarbeit in den Vereinen

(1) Der Schwerpunkt der Jugendarbeit liegt bei den Vereinen. Die Bildung von Jugendmannschaften ist von allen Verbandsorganen zu unterstützen.
(2) Für die Jugendarbeit in den Vereinen gelten folgende Richtlinien:
   (a) Die Betreuung der Jugendlichen soll einem qualifizierten, erwachsenen Jugendbetreuer übertragen werden.
   (b) Die Jugendlichen sollen vor Aufnahme der sportlichen Betätigung sportärztlich untersucht werden. Die Untersuchungen sollen in angemessenen Abständen wiederholt werden.
   (c) Mit den Eltern der Jugendlichen soll regelmäßig Kontakt aufgenommen werden.
   (d) Die Anforderungen im Training und Wettkampf sollen mit den Belastungen des sozialen Umfeldes, insbesondere von Familie, Schule, Ausbildung und Beruf, in Einklang gebracht werden.
   (e) Die Jugendlichen sollen zu Eigenverantwortlichkeit, Selbständigkeit, Selbstbewusstsein, auch im Hinblick auf ihr späteres Leben, und zu sozialem Verhalten in der Trainingsgemeinschaft erzogen werden.
   (f) Die Gesundheit der Jugendlichen steht im Vordergrund, übermäßiger Ehrgeiz soll vermieden werden.
   (g) Die Jugendlichen sollen zu fairem Verhalten gegenüber Mitspieler, Gegner und Schiedsrichter innerhalb und außerhalb des Wettkampfes angehalten werden.
   (h) Der Gebrauch verbotener Mittel ist zu unterbinden und Suchtgefahren wie Drogen, Nikotin- und Alkoholmissbrauch ist vorzubeugen.

§ 5. Gliederungen

Die ***-Jugend ist auf allen Verwaltungsebenen des *** vertreten. Die entsprechenden Gliederungen sind:
(a) der Verbandsjugendtag (VJT),
(b) der Verbandsjugendausschuss (VJA),
(c) der Bezirksjugendtag (BJT),
(d) der Bezirksjugendausschuss (BJA).

§ 6. Verbandjugendtag

(1) Der Verbandsjugendtag ist die Vertretung der ***-Jugend auf Verbandsebene.
(2) Er besteht aus:
   (a) dem Verbandsjugendausschuss,
   (b) den stellvertretenden Bezirksvorsitzenden Jugend, ersatzweise den stellvertretenden Vorsitzenden der Bezirksjugendausschüsse,
   (c) den Bezirksjugendsprechern, wobei höchstens vier Jugendsprecher je Bezirk stimmberechtigt sind,
   (d) dem Verbandsjugendspielwart der männlichen Jugend,
   (e) dem Verbandsjugendspielwart der weiblichen Jugend,
   (f) dem Verbandsreferenten für Schulsport,
   (g) dem Verbandsreferenten für Kinderhandball,

(h) dem Verbandsreferenten für Breitensport,
(i) den stellvertretenden Verbandsjugendsprechern,

Dieser Personenkreis ist unter Einschränkung nach § 10 der Satzung voll stimmberechtigt.

(3) Der VJT findet alle drei Jahre vor dem ordentlichen Verbandstag des *** statt. Der Termin muss mindestens zwei Wochen vor Ablauf der Antragsfrist zum Verbandstag des *** (VT) liegen. Die schriftliche Einladung durch den Vorsitzenden des VJA oder dessen Beauftragten muss spätestens drei Wochen vor dem VJT unter gleichzeitiger Bekanntgabe der Tagesordnung erfolgen.

(4) Er hat folgende Aufgaben:
(a) Festlegung der Leitsätze für die Jugendarbeit des Verbandes und für die Tätigkeit des VJA,
(b) Überwachung der Erfüllung der Aufgaben durch den VJA durch Entgegennahme und Genehmigung der Rechenschaftsberichte der Mitglieder des VJA,
(c) Beratung und Abstimmung über Anträge, die durch den VJT an den VT gerichtet werden oder vom Erweiterten Präsidium des *** (EP) oder dem Präsidium an den VJT zur Stellungnahme überwiesen worden sind,
(d) Entlastung und Wahl der Mitglieder des VJA mit Ausnahme des Vizepräsidenten Jugend als Vorsitzenden des VJA. Einen Bewerber für die Wahl zum Vizepräsidenten Jugend schlägt der Verbandsjugendtag dem Verbandstag vor,
(e) Wahl der stellvertretenden Verbandsjugendsprecher.

(5) Der VJT ist ohne Rücksicht auf die Anzahl der erschienenen Teilnehmer beschlussfähig.

(6) Ein außerordentlicher Verbandsjugendtag (a.o. VJT) findet statt entweder
(a) auf Anordnung des Präsidiums des *** oder
(b) auf Antrag von mehr als der Hälfte der Mitglieder des VJA oder
(c) auf Antrag mindestens eines Drittels der Bezirksvertreter nach Abs. 2 Buchst. b) und c) innerhalb von drei Wochen nach Eingang der Anordnung nach Buchst. a) bzw. nach Eingang des gültigen Antrags nach Buchst. b) oder c) beim Vorsitzenden des VJA. Die Ladungsfrist beträgt zehn Tage. Im Übrigen gelten die Vorschriften für den ordentlichen VJT entsprechend.

§ 7. Verbandsjugendausschuss

(1) Der Verbandsjugendausschuss setzt sich zusammen aus:
(a) dem Vizepräsidenten Jugend als Vorsitzenden,
(b) dem Verbandsjugendsprecher der männlichen Jugend,
(c) der Verbandsjugendsprecherin der weiblichen Jugend,
(d) einem Koordinator für Jugend, Talentförderung, Bildung und Spielbetrieb, der auch stellvertretender Vorsitzender des VJA ist.

(2) Der VJA hat folgende Aufgaben:
(a) Er ist zuständig für alle Angelegenheiten der Jugendlichen im ***. Er erfüllt die im § 2 genannten Aufgaben nach den vom VT, dem EV, dem Präsidium und dem VJT beschlossenen Richtlinien;
(b) er wirkt bei der Planung des Jugendspielbetriebs auf Verbandsebene sowie der Sichtungs-, Förderungs- und Auswahlmaßnahmen mit;
(c) er ist für die ordnungsgemäße Verwendung der im Haushaltsplan für die Jugendarbeit ausgewiesenen Mittel verantwortlich.
(d) Entsendung von Delegierten zum Bundestag des DHB.
Bei der Erfüllung dieser Aufgaben ist der VJA dem VT, dem EP, dem Präsidium und dem VJT gegenüber verantwortlich.

(3) Der VJA erstellt den Haushaltsplanentwurf und die Jahresabschlüsse, die dem EP zur Genehmigung vorzulegen sind.

(4) Sitzungen des VJA finden nach Bedarf, jedoch mindestens einmal im Jahr statt. Die Sitzung ist vom Vorsitzenden des VJA spätestens drei Wochen vor dem Sitzungstermin unter Mitteilung der Tagesordnung einzuberufen. Auf Anordnung des Präsidiums oder auf Antrag der Hälfte der stimmberechtigten Mitglieder des VJA ist eine Sitzung einzuberufen; für diese gilt die gleiche Ladungsfrist.
(5) Zur Planung und Durchführung besonderer Aufgaben kann der VJA Unterausschüsse bilden. Deren Beschlüsse bedürfen der Zustimmung des VJA.

§ 8. Bezirksjugendtag

(1) Der Bezirksjugendtag ist die Vertretung der ***-Jugend auf Bezirksebene.
(2) Er besteht aus:
   (a) dem Bezirksjugendausschuss,
   (b) dem Bezirksreferenten für Schulsport,
   (c) dem Bezirksreferenten für Kinderhandball,
   (d) dem Bezirksreferenten für Breitensport,
   (e) je einem erwachsenen Vertreter der Jugendabteilung eines dem Bezirk angehörenden Vereines mit mindestens einer Jugendmannschaft A bis D und einem jugendlichen Vertreter aus diesem Verein.
   Dieser Personenkreis ist unter Einschränkung nach § 10 Satzung voll stimmberechtigt.
(3) Der BJT findet alle drei Jahre vor dem Bezirkstag des betreffenden Bezirkes und spätestens sechs Wochen vor dem Verbandsjugendtag statt. Der Termin muss mindestens zehn Tage vor Ablauf der Antragsfrist für diesen BT liegen. Die schriftliche Einladung durch den Vorsitzenden des BJA oder dessen Beauftragten muss spätestens drei Wochen vor dem Termin des BJT unter gleichzeitiger Bekanntgabe der Tagesordnung erfolgen.
(4) Der BJT hat folgende Aufgaben:
   (a) Festlegung der Leitsätze für die Jugendarbeit im Bezirk und für die Tätigkeit des BJA;
   (b) Überwachung der Erfüllung der Aufgaben durch den BJA durch Entgegennahme und Genehmigung der Rechenschaftsberichte der Mitglieder des BJA;
   (c) Beratung und Abstimmung über Anträge, die durch den BJT an den BT gerichtet werden oder von der BSL an den BJT zur Stellungnahme überwiesen worden sind;
   (d) Entlastung und Wahl der Mitglieder des BJA mit Ausnahme des Stellvertretenden Vorsitzenden Jugend als Vorsitzenden des BJA und des Koordinators für Talentförderung, Bildung und Spielbetrieb. Einen Bewerber für die Wahl zum Stellvertretenden Vorsitzenden Jugend schlägt der Bezirksjugendtag dem Bezirkstag vor.
(5) Der BJT ist ohne Rücksicht auf die Zahl der erschienenen Teilnehmer beschlussfähig.
(6) Ein außerordentlicher BJT (a.o. BJT) findet statt entweder
   (a) auf Anordnung der BSL oder
   (b) auf Antrag von mehr als der Hälfte des BJA oder
   (c) auf Antrag von mindestens einem Drittel der erwachsenen und jugendlichen Vereinsvertreter nach Abs. 2 Buchst. h) innerhalb von drei Wochen nach Eingang der Anordnung nach Buchst. a) bzw. nach Eingang des gültigen Antrags nach Buchst. b) oder c) beim Vorsitzenden des BJA. Die Ladungsfrist beträgt zehn Tage. Im Übrigen gelten die Vorschriften für den ordentlichen BJT entsprechend.

§ 9. Bezirksjugendausschuss

(1) Der BJA setzt sich zusammen aus
   (a) dem Stellvertretenden Bezirksvorsitzenden Jugend als Vorsitzenden,
   (b) den Bezirksjugendsprechern,

(c) dem Koordinator für Jugend, Talentförderung, Bildung und Spielbetrieb, der auch stellvertretender Vorsitzender des BJA ist.

als stimmberechtigte Mitglieder.

(2) Der BJA hat folgende Aufgaben:

(a) Er ist zuständig für alle Angelegenheiten der Jugendlichen im Bezirk. Er erfüllt die im § 2 genannten Aufgaben nach den vom BT, von der BSL und vom BJT beschlossenen Richtlinien.

(b) Er wirkt bei der Planung des Jugendspielbetriebs auf Bezirksebene sowie der Sichtungs-, Förderungs- und Auswahlmaßnahmen mit.

(c) Er ist für die ordnungsgemäße Verwendung der im Haushaltsplan für die Jugendarbeit ausgewiesenen Mittel verantwortlich.

(d) Wahl der Delegierten und der Ersatzdelegierten zu den Kreisjugendtagen des BLSV, die aus Vereinen stammen müssen, die dem betreffenden BLSV-Kreis angehören.

Bei der Erfüllung dieser Aufgaben ist der BJA dem BT, der BSL und dem BJT gegenüber verantwortlich.

(3) Der BJA erstellt den Haushaltsplan und die Jahresabschlüsse, die der BSL zur Genehmigung vorzulegen sind.

(4) Zur Planung und Durchführung besonderer Aufgaben kann der BJA Unterausschüsse bilden. Deren Entscheidungen bedürfen der Zustimmung des BJA.

(5) Sitzungen des BJA finden nach Bedarf, jedoch mindestens einmal im Jahr statt. Die Sitzung ist vom Vorsitzenden des BJA spätestens drei Wochen vor dem Sitzungstermin unter Mitteilung der Tagesordnung einzuberufen. Auf Anordnung der BSL oder auf Antrag der Hälfte der stimmberechtigten Mitglieder des BJA ist eine Sitzung einzuberufen; für diese gilt die gleiche Ladungsfrist.

§ 10. Änderung der Jugendordnung

Änderungsanträge zur Jugendordnung, die nicht vom Verbandsjugendtag eingebracht werden, müssen vor Beratung und Verabschiedung dem Verbandsjugendtag oder dem Verbandsjugendausschuss zur Beratung und Stellungnahme zugeleitet werden.

L. Satzung eines nicht eingetragenen mittelgroßen, gemeinnützigen Vereins

12

Vereinssatzung

§ 1. Name, Sitz, Geschäftsjahr

(1) Der Verein führt den Namen ***.

(2) Sitz des Vereins ist ***.

(3) Geschäftsjahr ist das Kalenderjahr.

§ 2. Zweck des Vereins

(1) Zweck des Vereins ist ***.

(2) Der Zweck des Vereins wird verwirklicht insbesondere durch ***.

(3) Der Verein verfolgt ausschließlich und unmittelbar gemeinnützige/mildtätige/kirchliche Zwecke im Sinne des Abschnitts „Steuerbegünstigte Zwecke" der Abgabenordnung.

Der Verein ist selbstlos tätig, er verfolgt nicht in erster Linie eigenwirtschaftliche Zwecke.

Mittel des Vereins dürfen nur für die satzungsmäßigen Zwecke verwendet werden. Die Mitglieder erhalten keine Zuwendungen aus den Mitteln des Vereins. Es darf keine Person durch Ausgaben, die dem Zweck des Vereins fremd sind oder durch unverhältnismäßig hohe Vergütungen begünstigt werden.

(4) Der Vorstand ist grundsätzlich ehrenamtlich tätig. Die Mitgliederversammlung kann eine jährliche, angemessene pauschale Tätigkeitsvergütung für Vorstandsmitglieder beschließen.

§ 3. Mitgliedschaft

(1) Mitglied des Vereins kann jede natürliche und juristische Person werden.

(2) Der Antrag auf Aufnahme in den Verein ist an den Vorstand zu richten. Der Vorstand entscheidet über die Aufnahme.

(3) Die Mitgliedschaft endet durch Tod, bei juristischen Personen deren Erlöschen, Austritt oder Ausschluss.

(4) Der Austritt ist schriftlich gegenüber dem Vorstand zu erklären. Er ist nur mit einer Frist von zwei Monaten zum Ende eines Kalenderjahres zulässig.

(5) Ein Mitglied kann aus dem Verein ausgeschlossen werden, wenn es in grober Weise gegen die Vereinsinteressen verstoßen hat oder wenn es mit mindestens einem Jahresbeitrag mit mehr als sechs Monaten in Verzug ist. Über einen Ausschluss entscheidet der Vorstand. Dem Auszuschließenden ist vor der Beschlussfassung Gelegenheit zur Stellungnahme zu geben; der Ausschluss wegen Zahlungsverzuges ist mit einer Frist von drei Monaten schriftlich anzudrohen.

(6) Gegen die Ablehnung der Aufnahme und gegen den Ausschluss aus dem Verein kann die betroffene Person binnen eines Monats nach Zugang der Entscheidung Beschwerde einlegen. Über die Beschwerde entscheidet die nächste Mitgliederversammlung. Die Beschwerde gegen den Ausschluss hat aufschiebende Wirkung.

(7) Die Mitgliederversammlung kann jede natürliche und juristische Person, die sich besonders um den Verein gedient gemacht hat, zum Ehrenmitglied ernennen.

§ 4. Mitgliedsbeiträge

(1) Von den Mitgliedern wird ein Geldbetrag als regelmäßiger Jahresbeitrag erhoben. Über dessen Höhe und Fälligkeit bestimmt die Mitgliederversammlung.

(2) Ehrenmitglieder haben keine Beiträge zu leisten.

§ 5. Organe des Vereins

Organe des Vereins sind der Vorstand und die Mitgliederversammlung.

§ 6. Vereinsvorstand

(1) Der Vorstand des Vereins besteht aus vier bis sechs Personen, nämlich dem 1. und dem 2. Vorsitzenden, dem Schatzmeister, dem Schriftführer und bis zu zwei Beisitzern.

(2) Der Verein wird gerichtlich und außergerichtlich durch zwei Mitglieder des Vorstands gemeinsam vertreten. Der Vorstand kann rechtsgeschäftliche Verpflichtungen für den Verein jedoch nur in der Weise begründen, dass die Haftung der Mitglieder auf das Vereinsvermögen beschränkt ist. Er hat dies gegenüber Dritten in jedem Vertretungsfall zum Ausdruck zu bringen.

(3) Der Vorstand wird von der Mitgliederversammlung auf *** [*zB:* zwei *oder* drei] Jahre gewählt. Die Vorstandsmitglieder bleiben auch nach dem Ablauf ihrer Amtszeit bis zur erfolgreichen Neuwahl des Vorstands im Amt. Scheidet ein Mitglied des Vorstands während der Amtsdauer aus, kann der Vorstand für die restliche Amtsdauer des Ausgeschiedenen ein Ersatzmitglied bestellen.

(4) Der Vorstand ist auch beschlussfähig, wenn nicht alle Vorstandsämter besetzt sind.

§ 7. Zuständigkeit des Vorstandes

(1) Der Vorstand ist für alle Angelegenheiten des Vereins zuständig, die nicht durch gegenwärtige Satzung einem anderen Vereinsorgan zugewiesen sind. Er hat insbesondere folgende Aufgaben:
(a) Vorbereitung der Mitgliederversammlung und Aufstellung der Tagesordnung,
(b) Einberufung der Mitgliederversammlung,
(c) Ausführung der Beschlüsse der Mitgliederversammlung,
(d) Verwaltung des Vereinsvermögens und Buchführung,
(e) Erstellung der Jahreshaushaltspläne und der Jahresberichte,
(f) Beschlussfassung über Aufnahme und Ausschluss von Mitgliedern.

(2) Die Vereinigung mehrerer Vorstandsämter in einer Person ist nicht zulässig.

§ 8. Beschlussfassung des Vorstandes

(1) Der Vorstand fasst seine Beschlüsse in Vorstandssitzungen oder auf schriftlichem Wege.

(2) Vorstandssitzungen sind vom 1. Vorsitzenden, bei dessen Verhinderung vom 2. Vorsitzenden in Textform oder (fern-)mündlich unter Einhaltung einer Einberufungsfrist von einer Woche einzuberufen. Der Mitteilung einer Tagesordnung bedarf es nicht. Sitzungsleiter ist der 1. Vorsitzende, bei dessen Verhinderung der 2. Vorsitzende. Im Übrigen wird der Sitzungsleiter aus der Mitte der anwesenden Vorstandsmitglieder gewählt.

(3) Der Vorstand ist beschlussfähig, wenn mindestens zwei Mitglieder anwesend sind. Er entscheidet mit einfacher Mehrheit der abgegebenen gültigen Stimmen. Bei Stimmengleichheit entscheidet die Stimme des Sitzungsleiters. Die Beschlussfähigkeit des Vorstandes setzt nicht voraus, dass sämtliche Vorstandsämter besetzt sind.

(4) Über die Vorstandssitzungen ist ein Protokoll zu führen, das Ort und Zeit der Sitzung, Namen der Teilnehmer, gefasste Beschlüsse und Abstimmungsergebnis enthalten soll. Das Protokoll dient Beweiszwecken.

(5) Ein Vorstandsbeschluss kann außerhalb einer Sitzung, mündlich, schriftlich, per E-Mail oder auf anderem Wege der elektronischen Kommunikation gefasst werden, wenn alle Vorstandsmitglieder ihre Zustimmung zu der Beschlussfassung erklären.

§ 9. Mitgliederversammlung

(1) Die Mitgliederversammlung ist für folgende Angelegenheiten zuständig:
(a) Wahl und Abberufung der Vorstandsmitglieder und der Kassenprüfer,
(b) Beschlussfassung über Änderungen der Satzung,
(c) Beschlussfassung über die Auflösung des Vereins,
(d) Festsetzung der Höhe und der Fälligkeit des Jahresbeitrages,
(e) Beschlussfassung über Beschwerden gegen die Ablehnung eines Aufnahmeantrags und gegen einen Ausschließungsbeschluss des Vorstands,
(f) Ernennung von Ehrenmitgliedern,
(g) Genehmigung des Haushaltsplanes und Entgegennahme des Jahresberichts und sonstiger Berichte des Vorstands,
(h) Entlastung des Vorstands.

(2) Einmal jährlich, möglichst im ersten Quartal eines Jahres, findet die ordentliche Mitgliederversammlung des Vereins statt. Weitere (außerordentliche) Mitgliederversammlungen sind einzuberufen, wenn es das Interesse des Vereins erfordert oder wenn die Einberufung von *** [*zB:* einem Fünftel] der Mitglieder unter Angabe des Zwecks und der Gründe schriftlich vom Vorstand verlangt wird.

(3) Über die Beschlüsse der Mitgliederversammlung ist ein Protokoll aufzunehmen, das von Versammlungsleiter und Protokollführer zu unterzeichnen ist. Protokollführer ist der Schriftführer, bei dessen Verhinderung bestimmt die Versammlung den Protokollführer. Das Protokoll soll Ort und Zeit der Versammlung, die Zahl der erschiene-

nen Mitglieder, die Person von Versammlungsleiter und Protokollführer, die Tagesordnung, die gefassten Beschlüsse samt Art der Abstimmung und Abstimmungsergebnissen enthalten.

§ 10. Einberufung der Mitgliederversammlung

(1) Die Mitgliederversammlung ist vom Vorstand unter Einhaltung einer Frist von zwei Wochen einzuberufen. Die Einberufung erfolgt schriftlich an die letzte vom Mitglied schriftlich bekanntgegebene Adresse unter Angabe der Tagesordnung. Mitgliedern, die dem Verein eine E-Mail-Adresse mitgeteilt haben, können auch elektronisch durch Übermittlung einer E-Mail an die zuletzt in Textform mitgeteilte E-Mail-Adresse geladen werden, wenn das Mitglied nicht in Textform anderes mitgeteilt hat. Die Ladungsfrist beginnt mit dem auf die Absendung der Einladung folgenden Tag.

(2) Jedes Mitglied kann beantragen, dass weitere Angelegenheiten nachträglich auf die Tagesordnung gesetzt werden. Geht ein solcher Antrag spätestens eine Woche vor dem Tag der Mitgliederversammlung schriftlich beim Vorstand ein, ist die Tagesordnung zu Beginn der Mitgliederversammlung entsprechend zu ergänzen. Geht er später ein oder wird er erst in der Mitgliederversammlung gestellt, beschließt die Mitgliederversammlung über die Zulassung.

§ 11. Beschlussfassung der Mitgliederversammlung

(1) Die Mitgliederversammlung ist beschlussfähig, wenn mindestens ein Viertel aller Vereinsmitglieder anwesend ist. Bei Beschlussunfähigkeit hat der Vorstand innerhalb eines Monats eine zweite Mitgliederversammlung mit der gleichen Tagesordnung einzuberufen. Diese zweite Mitgliederversammlung ist ohne Rücksicht auf die Zahl der erschienenen Vereinsmitglieder beschlussfähig, wenn hierauf in der Einladung hingewiesen wurde. Für deren Ladung gelten im Übrigen die allgemeinen Ladungsbestimmungen.

(2) Die Mitgliederversammlung wird vom 1. Vorsitzenden, bei dessen Verhinderung vom 2. Vorsitzenden geleitet. Ist auch der 2. Vorsitzende verhindert, bestimmt die Versammlung den Versammlungsleiter. Bei Wahlen kann die Versammlungsleitung für die Dauer des Wahlgangs und der vorhergehenden Aussprache einem anderen Vereinsmitglied oder einem Wahlausschuss übertragen werden.

(3) In der Mitgliederversammlung hat jedes (Ehren-) Mitglied eine Stimme. Die Art der Abstimmung bestimmt der Versammlungsleiter. Die Abstimmung muss jedoch schriftlich durchgeführt werden, wenn mindestens ein Viertel der bei der Abstimmung anwesenden stimmberechtigten Mitglieder dies verlangt.

(4) Soweit in gegenwärtiger Satzung nicht ausdrücklich anders bestimmt, fasst die Mitgliederversammlung Beschlüsse mit der einfachen Mehrheit der abgegebenen Stimmen. Stimmenthaltungen gelten als nicht abgegebene Stimmen. Eine Mehrheit von drei Vierteln der abgegebenen Stimmen ist jedoch erforderlich für:
(a) die Änderung der Satzung,
(b) die Auflösung des Vereins,
(c) die Zulassung von nachträglichen Anträgen auf Ergänzung der Tagesordnung.

(5) Für Wahlen gelten die Bestimmungen über die Beschlussfassung entsprechend. Der Versammlungsleiter kann dabei bestimmen, dass über mehrere zu wählende Ämter in einem Wahlgang abgestimmt wird. Erreicht jedoch im ersten Wahlgang kein Kandidat die absolute Mehrheit, ist die Wahl zu wiederholen. Erreicht auch im zweiten Wahlgang kein Kandidat die absolute Mehrheit, genügt im dritten und in weiteren Wahlgängen die einfache Mehrheit. Erreicht auch nach mindestens drei Wahlgängen kein Kandidat eine Mehrheit, kann der Versammlungsleiter bestimmen, dass das Los entscheidet.

§ 12. Kassenführung

(1) Der Schatzmeister hat über die Kassengeschäfte Buch zu führen und eine Jahresrechnung zu erstellen.
(2) Die Jahresrechnung wird von zwei Kassenprüfern geprüft, die von der Mitgliederversammlung gewählt werden. Für deren Wahl, Wählbarkeit und Amtsdauer gelten die Bestimmungen für Vorstandsmitglieder entsprechend. Die geprüfte Jahresrechnung ist der Mitgliederversammlung zur Beschlussfassung vorzulegen.

§ 13. Auflösung des Vereins

(1) Die Auflösung des Vereins kann nur in einer zu diesem Zweck einberufenen Mitgliederversammlung beschlossen werden.
(2) Bei Auflösung des Vereins oder bei Wegfall steuerbegünstigter Zwecke fällt das Vermögen des Vereins an *** *[steuerbegünstigte/gemeinnützige Körperschaft oder juristische Person des öffentlichen Rechts]*, der/die es unmittelbar und ausschließlich für gemeinnützige Zwecke zu verwenden hat. [*Alt.:* Bei Auflösung des Vereins oder bei Wegfall steuerbegünstigter Zwecke fällt das Vermögen des Vereins an eine juristische Person des öffentlichen Rechts oder eine andere steuerbegünstigte Körperschaft zwecks Verwendung für *** *[steuerbegünstigter/gemeinnütziger Zweck].*]
(3) Liquidatoren sind der 1. und 2. Vorsitzende als je einzelvertretungsberechtigte Liquidatoren, soweit die Versammlung nichts anderes beschließt.

M. Satzung eines nicht eingetragenen, nicht gemeinnützigen Vereins

13 Vereinssatzung

§ 1. Name, Sitz, Geschäftsjahr

(1) Der Verein führt den Namen ***.
(2) Sitz des Vereins ist ***.
(3) Geschäftsjahr ist das Kalenderjahr.

§ 2. Zweck des Vereins

Zweck des Vereins ist ***.

§ 3. Mitgliedschaft

(1) Mitglied des Vereins kann jede natürliche und juristische Person werden.
(2) Der Antrag auf Aufnahme in den Verein ist an den Vorstand zu richten. Der Vorstand entscheidet über die Aufnahme.
(3) Die Mitgliedschaft endet durch Tod, bei juristischen Personen deren Erlöschen, Austritt oder Ausschluss.
(4) Der Austritt ist schriftlich gegenüber dem Vorstand zu erklären. Er ist nur mit einer Frist von zwei Monaten zum Ende eines Kalenderjahres zulässig.
(5) Ein Mitglied kann aus dem Verein ausgeschlossen werden, wenn es in grober Weise gegen die Vereinsinteressen verstoßen hat oder wenn es mit mindestens einem Jahresbeitrag mit mehr als sechs Monaten in Verzug ist. Über einen Ausschluss entscheidet der Vorstand. Dem Auszuschließenden ist vor der Beschlussfassung Gelegenheit zur Stellungnahme zu geben; der Ausschluss wegen Zahlungsverzuges ist mit einer Frist von drei Monaten schriftlich anzudrohen.
(6) Gegen die Ablehnung der Aufnahme und gegen den Ausschluss aus dem Verein kann die betroffene Person binnen eines Monats nach Zugang der Entscheidung Beschwerde einlegen. Über die Beschwerde entscheidet die nächste Mitgliederversammlung. Die Beschwerde gegen den Ausschluss hat aufschiebende Wirkung.

§ 4. Mitgliedsbeiträge

Von den Mitgliedern wird ein Geldbetrag als regelmäßiger Jahresbeitrag erhoben. Über dessen Höhe und Fälligkeit bestimmt die Mitgliederversammlung.

§ 5. Organe des Vereins

Organe des Vereins sind der Vorstand und die Mitgliederversammlung.

§ 6. Vereinsvorstand

(1) Der Vorstand des Vereins besteht aus dem 1. und dem 2. Vorsitzenden.

(2) Jedes Vorstandsmitglied ist einzeln zur Vertretung des Vereins berechtigt. Der Vorstand kann rechtsgeschäftliche Verpflichtungen für den Verein jedoch nur in der Weise begründen, dass die Haftung der Mitglieder auf das Vereinsvermögen beschränkt ist. Er hat dies gegenüber Dritten in jedem Vertretungsfall zum Ausdruck zu bringen.

(3) Der Vorstand wird von der Mitgliederversammlung auf *** [*zB:* zwei *oder* drei] Jahre gewählt. Die Vorstandsmitglieder bleiben auch nach dem Ablauf ihrer Amtszeit bis zur erfolgreichen Neuwahl des Vorstands im Amt. Scheidet ein Mitglied des Vorstands während der Amtsdauer aus, kann der Vorstand für die restliche Amtsdauer des Ausgeschiedenen ein Ersatzmitglied bestellen.

(4) Der Vorstand ist für alle Angelegenheiten des Vereins zuständig, die nicht durch gegenwärtige Satzung einem anderen Vereinsorgan zugewiesen sind. Er ist auch beschlussfähig, wenn nicht alle Vorstandsämter besetzt sind.

§ 7. Mitgliederversammlung

(1) Die Mitgliederversammlung ist für folgende Angelegenheiten zuständig:
   (a) Wahl und Abberufung der Vorstandsmitglieder und der Kassenprüfer,
   (b) Beschlussfassung über Änderungen der Satzung,
   (c) Beschlussfassung über die Auflösung des Vereins,
   (d) Festsetzung der Höhe und der Fälligkeit des Jahresbeitrages,
   (e) Beschlussfassung über Beschwerden gegen die Ablehnung eines Aufnahmeantrags und gegen einen Ausschließungsbeschluss des Vorstands,
   (f) Genehmigung des Haushaltsplanes und Entgegennahme des Jahresberichts und sonstiger Berichte des Vorstands,
   (g) Entlastung des Vorstands.

(2) Einmal jährlich findet die ordentliche Mitgliederversammlung des Vereins statt. Weitere (außerordentliche) Mitgliederversammlungen sind einzuberufen, wenn es das Interesse des Vereins erfordert oder wenn die Einberufung von *** [*zB:* einem Fünftel] der Mitglieder unter Angabe des Zwecks und der Gründe schriftlich vom Vorstand verlangt wird.

(3) Über die Beschlüsse der Mitgliederversammlung ist ein Protokoll aufzunehmen, das von Versammlungsleiter und Protokollführer zu unterzeichnen ist. Der Protokollführer wird vom Versammlungsleiter bestimmt. Das Protokoll soll Ort und Zeit der Versammlung, die Zahl der erschienenen Mitglieder, die Person von Versammlungsleiter und Protokollführer, die Tagesordnung und die gefassten Beschlüsse samt Art der Abstimmung und Abstimmungsergebnissen enthalten.

§ 8. Einberufung und Beschlussfassung der Mitgliederversammlung

(1) Die Mitgliederversammlung ist vom Vorstand unter Einhaltung einer Frist von zwei Wochen einzuberufen. Die Einberufung erfolgt schriftlich an die letzte vom Mitglied schriftlich bekanntgegebene Adresse unter Angabe der Tagesordnung. Mitgliedern, die dem Verein eine E-Mail-Adresse mitgeteilt haben, können auch elektronisch durch Übermittlung einer E-Mail an die zuletzt in Textform mitgeteilte E-Mail-Adresse geladen werden, wenn das Mitglied nicht in Textform anderes mitgeteilt hat. Die Ladungsfrist beginnt mit dem auf die Absendung der Einladung folgenden Tag.

Über Änderungen und Ergänzungen der Tagesordnung beschließt die Mitgliederversammlung über die Zulassung.

(2) Jede ordnungsgemäß einberufene Mitgliederversammlung ist beschlussfähig. Sie wird vom 1. Vorsitzenden, bei dessen Verhinderung vom 2. Vorsitzenden geleitet. Ist auch der 2. Vorsitzende verhindert, bestimmt die Versammlung den Versammlungsleiter.

(3) Jedes Mitglied hat eine Stimme. Die Art der Abstimmung bestimmt der Versammlungsleiter.

(4) Soweit in gegenwärtiger Satzung nicht ausdrücklich anders bestimmt, fasst die Mitgliederversammlung Beschlüsse mit der einfachen Mehrheit der abgegebenen Stimmen. Stimmenthaltungen gelten als nicht abgegebene Stimmen. Eine Mehrheit von drei Vierteln der abgegebenen Stimmen ist jedoch erforderlich für:
(a) die Änderung der Satzung,
(b) die Auflösung des Vereins,
(c) die Zulassung von Anträgen auf Ergänzung der Tagesordnung.

(5) Für Wahlen gelten die Bestimmungen über die Beschlussfassung entsprechend.

N. Satzung eines nicht eingetragenen, nicht gemeinnützigen Kleinstvereins

14 **Vereinssatzung**

§ 1. Name, Sitz

Der Verein führt den Namen ***. Er hat seinen Sitz in ***.

§ 2. Zweck‹

Zweck des Vereins ist ***.

§ 3. Eintritt von Mitgliedern

Mitglied des Vereins kann jede volljährige natürliche Person werden. Über die Aufnahme, die schriftlich zu beantragen ist, entscheidet der Vorstand.

§ 4. Ausscheiden von Mitgliedern

Ein Mitglied scheidet aus:
(1) durch Tod,
(2) durch schriftliche Austrittserklärung gegenüber dem Vorstand,
(3) durch Ausschluss. Über den Ausschluss entscheidet die Mitgliederversammlung. Er ist nur zulässig, wenn das Mitglied schuldhaft in grober Weise die Interessen des Vereins verletzt.

§ 5. Mitgliedsbeitrag

Der Verein erhebt einen Mitgliedsbeitrag, dessen Höhe von der Mitgliederversammlung festgesetzt wird.

§ 6. Vorstand

Der Vorstand besteht aus 1. und 2. Vorsitzenden. Er wird von der Mitgliederversammlung gewählt. Jedes Mitglied des Vorstands ist einzeln zur Vertretung des Vereins berechtigt.

Der Vorstand kann rechtsgeschäftliche Verpflichtungen für den Verein jedoch nur in der Weise begründen, dass die Haftung der Mitglieder auf das Vereinsvermögen beschränkt ist. Er hat dies gegenüber Dritten in jedem Vertretungsfall zum Ausdruck zu bringen.

§ 7. Mitgliederversammlungen

(1) Mitgliederversammlungen werden vom 1. Vorsitzenden, bei dessen Verhinderung vom 2. Vorsitzenden durch einfachen Brief unter Mitteilung der Tagesordnung mit einer Frist von zwei Wochen zwischen Versand der Einladung und Tag der Mitglie-

derversammlung einberufen. Durch Beschluss der Mitgliederversammlung kann die Tagesordnung geändert und ergänzt werden.

(2) Mitgliederversammlungen finden mindestens einmal jährlich statt. Daneben ist eine Mitgliederversammlung einzuberufen, wenn es das Interesse des Vereins erfordert oder wenn die Einberufung von einem Fünftel der Mitglieder schriftlich unter Angabe des Zweckes und der Gründe vom Vorstand verlangt wird.

(3) Die Mitgliederversammlung wird vom 1. Vorsitzenden, bei dessen Verhinderung vom 2. Vorsitzenden geleitet; ist auch dieser verhindert, bestimmt die Mitgliederversammlung einen Versammlungsleiter. Der Versammlungsleiter bestimmt einen Protokollführer. Er bestimmt auch die Art der Abstimmung.

(4) Die Mitgliederversammlung entscheidet grundsätzlich mit der Mehrheit der abgegebenen gültigen Stimmen, wobei Stimmenthaltungen als nicht abgegebene Stimmen gelten. Zum Ausschluss von Mitgliedern und zu Satzungsänderungen ist jedoch eine Mehrheit von drei Vierteln der abgegebenen gültigen Stimmen erforderlich.

(5) Beschlüsse sind in ein Protokoll aufzunehmen, das Ort und Zeit der Versammlung und das Abstimmungsergebnis enthalten soll. es ist von Protokollführer und Versammlungsleiter zu unterzeichnen.

O. Mustersatzung der bayerischen Finanzämter[247]

Mustersatzung für Vereine, Stiftungen, Betriebe gewerblicher Art von juristischen Personen des öffentlichen Rechts, geistliche Genossenschaften und Kapitalgesellschaften 15

Vorbemerkung

Die Satzung einer nach § 5 Abs. 1 Nr. 9 KStG steuerbegünstigten (= gemeinnützigen) Körperschaft muss die in der Anlage 1 zu § 60 AO bezeichneten Festlegungen enthalten. Diese gesetzlich festgelegte Mustersatzung ist nachfolgend angefügt. Es wird empfohlen, bereits vor der Beschlussfassung den Satzungsentwurf mit dem zuständigen Finanzamt abzustimmen.

Anlage 1 zu § 60

Mustersatzung

für Vereine, Stiftungen, Betriebe gewerblicher Art von juristischen Personen des öffentlichen Rechts, geistliche Genossenschaften und Kapitalgesellschaften

(nur aus steuerlichen Gründen notwendige Bestimmungen ohne Berücksichtigung der Vorschriften des BGB)

§ 1

Der – Die – Körperschaft)
mit Sitz in,
verfolgt ausschließlich und unmittelbar – gemeinnützige – mildtätige – kirchliche – Zwecke (nicht verfolgte Zwecke streichen) im Sinne des Abschnitts „Steuerbegünstigte Zwecke" der Abgabenordnung

Zweck der Körperschaft ist

(zB die Förderung von Wissenschaft und Forschung, Jugend- und Altenhilfe, Erziehung, Volks- und Berufsbildung, Kunst und Kultur, Landschaftspflege, Umweltschutz, des öffentlichen Gesundheitswesens, des Sports, Unterstützung hilfsbedürftiger Personen).

[247] Die abgedruckte Mustersatzung ist kostenfrei im Internet über die Seite der bayerischen Finanzämter abrufbar: https://www.finanzamt.bayern.de/Informationen/Steuerinfos/Zielgruppen/Vereine/Mustersatzung-fuer-einen-Verein.pdf; zuletzt abgerufen am 20. 9. 2021.

Der Satzungszweck wird verwirklicht insbesondere durch

(zB Durchführung wissenschaftlicher Veranstaltungen und Forschungsvorhaben, Vergabe von Forschungsaufträgen, Unterhaltung einer Schule, einer Erziehungsberatungsstelle, Pflege von Kunstsammlungen, Pflege des Liedgutes und des Chorgesanges, Errichtung von Naturschutzgebieten, Unterhaltung eines Kindergartens, Kinder-, Jugendheimes, Unterhaltung eines Altenheimes, eines Erholungsheimes, Bekämpfung des Drogenmissbrauchs, des Lärms, Förderung sportlicher Übungen und Leistungen).

§ 2

Die Körperschaft ist selbstlos tätig; sie verfolgt nicht in erster Linie eigenwirtschaftliche Zwecke.

§ 3

Mittel der Körperschaft dürfen nur für die satzungsmäßigen Zwecke verwendet werden. Die Mitglieder erhalten keine Zuwendungen aus Mitteln der Körperschaft.

§ 4

Es darf keine Person durch Ausgaben, die dem Zweck der Körperschaft fremd sind, oder durch unverhältnismäßig hohe Vergütungen begünstigt werden.

§ 5

Bei Auflösung oder Aufhebung der Körperschaft oder bei Wegfall steuerbegünstigter Zwecke fällt das Vermögen der Körperschaft

1. an – den – die – das –
   (Bezeichnung einer juristischen Person des öffentlichen Rechts oder einer anderen steuerbegünstigten Körperschaft) – der – die – das – es unmittelbar und ausschließlich für gemeinnützige, mildtätige oder kirchliche Zwecke zu verwenden hat.

oder

2. an eine juristische Person des öffentlichen Rechts oder eine andere steuerbegünstigte Körperschaft zwecks Verwendung für
   (Angabe eines bestimmten gemeinnützigen, mildtätigen oder kirchlichen Zwecks, zB Förderung von Wissenschaft und Forschung, Erziehung, Volks- und Berufsbildung, der Unterstützung von Personen, die im Sinne von § 53 AO wegen
   bedürftig sind, Unterhaltung des Gotteshauses in).

Weitere Hinweise

Bei Betrieben gewerblicher Art von juristischen Personen des öffentlichen Rechts, bei den von einer juristischen Person des öffentlichen Rechts verwalteten unselbständigen Stiftungen und bei geistlichen Genossenschaften (Orden, Kongregationen) ist folgende Bestimmung aufzunehmen:

§ 3 Abs. 2:

„Der – die – das

erhält bei Auflösung oder Aufhebung der Körperschaft oder bei Wegfall steuerbegünstigter Zwecke nicht mehr als – seine – ihre – eingezahlten Kapitalanteile und den gemeinen Wert seiner – ihrer – geleisteten Sacheinlagen zurück."

Bei **Stiftungen** ist diese Bestimmung nur erforderlich, wenn die Satzung dem Stifter einen Anspruch auf Rückgewähr von Vermögen einräumt (vgl. Nr. 29 Satz 2 und 3 zu § 55). Fehlt die Regelung, wird das eingebrachte Vermögen wie das übrige Vermögen behandelt.

Bei **Kapitalgesellschaften** sind folgende ergänzende Bestimmungen in die Satzung aufzunehmen:

1. § 3 Abs. 1 Satz 2:
„Die Gesellschafter dürfen keine Gewinnanteile und auch keine sonstigen Zuwendungen aus Mitteln der Körperschaft erhalten."
2. § 3 Abs. 2:
„Sie erhalten bei ihrem Ausscheiden oder bei Auflösung der Körperschaft oder bei Wegfall steuerbegünstigter Zwecke nicht mehr als ihre eingezahlten Kapitalanteile und den gemeinen Wert ihrer geleisteten Sacheinlagen zurück."
3. § 5:
„Bei Auflösung der Körperschaft oder bei Wegfall steuerbegünstigter Zwecke fällt das Vermögen der Körperschaft, soweit es die eingezahlten Kapitalanteile der Gesellschafter und den gemeinen Wert der von den Gesellschaftern geleisteten Sacheinlagen übersteigt,"

§ 3 Abs. 2 und der Satzteil „soweit es die eingezahlten Kapitalanteile der Gesellschafter und den gemeinen Wert der von den Gesellschaftern geleisteten Sacheinlagen übersteigt," in § 5 sind nur erforderlich, wenn die Satzung einen Anspruch auf Rückgewähr von Vermögen einräumt (vgl. hierzu Nr. 22 Satz 4 zu § 55).

P. Satzung eines wirtschaftlichen Vereins

Satzung eines wirtschaftlichen Vereins 16
(am Beispiel einer Forstbetriebsgemeinschaft)

§ 1. Name und Rechtsform, Sitz

(1) Der Verein ist eine Forstbetriebsgemeinschaft nach § 16 BWaldG. Er führt den Namen: Forstbetriebsgemeinschaft ***.
(2) Der Verein erstrebt die Verleihung der Rechtsfähigkeit als wirtschaftlicher Verein nach § 22 BGB iVm § 19 BWaldG. Gleichzeitig beantragt er die Anerkennung als Forstbetriebsgemeinschaft nach § 18 BWaldG.[248]
(3) Der Verein hat seinen Sitz in ***.

§ 2. Zweck, Aufgaben

(1) Zweck des Vereins ist es, die Bewirtschaftung der angeschlossenen Waldgrundstücke und der zur Aufforstung bestimmten Grundstücke zu verbessern.
(2) Der Verein hat folgende Maßnahmen zur Aufgabe:[249]
  (a) Abstimmung der Betriebspläne oder Betriebsgutachten und der Wirtschaftspläne sowie der einzelnen forstlichen Vorhaben;
  (b) Abstimmung der für die forstwirtschaftliche Erzeugung wesentlichen Vorhaben und Absatz des Holzes oder sonstiger Forstprodukte;
  (c) Ausführung der Forstkulturen, Bodenverbesserungen und Bestandspflegearbeiten einschließlich des Forstschutzes;
  (d) Bau und Unterhaltung von Wegen;
  (e) Durchführung des Holzeinschlags, der Holzaufarbeitung und der Holzbringung;
  (f) Beschaffung und Einsatz von Maschinen und Geräten für mehrere der unter den Buchst. b) bis e) zusammengefassten Maßnahmen.

---

[248] Grundsätzliche (satzungsrelevante) Anerkennungsvoraussetzung ist nach § 18 BWaldG (neben dem Erfordernis, dass „die Forstbetriebsgemeinschaft nach Größe, Lage und Zusammenhang aller angeschlossenen Grundstücke eine wesentliche Verbesserung der Bewirtschaftung ermöglichen" muss und „einen wesentlichen Wettbewerb auf dem Holzmarkt bestehen" lässt, dass die Satzung Bestimmungen über „die Organe, ihre Aufgaben und die Art der Beschlussfassung" enthält. Daneben bestehen spezifische Vorgaben an die Satzungsgestaltung, die bei den entsprechenden Bestimmungen der Satzung angesprochen sind.

[249] Zumindest eine dieser Aufgaben muss sich die Forstbetriebsgemeinschaft nach §§ 17, 18 Abs. 1 Nr. 3a BWaldG geben, um die Anerkennung nach § 18 BWaldG zu erlangen.

(3) Das zur Veräußerung bestimmte Holz sowie sonstige zur Veräußerung bestimmte Forstprodukte verkauft die Forstbetriebsgemeinschaft für Rechnung des Mitgliedes in dessen Namen.[250] Sie überwacht die Zahlungseingänge und stellt danach die Abfuhrscheine aus.

§ 3. Geschäftsbereich

(1) Der Geschäftsbereich des Vereins umfasst das Gebiet der Gemarkungen *** und ***. Ist ein Mitglied Eigentümer oder Nutzungsberechtigter auch eines Waldgrundstückes oder eines zur Aufforstung bestimmten Grundstückes, das außerhalb dieses Bereichs liegt, kann dieses der Forstbetriebsgemeinschaft angeschlossen werden.
(2) Der Vorstand führt ein Verzeichnis, aus dem Lage und Größe der angeschlossenen Grundstücke, die Mitglieder und ihre Stimmrechte (§ 14 Abs. 2) ersichtlich sind.

§ 4. Erwerb und Verlust der Mitgliedschaft

(1) Vereinsmitglied[251] können nur Eigentümer oder Nutzungsberechtigte eines Waldgrundstückes oder eines zur Aufforstung bestimmten Grundstückes werden, soweit dieses im Bereich nach § 3 Abs. 1 S. 1 dieser Satzung liegt (nachstehend kurz „Grundstück").[252] Die Aufnahme ist schriftlich zu beantragen. Über den Antrag entscheidet der Vorstand.
(2) Die Mitgliedschaft endet
   (a) durch Tod – bei juristischen Personen deren Erlöschen;[253]
   (b) durch Austritt gemäß Abs. 3;
   (c) durch Verlust der Voraussetzungen nach Abs. 1 S. 1 nach näherer Maßgabe des Abs. 4 und
   (d) durch Ausschluss gemäß Abs. 5.
(3) Der Austritt erfolgt durch schriftliche Kündigung gegenüber dem Vorstand. Die Kündigung kann nur zum Schluss des Geschäftsjahres und mit einer Kündigungsfrist von einem Jahr erfolgen. Sie ist frühestens zum Schluss des dritten vollen Geschäftsjahres nach Erwerb der Mitgliedschaft zulässig.[254]
(4) Die Mitgliedschaft endet ohne weiteres, wenn das Mitglied nicht mehr Eigentümer oder Nutzungsberechtigter eines Grundstückes ist; der Verein ist von einem betroffenen Mitglied von einem solchen Sachverhalt unverzüglich zu unterrichten.
(5) Ein Mitglied kann aus dem Verein ausgeschlossen werden, wenn es wesentliche Mitgliedschaftspflichten (§ 5 Abs. 2) verletzt, in grober Weise gegen die Vereinsinteressen verstoßen hat oder wenn sonst ein wichtiger Grund in seiner Person vorliegt. Über einen Ausschluss entscheidet der Vorstand. Dem Auszuschließenden ist vor der Beschlussfassung Gelegenheit zur Stellungnahme zu geben.
(6) Gegen die Ablehnung der Aufnahme und gegen den Ausschluss aus dem Verein kann die betroffene Person binnen eines Monats nach Zugang der Entscheidung Beschwerde einlegen. Über die Beschwerde entscheidet die nächste Mitgliederversammlung. Die Beschwerde gegen den Ausschluss hat aufschiebende Wirkung.

---

[250] Alternativ möglich und zulässig ist die Veräußerung durch den Verein „für Rechnung des Mitglieds in eigenem Namen".

[251] Voraussetzung der Anerkennung ist nach § 18 Abs. 1 Nr. 6 BWaldG grds. das Vorhandensein von mindestens sieben Mitgliedern; bei der Zugehörigkeit von Gemeinschaftsforsten zum Verein kann davon abgewichen werden (§ 18 Abs. 3 BWaldG).

[252] Nach § 16 BWaldG sind Forstbetriebsgemeinschaften „privatrechtliche Zusammenschlüsse von Grundbesitzern, die den Zweck verfolgen, die Bewirtschaftung der angeschlossenen Waldflächen und der zur Aufforstung bestimmten Grundstücke (Grundstücke) zu verbessern […]". Die Begrenzung des Mitgliedskreises auf „Grundbesitzer" ist damit unmittelbar aus der Begriffsbestimmung des BWaldG zu entnehmen.

[253] Denkbar ist hier, die Vererblichkeit der Mitgliedschaft mit dem Eigentum an dem die Mitgliedschaft vermittelnden Grundbesitz vorzusehen. Dabei hat die Satzung aber in der Folge präzise die Rechtsfolgen, insbesondere auch bei Erbengemeinschaften, zu klären.

[254] Großzügigere Austrittsregelungen hindern die Anerkennung als Fortbetriebsgemeinschaft nach § 18 Abs. 1 Nr. 4 lit. a BWaldG.

§ 5. Rechte und Pflichten der Mitglieder

(1) Jedes Mitglied hat das Recht, alle Einrichtungen des Vereins zu nutzen und alle Vorteile, die er seinen Mitgliedern bietet, wahrzunehmen.

(2) Jedes Mitglied hat, neben der Pflicht zur Beitragszahlung gemäß § 6, insbesondere die Pflicht,

(a) die Belange der Forstbetriebsgemeinschaft zu fördern und die Satzung sowie die Beschlüsse der Organe zu beachten;

(b) von der Mitgliederversammlung beschlossene Maßnahmen gemäß § 2 Abs. 1 auf seinen Grundstücken vorzunehmen oder zu dulden;

(c) das zur Veräußerung bestimmte Holz sowie sonstige zur Veräußerung bestimmte Forstprodukte insgesamt durch den Verein zum Verkauf anbieten zu lassen.[255]

(3) Verstößt ein Mitglied schuldhaft gegen wesentliche Pflichten als Mitglied, kann gegen das Mitglied eine Geldstrafe als Vereinsstrafe von bis zu *** EUR im Einzelfall verhängt werden.[256] Über die Strafe entscheidet der Vorstand; sie ist dem Mitglied schriftlich bekanntzugeben. Gegen eine verhängte Strafe kann das betroffene Mitglied innerhalb eines Monats nach deren Bekanntgabe die Mitgliederversammlung anrufen. Diese Anrufung hat aufschiebende Wirkung. Die Mitgliederversammlung kann die Strafe bestätigen, mildern oder aufheben.

§ 6. Finanzwesen

(1) Der Verein finanziert seine Aufgabe durch Mitgliedsbeiträge, Umlagen, Entgelte sowie gegebenenfalls staatliche Beihilfen (Zuwendungen).[257]

(2) Über die Erhebung und die Höhe des Mitgliedsbeitrages und der Entgelte beschließt die Mitgliederversammlung. Die Erhebung von Umlagen (als Geldumlagen), die das Doppelte des Jahresbeitrages pro Mitglied nicht übersteigen dürfen, kann von der Mitgliederversammlung bei Vorliegen eines wichtigen Grundes zur Deckung eines besonderen außerplanmäßigen Finanzbedarfs außerhalb der gewöhnlichen Geschäftstätigkeit beschlossen werden.

(3) Geschäftsjahr ist das Kalenderjahr.

(4) Die Vorstandsmitglieder und ein etwa bestellter Geschäftsführer haben Anspruch auf Ersatz der ihnen in Ausführung ihrer Tätigkeit entstandenen angemessenen Aufwendungen. Darüber hinaus kann die Mitgliederversammlung eine angemessene pauschale Entschädigung für den Zeit- und Sachaufwand beschließen.

§ 7. Organe des Vereins

Organe des Vereins sind die Mitgliederversammlung und der Vorstand.

§ 8. Mitgliederversammlung

(1) Die Mitgliederversammlung ist für folgende Angelegenheiten zuständig:
- Wahl und Abberufung der Vorstandsmitglieder und der Kassenprüfer;
- Beschlussfassung über Art und Umfang der durchzuführenden forstlichen Maßnahmen sowie über gemeinsame Verkaufsregeln;
- Erteilung allgemeiner Weisungen an den Vorstand zur Durchführung seiner Aufgaben;
- Beschlussfassung über Änderungen der Satzung;
- Beschlussfassung über die Auflösung des Vereins;
- Festsetzung der Höhe und der Fälligkeit des Jahresbeitrages und der Umlagen;

---

[255] Diese Pflicht kann auf einen Teil der Produkte begrenzt werden; ihre grundsätzliche Aufnahme erzwingt jedoch § 18 Abs. 1 Nr. 3 lit. d BWaldG für den Fall, dass der Absatz des Holzes zu den Aufgaben des Vereins gehört.

[256] § 18 Nr. 3 lit. d BWaldG erfordert, „Ordnungsmittel oder Vertragsstrafen bei schuldhaftem Verstoß gegen wesentliche Mitgliedschaftspflichten" vorzusehen.

[257] Der Verein muss in der Satzung nach § 18 Abs. 1 Nr. 3 lit. b BWaldG ausdrücklich Bestimmungen zur Finanzierung seiner Aufgaben enthalten.

- Beschlussfassung über Beschwerden gegen die Ablehnung eines Aufnahmeantrags und gegen einen Ausschließungsbeschluss des Vorstands sowie gegen verhängte Geldstrafen;
- Genehmigung des Haushaltsplanes und Entgegennahme des Jahresberichts und sonstiger Berichte des Vorstands, Beschlussfassung über die Verwendung des Jahresergebnisses;
- Entlastung des Vorstands;
- die ihr sonst in dieser Satzung zugewiesenen Angelegenheiten.

(2) Einmal jährlich, möglichst im ersten Quartal eines Jahres, findet die ordentliche Mitgliederversammlung des Vereins statt. Weitere (außerordentliche) Mitgliederversammlungen sind einzuberufen, wenn es das Interesse des Vereins erfordert oder wenn die Einberufung von einem Zehntel der Mitglieder unter Angabe des Zwecks und der Gründe schriftlich vom Vorstand verlangt wird.

(3) Über die Beschlüsse der Mitgliederversammlung ist ein Protokoll aufzunehmen, das von Versammlungsleiter und Protokollführer zu unterzeichnen ist. Protokollführer ist der Schriftführer, bei dessen Verhinderung bestimmt die Versammlung den Protokollführer. Das Protokoll soll Ort und Zeit der Versammlung, die Zahl der erschienenen Mitglieder, die Person von Versammlungsleiter und Protokollführer, die Tagesordnung, die gefassten Beschlüsse samt Art der Abstimmung und Abstimmungsergebnissen enthalten.

§ 9. Einberufung der Mitgliederversammlung

(1) Die Mitgliederversammlung ist vom Vorstand unter Einhaltung einer Frist von zwei Wochen einzuberufen. Die Einberufung erfolgt schriftlich an die letzte vom Mitglied schriftlich bekanntgegebene Adresse unter Angabe der Tagesordnung. Mitgliedern, die dem Verein eine E-Mail-Adresse mitgeteilt haben, können auch elektronisch durch Übermittlung einer E-Mail an die zuletzt in Textform mitgeteilte E-Mail-Adresse geladen werden, wenn das Mitglied nicht in Textform anderes mitgeteilt hat. Die Ladungsfrist beginnt mit dem auf die Absendung der Einladung folgenden Tag.

(2) Jedes Mitglied kann beantragen, dass weitere Angelegenheiten nachträglich auf die Tagesordnung gesetzt werden. Geht ein solcher Antrag spätestens eine Woche vor dem Tag der Mitgliederversammlung schriftlich beim Vorstand ein, ist die Tagesordnung zu Beginn der Mitgliederversammlung entsprechend zu ergänzen. Geht er später ein oder wird er erst in der Mitgliederversammlung gestellt, beschließt die Mitgliederversammlung über die Zulassung.

§ 10. Beschlussfassung der Mitgliederversammlung

(1) Jede ordnungsgemäß einberufene Mitgliederversammlung ist beschlussfähig.

(2) Die Mitgliederversammlung wird vom Vorsitzenden, bei dessen Verhinderung vom stellvertretenden Vorsitzenden geleitet. Ist auch der stellvertretende Vorsitzende verhindert, bestimmt die Versammlung den Versammlungsleiter. Bei Wahlen kann die Versammlungsleitung für die Dauer des Wahlgangs und der vorhergehenden Aussprache einem anderen Vereinsmitglied oder einem Wahlausschuss übertragen werden.

(3) In der Mitgliederversammlung hat jedes Mitglied eine Stimme.[258] Mitglieder können sich in der Versammlung durch ein anderes Mitglied mit schriftlicher Vollmacht vertreten lassen. Die Art der Abstimmung bestimmt der Versammlungsleiter. Die Abstimmung muss jedoch schriftlich durchgeführt werden, wenn mindestens ein Viertel der bei der Abstimmung anwesenden stimmberechtigten Mitglieder dies verlangt.

(4) Soweit in gegenwärtiger Satzung oder durch zwingende gesetzliche Vorschriften nicht ausdrücklich anders bestimmt, fasst die Mitgliederversammlung Beschlüsse mit

[258] Denkbar ist zB (bis zu einer gewissen Grenze) auch eine Gewichtung nach der Größe der Grundstücke eines Mitglieds.

der einfachen Mehrheit der abgegebenen Stimmen. Stimmenthaltungen gelten als nicht abgegebene Stimmen. Beschlüsse über forstliche Maßnahmen und gemeinsame Verkaufsregeln bedürfen jedoch einer Mehrheit von zwei Dritteln der abgegebenen Stimmen.[259] Eine Mehrheit von drei Vierteln der abgegebenen Stimmen ist erforderlich für:
(a) die Änderung der Satzung,
(b) die Auflösung des Vereins,
(c) die Zulassung von nachträglichen Anträgen auf Ergänzung der Tagesordnung.

(5) Für Wahlen gelten die Bestimmungen über die Beschlussfassung entsprechend. Der Versammlungsleiter kann dabei bestimmen, dass über mehrere zu wählende Ämter in einem Wahlgang abgestimmt wird. Erreicht jedoch im ersten Wahlgang kein Kandidat die absolute Mehrheit, ist die Wahl zu wiederholen. Erreicht auch im zweiten Wahlgang kein Kandidat die absolute Mehrheit, genügt im dritten und in weiteren Wahlgängen die einfache Mehrheit. Erreicht auch nach mindestens drei Wahlgängen kein Kandidat eine Mehrheit, kann der Versammlungsleiter bestimmen, dass das Los entscheidet.

§ 11. Vorstand

(1) Der Vorstand des Vereins besteht aus vier bis sechs Personen, nämlich dem Vorsitzenden, dem stellvertretenden Vorsitzenden, dem Schatzmeister, dem Schriftführer und bis zu zwei Beisitzern.

(2) Der Verein wird gerichtlich und außergerichtlich durch zwei Mitglieder des Vorstands gemeinsam vertreten, darunter Vorsitzender oder stellvertretender Vorsitzender.

(3) Der Vorstand wird von der Mitgliederversammlung auf fünf Jahre gewählt. Die Vorstandsmitglieder bleiben auch nach dem Ablauf ihrer Amtszeit bis zur erfolgreichen Neuwahl des Vorstands im Amt. Scheidet ein Mitglied des Vorstands während der Amtsdauer aus, kann der Vorstand für die restliche Amtsdauer des Ausgeschiedenen ein Ersatzmitglied bestellen.

(4) Wählbar sind nur Vereinsmitglieder. Die Vereinigung mehrerer Vorstandsämter in einer Person ist nicht zulässig.

§ 12. Zuständigkeit des Vorstands

(1) Der Vorstand ist für alle Angelegenheiten des Vereins zuständig, die nicht durch gegenwärtige Satzung einem anderen Vereinsorgan zugewiesen sind. Er hat insbesondere folgende Aufgaben:
(a) Vorbereitung der Mitgliederversammlung und Aufstellung der Tagesordnung,
(b) Einberufung der Mitgliederversammlung,
(c) Ausführung der Beschlüsse der Mitgliederversammlung,
(d) Verwaltung des Vereinsvermögens und Buchführung,
(e) Erstellung der Jahreshaushaltspläne und der Jahresberichte sowie eines Vorschlags zur Verwendung des Jahresergebnisses,
(f) Beschlussfassung über Aufnahme und Ausschluss von Mitgliedern.

(2) Der Vorstand führt die Geschäfte des Vereins nach Maßgabe der Satzung und der Beschlüsse der Mitgliederversammlung. Er hat das Recht und die Pflicht, darüber zu wachen, dass die Forstbetriebsgemeinschaft ihre satzungsgemäßen Aufgaben erfüllt.[260]

---

[259] Dieses Mehrheitserfordernis statuiert § 18 Abs. 1 Nr. 4 lit. b BWaldG als Anerkennungsvoraussetzung.

[260] Nach § 18 Abs. 1 Nr. 3 lit. c BWaldG muss die Satzung als Anerkennungsvoraussetzung ausdrücklich Bestimmungen über „das Recht und die Pflicht der Forstbetriebsgemeinschaft, über die Erfüllung der Aufgabe zu wachen" enthalten.

§ 13. Vorstandssitzungen, Beschlussfassungen

(1) Der Vorstand fasst seine Beschlüsse in Vorstandssitzungen oder auf schriftlichem Wege.
(2) Vorstandssitzungen sind vom 1. Vorsitzenden, bei dessen Verhinderung vom 2. Vorsitzenden in Textform oder (fern-)mündlich unter Einhaltung einer Einberufungsfrist von einer Woche einzuberufen. Der Mitteilung einer Tagesordnung bedarf es nicht. Sitzungsleiter ist der 1. Vorsitzende, bei dessen Verhinderung der 2. Vorsitzende. Im Übrigen wird der Sitzungsleiter aus der Mitte der anwesenden Vorstandsmitglieder gewählt.
(3) Der Vorstand ist beschlussfähig, wenn mindestens zwei Mitglieder anwesend sind. Er entscheidet mit einfacher Mehrheit der abgegebenen gültigen Stimmen. Bei Stimmengleichheit entscheidet die Stimme des Sitzungsleiters. Die Beschlussfähigkeit des Vorstandes setzt nicht voraus, dass sämtliche Vorstandsämter besetzt sind.
(4) Über die Vorstandssitzungen ist ein Protokoll zu führen, das Ort und Zeit der Sitzung, Namen der Teilnehmer, gefasste Beschlüsse und Abstimmungsergebnis enthalten soll. Das Protokoll dient Beweiszwecken.
(5) Ein Vorstandsbeschluss kann außerhalb einer Sitzung, mündlich, schriftlich, per E-Mail oder auf anderem Wege der elektronischen Kommunikation gefasst werden, wenn alle Vorstandsmitglieder ihre Zustimmung zu der Beschlussfassung erklären.

§ 14. Geschäftsführer

(1) Die Mitgliederversammlung kann auf Antrag des Vorstands zur Führung der laufenden Geschäfte einen Geschäftsführer als besonderen Vertreter bestellen. Dieser muss nicht Vereinsmitglied sein.
(2) Der Geschäftsführer nimmt an den Vorstandssitzungen sowie an der Mitgliederversammlung mit beratender Stimme teil.

§ 15. Rechnungsprüfung

(1) Die Mitgliederversammlung wählt zwei Kassenprüfer. Für deren Wahl, Wählbarkeit und Amtsdauer gelten die Bestimmungen für Vorstandsmitglieder entsprechend.
(2) Die Kassenprüfer überprüfen zum Abschluss des Geschäftsjahres den Wirtschafts- und Zahlungsverkehr des Vereins. Der Vorstand hat zu diesem Zweck möglichst binnen acht Wochen nach Ablauf eines Geschäftsjahres den Jahressbericht mit Kassenbericht fertig zu stellen und diesen mit den für die Prüfung erforderlichen Unterlagen den Rechnungsprüfern zuzuleiten.
(3) Die Rechnungsprüfer erstatten der Mitgliederversammlung einen Bericht über ihre Prüfung und legen die geprüften Unterlagen der Mitgliederversammlung zur Beschlussfassung vor.

§ 16. Auflösung

(1) Mit dem Beschluss über die Auflösung des Vereins muss die Mitgliederversammlung gleichzeitig über die Verwendung des vorhandenen Vermögens beschließen.
(2) Die Liquidation erfolgt durch die Vorstandsmitglieder als *** vertretungsberechtigte Liquidatoren, sofern die Mitgliederversammlung mit dem Auflösungsbeschluss keine andere Regelung beschließt.

§ 17. Aufsichtsbehörde

(1) Der Verein untersteht der Aufsicht des *** als der für wirtschaftliche Vereine und Forstbetriebsgemeinschaften zuständigen Behörde („aufsichtsführende Behörde").
(2) Die Mitglieder des Vorstandes sind der aufsichtsführenden Behörde unverzüglich schriftlich mitzuteilen.
(3) Satzungsänderungen bedürfen für ihre Wirksamkeit nach § 33 Abs. 2 BGB der Genehmigung der aufsichtsführenden Behörde.

§ 18. Inkrafttreten

Diese Satzung wurde in der Gründungsversammlung am *** in *** beschlossen. Sie tritt nach Verleihung der Rechtsfähigkeit und Anerkennung als Forstbetriebsgemeinschaft durch *** in Kraft.

§ 22. Registeranmeldungen; Anträge

Übersicht

A. Anmeldung der Neugründung eines Vereins[1]

An das 1
Amtsgericht
– Registergericht[2] –

Neuanmeldung des Vereins

Name: ***[3]
Sitz: ***[4]
VR: NEU
Anschrift: *** *[zB: c/o Vorname, Name und Adresse des Vorsitzenden]*

Als Vorstand des genannten, neugegründeten Vereins melden wir unter Beifügung folgender Anlagen[5]

- Abschrift der am *** *[Tag der Errichtung]* errichteten Satzung und
- Abschrift des Protokolls der Gründungsversammlung, beinhaltend die Bestellung des Vorstandes (samt Annahmeerklärungen der Vorstandsmitglieder),

zur Eintragung in das Vereinsregister an:[6]

Den Verein *** *[Name des Vereins]* mit dem Sitz in *** *[Ort]* und dessen Vorstand.

Vorstand (im Sinne des § 26 BGB) ist/sind ***.[7]

Die Vorstandsmitglieder vertreten den Verein wie folgt:[8]

---

[1] Alternativer Formulierungsvorschlag → § 4 Rn. 138 ff. und → § 17 Rn. 28.
[2] Zur Zuständigkeit → § 4 Rn. 115 und → § 17 Rn. 23.
[3] Zum Vereinsnamen → § 5 Rn. 6 ff.
[4] Zum Sitz des Vereins → § 5 Rn. 32 ff.
[5] Zu den beizufügenden Unterlagen → § 5 Rn. 128 ff.
[6] Allgemein zum Inhalt der Anmeldung → § 5 Rn. 116 ff.
[7] Zur Bestellung des ersten Vorstands → § 4 Rn. 97 ff.
[8] Zu möglichen Vertretungsregelungen → § 8 Rn. 198 ff.

[*Alt. 1 (gemäß der gesetzlichen Regelung des § 26 BGB – Mehrheitsprinzip):* Ist nur ein Vorstandsmitglied bestellt, vertritt es allein. Sind mehrere Vorstandmitglieder bestellt, so wird der Verein durch die Mehrheit der Vorstandsmitglieder vertreten.]

[*Alt. 2a (satzungsmäßige Regelung, zB Einzelvertretung):* Nach der Satzung ist jedes Mitglied des Vorstands einzelvertretungsberechtigt.]

[*Alt. 2b: (satzungsmäßige Regelung, zB Gesamtvertretung):* Nach der Satzung wird der Verein durch zwei Mitglieder des Vorstands, darunter den 1. oder 2. Vorsitzenden vertreten.]

[*ggf. bei Alt. 2a und Alt. 2b (Einschränkung der Vertretungsbefugnis):* Die Vertretungsbefugnis der Vorstandsmitglieder ist in der Weise beschränkt, dass diese *** *[Einschränkung der Vertretungsmacht gemäß Satzung].*]

Der Vorstand setzt sich wie folgt zusammen:
- 1. Vorstand: *** *[Vorname, Name, Geburtsdatum, Wohnort]*
- 2. Vorstand: *** *[Vorname, Name, Geburtsdatum, Wohnort]*
- *** *[ggf.: weitere Vorstandsmitglieder iSv § 26 BGB gemäß der Satzung]*

Alle Gewählten nahmen die Wahl an.[9]

Das Original der Anmeldung ist dem Registergericht zu übersenden *[ggf.: elektronische Übermittlung].* Je eine beglaubigte Abschrift ist dem Verein zu übersenden und zur Urkundensammlung des Notars zu nehmen.

***, den ***

Unterschriften von Vorstandsmitgliedern in vertretungsberechtigter Zahl

Unterschriftsbeglaubigung[10]

Vermerk über die Prüfung auf Eintragungsfähigkeit durch den Notar gem. § 378 Abs. 3 FamFG[11]

B. Anmeldung von Veränderungen im Vorstand[12]

2 An das
Amtsgericht
– Registergericht[13] –

VR: ***
Name: ***
Sitz: ***
Anschrift: *** *[zB: c/o Vorname, Name und Adresse des Vorsitzenden]*

Zur Eintragung in das Vereinsregister **wird angemeldet:**

1. In der Mitgliederversammlung des Vereins vom *** [*Alt. 1:* Durch Beschluss des Beirats vom ***] [*Alt. 2:* Durch *** *[sonstiges Bestellungsverfahren]*] wurden gewählt [*Alt.:* in den Vorstand berufen]:[14]
   - *** *[Vorname, Name, Geburtsdatum, Wohnort]* als *** *[Vorstandsamt]*[15]
   - *** *[Vorname, Name, Geburtsdatum, Wohnort]* als *** *[Vorstandsamt]*

9 Zur Annahme der Wahl → § 8 Rn. 47 ff.
10 Zur Form der Anmeldung → § 4 Rn. 125 und → § 17 Rn. 6 ff.
11 Gemäß § 378 Abs. 3 FamFG hat der Notar die Anmeldung zum Vereinsregister auf Eintragungsfähigkeit zu prüfen.
12 Alternativer Formulierungsvorschlag → § 17 Rn. 50.
13 Zur Zuständigkeit → § 17 Rn. 3 ff.
14 Zu möglichen Bestellungsverfahren → § 8 Rn. 33 ff.
15 Zu nötigen Angaben bei Neuanmeldung eines Vorstandsmitglieds → § 17 Rn. 47.

2. Als Vorstandsmitglieder ausgeschieden sind:
   - *** *[Vorname, Name]* als (bisheriger) *** *[Vorstandsamt]*[16]
   - *** *[Vorname, Name]* als (bisheriger) *** *[Vorstandsamt]*

Es wird versichert, dass die Mitgliederversammlung form- und fristgerecht einberufen wurde[17] und alle Gewählten die Wahl annahmen [*Alt.:* dass die zur Vorstandschaft Berufenen ihre Vorstandsbenennung angenommen haben].

Als Anlagen sind beigefügt:
- eine Abschrift des Protokolls über die Mitgliederversammlung aus dem die Vorstandsänderungen ersichtlich sind
- eine Abschrift der Rücktrittserklärung des Vorstandsmitglieds ***
- eine Abschrift der Urkunde des *** über die Ernennung von *** zum *** *[Dokument zum Nachweis der Amtsstellung eines Vorstandsmitglieds qua Amtes]*
- *** *[sonstige Dokumente über die Vorstandsberufung bzw. über das Ausscheiden von Vorstandsmitgliedern nach den Vorgaben der Satzung]*[18]

Um Eintragungsnachricht an den Verein und an den die Unterschrift beglaubigenden Notar wird gebeten.

***, den ***

Unterschriften von (neuen) Vorstandsmitgliedern in vertretungsberechtigter Zahl[19]

Unterschriftsbeglaubigung[20]

Vermerk über die Prüfung auf Eintragungsfähigkeit durch den Notar gem. § 378 Abs. 3 FamFG[21]

C. Anmeldung von Satzungsänderungen[22]

An das 3
Amtsgericht
– Registergericht[23] –

VR: ***
***
Sitz: ***
Anschrift: *** *[zB: c/o Vorname, Name und Adresse des Vorsitzenden]*

Zur Eintragung in das Vereinsregister **wird angemeldet:**[24]

Die Satzung des Vereins wurde in § *** Abs. *** geändert.[25]

---

[16] Zu nötigen Angaben bei Ausscheiden eines Vorstandsmitglieds → § 17 Rn. 47.
[17] Zu den Formalien der Ladung zur Mitgliederversammlung → § 7 Rn. 75 ff.
[18] Zu beizufügenden Unterlagen → § 17 Rn. 47.
[19] Zu den anmeldenden Personen → § 17 Rn. 51.
[20] Allg. zur Form der Anmeldung → § 17 Rn. 6 ff.
[21] Gemäß § 378 Abs. 3 FamFG hat der Notar die Anmeldung zum Vereinsregister auf Eintragungsfähigkeit zu prüfen.
[22] Alternativer Formulierungsvorschlag → § 5 Rn. 179 und → § 17 Rn. 75.
[23] Zur Zuständigkeit → § 17 Rn. 23.
[24] Allg. zu Form und Inhalt der Anmeldung → § 17 Rn. 60.
[25] Grundlegend zu Satzungsänderungen → § 5 Rn. 152 ff. Wurden Satzungsbestimmungen geändert, die nach § 64 BGB unmittelbar im Register einzutragen sind (Name, Sitz, Zusammensetzung des Vorstands, Vertretungsregelung), ist dies explizit anzugeben. Im Übrigen genügt grds. die stichwortartige Bezeichnung der geänderten Bestimmungen, → § 5 Rn. 178 und → § 17 Rn. 62.

Eine Abschrift des Protokolls über die Mitgliederversammlung, aus dem die Beschlussfassung über die Satzungsänderungen ersichtlich ist sowie der Wortlaut der Satzung sind beigefügt.[26]

Es wird versichert, dass die Versammlung satzungsgemäß einberufen wurde[27] und die gefassten Beschlüsse ordnungsgemäß zustande kamen.

Um Eintragungsnachricht an den Verein und an den die Unterschrift beglaubigenden Notar wird gebeten.

***, den ***

Unterschriften von Vorstandsmitgliedern in vertretungsberechtigter Zahl[28]

Unterschriftsbeglaubigung[29]

Vermerk über die Prüfung auf Eintragungsfähigkeit durch den Notar gem. § 378 Abs. 3 FamFG[30]

D. Anmeldung einer Satzungsneufassung[31]

4 An das
Amtsgericht
– Registergericht[32] –

VR: ***
Name: ***
Sitz: ***
Anschrift: *** *[zB: c/o Vorname, Name und Adresse des Vorsitzenden]*

Zur Eintragung in das Vereinsregister **wird angemeldet:**

Die Satzung des Vereins wurde durch Beschluss der Mitgliederversammlung vom *** neu gefasst.

Unverändert geblieben sind ***. [*Alt.:* Geändert wurden dabei auch folgende Bestimmungen: ***.][33]

Es wird versichert, dass die Versammlung satzungsgemäß einberufen wurde[34] und die gefassten Beschlüsse ordnungsgemäß zustande kamen.

[26] Zu den beizufügenden Unterlagen → § 5 Rn. 177 ff. Die Vorlage einer Bestätigung des Vorstands über die Wahrung der Vorgaben des § 71 Abs. 1 S. 4 BGB, also die Übereinstimmung der geänderten Teile der Satzung mit dem Änderungsbeschluss und die der unveränderten Teile mit dem zuletzt eingereichten Satzungswortlaut kann vom Gericht nicht verlangt werden, → § 17 Rn. 62a.

[27] Zu den Formalien der Ladung zur Mitgliederversammlung, die über Satzungsänderungen beschließen soll → § 7 Rn. 75 ff.

[28] Zu den anmeldenden Personen → § 17 Rn. 64.

[29] Allg. zur Form der Anmeldung → § 17 Rn. 6 ff.

[30] Gemäß § 378 Abs. 3 FamFG hat der Notar die Anmeldung zum Vereinsregister auf Eintragungsfähigkeit zu prüfen.

[31] Alternativer Formulierungsvorschlag → § 17 Rn. 75a.

[32] Zur Zuständigkeit → § 17 Rn. 23.

[33] Zu notwendigen Angaben zu vorgenommenen Änderungen → § 17 Rn. 62. Wurden Satzungsbestimmungen geändert, die nach § 64 BGB unmittelbar im Register einzutragen sind (Name, Sitz, Zusammensetzung des Vorstands, Vertretungsregelung), ist dies explizit anzugeben, → § 5 Rn. 178 und → § 17 Rn. 62.

[34] Zu den Formalien der Ladung zur Mitgliederversammlung, die über die Satzungsneufassung beschließen soll → § 7 Rn. 75 ff., 78.

Eine Abschrift des Protokolls über die Mitgliederversammlung, aus dem die Beschlussfassung über die Satzungsneufassung ersichtlich ist sowie der Wortlaut der Satzung sind beigefügt.[35]

Um Eintragungsnachricht an den Verein und an den die Unterschrift beglaubigenden Notar wird gebeten.

***, den ***

Unterschriften von Vorstandsmitgliedern in vertretungsberechtigter Zahl[36]

Unterschriftsbeglaubigung[37]

Vermerk über die Prüfung auf Eintragungsfähigkeit durch den Notar gem. § 378 Abs. 3 FamFG[38]

E. Anmeldung von Satzungs- und Vorstandsänderungen

An das 5
Amtsgericht
– Registergericht –

VR: ***
Name: ***
Sitz: ***
Anschrift: *** *[zB: c/o Vorname, Name und Adresse des Vorsitzenden]*

Zur Eintragung in das Vereinsregister **wird angemeldet:**

1. **Satzungsänderung**[39]
   Die Satzung des Vereins wurde in § *** Abs. *** geändert.[40]
2. **Änderung der Vorstandschaft**[41]
   In der Mitgliederversammlung des Vereins vom *** [*Alt. 1:* Durch Beschluss des *** vom ***] [*Alt. 2:* Durch *** *[sonstiges Verfahren]*] wurden [*ggf.:* unter der Bedingung der Eintragung der vorstehend angemeldeten Satzungsänderung] gewählt:
   - *** *[Vorname, Name, Geburtsdatum, Wohnort]* als *** *[Vorstandsamt]*[42]
   - *** *[Vorname, Name, Geburtsdatum, Wohnort]* als *** *[Vorstandsamt]*

Als Vorstandsmitglieder ausgeschieden sind:
- *** *[Vorname, Name]* als (bisheriger) *** *[Vorstandsamt]*[43]
- *** *[Vorname, Name]* als (bisheriger) *** *[Vorstandsamt]*

---

[35] Zu den beizufügenden Unterlagen → § 5 Rn. 177ff. und → § 17 Rn. 62.

[36] Zu den anmeldenden Personen → § 17 Rn. 64.

[37] Allg. zur Form der Anmeldung → § 17 Rn. 6ff.

[38] Gemäß § 378 Abs. 3 FamFG hat der Notar die Anmeldung zum Vereinsregister auf Eintragungsfähigkeit zu prüfen.

[39] Zur (isolierten) Anmeldung der Satzungsänderung auch → Rn. 3.

[40] Grundlegend zu Satzungsänderungen → § 5 Rn. 152ff. Wurden Satzungsbestimmungen geändert, die nach § 64 BGB unmittelbar im Register einzutragen sind (Name, Sitz, Zusammensetzung des Vorstands, Vertretungsregelung), ist dies explizit anzugeben. Es genügt grds. die stichwortartige Bezeichnung der geänderten Bestimmung; eine neue Vertretungsregelung sollte jedoch vollständig angegeben werden. Die Vorlage einer Bestätigung des Vorstands über die Wahrung der Vorgaben des § 71 Abs. 1 S. 4 BGB, also die Übereinstimmung der geänderten Teile der Satzung mit dem Änderungsbeschluss und die der unveränderten Teile mit dem zuletzt eingereichten Satzungswortlaut, kann vom Gericht nicht verlangt werden, → § 17 Rn. 62f.

[41] Zur (isolierten) Anmeldung der Vorstandsänderung auch → Rn. 2.

[42] Zu nötigen Angaben bei Neuanmeldung eines Vorstandsmitglieds → § 17 Rn. 47.

[43] Zu nötigen Angaben bei Ausscheiden eines Vorstandsmitglieds → § 17 Rn. 47.

Es wird versichert, dass die Mitgliederversammlung form- und fristgerecht einberufen wurde[44] und alle Gewählten die Wahl annahmen.

Eine Abschrift des Protokolls über die Mitgliederversammlung, aus dem die Vorstands- und Satzungsänderungen ersichtlich sind, sowie der Wortlaut der Satzung sind beigefügt.[45]

Um Eintragungsnachricht an den Verein und an den die Unterschrift beglaubigenden Notar wird gebeten.

***, den ***

Unterschriften von Vorstandsmitgliedern in vertretungsberechtigter Zahl[46]

Unterschriftsbeglaubigung[47]

Vermerk über die Prüfung auf Eintragungsfähigkeit durch den Notar gem. § 378 Abs. 3 FamFG[48]

F. Anmeldung der Auflösung eines Vereins[49]

6 An das
Amtsgericht ***
– Vereinsregister –

VR: ***

*** e.V. mit Sitz in ***

Zur Eintragung in das Vereinsregister **melden** wir namens des *** e.V. unter Vorlage einer Abschrift des Protokolls der Mitgliederversammlung vom *** **an:**

Die Mitgliederversammlung vom *** hat die Auflösung des Vereins beschlossen.

Die bisherigen Vorstandsmitglieder *** und *** wurden zu Liquidatoren gewählt. Die Liquidatoren vertreten den Verein jeweils einzeln.

Die Vorstandsmitglieder *** und *** sind ausgeschieden.

Es wird versichert, dass die Mitgliederversammlung form- und fristgemäß unter Angabe der Tagesordnung einberufen wurde und beschlussfähig war, die gefassten Beschlüsse ordnungsgemäß und mit der erforderlichen Stimmenmehrheit zustande gekommen sind und die gewählten Liquidatoren ihr Amt angenommen haben.

Eine Abschrift des Protokolls der Mitgliederversammlung vom *** ist hier beigefügt.

---

[44] Zu den Formalien der Ladung zur Mitgliederversammlung → § 7 Rn. 75 ff.

[45] Zu beizufügenden Unterlagen → § 5 Rn. 177 ff. und → § 17 Rn. 62a (Satzungsänderungen) bzw. → § 17 Rn. 47 (Vorstandsänderungen). Ggf. sind hier andere Dokumente über die Vorstandsänderung erforderlich, je nachdem, welches Verfahren zur Vorstandsbenennung nach der Satzung Anwendung gefunden hat bzw. welche Gründe zum Ende des Vorstandsamtes geführt haben. Zu möglichen Bestellungsverfahren → § 8 Rn. 33 ff.

[46] Wurden die Bestimmungen über die Vertretungsbefugnis geändert, hat die Anmeldung durch Vorstandsmitglieder in der nach der bisherigen Satzungsfassung erforderlichen Zahl zu erfolgen. Bei Änderungen der Bestimmungen über die Bildung des Vorstands kann die Anmeldung nach hM (nur) durch die (alten) Vorstandsmitglieder (in der bisher vertretungsberechtigten Zahl) erfolgen. Bei sonstigen Satzungsänderungen erfolgt die Anmeldung durch die neuen Vorstandsmitglieder in vertretungsberechtigter Zahl; → § 17 Rn. 51.

[47] Allg. zur Form der Anmeldung → § 17 Rn. 6 ff.

[48] Gemäß § 378 Abs. 3 FamFG hat der Notar die Anmeldung zum Vereinsregister auf Eintragungsfähigkeit zu prüfen.

[49] Alternativer Formulierungsvorschlag einer Vereinsauflösung samt Liquidation → § 17 Rn. 96.

***, den ***

Vorstandsmitglieder [aA: Liquidatoren[50]] in vertretungsberechtigter Zahl

Unterschriftsbeglaubigung[51]

Vermerk über die Prüfung auf Eintragungsfähigkeit durch den Notar gem. § 378 Abs. 3 FamFG[52]

G. Anmeldung des Erlöschens eines Vereins

An das 7
Amtsgericht ***
– Vereinsregister –

VR: ***

*** e.V. mit Sitz in ***

Zur Eintragung in das Vereinsregister **wird angemeldet:**

Die Liquidation des Vereins ist beendet. Der Verein ist erloschen. Die Ämter der Liquidatoren wurden niedergelegt.

Die Bücher und Schriften des Vereins werden von ***, geboren am ***, wohnhaft ***, verwahrt.

***, den ***

Liquidatoren in vertretungsberechtigter Zahl

Unterschriftsbeglaubigung[53]

Vermerk über die Prüfung auf Eintragungsfähigkeit durch den Notar gem. § 378 Abs. 3 FamFG[54]

H. Anmeldung der Auflösung und (bei Entbehrlichkeit der Liquidation) des Erlöschens eines Vereins[55]

An das 8
Amtsgericht ***
– Vereinsregister –

VR: ***

*** e.V. mit Sitz in ***

Zur Eintragung in das Vereinsregister **wird angemeldet:**
1. Der Verein ist durch/infolge *** aufgelöst.
   Zu Liquidatoren wurden gewählt [*Alt.:* Liquidatoren sind gemäß § *** der Satzung die bisherigen Vorstandsmitglieder]:
   – *** *[Vorname, Name, Geburtsdatum, Wohnort]*
   – *** *[Vorname, Name, Geburtsdatum, Wohnort]*

---

50 Hierzu näher → § 17 Rn. 90.
51 Allg. zur Form der Anmeldung → § 17 Rn. 6 ff.
52 Gemäß § 378 Abs. 3 FamFG hat der Notar die Anmeldung zum Vereinsregister auf Eintragungsfähigkeit zu prüfen.
53 Allg. zur Form der Anmeldung → § 17 Rn. 6 ff.
54 Gemäß § 378 Abs. 3 FamFG hat der Notar die Anmeldung zum Vereinsregister auf Eintragungsfähigkeit zu prüfen.
55 Alternativer Formulierungsvorschlag → § 17 Rn. 97a.

Die Liquidatoren vertreten den Verein wie folgt: *** [Angabe der für die Liquidatoren geltenden allgemeinen und ggf. besonderen Vertretungsregelung].
2. Eine Liquidation findet nicht statt, sie ist entbehrlich. Es wird versichert, dass
- Vereinsvermögen nicht (mehr) vorhanden ist,
- keine Außenstände und Verbindlichkeiten bestehen,
- die steuerlichen Angelegenheiten erledigt sind,
- keine Rechtsstreitigkeiten anhängig sind,
- kein Vereinsvermögen an den Anfallberechtigten verteilt wurde.

Der Verein ist erloschen.

[*ggf.:* Eine Abschrift des Protokolls der Mitgliederversammlung vom *** ist hier beigefügt.]

***, den ***

Vorstandsmitglieder [aA: Liquidatoren[56]] in vertretungsberechtigter Zahl

Unterschriftsbeglaubigung[57]

Vermerk über die Prüfung auf Eintragungsfähigkeit durch den Notar gem. § 378 Abs. 3 FamFG[58]

I. Anmeldung der Fortsetzung eines Vereins nach Auflösung

9 An das
Amtsgericht ***
– Vereinsregister –

VR: ***

*** e.V. mit Sitz in ***

Zur Eintragung in das Vereinsregister **wird angemeldet:**[59]
1. Die Mitgliederversammlung vom *** hat die Fortsetzung des Vereins beschlossen.
2. Zu Vorstandsmitgliedern wurden gewählt:
   - *** *[Vorname, Name, Geburtsdatum, Wohnort]* als *** *[Vorstandsamt]*[60]
   - *** *[Vorname, Name, Geburtsdatum, Wohnort]* als *** *[Vorstandsamt]*

Die allgemeine Vertretungsregelung des Vorstands lautet gemäß der unveränderten Satzung wie folgt: ***.

Es wird versichert, dass die Mitgliederversammlung form- und fristgemäß einberufen wurde und beschlussfähig war, die gefassten Beschlüsse ordnungsgemäß und mit der erforderlichen Stimmenmehrheit zustande gekommen sind und die Gewählten ihr Amt angenommen haben.

Eine Abschrift des Protokolls der Mitgliederversammlung vom *** ist hier beigefügt.[61]

***, den ***

Vorstandsmitglieder in vertretungsberechtigter Zahl[62]

---

[56] Zum Streitstand → § 17 Rn. 90.
[57] Allg. zur Form der Anmeldung → § 17 Rn. 6 ff.
[58] Gemäß § 378 Abs. 3 FamFG hat der Notar die Anmeldung zum Vereinsregister auf Eintragungsfähigkeit zu prüfen.
[59] Zum notwendigen Inhalt der Anmeldung → § 17 Rn. 98 ff.
[60] Zu den nötigen Angaben bei den Vorstandsmitgliedern → § 17 Rn. 47.
[61] Zu den Anlagen → § 17 Rn. 101.
[62] Zur Anmeldezuständigkeit → § 13 Rn. 329.

notarielle Beglaubigung[63]
Vermerk über die Prüfung auf Eintragungsfähigkeit durch den Notar gem. § 378 Abs. 3 FamFG[64]

J. Antrag auf Bestellung eines Notvorstandes[65]

An das 10
Amtsgericht *** *[AG am Sitz des Vereins]*[66]

Betreff: * e.V.**

VR: ***

hier: Bestellung eines Notvorstands

Sehr geehrte Damen und Herren,

Ich bin Mitglied [*Alt. 1:* Vorstandsmitglied] [*Alt. 2:* Gläubiger] des Vereins *** e.V. mit Sitz in ***. *** *[bei Nichtmitgliedern Schilderung des Sachverhalts, aus dem sich Antragsberechtigung ergibt]*[67]

Der Verein ist derzeit ohne Vorstand [*Alt.:* hat derzeit keine Vorstandsmitglieder in vertretungsberechtigter Zahl]. Dies ergibt sich aus folgendem Sachverhalt: *** *[Schilderung des Sachverhalts, aus dem sich das Fehlen der erforderlichen Vorstandsmitglieder ergibt]*[68]

Das Eingreifen des Amtsgerichts ist dringend erforderlich. Es ist unmittelbares Handeln geboten; dem Verein droht ein Schaden. Dies ergibt sich aus folgendem Sachverhalt: *** *[Schilderung des Sachverhalts, aus dem sich die Dringlichkeit der Notvorstandsbestellung ergibt]*[69]

Ich schlage mich [*Alt.:* folgende Person/en] als Notvorstandsmitglied vor. [*Alt.:* Vorschläge für geeignete Personen kann ich leider nicht machen.]

Ich

beantrage

daher gemäß § 29 BGB, mich [*Alt. 1:* Herrn/Frau ***] [*Alt. 2:* eine geeignete Person] zum Notvorstand des Vereins zu bestellen.[70]

***, den ***

Unterschrift

---

[63] Zur Form der Anmeldung → § 17 Rn. 100.
[64] Gemäß § 378 Abs. 3 FamFG hat der Notar die Anmeldung zum Vereinsregister auf Eintragungsfähigkeit zu prüfen.
[65] Alternativer Formulierungsvorschlag → § 17 Rn. 145.
[66] Zur Zuständigkeit → § 17 Rn. 133.
[67] Zur Antragsberechtigung → § 17 Rn. 131.
[68] Zum Fehlen notwendiger Vorstandsmitglieder → § 17 Rn. 121 ff.
[69] Zur Erfordernis der Dringlichkeit der Bestellung → § 17 Rn. 127 ff.
[70] Zur Notwendigkeit des Antrags → § 17 Rn. 147.

K. Antrag an das Gericht auf Ermächtigung zur Einberufung einer Mitgliederversammlung[71]

11 An das

Amtsgericht *** *[AG am Sitz des Vereins]*[72]

Betreff: * e.V.**

VR: ***

hier: Ermächtigung zur Einberufung einer Mitgliederversammlung[73]

Sehr geehrte Damen und Herren,

gemäß beiliegender Vollmacht vertrete ich die in der Vollmacht genannten *** Personen, die alle Mitglieder des Vereins *** e.V. mit Sitz in *** sind.[74]

Dem Verein gehören derzeit *** Mitglieder an. Nach den Bestimmungen des § *** der Satzung ist ein Anteil von *** der Mitglieder berechtigt, die Einberufung einer Mitgliederversammlung zu verlangen. Das Verlangen muss schriftlich an den Vorstand erfolgen und den Zweck sowie die Gründe für die Einberufung der Mitgliederversammlung angeben.[75]

Mit Schreiben vom *** habe ich namens der von mir vertretenen, in der anliegenden Vollmacht aufgeführten *** Vereinsmitglieder vom Vorstand die Einberufung einer Mitgliederversammlung mit dem Tagesordnungspunkt „***" [*zB:* „Abwahl des Schatzmeisters ***"] verlangt.[76] Zur Begründung wurde angegeben, dass *** [*zB:* die Finanzen des Vereins seit geraumer Zeit infolge Spekulationsgeschäften des Schatzmeisters mit Geldern aus dem Vereinsvermögen nicht mehr geordnet sind. Der Vorstand war bisher trotz Intervention durch etliche Vereinsmitglieder nicht bereit, dem „Treiben" des Schatzmeisters ein Ende zu setzen.]

Der Vorstand hat mir mit Schreiben vom *** ohne Begründung [*Alt.:* mit der Begründung ***] mitgeteilt, dass er dem Verlangen auf Einberufung einer Mitgliederversammlung nicht nachkommen wolle.[77]

Ich

beantrage

daher gemäß § 37 Abs. 2 BGB, mich und die von mir vertretenen Vereinsmitglieder zur Berufung einer Mitgliederversammlung zu ermächtigen[78] und das langjährige, zur Übernahme der Aufgabe bereite Vereinsmitglied Herrn/Frau ***, geboren am ***, wohnhaft *** mit der Versammlungsleitung zu beauftragen. Nach Sachlage ist nicht zu erwarten, dass der derzeitige Vorstand die Versammlungsleitung im Sinne der Antragsteller ordnungsgemäß führen würde.

Mit freundlichen Grüßen

Unterschrift – nicht notwendig öffentlich beglaubigt[79]

---

[71] Alternativer Formulierungsvorschlag → § 17 Rn. 163a.
[72] Zur Zuständigkeit → § 17 Rn. 153.
[73] Grundlegend zu diesem Antrag → § 17 Rn. 147ff.
[74] Zur Antragsberechtigung → § 17 Rn. 151.
[75] Zur notwendigen Mitgliederzahl und deren Prüfung durch das Gericht → § 17 Rn. 156.
[76] Zur Notwendigkeit des fruchtlosen vereinsinternen Einberufungsverlangens → § 17 Rn. 157.
[77] Zur Angabe der Gründe des Verlangens → § 17 Rn. 152.
[78] Zur Entscheidung des Gerichts und der Wirkung der erteilten Ermächtigung → § 17 Rn. 159ff.
[79] Zur Form des Antrags → § 17 Rn. 151.

L. Anmeldung des Verzichts auf Rechtsfähigkeit

An das 12
Amtsgericht ***
– Vereinsregister –

VR: ***

*** e.V. mit Sitz in ***

Zur Eintragung in das Vereinsregister **wird angemeldet:**

1. Der Verein hat durch Beschluss der Mitgliederversammlung vom *** auf die Rechtsfähigkeit verzichtet. Die Satzung ist dementsprechend in § 1 (Name und Sitz) zu ändern.
2. Der Verein besteht als nicht eingetragener Verein fort, eine Liquidation findet nicht statt.

Es wird versichert, dass die genannte Mitgliederversammlung form- und fristgerecht unter Angabe der Tagesordnung einberufen wurde und beschlussfähig war und die gefassten Beschlüsse ordnungsgemäß und mit der erforderlichen Stimmenmehrheit zustande kamen.

Eine Abschrift des Protokolls der Mitgliederversammlung vom *** sowie der Wortlaut der neuen Satzung sind hier beigefügt.

***, den ***
Unterschrift von Vorstandsmitgliedern in vertretungsberechtigter Zahl
Unterschriftsbeglaubigung[80]
Vermerk über die Prüfung auf Eintragungsfähigkeit durch den Notar gem. § 378 Abs. 3 FamFG[81]

M. Antrag auf Entziehung der Rechtsfähigkeit

An das 13
Amtsgericht ***
– Vereinsregister –

VR: ***

*** e.V. mit Sitz in ***

hier: Entziehung der Rechtsfähigkeit[82]

Wir [*Alt.:* Ich und Herr/Frau ***] sind die letzten verbliebenen Mitglieder des oben genannten Vereins. Aussichten auf eine Erhöhung der Mitgliederzahl in absehbarer Zeit bestehen nicht.

Ich/wir

beantrage/n

daher, dem Verein die Rechtsfähigkeit nach § 73 BGB zu entziehen und den Verein zu löschen.

***, den ***
Unterschrift des/der Vorstandsmitglieds/er in vertretungsberechtigter Zahl – keine Beglaubigung nötig

---

[80] Allg. zur Form der Anmeldung → § 17 Rn. 6 ff.

[81] Gemäß § 378 Abs. 3 FamFG hat der Notar die Anmeldung zum Vereinsregister auf Eintragungsfähigkeit zu prüfen.

[82] Zur Entziehung der Rechtsfähigkeit → § 17 Rn. 177 ff.

§ 23. Einladungen; Protokolle; interne Dokumente

Übersicht

A. Einladung zur Mitgliederversammlung mit Satzungsänderung[1]

*** Verein e.V. *** *[Ort]*, den *** *[Datum]* 1

Einladung[2]

Zu der am *** *[Tag]*[3] um *** Uhr[4]

im *** *[Lokalität mit Adresse]* in *** *[Ort]*[5]

stattfindenden ordentlichen [*Alt.:* außerordentlichen][6] Mitgliederversammlung lade/n ich/wir[7] Sie ein.

Die

Tagesordnung[8]

gebe/n ich/wir wie folgt bekannt:

1. Eröffnung der Versammlung durch den Versammlungsleiter
2. Feststellung der Beschlussfähigkeit
3. Geschäftsbericht des Vorstandes
4. Bericht des Kassenwarts
5. Entlastung des Vorstandes
6. Abberufung und Neuwahl des Vorstands
7. Satzungsänderung (§ ***Abs. *** der Satzung betreffend ***
   (Der Entwurf der Satzungsänderung samt bisherigem Satzungstext ist der Einladung beigefügt.)
8. [*ggf.:* Dringlichkeitsanträge gemäß § *** der Satzung *[mit **Hinweis** am Ende der Einladung]*
9. Verschiedenes

---

[1] Alternativer Formulierungsvorschlag → § 7 Rn. 82.
[2] Zur Form der Einberufung → § 5 Rn. 139 ff. und → § 7 Rn. 65 ff.
[3] Zur Einberufungsfrist → § 7 Rn. 59 ff.
[4] Zum Zeitpunkt der Versammlung → § 7 Rn. 95 ff.
[5] Zum Ort der Versammlung → § 7 Rn. 90 ff.
[6] Zu Einberufungsgründen → § 7 Rn. 26 ff.
[7] Zur Einberufungszuständigkeit → § 7 Rn. 55 ff.
[8] Zur Angabe der Tagesordnung → § 7 Rn. 75 ff.

[ggf.: Hinweis, bis wann und an wen (in der Regel an den Vorstand) gemäß der Satzung noch Anträge auf Beschlussfassung eingereicht werden können; vgl. TOP 8][9]

***, den ***

Unterschrift zuständiges Einberufungsorgan[10]

B. Einladung zu zweiter (nach nicht beschlussfähiger erster) Mitgliederversammlung

2 *** Verein e.V. *** *[Ort]*, den *** *[Datum]*

Einladung

zu einer weiteren Mitgliederversammlung nach § * der Satzung**[11]

Mit Schreiben vom *** hatte/n ich/wir zu einer Mitgliederversammlung am *** *[Tag]* um *** Uhr mit unten genannter Tagesordnung eingeladen. Diese Mitgliederversammlung war mangels hinreichender Teilnehmerzahl nicht beschlussfähig.

Ich/Wir lade/n hiermit gemäß § *** der Satzung *[Satzungsbestimmung für die Ladung zur „Wiederholungs"-Versammlung]* zu einer am *** *[Tag]* um *** Uhr im *** *[Lokalität mit Adresse]* in *** *[Ort]* stattfindenden Mitgliederversammlung mit der identischen, unten genannten Tagesordnung ein.[12]

Ich/Wir weise/n ausdrücklich darauf hin, dass diese Mitgliederversammlung am *** *[Tag]* gemäß § *** der Satzung *[Satzungsbestimmung zur Beschlussfähigkeit der „Wiederholungs"-Versammlung*[13]*]* unabhängig von der Zahl der erschienenen Mitglieder beschlussfähig sein wird.[14]

Die

Tagesordnung

gebe/n ich/wir nochmals wie folgt bekannt:

1. Eröffnung der Versammlung durch den Versammlungsleiter
2. Feststellung der Beschlussfähigkeit
3. Geschäftsbericht des Vorstandes
4. Bericht des Kassenwarts
5. Entlastung des Vorstandes
6. Abberufung und Neuwahl des Vorstands
7. Satzungsänderung (§ *** Abs. *** der Satzung betreffend ***
   (Der Entwurf der Satzungsänderung samt bisherigem Satzungstext ist der Einladung beigefügt.)
8. [*ggf.:* Dringlichkeitsanträge gemäß § *** der Satzung *[mit **Hinweis** am Ende der Einladung]*
9. Verschiedenes

[ggf.: Hinweis, bis wann und an wen (in der Regel an den Vorstand) gemäß der Satzung (auch in der „Wiederholungs"-Versammlung) noch Anträge auf Beschlussfassung eingereicht werden können; vgl. TOP 8]

***, den ***

Unterschrift zuständiges Einberufungsorgan

---

[9] Zur Zulässigkeit zusätzlicher Dringlichkeits-/Initiativanträge → § 7 Rn. 140ff.

[10] Zur Einberufungszuständigkeit → § 7 Rn. 55ff.

[11] Grundlegend zur Wiederholungsversammlung → § 7 Rn. 99ff.

[12] Soweit sich aus der Einberufung als „Wiederholungs-Versammlung" nichts anderes ergibt, wird auf die Hinweise zur (Erst-) Einladung nach → Rn. 1 verwiesen.

[13] Vorschlag zu einer möglichen Satzungsbestimmung → § 7 Rn. 102.

[14] Zur Notwendigkeit des Hinweises → § 7 Rn. 99.

C. Protokoll über die Gründung eines Vereins

Protokoll über die Gründung des Vereins * ** 3

am * *[Datum]* in *** *[Versammlungslokal]***

Am vorgenannten Tag und Ort fanden sich auf Einladung von Herrn/Frau *** die in der beigefügten Anwesenheitsliste genannten *** *[Zahl der Anwesenden]* Personen[15] ein, um Beschluss über die Gründung eines Vereins für *** *[kurze Schilderung des Vereinszwecks]*[16] zu fassen.

Herr/Frau *** eröffnete die Versammlung um *** Uhr, begrüßte die Erschienenen und erläuterte den Zweck der Versammlung.

Er/Sie erklärte sich bereit, die Versammlungsleitung zu übernehmen. Dem stimmten die Anwesenden durch Zuruf einstimmig zu. Zur/m Protokollführer/in wurde durch Zuruf Herr/Frau *** gewählt, der/die das Amt annahm.

Der/Die Versammlungsleiter/in gab sodann folgende Tagesordnung bekannt:

1. Beratung und Feststellung der Vereinssatzung
2. Wahl der Vorstandsmitglieder
3. Festsetzung des Mitgliedsbeitrages
4. Organisationsfragen
5. Sonstiges

Gegen die vorgeschlagene Tagesordnung erhob sich kein Widerspruch.

TOP 1:

Der/Die Versammlungsleiter/in verlas und erläuterte die vorgeschlagene Satzung[17] und eröffnete die Aussprache hierüber.

Nach Ende der Aussprache wurde die Satzung in der diesem Protokoll beigefügten Satzung zur Abstimmung gestellt.

Dazu wurde einstimmig durch Handzeichen folgender

Beschluss

gefasst:

> Der Verein *** *[Name des Vereins]*[18] wird gegründet. Ihm ist die vorliegende Satzung gegeben.[19]

Es folgte die Feststellung des/der Versammlungsleiters/in, dass der Verein damit gegründet sei. Auf Bitten der Versammlungsleitung unterzeichneten alle Anwesenden die Satzung als Zeichen ihres Beitritts zum Verein.[20]

TOP 2:

Die Wahl der Vorstandsmitglieder wurde durch Handzeichen durchgeführt. Sie hatte folgendes Ergebnis:

Erste/r Vorsitzende/r: Herr/Frau *** einstimmig

****[entsprechend für die weiteren Vorstandsämter]*

Alle Gewählten nahmen die Wahl an.[21]

[15] Zu den Anforderungen an die Gründer → § 4 Rn. 5 ff.
[16] Zum Vereinszweck → § 6 Rn. 1 ff.
[17] Grundlegend zur Gründungssatzung → § 4 Rn. 29 ff. und → § 5 Rn. 1 ff.
[18] Zum Vereinsnamen → § 5 Rn. 6 ff.
[19] Zu Form und Verfahren der Gründung → § 4 Rn. 63 ff.
[20] Zur Unterzeichnung der Satzung → § 4 Rn. 82 ff.
[21] Zur Vorstandsbestellung → § 4 Rn. 97 ff.

TOP 3:

Der/Die neugewählte Kassierer/in, Herr/Frau *** schlug vor, den Jahresbeitrag gemäß den Bestimmungen der Satzung[22] zunächst wie folgt festzusetzen: *** EUR.

TOP 4:

Die Versammlung fasste auf Anregung der/des neu gewählten Ersten Vorsitzenden folgenden Beschluss:

> Die/Der 1. Vorsitzende wird ermächtigt, Satzungsänderungen vorzunehmen, die nach Auffassung des Vereinsgerichts oder des zuständigen Finanzamts für Körperschaften für die Eintragung des Vereins bzw. dessen Anerkennung als gemeinnützig notwendig sind. Derartige Satzungsänderungen dürfen die Bestimmungen über den Vereinszweck, über das Verfahren bei Wahlen und Beschlüssen und über den Anfall des Vereinsvermögens bei Auflösung des Vereins nicht inhaltlich ändern.[23]

TOP 5:

Nach einer allgemeinen Aussprache über die zukünftige Ausrichtung und Tätigkeit des Vereins schloss der/die Versammlungsleiter/in die Versammlung mit dem Dank an die Erschienenen um *** Uhr.

***, den ***

Unterschrift Versammlungsleiter/in/Erste/r Vorsitzende/r Unterschrift Protokollführer/in[24]

D. Protokoll einer Mitgliederversammlung (mit Vorstandswahl und Satzungsänderung)

4 **Protokoll über die [*ggf.*: außer-]ordentliche[25] Mitgliederversammlung des Vereins[26] am *** *[Datum]* um *** Uhr in *** *[Versammlungslokal]*[27]**

Versammlungsleitung: Herr/Frau ***[28]

Protokollführung: Herr/Frau ***

Der/Die Versammlungsleiter/in eröffnete um *** Uhr die Mitgliederversammlung.[29] Nach Begrüßung der Erschienenen stellte er/sie fest, dass die Versammlung satzungsgemäß einberufen und beschlussfähig[30] ist.[31] Die anwesenden bzw. vertretenen[32] Mitglieder sind aus der hier als Anlage[33] beigefügten Tagesordnung zu entnehmen.[34] Er/sie gab die im Einladungsschreiben mitgeteilte Tagesordnung wie folgt bekannt:[35]

1. Jahresbericht des Vorstandes
2. Entlastung des Vorstandes
3. Satzungsänderung zu § ***; Inhalt: ***

---

[22] Zur Erhebung von Beiträgen → § 5 Rn. 91 ff.
[23] Zur Änderung der Satzung vor Eintragung → § 4 Rn. 76 ff.
[24] Zur Unterzeichnung des Protokolls → § 4 Rn. 109 f.
[25] Zur Angabe der Art der Versammlung im Protokoll → § 7 Rn. 237.
[26] Zum nötigen Inhalt des Protokolls allg. → § 7 Rn. 234 ff.
[27] Zur Angabe von Ort und Zeit der Versammlung → § 7 Rn. 235.
[28] Zur Versammlungsleitung → § 7 Rn. 103 ff.
[29] Zur Eröffnung der Mitgliederversammlung → § 7 Rn. 128 ff.
[30] Zur Beschlussfähigkeit → § 7 Rn. 161 ff.
[31] Zu den Feststellungen → § 7 Rn. 131 f.; zu deren Protokollierung → § 7 Rn. 237.
[32] Zur Zulässigkeit der Vertretung → § 7 Rn. 196 ff.
[33] Zu Protokollanlagen → § 7 Rn. 240.
[34] Zur Angabe der Zahl der Anwesenden im Protokoll → § 7 Rn. 235.
[35] Zur Angabe der Tagesordnung im Protokoll → § 7 Rn. 237.

4. Neuwahl des Vorstandes
5. Sonstiges

Die Versammlung stimmte der Tagesordnung zu.[36]

TOP 1:

***

TOP 2:

Das Mitglied Herr/Frau *** stellte den Antrag auf Entlastung des Vorstandes.[37]

Der Antrag wurde einstimmig angenommen.

TOP 3:

Der/Die Versammlungsleiter/in berichtet, dass der Vorstand – wie in der Einladung angegeben – vorschlägt, § *** der Satzung wie folgt zu ändern: ***.

Der Vorschlag wurde erörtert.[38] Nachdem keine weiteren Wortmeldungen vorlagen,[39] stellte die Versammlungsleitung den vorstehend dargestellten Vorschlag zur Satzungsänderung zur Abstimmung.[40]

Die Abstimmung, die per *** [*zB:* Akklamation *oder* „Handheben"][41] durchgeführt wurde, ergab folgendes Ergebnis:[42] ***.

Anwesende stimmberechtigte Mitglieder: ***[43]

Für die Satzungsänderung: ***

Gegen die Satzungsänderung: ***

Enthaltungen: ***[44]

Die/Der Versammlungsleiter/in stellte das Ergebnis fest und gab bekannt, das damit die Mitgliederversammlung die Änderung der Satzung in §*** antragsgemäß[45] beschlossen habe.[46]

TOP 4:

Die/Der Versammlungsleiter/in schlug vor, für die Vorstandswahl[47] die Versammlungsleitung dem Mitglied Herrn/Frau *** zu übertragen. Dem stimmte die Versammlung einstimmig zu.[48]

Die auf Vorschlag der Versammlungsleitung schriftlich[49] durchgeführten Wahlen brachten folgendes Ergebnis:[50]

[36] Zur Bekanntgabe der Tagesordnung → § 7 Rn. 133.
[37] Zur Entlastung des Vorstands → § 8 Rn. 156 ff.
[38] Zur Diskussion und zum Auskunfts- und Gehörsrecht der Mitglieder → § 7 Rn. 134 ff.
[39] Zur Begrenzung des Rederechts → § 7 Rn. 141 ff.; zur Entziehung des Wortes → § 7 Rn. 144; zur Beendigung der Diskussion und zum Absetzen von Tagesordnungspunkten → § 7 Rn. 145 f.
[40] Allg. zur Herbeiführung der Beschlussfassung → § 7 Rn. 147.
[41] Zur Art der Abstimmung → § 7 Rn. 176 ff.; zur Angabe im Protokoll → § 7 Rn. 235.
[42] Zum Mehrheitserfordernis → § 7 Rn. 164 ff.
[43] Zum Stimmrecht → § 7 Rn. 189 ff.
[44] Zur Angabe des Ergebnisses im Protokoll → § 7 Rn. 235 f.
[45] Zur Angabe des genauen Beschlussortlauts im Protokoll → § 7 Rn. 235.
[46] Zur Verkündung der Beschlüsse → § 7 Rn. 148 f.
[47] Allg. zur (disponiblen) Vorstandsbestimmung durch Wahl der Mitgliederversammlung → § 8 Rn. 52 ff.
[48] Zur Übertragung der Versammlungsleitung → § 7 Rn. 111.
[49] Zur Art der Abstimmung (auch zur geheimen Wahl, zur Blockwahl und zu Gesamtwahlen) → § 7 Rn. 176 ff.
[50] Zur Art der Auszählung → § 7 Rn. 187 f.

1. Wahl zum 1. Vorsitzenden:
   erster Wahlgang: Mitglied Herr/Frau ***: *** Stimmen
   Mitglied Herr/Frau ***: *** Stimmen
   Enthaltungen ***[51]
   [*ggf.:* zweiter Wahlgang: Mitglied Herr/Frau ***: *** Stimmen
   Mitglied Herr/Frau ***: *** Stimmen
   Enthaltungen ***]
   [*ggf.:* dritter Wahlgang: Mitglied Herr/Frau ***: *** Stimmen
   Mitglied Herr/Frau ***: *** Stimmen
   Enthaltungen ***]
   Damit wurde Herr/Frau *** zum/zur 1. Vorsitzenden gewählt.
2. *[entsprechend für die weiteren Vorstandsämter]*

Alle Gewählten nahmen die Wahl an.[52]

Daraufhin übernahm der/die neu gewählte 1. Vorsitzende Herr/Frau *** die Versammlungsleitung.

TOP 5:

Weitere Wortmeldungen erfolgten nicht, Anträge wurden nicht gestellt.

Der/Die Versammlungsleiter/in dankte allen Mitgliedern für ihr Kommen und schloss die Versammlung um[53] *** Uhr.[54]

***, den ***[55]

Unterschrift Versammlungsleiter/in *Unterschrift Protokollführer/in*[56]

E. Antrag auf Einberufung einer Mitgliederversammlung

5 An den
*** e.V.
z.Hd. des Vorstands
***

Einberufung einer Mitgliederversammlung[57]

Sehr geehrte Damen und Herren,

gemäß beiliegender Vollmacht vertrete ich die in der Vollmacht genannten *** Personen, die alle Mitglieder des Vereins *** e.V. sind.[58]

Dem Verein gehören derzeit *** Mitglieder an. Nach den Bestimmungen des § *** der Satzung ist ein Anteil von *** der Mitglieder berechtigt, die Einberufung einer Mitgliederversammlung zu verlangen. Das Verlangen muss schriftlich an den Vorstand erfolgen und den Zweck sowie die Gründe für die Einberufung der Mitgliederversammlung angeben.

Namens der von mir vertretenen, in der anliegenden Vollmacht aufgeführten *** Vereinsmitglieder verlange ich hiermit vom Vorstand die unverzügliche Einberufung einer

---

[51] Zur nötigen Mehrheit bei Wahlen → § 8 Rn. 52ff.
[52] Zur Annahme der Wahl → § 8 Rn. 48.
[53] Zur Angabe des Zeitpunkts im Protokoll → § 7 Rn. 235.
[54] Zum Ende der Mitgliederversammlung (auch zu Vertagung, Abbruch, Unterbrechung) → § 7 Rn. 150ff.
[55] Zum Zeitpunkt der Protokollerstellung → § 7 Rn. 241.
[56] Zu den Unterzeichnern der Niederschrift → § 5 Rn. 151 und → § 7 Rn. 231f.; zur Unterzeichnung selbst → § 7 Rn. 233.
[57] Allg. zum Minderheitenquorum → § 5 Rn. 146 und → § 17 Rn. 156.
[58] Zur Antragsberechtigung → § 17 Rn. 151.

Mitgliederversammlung mit dem Tagesordnungspunkt „***" [*zB:* „Abwahl des Schatzmeisters ***"].

Zur Begründung gebe ich Folgendes an: *** [*zB:* Die Finanzen des Vereins sind seit geraumer Zeit infolge Spekulationsgeschäften des Schatzmeisters mit Geldern aus dem Vereinsvermögen nicht mehr geordnet. Der Vorstand war bisher trotz Intervention durch etliche Vereinsmitglieder nicht bereit, dem „Treiben" des Schatzmeisters ein Ende zu setzen.][59]

Vorsorglich weise ich darauf hin, dass ich namens der von mir Vertretenen beim zuständigen Gericht die Ermächtigung zur Einberufung einer Mitgliederversammlung beantragen werde, wenn Sie dem Verlangen nicht bis spätestens nachgekommen sind.[60]

Mit freundlichen Grüßen

Unterschrift – nicht notwendig öffentlich beglaubigt

F. (Stimmrechts-)Vollmacht für die Mitgliederversammlung

*** *[Name des Mitglieds]* 6
*** *[Anschrift des Mitglieds]*

Vollmacht

Ich, *** *[Name, Vorname]*, bevollmächtige Herrn/Frau *** *[Name, Vorname]*, geboren am ***, wohnhaft ***, mich, soweit nach Gesetz und Satzung zulässig, in der Mitgliederversammlung des *** e.V. mit Sitz in *** umfassend zu vertreten und insbesondere das Stimmrecht für mich bei allen Wahlen und Abstimmungen, auch soweit diese derzeit nicht in der Tagesordnung enthalten sein sollten, uneingeschränkt auszuüben.[61]

Herr/Frau *** ist von den Beschränkungen des § 181 BGB umfassend befreit.

[*ggf.:* Herr/Frau *** *[Name des/der Bevollmächtigten]* ist wie ich Vereinsmitglied.][62]

[***ggf. sinnvollerweise zu ergänzen:*** Unsere Mitgliedsnummern lauten: *** und ***.]

***, den ***

Unterschrift[63]

G. Fortsetzungsbeschluss nach Auflösung[64]

[Protokollauszug] 7

1. Die Vereinsauflösung wird aufgehoben[65] und der in Liquidation befindliche[66] Verein fortgesetzt, und zwar als künftig wieder werbender eingetragener Verein unter Aufrechterhaltung des bisherigen Satzungszwecks.
2. Zum Vorstand wird bestellt: ***.[67]

[59] Zur Notwendigkeit der Begründung → § 5 Rn. 146.
[60] Zu diesem Verlangen → § 22 Rn. 11.
[61] Zur Zulässigkeit der Vollmacht bei Mitgliederversammlungen → § 5 Rn. 170 f. und → § 7 Rn. 196 ff.
[62] Zur fraglichen Bevollmächtigung von Nichtmitgliedern → § 7 Rn. 197.
[63] Zur Form der Stimmrechtsvollmacht → § 7 Rn. 199.
[64] Allg. zur Fortsetzung des aufgelösten Vereins → § 13 Rn. 318 ff. und → § 17 Rn. 98.
[65] Zum Fortsetzungsbeschluss → § 13 Rn. 323 ff.
[66] Zur Unzulässigkeit der Fortführung nach Vollbeendigung → § 13 Rn. 319 ff.
[67] Zur Vorstandsbestellung → § 13 Rn. 328.

H. Beitritt zu einem Verein

8 *** *[Name des Beitretenden]*
*** *[Anschrift des Beitretenden]*

An den
*** e.V. *[Name des Vereins]*
*** *[Anschrift des Vereins]*

Vereinsbeitritt

Sehr geehrte Damen und Herren,

hiermit erkläre ich mit Wirkung zum *** meinen Beitritt als *** *[ggf.: Art der Mitgliedschaft]* Mitglied zum Verein „*** e.V.".

[*ggf.:* Ich möchte der Abteilung *** angehören.]

Meine persönlichen Daten lauten wie folgt: *** *[Name, Vorname, Geburtsdatum, (E-Mail-)Adresse, ggf. Familienstand oder andere relevante persönliche Angaben].*

[ggf.: Einzugsermächtigung Mitgliedsbeiträge]

[*ggf.:* Mit der Erhebung, Speicherung, Verwendung und Weitergabe meiner Daten gemäß § *** der Satzung, der mir zur Kenntnis gebracht wurde, bin ich einverstanden.]

Mit freundlichen Grüßen

Unterschrift

I. Austritt aus einem Verein

9 *** *[Name des Austretenden]*
*** *[Anschrift des Austretenden]*

An den
*** e.V. *[Name des Vereins]*
*** *[Anschrift des Vereins]*

Vereinsaustritt

Sehr geehrte Damen und Herren,

hiermit erkläre ich mit Wirkung zum *** [*Alt.:* zum nächstmöglichen Zeitpunkt] meinen Austritt aus dem Verein „*** e.V.".

Eine etwa erteilte Einzugsermächtigung widerrufe ich hiermit.

Mit freundlichen Grüßen

Unterschrift

J. Amtsniederlegung eines Vorstands/Liquidators

*** *[Name des Niederlegenden]* 10
*** *[Anschrift des Niederlegenden]*

An den
*** e.V. *[Name des Vereins]*
z.Hd. des Vorstands/der Liquidatoren[68]
*** *[Anschrift des Vereins]*

Amtsniederlegung[69]

Sehr geehrte Damen und Herren,

hiermit lege ich mein Amt als *** mit Wirkung zum *** [*Var. 1:* mit Wirkung zum Tag der Eintragung meines Ausscheidens im Vereinsregister] [*Var. 2:* mit sofortiger Wirkung] [*Var. 3:* mit Wirkung zum Ablauf der am *** stattfindenden Mitgliederversammlung]

nieder.

[ggf.: Begründung, vor allem bei nicht ehrenamtlich tätigem Vorstandsmitglied][70]

Mit freundlichen Grüßen

Unterschrift

K. Veröffentlichung der Auflösung/Gläubigeraufruf

Der *** e.V. mit dem Sitz in *** ist aufgelöst. Die Gläubiger werden aufgefordert, ihre Ansprüche beim/bei den Liquidator/en *** *[Name und Anschrift]* anzumelden. 11

***, den ***

Der Liquidator/die Liquidatoren

[68] Zum Adressaten der Erklärung → § 8 Rn. 142.
[69] Allg. zur Amtsniederlegung → § 8 Rn. 139 ff.
[70] Zu möglichen Grenzen im Hinblick auf das Anstellungsverhältnis → § 8 Rn. 143 ff.

§ 24. Arbeitsverträge

Übersicht

A. Trainer-Arbeitsvertrag

Trainer-Arbeitsvertrag 1

zwischen

Erster Hockeyclub Musterdorf, Mustermannstraße 1, 12345 Musterdorf

– im Folgenden „Verein" genannt –

und

Herrn/Frau ***

– im Folgenden „Trainer" genannt –

§ 1. Position und Aufgaben

(1) Der Trainer wird bei dem Verein ab *** als *** tätig.

(2) Der Verein ist berechtigt, den Trainer nach pflichtgemäßem Ermessen ein anderes, seinen Fähigkeiten und Qualifikationen entsprechendes Aufgaben- und Verantwortungsgebiet ohne Einschränkung seiner Vergütung zu übertragen.

(3) Der Trainer ist verantwortlich für die das Hockeyspiel betreffende Aus- und Weiterbildung der folgenden Mannschaften des Vereins sowie für deren Betreuung und Überwachung beim Spiel.

(4) Der Trainer verpflichtet sich dazu, für Auftreten mit Werbepartner des Vereins zur Verfügung zu stehen. Er verpflichtet sich, während jeder Tätigkeit für den Verein auf dessen Wunsch die durch den Verein zur Verfügung gestellte Kleidung zu tragen.

§ 2. Arbeitszeit

(1) Die regelmäßige wöchentliche Arbeitszeit beträgt 40 Stunden. Die Lage der Arbeitszeit und der Pausen wird vom Verein bestimmt.

(2) Der Trainer wird seine ganze Arbeitskraft im Interesse des Vereins einsetzen. Er ist verpflichtet, auf Anordnung des Vereins Mehrarbeit – Überstunden bis zu acht Stunden/Woche – zu leisten. Darüber hinaus ist er verpflichtet, Nacht-, Schicht-, Samstag-, Sonn- und Feiertagsarbeit in gesetzlich zulässigem Umfang zu leisten.

(3) Überstunden sind in vollem Umfang mit der Vergütung gemäß § 3 dieses Vertrages abgegolten.

(4) Der Arbeitnehmer verpflichtet sich und erklärt sich bereit, auf entsprechende Anordnung des Arbeitgebers hin auch Kurzarbeit zu leisten für den Fall, dass die Voraussetzungen für die Gewährung von Kurzarbeitergeld erfüllt sind; bei der Anordnung von Kurzarbeit hat der Arbeitgeber gegenüber dem Arbeitnehmer eine Ankündigungsfrist von vier Wochen einzuhalten.

§ 3. Vergütung

(1) Der Trainer erhält als Vergütung für seine Tätigkeit ein Bruttomonatsgehalt von *** EUR, zahlbar bargeldlos jeweils zum Monatsende.

(2) Dem Trainer ist es nicht gestattet, seine Vergütungsansprüche ohne vorherige schriftliche Zustimmung des Vereins an Dritte abzutreten oder zu verpfänden.

(3) Der Trainer verpflichtet sich, etwa zu viel bezogene Vergütung voll umfänglich an den Verein zurückzuzahlen.

§ 4. Freiwilligkeitsvorbehalt

Die Gewährung von sonstigen Leistungen dieses Arbeitsvertrages erfolgt freiwillig und mit der Maßgabe, dass auch mit einer wiederholten vorbehaltslosen Gewährung kein Rechtsanspruch für die Zukunft begründet wird. Der Verein behält sich vor, jedes Jahr neu zu entscheiden, ob und in welcher Höhe eine solche Leistung gewährt wird.

§ 5. Arbeitsverhinderung

(1) Der Trainer hat in jedem Fall einer unvorhergesehenen Abwesenheit den Verein unverzüglich über den Grund und die Dauer seiner voraussichtlichen Abwesenheit zu informieren.
Im Falle der Erkrankung ist er darüber hinaus verpflichtet, eine ärztliche Bescheinigung für das Bestehen der Arbeitsunfähigkeit sowie deren voraussichtlichen Dauer spätestens an dem auf den zweiten Kalendertag folgenden Arbeitstag vorzulegen.

(2) Ist der Trainer infolge auf Krankheit beruhender Arbeitsunfähigkeit an der Arbeitsleistung verhindert, ohne dass ihn ein Verschulden trifft, so erhält er Vergütungsfortzahlung nach den gesetzlichen Bestimmungen.

§ 6. Urlaub

(1) Der Trainer hat Anspruch auf den gesetzlichen Mindesturlaub gemäß § 3 Abs. 1 Bundesurlaubsgesetz von 20 Arbeitstagen pro Jahr. Arbeitstage sind alle Tage, die am Arbeitsort weder Samstage noch Sonntage oder gesetzliche Feiertage sind.

(2) Der Verein gewährt dem Trainer zusätzlich einen Urlaubsanspruch von zehn weiteren Arbeitstagen pro Jahr. Für diesen zusätzlichen Urlaub gilt von den rechtlichen Vorgaben für den gesetzlichen Mindesturlaub, dass der Urlaub im laufenden Kalenderjahr gewährt und genommen werden muss. Andernfalls verfällt er.

(3) Auch der gesetzliche Mindesturlaub muss im laufenden Kalenderjahr gewährt und genommen werden.
Eine Übertragung des Urlaubs auf das nächste Kalenderjahr ist ausnahmsweise statthaft, wenn in der Person des Trainers liegende Gründe dies rechtfertigen. Im Falle der Übertragung muss der Urlaub in den ersten drei Monaten des folgenden Kalenderjahres gewährt und genommen werden. Ist der Trainer aufgrund einer Erkrankung gehindert, den Urlaub im Übertragungszeitraum gemäß dem vorgenannten Satz zu nehmen, verlängert sich der Übertragungszeitraum um weitere zwölf Monate; das heißt bis zum 31.3. des zweiten auf das Urlaubsjahr folgenden Kalenderjahres; danach verfällt der Urlaubsanspruch ersatzlos.

(4) Mit der Erteilung von Urlaub wird bis zu dessen vollständiger Erfüllung zunächst der gesetzliche Mindesturlaubsanspruch erfüllt.

(5) Bei der Festlegung von Zeitpunkt und Ort des Urlaubs werden die betrieblichen Interessen und Bedürfnisse angemessen berücksichtigt.

§ 7. Anwendung von Verbandsregelungen

(1) Auf das Arbeitsverhältnis finden die Satzungen und Ordnungen des Deutschen Hockeybundes und seiner zuständigen Mitgliedsverbände in ihrer jeweils gültigen Fassung Anwendung. Der Trainer erkennt diese Bestimmungen für sich als verbindlich an. Er unterwirft sich den Entscheidungen der zuständigen Stelle des DHB oder seiner Mitgliedsverbände.

(2) Der Trainer bestätigt und verpflichtet sich für die Dauer dieses Vertrages gemäß den Vorschriften der Spielordnung des Deutschen Hockeybundes ordentliches Mitglied eines dem Deutschen Hockeybund angeschlossenen Vereins zu sein.

(3) Der Trainer unterwirft sich der Satzung des Vereins. Er unterwirft sich weiterhin der Strafgewalt des Vereins, insbesondere eines etwaigen Strafenkataloges.

§ 8. Nebentätigkeiten

(1) Der Trainer wird dem Verein seine volle Arbeitskraft widmen und deren Interessen fördern.

(2) Jede weitere entgeltliche oder unentgeltliche Tätigkeit bedarf der vorherigen schriftlichen Zustimmung des Vereins. Der Verein wird seine Zustimmung nur verweigern, wenn seine Interessen durch die Nebentätigkeit beeinträchtigt werden können.

§ 9. Geheimhaltung

(1) Der Trainer ist verpflichtet, alle vertraulichen Angelegenheiten, insbesondere Betriebs- und Geschäftsgeheimnisse, des Vereins und mit dem Verein verbundener Unternehmen und Personen streng geheim zu halten. Diese Verpflichtung gilt auch nach Beendigung des Arbeitsvertrages.

(2) Alle dem Verein oder mit seine verbundenen Unternehmen und Personen betreffenden Unterlagen, insbesondere alle Notizen, Spezifikationen für Angebote und Aufträge, Protokolle, Berichte, Korrespondenz und ähnliche Dokumente einschließlich eventueller Kopien, alle Datenträger/Daten und alle dem Trainer überlassenen Gegenstände sind sorgfältig zu behandeln und dürfen ausschließlich zu dienstlichen Zwecken verwendet werden. Eine Entfernung aus den Geschäftsräumen oder eine Vervielfältigung ist unzulässig.

(3) Zum Zeitpunkt der Beendigung des Arbeitsverhältnisses oder einer Freistellung nach Ausspruch einer Kündigung wird der Trainer dem Verein unaufgefordert – während des Bestehens eines Arbeitsvertrages auf Anordnung – alle in seinem Besitz befindlichen vorgenannten Unterlagen, Datenträger und Gegenstände zurückgeben. Sinngemäß gilt dies auch für nicht körperliche Informationen und Materialien zB Computerprogramme oder sonstige Daten. Dem Trainer ist es nicht gestattet, Sicherungskopien hiervon zu behalten.

§ 10. Abtretung von Schadensersatzforderungen

Der Trainer tritt seine Schadensersatzforderungen an den Verein insoweit ab, als er durch einen Dritten verletzt wird und dem Verein Vergütungsfortzahlungen im Krankheitsfall zu leisten hat.

§ 11. Laufzeit und Kündigung

(1) Das Arbeitsverhältnis ist befristet bis zum ***, es endet mit Ablauf dieses Zeitpunktes, ohne dass es einer Kündigung bedarf. Die ersten sechs Monate gelten als Probezeit.

(2) Nach Ablauf von sechs Monaten kann das Arbeitsverhältnis nach Maßgabe der gesetzlichen Vorschriften mit einer Kündigungsfrist von *** Monaten zum Monatsende gekündigt werden. Jede gesetzliche Verlängerung der Kündigungsfrist zu Gunsten des Trainers gilt auch zu Gunsten des Arbeitgebers.

(3) Ohne dass es einer Kündigung bedarf, endet das Arbeitsverhältnis spätestens mit Ablauf des Monats, in dem der Trainer die Regelaltersgrenze in der gesetzlichen Rentenversicherung (derzeit Vollendung des 67. Lebensjahres) erreicht.

(4) Das Arbeitsverhältnis endet auch mit Ablauf des Monats, in dem ein Bescheid zugestellt wird, mit dem der zuständige Sozialversicherungsträger feststellt, dass der Trainer auf Dauer vollständig erwerbsgemindert ist und der Trainer nicht vor Ablauf der Widerspruchsfrist seinen Antrag zurücknimmt oder auf eine Rente auf Zeit einschränkt, bei späterem Beginn des entsprechenden Rentenbezugs jedoch erst mit Ablauf des dem Rentenbeginn vorhergehenden Tages. Gewährt der Sozialversicherungsträger nur eine Rente auf Zeit, so ruht der Arbeitsvertrag für den Bewilligungszeitraum dieser Rente, längstens jedoch bis zum Beendigungszeitpunkt gemäß Satz 1. Satz 1 und 2 gelten nicht, wenn der Trainer noch ohne Einschränkung in der Lage ist, die arbeitsvertraglich geschuldete Leistung zu erbringen.

(5) Der Verein ist im Falle einer Kündigung des Arbeitsvertrages – gleich von wem sie ausgesprochen wird – berechtigt, den Trainer von seiner weiteren Tätigkeit für die Gesellschaft nach billigem Ermessen gemäß § 315 BGB von der Arbeitsleistung freizustellen, wenn ein sachlicher Grund, insbesondere in Vertragsverstoß, der die Vertragsgrundlage beeinträchtigt (zB Konkurrenztätigkeit, Geheimnisverrat) gegeben ist. Der Trainer hat während der Freistellungszeit seinen ihm eventuell zustehenden Restjahresurlaub einzubringen, es sei denn, dass persönliche Interessen des Trainers das betriebliche Interesse der Gesellschaft überwiegen.

§ 12. Nebenabreden und Vertragsänderungen

(1) Änderungen des Vertrages und Nebenabreden bedürfen zu ihrer Rechtswirksamkeit der Schriftform. Dies gilt auch für die Abbedingung des Schriftformerfordernisses.

(2) Sind einzelne Bestimmungen dieses Vertrages unwirksam, so wird hiervon die Wirksamkeit der übrigen Bestimmungen nicht berührt. An die Stelle der unwirksamen Bestimmung tritt die gesetzlich zulässige Bestimmung, die dem mit der unwirksamen Bestimmung gewollten wirtschaftlichen Zweck am nächsten kommt.

§ 13. Verfall von Ansprüchen

(1) Alle Ansprüche aus dem Arbeitsverhältnis müssen innerhalb einer Frist von drei Monaten nach Fälligkeit in Textform geltend gemacht werden. Erfolgt dies nicht, verfallen diese Ansprüche.

(2) Lehnt der Leistungspflichtige den Anspruch in Textform ab oder erklärt er sich hierzu nicht innerhalb eines Monats nach Geltendmachung des Anspruchs, so verfällt dieser, wenn er nicht innerhalb von drei Monaten nach der Ablehnung oder nach dem Ablauf der Monatsfrist gerichtlich geltend gemacht wird.

(3) Diese Ausschlussfristen und diese Verfallklausel gelten nicht für Ansprüche aus einer Haftung für vorsätzliche Pflichtverletzungen, für Schäden aus der Verletzung des Lebens, des Körpers oder der Gesundheit, für Ansprüche auf Mindestlohn nach dem MiLoG, AEntG oder AÜG oder andere nach staatlichem Recht zwingende Mindestarbeitsbedingungen, und nicht für sonstige Ansprüche, die kraft Gesetzes der Regelung durch eine Ausschlussfrist entzogen sind.

§ 14. Datenschutz

Der Trainer willigt in die Erhebung, Verarbeitung, Nutzung und Speicherung seiner personenbezogenen Daten ein, soweit diese zur Durchführung oder Beendigung des Arbeitsverhältnisses erforderlich sind. Dies gilt insbesondere auch für alle Daten, die er im Rahmen seiner Bewerbung unaufgefordert mitgeteilt hat. Soweit ein berechtigtes Interesse des Vereins an der Speicherung der Daten nicht mehr besteht, kann der Trainer die Löschung der Daten jederzeit verlangen.

§ 15. Salvatorische Klausel

Sollte eine Bestimmung dieses Vertrages und/oder seiner Änderungen bzw. Ergänzungen unwirksam sein, so wird die Wirksamkeit des Vertrages im Übrigen nicht berührt. Die unwirksame Bestimmung wird durch eine wirksame ersetzt, die dem wirtschaftlich Gewollten am nächsten kommt.

§ 18. Vertragsaushändigung

(1) Der Vertrag wird in zwei Ausfertigungen erstellt, von denen jede Partei eine erhalten hat.

(2) Beide Parteien bekennen eine Ausfertigung dieses Vertrages erhalten zu haben.

***, den *** ***, den ***

Unterschrift VereinAbstand *Unterschrift Trainer*

B. Arbeitsvertrag (Minijob)

Arbeitsvertrag (Minijob) 2

zwischen

Erster Hockeyclub Musterdorf, Mustermannstraße 1, 12345 Musterdorf

– im Folgenden „Verein" genannt –

und

Herrn/Frau ***

– im Folgenden „Mitarbeiter" genannt –

§ 1. Beginn des Arbeitsverhältnisses

Das Arbeitsverhältnis beginnt am ***.

§ 2. Tätigkeit

(1) Der Mitarbeiter wird aushilfsweise als *** in der Abteilung *** beschäftigt.

(2) Der Verein ist berechtigt, dem Mitarbeiter jederzeit ein anderes, seiner Fähigkeiten und Qualifikationen entsprechendes, zumindest gleichwertiges Aufgaben- und Verantwortungsgebiet zu übertragen, soweit dies bei Abwägung der Interessen des Vereins und des Mitarbeiters zumutbar ist.

(3) Der Mitarbeiter ist verpflichtet, die Richtlinien und Anweisungen des Vereins sowie alle betrieblichen Regelungen in ihrer jeweils gültigen Fassung sowie die Anordnung ihrer Vorgesetzten zu beachten.

§ 3. Arbeitszeit

Die regelmäßige Arbeitszeit beträgt *** Wochenstunden an *** Tagen zu je *** Stunden, und zwar jeweils am ***, am ***, am *** und am ***. Die Lage der Arbeitszeit sowie der Pausen wird in Abstimmung mit dem Verein bestimmt.

§ 4. Vergütung

(1) Der Mitarbeiter erhält als Vergütung für seine Tätigkeit eine monatliche Vergütung in Höhe von 450,00 EUR. Dies entspricht einem Stundenlohn von *** EUR.
Die Vergütung ist jeweils zahlbar bargeldlos zum Monatsende auf das dem Verein bekannte Bankkonto.

(2) Dem Mitarbeiter ist es nicht gestattet, seine Vergütungsansprüche ohne vorherige schriftliche Zustimmung des Vereins an Dritte abzutreten oder zu verpfänden. Die Zustimmung darf nur aus sachlichen Gründen verweigert werden.

(3) Der Mitarbeiter verpflichtet sich, etwa zu viel bezogene Zahlungen an den Verein zurückzuerstatten.

§ 5. Hinweis auf Rentenversicherungspflicht

Der Mitarbeiter wurde darauf hingewiesen, dass er auf Antrag von der Rentenversicherungspflicht befreit werden kann. Der schriftliche Befreiungsantrag ist dem Verein zu übergeben (§ 6 Abs. 1b Sozialgesetzbuch). Dem Mitarbeiter ist bekannt, dass ein entsprechender Verzicht nur mit Wirkung für die Zukunft und bei Ausübung von mehreren geringfügigen Beschäftigungsverhältnissen nur einheitlich erklärt werden kann und diese Erklärung dem Mitarbeiter für die Dauer der Beschäftigungen bindet.

§ 6. Abwesenheit, Krankheit

(1) Der Mitarbeiter hat in jedem Fall seiner unvorhergesehenen Abwesenheit den Verein unverzüglich über seine Arbeitsunfähigkeit oder den sonstigen Verhinderungsgrund und die voraussichtliche Dauer seiner Abwesenheit zu informieren. Dabei hat der Mitarbeiter den Verein auf vordringlich zu erledigende Aufgaben hinzuweisen.

(2) Dauert eine Arbeitsunfähigkeit aufgrund Krankheit oder Unfall länger als drei Arbeitstage, hat der Mitarbeiter eine ärztliche Bescheinigung über das Bestehen der Arbeitsunfähigkeit sowie deren voraussichtliche Dauer („Arbeitsunfähigkeitsbescheinigung") spätestens an dem auf den dritten Kalendertag der Arbeitsunfähigkeit folgenden Arbeitstag vorzulegen. Der Verein ist berechtigt, die Vorlage der Arbeitsunfähigkeitsbescheinigung auch schon ab dem ersten Tage der Arbeitsunfähigkeit zu verlangen. Dauert die Arbeitsunfähigkeit länger als in der vorgelegten Arbeitsunfähigkeitsbescheinigung angegeben, ist der Mitarbeiter verpflichtet, eine Folgebescheinigung spätestens am ersten Arbeitstage nach Ablauf der vorhergehenden Bescheinigung vorzulegen.

§ 7. Urlaub

(1) Der Mitarbeiter hat Anspruch auf einen jährlichen Erholungsurlaub von *** Arbeitstagen.[1]
(2) Der gesamte Urlaub ist grundsätzlich im laufenden Kalenderjahr zu nehmen. Eine Übertragung des Urlaubs auf das nächste Kalenderjahr erfolgt nur, wenn dringende betriebliche oder in der Person des Mitarbeiters liegende Gründe dies rechtfertigen. Der so übertragene Urlaub verfällt, wenn er nicht innerhalb der ersten drei Monate des Folgejahres genommen wird. Ist der Mitarbeiter in Folge einer ärztlich nachgewiesenen, krankheitsbedingten Arbeitsunfähigkeit daran gehindert, den übertragenen Urlaub innerhalb des Übertragungszeitraums zu nehmen, besteht der Anspruch auf den gesetzlichen Mindesturlaub weitere zwölf Monate nach Ablauf des Übertragungszeitraums fort, bevor er verfällt.

§ 8. Weitere Beschäftigungen

Der Mitarbeiter verpflichtet sich, jede Aufnahme einer weiteren Beschäftigung dem Verein unverzüglich mitzuteilen. Dies gilt für sämtliche Beschäftigungen, unabhängig von der Höhe des Verdienstes oder deren zeitlichen Umfang.

§ 9. Kündigungsfristen

(1) Der Arbeitsvertrag beginnt am *** und ist auf die Dauer der Probezeit von sechs Monaten befristet. Während der Probezeit können beide Parteien das Arbeitsverhältnis unter Einhaltung einer Kündigungsfrist von zwei Wochen kündigen. Vor Beginn des Arbeitsvertrages ist die ordentliche Kündigung ausgeschlossen.
(2) Wird das Arbeitsverhältnis nach Ablauf der Befristung als Unbefristetes fortgesetzt, so geht es in ein Arbeitsverhältnis auf unbestimmte Zeit zu den in diesem Arbeitsvertrag geregelten Bedingungen über. Die Parteien können den Arbeitsvertrag unter Einhaltung der gesetzlichen Kündigungsfrist kündigen. Eine Verlängerung der für den Verein maßgeblichen Kündigungsfristen gilt auch für den Mitarbeiter.
(3) Die Kündigung bedarf der Schriftform.
(4) Der Verein ist im Fall der Kündigung des Arbeitsvertrages durch den Verein berechtigt, den Mitarbeiter von seiner weiteren Tätigkeit für den Verein freizustellen. Während der Zeit der Freistellung behält der Mitarbeiter seinen Anspruch auf die vertragliche Vergütung, sie muss sich jedoch den Wert desjenigen anrechnen lassen, was sie in Folge des Unterbleibens der Dienstleistung erspart oder durch anderweitige Verwendung ihrer Dienste erwirbt oder zu erwerben böswillig unterlässt. Das vertragliche Wettbewerbsverbot bleibt von der Freistellung unberührt. Im Falle einer unwiderruflichen Freistellung wird die Freistellungszeit auf etwaige Urlaubs- oder

---

[1] Bei Teilzeit-Mitarbeitern, die nur an einzelnen Tagen in der Woche arbeiten, werden die arbeitsfreien Tage bei der Feststellung des Urlaubsanspruches mitgerechnet. Nimmt der Teilzeit-Mitarbeiter nur einzelne Tage als Urlaub, wird der Urlaubsanspruch im gleichen Umfang gekürzt, wie die Arbeitszeit des Teilzeit-Mitarbeiters gegenüber der Arbeitszeit einer Vollzeitarbeitskraft vermindert ist. **Beispiel:** 2 individuelle Arbeitstage pro Woche × 24 Tage Urlaub in Werktagen ./. 6 übliche Arbeitstage = 8 Urlaubstage.

Freizeitausgleichansprüche angerechnet. Die vorstehenden Regelungen geltend entsprechend für eine Kündigung durch den Mitarbeiter.

(5) Der Arbeitsvertrag endet ohne Kündigung mit Ablauf des Monats, indem der Mitarbeiter das Alter erreicht, indem er erstmals einen Anspruch auf gesetzliche Regelaltersrente erwirbt.

(6) Der Mitarbeiter ist verpflichtet, den Verein unverzüglich darüber zu informieren, wenn er die gesetzlichen Voraussetzungen zum Bezug der gesetzlichen Regelaltersrente erfüllt oder wenn ihm ein Bescheid über die Feststellung einer zeitlich unbefristeten Erwerbsminderungsrente zugestellt wird. Er verpflichtet sich auch, den Verein auf Anfrage stets über den Stand der eigenen Anträge auf Alters- oder Erwerbsminderungsrente zu informieren.

§ 10. Ausschlussfristen/Verjährung

(1) Alle Ansprüche aus dem Arbeitsverhältnis müssen innerhalb einer Frist von drei Monaten nach Fälligkeit in Textform geltend gemacht werden. Erfolgt dies nicht, verfallen diese Ansprüche.

(2) Lehnt der Leistungspflichtige den Anspruch in Textform ab oder erklärt er sich hierzu nicht innerhalb eines Monats nach Geltendmachung des Anspruchs, so verfällt dieser, wenn er nicht innerhalb von drei Monaten nach der Ablehnung oder nach dem Ablauf der Monatsfrist gerichtlich geltend gemacht wird.

(3) Diese Ausschlussfristen und diese Verfallklausel gelten nicht für Ansprüche aus einer Haftung für vorsätzliche Pflichtverletzungen, für Schäden aus der Verletzung des Lebens, des Körpers oder der Gesundheit, für Ansprüche auf Mindestlohn nach dem MiLoG, AEntG oder AÜG oder andere nach staatlichem Recht zwingende Mindestarbeitsbedingungen, und nicht für sonstige Ansprüche, die kraft Gesetzes der Regelung durch eine Ausschlussfrist entzogen sind

§ 11. Schlussbestimmungen/Mitteilungspflicht/Aufhebung früherer Vereinbarungen und Anstellungsverhältnisse/Schriftform

(1) Der Mitarbeiter wird dem Verein alle Änderungen über die Angaben zu ihrer Person, soweit sie für das Arbeitsverhältnis von Bedeutung sind, wie etwa Änderungen der Lohnsteuerklasse, der Kinderfreibeträge oder des Schwerbehindertenstatus unverzüglich mitteilen. Der Mitarbeiter versichert, unter der jeweils angegebenen Adresse postalisch erreichbar zu sein und dem Verein Änderungen der Zustelladresse unverzüglich schriftlich mitzuteilen. Aus der Nichtbeachtung dieser Verpflichtung etwa entstehende Nachteile gehen zu Lasten des Mitarbeiters.

(2) Dieser Arbeitsvertrag ersetzt alle eventuell vorherigen Vereinbarungen zwischen den Parteien über das Arbeitsverhältnis und etwaige zuvor bestehende Anstellungsverhältnisse jeder Art. Mündliche Nebenabreden bestehen nicht. Änderungen oder Ergänzungen dieses Arbeitsvertrages und einschließlich dieser Bestimmung bedürfen zu ihrer Wirksamkeit der Schriftform, es sei denn, diese wurden nachweislich zwischen den Parteien ausgehandelt. Das Schriftformerfordernis bezieht sich auch auf etwaige Ansprüche aus betrieblicher Übung.

(3) Sollte eine Bestimmung dieses Arbeitsvertrages ganz oder teilweise unwirksam sein oder werden, so wird hiervon die Wirksamkeit der übrigen Bestimmungen dieses Arbeitsvertrages nicht berührt. An die Stelle der unwirksamen Bestimmung tritt die gesetzlich zulässige Bestimmung, die dem mit der unwirksamen Bestimmung gewollten wirtschaftlich am nächsten kommt. Dasselbe gilt für den Fall einer vertraglichen Lücke.

***, den *** | ***, den ***

Unterschrift Verein | *Unterschrift Mitarbeiter*

§ 25. Umwandlungsmuster

Übersicht

A. Verschmelzungsvertrag

Verschmelzungsvertrag 1

Heute, den ***, erschienen vor mir, ***, Notar mit dem Amtssitz in ***, in meinen Amtsräumen in ***:

1. Herr ***,
geb. am ***,
wohnhaft ***,
ausgewiesen durch amtlichen Lichtbildausweis,
hier handelnd nicht im eigenen Namen, sondern als einzelvertretungsberechtigtes Vorstandsmitglied für den

B e.V.
mit dem Sitz in ***
Amtsgericht ***, VR ***
(Anschrift: ***)

2. Herr ***,
geb. am ***,
wohnhaft ***,
ausgewiesen durch amtlichen Lichtbildausweis,
hier handelnd nicht im eigenen Namen, sondern als einzelvertretungsberechtigtes Vorstandsmitglied für den

A e.V.
mit dem Sitz in ***
Amtsgericht ***, VR ***
(Anschrift: ***):

– Vertretungsbescheinigung erfolgt jeweils gesondert –.

Auf Ansuchen der Erschienenen beurkunde ich ihren Erklärungen gemäß folgenden

Verschmelzungsvertrag

zwischen dem

B e.V. mit Sitz in ***

– nachstehend auch „**übertragender Rechtsträger**“ genannt –

und dem

A e.V. mit Sitz in ***

– nachstehend auch „**übernehmender Rechtsträger**“ genannt –.

§ 1. Allgemeines

Mit diesem Vertrag wird der B e.V. mit Sitz in *** (Amtsgericht ***, VR ***) – als übertragender Rechtsträger – auf den A e.V. mit Sitz in *** (Amtsgericht ***, VR ***) – als übernehmenden Rechtsträger – verschmolzen.

Weder die Satzung des übertragenden Rechtsträgers noch die Satzung des übernehmenden Rechtsträgers beinhalten Verschmelzungshindernisse im Sinne des § 99 Abs. 1 Alt. 1 UmwG.

Die Satzungszwecke der beiden Vereine machen deutlich, dass beide Vereine auf ähnlichen Gebieten tätig sind und keine unterschiedlichen Zwecke im Sinne des § 33 Abs. 1 S. 2 BGB verfolgen.

§ 2. Vermögensübertragung, Verschmelzungsstichtag, Bilanz

1. Der B e.V. überträgt sein Vermögen als Ganzes mit allen Rechten und Pflichten unter Ausschluss der Abwicklung gemäß §§ 2 ff., 99 ff. UmwG auf den A e.V. im Wege der Verschmelzung durch Aufnahme.
2. Der A e.V. übernimmt das Vermögen des B e.V. im Innenverhältnis mit Wirkung vom 1. 1. 2021 (Verschmelzungsstichtag). Von diesem Zeitpunkt an gelten die Handlungen und Geschäfte des übertragenden Rechtsträgers als für Rechnung des übernehmenden Rechtsträgers geführt.
3. Der übertragende Rechtsträger ist nicht bilanzierungspflichtig. Es wird auch nicht freiwillig bilanziert. Gleiches gilt für den übernehmenden Rechtsträger. Der Verschmelzung wird daher die Einnahmenüberschussrechnung des B e.V. für das Jahr 2020 samt Vermögensaufstellung auf den 31. 12. 2020 zugrunde gelegt.

§ 3. Gegenleistung, Mitgliedschaft

Mit Wirksamwerden der Verschmelzung wird jedem Mitglied des B e.V. als Gegenleistung für die Verschmelzung ohne besonderes Aufnahmeverfahren die Mitgliedschaft im übernehmenden Rechtsträger, dem A e.V., gewährt.

Sowohl die geltende Satzung des B e.V. als auch diejenige des A e.V. sehen vor, dass jede natürliche Person, die das *** Lebensjahr vollendet hat, Mitglied werden kann. Sonstige Beschränkungen des Mitgliederkreises bestehen nicht. Die Mitglieder des B e.V., die neue Mitgliedschaften beim A e.V. erhalten, haben somit keine weiteren Voraussetzungen zu erfüllen.

Soweit für die Rechtsposition von Vereinsmitgliedern im übernehmenden Rechtsträger die Dauer der Vereinszugehörigkeit maßgeblich ist, werden Zeiten der Vereinszugehörigkeit im übertragenden Rechtsträger vollständig berücksichtigt.

Gemäß § 10 der Satzung des A e.V. werden von den Mitgliedern Mitgliedsbeiträge erhoben, deren Höhe die Mitgliederversammlung bestimmt. Derzeit beträgt der Mitgliedsbeitrag im übernehmenden Rechtsträger für jedes volljährige Mitglied 100 EUR pro Kalenderjahr; Minderjährige leisten einen reduzierten jährlichen Beitrag von 50 EUR. Auch die Mitglieder des B e.V. leisten Mitgliedsbeiträge. Diese liegen bei 80 EUR für volljährige und 40 EUR für minderjährige Vereinsmitglieder. Für das Jahr 2021 wird der an den übertragenden Rechtsträger geleistete bzw. noch zu leistende Beitrag als vollständiger Beitrag auch im Verhältnis zum übernehmenden Rechtsträger gewertet. Darüber hinaus gehende Nachzahlungen für das laufende Jahr 2021 sind daher von den Mitgliedern des B e.V. nicht zu leisten. Ab dem Jahr 2022 gelten für alle Mitglieder die Beitragsverpflichtungen des übernehmenden Rechtsträgers.

Im Übrigen bestimmen sich die Rechten und Pflichten der Mitglieder des übernehmenden Rechtsträgers nach dessen Satzung, die diesem Verschmelzungsvertrag als Anlage 1 beigefügt ist. Auf die Anlage 1 wird verwiesen. Sie wurde verlesen.

Hinsichtlich etwaiger Doppelmitgliedschaften erhalten die Mitglieder für die kraft Gesetzes erlöschende Mitgliedschaft im übertragenden Rechtsträger keine Entschädigung. Derartige Doppelmitgliedschaften bestehen nach Angabe der Beteiligten derzeit jedoch nicht.

§ 4. Gewinnbezugsrecht

Ein Gewinnbezugsrecht (§ 5 Abs. 1 Nr. 5 UmwG) vermittelt weder die Mitgliedschaft im übertragenden noch die Mitgliedschaft im übernehmenden Rechtsträger, ebenso wenig sonstige vermögensrechtliche Ansprüche, wie zB Ansprüche auf Auskehrung des Vereinsvermögens oder ähnliches. Der Anspruch auf Nutzung der Vereinseinrichtungen des A e.V. besteht für die Mitglieder des B e.V. ab dem Wirksamwerden der Verschmelzung.

§ 5. Keine besonderen Rechte

Besondere Rechte im Sinne des § 5 Abs. 1 Nr. 7 UmwG bestanden beim übertragenden Rechtsträger nicht. Einzelnen Mitgliedern werden im Rahmen der Verschmelzung keine besonderen Rechte im übernehmenden Verein gewährt.

§ 6. Keine besonderen Vorteile

Es werden keine besonderen Vorteile an die in § 5 Abs. 1 Nr. 8 UmwG genannten Personen gewährt; daher entfallen auch die diesbezüglich in § 5 Abs. 1 Nr. 8 UmwG vorgesehenen Angaben.

§ 7. Folgen der Verschmelzung für Arbeitnehmer und ihre Vertretungen

Arbeitnehmer werden weder beim übertragenden noch beim übernehmenden Rechtsträger beschäftigt. Die Vorstände und alle sonstigen Personen sind jeweils rein ehrenamtlich tätig. Demgemäß bestehen bei den am Verschmelzungsvorgang beteiligten Rechtsträgern auch keine Arbeitnehmervertretungen. Daher ergeben sich weder Folgen noch beabsichtigte Maßnahmen im Sinne des § 5 Abs. 1 Nr. 9 UmwG. Weitere Angaben hierzu erübrigen sich daher.

§ 8. Kein Grundbesitz

Der übertragende Rechtsträger hat keinen Grundbesitz.

§ 9. Kein Barabfindungsgebot

Es handelt sich bei den beteiligten Vereinen um gemeinnützige Vereine im Sinne der § 5 Abs. 1 Nr. 9 KStG, §§ 51 ff. AO. Hierzu wird auf die in einfacher Kopie zu Beweiszwecken beigefügten Unterlagen (gesonderte Feststellung des jeweils zuständigen Finanzamts gemäß § 60a AO) verwiesen.

Ein Barabfindungsgebot (§ 29 UmwG) war daher gemäß § 104a UmwG in diesen Verschmelzungsvertrag nicht aufzunehmen.

§ 10. Vollmachten

Die Erschienenen bevollmächtigen hiermit *** und ***, beide Notarangestellte an der Notarstelle *** in ***, und zwar jeden von ihnen einzeln und unter Befreiung von den Beschränkungen des § 181 BGB, etwaige Änderungen und Ergänzungen dieses Vertrages vorzunehmen, soweit diese nach Auffassung des Registergerichtes erforderlich sind.

§ 11. Abschriften, Kosten

Von dieser Urkunde erhalten

Ausfertigungen:
- die beteiligten Vereine,
- das Amtsgericht – Vereinsregister – ***,
- das Amtsgericht – Vereinsregister – ***.

Die Kosten dieses Vertrages und seiner Abwicklung einschließlich der Kosten der Zustimmungsbeschlüsse trägt der übernehmende Rechtsträger. Im Übrigen trägt jeder Rechtsträger seine Kosten selbst.

§ 12. Hinweise, Sonstiges

Der Notar hat die Beteiligten über den weiteren Verfahrensablauf bis zum Wirksamwerden der Verschmelzung, auf den Wirksamkeitszeitpunkt sowie die Rechtsfolgen der Verschmelzung hingewiesen, insbesondere auf Folgendes:

1. Der Verschmelzungsvertrag bedarf zu seiner Wirksamkeit der Zustimmung der Mitgliederversammlungen beider beteiligten Rechtsträger in notariell beurkundeter Form.
2. Gläubigern beider Rechtsträger ist auf Anmeldung und Glaubhaftmachung ihrer Forderung hin nach Maßgabe des § 22 UmwG Sicherheit zu leisten.
3. Die beteiligten Vereine haben vor und in der Mitgliederversammlung, die den Verschmelzungsbeschluss fassen soll, die Auslegungspflichten gemäß §§ 101, 102 je in Verbindung mit § 63 Abs. 1 Nr. 1 bis 4 und ggf. § 100 UmwG zu beachten.

§ 13. Rücktrittsrecht

Jeder Vertragsteil kann von diesem Vertrag zurücktreten, wenn die erforderlichen Verschmelzungsbeschlüsse der beteiligten Vereine nicht bis zum Ablauf von drei Monaten ab heute formwirksam gefasst wurden.

Vorgelesen, genehmigt, und
eigenhändig unterschrieben:

B. Verschmelzungsbeschlüsse

2 Heute, den ***, begab ich, ***, Notar mit dem Amtssitz in ***, mich auf Ansuchen in einen Raum des Gaststätte *** (Anschrift: ***), um dort über die auf den heutigen Tag um *** Uhr einberufene

außerordentliche Mitgliederversammlung

des

A e.V.
mit Sitz in ***
Amtsgericht ***, VR ***
(im Folgenden auch **„übernehmender Verein"**)

und des

B e.V.
mit Sitz in ***
Amtsgericht ***, VR ***
(im Folgenden auch **„übertragender Verein"**)

folgende Niederschrift zu errichten.

Ich traf an

- vom Vorstand des A e.V. folgende Personen: ***,
- vom Vorstand des B e.V. folgende Personen: ***,
- die im als Anlage 1 beigefügten Teilnehmerverzeichnis aufgeführten Mitglieder des A e.V.,
- die im als Anlage 2 beigefügten Teilnehmerverzeichnis aufgeführten Mitglieder des B e.V.

Herr A übernahm gemäß § *** der Satzung des A e.V. als Vorstandsvorsitzender die Versammlungsleitung in der Mitgliederversammlung des A e.V. und eröffnete die Versammlung um

*** Uhr.

Zu Tagesordnungspunkt 1:
Begrüßung durch den Vorstand, Zulassung der Mitglieder des anderen an der Verschmelzung beteiligten Vereins zur Versammlung, Versammlungsleitung

Herr A begrüßte die Mitglieder des A e.V. Er stellte fest, dass die Mitglieder des A e.V. unter Angabe der heutigen Tagesordnung ordnungsgemäß geladen wurden. Die Beschlussfähigkeit der Versammlung sei daher gegeben.

Eine Kopie des Einladungsschreibens, das auch die Tagesordnung enthält, ist dieser Niederschrift als Anlage 3 beigefügt. Herr A gab die Tagesordnung bekannt.

Herr A erläuterte, dass – wie in der Einladung angekündigt – die beiden Versammlungen der an der Verschmelzung beteiligten Vereine – unbeschadet der rechtlichen Selbständigkeit dieser Versammlungen – heute örtlich und zeitlich gemeinsam stattfinden werden. Dies habe den Vorteil, dass den Auskunftsrechten (§ 64 Abs. 2 UmwG) und den Informationsinteressen der Mitglieder im Hinblick auf den jeweils anderen Verein in besonderer Weise Rechnung getragen werden könne. Herr A begrüßte ausdrücklich auch die Mitglieder und den Vorstand des übertragenden B e.V.

Er sei beabsichtigt, auch den Mitgliedern des jeweils anderen Vereins Fragen und Diskussionsbeiträge zu gestatten. Herr A wies jedoch darauf hin, dass die Abstimmungen jedenfalls getrennt für jeden Verein vorgenommen würden und nur die Mitglieder des jeweiligen Vereins hierzu stimmberechtigt seien. Hierauf werde unmittelbar vor den Abstimmungen erneut hingewiesen.

Herr A schlug den Mitgliedern des A e.V. vor, zu beschließen, auch den Mitgliedern des B e.V. sowohl die Teilnahme als auch Fragen und Diskussionsbeiträge in der Versammlung des A e.V. zu gestatten. Die Vereinssatzung stehe einer solchen Vorgehensweise nicht entgegen.

Herr A wies darauf hin, dass hinsichtlich dieser Abstimmung nur die Mitglieder des A e.V., also die an der Einlasskontrolle an dessen Mitglieder ausgegebenen blauen Stimmkarten, stimmberechtigt sind.

Zur Abstimmungsweise schlug Herr A vor, durch Hochheben der Stimmkarten abzustimmen. Hiergegen erhob sich kein Widerspruch.

Es wurde abgestimmt. Bei einer Präsenz von *** Stimmen wurde ohne Gegenstimmen und Stimmenthaltungen beschlossen, die Mitglieder des B e.V. als Gäste mit Frage- und Diskussionsbeitragsrecht zur Versammlung des A e.V. zuzulassen. Herr A stellte den gefassten Beschluss fest und verkündete ihn.

Herr A übergab das Wort sodann an den Vorstandsvorsitzenden des B e.V., Herrn B.

Herr B übernahm gemäß § *** der Satzung des B e.V. als Vorstandsvorsitzender die Versammlungsleitung in der Mitgliederversammlung des B e.V. und eröffnete die Versammlung um

*** Uhr.

Herr B begrüßte die Mitglieder des B e.V. und des A e.V. sowie den Vorstand des A e.V.

Er stellte fest, dass die Mitglieder des B e.V. unter Angabe der heutigen Tagesordnung ordnungsgemäß geladen wurden. Die Beschlussfähigkeit der Versammlung sei daher gegeben.

Eine Kopie des Einladungsschreibens, das auch die Tagesordnung enthält, ist dieser Niederschrift als Anlage 4 beigefügt. Herr B gab die Tagesordnung bekannt.

Um die Voraussetzungen für die gleichzeitige Abhaltung der Mitgliederversammlungen auch aus Sicht des B e.V. zu schaffen, schlug Herr B vor, zu beschließen, dass den Mitgliedern des A e.V. die Teilnahme an der Versammlung des B e.V. sowie Fragen und Diskussionsbeiträge gestattet werden. Die Vereinssatzung stehe einer solchen Vorgehensweise nicht entgegen. Hinsichtlich der Abstimmungen und der Stimmrechtsausübung bleibe es jedoch dabei, dass nur die Mitglieder des jeweiligen Vereins zur Abstimmung berechtigt sind.

Herr B wies darauf hin, dass hinsichtlich dieser Abstimmung nur die Mitglieder des B e.V., also die an der Einlasskontrolle an dessen Mitglieder ausgegebenen roten Stimmkarten, stimmberechtigt sind.

Zur Abstimmungsweise schlug Herr B vor, durch Hochheben der Stimmkarten abzustimmen. Hiergegen erhob sich kein Widerspruch.

Es wurde abgestimmt. Bei einer Präsenz von *** Stimmen wurde ohne Gegenstimmen und Stimmenthaltungen beschlossen, dass die Mitglieder des A e.V. als Gäste mit Frage- und Diskussionsbeitragsrecht zur Versammlung des B e.V. zugelassen werden. Herr B stellte den gefassten Beschluss fest und verkündete ihn.

Herr B führte aus, dass er aus verfahrenstechnischen Gründen die Versammlungsleitung hinsichtlich der beiden weiteren Tagesordnungspunkte 2 und 3 (Erläuterung des Verschmelzungsvertrags und Zustimmung zum Verschmelzungsvertrag) gerne an den Vorstand des A e.V., Herrn A, übertragen würde. Die Satzung des B e.V. stehe einer solchen Übertragung der Versammlungsleitung nicht entgegen.

Er schlug den Mitgliedern des B e.V. vor, Herrn A zum Leiter der weiteren Mitgliederversammlung des B e.V. zu bestimmen.

Herr B wies darauf hin, dass hinsichtlich dieser Abstimmung nur die Mitglieder des B e.V., also die roten Stimmkarten, stimmberechtigt sind.

Zur Abstimmungsweise schlug Herr B vor, durch Hochheben der Stimmkarten abzustimmen. Hiergegen erhob sich kein Widerspruch.

Es wurde abgestimmt. Bei einer Präsenz von *** Stimmen wurde ohne Gegenstimmen und Stimmenthaltungen beschlossen, Herrn A zum Versammlungsleiter der Versammlung des B e.V. zu bestimmen. Herr B stellte den gefassten Beschluss fest und verkündete ihn. Herr B erklärte auch persönlich ausdrücklich sein Einvernehmen zur weiteren Versammlungsleitung durch Herrn A und erteilte diesem das Wort. Herr A bedankte sich für die Wahl und übernahm neben der Versammlungsleitung der Versammlung des A e.V. auch die künftige Versammlungsleitung der Versammlung des B e.V.

Der Versammlungsleiter beider Versammlungen, Herr A, stellte fest, dass
- der Entwurf des Verschmelzungsvertrags, der identisch ist mit dem Verschmelzungsvertrag zur Urkunde des Notars *** in *** vom ***, UR-Nr. ***, sowie
- die Einnahmeüberschussrechnungen und Vermögensaufstellungen der beteiligten Vereine für die letzten drei Geschäftsjahre und
- der gemeinsame Verschmelzungsbericht der Vorstände der beteiligten Vereine

seit der Einladung zu den heutigen Mitgliederversammlungen in den Geschäftsräumen beider Vereine zur Einsicht auslagen und auch in der heutigen Versammlung – der Verschmelzungsvertrag des Notars *** im Original – ausliegen. Eine Ausfertigung des Verschmelzungsvertrags ist dieser Niederschrift als Anlage 5 beigefügt.

Der Versammlungsleiter, Herr A, stellte weiter fest, dass die Erstellung und Auslage einer Zwischenbilanz bzw. einer Zwischenabrechnung (§ 63 Abs. 1 Nr. 3 UmwG) entbehrlich war, da die letzten Einnahmeüberschussrechnungen und Vermögensaufstellungen sich auf ein Geschäftsjahr bezögen, das weniger als sechs Monate vor dem Tag des Abschlusses des Verschmelzungsvertrags liege.

Herr A stellte ferner fest, dass in der jeweiligen Einladung auf das Recht jedes Mitglieds (§ 101 Abs. 2 UmwG) hingewiesen wurde, eine Abschrift der in §§ 101 Abs. 1, 100, 63 Abs. 1 Nr. 1 bis 4 UmwG genannten Unterlagen zu erhalten.

Der Versammlungsleiter stellte weiter fest, dass ein Verlangen auf Verschmelzungsprüfung nach § 100 S. 2 UmwG von keinem der Mitglieder der beteiligten Vereine gestellt worden sei.

Zu Tagesordnungspunkt 2:
Erläuterung des Verschmelzungsvertrags

Herr A als Vorstand des A e.V. ging anschließend ausführlich auf den Inhalt des Verschmelzungsvertrags und den Ablauf des Verschmelzungsverfahrens ein, insbesondere erläuterte er ausführlich den Inhalt des Verschmelzungsvertrags und die Ausgestaltung der Mitgliedschaften im übernehmenden Verein. Änderungen im Sinne des § 64 Abs. 1 S. 2 hätten sich seit Abschluss des Verschmelzungsvertrags nicht ergeben. Der Verschmelzungsvertrag wurde von Herrn A auch verlesen.

Herr A gab Auskunft über alle für die Verschmelzung wesentlichen Angelegenheiten der am Verschmelzungsvorgang beteiligten Vereine. Er machte Ausführungen zur Zweckmäßigkeit der Verschmelzung, zu den rechtlichen und wirtschaftlichen Konsequenzen der Verschmelzung und beantwortete alle ihm zur Verschmelzung gestellten Fragen.

Sodann ergriff Herr B als Vorstand des übertragenden B e.V. das Wort und machte sich die Ausführungen und Feststellungen des Herrn A, insbesondere die Erläuterungen zum Verschmelzungsvertrag in vollem Umfang zu Eigen und ergänzte sie um eigene Erläuterungen und Ausführungen. Er beantwortete in seiner Funktion als Vorstand des B e.V. sämtliche an ihn gerichteten Fragen.

Zu Tagesordnungspunkt 3:
Beschlussfassung über die Zustimmung zur Verschmelzung des B e.V. auf den A e.V.

1. Hinweise

Der Versammlungsleiter, Herr A, wies zunächst erneut darauf hin, dass an der Einlasskontrolle blaue Stimmkarten für die Mitglieder des A e.V. und rote Stimmkarten für die Mitglieder des B e.V. ausgehändigt wurden. Der Versammlungsleiter wies darauf hin, dass jedes Mitglied nur eine Stimme hat, und zwar in Bezug auf den Verein, dem er derzeit zugehörig ist.

Zum Abstimmungsmodus bestimmte der Versammlungsleiter, dass zwei getrennte Abstimmungen erfolgen würden, zunächst die der Mitgliederversammlung des übertragenden Vereins, also des B e.V. und dann die der Mitgliederversammlung des übernehmenden Vereins, also des A e.V.

2. Abstimmung der Mitgliederversammlung des übertragenden Vereins (B e.V.)

Der Versammlungsleiter, Herr A, schlug den Mitgliedern des B e.V. nunmehr vor, dem Verschmelzungsvertrag zuzustimmen.

Der Versammlungsleiter wies darauf hin, dass hinsichtlich der folgenden Beschlussfassung nur die Mitglieder des übertragenden Vereins, also die roten Stimmkarten, stimmberechtigt seien.

Zur Abstimmungsweise schlug Herr A vor, durch Hochheben der Stimmkarten abzustimmen. Hiergegen erhob sich kein Widerspruch.

Es wurde abgestimmt. Bei einer Präsenz von *** Stimmen wurde ohne Gegenstimmen und Stimmenthaltungen beschlossen, dem Verschmelzungsvertrag zuzustimmen. Der Versammlungsleiter stellte den gefassten Beschluss fest und verkündete ihn.

Der Versammlungsleiter stellte fest, dass damit die nach § 103 S. 1 UmwG erforderliche Mehrheit erreicht ist.

3. Abstimmung der Mitgliederversammlung des übernehmenden Vereins (A e.V.)

Der Versammlungsleiter, Herr A, schlug den Mitgliedern des A e.V. nunmehr vor, dem Verschmelzungsvertrag zuzustimmen.

Der Versammlungsleiter wies darauf hin, dass hinsichtlich der folgenden Beschlussfassung nur die Mitglieder des übernehmenden Vereins, also die blauen Stimmkarten, stimmberechtigt seien.

Zur Abstimmungsweise schlug Herr A vor, durch Hochheben der Stimmkarten abzustimmen. Hiergegen erhob sich kein Widerspruch.

Es wurde abgestimmt. Bei einer Präsenz von *** Stimmen wurde ohne Gegenstimmen und Stimmenthaltungen beschlossen, dem Verschmelzungsvertrag zuzustimmen. Der Versammlungsleiter stellte den gefassten Beschluss fest und verkündete ihn.

Der Versammlungsleiter stellte fest, dass damit die nach § 103 S. 1 UmwG erforderliche Mehrheit erreicht ist.

Sonstiges, Versammlungsende

Der Versammlungsleiter, Herr A, stellte sodann fest, dass nach Erledigung der Tagesordnung keine weiteren Anträge gestellt wurden, insbesondere wurde in der heutigen Versammlung von keinem Mitglied ein Verlangen nach einer Verschmelzungsprüfung (§ 100 S. 2 UmwG) gestellt.

Der Vorstandsvorsitzende des übertragenden Vereins, Herr B, machte sich die Ausführungen, Vorschläge, Feststellungen und Verkündungen des Versammlungsleiters in vollem Umfang zu Eigen.

Damit waren sämtliche Punkte der jeweiligen Tagesordnung erledigt.

Gegen die Beschlüsse wurde kein Widerspruch zur Niederschrift erklärt.

Der Versammlungsleiter schloss die Mitgliederversammlungen

***** Uhr.**

Feststellungen des Notars

Über den Verlauf der Versammlung wird von mir, Notar, ausdrücklich festgestellt:

Sämtliche Abstimmungen erfolgten in der festgelegten Abstimmungsform und Abstimmungsart mit den festgestellten Abstimmungsergebnissen.

Hierüber Niederschrift:
***, Notar

C. Registeranmeldung übernehmender Verein

3 Amtsgericht ***
– Vereinsregister –

A e.V.
mit Sitz in ***
VR ***

I.

In der Anlage überreiche ich als einzelvertretungsberechtigtes Vorstandsmitglied des im Betreff bezeichneten Vereins:

1. Ausfertigung des Verschmelzungsvertrages des Notars *** in ***vom ***, UR-Nr. ***;
2. beglaubigte Abschrift der Niederschrift über die Mitgliederversammlung des A e.V. mit Sitz in *** und des B e.V. mit Sitz in *** zur Urkunde des Notars *** in ***

vom ***, UR-Nr. ***, mit den Beschlüssen über die Zustimmung zum Verschmelzungsvertrag;

3. Original des (gemeinsamen) Verschmelzungsberichts nach § 8 UmwG.

II.

Ich melde zur Eintragung in das Vereinsregister an:

Der B e.V. mit Sitz in *** (Amtsgericht ***, VR ***) ist als übertragender Rechtsträger aufgrund des Verschmelzungsvertrags vom *** und der Beschlüsse der Mitgliederversammlungen der an der Verschmelzung beteiligten Rechtsträger vom *** mit dem A e.V. mit dem Sitz in *** als übernehmendem Rechtsträger durch Aufnahme verschmolzen.

III.

Es wird darauf hingewiesen, dass es sich bei den beteiligten Vereinen um Idealvereine handelt, so dass die Vorschrift des § 100 S. 1 UmwG nicht anwendbar ist. Es wird versichert, dass kein Mitglied der an der Verschmelzung beteiligten Vereine eine Verschmelzungsprüfung nach § 100 S. 2 UmwG verlangt hat; ein Verschmelzungsprüfungsbericht wurde demgemäß nicht erstellt.

Ich erkläre gemäß § 16 Abs. 2 S. 1 UmwG, dass eine Klage gegen die Wirksamkeit eines Verschmelzungsbeschlusses nicht erhoben worden ist.

Es existiert kein für die am Verschmelzungsvorgang beteiligten Vereine zuständiger Betriebsrat.

IV.

Nach Vollzug bitte ich um Eintragungsnachricht an die Vereine und an den beglaubigenden Notar sowie um Übermittlung je eines beglaubigten Registerauszugs an die beteiligten Vereine.

*** und ***, Notarangestellte an der Notarstelle *** in ***, und zwar jeder von ihnen einzeln und unter Befreiung von den Beschränkungen des § 181 BGB, werden bevollmächtigt, alle Anmeldungen zum Vereinsregister vorzunehmen, die im Zuge der Eintragung der hier angemeldeten und aus den dieser Anmeldung beigefügten Unterlagen ersichtlichen Tatsachen für das Vereinsregister erforderlich oder zweckmäßig sind.

***, den ***

***

Hiermit beglaubige ich die Echtheit der vorstehenden, vor mir vollzogenen Unterschrift am Ende der Anmeldung von

Herrn ***,
geboren am ***,
wohnhaft ***.

Herr *** wies sich aus durch amtlichen Lichtbildausweis.

***, den ***

***
Notar

D. Registeranmeldung übertragender Verein

4 Amtsgericht ***
– Vereinsregister –

B e.V.
mit Sitz in ***
VR ***

I.

In der Anlage überreiche ich als einzelvertretungsberechtigtes Vorstandsmitglied des im Betreff bezeichneten Vereins:

1. Ausfertigung des Verschmelzungsvertrages vom *** des Notars *** in ***, UR-Nr. ***;
2. beglaubigte Abschrift der Niederschrift über die Mitgliederversammlung des B e.V. mit Sitz in *** und des A e.V. mit Sitz in *** zur Urkunde desselben Notars vom ***, UR-Nr. ***, mit den Beschlüssen über die Zustimmung zum Verschmelzungsvertrag;
3. Original des (gemeinsamen) Verschmelzungsberichts nach § 8 UmwG;
4. Einnahmenüberschussrechnung des B e.V. für das Jahr 2020 samt Vermögensaufstellung auf den 31.12.2020.

II.

Ich melde zur Eintragung in das Vereinsregister an:

Der B e.V. mit Sitz in *** ist als übertragender Rechtsträger aufgrund des Verschmelzungsvertrags vom *** und der Beschlüsse der Mitgliederversammlungen der an der Verschmelzung beteiligten Rechtsträger vom *** mit dem A e.V. mit Sitz in *** als übernehmendem Rechtsträger durch Aufnahme verschmolzen.

III.

Es wird darauf hingewiesen, dass es sich bei den beteiligten Vereinen um Idealvereine handelt, so dass die Vorschrift des § 100 S. 1 UmwG nicht anwendbar ist. Es wird versichert, dass kein Mitglied der an der Verschmelzung beteiligten Vereine eine Verschmelzungsprüfung nach § 100 S. 2 UmwG verlangt hat; ein Verschmelzungsprüfungsbericht wurde demgemäß nicht erstellt.

Ich erkläre gemäß § 16 Abs. 2 S. 1 UmwG, dass eine Klage gegen die Wirksamkeit eines Verschmelzungsbeschlusses bisher nicht erhoben worden ist.

Es existiert kein für die am Verschmelzungsvorgang beteiligten Vereine zuständiger Betriebsrat.

IV.

Nach Vollzug bitte ich um Eintragungsnachricht an die Vereine und an den beglaubigenden Notar sowie um Übermittlung je eines beglaubigten Registerauszugs an die beteiligten Vereine.

*** und ***, Notarangestellte an der Notarstelle *** in ***, und zwar jeder von ihnen einzeln und unter Befreiung von den Beschränkungen des § 181 BGB, werden bevollmächtigt, alle Anmeldungen zum Vereinsregister vorzunehmen, die im Zuge der Eintragung der hier angemeldeten und aus den dieser Anmeldung beigefügten Unterlagen ersichtlichen Tatsachen für das Vereinsregister erforderlich oder zweckmäßig sind.

***, den ***

***

Hiermit beglaubige ich die Echtheit der vorstehenden, vor mir vollzogenen Unterschrift am Ende der Anmeldung von

Herrn ***,
geboren am ***,
wohnhaft ***.

Herr *** wies sich aus durch amtlichen Lichtbildausweis.

***, den ***

***
Notar

§ 26. Bestätigungen über Zuwendungen[1]

Übersicht

A. Bestätigung über Geldzuwendungen/Mitgliedsbeiträge

Aussteller (Bezeichnung und Anschrift der steuerbegünstigten Einrichtung)

1

Bestätigung über Geldzuwendungen/Mitgliedsbeitrag
im Sinne des § 10b des Einkommensteuergesetzes an eine der in § 5 Abs. 1 Nr. 9 des Körperschaftsteuergesetzes bezeichneten Körperschaften, Personenvereinigungen oder Vermögensmassen

Name und Anschrift des Zuwendenden:

Betrag der Zuwendung – in Ziffern –	– in Buchstaben –	Tag der Zuwendung:

Es handelt sich um den Verzicht auf Erstattung von Aufwendungen Ja ❑ Nein ❑

❑ Wir sind wegen Förderung (Angabe des begünstigten Zwecks/der begünstigten Zwecke) nach dem Freistellungsbescheid bzw. nach der Anlage zum Körperschaftsteuerbescheid des Finanzamtes ....
StNr. ...., vom .... für den letzten Veranlagungszeitraum .... nach § 5 Abs. 1 Nr. 9 des Körperschaftsteuergesetzes von der Körperschaftsteuer und nach § 3 Nr. 6 des Gewerbesteuergesetzes von der Gewerbesteuer befreit.

❑ Die Einhaltung der satzungsmäßigen Voraussetzungen nach den §§ 51, 59, 60 und 61 AO wurde vom Finanzamt ....,
StNr. .... mit Bescheid vom .... nach § 60a AO gesondert festgestellt. Wir fördern nach unserer Satzung (Angabe des begünstigten Zwecks/der begünstigten Zwecke) ....

[1] Alle drei abgedruckten Bestätigungen über Zuwendungen sind dem BMF-Schreiben v. 7.11.2013, IV C 4 – S 2223/07/0018:005 entnommen. Sie finden sich zB auf der Homepage des Bayerischen Landesamts für Steuern unter https://www.finanzamt.bayern.de/Informationen/Formulare/Weitere_Themen_A_bis_Z/Spenden/#Vereine (zuletzt abgerufen am 11.9.2021), auch als ausfüllbare PDFs.

Es wird bestätigt, dass die Zuwendung nur zur Förderung (Angabe des begünstigten Zwecks/der begünstigten Zwecke)

verwendet wird.

Nur für steuerbegünstigte Einrichtungen, bei denen die Mitgliedsbeiträge steuerlich nicht abziehbar sind:

❑ Es wird bestätigt, dass es sich nicht um einen Mitgliedsbeitrag handelt, dessen Abzug nach § 10b Abs. 1 des Einkommensteuergesetzes ausgeschlossen ist.

____

(Ort, Datum und Unterschrift des Zuwendungsempfängers)

Hinweis:

Wer vorsätzlich oder grob fahrlässig eine unrichtige Zuwendungsbestätigung erstellt oder veranlasst, dass Zuwendungen nicht zu den in der Zuwendungsbestätigung angegebenen steuerbegünstigten Zwecken verwendet werden, haftet für die entgangene Steuer (§ 10b Abs. 4 EStG, § 9 Abs. 3 KStG, § 9 Nr. 5 GewStG).

Diese Bestätigung wird nicht als Nachweis für die steuerliche Berücksichtigung der Zuwendung anerkannt, wenn das Datum des Freistellungsbescheides länger als 5 Jahre bzw. das Datum der Feststellung der Einhaltung der satzungsmäßigen Voraussetzungen nach § 60a Abs. 1 AO länger als 3 Jahre seit Ausstellung des Bescheides zurückliegt (§ 63 Abs. 5 AO).

B. Bestätigung über Sachzuwendungen

Aussteller (Bezeichnung und Anschrift der steuerbegünstigten Einrichtung) 2

Bestätigung über Sachzuwendungen

im Sinne des § 10b des Einkommensteuergesetzes an eine der in § 5 Abs. 1 Nr. 9 des Körperschaftsteuergesetzes bezeichneten Körperschaften, Personenvereinigungen oder Vermögensmassen

Name und Anschrift des Zuwendenden:

Wert der Zuwendung – in Ziffern –	– in Buchstaben –	Tag der Zuwendung:

Genaue Bezeichnung der Sachzuwendung mit Alter, Zustand, Kaufpreis usw.

- ❑ Die Sachzuwendung stammt nach den Angaben des Zuwendenden aus dem Betriebsvermögen. Die Zuwendung wurde nach dem Wert der Entnahme (ggf. mit dem niedrigeren gemeinen Wert) und nach der Umsatzsteuer, die auf die Entnahme entfällt, bewertet.
- ❑ Die Sachzuwendung stammt nach den Angaben des Zuwendenden aus dem Privatvermögen.
- ❑ Der Zuwendende hat trotz Aufforderung keine Angaben zur Herkunft der Sachzuwendung gemacht.
- ❑ Geeignete Unterlagen, die zur Wertermittlung gedient haben, zB Rechnung, Gutachten, liegen vor.
- ❑ Wir sind wegen Förderung (Angabe des begünstigten Zwecks/der begünstigten Zwecke) nach dem Freistellungsbescheid bzw. nach der Anlage zum Körperschaftsteuerbescheid des Finanzamtes
StNr. ...., vom .... für den letzten Veranlagungszeitraum .... nach § 5 Abs. 1 Nr. 9 des Körperschaftsteuergesetzes von der Körperschaftsteuer und nach § 3 Nr. 6 des Gewerbesteuergesetzes von der Gewerbesteuer befreit.
- ❑ Die Einhaltung der satzungsmäßigen Voraussetzungen nach den §§ 51, 59, 60 und 61 AO wurde vom Finanzamt ....,
StNr. .... mit Bescheid vom .... nach § 60a AO gesondert festgestellt. Wir fördern nach unserer Satzung (Angabe des begünstigten Zwecks/der begünstigten Zwecke) ....

Es wird bestätigt, dass die Zuwendung nur zur Förderung (Angabe des begünstigten Zwecks/der begünstigten Zwecke)   verwendet wird.

____

(Ort, Datum und Unterschrift des Zuwendungsempfängers)

Hinweis:

Wer vorsätzlich oder grob fahrlässig eine unrichtige Zuwendungsbestätigung erstellt oder veranlasst, dass Zuwendungen nicht zu den in der Zuwendungsbestätigung angegebenen steuerbegünstigten Zwecken verwendet werden, haftet für die entgangene Steuer (§ 10b Abs. 4 EStG, § 9 Abs. 3 KStG, § 9 Nr. 5 GewStG).

Diese Bestätigung wird nicht als Nachweis für die steuerliche Berücksichtigung der Zuwendung anerkannt, wenn das Datum des Freistellungsbescheides länger als 5 Jahre bzw. das Datum der Feststellung der Einhaltung der satzungsmäßigen Voraussetzungen nach § 60a Abs. 1 AO länger als 3 Jahre seit Ausstellung des Bescheides zurückliegt (§ 63 Abs. 5 AO).

C. Sammelbestätigung über Geldzuwendungen/Mitgliedsbeiträge

Aussteller (Bezeichnung und Anschrift der steuerbegünstigten Einrichtung)

3

Sammelbestätigung über Geldzuwendungen/Mitgliedsbeiträge
im Sinne des § 10b des Einkommensteuergesetzes an eine der in § 5 Abs. 1 Nr. 9 des Körperschaftsteuergesetzes bezeichneten Körperschaften, Personenvereinigungen oder Vermögensmassen

Name und Anschrift des Zuwendenden:

Gesamtbetrag der Zuwendung – in Ziffern –	– in Buchstaben –	Tag der Zuwendung:

❑ Wir sind wegen Förderung (Angabe des begünstigten Zwecks/der begünstigten Zwecke) nach dem Freistellungsbescheid bzw. nach der Anlage zum Körperschaftsteuerbescheid des Finanzamtes ....
StNr. .... vom .... für den letzten Veranlagungszeitraum .... nach § 5 Abs. 1 Nr. 9 des Körperschaftsteuergesetzes von der Körperschaftsteuer und nach § 3 Nr. 6 des Gewerbesteuergesetzes von der Gewerbesteuer befreit.

❑ Die Einhaltung der satzungsmäßigen Voraussetzungen nach den §§ 51, 59, 60 und 61 AO wurde vom Finanzamt ....,
StNr. .... mit Bescheid vom .... nach § 60a AO gesondert festgestellt. Wir fördern nach unserer Satzung (Angabe des begünstigten Zwecks/der begünstigten Zwecke) ....

Es wird bestätigt, dass die Zuwendung nur zur Förderung (Angabe des begünstigten Zwecks/der begünstigten Zwecke) verwendet wird. Nur für steuerbegünstigte Einrichtungen, bei denen die Mitgliedsbeiträge steuerlich nicht abziehbar sind: ❑ Es wird bestätigt, dass es sich nicht um einen Mitgliedsbeitrag handelt, dessen Abzug nach § 10b Abs. 1 des Einkommensteuergesetzes ausgeschlossen ist.

Es wird bestätigt, dass über die in der Gesamtsumme enthaltenen Zuwendungen keine weiteren Bestätigungen, weder formelle Zuwendungsbestätigungen noch Beitragsquittungen oder Ähnliches ausgestellt wurden und werden.

Ob es sich um den Verzicht auf Erstattung von Aufwendungen handelt, ist der Anlage zur Sammelbestätigung zu entnehmen.

____

(Ort, Datum und Unterschrift des Zuwendungsempfängers)

Hinweis:
Wer vorsätzlich oder grob fahrlässig eine unrichtige Zuwendungsbestätigung erstellt oder veranlasst, dass Zuwendungen nicht zu den in der Zuwendungsbestätigung angegebenen steuerbegünstigten Zwecken verwendet werden, haftet für die entgangene Steuer (§ 10b Abs. 4 EStG, § 9 Abs. 3 KStG, § 9 Nr. 5 GewStG).

Diese Bestätigung wird nicht als Nachweis für die steuerliche Berücksichtigung der Zuwendung anerkannt, wenn das Datum des Freistellungsbescheides länger als 5 Jahre bzw. das Datum der Feststellung der Einhaltung der satzungsmäßigen Voraussetzungen nach § 60a Abs. 1 AO länger als 3 Jahre seit Ausstellung des Bescheides zurückliegt (§ 63 Abs. 5 AO).

Anlage zur Sammelbestätigung

Datum der Zuwendung	Art der Zuwendung (Geldzuwendung/Mitgliedsbeitrag)	Verzicht auf die Erstattung von Aufwendungen (ja/nein)	Betrag

Gesamtsumme EUR

Sachregister

fette Zahlen = Paragrafen, magere Zahlen = Randnummern